HACHETTE
& Vox

Dictionnaire de poche

FRANÇAIS-ESPAGNOL
ESPAGNOL-FRANÇAIS

VOX

hachette
ÉDUCATION

Maquette de couverture : KARINE NAYÉ

Cartographie : Hachette Éducation

ISBN 978-2-01-271068-9

www.hachette-education.com

Table des matières

AVANT-PROPOS

Cette nouvelle édition du dictionnaire bilingue Hachette-Vox, français-espagnol / espagnol-français s'adresse bien sûr aux élèves des collèges qui étudient et traduisent l'espagnol mais aussi aux touristes et aux femmes et hommes d'affaires qui, en voyage ou au travail, veulent s'exprimer ou traduire en espagnol.

Hachette et Vox ont veillé ensemble à l'actualité de la nomenclature et des expressions, et ont inclus le vocabulaire courant des nouvelles technologies, les abréviations et sigles usuels.

Le format de ce dictionnaire et la structure claire de ses articles en font un ouvrage maniable et pratique. Comme l'exigent de plus en plus les enseignants, la transcription phonétique (API) accompagne les entrées espagnoles et françaises.

Dans les articles, les sens des mots sont classés du plus fréquent au moins fréquent et la traduction privilégiée est celle consacrée par l'usage courant. Des indications grammaticales ou lexicales (entre parenthèses) complètent les traductions. Des exemples mettent en évidence l'emploi des prépositions ou l'emploi des expressions.

Les verbes ont fait l'objet d'un traitement méthodique : un numéro, associé à chaque entrée verbale, renvoie à des tableaux de conjugaison.

Enfin, l'utilisateur trouvera dans les annexes de ce dictionnaire un précis de grammaire espagnole, une liste de faux-amis et des expressions utiles pour écrire une lettre, téléphoner et dialoguer en espagnol.

Le dictionnaire bilingue Hachette-Vox, français-espagnol / espagnol-français est le compagnon indispensable de vos études et de vos voyages.

Les éditeurs

Mode d'emploi du dictionnaire

Transcription phonétique selon API	**agiter** [1] [aʒite] *vt* **1** *(gén)* agitar. **2** *(bouleverser)* excitar. ► *vpr* **s'agiter** agitarse.	Transcripcíon fonética según API
Dérivation irrégulière	**celui, celle** [səlɥi, sɛl] *pron dém* (*pl* **ceux, celles**) **1 celui + que/qui/dont** el que, la que: ***celle que je te montre***, la que te enseño; ***ceux que tu as lus***, los que has leído; ***j'ai visité le studio, celui dont nous avons parlé***, he visitado el apartamento del que hablamos. **2 celui + de** el de, la de: ***de tous mes livres, je préfère celui***	Dérivacíon irregular
Changement de genre	**cep** [sɛp] *nm (de vigne)* cepa *f*.	Cambio de género
Envoi au modèle de conjugaison	**cueillir** [25] [kœjiʀ] *vt* **1** *(fruits, fleurs, plantes)* coger. **2** *fam (un voleur)* pillar.	Remisión al modelo de conjugación
Niveau de langue	**cruche** [kʀyʃ] *nf* **1** *(récipient)* cántaro *m*. **2** *fam (personne)* zoquete *m*.	Nivel de lengua
Expressions idiomatiques	**bras** [bʀa] *nm* brazo *m*. • **à tour de bras** con todas la fuerza. • **aller bras dessus, bras dessous** ir cogidos del brazo. • **avoir le bras long** *fig* tener mucha influencia. • **être le bras droit de** QQN *fig* ser la mano derecha de ALGN.	Modismos
Locution	▪ **bras de fer** pulso *m*. ▪ **bras de mer** brazo de mar.	Locución
Domaine de spécialité	**couple** [kupl] *nm* **1** *(de personnes, d'animaux)* pareja *f*. **2** MATH, PHYS par *m*.	Tecnicismo
Abréviation	**CD-ROM** [sedeʀɔm] *abr* (***Compact Disc Read-Only Memory***) CD-ROM.	Abreviatura

Guía de uso de este diccionario

Entrada	**coleta** [kolèta] *nf* **1** *(peinado)* queue *f.* **2** *(de torero)* petite natte *f.*	Entrée
Categoría gramatical	**coletazo** [koletàθo] *nm* **1** *(golpe)* coup *m* de queue. **2** *fig (vestigios)* soubresaut *m*, sursaut *m*: ***los últimos coletazos del régimen***, les derniers sursauts du régime.	Catégorie grammaticale
Indicación sobre la acepción	**cambio** [kàmbjo] *nm* **1** *(modificación)* changement *m*. **2** *(intercambio)* échange *m*: ***cambio de impresiones***, échange de vues. **3** *(moneda suelta)* monnaie *f.* **4** *(cotización)* change *m*.	Indication sur le sens
Cambio categoría gramatical	**contra** [kòntra] *prep* contre: ***luchar contra el enemigo***, lutter contre l'ennemi; ***un jarabe contra la tos***, un sirop contre la toux. ► *nm* contre. ► *nf fam* difficulté *f*, inconvénient *m*. • **en contra** *(gen)* contre: ***estamos en contra***, nous sommes contre. • **en contra** *(viento)* debout. • **llevar la contra a ALGN** contredire QQN. • **los pros y los contras** le pour et le contre.	Changement de catégorie grammaticale
Acepciones diferentes	**confluencia** [komflwènθja] *nf* **1** *(de ríos)* confluent *m*, confluence *f.* **2** *(de caminos)* embranchement *m*.	Acceptions différentes
Ejemplos de uso	**ascender** [28] [asθendèr] *vi* **1** *(subir)* monter. **2** *(de categoría - en un empleo)* être promu,-e; *(- en el ejército)* accéder au grade, passer: ***ascender a capitán***, passer capitaine. **3** *(de categoría deportiva)* monter. **4** *(sumar)* s'élever (**a**, à), monter (**a**, à). ► *vt (de categoría)* faire monter en grade, promouvoir.	Exemples d'usage
Comentarios gramaticales	**e** [e] *conj* (s'emploie au lieu de **y** devant un mot qui commence par ***i*** ou ***hi***) et: ***comercio e industria***, commerce et industrie; ***madre e hija***, mère et fille.	Commentaires grammaticaux

Abréviations employées dans le dictionnaire

Abreviaturas usadas en el diccionario

abréviation	*abr*	abreviatura
adjectif	*adj*	adjetivo
adverbe	*adv*	adverbio
	ALGN	alguien
anatomie	ANAT	anatomía
	ant	anticuado
architecture	ARCH, ARQ	arquitectura
article	*art*	artículo
auxiliaire	*aux*	auxiliar
biologie	BIOL	biología
botanique	BOT	botánica
chimie	CHIM	
	COC	cocina
commerce	COMM, COM	comercio
conjonction	*conj*	conjunción
contraction	*contr*	contracción
cuisine	CUIS	
démonstratif	*dém, dem*	demostrativo
	DEP	deportes
	DER	derecho
	desp	despectivo
déterminant	*det*	determinante
droit	DR	
économie	ÉCON, ECON	economía
féminin	*f*	femenino
familier	*fam*	familiar
usage figuré	*fig*	uso figurado
	FÍS	física
soutenu	*fml*	formal
géographie	GÉOG, GEOG	geografía
histoire	HIST	historia
impersonnel	*impers*	impersonal
indicatif	*ind*	indicativo

indéfini	*indéf, indef*	indefinido
informatique	INFORM	informática
interjection	*interj*	interjección
interrogatif	*interr*	interrogativo
invariable	*inv*	invariable
ironique	*iron, irón*	irónico
masculin	*m*	masculino
mathématiques	MATH, MAT	matemáticas
médecine	MÉD, MED	medicina
musique	MUS, MÚS	música
nom	*n*	nombre
nom féminin	*nf*	nombre femenino
nom masculin	*nm*	nombre masculino
nom masc. et fém.	*nmf*	nombre masc. y fem.
nom masc. et nom fém.	*nm,f*	nom. masc. y nom. fem.
nom masc. ou fém.	*nm & nf*	género ambiguo
nom propre	*n pr*	nombre propio
numéral	*num*	numeral
personnel	*pers*	personal
péjoratif	*péj, pey*	peyorativo
pluriel	*pl*	plural
physique	PHYS	
populaire	*pop*	popular
possessif	*poss, pos*	posesivo
participe passé	*pp*	
préposition	*prép, prep*	preposición
pronom	*pron*	pronombre
quelque chose	QQCH	
quelqu'un	QQN	
	QUÍM	química
relatif	*rel*	relativo
religion	REL	religión
singulier	*sing*	singular
sports	SPORT	
verbe	*v*	verbo
verbe intransitif	*vi*	verbo intransitivo
verbe pronominal	*vpr*	verbo pronominal
verbe transitif	*vt*	verbo transitivo
vieilli	*vieil*	
vulgaire	*vulg*	vulgar
zoologie	ZOOL	zoología
marque déposée	®	marca registrada

Símbolos de las transcripciones fonéticas francesas

Consonantes

[p]	**p**ain, dra**p**eau
[b]	**b**eurre, sa**b**ot
[t]	**t**ar**t**e, voi**t**ure, **th**é
[d]	**d**octeur, ma**d**ame
[k]	co**q**, **k**iwi, **qu**artier
[g]	**g**are, ba**gu**e
[ʃ]	**ch**at, va**ch**e
[ʒ]	**j**e, pa**g**e
[f]	**f**amille, coi**ff**eur, **ph**rase
[v]	**v**ache, grè**v**e
[s]	**s**ac, mou**ss**e, **ç**a, pa**t**ience
[z]	**z**one, mai**s**on
[m]	**m**oi, ho**mm**e
[n]	**n**otre, do**nn**er, â**n**e
[ɲ]	champa**gn**e, épar**gn**e
[l]	**l**ivre, co**ll**er, mi**ll**e
[ʀ]	**r**adio, ve**rr**e

Semiconsonantes

[j]	**hi**er, ca**ill**ou, fam**ill**e
[w]	**ou**est, **ou**i, ki**w**i
[ɥ]	h**u**ître, j**u**illet, rem**u**er

Vocales

[a]	**a**bbé, ren**a**rd
[ɑ]	**â**cre, p**â**te
[e]	**é**lève, f**é**licit**er**
[ɛ]	él**è**ve, gr**e**ffe
[ə]	gr**e**nouille, n**e**veu
[i]	h**i**ver, f**i**celle, calor**ie**
[o]	**eau**, h**ô**pital, can**ot**
[ɔ]	h**o**mme, imp**o**rtant
[œ]	h**eu**reux, b**eu**rre
[ø]	heur**eux**, tond**eu**se
[y]	**u**niforme, tr**u**c, r**ue**
[ɑ̃]	**An**toine, d**ans**, enf**ant**
[ɛ̃]	**im**possible, enf**in**
[ɔ̃]	**on**cle, pantal**on**
[œ̃]	l**un**di, comm**un**

En las palabras francesas que empiezan por *h*, el símbolo ['] delante de la transcripción fonética indica que no se practica la *liaison* ni se apostrofan los determinantes *le* y *la*, ni la preposición *de*:
haricot ['aʀiko] *un plat de haricots, le haricot*

Symboles des transcriptions phonétiques espagnoles

Consonnes

[p]	**p**an, tri**p**a
[b]	**b**arco, **v**alle
[ß]	ha**b**a, li**b**ro, a**v**aro
[t]	**t**ar**t**a, sus**t**o
[d]	**d**octor, **d**istrito
[θ]	**z**apato, **c**ero, capa**z**
[ð]	bo**d**a, malda**d**
[k]	**c**orte, **qu**ien, va**c**a
[g]	**g**allo, **g**rabar
[ɣ]	la**g**o, ne**g**ro
[χ]	**j**ota, **g**énero, carca**j**
[f]	**f**amilia, tro**f**eo
[s]	**s**u**s**to, atrá**s**
[z]	mi**s**mo, a**s**no, ra**s**go
[m]	**m**adre, ho**m**bre
[n]	**n**orte, mo**n**o, pla**n**
[ɲ]	**ñ**oqui, madrile**ñ**o
[l]	**l**ibro, po**l**o, mi**l**
[ʎ]	**ll**amar, cue**ll**o
[r]	po**r**te**r**o, come**r**
[r̄]	**r**adio, ca**rr**o

Voyelles

[a]	**á**b**a**co, dir**á**
[e]	**e**st**e**, p**e**lo,
[i]	**i**sla, l**i**bro, com**í**
[o]	h**o**ra, **o**s**o**
[u]	**u**ña, m**u**la, trib**u**

Semi-consonnes

[j]	a**y**er, h**i**ena, l**i**ar, pa**i**sano
[w]	ab**u**elo, act**u**ar, resid**u**o

L'accent tonique

Pour les transcriptions espagnoles, l'accent tonique est marqué par un trait vertical au-dessus de la voyelle: (ȧ,ė,i,ȯ,u̇): puerto [pwėrto], Córdoba [kȯrðoβa].

Dictionnaire
Français - Espagnol

A

à [a] (**à** + **le** se contraen en **au**, y **à** + **les** en **aux**) *prép* **1** *(complément indirect)* a: ***j'écris à mon père***, escribo a mi padre. **2** *(temps)* a, hasta: ***sa tante est venue à 4 heures***, su tía vino a las cuatro; ***à mercredi !***, ¡hasta el miércoles! **3** *(espace)* en: ***il habite à Londres***, vive en Londres; ***j'ai une maison à la montagne***, tengo una casa en la montaña. **4** *(direction, destination)* a: ***elle ira à Paris***, irá a París; ***il va acheter des croissants à la boulangerie***, va a comprar cruasanes a la panadería. **5** *(manière, moyen, instrument)* a: ***taper à la machine***, escribir a máquina; ***traverser la rivière à la nage***, cruzar el río a nado; ***acheter à crédit***, comprar a crédito. **6** *(finalité)* a, de: ***porter une montre à réparer***, llevar a arreglar un reloj; ***une assiette à dessert***, un plato de postre. **7** *(combinaison, mélange)* con: ***café au lait***, café con leche; ***lapin aux pommes de terre***, conejo con patatas. **8** *(chiffre, prix)* de: ***un timbre à un euro***, un sello de un euro. **9** *(appartenance)* ***cette voiture est à moi***, este coche es mío. **10** *(distribution)* por: ***vendre à la douzaine***, vender por docenas; ***cent km à l'heure***, cien km por hora; ***tout est à faire***, todo está por hacer.

abaisser [abese] *vt* **1** *(gén)* bajar. **2** *(prix)* bajar, reducir.

► *vpr* **s'abaisser** **1** *(terrain)* descender. **2** *(s'humilier)* rebajarse.

abandon [abɑ̃dɔ̃] *nm* abandono *m*.

• **à l'abandon** abandonado,-da.

abandonner [abɑ̃dɔne] *vt* **1** *(gén)* abandonar. **2** *(s'abstenir de)* renunciar a.

► *vpr* **s'abandonner** **1** *(gén)* abandonarse. **2** *(se livrer)* entregarse (**à**, a): ***s'abandonner au désespoir***, dejarse llevar por la desesperación.

abasourdi,-e [abazurdi] *adj* atónito,-ta.

abat-jour [abaʒuʀ] *nm inv (de lampe)* pantalla *f*.

abats [aba] *nm pl (de bétail)* despojos *m pl*, asaduras *f pl*; *(de volaille)* menudillos *m pl*.

abattage [abataʒ] *nm* **1** *(d'arbres)* tala *f*. **2** *(d'animaux)* matanza *f*.

abattement [abatmɑ̃] *nm* **1** *(physique, moral)* abatimiento *m*. **2** *(fiscal)* deducción *f*.

abattoir [abatwaʀ] *nm* matadero *m*.

abattre [abatʀ] *vt* **1** *(avion, statue)* derribar. **2** *(animal, personne)* matar. **3** *(arbre)* cortar. **4** *(fatiguer)* debilitar: ***la maladie l'a abattu***, la enfermedad lo ha debilitado.

► *vpr* **s'abattre** **1** *(tomber)* desplomarse. **2** *(aigle, problèmes)* abatirse (**sur**, sobre): ***les ennuis se sont abattus sur son entreprise***, las desgracias se abatieron sobre su empresa.

abbaye [abei] *nf* abadía *f*.

abbé [abe] *nm* **1** *(gén)* cura *m*. **2** *(de couvent)* abad *m*.

abbesse [abɛs] *nf* abadesa *f*.

abcès [apsɛ] *nm* absceso *m*.

abdiquer [abdike] *vi* **1** *(roi)* abdicar. **2** *(abandonner)* rendirse.

abdomen [abdɔmɛn] *nm* abdomen *m*.

abdominal,-e [abdɔminal] *adj* abdominal.

► *nm pl* **abdominaux** *(exercices)* abdominales *m pl*.

abeille [abɛj] *nf* abeja *f*.
abîme [abim] *nm* abismo *m*.
abîmer [abime] *vt* **1** *(objet)* deteriorar, estropear. **2** *fam (persona)* lisiar.
► *vpr* **s'abîmer** estropearse.
abject,-e [abzɛkt] *adj* abyecto,-ta.
abjurer [abʒyʀe] *vt* abjurar.
aboiement [abwamɑ̃] *nm* ladrido *m*.
abominable [abɔminabl] *adj* abominable.
abondance [abɔ̃dɑ̃s] *nf* **1** *(gén)* abundancia *f*. **2** *(richesse)* opulencia *f*.
• **en abondance** en abundancia.
abondant,-e [abɔ̃dɑ̃,-ɑ̃t] *adj* **1** *(gén)* abundante. **2** *(végétation)* frondoso,-sa.
abonder [abɔ̃de] *vi* **1** *(exister)* abundar. **2** **abonder en** *(produire)* tener mucho: ***le pays abonde en légumes***, el país produce mucha verdura.
• **abonder dans le sens de QQN** abundar en la misma opinión que ALGN.
abonné,-e [abɔne] *adj - nm,f* **1** *(au gaz, au théâtre)* abonado,-da. **2** *(à un journal)* suscriptor,-ra.
abonnement [abɔnmɑ̃] *nm* **1** *(à un journal)* suscripción *f*. **2** *(à un théâtre)* abono *m*.
abonner [abɔne] *vt* **1** *(journal)* suscribir (**à**, a). **2** *(théâtre)* abonar (**à**, a).
► *vpr* **s'abonner 1** *(journal)* suscribirse (**à**, a). **2** *(théâtre)* abonarse (**à**, a).
abord [abɔʀ] *nm* acceso *m*.
► *nm pl* **abords** alrededores *m pl*, inmediaciones *f pl*.
• **au premier abord** a primera vista.
• **d'abord** primero, en primer lugar.
• **tout d'abord** primero, en primer lugar.
abordable [abɔrdabl] *adj* **1** *fml (lieu, personne)* accesible. **2** *(prix)* asequible.
aborder [abɔʀde] *vt* **1** *(bateau)* abordar. **2** *(un sujet)* tratar. **3** *fig (une personne)* abordar a.
aborigène [abɔʀiʒɛn] *adj-nmf* aborigen.
aboutir [abutiʀ] *vi* **1** *(rue)* desembocar (**à/dans**, en). **2** *(mener)* conducir (**à**, a), acabar (**à**, en). **3** *(accord, négociation)* dar resultado, tener éxito.
aboyer [abwaje] *vi* **1** *(le chien)* ladrar. **2** *(injurier)* increpar (**après/contre**, a).
abrasif,-ive [abʀazif,-iv] *adj* abrasivo,-va.
► *nm* **abrasif** abrasivo *m*.
abréger [abʀeʒe] *vt* **1** *(gén)* abreviar. **2** *(un texte)* resumir. **3** *(vacances)* acortar.
abreuver [abʀœve] *vt* **1** *(de liquide)* abrevar. **2** *(d'injures, de louanges)* abrumar (**de**, con).
► *vpr* **s'abreuver** beber.
abreuvoir [abʀœvwaʀ] *nm* abrevadero *m*.
abréviation [abʀevjasjɔ̃] *nf* abreviatura *f*.
abri [abʀi] *nm* **1** *(d'un danger)* refugio *m*. **2** *(contre la pluie, le vent)* cobertizo *m*.
• **à l'abri** a cubierto.
• **à l'abri de** al amparo de.
abricot [abʀiko] *nm* albaricoque *m*.
abricotier [abʀikɔtje] *nm* albaricoquero *m*.
abriter [abʀite] *vt* **1** *(des intempéries)* resguardar. **2** *(hôtel)* albergar.
► *vpr* **s'abriter** resguardarse, protegerse: ***s'abriter de la pluie***, protegerse de la lluvia.
abroger [abʀɔʒe] *vt* abrogar.
abrupt,-e [abʀypt] *adj* abrupto,-ta.
abruti,-e [abʀyti] *adj - nm,f fam* imbécil.
abrutir [abʀytiʀ] *vt* embrutecer.
absence [apsɑ̃s] *nf* **1** *(gén)* ausencia *f*. **2** *(manque)* carencia *f*, falta *f*.
• **en l'absence de** en ausencia de.
absent,-e [absɑ̃,-ɑ̃t] *adj - nm,f* ausente.
absenter (s') [apsɑ̃te] *vpr* ausentarse.
absinthe [apsɛ̃t] *nf* ajenjo *m*, absenta *f*.
absolu,-e [apsɔly] *adj* absoluto,-ta.
► *nm* **absolu** absoluto *m*.
absolument [apsɔlymɑ̃] *adv* **1** *(gén)* absolutamente: ***cela n'a absolument rien à voir***, eso no tiene absolutamente nada que ver. **2** *(nécessairement)* sin falta: ***il faut absolument y aller***, hay que ir sin falta.
absorbant,-e [apsɔʀbɑ̃,-ɑ̃t] *adj* absorbente.
► *nm* **absorbant** absorbente *m*.
absorber [apsɔʀbe] *vt* **1** *(gén)* absorber. **2** *(boisson, aliment)* tomar.
abstenir (s') [apstəniʀ] *vpr* abstenerse (**de**, de).
abstention [apstɑ̃sjɔ̃] *nf* abstención *f*.
abstinence [apstinɑ̃s] *nf* abstinencia *f*.
abstrait,-e [apstʀɛ,-ɛt] *adj* abstracto,-ta.
absurde [apsyʀd] *adj* absurdo,-da.
abus [aby] *nm* abuso *m*.
▪ **abus de pouvoir** abuso de poder.

abuser [abyze] *vi (situation, alcool)* abusar (**de**, de).
► *vt (tromper)* engañar.
abusif,-ive [abyzif,-iv] *adj* abusivo,-va.
acabit [akabi].
• **du même acabit** de la misma calaña.
acacia [akasja] *nm* acacia *f.*
académicien,-enne [akademisjɛ̃,-ɛn] *nm,f* académico,-ca.
académie [akademi] *nf* **1** *(gén)* academia *f.* **2** *(circonscription) cada uno de los distritos administrativos en que se divide la enseñanza en Francia.*
académique [akademik] *adj* académico,-ca.
acajou [akaʒu] *nm* caoba *f.*
accabler [akable] *vt* **1** *(travail, reproches)* agobiar (**de**, de), abrumar (**de**, con). **2** *fig (cadeaux, conseils)* colmar (**de**, de).
accalmie [akalmi] *nf* calma *f.*
accaparer [akapaʀe] *vt* acaparar.
accéder [aksede] *vt* **1** *(lieu)* entrar (**à**, en), acceder (**à**, a). **2** *(demande, objectif)* acceder (**à**, a).
accélérateur [akseleʀatœʀ] *nm* acelerador *m.*
accélérer [akseleʀe] *vt* **1** *(l'allure)* acelerar. **2** *(affaire, démarche)* activar.
► *vi* acelerar.
accent [aksɑ̃] *nm* acento *m.*
• **mettre l'accent sur** hacer hincapié en.
▪ **accent aigu** acento agudo.
▪ **accent circonflexe** acento circunflejo.
▪ **accent grave** acento grave.
accentuer [aksɑ̃tɥe] *vt* acentuar.
► *vpr* **s'accentuer** acentuarse.
acceptable [aksɛptabl] *adj* aceptable.
accepter [aksɛpte] *vt* aceptar.
• **accepter de +** *inf (consentir)* aceptar + *inf:* ***il a accepté de tout raconter***, aceptó contarlo todo.
accès [aksɛ] *nm* **1** *(entrée)* acceso *m*, entrada *f.* **2** *(de fièvre, de toux)* ataque *m.* **3** *(de colère)* arrebato *m.*
accessible [aksesibl] *adj* **1** *(lieu, personne)* accesible. **2** *(prix)* asequible.
accessoire [akseswaʀ] *adj* accesorio,-ria.
► *nm* accesorio *m.*
► *nm pl* **accessoires** *(au théâtre)* atrezzo *m sing.*
accident [aksidɑ̃] *nm* accidente *m.*
• **par accident** por casualidad.
▪ **accident de la route** accidente de tráfico.
▪ **accident de travail** accidente laboral.
accidenté,-e [aksidɑ̃te] *nm,f* **1** *(terrain)* accidentado,-da. **2** *(véhicule)* estropeado,-da. **3** *(personne)* accidentado,-da.
acclamation [aklamasjɔ̃] *nf* aclamación *f.*
acclamer [aklame] *vt* aclamar.
acclimater [aklimate] *vt* aclimatar (**à**, a).
► *vpr* **s'acclimater** aclimatarse (**à**, a).
accolade [akɔlad] *nf* **1** *(embrassade)* abrazo *m.* **2** *(signo)* llave *f.*
accommoder [akɔmɔde] *vt* **1** *(adapter)* acomodar, adaptar. **2** CUIS preparar.
► *vpr* **s'accommoder 1** *(s'adapter)* adaptarse (**à**, a). **2** *(se contenter)* conformarse (**de**, con).
accompagnateur,-trice [akɔ̃paɲatœʀ, -tʀis] *nm,f* acompañante.
accompagner [akɔ̃paɲe] *vt* acompañar.
• **s'accompagner de** QQCH acompañarse con ALGO.
accomplir [akɔ̃pliʀ] *vt* **1** *(tâche)* llevar a cabo, realizar. **2** *(devoir)* cumplir.
► *vpr* **s'accomplir** cumplirse.
accord [akɔʀ] *nm* **1** *(gén)* acuerdo *m.* **2** *(assentiment)* aprobación *f:* ***demander l'accord de son supérieur***, pedir la aprobación de su superior. **3** MUS acorde *m.*
• **d'accord** de acuerdo.
• **se mettre d'accord** ponerse de acuerdo.
accordéon [akɔʀdeɔ̃] *nm* acordeón *m.*
accorder [akɔʀde] *vt* **1** *(faveur)* conceder, otorgar. **2** *(chose, idée, couleur)* combinar. **3** *(verbe)* concordar, hacer concordar. **4** MUS afinar.
► *vpr* **s'accorder 1** *(être d'accord)* ponerse de acuerdo. **2** *(verbe)* concordar: ***le verbe s'accorde avec le sujet***, el verbo concuerda con el sujeto.
accoster [akɔste] *vt* **1** *(personne)* abordar. **2** *(bateau)* atracar.
accotement [akɔtmɑ̃] *nm* arcén *m.*

accouchement [akuʃmɑ̃] *nm* parto *m*.
accoucher [akuʃe] *vi* **1** *(enfant)* dar a luz. **2** *fam (parler)* soltar: ***accouche !***, ¡desembucha!
► *vt (le médecin)* asistir al parto de.
accouder (s') [akude] *vpr* apoyarse.
accoudoir [akudwaʀ] *nm (de fauteuil)* brazo *m*.
accoupler [akuple] *vt* **1** *(choses)* emparejar. **2** *(animaux)* aparear.
► *vpr* **s'accoupler** acoplarse.
accourir [akuʀiʀ] *vi* acudir.
accoutumer [akutyme] *vt* acostumbrar (**à**, a).
► *vpr* **s'accoutumer** acostumbrarse (**à**, a).
accréditer [akʀedite] *vt* **1** *(autoriser)* acreditar. **2** *(rumeur)* dar crédito a.
accro [akʀo] *adj - nmf* **1** *fam (à la musique, aux sports)* adicto,-ta: ***être accro au jazz***, estar colgado por el jazz. **2** *fam (à la drogue)* enganchado,-da.
accrochage [akʀɔʃaʒ] *nm* **1** *(accident)* choque *m*, colisión *f*. **2** *fam (entre personnes)* enganchada *f*.
accrocher [akʀɔʃe] *vt* **1** *(tableau, veste)* colgar. **2** *(retenir)* enganchar: ***j'ai accroché mon collant avec mon ongle***, me he enganchado la media con la uña.
► *vpr* **s'accrocher** **1** *(se retenir)* agarrarse (**à**, a). **2** *fam (personnes)* pelearse.
accroître [akʀwatʀ] *vt* aumentar.
► *vpr* **s'accroître** incrementarse.
accroupir (s') [akʀupiʀ] *vpr* ponerse en cuclillas.
accueil [akœj] *nm* **1** *(gén)* acogida *f*. **2** *(lieu)* recepción *f*.
accueillant,-e [akœjɑ̃,-ɑ̃t] *adj* acogedor,-ra.
accueillir [akœjiʀ] *vt* **1** *(une personne)* acoger. **2** *(nouvelle)* recibir.
acculer [akyle] *vt* acorralar.
accumuler [akymyle] *vt* acumular.
► *vpr* **s'accumuler** acumularse.
accusatif [akyzatif] *nm* acusativo *m*.
accusation [akyzasjɔ̃] *nf* acusación *f*.
accusé,-e [akyze] *adj - nm,f* acusado,-da.
■ **accusé de réception** acuse *m* de recibo.
accuser [akyze] *vt* acusar: ***accuser réception de***, acusar recibo de; ***elle a accusé son voisin de vol***, acusó a su vecino de robo.
► *vpr* **s'accuser** acusarse.
acharné,-e [aʃaʀne] *adj* **1** *(fait avec ardeur)* encarnizado,-da: ***une lutte acharnée***, una lucha encarnizada. **2** *(tenace)* incansable: ***c'est un défenseur acharné des droits de l'homme***, es un defensor incansable de los derechos humanos. **3** *(joueur)* empedernido,-da. **4** *(travail)* intenso,-sa.
acharner (s') [aʃaʀne] *vpr* **1** *(victime, proie)* ensañarse (**sur/contre**, con). **2** *(s'obstiner)* obstinarse (**à**, en).
achat [aʃa] *nm* compra *f*.
acheminer [aʃmine] *vt* transportar.
► *vpr* **s'acheminer** encaminarse (**vers**, hacia).
acheter [aʃte] *vt* comprar.
achever [aʃve] *vt* **1** *(gén)* acabar, terminar. **2** *(un animal malade)* rematar.
► *vpr* **s'achever** acabarse.
acide [asid] *adj* ácido,-da.
► *nm* ácido *m*.
acidité [asidite] *nf* acidez *f*.
acier [asje] *nm* acero *m*.
■ **acier inoxydable** acero inoxidable.
acné [akne] *nf* acné *m*.
acolyte [akɔlit] *nm* acólito *m*.
acompte [akɔ̃t] *nm* cantidad *f* a cuenta.
à-coup [aku] *nm* (*pl* **à-coups**) sacudida *f*.
• **par à-coups** a trompicones.
acoustique [akustik] *adj* acústico,-ca.
► *nf* acústica *f*.
acquérir [akeʀiʀ] *vt* adquirir.
acquiescer [akjese] *vi fml (dire oui)* asentir.
► *vt fml (consentir)* consentir (**à**, en).
acquis,-e [aki,-iz] *adj (gén)* adquirido,-da.
► *nm* **acquis** experiencia *f*.
acquisition [akizisjɔ̃] *nf* adquisición *f*.
acquit [aki] *nm* recibo *m*.
• **" Pour acquit "** COMM "Recibí".
acquittement [akitmɑ̃] *nm* **1** *(de dette)* pago *m*. **2** *(d'un accusé)* absolución *f*.
acquitter [akite] *vt* **1** *(dette)* pagar. **2** *(accusé)* absolver.

► *vpr* **s'acquitter** 1 *(dette)* pagar (**de**, -). 2 *(obligation)* cumplir (**de**, con).
âcre [akʀ] *adj* acre.
acrobate [akʀɔbat] *nmf* acróbata.
acropole [akʀɔpɔl] *nf* acrópolis *f.*
acrylique [akʀilik] *adj* acrílico,-ca.
acte [akt] *nm* 1 *(gén)* acto *m.* 2 DR acta *f.*
► *nf pl* **actes** actas *f pl.*
• **faire acte de** dar pruebas de: ***il fit acte de courage***, demostró su valor.
• **faire acte de présence** hacer acto de presencia.
• **prendre acte de** tomar nota de.
▪ **acte de mariage** certificado *m* de matrimonio.
▪ **acte de naissance** partida *f* de nacimiento.
acteur,-trice [aktœʀ,-tʀis] *nm,f* actor *m*, actriz *f.*
actif,-ive [aktif,-iv] *adj* activo,-va.
► *nm* **actif** COMM activo *m.*
action [aksjɔ̃] *nf* acción *f.*
• **faire une bonne/mauvaise action** hacer una buena/mala acción.
• **passer à l'action** pasar a la acción.
actionnaire [aksjɔnɛʀ] *nmf* accionista.
actionner [aksjɔne] *vt* accionar.
activer [aktive] *vt* 1 *(travaux)* activar, acelerar. 2 *(feu)* avivar.
► *vpr* **s'activer** darse prisa.
activiste [aktivist] *nmf* activista.
activité [aktivite] *nf* actividad *f.*
actualisation [aktɥalizasjɔ̃] *nf* actualización *f.*
actualiser [aktɥalize] *vt* actualizar.
► *vpr* **s'actualiser** actualizarse.
actualité [aktɥalite] *nf* actualidad *f.*
► *nf pl* **actualités** las noticias.
actuel,-elle [aktɥɛl] *adj* actual.
acuité [akɥite] *nf* agudeza *f.*
acuponcture [akypɔ̃ktyʀ] *nf* acupuntura *f.*
adaptateur [adaptatœʀ] *nm* adaptador *m.*
adaptation [adaptasjɔ̃] *nf* adaptación *f.*
adapter [adapte] *vt* adaptar.
► *vpr* **s'adapter** adaptarse (**à**, a).
additif [aditif] *nm* aditivo *m.*
addition [adisjɔ̃] *nf* 1 *(ajout)* adición *f.* 2 *(au restaurant)* cuenta *f.* 3 MATH suma *f.*
additionnel,-elle [adisjɔnɛl] *adj* adicional.
additionner [adisjɔne] *vt* sumar.
adepte [adɛpt] *nmf* adepto,-ta.
adéquat,-e [adekwa,-at] *adj* adecuado,-da.
adhérence [adeʀɑ̃s] *nf* adherencia *f.*
adhérent,-e [adeʀɑ̃,-ɑ̃t] *adj* adherente.
► *nm,f* miembro.
adhérer [adere] *vt* 1 *(coller)* pegarse (**à**, a). 2 *(idée, opinion)* adherirse (**à**, a). 3 *(association)* hacerse miembro (**à**, de). 4 *(parti)* afiliarse (**à**, a).
adhésif,-ive [adezif,-iv] *adj* adhesivo,-va.
► *nm* **adhésif** adhesivo *m.*
adhésion [adezjɔ̃] *nf* adhesión *f.*
adieu [adjø] *nm* adiós *m.*
► *interj* **adieu!** ¡adiós!
• **faire ses adieux** despedirse.
adipeux,-euse [adipø,-øz] *adj* adiposo,-sa.
adjacent,-e [adʒasɑ̃,-ɑ̃t] *adj* adyacente.
adjectif,-e [adʒɛktif,-iv] *adj* adjetivo,-va.
► *nm* **adjectif** adjetivo *m.*
adjoint,-e [adʒwɛ̃,-ɛ̃t] *adj* - *nm,f* adjunto,-ta.
▪ **adjoint,-e au maire** teniente de alcalde.
adjuger [adʒyʒe] *vt* adjudicar.
admettre [admɛtʀ] *vt* 1 *(gén)* admitir. 2 *(hypothèse)* suponer. 3 *(à un examen)* aprobar: ***il a été admis à l'agrégation***, ha aprobado las oposiciones para profesor de instituto.
administrateur,-trice [administʀatœʀ, -tʀis] *nm,f* administrador,-ra.
▪ **administrateur judiciaire** síndico *m* de quiebra.
administratif,-ive [administratif,-iv] *adj* administrativo,-va.
administration [administrasjɔ̃] *nf* administración *f.*
administrer [administʀe] *vt* 1 *(ville, médicament)* administrar. 2 *fam (des coups)* dar.
admirable [admiʀabl] *adj* admirable.
admiration [admiʀasjɔ̃] *nf* admiración *f.*
admirer [admiʀe] *vt* admirar.
admis,-e [admi,-iz] *adj* 1 *(accepté)* admitido,-da. 2 *(à un examen)* aprobado,-da.

admission [admisjɔ̃] *nf* admisión *f.*
ADN [adeɛn] *abr* ***(acide désoxyribonucléique)*** ADN.
adolescence [adɔlesɑ̃s] *nf* adolescencia *f.*
adolescent,-e [adɔlesɑ̃,-ɑ̃t] *adj - nm,f* adolescente.
adonner (s') [adɔne] *vpr* **1** *(activité)* dedicarse (**à**, a). **2** *(vice)* entregarse (**à**, a).
adopter [adɔpte] *vt* **1** *(enfant)* adoptar. **2** *(loi)* aprobar.
adoptif,-ive [adɔptif,-iv] *adj* adoptivo,-va.
adoption [adɔpsjɔ̃] *nf* adopción *f*: ***pays d'adoption***, país adoptivo.
adorable [adɔʀabl] *adj* encantador,-ra.
adoration [adɔʀasjɔ̃] *nf* adoración *f.*
adorer [adɔʀe] *vt* **1** *(gén)* adorar. **2** *fam (aimer)* encantar: ***j'ai adoré ce film***, me encantó esa peli.
adosser [adose] *vt* apoyar (**à/contre**, en/contra).
► *vpr* **s'adosser** apoyarse (**à/contre**, en/contra).
adoucir [adusiʀ] *vt (visage, voix)* suavizar.
► *vpr* **s'adoucir** suavizarse.
adoucissant,-e [adusisɑ̃,-ɑ̃t] *adj* suavizante.
► *nm* **adoucissant** suavizante *m.*
adresse [adʀɛs] *nf* **1** *(domicile)* dirección *f.* **2** *(habileté)* destreza *f.*
• **à l'adresse de** para.
▪ **adresse électronique** dirección de correo (electrónico), dirección electrónica.
adresser [adʀɛse] *vt* **1** *(lettre)* enviar. **2** *(parole)* dirigir.
► *vpr* **s'adresser** dirigirse (**à**, a).
adroit,-e [adʀwa,-at] *adj* hábil, diestro, -tra.
ADSL [adeɛsɛl] *abr* INFORM ***(asymmetric digital subscriber line)*** ADSL.
aduler [adyle] *vt* adular.
adulte [adylt] *adj - nmf* adulto,-ta.
adultère [adyltɛʀ] *adj - nmf* adúltero,-ra.
► *nm* adulterio *m.*
advenir [advəniʀ] *v impers* ocurrir: ***qu'est-il advenu de ... ?***, ¿qué ha sido de...?
adverbe [advɛʀb] *nm* adverbio *m.*
adversaire [advɛʀsɛʀ] *nmf* adversario, -ria.
adversité [advɛʀsite] *nf* adversidad *f.*
aération [aerasjɔ̃] *nf* ventilación *f.*
aérer [aeʀe] *vt* ventilar.
aérien,-enne [aeʀjɛ̃,-ɛn] *adj* aéreo,-a.
aérobic [aeʀɔbik] *nm* aeróbic *m*, aerobic *m.*
aérodrome [aeʀɔdʀom] *nm* aeródromo *m.*
aérodynamique [aeʀɔdinamik] *adj* aerodinámico,-ca.
aérogare [aeʀɔgaʀ] *nf* terminal *f.*
aéronautique [aeʀɔnotik] *nf* aeronáutica *f.*
aérophagie [aeʀɔfaʒi] *nf* aerofagia *f.*
aéroplane [aeʀɔplan] *nm* aeroplano *m.*
aéroport [aeʀɔpɔʀ] *nm* aeropuerto *m.*
aérosol [aeʀɔsɔl] *nm* aerosol *m.*
aérospatial,-e [aeʀɔspasjal] *adj* aeroespacial.
aérostat [aeʀɔsta] *nm* aeróstato *m.*
affaiblir [afebliʀ] *vt* debilitar.
► *vpr* **s'affaiblir** debilitarse.
affaire [afɛʀ] *nf* **1** *(gén)* asunto *m.* **2** *(question)* cuestión *f*: ***c'est une affaire de goût***, es cuestión de gustos. **3** COMM negocio *m.* **4** DR caso *m*: ***l'affaire Dreyfus***, el caso Dreyfus. **5** *(marché avantageux)* ganga *f*: ***achète-le, c'est une affaire***, cómpralo, es una ganga.
► *nf pl* **affaires** **1** *(objets personnels)* cosas *f pl*, trastos *m pl.* **2** COMM negocios *m pl*: ***homme d'affaires***, hombre de negocios.
• **avoir affaire à QQN** tener que vérselas con ALGN.
• **c'est mon affaire** es asunto mío.
• **se tirer d'affaire** salir de un mal paso.
affaisser (s') [afese] *vpr* **1** *(terrain)* hundirse. **2** *(personne)* desplomarse.
affaler (s') [afale] *vpr* repantingarse: ***il a passé toute la soirée affalé sur le canapé***, se ha pasado toda la tarde tirado en el sofá.
affamé,-e [afame] *adj* hambriento,-ta.
affecter [afɛkte] *vt* **1** *(assigner)* destinar. **2** *(maladie, sentiment)* fingir: ***inutile d'affecter la compassion***, es inútil que finjas compasión. **3** *(émouvoir)* afectar, afligir: ***la***

mort de son père l'a beaucoup affecté, la muerte de su padre lo afectó muchísimo.
affectif,-ive [afɛktif,-iv] *adj* afectivo,-va.
affection [afɛksjɔ̃] *nf* **1** *(amour)* afecto *m*, cariño *m*. **2** *(maladie)* afección *f*.
affectionner [afɛksjɔne] *vt* ser aficionado,-a a.
affectueux,-euse [afɛktɥø,-øz] *adj* afectuoso,-sa.
affichage [afiʃaʒ] *nm* **1** *(d'affiches, posters)* colocación *f*. **2** *(à l'écran)* visualización *f*.
• **" Affichage interdit "** "Prohibido fijar carteles".
affiche [afiʃ] *nf* cartel *m*.
• **être à l'affiche** estar en cartel.
afficher [afiʃe] *vt* **1** *(poster)* fijar, colocar. **2** *(sentiment, opinion)* ostentar, exhibir. **3** *(à l'écran)* poner.
► *vpr* **s'afficher** *(à l'écran)* visualizarse.
affilée [afile].
• **d'affilée** seguido,-da, de un tirón: ***il a lu le livre d'affilée***, leyó el libro de un tirón; ***trois jours d'affilée***, tres días seguidos.
affiler [afile] *vt* afilar.
affilier (s') [afilje] *vpr* afiliarse (**à**, a).
affiner [afine] *vt* refinar.
► *vpr* **s'affiner** refinarse.
affinité [afinite] *nf* afinidad *f*.
affirmatif,-ive [afiʀmatif,-iv] *adj* afirmativo,-va.
affirmation [afiʀmasjɔ̃] *nf* afirmación *f*.
affirmer [afiʀme] *vt* afirmar.
► *vpr* **s'affirmer** asentarse.
affleurer [aflœʀe] *vi* aflorar.
affliger [afliʒe] *vt* afligir.
► *vpr* **s'affliger** afligirse.
affluence [aflyɑ̃s] *nf* afluencia *f*.
affluent [aflɥɑ̃] *nm* afluente *m*.
afflux [afly] *nm* **1** *(de personnes)* afluencia *f*. **2** MÉD aflujo *m*.
affolement [afɔlmɑ̃] *nm* pánico *m*.
affoler [afɔle] *vt* enloquecer.
► *vpr* **s'affoler** perder la cabeza: ***ne nous affolons pas, ce n'est pas grave***, no nos pongamos nerviosos, no es grave.
affranchir [afʀɑ̃ʃiʀ] *vt* **1** *(lettre)* franquear. **2** *(esclaves)* libertar.
affréter [afʀete] *vt* fletar.
affreux,-euse [afʀø,-øz] *adj* horrible, horroroso,-sa.
affriolant,-e [afʀijɔlɑ̃,-ɑ̃t] *adj* provocativo,-va.
affrontement [afʀɔ̃tmɑ̃] *nm* enfrentamiento *m*.
affronter [afʀɔ̃te] *vt* afrontar.
► *vpr* **s'affronter** enfrentarse (**à**, a).
affubler [afyble] *vt* ataviar (**de**, con): ***elle l'a affublé d'un surnom amusant***, lo ha bautizado con un mote divertido.
affût [afy] *nm* puesto *m* (de caza).
• **être à l'affût** estar al acecho.
afghan,-e [afgɑ̃,-an] *adj* afgano,-na.
► *nm,f* **Afghan,-e** afgano,-na.
► *nm* **afghan** *(langue)* afgano *m*.
Afghanistan [afganistɑ̃] *nm* Afganistán.
afin [afɛ̃].
• **afin de** a fin de, para: ***elle économise afin de partir en voyage***, ahorra para poder irse de viaje.
• **afin que +** ***subjonctif*** a fin de que + *subjuntivo*, para que + *subjuntivo*: ***elle répète trois fois l'adresse afin qu'il comprenne***, le repite tres veces la dirección para que lo entienda.
africain,-e [afʀikɛ̃,-ɛn] *adj* africano,-na.
► *nm,f* **Africain,-e** africano,-na.
Afrique [afʀik] *nf* África.
▪ **Afrique du Sud** Sudáfrica.
agaçant,-e [agasɑ̃,-ɑ̃t] *adj* **1** *(bruit)* molesto,-ta. **2** *(personne)* irritante.
agacer [agase] *vt* molestar, irritar.
agate [agat] *nf* ágata *f*.
âge [aʒ] *nm* edad *f*: ***il est mort à l'âge de 58 ans***, murió a la edad de 58 años; ***quel âge avez-vous ?***, ¿cuántos años tiene?
• **prendre de l'âge** envejecer.
▪ **âge de raison** uso *m* de razón.
▪ **l'âge ingrat** la edad del pavo.
▪ **le troisième âge** la tercera edad.
âgé,-e [aʒe] *adj* mayor: ***il est âgé de 20 ans***, tiene 20 años.
▪ **les personnes âgées** la gente mayor.
agence [aʒɑ̃s] *nf* agencia *f*.
▪ **agence de voyages** agencia de viajes.
agencer [aʒɑ̃se] *vt* arreglar, disponer.
agenda [aʒɛ̃da] *nm* agenda *f*.

agenouiller (s') [aʒ(ə)nuje] *vpr* arrodillarse.
agent [aʒɑ̃] *nm* agente *mf*.
■ **agent de change** agente de cambio y bolsa.
■ **agent de police** (agente de) policía *mf*.
agglomération [aglɔmeʀasjɔ̃] *nf* aglomeración *f*.
aggraver [agʀave] *vt* agravar.
► *vpr* **s'aggraver** agravarse.
agile [aʒil] *adj* ágil.
agilité [aʒilite] *nf* agilidad *f*.
agir [aʒiʀ] *vi* **1** *(gén)* actuar. **2** *(se comporter)* comportarse.
► *vpr* **s'agir** tratarse (**de**, de): ***de quoi s'agit-il ?***, ¿de qué se trata?; ***il s'agit de son père***, se trata de su padre.
agitateur,-trice [aʒitatœʀ,-tʀis] *nm,f* agitador,-ra.
agitation [aʒitasjɔ̃] *nf* agitación *f*.
agiter [aʒite] *vt* **1** *(gén)* agitar. **2** *(bouleverser)* excitar.
► *vpr* **s'agiter** agitarse.
agneau [aɲo] *nm* **1** *(animal, chair)* cordero *m*. **2** *(fourrure)* piel *f* de cordero.
agonie [agɔni] *nf* agonía *f*.
agoniser [agɔnize] *vi* agonizar.
agrafe [agʀaf] *nf* **1** *(pour papier)* grapa *f*. **2** *(pour vêtements)* corchete *m*.
agrafer [agʀafe] *vt* **1** *(papiers)* grapar. **2** *(vêtements)* abrochar.
agrafeuse [agʀaføz] *nf* grapadora *f*.
agraire [agʀɛʀ] *adj* agrario,-ria.
agrandir [agʀɑ̃diʀ] *vt* agrandar, ampliar: ***agrandir une photo***, ampliar una foto.
► *vpr* **s'agrandir 1** *(gén)* agrandarse. **2** *(une ville)* crecer, extenderse.
agrandissement [agʀɑ̃dismɑ̃] *nm* ampliación *f*.
agréable [agʀeabl] *adj* agradable.
agréer [agʀee] *vt* aceptar.
• **veuillez agréer mes salutations distinguées** *(dans une lettre)* (le saluda) atentamente.
agrégation [agʀegasjɔ̃] *nf* *oposición para obtener una cátedra de profesor de instituto o de universidad.*
agrégé,-e [agʀeʒe] *nm,f* catedrático,-ca.
agrémenter [agʀemɑ̃te] *vt fml* adornar.
agresser [agʀɛse] *vt* agredir.
agresseur [agʀɛsœʀ] *nm* agresor,-ra.
agressif,-ive [agʀɛsif,-iv] *adj* agresivo,-va.
agression [agʀɛsjɔ̃] *nf* agresión *f*.
agressivité [agrɛsivite] *nf* agresividad *f*.
agricole [agʀikɔl] *adj* agrícola.
agriculteur,-trice [agrikyltœʀ,-tʀis] *nm,f* agricultor,-ra.
agriculture [agʀikyltyʀ] *nf* agricultura *f*.
■ **agriculture biologique** agricultura biológica.
agripper [agʀipe] *vt* agarrar.
► *vpr* **s'agripper** agarrarse.
agronomie [agʀɔnɔmi] *nf* agronomía *f*.
agrume [agrym] *nm* cítrico *m*.
aguets [agɛ].
• **être aux aguets** estar al acecho.
ah ! [a] *interj* ¡ah!
ahuri,-e [ayʀi] *adj* atónito,-ta, con la boca abierta.
► *nm,f* atontado,-da.
ahurissant,-e [ayrisɑ̃,-ɑ̃t] *adj* alucinante.
aide [ɛd] *nf* ayuda *f*.
► *nmf* ayudante.
• **à l'aide !** ¡socorro!
• **à l'aide de** con la ayuda de, mediante.
• **appeler à l'aide** pedir ayuda.
• **venir en aide à QQN** ayudar a ALGN.
■ **aide** *m* **de camp** ayudante *m* de campo.
■ **aide ménagère** *asistente social que se encarga de la ayuda a domicilio.*
■ **aide sociale** asistencia *f* social.
aider [ede] *vt* ayudar.
► *vpr* **s'aider** ayudarse.
• **s'aider de QQCH** *(utiliser)* servirse de ALGO, valerse de ALGO.
aïeul,-e [ajœl] *nm,f* (*pl* **aïeuls** ou **aïeules**) abuelo,-la.
aïeux [ajø] *nm pl* antepasados *m pl*.
aigle [ɛgl] *nm* águila *f*.
aigre [ɛgʀ] *adj* agrio,-a.
aigre-doux,-douce [ɛgʀədu,-dus] *adj* agridulce.
aigreur [ɛgʀœʀ] *nf* **1** *(des aliments)* agrura *f*. **2** *(des propos)* acritud *f*.
► *nf pl* **aigreurs** MÉD *(d'estomac)* acidez *f sing*.
aigu,-uë [egy] *adj* agudo,-da.

aigue-marine [ɛgmaʀin] *nf* (*pl* **aigues-marines**) aguamarina *f.*
aiguillage [egɥijaʒ] *nm* cambio *m* de agujas.
aiguille [egɥij] *nf* aguja *f.*
aiguilleur [egɥijœʀ] *nm* guardagujas *mf.*
■ **aiguilleur du ciel** controlador,-ra aéreo,-a.
aiguillon [egɥijɔ̃] *nm* aguijón *m.*
aiguiser [egize] *vt* **1** *(couteau)* afilar. **2** *(appétit)* aguzar.
ail [aj] *nm* (*pl* **ails** ou **aulx**) ajo *m.*
aile [ɛl] *nf* **1** *(d'oiseau, d'avion)* ala *f.* **2** *(de moulin)* aspa *f.* **3** *(du nez)* aleta *f.*
aileron [ɛlʀɔ̃] *nm* **1** *(d'avion)* alerón *m.* **2** *(de requin)* aleta *f.*
ailier [elje] *nm (en basket)* alero *mf.*
ailleurs [ajœʀ] *adv* en otro lugar, en otra parte.
• **d'ailleurs** por otra parte, además.
• **par ailleurs** por otro lado.
aimable [ɛmabl] *adj* amable.
aimant[1] [ɛmɑ̃] *nm* imán *m.*
aimant,-e[2] [ɛmɑ̃,-ɑ̃t] *adj* cariñoso,-sa.
aimer [eme] *vt* **1** *(avoir de l'affection)* querer, amar: ***elle aime beaucoup son frère***, quiere mucho a su hermano. **2** *(apprécier)* gustar: ***j'aime la musique classique***, me gusta la música clásica; ***elle aime qu'on fasse attention à elle***, le gusta que le hagan caso.
► *vpr* **s'aimer** quererse: ***ils s'aiment beaucoup***, se quieren mucho.
• **aimer bien** gustar: ***il aime bien se promener tôt le matin***, le encanta pasear por la mañana temprano.
• **aimer mieux** preferir: ***j'aime mieux le rouge***, prefiero el rojo.
aine [ɛn] *nf* ingle *f.*
aîné,-e [ene] *adj - nm,f* **1** *(premier-né)* primogénito,-ta, (el/la) mayor. **2** *(plus âgé)* mayor: ***il est mon aîné de trois ans***, es tres años mayor que yo.
ainsi [ɛ̃si] *adv* así: ***ainsi, tu lui as parlé ?***, ¿así que has hablado con él?
• **ainsi que** así como.
• **ainsi soit-il** así sea.
• **et ainsi de suite** y así sucesivamente.
• **pour ainsi dire** por así decirlo.
air [ɛʀ] *nm* **1** *(gén)* aire *m.* **2** MUS melodía *f.*
• **au grand air** al aire libre.
• **avoir l'air** parecer: ***elle a l'air de s'amuser***, parece que se lo está pasando bien.
• **en l'air** en el aire.
• **en plein air** al aire libre.
• **n'avoir l'air de rien 1** *(travail, problème)* parecer fácil. **2** *(personne)* parecer poca cosa.
• **prendre des grands airs** darse muchos aires.
■ **air comprimé** aire comprimido.
■ **air conditionné** aire acondicionado.
airbag® [ɛʀbag] *nm* airbag® *m.*
aire [ɛʀ] *nf* **1** *(gén)* área *f.* **2** *(de rapace)* nido *m.*
■ **aire de repos** área de descanso.
■ **aire de stationnement** zona *f* de aparcamiento.
aisance [ɛzɑ̃s] *nf* **1** *(facilité)* soltura *f.* **2** *(richesse)* desahogo *m*: ***ils vivent dans l'aisance***, viven con desahogo.
aise [ɛz] *nf* comodidad *f.*
• **être à l'aise** estar a gusto.
• **mettez-vous à l'aise** póngase cómodo.
• **mettre** QQN **mal à l'aise** hacer que ALGN se sienta incómodo.
aisé,-e [eze] *adj* **1** *(style)* fácil. **2** *(personne)* acomodado,-da.
aisselle [ɛsɛl] *nf* axila *f.*
ajourner [aʒuʀne] *vt* **1** *(réunion, décision)* aplazar. **2** *(examen)* suspender.
ajouter [aʒute] *vt* **1** *(gén)* añadir. **2** *(mots)* agregar.
► *vpr* **s'ajouter** sumarse (**à**, a).
ajuster [aʒyste] *vt* **1** *(balance)* ajustar. **2** *(machine)* arreglar.
alambic [alɑ̃bik] *nm* alambique *m.*
alarmant,-e [alaʀmɑ̃,-ɑ̃t] *adj* alarmante.
alarme [alaʀm] *nf* alarma *f.*
• **donner l'alarme** dar la alarma.
alarmer [alaʀme] *vt* alarmar.
► *vpr* **s'alarmer** alarmarse.
albanais,-e [albane,-ɛz] *adj* albanés,-esa.
► *nm,f* **Albanais,-e** albanés,-esa.
► *nm* **albanais** *(langue)* albanés *m.*
Albanie [albani] *nf* Albania.
albâtre [albatʀ] *nm* alabastro *m.*

albatros [albatʀos] *nm* albatros *m.*
albinos [albinos] *adj - nmf* albino,-na.
album [albɔm] *nm* álbum *m.*
alcalin,-e [alkalɛ̃,-in] *adj* alcalino,-na.
alcool [alkɔl] *nm* alcohol *m.*
▪ **alcool à brûler** alcohol de quemar.
alcoolique [alkɔlik] *adj - nmf* alcohólico,-ca.
alcootest® [alkɔtɛst] (también se escribe **alcotest**) *nm* prueba *f* de alcoholemia.
alcôve [alkov] *nf* alcoba *f.*
aléatoire [aleatwaʀ] *adj* aleatorio,-ria.
alentour [alɑ̃tuʀ] *adv* alrededor.
▶ *nm pl* **alentours** alrededores *m pl.*
• **aux alentours de** cerca de: ***la ferme se trouve aux alentours du village***, la granja está cerca del pueblo.
alerte [alɛʀt] *adj* vivo,-va, despierto,-ta.
▶ *nf* alarma *f.*
• **donner l'alerte** dar la alarma.
▪ **alerte à la bombe** aviso *m* de bomba, amenaza *f* de bomba.
▪ **fausse alerte** falsa alarma.
algèbre [alʒɛbʀ] *nf* álgebra *f.*
Algérie [alʒeʀi] *nf* Argelia.
algérien,-enne [alʒeʀjɛ̃,-ɛn] *adj* argelino,-na.
▶ *nm,f* **Algérien,-enne** argelino,-na.
algorithme [algɔʀitm] *nm* MATH algoritmo *m.*
algue [alg] *nf* alga *f.*
alibi [alibi] *nm* coartada *f.*
aliénation [aljenasjɔ̃] *nf* **1** *(de l'individu)* alienación *f.* **2** DR, MÉD enajenación *f.*
aliéné,-e [aljene] *nm,f* **1** *(frustré)* alienado,-da. **2** DR, MÉD enajenado,-da.
aliéner [aljene] *vt* DR alienar, enajenar.
aligner [aliɲe] *vt* **1** *(gén)* alinear (**sur**, con). **2** *(opinion)* ajustar (**sur**, a).
▶ *vpr* **s'aligner 1** *(sur la même ligne)* ponerse en línea. **2** *(se conformer)* alinearse (**sur**, con).
aliment [alimɑ̃] *nm* alimento *m.*
alimentaire [alimɑ̃tɛʀ] *adj* **1** *(produit, travail)* alimenticio,-cia. **2** *(de l'alimentation)* alimentario,-ria.
alimentation [alimɑ̃tasjɔ̃] *nf* alimentación *f.*
alimenter [alimɑ̃te] *vt* **1** *(nourrir)* alimentar. **2** *(approvisionner)* abastecer.
▶ *vpr* **s'alimenter** alimentarse.
aliter [alite] *vt* hacer guardar cama a.
▶ *vpr* **s'aliter** guardar cama.
allaiter [alete] *vt* amamantar.
alléchant,-e [aleʃɑ̃,-ɑ̃t] *adj* **1** *(gâteau)* apetitoso, -sa, que hace la boca agua. **2** *fig (proposition)* tentador,-ra.
allée [ale] *nf* **1** *(de parc)* paseo *m.* **2** *(de jardin)* camino *m.* **3** *(d'avion)* pasillo *m.*
▪ **allées et venues** idas y venidas *f pl.*
alléger [aleʒe] *vt* **1** *(poids)* aligerar. **2** *(douleur)* aliviar.
allégorie [alegɔʀi] *nf* alegoría *f.*
allègre [alɛgʀ] *adj* alegre.
alléguer [alege] *vt* alegar.
Allemagne [almaɲ] *nf* Alemania.
allemand,-e [almɑ̃,-ɑ̃d] *adj* alemán,-ana.
▶ *nm,f* **Allemand,-e** alemán,-ana.
▶ *nm* **allemand** *(langue)* alemán *m.*
aller[1] [ale] *vi* **1** *(gén)* ir: ***nous irons en Italie***, iremos a Italia; ***ils vont à l'école en bus***, van a la escuela en autobús; ***il va sur ses cinquante ans***, va para los cincuenta años; ***allons-y !***, ¡vamos! **2** *(fonctionner)* funcionar: ***ça va la nouvelle télé ?***, ¿funciona la nueva tele? **3** *(vêtement)* sentar: ***ce costume lui va bien***, este traje le sienta bien. **4** *(être adapté)* convenir: ***cet horaire me va***, este horario me conviene; ***on s'appelle demain, ça te va ?***, ¿te va bien que nos llamemos mañana? **5** *(état)* estar: ***comment ça va ?***, ¿cómo estás?; ***elle ne va pas bien depuis deux jours***, no está bien desde hace dos días.
▶ *aux* **aller +** *inf (être sur le point de)* ir a: ***je vais dormir***, voy a dormir.
▶ *vpr* **s'en aller** irse, marcharse: ***va-t'en !***, ¡vete!; ***ce bouton ne s'en va pas***, este grano no se cura.
• **aller de soi** ser evidente.
• **allez !** ¡venga!
• **allons !** ¡vamos!
• **y aller fort** *fam* pasarse.
aller[2] [ale] *nm* ida *f.*
• **aller (et) retour** ida y vuelta: ***un aller et retour pour Barcelone***, un billete de ida y vuelta para Barcelona.
allergène [alɛʀʒɛn] *nm* alérgeno *m*, alergeno *m.*

allergie [alɛʀʒi] *nf* alergia *f*.
alliage [aljaʒ] *nm* aleación *f*.
alliance [aljɑ̃s] *nf* **1** *(entre deux pays)* alianza *f*, pacto *m*. **2** *(mariage)* enlace *m*: ***c'est mon cousin par alliance***, es mi primo político. **3** *(anneau)* alianza *f*, anillo *m* de boda.
allié,-e [alje] *adj* - *nm,f* aliado,-da.
alligator [aligatɔʀ] *nm* caimán *m*.
allô ! [alo] *interj* ¿diga?, ¿oiga?
allocation [alɔkasjɔ̃] *nf* subsidio *m*.
■ **allocations familiales** ayudas *f pl* familiares.
allocution [alɔkysjɔ̃] *nf* alocución *f*.
allonger [alɔ̃ʒe] *vt* **1** *(rendre plus long)* alargar. **2** *(dans le temps)* prolongar. **3** *(le bras)* alargar.
► *vi* alargarse: ***les jours allongent***, los días se alargan.
► *vpr* **s'allonger 1** *(devenir plus long)* alargarse, extenderse. **2** *(sur un lit)* acostarse. **3** *fam (avouer)* cantar.
allouer [alwe] *vt fml* conceder.
allume-cigares [alymsigaʀ] *nm inv* encendedor *m* de coche.
allume-gaz [alymgaz] *nm inv* encendedor *m* de cocina.
allumer [alyme] *vt* **1** *(gén)* encender: ***allume la radio***, enciende la radio. **2** *fam (personne)* poner caliente.
allumette [alymɛt] *nf* cerilla *f*.
allure [alyʀ] *nf* **1** *(vitesse)* velocidad *f*. **2** *(apparence)* aspecto *m*.
• **à toute allure** a toda marcha.
• **avoir de l'allure** tener buena presencia.
allusion [alyzjɔ̃] *nf* alusión *f*.
almanach [almana] *nm* almanaque *m*.
aloi [alwa].
• **de bon/mauvais aloi** de buena/mala calidad.
alors [alɔʀ] *adv* **1** *(gén)* entonces. **2** *(conséquence)* en tal caso: ***alors, je ne viendrai pas***, en tal caso, no vendré.
• **alors que 1** *(opposition)* aunque: ***il n'a pas pu rentrer alors qu'il avait les clés***, aunque tenía la llave, no pudo entrar. **2** *(temps)* cuando: ***elle a appelé alors que j'étais sous la douche***, llamó cuando estaba en la ducha.
• **ça alors !** ¡vaya!
• **et alors ?** ¿y qué?
• **jusqu'alors** hasta entonces.
alouette [alwɛt] *nf* alondra *f*.
alourdir [aluʀdiʀ] *vt* **1** *(rendre plus lourd)* hacer pesado,-da. **2** *(mouvements)* entorpecer. **3** *(impôts)* aumentar.
alpaga [alpaga] *nm* alpaca *f*.
alphabet [alfabɛ] *nm* alfabeto *m*.
alphabétique [alfabetik] *adj* alfabético,-ca.
alphanumérique [alfanymeʀik] *adj* alfanumérico,-ca.
alpinisme [alpinism] *nm* alpinismo *m*.
alpiniste [alpinist] *nmf* alpinista.
altération [alteʀasjɔ̃] *nf* alteración *f*.
altérer [altere] *vt* **1** *(changer)* alterar. **2** *(détériorer)* estropear.
alternance [alteʀnɑ̃s] *nf* alternancia *f*.
alternatif,-ive [altɛʀnatif,-iv] *adj* alternativo,-va.
■ **courant** *m* **alternatif** corriente *f* alterna.
alterner [altɛʀne] *vt* alternar.
altitude [altityd] *nf* altitud *f*, altura *f*.
altruiste [altʀɥist] *adj* - *nmf* altruista.
aluminium [alyminjɔm] *nm* aluminio *m*.
alvéole [alveɔl] *nf* **1** *(gén)* alveolo *m*, alvéolo *m*. **2** *(de ruche)* celdilla *f*.
alzheimer [alzajmœʀ] *nm* alzhéimer *m*.
amabilité [amabilite] *nf* amabilidad *f*.
amaigrissant,-e [amegʀisɑ̃,-ɑ̃t] *adj* adelgazante.
amaigrissement [amegrismɑ̃] *nm* adelgazamiento *m*.
amalgame [amalgam] *nm* amalgama *f*.
amande [amɑ̃d] *nf* almendra *f*.
amandier [amɑ̃dje] *nm* almendro *m*.
amant [amɑ̃] *nm (homme)* amante *m*.
amarre [amaʀ] *nf* amarra *f*.
• **larguer les amarres** soltar amarras.
amarrer [amaʀe] *vt* amarrar.
amas [ama] *nm* montón *m*.
amasser [amase] *vt* **1** *(gén)* amontonar. **2** *(argent)* amasar.
► *vpr* **s'amasser** amontonarse.
amateur [amatœʀ] *adj* - *nm* aficionado, -da (**de**, a): ***elle est amateur de musique***, es aficionada a la música; ***un photographe amateur***, un fotógrafo aficionado.
• **en amateur** por afición.

amazone [amazon] *nf* amazona *f.*
ambassade [ɑ̃basad] *nf* embajada *f.*
ambassadeur,-drice [ɑ̃basadœʀ,-dʀis] *nm,f* embajador,-ra.
ambiance [ɑ̃bjɑ̃s] *nf* ambiente *m.*
ambiant,-e [ɑ̃bjɑ̃,-ɑ̃t] *adj* ambiente: ***la température ambiante est de 30 degrés***, la temperatura ambiente es de 30 grados.
ambigu,-uë [ɑ̃bigy] *adj* ambiguo,-gua.
ambitieux,-euse [ɑ̃bisjø,-øz] *adj - nm,f* ambicioso,-sa.
ambition [ɑ̃bisjɔ̃] *nf* ambición *f.*
ambre [ɑ̃bʀ] *nm* ámbar *m.*
ambulance [ɑ̃bylɑ̃s] *nf* ambulancia *f.*
ambulant,-e [ɑ̃bylɑ̃,-ɑ̃t] *adj* ambulante.
âme [am] *nf* alma *f*: ***une ville de 10 000 âmes***, una ciudad de 10.000 almas.
■ **âme sœur** alma gemela.
amélioration [ameljɔʀasjɔ̃] *nf* mejora *f.*
améliorer [ameljɔʀe] *vt* mejorar.
► *vpr* **s'améliorer** mejorarse.
amen [amɛn] *adv* amén.
aménagement [amenaʒmɑ̃] *nm* **1** *(de lieu)* acondicionamiento *m.* **2** *(d'horaire)* planificación *f.*
■ **aménagement du territoire** ordenación *f* territorial.
aménager [amenaʒe] *vt* **1** *(local)* acondicionar, habilitar. **2** *(horaire)* planificar.
amende [amɑ̃d] *nf* multa *f.*
• **faire amende honorable** pedir perdón.
amender [amɑ̃de] *vt* **1** *(texte)* enmendar. **2** *(terre)* abonar.
► *vpr* **s'amender** *fml* enmendarse.
amener [amne] *vt* **1** *(porter vers)* llevar: ***il amène sa fille au théâtre***, lleva a su hija al teatro. **2** *(faire venir avec soi)* traer: ***elle m'a amené un gâteau***, me trajo un pastel. **3** *(entraîner)* acarrear.
► *vpr* **s'amener** *fam* presentarse: ***allez !, amène-toi !***, ¡venga!, ¡ven!
amer,-ère [amɛʀ] *adj* amargo,-ga.
américain,-e [ameʀikɛ̃,-ɛn] *adj* americano,-na.
► *nm,f* **Américain,-e** americano,-na.
Amérique [ameʀik] *nf* América.
■ **Amérique centrale** América Central, Centroamérica.
■ **Amérique du Nord** América del Norte, Norteamérica.
■ **Amérique du Sud** América del Sur, Sudamérica.
■ **Amérique latine** América Latina, Latinoamérica.
amerrir [ameʀiʀ] *vi* amerizar.
amertume [amɛʀtym] *nf* amargura *f.*
améthyste [ametist] *nf* amatista *f.*
ameublement [amœbləmɑ̃] *nm* mobiliario *m.*
ameuter [amøte] *vt* alborotar.
ami,-e [ami] *adj - nm,f* amigo,-ga.
■ **faux ami** falso amigo.
■ **petit ami** novio *m.*
■ **petite amie** novia *f.*
amiable [amjabl] *adj* amistoso,-sa.
• **à l'amiable** de forma amistosa.
amiante [amjɑ̃t] *nm* amianto *m.*
amical,-e [amikal] *adj* amistoso,-sa.
amidon [amidɔ̃] *nm* almidón *m.*
amincissant,-e [amɛ̃sisɑ̃,-ɑ̃t] *adj* adelgazante: ***régime amincissant***, dieta adelgazante.
amiral [amiʀal] *nm* almirante *m.*
amitié [amitje] *nf* amistad *f.*
► *nf pl* **amitiés** recuerdos *m pl*: ***faites mes amitiés à votre sœur***, déle recuerdos a su hermana.
ammoniaque [amɔnjak] *nf* amoniaco *m*, amoníaco *m.*
amnésie [amnezi] *nf* amnesia *f.*
amniocentèse [amnjɔsɛ̃tɛz] *nf* MÉD amniocentesis *f.*
amnistie [amnisti] *nf* amnistía *f.*
amocher [amɔʃe] *vt fam* magullar.
amoindrir [amwɛ̃dʀiʀ] *vt* disminuir.
► *vpr* **s'amoindrir** reducirse.
amonceler [amɔ̃sle] *vt* amontonar.
► *vpr* **s'amonceler** amontonarse.
amont [amɔ̃].
• **en amont (de)** **1** *(rivière)* río arriba. **2** *(avant)* antes (que).
amoral,-e [amɔʀal] *adj* amoral.
amorce [amɔʀs] *nf* **1** *(de cartouche, pour pêcher)* cebo *m.* **2** *(commencement)* germen *m.*
amorcer [amɔʀse] *vt* **1** *(hameçon, explosif)* cebar. **2** *(travail, geste)* iniciar.

amorphe [amɔʀf] *adj* 1 *(personne)* apático,-ca. 2 CHIM amorfo,-fa.
amortir [amɔʀtiʀ] *vt* 1 *(choc, bruit)* amortiguar. 2 ÉCON amortizar.
amortisseur [amɔʀtisœʀ] *nm* amortiguador *m.*
amour [amuʀ] *nm* amor *m*: ***l'amour du prochain***, el amor al prójimo.
• **être un amour** ser un sol.
• **faire l'amour** hacer el amor.
• **un amour de** un encanto de: ***j'ai acheté un amour de tableau***, he comprado un cuadro monísimo.
amoureux,-euse [amuʀø,-øz] *adj - nm,f* enamorado,-da.
• **tomber amoureux de QQN** enamorarse de ALGN.
amour-propre [amuʀpʀɔpʀ] (*pl* **amours-propres**) *nm* amor *m* propio.
amovible [amɔvibl] *adj* amovible.
ampère [ɑ̃pɛʀ] *nm* amperio *m.*
amphétamine [ɑ̃fetamin] *nf* anfetamina *f.*
amphi [ɑ̃fi] *nm fam* aula *f* magna.
amphibie [ɑ̃fibi] *adj* anfibio,-bia.
► *nm* anfibio *m.*
amphithéâtre [ɑ̃fiteatʀ] *nm* 1 *(grec)* anfiteatro *m.* 2 *(université)* aula *f* magna.
amphitryon [ɑ̃fitʀijɔ̃] *nm fml* anfitrión, -ona.
ample [ɑ̃pl] *adj* amplio,-plia.
amplement [ɑ̃pləmɑ̃] *adv* ampliamente.
• **c'est amplement suffisant** es más que suficiente.
ampleur [ɑ̃plœʀ] *nf* amplitud *f.*
amplification [ɑ̃plifikasjɔ̃] *nf* amplificación *f.*
amplifier [ɑ̃plifje] *vt* 1 *(taille, son)* amplificar. 2 *fig (propos)* exagerar.
► *vpr* **s'amplifier** intensificarse.
amplitude [ɑ̃plityd] *nf* amplitud *f.*
ampoule [ɑ̃pul] *nf* 1 *(électrique)* bombilla *f.* 2 *(sur la peau, tube)* ampolla *f.*
amputer [ɑ̃pyte] *vt* amputar.
amulette [amylɛt] *nf* amuleto *m.*
amusant,-e [amyzɑ̃,-ɑ̃t] *adj* divertido,-da.
amuse-gueule [amyzgøl] *nm inv* canapé *m.*
amusement [amyzmɑ̃] *nm* diversión *f.*
amuser [amyze] *vt* divertir, entretener.
► *vpr* **s'amuser** divertirse.
• **s'amuser à +** *inf (perdre du temps)* entretenerse en + *inf.*
amygdale [ami(g)dal] *nf* amígdala *f.*
an [ɑ̃] *nm* año: ***il a dix ans***, tiene diez años; ***il y a deux ans***, hace dos años.
• **l'an dernier** el año pasado.
• **l'an prochain** el año que viene.
▪ **le jour de l'an** el día de año nuevo.
▪ **le nouvel an** el año nuevo.
anachronisme [anakʀɔnism] *nm* anacronismo *m.*
anagramme [anagʀam] *nf* anagrama *m.*
anal,-e [anal] *adj* anal.
analgésique [analʒezik] *adj* analgésico,-ca.
► *nm* analgésico *m.*
analogique [analɔʒik] *adj* analógico,-ca.
analogue [analɔg] *adj* análogo,-ga.
analphabète [analfabɛt] *adj - nmf* analfabeto,-ta.
analphabétisme [analfabetism] *nm* analfabetismo *m.*
analyse [analyz] *nf* análisis *m.*
analyser [analize] *vt* analizar.
analyste [analist] *nmf* analista.
ananas [anana(s)] *nm* piña *f.*
anarchie [anaʀʃi] *nf* anarquía *f.*
anarchiste [anaʀʃist] *adj - nmf* anarquista.
anatomie [anatɔmi] *nf* anatomía *f.*
ancestral,-e [ɑ̃sɛstʀal] *adj* ancestral.
ancêtre [ɑ̃sɛtʀ] *nm* 1 *(parent)* antepasado *m.* 2 *(initiateur)* precursor *m.*
anchois [ɑ̃ʃwa] *nm* 1 *(frais)* boquerón *m.* 2 *(conservé dans l'huile)* anchoa *f.*
ancien,-enne [ɑ̃sjɛ̃,-ɛn] *adj* 1 *(gén)* antiguo,-gua. 2 *(coutume)* viejo,-ja. 3 *(fonction)* ex: ***l'ancien directeur***, el ex director.
ancienneté [ɑ̃sjɛnte] *nf* antigüedad *f.*
ancre [ɑ̃kʀ] *nf* ancla *f.*
• **jeter l'ancre** echar anclas.
• **lever l'ancre** levar anclas.
ancrer [ɑ̃kʀe] *vt* 1 *(bateau)* anclar. 2 *(dans l'esprit)* inculcar.
andorran,-e [ɑ̃dɔʀɑ̃,-an] *adj* andorrano,-na.
► *nm,f* **Andorran,-e** andorrano,-na.
Andorre [ɑ̃dɔʀ] *nf* Andorra.
andouille [ɑ̃duj] *nf* 1 *(aliment) embutido hecho con tripas de cerdo.* 2 *fam (personne)* imbécil *mf.*

androgyne [ɑ̃dʀɔʒin] *adj - nmf* andrógino,-na.
âne [an] *nm* **1** *(animal)* asno *m*, burro *m*. **2** *fam fig (personne)* burro *m*.
anéantir [aneɑ̃tiʀ] *vt* **1** *(peuple, armée)* aniquilar. **2** *(effort, nouvelle)* anonadar.
► *vpr* **s'anéantir** desvanecerse: ***ses espoirs se sont anéantis***, sus esperanzas se han desvanecido.
anecdote [anɛkdɔt] *nf* anécdota *f*.
anémie [anemi] *nf* anemia *f*.
anémone [anemɔn] *nf* anémona *f*.
ânerie [anʀi] *nf fam* burrada *f*.
ânesse [anɛs] *nf* asna *f*, burra *f*.
anesthésie [anɛstezi] *nf* anestesia *f*.
anesthésier [anɛstezje] *vt* anestesiar.
ange [ɑ̃ʒ] *nm* ángel *m*.
• **être aux anges** estar en la gloria.
▪ **ange gardien** ángel de la guarda.
angélique [ɑ̃ʒelik] *adj* angelical.
angélus [ɑ̃ʒelys] *nm* ángelus *m*.
angine [ɑ̃ʒin] *nf* angina *f*.
▪ **angine de poitrine** angina de pecho.
anglais,-e [ɑ̃glɛ,-ɛz] *adj* inglés,-esa.
► *nm,f* **Anglais,-e** inglés,-esa.
► *nm* **anglais** *(langue)* inglés *m*.
► *nf pl* **anglaises** *(cheveux)* tirabuzones *m pl*.
• **filer à l'anglaise** despedirse a la francesa.
angle [ɑ̃gl] *nm* **1** *(en géométrie)* ángulo *m*. **2** *(de rue)* esquina *f*.
▪ **angle droit** ángulo recto.
▪ **angle mort** ángulo muerto.
Angleterre [ɑ̃glətɛʀ] *nf* Inglaterra.
anglicisme [ɑ̃glisism] *nm* anglicismo *m*.
anglophone [ɑ̃glɔfɔn] *adj - nmf* anglófono,-na.
angoisse [ɑ̃gwas] *nf* angustia *f*.
angoisser [ɑ̃gwase] *vt* angustiar.
► *vpr* **s'angoisser** angustiarse.
angora [ɑ̃gɔʀa] *adj* de angora.
► *nf* angora *f*.
anguille [ɑ̃gij] *nf* anguila *f*.
angulaire [ɑ̃gylɛʀ] *adj* angular.
anguleux,-euse [ɑ̃gylø,-øz] *adj* anguloso,-sa.
animal,-e [animal] *adj* animal: ***règne animal***, reino animal.
► *nm* **animal** animal *m*.
▪ **animaux sauvages** animales salvajes.
animateur,-trice [animatœʀ,-tʀis] *nm,f* **1** *(gén)* animador,-ra. **2** *(radio, TV)* presentador,-ra.
animation [animasjɔ̃] *nf* **1** *(gén)* animación *f*. **2** *(spectacle)* actuación *f*.
animé,-e [anime] *adj* animado,-da: ***dessins animés***, dibujos animados.
animer [anime] *vt* animar.
► *vpr* **s'animer** animarse.
animosité [animozite] *nf* animosidad *f*.
anis [ani(s)] *nm* anís *m*.
ankyloser [ɑ̃kiloze] *vt* anquilosar.
annales [anal] *nf pl* anales *m pl*.
anneau [ano] *nm* **1** *(de rideaux)* anilla *f*. **2** *(bague)* anillo *m*. **3** *(d'un ver, de Saturne)* anillo *m*.
► *nm pl* **anneaux** SPORT anillas *f pl*.
année [ane] *nf* año *m*.
• **à des années-lumière** a años luz.
• **souhaiter la bonne année** felicitar el año nuevo.
▪ **année bissextile** año bisiesto.
▪ **année sabbatique** año sabático.
▪ **année scolaire** curso *m* escolar.
annexe [anɛks] *adj* anexo,-xa.
► *nf* anexo *m*.
anniversaire [anivɛʀsɛʀ] *nm* **1** *(de naissance)* cumpleaños *m*. **2** *(de mariage, événement)* aniversario *m*.
• **joyeux anniversaire !** ¡feliz cumpleaños!
annonce [anɔ̃s] *nf* anuncio *m*.
▪ **petites annonces** anuncios por palabras.
annoncer [anɔ̃se] *vt* anunciar.
► *vpr* **s'annoncer** anunciarse.
annonceur [anɔ̃sœʀ] *nm* anunciante *m*.
annonciation [anɔ̃sjasjɔ̃] *nf* REL anunciación *f*.
annoter [anɔte] *vt* anotar.
annuaire [anyɛʀ] *nm* anuario *m*.
▪ **annuaire téléphonique** guía *f* telefónica.
annuel,-elle [anyɛl] *adj* anual.
annuité [anɥite] *nf* **1** *(paiement)* anualidad *f*. **2** *(année de service)* año *m*.
annulaire [anylɛʀ] *nm* (dedo) anular *m*.
annulation [anylasjɔ̃] *nf* anulación *f*.

annuler [anyle] *vt* anular.
► *vpr* **s'annuler** anularse.
anodin,-e [anɔdɛ̃,-in] *adj* **1** *(sans intérêt)* anodino,-na. **2** *(sans gravité)* leve.
anomalie [anɔmali] *nf* anomalía *f.*
ânon [anɔ̃] *nm* pollino *m.*
ânonner [anɔne] *vi* balbucear.
anonyme [anɔnim] *adj* anónimo,-ma.
■ **société** *f* **anonyme** sociedad *f* anónima.
anorak [anɔrak] *nm* anorak *m.*
anorexie [anɔrɛksi] *nf* anorexia *f.*
anormal,-e [anɔʀmal] *adj* - *nm,f* anormal.
anse [ɑ̃s] *nf* **1** *(de vase, de panier)* asa *f.* **2** GÉOG cala *f.*
antagoniste [ɑ̃tagɔnist] *adj* - *nmf* antagonista.
antarctique [ɑ̃taʀktik] *adj* antártico,-ca.
antécédent,-e [ɑ̃tesedɑ̃] *adj* antecedente.
► *nm* **antécédent** antecedente *m.*
antenne [ɑ̃tɛn] *nf* **1** *(d'insecte, de télévision)* antena *f.* **2** *(succursale)* delegación *f.*
■ **antenne parabolique** antena parabólica.
antérieur,-e [ɑ̃teʀjœʀ] *adj* anterior.
anthologie [ɑ̃tɔlɔʒi] *nf* antología *f.*
anthracite [ɑ̃tʀasit] *nm* antracita *f.*
anthrax [ɑ̃traks] *nm* MÉD carbunco *m*, ántrax *m.*
anthropologie [ɑ̃tʀɔpɔlɔʒi] *nf* antropología *f.*
anthropophage [ɑ̃tʀɔpɔfaʒ] *adj* - *nmf* antropófago,-ga.
antiadhésif,-ive [ɑ̃tiadezif,-iv] *adj* antiadherente.
antibiotique [ɑ̃tibjɔtik] *adj* antibiótico,-ca.
► *nm* antibiótico *m.*
antibrouillard [ɑ̃tibʀujaʀ] *adj inv* antiniebla.
■ **phares** *m pl* **antibrouillards** faros *m pl* antiniebla.
antichambre [ɑ̃tiʃɑ̃bʀ] *nf* antecámara *f.*
anticipation [ɑ̃tisipasjɔ̃] *nf* anticipación *f.*
● **par anticipation** por adelantado.
■ **roman** *m* **d'anticipation** novela *f* de ciencia ficción.
anticiper [ɑ̃tisipe] *vt* anticipar.
► *vi* anticiparse (**sur**, a).
anticléricalisme [ɑ̃tikleʀikalism] *nm* anticlericalismo *m.*
anticonformiste [ɑ̃tikɔ̃fɔʀmist] *adj* - *nmf* inconformista.
anticonstitutionnel,-elle [ɑ̃tikɔ̃stitysjɔnɛl] *adj* anticonstitucional.
anticorps [ɑ̃tikɔʀ] *nm* anticuerpo *m.*
anticyclone [ɑ̃tisiklon] *nm* anticiclón *m.*
antidépresseur [ɑ̃tidepʀesœʀ] *adj* antidepresivo,-va.
► *nm* antidepresivo *m.*
antidote [ɑ̃tidɔt] *nm* antídoto *m.*
antigel [ɑ̃tiʒɛl] *nm* anticongelante *m.*
anti-inflammatoire [ɑ̃tiɛ̃flamatwaʀ] *adj* antiinflamatorio,-ria.
► *nm* antiinflamatorio *m.*
antilope [ɑ̃tilɔp] *nf* antílope *m.*
antipathie [ɑ̃tipati] *nf* antipatía *f.*
antipathique [ɑ̃tipatik] *adj* antipático,-ca.
antipelliculaire [ɑ̃tipelikylɛʀ] *adj* anticaspa.
antipode [ɑ̃tipɔd] *nm* (gen en *pl*) antípoda *f.*
● **être aux antipodes de** estar en las antípodas de.
antiquaire [ɑ̃tikɛʀ] *nmf* anticuario,-ria.
antique [ɑ̃tik] *adj* **1** *(de l'Antiquité)* antiguo,-gua. **2** *(démodé)* anticuado,-da.
antiquité [ɑ̃tikite] *nf* antigüedad *f.*
► *nf pl* **antiquités** antigüedades *f pl.*
antirides [ɑ̃tirid] *adj* antiarrugas.
antirouille [ɑ̃tiʀuj] *adj inv* antioxidante.
antisèche [ɑ̃tisɛʃ] *nf fam (pour un examen)* chuleta *f.*
antisémitisme [ɑ̃tisemitism] *nm* antisemitismo *m.*
antiseptique [ɑ̃tisɛptik] *adj* antiséptico,-ca.
► *nm* antiséptico *m.*
antithèse [ɑ̃titɛz] *nf* antítesis *f.*
antivirus [ɑ̃tivirys] *adj* - *nm* INFORM antivirus *m.*
antivol [ɑ̃tivɔl] *adj inv* - *nm* antirrobo *m.*
antre [ɑ̃tʀ] *nm* antro *m.*
anus [anys] *nm* ano *m.*
anxiété [ɑ̃ksjete] *nf* ansiedad *f.*

anxieux,-euse [ɑ̃ksø,-øz] *adj - nm,f* ansioso,-sa.

• **être anxieux de** estar ansioso por.

AOC [aɔk] *abr (**appellation d'origine contrôlée**)* DO.

aorte [aɔʀt] *nf* aorta *f.*

août [u(t)] *nm* agosto *m.*

apaiser [apeze] *vt* **1** *(personne, animal)* tranquilizar, apaciguar. **2** *(peur, colère)* aplacar. **3** *(douleur)* calmar.

► *vpr* **s'apaiser 1** *(personne)* tranquilizarse. **2** *(tempête)* amainar. **3** *(douleur)* calmarse.

apartheid [apaʀtɛd] *nm* apartheid *m.*

apathie [apati] *nf* apatía *f.*

apatride [apatʀid] *nmf* apátrida.

apercevoir [apɛʀsəvwaʀ] *vt* ver.

► *vpr* **s'apercevoir** darse cuenta: ***je ne m'en étais pas aperçu***, no me había dado cuenta.

aperçu [apɛʀsy] *nm* visión *f* general: ***on nous a présenté un aperçu du projet***, nos presentaron un anticipo del proyecto.

apéritif [apeʀitif] *nm* aperitivo *m.*

• **prendre l'apéritif** tomar el aperitivo.

apesanteur [apəzɑ̃tœʀ] *nf* ingravidez *f.*

à-peu-près [apøpʀɛ] *nm* aproximación *f.*

apeuré,-e [apœʀe] *adj* atemorizado,-da.

aphone [afɔn] *adj* afónico,-ca.

aphrodisiaque [afʀɔdizjak] *adj* afrodisíaco,-ca.

► *nm* afrodisíaco *m.*

apiculture [apikyltyʀ] *nf* apicultura *f.*

apitoyer [apitwaje] *vt* apiadar.

► *vpr* **s'apitoyer** apiadarse (**sur**, de): ***il ne mérite pas qu'on s'apitoie sur son sort***, no merece que nadie se apiade de su suerte.

aplanir [aplaniʀ] *vt* allanar.

aplatir [aplatiʀ] *vt* **1** *(rendre plus plat)* aplastar. **2** *(cheveux)* alisar.

► *vpr* **s'aplatir 1** *(gén)* aplastarse. **2** *fam (s'allonger)* echarse. **3** *fam (agir servilement)* achantarse.

aplomb [aplɔ̃] *nm* **1** *(stabilité)* aplomo *m.* **2** *(audace)* desfachatez *f.*

• **avoir de l'aplomb** tener aplomo.

• **être d'aplomb 1** *(vertical)* estar recto, -a. **2** *fig (physiquement)* estar en forma.

apocalypse [apɔkalips] *nf* apocalipsis *m.*

apocope [apɔkɔp] *nf* apócope *m.*

apogée [apɔʒe] *nm* apogeo *m.*

apologie [apɔlɔʒi] *nf* apología *f.*

apostolique [apɔstɔlik] *adj* apostólico,-ca.

apostrophe [apɔstʀɔf] *nf* **1** *(signe)* apóstrofo *m.* **2** *(interpellation)* apóstrofe *m-f.*

apostropher [apɔstʀɔfe] *vt* abroncar.

apothéose [apɔteoz] *nf* apoteosis *f.*

apôtre [apotʀ] *nm* apóstol *m.*

apparaître [apaʀɛtʀ] *vi* **1** *(se montrer)* aparecer. **2** *(se dévoiler)* manifestarse.

• **il apparaît que** parece que.

apparat [apaʀa] *nm* aparato *m*, pompa *f.*

• **d'apparat** de etiqueta.

appareil [apaʀɛj] *nm* aparato *m.*

▪ **appareil digestif** aparato digestivo.

▪ **appareil photo** cámara *f* de fotos.

▪ **appareil photo numérique** cámara *f* digital.

appareiller [apaʀeje] *vt (assortir)* emparejar.

► *vi (bateau)* zarpar.

apparemment [apaʀamɑ̃] *adv* al parecer.

apparence [apaʀɑ̃s] *nf* **1** *(gén)* apariencia *f.* **2** *(physique)* aspecto *m.*

• **malgré les apparences** a pesar de las apariencias.

apparent,-e [apaʀɑ̃,-ɑ̃t] *adj* **1** *(gén)* aparente. **2** *(poutre)* a la vista.

apparenté,-e [apaʀɑ̃te] *adj* emparentado,-da (**à**, con).

apparition [apaʀisjɔ̃] *nf* aparición *f.*

appartement [apaʀtəmɑ̃] *nm* piso *m.*

appartenance [apaʀtənɑ̃s] *nf* pertenencia *f.*

appartenir [apaʀtəniʀ] *vi (gén)* pertenecer (**a**, a): ***ce château appartient à sa famille***, este castillo pertenece a su familia.

► *v impers (être du devoir)* corresponder: ***il ne vous appartient pas de décider***, no le corresponde decidir.

appât [apa] *nm* **1** *(pour pêcher)* cebo *m.* **2** *(ce qui attire)* incentivo *m.*

▪ **l'appât du gain** el afán de lucro.

appâter [apate] *vt* **1** *(poisson)* cebar. **2** *fig (personne)* seducir.

appauvrir [apovʀiʀ] *vt* empobrecer.

► *vpr* **s'appauvrir** empobrecerse.

appeau [apo] *nm* reclamo *m.*

appel [apɛl] *nm* **1** *(gén)* llamada *f.* **2** *(convocation)* llamamiento *m.* **3** DR apelación *f.*

• **faire appel** DR apelar.

• **faire appel à QQN/QQCH** recurrir a ALGN/ALGO.

• **faire l'appel** *(à l'école)* pasar lista.

• **sans appel** inapelable.

▪ **appel au secours** llamada de socorro.

▪ **appel en absence** llamada perdida.

▪ **appel en PCV** llamada a cobro revertido.

▪ **appel téléphonique** llamada telefónica.

▪ **appel vidéo** videollamada *f.*

appeler [aple] *vt* **1** *(gén)* llamar: ***appelle-moi ce soir***, llámame esta noche. **2** DR citar.

► *vpr* **s'appeler** llamarse: ***comment tu t'appelles ?***, ¿cómo te llamas?

appellation [apelasjɔ̃] *nf* denominación *f.*

▪ **appellation d'origine contrôlée** denominación de origen.

appendice [apɛ̃dis] *nm* apéndice *m.*

appendicite [apɛ̃disit] *nf* MÉD apendicitis *f.*

appétissant,-e [apetisɑ̃,-ɑ̃t] *adj* **1** *(gâteau)* apetitoso,-sa. **2** *fam (personne)* apetecible.

appétit [apeti] *nm* apetito *m.*

• **bon appétit !** ¡que aproveche!

• **couper l'appétit à QQN** quitar el apetito a ALGN.

applaudir [aplodiʀ] *vt - vi* aplaudir.

► *vpr* **s'applaudir** felicitarse.

applaudissement [aplodismɑ̃] *nm* (gen en *pl*) aplauso *m.*

applicable [aplikabl] *adj* aplicable.

application [aplikasjɔ̃] *nf* aplicación *f.*

applique [aplik] *nf* aplique *m.*

appliquer [aplike] *vt* aplicar.

► *vpr* **s'appliquer 1** *(se poser)* aplicarse. **2** *(avec zèle)* esforzarse: ***elle s'appliquait à comprendre***, se esforzaba por entender.

appoint [apwɛ̃] *nm* **1** *(d'une somme)* moneda *f* suelta, suelto *m.* **2** *(supplément)* complemento *m.* **3** *(appui)* ayuda *f.*

• **d'appoint** extra, adicional.

• **faire l'appoint** dar el dinero justo.

apport [apɔʀ] *nm* aportación *f.*

apporter [apɔʀte] *vt* **1** *(gén)* traer. **2** *(donner)* aportar: ***il apporte de la gaieté dans la maison***, aporta alegría a la casa. **3** *(être la cause)* ocasionar, producir: ***cette mesure a apporté une grande amélioration***, esta medida produjo una gran mejora.

apposer [apose] *vt* fijar, colocar.

• **apposer sa signature** firmar.

apposition [apozisjɔ̃] *nf* aposición *f.*

appréciable [apʀesjabl] *adj* **1** *(avec les sens)* apreciable. **2** *(quantité)* significativo,-va.

appréciation [apʀesjasjɔ̃] *nf* **1** *(de la valeur)* apreciación *f.* **2** *(opinion)* juicio *m.*

apprécier [apʀesje] *vt* **1** *(valeur, importance)* apreciar. **2** *(aimer)* gustar: ***je n'apprécie pas son attitude***, no me gusta su actitud.

appréhender [apʀeɑ̃de] *vt* **1** *(craindre)* temer. **2** *(voleur)* detener.

appréhension [apʀeɑ̃sjɔ̃] *nf* aprensión *f.*

apprendre [apʀɑ̃dʀ] *vt* **1** *(gén)* aprender. **2** *(enseigner)* enseñar: ***il lui a appris à lire***, le enseñó a leer. **3** *(faire savoir)* informar, decir: ***je vais vous apprendre une bonne nouvelle***, le voy a dar una buena noticia. **4 apprendre que** *(être informé)* enterarse de que: ***j'ai appris que ton frère a déménagé***, me he enterado de que tu hermano se ha mudado.

apprenti,-e [apʀɑ̃ti] *nm,f* aprendiz,-za.

apprentissage [apʀɑ̃tisaʒ] *nm* aprendizaje *m.*

apprêter [apʀete] *vt* preparar.

► *vpr* **s'apprêter** disponerse (**à**, a): ***l'avion s'apprête à décoller***, el avión está a punto de despegar.

apprivoiser [apʀivwaze] *vt* domesticar.

approbation [apʀɔbasjɔ̃] *nf* aprobación *f.*

approche [apʀɔʃ] *nf* **1** *(d'événement)* proximidad *f*; *(de personne)* llegada *f.* **2** *(action)* aproximación *f.* **3** *(perspective)* enfoque *m.*

• **à l'approche de** al acercarse: ***à l'approche des fêtes de Noël***, ante la llegada de las fiestas navideñas.

approcher [apʀɔʃe] *vt* **1** *(gén)* acercar, aproximar: ***il m'a approché la chaise***, me acercó la silla. **2 approcher de** *(être près de)* acercarse a: ***il approche de la cinquantaine***, anda cerca de los cincuenta.

► *vi (être près)* acercarse: ***l'hiver approche***, se acerca el invierno.
► *vpr* **s'approcher** acercarse (**de**, a).
approfondir [apʀɔfɔ̃diʀ] *vt* **1** *(puits, trou)* hacer más profundo,-da. **2** *(question, sujet)* profundizar en.
approprier [apʀɔpʀije] *vt* adaptar.
► *vpr* **s'approprier** apropiarse.
approuver [apʀuve] *vt* aprobar.
approvisionner [apʀɔvizjɔne] *vt* proveer, abastecer.
► *vpr* **s'approvisionner** abastecerse (**en**, de).
approximatif,-ive [apʀɔksimatif,-iv] *adj* aproximado,-da.
appui [apɥi] *nm* apoyo *m*.
appuie-tête [apyitɛt] *nm* (*pl* **appuis-tête**) reposacabezas *m*.
appuyer [apɥije] *vt (gén)* apoyar.
► *vi* **1** *(presser sur)* apretar (**sur**, -): ***appuyer sur la détente***, apretar el gatillo; ***il appuie sur la pédale de frein***, pisa el pedal de freno. **2** *(insister)* hacer hincapié (**sur**, en): ***il a appuyé sur l'importance de la question***, insistió en la importancia del asunto.
► *vpr* **s'appuyer 1** *(se tenir)* apoyarse (**sur**, contra/en). **2** *(se baser)* basarse (**sur**, en). **3** *(confier)* contar (**sur**, con).
âpre [apʀ] *adj* **1** *(goût)* áspero,-ra. **2** *(épreuve)* duro,-ra. **3** *(discussion)* violento,-ta.
après [apʀɛ] *prép* **1** *(gén)* después de: ***elle a téléphoné après ton arrivée***, llamó después de tu llegada. **2** *(persécution)* tras, detrás de: ***elle court après le bus***, corre detrás del autobús. **3** *(contre)* con: ***il s'est fâché après moi***, se ha enfadado conmigo; ***s'acharner après qqn***, tomarla con algn.
► *adv* **1** *(temps)* después: ***je le verrai après***, lo veré después; ***peu de temps après***, poco después. **2** *(lieu)* siguiente: ***l'immeuble d'après***, el edificio siguiente. **3** *(dans un ordre)* detrás: ***celui qui se trouve après***, el que se encuentra detrás.
• **après coup** después de visto.
• **après que** después de que.
• **après quoi** después de lo cual.
• **après tout** después de todo, en el fondo.
• **d'après** según: ***d'après lui, il va pleuvoir***, según él, va a llover.
• **être après QQN** tenerla tomada con ALGN.
après-demain [apʀɛdmɛ̃] *adv* pasado mañana.
après-guerre [apʀɛgɛʀ] (*pl* **après-guerres**) *nm* posguerra *f*.
après-midi [apʀɛmidi] *nm & nf inv* tarde *f*: ***il est venu dans l'après-midi***, vino por la tarde.
après-rasage [apʀɛʀazaʒ] *adj inv* para después del afeitado.
► *nm* aftershave *m*.
après-ski [apʀɛski] *nm* (*pl* **après-skis**) *(chaussure)* descanso *m*.
après-soleil [apʀɛsɔlɛj] *adj inv* para después del sol.
► *nm* aftersun *m*.
après-vente [apʀɛvɑ̃t] *adj inv* postventa.
apte [apt] *adj* apto,-ta (**à**, para).
aptitude [aptityd] *nf* aptitud *f*.
aquarelle [akwaʀɛl] *nf* acuarela *f*.
aquarium [akwaʀjɔm] *nm* acuario *m*.
aquatique [akwatik] *adj* acuático,-ca.
aqueduc [akdyk] *nm* acueducto *m*.
aqueux,-euse [akø,-øz] *adj* acuoso,-sa.
arabe [aʀab] *adj* árabe.
► *nmf* **Arabe** árabe.
► *nm (langue)* árabe *m*.
Arabie [aʀabi] *nf* Arabia.
▪ **Arabie saoudite** Arabia Saudí.
arachide [aʀaʃid] *nf* cacahuete *m*.
araignée [aʀeɲe] *nf* araña *f*.
▪ **araignée de mer** centollo *m*.
arbalète [aʀbalɛt] *nf* ballesta *f*.
arbitrage [aʀbitʀaʒ] *nm* arbitraje *m*.
arbitraire [aʀbitʀɛʀ] *adj* arbitrario,-ria.
arbitre [aʀbitʀ] *nm* árbitro,-tra.
arboriculture [aʀbɔʀikyltyʀ] *nf* arboricultura *f*.
arbre [aʀbʀ] *nm* **1** *(gén)* árbol *m*. **2** *(de transmission)* eje *m*.
arbuste [aʀbyst] *nm* arbusto *m*.
arc [aʀk] *nm* arco *m*.
• **avoir plusieurs cordes à son arc** tener varios ases en la manga.

arcade [arkad] *nf* ARCHIT arcada *f*.
■ **arcade sourcilière** ceja *f*.
arc-boutant [arkbutɑ̃] *nm* (*pl* **arcs-boutants**) ARCHIT arbotante *m*.
arceau [aʀso] *nm* **1** *(objet)* aro *m*. **2** ARCHIT arco *m* de bóveda.
arc-en-ciel [aʀkɑ̃sjɛl] *nm* (*pl* **arcs-en-ciel**) arco iris *m inv*.
archaïque [aʀkaik] *adj* arcaico,-ca.
archaïsme [aʀkaism] *nm* arcaísmo *m*.
archange [aʀkɑ̃ʒ] *nm* arcángel *m*.
arche [aʀʃ] *nf* **1** ARCHIT arco *m*. **2** *(de Noé, d'alliance)* arca *f*.
archéologie [aʀkeɔlɔʒi] *nf* arqueología *f*.
archéologue [aʀkeɔlɔg] *nmf* arqueólogo,-ga.
archer [aʀʃe] *nm* arquero *m*.
archevêque [aʀʃvɛk] *nm* arzobispo *m*.
archipel [aʀʃipɛl] *nm* archipiélago *m*.
architecte [aʀʃitɛkt] *nmf* arquitecto,-ta.
architecture [aʀʃitɛktyʀ] *nf* arquitectura *f*.
archives [aʀʃiv] *nf pl* archivo *m sing*.
arctique [aʀktik] *adj* ártico,-ca.
ardent,-e [aʀdɑ̃,-ɑ̃t] *adj* **1** *(gén)* ardiente. **2** *(soleil)* abrasador,-ra. **3** *fig (personne)* apasionado,-da.
ardeur [aʀdœʀ] *nf* **1** *(gén)* ardor *m*. **2** *fig (énergie)* entusiasmo *m*.
ardoise [aʀdwaz] *nf* **1** *(pierre)* pizarra *f*. **2** *fam (crédit)* deuda *f*.
ardu,-e [aʀdy] *adj* arduo,-a.
are [aʀ] *nm* área *f*.
arène [aʀɛn] *nf* arena *f*.
► *nf pl* **arènes 1** *(romaines)* anfiteatro *m sing*. **2** *(de taureaux)* plaza *f sing* de toros.
arête [aʀɛt] *nf* **1** *(de poisson)* espina *f*. **2** *(de montagnes)* cresta *f*. **3** *(d'un cube)* arista *f*.
argent [aʀʒɑ̃t] *nm* **1** *(métal)* plata *f*. **2** *(monnaie)* dinero *m*.
• **jeter l'argent par les fenêtres** tirar la casa por la ventana.
■ **argent de poche** paga *f*.
■ **argent liquide** dinero en metálico.
argenté,-e [aʀʒɑ̃te] *adj* plateado,-da.
argenterie [arʒɑ̃tʀi] *nf (vaisselle)* plata *f*.
argentin,-e [aʀgɑ̃tɛ̃,-in] *adj* argentino,-na.
► *nm,f* **Argentin,-e** argentino,-na.
Argentine [aʀzɑ̃tin] *nf* Argentina.
argile [aʀʒil] *nf* arcilla *f*.
argot [aʀgo] *nm* **1** *(langue populaire)* argot *m*. **2** *(jargon)* jerga *f*.
arguer [aʀgɥe] *vt* alegar, pretextar.
argument [aʀgymɑ̃] *nm* argumento *m*.
argumenter [aʀgymɑ̃te] *vi* argumentar.
aride [aʀid] *adj* árido,-da.
aristocrate [aʀistɔkʀat] *nmf* aristócrata.
aristocratie [aʀistɔkʀasi] *nf* aristocracia *f*.
arithmétique [aʀitmetik] *adj* aritmético,-ca.
► *nf* aritmética *f*.
arlequin [aʀləkɛ̃] *nm* arlequín *m*.
armateur [aʀmatœʀ] *nm* armador *m*.
armature [aʀmatyʀ] *nf* **1** *(carcasse)* armazón *m*. **2** *(base)* fundamento *m*, base *f*.
arme [aʀm] *nf* arma *f*.
► *nf pl* **armes** *(d'une famille)* armas *f pl*.
• **passer l'arme à gauche** *fig* irse al otro barrio.
■ **arme à feu** arma de fuego.
■ **arme blanche** arma blanca.
armée [aʀme] *nf* ejército *m*.
• **faire l'armée** hacer la mili.
■ **armée de l'air** ejército del aire.
■ **armée de terre** ejército de tierra.
armement [aʀməmɑ̃] *nm* armamento *m*.
armer [aʀme] *vt* **1** *(donner des armes)* armar. **2** *(fusil)* cargar. **3** *(personne)* equipar.
► *vpr* **s'armer** armarse (**de**, de): ***il faudra t'armer de patience***, tendrás que armarte de paciencia.
armistice [aʀmistis] *nm* armisticio *m*.
armoire [aʀmwaʀ] *nf* armario *m*.
■ **armoire à pharmacie** botiquín *m*.
armoiries [aʀmwaʀi] *nf pl* escudo *m sing* de armas.
armure [aʀmyʀ] *nf* armadura *f*.
armurerie [aʀmyʀi] *nf* armería *f*.
ARN [aɛʀɛn] *abr* (***acide ribonucléique***) ARN.
arnaque [aʀnak] *nf fam* estafa *f*.
arnaquer [aʀnake] *vt fam* estafar.
arobase [aʀɔbaz] *nf* arroba *f*.
aromatique [aʀɔmatik] *adj* aromático,-ca.
aromatiser [aʀɔmatize] *vt* aromatizar.
arôme [aʀom] *nm* aroma *m*.
arpège [aʀpɛʒ] *nm* MUS arpegio *m*.
arpenter [aʀpɑ̃te] *vt* **1** *(marcher)* recorrer. **2** *(un terrain)* medir.

arqué,-e [aʀke] *adj* **1** *(sourcils)* arqueado,-da. **2** *(dos)* encorvado,-da.

arracher [aʀaʃe] *vt* **1** *(gén)* arrancar. **2** *(feuille de papier)* desgarrar.
► *vpr* **s'arracher 1** *(cheveux)* arrancarse. **2** *(se disputer)* pelearse por: ***les places de ce spectacle se sont arrachées***, hubo peleas por las entradas de ese espectáculo.

arrangeant,-e [aʀɑ̃ʒɑ̃,-ɑ̃t] *adj* acomodaticio,-cia.

arranger [aʀɑ̃ʒe] *vt* **1** *(gén)* arreglar. **2** *(convenir)* ir bien: ***cela m'arrangerait si tu venais***, me iría bien que vinieras. **3** *fam (maltraiter)* poner a caldo.
► *vpr* **s'arranger 1** *(vêtements, coiffure)* arreglarse. **2** *(s'accorder)* arreglarse, ponerse de acuerdo. **3** *(se débrouiller)* arreglárselas, apañárselas: ***je me suis arrangée pour pouvoir venir***, me las he arreglado para venir.

arrestation [aʀɛstasjɔ̃] *nf* detención *f*.

arrêt [aʀɛ] *nm* **1** *(d'un mouvement)* paro *m*. **2** *(lieu)* parada *f*. **3** *(pause)* interrupción *f*.
• **sans arrêt** sin cesar.
▪ **arrêt cardiaque** paro cardiaco.
▪ **arrêt de bus** parada de autobús.
▪ **arrêt maladie** baja *f* por enfermedad.
▪ **mandat** *m* **d'arrêt** orden *f* de detención.

arrêter [aʀete] *vt* **1** *(gén)* detener, parar. **2** *(date, regard)* fijar: ***arrêter le jour d'un rendez-vous***, fijar el día de una cita. **3** *(voleur)* detener.
► *vi (ne plus avancer)* pararse: ***je vous ai déjà dit d'arrêter !***, ¡ya os dicho que pararais!
► *vpr* **s'arrêter 1** *(interrompre)* pararse: ***ma montre s'est arrêtée***, se me ha parado el reloj. **2 s'arrêter de** *(cesser)* dejar de.
• **arrêter de +** *inf* *(cesser de)* dejar de + *inf*, parar de + *inf*: ***il n'arrête pas de parler***, no para de hablar.

arrhes [aʀ] *nf pl* paga *f sing* y señal.

arrière [aʀjɛʀ] *adv* *(gén)* atrás: ***marche arrière***, marcha atrás.
► *adj inv* trasero,-ra: ***les roues arrière***, las ruedas traseras.
► *nm* **1** *(d'un véhicule)* parte *f* trasera. **2** SPORT defensa *m*.
• **à l'arrière** en la parte de atrás.
• **en arrière** hacia atrás.
• **rester en arrière** quedarse atrás.

arriéré,-e [aʀjeʀe] *adj* **1** *(pays, région)* atrasado,-da. **2** *(personne)* anticuado,-da.
► *nm,f (mental)* retrasado,-da.

arrière-boutique [aʀjɛʀbutik] *nf* (*pl* **arrière-boutiques**) trastienda *f*.

arrière-garde [aʀjɛʀgaʀd] *nf* (*pl* **arrière-gardes**) retaguardia *f*.

arrière-goût [aʀjɛʀgu] *nm* (*pl* **arrière-goûts**) regusto *m*.

arrière-grand-mère [aʀjɛʀgʀɑ̃mɛʀ] *nf* (*pl* **arrière-grands-mères**) bisabuela *f*.

arrière-grands-parents [aʀjɛʀgʀɑ̃paʀɑ̃] *nm pl* bisabuelos *m pl*.

arrière-grand-père [aʀjɛʀgʀɑ̃pɛʀ] *nm* (*pl* **arrière-grands-pères**) bisabuelo *m*.

arrière-pays [aʀjɛʀpei] *nm inv* interior *m*.

arrière-pensée [aʀjɛʀpɑ̃se] *nf* (*pl* **arrière-pensées**) segunda intención *f*.

arrière-petite-fille [aʀjɛʀp(ə)titfij] *nf* (*pl* **arrière-petites-filles**) bisnieta *f*.

arrière-petit-fils [aʀjɛʀp(ə)tifis] *nm* (*pl* **arrière-petits-fils**) bisnieto *m*.

arrière-petits-enfants [aʀjɛʀp(ə)tizɑ̃fɑ̃] *nm pl* bisnietos *m pl*.

arrière-plan [aʀjɛʀplɑ̃] *nm* (*pl* **arrière-plans**) segundo plano *m*.

arrière-saison [aʀjɛʀsɛzɔ̃] *nf* (*pl* **arrière-saisons**) final *m* del otoño.

arrière-train [aʀjɛʀtʀɛ̃] *nm* (*pl* **arrière-trains**) trasero *m*.

arrimer [aʀime] *vt* amarrar.

arrivée [aʀive] *nf* **1** *(action)* llegada *f*. **2** *(d'air, d'essence)* entrada *f*.

arriver [aʀive] *vi* **1** *(gén)* llegar: ***il lui arrive à l'épaule***, le llega hasta el hombro; ***le train vient d'arriver***, acaba de llegar el tren; ***l'hiver arrive***, ya está aquí el invierno. **2** *(parvenir)* conseguir (**à**, -), lograr (**à**, -): ***je n'arrive pas à comprendre***, no consigo entender; ***j'y suis finalement arrivé***, al final lo logré.
► *v impers (se produire)* ocurrir: ***cela arrive parfois***, eso sucede a veces; ***il est arrivé un accident***, ha habido un accidente.
• **arriver à ses fins** salirse con la suya.

arriviste [aʀivist] *nmf* arribista.

arrogance [aʀɔgɑ̃s] *nf* arrogancia *f*.
arrogant,-e [aʀɔgɑ̃,-ɑ̃t] *adj* arrogante.
arroger (s') [aʀɔʒe] *vpr* arrogarse.
arrondir [aʀɔ̃diʀ] *vt* redondear.
arrondissement [aʀɔ̃dismɑ̃] *nm* **1** *(division administrative)* distrito *m*. **2** *(d'une somme)* redondeo *m*.
arrosage [aʀozaʒ] *nm* riego *m*.
arroser [aʀoze] *vt* regar.
arrosoir [aʀozwaʀ] *nm* regadera *f*.
arsenal [aʀsənal] *nm* arsenal *m*.
arsenic [aʀsənik] *nm* arsénico *m*.
art [aʀ] *nm* arte *m*.
▪ **art moderne** arte moderno.
▪ **arts et métiers** artes y oficios.
▪ **arts plastiques** artes plásticas.
▪ **les beaux-arts** las bellas artes.
▪ **le septième art** el séptimo arte.
artère [aʀtɛʀ] *nf* arteria *f*.
artériel,-elle [aʀteʀjɛl] *adj* arterial.
arthrite [aʀtʀit] *nf* MÉD artritis *f*.
arthrose [aʀtʀoz] *nf* MÉD artrosis *f*.
artichaut [aʀtiʃo] *nm* alcachofa *f*.
article [aʀtikl] *nm* artículo *m*.
▪ **article défini** artículo definido.
▪ **article indéfini** artículo indefinido.
articulation [aʀtikylasjɔ̃] *nf* articulación *f*.
articuler [artikyle] *vt* **1** *(gén)* articular. **2** *(mots)* vocalizar.
► *vpr* **s'articuler** articularse.
artifice [aʀtifis] *nm* **1** *(gén)* artificio *m*. **2** *(ruse)* artimaña *f*.
artificiel,-elle [aʀtifisjɛl] *adj* artificial.
artillerie [aʀtijʀi] *nf* artillería *f*.
artilleur [aʀtijœʀ] *nm* artillero *m*.
artisan,-e [aʀtizɑ̃,-an] *nm,f* artesano,-na.
artisanat [aʀtizana] *nm* **1** *(activité)* artesanía *f*. **2** *(groupe professionnel)* artesanado *m*.
artiste [aʀtist] *nmf* artista.
artistique [aʀtistik] *adj* artístico,-ca.
as [as] *nm* **1** *(cartes, dés)* as *m*. **2** *fig (champion)* as *m*, hacha *f*.
ascendance [asɑ̃dɑ̃s] *nf* ascendencia *f*.
ascendant,-e [asɑ̃dɑ̃,-ɑ̃t] *adj* ascendente.
► *nm* **ascendant** ascendiente *m*.
ascenseur [asɑ̃sœʀ] *nm* ascensor *m*.
ascension [asɑ̃sjɔ̃] *nf* ascensión *f*.
ascète [asɛt] *nmf* asceta.
asepsie [asɛpsi] *nf* MÉD asepsia *f*.
aseptisé,-e [asɛptize] *adj* aséptico,-ca.
asiatique [azjatik] *adj* asiático,-ca.
► *nmf* **Asiatique** asiático,-ca.
Asie [azi] *nf* Asia.
asile [azil] *nm* asilo *m*.
▪ **asile politique** asilo político.
aspect [aspɛ] *nm* aspecto *m*.
asperge [aspɛʀʒ] *nf* espárrago *m*.
asperger [aspɛʀʒe] *vt* rociar, salpicar.
aspérité [aspeʀite] *nf* aspereza *f*.
asphalte [asfalt] *nm* asfalto *m*.
asphyxiant,-e [asfiksjɑ̃,-ɑ̃t] *adj* asfixiante.
asphyxie [asfiksi] *nf* asfixia *f*.
asphyxier [asfiksje] *vt* asfixiar.
► *vpr* **s'asphyxier** asfixiarse.
aspic [aspik] *nm* áspid *m*.
aspirateur [aspiʀatœʀ] *nm* aspirador *m*.
aspiration [aspiʀasjɔ̃] *nf* aspiración *f*.
aspirer [aspiʀe] *vt* **1** *(gén)* aspirar. **2** *(désirer)* aspirar (**à**, a).
aspirine® [aspiʀin] *nf* aspirina® *f*.
assagir [asaʒiʀ] *vt* volver juicioso,-sa.
► *vpr* **s'assagir** sentar la cabeza.
assaillir [asajiʀ] *vt* **1** *(gén)* asaltar. **2** *fig (harceler)* acosar: ***il l'a assailli de questions***, lo acosó con preguntas.
assainir [aseniʀ] *vt* sanear.
assaisonnement [asɛzɔnmɑ̃] *nm* aliño *m*.
assaisonner [asɛzɔne] *vt* aliñar, condimentar.
assassin,-e [asasɛ̃,-in] *adj* asesino,-na.
► *nm* **assassin** asesino,-na.
assassinat [asasina] *nm* asesinato *m*.
assassiner [asasine] *vt* asesinar.
assaut [aso] *nm* asalto *m*.
assécher [aseʃe] *vt* **1** *(gén)* desecar. **2** *(un réservoir)* desaguar.
ASSEDIC [asedik] *abr (**Association pour l'emploi dans l'industrie et le commerce**)* INEM.
• **toucher les ASSEDIC** cobrar el paro.
assemblée [asɑ̃ble] *nf* asamblea *f*.
assembler [asɑ̃ble] *vt* **1** *(monter)* montar. **2** *(personnes)* reunir. **3** *(pièces)* ensamblar.
► *vpr* **s'assembler** juntarse.
assentiment [asɑ̃timɑ̃] *nm* consentimiento *m*.

asseoir [aswaʀ] *vt* **1** *(gén)* sentar. **2** *(les bases)* asentar.
► *vpr* **s'asseoir** sentarse.
assermenté,-e [asɛʀmɑ̃te] *adj* jurado,-da.
assez [ase] *adv* **1** *(plutôt)* bastante: ***c'est assez simple***, es bastante sencillo. **2** *(quantité)* suficiente: ***il n'y a pas assez d'espace***, no hay suficiente espacio.
► *interj* **assez !** ¡basta!
● **en avoir assez** estar harto,-a.
assiduité [asidɥite] *nf* asiduidad *f.*
assiégé,-e [asjeʒe] *adj - nm,f* asediado,-da.
assiéger [asjeʒe] *vt* asediar.
assiette [asjɛt] *nf* **1** *(pièce de vaisselle)* plato *m.* **2** *(d'impôt, de cotisation)* base *f* imponible.
● **ne pas être dans son assiette** no encontrarse en su salsa.
■ **assiette anglaise** entremeses *m pl* variados.
■ **assiette creuse** plato hondo.
■ **assiette à dessert** plato de postre.
■ **assiette à soupe** plato sopero.
assigner [asiɲe] *vt* **1** *(tâche)* asignar. **2** *(à un poste)* designar. **3** DR citar.
● **assigner QQN en justice** citar a ALGN a juicio.
assimilation [asimilasjɔ̃] *nf* asimilación *f.*
assimiler [asimile] *vt* asimilar.
► *vpr* **s'assimiler 1** *(aliments)* asimilarse. **2** *(à une personne)* identificarse (**à**, con). **3** *(à une culture)* adaptarse (**à**, a).
assistance [asistɑ̃s] *nf* **1** *(aide)* asistencia *f.* **2** *(public)* concurrencia *f.*
assistant,-e [asistɑ̃,-ɑ̃t] *nm,f* **1** *(auxiliaire)* ayudante. **2** *(à une conférence, un spectacle)* asistente,-ta.
assister [asiste] *vi* asistir (**à**, a): ***il n'a pas assisté à la réunion***, no asistió a la reunión.
► *vt* asistir, socorrer.
association [asɔsjasjɔ̃] *nf* asociación *f.*
associé,-e [asɔsje] *adj* asociado,-da.
► *nm,f* socio,-cia.
associer [asɔsje] *vt* asociar.
► *vpr* **s'associer 1** *(personnes)* asociarse (**à**, a): ***ils se sont associés pour créer une entreprise***, se han asociado para crear una empresa. **2** *(couleurs, mots)* combinarse (**à**, con).
assoiffé,-e [aswafe] *adj* **1** *(d'eau)* sediento,-ta. **2** *(d'argent, de pouvoir)* ávido,-da.
assombrir [asɔ̃bʀiʀ] *vt* **1** *(ciel, pièce)* oscurecer. **2** *(visage, avenir)* entristecer.
► *vpr* **s'assombrir 1** *(ciel)* oscurecerse. **2** *(regard, visage)* entristecerse.
assommant,-e [asɔmɑ̃,-ɑ̃t] *adj fam* pesado,-da.
assommer [asɔme] *vt* **1** *(d'un coup)* tumbar. **2** *fam (ennuyer)* aburrir.
assomption [asɔ̃psjɔ̃] *nf* asunción *f.*
assortiment [asɔʀtimɑ̃] *nm* **1** *(gén)* combinación *f.* **2** *(d'aliments)* surtido *m.*
assorti,-e [asɔʀti] *adj* **1** *(couleurs)* combinado,-da. **2** *(personnes)* bien avenido,-da: ***c'est un couple bien assorti***, hacen muy buena pareja.
assortir [asɔʀtiʀ] *vt* combinar.
► *vpr* **s'assortir** combinar(se).
assoupir [asupiʀ] *vt* adormecer.
► *vpr* **s'assoupir** adormilarse.
assouplir [asupliʀ] *vt* **1** *(corps)* dar flexibilidad a. **2** *(matière)* ablandar. **3** *(caractère)* suavizar.
► *vpr* **s'assouplir 1** *(matière)* volverse más flexible. **2** *(caractère)* suavizarse.
assouplissant [asuplisɑ̃] *nm* suavizante *m.*
assourdir [asuʀdiʀ] *vt* **1** *(le bruit)* ensordecer. **2** *(amortir)* amortiguar. **3** *fig (par des paroles, des cris)* agobiar.
assouvir [asuviʀ] *vt* **1** *(appétit)* saciar. **2** *(passion)* satisfacer.
assujettir [asyzetiʀ] *vt* **1** *(animal, membre)* sujetar. **2** *(sous l'autorité)* someter.
► *vpr* **s'assujettir** someterse.
assumer [asyme] *vt* asumir.
assurance [asyʀɑ̃s] *nf* **1** *(gén)* seguridad *f.* **2** *(aval)* garantía *f.* **3** *(contrat)* seguro *m.*
■ **assurance maladie** seguro de enfermedad.
■ **assurance tous risques** seguro a todo riesgo.
assurance-vie [asyʀɑ̃svi] *nf* (*pl* **assurances-vie**) seguro *m* de vida.
assuré,-e [asyʀe] *adj - nm,f* asegurado,-da.

▪ **assuré,-e social** afiliado,-da a la Seguridad Social.

assurément [asyʀemɑ̃] *adv* ciertamente.

assurer [asyʀe] *vt* **1** *(gén)* asegurar: ***je t'assure que c'est vrai***, te aseguro que es verdad. **2** *(certifier)* garantizar.
► *vpr* **s'assurer** asegurarse.

assureur [asyʀœʀ] *nm* asegurador *m*.

astérisque [asteʀisk] *nm* asterisco *m*.

astéroïde [asteʀɔid] *nm* asteroide *m*.

asthme [asm] *nm* MÉD asma *f*.

asticot [astikɔ] *nm* gusano *m*.

astiquer [astike] *vt* dar brillo a.

astre [astʀ] *nm* astro *m*.

astreindre [astʀɛ̃dʀ] *vt* obligar.
► *vpr* **s'astreindre** obligarse (**à**, a).

astrologie [astʀɔlɔʒi] *nf* astrología *f*.

astrologue [astʀɔlɔg] *nmf* astrólogo,-ga.

astronaute [astʀɔnot] *nmf* astronauta.

astronome [astʀɔnɔm] *nmf* astrónomo,-ma.

astronomie [astʀɔnɔmi] *nf* astronomía *f*.

astronomique [astʀɔnɔmik] *adj* astronómico,-ca.

astuce [astys] *nf* **1** *(ingéniosité)* astucia *f*. **2** *(ruse)* truco *m*.

astucieux,-euse [astysjø,-øz] *adj* **1** *(personne)* astuto,-ta. **2** *(idée, plan)* ingenioso,-sa.

asymétrique [asimetʀik] *adj* asimétrico,-ca.

atavisme [atavism] *nm* atavismo *m*.

atelier [atəlje] *nm* **1** *(d'artisan)* taller *m*. **2** *(d'artiste)* estudio *m*.

athée [ate] *adj - nmf* ateo,-a.

Athènes [atɛn] *nf* Atenas.

athlète [atlɛt] *nmf* atleta.

athlétisme [atletism] *nm* atletismo *m*.

atlantique [atlɑ̃tik] *adj* atlántico,-ca.

atlas [atlas] *nm* atlas *m*.

atmosphère [atmɔsfɛʀ] *nf* **1** *(gén)* atmósfera *f*. **2** *fig (ambiance)* ambiente *m*.

atmosphérique [atmɔsfeʀik] *adj* atmosférico,-ca.

atoll [atɔl] *nm* atolón *m*.

atome [atom] *nm* átomo *m*.

atomique [atɔmik] *adj* atómico,-ca.

atone [atɔn] *adj* **1** *(voyelle)* átono,-na. **2** *(personne)* inexpresivo,-va.

atout [atu] *nm* **1** *(carte)* triunfo *m*. **2** *(ressource)* ventaja *f*.

âtre [atʀ] *nm (de cheminée)* hogar *m*.

atroce [atʀɔs] *adj* **1** *(crime)* atroz. **2** *fam (très mauvais)* espantoso,-sa.

atrophier [atʀɔfje] *vt* atrofiar.
► *vpr* **s'atrophier** atrofiarse.

attabler (s') [atable] *vpr* sentarse a la mesa.

attachant,-e [ataʃɑ̃,-ɑ̃t] *adj* entrañable.

attache [ataʃ] *nf* **1** *(gén)* atadura *f*. **2** *(pour papiers)* grapa *f*; *(pince)* clip *m*.

attaché,-e [ataʃe] *adj* unido,-da, apegado,-da: ***il est très attaché à sa grand-mère***, está muy unido a su abuela.
► *nm,f* agregado,-da: ***attaché culturel***, agregado cultural.
▪ **attaché,-e de presse** jefe,-fa de prensa.

attaché-case [ataʃekɛz] *nm* (*pl* **attachés-cases**) maletín *m*.

attachement [ataʃmɑ̃] *nm* afecto *m*, cariño *m*.

attacher [ataʃe] *vt* **1** *(gén)* atar. **2** *(ceinture, bouton)* abrochar. **3** *(à un service)* destinar, afectar. **4** *(importance)* atribuir, dar.
► *vi (poêle, etc)* pegarse: ***cette poêle n'attache pas***, esta sartén no se pega.
► *vpr* **s'attacher** **1** *(collier, robe)* abrocharse. **2** *(avoir de l'affection pour)* encariñarse (**à**, con). **3** *(un travail)* esforzarse (**à**, por).

attaquant,-e [atakɑ̃,-ɑ̃t] *nm,f* atacante.

attaque [atak] *nf* ataque *m*.

attaquer [atake] *vt* **1** *(gén)* atacar. **2** *(sujet, problème)* emprender.
► *vpr* **s'attaquer** **1** *(combattre)* atacar (**à**, a). **2** *(problème)* enfrentarse (**à**, a).

attarder [ataʀde] *vt* retrasar.
► *vpr* **s'attarder** retrasarse: ***s'attarder en chemin***, entretenerse en el camino.

atteindre [atɛ̃dʀ] *vt* **1** *(objectif)* alcanzar. **2** *(malheur)* afectar. **3** *(arriver à)* llegar a.

atteint,-e [atɛ̃,-ɛ̃t] *adj* afectado,-da: ***il est atteint de myopie***, tiene miopía.

atteinte [atɛ̃t] *nf* **1** *(portée)* alcance *m*. **2** *(dommage)* atentado *m*.
• **hors d'atteinte** fuera de alcance.

• **porter atteinte à** atentar contra: ***porter atteinte à la dignité de qqn***, atentar contra la dignidad de algn.

▪ **atteinte à la vie privée** intromisión *f* en la intimidad.

attelage [atlaʒ] *nm* **1** *(de chevaux)* tiro *m*. **2** *(de bœufs)* yunta *f*.

atteler [atle] *vt* **1** *(voiture)* enganchar. **2** *(animal)* uncir.

▶ *vpr* **s'atteler** aplicarse (**à**, a).

attendre [atɑ̃dʀ] *vt* esperar.

▶ *vpr* **s'attendre à (ce que)** esperarse (que): ***elle s'attend à ce qu'il vienne la chercher***, se espera que la venga a buscar.

• **au moment où l'on s'y attend le moins** cuando menos se lo espera uno.

• **en attendant** mientras tanto.

attendrir [atɑ̃dʀiʀ] *vt* **1** *(aliments)* ablandar. **2** *(le cœur)* enternecer.

▶ *vpr* **s'attendrir** enternecerse.

attendrissant,-e [atɑ̃dʀisɑ̃,-ɑ̃t] *adj* enternecedor,-ra.

attendu,-e [atɑ̃dy] *adj* esperado,-da.

▶ *prép* **attendu** en vista de.

• **attendu que** en vista de que.

attentat [atɑ̃ta] *nm* atentado *m*.

attente [atɑ̃t] *nf* **1** *(gén)* espera *f*. **2** *(espoir)* expectativa *f*.

▪ **salle** *f* **d'attente** sala *f* de espera.

attenter [atɑ̃te] *vi* atentar.

attentif,-ive [atɑ̃tif,-iv] *adj* atento,-ta.

attention [atɑ̃sjɔ̃] *nf* **1** *(concentration)* atención *f*. **2** *(alerte)* cuidado *m*: ***fais attention aux voitures***, ten cuidado con los coches.

▶ *interj* **attention !** ¡cuidado!

• **à l'attention de** a la atención de.

attentionné,-e [atɑ̃sjɔne] *adj* atento,-ta.

atténuer [atenɥe] *vt* atenuar.

atterrir [ateʀiʀ] *vi* aterrizar.

atterrissage [ateʀisaʒ] *nm* aterrizaje *m*.

▪ **atterrissage forcé** aterrizaje forzoso.

attestation [atɛstasjɔ̃] *nf* **1** *(certificat)* certificado *m*. **2** *(acte)* atestado *m*.

attester [atɛste] *vt* **1** *(assurer)* atestiguar. **2** *(prouver)* demostrar.

attirail [atiʀaj] *nm* bártulos *m pl*.

attirant,-e [atiʀɑ̃,-ɑ̃t] *adj* atractivo,-va.

attirer [atiʀe] *vt* **1** *(gén)* atraer. **2** *(ennuis)* acarrear.

▶ *vpr* **s'attirer 1** *(avoir une attirance)* atraerse. **2** *(ennemis, sympathie)* ganarse: ***tu vas t'attirer des ennuis***, te vas a crear problemas.

attiser [atize] *vt* atizar.

attitré,-e [atitʀe] *adj* **1** *(représentant)* acreditado,-da. **2** *(coutumier)* habitual: ***c'est son fournisseur attitré depuis 20 ans***, es su proveedor habitual desde hace 20 años.

attitude [atityd] *nf* **1** *(mentale)* actitud *f*. **2** *(physique)* postura *f*.

attraction [atʀaksjɔ̃] *nf* atracción *f*.

attrait [atʀɛ] *nm* atracción *f*.

▶ *nm pl* **attraits** encantos *m pl*.

attraper [atʀape] *vt* **1** *(objet, grippe)* coger. **2** *(dans un piège)* atrapar. **3** *fam (surprendre)* pillar: ***je me suis trouvé bien attrapé***, me pillaron de lleno.

attrayant,-e [atʀɛjɑ̃,-ɑ̃t] *adj* atrayente.

attribuer [atʀibɥe] *vt* **1** *(défaut, mérite)* atribuir. **2** *(privilège)* otorgar.

▶ *vpr* **s'attribuer** atribuirse.

attribut [atʀiby] *nm* atributo *m*.

attribution [atʀibysjɔ̃] *nf* **1** *(de mérite)* atribución *f*. **2** *(de privilège)* concesión *f*. **3** *(de rôle)* adjudicación *f*.

▶ *nf pl* **attributions** atribuciones *f pl*.

attrister [atʀiste] *vt* entristecer.

▶ *vpr* **s'attrister** entristecerse.

attroupement [atʀupmɑ̃] *nm (de personnes)* concentración *f*.

attrouper [atʀupe] *vt* agrupar.

▶ *vpr* **s'attrouper** aglomerarse.

au [o] *contr* (**à** + **le**) al, a la: ***elle est allée au marché***, ha ido al mercado; ***il est allé au bureau***, ha ido a la oficina.

aubaine [obɛn] *nf* ganga *f*.

aube [ob] *nf* **1** *(gén)* alba *f*. **2** *fml (commencement)* comienzo *m*.

aubépine [obepin] *nf* espino *m* albar, majuelo *m*.

auberge [obɛʀʒ] *nf* hostal *m*.

▪ **auberge de jeunesse** albergue *m* juvenil.

aubergine [obɛʀʒin] *nf* berenjena *f*.

aubergiste [obɛʀʒist] *nmf* posadero,-ra.

aucun,-e [okœ̃,-yn] *adj* (con la partícula negativa **ne** o precedido de **sans**) *(sens négatif)* ninguno,-na: ***il n'y a aucune raison d'y aller***, no hay ninguna razón para ir; ***sans aucun espoir de réussite***, sin ninguna esperanza de éxito; ***sans aucun doute***, sin duda alguna.

► *pron* **1 aucun de** *(sens négatif)* ninguno,-na de: ***aucun d'entre nous n'a appelé***, ninguno de nosotros llamó. **2 aucun de** *(sens positif)* cualquiera de: ***il parle mieux l'anglais qu'aucun d'entre nous***, habla mejor inglés que cualquiera de nosotros. **3** *(personne)* nadie: ***aucun n'est content***, nadie está contento.

• **d'aucuns** *fml* algunos.

audace [odas] *nf* **1** *(gén)* audacia *f*. **2** *(insolence)* osadía *f*.

audacieux,-euse [odasjø,-øz] *adj* **1** *(hardi)* audaz. **2** *(insolent)* atrevido,-da.

au-dedans [odədɑ̃] *prép* dentro, por dentro.

• **au-dedans de** dentro de.

au-dehors [odəɔʀ] *prép* fuera, por fuera.

• **au-dehors de** fuera de.

au-delà [odəla] *prép* más allá.

► *nm* **l'au-delà** el más allá.

• **au-delà de** más allá de.

au-dessous [odəsu] *prép* debajo, por debajo.

• **au-dessous de** debajo de.

au-dessus [odəsy] *prép* encima, por encima.

• **au-dessus de** encima de.

audience [odjɑ̃s] *nf* audiencia *f*.

audiovisuel,-elle [odjɔvisɥel] *adj* audiovisual.

► *nm* **audiovisuel** medios *m pl* audiovisuales.

audit [odit] *nm* auditoría *f*.

auditeur,-trice [oditœʀ,-tʀis] *nm,f* **1** *(gén)* oyente. **2** *(de conférence)* asistente.

► *nm* **auditeur** COMM auditor,-ra.

▪ **auditeur libre** *(à l'université)* oyente.

audition [odisjɔ̃] *nf* audición *f*.

auditoire [oditwaʀ] *nm* auditorio *m*.

augmentation [ogmɑ̃tasjɔ̃] *nf* aumento *m*.

augmenter [ogmɑ̃te] *vt* **1** *(gén)* aumentar, incrementar. **2** *(salaire)* subir.

augurer [ogyʀe] *vt* augurar.

aujourd'hui [oʒuʀdɥi] *adv* hoy.

aumône [omon] *nf* limosna *f*.

auparavant [opaʀavɑ̃] *adv* antes: ***une semaine auparavant, il était parti***, se había ido una semana antes.

auprès [opʀɛ].

• **auprès de 1** *(comparaison)* al lado de: ***ce n'est rien auprès de ce qui t'attend***, no es nada al lado de lo que te espera. **2** *(organisme)* ante: ***retirer le dossier auprès du rectorat***, recoger el informe en el rectorado.

auquel [okɛl] *contr* (**à** + **lequel**) al cual.

auréole [oʀeɔl] *nf* aureola *f*.

auriculaire [oʀikylɛʀ] *adj* auricular.

► *nm (doigt)* meñique *m*.

aurore [oʀɔʀ] *nf* aurora *f*.

ausculter [oskylte] *vt* auscultar.

aussi [osi] *adv* **1** *(égalité)* también: ***moi aussi j'en veux***, yo también quiero. **2** **aussi ... que** *(comparaison)* tan... como: ***elle est aussi grande que lui***, es tan alta como él. **3** *(intensité)* tan: ***je n'ai jamais rien vu d'aussi drôle***, nunca he visto nada tan divertido.

► *conj* por eso, por lo tanto: ***il était fatigué, aussi s'est-il couché***, estaba cansado y por eso se fue a acostar.

• **aussi bien ... que** tan(to)... como: ***tu le sais aussi bien que moi***, lo sabes tan bien como yo.

aussitôt [osito] *adv* en seguida: ***il est parti aussitôt***, se fue en seguida.

• **aussitôt après** justo después.

• **aussitôt que** tan pronto como.

austérité [osteʀite] *nf* austeridad *f*.

Australie [ostʀali] *nf* Australia.

australien,-enne [ostʀaljɛ̃,-ɛn] *adj* australiano,-na.

► *nm,f* **Australien,-enne** australiano,-na.

autant [otɑ̃] *adv* **1** *(quantité)* tanto: ***je n'ai jamais vu quelqu'un dormir autant***, nunca he visto a nadie dormir tanto. **2** *(de préférence)* mejor: ***autant lui dire la vérité***, mejor decirle la verdad.

• **autant que** tanto como: ***il travaille autant que vous***, trabaja tanto como vosotros.

• **autant de ... que ...** *(comparatif de quantité)* tanto,-ta... como...: ***il y a autant de chaises que de personnes***, hay tantas sillas como personas.
• **d'autant mieux** mucho mejor.
• **d'autant moins que** menos aún cuando.
• **d'autant plus que** más aún cuando.
• **(pour) autant que** por lo que: ***pour autant que je sache***, que yo sepa.
autarcie [otaʀsi] *nf* autarquía *f.*
autel [otɛl] *nm* altar *m.*
auteur [otœʀ] *nm* autor,-ra.
authenticité [otɑ̃tisite] *nf* autenticidad *f.*
authentique [otɑ̃tik] *adj* auténtico,-ca.
auto [oto] *nf* coche *m.*
autobiographie [otɔbjɔgʀafi] *nf* autobiografía *f.*
autobus [otɔbys] *nm* autobús *m.*
autocar [otɔkaʀ] *nm* autocar *m.*
autochtone [otɔktɔn] *adj - nmf* autóctono,-na.
autocollant,-e [otɔkɔlɑ̃,-ɑ̃t] *adj* adhesivo,-va.
► *nm* **autocollant** pegatina *f.*
autocritique [otɔkʀitik] *nf* autocrítica *f.*
autocuiseur [atɔkyizœʀ] *nm* olla *f* a presión.
autodéfense [otɔdefɑ̃s] *nf* autodefensa *f.*
autodétermination [otɔdetɛʀminasjɔ̃] *nf* autodeterminación *f.*
autodidacte [otɔdidakt] *adj - nmf* autodidacta.
auto-école [otɔekɔl] *nf* (*pl* **auto-écoles**) autoescuela *f.*
autographe [otɔgʀaf] *adj* autógrafo,-fa.
► *nm* autógrafo *m.*
automate [otɔmat] *nm* autómata *m.*
automatique [otɔmatik] *adj* automático,-ca.
automatisation [otɔmatizasjɔ̃] *nf* automatización *f.*
automnal,-e [otɔnal] *adj* otoñal.
automne [otɔn] *nm* otoño *m.*
automobile [otɔmɔbil] *nf* automóvil *m,* coche *m.*
► *adj* automóvil.
automobiliste [otɔmɔbilist] *nmf* automovilista.
autonome [otɔnɔm] *adj* autónomo,-ma.
autonomie [otɔnɔmi] *nf* autonomía *f.*
autoportrait [otɔpɔʀtʀɛ] *nm* autorretrato *m.*
autopsie [otɔpsi] *nf* autopsia *f.*
autoradio [otɔʀadjo] *nm* autorradio *f.*
autorisation [otɔʀizasjɔ̃] *nf* autorización *f*: ***je n'ai pas l'autorisation de vous laisser passer***, no tengo autorización para dejarlo pasar.
autoriser [otɔʀize] *vt* autorizar.
autoritaire [otɔʀitɛʀ] *adj* autoritario,-ria.
autorité [otɔʀite] *nf* autoridad *f.*
autoroute [otɔʀut] *nf* autopista *f.*
▪ **autoroute de l'information** autopista de la información.
auto-stop [otostɔp] *nm* autoestop *m.*
• **faire de l'auto-stop** hacer autoestop.
autour [otuʀ] *adv* alrededor.
• **tout autour** por todos lados.
autre [otʀ] *adj indéf* otro,-tra: ***il a une autre maison***, tiene otra casa; ***il y avait autre chose***, había otra cosa.
► *pron* otro,-tra: ***l'un écrit, l'autre parle***, uno escribe, el otro habla; ***demande à quelqu'un d'autre***, pídeselo a otro; ***va avec les autres***, vete con los demás.
• **aucun autre** nadie más.
• **entre autres** entre otras cosas.
• **l'un ... l'autre** uno... el otro.
• **rien d'autre** nada más.
autrefois [otʀəfwa] *adv* en otro tiempo.
autrement [otʀəmɑ̃] *adv* **1** *(différemment)* de otro modo: ***je n'ai pas pu faire autrement***, no tuve más remedio. **2** *(sinon)* si no, de lo contrario: ***travaille, autrement tu n'auras pas ton examen***, trabaja, si no no aprobarás el examen.
Autriche [otʀiʃ] *nf* Austria.
autrichien,-enne [otʀiʃjɛ̃,-ɛn] *adj* austriaco,-ca.
► *nm,f* **Autrichien,-enne** austriaco,-ca.
autruche [otʀyʃ] *nf* avestruz *m.*
autrui [otʀɥi] *pron* el prójimo: ***je travaille pour le compte d'autrui***, trabajo por cuenta ajena.
auxiliaire [oksiljɛʀ] *adj - nmf* auxiliar.
auxquels,-quelles [okɛl] *contr* (**à** + **lesquels,-quelles**) a los cuales, a las cuales.

avachi,-e [avaʃi] *adj* **1** *(vêtement, chaussures)* deformado,-da. **2** *(personne)* molido,-da.

aval [aval] *nm* COMM *(garantie)* aval *m.*

• **en aval (de)** **1** *(rivière)* río abajo. **2** *(avant)* después (que).

▪ **aval bancaire** aval bancario.

avalanche [avalɑ̃ʃ] *nf* **1** *(en montagne)* alud *m.* **2** *(profusion)* avalancha *f.*

avaler [avale] *vt* **1** *(gén)* tragar. **2** *fam (croire)* tragarse.

avance [avɑ̃s] *nf* **1** *(dans le temps)* adelanto *m*; *(dans l'espace)* ventaja *f*: ***le coureur cycliste a une avance de deux mètres***, el ciclista tiene dos metros de ventaja. **2** *(d'argent)* anticipo *m.* **3** *(progression)* avance *m.*

• **à l'avance** de antemano, por adelantado.

• **d'avance** **1** *(paiement)* por adelantado. **2** *(temps)* de adelanto: ***il est arrivé avec une heure d'avance***, llegó con una hora de adelanto.

• **en avance** con anticipación: ***le train est en avance***, el tren lleva adelanto.

• **par avance** de antemano.

avancement [avɑ̃smɑ̃] *nm* **1** *(développement)* progreso *m.* **2** *(promotion)* ascenso *m.*

avancer [avɑ̃se] *vt* **1** *(dans l'espace, le temps)* adelantar: ***il a avancé la date de ses vacances***, ha adelantado la fecha de sus vacaciones. **2** *(approcher)* acercar: ***avance-lui une chaise***, acércale una silla. **3** *(proposer)* avanzar: ***il a avancé une théorie***, avanzó una teoría. **4** *(de l'argent)* prestar.

► *vi* **1** *(progresser)* avanzar: ***allez, avance !***, ¡venga, muévete! **2** *(montre)* adelantar.

► *vpr* **s'avancer** **1** *(dans l'espace, le temps)* acercarse: ***la nuit s'avance***, la noche se acerca. **2** *(s'engager)* comprometerse.

avant [avɑ̃] *prép* antes de, antes que: ***je suis arrivé avant lui***, llegué antes que él; ***avant le week-end***, antes del fin de semana.

► *adv* antes: ***ça s'est passé deux jours avant***, ocurrió dos días antes.

► *nm* **1** parte *f* delantera. **2** SPORT delantero,-ra.

► *adj inv* delantero,-ra: ***les roues avant***, las ruedas delanteras.

• **en avant !** ¡adelante!

• **avant de +** *inf* antes de + *inf*: ***il nous appellera avant de partir***, nos llamará antes de salir.

• **avant que +** *subj* antes de que + *subj*, antes que + *subj*: ***je dois terminer avant qu'il n'arrive***, tengo que acabar antes de que llegue.

• **avant tout** ante todo.

• **en avant** hacia delante.

avantage [avɑ̃taʒ] *nm* ventaja *f.*

• **à l'avantage de** en provecho de.

• **prendre l'avantage sur** sacar ventaja a.

• **se montrer à son avantage** tener el mejor aspecto posible.

• **tirer avantage de** sacar provecho de.

▪ **avantages sociaux** beneficios *m pl* sociales.

avantager [avɑ̃taʒe] *vt* **1** *(donner des avantages)* favorecer. **2** *(mettre en valeur)* agraciar, favorecer.

avantageux,-euse [avtaʒø,-øz] *adj* **1** *(favorable)* ventajoso,-sa. **2** *(seyant)* favorecedor,-ra.

avant-bras [avɑ̃bʀa] *nm inv* antebrazo *m.*

avant-centre [avɑ̃sɑ̃tʀ] *nm* (*pl* **avant-centres**) SPORT delantero *m* centro.

avant-dernier,-ère [avɑ̃dɛʀnje,-ɛʀ] *adj - nm,f* (*pl* **avant-derniers,-ères**) penúltimo,-ma.

avant-garde [avɑ̃gaʀd] *nf* (*pl* **avant-gardes**) vanguardia *f.*

avant-goût [avɑ̃gu] *nm* (*pl* **avant-goûts**) anticipo *m.*

avant-hier [avɑ̃tjɛʀ] *adv* anteayer.

avant-première [avɑ̃pʀəmjɛʀ] *nf* (*pl* **avant-premières**) preestreno *m.*

avant-propos [avɑ̃pʀɔpo] *nm inv* prólogo *m*, introducción *f.*

avant-veille [avɑ̃vɛj] *nf* (*pl* **avant-veilles**) antevíspera *f.*

avare [avaʀ] *adj* **1** *(d'argent)* avaro,-ra. **2** *(mots, faits)* parco,-ca (**de**, en).

► *nmf* avaro,-ra.

avarice [avaʀis] *nf* avaricia *f.*

avarie [avaʀi] *nf* avería *f.*

avatar [avataʀ] *nm* **1** *(transformation)* avatar *m*. **2** (gén en *pl*) *(mésaventure)* vicisitud *f*, contratiempo *m*.

avec [avɛk] *prép* con: ***il la regarda avec tendresse***, la miró con ternura; ***elle déjeuna avec son frère***, comió con su hermano.

► *adv* con él, con ella, con ello: ***il a pris son sac et il est parti avec***, cogió su bolso y se marchó con él.

• **avec cela** sin embargo: ***on avait tout nettoyé et avec cela il restait de la poussière***, lo limpiamos todo y sin embargo seguía habiendo polvo.

• **et avec cela ?** ¿desea algo más?

avenant,-e [avnɑ̃,-ɑ̃t] *adj* agradable, afable.

► *nm* **avenant** DR cláusula *f* adicional.

• **à l'avenant** en armonía, conjuntado,-da: ***l'acte I était ennuyeux, et le reste de la pièce à l'avenant***, el primer acto era aburrido y el resto de la obra, del mismo estilo.

avènement [avɛnmɑ̃] *nm* **1** *(d'un roi)* subida *f* al trono. **2** *(arrivée)* llegada *f*. **3** REL advenimiento *m*.

avenir [avniʀ] *nm* **1** *(postérité)* futuro *m*. **2** *(bien-être futur)* porvenir *m*: ***assure ton avenir, mon fils***, asegúrate el porvenir, hijo mío.

• **à l'avenir** en lo sucesivo.

aventure [avɑ̃tyʀ] *nf* aventura *f*.

• **à l'aventure** a la aventura.

• **d'aventure** por casualidad.

• **dire la bonne aventure** decir la buenaventura.

• **par aventure** por casualidad.

aventurer [avɑ̃tyʀe] *vt* aventurar.

► *vpr* **s'aventurer** aventurarse (**à**, a), arriesgarse (**à**, a).

aventureux,-euse [avɑ̃tyʀœ,-œz] *adj* **1** *(personne)* aventurero,-ra: ***il avait un esprit aventureux***, tenía un temperamento aventurero. **2** *(plein de risques)* arriesgado,-da. **3** *(plein d'aventures)* azaroso,-sa: ***il mena une existence aventureuse***, llevó una vida azarosa.

aventurier,-ère [avɑ̃tyʀje,-ɛʀ] *nm,f* aventurero,-ra.

avenue [avny] *nf* avenida *f*.

avérer (s') [aveʀe] *vpr* resultar: ***la rumeur s'avéra être vraie***, el rumor resultó ser cierto.

averse [avɛʀs] *nf* aguacero *m*, chaparrón *m*.

aversion [avɛʀsjɔ̃] *nf* aversión *f*: ***elle avait son chef en aversion***, sentía aversión por su jefe.

averti,-e [avɛʀti] *adj* **1** *(prévenu)* precavido,-da. **2** *(compétent)* enterado,-da.

avertir [avɛʀtiʀ] *vt* advertir.

avertissement [avɛʀtismɑ̃] *nm* **1** *(gén)* aviso *m*. **2** *(réprimande)* advertencia *f*. **3** *(d'un livre)* introducción *f*, prefacio *m*. **4** SPORT amonestación *f*.

avertisseur [avɛʀtisœʀ] *nm* bocina *f*.

aveu [avø] *nm* **1** *(de culpabilité)* confesión *f*. **2** *(de sentiments)* declaración *f*.

• **de l'aveu de** según declaró, según testimonio de.

• **passer aux aveux** confesar la culpabilidad.

aveuglant,-e [avœglɑ̃,-ɑ̃t] *adj* cegador,-ra.

aveugle [avœgl] *adj - nmf* ciego,-ga.

• **au royaume des aveugles les borgnes sont rois** en el país de los ciegos, el tuerto es rey.

• **en aveugle** a ciegas.

aveuglement [avœgləmɑ̃] *nm* obcecación *f*.

aveugler [avœgle] *vt* **1** *(la lumière)* cegar. **2** *(le soleil)* deslumbrar. **3** *(la passion, la colère)* cegar, ofuscar.

► *vpr* **s'aveugler** cegarse, ofuscarse.

aveuglette [avœglɛt].

• **à l'aveuglette** a ciegas.

aviateur,-trice [avjatœʀ,-tʀis] *nm,f* aviador,-ra.

aviation [avjasjɔ̃] *nf* aviación *f*.

avide [avid] *adj* ávido,-da.

avidité [avidite] *nf* avidez *f*.

avilir [aviliʀ] *vt* envilecer.

► *vpr* **s'avilir** envilecerse.

avion [avjɔ̃] *nm* avión *m*.

▪ **avion à réaction** reactor *m*.

aviron [aviʀɔ̃] *nm* remo *m*.

avis [avi] *nm* **1** *(pensée, sentiment)* parecer *m*, opinión *f*. **2** *(avertissement)* aviso *m*, advertencia *f*.

• **à mon avis** en mi opinión.

• **de l'avis de** según la opinión de.
• **sauf avis contraire** salvo objeciones.
avisé,-e [avize] *adj* prudente.
aviser [avize] *vt* **1** *(donner une information)* avisar. **2** *fml (voir)* divisar.
► *vpr* **s'aviser 1** *(réaliser)* percatarse (**de**, de): ***il s'avisa de son erreur***, se percató de su error. **2** *(avoir l'idée)* ocurrírsele (**de**, -): ***il s'avisa de sortir sous la pluie***, se le ocurrió salir bajo la lluvia. **3** *(oser)* atreverse (**de**, a): ***ne t'avise pas de me mentir***, no te atrevas a mentirme.
aviver [avive] *vt* avivar.
avocat,-e[1] [avɔka,-at] *nm,f (personne)* abogado,-da.
▪ **avocat commis d'office** abogado de oficio.
▪ **avocat du diable** abogado del diablo.
avocat[2] [avɔka] *nm (fruit)* aguacate *m*.
avoine [avwan] *nf* avena *f*.
avoir[1] [avwaʀ] *aux* haber: ***j'ai bu***, he bebido.
► *vt* **1** *(posséder)* tener: ***j'ai une maison***, tengo una casa; ***nous avons le temps***, tenemos tiempo; ***il a de beaux yeux***, tiene unos ojos preciosos. **2** *(obtenir)* obtener, conseguir: ***je l'ai eu pas cher***, lo conseguí a buen precio; ***il aura le prix***, obtendrá el premio. **3** *(ressentir)* tener, experimentar: ***avoir soif***, tener sed; ***avoir peur***, tener miedo. **4** *(dimension)* tener, medir: ***la piscine a cent mètres de long***, la piscina mide cien metros de largo. **5** *fam (vaincre)* vencer: ***je l'ai eu !***, ¡le he ganado! **6** *fam (tromper)* engañar: ***je t'ai eue !***, ¡te engañé! **7** *(éprouver)* pasar, suceder: ***qu'as-tu ?***, ¿qué te pasa?
► *vi* **avoir à** + *inf (devoir)* tener que + *inf*: ***j'ai à travailler***, tengo que trabajar; ***tu n'as qu'à lui demander pardon***, sólo tienes que pedirle perdón.
► *v impers* **il y a 1** *(gén)* hay: ***il y a beaucoup de travail***, hay mucho trabajo; ***il n'y a pas de quoi***, no hay de qué. **2** *(temps passé)* hace: ***il y a une semaine***, hace una semana.
• **avoir à cœur** tener empeño en.
• **en avoir après/contre QQN** estar resentido contra ALGN.
• **en avoir assez de** estar harto,-ta de.
• **en avoir pour 1** *(argent)* costar: ***il en a eu pour dix euros***, le ha costado diez euros. **2** *(temps)* tardar: ***j'en ai pour une heure***, tardaré una hora.
• **se faire avoir** *fam* dejarse engañar.
avoir[2] [avwaʀ] *nm* **1** *(en comptabilité)* haber *m*. **2** *(biens)* patrimonio *m*.
avoisinant,-e [avwazinɑ̃,-ɑ̃t] *adj* **1** *(proche)* vecino,-na, cercano,-na. **2** *(semblable)* parecido,-da.
avoisiner [avwazine] *vt* **1** *(proximité)* estar cerca, lindar con. **2** *(affinité)* asemejarse, parecerse.
avortement [avɔʀtmɑ̃] *nm* aborto *m*.
avorter [avɔʀte] *vi* **1** *(d'un fœtus)* abortar. **2** *(projet, entreprise)* fracasar.
avorton [avɔʀtɔ̃] *nm péj* engendro *m*.
avouer [avwe] *vt* **1** *(faute, fait)* reconocer. **2** *(culpabilité)* confesar.
► *vpr* **s'avouer** declararse: ***il s'avoua coupable***, se declaró culpable.
avril [avʀil] *nm* abril *m*.
axe [aks] *nm* eje *m*.
• **dans l'axe de** en la dirección de.
axer [akse] *vt* centrar (**sur**, en).
axiome [aksjom] *nm* axioma *m*.
azalée [azale] *nf* azalea *f*.
azimut [azimyt] *nm* acimut *m*, azimut *m*.
• **tous azimuts** por todas partes.
azote [azɔt] *nm* nitrógeno *m*.

B

baba [baba] *nm (gâteau)* bizcocho *m* borracho.
► *adj inv fam* patidifuso,-sa: ***il resta baba devant son cadeau***, se quedó patidifuso delante de su regalo.
■ **baba cool** *mf fam* progre, hippie.
babillage [babijaʒ] *nm* cháchara *f*, parloteo *m*.
babines [babin] *nf pl* belfos *m pl*.
• **s'en lécher les babines** relamerse.
babiole [babjɔl] *nf fam* baratija *f*, fruslería *f*.
bâbord [babɔʀ] *nm* babor *m*.
babouche [babuʃ] *nf* babucha *f*.
baby-foot [babifut] *nm inv* futbolín *m*.
baby-sitter [babisitœʀ] *nmf* (*pl* **baby-sitters**) canguro.
bac[1] [bak] *nm* **1** *(bateau)* barcaza *f*, transbordador *m*. **2** *(pour plantes)* macetero *m*. **3** *(récipient)* balde *m*, cubeta *f*.
bac[2] [bak] *abr fam* (***baccalauréat***) → baccalauréat.
• **passer son bac** *fam* aprobar la selectividad.
baccalauréat [bakalɔʀea] *nm* selectividad *f*.
bâche [baʃ] *nf* lona *f*.
bachelier,-ère [basəlje,-ɛʀ] *nm,f alumno,-na que ha aprobado la selectividad*.
bacille [basil] *nm* bacilo *m*.
bâcler [bakle] *vt fam* hacer de forma chapucera: ***il bâcla son travail pour finir le plus tôt possible***, hizo una chapuza para poder acabar cuanto antes.
bacon [bekɔn] *nm* bacon *m*.
bactérie [bakteʀi] *nf* bacteria *f*.
bactériologie [bakteʀiɔlɔʒi] *nf* bacteriología *f*.
badaud,-e [bado,-od] *adj - nm,f* mirón,-ona.
badge [badʒ] *nm* chapa *f*, insignia *f*.
badigeonner [badiʒɔne] *vt* **1** *(de chaux)* encalar, enlucir. **2** *(de liquide, substance)* recubrir con una capa: ***elle se badigeonna la figure avec la lotion***, se aplicó una capa de loción sobre la cara.
badiner [badine] *vi* juguetear, bromear.
badminton [badmintɔn] *nm* bádminton *m*.
baffe [baf] *nf fam* bofetada *f*.
baffle [bafl] *nm* bafle *m*.
bafouer [bafwe] *vt* ridiculizar.
bafouiller [bafuje] *vt - vi* farfullar.
bâfrer [bafʀe] *vt - vi fam* zampar.
bagage [bagaʒ] *nm* **1** (gen en *pl*) *(en voyage)* equipaje *m*. **2** *(intellectuel)* bagaje *m*: ***il possédait un solide bagage culturel***, poseía un sólido bagaje cultural.
• **faire ses bagages** hacer las maletas.
• **plier bagage** *fam fig* liar el petate.
bagagiste [bagaʒist] *nmf* mozo *m* de equipajes.
bagarre [bagaʀ] *nf* riña *f*, pelea *f*.
• **chercher la bagarre** *fam* buscar pelea.
bagarrer [bagaʀe] *vi* luchar, combatir.
► *vpr* **se bagarrer** pelearse.
bagatelle [bagatɛl] *nf* **1** *(objet)* bagatela *f*, fruslería *f*. **2** *(argent)* cuatro duros *m pl*: ***je l'ai acheté pour une bagatelle***, lo he comprado por cuatro duros; ***ça m'a coûté la bagatelle de 100 euros***, me ha costado nada más y nada menos que 100 euros.
bagnard [baɲaʀ] *nm* presidiario *m*.

bagne [baɲ] *nm* presidio *m*.
bagnole [baɲɔl] *nf fam* coche *m*, carro *m*.
bagou [bagu] *nm fam* labia *f*.
bague [bag] *nf* **1** *(bijou)* sortija *f*. **2** *(de cigare)* vitola *f*. **3** *(en métal)* anillo *m*, aro *m*.
▪ **bague de fiançailles** anillo de compromiso.
baguette [bagɛt] *nf* **1** *(pain)* barra *f* de pan. **2** *(bâton)* varita *f*. **3** *(de tambour)* palillo *m*, baqueta *f*. **4** *(de chef d'orchestre)* batuta *f*. **5** *(pour manger)* palillo *m*. **6** *(de fusil)* baqueta *f*.
▪ **baguette magique** varita mágica.
bahut [bay] *nm* **1** *(meuble)* aparador *m*. **2** *fam (école)* colegio *m*, instituto *m*.
baie [bɛ] *nf* **1** GÉOG bahía *f*. **2** *(sur une façade)* hueco *m*, vano *m*. **3** *(fruit)* baya *f*.
▪ **baie vitrée** ventanal *m*.
baignade [bɛɲad] *nf* baño *m*.
• **" Baignade interdite "** "Prohibido bañarse".
baigner [beɲe] *vt* **1** *(gén)* bañar. **2** *(un liquide, une substance)* mojar.
► *vi (recouvrir)* nadar: ***la viande baignait dans la sauce***, la carne nadaba en salsa.
► *vpr* **se baigner** bañarse.
• **baigner dans son sang** estar cubierto,-ta de sangre.
• **ça baigne !** *fam* ¡esto funciona!
baigneur,-euse [bɛɲœʀ,-øz] *nm,f* bañista.
► *nm* **baigneur** muñeca *f*.
baignoire [bɛɲwaʀ] *nf (de salle de bains)* bañera *f*, baño *m*.
bail [bai] *nm* (*pl* **baux**) contrato *m* de arrendamiento.
• **il y a un bail !** *fam* ¡hace un siglo!
▪ **bail commercial** traspaso *m*.
bâillement [bajmɑ̃] *nm* bostezo *m*.
bâiller [baje] *vi* **1** *(de sommeil)* bostezar. **2** *(volet, porte)* estar entreabierto,-ta.
bailleur,-eresse [bajœʀ,-ʀɛs] *nm,f (loyer)* arrendador,-ra.
▪ **bailleur,-eresse de fonds** ÉCON socio,-cia capitalista.
bâillon [bajɔ̃] *nm* mordaza *m*.
bâillonner [bajɔne] *vt* **1** *(gén)* amordazar. **2** *(rumeur, information)* silenciar, acallar.

bain [bɛ̃] *nm* baño *m*.
► *nm pl* **bains** balneario *m sing*, baños *m pl*.
• **faire couler un bain** preparar la bañera.
• **prendre un bain** darse un baño.
▪ **bain de bouche** enjuague *m* bucal.
▪ **bain de foule** baño de multitudes.
▪ **bain de soleil** baño de sol.
bain-marie [bɛ̃maʀi] *nm* (*pl* **bains-marie**) baño *m* María.
baïonnette [bajɔnɛt] *nf* bayoneta *f*.
baiser[1] [beze] *vt* **1** (se utiliza preferentemente **embrasser** en vez de **baiser**) *(faire une bise)* besar. **2** *vulg (relations sexuelles)* follar.
baiser[2] [beze] *nm* beso *m*.
baisse [bɛs] *nf* **1** *(gén)* bajada *f*. **2** *(de niveau)* descenso *m*.
• **jouer à la baisse** jugar a la baja.
baisser [bese] *vt* **1** *(mouvement)* bajar, inclinar: ***baisser les yeux***, bajar los ojos. **2** *(la hauteur)* bajar, rebajar: ***baisser un mur***, rebajar una pared. **3** *(d'intensité)* disminuir: ***baisser la voix***, bajar la voz.
► *vi (la valeur, le prix)* bajar, disminuir.
► *vpr* **se baisser** *(se courber)* agacharse.
bajoue [baʒu] *nf* **1** *(d'animal)* carrillera *f*. **2** *(de personne)* moflete *m* colgante.
bal [bal] *nm* baile *m*.
▪ **bal masqué** baile de disfraces.
▪ **bal populaire** verbena *f*.
balade [balad] *nf fam* paseo *m*.
balader [balade] *vt fam* pasear.
► *vpr* **se balader** pasearse.
• **envoyer balader** QQN *fam* enviar a paseo a ALGN.
baladeur [baladœʀ] *nm* walkman® *m*.
balafre [balafʀ] *nf* chirlo *m*.
balai [balɛ] *nm* **1** *(pour nettoyer)* escoba *f*. **2** *fam (âge)* taco *m*, año *m*: ***j'ai 40 balais***, tengo 40 tacos.
• **donner un coup de balai 1** *(balayer)* barrer. **2** *(licencier)* despedir al personal.
▪ **balai d'essuie-glace** escobilla *f* del limpiaparabrisas.
▪ **balai mécanique** escoba mecánica.
balance [balɑ̃s] *nf* **1** *(pour peser)* balanza *f*. **2** *(pour pêcher)* retel *m*. **3** COMM balance *m*.
• **mettre en balance** sopesar.
▪ **balance des paiements** ÉCON balanza de pagos.

balancement [balɑ̃smɑ̃] *nm* balanceo *m*.

balancer [balɑ̃se] *vt* **1** *(mouvoir)* balancear, mecer. **2** *fam (objet)* tirar. **3** *fam (employé)* echar: ***balancer sa secrétaire***, echar a la secretaria.

► *vpr* **se balancer** *(se mouvoir)* balancearse, columpiarse.

• **se balancer de QQCH/QQN** *fam (se moquer)* pasar de ALGO/ALGN: ***je m'en balance***, me importa un pito.

balancier [balɑ̃sje] *nm* **1** *(mécanique)* péndulo *m*. **2** *(d'un acrobate)* balancín *m*.

balançoire [balɑ̃swaʀ] *nf* columpio *m*.

balayage [balɛjaʒ] *nm* INFORM escaneado *m*.

balayer [baleje] *vt* **1** *(avec un balai)* barrer. **2** *(chasser)* eliminar, echar. **3** INFORM escanear.

balayeur,-euse [balɛjœʀ,-øz] *nm,f* barrendero,-ra.

balayeuse [balɛjøz] *nf (machine)* barredora *f*.

balbutier [balbysje] *vi (en parlant)* balbucear, balbucir.

► *vt (compliment, insulte)* mascullar, balbucear.

balcon [balkɔ̃] *nm* **1** *(d'une façade)* balcón *m*. **2** *(au cinéma, au théâtre)* anfiteatro *m*.

baleine [balɛn] *nf* ballena *f*.

baleineau [balɛno] *nm* ballenato *m*.

balise [baliz] *nf* baliza *f*.

baliser [balize] *vt* balizar.

balivernes [balivɛʀn] *nf pl* pamplinas *f pl*, tonterías *f pl*.

ballade [balad] *nf* balada *f*.

balle [bal] *nf* **1** *(pour jouer)* pelota *f*. **2** *(d'arme)* bala *f*. **3** *fam (monnaie)* cuca *m*: ***ça coûte cent balles***, cuesta cien cucas. **4** *(marchandise)* bala *f*, fardo *m*.

• **renvoyer la balle** devolver la pelota.

▪ **balle perdue** bala perdida.

ballerine [balʀin] *nf* bailarina *f*.

ballet [balɛ] *nm* ballet *m*.

ballon [balɔ̃] *nm* **1** *(pour jouer)* balón *m*, pelota *f*. **2** *(aérostatique)* globo *m*. **3** *(verre)* vaso *m*, copa *f*.

▪ **ballon d'oxygène** balón de oxígeno.

ballonné,-e [balɔne] *adj* hinchado,-da.

ballot [balo] *nm* **1** *(objet)* fardo *m*, bulto *m*. **2** *fam (insulte)* bobo,-ba.

ballottage [balɔtaʒ] *nm en unas elecciones a dos vueltas, ausencia de vencedor.*

ballotter [balɔte] *vt* sacudir, zarandear.

► *vi* bambolearse, zarandearse.

balnéaire [balneɛʀ] *adj* costero,-ra.

▪ **station** *f* **balnéaire** ciudad *f* costera.

balustrade [balystʀad] *nf* **1** ARCHIT balaustrada *f*. **2** *(appui)* barandilla *f*.

bambin,-e [bɑ̃bɛ̃,-in] *nm,f* chiquillo,-lla.

bambou [bɑ̃bu] *nm* bambú *m*.

ban [bɑ̃] *nm* **1** *(édit)* bando *m*. **2** *(de tambour)* redoble *m* de tambor. **3** *(applaudissement)* ovación *f*.

► *nm pl* **bans** *(de mariage)* amonestaciones *f pl*.

• **convoquer le ban et l'arrière-ban** convocar a todo el mundo.

• **mettre QQN au ban de la société** proscribir a ALGN de la sociedad.

banal,-e [banal] *adj* (*pl* **banals**) banal, común.

banalité [banalite] *nf* banalidad *f*, trivialidad *f*.

banane [banan] *nf* **1** *(fruit)* plátano *m*, banana *f*. **2** *(sac)* riñonera *f*. **3** *(coiffure)* tupé *m*.

bananier [bananje] *nm (arbre)* plátano *m*.

banc [bɑ̃] *nm* banco *m*.

• **être sur les bancs de l'école** *fam* asistir al colegio.

▪ **banc de poissons** banco de peces.

▪ **banc de sable** banco de arena.

▪ **banc d'essais** banco de pruebas.

▪ **banc des accusés** banquillo *m* de los acusados.

bancaire [bɑ̃kɛʀ] *adj* bancario,-ria.

bancal,-e [bɑ̃kal] *adj* (*pl* **bancals**) **1** *(personne)* patituerto,-ta. **2** *(meuble)* cojo,-ja.

bandage [bɑ̃daʒ] *nm* **1** *(action)* vendaje *m*; *(objet)* venda *f*. **2** *(de roue)* llanta *f*.

bande [bɑ̃d] *nf* **1** *(gén)* banda *f*. **2** *(ruban)* cinta *f*. **3** *(de papier, de tissu)* tira *f*. **4** *(pour entourer)* faja *f*. **5** *(médicale)* venda *f*. **6** *(film)* película *f*, cinta *f*. **7** *(partie d'une route)* carril *m* de emergencia. **8** *(au billard)* banda *f*. **9** *(de personnes)* banda *f*, grupo *m*. **10** *(de malfaiteurs)* cuadrilla *f*. **11** *(d'animaux)* bandada *f*, manada *f*. **12** *(de musiciens)* banda *f*. **13** *(nautique)* escora *f*.

• **faire bande à part** desmarcarse de un grupo.
▪ **bande dessinée** cómic *m.*
▪ **bande magnétique** cinta magnetofónica.
▪ **bande originale** banda sonora original.
▪ **bande vidéo** cinta de vídeo.
▪ **large bande** banda ancha.
bande-annonce [bãdanɔ̃s] *nf* (*pl* **bandes-annonces**) tráiler *m,* avance *m.*
bandeau [bãdo] *nm* **1** *(pour les cheveux)* cinta *f.* **2** *(pour les yeux)* venda *f.*
• **arracher le bandeau des yeux** *fig* quitar la venda de los ojos.
▪ **bandeau publicitaire** INFORM banner *m.*
bander [bãde] *vt* **1** *(entourer d'une bande)* vendar. **2** *(tendre)* tensar.
► *vi vulg (avoir une érection)* empinarse.
banderole [bãdʀɔl] *nf* banderola *f.*
bande-son [bãdsɔ̃] *nf* (*pl* **bandes-son**) banda *f* sonora.
bandit [bãdi] *nm* bandido,-da.
bandoulière [bãduljɛʀ] *nf* bandolera *f.*
• **en bandoulière** en bandolera.
banlieue [bãljø] *nf* alrededores *m pl* de una ciudad.
▪ **proche banlieue** extrarradio *m.*
banlieusard,-e [bãljøzaʀ,-aʀd] *nm,f fam* habitante de las afueras.
bannière [banjɛʀ] *nf* **1** *(étendard)* estandarte *m.* **2** INFORM banner *m.*
bannir [baniʀ] *vt* **1** *(exiler)* desterrar, exiliar. **2** *fig (rejeter)* rechazar, alejar: ***bannir toute crainte***, alejar cualquier temor.
banque [bãk] *nf* **1** *(établissement)* banco *m.* **2** *(commerce de l'argent)* banca *f.* **3** *(au jeu)* banca *f.* **4** *(d'organes)* banco *m*: ***banque des yeux/du sang***, banco de ojos/de sangre.
▪ **banque de données** INFORM banco de datos.
banqueroute [bãkʀut] *nf* bancarrota *f,* quiebra *f.*
• **faire banqueroute** quebrar.
banquet [bãkɛ] *nm* banquete *m.*
banquette [bãkɛt] *nf* banqueta *f.*
banquier,-ère [bãkje,-ɛʀ] *nm,f* banquero,-ra.
banquise [bãkiz] *nf* banco *m* de hielo.
baobab [baɔbab] *nm* baobab *m.*
baptême [batɛm] *nm* **1** *(sacrement)* bautismo *m.* **2** *(cérémonie)* bautizo *m.*
▪ **baptême de l'air** bautismo del aire.
baptiser [batize] *vt* bautizar.
baptismal,-e [batismal] *adj* bautismal.
baquet [bakɛ] *nm* tina *f,* cubeta *f.*
bar [baʀ] *nm* **1** *(établissement)* bar *m.* **2** *(poisson)* lubina *f.* **3** *(unité)* bar *m.*
baragouiner [baʀagwine] *vt - vi* **1** *fam (une langue étrangère)* chapurrear. **2** *fam (bredouiller)* farfullar.
baraque [baʀak] *nf* **1** *(de foire, de chantier)* barraca *f,* caseta *f.* **2** *fam (logement)* chabola *f,* casucha *f.*
baraqué,-e [baʀake] *adj fam* cachas.
barbare [baʀbaʀ] *adj - nmf* bárbaro,-ra.
barbarie [baʀbaʀi] *nf* barbarie *f,* crueldad *f.*
barbarisme [baʀbaʀism] *nm* barbarismo *m.*
barbe [baʀb] *nf* **1** barba *f.* **2** *fam (ennui)* lata *f,* aburrimiento *m.*
• **la barbe !** *fam* ¡qué pesadez!
• **rire dans sa barbe** *fam* reír para los adentros de uno.
▪ **barbe à papa** algodón *m* de azúcar.
barbelé,-e [baʀble] *adj* con púas.
► *nm* **barbelé** alambre *m* de púas.
barbiche [baʀbiʃ] *nf* perilla *f.*
barbiturique [baʀbityʀik] *nm* barbitúrico *m.*
barboter [baʀbɔte] *vi* **1** *(dans l'eau)* chapotear. **2** *(un gaz)* burbujear, borbollar.
barbouiller [baʀbuje] *vt* **1** *(salir)* embadurnar, ensuciar. **2** *(peindre grossièrement)* pintarrajear. **3** *(écriture)* emborronar: ***barbouiller du papier***, emborronar papel.
• **avoir l'estomac barbouillé** tener el estómago revuelto.
barbu,-e [baʀby] *adj* barbudo,-da.
► *nm* **barbu** barbudo *m.*
barde [baʀd] *nf* CUIS albardilla *f.*
barder [baʀde] *vt* CUIS enalbardar.
• **ça va barder** *fam* se va a armar la gorda.
barème [baʀɛm] *nm* baremo *m.*
baril [baʀil] *nm* barril *m.*
barillet [baʀijɛ] *nm* barrilete *m.*
bariolé,-e [baʀjɔle] *adj* abigarrado,-da.

barmaid [barmɛd] *nf* camarera *f*.
barman [barman] *nm* (*pl* **barmans** ou **barmen**) camarero *m*, barman *m*.
baromètre [barɔmɛtr] *nm* barómetro *m*.
baron,-onne [barɔ̃,-ɔn] *nm,f* barón *m*, baronesa *f*.
baroque [barɔk] *adj* barroco,-ca.
barque [bark] *nf* barca *f*.
• **bien mener sa barque** saber llevar sus asuntos.
barquette [barkɛt] *nf* **1** CUIS tarteleta *f*. **2** *(récipient)* cesta *f*.
barrage [baraʒ] *nm* **1** *(obstacle)* barrera *f*. **2** *(hydraulique)* dique *m*, presa *f*.
barre [bar] *nf* **1** *(gén)* barra *f*. **2** *(de métal)* lingote *m*. **3** *(d'un tribunal)* barra *f* de los testigos. **4** *(du gouvernail)* caña *f*.
• **avoir le coup de barre** *fam* estar agotado,-da.
▪ **barre de menu** INFORM barra de menús.
▪ **barre d'espacement** barra espaciadora.
▪ **barre fixe** SPORT barra fija.
▪ **barres parallèles** SPORT barras paralelas.
barreau [baro] *nm* **1** *(petite barre)* barrote *m*. **2** *(profession d'avocat)* abogacía *f*. **3** *(ordre des avocats)* colegio *m* de abogados.
barrer [bare] *vt* **1** *(gén)* cerrar el paso a. **2** *(écrit, texte)* tachar, rayar. **3** *(chèque)* cruzar, barrar. **4** *(embarcation)* gobernar.
► *vpr* **se barrer** *fam (s'en aller)* abrirse.
barrette [barɛt] *nf (pour les cheveux)* pasador *m*.
barricade [barikad] *nf* barricada *f*.
barrière [barjɛr] *nf* barrera *f*.
barrique [barik] *nf* barrica *f*.
barrir [barir] *vi* barritar.
bar-tabac [bartaba] *nm* (*pl* **bars-tabac**) bar *m* con estanco.
baryton [baritɔ̃] *nm* barítono *m*.
bas, basse [ba, bas] *adj* **1** *(gén)* bajo,-ja. **2** *(ignoble)* vil, infame.
► *nm* **bas 1** *(partie inférieure)* bajo *m*, parte *f* baja: ***le bas du visage***, la parte baja de la cara. **2** *(d'une page)* pie *m*. **3** *(vêtement)* media *f*.
► *adv* suavemente: ***parler tout bas***, hablar en voz baja.
• **à bas !** ¡abajo!
• **au bas de** al pie de.
• **en bas** abajo.
• **par en bas** por abajo.
• **mettre bas** *(animaux)* parir.
▪ **bas âge** primera infancia *f*.
▪ **bas de laine** *fam* ahorrillos *m pl*.
basané,-e [bazane] *adj* moreno,-na.
bas-côté [bakote] *nm* (*pl* **bas-côtés**) **1** *(de route)* arcén *m*. **2** *(d'église)* nave *f* lateral.
bascule [baskyl] *nf* **1** *(pour peser)* báscula *f*. **2** *(pour se balancer)* columpio *m*.
basculer [baskyle] *vi* **1** *(avec mouvement de bascule)* oscilar, bascular. **2** *(perdre l'équilibre)* caer.
► *vt (renverser)* volcar, hacer bascular.
base [baz] *nf* **1** *(gén)* base *f*. **2** *(d'une colonne)* basa *f*.
• **jeter les bases** sentar las bases.
▪ **base de données** INFORM base de datos.
base-ball [bɛzbol] *nm* (*pl* **base-balls**) béisbol *m*.
baser [baze] *vt* basar.
► *vpr* **se baser** basarse.
bas-fond [bafɔ̃] *nm* (*pl* **bas-fonds**) **1** *(terrain)* hondonada *f*. **2** *(de mer, fleuve)* bajío *m*.
► *nm pl* **bas-fonds 1** *(de la société)* bajos fondos *m pl*. **2** *(quartiers)* barrios *m pl* bajos.
basilic [bazilik] *nm* **1** *(lézard)* basilisco *m*. **2** *(plante)* albahaca *f*.
basilique [bazilik] *nf* basílica *f*.
basique [bazik] *adj* CHIM básico,-ca.
basket [baskɛt] *nm (sport)* baloncesto *m*.
► *nf (chaussure)* zapatilla *f* de deporte.
• **lâche-moi les baskets !** *fam* ¡déjame en paz!
basket-ball [baskɛtbol] *nm* baloncesto *m*.
bas-relief [barəljɛf] *nm* (*pl* **bas-reliefs**) bajorrelieve *m*.
basse [bas] *nf* MUS bajo *m*.
basse-cour [baskur] *nf* (*pl* **basses-cours**) **1** *(lieu)* corral *m*. **2** *(animaux)* aves *f pl* de corral.
bassesse [basɛs] *nf* bajeza *f*.
bassin [basɛ̃] *nm* **1** *(récipient)* palangana *f*, jofaina *f*. **2** *(pièce d'eau)* estanque *m*, alber-

ca *f*. **3** *(piscine)* piscina *f*. **4** ANAT pelvis *f*. **5** GÉOG cuenca *f*. **6** *(d'un port)* dársena *f*.

▪ **grand bassin** piscina para adultos.

▪ **petit bassin** piscina para niños.

bassine [basin] *nf* barreño *m*.

bassiner [basine] *vt* **1** *(le lit)* calentar. **2** *(une plante)* humedecer, rociar. **3** *fam (ennuyer)* fastidiar, dar la lata.

bassiste [basist] *nmf* **1** *(de rock)* bajo. **2** *(d'orchestre)* contrabajo.

basson [basɔ̃] *nm* contrabajo *m*.

bas-ventre [bavɑ̃tʀ] *nm* (*pl* **bas-ventres**) bajo vientre *m*.

bât [ba] *nm* albarda *f*.

bataclan [bataklɑ̃] *nm fam* bártulos *m pl*, cachivaches *m pl*.

bataille [bataj] *nf* **1** *(guerre)* batalla *f*. **2** *fig (bagarre)* pelea *f*, riña *f*.

• **en bataille** *(cheveux)* enmarañado,-da.

bataillon [batajɔ̃] *nm* batallón *m*.

bâtard,-e [bataʀ,-aʀd] *adj* bastardo,-da.

► *nm,f* **1** *(personne)* bastardo,-da. **2** *(chien)* chucho *m*.

► *nm* **bâtard** *(pain)* barra *f* de cuarto.

bateau [bato] *nm* **1** *(embarcation)* barco *m*. **2** *(devant un garage)* vado *m*.

• **mener** QQN **en bateau** *fig* engañar a ALGN.

▪ **bateau à moteur** lancha *f* motora.

▪ **bateau à voile** barco de vela.

▪ **bateau de plaisance** barco de recreo.

bateau-mouche [batomuʃ] *nm* (*pl* **bateaux-mouches**) *barca de pasajeros que navega en París por el Sena*.

bateleur,-euse [batlœʀ,-øz] *nm,f* saltimbanqui.

batelier,-ère [batlje,-ɛʀ] *nm,f* barquero,-ra.

bâti [bati] *nm* **1** *(de menuiserie)* armazón *m*, armadura *f*. **2** *(d'une porte)* bastidor *m*. **3** *(couture)* hilván *m*.

batifoler [batifɔle] *vi fam* juguetear, retozar.

bâtiment [batimɑ̃] *nm* **1** *(maison)* edificio *m*. **2** *(industrie)* construcción *f*. **3** *(embarcation)* buque *m*.

bâtir [batiʀ] *vt* **1** *(bâtiment)* edificar, construir. **2** *fig (idée, théorie)* construir, desarrollar. **3** *(vêtement)* hilvanar.

• **bâtir des châteaux en Espagne** *fig* construir castillos en el aire.

bâtisseur,-euse [batisœʀ,-øz] *nm,f* **1** *(d'un bâtiment)* constructor,-ra. **2** *(d'une entreprise)* fundador,-ra.

bâton [batɔ̃] *nm* **1** *(gén)* palo *m*, bastón *m*. **2** *(petit objet)* barrita *f*, barra *f*: ***bâton de cire à cacheter***, barrita de lacre. **3** *(écriture)* palote *m*. **4** *(d'une dignité)* bastón *m*, vara *f*: ***bâton de maréchal***, vara de mariscal. **5** *(de la police)* porra *f*.

• **à bâtons rompus** sin orden ni concierto.

• **mettre des bâtons dans les roues** *fig* poner trabas.

battage [bataʒ] *nm* **1** *(récolte)* trilla *f*. **2** *fam fig (publicité)* gran campaña *f* publicitaria.

battant,-e [batɑ̃,-ɑ̃t] *adj* batiente.

► *nm* **battant 1** *(de porte, fenêtre)* hoja *f* de puerta. **2** *(de cloche)* badajo *m*.

• **battant neuf** nuevecito y reluciente.

• **sous une pluie battante** bajo un aguacero.

battement [batmɑ̃] *nm* **1** *(action de battre)* golpeo *m*. **2** *(du cœur)* latido *m*. **3** *(délai)* tiempo *m*: ***dix minutes de battement***, diez minutos libres.

▪ **battement d'ailes** aleteo *m*, batir *m* de alas.

▪ **battement de mains** palmada *f*, palmoteo *m*.

▪ **battement de paupières** parpadeo *m*.

batterie [batʀi] *nf* batería *f*.

• **recharger ses batteries** *fig* recargar las baterías.

batteur [batœʀ] *nm* **1** *(musicien)* batería *mf*. **2** *(de base-ball)* bateador,-ra. **3** *(appareil ménager)* batidora *f*.

battre [batʀ] *vt* **1** *(gén)* pegar, golpear. **2** *(avec un instrument)* batir: ***battre les œufs***, batir los huevos. **3** *(vaincre)* vencer, derrotar; *(record)* batir. **4** *(heurter)* azotar, golpear: ***le vent bat les branches***, el viento azota las ramas.

► *vi* **1** *(gén)* chocar, golpear: ***une porte qui bat***, una puerta que golpea. **2** *(produire des mouvement répétés)* latir, palpitar.

► *vpr* **se battre** batirse, pelear.

• **battre des ailes** aletear.
• **battre des mains** repicar, tocar palmas.
• **battre en retraite** batirse en retirada.
• **battre la mesure** llevar el compás.

battu,-e [baty] *adj* **1** *(qui a reçu des coups)* apalea-do,-da, golpeado,-da. **2** *(vaincu)* derrotado,-da. **3** *(sol, chemin)* trillado,-da.
• **se tenir pour battu** darse por vencido.
▪ **yeux** *m pl* **battus** ojos *m pl* cansados/ ojerosos.
▪ **terre** *f* **battue** *(tennis)* tierra *f* batida.

battue [baty] *nf (chasse)* batida *f*, ojeo *m*.

baume [bom] *nm* bálsamo *m*.
• **mettre du baume au cœur** *fig* aliviar las penas, consolar.

bavard,-e [bavaʀ,-aʀd] *adj - nm,f* charlatán,-ana.

bavardage [bavaʀdaʒ] *nm* **1** *(conversation)* charla *f*. **2** (gen en *pl*) *(choses insignifiantes)* habladuría *f*, palabrería *f*.

bavarder [bavaʀde] *vi* **1** *(parler)* charlar. **2** *(être indiscret)* irse de la lengua.

bave [bav] *nf* baba *f*.

baver [bave] *vi* babear, babosear.
• **en baver** *fam* pasar un mal trago.

bavette [bavɛt] *nf* **1** *(de bébé)* babero *m*. **2** *(viande)* redondo *m*.
• **tailler une bavette** *fam* charlar.

baveux,-euse [bavø,-øz] *adj* **1** *(personne)* baboso,-sa. **2** *(lettre)* borroso,-sa.
▪ **omelette** *f* **baveuse** tortilla *f* poco hecha.

bavoir [bavwaʀ] *nm* babero *m*.

bavure [bavyʀ] *nf* **1** *(d'encre)* mancha *f*. **2** *(erreur)* metedura *f* de pata.
• **sans bavures** perfecto,-ta.

bazar [bazaʀ] *nm* **1** *(marché)* bazar *m*. **2** *fam (désordre)* caos *m*. **3** *fam (vêtements, mobilier)* bártulos *m pl*, trastos *m pl*.

BD [bede] *abr* ***(bande dessinée)*** cómic *m*, tebeo *m*.

béant,-e [beɑ̃,-ɑ̃t] *adj* **1** *(ouvert)* abierto,-ta. **2** *fig (surpris)* boquiabierto,-ta.

béat,-e [bea,-at] *nm,f* **1** *(calme)* plácido, -da. **2** *(content de soi)* satisfecho,-cha.

béatification [beatifikasjɔ̃] *nf* beatificación *f*.

béatitude [beatityd] *nf* **1** REL beatitud *f*. **2** *(bonheur)* felicidad *f*.
► *nf pl* **béatitudes** REL bienaventuranzas *f pl*.

beau, belle [bo, bɛl] *adj* (delante de un nombre masculino que empiece por vocal o ***h*** muda se utiliza **bel**) **1** *(gén)* hermoso,-sa, bello,-lla: ***elle a de beaux sentiments***, tiene hermosos sentimientos. **2** *(personne)* guapo,-pa: ***quelle belle femme !***, ¡qué mujer más guapa! **3** *(joli)* bonito,-ta. **4** *(avantageux)* bueno,-na, ventajoso,-sa: ***c'est une belle occasion***, es una buena ocasión. **5** *(bienséant)* conveniente, decoroso,-sa: ***cela n'est pas beau***, eso no está bien. **6** *(en qualité)* superior: ***un beau talent***, un talento superior. **7** *(agréable)* agradable: ***on a passé une belle journée***, hemos pasado un día de lo más agradable. **8** *(considérable)* grande, considerable: ***ils organisèrent un beau chahut***, organizaron un gran alboroto. **9** *iron (désavantageux)* bonito,-ta: ***la belle affaire !***, ¡bonito negocio! **10** *(sens intensif)* buen: ***un beau jour il a changé d'opinion***, un buen día cambió de opinión.
► *nm* **beau** lo bello, lo hermoso.
► *adv (temps)* bueno: ***il fait très beau***, hace muy buen día.
• **avoir beau** + INF por mucho que + *inf*, por más que + *inf*: ***il a beau faire, il ne maigrit pas***, por más que haga, no adelgaza.
• **bel et bien** realmente, verdaderamente.
• **faire le beau** dárselas de guapo.
• **tout beau** despacito.
▪ **bel âge** juventud *f*.
▪ **le beau monde** la buena sociedad.
▪ **le beau sexe** las mujeres.

beaucoup [boku] *adv* **1** *(d'une manière considérable)* mucho: ***il a beaucoup travaillé***, ha trabajado mucho. **2 beaucoup de** *(abondance)* mucho,-cha: ***il possédait beaucoup de livres***, poseía muchos libros.
► *pron (un grand nombre de personnes)* muchos,-chas: ***beaucoup disaient qu'il se trompait***, muchos decían que se equivocaba.
• **beaucoup trop** demasiado.
• **de beaucoup** por mucho.

beau-fils [bofis] *nm* (*pl* **beaux-fils**) **1** *(gendre)* yerno *m*, hijo *m* político. **2** *(de remariage)* hijastro *m*.
beau-frère [bofʀɛʀ] *nm* (*pl* **beaux-frères**) cuñado *m*, hermano *m* político.
beau-père [bopɛʀ] *nm* (*pl* **beaux-pères**) **1** *(père du conjoint)* suegro *m*, padre *m* político. **2** *(de remariage)* padrastro *m*.
beauté [bote] *nf* belleza *f*.
• **en beauté** de manera brillante.
• **se faire une beauté** arreglarse, maquillarse.
beaux-arts [bozaʀ] *nm pl* bellas artes *f pl*.
beaux-parents [boparɑ̃] *nm pl* suegros *m pl*.
bébé [bebe] *nm* **1** *(nouveau-né)* bebé *m*. **2** *(animal)* cachorro *m*.
bébé-éprouvette [bebeepʀuvɛt] *nm* (*pl* **bébés-éprouvette**) niño,-ña probeta.
bec [bɛk] *nm* **1** *(d'oiseau)* pico *m*. **2** *fam (de personne)* pico *m*, boca *f*. **3** *fam (langage)* labia *f*. **4** *(lampe)* farol *m*. **5** *(d'une plume)* punta *f*. **6** *(d'une cruche)* pitorro *m*. **7** *(d'un instrument musical)* boquilla *f*.
• **clouer le bec à QQN** *fam* cerrarle el pico a ALGN.
• **être un bec fin** *fam* tener el morro fino.
• **ferme ton bec !** *fam* ¡cierra el pico!
• **tomber sur un bec** *fam* llevarse un chasco.
bécane [bekan] *nf* **1** *fam (véhicule - vélo)* bici *f*; *(- moto)* moto *f*. **2** *fam (ordinateur)* ordenata *m*.
bécasse [bekas] *nf* **1** *(oiseau)* chocha *f*, becada *f*. **2** *fam (femme)* tonta *f*.
bec-de-cane [bekdəkan] *nm* (*pl* **becs-de-cane**) picaporte *m*.
bec-de-lièvre [bekdəljɛvʀ] *nm* (*pl* **becs-de-lièvre**) labio *m* leporino.
bécoter [bekɔte] *vt* besuquear.
► *vpr* **se bécoter** besuquearse.
becqueter [bɛkte] *vt* **1** *(avec le bec)* picotear. **2** *fam (de la nourriture)* picar.
bedaine [bədɛn] *nf fam* panza *f*, barriga *f*.
bédé [bede] *nf* cómic *m*, tebeo *m*.
bedon [bədɔ̃] *nm fam* panza *f*.
bedonnant,-e [bədɔnɑ̃,-ɑ̃t] *adj* barrigudo,-da.
bée [be].
• **bouche bée** con la boca abierta, boquiabierto,-ta.
bégaiement [begɛmɑ̃] *nm* tartamudeo *m*.
bégayement [begɛmɑ̃] *nm* tartamudeo *m*.
bégayer [begeje] *vi* tartamudear.
► *vt (explication, excuse)* farfullar.
bégonia [begɔnja] *nm* begonia *f*.
bègue [bɛg] *adj - nmf* tartamudo,-da.
beige [bɛʒ] *adj - nm* beige *m*.
beignet [bɛɲɛ] *nm* buñuelo *m*.
bel [bɛl] *adj* → beau, belle.
bêlement [bɛlmɑ̃] *nm* balido *m*.
bêler [bele] *vi* balar.
belette [bəlɛt] *nf* comadreja *f*.
belge [bɛlʒ] *adj* belga.
► *nmf* **Belge** belga.
Belgique [bɛlʒik] *nf* Bélgica.
bélier [belje] *nm* **1** *(animal)* carnero *m*. **2** *(machine de guerre)* ariete *m*.
belle [bɛl] *adj* → beau, belle.
► *nf* **1** *(amie)* amada *f*. **2** *(dans une compétition)* partido *m* de desempate.
• **de plus belle** a más y mejor: ***il recommença à pleurer de plus belle***, volvió a llorar con más intensidad.
• **en faire/en dire de belles** hacer/decir tonterías.
belle-famille [bɛlfamij] *nf* (*pl* **belles-familles**) familia *f* política.
belle-fille [bɛlfij] *nf* (*pl* **belles-filles**) **1** *(femme du fils)* nuera *f*, hija *f* política. **2** *(de remariage)* hijastra *f*.
belle-mère [bɛlmɛʀ] *nf* (*pl* **belles-mères**) **1** *(mère du conjoint)* suegra *f*, madre *f* política. **2** *(de remariage)* madrastra *f*.
belle-sœur [bɛlsœʀ] *nf* (*pl* **belles-sœurs**) **1** *(sœur du conjoint)* cuñada *f*, hermana *f* política. **2** *(de remariage)* hermanastra *f*.
belligérant,-e [beliʒeʀɑ̃,-ɑ̃t] *adj - nm,f* beligerante.
belliqueux,-euse [belikø,-øz] *adj* **1** *(gén)* belicoso,-sa. **2** *(caractère)* agresivo,-va.
bémol [bemɔl] *adj - nm* MUS bemol *m*.
bénédiction [benediksjɔ̃] *nf* bendición *f*.
bénéfice [benefis] *nm* beneficio *m*.
• **sous bénéfice d'inventaire** a beneficio de inventario.

bénéficiaire [benefisjɛʀ] *adj - nmf* beneficiario,-ria.
bénéficier [benefisje] *vt* beneficiarse (**de**, de): ***bénéficier d'une aide sociale***, beneficiarse de una ayuda pública.
bénéfique [benefik] *adj* beneficioso,-sa.
benêt [bənɛ] *adj - nm* bendito,-ta.
bénévole [benevɔl] *adj (aide, collaboration)* desinteresado,-da.
► *nmf (personne)* voluntario,-ria.
bénin,-igne [benɛ̃,-iɲ] *adj* benigno,-na: ***tumeur bénigne***, tumor benigno.
bénir [benir] *vt* bendecir.
bénit,-e [beni,-it] *adj* bendito,-ta.
bénitier [benitje] *nm* **1** *(d'église)* pila *f* de agua bendita. **2** *(mollusque)* almeja *f* gigante.
benjamin,-e [bɛ̃ʒamɛ̃] *adj - nm,f* benjamín,-ina.
benne [bɛn] *nf* **1** *(d'une mine)* vagoneta *f*, jaula *f*. **2** *(d'un camion)* volquete *m*. **3** *(d'une grue)* pala *f*.
béquille [bekij] *nf* **1** *(pour marcher)* muleta *f*. **2** *(de moto, vélo)* caballete *m*.
berceau [bɛʀso] *nm* cuna *f*.
bercer [bɛrse] *vt* **1** *(balancer - bébé)* acunar; *(- bateau)* mecer. **2** *(par un chant, une musique)* arrullar. **3** *fig (douleur, chagrin)* aliviar, adormecer.
berceuse [bɛʀsøz] *nf* canción *f* de cuna, nana *f*.
béret [beʀe] *nm* boina *f*.
berge [bɛʀʒ] *nf* **1** *(d'un cours d'eau)* ribera *f*, orilla *f*. **2** *fam (année)* taco *m*: ***j'ai 40 berges***, tengo 40 tacos.
berger,-ère [bɛʀʒe,-ɛʀ] *nm,f* pastor,-ra.
► *nm* **berger** *(chien)* mastín *m*.
▪ **berger allemand** pastor *m* alemán.
bergerie [bɛʀʒəʀi] *nf* redil *m*, aprisco *m*.
Berlin [bɛʀlɛ̃] *n pr* Berlín.
berline [bɛʀlin] *nf* berlina *f*.
bermuda [bɛʀmyda] *nm* bermudas *f pl*.
berne [bɛʀn].
• **en berne** a media asta.
berner [bɛʀne] *vt* engañar a.
besace [bəzas] *nf* alforjas *f pl*.
besogne [bəzɔɲ] *nf* trabajo *m*.
besoin [bəzwɛ̃] *nm* necesidad *f*.
► *nm pl* **besoins** necesidades *f pl*.
• **au besoin** en caso de necesidad, si es preciso.
• **avoir besoin de** necesitar.
• **être dans le besoin** estar necesitado, -da.
• **faire ses besoins** hacer sus necesidades.
• **si besoin est** si hace falta.
bestial,-e [bɛstjal] *adj* bestial.
bestiaux [bɛstjo] *nm pl* ganado *m sing*, reses *f pl*.
bestiole [bɛstjɔl] *nf* bicho *m*.
bétail [betaj] *nm* ganado *m*.
bête [bɛt] *nf* **1** *(animal)* animal *m*, bestia *f*. **2** *(petit animal, insecte)* bicho *m*.
► *adj (personne)* tonto,-ta, estúpido,-da.
• **être la bête noire de** ser la bestia negra de.
• **faire la bête** hacer el tonto.
• **que c'est bête !** ¡qué lástima!
▪ **bête à Bon Dieu** mariquita *f*.
▪ **bête de somme** bestia de carga.
▪ **bête de trait** animal de tiro.
bêtise [betiz] *nf* tontería *f*.
béton [betɔ̃] *nm* **1** *(matériau)* hormigón *m*. **2** *fam (au football)* cerrojo *m*.
▪ **béton armé** hormigón armado.
bétonnière [betɔnjɛʀ] *nf* hormigonera *f*.
betterave [bɛtʀav] *nf* remolacha *f*.
▪ **betterave à sucre** remolacha azucarera.
▪ **betterave fourragère** remolacha forrajera.
beuglement [bøgləmɑ̃] *nm* **1** *(de bovidés)* mugido *m*. **2** *(de taureau)* bramido *m*.
beur [bœʀ] *nmf fam joven de origen magrebí nacido,-da en Francia*.
beurre [bœʀ] *nm* mantequilla *f*.
• **avoir un œil au beurre noir** *fig* tener un ojo a la funerala.
• **faire son beurre** *fig* hacer su agosto.
• **mettre du beurre dans les épinards** *fig* mejorar de situación económica.
▪ **beurre de cacao** manteca *f* de cacao.
beurrer [bœʀe] *vt* untar con mantequilla.
bévue [bevy] *nf* pifia *f*, metedura *f* de pata.
biais [bjɛ] *nm* **1** *(gén)* sesgo *m*, bies *m*: ***tailler un tissu dans le biais***, cortar una tela al bies. **2** *fig (détour)* rodeo *m*.

• **de biais** oblicuamente, de bies ***regarder de biais***, mirar oblicuamente.
• **par le biais de** por medio de.
biaiser [bjeze] *vi* andarse con rodeos.
bibelot [biblo] *nm* bibelot *m*, chuchería *f*.
biberon [bibʀɔ̃] *nm* biberón *m*.
bible [bibl] *nf* biblia *f*.
bibliographie [biblijɔgʀafi] *nf* bibliografía *f*.
bibliothécaire [biblijɔtekɛʀ] *nmf* bibliotecario,-ria.
bibliothèque [biblijɔtɛk] *nf* biblioteca *f*.
biblique [biblik] *adj* bíblico,-ca.
bicarbonate [bikaʀbɔnat] *nm* bicarbonato *m*.
biceps [bisɛps] *nm* ANAT bíceps *m*.
• **avoir des biceps** *fam* ser muy fuerte.
biche [biʃ] *nf* cierva *f*.
• **ma biche !** *fam* ¡cariño!, ¡querida!
bicolore [bikɔlɔʀ] *adj* bicolor.
bicoque [bikɔk] *nf fam* casucha *f*.
bicyclette [bisiklɛt] *nf* bicicleta *f*.
bide [bid] *nm* **1** *fam (ventre)* barriga *f*. **2** *fam (échec)* fracaso *m*, fiasco *m*.
bidet [bidɛ] *nm* bidé *m*.
bidon [bidɔ̃] *nm* **1** *(récipient)* bidón *m*. **2** *fam (ventre)* barrigón *m*.
• **c'est du bidon** *fam* es falso, es un camelo.
bidonville [bidɔ̃vil] *nm* barrio *m* de chabolas.
bidouillage [bidujaʒ] *nm fam* chapuza *f*.
bidouiller [biduje] *vt fam* hacer una chapuza.
bielle [bjɛl] *nf* biela *f*.
bien [bjɛ̃] *adj* bien: ***c'est très bien***, está muy bien; ***les gens bien***, la gente bien.
► *adv* **1** *(avantageusement)* bien: ***se porter bien***, encontrarse bien de salud. **2** *(très)* muy: ***il est bien content***, está muy contento. **3** *(beaucoup)* mucho: ***bien mieux***, mucho mejor. **4** *(approximativement)* aproximadamente: ***il est parti il y a bien trois heures***, se fue hace unas tres horas. **5** *(pour commencer à parler)* bueno: ***bien, comme je disais avant***, bueno, como decía antes. **6** *(comme intensif)* sin duda: ***c'est bien ma place***, no cabe duda de que éste es mi sitio.
► *nm* bien *m*: ***faire le bien***, hacer el bien.
► *nm pl* **biens** bienes *m pl*: ***il possède de nombreux biens***, posee numerosos bienes.
► *interj* **eh bien !** ¡y bueno!
• **bien de** mucho,-cha: ***je vous l'ai dit bien des fois***, se lo he dicho muchas veces.
• **bien entendu** por supuesto.
• **bien que +** ***subj*** aunque + *subj*: ***bien que tu puisses le faire, ça ne vaut pas la peine***, aunque puedas hacerlo, no merece la pena.
• **bien souvent** muy a menudo.
• **bien sûr** desde luego, naturalmente.
• **bien vouloir** querer, aceptar.
• **dire du bien de QQN** hablar bien de ALGN.
• **mener à bien** llevar a buen puerto.
• **si bien que** de manera que.
▪ **biens de consommation** bienes de consumo.
▪ **biens immeubles** bienes inmuebles.
▪ **biens meubles** bienes muebles.
bien-aimé,-e [bjɛ̃neme] *adj - nm,f* (*pl* **bien-aimés,-es**) amado,-da.
bien-être [bjɛ̃nɛtʀ] *nm inv* bienestar *m*.
bienfaisance [bjɛ̃fəzɑ̃s] *nf* beneficencia *f*.
bienfaisant,-e [bjɛ̃fəzɑ̃,-ɑ̃t] *adj* beneficioso,-sa.
bienfait [bjɛ̃fɛ] *nm* **1** *(acte de générosité)* beneficio *m*, favor *m*: ***combler de bienfaits***, colmar de favores. **2** *(utilité)* ventaja *f*: ***les bienfaits de la civilisation***, las ventajas de la civilización.
bienfaiteur,-trice [bjɛ̃fɛtœʀ,-tʀis] *adj - nm,f* benefactor,-ra.
bienheureux,-euse [bjɛ̃nœʀø,-øz] *adj fml (plein de bonheur)* dichoso,-sa.
► *nm,f* REL beato,-ta.
bienséance [bjɛ̃seɑ̃s] *nf fml* decoro *m*, urbanidad *f*.
bientôt [bjɛ̃to] *adv* **1** *(dans peu de temps)* pronto, dentro de poco. **2** *fml (vite)* rápidamente.
• **à bientôt** hasta pronto.
• **cela est bientôt dit** eso se dice pronto.
bienveillance [bjɛ̃vɛjɑ̃s] *nf* benevolencia *f*.
bienveillant,-e [bjɛ̃vɛjɑ̃,-ɑ̃t] *adj* benévolo,-la, indulgente.

bienvenu,-e [bjɛ̃vny] *adj - nm,f* bienvenido,-da: ***soyez les bienvenus !***, ¡bienvenidos!
bienvenue [bjɛ̃vny] *nf* bienvenida *f*.
• **souhaiter la bienvenue à QQN** dar la bienvenida a ALGN.
bière [bjɛʀ] *nf* **1** *(boisson)* cerveza *f*. **2** *(cercueil)* ataúd *m*.
▪ **bière à la pression** cerveza de barril.
▪ **bière blonde** cerveza rubia.
▪ **bière brune** cerveza negra.
biffer [bife] *vt* borrar, tachar.
bifteck [biftɛk] *nm* bistec *m*.
bifurcation [bifyʀkasjɔ̃] *nf* bifurcación *f*.
bigame [bigam] *adj - nmf* bígamo,-ma.
bigamie [bigami] *nf* bigamia *f*.
bigarré,-e [bigaʀe] *adj* abigarrado,-da.
bigot,-e [bigo,-ɔt] *adj - nm,f* santurrón,-ona.
bijou [biʒu] *nm* **1** *(joyau)* alhaja *f*, joya *f*. **2** *fig (quelqu'un, quelque chose)* preciosidad *f*, joya *f*: ***ma nièce est un vrai bijou***, mi sobrina es una auténtica joya.
▪ **bijou fantaisie** joya de bisutería.
bijouterie [biʒutʀi] *nf* **1** *(commerce)* joyería *f*. **2** *(objets)* joyas *f pl*, alhajas *f pl*.
bikini® [bikini] *nm* biquini® *m*.
bilan [bilɑ̃] *nm* balance *m*.
• **déposer son bilan** COMM declararse en quiebra.
• **faire le bilan (de)** hacer el balance (de).
▪ **bilan de santé** chequeo *m* médico.
bilatéral,-e [bilateral] *adj* **1** *(gén)* bilateral. **2** *(stationnement)* a los dos lados de la calzada.
bilboquet [bilbɔkɛ] *nm* boliche *m*.
bile [bil] *nf* bilis *f*.
• **se faire de la bile** *fig* preocuparse.
bilingue [bilɛ̃g] *adj - nmf* bilingüe.
billard [bijaʀ] *nm* **1** *(jeu)* billar *m*. **2** *(table)* mesa *f* de billar. **3** *fam (d'opération)* mesa *f* de operaciones.
• **passer sur le billard** *fam* pasar por el quirófano.
bille [bij] *nf* **1** *(de billard)* bola *f*. **2** *(petite boule)* canica *f*. **3** *fam (visage)* careto *m*. **4** *(mécanique)* bola *f*, rodamiento *m*.
billet [bijɛ] *nm* **1** *(gén)* billete *m*. **2** *(lettre)* nota *f*, cartita *f*.
▪ **billet à ordre** COMM pagaré *m*.
▪ **billet de banque** billete.
▪ **billet doux** nota amorosa.
billetterie [bijɛtʀi] *nf* **1** *(de gare, d'aéroport)* taquilla *f*. **2** *(de banque)* cajero *m* automático.
billion [biljɔ̃] *nm* billón *m*.
bimensuel,-elle [bimɑ̃sɥɛl] *adj* bimensual, quincenal.
binaire [binɛʀ] *adj* binario,-ria.
binocle [binɔkl] *nm* binóculo *m*.
► *nm pl* **binocles** *vieil* gafas *f pl*.
binôme [binom] *nm* MATH binomio *m*.
biocarburant [bjokaʀbyʀɑ̃] *nm* biocarburante *m*.
biodégradable [bjodegʀadabl] *adj* biodegradable.
biodiversité [bjɔdivɛʀsite] *nf* biodiversidad *f*.
biographie [bjɔgʀafi] *nf* biografía *f*.
biologie [bjɔlɔʒi] *nf* biología *f*.
biologique [bjɔlɔʒik] *adj* biológico,-ca.
bip [bip] *nm* **1** *(signal)* bip *m*. **2** *(appareil)* busca *m*.
• **" Parlez après le bip sonore "** "Hable después de la señal".
bipède [bipɛd] *adj* bípedo,-da.
► *nm* bípedo *m*.
bique [bik] *nf fam* cabra *f*.
bis [bi] *adv (numéro de rue)* bis.
► *nm (spectacle)* bis *m*.
• **crier bis** gritar ¡otra!
bisaïeul,-e [bizajœl] *nm,f* bisabuelo,-la.
bisannuel,-elle [bizanɥɛl] *adj* bienal.
biscornu,-e [biskɔʀny] *adj* **1** *(forme)* irregular. **2** *fam (idées, esprit)* retorcido,-da.
biscotte [biskɔt] *nf* biscote *m*.
biscuit [biskɥi] *nm* galleta *f*.
bise [biz] *nf* **1** *(vent)* cierzo *m*. **2** *(sur la joue)* beso *m*.
• **faire une bise** dar un beso.
biseau [bizo] *nm* bisel *m*.
• **en biseau** biselado,-da.
bison [bizɔ̃] *nm* bisonte *m*.
bisou [bizu] *nm fam* besito *m*.
bissextile [bisɛkstil] *adj* bisiesto.
► *nf* bisiesto *m*, año *m* bisiesto.
bistouri [bistuʀi] *nm* bisturí *m*.
bistrot [bistʀo] *nm fam* bar *m*.
bit [bit] *nm* INFORM bit *m*.

bitume [bitym] *nm* asfalto *m*.
bivouac [bivwak] *nm* vivaque *m*.
bivouaquer [bivwake] *vi* acampar.
bizarre [bizaʀ] *adj* **1** *(étrange)* extraño,-ña. **2** *(extravagant)* estrafalario,-ria.
bizarrerie [bizaʀəʀi] *nf* singularidad *f*.
blafard,-e [blafaʀ,-aʀd] *adj* pálido,-da.
blague [blag] *nf* **1** *(plaisanterie)* chiste *m*. **2** *(farce)* broma *f*. **3** *(à tabac)* petaca *f*.
• **sans blague !** ¡en serio!, de verdad: ***sans blague ! tu as fait ça ?***, ¿de verdad que has hecho eso?
blaguer [blage] *vi fam* bromear.
blagueur,-euse [blagœʀ,-øz] *adj - nm,f* bromista.
blaireau [blɛʀo] *nm* **1** *(animal)* tejón *m*. **2** *(pour se raser)* brocha *f* de afeitar.
blâme [blam] *nm* **1** *(désapprobation)* censura *f*. **2** *(sanction)* sanción *f*.
blâmer [blame] *vt* **1** *(désapprouver)* censurar. **2** *(punir)* sancionar.
blanc, blanche [blɑ̃, blɑ̃ʃ] *adj* blanco,-ca.
► *nm* **blanc 1** *(gén)* blanco *m*. **2** *(dans une conversation)* silencio *m*.
• **chauffé à blanc** poner incandescente.
• **en blanc** en blanco.
• **être blanc de peur** *fig* quedarse pálido de miedo.
▪ **blanc de poulet** pechuga *f* de pollo.
▪ **blanc (d'œuf)** clara *f* (de huevo).
▪ **cheveux** *m pl* **blancs** canas *f pl*.
blanchâtre [blɑ̃ʃatʀ] *adj* blanquecino,-na.
blanche [blɑ̃ʃ] *nf* MUS blanca *f*.
blancheur [blɑ̃ʃœʀ] *nf* blancura *f*.
blanchir [blɑ̃ʃiʀ] *vt* **1** *(gén)* blanquear. **2** *(linge)* lavar. **3** *(légumes)* escaldar. **4** *fig (accusé)* exculpar.
► *vi* **1** *(personne)* ponerse pálido,-da. **2** *(cheveux)* encanecer.
blanchissage [blɑ̃ʃisaʒ] *nm* lavado *m* de ropa.
blanchisserie [blɑ̃ʃisʀi] *nf* lavandería *f*.
blanquette [blɑ̃kɛt] *nf* guisado *m* de ternera.
blasé,-e [blaze] *adj* hastiado,-da.
► *nm,f* desganado,-da.
blason [blazɔ̃] *nm* blasón *m*.
blasphème [blasfɛm] *nm* blasfemia *f*.
blatte [blat] *nf* cucaracha *f*.
blazer [blazɛʀ] *nm* americana *f*, blazer *m-f*.
blé [ble] *nm* **1** *(céréale)* trigo *m*. **2** *fam (argent)* pasta *f*.
blême [blɛm] *adj* pálido,-da.
blêmir [blemiʀ] *vi* palidecer.
blessant,-e [blesɑ̃,-ɑ̃t] *adj* hiriente.
blesser [blese] *vt* **1** *(frapper d'un coup)* herir. **2** *(faire mal)* hacer daño a. **3** *fig (vexer)* ofender.
► *vpr* **se blesser** hacerse daño.
blessure [blesyʀ] *nf* herida *f*.
blet, blette [blɛ, blɛt] *adj* demasiado maduro,-ra.
bleu,-e [blø] *adj* **1** *(couleur)* azul. **2** *(viande)* poco hecho,-cha.
► *nm* **bleu 1** *(couleur)* azul *m*. **2** *(après un coup)* morado *m*. **3** *fam (nouvel élève)* novato *m*. **4** *(fromage)* queso *m* azul.
▪ **bleu ciel** azul celeste.
▪ **bleu de travail** mono *m* de trabajo.
▪ **bleu marine** azul marino.
bleuâtre [bløatʀ] *adj* azulado,-da.
bleuet [bløɛ] *nm* aciano *m*.
bleuté,-e [bløte] *adj* azulado,-da.
blindé,-e [blɛ̃de] *adj* blindado,-da.
► *nm* **blindé** blindado *m*.
blinder [blɛ̃de] *vt* **1** *(porte, véhicule)* blindar. **2** *fam fig (personne)* curtir.
bloc [blɔk] *nm* bloque *m*.
• **à bloc** *fam* a fondo.
• **en bloc** en bloque.
• **faire bloc** hacer piña.
▪ **bloc opératoire** quirófano *m*.
blocage [blɔkaʒ] *nm* bloqueo *m*.
blockhaus [blɔkos] *nm* blocao *m*.
bloc-notes [blɔknɔt] *nm* (*pl* **blocs-notes**) bloc *m* de notas.
blocus [blɔkys] *nm* bloqueo *m*.
blog [blɔg] *nm* INFORM blog *m*.
blogueur,-euse [blɔgœʀ,-øz] *nm,f* INFORM bloguero,-ra.
blond, blonde [blɔ̃, blɔ̃d] *adj - nm,f* rubio,-bia.
► *nm* **blond** rubio *m*.
▪ **blond platine** rubio platino.
blonde [blɔ̃d] *nf* **1** *(cigarette)* rubio *m*. **2** *(bière)* rubia *f*.
bloquer [blɔke] *vt* **1** *(gén)* bloquear. **2** *(salaire)* congelar.

blottir (se) [blɔtiʀ] *vpr* acurrucarse.
blouse [bluz] *nf* **1** *(de travail, d'écolier)* bata *f*. **2** *(de femme)* blusa *f*.
blouser [bluze] *vt fam* engañar.
blouson [bluzɔ̃] *nm* cazadora *f*.
blue-jean [bludzin] *nm* (*pl* **blue-jeans**) vaqueros *m pl*.
blues [bluz] *nm* **1** MUS blues *m*. **2** *fam (mélancolie)* depre *f*.
bluff [blœf] *nm* farol *m*.
blush [blœʃ] *nm* colorete *m*.
boa [bɔa] *nm* boa *f*.
bobard [bɔbaʀ] *nm fam* trola *f*.
bobine [bɔbin] *nf* **1** *(de fil)* bobina *f*. **2** *(d'appareil photo)* carrete *m*.
bobo [bobo] *nm fam* pupa *f*.
bocal [bɔkal] *nm* tarro *m*.
bœuf [bœf, *pl* bø] *nm* **1** *(animal)* buey *m*. **2** *(viande)* vaca *f*, buey *m*.
bof ! [bɔf] *interj* ¡bah!
bogue [bɔg] *nm* INFORM error *m*.
bohème [bɔɛm] *adj* - *nmf* bohemio,-mia.
bohémien,-enne [bɔemjɛ̃,-ɛn] *adj* - *nm,f* bohemio,-mia.
boire [bwaʀ] *vt* - *vi* beber.
bois [bwa] *nm* **1** *(forêt)* bosque *m*. **2** *(matériau)* madera *f*. **3** *(de chauffage)* leña *f*.
► *nm pl* **1** *(du cerf)* cornamenta *f sing*. **2** *(instruments)* madera *f sing*.
boisée,-e [bwaze] *adj* poblado,-da de árboles.
boisson [bwasɔ̃] *nf* bebida *f*.
boîte [bwat] *nf* **1** *(récipient)* caja *f*. **2** *(de conserves)* lata *f*. **3** *fam (pour danser)* discoteca *f*. **4** *fam (entreprise)* empresa *f*.
▪ **boîte à gants** guantera *f*.
▪ **boîte à musique** caja de música.
▪ **boîte à outils** caja de herramientas.
▪ **boîte aux lettres** buzón *m*.
▪ **boîte d'envoi** INFORM bandeja *f* de salida.
▪ **boîte de réception** INFORM bandeja *f* de entrada.
▪ **boîte de vitesses** caja de cambios.
▪ **boîte noire** caja negra.
▪ **boîte postale** apartado *m* de correos.
boiter [bwate] *vi* cojear.
boiteux,-euse [bwatø,-øz] *adj* - *nm,f* cojo,-ja.
boîtier [bwatje] *nm* caja *f*.
bol [bɔl] *nm* **1** bol *m*, tazón *m*. **2** *fam (chance)* potra *f*.
• **avoir du bol** *fam* tener potra.
• **en avoir ras le bol** *fam* estar hasta la coronilla.
bolet [bɔlɛ] *nm* boleto *m*.
bolide [bɔlid] *nm* bólido *m*.
Bolivie [bɔlivi] *nf* Bolivia.
bolivien,-enne [bɔlivjɛ̃,-ɛn] *adj* boliviano,-na.
► *nm,f* **Bolivien,-enne** boliviano,-na.
bombardement [bɔ̃baʀdmɑ̃] *nm* bombardeo *m*.
bombarder [bɔ̃baʀde] *vt (avec des projectiles)* bombardear.
• **bombarder de questions** acosar con preguntas, bombardear a preguntas.
bombe [bɔ̃b] *nf* **1** *(projectile)* bomba *f*. **2** *(aérosol)* spray *m*. **3** *(pour l'équitation)* gorra *f*.
▪ **bombe à retardement** bomba de relojería.
bombé,-e [bɔ̃be] *adj* abombado,-da.
bon, bonne [bɔ̃, bɔn] *adj* **1** *(gén)* buen, bueno,-na: ***c'est un bon professeur***, es un buen profesor; ***le gâteau est très bon***, el pastel está muy bueno; ***elle est bien bonne, celle-là !***, ¡ésa sí que es buena! **2** *(expression d'un souhait)* feliz: ***bonne année !***, ¡feliz año nuevo! **3** *(réponse)* correcto,-ta: ***c'est bon***, está bien.
► *adv* **bon** bien, buen: ***le linge sent bon***, la ropa huele bien; ***il fait bon en ce moment***, hace buen tiempo ahora, ahora hace bueno.
► *nm* **1** COMM bono *m*: ***bon du Trésor***, bono del Tesoro. **2** *(coupon)* vale *m*: ***bon pour 30 euros d'achats***, vale de compra por valor de 30 euros.
► *interj* **bon !** ¡bueno!
• **à quoi bon ?** ¿para qué?
• **être bon à** servir para.
• **être bon pour** estar condenado a: ***il est bon pour une amende***, no se escapará de la multa.
• **être un bon à rien** ser un inútil.
• **pour de bon** de verdad: ***elle va se mettre en colère pour de bon***, se va a enfadar de verdad.
▪ **bon de commande** orden *f* de pedido.

bonbon [bɔ̃bɔ̃] *nm* caramelo *m*.
• **coûter bonbon** *fam* valer un riñón.
bonbonne [bɔ̃bɔn] *nf* bombona *f*.
bonbonnière [bɔ̃bɔnjɛʀ] *nf* bombonera *f*.
bond [bɔ̃] *nm* brinco *m*, salto *m*.
• **faire un bond** dar un brinco.
• **faire faux bond à QQN** fallarle a ALGN.
bonde [bɔ̃d] *nf* **1** *(d'évier)* desagüe *m*. **2** *(de tonneau)* piquera *f*. **3** *(bouchon)* tapón *m*.
bondé,-e [bɔ̃de] *adj* abarrotado,-da.
bondir [bɔ̃diʀ] *vi* **1** *(sauter)* brincar, saltar. **2 bondir sur** *(s'élancer)* abalanzarse sobre.
• **cela me fait bondir** me hace hervir la sangre.
bonheur [bɔnœʀ] *nm* **1** *(gén)* felicidad *f*. **2** *(chance)* suerte *f*.
• **par bonheur** por suerte.
bonhomme [bɔnɔm] *nm* (*pl* **bonshommes**) **1** *fam* tío *m*: ***quel drôle de bonhomme !***, ¡qué tío más raro! **2** *(petit garçon)* hombrecito *m*. **3** *(figure humaine)* muñeco *m*.
▪ **bonhomme de neige** muñeco de nieve.
boniment [bɔnimɑ̃] *nm* perorata *f*.
bonjour [bɔ̃ʒuʀ] *nm (gén)* hola *m*; *(le matin)* buenos días *m pl*; *(l'après-midi)* buenas tardes *f pl*.
bonne [bɔn] *nf* criada *f*.
bonnet [bɔnɛ] *nm* **1** *(coiffure)* gorro *m*. **2** *(de soutien-gorge)* copa *f*.
▪ **bonnet de bain** gorro de baño.
▪ **gros bonnet** pez *m* gordo.
bonsoir [bɔ̃swaʀ] *nm (en fin d'après-midi)* buenas tardes *f pl*; *(le soir)* buenas noches *f pl*.
bonté [bɔ̃te] *nf* bondad *f*.
bonus [bɔnys] *nm* **1** *(supplément)* plus *m*. **2** *(d'assurance voiture)* bonificación *f*.
boom [bum] *nm* boom *m*.
bord [bɔʀ] *nm* **1** *(extrémité, côté)* borde *m*. **2** *(de mer, fleuve)* orilla *f*. **3** *(de chemin)* lindero *m*. **4** *(bordure - de vêtement)* ribete *m*; *(- de chapeau)* ala *f*. **5** *(parti, opinion)* opinión *f*.
• **à bord de** a bordo de.
• **à ras bord(s)** hasta el borde.
• **être au bord de 1** *(dans l'espace)* estar al borde de. **2** *(dans le temps)* estar a punto de.
• **passer par-dessus bord** caer por la borda.
bordeaux [bɔʀdo] *adj - nm* burdeos *m*.
bordel [bɔʀdɛl] *nm* **1** *(maison close)* burdel *m*. **2** *fam (désordre)* caos *m*.
border [bɔʀde] *vt* **1** *(occuper le bord)* bordear. **2** *(vêtement)* ribetear. **3** *(lit)* remeter.
bordereau [bɔʀdəʀo] *nm* albarán *m*.
bordure [bɔʀdyʀ] *nf* **1** *(bord)* borde *m*. **2** *(d'un vêtement)* ribete *m*. **3** *(d'un bois)* lindero *m*.
borgne [bɔʀɲ] *adj - nmf* tuerto,-ta.
borne [bɔʀn] *nf* **1** *(sur la route)* mojón *m*. **2** *fam (kilomètre)* kilómetro *m*. **3** *(de circuit électrique)* borne *m*. **4** *fig (limite)* límite *m*.
• **dépasser les bornes** pasarse de la raya.
borné,-e [bɔʀne] *adj* limitado,-da.
borner [bɔʀne] *vt* limitar.
► *vpr* **se borner à** limitarse a.
bosse [bɔs] *nf* **1** *(après un coup)* chichón *m*. **2** *(dans le dos)* giba *f*, joroba *f*. **3** *(de terrain)* montículo *m*.
• **avoir la bosse de** *fam fig* tener madera para: ***il a la bosse des affaires***, se le dan bien los negocios.
bossu,-e [bɔsy] *adj - nm,f* jorobado,-da.
botanique [bɔtanik] *adj* botánico,-ca.
► *nf* botánica *f*.
botte [bɔt] *nf* **1** *(chaussure)* bota *f*. **2** *(de légumes)* manojo *m*. **3** *(en escrime)* estocada *f*.
• **lécher les bottes de QQN** *fam* hacerle la pelota a ALGN.
Bottin® [bɔtɛ̃] *nm* listín *m* telefónico.
bottine [bɔtin] *nf* botín *m*.
bouc [buk] *nm* **1** *(animal)* macho *m* cabrío. **2** *(barbe)* perilla *f*.
▪ **bouc émissaire** chivo *m* expiatorio.
boucan [bukɑ̃] *nm fam* jaleo *m*.
bouche [buʃ] *nf* boca *f*.
• **bouche cousue !** ¡punto en boca!
• **de bouche à oreille** de boca en boca.
• **faire la fine bouche** hacerse el remilgado,-da.
• **rester bouche bée** quedarse boquiabierto,-ta.
▪ **bouche d'égout** alcantarilla *f*.
▪ **bouche de métro** boca de metro.
▪ **bouche d'incendie** boca de incendios.
bouché,-e [buʃe] *adj* **1** *(obstrué)* atascado,-da. **2** *(vin, cidre)* embotellado,-da. **3** *fam (personne)* duro,-ra de mollera.

bouche-à-bouche [buʃabuʃ] *nm inv* boca a boca *m inv*.
bouchée [buʃe] *nf* bocado *m*.
• **mettre les bouchées doubles** trabajar por cuatro.
boucher[1] [buʃe] *vt* tapar.
► *vpr* **se boucher** atascarse.
boucher,-ère[2] [buʃe,-ɛʀ] *nm,f* carnicero,-ra.
boucherie [buʃʀi] *nf* carnicería *f*.
bouchon [buʃɔ̃] *nm* **1** *(gén)* tapón *m*; *(- en liège)* corcho *m*. **2** *(de circulation)* atasco *m*. **3** *(de canne à pêche)* corcho *m*.
boucle [bukl] *nf* **1** *(anneau)* aro *m*, anilla *f*. **2** *(de ceinture, chaussure)* hebilla *f*. **3** *(de cheveux)* rizo *m*.
▪ **boucle d'oreille** pendiente *m*.
boucler [bukle] *vt* **1** *(ceinture)* abrochar. **2** *fig (valise, affaire)* cerrar. **3** *(zone)* acordonar. **4** *(cheveux)* rizar.
► *vpr* **se boucler** encerrarse.
• **la boucler** *fam* cerrar el pico.
bouclier [buklije] *nm* escudo *m*.
bouddhisme [budism] *nm* budismo *m*.
bouder [bude] *vt* esquivar: ***depuis quelque temps, il boude ses études***, desde hace un tiempo, no estudia.
► *vi* estar de mal humor.
bouderie [budʀi] *nf* mal humor *m*.
boudin [budɛ̃] *nm* **1** CUIS morcilla *f*. **2** *fam péj (personne)* feto *m*.
boue [bu] *nf* barro *m*.
bouée [bwe] *nf* boya *f*.
▪ **bouée de sauvetage** salvavidas *m*.
boueux,-euse [buø,-øz] *adj* fangoso,-sa.
► *nm* **boueux** *fam* basurero,-ra.
bouffe [buf] *nf fam* papeo *m*: ***on pourrait se faire une bouffe demain***, podríamos ir a papear fuera mañana.
bouffée [bufe] *nf* **1** *(d'air, de vent)* bocanada *f*. **2** *(de cigarette)* calada *f*.
▪ **bouffée de chaleur** sofoco *m*.
bouffer [bufe] *vi (vêtement)* ahuecarse.
► *vt* **1** *fam* papear: ***il a bouffé tout son fric***, se ha pateado toda la pasta. **2** *(absorber)* absorber: ***son travail le bouffe entièrement***, su trabajo lo absorbe por completo.
bouffi,-e [bufi] *adj* **1** *(visage)* hinchado,-da. **2** *(d'orgueil)* engreído,-da.
bouffon,-onne [bufɔ̃,-ɔn] *adj* cómico,-ca.
► *nm* **bouffon 1** *(d'un roi)* bufón *m*. **2** *(pitre)* payaso *m*.
bouge [buʒ] *nm* tugurio *m*.
bougeoir [buʒwaʀ] *nm* palmatoria *f*.
bouger [buʒe] *vt* mover.
► *vi* **1** *(gén)* moverse. **2** *(changer)* variar, cambiar. **3** *(remuer)* menearse.
bougie [buʒi] *nf* **1** *(pour éclairer)* vela *f*. **2** *(de voiture)* bujía *f*.
bougonner [bugɔne] *vi* refunfuñar.
bougrement [bugʀəmɑ̃] *adv fam* extremadamente.
bouillabaisse [bujabɛs] *nf* CUIS bullabesa *f*.
bouillant,-e [bujɑ̃,-ɑ̃t] *adj* **1** *(liquide)* hirviente, que hierve. **2** *fig (personne)* ardiente.
bouillie [buji] *nf* papilla *f*.
• **réduire en bouillie** hacer papilla.
bouillir [bujiʀ] *vi* **1** *(liquide)* hervir. **2** *fig (personne)* arder: ***elle bout d'impatience***, arde de impaciencia.
bouilloire [bujwaʀ] *nf* hervidor *m*.
bouillon [bujɔ̃] *nm* **1** *(soupe)* caldo *m*. **2** *(d'un liquide qui bout)* borbotón *m*.
▪ **bouillon de culture** caldo de cultivo.
bouillonner [bujɔne] *vi* **1** *(liquide)* borbotear. **2** *fig (personne)* hervir.
bouillotte [bujɔt] *nf* bolsa *f* de agua caliente.
boulanger,-ère [bulɑ̃ʒe,-ɛʀ] *adj - nm,f* panadero,-ra.
boulangerie [bulɑ̃ʒʀi] *nf* panadería *f*.
boule [bul] *nf* **1** *(de billard, pétanque)* bola *f*. **2** *fam fig (tête)* chaveta *f*.
• **avoir les boules** *fam fig* estar muy agobiado,-da.
• **perdre la boule** *fam* perder la chaveta.
• **se mettre en boule** *fam fig* cabrearse, mosquearse.
▪ **boule de neige** bola de nieve.
bouleau [bulo] *nm* abedul *m*.
boulet [bulɛ] *nm (de canon)* bala *f*.
boulette [bulɛt] *nf* **1** *(petite boule)* bolita *f*. **2** CUIS albóndiga *f*.
boulevard [bulvaʀ] *nm* bulevar *m*.
bouleversement [bulvɛʀsəmɑ̃] *nm* **1** *(changement)* trastorno *m*. **2** *(d'une personne)* conmoción *f*.

bouleverser [bulvɛʀse] *vt* **1** *(mettre en désordre)* poner patas arriba. **2** *(changer)* revolucionar. **3** *(personne)* emocionar, conmocionar.
boulimie [bulimi] *nf* bulimia *f.*
boulon [bulɔ̃] *nm* perno *m.*
boulot [bulo] *nm fam* curro *m.*
• **au boulot !** ¡a trabajar!
boum [bum] *nf vieil* guateque *m.*
bouquet [bukɛ] *nm* **1** *(de fleurs)* ramo *m.* **2** *(du vin)* buqué *m.* **3** *(de feu d'artifice)* traca *f* final.
• **c'est le bouquet !** *fam* ¡es el colmo!
bouquin [bukɛ̃] *nm fam* libro *m.*
bouquiner [bukine] *vt fam* leer.
bouquiniste [bukinist] *nmf* librero,-ra de viejo.
bourbeux,-euse [buʀbø,-øz] *adj* cenagoso,-sa.
bourbier [buʀbje] *nm* **1** *(lieu)* barrizal *m.* **2** *fig (situation difficile)* lío *m.*
bourde [buʀd] *nf* **1** *(mensonge)* bola *f.* **2** *fam (faute)* sandez *f.*
• **faire une bourde** *fam* meter la pata.
bourdon [buʀdɔ̃] *nm* abejorro *m.*
• **avoir le bourdon** *fam* tener morriña.
bourdonnement [buʀdɔnmɑ̃] *nm* **1** *(d'insecte)* zumbido *m.* **2** *(de voix)* murmullo *m.*
bourdonner [buʀdɔne] *vi* zumbar.
bourg [buʀ] *nm* burgo *m.*
bourgeois,-e [buʀʒwa,-az] *adj - nm,f* burgués,-esa.
bourgeoisie [burʒwazi] *nf* burguesía *f.*
bourgeon [buʀʒɔ̃] *nm* BOT yema *f.*
bourgeonner [buʀʒɔne] *vi* BOT brotar.
bourrade [buʀad] *nf* empujón *m.*
bourrage [buʀaʒ] *nm* **1** *(de coussin)* relleno *m.* **2** INFORM atasco *m.*
▪ **bourrage de crâne** **1** *fam (pour un examen)* empollada *f.* **2** *(propagande)* comida *f* de tarro.
▪ **bourrage papier** INFORM atasco de papel.
bourrasque [buʀask] *nf* borrasca *f.*
bourratif,-ive [buʀatif,-iv] *adj fam (aliment)* pesado,-da.
bourre [buʀ] *nf* borra *f.*
• **être à la bourre** *fam* ir retrasado,-da.
bourré,-e [buʀe] *adj* atiborrado,-da.
bourreau [buʀo] *nm* verdugo *m.*
▪ **bourreau de travail** *fig* adicto,-ta al trabajo.
bourrelet [buʀlɛ] *nm* **1** *(de porte)* burlete *m.* **2** *(de graisse)* michelín *m.*
bourrer [buʀe] *vt* **1** *(coussin, matelas)* rellenar. **2** *(entasser)* abarrotar. **3** *(fusil, pipe)* cargar. **4** *fam (de nourriture)* atiborrar.
► *vpr* **se bourrer** **1** *fam (de nourriture)* atiborrarse. **2** *fam (d'alcool)* mamarse.
bourrique [buʀik] *nf* **1** *(animal)* borrica *f.* **2** *fig (personne)* burro,-rra.
bourru,-e [buʀy] *adj fig* huraño,-ña.
bourse [buʀs] *nf* **1** *(pour l'argent)* monedero *m.* **2** *(pour étudiants)* beca *f.* **3** **la Bourse** ÉCON la Bolsa *f.*
boursier,-ère [buʀsje,-jɛʀ] *adj* **1** *(étudiant)* becario,-ria. **2** ÉCON bursátil.
► *nm,f* **1** *(étudiant)* becario,-ria. **2** *(professionnel)* bolsista.
boursouflé,-e [buʀsufle] *adj* abotargado,-da.
bousculade [buskylad] *nf* **1** *(cohue)* aglomeración *f.* **2** *(précipitation)* prisa *f.*
bousculer [buskyle] *vt* **1** *(pousser)* empujar. **2** *(presser)* meter prisa a.
► *vpr* **se bousculer** empujarse.
bouse [buz] *nf* boñiga *f.*
bousiller [buzije] *vt* **1** *fam (travail)* chapucear. **2** *fam (appareil, voiture)* cargarse.
boussole [busɔl] *nf* brújula *f.*
bout [bu] *nm* **1** *(extrémité)* punta *f.* **2** *(limite)* final *m.* **3** *(morceau)* trozo *m.*
• **à bout de souffle** sin aliento.
• **à bout portant** a quemarropa.
• **au bout de** **1** *(espace)* al final de. **2** *(durée)* al cabo de.
• **au bout du compte** al fin y al cabo.
• **d'un bout à l'autre** de cabo a rabo.
• **du bout des lèvres** con la boca pequeña.
• **être à bout** estar en las últimas.
• **être à bout d'arguments** quedarse sin argumentos.
• **pousser QQN à bout** sacar a ALGN de sus casillas.
• **savoir sur le bout du doigt** saber al dedillo.
• **venir à bout de** acabar con.

boutade [butad] *nf* ocurrencia *f*.
boute-en-train [butɑ̃tʀɛ̃] *nm inv (d'une fête)* alma *f*.
bouteille [butɛj] *nf* botella *f*.
▪ **bouteille de gaz** bombona *f* de gas.
boutique [butik] *nf* tienda *f*.
bouton [butɔ̃] *nm* **1** *(de vêtement, de machine)* botón *m*. **2** *(sur la peau)* grano *m*. **3** *(de porte)* tirador *m*. **4** BOT yema *f*.
▪ **bouton de manchette** gemelo *m*.
boutonner [butɔne] *vt* abotonar.
► *vpr* **se boutonner** abotonarse.
boutonnière [butɔnjɛʀ] *nf* ojal *m*.
bouton-pression [butɔ̃presjɔ̃] *nm (pl* **boutons-pression**) automático *m*.
bouture [butyʀ] *nf* BOT esqueje *m*.
bouvreuil [buvʀœj] *nm* camachuelo *m* común.
bovin,-e [bɔvɛ̃,-in] *adj* bovino,-na.
► *nm* **bovin** bovino *m*.
bowling [buliŋ] *nm* **1** *(jeu)* bolos *m pl*. **2** *(salle)* bolera *f*.
box [bɔks] *nm* **1** *(gén)* box *m*. **2** *(parking)* garaje *m*.
▪ **box des accusés** banquillo *m* de los acusados.
boxe [bɔks] *nf* boxeo *m*.
boxer [bɔkse] *vi* boxear.
► *vt* dar puñetazos a.
boxeur [bɔksœr] *nm* boxeador *m*.
boyau [bwajo] *nm* **1** *(intestin)* tripa *f*. **2** *(de raquette)* cuerda *f*. **3** *(de bicyclette)* tubular *m*.
boycott [bɔjkɔt] *nm* boicoteo *m*.
boycotter [bɔjkɔte] *vt* boicotear.
bracelet [bʀaslɛ] *nm* **1** *(bijou)* pulsera *f*. **2** *(de montre)* correa *f*.
bracelet-montre [bʀaslɛmɔ̃tʀ] *nm* reloj *m* de pulsera.
braconnier [bʀakɔnje] *nm* **1** *(chasseur)* cazador *m* furtivo. **2** *(pêcheur)* pescador *m* furtivo.
brader [bʀade] *vt* liquidar.
braguette [bʀagɛt] *nf* bragueta *f*.
braille [bʀaj] *nm* braille *m*.
brailler [bʀaje] *vi fam* berrear.
braire [bʀɛʀ] *vi* rebuznar.
braise [bʀɛz] *nf* brasa *f*.
bramer [bʀame] *vi* bramar.
brancard [bʀɑ̃kaʀ] *nm* **1** *(pour blessés)* camilla *f*. **2** *(de charrette)* varal *m*.
brancardier,-ère [bʀɑ̃kaʀdje,-ɛʀ] *nm,f* camillero,-ra.
branchage [bʀɑ̃ʃaʒ] *nm* ramaje *m*.
branche [bʀɑ̃ʃ] *nf* **1** *(d'arbre)* rama *f*. **2** *(de lunettes)* patilla *f*. **3** MÉD *(d'un nerf)* ramificación *f*. **4** *(secteur)* ramo *m*.
branché,-e [bʀɑ̃ʃ] *adj* **1** *(câble)* enchufado,-da. **2** *fam (à la mode)* moderno,-na.
branchement [bʀɑ̃ʃmɑ̃] *nm* conexión *f*.
brancher [bʀɑ̃ʃe] *vt* **1** *(câble, appareil)* conectar, enchufar. **2** *(conversation)* orientar (**sur**, hacia). **3** *fam (plaire)* molar.
branchies [bʀɑ̃ʃi] *nf pl* branquias *f pl*.
brandir [bʀɑ̃diʀ] *vt* blandir.
branlant,-e [bʀɑ̃lɑ̃,-ɑ̃t] *adj (meuble)* cojo,-ja.
branle-bas [bʀɑ̃lba] *nm inv fig* trajín *m*.
▪ **branle-bas de combat** zafarrancho *m* de combate.
branler [bʀɑ̃le] *vt* menear, hacer bambolear.
► *vi* tambalearse.
braquer [bʀake] *vt* **1** *(diriger - arme)* apuntar; *(- longue-vue)* enfocar; *(- regard)* fijar. **2** *fam (une banque)* atracar.
► *vpr* **se braquer** rebotarse (**contre**, contra).
bras [bʀa] *nm* brazo *m*.
• **à tour de bras** con todas las fuerzas.
• **aller bras dessus, bras dessous** ir cogidos del brazo.
• **avoir le bras long** *fig* tener mucha influencia.
• **être le bras droit de QQN** *fig* ser la mano derecha de ALGN.
▪ **bras de fer** pulso *m*.
▪ **bras de mer** brazo de mar.
brasier [bʀazje] *nm* hoguera *f*.
bras-le-corps [bʀalkɔʀ].
• **à bras-le-corps** por la cintura.
brassard [bʀasar] *nm* brazalete *m*.
brasse [bʀas] *nf* braza *f*.
brassée [bʀase] *nf* brazada *f*.
brasser [bʀase] *vt* **1** *(mêler)* remover. **2** *(bière)* elaborar. **3** *fig (affaires)* manejar.
brasserie [bʀasʀi] *nf* **1** *(usine)* cervecería *f*. **2** *(secteur)* industria *f* cervecera. **3** *(bar)* brasserie *f*.

brave [bRav] *adj* 1 *(qui a du courage)* valiente. 2 *(caractère)* bueno,-na.
braver [bRave] *vi* 1 *(personne)* desafiar. 2 *(danger)* afrontar.
bravo [bRavo] *nm* bravo *m*.
► *interj* **bravo !** ¡bravo!
bravoure [bRavuR] *nf* valentía *f*.
brebis [bRəbi] *nf* oveja *f*.
■ **brebis galeuse** oveja negra.
brèche [bRɛʃ] *nf* brecha *f*.
bredouille [bRəduj] *adj*.
• **rentrer bredouille** volver con las manos vacías.
bredouiller [bRəduje] *vi* farfullar.
bref, brève [bRɛf, bRɛv] *adj* breve.
► *adv* **bref** en resumen.
• **en bref** en pocas palabras.
Brésil [bRezil] *nm* Brasil.
brésilien,-enne [bResiljɛ̃,-ɛn] *adj* brasileño,-ña.
► *nm,f* **Brésilien,-enne** brasileño,-ña.
bretelle [bRətɛl] *nf* 1 *(d'autoroute)* entrada *f*. 2 *(de fusil)* bandolera *f*.
► *nf pl* **bretelles** tirantes *m pl*.
breuvage [bRœvaʒ] *nm* brebaje *m*.
brevet [bRəvɛ] *nm* 1 *(d'invention)* patente *f*. 2 *(d'études)* diploma *m*. 3 *(d'aptitudes)* certificado *m*.
breveter [bRəvte] *vt* patentar.
bréviaire [bRevjɛR] *nm* breviario *m*.
bribe [bRib] *nf (de conversation, souvenir)* fragmento *m*.
► *nf pl* **bribes** *(de repas)* sobras *f pl*.
bric-à-brac [bRikabRak] *nm inv* batiburrillo *m*.
bricolage [bRikɔlaʒ] *nm* 1 *(gén)* bricolaje *m*. 2 *péj (travail mal fait)* chapuza *f*.
bricoler [bRikɔle] *vi* 1 *(chez soi)* hacer bricolaje. 2 *(faire divers petits métiers)* hacer un poco de todo.
► *vt (aménager)* arreglar.
bride [bRid] *nf* brida *f*.
• **à bride abattue** *fig* a rienda suelta.
brider [bRide] *vt* 1 *(cheval)* embridar. 2 *fig (un sentiment)* refrenar.
bridge [bRidʒ] *nm* 1 *(jeu)* bridge *m*. 2 *(dentaire)* puente *m*.
briefing [bRifiŋ] *nm* briefing *m*.
brièveté [bRijɛvte] *nf* brevedad *f*.
brigade [brigad] *nf* brigada *f*.
brigadier [bRigadje] *nm* 1 *(de l'armée)* general *m* de brigada. 2 *(de la police)* cabo *m*.
brigand [bRigɑ̃] *nm* 1 *(voleur)* bandolero *m*. 2 *fam (coquin)* pillo *m*.
brillant,-e [bRijɑ̃,-ɑ̃t] *adj* brillante.
► *nm* **brillant** 1 *(éclat)* brillo *m*. 2 *(diamant)* brillante *m*.
briller [bRije] *vi* brillar.
• **briller par son absence** *fam* brillar por su ausencia.
brimade [bRimad] *nf* novatada *f*.
brin [bRɛ̃] *nm (d'herbe)* brizna *f*.
• **un brin (de)** una pizca (de).
brindille [bRɛ̃dij] *nf* ramita *f*.
brioche [bRijɔʃ] *nf* 1 *(pâtisserie)* brioche *m*. 2 *fam (ventre)* panza *f*.
brique [bRik] *nf* 1 *(pierre)* ladrillo *m*. 2 *(emballage)* tetrabrik® *m*, brik *m*.
briquet [bRikɛ] *nm* mechero *m*, encendedor *m*.
brisant [bRizɑ̃] *nm* rompiente *m*.
brise [bRiz] *nf* brisa *f*.
brise-glace [bRizglas] *nm inv* rompehielos *m*.
brise-lames [bRizlam] *nm inv* rompeolas *m*.
briser [bRize] *vt* 1 *(objet)* romper. 2 *fig (volonté, charme)* quebrantar. 3 *(amitié, carrière)* destrozar.
► *vpr* **se briser** 1 *(verre, vagues)* romperse. 2 *fig (courage, espoir)* venirse abajo.
britannique [bRitanik] *adj* británico,-ca.
► *nmf* **Britannique** británico,-ca.
broche [bRɔʃ] *nf* 1 *(bijou)* broche *m*. 2 CUIS espetón *m*. 3 *(connexion électrique)* (enchufe) macho *m*.
brochet [bRɔʃe] *nm* lucio *m*.
brochette [bRɔʃɛt] *nf* 1 CUIS *(de viande)* pincho *m*, brocheta *f*. 2 *fig (de personnes)* ramillete *m*.
brochure [bRɔʃyR] *nf* folleto *m*.
broder [bRɔde] *vt* bordar.
► *vi fig* exagerar.
broderie [bRɔdRi] *nf* bordado *m*.
bronche [bRɔ̃ʃ] *nf* ANAT bronquio *m*.
broncher [bRɔ̃ʃe] *vi* resistirse.
• **sans broncher** sin rechistar.
bronchite [bRɔ̃ʃit] *nf* bronquitis *f*.
bronzage [bRɔ̃zaʒ] *nm* bronceado *m*.

bronzant,-e [bʀɔ̃zɑ̃,-ɑ̃t] *adj* bronceador,-ra.
bronze [bʀɔ̃z] *nm* bronce *m*.
bronzé,-e [bʀɔ̃ze] *adj* moreno,-na.
bronzer [bʀɔ̃ze] *vi* broncearse, tomar el sol.
brosse [bʀɔs] *nf* **1** *(gén)* cepillo *m*. **2** *(pour peindre)* brocha *f*.
▪ **brosse à cheveux** cepillo para el cabello.
▪ **brosse à dents** cepillo de dientes.
brosser [bʀɔse] *vt* **1** *(cheveux, vêtements)* cepillar. **2** *(portrait)* bosquejar.
► *vpr* **se brosser** cepillarse: ***se brosser les dents***, lavarse los dientes.
brouette [bʀuɛt] *nf* carretilla *f*.
brouhaha [bʀuaa] *nm* jaleo *m*.
brouillard [bʀujaʀ] *nm* niebla *f*.
brouille [bʀuj] *nf* desavenencia *f*.
brouiller [bʀuje] *vt* **1** *(mêler)* mezclar. **2** *(rendre trouble - la vue)* nublar; *(- le teint)* turbar. **3** *(radio)* interferir. **4** *fig (l'esprit, les idées)* trastornar. **5** *(amis, famille)* enemistar.
► *vpr* **se brouiller 1** *(liquide)* enturbiarse. **2** *(ciel)* nublarse. **3** *(idées)* confundirse.
• **se brouiller avec QQN** pelearse con ALGN.
brouillon,-onne [bʀujɔ̃,-ɔn] *adj* desordenado,-da.
► *nm* **brouillon** borrador *m*.
broussaille [bʀusaj] *nf* maleza *f*.
• **en broussaille** *(cheveux)* enmarañado,-da.
brousse [bʀus] *nf* sabana *f*.
brouter [bʀute] *vt - vi* pacer.
broutille [bʀutij] *nf* fruslería *f*.
broyer [bʀwaje] *vt* moler.
• **broyer du noir** *fig* verlo todo negro.
bru [bʀy] *nf fml* nuera *f*.
bruine [bʀɥin] *nf* llovizna *f*.
bruiner [bʀɥine] *v impers* lloviznar.
bruit [bʀɥi] *nm* **1** *(gén)* ruido *m*. **2** *(rumeur)* rumor *m*. **3** *(retentissement)* revuelo *m*: ***cette affaire va faire du bruit***, este asunto dará que hablar.
• **sans bruit** sin hacer ruido.
bruitage [bʀɥitaʒ] *nm* efectos *m pl* de sonido.
brûlant,-e [bʀylɑ̃,-ɑ̃t] *adj* **1** *(gén)* ardiente. **2** *(soleil)* abrasador,-ra. **3** *fig (question)* candente.
brûle-pourpoint [bʀylpuʀpwɛ̃].
• **à brûle-pourpoint** a quemarropa.
brûler [bʀyle] *vt* **1** *(gén)* quemar. **2** *(café)* tostar. **3** *(feu rouge, un stop)* saltarse; *(étape)* quemar.
► *vi* **1** *(gén)* arder: ***le bois brûle***, la leña arde. **2** *(être brûlant)* quemar: ***ne touche pas, ça brûle***, no toques eso, que quema.
► *vpr* **se brûler** quemarse.
• **brûler de +** ***inf*** arder en deseos de + *inf* ***il brûle de vous voir***, está deseando verle.
• **brûler d'impatience** morirse de impaciencia.
brûleur [bʀylœʀ] *nm* quemador *m*.
brûloir [bʀylwaʀ] *nm* tostador *m* (de café).
brûlure [bʀylyʀ] *nf* quemadura *f*.
▪ **brûlures d'estomac** ardor *m sing* de estómago.
brume [bʀym] *nf* bruma *f*.
brumeux,-euse [bʀymø,-øz] *adj* **1** *(ciel, temps)* nuboso,-sa. **2** *(pensée)* vago,-ga.
brun,-e [bʀœ̃, bʀyn] *adj* **1** *(couleur)* pardo,-da. **2** *(teint, cheveux)* moreno,-na. **3** *(bière, tabac)* negro,-gra.
► *nmf* moreno,-na.
► *nm* **brun** *(couleur)* castaño *m*.
brune [bʀyn] *nf (cigarette)* cigarrillo *m* negro.
brunir [bʀyniʀ] *vt* **1** *(peau)* tostar, broncear. **2** *(métal)* bruñir.
brushing® [bʀœʃiŋ] *nm* marcado *m*.
brusque [bʀysk] *adj* brusco,-ca.
brusquer [bʀyske] *vt* **1** *(personne)* tratar con brusquedad. **2** *(décision, voyage)* precipitar.
brusquerie [bʀyskəʀi] *nf* brusquedad *f*.
brut,-e [bʀyt] *adj* **1** *(diamant)* en bruto. **2** *(personne)* bruto,-ta. **3** *(pétrole)* crudo,-da. **4** *(champagne)* brut.
brute [bʀyt] *nf (personne)* animal *m*.
brutal,-e [bʀytal] *adj* brutal.
brutalité [bʀytalite] *nf* brutalidad *f*.
bruyant,-e [bʀɥijɑ̃,-ɑ̃t] *adj* ruidoso,-sa.
bruyère [bʀyjɛʀ] *nf* **1** *(plante)* brezo *m*. **2** *(lieu)* brezal *m*.
buanderie [byɑ̃dʀi] *nf* lavandería *f*.
buccal,-e [bykal] *adj* bucal.

bûche [byʃ] *nf* **1** *(d'arbre)* tronco *m.* **2** *fam (chute)* porrazo *m.*

• **(se) prendre une bûche** *fam* romperse la crisma.

▪ **bûche de Noël** *pastel de Navidad en forma de tronco similar al brazo de gitano.*

bûcher[1] [byʃe] *nm* hoguera *f.*

bûcher[2] [byʃe] *vt - vi fam* empollar.

bûcheron,-onne [byʃʀɔ̃,-ɔn] *nm,f* leñador,-ra.

bucolique [bykɔlik] *adj* bucólico,-ca.

budget [bydʒɛ] *nm* presupuesto *m.*

budgétaire [bydzetɛʀ] *adj* presupuestario,-ria.

buée [bɥe] *nf* vaho *m.*

buffet [byfɛ] *nm* **1** *(meuble)* aparador *m.* **2** *(réception)* bufé *m.*

buffle [byfl] *nm* búfalo *m.*

buisson [bɥisɔ̃] *nm* matorral *m.*

buissonnière [bɥisɔnjɛʀ].

• **faire l'école buissonnière** hacer novillos.

bulbe [bylb] *nm* bulbo *m.*

bulgare [bylgaʀ] *adj* búlgaro,-ra.

► *nmf* **Bulgare** búlgaro,-ra.

► *nm (langue)* búlgaro *m.*

bulldozer [byldozɛʀ] *nm* bulldozer *m.*

bulle [byl] *nf* **1** *(d'air)* burbuja *f.* **2** *(de savon)* pompa *f.* **3** *(de bande dessinée)* bocadillo *m.* **4** REL bula *f.*

bulletin [byltɛ̃] *nm* **1** *(gén)* boletín *m.* **2** *(certificat)* recibo *m.*

▪ **bulletin de salaire** nómina *f.*

▪ **bulletin de vote** papeleta *f* de voto.

▪ **bulletin météorologique** parte *m* meteorológico.

buraliste [byʀalist] *nmf* estanquero,-ra.

bureau [byʀo] *nm* **1** *(meuble)* escritorio *m.* **2** *(pièce)* despacho *m.* **3** *(lieu de travail)* oficina *f.*

▪ **bureau de poste** oficina de correos.

▪ **bureau de tabac** estanco *m.*

▪ **bureau de vote** colegio *m* electoral.

bureaucratie [byʀokʀasi] *nf* burocracia *f.*

bureautique [byʀotik] *nf* ofimática *f.*

burette [byʀɛt] *nf* **1** *(pour l'huile)* aceitera *f.* **2** *(de chimie)* bureta *f.*

burin [byʀɛ̃] *nm* buril *m.*

burlesque [byʀlɛsk] *adj* grotesco,-ca.

► *nm* género *m* burlesco.

burnous [byʀnus] *nm* albornoz *m.*

bus [bys] *nm* autobús *m.*

buse [byz] *nf* **1** *(oiseau)* cernícalo *m.* **2** *fam fig (personne)* imbécil *mf.* **3** *(tuyau)* tubo *m,* conducto *m.*

buste [byst] *nm* busto *m.*

but [byt] *nm* **1** *(gén)* objetivo *m,* meta *f.* **2** *(de voyage, promenade)* destino *m.* **3** SPORT gol *m*: ***gagner par quatre buts à zéro***, ganar por cuatro a cero.

• **à but non lucratif** con fines no lucrativos.

• **aller droit au but** ir directo al grano.

• **dans le but de** con el fin de.

• **de but en blanc** de buenas a primeras.

butane [bytan] *nm* butano *m.*

buté,-e [byte] *adj* terco,-ca.

buter [byte] *vi (obstacle, difficulté)* tropezar (**contre**, con).

► *vt* **1** *(mur, voûte)* apuntalar. **2** *(braquer)* contrariar. **3** *fam (tuer)* liquidar.

► *vpr* **se buter 1** *(s'entêter)* obstinarse, empeñarse. **2** *(contre un obstacle, une difficulté)* topar (**à/contre**, con).

butin [bytɛ̃] *nm* botín *m.*

butiner [bytine] *vt - vi* libar.

butoir [bytwaʀ] *nm* tope *m.*

butte [byt] *nf* loma *f.*

• **être en butte à** ser el blanco de.

buvable [byvabl] *adj* bebible.

buvard [byvaʀ] *nm* papel *m* secante.

buvette [byvɛt] *nf* bar *m.*

buveur,-euse [byvœʀ,-øz] *nm,f* bebedor,-ra.

C

c' [se] *pron dém* → ce.

ça [sa] *pron dém* **1** *(gén)* esto, eso: ***il ne manquait plus que ça***, sólo faltaba eso; ***apporte-moi ça***, tráeme esto. **2** *(indéterminé)* ello: ***rien que ça***, nada más.

• **ça alors !** ¡no me digas!

• **ça y est** ya está.

• **c'est ça !** ¡eso es!

• **c'est comme ça** es así.

• **comment ça va ?** ¿qué tal?

çà [sa] *adv* aquí.

• **çà et là** aquí y allá.

caban [kabɑ̃] *nm* chaquetón *m*.

cabane [kaban] *nf* **1** *(abri)* cabaña *f*. **2** *(à lapins)* conejera *f*. **3** *fam (prison)* chirona *f*.

▪ **cabane à outils** caseta *f* de las herramientas.

cabaret [kabaʀɛ] *nm* cabaret *m*.

cabas [kaba] *nm* capacho *m*.

cabestan [kabɛstɑ̃] *nm* cabrestante *m*.

cabillaud [kabijo] *nm* bacalao *m* fresco.

cabine [kabin] *nf* **1** *(de navire)* camarote *m*. **2** *(d'ascenseur, d'interprète)* cabina *f*. **3** *(de véhicule)* habitáculo *m*.

▪ **cabine d'essayage** probador *m*.

▪ **cabine téléphonique** cabina telefónica.

cabinet [kabinɛ] *nm* **1** *(petite pièce)* cuarto *m*. **2** *(de médecin)* consulta *f*, consultorio *m*. **3** *(d'avocat)* bufete *m*. **4** *(de ministre)* gabinete *m*.

▪ **cabinet de toilette** cuarto de aseo.

câble [kabl] *nm* cable *m*.

câbler [kable] *vt* **1** *(fils métalliques)* cablear. **2** *(une dépêche)* telegrafiar.

cabochard,-e [kabɔʃaʀ,-aʀd] *adj - nm,f fam* cabezón,-ona.

cabosser [kabɔse] *vt* abollar.

cabrer (se) [kabʀe] *vpr* **1** *(cheval)* encabritarse. **2** *fig (se révolter)* irritarse.

cabri [kabʀi] *nm* cabrito *m*.

cabriole [kabʀijɔl] *nf* cabriola *f*, voltereta *f*.

cabriolet [kabʀijɔlɛ] *nm* cabriolé *m*.

caca [kaka] *nm fam* caca *f*.

cacahouète [kakawɛt] *nf* cacahuete *m*.

cacahuète [kakawɛt] *nf* cacahuete *m*.

cacao [kakao] *nm* cacao *m*.

cacaoyer [kakaɔje] *nm (arbre)* cacao *m*.

cacatoès [kakatɔɛs] *nm* cacatúa *f*.

cachalot [kaʃalo] *nm* cachalote *m*.

cache [kaʃ] *nf (lieu)* escondite *m*.

cache-cache [kaʃkaʃ] *nm inv (jeu)* escondite *m*.

cachemire [kaʃmiʀ] *nm* cachemira *f*.

cache-nez [kaʃne] *nm inv* bufanda *f*.

cache-pot [kaʃpo] *nm inv* macetero *m*.

cacher [kaʃe] *vt* **1** *(gén)* esconder, ocultar. **2** *(masquer)* tapar.

► *vpr* **se cacher** esconderse.

cachet [kaʃɛ] *nm* **1** *(sceau)* sello *m*. **2** *(d'aspirine)* comprimido *m*. **3** *(rétribution)* caché *m*.

▪ **cachet de la poste** matasellos *m*.

cacheter [kaʃte] *vt* **1** *(enveloppe)* cerrar. **2** *(à la cire)* lacrar.

cachette [kaʃɛt] *nf* escondrijo *m*, escondite *m*.

• **en cachette** a escondidas.

cachot [kaʃo] *nm* calabozo *m*.

cachotterie [kaʃɔtʀi] *nf fam* secretito *m*.

cacophonie [kakɔfɔni] *nf* cacofonía *f*.

cactus [kaktys] *nm* cactus *m*, cacto *m*.
cadastre [kadastʀ] *nm* catastro *m*.
cadavre [kadavʀ] *nm* cadáver *m*.
caddie® [kadi] *nm (au supermarché)* carrito *m*, carro *m*.
cadeau [kado] *nm* regalo *m*.
cadenas [kadna] *nm* candado *m*.
cadenasser [kadnase] *vt* cerrar con candado.
cadence [kadɑ̃s] *nf* **1** *(en musique)* cadencia *f*. **2** *(de travail)* ritmo *m*.
• **en cadence** al compás.
cadet,-ette [kadɛ,-ɛt] *adj* menor: ***frère cadet***, hermano menor.
► *nm,f* menor: ***il est mon cadet d'un an***, es un año menor que yo; ***elle est la cadette du groupe***, es la más joven del grupo.
cadran [kadʀɑ̃] *nm (de montre)* esfera *f*.
▪ **cadran solaire** reloj *m* de sol.
cadre [kadʀ] *nm* **1** *(de tableau, de porte)* marco *m*. **2** *(de bicyclette)* cuadro *m*. **3** *(châssis)* bastidor *m*. **4** *(d'entreprise)* ejecutivo *m*. **5** *fig (entourage)* marco *m*, ámbito *m*. **6** *(sur formulaire)* recuadro *m*.
• **dans le cadre de** en el marco de.
▪ **cadre moyen** mando *m* intermedio.
▪ **cadre supérieur** ejecutivo.
cadrer [kadʀe] *vi* concordar, encajar.
► *vt (une image)* encuadrar.
caduc,-uque [kadyk] *adj* **1** BOT caduco,-ca. **2** *(démodé)* obsoleto,-ta.
caducité [kadysite] *nf* caducidad *f*.
cafard [kafaʀ] *nm* **1** *(insecte)* cucaracha *f*. **2** *fam (tristesse)* morriña *f*.
• **avoir le cafard** *fam* estar depre.
cafarder [kafaʀde] *vi fam* chivarse.
► *vi* estar depre.
café [kafe] *nm* **1** *(boisson)* café *m*. **2** *(local)* bar *m*, café *m*.
► *adj inv (couleur)* café.
▪ **café au lait** café con leche.
▪ **café noir** café solo.
▪ **café crème** cortado *m*.
caféine [kafein] *nf* cafeína *f*.
cafétéria [kafeteʀja] *nf* cafetería *f*.
cafetière [kaftjɛʀ] *nf* cafetera *f*.
cage [kaʒ] *nf* **1** *(pour animal)* jaula *f*. **2** *(d'escalier, d'ascenseur)* caja *f*. **3** ANAT caja *f*.
▪ **cage thoracique** caja torácica.
cagibi [kaʒibi] *nm fam* cuartucho *m*.
cagnotte [kaɲɔt] *nf* bote *m*.
cagoule [kagul] *nf* **1** *(contre le froid)* pasamontañas *m*. **2** *(de moine)* capuchón *m*.
cahier [kaje] *nm* cuaderno *m*.
▪ **cahier des charges** pliego *m* de condiciones.
cahin-caha [kaɛ̃kaa] *adv fam* así así.
cahot [kao] *nm* tumbo *m*, traqueteo *m*.
cahute [kayt] *nf* choza *f*, chabola *f*.
caille [kaj] *nf* codorniz *f*.
caillé,-e [kaje] *adj* **1** *(lait)* cuajado,-da. **2** *(sang)* coagulado,-da.
► *nm* **caillé** requesón *m*.
cailler [kaje] *vt* **1** *(lait)* cuajar. **2** *(sang)* coagular.
► *vi fam (avoir froid)* helarse: ***ça caille ici !***, ¡aquí hace un frío que pela!
caillot [kajo] *nm* coágulo *m*.
caillou [kaju] *nm* piedra *f*.
caïman [kaimɑ̃] *nm* caimán *m*.
caisse [kɛs] *nf* caja *f*.
▪ **caisse à outils** caja de herramientas.
▪ **caisse d'épargne** caja de ahorros.
▪ **caisse enregistreuse** caja registradora.
▪ **grosse caisse** bombo *m*.
caissier,-ère [kesje,-ɛʀ] *nm,f* cajero,-ra.
cajoler [kaʒɔle] *vt* mimar.
cake [kɛk] *nm* bizcocho *m*.
cal [kal] *nm* callo *m*.
calamar [kalamaʀ] *nm* calamar *m*.
calamité [kalamite] *nf* catástrofe *f*, desastre *m*.
calamiteux,-euse [kalamitø,-øz] *adj* calamitoso,-sa.
calandre [kalɑ̃dʀ] *nf* calandria *f*.
calcaire [kalkɛʀ] *adj* calcáreo,-a.
► *nm* caliza *f*.
calciner [kalsine] *vt* calcinar.
calcium [kalsjɔm] *nm* calcio *m*.
calcul [kalkyl] *nm* cálculo *m*.
▪ **calcul mental** cálculo mental.
▪ **calcul rénal** cálculo renal.
calculateur,-trice [kalkylatœʀ,-tʀis] *adj - nm,f* calculador,-ra.
calculatrice [kalkylatʀis] *nf (machine)* calculadora *f*.
calculer [kalkyle] *vt* calcular.

calculette [kalkylɛt] *nf* calculadora *f* de bolsillo.
cale [kal] *nf* **1** *(pour bloquer)* calce *m*, cuña *f*. **2** *(d'un navire)* cala *f*.
calé,-e [kale] *adj* **1** *fam fig (persona)* fuerte: ***il est calé en histoire***, es fuerte en historia. **2** *(problème)* difícil.
calebasse [kalbas] *nf* calabaza *f*.
calèche [kalɛʃ] *nf* calesa *f*.
caleçon [kalsɔ̃] *nm* **1** *(d'homme)* calzoncillos *m pl*. **2** *(de femme)* mallas *f pl*.
calembour [kalɑ̃buʀ] *nm* retruécano *m*.
calendrier [kalɑ̃dʀije] *nm* calendario *m*.
cale-pied [kalpje] *nm* (*pl* **cale-pieds**) calapié *m*.
calepin [kalpɛ̃] *nm* bloc *m* de notas.
caler [kale] *vt (roue, meuble)* calzar.
► *vi* **1** *fam (devant l'adversaire)* ceder. **2** *fam (devant la nourriture)* estar lleno,-na. **3** *(moteur, voiture)* calarse.
► *vpr* **se caler** *(dans un fauteuil)* arrebujarse.
calfeutrer [kalføtʀe] *vt* tapar con burletes.
► *vpr* **se calfeutrer** encerrarse.
calibre [kalibʀ] *nm* **1** *(diamètre, importance)* calibre *m*. **2** *(appareil)* calibrador *m*, calibre *m*.
califat [kalifa] *nm* califato *m*.
califourchon [kalifuʀʃɔ̃].
• **à califourchon** a horcajadas.
câlin,-e [kalɛ̃,-in] *adj* mimoso,-sa.
► *nm* **câlin** mimo *m*.
calleux,-euse [kalø,-øz] *adj* calloso,-sa.
calligraphie [kaligʀafi] *nf* caligrafía *f*.
callosité [kalozite] *nf* callosidad *f*.
callshop [kɔlʃɔp] *nm* locutorio *m*.
calmant,-e [kalmɑ̃,-ɑ̃t] *adj* **1** *(piqûre, médicament)* calmante. **2** *(personne)* tranquilizador,-ra.
► *nm* **calmant** **1** *(de douleur physique)* calmante *m*. **2** *(d'anxiété)* tranquilizante *m*.
calmar [kalmaʀ] *nm* calamar *m*.
calme [kalm] *adj* tranquilo,-la.
► *nm* calma *f*.
calmer [kalme] *vt* calmar.
► *vpr* **se calmer** calmarse.
calomnie [kalɔmni] *nf* calumnia *f*.
calomnier [kalɔmnje] *vt* calumniar.
calorie [kalɔʀi] *nf* caloría *f*.
calorifique [kalɔʀifik] *adj* calorífico,-ca.
calotte [kalɔt] *nf* **1** *fam (sur la joue)* bofetada *f*. **2** *(glaciaire)* casquete *m*.
calquer [kalke] *vt* calcar.
calvaire [kalvɛʀ] *nm* calvario *m*.
calvitie [kalvisi] *nf* calvicie *f*.
camarade [kamaʀad] *nmf* **1** *(de classe)* compañero,-ra. **2** *(de partit)* camarada.
camaraderie [kamʀadʀi] *nf* **1** *(solidarité)* compañerismo *m*. **2** *(entente)* camaradería *f*.
cambrer [kɑ̃bʀe] *vt* arquear.
► *vpr* **se cambrer** cuadrarse.
cambriolage [kɑ̃bʀijɔlaʒ] *nm* robo *m*.
cambrioler [kɑ̃bʀijɔle] *vt* robar.
cambrioleur,-euse [kɑ̃bʀijɔlœʀ,-øz] *nm,f* ladrón,-ona.
cambuse [kɑ̃byz] *nf fam* buhardilla *f*.
camée [kame] *nm* camafeo *m*.
caméléon [kameleɔ̃] *nm* camaleón *m*.
camélia [kamelja] *nf* camelia *f*.
camelot [kamlo] *nm* vendedor *m* callejero.
camelote [kamlɔt] *nf* baratija *f*.
caméra [kameʀa] *nf* cámara *f*.
▪ **caméra cachée** cámara oculta.
▪ **caméra Web** cámara web, webcam *f*.
cameraman [kameraman] *nm* (*pl* **cameramans** ou **cameramen**) cámara *mf*, operador,-a.
caméscope® [kameskɔp] *nm* videocámara *f*.
camion [kamjɔ̃] *nm* camión *m*.
camionnette [kamjɔnɛt] *nf* camioneta *f*.
camionneur [kamjɔnœʀ] *nm* **1** *(conducteur)* camionero,-ra. **2** *(entrepreneur)* transportista *mf*.
camisole [kamizɔl].
▪ **camisole de force** camisa *f* de fuerza.
camomille [kamɔmij] *nf* manzanilla *f*.
camouflage [kamuflaʒ] *nm* **1** *(des militaires)* camuflaje *m*. **2** *fig (d'une intention)* disimulo *m*.
camoufler [kamufle] *vt* **1** *(véhicule, soldat)* camuflar. **2** *fig (faute, intention)* disimular.
camp [kɑ̃] *nm* campamento *m*, campo *m*.
• **lever le camp** levantar el campo.
• **ficher le camp** *fam* largarse.
▪ **camp de concentration** campo de concentración.

campagnard,-e [kɑ̃paɲaʀ,-aʀd] *adj - nm,f* campesino,-na.
campagne [kɑ̃paɲ] *nf* **1** *(région)* campo *m*. **2** *(politique, commerciale)* campaña *f*.
■ **campagne électorale** campaña electoral.
■ **campagne publicitaire** campaña publicitaria.
campement [kɑ̃pmɑ̃] *nm* campamento *m*.
camper [kɑ̃pe] *vi* **1** *(faire du camping)* acampar. **2** *fig (s'installer)* estarse.
► *vt fig (paysage, personnage)* describir.
► *vpr* **se camper** plantarse: ***il s'est campé devant eux***, se plantó ante ellos.
campeur,-euse [kɑ̃pœʀ,-øz] *nm,f* campista.
camphre [kɑ̃fʀ] *nm* alcanfor *m*.
camping [kɑ̃piɛ] *nm* camping *m*.
campus [kɑ̃pys] *nm* campus *m*.
Canada [kanada] *nm* Canadá.
canadien,-enne [kanadjɛ̃,-ɛn] *adj* canadiense.
► *nm,f* **Canadien,-enne** canadiense.
canaille [kanaj] *adj* pícaro,-ra.
► *nf* canalla *m*.
canal [kanal] *nm* canal *m*.
canalisation [kanalizasjɔ̃] *nf* canalización *f*.
canaliser [kanalize] *vt* canalizar.
canapé [kanape] *nm* **1** *(meuble)* sofá *m*. **2** *(à manger)* canapé *m*.
canapé-lit [kanapeli] *nm* (*pl* **canapés-lits**) sofá cama *m*.
canard [kanaʀ] *nm* **1** *(animal)* pato *m*. **2** *fam (journal)* periódico *m*.
canari [kanaʀi] *nm* canario *m*.
cancan [kɑ̃kɑ̃] *nm* **1** *(bavardage)* cotilleo *m*. **2** *(danse)* cancán *m*.
cancanier,-ère [kɑ̃kanje,-ɛʀ] *adj - nm,f* chismoso,-sa.
cancer [kɑ̃sɛʀ] *nm* cáncer *m*.
cancéreux,-euse [kɑ̃seʀø,-øz] *adj - nm,f* canceroso,-sa.
cancérigène [kɑ̃seʀiʒɛn] *adj* cancerígeno,-na.
cancre [kɑ̃kʀ] *nm fam fig* muy mal,-a estudiante.
cancrelat [kɑ̃kʀəla] *nm* cucaracha *f*.
candeur [kɑ̃dœʀ] *nf* candor *m*.
candi [kɑ̃di] *adj* candi: ***sucre candi***, azúcar candi.
candidat,-e [kɑ̃dida,-at] *nm,f* candidato,-ta.
candidature [kɑ̃didatyʀ] *nf* candidatura *f*.
candide [kɑ̃did] *adj* cándido,-da.
cane [kan] *nf* pata *f*.
caneton [kantɔ̃] *nm* anadón *m*.
canette [kanɛt] *nf* **1** *(animal)* anadina *f*. **2** *(de fil)* canilla *f*. **3** *(de bière)* botellín *m*.
canevas [kanva] *nm* **1** *(toile)* cañamazo *m*. **2** *(plan)* esbozo *m*.
canicule [kanikyl] *nf* canícula *f*.
canif [kanif] *nm* navaja *f*.
canin,-e [kanɛ̃,-in] *adj* canino,-na.
canine [kanin] *nf* colmillo *m*, canino *m*.
caniveau [kanivo] *nm* alcantarilla *f*.
canne [kan] *nf* **1** *(pour marcher)* bastón *m*. **2** BOT caña *f*.
■ **canne à pêche** caña de pescar.
■ **canne à sucre** caña de azúcar.
cannelle [kanɛl] *nf* canela *f*.
cannibale [kanibal] *adj - nmf* caníbal.
cannibalisme [kanibalism] *nm* canibalismo *m*.
canoë [kanɔe] *nm* canoa *f*.
canoë-kayak [kanɔekajak] (*pl* **canoës-kayaks**) *nm* kayak *m*.
canon [kanɔ̃] *nm* **1** *(pour obus, d'arme)* cañón *m*. **2** *(règle)* canon *m*. **3** *fam (de vin)* chato *m*.
canonique [kanɔnik] *adj* canónico,-ca.
canoniser [kanɔnize] *vt* canonizar.
canot [kano] *nm* bote *m*.
■ **canot pneumatique** bote neumático.
■ **canot de sauvetage** bote salvavidas.
canotage [kanɔtaʒ] *nm* SPORT remo *m*.
cantate [kɑ̃tat] *nf* cantata *f*.
cantatrice [kɑ̃tatʀis] *nf* cantante *f* de ópera.
cantine [kɑ̃tin] *nf* **1** *(pour manger)* comedor *m*. **2** *(de voyage)* baúl *m*.
cantique [kɑ̃tik] *nm* cántico *m*.
canton [kɑ̃tɔ̃] *nm* cantón *m*.
cantonner [kɑ̃tɔne] *vt (troupes)* acantonar.
► *vpr* **se cantonner 1** *(sans sortir)* aislarse, encerrarse. **2** *fig (se borner)* limitarse.
cantonnier [kɑ̃tɔnje] *nm* peón *m* caminero.

canular [kanylaʀ] *nm fam* broma *f*.
caoutchouc [kautʃu] *nm* caucho *m*.
cap [kap] *nm* **1** GÉOG cabo *m*. **2** *(direction)* rumbo *m*.
• **doubler le cap de QQCH** superar ALGO.
• **mettre le cap sur** poner rumbo a.
• **changer de cap** cambiar de rumbo.
capable [kapabl] *adj* capaz.
capacité [kapasite] *nf* capacidad *f*.
cape [kap] *nf* capa *f*.
• **rire sous cape** *fig* reír para sus adentros.
capeline [kaplin] *nf* capellina *f*.
capillaire [kapilɛʀ] *adj* capilar.
► *nm* capilar *m*.
capitaine [kapitɛn] *nm* capitán *m*.
capital,-e [kapital] *adj* capital.
► *nm* **capital** *(argent)* capital *m*.
capitale [kapital] *nf* **1** *(ville)* capital *f*. **2** *(lettre)* mayúscula *f*.
capitaliser [kapitalize] *vt* capitalizar.
capitalisme [kapitalism] *nm* capitalismo *m*.
capitaliste [kapitalist] *adj - nmf* capitalista.
capiteux,-euse [kapitø,-øz] *adj* **1** *(parfum, vin)* embriagador,-ra. **2** *(charme)* seductor,-ra.
capitonner [kapitɔne] *vt* acolchar.
capitulation [kapitylasjɔ̃] *nf* capitulación *f*.
capituler [kapityle] *vi* capitular.
caporal [kapɔʀal] *nm* **1** *(grade)* cabo *m*. **2** *(tabac)* tabaco *m*.
capot [kapo] *nm* capó *m*.
capote [kapɔt] *nf* **1** *(manteau)* capote *m*. **2** *(de voiture)* capota *f*. **3** *fam (préservatif)* condón *m*.
câpre [kapr] *nf* alcaparra *f*.
capricieux,-euse [kaprisjø,-øz] *adj* **1** *(enfant)* caprichoso,-sa. **2** *(temps)* inestable.
► *nm,f* caprichoso,-sa.
capsule [kapsyl] *nf* **1** *(gén)* cápsula *f*. **2** *(de bouteille)* chapa *f*.
capter [kapte] *vt* captar.
captif,-ive [kaptif,-iv] *adj - nm,f* cautivo, -va.
captivant,-e [kaptivɑ̃,-ɑ̃t] *adj* cautivador,-ra.
captivité [kaptivite] *nf* cautividad *f*, cautiverio *m*.
capture [kaptyʀ] *nf* captura *f*.
capturer [kaptyʀe] *vt* capturar.
capuche [kapyʃ] *nf* capucha *f*.
capuchon [kapyʃɔ̃] *nm* capuchón *m*.
capucine [kapysin] *nf* capuchina *f*.
caquet [kakɛ] *nm* **1** *(de la poule)* cacareo *m*. **2** *(bavardage)* chismorreo *m*.
• **rabattre le caquet de QQN** cerrarle el pico a ALGN.
caqueter [kakte] *vi* **1** *(la poule)* cacarear. **2** *(une personne)* chismorrear.
car[1] [kaʀ] *conj* porque, ya que: ***il ne viendra pas car il est fatigué***, no vendrá porque está cansado; ***je n'irai pas voir ce film car je l'ai déjà vu***, no iré a ver esta película porque ya la he visto.
car[2] [kaʀ] *nm* autocar *m*.
carabine [kaʀabin] *nf* carabina *f*.
caracoler [kaʀakɔle] *vi* caracolear.
caractère [kaʀaktɛʀ] *nm* **1** *(de personne)* carácter *m*. **2** *(caractéristique)* rasgo *m*. **3** *(d'imprimerie)* letra *f*, carácter *m*.
• **avoir mauvais caractère** tener mal genio.
▪ **caractère d'imprimerie** letra de imprenta.
caractériser [kaʀakteʀize] *vt* caracterizar.
caractéristique [kaʀakteʀistik] *adj* característico,-ca.
► *nf* característica *f*.
carafe [kaʀaf] *nf* jarra *f*.
carambolage [kaʀɑ̃bɔlaʒ] *nm* choque *m* en cadena.
caramel [kaʀamɛl] *nm* caramelo *m*.
carapace [kaʀapas] *nf* caparazón *m*.
carat [kaʀa] *nm* quilate *m*.
caravane [kaʀavan] *nf* caravana *f*.
caravelle [kaʀavɛl] *nf* carabela *f*.
carbonate [kaʀbɔnat] *nm* CHIM carbonato *m*.
carbone [kaʀbɔn] *nm* carbono *m*: ***papier carbone***, papel carbón.
carbonique [kaʀbɔnik] *adj* carbónico,-ca: ***gaz carbonique***, gas carbónico.
carboniser [kaʀbɔnize] *vt* carbonizar.
carburant [kaʀbyʀɑ̃] *nm* carburante *m*.

carburateur [kaʀbyʀatœʀ] *nm* carburador *m.*
carcan [kaʀkɑ̃] *nm* cortapisa *f.*
carcasse [kaʀkas] *nf* **1** *(d'animal)* carcasa *f.* **2** *(de bateau, d'immeuble)* armazón *m.* **3** *fam (corps humain)* esqueleto *m.*
• **sauver sa carcasse** salvar el pellejo.
cardiaque [kaʀdjak] *adj - nmf* cardíaco,-ca.
cardigan [kaʀdigɑ̃] *nm* cárdigan *m.*
cardinal,-e [kardinal] *adj* cardinal.
► *nm* **cardinal** cardenal *m.*
cardiologue [kaʀdjɔlɔg] *nmf* cardiólogo,-ga.
cardiovasculaire [kaʀdjɔvaskylɛr] *adj* cardiovascular.
cardon [kaʀdɔ̃] *nm* cardo *m.*
Carême [kaʀɛm] *nm* REL Cuaresma *f.*
carence [kaʀɑ̃s] *nf* **1** *(d'un débiteur)* insolvencia *f.* **2** *(d'un gouvernement)* incompetencia *f.* **3** *(en fer, calcium)* carencia *f.*
caréner [kaʀene] *vt* carenar.
caresse [kaʀɛs] *nf* caricia *f.*
caresser [kaʀese] *vt* **1** *(gén)* acariciar. **2** *fig (espoir)* abrigar.
cargaison [kaʀgɛzɔ̃] *nf* **1** *(marchandises)* cargamento *m.* **2** *fam fig (grande quantité)* montón *m.*
caricature [kaʀikatyʀ] *nf* caricatura *f.*
carie [kaʀi] *nf* caries *f.*
carié,-e [kaʀje] *adj* cariado,-da.
carillon [kaʀijɔ̃] *nm* **1** *(horloge)* carillón *m.* **2** *(de porte)* timbre *m.*
carlingue [kaʀlɛ̃g] *nf* carlinga *f.*
carmin [kaʀmɛ̃] *nm* carmín *m.*
carnage [kaʀnaʒ] *nm* matanza *f.*
carnassier,-ère [kaʀnasje,-ɛʀ] *adj* ZOOL carnívoro,-ra.
► *nm* **carnassier** carnívoro *m.*
carnaval [karnaval] *nm* carnaval *m.*
carnet [karnɛ] *nm* libreta *f.*
▪ **carnet d'adresses** libreta de direcciones.
▪ **carnet de chèques** talonario *m (de cheques).*
carnivore [kaʀnivɔʀ] *adj* carnívoro,-ra.
► *nm* carnívoro *m.*
carotide [kaʀɔtid] *adj - nf* ANAT carótida *f.*
carotte [kaʀɔt] *nf* zanahoria *f.*
caroube [kaʀub] *nf* algarroba *f.*
caroubier [kaʀubje] *nm* algarrobo *m.*
carpe [kaʀp] *nf (poisson)* carpa *f.*
► *nm* ANAT carpo *m.*
carré,-e [kaʀe] *adj* **1** *(gén)* cuadrado,-da: ***racine carrée***, raíz cuadrada; ***dix mètres carrés***, diez metros cuadrados. **2** *fig (sincère)* franco,-ca.
► *nm* **carré 1** *(forme)* cuadrado *m.* **2** *(aux cartes)* póquer *m.*
carreau [kaʀo] *nm* **1** *(au sol)* baldosa *f.* **2** *(en faïence)* azulejo *m.* **3** *(d'une fenêtre)* cristal *m.* **4** *(motif géométrique)* cuadro *m*: ***une jupe à carreaux***, une falda de cuadros. **5** *(jeu de cartes)* diamante *m.*
carrefour [kaʀfuʀ] *nm* **1** *(de rues)* cruce *m.* **2** *fig (situation)* encrucijada *f.*
carrelage [kaʀlaʒ] *nm* **1** *(action)* embaldosado *m.* **2** *(surface)* alicatado *m.*
carrément [kaʀmɑ̃] *adv* **1** *(catégoriquement)* francamente. **2** *(complètement)* totalmente.
carrière [kaʀjɛʀ] *nf* **1** *(de pierre)* cantera *f.* **2** *(professionnelle)* carrera *f.*
carriole [kaʀjɔl] *nf* carreta *f.*
carrossable [kaʀɔsabl] *adj* transitable.
carrosse [karɔs] *nm* carroza *f.*
carrosserie [kaʀɔsʀi] *nf* carrocería *f.*
carrousel [kaʀuzɛl] *nm* carrusel *m.*
carrure [kaʀyʀ] *nf* **1** *(de personne)* anchura *f* de espaldas. **2** *(de vêtement)* anchura *f* de hombros. **3** *(force, valeur)* envergadura *f.*
cartable [kaʀtabl] *nm* cartera *f.*
carte [kaʀt] *nf* **1** *(document)* tarjeta *f*, carné *m.* **2** *(de jeu)* carta *f*, naipe *m.* **3** *(pour s'orienter)* mapa *m.* **4** *(au restaurant)* carta *f.*
• **donner carte blanche à QQN** dar carta blanca a ALGN.
• **jouer cartes sur table** *fig* poner las cartas sobre la mesa.
▪ **carte bancaire** tarjeta de débito.
▪ **carte bleue** tarjeta de crédito.
▪ **carte de crédit** tarjeta de crédito.
▪ **carte d'étudiant** carné de estudiante.
▪ **carte de prépaiement** tarjeta de prepago.
▪ **carte des vins** carta de vinos.
▪ **carte de séjour** permiso *m* de residencia.
▪ **carte d'identité** carné de identidad.
▪ **carte graphique** INFORM tarjeta gráfica.

▪ **carte postale** postal *f*.
▪ **carte son** INFORM tarjeta de sonido.
carter [kaRtɛR] *nm* cárter *m*.
cartilage [kaRtilaʒ] *nm* ANAT cartílago *m*.
cartographie [kaRtɔgRafi] *nf* cartografía *f*.
cartomancie [kaRtɔmɑ̃si] *nf* cartomancia *f*.
carton [kaRtɔ̃] *nm* **1** *(matière)* cartón *m*. **2** *(emballage)* caja *f* de cartón. **3** *(d'invitation, de sanction)* tarjeta *f*. **4** *(cible)* blanco *m*.
• **faire un carton 1** *fam* tirar al blanco. **2** *fig* sacar un muy buen resultado.
▪ **carton à dessin** carpeta *f* de dibujo.
▪ **carton jaune** SPORT tarjeta amarilla.
▪ **carton rouge** SPORT tarjeta roja.
cartonner [kaRtɔne] *vi fam* funcionar de maravilla.
cartouche [kaRtuʃ] *nf* **1** *(d'arme, d'encre)* cartucho *m*. **2** *(de cigarettes)* cartón *m*. **3** *(de stylo, de briquet)* recambio *m*.
cas [ka] *nm* caso *m*.
• **au cas où** por si acaso.
• **en tout cas** en todo caso.
• **le cas échéant** llegado el caso.
▪ **cas de conscience** caso de conciencia.
casanier,-ère [kazanje,-ɛR] *adj - nm,f* hogareño,-ña.
casaque [kazak] *nf* casaca *f*.
cascade [kaskad] *nf* **1** *(d'eau)* cascada *f*. **2** *(au cinéma)* escena *f* peligrosa.
cascadeur,-euse [kaskadœR,-øz] *nm,f* doble.
case [kaz] *nf* **1** *(maison)* cabaña *f*. **2** *(d'un damier, d'un formulaire)* casilla *f*. **3** *(d'un tiroir)* compartimento *m*.
• **retourner à la case départ** volver al principio.
caser [kaze] *vt fam (placer)* colocar.
► *vpr* **se caser 1** *fam (trouver - un emploi)* colocarse; *(- un logement)* alojarse. **2** *(se marier)* casarse.
caserne [kazɛRn] *nf* cuartel *m*.
cash [kaʃ] *adv* al contado.
► *nm* dinero *m* en metálico.
casier [kazje] *nm* casillero *m*.
▪ **casier judiciaire** antecedentes *m pl* penales: ***il a un casier judiciaire vierge***, no tiene antecedentes penales.
casino [kazino] *nm* casino *m*.
casque [kask] *nm* casco *m*.
▪ **casque audio** auriculares *m pl*.
▪ **casque intégral** casco integral.
▪ **casques bleus** cascos azules.
casquette [kaskɛt] *nf* gorra *f*.
cassant,-e [kasɑ̃,-ɑ̃t] *adj* **1** *(matière)* quebradizo,-za. **2** *fig (ton)* tajante.
casse [kas] *nm fam (cambriolage)* robo *m*.
► *nf* **1** *(dommages)* destrozo *m*. **2** *(de voitures)* desguace *m*. **3** *(typographie)* caja *f*.
cassé,-e [kase] *adj* roto,-ta.
casse-cou [kasku] *nm inv* **1** *(endroit)* lugar *m* resbaladizo. **2** *(personne)* temerario,-ria.
casse-croûte [kaskRut] *nm inv* tentempié *m*.
casse-noisettes [kasnwazɛt] *nm inv* cascanueces *m*.
casse-pieds [kaspje] *nmf inv fam* plasta.
casser [kase] *vt* **1** *(gén)* romper. **2** DR anular.
► *vpr* **se casser 1** *(objet)* romperse. **2** *fam (partir)* largarse.
• **ça ne casse rien** *fam* no es nada del otro jueves.
• **casser la figure à QQN** romperle la cara a ALGN.
• **casser les pieds à QQN** *fam* dar la lata a ALGN.
• **se casser la tête** romperse la cabeza.
casserole [kasRɔl] *nf* **1** *(en métal)* cacerola *f*. **2** *(en terre cuite)* cazuela *f*.
casse-tête [kastɛt] *nm inv* rompecabezas *m*.
cassette [kasɛt] *nf* **1** *(de magnétophone)* casete *f*. **2** *(coffret)* cofrecillo *m*.
▪ **cassette vidéo** videocasete *f*.
casseur,-euse [kasœR,-øz] *nm,f* rompedor,-ra.
cassis [kasis] *nm* **1** *(fruit)* grosella *f* negra. **2** *(arbre)* casis *f*.
cassoulet [kasulɛ] *nm* CUIS *guiso de alubias con carne de oca, pato, cordero o cerdo.*
cassure [kasyR] *nf* **1** *(d'un objet)* rotura *f*. **2** *(dans une roche)* falla *f*. **3** *fig (dans une amitié)* ruptura *f*.
castagnettes [kastaɲɛt] *nf pl* castañuelas *f pl*.
caste [kast] *nf* casta *f*.

casting [kastiŋ] *nm* cásting *m.*
castor [kastɔʀ] *nm* castor *m.*
castration [kastʀasjɔ̃] *nf* castración *f.*
castrer [kastʀe] *vt* castrar.
casuel,-elle [kazɥɛl] *adj* casual.
cataclysme [kataklism] *nm* cataclismo *m.*
catacombes [katakɔ̃b] *nf pl* catacumbas *f pl.*
catalogue [katalɔg] *nm* catálogo *m.*
cataloguer [katalɔge] *vt* catalogar.
catalyseur [katalizœʀ] *nm* catalizador *m.*
catamaran [katamaʀɑ̃] *nm* catamarán *m.*
cataplasme [kataplasm] *nm* cataplasma *f.*
catapulter [katapylte] *vt* catapultar.
cataracte [kataʀakt] *nf* catarata *f.*
catastrophe [katastʀɔf] *nf* catástrofe *f.*
• **en catastrophe** a la desesperada ***ils ont évacué le pays en catastrophe***, evacuaron el país como pudieron.
catastrophé,-e [katastʀɔfe] *adj* conmocionado,-da.
catastrophique [katastʀɔfik] *adj* catastrófico,-ca.
catch [katʃ] *nm* SPORT lucha *f* libre.
catéchisme [kateʃism] *nm* catecismo *m.*
catégorie [kategɔʀi] *nf* categoría *f.*
catégorique [kategɔʀik] *adj* categórico,-ca.
cathédrale [katedʀal] *nf* catedral *f.*
catholicisme [katɔlisism] *nm* catolicismo *m.*
catholique [katɔlik] *adj - nmf* católico,-ca.
cauchemar [kɔʃmaʀ] *nm* pesadilla *f.*
causal,-e [kozal] *adj* causal.
cause [koz] *nf* causa *f.*
• **à cause de** a causa de.
• **être en cause** estar en tela de juicio.
• **remettre en cause** cuestionar.
causer [koze] *vt* causar.
► *vi* charlar.
causerie [kozʀi] *nf* charla *f.*
caustique [kostik] *adj* cáustico,-ca.
cautériser [koteʀize] *vt* cauterizar.
caution [kosjɔ̃] *nf* **1** *(garantie)* fianza *f*; *(- d'un achat)* paga y señal *f*; *(- morale)* garantía *f.* **2** *(personne)* fiador,-ra.
cautionner [kosjɔne] *vt* responder de.
cavalcade [kavalkad] *nf* **1** *(défilé)* cabalgata *f.* **2** *fam (de personnes)* desbandada *f.*
cavalerie [kavalʀi] *nf* caballería *f.*
cavalier,-ère [kavalje,-ɛʀ] *adj* **1** *(personne hautaine)* altivo,-va. **2** *(réponse)* insolente.
► *nm,f* **1** *(à cheval)* jinete *m*, amazona *f.* **2** *(de danse)* pareja *f.*
► *nm* **cavalier** *(aux échecs)* caballo *m.*
• **faire cavalier seul** actuar por cuenta propia.
cave [kav] *adj* **1** *(creux)* hundido,-da. **2** ANAT cavo,-va: ***veine cave***, vena cava.
► *nf* **1** *(d'une maison)* sótano *m.* **2** *(à vin)* bodega *f.*
caveau [kavo] *nm* **1** *(à vin)* bodeguilla *f.* **2** *(sépulture)* panteón *m.*
caverne [kavɛʀn] *nf* caverna *f.*
caverneux,-euse [kavɛʀnø,-øz] *adj (son, voix)* cavernoso,-sa.
caviar [kavjaʀ] *nm* caviar *m.*
cavité [kavite] *nf* cavidad *f.*
CD [sede] *abr (**Compact Disc**)* CD.
CD-ROM [sedeʀɔm] *abr (**Compact Disc Read-Only Memory**)* CD-ROM.
ce[1] [sə] (**c'** delante de una *e*) *pron dém* **1** *(avec le verbe être) no se traduce*: ***c'est bien***, está bien; ***c'est moi***, soy yo; ***ce sont mes livres***, son mis libros; ***ce n'est pas vrai !***, ¡no es verdad! **2** *(devant un relatif)* lo: ***fais ce que tu veux***, haz lo que quieras; ***ce dont je vous parle est très important***, lo que le explico es muy importante; ***ce qui l'intéresse, c'est la musique***, lo que le interesa es la música. **3** *(dans une interrogation) no se traduce*: ***qu'est-ce c'est ?***, ¿qué es?; ***qu'est-ce qu'il dit ?***, ¿qué dice? **4** *fam (dans une exclamation) no se traduce*: ***ce qu'il est drôle !***, ¡qué gracioso que es!
• **c'est à moi de** me toca a mí.
• **c'est pourquoi** por esto.
• **qu'est ce qui ... ?** ¿qué es lo que...?
• **qui est-ce qui ... ?** ¿quién es el que...?
ce[2]**, cette** [sə, sɛt] (**cet** delante de un nombre masculino que empiece por vocal o *h* muda) *adj dém* **1** *(proche)* este,-ta; *(éloigné)* ese,-sa; *(plus éloigné)* aquel,-ella: ***cet arbre-là***, ese árbol; ***il fait beau cette semaine***, está haciendo buen tiempo esta semana; ***cette année-là***, aquel año. **2** *fam (pour intensifier) no se traduce*: ***j'ai une de ces faims !***, ¡tengo un hambre feroz!

ceci [səsi] *pron dém* esto: ***s'il te plaît, donne ceci à ton frère***, por favor, dale esto a tu hermano; ***n'oubliez pas ceci***, no se olvide de esto.
cécité [sesite] *nf* ceguera *f*.
céder [sede] *vt* **1** *(gén)* ceder. **2** *(local)* traspasar.
• **céder à la tentation** caer en la tentación.
• **" Cédez le passage "** "Ceda el paso".
CEDEX [sedɛks] *abr* (***courrier d'entreprise à distribution exceptionnelle***) *sistema especial de direcciones y reparto que ofrece correos en Francia a las empresas de cierta entidad.*
cédille [sedij] *nf* cedilla *f*.
cèdre [sɛdʀ] *nm* cedro *m*.
ceindre [sɛ̃dʀ] *vt* ceñir.
ceinture [sɛ̃tyʀ] *nf* **1** *(de jupe, de pantalon)* cinturón *m*. **2** *(du corps)* cintura *f*.
▪ **ceinture de sécurité** cinturón de seguridad.
ceinturer [sɛ̃tyʀe] *vt* **1** *(personne)* ceñir. **2** *(ville, espace)* rodear.
ceinturon [sɛ̃tyʀɔ̃] *nm* cinto *m*.
cela [səla] *pron dém (éloigné)* eso; *(plus éloigné)* aquello: ***prends cela***, toma esto; ***ne dis pas cela***, no digas eso.
célébration [selebʀasjɔ̃] *nf* celebración *f*.
célèbre [selɛbʀ] *adj* famoso,-sa.
célébrer [selebre] *vt* celebrar.
célébrité [selebʀite] *nf* celebridad *f*.
céleri [sɛlʀi] *nm* apio *m*.
célérité [seleʀite] *nf* celeridad *f*.
célibataire [selibatɛʀ] *adj - nmf* soltero, -ra, célibe.
celle [sɛl] *pron dém* → celui.
celle-ci [sɛlsi] *pron dém* → celui-ci.
celle-là [sɛlla] *pron dém* → celui-là.
cellier [selje] *nm* bodega *f*.
cellophane® [selɔfan] *nf* celofán® *m*.
cellulaire [selylɛʀ] *adj* celular.
cellule [selyl] *nf* **1** *(de prison, de couvent)* celda *f*. **2** BIOL célula *f*. **3** *(des abeilles)* celdilla *f*.
cellulite [selylit] *nf* celulitis *f*.
cellulose [selyloz] *nf* celulosa *f*.
celui, celle [səlɥi, sɛl] *pron dém* (*pl* **ceux, celles**) **1 celui + que/qui/dont** el que, la que: ***celle que je te montre***, la que te enseño; ***ceux que tu as lus***, los que has leído; ***j'ai visité le studio, celui dont nous avons parlé***, he visitado el apartamento del que hablamos. **2 celui + de** el de, la de: ***de tous mes livres, je préfère celui de Camus***, de entre todos mis libros, el que prefiero es el de Camus; ***ceux de devant***, los de delante.
celui-ci, celle-ci [səlɥisi, sɛlsi] *pron dém* (*pl* **ceux-ci, celles-ci**) este,-ta, éste,-ta: ***ceux-ci sont plus petits***, éstos son más pequeños; ***j'aime bien cette jupe, mais je préfère celle-ci***, me gusta esa falda, pero prefiero ésta.
celui-là, celle-là [səlɥila, sɛla] *pron dém* (*pl* **ceux-là, celles-là**) ese, esa, ése, ésa, aquel,-lla, aquél,-lla: ***tu as vu celui-là ?***, ¿has visto ése?; ***prends plutôt celles-là***, es mejor que cojas aquéllas.
cendre [sɑ̃dʀ] *nf* ceniza *f*.
cendrier [sɑ̃dʀije] *nm* cenicero *m*.
censé,-e [sɑ̃se].
• **être censé,-e +** *inf* suponerse que ALGN va a hacer ALGO: ***elle est censée arriver demain***, se supone que llegará mañana; ***tu n'es pas censé le savoir***, no tienes por qué saberlo.
censeur [sɑ̃sœʀ] *nm* **1** *(qui censure)* censor,-ra. **2** *(d'un lycée)* subdirector,-ra.
censure [sɑ̃syʀ] *nf* censura *f*.
censurer [sɑ̃syʀe] *vt* censurar.
cent [sɑ̃] *num* ciento, cien: ***ça coûte cent euros***, cuesta cien euros; ***cent dix***, ciento diez.
► *nm* cien *m*.
• **cent pour cent** cien por cien.
• **pour cent** por ciento.
centaine [sɑ̃tɛn] *nf* centena *f*, centenar *m*.
• **par centaines** a centenares.
centenaire [sɑ̃tnɛʀ] *adj - nmf* centenario,-ria.
► *nm (anniversaire)* centenario *m*.
centésimal,-e [sɑ̃tezimal] *adj* centesimal.
centième [sɑ̃tjɛm] *num* centésimo,-ma.
► *nm* centésima parte *f*.
centigrade [sɑ̃tigʀad] *adj - nm* centígrado *m*.

centigramme [sɑ̃tigʀam] *nm* centigramo *m.*
centilitre [sɑ̃tilitʀ] *nm* centilitro *m.*
centime [sɑ̃tim] *nm* céntimo *m.*
centimètre [sɑ̃timɛtʀ] *nm* **1** *(mesure)* centímetro *m.* **2** *(ruban)* cinta *f* métrica.
central,-e [sɑ̃tʀal] *adj* **1** *(gén)* central. **2** *(quartier)* céntrico,-ca.
► *nm* **central** central *f*: ***un central téléphonique***, una central telefónica.
centrale [sɑ̃tʀal] *nf* central *f.*
▪ **centrale d'achat** central de compras.
▪ **centrale nucléaire** central nuclear.
centraliser [sɑ̃tʀalize] *vt* centralizar.
centre [sɑ̃tʀ] *nm* centro *m.*
▪ **centre commercial** centro comercial.
▪ **centre de gravité** centro de gravedad.
▪ **centre hospitalier** centro hospitalario.
centrer [sɑ̃tʀ] *vt* centrar.
centre-ville [sɑ̃tʀəvil] *nm* (*pl* **centres-villes**) centro *m* (de la ciudad).
centrifuge [sɑ̃tʀifyʒ] *adj* centrífugo,-ga.
centrifugeuse [sɑ̃tʀifyʒøz] *nf* **1** *(gén)* centrifugadora *f.* **2** *(pour faire des jus)* licuadora *f.*
centuple [sɑ̃typl] *adj* céntuplo,-pla.
► *nm* céntuplo *m.*
cep [sɛp] *nm (de vigne)* cepa *f.*
cèpe [sɛp] *nm* boleto *m*, hongo *m.*
cependant [səpɑ̃dɑ̃] *conj* sin embargo: ***il est cependant trop petit***, sin embargo, es demasiado pequeño.
céramique [seʀamik] *nf* cerámica *f.*
cerceau [sɛʀso] *nm* **1** *(de tonneau)* cerco *m.* **2** *(jouet)* aro *m.*
cercle [sɛʀkl] *nm* círculo *m.*
▪ **cercle vicieux** círculo vicioso.
cercueil [sɛʀkœj] *nm* ataúd *m.*
céréale [seʀeal] *nf* cereal *m.*
cérébral,-e [serebʀal] *adj* cerebral.
cérémonie [seʀemɔni] *nf* ceremonia *f.*
cérémonieux,-euse [seʀemɔnjø,-øz] *adj* ceremonioso,-sa.
cerf [sɛʀ] *nm* ciervo *m.*
cerf-volant [sɛʀvɔlɑ̃] *nm* (*pl* **cerfs-volants**) **1** *(jouet)* cometa *f.* **2** *(insecte)* ciervo *m* volante.
cerise [səʀiz] *nf* cereza *f.*
cerisier [səʀizje] *nm* cerezo *m.*
cerne [sɛʀn] *nm (des yeux)* ojera *f.*
cerné,-e [sɛʀne] *adj* rodeado,-da.
• **il a les yeux cernés** tiene ojeras.
cerner [sɛʀne] *vt* **1** *(entourer)* rodear. **2** *fig (question)* delimitar, acotar.
certain,-e [sɛʀtɛ̃,-ɛn] *adj* seguro,-ra: ***je suis absolument certain de l'avoir vu***, estoy totalmente seguro de haberlo visto.
► *adj* (se antepone al ***nombre***) **1** *(quantité, moment)* cierto,-ta: ***elle est venue il y a un certain temps***, vino hace algún tiempo; ***dans une certaine mesure***, en cierta medida. **2 un,-e certain,-e** *(devant un nom de personne)* tal: ***un certain Pierre Martin vous a téléphoné***, un tal Pierre Martin le ha llamado.
► *adj indéf pl* **certains,-nes** algunos,-nas: ***dans certains cas***, en algunos casos.
► *pron indéf pl* **certains,-nes** algunos, -nas: ***certains voulaient aller au cinéma, d'autres non***, algunos querían ir al cine y otros no.
certainement [sɛʀtɛnmɑ̃] *adv* **1** *(pour renforcer une affirmation)* por supuesto. **2** *(sûrement)* sin duda.
certes [sɛʀt] *adv* **1** *(concession)* en efecto. **2** *(en vérité)* desde luego.
certificat [sɛʀtifika] *nm* certificado *m.*
▪ **certificat médical** certificado médico.
certification [sɛʀtifikasjɔ̃] *nf* certificación *f.*
certifier [sɛʀtifje] *vt* **1** *(affirmer)* asegurar. **2** *(document, signature)* compulsar.
certitude [sɛʀtityd] *nf* certeza *f.*
cerveau [sɛʀvo] *nm* cerebro *m.*
cervelet [sɛʀvəlɛ] *nm* cerebelo *m.*
cervelle [sɛʀvɛl] *nf* **1** ANAT, CUIS sesos *m pl.* **2** *fig (facultés)* cerebro *m.*
cervical [sɛʀvikal] *adj* ANAT cervical.
ces [se] *adj dém* → ce, cette.
césarienne [sezarjɛn] *nf* cesárea *f.*
cessation [sɛsasjɔ̃] *nf* cesación *f.*
cesse [ses].
• **sans cesse** sin cesar.
cesser [sese] *vi (prendre fin)* cesar, parar: ***la pluie a cessé***, ha dejado de llover.
► *vt* **cesser de + *inf*** *(arrêter)* dejar de: ***elle ne cesse pas de penser à lui***, no deja de pensar en él.

cession [sɛsjɔ̃] *nf* **1** *(de biens)* cesión *f.* **2** *(d'un local)* traspaso *m.*
c'est-à-dire [sɛtadiʀ] *conj* es decir, o sea.
cet [sɛt] *adj dém* → ce, cette.
cétacé [setase] *nm* cetáceo *m.*
cette [sɛt] *adj dém* → ce, cette.
ceux [sø] *pron dém* → celui.
ceux-ci [søsi] *pron dém* → celui.
ceux-là [søla] *pron dém* → celui-là.
chacal [ʃakal] *nm* chacal *m.*
chacun,-e [ʃakœ̃,-yn] *pron indéf* cada uno, cada una: ***chacun de vous doit faire l'exercice***, todos debéis hacer el ejercicio.
• **chacun pour soi** cada cual a lo suyo.
chagrin,-e [ʃagʀɛ̃,-in] *adj* triste.
► *nm* **chagrin** pena *f.*
• **avoir du chagrin** estar triste.
chahut [ʃay] *nm fam* jaleo *m.*
• **faire du chahut** armar jaleo.
chaîne [ʃɛn] *nf* **1** *(gén)* cadena *f.* **2** *(appareil)* equipo *m.*
► *nf pl* **chaînes** *(de pneus, de prisonnier)* cadenas *f pl*; *(liens d'affection)* lazos *m pl.*
• **à la chaîne** en cadena.
▪ **chaîne de montagnes** cordillera *f*, cadena montañosa.
▪ **chaîne de télévision** cadena de televisión.
▪ **chaîne hi-fi** equipo *m* de música.
chaînon [ʃɛnɔ̃] *nm* eslabón *m.*
chair [ʃɛʀ] *nf* carne *f.*
chaire [ʃɛʀ] *nf* **1** *(pour un professeur)* estrado *m.* **2** *(pour un prédicateur)* púlpito *m.* **3** *(poste)* cátedra *f.*
chaise [ʃɛz] *nf* silla *f.*
▪ **chaise longue** tumbona *f.*
▪ **chaise roulante** silla de ruedas.
châle [ʃal] *nm* chal *m.*
chalet [ʃalɛ] *nm* chalet *m.*
chaleur [ʃalœʀ] *nf* **1** *(température)* calor *m.* **2** *(des animaux)* celo *m.* **3** *fig (ardeur)* fervor *m.*
chaleureux,-euse [ʃalœʀø,-øz] *adj* caluroso,-sa.
challenge [ʃalɑ̃ʒ] *nm* **1** SPORT torneo *m.* **2** *(défi)* reto *m.*
chaloupe [ʃalup] *nf* chalupa *f.*
chalumeau [ʃalymo] *nm* **1** *(pour boire)* caña *f.* **2** *(outil)* soplete *m.*
chamailler(se) [ʃamaje] *vpr* pelearse.
chambellan [ʃɑ̃belɑ̃] *nm* chambelán *m.*
chambre [ʃɑ̃bʀ] *nf* **1** *(pour dormir)* cuarto *m*, habitación *f.* **2** *(pour un usage précis)* cámara *f.* **3** *(d'un tribunal)* sala *f.*
▪ **chambre à air** cámara de aire.
▪ **chambre à coucher** dormitorio *m.*
▪ **chambre de commerce** cámara de comercio.
▪ **chambre des députés** cámara de diputados.
▪ **chambre double** habitación doble.
▪ **chambre forte** cámara acorazada.
▪ **chambre simple** habitación individual.
chambrer [ʃɑ̃bʀe] *vt* **1** *(vin)* templar. **2** *(se moquer)* burlarse de.
chameau [ʃamo] *nm* camello *m.*
chamois [ʃamwa] *nm* gamuza *f.*
champ [ʃɑ̃] *nm* campo *m.*
• **à travers champs** a campo traviesa.
• **sur-le-champ** en seguida.
▪ **champ de bataille** campo de batalla.
▪ **champ de courses** hipódromo *m.*
champagne [ʃɑ̃paɲ] *nm* champán *m*, champagne *m.*
champêtre [ʃɑ̃pɛtʀ] *adj* campestre.
champignon [ʃɑ̃piɲɔ̃] *nm* **1** *(comestible)* seta *f.* **2** *(sur la peau)* hongo *m.*
champion,-onne [ʃɑ̃pjɔ̃,-ɔn] *adj - nm,f* campeón,-ona.
championnat [ʃɑ̃pjɔna] *nm* campeonato *m.*
chance [ʃɑ̃s] *nf* **1** *(sort)* suerte *f.* **2** *(probabilité)* posibilidad *f*: ***il a peu de chances d'y arriver***, tiene pocas posibilidades de lograrlo.
• **avoir de la chance** tener suerte.
• **bonne chance !** ¡(buena) suerte!
• **porter chance** traer buena suerte.
chancelant,-e [ʃɑ̃slɑ̃,-ɑ̃t] *adj* vacilante.
chancelier [ʃɑ̃səlje] *nm* canciller *m.*
chancellerie [ʃɑ̃sɛlʀi] *nf* cancillería *f.*
chanceux,-euse [ʃɑ̃sø,-øz] *adj* afortunado,-da.
chandail [ʃɑ̃daj] *nm* jersey *m.*
chandelier [ʃɑ̃dəlje] *nm* candelabro *m.*
chandelle [ʃɑ̃dɛl] *nf* vela *f.*
• **voir trente-six chandelles** *fig* ver las estrellas.

change [ʃɑ̃ʒ] *nm* 1 *(gén)* cambio *m*. 2 *(de bébé)* pañal *m*.
• **donner le change** *fam* engañar.

changeant,-e [ʃɑ̃ʒɑ̃,-ɑ̃t] *adj (variable - temps)* variable; *(- humeur)* cambiante.

changement [ʃɑ̃ʒmɑ̃] *nm* 1 *(gén)* cambio *m*. 2 *(métro, bus)* transbordo *m*.
▪ **changement climatique** cambio climático.

changer [ʃɑ̃ʒe] *vt* 1 *(gén)* cambiar. 2 **changer en** *(transformer)* convertir en: ***il peut changer le plomb en or***, puede convertir el plomo en oro. 3 *(d'endroit)* mudar.
► *vi* 1 **changer (de)** *(gén)* cambiar (de): ***nous avons changé de place***, hemos cambiado de sitio; ***le gouvernement va changer***, el gobierno va a cambiar. 2 *(apporter un changement)* variar.
► *vpr* **se changer** cambiarse.
• **pour changer** *iron* para variar.

chanson [ʃɑ̃sɔ̃] *nf* canción *f*.
• **c'est toujours la même chanson** siempre está con la misma canción.

chansonnier,-ère [ʃɑ̃sɔnje] *nm,f* cantautor,-ra.

chant [ʃɑ̃] *nm* canto *m*.

chantage [ʃɑ̃taʒ] *nm* chantaje *m*.
• **faire du chantage** chantajear.

chanter [ʃɑ̃te] *vt - vi* 1 *(gén)* cantar. 2 *fam (raconter)* contar.
• **faire chanter** QQN hacerle chantaje a ALGN.
• **si ça lui chante** si le apetece.

chanteur,-euse [ʃɑ̃tœʀ,-øz] *nm,f* cantante.

chantier [ʃɑ̃tje] *nm* 1 *(de construction)* obra *f*. 2 *fam (désordre)* leonera *f*.
▪ **chantier naval** astillero *m*.

chantilly [ʃɑ̃tiji] *nf* chantillí *m*.

chantonner [ʃɑ̃tone] *vt - vi* canturrear.

chanvre [ʃɑ̃vʀ] *nm* cáñamo *m*.

chaos [kao] *nm* caos *m*.

chaotique [kaɔtik] *adj* caótico,-ca.

chapeau [ʃapo] *nm* 1 *(coiffure)* sombrero *m*. 2 *(de journal)* entradilla *f*.
► *interj* **chapeau !** ¡bravo!
▪ **chapeau melon** bombín *m*.

chapelet [ʃaplɛ] *nm* 1 *(pour prier)* rosario *m*. 2 *(d'oignons, d'ail)* ristra *f*. 3 *fig (d'injures)* sarta *f*.

chapelle [ʃapɛl] *nf* capilla *f*.

chapelure [ʃaplyʀ] *nf* pan *m* rallado.

chaperon [ʃapʀɔ̃] *nm* 1 *(gorro)* caperuza *f*. 2 *fig (qui accompagne)* carabina *f*.
▪ **le Petit Chaperon rouge** Caperucita Roja.

chapiteau [ʃapito] *nm* 1 *(de cirque)* carpa *f*. 2 ARCHIT capitel *m*.

chapitre [ʃapitʀ] *nm* 1 *(d'un livre)* capítulo *m*. 2 *(sujet)* tema *m*.

chapon [ʃapɔ̃] *nm* capón *m*.

chaque [ʃak] *adj indéf* cada: ***chaque fois, c'est la même chose***, cada vez es lo mismo.

char [ʃaʀ] *nm* 1 *(de l'armée)* carro *m*. 2 *(de carnaval)* carroza *f*.

charabia [ʃaʀabja] *nm* galimatías *m*.

charade [ʃaʀad] *nf* charada *f*.

charançon [ʃaʀɑ̃sɔ̃] *nm* gorgojo *m*.

charbon [ʃaʀbɔ̃] *nm* 1 *(combustible)* carbón *m*. 2 *(pour dessiner)* carboncillo *m*. 3 MÉD carbunco *m*.
▪ **charbon de bois** carbón vegetal.

charcuterie [ʃaʀkytʀi] *nf* 1 *(magasin)* charcutería *f*. 2 *(produits)* embutidos *m pl*, charcutería *f*.

charcutier,-ère [ʃaʀkytje,-ɛʀ] *nm,f* charcutero,-ra.

chardon [ʃaʀdɔ̃] *nm* cardo *m*.

charge [ʃaʀʒ] *nf* 1 *(gén)* carga *f*. 2 *(fonction, obligation)* cargo *m*.
► *nf pl* **charges** *(d'un appartement)* gastos *m pl*.
• **charges comprises** gastos incluidos.
• **prendre en charge** hacerse cargo de.
• **revenir à la charge** *fig* volver a la carga.

chargé,-e [ʃaʀʒe] *adj* 1 *(gén)* cargado,-da. 2 *(responsable)* encargado,-da.
► *nm,f* encargado,-da.
▪ **chargé d'affaires** encargado de negocios.
▪ **chargé de mission** delegado *m*.

chargement [ʃaʀʒəmɑ̃] *nm* 1 *(de marchandises)* cargamento *m*. 2 *(d'arme, d'appareil photo)* carga *f*.

charger [ʃaʀʒe] *vt* 1 *(gén)* cargar. 2 *(garnir avec excès)* llenar. 3 *(d'une mission)* encargar. 4 ÉCON gravar.

► *vpr* **se charger 1** *(porter une charge)* cargarse. **2 se charger de** *(s'occuper de - personne, affaire)* ocuparse de; *(- responsabilité)* encargarse de.

• **chargez !** ¡a la carga!

chargeur [ʃaʀʒœʀ] *nm* cargador *m*.

chariot [ʃaʀjo] *nm* **1** *(voiture)* carretilla *f*. **2** *(de machine à écrire)* carro *m*.

charisme [karism] *nm* carisma *m*.

charitable [ʃaʀitabl] *adj* caritativo,-va.

charité [ʃaʀite] *nf* **1** *(aumône, vertu)* caridad *f*. **2** *(bonté)* bondad *f*.

charlatan [ʃaʀlatɑ̃] *nm* charlatán,-ana.

charmant,-e [ʃaʀmɑ̃,-ɑ̃t] *adj* encantador,-ra.

charme [ʃaʀm] *nm* **1** *(attrait)* encanto *m*: ***le charme du paysage***, el encanto del paisaje. **2** *(arbre)* carpe *m*.

► *nm pl* **charmes** encantos *m pl*.

• **faire du charme à QQN** coquetear con ALGN.

charmer [ʃaʀme] *vt* cautivar.

charnel,-elle [ʃaʀnɛl] *adj* carnal.

charnier [ʃaʀnje] *nm* osario *m*.

charnière [ʃaʀnjɛʀ] *nf* bisagra *f*.

► *adj inv* de transición.

charnu,-e [ʃaʀny] *adj* carnoso,-sa.

charogne [ʃaʀɔɲ] *nf* **1** *(d'animal)* carroña *f*. **2** *fam (personne)* impresentable *m*.

charpente [ʃaʀpɑ̃t] *nf* **1** *(d'immeuble)* armazón *m*. **2** *fig (de personne)* esqueleto *m*, osamenta *f*.

charpentier [ʃaʀpɑ̃tje] *nm* carpintero,-ra.

charrette [ʃaʀɛt] *nf* carreta *f*.

charrier [ʃaʀje] *vt* **1** *(pierres, sable)* arrastrar. **2** *(porter en charrette)* acarrear. **3** *fam (blaguer)* pitorrearse de.

► *vi fam (exagérer)* pasarse (de la raya).

charrue [ʃary] *nf* arado *m*.

charte [ʃaʀt] *nf* carta *f*.

▪ **grande charte** Carta Magna.

charter [ʃaʀtɛʀ] *nm* chárter *m*.

chartreuse [ʃaʀtʀøz] *nf* cartuja *f*.

chas [ʃa] *nm (d'aiguille)* ojo *m*.

chasse [ʃas] *nf* **1** *(gén)* caza *f*. **2** *(terrain)* coto *m* de caza.

• **prendre QQN en chasse** perseguir a ALGN.

▪ **chasse (d'eau)** cadena *f* (del váter).

▪ **chasse gardée** coto privado.

chassé-croisé [ʃasekʀwaze] *nm (pl* **chassés-croisés**) cruce *m*.

chasse-neige [ʃasnɛʒ] *nm inv* **1** *(véhicule)* quitanieves *m-f*. **2** *(technique de ski)* cuña *f*.

chasser [ʃase] *vt* **1** *(un animal)* cazar. **2** *(mettre dehors)* expulsar; *(employé)* despedir. **3** *(odeur, brouillard)* disipar.

► *vi* cazar.

chasseur,-euse [ʃasœʀ,-øz] *nm,f* cazador,-ra.

► *nm* **chasseur 1** *(d'un hôtel)* botones *m*. **2** *(avion)* caza *m*.

▪ **chasseur,-euse de têtes** cazatalentos.

châssis [ʃasi] *nm* **1** *(de tableau, de fenêtre)* bastidor *m*. **2** *(de véhicule)* chasis *m*.

chaste [ʃast] *adj* casto,-ta.

chasteté [ʃastəte] *nf* castidad *f*.

chat[1]**, chatte** [ʃa, ʃat] *nmf* gato,-ta.

• **ne pas y avoir un chat** no haber ni un alma.

• **il n'y a pas de quoi fouetter un chat** no es para tanto.

chat[2] [tʃat] *nm* INFORM chat *m*.

châtaigne [ʃatɛɲ] *nf* castaña *f*.

châtaignier [ʃateɲe] *nm* castaño *m*.

châtain [ʃatɛ̃] *adj* castaño,-ña.

► *nm (couleur)* castaño *m*.

château [ʃato] *nm* **1** *(forteresse)* castillo *m*. **2** *(résidence des seigneurs)* palacio *m*.

• **faire des châteaux en Espagne** *fig* hacer castillos en el aire.

▪ **château d'eau** torre *f* de agua.

▪ **château de sable** castillo de arena.

▪ **château fort** fortaleza *f*.

châtier [ʃatje] *vt* **1** *fml (punir)* castigar. **2** *fml (langage, style)* pulir.

châtiment [ʃatimɑ̃] *nm* castigo *m*.

chaton [ʃatɔ̃] *nm* **1** gatito *m*. **2** BOT amento *m*.

chatouiller [ʃatuje] *vt* **1** *(touchant légèrement)* hacer cosquillas. **2** *fig (flatter)* halagar.

chatouilles [ʃatuj] *nf pl* cosquillas *f pl*.

chatoyant,-e [ʃatwajɑ̃,-ɑ̃t] *adj* tornasolado,-da.

châtrer [ʃatʀe] *vt* castrar, capar.

chatter [tʃate] *vi* INFORM chatear.

chaud, chaude [ʃo, ʃod] *adj* **1** *(eau, chose)* caliente; *(temps)* caluroso,-sa; *(voix)* cálido,-da. **2** *fig (discussion)* animado,-da.

3 *(partant)* entusiasta: ***il n'est pas très chaud pour aller au théâtre***, no tiene muchas ganas de ir al teatro.
► *nm* **chaud** calor *m*.
► *adv* caliente: ***boire chaud***, beber caliente.
• **avoir chaud** tener calor.
• **elle a eu chaud !** ¡se ha librado de milagro!
• **faire chaud** hacer calor.
chaudement [ʃodmɑ̃] *adv* **1** *(pour avoir chaud)* con calor: ***habille-toi chaudement, il fait froid***, ponte ropa de abrigo que hace frío. **2** *fig (accueillir, féliciter)* calurosamente.
chaudière [ʃodjɛʀ] *nf* caldera *f*.
chaudron [ʃodʀɔ̃] *nm* caldero *m*.
chauffage [ʃofaʒ] *nm* calefacción *f*.
▪ **chauffage central** calefacción central.
chauffard [ʃofaʀ] *nm péj* dominguero,-ra.
chauffe-eau [ʃofo] *nm inv* calentador *m* (de agua).
chauffer [ʃofe] *vt* calentar.
► *vi* **1** *(devenir chaud)* calentarse: ***le café chauffe***, se está calentando el café. **2** *(produire de la chaleur)* calentar: ***fais chauffer de l'eau***, calienta agua.
► *vpr* **se chauffer** calentarse: ***se chauffer au soleil***, calentarse al sol.
• **ça va chauffer !** *fam fig* ¡se va a armar la gorda!
chauffeur [ʃofœʀ] *nm* conductor,-ra.
▪ **chauffeur de taxi** taxista *mf*.
chaumière [ʃomjɛʀ] *nf* choza *f*.
chaussée [ʃose] *nf* calzada *f*.
• **" Chaussée glissante "** "Pavimento deslizante".
chausse-pied [ʃospje] *nm* (*pl* **chausse-pieds**) calzador *m*.
chausser [ʃose] *vt (mettre - chaussures)* calzarse; *(- lunettes)* calarse.
► *vi (personne)* calzar (**du**, -): ***elle chausse du 38***, calza un 38; ***tu chausses du combien ?***, ¿qué número calzas?
► *vpr* **se chausser** calzarse, ponerse los zapatos.
chaussette [ʃosɛt] *nf* calcetín *m*.
chausson [ʃosɔ̃] *nm* **1** *(de danse, pantoufle)* zapatilla *f*. **2** *(de bébé)* peúco *m*. **3** CUIS *(pâtisserie)* empanada *f*.
chaussure [ʃosyʀ] *nf* **1** *(pour le pied)* zapato *m*. **2** *(industrie)* calzado *m*.
▪ **chaussure de ski** bota *f* de esquiar.
chauve [ʃov] *adj* - *nmf* calvo,-va.
chauve-souris [ʃovsuʀi] *nf* (*pl* **chauves-souris**) murciélago *m*.
chauvinisme [ʃovinism] *nm* chovinismo *m*.
chaux [ʃo] *nf* cal *f*.
chavirer [ʃaviʀe] *vi (bateau)* zozobrar; *(véhicule)* volcar.
► *vt* **1** *(meuble, objet)* volcar. **2** *fig (perturber)* trastornar.
chef [ʃɛf] *nm* **1** *(gén)* jefe *m*. **2** *(de cuisine)* chef *m*.
▪ **chef d'accusation** DR cargo *m*.
▪ **chef de famille** cabeza *f* de familla.
▪ **chef de gare** jefe de estación.
▪ **chef d'orchestre** director *m* de orquesta.
chef-d'œuvre [ʃɛdœvʀ] *nm* (*pl* **chefs-d'œuvre**) obra *f* maestra.
chef-lieu [ʃɛfljø] *nm* (*pl* **chefs-lieux**) *(d'un département)* capital *f* de provincia.
cheik [ʃɛk] *nm* jeque *m*.
chemin [ʃəmɛ̃] *nm* camino *m*.
• **rebrousser chemin** dar media vuelta.
▪ **chemin de fer** ferrocarril *m*.
▪ **chemin de croix** vía crucis *m*.
cheminée [ʃəmine] *nf* chimenea *f*.
cheminer [ʃəmine] *vi* caminar.
cheminot [ʃəmino] *nm* ferroviario *m*.
chemise [ʃəmiz] *nf* **1** *(vêtement)* camisa *f*. **2** *(de documents)* carpeta *f*.
▪ **chemise de nuit** camisón *m*.
chemisier [ʃəmizje] *nm* blusa *f*.
chenapan [ʃənapɑ̃] *nm* pillo *m*.
chêne [ʃɛn] *nm* roble *m*.
chéneau [ʃeno] *nm* ARCHIT canalón *m*.
chenil [ʃənil] *nm* perrera *f*.
chenille [ʃənij] *nf* oruga *f*.
cheptel [ʃɛptɛl] *nm* cabaña *f*.
chèque [ʃɛk] *nm* cheque *m*, talón *m*.
▪ **chèque au porteur** talón al portador.
▪ **chèque de voyage** cheque de viaje.
▪ **chèque sans provision** cheque sin fondos.
chèque-repas [ʃɛkʀəpa] *nm* (*pl* **chèques-repas**) ticket *m* restaurante.

chèque-restaurant [ʃɛkʀɛstɔʀɑ̃] *nm (pl* **chèques-restaurant**) ticket *m* restaurante.
chéquier [ʃekje] *nm* talonario *m*.
cher, chère [ʃɛʀ] *adj* **1** *(aimé)* querido,-da: ***cher ami***, querido amigo. **2** *(coûteux)* caro,-ra.
► *adv* **cher** caro: ***ça coûte trop cher***, es demasiado caro.
chercher [ʃɛʀʃe] *vt* **1** *(gén)* buscar. **2 chercher à +** *inf (tenter)* intentar, procurar + *inf*: ***je cherche à savoir pourquoi***, intento saber por qué.
chercheur,-euse [ʃɛʀʃœʀ,-øz] *adj (esprit)* curioso,-sa.
► *nm,f (scientifique)* investigador,-ra.
▪ **chercheur d'or** buscador *m* de oro.
chèrement [ʃɛʀmɑ̃] *adv* caro: ***il a payé chèrement son erreur***, pagó caro su error.
chéri,-e [ʃeʀi] *adj* querido,-da.
► *nm,f* cariño *m*.
chérir [ʃeʀiʀ] *vt* **1** *(avec tendresse)* querer. **2** *(être attaché)* adorar.
chétif,-ive [ʃetif,-iv] *adj* **1** *(personne)* enclenque. **2** *(arbre)* raquítico,-ca.
cheval [ʃəval] *nm* caballo *m*.
• **à cheval 1** *(sur un cheval)* a caballo. **2** *(façon de s'asseoir)* a horcajadas.
• **être à cheval sur** *fig* ser inflexible con.
• **faire du cheval** montar a caballo.
▪ **chevaux de bois** tiovivo *m*.
cheval-d'arçons [səvaldaʀsɔ̃] *nm inv* caballo *m* con arcos.
chevalerie [ʃəvalʀi] *nf* caballería *f*.
chevalet [ʃəvalɛ] *nm* **1** *(de peintre)* caballete *m*. **2** *(de menuisier)* banco *m*.
chevalier [ʃəvalje] *nm* caballero *m*.
chevalière [ʃəvaljɛʀ] *nf* sello *m*.
chevauchée [ʃəvoʃe] *nf* cabalgada *f*.
chevaucher [ʃəvoʃe] *vi* cabalgar.
► *vpr* **se chevaucher** solaparse.
chevelure [ʃəvlyʀ] *nf* cabellera *f*.
chevet [ʃəvɛ] *nm* cabecera *f*.
cheveu [ʃəvø] *nm* cabello *m*, pelo *m*: ***il a les cheveux longs***, tiene el pelo largo.
▪ **cheveux blancs** canas *f pl*.
cheville [ʃəvij] *nf* **1** ANAT tobillo *m*. **2** *(de fixation)* clavija *f*.
chèvre [ʃɛvʀ] *nf (animal)* cabra *f*.
► *nm (fromage)* queso *m* de cabra.
chevreau [ʃəvʀo] *nm* **1** *(animal)* cabrito *m*. **2** *(peau)* cabritilla *f*.
chèvrefeuille [ʃɛvʀəfœj] *nm* madreselva *f*.
chevreuil [ʃəvʀœj] *nm* **1** *(animal)* corzo *m*. **2** CUIS ciervo *m*.
chevronné,-e [ʃəvʀɔne] *adj* curtido,-da.
chevrotement [ʃəvʀɔtmɑ̃] *nm* temblor *m* (de voz).
chewing-gum [ʃwiŋgɔm] *nm (pl* **chewing-gums**) chicle *m*.
chez [ʃe] *prép* **1** *(domicile)* en casa de: ***chez mon frère***, en casa de mi hermano; ***chez moi***, en mi casa; ***je vais chez le médecin***, voy al médico. **2** *(époque)* cuando: ***chez les Romains***, en la época de los romanos. **3** *(pays)* en: ***chez les Italiens***, en Italia. **4** *(caractère)* en: ***c'est une manie chez lui***, es una manía en él. **5** *(parlant d'un auteur)* en la obra de: ***il y a de longues descriptions chez Zola***, en las obras de Zola hay descripciones largas.
chez-soi [ʃeswa] *nm inv* hogar *m*.
chiant,-e [ʃjɑ̃,-ɑ̃t] *adj fam* peñazo.
chic [ʃik] *adj* **1** *(élégant)* elegante. **2** *(sympathique)* amable.
► *nm* elegancia *f*.
► *interj* **chic !** *fam* ¡qué bien!
chiche [ʃiʃ] *adj fig (de conseils, compliments)* parco,-ca.
► *interj* **chiche !** *fam* a que: ***chiche que je mange tout !***, ¡a que me lo como todo!
chicorée [ʃikɔʀe] *nf* achicoria *f*.
chien, chienne [ʃjɛ̃,-ʃjɛn] *nmf (animal)* perro,-rra.
► *nm* **chien** *(d'arme à feu)* gatillo *m*.
• **avoir du chien** tener gancho.
• **avoir un mal de chien,-enne à +** *inf* costar un mundo + *inf*.
• **de chien** de perros ***il fait un temps de chien***, hace un tiempo de perros.
• **en chien de fusil** acurrucado,-da.
▪ **chien de garde** perro guardián.
chier [ʃje] *vi fam* cagar.
• **faire chier QQN** *fam* tocar las pelotas a ALGN.
chiffon [ʃifɔ̃] *nm* trapo *m*.
chiffonner [ʃifɔne] *vt* **1** *(vêtements)* arrugar. **2** *(contrarier)* preocupar.

chiffonnier,-ère [ʃifɔnje,-ɛʀ] *nm,f* trapero,-ra.
chiffre [ʃifʀ] *nm* **1** *(caractère)* cifra *f.* **2** *(quantité)* número *m.* **3** *(total)* importe *m.*
▪ **chiffre d'affaires** volumen *m* de negocios.
▪ **chiffre rond** número redondo.
chiffrer [ʃifʀe] *vt* **1** *(page)* numerar. **2** *(revenus)* calcular. **3** *(message)* cifrar.
chignon [ʃiŋɔ̃] *nm* moño *m.*
Chili [ʃili] *nm* Chile.
chilien,-enne [ʃiliɛ̃,-ɛn] *adj* chileno,-na.
► *nm,f* **Chilien,-enne** chileno,-na.
chimère [ʃimɛʀ] *nf* quimera *f.*
chimérique [ʃimeʀik] *adj* quimérico,-ca.
chimie [ʃimi] *nf* química *f.*
chimique [ʃimik] *adj* químico,-ca.
chimiste [ʃimist] *nmf* químico,-ca.
chimpanzé [ʃɛ̃pɑ̃ze] *nm* chimpancé *m.*
Chine [ʃin] *nf* China.
chiner [ʃine] *vi* buscar gangas.
chinois,-e [ʃinwa,-az] *adj* chino,-na.
► *nm,f* **Chinois,-e** chino,-na.
► *nm* **chinois** *(langue)* chino *m.*
chiot [ʃio] *nm* cachorro *m.*
chiper [ʃipe] *vt fam* birlar.
chips [ʃips] *nf pl* patatas *f pl* fritas de bolsa.
chiquenaude [ʃiknod] *nf* capirotazo *m.*
chiromancie [kiʀɔmɑ̃si] *nf* quiromancia *f.*
chirurgie [ʃiʀyʀʒi] *nf* cirugía *f.*
chirurgien,-enne [ʃiʀyʀʒjɛ̃,-ɛn] *nm,f* cirujano,-na.
chlore [klɔʀ] *nm* cloro *m.*
chloroforme [klɔʀɔfɔʀm] *nm* cloroformo *m.*
chlorophylle [klɔrɔfil] *nf* clorofila *f.*
chlorure [klɔʀyʀ] *nm* CHIM cloruro *m.*
choc [ʃɔk] *nm* **1** *(gén)* choque *m.* **2** MÉD conmoción *f.* **3** *fig (d'opinions, de caractères)* conflicto *m.*
► *adj inv (en apposition)* de choque: ***des prix choc***, precios de choque.
chocolat [ʃɔkɔla] *nm* **1** *(cacao, boisson)* chocolate *m.* **2** *(bonbon)* bombón *m.*
▪ **chocolat au lait** chocolate con leche.
▪ **chocolat noir** chocolate negro.
chocolatier,-ère [ʃɔkɔlatje,-ɛʀ] *adj - nm,f (pâtissier)* chocolatero,-ra.
chocolatière [ʃɔkɔlatjɛʀ] *nf (récipient)* chocolatera.
chœur [kœʀ] *nm* coro *m.*
• **en cœur** unánimemente, conjuntamente.
choir [ʃwaʀ] *vi fml* caer.
• **laisser choir** *fam* abandonar.
choisir [ʃwaziʀ] *vt* escoger, elegir.
choix [ʃwa] *nm* **1** *(gén)* elección *f.* **2** *(liberté)* opción *f,* alternativa *f.* **3** *(de produits, de choses, etc)* surtido *m.*
• **au choix** a elegir.
• **de choix** de calidad.
choléra [kɔleʀa] *nm* cólera *m.*
cholestérol [kolɛstɛʀɔl] *nm* colesterol *m.*
chômage [ʃomaʒ] *nm* paro *m,* desempleo *m.*
• **être au chômage** estar en el paro.
chômeur,-euse [ʃomœʀ,-øz] *nm,f* parado,-da.
chope [ʃop] *nf* pichel *m,* jarra *f.*
choquant,-e [ʃɔkɑ̃,-ɑ̃t] *adj* chocante.
choquer [ʃɔke] *vt* **1** *(heurter)* chocar con. **2** *fig (offenser)* ofender, chocar. **3** *(mots, attitudes, couleurs)* disgustar: ***cet imprimé choque la vue***, este estampado no es nada estético.
choral,-e [kɔʀal] *adj* (*pl* **chorals** ou **choraux**) *(musique)* coral.
► *nm* **choral** (*pl* **chorals**) *(composition)* coral *f.*
chorale [kɔʀal] *nf (groupe)* coral *f.*
chorégraphie [kɔʀegʀafi] *nf* coreografía *f.*
choriste [kɔʀist] *nmf* corista.
chose [ʃoz] *nf* cosa *f.*
• **à peu de chose près** aproximadamente.
• **être tout chose** *fam* estar indispuesto, sentirse raro.
• **pas grand chose** poca cosa.
• **quelque chose** algo.
chou [ʃu] *nm* **1** *(légume)* col *f,* berza *f.* **2** *(pâtisserie)* petisú *m.*
• **aller planter ses choux** *fam* retirarse al campo.
• **mon (petit) chou** *fig* querido mío.
▪ **chou à la crème** bocadito *m* de nata.
▪ **chou de Bruxelles** col de Bruselas.
choucroute [ʃukʀut] *nf* chucrut *m.*

chouette [ʃwɛt] *nf* lechuza *f*.
► *adj* **1** *fam (génial)* fantástico,-ca, estupendo,-da. **2** *fam (joli)* bonito,-ta, gracioso,-sa.
chou-fleur [ʃuflœʀ] *nm* (*pl* **choux-fleurs**) coliflor *f*.
choyer [ʃwaje] *vt fml* mimar.
chrétien,-enne [kʀetjɛ̃,-ɛn] *adj* - *nm,f* cristiano,-na.
christianisme [kʀistjanism] *nm* cristianismo *m*.
chromatique [kʀɔmatik] *adj* cromático, -ca.
chrome [kʀom] *nm* cromo *m*.
chromosome [kʀɔmɔzom] *nm* cromosoma *m*.
chronique [kʀɔnik] *adj* crónico,-ca.
► *nf* **1** *(de journal)* crónica *f*. **2** *(nouvelle)* crónica *f* de sociedad.
• **défrayer la chronique** estar en boca de todos.
chronologie [kʀɔnɔlɔʒi] *nf* cronología *f*.
chronomètre [kʀɔnɔmɛtʀ] *nm* cronómetro *m*.
chronométrer [kʀɔnɔmetʀe] *vt* cronometrar.
chrysanthème [kʀizɑ̃tɛm] *nm* crisantemo *m*.
chuchotement [ʃyʃɔtmɑ̃] *nm* cuchicheo *m*.
chuchoter [ʃyʃɔte] *vi* cuchichear.
chute [ʃyt] *nf* **1** *(d'un objet)* caída *f*. **2** *(péché)* pecado *m*. **3** *fig (d'une époque, d'un empire)* caída *f*, decadencia *f*. **4** *(de tissu, de papier, etc)* recorte *m*.
▪ **chute d'eau** salto *m* de agua.
▪ **chute de neige** nevada *f*.
chuter [ʃyte] *vi fam* caer.
ci [si] *adv* (detrás del ***nombre*** y precedido de un guión) ese, esa: ***ce jour-ci***, ese día; ***cette personne-ci***, esa persona.
• **ci-après** a continuación.
• **ci-contre** al lado, en la página de enfrente.
• **ci-dessous** más abajo, a continuación.
• **ci-dessus** más arriba.
• **ci-gît** aquí yace.
• **ci-inclus,-e** adjunto,-ta.
• **ci-joint,-e** adjunto,-ta.
• **de-ci de-là** de aquí y allá.
• **par-ci par-là** aquí y allí.
cible [sibl] *nf* **1** *(du tir)* blanco *m*. **2** *(but)* fin *m*, objetivo *m*.
ciboulette [sibulɛt] *nf* cebollino *m*.
cicatrice [sikatʀis] *nf* cicatriz *f*.
cicatriser [sikatʀize] *vt* cicatrizar.
► *vpr* **se cicatriser** cicatrizarse.
cidre [sidʀ] *nm* sidra *f*.
ciel [sjɛl] (el *pl* es **cieux** cuando se refiere al espacio, o al paraíso, y **ciels** cuando se refiere al aspecto que presenta dicho espacio) *nm* cielo *m*.
• **à ciel ouvert** al descubierto.
• **être au septième ciel** estar en el séptimo cielo.
• **remuer ciel et terre** remover cielo y tierra.
• **tomber du ciel** caer del cielo.
cierge [sjɛʀʒ] *nm* cirio *m*.
cigale [sigal] *nf* cigarra *f*.
cigare [sigaʀ] *nm* cigarro *m*, puro *m*.
cigarette [sigaʀɛt] *nf* cigarrillo *m*.
cigogne [sigɔɲ] *nf* cigüeña *f*.
ciguë [sigy] *nf* cicuta *f*.
cil [sil] *nm* pestaña *f*.
cime [sim] *nf* **1** *(de montagne, d'arbre, etc)* cima *f*, cumbre *f*. **2** *(d'œuvre, de style)* cúspide *f*.
ciment [simɑ̃] *nm* cemento *m*, hormigón *m*.
▪ **ciment armé** cemento armado.
cimenter [simɑ̃te] *vt* **1** *(bâtiment)* cimentar. **2** *fig (affermir)* consolidar.
cimetière [simtjɛʀ] *nm* cementerio *m*.
ciné [sine] *nm fam* cine *m*.
cinéaste [sineast] *nmf* cineasta.
ciné-club [sineklœb] *nm* (*pl* **ciné-clubs**) cineclub *m*.
cinéma [sinema] *nm* cine *m*.
• **faire du cinéma** *fig* hacer teatro.
cinématographe [sinematɔgʀaf] *nm* cinematógrafo *m*.
cinéphile [sinefil] *nmf* cinéfilo,-la.
cinglant,-e [sɛ̃glɑ̃,-ɑ̃t] *adj* hiriente, duro,-ra.
cinglé,-e [sɛ̃gle] *adj fam* chiflado,-da.
cingler [sɛ̃gle] *vt* **1** *(fouetter)* fustigar, azotar. **2** *(le fer)* forjar. **3** *fig (blesser)* herir, ofender.

cinq [sɛ̃k] *num* cinco *m*: ***cinq cents***, quinientos,-tas.
cinquantaine [sɛ̃kɑ̃tɛn] *nf* cincuentena *f.*
cinquante [sɛ̃kɑ̃t] *num* cincuenta *m.*
cinquantième [sɛ̃kɑ̃tjɛm] *num* quincuagésimo,-ma.
cinquième [sɛ̃kjɛm] *num* quinto,-ta.
► *nf (à l'école) es el equivalente al primer curso de la ESO.*
cintre [sɛ̃tʀ] *nm* **1** *(d'un bâtiment)* cimbra *f,* cintra *f.* **2** *(échafaudage)* cimbra *f.* **3** *(à vêtements)* percha *f.*
■ **plein cintre** medio punto.
cirage [siʀaʒ] *nm* betún *m.*
circoncision [siʀkɔ̃sizjɔ̃] *nf* circuncisión *f.*
circonférence [siʀkɔ̃feʀɑ̃s] *nf* circunferencia *f.*
circonflexe [siʀkɔ̃flɛks] *adj* circunflejo,-ja: ***accent circonflexe***, acento circunflejo.
circonscription [siʀkɔ̃skʀiptjɔ̃] *nf* distrito *m,* circunscripción *f.*
circonspection [siʀkɔ̃spɛksjɔ̃] *nf* circunspección *f.*
circonstance [siʀkɔ̃stɑ̃s] *nf* circunstancia *f.*
• **se plier aux circonstances** actuar según las circunstancias.
■ **circonstances atténuantes** circunstancias atenuantes.
circonstanciel,-elle [siʀkɔ̃stɑ̃sjɛl] *adj* circunstancial.
circuit [siʀkɥi] *nm* circuito *m.*
■ **circuit automobile** circuito automovilístico.
■ **circuit fermé** circuito cerrado.
circulaire [siʀkylɛʀ] *adj (forme)* circular.
► *nf (lettre)* circular *f.*
circulation [siʀkylasjɔ̃] *nf* **1** *(du sang)* circulación *f.* **2** *(des véhicules)* circulación *f,* tráfico *m.*
■ **circulation routière** tráfico rodado.
circulatoire [siʀkylatwaʀ] *adj* MÉD circulatorio,-ria.
circuler [siʀkyle] *vi* circular.
cire [siʀ] *nf* cera *f.*
■ **cire à cacheter** lacre *m.*
■ **cire vierge** cera virgen.
ciré,-e [siʀe] *adj* encerado.
► *nm* **ciré** chubasquero *m.*
cirer [siʀe] *vt* **1** *(parquet, meubles, etc)* encerar. **2** *(souliers)* lustrar, dar brillo a.
cirque [siʀk] *nm* circo *m.*
cirrhose [siʀoz] *nf* cirrosis *f.*
cisailler [sizaje] *vt* cizallar.
ciseau [sizo] *nm* **1** *(lame)* cincel *m.* **2** SPORT tijera *f,* tijereta *f.*
► *nm pl* **ciseaux** tijeras *f pl.*
ciseler [sizle] *vt* **1** *(sculpture)* cincelar. **2** *(découper)* recortar con tijeras.
citadelle [sitadɛl] *nf* ciudadela *f.*
citadin,-e [sitadɛ̃,-in] *nm,f* ciudadano,-na.
citation [sitasjɔ̃] *nf* **1** *(d'un auteur)* cita *f.* **2** *(d'un tribunal)* citación *f.*
cité [site] *nf* **1** *(ville)* ciudad *f.* **2** *(quartier)* casco *m* antiguo.
■ **cité ouvrière** ciudad obrera.
■ **cité universitaire** ciudad universitaria.
citer [site] *vt* **1** *(un texte)* citar. **2** *(quelqu'un)* nombrar, mencionar. **3** *(un tribunal)* citar.
citerne [sitɛʀn] *nf* cisterna *f.*
cithare [sitaʀ] *nf* cítara *f.*
citoyen,-enne [sitwajɛ̃,-ɛn] *nm,f* ciudadano,-na.
citrique [sitʀik] *adj* CHIM cítrico,-ca.
citron [sitʀɔ̃] *nm* limón *m.*
citronnade [sitʀɔnad] *nf* limonada *f.*
citronnier [sitʀɔnje] *nm* limonero *m.*
citrouille [sitʀuj] *nf* calabaza *f.*
civet [sivɛ] *nm* CUIS civet *m.*
civière [sivjɛʀ] *nf* camilla *f.*
civil,-e [sivil] *adj* **1** *(des citoyens)* civil. **2** *(poli)* educado,-da, cortés.
► *nm* **civil 1** *(non soldat, ni prêtre)* civil *m.* **2** *(non prêtre)* seglar *m.*
• **au civil** DR por lo civil.
• **en civil** de paisano.
civilisation [sivilizasjɔ̃] *nf* civilización *f.*
civiliser [sivilize] *vt* civilizar.
civique [sivik] *adj* cívico,-ca.
civisme [sivism] *nm* civismo *m.*
clair,-e [klɛʀ] *adj* **1** *(lumineux)* luminoso,-sa, claro,-ra. **2** *(couleur)* claro,-ra. **3** *(intelligible)* claro,-ra, comprensible.
► *nm* **clair** claro *m.*
► *adv* claramente.
• **en clair** *(télévision)* descodificado,-da.

• **mettre au clair** dilucidar, aclarar.
▪ **clair de lune** claro de luna.
claire-voie [klɛʀvwa] *nf* (*pl* **claires-voies**) **1** *(barrière)* empalizada *f*. **2** *(d'une église)* ventanales *m pl*.
• **à claire-voie** de forma espaciada.
clairière [klɛʀjɛʀ] *nf* claro *m*.
clairon [klɛʀɔ̃] *nm* **1** *(instrument)* clarín *m*. **2** *(soldat)* corneta *m*.
clairsemé,-e [klɛʀsəme] *adj* claro,-ra, ralo,-la: ***cheveux clairsemés***, cabello ralo.
clairvoyance [klɛʀvwajɑ̃s] *nf* clarividencia *f*.
clamer [klame] *vt* clamar.
clameur [klamœʀ] *nf* clamor *m*.
clan [klɑ̃] *nm* clan *m*.
clandestin,-e [klɑ̃dɛstɛ̃,-in] *adj* clandestino,-na.
► *nm,f* **1** *(passager)* polizón,-ona. **2** *(immigré)* inmigrante ilegal.
clapet [klapɛ] *nm* **1** *(soupape)* válvula *f*. **2** *fam (bouche)* boca *f*.
clapier [klapje] *nm* conejera *f*.
clapper [klape] *vi* hacer un chasquido con la lengua.
claque [klak] *nf* **1** *(gifle)* bofetada *f*, torta *f*. **2** *(au théâtre)* claque *f*.
claquer [klake] *vi* **1** *(faire un bruit sec)* chasquear: ***claquer des doigts***, chasquear los dedos. **2** *(volet, porte, etc)* golpear. **3** *fam (mourir)* palmarla.
► *vt* **1** *(porte, volet, etc)* cerrar de golpe. **2** *(gifler)* abofetear. **3** *fam (fatiguer)* cansar. **4** *fam (argent)* despilfarrar.
• **claquer la porte** dar un portazo.
claquette [klakɛt] *nf* matraca *f*, carraca *f*.
► *nf pl* **claquettes** claqué *m sing*.
clarifier [klaʀifje] *vt* **1** *(liquide)* clarificar. **2** *(substance)* purificar. **3** *fig (situation, idée)* aclarar.
clarinette [klaʀinɛt] *nf* clarinete *m*.
clarté [klaʀte] *nf* claridad *f*.
classe [klas] *nf* **1** *(gén)* clase *f*: ***la classe ouvrière***, la clase obrera; ***c'est du cuir de première classe***, es cuero de primera clase; ***il est le plus grand de sa classe***, es el más alto de la clase. **2** *(armée)* quinta *f*, reemplazo *m*.
classement [klasmɑ̃] *nm* clasificación *f*.
classer [klase] *vt* clasificar.
► *vpr* **se classer** clasificarse.
• **classer une affaire** DR archivar un asunto.
classeur [klasœʀ] *nm* **1** *(chemise)* carpeta *f*. **2** *(meuble)* archivo *m*, clasificador *m*.
classification [klasifikasjɔ̃] *nf* clasificación *f*.
classifier [klasifje] *vt* clasificar.
classique [klasik] *adj* clásico,-ca.
► *nm* clásico *m*.
clause [kloz] *nf* cláusula *f*.
claustrophobie [klostʀɔfɔbi] *nf* claustrofobia *f*.
clavecin [klavsɛ̃] *nm* clavicordio *m*.
clavicule [klavikyl] *nf* ANAT clavícula *f*.
clavier [klavje] *nm* teclado *m*.
clé [klɛ] *nf* → clef.
▪ **clé de contact** llave *f* de contacto.
clef [kle] *nf* **1** *(de la porte)* llave *f*. **2** MUS clave *f*. **3** *fig (rôle capital)* clave *f*: ***c'est la clef du problème***, es la clave del problema.
► *adj (essentiel)* clave, fundamental: ***une position clef***, una posición clave.
▪ **clef à molette** llave inglesa.
▪ **clef anglaise** llave inglesa.
clément,-e [klemɑ̃,-ɑ̃t] *adj* **1** *(personne)* clemente. **2** *(climat)* suave.
clémentine [klemɑ̃tin] *nf* clementina *f*.
clématite [klematit] *nf* clemátide *f*.
cleptomanie [klɛptɔmani] *nf* cleptomanía *f*.
clerc [klɛʀ] *nm* **1** *(religieux)* clérigo *m*. **2** *iron (personne instruite)* sabio *m*, intelectual *m*. **3** *(employé)* pasante *m*, escribiente *m*.
clergé [klɛʀʒe] *nm* clero *m*.
clic [klik] *nm* INFORM clic *m*.
cliché [kliʃe] *nm* **1** *(photographie)* negativo *m*. **2** *(lieu commun)* tópico *m*, cliché *m*.
client,-e [klijɑ̃,-ɑ̃t] *nm,f* cliente.
clientèle [kliɑ̃tɛl] *nf* clientela *f*.
cligner [kliɲe] *vi (yeux)* parpadear.
• **cligner de l'œil** guiñar el ojo.
clignotant [kliɲɔtɑ̃] *nm* intermitente *m*.
clignoter [kliɲɔte] *vi* **1** *(yeux)* parpadear, pestañear. **2** *(lumière)* encenderse y apagarse intermitentemente.
climat [klima] *nm* clima *m*.

climatiser [klimatize] *vt* climatizar.
clin [klɛ̃] *nm*.
• **en un clin d'œil** en un abrir y cerrar de ojos.
▪ **clin d'œil** guiño *m*.
clinique [klinik] *adj* clínico,-ca.
► *nf* clínica *f*.
clinquant,-e [klɛ̃kɑ̃,-ɑ̃t] *adj (brillant)* de relumbrón, brillante.
► *nm* **clinquant 1** *(broderie, dentelle)* oropel *m*. **2** *fig (faux brillant)* relumbrón *m*.
clip [klip] *nm* videoclip *m*.
clique [klik] *nf* **1** *péj (groupe)* pandilla *f*. **2** *(musiciens)* banda *f* de tambores y trompetas.
cliquer [klike] *vi* INFORM hacer clic.
cliqueter [klikte] *vi* tintinear.
clitoris [klitɔʀis] *nm* ANAT clítoris *m*.
clochard,-e [klɔʃaʀ] *nm,f* vagabundo,-da.
cloche [klɔʃ] *nf* **1** *(objet)* campana *f*. **2** *fam (idiot)* tonto,-ta.
▪ **cloche à fromage** quesera *f*.
cloche-pied [klɔʃpje].
• **à cloche-pied** a la pata coja.
clocher[1] [klɔʃe] *nm* **1** *(d'une église)* campanario *m*. **2** *fig (d'une personne)* país *m* de nacimiento.
clocher[2] [klɔʃe] *vi fam* fallar, no ir bien: ***il y a quelque chose qui cloche***, hay algo que falla.
clochette [klɔʃɛt] *nf* campanilla *f*.
cloison [klwazɔ̃] *nf* tabique *m*.
cloisonner [klwazɔne] *vt* dividir con tabiques.
cloître [klwatʀ] *nm* claustro *m*.
clonage [klɔnaʒ] *nm* clonación *f*.
clone [klɔn] *nm* clon *m*.
cloner [klɔne] *vt* clonar.
clopin-clopant [klɔpɛ̃klɔpɑ̃].
• **aller clopin-clopant** *fam* ir cojeando.
cloporte [klɔpɔʀt] *nm* cochinilla *f*.
cloque [klɔk] *nf* ampolla *f*.
clore [klɔʀ] *vt* **1** *(fermer)* cerrar. **2** *(entourer)* cercar, rodear. **3** *fig (discussion, compte, etc)* cerrar, dar por terminado,-da. **4** *(séance, débat, etc)* clausurar.
clos, close [ko, kloz] *adj* **1** *(fermé)* cerrado,-da. **2** *(entouré)* cercado,-da.
► *nm* **clos** *(terrain)* cercado *m*.
clôture [klotyʀ] *nf* **1** *(d'un terrain)* cercado *m*. **2** *(d'une séance)* clausura *f*. **3** *(d'un compte)* liquidación *f*.
clôturer [klotyʀe] *vt* **1** *(terrain)* cercar. **2** *fig (séance, débat, etc)* cerrar.
clou [klu] *nm* **1** *(objet)* clavo *m*. **2** *fam (furoncle)* divieso *m*. **3** *fig (attraction principale)* punto *m* álgido: ***être le clou de la fête***, ser la atracción principal de la fiesta. **4** *fam (machine)* cacharro *m*, cafetera *f*.
• **être maigre comme un clou** *fam* estar delgadísimo,-ma.
▪ **clou de girofle** clavo.
clouer [klue] *vt (fixer)* clavar.
• **clouer le bec à QQN** *fam* cerrar el pico a ALGN.
• **rester cloué sur place** quedarse paralizado.
clouter [klute] *vt* clavetear.
clovisse [klɔvis] *nf* almeja *f*.
clown [klun] *nm* payaso *m*.
club [klœb] *nm* **1** *(association)* club *m*. **2** SPORT *(de golf)* palo *m*.
coaguler [kɔagyle] *vt* coagular.
coalition [kɔalisjɔ̃] *nf* coalición *f*.
coasser [kɔase] *vi* croar.
cobalt [kɔbalt] *nm* cobalto *m*.
cobaye [kɔbaj] *nm* cobaya *m-f*, conejillo *m* de Indias.
cobra [kɔbʀa] *nm* cobra *f*.
cocagne [kɔkaɲ] *nf*.
▪ **pays de cocagne** jauja *f*.
▪ **mât de cocagne** cucaña *f*.
cocaïne [kɔkain] *nf* cocaína *f*.
cocarde [kɔkaʀd] *nf* escarapela *f*.
cocasse [kɔkas] *adj* cómico,-ca.
coccinelle [kɔksinɛl] *nf* mariquita *f*.
coccyx [koksis] *nm* ANAT cóccix *m*.
coche [kɔʃ] *nf (marque)* muesca *f*, marca *f*.
cocher[1] [kɔʃe] *nm* cochero *m*.
cocher[2] [kɔʃe] *vt* marcar.
cochère [kɔʃɛʀ] *adj - nf* cochera.
cochon,-onne [kɔʃɔ̃,-ɔn] *adj f péj (malpropre)* guarro,-rra.
► *nm* **cochon 1** *(animal)* cerdo *m*, cochino *m*. **2** *(viande)* carne *f* de cerdo.
▪ **cochon d'Inde** conejillo *m* de Indias.
▪ **cochon de mer** marsopa *f*.

cochonnerie [kɔʃɔnʀi] *nf fam* porquería *f*, cochinada *f*.
cochonnet [kɔʃɔnɛ] *nm* **1** *(animal)* cochinillo *m*. **2** *(de jeu de boules)* boliche *m*.
cocktail [kɔktɛl] *nm* cóctel *m*.
coco [koko] *nm* **1** *fam (individu)* pájaro *m*. **2** *fam (chéri)* queridito *m*.
► *nf fam (drogue)* cocaína *f*.
■ **noix de coco** coco *m*.
cocon [kɔkɔ̃] *nm* capullo *m*.
cocotier [kɔkɔtje] *nm* cocotero *m*.
cocotte [kɔkɔt] *nf* **1** *(marmite)* cazuela *f*, cacerola *f*. **2** *(en papier)* pajarita *f*. **3** *fam (poule)* gallina *f*. **4** *fam (chérie)* queridita *f*. **5** *fam (femme)* mujer *f* licenciosa.
cocotte-minute® [kɔkɔtminyt] *nf* (*pl* **cocottes-minute**) olla *f* a presión.
cocu,-e [kɔky] *adj fam* cornudo,-da.
code [kɔd] *nm* código *m*: ***le code civil***, el código civil.
► *nm pl* **codes** luces *f pl* de cruce.
■ **code à barres** código de barras.
■ **code de la route** código de circulación.
■ **code postal** código postal.
codifier [kɔdifje] *vt* codificar.
coefficient [kɔefisjɑ̃] *nm* coeficiente *m*.
cœur [kœʀ] *nm* **1** *(gén)* corazón *m*. **2** *(poitrine)* pecho *m*: ***serrer quelqu'un contre son cœur***, estrechar a alguien contra el pecho. **3** *fig (courage)* ánimo *m*, valor *m*. **4** *(de laitue)* cogollo *m*.
• **à cœur ouvert 1** *(opération)* a corazón abierto. **2** *(franchement)* con el corazón en la mano.
• **aller droit au cœur** conmover.
• **au cœur de** en le corazón de.
• **avoir le cœur gros** estar apesadumbrado,-da.
• **avoir mal au cœur** tener el estómago revuelto.
• **de bon cœur** de buen grado.
• **par cœur** de memoria.
• **s'en donner a cœur joie** pasarlo bomba.
• **si le cœur vous en dit** si le apetece.
• **soulever le cœur** revolver el estómago.
coexister [kɔɛgziste] *vi* coexistir.
coffre [kɔfʀ] *nm* **1** *(meuble)* baúl *m*, arca *f*. **2** *(pour l'argent)* caja *f* fuerte. **3** *(d'une voiture)* maletero *m*.
coffre-fort [kɔfʀəfɔʀ] *nm* (*pl* **coffres-forts**) caja *f* fuerte.
coffrer [kɔfʀe] *vt* **1** *(bâtiment)* encofrar. **2** *fam (emprisonner)* encarcelar.
coffret [kofʀɛ] *nm (boîte)* cofrecito *m*.
■ **coffret à bijoux** joyero *m*.
cognac [kɔɲak] *nm* coñac *m*.
cogner [kɔɲe] *vt (frapper)* golpear, pegar.
► *vi* **1 cogner (à)** *(porte)* llamar (a). **2** *(frapper)* pegar, golpear. **3** *(un moteur)* hacer ruido.
► *vpr* **se cogner** *(se heurter)* darse un golpe, chocar.
cohabitation [koabitasjɔ̃] *nf* cohabitación *f*.
cohérence [kɔeʀɑ̃s] *nf* coherencia *f*.
cohérent,-e [kɔerɑ̃,-ɑ̃t] *adj* coherente.
cohésion [kɔezjɔ̃] *nf* cohesión *f*.
cohue [kɔy] *nf* **1** *(foule)* muchedumbre *f*, gentío *m*. **2** *(désordre)* barullo *m*, barahúnda *f*.
coi, coite [kwa, kwat] *adj* quieto,-ta, callado,-da.
coiffe [kwaf] *nf* **1** *(régionale)* cofia *f*. **2** *(de religieuse)* toca *f*.
coiffer [kwafe] *vt* **1** *(les cheveux)* peinar. **2** *(la tête)* cubrir la cabeza. **3** *(être à la tête de)* controlar, dirigir.
► *vpr* **se coiffer 1** *(les cheveux)* peinarse. **2** *(d'un chapeau)* ponerse un sombrero.
coiffeur,-euse [kwafœʀ,-øz] *nm,f (professionnel)* peluquero,-ra.
coiffeuse [kwaføz] *nf (meuble)* tocador *m*.
coiffure [kwafyʀ] *nf* **1** *(cheveux)* peinado *m*, tocado *m*. **2** *(couvre-chef)* sombrero *m*.
coin [kwɛ̃] *nm* **1** *(angle)* esquina *f*. **2** *(rentrant)* rincón *m*. **3** *(endroit)* lugar *m*, rincón *m*. **4** *(pour fendre le bois)* cuña *f*. **5** *(poinçon)* cuño *m*, troquel *m*. **6** *(de reliure)* cantonera *f*.
• **du coin de l'œil** por el rabillo del ojo.
■ **coin de la bouche** comisura *f* de los labios.
■ **coin de l'œil** rabillo *m* del ojo.

coincer [kwɛ̃se] *vt* **1** *(immobiliser)* sujetar, coger. **2** *(mettre en difficulté)* acorralar. **3** *(avec un coin)* sujetar con cuñas.
► *vpr* **se coincer** *(se bloquer)* bloquearse.
coïncidence [kɔɛ̃sidɑ̃s] *nf* coincidencia *f*.
coing [kwɛ̃] *nm* membrillo *m*.
coït [kɔit] *nm* coito *m*.
coite [kwat] *adj - nf* → coi, coite.
col [kɔl] *nm* **1** *(d'un vêtement)* cuello *m*. **2** *(d'une montagne)* puerto *m*, paso *m*. **3** *(d'une bouteille)* cuello *m*, gollete *m*.
▪ **col de l'utérus** ANAT cuello del útero.
▪ **col du fémur** ANAT cuello del fémur.
▪ **col roulé** cuello alto.
coléoptère [koleɔptɛʀ] *nm* coleóptero *m*.
colère [kɔlɛʀ] *nf* cólera *f*, ira *f*.
• **être en colère** estar enfadado,-da.
• **se mettre en colère** enfadarse.
colimaçon [kolimasɔ̃] *nm* caracol *m*.
• **en colimaçon** en espiral.
colin [kɔlɛ̃] *nm* merluza *f*.
colin-maillard [kɔlɛ̃majaʀ] *nm* (*pl* **colin-maillards**) gallinita *f* ciega.
colique [kɔlik] *nf* MÉD cólico *m*.
▪ **colique néphrétique** cólico nefrítico.
colis [kɔli] *nm* paquete *m*, bulto *m*.
▪ **colis postal** paquete postal.
collaborateur,-trice [kɔlabɔʀatœʀ,-tʀis] *nm,f* colaborador,-ra.
collaboration [kɔlabɔʀasjɔ̃] *nf* colaboración *f*.
collaborer [kɔlabɔʀe] *vi* colaborar.
collage [kɔlaʒ] *nm* **1** *(gén)* pega *f*, pegadura *f*. **2** *(du papier)* encolado *m*. **3** *(tableau)* collage *m*.
collant,-e [kɔlɑ̃,-ɑ̃t] *adj* **1** *(qui colle)* pegajoso,-sa. **2** *(ajusté)* ceñido,-da. **3** *fam (importun)* pesado,-da.
► *nm* **collant** *(vêtement)* panty *m*.
collation [kɔlasjɔ̃] *nf (repas)* colación *f*.
colle [kɔl] *nf* **1** *(adhésif)* cola *f*, pegamento *m*. **2** *fam (à l'école)* castigo *m*.
• **poser une colle** *fam* plantear una cuestión delicada.
▪ **colle de pâte** engrudo *m*.
▪ **colle forte** cola de carpintero.
collecte [kɔlɛkt] *nf* colecta *f*.
collecteur,-trice [kɔlɛktœʀ,-tʀis] *nm,f* recaudador,-ra.
collectif,-ive [kɔlɛktif,-iv] *adj* colectivo,-va.
► *nm* **collectif** colectivo *m*.
collection [kɔlɛksjɔ̃] *nf* colección *f*.
collectionner [kɔlɛksjɔne] *vt* coleccionar.
collectionneur,-euse [kɔlɛksjɔnœʀ,-øz] *nm,f* coleccionista.
collectivité [kɔlɛktivite] *nf* colectividad *f*, comunidad *f*.
▪ **collectivités locales** administración *f* local.
collège [kɔlɛʒ] *nm* colegio *m*.
▪ **collège électoral** colegio electoral.
collégial,-e [kɔleʒjal] *adj* colegial.
collégien,-enne [kɔleʒjɛ̃,-ɛn] *nm,f* colegial.
collègue [kɔlɛg] *nmf* colega.
coller [kɔle] *vt* **1** *(avec de la colle)* encolar, pegar. **2** *(approcher)* pegar: ***il a collé l'oreille contre la porte***, pegó la oreja contra la puerta. **3** *fam (donner)* dar, largar: ***il lui a collé une gifle***, le largó una bofetada. **4** *fam (à un examen)* suspender. **5** *fam (punir)* castigar.
► *vi* **1** *(adhérer)* pegarse. **2** *(vêtement)* ceñirse, ajustarse.
collet [kɔlɛ] *nm* **1** *(de vêtement)* cuello *m*. **2** *(pèlerine)* esclavina *f*. **3** *(pour chasser)* lazo *m*. **4** *(d'une dent)* cuello *m*.
• **être collet monté** ser una persona encopetada.
• **prendre au collet** coger por el cuello.
collier [kɔlje] *nm* **1** *(bijou)* collar *m*. **2** *(harnais)* collera *f*. **3** *(cercle métallique)* abrazadera *f*, collar *m*.
colline [kɔlin] *nf* colina *f*.
collision [kɔlizjɔ̃] *nf* colisión *f*, choque *m*.
colloque [kɔlɔk] *nm* coloquio *m*.
colombe [kɔlɔ̃b] *nf* paloma *f*.
Colombie [kɔlɔ̃bi] *nf* Colombia.
colombien,-enne [kɔlɔ̃bjɛ̃,-ɛn] *adj* colombiano,-na.
► *nm,f* **Colombien,-enne** colombiano, -na.
colombier [kɔlɔ̃bje] *nm* palomar *m*.
colon [kɔlɔ̃] *nm* colono *m*.
côlon [kolɔ̃] *nm* ANAT colon *m*.
colonel [kɔlɔnɛl] *nm* coronel *m*.
colonial,-e [kɔlɔnjal] *adj* colonial.

colonie [kɔlɔni] *nf* colonia *f.*
■ **colonie de vacances** colonia de vacaciones.
colonisation [kɔlɔnizasjɔ̃] *nf* colonización *f.*
coloniser [kɔlɔnize] *vt* colonizar.
colonne [kɔlɔn] *nf* **1** *(gén)* columna *f.* **2** *fig (soutien)* pilar *m,* sostén *m.*
■ **colonne vertébrale** ANAT columna vertebral.
colorant,-e [kɔlɔʀɑ̃,-ɑ̃t] *adj* colorante.
► *nm* **colorant** colorante *m.*
coloration [kɔlɔʀasjɔ̃] *nf* coloración *f.*
colorer [kɔlɔʀe] *vt* colorear.
colorier [kɔlɔʀje] *vt* colorear.
coloris [kɔlɔʀi] *nm* colorido *m.*
colossal,-e [kɔlɔsal] *adj* colosal.
colporteur,-euse [kɔlpɔʀtœʀ,-øz] *nm,f* **1** *(marchand)* vendedor,-ra ambulante. **2** *fig (de nouvelles)* propagador,-ra.
coma [koma] *nm* MÉD coma *m.*
combat [kɔ̃ba] *nm* combate *m.*
combatif,-ive [kɔ̃batif,-iv] *adj* combativo,-va.
combattant,-e [kɔ̃batɑ̃,-ɑ̃t] *adj* - *nm* combatiente.
■ **ancien combattant** ex combatiente.
combattre [kɔ̃batʀ] *vt* luchar, combatir: ***combattre ses adversaires***, luchar contra sus adversarios.
► *vi* luchar, combatir.
combien [kɔ̃bjɛ̃] *adv* **1** *(gén)* cuánto: ***combien d'argent as-tu ?***, ¿cuánto dinero llevas?; ***combien mesure la pièce ?***, ¿cuánto mide la habitación?; ***combien ça coûte ?***, ¿cuánto cuesta? **2** *(à quel point)* cuán, qué: ***combien il est avare !***, ¡qué tacaño es!
► *nm inv (date, fréquence)* ***le combien sommes-nous ?***, ¿a cuántos estamos?; ***il vient tous les combien ?***, ¿qué día viene?
combinaison [kɔ̃binɛzɔ̃] *nf* **1** *(assemblage)* combinación *f.* **2** *(vêtement de travail)* mono *m.* **3** *(sous-vêtement)* combinación *f.*
combine [kɔ̃bin] *nf (fam)* chanchullo *m.*
combiné [kɔ̃bine] *nm* auricular *m.*
combiner [kɔ̃bine] *vt* combinar.
comble [kɔ̃bl] *adj (plein)* colmado,-da, atestado,-da.
► *nm* **1** *(mesure)* colmo *m.* **2** (gen en *pl*) *(d'un bâtiment)* desván *m.* **3** *fig (degré)* cumbre *f,* cima *f.*
• **c'est un comble !** ¡es el colmo!
• **de fond en comble** de arriba abajo.
• **pour comble de malheur** para colmo de desgracias.
combler [kɔ̃ble] *vt* **1** *(vide, creux)* rellenar. **2** *fig (satisfaire)* colmar.
• **combler de bienfaits** colmar de favores.
combustible [kɔ̃bystibl] *nm* combustible *m.*
combustion [kɔ̃bystjɔ̃] *nf* combustión *f.*
comédie [kɔmedi] *nf* comedia *f.*
• **jouer la comédie** *fig* hacer teatro.
comédien,-enne [kɔmedjɛ̃,-ɛn] *nm,f* actor,-ra.
comestible [kɔmestibl] *adj* comestible.
► *nm pl* **comestibles** comestibles *m pl.*
comète [kɔmɛt] *nf* cometa *m.*
comique [kɔmik] *adj* cómico,-ca.
► *nm* **1** *(situation)* lo cómico. **2** *(acteur)* actor *m* cómico.
comité [kɔmite] *nm* comité *m.*
• **en petit comité** entre amigos.
■ **comité d'entreprise** comité de empresa.
commandant [kɔmɑ̃dɑ̃] *nm* comandante *m.*
commande [kɔmɑ̃d] *nf* **1** *(de marchandises)* pedido *m.* **2** *(d'un mécanisme)* órgano *m* de dirección. **3** INFORM comando *m.*
• **passer une commande** hacer un pedido.
• **sur commande** por encargo.
commandement [kɔmɑ̃dmɑ̃] *nm* **1** *(ordre)* mandato *m,* orden *f.* **2** *(pouvoir)* mando *m,* dominio *m.* **3** *(loi, précepte)* mandamiento *m.* **4** *(d'un juge)* requerimiento *m.*
commander [kɔmɑ̃de] *vt* **1** *(ordonner)* mandar, ordenar. **2** *(marchandises)* pedir, encargar. **3** *(respect)* imponer. **4** *(machine)* accionar, hacer funcionar.
► *vi* **commander à** *(maîtriser)* dominar: ***commander à ses passions***, dominar las pasiones.
► *vpr* **se commander** *(sentiments, passions)* dominarse, ser dueño de uno mismo.

commando [kɔmãdo] *nm* comando *m.*

comme [kɔm] *adv* **1** *(gén)* como: ***il parle comme un perroquet***, habla como un loro; ***ils se brouillèrent comme je l'espérais***, se enfadaron tal y como esperaba; ***comme il s'ennuyait il rentra chez lui***, como se aburría, volvió a casa; ***il était comme absent***, estaba como ausente. **2** *(indique le moment)* cuando: ***j'allais sortir comme il arriva***, iba a salir cuando llegó. **3** *(ainsi que)* tan... como: ***blanc comme neige***, tan blanco como la nieve.

► *adv (admiration)* ¡cuán! ¡qué!: ***comme il est beau !***, ¡qué guapo es!

• **comme ça** así: ***cela se fait comme ça***, eso se hace así.

• **comme ci, comme ça** regular, ni bien ni mal.

• **être comme il faut** ser como es debido.

• **tout comme** igual que: ***il est intelligent tout comme son père***, es inteligente igual que su padre.

commémoration [kɔmemɔʀasjɔ̃] *nf* conmemoración *f.*

commémorer [kɔmemɔʀe] *vt* conmemorar.

commencement [kɔmãsmã] *nm* comienzo *m*, principio *m.*

commencer [kɔmãse] *vt - vi* empezar, comenzar.

comment [kɔmã] *adv* **1** *(de quelle manière)* cómo: ***comment es-tu arrivé ?***, ¿cómo has llegado? **2** *(pourquoi)* porqué: ***comment s'est-il fâché ?***, ¿porqué se ha enfadado?

► *interj (surprise, indignation)* ¡cómo!

• **comment ?** ¿qué?

• **comment ça va ?** ¿qué tal?

• **et comment !** *fam* ¡ya lo creo!

commentaire [kɔmãtɛʀ] *nm* comentario *m.*

• **sans commentaires** sin comentarios.

▪ **commentaire de texte** comentario de texto.

commentateur, trice [kɔmãtatœʀ,-tʀis] *nm,f* **1** *(de textes)* comentador,-ra. **2** *(à la radio, à la télévision)* comentarista.

commenter [kɔmãte] *vt* comentar.

commerçant,-e [kɔmɛʀsã,-ãt] *adj* comercial.

► *nm,f* comerciante.

commerce [kɔmɛʀs] *nm* **1** *(gén)* comercio *m.* **2** *fml (comportement)* trato *m.* **3** *(établissement)* tienda *f.*

▪ **commerce électronique** comercio electrónico.

commercial,-e [kɔmɛʀsjal] *adj* comercial.

commercialisation [kɔmɛʀsjalizasjɔ̃] *nf* comercialización *f.*

commercialiser [kɔmɛʀsjalize] *vt* comercializar.

commère [kɔmɛʀ] *nf* chismosa *f.*

commettre [kɔmɛtʀ] *vt* cometer: ***commettre une erreur***, cometer un error.

commis [kɔmi] *nm* **1** *(de magasin)* dependiente *m.* **2** *(de bureau)* empleado *m.*

▪ **commis voyageur** viajante *m.*

commisération [kɔmizeʀasjɔ̃] *nf* conmiseración *f.*

commissaire [kɔmisɛʀ] *nm* comisario *m.*

commissariat [kɔmisaʀja] *nm* comisaría *f.*

commission [kɔmisjɔ̃] *nf* **1** *(groupe de personnes, argent)* comisión *f.* **2** *(message)* recado *m.*

► *nf pl* **commissions** recados *m pl*, compras *f pl.*

▪ **commission rogatoire** comisión rogatoria.

commissionnaire [kɔmisjɔnɛʀ] *nm* COMM comisionista *m.*

commissure [kɔmisyʀ] *nf* comisura *f.*

commode [kɔmɔd] *adj* **1** *(d'usage)* cómodo,-da. **2** *(de caractère)* fácil.

► *nf (meuble)* cómoda *f.*

commodité [kɔmɔdite] *nf* comodidad *f.*

• **à votre commodité** a su conveniencia.

commotion [kɔmosjɔ̃] *nf* conmoción *f.*

commun,-e [kɔmœ̃,-yn] *adj* **1** *(qui appartient à tous)* común: ***des intérêts communs***, intereses comunes. **2** *(ordinaire)* común, ordinario. **3** *(répandu)* frecuente, habitual.

► *nm* **commun** **1** *(la plupart)* mayoría *f*: ***le commun des mortels***, el común de los mortales. **2** *(populace)* vulgo *m.*

• **en commun** juntos, en común.

communal,-e [kɔmynal] *adj (de la commune)* municipal, comunal.
▶ *nm pl* **communaux** *(biens)* bienes *m pl* municipales.
communauté [kɔmynote] *nf* **1** *(gén)* comunidad *f.* **2** *(régime matrimonial)* bienes *m pl* gananciales.
■ **communauté de vues** identidad *f* de pareceres.
commune [kɔmyn] *nf* municipio *m*, ayuntamiento *m.*
communicatif,-ive [kɔmynikatif,-iv] *adj* comunicativo,-va.
communication [kɔmynikasjɔ̃] *nf* **1** *(gén)* comunicación *f.* **2** *(au téléphone)* llamada *f.*
● **être en communication avec QQN** estar hablando (por teléfono) con ALGN.
communier [kɔmynje] *vi* comulgar.
communion [kɔmynjɔ̃] *nf* comunión *f.*
communiqué [kɔmynike] *nm* comunicado *m.*
■ **communiqué de presse** comunicado de prensa.
communiquer [kɔmynike] *vt* comunicar.
▶ *vi (être en rapport)* comunicarse.
communisme [kɔmynism] *nm* comunismo *m.*
communiste [kɔmynist] *adj - nmf* comunista.
commutateur [kɔmytatœʀ] *nm* conmutador *m.*
compact,-e [kɔ̃pakt] *adj* compacto,-ta.
▶ *nm* **compact** disco *m* compacto, compacto *m.*
compagne [kɔ̃paɲ] *nf* compañera *f.*
compagnie [kɔ̃paɲi] *nf* compañía *f.*
■ **compagnie aérienne** compañía aérea.
■ **compagnie d'assurances** compañía de seguros.
compagnon [kɔ̃paɲɔ̃] *nm* **1** *(ami)* compañero *m.* **2** *(artisan)* oficial *m.*
comparaison [kɔ̃paʀɛzɔ̃] *nf* comparación *f.*
● **en comparaison de** en comparación con.
comparaître [kɔ̃paʀɛtʀ] *vi* comparecer.
comparatif,-ive [kɔ̃paʀatif,-iv] *adj* comparativo,-va.
comparer [kɔ̃paʀe] *vt* comparar.
comparse [kɔ̃paʀs] *nmf* comparsa.
compartiment [kɔ̃paʀtimɑ̃] *nm* compartimiento *m.*
compas [kɔ̃pa] *nm* compás *m.*
● **avoir le compas dans l'œil** tener buen ojo.
compassé,-e [kɔ̃pase] *adj* estirado,-da, afectado,-da.
compassion [kɔ̃pasjɔ̃] *nf* compasión *f.*
compatible [kɔ̃patibl] *adj* compatible.
compatir [kɔ̃patiʀ] *vi* **compatir (à)** compadecerse (de).
compatriote [kɔ̃patʀjɔt] *nmf* compatriota.
compensation [kɔ̃pɑ̃sasjɔ̃] *nf* **1** *(gén)* compensación *f.* **2** *(dédommagement)* indemnización *f.*
compenser [kɔ̃pɑ̃se] *vt* compensar.
compère [kɔ̃pɛʀ] *nm* **1** *vieil (camarade)* amigote *m.* **2** *(complice)* cómplice *m.*
compétence [kɔ̃petɑ̃s] *nf* **1** *(aptitude)* pericia *f*, competencia *f.* **2** *(d'un tribunal)* competencia *f.*
compétent,-e [kɔ̃petɑ̃,-ɑ̃t] *adj* competente.
compétitif,-ive [kɔ̃petitif,-iv] *adj* competitivo,-va.
compétition [kɔ̃petisjɔ̃] *nf* competición *f.*
compiler [kɔ̃pile] *vt* compilar.
complaisance [kɔ̃plɛzɑ̃s] *nf* complacencia *f.*
● **de complaisance** de conveniencia.
complaisant,-e [kɔ̃plɛzɑ̃,-ɑ̃t] *adj* complaciente.
complément [kɔ̃plemɑ̃] *nm* complemento *m.*
complet,-ète [kɔ̃plɛ,-ɛt] *adj* completo,-ta.
▶ *nm* **complet** *(costume)* terno *m.*
● **au complet** totalmente.
● **c'est complet !** *fam* ¡lo que faltaba!
compléter [kɔ̃plete] *vt* completar.
▶ *vpr* **se compléter** completarse.
complexe [kɔ̃plɛks] *adj* complejo,-ja.
▶ *nm* complejo *m.*
complexé,-e [kɔ̃plɛkse] *adj* acomplejado,-da.

complexion [kɔ̃plɛksjɔ̃] *nf fml* complexión *f*.
complexité [kɔ̃plɛksite] *nf* complejidad *f*.
complication [kɔ̃plikasjɔ̃] *nf* complicación *f*.
complice [kɔ̃plis] *adj - nmf* cómplice.
complicité [kɔ̃plisite] *nf* complicidad *f*.
compliment [kɔ̃plimɑ̃] *nm (parole)* cumplido *m*, elogio *m*.
► *nm pl* **compliments** *(félicitations)* enhorabuena *f sing*.
• **présenter ses compliments** presentar sus cumplidos.
complimenter [kɔ̃plimɑ̃te] *vt* cumplimentar, felicitar.
compliquer [kɔ̃plike] *vt* complicar, embrollar.
► *vpr* **se compliquer** complicarse.
complot [kɔ̃plo] *nm* complot *m*.
comploter [kɔ̃plɔte] *vt - vi* **1** *(une intrigue)* tramar, maquinar. **2** *(un complot)* conspirar.
comportement [kɔ̃pɔʀtəmɑ̃] *nm* comportamiento *m*.
comporter [kɔ̃pɔʀte] *vt* **1** *(inclure)* incluir, comportar. **2** *(admettre)* admitir: ***cette situation comporte des avantages***, esta situación tiene sus ventajas.
► *vpr* **se comporter** *(se conduire)* comportarse.
composant,-e [kɔ̃pozɑ̃,-ɑ̃t] *adj - nm,f* componente.
composé,-e [kɔ̃poze] *adj* compuesto,-ta.
► *nm* **composé** compuesto *m*.
composer [kɔ̃poze] *vt* **1** *(former un tout)* componer. **2** *(créer)* crear, componer.
► *vi* **composer avec** *(céder)* transigir con: ***il composa avec son rival***, transigió con su rival.
compost [kɔ̃pɔst] *nm* compost *m*.
compositeur,-trice [kɔ̃pozitœʀ,-tʀis] *nm,f* compositor,-ra.
composition [kɔ̃pozisjɔ̃] *nf* **1** *(gén)* composición *f*. **2** *(examen)* prueba *f*, examen *m*.
• **être de bonne composition** ser de buena pasta.
composter [kɔ̃poste] *vt* **1** *(billets)* picar. **2** *(la terre)* abonar con compost.
compote [kɔ̃pɔt] *nf* compota *f*.
• **être en compote** *fam* estar molido.
compréhensible [kɔ̃pʀeɑ̃sibl] *adj* comprensible.
compréhension [kɔ̃pʀeɑ̃sjɔ̃] *nf* comprensión *f*.
comprendre [kɔ̃pʀɑ̃dʀ] *vt* **1** *(renfermer)* comprender: ***l'étage comprend les six chambres***, el piso comprende las seis habitaciones. **2** *(incorporer)* incluir: ***prix tout compris***, precio todo incluido. **3** *(saisir)* comprender, entender.
compresse [kɔ̃pʀɛs] *nf* compresa *f*.
compression [kɔ̃pʀɛsjɔ̃] *nf* **1** *(gén)* compresión *f*. **2** *fig (de personnel, du budget, etc)* reducción *f*.
comprimer [kɔ̃pʀime] *vt* **1** *(réduire)* comprimir. **2** *fig (réprimer)* contener, reprimir.
compris,-e [kɔ̃pʀi,-iz] *adj* comprendido, -da.
• **non compris** no incluido,-da.
• **y compris** incluido,-da.
compromettant,-e [kɔ̃pʀɔmɛtɑ̃,-ɑ̃t] *adj* comprometedor,-ra.
compromettre [kɔ̃pʀɔmɛtʀ] *vt* comprometer: ***compromettre sa santé***, comprometer su salud.
compromis [kɔ̃pʀɔmi] *nm* compromiso *m*.
comptabilité [kɔ̃tabilite] *nf* contabilidad *f*.
comptable [kɔ̃tabl] *adj* contable.
► *nm* tenedor *m* de libros, contable *m*.
• **être comptable de** ser responsable de.
comptant [kɔ̃tɑ̃] *adj* al contado.
• **au comptant** al contado.
• **payer comptant** pagar al contado.
compte [kɔ̃t] *nm* **1** *(gén)* cuenta *f*. **2** *fig (profit)* interés *m*, ventaja *f*.
• **à bon compte** barato.
• **à ce compte** según eso.
• **donner son compte à QQN** despedir a ALGN.
• **pour le compte de** por cuenta de.
• **régler son compte à QQN** ajustarle las cuentas a ALGN.
• **rendre compte** dar cuenta.
• **rendre des comptes à QQN** rendir cuentas a ALGN.
• **se rendre compte** darse cuenta.

• **tenir compte de** tener en cuenta.
• **travailler à son compte** trabajar por cuenta propia.
▪ **compte à rebours** cuenta atrás.
▪ **compte courant** cuenta corriente.
▪ **compte d'épargne** cuenta de ahorro.

compte-gouttes [kɔ̃tgut] *nm inv* cuentagotas *m*.
• **au compte-gouttes** *fig* con cuentagotas.

compter [kɔ̃te] *vt* **1** *(gén)* contar. **2** *(contenir)* poseer, contar con. **3** *(comprendre)* comprender, abarcar.
▶ *vi* **1** *(calculer)* contar. **2** *(se proposer)* tener intención de.
• **à compter de** a partir de.
• **compter avec** tener en cuenta.
• **compter sur** contar con, confiar.
• **sans compter que** aparte de que.

compte-rendu [kɔ̃tʀɑ̃dy] *nm* (*pl* **comptes-rendus**) informe *m*, reseña *f*.

compteur [kɔ̃tœʀ] *nm* contador *m*.

comptine [kɔ̃tin] *nf* canción *m* infantil.

comptoir [kɔ̃twaʀ] *nm* **1** *(d'un magasin)* mostrador *m*. **2** *(d'un bar)* barra *f*.

compulser [kɔ̃pylse] *vt* consultar.

comte [kɔ̃t] *nm* conde *m*.

comté [kɔ̃te] *nm* condado *m*.

comtesse [kɔ̃tɛs] *nf* condesa *f*.

con, conne [kɔ̃, kɔn] *adj - nmf fam* gilipollas.

concave [kɔ̃kav] *adj* cóncavo,-va.

concéder [kɔ̃sede] *vt* **1** *(accorder)* conceder. **2** *(admettre)* admitir. **3** *(but)* recibir, encajar.

concentration [kɔ̃sɑ̃tʀasjɔ̃] *nf* concentración *f*.

concentrer [kɔ̃sɑ̃tʀe] *vt* concentrar.
▶ *vpr* **se concentrer** concentrarse.

concentrique [kɔ̃sɑ̃tʀik] *adj* concéntrico,-ca.

concept [kɔ̃sɛpt] *nm* concepto *m*.

conception [kɔ̃sɛpsjɔ̃] *nf* concepción *f*.
▪ **conception assistée par ordinateur** diseño *m* asistido por ordenador.

concerner [kɔ̃sɛʀne] *vt* concernir, atañer.
• **en ce qui me concerne** en lo que a mí respecta.

concert [kɔ̃sɛʀ] *nm* concierto *m*.
• **de concert** de común acuerdo.

concerter [kɔ̃sɛʀte] *vt* concertar.
▶ *vpr* **se concerter** ponerse de acuerdo.

concession [kɔ̃sesjɔ̃] *nf* concesión *f*.

concessionnaire [kɔ̃sesjɔnɛʀ] *adj - nmf* concesionario,-ria.

concevable [kɔ̃səvabl] *adj* concebible.

concevoir [kɔ̃səvwaʀ] *vt* concebir.

concierge [kɔ̃sjɛʀʒ] *nmf* portero,-ra, conserje.

concile [kɔ̃sil] *nm* concilio *m*.

conciliabule [kɔ̃siljabyl] *nm* conciliábulo *m*.

conciliation [kɔ̃siljasjɔ̃] *nf* conciliación *f*.

concilier [kɔ̃silje] *vt* conciliar.

concis,-e [kɔ̃si,-iz] *adj* conciso,-sa.

concision [kɔ̃sizjɔ̃] *nf* concisión *f*.

concitoyen,-enne [kɔ̃sitwajɛ̃,-ɛn] *nm,f* conciudadano,-na.

concluant,-e [kɔ̃klyɑ̃,-ɑ̃t] *adj* concluyente.

conclure [kɔ̃klyʀ] *vt* **1** *(achever)* concluir, terminar. **2** *(accord, affaire)* concertar. **3** *(conséquence)* concluir, deducir.
▶ *vi* **1** *(donner ses conclusions)* concluir. **2** **conclure à** *(déduire)* llegar a la conclusión.

conclusion [kɔ̃klyzjɔ̃] *nf* conclusión *f*.

concombre [kɔ̃kɔ̃bʀ] *nm* pepino *m*.

concomitant,-e [kɔ̃kɔmitɑ̃,-ɑ̃t] *adj* concomitante.

concorde [kɔ̃kɔʀd] *nf* concordia *f*.

concordance [kɔ̃kɔʀdɑ̃s] *nf* concordancia *f*.

concorder [kɔ̃kɔʀde] *vi* concordar.

concourir [kɔ̃kuʀiʀ] *vi* **1** *(converger)* concurrir. **2** *(être en concurrence)* competir. **3** *(passer un concours)* hacer oposiciones.

concours [kɔ̃kuʀ] *nm* **1** *(épreuve)* concurso *m*. **2** *(examen)* oposición *f*. **3** *(aide)* concurso *m*, ayuda *f*.
▪ **concours de circonstances** cúmulo *m* de circunstancias.

concret,-ète [kɔ̃kʀɛ,-ɛt] *adj* concreto,-ta.

concrétiser [kɔ̃kʀetize] *vt* *(un concept)* concretar.
▶ *vpr* **se concrétiser** *(se matérialiser)* concretarse, plasmarse.

concubin,-e [kɔ̃kybin] *adj - nm,f* concubino,-na.

concubinage [kɔ̃kybinaʒ] *nm* concubinato *m*.

concupiscence [kɔ̃kypisɑ̃s] *nf* concupiscencia *f*.

concurrence [kɔ̃kyRɑ̃s] *nf* competencia *f*.

• **faire concurrence à** hacer la competencia a.

• **jusqu'à concurrence de** hasta la cantidad de.

concurrent,-ente [kɔ̃kyrɑ̃,-ɑ̃t] *adj - nm,f* competidor,-ra.

condamnation [kɔ̃danasjɔ̃] *nf* **1** *(d'un tribunal)* condena *f*. **2** *(blâme)* condenación *f*, reprobación *f*.

condamner [kɔ̃dane] *vt* **1** *(coupable)* condenar. **2** *(blâmer)* condenar, desaprobar. **3** *(malade)* desahuciar. **4** *(porte)* condenar, tapiar.

condensation [kɔ̃dɑ̃sasjɔ̃] *nf* condensación *f*.

condenser [kɔ̃dɑ̃se] *vt* condensar.

condescendance [kɔ̃desɑ̃dɑ̃s] *nf* condescendencia *f*.

condescendre [kɔ̃desɑ̃dR] *vi* condescender.

condiment [kɔ̃dimɑ̃] *nm* condimento *m*.

condisciple [kɔ̃disipl] *nmf* condiscípulo,-la.

condition [kɔ̃disjɔ̃] *nf* **1** *(gén)* condición *f*. **2** *(forme physique)* forma *f*.

• **à condition de** a condición de.

• **à condition que +** *subj* a condición de que + *subj*.

• **sans conditions** sin condiciones.

conditionnel,-elle [kɔ̃disjɔnɛl] *adj* condicional.

► *nm* **conditionnel** potencial *m*, condicional *m*.

conditionnement [kɔ̃disjɔnmɛ̃] *nm* **1** *(emballage)* embalaje *m*. **2** MÉD condicionamiento *m*.

conditionner [kɔ̃disjɔne] *vt* **1** *(fait)* condicionar. **2** *(l'air)* acondicionar. **3** *(produit, marchandise)* embalar.

condoléances [kɔ̃dɔleɑ̃s] *nf pl* pésame *m sing*.

conducteur,-trice [kɔ̃dyktœR,-tRis] *adj* conductor,-ra.

► *nm,f (d'un véhicule)* conductor,-ra.

► *nm* **conducteur** *(de la chaleur, de l'électricité)* conductor *m*.

▪ **conducteur des travaux** jefe *m* de obras.

conduire [kɔ̃dɥiR] *vt* **1** *(gén)* conducir: ***conduire une voiture***, conducir un coche; ***rue qui conduit à la place***, calle que lleva a la plaza; ***cette attitude ne conduit à rien***, esa actitud no lleva a ningún sitio. **2** *(accompagner)* acompañar, conducir: ***conduire les invités au jardin***, acompañar a los invitados al jardín. **3** *(commander)* dirigir: ***conduire une armée***, dirigir un ejército.

► *vpr* **se conduire** *(se comporter)* conducirse, comportarse.

conduit [kɔ̃dɥi] *nm* conducto *m*.

conduite [kɔ̃dɥit] *nf* **1** *(comportement)* conducta *f*, comportamiento *m*. **2** *(de voiture)* conducción *f*. **3** *(commandement)* dirección *f*, mando *m*.

cône [kon] *nm* **1** *(forme)* cono *m*. **2** *(fruit)* cono *m*, piña *f*.

confection [kɔ̃fɛksjɔ̃] *nf* confección *f*.

confectionner [kɔ̃fɛksjɔne] *vt* confeccionar, fabricar.

confédération [kɔ̃federasjɔ̃] *nf* confederación *f*.

conférence [kɔ̃feRɑ̃s] *nf* conferencia *f*.

▪ **conférence de presse** conferencia de prensa.

conférencier,-ère [kɔ̃feRɑ̃sje,-ɛR] *nm,f* conferenciante.

conférer [kɔ̃feRe] *vt (donner)* conferir, otorgar.

► *vi (discuter)* entrevistarse (**avec**, con): ***conférer avec ses employés***, entrevistarse con los empleados.

confesser [kɔ̃fese] *vt* confesar.

► *vpr* **se confesser** confesarse.

confesseur [kɔ̃fɛsœR] *nm* confesor *m*.

confession [kɔ̃fesjɔ̃] *nf* confesión *f*.

• **entendre en confession** oír en confesión.

confetti [kɔ̃feti] *nm* confeti *m*.

confiance [kɔ̃fjɑ̃s] *nf* confianza *f*.

• **de confiance** de confianza.

• **faire confiance à** QQN fiarse de ALGN.

confiant,-e [kɔ̃fjɑ̃,-ɑ̃t] *adj* confiado,-da.
confidence [kɔ̃fidɑ̃s] *nf* confidencia *f*.
• **en confidence** en secreto.
confident,-e [kɔ̃fidɑ̃,-ɑ̃t] *nm,f* confidente.
confidentiel,-elle [kɔ̃fidɑ̃sjɛl] *adj* confidencial.
confier [kɔ̃fje] *vt* confiar.
► *vpr* **se confier** confiarse (**à**, a).
configuration [kɔ̃figyʀasjɔ̃] *nf* configuración *f*.
configurer [kɔ̃figyʀe] *vt* configurar.
confins [kɔ̃fɛ̃] *nm pl* confines *m pl*.
• **aux confins de** en los confines de.
confirmation [kɔ̃fiʀmasjɔ̃] *nf* confirmación *f*.
confirmer [kɔ̃fiʀme] *vt* confirmar.
confiserie [kɔ̃fizʀi] *nf* **1** *(commerce)* confitería *f*. **2** *(friandise)* dulce *m*.
confisquer [kɔ̃fiske] *vt* confiscar.
confit,-e [kɔ̃fi,-it] *adj* **1** *(dans du sucre)* confitado,-da. **2** *(dans du vinaigre)* encurtido,-da. **3** *(dans de la graisse)* conservado,-da en manteca.
► *nm* **confit** confit *m*.
▪ **confit de canard** confit de pato.
confiture [kɔ̃fityʀ] *nf* confitura *f*, mermelada *f*.
conflit [kɔ̃fli] *nm* conflicto *m*.
▪ **conflit d'intérêts** conflicto de intereses.
confluent [kɔ̃flyɑ̃] *nm* confluencia *f*.
confondre [kɔ̃fɔ̃dʀ] *vt* confundir.
► *vpr* **se confondre** confundirse.
• **se confondre en excuses** *fml* deshacerse en excusas.
conforme [kɔ̃fɔʀm] *adj* conforme (**à**, a).
conformément [kɔ̃fɔʀmemɑ̃] *adv* conforme (**à**, a).
conformer [kɔ̃fɔʀme] *vt (adapter)* conformar, ajustar.
► *vpr* **se conformer** *(s'accommoder)* adaptarse (**à**, a).
conformiste [kɔ̃fɔʀmist] *adj* - *nmf* conformista.
conformité [kɔ̃fɔʀmite] *nf* conformidad *f*.
confort [kɔ̃fɔʀ] *nm (bien-être)* comodidad *f*, confort *m*.
• **tout confort** con todas las comodidades.
confortable [kɔ̃fɔʀtabl] *adj* cómodo,-da, confortable.
confrère [kɔ̃fʀɛʀ] *nm* **1** *(d'une confrérie)* cofrade *m*. **2** *(de profession)* colega *m*.
confronter [kɔ̃fʀɔ̃te] *vt* **1** *(comparer)* confrontar, cotejar. **2** *(témoins, accusés)* confrontar, carear.
confus,-e [kɔ̃fy,-yz] *adj* confuso,-sa.
• **être confus de** QQCH estar avergonzado por ALGO.
confusion [kɔ̃fysjɔ̃] *nf* confusión *f*.
congé [kɔ̃ʒe] *nm* **1** *(autorisation)* permiso *m* de ausentarse, licencia *f*. **2** *(vacances)* vacaciones *f pl*: ***les congés payés***, las vacaciones pagadas.
• **donner congé** despedir.
• **prendre congé** *fml* despedirse.
▪ **congé de maladie** baja *f* por enfermedad.
▪ **congé de maternité** baja *f* por maternidad.
congédier [kɔ̃ʒedje] *vt* despedir, despachar.
congélateur [kɔ̃ʒelatœʀ] *nm* congelador *m*.
congélation [kɔ̃ʒelasjɔ̃] *nf* congelación *f*.
congeler [kɔ̃ʒle] *vt* congelar.
► *vpr* **se congeler** congelarse.
congénital,-e [kɔ̃ʒenital] *adj* congénito,-ta.
congestion [kɔ̃ʒɛstjɔ̃] *nf* MÉD congestión *f*.
congestionner [kɔ̃ʒɛstjɔne] *vt* congestionar.
conglomérat [kɔ̃glɔmeʀa] *nm* conglomerado *m*.
congrégation [kɔ̃gʀegasjɔ̃] *nf* congregación *f*.
congrès [kɔ̃gʀɛ] *nm* congreso *m*.
congressiste [kɔ̃gʀesist] *nmf* congresista.
conifère [kɔnifɛʀ] *nm* BOT conífera *f*.
conique [kɔnik] *adj* cónico,-ca.
conjecture [kɔ̃ʒɛktyʀ] *nf* conjetura *f*.
conjoint,-e [kɔ̃ʒwɛ̃,-ɛ̃t] *adj* conjunto,-ta.
► *nm,f* cónyuge.
conjonctif,-ive [kɔ̃ʒɔ̃ktif,-iv] *adv* conjuntivo,-va.
conjonction [kɔ̃ʒɔ̃ksjɔ̃] *nf* conjunción *f*.

conjonctivite [kɔ̃ʒɔ̃ktivit] *nf* MÉD conjuntivitis *f*.
conjoncture [kɔ̃ʒɔ̃ktyʀ] *nf* coyuntura *f*.
conjugaison [kɔ̃ʒygɛsɔ̃] *nf* conjugación *f*.
conjugal,-e [kɔ̃ʒygal] *adj* conyugal.
conjuguer [kɔ̃ʒyge] *vt* conjugar.
conjuration [kɔ̃ʒyʀasjɔ̃] *nf* **1** *(politique)* conjuración *f*, conjura *f*. **2** *(magique)* conjuro *m*.
conjurer [kɔ̃ʒyʀe] *vt* **1** *(gén)* conjurar. **2** *(implorer)* suplicar.
► *vpr* **se conjurer** *fml (s'unir)* aliarse.
connaissance [kɔnɛsɑ̃s] *nf* **1** *(savoir)* conocimiento *m*. **2** *(société)* conocido *m*, persona *f* conocida.
• **à ma connaissance** que yo sepa.
• **faire connaissance de** conocer a.
• **perdre connaissance** desmayarse, perder el conocimiento.
• **prendre connaissance de** enterarse de.
• **reprendre connaissance** recobrar el conocimiento.
connaisseur,-euse [kɔnɛsœʀ,-øz] *adj - nm,f* conocedor,-ra, entendido,-da, experto,-ta.
connaître [kɔnɛtʀ] *vt* conocer.
► *vpr* **se connaître** conocerse.
• **se faire connaître** darse a conocer.
• **s'y connaître en** ser un experto en, entender de.
connecter [kɔnɛkte] *vt* conectar.
connexe [kɔnɛks] *adj* conexo,-xa.
connexion [kɔnɛksjɔ̃] *nf* conexión *f*.
connivence [kɔnivɑ̃s] *nf* connivencia *f*.
connu,-e [kɔny] *adj* **1** *(gén)* conocido,-da. **2** *(bien su)* sabido,-da.
conquérant,-e [kɔ̃keʀɑ̃,-ɑ̃t] *adj - nm,f* conquistador,-ra.
conquérir [kɔ̃keʀiʀ] *vt* conquistar.
conquête [kɔ̃kɛt] *nf* conquista *f*.
conquis,-e [kɔ̃ki,-iz] *adj* conquistado, -da.
consacrer [kɔ̃sakʀe] *vt* **1** REL consagrar. **2** *(employer)* dedicar.
► *vpr* **se consacrer** dedicarse (**à**, a), consagrarse (**à**, a).
consanguin,-e [kɔ̃sɑ̃gɛ̃,-in] *adj* consanguíneo,-a.
conscience [kɔ̃sjɑ̃s] *nf* conciencia *f*.
▪ **conscience professionnelle** ética *f* profesional.
consciencieux,-euse [kɔ̃sjɑ̃sjø,-øz] *adj* concienzudo,-da.
conscient,-e [kɔ̃sjɑ̃,-ɑ̃t] *adj* consciente.
conscription [kɔ̃skʀipsjɔ̃] *nf* reclutamiento *m*.
conscrit [kɔ̃skʀi] *nm* recluta *m*.
consécration [kɔ̃sekʀasjɔ̃] *nf* consagración *f*.
consécutif,-ive [kɔ̃sekytif,-iv] *adj* **1** *(qui se suit)* consecutivo,-va. **2 consécutif, -ive à** *(qui résulte)* debido,-da a.
conseil [kɔ̃sɛl] *nm* **1** *(gén)* consejo *m*. **2** *(personne)* consejero,-ra.
• **être de bon conseil** ser buen consejero.
▪ **conseil d'administration** consejo de administración.
▪ **conseil des ministres** consejo de ministros.
▪ **conseil municipal** concejo *m*, ayuntamiento *m*.
conseiller[1] [kɔ̃seje] *vt* aconsejar.
conseiller,-ère[2] [kɔ̃seje,-ɛʀ] *nm,f* consejero,-ra.
▪ **conseiller,-ère municipal,-e** concejal, -la.
consensus [kɔ̃sɑ̃sys] *nm* consenso *m*.
consentement [kɔ̃sɑ̃tmɑ̃] *nm* consentimiento *m*.
consentir [kɔ̃sɑ̃tiʀ] *vi* consentir (**à**, a).
conséquence [kɔ̃sekɑ̃s] *nf* consecuencia *f*.
• **en conséquence** en consecuencia.
conséquent,-e [kɔ̃sekɑ̃,-ɑ̃t] *adj* **1** *(personne, raisonnement, etc)* consecuente. **2** *fam (important)* relevante, importante.
• **par conséquent** por consiguiente.
conservateur,-trice [kɔ̃sɛʀvatœʀ,-tʀis] *adj - nm,f* conservador,-ra.
conservation [kɔsɛʀvasjɔ̃] *nf* conservación *f*.
conservatoire [kɔ̃sɛʀvatwaʀ] *nm* conservatorio *m*.
conserve [kɔsɛʀv] *nf* conserva *f*.
conserver [kɔ̃sɛʀve] *vt* conservar.
► *vpr* **se conserver** conservarse.

considérable [kɔ̃siderabl] *adj* considerable.

considération [kɔ̃sideʀasjɔ̃] *nf* consideración *f*.

• **prendre en considération** tener en cuenta.

considérer [kɔ̃sideʀe] *vt* **1** *(examiner)* considerar. **2** *(estimer)* tener en consideración, estimar: ***ses amis le considéraient beaucoup***, sus amigos le tenían mucha consideración.

consigne [kɔ̃siɲ] *nf* **1** (gen en *pl*) *(instruction)* consigna *f*. **2** *(pour les bagages)* consigna *f*. **3** *(d'argent)* depósito *m*, señal *f*.

consigner [kɔ̃siɲe] *vt* **1** *(noter)* consignar. **2** *(bagages)* dejar en una consigna. **3** *(élève, soldat)* castigar.

consistance [kɔ̃sistɑ̃s] *nf* consistencia *f*.

consistant,-e [kɔ̃sistɑ̃,-ɑ̃t] *adj* consistente.

consister [kɔ̃siste] *vi* consistir.

consœur [kɔ̃sœʀ] *nf* colega *f*.

consolateur,-trice [kɔ̃sɔlatœʀ,-tʀis] *adj - nm,f* consolador,-ra.

consolation [kɔ̃sɔlasjɔ̃] *nf* consuelo *m*.

console [kɔ̃sɔl] *nf* **1** *(meuble)* consola *f*. **2** *(d'un bâtiment)* ménsula *f*, repisa *f*.

▪ **console de jeux** videoconsola *f*.

consoler [kɔ̃sɔle] *vt* consolar.

► *vpr* **se consoler** consolarse.

consolider [kɔ̃sɔlide] *vt* consolidar.

consommateur,-trice [kɔ̃sɔmatœʀ,-tʀis] *nm,f* consumidor,-ra.

consommation [kɔ̃sɔmasjɔ̃] *nf* **1** *(d'aliments, de combustible, etc)* consumo *m*. **2** *(dans un café, etc)* consumición *f*. **3** *(d'un fait)* consumación *f*.

consommé,-e [kɔ̃sɔme] *adj* consumado,-da.

► *nm* **consommé** caldo *m*, consomé *m*.

consommer [kɔ̃sɔme] *vt* **1** *(gén)* consumir. **2** *fml (achever)* consumar.

consonance [kɔ̃sɔnɑ̃s] *nf* consonancia *f*.

consonne [kɔ̃sɔn] *nf* consonante *f*.

consort [kɔ̃sɔʀ] *adj* consorte.

conspiration [kɔ̃spiʀasjɔ̃] *nf* conspiración *f*.

conspirer [kɔ̃spiʀe] *vt - vi* conspirar.

conspuer [kɔ̃spɥe] *vt* abuchear.

constamment [kɔ̃stamɑ̃] *adv* constantemente.

constance [kɔ̃stɑ̃s] *nf* constancia *f*.

constant,-e [kɔ̃stɑ̃,-ɑ̃t] *adj* constante.

constante [kɔ̃stɑ̃t] *nf* MATH constante *f*.

constat [kɔ̃sta] *nm* **1** *(procès-verbal)* acta *f*. **2** *(analyse)* constatación *f*.

• **faire un constat** levantar acta.

constatation [kɔ̃statasjɔ̃] *nf* **1** *(action de constater)* comprobación *f*. **2** *(preuve)* prueba *f*.

constater [kɔ̃state] *vt* **1** *(vérifier)* comprobar. **2** *(prendre connaissance)* observar, darse cuenta. **3** *(par écrit)* hacer constar.

constellation [kɔ̃stelasjɔ̃] *nf* constelación *f*.

consternation [kɔ̃stɛʀnasjɔ̃] *nf* consternación *f*.

consterner [kɔ̃stɛʀne] *vt* consternar.

constipation [kɔ̃stipasjɔ̃] *nf* estreñimiento *m*.

constipé,-e [kɔ̃stipe] *adj* estreñido,-da.

constituant,-e [kɔ̃stitɥɑ̃,-ɑ̃t] *adj* constituyente.

constituer [kɔstitɥe] *vt* **1** *(gén)* constituir. **2** *(une somme)* asignar.

► *vpr* **se constituer** constituirse.

constitution [kɔ̃stitysjɔ̃] *nf* constitución *f*.

constitutionnel,-elle [kɔ̃stitysjɔnɛl] *adj* constitucional.

constructeur,-trice [kɔ̃stʀyktœʀ,-tʀis] *adj - nm,f* constructor,-ra.

construction [kɔ̃stʀyksjɔ̃] *nf* construción *f*.

construire [kɔ̃stʀɥiʀ] *vt* construir.

consul [kɔ̃syl] *nm* cónsul *mf*.

consulaire [kɔ̃sylɛʀ] *adj* consular.

consulat [kɔ̃syla] *nm* consulado *m*.

consultation [kɔ̃syltasjɔ̃] *nf* consulta *f*.

consulter [kɔ̃sylte] *vt* consultar.

► *vi (le médecin)* tener consulta.

consumer [kɔ̃syme] *vt* consumir.

► *vpr* **se consumer** consumirse.

contact [kɔ̃takt] *nm* contacto *m*.

► *nm pl* **contacts** INFORM libreta *f* de direcciones.

• **être en contact avec QQN** estar en contacto con ALGN.

• **mettre le contact** poner el contacto.

contacter [kɔ̃takte] *vt* ponerse en contacto.

contagieux,-euse [kɔ̃taʒjø,-øz] *adj* contagioso,-sa.
contagion [kɔ̃taʒjɔ̃] *nf* contagio *m*.
container [kɔ̃tenɛʀ] *nm* contenedor *m*.
contamination [kɔ̃taminasjɔ̃] *nf* contaminación *f*.
contaminer [kɔ̃tamine] *vt* contaminar.
conte [kɔ̃t] *nm* cuento *m*.
contemplation [kɔ̃tɑ̃plasjɔ̃] *nf* contemplación *f*.
contempler [kɔ̃tɑ̃ple] *vt* contemplar.
contemporain,-e [kɔ̃tɑ̃pɔʀɛ̃,-ɛn] *adj - nm,f* contemporáneo,-nea.
contenance [kɔ̃tnɑ̃s] *nf* **1** *(d'un récipient)* cabida *f*, capacidad *f*. **2** *(attitude)* compostura *f*, actitud *f*. **3** *(d'une superficie)* extensión *f*.
• **perdre contenance** perder la compostura.
contenant [kɔ̃tnɑ̃] *nm* continente *m*.
conteneur [kɔtənœʀ] *nm* contenedor *m*, container *m*.
contenir [kɔ̃tniʀ] *vt* contener.
► *vpr* **se contenir** *fig* contenerse.
content,-e [kɔ̃tɑ̃,-ɑ̃t] *adj* contento,-ta.
• **avoir son content de** QQCH tener cuanto se desea de ALGO.
• **être content de soi** estar satisfecho de uno mismo.
contentement [kɔ̃tɑ̃tmɑ̃] *nm* contento *m*, satisfacción *f*.
contenter [kɔ̃tɑ̃te] *vt* contentar.
► *vpr* **se contenter** contentarse (**de**, con).
contenu [kɔ̃tny] *nm* contenido *m*.
conter [kɔ̃te] *vt* contar.
• **en conter à** QQN *fam* engañar a ALGN.
• **en conter de belles** *fam* contarlas gordas.
• **s'en laisser conter** *fam* dejarse engañar.
contestation [kɔ̃tɛstasjɔ̃] *nf* **1** *(conflit)* disputa *f*, polémica *f*. **2** *(débat)* discusión *f*.
• **mettre en contestation** poner en duda.
contester [kɔ̃tɛste] *vt* **1** *(refuser)* negar, impugnar. **2** *(mettre en question)* poner en tela de juicio.
conteur,-euse [kɔ̃tœʀ,-øz] *nm,f* contador,-ra, narrador,-ra.
contexte [kɔ̃tɛkst] *nm* contexto *m*.
contigu,-uë [kɔ̃tigy] *adj* contiguo,-gua.
continence [kɔ̃tinɑ̃s] *nf* continencia *f*.
continent [kɔ̃tinɑ̃] *nm* continente *m*.
contingence [kɔ̃tɛ̃ʒɑ̃s] *nf* contingencia *f*.
contingent [kɔ̃tɛ̃ʒɑ̃] *nm* contingente *m*.
continu,-e [kɔ̃tiny] *adj* continuo,-nua.
continuation [kɔ̃tinɥasjɔ̃] *nf* continuación *f*.
• **bonne continuation !** ¡a seguir bien!
continuel,-elle [kɔ̃tinɥɛl] *adj* continuo, -nua.
continuer [kɔ̃tinɥe] *vt* continuar.
► *vi* continuar, seguir: ***elle continue à étudier***, sigue estudiando.
continuité [kɔ̃tinɥite] *nf* continuidad *f*.
contondant,-e [kɔ̃tɔ̃dɑ̃,-ɑ̃t] *adj* contundente.
contour [kɔ̃tuʀ] *nm* contorno *m*.
contourner [kɔ̃tuʀne] *vt* **1** *(faire le tour)* rodear. **2** *fig (difficulté)* esquivar.
contraceptif,-ive [kɔtʀaseptif] *adj* anticonceptivo,-va.
► *nm* **contraceptif** anticonceptivo *m*.
contraception [kɔtʀasɛpsjɔ̃] *nf* anticoncepción *f*.
contracté,-e [kɔ̃tʀakte] *adj* contraído,-da.
contracter [kɔ̃tʀakte] *vt* contraer.
► *vpr* **se contracter** contraerse.
contraction [kɔ̃tʀaksjɔ̃] *nf* contracción *f*.
contractuel,-elle [kɔ̃tʀaktɥɛl] *adj* contractual.
contradiction [kɔ̃tʀadiksjɔ̃] *nf* contradicción *f*.
contradictoire [kɔ̃tʀadiktwaʀ] *adj* contradictorio,-ria.
contraignant,-e [kɔ̃tʀɛɲɑ̃,-ɑ̃t] *adj* exigente: ***il a des horaires très contraignants***, tiene unos horarios muy apretados.
contraindre [kɔ̃tʀɛ̃dʀ] *vt* obligar.
contraint,-e [kɔ̃tʀɛ̃,-ɛ̃t] *adj* forzado,-da, obligado,-da.
contrainte [kɔ̃tʀɛ̃t] *nf* **1** *(devoir)* obligación *f*. **2** *(gêne)* fastidio *m*.
contraire [kɔ̃tʀɛʀ] *adj* contrario,-ria.
► *nm* **le contraire** lo contrario.
• **au contraire** al contrario.

contrairement [kɔ̃tʀɛʀmɑ̃] *adv* contrariamente (**à**, a).
contrarier [kɔ̃tʀaʀje] *vt* **1** *(gén)* contrariar. **2** *(blesser)* disgustar.
contrariété [kɔ̃tʀaʀjete] *nf* contrariedad *f.*
contraste [kɔ̃tʀast] *nm* contraste *m.*
contraster [kɔ̃tʀaste] *vi* contrastar.
contrat [kɔ̃tra] *nm* contrato *m.*
■ **contrat à durée déterminée** contrato temporal.
■ **contrat à durée indéterminée** contrato indefinido.
contravention [kɔ̃tʀavɑ̃sjɔ̃] *nf* multa *f.*
• **dresser une contravention** poner una multa.
contre [kɔ̃tʀ] *prép* **1** *(gén)* contra: ***pousse le lit contre le mur***, empuja la cama contra la pared. **2** *(opposition)* en contra de: ***il est en colère contre moi***, está enfadado conmigo; ***nous y sommes allés contre notre volonté***, fuimos en contra de nuestra voluntad. **3** *(protection)* contra, para: ***j'ai pris une assurance contre les catastrophes naturelles***, he contratado un seguro contra catástrofes naturales; ***tu as pris tes médicaments contre l'hypertension ?***, ¿has tomado las pastillas para la hipertensión? **4** *(échange)* por, contra: ***elle a échangé sa jupe contre un pull***, cambió su falda por un jersey; ***envoi contre remboursement***, envío contra reembolso.
► *adv* en contra: ***je suis pour et il est contre***, yo estoy a favor y él en contra.
► *nm* contra *m*: ***le pour et le contre***, el pro y el contra.
• **par contre** en cambio.
• **tout contre** contra: ***approche-toi du mur et appuie-toi contre***, acércate a la pared y apóyate en ella.
contre-attaque [kɔ̃tʀatak] *nf* (*pl* **contre-attaques**) contraataque *m.*
contrebalancer [kɔ̃tʀəbalɑ̃se] *vt* contrarrestar.
contrebande [kɔ̃tʀəbɑ̃d] *nf* contrabando *m.*
contrebandier,-ère [kɔtʀəbɑ̃dje,-ɛʀ] *nm,f* contrabandista.
contrebasse [kɔtʀəbas] *nf* contrabajo *m.*
contrecarrer [kɔ̃tʀəkaʀe] *vt* oponerse a.
contrecœur [kɔ̃tʀəkœʀ].
• **à contrecœur** a regañadientes.
contrecoup [kɔ̃tʀəku] *nm* consecuencia *f.*
contre-courant [kɔ̃tʀəkuʀɑ̃].
• **à contre-courant** a contracorriente.
contredire [kɔ̃tʀədiʀ] *vt* contradecir.
► *vpr* **se contredire** contradecirse.
contrée [kɔ̃tʀe] *nf* comarca *f.*
contre-expertise [kɔ̃tʀɛkspɛʀtiz] *nf* (*pl* **contre-expertises**) segunda opinión *f.*
contrefaçon [kɔ̃tʀəfasɔ̃] *nf* falsificación *f.*
contrefaire [kɔ̃tʀəfɛʀ] *vt* **1** *(manies, attitude)* remedar. **2** *(monnaie, signature)* falsificar.
contrefort [kɔ̃tʀəfɔʀ] *nm* ARCHIT contrafuerte *m.*
contre-indication [kɔ̃tʀəɛ̃dikasjɔ̃] *nf* (*pl* **contre-indications**) contraindicación *f.*
contre-jour [kɔ̃tʀəʒuʀ] *nm* (*pl* **contre-jours**) contraluz *m.*
contremaître,-esse [kɔ̃tʀəmɛtʀ,-ɛs] *nm,f* capataz.
contre-offensive [kɔ̃tʀɔfɛ̃siv] *nf* (*pl* **contre-offensives**) contraofensiva *f.*
contrepartie [kɔ̃tʀəpaʀti] *nf* contrapartida *f.*
• **en contrepartie** en contrapartida.
contre-performance [kɔ̃tʀəpɛʀfɔʀmɑ̃s] *nf* (*pl* **contre-performances**) mal resultado *m.*
contre-pied [kɔ̃tʀəpje] *nm* (*pl* **contre-pieds**) lo contrario.
• **prendre le contre-pied de QQCH** defender lo contrario de ALGO.
contreplaqué [kɔ̃tʀəplake] *nm* contrachapado *m.*
contrepoids [kɔ̃tʀəpwa] *nm* contrapeso *m.*
contrer [kɔ̃tʀe] *vt* **1** *(s'opposer)* oponerse a. **2** *(au bridge, à la manille)* doblar.
contresens [kɔ̃tʀəsɑ̃s] *nm* contrasentido *m.*
• **à contresens** al revés.
contretemps [kɔ̃tʀətɑ̃] *nm* contratiempo *m.*
• **à contretemps** a destiempo.
contrevenant,-e [kɔ̃tʀəvnɑ̃,-ɑ̃t] *nm,f* contraventor,-ra.
contrevenir [kɔ̃tʀəvniʀ] *vi* **contrevenir à** contravenir.

contribuable [kɔ̃tʀibɥable] *nmf* contribuyente.
contribuer [kɔ̃tʀibɥe] *vi* contribuir.
contribution [kɔ̃tʀibysjɔ̃] *nf* **1** *(d'argent)* contribución *f.* **2** *(impôt)* impuesto *m.* **3** *(aide)* colaboración *f.*
contrit,-e [kɔ̃tʀi,-it] *adj* contrito,-ta.
contrôle [kɔ̃tʀol] *nm* control *m.*
■ **contrôle des naissances** control de natalidad.
contrôler [kɔ̃tʀole] *vt* **1** *(gén)* controlar. **2** *(vérifier)* comprobar.
contrôleur,-euse [kɔ̃tʀolœʀ,-øz] *nm,f* **1** *(gén)* interventor,-ra. **2** *(de train, autobus)* revisor,-ra.
■ **contrôleur aérien** controlador aéreo.
contrordre [kɔ̃tʀɔʀdʀ] *nm* contraorden *f.*
controverse [kɔ̃tʀɔvɛʀs] *nf* controversia *f.*
contusion [kɔ̃tyzjɔ̃] *nf* contusión *f.*
convaincant,-e [kɔ̃vɛ̃kɑ̃,-ɑ̃t] *adj* convincente.
convaincre [kɔ̃vɛ̃kʀ] *vt* **1** *(persuader)* convencer. **2 convaincre** QQN **de** DR probar la culpabilidad de ALGN.
convaincu,-e [kɔ̃vɛ̃ky] *adj* convencido, -da.
convalescence [kɔ̃valesɑ̃s] *nf* convalecencia *f.*
convalescent [kɔ̃valesɑ̃,-ɑ̃t] *adj - nmf* convaleciente.
convenable [kɔ̃vnabl] *adj* **1** *(approprié)* conveniente, adecuado. **2** *(salaire, prix)* razonable.
convenir [kɔ̃vniʀ] *vi* **1 convenir de** *(s'entendre)* estar de acuerdo en. **2 convenir à** *(correspondre)* ser apropiado,-da para.
● **il convient de +** *inf* es conveniente + *inf.*
convention [kɔ̃vɑ̃sjɔ̃] *nf* **1** *(accord)* convenio *m.* **2** *(assemblée)* convención *f.*
► *nf pl* **conventions** convencionalismos *m pl.*
conventionnel,-elle [kɔ̃vɑ̃sjɔnɛl] *adj* convencional.
convenu,-e [kɔ̃vny] *adj* convenido,-da.
● **comme convenu** según lo acordado.
converger [kɔ̃vɛʀʒe] *vi* converger.
conversation [kɔ̃vɛʀsasjɔ̃] *nf* conversación *f.*
converser [kɔ̃vɛʀse] *vi* conversar.
conversion [kɔ̃vɛʀsjɔ̃] *nf* conversión *f.*
convertible [kɔ̃vɛʀtibl] *adj* convertible.
► *nm* sofá cama *m.*
convertir [kɔ̃vɛʀtiʀ] *vt* convertir (**à**, a).
► *vpr* **se convertir** convertirse (**à**, a).
convexe [kɔ̃vɛks] *adj* convexo,-xa.
conviction [kɔ̃viksjɔ̃] *nf* convicción *f.*
convier [kɔ̃vje] *vt* convidar.
convivial,-e [kɔ̃vivjal] *adj* **1** *(réunion)* distendido,-da. **2** INFORM *(interface)* amigable.
convocation [kɔ̃vɔkasjɔ̃] *nf* convocatoria *f.*
convoi [kɔ̃vwa] *nm* **1** *(de train, de véhicules)* convoy *m.* **2** *(funèbre)* cortejo *m.*
convoiter [kɔ̃vwate] *vt* codiciar.
convoitise [kɔ̃vwatiz] *nf* codicia *f.*
convoquer [kɔ̃vɔke] *vt* convocar.
convoyer [kɔ̃vwaje] *vt* escoltar, convoyar.
convulsion [kɔ̃vylsjɔ̃] *nf* convulsión *f.*
coopération [kɔɔpeʀasjɔ̃] *nf* cooperación *f.*
coopérer [kɔɔpeʀe] *vi* cooperar.
coordination [kɔɔʀdinasjɔ̃] *nf* coordinación *f.*
coordonné,-e [kɔɔʀdɔne] *adj* coordinado,-da.
coordonnée [kɔɔʀdɔne] *nf* coordenada *f.*
► *nf pl* **coordonnées 1** GÉOG, MATH coordenadas *f pl.* **2** *(adresse)* datos *m pl* personales.
coordonner [kɔɔʀdɔne] *vt* coordinar.
copain,-ine [kɔpɛ̃,-pin] *nm,f fam* amigo, -ga.
copeau [kɔpo] *nm* viruta *f.*
copie [kɔpi] *nf* **1** *(gén)* copia *f.* **2** *(d'examen)* examen *m*; *(de devoir)* ejercicio *m.*
■ **copie cachée** INFORM copia oculta.
copier [kɔpje] *vt* copiar.
► *vi* copiar (**sur**, de).
copieux,-euse [kɔpjø,-øz] *adj* copioso,-sa.
copilote [kɔpilɔt] *nmf* copiloto.
copine [kɔpin] *nf* → copain,-ine.
coprocesseur [kopʀɔsesœʀ] *nm* INFORM coprocesador *m.*

coproduction [kɔpʀɔdyksjɔ̃] *nf* coproducción *f*.
copropriété [kopʀɔpʀijete] *nf* copropiedad *f*: ***appartements en copropriété***, pisos en régimen de comunidad.
coq [kɔk] *nm* gallo *m*.
• **passer du coq à l'âne** saltar de un tema a otro.
▪ **coq de bruyère** urogallo *m*.
coque [kɔk] *nf* **1** *(de fruits secs)* cáscara *f*. **2** *(d'un bateau)* casco *m*. **3** *(coquillage)* berberecho *m*.
coquelicot [kɔkliko] *nm* amapola *f*.
coqueluche [kɔklyʃ] *nf* MÉD tos ferina *f*.
coquet,-ette [kɔkɛ,-ɛt] *adj* **1** *(élégant)* coqueto,-ta. **2** *(somme d'argent)* bonito,-ta: ***cela vous coûtera la coquette somme de 100 euros***, eso le costará la bonita cifra de 100 euros.
coquetier [kɔktje] *nm* huevera *f*.
coquetterie [kɔkɛtʀi] *nf* coquetería *f*.
coquillage [kɔkijaʒ] *nm* **1** *(mollusque)* marisco *m*. **2** *(coquille)* concha *f*.
coquille [kɔkij] *nf* **1** *(de mollusque)* concha *f*. **2** *(d'œuf, de fruit)* cáscara *f*. **3** *(dans un texte)* errata *f*.
coquin,-e [kɔkɛ̃,-in] *adj* - *nm,f* pícaro,-ra.
cor [kɔʀ] *nm* **1** *(instrument)* trompa *f*. **2** *(au pied)* callo *m*.
• **à cor et à cri** a voz en grito.
corail [kɔʀaj] *nm* (*pl* **coraux**) coral *m*.
coran [kɔʀɑ̃] *nm* corán *m*.
corbeau [kɔʀbo] *nm* **1** *(oiseau)* cuervo *m*. **2** *(personne)* autor,-ra de anónimos.
corbeille [kɔʀbɛj] *nf* **1** *(panier)* cesta *f*. **2** *(au théâtre)* palco *m*. **3** *(à la Bourse)* corro *m*.
▪ **corbeille à papier** papelera *f*.
▪ **corbeille de pain** panera *f*.
corbillard [kɔʀbijaʀ] *nm* coche *m* fúnebre.
cordage [kɔʀdaʒ] *nm* cordaje *m*.
corde [kɔʀd] *nf* cuerda *f*.
• **avoir plusieurs cordes à son arc** tener varios ases en la manga.
• **pleuvoir des cordes** *fig* llover a cántaros.
▪ **cordes vocales** cuerdas vocales.
cordée [kɔʀde] *nf* cordada *f*.
cordial,-e [kɔʀdjal] *adj* cordial.
cordon [kɔʀdɔ̃] *nm* cordón *m*.
▪ **cordon de police** cordón policial.
▪ **cordon ombilical** cordón umbilical.
cordon-bleu [kɔʀdɔ̃blø] *nm* (*pl* **cordons-bleus**) cocinero *m* de primera.
cordonnerie [kɔʀdɔnʀi] *nf* zapatería *f*.
cordonnier,-ère [kɔʀdɔnje,-ɛʀ] *nm,f* zapatero,-ra.
Corée [kɔʀe] *nf* Corea.
▪ **Corée du Nord** Corea del Norte.
▪ **Corée du Sud** Corea del Sur.
coréen,-enne [kɔʀeɛ̃,-ɛn] *adj* coreano,-na.
► *nm,f* **Coréen,-enne** coreano,-na.
► *nm* **coréen** *(langue)* coreano *m*.
coriace [kɔʀjas] *adj (steak)* coriáceo,-a.
corne [kɔʀn] *nf* **1** cuerno *m*. **2** *(de la peau)* dureza *f*.
▪ **corne d'abondance** *fig* cuerno de la abundancia.
cornée [kɔʀne] *nf* ANAT córnea *f*.
corneille [kɔʀnɛj] *nf* corneja *f*.
cornemuse [kɔʀnəmyz] *nf* gaita *f*.
corner[1] [kɔʀnɛʀ] *nm* SPORT córner *m*.
corner[2] [kɔʀne] *vt* **1** *(page)* doblar. **2** *(crier)* vocear.
cornet [kɔʀnɛ] *nm* **1** *(de papier, de glace)* cucurucho *m*. **2** *(à dés)* cubilete *m*.
cornette [kɔʀnɛt] *nf (de religieuse)* toca *f*.
corniche [kɔʀniʃ] *nf* cornisa *f*.
cornichon [kɔʀniʃɔ̃] *nm* **1** *(plante, fruit)* pepinillo *m*. **2** *fam fig (imbécile)* gilipollas *m*.
cornu,-e [kɔʀny] *adj* cornudo,-da.
corolle [kɔʀɔl] *nf* BOT corola *f*.
corporation [kɔʀpɔʀasjɔ̃] *nf* corporación *f*.
corporel,-elle [kɔʀpɔʀɛl] *adj* corporal.
corps [kɔʀ] *nm* cuerpo *m*.
▪ **corps diplomatique** cuerpo diplomático.
corpulent,-e [kɔʀpylɑ̃,-ɑ̃t] *adj* corpulento,-ta.
correct,-e [kɔʀɛkt] *adj* correcto,-ta.
correcteur,-trice [koʀɛktœʀ,-tʀis] *adj* - *nm,f* corrector,-ra.
► *nm* **correcteur** *(outil, produit)* corrector *m*.
▪ **correcteur d'orthographe** corrector ortográfico.
correction [kɔʀɛksjɔ̃] *nf* corrección *f*.

corrélatif,-ive [kɔʀelatif,-iv] *adj* correlativo,-va.
correspondance [kɔʀɛspɔ̃dɑ̃s] *nf* **1** *(relation, courrier)* correspondencia *f*. **2** *(train)* enlace *m*.
• **par correspondance** por correo.
correspondant,-e [kɔʀɛspɔ̃dɑ̃,-ɑ̃t] *adj* correspondiente.
► *nm,f* **1** *(d'un journal)* corresponsal. **2** *(au téléphone)* interlocutor,-ra. **3** *(par courrier)* amigo,-ga por correspondencia.
correspondre [kɔʀɛspɔ̃dʀ] *vi* **1** *(rapport de conformité)* corresponder (**à**, a). **2** *(par courrier)* cartearse (**avec**, con).
corridor [kɔʀidɔʀ] *nm* corredor *m*, pasillo *m*.
corrigé [kɔʀiʒe] *nm* corrección *f*.
corriger [kɔʀiʒe] *vt* corregir.
corroborer [kɔʀɔbɔʀe] *vt* corroborar.
corrompre [kɔʀɔ̃pʀ] *vt* corromper.
corrosif,-ive [kɔʀozif,-iv] *adj* corrosivo,-va.
corrosion [kɔʀozjɔ̃] *nf* corrosión *f*.
corruption [kɔʀypsjɔ̃] *nf* corrupción *f*.
corsage [kɔʀsaʒ] *nm* blusa *f*.
corsaire [kɔʀsɛʀ] *nm* **1** *(pirate)* corsario *m*. **2** *(vêtement)* pantalón *m* pirata.
corsé,-e [kɔʀse] *adj* **1** *(fort - aliments)* picante; *(- café)* fuerte. **2** *(complexe)* complicado,-da.
corser [kɔʀse] *vt* **1** *(aliments, café)* dar cuerpo a. **2** *(récit, roman)* poner gotas de interés en.
► *vpr* **se corser** complicarse.
corset [kɔʀsɛ] *nm* corsé *m*.
cortège [kɔʀtɛʒ] *nm* cortejo *m*, séquito *m*.
corvée [kɔʀve] *nf* tarea *f* fastidiosa.
cosmétique [kɔsmetik] *adj* cosmético,-ca.
► *nm* cosmético *m*.
cosmique [kɔsmik] *adj* cósmico,-ca.
cosmonaute [kɔsmɔnot] *nmf* cosmonauta.
cosmopolite [kɔsmɔpɔlit] *adj* cosmopolita.
cosmos [kɔsmos] *nm* cosmos *m*.
cosse [kɔs] *nf (de légumes)* vaina *f*.
Costa Rica [kɔstaʀika] *nm* Costa Rica.
costaricien,-enne [kɔstaʀisjɛ̃,-ɛn] *adj* costarricense, costarriqueño,-ña.
► *nm,f* **Costaricien,-enne** costarricense, costarriqueño,-ña.
cossu,-e [kɔsy] *adj* **1** *(personne)* adinerado,-da. **2** *(immeuble)* señorial.
costume [kɔstym] *nm* **1** *(d'homme)* traje *m*. **2** *(au théâtre)* vestuario *m*.
cotation [kɔtasjɔ̃] *nf* cotización *f*.
cote [kɔt] *nf* **1** *(niveau)* cota *f*, nivel *m*. **2** *(quote-part)* contribución *f*. **3** *(en Bourse)* cotización *f*.
▪ **cote d'alerte** **1** *(de rivière)* cota de alerta. **2** *fig* punto *m* crítico.
▪ **cote de popularité** nivel de popularidad.
côte [kot] *nf* **1** ANAT costilla *f*. **2** CUIS chuleta *f*. **3** *(du terrain)* cuesta *f*. **4** *(littoral)* costa *f*.
• **côte à côte** hombro con hombro.
côté [kote] *nm* **1** *(gén)* lado *m*. **2** *(du corps)* costado *m*: ***il est allongé sur le côté***, está acostado de lado.
• **à côté de** al lado de.
• **de mon côté** por mi parte.
• **de tous côtés** de todas partes.
• **du côté de** cerca de: ***il vit du côté de Bordeaux***, vive cerca de Burdeos.
• **laisser de côté** *fig* dejar de lado.
• **les bons/mauvais côtés de QQCH/QQN** el lado bueno/malo de ALGO/ALGN.
• **mettre de côté** guardar.
coteau [kɔto] *nm* **1** *(petite colline)* cerro *m*. **2** *(versant)* ladera *f*.
côtelette [kɔtlɛt] *nf* chuletita *f*.
coter [kɔte] *vt* **1** *(document)* numerar. **2** *(marchandise, valeur)* cotizar. **3** *(un devoir)* calificar.
► *vi (valeur)* cotizar.
côtier,-ère [kotje,-ɛʀ] *adj* costero,-ra, litoral.
cotisation [kɔtizasjɔ̃] *nf (somme à verser - à un club)* cuota *f*; *(- à la sécurité sociale)* cotización *f*.
cotiser [kɔtize] *vi* **cotiser (à)** *(club)* pagar una cuota a; *(sécurité sociale)* cotizar.
► *vpr* **se cotiser** hacer una colecta.
coton [kɔtɔ̃] *nm* algodón *m*.
▪ **coton hydrophile** algodón hidrófilo.
cotonnier [kɔtɔnje] *nm* algodonero *m*.
coton-tige® [kɔtɔ̃tiʒ] *nm* (*pl* **cotons-tiges**) bastoncillo *m* (de algodón).

côtoyer [kotwaje] *vt* **1** *(longer)* bordear. **2** *(personne)* frecuentar.

cou [ku] *nm* cuello *m*.

• **se casser le cou** *fig* romperse la crisma.

couchant [kuʃɑ̃] *nm* poniente *m*.

couche [kuʃ] *nf* **1** *(de peinture)* capa *f*. **2** *(pour les bébés)* pañal *m*. **3** *(social)* clase *f*.

► *nf pl* **couches** parto *m sing*.

▪ **fausse couche** aborto *m* natural.

couche-culotte [kuʃkylɔt] *nf* (*pl* **couches-culottes**) pañal *m*.

coucher[1] [kuʃe] *nm* puesta *f*.

▪ **coucher de soleil** puesta de sol.

coucher[2] [kuʃe] *vt* **1** *(dans un lit)* acostar. **2** *(sur le sol)* tumbar.

► *vi* **1** *(dormir)* dormir. **2 coucher avec** *fam (faire l'amour)* acostarse con.

► *vpr* **se coucher 1** *(s'allonger)* tumbarse. **2** *(au lit)* acostarse. **3** *(soleil)* ponerse.

couchette [kuʃɛt] *nf* litera *f*.

coucou [kuku] *nm* **1** *(oiseau)* cuco *m*. **2** *(horloge)* reloj *m* de cuco.

coude [kud] *nm* **1** *(du bras)* codo *m*. **2** *(d'un tuyau)* recodo *m*.

cou-de-pied [kudpje] *nm* (*pl* **cous-de-pied**) empeine *m*.

coudre [kudʀ] *vt* coser.

couette [kwet] *nf* **1** *(édredon)* edredón *m*. **2** *(cheveux)* coleta *f*.

couffin [kufɛ̃] *nm* cuco *m*.

couille [kuj] *nf vulg* cojón *m*, huevo *m*.

coulant,-e [kulɑ̃,-ɑ̃t] *adj* **1** *(style, substance)* fluido,-da. **2** *(nœud)* corredizo,-za.

coulée [kule] *nf* **1** *(de lave, de métal)* colada *f*. **2** *(de boue)* río *m*.

couler [kule] *vt* **1** *(métal)* colar. **2** *(statue)* vaciar. **3** *(bateau, entreprise, personne)* hundir.

► *vi* **1** *(liquide)* fluir. **2** *(récipient)* gotear. **3** *(bateau, entreprise, personne)* hundirse.

► *vpr* **se couler** colarse.

• **couler à pic** irse a pique.

• **se la couler douce** *fam fig* tener una vida regalada.

couleur [kulœʀ] *nf* **1** *(gén)* color *m*. **2** *(cartes)* palo *m*.

• **en couleurs** en color.

couleuvre [kulœvʀ] *nf* culebra *f*.

coulisse [kulis] *nf (d'une porte)* ranura *f*.

► *nf pl* **coulisses 1** *(au théâtre)* bastidores *m pl*. **2** *fig (secrets)* secretos *m pl*.

• **à coulisse** corredero,-ra.

couloir [kulwaʀ] *nm* pasillo *m*.

coup [ku] *nm* **1** *(gén)* golpe *m*. **2** *(d'arme à feu)* disparo *m*. **3** *fam (quantité bue en une fois)* trago *m*. **4** *(fois)* vez *f*. **5** *(d'une maladie, de colère)* acceso *m*.

• **à coup sûr** seguro.

• **donner un coup de main** echar una mano.

• **donner un coup de téléphone** llamar por teléfono.

• **du coup** por lo que.

• **manquer son coup** fallar.

• **sur le coup** en el acto.

• **tout à coup** de repente.

▪ **coup de balai** escobazo *m*.

▪ **coup d'État** golpe de Estado.

▪ **coup de foudre** flechazo *m*.

▪ **coup de fil** llamada *f*.

▪ **coup de fouet** latigazo *m*.

▪ **coup d'œil** vistazo *m*, ojeada *f*.

▪ **coup de pied** patada *f*.

▪ **coup de poing** puñetazo *m*.

▪ **coup de soleil** golpe de calor, insolación *f*.

coupable [kupabl] *adj - nmf* culpable.

coupant,-e [kupɑ̃,-ɑ̃t] *adj* cortante.

coupe [kup] *nf* **1** *(verre, trophée)* copa *f*. **2** *(de cheveux, de vêtements)* corte *m*. **3** *(d'arbres)* tala *f*. **4** *(plan)* sección *f*.

coupé [kupe] *nm* cupé *m*.

coupe-gorge [kupgɔʀʒ] *nm inv* lugar *m* poco seguro.

coupe-ongles [kupɔ̃gl] *nm inv* cortaúñas *m*.

coupe-papier [kuppapje] *nm* (*pl* **coupe-papier** ou **coupe-papiers**) abrecartas *m*.

couper [kupe] *vt* **1** *(gén)* cortar. **2** *(arbres)* talar. **3** *(céréales)* segar.

► *vi* **1** *(gén)* cortar. **2** *(prendre un chemin plus court)* atajar.

► *vpr* **se couper** cortarse.

couper-coller [kupekɔle].

• **faire un couper-coller** INFORM cortar y pegar.

couperet [kuprɛ] *nm* cuchilla *f*.

couple [kupl] *nm* **1** *(de personnes, d'animaux)* pareja *f.* **2** MATH, PHYS par *m.*
couplet [kuplɛ] *nm* estrofa *f.*
coupole [kupɔl] *nf* cúpula *f.*
coupon [kupɔ̃] *nm* **1** *(de tissu)* retal *m.* **2** *(billet)* cupón *f.*
coupon-réponse [kupɔ̃ʀepɔ̃s] *nm* (*pl* **coupons-réponse**) cupón *m* de respuesta.
coupure [kupyʀ] *nf* **1** *(blessure, suppression)* corte *m.* **2** *(argent)* billete *m.* **3** *(de journaux)* recorte *m.*
▪ **coupure de courant** apagón *m.*
cour [kuʀ] *nf* **1** *(de maison)* patio *m.* **2** *(de ferme)* corral *m.* **3** *(d'un roi)* corte *f.* **4** *(de justice)* tribunal *m.*
• **faire la cour à QQN** cortejar a ALGN.
▪ **cour de cassation** tribunal supremo.
▪ **cour de récréation** patio de recreo.
courage [kuʀaʒ] *nm* **1** *(bravoure)* valentía *f.* **2** *(énergie)* ánimo *m.*
• **bon courage !** ¡ánimo!
courageux,-euse [kuʀaʒø,-øz] *adj* valiente.
couramment [kuʀamɑ̃] *adv* **1** *(lire, parler)* con soltura. **2** *(d'habitude)* normalmente.
courant,-e [kuʀɑ̃,-ɑ̃t] *adj* corriente.
► *nm* **courant** **1** *(gén)* corriente *f.* **2** *(durée)* transcurso *m*: ***dans le courant du mois***, a lo largo del mes. **3** *(progrès, évolution)* curso *m.*
• **être au courant** estar al corriente.
• **tenir au courant** mantener al corriente.
▪ **courant d'air** corriente de aire.
▪ **courant électrique** corriente eléctrica.
courbature [kuʀbatyʀ] *nf* agujetas *f pl.*
courbe [kuʀb] *nf* curva *f.*
courber [kuʀbe] *vt* **1** *(plier)* curvar. **2** *(genoux, tête)* inclinar.
► *vi* encorvarse.
► *vpr* **se courber** **1** *(tige, objet)* curvarse. **2** *(personne)* inclinarse.
coureur,-euse [kuʀœʀ,-øz] *nm,f* corredor,-ra.
▪ **coureur,-euse cycliste** ciclista.
▪ **coureur de jupons** mujeriego *m.*
courge [kuʀʒ] *nf* **1** *(légume)* calabaza *f.* **2** *fam (imbécile)* tonto,-ta.
courgette [kuʀʒɛt] *nf* calabacín *m.*
courir [kuʀiʀ] *vi* correr.
► *vt* **1** *(course, risque)* correr. **2** *(un lieu)* recorrer. **3** *(animal)* perseguir a.
couronne [kuʀɔn] *nf* corona *f.*
couronnement [kuʀɔnmɑ̃] *nm* coronación *f.*
couronner [kuʀɔne] *vt* coronar.
courrier [kuʀje] *nm* correo *m.*
▪ **courrier du cœur** consultorio *m* sentimental.
▪ **courrier électronique** correo electrónico.
▪ **courrier indésirable** correo basura, spam *m.*
courriel [kuʀjɛl] *nm* correo *m* electrónico.
courroie [kuʀwa] *nf* correa *f.*
courroux [kuʀu] *nm* furor *m.*
cours [kuʀ] *nm* **1** *(d'eau, du temps, de monnaie)* curso *m.* **2** *(niveau d'études)* curso *m.* **3** *(leçon)* clase *f*: ***cours de physique***, clase de física; ***cours particuliers***, clases particulares. **4** *(notes)* apuntes *m pl.* **5** *(rue)* paseo *m.*
• **au cours de** durante.
• **avoir cours** ser de curso legal.
• **donner des cours de** dar clases de.
• **donner libre cours à** dar rienda suelta a.
• **en cours** **1** *(année)* en curso. **2** *(affaire)* pendiente.
• **en cours de route** en el camino.
▪ **cours d'eau** curso de agua.
course [kuʀs] *nf* **1** *(action, compétition)* carrera *f.* **2** *(trajet)* trayectoria *f.*
► *nf pl* **courses** compra *f sing.*
• **faire les courses** hacer la compra.
coursier,-ère [kuʀsje,-ɛʀ] *nm,f* mensajero,-ra.
court,-e [kuʀ, kuʀt] *adj* corto,-ta.
► *adv* **court** corto.
► *nm* SPORT pista *f* de tenis.
• **être à court de** andar mal de: ***ils sont à court d'argent***, andan mal de dinero.
• **prendre de court** pillar desprevenido.
• **tourner court** acabar de repente.
• **tout court** a secas.
court-bouillon [kuʀbujɔ̃] *nm* (*pl* **courts-bouillons**) caldo *m.*
court-circuit [kuʀsiʀkɥi] *nm* (*pl* **courts-circuits**) cortocircuito *m.*

courtier,-ère [kuʀtje,-ɛʀ] *nm,f* corredor,-ra de bolsa.
courtisan,-e [kuʀtizɑ̃] *nm,f* **1** *(d'un roi, d'un prince)* cortesano,-na. **2** *fig, péj* adulador,-ra.
courtiser [kuʀtize] *vt* cortejar.
court-métrage [kuʀmetʀaʒ] *nm* (*pl* **courts-métrages**) cortometraje *m*.
courtois,-e [kuʀtwa,-waz] *adj* cortés,-esa.
couscous [kuskus] *nm* cuscús *m*.
cousin,-e [kuzɛ̃,-in] *nm,f* primo,-ma.
coussin [kusɛ̃] *nm* cojín *m*.
coussinet [kusinɛ] *nm* cojincillo *m*.
cousu,-e [kuzy] *adj* cosido,-da.
coût [ku] *nm* coste *m*.
couteau [kuto] *nm* **1** *(instrument)* cuchillo *m*. **2** *(coquillage)* navaja *f*.
coutellerie [kutɛlʀi] *nf* cuchillería *f*.
coûter [kute] *vt - vi* costar.
• **coûte que coûte** cueste lo que cueste.
coûteux,-euse [kutø,-øz] *adj* costoso, -sa, caro,-ra.
coutume [kutym] *nf* costumbre *f*.
• **avoir coutume de** tener la costumbre de.
couture [kutyʀ] *nf* costura *f*.
▪ **haute couture** alta costura.
couturier [kutyʀje] *nm* diseñador *m*, modisto *m*.
couturière [kutyʀjɛʀ] *nf* modista *f*.
couvée [kuve] *nf* nidada *f*.
couvent [kuvɑ̃] *nm* convento *m*.
couver [kuve] *vt* **1** *(œuf, grippe)* incubar. **2** *fig (enfant)* mimar.
► *vi fig* estar latente.
couvercle [kuvɛʀkl] *nm* tapa *f*.
couvert,-e [kuvɛʀ,-ɛʀt] *adj* **1** *(ciel)* cubierto,-ta. **2** *(vêtement)* abrigado,-da. **3** *(plein)* lleno,-na: ***son visage était couvert de boutons***, tenía la cara llena de granos.
► *nm* **couvert** *(à table)* cubierto *m*.
• **mettre le couvert** poner la mesa.
• **se mettre à couvert** ponerse a cubierto.
couverture [kuvɛʀtyʀ] *nf* **1** *(de maison, de livre)* cubierta *f*. **2** *(de lit)* manta *m*. **3** *(d'un magazine)* portada *f*. **4** *(de portable, d'assurance)* cobertura *f*.
couveuse [kuvøz] *nf* incubadora *f*.
couvre-feu [kuvʀəfø] *nm* (*pl* **couvre-feux**) toque *m* de queda.
couvre-lit [kuvʀəli] *nm* (*pl* **couvre-lits**) cubrecama *m*, colcha *f*.
couvrir [kuvʀiʀ] *vt* **1** *(gén)* cubrir. **2** *(avec un couvercle)* tapar. **3** *(avec un vêtement)* abrigar. **4** *(un livre)* forrar.
► *vpr* **se couvrir** **1** *(gén)* cubrirse. **2** *(avec un vêtement)* abrigarse.
crabe [krab] *nm* cangrejo *m*.
cracher [kʀaʃe] *vt - vi* escupir.
crachoir [kʀaʃwaʀ] *nm* escupidera *f*.
craie [kʀɛ] *nf* **1** *(roche)* creta *f*. **2** *(pour écrire)* tiza *f*.
craindre [kʀɛ̃dʀ] *vt* **1** *(gén)* temer: ***il ne craint pas la mort***, no teme a la muerte. **2** **craindre que** + *subj (considérer probable)* temer que + *subj*: ***je crains qu'il ne perde***, me temo que pederá. **3** **craindre de** + *inf (avoir peur)* tener miedo de + *inf*: ***il craint d'échouer***, le da miedo fracasar.
crainte [kʀɛ̃t] *nf* temor *m*.
• **de crainte que** + *subj* por miedo a que + *subj*.
• **par crainte de** por temor a.
craintif,-ive [kʀɛ̃tif,-iv] *adj* temeroso,-sa.
cramoisi,-e [kʀamwazi] *adj* carmesí.
crampe [kʀɑ̃p] *nf* calambre *m*.
cramponner [kʀɑ̃pɔne] *vt* enganchar.
► *vpr* **se cramponner** **1** *(objet, personne)* agarrarse (**à**, a). **2** *fig (idée, espoir)* aferrarse (**à**, a).
cran [kʀɑ̃] *nm* **1** *(entaille)* muesca *f*. **2** *(degré)* punto *m*. **3** *fam (audace)* agallas *f pl*.
• **avoir du cran** *fam* tener arrojo.
• **baisser d'un cran** bajar un punto.
▪ **cran d'arrêt** seguro *m*.
crâne [kʀan] *nm* ANAT cráneo *m*.
• **ne rien avoir dans le crâne** *fig* tener la cabeza hueca.
crânien,-enne [kʀanjɛ̃,-ɛn] *adj* craneal.
crapaud [kʀapo] *nm* sapo *m*.
crapule [kʀapyl] *nf* crápula *m*.
craqueler [kʀakle] *vt* agrietar.
craquelure [kʀaklyʀ] *nf* grieta *f*.
craquer [kʀake] *vi* **1** *(faire un bruit sec)* crujir. **2** *(vêtement)* reventar. **3** *(entreprise, projet)* hundirse. **4** *(nerveusement)* desmoronarse. **5** *fam (céder à une envie)* ceder: ***au***

bout de deux semaines de régime, elle a craqué, después de dos semanas de régimen, no pudo más.

• **plein à craquer** lleno a rebosar.

crasse [kRas] *nf* **1** *(saleté)* mugre *f.* **2** *fam (méchanceté)* mala pasada *f.*

crasseux,-euse [kRasø,-øz] *adj* mugriento,-ta.

cratère [kRatɛR] *nm* cráter *m.*

cravache [kRavaʃ] *nf* fusta *f.*

cravate [kRavat] *nf* corbata *f.*

crawl [kRol] *nm* crol *m.*

crayon [kRɛjɔ̃] *nm* lápiz *m.*

▪ **crayon optique** lápiz óptico.

créancier,-ère [kReɑ̃sje,-ɛR] *nm,f* acreedor,-ra.

créateur,-trice [kReatœR,-tRis] *adj - nm,f* creador,-ra.

créatif,-ive [kReatif,-iv] *adj* creativo.

création [kReasjɔ̃] *nf* creación *f.*

créativité [kreativite] *nf* creatividad *f.*

créature [kReatyR] *nf* criatura *f.*

crèche [kRɛʃ] *nf* **1** *(pour enfants)* guardería *f.* **2** *(de Noël)* belén *m.*

crédit [kRedi] *nm* crédito *m.*

• **à crédit** a crédito.

• **faire crédit à QQN** dar crédito a ALGN.

crédit-bail [kRedibaj] *nm* (*pl* **crédits-bails**) leasing *m.*

créditer [kRedite] *vt* abonar en cuenta.

créditeur,-trice [kReditœR,-tRis] *adj - nm,f* acreedor,-ra.

crédule [kRedyl] *adj* crédulo.

crédulité [kRedylite] *nf* credulidad *f.*

créer [kRee] *vt* crear.

crémaillère [kRemajɛR] *nf* **1** *(de cheminée)* llares *f pl.* **2** *(mécanisme)* cremallera *f.*

• **pendre la crémaillère** *fig* celebrar una fiesta de inauguración de la casa.

crématoire [kRematwaR] *adj* crematorio, -ria.

crématorium [kRɛmatoRjɔm] *nm* crematorio *m.*

crème [kRɛm] *adj (couleur)* crema.

► *nf* **1** *(du lait)* nata *f.* **2** *(dessert, cosmétique)* crema *f.*

▪ **crème anglaise** natillas *f pl.*

▪ **crème à raser** crema de afeitar.

▪ **crème fouettée** nata batida.

▪ **crème fraîche** nata (líquida).

▪ **crème glacée** helado *m.*

▪ **crème hydratante** crema hidratante.

crémerie [kRɛmRi] *nf* mantequería *f.*

crémeux,-euse [kRemø,-øz] *adj* cremoso,-sa.

créneau [kReno] *nm* **1** *(de château)* almena *f.* **2** *(pour la voiture)* aparcamiento *m*: ***il a bien réussi son créneau***, ha aparcado bien. **3** *(dans l'emploi du temps)* hueco *m.* **4** COMM nicho *m* de mercado.

créole [kReɔl] *adj - nmf* criollo,-lla.

► *nm (langue)* criollo *m.*

crêpe [kRɛp] *nf* CUIS crepe *f.*

► *nm (tissu)* crespón *m.*

crêperie [krɛpRi] *nf* crepería *f.*

crépi [kRepi] *nm* enlucido *m.*

crépitement [krepitmɑ̃] *nm* chisporroteo *m.*

crépon [kRepɔ̃] *nm* crespón *m.*

crépu,-e [kRepy] *adj* crespo,-pa.

crépuscule [kRepyskyl] *nm* **1** *(tombée du jour)* anochecer *m.* **2** *fig (déclin)* crepúsculo *m.*

cresson [kResɔ̃] *nm* berro *m.*

crête [kRɛt] *nf* cresta *f.*

crétin,-e [kRetɛ̃,-in] *adj - nm,f fam* cretino,-na.

creuser [kRøze] *vt* **1** *(trou, tunnel)* cavar. **2** *(idée, sujet)* profundizar en.

► *vpr* **se creuser 1** *(devenir creux)* ahuecarse. **2** *fam fig (réfléchir)* romperse la cabeza: ***tu ne t'es pas trop creusé !***, desde luego, !no te has esforzado demasiado!

• **se creuser la cervelle** devanarse los sesos.

creuset [kRøzɛ] *nm* crisol *m.*

creux, creuse [kRø, kRøz] *adj* **1** *(vide)* hueco,-ca. **2** *(assiette)* hondo,-da. **3** *(période, heures)* de poca actividad. **4** *fig (paroles, discours)* vacío,-a, fútil.

► *nm* **creux** hueco *m.*

crevaison [kRəvɛzɔ̃] *nf* pinchazo *m.*

crevasse [kRəvas] *nf* grieta *f.*

crevé,-e [kRəve] *adj fam* reventado,-da.

crever [kRəve] *vt* **1** *(ballon, bulle)* reventar. **2** *fam (fatiguer)* cansar.

► *vi* **1** *(ballon, pneu)* reventarse. **2** *fam (personne)* palmarla.

► *vpr* **se crever** *fam (se fatiguer)* matarse.
• **crever de faim** *fig* morirse de hambre.
crevette [kʀəvɛt] *nf* gamba *f*.
▪ **crevette grise** camarón *m*.
▪ **crevette rose** quisquilla *f*.
cri [kʀi] *nm* **1** *(gén)* grito *m*. **2** *(appel)* voz *f*.
• **pousser un cri** pegar un grito.
▪ **dernier cri** *fig* último grito.
criant,-e [kʀijɑ̃,-ɑ̃t] *adj fig* flagrante.
criard,-e [kʀijaʀ,-aʀd] *adj* chillón,-ona.
crible [kʀibl] *nm* criba *f*.
cribler [kʀible] *vt* **1** *(tamiser)* cribar. **2** *(percer)* acribillar: ***cribler de questions***, acribillar a preguntas.
cric [kʀik] *nm* gato *m*.
cricket [kʀikɛt] *nm* SPORT críquet *m*.
crier [kʀije] *vt - vi* gritar.
crime [kʀim] *nm* crimen *m*.
criminel,-elle [kʀiminɛl] *adj - nm,f* criminal.
crin [kʀɛ̃] *nm* cerda *f*.
crinière [kʀinjɛʀ] *nf* **1** *(du cheval)* crines *f pl*. **2** *(du lion)* melena *f*.
crique [kʀik] *nf* cala *f*.
criquet [kʀikɛ] *nm* langosta *f*.
crise [kʀiz] *nf* **1** *(gén)* crisis *f*. **2** MÉD ataque *m*.
▪ **crise cardiaque** ataque al corazón.
▪ **crise de nerfs** ataque de nervios.
▪ **crise économique** crisis económica.
crisper [kʀispe] *vt* **1** *(visage)* crispar. **2** *(personne)* irritar.
► *vpr* **se crisper** crisparse.
crisser [kʀise] *vi* **1** *(soie, sable)* crujir. **2** *(dents)* rechinar.
cristal [kʀistal] *nm* cristal *m*.
cristallin,-e [kʀistalɛ̃,-in] *adj* cristalino,-na.
► *nm* **cristallin** cristalino *m*.
critère [kʀitɛʀ] *nm* criterio *m*.
critique [kʀitik] *adj* crítico,-ca.
► *nm* crítico *m*.
► *nf* crítica *f*.
critiquer [kʀitike] *vt* **1** *(conduite, personne)* criticar. **2** *(œuvre)* hacer la crítica de.
croasser [kʀɔase] *vi* graznar.
croate [kʀɔat] *adj* croata.
► *nmf* **Croate** croata.
Croatie [kʀɔasi] *nf* Croacia.
croc [kʀo] *nm* **1** *(crochet)* gancho *m*. **2** *(dent)* colmillo *m*.
croche [kʀoʃ] *nf* MUS corchea *f*.
croche-pied [kʀɔʃpje] *nm* (*pl* **croche-pieds**) zancadilla *f*.
• **faire un croche-pied** poner la zancadilla.
crochet [kʀɔʃɛ] *nm* **1** *(attache)* gancho *m*. **2** *(pour tricoter)* ganchillo *m*. **3** *(signe graphique)* corchete *m*. **4** *(détour)* rodeo *m*. **5** SPORT crochet *m*.
• **vivre aux crochets de QQN** *fam* vivir de ALGN.
crochu,-e [kʀɔʃy] *adj* ganchudo,-da.
crocodile [kʀɔkɔdil] *nm* cocodrilo *m*.
croire [kʀwaʀ] *vt* creer: ***tu as cru son histoire ?***, ¿te has creído lo que ha contado?; ***vous pouvez croire cette femme***, pueden creer a esa mujer.
► *vi* **1** *(gén)* creer. **2** **croire à** *(quelque chose)* creer en: ***je ne crois pas à la réincarnation***, no creo en la reencarnación. **3** **croire en** *(personne)* confiar en.
► *vpr* **se croire** creerse: ***il se croit intelligent***, se cree inteligente.
croisade [kʀwazad] *nf* cruzada *f*.
croisée [kʀwaze] *nf* encrucijada *f*.
croisement [kʀwazmɑ̃] *nm* **1** *(de routes)* cruce *m*. **2** *(de races)* cruzamiento *m*.
croiser [kʀwaze] *vt* **1** *(gén)* cruzarse. **2** *(passer à côté)* cruzarse con.
► *vpr* **se croiser** cruzarse.
• **se croiser les bras** cruzarse de brazos.
croisière [kʀwazjɛʀ] *nf* crucero *m*.
croissance [kʀwasɑ̃s] *nf* crecimiento *m*.
croissant,-e [kʀwasɑ̃,-ɑ̃t] *adj* creciente.
► *nm* **croissant** **1** *(lune)* media luna *f*. **2** CUIS croissant *m*, cruasán *m*.
croître [kʀwatʀ] *vi* crecer.
croix [kʀwa] *nf* cruz *f*.
• **faire une croix sur QQCH** decir adiós a ALGO.
croquant,-e [kʀɔkɑ̃,-ɑ̃t] *adj* crujiente.
croque-mitaine [kʀɔkmitɛn] *nm* (*pl* **croque-mitaines**) coco *m*.
croque-monsieur [kʀɔkməsjø] *nm inv* mixto *m* de jamón y queso.
croque-mort [kʀɔkmɔʀ] *nm* (*pl* **croque-morts**) *fam* enterrador *m*.

croquer [kʀɔke] *vt* **1** *(pomme, biscotte)* comer. **2** *(paysage, personnage)* bosquejar.
► *vi* crujir.
croquette [kʀɔkɛt] *nf* croqueta *f.*
croquis [kʀɔki] *nm* croquis *m.*
cross [kʀɔs] *nm* SPORT cross *m.*
crosse [kʀɔs] *nf* **1** *(d'évêque)* báculo *m.* **2** *(de fusil)* culata *f.* **3** *(de golf, de cricket)* palo *m.*
crotale [kʀɔtal] *nm* crótalo *m.*
crotte [kʀɔt] *nf fam* caca *f.*
crottin [kʀɔtɛ̃] *nm* estiércol *m* (de caballo).
crouler [kʀule] *vi* **1** *(s'affaisser)* hundirse: ***il croule sous le poids des ans***, se está hundiendo por el peso de los años. **2** *fig* venirse abajo: ***la salle croulait sous les applaudissements***, los aplausos hicieron que la sala se viniera abajo.
croupe [kʀup] *nf* grupa *f.*
croupier [kʀupje] *nm* crupier *mf.*
croupir [kʀupiʀ] *vi* **1** *(les eaux)* estancarse. **2 croupir dans** *fig (personne)* sumirse en.
croustillant,-e [kʀustijɑ̃,-ɑ̃t] *adj* **1** *(pain)* crujiente. **2** *fig (commentaire)* picante.
croûte [kʀut] *nf* **1** *(de pain, de fromage)* corteza *f.* **2** *(de blessure)* costra *f.*
▪ **croûte terrestre** corteza terrestre.
croûton [kʀutɔ̃] *nm* **1** *(de pain)* cuscurro *m.* **2** *(pain frit)* picatoste *m.*
croyance [kʀwajɑ̃s] *nf* creencia *f.*
croyant,-e [kʀwajɑ̃,-ɑ̃t] *adj* - *nm,f* creyente.
cru,-e [kʀy] *adj* **1** *(aliment, description, terme)* crudo,-da. **2** *(couleur)* vivo,-va.
► *nm* **cru** **1** *(vignoble)* pago *m.* **2** *(vin)* vino *m*: ***un grand cru***, un gran vino.
• **de son cru** *fig* de su cosecha.
cruauté [kʀyote] *nf* crueldad *f.*
cruche [kʀyʃ] *nf* **1** *(récipient)* cántaro *m.* **2** *fam (personne)* zoquete *m.*
crucial,-e [kʀysjal] *adj* crucial.
crucifier [kʀysifje] *vt* crucificar.
crucifix [kʀysifi] *nm* crucifijo *m.*
crudité [kʀydite] *nf* crudeza *f.*
► *nf pl* **crudités** verduras *f pl* crudas.
crue [kʀy] *nf* crecida *f.*
cruel,-elle [kʀyɛl] *adj* cruel.
crustacé [kʀystase] *nm* crustáceo *m.*
crypte [kʀipt] *nf* cripta *f.*
Cuba [kyba] *n pr* Cuba.
cubain,-e [kybɛ̃,-ɛn] *adj* cubano,-na.
► *nm,f* **Cubain,-e** cubano,-na.
cube [kyb] *adj* cúbico,-ca: ***mètre cube***, metro cúbico.
► *nm* cubo *m.*
• **au cube** al cubo.
cubique [kybik] *adj* cúbico,-ca.
cubisme [kybism] *nm* cubismo *m.*
cueillette [kœjɛt] *nf* cosecha *f.*
cueillir [kœjiʀ] *vt* **1** *(fruits, fleurs, plantes)* coger. **2** *fam (un voleur)* pillar.
cuiller [kɥijɛʀ] *nf* cuchara *f.*
cuillère [kɥijɛʀ] *nf* cuchara *f.*
▪ **cuillère à café** cucharilla *f* de café.
▪ **cuillère à dessert** cuchara de postre.
▪ **cuillère à soupe** cuchara sopera.
cuillerée [kɥijʀe] *nf* cucharada *f.*
cuir [kɥiʀ] *nm* **1** *(gén)* cuero *m.* **2** *(peau tannée)* piel *f*: ***elle a acheté une veste en cuir***, se ha comprado una chaqueta de piel.
▪ **cuir chevelu** cuero cabelludo.
cuirasse [kɥiʀas] *nf* coraza *f.*
cuirassé,-e [kɥiʀase] *adj* acorazado,-da.
► *nm* **cuirassé** acorazado *m.*
cuire [kɥiʀ] *vt* **1** *(dans un liquide)* cocer. **2** *fam fig (de chaleur)* asarse.
► *vi* cocerse.
cuisant,-e [kɥizɑ̃,-ɑ̃t] *adj* **1** *(douleur)* agudo,-da. **2** *(défaite)* vergonzosa.
cuisine [kɥizin] *nf* cocina *f.*
cuisiner [kɥizine] *vt* **1** *(aliments)* cocinar. **2** *fam (une personne)* sonsacar.
cuisinier,-ère [kɥisinje,-ɛʀ] *nm,f* cocinero,-ra.
cuisinière [kɥisinjɛʀ] *nf (appareil)* cocina *f.*
cuisse [kɥis] *nf* muslo *m.*
cuisson [kɥisɔ̃] *nf* cocción *f.*
cuit,-e [kɥi,-it] *adj* cocido,-da: ***un steak bien cuit***, un filete bien hecho.
cuite [kɥit] *nf fam* borrachera *f.*
cuivre [kɥivʀ] *nm* cobre *m.*
cul [kyl] *nm fam* culo *m.*
culasse [kylas] *nf* culata *f.*
culbute [kylbyt] *nf* **1** *(cabriole)* voltereta *f.* **2** *(chute)* tortazo *m.*

cul-de-sac [kydsak] *nm* (*pl* **culs-de-sac**) callejón *m* sin salida.
culinaire [kylinɛʀ] *adj* culinario,-ria.
culminant,-e [kylminɑ̃,-ɑ̃t] *adj* culminante.
culot [kylo] *nm* **1** *(d'ampoule, de cartouche)* casquillo *m*. **2** *fam* morro *m*.
• **avoir du culot** tener morro.
culotte [kylɔt] *nf* **1** *(de femme)* bragas *f pl*. **2** *(de petit garçon)* pantalones *m pl*.
▪ **culottes courtes** pantalones cortos.
culotté,-e [kylɔte] *adj fam* caradura.
culpabilité [kylpabilite] *nf* culpabilidad *f*.
culte [kylt] *nm* culto *m*.
cultivateur,-trice [kyltivatœʀ,-tʀis] *nm,f* labrador,-ra.
cultivé,-e [kyltive] *adj* **1** *(champ)* cultivado,-da. **2** *(personne)* culto,-ta.
cultiver [kyltive] *vt* cultivar.
culture [kyltuʀ] *nf* **1** *(de la terre)* cultivo *m*. **2** *(savoir)* cultura *f*.
▪ **culture physique** educación *f* física.
culturel,-elle [kyltyrɛl] *adj* cultural.
culturisme [kyltyʀism] *nm* culturismo *m*.
cumin [kymɛ̃] *nm* comino *m*.
cumul [kymyl] *nm* acumulación *f*, cúmulo *m*.
▪ **cumul d'emplois** pluriempleo *m*.
cumuler [kymyle] *vt* acumular.
cupide [kypid] *adj* codicioso,-sa.
cure [kyʀ] *nf* cura *f*.
▪ **cure thermale** cura termal.
curé [kyʀe] *nm* cura *m*.
cure-dents [kyʀdɑ̃] *nm inv* palillo *m*, mondadientes *m*.
curer [kyʀe] *vt* limpiar.
curieux,-euse [kyʀjø,-øz] *adj - nm,f* curioso,-sa.
curiosité [kyʀjozite] *nf* curiosidad *f*.
curriculum vitae [kyʀikylɔm vite] *nm* curriculum vitae *m*, currículo *m*.
curseur [kyʀsœʀ] *nm* cursor *m*.
cursus [kyʀsys] *nm* estudios *m pl* universitarios.
cutané,-e [kytane] *adj* cutáneo,-a.
cutter [kœtœʀ] *nm* cúter *m*.
cuve [kyv] *nf* cuba *f*.
cuvée [kyve] *nf* cosecha *f*.
cuver [kyve] *vi (vin)* fermentar.
• **cuver son vin** *fam* dormir la mona.
cuvette [kyvɛt] *nf* **1** *(pour la toilette)* palangana *f*. **2** *(de WC)* taza *f*. **3** GÉOG depresión *f*.
cyanure [sjanyʀ] *nm* cianuro *m*.
cybercafé [sibɛʀkafe] *nm* cibercafé *m*.
cyberespace [sibɛʀɛspas] *nm* ciberespacio *m*.
cybernaute [sibɛʀnot] *nm* cibernauta *mf*.
cyclamen [siklamɛn] *nm* ciclamen *m*.
cycle [sikl] *nm* ciclo *m*.
cyclique [siklik] *adj* cíclico.
cyclisme [siklism] *nm* ciclismo *m*.
cycliste [siklist] *adj - nmf* ciclista.
cyclone [siklon] *nm* ciclón *m*.
cygne [siɲ] *nm* cisne *m*.
cylindre [silɛ̃dʀ] *nm* cilindro *m*.
cymbale [sɛ̃bal] *nf* címbalo *m*.
cynique [sinik] *adj - nmf* cínico,-ca.
cynisme [sinism] *nm* cinismo *m*.
cyprès [sipʀɛ] *nm* ciprés *m*.

D

d' [de] *prép* → de.
d'abord [dabɔʀ] *adv* → abord.
d'accord [dakɔʀ] *adv* → accord.
dactylo [daktilo] *nmf* mecanógrafo,-fa.
► *nf* mecanografía *f.*
dactylographie [daktilɔgʀafi] *nf* mecanografía *f.*
dada [dada] *nm* **1** *(animal)* caballo *m.* **2** *fam (occupation)* hobby *m.*
dahlia [dalja] *nm* dalia *f.*
daigner [deɲe] *vt* dignarse a.
daim [dɛ̃] *nm* **1** *(animal)* gamo *m.* **2** *(peau)* ante *m.*
dalle [dal] *nf* losa *f.*
daltonien,-enne [daltɔnjɛ̃,-ɛn] *adj - nm,f* daltónico,-ca.
daltonisme [daltɔnism] *nm* MÉD daltonismo *m.*
dame [dam] *nf* **1** *(gén)* señora *f*, dama *f.* **2** *(aux échecs, cartes)* reina *f.*
► *nf pl* **dames** *(jeu)* damas *f pl.*
damier [damje] *nm* tablero *m.*
• **à damier** a cuadros.
damné,-e [dane] *adj - nm,f fam* condenado,-da.
damner [dane] *vt* condenar.
dandiner (se) [dɑ̃dine] *vpr* contonearse.
Danemark [danmark] *nm* Dinamarca.
danger [dɑ̃ʒe] *nm* peligro *m.*
• **être en danger** estar en peligro.
dangereux,-euse [dɑ̃ʒrø,-øz] *adj* peligroso,-sa.
danois,-e [danwa,-az] *adj* danés,-esa.
► *nm,f* **Danois,-e** danés,-esa.
► *nm* **danois** *(langue)* danés *m.*
dans [dɑ̃] *prép* **1** *(lieu)* en: ***il y a une boucherie dans la rue voisine***, hay una carnicería en la calle de al lado. **2** *(avec mouvement)* por: ***elle arrivera dans l'après-midi***, llegará por la tarde; ***je me promène dans le parc***, me paseo por el parque. **3** *(manière)* en, con: ***je l'ai dit dans l'idée de l'aider***, lo dije con la intención de ayudarla; ***dans l'attente de vos nouvelles***, a la espera de sus noticias. **4** *(temps)* dentro de, en: ***nous revenons dans une semaine***, volveremos dentro de una semana; ***j'arrive dans deux minutes***, llegaré en dos minutos. **5** *(évaluation approximative)* alrededor de, unos,-nas: ***ce livre coûte dans les vingt euros***, este libro cuesta alrededor de los veinte euros.
dansant,-e [dɑ̃sɑ̃,-ɑ̃t] *adj* **1** *(qui danse)* bailador,-ra. **2** *(musique)* bailable.
danse [dɑ̃s] *nf* danza *f*, baile *m.*
danser [dɑ̃se] *vi - vt* bailar.
danseur,-euse [dɑ̃sœʀ,-øz] *nm,f* **1** *(occasionnel)* bailador,-ra. **2** *(professionnel)* bailarín,-ina.
dard [daʀ] *nm (d'insecte)* aguijón *m.*
date [dat] *nf* fecha *f.*
• **de longue date** desde hace mucho tiempo.
■ **date de naissance** fecha de nacimiento.
■ **date limite de vente** fecha de caducidad.
dater [date] *vt* fechar.
► *vi* datar (**de**, de): ***ce palais date de la Renaissance***, este palacio data del Renacimiento.
• **à dater de** a partir de.

datif [datif] *nm* dativo *m*.
datte [dat] *nf* dátil *m*.
daube [dob] *nf* CUIS adobo *m*.
dauphin [dofɛ̃] *nm* delfín *m*.
daurade [dɔʀad] *nf* dorada *f*.
davantage [davɑ̃taʒ] *adv* más: ***je ne veux pas en savoir davantage***, no quiero saber más.
de [də] (se contrae en **du** y **des** cuando va seguida de los artículos **le** y **les**, y en **d'** delante de una palabra que empiece por vocal o *h* muda) *prép* **1** *(provenance)* de: ***il vient de la campagne***, viene del campo. **2** *(appartenance)* de: ***la voiture de mon frère***, el coche de mi hermano; ***les gens du pays***, la gente del país; ***les pages du magazine***, las páginas de la revista. **3** *(caractéristique, contenu, matière)* de: ***un verre d'eau***, un vaso de agua; ***couteau de cuisine***, cuchillo de cocina; ***une barre de fer***, una barra de hierro. **4** *(cause)* de: ***pleurer de joie***, llorar de alegría. **5** *(temps)* de, en: ***elle n'a pas parlé de toute l'après-midi***, no ha hablado en toda la tarde; ***ils ont voyagé de nuit***, viajaron de noche. **6** *(manière, moyen)* de, con, en: ***manger de bon appétit***, comer con buen apetito. **7** *(mesure)* de, por: ***le niveau de l'eau a baissé***, el nivel del agua ha bajado; ***la location coûte 30 euros de l'heure***, el alquiler vale 30 euros por hora.
▶ *det (partitif) no se traduce:* ***je veux de l'eau***, quiero agua; ***tu prendras du café ?***, ¿tomarás café?; ***elle n'achète jamais de confiture***, nunca compra mermelada.
dé [de] *nm* **1** *(pour jouer)* dado *m*. **2** *(à coudre)* dedal *m*.
dealer [dilœʀ] *nm fam* camello *m*.
déambuler [deɑ̃byle] *vi* deambular.
débâcle [debakl] *nf* debacle *f*.
déballer [debale] *vt* **1** *(paquet)* desembalar. **2** *fam (avouer)* desembuchar.
débandade [debɑ̃dad] *nf* desbandada *f*.
débarbouiller [debaʀbuje] *vt* lavar la cara a.
▶ *vpr* **se débarbouiller** lavarse la cara.
débarcadère [debaʀkadɛʀ] *nm* desembarcadero *m*.
débarquement [debaʀkəmɛ̃] *nm* desembarco *m*.
débarquer [debaʀke] *vt (marchandises)* desembarcar.
▶ *vi* **1** *(passagers)* desembarcar. **2** *fam (à l'improviste)* plantarse.
débarras [debaʀa] *nm (pièce)* trastero *m*.
débarrasser [debaʀase] *vt* **1** *(pièce)* despejar. **2** *(personne)* liberar.
▶ *vpr* **se débarrasser de** deshacerse de.
débat [deba] *nm* debate *m*.
débattre [debatʀ] *vt* discutir.
▶ *vpr* **se débattre** debatirse.
débauché,-e [deboʃe] *adj* libertino,-na.
débauche [deboʃ] *nf* libertinaje *m*.
débaucher [deboʃe] *vt* **1** *(renvoyer)* despedir. **2** *fam (détourner de son travail)* distraer.
débile [debil] *adj - nmf (fam)* idiota.
■ **débile mental** atrasado,-da mental.
débiner [debine] *vt fam* criticar.
▶ *vpr* **se débiner** *fam* largarse.
débit [debi] *nm* **1** *(vente)* venta *f*. **2** *(du bois)* corte *m*. **3** *(d'un fleuve, d'une source)* caudal *m*. **4** COMM *(de compte bancaire)* débito *m*.
débiter [debite] *vt* **1** *(arbre, bœuf)* cortar. **2** *(marchandises)* despachar. **3** *fam (dire à la suite)* soltar. **4** COMM cargar en cuenta.
débiteur,-trice [debitœʀ,-tʀis] *adj - nm,f* deudor,-ra.
déblayer [debleje] *vt* quitar los escombros.
● **déblayer le terrain** *fig* despejar el terreno.
débloquer [deblɔke] *vt* desbloquear.
déboires [debwaʀ] *nm pl* desengaños *m pl*.
déboiser [debwaze] *vt* talar.
déboîter [debwate] *vt (épaule, porte)* desencajar.
▶ *vi (voiture)* salirse de la fila.
▶ *vpr* **se déboîter 1** *(porte)* desencajarse. **2** *(épaule)* dislocarse.
débonnaire [debɔnɛʀ] *adj* bonachón, -ona.
débordant,-e [debɔʀdɑ̃,-ɑ̃t] *adj* desbordante.
déborder [debɔʀde] *vi* **1** *(gén)* desbordarse. **2** *(sentiment)* rebosar: ***déborder de joie,*** rebosar de alegría.
▶ *vt (s'étendre au-delà)* sobrepasar.

débouché [debuʃe] *nm* **1** *(de rue, chemin)* desembocadura *f.* **2** (gen en *pl*) *(des ventes, de l'avenir)* salida *f.*
déboucher [debuʃe] *vt (bouteille)* destapar; *(conduit)* desatascar.
► *vi* desembocar.
• **déboucher sur** QQCH desembocar en ALGO: ***la rue débouche sur une place***, la calle desemboca en una plaza.
débourser [debuʀse] *vt* desembolsar.
debout [dəbu] *adv* **1** *(vertical)* de pie. **2** *(réveillé)* levantado,-da.
► *interj* **debout !** ¡arriba!
• **se mettre debout** ponerse en pie.
• **ne pas tenir debout** no tenerse en pie.
déboutonner [debutɔne] *vt* desabotonar.
débraillé,-e [debʀaje] *adj* desaliñado,-da.
débrancher [debʀɑ̃ʃe] *vt - vi* desconectar.
débrayer [debʀeje] *vt* desembragar.
débris [debʀi] (gen en *pl*) *nm* **1** *(d'une chose brisée)* pedazo *m.* **2** *(d'un repas)* restos *m pl.* **3** *(d'une armée, fortune)* vestigios *m pl.*
débrouillard,-e [debʀujaʀ,-aʀd] *adj - nm,f fam* espabilado,-da.
débrouiller [debʀuje] *vt* **1** *(fils)* desenredar. **2** *fig (affaire)* esclarecer, aclarar.
► *vpr* **se débrouiller** *fam* arreglárselas: ***débrouille-toi tout seul !***, ¡arréglatelas solo!
débroussailler [debʀusaje] *vt* desbrozar.
début [deby] *nm* principio *m*, comienzo *m.*
► *nm pl* **débuts** *(d'un artiste)* debut *m sing.*
• **au début** al principio.
débutant,-e [debytɑ̃,-ɑ̃t] *adj - nm,f* principiante.
débuter [debyte] *vi* **1** *(artiste)* debutar. **2** *(commencer)* empezar, comenzar.
déca [deka] *nm fam* descafeinado *m.*
deçà [dəsa].
• **en deçà de 1** *(de ce côté-ci)* de este lado de: ***en deçà des Pyrénées***, de este lado de los Pirineos. **2** *(au-dessous)* por debajo de: ***les actions plongent en deçà de la barrière des 20 euros***, las acciones caen por debajo de la barrera de los 20 euros.
décacheter [dekaʃte] *vt* abrir.
décade [dekad] *nf* diez días *mpl.*
décadence [dekadɑ̃s] *nf* decadencia *f.*
décadent,-e [dekadɑ̃,-ɑ̃t] *adj* decadente.
décaféiné,-e [dekafeine] *adj* descafeinado,-da.
► *nm* **décaféiné** descafeinado *m.*
décalage [dekalaʒ] *nm* **1** *(spatial)* desajuste *m.* **2** *(temporel)* desfase *m.* **3** *fig (distance)* diferencia *f.*
▪ **décalage horaire** diferencia horaria.
décalcomanie [dekalkɔmani] *nf* calcomanía *f.*
décaler [dekale] *vt* **1** *(dans l'espace)* desplazar. **2** *(dans le temps)* aplazar.
décalquer [dekalke] *vt* calcar.
décamper [dekɑ̃pe] *vi fam* largarse.
décanter [dekɑ̃te] *vt* decantar.
décapiter [dekapite] *vt* decapitar.
décapotable [dekapɔtabl] *adj - nf* descapotable *m.*
décapsuler [dekapsyle] *vt (bouteille)* abrir.
décapsuleur [dekapsylœʀ] *nm* abrebotellas *m*, abridor *m.*
décathlon [dekatlɔ̃] *nm* SPORT decatlón *m.*
décéder [desede] *vi* fallecer.
déceler [desle] *vt* **1** *(détecter)* descubrir. **2** *(indiquer)* revelar.
décembre [desɑ̃bʀ] *nm* diciembre *m.*
décence [desɑ̃s] *nf* decencia *f.*
décennie [deseni] *nf* decenio *m.*
décent,-e [desɑ̃,-ɑ̃t] *adj* decente.
décentralisation [desɑ̃tʀalizasjɔ̃] *nf* descentralización *f.*
décentraliser [desɑ̃tʀalize] *vt* descentralizar.
décentrer [desɑ̃tʀe] *vt* descentrar.
déception [desɛpsjɔ̃] *nf* decepción *f.*
décerner [desɛʀne] *vt* conceder.
décès [desɛ] *nm* fallecimiento *m.*
décevant,-e [desəvɑ̃,-ɑ̃t] *adj* decepcionante.
décevoir [desəvwaʀ] *vt* **1** *(personne)* decepcionar. **2** *(confiance, attente)* defraudar.
déchaîner [deʃene] *vt* desencadenar.
► *vpr* **se déchaîner 1** *(tempête)* desatarse. **2** *(personne)* enfurecerse.

déchanter [deʃɑ̃te] *vi* desencantarse.
décharge [deʃaʀʒ] *nf* **1** *(gén)* descarga *f.* **2** *(des poubelles)* vertedero *m.* **3** DR descargo *m.*
déchargement [deʃaʀʒəmɑ̃] *nm (de marchandises)* descarga *f.*
décharger [deʃaʀʒe] *vt* descargar.
▸ *vpr* **se décharger** descargarse.
décharné,-e [deʃaʀne] *adj* demacrado,-da.
déchausser [deʃose] *vt* descalzar.
▸ *vpr* **se déchausser 1** *(personne)* descalzarse. **2** *(dent)* descarnarse.
dèche [dɛʃ] *nf fam* miseria *f.*
déchéance [deʃeɑ̃s] *nf* **1** *(morale)* decadencia *f.* **2** *(physique)* decaimiento *m.*
déchet [deʃɛ] *nm (perte)* desecho *m.*
▸ *nm pl* **déchets** residuos *m pl.*
déchetterie [deʃɛtʀi] *nf* centro *m* de recogida de residuos.
déchiffrer [deʃifʀe] *vt (message, énigme)* descifrar.
déchiqueter [deʃikte] *vt* desmenuzar.
déchirant,-e [deʃiʀɑ̃,-ɑ̃t] *adj* desgarrador,-ra.
déchirer [deʃiʀe] *vt - vi* **1** *(étoffe)* desgarrar; *(papier)* rasgar. **2** *(silence)* romper. **3** *(moralement)* destrozar.
▸ *vpr* **se déchirer 1** *(papier)* rasgarse. **2** *(personnes)* destrozarse.
déchirure [deʃiʀyʀ] *nf (rupture)* desgarrón *m.*
▪ **déchirure musculaire** desgarro *m* muscular.
déchu,-e [deʃy] *adj* **1** *(ange)* caído,-da. **2** *(roi)* destronado,-da.
décibel [desibɛl] *nm* decibelio *m.*
décidé,-e [deside] *adj* decidido,-da, resuelto,-ta.
décider [deside] *vt* **1** *(gén)* decidir. **2** *(convaincre)* convencer.
▸ *vi* decidir.
▸ *vpr* **se décider** decidirse.
• **décider de QQCH** decidir ALGO.
décilitre [desilitʀ] *nm* decilitro *m.*
décimal,-e [desimal] *adj* decimal.
décimale [desimal] *nf* decimal *m.*
décimer [desime] *vt* diezmar.
décimètre [desimɛtʀ] *nm* decímetro *m.*
décisif,-ive [desizif,-iv] *adj* decisivo,-va.
décision [desizjɔ̃] *nf* decisión *f.*
déclamer [deklame] *vt - vi* declamar.
déclaration [deklaʀasjɔ̃] *nf* declaración *f.*
▪ **déclaration d'impôts** declaración de la renta.
déclarer [deklaʀe] *vt* declarar: ***avez-vous quelque chose à déclarer ?***, ¿tiene algo que declarar?
▸ *vpr* **se déclarer** declararse.
déclenchement [deklɑ̃ʃmɑ̃] *nm* **1** *(de mécanisme)* activación *f.* **2** *(de conflit, événement)* desencadenamiento *m.*
déclencher [deklɑ̃ʃe] *vt* **1** *(mécanisme)* activar. **2** *(conflit, événement)* desencadenar.
▸ *vpr* **se déclencher 1** *(mécanisme)* activarse. **2** *(conflit, crise)* desencadenarse.
déclic [deklik] *nm* **1** *(de mécanisme)* disparador *m.* **2** *fam (psychologique)* clic *m.*
déclin [deklɛ̃] *nm* declive *m.*
déclinaison [deklinɛzɔ̃] *nf* declinación *f.*
décliner [dekline] *vi* **1** *(forces)* decaer. **2** *(jour)* declinar.
▸ *vt* **1** *(nom, adjectif)* declinar. **2** *(invitation)* rehusar, declinar.
▸ *vpr* **se décliner** *(nom, adjectif)* declinarse.
décocher [dekɔʃe] *vt* **1** *(flèche)* disparar. **2** *(coup de poing)* soltar. **3** *(regard)* lanzar.
décoder [dekɔde] *vt* descodificar.
décodeur [dekɔdœʀ] *nm* descodificador *m.*
décoiffer [dekwafe] *vt* despeinar.
décoincer [dekwɛ̃se] *vt* desbloquear.
▸ *vpr* **se décoincer** desbloquearse.
décollage [dekɔlaʒ] *nm* despegue *m.*
décoller [dekɔle] *vt - vi* despegar.
décolleté,-e [dekɔlte] *adj* escotado,-da.
▸ *nm* **décolleté** escote *m.*
décolorer [dekɔlɔʀe] *vt* decolorar.
décombres [dekɔ̃bʀ] *nm pl* escombros *m pl.*
décommander [dekɔmɑ̃de] *vt (commande, invitation)* cancelar.
décomposé,-e [dekɔ̃poze] *adj* descompuesto,-ta.
décomposer [dekɔ̃poze] *vt* descomponer.
▸ *vpr* **se décomposer** descomponerse.
décomposition [dekɔ̃pozisjɔ̃] *nf* descomposición *f.*

décompression [dekɔ̃presjɔ̃] *nf* descompresión *f.*
décompte [dekɔ̃t] *nm* descuento *m.*
décompter [dekɔ̃te] *vt* descontar.
► *vi (horloge)* sonar a.
déconcentrer [dekɔ̃sɑ̃tʀe] *vt* desconcentrar.
► *vpr* **se déconcentrer** desconcentrarse.
déconcerter [dekɔ̃sɛʀte] *vt* desconcertar.
déconfiture [dekɔ̃fityʀ] *nf fam* derrota *f.*
décongeler [dekɔ̃ʒle] *vt* descongelar.
déconnecter [dekɔnɛkte] *vt* desconectar.
déconner [dekɔne] *vi fam* decir chorradas.
déconnexion [dekɔnɛksjɔ̃] *nf* desconexión *f.*
déconseiller [dekɔ̃seje] *vt* desaconsejar.
déconsidérer [dekɔ̃sideʀe] *vt* desacreditar.
décontaminer [dekɔ̃tamine] *vt* descontaminar.
décontenancer [dekɔ̃tnɑ̃se] *vt* desconcertar.
décontracté,-e [dekɔ̃tʀakte] *adj* relajado,-da.
décontracter [dekɔ̃tʀakte] *vt* relajar.
► *vpr* **se décontracter** relajarse.
déconvenue [dekɔ̃vyn] *nf* contrariedad *f.*
décor [dekɔʀ] *nm* **1** *(d'un appartement)* decoración *f.* **2** *(de cinéma, théâtre)* decorado *m.*
décorateur,-trice [dekɔʀatœʀ,-tʀis] *nm,f* decorador,-ra.
▪ **décorateur,-trice d'intérieur** interiorista.
décoration [dekɔʀasjɔ̃] *nf* **1** *(d'un appartement)* decoración *f.* **2** *(insigne)* condecoración *f.*
décorer [dekɔʀe] *vt* **1** *(appartement)* decorar. **2** *(militaire)* condecorar.
décortiquer [dekɔʀtike] *vt* **1** *(fruits, riz)* pelar. **2** *fig (texte, discours)* desmenuzar.
découcher [dekuʃe] *vi* pasar la noche fuera.
découdre [dekudʀ] *vt* descoser.
découler [dekule] *vi* derivarse (**de**, de).
découpage [dekupaʒ] *nm* **1** *(action)* recorte *m.* **2** *(jeu d'enfants)* recortable *m.*
▪ **découpage électoral** división *f* en circunscripciones electorales.
découper [dekupe] *vt* **1** *(gén)* cortar. **2** *(article de journal)* recortar.
décourageant,-e [dekuʀaʒɑ̃,-ɑ̃t] *adj* desalentador,-ra.
décourager [dekuʀaʒe] *vt* **1** *(démoraliser)* desanimar. **2** *(dissuader)* disuadir (**de**, de).
► *vpr* **se décourager** desanimarse.
décousu,-e [dekuzy] *adj (conversation)* deshilvanado,-da.
découvert,-e [dekuvɛʀ,-ɛʀt] *adj* descubierto,-ta.
► *nm* **découvert** *(à la banque)* descubierto *m.*
• **être à découvert (de)** tener un descubierto (de).
découverte [dekuvɛʀt] *nf* descubrimiento *m.*
découvrir [dekuvʀiʀ] *vt* **1** *(trouver)* descubrir. **2** *(ce qui est couvert)* destapar. **3** *(apercevoir)* divisar.
► *vpr* **se découvrir** *(gén)* descubrirse. **1** *(enlever des vêtements)* desvestirse. **2** *(le ciel)* despejarse.
décrasser [dekʀase] *vt* limpiar a fondo.
décrépit,-e [dekʀepi,-it] *adj* decrépito,-ta.
décret [dekʀɛ] *nm* decreto *m.*
décréter [dekʀete] *vt* decretar.
• **décréter que** decidir que.
décrire [dekʀiʀ] *vt* describir.
décrocher [dekʀɔʃe] *vt* **1** *(tableau, téléphone)* descolgar. **2** *fam (travail, rôle)* pillar.
► *vi* **1** *(gén)* descolgar. **2** *fam (abandonner)* dejar. **3** *fam (cesser de s'intéresser)* desconectar.
décroissant,-e [dekʀwasɑ̃,-ɑ̃t] *adj* decreciente.
décroître [dekʀwatʀ] *vi* decrecer.
décrue [dekʀy] *nf (des eaux)* descenso *m.*
décrypter [dekʀipte] *vt* descifrar.
déçu,-e [desy] *adj* **1** *(personne)* decepcionado,-da. **2** *(désir)* frustrado,-da.

dédaigner [dedeɲe] *vt* desdeñar.
► *vi fml* negarse (**de**, a).
dédaigneux,-euse [dedɛɲø,-øz] *adj* desdeñoso,-sa.
dédain [dedɛ̃] *nm* desdén *m*.
dédale [dedal] *nm* laberinto *m*.
dedans [dədɑ̃] *adv* dentro: ***il reste quelqu'un dedans?***, ¿queda alguien dentro?
► *nm* interior *m*.
• **de dedans** de dentro: ***le bruit vient de dedans***, el ruido viene de dentro.
• **en dedans** por dentro.
dédicace [dedikas] *nf* dedicatoria *f*.
dédicacer [dedikase] *vt* dedicar.
dédier [dedje] *vt* dedicar.
dédire (se) [dediʀ] *vpr* retractarse.
dédommager [dedɔmaʒe] *vt* **1** *(d'un dommage)* indemnizar. **2** *(remercier)* compensar.
dédoubler [deduble] *vt* desdoblar.
► *vpr* **se dédoubler** desdoblarse: ***je ne peux pas me dédoubler !***, ¡no puedo estar en todas partes al mismo tiempo!
déduction [dedyksjɔ̃] *nf* deducción *f*.
déduire [dedɥiʀ] *vt* deducir.
déesse [deɛs] *nf* diosa *f*.
défaillance [defajɑ̃s] *nf* **1** *(état de malaise)* desfallecimiento *m*. **2** *(de la volonté)* debilidad *f*. **3** *(de machine)* fallo *m*.
défaillant,-e [defajɑ̃,-ɑ̃t] *adj* **1** *(machine)* defectuoso,-sa. **2** *(personne)* débil.
défaillir [defajiʀ] *vi* **1** *(s'évanouir)* desfallecer. **2** *(mémoire, forces)* fallar.
défaire [defɛʀ] *vt* deshacer.
► *vpr* **se défaire** deshacerse.
• **se défaire de QQCH/QQN** deshacerse de ALGO/ALGN.
défaite [defɛt] *nf* derrota *f*.
défaitiste [defetist] *adj - nmf* derrotista.
défaut [defo] *nm* **1** *(imperfection)* defecto *m*. **2** *(manque)* falta *f*.
• **à défaut de** a falta de.
• **par défaut** por defecto.
défavorable [defavɔʀabl] *adj* desfavorable.
défavorisé,-e [defavɔʀize] *adj* desfavorecido,-da.
défavoriser [defavɔʀize] *vt* desfavorecer.

défection [defɛksjɔ̃] *nf* deserción *f*, defección *f*.
défectueux,-euse [defɛktɥø,-øz] *adj* defectuoso,-sa.
défendeur,-eresse [defɑ̃dœʀ,-ʀɛs] *nm,f* demandado,-da.
défendre [defɑ̃dʀ] *vt* **1** *(protéger)* defender. **2** *(interdire)* prohibir: ***je te défends d'y aller***, te prohíbo que vayas.
► *vpr* **se défendre** defenderse: ***il se défend bien en mathématiques***, se defiende bien en matemáticas.
• **se défendre de** negar que.
défense [defɑ̃s] *nf* **1** *(protection, d'un accusé)* defensa *f*. **2** *(interdiction)* prohibición *f*. **3** *(d'éléphant)* colmillo *m*.
• **" Défense d'afficher "** "Prohibido fijar carteles".
• **" Défense de fumer "** "Prohibido fumar".
défenseur [defɑ̃sœʀ] *nm* defensor,-ra.
défensif,-ive [defɑ̃sif,-iv] *adj* defensivo,-va.
defensive [defɑ̃siv] *nf* defensiva *f*.
• **sur la défensive** a la defensiva.
déférence [defeʀɑ̃s] *nf* deferencia *f*.
déferler [defɛʀle] *vi* **1** *(vagues)* romper. **2** *(foule)* afluir.
défi [defi] *nm* reto *m*, desafío *m*.
• **relever un défi** aceptar un reto.
défiance [defjɑ̃s] *nf* desconfianza *f*.
déficience [defisjɑ̃s] *nf* deficiencia *f*.
déficient,-e [defisjɑ̃,-ɑ̃t] *adj* deficiente.
déficit [defisit] *nm* déficit *m*.
déficitaire [defisitɛʀ] *adj* deficitario,-ria.
défier [defje] *vt* desafiar.
défigurer [defigyʀe] *vt* desfigurar.
défilé [defile] *nm* **1** *(de troupes, chars)* desfile *m*. **2** GÉOG desfiladero *m*.
défiler [defile] *vi* **1** *(troupes, cortège)* desfilar. **2** *(se succéder)* sucederse: ***le paysage défile devant nos yeux***, el paisaje pasaba ante nuestros ojos.
► *vpr* **se défiler** *fam* rajarse.
défini,-e [defini] *adj* definido,-da.
définir [definiʀ] *vt* definir.
► *vpr* **se définir** definirse.
définitif,-ive [definitif,-iv] *adj* definitivo,-va.
• **en définitive** en definitiva.

définition [definisjɔ̃] *nf* definición *f.*
déflagration [deflagʀasjɔ̃] *nf* deflagración *f.*
déflorer [deflɔʀe] *vt* desflorar.
défoncer [defɔ̃se] *vt* **1** *(ôter le fond de)* desfondar. **2** *(route, porte)* hundir.
► *vpr* **se défoncer 1** *fam (avec des drogues)* colocarse (**à**, con). **2** *fam (au travail)* entregarse.
déformation [defɔʀmasjɔ̃] *nf* deformación *f.*
▪ **déformation professionnelle** deformación profesional.
déformer [defɔʀme] *vt* deformar.
► *vpr* **se déformer** deformarse.
défouler (se) [defule] *vpr fam* desfogarse: ***il s'est défoulé en allant faire du sport***, se ha ido a hacer deporte para desfogarse.
défrayer [defʀeje] *vt fml* costear.
• **défrayer la chronique** ser noticia de primera página.
défricher [defʀiʃe] *vt* desbrozar.
défriser [defʀize] *vt (les cheveux)* desrizar, estirar.
défunt,-e [defœ̃,-œ̃t] *adj - nm,f* difunto,-ta.
dégagé,-e [degaʒe] *adj* **1** *(ciel, front)* despejado,-da. **2** *fig (air, allure)* desenvuelto,-ta.
dégager [degaʒe] *vt* **1** *(odeur, gaz)* desprender. **2** *(table, voie, balle)* despejar. **3** *(libérer)* librar (**de**, de). **4** *(idées)* extraer. **5** *(argent)* liberar.
► *vpr* **se dégager 1** *(de ce qui gêne, d'un engagement)* librarse (**de**, de). **2** *(ciel)* despejarse.
dégaine [degɛn] *nf fam* pinta *f.*
dégainer [degene] *vt* desenvainar.
dégarnir [degaʀniʀ] *vt* **1** *(gén)* desguarnecer. **2** *(maison)* desamueblar.
► *vpr* **se dégarnir** *(front, crâne)* despoblarse.
dégât [dega] *nm* daño *m.*
• **faire des dégâts** causar estragos.
• **limiter les dégâts** *fig* limitar los daños.
dégel [deʒɛl] *nm* deshielo *m.*
dégeler [deʒle] *vt* **1** *(gén)* descongelar. **2** *(l'atmosphère)* caldear.
► *vi* deshelarse.
dégénérer [deʒeneʀe] *vi* degenerar.
dégivrer [deʒivʀe] *vt* descongelar.
déglutition [deglytisjɔ̃] *nf* deglución *f.*
dégonfler [degɔ̃fle] *vt* desinflar.
► *vi* desinflarse.
► *vpr* **se dégonfler 1** *(ballon, pneu)* desinflarse. **2** *fam (personne)* rajarse.
dégouliner [deguline] *vi* gotear.
dégourdi,-e [deguʀdi] *adj* espabilado,-da.
dégourdir [deguʀdiʀ] *vt* **1** *(jambes, doigts)* desentumecer. **2** *fig (personne)* espabilar.
► *vpr* **se dégourdir 1** *(le corps, les jambes)* desentumecerse. **2** *fig (personne)* espabilarse.
dégoût [degu] *nm* **1** *(aversion)* asco *m.* **2** *(désintérêt)* hastío *m.*
• **avoir du dégoût pour** QQCH tener asco de ALGO.
dégoûtant,-e [degutɑ̃,-ɑ̃t] *adj* asqueroso,-sa.
dégoûter [degute] *vt* dar asco.
► *vpr* **se dégoûter** asquearse (**de**, de).
dégradant,-e [degʀadɑ̃,-ɑ̃t] *adj* degradante.
dégradation [degʀadasjɔ̃] *nf* **1** *(de personne, situation)* degradación *f.* **2** *(d'édifice)* deterioro *m.*
dégradé,-e [degʀade] *adj* degradado,-da.
► *nm* **dégradé** degradado *m.*
• **en dégradé** a capas.
dégrader [degʀade] *vt* **1** *(personne, officier)* degradar. **2** *(immeuble, objet)* deteriorar.
► *vpr* **se dégrader 1** *(personne)* degradarse. **2** *(situation)* empeorar.
dégrafer [degʀafe] *vt* desabrochar.
dégraisser [degʀese] *vt* desengrasar.
degré [degʀe] *nm* **1** *(gén)* grado *m.* **2** *fig (niveau)* nivel *m.*
dégressif,-ive [degʀesif,-iv] *adj* decreciente.
dégrèvement [degʀɛvmɑ̃] *nm* desgravación *f.*
dégrever [degʀəve] *vt* desgravar.
dégringoler [degʀɛ̃gɔle] *vi* **1** *(d'un toit, dans l'escalier)* caer rodando. **2** *fig (entreprise, prix)* venirse abajo.
déguenillé,-e [degənije] *adj* andrajoso,-sa.

déguerpir [degɛʀpiʀ] *vi* salir pitando.
dégueulasse [degœlas] *adj* **1** *fam (dégoûtant)* repugnante: ***c'est vraiment dégueulasse ce qu'elle t'a fait***, lo que te ha hecho es una putada. **2** *fam (temps)* asqueroso,-sa.
► *nmf fam* asqueroso,-sa.
dégueuler [degœle] *vi vulg* echar la pela.
déguisement [degizmɑ̃] *nm* disfraz *m.*
déguiser [degize] *vt* disfrazar.
► *vpr* **se déguiser** disfrazarse.
dégustation [degystasjɔ̃] *nf* degustación *f.*
déguster [degyste] *vt* **1** *(goûter)* catar. **2** *(un aliment très bon)* saborear. **3** *fam (des coups)* recibir.
déhancher (se) [deɑ̃ʃe] *vpr* contonearse.
dehors [deɔʀ] *adv* fuera, afuera: ***il fait froid dehors***, fuera hace frío.
► *nm* exterior *m.*
• **dehors !** ¡fuera!
• **en dehors de ça** aparte de eso.
• **mettre** QQN **dehors** *fig* echar a ALGN a la calle.
déjà [deʒa] *adv* **1** *(gén)* ya: ***tu es déjà là !***, ¡ya estás aquí! **2** *fam (au fait)* por cierto: ***tu m'as dit à quelle heure, déjà ?***, por cierto, ¿a qué hora me has dicho?
déjeuner[1] [deʒœne] *nm (de midi)* almuerzo *m*, comida *f.*
déjeuner[2] [deʒœne] *vi* **1** *(le matin)* desayunar. **2** *(à midi)* almorzar, comer.
déjouer [deʒwe] *vt* desbaratar.
delà [dəla] *prép* → au-delà.
délabré,-e [delabʀe] *adj* ruinoso,-sa.
délacer [delase] *vt* desatar.
délai [delɛ] *nm* **1** *(gén)* plazo *m.* **2** *(sursis)* prórroga *f.*
• **sans délai** de inmediato.
▪ **délai de livraison** plazo de entrega.
délaisser [delese] *vt* abandonar.
délasser [delase] *vt* relajar.
► *vpr* **se délasser** relajarse.
délation [delasjɔ̃] *nf* delación *f.*
délavé,-e [delave] *adj* descolorido,-da.
délayer [deleje] *vt* diluir.
délectable [delɛktabl] *adj fml* delicioso, -sa.
délecter (se) [delɛkte] *vpr* deleitarse.
délégation [delegasjɔ̃] *nf* delegación *f.*
délégué,-e [delege] *adj - nm,f* delegado,-da.
déléguer [delege] *vt* delegar.
délester [delɛste] *vt* **1** *(voitures)* desviar. **2** *fam iron (voler)* afanar (**de**, -).
délibération [delibeʀasjɔ̃] *nf* deliberación *f.*
délibéré,-e [delibeʀe] *adj* **1** *(volontaire)* deliberado,-da. **2** *(air)* resuelto,-ta.
délibérer [delibeʀe] *vi* deliberar.
délicat,-e [delika,-at] *adj* delicado,-da.
• **faire le délicat** hacerse el remilgado.
délicatesse [delikatɛs] *nf* delicadeza *f.*
délice [delis] *nm* delicia *f.*
délicieux,-euse [delisjø,-øz] *adj* delicioso,-sa.
délier [delje] *vt* **1** *(détacher)* desatar. **2** *fig (d'un serment)* desligar.
délimiter [delimite] *vt* delimitar.
délinquance [delɛ̃kɑ̃s] *nf* delincuencia *f.*
délinquant,-e [delɛ̃kɑ̃,-ɑ̃t] *adj - nm,f* delincuente.
délirant,-e [deliʀɑ̃,-ɑ̃t] *adj* **1** *(exubérant)* delirante. **2** *fam (fou)* alucinante.
délire [deliʀ] *nm* delirio *m.*
délirer [deliʀe] *vi* delirar.
délit [deli] *nm* delito *m.*
délivrance [delivʀɑ̃s] *nf* **1** *(d'un prisonnier, d'un pays)* liberación *f.* **2** *(d'un document)* expedición *f.* **3** *(d'un permis)* concesión *f.* **4** *(d'un bébé)* parto *m.*
délivrer [delivʀe] *vt* **1** *(prisonnier, pays)* liberar. **2** *(document)* expedir. **3** *(marchandise)* entregar.
► *vpr* **se délivrer** librarse (**de**, de).
déloger [delɔʒe] *vt* desalojar.
déloyal,-e [delwajal] *adj* desleal.
delta [delta] *nm* delta *m.*
deltaplane [deltaplan] *nm* ala *f* delta.
déluge [delyʒ] *nm* diluvio *m.*
déluré,-e [delyʀe] *adj* **1** *(éveillé)* espabilado,-da. **2** *(fripon)* desvergonzado,-da.
démagogie [demagɔʒi] *nf* demagogia *f.*
démagogue [demagɔg] *nmf* demagogo,-ga.
demain [dəmɛ̃] *adv* mañana: ***demain matin***, mañana por la mañana.
• **à demain !** ¡hasta mañana!

demande [dəmɑ̃d] *nf* **1** *(souhait)* petición *f*. **2** *(démarche)* solicitud *f*. **3** *(question)* pregunta *f*. **4** COMM encargo *m*. **5** DR, ÉCON demanda *f*.

demander [dəmɑ̃de] *vt* **1** *(gén)* pedir: ***il lui a demandé de le faire***, le ha pedido que lo haga. **2** *(questionner)* preguntar. **3** *(nécessiter)* requerir: ***ta proposition demande réflexion***, tu propuesta exige reflexión.
► *vpr* **se demander** preguntarse: ***je me demande quelle heure il peut être***, me pregunto qué hora puede ser.
• **demander après** QQN preguntar por ALGN.
• **ne pas demander mieux (que)** no desear otra cosa (que).

demandeur,-euse [dəmɑ̃dœʀ,-øz] *nm,f* solicitante.
▪ **demandeur,-euse d'emploi** solicitante de empleo.

démangeaison [demɑ̃ʒɛzɔ̃] *nf* **1** *(de la peau)* picor *m*. **2** *fig (envie)* ansia *f*.

démanger [demɑ̃ʒe] *vi* **1** *(plaie, corps)* picar. **2** *fig (avoir envie)* tener ganas: ***ça me démange de le lui dire***, tengo unas ganas terribles de decírselo.

démanteler [demɑ̃tle] *vt* desmantelar.

démaquillant,-e [demakijɑ̃,-ɑ̃t] *adj* desmaquillador,-ra.
► *nm* **démaquillant** desmaquillante *m*, desmaquillador *m*.

démaquiller (se) [demakije] *vpr* desmaquillarse.

démarcation [demaʀkasjɔ̃] *nf* **1** *(de région, pays)* demarcación *f*. **2** *fig (limite)* límite *m*.

démarchage [demaʀʃaʒ] *nm* venta *f* a domicilio.

démarche [demaʀʃ] *nf* **1** *(allure)* andares *m pl*. **2** *(requête)* gestión *f*, trámite *m*. **3** *(raisonnement)* enfoque *m*.

démarcher [demaʀʃe] *vt* vender a domicilio.

démarquer (se) [demaʀke] *vpr* desmarcarse.

démarrage [demaʀaʒ] *nm* **1** *(gén)* arranque *m*. **2** SPORT demarraje *m*.

démarrer [demaʀe] *vt (projet)* poner en marcha.
► *vi* **1** *(véhicule)* arrancar. **2** *(économie, entreprise)* ponerse en marcha. **3** SPORT demarrar.

démarreur [demaʀœʀ] *nm* arranque *m*.

démasquer [demaske] *vt* desenmascarar.

démêlant,-e [demelɑ̃,-ɑ̃t] *adj* suavizante.
► *nm* **démêlant** suavizante *m*.

démêlé [demɛle] *nm* disputa *f*.

démêler [demele] *vt* **1** *(cheveux)* desenredar. **2** *fig (affaire, mystère)* aclarar.
► *vpr* **se démêler** *(cheveux)* desenredarse.

démembrer [demɑ̃bʀe] *vt* desmembrar.

déménagement [demenaʒmɑ̃] *nm* mudanza *f*.

déménager [demenaʒe] *vt (meubles)* trasladar.
► *vi* mudarse.

démence [demɑ̃s] *nf* **1** *(trouble mental)* demencia *f*. **2** *(bêtise)* locura *f*.

démener (se) [dɛmne] *vpr* **1** *(se débattre)* forcejear. **2** *fig (pour réussir)* luchar.

dément,-e [demɑ̃,-ɑ̃t] *adj - nm,f* demente.

démenti [demɑ̃ti] *nm* desmentido *m*.

démentir [demɑ̃tiʀ] *vt* desmentir.

démerder (se) [demɛʀde] *vpr fam* arreglárselas.

démériter [demeʀite] *vi* desmerecer.

démesuré,-e [deməzyʀe] *adj* desmesurado,-da, desmedido,-da.

démettre [demɛtʀ] *vt* **1** *(os)* dislocar. **2** *(de ses fonctions)* destituir (**de**, de).
► *vpr* **se démettre 1** *(épaule)* dislocarse. **2** *(renoncer)* dimitir (**de**, de).

demeure [dəmœʀ] *nf* **1** *fml (domicile)* residencia *f*. **2** *(maison)* mansión *f*.
• **à demeure** para siempre.

demeuré,-e [dəmœʀe] *adj - nm,f* retrasado,-da.

demeurer [dəmœʀe] *vi* **1** *(habiter)* residir, vivir. **2** *(dans un état)* permanecer.

demi,-e [dəmi] *adj inv* (se escribe seguido de un guión cuando precede al nombre) medio,-dia: ***il est trois heures et demie***, son las tres y media; ***il y a une demi-heure***, hace media hora; ***la salle est demi-vide***, la sala está medio vacía.

► *nm* **demi 1** *(de bière)* caña *f.* **2** SPORT *(au football, rugby)* medio *m.*

• **à demi** a medias: ***il fait toujours les choses à demi***, siempre hace las cosas a medias.

demi-cercle [dəmisɛʀkl] *nm* (*pl* **demi-cercles**) semicírculo *m.*

demi-douzaine [dəmiduzɛn] *nf* (*pl* **demi-douzaines**) media docena *f.*

demi-écrémé,-e [dəmiekʀeme] *adj* (*pl* **demi-écrémés,-ées**) semidesnatado,-da.

demi-finale [dəmifinal] *nf* (*pl* **demi-finales**) semifinal *f.*

demi-frère [dəmifʀɛʀ] *nm* (*pl* **demi-frères**) hermanastro *m.*

demi-heure [dəmijœʀ] *nf* (*pl* **demi-heures**) media hora *f.*

demi-journée [dəmiʒuʀne] *nf* (*pl* **demi-journées**) media jornada *f.*

démilitariser [demilitaʀize] *vt* desmilitarizar.

demi-litre [dəmilitʀ] *nm* (*pl* **demi-litres**) medio litro *m.*

demi-mesure [dəmimzyʀ] *nf fig* término *m* medio.

demi-mot [dəmimo].

• **comprendre à demi-mot** entender sin necesidad de decirlo todo.

déminer [demine] *vt* quitar las minas.

demi-pension [dəmipɑ̃sjɔ̃] *nf* (*pl* **demi-pensions**) media pensión *f.*

démis,-e [demi,-iz] *adj* **1** *(épaule)* dislocado,-da. **2** *(d'un emploi)* destituido,-da.

demi-saison [dəmisɛzɔ̃] *nf* (*pl* **demi-saisons**) entretiempo *m.*

demi-sœur [dəmi] *nf* (*pl* **demi-sœurs**) hermanastra *f.*

démission [demisjɔ̃] *nf* dimisión *f.*

• **donner sa démission** presentar la dimisión.

démissionner [demisjɔne] *vi - vt* dimitir.

demi-tarif [dəmitaʀif] *nm* (*pl* **demi-tarifs**) media tarifa *f.*

demi-ton [dəmitɔ̃] *nm* (*pl* **demi-tons**) MUS semitono *m.*

demi-tour [dəmituʀ] *nm* (*pl* **demi-tours**) media vuelta *f.*

• **faire demi-tour** dar media vuelta.

démobiliser [demɔbilize] *vt* desmovilizar.

démocrate [demɔkʀat] *adj - nmf* demócrata.

démocratie [demɔkʀasi] *nf* democracia *f.*

démocratique [demɔkʀatik] *adj* democrático,-ca.

démocratiser [demɔkʀatize] *vt* democratizar.

démodé,-e [demɔde] *adj* pasado,-da de moda.

démoder (se) [demɔde] *vpr* pasarse de moda.

démographie [demɔgʀafi] *nf* demografía *f.*

démographique [demɔgʀafik] *adj* demográfico,-ca.

demoiselle [dəmwazɛl] *nf* señorita *f.*

▪ **demoiselle d'honneur** dama *f* de honor.

démolir [demɔliʀ] *vt* **1** *(immeuble)* demoler, derribar. **2** *(mettre en pièces)* destrozar. **3** *fig (réputation, théorie)* arruinar.

démolition [demɔlisjɔ̃] *nf* derribo *m*, demolición *m.*

démon [demɔ̃] *nm* demonio *m.*

démoniaque [demɔnjak] *adj - nmf* demoníaco,-ca.

démonstratif,-ive [demɔtʀatif,-iv] *adj* demostrativo,-va.

démonstration [demɔ̃stʀasjɔ̃] *nf* demostración *f.*

démonter [demɔ̃te] *vt* **1** *(machine)* desmontar. **2** *fig (troubler)* desconcertar.

► *vpr* **se démonter 1** *(machine, mécanisme)* desmontarse. **2** *fig (personne)* venirse abajo: ***il ne s'est pas démonté et lui a demandé une augmentation***, no se descompuso y le pidió un aumento de sueldo.

démontrer [demɔ̃tʀe] *vt* demostrar.

démoralisant,-e [demɔʀalizɑ̃,-ɑ̃t] *adj* desmoralizante.

démoraliser [demɔʀalize] *vt* desmoralizar.

► *vpr* **se démoraliser** desmoralizarse.

démordre [demɔʀdʀ].

• **ne pas démordre de** insistir en: ***il ne démordra pas de son erreur***, no rectificará su error.

démuni,-e [demyni] *adj* desprovisto,-ta.
dénaturer [denatyʀe] *vt* **1** *(goût)* alterar. **2** *(pensée, paroles)* deformar.
dénégation [denegasjɔ̃] *nf* negación *f*.
dénicher [deniʃe] *vt* **1** *(livre, objet rare)* dar con, encontrar. **2** *fig (faire sortir)* hacer salir.
dénigrer [denigʀe] *vt* denigrar.
déniveler [denivle] *vt* desnivelar.
dénivellation [denivɛlasjɔ̃] *nf* desnivel *m*.
dénombrer [denɔ̃bʀe] *vt* **1** *(choses)* contar. **2** *(habitants)* censar.
dénominateur [denɔminatœʀ] *nm* denominador *m*.
dénomination [denɔminasjɔ̃] *nf* denominación *f*.
dénommé,-e [denɔme] *adj* **un,-e dénommé,-e** un tal, una tal: ***un dénommé Marc***, un tal Marc.
dénoncer [denɔ̃se] *vt* **1** *(crime, complice)* denunciar. **2** *(dévoiler)* revelar.
dénonciation [denɔ̃sjasjɔ̃] *nf* denuncia *f*.
dénoter [denɔte] *vt* denotar.
dénouement [denumɑ̃] *nm* desenlace *m*.
dénouer [denwe] *vt* **1** *(nœud)* desatar. **2** *(affaire)* desentrañar.
dénoyauter [denwajote] *vt* deshuesar.
denrée [dɑ̃ʀe] *nf* comestible *m*.
■ **denrées comestibles** productos *m pl* alimenticios.
dense [dɑ̃s] *adj* denso,-sa.
densité [dɑ̃site] *nf* densidad *f*.
dent [dɑ̃] *nf* diente *m*.
● **claquer des dents** tiritar.
● **faire ses dents** *(bébé)* echar los dientes.
● **n'avoir rien à se mettre sous la dent** no tener nada para comer.
● **montrer les dents** enseñar los dientes.
● **parler entre ses dents** hablar entre dientes.
■ **dent de lait** diente de leche.
■ **dent de sagesse** muela *f* del juicio.
dentaire [d tɛʀ] *adj* dental.
dental,-e [dɑ̃tal] *adj* dental.
denté,-e [dɑ̃te] *adj* dentado,-da.
dentelé,-e [dɑ̃tle] *adj* dentado,-da.
dentelle [dɑ̃tɛl] *nf* encaje *m*.
dentier [dɑ̃tje] *nm* dentadura *f* postiza.
dentifrice [dɑ̃tifʀis] *nm* dentífrico *m*, pasta *f* de dientes.
dentiste [dɑ̃tist] *nmf* dentista.
denture [dɑ̃tyʀ] *nf* **1** *(d'une personne)* dentadura *f*. **2** *(d'une roue)* dientes *m pl*.
dénuder [denyde] *vt* **1** *(corps)* desnudar. **2** *(fil électrique)* pelar.
► *vpr* **se dénuder** desnudarse.
dénué,-e [denɥe] *adj* desprovisto,-ta.
dénuement [denymɑ̃] *nm* indigencia *f*.
dénutrition [denytʀisjɔ̃] *nf* desnutrición *f*.
déodorant,-e [deɔdɔʀɑ̃,-ɑ̃t] *adj* desodorante.
► *nm* **déodorant** desodorante *m*.
déontologie [deɔ̃tɔlɔʒi] *nf* deontología *f*.
dépannage [depanaʃ] *nm* reparación *f*.
dépanner [depane] *vt* **1** *(voiture)* reparar. **2** *fam fig (personne)* sacar de un apuro.
dépanneur,-euse [depanœʀ,-øz] *nm,f* **1** *(gén)* técnico,-ca. **2** *(de voitures)* mecánico,-ca.
dépanneuse [depanøz] *nf* grúa *f*.
dépareillé,-e [depaʀeje] *adj (chaussettes, gants)* desparejado,-da.
départ [depaʀ] *nm* **1** *(de personne)* partida *f*. **2** *(de course, train, avion)* salida *f*. **3** *(début)* punto *m* de partida.
● **au départ** en principio.
départager [depaʀtaʒe] *vt* desempatar.
département [depaʀtəmɑ̃t] *nm* **1** *(du territoire français)* provincia *f*. **2** *(d'une administration)* departamento *m*.
départemental,-e [depaʀtəmɑ̃tal] *adj* provincial.
départementale [depaʀtəmɑ̃tal] *nf (route)* comarcal.
dépassé,-e [depase] *adj* **1** *(démodé)* pasado,-da de moda. **2** *(par les événements)* abrumado,-da.
dépassement [depasmɑ̃] *nm* adelantamiento *m*.
dépasser [depase] *vt* **1** *(voiture)* adelantar. **2** *(limite, quantité)* exceder. **3** *(en hauteur)* sobrepasar. **4** *(prévision, attente)* superar.
► *vi* sobresalir (**de**, de).
● **cela me dépasse** *fam* esto es más fuerte que yo.

dépayser [depeize] *vt* **1** *(troubler)* desorientar. **2** *(changer)* cambiar de aires.
dépecer [depəse] *vt* despedazar.
dépêche [depeʃe] *nf* **1** *(diplomatique)* despacho *m*. **2** *(information)* noticia *f*.
dépêcher (se) [depeʃe] *vpr* darse prisa.
• **se dépêcher de faire** QQCH darse prisa en hacer ALGO.
dépeigné,-e [depeɲe] *adj* despeinado,-da.
dépeindre [depɛ̃dʀ] *vt* describir.
dépénaliser [depenalize] *vt* despenalizar.
dépendance [depɑ̃dɑ̃s] *nf* dependencia *f*.
► *nf pl* **dépendances** dependencias *f pl*.
dépendant,-e [depɑ̃dɑ̃,-ɑ̃t] *adj* dependiente.
dépendre [depɑ̃dʀ] *vi* depender (**de**, de).
► *v impers* depender: ***il dépend de vous que ce projet se concrétise***, de usted depende que este proyecto se materialice.
► *vt (tableau, personne)* descolgar.
• **ça dépend** depende.
dépens [depɑ̃] *nm pl* DR costas *f pl*.
• **aux dépens de** QQN *fig* a costa de ALGN.
dépense [depɑ̃s] *nf* gasto *m*.
dépenser [depɑ̃se] *vt* **1** *(argent)* gastar. **2** *(efforts, temps)* dedicar.
► *vpr* **se dépenser** esforzarse.
dépensier,-ère [depɑ̃sje,-ɛʀ] *adj* - *nm,f* gastador,-ra.
dépérir [depeʀiʀ] *vi* **1** *(personne)* debilitarse. **2** *fig (affaire, entreprise)* deteriorarse.
dépêtrer (se) [depetʀe] *vpr* librarse (**de**, de).
dépeupler (se) [depœple] *vpr* despoblarse.
déphasé,-e [defaze] *adj* desfasado,-da.
dépilatoire [depilatwaʀ] *adj* depilatorio, -ria.
dépistage [depistaʒ] *nm (d'une maladie)* detección *f*.
▪ **dépistage du SIDA** prueba *f* del sida.
dépit [depi] *nm* despecho *m*.
• **en dépit de** a pesar de.
dépité,-e [depite] *adj* despechado,-da.
déplacé,-e [deplase] *adj* **1** *(remarque)* fuera de lugar. **2** *(personne)* desplazado,-da.
déplacement [deplasmɑ̃] *nm* desplazamiento *m*.
déplacer [deplase] *vt* **1** *(une chose)* desplazar. **2** *(un employé)* trasladar. **3** *fig (problème, conversation)* desviar.
► *vpr* **se déplacer** desplazarse.
déplaire [deplɛʀ] *vi* desagradar.
déplaisant,-e [deplɛzɑ̃,-ɑ̃t] *adj* desagradable.
dépliant [depliɑ̃] *nm* desplegable *m*.
déplier [deplije] *vt* desplegar.
déploiement [deplwamɑ̃] *nm* despliegue *m*.
déplorable [deplɔʀabl] *adj* deplorable.
déplorer [deplɔʀe] *vt* lamentar, deplorar.
déployer [deplwaje] *vt* **1** *(troupes, ailes, voile)* desplegar. **2** *fig (richesse)* exhibir. **3** *(courage)* dar muestra de.
déplumer [deplyme] *vt* desplumar.
dépopulation [depɔpylasjɔ̃] *nf* despoblación *f*.
déportation [depɔʀtasjɔ̃] *nf* deportación *f*.
déporter [depɔʀte] *vt* **1** *(personne)* deportar. **2** *(de la direction)* desviar.
déposé,-e [depoze] *adj* registrado,-da.
déposer [depoze] *vt* **1** *(argent, sédiments)* depositar. **2** *(accompagner)* dejar: ***je te déposerai chez toi après le cinéma***, te dejaré en tu casa después del cine. **3** DR *(plainte)* presentar.
► *vi* **1** *(liquide)* formar poso. **2** DR prestar declaración.
► *vpr* **se déposer** *(poussière)* depositarse.
dépositaire [depozitɛʀ] *nmf* depositario,-ria.
déposition [depozisjɔ̃] *nf* DR declaración *f*.
déposséder [depɔsede] *vt* desposeer.
dépôt [depo] *nm* **1** *(gén)* depósito *m*. **2** *(lieu)* almacén *m*. **3** *(d'argent)* ingreso *m*. **4** *(dans un liquide)* poso *m*.
▪ **dépôt d'autobus** cocheras *f pl*.
▪ **dépôt d'ordures** vertedero *m*.
▪ **dépôt légal** depósito legal.

dépotoir [depotwaʀ] *nm* **1** *(usine)* planta *f* de tratamiento de residuos. **2** *(lieu)* vertedero *m*.

dépouille [depuj] *nf* **1** *(d'animal)* piel *f*. **2** *(d'être humain)* restos *m pl*.

dépouillement [depujmɑ̃] *nm* **1** *(sobriété)* austeridad *f*. **2** *(des votes)* escrutinio *m*.

dépouiller [depuje] *vt* **1** *(enlever)* desnudar. **2** *(des biens)* despojar. **3** *(examiner)* examinar.

► *vpr* **se dépouiller** **1** *(serpent)* cambiar la piel. **2** *(perdre, renoncer à)* despojarse (**de**, de).

• **dépouiller un scrutin** contar los votos.

dépourvu,-e [depuʀvy] *adj* desprovisto,-ta (**de**, de).

• **au dépourvu** de improviso.

dépoussiérer [depusjere] *vt* quitar el polvo a.

dépravé,-e [depʀave] *adj - nm,f* depravado,-da.

déprécier [depʀesje] *vt* **1** *(valeur)* depreciar. **2** *(personne)* menospreciar.

dépressif,-ive [depʀesif,-iv] *adj - nm,f* depresivo,-va.

dépression [depʀɛsjɔ̃] *nf* depresión *f*.

déprimant,-e [depʀimɑ̃,-ɑ̃t] *adj* deprimente.

déprime [depʀim] *nf fam* depre *f*.

• **faire une déprime** *fam* tener una depre.

déprimé,-e [depʀime] *adj* deprimido,-da.

déprimer [depʀime] *vt* deprimir.

► *vi fam* estar depre.

depuis [depɥi] *prép* **1** *(temps)* desde: ***je n'ai rien mangé depuis hier***, no he comido nada desde ayer; ***elle est là depuis deux heures***, está aquí desde las dos. **2** *(durée)* desde hace: ***il est à Paris depuis un mois***, está en París desde hace un mes; ***depuis combien de temps êtes-vous arrivé ?*** ¿hace cuánto que ha llegado? **3** *(espace)* desde: ***la ville s'étend depuis la montagne jusqu'au fleuve***, la ciudad se extiende desde la montaña hasta el río.

► *adv* desde entonces: ***elle s'est mariée et je ne l'ai pas revue depuis***, se casó y no la he visto desde entonces.

• **depuis que** desde que.

député [depyte] *nm* diputado,-da.

▪ **député européen** eurodiputado,-da.

déraciner [deʀasine] *vt* **1** *(arbre)* arrancar. **2** *fig (personne)* desarraigar.

déraillement [deʀajmɑ̃] *nm* descarrilamiento *m*.

dérailler [deʀaje] *vi* **1** *(train)* descarrilar. **2** *(mécanisme)* fallar. **3** *fam fig (personne)* desvariar.

dérailleur [deʀajœʀ] *nm* cambio *m*.

déraisonnable [deʀɛzɔnabl] *adj* poco razonable.

dérangement [deʀɑ̃ʒmɑ̃] *nm* **1** *(gêne)* molestia *f*. **2** *(déplacement)* viaje *m*: ***ça valait le dérangement***, merecía el viaje.

• **en dérangement** averiado,-da.

déranger [deʀɑ̃ʒe] *vt* **1** *(papiers, appartement)* desordenar. **2** *(personne)* molestar: ***ça vous dérange si j'ouvre la fenêtre ?***, ¿le molesta si abro la ventana?

► *vpr* **se déranger** molestarse: ***ne vous dérangez pas pour moi***, no se moleste por mí.

dérapage [deʀapaʒ] *nm* derrapaje *m*.

déraper [deʀape] *vi* **1** *(sur le sol)* derrapar. **2** *fig (prix)* descontrolarse.

dérégler [deʀegle] *vt* **1** *(mécanisme)* estropear. **2** *(conduite)* desordenar.

déréguler [deʀegyle] *vt* desregular.

dérider [deʀide] *vt* alegrar.

dérision [deʀisjɔ̃] *nf* burla *f*.

• **tourner en dérision** burlarse de.

dérisoire [derizwaʀ] *adj* ridículo,-la.

dérivation [deʀivasjɔ̃] *nf* derivación *f*.

dérive [deʀiv] *nf* deriva *f*.

• **aller à la dérive** ir a la deriva.

dérivé [deʀive] *nm* derivado *m*.

dériver [deʀive] *vi* **1** *(bateau, avion)* desviarse. **2** *(provenir)* derivarse (**de**, de).

dériveur [deʀivœʀ] *nm* balandro *m*.

dermatologie [dɛʀmatɔlɔʒi] *nf* dermatología *f*.

dermatologue [deʀmatɔlɔg] *nmf* dermatólogo,-ga.

dernier,-ère [dɛʀnje,-ɛʀ] *adj* **1** *(gén)* último,-ma. **2** *(antérieur)* pasado,-da: ***le mois dernier***, el mes pasado.

► *nm,f* último,-ma.

• **en dernier** en último lugar.

dernier-né, dernière-née [dɛʀnjene, dɛʀnjɛʀne] *nm* hijo,-ja menor.

dérober [deʀɔbe] *vt* hurtar.
► *vpr* **se dérober 1** *(le sol)* hundirse. **2** *(devoir, obligation)* esquivar (**à**, -), eludir (**à**, -).

dérogation [deʀɔgasjɔ̃] *nf* derogación *f.*

déroulement [deʀulmɑ̃] *nm* **1** *(des événements)* desarrollo *m.* **2** *(action)* desenrollamiento *m.*

dérouler [deʀule] *vt (bobine, rouleau de papier)* desenrollar.
► *vpr* **se dérouler** *(événement)* desarrollarse.

déroutant,-e [deʀutɑ̃,-ɑ̃t] *adj* desconcertante.

déroute [deʀut] *nf* **1** *(fuite)* huida *f.* **2** *fig (confusion)* desorden *m.*

dérouter [deʀute] *vt* **1** *(faire changer de route)* desviar. **2** *(déconcerter)* desconcertar.

derrière [dɛʀjɛʀ] *prép* detrás de: ***l'hôtel est situé derrière la mairie***, el hotel está detrás del ayuntamiento.
► *adv* detrás, atrás: ***elle est restée derrière***, se ha quedado atrás.
► *nm* **1** *(partie arrière)* parte *m* posterior: ***il a reçu un coup sur le derrière de la tête***, recibió un golpe en la parte posterior de la cabeza. **2** *(partie du corps)* trasero *m.*

des [de] *contr* (**de** + **les**) unos,-nas, algunos,-nas: ***il y a des mois que je ne suis pas allé en France***, hace meses que no voy a Francia.
► *det* **1** *(gén)* de los, de las: ***il vient des États-Unis***, viene de los Estados Unidos; ***les raquettes des joueurs***, las raquetas de los jugadores. **2** *(manière, moyen)* con: ***dévorer des yeux***, comer con los ojos. **3** *(partitif) no se traduce*: ***manger des pommes***, comer manzanas.

dès [dɛ] *prép* desde, a partir de: ***il l'a aimée dès le premier jour***, la quiso desde el primer día; ***je te téléphonerai dès mon arrivée***, te llamaré en cuanto llegué.
• **dès lors** desde entonces.
• **dès maintenant** a partir de ahora.
• **dès que** tan pronto como, en cuanto: ***dès qu'il a ouvert, les clients sont entrés***, en cuanto abrió, los clientes entraron.

désabusé,-e [dezabyze] *adj* desengañado,-da.

désaccord [dezakɔʀ] *nm* desacuerdo *m.*

désaccordé,-e [dezakɔʀde] *adj* desafinado,-da.

désactiver [dezaktive] *vt* desactivar.

désaffecté,-e [dezafɛkte] *adj* abandonado,-da.

désagréable [dezagʀeabl] *adj* desagradable.

désagréger (se) [dezagʀeʒe] *vpr* disgregarse.

désagrément [dezagʀemɑ̃] *nm* disgusto *m.*

désaltérant,-e [dezalteʀɑ̃,-ɑ̃t] *adj* refrescante.

désaltérer (se) [dezalteʀe] *vpr* beber.

désamorcer [dezmɔʀse] *vt* **1** *(bombe)* descebar. **2** *(conflit)* abortar.

désappointé,-e [dezapwɛ̃te] *adj* decepcionado,-da.

désapprobation [dezapʀɔbasjɔ̃] *nf* desaprobación *f.*

désapprouver [dezapʀuve] *vt* desaprobar.

désarmement [dezaʀməmɑ̃] *nm* desarme *m.*

désarmer [dezaʀme] *vt* desarmar.

désarroi [dezaʀwa] *nm* desconcierto *m.*

désarticuler [dezaʀtikyle] *vt* desarticular.

désastre [dezastʀ] *nm* desastre *m.*

désastreux,-euse [dezastʀø,-øz] *adj* desastroso,-sa.

désavantage [desavɑ̃taʒ] *nm* desventaja *f.*

désavantager [dezavɑ̃taʒe] *vt* perjudicar.

désavouer [dezavwe] *vt* **1** *(refuser de reconnaître)* negarse a reconocer: ***désavouer son fils***, negarse a reconocer un hijo. **2** *(nier une autorisation)* desautorizar: ***désavouer son avocat***, desautorizar al abogado. **3** *(se rétracter)* retractarse: ***désavouer une affirmation***, retractarse de una afirmación. **4** *(condamner)* condenar, desaprobar: ***désavouer une attitude***, condenar una actitud.

désaxé,-e [dezakse] *adj - nm,f* desequilibrado,-da.

descendance [desɑ̃dɑ̃s] *nf (lignée)* descendencia *f.*
descendant,-e [desɑ̃dɑ̃,-ɑ̃t] *nm,f* descendiente.
descendre [desɑ̃dʀ] *vi* **1** *(gén)* bajar, descender. **2** *(séjourner)* parar, alojarse: ***descendre à l'hôtel***, alojarse en un hotel. **3** *(juge, police)* personarse. **4** *(d'une lignée)* descender.
► *vt* **1** *(gén)* bajar: ***descendre un meuble***, bajar un mueble. **2** *(déposer)* dejar, depositar: ***l'autobus vous descend à la plage***, el autobús le deja en la playa. **3** *fam (descendre - homme)* cargarse; *(- avion)* derribar.
descente [desɑ̃t] *nf* **1** *(action)* descenso *m*, bajada *f.* **2** *(d'un vaisseau)* desembarco *m.* **3** *(de la police)* redada *f.* **4** *(pente, chemin)* bajada *f*, pendiente *f.*
▪ **descente de croix** descendimiento *m.*
▪ **descente de lit** alfombrilla *f* de cama.
descriptif,-ive [dɛskʀiptif,-iv] *adj* descriptivo,-va.
description [deɛskʀipsjɔ̃] *nf* descripción *f.*
désemparé,-e [dezɑ̃paʀe] *adj* desamparado,-da.
désemparer [dezɑ̃paʀe].
• **sans désemparer** sin desfallecer.
désenchanter [dezɑ̃ʃɑ̃te] *vt* desencantar, desilusionar.
désenfler [dezɑ̃fle] *vi* desinflar.
désengager (se) [dezɑ̃gaʒe] *vpr* liberarse de un compromiso.
désensibiliser [desɑ̃sibilize] *vt* insensibilizar.
déséquilibre [dezekilibʀ] *nm* desequilibrio *m.*
déséquilibré,-e [dezekilibʀe] *adj - nm,f* desequilibrado,-da.
déséquilibrer [dezekilibʀe] *vt* desequilibrar.
désert,-e [dezɛʀ,-ɛrt] *adj* desierto,-ta.
► *nm* **désert** desierto *m.*
déserter [dezɛʀte] *vt* **1** *(un lieu)* dejar, abandonar. **2** *fig (une cause)* abandonar, traicionar.
► *vi (l'armée)* desertar.
déserteur [dezɛʀtœʀ] *nm* desertor *m.*
désertification [dezɛʀtifikasjɔ̃] *nf* desertización *f.*
désertion [dezɛʀsjɔ̃] *nf* deserción *f.*
désertique [dezɛʀtik] *adj* desértico,-ca.
désespérant [dezɛsperɑ̃] *adj* desesperante.
désespéré,-e [dezɛspere] *adj - nm,f* desesperado,-da.
désespérer [dezɛspeʀe] *vt (décourager)* desesperar.
► *vi (manquer d'espoir)* perder la esperanza (**de**, en): ***je désespère de lui***, he perdido las esperanzas en él.
► *vpr* **se désespérer** *(se tourmenter)* desesperarse.
• **désespérer que** tener pocas esperanzas de que: ***je désespère qu'il arrive à me comprendre***, tengo pocas esperanzas de que llegue a comprenderme; ***il ne désespère pas que tout se passe bien***, no pierde la esperanza de que todo se arregle.
désespoir [dezɛspwaʀ] *nm* desesperanza *f*, desesperación *f.*
• **en désespoir de cause** en última instancia.
déshabiller [dezabije] *vt* desvestir, desnudar.
► *vpr* **se déshabiller** desvestirse, desnudarse.
déshabituer [dezabitɥe] *vt* desacostumbrar, deshabituar.
désherbant [dezɛʀbɑ̃] *nm* herbicida *m.*
déshérité,-e [dezeʀite] *adj - nm,f* desheredado,-da.
déshériter [dezeʀite] *vt* desheredar.
déshonneur [dezɔnœʀ] *nm* deshonra *f*, deshonor *m.*
déshonorer [dezɔnɔʀe] *vt* deshonrar.
déshydratation [dezidʀatasjɔ̃] *nf* deshidratación *f.*
déshydrater [dezidʀate] *vi (priver d'eau)* deshidratar.
► *vpr* **se déshydrater** *(perdre son eau)* deshidratarse.
design [dizajn] *nm* diseño *m.*
► *adj* de diseño.
désignation [deziɲasjɔ̃] *nf* designación *f*, nombramiento *m.*

désigner [deziɲe] *vt* **1** *(signaler)* designar, señalar. **2** *(nommer)* nombrar, escoger. **3** *(langue, symbole)* significar, representar.
• **être tout désigné pour** ser el más indicado para.
désillusion [dezilyzjɔ̃] *nf* desilusión *f.*
désinence [dezinɑ̃s] *nf* desinencia *f.*
désinfectant,-e [dezɛ̃fɛktɑ̃,-ɑ̃t] *adj* desinfectante.
► *nm* **désinfectant** desinfectante *m.*
désinfecter [dezɛ̃fɛkte] *vt* desinfectar.
désinformation [dezɛ̃fɔʀmasjɔ̃] *nf* desinformación *f.*
désintégration [dezɛ̃tegʀasjɔ̃] *nf* desintegración *f.*
désintégrer [dezɛ̃tegʀe] *vt* desintegrar.
► *vpr* **se désintégrer** desintegrarse.
désintéressé,-e [dezɛ̃teʀese] *adj* desinteresado,-da.
désintéresser (se) [dezɛ̃teʀese] *vpr* perder el interés (**de**, por).
désintoxication [dezɛ̃tɔksikasjɔ̃] *nf* desintoxicación *f.*
désinvolte [dezɛ̃vɔlt] *adj* **1** *(naturel)* campechano,-na. **2** *(impertinent)* atrevido,-da.
désinvolture [dezɛ̃vɔltyʀ] *nf* desenfado *m.*
désir [deziʀ] *nm* deseo *m.*
désirable [deziʀabl] *adj* deseable.
désirer [deziʀe] *vt (vouloir)* desear.
• **laisser à désirer** dejar mucho que desear.
• **se faire désirer** hacerse esperar.
• **vous désirez ?** ¿en qué puedo servirle?
désireux,-euse [deziʀø,-øz] *adj* deseoso,-sa.
désister (se) [deziste] *vpr* desistir.
désobéir [dezɔbeiʀ] *vi* desobedecer.
désobéissant,-e [dezɔbeisɑ̃,-ɑ̃t] *adj* desobediente.
désobligeant,-e [dezɔbliʒɑ̃,-ɑ̃t] *adj* descortés, desatento,-ta.
désodorisant,-e [dezɔdɔʀizɑ̃,-ɑ̃t] *adj* desodorante.
► *nm* **désodorisant** ambientador *m.*
désœuvré,-e [dezœvʀe] *adj - nm,f* desocupado,-da, ocioso,-sa.
désolant,-e [dezɔlɑ̃,-ɑ̃t] *adj* **1** *(affligeant)* desconsolador,-ra. **2** *(fâcheux)* enojoso,-sa.
désolé,-e [dezɔle] *adj* apesadumbrado,-da.
• **être désolé,-e** sentirlo mucho: ***je suis désolé mais j'ai oublié votre livre***, lo siento mucho pero se me ha olvidado traer su libro.
désoler [dezɔle] *vt* **1** *(causer une affliction)* afligir, desconsolar. **2** *(ravager)* causar estragos, asolar.
► *vpr* **se désoler** *(se désespérer)* afligirse, desconsolarse.
désopilant,-e [dezɔpilɑ̃,-ɑ̃t] *adj* desternillante.
désordonné,-e [dezɔʀdɔne] *adj* desordenado,-da.
désordre [dezɔʀdʀ] *nm* desorden *m.*
► *nm pl* **désordres** desórdenes *m pl.*
• **en désordre** desordenado,-da.
désorganiser [dezɔʀganize] *vt* desorganizar.
désorienter [dezɔʀjɑ̃te] *vt* **1** *(gén)* desorientar. **2** *fig (troubler)* desconcertar.
désormais [dezɔʀmɛ] *adv* en adelante, en lo sucesivo.
désosser [dezɔse] *vt* deshuesar.
despote [dɛspɔt] *nm* déspota *m.*
despotisme [dɛspɔtism] *nm* despotismo *m.*
desquels,-quelles [dekɛl] *pron rel* → lequel,-quelle.
dessaler [desale] *vt* desalar.
► *vpr* **se dessaler** *fam* espabilar.
dessécher [deseʃe] *vt* **1** *(rendre sec)* desecar, secar. **2** *(amaigrir)* consumir, enflaquecer. **3** *fig (rendre insensible)* endurecer.
► *vpr* **se dessécher** secarse, resecarse.
dessein [desɛ̃] *nm fml* propósito *m.*
• **à dessein** a propósito.
desserrer [deseʀe] *vt* aflojar.
dessert [desɛʀ] *nm* postre *m.*
desserte [desɛʀt] *nf* **1** *(table)* trinchero *m.* **2** *(transports)* servicio *m* de comunicación.
desservir [desɛʀviʀ] *vt* **1** *(table)* quitar la mesa. **2** *(trajet)* enlazar, cubrir. **3** *fig (personne)* perjudicar.
dessin [desɛ̃] *nm* **1** *(gén)* dibujo *m.* **2** *(d'un bâtiment)* plano *m.* **3** *(d'un objet, d'une personne)* contorno *m,* silueta *f.*
▪ **dessin animé** dibujo animado.

dessinateur,-trice [desinatœʀ,-tʀis] *nm,f* dibujante.

dessiner [desine] *vt* **1** *(gén)* dibujar. **2** *(faire ressortir)* destacar, resaltar: ***la robe dessinait sa taille***, el vestido resaltaba su cintura.

► *vpr* **se dessiner** **1** *(forme)* dibujarse, perfilarse. **2** *fig (intention, projet)* precisarse, concretarse.

dessoûler [desule] *vt* quitar la borrachera a.

► *vi* dejar de estar borracho.

dessous[1] [dəsu] *adv* debajo, abajo: ***il est dessous la table***, está debajo de la mesa.

► *nm* **1** *(partie inférieure)* fondo *m*, parte *f* inferior. **2** *(d'un tissu)* revés *m*. **3** *fig (ce qui est secret)* entresijos *m pl*, intríngulis *m*.

► *nm pl (lingerie)* ropa *f* interior.

• **avoir le dessous** estar en desventaja.

• **en dessous** debajo, por debajo.

dessous-de plat [dəsudpla] *nm inv* salvamanteles *m*.

dessous-de-table [dəsudtabl] *nm inv* soborno *m*.

dessus[1] [dəsy] *adv* encima, arriba.

► *nm* **1** *(partie supérieure)* parte *f* de arriba. **2** MUS alto *f*, tiple *m*.

• **au dessus de** por encima de.

• **avoir le dessus** llevar la ventaja.

• **en dessus** sobre, encima.

• **par dessus tout** por encima de todo, ante todo.

• **reprendre le dessus** reponerse.

dessus-de-lit [dəsydli] *nm inv* colcha *f*.

déstabiliser [destabilize] *vt* desestabilizar.

destin [dɛstɛ̃] *nm* destino *m*, sino *m*.

destinataire [dɛstinatɛʀ] *nmf* destinatario,-ria.

destination [dɛstinasjɔ̃] *nf* destino *m*.

• **à destination de** con destino a.

destinée [dɛstine] *nf* destino *m*.

destiner [dɛstine] *vt* destinar (**a**, a).

► *vpr* **se destiner** pensar dedicarse (**a**, a).

destituer [dɛstitɥe] *vt* destituir.

destructeur,-trice [dɛstʀyktœʀ,-tʀis] *adj - nm,f* destructor,-ra.

destruction [dɛstʀyksjɔ̃] *nf* destrucción *f*.

désuet,-ète [dezyɛ,-ɛt] *adj* anticuado,-da.

désuétude [desɥetyd] *nf* desuso *m*.

• **tomber en désuétude** caer en desuso.

détachable [detaʃabl] *adj* separable.

détachant,-e [detaʃɑ̃,-ɑ̃t] *adj* quitamanchas.

► *nm* **détachant** quitamanchas *m*.

détachement [detaʃmɑ̃] *nm* **1** *(indifférence)* desapego *m*. **2** *(poste)* destino *m*. **3** *(de soldats)* destacamento *m*.

détacher [detaʃe] *vt* **1** *(nettoyer)* limpiar. **2** *(délier)* soltar, desatar. **3** *(éloigner)* separar, alejar. **4** *(avec des couleurs)* destacar. **5** *(affecter)* destinar.

► *vpr* **se détacher** **1** *(des liens)* soltarse, desatarse. **2** *(se désintéresser)* desprenderse, desinteresarse.

détail [detaj] *nm* **1** *(gén)* detalle *m*. **2** COMM comercio *m* al por menor.

• **au détail** al por menor.

• **en détail** detalladamente.

• **raconter dans ses moindres détails** contar con pelos y señales.

détaillant,-e [detajɑ̃,-ɑ̃t] *nm,f* minorista.

détaillé,-e [detaje] *adj* detallado,-da.

détailler [detaje] *vt* **1** COMM vender al por menor. **2** *(couper)* recortar. **3** *(raconter)* detallar.

détaler [detale] *vi fam* huir.

détartrant,-e [detaʀtʀɑ̃,-ɑ̃t] *adj* antical.

détaxe [detaks] *nf* desgravación *f*.

détaxer [detakse] *vt* desgravar.

détecter [detɛkte] *vt* detectar.

détecteur,-trice [detɛktœʀ,-tʀis] *adj* detector,-ra.

► *nm* **détecteur** detector *m*.

détection [detɛksjɔ̃] *nf* detección *f*.

détective [detɛktiv] *nm* detective *m*.

▪ **détective privé** detective privado.

déteindre [detɛ̃dʀ] *vt (couleur)* desteñir.

► *vi* **1** *(couleur)* desteñirse. **2** *(influencer)* influir, contagiar.

• **déteindre sur QQN** contagiar a ALGN, influir sobre ALGN.

dételer [dɛtle] *vt (animaux)* desenganchar, desuncir.

► *vi fam (faire une pause)* parar, descansar.

détendre [detɑ̃dʀ] *vt* **1** *(ce qui est tendu)* aflojar. **2** *(gaz)* descomprimir. **3** *fig (tension)* relajar.
► *vpr* **se détendre 1** *(se calmer)* relajarse. **2** *(se distraire)* divertirse, distraerse.
détendu,-e [detɑ̃dy] *adj* distendido,-da.
détenir [detniʀ] *vt* **1** *(avoir)* tener, detentar. **2** *(retenir)* retener.
détente [detɑ̃t] *nf* **1** *(d'arme)* disparador *m*, gatillo *m*. **2** *(distraction)* descanso *m*. **3** *(en politique)* distensión *f*. **4** *(musculaire)* estiramiento *m*.
détenteur,-trice [detɑ̃tœʀ,-tʀis] *nm,f* poseedor,-ra.
détention [detɑ̃sjɔ̃] *nf* **1** *(possession)* tenencia *f*. **2** *(emprisonnement)* detención *f*.
▪ **détention d'armes** tenencia de armas.
▪ **détention préventive** prisión *f* preventiva.
détenu,-e [detny] *adj - nm,f (incarcéré)* detenido,-da, preso,-sa.
détergent [detɛʀʒɑ̃] *nm* detergente *m*.
détérioration [deteʀjɔʀasjɔ̃] *nf* deterioro *m*.
détériorer [deteʀjɔʀe] *vt* deteriorar.
► *vpr* **se détériorer** deteriorarse.
déterminant,-e [detɛʀminɑ̃,-ɑ̃t] *adj* determinante.
► *nm* **déterminant** determinante *m*.
détermination [detɛrminasjɔ̃] *nf* determinación *f*.
déterminé,-e [detɛʀmine] *adj* determinado,-da.
déterminer [detɛʀmine] *vt* **1** *(indiquer)* determinar. **2** *(provoquer)* causar, provocar: ***la discussion détermina leur rupture***, la discusión provocó su ruptura. **3** *(décider)* decidir: ***les événements l'ont déterminé à travailler***, los acontecimientos lo decidieron a ponerse a trabajar.
déterrer [deteʀe] *vt* desenterrar.
détestable [detɛstabl] *adj* detestable.
détester [detɛste] *vt* detestar.
détonation [detɔnasjɔ̃] *nf* detonación *f*.
détoner [detɔne] *vi* detonar.
détonner [detɔne] *vi* desentonar.
détour [detuʀ] *nm* **1** *(gén)* rodeo *m*. **2** *(virage)* recodo *m*, vuelta *f*. **3** *(biais)* subterfugio *m*, astucia *f*.
détournement [detuʀnəmɑ̃] *nm* **1** *(de rue, de route)* desvío *m*. **2** *(d'argent, de fonds)* desfalco *m*.
▪ **détournement d'avion** secuestro *m* aéreo.
▪ **détournement de mineur** corrupción *f* de menores.
détourner [detuʀne] *vt* **1** *(cours d'eau, conversation)* desviar. **2** *(éloigner)* apartar. **3** *(tourner d'un autre côté)* volver: ***détourner la tête***, volver la cabeza. **4** *(fonds)* desfalcar. **5** *(avion)* secuestrar. **6** *(mineur)* corromper, pervertir. **7** *(dissuader)* disuadir (**de**, de): ***il le détourna de son projet***, lo hizo desistir de su proyecto.
détracteur,-trice [detʀaktœʀ,-tʀis] *adj - nm,f* detractor,-ra.
détraqué,-e [detʀake] *adj - nm,f* desequilibrado,-da, chiflado,-da.
détraquer [detrake] *vt* estropear.
détremper [detʀɑ̃pe] *vt* empapar.
détresse [detʀɛs] *nf* **1** *(angoisse)* angustia *f*. **2** *(misère)* apuro *m*, miseria *f*. **3** *(danger)* peligro *m*.
• **en détresse** en peligro: ***navire en détresse***, barco en peligro.
détriment [detʀimɑ̃] *nm* detrimento *m*.
• **au détriment de** en detrimento de.
détritus [detʀitys] *nm* detritus *m*.
détroit [detʀwa] *nm* GÉOG estrecho *m*.
détromper (se) [detʀɔ̃pe] *vpr* desengañarse.
détrôner [detʀone] *vt* destronar.
détrousseur,-euse [detʀusœʀ,-øz] *adj - nm* salteador,-ra.
détruire [detʀɥiʀ] *vt* destruir.
dette [dɛt] *nf* deuda *f*.
▪ **dette publique** deuda pública.
deuil [dœj] *nm* **1** *(moral)* duelo *m*. **2** *(vêtement)* luto *m*.
• **faire son deuil de QQCH** renunciar a ALGO.
deux [dø] *num* dos *m*.
• **à deux** entre dos.
• **deux à deux** de dos en dos.
• **tous (les) deux** los dos, ambos.
deuxième [døzjɛm] *num* segundo,-da.
deuxièmement [døzjɛmmɑ̃] *adv* en segundo lugar.

deux-pièces [døpjɛs] *nm inv* **1** *(maillot)* bikini *m.* **2** *(vêtement)* conjunto *m* de chaqueta y falda o pantalón.
deux-points [døpwɛ̃] *nm inv* dos puntos *m pl.*
deux-roues [døʀu] *nm inv* vehículo *m* de dos ruedas.
dévaler [devale] *vt - vi* bajar a todo meter.
dévaliser [devalize] *vt* desvalijar.
dévaloriser [devalɔʀize] *vt* desvalorizar.
dévaluation [devalɥasjɔ̃] *nf* devaluación *f.*
dévaluer [devalɥe] *vt* devaluar.
► *vpr* **se dévaluer** devaluarse.
devancer [dəvɑ̃se] *vt* **1** *(gén)* adelantar. **2** *(surpasser)* aventajar: ***devancer ses collègues***, aventajar a sus compañeros de trabajo. **3** *(dans le temps)* preceder: ***l'été devance l'automne***, el verano precede al otoño.
devant [dəvɑ̃] *prép (en face de)* delante de, ante.
► *adv* delante.
► *nm (partie antérieure)* delantera *f.*
• **de devant** delantero,-ra.
• **prendre les devants** adelantarse, tomar la iniciativa.
devanture [dəvɑ̃tyʀ] *nf* escaparate *m.*
dévastation [devastasjɔ̃] *nf* devastación *f.*
dévaster [devaste] *vt* devastar.
déveine [devɛn] *nf fam* mala pata *f.*
développement [devlɔpmɑ̃] *nm* **1** *(gén)* desarrollo *m.* **2** *(de photographie)* revelado *m.*
• **en voie de développement** en vías de desarrollo.
▪ **développement durable** desarrollo *m* sostenible.
développer [devlɔpe] *vt* **1** *(gén)* desarrollar. **2** *(augmenter)* incrementar, aumentar. **3** *(paquet)* desenvolver. **4** *(photos)* revelar.
devenir [dəvniʀ] *vi* **1** *(commencer à être)* convertirse en, volverse: ***il est devenu riche***, se ha vuelto rico; ***il est devenu un homme respectable***, se ha convertido en un hombre respetable. **2** *(avoir tel sort)* parar, acabar: ***que devient-il ?***, ¿qué ha sido de él?
dévergondé,-e [devɛʀgɔ̃de] *adj - nm,f* desvergonzado,-da.
déverrouiller [deveʀuje] *vt* abrir.
déverser [devɛʀse] *vt* **1** *(liquide)* verter, derramar. **2** *(colère, rancune, etc)* desahogar: ***il a déversé sa colère contre moi***, desahogó su enfado conmigo.
► *vpr* **se déverser** *(se répandre)* verterse, derramarse.
dévêtir [devetiʀ] *vt fml* desvestir, desnudar.
► *vpr* **se dévêtir** *fml* desvestirse, desnudarse.
déviation [devjasjɔ̃] *nf* **1** *(changement de direction)* desviación *f.* **2** *(d'une route)* desvío *m.*
▪ **déviation de la colonne vertébrale** desviación de la columna vertebral.
dévider [devide] *vt* devanar.
dévier [devje] *vt* desviar.
► *vi* desviarse.
devin [dəvɛ̃] *nm* adivino *m.*
deviner [dəvine] *vt* adivinar.
devineresse [dəvinʀɛs] *nf* adivina *f.*
devinette [dəvinɛt] *nf* adivinanza *f.*
devis [dəvi] *nm* presupuesto *m.*
dévisager [devizaʒe] *vt* mirar fijamente.
devise [dəviz] *nf* divisa *f.*
dévisser [devise] *vt* desatornillar, destornillar.
► *vi (en alpinisme)* caer.
dévoiler [devwale] *vt* **1** *(gén)* desvelar. **2** *(roue)* enderezar.
devoir[1] [dəvwaʀ] *vt* **1** *(argent)* deber: ***il me doit 100 euros***, me debe 100 euros. **2** *(obligation)* deber, tener que: ***je dois finir le travail***, tengo que acabar el trabajo. **3** *(probabilité)* deber de: ***elle doit être partie***, debe de haberse ido.
► *vpr* **se devoir** *(à la patrie, à ses enfants)* deberse (**à**, a).
• **comme il se doit** como debe ser.
• **on doit** hay que: ***on doit faire un petit effort***, hay que hacer un pequeño esfuerzo.
• **se devoir de +** *inf* tener la obligación de + *inf*: ***nous nous devons de donner***

l'exemple, tenemos la obligación de dar ejemplo.
devoir[2] [dəvwaʀ] *nm* **1** *(obligation)* deber *m*. **2** *(d'un écolier)* tarea *f*, deberes *m pl*.
► *nm pl* **devoirs** *fml* respetos *m pl*.
• **rendre ses devoirs à QQN** *fml* presentar sus respetos a ALGN.
dévorer [devɔʀe] *vt* **1** *(manger)* devorar. **2** *(détruire)* consumir, devorar.
• **dévorer des yeux** comer con los ojos.
dévot,-e [devo,-ɔt] *adj - nm,f* devoto,-ta.
dévotion [devosjɔ̃] *nf* devoción *f*.
• **être à la dévotion de QQN** estar totalmente entregado,-da a ALGN.
dévouement [devumɑ̃] *nm* **1** *(à une cause)* abnegación *f*. **2** *(à un personne)* afecto *m*, estima *f*.
dévouer (se) [devwe] *vpr* dedicarse (**a**, a), consagrarse (**a**, a).
dextérité [dɛksteʀite] *nf* destreza *f*.
diabète [djabɛt] *nm* diabetes *f*.
diabétique [djabetik] *adj - nmf* diabético,-ca.
diable [djabl] *nm* **1** *(démon)* diablo *m*, demonio *m*. **2** *(petit chariot)* carretilla *f*.
• **au diable !** ¡al diablo!
• **avoir le diable au corps** tener el diablo en el cuerpo.
• **en diable** extremadamente.
diabolique [djabɔlik] *adj* diabólico,-ca.
diabolo [djabɔlo] *nm* **1** *(jouet)* diábolo *m*. **2** *(boisson) concentrado de fruta con gaseosa*.
diadème [djadɛm] *nm* diadema *f*.
diagnostic [djagnɔstik] *nm* diagnóstico *m*.
diagnostiquer [djagnɔstike] *vt* diagnosticar.
diagonal,-e [djagɔnal] *adj* diagonal.
diagonale [djagɔnal] *nf* diagonal *f*.
• **en diagonale** al bies.
diagramme [djagʀam] *nm* diagrama *m*.
dialecte [djalɛkt] *nm* dialecto *m*.
dialogue [djalɔg] *nm* diálogo *m*.
• **engager le dialogue** iniciar la conversación.
dialoguer [djalɔge] *vi - vt* dialogar.
dialyse [djaliz] *nf* MÉD diálisis *f*.
diamant [djamɑ̃] *nm* diamante *m*.
diamètre [djamɛtʀ] *nm* diámetro *m*.
diapason [djapasɔ̃] *nm* diapasón *m*.
diaphragme [djafʀagm] *nm* diafragma *m*.
diapositive [djapozitiv] *nf* diapositiva *f*.
diarrhée [djaʀe] *nf* diarrea *f*.
dictateur [diktatœʀ] *nm* dictador *m*.
dictature [diktatyʀ] *nf* dictadura *f*.
dictée [dikte] *nf* dictado *m*.
dicter [dikte] *vt* **1** *(lettre, ordre)* dictar. **2** *(œuvre, action, etc)* inspirar, sugerir.
diction [diksjɔ̃] *nf* dicción *f*.
dictionnaire [diksjɔnɛʀ] *nm* diccionario *m*.
• **être un dictionnaire vivant** ser una enciclopedia andante.
dicton [diktɔ̃] *nm* refrán *m*, dicho *m*.
didacticiel [didaktisjɛl] *nm* INFORM programa *f* con funciones pedagógicas.
didactique [didaktik] *adj* didáctico, -ca.
dièse [djɛz] *adj - nm* MUS sostenido.
diesel [djezɛl] *adj inv - nm* diésel *m*.
diète[1] [djɛt] *nf (assemblée)* dieta *f*.
diète[2] [djɛt] *nf (régime)* dieta *f*.
• **mettre à la diète** poner a dieta.
diététicien,-enne [djetetisjɛ̃,-ɛn] *nm,f* dietista.
diététique [djetetik] *adj* dietético,-ca.
► *nf* dietética *f*.
dieu [djø] *nm* dios *m*.
• **Dieu merci !** ¡gracias a Dios!
• **Dieu soit loué !** ¡alabado sea Dios!
• **Dieu vous le rende !** ¡Dios se lo pague!
• **jurer ses grands dieux** jurar por todos los dioses.
• **pour l'amour de Dieu !** ¡por el amor de Dios!
• **recevoir le bon Dieu** comulgar.
diffamation [difamasjɔ̃] *nf* difamación *f*.
différé,-e [difere] *adj* diferido,-da.
• **en différé** en diferido.
différence [difeʀɑ̃s] *nf* diferencia *f*.
• **à la différence de** a diferencia de.
différencier [difeʀɑ̃sje] *vt* diferenciar.
différend [difeʀɑ̃] *nm* diferencia *f*, desavenencia *f*.
différent,-e [difeʀɑ̃,-ɑ̃t] *adj* diferente.
différer [difeʀe] *vt (dans le temps)* posponer, diferir.

► *vi* **1** *(être différent)* diferir, ser diferente. **2** *(ne pas être du même avis)* disentir, no estar de acuerdo.
difficile [difisil] *adj* difícil.
difficulté [difikylte] *nf* dificultad *f*.
• **avoir des difficultés avec QQN** tener desavenencias con ALGN.
difformité [difɔRmite] *nf* deformidad *f*.
diffus,-e [dify,-yz] *adj* difuso,-sa.
diffuser [difyze] *vt* **1** *(répandre)* difundir. **2** *(émettre)* transmitir, difundir.
diffusion [difyzjɔ̃] *nf* difusión *f*.
digérer [diʒeRe] *vt* **1** *(nourriture)* digerir. **2** *fig (nouvelle, fait, etc)* tragar.
digestif,-ive [diʒɛstif,-iv] *adj* digestivo,-va.
► *nm* **digestif** digestivo *m*.
digestion [diʒɛstjɔ̃] *nf* digestión *f*.
digicode [diʒikɔd] *nm* INFORM código *m* de acceso.
digital,-e [diʒital] *adj* digital.
digitale [diʒital] *nf (plante)* digital *f*, dedalera *f*.
digne [diɲ] *adj* digno,-na.
• **être digne de** ser digno de.
dignitaire [diɲitɛR] *nm* dignatario *m*.
dignité [diɲite] *nf* dignidad *f*.
digression [digResjɔ̃] *nf* digresión *f*.
digue [dig] *nf* dique *m*.
dilapider [dilapide] *vt* dilapidar.
dilatation [dilatasjɔ̃] *nf* dilatación *f*.
dilater [dilate] *vt* dilatar.
► *vpr* **se dilater** dilatarse.
dilemme [dilɛm] *nm* dilema *f*.
diligence [diliʒɑ̃s] *nf* diligencia *f*.
diligent,-e [diliʒɑ̃,-ɑ̃t] *adj fml* diligente.
diluer [dilɥe] *vt* **1** *(liquide)* diluir, desleír. **2** *(douleur, souvenir, etc)* mitigar.
diluvien,-enne [dilyvjɛ̃,-ɛn] *adj* diluviano,-na.
dimanche [dimɑ̃ʃ] *nm* domingo *m*.
dimension [dimɑ̃sjɔ̃] *nf* dimensión *f*.
► *nf pl* **dimensions** medidas *f pl*.
diminuer [diminɥe] *vt (gén)* disminuir, reducir.
► *vi* disminuir.
diminutif,-ive [diminytif,-iv] *adj* diminutivo,-va.
► *nm* **diminutif** diminutivo *m*.
diminution [diminysjɔ̃] *nf* **1** *(gén)* disminución *f*. **2** *(sur un prix)* rebaja *f*.
dinde [dɛ̃d] *nf* pava *f*.
dindon [dɛ̃dɔ̃] *nm* pavo *m*.
• **être le dindon de la farce** ser el hazmerreír de la fiesta.
dîner [dine] *vi* cenar.
► *nm* cena *f*.
dingue [dɛ̃g] *adj* **1** *fam (personne)* chiflado,-da. **2** *fam (histoire)* increíble.
► *nmf* chalado,-da.
dinosaure [dinozɔR] *nm* dinosaurio *m*.
diocèse [djɔsɛz] *nm* diócesis *f*.
dioptrie [djɔptRi] *nf* dioptría *f*.
diphtongue [diftɔ̃g] *nf* diptongo *m*.
diplomate [diplɔmat] *nmf* diplomático,-ca.
diplomatie [diplɔmasi] *nf* diplomacia *f*.
diplomatique [diplɔmatik] *adj* diplomático,-ca.
► *nf* diplomacia *f*.
diplôme [diplom] *nm* diploma *m*, título *m*.
diplômé,-e [diplome] *adj - nm,f* titulado,-da.
dire [diR] *vt* **1** *(parler)* decir. **2** *(raconter)* contar. **3** *(plaire)* gustar, apetecer: ***ça te dirait d'aller au cinéma ?***, ¿te gustaría ir al cine? **3** *(rappeler)* recordar, sugerir: ***ça me dit quelque chose ...***, me recuerda algo....
► *vpr* **se dire** decirse.
• **à vrai dire** a decir verdad.
• **cela dit ...** dicho esto...
• **cela va sans dire** ni que decir tiene.
• **c'est beaucoup dire** eso es mucho decir.
• **c'est vite dit** eso se dice pronto.
• **dis donc !** ¡oye, tú!
• **on dirait que** parece como si.
• **pour ainsi dire** digamos que.
direct,-e [diRɛkt] *adj* directo,-ta.
► *nm* **direct** directo *m*.
directeur,-trice [diRɛktœR,-tRis] *adj - nm,f (qui dirige)* director,-ra.
direction [diRɛksjɔ̃] *nf* dirección *f*.
• **en direction de** con destino a.
• **sous la direction de** bajo la dirección de.
▪ **direction assistée** dirección asistida.

directive [diʀɛktiv] *nf* directiva *f*.
directrice [diʀɛktris] *nf* directriz *f*.
dirigeable [diʀiʒabl] *adj - nm* dirigible *m*.
dirigeant,-e [diʀiʒɑ̃,-ɑ̃t] *adj - nm,f* dirigente.
diriger [diʀiʒe] *vt* **1** *(guider)* conducir. **2** *(commander)* dirigir.
discernement [disɛʀnəmɑ̃] *nm* discernimiento *m*.
discerner [disɛʀne] *vt* discernir.
disciple [disipl] *nmf* discípulo,-la.
discipline [disiplin] *nf* disciplina *f*.
discipliné,-e [disipline] *adj* disciplinado,-da.
disco [disko] *nf* música *f* disco.
discontinu,-e [diskɔ̃tiny] *adj* discontinuo,-nua.
discordant,-e [diskɔʀdɑ̃,-ɑ̃t] *adj* **1** *(gén)* discordante. **2** MUS disonante.
discorde [diskɔʀd] *nf* discordia *f*.
discothèque [diskɔtɛk] *nf (collection)* discoteca *f*.
discourir [diskuʀiʀ] *vi* hablar, charlar.
discours [diskuʀ] *nm* discurso *m*.
discourtois,-e [diskuʀtwa,-az] *adj* descortés,-esa.
discrédit [diskʀedi] *nm* descrédito *m*.
discréditer [diskʀedite] *vt* desacreditar.
discret,-ète [diskʀɛ,-ɛt] *adj* discreto,-ta.
discrétion [diskʀesjɔ̃] *nf* discreción *f*.
• **à discrétion** a discreción.
discrimination [diskriminasjɔ̃] *nf* discriminación *f*.
discriminatoire [diskʀiminatwaʀ] *adj* discriminatorio.
disculper [diskylpe] *vt* probar la inocencia de.
► *vpr* **se disculper** probar la propia inocencia.
discussion [diskysjɔ̃] *nf* discusión *f*.
• **sans discussion** sin discusión.
discuter [diskyte] *vt* hablar.
disgrâce [disgʀas] *nf* desgracia *f*.
• **tomber en disgrâce** caer en desgracia.
disjonctif,-ive [disʒɔ̃ktif,-iv] *adj* disyuntivo,-va.
disjoncteur [disʒɔ̃ktœʀ] *nm* disyuntor *m*.
dislocation [dislɔkasjɔ̃] *nf* dislocación *f*.
disloquer (se) [dislɔke] *vpr* dislocarse.
disparaître [dispaʀɛtʀ] *vi* desaparecer.
• **faire disparaître** hacer desaparecer.
disparité [dispaʀite] *nf* disparidad *f*.
disparition [dispaʀisjɔ̃] *nf* desaparición *f*.
• **en voie de disparition** en vías de desaparición.
dispatcher [dispatʃe] *vt* distribuir, expedir.
dispensaire [dispɑ̃sɛʀ] *nm* dispensario *m*.
dispense [dispɑ̃s] *nf* dispensa *f*.
dispenser [dispɑ̃se] *vt fml* dispensar.
disperser [dispɛʀse] *vt* dispersar.
► *vpr* **se disperser** dispersarse.
disponibilité [dispɔnibilite] *nf* **1** *(gén)* disponibilidad *f*. **2** *(d'un fonctionnaire)* excedencia *f*.
• **en disponibilité** en excedencia.
disponible [dispɔnibl] *adj* disponible.
dispos,-e [dispo,-oz] *adj fam* en forma.
disposé,-e [dispoze] *adj* dispuesto,-ta.
• **être bien disposé** estar de buen humor.
disposer [dispoze] *vt - vi* disponer.
► *vpr* **se disposer** disponerse.
dispositif [dispozitif] *nm* dispositivo *m*.
disposition [dispozisjɔ̃] *nf* disposición *f*.
disproportionné,-e [dispʀɔpɔʀsjɔne] *adj* desproporcionado,-da.
dispute [dispyt] *nf* disputa *f*.
disputer [dispyte] *vt* **1** *(lutte, compétition)* disputar: ***disputer un prix***, disputar un premio. **2** *fam (réprimander)* reñir.
► *vi (rivaliser)* rivalizar.
► *vpr* **se disputer** **1** *(se quereller)* reñir, discutir. **2** *(compétition)* disputarse.
disquaire [diskɛʀ] *nm fam* vendedor,-ra de discos.
disqualifier [diskalifje] *vt* descalificar.
► *vpr* **se disqualifier** descalificarse.
disque [disk] *nm* disco *m*.
▪ **disque compact** disco compacto.
▪ **disque dur** disco duro.
disquette [diskɛt] *nf* disquete *m*.
dissection [disɛksjɔ̃] *nf* disección *f*.
disséminer [disemine] *vt* diseminar.
► *vpr* **se disséminer** diseminarse.

disséquer [diseke] *vt* **1** *(animal)* disecar. **2** *(roman)* diseccionar.

dissertation [disɛʀtasjɔ̃] *nf* **1** *(développement)* disertación *f*. **2** *(exercice)* redacción *f*.

dissident,-e [disidɑ̃,-ɑ̃t] *adj - nm,f* disidente.

dissimuler [disimyle] *vt (faire semblant)* disimular.
► *vpr* **se dissimuler** *(se cacher)* esconderse, ocultarse.

dissipation [disipasjɔ̃] *nf* **1** derroche *m*, disipación *f*. **2** *(d'une personne)* disipación *f*. **3** *(d'un élève)* distracción *f*.

dissiper [disipe] *vt* **1** *(faire cesser)* disipar. **2** *(élève)* distraer.
► *vpr* **se dissiper 1** *(brouillard)* disiparse. **2** *(élève)* distraerse.

dissocier [disɔsje] *vt* disociar.

dissolu,-e [disɔly] *adj* disoluto,-ta.

dissolution [disɔlysjɔ̃] *nf* **1** *(gén)* disolución *f*. **2** *(des mœurs)* relajación *f*.

dissolvant,-e [disɔlvɑ̃,-ɑ̃t] *adj* disolvente.
► *nm* **dissolvant** disolvente *m*.

dissoudre [disudʀ] *vt* disolver.
► *vpr* **se dissoudre** disolverse.

dissuader [disɥade] *vt* disuadir.

dissuasif,-ive [disɥazif,-iv] *adj* disuasorio,-ria, disuasivo,-va.

dissuasion [disɥazjɔ̃] *nf* disuasión *f*.

distance [distɑ̃s] *nf* **1** *(écart)* distancia *f*. **2** *(différence)* diferencia *f*.
• **à distance** a distancia.
• **tenir à distance** mantener las distancias.

distancer [distɑ̃se] *vt* **1** *(devancer)* adelantar. **2** *(surpasser)* dejar atrás.

distancier (se) [distɑ̃sje] *vpr* distanciarse (**de**, de).

distant,-e [distɑ̃,-ɑ̃t] *adj* distante.

distendre [distɑ̃dʀ] *vt* distender.
► *vpr* **se distendre** aflojarse, relajarse.

distiller [distile] *vt* destilar.

distillerie [distilʀi] *nf* destilería *f*.

distinct,-e [distɛ̃,-ɛ̃kt] *adj* **1** *(différent)* distinto,-ta. **2** *(clair)* claro,-ra.

distinction [distɛ̃ksjɔ̃] *nf* distinción *f*.

distingué,-e [distɛ̃ge] *adj* distinguido,-da.

distinguer [distɛ̃ge] *vt* **1** *(percevoir)* distinguir. **2** *(choisir)* escoger.
► *vpr* **se distinguer** *(se signaler)* distinguirse.

distraction [distʀaksjɔ̃] *nf* **1** *(gén)* distracción *f*. **2** *(prélèvement d'argent)* anticipo *m*.

distraire [distʀɛʀ] *vt* **1** *(amuser, déranger)* distraer. **2** *(détourner)* distraer, sustraer.
► *vpr* **se distraire** distraerse.

distrait,-e [distʀɛ,-ɛt] *adj* distraído,-da.

distribuer [distʀibɥe] *vt* **1** *(remettre)* repartir, distribuir. **2** *(film)* distribuir. **3** *(service)* suministrar.

distributeur,-trice [distʀibytœʀ,-tʀis] *adj - nm,f* **1** *(personne)* repartidor,-ra. **2** *(entreprise)* distribuidor,-ra.
► *nm* **distributeur** *(machine)* máquina *f* expendedora.
▪ **distributeur (automatique) de billets** cajero *m* automático.

distribution [distʀibysjɔ̃] *nf* **1** distribución *f*, reparto *m*. **2** *(cinéma)* reparto *m*. **3** COMM distribución *f*.

dit, dite [di, dit] *adj* **1** *(gén)* dicho,-cha. **2** *(surnom)* llamado,-da, apodado,-da. **3** *(convenu)* fijado,-da, señalado,-da.
► *nm* **dit** *(maxime)* dicho *m*.
• **autrement dit** dicho de otro modo.

diurétique [djyʀetik] *adj* diurético,-ca.
► *nm* diurético *m*.

diurne [djyʀn] *adj* diurno,-na.

divagation [divagasjɔ̃] *nf* divagación *f*.

divaguer [divage] *vi* divagar.

divan [divɑ̃] *nm* diván *m*.

divergence [divɛʀʒɑ̃s] *nf* **1** *(de lignes)* divergencia *f*. **2** *fig (d'idées)* discrepancia *f*.

divers,-e [divɛʀ,-ɛʀs] *adj* diverso,-sa.

diversifier [divɛʀsifje] *vt* diversificar.

diversion [divɛʀsjɔ̃] *nf* diversión *f*.

diversité [divɛʀsite] *nf* diversidad *f*.

divertir [divɛʀtiʀ] *vt* divertir, distraer.
► *vpr* **se divertir** divertirse, distraerse.

divertissant,-e [divɛʀtisɑ̃,-ɑ̃t] *adj* divertido,-da.

divertissement [divɛʀtismɑ̃] *nm* diversión *f*.

dividende [dividɑ̃d] *nm* dividendo *m*.

divin,-e [divɛ̃,-in] *adj* divino,-na.

divinité [divinite] *nf* divinidad *f.*
diviser [divize] *vt* dividir.
► *vpr* **se diviser** dividirse.
division [divisjɔ̃] *nf* división *f.*
divorce [divɔʀs] *nm* divorcio *m.*
divorcé,-e [divɔʀse] *adj - nm,f* divorciado,-da.
divorcer [divɔʀse] *vi* **1** *(couple)* divorciarse. **2** *(amis, associés, etc)* romper con, separarse.
divulguer [divylge] *vt* divulgar.
dix [dis] *num* diez *m.*
dix-huit [dizɥit] *num* dieciocho *m.*
dix-huitième [dizɥitjɛm] *adj - nmf (ordinal)* decimoctavo,-va.
► *nm (partie)* decimoctava parte *f*, dieciochavo *m.*
dixième [dizjɛm] *num (ordinal)* décimo, -ma.
► *nm (partie)* décima parte *f*, décimo *m.*
dix-neuf [diznœf] *num* diecinueve *m.*
dix-neuvième [disnœvjɔm] *adj - nmf (ordinal)* decimonoveno,-na.
► *nm (partie)* decimonovena parte *f*, diecinueveavo *m.*
dix-sept [disɛt] *num* diecisiete *m.*
dix-septième [disɛtjɛm] *num (ordinal)* decimoséptimo,-ma.
► *nm (partie)* decimoséptima parte *f*, diecisieteavo *m.*
dizaine [dizɛ̃] *nf* decena *f.*
do [do] *nm inv* do *m.*
docile [dɔsil] *adj* dócil.
docilité [dɔsilite] *nf* docilidad *f.*
dock [dɔk] *nm* **1** *(digue)* dique *m.* **2** *(entrepôt)* almacén *m.*
▪ **dock flottant** dique flotante.
docker [dɔkɛʀ] *nm* estibador *m.*
docte [dɔkt] *adj fml* docto,-ta.
docteur [dɔktœʀ] *nm* **1** *(gén)* doctor *m.* **2** *(médecin)* médico *m*, doctor *m.*
▪ **docteur ès lettres** doctor en letras.
▪ **docteur ès sciences** doctor en ciencias.
doctorat [dɔktɔʀa] *nm* doctorado *m.*
doctrine [dɔktʀin] *nf* doctrina *f.*
document [dɔkymɑ̃] *nm* documento *m.*
documentaire [dɔkymɑ̃tɛʀ] *adj - nm* documental *m.*
documentaliste [dɔkymɑ̃talist] *nmf* documentalista.
documentation [dɔkymɑ̃tasjɔ̃] *nf* documentación *f.*
documenter [dɔkymɑ̃te] *vt* documentar.
► *vpr* **se documenter** documentarse.
dodeliner [dɔdline] *vt* balancear (**de**, -): ***dodeliner de la tête***, mover la cabeza.
dodo [dɔdo] *nm fam* cama *f*: ***aller au dodo***, irse a la cama.
• **faire dodo** *fam* dormir.
dodu,-e [dɔdy] *adj* regordete,-ta, rollizo,-za.
dogmatique [dɔgmatik] *adj - nmf* dogmático,-ca.
dogme [dɔgm] *nm* dogma *m.*
doigt [dwa] *nm* dedo *m.*
• **mettre le doigt dessus** *fig* dar en el clavo.
• **montrer QQN du doigt** señalar a ALGN con el dedo.
• **se lécher les doigts** chuparse los dedos.
• **se mettre le doigt dans l'œil** *fig* equivocarse.
• **se mordre les doigts** *fig* arrepentirse.
• **un doigt de** un dedo de.
▪ **doigt de pied** dedo del pie.
▪ **petit doigt** meñique *m.*
doigté [dwate] *nm* tacto *m.*
doit [dwa] *nm* COMM debe *m.*
dollar [dɔlaʀ] *nm* dólar *m.*
domaine [dɔmɛn] *nm* **1** *(propriété)* hacienda *f*, propiedad *f.* **2** *(d'un art, d'une science, etc)* dominio *m*, campo *m.* **3** *(spécialité)* competencia *f.*
dôme [dom] *nm* **1** ARCHIT cúpula *f.* **2** GÉOG cerro *m.*
domestique [domɛstik] *adj (de la maison)* doméstico,-ca.
► *nmf (employé)* criado,-da.
domestiquer [dɔmɛstike] *vt* **1** *(un animal)* domesticar. **2** *(un peuple)* esclavizar, sujetar.
domicile [dɔmisil] *nm* domicilio *m.*
• **à domicile** a domicilio.
• **sans domicile fixe** sin residencia conocida.

domicilier [dɔmislje] *vt (gén)* domiciliar.
► *vpr* **se domicilier** *(habiter)* domiciliarse en.
• **être domicilié à** tener su domicilio en.
dominant,-e [dɔminɑ̃,-ɑ̃t] *adj* **1** dominante.
dominante [dɔminɑ̃t] *nf* dominante *f.*
domination [dɔminasjɔ̃] *nf* **1** *(autorité)* dominación *f.* **2** *(influence)* dominio *m.*
dominer [dɔmine] *vi - vt* dominar.
► *vpr* **se dominer** dominarse.
dominicain,-e [dɔminikɛ̃,-ɛn] *adj* dominicano,-na.
► *nm,f* **Dominicain,-e** dominicano,-na.
dominical,-e [dɔminikal] *adj* dominical.
Dominique [dɔminik] *nf* Dominica.
domino [dɔmino] *nm* dominó *m.*
dommage [dɔmaʒ] *nm* **1** *(dégât)* desperfecto *m.* **2** *(préjudice)* perjuicio *m*, daño *m.*
• **c'est dommage** es una lástima.
• **quel dommage !** ¡qué lástima!
▪ **dommages et intérêts** daños y perjuicios.
dompter [dɔ̃te] *vt* **1** *(animal)* domar. **2** *(instincts)* dominar.
dompteur,-euse [dɔ̃tœʀ,-øz] *nm,f* domador,-ra.
DOM-TOM [dɔmtɔm] *abr* (***départements d'outre-mer et territoires d'outre-mer***) *denominación de las provincias y los territorios franceses de ultramar.*
don [dɔ̃] *nm* **1** *(talent)* don *m.* **2** *(donation)* donación *f.*
donateur,-trice [dɔnatœʀ,-tʀis] *nm,f* donante.
donation [dɔnasjɔ̃] *nf* donación *f.*
donc [dɔ̃k] *conj* **1** *(conséquence)* luego, pues: ***je pense, donc je suis***, pienso, luego existo. **2** *(pour reprendre un récit)* pues: ***je vous disais donc que ...***, como le decía.... **3** *(surprise, incrédulité)*: ***qu'as-tu donc ?***, ¿qué te pasa?
• **allons donc !** ¡bah!
donjon [dɔ̃ʒɔ̃] *nm* **1** *(de château)* torreón *m*, torre *f* del homenaje. **2** *(de cuirassé)* torreta *f.*
donne [dɔn] *nf (cartes)* reparto *m.*
• **faire la donne** dar las cartas.
▪ **la nouvelle donne mondiale** el nuevo orden mundial.
donnée [dɔne] *nf* dato *m.*
donner [dɔne] *vt* **1** *(gén)* dar. **2** *(joie, inquiétude)* provocar, causar. **3** *(permission, raison)* acordar, dar. **4** *(vie, temps)* consagrar, dedicar. **5** *(âge)* echar: ***quel âge lui donnes-tu ?***, ¿cuántos años le echas?
► *vi* **1** *(luxe, dépravation)* entregarse (**dans**, a). **2** *(avoir vue)* dar (**sur**, a), tener vistas (**sur**, a).
► *vpr* **se donner** *(se livrer)* darse, entregarse.
• **étant donné que** dado que, puesto que.
• **se donner du bon temps** pasarlo bien.
donneur,-euse [dɔnœʀ,-øz] *adj - nm,f* **1** *(de sang, d'organe)* donante. **2** *(de cartes)* el que reparte.
dont [dɔ̃] *pron rel* **1** *(complément du verbe ou de l'adjectif)* del cual, de la cual, del que, de la que, de quien: ***l'homme dont je t'ai parlé***, el hombre del cual te hablé; ***c'est quelqu'un dont on ne connaît pas le passé***, es alguien de quien no se conoce el pasado; ***l'ami dont il est jaloux***, el amigo del que está celoso. **2** *(complément du nom ou de pronom)* cuyo,-ya: ***la maison dont les fenêtres sont vertes***, la casa cuyas ventanas son verdes. **3** *(complément circonstanciel)* de donde: ***la ville dont il vient est très grande***, la ciudad de donde viene es muy grande. **4** *(parmi lesquels)* entre ellos, entre ellas: ***il ont choisi dix personnes, dont moi***, eligieron diez personas y entre ellas a mí.
dopage [dɔpaʒ] *nm* doping *m*, dopaje *m.*
doper [dɔpe] *vt* dopar.
► *vpr* **se doper** doparse.
dorade [dɔʀad] *nf* dorada *f.*
doré,-e [dɔʀe] *adj* dorado,-da.
dorénavant [dɔʀenavɑ̃] *adv* en adelante, en lo sucesivo.
dorer [dɔʀe] *vt* dorar.
• **dorer la pilule** dorar la píldora.
dorloter [dɔʀlɔte] *vt* mimar.

dormant,-e [dɔʀmɑ̃,-ɑ̃t] *adj* durmiente.
dormeur,-euse [dɔʀmœʀ,-øz] *adj - nm,f* **1** *(qui dort)* durmiente. **2** *(qui aime dormir)* dormilón,-ona.
dormir [dɔʀmiʀ] *vi* dormir.
• **à dormir debout** increíble.
• **dormir à la belle étoile** dormir al raso.
• **dormir sur ses deux oreilles** dormir profundamente.
dortoir [dɔʀtwaʀ] *nm* dormitorio *m.*
dos [do] *nm* **1** *(de personne, style)* espalda *f.* **2** *(d'animal)* lomo *m.* **3** *(de main, page, etc)* dorso *m.* **4** *(de livre)* lomo *m.* **5** *(de chaise)* respaldo *m.*
• **avoir bon dos** ser usado como chivo expiatorio.
• **de dos** por la espalda.
• **dos à dos** de espaldas.
• **en avoir plein le dos de** *fam* estar hasta la coronilla de.
• **mettre QQCH sur le dos de QQN** echar la culpa de ALGO a ALGN.
• **sur le dos** boca arriba.
• **tourner le dos à** dar la espalda a.
• **" Voir au dos "** "Véase al dorso".
dosage [dozaʒ] *nm* dosificación *f.*
dos-d'âne [dodan] *nm inv* badén *m.*
dose [doz] *nf* dosis *f.*
• **forcer la dose** *fam* pasarse.
doser [doze] *vt* dosificar.
doseur [dozœʀ] *nm* dosificador *m.*
dossard [dosaʀ] *nm* SPORT dorsal *m.*
dossier [dosje] *nm* **1** *(d'un siège)* respaldo *m.* **2** *(papiers)* dossier *m*, expediente *m.*
dot [dɔt] *nf* dote *f.*
dotation [dɔtasjɔ̃] *nf* dotación *f.*
doter [dɔte] *vt* dotar.
douane [dwan] *nf* aduana *f.*
douanier,-ère [dwanje,-ɛʀ] *adj - nm,f* aduanero,-ra.
doublage [dublaʒ] *nm* **1** *(garnissage)* forro *m.* **2** *(d'un film)* doblaje *m.*
double [dubl] *adj* doble.
► *nm* **1** *(chiffre, nombre)* doble *m*, duplo *m.* **2** *(duplicata)* duplicado *m*, copia *f.* **3** *(sosie)* doble *m.* **4** SPORT *(de tennis)* dobles *m pl.*
• **du simple au double** mucho más.
• **en double** por duplicado.
• **voir double** ver doble.
doubler [duble] *vt* **1** *(multiplier par deux)* duplicar, doblar. **2** *(plier)* doblar. **3** *(vêtement)* forrar. **4** *(cap, film)* doblar. **5** *(véhicule)* pasar, adelantar. **6** *(acteur)* sustituir, reemplazar.
► *vi* **1** *(devenir double)* doblar, duplicarse. **2** *(véhicule)* adelantar.
• **doubler le pas** acelerar el paso.
doublure [dublyʀ] *nf* **1** *(de vêtement)* forro *m.* **2** *(au cinéma)* doble *mf.*
douce [dus] *adj* → doux, douce.
douceâtre [dusatʀ] *adj* dulzón,-ona.
doucement [dusmɑ̃] *adv* **1** *(sans brutalité)* suavemente. **2** *(lentement)* lentamente, poco a poco. **3** *(ton, volume)* bajo, bajito: ***parlez doucement***, hablad bajito.
douceur [dusœʀ] *nf* **1** *(gén)* dulzura *f.* **2** *(tact, climat)* suavidad *f.* **3** *(tranquillité)* paz *f*, tranquilidad *f.*
► *nf pl* **douceurs** *(friandises)* golosinas *f pl.*
• **en douceur 1** *(petit à petit)* despacio, poco a poco. **2** *(de façon douce)* suavemente.
douche [duʃ] *nf* **1** *(bain)* ducha *f.* **2** *fam fig (déception)* chasco *m.* **3** *fam fig (réprimande)* bronca *f.*
▪ **douche écossaise** *fig* jarro *m* de agua fría.
doucher [duʃe] *vt* duchar.
► *vpr* **se doucher** ducharse.
doué,-e [dwe] *adj* dotado.
douer [dwe] *vt* dotar.
douillet,-ette [dujɛ,-ɛt] *adj* **1** *(lit, canapé)* mullido,-da, cómodo,-da. **2** *(personne)* delicado,-da.
douleur [dulœʀ] *nf* dolor *m.*
douloureux,-euse [duluʀø,-øz] *adj* doloroso,-sa.
doute [dut] *nm* duda *f.*
• **mettre en doute** poner en duda.
• **sans aucun doute** sin ninguna duda, seguramente.
• **sans doute** sin duda, probablemente.
douter [dute] *vi* **1** *(gén)* dudar (**de**, de). **2** *(se méfier)* no fiarse (**de**, de), desconfiar (**de**, de).
► *vpr* **se douter de** *(soupçonner)* sospechar, figurarse.

douteux,-euse [dutø,-øz] *adj* **1** *(incertain)* dudoso,-sa. **2** *(équivoque)* equívoco,-ca, ambiguo,-gua. **3** *(suspect)* poco fiable.

doux, douce [du, dus] *adj* **1** *(saveur)* dulce. **2** *(tact)* suave. **3** *fig (caractère)* tierno,-na, dulce. **4** *(climat)* suave, benigno,-na.
• **en douce** a la chita callando.

douzaine [duzɛn] *nf* docena *f.*

douze [duz] *num* doce *m.*

douzième [duzjɛm] *num (ordinal)* duodécimo,-ma, doceavo,-va.
► *nm (partie)* duodécima parte *f*, doceavo *m.*

doyen,-enne [dwajɛ̃,-ɛ̃n] *nm,f* decano,-na.

draconien,-enne [dʀakɔnjɛ̃,-ɛn] *adj* draconiano,-na.

dragée [dʀaʒe] *nf* **1** *(bonbon)* peladilla *f.* **2** *(pilule)* gragea *f.*
• **tenir la dragée haute à QQN** *fam* hacerlas pasar canutas a ALGN.

dragon [dʀagɔ̃] *nm* dragón *m.*

draguer [dʀage] *vt* **1** *(port, fleuve)* dragar. **2** *fam (flirter)* intentar ligar con.

dragueur,-euse [dʀagœʀ,-øz] *nm,f fam* ligón,-ona.

drainage [dʀɛnaʒ] *nm* **1** *(d'un terrain)* avenamiento *m*, drenaje *m.* **2** MÉD drenaje *m.*

drainer [dʀene] *vt* **1** *(terrain, plaie)* drenar. **2** *fig (attirer)* atraer: ***drainer des investissements***, atraer inversiones.

dramatique [dʀamatik] *adj* dramático,-ca.

dramatiser [dʀamatize] *vt* dramatizar.

dramaturge [dʀamatyʀʒ] *nm* dramaturgo,-ga.

drame [dʀam] *nm* drama *m.*

drap [dʀa] *nm* **1** *(tissu)* paño *m.* **2** *(du lit)* sábana *f.*
• **être dans de beaux draps** *fig* estar en un apuro.

drapeau [dʀapo] *nm* bandera *f.*
• **être sous les drapeaux** estar haciendo la mili.
• **se ranger sous le drapeau de QQN** afiliarse al partido de ALGN.

draper [dʀape] *vt* **1** *(statue, objet)* cubrir con un paño. **2** *(vêtement)* drapear.
► *vpr* **se draper 1** *(s'envelopper)* recubrirse. **2** *fig (dans sa dignité, sa vertu, etc)* escudarse.

drap-housse [dʀahus] *nm* (*pl* **draps-housses**) sábana *f* ajustable.

dressage [dʀɛsaʒ] *nm* amaestramiento *m*, doma *f.*

dresser [dʀese] *vt* **1** *(lever)* levantar. **2** *(relever)* enderezar, poner derecho,-cha. **3** *(construire)* erigir, levantar: ***dresser une statue***, erigir una estatua. **4** *(lit, tente, etc)* montar. **5** *(rapport)* establecer, redactar. **6** *(plans, projets)* trazar, formular. **7** *(animaux)* adiestrar, amaestrar.
► *vpr* **se dresser 1** *(se lever)* ponerse de pie. **2** *fig (manifester l'opposition)* levantarse (**contre**, contre), sublevarse (**contre**, contre). **3** *(poils)* erizarse.
• **être bien dressé,-e** estar bien educado,-da.
• **dresser l'oreille** aguzar el oído.

dribbler [dʀible] *vt - vi* SPORT driblar, regatear.

drogue [dʀɔg] *nf* droga *f.*

drogué,-e [dʀɔge] *adj* drogado,-da.
► *nm,f* drogadicto,-ta.

droguer [dʀɔge] *vt* drogar.
► *vpr* **se droguer** drogarse.

droguerie [dʀɔgeʀi] *nf* droguería *f.*

droit,-e [dʀwa,-at] *adj* **1** *(rectiligne, sensé)* recto,-ta. **2** *(vertical, à droite)* derecho,-cha.
► *adv* **droit 1** *(par le plus court chemin)* derecho. **2** *(sans détours)* recto.
► *nm* derecho *m*: ***droit canon/commercial***, derecho canónico/mercantil.
• **aller droit au but** ir directo al grano.
• **à qui de droit** a quien corresponda.
• **avoir droit à** tener derecho a.
• **de plein droit** de pleno derecho.
• **de quel droit ?** ¿con qué derecho?
• **tout droit** todo recto.

droite [dʀwat] *nf* **1** *(côté droit)* derecha *f*, diestra *f.* **2** *(politique)* derecha *f.*
• **à droite** a la derecha, a mano derecha.
• **de droite** de derechas.
• **" Serrer à droite "** "Circule por la derecha".

droitier,-ère [dʀwatje,-ɛʀ] *adj - nm,f* diestro,-tra.

drôle [dRol] *adj (amusant)* gracioso,-sa.
• **ce n'est pas drôle** no tiene gracia.
• **drôle de +** *nom* **1** (bizarre) *nombre* + raro,-ra, *nombre* + extraño,-ña: ***il a un drôle d'air***, tiene una pinta rara. **2** (remarquable) menudo,-da + *nombre*: ***drôle d'exemple qu'il nous a donné***, menudo ejemplo nos ha dado.
dromadaire [dRɔmadɛR] *nm* dromedario *m*.
drugstore [dRœgstɔR] *nm* drugstore *m*.
du [dy] *contr* (**de** + **le**) del.
dû, due [dy] *adj* debido,-da.
► *nm* **dû** lo debido, lo que se debe: ***il a réclamé son dû***, reclamó lo que se le debía.
• **il a eu son dû** tuvo su merecido.
dubitatif,-ive [dybitatif,-iv] *adj* dubitativo,-va.
duc [dyk] *nm* duque *m*.
duchesse [dyʃɛs] *nf* duquesa *f*.
duel [dyɛl] *nm* duelo *m*.
dûment [dymɑ̃] *adv* debidamente.
dune [dyn] *nf* duna *f*.
duo [dɥo] *nm* dúo *m*.
dupe [dyp] *adj* crédulo,-la.
► *nf* inocentón,-ona.
• **être dupe** ser fácil de engañar.
duper [dype] *vt fml* engañar.
duplex [dyplɛks] *nm* dúplex *m*.
duplicata [dyplikata] *nf inv* duplicado *m*.
duplicité [dyplisite] *nf* duplicidad *f*, doblez *f*.
duquel [dykɛl] *contr* (*pl* **desquels**) (**de** + **lequel**) del cual.
dur,-e [dyR] *adj* **1** *(gén)* duro,-ra. **2** *fig (pénible)* duro,-ra, difícil de soportar. **3** *(insensible)* duro,-ra, insensible.
► *adv* **1** *(avec force)* fuerte. **2** *(avec énergie)* duro.
• **à la dure** con dureza, sin miramientos.
• **avoir le cœur dur** no tener corazón.
• **coucher sur la dure** dormir en el suelo.
• **être dur d'oreille** ser duro de oído.
durable [dyRabl] *adj* **1** *(gén)* duradero,-ra. **2** *(développement)* sostenible.
durant [dyRɑ̃] *prép* durante.
durcir [dyRsiR] *vt* endurecer.
► *vpr* **se durcir** endurecerse.
durcissement [dyRsismɑ̃] *nm* endurecimiento *m*.
durée [dyRe] *nf* duración *f*.
durer [dyRe] *vi* **1** *(gén)* durar: ***leur association dura trente ans***, su asociación duró treinta años. **2** *(se conserver)* durar, perdurar: ***son souvenir durera***, su recuerdo perdurará.
dureté [dyRte] *nf* dureza *f*.
durillon [dyRijɔ̃] *nm* callo *m*.
duvet [dyvɛ] *nm* **1** *(des oiseaux)* plumón *m*, flojel *m*. **2** *(de la peau)* vello *m*. **3** *(des fruits)* pelusilla *f*. **4** *(couverture)* saco *m* de dormir.
DVD [devede] *abr* (***digital versatile disk***) DVD *m*.
dynamique [dinamik] *adj* dinámico,-ca.
► *nf* dinámica *f*.
dynamiser [dynamise] *vt* dinamizar.
dynamisme [dinamism] *nm* dinamismo *m*.
dynamite [dinamit] *nf* dinamita *f*.
dynamo [dinamo] *nf* dínamo *f*.
dynastie [dinasti] *nf* dinastía *f*.
dyslexie [dislɛksi] *nf* dislexia *f*.
dyslexique [dislɛksik] *adj - nmf* disléxico,-ca.

E

eau [o] *nf* **1** *(gén)* agua *f.* **2** *(pluie)* lluvia *f.*
► *nf pl* **eaux** *(bains)* aguas *f pl*, balneario *m sing.*
• **de la plus belle eau** de lo mejorcito.
• **mettre de l'eau dans son vin** moderar sus pretensiones.
• **prendre les eaux** tomar las aguas.
• **tomber à l'eau** fracasar.
▪ **eau courante** agua corriente.
▪ **eau de Cologne** agua de Colonia.
▪ **eau de javel** lejía *f.*
▪ **eau de toilette** colonia *f.*
▪ **eau douce** agua dulce.
▪ **eau gazeuse** agua con gas.
▪ **eau minérale** agua mineral.
▪ **eau plate** agua sin gas.
▪ **eau potable** agua potable.
▪ **eau salée** agua salada.

eau-de-vie [odvi] *nf* (*pl* **eaux-de-vie**) aguardiente *m.*

eau-forte [ofɔʀt] *nf* (*pl* **eaux-fortes**) aguafuerte *m.*

ébahir,-e [ebai] *adj* atónito,-ta.

ébauche [eboʃ] *nf* **1** *(d'œuvre d'art, sourire)* esbozo *m.* **2** *(d'action, projet)* comienzo *m.*

ébaucher [eboʃe] *vt* esbozar.

ébène [ebɛn] *nf* ébano *m.*

ébéniste [ebenist] *nmf* ebanista.

éberlué,-e [ebɛʀlɥe] *adj* pasmado,-da.

éblouir [ebluiʀ] *vt* deslumbrar.

éblouissant,-e [ebluisɑ̃,-ɑ̃t] *adj* **1** *(lumière)* deslumbrador,-ra. **2** *(fascinant)* deslumbrante.

éblouissement [ebluismɑ̃] *nm* **1** *(gén)* deslumbramiento *m.* **2** *(émerveillement)* admiración *f*, deslumbramiento *m.*

éborgner [ebɔʀɲe] *vt* dejar tuerto,-ta.

éboueur,-euse [ebwœʀ] *nm,f* basurero,-ra.

ébouillanter [ebujɑ̃te] *vt* escaldar.
► *vpr* **s'ébouillanter** escaldarse.

éboulement [ebulmɑ̃] *nm* desprendimiento *m.*

ébouler (s') [ebule] *vpr* desplomarse, derrumbarse.

ébouriffer [ebuʀife] *vt* **1** *(les cheveux)* desgreñar. **2** *fam fig (les émotions)* pasmar, sorprender.

ébranler [ebʀɑ̃le] *vt* **1** *(gén)* sacudir, estremecer. **2** *(moral, convictions, etc)* quebrantar, socavar. **3** *(santé)* debilitar.
► *vpr* **s'ébranler** *(bouger)* ponerse en movimiento.

ébrécher [ebʀeʃe] *vt* **1** *(endommager)* mellar, desportillar. **2** *fig (diminuer)* menoscabar, mermar.

ébriété [ebʀijete] *nf* embriaguez *f.*

ébrouer (s') [ebʀue] *vpr* **1** *(cheval)* resoplar. **2** *(s'agiter)* sacudirse.

ébruiter [ebʀɥite] *vt* divulgar.

ébullition [ebylisjɔ̃] *nf* ebullición *f.*
• **en ébullition** en plena ebullición.
• **porter à ébullition** hervir.

écaille [ekaj] *nf* **1** *(des poissons, des serpents)* escama *f.* **2** *(des tortues)* concha *f*, carey *m.*
• **en écaille** de concha.

écailler [ekaje] *vt* **1** *(poisson)* escamar. **2** *(huîtres)* abrir, desbullar.
► *vpr* **s'écailler** *(peinture)* desconcharse, descascarillarse.

écarlate [ekaʀlat] *adj* escarlata.

écart [ekaʀ] *nm* **1** *(distance)* distancia *f.* **2** *(dans le temps)* intervalo *m.* **3** *(différence)* diferencia *f*: ***écart entre les coûts***, diferencia entre los costes. **4** *(de conduite)* descarrío *m*, extravío *m*: ***les écarts de la jeunesse***, los descarríos de la juventud.

• **à l'écart** aislado,-da.

• **à l'écart de** apartado,-da de.

• **faire le grand écart** *(en gymnastique)* abrirse de piernas.

écarté,-e [ekaʀte] *adj (endroit)* apartado,-da, solitario.

écartement [ekaʀtəmɑ̃] *nm* separación *f.*

écarteler [ekaʀtəle] *vt* descuartizar.

écarter [ekaʀte] *vt* **1** *(éloigner)* separar, apartar. **2** *(détourner)* desviar, apartar: ***écarter du droit chemin***, apartar del camino recto.

► *vpr* **s'écarter** *(s'éloigner)* apartarse (**de**, de), desviarse (**de**, de).

ecchymose [ekimoz] *nf* MÉD equimosis *f.*

ecclésiastique [eklezjastik] *adj* eclesiástico,-ca.

► *nm* eclesiástico *m.*

écervelé,-e [esɛʀvəle] *adj - nm,f (étourdi)* atolondrado,-da.

échafaud [eʃafo] *nm* **1** *(gén)* cadalso *m*, patíbulo *m.* **2** *(exécution)* pena *f* de muerte, pena *f* capital.

échafaudage [eʃafodaʒ] *nm* **1** *(de bâtiment)* andamiaje *m*, andamio *m.* **2** *(amoncellement)* pila *f*, montón *m.* **3** *fig (de fortune, de théorie)* base *f*, fundamento *m.*

échalote [eʃalɔt] *nf* escalonia *f*, chalote *m-f.*

échancrure [eʃɑ̃kʀyʀ] *nf* **1** *(de corsage, de robe)* escote *m.* **2** *(partie entaillée)* hendidura *f.*

échange [eʃɑ̃ʒ] *nm* cambio *m*, intercambio *m.*

• **en échange** en compensación.

• **en échange de** a cambio de.

échanger [eʃɑ̃ʒe] *vt* **1** *(troquer)* cambiar: ***échanger un livre contre des timbres***, cambiar un libro por unos sellos. **2** *(sourires, paroles)* intercambiar.

échangeur [eʃɑ̃ʒœʀ] *nm* intercambiador *m.*

échantillon [eʃɑ̃tijɔ̃] *nm* muestra *f.*

échappatoire [eʃapatwaʀ] *nf* escapatoria *f.*

échappée [eʃape] *nf* **1** *(course)* escapada *f.* **2** *(paysage)* espacio *m* libre, vista *f*: ***une belle échappée sur l'océan***, una bonita vista sobre el océano.

échappement [eʃapmɑ̃] *nm* escape *m*: ***pot d'échappement***, tubo de escape.

échapper [eʃape] *vi* **1** *(fuir)* escapar, escaparse: ***échapper au danger***, escapar del peligro. **2** *(oublier)* olvidarse: ***votre nom m'échappe***, se me ha olvidado su apellido. **3** *(ne pas être remarqué)* pasar desapercibido,-da.

► *vpr* **s'échapper 1** *(fuir)* escaparse, evadirse. **2** *(liquide, gaz)* escaparse, salirse.

• **laisser échapper** dejar escapar.

• **l'échapper belle** librarse de una buena.

écharde [eʃaʀd] *nf* astilla *f.*

écharpe [eʃaʀp] *nf* **1** *(foulard)* bufanda *f*, echarpe *m.* **2** *(bandeau)* faja *f*, banda *f.* **3** *(bandage)* cabestrillo *m.*

• **en écharpe** en cabestrillo.

écharper [eʃaʀpe] *vt* destrozar.

échasse [eʃɑs] *nf* **1** *(gén)* zanco *m.* **2** *(oiseau)* zancuda *f.*

échauder [eʃode] *vt* escaldar.

échauffement [eʃofmɑ̃] *nm* calentamiento *m.*

échauffer [eʃofe] *vt* **1** *(gén)* calentar, caldear. **2** *fig (les émotions)* acalorar, irritar.

► *vpr* **s'échauffer** *(s'exciter)* acalorarse, enardecerse.

échauffourée [eʃofuʀe] *nf* escaramuza *f.*

échéance [eʃeɑ̃s] *nf* **1** *(délai)* plazo *m.* **2** *(date)* fecha *f* de vencimiento.

• **à courte échéance** a corto plazo.

• **à longue échéance** a largo plazo.

• **arriver à échéance** vencer.

échéant,-e [eʃeɑ̃,-ɑ̃t] *adj (limite)* que vence.

• **le cas échéant** si se presenta el caso.

échec [eʃɛk] *nm* **1** *(gén)* fracaso *m.* **2** *(situation de jeu)* jaque *m.*

► *nm pl* **échecs** *(jeu)* ajedrez *m sing.*

• **être échec** *(jeu)* estar en jaque.

• **mettre en échec** hacer fracasar.

▪ **échec et mat** jaque mate.

échelle [eʃɛl] *nf* **1** *(gén)* escalera *f.* **2** *(ordre de grandeur)* escala *f.* **3** MUS escala *f.*
• **à l'échelle** a escala.
• **faire la courte échelle** aupar.
échelon [eʃlɔ̃] *nm* escalón *m,* peldaño *m.*
échelonner [eʃlɔne] *vt* escalonar.
écheveau [ɛʃvo] *nm* madeja *f.*
échevelé,-e [ɛʃəvle] *adj* **1** *(cheveux)* despeinado,-da. **2** *(sans mesure)* desenfrenado,-da.
échine [eʃin] *nf fam* espinazo *m.*
échiner (s') [eʃine] *vpr* deslomarse.
échiquier [eʃikje] *nm* **1** *(de jeu)* tablero *m,* damero *m.* **2** *fig (politique, d'actualité)* palestra *f,* escenario *m:* ***l'échiquier politique***, el escenario político.
écho [eko] *nm* eco *m.*
• **se faire l'écho de** hacerse eco de.
échographie [ekogʀafi] *nf* MÉD ecografía *f.*
échoir [eʃwaʀ] *vi* **1** *(prix, lot, etc)* tocar. **2** *(délai)* vencer.
échoppe [eʃɔp] *nf* tenderete *m,* puesto *m.*
échouer [eʃwe] *vi* **1** *(navire)* encallar, varar. **2** *fig (projet)* fracasar.
► *vpr* **s'échouer** *(toucher le fond)* encallarse.
éclabousser [eklabuse] *vt* **1** *(boue, saleté)* salpicar. **2** *fig (réputation)* manchar, mancillar.
éclair [eklɛʀ] *nm* **1** *(lueur)* relámpago *m.* **2** *fig (de génie, etc)* destello *m,* chispa *f.* **3** *(gâteau)* pastelillo *m* de crema.
► *adj (très rapide)* relámpago: ***guerre éclair***, guerra relámpago.
éclairage [eklɛʀaʒ] *nm* **1** *(lumière)* alumbrado *m.* **2** *fig (point de vue)* enfoque *m,* punto *m* de vista.
éclaircie [eklɛʀsi] *nf* claro *m.*
éclaircir [eklɛʀsiʀ] *vt (gén)* aclarar.
► *vpr* **s'éclaircir** *(le temps)* despejarse, aclararse.
éclaircissement [eklɛʀsismɑ̃] *nm* aclaración *f.*
éclairer [ekleʀe] *vt* **1** *(de lumière)* alumbrar, iluminar. **2** *fig (instruire)* ilustrar, instruir. **3** *(expliquer)* aclarar.
► *vi (briller)* centellear, brillar.
► *vpr* **s'éclairer** *(s'illuminer)* alumbrarse.
éclaireur,-euse [eklɛʀœʀ,-øz] *nm* explorador,-ra.
éclat [ekla] *nm* **1** *(fragment)* fragmento *m,* pedazo *m.* **2** *(bruit violent)* estampido *m,* estallido *m.* **3** *(lumière vive)* destello *m,* resplandor *m.* **4** *fig (splendeur)* esplendor *m.* **5** *fig (scandale)* escándalo *m.*
• **rire aux éclats** reír a carcajadas.
▪ **éclat de rire** carcajada *f.*
▪ **éclat de voix** grito *m.*
éclatant,-e [eklatɑ̃,-ɑ̃t] *adj* **1** *(éblouissant)* brillante, esplendoroso,-sa. **2** *(son, etc)* estrepitoso,-sa. **3** *(succès)* clamoroso,-sa.
éclater [eklate] *vi* **1** *(obus, pneu, etc)* estallar, reventar. **2** *(briller)* brillar, resplandecer: ***la joie éclata parmi les vainqueurs***, la alegría resplandecía entre los ganadores. **3** *(se produire)* estallar: ***le scandale éclata***, estalló el escándalo.
► *vpr* **s'éclater** *fam (s'amuser)* pasarlo en grande.
éclectique [eklɛktik] *adj* ecléctico,-ca.
éclipse [eklips] *nf* eclipse *m.*
éclipser [eklipse] *vt* eclipsar.
► *vpr* **s'éclipser** *fam* eclipsarse.
éclore [eklɔʀ] *vi* florecer.
éclosion [eklozjɔ̃] *nf* eclosión *f.*
écluse [eklyz] *nf* esclusa *f.*
écœurant,-e [ekœʀɑ̃,-ɑ̃t] *adj* **1** *(gén)* repugnante, asqueroso,-sa. **2** *(décourageant)* descorazonador,-ra.
écœurer [ekœʀe] *vt* **1** *(causer dégoût)* asquear. **2** *(décourager)* descorazonar, desmoralizar.
école [ekɔl] *nf* **1** *(gén)* escuela *f,* colegio *m.* **2** *(doctrine)* escuela *f,* doctrina *f.*
• **faire école** crear escuela.
• **faire l'école buissonnière** hacer novillos.
▪ **école maternelle** parvulario *m.*
▪ **école primaire** primaria *f.*
écolier,-ère [ekɔlje,-ɛʀ] *nm,f* colegial,-a, alumno,-na.
écolo [ekɔlɔ] *nmf fam* ecologista.
écologie [ekɔlɔʒi] *nf* ecología *f.*
écologique [ekɔlɔʒik] *adj* ecológico, -ca.
écologiste [ekɔlɔʒist] *nmf* ecologista.
éconduire [ekɔ̃dɥiʀ] *vt* despedir, echar.

économe [ekɔnɔm] *adj* ahorrador,-ra.
économie [ekɔnɔmi] *nf* **1** *(science)* economía *f*. **2** (gen en *pl*) *(pécule)* ahorro *m*.
• **faire des économies** ahorrar.
économique [ekɔnɔmik] *adj* **1** *(gén)* económico,-ca. **2** *(pas cher)* económico,-ca, barato,-ta.
économiser [ekɔnɔmize] *vt* ahorrar.
économiste [ekɔnɔmist] *nmf* economista.
écoper [ekɔpe] *vt* **1** *(eau)* achicar. **2** *fam (sanction, peine)* recibir.
► *vi* **écoper de** *fam (sanction, peine)* recibir: ***il a écopé de trois ans de prison***, le han impuesto tres años de cárcel.
écoproduit [ekɔpʀɔdɥi] *nm* producto *m* ecológico.
écorce [ekɔʀs] *nf* **1** *(d'un arbre)* corteza *f*. **2** *(des fruits)* piel *f*, cáscara *f*.
▪ **écorce terrestre** corteza terrestre.
écorcer [ekɔʀse] *vt* descortezar.
écorcher [ekɔʀʃe] *vt* **1** *(animal)* despellejar. **2** *(érafler)* arañar. **3** *fig (langue, mot)* destrozar.
écosser [ekɔse] *vt* desgranar.
écosystème [ekɔsistɛm] *nm* ecosistema *m*.
écouler [ekule] *vt (marchandises)* vender, sacar.
► *vpr* **s'écouler 1** *(liquide)* derramarse. **2** *(temps)* transcurrir.
écourter [ekuʀte] *vt* acortar.
écouter [ekute] *vt* escuchar.
► *vpr* **s'écouter** escucharse.
écouteur [ekutœʀ] *nm (de téléphone)* auricular *m*.
► *nm pl* **écouteurs** auriculares *m pl*.
écoutille [ekutij] *nf* escotilla *f*.
écrabouiller [ekʀabuje] *vt fam* aplastar.
écran [ekʀɑ̃] *nm* pantalla *f*.
▪ **écran solaire** protección *f* solar.
▪ **écran tactile** pantalla táctil.
▪ **le grand écran** *(cinéma)* la gran pantalla.
▪ **le petit écran** *(télévision)* la pequeña pantalla.
écrasant,-e [ekʀazɑ̃,-ɑ̃t] *adj* aplastante: ***une victoire écrasante***, una victoria aplastante.
écraser [ekʀaze] *vt* **1** *(insecte, fruit, ennemi)* aplastar. **2** *(un véhicule)* atropellar: ***le lapin s'est fait écraser par une voiture***, un coche atropelló el conejo. **3** *fig (travail, responsabilité)* agobiar.
► *vpr* **s'écraser 1** *(sur le sol, contre un mur)* estrellarse. **2** *fam fig (se faire petit)* perderse: ***n'insiste pas, écrase-toi !***, no insistas ¡piérdete!
écrémé,-e [ekʀeme] *adj* desnatado,-da.
écrémer [ekʀeme] *vt* **1** *(lait)* descremar. **2** *fig (sélectionner)* escoger lo mejor.
écrevisse [ekʀəvis] *nf* cangrejo *m* de río.
écrier (s') [ekʀije] *vpr* exclamar.
écrire [ekʀiʀ] *vt* escribir.
► *vpr* **s'écrire** escribirse: ***comment s'écrit " apparaître " ?***, ¿cómo se escribe la palabra "aparecer"?
écrit,-e [ekʀi] *adj* escrito,-ta.
► *nm* **écrit** escrito *m*.
• **par écrit** por escrito.
écriteau [ekʀito] *nm* letrero *m*.
écriture [ekʀityʀ] *nf* **1** *(caractères)* escritura *f*. **2** *(façon d'écrire)* letra *f*: ***je reconnais son écriture***, reconozco su letra.
► *nf pl* **écritures** COMM libros *m pl*.
écrivain [ekʀivɛ̃] *nm* escritor,-ra.
écrou [ekʀu] *nm* tuerca *f*.
écrouer [ekʀue] *vt* encarcelar.
écrouler (s') [ekʀule] *vpr* derrumbarse, desplomarse.
écru,-e [ekʀy] *adj (couleur)* crudo,-da.
écu [eky] *nm* escudo *m*.
écueil [ekœj] *nm* escollo *m*.
écuelle [ekɥɛl] *nf* escudilla *f*.
écume [ekym] *nf* espuma *f*.
écumoire [ekymwaʀ] *nf* espumadera *f*.
écureuil [ekyʀœj] *nm* ardilla *f*.
écurie [ekyʀi] *nf* **1** *(bâtiment, de chevaux)* cuadra *f*. **2** *(de voitures de course)* escudería *f*.
écusson [ekysɔ̃] *nm* **1** *(d'armoiries)* escudo *m*. **2** *(d'un soldat)* distintivo *m*.
écuyer,-ère [ekɥije] *nm,f (homme)* jinete *m*; *(femme)* amazona *f*.
► *nm* **écuyer** *(d'un chevalier)* escudero *m*.
eczéma [ɛgzema] *nm* eczema *m*.
édenté,-e [edɑ̃te] *adj - nm,f* desdentado,-da.

édifice [edifis] *nm* edificio *m.*
édifier [edifje] *vt* edificar.
édit [edi] *nm* edicto *m.*
éditer [edite] *vt* editar.
éditeur,-trice [editœʀ,-tʀis] *nm,f* editor,-ra.
édition [edisjɔ̃] *nf* edición *f.*
■ **maison d'édition** editorial *f.*
éditorial [editoʀjal] *nm (dans un journal)* editorial *f.*
édredon [edʀədɔ̃] *nm* edredón *m.*
éducateur,-trice [edykatœʀ,-tʀis] *nm,f* educador,-ra.
éducatif,-ive [edykatif,-iv] *adj* educativo,-va.
éducation [edykɑ̃sjɔ̃] *nf* educación *f.*
■ **éducation civique** educación cívica.
■ **éducation physique** educación física.
édulcorant,-e [edylkɔʀɑ̃] *adj* edulcorante.
► *nm* **édulcorant** edulcorante *m.*
éduquer [edyke] *vt* educar.
effacer [efase] *vt* **1** *(gén)* borrar. **2** *(réussite)* eclipsar.
► *vpr* **s'effacer** **1** *(souvenir)* borrarse. **2** *fml (pour laisser passer)* apartarse.
effarant,-e [efaʀɑ̃,-ɑ̃t] *adj* espantoso,-sa.
effarer [efaʀe] *vt* asustar.
effaroucher [efaʀuʃe] *vt* asustar.
► *vpr* **s'effaroucher** asustarse.
effectif,-ive [efɛktif,-iv] *adj* efectivo,-va.
► *nm pl* **effectifs** *(de l'armée)* efectivos *m pl,* tropas *f pl.*
effectivement [efɛktivmɑ̃] *adv* efectivamente, en efecto.
effectuer [efɛktɥe] *vt* efectuar.
► *vpr* **s'effectuer** efectuarse.
efféminé,-e [efemine] *adj* afeminado,-da.
effervescent,-e [efɛʀvesɑ̃,-ɑ̃t] *adj* efervescente.
effet [efɛ] *nm* efecto *m.*
• **à cet effet** a este efecto.
• **en effet** en efecto.
• **sous l'effet de** bajo los efectos de.
■ **effet de serre** efecto invernadero.
■ **effets spéciaux** efectos especiales.
effeuiller [efœje] *vt* deshojar.
efficace [efikas] *adj* **1** *(mesure)* eficaz. **2** *(personne)* eficaz, eficiente.
efficacité [efikasite] *nf* eficacia *f.*
effigie [efiʒi] *nf* efigie *f.*
effilé,-e [efile] *adj* **1** *(doigt, taille)* fino,-na. **2** *(tissu)* deshilachado,-da.
effilocher [efilɔʃe] *vt* deshilachar.
► *vpr* **s'effilocher** deshilacharse.
effleurer [eflœʀe] *vt* **1** *(surface, visage)* rozar. **2** *(sujet)* tocar.
effluve [eflyv] *nm* efluvio *m.*
effondrement [efɔ̃dʀəmɑ̃] *nm* **1** *(de toit, projet)* derrumbamiento *m.* **2** *(de personne)* desfondamiento *m.*
effondrer [efɔ̃dʀe] *vt (plancher, meuble)* derrumbar.
► *vpr* **s'effondrer** **1** *(plancher, toit)* derrumbarse. **2** *fig (de chagrin, physiquement)* hundirse.
efforcer (s') [efɔʀse] *vpr* esforzarse.
effort [efɔʀ] *nm* esfuerzo *m.*
• **sans effort** sin esfuerzo.
effraction [efʀaksjɔ̃] *nf* DR fractura *f.*
effrayant,-e [efʀɛjɑ̃,-ɑ̃t] *adj* espantoso,-sa.
effrayer [efʀeje] *vt* asustar.
► *vpr* **s'effrayer** asustarse.
effréné,-e [efʀene] *adj* desenfrenado,-da.
effriter [efʀite] *vt* pulverizar.
► *vpr* **s'effriter** desmenuzarse.
effroi [efʀwa] *nm* pavor *m.*
effronté,-e [efʀɔ̃te] *adj - nm,f* descarado,-da.
effronterie [efʀɔ̃teʀi] *nf* descaro *m.*
effroyable [efʀwajabl] *adj* espantoso,-sa, horrible.
effusion [efyzjɔ̃] *nf* efusión *f.*
égal,-e [egal] *adj* **1** *(gén)* igual. **2** *(uniforme)* regular.
► *nm,f* igual.
• **ça m'est égal** me da igual.
• **sans égal** sin igual.
également [egalmɑ̃] *adv* **1** *(au même degré)* igualmente. **2** *(aussi)* también.
égaler [egale] *vt* igualar.
égaliser [egalize] *vt* igualar.
► *vi* SPORT empatar.
égalitaire [egalitɛʀ] *adj* igualitario.
égalité [egalite] *nf (gén)* igualdad *f.*
• **être à égalité** estar empatados,-das, estar igualados,-das.

égard [egaR] *nm* respeto *m*.
• **à cet égard** a este respecto.
• **à l'égard de** respecto a.
égarer [egaRe] *vt* **1** *(objet)* extraviar. **2** *(personne)* perder.
► *vpr* **s'égarer 1** *(objet, personne)* extraviarse, perderse. **2** *fig (dans une discussion)* salirse del tema.
égayer [egeje] *vt* alegrar, animar.
égide [eʒid] *nf* égida *f*.
• **sous l'égide de** *fml* bajo la égida de.
églantine [eglɑ̃tin] *nf* gavanza *f*.
église [egliz] *nf* iglesia *f*.
égoïsme [egɔism] *nm* egoísmo *m*.
égoïste [egɔist] *adj - nmf* egoísta.
égorger [egɔRʒe] *vt* degollar.
égosiller (s') [egozije] *vpr* desgañitarse.
égout [egu] *nm* alcantarilla *f*.
égoutter [egute] *vt* escurrir.
► *vpr* **s'égoutter** escurrirse.
égouttoir [egutwaR] *nm* **1** *(à légumes)* escurridor *m*. **2** *(à vaisselle)* escurreplatos *m*.
égratigner [egRatiɲe] *vt* **1** arañar. **2** *fig (blesser)* afectar.
► *vpr* **s'égratigner** arañarse.
égratignure [egRatɲyR] *nf* arañazo *m*.
égrener [egRəne] *vt* desgranar.
Égypte [eʒipt] *nm* Egipto.
égyptien,-enne [eʒipsjɛ̃,-ɛn] *adj* egipcio,-cia.
► *nm,f* **Égyptien,-enne** egipcio,-cia.
éhonté,-e [eɔ̃te] *adj* desvergonzado,-da.
éjaculer [eʒakyle] *vt* eyacular.
éjectable [eʒɛktabl] *adj* eyectable.
élaboration [elabɔRasjɔ̃] *nf* elaboración *f*.
élaboré,-e [elabɔRe] *adj* elaborado,-da.
élaborer [elabɔRe] *vt* elaborar.
élaguer [elage] *vt* podar.
élan[1] [elɑ̃] *nm (mouvement)* impulso *m*.
• **prendre de l'élan** tomar impulso.
élan[2] [elɑ̃] *nm (animal)* alce *m*.
élancé,-e [elɑ̃se] *adj* esbelto,-ta.
élancement [elɑ̃smɑ̃] *nm (douleur)* punzada *f*.
élancer (s') [elɑ̃se] *vpr* lanzarse.
élargir [elaRʒiR] *vt* **1** *(route, vêtement)* ensanchar. **2** *fig (connaissances)* ampliar.
► *vpr* **s'élargir 1** *(route)* ensancharse. **2** *(connaissances)* ampliarse.
élasticité [elastisite] *nf* elasticidad *f*.
élastique [elastik] *adj* elástico,-ca.
► *nm* goma *f*.
électeur,-trice [elɛktœR,-tRis] *nm,f* elector,-ra, votante.
élection [elɛksjɔ̃] *nf* elección *f*.
▪ **élection présidentielle** elecciones presidenciales.
électoral,-e [elɛktɔRal] *adj* electoral.
électorat [elɛktɔRa] *nm* electorado *m*.
électricien,-enne [elɛktRisjɛ̃,-ɛn] *nm,f* electricista.
électricité [elɛktRisite] *nf* electricidad *f*.
électrifier [elɛktRifje] *vt* electrificar.
électrique [elɛktRik] *adj* eléctrico,-ca.
électrocardiogramme [elɛktRɔkaRdjɔgRam] *nm* MÉD electrocardiograma *m*.
électrochoc [elɛktrɔʃɔk] *nm* MÉD electrochoque *m*.
électrocuter (s') [elɛktRɔkyte] *vpr* electrocutarse.
électrode [elɛktRɔd] *nf* electrodo *m*.
électroencéphalogramme [elɛktRɔɑ̃sefalɔgRam] *nm* MÉD electroencefalograma *m*.
électrogène [elɛktRɔʒɛn] *adj* electrógeno,-na.
électromagnétique [elɛktRɔmanetik] *adj* electromagnético,-ca.
électroménager [elɛktRɔmenaʒe] *adj* electrodoméstico.
► *nm* electrodomésticos *m pl*.
électron [elɛgtRɔ̃] *nm* electrón *m*.
électronique [elɛktRnik] *adj* electrónico,-ca.
► *nf* electrónica *f*.
électrophone [elɛktRɔfɔn] *nm* cadena *f* de sonido.
élégance [elegɑ̃s] *nf* elegancia *f*.
élégant,-e [elegɑ̃,-ɑ̃t] *adj* elegante.
élément [elemɑ̃] *nm* elemento *m*.
• **être dans son élément** estar en su elemento.
élémentaire [elemɑ̃tɛR] *adj* elemental.
éléphant [elefɑ̃] *nm* elefante *m*.
élevage [ɛlvaʒ] *nm* **1** *(action)* cría *f*. **2** *(exploitation)* ganadería *f*. **3** *(installation)* criadero *m*.
élève [elɛv] *nmf* alumno,-na.

élevé,-e [ɛlve] *adj* **1** *(en hauteur)* elevado,-da. **2** *(enfant)* educado,-da: ***il est vraiment mal élevé !***, ¡es un mal educado!
élever [ɛlve] *vt* **1** *(monument, protestations)* elevar. **2** *(enfants)* educar. **3** *(animaux)* criar. **4** *(voix, ton)* alzar.
► *vpr* **s'élever 1** *(prendre de la hauteur)* elevarse. **2** *(température)* subir. **3** *(se monter à)* ascender: ***la facture s'élève à cent euros***, la factura asciende a cien euros. **4** *(protester)* alzarse (**contre**, contra).
éleveur,-euse [ɛlvœʀ,-øz] *nm,f* criador,-ra, ganadero,-ra.
éligible [eliʒibl] *adj* elegible.
élimination [eliminasjɔ̃] *nf* eliminación *f*.
éliminatoire [eliminatwaʀ] *adj* eliminatorio,-ria.
► *nf* eliminatoria *f*.
éliminer [elimine] *vt* eliminar.
élire [eliʀ] *vt* elegir.
• **élire domicile** fijar su domicilio.
élision [elizjɔ̃] *nf* elisión *f*.
élite [elit] *nf* élite *f*.
élitiste [elitist] *nmf* elitista.
élixir [eliksiʀ] *nm* elixir *m*.
elle [ɛl] *pron pers* ella: ***elle ne le connaît pas***, no lo conoce; ***ce livre est à elle***, este libro es de ella; ***ce sont elles qui ont téléphoné***, fueron ellas las que llamaron por teléfono.
elle-même [ɛlmɛm] *pron pers* ella misma.
ellipse [elips] *nf* **1** *(figure géométrique)* elipse *f*. **2** *(figure de style)* elipsis *f*.
elliptique [eliptik] *adj* elíptico,-ca.
élocution [elɔkysjɔ̃] *nf* elocución *f*.
éloge [elɔʒ] *nf* elogio *m*.
• **faire l'éloge** elogiar.
éloigné,-e [elwaɲe] *adj* **1** *(dans l'espace)* alejado,-da. **2** *(dans le temps)* remoto,-ta.
éloigner [elwaɲe] *vt* alejar.
► *vpr* **s'éloigner** alejarse.
élongation [elɔ̃gasjɔ̃] *nf* elongación *f*.
éloquence [elɔkɑ̃s] *nf* elocuencia *f*.
éloquent,-e [elɔkɑ̃,-ɑ̃t] *adj* elocuente.
élu,-e [ely] *adj* electo,-ta.
► *nm,f* elegido,-da.
élucider [elyside] *vt* dilucidar.
éluder [elyde] *vt* eludir.
émacié,-e [emasje] *adj* demacrado,-da.
e-mail [imɛl] *nm* (*pl* **e-mails**) e-mail *m*, correo *m* electrónico.
émail [emaj] *nm* esmalte *m*.
émanation [emanasjɔ̃] *nf* emanación *f*.
émancipation [emɑ̃sipasjɔ̃] *nf* emancipación *f*.
émanciper [emɑ̃sipe] *vt* emancipar.
► *vpr* **s'émanciper** emanciparse.
émaner [emane] *vi* emanar.
emballage [ɑ̃balaʒ] *nm* **1** *(gén)* embalaje *m*. **2** *(pour liquides)* envase *m*.
emballer [ɑ̃bale] *vt* **1** *(faire un paquet)* envolver. **2** *(un moteur)* embalar. **3** *fam fig (plaire)* entusiasmar.
► *vpr* **s'emballer** *fam fig* entusiasmarse.
embarcadère [ɑ̃baʀkadɛʀ] *nm* embarcadero *m*.
embarcation [ɑ̃baʀkasjɔ̃] *nf* embarcación *f*.
embardée [ɑ̃baʀde] *nf (d'une voiture)* bandazo *m*.
• **faire une embardée** dar un bandazo.
embargo [ɑ̃baʀgo] *nm* embargo *m*.
embarquement [ɑ̃baʀkəmɑ̃] *nm* **1** *(de marchandises)* embarque *m*. **2** *(de personnes)* embarco *m*.
• **" Embarquement immédiat "** "Embarco inmediato".
embarquer [ɑ̃baʀke] *vt* **1** *(passagers, marchandises)* embarcar. **2** *fig (dans une affaire)* liar, embarcar. **3** *fam fig (emporter)* llevarse.
► *vpr* **s'embarquer 1** *(sur un bateau)* embarcarse. **2** *fig (dans une affaire)* meterse, embarcarse.
embarras [ɑ̃baʀa] *nm* **1** *(situation difficile)* apuro *m*, aprieto *m*. **2** *(souci)* problema *f*. **3** *(gêne)* vergüenza *f*.
• **avoir l'embarras du choix** tener mucho dónde escoger.
• **être dans l'embarras** estar en un apuro.
• **mettre dans l'embarras** poner en un aprieto.
embarrassant,-e [ɑ̃barasɑ̃,-ɑ̃t] *adj* embarazoso,-sa.
embarrassé,-e [ɑ̃baʀase] *adj* **1** *(pièce, bureau)* lleno,-na. **2** *(gêné)* apurado,-da. **3** *(confus)* confuso,-sa.

embarrasser [ɑ̃baʀase] *vt* **1** *(gêner)* estorbar, molestar. **2** *(troubler)* confundir, poner en un apuro.
► *vpr* **s'embarrasser 1** *(s'encombrer)* cargar (**de**, con): ***il s'est embarrassé de trois paquets***, carga con tres paquetes. **2** *(se soucier)* tener en cuenta (**de**, -).
embauche [ɑ̃boʃ] *nf* contratación *f*.
embaucher [ɑ̃boʃe] *vt* contratar.
embaumer [ɑ̃bome] *vt (cadavre)* embalsamar.
► *vi (parfumer)* emanar buen olor.
embellir [ɑ̃beliʀ] *vt* **1** *(visage)* embellecer. **2** *(objet, pièce)* adornar.
► *vi* embellecerse.
embêtant,-e [ɑ̃bɛtɑ̃,-ɑ̃t] *adj fam* pesado,-da, molesto,-ta.
embêtement [ɑ̃bɛtmɑ̃] *nm fam* problema *m*.
embêter [ɑ̃bete] *vt* **1** *fam (contrarier)* molestar. **2** *fam (ennuyer)* aburrir.
► *vpr* **s'embêter** *fam* aburrirse.
emblée [ɑ̃ble].
• **d'emblée** de golpe.
emblème [ɑ̃blɛm] *nm* emblema *m*.
emboîter [ɑ̃bwate] *vt* encajar.
► *vpr* **s'emboîter** encajar (**dans**, en).
embolie [ɑ̃bɔli] *nf* MÉD embolia *f*.
embonpoint [ɑ̃bɔ̃pwɛ̃] *nm* sobrepeso *m*, gordura *f*.
embouchure [ɑ̃buʃyʀ] *nf* desembocadura *f*.
embourber (s') [ɑ̃buʀbe] *vpr* **1** *(voiture)* atascarse en el barro. **2** *fig (dans des explications)* liarse.
embout [ɑ̃bu] *nm* cantera *f*.
embouteillage [ɑ̃butɛjaʒ] *nm* **1** *(mise en bouteille)* embotellado *m*. **2** *(de véhicules)* atasco *m*.
emboutir [ɑ̃butiʀ] *vt* **1** *(voiture)* chocar contra. **2** *(métal)* embutir.
embranchement [ɑ̃bʀɑ̃ʃmɑ̃] *nm* **1** *(de chemins)* cruce *m*. **2** *(de canalisations)* ramificación *f*.
embraser [ɑ̃bʀaze] *vt* **1** *(brûler)* abrasar. **2** *(éclairer)* iluminar.
► *vpr* **s'embraser 1** *(s'éclairer)* iluminarse. **2** *fml fig (d'amour)* inflamarse.
embrassade [ɑ̃bʀasad] *nf* abrazo *m*.
embrasser [ɑ̃bʀase] *vt* **1** *(sur la joue)* besar. **2** *(religion, doctrine)* abrazar. **3** *fig (du regard)* abarcar.
► *vpr* **s'embrasser** besarse.
embrasure [ɑ̃bʀazyʀ] *nf (de porte, fenêtre)* marco *m*.
embrayage [ɑ̃bʀɛjaʒ] *nm* embrague *m*.
embrayer [ɑ̃bʀeje] *vt - vi* embragar.
embrocher [ɑ̃bʀɔʃe] *vt* ensartar.
embrouiller [ɑ̃bʀuje] *vt* embrollar.
embrun [ɑ̃bʀœ̃] (gen en *pl*) *nm* gotitas *f pl* (de las olas).
embryon [ɑ̃bʀjɔ̃] *nm* embrión *m*.
embryonnaire [ɑ̃bʀijɔnɛʀ] *adj* embrionario,-ria.
embûche [ɑ̃byʃ] *nf* escollo *m*.
embuer [ɑ̃bɥe] *vt* empañar.
► *vpr* **s'embuer** empañarse.
embuscade [ɑ̃byskad] *nf* emboscada *f*.
éméché,-e [emeʃe] *adj fam* piripi.
émeraude [ɛmʀod] *nf* esmeralda *f*.
émerger [emɛʀʒe] *vi* **1** *(de l'eau)* emerger. **2** *fam (se manifester)* surgir. **3** *fam (du sommeil)* despertarse.
émeri [ɛmʀi] *nm* esmeril *m*.
émérite [emeʀit] *adj* emérito,-ta.
émerveiller [emɛʀveje] *vt* maravillar.
► *vpr* **s'émerveiller** maravillarse.
émetteur,-trice [emetœʀ,-tʀis] *adj* emisor,-ra.
► *nm* **émetteur** emisor *m*.
émettre [emɛtʀ] *vt* emitir.
émeute [emøt] *nf* motín *m*.
émietter [emjete] *vt* **1** *(réduire en miettes)* desmigar. **2** *(disperser)* dispersar.
émigrant,-e [emigʀɑ̃,-ɑ̃t] *adj - nm,f* emigrante.
émigration [emigʀasjɔ̃] *nf* emigración *f*.
émigré,-e [emigʀe] *adj - nm,f* emigrado,-da.
émigrer [emigʀe] *vi* emigrar.
émincer [emɛ̃se] *vt* cortar en lonchas.
éminence [eminɑ̃s] *nf* eminencia *f*.
éminent,-e [eminɑ̃,-ɑ̃t] *adj* eminente.
émir [emiʀ] *nm* emir *m*.
émirat [emiʀa] *nm* emirato *m*.
émissaire [emisɛʀ] *nm* emisario,-ria.
émission [emisjɔ̃] *nf* **1** *(de son, chaleur, billets)* emisión *f*. **2** *(de télévision, radio)* programa *m*.

emmagasiner [ɑ̃magazine] *vt* almacenar.
emmanchure [ɑ̃mɑ̃ʃyʀ] *nf* sisa *f.*
emmêler [ɑ̃mele] *vt* **1** *(fils)* enredar. **2** *fig (idées)* embrollar.
emménager [ɑ̃menaʒe] *vi* instalarse.
emmener [ɑ̃mne] *vt* llevar, llevarse.
emmerder [ɑ̃mɛʀde] *vt vulg* joder.
► *vpr* **s'emmerder** *pop* aburrirse.
emmerdeur,-euse [ɑ̃mɛʀdœʀ,-øz] *nm,f fam* peñazo.
emmitoufler [ɑ̃mitufle] *vt fam* abrigar.
► *vpr* **s'emmitoufler** *fam* abrigarse.
émoi [emwa] *nm* conmoción *f.*
émoticone [emotikɔ̃] *nm* emoticón *m.*
émotif,-ive [emɔtif,-iv] *adj - nm,f* emotivo,-va.
émotion [emosjɔ̃] *nf* emoción *f.*
émotionnel,-elle [emosjɔnel] *adj* emocional.
émousser [emuse] *vt* embotar.
émoustiller [emustije] *vt fam* animar, alegrar.
émouvant,-e [emuvɑ̃,-ɑ̃t] *adj* conmovedor,-ra.
émouvoir [emuvwaʀ] *vt* conmover, emocionar.
► *vpr* **s'émouvoir** emocionarse.
empailler [ɑ̃paje] *vt* **1** *(animal)* disecar. **2** *(chaise)* empajar.
empaler [ɑ̃pale] *vt* empalar.
empaqueter [ɑ̃pakte] *vt* empaquetar.
emparer (s') [ɑ̃paʀe] *vpr* apoderarse (**de**, de).
empâter [ɑ̃pate] *vt (traits, visage)* abotargarse.
► *vpr* **s'empâter** engordar.
empêchement [ɑ̃pɛʃmɑ̃] *nm* impedimento *m.*
empêcher [ɑ̃pɛʃe] *vt* impedir: ***je l'ai empêché de sauter***, no le he dejado saltar.
► *vpr* **s'empêcher de** evitar: ***nous ne pouvions nous empêcher de crier***, no podíamos evitar gritar.
• **il n'empêche que** esto no impide que.
empeigne [ɑ̃pɛɲ] *nf* empeine *m.*
empereur [ɑ̃pʀœʀ] *nm* emperador *m.*
empeser [ɑ̃pəze] *vt* almidonar.
empester [ɑ̃pɛste] *vt - vi* apestar.
empêtrer [ɑ̃pɛtʀe] *vt* liar: ***je suis empêtré dans un tas de problèmes***, estoy metido en un montón de problemas.
► *vpr* **s'empêtrer** liarse.
emphase [ɑ̃faz] *nf péj* énfasis *m.*
emphatique [ɑ̃fatik] *adj* enfático,-ca.
empiéter [ɑ̃pjete] *vi* **empiéter sur** invadir: ***la mer empiète sur le rivage***, el mar invade la orilla.
empiffrer (s') [ɑ̃pifʀe] *vpr fam* atiborrarse.
empiler [ɑ̃pile] *vt* apilar.
► *vpr* **s'empiler** amontonarse.
empire [ɑ̃piʀ] *nm* imperio *m.*
empirer [ɑ̃piʀe] *vt - vi* empeorar.
empirisme [ɑ̃pirism] *nm* empirismo *m.*
emplacement [ɑ̃plasmɑ̃] *nm* sitio *m*, emplazamiento *m.*
emplâtre [ɑ̃platʀ] *nm* emplasto *m.*
emplette [ɑ̃plɛt] (gen en *pl*) *nf* compra *f.*
emplir [ɑ̃pliʀ] *vt fml* llenar.
emploi [ɑ̃plwa] *nm* **1** *(utilisation)* empleo *m*, uso *m.* **2** *(travail)* empleo *m*, trabajo *m.*
▪ **emploi à mi-temps** trabajo a media jornada.
▪ **emploi à temps complet** trabajo de jornada completa.
▪ **emploi du temps** horario *m.*
employé,-e [ɑ̃plwaje] *adj - nm,f* empleado,-da.
employer [ɑ̃plwaje] *vt* **1** *(utiliser)* emplear, usar. **2** *(un salarié)* emplear.
employeur,-euse [ɑ̃plwajœʀ,-øz] *nm,f* empresario,-ria.
empocher [ɑ̃pɔʃe] *vt fam* embolsar.
empoigner [ɑ̃pwaɲe] *vt* **1** *(avec la main)* empuñar, agarrar. **2** *fig (émouvoir)* conmover.
► *vpr* **s'empoigner** pelearse.
empoisonner [ɑ̃pwazɔne] *vt* **1** *(avec du poison)* envenenar. **2** *fam (ennuyer)* dar la lata.
emportement [ɑ̃pɔʀtəmɑ̃] *nm* arrebato *m.*
emporter [ɑ̃pɔʀte] *vt* llevarse.
► *vpr* **s'emporter** enfurecerse.
• **l'emporter (sur)** ganar (a).
• **à emporter** para llevar.
empoté,-e [ɑ̃pɔte] *adj - nm,f fam* torpe, zoquete.

empreinte [ɑ̃pʀɛ̃t] *nf* huella *f*.
▪ **empreintes digitales** huellas dactilares.
empressé,-e [ɑ̃pʀese] *adj - nm,f* solícito,-ta.
empressement [ɑ̃pʀɛsmɑ̃] *nm* diligencia *f*.
empresser (s') [ɑ̃pʀese] *vpr* darse prisa (**de**, en).
• **s'empresser auprès de** QQN ser atento,-ta con ALGN.
emprise [ɑ̃pʀiz] *nf* influencia *f*.
• **sous l'emprise de** bajo la influencia de.
emprisonnement [ɑ̃pʀizɔnmɑ̃] *nm* encarcelamiento *m*.
emprisonner [ɑ̃pʀizɔne] *vt* meter en la cárcel.
emprunt [ɑ̃pʀœ̃] *nm* **1** *(gén)* préstamo *m*. **2** *(imitation)* copia *f*.
emprunté,-e [ɑ̃pʀœ̃te] *adj* cohibido,-da.
emprunter [ɑ̃pʀœ̃te] *vt* **1** *(livre, argent)* pedir prestado,-da: ***j'ai emprunté à Gilles son vélo***, le he pedido prestada la bici a Gilles. **2** *(route, chemin)* coger: ***nous allons emprunter la route nationale***, vamos a coger la carretera nacional. **3** *fig (mot)* tomar prestado,-da: ***beaucoup de mots français sont empruntés à l'anglais***, muchas palabras francesas provienen del inglés.
ému,-e [emy] *adj* emocionado,-da.
émulation [emylasjɔ̃] *nf* emulación *f*.
émule [emyl] *nmf* émulo,-la.
émulsion [emylsjɔ̃] *nf* emulsión *f*.
en[1] [ɑ̃] *prép* **1** *(lieu, temps)* en: ***c'était en 1999***, era en 1999; ***elle vit en Argentine***, vive en Argentina. **2** *(matière)* de: ***un blouson en cuir***, una chaqueta de cuero. **3** *(domaine, point de vue)* en: ***en théorie***, en teoría. **4** *(état, forme, manière)* de, en: ***sucre en morceaux***, azúcar en terrones; ***pays en guerre***, país en guerra; ***elle est en vacances***, está de vacaciones; ***c'est écrit en anglais***, está escrito en inglés. **5** *(moyen)* en: ***j'y vais en avion***, voy en avión. **6 en** + *p prés* al + *inf*, mientras: ***en arrivant en Angleterre***, al llegar a Inglaterra; ***il parle en dormant***, habla mientras duerme.
• **de ... en** de... en: ***c'est de mieux en mieux***, cada vez mejor.
• **en avant** hacia delante.
• **en grand** a lo grande.
en[2] [ɑ̃] *pron* **1** *(provenance)* de allí: ***à la bibliothèque ? j'en viens !***, ¿a la biblioteca? ¡vengo de allí! **2** *(complément d'adjectif, nom, verbe)* de ello: ***que pensez-vous de cet accident ? –ne m'en parlez pas***, ¿qué piensa usted de ese accidente? –no me hable (de ello); ***tu mets du sucre dans ton café ? –oui, j'en mets***, ¿le pones azúcar al café? –sí.
• **s'en aller** marcharse.
• **s'en prendre à** QQN tomarla con ALGN.
encadrement [ɑ̃kadʀəmɑ̃] *nm* **1** *(de tableau, porte)* marco *m*. **2** *(responsables - d'une entreprise)* directivos *m pl*; *(- d'un groupe)* responsables *m pl*.
encadrer [ɑ̃kadʀe] *vt* **1** *(tableau)* enmarcar. **2** *(troupes, personnel)* dirigir.
encaissé,-e [ɑ̃kese] *adj* encajonado,-da.
encaisser [ɑ̃kese] *vt* **1** *(de l'argent)* cobrar. **2** *fam (coup, critique)* encajar.
encart [ɑ̃kaʀ] *nm* encarte *m*.
en-cas [ɑ̃ka] *nm inv* tentempié *m*.
encastrer [ɑ̃kastʀe] *vt* empotrar.
► *vpr* **s'encastrer** empotrarse.
enceinte [ɑ̃sɛ̃t] *adj - nf* embarazada *adj f*.
► *nf* **1** *(espace)* recinto *m*. **2** *(muraille)* muralla *f*.
▪ **enceinte acoustique** bafle *m*.
encens [ɑ̃sɑ̃] *nm* incienso *m*.
encenser [ɑ̃sɑ̃se] *vt* incensar.
encéphalogramme [ɑ̃sefalɔgʀam] *nm* MÉD encefalograma *m*.
encercler [ɑ̃sɛʀkle] *vt* rodear.
enchaînement [ɑ̃ʃɛnmɑ̃] *nm* **1** *(gén)* encadenamiento *m*. **2** *(liaison)* enlace *m*.
enchaîner [ɑ̃ʃene] *vt* encadenar.
► *vpr* **s'enchaîner** enlazarse.
enchanté,-e [ɑ̃ʃɑ̃te] *adj* encantado,-da.
• **enchanté de faire votre connaissance** encantado de conocerle.
enchantement [ɑ̃ʃɑ̃tmɑ̃] *nm* **1** *(sortilège)* hechizo *m*. **2** *(merveille)* maravilla *f*.
• **comme par enchantement** como por arte de magia.
enchanter [ɑ̃ʃɑ̃te] *vt* encantar.

enchère [ɑ̃ʃɛʀ] *nf* **1** *(offre)* puja *f*. **2** *(au jeu)* apuesta *f*.
• **faire monter les enchères** subir la puja.
• **mettre aux enchères** sacar a subasta.
enchevêtrer [ɑ̃ʃəvetʀe] *vt* enredar.
enclave [ɑ̃klav] *nf* enclave *m*.
enclencher [ɑ̃klɑ̃ʃe] *vt* poner en marcha.
► *vpr* **s'enclencher** ponerse en marcha.
enclin,-e [ɑ̃klɛ̃,-in] *adj* proclive.
enclos [ɑ̃klo] *nm* cercado *m*.
enclume [ɑ̃klym] *nf* yunque *m*.
encoche [ɑ̃kɔʃ] *nf* muesca *f*.
encoller [ɑ̃kɔle] *vt* encolar.
encolure [ɑ̃kɔlyʀ] *nf* **1** *(du cheval, de l'homme)* cuello *m*. **2** *(d'un vêtement)* escote *m*.
encombrant,-e [ɑ̃kɔ̃bʀɑ̃,-ɑ̃t] *adj* **1** *(paquet)* voluminoso,-sa. **2** *fig (personne)* cargante, pesado,-da.
encombre [ɑ̃kɔ̃bʀ].
• **sans encombre** sin problemas.
encombré,-e [ɑ̃kɔ̃bʀe] *adj* lleno,-a de cosas.
encombrement [ɑ̃kɔ̃bʀəmɑ̃] *nm* **1** *(d'un lieu)* desorden *m*. **2** *(d'un objet)* volumen *m*. **3** *(embouteillage)* atasco *m*. **4** *(accumulation)* saturación *f*.
encombrer [ɑ̃kɔ̃bʀe] *vt* **1** *(passage)* obstruir. **2** *(mémoire)* sobrecargar.
► *vpr* **s'encombrer de** *(prendre en charge)* cargar con.
encontre [ɑ̃kɔ̃tʀ].
• **à l'encontre de** en contra de.
encore [ɑ̃kɔʀ] *adv* **1** *(toujours)* aún, todavía: ***tu n'es pas encore parti ?***, ¿aún no te has ido? **2** *(répétition)* más, otra vez: ***encore un peu de potage ?***, ¿un poco más de sopa?; ***elle s'est encore enrhumée***, se ha constipado otra vez; ***il a encore menti***, ha vuelto a mentir. **3** *(renforcement)* encima: ***tu es en retard et encore, tu râles***, llegas tarde y encima te enfadas.
• **encore mieux** todavía mejor.
• **encore que** aunque.
• **encore une fois** una vez más.
• **mais encore ?** ¿y qué más?
• **pas encore** todavía no.
• **quoi encore ?** ¿y ahora que quieres?
• **si encore** si al menos.
encourageant,-e [ɑ̃kuʀaʒɑ̃,-ɑ̃t] *adj* alentador,-ra.
encouragement [ɑ̃kuʀaʒmɑ̃] *nm* palabras *f pl* de ánimo.
encourager [ɑ̃kuʀaʒe] *vt* **1** *(personne)* animar. **2** *(commerce, production)* fomentar.
encourir [ɑ̃kuʀiʀ] *vt fml* incurrir en.
encrasser (s') [ɑ̃kʀase] *vpr* atascarse.
encre [ɑ̃kʀ] *nf* tinta *f*.
encrier [ɑ̃kʀje] *nm* tintero *m*.
encroûter (s') [ɑ̃kʀute] *vpr* volverse rutinario,-ria.
encyclopédie [ɑ̃siklɔpedi] *nf* enciclopedia *f*.
endémique [ɑ̃demik] *adj* endémico, -ca.
endetter (s') [ɑ̃dete] *vpr* endeudarse.
endeuiller [ɑ̃dœje] *vt* enlutar.
endiablé,-e [ɑ̃djable] *adj* endiablado,-da: ***ils dansaient sur un rythme endiablé***, bailaban una canción de ritmo endiablado.
endiguer [ɑ̃dige] *vt* **1** *(cours d'eau)* poner un dique a. **2** *fig (révolution, épidémie)* contener.
endimancher (s') [ɑ̃dimɑ̃ʃe] *vpr* endomingarse.
endive [ɑ̃div] *nf* endibia *f*, endivia *f*.
endoctriner [ɑ̃dɔktʀine] *vt* adoctrinar.
endolori,-e [ɑ̃dɔlɔʀi] *adj* dolorido,-da.
endommager [ɑ̃dɔmaʒe] *vt* deteriorar, dañar.
endormir [ɑ̃dɔʀmiʀ] *vt* dormir, adormecer.
► *vpr* **s'endormir** dormirse.
endosser [ɑ̃dɔse] *vt* **1** *(chèque)* endosar. **2** *(vêtement)* ponerse. **3** *(responsabilité)* asumir.
endroit [ɑ̃dʀwa] *nm* **1** *(lieu)* sitio *m*, lugar *m*: ***un endroit perdu***, un lugar perdido. **2** *(d'un tissu)* derecho *m*.
• **mettre à l'endroit** poner del derecho.
• **par endroits** en algunas partes.
enduire [ɑ̃dɥiʀ] *vt* untar, embadurnar.
enduit [ɑ̃dɥi] *nm* capa *f*.
endurance [ɑ̃dyʀɑ̃s] *nf* resistencia *f*.

endurcir [ãdyʀsiʀ] *vt* endurecer.
► *vpr* **s'endurcir** endurecerse.
endurer [ãdyʀe] *vt* aguantar.
énergétique [enɛʀgetik] *adj* energético,-ca.
énergie [ãnɛʀʒi] *nf* energía *f*.
■ **énergie éolienne** energía eólica.
■ **énergie nucléaire** energía nuclear.
■ **énergie renouvelable** energía renovable.
■ **énergie solaire** energía solar.
énergique [enɛʀʒik] *adj* enérgico,-ca.
énergumène [enɛʀgymɛn] *nmf* energúmeno,-na.
énervant,-e [enɛʀvã,-ãt] *adj* irritante.
énerver [enɛʀve] *vt* poner nervioso,-sa, irritar.
► *vpr* **s'énerver** ponerse nervioso,-sa.
enfance [ãfãs] *nf* infancia *f*.
enfant [ãfã] *nmf* **1** *(de l'âge de l'enfance)* niño,-ña: ***c'est un enfant gâté***, es un niño mimado. **2** *(fils ou fille)* hijo,-ja: ***ils ont trois enfants***, tienen tres hijos.
• **attendre un enfant** esperar un hijo.
• **bon enfant** buenazo,-za.
■ **enfant adoptif** hijo adoptivo.
■ **enfant de chœur** monaguillo *m*.
enfanter [ãfãte] *vt* **1** *fml (accoucher)* dar a luz. **2** *fml fig (œuvre d'art)* crear.
enfantin,-e [ãfãtɛ̃,-in] *adj* **1** *(d'un enfant)* infantil. **2** *(facile)* elemental.
enfer [ãfɛʀ] *nm* infierno *m*.
• **d'enfer** *fig* sensacional.
enfermer [ãfɛʀme] *vt* encerrar.
► *vpr* **s'enfermer** encerrarse.
enfiler [ãfile] *vt* **1** *(aiguille, perles)* enhebrar. **2** *(rue, chemin)* tomar. **3** *(vêtement)* ponerse.
enfin [ãfɛ̃] *adv* **1** *(dans une liste)* finalmente, por último. **2** *(en dernier lieu)* al fin, por fin. **3** *(pour récapituler)* en fin. **4** *(pour rectifier)* en fin, bueno: ***ce sera ennuyeux, enfin, pas tellement intéressant***, será aburrido, bueno, no muy interesante.
• **mais enfin !** ¡pero bueno!
enflammer [ãflame] *vt* **1** *(bois)* incendiar. **2** *fig (esprit)* encender.
► *vpr* **s'enflammer 1** *(bois)* incendiarse. **2** *fig (esprit)* encenderse.
enflé,-e [ãfle] *adj* hinchado,-da.
enfler [ãfle] *vt* **1** *(ballon)* hinchar, inflar. **2** *(voix)* ahuecar.
► *vi* hincharse, inflarse.
enfoncer [ãfɔ̃se] *vt* **1** *(dans la terre, le sol)* clavar. **2** *(porte, mur)* derribar. **3** *fig (humilier)* hundir.
► *vpr* **s'enfoncer 1** *(l'eau)* hundirse; *(bois, ville)* adentrarse (**dans**, en). **2** *(l'erreur, l'ignorance)* hundirse.
enfouir [ãfwiʀ] *vt* enterrar.
enfourcher [ãfuʀʃe] *vt* montar en, subirse a: ***il enfourcha sa bicyclette***, montó en su bicicleta.
enfourner [fuʀne] *vt* **1** *(pain)* hornear. **2** *fam (avaler)* zamparse.
enfreindre [ãfʀɛ̃dʀ] *vt* infringir.
enfuir (s') [ãfɥiʀ] *vpr* huir, escaparse.
enfumé,-e [ãfyme] *adj* lleno,-na de humo.
engagé,-e [ãgaʒe] *adj* comprometido, -da.
engageant,-e [ãgaʒã,-ãt] *adj* atractivo,-va, atrayente.
engagement [ãgaʒmã] *nm* **1** *(gén)* compromiso *m*. **2** SPORT saque *m* de centro. **3** *(de soldat)* alistamiento *m*.
engager [ãgaʒe] *vt* **1** *(sa parole)* comprometer. **2** *(à faire quelque chose)* invitar. **3** *(employé)* contratar. **4** *(conversation, négociation)* entablar.
► *vpr* **s'engager 1** *(par une promesse)* comprometerse: ***il s'est engagé à lui rendre son livre***, se ha comprometido a devolverle el libro. **2** *(dans un immeuble)* entrar (**dans**, en). **3** *(commencer)* emprender. **4** *(dans l'armée)* alistarse.
engelure [ãʒlyʀ] *nmf* sabañón *m*.
engendrer [ãʒãdʀe] *vt* engendrar.
engin [ãʒɛ̃] *nm* **1** *(outil)* máquina *f*. **2** *fam (objet sans nom)* trasto *m*.
englober [ãglɔbe] *vt* englobar.
engloutir [ãglutiʀ] *vt* engullir.
engorgement [ãgɔʀʒəmã] *nm* atasco *m*, obstrucción *f*.
engouement [ãgumã] *nm fig* entusiasmo *m*.
engouffrer [ãgufʀe] *vt* **1** *fam (manger)* zampar. **2** *fig (fortune)* dilapidar.

► *vpr* **s'engouffrer** adentrarse (**dans**, en): ***le vent s'est engouffré dans le passage***, el viento se metió en el pasaje.

engourdi,-e [ɑ̃guʀdi] *adj* entumecido,-da, aletargado,-da.

engourdir (s') [ɑ̃guʀdiʀ] *vpr* entumecerse.

engrais [ɑ̃gʀɛ] *nm* abono *m*.

engraisser [ɑ̃gʀɛse] *vt* **1** *(animal)* cebar. **2** *(la terre)* abonar.

► *vi (personne)* engordar.

engrenage [ɑ̃gʀənaʒ] *nm* engranaje *m*.

engueuler [ɑ̃gœle] *vt fam* echar una bronca a.

► *vpr* **s'engueuler** *fam* tener una bronca, discutir.

enhardir [ɑ̃aʀdiʀ] *vt* alentar.

► *vpr* **s'enhardir** atreverse.

énième [enjɛm] *adj - nmf* enésimo,-ma.

énigmatique [enigmatik] *adj* enigmático,-ca.

énigme [enigm] *nf* enigma *m*.

enivrant,-e [ɑ̃nivʀɑ̃,-ɑ̃t] *adj* embriagador,-ra.

enivrer [ɑ̃nivʀe] *vt* embriagar.

► *vpr* **s'enivrer** embriagarse.

enjambée [ɑ̃ʒɑ̃be] *nf* zancada *f*.

enjamber [ɑ̃ʒɑ̃be] *vt* pasar por encima de.

enjeu [ɑ̃ʒø] *nm* **1** *(au jeu)* apuesta *f*. **2** *(économique, politique)* reto *m*.

enjoindre [ɑ̃ʒwɛ̃dʀ] *vt fml* ordenar.

enjôler [ɑ̃ʒole] *vt* engatusar.

enjoliver [ɑ̃ʒɔlive] *vt* adornar.

enjoliveur [ɑ̃ʒɔlivœʀ] *nm* embellecedor *m*.

enjoué,-e [ɑ̃ʒwe] *adj* alegre.

enlacer [ɑ̃lase] *vt* abrazar.

► *vpr* **s'enlacer** abrazarse.

enlaidir [ɑ̃lediʀ] *vt* afear.

► *vi* volverse feo,-a.

enlèvement [ɑ̃lɛvmɑ̃] *nm* secuestro *m*.

enlever [ɑ̃lve] *vt* **1** *(gén)* quitar; *(un vêtement)* quitarse. **2** *(emporter)* llevarse. **3** *(kidnapper)* secuestrar.

enliser [ɑ̃lize] *vt* atascar.

► *vpr* **s'enliser** **1** *(dans la boue)* hundirse. **2** *fig (dans une situation)* enredarse.

enneigé,-e [ɑ̃neʒe] *adj* nevado,-da.

enneigement [ɑ̃nɛʒmɑ̃] *nm* estado *m* de la nieve: ***bulletin d'enneigement***, información sobre el estado de las pistas.

ennemi,-e [ɛnmi] *adj - nm,f* enemigo,-ga.

ennui [ɑ̃nɥi] *nm* **1** *(lassitude)* aburrimiento *m*. **2** *(problème)* problema *f*.

• **avoir des ennuis** tener problemas.

• **s'attirer des ennuis** buscarse problemas.

ennuyer [ɑ̃nɥije] *vt* **1** *(lasser)* aburrir. **2** *(contrarier)* fastidiar. **3** *(inquiéter)* preocupar.

► *vpr* **s'ennuyer** aburrirse.

ennuyeux,-euse [ɑ̃nɥijø,-øz] *adj* **1** *(lassant)* aburrido,-da. **2** *(contrariant)* fastidioso,-sa.

énoncer [enɔ̃se] *vt* enunciar.

enorgueillir (s') [ɑ̃nɔʀgœjiʀ] *vpr* enorgullecerse.

énorme [enɔʀm] *adj* **1** *(très grand)* enorme. **2** *fam fig (fantastique)* increíble: ***c'est énorme ce qu'il a fait pour nous***, es increíble lo que ha hecho por nosotros.

énormément [enɔʀmemɑ̃] *adv* muchísimo,-ma: ***il a énormément d'amis***, tiene muchísimos amigos.

énormité [enɔʀmite] *nf* **1** *(d'une erreur, d'un effort)* enormidad *f*. **2** *(sottise)* barbaridad *f*.

enquête [ɑ̃kɛt] *nf* **1** *(d'opinion)* encuesta *f*. **2** *(de police)* investigación *f*.

enquêter [ɑ̃kete] *vi* **1** *(la police)* investigar. **2** *(sonder)* hace una encuesta.

enraciner [ɑ̃ʀasine] *vt* arraigar.

► *vpr* **s'enraciner** echar raíces.

enragé,-e [ɑ̃ʀaʒe] *adj* **1** *(chien)* rabioso,-sa. **2** *(passionné)* fanático,-ca.

enrager [ɑ̃ʀaʒe] *vi* estar furioso,-sa.

enrayer [ɑ̃ʀeje] *vt* **1** *fig (épidémie)* detener. **2** *fig (crise économique, évolution)* frenar.

► *vpr* **s'enrayer** *(arme à feu)* encasquillarse.

enregistrement [ɑ̃ʀəʒistʀəmɑ̃] *nm* **1** *(de son, d'images)* grabación *f*. **2** *(des bagages)* facturación *f*. **3** *(d'un acte)* inscripción *f*, registro *m*.

enregistrer [ɑ̃ʀəʒistʀe] *vt* **1** *(disques, fichier)* grabar. **2** *(bagages)* facturar. **3** *(documents)* registrar, inscribir.

enrhumé,-e [ɑ̃ʀyme] *adj* resfriado,-da.
enrhumer [ɑ̃ʀyme] *vt* resfriar.
► *vpr* **s'enrhumer** resfriarse, constiparse.
enrichir [ɑ̃ʀiʃiʀ] *vt* enriquecer.
► *vpr* **s'enrichir** enriquecerse.
enrobé,-e [ɑ̃ʀɔbe] *adj* **1** *fam (personne)* rellenito,-ta. **2** *(bonbon)* bañado,-da (**de**, en).
enrober [ɑ̃ʀɔbe] *vt* **1** *(recouvrir)* envolver, recubrir. **2** CUIS bañar (**de**, en). **3** *fig (masquer)* disimular.
► *vpr* **s'enrober** *(personne)* ensancharse.
enrôler [ɑ̃ʀɔle] *vt (dans un parti)* alistar, enrolar.
► *vpr* **s'enrôler 1** *(dans l'armée)* alistarse. **2** *fig (dans l'armée)* afiliarse.
enroué,-e [ɑ̃ʀwe] *adj* ronco,-ca.
enrouler [ɑ̃ʀule] *vt* enrollar.
► *vpr* **s'enrouler 1** *(autour de quelque chose)* enrollarse. **2** *(dans une couverture)* envolverse.
ensabler (s') [ɑ̃sable] *vpr* encallar.
ensanglanter [ɑ̃sɑ̃glɑ̃te] *vt* ensangrentar.
enseignant,-e [ɑ̃sɛɲɑ̃,-ɑ̃t] *adj* docente.
► *nm,f* profesor,-ra.
enseigne [ɑ̃sɛɲ] *nf* **1** *(de magasin)* letrero *m*. **2** *(des troupes)* estandarte *m*.
enseignement [ɑ̃sɛɲmɑ̃] *nm* **1** enseñanza *f*. **2** *fig (leçon)* lección *f*.
▪ **enseignement primaire** enseñanza primaria.
▪ **enseignement secondaire** enseñanza secundaria.
enseigner [ɑ̃seɲe] *vt* enseñar.
ensemble [ɑ̃sɑ̃bl] *adv* **1** *(gén)* juntos,-tas: ***nous avons travaillé ensemble sur ce projet***, hemos trabajado juntos en este proyecto. **2** *(en même temps)* a la vez, al mismo tiempo: ***arrêtez de crier tous ensemble !***, ¡dejad de gritar todos a la vez!
► *nm* conjunto *m*.
• **dans l'ensemble** en conjunto.
▪ **grand ensemble** urbanización *f*.
ensemencer [ɑ̃səmɑ̃se] *vt* sembrar.
ensevelir [ɑ̃səvliʀ] *vt* sepultar.
ensoleillé,-e [ɑ̃sɔleje] *adj* soleado,-da.
ensommeillé,-e [ɑ̃sɔmeje] *adj* soñoliento,-ta.
ensorceler [ɑ̃sɔʀsəle] *vt* **1** *(jeter un sort)* hechizar. **2** *fig (captiver)* seducir.
ensuite [ɑ̃sɥit] *adv* **1** *(après, plus tard)* después, luego: ***on pourrait aller au musée et ensuite au restaurant***, podríamos ir al museo y luego al restaurante. **2** *(puis)* a continuación.
ensuivre (s') [ɑ̃sɥivʀ] *vpr* resultar.
entaille [ɑ̃taj] *nf* corte *m*.
entailler [ɑ̃taje] *vt* cortar.
entamer [ɑ̃tame] *vt* **1** *(commencer)* empezar; *(conversation)* entablar. **2** *(partie du corps)* cortar. **3** *(réputation, foi)* mermar.
entartrer (s') [ɑ̃taʀtʀe] *vpr* cubrirse de sarro.
entasser [ɑ̃tase] *vt* amontonar.
► *vpr* **s'entasser** amontonarse.
entendement [ɑ̃tɑ̃dmɑ̃] *nm* entendimiento *m*, juicio *m*.
entendre [ɑ̃tɑ̃dʀ] *vt* **1** *(le sons)* oír. **2** *fml (comprendre)* entender. **3** *(vouloir)* querer.
► *vpr* **s'entendre 1** *(bruit, son)* oírse. **2** *(sympathiser)* llevarse bien. **3** *(convenir)* ponerse de acuerdo.
entendu,-e [ɑ̃tɑ̃dy] *adj (compris)* entendido,-da.
• **bien entendu** por supuesto.
entente [ɑ̃tɑ̃t] *nf* acuerdo *m*.
enterrement [ɑ̃tɛʀmɑ̃] *nm* entierro *m*.
enterrer [ɑ̃teʀe] *vt* enterrar.
• **enterrer sa vie de garçon** hacer una despedida de soltero.
en-tête [ɑ̃tɛt] *nm* (*pl* **en-têtes**) membrete *m*.
entêté,-e [ɑ̃tete] *adj* terco,-ca.
► *nm,f* cabezota.
entêter (s') [ɑ̃tete] *vpr* empeñarse (**à/dans**, en).
enthousiasme [ɑ̃tuzjasm] *nm* entusiasmo *m*.
enthousiasmer [ɑ̃tuzjasme] *vt* entusiasmar.
► *vpr* **s'enthousiasmer** entusiasmarse.
enthousiaste [ɑ̃tuzjaste] *adj* entusiasta.
enticher (s') [ɑ̃tiʃe] *vpr* encapricharse (**de**, por).
entier,-ère [ɑ̃tje,-ɛʀ] *adj* entero,-ra.
entièrement [ɑ̃tjɛʀmɑ̃] *adv* completamente, totalmente.
entité [ɑ̃tite] *nf* entidad *f*.

entonner [ãtɔne] *vt* entonar.
entonnoir [ãtonwaʀ] *nm* **1** *(ustensile)* embudo *m.* **2** *(cavité)* cráter *m.*
entorse [ãtɔʀs] *nf* **1** *(à la cheville)* esguince *m.* **2** *fig (à un règlement)* infracción *f.*
entortiller [ãtɔʀtije] *vt* enredar.
entourage [ãtuʀaʒ] *nm* **1** *(clôture)* cerca *f.* **2** *(milieu)* entorno *m.*
entourer [ãtuʀe] *vt* **1** *(gén)* rodear. **2** *fig (soutenir)* apoyar.
► *vpr* **s'entourer** rodearse (**de**, de).
entourloupe [ãtuʀlup] *nf fam* jugarreta *f*, mala pasada *f.*
entracte [ãtʀakt] *nm* entreacto *m.*
entraide [ãtʀɛd] *nf* ayuda *f* mutua.
entraider (s') [ãtʀede] *vpr* ayudarse mutuamente.
entrailles [ãtʀaj] *nf pl* entrañas *f pl.*
entrain [ãtʀɛ̃] *nm* ánimo *m.*
entraînement [ãtʀɛnmã] *nm* **1** SPORT entrenamiento *m.* **2** *(préparation)* práctica *f.* **3** *(de mécanisme)* arrastre *m.*
entraîner [ãtʀene] *vt* **1** *(emmener)* arrastrar. **2** *(impliquer)* llevar a, conllevar: ***cela va entraîner de graves conséquences***, esto acarreará graves consecuencias. **3** SPORT entrenar.
► *vpr* **s'entraîner 1** *(se préparer)* practicar. **2** SPORT entrenarse.
entraîneur,-euse [ãtʀɛnœʀ,-øz] *nmf* entrenador,-ra.
entrave [ãtʀav] *nf* traba *f.*
entraver [ãtʀave] *vt* **1** *(animal)* trabar. **2** *fig (action)* poner trabas a, dificultar.
entre [ãtʀ] *prép* entre: ***il n'y a rien entre nous***, no hay nada entre nosotros.
• **entre autres** entre otras cosas.
entrebâiller [ãtʀəbaje] *vt* entreabrir.
entrecôte [ãtʀəkɔt] *nf* entrecot *m.*
entrecouper [ãtʀəkupe] *vt* entrecortar.
entre-deux [ãtʀədø] *nm inv* hueco *m*, espacio *m.*
entrée [ãtʀe] *nf* **1** *(gén)* entrada *f.* **2** *(d'un appartement)* recibidor *m.* **3** *(d'un menu)* primer plato *m.*
• **" Entrée interdite "** "Prohibida la entrada".
• **" Entrée libre "** "Entrada libre", "Entrada gratuita".
entrefaites [ãtʀəfɛt].
• **sur ces entrefaites** en estas.
entrejambe [ãtʀəʒãb] *nm* entrepierna *f.*
entrelacer [ãtʀəlase] *vt* entrelazar.
► *vpr* **s'entrelacer** entrelazarse.
entremets [ãtʀəmɛ] *nm* postre *m.*
entremetteur,-euse [ãtʀəmɛtœʀ,-øz] *nm,f* intermediario,-ria.
entremise [ãtʀəmiz] *nf* mediación *f.*
• **par l'entremise de** por mediación de.
entreposer [ãtʀəpoze] *vt* depositar.
entrepôt [ãtʀapo] *nm* almacén *m.*
entreprendre [ãtʀəpʀãdʀ] *vt* emprender.
entrepreneur,-euse [ãtʀəpʀənœʀ,-øz] *nm,f* empresario,-ria.
► *nm* **entrepreneur** *(en bâtiment)* contratista *mf.*
entreprise [ãtʀəpʀiz] *nf* empresa *f.*
entrer [ãtʀe] *vi* **1** *(gén)* entrar. **2** *(être admis)* entrar (**à**, en), ingresar (**à**, en); *(- affaires, enseignement)* meterse (**à**, en).
► *vt (gén)* introducir, meter: ***il a entré de l'alcool de contrebande en France***, ha introducido alcohol de contrabando en Francia.
• **entrez !** ¡adelante!
entre-temps [ãtʀətã] *adv* mientras tanto.
entretenir [ãtʀətniʀ] *vt* **1** *(maison, outils)* mantener, conservar. **2** *(feu)* alimentar. **3** *(amitié)* cuidar, cultivar.
► *vpr* **s'entretenir 1** *(se parler)* hablar. **2** *(prendre soin de soi)* cuidarse.
entretien [ãtʀətjɛ̃] *nm* **1** *(soins)* mantenimiento *m*: ***les frais d'entretien sont à la charge du client***, los gastos de mantenimiento van a cargo del cliente. **2** *(dialogue)* conservación *f.* **3** *(de travail)* entrevista *f.*
entretuer (s') [ãtʀətɥe] *vpr* matarse unos a otros.
entrevoir [ãtʀəvwaʀ] *vt* entrever.
► *vpr* **s'entrevar** entreverse.
entrevue [ãtʀəvy] *nf* entrevista *f.*
entrouvert,-e [ãtʀuvɛʀ] *adj* entreabierto,-ta.
entrouvrir [ãtʀuvʀiʀ] *vt* entreabir.
► *vpr* **s'entrouvrir** entreabrirse.

énumération [enymerasjɔ̃] *nf* enumeración *f.*
énumérer [enymeʀe] *vt* enumerar.
envahir [ɑ̃vaiʀ] *vt* invadir.
envahisseur [ɑ̃vaisœʀ] *nm* invasor *m.*
enveloppe [ɑ̃vlɔp] *nf* **1** *(d'emballage)* envoltura *f.* **2** *(de céréale)* vaina *f.* **3** *(de lettre)* sobre *m.*
envelopper [ɑ̃vlɔpe] *vt* envolver.
► *vpr* **s'envelopper** envolverse (**dans**, en).
envenimer [ɑ̃vnime] *vt (blessure)* infectar.
► *vpr* **s'envenimer 1** *(blessure)* infectarse. **2** *fig (relations)* envenenarse.
envergure [ɑ̃vɛʀgyʀ] *nf* envergadura *f.*
envers [ɑ̃vɛʀ] *prép (à l'égard de)* con, para con: ***il fait preuve de gentillesse envers moi***, es muy amable conmigo.
► *nm* revés *m*, reverso *m*: ***l'envers d'une monnaie***, el reverso de una moneda.
• **à l'envers** al revés.
envie [ɑ̃vi] *nf* **1** *(sentiment)* envidia *f.* **2** *(désir)* ganas *f pl.*
• **avoir envie de** tener ganas de.
envier [ɑ̃vje] *vt* envidiar.
envieux,-euse [ɑ̃vjø,-øz] *adj - nm,f* envidioso,-sa.
environ [ɑ̃virɔ̃] *adv* aproximadamente, alrededor de: ***il y avait environ 500 personnes au concert***, había alrededor de 500 personas en el concierto.
environnement [ɑ̃viʀɔnmɑ̃] *nm* **1** *(nature)* medio ambiente *m.* **2** *(entourage, en informatique)* entorno *m.*
environnemental,-e [ɑ̃viʀɔnmɑ̃tal] *adj* medioambiental.
environner [ɑ̃virɔne] *vt* rodear.
environs [ɑ̃virɔ̃] *nm pl* alrededores *m pl.*
envisager [ɑ̃vizaʒe] *vt* **1** *(tenir compte)* considerar. **2** *(prévoir)* proyectar: ***il envisage de faire des études de médecine***, tiene pensado estudiar medicina.
envoi [ɑ̃vwa] *nm* envío *m.*
▪ **coup d'envoi** SPORT saque *m* inicial.
▪ **envoi contre remboursement** envío contra reembolso.
envol [ɑ̃vɔl] *nm* **1** *(d'avion, d'économie)* despegue *m.* **2** *(d'oiseau)* vuelo *m.*
envoler (s') [ɑ̃vɔle] *vpr* **1** *(oiseau)* alzar el vuelo. **2** *(avion)* despegar. **3** *fam (disparaître)* esfumarse.
envoûter [ɑ̃vute] *vt* **1** *(jeter un sort)* hechizar. **2** *fig (charmer)* fascinar.
envoyé,-e [ɑ̃vwaje] *nm,f* enviado,-da.
• **bien envoyé** bien dirigido.
envoyer [ɑ̃vwaje] *vt* **1** *(gén)* enviar. **2** *(personne)* mandar: ***elle l'a envoyé acheter du lait***, lo mandó a comprar leche.
► *vpr* **s'envoyer 1** *fam (boire)* atizarse. **2** *fam (travail)* cargar con. **3** *pop (coucher avec)* tirarse a.
éolien,-enne [eɔljɛ̃,-ɛn] *adj* eólico,-ca.
épais,-aisse [epɛ,-ɛs] *adj* **1** *(chose, blague)* grueso,-sa. **2** *(brouillard, sauce)* espeso, -sa.
épaisseur [epɛsœʀ] *nf* **1** *(d'un mur)* espesor *m.* **2** *(de feuillage, brouillard)* espesura *f.* **3** *fig (consistance)* profundidad *f.*
épaissir [epesiʀ] *vt* espesar.
► *vi* **1** *(sauce)* espesarse. **2** *(taille)* ensanchar.
► *vpr* **s'épaissir 1** *(brouillard, sauce)* espesarse. **2** *(personne)* engordar.
épanchement [epɑ̃ʃmɑ̃] *nm* **1** *fig (abandon)* desahogo *m.* **2** MÉD derrame *m.*
épanoui,-e [epanwi] *adj* **1** *(fleur)* abierto,-ta. **2** *(personne)* radiante.
épanouir [epanwiʀ] *vt* **1** *(fleur)* abrir. **2** *(personne)* hacer feliz.
► *vpr* **s'épanouir 1** *(fleur)* abrirse. **2** *(visage)* iluminarse. **3** *(personne)* realizarse.
épargnant [epaʀɲɑ̃] *nmf* ahorrador,-ra.
épargne [epaʀɲ] *nf* ahorro *m.*
▪ **épargne logement** ahorro vivienda.
épargner [epaʀɲe] *vt* **1** *(argent)* ahorrar. **2** *(temps, peine)* ahorrarse.
éparpiller [epaʀpije] *vt* dispersar.
► *vpr* **s'éparpiller** dispersarse.
épars,-e [epaʀ,-ars] *adj fml* disperso,-sa.
épatant,-e [epatɑ̃,-ɑ̃t] *adj fam* estupendo,-da.
épaté,-e [epate] *adj* **1** *(nez)* chato,-ta. **2** *fam (surpris)* sorprendido,-da.
épater [epate] *vt fam* sorprender.
épaule [epol] *nf* **1** *(d'être humain)* hombro *m.* **2** CUIS *(de mouton, porc)* paletilla *f.*
épauler [epole] *vt* respaldar.

épaulette [epolɛt] *nf* hombrera *f*.
épave [epav] *nf* **1** *(d'un bateau)* restos *m pl*, pecio *m*. **2** *(voiture)* chatarra *f*. **3** *fig (personne)* ruina *f*.
épée [epe] *nf* espada *f*.
épeler [ɛple] *vt* deletrear.
éperdu,-e [epɛʀdy] *adj* apasionado,-da.
• **être éperdu,-e de** estar loco,-ca de: ***il était éperdu de joie***, estaba (como) loco de contento.
éperon [epʀɔ̃] *nm* espuela *f*.
éperonner [epʀɔne] *vt* espolear.
épervier [epɛʀvje] *nm* gavilán *m*.
éphémère [efemɛʀ] *adj* efímero,-ra.
éphéméride [efemeʀid] *nf* efemérides *f*.
épi [epi] *nm* **1** *(de blé)* espiga *f*; *(de maïs)* mazorca *f*. **2** *(de cheveux)* remolino *m*.
épice [epis] *nf* especia *f*.
épicé,-e [epise] *adj* **1** *(plat)* sazonado,-da. **2** *fig (histoire)* picante.
épicerie [episʀi] *nf* **1** *(magasin)* tienda *f* de comestibles. **2** *(produits)* comestibles *m pl*.
épicier,-ère [episje,-ɛʀ] *nm,f* tendero,-ra.
épidémie [epidemi] *nf* **1** *(de grippe)* epidemia *f*. **2** *fig (de violence)* oleada *f*.
épiderme [epidɛʀm] *nm* ANAT epidermis *f*.
épier [epje] *vt* espiar.
épigraphe [epigʀaf] *nf* epígrafe *m*.
épilation [epilasjɔ̃] *nf* depilación *f*.
épilepsie [epilɛpsi] *nf* MÉD epilepsia *f*.
épiler [epile] *vt* depilar: ***je vais me faire épiler dans cet institut***, me voy a depilar en este centro de belleza.
► *vpr* **s'épiler** depilarse.
épilogue [epilɔg] *nm* **1** *(conclusion)* epílogo *m*. **2** *fig (d'une affaire)* desenlace *m*.
épinards [epinaʀ] *nm pl* espinacas *f pl*.
épine [epin] *nf* **1** *(d'une rose)* espina *f*. **2** *(arbrisseau)* espino *m*.
▪ **épine dorsale** espina dorsal.
épineux,-euse [epinø,-øz] *adj* espinoso,-sa.
épingle [epɛ̃gl] *nf* alfiler *m*.
▪ **épingle à cheveux** horquilla *f*.
▪ **épingle à nourrice** imperdible *m*.
épinière [epinjɛʀ] *adj* espinal: ***moelle épinière***, médula espinal.
épique [epik] *adj* épico,-ca.
épiscopal,-e [episkɔpal] *adj* episcopal.
épisode [epizɔd] *nm* episodio *m*.
épisodique [epizɔdik] *adj* episódico, -ca.
épistolaire [epistɔlɛʀ] *adj* epistolar.
épitaphe [epitaf] *nf* epitafio *m*.
épithète [epitɛt] *nf* epíteto *m*.
épître [epitʀ] *nf* epístola *f*.
éploré,-e [eplɔʀe] *adj* desconsolado,-da.
épluche-légumes [eplyʃlegym] *nm inv* pelapatatas *m*.
éplucher [eplyʃe] *vt* **1** *(légumes)* pelar. **2** *fig (dossier, texte)* examinar.
épluchure [eplyʃyʀ] *nf* mondadura *f*.
éponge [epɔ̃ʒ] *nf* esponja *f*.
• **jeter l'éponge** tirar la toalla.
• **passer l'éponge** hacer borrón y cuenta nueva.
éponger [epɔ̃ʒe] *vt* enjugar.
► *vpr* **s'éponger** *(visage, front)* enjugarse, secarse.
épopée [epɔpe] *nf* epopeya *f*.
époque [epɔk] *nf* época *f*.
épouse [epuz] *nf* esposa *f*.
épouser [epuze] *vt* **1** *(se marier)* casarse con: ***il a épousé ma sœur***, se casó con mi hermana. **2** *fig (idées, doctrines)* abrazar. **3** *(une forme)* adaptarse a.
épousseter [epuste] *vt* quitar el polvo.
époustouflant,-e [epustuflɑ̃,-ɑ̃t] *adj fam* sorprendente.
épouvantable [epuvɑ̃tabl] *adj* espantoso,-sa.
épouvantail [epuvɑ̃taj] *nm* espantapájaros *m*.
épouvanter [epuvɑ̃te] *vt* asustar.
époux [epu] *nmf* esposo *m*.
éprendre (s') [epʀɑ̃dʀ] *vpr* enamorarse.
épreuve [epʀœv] *nf* **1** *(essai)* prueba *f*. **2** *(d'un examen, concours)* examen *m*.
• **à l'épreuve de** a prueba de.
• **mettre à l'épreuve** poner a prueba.
▪ **épreuve de force** prueba de fuerza.
épris,-e [epʀi,-iz] *adj* **1** *(d'une personne)* prendado,-da (**de**, de). **2** *(très attaché)* apasionado,-da (**de**, por).
éprouvant,-e [epʀuvɑ̃,-ɑ̃t] *adj* agotador, -ra.

éprouver [epRuve] *vt* **1** *(tester)* probar. **2** *(problème)* sufrir. **3** *(sentiment)* sentir: ***il éprouve de la joie***, siente alegría.
éprouvette [epRuvɛt] *nf* probeta *f*.
épuisant,-e [epɥizɑ̃,-ɑ̃t] *adj* agotador,-ra.
épuisé,-e [epɥize] *adj* agotado,-da.
épuiser [epɥize] *vt* agotar.
► *vpr* **s'épuiser** agotarse.
épuisette [epɥizɛt] *nf* salabre *m*.
épurer [epyRe] *vt* depurar.
équateur [ekwatœR] *nm* ecuador *m*.
Équateur [ekwatœR] *nm* Ecuador.
équation [ekwasjɔ̃] *nf* ecuación *f*.
équatorial,-e [ekwatɔRjal] *adj* ecuatorial.
équatorien,-enne [ekwatɔRjɛ̃,-ɛn] *adj* ecuatoriano,-na.
► *nm,f* **Équatorien,-enne** ecuatoriano,-na.
équerre [ekɛR] *nf* escuadra *f*.
équestre [ekɛstR] *adj* ecuestre.
équidistant,-e [ekidistɑ̃,-ɑ̃t] *adj* equidistante.
équilatéral,-e [ekilateRal] *adj* equilátero,-ra.
équilibre [ekilibR] *nm* equilibrio *m*.
équilibrer [ekilibRe] *vt* equilibrar.
► *vpr* **s'équilibrer** equilibrarse.
équilibriste [ekilibRist] *nmf* equilibrista.
équinoxe [ekinɔks] *nm* equinoccio *m*.
équipage [ekipaʒ] *nm* tripulación *f*.
équipe [ekip] *nf* equipo *m*.
• **faire équipe avec** formar un equipo con.
équipement [ekipmɑ̃] *nm* **1** *(matériel)* equipo *m*. **2** *(aménagement)* equipamiento *m*.
équiper [ekipe] *vt* equipar.
► *vpr* **s'équiper** equiparse.
équipier,-ère [ekipje,-ɛR] *nm,f* compañero,-ra de equipo.
équitable [ekitabl] *adj* equitativo,-va.
équitation [ekitasjɔ̃] *nf* equitación *f*.
équité [ekite] *nf* equidad *f*.
équivalence [ekivalɑ̃s] *nf* **1** *(gén)* equivalencia *f*. **2** *(de diplôme)* convalidación *f*.
équivalent,-e [ekivalɑ̃,-ɑ̃t] *adj* equivalente.
► *nm* **équivalent** equivalente *m*.
équivaloir [ekivalwaR] *vt* equivaler.
équivoque [ekivɔk] *adj* equívoco,-ca.
► *nf* equívoco *m*.
• **sans équivoque** inequívoco,-ca.
érable [eRabl] *nm* arce *m*.
éradication [eRadikasjɔ̃] *nf* erradicación *f*.
érafler [eRafle] *vt* arañar.
► *vpr* **s'érafler** arañarse.
éraflure [eRaflyR] *nf* arañazo *m*.
éraillé,-e [eRaje] *adj* ronco,-ca.
ère [ɛR] *nf* era *f*.
érection [eRɛksjɔ̃] *nf* erección *f*.
éreintant,-e [eRɛ̃tɑ̃,-ɑ̃t] *adj* extenuante, agotador,-ra.
éreinté,-e [eRɛ̃te] *adj* extenuado,-da.
ergonomique [ɛRgonɔmik] *adj* ergonómico,-ca.
ergot [ɛRgo] *nm (de coq)* espolón *m*.
ériger [eRiʒe] *vt* **1** *(monument)* erigir. **2** *(immeuble)* construir.
► *vpr* **s'ériger** erigirse.
ermite [ɛRmit] *nm* ermitaño,-ña.
éroder [eRɔde] *vt* erosionar.
érogène [eRɔgɛn] *adj* erógeno,-na.
érosion [eRozjɔ̃] *nf* erosión *f*.
érotique [eRɔtik] *adj* erótico,-ca.
érotisme [eRɔtism] *nm* erotismo *m*.
errant,-e [ɛRɑ̃,-ɑ̃t] *adj* errante.
erratum [aRatɔm] *nm* (*pl* **errata**) errata *f*.
errer [ɛRe] *vi* vagar.
erreur [ɛRœR] *nf* error *m*.
• **par erreur** por error.
erroné,-e [ɛRɔne] *adj* erróneo,-a.
éructer [ɛRykte] *vi* eructar.
érudit,-e [eRydi,-it] *adj* - *nm,f* erudito,-ta.
érudition [ɛRydisjɔ̃] *nf* erudición *f*.
éruption [eRypsjɔ̃] *nf* erupción *f*.
escabeau [ɛskabo] *nm* escalera *f* de mano.
escadrille [ɛskadRij] *nf* escuadrilla *f*.
escadron [ɛskadRɔ̃] *nm* escuadrón *m*.
escalade [ɛskalad] *nf* escalada *f*.
escalader [ɛskalade] *vt* escalar.
escalator [ɛskalatœR] *nm* escalera *f* mecánica.
escale [ɛskal] *nf* escala *f*.
▪ **escale technique** escala técnica.
escalier [ɛskalje] *nm* escalera *f*.
▪ **escalier mécanique** escalera mecánica.
▪ **escalier roulant** escalera mecánica.

escalope [ɛskalɔp] *nf* escalope *m*.
escamotable [ɛskamɔtabl] *adj* plegable.
escapade [ɛskapad] *nf* escapada *f*.
escargot [ɛskaʀgo] *nm* caracol *m*.
escarmouche [ɛskaʀmuʃ] *nf* escaramuza *f*.
escarpé,-e [ɛskaʀpe] *adj* escarpado,-da.
escient [esjɑ̃].
• **à bon escient** oportunamente.
• **à mauvaise escient** inoportunamente, en mal momento.
esclaffer (s') [ɛsklafe] *vpr* partirse de risa.
esclandre [ɛsklɑ̃dʀ] *nm fml* escándalo *m*.
esclavage [ɛsklavaʒ] *nm* esclavitud *f*.
esclave [ɛsklav] *adj* - *nmf* esclavo,-va.
escompte [ɛskɔ̃t] *nm* COMM descuento *m*, rebaja *f*.
escorte [ɛskɔʀt] *nf* escolta *f*.
escorter [ɛskɔʀte] *vt* escoltar.
escrime [ɛskʀim] *nf* esgrima *f*.
escrimer (s') [ɛskʀime] *vpr* empeñarse (**à**, en).
escroc [ɛskʀo] *nm* estafador *m*.
escroquer [ɛskʀɔke] *vt* estafar.
escroquerie [ɛskʀɔkʀi] *nf* estafa *f*.
espace [ɛspas] *nm* espacio *m*.
▪ **espace vert** zona *f* verde.
espacer [ɛspase] *vt* espaciar.
espadon [ɛspadɔ̃] *nm* pez *m* espada.
espadrille [ɛspadʀij] *nf* alpargata *f*.
Espagne [ɛspaɲ] *nf* España.
espagnol,-e [ɛspaɲɔl] *adj* español,-la.
► *nm,f* **Espagnol,-e** español,-la.
► *nm* **espagnol** *(langue)* español *m*, castellano *m*.
espèce [ɛspɛs] *nf* **1** *(animale, végétale)* especie *f*. **2** *(sorte)* clase *f*: ***espèce d'idiot !***, ¡pedazo de tonto!
► *nf pl* **espèces** metálico *m sing*.
• **payer en espèces** pagar en metálico.
espérance [ɛsperɑ̃s] *nf* esperanza *f*.
▪ **espérance de vie** esperanza de vida.
espérer [ɛspere] *vt* esperar: ***j'espère vous revoir bientôt***, espero volver a veros pronto.
► *vi* confiar (**en**, en).
espiègle [ɛspjɛgl] *adj* travieso,-sa.
espion,-onne [ɛspjɔ̃,-ɔn] *nm,f* espía.
espionnage [ɛspjɔnaʒ] *nm* espionaje *m*.
▪ **espionnage industriel** espionaje industrial.
espionner [ɛspjɔne] *vt* espiar.
esplanade [ɛsplanad] *nf* explanada *f*.
espoir [ɛspwaʀ] *nm* esperanza *f*.
esprit [ɛspʀi] *nm* **1** *(sens, fantôme)* espíritu *m*. **2** *(entendement)* mente *f*. **3** *(humour)* ingenio *m*.
• **reprendre ses esprits** volver en sí.
• **venir à l'esprit** ocurrirse.
▪ **esprit de compétition** espíritu competitivo.
▪ **esprit critique** espíritu crítico.
esquimau,-aude [ɛskimo,-od] *adj* esquimal.
► *nm,f* **Esquimau,-aude** esquimal.
► *nm* **esquimau** *(langue)* esquimal *m*.
► *nm* **Esquimau®** *(glace)* polo *m*.
esquinter [ɛskɛ̃te] *vt* **1** *fam (appareil)* escacharrar, romper. **2** *(adversaire)* dejar molido,-da.
► *vpr* **s'esquinter** *fam* matarse.
esquisse [ɛskis] *nf* esbozo *m*.
esquisser [ɛskise] *vt* esbozar.
esquiver [ɛskive] *vt* esquivar.
essai [ɛsɛ] *nm* **1** *(test)* prueba *f*. **2** *(effort, tentative)* intento *m*. **3** *(d'un athlète, d'un écrivain)* ensayo *m*.
• **à l'essai** a prueba.
essaim [esɛ̃] *nm* enjambre *m*.
essayage [esɛjaʒ] *nm (de vêtements)* prueba *f*.
▪ **cabine d'essayage** probador *m*.
essayer [eseje] *vt (gén)* probar; *(un vêtement)* probarse.
► *vi* intentar, tratar de.
essence [esɑ̃s] *nf* **1** *(nature)* esencia *f*. **2** *(carburant)* gasolina *f*.
• **par essence** *fml* por definición.
essentiel,-elle [esɑ̃sjɛl] *adj* esencial.
► *nm* **essentiel** lo esencial: ***tu es venu, c'est l'essentiel***, has venido y eso es lo más importante.
esseulé,-e [esœle] *adj fml* abandonado,-da.
essieu [esjø] *nm* eje *m*.
essor [esɔʀ] *nm* **1** *(envol)* vuelo *m*. **2** *fig (d'une entreprise)* expansión *f*.

essorer [esɔʀe] *vt* **1** *(à la main)* escurrir. **2** *(à la machine)* centrifugar.
essoreuse [esɔʀøz] *nf* centrifugadora *f*, secadora *f*.
essouffler [esufle] *vt* dejar sin aliento.
▶ *vpr* **s'essouffler 1** *(après un effort)* quedarse sin aliento. **2** *fig (économie)* mostrar signos de debilidad.
essuie-glace [esɥiglas] *nm* (*pl* **essuie-glaces**) limpiaparabrisas *m*.
essuie-main [esɥimɛ̃] *nm inv* toalla *f* de manos.
essuie-tout [esɥitu] *nm inv* papel *m* de cocina.
essuyer [esɥije] *vt* **1** *(mains, vaisselle)* secar. **2** *(poussière)* limpiar. **3** *fig (échec)* sufrir.
▶ *vpr* **s'essuyer** secarse.
est [ɛst] *nm* este *m*.
estampe [ɛstɑ̃p] *nf* estampa *f*.
estamper [ɛstɑ̃pe] *vt* estampar.
esthète [ɛstɛt] *nmf* esteta.
esthéticien,-enne [ɛstetisjɛ̃,-ɛn] *nm,f* esteticista.
esthétique [ɛstetik] *adj* estético,-ca.
▶ *nf* estética *f*.
estimation [ɛstimasjɔ̃] *nf* estimación *f*.
estime [ɛstim] *nf* estima *f*.
estimer [ɛstime] *vt* **1** *(prix)* valorar. **2** *(nombre)* calcular. **3** *(penser)* considerar.
▶ *vpr* **s'estimer** considerarse: ***tu peux t'estimer heureux d'y avoir échappé !***, puedes considerarte afortunado por haber escapado.
estival,-e [ɛstival] *adj* estival.
estivant,-e [ɛstivɑ̃,-ɑ̃t] *nm,f* veraneante.
estocade [ɛstɔkad] *nf* estocada *f*.
estomac [ɛstɔma] *nm* estómago *m*.
estomaquer [ɛstɔmake] *vt fam* dejar boquiabierto,-ta.
estomper [ɛstɔ̃pe] *vt* **1** *(dessin)* difuminar. **2** *(douleur)* atenuar.
▶ *vpr* **s'estomper 1** *(contour)* difuminarse. **2** *(sentiment)* atenuarse.
Estonie [ɛstɔni] *nf* Estonia.
estonien,-enne [ɛstɔnjɛ̃,-ɛn] *adj* estonio,-nia.
▶ *nm,f* **Estonien,-enne** estonio,-nia.
▶ *nm* **estonien** *(langue)* estonio *m*.
estrade [ɛstʀad] *nf* tarima *f*.
estragon [ɛstʀagɔ̃] *nm* estragón *m*.
estropié,-e [ɛstʀɔpie] *adj* - *nm,f* lisiado,-da.
estuaire [ɛstɥɛʀ] *nm* estuario *m*.
esturgeon [ɛstyʀʒɔ̃] *nm* esturión *m*.
et [e] *conj* y, e: ***et toi ? tu y vas ?***, ¿y tú? ¿vas a ir?; ***ce livre est drôle et intéressant***, este libro es divertido e interesante.
étable [etabl] *nf* establo *m*.
établi [etabli] *nm (de menuisier)* banco *m*.
établir [etabliʀ] *vt* **1** *(installer, instaurer)* establecer. **2** *(prouver)* demostrar.
▶ *vpr* **s'établir** establecerse.
établissement [etablismɑ̃] *nm* establecimiento *m*.
étage [etaʒ] *nm* piso *m*: ***il habite au troisième étage***, vive en el tercer piso.
• **à l'étage** en el piso de arriba.
• **de bas étage** de baja estofa.
étagère [etaʒɛʀ] *nf* **1** *(tablette)* estante *m*. **2** *(meuble)* estantería *f*.
étain [etɛ̃] *nm* estaño *m*.
étal [etal] *nm* (*pl* **étals** ou **étaux**) *(de marché)* puesto *m*.
étalage [etalaʒ] *nm* **1** *(de marchandises)* muestrario *m*. **2** *(d'un magasin)* escaparate *m*. **3** *(ostentation)* alarde *m*.
• **faire étalage de** hacer alarde de.
étalagiste [etalaʒist] *nmf* escaparatista.
étaler [etale] *vt* **1** *(exposer)* exponer. **2** *(journal, feuille de papier)* desplegar. **3** *(peinture, beurre)* extender. **4** *(sur plusieurs années)* escalonar. **5** *(richesses, bijoux)* ostentar, hacer alarde de.
▶ *vpr* **s'étaler 1** *(beurre, peinture)* extenderse. **2** *(dans le temps)* escalonarse. **3** *fam (tomber)* dársela.
étalon [etalɔ̃] *nm* **1** *(mesure)* patrón *m*. **2** *(cheval)* semental *m*.
étanche [etɑ̃ʃ] *adj* **1** *(cloison)* estanco,-ca. **2** *(montre)* sumergible.
étancher [etɑ̃ʃe] *vt* **1** *(liquide)* restañar. **2** *(soif)* apagar.
étang [etɑ̃] *nm* estanque *f*.
étape [etap] *nf* etapa *f*.
• **brûler les étapes** quemar etapas.
• **faire étape à** parar en.
▪ **étape reine** etapa reina.

état [eta] *nm* estado *m*.
• **" De son état "** "De oficio".
• **en bon état** en buen estado.
• **en état de marche** en condiciones.
• **en mauvais état** en mal estado.
• **être dans tous ses états** estar fuera de sí.
• **être hors d'état de** no estar en condiciones de.
• **remettre en état** arreglar.
■ **état civil** estado civil.
■ **état d'âme** estado de ánimo.
■ **état d'esprit** estado de ánimo.
■ **état de santé** estado de salud.
état-major [etamaʒɔʀ] *nm* (*pl* **états-majors**) estado *m* mayor.
États-Unis [etazyni] *nm pl* Estados Unidos *m pl*.
étau [eto] *nm* torno *m*.
étayer [eteje] *vt* **1** *(mur)* apuntalar. **2** *fig (idée)* apoyar.
etc [ɛtsetɛʀa] *abr* *(**et caetera**)* etc.
été [ete] *nm* verano *m*.
éteindre [etɛ̃dʀ] *vt* apagar.
► *vpr* **s'éteindre** apagarse.
étendard [etɑ̃daʀ] *nm* estandarte *m*.
étendoir [etɑ̃dwaʀ] *nm* tendedero *m*.
étendre [etɑ̃dʀ] *vt* **1** *(bras, aile)* extender. **2** *(linge)* tender. **3** *(influence, pouvoir)* extender.
► *vpr* **s'étendre 1** *(personne)* tenderse. **2** *(paysage, épidémie)* extenderse.
étendue [etɑ̃dy] *nf* extensión *f*.
éternel,-elle [etɛʀnɛl] *adj* eterno,-na.
éternité [etɛʀnite] *nf* eternidad *f*.
éternuement [etɛʀnymɑ̃] *nm* estornudo *m*.
éternuer [etɛʀnɥe] *vi* estornudar.
éther [eteʀ] *adj* éter *m*.
Éthiopie [etjɔpi] *nf* Etiopía.
éthiopien,-enne [etjɔpjɛ̃,-ɛn] *adj* etíope.
► *nm,f* **Éthiopien,-enne** etíope.
éthique [etik] *adj* ético,-ca.
► *nf* ética *f*.
ethnie [ɛtni] *nf* etnia *f*.
ethnique [ɛtnik] *adj* étnico,-ca.
ethnologie [ɛtnɔlɔʒi] *nf* etnología *f*.
étincelant,-e [etɛ̃slɑ̃,-ɑ̃t] *adj* brillante.
étinceler [etɛ̃sle] *vi* brillar.
étincelle [etɛ̃sɛl] *nf* **1** *(gén)* chispa *f*. **2** *fig (d'intelligence)* destello *m*.
étiqueter [etikte] *vt* **1** *(article)* etiquetar. **2** *fig (personne)* catalogar.
étiquette [etikɛt] *nf* etiqueta *f*.
étirer [etiʀe] *vt* estirar.
► *vpr* **s'étirer** estirarse.
étoffe [etɔf] *nf* **1** *(tissu)* tela *f*. **2** *fig (aptitude)* madera *f*: ***il a l'étoffe d'un grand écrivain***, tiene madera para ser un gran escritor.
étoffer [etɔfe] *vt (un récit)* enriquecer.
étoile [etwal] *nf* estrella *f*.
• **dormir à la belle étoile** dormir al raso.
■ **étoile filante** estrella fugaz.
■ **étoile de mer** estrella de mar.
étoilé,-e [etwale] *adj* estrellado,-da.
étole [etɔl] *nf* estola *f*.
étonnant,-e [etɔnɑ̃,-ɑ̃t] *adj* sorprendente, asombroso,-sa.
étonnement [etɔnmɑ̃] *nm* sorpresa *f*.
étonner [etɔne] *vt* asombrar, sorprender.
► *vpr* **s'étonner** asombrarse.
• **ça m'étonnerait** me extraña.
• **ne s'étonner de rien** no asombrarse por nada.
• **s'étonner que** extrañarse que: ***ça m'étonne qu'il n'ait pas donné de nouvelles***, me extraña que no haya dado noticias.
étouffant,-e [etufɑ̃,-ɑ̃t] *adj* sofocante.
étouffée [etufe].
• **à l'étouffée** CUIS estofado,-da.
étouffer [etufe] *vt* **1** *(asphyxier)* ahogar. **2** *(son)* amortiguar. **3** *fig (scandale)* sofocar.
► *vi* ahogarse.
► *vpr* **s'étouffer** atragantarse.
étourderie [etuʀdəʀi] *nf* **1** *(distraction)* despiste *m*. **2** *(acte irréfléchi)* tontería *f*.
étourdi,-e [etuʀdi] *adj - nm,f* despistado,-da.
étourdir [etuʀdiʀ] *vt* aturdir.
étourdissement [etuʀdismɑ̃] *adj* mareo *m*.
étourneau [etuʀno] *nm* estornino *m*.
étrange [etʀɑ̃ʒ] *adj* extraño,-ña, raro,-ra.

étranger,-ère [etʀɑ̃ʒe,-ɛʀ] *adj* **1** *(langue, personne)* extranjero,-ra. **2** *(différent)* extraño,-ña. **3** *(politique, affaires)* exterior. **4** *(extérieur)* ajeno,-na (**à**, a).

► *nm,f (d'un autre pays)* extranjero,-ra.

► *nm* **étranger** extranjero *m*.

• **à l'étranger** en el extranjero.

• **il m'est étranger** no lo conozco.

étrangeté [etʀɑ̃ʒte] *nf* extrañeza *f*.

étrangler [etʀɑ̃gle] *vt* **1** *(gén)* estrangular. **2** *fig (ruiner)* ahogar.

► *vpr* **s'étrangler** **1** *(s'étouffer)* atragantarse. **2** *(de colère)* ahogarse.

être[1] [ɛtʀ] *vi* **1** *(exister, état permanent)* ser: ***tu es bon***, eres bueno; ***c'est en bois***, esto es de madera; ***il est grand et mince***, es alto y delgado. **2** *(état passager, lieu)* estar: ***elle est malade***, está enferma; ***je suis à Madrid***, estoy en Madrid. **3** *(propriété)* ser: ***ce vélo est à moi***, esta bici es mía. **4** *(provenance)* ser (**de**, de): ***tu es de Paris ?***, ¿eres de París? **5** *(façon d'être)* estar (**en**, en/con): ***elle est en maillot de bain***, está en bañador; ***il est encore en vie***, aún está con vida.

► *v impers (temps)* es, son: ***quelle heure est-il ?***, ¿qué hora es?; ***il est neuf heures***, son las nueve.

► *aux* **1** *(forme passive)* ser: ***nous avons été poursuivis***, hemos sido perseguidos. **2** *(dans les temps composés)* haber: ***il s'est couché à minuit***, se ha acostado a las doce de la noche; ***le train est arrivé en retard***, el tren ha llegado con retraso.

• **en être** andar, estar: ***où en es-tu de ta rédaction ?***, ¿por dónde andas de tu redacción?

• **être à +** *inf* ser de/para + *inf*, estar por + *inf*: ***il est à désirer***, es de desear; ***ce travail est à faire***, este trabajo está por hacer; ***c'est à voir***, está por ver.

• **n'y être pour rien** no tener nada que ver.

être[2] [ɛtʀ] *nm* ser *m*.

• **être vivant** ser vivo.

étreindre [etʀɛ̃dʀ] *vt* abrazar, estrechar.

► *vpr* **s'étreindre** abrazarse.

étrenner [etʀene] *vt* estrenar.

étrennes [etʀɛn] *nf pl* aguinaldo *m sing*.

étrier [etʀje] *nm* estribo *m*.

étriper [etʀipe] *vt* destripar.

étriqué,-e [etʀike] *adj* **1** *(pull, pantalon)* demasiado ceñido,-da. **2** *fig (esprit)* estrecho,-cha.

étroit,-e [etʀwa,-wat] *adj* estrecho,-cha.

• **être à l'étroit** tener poco sitio.

étude [etyd] *nf* **1** *(gén)* estudio *m*. **2** *(de notaire, d'avocat)* bufete *m*.

• **faire des études** estudiar: ***faire des études d'ingénieur***, estudiar la carrera de ingeniero.

▪ **étude de marché** estudio de mercado.

étudiant,-e [etydjɑ̃,-ɑ̃t] *adj - nm,f* estudiante.

étudier [etydje] *vt* estudiar.

étui [etɥi] *nm* **1** *(à lunettes)* estuche *m*. **2** *(à violon)* funda *f*.

étuve [etyv] *nf* estufa *f*.

étuvée [etyve].

• **à l'étuvée** CUIS estofado,-da.

étymologie [etimɔlɔʒi] *nf* etimología *f*.

EU [ey] *abr (**États-Unis**)* EE UU.

eucalyptus [økaliptys] *nm* eucalipto *m*.

euh [ø] *interj* pues: ***qu'est-ce que tu fais là ? –euh, j'arrive ...***, ¿qué haces tú aquí? –pues... acabo de llegar.

eunuque [ønyk] *nm* eunuco *m*.

euphémisme [øfemism] *nm* eufemismo *m*.

euphorie [øfɔʀi] *nf* euforia *f*.

euro [øʀo] *nm* euro *m*.

eurodéputé [øʀodepyte] *nm* eurodiputado,-da.

Europe [øʀɔp] *nf* Europa.

européen,-enne [øʀɔpeɛ̃,-ɛn] *adj* europeo,-a.

► *nm,f* **Européen,-enne** europeo,-a.

eurosceptique [øʀɔsɛptik] *adj - nmf* euroescéptico,-ca.

euthanasie [øtanazi] *nf* eutanasia *f*.

eux [ø] *pron pers* ellos: ***nous sommes venus avec eux***, hemos venido con ellos; ***cette voiture est à eux***, este coche es de ellos.

eux-mêmes [ømɛm] *pron pers* ellos mismos.

évacuation [evakɥasjɔ̃] *nf* evacuación *f*.

évacuer [evakɥe] *vt* evacuar.
évadé,-e [evade] *nm,f* evadido,-da.
évader (s') [evade] *vpr* evadirse.
évaluation [evalɥasjɔ̃] *nf* evaluación *f*.
évaluer [evalɥe] *vt* **1** *(prix, valeur)* evaluar. **2** *(par le calcul)* calcular.
évangélique [evɑ̃ʒelik] *adj* evangélico,-ca.
évangile [evɑ̃ʒil] *nm* evangelio *m*.
évanouir (s') [evanwiʀ] *vpr* **1** *(personne)* desmayarse. **2** *(dans l'air, la nuit)* desvanecerse.
évanouissement [evanwismɑ̃] *nm* desmayo *m*.
évaporation [evapɔʀasjɔ̃] *nf* evaporación *f*.
évaporer [evapɔʀe] *vt* evaporar.
► *vpr* **s'évaporer** **1** *(eau)* evaporarse. **2** *fam fig (disparaître)* esfumarse.
évasé,-e [evaze] *adj* acampanado,-da.
évasif,-ive [evazif,-iv] *adj* evasivo,-va.
évasion [evazjɔ̃] *nf* evasión *f*.
évêché [eveʃe] *nm* obispado *m*.
éveil [evɛj] *nm* despertar *m*.
éveillé,-e [eveje] *adj* despierto,-ta.
éveiller [eveje] *vt* despertar.
événement [evɛnmɑ̃] *nm* acontecimiento *m*.
éventail [evɑ̃taj] *nm* abanico *m*.
éventaire [evɑ̃tɛʀ] *nm* puesto *m*.
éventer [evɑ̃te] *vt* **1** *(exposer à l'air)* airear. **2** *(avec un éventail)* abanicar. **3** *fig (secret)* descubrir.
► *vpr* **s'éventer** abanicarse.
éventrer [evɑ̃tʀe] *vt* destripar.
éventualité [evɑ̃tɥalite] *nf* eventualidad *f*.
éventuel,-elle [evɑ̃tɥɛl] *adj* eventual.
éventuellement [evɑ̃tɥelmɑ̃] *adv* eventualmente.
évêque [evɛk] *nm* obispo *m*.
évertuer (s') [evɛʀtɥe] *vpr* esforzarse (**à**, en).
évidemment [evidamɑ̃] *adv* evidentemente, desde luego.
évidence [evidɑ̃s] *nf* evidencia *f*.
• **de toute évidence** sin duda alguna.
• **mettre en évidence** poner de relieve.
• **se mettre en évidence** ponerse en evidencia.
• **se rendre à l'évidence** rendirse a la evidencia.
évident,-e [evidɑ̃,-ɑ̃t] *adj* evidente.
évider [evide] *vt* vaciar.
évier [evje] *nm* fregadero *m*.
éviter [evite] *vt* evitar.
évocation [evɔkasjɔ̃] *nf* evocación *f*.
évolué,-e [evɔlɥe] *adj* evolucionado,-da.
évoluer [evɔlɥe] *vi* **1** *(gén)* evolucionar. **2** *(personne)* cambiar.
évolution [evɔlysjɔ̃] *nf* evolución *f*.
évoquer [evɔke] *vt* evocar.
exacerber [ɛgzasɛʀbe] *vt* exacerbar.
exact,-e [ɛgzakt] *adj* **1** *(gén)* exacto,-ta. **2** *(ponctuel)* puntual.
exactitude [ɛgzaktityd] *nf* **1** *(gén)* exactitud *f*. **2** *(dans l'horaire)* puntualidad *f*.
ex æquo [egzeko] *adv - adj inv* ex aequo, empate.
exagération [ɛgzaʒeʀasjɔ̃] *nf* exageración *f*.
exagérer [ɛgzaʒeʀe] *vt* exagerar.
► *vi fam* abusar.
exalté,-e [ɛgzalte] *adj - nm,f* exaltado,-da.
exalter [ɛgzalte] *vt* exaltar.
► *vpr* **s'exalter** exaltarse.
examen [ɛgzamɛ̃] *nm* examen *m*.
▪ **examen médical** reconocimiento *m* médico.
examinateur,-trice [ɛgzaminatœʀ,-tʀis] *nm,f* examinador,-ra.
examiner [ɛgzamine] *vt* examinar.
exaspération [ɛgzaspeʀasjɔ̃] *nf* exasperación *f*.
exaspérer [ɛgzaspeʀe] *vt* exasperar.
exaucer [ɛgzose] *vt* atender: ***son vœu a été exaucé***, se ha cumplido su deseo.
excavation [ɛkskavasjɔ̃] *nf* excavación *f*.
excédent [ɛksedɑ̃] *nm* **1** *(de poids)* exceso *m*. **2** *(d'un budget)* superávit *m*.
▪ **excédent de bagages** exceso de equipaje.
excéder [ɛksede] *vt* **1** *(dépasser)* exceder. **2** *(énerver)* exasperar.
• **être excédé** estar harto.
excellence [ɛksɛlɑ̃s] *nf* excelencia *f*.
• **par excellence** por excelencia.
excellent,-e [ɛksɛlɑ̃,-ɑ̃t] *adj* excelente.
exceller [ɛksele] *vi* destacar (**en**, en).

excentré,-e [ɛksɑ̃tʀe] *adj* alejado,-da.
excentrique [ɛksɑ̃tʀik] *adj - nmf* excéntrico,-ca.
excepté [ɛksɛpte] *prép* excepto: ***cet autobus circule tous les jours, excepté les jours fériés***, este autobús circula todos los días excepto los festivos.
excepter [ɛksɛpte] *vt* exceptuar.
exception [ɛksɛpsjɔ̃] *nf* excepción *f*.
• **à l'exception de** con la/a excepción de.
exceptionnel,-elle [ɛksɛpsjɔ̃nɛl] *adj* excepcional.
excès [ɛksɛ] *nm* exceso *m*.
• **à l'excès** con exceso.
▪ **excès de vitesse** exceso de velocidad.
excessif,-ive [ɛksesif,-iv] *adj* excesivo, -va.
excitant,-e [ɛksitɑ̃,-ɑ̃t] *adj* excitante.
► *nm* **excitant** excitante *m*.
excitation [ɛksitasjɔ̃] *nf* excitación *f*.
exciter [ɛksite] *vt* excitar.
► *vpr* **s'exciter** excitarse.
exclamation [ɛksklamasjɔ̃] *nf* exclamación *f*.
exclamer (s') [ɛksklame] *vpr* exclamar.
exclure [ɛksklyʀ] *vt* excluir.
exclusif,-ive [ɛksklyzif,-iv] *adj* exclusivo,-va.
exclusion [ɛksklyzjɔ̃] *nf* exclusión *f*.
exclusivité [ɛksklyzivite] *nf* exclusiva *f*.
• **en exclusivité** en exclusiva.
excommunier [ɛkskɔmynje] *vt* excomulgar.
excrément [ɛkskʀemɑ̃] (gen en *pl*) *nm* excremento *m*.
excroissance [ɛkskʀwasɑ̃s] *nf* MÉD excrecencia *f*.
excursion [ɛkskyʀsjɔ̃] *nf* excursión *f*.
excuse [ɛkskyz] *nf* excusa *f*.
• **faire des excuses** disculparse.
excuser [ɛkskyze] *vt* disculpar, excusar.
► *vpr* **s'excuser** disculparse (**de**, por).
• **excusez-moi** discúlpeme, perdone.
exécrable [ɛgzekʀabl] *adj* execrable.
exécuter [ɛgzekyte] *vt* **1** *(projet, programme)* llevar a cabo. **2** *(musique, prisonnier)* ejecutar.
► *vpr* **s'exécuter** obedecer.
exécutif,-ive [ɛgzekytif,-iv] *adj* ejecutivo,-va.
► *nm* **exécutif** ejecutivo *m*.
exécution [ɛgzekysjɔ̃] *nf* **1** *(gén)* ejecución *f*. **2** *(de promesse)* cumplimiento *m*.
exemplaire [ɛgzɑ̃plɛʀ] *adj - nm* ejemplar *m*.
exemple [ɛgzɑ̃pl] *nm* ejemplo *m*.
• **par exemple** por ejemplo.
exempté,-e [ɛgzɑ̃te] *adj - nm,f* exento,-ta.
exemption [ɛgzɑ̃psjɔ̃] *nf* exención *f*.
exercer [ɛgzɛʀse] *vt* **1** *(gén)* ejercitar. **2** *(activité, profession)* ejercer.
► *vpr* ejercitarse (**à**, en).
exercice [ɛgzɛʀsis] *nm* ejercicio *m*.
• **en exercice** en ejercicio.
exhaler [ɛgzale] *vt* **1** *(odeur, soupir)* exhalar. **2** *fig (sentiment)* desahogar.
► *vpr* **s'exhaler** *(odeur)* desprenderse.
exhaustif,-ive [ɛgzostif,-iv] *adj* exhaustivo,-va.
exhiber [ɛgzibe] *vt* exhibir.
► *vpr* **s'exhiber** exhibirse.
exhibition [ɛgzibisjɔ̃] *nf* exhibición *f*.
exhibitionniste [ɛgzibisjɔ̃nist] *adj - nmf* exhibicionista.
exhorter [ɛgzɔʀte] *vt* exhortar.
exhumer [ɛgzyme] *vt* exhumar.
exigeant [ɛgziʒɑ̃] *adj* exigente.
exigence [ɛgziʒɑ̃s] *nf* exigencia *f*.
exiger [ɛgziʒe] *vt* exigir.
exil [ɛgzil] *nm* exilio *m*.
exilé,-e [ɛgzile] *nm,f* exiliado,-da.
exiler [ɛgzile] *vt* exilar.
► *vpr* **s'exiler** **1** *(quitter son pays)* exiliarse. **2** *(se retirer)* retirarse.
existant,-e [ɛgzistɑ̃,-ɑ̃t] *adj* existente.
existence [ɛgzistɑ̃s] *nf* existencia *f*.
exister [ɛgsiste] *vi* existir.
exode [ɛgzɔd] *nm* éxodo *m*.
exonérer [ɛgzɔneʀe] *vt* exonerar.
exorbitant,-e [ɛgzɔʀbitɑ̃,-ɑ̃t] *adj* exorbitante.
exorcisme [ɛgzɔʀsism] *nm* exorcismo *m*.
exotique [ɛgzɔtik] *adj* exótico,-ca.
expansif,-ive [ɛkspɑ̃sif,-iv] *adj* expansivo,-va.
expansion [ɛkspɑ̃sjɔ̃] *nf* expansión *f*.
expatrié,-e [ɛkspatʀije] *adj - nm,f* expatriado,-da.

expatrier [ɛkspatʀije] *vt* expatriar.
expédier [ɛkspedje] *vt* **1** *(lettre, marchandise)* expedir. **2** *fam (personne)* quitarse de encima. **3** *(affaires, travail)* despachar.
expéditeur,-trice [ɛkspeditœʀ,-tʀis] *nm,f* remitente.
expéditif,-ive [ɛkspeditif,-iv] *adj* expeditivo,-va.
expédition [ɛkspedisjɔ̃] *nf* expedición *f.*
expérience [ɛkspeʀjɑ̃s] *nf* **1** *(gén)* experiencia *f.* **2** *(de physique)* experimento *m.*
• **avoir de l'expérience** tener experiencia.
expérimental,-e [ɛkspeʀimɑ̃tal] *adj* experimental.
expérimenté,-e [ɛksperimɑ̃te] *adj* experimentado,-da.
expérimenter [ɛkspeʀimɑ̃te] *vt* experimentar.
expert,-e [ɛkspɛʀ,-ɛʀt] *adj* experto,-ta.
► *nm* **expert** perito *m.*
expert-comptable [ɛkspɛrkɔ̃tabl] *nm* (*pl* **experts-comptables**) censor *m* jurado de cuentas.
expertise [ɛkspɛʀtiz] *nf* **1** *(examen)* peritaje *m.* **2** *(fait)* conocimientos *m pl.*
expertiser [ɛkspɛʀtize] *vt* peritar.
expier [ɛkspje] *vt* expiar.
expiration [ɛkspiʀasjɔ̃] *nf* **1** *(d'air)* espiración *f.* **2** *(d'un délai, contrat)* vencimiento *m.*
expirer [ɛkspiʀe] *vt (de l'air)* espirar.
► *vi* **1** *(mourir)* expirar. **2** *(délai, contrat)* vencer.
explication [ɛksplikasjɔ̃] *nf* explicación *f.*
explicite [ɛksplisit] *adj* explícito,-ta.
expliquer [ɛksplike] *vt* explicar.
► *vpr* **s'expliquer** **1** *(personnes)* explicarse. **2** *(devenir compréhensible)* aclararse.
exploit [ɛksplwa] *nm* hazaña *f.*
exploitation [ɛksplwatasjɔ̃] *nf* explotación *f.*
exploiter [ɛksplwate] *vt* **1** *(utiliser)* explotar. **2** *(personnes)* aprovecharse de.
explorateur,-trice [ɛksplɔʀatœʀ,-tʀis] *nm,f* explorador,-ra.
exploration [ɛksplɔʀasjɔ̃] *nf* exploración *f.*
explorer [ɛksplɔʀe] *vt* explorar.
exploser [ɛksplɔze] *vt* explotar.
explosif,-ive [ɛksplozif,-iv] *adj* explosivo,-va.
► *nm* **explosif** explosivo *m.*
explosion [ɛksplozjɔ̃] *nf* explosión *f.*
exportateur,-tris [ɛkspɔʀtatœʀ,-tʀis] *adj* - *nm,f* exportador,-ra.
exportation [ɛkspɔʀtasjɔ̃] *nf* exportación *f.*
exporter [ɛkspɔʀte] *vt* exportar.
exposant,-e [ɛkspozɑ̃,-ɑ̃t] *nm,f* expositor,-ra.
► *nm* **exposant** MATH exponente *m.*
exposé,-e [ɛkspoze] *adj* expuesto,-ta.
► *nm* **exposé** **1** *(rapport)* informe *m.* **2** *(d'un élève)* exposición *f.*
exposer [ɛkspoze] *vt* **1** *(gén)* exponer. **2** *(dans une direction)* orientar.
► *vpr* **s'exposer** exponerse: ***en agissant ainsi, il s'expose aux critiques***, al actuar así, se expone a las críticas.
exposition [ɛkspozisjɔ̃] *nf* **1** *(d'art, récit)* exposición *f.* **2** *(au soleil, au nord)* orientación *f.*
exprès[1] [ɛkspʀɛ] *adv* a propósito.
• **faire QQCH exprès** hacer ALGO a propósito.
exprès,-esse[2] [ɛkspʀɛs] *adj (ordre)* expreso,-sa.
► *adj inv* **exprès** urgente: ***lettre exprès***, carta urgente.
express [ɛkspʀɛs] *adj inv (train, voie)* exprés.
► *nm inv (café, train)* expreso *m.*
expressif,-ive [ɛkspʀɛsif,-iv] *adj* expresivo,-va.
expression [ɛkspʀɛsjɔ̃] *nf* expresión *f.*
exprimer [ɛkspʀime] *vt* **1** *(dire)* expresar. **2** *(le jus)* exprimir.
► *vpr* **s'exprimer** expresarse.
exproprier [ɛkspʀɔpʀije] *vt* expropiar.
expulser [ɛkspylse] *vt* expulsar.
expulsion [ɛkspylsjɔ̃] *nf* expulsión *f.*
exquis,-e [ɛkski,-iz] *adj* exquisito,-ta.
extase [ɛkstaz] *nf* éxtasis *f.*
extasier (s') [ɛkstazje] *vpr* extasiarse.
extensible [ɛkstɑ̃sibl] *adj* extensible.
extensif,-ive [ɛkstɑ̃sif,-iv] *adj* extensivo, -va.
extension [ɛkstɑ̃sjɔ̃] *nf* extensión *f.*

exténuant,-e [ɛkstenɥɑ̃,-ɑ̃t] *adj* extenuante.
exténuer [ɛkstenɥe] *vt* extenuar.
extérieur,-e [ɛksteʀjœʀ] *adj* exterior.
► *nm* **extérieur** exterior *m*.
• **à l'extérieur** fuera.
extérioriser [ɛksteʀjɔʀize] *vt* exteriorizar.
exterminer [ɛkstɛʀmine] *vt* exterminar.
externe [ɛkstɛʀn] *adj* - *nmf* externo,-na.
extincteur [ɛkstɛ̃ktœʀ] *nm* extintor *m*.
extinction [ɛkstɛ̃ksjɔ̃] *nf* extinción *f*.
▪ **extinction de voix** afonía *f*.
extirper [ɛkstiʀpe] *vt* extirpar.
extorquer [ɛkstɔʀke] *vt (aveux, promesse)* arrancar.
extra [ɛkstʀa] *adj* **1** *(de bonne qualité)* extra. **2** *fam (super)* genial.
► *nm* extra *m*.
extraction [ɛkstʀaksjɔ̃] *nf* extracción *f*.
extradition [ɛkstʀadisjɔ̃] *nf* extradición *f*.
extraire [ɛkstʀɛʀ] *vt* extraer.
extrait [ɛkstʀɛ] *nm* extracto *m*.
▪ **extrait de naissance** partida *f* de nacimiento.
extraordinaire [ɛkstʀaɔʀdinɛʀ] *adj* extraordinario,-ria.
extraterrestre [ɛkstʀatɛʀɛstʀ] *adj* - *nmf* extraterrestre.
extravagance [ɛkstʀavagɑ̃s] *nf* extravagancia *f*.
extravagant,-e [ɛkstʀavagɑ̃,-ɑ̃t] *adj* extravagante.
extraverti,-e [ɛkstʀavɛʀti] *adj* extrovertido,-da.
extrême [ɛkstʀɛm] *adj* extremo,-ma.
► *nm* extremo *m*.
• **à l'extrême** en grado sumo.
• **d'un extrême à l'autre** de un extremo a otro.
extrémiste [ɛkstʀemist] *adj* - *nmf* extremista.
extrême-onction [ɛkstʀɛmɔ̃ksjɔ̃] *nf* (*pl* **extrêmes-onctions**) extremaunción *f*.
extrémité [ɛkstʀemite] *nf* **1** *(bout)* extremidad *f*. **2** *(situation critique)* extremo *m*.
► *nf pl* **extrémités** *(pieds, mains)* extremidades *f pl*.
exubérance [ɛgzybeʀɑ̃s] *nf* exuberancia *f*.
exubérant,-e [ɛgzybeʀɑ̃,-ɑ̃t] *adj* exuberante.
exulter [ɛgzylte] *vi* exultar.

F

fa [fa] *nm inv* MUS fa *m*.
fable [fabl] *nf* fábula *f*.
fabricant,-e [fabʀikɑ̃,-ɑ̃t] *nm,f* fabricante.
fabrication [fabʀikasjɔ̃] *nf* fabricación *f*.
fabrique [fabʀik] *nf* fábrica *f*.
fabriquer [fabʀike] *vt* **1** *(produire)* fabricar. **2** *fam (faire)* hacer: ***il en met du temps ! qu'est-ce qu'il fabrique ?***, ¡sí que tarda! ¿qué estará haciendo?
fabuleux,-euse [fabylø,-øz] *adj* fabuloso,-sa.
fac [fak] *nf fam* facu *f*.
façade [fasad] *nf* fachada *f*.
face [fas] *nf* **1** *(de personne, pièce de monnaie)* cara *f*. **2** *fig (aspect)* aspecto *m*.
• **de face** de frente.
• **en face (de)** enfrente (de).
• **face à** frente a.
• **face à face** cara a cara.
• **faire face à 1** *(être situé en face)* estar enfrente de. **2** *fig (affronter)* hacer frente a.
face-à-face [fasafas] *nm inv* debate *m*.
facette [fasɛt] *nf* faceta *f*.
fâché,-e [faʃe] *adj* **1** *(en colère)* enfadado,-da. **2** *(contrarié)* disgustado,-da.
fâcher [faʃe] *vt* enfadar.
► *vpr* **se fâcher** enfadarse.
• **se fâcher avec/contre** QQN enfadarse con ALGN.
fâcheux,-euse [faʃø,-øz] *adj* fastidioso,-sa.
facial,-e [fasjal] *adj* facial.
facile [fasil] *adj* fácil: ***c'est facile à faire***, es fácil de hacer.
facilité [fasilite] *nf* facilidad *f*.
• **facilités de paiement** facilidades de pago.
faciliter [fasilite] *vt* facilitar.
façon [fasɔ̃] *nf* **1** *(manière)* manera *f*, modo *m*. **2** *(de l'artisan)* trabajo *m*.
► *nf pl* **façons** modales *m pl*.
• **de façon à** con el fin de.
• **de façon que +** ***subj*** de manera que + *subj*.
• **de toute façon** de todos modos.
façonner [fasɔne] *vt* dar forma a.
fac-similé [faksimile] *nm* (*pl* **fac-similés**) facsímil *m*.
facteur,-trice [faktœʀ,-tʀis] *nm,f* cartero,-ra.
► *nm* **facteur** factor *m*: ***le facteur temps***, el factor tiempo.
faction [faksjɔ̃] *nf* **1** *(groupe)* facción *f*. **2** *(d'un soldat)* guardia *f*.
• **être en/de faction** estar de guardia.
facturation [faktyʀasjɔ̃] *nf* facturación *f*.
facture [faktyʀ] *nf* factura *f*.
facturer [faktyʀe] *vt* facturar.
facturette [faktyʀɛt] *nf (de carte de crédit)* comprobante *m*.
facultatif,-ive [fakyltatif,-iv] *adj* facultativo,-va.
faculté [fakylte] *nf* **1** *(intelligence)* aptitud *f*. **2** *(droit)* derecho *m*. **3** *(université)* facultad *f*.
► *nf pl* **facultés** *(aptitudes)* facultades *f pl*.
fadaises [fadɛz] *nf pl* tonterías *f pl*.
fade [fad] *adj* soso,-sa.
fagot [fago] *nm* haz *m* de leña.
faible [fɛbl] *adj* **1** *(gén)* débil: ***son point faible, ce sont les sciences***, su punto dé-

bil son las ciencias. **2** *(élève)* flojo,-ja. **3** *(quantité)* escaso,-sa; *(prix)* bajo,-ja.
▶ *nmf* débil.
▶ *nm* debilidad *f*: ***il a un faible pour son neveu***, siente debilidad por su sobrino.
• **faible d'esprit** simple.

faiblesse [fɛblɛs] *nf* **1** *(gén)* debilidad *f*. **2** *(insignifiance)* escasez *f*.

faiblir [febliʀ] *vi* **1** *(personne, forces)* debilitarse. **2** *(courage)* flaquear. **3** *(vent)* amainar.

faïence [fajɑ̃s] *nf* loza *f*.

faille [faj] *nf* **1** *(défaut)* fallo *m*. **2** *(de terrain)* falla *f*.

faillible [fajibl] *adj* falible.

faillir [fajiʀ] *vi* **1** *(être sur le point de)* estar a punto de: ***il a failli manquer le train***, ha estado a punto de perder el tren. **2** *fml* faltar (**à**, a): ***elle a failli à sa promesse***, ha faltado a su promesa.

faillite [fajit] *nf* **1** COMM quiebra *f*. **2** *fig (d'un projet)* fracaso *m*.
• **en faillite** en quiebra.
• **faire faillite** quebrar.

faim [fɛ̃] *nf* **1** *(besoin de manger)* hambre *m*. **2** *(de gloire, de richesses)* ganas *f pl*.
• **avoir faim** tener hambre.

fainéant,-e [fɛneɑ̃,-ɑ̃t] *adj - nm,f* holgazán,-ana.

faire [fɛr] *vt* **1** *(gén)* hacer: ***ils ont fait la paix***, han hecho las paces; ***elle fait les courses***, hace la compra; ***il a fait ce meuble lui-même***, ha hecho este mueble él mismo; ***il m'a fait mal au genou***, me ha hecho daño en la rodilla; ***il ne fait que crier***, no hace más que gritar. **2** *(erreur)* cometer. **3** *(quantité, mesure)* ser, hacer: ***ça fait un kilo***, es un kilo. **4** *(distance)* recorrer; *(vitesse)* ir: ***on a fait 8 kilomètres depuis ce matin***, hemos recorrido 8 kilómetros desde esta mañana; ***on a fait du 160 sur l'autoroute***, hemos ido a 160 en la autopista. **5** *(dimension)* medir: ***il fait un mètre quatre-vingt-dix***, mide un metro noventa. **6** *(pitié, une promenade)* dar. **7** *(cauchemar, dépression)* tener. **8** *(imiter, représenter)* hacer de: ***je fais le voleur et toi le gendarme***, yo hago de ladrón y tú de policía.
▶ *vi* hacer: ***je fais pour le mieux***, hago lo posible; ***ça fait bien***, queda bien.
▶ *v impers* **1** *(climat, temps)* hacer, ser: ***il fait froid***, hace frío; ***il fait nuit***, es de noche. **2** *(durée, distance)* hacer: ***ça fait presque six mois que je ne l'ai pas vu***, hace casi seis meses que no le visto.
▶ *aux* **1** *(actif)* hacer: ***j'ai réussi à faire démarrer mon ordinateur***, he logrado arrancar mi ordenador. **2** *(passif)* ***je vais faire réparer mon grille-pain***, voy a llevar mi tostadora a reparar.
▶ *vpr* **se faire** **1** *(gén)* hacerse: ***il s'est fait avocat***, se ha hecho abogado; ***je me suis fait mal***, me he hecho daño; ***ne te fais pas d'illusions***, no te hagas ilusiones. **2** *(se préparer)* ponerse: ***tu t'es fait très belle ce soir***, te ha puesto muy guapa esta noche. **3** **se faire à** *(s'habituer)* acostumbrarse a: ***il faudra bien t'y faire***, tendrás que acostumbrarte. **4** *(être à la mode)* llevarse.
• **ça ne fait rien** no importa.
• **comment se fait-il que ... ?** ¿cómo es que...?
• **ne faire que** **1** *(sans cesse)* no parar de: ***il ne fait que crier***, no para de gritar. **2** *(seulement)* no hacer más que: ***je ne fais que passer***, sólo estoy de paso.
• **s'en faire** preocuparse: ***ne t'en fais pas***, no te preocupes.

faire-part [fɛʀpaʀ] *nm inv* **1** *(de mariage)* invitación *f*. **2** *(de décès)* esquela *f*.

faisable [fəzabl] *adj* factible.

faisan [fəzɑ̃] *nm* faisán *m*.

faisceau [fɛso] *nm* haz *m*.

fait,-e [fɛ, fɛt] *adj* hecho,-cha: ***elle est faite pour être journaliste***, está hecha para ser periodista.
▶ *nm* **fait** hecho *m*.
• **au fait** a propósito.
• **c'est bien fait pour toi !** ¡te lo mereces!
• **en fait** de hecho.
• **prendre QQN sur le fait** coger a ALGN con las manos en la masa.
• **se trouver devant le fait accompli** encontrarse con el hecho consumado.
• **tout à fait** por completo, exactamente
▪ **faits divers** sucesos *m pl*.

falaise [falεz] *nf* acantilado *m.*
falloir [falwaʀ] *v impers* **1** *(nécessité, obligation)* hacer falta, necesitar: ***il lui faut du repos***, necesita descanso. **2** *(obligation impersonnelle)* hay que: ***il faut y aller***, hay que ir. **3** *(obligation personnelle)* tener que: ***il faut que vous preniez le train de 18h***, tenéis que coger el tren de las 18h. **4** *(supposition)* deber de, tener que: ***il faut qu'il soit fou pour refuser ton offre***, debe de estar loco para haber rechazado tu oferta.
• **comme il faut** como es debido.
• **s'en falloir** faltar poco: ***il s'en est fallu de quelques secondes***, nos libramos por unos segundos.
falsification [falsifikasjɔ̃] *nf* falsificación *f.*
falsifier [falsifje] *vt* falsificar.
famé,-e [fame].
• **mal famé,-e** de mala fama.
famélique [famelik] *adj* famélico,-ca.
fameux,-euse [famø,-øz] *adj* **1** *(personne)* famoso,-sa. **2** *fam (bon)* estupendo,-da: ***ses notes ne sont pas fameuses***, no tiene muy buenas notas.
familial,-e [familjal] *adj* familiar.
► *nf* **familiale** coche *m* familiar.
familiariser [familjaʀize] *vt* familiarizar.
► *vpr* **se familiariser** familiarizarse.
familier,-ère [familje,-εʀ] *adj* familiar.
► *nm* **familier** *(client)* parroquiano,-na.
famille [famij] *nf* familia *f.*
▪ **famille d'accueil** familia de acogida.
▪ **famille nombreuse** familia numerosa.
famine [famin] *nf* hambruna *f.*
fan [fɑ̃] *nmf* fan.
fanatique [fanatik] *adj - nmf* fanático,-ca.
fanatisme [fanatism] *nm* fanatismo *m.*
fane [fan] *nf* mata *f.*
faner [fane] *vt* **1** *(fleur)* marchitar. **2** *(couleur)* ajar.
► *vpr* **se faner** **1** *(fleur)* marchitarse. **2** *(couleur, personne)* ajarse.
fanfare [fɑ̃faʀ] *nf* fanfarria *f.*
fanfaron,-onne [fɑ̃faʀɔ̃,-ɔn] *adj - nm,f* fanfarrón,-ona.
fange [fɑ̃ʒ] *nf fml* fango *m.*
fantaisie [fɑ̃tezi] *nf* **1** *(gén)* fantasía *f.* **2** *(désir)* capricho *m.*
► *adj* de fantasía.
fantasme [fɑ̃tasm] *nm* fantasía *f.*
fantasmer [fɑ̃tasme] *vi* fantasear.
fantasque [fɑ̃task] *adj* caprichoso,-sa.
fantastique [fɑ̃tastik] *adj* fantástico,-ca.
fantôme [fɑ̃tom] *nm* fantasma *m.*
faon [fɑ̃] *nm (petit cerf)* cervato *m.*
farandole [faʀɑ̃dɔl] *nf* farándula *f.*
farce [faʀs] *nf* **1** CUIS relleno *m.* **2** *(plaisanterie)* broma *f.* **3** *(au théâtre)* farsa *f.*
▪ **farces et attrapes** artículos *m pl* de broma.
farceur,-euse [faʀsœʀ,-øz] *nm,f* bromista.
farcir [faʀsiʀ] *vt* **1** CUIS rellenar. **2** *(remplir)* atiborrar.
► *vpr* **se farcir** **1** *fam (manger)* zamparse. **2** *fam (travail)* cargar con. **3** *fam péj (personne)* aguantar: ***avec son sale caractère, il faut se le farcir !***, ¡con ese carácter que tiene no hay quien lo aguante!
fard [faʀ] *nm* maquillaje *m.*
▪ **fard à joues** colorete *m.*
▪ **fard à paupières** sombra *f* de ojos.
fardeau [faʀdo] *nm* carga *f.*
farder [faʀde] *vt* maquillar.
► *vpr* **se farder** maquillarse.
farfelu [faʀfəly] *adj fam* raro,-ra.
farfouiller [faʀfuje] *vi fam* revolver.
farine [faʀin] *nf* harina *f.*
farouche [faʀuʃ] *adj* **1** *(animal)* salvaje. **2** *(personne)* arisco,-ca.
fascicule [fasikyl] *nm* fascículo *m.*
fascinant,-e [fasinɑ̃,-ɑ̃t] *adj* fascinante.
fascination [fasinasjɔ̃] *nf* fascinación *f.*
fasciner [fasine] *vt* fascinar.
fascisme [faʃism] *nm* fascismo *m.*
fasciste [faʃist] *adj - nmf* fascista.
faste [fast] *adj (jour)* de suerte.
► *nm* fasto *m.*
fast-food [fastfud] *nm* (*pl* **fast-foods**) restaurante *m* de comida rápida.
fastidieux,-euse [fastidjø,-øz] *adj* fastidioso,-sa.
fastueux,-euse [fastɥø,-øz] *adj* fastuoso,-sa.
fatal,-e [fatal] *adj* fatal.
fatalité [fatalite] *nf* fatalidad *f.*

fatidique [faditik] *adj* fatídico,-ca.
fatigant,-e [fatigɑ̃,-ɑ̃t] *adj* **1** *(gén)* que cansa. **2** *(ennuyeux)* aburrido,-da, pesado,-da.
fatigue [fatig] *nf* cansancio *m*, fatiga *f*.
fatiguer [fatige] *vt* **1** *(gén)* fatigar, cansar. **2** *(importuner)* molestar, fastidiar: ***il me fatigue avec ses plaintes***, me fastidia con sus quejas.
► *vpr* **se fatiguer** fatigarse, cansarse.
fatras [fatʀa] *nm* fárrago *m*, desorden *m*.
faubourg [fobuʀ] *nm* arrabal *m*, suburbio *m*.
fauché,-e [foʃe] *adj fam* sin un duro.
• **être fauché** *fam* estar sin blanca.
faucher [foʃe] *vt* **1** *(avec une faux)* segar. **2** *fam (voler)* birlar.
faucille [fosij] *nf* hoz *f*.
faucon [fokɔ̃] *nm* halcón *m*.
faufiler (se) [fofile] *vpr* colarse.
faune [fon] *nf* fauna *f*.
faussaire [fosɛʀ] *nmf* falsificador,-ra.
fausser [fose] *vt* **1** *(altérer)* falsear: ***fausser l'esprit des lois***, falsear el espíritu de la ley. **2** *(déformer)* deformar, torcer: ***fausser une clé***, torcer una llave.
• **fausser compagnie** dejar plantado,-da.
fausseté [foste] *nf* falsedad *f*.
faute [fot] *nf* **1** *(gén)* falta *f*. **2** *(responsabilité)* culpa *f*: ***c'est de ma faute***, es culpa mía.
• **faute de** en ausencia de, a falta de.
• **faute de mieux** a falta de otra cosa.
• **sans faute** sin falta.
▪ **faute de frappe** falta mecanográfica.
▪ **faute d'orthographe** falta de ortografía.
fauteuil [fotœj] *nm* sillón *m*, butaca *f*.
▪ **fauteuil à bascule** mecedora *f*.
▪ **fauteuil roulant** silla *f* de ruedas.
fautif,-ive [fotif,-iv] *adj* **1** *(responsable)* culpable. **2** *(erroné)* erróneo,-a, equivocado,-da.
fauve [fov] *adj* **1** *(animal)* feroz, salvaje. **2** *(couleur)* leonado,-da.
► *nm* **1** *(animal)* fiera *f*. **2** *(peintre)* fauvista *mf*.
fauvette [fovɛt] *nf* curruca *f*.
faux[1] [fo] *nf* guadaña *f*.
faux[2]**, fausse** [fo, fos] *adj* **1** *(erroné)* falso,-sa. **2** *(postiche)* postizo,-za: ***faux col***, cuello postizo.
► *nm* **faux** **1** *(gén)* lo falso. **2** *(imitation)* falsificación *f*.
► *adv* **1** *(musique)* desentonando.
• **à faux** injustamente.
• **chanter faux** desafinar.
• **porter à faux** estar en falso.
▪ **faux jeton** hipócrita *mf*.
▪ **faux titre** *(d'un livre)* anteportada *f*.
faux-filet [fofilɛ] *nm* (*pl* **faux-filets**) solomillo *m* bajo.
faux-fuyant [fofɥijɑ̃] *nm* (*pl* **faux-fuyants**) pretexto *m*, evasiva *f*.
faux-monnayeur [fomɔnɛjœʀ] *nm* (*pl* **faux-monnayeurs**) falsificador,-ra.
faveur [favœʀ] *nf* favor *m*.
• **à la faveur de** a favor de.
• **en faveur de** en beneficio de.
favorable [favɔʀabl] *adj* favorable.
favori,-ite [favɔʀi,-it] *adj - nm,f* favorito,-ta.
favoriser [favɔʀize] *vt* favorecer.
favoritisme [favɔʀitism] *nm* favoritismo *m*.
fax [faks] *nm* fax *m*.
faxer [fakse] *vt* enviar por fax.
fébrile [febʀil] *adj* febril.
fécal,-e [fekal] *adj* fecal.
fécond,-e [fekɔ̃,-ɔ̃d] *adj* fecundo,-da.
fécondation [fekɔ̃dasjɔ̃] *nf* fecundación *f*.
▪ **fécondation in vitro** fecundación in vitro.
féconder [fekɔ̃de] *vt* fecundar.
fécondité [fekɔ̃dite] *nf* fecundidad *f*.
fécule [fekyl] *nf* fécula *f*.
féculent,-e [fekylɑ̃,-ɑ̃t] *adj* feculento,-ta.
fédéral,-e [fedeʀal] *adj* federal.
fédéralisme [fedeʀalism] *nm* federalismo *m*.
fédération [fedeʀasjɔ̃] *nf* federación *f*.
fée [fe] *nf* hada *f*.
▪ **fée du logis** mujer *f* de su casa.
féerique [feʀik] *adj* mágico,-ca, maravilloso,-sa.
feignant,-e [fɛɲɑ̃,-ɑ̃t] *adj - nm,f fam* vago,-ga.

feindre [fɛ̃dʀ] *vt* fingir, simular: ***feindre l'indifférence***, fingir indiferencia.
• **feindre de + *inf*** fingir que, hacer ver que: ***il feint de ne pas entendre***, finge que no oye.

feint,-e [fɛ̃,-ɛ̃t] *adj (simulé)* fingido,-da.

feinte [fɛ̃t] *nf* **1** *(simulation)* fingimiento *m*. **2** SPORT finta *f*. **3** *fam (piège)* trampa *f*.

fêler [fele] *vt (objet)* astillar, rajar.
• **avoir le cerveau fêlé** *fam* estar mal del tarro.

félicitations [felisitasjɔ̃] *nf pl* felicitaciones *f pl*.

féliciter [felisite] *vt* felicitar.
► *vpr* **se féliciter** felicitarse.

félin,-e [felɛ̃,-in] *adj* felino,-na.
► *nm* **félin** felino *m*.

fêlure [felyʀ] *nf* cascadura *f*, raja *f*.

femelle [fəmɛl] *adj - nf* hembra *f*.

féminin,-e [feminɛ̃,-in] *adj* femenino,-na.
► *nm* **féminin** femenino *m*.

féminisme [feminism] *nm* feminismo *m*.

féministe [feminist] *adj - nmf* feminista.

femme [fam] *nf* **1** *(gén)* mujer *f*. **2** *(épouse)* esposa *f*, mujer *f*.
▪ **bonne femme** *fam* mujer.
▪ **femme de chambre** *(d'hôtel)* camarera *f*.
▪ **femme de ménage** asistenta *f*.

fémur [femyʀ] *nm* fémur *m*.

fendiller [fɑ̃dije] *vt* resquebrajar.
► *vpr* **se fendiller** resquebrajarse.

fendre [fɑ̃dʀ] *vt* **1** *(gén)* rajar, hender. **2** *(du bois)* partir. **3** *(une foule)* abrirse paso a través de. **4** *(l'air, l'eau)* surcar.
► *vpr* **se fendre 1** *(se fêler)* henderse, rajarse. **2** *fam (donner)* desprenderse: ***il s'est fendu de 100 euros***, soltó 100 euros.
• **fendre le cœur** *fig* partir el corazón.

fenêtre [fənɛtʀ] *nf* ventana *f*.

fenouil [fənuj] *nm* hinojo *m*.

fente [fɑ̃t] *nf* **1** *(fissure)* grieta *f*. **2** *(ouverture)* ranura *f*.

féodalisme [feɔdalism] *nm* HIST feudalismo *m*.

fer [fɛʀ] *nm* **1** *(métal)* hierro *m*. **2** *fig (arme)* arma *f* blanca; *(épée)* espada *f*. **3** *(d'un cheval)* herradura *f*.
► *nm pl* **fers 1** *(du bagnard)* grilletes *m pl*, cadenas *f pl*. **2** MÉD fórceps *m*.
• **tomber les quatre fers en l'air** caer patas arriba.
▪ **fer à friser** tenacillas *f pl*.
▪ **fer à repasser** plancha *f*.
▪ **fer forgé** hierro forjado.

fer-blanc [fɛʀblɑ̃] *nm* (*pl* **fers-blancs**) hojalata *f*.

férié,-e [feʀje] *adj* festivo,-va.

ferme[1] [fɛʀm] *nf* granja *f*.

ferme[2] [fɛʀm] *adj* **1** *(solide)* firme: ***terrain ferme***, terreno firme. **2** *(assuré)* seguro,-ra, firme: ***ton ferme***, tono seguro. **3** *(énergique)* enérgico,-ca: ***caractère ferme***, carácter firme. **4** *(opération commerciale)* definitivo,-va: ***vente ferme***, venta en firme.
► *adv* **1** *(avec assurance)* con firmeza. **2** *(beaucoup)* mucho: ***travailler ferme***, trabajar mucho.

fermentation [fɛʀmɑ̃tasjɔ̃] *nf* fermentación *f*.

fermer [fɛʀme] *vt* **1** *(gén)* cerrar: ***ferme la fenêtre !***, ¡cierra la ventana!; ***fermer les frontières***, cerrar las fronteras; ***fermer le gaz***, cerrar el gas; ***il a fermé les yeux***, ha cerrado los ojos. **2** *(appareil)* apagar: ***fermer la radio***, apagar la radio.
► *vi* cerrarse, cerrar: ***ce magasin ferme le lundi***, esta tienda cierra los lunes.
► *vpr* **se fermer** cerrarse.
• **fermer les yeux** hacer la vista gorda.
• **la ferme !** *fam* ¡cierra la boca!

fermeté [fɛʀməte] *nf* firmeza *f*.

fermeture [fɛʀmətyʀ] *nf* **1** *(gén)* cierre *m*. **2** *(chasse, pêche)* veda *f*.
▪ **fermeture à glissière** cremallera *f*.
▪ **fermeture éclair** cremallera *f*.

fermier,-ère [fɛʀmje,-ɛʀ] *nm,f* granjero,-ra.

fermoir [fɛrmwaʀ] *nm* cierre *m* metálico.

féroce [feʀɔs] *adj* feroz.

ferraille [fɛʀaj] *nf* chatarra *f*.

ferrer [fɛʀe] *vt* **1** *(cheval)* herrar. **2** *(objet)* guarnecer de hierro.

ferroviaire [fɛʀɔvjɛʀ] *adj* ferroviario,-ria.

ferry-boat [fɛʀibot] *nm* (*pl* **ferry-boats**) transbordador *m*, ferry *m*.

fertile [fɛʀtil] *adj* fértil.
fertilisant,-e [fɛʀtilizɑ̃,-ɑ̃t] *adj* fertilizante.
fertiliser [fɛʀtilize] *vt* fertilizar.
fertilité [fɛʀtilite] *nf* fertilidad *f.*
fervent,-e [fɛʀvɑ̃,-ɑ̃] *adj* ferviente.
ferveur [fɛʀvœʀ] *nf* fervor *m.*
fesse [fɛs] (gen en *pl*) *nf* nalga *f.*
fessée [fese] *nf* manotazo *m* en el trasero.
festin [fɛstɛ̃] *nm* festín *m.*
festival [fɛstival] *nm* festival *m.*
festivités [fɛstivite] *nf pl* festividades *f pl.*
feston [fɛstɔ̃] *nm* festón *m.*
fête [fɛt] *nf* **1** *(gén)* fiesta *f.* **2** *(jour)* día *m* festivo: ***fête des mères/des morts***, día de la madre/de los difuntos. **3** *(d'un saint)* onomástica *f.*
• **faire la fête** irse de juerga.
• **troubler la fête** aguar la fiesta.
fêter [fete] *vt* **1** *(quelqu'un)* agasajar. **2** *(quelque chose)* celebrar.
fétiche [fetiʃ] *nm* fetiche *m.*
fétichisme [fetiʃism] *nm* fetichismo *m.*
fétide [fetid] *adj* fétido,-da.
feu[1] [fø] *nm* **1** *(gén)* fuego *m*: ***avez-vous du feu ?***, ¿tiene fuego? **2** *(flamme)* lumbre *f.* **3** *(foyer)* familia *f*, hogar *m.* **4** *(lumière)* luz *f.* **5** *(signal)* señal *f* luminosa. **6** *(tir)* fuego *m.* **7** *(de signalisation)* semáforo *m.*
► *nm pl* **feux** **1** *(bougies)* candilejas *f pl.* **2** *fig (ferveur)* ardor *m sing*, exaltación *f sing.*
• **à petit feu** a fuego lento.
• **entre deux feux** entre dos fuegos.
• **être tout feu tout flamme** estar lleno,-na de energía.
• **faire feu** disparar.
• **faire feu de tout bois** emplear todos los medios.
• **mettre le feu** prender fuego.
• **ne pas faire long feu** no durar mucho.
▪ **feu d'artifice** fuegos artificiales.
▪ **feu de joie** fogata *f*, hoguera *f.*
▪ **feu rouge** semáforo rojo.
▪ **feu vert** semáforo verde.
▪ **feux de croisement** luces de cruce.
▪ **feux de position** luces de posición.
▪ **feux de route** luces de carretera.
feu, feue[2] [fø] *adj* difunto,-ta.
feuillage [fœjaʒ] *nm* follaje *m.*
feuille [fœj] *nf* **1** *(gén)* hoja *f.* **2** *(d'une fleur)* pétalo *m.*
▪ **feuille de chou** *fam* periodicucho *m.*
▪ **feuille de paye** nómina *f.*
▪ **feuille de route** hoja de ruta.
▪ **feuille morte** hoja seca.
feuilleté,-e [fœjte] *adj* CUIS hojaldrado,-da.
feuilleter [fœjte] *vt* **1** *(livre)* hojear. **2** CUIS hojaldrar.
feuilleton [fœjtɔ̃] *nm* **1** *(dans un journal)* folletín *m.* **2** *(à la télé)* serie *f.*
feutre [føtʀ] *nm* **1** *(tissu)* fieltro *m.* **2** *(stylo)* rotulador *m.* **3** *(chapeau)* sombrero *m* de fieltro.
fève [fɛv] *nf* haba *f.*
février [fevʀije] *nm* febrero *m.*
fiable [fjabl] *adj* fiable.
fiançailles [fjɑ̃saj] *nf pl* **1** *(promesse de mariage)* pedida *f sing.* **2** *(période)* noviazgo *m sing.*
fiancé,-e [fjɑ̃se] *nm,f* novio,-via.
fiancer (se) [fjɑ̃se] *vpr* prometerse en matrimonio.
fiasco [fjasko] *nm* fiasco *m.*
fibre [fibʀ] *nf* **1** *(matière)* fibra *f.* **2** *fig (disposition)* fibra *f*, vena *f.*
• **avoir la fibre sensible** tener la fibra sensible.
ficeler [fisle] *vt (lier)* atar con una cuerda.
ficelle [fisɛl] *nf* **1** *(petite corde)* bramante *m*, cordel *m.* **2** *fig (ruse)* astucia *f*, triquiñuela *f.*
• **tirer les ficelles** *fig* mover los hilos.
fiche [fiʃ] *nf* **1** *(gén)* ficha *f.* **2** *(électrique)* enchufe *m.*
▪ **fiche de paye** nómina *f.*
ficher [fiʃe] *vt* **1** *(planter)* hincar, clavar. **2** *(mettre sur fiche)* fichar. **3** *fam (jeter)* echar: ***ils l'ont fiché à la porte***, lo han echado a la calle. **4** *fam (donner)* dar, largar: ***ficher une gifle***, largar una bofetada. **5** *fam (faire)* hacer: ***je ne fous rien***, no pego sello; ***qu'est-ce que tu fiches ?***, ¿qué coño haces?
► *vpr* **se ficher** *fam (se moquer)* burlarse (**de**, de): ***se ficher de tout***, burlarse de todo.

• **fiche moi la paix !** ¡déjame en paz!

• **ficher le camp** largarse.

fichier [fiʃje] *nm* **1** fichero *m.* **2** INFORM archivo *m.*

▪ **fichier joint** fichero adjunto.

fichu,-e [fiʃy] *adj* **1** *fam (mal fait)* mal hecho,-cha, feo,-a: ***quel fichu nez !***, ¡qué nariz más fea! **2** *fam (détestable)* endemoniado,-da, espantoso,-sa: ***il a un fichu caractère***, tiene un carácter endemoniado. **3** *fam (ruiné)* perdido,-da, arruinado,-da: ***il est fichu***, está perdido.

• **être mal fichu,-e** *fam* estar malucho, -cha.

• **n'être pas fichu,-e de** *fam* no ser capaz de.

fictif,-ive [fiktif,-iv] *adj* ficticio,-cia.

fiction [fiksjɔ̃] *nf* ficción *f.*

fidèle [fidɛl] *adj* fiel.

► *nmf* **1** REL fiel. **2** *(loyal)* incondicional.

fidéliser [fidelize] *vt* fidelizar.

fidélité [fidelite] *nf* fidelidad *f.*

▪ **haute fidélité** alta fidelidad.

fier, fière [fjɛʀ] *adj* **1** *(hautain)* altivo,-va, arrogante. **2** *(orgueilleux)* orgulloso,-sa: ***il est fier de sa maison***, está orgulloso de su casa. **3** *fam (grand)* tremendo,-da, enorme: ***c'est un fier ignorant***, es un tremendo ignorante. **4** *(noble)* noble, elevado,-da: ***elle possédait une âme fière***, poseía un alma noble.

fier (se) [fje] *vpr* fiarse (**à**, de).

fierté [fjɛʀte] *nf* orgullo *m.*

fièvre [fjɛvʀ] *nf* **1** MÉD fiebre *f.* **2** *fig (agitation)* efervescencia *f*, agitación *f.*

fiévreux,-euse [fjevʀø,-øz] *adj* febril.

figer [fiʒe] *vt* **1** *(épaissir)* coagular, cuajar. **2** *fig (immobiliser)* paralizar.

► *vpr* **se figer** *(se condenser)* cuajarse, coagularse.

figue [fig] *nf* higo *m.*

• **mi-figue, mi-raisin** entre chanzas y veras.

▪ **figue de Barbarie** higo chumbo.

figuier [figje] *nm (arbre)* higuera *f.*

figurant,-e [figyʀɑ̃,-ɑ̃t] *nm,f* extra.

figure [figyʀ] *nf* **1** *(forme)* figura *f*, contorno *m.* **2** *(visage)* cara *f*, rostro *m.*

• **faire figure de** pasar por.

• **prendre figure** tomar forma.

figuré,-e [figyʀe] *adj* figurado,-da.

• **au sens propre et au sens figuré** en sentido propio y en el figurado.

figurer [figyʀe] *vt - vi (apparaître)* figurar.

► *vpr* **se figurer** *(s'imaginer)* figurarse, imaginarse.

fil [fil] *nm* **1** *(textile)* hilo *m.* **2** *(de métal)* alambre *m.* **3** *(à plomb)* plomada *f.* **4** *(tranchant)* filo *m.* **5** *fig (d'un discours, etc)* curso *m*, hilo *m.* **6** *(d'une rivière)* curso *m*, corriente *f.*

• **au fil de** a lo largo de.

• **de fil en aiguille** poco a poco.

• **donner du fil à retordre** *fam* dar que hacer.

• **donner un coup de fil** *fam* dar un telefonazo.

• **perdre le fil** perder el hilo.

▪ **fil de fer** alambre.

▪ **fil de fer barbelé** alambre de espino.

filament [filamɑ̃] *nm* filamento *m.*

filant,-e [filɑ̃,-ɑ̃t] *adj* fugaz: ***étoile filante***, estrella fugaz.

filature [filatyʀ] *nf* **1** *(usine)* hilatura *f*, hilandería *f.* **2** *(action de filer)* hilado *m.* **3** *(surveillance)* vigilancia *f.*

file [fil] *nf* fila *f.*

• **à la file** en fila.

▪ **double file** doble fila.

▪ **file d'attente** cola *f.*

filer [file] *vt* **1** *(gén)* hilar. **2** *(araignée)* tejer. **3** *(quelqu'un)* seguir. **4** *fam (donner)* dar: ***file-moi dix euros***, pásame diez euros.

► *vi* **1** *(liquide)* fluir. **2** *(matière visqueuse)* formar hilos, hebras. **3** *(bas)* hacerse una carrera. **4** *(aller vite)* ir deprisa. **5** *fam (l'argent)* irse de las manos.

• **filer à l'anglaise** despedirse a la francesa.

• **filer doux** *fam* portarse como la seda.

filet [filɛ] *nm* **1** *(tissu)* red *f.* **2** *(à cheveux)* red *f*, redecilla *f.* **3** *(d'un liquide)* chorrillo *m.* **4** *(d'imprimerie)* filete *m.* **5** *(de viande, de poisson)* filete *m*; *(de bœuf)* solomillo *m*; *(de porc)* lomo *m.*

▪ **faux filet** solomillo bajo.

▪ **filet de voix** hilillo *m* de voz.

filial,-e [filjal] *adj* filial.
filiale [filjal] *nf* filial *f.*
filiation [filjasjɔ̃] *nf* filiación *f.*
filière [filjɛʀ] *nf* **1** *(de criminels)* red *f.* **2** *(formalités)* trámites *m pl.* **3** *(d'insectes)* hilera *f.*
fille [fij] *nf* **1** *(descendant)* hija *f*: ***fille adoptive***, hija adoptiva. **2** *(jeune femme)* muchacha *f*, chica *f.*
■ **fille-mère** madre *f* soltera.
■ **jeune fille** joven *f.*
■ **petite fille** niña *f.*
■ **vieille fille** solterona *f.*
fillette [fijɛt] *nf* niña *f*, chiquilla *f.*
filleul,-e [fijœl] *nm,f* ahijado,-da.
film [film] *nm* **1** *(gén)* film *m*, película *f.* **2** *(d'un liquide)* capa *f.*
• **tourner un film** rodar una película.
■ **film d'épouvante** película de terror.
filmer [filme] *vt* filmar.
filon [filɔ̃] *nm* filón *m.*
filou [filu] *nm fam* ladrón *m.*
fils [fis] *nm* hijo *m.*
■ **fils à papa** *fam* niño *m* de papá.
■ **tel père tel fils** *fam* de tal palo tal astilla.
filtre [filtʀ] *nm* filtro *m.*
filtrer [filtʀe] *vt* filtrar.
► *vi* filtrarse.
fin[1] [fɛ̃] *nf* **1** *(gén)* fin *m*, final *m*: ***mes vacances commencent fin juin***, empiezo las vacaciones a finales de junio. **2** *(but)* fin *m*, meta *f.* **3** *(mort)* muerte *f.*
• **à la fin** al fin.
• **en fin de** al final de.
• **mener** QQCH **à bonne fin** llevar ALGO a buen puerto.
• **mettre fin à** acabar.
• **prendre fin** acabarse.
• **sans fin** sin fin.
• **tirer/toucher à sa fin** acabarse, tocar a su fin.
■ **fin de série** fin de serie.
■ **la fin de tout** el acabose.
fin, fine[2] [fɛ̃, fin] *adj* **1** *(gén)* fino,-na. **2** *(de qualité)* exquisito,-ta. **3** *(habile)* astuto,-ta, hábil.
• **au fin fond** en el lugar más recóndito.
• **avoir le nez fin** tener olfato, ser perspicaz.
• **être fin prêt** estar listo.
final,-e [final] *adj* (*pl* **finals** ou **finaux**) final.
finale [final] *nf (sports)* final *f.*
finaliste [finalist] *adj - nmf* finalista.
finance [finɑ̃s] *nf (gén)* mundo *m* financiero, finanzas *f pl.*
■ **Finances publiques** Tesoro *m* público.
financement [finɑ̃smɑ̃] *nm* financiación *f.*
financer [finɑ̃se] *vt* financiar.
financier,-ère [finɑ̃sje,-ɛʀ] *adj* financiero,-ra.
► *nm* **financier** financiero *m.*
finaud,-e [fino,-od] *adj - nm,f* taimado,-da, astuto,-ta.
finesse [finɛs] *nf* **1** *(gén)* finura *f*, delgadez *f.* **2** *fig (d'esprit)* sutileza *f*, agudeza *f.* **3** *(de l'ouïe)* agudeza *f.* **4** *(ruse)* ardid *m*, triquiñuela *f.*
fini,-e [fini] *adj péj (parfait en son genre)* completo,-ta: ***c'est un idiot fini***, es un idiota de remate.
► *nm* **fini** acabado *m.*
finir [finiʀ] *vt (gén)* terminar, acabar.
► *vi* **1** *(être terminé)* acabar, terminar: ***finir en pointe***, acabar en punta. **2** *(mourir)* morir.
• **en finir** acabar de una vez.
• **finir par** acabar por: ***il va finir par accepter***, acabará aceptando.
finition [finisjɔ̃] *nf* acabado *m.*
finlandais,-e [fɛ̃lɑ̃dɛ,-ɛz] *adj* finlandés,-esa.
► *nm,f* **Finlandais,-e** finlandés,-esa.
► *nm* **finlandais** *(langue)* finlandés *m.*
Finlande [fɛ̃lɑ̃d] *nf* Finlandia.
finnois,-e [finwa,-az] *adj* finés,-esa.
► *nm,f* **Finnois,-e** finés,-esa.
► *nm* **finnois** *(langue)* finés *m.*
fiole [fjɔl] *nf* frasquito *m.*
fioul [fjul] *nm* fuel *m.*
firmament [fiʀmamɑ̃] *nm* firmamento *m.*
firme [fiʀm] *nf* firma *f*, empresa *f.*
fisc [fisk] *nm* fisco *m.*
fiscal,-e [fiskal] *adj* fiscal.
fission [fisjɔ̃] *nf* fisión *f.*
fissure [fisyʀ] *nf* fisura *f.*

fissurer (se) [fisyʀe] *vpr* agrietarse.
fiston [fistɔ̃] *nm fam* hijo *m*.
fixation [fiksɑ̃sjɔ̃] *nf* fijación *f*.
fixe [fiks] *adj* fijo,-ja.
► *interj* **fixe !** *(militaire)* ¡firmes!
fixer [fikse] *vt* **1** *(gén)* fijar: ***fixer une glace sur un mur***, fijar un espejo en una pared. **2** *(le regard)* mirar insistentemente: ***fixer quelqu'un***, mirar fijamente a alguien. **3** *(établir)* fijar, establecer: ***fixer un prix***, establecer un precio.
► *vpr* **se fixer** *(s'établir)* establecerse, fijarse: ***il se fixa dans le nord***, se estableció en el norte.
fjord [fjɔʀd] *nm* GÉOG fiordo *m*.
flacon [flakɔ̃] *nm* frasco *m*.
flageller [flaʒɛle] *vt* flagelar.
flageolet [flaʒɔlɛ] *nm* **1** MUS chirimía *f*, flautín *m*. **2** *(haricot)* alubia *f*.
flagrant,-e [flagʀɑ̃,-ɑ̃t] *adj* flagrante.
• **en flagrant délit** in fraganti.
flair [flɛʀ] *nm* olfato *m*.
flairer [fleʀe] *vt* **1** *(sentir)* olfatear. **2** *fig (pressentir)* intuir, presentir.
flamant [flamɑ̃] *nm (oiseau)* flamenco *m*.
flambant,-e [flɑ̃bɑ̃,-ɑ̃t] *adj* llameante.
• **flambant neuf** nuevecito.
flambeau [flɑ̃bo] *nm* **1** *(torche)* antorcha *f*. **2** *(chandelier)* candelabro *m*.
flambée [flɑ̃be] *nf* **1** *(feu)* fogata *f*. **2** *fig (augmentation)* aumento *m* considerable: ***la flambée des prix***, la escalada de los precios.
flamber [flɑ̃be] *vt* CUIS flambear.
► *vi* arder.
• **être flambé** *fam* estar perdido.
flamboyant,-e [flɑ̃bwajɑ̃,-ɑ̃t] *adj* **1** *(feu)* llameante. **2** *(brillant)* resplandeciente. **3** ARCHIT flamígero,-ra.
flamme [flam] *nf* llama *f*.
flan [flɑ̃] *nm* **1** *(dessert)* flan *m*. **2** *fam (plaisanterie)* broma *f*.
• **au flan** al azar.
flanc [flɑ̃] *nm* **1** *(du corps)* costado *m*. **2** *(d'une chose)* flanco *m*, lado *m*. **3** *(d'une montagne)* ladera *f*, falda *f*. **4** *(d'une armée)* flanco *m*.
flanelle [flanɛl] *nf* franela *f*.
flâner [flane] *vi* pasear.
flanquer [flɑ̃ke] *vt* **1** *(être de part et d'autre)* flanquear. **2** *fam (lancer)* tirar: ***flanquer quelque chose par terre***, tirar algo al suelo. **3** *fam (donner)* dar: ***flanquer la trouille à quelqu'un***, dar miedo a alguien; ***je lui ai flanqué une gifle***, le he dado una torta.
• **flanquer QQN à la porte** echar a ALGN a la calle.
flaque [flak] *nf* charco *m*.
flash [flaʃ] *nm* flash *m*.
▪ **flash d'information** avance *m* informativo.
flasher [flaʃe] *vi fam* alucinar (**sur**, con).
flasque [flask] *adj (mou)* fofo,-fa.
► *nm (d'une roue)* tapacubos *m*.
► *nf* petaca *f*.
flatter [flate] *vt* **1** *(louer)* halagar, adular. **2** *(caresser)* acariciar. **3** *(charmer)* agradar, deleitar. **4** *(avantager)* favorecer, embellecer.
► *vpr* **se flatter** vanagloriarse.
• **se flatter de + *inf*** jactarse de + *inf*: ***se flatter d'être une bonne cuisinière***, preciarse de ser una buena cocinera.
flatterie [flatʀi] *nf* halago *m*.
flatteur,-euse [flatœʀ,-øz] *adj - nm,f* adulador,-ra.
flatulence [flatylɑ̃s] *nf* flatulencia *f*.
fléau [fleo] *nm* **1** *(pour le blé)* mayal *m*. **2** *(d'une balance)* astil *m*. **3** *fig (catastrophe)* azote *m*, calamidad *f*.
flèche [flɛʃ] *nf* **1** *(projectile)* flecha *f*. **2** *(d'un clocher)* aguja *f*. **3** *(critique)* dardo *m*.
• **faire flèche de tout bois** emplear todos los medios disponibles para conseguir ALGO.
• **monter en flèche** dispararse.
▪ **flèche de lard** lonja *f* de tocino.
fléchette [fleʃɛt] *nf* dardo *m*.
► *nf pl* **fléchettes** dardos *m pl*.
fléchir [fleʃiʀ] *vt* **1** *(ployer)* doblar, doblegar: ***fléchir le genou***, doblar la rodilla. **2** *fig (attendrir)* ablandar, enternecer.
► *vi* **1** *(se plier)* doblarse, doblegarse. **2** *(faiblir)* ceder, flaquear. **3** *(diminuer)* bajar, disminuir.
flegmatique [flɛgmatik] *adj* flemático,-ca.

flegme [flɛgme] *nm* flema *f.*
flemmard,-e [flɛmaʀ,-aʀd] *adj* - *nm,f* gandul,-a.
flemme [flɛm] *nf* pereza *f*: ***j'ai la flemme de travailler***, me da pereza trabajar.
flétrir (se) [fletʀiʀ] *vpr* marchitarse.
fleur [flœʀ] *nf* flor *f.*
• **à fleur de peau** a flor de piel.
• **à fleurs** de flores.
• **comme une fleur** muy fácilmente.
• **être fleur bleue** ser un sentimental.
• **faire une fleur à QQN** hacer un favor a ALGN.
▪ **fleur de farine** harina *f* de flor.
▪ **fleur de lis** flor de lis.
▪ **la fine fleur** la élite, la flor y nata.
▪ **la fleur de la vie** la flor de la vida.
fleuret [flœʀe] *nm* florete *m.*
fleurir [flœʀiʀ] *vi* florecer.
► *vt* adornar con flores.
fleuriste [flœʀist] *nmf* **1** *(commerçant)* florista. **2** *(jardinier)* floricultor,-ra.
fleuve [flœv] *nm* río *m.*
flexibilité [flɛksibilite] *nf* flexibilidad *f.*
flexible [flɛksibl] *adj* flexible.
flexion [flɛksjɔ̃] *nf* flexión *f.*
flic [flik] *nm fam* poli *m*, madero *m.*
flingue [flɛ̃g] *nm fam* pipa *f.*
flinguer [flɛ̃ge] *vt fam* matar a tiros.
► *vpr* **se flinguer** *fam* pegarse un tiro.
flipper [flipœʀ] *nm* millón *m.*
flirt [flœʀt] *nm* **1** *(action)* flirt *m.* **2** *(personne)* ligue *m.*
flirter [flœʀte] *vi* flirtear.
flocon [flɔkɔ̃] *nm* copo *m.*
▪ **flocon de neige** copo de nieve.
floraison [flɔʀɛzɔ̃] *nf* floración *f.*
flore [flɔʀ] *nf* flora *f.*
florissant,-e [flɔʀisɑ̃,-ɑ̃t] *adj* floreciente.
flot [flo] *nm* **1** (gen en *pl*) *fml (mer agitée)* ola *f*, oleada *f.* **2** *(marée haute)* marea *f* ascendente. **3** *fig (grande quantité)* cantidad *f* ingente.
• **à flots** a mares.
• **être à flot** estar a flote.
• **remettre à flot** sacar a flote.
flottaison [flɔtɛzɔ̃] *nf* flotación *f.*
flottant,-e [flɔtɑ̃,-ɑ̃t] *adj* **1** *(gén)* flotante. **2** *(robe)* con vuelo.
flotte [flɔt] *nf* **1** *(de bateaux, d'avions)* flota *f.* **2** *fam (pluie)* lluvia *f.*
flotter [flɔte] *vi* **1** *(gén)* flotar. **2** *(ondoyer)* ondear. **3** *fig (être indécis)* vacilar, dudar.
► *v impers fam (pleuvoir)* llover.
flotteur [flɔtœʀ] *nm* flotador *m.*
flottille [flɔtij] *nf* flotilla *f.*
flou,-e [flu] *adj* **1** *(dessin)* borroso,-sa, vago,-ga. **2** *(photographie)* desenfocado,-da, movido,-da. **3** *(vêtement)* vaporoso,-sa. **4** *fig (idée, argument)* impreciso,-sa, vago,-ga.
fluctuation [flyktɥasjɔ̃] *nf* fluctuación *f.*
fluctuer [flyktɥe] *vi* fluctuar.
fluet,-ette [flyɛ,-ɛt] *adj* **1** *(mince)* delgado,-da, fino,-na. **2** *(faible)* endeble, delicado,-da.
fluide [flɥid] *adj* fluido,-da.
► *nm* fluido *m.*
▪ **fluide électrique** fluido eléctrico.
fluidité [flɥidite] *nf* fluidez *f.*
fluor [flyɔʀ] *nm* flúor *m.*
fluorescent,-e [flyɔʀesɑ̃,-ɑ̃t] *adj* fluorescente.
flûte [flyt] *nf* **1** *(instrument, pain)* flauta *f.* **2** *(verre)* copa *f* alargada.
► *nf pl* **flûtes** *fam (jambes)* piernas *f pl.*
► *interj* **flûte !** ¡caramba!, ¡caracoles!
• **jouer des flûtes** *fam* correr.
▪ **petite flûte** flautín *m.*
flûtiste [flytist] *nmf* flautista.
fluvial,-e [flyvjal] *adj* fluvial.
flux [fly] *nm* flujo *m.*
▪ **flux magnétique** flujo magnético.
FMI [ɛfɛmi] *abr (**Fonds monétaire international**)* FMI.
focal,-e [fɔkal] *adj* focal.
fœtus [fetys] *nm* feto *m.*
foi [fwa] *nf* **1** REL fe *f.* **2** *(confiance)* fe *f*, confianza *f.* **3** *(loyauté)* fidelidad *f*, lealtad *f.*
• **ajouter foi à** dar crédito a.
• **ma foi ...** sin duda...: ***c'est ma foi vrai***, sin duda es verdad.
▪ **bonne foi** buena fe.
▪ **mauvaise foi** mala fe.
foie [fwa] *nm* ANAT hígado *m.*
foin [fwɛ̃] *nm* heno *m.*
• **avoir du foin dans ses bottes** tener las espaldas bien cubiertas.

foire [fwaʀ] *nf* **1** *(gén)* feria *f*. **2** *fam (brouhaha)* tumulto *m*, confusión *f*.
fois [fwa] *nf* **1** vez *f*: ***elle a crié trois fois***, gritó tres veces. **2** MATH por: ***deux fois quatre font huit***, dos por cuatro igual a ocho.
• **à la fois** a la vez, al mismo tiempo.
• **des fois** a veces.
• **il était une fois ...** érase una vez....
• **une fois pour toutes** de una vez para todas.
• **une fois que** una vez que.
foison [fwazɔ̃].
• **à foison** en abundancia, a porrillo.
fol [fɔl] *adj* → fou, folle.
folâtre [fɔlatʀ] *adj* juguetón,-ona.
folie [fɔli] *nf* **1** *(démence)* locura *f*. **2** *(extravagance)* locura *f*, extravagancia *f*.
• **à la folie** con locura.
▪ **folie de la persécution** manía *f* persecutoria.
▪ **folie des grandeurs** delirio *m* de grandeza.
folklore [fɔlklɔʀ] *nm* folklore *m*.
folle [fɔl] *adj f* - *f* → fou, folle.
fomenter [fɔmɑ̃te] *vt* fomentar.
foncé,-e [fɔ̃se] *adj* oscuro,-ra.
foncer [fɔ̃se] *vt (couleur)* oscurecer.
► *vi* **1** *(se précipiter)* abalanzarse: ***foncer sur l'ennemi***, abalanzarse sobre el enemigo. **2** *fam (aller très vite)* darse prisa.
foncier,-ère [fɔ̃sje,-ɛʀ] *adj* **1** *(gén)* relativo,-va a los bienes raíces: ***il possède un vaste patrimoine foncier***, posee un gran patrimonio en bienes raíces. **2** *fig (inné)* innato,-ta, básico,-ca: ***des qualités foncières***, cualidades innatas.
fonction [fɔ̃ksjɔ̃] *nf* función *f*.
• **en fonction de** con arreglo a, en base a.
• **être fonction de** depender de, estar en función de.
• **faire fonction de** hacer las veces de.
fonctionnaire [foksjɔnɛʀ] *nmf* funcionario,-ria.
fonctionnel,-elle [fɔ̃ksjɔnɛl] *adj* funcional.
fonctionnement [fɔ̃ksjɔnmɑ̃] *nm* funcionamiento *m*.
fonctionner [fɔ̃ksjɔne] *vi* funcionar.
fond [fɔ̃] *nm* **1** *(gén)* fondo *m*. **2** *(d'une bouteille)* fondo *m*, culo *m*. **3** *(hauteur d'eau)* profundidad *f*.
• **à fond** a fondo.
• **au fin fond de** en lo más recóndito de.
• **au fond** en el fondo.
• **dans le fond** en el fondo.
• **de fond** fundamental, esencial.
• **de fond en comble** de arriba abajo.
• **sans fond** sin fondo.
▪ **fond d'artichaut** corazón *m* de alcachofa.
▪ **fond de teint** maquillaje *m*.
fondamental,-e [fɔ̃damɑ̃tal] *adj* fundamental.
fondamentaliste [fɔ̃damɑ̃talist] *adj* - *nmf* fundamentalista.
fondant,-e [fɔ̃dɑ̃,-ɑ̃t] *adj* que se deshace en la boca.
► *nm* **fondant** bombón *m* relleno.
fondateur,-trice [fɔ̃datœʀ,-tʀis] *nm,f* fundador,-ra.
fondation [fɔ̃dasjɔ̃] *nf* fundación *f*.
► *nf pl* **fondations** cimientos *m pl*.
fondé,-e [fɔ̃de] *adj (gén)* fundado,-da.
▪ **fondé de pouvoir** apoderado,-da.
fondement [fɔ̃dmɑ̃] *nm* **1** *(d'un bâtiment)* cimientos *m pl*. **2** *(base)* fundamento *m*, base *f*. **3** *(cause)* causa *f*, motivo *m*.
• **sans fondement** sin fundamento.
fonder [fɔ̃de] *vt* **1** *(gén)* fundar. **2** *fig (appuyer de raisons)* fundamentar, argumentar.
fondre [fɔ̃dʀ] *vt* **1** *(gén)* fundir. **2** *(neige, etc)* derretir. **3** *(dans un moule)* fundir, vaciar.
► *vi* **1** *(gén)* derretirse, deshacerse. **2** *fig (personne)* adelgazar.
► *vpr* **se fondre** *(gén)* mezclarse.
• **fondre en pleurs/en larmes** prorrumpir en llanto/en lágrimas.
fonds [fɔ̃] *nm* **1** *(propriété)* heredad *f*, finca *f*. **2** *(établissement)* comercio *m*, establecimiento *m*. **3** *(capital)* fondos *m pl*, capital *m*.
► *nm pl (argent)* fondos *m pl*.
▪ **fonds de commerce** negocio *m*, comercio.
▪ **fonds publics** fondos públicos.

fondue [fɔ̃dy] *nf* CUIS fondue *f.*
fontaine [fɔ̃tɛn] *nf* fuente *f.*
fonte [fɔ̃t] *nf* **1** *(gén)* derretimiento *m.* **2** *(d'un métal)* fundición *f.* **3** *(alliage)* fundición *f*, hierro *m* colado. **4** *(des glaces)* deshielo *m.* **5** *(d'une cloche, d'une statue)* vaciado *m*, fundición *f.*
fonts [fɔ̃] *nm pl* pila *f sing* bautismal.
foot [fut] *nm fam* fútbol *m.*
football [futbol] *nm* fútbol *m.*
• **jouer au football** jugar a fútbol.
footballeur,-euse [futbolœʀ,-øz] *nm,f* futbolista.
footing [futiŋ] *nm* footing *m.*
• **faire du footing** hacer footing.
for [fɔʀ].
• **dans son for intérieur** en su fuero interno.
forage [fɔʀaʒ] *nm* perforación *f.*
forain,-e [fɔʀɛ̃,-ɛn] *adj (de la foire)* de la feria.
► *nm* **forain** feriante *mf.*
force [fɔʀs] *nf* **1** *(gén)* fuerza *f.* **2** *(habileté)* capacidad *f*, conocimientos *m pl.*
► *nf pl* **forces** *(militaires)* fuerzas *f pl.*
► *adv (beaucoup)* mucho,-cha: ***il reçut force moqueries***, recibió muchas burlas.
• **à force de** a fuerza de.
• **de force** a la fuerza.
• **de gré ou de force** por las buenas o por las malas.
• **de vive force** con violencia.
▪ **force de frappe** fuerza de choque.
▪ **force majeure** fuerza mayor.
forcé,-e [fɔʀse] *adj* **1** *(gén)* forzado,-da: ***un rire forcé***, una risa forzada. **2** *(inévitable)* forzoso,-sa, obligatorio,-ria: ***paiement forcé***, pago obligatorio.
• **c'est forcé !** ¡es de cajón!
forcément [fɔʀsemɑ̃] *adv* necesariamente, obligatoriamente.
forcené,-e [fɔʀsəne] *adj - nm,f* **1** *(hors de soi)* furioso,-sa. **2** *(acharné)* apasionado,-da, obstinado,-da.
forceps [fɔʀsɛps] *nm* MÉD fórceps *m.*
forcer [fɔʀse] *vt* **1** *(gén)* forzar. **2** *(dose)* aumentar.
► *vi (faire un effort)* hacer un gran esfuerzo.
► *vpr* **se forcer** *(s'obliger à)* esforzarse.
forcir [fɔʀsiʀ] *vi* engordar.
forer [fɔʀe] *vt* horadar, taladrar.
forestier,-ère [fɔʀɛstje,-ɛʀ] *adj* forestal.
► *nm* **forestier** guardabosque *m.*
foret [fɔʀɛ] *nm* barrena *f*, taladro *m.*
forêt [fɔʀɛ] *nf* bosque *m.*
▪ **forêt vierge** selva *f* virgen.
forfait[1] [fɔʀfɛ] *nm fml (crime)* crimen *m*, fechoría *f.*
forfait[2] [fɔʀfɛ] *nm* **1** *(somme fixée)* tanto *m* alzado. **2** *(dans une station de ski)* forfait *m.*
• **à forfait** a destajo.
• **déclarer forfait** SPORT retirarse.
• **travailler à forfait** trabajar a destajo.
▪ **forfait haut débit** ADSL *m.*
▪ **forfait illimité** tarifa *f* plana.
forfaitaire [fɔʀfɛtɛʀ] *adj* a tanto alzado.
forge [fɔʀʒ] *nf* **1** *(établissement)* herrería *f*, forja *f.* **2** *(fourneau)* fragua *f.*
forger [fɔʀʒe] *vt* forjar.
forgeron [fɔʀʒəʀɔ̃] *nm* herrero *m.*
formalisme [fɔʀmalism] *nm* formalismo *m.*
formaliser [fɔʀmalize] *vt* formalizar.
formalité [fɔʀmalite] *nf* formalidad *f*, trámite *m.*
• **remplir des formalités** cumplir los requisitos.
format [fɔʀma] *nm* formato *m*, tamaño *m.*
▪ **petit format** pequeño formato.
formatage [fɔʀmataʒ] *nm* INFORM formateado *m.*
formater [fɔʀmate] *vt* INFORM formatear.
formation [fɔʀmasjɔ̃] *nf* **1** *(gén)* formación *f.* **2** SPORT alineación *f.*
▪ **formation permanente** formación continua.
▪ **formation sur le tas** formación en el lugar de trabajo.
forme [fɔʀm] *nf* **1** *(gén)* forma *f.* **2** *(pour chaussures, chapeaux)* horma *f.* **3** SPORT forma *f* física. **4** *(pour le fromage)* encella *f.*
• **en bonne forme** en la debida forma.
• **en bonne et due forme** como es debido.
• **en forme** en forma.
• **en forme de** en forma de.
• **être au mieux de sa forme** estar en excelente forma.
• **pour la forme** para que no se diga.

formel,-elle [fɔʀmɛl] *adj* formal.
former [fɔʀme] *vt* **1** *(façonner, éduquer)* formar. **2** *(constituer)* componer. **3** *(concevoir)* concebir.
► *vpr* **se former** formarse.
formidable [fɔʀmidabl] *adj* formidable.
formulaire [fɔʀmylɛʀ] *nm* formulario *m*.
formule [fɔʀmyl] *nf* fórmula *f*.
▪ **formule de politesse** fórmula de cortesía.
▪ **formule 1** SPORT fórmula uno.
formuler [fɔʀmyle] *vt* **1** *(exprimer)* formular. **2** MÉD recetar.
fort[1] [fɔʀ] *nm* **1** *(forteresse)* fuerte *m*. **2** *(habileté)* conocimiento *m*, fuerte *m*: ***le sport n'est pas mon fort***, el deporte no es mi fuerte.
fort, forte[2] [fɔʀ, fɔʀt] *adj* **1** *(gén)* fuerte: ***il est très fort, il peut soulever plus de 200 kilos***, es muy fuerte, puede levantar más de 200 kilos; ***lumière forte***, luz fuerte; ***une place forte***, una plaza fuerte. **2** *(personne)* corpulento,-ta. **3** *(expérimenté)* versado,-da, entendido,-da: ***être fort en mathématiques***, saber mucho de matemáticas. **4** *(excessif)* excesivo,-va, exagerado,-da. **5** *(influence)* poderoso,-sa.
► *adv* **fort 1** *(extrêmement)* muy, mucho: ***c'est fort joli***, es muy bonito. **2** *(vigoureusement)* fuerte, fuertemente: ***parler fort***, hablar fuerte.
• **c'est plus fort que moi !** no puedo evitarlo.
• **c'est trop fort !** ¡esto es demasiado!
• **se faire fort de** preciarse de.
forteresse [fɔʀtəʀɛs] *nf* fortaleza *f*.
fortifier [fɔʀtifje] *vt* **1** *(gén)* fortificar. **2** *(donner de la force)* fortalecer.
fortuit,-e [fɔʀtɥi,-it] *adj* fortuito,-ta.
fortune [fɔʀtyn] *nf* fortuna *f*.
• **faire fortune** hacer fortuna.
• **tenter fortune** probar fortuna.
fortuné,-e [fɔʀtyne] *adj* **1** *(riche)* rico,-ca. **2** *(chanceux)* afortunado,-da.
forum [fɔʀɔm] *nm* (*pl* **forums**) foro *m*.
forwader [fɔʀwaʀde] *vt fam* INFORM reenviar.
fosse [fos] *nf* fosa *f*.
▪ **fosse commune** fosa común.
▪ **fosse d'aisances** letrina *f*.
▪ **fosse septique** fosa séptica.
fossé [fose] *nm* **1** *(dans la terre)* foso *m*, zanja *f*. **2** *(au bord d'une route)* cuneta *f*.
fossette [fosɛt] *nf* hoyuelo *m*.
fossile [fɔsil] *adj - nm* fósil *m*.
fossoyeur,-euse [foswajœʀ,-øz] *nm,f* sepulturero,-ra.
fou, folle [fu, fɔl] *adj* (delante de vocal o *h* muda se emplea **fol**) **1** *(gén)* loco,-ca: ***la mort de sa femme l'a rendu fou***, la muerte de su mujer le volvió loco; ***être fou de joie***, estar loco de alegría; ***elle est folle de lui***, está loca por él. **2** *(insensé)* insensato,-ta, estrafalario,-ria. **3** *(excessif)* enorme, extraordinario,-ria: ***il a un succès fou***, tiene un éxito extraordinario.
► *nmf* loco,-ca: ***c'est un fou du blues***, el blues le vuelve loco.
► *nm* **fou 1** bufón *m*. **2** *(au jeu d'échecs)* alfil *m*. **3** *(oiseau)* planga *f*.
• **faire le fou** hacer locuras.
▪ **fou rire** ataque *m* de risa.
foudre [fudʀ] *nf* rayo *m*.
foudroyant,-e [fudʀwajɑ̃,-ɑ̃t] *adj* fulminante.
fouet [fwɛ] *nm* **1** *(gén)* látigo *m*. **2** CUIS batidor *m*.
fouetter [fwete] *vt* **1** *(gén)* azotar. **2** CUIS batir. **3** *fig (les sentiments)* excitar, fustigar.
fougère [fuʒɛʀ] *nf* helecho *m*.
fougueux,-euse [fugø,-øz] *adj* fogoso,-sa.
fouille [fuj] *nf* **1** *(du sol)* excavación *f*. **2** *(des bagages)* registro *m*. **3** *(de personne)* cacheo *m*.
fouiller [fuje] *vt* **1** *(terrain)* excavar. **2** *(personne)* registrar, cachear. **3** *(quartier, maison)* registrar.
► *vi (chercher)* registrar, rebuscar.
fouillis [fuji] *nm* desorden *m*, confusión *f*, batiburrillo *m*.
fouiner [fwine] *vi* husmear.
foulard [fulaʀ] *nm* fular *m*.
foule [ful] *nf* **1** *(gén)* muchedumbre *f*, gentío *m*. **2** *(le commun)* vulgo *m*, plebe *f*. **3** *(multitude)* montón *m*: ***j'ai une foule de choses à faire***, tengo un montón de cosas por hacer.
• **en foule** en masa, en tropel.

foulée [fule] *nf* zancada *f*.
• **faire** QQCH **dans la foulée** hacer ALGO de paso.
fouler [fule] *vt* **1** *(marcher)* pisar. **2** *(le raisin)* pisar, hollar.
► *vpr* **se fouler** *(cheville)* torcerse.
• **fouler aux pieds** despreciar, pisotear.
foulure [fulyʀ] *nf* torcedura *f*, esguince *m*.
four [fuʀ] *nm* **1** *(gén)* horno *m*: ***four de boulanger***, horno de panadero. **2** *(échec)* fracaso *m*, fiasco *m*.
▪ **four à micro-ondes** microondas *m*.
fourbu,-e [fuʀby] *adj* rendido,-da, extenuado,-da.
fourche [fuʀʃ] *nf* **1** *(gén)* horca *f*. **2** *(de bicyclette)* horquilla *f*. **3** *(de chemin)* bifurcación *f*.
fourchette [fuʀʃɛt] *nf* **1** *(gén)* tenedor *m*. **2** *(mécanique)* horquilla *f*. **3** *(d'oiseau)* espoleta *f*.
▪ **belle fourchette** persona *f* con buen apetito.
fourgon [fuʀgɔ̃] *nm* furgón *m*.
fourgonnette [fuʀgɔnɛt] *nf* furgoneta *f*.
fourmi [fuʀmi] *nf* hormiga *f*.
• **avoir des fourmis dans les jambes** tener hormigueo en las piernas.
fourmilière [fuʀmiljɛʀ] *nf* hormiguero *m*.
fourmillement [fuʀmijmɑ̃] *nm* hormigueo *m*.
fourmiller [fuʀmije] *vi* abundar, estar lleno de.
fourneau [fuʀno] *nm* **1** *(gén)* horno *m*. **2** *(de cuisine)* hornillo *m*, fogón *m*. **3** *(de la pipe)* cazoleta *f*.
▪ **haut fourneau** alto horno.
fournée [fuʀne] *nf* hornada *f*.
fourni,-e [fuʀni] *adj* **1** *(gén)* provisto,-ta. **2** *(dense)* espeso,-sa, tupido,-da: ***cheveux fournis***, cabello tupido.
fournir [fuʀniʀ] *vt* **1** *(approvisionner)* abastecer, suministrar. **2** *(procurer)* proporcionar, facilitar. **3** *(réaliser)* realizar, ejecutar: ***fournir un effort***, hacer un esfuerzo.
► *vi (approvisionner)* abastecer.
► *vpr* **se fournir** *(s'approvisionner)* proveerse.
fournisseur,-euse [fuʀnisœʀ,-øz] *nm,f* proveedor,-ra.
fourniture [fuʀnityʀ] *nf* provisión *f*, suministro *m*.
▪ **fournitures de bureau** material *m* de oficina.
▪ **fournitures scolaires** material *m* escolar.
fourrage [fuʀaʒ] *nm* forraje *m*.
fourré,-e [fuʀe] *adj (gâteau, bonbon)* relleno,-na.
► *nm* **fourré** maleza *f*, espesura *f*.
fourreau [fuʀo] *nm* **1** *(gaine)* vaina *f*. **2** *(robe)* vestido *m* de tubo.
fourrer [fuʀe] *vt* **1** *(de fourrure)* forrar. **2** *fam (introduire)* meter, introducir.
► *vpr* **se fourrer** *(s'introduire)* meterse.
• **fourrer son nez partout** *fam* entrometerse.
fourre-tout [fuʀtu] *nm inv* **1** *(pièce)* trastero *m*. **2** *(sac)* bolso *m*.
fourreur [fuʀœʀ] *nm* peletero *m*.
fourrière [fuʀjɛʀ] *nf* **1** *(pour les chiens)* perrera *f*. **2** *(pour véhicules)* depósito *m*.
fourrure [fuʀyʀ] *nf* **1** *(gén)* piel *f*: ***manteau de fourrure***, abrigo de pieles. **2** *(d'un vêtement)* forro *m* de piel. **3** *(d'un animal)* pelaje *m*.
foutre [futʀ] *vt* **1** *fam (faire)* hacer: ***il ne fout rien de toute la journée***, no hace nada en todo el día. **2** *fam (mettre)* poner: ***ne fous pas tes vêtements n'importe comment !***, ¡no pongas la ropa de cualquier modo! **3** *fam (donner)* dar: ***je vais te foutre une paire de claques !***, ¡te voy a dar un par de tortas!
► *vpr* **se foutre 1** *fam (railler)* burlarse. **2** *fam (glisser)* resbalar.
• **se foutre de** QQCH *fam* pasar completamente de ALGO.
• **va te faire foutre !** *pop* ¡vete a tomar por culo!
foyer [fwaje] *nm* **1** *(gén)* hogar *m*. **2** *fig (d'un mouvement, d'une rébellion, etc)* centro *m*, núcleo *m*. **3** PHYS foco *m*.
fracas [fʀaka] *nm* estrépito *m*, estruendo *m*.
fracasser [fʀakase] *vt* romper con estrépito: ***les vagues se fracassent sur les rochers***, las olas rompen con fuerza sobre las rocas.

fraction [fʀaksjɔ̃] *nf* fracción *f*.
fractionner [fʀaksjɔne] *vt* fraccionar.
fracture [fʀaktyʀ] *nf* MÉD fractura *f*.
fracturer [fʀaktyʀe] *vt* fracturar.
fragile [fʀaʒil] *adj* frágil.
fragilité [fʀaʒilite] *nf* fragilidad *f*.
fragment [fʀagmɑ̃] *nm* fragmento *m*.
fragmenter [fʀagmɑ̃te] *vt* fragmentar.
fraîche [fʀɛʃ] *adj f* → frais, fraîche.
fraîcheur [fʀɛʃœʀ] *nf* **1** *(froid)* frescura *f*, frescor *m*. **2** *(éclat)* frescura *f*, lozanía *f*.
frais[1] [fʀɛ] *nm pl* gastos *m pl*.
• **à grands frais** sin reparar en gastos.
• **à peu de frais** sin grandes gastos, sin gastar mucho.
• **au frais de** QQN a expensas de ALGN.
• **en être pour ses frais** haber perdido el tiempo.
▪ **faux frais** gastos imprevistos.
frais, fraîche[2] [fʀɛ, fʀɛʃ] *adj* **1** *(gén)* fresco,-ca. **2** *(teint, mine)* fresco,-ca, lozano,-na. **3** *(récent)* reciente, fresco,-ca. **4** *(aliment)* fresco,-ca. **5** *(pain)* tierno,-na, recién hecho,-cha. **6** *(attitude)* frío,-a.
► *nm* **frais** *(fraîcheur)* fresco *m*: ***prendre le frais***, tomar el fresco.
► *adv* *(récemment)* recién: ***fleur fraîche cueillie***, flor recién cogida.
• **nous voilà frais !** ¡estamos frescos!
• **" Servir frais "** "Sírvase frío".
fraise [fʀɛz] *nf* **1** *(fruit)* fresa *f*; *(de grosse taille)* fresón *m*. **2** *(collerette)* gorguera *f*. **3** *(outil)* fresa *f*. **4** *(de dentiste)* torno *m*.
fraiseuse [fʀɛzøz] *nf* fresadora *f*.
fraisier [fʀezje] *nm* fresa *f*, fresera *f*.
framboise [fʀɑ̃bwaz] *nf* frambuesa *f*.
franc, franche [fʀɑ̃, fʀɑ̃ʃ] *adj* **1** *(sincère)* franco,-ca, sincero,-ra. **2** *(libre d'impôts)* franco,-ca: ***produit franc de port***, producto franco de porte. **3** *(vrai)* verdadero,-ra, completo,-ta: ***c'est un franc prétentieux***, es un verdadero pretencioso.
► *adv* **franc** *(sincèrement)* francamente.
français,-e [fʀɑ̃sɛ,-ɛz] *adj* francés,-esa.
► *nm,f* **Français,-e** francés,-esa.
► *nm* **français** *(langue)* francés *m*.
France [fʀɑ̃s] *nf* Francia.
franche [fʀɑ̃ʃ] *adj f* → franc, franche.
franchir [fʀɑ̃ʃiʀ] *vt* **1** *(porte, pont)* atravesar. **2** *(obstacle)* salvar. **3** *fig* *(difficulté)* superar, salvar.
franchise [fʀɑ̃ʃiz] *nf* **1** *(sincérité)* franqueza *f*. **2** *(d'un commerce, d'assurance)* franquicia *f*.
franc-jeu [fʀɑ̃ʒø] *nm* (*pl* **francs-jeux**) juego *m* limpio.
francophone [fʀɑ̃kofɔn] *adj* - *nmf* francófono,-na.
franc-parler [fʀɑ̃paʀle].
• **avoir son franc-parler** decir lo que se piensa.
franc-tireur [fʀɑ̃tiʀœʀ] *nm* (*pl* **francs-tireurs**) francotirador *m*.
frange [fʀɑ̃ʒ] *nf* **1** *(passementerie)* franja *f*, fleco *m*. **2** *(coiffure)* flequillo *m*.
franquette [fʀɑ̃kɛt] *nf* llaneza *f*, franqueza *f*.
• **à la bonne franquette** a la pata la llana, sin ceremonias.
frappant,-e [fʀapɑ̃,-ɑ̃t] *adj* **1** *(impressionnant)* impactante, sorprendente: ***il a une ressemblance frappante avec son père***, tienen un parecido sorprendente con su padre. **2** *(évident)* patente, palpable: ***elle a présenté des preuves frappantes***, presentó pruebas palpables.
frappe [fʀap] *nf* **1** *(d'une monnaie)* acuñación *f*. **2** *(dactylographie)* pulsación *f*. **3** *(de ballon, de coup de poing)* golpeo *m*.
frapper [fʀape] *vt* **1** *(gén)* golpear. **2** *(monnaie)* acuñar. **3** *(champagne)* enfriar. **4** *(épater)* impresionar, sorprender. **5** *(faire impression)* llamar la atención.
► *vi* *(à une porte)* llamar.
► *vpr* **se frapper** *fig* *(s'inquiéter)* inquietarse, preocuparse.
• **frapper des mains** aplaudir.
• **frapper des pieds** patear.
fraternel,-elle [fʀatɛʀnɛl] *adj* fraternal.
fraternité [fʀatɛʀnite] *nf* fraternidad *f*, hermandad *f*.
fratricide [fʀatʀisid] *adj* - *nmf* fratricida.
► *nm* *(crime)* fratricidio *m*.
fraude [fʀod] *nf* fraude *m*.
frauder [fʀode] *vt* *(arnaquer)* defraudar.
► *vi* *(commettre une fraude)* cometer un fraude.

frauduleux,-euse [fʀodylø,-øz] *adj* fraudulento,-ta.
frayer (se) [fʀeje] *vpr* abrirse: ***se frayer un chemin***, abrirse paso.
frayeur [fʀɛjœʀ] *nf* pavor *m*, terror *m*.
fredonner [fʀədɔne] *vt* canturrear, tararear.
free-lance [fʀilɑ̃s] *adj - nmf* free-lance.
freezer [fʀizœʀ] *nm* congelador *m*.
frégate [fʀegat] *nf (navire)* fragata *f*.
frein [fʀɛ̃] *nm* **1** *(mécanique)* freno *m*. **2** ANAT frenillo *m*. **3** *fig (limite)* freno *m*, límite *m*.
• **ronger son frein** soportar ALGO con impaciencia.
▪ **frein à main** freno de mano.
▪ **frein moteur** freno motor.
freiner [fʀene] *vi - vt* frenar.
frelater [fʀəlate] *vt* adulterar, alterar.
frêle [fʀɛl] *adj* frágil, endeble.
frelon [fʀəlɔ̃] *nm* avispón *m*.
frémir [fʀemiʀ] *vi* estremecerse, temblar.
frémissant,-e [fʀemisɑ̃,-ɑ̃t] *adj* trémulo,-la, tembloroso,-sa.
frêne [fʀɛn] *nm* fresno *m*.
frénésie [fʀenezi] *nf* frenesí *m*.
frénétique [fʀenetik] *adj* frenético,-ca.
fréquence [fʀekɑ̃s] *nf* frecuencia *f*.
fréquent,-e [fʀekɑ̃,-ɑ̃t] *adj* frecuente.
fréquentations [fʀekɑ̃tasjɔ̃] *nf pl* relaciones *f pl*.
• **avoir des mauvaises fréquentations** tener malas compañías.
fréquenter [fʀekɑ̃te] *vt* **1** *(lieu)* frecuentar. **2** *(personne)* tratar, relacionarse con.
frère [fʀɛʀ] *nm* **1** *(parent)* hermano *m*. **2** *(religieux)* hermano *m*, fraile *m*.
▪ **frère de lait** hermano de leche.
fresque [fʀɛsk] *nf* **1** *(peinture)* fresco *m*. **2** *fig (composition)* cuadro *m*, fresco *m*.
fret [fʀɛ] *nm* flete *m*.
fréter [fʀete] *vt* **1** *(transport)* fletar. **2** *(véhicule)* alquilar.
frétillant,-e [fʀetijɑ̃,-ɑ̃t] *adj* bullicioso,-sa, vivaracho,-cha.
friand,-e [fʀijɑ̃,-ɑ̃d] *adj* goloso,-sa.
► *nm* **friand** *(gâteau) pastelito relleno de carne o embutido.*
• **être friand,-e de QQCH** ser muy aficionado,-da a ALGO.
friandise [fʀijɑ̃diz] *nf* golosina *f*.
fric [fʀik] *nm fam* pasta *f*.
fricassée [fʀikase] *nf* CUIS fricasé *m*.
friche [fʀiʃ] *nf* baldío *m*, erial *m*.
• **en friche** sin cultivar, yermo,-ma.
fricoter [fʀikɔte] *vt* **1** CUIS guisar, estofar. **2** *fam (manigancer)* tramar, maquinar.
► *vi fam (magouiller)* trapichear.
friction [fʀiksjɔ̃] *nf* fricción *f*.
frictionner [fʀiksjɔne] *vt* friccionar.
frigidaire® [fʀiʒidɛʀ] *nm* nevera *f*.
frigide [fʀiʒid] *adj* frígido,-da.
frigo [fʀigo] *nm fam* nevera *f*.
frigorifié,-e [fʀigɔʀifje] *adj fam* helado,-da.
frigorifique [fʀigɔʀifik] *adj* frigorífico,-ca.
frileux,-euse [fʀilø,-øz] *adj* friolero,-ra.
frimas [fʀima] *nm fml* escarcha *f*.
frimer [fʀime] *vi fam* fantasmear, chulear.
frimousse [fʀimus] *nf fam* carita *f*.
fringant,-e [fʀɛ̃gɑ̃,-ɑ̃t] *adj* **1** *(personne)* vivaracho,-cha. **2** *(cheval)* fogoso,-sa, vivo,-va.
fringues [fʀɛ̃g] *nm pl fam (vêtements)* trapos *m pl*.
friper (se) [fʀipe] *vpr* arrugarse.
fripes [fʀip] *nf pl* ropa *f* usada.
fripon,-onne [fʀipɔ̃,-ɔn] *adj - nm,f* bribón,-ona, pillo,-lla.
fripouille [fʀipuj] *nf fam* canalla *m*, granuja *m*.
frire [fʀiʀ] *vt* freír.
► *vi* freírse.
► *vpr* **se frire** freírse.
frise [fʀiz] *nf* ARCHIT friso *m*.
friser [fʀize] *vt* **1** *(cheveux)* rizar. **2** *(effleurer)* rozar, rasar. **3** *(toucher à)* rayar en, acercarse a: ***il frise la quarantaine***, se acerca a los cuarenta.
► *vi (se boucler)* rizarse.
frisson [fʀisɔ̃] *nm* escalofrío *m*.
frissonner [fʀisɔne] *vi* **1** *(trembler)* temblar. **2** *(de fièvre)* tener escalofríos. **3** *(s'agiter)* estremecerse.
frit,-e [fʀi,-it] *adj* frito,-ta.

frite [fRit] *nf* patata *f* frita.
friteuse [fRitøz] *nf* freidora *f*.
friture [fRityR] *nf* CUIS fritura *f*.
frivole [fRivɔl] *adj* frívolo,-la.
frivolité [fRivɔlite] *nf* **1** *(gén)* frivolidad *f*. **2** *(dentelle)* encajes *m pl*.
froc [fRɔk] *nm* **1** *(de moine)* hábito *m*, cogulla *f*. **2** *fam (vêtement)* pantalón *m*.
• **jeter le froc aux orties** colgar los hábitos.
froid,-e [fRwa,-ad] *adj* frío,-a.
► *nm* **froid** **1** frío *m*: ***aujourd'hui, il fait froid***, hoy hace frío. **2** *(attitude)* frialdad *f*, indiferencia *f*.
• **à froid** en frío.
• **être en froid avec QQN** estar tirante con ALGN.
• **jeter un froid** crear un vacío.
• **il fait un froid de canard** hace un frío que pela.
• **n'avoir pas froid aux yeux** ser muy valiente.
• **prendre froid** enfriarse.
froideur [fRwadœR] *nf* frialdad *f*.
froisser [fRwase] *vt* **1** *(chiffonner)* arrugar, chafar. **2** *(meurtrir)* magullar, lastimar. **3** *fig (blesser)* herir, ofender.
► *vpr* **se froisser** **1** *(vêtement)* arrugarse, chafarse. **2** *fig (personne)* ofenderse, picarse.
frôler [fRole] *vt* rozar.
fromage [fRɔmaʒ] *nm* queso *m*.
fromagerie [fRɔmaʒRi] *nf* quesería *f*.
froment [fRɔmɑ̃] *nm* trigo *m* candeal.
froncer [fRɔ̃se] *vt* **1** *(sourcils)* fruncir. **2** *(vêtement)* plisar, fruncir.
frondaison [fRɔ̃dɛzɔ̃] *nf* frondosidad *f*, fronda *f*.
front [fRɔ̃] *nm* **1** *(partie du visage)* frente *f*. **2** *(façade)* frente *m*, fachada *f*. **3** *(effronterie)* descaro *m*, desfachatez *f*: ***avoir le front de mentir***, tener el descaro de mentir. **4** *(politique, militaire)* frente *m*.
• **de front** de frente.
• **faire front à** hacer frente a.
frontal,-e [fRɔ̃tal] *adj* frontal.
frontière [fRɔ̃tjɛR] *nf* frontera *f*.
► *adj* fronterizo,-za.
▪ **frontière naturelle** frontera natural.
frontispice [fRɔ̃tispis] *nm* ARCHIT frontispicio *m*, frontis *m*.
fronton [fRɔ̃tɔ̃] *nm* ARCHIT frontón *m*.
frottement [fRɔtmɑ̃] *nm* **1** *(gén)* frotamiento *m*. **2** *fig (contact)* roce *m*. **3** *(mécanique)* rozamiento *m*.
frotter [fRɔte] *vt* **1** *(gén)* frotar: ***frotter ses yeux***, restregarse los ojos. **2** *(parquet)* encerar, lustrar.
► *vi (effleurer)* rozar.
► *vpr* **se frotter** **1** *(gén)* frotarse. **2** *(fréquenter)* relacionarse, tratarse con.
• **se frotter à QQN** *(s'attaquer à)* arremeter contra ALGN.
frousse [fRus] *nf fam* canguelo *m*.
fructifier [fRyktifje] *vi* fructificar.
fructose [fRyktoz] *nf* fructosa *f*.
fructueux,-euse [fRyktɥø,-øz] *adj* fructífero,-ra.
frugal,-e [fRygal] *adj* frugal.
fruit [fRɥi] *nm* **1** *(gén)* fruto *m*: ***les fruits de la terre***, los frutos de la tierra. **2** *(aliment)* fruta *f*: ***la prune est un fruit***, la ciruela es una fruta. **3** *fig (résultat)* fruto *m*, producto *m*: ***le fruit d'une union***, el fruto de una unión.
► *nm pl* **fruits** *(bénéfices)* frutos *m pl*.
▪ **fruit confit** fruta confitada.
▪ **fruit défendu** fruto prohibido.
▪ **fruit sec** frutos secos.
▪ **fruits de mer** marisco *m*.
fruité,-e [fRɥite] *adj* afrutado,-da.
fruitier,-ère [fRɥitje,-ɛR] *adj* frutal: ***arbres fruitiers***, árboles frutales.
► *nm,f (marchand)* frutero,-ra.
► *nm* **fruitier** *(récipient)* frutero *m*.
fruste [fRyst] *adj* zafio,-fia.
frustration [fRystRasjɔ̃] *nf* frustración *f*.
frustré,-e [fRystRe] *adj* - *nm,f* frustrado,-da.
frustrer [fRystRe] *vt* **1** *(décevoir)* frustrar. **2** *(priver d'un bien)* privar (**de**, de).
fuchsia [fyʃja] *nm* fucsia *m*.
fuel [fjul] *nm* fuel *m*.
fugace [fygas] *adj* fugaz.
fugitif,-ive [fyʒitif,-iv] *adj* - *nm,f* fugitivo,-va.
fugue [fyg] *nf* **1** *(fuite)* fuga *f*, escapada *f*. **2** MUS fuga *f*.

fuir [fɥiʀ] *vi* **1** *(échapper)* huir. **2** *(d'un récipient)* salirse.
► *vt (éviter)* evitar, rehuir.

fuite [fɥit] *nf* **1** *(fugue)* huida *f*, fuga *f*. **2** *(d'un gaz, d'un liquide)* escape *m*. **3** *fam (indiscrétion)* indiscreción *f*, filtración *f*. **4** *fig (dérobade)* evasiva *f*, escapatoria *f*.
• **prendre la fuite** darse a la fuga.
▪ **fuite des capitaux** fuga de capitales.

fulgurant,-e [fylgyʀɑ̃,-ɑ̃t] *adj* fulgurante.

fumant,-e [fymɑ̃,-ɑ̃t] *adj* **1** *(gén)* humeante. **2** *fam (génial)* sensacional, fantástico,-ca.

fumé,-e [fyme] *adj* CUIS ahumado,-da.

fume-cigarette [fymsigaʀɛt] *nm inv* boquilla *f*.

fumée [fyme] *nf* **1** *(gén)* humo *m*. **2** *fig (vanité)* humos *m pl*.
► *nf pl* **fumées** *(d'un liquide)* vapores *m pl*.

fumer [fyme] *vi* **1** *(gén)* humear, echar humo. **2** *fam fig (enrager)* echar chispas.
► *vt* **1** *(gén)* fumar: ***fumer une cigarette***, fumar un cigarrillo. **2** CUIS ahumar. **3** *(champ)* abonar, estercolar.

fumeur,-euse [fymœʀ,-øz] *nm,f* fumador,-ra.

fumier [fymje] *nm* **1** *(engrais)* estiércol *m*. **2** *fam (homme vil)* cabrón *m*.

funambule [fynɑ̃byl] *nmf* funámbulo,-la.

funèbre [fynɛbʀ] *adj* fúnebre.

funérailles [fyneʀaj] *nf pl (cérémonie)* funeral *m sing*.

funéraire [fyneʀɛʀ] *adj* funerario,-ria, mortuorio,-ria.

funeste [fynɛst] *adj* funesto,-ta.

funiculaire [fynikylɛʀ] *nm* funicular *m*.

fur [fyʀ].
• **au fur et à mesure** poco a poco.
• **au fur et à mesure que** a medida que, conforme.

furet [fyʀɛ] *nm* **1** *(animal)* hurón *m*. **2** *(jeu)* anillo *m*, sortija *f*. **3** *fig (personne)* curioso,-sa, fisgón,-ona.

fureur [fyʀœʀ] *nf* furor *m*.
• **être en fureur** enfurecerse.
• **faire fureur** hacer furor.

furieux,-euse [fyʀjø,-øz] *adj* **1** *(en rage)* furioso,-sa. **2** *fig (impétueux)* impetuoso,-sa. **3** *fig (extrême)* tremendo,-da, terrible: ***il lui donna un furieux coup de poing***, le dio un puñetazo tremendo.

furoncle [fyʀɔ̃kl] *nm* MÉD forúnculo *m*.

furtif,-ive [fyʀtif,-iv] *adj* furtivo,-va.

fusain [fyzɛ̃] *nm* **1** *(arbrisseau)* bonetero *m*. **2** *(pour dessiner, dessin)* carboncillo *m*.

fuseau [fyzo] *nm* **1** *(pour filer)* huso *m*. **2** *(à dentelle)* bolillo *m*. **3** *(pantalon)* pantalón *m* de tubo.
▪ **fuseau horaire** huso horario.

fusée [fyze] *nf* cohete *m*.
• **fusée spatiale** cohete espacial.

fuselage [fyzlaʒ] *nm* fuselaje *m*.

fuselé,-e [fyzle] *adj* ahusado,-da.

fuser [fyze] *vi* **1** *(bougie)* derretirse. **2** *(poudre)* estallar, deflagrar. **3** *fig (rires, critiques)* estallar, prorrumpir en.

fusible [fyzibl] *nm* fusible *m*.

fusil [fyzi] *nm* fusil *m*.
• **changer son fusil d'épaule** cambiar de chaqueta.

fusillade [fyzijad] *nf* tiroteo *m*.

fusiller [fyzije] *vt* fusilar.

fusil-mitrailleur [fyzimitʀajœʀ] *nm* (*pl* **fusils-mitrailleurs**) fusil *m* ametrallador.

fusion [fyzjɔ̃] *nf* fusión *f*.
▪ **fusion nucléaire** fusión nuclear.

fusionner [fyzjɔne] *vt* fusionar.

fût [fy] *nm* **1** *(d'arbre)* tronco *m*. **2** ARCHIT fuste *m*, caña *f*. **3** *(d'arme à feu)* caña *f*. **4** *(tonneau)* tonel *m*.

futé,-e [fyte] *adj fam (rusé)* listo,-ta, astuto,-ta.

futile [fytil] *adj* fútil.

futon [fytɔ̃] *nm* futón *m*.

futur,-e [fytyʀ] *adj* futuro,-ra.
► *nm* **futur** futuro *m*.

futuriste [fytyʀist] *adj* futurista.

fuyant,-e [fɥijɑ̃,-ɑ̃t] *adj* **1** *(gén)* que huye, huidizo,-za. **2** *(incliné)* hundido,-da, deprimido,-da: ***front fuyant***, frente deprimida.
► *nm* **fuyant** *(ligne)* perspectiva *f*.

fuyard,-e [fɥijaʀ,-aʀd] *nm,f* fugitivo,-va.

G

gabardine [gabaʀdin] *nf* gabardina *f.*
gabarit [gabaʀi] *nm* **1** *(dimension)* tamaño *m.* **2** *fam (genre)* calaña *f.*
gâcher [gaʃe] *vt* **1** *(gaspiller - argent)* malgastar; *(- vie, santé)* arruinar. **2** *(plaisir)* estropear. **3** *(plâtre)* amasar.
gâchette [gaʃɛt] *nf* gatillo *m.*
gâchis [gaʃi] *nm* desperdicio *m.*
gadget [gadʒɛt] *nm* artilugio *m*, chisme *m.*
gaffe [gaf] *nf fam* metedura *f* de pata, plancha *f.*
• **faire gaffe** *fam* tener cuidado.
gaffer [gafe] *vi fam* meter la pata.
gag [gag] *nm* gag *m.*
gaga [gaga] *adj fam* chocho,-cha.
gage [gaʒ] *nm* **1** *(dépôt, au jeu)* prenda *f.* **2** *(garantie)* fianza *f.* **3** *fig (preuve)* testimonio *m.*
• **en gage de** como prueba de.
• **laisser en gage** dejar en prenda.
• **mettre en gage** empeñar.
gager [gaʒe] *vt* apostar: ***je gage qu'elle y arrivera***, apuesto que lo logrará.
gagnant,-e [gaɲɑ̃,-ɑ̃t] *adj - nm,f* ganador,-ra.
gagne-pain [gaɲpɛ̃] *nm inv* sustento *m.*
gagner [gaɲe] *vt* **1** *(gén)* ganar. **2** *(sympathie)* ganarse: ***il gagne bien sa vie***, se gana bien la vida.
► *vi* **1** *(s'améliorer)* ganar: ***ce vin gagne à vieillir***, este vino mejora al envejecer. **2** *(incendie)* extenderse.
gai, gaie [ge] *adj* alegre.
gaieté [gete] *nf* alegría *f.*
gaillard,-e [gajaʀ,-aʀd] *adj* vigoroso,-sa.
► *nm* **gaillard** *fam* tiarrón *m.*
gain [gɛ̃] *nm* ganancia *f.*
• **avoir gain de cause** *(dans une discussion)* salirse con la suya.
gaine [gɛn] *nf* **1** *(étui)* funda *f*; *(d'épée)* vaina *f.* **2** *(sous-vêtement)* faja *f.*
gala [gala] *nm* gala *f*: ***une soirée de gala***, una velada de etiqueta.
galant,-e [galɑ̃,-ɑ̃t] *adj* galante.
► *nm* **galant** galán *m.*
galanterie [galɑ̃tʀi] *nf* galantería *f.*
galaxie [galaksi] *nf* galaxia *f.*
gale [gal] *nf* MÉD sarna *f.*
galère [galɛʀ] *nf* **1** *(bateau)* galera *f.* **2** *fam (situation)* lío *m*: ***je me suis mis dans une de ces galères !***, ¡me he metido en un lío tremendo!
galerie [galʀi] *nf* **1** *(gén)* galería *f.* **2** *(d'une voiture)* baca *f.*
▪ **galerie d'art** galería de arte.
galet [galɛ] *nm* guijarro *m.*
galette [galɛt] *nf* **1** CUIS torta *f.* **2** *fam (argent)* pasta *f.*
▪ **galette des Rois** roscón *m* de Reyes.
galipette [galipɛt] *nf* voltereta *f.*
gallicisme [galisism] *nm* galicismo *m.*
galon [galɔ̃] *nm* galón *m.*
galop [galo] *nm* galope *m.*
• **au galop 1** *(cheval)* al galope. **2** *fig (vite)* rápido.
galoper [galɔpe] *vi* galopar.
galopin [galɔpɛ̃] *nm fam* pillo *m.*
galvaniser [galvanize] *vt* galvanizar.
gambader [gɑ̃bade] *vi* brincar.
gamelle [gamɛl] *nf* **1** *(récipient)* fiambrera *f.* **2** *fam (chute)* tortazo *m.*
gamin,-e [gamɛ,-in] *nm,f* crío,-a.

gamme [gam] *nf* **1** *(de produits)* gama *f*. **2** MUS escala *f*.
gang [gɑ̃g] *nm* banda *f*.
ganglion [gɑ̃glijɔ̃] *nm* ANAT ganglio *m*.
gangrène [gɑ̃gʀɛn] *nf* **1** MÉD gangrena *f*. **2** *fig (morale, politique)* corrupción *f*.
gangster [gɑ̃gstɛʀ] *nm* gángster *m*.
gant [gɑ̃] *nm* guante *m*.
• **aller comme un gant** sentar como un guante.
▪ **gant de toilette** manopla *f*.
garage [gaʀaʒ] *nm* **1** *(abri)* garaje *m*. **2** *(de réparations)* taller *m*.
garagiste [gaʀaʒist] *nmf* mecánico,-ca.
garant,-e [gaʀɑ̃,-t] *nm,f* fiador,-ra, garante.
• **se porter garant de** responder de.
garantie [gaʀɑ̃ti] *nf* garantía *f*.
garantir [gaʀɑ̃tiʀ] *vt* **1** *(gén)* garantizar. **2** *(protéger)* proteger (**de**, de).
garce [gaʀs] *nf fam péj* zorra *f*.
garçon [gaʀsɔ̃] *nm* **1** *(enfant)* chico *m*: ***il est beau garçon***, es un buen mozo. **2** *(dans un bar)* camarero *m*.
• **enterrer sa vie de garçon** celebrar la despedida de soltero.
▪ **vieux garçon** solterón *m*.
garçonnière [gaʀsɔnjɛʀ] *nf* piso *m* de soltero.
garde [gaʀd] *nf* **1** *(gén)* guardia *f*. **2** *(d'un enfant)* custodia *f*.
► *nm* guarda *m*.
• **être de garde** estar de guardia.
• **être sur ses gardes** estar alerta, estar sobre aviso.
• **mettre en garde** poner en guardia.
• **monter la garde** montar guardia.
• **prendre garde** tener cuidado.
▪ **garde à vue** DR incomunicación *f*.
▪ **garde du corps** guardaespaldas *mf*.
▪ **garde forestier** guardabosques *mf*.
garde-à-vous [gaʀdavu] *nm inv* firmes *m*.
• **se mettre au garde-à-vous** ponerse firmes.
garde-boue [gaʀdəbu] *nm inv* guardabarros *m*.
garde-fou [gaʀdəfu] *nm* (*pl* **garde-fous**) pretil *m*.
garde-malade [gaʀdəmalad] *nmf* (*pl* **gardes-malades**) enfermero,-ra.
garde-manger [gaʀdəmɑ̃ʒe] *nm inv* despensa *f*.
gardénia [gaʀdenja] *nm* gardenia *f*.
garder [gaʀde] *vt* **1** *(gén)* guardar: ***elle ne sait pas garder un secret***, no sabe guardar un secreto; ***il garde le silence***, guarda silencio. **2** *(malade, enfant)* cuidar. **3** *(aliments)* conservar.
► *vpr* **se garder 1** *(s'abstenir)* abstenerse (**de**, de). **2** *(aliments)* conservarse.
garderie [gaʀdəʀi] *nf* guardería *f*.
garde-robe [gaʀdəʀɔb] *nf* (*pl* **garde-robes**) **1** *(armoire)* ropero *m*. **2** *(vêtements)* vestuario *m*.
gardien,-enne [gaʀdjɛ̃,-ɛn] *nm,f* **1** *(gén)* guardia. **2** *(d'immeuble)* portero,-ra.
▪ **gardien,-enne de but** portero,-ra.
▪ **gardien,-enne de nuit** vigilante nocturno,-na.
▪ **gardien de la paix** guardia municipal de París.
gare [gaʀ] *nf* estación *f*.
▪ **gare routière** estación de autobuses.
gare ! [gaʀ] *interj* **1** *(avertissement)* ¡cuidado! **2** *(menace)* ¡ya verás!
garer [gaʀe] *vt* aparcar.
► *vpr* **se garer 1** *(en voiture)* aparcar. **2** *(laisser passer)* apartarse.
gargarisme [gaʀgaʀism] *nm* gárgaras *f pl*.
gargouille [gaʀguj] *nf* gárgola *f*.
gargouiller [gaʀguje] *vi (intestins)* hacer ruido.
garnement [gaʀnəmɑ̃] *nm fam* granuja *m*.
garnir [gaʀniʀ] *vt* **1** *(pourvoir d'éléments)* equipar. **2** *(orner)* adornar (**de**, con). **3** *(un espace)* llenar.
garnison [gaʀnizɔ̃] *nf* guarnición *f*.
garniture [gaʀnityʀ] *nf* **1** *(de vêtement)* adorno *m*. **2** *(d'un plat)* guarnición *f*.
garrot [gaʀo] *nm* **1** MÉD torniquete *m*. **2** *(de cheval)* cruz *f*. **3** *(supplice)* garrote *m*.
gars [ga] *nm (fam)* tipo *m*.
gas-oil [gazɔjl] *nm* gasóleo *m*.
gaspillage [gaspijaʒ] *nm* despilfarro *m*.
gaspiller [gaspije] *vt* despilfarrar.
gastrique [gastʀik] *adj* gástrico,-ca.
gastro-entérite [gastʀɔɑ̃teʀit] *nf* (*pl* **gastro-entérites**) MÉD gastroenteritis *f*.

gastronome [gastʀɔnɔm] *nmf* gastrónomo,-ma.
gastronomie [gastʀɔnɔmi] *nf* gastronomía *f.*
gastronomique [gastʀɔnɔmik] *adj* gastronómico,-ca.
gâteau [gato] *nm* pastel *m.*
• **c'est du gâteau** *fam* está chupado, está tirado.
▪ **gâteau sec** pasta *f.*
gâter [gate] *vt* **1** *(avarier)* estropear. **2** *(enfant)* consentir, mimar demasiado.
► *vpr* **se gâter** estropearse.
• **ça se gâte !** ¡esto se pone feo!
• **je suis gâté !** ¡lo que faltaba!
gâteux,-euse [gatø,-øz] *adj* chocho, -cha.
► *nm,f* viejo,-ja chocho,-cha.
gauche [goʃ] *adj* **1** *(côté)* izquierdo,-da. **2** *(de travers)* torcido,-da. **3** *fig (maladroit)* torpe.
► *nf* izquierda *f.*
• **à gauche** a la izquierda.
• **de gauche** de izquierdas.
gaucher,-ère [goʃe,-ɛʀ] *adj* - *nm,f* zurdo, -da.
gaufre [gofʀ] *nf (pâtisserie)* gofre *m.*
gaufrette [gofʀɛt] *nf* barquillo *m.*
gaulois,-e [golwa,-az] *adj* galo,-la.
► *nm,f* **Gaulois,-e** galo,-la.
gaver [gave] *vt* **1** *(animaux)* cebar. **2** *fig (de compliments)* colmar.
► *vpr* **se gaver** atiborrarse.
gaz [gaz] *nm* gas *m.*
gaze [gaz] *nf* gasa *f.*
gazelle [gazɛl] *nf* gacela *f.*
gazer [gaze] *vt* gasear.
► *vi fam* ir de prisa: ***ça gaze !***, ¡va bien!
gazette [gazɛt] *nf* gaceta *f.*
gazeux,-euse [gazø,-øz] *adj* gaseoso, -sa.
gazoduc [gazɔdyk] *nm* gaseoducto *m.*
gazole [gazɔl] *nm* gasóleo *m.*
gazon [gazɔ̃] *nm* césped *m.*
gazouiller [gazuje] *vi* **1** *(oiseau)* trinar. **2** *(bébé)* balbucear.
geai [ʒɛ] *nm* arrendajo *m.*
géant,-e [ʒeɑ̃,-ɑ̃t] *adj* - *nm,f* gigante.
geindre [ʒɛ̃dʀ] *vi* quejarse.
gel [ʒɛl] *nm* **1** *(froid)* helada *f.* **2** *(pour cheveux, corps)* gel *m.*
gélatine [ʒelatin] *nf* gelatina *f.*
gelé,-e [ʒəle] *adj* helado,-da.
gelée [ʒəle] *nf* **1** *(de glace)* helada *f.* **2** *(de fruits)* jalea *f.* **3** *(de viande)* gelatina *f.*
▪ **gelée royale** jalea real.
geler [ʒəle] *vt* **1** *(gén)* helar. **2** *fig (projet, salaire)* congelar.
► *vi* helarse.
► *v impers* helar: ***il gèle ici !***, ¡aquí hace un frío que pela!
gélule [ʒelyl] *nf* cápsula *f.*
gémir [ʒemiʀ] *vi* gemir.
gémissement [ʒemismɑ̃] *nm* gemido *m.*
gênant,-e [ʒɛnɑ̃,-ɑ̃t] *adj* molesto,-ta.
gencive [ʒɑ̃siv] *nf* encía *f.*
gendarme [ʒɑ̃daʀm] *nm* gendarme *m*, policía *mf.*
gendarmerie [ʒɑ̃daʀməʀi] *nf* gendarmería *f.*
gendre [ʒɑ̃dʀ] *nm* yerno *m.*
gène [ʒɛn] *nm* gen *m.*
gêne [ʒɛn] *nf* molestia *f.*
• **être sans gêne** ser un descarado,-da.
généalogie [ʒenealɔʒi] *nf* genealogía *f.*
généalogique [ʒenealɔʒik] *adj* genealógico,-ca.
gêner [ʒene] *vt* **1** *(embarrasser)* molestar: ***si cela ne vous gêne pas***, si no le molesta. **2** *(encombrer)* estorbar.
► *vpr* **se gêner** molestarse: ***ne vous gênez pas !***, ¡no se moleste!
général,-e [ʒeneʀal] *adj* general.
► *nm* **général** *(d'armée)* general *m.*
générale [ʒeneʀal] *nf (au théâtre)* ensayo *m* general.
généralement [ʒeneʀalmɑ̃] *adv* por lo general.
généraliser [ʒeneʀalize] *vt* generalizar.
► *vpr* **se généraliser** generalizarse.
généraliste [ʒeneʀalist] *nmf* médico,-ca de medicina general.
généralité [ʒeneʀalite] *nf* generalidad *f.*
► *nf pl* **généralités** generalidades *f pl.*
générateur,-trice [ʒeneʀatœʀ,-tʀis] *adj* generador,-ra.
► *nm* **générateur** generador *m.*
génération [ʒeneʀasjɔ̃] *nf* generación *f.*

générer [ʒeneʀe] *vt* generar.
généreux,-euse [ʒeneʀø,-øz] *adj* generoso,-sa.
générique [ʒeneʀik] *adj* genérico,-ca.
► *nm* **1** *(d'un film)* créditos *m pl*. **2** *(médicament)* genérico *m*.
générosité [ʒeneʀozite] *nf* generosidad *f*.
genèse [ʒənɛz] *nf* génesis *f*.
genêt [ʒənɛ] *nm* retama *f*.
génétique [ʒenetik] *adj* genético,-ca.
► *nf* genética *f*.
génial,-e [ʒenjal] *adj* genial.
génie [ʒeni] *nm* **1** *(être, aptitude innée)* genio *m*. **2** *(disposition)* talento *m*: ***elles ont le génie des affaires***, tienen talento para los negocios. **3** *(technologie)* ingeniería *f*.
■ **génie génétique** ingeniería genética.
genièvre [ʒənjɛvʀ] *nm* enebro *m*.
génisse [ʒenis] *nf* becerra *f*, vaquilla *f*.
génital,-e [ʒenital] *adj* genital.
génitif [ʒenitif] *nm* genitivo *m*.
génocide [ʒenɔzid] *nm* genocidio *m*.
genou [ʒənu] *nm* rodilla *f*.
• **être sur les genoux** *fam* estar hecho, -cha polvo.
• **se mettre à genoux** arrodillarse.
genouillère [ʒənujɛʀ] *nf* rodillera *f*.
genre [ʒɑ̃ʀ] *nm* **1** *(gén)* género *m*: ***genre humain***, género humano. **2** *(sorte)* especie *f*. **3** *(de personne)* estilo *m*: ***il a un genre, tout de même***, sea como sea, tiene estilo.
gens [ʒɑ̃] *nm pl* gente *f sing*: ***les jeunes gens***, la gente joven, los jóvenes.
gentiane [ʒɑ̃sjan] *nf* genciana *f*.
gentil,-ille [ʒɑ̃ti,-ij] *adj* amable, bueno, -na.
gentilhomme [ʒɑ̃tijɔm] *nm* (*pl* **gentilshommes**) hidalgo *m*, caballero *m*.
gentillesse [ʒɑ̃tijɛs] *nf* amabilidad *f*.
génuflexion [ʒenyflɛksjɔ̃] *nf* genuflexión *f*.
géographie [ʒeɔgʀafi] *nf* geografía *f*.
géographique [ʒeɔgʀafik] *adj* geográfico,-ca.
geôlier,-ère [ʒolje,-ɛʀ] *nm,f* carcelero,-ra.
géologie [ʒeɔlɔʒi] *nf* geología *f*.
géologique [ʒeɔlɔʒik] *adj* geológico,-ca.
géométrie [ʒeɔmetʀi] *nf* geometría *f*.
géométrique [ʒeɔmetʀik] *adj* geométrico,-ca.
gérance [ʒeʀɑ̃s] *nf* gerencia *f*.
géranium [ʒeʀanjɔm] *nm* geranio *m*.
gérant,-e [ʒeʀɑ̃,-t] *nm,f* gerente.
gerbe [ʒɛʀb] *nf* **1** *(de fleurs)* ramo *m*. **2** *(de blé)* gavilla *f*. **3** *(d'eau)* chorro *m*.
gercé,-e [ʒɛʀse] *adj* agrietado,-da.
gérer [ʒeʀe] *vt* administrar.
gériatrie [ʒeʀjatʀi] *nf* geriatría *f*.
germain,-e [ʒɛʀmɛ̃,-ɛn] *adj* hermano,-na: ***cousin germain***, primo hermano.
germe [ʒɛʀm] *nm* **1** *(gén)* germen *m*. **2** *(de pomme de terre)* ojo *m*.
germer [ʒɛʀme] *vi* germinar.
germination [ʒɛʀminasjɔ̃] *nf* germinación *f*.
gérondif [ʒeʀɔ̃dif] *nm* gerundio *m*.
gésier [ʒezje] *nm* molleja *f*.
gésir [ʒeziʀ] *vi fml* yacer.
gestation [ʒɛstasjɔ̃] *nf* gestación *f*.
geste [ʒɛst] *nm* gesto *m*.
gesticuler [ʒɛstikyle] *vi* gesticular.
gestion [ʒɛstjɔ̃] *nf* gestión *f*.
gestionnaire [ʒɛstjɔnɛʀ] *adj* - *nm* gestor,-ra.
► *nm* INFORM administrador *m*.
geyser [ʒɛzɛʀ] *nm* géiser *m*.
ghetto [gɛto] *nm* gueto *m*.
gibier [ʒibje] *nm* caza *f*.
■ **gros gibier** caza mayor.
giboulée [ʒibule] *nf* chubasco *m*.
gicler [ʒikle] *vi* salpicar.
gifle [ʒifl] *nf* bofetada *f*.
gifler [ʒifle] *vt* dar una bofetada.
gigantesque [ʒigɑ̃tɛsk] *adj* gigantesco,-ca.
gigolo [ʒigɔlo] *nm* gigoló *m*.
gigot [ʒigo] *nm* CUIS pierna *f*.
gigoter [ʒigɔte] *vi* patalear.
gilet [ʒilɛ] *nm* **1** *(sans manches)* chaleco *m*. **2** *(à manches)* chaqueta *f* de punto.
■ **gilet de sauvetage** chaleco salvavidas.
■ **gilet pare-balles** chaleco antibalas.
gin [dʒin] *nm* ginebra *f*.
gingembre [ʒɛ̃ʒɑ̃bʀ] *nm* jengibre *m*.

girafe [ʒiʀaf] *nf* jirafa *f.*
giratoire [ʒiʀatwaʀ] *adj* giratorio,-ria.
giroflée [ʒiʀɔfle] *nf* alhelí *m.*
giron [ʒiʀɔ̃] *nm* regazo *m.*
girouette [ʒiʀwɛt] *nf* veleta *f.*
gisement [ʒizmɑ̃] *nm* yacimiento *m.*
gitan,-e [ʒitɑ̃,-an] *adj* gitano,-na.
► *nm,f* **Gitan,-e** gitano,-na.
gîte [ʒit] *nm* **1** *(logement)* albergue *m.* **2** *(d'animaux)* madriguera *f.* **3** CUIS redondo *m.*
▪ **gîte rural** casa *f* rural.
givre [ʒivʀ] *nm* escarcha *f.*
glace [glas] *nf* **1** *(eau congelée)* hielo *m.* **2** CUIS helado *m*: ***glace à la vanille***, helado de vainilla. **3** *(de fenêtre)* cristal *m*; *(de voiture)* luna *f.* **4** *(miroir)* espejo *m.*
• **rompre la glace** romper el hielo.
glacer [glase] *vt* **1** *(gén)* congelar. **2** *fig* paralizar: ***sa petite phrase m'a glacé***, su comentario me dejó helado. **3** CUIS glasear.
glacial,-e [glasjal] *adj* glacial.
glacier [glasje] *nm* **1** GÉOG glaciar *m.* **2** *(fabricant de glaces)* heladero *m.*
glacière [glasjɛʀ] *nf* nevera *f.*
glaçon [glasɔ̃] *nm* cubito *m* de hielo.
glaïeul [glajœl] *nm* gladiolo *m.*
glaise [glɛz] *nf* arcilla *f.*
glaive [glɛv] *nm* espada *f.*
gland [glɑ̃] *nm* **1** *(pompon)* borla *f.* **2** *(du chêne)* bellota *f.* **3** ANAT glande *m.*
glande [glɑ̃d] *nf* ANAT glándula *f.*
glaner [glane] *vt* espigar.
glapir [glapiʀ] *vi* gañir.
glas [gla] *nm* toque *m* de difuntos.
• **sonner le glas** doblar las campanas.
glauque [glok] *adj* **1** *(eau, yeux)* glauco,-ca. **2** *(regard, air)* lúgubre. **3** *(ambiance)* sórdido,-da.
glissant,-e [glisɑ̃,-ɑ̃t] *adj* resbaladizo,-za.
glissement [glismɑ̃] *nm* deslizamiento *m.*
▪ **glissement de terrain** corrimiento *m* de tierras.
glisser [glise] *vi* **1** *(patineur, skieur)* deslizarse. **2** *(involontairement)* resbalar. **3** *fig (sujet)* tratar por encima.
► *vt* **1** *(faire passer sous/sur)* deslizar. **2** *(donner)* pasar. **3** *(des mots)* susurrar.
► *vpr* **se glisser** colarse.
glissière [glisjɛʀ] *nf* corredera *f.*
global,-e [glɔbal] *adj* global.
globe [glɔb] *nm* globo *m.*
▪ **globe terrestre** globo terráqueo.
globule [glɔbyl] *nm* glóbulo *m.*
▪ **globule blanc** glóbulo blanco.
▪ **globule rouge** glóbulo rojo.
gloire [glwaʀ] *nf* **1** *(renommée)* gloria *f.* **2** *(mérite)* mérito *m.*
• **à la gloire de** en honor de.
glorieux,-euse [glɔʀjø,-øz] *adj* glorioso,-sa.
glorifier [glɔʀifje] *vt* glorificar.
glossaire [glɔsɛʀ] *nm* glosario *m.*
glotte [glɔt] *nf* ANAT glotis *f.*
glousser [gluse] *vi* **1** *(poule)* cloquear. **2** *péj (personne)* reír ahogadamente.
glouton,-onne [glutɔ̃,-ɔn] *nm,f* glotón,-ona.
glu [gly] *nf* **1** *(colle)* liga *f.* **2** *fam (personne)* lapa *f.*
gluant,-e [glyɑ̃,-ɑ̃t] *adj* pegajoso,-sa.
glucide [glysid] *nm* glúcido *m.*
glucose [glykoz] *nm* glucosa *f.*
gluten [glytɛn] *nm* gluten *m.*
glycémie [glisemi] *nf* MÉD glucemia *f.*
glycérine [gliseʀin] *nf* glicerina *f.*
glycine [glisin] *nf* glicina *f.*
gnome [gnom] *nm* gnomo *m.*
go [go].
• **tout de go** de sopetón.
goal [gol] *nm* SPORT portero,-ra.
gobelet [gɔblɛt] *nm* **1** *(pour boire)* vaso *m.* **2** *(pour les dés)* cubilete *m.*
gober [gɔbe] *vt* **1** *(avaler)* sorber. **2** *fig (croire)* tragarse: ***il gobe tout ce que je lui dis***, se traga todo lo que le digo.
godasse [gɔdas] *nf (fam)* zapato *m.*
goéland [gɔelɑ̃] *nm* gaviota *f.*
goélette [gɔelɛt] *nf* goleta *f.*
goguenard,-e [gɔgnaʀ,-d] *adj* guasón,-ona.
goinfre [gwɛ̃fʀ] *nmf fam* tragón,-ona.
goitre [gwatʀ] *nm* bocio *m.*
golf [gɔlf] *nm* SPORT golf *m.*
golfe [gɔlf] *nm* GÉOG golfo *m.*

gomme [gɔm] *nf* **1** *(pour effacer)* goma *f*. **2** *(bonbon)* gominola *f*.
gommer [gɔme] *vt* borrar.
gond [gɔ̃d] *nm* gozne *m*.
gondole [gɔ̃dɔl] *nf* góndola *f*.
gondoler [gɔ̃dɔle] *vi* combarse.
gonflable [gɔ̃flabl] *adj* hinchable.
gonflé,-e [gɔ̃fle] *adj* **1** *(enflé)* hinchado, -da. **2** *fam (culotté)* caradura: ***il est vraiment gonflé !***, ¡tiene un morro que se lo pisa!
gonfler [gɔ̃fle] *vt* **1** *(gén)* inflar, hinchar. **2** *fam* hartar: ***elle me gonfle !***, ¡me tiene harto!
gong [gɔ̃g] *nm* gong *m*.
gonzesse [gɔ̃zɛs] *nf pop péj* tía *f*.
gorge [gɔʀʒ] *nf* **1** *(gosier)* garganta *f*. **2** *(cou)* cuello *m*. **3** GÉOG garganta *f*.
gorgée [gɔʀʒe] *nf* trago *m*.
gorille [gɔʀij] *nm* gorila *m*.
gosier [gozje] *nm* gaznate *m*.
gosse [gɔs] *nmf fam* chaval,-la.
gothique [gɔtik] *adj* gótico,-ca.
► *nm* gótico *m*.
gouache [gwaʃ] *nf* guache *m*, aguada *f*.
goudron [gudʀɔ̃] *nm* **1** *(substance)* alquitrán *m*. **2** *fam (bitume)* asfalto *m*.
goudronner [gudʀɔne] *vt* asfaltar, alquitranar.
gouffre [gufʀ] *nm* abismo *m*.
goujon [guʒɔ̃] *nm* gobio *m*.
goulot [gulo] *nm* cuello *m* de botella.
• **boire au goulot** beber a morro.
goulu,-e [guly] *adj - nm,f* tragón,-ona.
gourde [guʀd] *nf* cantimplora *f*.
gourdin [guʀdɛ̃] *nm* porra *f*.
gourer (se) [guʀe] *vpr fam* equivocarse.
gourmand,-e [guʀmɑ̃,-ɑ̃d] *adj - nm,f* goloso,-sa.
gourmandise [guʀmɑ̃diz] *nf* **1** *(défaut)* glotonería *f*. **2** *(friandise)* golosina *f*.
gourmet [guʀmɛ] *nm* gourmet *m*.
gousse [gus] *nf* BOT vaina *f*.
▪ **gousse d'ail** diente *m* de ajo.
goût [gu] *nm* **1** *(sens, esthétique)* gusto *m*. **2** *(saveur)* gusto *m*, sabor *m*. **3** *(caractère)* estilo *m*. **4** *(penchant)* afición *f*.
• **avoir du goût** tener buen gusto.
• **chacun ses goûts** sobre gustos no hay nada escrito.
• **de mauvais goût** de mal gusto.
goûter[1] [gute] *nm* merienda *f*.
goûter[2] [gute] *vt* **1** *(aliment, boisson)* probar. **2** *(plaisir, musique)* disfrutar.
► *vi* **1** *(gén)* probar. **2** *(à quatre heures)* merendar. **3 goûter à** *(découvrir)* probar.
goutte [gut] *nf* **1** *(gén)* gota *f*. **2** *fam (boisson)* chupito *m*.
► *nf pl* **gouttes** MÉD gotas *f pl*.
• **ne ... goutte** *fml* ni gota: ***n'entendre goutte***, no oír ni gota.
goutte-à-goutte [gutagut] *nm inv* MÉD gota a gota *m*.
gouttière [gutjɛʀ] *nf* **1** *(de toit)* canalón *m*. **2** MÉD entablillado *m*.
gouvernail [guvɛʀnaj] *nm* timón *m*.
gouvernant,-e [guvɛʀnɑ̃,-ɑ̃t] *adj* gobernante.
gouvernante [guvɛʀnɑ̃t] *nf* **1** *(d'une maison)* ama *f* de llaves. **2** *(d'un enfant)* aya *f*.
gouvernement [guvɛʀnəmɑ̃] *nm* gobierno *m*.
gouverner [guvɛʀne] *vt* gobernar.
gouverneur [guvɛʀnœʀ] *nm* gobernador,-ra.
goyave [gɔjav] *nf* guayaba *f*.
grâce [gʀas] *nf* **1** *(gén)* gracia *f*. **2** *(concession)* favor *m*. **3** *(d'un condamné)* indulto *m*.
• **de bonne grâce** de buen grado.
• **de grâce !** ¡por el amor de Dios!
• **de mauvaise grâce** de mala gana.
• **grâce à** gracias a.
gracier [gʀasje] *vt* indultar.
gracieux,-euse [gʀasjø,-øz] *adj* gracioso,-sa.
gracile [gʀasil] *adj* grácil.
gradation [gʀadasjɔ̃] *nf* gradación *f*.
grade [gʀad] *nm* grado *m*.
• **monter en grade** ascender.
gradin [gʀadɛ̃] *nm* **1** *(de stade)* grada *f*. **2** *(de terrain)* escalón *m*.
graduation [gʀadɥasjɔ̃] *nf* graduación *f*.
graduel,-elle [gʀadɥɛl] *adj* gradual.
graduer [gʀadɥe] *vt* graduar.
graffiti [gʀafiti] *nm* pintada *f*.
grain [gʀɛ̃] *nm* **1** *(gén)* grano *m*: ***grain de blé***, grano de trigo. **2** *fig (petite quantité)*

pizca *f*: ***il n'a pas un grain de jugeote***, no tiene ni pizca de sentido común.
▪ **grain de beauté** lunar *m*.
graine [gRɛn] *nf* semilla *f*.
• **monter en graine** espigarse.
▪ **mauvaise graine** mala hierba *f*.
graisse [gRɛs] *nf* **1** *(gén)* grasa *f*. **2** CUIS manteca *f*.
graisser [gRese] *vt* **1** *(mécanisme)* engrasar. **2** *(salir)* manchar de grasa.
graisseux,-euse [gRɛsø,-øz] *adj* grasiento,-ta.
grammaire [gRamɛR] *nf* gramática *f*.
grammatical,-e [gRamatikal] *adj* gramatical.
gramme [gRam] *nm* gramo *m*.
grand,-e [gRɑ̃, gRɑ̃d] *adj* **1** *(gén)* grande, gran: ***une grande chambre***, una habitación grande; ***c'était un grand peintre***, era un gran pintor. **2** *(en taille)* alto,-ta: ***il est plus grand que moi, il mesure 1,85 m***, es más alto que yo, mide 1,85 m. **3** *(en âge)* mayor: ***il est plus grand que moi, il a 27 ans***, es mayor que yo tiene 27 años.
► *nmf* **1** *(personne)* mayor. **2** *(célébrité)* gran figura *f*.
► *adv* **grand** muy.
• **au grand air** al aire libre.
• **au grand jour** a la luz del día.
• **en grand** a lo grande.
grand-angle [gRɑ̃tɑ̃gl] *nm* (*pl* **grands-angles**) gran angular *m*.
grand-chose [gRɑ̃ʃoʒ].
• **pas grand-chose** casi nada: ***je n'ai pas grand-chose à manger***, no tengo gran cosa para comer.
Grande-Bretagne [gRɑ̃dbRətaɲ] *nf* Gran Bretaña.
grandeur [gRɑ̃dœR] *nf* **1** *(taille)* tamaño *m*. **2** *(importance)* magnitud *f*. **3** *(prestige)* grandeza *f*.
• **grandeur nature** a tamaño natural.
grandiose [gRɑ̃djoz] *adj* grandioso,-sa.
grandir [gRɑ̃diR] *vt* **1** *(hausser)* hacer más alto,-ta: ***ces chaussures la grandissent***, estos zapatos la hacen parecer más alta. **2** *fig (ennoblir)* engrandecer.
► *vi* crecer.
grand-mère [gRɑ̃mɛR] *nf* (*pl* **grand-mères** ou **grands-mères**) abuela *f*.
grand-père [gRɑ̃pɛR] *nm* (*pl* **grand-pères** ou **grands-pères**) abuelo *m*.
grands-parents [gRɑ̃paRɑ̃] *nm pl* abuelos *m pl*.
grange [gRɑ̃ʒ] *nf* granero *m*.
granit [gRanit] *nm* granito *m*.
granite [gRanit] *nm* granito *m*.
granulé,-e [gRanyle] *adj* granulado,-da.
graphique [gRafik] *adj* gráfico,-ca.
► *nm* gráfico *m*.
graphisme [gRafism] *nm* grafismo *m*.
graphologie [gRafɔlɔʒi] *nf* grafología *f*.
grappe [gRap] *nf* racimo *m*.
grappiller [gRapije] *vt* **1** *(fruits)* recoger. **2** *fig (argent, informations)* sacar.
► *vi fig* rebuscar.
gras, grasse [gRa, gRas] *adj* **1** *(aliment, surface)* graso,-sa. **2** *(volume)* gordo,-da, grueso,-sa. **3** *(personne, animal)* gordo,-da. **4** *(plaisanterie)* grosero,-ra.
► *adv* **gras**: ***tousser gras***, tener la tos blanda; ***elle cuisine trop gras***, cocina con demasiada grasa.
► *nm* **gras** *(de la viande, du jambon)* gordo *m*.
• **en gras** en negrita.
grassouillet,-ette [gRasujɛ,-ɛt] *adj* regordete,-ta.
gratifiant,-e [gRatifjɑ̃,-ɑ̃t] *adj* gratificante.
gratin [gRatɛ̃] *nm* **1** CUIS gratén *m*. **2** *fam (de la société)* flor y nata *f*.
• **au gratin** CUIS al gratén.
gratiné,-e [gRatine] *adj* **1** CUIS gratinado,-da. **2** *fam (examen)* de aúpa, muy difícil.
gratis [gRatis] *adv* gratis.
gratitude [gRatityd] *nf* gratitud *f*.
gratte-ciel [gRatsjɛl] *nm inv* rascacielos *m*.
gratter [gRate] *vt* **1** *(surface, tâche)* rascar. **2** *(vêtement)* picar: ***ce pull me gratte***, este jersey pica.
► *vi* **1** *(écrire)* garabatear. **2** *fam (travailler)* currar. **3** *(vêtement en laine)* picar.
► *vpr* **se gratter** rascarse.
gratuit,-e [gRatɥi,-it] *adj* gratuito,-ta.
gratuitement [gRatɥitmɑ̃] *adv* gratis.

gravats [gʀava] *nm pl* escombros *m pl*.
grave [gʀav] *adj* grave: ***un blessé grave***, un herido grave; ***ce mot porte un accent grave***, esta palabra lleva un acento grave.
• **ce n'est pas grave** no importa.
gravement [gʀavmɑ̃] *adv* **1** *(parler)* con gravedad. **2** *(blesser)* de gravedad.
graver [gʀave] *vt* grabar.
graveur,-euse [gʀavœʀ,-øz] *nm,f (personne)* grabador,-ra.
► *nm* **graveur** *(machine)* grabadora *f*.
▪ **graveur de CD** grabadora de CD.
gravier [gʀavje] *nm* grava *f*.
gravillon [gʀavijɔ̃] *nm* gravilla *f*.
gravir [gʀaviʀ] *vt* **1** *(montagne)* escalar. **2** *(côte)* subir.
gravité [gʀavite] *nf* gravedad *f*.
graviter [gʀavite] *vi* gravitar.
gravure [gʀavyʀ] *nf* grabado *m*.
gré [gʀe] *nm* grado *m*, voluntad *f*: ***au gré du vent***, a merced del viento.
• **contre mon gré** en contra de mi voluntad.
• **de gré ou de force** por las buenas o por las malas.
grec, grecque [gʀɛk] *adj* griego,-ga.
► *nmf* **Grec, Grecque** griego,-ga.
► *nm* **grec** *(langue)* griego *m*.
Grèce [gʀɛs] *nf* Grecia.
greffe [gʀɛf] *nf* **1** MÉD transplante *m*. **2** BOT injerto *m*.
greffé,-e [gʀefe] *nm,f* transplantado,-da.
greffer [gʀefe] *vt* **1** MÉD transplantar. **2** BOT injertar.
► *vpr* **se greffer** *fig* sumarse (**sur**, a).
grégaire [gʀegɛʀ] *adj* gregario,-ria.
grêle [gʀɛl] *adj* delgado,-da: ***intestin grêle***, intestino delgado.
► *nf* **1** *(pluie)* granizo *m*. **2** *fig (d'injures, de questions)* lluvia *f*.
grêler [gʀele] *v impers* granizar: ***il grêle***, está granizando.
grêlon [gʀɛlɔ̃] *nm* granizo *m*.
grelot [gʀəlo] *nm* cascabel *m*.
grelotter [gʀəlɔte] *vi* tiritar: ***elle grelotte de froid***, está tiritando de frío.
grenade [gʀənad] *nf* granada *f*.
grenat [gʀəna] *adj inv* granate.
► *nm* granate *m*.
grenier [gʀənje] *nm* **1** *(à grains)* granero *m*. **2** *(d'une maison)* desván *m*.
grenouille [gʀənuj] *nf* rana *f*.
grès [gʀɛ] *nm* **1** *(roche)* arenisca *f*. **2** *(poterie)* gres *m*.
grésiller [gʀezije] *vi* **1** *(radio, téléphone)* chisporrotear. **2** *(grillon)* cantar.
grève [gʀɛv] *nf* **1** *(protestation)* huelga *f*. **2** *(rivage)* arenal *m*.
• **être en grève** estar en huelga.
• **faire la grève** hacer huelga.
▪ **grève de la faim** huelga de hambre.
▪ **grève du zèle** huelga de celo.
▪ **grève sur le tas** huelga de brazos caídos.
gréviste [gʀevist] *nmf* huelguista.
gribouiller [gʀibuje] *vt* garabatear.
grief [gʀijɛf] *nm* queja *f*.
grièvement [gʀijɛvmɑ̃] *adv* gravemente.
griffe [gʀif] *nf (d'un animal)* garra *f*, zarpa *f*: ***le chat lui a donné un coup de griffe***, el gato le dio un zarpazo.
griffé,-e [gʀife] *adj (vêtement)* de marca.
griffer [gʀife] *vt* arañar.
griffonner [gʀifɔne] *vt* garrapatear.
grignoter [gʀiɲɔte] *vt* **1** *(aliments)* mordisquear. **2** *fam (fortune)* pulirse.
► *vi* **1** *(aliments)* comisquear. **2 grignoter sur** *fam (salaire, libertés)* recortar.
gril [gʀil] *nm* parrilla *f*.
grillade [gʀijad] *nf* parrillada *f*.
grillage [gʀijaʒ] *nm* **1** *(de fenêtre)* rejilla *f*. **2** *(ensemble de grilles)* enrejado *m*.
grille [gʀij] *nf* **1** *(clôture)* verja *f*, enrejado *m*. **2** *(de portail)* cancela *f*. **3** *(de fenêtre)* reja *f*. **4** *(du four)* rejilla *f*. **5** *(des mots-croisés)* encasillado *m*. **6** *(de programmes)* rejilla *f*.
grille-pain [gʀijpɛ̃] *nm inv* tostadora *f*.
griller [gʀije] *vt* **1** *(viande, poisson)* asar; *(café, pain)* tostar. **2** *(arbres, personnes, appareils)* quemar: ***la résistance électrique a grillé***, la resistencia eléctrica se ha quemado. **3** *(ampoule)* fundir. **4** *fam (feu rouge, étape)* saltarse. **5** *fam (concurrent)* pasar delante de.
► *vi* **1** *(viande)* asarse. **2** *fig (désirer)* arder (**de**, en): ***je grille d'envie de le voir***, ardo en deseos de verle.

grillon [gʀijɔ̃] *nm* grillo *m*.
grimace [gʀimas] *nf* mueca *f*.
• **faire des grimaces** hacer muecas.
• **faire la grimace** poner mala cara.
grimer [gʀime] *vt* maquillar.
► *vpr* **se grimer** maquillarse.
grimper [gʀɛ̃pe] *vt* escalar.
► *vi* **1** *(sur un arbre)* trepar. **2** *(sur une chaise)* subirse. **3** *fig (prix)* subir.
grincement [gʀɛ̃smɑ̃] *nm* chirrido *m*.
grincer [gʀɛ̃se] *vi* chirriar.
• **grincer des dents** rechinar los dientes.
grincheux,-euse [gʀɛ̃ʃø,-øz] *adj - nm,f* gruñón,-ona.
grippe [gʀip] *nf* gripe *f*.
• **prendre en grippe** *fam* coger manía.
gripper [gʀipe] *vi (mécanisme)* atrancarse.
► *vpr* **se gripper** *(moteur)* agarrotarse.
gris,-e [gʀi, gʀiz] *adj* **1** gris: ***des tons gris***, tonos grises. **2** *fam (ivre)* piripi.
► *nm* **gris** gris *m*.
• **faire grise mine** poner mala cara.
• **il fait gris** está nublado.
grisaille [gʀizaj] *nf* **1** *(du ciel)* grisalla *f*. **2** *fig (de la vie)* monotonía *f*.
grisant,-e [gʀizɑ̃,-ɑ̃t] *adj* embriagador, -ra.
grisâtre [gʀizatʀ] *adj* grisáceo,-a.
griser [gʀize] *vt* achispar.
► *vpr* **se griser** achisparse.
grisonner [gʀizɔne] *vi* encanecer.
grive [gʀiv] *nf* tordo *m*.
grivois,-e [gʀivwa,-z] *adj - nm,f (hardi)* verde.
groggy [gʀɔgi] *adj inv* grogui.
grognement [gʀɔɲmɑ̃] *nm* gruñido *m*.
grogner [gʀɔɲe] *vi* gruñir.
grognon,-onne [gʀɔɲɔ̃,-ɔn] *adj - nm,f* gruñón,-ona.
groin [gʀwɛ̃] *nm* hocico *m*.
grommeler [gʀɔmle] *vi* mascullar.
grondement [gʀɔ̃dmɑ̃] *nm* **1** *(de tonnerre, torrent)* rugido *m*. **2** *(d'animal)* gruñido *m*.
gronder [gʀɔ̃de] *vi* **1** *(canon, tonnerre)* rugir. **2** *(bruit)* retumbar. **3** *(animal)* gruñir.
► *vt (réprimander)* regañar.
groom [gʀum] *nm* botones *m*.
gros, grosse [gʀo, gʀos] *adj* **1** *(choses)* grande, gran. **2** *(personnes)* gordo,-da; *(pour intensifier)* gran: ***c'est un gros dormeur***, es un gran dormilón. **3** *(volumineux)* abultado,-da. **4** *(voix, fièvre)* fuerte. **5** *fig (grossier)* grosero,-ra: ***tu ne dois pas dire de gros mots***, no debes decir palabrotas.
► *nm* **gros 1** grueso *m*: ***le gros de l'armée***, el grueso del ejército. **2** *(essence)* parte *f* principal.
► *adv* mucho: ***il a parié gros***, ha apostado mucho.
• **en gros 1** COMM al por mayor. **2** *(sans entrer dans les détails)* a grandes rasgos.
▪ **le gros lot** el gordo.
groseille [gʀozɛj] *nf* grosella *f*.
grossesse [gʀosɛs] *nf* embarazo *m*.
grosseur [gʀosœʀ] *nf* **1** *(taille)* tamaño *m*. **2** *(épaisseur)* grosor *m*. **3** MÉD bulto *m*.
grossier,-ère [gʀosje,-ɛʀ] *adj* **1** *(personne)* grosero,-ra. **2** *(matériel)* basto,-ta.
grossièreté [gʀosjɛʀte] *nf* grosería *f*.
grossir [gʀosiʀ] *vt* **1** *(prendre du poids)* engordar. **2** *(augmenter en intensité, en nombre)* crecer. **3** *(avec une loupe)* agrandar.
► *vi* **1** *(à la loupe)* agrandar. **2** *(vêtement)* engordar. **3** *(danger, importance)* exagerar.
grossissant,-e [gʀosisɑ̃,-ɑ̃t] *adj* de aumento.
grossiste [gʀosist] *nmf* mayorista.
grosso modo [gʀosomɔdo] *adv* aproximadamente.
grotesque [gʀɔtɛsk] *adj* grotesco,-ca.
grotte [gʀɔt] *nf* gruta *f*.
grouiller [gʀuje] *vi fig (foule)* hormiguear.
► *vpr* **se grouiller** *fam* darse prisa.
groupe [gʀup] *nm* grupo *m*.
▪ **groupe sanguin** grupo sanguíneo.
groupement [gʀupmɑ̃] *nm* agrupación *f*.
grouper [gʀupe] *vt* agrupar.
► *vpr* **se grouper** agruparse.
grue [gʀy] *nf* **1** *(appareil)* grúa *f*. **2** *(oiseau)* grulla *f*.
gruger [gʀyʒe] *vt fam* timar.
grumeau [gʀymo] *nm* grumo *m*.
gruyère [gʀyjɛʀ] *nm* gruyer *m*.
Guatemala [gwatemala] *nm* Guatemala.

guatémaltèque [gwatemaltɛk] *adj* guatemalteco,-ca.
► *nmf* **Guatémaltèque** guatemalteco,-ca.
gué [ge] *nm* vado *m*.
• **traverser à gué** vadear.
guenilles [gənij] *nf* andrajos *m pl*.
guenon [gənɔ̃] *nf* mona *f*.
guépard [gepaʀ] *nm* guepardo *m*.
guêpe [gɛp] *nf* avispa *f*.
guêpier [gepje] *nm* avispero *m*.
• **aller se fourrer dans un guêpier** meterse en un avispero.
guère [gɛʀ] *adv* no mucho: ***il n'y a guère longtemps***, no hace mucho; ***il n'a guère d'amis***, no tiene muchos amigos.
guérilla [geʀija] *nf* guerrilla *f*.
guérir [geʀiʀ] *vt* curar.
► *vi* curarse.
guérison [geʀizɔ̃] *nf* curación *f*.
guérisseur,-euse [geʀisœʀ,-øz] *nm,f* curandero,-ra.
guerre [gɛʀ] *nf* guerra *f*.
• **de guerre lasse** por cansancio.
• **faire la guerre à QQN** declararle la guerra a ALGN.
guerrier,-ère [gɛʀje,-ɛʀ] *adj - nm,f* guerrero,-ra.
guet [gɛ] *nm* acecho *m*.
• **faire le guet** estar al acecho.
guet-apens [gɛtapɑ̃] *nm* (*pl* **guets-apens**) **1** *(pour voler, tuer)* emboscada *f*. **2** *fig (embuscade)* encerrona *f*.
guetter [gete] *vt* acechar.
gueule [gœl] *nf* **1** *(des animaux)* hocico *m*, boca *f*. **2** *fam (des personnes)* pico *m*. **3** *fam (visage)* careto *m*; *(aspect)* pinta *f*: ***il a une de ces gueules ce matin !***, ¡lleva una pinta esta mañana!
• **avoir la gueule de bois** *fam* tener resaca.
• **faire la gueule** *fam* ponerse de morros.
• **casser la gueule à QQN** *fam* partirle la cara a ALGN.
• **ta gueule !** *fam* ¡cierra el pico!
gueuler [gœle] *vi fam* gritar.
gueuleton [gœltɔ̃] *nm fam* comilona *f*.
gueux, gueuse [gø, gøz] *adj - nmf* pordiosero,-ra.
gui [gi] *nm* muérdago *m*.
guichet [giʃɛ] *nm* taquilla *f*.
guide [gid] *nm* **1** *(personne)* guía *m-f*. **2** *(livre)* guía *f*: ***le guide des restaurants de Paris***, la guía de los restaurantes de París.
guider [gide] *vt* guiar.
► *vpr* **se guider** guiarse.
guidon [gidɔ̃] *nm* manillar *m*.
guignol [giɲɔl] *nm* **1** *(marionnette)* títere *m*. **2** *(théâtre)* guiñol *m*.
guillemet [gijmɛ] *nm* comilla *f*.
• **entre guillemets** entre comillas.
guillotine [gijɔtin] *nf* guillotina *f*.
guimauve [gimov] *nf* malvavisco *m*.
guindé,-e [gɛ̃de] *adj* **1** *(attitude, personne)* estirado,-da. **2** *(style)* ampuloso,-sa.
guirlande [giʀlɑ̃d] *nf* guirnalda *f*.
guise [giz] *nf* manera *f*.
• **à ma guise** a mi manera.
• **à sa guise** a su antojo.
• **en guise de** a modo de.
guitare [gitaʀ] *nf* guitarra *f*.
guitariste [gitaʀist] *nmf* guitarrista.
gym [ʒim] *nf fam* gimnasia *f*.
gymnase [ʒimnaz] *nm* gimnasio *m*.
gymnaste [ʒimnast] *nmf* gimnasta.
gymnastique [ʒimnastik] *adj* gimnástico,-ca.
► *nf* gimnasia *f*.
gynécologie [ʒinekɔlɔʒi] *nf* ginecología *f*.
gynécologue [ʒinekɔlɔg] *nmf* ginecólogo,-ga.
gypse [ʒips] *nm* yeso *m*.
gyrophare [ʒiʀɔfaʀ] *nm* sirena *f*.

H

habile [abil] *adj* hábil.
habileté [abilte] *nf* habilidad *f.*
habiller [abije] *vi* **1** *(gén)* vestir. **2** *(fauteuil)* poner una funda a.
▶ *vpr* **s'habiller** vestirse.
habit [abi] *nm* **1** *(costume)* traje *m.* **2** *(de religieux)* hábito *m.*
▶ *nm pl* **habits** ropa *f sing*: ***il a lui a demandé d'ôter ses habits***, le pidió que se quitara la ropa.
▪ **habit de ville** traje de calle.
habitable [abitabl] *adj* habitable.
habitacle [abitakl] *nm* **1** *(d'un avion)* cabina *f.* **2** *(de voiture)* habitáculo *m.*
habitant,-e [abitɑ̃,-ɑ̃t] *nm,f* habitante.
habitat [abita] *nm* hábitat *m.*
habitation [abitasjɔ̃] *nf* vivienda *f.*
habiter [abite] *vt - vi* vivir.
habitude [abityd] *nf* costumbre *f.*
• **avoir l'habitude de** tener costumbre de.
• **comme d'habitude** como de costumbre.
• **d'habitude** habitualmente.
habitué,-e [abitɥe] *adj* habituado,-da.
▶ *nm,f (d'un café)* parroquiano,-na.
habituel,-elle [abitɥɛl] *adj* habitual.
habituer [abitɥe] *vt* acostumbrar (**à**, a).
▶ *vpr* **s'habituer** acostumbrarse (**à**, a).
hache ['aʃ] *nf* hacha *f.*
hacher ['aʃe] *vt* **1** *(viande)* picar. **2** *(style)* entrecortar.
hachis ['aʃi] *nm* CUIS carne *f* picada.
▪ **hachis Parmentier** CUIS pastel *m* de carne.
hachoir ['aʃwaʀ] *nm* **1** CUIS *(appareil)* picadora *f.* **2** *(planche)* plancha *f.*
hagard,-e ['agaʀ,-aʀd] *adj* azorado,-da.
haie ['ɛ] *nf* **1** *(d'arbustes)* seto *m.* **2** *(de personnes, soldats)* fila *f.* **3** SPORT valla *f*: ***le 110 mètres haies***, los 110 metros vallas.
haillons ['ajɔ̃] *nm pl* harapos *m pl.*
haine ['ɛn] *nf* odio *m.*
haïr ['aiʀ] *vt* odiar.
haïssable ['aisabl] *adj* odioso,-sa.
hâlé,-e ['ale] *adj* tostado,-da.
haleine [alɛn] *nf* aliento *m.*
• **avoir mauvaise haleine** tener mal aliento.
• **être hors d'haleine** estar sin aliento.
• **de longue haleine** de larga duración.
haletant,-e ['altɑ̃,-ɑ̃t] *adj* jadeante.
haleter ['alte] *vi* jadear.
hall ['ol] *nm* vestíbulo *m,* hall *m.*
halle ['al] *nf* mercado *m.*
hallucination [alysinasjɔ̃] *nf* alucinación *f.*
hallucinogène [alysinɔʒɛn] *adj* alucinógeno,-na.
▶ *nm* alucinógeno *m.*
halo ['alo] *nm* halo *m.*
halogène [alɔʒɛn] *adj* halógeno,-na.
▶ *nm* halógeno *m.*
halte ['alt] *nf* **1** *(pause)* alto *m.* **2** *(étape)* meta *f.*
▶ *interj* **halte !** ¡alto!
• **faire une halte** hacer un alto.
halte-garderie ['altəgaʀdəʀi] *nf* (*pl* **haltes-garderies**) ludoteca *f.*
haltère [altɛʀ] *nf* pesa *f.*
haltérophilie [altɛʀɔfili] *nf* SPORT halterofilia *f.*
hamac ['amak] *nm* hamaca *f.*

hamburger ['ɑ̃buʀgeʀ] *nm* hamburguesa *f.*
hameau ['amo] *nm* aldea *f.*
hameçon [amsɔ̃] *nm* anzuelo *m.*
• **mordre à l'hameçon** morder el anzuelo.
hamster ['amstɛʀ] *nm* hámster *m.*
hanche ['ɑ̃ʃ] *nf* cadera *f.*
handball ['ɑ̃dbal] *nm* SPORT balonmano *m.*
handicap ['ɑ̃dikap] *nm* **1** *(infirmité)* minusvalía *f.* **2** SPORT hándicap *m.*
handicapé,-e ['ɑ̃dikape] *adj - nm,f* minusválido,-da, discapacitado,-da.
hangar ['ɑ̃gaʀ] *nm* **1** *(d'avions)* hangar *m.* **2** *(agricole)* cobertizo *m.*
hanneton ['antɔ̃] *nm* abejorro *m.*
hanter ['ɑ̃te] *vt* **1** *(fantôme)* aparecerse en. **2** *fam (bar, quartier)* frecuentar. **3** *fig (idée)* obsesionar.
hantise ['ɑ̃tiz] *nf* obsesión *f.*
happer ['ape] *vt (animaux)* atrapar de un bocado.
harangue ['aʀɑ̃g] *nf* arenga *f.*
haranguer ['aʀɑ̃ge] *vt* arengar.
haras ['ara] *nm* yeguada *f,* cuadra *f.*
harasser ['arase] *vt* agotar.
harceler ['aʀsəle] *vt* acosar.
• **harceler de questions** acribillar a preguntas.
hardi,-e ['aʀdi] *adj* audaz.
hardiesse ['aʀdjɛs] *nf* osadía *f.*
harem ['aʀɛm] *nm* harén *m.*
hareng ['aʀɑ̃] *nm* arenque *m.*
hargneux,-euse ['aʀɲø,-øz] *adj* huraño,-ña.
haricot ['aʀiko] *nm* judía *f.*
▪ **haricot blanc** judía blanca, alubia *f.*
▪ **haricot vert** judía verde.
harmonica [aʀmɔnika] *nm* armónica *f.*
harmonie [aʀmɔni] *nf* armonía *f.*
harmonieux,-euse [aʀmɔnjø,-øz] *adj* armonioso,-sa.
harmonique [aʀmɔnik] *adj* armónico,-ca.
harmoniser [aʀmɔnize] *vt* armonizar.
harnacher ['aʀnaʃe] *vt* enjaezar.
harnais ['aʀnɛ] *nm* arnés *m.*
harpe ['aʀp] *nf* arpa *f.*
harpiste ['aʀpist] *nmf* arpista.
harpon ['aʀpɔ̃] *nm* arpón *m.*
hasard ['azaʀ] *nm* **1** *(cause imprévisible)* azar *m.* **2** *(imprévu)* casualidad *f.*
• **à tout hasard** por si acaso.
• **au hasard** al azar.
• **par hasard** por casualidad.
• **si par hasard** si por casualidad.
hasarder ['azaʀde] *vt* **1** *(opinion, idée)* aventurar. **2** *fml (exposer)* arriesgar.
► *vpr* **se hasarder** arriesgarse (**à**, a).
hasardeux,-euse ['azaʀdø,-øz] *adj* arriesgado,-da.
haschisch ['aʃiʃ] *nm* hachís *m.*
hâte ['at] *nf* prisa *f.*
• **à la hâte** de prisa.
• **avoir hâte de** tener prisa por.
hâter ['ate] *vt* acelerar.
► *vpr* **se hâter** darse prisa.
hausse ['os] *nf* alza *f*: ***il y a eu une hausse des températures***, hubo una subida de las temperaturas.
hausser ['ose] *vt (ton, voix)* alzar.
► *vpr* **se hausser** alzarse.
• **hausser les épaules** encogerse de hombros.
haut,-e ['o, 'ot] *adj* alto,-ta.
► *adv* **haut** alto: ***il parle haut***, habla alto; ***haut les mains !***, ¡manos arriba!
► *nm* **1** *(dimension)* alto *m*: ***la chambre fait deux mètres de haut***, la habitación mide dos metros de alto. **2** *(partie supérieure)* la parte de arriba: ***le haut du maillot de bain***, la parte de arriba del traje de baño.
• **de haut en bas** de arriba abajo.
• **du haut de** desde lo alto de.
• **en haut de** en lo lato de.
• **haut de gamme** de gama alta.
• **haut,-e en couleur** subido,-da de color.
• **le prendre de haut** reaccionar con chulería.
hautain,-e ['otɛ̃,-ɛn] *adj* altivo,-va.
hautbois ['obwa] *nm* oboe *m.*
haute-fidélité [otfidelite] *nf* (*pl* **hautes-fidélités**) alta fidelidad *f.*
hauteur ['otœʀ] *nf* **1** *(gén)* altura *f.* **2** *(lieu)* colina *f.*
• **ne pas être à la hauteur** no estar a la altura.

haut-le-cœur ['olkœʀ] *nf inv* arcada *f*.
haut-parleur ['opaʀlœʀ] *nm* (*pl* **haut-parleurs**) altavoz *m*.
haut-relief ['oʀəljɛf] *nm* (*pl* **hauts-reliefs**) altorrelieve *m*.
havane ['avan] *nm* habano *m*.
havre ['avʀ] *nm fml* remanso *m*.
hayon ['ajɔ̃] *nm (d'une voiture)* portón *m* trasero.
hebdo [ɛbdo] *nm fam* semanario *m*.
hebdomadaire [ɛbdɔmadɛʀ] *adj* semanal.
► *nm (journal, revue)* semanario *m*.
hébergement [ebɛʀʒəmɑ̃] *nm* alojamiento *m*.
héberger [ebɛʀʒe] *vt* alojar.
hébété,-e [ebete] *adj* atontado,-da.
hébreu [ebʀø] *adj* hebreo,-a.
► *nmf* **Hébreu** hebreo,-a.
► *nm* **hébreu** *(langue)* hebreo *m*.
hécatombe [ekatɔ̃b] *nf* hecatombe *f*.
hectare [ɛktaʀ] *nm* hectárea *f*.
hectolitre [ɛktɔlitʀ] *nm* hectolitro *m*.
hectomètre [ɛktɔmɛtʀ] *nm* hectómetro *m*.
hégémonie [ezemɔni] *nf* hegemonía *f*.
hein ['ɛ̃] *interj* **1** *fam (surprise, incompréhension)* ¿qué? **2** *fam (pour demander l'approbation)* ¿verdad?
hélas ! ['elas] *interj* ¡por desgracia!
héler ['ele] *vt fml* llamar.
hélice [elis] *nf* hélice *f*.
hélicoptère [elikɔptɛʀ] *nm* helicóptero *m*.
hélium [eljɔm] *nm* helio *m*.
hématome [ematom] *nm* MÉD hematoma *m*.
hémicycle [emisikl] *nm* hemiciclo *m*.
hémiplégie [emipleʒi] *nf* MÉD hemiplejía *f*.
hémisphère [emisfɛʀ] *nm* hemisferio *m*.
hémoglobine [emɔglɔbin] *nf* hemoglobina *f*.
hémophile [emɔfil] *adj* - *nmf* hemofílico,-ca.
hémorragie [emɔʀaʒi] *nf* hemorragia *f*.
hémorroïde [emɔʀɔid] (gen en *pl*) *nf* MÉD hemorroide *f*.
henné ['ene] *nm* jena *f*, gena *f*.
hennir ['eniʀ] *vi* relinchar.
hépatite [epatit] *nf* MÉD hepatitis *f*.
herbe [ɛʀb] *nf* **1** *(gén)* hierba *f*. **2** *(gazon)* césped *m*.
• **couper l'herbe sous le pied de QQN** adelantarse a ALGN.
▪ **fines herbes** finas hierbas.
▪ **mauvaise herbe** mala hierba.
herbicide [ɛʀbisid] *nm* herbicida *m*.
herbier [ɛʀbje] *nm* herbario *m*.
herbivore [ɛʀbivɔʀ] *adj* herbívoro,-ra.
► *nm* herbívoro *m*.
herboristerie [ɛʀbɔʀistəʀi] *nf* herboristería *f*.
héréditaire [eʀeditɛʀ] *adj* hereditario,-ria.
hérédité [eʀedite] *nf* herencia *f*.
hérésie [eʀezi] *nf* herejía *f*.
hérétique [eʀetik] *adj* herético,-ca.
hérisser ['eʀise] *vt* erizar.
► *vpr* **s'hérisser 1** *(poil)* erizarse. **2** *fam (personne)* irritarse.
hérisson ['eʀisɔ̃] *nm* erizo *m*.
héritage [eʀitaʒ] *nm* herencia *f*.
• **en héritage** en herencia.
hériter [eʀite] *vi* heredar (**de**, -).
► *vt* heredar.
héritier,-ère [eʀitje,-ɛʀ] *nm,f* heredero,-ra.
hermétique [ɛʀmetik] *adj* hermético,-ca.
hermine [ɛʀmin] *nf* armiño *m*.
hernie ['ɛʀni] *nf* MÉD hernia *f*.
▪ **hernie discale** MÉD hernia de disco.
héroïne [eʀɔin] *nf* heroína *f*.
héroïque [eʀɔik] *adj* heroico,-ca.
héroïsme [eʀɔism] *nm* heroísmo *m*.
héron ['eʀɔ̃] *nm* garza *f*.
héros ['eʀo] *nm* héroe *m*.
hertz ['ɛʀts] *nm* hercio *m*.
hésitant,-e [ezitɑ̃,-ɑ̃t] *adj* indeciso,-sa.
hésitation [ezitasjɔ̃] *nf* duda *f*, indecisión *f*.
hésiter [ezite] *vi* dudar.
• **hésiter à faire QQCH** dudar si hacer ALGO.
hétéroclite [eteʀɔklit] *adj* heteróclito,-ta.
hétérogène [eteʀɔʒɛn] *adj* heterogéneo,-a.
hétérosexuel,-elle [eteʀɔsɛksɥel] *adj* - *nm,f* heterosexual.
hêtre ['ɛtʀ] *nm* haya *f*.
heure [œʀ] *nf* hora *f*: ***à six heures***, a las seis; ***quelle heure est-il ?***, ¿qué hora es?;

il est trois heures, son las tres; ***cette voiture atteint les 250 kilomètres à l'heure***, este coche alcanza los 250 kilómetros por hora.

• **à la bonne heure !** en hora buena.

• **à l'heure actuelle** actualmente.

• **à tout à l'heure** hasta pronto.

• **à toute heure** a cualquier hora.

• **de bonne heure** temprano.

• **être à l'heure** ser puntual.

• **tout à l'heure** dentro de un rato.

▪ **heure d'été** hora de verano.

▪ **heure de pointe** hora punta.

▪ **heure d'hiver** hora de invierno.

▪ **heures de bureau** horario *m* de oficina.

▪ **heure supplémentaire** hora extra.

heureusement [œʀøzmɑ̃] *adv* **1** *(avec bonheur)* felizmente. **2** *(par chance)* afortunadamente: ***heureusement qu'il n'est pas venu***, menos mal que no ha venido.

heureux,-euse [œʀø,-øz] *adj* feliz: ***une idée heureuse***, una idea acertada.

• **encore heureux que** menos mal que.

• **heureux,-euse de faire votre connaissance** encantado,-da de conocerle.

heurt ['œʀ] *nm* choque *m*.

heurter ['œʀte] *vt* **1** *(rentrer dans)* chocar, topar con. **2** *fig (sentiments)* herir.

▸ *vi* chocar.

▸ *vpr* **se heurter 1** chocarse (**à**, contra): ***il s'est heurté à un poteau***, chocó contra un poste. **2** *(difficulté)* enfrentarse (**contre**, a).

hexagonal [ɛgzagɔnal] *adj* **1** *(forme)* hexagonal. **2** *(français)* francés,-esa.

hexagone [ɛgzagɔn] *nm* hexágono *m*.

▪ **l'Hexagone** Francia.

hiatus [jatys] *nm* hiato *m*.

hiberner [ibɛʀne] *vi* hibernar.

hibou ['ibu] *nm* búho *m*.

hic ['ik] *nm fam* quid *m*.

hideux,-euse ['idø,-øz] *adj* repugnante.

hier [jɛʀ] *adv* ayer.

• **hier après-midi** ayer por a tarde.

• **hier matin** ayer por la mañana.

• **hier soir** anoche.

hiérarchie ['jeʀaʀʃi] *nf* jerarquía *f*.

hiéroglyphe [jeʀɔglif] *nm* jeroglífico *m*.

hilarant,-e [ilaʀɑ̃,-ɑ̃t] *adj* hilarante.

hilarité [ilaʀite] *nf* hilaridad *f*.

hippie [ipi] *adj - nmf* hippy.

hippique [ipik] *adj* hípico,-ca.

hippocampe [ipɔkɑ̃p] *nm* caballito *m* de mar.

hippodrome [ipɔdʀɔm] *nm* hipódromo *m*.

hippopotame [ipɔpɔtam] *nm* hipopótamo *m*.

hippy [ipi] *adj - nmf* (*pl* **hippies** ou **hippys**) hippy.

hirondelle [irɔ̃dɛl] *nf* golondrina *f*.

hirsute [iʀsyt] *adj* hirsuto,-ta.

hispanique [ispanik] *adj* hispánico,-ca.

▸ *nmf* **Hispanique** hispano,-na.

hispano-américain,-e [ispanɔameʀikɛ̃,-ɛn] *adj* (*pl* **hispano-américains**) hispanoamericano,-na.

▸ *nm,f* **Hispano-Américain,-e** hispanoamericano,-na.

hisser ['ise] *vt* izar.

▸ *vpr* **se hisser** subirse.

histoire [istwaʀ] *nf* **1** *(gén)* historia *f*. **2** *fig (mensonge)* mentira *f*: ***il ne raconte que des histoires***, sólo dice mentiras. **3** *(récit, épisode)* cuento *m*: ***c'est toute une histoire***, es muy largo de contar; ***qu'est-ce que c'est que cette histoire de vélo ?***, ¿qué es eso que me cuentas sobre una bici?

• **faire des histoires** poner pegas.

• **histoire de** sólo para, con objeto de: ***je vais y aller, histoire de m'amuser***, voy a ir, sólo para divertirme.

▪ **histoire à dormir debout** cuento chino.

▪ **histoire sans fin** cuento de nunca acabar.

historien,-enne [istɔʀjɛ̃,-ɛn] *nm,f* historiador,-ra.

historique [istɔʀik] *adj* histórico,-ca.

▸ *nm* historial *m*.

hiver [ivɛʀ] *nm* invierno *m*.

HLM [aʃɛlɛm] *abr* (***habitation à loyer modéré***) vivienda *f* de protección oficial.

hobby ['ɔbi] *nm* (*pl* **hobbies** ou **hobbys**) hobby *m*.

hocher ['ɔʃe] *vt* sacudir, menear.

• **hocher la tête 1** *(affirmativement)* decir que sí con la cabeza. **2** *(négativement)* decir que no con la cabeza.

hochet ['ɔʃɛ] *nm* sonajero *m*.

hockey ['ɔkɛ] *nm* SPORT hockey *m*.

▪ **hockey sur gazon** hockey sobre hierba.

▪ **hockey sur glace** hockey sobre hielo.

▪ **hockey sur patins** hockey sobre patines.

hold-up ['ɔldœp] *nm inv* atraco *m* a mano armada.

hollandais,-e ['ɔllãdɛ,-ɛz] *adj* holandés, -esa.

► *nm,f* **Hollandais,-e** holandés,-esa.

► *nm* **hollandais** *(langue)* holandés *m*.

Hollande ['ɔlãd] *nf* Holanda.

holocauste [ɔlɔkost] *nm* holocausto *m*.

homard ['ɔmaʀ] *nm* bogavante *m*.

homéopathie [ɔmeɔpati] *nf* homeopatía *f*.

homéopathique [ɔmeɔpatik] *adj* homeopático,-ca.

homicide [ɔmisid] *adj* homicida.

► *nm* homicidio *m*.

hommage [ɔmaʒ] *nm* homenaje *m*.

► *nm pl* **hommages** respetos *m pl*: ***il lui a présenté ses hommages***, le presentó sus respetos.

• **rendre hommage à QQN** rendir homenaje a ALGN.

homme [ɔm] *nm* hombre *m*.

• **d'homme à homme** de hombre a hombre.

▪ **homme d'affaires** hombre de negocios.

▪ **homme d'État** hombre de Estado.

▪ **homme de paille** testaferro *m*, hombre de paja.

▪ **homme politique** político *m*.

▪ **jeune homme** joven *m*.

homme-grenouille [ɔmgʀənuj] *nm* (*pl* **hommes-grenouilles**) hombre rana *m*.

homo [ɔmo] *adj - nmf fam* homosexual.

homogène [ɔmɔʒɛn] *adj* homogéneo,-a.

homologue [ɔmɔlɔg] *adj - nmf* homólogo,-ga.

homologuer [ɔmɔloge] *vt* homologar.

homonyme [ɔmɔnim] *adj* homónimo, -ma.

► *nm* homónimo *m*.

homosexualité [omɔseksɥalite] *nf* homosexualidad *f*.

homosexuel,-elle [omɔseksɥɛl] *adj - nm,f* homosexual.

Honduras ['ɔ̃dyʀas] *nm* Honduras.

hondurien,-enne ['ɔ̃dyʀjɛ̃,-ɛn] *adj* hondureño,-ña.

► *nm,f* **Hondurien,-enne** hondureño,-ña.

Hongrie ['ɔ̃gʀi] *nf* Hungría.

hongrois,-e ['ɔ̃gʀwa,-az] *adj* húngaro,-ra.

► *nm,f* **Hongrois,-e** húngaro,-ra.

► *nm* **hongrois** *(langue)* húngaro *m*.

honnête [ɔnɛt] *adj* **1** *(gén)* honesto,-ta. **2** *(prix)* razonable. **3** *(résultat)* satisfactorio,-ria.

honnêteté [ɔnɛtte] *nf* honradez *f*.

honneur [ɔnœʀ] *nm* honor *m*.

► *nm pl* **honneurs** honores *m pl*.

• **donner sa parole d'honneur** dar su palabra de honor.

• **en l'honneur de** en honor de.

• **être à l'honneur** ser agasajado,-da.

• **faire honneur à** hacer honor a.

honoraire [ɔnɔʀɛʀ] *adj* honorario,-ria.

► *nm pl* **honoraires** honorarios *m pl*.

honorer [ɔnɔʀe] *vt* **1** *(gén)* honrar. **2** *(dette)* liquidar.

► *vpr* **s'honorer** honrarse (**de**, de).

honorifique [ɔnɔʀifik] *adj* honorífico,-ca.

honte ['ɔ̃t] *nf* vergüenza *f*.

• **avoir honte de QQN/QQCH** avergonzarse de ALGN/ALGO.

• **faire honte** dar vergüenza.

honteux,-euse ['ɔ̃tø,-øz] *adj* **1** *(personne)* avergonzado,-da. **2** *(situation)* vergonzoso,-sa: ***c'est honteux !***, ¡es una vergüenza!

hooligan ['uligan] *nm* ultra *m*.

hôpital [opital] *nm* hospital *m*.

▪ **hôpital de jour** ambulatorio *m*.

hoquet ['ɔkɛ] *nm* hipo *m*.

• **avoir le hoquet** tener hipo.

hoqueter ['ɔkte] *vi* tener hipo.

horaire [ɔʀɛʀ] *adj* **1** *(gén)* horario,-ria. **2** *(prix)* por horas.

► *nm* horario *m*.

horizon [ɔʀizɔ̃] *nm* horizonte *m*.

horizontal,-e [ɔʀizɔ̃tal] *adj* horizontal.

horloge [ɔʀlɔʒ] *nf* reloj *m*.

▪ **horloge parlante** servicio *m* de información horaria.

horlogerie [ɔʀlɔʒʀi] *nf* relojería *f*.
hormis ['ɔʀmi] *prép* excepto, salvo.
hormone [ɔʀmɔn] *nf* hormona *f*.
horodateur [ɔʀɔdatœʀ] *nm* parquímetro *m*.
horoscope [ɔʀɔskɔp] *nm* horóscopo *m*.
horreur [ɔʀœʀ] *nf* horror *m*.
• **avoir horreur de faire QQCH** detestar hacer ALGO: ***j'ai horreur de faire la vaisselle***, no me gusta nada lavar los platos.
• **avoir QQCH en horreur** tener horror a ALGO.
horrible [ɔʀibl] *adj* horrible.
horrifier [ɔʀifje] *vt* horrorizar.
horripilant,-e [ɔʀipilɑ̃,-ɑ̃t] *adj* horripilante.
hors ['ɔʀ] *prép* fuera, fuera de: ***c'est hors de doute***, está fuera de duda.
• **être hors de soi** estar fuera de sí.
• **hors de combat** fuera de combate.
• **hors de prix** muy caro,-ra.
• **hors du commun** fuera de lo común.
• **hors pair** sin par.
• **hors saison** fuera de temporada.
hors-bord ['ɔʀbɔʀ] *nm inv* fueraborda *m*.
hors-d'œuvre ['ɔʀdœvʀ] *nm inv* CUIS entremeses *m pl*.
hors-jeu ['ɔʀʒø] *nm inv* fuera *m* de juego.
hors-la-loi ['ɔʀlalwa] *nm inv* fuera *m* de la ley.
hors-piste ['ɔʀpist] *nm inv* esquí *m* fuera de pista.
hortensia [ɔʀtɑ̃sja] *nm* hortensia *f*.
horticulteur,-trice [ɔʀtikyltœʀ,-tʀis] *nm,f* horticultor,-ra.
horticulture [ɔʀtikyltyʀ] *nf* horticultura *f*.
hospice [ɔspis] *nm* hospicio *m*.
hospitalier,-ère [ɔspitalje,-ɛʀ] *adj* hospitalario,-ria.
hospitalisation [ɔspitalizasjɔ̃] *nf* hospitalización *f*.
hospitaliser [ɔspitalize] *vt* hospitalizar.
hospitalité [ɔspitalite] *nf* hospitalidad *f*.
hostie [ɔsti] *nf* hostia *f*.
hostilité [ɔstilite] *nf* hostilidad *f*.
hôte, hôtesse [ot, otɛs] *nmf* anfitrión, -ona.
► *nm* **hôte** huésped,-a.

hôtel [ɔtɛl] *nm* hotel *m*.
• **descendre à l'hôtel** alojarse en un hotel.
▪ **hôtel de ville** ayuntamiento *m*.
▪ **hôtel particulier** palacete *m*.
hôtelier,-ère [otəlje,-ɛʀ] *adj - nm,f* hotelero,-ra.
hôtesse [otɛs] *nf* azafata *f*.
▪ **hôtesse d'accueil** azafata de congresos.
▪ **hôtesse de l'air** azafata.
hotte ['ɔt] *nf* **1** *(panier)* cuévano *m*. **2** *(d'aération)* campana *f* extractora.
houblon ['ublɔ̃] *nm* lúpulo *m*.
houille ['uj] *nf* hulla *f*.
houle ['ul] *nf* marejadilla *f*.
houleux,-euse ['ulø,-øz] *adj (mer)* agitado,-da.
houligan ['uligan] *nm* ultra *m*.
hourra ! ['uʀa] *interj* ¡hurra!
houspiller ['uspije] *vt* reñir.
housse ['us] *nf* funda *f*.
▪ **housse de couette** funda nórdica.
houx ['u] *nm* acebo *m*.
hublot ['yblo] *nm* **1** *(de bateau)* portilla *f*. **2** *(d'avion)* ventanilla *f*.
huche ['yʃ] *nf (pour garder le pain)* panera *f*.
huer ['ɥe] *vt* abuchear.
huile [ɥil] *nf* **1** *(gén)* aceite *m*. **2** *fam (personnage)* pez *m* gordo.
• **verser de l'huile sur le feu** echar leña al fuego.
▪ **huile d'olive** aceite de oliva.
huiler [ɥile] *vt* engrasar.
huilier [ɥilje] *nm* vinagreras *f pl*.
huis [ɥi].
• **à huis clos** a puerta cerrada.
huissier [ɥisje] *nm* ujier *m*.
huit ['ɥit] *num* ocho *m*.
huitième ['ɥtjɛm] *num* octavo,-va.
▪ **huitièmes de finale** SPORT octavos de final.
huître [ɥitʀ] *nf* ostra *f*.
humain,-e [ymɛ̃,-ɛn] *adj* humano,-na.
► *nm* **humain** humano *m*.
humanisme [ymanism] *nm* humanismo *m*.
humanitaire [ymanitɛʀ] *adj* humanitario,-ria: ***l'aide humanitaire***, la ayuda humanitaria.

humanité [ymanite] *nf* humanidad *f.*
humble [œ̃bl] *adj* humilde.
humecter [ymɛkte] *vt* humedecer.
► *vpr* **s'humecter** humedecerse.
humer [yme] *vt* oler.
humérus [ymeʀys] *nm* ANAT húmero *m.*
humeur [ymœʀ] *nf* humor *m.*
• **être de bonne humeur** estar de buen humor.
• **être de mauvaise humeur** estar de mal humor.
• **être d'humeur à** estar de humor para.
humide [ymid] *adj* húmedo,-da.
humidité [ymidite] *nf* humedad *f.*
humiliant,-e [ymiljɑ̃,-ɑ̃t] *adj* humillante.
humilier [ymilje] *vt* humillar.
► *vpr* **s'humilier** humillarse (**devant**, ante).
humilité [ymilite] *nf* humildad *f.*
humoriste [ymɔʀist] *nmf* humorista.
humoristique [ymɔʀistik] *adj* humorístico,-ca.
humour [ymuʀ] *nm* humor *m.*
• **avoir le sens de l'humour** tener sentido del humor.
▪ **humour noir** humor negro.
huppé,-e ['ype] *adj* **1** *(oiseau)* moñudo, -da. **2** *fig (société)* de alto copete.
hurlement ['yʀləmɑ̃] *nm* aullido *m.*
hurler ['yʀle] *vi* **1** *(animal)* aullar. **2** *(personne)* gritar.
► *vt* gritar: ***il hurlait des injures***, gritaba insultos.
hurluberlu,-e [yʀlybɛʀly] *nm,f* atolondrado,-da.
hutte ['yt] *nf* choza *f.*
hybride [ibʀid] *adj* híbrido,-da.
► *nm* híbrido *m.*
hydratant,-e [idʀatɑ̃,-ɑ̃t] *adj* hidratante.
hydrater [idʀate] *vt* hidratar.
hydraulique [idʀolik] *adj* hidráulico,-ca.
► *nf* hidráulica *f.*
hydravion [idʀavjɔ̃] *nm* hidroavión *m.*
hydrocarbure [idʀɔkaʀbyʀ] *nm* hidrocarburo *m.*
hydrogène [idʀɔʒɛn] *nm* hidrógeno *m.*
hydroglisseur [idʀɔglisœʀ] *nm* aerodeslizador *m.*
hydrolyse [idʀɔliz] *nf* CHIM hidrólisis *f.*
hydrophile [idʀɔfil] *adj* hidrófilo,-la.
hyène [jɛn] *nf* hiena *f.*
hygiène [iʒjɛn] *nf* higiene *f.*
hygiénique [iʒjenik] *adj* higiénico,-ca.
hymen [imɛn] *nm* himen *m.*
hymne [imn] *nm* himno *m.*
hyperglycémie [ipɛʀglisemi] *nf* MÉD hiperglucemia *f.*
hypermarché [ipɛʀmaʀʃe] *nm* hipermercado *m.*
hypermétrope [ipɛʀmetʀɔp] *adj* - *nmf* MÉD hipermétrope.
hypertension [ipɛʀtɑ̃sjɔ̃] *nf* MÉD hipertensión *f.*
hypertexte [ipɛʀtɛkst] *nm* INFORM hipertexto *m.*
hypertrophie [ipɛʀtʀɔfi] *nf* MÉD hipertrofia *f.*
hypnose [ipnoz] *nf* hipnosis *f.*
hypnotiser [ipnɔtize] *vt* hipnotizar.
hypocondriaque [ipɔkɔ̃dʀjak] *adj* - *nmf* hipocondríaco,-ca.
hypocrisie [ipɔkʀizi] *nf* hipocresía *f.*
hypocrite [ipɔkʀit] *adj* - *nmf* hipócrita.
hypodermique [ipɔdɛʀmik] *adj* hipodérmico,-ca.
hypoglycémie [ipɔglisemi] *nf* MÉD hipoglucemia *f.*
hypotension [ipɔtɑ̃sjɔ̃] *nf* MÉD hipotensión *f.*
hypoténuse [ipɔtenyz] *nf* hipotenusa *f.*
hypothèque [ipɔtɛk] *nf* hipoteca *f.*
hypothèse [ipɔtɛz] *nf* hipótesis *f.*
hystérie [isteʀi] *nf* histeria *f.*
hystérique [isteʀik] *adj* - *nmf* histérico,-ca.

I

ibérique [iberik] *adj* ibérico,-ca.
iceberg [ajsbɛrg] *nm* iceberg *m*.
ici [isi] *adv* aquí: ***qu'est-ce que tu viens faire ici ?***, ¿qué haces aquí?
• **d'ici là** para entonces.
• **d'ici peu** dentro de poco.
• **par ici** por aquí.
icône [ikon] *nf* icono *m*.
idéal,-e [ideal] *adj* ideal.
► *nm* **idéal** ideal *m*.
• **dans l'idéal** en le mejor de los casos.
idéalisme [idealism] *nm* idealismo *m*.
idée [ide] *nf* **1** *(gén)* idea *f*. **2** *(croyance)* opinión *f*.
• **avoir dans l'idée que** tener la sensación de que.
• **je n'en ai pas la moindre idée** no tengo ni la más remota idea.
• **se faire des idées** imaginarse cosas.
▪ **idée reçue** idea preconcebida.
identification [idɑ̃tifikasjɔ̃] *nf* identificación *f*.
identifier [idɑ̃tifje] *vt* identificar.
► *vpr* **s'identifier** identificarse.
identique [idɑ̃tik] *adj* idéntico,-ca.
identité [idɑ̃tite] *nf* identidad *f*.
idéologie [ideɔlɔʒi] *nf* ideología *f*.
idéologique [ideɔlɔʒik] *adj* ideológico,-ca.
idiomatique [idjɔmatik] *adj* idiomático,-ca.
idiot,-e [idjo,-ɔt] *adj* - *nm,f* idiota.
• **faire l'idiot** hacer el tonto.
idolâtrer [idɔlatre] *vt* idolatrar.
idole [idɔl] *nf* ídolo *m*.
idylle [idil] *nf* idilio *m*.
idyllique [idilik] *adj* idílico,-ca.
igloo [iglu] *nm* iglú *m*.
if [if] *nm* tejo *m*.
igname [iɲam] *nf* ñame *m*.
ignare [iɲar] *adj* - *nmf* ignorante.
ignition [ignisjɔ̃] *nf* ignición *f*.
ignoble [iɲɔbl] *adj* innoble.
ignorance [iɲɔrɑ̃s] *nf* ignorancia *f*.
ignorant,-e [iɲɔrɑ̃,-ɑ̃t] *adj* - *nm,f* ignorante.
• **ignorant,-e de** QQCH desconocedor,-ra de ALGO.
ignorer [iɲɔre] *vt* ignorar.
iguane [igwan] *nm* iguana *f*.
il [il] *pron pers* (*pl* **ils**) **1** *(objet, animal, personne)* él: ***il est malade***, está enfermo. **2** *(sujet de verbe impersonnel) no se traduce*: ***il pleut***, está lloviendo; ***il y a une librairie sur la place***, hay una librería en la plaza.
île [il] *nf* isla *f*.
illégal,-e [ilegal] *adj* ilegal.
illégitime [ileʒitim] *adj* **1** *(enfant)* ilegítimo,-ma. **2** *(peur, soupçon)* infundado,-da.
illettré,-e [iletre] *adj* - *nm,f* analfabeto,-ta.
illicite [ilisit] *adj* ilícito,-ta.
illico [iliko] *adv fam* en el acto.
illimité,-e [ilimite] *adj* ilimitado,-da.
illisible [ilizibl] *adj* ilegible.
illogique [ilɔʒik] *adj* ilógico,-ca.
illumination [ilyminasjɔ̃] *nf* iluminación *f*.
illuminer [ilymine] *vt* iluminar.
► *vpr* **s'illuminer** iluminarse: ***son visage s'est illuminé de joie***, su rostro se iluminó de alegría.

illusion [ilyzjɔ̃] *nf* ilusión *f*.
• **se faire des illusions** hacerse ilusiones.
illusionniste [ilyzjɔnist] *nmf* ilusionista.
illusoire [ilyzwaʀ] *adj* ilusorio,-ria.
illustration [ilystʀasjɔ̃] *nf* ilustración *f*.
illustre [ilystʀ] *adj* ilustre.
illustrer [ilystʀe] *vt* ilustrar.
► *vpr* **s'illustrer** destacar.
îlot [ilo] *nm* **1** *(petite île)* islote *m*. **2** *(de maisons)* manzana *f*.
▪ **îlot de résistance** foco *m* de resistencia.
ils [il] *pron pers* ellos: ***ils sont contents***, están contentos.
image [imaʒ] *nf* imagen *f*.
• **être l'image de QQN** ser la viva imagen de ALGN.
▪ **image de marque** imagen de marca.
imaginaire [imaʒinɛʀ] *adj* imaginario, -ria.
imagination [imaʒinasjɔ̃] *nf* imaginación *f*.
• **avoir de l'imagination** tener imaginación.
imaginer [imaʒine] *vt* **1** *(gén)* imaginar. **2** *(plan)* idear.
► *vpr* **s'imaginer** imaginarse.
imam [imam] *nm* imán *m*.
imbattable [ɛ̃batabl] *adj* **1** *(champion)* invencible. **2** *(record, prix)* insuperable.
imbécile [ɛ̃besil] *adj* - *nmf* imbécil.
imberbe [ɛ̃bɛʀb] *adj* imberbe.
imbiber [ɛ̃bibe] *vt* empapar.
► *vpr* **s'imbiber** empaparse.
imbrication [ɛ̃bʀikasjɔ̃] *nf* imbricación *f*.
imbroglio [ɛ̃bʀɔljo] *nm* enredo *m*.
imbu,-e [ɛ̃by] *adj* imbuido,-da.
• **être imbu de soi-même** estar muy pagado de uno mismo.
imbuvable [ɛ̃byvabl] *adj* imbebible.
imitateur,-trice [imitatœʀ,-tʀis] *nm,f* imitador,-ra.
imitation [imitasjɔ̃] *nf* imitación *f*.
imiter [imite] *vt* **1** *(gén)* imitar. **2** *(signature)* falsificar.
immaculé,-e [imakyle] *adj* inmaculado,-da.
immangeable [ɛ̃mɑ̃ʒabl] *adj* incomible.
immanquable [ɛ̃mɑ̃kabl] *adj* infalible.
immatériel,-elle [imateʀjɛl] *adj* inmaterial.
immatriculation [imatʀikylasjɔ̃] *nf* matrícula *f*.
immatriculer [imatʀikyle] *vt* matricular.
immédiat,-e [imedja,-at] *adj* inmediato,-ta.
• **dans l'immédiat** por ahora.
immense [imɑ̃s] *adj* inmenso,-sa.
immensité [imɑ̃site] *nf* inmensidad *f*.
immerger [imɛʀʒe] *vt* sumergir.
► *vpr* **s'immerger** sumergirse.
immersion [imɛʀsjɔ̃] *nf* inmersión *f*.
immeuble [imœbl] *adj* inmueble.
► *nm* edificio *m*.
immigrant,-e [imigʀɑ̃,-ɑ̃t] *adj* - *nm,f* inmigrante.
immigration [imigʀasjɔ̃] *nf* inmigración *f*.
immigré,-e [imigʀe] *adj* - *nm,f* inmigrante.
immigrer [imigʀe] *vi* inmigrar.
imminent,-e [iminɑ̃,-ɑ̃t] *adj* inminente.
immobile [imɔbil] *adj* inmóvil.
immobilier,-ère [imɔbilje,-ɛʀ] *adj* inmobiliario,-ria.
► *nm* **immobilier** sector *m* inmobiliario.
immobiliser [imɔbilize] *vt* inmovilizar.
immodéré,-e [imɔdeʀe] *adj* desmedido,-da.
immoler [imɔle] *vt* inmolar.
► *vpr* **s'immoler** inmolarse.
immonde [imɔ̃d] *adj* inmundo,-da.
immondices [imɔ̃dis] *nf pl* inmundicias *f pl*.
immoral,-e [imɔʀal] *adj* inmoral.
immortalité [imɔʀtalite] *nf* inmortalidad *f*.
immortel,-elle [imɔʀtɛl] *adj* inmortal.
immuable [imɥabl] *adj* inmutable.
immuniser [imynize] *vt* inmunizar.
immunité [imynite] *nf* inmunidad *f*.
▪ **immunité diplomatique** inmunidad diplomática.
▪ **immunité parlementaire** inmunidad parlamentaria.

immunodéficience [imynɔdefisjɑ̃s] *nf* inmunodeficiencia *f*.
impact [ɛ̃pakt] *nm* impacto *m*.
impair,-e [ɛ̃pɛʀ] *adj* impar.
► *nm* **impair** *fig* torpeza *f*.
• **commettre un impair** meter la pata.
imparable [ɛ̃paʀabl] *adj* imparable.
impardonnable [ɛ̃paʀdɔnabl] *adj* imperdonable.
imparfait,-e [ɛ̃parfɛ,-ɛt] *adj* imperfecto,-ta.
► *nm* **imparfait** *(conjugaison)* pretérito *m* imperfecto.
impartial,-e [ɛ̃paʀsjal] *adj* imparcial.
impasse [ɛ̃pas] *nf* callejón *m* sin salida.
• **être dans une impasse** estar en un callejón sin salida.
▪ **impasse budgétaire** ÉCON déficit *m* presupuestario.
impassible [ɛ̃pasibl] *adj* impasible.
impatience [ɛ̃pasjɑ̃s] *nf* impaciencia *f*.
impatient,-e [ɛ̃pasjɑ̃,-ɑ̃t] *adj* impaciente.
• **être impatient de faire** QQCH estar impaciente por hacer ALGO.
impatienter (s') [ɛ̃pasjɑ̃te] *vpr* impacientarse.
impayable [ɛ̃pɛjabl] *adj* **1** *(gén)* impagable. **2** *fam fig (drôle)* muy gracioso,-sa.
impayé,-e [ɛ̃peje] *adj* impagado,-da.
► *nm* **impayé** impagado *m*.
impeccable [ɛ̃pekabl] *adj* impecable.
impénétrable [ɛ̃penetʀabl] *adj* impenetrable.
impensable [ɛ̃pɑ̃sabl] *adj* impensable.
impératif,-ive [ɛ̃peʀatif,-iv] *adj* imperativo,-va.
► *nm* **impératif** imperativo *m*.
impératrice [ɛ̃peʀatʀis] *nf* emperatriz *f*.
imperceptible [ɛ̃pɛʀsɛptibl] *adj* imperceptible.
imperfection [ɛ̃pɛʀfɛksjɔ̃] *nf* imperfección *f*.
impérial,-e [ɛ̃peʀjal] *adj* imperial.
impérialisme [ɛ̃peʀjalism] *nm* imperialismo *m*.
impérialiste [ɛ̃peʀjalist] *adj* - *nmf* imperialista.
impérieux,-euse [ɛ̃peʀjø,-øz] *adj* imperioso,-sa.
impérissable [ɛ̃peʀisabl] *adj* imperecedero,-ra.
imperméable [ɛ̃pɛʀmeabl] *adj* - *nm* impermeable *m*.
impersonnel,-elle [ɛ̃pɛʀsɔnɛl] *adj* impersonal.
impertinence [ɛ̃peʀtinɑ̃s] *nf* impertinencia *f*.
impertinent,-e [ɛ̃pɛʀtinɑ̃,-ɑ̃t] *adj* - *nm,f* impertinente.
imperturbable [ɛ̃pɛʀtyʀbabl] *adj* imperturbable.
impétueux,-euse [ɛ̃petɥø,-øz] *adj* impetuoso,-sa.
impitoyable [ɛ̃pitwajabl] *adj* despiadado,-da.
implacable [ɛ̃plakabl] *adj* implacable.
implant [ɛ̃plɑ̃] *nm* implante *m*.
implanter [ɛ̃plɑ̃te] *vt* implantar.
► *vpr* **s'implanter** implantarse.
implication [ɛ̃plikasjɔ̃] *nf* implicación *f*.
implicite [ɛ̃plisit] *adj* implícito,-ta.
impliquer [ɛ̃plike] *vt* implicar.
► *vpr* **s'impliquer** implicarse.
implorer [ɛ̃plɔʀe] *vt* implorar.
implosion [ɛ̃plozjɔ̃] *nf* implosión *f*.
impoli,-e [ɛ̃poli] *adj* maleducado,-da.
impondérable [ɛ̃pɔ̃deʀabl] *adj* imponderable.
► *nm pl* **impondérables** imponderables *m pl*.
impopulaire [ɛ̃pɔpylɛʀ] *adj* impopular.
impopularité [ɛ̃pɔpylaʀite] *nf* impopularidad *f*.
importance [ɛ̃pɔʀtɑ̃s] *nf* importancia *f*.
• **attacher de l'importance à** dar importancia a.
• **avoir de l'importance** tener importancia.
• **sans importance** sin importancia.
• **se donner de l'importance** darse importancia.
important,-e [ɛ̃pɔʀtɑ̃,-ɑ̃t] *adj* importante.
importateur,-trice [ɛ̃pɔʀtatœʀ,-tʀis] *adj* - *nm,f* importador,-ra.
importation [ɛ̃pɔʀtasjɔ̃] *nf* importación *f*.
importer[1] [ɛ̃pɔʀte] *vt* importar: ***importer des matières premières***, importar materias primas.

importer[2] [ɛ̃pɔʀte] *vi* importar, tener importancia: ***c'est la seule chose qui importe***, es la única cosa que importa.
• **il importe que ...** es importante que...
• **n'importe comment** de cualquier manera: ***tu as fait ça n'importe comment !***, ¡lo has hecho de cualquier manera!
• **n'importe où** en cualquier sitio.
• **n'importe quand** en cualquier momento.
• **n'importe qui** cualquiera.
• **n'importe quoi** cualquier cosa.
• **peu importe** da igual.
• **qu'importe !** ¡da igual!
importun,-e [ɛ̃pɔʀtœ̃, yn] *adj - nm,f* inoportuno,-na.
importuner [ɛ̃pɔʀtyne] *vt* importunar.
imposable [ɛ̃pozabl] *adj* imponible.
imposant,-e [ɛ̃pozɑ̃,-ɑ̃t] *adj* imponente.
imposer [ɛ̃poze] *vt* **1** *(gén)* imponer: ***il a imposé ses conditions***, ha impuesto sus condiciones. **2** *(taxer)* gravar.
► *vpr* **s'imposer 1** *(gén)* imponerse. **2** *(obligation)* obligarse: ***il s'est imposé d'aller courir une heure par jour***, se ha propuesto correr una hora al día.
• **en imposer à QQN** impresionar a ALGN.
imposition [ɛ̃pozisjɔ̃] *nf* imposición *f*.
impossibilité [ɛ̃pɔsibilite] *nf* **1** *(incapacité)* imposibilidad *f*. **2** *(chose impossible)* imposible *m*.
• **être dans l'impossibilité de faire QQCH** no poder hacer ALGO.
impossible [ɛ̃pɔsibl] *adj* imposible.
• **tenter l'impossible** intentar lo imposible.
imposteur [ɛ̃pɔstœʀ] *nm* impostor,-ra.
impôt [ɛ̃po] *nm* impuesto *m*.
▪ **impôt sur le revenu** impuesto sobre la renta.
impotent,-e [ɛ̃pɔtɑ̃,-ɑ̃t] *adj - nm,f* impedido,-da.
impraticable [ɛ̃pʀatikabl] *adj* impracticable.
imprécis,-e [ɛ̃pʀesi,-iz] *adj* impreciso, -sa.
imprégner [ɛ̃pʀeɲe] *vt* impregnar.
► *vpr* **s'imprégner** impregnarse (**de**, de).
imprenable [ɛ̃pʀənabl] *adj* inexpugnable.
imprésario [ɛ̃pʀesaʀjo] *nm* agente *m*.
impression [ɛ̃pʀesjɔ̃] *nf* **1** *(gén)* impresión *f*. **2** *(d'un tissu)* estampado *m*.
• **avoir l'impression que** tener la sensación de que.
• **faire bonne impression** causar buena impresión.
• **faire mauvaise impression** causar mala impresión.
impressionnant,-e [ɛ̃pʀesjɔnɑ̃,-ɑ̃t] *adj* impresionante.
impressionner [ɛ̃pʀesjɔne] *vt* impresionar.
impressionnisme [ɛ̃pʀesjɔnism] *nm* impresionismo *m*.
impressionniste [ɛ̃pʀesjɔnist] *adj - nmf* impresionista.
imprévisible [ɛ̃pʀevizibl] *adj* imprevisible.
imprévu,-e [ɛ̃pʀevy] *adj* imprevisto,-ta.
► *nm* **imprévu** imprevisto *m*.
imprimante [ɛ̃pʀimɑ̃t] *nf* impresora *f*.
▪ **imprimante à jet d'encre** impresora de chorro de tinta.
▪ **imprimante laser** impresora láser.
imprimé [ɛ̃pʀime] *nm* **1** *(de papier)* impreso *m*. **2** *(sur tissu)* estampado *m*.
imprimer [ɛ̃pʀime] *vt* **1** *(livre)* imprimir. **2** *(tissu)* estampar. **3** *(toile)* imprimar.
imprimerie [ɛ̃pʀimʀi] *nf* imprenta *f*.
improbable [ɛ̃pʀɔbabl] *adj* improbable.
improductif,-ive [ɛ̃pʀɔdyktif,-iv] *adj* improductivo,-va.
impromptu,-e [ɛ̃pʀɔ̃pty] *adj* improvisado,-da.
impropre [ɛ̃pʀɔpʀ] *adj* impropio,-pia.
improvisation [ɛ̃pʀovizasjɔ̃] *nf* improvisación *f*.
improviser [ɛ̃pʀɔvize] *vt - vi* improvisar.
► *vpr* **s'improviser 1** *(gén)* improvisarse. **2** *(devenir)* hacer de: ***il a voulu s'improviser peintre***, ha querido hacer de pintor.
improviste [ɛ̃pʀɔvist].
• **à l'improviste** de improviso.
imprudence [ɛ̃pʀydɑ̃s] *nf* imprudencia *f*.
imprudent,-e [ɛ̃pʀydɑ̃,-ɑ̃t] *adj - nm,f* imprudente.

impudique [ɛ̃pydik] *adj* impúdico,-ca.
impuissant,-e [ɛ̃pɥisɑ̃,-ɑ̃t] *adj* **1** *(gén)* impotente. **2** *(sans efficacité)* incapaz (**à**, de).
► *nm* **impuissant** impotente *m*.
impulsif,-ive [ɛ̃pylsif,-iv] *adj* - *nm,f* impulsivo,-va.
impulsion [ɛ̃pylsjɔ̃] *nf* impulso *m*.
• **sous l'impulsion de** bajo el impulso de.
impunité [ɛ̃pynite] *nf* impunidad *f*.
impur,-e [ɛ̃pyʀ] *adj* impuro,-ra.
impureté [ɛ̃pyʀte] *nf* impureza *f*.
imputer [ɛ̃pyte] *vt* imputar.
inabordable [inabɔʀdabl] *adj* **1** *(lieu, personne)* inaccesible. **2** *(prix)* prohibitivo,-va.
inacceptable [inaksɛptabl] *adj* inaceptable.
inaccessible [inaksesibl] *adj* **1** *(gén)* inaccesible. **2** *(personne)* insensible.
inaccoutumé,-e [inakutyme] *adj* inusual.
inachevé,-e [inaʃve] *adj* inacabado,-da: ***un roman inachevé***, una novela inacabada.
inactif,-ive [inaktif,-iv] *adj* inactivo,-va.
inaction [inaksjɔ̃] *nf* inacción *f*.
inactivité [inaktivite] *nf* inactividad *f*.
inadapté,-e [inadapte] *adj* **1** *(impropre)* inadecuado,-da: ***sa réaction est inadaptée à la situation***, su reacción es inadecuada para la situación. **2** *(personne)* inadaptado,-da.
► *nm,f* inadaptado,-da.
inadmissible [inadmisibl] *adj* inadmisible.
inadvertance [inadvɛʀtɑ̃s] *nf* inadvertencia *f*.
• **par inadvertance** por inadvertencia.
inaliénable [inaljenabl] *adj* inalienable.
inaltérable [inalteʀabl] *adj* inalterable.
inamovible [inamɔvibl] *adj* inamovible.
inanimé,-e [inanime] *adj* inanimado,-da.
inanition [inanisjɔ̃] *nf* inanición *f*.
inaperçu,-e [inapɛʀsy] *adj* desapercibido,-da.
• **passer inaperçu,-e** pasar desapercibido,-da.
inappréciable [inapʀesjabl] *adj* inapreciable.
inapte [inapt] *adj* inepto,-ta.
• **être inapte à faire QQCH** ser incapaz de hacer ALGO.
inarticulé,-e [inaʀtikyle] *adj* inarticulado,-da.
inassouvi,-e [inasuvi] *adj* insatisfecho,-cha.
inattendu,-e [inatɑ̃dy] *adj* inesperado,-da.
inattentif,-ive [inatɑ̃tif,-iv] *adj* distraído,-da.
inaudible [inodibl] *adj* inaudible.
inauguration [inogyʀasjɔ̃] *nf* inauguración *f*.
inaugurer [inogyʀe] *vt* inaugurar.
inavouable [inavwabl] *adj* inconfesable.
incalculable [ɛ̃kalkylabl] *adj* incalculable.
incandescence [ɛkɑ̃desɑ̃s] *nf* incandescencia *f*.
incantation [ɛ̃kɑ̃tasjɔ̃] *nf* encantamiento *m*.
incapable [ɛ̃kapabl] *adj* - *nmf* incapaz.
incapacité [ɛ̃kapasite] *nf* incapacidad *f* (**à**, para).
▪ **incapacité de travail** incapacidad laboral.
incarcérer [ɛ̃kaʀseʀe] *vt* encarcelar.
incarner [ɛ̃kaʀne] *vt* encarnar.
► *vpr* **s'incarner** encarnarse.
incassable [ɛ̃kasabl] *adj* irrompible.
incendie [ɛ̃sɑ̃di] *nm* incendio *m*.
incendier [ɛ̃sɑ̃dje] *vt* incendiar.
incertain,-e [ɛ̃sɛʀtɛ̃,-ɛn] *adj* **1** *(réussite, durée)* incierto,-ta. **2** *(personne)* inseguro,-ra. **3** *(climat)* inestable.
incertitude [ɛ̃sɛʀtityd] *nf* incertidumbre *f*.
incessant,-e [ɛ̃sɛsɑ̃,-ɑ̃t] *adj* incesante.
inceste [ɛ̃sɛst] *nm* incesto *m*.
incestueux,-euse [ɛ̃sɛstɥø,-øz] *adj* incestuoso,-sa.
inchangé,-e [ɛ̃ʃɑ̃ʒe] *adj* igual.
incidence [ɛ̃sidɑ̃s] *nf* **1** *(en géométrie)* incidencia *f*. **2** *fig (conséquence)* repercusión *f*.
incident,-e [ɛ̃sidɑ̃,-ɑ̃t] *adj* **1** *(rayon)* incidente. **2** *(remarque, proposition)* incidental.
► *nm* **incident** incidente *m*.

• **sans incidents** sin incidentes.
▪ **incident diplomatique** incidente diplomático.
incinérer [ɛ̃sineʀe] *vt* incinerar.
incise [ɛ̃siz] *nf* inciso *m*.
incisif,-ive [ɛ̃sizif,-iv] *adj* incisivo,-va.
incision [ɛ̃sizjɔ̃] *nf* incisión *m*.
incisive [ɛ̃siziv] *nf (dent)* incisivo *m*.
inciter [ɛ̃site] *vt* incitar.
inclassable [ɛ̃klasabl] *adj* inclasificable.
inclinable [ɛ̃klinabl] *adj (siège)* abatible.
inclinaison [ɛ̃klinɛzɔ̃] *nf* inclinación *f*.
inclination [ɛ̃klinasjɔ̃] *nf* inclinación *f*.
incliner [ɛ̃kline] *vt* inclinar.
► *vi* tender (**à**, a).
► *vpr* **s'incliner** inclinarse (**devant**, ante).
inclure [ɛ̃klyʀ] *vt* incluir.
inclus,-e [ɛ̃kly,-yz] *adj* incluido,-da.
inclusion [ɛ̃klyzjɔ̃] *nf* inclusión *f*.
incognito [ɛ̃kɔɲito] *adv* de incógnito.
► *nm* anonimato *m*.
incohérence [ɛ̃kɔeʀɑ̃s] *nf* incoherencia *f*.
incohérent,-e [ɛ̃kɔeʀɑ̃,-ɑ̃t] *adj* incoherente.
incollable [ɛ̃kolabl] *adj (fig)* que no se pega.
incolore [ɛ̃kɔlɔʀ] *adj* incoloro,-ra.
incomber [ɛ̃kɔ̃be] *vi* incumbir.
incommensurable [ɛ̃kɔmɑ̃syʀabl] *adj* inconmensurable.
incommoder [ɛ̃kɔmɔde] *vt* incomodar, molestar.
incomparable [ɛ̃kɔ̃paʀabl] *adj* incomparable.
incompatible [ɛ̃kɔ̃patibl] *adj* incompatible.
incompétence [ɛ̃kɔ̃petɑ̃s] *nf* incompetencia *f*.
incompétent,-e [ɛ̃kɔ̃petɑ̃,-ɑ̃t] *adj* incompetente.
incomplet,-ète [ɛ̃kɔ̃plɛ,-ɛt] *adj* incompleto,-ta.
incompréhensible [ɛ̃kɔ̃pʀeɑ̃sibl] *adj* incomprensible.
incompris,-e [ɛ̃kɔ̃pʀi,-iz] *adj - nm,f* incomprendido,-da.
inconcevable [ɛ̃kɔ̃svabl] *adj* inconcebible.
inconditionnel,-elle [ɛ̃kɔ̃disjɔnɛl] *adj - nm,f* incondicional.
incongru,-e [ɛ̃kɔ̃gʀy] *adj* incongruente.
inconnu,-e [ɛ̃kɔny] *adj - nm,f* desconocido,-da.
inconsciemment [ɛ̃kɔ̃sjamɑ̃] *adv* inconscientemente.
inconscient,-e [ɛ̃kɔ̃sjɑ̃,-ɑ̃t] *adj - nm,f* inconsciente.
► *nm* **inconscient** inconsciente *m*.
inconséquent,-e [ɛ̃kɔ̃sekɑ̃,-ɑ̃t] *adj* inconsecuente.
inconsidéré,-e [ɛ̃kɔ̃sidere] *adj* desconsiderado,-da.
inconsistant,-e [ɛ̃kɔ̃sistɑ̃,-ɑ̃t] *adj* inconsistente.
inconsolable [ɛ̃kɔ̃sɔlabl] *adj* inconsolable.
incontestable [ɛ̃kɔ̃tɛstabl] *adj* incontestable.
incontinence [ɛ̃kɔ̃tinɑ̃s] *nf* incontinencia *f*.
incontournable [ɛ̃kɔ̃tuʀnabl] *adj* ineludible.
incontrôlable [ɛ̃kɔ̃tʀolabl] *adj* incontrolable.
inconvénient [ɛ̃kɔ̃venjɑ̃] *nm* inconveniente *m*.
incorporer [ɛ̃kɔʀpɔʀe] *vt* incorporar.
► *vpr* **s'incorporer** incorporarse.
incorrect,-e [ɛ̃kɔʀɛkt,-ɛkt] *adj* incorrecto,-ta.
incorrection [ɛ̃kɔʀɛksjɔ̃] *nf* incorrección *f*.
incorrigible [ɛ̃kɔʀiʒibl] *adj* incorregible.
incorruptible [ɛ̃kɔʀyptibl] *adj* incorruptible.
incrédulité [ɛ̃kʀedylite] *nf* incredulidad *f*.
increvable [ɛ̃kʀəvabl] *adj* **1** *(pneu)* que no se pincha. **2** *fam (personne)* incansable.
incroyable [ɛ̃kʀwajabl] *adj* increíble.
incrustation [ɛ̃kʀystasjɔ̃] *nf* incrustación *f*.
incruster [ɛ̃kʀyste] *vt* incrustar.
► *vpr* **s'incruster 1** *(adhérer)* incrustarse. **2** *fig (quelqu'un)* permanecer en un lugar sin motivo.
incubation [ɛ̃kubasjɔ̃] *nf* incubación *f*.
inculper [ɛ̃kylpe] *vt* inculpar.

inculquer [ɛ̃kylke] *vt* inculcar.
inculte [ɛ̃kylt] *adj* **1** *(terrain)* sin cultivar, yermo,-ma. **2** *(personne)* inculto,-ta.
incurable [ɛ̃kyʀabl] *adj* incurable.
incursion [ɛ̃kyʀsjɔ̃] *nf* incursión *f.*
Inde [ɛ̃d] *nf* India.
indécent,-e [ɛ̃desɑ̃,-ɑ̃t] *adj* indecente.
indéchiffrable [ɛ̃deʃifʀabl] *adj* indescifrable.
indécis,-e [ɛ̃desi,-iz] *adj* **1** *(gén)* indeciso, -sa. **2** *(vague)* impreciso,-sa, borroso,-sa.
► *nm,f* indeciso,-sa.
indéfini,-e [ɛ̃defini] *adj* indefinido,-da: ***adjectif indéfini***, adjetivo indefinido.
indéfinissable [ɛ̃definisabl] *adj* indefinible.
indélébile [ɛ̃delebil] *adj* indeleble.
indélicat,-e [ɛ̃delika,-at] *adj* poco delicado,-da.
indemne [ɛ̃dɛmn] *adj* indemne.
indemniser [ɛ̃dɛmnize] *vt* indemnizar (**de**, por).
indemnité [ɛ̃demnite] *nf* **1** *(dédommagement)* indemnización *f.* **2** *(rémunération)* subsidio *m.*
▪ **indemnité de licenciement** indemnización por despido.
▪ **indemnité journalière** subsidio.
indémodable [ɛ̃demodabl] *adj* que no pasa de moda.
indéniable [ɛ̃denjabl] *adj* innegable.
indépendance [ɛ̃depɑ̃dɑ̃s] *nf* independencia *f.*
indépendant,-e [ɛ̃depɑ̃dɑ̃,-ɑ̃t] *adj* independiente.
indescriptible [ɛ̃dɛskʀiptibl] *adj (inénarrable)* indescriptible.
indésirable [ɛ̃deziʀabl] *adj - nmf* indeseable.
indestructible [ɛ̃dɛstʀyktibl] *adj* indestructible.
indéterminé,-e [ɛ̃detɛʀmine] *adj* indeterminado,-da.
index [ɛ̃dɛks] *nm* índice *m.*
indicateur,-trice [ɛ̃dikatœʀ,-tʀis] *adj* indicador,-ra.
► *nm* **indicateur 1** *(livre)* guía *f.* **2** *(de la police)* confidente *m*, soplón *m.* **3** *(appareil, indice)* indicador *m.*
indicatif,-ive [ɛ̃dikatif,-iv] *adj* indicativo,-va.
► *nm* **indicatif 1** *(verbe)* indicativo *m.* **2** *(de radio, de télé)* sintonía *f.*
▪ **indicatif téléphonique** prefijo *m.*
indication [ɛ̃dikasjɔ̃] *nf* **1** *(renseignement)* indicación *f.* **2** *(donnée)* indicio *m.*
indice [ɛ̃dis] *nm* **1** *(signe)* indicio *m.* **2** *(des prix)* índice *m.*
▪ **indice des prix à la consommation** índice de precios al consumo.
▪ **indice du coût de la vie** índice del coste de la vida.
indien,-enne [ɛ̃djɛ̃,-ɛn] *adj* indio,-dia.
► *nm,f* **Indien,-enne** indio,-dia.
indifférence [ɛ̃difeʀɑ̃s] *nf* indiferencia *f.*
indifférent,-e [ɛ̃difeʀɑ̃,-ɑ̃t] *adj - nm,f* indiferente.
indigence [ɛ̃diʒɑ̃s] *nf* indigencia *f.*
indigène [ɛ̃diʒɛn] *adj - nmf* indígena.
indigent,-e [ɛ̃diʒɑ̃,-ɑ̃t] *adj - nm,f* indigente.
indigeste [ɛ̃diʒest] *adj* indigesto,-ta.
indigestion [ɛ̃diʒɛstjɔ̃] *nf* **1** *(indisposition)* indigestión *f.* **2** *fig (excès)* empacho *m*, saciedad *f.*
indignation [ɛ̃diɲasjɔ̃] *nf* indignación *f.*
indigne [ɛ̃diɲ] *adj* indigno,-na.
indigner [ɛ̃diɲe] *vt* indignar.
► *vpr* **s'indigner** indignarse.
indiquer [ɛ̃dike] *vt* **1** *(montrer)* indicar. **2** *(dénoter)* indicar, revelar.
indirect,-e [ɛ̃diʀɛkt,-ɛkt] *adj* indirecto, -ta.
indiscipline [ɛ̃disiplin] *nf* indisciplina *f.*
indiscipliné,-e [ɛ̃disipline] *adj* indisciplinado,-da.
indiscret,-ète [ɛ̃diskʀɛ,-ɛt] *adj - nm,f* indiscreto,-ta.
indiscrétion [ɛ̃diskʀesjɔ̃] *nf* indiscreción *f.*
indiscutable [ɛ̃diskytabl] *adj* indiscutible.
indispensable [ɛ̃dispɑ̃sabl] *adj* indispensable.
indisposé,-e [ɛ̃dispoze] *adj fml* indispuesto,-ta.
indisposer [ɛ̃dispoze] *vt fml* indisponer.
indistinct,-e [ɛ̃distɛ̃ɴktœ,-ɛ̃kt] *adj* indistinto,-ta.

individu [ɛ̃divìdy] *nm* individuo *m*.
individualisme [ɛ̃dividɥalism] *nm* individualismo *m*.
individualiste [ɛ̃dividɥalist] *adj - nmf* individualista.
individuel,-elle [ɛ̃dividɥɛl] *adj* individual.
indivisible [ɛ̃divizibl] *adj* indivisible.
indolence [ɛ̃dɔlɑ̃s] *nf* indolencia *f*.
indolent,-e [ɛ̃dɔlɑ̃-ɑ̃t] *adj* indolente.
indolore [ɛ̃dɔlɔʀ] *adj* indoloro,-ra.
indomptable [ɛ̃dɔ̃tabl] *adj* indomable.
Indonésie [ɛ̃dɔnezi] *nf* Indonesia.
indonésien,-enne [ɛ̃dɔnezjɛ̃,-ɛn] *adj* indonesio,-sia.
► *nm,f* **Indonésien,-enne** indonesio,-sia.
indu,-e [ɛ̃dy] *adj* indebido,-da.
indubitable [ɛ̃dybitabl] *adj* indudable.
induction [ɛ̃dyksjɔ̃] *nf* inducción *f*.
induire [ɛ̃dɥiʀ] *vt* **1** *(influencer)* inducir. **2** *(déduire)* inducir, deducir. **3** *(électricité)* inducir.
• **en induire que** concluir de ALGO que.
• **induire en erreur** llevar a error.
indulgence [ɛ̃dylʒɑ̃s] *nf* indulgencia *f*.
indulgent,-e [ɛ̃dylʒɑ̃,-ɑ̃t] *adj* indulgente.
industrialisé,-e [ɛ̃dystʀijalize] *adj* industrializado,-da.
industrialiser [ɛ̃dystʀijalize] *vt* industrializar.
► *vpr* **s'industrialiser** industrializarse.
industrie [ɛ̃dystʀi] *nf* industria *f*.
▪ **industrie automobile** industria del automóvil.
industriel,-elle [ɛ̃dystʀijɛl] *adj - nm* industrial *m*.
inébranlable [inebʀɑ̃labl] *adj* inquebrantable.
inédit,-e [inedi,-it] *adj* inédito,-ta.
inefficace [inefikas] *adj* ineficaz.
inégal,-e [inegal] *adj* desigual.
inégalé,-e [inegale] *adj* inigualado,-da.
inégalité [inegalite] *nf* desigualdad *f*.
inéluctable [inelyktabl] *adj* ineluctable.
inepte [inɛpt] *adj* inepto,-ta.
inépuisable [inepɥizabl] *adj* inagotable.
inerte [inɛʀt] *adj* inerte.
inertie [inɛʀsi] *nf* inercia *f*.
inespéré,-e [inɛspeʀe] *adj* inesperado,-da.
inestimable [inɛstimabl] *adj* inestimable.
inévitable [inevitabl] *adj* inevitable.
inexactitude [inɛgzaktityd] *nf* inexactitud *f*.
inexcusable [inɛkskyzabl] *adj* inexcusable.
inexistant,-e [inɛgzistɑ̃,-ɑ̃t] *adj* inexistente.
inexorable [inɛgzɔʀabl] *adj* inexorable.
inexpérience [inɛkspeʀjɑ̃s] *nf* inexperiencia *f*.
inexpérimenté,-e [inɛkspeʀimɑ̃te] *adj* **1** *(personne)* inexperto,-ta. **2** *(chose)* no experimentado,-da.
inexplicable [inɛksplikabl] *adj* inexplicable.
inexploré,-e [inɛksplɔʀe] *adj* inexplorado,-da.
inexpressif,-ive [inɛkspʀesif,-iv] *adj* inexpresivo,-va.
inexprimable [inɛkspʀimabl] *adj* indescriptible.
inexpugnable [inɛkspygnabl] *adj* inexpugnable.
inextricable [inɛkstʀikabl] *adj* inextricable.
infaillible [ɛ̃fajibl] *adj* infalible.
infâme [ɛ̃fam] *adj* infame.
infamie [ɛ̃fami] *nf* infamia *f*.
infanterie [ɛ̃fɑ̃tʀi] *nf* infantería *f*.
infanticide [ɛ̃fɑ̃tisid] *nmf (criminel)* infanticida.
► *nm (crime)* infanticidio *m*.
infantile [ɛ̃fɑ̃til] *adj* infantil.
infarctus [ɛ̃faʀktys] *nm* MÉD infarto *m*.
▪ **infarctus du myocarde** MÉD infarto de miocardio.
infatigable [ɛ̃fatigabl] *adj* infatigable.
infecter [ɛ̃fɛkte] *vt* **1** *(contaminer)* infectar. **2** *fig (gâter)* infectar, corromper.
► *vpr* **s'infecter** *(se contaminer)* infectarse.
infectieux,-euse [ɛ̃fɛksjø,-øz] *adj* infeccioso,-sa.
infection [ɛ̃fɛksjɔ̃] *nf* **1** *(contamination)* infección *f*. **2** *(puanteur)* hedor *m*.
inférieur,-e [ɛ̃feʀjœʀ] *adj - nm,f* inferior.
infériorité [ɛ̃feʀjɔʀite] *nf* inferioridad *f*.
infernal,-e [ɛ̃fɛʀnal] *adj* infernal.
infester [ɛ̃fɛste] *vt* infestar.

infidèle [ɛ̃fidɛl] *adj* infiel.
infidélité [ɛ̃fidelite] *nf* infidelidad *f*.
infiltrer (s') [ɛ̃filtʀe] *vpr* **1** *(liquide, soldats)* infiltrarse. **2** *fig (préjugé, idée, etc)* penetrar.
infime [ɛ̃fim] *adj* ínfimo,-ma.
infini,-e [ɛ̃fini] *adj* infinito,-ta.
► *nm* **infini** infinito *m*.
• **à l'infini** indefinidamente, hasta el infinito.
infinité [ɛ̃finite] *nf* infinidad *f*.
infinitif,-ive [ɛ̃finitif,-iv] *adj* infinitivo,-va.
► *nm* **infinitif** infinitivo *m*.
infirme [ɛ̃fiʀm] *adj - nmf* impedido,-da, lisiado,-da.
infirmerie [ɛ̃fiʀməʀi] *nf* enfermería *f*.
infirmier,-ère [ɛ̃fiʀmje,-ɛʀ] *nm,f* enfermero,-ra.
infirmité [ɛ̃firmite] *nf* enfermedad *f* crónica.
inflammable [ɛ̃flamabl] *adj* inflamable.
inflammation [ɛ̃flamasjɔ̃] *nf* inflamación *f*.
inflation [ɛ̃flasjɔ̃] *nf* ÉCON inflación *f*.
inflexible [ɛ̃flɛksibl] *adj* inflexible.
inflexion [ɛ̃flɛksjɔ̃] *nf* inflexión *f*.
infliger [ɛ̃fliʒe] *vt* infligir.
influence [ɛ̃flyɑ̃s] *nf* influencia *f*.
• **avoir mauvaise influence** ejercer una mala influencia.
influencer [ɛ̃flyɑ̃se] *vt* influir.
influent,-e [ɛ̃flyɑ̃,-ɑ̃t] *adj* influyente.
influer [ɛ̃flye] *vi* influir.
infographie [ɛ̃fogʀafi] *nf* infografía *f*.
informaticien,-enne [ɛ̃fɔʀmatisjɛ̃,-ɛ̃n] *nm,f* informático,-ca.
information [ɛ̃fɔʀmasjɔ̃] *nf* **1** *(gén)* información *f*. **2** *(nouvelle)* noticia *f*.
► *nf pl* **informations** *(bulletin)* informativo *m sing*.
informatique [ɛ̃foʀmatik] *adj* informático,-ca.
► *nf* informática *f*.
informatiser [ɛ̃foʀmatize] *vt* informatizar.
informe [ɛ̃fɔʀm] *adj* informe *m*.
informel,-elle [ɛ̃fɔʀmɛl] *adj* informal.
informer [ɛ̃fɔʀme] *vt* informar.
► *vpr* **s'informer** informarse.
infortuné,-e [ɛ̃fɔʀtyne] *adj - nm,f* desafortunado,-da.
infos [ɛ̃fo] *nf pl fam* telediario *m*.
infraction [ɛ̃fʀaksjɔ̃] *nf* infracción *f*.
infranchissable [ɛ̃fʀɑ̃ʃisabl] *adj* infranqueable.
infrarouge [ɛ̃fʀaʀuʒ] *adj* infrarrojo,-ja.
► *nm* infrarrojo *m*.
infrastructure [ɛ̃fʀastʀyktyʀ] *nf* infraestructura *f*.
infructueux,-euse [ɛ̃fʀyktɥø,-øz] *adj* infructuoso,-sa.
infusion [ɛ̃fyzjɔ̃] *nf* infusión *f*.
ingénier (s') [ɛ̃ʒenje] *vpr* ingeniárselas (**à**, para): ***s'ingénier à plaire***, ingeniárselas para gustar.
ingénierie [ɛ̃ʒɛniʀi] *nf* ingeniería *f*.
ingénieur [ɛ̃ʒenjœʀ] *nm* ingeniero,-ra.
ingénieux,-euse [ɛ̃ʒenjø,-øz] *adj* ingenioso,-sa.
ingénuité [ɛ̃ʒenɥite] *nf* ingenuidad *f*.
ingérence [ɛ̃ʒeʀɑ̃s] *nf* ingerencia *f*.
ingérer [ɛ̃ʒeʀe] *vt (avaler)* ingerir.
► *vpr* **s'ingérer** *(se mêler)* ingerirse, entrometerse.
ingestion [ɛ̃ʒɛstjɔ̃] *nf* ingestión *f*.
ingrat,-e [ɛ̃gʀa,-at] *adj - nm,f* **1** *(gén)* ingrato,-ta. **2** *(désagréable)* poco agraciado, -da, poco afortunado,-da: ***il a un physique ingrat***, tiene un físico poco agraciado.
ingratitude [ɛ̃gʀatityd] *nf* ingratitud *f*.
ingrédient [ɛ̃gʀedjɑ̃] *nm* ingrediente *m*.
ingurgiter [ɛ̃gyʀʒite] *vt fam* engullir.
inhabité,-e [inabite] *adj* deshabitado,-da.
inhabituel,-elle [inabitɥel] *adj* inusual.
inhalation [inalasjɔ̃] *nf* inhalación *f*.
inhaler [inale] *vt* inhalar.
inhérent,-e [inerɑ̃,-ɑ̃t] *adj* inherente.
inhibition [inibisjɔ̃] *nf* inhibición *f*.
inhospitalier,-ère [inɔspitalje,-ɛʀ] *adj* **1** *(attitude)* poco hospitalario,-ria. **2** *(lieu)* inhóspito,-ta.
inhumain,-e [inymɛ̃,-ɛn] *adj* inhumano,-na.
inhumer [inyme] *vt* inhumar.
inimaginable [inimaʒinabl] *adj* inimaginable.

inimitable [inimitabl] *adj* inimitable.
inimitié [inimitje] *nf* enemistad *f.*
inintelligible [inɛ̃teliʒibl] *adj* ininteligible.
ininterrompu,-e [inɛ̃tɛʀɔ̃py] *adj* ininterrumpido,-da.
initial,-e [inisjal] *adj* inicial.
initiale [inisjal] *nf* inicial *f.*
initialisation [inisjalizasjɔ̃] *nf* INFORM inicialización *f.*
initialiser [inisjalize] *vt* INFORM inicializar.
initiation [inisjasjɔ̃] *nf* iniciación *f* (**à**, a).
initiative [inisjativ] *nf* iniciativa *f.*
• **avoir de l'initiative** tener iniciativa.
• **prendre l'initiative** tomar la iniciativa.
initié,-e [inisje] *adj - nm,f* iniciado,-da.
initier [inisje] *vt* iniciar.
► *vpr* **s'initier** iniciarse (**à**, en).
injecter [ɛ̃ʒɛkte] *vt* inyectar.
► *vpr* **s'injecter** inyectarse.
injection [ɛ̃ʒɛksjɔ̃] *nf* inyección *f.*
injoignable [ɛ̃ʒwaɲabl] *adj* ilocalizable.
injure [ɛ̃ʒyʀ] *nf* insulto *m*, injuria *f.*
▪ **les injures du temps** *fml* los estragos del paso del tiempo.
injurier [ɛ̃ʒyʀje] *vt* insultar.
injuste [ɛ̃ʒyst] *adj* injusto,-ta.
injustice [ɛ̃ʒystis] *nf* injusticia *f.*
injustifié,-e [ɛ̃ʒystifje] *adj* injustificado,-da.
inlassable [ɛ̃lasabl] *adj* incansable.
inné,-e [ine] *adj* innato,-ta.
innocence [inɔsɑ̃s] *nf* inocencia *f.*
innocent,-e [inɔsɑ̃,-ɑ̃t] *adj - nm,f* inocente.
innocenter [inɔsɑ̃te] *vt* **1** DR exculpar. **2** *(excuser)* justificar.
innombrable [inɔ̃bʀabl] *adj* innumerable.
innovation [inɔvasjɔ̃] *nf* innovación *f.*
innover [inɔve] *vi* innovar.
inoccupé,-e [inɔkype] *adj* desocupado,-da.
inoculer [inɔkyle] *vt* **1** *(virus, vaccin)* inocular. **2** *fig (idée, doctrine)* transmitir, contagiar.
inodore [inɔdɔʀ] *adj* inodoro,-ra.
inoffensif,-ive [inɔfɑ̃sif,-iv] *adj* inofensivo,-va.
inondation [inɔ̃dasjɔ̃] *nf* inundación *f.*
inonder [inɔ̃de] *vt* inundar.
inopiné,-e [inɔpine] *adj* inesperado,-da.
inopportun,-e [inɔpɔʀt-,-yn] *adj* inoportuno,-na.
inoubliable [inublijabl] *adj* inolvidable.
inouï,-e [inwi] *adj* inaudito,-ta.
inox® [inɔks] *nm* acero *m* inoxidable.
inoxydable [inɔksidabl] *adj* inoxidable.
inqualifiable [ɛ̃kalifjabl] *adj* incalificable.
inquiet,-ète [ɛ̃kjɛ,-ɛt] *adj* **1** *(agité)* inquieto,-ta. **2** *(préoccupé)* preocupado,-da: ***il est inquiet de l'état de santé de sa mère***, está preocupado por la salud de su madre.
inquiétant,-e [ɛ̃kjetɑ̃,-ɑ̃t] *adj* inquietante.
inquiéter [ɛ̃kjete] *vt* inquietar, preocupar.
► *vpr* **s'inquiéter** inquietarse, preocuparse: ***ne vous inquiétez pas***, no se preocupe.
inquiétude [ɛ̃kjetyd] *nf* preocupación *f*, inquietud *f.*
inquisiteur,-trice [ɛ̃kizitœʀ,-tʀis] *adj* inquiridor,-ra, inquisidor,-ra: ***un regard inquisiteur***, una mirada inquisidora.
insaisissable [ɛ̃sezisabl] *adj* **1** *(gén)* que no se puede coger. **2** *(inappréciable)* imperceptible. **3** *(bien, propriété)* inembargable.
insalubre [ɛ̃salybʀ] *adj* insalubre.
insanité [ɛ̃sanite] *nf* insensatez *f*, locura *f.*
insatiable [ɛ̃sasjabl] *adj* insaciable.
insatisfait,-e [ɛ̃satisfɛ,-ɛt] *adj* insatisfecho,-cha.
inscription [ɛ̃skʀipsjɔ̃] *nf* **1** *(gén)* inscripción *f.* **2** *(à l'université)* matrícula *f.* **3** *(sur un registre)* registro *m.*
inscrire [ɛ̃skʀiʀ] *vt* **1** *(sur la pierre)* grabar, inscribir. **2** *(sur une liste)* inscribir. **3** SPORT *(but)* marcar.
► *vpr* **s'inscrire 1** *(sur une liste)* inscribirse. **2** *(à l'université)* matricularse.
• **s'inscrire en faux** negar, impugnar como falso.
insecte [ɛ̃sɛkt] *nm* insecto *m.*

insecticide [ɛ̃sɛktisid] *adj - nm* insecticida *m.*
insécurité [ɛ̃sekyʀite] *nf* inseguridad *f.*
insémination [ɛ̃seminasjɔ̃] *nf* inseminación *f.*
▪ **insémination artificielle** inseminación artificial.
insensé,-e [ɛ̃sɑ̃se] *adj - nm,f* **1** *(personne)* insensato,-ta. **2** *(incroyable)* increíble.
insensible [ɛ̃sɑ̃sibl] *adj* insensible.
inséparable [ɛ̃sepaʀabl] *adj* inseparable.
insertion [ɛ̃sɛʀsjɔ̃] *nf* inserción *f.*
insidieux,-euse [ɛ̃sidjø,-øz] *adj* insidioso,-sa.
insigne [ɛ̃siɲ] *adj (remarquable)* insigne.
► *nm (signe distinctif)* insignia *f.*
insignifiant,-e [ɛ̃siɲifjɑ̃,-ɑ̃t] *adj* insignificante.
insinuer [ɛ̃sinɥe] *vt* **1** *(suggérer)* insinuar. **2** *(introduire)* introducir con habilidad.
► *vpr* **s'insinuer** insinuarse.
insipide [ɛ̃sipid] *adj* insípido,-da.
insistance [ɛ̃sistɑ̃s] *nf* insistencia *f.*
insister [ɛ̃siste] *vi* insistir.
insolation [ɛ̃sɔlasjɔ̃] *nf* insolación *f.*
insolence [ɛ̃sɔlɑ̃s] *nf* insolencia *f.*
insolent,-e [ɛ̃sɔlɑ̃,-ɑ̃t] *adj - nm,f* insolente.
insolite [ɛ̃sɔlit] *adj* insólito,-ta.
insoluble [ɛ̃sɔlybl] *adj* insoluble.
insolvable [ɛ̃sɔlvabl] *adj* insolvente.
insomnie [ɛ̃sɔmni] *nf* insomnio *m.*
insondable [ɛ̃sɔ̃dable] *adj* insondable.
insonorisé,-e [ɛ̃sɔnɔʀize] *adj* insonorizado,-da.
insouciance [ɛ̃susjɑ̃s] *nf* despreocupación *f.*
insouciant,-e [ɛ̃susjɑ̃,-ɑ̃t] *adj* despreocupado,-da.
insoumis,-e [ɛ̃sumi,-iz] *adj* insumiso,-sa.
► *nm* **insoumis** insumiso *m.*
insoutenable [ɛ̃sutnabl] *adj* **1** *(argument, opinion)* insostenible. **2** *(situation, douleur)* insoportable.
inspecteur,-trice [ɛ̃spɛtœʀ,-tʀis] *nm,f* inspector,-ra.
inspection [ɛ̃spɛksjɔ̃] *nf* inspección *f.*
inspiration [ɛ̃spiʀasjɔ̃] *nf* inspiración *f.*
inspirer [ɛ̃spiʀe] *vt* **1** *(gén)* inspirar. **2** *(pensée, sentiment, etc)* inspirar, infundir: ***inspirer le respect***, infundir respeto.
► *vpr* **s'inspirer** inspirarse (**de**, en): ***s'inspirer d'un poème***, inspirarse en un poema.
instable [ɛ̃stabl] *adj* inestable.
installation [ɛ̃stalasjɔ̃] *nf* instalación *f.*
installer [ɛ̃stale] *vt* **1** *(mettre en place)* instalar. **2** *(fonctionnaire)* tomar posesión de su cargo.
► *vpr* **s'installer** *(se placer)* instalarse.
instamment [ɛ̃stamɑ̃] *adv* insistentemente.
instance [ɛ̃stɑ̃s] *nf* **1** *(sollicitation)* ahínco *m*, insistencia *f.* **2** *(procédure)* instancia *f.* **3** *(juridiction)* jurisdicción *f* civil.
• **être en instance de** estar en trámites de.
instant [ɛ̃stɑ̃] *nm* instante *m.*
• **à chaque instant** continuamente.
• **à l'instant** al instante, al momento.
• **à tout instant** **1** *(en permanence)* en todo momento. **2** *(d'un moment à l'autre)* en cualquier momento.
• **dans un instant** ahora mismo.
• **pour l'instant** por ahora, por el momento.
instantané,-e [ɛ̃stɑ̃tane] *adj* instantáneo,-a.
► *nm* **instantané** *(photo)* instantánea *f.*
instar [ɛ̃staʀ].
• **à l'instar de** *fml* como.
instaurer [ɛ̃stɔʀe] *vt* instaurar.
instigateur,-trice [ɛ̃stigatœʀ,-tʀis] *nm,f* instigador,-ra.
instinct [ɛ̃stɛ̃] *nm* instinto *m.*
• **par instinct** por instinto.
instinctif,-ive [ɛ̃stɛ̃ktif,-iv] *adj* instintivo,-va.
instituer [ɛ̃stitɥe] *vt* instituir.
institut [ɛ̃stity] *nm* instituto *m.*
▪ **institut de beauté** instituto de belleza.
instituteur,-trice [ɛ̃stitytœʀ,-tʀis] *nm,f* maestro,-tra.
institutrice [ɛ̃stitytʀis] *nf (à domicile)* institutriz *f.*
institution [ɛ̃stitysjɔ̃] *nf* **1** *(gén)* institución *f.* **2** *(d'un héritier)* nombramiento *m.*
institutionnel [ɛ̃stitysjɔnɛl] *adj* institucional.

instructif,-ive [ɛ̃stʀyktif,-iv] *adj* instructivo,-va.
instruction [ɛ̃stʀyksjɔ̃] *nf* instrucción *f.*
► *nf pl* **instructions** instrucciones *f pl.*
• **avoir de l'instruction** tener estudios.
instruire [ɛ̃stʀɥiʀ] *vt* **1** *(former)* instruir. **2** *(informer)* informar, poner al corriente.
► *vpr* **s'instruire** instruirse.
instrument [ɛ̃stʀymɑ̃] *nm* instrumento *m.*
▪ **instrument de musique** instrumento de música.
insu [ɛ̃sy].
• **à l'insu de** sin que se sepa: ***ils se sont mariés à l'insu de tous***, se han casado sin que lo supiera nadie.
insuffisance [ɛ̃syfizɑ̃s] *nf* insuficiencia *f.*
insuffisant,-e [ɛ̃syfizɑ̃,-ɑ̃t] *adj* insuficiente.
insuffler [ɛ̃syfle] *vt* insuflar.
insulaire [ɛ̃sylɛʀ] *adj - nmf* insular, isleño,-ña.
insuline [ɛ̃sylin] *nf* insulina *f.*
insultant,-e [ɛ̃syltɑ̃,-ɑ̃t] *adj* insultante.
insulte [ɛ̃sylt] *nm* insulto *m.*
insulter [ɛ̃sylte] *vt - vi* insultar.
insupportable [ɛ̃sypɔʀtabl] *adj* insoportable.
insurgé,-e [ɛ̃syʀʒe] *adj* insurgente.
insurger (s') [ɛ̃syʀʒe] *vpr* sublevarse.
insurmontable [ɛ̃syʀmɔ̃tabl] *adj* insuperable.
insurrection [ɛ̃syʀɛksjɔ̃] *nf* insurrección *f.*
intact,-e [ɛ̃takt,-akt] *adj* intacto,-ta.
intarissable [ɛ̃taʀisabl] *adj* inagotable.
intégral,-e [ɛ̃tegʀal] *adj* **1** *(complet)* íntegro,-gra, entero,-ra. **2** MATH integral.
intégrale [ɛ̃tegʀal] *nf* MATH integral *f.*
intégralement [ɛ̃tegʀalmɑ̃] *adv* íntegramente.
intégralité [ɛ̃tegʀalite] *nf* integridad *f,* totalidad *f.*
intégration [ɛ̃tegʀasjɔ̃] *nf* integración *f.*
intègre [ɛ̃tɛgʀ] *adj* íntegro,-gra.
intégrer [ɛ̃tegʀe] *vt* **1** *(faire entrer)* incluir, integrar. **2** MATH integrar.
intégriste [ɛ̃tegʀist] *adj - nmf* integrista.
intégrité [ɛ̃tegʀite] *nf* integridad *f.*
intellectuel,-elle [ɛ̃telɛktɥɛl] *adj - nm,f* intelectual.
intelligence [ɛ̃teliʒɑ̃s] *nf* inteligencia *f.*
• **être d'intelligence avec** QQN estar de acuerdo con ALGN.
• **vivre en parfaite intelligence** llevarse bien.
▪ **intelligence artificielle** inteligencia artificial.
intelligent,-e [ɛ̃teliʒɑ̃,-ɑ̃t] *adj* inteligente.
intelligible [ɛ̃teliʒibl] *adj* inteligible.
intello [ɛ̃tɛlo] *adj inv - nmf (péj)* intelectual.
intempéries [ɛ̃tɑ̃peʀi] *nf pl* inclemencias *f pl* del tiempo.
intempestif,-ive [ɛ̃tɑ̃pɛstif,-iv] *adj* intempestivo,-va.
intenable [ɛ̃tnabl] *adj* insostenible.
intendance [ɛ̃tɑ̃dɑ̃s] *nf* intendencia *f.*
intense [ɛ̃tɑ̃s] *adj* intenso,-sa.
intensif,-ive [ɛ̃tɑ̃sif,-iv] *adj* intensivo,-va.
intensifier [ɛ̃tɑ̃sifje] *vt* intensificar.
intensité [ɛ̃tɑ̃site] *nf* intensidad *f.*
intention [ɛ̃tɑ̃sjɔ̃] *nf* intención *f.*
• **à l'intention de** QQN en honor a ALGN.
• **avoir l'intention de** tener la intención de.
intentionné,-e [ɛ̃tɑ̃sjɔne].
• **bien intentionné,-e** bienintencionado,-da.
• **mal intentionné,-e** malintencionado,-da.
intentionnel,-elle [ɛ̃tɑ̃sjɔnɛl] *adj* intencional.
interactif,-ive [ɛ̃tɛʀaktif,-iv] *adj* interactivo,-va.
intercaler [ɛ̃tɛʀkale] *vt* intercalar.
intercéder [ɛ̃tɛʀsede] *vi* interceder (**pour,** por).
• **intercéder en faveur de** QQN interceder en favor de ALGN.
intercepter [ɛ̃tɛʀsɛpte] *vt* interceptar.
intercession [ɛ̃tɛʀsesjɔ̃] *nf* intercesión *f.*
interchangeable [ɛ̃tɛʀʃɑ̃ʒabl] *adj* intercambiable.
interclasse [ɛ̃tɛʀklas] *nm* pausa *f,* descanso *m.*
interdiction [ɛ̃tɛʀdiksjɔ̃] *nf* **1** *(défense de)* prohibición *f.* **2** DR incapacitación *f.* **3** *(d'un prêtre, d'un fonctionnaire)* suspensión *f.*

• **" Interdiction de stationner "** "Prohibido aparcar".
■ **interdiction de séjour** prohibición de residir en determinado lugar.
interdire [ɛ̃tɛʀdiʀ] *vt* **1** *(gén)* prohibir. **2** *(prêtre, fonctionnaire)* suspender de sus funciones. **3** DR incapacitar. **4** *(troubler)* desconcertar, turbar.
interdit,-e [ɛ̃tɛʀdi,-it] *adj* **1** *(gén)* prohibido,-da. **2** *(qui perd contenance)* desconcertado,-da, cortado,-da.
• **" Film interdit aux moins de 18 ans "** "Película no autorizada a menores de 18 años".
• **rester interdit,-e** quedarse desconcertado,-da.
intéressant,-e [ɛ̃teʀɛsɑ̃,-ɑ̃t] *adj* interesante.
• **faire l'intéressant** hacerse el interesante.
intéressé,-e [ɛ̃teʀese] *adj - nm,f* interesado,-da.
intéresser [ɛ̃teʀese] *vt* interesar.
► *vpr* **s'intéresser** interesarse (**à**, por).
intérêt [ɛ̃teʀɛ] *nm* interés *m*.
• **avoir de l'intérêt pour** estar interesado,-da en.
• **l'intérêt de** lo interesante de.
interface [ɛ̃tɛʀfas] *nf* INFORM interfaz *f*.
interférence [ɛ̃tɛʀfeʀɑ̃s] *nf* interferencia *f*.
interférer [ɛ̃tɛʀfeʀe] *vi* interferir.
intérieur,-e [ɛ̃terjœʀ] *adj* interior.
► *nm* **intérieur** **1** *(gén)* interior *m*. **2** *(foyer, maison)* hogar *m*, casa *f*. **3** SPORT interior *m*.
• **à l'intérieur** dentro.
intérim [ɛ̃teʀim] *nm* interinidad *f*, ínterin *m*.
• **par intérim** interinamente, provisionalmente.
intérimaire [ɛ̃teʀimɛʀ] *adj* **1** *(dirigeant, ministre)* en funciones, interino,-na. **2** *(employé)* temporal.
► *nmf* trabajador,-ra temporal.
interjection [ɛ̃tɛʀʒɛksjɔ̃] *nf* interjección *f*.
interligne [ɛ̃tɛʀliɲ] *nm* interlínea *f*.
interlocuteur,-trice [ɛ̃tɛʀlɔkytœʀ,-tʀis] *nm,f* interlocutor,-ra.
intermède [ɛ̃tɛʀmɛd] *nm* **1** *(temps)* intermedio *m*. **2** *(au théâtre)* entremés *m*.
intermédiaire [ɛ̃tɛʀmedjɛʀ] *adj* intermedio,-dia.
► *nmf* intermediario,-ria.
• **par l'intermédiaire de** por medio de.
• **sans intermédiaire** sin intermediarios.
interminable [ɛ̃tɛʀminabl] *adj* interminable.
intermittent,-e [ɛ̃tɛʀmitɑ̃,-ɑ̃t] *adj* intermitente.
internat [ɛ̃tɛʀna] *nm* internado *m*.
international,-e [ɛ̃tɛʀnasjɔnal] *adj* internacional.
internaute [ɛ̃tɛʀnot] *nmf* internauta.
interne [ɛ̃tɛʀn] *adj - nmf* interno,-na.
■ **interne des hôpitaux** médico,-ca interno,-na.
interner [ɛ̃tɛʀne] *vt* internar.
Internet [ɛ̃tɛʀnɛt] *nm* internet *f*.
interpeller [ɛ̃tɛʀpəle] *vt* **1** *(adresser la parole)* preguntar. **2** *(poser un problème)* hacer que uno se plantee. **3** *(procéder à un contrôle)* hacer un control de identidad a.
interphone® [ɛ̃tɛʀfɔn] *nm* interfono *m*, intercomunicador *m*.
interposer [ɛ̃tɛʀpoze] *vt* **1** *(placer entre)* interponer. **2** *(faire intervenir)* hacer intervenir.
► *vpr* **s'interposer** **1** *(se mettre entre)* interponerse. **2** *(comme médiateur)* interponerse, mediar.
interprétation [ɛ̃tɛʀpʀetasjɔ̃] *nf* interpretación *f*.
interprète [ɛ̃tɛʀpʀɛt] *nmf* intérprete.
interpréter [ɛ̃tɛʀpʀete] *vt* interpretar.
interrogatif,-ive [ɛ̃teʀɔgatif,-iv] *adj* interrogativo,-va.
interrogation [ɛ̃teʀɔgasjɔ̃] *nf* **1** *(question)* interrogación *f*. **2** *(examen)* examen *m*.
interrogatoire [ɛ̃teʀɔgatwaʀ] *nm* interrogatorio *m*.
interroger [ɛ̃teʀɔʒe] *vt* **1** *(questionner)* interrogar, preguntar. **2** *(examiner)* consultar, analizar.
► *vpr* **s'interroger** preguntarse (**sur**, sobre).
interrompre [ɛ̃teʀɔ̃pʀ] *vt* interrumpir.
► *vpr* **s'interrompre** interrumpirse.
interrupteur [ɛ̃teʀyptœʀ] *nm* interruptor *m*.

interruption [ɛ̃teʀypsjɔ̃] *nf* interrupción *f*.
• **sans interruption** sin interrupción.
▪ **interruption volontaire de grossesse** interrupción voluntaria del embarazo.
intersection [ɛ̃tɛʀsɛksjɔ̃] *nf* intersección *f*.
interstice [ɛ̃tɛʀstis] *nm* intersticio *m*.
interurbain,-e [ɛ̃tɛʀyʀbɛ̃,-ɛn] *adj* interurbano,-na.
intervalle [ɛ̃tɛʀval] *nm* intervalo *m*.
• **dans l'intervalle** mientras tanto.
• **par intervalles** de vez en cuando.
intervenir [ɛ̃tɛʀvəniʀ] *vi* intervenir.
intervention [ɛ̃tɛʀvɑ̃sjɔ̃] *nf* intervención *f*.
intervertir [ɛ̃tɛʀvɛʀtiʀ] *vt* invertir el orden de.
interview [ɛ̃tɛʀvju] *nf* entrevista *f*.
interviewer [ɛ̃tɛʀvjuve] *vt* entrevistar.
intestin,-e [ɛ̃tɛstɛ̃,-in] *adj* intestino,-na, interno,-na.
► *nm* **intestin** ANAT intestino *m*.
▪ **gros intestin** intestino grueso.
▪ **intestin grêle** intestino delgado.
intestinal,-e [ɛ̃tɛstinal] *adj* intestinal.
intime [ɛ̃tim] *adj* - *nmf* íntimo,-ma.
intimider [ɛ̃timide] *vt* intimidar.
intimité [ɛ̃timite] *nf* intimidad *f*.
intituler [ɛ̃tityle] *vt* titular.
► *vpr* **s'intituler** titularse.
intolérable [ɛ̃tɔleʀabl] *adj* intolerable.
intolérance [ɛ̃tɔleʀɑ̃s] *nf* intolerancia *f*.
intolérant,-e [ɛ̃toleʀɑ̃,-ɑ̃t] *adj* intolerante.
intonation [ɛ̃tɔnasjɔ̃] *nf* entonación *f*.
intoxication [ɛ̃tɔksikasjɔ̃] *nf* intoxicación *f*.
intoxiquer [ɛ̃tɔksike] *vt* intoxicar.
► *vpr* **s'intoxiquer** intoxicarse.
intraitable [ɛ̃tʀɛtabl] *adj* **1** *(caractère)* intratable. **2** *(exigeant)* inflexible, intransigente.
intramusculaire [ɛ̃tʀamyskylɛʀ] *adj* MÉD intramuscular.
intransigeance [ɛ̃tʀɑ̃ziʒɑ̃s] *nf* intransigencia *f*.
intransigeant,-e [ɛ̃tʀɑ̃ziʒɑ̃,-ɑ̃t] *adj* intransigente.
intransitif,-ive [ɛ̃tʀɑ̃zitif,-iv] *adj* intransitivo,-va.
► *nm* **intransitif** intransitivo *m*.
intraveineux,-euse [ɛ̃tʀavɛnø,-øz] *adj* MÉD intravenoso,-sa.
intrépide [ɛ̃tʀepid] *adj* intrépido,-da.
intrigue [ɛ̃tʀig] *nf* intriga *f*.
▪ **intrigue amoureuse** aventura *f* amorosa.
intriguer [ɛ̃tʀige] *vi* intrigar.
introduction [ɛ̃tʀɔdyksjɔ̃] *nf* introducción *f*.
introduire [ɛ̃tʀɔdɥiʀ] *vt* introducir.
► *vpr* **s'introduire** introducirse.
introverti,-e [ɛ̃tʀɔvɛʀti] *adj* introvertido,-da.
intrus,-e [ɛ̃tʀy,-yz] *adj* - *nm,f* intruso,-sa.
intrusion [ɛ̃tʀyzjɔ̃] *nf* intrusión *f*.
intuitif,-ive [ɛ̃tɥitif,-iv] *adj* intuitivo,-va.
intuition [ɛ̃tɥisjɔ̃] *nf* intuición *f*.
inusable [inyzabl] *adj* resistente, duradero,-ra.
inusité,-e [inyzite] *adj* inesperado,-da.
inutile [inytil] *adj* - *nmf* inútil.
inutilité [inytilite] *nf* inutilidad *f*.
invaincu,-e [ɛ̃vɛ̃ky] *adj* invicto,-ta.
invalide [ɛ̃valid] *adj* **1** *(personne)* inválido,-da. **2** *(mariage, élection)* no válido, nulo,-la.
► *nmf* inválido,-da.
▪ **invalide du travail** inválido,-da por accidente laboral.
invalidité [ɛ̃validite] *nf* invalidez *f*.
invariable [ɛ̃vaʀjabl] *adj* invariable.
invasion [ɛ̃vazjɔ̃] *nf* invasión *f*.
invendable [ɛ̃vɑ̃dabl] *adj* invendible.
invendu,-e [ɛ̃vɑ̃dy] *adj* sin vender.
► *nm* **invendu** artículo *m* sin vender.
inventaire [ɛ̃vɑ̃tɛʀ] *nm* inventario *m*.
• **par/sous bénéfice d'inventaire** a beneficio de inventario.
inventer [ɛ̃vɑ̃te] *vt* inventar.
inventeur,-trice [ɛ̃vɑ̃tœʀ,-tʀis] *nm,f* **1** *(qui invente)* inventor,-ra. **2** *(qui découvre)* descubridor,-ra.
invention [ɛ̃vɑ̃sjɔ̃] *nf* **1** *(action de créer)* invención *f*. **2** *(chose inventée)* invento *m*.
inventorier [ɛ̃vɑ̃tɔʀje] *vt* inventariar.
inverse [ɛ̃vɛʀs] *adj* inverso,-sa.
► *nm* inverso *m*.
• **à l'inverse** por el contrario.
• **dans le sens inverse (de)** en sentido contrario (a).
• **en sens inverse** en sentido inverso.
inverser [ɛ̃vɛʀse] *vt* invertir.

inversion [ɛ̃vɛʀsjɔ̃] *nf* inversión *f*.
invertébré,-e [ɛ̃vɛʀtebʀe] *adj (animal)* invertebrado,-da.
► *nm* **invertébré** invertebrado *m*.
investigation [ɛ̃vɛstigasjɔ̃] *nf* investigación *f*.
investir [ɛ̃vɛstiʀ] *vt* **1** *(d'un pouvoir)* investir. **2** *(armée)* cercar, asediar. **3** *(argent, énergie)* invertir.
investissement [ɛ̃vɛstismɑ̃] *nm* inversión *f*.
investisseur,-euse [ɛ̃vɛstisœʀ,-øz] *adj - nm,f* inversor,-ra.
invétéré,-e [ɛ̃veteʀe] *adj* inveterado,-da.
invincible [ɛ̃vɛsibl] *adj* invencible.
inviolable [ɛ̃vjɔlabl] *adj* inviolable.
invisible [ɛ̃vizibl] *adj* invisible.
invitation [ɛ̃vitasjɔ̃] *nf* invitación *f*.
• **décliner une invitation** rechazar una invitación.
• **sur invitation** con invitación.
invité,-e [ɛ̃vite] *adj - nm,f* invitado,-da.
inviter [ɛ̃vite] *vt* invitar.
invivable [ɛ̃vivabl] *adj* insoportable.
invocation [ɛ̃vɔkasjɔ̃] *nf* **1** *(appel)* invocación *f*. **2** REL advocación *f*.
involontaire [ɛ̃vɔlɔ̃tɛʀ] *adj* involuntario,-ria.
invoquer [ɛ̃vɔke] *vt* invocar.
invraisemblable [ɛ̃vʀɛsɑ̃blabl] *adj* inverosímil.
invulnérable [ɛ̃vylneʀabl] *adj* invulnerable.
iode [jɔd] *nm* iodo *m*.
ion [jɔ̃] *nm* CHIM ion *m*.
Irak [iʀak] *nm* Iraq, Irak.
irakien,-enne [iʀakjɛ̃,-ɛn] *adj* iraquí.
► *nm,f* **Irakien,-enne** iraquí.
Iran [iʀɑ̃] *nm* Irán.
iranien,-enne [iʀanjɛ̃,-ɛn] *adj* iraní.
► *nm,f* **Iranien,-enne** iraní.
Iraq [iʀak] *nm* Iraq, Irak.
iraquien,-enne [iʀakjɛ̃,-ɛn] *adj* iraquí.
► *nm,f* **Iraquien,-enne** iraquí.
irascible [iʀasibl] *adj* irascible.
iris [iʀis] *nm* iris *m*.
irlandais,-e [iʀlɑ̃dɛ,-ɛz] *adj* irlandés,-esa.
► *nm,f* **Irlandais,-e** irlandés,-esa.
Irlande [iʀlɑ̃d] *nf* Irlanda.
▪ **Irlande du Nord** Irlanda del Norte.
ironie [iʀɔni] *nf* ironía *f*.
ironique [iʀɔnik] *adj* irónico,-ca.
irradier [iʀadje] *vi - vt* irradiar.
irraisonné,-e [iʀɛzɔne] *adj* descabellado,-da.
irrationnel,-elle [iʀasjɔnɛl] *adj* irracional.
irréalisable [iʀealizabl] *adj* irrealizable.
irréalité [iʀealite] *nf* irrealidad *f*.
irrécupérable [iʀekypeʀabl] *adj* irrecuperable.
irréductible [iʀedyktibl] *adj* irreductible.
irréel,-elle [iʀeɛl] *adj* irreal.
irréfléchi,-e [iʀefleʃi] *adj* irreflexivo,-va.
irréfutable [iʀefytabl] *adj* irrefutable.
irrégularité [iʀegylaʀite] *nf* irregularidad *f*.
irrégulier,-ère [iʀegylje,-ɛʀ] *adj* irregular.
irrémédiable [iʀemedjabl] *adj* irremediable.
irremplaçable [iʀɑ̃plasabl] *adj* irremplazable.
irréparable [iʀepaʀabl] *adj* irreparable.
irréprochable [iʀepʀɔʃabl] *adj* irreprochable.
irrésistible [iʀezistibl] *adj* irresistible.
irrespirable [iʀɛspiʀabl] *adj* irrespirable.
irresponsable [iʀɛspɔ̃sabl] *adj - nmf* irresponsable.
irréversible [iʀevɛʀsibl] *adj* irreversible.
irrévocable [iʀevɔkabl] *adj* irrevocable.
irrigation [iʀigasjɔ̃] *nf* irrigación *f*.
irritant,-e [iʀitɑ̃,-ɑ̃t] *adj* irritante.
irritation [iʀitasjɔ̃] *nf* irritación *f*.
irriter [iʀite] *vt* irritar.
► *vpr* **s'irriter** irritarse.
irruption [iʀypsjɔ̃] *nf* irrupción *f*.
islam [islam] *nm* islam *m*.
islamisme [islamism] *nm* islamismo *m*.
islamiste [islamist] *adj - nmf* islamista.
islandais,-e [islɑ̃dɛ,-ɛz] *adj* islandés,-esa.
► *nm,f* **Islandais,-e** islandés,-esa.
► *nm* **islandais** *(langue)* islandés *m*.
Islande [islɑ̃d] *nf* Islandia.
isocèle [izɔsɛl] *adj* isósceles: ***triangle isocèle***, triángulo isósceles.
isolant,-e [izɔlɑ̃,-ɑ̃t] *adj* aislante.
► *nm* **isolant** aislante *m*.
isolation [izɔlasjɔ̃] *nf* aislamiento *m*.
isoler [izɔle] *vt* aislar.
► *vpr* **s'isoler** aislarse.

isoloir [izolwaʀ] *nm* cabina *f* electoral.
isotherme [izotɛʀm] *adj* isotermo.
Israël [isʀaɛl] *n pr* Israel.
israélien,-enne [isʀaeljɛ̃,-ɛn] *adj* israelí.
► *nm,f* **Israélien,-enne** israelí.
israélite [isʀaelit] *adj* HIST israelita.
► *nmf* **Israélite** HIST israelita.
issu,-e [isy] *adj* **1** *(né)* descendiente (**de**, de), nacido,-da (**de**, de). **2** *(sorti)* salido,-da (**de**, de).
issue [isy] *nf* **1** *(sortie)* salida *f*. **2** *(résultat)* resultado *m*, desenlace *m*.
• **à l'issue de** al final de.
• **sans issue** sin salida.
• **se ménager une issue** buscar una salida.
▪ **heureuse issue** feliz desenlace.
▪ **issue de secours** salida de emergencia.
isthme [ism] *nm* GÉOG istmo *m*.
Italie [itali] *nf* Italia.
italien,-enne [italjɛ̃,-ɛn] *adj* italiano,-na.
► *nm,f* **Italien,-enne** italiano,-na.
► *nm* **italien** *(langue)* italiano *m*.
italique [italik] *adj* - *nf (lettre)* cursiva *f*, itálica *f*.
itinéraire [itineʀɛʀ] *adj* itinerario,-ria.
► *nm* itinerario *m*.
itinérant,-e [itineʀɑ̃,-ɑ̃t] *adj* itinerante.
ivoire [ivwaʀ] *nm* **1** *(matière)* marfil *m*. **2** *(décoration)* objeto *m* de marfil.
ivraie [ivʀɛ] *nf* cizaña *f*.
ivre [ivʀ] *adj* borracho,-cha.
• **ivre mort** borracho perdido.
ivresse [ivʀɛs] *nf* **1** *(par excès d'alcool)* embriaguez *f*, borrachera *f*. **2** *fig (excitation)* arrebato *m*, entusiasmo *m*.
ivrogne [ivʀɔɲ] *adj* - *nmf* borracho,-cha.

J

j' [ʒ] *pron pers* → je.

jabot [ʒabo] *nm* **1** *(d'oiseaux)* buche *m.* **2** *(de chemise)* chorrera *f.*

jacasser [ʒakase] *vi* charlar, cotorrear.

jachère [ʒaʃɛʀ] *nf* barbecho *m.*

jacinthe [ʒasɛ̃t] *nf* jacinto *m.*

jacuzzi® [ʒakuzi] *nm* jacuzzi *m.*

jade [ʒad] *nm* jade *m.*

jadis [ʒadis] *adv* antiguamente, antaño.

▪ **au temps jadis** en otro tiempo.

jaguar [ʒagwaʀ] *nm* jaguar *m.*

jaillir [ʒajiʀ] *vi* **1** *(liquide, gaz)* brotar, surgir. **2** *(apparaître brusquement)* surgir.

jais [ʒɛ] *nm* **1** *(minéral)* azabache *m.* **2** *(couleur)* negro *m.*

jalon [ʒalɔ̃] *nm* **1** *(piquet)* jalón *m.* **2** *(repère)* hito *m.*

• **poser les jalons** preparar el terreno.

jalonner [ʒalɔne] *vi - vt* jalonar.

jalousie [ʒaluzi] *nf* **1** *(envie)* envidia *f.* **2** *(en amour)* celos *m pl.* **3** *(store)* celosía *f*, persiana *f.*

jaloux,-ouse [ʒalu,-uz] *adj - nm,f* **1** *(envieux)* envidioso,-sa. **2** *(en amour)* celoso, -sa.

jamais [ʒamɛ] *adv* **1** nunca, jamás. **2** *(éventuellement)* algún día, alguna vez: ***si jamais tu le vois***, si algún día lo ves.

• **à jamais** para siempre.

• **ne ... jamais** nunca...: ***je ne l'ai jamais vu***, nunca lo he visto.

• **plus jamais** nunca jamás.

• **plus que jamais** más que nunca.

jambe [ʒɑ̃b] *nf* pierna *f.*

• **à toutes jambes** a todo correr.

• **tenir la jambe à QQN** dar la lata a ALGN.

• **traiter QQN par-dessus la jambe** mirar a ALGN por encima del hombro.

jambon [ʒɑ̃bɔ̃] *nm* jamón *m.*

▪ **jambon blanc** jamón de york.

▪ **jambon cru** jamón serrano.

jambonneau [ʒɑ̃bɔno] *nm* lacón *m*, codillo *m* de jamón.

jante [ʒɑ̃t] *nf* llanta *f.*

janvier [ʒɑ̃vje] *nm* enero *m.*

Japon [ʒapɔ̃] *nm* Japón.

japonais,-e [ʒapɔnɛ,-ɛz] *adj* japonés, -esa.

► *nm,f* **Japonais,-e** japonés,-esa.

► *nm* **japonais** *(langue)* japonés *m.*

japper [ʒape] *vi* ladrar.

jaquette [ʒakɛt] *nf* **1** *(d'homme)* chaqué *m.* **2** *(de femme)* chaqueta *f.* **3** *(de livre)* sobrecubierta *f.*

jardin [ʒaʀdɛ̃] *nm* jardín *m.*

▪ **jardin d'enfants** guardería *f.*

▪ **jardin des plantes** jardín botánico.

▪ **jardin d'hiver** invernadero *m.*

▪ **jardin potager** huerto *m.*

▪ **jardin public** parque *m* público.

jardinage [ʒaʀdinaʒ] *nm* jardinería *f.*

jardiner [ʒaʀdine] *vi* trabajar en el jardín.

jardinier,-ère [ʒaʀdinje,-ɛʀ] *nm,f* jardinero,-ra.

jardinière [ʒaʀdinje,-ɛʀ] *nf* **1** *(bac à fleurs)* jardinera *f.* **2** *(mets)* menestra *f.* **3** *(insecte)* escarabajo *m* dorado.

jargon [ʒaʀgɔ̃] *nm* **1** *(langue)* jerga *f.* **2** *(langage)* argot *m*: ***le jargon médical***, el argot médico.

jarret [ʒaʀɛ] *nm* **1** *(de l'homme)* corva *f*, jarrete *m*. **2** *(de l'animal)* corvejón *m*, jarrete *m*.

jarretelle [ʒaʀtɛl] *nf* liga *f*.

jarretière [ʒaʀtjɛʀ] *nf* **1** *(pour les bas)* liga *f*. **2** *(ordre)* jarretera *f*.

jars [ʒaʀ] *nm* ganso *m* macho.

jaser [ʒaze] *vi* **1** *(babiller)* charlar, parlotear. **2** *(médire)* cotillear. **3** *(oiseaux)* piar, cotorrear.

jasmin [ʒasmɛ̃] *nm* jazmín *m*.

jaspe [ʒasp] *nm* jaspe *m*.

jatte [ʒat] *nf* cuenco *m*.

jaunâtre [ʒonatʀ] *adj* amarillento,-ta.

jaune [ʒon] *adj* amarillo,-lla.

► *nm* **1** *(couleur)* amarillo *m*. **2** *fig (dans une grève)* esquirol *m*.

• **rire jaune** reír de dientes para afuera.

▪ **jaune d'œuf** yema *f* de huevo.

jaunir [ʒoniʀ] *vt (teindre)* teñir de amarillo.

► *vi (devenir jaune)* amarillear, ponerse amarillo,-lla.

jaunisse [ʒonis] *nf* MÉD ictericia *f*.

Javel [ʒavɛl] *nf*.

▪ **eau de Javel** lejía *f*.

javelot [ʒavlo] *nm* **1** *(arme)* venablo *m*. **2** SPORT jabalina *f*.

jazz [dʒaz] *nm* jazz *m*.

je [ʒə] (delante de vocal y *h* muda se utiliza **j'**) *pron pers* yo: ***je suis malade***, estoy enfermo; ***j'adore ce gâteau***, me encanta ese pastel.

jean [dʒin] *nm* vaquero *m*, vaqueros *m pl*.

jeans [dʒins] *nm* vaquero *m*, vaqueros *m pl*.

Jeep® [dʒip] *nf* jeep® *m*.

jerrican [dʒeʀikan] *nm* bidón *m*.

jerrycan [(d)ʒeʀikan] *nm* bidón *m*.

jersey [ʒɛʀzɛ] *nm* **1** *(tissu)* tejido *m* de punto. **2** *(vêtement)* jersey *m*.

jet[1] [ʒɛ] *nm* **1** *(action)* tiro *m*, lanzamiento *m*: ***armes de jet***, armas arrojadizas. **2** *(d'un fluide)* chorro *m*. **3** *(de lumière)* rayo *m*, chorro *m*.

▪ **jet d'eau** surtidor *m*.

▪ **premier jet** bosquejo *m*.

jet[2] [dʒɛt] *nm (avion)* jet *m*.

jetable [ʒətabl] *adj* desechable.

jetée [ʒəte] *nf* escollera *f*, malecón *m*.

jeter [ʒəte] *vt* **1** *(lancer)* echar: ***jeter une pierre***, tirar una piedra. **2** *(pousser)* tirar, lanzar: ***jeter par terre***, tirar al suelo. **3** *(se débarrasser)* tirar: ***jeter à la poubelle***, tirar a la basura. **4** *(pont)* construir, tender. **5** *(son)* decir, gritar: ***jeter un cri***, pegar un grito.

► *vpr* **se jeter** **1** *(gén)* tirarse. **2** *(fleuve)* desembocar.

• **jeter en prison** meter en la cárcel.

• **jeter l'ancre** echar el ancla.

• **jeter les fondements** echar los cimientos.

• **jeter son argent par les fenêtres** tirar el dinero por la ventana.

• **jeter un coup d'œil** echar una mirada.

• **jeter un regard** echar una mirada.

• **se jeter à l'eau** *fig* liarse la manta a la cabeza.

jeton [ʒətɔ̃] *nm* ficha *f*.

• **avoir les jetons** *fam* tener canguelo.

▪ **faux jeton** hipócrita *mf*.

jeu [ʒø] *nm* **1** *(gén)* juego *m*: ***les enfants adorent le jeu***, a los niños les encanta el juego; ***un jeu de clefs***, un juego de llaves. **2** *(pari)* apuesta *f*. **3** MUS manera *f* de tocar, ejecución *f*. **4** *(théâtre)* interpretación *f*, actuación *f*.

• **avoir du jeu** tener juego.

• **calmer le jeu** atenuar las tensiones.

• **ce n'est pas de jeu** esto no está permitido.

• **d'entrée de jeu** desde el principio.

• **faites vos jeux** hagan sus apuestas.

• **jouer le jeu** seguir el juego.

• **par jeu** por juego, para divertirse.

▪ **jeu d'échecs** ajedrez *m*.

▪ **jeu d'enfant** juego de niños.

▪ **jeu de mots** juego de palabras.

▪ **Jeux olympiques** Juegos olímpicos.

▪ **jeu vidéo** videojuego *m*.

jeudi [ʒødi] *nm* jueves *m*.

jeun [ʒœn].

• **à jeun** en ayunas.

jeune [ʒœn] *adj* **1** *(gén)* joven: ***être jeune***, ser joven. **2** *(benjamin)* pequeño,-ña, menor: ***son jeune frère***, su hermano pequeño. **3** *(de la jeunesse)* juvenil: ***s'habiller jeune***, vestirse de forma juvenil. **4** *(récent)* recién: ***jeunes mariés***, recién casados.

► *nmf (personne jeune)* joven.

• **c'est un peu jeune !** ¡es poco!, ¡es insuficiente!

▪ **jeune fille** chica *f*, joven *f*.

▪ **jeune homme** chico *m*, joven *m*.

▪ **jeunes gens** jóvenes.

jeûne [ʒøn] *nf* ayuno *m*.

jeûner [ʒøne] *vi* ayunar.

jeunesse [ʒœnɛs] *nf* juventud *f*.

joaillerie [ʒɔajʀi] *nf* joyería *f*.

job [dʒɔb] *nm fam* curro *m*.

jobard,-e [ʒɔbaʀ,-aʀd] *adj - nm,f fam* bobo,-ba, pánfilo,-la.

jockey [ʒokɛ] *nm* SPORT jockey *m*.

jogging [dʒogiŋ] *nm* SPORT footing *m*.

joie [ʒwa] *nf* **1** *(allégresse)* alegría *f*: ***être fou de joie***, estar loco de alegría. **2** *(très vive)* júbilo *m*.

• **se faire une joie de** alegrarse de.

joindre [ʒwɛ̃dʀ] *vt* **1** *(deux choses)* juntar, unir: ***il joignit les mains***, juntó las manos. **2** *(ajouter)* adjuntar: ***joindre l'utile à l'agréable***, combinar lo útil con lo agradable. **3** *(contacter quelqu'un)* dar con: ***je n'arrive pas à le joindre***, no consigo dar con él.

► *vi (être en contact)* ajustar, encajar: ***ces portes joignent mal***, estas puertas ajustan mal.

► *vpr* **se joindre 1** *(adhérer)* unirse (**à**, a): ***se joindre à un groupe***, unirse a un grupo. **2** *(se retrouver)* encontrarse, reunirse: ***ils ont pu se joindre***, han podido encontrarse.

joint,-e [ʒwɛ̃,-ɛ̃t] *adj* junto,-ta.

► *nm* **joint 1** *(assemblage)* junta *f*. **2** *fam (drogue)* porro *m*.

• **trouver le joint** encontrar el mejor modo de encarar un asunto.

joker [dʒokɛʀ] *nm* comodín *m*.

joli,-e [ʒɔli] *adj* bonito,-ta.

• **c'est du joli!** *iron* ¡muy bonito!

jonc [ʒɔ̃] *nm* junco *m*.

joncher [ʒɔ̃ʃe] *vt* cubrir.

jonction [ʒɔ̃ksjɔ̃] *nf* cruce *m*.

jongler [ʒɔ̃gle] *vi* hacer juegos malabares.

jongleur,-euse [ʒɔ̃glœʀ,-øz] *nm,f* malabarista.

jonquille [ʒɔ̃kij] *nf* junquillo *m*.

joue [ʒu] *nf* mejilla *m*.

• **mettre en joue** apuntar.

jouer [ʒwe] *vi* **1** *(se divertir)* jugar. **2** *(prendre à la légère)* jugar con. **3** *(acteur)* actuar, interpretar. **4** *(d'un instrument)* tocar: ***jouer du piano***, tocar el piano. **5** *(appareil)* funcionar.

► *vt* **1** *(gén)* jugar. **2** *(risquer)* jugarse. **3** *(duper)* burlar, engañar.

► *vpr* **se jouer 1** *(gén)* jugarse. **2** *(se moquer)* burlarse (**de**, de), reírse (**de**, de): ***se jouer des difficultés***, reírse de las dificultades.

• **jouer de malchance** tener mala suerte.

• **jouer des coudes** abrirse paso con los codos.

• **jouer le tout pour le tout** jugarse el todo por el todo.

• **jouer un rôle** desempeñar un papel.

jouet [ʒwɛ] *nm* juguete *m*.

• **être le jouet de** ser el juguete de.

joueur,-euse [ʒwœʀ,-øz] *nm,f* **1** *(gén)* jugador,-ra. **2** *(d'un instrument)* intérprete.

► *adj (enfant)* juguetón,-ona.

• **être beau joueur** ser buen perdedor.

• **être mauvais joueur** ser mal perdedor.

joufflu,-e [ʒufly] *adj* mofletudo,-da.

joug [ʒu] *nm* yugo *m*.

• **sous le joug de** bajo el yugo de.

jouir [ʒwiʀ] *vi* gozar, disfrutar: ***jouir d'une bonne santé***, gozar de buena salud.

jouissance [ʒwisɑ̃s] *nf* goce *m*, disfrute *m*.

joujou [ʒuʒu] *nm fam* juguete *m*.

• **faire joujou** jugar.

jour [ʒuʀ] *nm* **1** *(journée)* día *m*: ***elle est partie pour trois jours***, se ha ido para tres días. **2** *(clarté)* luz *f*: ***le jour se lève***, sale el sol. **3** *(aspect)* aspecto *m*: ***se présenter sous un jour favorable***, presentarse bajo un aspecto favorable. **4** *(ouverture)* hueco *m*, luz *f*. **5** *(broderie)* calado *m*.

► *nm pl* **jours** *(temps de vie)* días *m pl*.

• **au grand jour** a plena luz.

• **au jour le jour** al día.

• **au petit jour** al amanecer.

• **de jour en jour** de día en día.

• **de nos jours** en nuestros días.
• **donner le jour** dar a luz.
• **du jour au lendemain** de un día para otro.
• **faire jour** ser de día.
• **se mettre à jour** ponerse al día.
• **un beau jour** un buen día.
▪ **faux jour** mala iluminación *f.*
▪ **jour férié** día festivo.
▪ **jour ouvrable** día laborable.
journal [ʒuʀnal] *nm* **1** *(écrit)* diario *m.* **2** *(publication)* periódico *m.* **3** *(à la télé)* telediario *m.*
▪ **journal officiel** boletín *m* oficial.
journalier,-ère [ʒuʀnalje,-ɛʀ] *adj* diario, -ria.
► *nm* **journalier** jornalero *m.*
journalisme [ʒuʀnalism] *nm* periodismo *m.*
journaliste [ʒuʀnalist] *nmf* periodista.
journée [ʒuʀne] *nf* **1** *(espace de temps)* día *m,* jornada *f.* **2** *(paye)* jornal *m.*
jovial,-e [ʒɔvjal] *adj* jovial.
jovialité [ʒɔvjalite] *nf* jovialidad *f.*
joyau [ʒwajo] *nm* joya *f.*
joyeux,-euse [ʒwajø,-øz] *adj* **1** *(gai)* alegre. **2** *(heureux)* feliz: ***joyeux Noël !***, ¡feliz Navidad!
jubiler [ʒybile] *vi fam* regocijarse.
jucher (se) [ʒyʃe] *vpr* encaramarse.
judaïsme [ʒydaism] *nm* judaísmo *m.*
judas [ʒyda] *nm* **1** *(traître)* judas *m.* **2** *(d'une porte)* mirilla *f.*
judiciaire [ʒydisjɛʀ] *adj* judicial.
judo [ʒydo] *nm* judo *m.*
juge [ʒyʒ] *nm* juez *m.*
▪ **juge d'instruction** DR juez de instrucción.
▪ **juge de ligne** SPORT juez de línea, linier *m.*
jugé [ʒyʒe].
• **au jugé** a ojo de buen cubero.
jugement [ʒyʒmɑ̃] *nm* **1** *(faculté de l'entendement)* juicio *m,* entendimiento *m.* **2** *(bon sens)* juicio *m,* cordura *f.* **3** DR sentencia *f.* **4** *(opinion)* juicio *m,* opinión *f.*
• **prononcer un jugement** DR dictar sentencia.
▪ **le jugement dernier** el juicio final.
jugeote [ʒyʒɔt] *nf fam* sentido *m* común.
• **manquer de jugeote** no tener dos dedos de frente.
juger [ʒyʒe] *vt* **1** *(gén)* juzgar: ***juger un accusé***, juzgar a un acusado. **2** *(estimer)* considerar, encontrar. **3** *(imaginer)* imaginarse, figurarse: ***jugez de ma déception***, imagínese mi desengaño.
• **à en juger d'après** a juzgar por.
• **au juger** a bulto.
jugulaire [ʒygylɛʀ] *adj - nf* ANAT yugular *f.*
juif,-ive [ʒɥif,-iv] *adj* judío,-día.
► *nm,f* **Juif,-ive** judío,-día.
juillet [ʒɥije] *nm* julio *m.*
juin [ʒɥɛ̃] *nm* junio *m.*
jumeau,-elle [ʒymo,-ɛl] *adj - nm,f (frère)* gemelo,-la, mellizo,-za.
► *nm* **jumeau** ANAT gemelo *m.*
jumelé,-e [ʒymle] *adj* **1** *(villes)* hermanado,-da. **2** *(maisons)* adosado,-da.
jumelles [ʒymel] *nf pl* prismáticos *m pl.*
jument [ʒymɑ̃] *nf* yegua *f.*
jungle [ʒœ̃gl] *nf* selva *f,* jungla *f.*
junior [ʒynjœʀ] *nmf* júnior.
jupe [ʒyp] *nf* falda *f.*
jupe-culotte [ʒypkylɔt] *nf* (*pl* **jupes-culottes**) falda *f* pantalón.
jupon [ʒypɔ̃] *nm* enagua *f.*
juré,-e [ʒyʀe] *nm,f* jurado *m.*
jurer [ʒyʀe] *vt* **1** *(promettre)* jurar: ***jurer fidélité***, jurar fidelidad. **2** *(affirmer)* jurar, asegurar.
► *vi* **1** *(dire des jurons)* jurar, blasfemar. **2** *(aller mal ensemble)* no pegar, desentonar: ***son chemisier jurait avec sa jupe***, su blusa no pegaba nada con su falda.
► *vpr* **se jurer** jurarse.
• **je vous jure !** ¡se lo aseguro!
juridiction [ʒyʀidiksjɔ̃] *nf* jurisdicción *f.*
juridique [ʒyʀidik] *adj* jurídico,-ca.
jurisprudence [ʒyʀispʀydɑ̃s] *nf* jurisprudencia *f.*
juriste [ʒyʀist] *nmf* jurista.
juron [ʒyʀɔ̃] *nm* juramento *m,* taco *m.*
jury [ʒyʀi] *nm* **1** DR jurado *m.* **2** *(d'examen)* tribunal *m.*
jus [ʒy] *nm* **1** *(gén)* jugo *m.* **2** *(liquide)* zumo *m.* **3** *fam (électricité)* corriente *f.*
▪ **jus de raisin** mosto *m.*

jusque [ʒysk] (delante de vocal y *h* muda se utiliza **jusqu'**) *prép* hasta.
• **en avoir jusque là** estar hasta la coronilla.
• **jusqu'à maintenant** hasta ahora.
• **jusqu'à présent** hasta ahora, hasta la fecha.
• **jusqu'ici** hasta aquí.

justaucorps [ʒystokɔʀ] *nm* malla *f.*

juste [ʒyst] *adj* **1** *(équitable)* justo,-ta. **2** *(exact)* certero,-ra, acertado,-da. **3** *(étroit)* justo,-ta, estrecho, cha. **4** *(peu abondant)* justo, -ta. **5** *(voix, instrument)* afinado,-da.
► *adv* **1** *(correct)* justamente, justo. **2** *(exact)* exactamente, precisamente. **3** *(chanter, jouer)* bien, sin desafinar.
• **au juste** exactamente.
• **frapper juste** dar en el blanco.
• **tout juste** justo, tan sólo: ***elle vient tout juste de téléphoner***, acaba de llamar; ***j'ai tout juste dit que peut-être***, sólo he dicho que quizá.

justesse [ʒystɛs] *nf* **1** *(gén)* exactitud *f*, precisión *f.* **2** *(du jugement, des actions)* rectitud *f.*
• **de justesse** por los pelos.

justice [ʒystis] *nf* justicia *f.*
• **faire justice à QQN** hacer justicia a ALGN.
• **rendre justice** hacer justicia.
• **passer en justice** ir a juicio.
• **poursuivre en justice** llevar ante la justicia.
• **traduire en justice** demandar.

justicier,-ère [ʒystisje,-ɛʀ] *adj - nm,f* justiciero,-ra.

justification [ʒystifikasjɔ̃] *nf* justificación *f.*

justifier [ʒystifje] *vt* justificar.
► *vpr* **se justifier** justificarse.

jute [ʒyt] *nm* yute *m.*

juteux,-euse [ʒytø,-øz] *adj* jugoso,-sa.

juvénile [ʒyvenil] *adj* juvenil.

juxtaposition [ʒykstapozisjɔ̃] *nf* yuxtaposición *f.*

K

K7 [kasɛt] *nf* casete *f*, cinta *f*.
kaki [kaki] *adj inv (couleur)* caqui.
► *nm (fruit, couleur)* caqui *m*.
kaléidoscope [kaleidɔskɔp] *nm* caleidoscopio *m*.
kamikaze [kamikaz] *nm* kamikaze *m*.
kangourou [kɑ̃guʀu] *nm* canguro *m*.
karaoké [kaʀaɔke] *nm* karaoke *m*.
karaté [kaʀate] *nm* kárate *m*.
kart® [kaʀt] *nm* kart® *m*.
kayak [kajak] *nm* kayak *m*.
Kenya [kenja] *nm* Kenya, Kenia.
kenyan,-e [kenjɑ̃,-an] *adj* keniano,-na, keniata.
► *nm,f* **Kenyan,-e** keniano,-na, keniata.
képi [kepi] *nm* quepis *m*, kepí *m*.
kermesse [kɛʀmɛs] *nf* kermés *f*, quermés *f*.
kérosène [keʀozɛn] *nm* queroseno *m*.
ketchup [kɛtʃœp] *nm* ketchup *m*.
keuf [kœf] *nm fam* poli *m*.
kidnapper [kidnape] *vt* secuestrar, raptar.
kidnappeur,-euse [kidnapœʀ,-øz] *nm,f* secuestrador,-ra.
kidnapping [kidnapiŋ] *nm* secuestro *m*.
kif-kif [kifkif].
• **c'est kif-kif** es lo mismo.
kilo [kilo] *nm* kilo *m*.
kilogramme [kilɔgʀam] *nm* kilogramo *m*.
kilométrage [kilɔmetʀaʒ] *nm* kilometraje *m*.
kilomètre [kilɔmɛtʀ] *nm* kilómetro *m*.
kilo-octet [kilɔɔktɛt] *nm* INFORM kilobyte *m*.
kilowatt [kilɔwat] *nm* kilovatio *m*.
kilt [kilt] *nm* falda *f* escocesa.
kimono [kimɔno] *nm* kimono *m*.
kinésithérapeute [kineziteʀapøt] *nmf* fisioterapeuta.
kiosque [kjɔsk] *nm* quiosco *m*.
kirsch [kiʀʃ] *nm* kirsch *m*.
kit [kit] *nm* kit *m*.
▪ **kit mains libres** kit manos libres.
kitchenette [kitʃənɛt] *nf* cocina *f* americana.
kiwi [kiwi] *nm* kiwi *m*.
klaxon® [klaksɔn] *nm* bocina *f*.
klaxonner [klaksɔne] *vi* tocar la bocina.
kleenex® [klinɛks] *nm* kleenex® *m*, pañuelo *m* de papel.
kleptomane [klɛptɔman] *nmf* cleptómano,-na.
K.-O. [kao] *adj - nm* K. O. *m*.
• **mettre K.-O.** dejar K. O.
koala [kɔala] *nm* koala *m*.
krach [kʀak] *nm* crac *m*.
kung-fu [kuŋfu] *nm* kung fu *m*.
k-way® [kawe] *nm inv* canguro *m*.
kyrielle [kiʀjɛl] *nf fam* sarta *f*.
kyste [kist] *nm* MÉD quiste *m*.

L

l' [l] *det - pron pers* → le.
la[1] [la] (**l'** delante de vocal y *h* muda) *det* la: ***la chanson***, la canción.
► *pron pers* la: ***tu la vois ?***, ¿la ves?
la[2] [la] *nm* MUS la *m*.
là [la] *adv* **1** *(loin, indéterminé)* allí, ahí: ***restez là***, quédese ahí; ***c'est là qu'il s'est marié***, allí fue donde se casó. **2** *(proximité)* aquí: ***viens là !***, ¡ven aquí!
• *nom* **+ -là** ese, aquel: ***cet homme-là***, ese hombre.
• **ça et là** aquí y allá.
• **en rester là** no pasar de allí.
• **en passer par là** pasar por ello.
là-bas [laba] *adv* allí.
label [labɛl] *nm* etiqueta *f*.
labial,-e [labjal] *adj* labial.
labo [labo] *nm fam* laboratorio *m*.
laboratoire [labɔʀatwaʀ] *nm* laboratorio *m*.
laborieux,-euse [labɔʀjø,-øz] *adj* laborioso,-sa.
labourer [labuʀe] *vt* labrar.
labyrinthe [labiʀɛ̃t] *nm* laberinto *m*.
lac [lak] *nm* lago *m*.
lacer [lase] *vt* atar.
lacérer [laseʀe] *vt* **1** *(papier, vêtements)* hacer trizas. **2** *(corps)* desgarrar.
lacet [lasɛ] *nm* **1** *(de chaussure)* cordón *m*. **2** *(d'une route)* zigzag *m*: ***route en lacets***, carretera en zigzag. **3** *(piège)* lazo *m*.
lâche [laʃ] *adj* **1** *(action)* vil. **2** *(nœud)* flojo,-ja.
► *adj - nmf (personne)* cobarde.
lâcher [laʃe] *vt* **1** *(gén)* soltar: ***il a lâché un juron***, soltó un taco. **2** *(détendre)* aflojar. **3** *fam (un ami)* plantar.
► *vi* soltarse.
• **lâcher prise** *fig* ceder.
• **lâcher la bride** aflojar las riendas.
lâcheté [laʃte] *nf* **1** *(manque de courage)* cobardía *f*. **2** *(action)* villanía *f*.
laconique [lakɔnik] *adj* lacónico,-ca.
lacrymal,-e [lakʀimal] *adj* lagrimal.
lacrymogène [lakʀimɔʒɛn] *adj* lacrimógeno,-na.
lactique [laktik] *adj* láctico,-ca.
lacune [lakyn] *nf* laguna *f*.
lacustre [lakystʀ] *adj* lacustre.
là-dedans [ladədɑ̃] *adv* **1** *(lieu)* ahí dentro. **2** *(affaire)* en todo esto: ***il n'y a rien de difficile là-dedans***, no hay nada difícil en todo esto.
là-dessous [ladsu] *adv* **1** *(lieu)* ahí abajo. **2** *(au-delà)* detrás de esto: ***il y a quelque chose là-dessous***, hay algo detrás.
là-dessus [ladsy] *adv* **1** *(sur ce)* después de eso: ***là-dessus, il se mit à rire***, después de eso, se puso a reír. **2** *(sur le sujet)* sobre esto: ***tu ne vas pas encore revenir là-dessus !***, ¡no vas a volver a hablar otra vez de esto!
lagon [lagɔ̃] *nm* laguna *f*.
lagune [lagyn] *nf* laguna *f*.
là-haut [lao] *adv* allí arriba.
laïc, laïque [laik] *adj* laico,-ca.
laid,-e [lɛ,-ɛd] *adj* feo,-a.
laideur [lɛdœʀ] *nf* fealdad *f*.
laie [lɛ] *nf (animal)* jabalina *f*.
lainage [lɛnaʒ] *nm* **1** *(matière)* tejido *m* de lana. **2** *(vêtement)* prenda *f* de lana.
laine [lɛn] *nf* lana *f*.
laïque [laik] *adj* → laïc.

laisse [lɛs] *nf* correa *f*.
• **tenir en laisse** llevar atado,-da.
laisser [lese] *vt (gén)* dejar: ***il l'a laissé faire***, lo dejó hacer; ***laissez-moi tranquille***, déjeme en paz.
► *vpr* **se laisser** dejarse: ***il s'est laissé aller***, se dejó llevar.
• **laisse tomber !** ¡déjalo!
• **se laisser faire** no oponer resistencia.
laisser-aller [lɛseale] *nm inv* dejadez *f*.
laissez-passer [lesepase] *nm inv* pase *m*.
lait [lɛ] *nm* leche *f*.
▪ **lait concentré** leche condensada.
▪ **lait démaquillant** leche desmaquillante.
▪ **lait écrémé** leche desnatada.
▪ **lait en poudre** leche en polvo.
▪ **lait entier** leche entera.
laitage [lɛtaʒ] *nm* producto *m* lácteo.
laiterie [lɛtʀi] *nf* **1** *(usine)* central *f* lechera. **2** *(magasin)* lechería *f*.
laiteux,-euse [lɛtø,-øz] *adj* lechoso,-sa.
laitier,-ère [lɛtje,-ɛʀ] *adj* - *nm,f* lechero,-ra.
laiton [lɛtɔ̃] *nm* latón *m*.
laitue [lety] *nf* lechuga *f*.
lama [lama] *nm* **1** REL lama *m*. **2** *(animal)* llama *f*.
lambeau [lɑ̃bo] *nm* **1** *(morceau)* pedazo *m*. **2** *fig (de conversation)* fragmento *m*.
• **en lambeaux** hecho trizas.
lambiner [lɑ̃bine] *vi fam* entretenerse.
lambris [lɑ̃bʀi] *nm* artesonado *m*.
lame [lam] *nf* **1** *(de métal)* lámina *f*; *(de parquet)* tabla *f*. **2** *(d'instrument coupant)* hoja *f*. **3** *(vague)* ola *f*.
▪ **lame de rasoir** hoja de afeitar.
lamelle [lamɛl] *nf* lámina *f*.
• **en lamelles** en lonchas.
lamentable [lamɑ̃tabl] *adj* lamentable.
lamenter (se) [lamɑ̃te] *vpr* lamentarse.
lampadaire [lɑ̃padɛʀ] *nm* **1** *(de rue)* farola *f*. **2** *(d'intérieur)* lámpara *f* de pie.
lampe [lɑ̃p] *nf* lámpara *f*.
▪ **lampe de chevet** lamparilla *f* de mesa.
▪ **lampe de poche** linterna *f*.
lampion [lɑ̃pjɔ̃] *nm* farolillo *m*.
lance [lɑ̃s] *nf* lanza *f*.
▪ **lance d'incendie** manga *f* de incendio.
lancement [lɑ̃smɑ̃] *nm* **1** *(gén)* lanzamiento *m*. **2** *(d'un bateau)* botadura *f*.
lance-pierre [lɑ̃spjɛʀ] *nm (pl* **lance-pierres**) tirachinas *m*.
lancer [lɑ̃se] *vt* **1** *(gén)* lanzar. **2** *(coup, injures)* soltar. **3** *(moteur, ordinateur)* arrancar. **4** *(bateau)* botar.
► *vpr* **se lancer** lanzarse (**dans**, a): ***il s'est lancé dans la chanson***, se ha lanzado al mundo de la canción.
landau [lɑ̃do] *nm* cochecito *m*.
lande [lɑ̃d] *nf* landa *f*.
langage [lɑ̃gaʒ] *nm* lenguaje *m*.
lange [lɑ̃ʒ] *nm* mantilla *f*.
langoureux,-euse [lɑ̃gurø,-øz] *adj* lánguido,-da.
langouste [lɑ̃gust] *nf* langosta *f*.
langoustine [lɑ̃gustin] *nf* cigala *f*.
langue [lɑ̃g] *nf* **1** *(gén)* lengua *f*. **2** *(style)* lenguaje *m*.
• **avoir la langue bien pendue** hablar por los codos.
• **ne pas savoir tenir sa langue** írsele a uno la lengua.
▪ **langue maternelle** lengua materna.
languette [lɑ̃gɛt] *nf* lengüeta *f*.
languir [lɑ̃giʀ] *vi* languidecer.
lanière [lanjɛʀ] *nf* correa *f*.
lanterne [lɑ̃tɛʀn] *nf* **1** *(d'éclairage)* farolillo *m*. **2** *(de projection)* linterna *f*.
laper [lape] *vt* - *vi* beber a lengüetadas.
lapidaire [lapidɛʀ] *adj* lapidario,-ria.
lapider [lapide] *vt* lapidar.
lapin,-e [lapɛ̃,-in] *nm,f* conejo,-ja.
• **poser un lapin** dar un plantón.
laps [laps] *nm* lapso *m*.
lapsus [lapsys] *nm* lapsus *m*.
laquais [lakɛ] *nm* lacayo *m*.
laque [lak] *nf* laca *f*.
laquelle [lakɛl] *pron rel* → lequel.
larcin [laʀsɛ̃] *nm* hurto *m*.
lard [laʀ] *nm* **1** *(graisse de porc)* tocino *m*. **2** *(viande)* panceta *f*. **3** *fam (d'une personne)* grasa *f*.
larder [laʀde] *vt* **1** CUIS mechar. **2** *fig (de coups)* acribillar.
lardon [laʀdɔ̃] *nm* CUIS mecha *m* de tocino.
large [laʀʒ] *adj* **1** *(gén)* ancho,-cha: ***un trottoir large***, una acera ancha. **2** *(vêtements)* holgado,-da. **3** *(étendu, important)* amplio,-plia. **4** *(généreux)* generoso,-sa.

► *nm* **1** ancho *m*: ***le tissu mesure un mètre de large***, la tela mide un metro de ancho. **2** *(en mer)* alta mar *f*.
► *adv* de sobra.
• **au large** frente a la costa de.
• **en long et en large** con pelos y señales.
• **prendre le large** *fam fig* largarse.
largement [laʀʒəmɑ̃] *adv* **1** *(gén)* ampliamente. **2** *(payer)* generosamente.
largeur [laʀʒœʀ] *nf* **1** *(dimension)* anchura *f*. **2** *fig (d'esprit)* amplitud *f*.
larguer [laʀge] *vt* **1** *(amarres)* largar. **2** *(bombe)* tirar. **3** *fam (abandonner)* abandonar.
larme [laʀm] *nf* lágrima *f*.
• **être en larmes** llorar.
• **pleurer à chaudes larmes** llorar a lágrima viva.
larmoyant,-e [laʀmwajɑ̃,-ɑ̃t] *adj* lloroso,-sa.
larve [laʀv] *nf* **1** *(d'insecte)* larva *f*. **2** *fig (personne)* desecho *m*.
laryngite [laʀɛ̃ʒit] *nf* MÉD laringitis *f*.
larynx [laʀɛ̃ks] *nm* ANAT laringe *f*.
las, lasse [la, las] *adj* **1** *(fatigué)* cansado,-da. **2** *fig (dégoûté)* harto,-ta.
lascif,-ive [lasif,-iv] *adj* lascivo,-va.
laser [lazɛʀ] *nm* láser *m*.
lassitude [lasityd] *nf* **1** *(fatigue)* cansancio *m*. **2** *(ennui)* hastío *m*.
lasso [laso] *nm* lazo *m*.
latent,-e [latɑ̃,-ɑ̃t] *adj* latente.
latéral,-e [lateʀal] *adj* lateral.
latex [latɛks] *nm* látex *m*.
latin,-e [latɛ̃,-in] *adj* latino,-na.
► *nm,f* **Latin,-e** latino,-na.
► *nm* **latin** *(langue)* latín *m*.
latino-américain,-e [latinɔameʀikɛ̃,-ɛn] *adj* latinoamericano,-na.
► *nm,f* **Latino-américain,-e** latinoamericano,-na.
latitude [latityd] *nf* latitud *f*.
latte [lat] *nf* listón *m*.
lauréat,-e [lɔʀea,-at] *adj - nm,f* galardonado,-da.
laurier [lɔʀje] *nm* laurel *m*.
► *nm pl* **lauriers** laureles *m pl*.
• **s'endormir sur ses lauriers** dormirse en los laureles.
lavable [lavabl] *adj* lavable.
lavabo [lavabo] *nm* lavabo *m*.
lavage [lavaʒ] *nm* lavado *m*.
▪ **lavage d'estomac** lavado de estómago.
lavande [lavɑ̃d] *nf* lavanda *f*.
lavandière [lavɑ̃djɛʀ] *nf* lavandera *f*.
lave [lav] *nf* lava *f*.
lave-glace [lavglas] *nm* (*pl* **lave-glaces**) limpiaparabrisas *m*.
lave-linge [lavlɛ̃ʒ] *nm inv* lavadora *f*.
lavement [lavmɑ̃] *nm* MÉD lavativa *f*.
laver [lave] *vt* **1** *(gén)* lavar. **2** *(la vaisselle)* fregar. **3** *(les vitres)* limpiar.
► *vpr* **se laver** lavarse: ***lave-toi les mains***, lávate las manos.
laverie [lavʀi] *nf* lavandería *f*.
▪ **laverie automatique** lavandería.
lavette [lavɛt] *nf* **1** *(éponge)* bayeta *f*. **2** *fam (homme mou)* bragazas *m*.
laveur,-euse [lavœʀ,-øz] *nm,f* limpiador,-ra.
▪ **laveur,-euse de carreaux** limpiacristales *m*.
▪ **laveur,-euse de voitures** limpiacoches *m*.
lave-vaisselle [lavvɛsɛl] *nm inv* lavavajillas *m*, lavaplatos *m*.
lavoir [lavwaʀ] *nm* lavadero *m*.
laxatif,-ive [laksatif,-iv] *adj* laxante.
► *nm* **laxatif** laxante *m*.
layette [lɛjɛt] *nf* canastilla *f*.
le [lə] (**l'** delante de vocal y *h* muda) *det* el: ***l'oiseau***, el pájaro; ***l'hôpital***, el hospital; ***à trois euros le kilo***, a tres euros el kilo.
► *pron pers* lo: ***je le sais***, lo sé; ***je l'ai vu hier***, lo vi ayer.
leader [lidœʀ] *nm* líder *mf*.
lécher [leʃe] *vt* lamer.
► *vpr* **se lécher** lamerse.
• **se lécher les babines** *fam fig* relamerse.
• **se lécher les doigts** chuparse los dedos.
lèche-vitrines [lɛʃvitʀin].
• **faire du lèche-vitrines** mirar escaparates.
leçon [ləsɔ̃] *nf* **1** *(gén)* lección *f*. **2** *(cours)* clase *f*.
• **faire la leçon à QQN** aleccionar a ALGN.
• **servir de leçon** servir de escarmiento.
▪ **leçons particulières** clases particulares.

lecteur,-trice [lɛktœʀ,-tʀis] *nm,f* lector,-ra.
▶ *nm* **lecteur** lector *m*.
▪ **lecteur de CD** lector de CD.
lecture [lɛktyʀ] *nf* lectura *f*.
légal,-e [legal] *adj* legal.
légaliser [legalize] *vt* legalizar.
légalité [legalite] *nf* legalidad *f*.
légendaire [leʒɑ̃dɛʀ] *adj* legendario,-ria.
légende [leʒɑ̃d] *nf* **1** *(fable, de diagramme)* leyenda *f*. **2** *(d'illustration, photo)* pie *m*.
léger,-ère [leʒe,-ɛʀ] *adj* ligero,-ra.
• **à la légère** a la ligera.
légèrement [leʒɛʀmɑ̃] *adv* **1** *(peu, doucement)* ligeramente. **2** *(sans gravité)* levemente.
légèreté [leʒɛʀte] *nf* **1** *(gén)* ligereza *f*. **2** *(d'un accident)* levedad *f*.
légion [leʒjɔ̃] *nf* legión *f*.
▪ **légion d'honneur** legión de honor.
légionnaire [leʒjɔnɛʀ] *nm* legionario *m*.
législateur,-trice [leʒislatœʀ,-tʀis] *adj - nm,f* legislador,-ra.
législation [leʒislasjɔ̃] *nf* legislación *f*.
légitime [leʒitim] *adj* legítimo,-ma.
légitimer [leʒitime] *vt* **1** *(union, enfant)* legitimar. **2** *fig (acte, mauvaise action)* justificar.
léguer [lege] *vt* legar.
légume [legym] *nm* verdura *f*.
▪ **légumes secs** legumbres *f pl*.
leitmotiv [lajtmɔtif] *nm* leitmotiv *m*.
lendemain [lɑ̃dmɛ̃] *nm* **1** *(jour suivant)* día *m* siguiente: ***il est arrivé le lendemain***, llegó al día siguiente. **2** *(avenir)* futuro *m*.
• **au lendemain de** después de.
• **du jour au lendemain** de la noche a la mañana.
• **sans lendemain** sin futuro.
lent,-e [lɑ̃,-ɑ̃t] *adj* lento,-ta.
lenteur [lɑ̃tœʀ] *nf* lentitud *f*.
lentille [lɑ̃tij] *nf* **1** *(légume)* lenteja *f*. **2** *(pour voir)* lentilla *f*.
▪ **lentilles de contact** lentes *f pl* de contacto.
léopard [leɔpaʀ] *nm* leopardo *m*.
lèpre [lɛpʀ] *nf* MÉD lepra *f*.
lépreux,-euse [lepʀø,-øz] *adj - nm,f* leproso,-sa.
lequel, laquelle [ləkɛl, lakɛl] *pron rel* (*pl* **lesquels, lesquelles**) el cual, la cual, el que, la que: ***le sourire avec lequel il l'a accueilli***, la sonrisa con la cual lo recibió.
▶ *pron inter* cuál: ***lequel préférez-vous ?***, ¿cuál prefiere?; ***lesquels voulez-vous ?***, ¿cuáles quiere?
les [le] *det - pron* los, las: ***les arbres***, los árboles; ***les filles***, las chicas; ***je les ai vus***, los he visto; ***je les ai vues***, las he visto.
lesbienne [lezbjɛn] *nf* lesbiana *f*.
léser [leze] *vt* perjudicar.
lésiner [lezine] *vi* escatimar.
lésion [lezjɔ̃] *nf* lesión *f*.
lesquels, lesquelles [lekɛl] *pron* → lequel, laquelle.
lessive [lesiv] *nf* **1** *(produit)* detergente *m*. **2** *(linge)* colada *f*.
• **faire la lessive** hacer la colada.
lest [lɛst] *nm* lastre *m*.
• **lâcher du lest** soltar lastre.
leste [lɛst] *adj (personne)* ligero,-ra.
léthargique [letaʀʒik] *adj* letárgico,-ca.
lette [lɛt] *nm (langue)* letón *m*.
letton,-onne [lɛtɔ̃,-ɔn] *adj* letón,-ona.
▶ *nm,f* **Letton,-onne** letón,-ona.
▶ *nm* **letton** *(langue)* letón *m*.
Lettonie [lɛtɔni] *nf* Letonia.
lettre [lɛtʀ] *nf* **1** *(caractère)* letra *f*. **2** *(courrier)* carta *f*. **3** COMM letra *f*.
▶ *nf pl* **lettres** letras *f pl*: ***lettres modernes***, letras modernas.
• **au pied de la lettre** al pie de la letra.
▪ **lettre de change** letra de cambio.
▪ **lettre majuscule** letra mayúscula.
▪ **lettre minuscule** letra minúscula.
▪ **lettre recommandée** carta certificada.
leucémie [løsemi] *nf* leucemia *f*.
leur [lœʀ] *adj poss* su: ***ils viendront dans leur voiture***, vendrán con su coche.
▶ *pron poss* **le/la leur** el suyo, la suya: ***nos enfants ont le même âge, mais le leur est plus grand***, nuestros hijos tienen la misma edad, pero el suyo es más alto.
▶ *pron pers* les: ***je leur raconte cette histoire***, les cuento esta historia.
leurrer [lœʀe] *vt* embaucar.
▶ *vpr* **se leurrer** engañarse.
levain [ləvɛ̃] *nm* levadura *f*.

levant,-e [ləvɑ̃] *adj* naciente: ***soleil levant***, sol naciente.
► *nm* **levant** levante *m*.
lever[1] [ləve] *vt* **1** *(gén)* levantar: ***lève le bras***, levanta el brazo. **2** *(les yeux)* alzar. **3** *(tirer vers le haut)* subir.
► *vi* CUIS *(pâte)* subir.
► *vpr* **se lever 1** *(gén)* levantarse. **2** *(le jour)* salir.
lever[2] [ləve] *nm* **1** momento *m* de levantarse de la cama: ***à son lever***, al levantarse de la cama. **2** *(d'un astre)* salida *f*.
▪ **lever du rideau** subida *f* del telón.
lève-tard [lɛvtaʀ] *nmf inv* dormilón,-ona.
lève-tôt [lɛvto] *nmf inv* madrugador,-ra.
levier [ləvje] *nm* palanca *f*.
▪ **levier de vitesses** palanca de cambios.
lévitation [levitasjɔ̃] *nf* levitación *f*.
lèvre [lɛvʀ] *nf* labio *m*.
• **du bout des lèvres** *fig* a duras penas.
lévrier [levʀije] *nm* galgo *m*.
levure [ləvyʀ] *nf* levadura *f*.
lexique [lɛksik] *nm* léxico *m*.
lézard [lezaʀ] *nm* lagarto *m*.
lézarde [lezaʀd] *nf* grieta *f*.
lézarder [lezaʀde] *vt* agrietar.
► *vi fam* gandulear.
► *vpr* **se lézarder** *(mur)* agrietarse.
liaison [ljɛzɔ̃] *nf* **1** *(transport, de prononciation)* enlace *m*. **2** *(contact)* relación *f*. **3** *(amoureuse)* aventura *f*.
liane [ljan] *nf* liana *f*.
liant,-e [ljɑ̃,-ɑ̃t] *adj* comunicativo,-va.
► *nm* **liant** argamasa *f*.
liasse [ljas] *nf* **1** *(de papiers)* legajo *m*. **2** *(de billets)* fajo *m*.
Liban [libɑ̃] *nm* Líbano.
libanais,-e [libanɛ,-ɛs] *adj* libanés,-esa.
► *nm,f* **Libanais,-e** libanés,-esa.
libellule [libelyl] *nf* libélula *f*.
libéral,-e [libeʀal] *adj - nm,f* liberal.
libération [libeʀasjɔ̃] *nf* **1** *(gén)* liberación *f*. **2** *(de taxes)* exención *f*. **3** *(d'un soldat)* licenciamiento *m*.
libérer [libeʀe] *vt* **1** *(gén)* liberar. **2** *(prisonnier)* poner en libertad. **3** *(d'une charge)* librar. **4** *(la conscience)* descargar.**5** *(un soldat)* licenciar.
► *vpr* librarse (**de**, de).
liberté [libɛʀte] *nf* libertad *f*.
• **en liberté** en libertad.
▪ **liberté conditionnelle** libertad condicional.
▪ **liberté d'expression** libertad de expresión.
▪ **liberté provisoire** libertad provisional.
▪ **liberté sous caution** libertad bajo fianza.
libido [libido] *nf* libido *f*.
librairie [libʀeʀi] *nf* librería *f*.
libre [libʀ] *adj* libre: ***êtes-vous libre ce soir ?***, ¿está libre esta noche?
libre-échange [libʀeʃɑ̃ʒ] *nm* (*pl* **libres-échanges**) librecambio *m*.
libre-service [libʀəsɛʀvis] *nm* (*pl* **libres-services**) autoservicio *m*.
Libye [libi] *nf* Libia.
libyen,-enne [libjɛ̃,-ɛn] *adj* libio,-bia.
► *nm,f* **Libyen,-enne** libio,-bia.
lice [lis] *nf* HIST liza *f*.
• **entrer en lice** entrar en liza.
licence [lisɑ̃s] *nf* **1** *(permis)* licencia *f*. **2** *(universitaire)* diploma *m*.
licencié,-e [lisɑ̃sje] *adj - nm,f* **1** *(à l'université)* diplomado,-da. **2** SPORT federado,-da.
licenciement [lisɑ̃simɑ̃] *nm* despido *m*.
licencier [lisɑ̃sje] *vt* despedir.
lichen [likɛn] *nm* liquen *m*.
licite [lisit] *adj* lícito,-ta.
licorne [likɔʀn] *nf* unicornio *m*.
lie [li] *nf* poso *m*.
liège [ljɛʒ] *nm* corcho *m*.
lien [ljɛ̃] *nm* **1** *(attache)* atadura *f*. **2** *fig (relation)* lazo *m*, vínculo *m*. **3** INFORM vínculo *m*.
▪ **lien de parenté** lazo de parentesco.
lier [lje] *vt* **1** *(attacher)* atar. **2** *(relier)* unir. **3** CUIS *(sauce)* ligar. **4** *(amitié, conversation)* entablar.
► *vpr* **se lier 1** *(s'attacher)* atarse. **2** *(d'amitié)* intimar (**avec**, con).
lierre [ljɛʀ] *nm* hiedra *f*.
lieu [ljø] *nm* lugar *m*.
• **au lieu de** en lugar de.
• **avoir lieu** tener lugar.
• **avoir (tout) lieu de** tener motivos para.
• **donner lieu à** dar lugar a.
• **en lieu sûr** en lugar seguro.

• **en dernier lieu** en último lugar.
• **en haut lieu** en altas instancias.
• **en premier lieu** en primer lugar.
• **il y a lieu de** hay razones para.
• **tenir lieu de** servir de.
• **vider les lieux** evacuar el lugar.
▪ **lieu commun** lugar común.
▪ **lieu de naissance** lugar de nacimiento.
▪ **lieu public** establecimiento público.
lieue [ljø] *nf* legua *f.*
lieutenant [ljøtnɑ̃] *nm* teniente *m.*
lièvre [ljɛvʀ] *nm* liebre *f.*
lifting [liftiŋ] *nm* lifting *m.*
ligament [ligamɑ̃] *nm* ANAT ligamento *m.*
ligature [ligatyʀ] *nf* MÉD ligadura *f.*
light [lajt] *adj* light.
ligne [liɲ] *nf* **1** *(gén)* línea *f*: ***ligne droite***, línea recta. **2** *(pour la pêche)* caña *f.*
• **en ligne 1** *(en file)* en fila. **2** INFORM en línea.
• **entrer en ligne de compte** ser tenido en cuenta.
• **garder la ligne** conservar la línea.
• **point à la ligne** punto y aparte.
• **restez en ligne !** ¡no cuelgue!
• **sur toute la ligne** por completo.
▪ **ligne d'arrivée** línea de llegada.
▪ **ligne de départ** línea de salida.
lignée [liɲe] *nf* descendencia *f.*
ligoter [ligɔte] *vt* atar.
ligue [lig] *nf* liga *f.*
lilas [lila] *adj - nm* lila *f.*
limace [limas] *nf* babosa *f.*
limaçon [limasɔ̃] *nm* caracol *m.*
limande [limɑ̃d] *nf* platija *f.*
lime [lim] *nf* lima *f.*
▪ **lime à ongles** lima de uñas.
limer [lime] *vt* limar.
limier [limje] *nm* sabueso *m.*
limitation [limitasjɔ̃] *nf* limitación *f.*
▪ **limitation de vitesse** límite *m* de velocidad.
limite [limit] *nf* límite *m.*
► *adj* extremo,-ma.
• **à la limite** en última instancia.
• **sans limite** sin límite.
limité,-e [limite] *adj* limitado,-da.
limiter [limite] *vt* limitar.
► *vpr* **se limiter** limitarse (**à**, a).
limitrophe [limitʀɔf] *adj* limítrofe.
• **être limitrophe de** limitar con.
limoger [limɔʒe] *vt fam* destituir.
limon [limɔ̃] *nm (alluvion)* limo *m.*
limonade [limɔnad] *nf* gaseosa *f.*
lin [lɛ̃] *nm* lino *m.*
linceul [lɛ̃sœl] *nm* sudario *m.*
linéaire [lineɛʀ] *adj* lineal.
linge [lɛ̃ʒ] *nm* **1** *(de maison)* ropa *f* blanca. **2** *(à laver)* colada *f.* **3** *(sous-vêtements)* ropa *f* interior. **4** *(tissu)* trapo *m.*
▪ **linge de table** mantelería *f.*
lingerie [lɛ̃ʒʀi] *nf* lencería *f.*
lingot [lɛ̃go] *nm* lingote *m.*
linguiste [lɛ̃gɥist] *nmf* lingüista.
linguistique [lɛ̃gɥistik] *adj* lingüístico,-ca.
► *nf* lingüística *f.*
linteau [lɛ̃to] *nm* dintel *m.*
lion, lionne [ljɔ̃, ljɔn] *nmf* león, leona.
lionceau [ljɔ̃so] *nm* cachorro *m* de león.
lipide [lipid] *nm* lípido *m.*
liquéfier [likefje] *vt* licuar.
► *vpr* **se liquéfier** licuarse.
liqueur [likœʀ] *nf* licor *m.*
liquidation [likidasjɔ̃] *nf* liquidación *f.*
liquide [likid] *adj* líquido,-da.
► *nm* líquido *m.*
• **en liquide** en efectivo.
▪ **liquide vaisselle** lavavajillas *m.*
liquider [likide] *vt* liquidar.
lire[1] [liʀ] *vt* leer: ***lis le texte à haute voix***, lee el texto en voz alta.
lire[2] [lir] *nf* lira *f.*
lis [li] *nm* azucena *f.*
lisible [lizibl] *adj* legible.
lisière [lizjɛʀ] *nf* **1** *(limite)* linde *m-f.* **2** *(d'un tissu)* orilla *f.*
lisse [lis] *adj* liso,-sa.
lisser [lise] *vt* alisar.
liste [list] *nf* lista *f.*
▪ **liste d'attente** lista de espera.
▪ **liste de mariage** lista de boda.
▪ **liste noire** lista negra.
listing [listiŋ] *nm* INFORM listado *m.*
lit [li] *nm* **1** *(pour dormir)* cama *f.* **2** *(de rivière)* lecho *m.*
• **faire son lit** hacer la cama.
• **garder le lit** guardar cama.
• **se mettre au lit** acostarse.

■ **lit double** cama de matrimonio.
■ **lits gigognes** cama nido.
■ **lits jumeaux** camas gemelas.
■ **lits superposés** litera *f.*
litanie [litani] *nf* letanía *f.*
lithographie [litɔgʀafi] *nf* litografía *f.*
litige [litiʒ] *nm* litigio *m.*
litre [litʀ] *nm* litro *m.*
littéraire [liteʀɛʀ] *adj* literario,-ria.
littéral,-e [liteʀal] *adj* literal.
littérature [liteʀatyʀ] *nf* literatura *f.*
littoral,-e [litɔʀal] *adj* litoral.
► *nm* **littoral** litoral *m.*
Lituanie [litɥani] *nf* Lituania.
lituanien,-enne [litɥanjɛ̃,-ɛn] *adj* lituano,-na.
► *nm,f* **Lituanien,-enne** lituano,-na.
► *nm* **lituanien** *(langue)* lituano *m.*
liturgie [lityʀʒi] *nf* liturgia *f.*
livide [livid] *adj* lívido,-da.
livraison [livʀɛzɔ̃] *nf* entrega *f.*
• **livraison à domicile** entrega a domicilio.
livre[1] [livʀ] *nm (ouvrage)* libro *m.*
■ **livre audio** audiolibro *m.*
■ **livre de bord** libro de a bordo.
■ **livre de poche** libro de bolsillo.
■ **livre d'images** álbum *m.*
livre[2] [livʀ] *nf (monnaie, poids)* libra *f.*
■ **livre sterling** libra esterlina.
livrer [livʀe] *vt* **1** *(remettre)* entregar: ***la marchandise sera livrée vendredi***, la mercancía se entregará el viernes; ***ils l'ont livré à la police***, lo han entregado a la policía. **2** *(bataille)* dar, librar.
► *vpr* **se livrer** entregarse (**à**, a).
livret [livʀɛ] *nm* **1** MUS libreto *m.* **2** *(carnet)* cartilla *f*, libreta *f.*
■ **livret de caisse d'épargne** libreta de ahorros.
■ **livret de famille** libro *m* de familia.
■ **livret militaire** cartilla militar.
livreur,-euse [livʀœʀ,-øz] *adj - nm,f* repartidor,-ra.
lobe [lɔb] *nm* lóbulo *m.*
local,-e [lɔkal] *adj* local.
► *nm* **local** local *m.*
■ **local commercial** local comercial.
localiser [lɔkalize] *vt* localizar.
localité [lɔkalite] *nf* localidad *f.*
locataire [lɔkatɛʀ] *nmf* inquilino,-na.
location [lɔkasjɔ̃] *nf* **1** *(de maison, automobile)* alquiler *m.* **2** *(appartement)* piso *m* de alquiler: ***j'ai pris une location à la mer***, he alquilado un piso en la costa.
location-vente [lɔkasjɔ̃vɑ̃t] *nf* (*pl* **locations-ventes**) alquiler *m* con opción a compra.
locomotion [lɔkɔmosjɔ̃] *nf* locomoción *f.*
locomotive [lɔkɔmɔtiv] *nf* locomotora *f.*
locution [lɔkysjɔ̃] *nf* locución *f.*
logarithme [lɔgaʀitm] *nm* logaritmo *m.*
loge [lɔʒ] *nf* **1** *(de concierge)* portería *f.* **2** *(au théâtre - de spectateurs)* palco *m*; *(- d'acteurs)* camerino *m.*
• **être aux premières loges** *fig* estar en la primera fila.
logement [lɔʒmɑ̃] *nm* **1** *(action de loger)* alojamiento *m.* **2** *(appartement)* vivienda *f.*
loger [lɔʒe] *vt* **1** *(une personne)* alojar. **2** *(introduire)* meter.
► *vi* alojarse, hospedarse: ***il va loger au meilleur hôtel***, va a hospedarse en el mejor hotel.
► *vpr* **se loger** **1** *(gén)* alojarse. **2** *(trouver un logement)* encontrar casa.
logiciel [lɔʒisjɛl] *nm* INFORM software *m*, programa *m.*
logique [lɔʒik] *adj* lógico,-ca.
► *nf* lógica *f.*
logistique [lɔʒistik] *adj* logístico,-ca.
► *nf* logística *f.*
logo [logo] *nm* logotipo *m*, logo *m.*
loi [lwa] *nf* ley *f.*
• **faire la loi** dictar la ley.
loin [lwɛ̃] *adv* lejos.
• **aller loin** llegar lejos.
• **au loin** a lo lejos.
• **de loin** de lejos: ***elle est de loin la meilleure***, es de lejos la mejor.
• **loin de** lejos de.
lointain,-e [lwɛ̃tɛ̃,-ɛn] *adj* lejano,-na.
loir [lwaʀ] *nm* lirón *m.*
loisir [lwaziʀ] *nm* ocio *m.*
► *nm pl* **loisirs** distracciones *f pl.*
lombaire [lɔ̃bɛʀ] *adj* ANAT lumbar.
long,gue [lɔ̃, lɔ̃g] *adj* **1** *(gén)* largo,-ga: ***un long voyage***, un largo viaje. **2** *(lent)* lento,

-ta: ***c'est long à venir***, tarda en llegar.
► *nm* **long** largo *m*, longitud *f*: ***d'un kilomètre de long***, de un kilómetro de largo.
► *adv* mucho: ***cela en dit long sur sa pensée***, esto dice mucho de su forma de pensar.
• **de longue date** antiguo,-gua.
• **à la longue** a la larga.
• **de long en large** de un lado a otro.
• **en long et en large** con pelos y señales.
• **le long de** a lo largo de.
• **tomber de tout son long** caer de plano.
• **tout au long de** durante todo.

longer [lɔ̃ʒe] *vt* bordear.

longévité [lɔ̃ʒevite] *nf* longevidad *f*.

longitude [lɔ̃ʒityd] *nf* longitud *f*.

longtemps [lɔ̃tɑ̃] *adv* mucho tiempo: ***il y a longtemps de cela***, hace mucho tiempo.
• **depuis longtemps** desde hace mucho tiempo.

longuement [lɔ̃gmɑ̃] *adv* **1** *(pendant longtemps)* mucho tiempo. **2** *(en détail)* detenidamente: ***elle l'a regardé longuement***, lo miró detenidamente.

longueur [lɔ̃gœʀ] *nf* **1** longitud *f*, largo *m*: ***la largeur et la longueur d'un terrain***, el ancho y el largo de un terreno. **2** *(durée)* duración *f*.
• **à longueur de** a lo largo de: ***à longueur d'année***, a lo largo del año.
• **traîner en longueur** *fml* durar mucho.
▪ **longueur d'onde** longitud de onda.

longue-vue [lɔ̃gvy] *nf* (*pl* **longues-vues**) catalejo *m*.

look [luk] *nm* look *m*, aspecto *m*.

lopin [lɔpɛ̃] *nm* parcela *f*.

loquace [lɔkas] *adj* locuaz.

loque [lɔk] *nf* andrajo *m*.
• **en loques** hecho,-cha jirones.

loquet [lɔkɛ] *nm* picaporte *m*.

lorgner [lɔʀɲe] *vt* **1** *(regarder)* mirar de soslayo. **2** *(convoiter)* echar el ojo a.

lors [lɔʀ] *adv* entonces.
• **depuis lors** desde entonces.
• **dès lors** desde entonces.
• **lors de** durante: ***lors de son dernier voyage***, durante su último viaje.

lorsque [lɔʀsk] *conj* cuando: ***il est arrivé lorsque j'allais sortir***, llegó cuando estaba a punto de salir.

losange [lɔzɑ̃ʒ] *nm* rombo *m*.

lot [lo] *nm* **1** *(part, marchandise)* lote *m*. **2** *(prix)* premio *m*. **3** *fig (destin)* destino *m*.
▪ **le gros lot** el premio gordo.

loterie [lɔtʀi] *nf* lotería *f*.

loti,-e [lɔti].
• **être bien loti** tener suerte.
• **être mal loti** tener mala suerte.

lotion [losjɔ̃] *nf* loción *f*.
▪ **lotion après-rasage** loción para después del afeitado.

lotir [lɔtiʀ] *vt (terrain)* parcelar.

lotissement [lɔtismɑ̃] *nm* urbanización *f*.

loto [lɔto] *nm* lotería *f* primitiva.

lotte [lɔt] *nf* rape *m*.

lotus [lɔtys] *nm* loto *m*.

louange [lwɑ̃ʒ] *nf* alabanza *f*.

louche[1] [luʃ] *adj* **1** *(acte)* turbio,-bia: ***c'est une affaire louche***, es un asunto turbio. **2** *(personne)* sospechoso,-sa.

louche[2] [luʃ] *nf (cuillère)* cucharón *m*.

louer [lwe] *vt* **1** *(maison, automobile)* alquilar. **2** *(complimenter)* alabar.
► *vpr* **se louer 1** *(appartement)* alquilarse. **2** *fml (se réjouir)* congratularse (**de**, de).
• **à louer** en alquiler.
• **Dieu soit loué !** ¡menos mal!

loup [lu] *nm* **1** *(animal)* lobo *m*. **2** *(masque)* antifaz *m*. **3** *(poisson)* lubina *f*.
• **se jeter dans la gueule du loup** *fig* meterse en la boca del lobo.
▪ **loup de mer** lobo de mar.

loupe [lup] *nf* **1** *(optique)* lupa *f*. **2** *(des arbres)* nudo *m*.

louper [lupe] *vt* **1** *(train)* perder. **2** *(travail)* hacer mal.

loup-garou [lugaʀu] *nm* (*pl* **loups-garous**) hombre *m* lobo.

lourd,-e [luʀ, luʀd] *adj* **1** *(qui pèse)* pesado,-da. **2** *(temps)* bochornoso,-sa. **3** *(rempli)* lleno,-na (**de**, de): ***un regard lourd de rancune***, una mirada llena de rencor. **4** *(erreur)* grave.
► *adv* **lourd** mucho: ***il pèse lourd***, pesa mucho; ***il n'en sait pas lourd***, no sabe mucho.

lourdaud,-e [luʀdo,-od] *adj* torpe.

lourdeur [luʀdœʀ] *nf* **1** *(des gestes)* pesadez *f*. **2** *(d'esprit)* lentitud *f*.

loutre [lutʀ] *nf* nutria *f*.
louve [luv] *nf* loba *f*.
louveteau [luvto] *nm* lobezno *m*, lobato *m*.
loyal,-e [lwajal] *adj* leal.
loyauté [lwajote] *nf* lealtad *f*.
loyer [lwaje] *nm* alquiler *m*.
lubie [lybi] *nf* antojo *m*.
lubrifiant,-e [lybʀifjɑ̃] *adj* lubrificante.
► *nm* **lubrifiant** lubrificante *m*.
lubrifier [lybʀifje] *vt* lubricar.
lubrique [lybʀik] *adj* lúbrico,-ca.
lucarne [lykaʀn] *nf* **1** *(fenêtre)* tragaluz *m*. **2** SPORT escuadra *f*.
lucide [lysid] *adj* lúcido,-da.
lucidité [lysidite] *nf* lucidez *f*.
lucratif,-ive [lykʀatif,-iv] *adj* lucrativo,-va.
lucre [lykʀ] *nm* lucro *m*.
ludique [lydik] *adj* lúdico,-ca.
lueur [lɥœʀ] *nf* **1** *(lumière)* resplandor *m*. **2** *(d'un éclair)* fulgor *m*. **3** *fig (éclat)* chispa *f*.
• **à la lueur de** a la luz de.
▪ **lueur d'espoir** rayo *m* de esperanza.
luge [lyʒ] *nf* trineo *m*.
lugubre [lygybʀ] *adj* lúgubre.
lui [lɥi] *pron pers* **1** *(complément)* le: ***je lui ai téléphoné hier***, le llamé ayer. **2** *(précédé d'une prép)* él: ***j'ai rêvé de lui***, soñé con él; ***elle pense à lui***, piensa en él. **3** *(sujet)* él: ***c'est lui qui le dit***, es él quien lo dice; ***elle court aussi vite que lui***, corre tan rápido como él. **4** *(poss précédé de la préposition à)* suyo, suya: ***ce pull est à lui***, este jersey es suyo. **5** *(réfléchi)* sí mismo: ***il n'est vraiment pas content de lui***, no está nada contento de sí mismo.
lui-même [lɥimɛm] *pron pers* él mismo.
luire [lɥiʀ] *vi* brillar.
luisant,-e [lɥizɑ̃,-ɑ̃t] *adj* brillante.
lumbago [lɔ̃bago] *nm* MÉD lumbago *m*.
lumière [lymjɛʀ] *nf* luz *f*.
• **à la lumière de** *fig* a la vista de.
• **ce n'est pas une lumière** *iron* no es ninguna lumbrera.
• **faire la lumière sur** *fig* aclarar.
lumineux,-euse [lyminø,-øz] *adj* **1** *(gén)* luminoso,-sa. **2** *(visage)* resplandeciente.
luminosité [lyminozite] *nf* luminosidad *f*.
lunaire [lynɛʀ] *adj* lunar.
lunatique [lynatik] *adj* - *nmf* lunático,-ca.
lundi [lœ̃di] *nm* lunes *m*.
lune [lyn] *nf* luna *f*.
• **être dans la lune** *fig* estar en la luna.
• **demander la lune** *fig* pedir la luna.
▪ **lune de miel** luna de miel.
▪ **nouvelle lune** luna nueva.
▪ **pleine lune** luna llena.
lunette [lynɛt] *nf* **1** *(d'astronome)* anteojo *m*. **2** *(d'une voiture)* ventanilla *f*.
► *nf pl* **lunettes** gafas *f pl*.
▪ **lunettes de soleil** gafas de sol.
▪ **lunettes de vue** gafas graduadas.
lupin [lypɛ̃] *nm* altramuz *m*.
lurette [lyʀɛt] *nf*.
• **il y a belle lurette** *fam* hace un siglo.
lustre [lystʀ] *nm* **1** *(éclat)* lustre *m*. **2** *(lampe)* araña *f*.
lustrer [lystʀe] *vt* dar brillo.
luth [lyt] *nm* laúd *m*.
luthier [lytje] *nm* luthier *m*.
lutin [lytɛ̃] *nm* duende *m*.
lutte [lyt] *nf* lucha *f*.
▪ **lutte libre** lucha libre.
lutter [lyte] *vi* luchar.
lutteur,-euse [lytœʀ,-øz] *nm,f* luchador,-ra.
luxation [lyksasjɔ̃] *nf* luxación *f*.
luxe [lyks] *nm* lujo *m*.
• **de luxe** de lujo.
• **s'offrir le luxe de** permitirse el lujo de.
Luxembourg [lyksɑ̃buʀ] *nm* Luxemburgo.
luxembourgeois,-e [lyksɑ̃buʀʒwa,-az] *adj* luxemburgués,-esa.
► *nm,f* **Luxembourgeois,-e** luxemburgués,-esa.
luxueux,-euse [lyksɥø,-øz] *adj* lujoso,-sa.
luxure [lyksyʀ] *nf* lujuria *f*.
luxuriant,-e [lyksyʀjɑ̃,-ɑ̃t] *adj* exuberante.
luzerne [lyzɛʀn] *nf* alfalfa *f*.
lycée [lise] *nm* instituto *m*.
lycéen,-enne [liseɛ̃,-ɛn] *nm,f* alumno,-na de instituto.
lycra® [likʀa] *nm* lycra *f*, licra *f*.
lymphatique [lɛ̃fatik] *adj* ANAT linfático,-ca.
lyncher [lɛ̃ʃe] *vt* linchar.
lynx [lɛ̃ks] *nm* lince *m*.
lyre [liʀ] *nf* MUS lira *f*.
lyrique [liʀik] *adj* lírico,-ca.
lyrisme [liʀism] *nm* lirismo *m*.

M

M. *abr (Monsieur)* sr.: ***M. Dupuis***, sr. Dupuis.
m' *pron pers* → me.
ma [ma] (delante de nombre femenino que empieza por vocal o *h* muda se utiliza **mon** en vez de **ma**) *adj poss* mi: ***ma voiture***, mi coche.
macabre [makabʀ] *adj* macabro,-bra.
macaque [makak] *nm* macaco *m*.
macaron [makaʀɔ̃] *nm* **1** *(gâteau)* macarrón *m*. **2** *(vignette)* viñeta *f*.
macaroni [makaʀɔni] *nm* macarrones *m pl*.
macédoine [masedwan] *nf* **1** *(de fruits)* macedonia *f*. **2** *(de légumes)* menestra *f*.
macération [maseʀasjɔ̃] *nf* maceración *f*.
macérer [maseʀe] *vt - vi* macerar.
• **faire macérer** macerar.
mâcher [maʃe] *vt* masticar.
• **ne pas mâcher ses mots** *fig* no tener pelos en la lengua.
machin [maʃɛ̃] *nm* **1** *fam (objet)* chisme *m*. **2 Machin** *fam (personne)* fulano *m*.
machinal,-e [maʃinal] *adj (geste)* mecánico,-ca.
machination [maʃinasjɔ̃] *nf* maquinación *f*.
machine [maʃin] *nf* máquina *f*.
• **faire machine arrière** dar marcha atrás.
▪ **machine à coudre** máquina de coser.
▪ **machine à écrire** máquina de escribir.
▪ **machine à laver** lavadora *f*.
▪ **machine à sous** máquina tragaperras.
▪ **machine à vapeur** máquina de vapor.
machisme [ma(t)ʃism] *nm* machismo *m*.
macho [matʃo] *adj - nm fam* macho *m*.
mâchoire [maʃwaʀ] *nf* **1** ANAT mandíbula *f*. **2** *(de machine)* mordaza *f*.
mâchonner [maʃɔne] *vt* **1** *(mâcher)* mascar. **2** *fig (mots)* mascullar.
maçon [masɔ̃] *nm* albañil *mf*.
maçonnerie [masɔnʀi] *nf* **1** *(travaux)* albañilería *f*. **2** *(construction)* obra *f*.
macrobiotique [makʀɔbjɔtik] *adj* macrobiótico,-ca.
► *nf* macrobiótica *f*.
madame [madam] *nf* (*pl* **mesdames**) señora *f*: ***bonjour Madame***, buenos días, señora; ***madame Récamier***, la señora Récamier.
madeleine [madlɛn] *nf* CUIS magdalena *f*.
mademoiselle [madmwazɛl] *nf* (*pl* **mesdemoiselles**) señorita *f*.
maffia [mafja] *nf* mafia *f*.
magasin [magazɛ̃] *nm* **1** *(boutique)* tienda *f*. **2** *(entrepôt)* almacén *m*. **3** *(d'arme à feu)* recámara *f*.
• **faire les magasins** ir de tiendas.
▪ **grands magasins** grandes almacenes.
magazine [magazin] *nm* **1** *(publication)* revista *f*. **2** *(de radio, télévision)* magazine *m*, magacín *m*.
mage [maʒ] *nm* mago *m*.
magicien,-enne [maʒisjɛ̃,-ɛn] *nm,f* mago, -ga.
magie [maʒi] *nf* magia *f*.
magique [maʒik] *adj* mágico,-ca.
magistrat [maʒistʀa] *nm* magistrado *m*.
magistrature [maʒistʀatyʀ] *nf* magistratura *f*.
magnat [magna] *nm* magnate *mf*.
magnésium [maɲezjɔ̃] *nm* magnesio *m*.

magnétique [maɲetik] *adj* magnético,-ca.
magnétisme [maɲetism] *nm* magnetismo *m*.
magnéto [maɲeto] *nm fam* magnetófono *m*.
magnétophone [maɲetɔfɔn] *nm* magnetófono *m*.
magnétoscope [maɲetoskɔp] *nm* vídeo *m*.
magnifique [maɲifik] *adj* magnífico,-ca.
magnolia [maŋɔlja] *nm* magnolia *f*.
magot [mago] *nm (argent caché)* calcetín *m*.
magouille [maguj] *nf fam* chanchullo *m*.
mai [mɛ] *nm* mayo *m*.
maigre [mɛgʀ] *adj* **1** *(personne)* flaco,-ca. **2** *(sans graisse - laitages)* desnatado,-da; *(viande)* magro,-gra. **3** *fig (salaire, récolte)* pobre.
► *nmf* flaco,-ca.
• **être maigre comme un clou** estar hecho,-cha un fideo.
maigreur [mɛgʀœʀ] *nf* delgadez *f*.
maigrir [megʀiʀ] *vt - vi* adelgazar.
mailing [mɛliŋ] *nm* mailing *m*.
maille [maj] *nf* **1** *(d'un gilet)* malla *f*. **2** *(tricot, crochet)* punto *m*.
• **avoir maille à partir avec QQN** tener una discusión con ALGN.
maillet [majɛ] *nm* mazo *m*.
maillon [majɔ̃] *nm* eslabón *m*.
maillot [majo] *nm (de sport)* maillot *m*: ***il a remporté le maillot jaune***, ha ganado el maillot amarillo.
▪ **maillot de bain** bañador *m*.
▪ **maillot de corps** camiseta *f*.
main [mɛ̃] *nf* mano *f*: ***main droite***, mano derecha.
• **à la main** a mano.
• **à main armée** a mano armado.
• **en sous-main** bajo mano.
• **donner un coup de main** echar una mano.
• **haut les mains !** ¡manos arriba!
• **ne pas y aller de main morte** *fig* no andarse con chiquitas.
• **prendre en main** encargarse de.
• **prendre QQN la main dans le sac** coger a ALGN con las manos en la masa.
• **se laver les mains** lavarse las manos.
main-d'œuvre [mɛ̃dœvʀ] *nf* (*pl* **mains-d'œuvre**) mano *f* de obra.
mainmise [mɛ̃miz] *nf* dominio *m*.
maint,-e [mɛ̃,-ɛ̃t] *adj fml* mucho,-cha.
• **maintes fois** muchas veces.
maintenance [mɛ̃tnɑ̃s] *nf* mantenimiento *m*.
maintenant [mɛ̃tnɑ̃] *adv* ahora.
maintenir [mɛ̃tniʀ] *vt* mantener.
► *vpr* **se maintenir** mantenerse.
maintien [mɛ̃tjɛ̃] *nm* mantenimiento *m*.
maire [mɛʀ] *nm* alcalde,-esa.
mairie [meʀi] *nf* **1** *(administration, immeuble)* ayuntamiento *m*. **2** *(poste)* alcaldía *f*.
mais [mɛ] *conj* **1** *(opposition, restriction)* pero: ***mais pourquoi ne vient-il pas ?***, pero ¿por qué no viene?; ***il l'a vue, mais il ne l'a pas appelée***, la vio pero no la llamó. **2** *(dans une phrase négative)* sino: ***ce n'est pas de la neige mais de la grêle***, no es nieve sino granizo.
► *adv (pour insister)* pero: ***mais oui ! je viendrai !***, ¡pues claro que iré!; ***mais non ! ce n'est pas comme ça !***, ¡que no! ¡que no es así!; ***non mais !***, ¡pero bueno!
► *nm* pero *m*: ***il y a un mais***, hay un pero.
• **non seulement ... mais** no sólo... sino que.
maïs [mais] *nm* maíz *m*.
maison [mɛzɔ̃] *nf* casa *f*.
► *adj inv* casero,-ra: ***un gâteau maison***, un pastel casero.
• **être à la maison** estar en casa.
▪ **maison d'arrêt** prisión *f*.
▪ **maison de campagne** casa de campo.
▪ **maison d'édition** editorial *f*.
▪ **maison de retraite** asilo *m* de ancianos.
▪ **maison mère** casa madre.
maître,-esse [mɛtʀ,-tʀɛs] *adj* maestro,-tra: ***c'est une pièce maîtresse***, es una pieza maestra.
► *nm,f* **1** *(d'un animal)* dueño,-ña. **2** *(instituteur, génie)* maestro,-tra. **3** *(de musique, danse)* profesor,-ra.
► *nm* **maître** *(titre)* letrado *m*.
• **être maître de** ser dueño,-ña de.
• **être maître de soi** ser dueño de uno mismo.
▪ **maître chanteur** chantajista *mf*.
▪ **maître d'hôtel** maître *m*.
▪ **maître nageur** monitor,-ra de natación.

maîtresse [metʀɛs] *nf* amante *f*.
■ **maîtresse de maison** ama *f* de casa.
maîtrise [metʀiz] *nf* **1** *(contrôle)* dominio *m*. **2** *(habileté)* maestría *f*. **3** *(diplôme universitaire)* licenciatura *f*.
maîtriser [metʀize] *vt* dominar.
► *vpr* **se maîtriser** dominarse.
majestueux,-euse [maʒɛstyø,-øz] *adj* majestuoso,-sa.
majeur,-e [maʒœʀ] *adj* **1** *(gén)* mayor: ***la majeure partie***, la mayor parte. **2** *(important)* primordial. **3** *(personne)* mayor de edad: ***elle peut voter car elle est majeure***, puede votar ya que es mayor de edad.
► *nm* **majeur** *(doigt)* dedo *m* corazón.
major [maʒɔʀ] *nm* **1** *(dans l'armée)* mayor *m*. **2** *(de la promotion)* primero *m* de la clase.
majordome [maʒɔʀdɔm] *nm* mayordomo *m*.
majorette [maʒɔʀɛt] *nf* majorette *f*.
majoritaire [maʒɔʀitɛʀ] *adj* mayoritario.
majorité [maʒɔʀite] *nf* **1** *(plupart)* mayoría *f*: ***il a été élu à la majorité***, fue elegido por mayoría. **2** *(âge)* mayoría *f* de edad.
majuscule [maʒyskyl] *adj* mayúsculo,-la.
► *nf* mayúscula *f*.
mal [mal] *nm* **1** *(gén)* mal *m*: ***c'est la cause de tous les maux***, es la causa de todos los males; ***le bien et le mal***, el bien y el mal. **2** *(souffrance physique)* dolor *m*. **3** *(préjudice)* daño *m*: ***il n'y a pas de mal***, no hay daños.
► *adv* mal: ***je l'ai vu hier, il va vraiment mal***, lo vi ayer, y está muy mal; ***ce pantalon ne te va pas mal***, este pantalón no te queda mal.
• **avoir du mal à faire QQCH** costar trabajo hacer ALGO.
• **avoir mal** doler: ***j'ai mal à la tête***, me duele la cabeza.
• **avoir mal au cœur** estar mareado,-da.
• **ça tombe mal** llega en mal momento.
• **de mal en pis** de mal en peor.
• **dire du mal de QQN** hablar mal de ALGN.
• **faire mal** hacer daño.
• **mal prendre QQCH** tomar ALGO a mal.
• **pas mal de** bastante: ***il y avait pas mal de monde***, había bastante gente.
• **se donner du mal pour** esforzarse para.
• **se faire mal** hacerse daño.
■ **mal de mer** mareo *m*.
malade [malad] *adj* - *nmf* enfermo,-ma.
• **tomber malade** ponerse enfermo,-ma.
maladie [maladi] *nf* **1** *(gén)* enfermedad *f*. **2** *(manie)* obsesión *f*.
maladresse [maladʀɛs] *nf* torpeza *f*.
maladroit,-e [maladʀwa,-at] *adj* - *nm,f* torpe.
malaise [malɛz] *nm* malestar *m*.
malaisé,-e [maleze] *adj* difícil.
malappris,-e [malapʀi,-iz] *adj* - *nm,f* malcriado,-da.
malaria [malaʀja] *nf* malaria *f*.
malchance [malʃɑ̃s] *nf* desgracia *f*, mala suerte *f*.
mâle [mal] *adj* **1** *(enfant)* varón. **2** *(animal)* macho. **3** *(hormone)* masculino,-na.
► *nm* **1** *(animal)* macho *m*. **2** *(homme)* varón *m*.
malédiction [malediksjɔ̃] *nf* maldición *f*.
maléfice [malefis] *nm* maleficio *m*.
malencontreux,-euse [malɑ̃kɔ̃tʀø,-øz] *adj* desafortunado,-da.
malentendant,-e [malɑ̃tɑ̃dɑ̃,-ɑ̃t] *adj* - *nm,f* sordo,-da.
malentendu [malɑ̃tɑ̃dy] *nm* malentendido *m*.
malfaiteur,-trice [malfɛtœʀ,-tʀis] *nm,f* malhechor,-ra.
malfamé,-e [malfame] *adj* de mala fama.
malformation [malfɔʀmasjɔ̃] *nf* malformación *f*.
malgré [malgʀe] *prép* a pesar de: ***il est sorti malgré la pluie***, salió a pesar de la lluvia.
• **malgré tout** a pesar de todo.
malhabile [malabil] *adj* inhábil.
malheur [malœʀ] *nm* desgracia *f*.
• **faire un malheur** *fam* ser un bombazo.
• **par malheur** por desgracia.
• **porter malheur** traer mala suerte.
malheureux,-euse [malœʀø,-øz] *adj* **1** *(amour, vie)* desgraciado,-da. **2** *(air, visage)* desdichado,-da. **3** *(incident, mot, rencontre)* desafortunado,-da.
► *nm,f* desgraciado,-da.
malhonnête [malɔnɛt] *adj* deshonesto,-ta.
malice [malis] *nf* malicia *f*.

malicieux,-euse [malisjø,-øz] *adj - nm,f* malicioso,-sa.
malin,-igne [malɛ̃,-iɲ] *adj* **1** *(personne)* astuto,-ta. **2** *(regard)* malicioso,-sa. **3** *(tumeur)* maligno,-na.
► *nm,f* astuto,-ta.
malingre [malɛ̃gʀ] *adj* enclenque.
malintentionné,-e [malɛ̃tɑ̃sjɔne] *adj - nm,f* malintencionado,-da.
malle [mal] *nf* baúl *m.*
malléable [maleabl] *adj* maleable.
mallette [malɛt] *nf* maletín *m.*
malmener [malməne] *vt* maltratar.
malnutrition [malnytʀisjɔ̃] *nf* desnutrición *f.*
malodorant,-e [malɔdɔʀɑ̃,-ɑ̃t] *adj* maloliente.
malotru,-e [malɔtʀy] *adj - nm,f* grosero,-ra.
malpoli,-e [malpɔli] *adj - nm,f* maleducado,-da.
malpropre [malpʀɔpʀ] *adj* **1** *(sale)* sucio,-cia. **2** *fig (mot)* indecente.
malsain,-e [malsɛ̃,-ɛn] *adj* malsano,-na.
malt [malt] *nm* malta *f.*
maltraiter [maltʀete] *vt* maltratar.
malveillant,-e [malvɛjɑ̃,-ɑ̃t] *adj* malintencionado,-da.
malversation [malvɛʀsasjɔ̃] *nf* malversación *f.*
malvoyant,-e [malvwajɑ̃,-ɑ̃t] *adj - nm,f* invidente.
maman [mamɑ̃] *nf* mamá *f.*
mamelle [mamɛl] *nf* **1** *(de la vache)* ubre *f.* **2** *(de la femme)* mama *f.*
mamelon [mamlɔ̃] *nm* pezón *m.*
mamie [mami] *nf fam* abuelita *f.*
mammifère [mamifɛʀ] *nm* mamífero *m.*
mammouth [mamut] *nm* mamut *m.*
manager [manadʒœʀ] *nm* **1** *(d'acteur, de chanteur)* representante *m,* agente *m.* **2** *(d'entreprise)* directivo *m.*
manche[1] [mɑ̃ʃ] *nf* **1** *(de vêtement)* manga *f*: ***robe à manches courtes***, vestido de manga corta. **2** *(au jeu)* partida *f.* **3** SPORT set *m,* manga *f.*
• **retrousser ses manches** remangarse.
manche[2] [mɑ̃ʃ] *nm* **1** *(d'un ustensile)* mango *m.* **2** *fam (maladroit)* zopenco,-ca.
▪ **manche à balai** palo *m* de escoba.
manchette [mɑ̃ʃɛt] *nf* **1** *(d'une chemise)* puño *m.* **2** *(d'un journal)* titular *m.*
manchon [mɑ̃ʃɔ̃] *nm* manguito *m.*
manchot,-e [mɑ̃ʃo,-ɔt] *adj - nm,f* manco,-ca.
► *nm* **manchot** *(oiseau)* pájaro *m* bobo.
mandarine [mɑ̃daʀin] *nf* mandarina *f.*
mandat [mɑ̃da] *nm* **1** *(pouvoir)* mandato *m.* **2** *(envoi)* giro *m.* **3** *(procuration)* poder *m.* **4** DR *(décret)* orden *f.*
▪ **mandat d'arrêt** orden de arresto.
▪ **mandat postal** giro postal.
mandataire [mɑ̃datɛʀ] *nmf* mandatario,-ria.
mandibule [mɑ̃dibyl] *nf* mandíbula *f.*
mandoline [mɑ̃dɔlin] *nf* mandolina *f.*
manège [manɛʒ] *nm* **1** *(attraction)* tiovivo *m,* caballitos *m pl.* **2** *(lieu)* picadero *m.* **3** *(exercices d'équitation)* doma *f.*
manette [manɛt] *nf* palanca *f.*
mangeable [mɑ̃ʒabl] *adj* comestible.
manger[1] [mɑ̃ʒe] *nm* comida *f.*
manger[2] [mɑ̃ʒe] *vt* **1** *(nourriture)* comer. **2** *(mite, rouille)* carcomer. **3** *(argent)* dilapidar.
► *vi* comer.
• **manger à sa faim** comer hasta hartarse.
mangouste [mɑ̃gust] *nf* mangosta *f.*
mangue [mɑ̃g] *nf* mango *m.*
maniable [manjabl] *adj* manejable.
maniaque [manjak] *adj - nmf* **1** *(méticuleux)* maniático,-ca. **2** *(atteint d'une manie)* maníaco,-ca.
manie [mani] *nf* manía *f.*
manier [manje] *vt* manejar.
manière [manjɛʀ] *nf* manera *f,* forma *f.*
► *nf pl* **manières** modales *m pl.*
• **à la manière de** a la manera de.
• **de cette manière** de esta manera.
• **de manière à ce que** de manera que.
• **de toute manière** de todas maneras.
• **d'une manière générale** en general.
maniéré,-e [manjeʀe] *adj* amanerado,-da.
manif [manif] *nf fam* mani *f.*
manifestant,-e [manifɛstɑ̃,-ɑ̃t] *nm,f* manifestante.
manifestation [manifɛstasjɔ̃] *nf* manifestación *f.*
manifeste [manifɛst] *adj* manifiesto,-ta.
► *nm* manifiesto *m.*

manifester [manifɛste] *vt* manifestar.
► *vi* tomar parte en una manifestación.
► *vpr* **se manifester** manifestarse.
manigancer [manigɑ̃se] *vt fam* maquinar, urdir.
manioc [manjɔk] *nm* mandioca *f*.
manipulation [manipylasjɔ̃] *nf* manipulación *f*.
manipuler [manipyle] *vt* manipular.
manivelle [manivɛl] *nf* manivela *f*.
mannequin [mankɛ̃] *nm* **1** *(de vitrine)* maniquí *m*. **2** *(personne)* modelo *mf*.
manœuvre [manœvʀ] *nf* **1** *(d'un véhicule)* maniobra *f*. **2** *(d'un appareil)* manejo *m*.
► *nm* peón *m*.
manœuvrer [manœvʀe] *vt* **1** *(manier)* manejar. **2** *fig (manipuler)* manipular.
► *vi* maniobrar.
manoir [manwaʀ] *nm* casa *f* solariega.
manque [mɑ̃k] *nm* **1** *(absence)* falta *f*. **2** *(insuffisance)* carencia *f*. **3** *(de drogue)* síndrome *m* de abstinencia.
• **par manque de** por falta de.
▪ **manque à gagner** lucro *m* cesante.
▪ **manque de chance** mala suerte *f*.
manqué,-e [mɑ̃ke] *adj* fracasado,-da.
manquer [mɑ̃ke] *vi* **1** *(faire défaut)* faltar. **2** *(regretter l'absence)* echar de menos: ***leur père leur manque***, echan de menos a su padre. **3** *(rater)* fallar. **4** *(ne pas avoir assez)* faltar, no tener: ***les pâtes manquent de sel***, a la pasta le falta sal; ***il manque de dignité***, no tiene dignidad. **5 manquer de** *(dans des phrases négatives)* no dejar de: ***je ne manquerai pas de lui transmettre le message***, no dejaré de trasmitirle el mensaje.
► *vt* **1** *(rater)* faltar: ***il a manqué son coup***, falló el golpe. **2** *(bus, avion, occasion)* perder; *(personne)* no encontrar: ***tu l'as manqué de quelques minutes***, no has coincidido con él por unos minutos. **3** *(cours, école)* faltar a: ***il a manqué le cours d'anglais***, ha faltado a clase de inglés.
► *v impers* faltar: ***il manque deux pages***, faltan dos páginas.
• **il ne manquait plus que ça !** ¡lo que faltaba!
• **manquer à son devoir** faltar a su deber.

mansarde [mɑ̃saʀd] *nf* buhardilla *f*.
manteau [mɑ̃to] *nm* abrigo *m*.
• **sous le manteau** *fig* clandestinamente.
manucure [manykyʀ] *nmf* manicuro,-ra.
manuel,-elle [manɥɛl] *adj* manual.
► *nm* **manuel** manual *m*.
manufacture [manyfaktyʀ] *nf* manufactura *f*.
manuscrit,-e [manyskʀi,-it] *adj* manuscrito,-ta.
► *nm* **manuscrit** manuscrito *m*.
mappemonde [mapmɔ̃d] *nf* **1** *(carte)* mapamundi *m*. **2** *(sphère)* globo *m* terráqueo.
maquereau [makʀo] *nm* **1** *(poisson)* caballa *f*. **2** *fam (personne)* chulo *m*.
maquette [makɛt] *nf* maqueta *f*.
maquillage [makijaʒ] *nm* maquillaje *m*.
maquiller [makije] *vt* **1** *(visage)* maquillar. **2** *fig (truquer)* falsificar.
► *vpr* **se maquiller** maquillarse.
maquis [maki] *nm* **1** *(arbustes)* monte *m* bajo. **2** HIST *(résistance)* maquis *m*.
maraîcher,-ère [maʀɛʃe,-ɛʀ] *adj - nm,f* hortelano,-na.
marais [maʀɛ] *nm (eau stagnante)* pantano *m*; *(en bordure de mer)* marisma *f*.
▪ **marais salant** salina *f*.
marasme [maʀasm] *nm* marasmo *m*.
marathon [maʀatɔ̃] *nm* SPORT maratón *m-f*.
marbre [maʀbʀ] *nm* mármol *m*.
marc [maʀ] *nm* **1** *(de raisin)* orujo *m*. **2** *(de café)* poso *m*.
marchand,-e [marʃɑ̃,-ɑ̃d] *adj (gén)* mercantil; *(marine)* mercante; *(valeur)* comercial.
► *nm,f* vendedor,-ra.
marchander [marʃɑ̃de] *vt* regatear.
marchandise [marʃɑ̃diz] *nf* mercancía *f*.
marche [marʃ] *nf* **1** *(gén)* marcha *f*. **2** *(déplacement)* movimiento *m*. **3** *(d'escalier)* peldaño *m*.
• **faire marche arrière** dar marcha atrás.
• **mettre en marche** poner en marcha.
• **se mettre en marche** ponerse en marcha.
▪ **marche à pied** marcha.
▪ **marche arrière** marcha atrás.
▪ **marche à suivre** procedimiento *m*.
marché [marʃe] *nm* **1** *(gén)* mercado *m*. **2** *(accord)* trato *m*.

• **être bon marché** ser barato,-ta.
• **par-dessus le marché** *fig* además.
▪ **marché aux puces** mercadillo *m*.
▪ **marché du travail** mercado laboral.
▪ **marché noir** mercado negro.

marchepied [marʃəpje] *nm (d'une voiture)* estribo *m*.

marcher [marʃe] *vi* **1** *(à pied)* andar, caminar. **2** *(poser le pied)* pisar: ***j'ai marché sur un chewing-gum***, he pisado un chicle. **3** *(se diriger)* marchar (**sur**, hacia). **4** *(machine, appareil)* funcionar: ***la radio ne marche plus***, la radio ya no funciona; ***les affaires, ça marche ?***, ¿cómo van los negocios? **5** *fam (accepter)* aceptar: ***il a marché dans la combine***, aceptó participar en el chanchullo.
• **faire marcher** QQN *fig* tomar el pelo a ALGN.
• **marcher à quatre pattes** gatear.

mardi [mardi] *nm* martes *m*.
▪ **mardi gras** martes de carnaval.

mare [mar] *nf* **1** *(d'eau)* charca *f*. **2** *(de sang)* charco *m*.

marécage [marekaʒ] *nm* ciénaga *f*.

maréchal [mareʃal] *nm* mariscal *m*.

marée [mare] *nf* marea *f*.
▪ **marée basse** marea baja.
▪ **marée haute** marea alta.
▪ **marée noire** marea negra.

marelle [marɛl] *nf* rayuela *f*.

margarine [margarin] *nf* margarina *f*.

marge [marʒ] *nf* margen *m-f*.
• **en marge de** al margen de.
▪ **marge d'erreur** margen de error.

marginal,-e [marʒinal] *adj* marginal.
► *nm,f* marginado,-da.

marguerite [maʀgəʀit] *nf* margarita *f*.

mari [mari] *nm* marido *m*.

mariage [marjaʒ] *nm* **1** *(sacrement)* matrimonio *m*. **2** *(cérémonie)* boda *f*. **3** *fig (de choses)* combinación *f*.
▪ **mariage civil** boda por lo civil.

marié,-e [marje] *adj* casado,-da.
► *nm,f* novio,-via.
▪ **jeunes mariés** recién casados.

marier [marje] *vt* **1** *(personnes)* casar. **2** *fig (choses)* combinar.
► *vpr* **se marier** casarse.

marin,-e [marɛ̃,-in] *adj* marino,-na: ***bleu marine***, azul marino.
► *nm* **marin** marinero *m*.

marinade [marinad] *nf* CUIS escabeche *m*.

marine [marin] *nf* marina *f*.
▪ **marine marchande** marina mercante.

marionnette [marjɔnɛt] *nf* marioneta *f*, títere *m*.

maritime [maʀitim] *adj* marítimo,-ma.

marjolaine [marʒɔlɛn] *nf* mejorana *f*.

marketing [maʀkɛtiŋ] *nm* marketing *m*.

marmelade [marməlad] *nf* mermelada *f*.

marmite [marmit] *nf* olla *f*.

marmonner [maʀmɔne] *vt - vi* mascullar.

marmot [maʀmo] *nm fam* crío,-a.

marmotte [marmɔt] *nf* marmota *f*.

Maroc [maʀɔk] *nm* Marruecos.

marocain,-e [maʀɔkɛ̃,-ɛn] *adj* marroquí.
► *nm,f* **Marocain,-e** marroquí.

marquant,-e [maʀkɑ̃,-ɑ̃t] *adj* destacado,-da.

marque [maʀk] *nf* **1** *(gén)* marca *f*: ***invité de marque***, invitado notable. **2** *(signe, témoignage)* señal *f*: ***elle lui a donné de nombreuses marques d'amitié***, le ha dado muchas muestras de amistad.
• **à vos marques, prêts, partez !** SPORT ¡preparados, listos, ya!
• **de marque** de marca.
▪ **marque de fabrique** marca de fábrica.
▪ **marque déposée** marca registrada.

marquer [maʀke] *vt - vi* marcar.
• **marquer le coup** acusar el golpe.

marqueterie [maʀkɛtʀi] *nf* marquetería *f*.

marqueur [maʀkœʀ] *nm* rotulador *m*, marcador *m*.

marquis,-e [maʀki,-iz] *nm,f* marqués,-esa.

marraine [maʀɛn] *nf* madrina *f*.

marrant ,-e [maʀɑ̃,-ɑ̃t] *adj* **1** *(amusant)* divertido,-da. **2** *(bizarre)* raro,-ra.

marre [maʀ].
• **en avoir marre (de)** *fam* estar harto, -ta (de).

marrer (se) [maʀe] *vpr fam* descojonarse.

marron [maʀɔ̃] *adj inv* **1** *(couleur)* marrón. **2** *(yeux)* castaño,-ña.
► *nm* **1** *(fruit)* castaña *f*. **2** *(couleur)* marrón *m*.

marronnier [marɔnje] *nm* castaño *m*.
mars [mars] *nm* marzo *m*.
marsouin [marswɛ̃] *nm* marsopa *f*.
marsupial,-e [marsypjal] *adj* marsupial.
► *nm* **marsupial** marsupial *m*.
marteau [marto] *nm* martillo *m*.
marteler [martəle] *vt* **1** *(avec un marteau)* martillear. **2** *(frapper)* golpear. **3** *(syllabes, phrase)* recalcar.
martial,-e [marsjal] *adj* marcial.
martien,-enne [marsjɛ̃,-ɛn] *adj - nm,f* marciano,-na.
martinet [martinɛ] *nm* **1** *(oiseau)* vencejo *m*. **2** *(pour battre)* látigo *m*.
martin-pêcheur [martɛ̃pɛʃœr] *nm* (*pl* **martins-pêcheurs**) martín *m* pescador.
martre [martr] *nf* marta *f*.
martyr,-e [martir] *nm,f* mártir.
martyre [martir] *nm* martirio *m*.
marxisme [marksism] *nm* marxismo *m*.
marxiste [marksist] *adj - nmf* marxista.
mascarade [maskarad] *nf* mascarada *f*.
mascotte [maskɔt] *nf* mascota *f*.
masculin,-e [maskylɛ̃,-n] *adj* masculino,-na.
► *nm* **masculin** masculino *m*.
masochisme [mazɔʃism] *nm* masoquismo *m*.
masochiste [mazɔʃist] *adj - nmf* masoquista.
masque [mask] *nm* **1** *(gén)* máscara *f*. **2** *(loup)* antifaz *m*. **3** *(soin de beauté)* mascarilla *f*.
▪ **masque à gaz** máscara antigás.
massacre [masakr] *nm* **1** *(tuerie)* masacre *f*. **2** *fig (gâchis)* estropicio *m*.
massacrer [masakre] *vt* **1** *(tuer)* masacrar. **2** *fam fig (abîmer)* destrozar.
massage [masaʒ] *nm* masaje *m*.
masse [mas] *nf* **1** *(gén)* masa *f*. **2** *(foule)* multitud *f*. **3** *(maillet)* mazo *m*.
• **de masse** de masas: ***culture de masse***, cultura de masas.
• **en masse** en masa.
masser [mase] *vt* **1** *(le corps)* masajear. **2** *(réunir)* concentrar.
► *vpr* **se masser** **1** *(le corps)* masajearse. **2** *(personnes)* concentrarse.
masseur,-euse [masœr,-øz] *nm,f* masajista.
massif,-ive [masif,-iv] *adj* **1** *(plein)* macizo,-za. **2** *(en masse)* masivo,-va: ***dose massive***, dosis masiva.
► *nm* **massif** macizo *m*.
massue [masy] *nf* maza *f*.
mastic [mastik] *nm* masilla *f*.
mastiquer [mastike] *vt* **1** *(les aliments)* masticar. **2** *(avec du mastic)* enmasillar.
mastodonte [mastɔdɔ̃t] *nm* mastodonte *m*.
masturber (se) [mastyrbe] *vpr* masturbarse.
mat,-e[1] [mat] *adj* **1** *(image)* mate. **2** *(son, bruit)* apagado,-da.
mat[2] [mat] *nm (aux échecs)* mate *m*.
mât [ma] *nm* **1** *(de bateau)* mástil *m*. **2** *(poteau)* poste *m*.
▪ **grand mât** palo *m* mayor.
▪ **mât de cocagne** cucaña *f*.
match [matʃ] *nm* (*pl* **matches** ou **matchs**) SPORT partido *m*.
• **faire match nul** empatar.
▪ **match aller** SPORT partido de ida.
▪ **match retour** SPORT partido de vuelta.
maté [mate] *nm* mate *m*.
matelas [matla] *nm* colchón *m*.
matelot [matlo] *nm* marinero *m*.
mater [mate] *vt* **1** *(animal)* domar. **2** *(révolte)* reprimir. **3** *fam (regarder)* mirar.
matérialiser [materjalize] *vt* materializar.
► *vpr* **se matérialiser** materializarse.
matérialisme [materjalism] *nm* materialismo *m*.
matériau [materjo] *nm* material *m*.
► *nm pl* **matériaux** *(de construction)* materiales *m pl*.
matériel,-elle [materjɛl] *adj* material.
► *nm* **matériel** **1** *(équipement)* material *m*. **2** INFORM hardware *m*.
maternel,-elle [matɛrnɛl] *adj* **1** *(langue, grands-parents)* materno,-na. **2** *(instinct)* maternal.
maternelle [matɛrnɛl] *nf* parvulario *m*.
maternité [matɛrnite] *nf* maternidad *f*.
mathématicien,-enne [matematisjɛ̃,-ɛn] *nm,f* matemático,-ca.
mathématique [matematik] *adj* matemático,-ca.
► *nf pl* **mathématiques** matemáticas *f pl*.

maths [mat] *nf pl fam* mates *f pl.*
matière [matjɛʀ] *nf* **1** *(gén)* materia *f.* **2** *(sujet)* tema *m,* asunto *m.* **3** *(d'enseignement)* asignatura *f.* **4** *(raison)* motivo *m*: ***il n'y a pas matière à rire***, no hay motivo para reírse.
• **en matière de** en materia de.
• **entrer en matière** entrar en la materia.
▪ **matières premières** materias primas.
matin [matɛ̃] *nm* mañana *f.*
• **de bon matin** a primera hora.
• **demain matin** mañana por la mañana.
• **le matin** por la mañana.
matinal,-e [matinal] *adj* **1** *(du matin)* matinal, matutino,-na. **2** *(personne)* madrugador,-ra.
matinée [matine] *nf* mañana *f.*
matraque [matʀak] *nf* porra *f.*
matrice [matʀis] *nf* matriz *f.*
matricule [matʀikyl] *nf (d'hôpital, prison)* registro *m.*
▶ *nm* número *m* de registro.
matrimonial,-e [matʀimɔnjal] *adj* matrimonial.
maturation [matyʀasjɔ̃] *nf* maduración *f.*
maturité [matyʀite] *nf* madurez *f.*
maudire [modiʀ] *vt* maldecir.
maudit,-e [modi,-it] *adj - nm,f* maldito,-ta.
mausolée [mozɔle] *nm* mausoleo *m.*
maussade [mosad] *adj* **1** *(revêche)* huraño,-ña. **2** *(temps)* desapacible.
mauvais,-e [movɛ,-ɛz] *adj* malo,-la: ***elle a une mauvaise mémoire***, tiene mala memoria; ***j'ai passé un mauvais moment***, pasé un mal rato.
▶ *adv* **mauvais** mal: ***ça sent mauvais***, huele mal; ***il fait mauvais, je ne sors pas***, hace malo, no voy a salir.
mauve [mov] *adj - nm (couleur)* malva *m.*
mauviette [movjɛt] *nf* **1** *fam (personne maladive)* enclenque *mf.* **2** *fam (lâche)* gallina *m.*
maxillaire [maksilɛʀ] *adj - nm* ANAT maxilar *m.*
maxime [maksim] *nf* máxima *f.*
maximum [maksimɔm] *adj* máximo,-ma.
▶ *nm* máximo *m.*
• **au maximum** como máximo.
mayonnaise [majɔnɛz] *nf* mayonesa *f.*
mazout [mazut] *nm* fuel oil *m.*
me [m] (**m'** delante de vocal y *h* muda) *pron pers* me: ***il ne me parle plus***, ya no me habla; ***je me regarde dans la glace***, me miro en el espejo.
• **me voici** aquí estoy.
méandre [meɑ̃dʀ] *nm* meandro *m.*
mec [mɛk] *nm* **1** *fam (garçon)* tío *m.* **2** *fam (petit ami)* novio *m.*
mécanicien,-enne [mekanisjɛ̃,-ɛn] *nm,f* mecánico,-ca.
▶ *nm* **mécanicien** *(d'un garage, de locomotive)* maquinista *mf.*
mécanique [mekanik] *adj* mecánico,-ca.
▶ *nf* mecánica *f.*
mécanisme [mekanism] *nm* mecanismo *m.*
mécène [mesɛn] *nm* mecenas *m.*
méchanceté [meʃɑ̃ste] *nf* maldad *f.*
méchant,-e [meʃɑ̃,-ɑ̃t] *adj* **1** *(personne)* malo,-la, malvado,-da. **2** *(animal)* peligroso,-sa. **3** *(enfant)* travieso,-sa.
▶ *nm,f* malo,-la.
mèche [mɛʃ] *nf* **1** *(de bougie, d'arme à feu)* mecha *f.* **2** *(de cheveux)* mechón *m.* **3** *(de vilebrequin)* broca *f.*
• **être de mèche avec** QQN *fam* estar conchabado,-da con ALGN.
méconnaissable [mekɔnɛsabl] *adj* irreconocible.
méconnu,-e [mekɔny] *adj* desconocido,- da.
mécontent,-e [mekɔ̃tɑ̃,-ɑ̃t] *adj - nm,f* descontento,-ta.
mécontenter [mekɔ̃tɑ̃te] *vt* disgustar.
médaille [medaj] *nf* medalla *f.*
médaillon [medajɔ̃] *nm* medallón *m.*
médecin [mɛdsɛ̃] *nm* médico,-ca.
▪ **médecin légiste** médico,-ca forense.
▪ **médecin traitant** médico,-ca de cabecera.
médecine [mɛdsin] *nf* medicina *f.*
▪ **médecine du travail** medicina laboral.
▪ **médecines douces** medicinas alternativas.
média [medja] *nm* (*pl* **média** ou **médias**) medio *m* de comunicación.
médian,-e [medjɑ̃,-an] *adj* mediano,-na.
médiateur,-trice [medjatœʀ,-tʀis] *adj - nm,f* mediador,-ra.
médiatique [medjatik] *adj* mediático,-ca.

médical,-e [medikal] *adj* médico,-ca.
médicament [medikamɑ̃] *nm* medicamento *m*.
médicinal,-e [medisinal] *adj* medicinal.
médiéval,-e [medjeval] *adj* medieval.
médiocre [medjɔkʀ] *adj* mediocre.
► *nmf* mediocre.
médire [mediʀ] *vi* hablar mal de.
médisance [medizɑ̃s] *nf* habladuría *f*.
méditation [meditasjɔ̃] *nf* meditación *f*.
méditer [medite] *vt* - *vi* meditar.
méditerranéen,-enne [mediteʀaneɛ̃,-ɛn] *adj* mediterráneo,-nea.
médius [medijys] *nm* dedo *m* medio, dedo *m* corazón.
méduse [medys] *nf* medusa *f*.
méduser [medyze] *vt fam* dejar pasmado,-da.
meeting [mitiŋ] *nm* mitin *m*.
méfait [mefɛ] *nm* **1** *(acte)* mala acción *f*. **2** *fig (résultat)* perjuicio *m*.
méfiance [mefjɑ̃s] *nf* recelo *m*.
méfiant,-e [mefjɑ̃,-ɑ̃t] *adj* desconfiado,-da.
méfier (se) [mefje] *vpr* desconfiar.
mégaoctet [megaɔktɛ] *nm* INFORM megabyte *m*.
mégarde [megaʀd].
• **par mégarde** por descuido.
mégot [mego] *nm* colilla *f*.
meilleur,-e [mɛjœʀ] *adj* mejor: ***il est bien meilleur***, es mucho mejor.
► *nm,f* mejor: ***c'est le meilleur***, es el mejor.
► *adv* mejor: ***il fait meilleur***, hace mejor tiempo.
• **c'est la meilleure !** ¡ésa sí que es buena!
mél [mel] *nm* e-mail *m*, correo *m* electrónico.
mélancolie [melɑ̃kɔli] *nf* melancolía *f*.
mélancolique [melɑ̃kolik] *adj* melancólico.
mélange [melɑ̃ʒ] *nm* mezcla *f*.
mélanger [melɑ̃ʒe] *vt* **1** *(gén)* mezclar. **2** *(cartes)* barajar.
► *vpr* **se mélanger** mezclarse.
mêlée [mele] *nf* **1** *(combat)* pelea *f*. **2** SPORT *(rugby)* melé *f*.
mêler [mele] *vt* **1** *(gén)* mezclar. **2** *(les cartes)* barajar. **3** *(compromettre)* implicar.
► *vpr* **se mêler 1** *(gén)* mezclarse. **2** *(s'impliquer)* meterse: ***il ne s'est pas mêlé à la discussion***, no se metió en la charla; ***mêle-toi de tes affaires***, preocúpate de tus asuntos.
mélèze [melɛs] *nm* alerce *m*.
méli-mélo [melimelo] *nm* (*pl* **mélis-mélos**) *fam* batiburrillo *m*.
mélo [melo] *nm fam* melodrama *m*.
mélodie [melɔdi] *nf* melodía *f*.
mélodieux,-euse [melɔdjø,-øz] *adj* melodioso,-sa.
mélodrame [melɔdʀam] *nm* melodrama *f*.
melon [məlɔ̃] *nm* **1** *(fruit)* melón *m*. **2** *(chapeau)* bombín *m*.
membrane [mɑ̃bʀan] *nf* membrana *f*.
membre [mɑ̃bʀ] *nm* **1** *(du corps)* miembro *m*. **2** *(d'une société, d'un club)* socio *m*.
même [mɛm] *adj indéf* mismo,-ma: ***en même temps***, al mismo tiempo.
► *pron indéf* **le/la même** el/la mismo.
► *adv* **1** *(y compris)* incluso, hasta: ***même les enfants***, hasta los niños; ***il a même voyagé en Inde***, incluso se fue a la India. **2** *(exactement)* mismo: ***je l'ai vu aujourd'hui même***, lo he visto hoy mismo. **3** *(sens négatif)* ni siquiera: ***elle ne lui a même pas dit bonjour***, ni siquiera lo saludó.
• **à même** directamente: ***il boit à même la bouteille***, bebe directamente de la botella.
• **de même** del mismo modo.
• **de même que** igual que.
• **être à même de** estar en condiciones de.
• **même si** aunque.
• **tout de même** sin embargo.
mémoire [memwaʀ] *nf* **1** *(gén)* memoria *f*: ***elle a des pertes de mémoire***, tiene pérdidas de memoria. **2** *(souvenir)* recuerdo *m*: ***la mémoire d'un bon moment***, el recuerdo de un momento agradable.
► *nm* **1** *(rapport)* memoria *f*. **2** *(à l'université)* tesina *f*.
► *nm pl* **mémoires** memorias *f pl*.
• **à la mémoire de** en memoria de.
• **de mémoire** de memoria.
▪ **mémoire virtuelle** INFORM memoria virtual.
▪ **mémoire vive** INFORM memoria RAM.
mémorable [memɔʀabl] *adj* memorable.
mémoriser [memɔʀize] *vt* **1** *(fixer dans la mémoire)* memorizar. **2** INFORM almacenar.

menaçant,-e [mənasɑ̃,-ɑ̃t] *adj* amenazador,-ra.
menace [mənas] *nf* amenaza *f.*
menacer [mənase] *vt* amenazar: ***il l'a menacé d'un couteau***, lo amenazó con un cuchillo; ***ce mur menace de tomber***, este muro amenaza ruina.
ménage [menaʒ] *nm* **1** *(nettoyage)* limpieza *f.* **2** *(couple)* pareja *f*, matrimonio *m.*
• **faire bon ménage** llevarse bien.
• **faire le ménage** limpiar.
ménagement [menaʒmɑ̃] *nm* miramiento *m.*
• **sans ménagements** sin miramientos.
ménager [menaʒe] *vt* **1** *(personne)* tratar bien. **2** *(santé)* cuidar: ***elle doit ménager sa santé***, debe cuidar de su salud. **3** *(susceptibilité)* no herir. **4** *(pièce)* arreglar. **5** *(forces)* reservar.
► *vpr* **se ménager** cuidarse.
ménager,-ère [menaʒe,-ɛʀ] *adj* doméstico,-ca.
ménagère [menaʒɛʀ] *nf* ama *f* de casa.
mendiant,-e [mɑ̃djɑ̃,-ɑ̃t] *adj - nm,f* mendigo,-ga.
mendier [mɑ̃ndje] *vi* pedir limosna.
mener [məne] *vt* **1** *(conduire)* llevar: ***il mène sa fille à l'école tous les matins***, llevar a su hija a la escuela cada mañana; ***on mène une vie austère***, llevamos una vida austera. **2** *(diriger)* llevar, dirigir. **3** *(s'acheminer)* dirigir (**à**, hacia).
► *vi* SPORT ganar (**par**, por): ***l'équipe A mène par 4 à 3***, el equipo A gana por 4 a 3.
• **mener à bien** llevar a cabo.
meneur,-euse [mənœʀ,-øz] *nm,f* cabecilla.
menhir [meniʀ] *nm* menhir *m.*
méninge [menɛ̃ʒ] *nf* ANAT meninge *f.*
• **faire travailler ses méninges** estrujarse el cerebro.
méningite [menɛ̃ʒit] *nf* MÉD meningitis *f.*
ménisque [menisk] *nm* ANAT menisco *m.*
ménopause [menɔpoz] *nf* MÉD menopausia *f.*
menottes [mənɔt] *nf pl* esposas *f pl.*
mensonge [mɑ̃sɔ̃ʒ] *nm* mentira *f.*
▪ **pieux mensonge** mentira piadosa.
menstruation [mɑ̃stʀyasjɔ̃] *nf* menstruación *f.*
mensualité [mɑ̃sɥalite] *nf* mensualidad *f.*
mensuel,-elle [mɑ̃sɥɛl] *adj* mensual.
mensurations [mɑ̃syʀasjɔ̃] *nf pl* medidas *f pl.*
mental,-e [mɑ̃tal] *adj* mental.
mentalité [mɑ̃talite] *nf* mentalidad *f.*
menteur,-euse [mɑ̃tœʀ,-øz] *adj - nm,f* mentiroso,-sa.
menthe [mɑ̃t] *nf* menta *f.*
mention [mɑ̃sjɔ̃] *nf* mención *f.*
• **avec mention** con nota.
• **faire mention de** hacer mención de.
▪ **mention bien** notable *m.*
▪ **mention très bien** sobresaliente *m.*
mentionner [mɑ̃sjɔne] *vt* mencionar.
mentir [mɑ̃tiʀ] *vi* mentir.
menton [mɑ̃tɔ̃] *nm* barbilla *f.*
menu,-e[1] [məny] *adj* menudo,-da.
menu[2] [məny] *nm* menú *m.*
▪ **menu gastronomique** menú degustación.
menuiserie [mənɥizʀi] *nf* carpintería *f.*
menuisier [mənɥizje] *nm* carpintero,-ra.
méprendre (se) [mepʀɑ̃dʀ] *vpr* confundirse.
mépris [mepʀi] *nm* desprecio *m.*
• **au mépris de** sin tener en cuenta.
méprisable [mepʀizabl] *adj* despreciable.
méprisant,-e [mepʀizɑ̃,-ɑ̃t] *adj* despreciativo,-va.
méprise [mepʀiz] *nf* error *m.*
mépriser [mepʀize] *vt* despreciar.
mer [mɛʀ] *nf* mar *m-f.*
mercantile [mɛʀkɑ̃til] *adj* mercantil.
mercenaire [mɛʀsənɛʀ] *adj* mercenario, -ria.
► *nm* mercenario *m.*
mercerie [mɛʀsəʀi] *nf* mercería *f.*
merci [mɛʀsi] *nm* gracias *f pl.*
► *nf* merced *f*, gracia *f.*
► *interj* gracias.
• **Dieu merci !** ¡gracias a Dios!
• **dire merci** dar las gracias.
• **être à la merci de** estar a merced de.
• **merci beaucoup** muchas gracias.
• **sans merci** sin piedad.
mercier,-ère [mɛʀsje,-ɛʀ] *nm,f* mercero,-ra.
mercredi [mɛʀkʀədi] *nm* miércoles *m.*
mercure [mɛʀkyʀ] *nm* mercurio *m.*

merde [mɛʀd] *nf fam* mierda *f.*
mère [mɛʀ] *nf* madre *f.*
■ **mère de famille** madre de familia.
méridien,-enne [meʀidjɛ̃,-ɛn] *adj* meridiano,-na.
▶ *nm* **méridien** meridiano *m.*
méridional,-e [meʀidjɔnal] *adj* meridional.
meringue [məʀɛ̃g] *nf* CUIS merengue *m.*
mérite [meʀit] *nm* mérito *m.*
mériter [meʀite] *vt* merecer.
merlan [mɛʀlɑ̃] *nm* pescadilla *f.*
merle [mɛʀl] *nm* mirlo *m.*
merlu [mɛʀly] *nm* merluza *f.*
merveille [mɛʀvɛj] *nf* maravilla *f.*
• **à merveille** de maravilla.
merveilleux,-euse [mɛʀvɛjø,-øz] *adj* maravilloso,-sa.
mes [me] *adj poss* mis: ***mes frères et mes sœurs***, mis hermanos y mis hermanas.
mésange [mezɑ̃ʒ] *nf* paro *m.*
mésaventure [mezvɑ̃tyʀ] *nf* desventura *f.*
mesdames [medam] *nf pl* señoras *f pl.*
mesdemoiselles [medmwazɛl] *nf pl* señoritas *f pl.*
mesquin,-e [mɛskɛ̃,-in] *adj* mezquino,-na.
message [mesaʒ] *nm* mensaje *m.*
• **laisser un message à QQN** dejar un recado a ALGN.
messager,-ère [mesaʒe,-ɛʀ] *nm,f* mensajero,-ra.
messagerie [mesaʒʀi] *nf* mensajería *f.*
■ **messagerie électronique** correo *m* electrónico.
■ **messagerie vocale** buzón *m* de voz.
messe [mɛs] *nf* misa *f.*
• **aller à la messe** ir a misa.
■ **messe de minuit** misa del gallo.
messie [mɛsi] *nm* mesías *m.*
messieurs [mesjø] *nm pl* señores *m pl.*
mesure [məzyʀ] *nf* **1** *(gén)* medida *f.* **2** *(rythme)* compás *m.*
• **à mesure que** a medida que.
• **au fur et à mesure que** a medida que.
• **dans la mesure du possible** en la medida de lo posible.
• **être en mesure de** estar en condiciones de.
• **sur mesure** a medida.
mesurer [məzyʀe] *vt* **1** *(gén)* medir. **2** *fig (pas, paroles)* moderar, medir.
▶ *vi* medir: ***il mesure un mètre quatre-vingts***, mide un metro ochenta.
▶ *vpr* **se mesurer** medirse.
• **se mesurer à/avec QQN** medirse con ALGN.
métabolisme [metabɔlism] *nm* metabolismo *m.*
métal [metal] *nm* metal *m.*
■ **métaux précieux** metales preciosos.
métallique [metallik] *adj* metálico,-ca.
métallisé,-e [metallize] *adj* metalizado,-da.
métallurgie [metallyʀʒi] *nf* metalurgia *f.*
métamorphose [metamɔʀfoz] *nf* metamorfosis *f.*
métaphore [metafɔʀ] *nf* metáfora *f.*
météo [meteo] *nf* **la météo** *fam* el tiempo.
météore [meteɔʀ] *nm* meteoro *m.*
météorite [meteɔʀit] *nm* meteorito *m.*
météorologie [meteɔʀɔlɔʒi] *nf* meteorología *f.*
météorologique [meteɔʀɔlɔʒik] *adj* meteorológico,-ca.
méthode [metɔd] *nf* método *m.*
méthodique [me] *adj* metódico,-ca.
méthodologie [metɔdɔloʒi] *nf* metodología *f.*
méticuleux,-euse [metikylø,-øz] *adj* meticuloso,-sa.
métier [metje] *nm* **1** oficio *m*: ***métier manuel***, oficio manual. **2** *(pour broder)* bastidor *m.*
• **avoir du métier** tener experiencia.
■ **métier à tisser** telar *m.*
métis,-isse [metis] *adj - nm,f* mestizo,-za.
métrage [metʀaʒ] *nm* **1** *(mesure)* medición *f.* **2** *(de tissu)* metros *m pl.* **3** *(de cinéma)* metraje *m.*
■ **court métrage** cortometraje *m.*
■ **long métrage** largometraje *m.*
mètre [mɛtʀ] *nm* metro *m.*
■ **mètre carré** metro cuadrado.
■ **mètre cube** metro cúbico.
métro [metʀo] *nm fam* metro *m.*
métropole [metʀɔpɔl] *nf* metrópolis *f.*
métropolitain,-e [metʀɔpɔlitɛ̃,-ɛn] *adj* metropolitano,-na.

mets [mɛ] *nm* plato *m.*
metteur [mɛtœʀ,-øz] *nm.*
▪ **metteur en scène** director *m.*
mettre [mɛtʀ] *vt* **1** *(gén)* poner: ***il met ses mains sur la table***, pone las manos en la mesa; ***tu as mis l'eau à chauffer ?***, ¿has puesto el agua a calentar? **2** *(vêtement)* poner, ponerse: ***quelle robe tu mettras ce soir ?***, ¿qué vestido te vas a poner esta noche? **3** *(temps)* tardar: ***il a mis du temps pour venir***, ha tardado en venir. **4** *(penser)* poner, suponer: ***mettons que cela soit vrai***, pongamos que esto sea verdad.
► *vpr* **se mettre** ponerse: ***ils se sont mis au travail***, se pusieron a trabajar; ***elle se met très en colère***, se enfada mucho; ***je n'ai rien à me mettre !***, ¡no tengo qué ponerme!
• **mettre au point** poner a punto.
• **se mettre à** ponerse a: ***nous nous sommes mis au judo***, nos hemos puesto a hacer judo; ***il s'est mis à pleurer***, se puso a llorar.
meuble [mœbl] *adj* DR mueble: ***biens meubles***, bienes muebles.
► *nm* mueble *m.*
meubler [mœble] *vt* **1** amueblar. **2** *fig (remplir)* llenar.
meugler [møgle] *vi* mugir.
meule [møl] *nf* **1** *(de moulin, pour aiguiser)* muela *f.* **2** *(de foin, paille)* almiar *m.*
meunier,-ère [mønje,-ɛʀ] *nm,f* molinero,-ra.
meurtre [mœʀtʀ] *nm* asesinato *m.*
meurtrier,-ère [mœʀtʀije,-jɛʀ] *adj* mortal.
► *nm,f* asesino,-na.
meurtrir [mœʀtʀiʀ] *vt* **1** *(le corps)* magullar. **2** *fig (les sentiments)* herir.
meute [møt] *nf* jauría *f.*
mexicain,-e [mɛksikɛ̃,-ɛn] *adj* mejicano,-na.
► *nm,f* **Mexicain,-e** mejicano,-na.
Mexique [mɛksik] *nm* México.
mezzanine [mɛdzanin] *nf* tragaluz *m.*
mi[1] [mi] *nm* MUS mi *m.*
mi-[2] [mi] *adj inv* medio,-dia: ***à mi-chemin***, a medio camino; ***travail à mi-temps***, trabajo a media jornada; ***à la mi-août***, a mediados de agosto.
► *adv* medio: ***les yeux mi-clos***, los ojos medio cerrados.
miaulement [mjolmɑ̃] *nm* maullido *m.*
miauler [mjole] *vi* maullar.
micmac [mikmak] *nm fam* tejemaneje *m*, chanchullo *m.*
micro [mikʀo] *nm fam* micro *m.*
microbe [mikʀɔb] *nm* microbio *m.*
microclimat [mikʀɔklima] *nm* microclima *m.*
microfilm [mikʀofilm] *nm* microfilm *m.*
micro-ondes [mikʀɔɔ̃d] *nm inv* microondas *m.*
micro-organisme [mikʀɔɔʀganism] *nm* (*pl* **micro-organismes**) microorganismo *m.*
microphone [mikʀɔfɔn] *nm* micrófono *m.*
microprocesseur [mikʀopʀɔsɛsœʀ] *nm* INFORM microprocesador *m.*
microscope [mikʀɔskop] *nm* microscopio *m.*
microscopique [mikʀɔskɔpik] *adj* microscópico,-ca.
midi [midi] *nm* **1** *(moitié de la journée)* mediodía *m.* **2** *(heure)* las doce: ***il est midi***, son las doce; ***midi et demi***, las doce y media. **3** *(région)* sur *m*: ***le midi de la France***, el sur de Francia.
mie [mi] *nf* miga *f.*
miel [mjɛl] *nm* miel *f.*
mielleux,-euse [mjɛlø,-øz] *adj* meloso,-sa.
mien, mienne [mjɛ̃, mjɛn] *pron poss* **le mien, la mienne** el mío, la mía: ***ce stylo, c'est le mien***, este boli es el mío; ***ta mère a rencontré la mienne chez le coiffeur***, tu madre se encontró con la mía en la peluquería.
miette [mjɛt] *nf* **1** *(de pain)* migaja *f.* **2** *fam fig (un peu)* poquito *m.*
mieux [mjø] *adv* mejor: ***aller beaucoup mieux***, ir mucho mejor.
► *adj* mejor: ***celui-là est mieux***, éste es mejor.
► *nm* **1 le mieux** lo mejor: ***je veux le mieux pour toi***, quiero lo mejor para ti. **2** *(sans déterminant)* algo mejor: ***j'espérais mieux***, esperaba algo mejor.
• **aimer mieux** preferir.
• **au mieux** en el mejor de los casos.
• **d'autant mieux** tanto mejor.
• **de mieux en mieux** cada vez mejor.

- **faire de son mieux** hacer todo lo posible.
- **faute de mieux** a falta de ALGO mejor.
- **rien de mieux** nada mejor.
- **tant mieux** tanto mejor.

mièvre [mjɛʀvʀ] *adj* **1** *(gén)* afectado,-da. **2** *(chétif)* endeble, enclenque.

mignon,-onne [miɲɔ̃,-ɔn] *adj* **1** *(joli)* mono,-na, lindo,-da. **2** *(gentil)* amable.
► *nm,f (mon chou)* cariño, cariñín: ***viens ici mon mignon***, ven aquí cariño mío.

migraine [migʀɛn] *nf* jaqueca *f*, migraña *f*.

migrant,-e [migʀɑ̃,-ɑ̃t] *adj - nm,f (personne)* emigrante.

migrateur,-trice [migʀatœʀ,-tʀis] *adj* migratorio,-ria.

migration [migʀasjɔ̃] *nf* migración *f*.

mijoter [miʒɔte] *vt - vi* **1** *(un plat)* hacer a fuego lento. **2** *fam (un complot)* tramar, maquinar.

mil[1] [mil] *num (chiffre)* mil *m*.

mil[2] [mil] *nm (céréale)* mijo *m*.

milicien,-enne [milisjɛ̃] *nm,f* miliciano,-na.

milieu [miljø] *nm* **1** *(gén)* medio *m*: ***ils arrêtèrent la voiture au milieu de la route***, pararon el coche en medio de la carretera; ***adaptation au milieu***, adaptación al medio. **2** *(centre)* centro *m*, medio *m*: ***il plaça la balle au milieu du terrain***, colocó la pelota en el centro del campo. **3** *(moitié)* mitad *f*: ***le milieu d'un livre***, la mitad de un libro. **4** *(mesure)* término *m* medio. **5** *(entourage)* entorno *m*.

- **au beau milieu de** justo en medio de.
- **au milieu de** en medio de.
- **en plein milieu de** en pleno centro de.

▪ **le milieu** el hampa.

militaire [militɛʀ] *adj - nm* militar.

militant,-e [militɑ̃,-ɑ̃t] *adj - nm,f* militante.

militer [milite] *vi* **1** *(dans la politique)* militar. **2** *(agir)* actuar, influenciar.

mille[1] [mil] *num inv (chiffre)* mil.
► *nm inv* **1** *(un millier)* millar *m*. **2** *(cible)* blanco *m*.

mille[2] [mil] *nm (mesure de longueur)* milla *f*.

mille-feuille [milfœj] *nm* (*pl* **mille-feuilles**) **1** *(gâteau)* milhojas *m*. **2** *(plante)* milenrama *f*.

millénaire [milenɛʀ] *adj* milenario,-ria.
► *nm* milenario *m*, milenio *m*.

mille-pattes [milpat] *nm inv* ciempiés *m*.

millet [mijɛ] *nm* mijo *m*.

milleuriste [milørist] *nmf* mileurista *mf*.

milliard [miljaʀ] *nm* mil millones *m pl*.

milliardaire [miljaʀdɛʀ] *adj - nmf* multimillonario,-ria.

millième [miljɛm] *adj - nmf* milésimo,-ma.
► *nf* milésima *f*.

millier [milje] *nm* millar *m*.

- **des milliers de** miles de.
- **par milliers** a millares.

milligramme [miligʀam] *nm* miligramo *m*.

millimètre [milimɛtʀ] *nm* milímetro *m*.

million [miljɔ̃] *nm* millón *m*.

millionnaire [miljɔnɛʀ] *adj - nmf* millonario,-ria.

mime [mim] *nm* mimo *m*.

mimosa [mimoza] *nm* mimosa *f*.

minable [minabl] *adj* lamentable.

minaret [minaʀɛ] *nm* minarete *m*.

mince [mɛ̃s] *adj* **1** *(chose)* delgado,-da, fino,-na. **2** *(personne)* delgado,-da, esbelto,-ta. **3** *(fortune, mérite, salaire)* escaso,-sa, insignificante.
► *interj* **mince !** ¡caramba!, ¡chispas!

mincir [mɛ̃siʀ] *vi* adelgazar.

mine[1] [min] *nf* **1** *(apparence)* aspecto *m*, apariencia *f*: ***ce restaurant a bonne mine***, este restaurante tiene buena pinta. **2** *(visage)* cara *f*, rostro *m*: ***ce jour là elle avait très mauvaise mine***, ese día hacía muy mala cara.

- **faire mine de** hacer como si, aparentar.
- **mine de rien** como si tal cosa.
- **ne pas payer de mine** tener mal aspecto.

mine[2] [min] *nf (de crayon, gisement, explosif)* mina *f*.

- **être une mine de** ser una mina de.

minerai [minʀɛ] *nm* mineral *m*.

minéral,-e [mineral] *adj - nm* mineral.

minet,-ette [minɛ,-ɛt] *nm,f* **1** *fam (petit chat)* minino,-na. **2** *fam (personne)* pijo,-ja.

mineur,-e[1] [minœʀ] *adj* **1** *(jeune)* menor. **2** *(moindre)* de poca importancia, menor.
► *nm,f* menor (de edad).

mineur[2] [minœʀ] *nm* **1** *(ouvrier)* minero *m*. **2** *(soldat)* zapador *m*.

miniature [minjatyʀ] *nf* miniatura *f.*
• **en miniature** en miniatura.
minibar [minibaʀ] *nm* minibar *m.*
minibus [minibys] *nm* minibús *m.*
minichaîne [miniʃɛn] *nf* minicadena *f.*
minier,-ère [minje,-ɛʀ] *adj* minero,-ra.
minijupe [miniʒyp] *nf* minifalda *f.*
minimal,-e [minimal] *adj* mínimo,-ma.
minime [minim] *adj* mínimo,-ma.
► *nm* SPORT infantil *m,* alevín *m.*
minimiser [minimize] *vt* minimizar.
minimum [minimɔm] *nm* mínimo *m.*
• **au minimum** como mínimo.
▪ **minimum vital** salario *m* mínimo vital.
ministère [ministɛʀ] *nm* ministerio *m*: ***ministère des Finances***, ministerio de Hacienda.
ministre [ministʀ] *nm* ministro,-tra.
Minitel® [minitɛl] *nm terminal videotex para la consulta de bases de datos.*
minoritaire [minɔʀitɛʀ] *adj* minoritario,-ria.
minorité [minɔʀite] *nf* **1** *(petit nombre)* minoría *f.* **2** *(d'âge)* minoría *f* de edad.
minuit [minɥi] *nm* medianoche *f.*
minuscule [minyskyl] *adj* minúsculo,-la.
► *nf (lettre)* minúscula *f.*
minute [minyt] *nf* minuto *m.*
► *interj* **minute !** ¡espere!, ¡un minuto!
• **d'une minute à l'autre** de un momento a otro.
minuter [minute] *vt* minutar.
minuteur [minytœʀ] *nm* minutero *m.*
minutie [minysi] *nf* minuciosidad *f.*
minutieux,-euse [minysjø,-øz] *adj* minucioso,-sa.
mirabelle [miʀabɛl] *nf* ciruela *f* mirabel.
miracle [miʀakl] *nm* milagro *m.*
• **crier miracle** extasiarse.
• **par miracle** de milagro.
miraculeux,-euse [miʀakylø,-øz] *adj* milagroso,-sa.
mirage [miʀaʒ] *nm* espejismo *m.*
mire [miʀ] *nf* **1** *(règle)* mira *f.* **2** *(de télévision)* carta *f* de ajuste.
miroir [miʀwaʀ] *nm* espejo *m.*
miroiter [miʀwate] *vi* espejear.
• **faire miroiter** seducir con.
misanthrope [mizɑ̃tʀɔp] *adj - nmf* misántropo,-pa.
mise [miz] *nf* **1** *(gén)* puesta *f,* colocación *f.* **2** *(au jeu)* apuesta *f.* **3** *fml (tenue)* forma *f* de vestirse.
▪ **mise à la retraite** jubilación *f.*
▪ **mise au point 1** (*photographie)* enfoque *m.* **2** (*de voiture)* puesta a punto. **3** (*explication)* aclaración *f.*
▪ **mise en liberté** liberación *f.*
▪ **mise en place** colocación.
▪ **mise en scène 1** (*d'une pièce)* dirección *f.* **2** (*d'un événement)* escenificación *f.*
miser [mize] *vt* apostar.
• **miser sur QQN** contar con ALGN.
misérable [mizeʀabl] *adj - nmf* miserable.
misère [mizɛʀ] *nf* **1** *(pauvreté)* miseria *f.* **2** *(malheur)* desgracia *f,* calamidad *f.*
• **faire des misères à QQN** hacer rabiar a ALGN.
miséricorde [mizeʀikɔʀd] *nf* misericordia *f.*
misogyne [mizɔʒin] *adj - nmf* misógino,-na.
missile [misil] *nm* misil *m.*
mission [misjɔ̃] *nf* misión *f.*
• **partir en mission** ir en misión.
missionnaire [misjɔnɛʀ] *nmf* misionero,-ra.
missive [misiv] *nf* misiva *f.*
mistral [mistʀal] *nm* mistral *m.*
mitaine [mitɛn] *nf* mitón *m.*
mite [mit] *nf* polilla *f.*
mité,-e [mite] *adj* apolillado,-da.
mi-temps [mitɑ̃] *nf inv* **1** SPORT *(intermède)* descanso *m.* **2** SPORT *(moitié, part)* media parte *f.*
► *nm inv (emploi)* trabajo *m* a media jornada.
• **à mi-temps** a media jornada.
miteux,-euse [mitø,-øz] *adj fam* miserable.
mitiger [mitiʒe] *vt* mitigar.
mitonner [mitɔne] *vi (plat)* cocer a fuego lento.
► *vt (affaire)* preparar con cuidado.
mitrailler [mitʀaje] *vt* ametrallar.
mitrailleuse [mitʀajøz] *nf* ametralladora *f.*
mi-voix [mivwa].
• **à mi-voix** a media voz.
mixage [miksaʒ] *nm* mezcla *f.*
mixer[1] [mikse] *vt* batir, mezclar.
mixer[2] [miksœʀ] *nm* batidora *f.*
mixeur [miksœʀ] *nm* batidora *f.*
mixte [mikst] *adj* mixto,-ta.

mixture [mikstyʀ] *nf* mixtura *f.*
Mlle *abr* ***(mademoiselle)*** srta.
MM *abr* ***(messieurs)*** sres, srs.
Mme *abr* ***(madame)*** sra.
mobicarte [mɔbikaʀt] *f* tarjeta *f* de prepago.
mobile [mɔbil] *adj* móvil, movible.
► *nm* **1** *(motif)* móvil *m*, motivo *m*. **2** *(téléphone)* móvil *m*.
mobilier,-ère [mɔbilje,-ɛʀ] *adj* mobiliario,-ria.
► *nm* **mobilier** mobiliario *m*.
mobilisation [mobilizasjɔ̃] *nf* movilización *f.*
mobiliser [mɔbilize] *vt* movilizar.
mocassin [mokazɛ̃] *nm* mocasín *m*.
moche [mɔʃ] *adj* **1** *fam (laid)* feo,-a. **2** *fam (mauvais)* malo,-la.
modalité [mɔdalite] *nf* modalidad *f.*
mode [mɔd] *nm* modo *m*.
► *nf* moda *f.*
• **à la mode** de moda, a la moda.
• **passé de mode** pasado de moda.
▪ **mode d'emploi** instrucciones *f pl.*
▪ **mode de vie** modo de vida.
modèle [mɔdɛl] *adj - nmf* modelo.
modeler [mɔdle] *vt* modelar.
► *vpr* **se modeler** amoldarse, ajustarse.
modélisme [mɔdelism] *nm* modelismo *m*.
modem [mɔdɛm] *nm* módem *m*.
modérateur,-trice [mɔdeʀatœʀ,-tʀis] *adj - nm,f* moderador,-ra.
modération [mɔdeʀasjɔ̃] *nf* moderación *f.*
modérer [mɔdeʀe] *vt* moderar.
► *vpr* **se modérer** moderarse.
moderne [mɔdɛʀn] *adj* moderno,-na.
moderniser [mɔdɛʀnize] *vt* modernizar.
► *vpr* **se moderniser** modernizarse.
modeste [mɔdɛst] *adj* modesto,-ta.
modestie [mɔdɛsti] *nf* modestia *f.*
modification [modifikasjɔ̃] *nf* modificación *f.*
modifier [mɔdifje] *vt* modificar.
► *vpr* **se modifier** modificarse.
modique [mɔdik] *adj* módico,-ca.
modiste [mɔdist] *nf* sombrerera *f.*
modulation [mɔdylasjɔ̃] *nf* modulación *f.*
▪ **modulation de fréquence** frecuencia *f* modulada.
module [mɔdyl] *nm* módulo *m*.
moelle [mwal] *nf* **1** ANAT médula *f.* **2** *(des os)* tuétano *m*. **3** *fig (intérêt principal)* meollo *m*.
▪ **moelle épinière** médula espinal.
moelleux,-euse [mwalø,-øz] *adj* blando,-da.
mœurs [mœʀnsœ] *nf pl* costumbres *f pl.*
moi [mwa] *pron pers* **1** *(sujet)* yo: ***moi seul***, yo solo; ***moi non plus***, yo tampoco. **2** *(complément avec préposition)* mí: ***pour moi***, para mí. **3** *(avec l'impératif)* me: ***dis moi***, dime; ***dites-le-moi***, dígamelo.
► *nm inv* yo *m*: ***le moi***, el yo.
• **avec moi** conmigo.
moignon [mwaŋɔ̃] *nm* **1** *(d'un membre)* muñón *m*. **2** *(d'un arbre)* garrón *m*.
moi-même [mwamɛm] *pron pers* yo mismo.
moindre [mwɛ̃dʀ] *adj* **1** *(plus petit)* menor: ***j'aime acheter au moindre prix***, me gusta comprar al menor precio. **2** *(minimum)* mínimo,-ma: ***je n'en ai pas le moindre doute***, no me cabe la menor duda.
• **c'est la moindre des choses** faltaría más.
moine [mwan] *nm* monje *m*, fraile *m*.
moineau [mwano] *nm* gorrión *m*.
moins [mwɛ̃] *adv* **1** *(gén)* menos: ***c'est moins cher***, es menos caro; ***il est moins jeune que toi***, es menos joven que tú. **2 le/la moins** *(superlatif)* el menos, la menos: ***il est le moins tolérant des professeurs***, es el menos tolerante de los profesores.
► *prép (avec soustraction)* menos: ***dix heures moins cinq***, las diez menos cinco.
► *nm* MATH menos *m*: ***à moins 5 °C***, a menos 5 °C.
• **à moins de** a menos que.
• **à moins que +** ***subj*** a menos que + *subj*, salvo que + *subj.*
• **au moins** al menos, como mínimo.
• **de moins en moins** cada vez menos.
• **en moins de rien** en un santiamén, en menos que canta un gallo.
• **plus ou moins** más o menos.
• **tout au moins** al menos.
moiré,-e [mwaʀe] *adj* tornasolado,-da.
mois [mwa] *nm* **1** *(temps)* mes *m*. **2** *(salaire)* mensualidad *f.*

moisir [mwaziʀ] *vi* **1** *(pourrir)* enmohecerse. **2** *fam (languir)* criar moho.
► *vt (pourrir)* enmohecer.
moisissure [mwazisyʀ] *nf* moho *m*.
moisson [mwasɔ̃] *nf* **1** *(de céréales)* siega *f*. **2** *fig (de succès, résultats)* cosecha *f*.
• **faire la moisson** cosechar.
moissonner [mwasɔne] *vt* segar.
moissonneuse [mwasɔnøz] *nf* segadora *f*.
moissonneuse-batteuse [mwasɔnøzbatøz] *nf* (*pl* **moissonneuses-batteuses**) cosechadora *f*.
moite [mwat] *adj* algo húmedo,-da.
moitié [mwatje] *nf* **1** *(gén)* mitad *f*. **2** *fam (épouse)* costilla *f*, media naranja *f*.
• **à moitié** a medias.
• **à moitié chemin** a mitad de camino.
• **à moitié prix** a mitad de precio.
• **se mettre de moitié avec QQN** ir a medias con ALGN.
mol [mɔl] *adj* → mou, molle.
molaire [mɔlɛʀ] *nf (dent)* molar *m*.
molécule [mɔlekyl] *nf* molécula *f*.
molester [mɔlɛste] *vt* maltratar.
molle [mɔl] *adj* → mou.
mollesse [mɔlɛs] *nf* **1** *(gén)* blandura *f*. **2** *(indolence)* flojera *f*, apatía *f*.
mollet,-ette [mɔlɛ,-ɛt] *adj* blando,-da.
► *nm* **mollet** pantorrilla *f*.
mollusque [mɔlysk] *nm* molusco *m*.
môme [mom] *nmf fam* chaval,-la.
moment [mɔmɑ̃] *nm* **1** *(espace de temps)* momento *m*, rato *m*. **2** *(occasion)* oportunidad *f*, ocasión *f*. **3** *(présent)* momento *m* presente.
• **au moment de** en el momento de.
• **à un moment donné** en un momento dado.
• **dans un moment** dentro de un momento.
• **du moment que** puesto que, dado que.
• **par moments** por momentos.
• **pour le moment** por el momento.
momie [mɔmi] *nf* momia *f*.
mon [mɔ̃] *adj poss* (*pl* **mes**) mi: ***mon père, ma mère, mes enfants et mon amie***, mi padre, mi madre, mis hijos y mi amiga.
monacal,-e [mɔnakal] *adj* monacal.
Monaco [mɔnako] *n pr* Mónaco.
monarchie [mɔnaʀʃi] *nf* monarquía *f*.
monarque [mɔnaʀk] *nm* monarca *m*.
monastère [mɔnastɛʀ] *nm* monasterio *m*.
monceau [mɔ̃so] *nm* montón *m*.
mondain,-e [mɔdɛ̃,-ɛn] *adj - nm,f* **1** *(vie de société)* mundano,-na. **2** *(terrestre)* mundanal.
monde [mɔ̃d] *nm* **1** *(terre)* mundo *m*: ***il connaît le monde entier***, conoce el mundo entero. **2** *(société)* sociedad *f*, gente *f*: ***il se moque du monde***, se burla de la gente. **3** *(foule)* gente *f*, gentío *m*: ***il y a beaucoup de monde***, hay mucha gente. **4** *(domestiques)* personal *m* doméstico: ***congédier tout son monde***, despedir a todo el personal doméstico. **5** *(milieu)* mundo *m*, círculo *m*: ***le monde des finances***, el mundo de las finanzas.
• **noir de monde** lleno de gente.
• **pour rien au monde** por nada del mundo.
• **se faire un monde de QQCH** hacer una montaña de ALGO.
• **tout le monde** todo el mundo.
• **venir au monde** venir al mundo.
▪ **le beau monde** la buena sociedad.
mondial,-e [mɔ̃djal] *adj* mundial.
mondialisation [mɔ̃djalizasjɔ̃] *nf* globalización *f*.
monégasque [mɔnegask] *adj* monegasco,-ca.
► *nmf* **Monégasque** monegasco,-ca.
monétaire [mɔnetɛʀ] *adj* monetario,-ria.
moniteur,-trice [mɔnitœʀ,-tʀis] *nm,f* monitor,-ra.
► *nm* **moniteur** *(écran)* monitor *m*.
monnaie [mɔnɛ] *nf* **1** *(argent)* moneda *f*. **2** *(pièces)* dinero *m* suelto, cambio *m*: ***avez-vous de la monnaie ?***, ¿tiene usted suelto? **3** *(différence)* cambio *m*, vuelta *f*: ***la monnaie de cent euros***, el cambio de cien euros.
monogamie [mɔnɔgami] *nf* monogamia *f*.
monographie [mɔnɔgʀafi] *nf* monografía *f*.
monologue [mɔnɔlɔg] *nm* monólogo *m*.
monopole [mɔnɔpɔl] *nm* monopolio *m*.
monopoliser [mɔnɔpɔlize] *vt* monopolizar.

monoski [mɔnɔski] *nm* monoesquí *m*.
monospace [mɔnɔspas] *nm* monovolumen *m*.
monosyllabe [mɔnɔsillab] *adj* monosílabo,-ba.
► *nm* monosílabo *m*.
monotone [mɔnɔtɔn] *adj* monótono,-na.
monotonie [mɔnɔtɔni] *nf* monotonía *f*.
monsieur [məsjø] *nm* (*pl* **messieurs**) **1** *(gén)* señor *m*: ***bonjour monsieur***, buenos días, señor; ***Monsieur Durant***, Señor Durant. **2** *(devant un prénom)* don *m*, señor *m*: ***Monsieur Raymond Barre***, Don Raymond Barre. **3** *(patron)* el señor: ***monsieur est sorti***, el señor ha salido. **4** *(prince)* monseñor *m*.
• **cher monsieur** *(en tête d'une lettre)* muy señor mío.
monstre [mɔ̃stʀ] *nm* monstruo *m*.
monstrueux,-euse [mɔ̃stʀyø,-øz] *adj* monstruoso,-sa.
mont [mɔ̃] *nm* monte *m*.
• **promettre monts et merveilles** prometer el oro y el moro.
montage [mɔ̃taʒ] *nm* montaje *m*.
montagnard,-e [mɔ̃taɲaʀ,-aʀd] *adj* - *nm,f* montañés,-esa.
montagne [mɔ̃taɲ] *nf* montaña *f*.
• **se faire une montagne de QQCH** hacer una montaña de ALGO.
▪ **montagnes russes** montaña rusa.
montant,-e [mɔ̃tɑ̃,-ɑ̃t] *adj* ascendente.
► *nm* **montant 1** *(somme)* total *m*, importe *m*: ***le montant des dépenses***, el importe de los gastos. **2** *(poteau, guide)* larguero *m*, montante *m*.
mont-de-piété [mɔ̃dpjete] *nm inv* monte *m* de piedad.
monte-charge [mɔ̃tʃaʀʒ] *nm inv* montacargas *m*.
montée [mɔ̃te] *nf* subida *f*.
monte-plats [mɔ̃tpla] *nm inv* montaplatos *m*.
monter [mɔ̃te] *vi* **1** *(grimper)* subir: ***monter au grenier***, subir al desván; ***monter en voiture***, subir al coche. **2** *(dans un véhicule, un animal)* montar: ***monter à bicyclette***, montar en bicicleta; ***monter à cheval***, montar a caballo. **3** *(s'élever)* ascender, subir: ***la tour monte à plus de cent mètres***, la torre asciende a más de cien metros. **4** *(un fleuve, la mer)* crecer. **5** *(augmenter)* subir, aumentar: ***les prix montent sans cesse***, los precios no paran de subir.
► *vt* **1** *(gravir)* subir: ***monter une côte***, subir una cuesta. **2** *(être sur)* montar: ***monter un cheval***, montar un caballo. **3** *(aménager)* montar, instalar: ***elle a monté son studio***, se ha montado el estudio. **4** *(machine)* ajustar: ***monter un amplificateur***, montar un amplificador. **5** *(préparer)* preparar, organizar: ***monter une fête***, montar una fiesta.
► *vpr* **se monter 1** *(former un total)* elevarse, ascender: ***la facture se monte à mille euros***, la factura asciende a mil euros. **2** *(se pourvoir)* abastecerse, proveerse: ***se monter en draps***, proveerse de sábanas.
• **monter en grade** ascender.
• **se monter la tête** excitarse.
monticule [mɔ̃tikyl] *nm* montículo *m*.
montre [mɔ̃tʀ] *nf* **1** *(gén)* reloj *m*. **2** *(action de montrer)* muestra *f*.
• **contre la montre** contrarreloj.
• **faire montre de** hacer alarde de.
• **montre à quartz** reloj de cuarzo.
• **montre en main** reloj en mano.
montre-bracelet [mɔ̃tʀbʀaslɛ] *nf* (*pl* **montres-bracelets**) reloj *m* de pulsera.
montrer [mɔ̃tʀe] *vt* **1** *(faire voir)* mostrar, enseñar. **2** *(désigner)* indicar, señalar. **3** *(apprendre)* enseñar, educar. **4** *(prouver)* demostrar, mostrar.
► *vpr* **se montrer 1** *(se conduire)* mostrarse: ***se montrer prudent***, mostrarse prudente. **2** *(s'exhiber)* exhibirse.
monture [mɔ̃tyʀ] *nf* **1** *(animal)* montura *f*, cabalgadura *f*. **2** *(châssis)* armazón *m*, montura *f*. **3** *(d'un bijou)* montura *f*, engaste *m*.
monument [mɔnymɑ̃] *nm* monumento *m*.
▪ **monument aux morts** monumento a los caídos.
monumental [mɔnymɑ̃tal] *adj* monumental.
moquer (se) [mɔke] *vpr* burlarse (**de**, de), reírse (**de**, de): ***ils se moquaient de tout***, se burlaban de todo.

• **s'en moquer comme de l'an quarante** importarle a uno un comino.
moquerie [mɔkʀi] *nf* guasa *f.*
moquette [mɔkɛt] *nf* moqueta *f.*
moqueur,-euse [mɔkœʀ,-øz] *adj - nm,f* burlón,-ona.
moral,-e [mɔʀal] *adj* moral.
► *nm* **moral** moral *f*, ánimo *m.*
• **relever le moral** levantar el ánimo.
morale [mɔʀal] *nf (science)* moral *f.*
• **faire la morale** soltar un sermón.
moralité [mɔʀalite] *nf* **1** *(mœurs)* moralidad *f.* **2** *(d'une fable)* moraleja *f.*
moratoire [mɔʀatwaʀ] *nf* moratoria *f.*
morbide [mɔʀbid] *adj* mórbido,-da.
morceau [mɔʀso] *nm* **1** *(gén)* pedazo *m*, trozo *m.* **2** *(littéraire, musical)* fragmento *m.*
• **aimer les bons morceaux** gustarle a uno los trozos escogidos.
• **manger un morceau** comer un bocado.
• **pour un morceau de pain** por muy poco dinero.
morceler [mɔʀsəle] *vt* dividir, parcelar.
mordant,-e [mɔʀdɑ̃,-ɑ̃t] *adj* **1** *(gén)* mordiente, que muerde. **2** *(incisif)* mordaz.
► *nm* **mordant 1** *(vernis, teinture)* mordiente *m.* **2** *fig (ironie, causticité)* mordacidad *f.*
mordre [mɔʀdʀ] *vt* **1** *(gén)* morder. **2** *(ronger)* corroer. **3** *(poisson, insecte)* picar.
► *vi* **1** *(gén)* morder: ***chien qui mord***, perro que muerde. **2** *(eau-forte)* morder. **3** *fam (se laisser prendre)* picar.
► *vpr* **se mordre** *(gén)* morderse.
• **s'en mordre les doigts** arrepentirse.
mordu,-e [mɔʀdy] *nm,f* forofo,-fa.
morfondre (se) [mɔʀfɔ̃dʀ] *vpr* consumirse esperando.
morgue [mɔʀg] *nf* **1** *(lieu)* depósito *m* de cadáveres. **2** *(attitude)* altivez *f.*
moribond,-e [mɔʀibɔ̃,-ɔ̃d] *adj - nm,f* moribundo,-da.
morille [mɔʀij] *nf* colmenilla *f.*
morne [mɔʀn] *adj* **1** *(caractère)* triste, taciturno,-na. **2** *(objet)* apagado,-da, gris. **3** *(temps)* desapacible.
morose [mɔʀoz] *adj* melancólico,-ca.
morphine [mɔʀfin] *nf* morfina *f.*
morphologie [mɔʀfɔlɔʒi] *nf* morfología *f.*
mors [mɔʀ] *nm* bocado *m*, freno *f.*
morse[1] [mɔʀs] *nm (animal)* morsa *f.*
morse[2] [mɔʀs] *nm (télégraphie, alphabet)* morse *m.*
morsure [mɔʀsyʀ] *nf* mordedura *f.*
mort,-e [mɔʀ] *adj - nm,f* muerto,-ta.
► *nf* **mort** muerte *f.*
• **à mort** mortalmente.
• **avoir la mort dans l'âme** estar muy apesadumbrado,-da.
• **être mort de +** *nom* estar muerto de + *nombre*: ***je suis mort de fatigue***, estoy muerto de cansancio.
• **faire le mort** hacerse el muerto.
• **mort ou vif** muerto o vivo.
• **se donner la mort** suicidarse.
mortadelle [mɔʀtadɛl] *nf* CUIS mortadela *f.*
mortalité [mɔʀtalite] *nf* mortalidad *f*, mortandad *f.*
mortel,-elle [mɔʀtɛl] *adj - nm,f* mortal.
mortier [mɔʀtje] *nm* **1** *(récipient)* mortero *m*, almirez *m.* **2** *(arme)* mortero *m.* **3** *(matériau)* mortero *m*, argamasa *f.*
mortifier [mɔʀtifje] *vt* **1** *(affliger, humilier)* mortificar. **2** *(la viande)* ablandar.
mortuaire [mɔʀtɥɛʀ] *adj* mortuorio,-ria.
morue [mɔʀy] *nf* bacalao *m.*
mosaïque [mɔzaik] *nf* mosaico *m.*
mosquée [mɔske] *nf* mezquita *f.*
mot [mo] *nm* **1** *(gén)* palabra *f*, vocablo *m.* **2** *(phrase)* frase *f*, sentencia *f.* **3** *(message)* nota *f.*
• **à demi mot** con medias palabras.
• **à mots couverts** con palabras encubiertas.
• **avoir des mots avec QQN** tener unas palabras con ALGN.
• **avoir le dernier mot** tener la última palabra.
• **en un mot** en pocas palabras.
• **mot pour mot** palabra por palabra.
• **ne pas mâcher ses mots** no tener pelos en la lengua.
■ **gros mot** palabrota *f.*
■ **mots croisés** crucigrama *m.*
■ **mot de passe 1** santo *m* y seña. **2** INFORM contraseña *f.*
■ **mot d'esprit** ocurrencia *f*, gracia *f.*
■ **mot d'ordre** consigna *f.*

■ **mot savant** cultismo *m*.

■ **petit mot** nota.

motard,-e [mɔtaʀ] *nm,f (motocycliste)* motero,-ra.

► *nm* **motard** *(policier)* policía *m* motorizado.

motel [mɔtɛl] *nm* motel *m*.

moteur,-trice [mɔtœʀ,-tʀis] *adj (propulseur)* motor, motriz.

► *nm* **moteur** *(engin)* motor *m*.

motif [mɔtif] *nm* **1** *(raison)* motivo *m*. **2** *(peinture)* dibujo *m*, motivo *m*. **3** *(musique)* tema *m*.

motion [mosjɔ̃] *nf* moción *f*.

motiver [motive] *vt* motivar.

moto [mɔto] *nf fam* moto *f*.

motocross [mɔtɔkʀɔs] *nm* motocross *m*.

motocyclette [mɔtɔsiklɛt] *nf* motocicleta *f*.

motocycliste [mɔtɔsiklist] *nmf* motociclista.

motoriser [mɔtɔʀize] *vt* motorizar.

motricité [mɔtʀisite] *nf* motricidad *f*.

motte [mɔt] *nf* **1** *(de terre)* terrón *m*. **2** *(de beurre)* pella *f*.

mou, molle [mu, mɔl] *adj* (**mol** delante de vocal o *h* muda) **1** *(au toucher)* blando,-da, fofo,-fa. **2** *(sans vigueur)* flojo,-ja. **3** *(temps)* bochornoso,-sa. **4** *(efféminé)* blando,-da, muelle. **5** *fam (homme)* blandengue.

► *nm* **mou** **1** *(personne)* blando,-da. **2** *(d'animal)* bofes *m pl*.

mouchard,-e [muʃaʀ,-aʀd] *nm,f fam* chivato,-ta.

moucharder [muʃaʀde] *vt fam* chivarse.

mouche [muʃ] *nf* **1** *(insecte)* mosca *f*. **2** *(barbe)* perilla *f*. **3** *(sur la peau)* lunar *m* postizo.

• **faire la mouche du coche** dárselas de persona muy ocupada.

• **faire mouche** acertar en el blanco.

• **prendre la mouche** picarse.

■ **fine mouche** lince *m*.

moucher [muʃe] *vt* **1** *(gén)* sonar. **2** *fam (réprimander)* reñir.

► *vpr* **se moucher** sonarse.

moucheté,-e [muʃte] *adj* moteado,-da.

mouchoir [muʃwaʀ] *nm* pañuelo *m*.

moudre [mudʀ] *vt* moler.

moue [mu] *nf* mohín *m*.

mouette [mwɛt] *nf* gaviota *f*.

moufle [mufl] *nf* manopla *f*.

mouflon [muflɔ̃] *nm* muflón *m*.

mouillage [mujaʒ] *nm* **1** *(action de mouiller)* remojo *m*. **2** *(d'un bateau)* fondeo *m*. **3** *(plan d'eau)* fondeadero *m*, ancladero *m*. **4** *(de vin, etc)* aguaje *m*.

mouiller [muje] *vt* **1** *(gén)* mojar. **2** *(le vin, etc)* aguar. **3** *(jeter l'ancre)* fondear. **4** *(une consonne)* palatalizar.

► *vpr* **se mouiller** **1** *(gén)* mojarse. **2** *fam (se compromettre)* comprometerse, complicarse.

• **mouiller l'ancre** echar el ancla.

moulant,-e [mulɑ̃,-ɑ̃t] *adj* ceñido,-da.

moule[1] [mul] *nm* **1** *(gén)* molde *m*. **2** *(pour les boutons)* hormilla *f*.

moule[2] [mul] *nf* **1** *(mollusque)* mejillón *m*. **2** *fam (personne)* zoquete *m*.

mouler [mule] *vt* moldear.

moulin [mulɛ̃] *nm* **1** *(gén)* molino *m*. **2** *(appareil)* molinillo *m*. **3** *fam (moteur)* motor *m*.

• **être un moulin à paroles** hablar por los codos.

■ **moulin à café** molinillo de café.

■ **moulin à vent** molino de viento.

moulinet [mulinɛ] *nm* **1** *(gén)* molinete *m*, molinillo *m*. **2** *(de pêche)* carrete *m*. **3** *(tourniquet)* torniquete *m*.

Moulinette® [mulinɛt] *nf* minipimer® *f*.

moulu,-e [muly] *adj* **1** *(en poudre)* molido,-da. **2** *fig (de fatigue)* molido,-da, agotado,-da.

moulure [mulyʀ] *nf* moldura *f*.

mourant,-e [muʀɑ̃,-ɑ̃t] *adj - nm,f* **1** *(qui se meurt)* moribundo,-da. **2** *(languissant)* lánguido,-da: ***regard mourant***, mirada lánguida.

mourir [muʀiʀ] *vi* morir, morirse.

► *vpr* **se mourir** *(s'éteindre)* morirse.

• **mourir de rire** partirse de risa.

mousse[1] [mus] *nf* **1** *(écume)* espuma *f*. **2** *(plante)* musgo *m*. **3** CUIS mousse *f*.

■ **mousse à raser** espuma de afeitar.

■ **mousse au chocolat** mousse de chocolate.

mousse[2] [mus] *adj (lame)* romo,-ma.
mousse[3] [mus] *nm (marin)* grumete *m*.
mousseline [muslin] *nf* muselina *f*.
mousseux,-euse [musø,-øz] *adj* espumoso,sa.
mousson [musɔ̃] *nf* monzón *m*.
moustache [mustaʃ] *nf* bigote *m*.
moustiquaire [mustikɛʀ] *nf* mosquitera *f*.
moustique [mustik] *nm* mosquito *m*.
moutard [mutaʀ] *nm fam* chaval *m*.
moutarde [mutaʀd] *nf* mostaza *f*.
mouton [mutɔ̃] *nm* **1** *(animal)* cordero *m*. **2** *fig (homme)* corderito *m*. **3** *(masse)* martinete *m*.
► *nm pl* **moutons 1** *(petites vagues)* cabrillas *f pl*, borregos *m pl*. **2** *(poussière)* pelotillas *f pl*.
• **faire comme les moutons de Panurge** seguir el rebaño.
• **revenons à nos moutons** volvamos a lo que nos ocupa.
mouvant,-e [muvɑ̃,-ɑ̃t] *adj* movedizo,-za, inestable.
mouvement [muvmɑ̃] *nm* **1** *(gén)* movimiento *m*. **2** *(des prix)* variación *f*. **3** *(de colère)* arrebato *m*, impulso *m*.
mouvementé,-e [muvmɑ̃te] *adj* agitado,-da.
mouvoir [muvwaʀ] *vt* mover.
► *vpr* **se mouvoir** moverse.
moyen,-enne [mwajɛ̃,-ɛn] *adj* **1** *(gén)* medio,-dia. **2** *(médiocre)* mediano,-na, mediocre.
► *nm* **moyen** *(instrument)* medio *m*.
► *nm pl* **moyens** *(ressources)* medios *m* económicos.
• **au moyen de** por medio de, con la ayuda de.
• **employer les grands moyens** emplear todos los medios al alcance.
• **en moyenne** de promedio.
• **il n'y a pas moyen de** no hay forma de.
• **par le moyen de** mediante.
• **par tous les moyens** por todos los medios.
▪ **Moyen Âge** Edad *f* Media.
▪ **moyen de communication** medio de comunicación.
▪ **moyen terme** término *m* medio.
moyenâgeux,-euse [mwajɛnaʒø,-øz] *adj* medieval.
moyennant [mwajɛnɑ̃] *prép* mediante, por medio de.
• **moyennant quoi** gracias a lo cual.
MP3 [ɛmpetʀwa] *nm inv* MP3 *m*.
mû, mue [my] *pp* movido,-da.
mucosité [mykozite] *nf* mucosidad *f*.
mue [my] *nf* muda *f*.
muer [mɥe] *vi* mudar, cambiar.
► *vpr* **se muer** *fml* cambiarse, transformarse.
muet,-ette [mɥɛ,-ɛt] *adj - nm,f* mudo,-da.
mufle [myfl] *nm* **1** *(des animaux)* morro *m*, hocico *m*. **2** *fam (homme grossier)* patán *m*, grosero *m*.
mugir [myʒiʀ] *vi* **1** *(les bovidés)* mugir. **2** *(le vent, les vagues)* bramar.
muguet [mygɛ] *nm* **1** *(fleur)* muguete *m*. **2** *fam (personne)* joven *m* elegante, lechuguino *m*.
mulâtre,-tresse [mylatʀə,-tʀɛs] *adj - nm,f* mulato,-ta.
mule [myl] *nf* mula *f*.
mulet[1] [mylɛ] *nm (mammifère)* mulo *m*.
mulet[2] [mylɛ] *nm (poisson)* mújol *m*.
mulot [mylo] *nm* ratón *m* de campo.
multicolore [myltikɔlɔʀ] *adj* multicolor.
multilatéral,-e [myltilateʀal] *adj* multilateral.
multimédia [myltimedja] *adj* multimedia.
multinational,-e [myltinasjɔnal] *adj* multinacional.
multinationale [myltinasjɔnal] *nf* multinacional *f*.
multiple [myltipl] *adj* múltiple.
► *nm* múltiplo *m*.
multiplication [myltiplikasjɔ̃] *nf* **1** *(augmentation)* aumento *m*, multiplicación *f*: ***la multiplication des élèves***, el aumento de los alumnos. **2** MATH multiplicación *f*.
multiplier [myltiplije] *vt* multiplicar.
► *vpr* **se multiplier** multiplicarse.
multipropriété [myltipʀɔpʀijete] *nf* multipropiedad *f*.
multisalles [myltisal] *nm* multicine *m*.
multitude [myltityd] *nf* **1** *(de choses)* montón *m*, multitud *f*. **2** *(de gens)* multitud *f*, muchedumbre *f*.

municipal,-e [mynisipal] *adj* municipal.
municipalité [mynisipalite] *nf* municipio *m*.
munir [myniʀ] *vt* proveer, dotar: ***voiture munie de phares antibrouillards***, coche provisto de faros antiniebla.
► *vpr* **se munir** proveerse (**de**, de).
munition [mynisjɔ̃] *nf* munición *f*.
muqueuse [mykøz] *nf* mucosa *f*.
mur [myʀ] *nm* **1** *(d'une maison, etc)* muro *m*, pared *f*. **2** *fig (obstacle)* barrera *f*, obstáculo *m*.
► *nm pl* **murs** *(d'une ville)* murallas *f pl*.
• **faire le mur** *fam* escaparse.
• **mettre QQN au pied du mur** obligar a ALGN a tomar partido.
▪ **gros mur** pared maestra.
▪ **mur mitoyen** pared medianera.
mûr,-e [myʀ] *adj* maduro,-ra.
muraille [myʀaj] *nf* muralla *f*.
mural,e [myʀal] *adj* mural.
mûre [myʀ] *nf* mora *f*.
▪ **mûre sauvage** zarzamora *f*.
murer [myʀe] *vt* **1** *(porte, fenêtre)* tapiar. **2** *(personne)* emparedar.
► *vpr* **se murer** aislarse.
mûrier [myʀje] *nm* morera *f*.
mûrir [myʀiʀ] *vt - vi* madurar.
murmure [myʀmyʀ] *nm* murmullo *m*, susurro *m*.
murmurer [myʀmyʀe] *vi - vt* murmurar.
musaraigne [myzaʀɛɲ] *nf* musaraña *f*.
musc [mysk] *nm* almizcle *m*.
muscade [myskad] *adj - nf* moscada *f*: ***noix muscade***, nuez moscada.
muscat [myska] *adj - nm* moscatel *m*.
muscle [myskl] *nm* músculo *m*.
musclé,-e [muskle] *adj* musculoso,-sa.
muscler [muskle] *vt* desarrollar: ***il a musclé son corps***, ha desarrollado sus músculos.
► *vpr* **se muscler** desarrollar los músculos.
musculaire [myskylɛʀ] *adj* muscular.
muse [myz] *nf* musa *f*.
museau [myzo] *nm* **1** *(des animaux)* hocico *m*. **2** *fam (visage)* cara *f*, careto *m*.
musée [myze] *nm* museo *m*.
muselière [myzəljɛʀ] *nf* bozal *m*.
muser [myze] *vi (flâner)* vagar, barzonear.
musette [myzɛt] *nf* **1** *(sac)* morral *m*. **2** *(instrument)* gaita *f*.
musical,-e [myzikal] *adj* musical.
music-hall [myzikol] *nm* (*pl* **music-halls**) music-hall *m*.
musicien,-enne [myzisjɛ̃,-jɛn] *adj - nm,f* músico,-ca.
musique [myzik] *nf* música *m*.
• **connaître la musique** *fam* conocer el paño.
▪ **musique de chambre** música de cámara.
▪ **musique légère** música ligera.
musulman,-e [myzylkmɑ̃,-an] *adj - nm,f* musulmán,-ana.
mutation [mytasjɔ̃] *nf* **1** BIOL mutación *f*. **2** *(de personnel, de fonctionnaires)* traslado *m*.
muter [myte] *vt* trasladar.
mutiler [mytile] *vt* mutilar.
mutiner (se) [mytine] *vpr* amotinarse, rebelarse.
mutinerie [mytinʀi] *nf* motín *m*, sublevación *f*.
mutisme [mytism] *nm* mutismo *m*.
mutuel,-elle [mytɥɛl] *adj* mutuo,-tua.
mutuelle [mytɥɛl] *nf* mutualidad *f*.
mycose [mykoz] *nf* MÉD micosis *f*.
myope [mjɔp] *adj - nmf* miope.
myopie [mjɔpi] *nf* miopía *f*.
myosotis [mjozɔtis] *nm* miosota *f*, raspilla *f*.
myriade [miʀjad] *nf* miríada *f*.
myrtille [miʀtij] *nf* arándano *m*.
mystère [mistɛʀ] *nm* misterio *m*.
• **faire mystère de QQCH** rodear ALGO de misterio.
mystérieux,-euse [misteʀjø,-øz] *adj* misterioso,-sa.
mysticisme [mistisism] *nm* misticismo *m*.
mystique [mistik] *adj - nmf* místico,-ca.
► *nf* mística *f*.
mythe [mit] *nm* mito *m*.
mythique [mitik] *adj* mítico,-ca.
mythologie [mitɔlɔʒi] *nf* mitología *f*.
mythologique [mitɔlɔʒik] *adj* mitológico,-ca.

N

n' *adv* → ne.
nacre [nakʀ] *nf* nácar *m*.
nage [naʒ] *nf* **1** *(gén)* natación *f*. **2** *(action de ramer)* boga *f*.
• **à la nage** a nado, nadando.
• **être tout en nage** estar bañado,-da en sudor.
nageoire [naʒwaʀ] *nf* aleta *f*.
nager [4] [naʒe] *vi* **1** *(gén)* nadar: ***il nage 1 000 mètres chaque jour***, nada 1.000 metros cada día; ***les pommes de terres nageaient dans l'huile***, las patatas nadaban en el aceite. **2** *fam (ignorer)* no comprender. **3** *(ramer)* remar, bogar.
► *vt (crawl, brasse)* nadar.
• **nager dans l'abondance** nadar en la abundancia.
• **nager entre deux eaux** nadar entre dos aguas.
nageur,-euse [naʒœʀ,-øz] *nm,f* nadador,-ra.
naguère [nagɛʀ] *adv fml* no hace mucho.
naïf,-ive [naif,-iv] *adj - nm,f* inocente, ingenuo,-nua.
nain,-e [nɛ̃, nɛn] *adj - nm,f* enano,-na.
naissance [nɛsɑ̃s] *nf* nacimiento *m*.
• **de naissance** de nacimiento.
• **donner naissance à** dar origen a.
naître [nɛtʀ] *vi* nacer.
naïveté [naivte] *nf* ingenuidad *f*.
nana [nana] *nf fam (jeune fille)* titi *f*.
nanti,-e [nɑ̃ti] *adj - nm,f* pudiente.
nappe [nap] *nf* **1** *(linge)* mantel *m*. **2** *(couche)* capa *f*: ***nappe d'eau***, capa de agua.
▪ **nappe phréatique** capa freática.
narcisse [naʀsis] *nm* narciso *m*.
narcotique [naʀkɔtik] *adj - nm* narcótico,-ca.
narcotrafiquant,-e [naʀkɔtʀafikɑ̃,-ɑ̃t] *nm,f* narcotraficante.
narguer [naʀge] *vt* burlarse de.
narine [naʀin] *nf* ventana *f* de la nariz.
narquois,-e [naʀkwa,-az] *adj* socarrón,-ona.
narrateur,-trice [naʀatœʀ,-tʀis] *nm,f* narrador,-ra.
narrer [naʀe] *vt* narrar.
nasal,-e [nazal] *adj* nasal.
nasillard,-e [nazijaʀ,-aʀd] *adj* gangoso,-sa.
natal,-e [natal] *adj* natal.
natalité [natalite] *nf* natalidad *f*.
natation [natasjɔ̃] *nf* natación *f*.
natif,-ive [natif,-iv] *adj - nm,f* nativo,-va.
nation [nasjɔ̃] *nf* nación *f*.
national,-e [nasjɔnal] *adj* nacional.
nationaliser [nasjɔnalize] *vt* nacionalizar.
nationalisme [nasjɔnalism] *nm* nacionalismo *m*.
nationaliste [nasjɔnalist] *adj - nmf* nacionalista.
nationalité [nasjɔnalite] *nf* nacionalidad *f*.
▪ **double nationalité** doble nacionalidad.
natte [nat] *nf* **1** *(de cheveux, de fils, etc)* trenza *f*. **2** *(de joncs)* estera *f*.
naturaliste [natyʀalist] *adj - nmf* **1** *(gén)* naturalista. **2** *(empailleur)* taxidermista.
nature [natyʀ] *nf* **1** *(gén)* naturaleza *f*. **2** *(tempérament)* temperamento *m*, carácter *m*: ***une nature violente***, une temperamento violento.
► *adj inv* natural: ***un homme très nature***, un hombre muy natural.

• **d'après nature** del natural.
• **payer en nature** pagar en especies.
▪ **grandeur nature** tamaño *m* natural.
▪ **nature morte** bodegón *m*.
naturel,-elle [natyʀɛl] *adj (gén)* natural.
► *nm* **naturel 1** *(tempérament)* carácter *m*, naturaleza *f*. **2** *(simplicité)* naturalidad *f*.
• **au naturel** al natural.
naturisme [natyʀism] *nm* naturismo *m*.
naufrage [nofʀaʒ] *nm* **1** *(d'un bateau)* naufragio *m*. **2** *fig (d'une entreprise, d'une fortune)* ruina *f*, hundimiento *m*.
• **faire naufrage** naufragar.
nauséabond,-e [nozeabɔ̃,-ɔ̃d] *adj* nauseabundo,-da.
nausée [noze] *nf* náusea *f*.
• **avoir la nausée** tener náuseas.
nautique [notik] *adj* náutico,-ca.
naval,-e [naval] *adj* naval.
navet [navɛ] *nm* **1** *(légume)* nabo *m*. **2** *fam (film, roman, spectacle)* churro *m*, fiasco *m*.
navette [navɛt] *nf* **1** ARCHIT *(d'église)* naveta *f*. **2** *(de métier à tisser)* lanzadera *f*. **3** *(de machine à coudre)* canilla *f*. **4** *(véhicule)* trasbordador *m*.
• **faire la navette** *fam* ir y venir.
▪ **navette spatiale** lanzadera espacial, transbordador espacial.
navigateur,-trice [navigatœʀ,-tʀis] *nm,f* navegante.
► *nm* **navigateur** INFORM navegador *m*.
navigation [navigasjɔ̃] *nf* navegación *f*.
naviguer [navige] *vi* navegar.
navire [naviʀ] *nm* navío *m*, buque *m*.
navrant,-e [navʀɑ̃,-ɑ̃t] *adj* lastimoso,-sa.
navré,-e [navʀe] *adj*.
• **être navré,-e de** QQCH sentir mucho ALGO.
navrer [navʀe] *vt* afligir, desconsolar.
nazi,-e [nazi] *adj - nm,f* nazi.
nazisme [nazism] *nm* nazismo *m*.
ne [nə] (**n'** delante de vocal o *h* muda) *adv* **ne ... pas/rien/point/etc** no: ***je ne sais pas***, no sé; ***il ne rit jamais***, no se ríe nunca; ***je ne veux rien***, no quiero nada.
• **ne ... que** *(sauf)* no... sólo/sino/más que: ***elle ne boit que de l'eau***, no bebe sino agua; ***il ne dit que des bêtises***, no dice más que tonterías.
né,-e [ne] *adj* **1** *(gén)* nacido,-da. **2 -né,-e** *(de naissance)* de nacimiento: ***aveugle-né***, ciego de nacimiento. **3 -né,-e** *(inné)* nato,-ta: ***criminel-né***, criminal nato. **4** *(femme mariée)* de soltera: ***madame Leblanc, née Laroche***, señora Leblanc, de soltera Laroche.
néanmoins [neɑ̃mwɛ̃] *adv* sin embargo, no obstante.
néant [neɑ̃] *nm* nada *f*.
• **réduire à néant** reducir a la nada.
nécessaire [nesesɛʀ] *adj* necesario,-ria.
► *nm* **1** *(essentiel)* necesario *m*: ***il a fait tout le nécessaire***, ha hecho todo lo necesario. **2** *(de toilette, de voyage)* neceser *m*.
▪ **nécessaire de couture** costurero *m*.
nécessité [nesesite] *nf* necesidad *f*.
nécessiter [nesesite] *vt* necesitar.
nectar [nɛktaʀ] *nm* néctar *m*.
nectarine [nɛktaʀin] *nf* nectarina *f*.
nef [nɛf] *nf* **1** ARCHIT *(d'une église)* nave *f*. **2** *(navire)* nave *f*, nao *f*.
néfaste [nefast] *adj* nefasto,-ta.
nèfle [nɛfl] *nf* níspero *m*.
négatif,-ive [negatif,-iv] *adj* negativo,-va.
► *nm* **négatif** *(pellicule)* negativo *m*.
négation [negasjɔ̃] *nf* negación *f*.
négative [negativ] *nf (refus)* negativa *f*.
négligé,-e [negliʒe] *adj (tenue, style)* descuidado,-da, desaliñado,-da.
► *nm* **négligé 1** *(absence d'apprêt)* descuido *m*. **2** *(vêtement)* negligé *m*, salto *m* de cama.
négligeable [negliʒabl] *adj* despreciable.
• **non négligeable** nada despreciable.
négligence [negliʒɑ̃s] *nf* negligencia *f*.
négligent,-e [negliʒɑ̃,-ɑ̃t] *adj - nm,f* negligente.
négliger [negliʒe] *vt* **1** *(devoirs, travail)* desatender. **2** *(conseils, avis)* despreciar, desestimar. **3** *(occasion)* desaprovechar. **4** *(amis)* dejar de frecuentar, abandonar.
► *vpr* **se négliger** *(la tenue)* descuidarse.
négoce [negɔs] *nm* negocio *f*, comercio *f*.
négociant,-e [negɔsjɑ̃,-ɑ̃t] *nm,f* negociante.
négociation [negɔsjasjɔ̃] *nf* negociación *f*.
négocier [negɔsje] *vi - vt* negociar.
• **négocier un virage** tomar una curva.

nègre, négresse [nɛgʀ, negʀɛs] *adj - nmf péj* negro,-gra.

neige [nɛʒ] *nf* **1** *(gén)* nieve *f.* **2** *fam (drogue)* cocaína *f.*

■ **neige fondue** aguanieve *f.*

neiger [neʒe] *v impers* nevar.

nénuphar [nenyfaʀ] *nm* nenúfar *m.*

néologisme [neɔlɔʒism] *nm* neologismo *m.*

néon [neɔ̃] *nm* neón *m.*

nerf [nɛʀ] *nm* **1** ANAT nervio *m.* **2** *fig (vigueur)* nervio *m,* fuerza *f.* **3** *(facteur principal)* clave *f:* ***l'intérêt est le nerf de son attitude***, el interés es la clave de su actitud.

• **avoir ses nerfs** estar nervioso,-sa.

• **être à bout de nerfs** estar al borde de un ataque de nervios.

• **être sur les nerfs** tener los nervios de punta.

• **passer ses nerfs sur QQN** desahogarse con ALGN.

• **taper sur les nerfs** poner de los nervios.

nerveux,-euse [nɛʀvø,-øz] *adj - nm,f* **1** *(gén)* nervioso,-sa. **2** *(vigoureux)* enérgico,-ca, vigoroso,-sa.

nervure [nɛʀvyʀ] *nf* **1** BOT nervio *m.* **2** ARCHIT nervadura *f.* **3** *(d'un livre)* nervura *f.*

net, nette [nɛt] *adj* **1** *(propre)* nítido,-da, limpio,-pia. **2** *(sans ajouts)* neto,-ta: ***poids net***, peso neto. **3** *(sans ambiguïté)* claro, -ra: ***idées nettes***, ideas claras.

► *adv* **net 1** *(soudain)* de repente, en seco: ***s'arrêter net***, pararse en seco. **2** *(franchement)* categóricamente, rotundamente: ***refuser tout net***, negarse rotundamente.

• **en avoir le cœur net** asegurarse.

• **mettre au net** poner en limpio.

Net [nɛt] *nm* **le Net** INFORM la red.

• **surfer sur le Net** navegar por la red.

nettement [nɛtmɑ̃] *adv* **1** *(distinctement)* claramente. **2** *(beaucoup)* mucho, de lejos: ***il cuisine nettement mieux***, cocina mucho mejor.

nettoyer [nɛtwaje] *vt* **1** *(rendre propre)* limpiar. **2** *fam (quelqu'un)* desplumar.

neuf[1] [nœf] *num* nueve *m.*

neuf, neuve[2] [nœf, nœv] *adj* nuevo,-va.

• **quoi de neuf ?** ¿qué hay de nuevo?

• **remettre à neuf** dejar como nuevo.

• **rien de neuf** nada nuevo.

• **vêtu,-e de neuf** de estreno.

neurologie [nøʀɔlɔʒi] *nf* MÉD neurología *f.*

neurone [nøʀɔ̃] *nm* neurona *f.*

neutraliser [nøtʀalize] *vt* neutralizar.

neutralité [nøtʀalite] *nf* neutralidad *f.*

neutre [nøtʀ] *adj* **1** *(gén)* neutro,-tra. **2** *(pays)* neutral.

neutron [nøtʀɔ̃] *nm* PHYS neutrón *m.*

neuve [nœv] *adj* → neuf, neuve.

neuvième [nœvjɛm] *num* noveno,-na.

neveu [nəvø] *nm* sobrino *m.*

névrose [nevʀoz] *nf* MÉD neurosis *f.*

nez [ne] *nm* **1** ANAT nariz *f.* **2** *(sens)* olfato *m.* **3** *(d'un bateau)* proa *f.* **4** *(d'un avion)* morro *m.*

• **avoir du nez** tener buen olfato.

• **faire un pied de nez à** burlarse de.

• **mener QQN par le bout du nez** manejar a ALGN a su antojo.

• **parler du nez** ganguear.

• **rire au nez de** reírse en las barbas de.

• **se trouver nez à nez** encontrarse cara a cara.

■ **nez aquilin** nariz aguileña.

■ **nez retroussé** nariz respingona.

ni [ni] *conj* ni.

• **ni ... ni** ni... ni.

niais,-e [njɛ,-ɛz] *adj - nm,f* necio,-cia.

Nicaragua [nikaʀagwa] *nm* Nicaragua.

nicaraguayen,-enne [nikaʀagwɛjɛ̃,-ɛn] *adj* nicaragüense.

► *nm,f* **Nicaraguayen,-enne** nicaragüense.

niche[1] [niʃ] *nf* **1** *(dans un mur)* nicho *m.* **2** *(à chien)* caseta *f.*

niche[2] [niʃ] *nf (farce)* broma *f,* travesura *f.*

nicher [niʃe] *vi* **1** *(les oiseaux)* anidar. **2** *fam (loger)* vivir.

► *vpr* **se nicher 1** *(les oiseaux)* anidar. **2** *(se loger)* meterse.

nickel [nikɛl] *nm* níquel *m.*

nicotine [nikɔtin] *nf* nicotina *f.*

nid [ni] *nm* nido *m.*

nièce [njɛs] *nf* sobrina *f.*

nier [nje] *vt* negar: ***il nie la vérité***, niega la verdad.

nigaud,-e [nigo,-od] *adj - nm,f* memo,-ma.

night-club [najtklœb] *nm* (*pl* **night-clubs**) night club *m.*

nipper [nipe] *vt fam* vestir.
► *vpr* **se nipper** *fam* vestirse.
nique [nik].
• **faire la nique à QQN** *fam* burlarse de ALGN.
niveau [nivo] *nm* nivel *m*.
• **au niveau de** a nivel de.
▪ **niveau de vie** nivel de vida.
niveler [nivle] *vt* nivelar.
noble [nɔbl] *adj - nmf* noble.
noblesse [nɔblɛs] *nf* nobleza *f*.
noce [nɔs] *nf* boda *f*.
• **faire la noce** *fam* ir de picos pardos.
▪ **noces d'argent** bodas de plata.
▪ **noces d'or** bodas de oro.
▪ **noces de diamant** bodas de diamante.
nocif,-ive [nɔsif,-iv] *adj* nocivo,-va.
nocturne [nɔktyʀn] *adj* nocturno,-na.
► *nm* MUS nocturno *m*.
► *nf (d'un magasin)* apertura *f* hasta tarde.
Noël [nɔɛl] *nf* Navidad *f*.
• **joyeux Noël !** ¡feliz Navidad!
nœud [nø] *nm* **1** *(gén)* nudo *m*. **2** *(croisement)* nudo *m* de comunicaciones. **3** *(d'un astre)* nodo *m*. **4** *(articulation)* nudillo *m*.
▪ **nœud coulant** nudo corredizo.
▪ **nœud papillon** pajarita *f*.
noir,-e [nwaʀ] *adj* **1** *(gén)* negro,-gra. **2** *(foncé)* oscuro,-ra. **3** *fam (ivre)* trompa. **4** *fig (mélancolique)* triste. **5** *(sale)* sucio,-cia. **6** *(pervers)* malo,-la, perverso,-sa.
► *nm,f* **Noir,-e** *(personne)* negro,-gra.
► *nm* **noir** *(couleur)* negro *m*.
• **broyer du noir** tener ideas negras.
• **il fait noir 1** *(la nuit)* es de noche. **2** *(lieu)* está oscuro.
• **noir sur blanc** negro sobre blanco.
• **voir tout en noir** verlo todo negro.
noircir [nwaʀsiʀ] *vt* **1** *(rendre noir)* ennegrecer, ensombrecer. **2** *fig (diffamer)* calumniar.
► *vi - vpr* **(se) noircir** *(devenir noir)* ennegrecerse.
noisetier [nwaztje] *nm* avellano *m*.
noisette [nwazɛt] *nf* avellana *f*.
noix [nwa] *nf* **1** *(fruit)* nuez *f*. **2** *(écrou)* engranaje *m*. **3** *fam (stupide)* tonto,-ta.
• **à la noix** *fam* de tres al cuarto.
▪ **noix de cajou** anacardo *m*.
▪ **noix de coco** coco *m*.
▪ **noix de galle** agalla *f*.
▪ **noix de veau** redondo *m* de ternera.
▪ **noix muscade** nuez moscada.
nom [nɔ̃] *nm* **1** *(gén)* nombre *m*. **2** *(de famille)* apellido *m*.
• **au nom de** en nombre de.
• **se faire un nom** hacerse un nombre.
▪ **nom commun** nombre común.
▪ **nom de baptême** nombre de pila.
▪ **nom de famille** apellido.
▪ **nom de jeune fille** nombre de soltera.
▪ **nom propre** nombre propio.
nomade [nɔmad] *adj - nmf* nómada.
nombre [nɔ̃bʀ] *nm* número *m*.
• **au nombre de** un total de: ***elles étaient au nombre de 10***, eran 10.
▪ **nombre abstrait** número abstracto.
▪ **nombre entier** número entero.
▪ **nombre impair** número impar.
▪ **nombre pair** número par.
nombreux,-euse [nɔ̃bʀø,-øz] *adj* numeroso,-sa.
nombril [nɔ̃bʀi] *nm* ombligo *m*.
nominal,-e [nɔminal] *adj* nominal.
nomination [nɔminasjɔ̃] *nf* nombramiento *m*.
nommé,-e [nɔme] *adj* llamado,-da.
• **à point nommé** en el momento preciso.
nommer [nɔme] *vt* **1** *(appeler)* llamar: ***ses parents l'ont nommé Jean***, sus padres le pusieron de nombre Jean. **2** *(désigner)* citar, nombrar: ***l'accusé nomma ses complices***, el acusado citó a sus cómplices. **3** *(instituer)* nombrar: ***on l'a nommé directeur***, lo han nombrado director.
► *vpr* **se nommer** *(s'appeler)* llamarse.
non [nɔ̃] *adv* no: ***oui ou non ?***, ¿sí o no?
► *nm* no *m*: ***un non catégorique***, un no rotundo.
• **non moins** no menos.
• **non pas que** no es que.
• **non plus** tampoco.
• **non sans** no sin.
• **non seulement** no sólo.
non-agression [nɔnagʀɛsjɔ̃] *nf* no agresión *f*.
nonchalance [nɔ̃ʃalɑ̃s] *nf* indolencia *f*.
non-conformiste [nɔ̃kɔ̃fɔʀmist] *adj - nmf* inconformista.

non-fumeur,-euse [nɔ̃fymœʀ,-øz] *nm,f* no fumador,-ra.
non-lieu [nɔ̃ljø] *nm* DR sobreseimiento *m.*
nonne [nɔn] *nf* monja *f.*
nonobstant [nɔnɔpstɑ̃] *prép fml* a pesar de.
► *adv* no obstante.
non-sens [nɔ̃sɑ̃s] *nm inv* **1** *(phrase, parole)* disparate *m.* **2** *(absurdité)* absurdo *m.*
non-violence [nɔ̃vjɔlɑ̃s] *nf* no violencia *f.*
non-voyant,-e [nɔ̃vwajɑ̃,-ɑ̃t] *nm,f* invidente.
nord [nɔʀ] *nm* norte *m.*
• **perdre le nord** perder el norte.
nord-américain,-e [nɔʀameʀikɛ̃,-ɛn] *adj* norteamericano,-na.
► *nm,f* **Nord-américain,-e** norteamericano,-na.
nord-est [nɔʀɛst] *adj - nm* nordeste *m.*
nordique [nɔʀdik] *adj* nórdico,-ca.
nord-ouest [nɔʀwɛst] *adj - nm* noroeste *m.*
normal,-e [nɔʀmal] *adj* normal.
normalement [nɔʀmalmɑ̃] *adv* **1** *(habituellement)* normalmente. **2** *(logiquement)* en principio.
norme [nɔʀm] *nf* norma *f.*
Norvège [nɔʀvɛʒ] *nf* Noruega.
norvégien,-enne [nɔʀveʒjɛ̃,-ɛn] *adj - nm,f* noruego,-ga.
► *nm,f* **Norvégien,-enne** noruego,-ga.
► *nm* **norvégien** *(langue)* noruego *m.*
nos [no] *adj poss* nuestros,-tras.
nostalgie [nɔstalʒi] *nf* nostalgia *f.*
nostalgique [nɔstalʒik] *adj* nostálgico,-ca.
notable [nɔtabl] *adj - nm* notable *m.*
notaire [nɔtɛʀ] *nm* notario *m.*
notamment [nɔtamɑ̃] *adv* especialmente.
notarial,-e [nɔtaʀjal] *adj* notarial.
notation [nɔtasjɔ̃] *nf* notación *f.*
note [nɔt] *nf* **1** *(gén)* nota *f.* **2** *(addition)* cuenta *f*, factura *f.* **3** *(d'études)* apunte *m.* **4** *(évaluation)* nota *f.*
• **prendre des notes** tomar apuntes.
• **prendre note de** tomar nota de.
• **régler la note** pagar la cuenta.
noter [nɔte] *vt* **1** *(gén)* tomar nota de, anotar. **2** *(estimer)* calificar, poner nota a.
notice [nɔtis] *nf* reseña *f.*
notifier [nɔtifje] *vt* notificar.
notion [nosjɔ̃] *nf* noción *f.*
notoire [nɔtwaʀ] *adj* notorio.
notoriété [nɔtɔʀjete] *nf* **1** notoriedad *f.*
notre [nɔtʀ] *adj poss* (*pl* **nos**) nuestro,-tra.
nôtre [notʀ] *pron poss* **le/la nôtre** el/la nuestro,-tra: ***je préfère le nôtre***, prefiero el nuestro; ***c'est un des nôtres***, es uno de los nuestros.
noué,-e [nwe] *adj* **1** *(attaché)* anudado,-da. **2** *fig (enfant)* raquítico,-ca.
nouer [nwe] *vt* **1** *(attacher)* anudar, atar. **2** *fig (établir)* trabar: ***nouer une amitié***, trabar una amistad. **3** *(organiser)* urdir: ***nouer une intrigue***, urdir una intriga.
► *vpr* **se nouer** anudarse, atarse.
nougat [nuga] *nm* turrón *m.*
nouille [nuj] *nf* **1** *(pâte)* tallarín *m.* **2** *fam (idiot)* ganso,-sa, bobalicón,-ona.
nourri,-e [nuʀi] *adj* alimentado,-da, cebado,-da.
nourrice [nuʀis] *nf* **1** *(qui allaite)* nodriza *f.* **2** *(garde d'enfants)* niñera *f.*
nourrir [nuʀiʀ] *vt* **1** *(gén)* alimentar, nutrir. **2** *(allaiter)* criar, amamantar. **3** *fig (espoir, illusion)* abrigar. **4** *fig (former)* formar, instruir.
► *vpr* **se nourrir** *(s'alimenter)* alimentarse, nutrirse.
nourrissant,-e [nuʀisɑ̃,-ɑ̃t] *adj* nutritivo,-va.
nourrisson [nuʀisɔ̃] *nm* bebé *m.*
nourriture [nuʀityʀ] *nf* comida *f.*
nous [nu] *pron pers* **1** *(sujet)* nosotros: ***nous sommes***, somos. **2** *(complément)* nos: ***il nous parle***, nos habla. **3** *(pluriel de majesté)* nos.
• **à nous** nuestro,-tra: ***cette maison est à nous***, esta casa es nuestra.
nous-mêmes [numɛm] *pron pers* nosotros,-tras mismos,-mas.
nouveau,-elle [nuvo] *adj* (**nouvel** delante de *m* que empiece por vocal o *h* muda) nuevo,-va: ***c'est une nouvelle méthode***, es un método nuevo.
► *nm,f (élève, recrue)* nuevo,-va, novato,-ta.
► *nm* **nouveau** *(nouveauté)* lo nuevo, la novedad: ***le nouveau plaît davantage***, lo nuevo gusta más.
► *adv* **1** *(récemment)* recién: ***nouveaux mariés***, recién casados.

• **à nouveau** de nuevo.
• **de nouveau** de nuevo.
• **du nouveau** ALGO nuevo.
▪ **nouveau riche** nuevo rico.

nouveau-né,-e [nuvone] *adj - nm,f* (*pl* **nouveau-nés,-es**) recién nacido,-da.

nouveauté [nuvote] *nf* novedad *f*.

nouvel [nuvɛl] *adj* → nouveau,-elle.

nouvelle [nuvɛl] *nf* **1** *(information)* noticia *f*, nueva *f*: ***dernières nouvelles***, últimas noticias. **2** *(récit)* novela *f* corta.
• **aller aux nouvelles** ir en busca de noticias.

novembre [nɔvɑ̃bʀ] *nm* noviembre *m*.

novice [nɔvis] *adj - nmf* **1** *(religieux)* novicio,-cia. **2** *(débutant)* novato,-ta.

noyade [nwajad] *nf* ahogamiento *m*.

noyau [nwajo] *nm* **1** *(d'un fruit)* hueso *m*. **2** *(centre)* núcleo *m*. **3** *fig (milieu)* núcleo *m*.

noyé,-e [nwaje] *adj - nm,f* ahogado,-da.

noyer[1] [nwaje] *vt* **1** *(gén)* ahogar. **2** *(terrain)* anegar. **3** *(vin, couleurs, etc)* diluir, desvanecer.
► *vpr* **se noyer** ahogarse.
• **noyer son chagrin** ahogar sus penas.
• **se noyer dans un verre d'eau** ahogarse en un vaso de agua.

noyer[2] [nwaje] *nm (arbre)* nogal *m*.

nu,-e [ny] *adj* (delante de un nombre es invariable y se une a él con un guion) desnudo,-da: ***pieds nus***, descalzo,-za; ***nu-pieds***, descalzo,-za.
► *nm* **nu** desnudo *m*.

nuage [nɥaʒ] *nm* nube *f*.
▪ **nuage de lait** gota *f* de leche.

nuageux,-euse [nɥaʒø,-øz] *adj* nublado,-da.

nuance [nɥɑ̃s] *nf* matiz *m*.

nucléaire [nykleɛʀ] *adj* nuclear.

nudisme [nydism] *nm* nudismo *m*.

nudiste [nydist] *adj - nmf* nudista.

nudité [nydite] *nf* desnudez *f*.

nuée [nɥe] *nf* **1** *(nuage)* nubarrón *m*. **2** *fig (multitude)* multitud *f*, montón *m*.

nuire [nɥiʀ] *vi* **nuire à** dañar, perjudicar: ***nuire à la réputation***, dañar la reputación.

nuisible [nɥizibl] *adj* dañino,-na, perjudicial.

nuit [nɥi] *nf* noche *f*.
• **à la nuit tombante** al anochecer.
• **de nuit** de noche.
• **il fait nuit** es de noche.
▪ **nuit noire** noche cerrada.

nul, nulle [nyl] *adj* **1** *(sans valeur)* nulo,-la: ***testament nul***, testamento nulo. **2** *(résultat)* empatado,-da: ***match nul***, empate. **3** *(aucun)* ningún, ninguno,-na: ***il ne garde nul espoir***, no conserva ninguna esperanza. **4** *(mauvais)* malo,-la: ***ce film est nul***, esta película es mala.
► *pron indéf* **nul** *(personne)* nadie: ***nul n'a sonné à la porte***, no ha llamado nadie a la puerta.
• **être nul en** QQCH ser negado para ALGO.

nullité [nyllite] *nf* nulidad *f*.

numéral,-e [nymeʀal] *adj* numeral: ***adjectifs numéraux***, adjetivos numerales.

numération [nymeʀasjɔ̃] *nf* numeración *f*.

numérique [nymɛʀik] *adj* **1** *(gén)* numérico,-ca. **2** INFORM digital.

numériser [numɛʀize] *vt* INFORM digitalizar.

numéro [nymeʀo] *nm* **1** *(chiffre)* número *m*. **2** *(de loterie)* billete *m*. **3** *(de voiture)* matrícula *f*. **4** *(spectacle)* número *m*. **5** *(d'une revue)* ejemplar *m*, número *m*.
• **c'est un numéro** es un caso.
• **faire/composer un numéro** marcar un número.
▪ **faux numéro** número equivocado.
▪ **numéro de téléphone** número de teléfono.

numéroter [nymeʀɔte] *vt* numerar.

numismatique [nymismatik] *adj - nmf* numismático,-ca.
► *nf* numismática *f*.

nu-pieds [nypje] *nm inv* sandalia *f*.

nuptial,-e [nypsijal] *adj* nupcial.

nuque [nyk] *nf* nuca *f*.

nurse [nœʀs] *nf* niñera *f*.

nutritif,-ive [nytʀitif,-iv] *adj* nutritivo,-va.

nutrition [nytʀisjɔ̃] *nf* nutrición *f*.

nylon® [nilɔ̃] *nm* nailon *m*, nilón *m*.

nymphe [nɛ̃f] *nf* ninfa *f*.

nymphomane [nɛ̃fɔman] *nf* ninfómana *f*.

O

ô ! [o] *interj* ¡oh!
oasis [ɔazis] *nf* oasis *m.*
obéir [ɔbeiʀ] *vt* - *vi* obedecer.
obéissance [ɔbeisɑ̃s] *nf* obediencia *f.*
obéissant,-e [ɔbeisɑ̃,-ɑ̃t] *adj* obediente.
obélisque [ɔbelisk] *nm* obelisco *m.*
obèse [ɔbɛz] *adj* - *nmf* obeso,-sa.
obésité [ɔbezite] *nf* obesidad *f.*
objecteur [ɔbʒɛktœʀ] *nm* objetor *m.*
■ **objecteur de conscience** objetor de conciencia.
objectif,-ive [ɔbʒɛktif,-iv] *adj* objetivo,- va.
► *nm* **objectif** objetivo *m.*
objection [ɔbʒɛksjɔ̃] *nf* objeción *f.*
• **faire objection à** poner objeciones a.
objectivité [ɔbʒɛktivite] *nf* objetividad *f.*
objet [ɔbʒɛ] *nm* **1** *(gén)* objeto *m.* **2** INFORM asunto *m.*
• **être l'objet de** ser objeto de.
■ **objets trouvés** objetos perdidos.
obligation [ɔbligasjɔ̃] *nf* obligación *f.*
• **être dans l'obligation de** estar obligado,-da a.
obligatoire [ɔbligatwaʀ] *adj* obligatorio,-ria.
obligé,-e [ɔbliʒe] *adj* **1** *(forcé)* obligado, -da. **2** *(reconnaissant)* agradecido,-da.
obligeance [ɔbliʒɑ̃s] *nf fml* bondad *f.*
• **avoir l'obligeance de** tener la bondad de.
obligeant,-e [ɔbliʒɑ̃,-ɑ̃t] *adj* atento,-ta.
obliger [ɔbliʒe] *vt* **1** *(forcer)* obligar. **2** *fml (rendre service)* complacer: ***vous m'obligeriez si ...***, le estaría muy agradecido si....
► *vpr* **s'obliger** obligarse (**à**, a).
oblique [ɔblik] *adj* oblicuo,-cua.
oblitérer [ɔbliteʀe] *vt* **1** *(billet)* picar. **2** *(timbre)* matar.
obscène [ɔpsɛn] *adj* obsceno,-na.
obscénité [ɔpsenite] *nf* obscenidad *f.*
obscur,-e [ɔpskyʀ] *adj* oscuro,-ra.
obscurcir [ɔpskyʀsiʀ] *vt* oscurecer.
► *vpr* **s'obscurcir** oscurecerse.
obscurité [ɔpskyʀite] *nf* oscuridad *f.*
obsédé,-e [ɔpsede] *adj* obsesionado,-da.
► *nm,f* obseso,-sa.
obséder [ɔpsede] *vt* obsesionar.
obsèques [ɔpsɛk] *nf pl* funerales *m pl.*
observateur,-trice [ɔpsɛʀvatœʀ,-tʀis] *adj* - *nm,f* observador,-ra.
observation [ɔpsɛʀvasjɔ̃] *nf* observación *f.*
observatoire [ɔpsɛʀvatwaʀ] *nm* observatorio *m.*
observer [ɔpsɛʀve] *vt* **1** *(gén)* observar. **2** *(règles)* respetar.
• **faire observer** advertir.
obsession [ɔpsesjɔ̃] *nf* obsesión *f.*
obstacle [ɔpstakl] *nm* obstáculo *m.*
• **faire obstacle à** QQCH/QQN poner trabas a ALGO/ALGN.
obstination [ɔpstinasjɔ̃] *nf* obstinación *f.*
obstiner (s') [ɔpstine] *vpr* obstinarse.
obstruction [ɔpstʀyksjɔ̃] *nf* obstrucción *f.*
obstruer [ɔpstʀye] *vt* obstruir.
obtenir [ɔptəniʀ] *vt* obtener, conseguir.
obtention [ɔptɑ̃sjɔ̃] *nf* obtención *f.*
obturer [ɔptyʀe] *vt* obturar.
obtus,-e [ɔpty,-yz] *adj* obtuso,-sa.
obus [ɔby] *nm* obús *m.*
occase [okaz] *nf fam* ocasión *f.*
occasion [ɔkazjɔ̃] *nf* **1** *(possibilité)* ocasión *f*, oportunidad *f*: ***elle a profité de l'occasion***, ha aprovechado la ocasión. **2** *(circonstance)* ocasión *f.* **3** *(affaire)* ganga *f.*

• **à l'occasion** si se tercia.
• **à l'occasion de** con motivo de.
• **avoir l'occasion de** tener la oportunidad de.
• **d'occasion** de ocasión, de segunda mano.
• **saisir l'occasion de** aprovechar la ocasión de.
occasionner [ɔkazjɔne] *vt* ocasionar.
occident [ɔksidɑ̃] *nm* occidente *m*.
occidental,-e [ɔksidɑ̃tal] *adj* occidental.
► *nm,f* **Occidental,-e** occidental.
occlusion [ɔklyzjɔ̃] *nf* MÉD oclusión *f*.
occulte [ɔkylt] *adj* oculto,-ta.
occulter [ɔkylte] *vt* ocultar.
occupant,-e [ɔkypɑ̃,-ɑ̃t] *adj* - *nm,f* ocupante.
occupation [ɔkypasjɔ̃] *nf* ocupación *f*.
occupé,-e [ɔkype] *adj* ocupado,-da.
• **c'est occupé** *(au téléphone)* comunica.
occuper [ɔkype] *vt* ocupar.
► *vpr* **s'occuper** ocuparse.
• **s'occuper de QQCH** encargarse de ALGO *laisse, je m'en occupe*, deja, ya me encargo yo.
• **s'occuper de QQN 1** *(dans un magasin)* atender a ALGN: *on s'occupe de vous ?*, ¿le atienden? **2** *(prendre soin de)* ocuparse de ALGN.
occurrence [ɔkyʀɑ̃s] *nf* ocurrencia *f*.
• **en l'occurrence** en este caso.
océan [ɔseɑ̃] *nm* océano *m*.
océanique [ɔseanik] *adj* oceánico,-ca.
ocre [ɔkʀ] *adj* - *nf* ocre *m*.
octane [ɔktan] *nm* octano *m*.
octet [ɔktɛ] *nm* INFORM byte *m*.
octobre [ɔktɔbʀ] *nm* octubre *m*.
octroyer [ɔktʀwaje] *vt* conceder.
oculaire [ɔkylɛʀ] *adj* ocular.
oculiste [ɔkylist] *nmf* oculista.
ode [ɔd] *nf* oda *f*.
odeur [ɔdœʀ] *nf* olor *m*.
odieux,-euse [ɔdjø,-øz] *adj* odioso,-sa.
odorant,-e [ɔdɔʀɑ̃,-ɑ̃t] *adj* oloroso,-sa.
odorat [ɔdɔʀa] *nm* olfato *m*.
odyssée [ɔdise] *nf* odisea *f*.
œil [œj] *nm* (*pl* **yeux**) ojo *m*.
• **à l'œil** *fam (gratis)* de balde.
• **à l'œil nu** a simple vista.
• **avoir les yeux cernés** tener ojeras.
• **avoir QQN à l'œil** *fig* no perder de vista a ALGN.
• **à vue d'œil** a ojos vistas.
• **baisser les yeux** bajar la vista.
• **faire de l'œil à QQN** guiñar el ojo a ALGN.
• **lever les yeux** levantar la vista.
• **mon œil !** *fam* ¡y una porra!
• **sauter aux yeux** saltar a la vista.
• **sous les yeux de QQN** en las propias narices de ALGN.
œil-de-bœuf [œjdəbœf] *nm* (*pl* **œils-de-bœuf**) ojo *m* de buey.
œillade [œjad] *nf* guiño *m*.
œillère [œjɛʀ] *nf (de cheval)* anteojera *f*.
• **avoir des œillères** *fig* ser estrecho, -cha de miras.
œillet [œjɛ] *nm* **1** *(fleur)* clavel *m*. **2** *(de chaussure)* ojete *m*.
œsophage [ezɔfaʒ] *nm* ANAT esófago *m*.
œuf [œf] (el plural, **œufs**, se pronuncia [œ]) *nm* huevo *m*.
• **va te faire cuire un œuf !** *fam* ¡vete a freír espárragos!
▪ **œuf à la coque** huevo pasado por agua.
▪ **œuf dur** huevo duro.
▪ **œuf au plat** huevo frito.
▪ **œuf poché** huevo escalfado.
▪ **œufs brouillés** huevos revueltos.
œuvre [œuvʀ] *nf* obra *f*.
► *nm (d'un artiste)* obra *f*.
• **être à l'œuvre** estar manos a la obra.
• **mettre en œuvre** poner en práctica.
• **se mettre à l'œuvre** ponerse manos a la obra.
▪ **gros œuvre** estructura *f*.
▪ **œuvre d'art** obra de arte.
offense [ɔfɑ̃s] *nf* ofensa *f*.
offenser [ɔfɑ̃se] *vt* ofender.
► *vpr* **s'offenser** ofenderse (**de**, por).
offensif,-ive [ɔfɑ̃sif,-iv] *adj* ofensivo,-va.
offensive [ɔfɑ̃siv] *nf* ofensiva *f*.
office [ɔfis] *nm* **1** *(bureau)* oficina *f*. **2** REL oficio *m*.
• **d'office** de oficio.
• **faire office de** hacer las veces de.
▪ **office de tourisme** oficina de turismo.
officiel,-elle [ɔfisjɛl] *adj* oficial.
officier[1] [ɔfisje] *nm* oficial *m*.
officier[2] [ɔfisje] *vi* oficiar.

officieux,-euse [ɔfisjø,-øz] *adj* oficioso,-sa.
offrande [ɔfʀɑ̃d] *nf* ofrenda *f*.
offre [ɔfʀ] *nf* oferta *f*.
■ **offre d'emploi** oferta de trabajo.
offrir [ɔfʀiʀ] *vt* **1** *(gén)* ofrecer. **2** *(un cadeau)* regalar: ***elle lui a offert un pull***, le ha regalado un jersey.
► *vpr* **s'offrir** **1** *(se proposer)* ofrecerse. **2** *(se faire un cadeau)* regalarse.
offusquer [ɔfyske] *vt* ofender.
► *vpr* **s'offusquer** ofenderse.
ogival,-e [ɔʒival] *adj* ARCHIT ojival.
ogre [ɔgʀ] *nm* ogro *m*.
oh ! [o] *interj* ¡oh!
oie [wa] *nf* oca *f*.
oignon [ɔɲɔ̃] *nm* **1** *(pour manger)* cebolla *f*. **2** *(de tulipe)* bulbo *m*. **3** *(aux pieds)* juanete *m*.
oiseau [wazo] *nm* ave *f*, pájaro *m*.
• **à vol d'oiseau** en línea recta.
• **être un drôle d'oiseau** *fam péj* ser un buen pájaro.
■ **oiseau de proie** ave de presa.
oisif,-ive [wazif,-iv] *adj* - *nm,f* ocioso,-sa.
oisiveté [wazivte] *nf* ociosidad *f*.
OK ! [ɔke] *interj fam* ¡vale!
oléoduc [ɔleɔdyk] *nm* oleoducto *m*.
olivaie [ɔlivɛ] *nf* olivar.
olive [ɔliv] *nf* aceituna *f*, oliva *f*.
► *adj* de color verde oliva.
olivier [ɔlivje] *nm* olivo *m*.
olympiade [ɔlɛ̃pjad] *nf* olimpiada *f*.
olympique [ɔlɛ̃pik] *adj* olímpico,-ca.
ombilical,-e [ɔ̃bilikal] *adj* umbilical.
ombragé,-e [ɔ̃bʀaʒe] *adj* umbrío,-a.
ombrageux,-euse [ɔ̃bʀaʒø,-øz] *adj* suspicaz.
ombre [ɔ̃bʀ] *nf* sombra *f*.
• **faire de l'ombre** hacer sombra.
• **sans l'ombre d'un doute** sin sombra de duda.
■ **ombre à paupières** sombra de ojos.
ombrelle [ɔ̃bʀɛl] *nf* sombrilla *f*.
omelette [ɔmlɛt] *nf* tortilla *f*.
■ **omelette nature** tortilla a la francesa.
omettre [ɔmɛtʀ] *vt* omitir.
omission [ɔmisjɔ̃] *nf* omisión *f*.
omnipotent,-e [ɔmnipɔtɑ̃,-ɑ̃t] *adj* omnipotente.
omniprésent,-e [ɔmnipʀezɑ̃,-ɑ̃t] *adj* omnipresente.
omnivore [ɔmnivɔʀ] *adj* omnívoro,-ra.
omoplate [ɔmɔplat] *nf* ANAT omoplato *m*.
on [ɔ̃] *pron indéf* **1** *(quelqu'un, les autres)*: ***on dit qu'il est mort***, dicen que ha muerto; ***on croirait***, uno creería; ***on n'est jamais content***, nunca estamos satisfechos. **2** *fam (nous)* nosotros: ***on a bien mangé***, hemos comido bien. **3** *(impersonnel)* se: ***on ne sait jamais***, nunca se sabe.
• **le qu'en dira-t-on** el qué dirán.
once [ɔ̃s] *nf (poids)* onza *f*.
oncle [ɔ̃kl] *nm* tío *m*.
onctueux,-euse [ɔ̃ktɥø,-øz] *adj* untuoso,-sa.
onde [ɔ̃d] *nf* onda *f*.
ondée [ɔ̃de] *nf* aguacero *m*.
on-dit [ɔ̃di] *nm inv* rumores *m pl*.
ondulation [ɔ̃dylasjɔ̃] *nf* ondulación *f*.
onduler [ɔ̃dyle] *vt* - *vi* ondular.
ongle [ɔ̃gl] *nm* **1** *(de personne)* uña *f*. **2** *(des animaux)* garra *f*.
• **se ronger les ongles** morderse las uñas.
onomatopée [ɔnɔmatɔpe] *nf* onomatopeya *f*.
ONU [ony] *abr (**Organisation des Nations Unies**)* ONU *f*.
onyx [ɔniks] *nm* ónice *m*.
onze [ɔ̃z] *num* once *m*.
onzième [ɔ̃zjɛm] *num* undécimo,-ma.
► *nm* onceavo *m*, onceava parte *f*.
opacité [ɔpasite] *nf* opacidad *f*.
opaque [ɔpak] *adj* opaco,-ca.
opéra [ɔpeʀa] *nm* ópera *f*.
opérateur,-trice [ɔpeʀatœʀ,-tʀis] *nm,f* operador,-ra.
► *nm* **opérateur** MATH operador *m*.
opération [ɔpeʀasjɔ̃] *nf* operación *f*.
opérer [ɔpeʀe] *vt* **1** *(gén)* operar. **2** *(exécuter, faire)* realizar.
► *vpr* **s'opérer** producirse.
• **se faire opérer de** operarse de.
opérette [ɔpeʀɛt] *nf* opereta *f*.
ophtalmologiste [ɔftalmɔlɔʒist] *nmf* oftalmólogo,-ga.
opiner [ɔpine] *vi* opinar.
opiniâtre [ɔpinjatʀ] *adj* pertinaz.
opinion [ɔpinjɔ̃] *nf* opinión *f*.

• **se faire une opinion de** hacerse una idea de.
opium [ɔpjɔm] *nm* opio *m*.
opportun,-e [ɔpɔʀtœ̃,-yn] *adj* oportuno,-na.
opportunisme [ɔpɔʀtynism] *nm* oportunismo *m*.
opportunité [ɔpɔʀtynite] *nf* oportunidad *f*.
opposant,-e [ɔpozɑ̃,-ɑ̃t] *adj* opositor,-ra.
► *nm,f* oponente.
opposé,-e [ɔpoze] *adj* opuesto,-ta.
► *nm* **opposé** opuesto *m*.
• **à l'opposé de 1** *(côté)* en el lado opuesto. **2** *(contrairement à)* al contrario de.
opposer [ɔpoze] *vt* oponer.
► *vpr* **s'opposer** oponerse.
opposition [ɔpozisjɔ̃] *nf* oposición *f*.
oppresseur [ɔpʀesœʀ] *adj - nm* opresor,-ra.
oppression [ɔpʀesjɔ̃] *nf* opresión *f*.
opprimer [ɔpʀime] *vt* oprimir.
opter [ɔpte] *vi* optar.
opticien,-enne [ɔptisjɛ̃,-ɛn] *nm,f* óptico,-ca.
optimal,-e [ɔptimal] *adj* óptimo,-ma.
optimisme [ɔptimism] *nm* optimismo *m*.
optimiste [ɔptimist] *adj - nmf* optimista.
option [ɔpsjɔ̃] *nf* **1** *(gén)* opción *f*. **2** *(à l'université)* optativa *f*.
• **être en option** *(accessoire)* ser opcional.
optionnel [ɔpsjɔnɛl] *adj* opcional.
optique [ɔptik] *adj* óptico,-ca.
► *nf* óptica *f*.
opulence [ɔpylɑ̃s] *nf* opulencia *f*.
opulent,-e [ɔpylɑ̃,-ɑ̃t] *adj* opulento,-ta.
or[1] [ɔʀ] *nm* oro *m*.
• **en or** de oro.
▪ **or massif** oro macizo.
▪ **or noir** *fig* oro negro.
or[2] [ɔʀ] *conj* ahora bien.
orage [ɔʀaʒ] *nm* tormenta *f*.
orageux,-euse [ɔʀaʒø,-øz] *adj* tormentoso,-sa.
oral,-e [ɔʀal] *adj* oral.
► *nm* **oral** examen *m* oral.
orange [ɔʀɑ̃ʒ] *nf (fruit)* naranja *f*.
► *adj* naranja.
► *nm (couleur)* naranja *m*.
orangeade [ɔʀɑ̃ʒad] *nf* naranjada *f*.
oranger [ɔʀɑ̃ʒe] *nm* naranjo *m*.
orang-outan [ɔʀɑ̃utɑ̃] *nm* (*pl* **orangs-outans**) orangután *m*.
orateur,-trice [ɔʀatœʀ,-tʀis] *nm,f* orador,-ra.
orbite [ɔʀbit] *nf* órbita *f*.
• **mettre sur orbite** poner en órbita.
orchestre [ɔʀkɛstʀ] *nm* orquesta *f*.
orchidée [ɔʀkide] *nf* orquídea *f*.
ordinaire [ɔʀdinɛʀ] *adj* normal, corriente.
► *nm* lo usual.
• **d'ordinaire** habitualmente.
ordinal,-e [ɔʀdinal] *adj* ordinal.
ordinateur [ɔʀdinatœʀ] *nm* ordenador *m*.
ordonnance [ɔʀdɔnɑ̃s] *nf* **1** *(du médecin)* receta *f*. **2** *(du gouvernement)* ordenanza *f*. **3** *(d'un juge)* mandato *m*.
ordonner [ɔʀdɔne] *vt* **1** *(gén)* ordenar: ***il doit ordonner ses idées***, tiene que ordenar sus ideas; ***je vous ordonne de vous taire***, le ordeno que se calle. **2** *(le médecin)* recetar.
ordre [ɔʀdʀ] *nm* **1** *(agencement)* orden *m*. **2** *(commandement)* orden *f*. **3** *(d'avocats, médecins)* colegio *m*.
• **à l'ordre de** a la orden de.
• **jusqu'à nouvel ordre** hasta nuevo aviso.
• **mettre en ordre** poner en orden.
▪ **ordre chronologique** orden cronológico.
▪ **ordre du jour** orden del día.
▪ **ordre public** orden público.
ordure [ɔʀdyʀ] *nf* porquería *f*.
► *nf pl* **ordures** basura *f sing*.
oreille [ɔʀɛj] *nf* **1** ANAT oreja *f*. **2** *(sens)* oído *m*.
• **faire la sourde oreille** *fig* hacer oídos sordos.
oreiller [ɔʀeje] *nm* almohada *f*.
oreillons [ɔʀɛjɔ̃] *nm pl* MÉD paperas *f pl*.
ores [ɔʀ].
• **d'ores et déjà** de ahora en adelante.
orfèvre [ɔʀfɛvʀ] *nm* orfebre *mf*.
orfèvrerie [ɔʀfɛvʀəʀi] *nf* orfebrería *f*.
organe [ɔʀgan] *nm* **1** ANAT órgano *m*. **2** *fml (voix)* voz *f*.
organigramme [ɔʀganigʀam] *nm* organigrama *m*.
organique [ɔʀganik] *adj* orgánico,-ca.
organisateur,-trice [ɔʀganizatœʀ,-tʀis] *adj - nm,f* organizador,-ra.

organisation [ɔʀganizasjɔ̃] *nf* organización *f.*
organiser [ɔʀganize] *vt* organizar.
► *vpr* **s'organiser** organizarse.
organisme [ɔʀganism] *nm* organismo *m.*
organiste [ɔʀganist] *nmf* organista.
orgasme [ɔʀgasm] *nm* orgasmo *m.*
orge [ɔʀʒ] *nf* cebada *f.*
orgeat [ɔʀʒa] *nm* horchata *f.*
orgelet [ɔʀʒəlɛ] *nm* orzuelo *m.*
orgie [ɔʀʒi] *nf* orgía *f.*
orgue [ɔʀg] *nm* MUS órgano *m.*
orgueil [ɔʀgœj] *nm* orgullo *m.*
orgueilleux,-euse [ɔʀgœjø,-øz] *adj - nm,f* orgulloso,-sa.
orient [ɔʀjɑ̃] *nm* oriente *m.*
oriental,-e [ɔʀjɑ̃tal] *adj* oriental.
► *nm,f* **Oriental,-e** oriental.
orientation [ɔʀjɑ̃tasjɔ̃] *nf* orientación *f*: ***il a le sens de l'orientation***, tiene sentido de la orientación.
orienter [ɔʀjɑ̃te] *vt* orientar.
► *vpr* **s'orienter** orientarse.
orifice [ɔʀifis] *nm* orificio *m.*
origan [ɔʀigɑ̃] *nm* orégano *m.*
originaire [ɔʀiʒinɛʀ] *adj* originario,-ria.
original,-e [ɔʀiʒinal] *adj* original.
► *nm* **original** original *m.*
originalité [ɔʀiʒinalite] *nf* originalidad *f.*
origine [ɔʀiʒin] *nf* origen *m.*
• **à l'origine** al principio.
• **d'origine** de origen.
orme [ɔʀm] *nm* olmo *m.*
ornement [ɔʀnəmɑ̃] *nm* ornamento *m.*
orner [ɔʀne] *vt* ornar, adornar.
ornière [ɔʀnjɛʀ] *nf* surco *m.*
ornithologie [ɔʀnitɔlɔʒi] *nf* ornitología *f.*
orphelin,-e [ɔʀfəlɛ̃,-in] *adj - nm,f* huérfano,-na.
orphelinat [ɔʀfəlina] *nm* orfanato *m.*
orteil [ɔʀtɛj] *nm* dedo *m* del pie.
orthodoxe [ɔʀtɔdɔks] *adj - nmf* ortodoxo,-xa.
orthographe [ɔʀtɔgʀaf] *nf* ortografía *f.*
orthographique [ɔʀtɔgʀafik] *adj* ortográfico,-ca.
orthopédique [ɔʀtɔpedik] *adj* ortopédico,-ca.
orthophoniste [ɔʀtɔfɔnist] *nmf* logopeda.
ortie [ɔʀti] *nf* ortiga *f.*
os [ɔs] (el plural, **os**, se pronuncia [o]) *nm* hueso *m.*
• **tomber sur un os** *fig* dar con un hueso.
oscillation [ɔsilasjɔ̃] *nf* oscilación *f.*
osciller [ɔsile] *vi* oscilar.
osé,-e [oze] *adj* atrevido,-da.
oseille [ozɛj] *nf* acedera *f.*
oser [oze] *vi* atreverse (a).
osier [ozje] *nm* mimbre *m.*
ossature [ɔsatyʀ] *nf* **1** *(du corps)* osamenta *f.* **2** *(structure)* armazón *m.*
ossements [ɔsmɑ̃] *nm pl* osamenta *f sing.*
osseux,-euse [ɔsø,-øz] *adj* **1** *(tissu, cellule)* óseo,-a. **2** *(personne)* huesudo,-da.
ostensible [ɔstɑ̃sibl] *adj* ostensible.
ostentation [ɔstɑ̃tasjɔ̃] *nf* ostentación *f.*
ostéopathie [ɔsteɔpati] *nf* MÉD osteopatía *f.*
ostéoporose [ɔsteɔpɔʀoz] *nf* MÉD osteoporosis *f.*
ostracisme [ɔstʀasism] *nm* ostracismo *m.*
otage [ɔtaʒ] *nm* rehén *mf.*
otarie [ɔtaʀi] *nf* león *m* marino.
ôter [ɔte] *vt* **1** *(enlever)* quitar, sacar. **2** *(vêtement)* quitarse: ***il doit ôter son chapeau***, tiene que quitarse el sombrero. **3** *(soustraire)* restar: ***5 ôté de 10 égale 5***, si restas 5 a 10 quedan 5.
► *vpr* **s'ôter** apartarse.
otite [ɔtit] *nf* MÉD otitis *f.*
ou [u] *conj* o, u: ***tu préfères le pull rouge ou le jaune ?***, ¿prefieres el jersey rojo o el amarillo?; ***c'est l'un ou l'autre***, tiene que ser uno u otro.
• **ou (bien) ... ou (bien) ...** o (bien)... o (bien)....
où [u] *pron rel* **1** *(lieu - sans mouvement)* donde; *(- avec mouvement)* adonde: ***la ville où je suis né***, la ciudad donde nací; ***par où est-elle sortie ?***, ¿por donde salió?; ***il ne sait pas où aller***, no sabe adonde ir. **2** *(état)* al que, a la que, en el que, en la que: ***dans l'état où je suis, je ne ferai rien de bon***, en el estado en el que estoy, no haré nada bueno. **3** *(temporel)* en que: ***au moment où le livre est publié***, en el momento en que el libro se publica.
► *adv (espace - sans mouvement)* donde;

(- avec mouvement) adonde: ***d'où tu étais***, desde donde estabas; ***je vais où je veux***, voy adonde quiero.
► *adv interr (sans mouvement)* dónde; *(avec mouvement)* adónde: ***où est-il ?***, ¿dónde está?; ***où vas-tu ?***, ¿adónde vas?
• **d'où** de donde, de ahí ***je le croyais parti, d'où ma surprise***, pensaba que se había ido, de ahí mi sorpresa.
ouate [wat] *nf* guata *f.*
oubli [ubli] *nm* olvido *m.*
• **tomber dans l'oubli** caer en el olvido.
oublier [ublije] *vt* **1** *(gén)* olvidar. **2** *(reléguer)* olvidarse: ***ils ont oublié de compter les personnes présentes***, se han olvidado contar a los asistentes.
► *vpr* **s'oublier** olvidarse.
oubliette [ublijɛt] *nf* mazmorra *f.*
ouest [wɛst] *nm* oeste *m.*
ouf ! [uf] *interj* ¡uf!
oui [wi] *adv* sí: ***oui ou non ?***, ¿sí o no?
► *nm* sí *m.*
• **pour un oui pour un non** porque sí.
ouï-dire [widiʀ].
• **par ouï-dire** de oídas.
ouïe [wi] *nf* oído *m.*
► *nf pl* **ouïes** *(de poisson)* agallas *f pl.*
• **avoir l'ouïe fine** tener el oído fino.
ouragan [uʀagɑ̃] *nm* huracán *m.*
ourlet [uʀlɛ] *nm* dobladillo *m.*
ours [uʀs] *nm* oso *m.*
▪ **ours blanc** oso blanco.
▪ **ours brun** oso pardo.
▪ **ours polaire** oso polar.
ourse [uʀs] *nf* osa *f.*
oursin [uʀsɛ̃] *nm* erizo *m* de mar.
ourson [uʀsɔ̃] *nm* osezno *m.*
outil [uti] *nm* herramienta *f.*
outillage [utijaʒ] *nm* herramientas *f pl.*
outrage [utʀaʒ] *nm* ultraje *m.*
outrager [utʀaʒe] *vt* ultrajar.
outrance [utʀɑ̃s] *nf* exageración *f.*
• **à outrance** a ultranza.
outre[1] [utʀ] *prép* además de.
• **en outre** además.
• **passer outre** pasar por alto.
outre[2] [utʀ] *nf* odre *m.*
outré,-e [utʀe] *adj* indignado,-da.
outre-mer [utʀəmɛʀ] *adv* ultramar.
outremer [utʀəmɛʀ] *nm (minéral)* lapislázuli *m.*
outrepasser [utʀəpase] *vt* excederse.
outrer [utʀe] *vt* indignar.
outre-tombe [utʀətɔ̃b] *adv* ultratumba.
ouvert,-e [uvɛʀ,-ɛʀt] *adj* abierto,-ta.
• **grand ouvert** abierto de par en par.
ouverture [uvɛʀtyʀ] *nf* **1** *(action d'ouvrir)* abertura *f.* **2** *(d'un local, d'un débat)* apertura *f.* **3** *(entrée)* boca *f.* **4** MUS obertura *f.*
► *nf pl* **ouvertures** *(en vue de pourparlers)* propuestas *f pl.*
▪ **ouverture d'esprit** amplitud *f* de miras.
▪ **ouverture de la chasse** levantamiento *m* de la veda.
ouvrable [uvʀabl] *adj (jour)* laborable.
ouvrage [uvʀaʒ] *nm* **1** *(travail)* trabajo *m.* **2** *(de tricot)* labor *f.* **3** *(livre)* obra *f.*
ouvre-boîtes [uvʀəbwat] *nm inv* abrelatas *m.*
ouvre-bouteilles [uvʀəbutɛj] *nm inv* abrebotellas *m.*
ouvreur,-euse [uvʀœʀ,-øz] *nm,f* acomodador,-ra.
ouvrier,-ère [uvʀije,-jɛʀ] *adj - nm,f* obrero,-ra.
ouvrière [uvʀijɛʀ] *nf* abeja *f* obrera.
ouvrir [uvʀiʀ] *vt* abrir: ***j'ai ouvert la porte***, he abierto la puerta.
► *vi* **1** *(magasin, porte)* abrir. **2** *(commencer)* empezar. **3** *(donner sur)* abrirse (**sur**, a).
► *vpr* **s'ouvrir** abrirse: ***il s'est ouvert à un ami***, se abrió con un amigo.
• **s'ouvrir un passage** abrirse paso.
ovaire [ɔvɛʀ] *nm* ovario *m.*
ovale [ɔval] *adj* oval, ovalado,-da.
► *nm* óvalo *m.*
ovation [ɔvasjɔ̃] *nf* ovación *f.*
overdose [ovɛʀdoz] *nf* sobredosis *f.*
ovin,-e [ɔvɛ̃,-in] *adj* ovino,-na.
ovipare [ɔvipaʀ] *adj - nmf* ovíparo,-ra.
ovni [ovni] *nm* ovni *m.*
ovuler [ɔvyle] *vi* ovular.
ovule [ɔvyl] *nm* óvulo *m.*
oxydation [ɔksidasjɔ̃] *nf* oxidación *f.*
oxyde [ɔksid] *nm* óxido *m.*
oxyder [ɔkside] *vt* oxidar.
oxygène [ɔksiʒɛn] *nm* oxígeno *m.*
ozone [ɔzon] *nm* ozono *m*: ***couche d'ozone***, capa de ozono.

P

pacemaker [pɛsmekœʀ] *nm* marcapasos *m*.
pachyderme [paʃidɛʀm] *nm* paquidermo *m*.
pacifier [pasifje] *vt* pacificar.
pacifique [pasifik] *adj* pacífico,-ca.
pacifiste [pasifist] *adj* - *nmf* pacifista.
pack [pak] *nm* pack *m*.
pacotille [pakɔtij] *nf* pacotilla *f*.
• **de pacotille** de pacotilla.
pacte [pakt] *nm* pacto *m*.
pactiser [paktise] *vi* pactar (**avec**, con).
pagaie [pagɛ] *nf* zagual *m*.
• **en pagaille** *fam* a porrillo.
pagaille o **pagaïe** [pagaj] *nf fam* follón *m*: ***quelle pagaille !***, ¡qué jaleo!
• **en pagaille** *fam* a porrillo.
• **semer la pagaille** *fam* armar jaleo.
page[1] [paʒ] *nf* página *f*.
• **être à la page** estar al día.
• **mettre en pages** compaginar.
• **tourner la page** hacer borrón y cuenta nueva.
▪ **page d'accueil** (*sur Internet*) página de inicio.
▪ **pages jaunes**® páginas amarillas®.
page[2] [paʒ] *nm* paje *m*.
pagne [paɲ] *nm* taparrabos *m inv*.
pagode [pagɔd] *nf* pagoda *f*.
paiement [pɛmɑ̃] *nm* pago *m*.
païen,-enne [pajɛ̃,-ɛn] *adj* - *nm,f* pagano,-na.
paillasse [pajas] *nf* **1** (*matelas*) jergón *m*. **2** (*d'évier*) escurridero *m*.
paillasson [pajasɔ̃] *nm* felpudo *m*.
paille [paj] *nf* paja *f*.
• **être sur la paille** *fig* estar en la miseria.
▪ **homme de paille** *fig* testaferro *m*.
▪ **paille de fer** estropajo *m* de aluminio.
paillette [pajɛt] *nf* **1** (*sur vêtement*) lentejuela *f*. **2** (*poudre*) purpurina *f*. **3** (*de savon*) escama *f*.
pain [pɛ̃] *nm* pan *m*.
• **avoir du pain sur la planche** *fig* tener mucho que hacer.
▪ **pain complet** pan integral.
▪ **pain de mie** pan de molde.
▪ **pain d'épice** pan de especies.
▪ **pain grillé** pan tostado.
▪ **petit pain** bollo *m* de pan.
pair,-e [pɛʀ] *adj* par: ***nombre pair***, número par.
► *nm* **pair** igual *m*.
• **au pair** COMM a la par.
• **aller de pair avec** ir con.
▪ **au pair** (*pour garder des enfants*) au pair.
paire [pɛʀ] *nf* par *m*: ***une paire de chaussures***, un par de zapatos.
paisible [pezibl] *adj* apacible.
paître [pɛtʀ] *vt* - *vi* pastar, pacer.
• **envoyer paître QQN** *fam fig* mandar a ALGN a freír espárragos.
paix [pɛ] *nf* paz *f*.
• **faire la paix** hacer las paces.
• **ficher la paix à QQN** *fam* dejar a ALGN en paz: ***fiche-moi la paix !***, ¡déjame en paz!
Pakistan [pakistɑ̃] *nm* Pakistán, Paquistán.
pakistanais,-e [pakistanɛ,ɛz] *adj* paquistaní, pakistaní.
► *nm,f* **Pakistanais,-e** paquistaní, pakistaní.

palace [palaz] *nm* hotel *m* de lujo.
palais [palɛ] *nm* **1** *(édifice)* palacio *m.* **2** ANAT paladar *m.*
■ **palais de justice** palacio de justicia.
palan [palɑ̃] *nm* aparejo *m.*
pale [pal] *nf* **1** *(de rame)* pala *f.* **2** *(de roue, d'hélice)* paleta *f.*
pâle [pal] *adj* pálido,-da.
paléolithique [paleɔlitik] *nm* paleolítico *m.*
paléontologie [paleɔ̃tɔlɔʒi] *nf* paleontología *f.*
Palestine [palestin] *nf* Palestina.
palestinien,-enne [palɛstinjɛ̃,-ɛn] *adj* palestino,-na.
► *nm,f* **Palestinien,-enne** palestino,-na.
palet [palɛ] *nm* tejo *m.*
palette [palɛt] *nf* **1** *(de peintre, de chargement)* paleta *f.* **2** CUIS *(de mouton)* paletilla *f.*
palétuvier [paletyvje] *nm* mangle *m.*
pâleur [palœʀ] *nf* palidez *f.*
palier [palje] *nm* **1** *(d'escalier)* rellano *m.* **2** *(étape)* escalón *m.*
pâlir [paliʀ] *vi* palidecer.
palissade [palisad] *nm* empalizada *f.*
palliatif,-ive [paljatif,-iv] *nm* paliativo,-va.
► *nm* **palliatif** paliativo *m.*
pallier [palje] *vt* paliar.
palmarès [palmaʀɛs] *nm* palmarés *m.*
palme [palm] *nf* **1** *(feuille)* palma *f.* **2** SPORT *(de nageur)* aleta *f.*
palmier [palmje] *nm* palmera *f.*
palmipède [palmipɛd] *adj* palmípedo,-da.
► *nm* palmípedo *m.*
palombe [palɔ̃b] *nf* paloma *f* torcaz.
pâlot,-otte [palo,-ɔt] *adj* paliducho,-cha.
palourde [paluʀd] *nf* almeja *f.*
palpable [palpabl] *adj* palpable.
palper [palpe] *vt* **1** *(toucher)* palpar. **2** *fam fig (de l'argent)* embolsarse.
palpiter [palpite] *vi* palpitar.
paludisme [palydism] *nm* paludismo *m.*
pâmer (se) [pame] *vpr* extasiarse.
pamphlet [pɑ̃flɛ] *nm* panfleto *m.*
pamplemousse [pɑ̃pləmus] *nm* pomelo *m.*
pan[1] [pɑ̃] *nm* **1** *(de mur)* lienzo *m.* **2** *(de vêtement)* faldón *m.*
pan ![2] [pɑ̃] *interj* ¡pum!
panacée [panase] *nf* panacea *f.*
panache [panaʃ] *nm* **1** *(de plumes)* penacho *m.* **2** *fig (éclat)* brillo *m.* **3** *(bravoure)* valor *m.*
panaché [panaʃe] *nm (bière)* clara *f.*
Panama [panama] *nm* Panamá.
panaméen,-enne [panameɛ̃,-ɛn] *adj* panameño,-ña.
► *nm,f* **Panaméen,-enne** panameño,-ña.
pancarte [pɑ̃kaʀt] *nf* pancarta *f.*
pancréas [pɑ̃kʀeas] *nm* ANAT páncreas *m.*
panda [pɑ̃da] *nm* panda *m.*
pané,-e [pane] *adj* rebozado,-da.
panégyrique [paneʒiʀik] *nm* panegírico *m.*
panier [panje] *nm* **1** *(gén)* cesto *m,* cesta *f.* **2** SPORT *(au basket)* canasta *f.*
● **mettre au panier** tirar a la basura.
■ **panier à provisions** cesta de la compra.
■ **panier à salade** *fam (de police)* conejera *f.*
panique [panik] *nf* pánico *m.*
paniquer [panike] *vi* ponerse histérico.
panne [pan] *nf* avería *f.*
● **être en panne** estar averiado,-da.
● **tomber en panne** averiarse.
● **tomber en panne d'essence** quedarse sin gasolina.
■ **panne de courant** apagón *m.*
panneau [pano] *nm* **1** *(gén)* panel *m.* **2** *(surface plane)* tablero *m.*
■ **panneau d'affichage** tablón *m* de anuncios.
■ **panneau de commande** panel de mandos.
■ **panneau indicateur** señal *f.*
panoplie [panɔpli] *nf* panoplia *f.*
panorama [panɔʀama] *nm* **1** *(vue)* panorama *m.* **2** *fig (rétrospective)* panorámica *f.*
panoramique [panoʀamik] *adj* panorámico,-ca.
► *nf* panorámica *f.*
panse [pɑ̃s] *nf fam* panza *f.*
pansement [pɑ̃smɑ̃] *nm* **1** *(adhésif)* tirita *f.* **2** *(compresse)* vendaje *m.* **3** *(sur une dent)* empaste *m.*
panser [pɑ̃se] *vt* **1** *(plaie)* vendar. **2** *(cheval)* almohazar.
pansu,-e [pɑ̃sy] *adj* panzudo,-da.
pantalon [pɑ̃talɔ̃] *nm* pantalón *m.*
pantelant,-e [pɑ̃tlɑ̃,-ɑ̃t] *adj* **1** *(haletant)* jadeante. **2** *(palpitant)* palpitante.

panthéon [pɑ̃teɔ̃] *nm* panteón *m*.
panthère [pɑ̃tɛʀ] *nf* pantera *f*.
pantin [pɑ̃tɛ̃] *nm* títere *m*.
pantomime [pɑ̃tɔmim] *nf* pantomima *f*.
pantoufle [pɑ̃tufl] *nf* zapatilla *f*.
PAO [pao] *abr* (***publication assistée par ordinateur***) autoedición *f*.
paon [pɑ̃] *nm* pavo *m* real.
papa [papa] *nm* papá *m*.
papauté [papote] *nf* papado *m*.
pape [pap] *nm* papa *m*.
paperasse [papʀas] *nf* papeleo *m*.
papeterie [papɛtəʀi] *nf* **1** *(magasin)* papelería *f*. **2** *(industrie)* papelera *f*.
papier [papje] *nm* papel *m*.
► *nm pl* **papiers** papeles *m pl*: ***vos papiers, s'il vous plaît !***, ¡los papeles, por favor!
▪ **papier à cigarettes** papel de fumar.
▪ **papier à lettres** papel de carta.
▪ **papier alu(minium)** papel de plata.
▪ **papier buvard** papel secante.
▪ **papier carbone** papel carbón.
▪ **papier de verre** papel de lija.
▪ **papier peint** papel pintado.
papillon [papijɔ̃] *nm* mariposa *f*.
paprika [papʀika] *nm* pimentón *m*.
papyrus [papiʀys] *nm* papiro *m*.
paquebot [pakbo] *nm* transatlántico *m*.
pâquerette [pakʀɛt] *nf* margarita *f*.
Pâques [pak] *nf pl* Semana *f* Santa, Pascua *f*.
paquet [pakɛ] *nm* paquete *m*.
paquet-cadeau [pakɛkado] *nm* paquete *m* regalo.
par [paʀ] *prép* **1** *(cause, moyen, lieu)* por: ***hâlé par le soleil***, tostado por el sol; ***par écrit***, por escrito. **2** *(distribution dans le temps)* a: ***par an***, al año. **3** *(temps atmosphérique)* con: ***par un temps de pluie***, con un tiempo de lluvia. **4** *(pendant)* en: ***par un beau jour de printemps***, en un hermoso día de primavera. **5** *(distribution)* a, en, por: ***deux par deux***, de dos en dos; ***il fait du sport quatre jours par semaine***, hace deporte cuatro días a la semana.
• **par contre** en cambio.
parabole [paʀabɔl] *nf* parábola *f*.
parabolique [paʀabolik] *adj* parabólico,-ca.
parachever [paʀaʃve] *vt* rematar.
parachute [paʀaʃyt] *nm* paracaídas *m*.
parachutiste [paʀaʃytist] *nmf* paracaidista.
parade [paʀad] *nf* **1** *(spectacle)* desfile *m*. **2** *(étalage)* alarde *m*, ostentación *f*.
paradis [paʀadi] *nm* paraíso *m*.
paradisiaque [paʀadizjak] *adj* paradisíaco,-ca.
paradoxal,-e [paʀadɔksal] *adj* paradójico,-ca.
paradoxe [paʀadɔks] *nm* paradoja *f*.
paraffine [paʀafin] *nf* parafina *f*.
parages [paʀaʒ] *nm pl* parajes *m pl*.
paragraphe [paʀagʀaf] *nm* párrafo *m*.
Paraguay [paʀagwɛ] *nm* Paraguay.
paraguayen,-enne [paʀagwejɛ̃,-ɛn] *adj* paraguayo,-ya.
► *nm,f* **Paraguayen,-enne** paraguayo,-ya.
paraître [paʀɛtʀ] *vi* **1** *(sembler)* parecer. **2** *(apparaître)* aparecer. **3** *(faire semblant)* aparentar. **4** *(sentiment)* manifestarse.
• **il paraît que** parece que.
• **paraît-il** según parece.
parallèle [paʀalɛl] *adj* paralelo,-la.
► *nm* paralelo *m*.
► *nf* paralela *f*.
parallélisme [paʀalelism] *nm* paralelismo *m*.
paralyser [paʀalize] *vt* paralizar.
paralysie [paʀalizi] *nf* parálisis *f*.
paralytique [paʀalitik] *adj* - *nmf* paralítico,-ca.
paramètre [paʀamɛtʀ] *nm* parámetro *m*.
paranoïa [paʀanɔja] *nf* paranoia *f*.
parapente [paʀapɑ̃t] *nm* parapente *m*.
parapet [paʀapɛ] *nm* parapeto *m*.
paraphe [paʀaf] *nm* rúbrica *f*.
paraphrase [paʀafʀaz] *nf* paráfrasis *f*.
paraplégique [paʀapleʒik] *adj* - *nmf* parapléjico,-ca.
parapluie [paʀaplɥi] *nm* paraguas *m*.
parasite [paʀazit] *adj* parásito,-ta.
► *nm* parásito *m*.
parasol [paʀasɔl] *nm* sombrilla *f*.
paratonnerre [paʀatɔnɛʀ] *nm* pararrayos *m*.
paravent [paʀavɑ̃] *nm* biombo *m*.
parc [paʀk] *nm* parque *m*.

■ **parc à thème** parque temático.
■ **parc automobile** parque automovilístico.
■ **parc d'attractions** parque de atracciones.
■ **parc national** parque nacional.
parcelle [paRsɛl] *nf* parcela *f*.
parce [paRs].
• **parce que** porque: ***il ne viendra pas parce qu'il a des examens***, no vendrá porque tiene exámenes.
parchemin [paRʃəmɛ̃] *nm* pergamino *m*.
parcmètre [paRkmɛtR] *nm* parquímetro *m*.
parcourir [paRkuRiR] *vt* **1** *(pays, ville)* recorrer. **2** *(livre, revue)* hojear.
parcours [paRkuR] *nm* recorrido *m*.
par-dedans [paRdədɑ̃] *adv* por dentro.
par-dehors [paRdəɔR] *adv* por fuera.
par-derrière [paRdɛRjɛR] *adv* por detrás.
par-dessous [paRdəsu] *adv* por debajo.
par-dessus [paRdəsy] *adv* por encima.
pardessus [paRdəsy] *nm* abrigo *m*.
par-devant [paRdəvɑ̃] *adv* por delante.
pardon [paRdɔ̃] *nm* perdón *m*.
► *interj* **pardon !** ¡disculpe!
• **demander pardon** pedir perdón.
pardonner [paRdɔne] *vt* - *vi* perdonar.
pare-balles [paRbal] *nm inv* chaleco *m* antibalas.
► *adj* antibalas.
pare-brise [paRbriz] *nm inv* parabrisas *m*.
pare-chocs [paRʃɔk] *nm inv* parachoques *m*.
pareil,-eille [paRɛj] *adj* **1** *(gén)* igual: ***c'est toujours pareil***, es siempre igual. **2** *(tel)* semejante: ***je n'ai jamais entendu une bêtise pareille !***, ¡nunca había oído semejante tontería!
► *nm,f* igual *m*, semejante *m*.
► *adv fam* igual: ***ils sont habillés pareil***, van vestidos igual.
• **ce n'est pas pareil** no es lo mismo.
• **sans pareil** sin igual.
• **rendre la pareille** pagar con la misma moneda.
parent,-e [paRɑ̃,-ɑ̃t] *nm,f (famille)* pariente.
► *nm pl* **parents** padres *m pl*.
parenté [paRɑ̃te] *nf* parentesco *m*.
parenthèse [paRɑ̃tɛz] *nf* paréntesis *m*.
• **entre parenthèse** entre paréntesis.
parer [paRe] *vt* **1** *fml (orner)* adornar. **2** *(un coup)* evitar.
► *vi* **parer à** lidiar con: ***parer au plus pressé***, solucionar lo más urgente.
► *vpr* **se parer** engalanarse.
pare-soleil [paRsɔlej] *nm inv* parasol *m*.
paresse [paRɛs] *nf* pereza *f*.
paresseux,-euse [paRɛsø,-øz] *adj* - *nm,f* perezoso,-sa.
parfaire [paRfɛR] *vt* perfeccionar.
parfait,-e [paRfɛ,-ɛt] *adj* perfecto,-ta.
► *nm* **parfait** *(temps grammatical)* perfecto *m*.
parfois [parfwa] *adv* a veces.
parfum [paRfœ̃] *nm* **1** *(senteur)* perfume *m*. **2** *(goût)* sabor *m*: ***tu veux une glace à quel parfum ?***, ¿de qué sabor quieres el helado?
parfumer [paRfyme] *vt* perfumar.
parfumerie [paRfymRi] *nf* perfumería *f*.
pari [paRi] *nm* apuesta *f*.
paria [paRja] *nm* paria *mf*.
parier [paRje] *vt* apostar.
• **je parie que ...** apuesto a que....
parité [paRite] *nf* paridad *f*.
parjure [paRʒyR] *nm* perjurio *m*.
► *nmf* perjuro,-ra.
parka [paRka] *nf* parka *f*.
parking [paRkiŋ] *nm* aparcamiento *m*.
parlant,-e [paRlɑ̃,-ɑ̃t] *adj* **1** *(qui parle)* parlante. **2** *fig (vivant)* expresivo,-va.
parlement [paRləmɑ̃] *nm* parlamento *m*.
parlementaire [paRləmɑ̃tɛR] *adj* - *nmf* parlamentario,-ria.
parler [paRle] *vt* hablar (de): ***il ne parle pas espagnol***, no habla español; ***elles parlent affaires***, hablan de negocios.
► *vi* hablar: ***on parle de la pluie et du beau temps***, hablamos de nimiedades; ***j'ai parlé du film à Pierre***, he hablado de la película con Pierre.
► *vpr* **se parler** hablarse.
• **à proprement parler** propiamente dicho.
• **n'en parlons plus !** ¡no se hable más!
• **sans parler de ...** sin hablar de ....
• **tu parles !** *fam* ¡qué va!
parloir [paRlwaR] *nm* locutorio *m*.
parmi [paRmi] *prép* entre.
• **parmi d'autres** entre otros,-tras.

parodie [paʀɔdi] *nf* parodia *f.*
parodier [paʀɔdje] *vt* parodiar.
paroi [paʀwa] *nf* tabique *m*, pared *f.*
paroisse [paʀwas] *nf* parroquia *f.*
paroissien,-enne [paʀwasjɛ̃,-ɛn] *nm,f* feligrés,-esa.
parole [paʀɔl] *nf* **1** *(faculté)* habla *m.* **2** *(mot)* palabra *f.*
► *nf pl* **paroles** *(d'une chanson)* letra *f sing.*
• **adresser la parole à QQN** dirigir la palabra a ALGN.
• **ma parole !** ¡palabra!
• **prendre la parole** tomar la palabra.
• **tenir (sa) parole** cumplir su palabra.
▪ **parole d'honneur** palabra de honor.
paroxysme [paʀɔksism] *nm* paroxismo *m.*
parquer [paʀke] *vt* encerrar.
parquet [paʀkɛ] *nm* **1** *(sol)* parqué *m*, parquet *m.* **2** DR fiscalía *f.*
parrain [paʀɛ̃] *nm* padrino *m.*
parrainer [paʀɛne] *vt* **1** *(enfant)* apadrinar. **2** *(entreprise)* patrocinar.
parricide [paʀisid] *nm* parricidio *m.*
► *adj - nmf* parricida.
parsemer [paʀsəme] *vt* **1** *(terrain)* sembrar. **2** *fig (texte)* salpicar.
part [paʀ] *nf* parte *f.*
• **à part** aparte.
• **autre part 1** *(sans mouvement)* en otra parte. **2** *(avec mouvement)* a otra parte.
• **d'autre part** por otra parte.
• **de la part de** de parte de.
• **de part en part** de parte a parte.
• **d'une part ... d'autre part** por una parte... por otra.
• **faire part de QQCH à QQN** notificar ALGO a ALGN.
• **nulle part** en ninguna parte.
• **prendre part à** tomar parte en.
• **quelque part** en alguna parte.
partage [paʀtaʒ] *nm* **1** *(gén)* reparto *m.* **2** *(division)* partición *f.*
partager [paʀtaʒe] *vt* **1** *(diviser)* repartir. **2** *(avec d'autres)* compartir: ***il partage l'opinion de Jean***, comparte la opinión de Jean.
► *vpr* **se partager** repartirse.
partance [paʀtɑ̃s].
• **en partance pour** con destino a.
partant,-e [paʀtɑ̃,-ɑ̃t] *adj* dispuesto,-ta.
► *nm,f* SPORT participante.
• **être partant,-e pour** apuntarse a.
partenaire [paʀtənɛʀ] *nmf* **1** *(au jeu)* compañero,-ra. **2** *(de danse)* pareja *f.* **3** *(d'affaires)* socio,-cia.
partenariat [paʀtenaʀia] *nm* colaboración *f.*
parterre [paʀtɛʀ] *nm* **1** *(de jardin)* parterre *m.* **2** *(au théâtre)* patio *m* de butacas.
parti [paʀti] *nm* partido *m.*
• **être de parti pris** no ser objetivo.
• **prendre le parti de** tomar partido por.
• **prendre son parti (de)** resignarse (a).
• **tirer parti de** sacar partido de.
▪ **parti politique** partido político.
▪ **parti pris** prejuicio *m.*
partial,-e [paʀsjal] *adj* parcial.
participant,-e [paʀtisipɑ̃,-ɑ̃t] *adj - nm,f* participante.
participation [paʀtisipasjɔ̃] *nf* participación *f.*
participe [paʀtisip] *nm* participio *m.*
▪ **participe présent** participio presente.
participer [paʀtisipe] *vi* **1** *(gén)* participar. **2** *(aux frais)* compartir.
particularité [paʀtikylaʀite] *nf* particularidad *f.*
particule [paʀtikyl] *nf* partícula *f.*
particulier,-ère [paʀtikylje,-ɛʀ] *adj* **1** *(gén)* particular. **2** *(original)* peculiar.
► *nm* **particulier** particular *m.*
• **en particulier** en particular.
partie [paʀti] *nf* **1** *(gén)* parte *f*: ***la partie adverse***, la parte contraria. **2** *(de jeux, chasse)* partida *f.* **3** *(domaine)* rama *f.*
• **en partie** en parte.
• **faire partie de** formar parte de.
• **prendre QQN à partie** tomarla con ALGN.
partiel,-elle [paʀsjɛl] *adj* parcial.
► *nm* **partiel** *(examen)* parcial *m.*
partir [paʀtiʀ] *vi* **1** *(s'en aller)* marcharse, partir. **2** *(prendre le départ)* salir: ***il est parti comme une flèche***, salió disparado. **3** *(commencer)* empezar.
• **à partir de** a partir de.
partisan,-e [paʀtizɑ̃,-an] *adj* partidista.
► *nm* **partisan 1** *(adepte)* partidario,-ria. **2** *(combattant)* partisano,-na.

partition [paʀtisjɔ̃] *nf* **1** *(séparation)* división *f.* **2** MUS partitura *f.*
partout [paʀtu] *adv* en todas partes.
parure [paʀyʀ] *nf* **1** *(de linge)* juego *m.* **2** *(de bijoux)* aderezo *m.*
parution [paʀysjɔ̃] *nf* publicación *f.*
parvenir [paʀvəniʀ] *vi* **parvenir à 1** *(arriver)* llegar a. **2** *(réussir à)* lograr.
parvenu,-e [paʀvəny] *nm,f* nuevo,-va rico,-ca.
parvis [paʀvi] *nm* plaza *f.*
pas[1] [pa] *nm* **1** *(gén)* paso *m.* **2** *(marche)* escalón *m.*
• **d'un bon pas** a paso ligero.
• **faire le premier pas** dar el primer paso.
• **faire les cent pas** pasear arriba y abajo.
• **faire un pas en avant** dar un paso adelante.
• **pas à pas** paso a paso.
• **tirer QQN d'un mauvais pas** sacar a ALGN de un apuro.
pas[2] [pa] *adv* **1** no: ***tu me crois ou pas ?***, ¿me crees o no? **2 ne ... pas** no: ***je ne crois pas***, no creo; ***je n'aime pas ça***, no me gusta esto.
• **même pas** ni siquiera.
• **pas assez +** ***adj*** no lo bastante + *adj.*
• **pas beaucoup** no mucho.
• **pas du tout** en absoluto.
• **pas encore** todavía no.
• **pas un** ni uno.
pascal,-e [paskal] *adj* pascual.
passable [pasabl] *adj* **1** *(gén)* aceptable. **2** *(mention sur un devoir)* suficiente.
passage [pasaʒ] *nm* **1** *(gén)* paso *m*: ***le passage de la procession***, el paso de la procesión. **2** *(voie, rue)* pasaje *m.* **3** *(d'un livre, d'un discours)* pasaje *m.*
• **de passage** de paso.
▪ **passage à niveau** paso a nivel.
▪ **passage clouté** paso de peatones.
passager,-ère [pasaʒe,-ɛʀ] *adj - nm,f* pasajero,-ra.
▪ **passager clandestin** polizón *m.*
passant,-e [pasɑ̃,-ɑ̃t] *adj (fréquenté)* concurrido,-da.
▶ *nm,f* transeúnte.
passe [pas] *nf* **1** *(de montagne)* paso *m.* **2** SPORT pase *m.*
passé,-e [pase] *adj* pasado,-da.
▶ *nm* **passé** pasado *m.*
▪ **passé composé** pretérito *m* perfecto.
passe-montagne [pasmɔ̃taɲ] *nm (pl* **passe-montagnes**) pasamontañas *m.*
passe-partout [paspaʀtu] *nm inv* **1** *(clef)* llave *f* maestra. **2** *(de tableau)* paspartú *m.*
passeport [paspɔʀ] *nm* pasaporte *m.*
passer [pase] *vi* **1** *(gén)* pasar: ***l'autobus est passé***, el autobús ha pasado. **2** *(à la télé, la radio, au cinéma)* poner (**à**, en), salir (**à**, en): ***ce film passe depuis hier***, ponen esta película desde ayer. **3** *(oublier)* no tener en cuenta. **4** *(s'écouler)* pasar, transcurrir.
▶ *vt* **1** *(traverser)* pasar: ***nous avons passé la rivière***, hemos pasado el río. **2** *(examen)* hacer. **3** *(film, disque)* poner. **4** *(vêtement)* ponerse. **5** *(contrat)* otorgar. **6** *(caprice)* conceder.
▶ *vpr* **se passer 1** *(temps)* pasar. **2** *(événement, accident)* ocurrir: ***que se passe-t-il ?***, ¿qué pasa?
• **en passant** de paso.
• **ne faire que passer** estar de paso.
• **passe encore** todavía pase.
• **passer inaperçu** pasar desapercibido.
• **passer outre QQCH** hacer caso omiso de ALGO.
• **passer pour** pasar por.
• **se passer de** prescindir de.
passerelle [pasʀɛl] *nf* pasarela *f.*
passe-temps [pastɑ̃] *nm inv* pasatiempo *m.*
passif,-ive [pasif,-iv] *adj* pasivo,-va.
▶ *nm* **passif** pasivo *m.*
passion [pasjɔ̃] *nf* pasión *f.*
passionnant,-e [pasjɔnɑ̃,-ɑ̃t] *adj* apasionante.
passionné,-e [pasjɔne] *adj - nm,f* apasionado,-da.
passionnel,-elle [pasjɔnɛl] *adj* pasional.
passionner [pasjɔne] *vt* apasionar.
▶ *vpr* **se passionner** apasionarse.
passivité [pasivite] *nf* pasividad *f.*
passoire [paswaʀ] *nf* colador *m.*
pastel [pastɛl] *adj (couleur)* pastel.
▶ *nm* pastel *m.*
pastèque [pastɛk] *nf* sandía *f.*
pasteur [pastœʀ] *nm* pastor *m.*

pasteuriser [pastœRize] *vt* pasteurizar.
pastiche [pastiʃ] *nm* pastiche *m.*
pastille [pastij] *nf* pastilla *f.*
pastis [pastis] *nm* anís *m.*
pastoral,-e [pastɔRal] *adj* pastoral.
patate [patat] *nf* **1** *(pomme de terre)* patata *f.* **2** *fam (personne stupide)* burro,-rra.
▪ **patate douce** boniato *m*, batata *f.*
pataud,-e [pato,-od] *adj - nm,f* torpe.
patauger [patoʒe] *vi* **1** *(dans l'eau)* chapotear. **2** *fam (s'embrouiller)* atascarse.
patch [patʃ] *nm* MÉD parche *m.*
patchouli [patʃuli] *nm* pachulí *m.*
pâte [pat] *nf* **1** CUIS masa *f.* **2** *(mélange)* pasta *f.*
► *nf pl* **pâtes** CUIS pasta *f sing.*
• **mettre la main à la pâte** poner manos a la obra.
▪ **pâte brisée** CUIS masa quebrada.
▪ **pâte à tarte** masa de tarta.
▪ **pâte dentifrice** pasta dentífrica.
pâté [pate] *nm* **1** CUIS *(charcuterie)* paté *m.* **2** CUIS *(de viande ou de poisson)* pastel *m.*
▪ **pâté de maisons** manzana *f.*
pâtée [pate] *nf* comida *f* para los animales.
patelin [patlɛ̃] *nm fam* pueblo *m.*
patent,-e [patɑ̃,-ɑ̃t] *adj* patente.
patente [patɑ̃t] *nf* patente *f.*
patenté,-e [patɑ̃te] *adj* patentado,-da.
paternel,-elle [patɛRnɛl] *adj* paternal, paterno,-na.
paternité [patɛRnite] *nf* paternidad *f.*
pâteux,-euse [patø,-øz] *adj* pastoso,-sa.
pathétique [patetik] *adj* patético,-ca.
pathologie [patɔlɔʒi] *nf* patología *f.*
pathologique [patɔlɔʒik] *adj* patológico.
patibulaire [patibylɛR] *adj* patibulario,-ria.
patience [pasjɑ̃s] *nf* paciencia *f.*
• **perdre patience** perder la paciencia.
patient,-e [pasjɑ̃,-ɑ̃t] *adj - nm,f* paciente.
patienter [pasjɑ̃te] *vi* esperar.
• **"Veuillez patienter"** "Espere, por favor".
patin [patɛ̃] *nm* patín *m.*
▪ **patin à glace** patín de cuchilla.
▪ **patin à roulettes** patín de ruedas.
patinage [patinaʒ] *nm* patinaje *m.*
patine [patin] *nf* pátina *f.*
patiner [patine] *vi* patinar.
► *vt (sculpture)* dar pátina a.
patineur,-euse [patinœR,-øz] *nm,f* patinador,-ra.
patinoire [patinwaR] *nf* pista *f* de hielo.
pâtir [patiR] *vi* padecer, sufrir.
pâtisserie [patisRi] *nf* **1** *(boutique)* pastelería *f.* **2** *(gâteau)* pastel *m.*
pâtissier,-ère [patisje,-ɛr] *adj - nm,f* pastelero,-ra.
patois [patwa] *nm* dialecto *m.*
patraque [patRak] *adj fam* pachucho,-cha.
patriarcal,-e [patRjaRkal] *adj* patriarcal.
patriarche [patRikaRʃ] *nm* patriarca *m.*
patrie [patRi] *nf* patria *f.*
patrimoine [patRimwan] *nm* patrimonio *m.*
patriote [patRijɔt] *adj - nmf* patriota.
patron,-onne [patRɔ̃,-ɔn] *nm,f* **1** *(saint)* patrono,-na. **2** *(maître)* patrón,-ona. **3** *(employeur)* jefe,-fa.
► *nm* **patron** *(modèle)* patrón *m.*
patronal,-e [patRɔnal] *adj* patronal.
patronat [patRɔna] *nm* patronal *f.*
patrouille [patRuj] *nf* patrulla *f.*
patte [pat] *nf* **1** *(d'animal)* pata *f.* **2** *(de barbe)* patilla *f.* **3** *fam (jambe)* pata *f.* **4** *fam (main)* pezuña *f.*
• **à quatre pattes** a cuatro patas.
• **graisser la patte à QQN** *fam* untar la mano a ALGN.
patte-d'oie [patdwa] *nf* (*pl* **pattes-d'oie**) *(ride)* pata *f* de gallo.
pâturage [patyRaʒ] *nm* pasto *m.*
paume [pom] *nf* **1** *(de la main)* palma *f.* **2** *(jeu)* pelota *f.*
paumer [pome] *vt fam (perdre)* perder.
► *vpr* **se paumer** *fam* perderse.
paupière [popjɛR] *nf* párpado *m.*
pause [poz] *nf* pausa *f.*
pauvre [povR] *adj - nmf* pobre.
pauvreté [povRəte] *nf* pobreza *f.*
pavaner (se) [pavane] *vpr* pavonearse.
pavé,-e [pave] *adj* pavimentado,-da.
► *nm* **pavé 1** *(pierre)* adoquín *m.* **2** *fam (gros livre)* tocho *m.*
• **être sur le pavé** estar en la calle.
▪ **pavé numérique** INFORM teclado *m* numérico.

pavillon [pavijɔ̃] *nm* 1 *(gén)* pabellón *m.* 2 *(villa)* chalet *m.* 3 *(drapeau)* bandera *f.*
pavot [pavo] *nm* adormidera *f.*
payant,-e [pɛjɑ̃,-ɑ̃t] *adj* 1 *(qui paie)* que paga. 2 *(spectacle)* de pago. 3 *fam (rentable)* provechoso,-sa.
paye [pɛj] *nf* paga *f.*
paiement [pɛmɑ̃] *nm* pago *m.*
payer [peje] *vt* pagar.
► *vi* compensar.
► *vpr* **se payer** 1 *(gén)* pagarse. 2 *(se permettre)* darse.
• **se payer la tête de QQN** *fam* tomarle el pelo a ALGN.
pays [pei] *nm* 1 *(gén)* país *m.* 2 *(région)* región *f.*
• **avoir le mal du pays** tener nostalgia.
• **voir du pays** correr mundo.
▪ **pays d'adoption** país de adopción.
▪ **pays de cocagne** Jauja.
paysage [peizaʒ] *nm* paisaje *m.*
paysagiste [peizaʒist] *nmf* paisajista.
paysan,-anne [peizɑ̃,-ɑ̃n] *nm,f* campesino,-na.
Pays-Bas [peiba] *nm pl* Holanda, Países Bajos.
PC [pese] *abr* INFORM *(**personal computer**)* PC *m.*
PCV [peseve] *abr (**à percevoir**)* llamada a cobro revertido.
PDG [pedeʒe] *abr (**président-directeur général**)* director *m* general.
péage [peaʒ] *nm* peaje *m.*
peau [po] *nf* 1 *(de personne, de fruit)* piel *f.* 2 *(du visage)* cutis *m.* 3 *fam* pellejo *m.*
• **être bien dans sa peau** sentirse a gusto con uno mismo.
• **être mal dans sa peau** no estar a gusto con uno mismo.
• **risquer sa peau** *fam* jugarse el pellejo.
• **sauver sa peau** salvar el pellejo.
▪ **peau de chamois** gamuza *f.*
peaufiner [pofine] *vt* pulir.
péché [peʃe] *nm* pecado *m.*
pêche[1] [pɛʃ] *nf (fruit)* melocotón *m.*
pêche[2] [pɛʃ] *nf (activité)* pesca *f.*
• **avoir la pêche** *fam* tener marcha.
▪ **pêche à la ligne** pesca con caña.
▪ **pêche sous-marine** pesca submarina.
pécher [peʃe] *vi* pecar.
pêcher[1] [peʃe] *nm* melocotonero *m.*
pêcher[2] [peʃe] *vt* pescar.
pécheur,-eresse [peʃœʀ,-ʀɛs] *nm,f* pecador,-ra.
pêcheur,-euse [peʃœʀ,-øz] *nm,f* pescador,-ra.
pectoral,-e [pɛktɔʀal] *adj* pectoral.
pécuniaire [pekynjɛʀ] *adj* pecuniario,-ria.
pédagogie [pedagɔʒi] *nf* pedagogía *f.*
pédagogique [pedagɔʒik] *adj* pedagógico.
pédagogue [pedagɔg] *nmf* pedagogo,-ga.
pédale [pedal] *nf* 1 *(gén)* pedal *m.* 2 *péj (homosexuel)* marica *m.*
pédaler [pedale] *vi* pedalear.
pédalier [pedalje] *nm (de vélo)* plato *m.*
pédalo [pedalo] *nm* patín *m.*
pédant,-e [pedɑ̃,-ɑ̃t] *adj - nm,f* pedante.
pédé [pede] *nm pop* maricón *m.*
pédestre [pedɛstʀ] *adj* pedestre.
pédiatre [pedjatʀ] *nmf* pediatra.
pédiatrie [pedjatʀi] *nf* pediatría *f.*
pédicure [pedikyʀ] *nmf* pedicuro,-ra.
pègre [pɛgʀ] *nf* hampa *f.*
peigne [pɛɲ] *nm* peine *m.*
• **se donner un coup de peigne** peinarse.
peigner [peɲe] *vt* peinar.
► *vpr* **se peigner** peinarse.
peignoir [pɛɲwaʀ] *nm* albornoz *m.*
peindre [pɛ̃dʀ] *vt* 1 *(avec de la peinture)* pintar. 2 *(décrire)* describir.
peine [pɛn] *nf* 1 *(châtiment, tristesse)* pena *f.* 2 *(effort)* esfuerzo *m.* 3 *(difficulté)* trabajo *m.*
• **à peine** apenas.
• **faire de la peine à QQN** afligir a ALGN.
• **sans peine** fácilmente.
• **se donner de la peine** esforzarse.
• **valoir la peine** valer la pena.
▪ **peine de mort** pena de muerte.
peiner [pene] *vt* afligir.
► *vi* padecer.
peintre [pɛ̃tʀ] *nm* pintor,-ra.
▪ **peintre en bâtiment** pintor de brocha gorda.
peinture [pɛ̃tyʀ] *nf* pintura *f.*
• **" Peinture fraîche "** "Recién pintado".
péjoratif,-ive [peʒɔʀatif,-iv] *adj* peyorativo,-va.

pelage [pəlaʒ] *nm* pelaje *m*.
pêle-mêle [pɛlmɛl] *adv* en desorden.
peler [pəle] *vt - vi* pelar.
pèlerin [pɛlʀɛ̃] *nm* peregrino,-na.
pèlerinage [pɛlʀinaʒ] *nm* peregrinación *f*.
pélican [pelikɑ̃] *nm* pelícano *m*.
pelle [pɛl] *nf* pala *f*.
• **à la pelle** *fam* a patadas.
pelletée [pɛlte] *nf* palada *f*.
pellicule [pɛlikyl] *nf (d'appareil photo)* carrete *m*.
► *nf pl* **pellicules** *(du cuir chevelu)* caspa *f sing*.
pelote [pəlɔt] *nf (de fil, de laine)* ovillo *m*.
▪ **pelote basque** pelota *f* vasca.
peloter [pəlɔte] *vt* **1** *(laine)* ovillar. **2** *fam (caresser)* manosear.
peloton [pəlɔtɔ̃] *nm* pelotón *m*.
pelotonner (se) [pəlɔtɔne] *vpr* arrebujarse.
pelouse [pəluz] *nf* césped *m*.
peluche [pəlyʃ] *nf* peluche *m*.
pelure [pəlyʀ] *nf (de fruits, légumes)* monda *f*.
pénal,-e [penal] *adj* penal.
► *nm* **pénal** penal *m*.
pénalité [penalite] *nf* penalidad *f*.
penalty [penalti] *nm* (*pl* **penaltys** ou **penalties**) SPORT penalti *m*.
penaud,-e [pəno,-od] *adj* avergonzado,-da.
penchant [pɑ̃ʃɑ̃] *nm fig* inclinación *f*.
pencher [pɑ̃ʃe] *vt* inclinar.
► *vi* inclinarse.
► *vpr* **se pencher** **1** *(s'approcher)* inclinarse. **2** *(étudier)* interesarse (**sur**, por).
pendaison [pɑ̃dɛzɔ̃] *nf* ahorcamiento *m*.
pendant[1] [pɑ̃dɑ̃] *prép* durante: ***pendant ce temps, je lisais***, mientras tanto, leía.
• **pendant que** mientras, mientras que.
pendant[2] [pɑ̃dɑ̃] *nm* pendiente *m*.
pendentif [pɑ̃dɑ̃tif] *nm* colgante *m*.
penderie [pɑ̃dʀi] *nf* ropero *m*.
pendre [pɑ̃dʀ] *vi* colgar: ***une lampe pend au plafond***, una lámpara cuelga del techo.
► *vt* **1** *(suspendre)* colgar. **2** *(un condamné)* ahorcar.
► *vpr* **se pendre** **1** *(se suspendre)* colgarse. **2** *(se suicider)* ahorcarse.
pendu,-e [pɑ̃dy] *nm,f* ahorcado,-da.
pendule [pɑ̃dyl] *nm* péndulo *m*.
► *nf* reloj *m* de pared.
pêne [pɛn] *nm* pestillo *m*.
pénétrant,-e [penetʀɑ̃,-ɑ̃t] *adj* penetrante.
pénétrer [penetʀe] *vi* **1** *(chose)* penetrar. **2** *(personne)* entrar.
► *vt fig (mystère, secret)* descubrir.
► *vpr* **se pénétrer** convencerse.
pénible [penibl] *adj* **1** *(difficile)* penoso,-sa. **2** *fam (personne)* pesado,-da.
péniche [peniʃ] *nf* chalana *f*.
pénicilline [penisilin] *nf* penicilina *f*.
péninsule [penɛ̃syl] *nf* península *f*.
pénis [penis] *nm* ANAT pene *m*.
pénitence [penitɑ̃s] *nf* penitencia *f*.
pénitencier [penitɑ̃sje] *nm* penitenciaría *f*.
pénombre [penɔ̃bʀ] *nf* penumbra *f*.
pense-bête [pɑ̃bɛt] *nm* (*pl* **pense-bêtes**) recordatorio *m*.
pensée [pɑ̃se] *nf* **1** *(gén)* pensamiento *m*. **2** *(idée)* idea *f*.
• **en pensée** con el pensamiento.
penser [pɑ̃se] *vi* pensar: ***il pense à eux***, piensa en ellos.
► *vt* **1** *(gén)* pensar. **2** *(se rappeler)* acordarse: ***pense à prendre de l'essence***, acuérdate de poner gasolina.
• **donner à penser** dar que pensar.
• **je n'en pense pas moins** estoy de acuerdo.
• **penses-tu !** ¡qué va!
• **sans penser à mal** sin mala intención.
penseur,-euse [pɑ̃sœʀ,-øz] *nm,f* pensador,-ra.
pensif,-ive [pɑ̃sif,-iv] *adj* pensativo,-va.
pension [pɑ̃sɔ̃] *nf* **1** *(argent, établissement)* pensión *f*. **2** *(pensionnat)* internado *m*.
• **prendre pension chez QQN** hospedarse en casa de ALGN.
▪ **demi pension** media pensión.
▪ **pension alimentaire** pensión alimenticia.
▪ **pension complète** pensión completa.
pensionnaire [pɑ̃sjɔnɛʀ] *nmf (dans un collège)* interno,-na.
pentagone [pɛ̃tagɔn] *nm* pentágono *m*.
pente [pɑ̃t] *nf* pendiente *f*.
• **en pente** en pendiente.
Pentecôte [pɑ̃tkot] *nf* Pentecostés *m*.

pénurie [penyʀi] *nf* penuria *f*.
pépé [pepe] *nm* **1** *fam (grand-père)* abuelito *m*. **2** *fam (personne âgée)* abuelo *m*.
pépier [pepje] *vi* piar.
pépin [pepɛ̃] *nm* pepita *f*.
pépinière [pepinjɛʀ] *nf* vivero *m*.
pépite [pepit] *nf* pepita *f*.
percale [pɛʀkal] *nf* percal *m*.
perçant,-e [pɛʀsɑ̃,-ɑ̃t] *adj* **1** *(vue, froid)* penetrante. **2** *(voix)* agudo,-da. **3** *fig (esprit)* perspicaz.
percepteur,-trice [pɛʀsɛptœʀ,-tʀis] *adj* perceptor,-ra.
► *nm* **percepteur** *(d'impôts)* inspector,-ra de Hacienda.
perceptible [pɛʀsɛptibl] *adj* perceptible.
perception [pɛʀsɛpsjɔ̃] *nf* percepción *f*.
percer [pɛʀse] *vt* **1** *(mur, planche)* taladrar. **2** *(fenêtre, tunnel)* abrir. **3** *(lignes ennemies)* atravesar. **4** *(secret)* descubrir.
► *vi* **1** *(abcès, soleil)* aparecer. **2** *(dent)* salir. **3** *(acteur, chanteur)* tener éxito.
perceuse [pɛʀsøz] *nf* taladro *m*.
percevoir [pɛʀsəvwaʀ] *vt* **1** *(discerner)* percibir. **2** *(de l'argent)* recaudar.
perche [pɛʀʃ] *nf* **1** *(poisson)* perca *f*. **2** SPORT pértiga *f*.
• **tendre la perche à QQN** echar un cable a ALGN.
percher [pɛʀʃe] *vi* posarse.
► *vpr* **se percher** encaramarse.
percussion [pɛʀkysjɔ̃] *nf* percusión *f*.
percuter [pɛʀkyte] *vt* chocar.
perdant,-e [pɛʀdɑ̃,-ɑ̃t] *adj - nm,f* perdedor,-ra.
perdition [pɛʀdisjɔ̃] *nf* perdición *f*.
perdre [pɛʀdʀ] *vt* perder.
► *vi* perder: ***je vous le vends, mais j'y perds***, se le vendo, pero salgo perdiendo.
► *vpr* **se perdre** perderse: ***nous nous sommes perdus***, nos hemos perdido.
• **perdre la tête** *fig* perder la cabeza.
• **s'y perdre** *fig* estar hecho un lío.
perdreau [pɛʀdʀo] *nm* perdigón *m*.
perdrix [pɛʀdʀi] *nf* perdiz *f*.
perdu,-e [pɛʀdy] *adj* perdido,-da.
père [pɛʀ] *nm* padre *m*.
• **de père en fils** de padre a hijo.
▪ **père de famille** padre de familia.
pérégrination [peʀegʀinasjɔ̃] *nf* peregrinación *f*.
péremptoire [peʀɑ̃ptwaʀ] *adj* perentorio,-ria.
perfection [pɛʀfɛksjɔ̃] *nf* perfección *f*.
perfectionner [pɛʀfɛksjɔne] *vt* perfeccionar.
perfide [pɛʀfid] *adj* pérfido,-da.
perforation [pɛʀfɔʀasjɔ̃] *nf* perforación *f*.
perforer [pɛʀfɔʀe] *vt* perforar.
performance [pɛʀfɔʀmɑ̃s] *nf* **1** *(de machine)* prestaciones *f pl*, rendimiento *m*. **2** *(d'athlète, de professionnel)* resultado *m*. **3** *(exploit)* hazaña *f*.
performant,-e [pɛʀfɔʀmɑ̃,-ɑ̃t] *adj* **1** *(personne)* competente. **2** *(machine)* con buenas prestaciones.
péridurale [peʀidyʀal] *nf* MÉD epidural *f*.
péril [peʀil] *nm* peligro *m*.
• **au péril de sa vie** poniendo en peligro su propia vida.
périlleux,-euse [peʀijø,-øz] *adj* peligroso,-sa.
périmé,-e [peʀime] *adj* caducado,-da.
périmer [peʀime] *vpr* **1** *(aliment)* caducar. **2** DR prescribir.
périmètre [peʀimɛtʀ] *nm* perímetro *m*.
période [peʀjɔd] *nf* período *m*.
périodicité [peʀjɔdisite] *nf* periodicidad *f*.
périodique [peʀjɔdik] *adj* periódico,-ca.
péripétie [peʀipesi] *nf* peripecia *f*.
périphérique [peʀifeʀik] *adj* periférico,-ca.
► *nm* **1** *(dans une ville)* cinturón *m*, circunvalación *f*. **2** INFORM periférico *m*.
périphrase [peʀifʀaz] *nf* perífrasis *f*.
périple [peʀipl] *nm* periplo *m*.
périr [peʀiʀ] *vi* **1** *(mourir)* perecer. **2** *(finir)* desaparecer.
périscope [peʀiskɔp] *nm* periscopio *m*.
perle [pɛʀl] *nf* **1** perla *f*. **2** *fam (erreur)* gazapo *m*.
permanence [pɛʀmanɑ̃s] *nf* permanencia *f*.
• **en permanence** permanentemente.
permanent,-e [pɛʀmanɑ̃,-ɑ̃t] *adj* permanente.
permanente [pɛʀmanɑ̃t] *nf (des cheveux)* permanente *f*.
perméable [pɛʀmeabl] *adj* permeable.

permettre [pɛʀmɛtʀ] *vt* permitir.
▶ *vpr* **se permettre de** permitirse: ***je me suis permis d'entrer***, me he permitido entrar.
permis,-e [pɛʀmi,-iz] *adj* permitido,-da.
▶ *nm* **permis** permiso *m*.
▪ **permis de conduire** carnet *m* de conducir.
▪ **permis de séjour** permiso de residencia.
▪ **permis de travail** permiso de trabajo.
permission [pɛʀmisjɔ̃] *nf* permiso *m*: ***il a demandé la permission de sortir***, pidió permiso para salir.
• **être en permission** *(un militaire)* estar de permiso.
permuter [pɛʀmyte] *vt* - *vi* permutar.
pernicieux,-euse [pɛʀnisjø,-øz] *adj* pernicioso,-sa.
Pérou [peʀu] *nm* Perú.
perpendiculaire [pɛʀpɑ̃dikylɛʀ] *adj* - *nf* perpendicular *f*.
perpétrer [pɛʀpetʀe] *vt* perpetrar.
perpétuel,-elle [pɛʀpetɥɛl] *adj* perpetuo,-tua.
perpétuité [pɛʀpetɥite] *nf* perpetuidad *f*.
• **à perpétuité** a cadena perpetua.
perplexe [pɛʀplɛks] *adj* perplejo,-ja.
perplexité [pɛʀplɛksite] *nf* perplejidad *f*.
perquisition [pɛʀkizisjɔ̃] *nf* registro *m*.
perquisitionner [pɛʀkizisjɔne] *vt* registrar.
perron [pɛʀɔ̃] *nm* escalinata *f*.
perroquet [pɛʀɔkɛ] *nm* loro *m*, papagayo *m*.
perruche [peʀyʃ] *nf* cotorra *f*.
perruque [peʀyk] *nf* peluca *f*.
persécuter [pɛʀsekyte] *vt* perseguir.
persécution [pɛʀsekysjɔ̃] *nf* persecución *f*.
persévérance [pɛʀseveʀɑ̃s] *nf* perseverancia *f*.
persévérer [pɛʀseveʀe] *vi* perseverar.
persienne [pɛʀsjɛn] *nf* persiana *f*.
persil [pɛʀsil] *nm* perejil *m*.
persistance [pɛʀsistɑ̃s] *nf* persistencia *f*.
persistant,-e [pɛʀsistɑ̃,-ɑ̃t] *adj* **1** *(odeur, fièvre)* persistente. **2** BOT perenne.
personnage [pɛʀsɔnaʒ] *nm* personaje *m*.
personnalisé,-e [pɛʀsɔnalize] *adj* personalizado,-da.
personnalité [pɛʀsɔnalite] *nf* personalidad *f*.
personne [pɛʀsɔn] *nf* persona *f*.
▶ *pron indéf* nadie: ***personne ne le sait***, nadie lo sabe.
• **en personne** en persona.
▪ **personne âgée** persona mayor.
personnel,-elle [pɛʀsɔnɛl] *adj* personal.
▶ *nm* **personnel** personal *m*.
▪ **personnel enseignant** cuerpo *m* docente.
personnifier [pɛʀsɔnifje] *vt* personificar.
perspective [pɛʀspɛktiv] *nf* perspectiva *f*.
perspicacité [pɛʀspikasite] *nf* perspicacia *f*.
persuader [pɛʀsɥade] *vt* persuadir.
persuasif,-ive [pɛʀsɥazif,-iv] *adj* persuasivo.
persuasion [pɛʀsɥazjɔ̃] *nf* persuasión *f*.
perte [pɛʀt] *nf* pérdida *f*.
• **à perte** con pérdidas.
• **à perte de vue** hasta donde abarca la vista.
▪ **pertes et profits** pérdidas y ganancias.
pertinent,-e [pɛʀtinɑ̃,-ɑ̃t] *adj* pertinente.
perturbation [pɛʀtyʀbasjɔ̃] *nf* perturbación *f*.
perturber [pɛʀtyʀbe] *vt* perturbar.
péruvien,-enne [peʀyvjɛ̃,-ɛn] *adj* peruano,-na.
▶ *nm,f* **Péruvien,-enne** peruano,-na.
pervenche [pɛʀvɑ̃ʃ] *nf* **1** BOT vincapervinca *f*. **2** *fam (contractuelle)* muni *f*.
pervers [pɛʀvɛʀ] *adj* perverso,-sa.
perversion [pɛʀvɛʀsjɔ̃] *nf* perversión *f*.
perversité [pɛʀvɛʀsite] *nf* perversidad *f*.
pervertir [pɛʀvɛʀtiʀ] *vt* pervertir.
pesant,-e [pəzɑ̃,-ɑ̃t] *adj* pesado,-da.
• **valoir son pesant d'or** *fig* valer su peso en oro.
pesanteur [pəzɑ̃tœʀ] *nf* **1** *(gén)* pesadez *f*. **2** *fig (d'esprit)* torpeza *f*. **3** PHYS gravedad *f*.
pèse-personne [pɛzpɛʀsɔn] *nm* (*pl* **pèse-personnes**) báscula *f*.
peser [pəze] *vt* **1** *(mesurer le poids)* pesar. **2** *(considérer)* examinar.
▶ *vi* **1** *(avoir un certain poids)* pesar: ***son chat pèse cinq kilos***, su gato pesa cinco

kilos. **2** *(appuyer)* hacer fuerza (**sur**, sobre).

► *vpr* **se peser** pesarse.

• **peser le pour et le contre** sopesar los pros y los contras.

• **peser ses mots** medir las palabras.

pessimisme [pesimism] *nm* pesimismo *m.*

pessimiste [pesimist] *adj - nmf* pesimista.

peste [pɛst] *nf* peste *f.*

pesticide [pɛstisid] *nm* pesticida *m.*

pestiféré,-e [pɛstifeʀe] *adj - nm,f* apestado,-da.

pet [pɛ] *nm fam* pedo *m.*

pétale [petal] *nm* BOT pétalo *m.*

pétanque [petɑ̃k] *nf* petanca *f.*

pétard [petaʀ] *nm* **1** *(explosif)* petardo *m.* **2** *fam (tapage)* jaleo *m.* **3** *fam (arme)* pipa *f.*

péter [pete] *vt fam (casser)* romper.

► *vi fam* tirarse pedos.

pétillant,-e [petijɑ̃,-ɑ̃t] *adj* **1** *(boisson)* burbujeante. **2** *(esprit)* despierto,-ta.

pétiller [petije] *vi* **1** *(boisson)* burbujear. **2** *(crépiter)* chisporrotear. **3** *(yeux)* brillar.

petit,-e [pəti,-it] *adj* **1** *(gén)* pequeño,-ña: ***un petit chat***, un gatito. **2** *(de taille)* bajo, -ja. **3** *fig (gens)* humilde.

► *nm,f* crío,-a.

► *nm* **petit 1** *(d'animal)* cría *f.* **2** *(de chien, tigre, lion)* cachorro *m.*

• **petit à petit** poco a poco.

• **un petit peu** un poquito.

petit-beurre [pətibœʀ] *nm* (*pl* **petits-beurre**) galleta *f.*

petit déjeuner [pətideʒœne] *nm* (*pl* **petits déjeuners**) desayuno *m.*

petite-fille [pətitfij] *nf* (*pl* **petites-filles**) nieta *f.*

petit-fils [pətitfis] *nm* (*pl* **petits-fils**) nieto *m.*

pétition [petisjɔ̃] *nf* petición *f.*

petits-enfants [pətizɑ̃fɑ̃] *nm pl* nietos *m pl.*

pétoche [petɔʃ] *nf fam* miedo *m.*

pétrifier [petʀifje] *vt* petrificar.

pétrin [petʀɛ̃] *nm* **1** *(du pain)* artesa *f.* **2** *fam (problème)* lío *m.*

pétrir [petʀiʀ] *vt* **1** *(une pâte)* amasar. **2** *fig (façonner)* moldear.

pétrole [petʀɔl] *nm* petróleo *m.*

pétrolier,-ère [petʀɔlje,-ɛʀ] *adj* petrolero,-ra.

► *nm* **pétrolier** *(bateau)* petrolero *m.*

pétulant,-e [petylɑ̃,-ɑ̃t] *adj* impetuoso,-sa.

peu [pø] *adv* poco: ***il y a peu de chances qu'il vienne***, hay pocas posibilidades de que venga.

• **à peu près** más o menos.

• **avant peu** dentro de poco.

• **de peu** por poco.

• **depuis peu** desde hace poco.

• **le peu de** los pocos,-cas: ***le peu d'idées qu'il a***, las pocas ideas que tiene.

• **peu à peu** poco a poco.

• **peu de** poco,-ca: ***peu de personnes***, pocas personas.

• **pour un peu** por poco.

• **sous peu** dentro de poco.

• **un peu de** un poco de: ***j'ai un peu de travail***, tengo un poco de trabajo.

peuple [pœpl] *nm* **1** *(gén)* pueblo *m.* **2** *fam (foule)* multitud *f.*

peupler [pœple] *vt* poblar.

peuplier [pøplije] *nm* álamo *m.*

peur [pœʀ] *nf* miedo *m.*

• **avoir peur de QQCH/QQN** tener miedo de ALGO/ALGN: ***j'ai peur de l'orage***, tengo miedo de la tormenta.

• **avoir plus de peur que de mal** ser más el susto que otra cosa.

• **de peur de** por miedo a.

• **de peur que** por miedo de que.

• **faire peur** asustar, dar miedo.

peureux,-euse [pœʀø,-øz] *adj* miedoso,-sa.

peut-être [pøtɛtʀ] *adv* quizá, quizás: ***il viendra peut-être***, puede que venga.

phalange [falɑ̃ʒ] *nf* falange *f.*

pharaon [faʀaɔ̃] *nm* faraón *m.*

phare [faʀ] *nm* faro *m.*

pharmaceutique [faʀmasøtik] *adj* farmacéutico,-ca.

pharmacie [faʀmasi] *nf* **1** *(boutique)* farmacia *f.* **2** *(armoire)* botiquín *m.*

pharmacien,-enne [faʀmasjɛ̃,-ɛn] *nm,f* farmacéutico,-ca.

pharyngite [faʀɛ̃ʒit] *nf* MÉD faringitis *f.*

pharynx [faʀɛ̃ks] *nm* ANAT faringe *f.*

phase [faz] *nf* fase *f.*

phénomène [fenɔmɛn] *nm* fenómeno *m.*
philanthropie [filɑ̃tʀɔpi] *nf* filantropía *f.*
philatélie [filateli] *nf* filatelia *f.*
philippin,-e [filipɛ̃,-in] *adj* filipino,-na.
► *nm,f* **Philippin,-e** filipino,-na.
Philippines [filipin] *nf pl* Filipinas.
philosophe [filɔzɔf] *nmf* filósofo,-fa.
philosophie [filɔzɔfi] *nf* filosofía *f.*
philosophique [filɔzɔfik] *adj* filosófico,-ca.
philtre [filtʀ] *nm* filtro *m.*
phlegmon [flɛgmɔ̃] *nm* MÉD flemón *m.*
phobie [fɔbi] *nf* fobia *f.*
phonétique [fɔnetik] *adj* fonético,-ca.
► *nf* fonética *f.*
phoque [fɔk] *nm* foca *f.*
phosphate [fɔsfat] *nm* CHIM fosfato *m.*
phosphore [fɔsfɔʀ] *nm* CHIM fósforo *m.*
phosphorescent,-e [fɔsfɔʀesɑ̃,-ɑ̃t] *adj* fosforescente.
photo [fɔto] *nf* foto *f.*
photoblog [fɔtɔblɔg] *nm* INFORM fotoblog *m.*
photocopie [fɔtɔkɔpi] *nf* fotocopia *f.*
photocopier [fɔtɔkɔpje] *vt* fotocopiar.
photocopieur [fɔtɔkɔpjœʀ] *nm* fotocopiadora *f.*
photocopieuse [fɔtɔkɔpjøz] *nf* fotocopiadora *f.*
photographe [fɔtɔgʀaf] *nmf* fotógrafo,-fa.
photographie [fɔtɔgʀafi] *nf* fotografía *f.*
photographier [fɔtɔgʀafje] *vt* fotografiar.
photomaton® [fɔtɔmatɔ̃] *nm* fotomatón® *m.*
photoreportage [fɔtoʀəpɔʀtaʒ] *nm* reportaje *m* fotográfico.
phrase [fʀaz] *nf* frase *f.*
physicien,-enne [fizisjɛ̃,-ɛn] *nm,f* físico,-ca.
physiologie [fizjɔlɔʒi] *nf* fisiología *f.*
physionomie [fizjɔnɔmi] *nf* fisonomía *f.*
physique [fizik] *adj* físico,-ca.
► *nf* física *f.*
► *nm* físico *m.*
piaffer [pjafe] *vi (cheval)* piafar.
piailler [pjaje] *vi* **1** *fam (oiseaux)* piar. **2** *fam (crier)* chillar.
pianiste [pjanist] *nmf* pianista.
piano [pjano] *nm* piano *m.*
pianoter [pjanɔte] *vi* **1** *(piano)* aporrear el piano. **2** *fam (clavier d'ordinateur)* teclear.
piaule [pjol] *nf fam* cuartucho *m.*
PIB [peibe] *abr (**produit intérieur brut**)* PIB.
pic [pik] *nm* pico *m.*
• **à pic** en picado.
• **couler à pic** irse a pique.
• **tomber à pic** *fam fig* venir que ni pintado.
pichet [piʃɛ] *nm* jarra *f.*
pickpocket [pikpɔkɛt] *nm* carterista *mf.*
picorer [pikɔʀe] *vt - vi* picotear.
picoter [pikɔte] *vt* **1** *(démanger)* picar. **2** *(becqueter)* picotear.
pie [pi] *nf* **1** *(oiseau)* urraca *f.* **2** *péj (personne bavarde)* cotorra *f.*
pièce [pjɛs] *nf* **1** *(élément)* pieza *f.* **2** *(unité)* unidad *f*: ***c'est 2 euros la pièce***, cuesta 2 euros por unidad. **3** *(argent)* moneda *f*: ***une pièce de vingt centimes***, una moneda de veinte céntimos. **4** *(document)* documento *m.* **5** *(d'une maison)* habitación *f*: ***un appartement de cinq pièces***, un piso de cinco habitaciones. **6** *(de théâtre)* obra *f.* **7** *(sur un vêtement)* remiendo *m.*
• **mettre en pièces** hacer añicos.
▪ **pièce à conviction** DR prueba *f.*
▪ **pièce de collection** pieza de colección.
▪ **pièce d'identité** documento de identidad.
▪ **pièce de rechange** pieza de recambio.
▪ **pièce jointe** adjunto *m.*
pied [pje] *nm* **1** *(gén)* pie *m.* **2** *(d'animal, de table)* pata *f.*
• **à pied** a pie, andando.
• **à pieds joints** a pies juntillas.
• **attendre QQN de pied ferme** esperar a ALGN.
• **au pied de la lettre** al pie de la letra.
• **avoir pied** hacer pie.
• **casser les pieds à QQN** *fam* tocar las narices a ALGN.
• **c'est le pied !** *fam* ¡es la repera!
• **de pied en cap** de pies a cabeza.
• **en pied** de cuerpo entero.
• **nu-pieds** con los pies descalzos.
• **pieds nus** con los pies descalzos.
• **se lever du pied gauche** levantarse con el pie izquierdo.

• **sur pied** en pie.
▪ **pied de porc** CUIS mano *f* de cerdo.
▪ **pied de vigne** cepa *f.*
pied-à-terre [pjetatɛʀ] *nm inv* apeadero *m.*
piédestal [pjedɛstal] *nm* pedestal *m.*
piège [pjɛʒ] *nm* trampa *f.*
• **tendre un piège** tender una trampa.
piéger [pjɛʒɛ] *vt* **1** *(animal, personne)* coger en la trampa. **2** *(voiture, lettre)* poner un explosivo en: ***la voiture piégée n'a pas explosé***, el coche bomba no explotó.
piercing [piʀsiŋ] *nm* piercing *m.*
pierre [pjɛʀ] *nf* piedra *f.*
• **faire d'une pierre deux coups** matar dos pájaros de un tiro.
▪ **pierre précieuse** piedra preciosa.
piété [pjete] *nf* piedad *f.*
piétiner [pjetine] *vt* pisotear.
► *vi fig (ne pas progresser)* estancarse.
piéton,-onne [pjetɔ̃,-ɔn] *adj* peatonal: ***rue piétonne***, calle peatonal.
► *nm,f* peatón,-ona.
piétonnier,-ère [pjetɔnje,-ɛʀ] *adj* peatonal.
piètre [pjɛtʀ] *adj* pobre.
pieu [pjø] *nm* **1** *(poteau)* estaca *f.* **2** *fam (lit)* catre *m.*
pieuvre [pjœvʀ] *nf* pulpo *m.*
pieux,-euse [pjø,-øz] *adj* piadoso,-sa.
pigeon [piʒɔ̃] *nm* paloma *f.*
▪ **pigeon voyageur** **1** *(oiseau)* paloma mensajera. **2** *fig (dupe)* primo *m.*
pigeonnier [piʒɔnje] *nm* palomar *m.*
piger [piʒe] *vt fam* pillar.
pigment [pigmɑ̃] *nm* pigmento *m.*
pignon [piɲɔ̃] *nm* piñón *m.*
pile [pil] *nf* **1** *(gén)* pila *f*, montón *m.* **2** *(électrique)* pila *f.* **3** *(côté)* cruz *f.*
► *adv* **1** *fam (heure)* en punto: ***il est midi pile***, son las doce en punto. **2** *(exact)* justo.
• **arriver pile** llegar que ni pintado.
• **pile ou face** cara o cruz.
piler [pile] *vt* machacar.
► *vi fam* frenar en seco.
pilier [pilje] *nm* **1** *(gén)* pilar *m.* **2** *fig (soutien)* sostén *m.*
pillage [pijaʒ] *nm* saqueo *m.*
pillard,-e [pijaʀ,-aʀd] *adj* saqueador,-ra.
piller [pije] *vt* **1** *(ville)* saquear. **2** *(œuvre)* plagiar.
pilon [pilɔ̃] *nm* **1** *(de mortier)* maja *f.* **2** *(de poulet)* pata *f.*
pilonner [pilone] *vt* machacar.
pilori [pilɔʀi] *nm* picota *f.*
• **mettre QQN au pilori** poner a ALGN en la picota.
pilotage [pilɔtaʒ] *nm* pilotaje *m.*
pilote [pilɔt] *nm* piloto *mf.*
► *adj inv* modelo: ***usine pilote***, fábrica modelo.
▪ **pilote de ligne** piloto.
piloter [pilɔte] *vt* **1** *(véhicule, avion)* pilotar. **2** *fig (personne)* guiar.
pilotis [pilɔti] *nm* pilote *m.*
pilule [pilyl] *nf* píldora *f.*
piment [pimɑ̃] *nm* **1** *(plante)* pimiento *m.* **2** *fig (piquant)* picante *m.*
pimenter [pimɑ̃te] *vt* sazonar con pimiento.
pin [pɛ̃] *nm* pino *m.*
pince [pɛ̃s] *nf* **1** *(gén)* pinzas *f pl.* **2** *(outil)* alicates *m pl.*
▪ **pince à linge** pinza (de la ropa).
pincé,-e [pɛ̃se] *adj* estirado,-da.
pinceau [pɛ̃so] *nm* pincel *m.*
pincée [pɛ̃se] *nf* pizca *f*: ***une pincée de sel***, una pizca de sal.
pincer [pɛ̃se] *vt* **1** *(entre les doigts)* pellizcar; *(instrument)* puntear. **2** *(les lèvres)* fruncir. **3** *fam (prendre, arrêter)* pillar.
► *vpr* **se pincer** pellizcarse.
• **en pincer pour QQN** estar colado,-da por ALGN.
pincettes [pɛ̃sɛt] *nf pl* tenazas *f pl.*
pinçon [pɛ̃sɔ̃] *nm* cardenal *m.*
pingouin [pɛ̃gwɛ̃] *nm* pingüino *m.*
ping-pong [piŋpɔ̃g] *nm* ping-pong *m.*
pingre [pɛ̃gʀ] *adj - nmf fam* agarrado,-da.
pinson [pɛ̃sɔ̃] *nm* pinzón *m.*
pintade [pɛ̃tad] *nf* pintada *f.*
pioche [pjɔʃ] *nf* pico *m.*
piocher [pjɔʃe] *vt* **1** *(creuser)* cavar. **2** *(aux cartes)* robar.
piolet [pjɔlɛ] *nm* piolet *m.*
pion [pjɔ̃] *nm* **1** *(aux échecs)* peón *m.* **2** *(au jeu de dames)* ficha *f.*
pionnier,-ère [pjɔnje,-ɛʀ] *nm,f* pionero,-ra.
pipe [pip] *nf* pipa *f.*
• **casser sa pipe** *fam* estirar la pata.

pipette [pipɛt] *nf* pipeta *f.*
pipi [pipi] *nm fam* pipí *m.*
• **faire pipi** hacer pipí.
piquant,-e [pikɑ̃,-ɑ̃t] *adj* **1** *(qui pique)* punzante. **2** *(sauce)* picante. **3** *fig (caustique)* mordaz.
► *nm* **piquant 1** *(d'animal, de plante)* pincho *m.* **2** *fig (d'une histoire)* gracia *f.*
pique [pik] *nf* **1** *(arme)* pica *f.* **2** *(mot blessant)* indirecta *f.*
► *nm (cartes)* picas *f pl.*
• **lancer des piques à QQN** lanzar puyas a ALGN.
piqué,-e [pike] *adj (vin)* picado,-da.
pique-nique [piknik] *nm (pl* **pique-niques**) picnic *m.*
pique-niquer [piknike] *vi* ir de picnic.
piquer [pike] *vt* **1** *(animal, froid, fumée)* picar. **2** *(barbe, tissu)* rascar. **3** *(aiguille, épine)* pinchar. **4** MÉD *(faire une piqûre)* poner una inyección. **5** *fig (attraper)* pillar. **6** *fam (voler)* birlar.
► *vi* **1** *(plante)* pinchar. **2** *(animal, aliment)* picar. **3** *(avion)* bajar en picado.
► *vpr* **se piquer 1** *(par accident)* pincharse. **2** *fam (se droguer)* picarse. **3** *fig (se vexer)* picarse.
• **piquer l'amour propre de QQN** picar el amor propio de ALGN.
• **piquer une crise** pillar una rabieta.
piquet [pikɛ] *nm* **1** *(petit pieu)* estaca *f.* **2** *(de grève)* piquete *m.*
• **mettre un élève au piquet** castigar a un alumno a permanecer en pie.
piqûre [pikyʀ] *nf* **1** *(d'insecte)* picadura *f.* **2** MÉD inyección *f.*
piratage [piʀataʒ] *nm* piratería *f.*
▪ **piratage informatique** pirateo *m* informático.
pirate [piʀat] *adj - nm* pirata *m.*
▪ **pirate informatique** hacker *mf.*
pirater [piʀate] *vt* piratear.
pire [piʀ] *adj* peor: ***rien de pire que ce silence***, nada peor que este silencio.
► *nm* **le pire** lo peor: ***le pire est à craindre***, nos tememos lo peor.
pirogue [piʀɔg] *nf* piragua *f.*
pirouette [piʀwɛt] *nf* pirueta *f.*
pis[1] [pi] *nm (de vache)* ubre *f.*
pis[2] [pi] *adv* peor.
• **de mal en pis** de mal en peor.
• **tant pis** mala suerte: ***tant pis pour toi***, peor para ti.
pisciculture [pisikyltyʀ] *nf* piscicultura *f.*
piscine [pisin] *nf* piscina *f.*
pissenlit [pisɑ̃li] *nm* diente *m* de león.
pisser [pise] *vi fam* mear.
► *vt fam* mear.
• **pisser le sang** *fam* sangrar mucho.
pistache [pistaʃ] *nf* pistacho *m.*
piste [pist] *nf* pista *f.*
▪ **piste cyclable** pista para bicicletas.
▪ **piste d'atterrissage** pista de aterrizaje.
pistil [pistil] *nm* BOT pistilo *m.*
pistolet [pistɔlɛ] *nm* pistola *f.*
piston [pistɔ̃] *nm* **1** *(de moteur, d'instrument)* pistón *m.* **2** *fam (appui)* enchufe *m.*
pistonner [pistɔne] *vt fam* enchufar.
• **se faire pistonner** tener un enchufe.
pitié [pitje] *nf* piedad *f*, lástima *f.*
• **faire pitié** dar lástima.
• **sans pitié** sin piedad.
pitoyable [pitwajabl] *adj* **1** *(digne de pitié)* penoso,-sa. **2** *(mauvais)* lamentable.
pitre [pitʀ] *nm* payaso *m.*
pittoresque [pitɔʀɛsk] *adj* pintoresco,-ca.
pivert [pivɛʀ] *nm* pájaro *m* carpintero.
pivoine [pivwan] *nf* peonía *f.*
pivot [pivo] *nm* **1** *(pièce)* pivote *m.* **2** SPORT pívot *m.* **3** *fig (élément principal)* eje *m.*
pivoter [pivɔte] *vi* pivotar.
pizza [pidza] *nf* pizza *f.*
pizzeria [pidzeʀja] *nf* pizzería *f.*
placard [plakaʀ] *nm* **1** *(pour ranger)* armario *m* empotrado. **2** *(affiche)* cartel *m.*
place [plas] *nf* **1** *(de ville, village)* plaza *f*: ***la place Vendôme***, la plaza Vendôme. **2** *(au lieu de)* lugar *m*: ***à ta place, je n'irais pas***, en tu lugar, no iría. **3** *(siège)* asiento *m*, plaza *f*: ***voiture à deux places***, coche de dos plazas. **4** *(au théâtre, cinéma)* entrada *f.* **5** *(emploi)* empleo *m.* **6** *(espace)* sitio *m*: ***la valise prend beaucoup de place***, la maleta ocupa mucho sitio.
• **à la place de** en lugar de.
• **prendre place** tomar asiento.
• **sur place** en el mismo lugar.

placement [plasmɑ̃] *nm* **1** *(d'argent)* inversión *f.* **2** *(d'employé)* colocación *f.*
placenta [plasɑ̃ta] *nm* ANAT placenta *f.*
placer [plase] *vt* **1** *(installer)* colocar. **2** *(au théâtre)* acomodar. **3** *(mettre)* colocar, poner. **4** *(argent)* invertir.
► *vpr* **se placer** *(s'installer)* colocarse.
placidité [plasidite] *nf* placidez *f.*
plafond [plafɔ̃] *nm* techo *m.*
▪ **faux plafond** falso techo.
plage [plaʒ] *nf* playa *f.*
▪ **plage arrière** *(de voiture)* bandeja *f* trasera.
plagiat [plaʒja] *nm* plagio *m.*
plagier [plaʒje] *vt* plagiar.
plaid [plɛd] *nm* manta *f* de viaje.
plaider [plede] *vt* defender.
► *vi* pleitear.
• **plaider en faveur de** abogar en favor de.
plaideur,-euse [plɛdœʀ,-øz] *nm,f* litigante.
plaidoirie [plɛdwaʀi] *nf* DR alegato *m.*
plaie [plɛ] *nf* **1** *(blessure)* llaga *f*, herida *f.* **2** *fig (fléau)* plaga *f.* **3** *fam (personne, travail pénible)* murga *f*: ***quelle plaie !***, ¡vaya lata!
plaignant,-e [plɛɲɑ̃,-ɑ̃t] *nm,f* demandante.
plaindre [plɛ̃dʀ] *vt* compadecer.
► *vpr* **se plaindre** quejarse.
plaine [plɛn] *nf* llanura *f*, planicie *f.*
plainte [plɛ̃t] *nf* **1** *(mécontentement)* queja *f.* **2** *(gémissement)* quejido *m.* **3** DR demanda *f*, denuncia *f.*
• **porter plainte (contre QQN)** poner una denuncia (contra ALGN).
plaintif,-ive [plɛ̃tif,-iv] *adj* quejumbroso,-sa.
plaire [plɛʀ] *vi* gustar, agradar: ***il ne lui plaît pas du tout***, no le gusta nada; ***cela me plaît***, esto me gusta.
► *v impers* gustar: ***comme il vous plaira***, como le plazca.
► *vpr* **se plaire** estar a gusto: ***tu t'es plu en Bretagne ?***, ¿te lo pasaste bien en Bretaña?
• **s'il vous/te plaît** por favor.
plaisance [plɛzɑ̃s].
• **de plaisance** *(port, navigation)* deportivo,-va.
plaisant,-e [plɛzɑ̃,-ɑ̃t] *adj* agradable.
plaisanter [plɛzɑ̃te] *vi* bromear.
► *vt* tomar el pelo a.
• **je ne plaisante pas** hablo en serio.
plaisanterie [plɛzɑ̃tʀi] *nf* broma *f.*
plaisir [pleziʀ] *nm* placer *m.*
• **avec plaisir** con mucho gusto.
• **faire le plaisir de** hacer el favor de: ***faites-moi le plaisir de sortir***, hágame el favor de salir.
• **faire plaisir à QQN** complacer a ALGN.
plan,-e [plɑ̃,-an] *adj* plano,-na.
► *nm* **plan** **1** *(surface plane, photographie)* plano *m.* **2** *(d'une ville)* mapa *m.* **3** *fig (projet)* plan *m.*
• **au premier plan** en primer término.
• **sur le plan de** desde el punto de vista de.
▪ **gros plan** primer plano.
▪ **plan d'eau** estanque *m.*
planche [plɑ̃ʃ] *nf* **1** *(de bois)* tabla *f.* **2** *(gravure)* lámina *f.*
► *nf pl* **planches** *(théâtre)* tablas *f pl.*
• **faire la planche** hacer el muerto.
▪ **planche à dessin** tablero *m* de dibujo.
▪ **planche à repasser** tabla de la plancha.
▪ **planche à voile** **1** *(le sport)* windsurfing *m.* **2** *(flotteur)* tabla *f* de windsurf.
▪ **planche de salut** tabla de salvación.
plancher [plɑ̃ʃe] *nm* suelo *m.*
plancton [plɑ̃ktɔ̃] *nm* plancton *m.*
planer [plane] *vi* **1** *(oiseau, avion)* planear. **2** *fig (par la pensée)* estar en las nubes. **3** *fig (danger, mystère)* rondar.
planétaire [planetɛʀ] *adj* planetario,-ria.
planète [planɛt] *nf* planeta *m.*
planeur [planœʀ] *nm* planeador *m.*
planifier [planifje] *vt* planificar.
planning [planiŋ] *nm* plan *m* de trabajo.
▪ **planning familial** planificación *f* familiar.
planque [plɑ̃k] *nf fam* escondite *m.*
planquer [plɑ̃ke] *vt fam* esconder.
► *vpr* **se planquer** *fam* esconderse.
plantation [plɑ̃tasjɔ̃] *nf* plantación *f.*
plante [plɑ̃t] *nf* planta *f.*
▪ **plante d'intérieur** planta de interior.
▪ **plante du pied** planta del pie.
▪ **plante verte** planta verde.
planter [plɑ̃te] *vt* **1** *(une plante)* plantar. **2** *(une borne, un pieux, etc)* clavar, hincar. **3** *(une tente)* montar, instalar.
► *vpr* **se planter** **1** *(se poster)* plantarse. **2** *fam (se tromper)* meter la pata.
• **planter là QQN** dejar plantado a ALGN.

plantureux,-euse [plɑ̃tyʀø,-øz] *adj* **1** *(repas)* copioso,-sa, abundante. **2** *(sol)* fértil, feraz. **3** *(personne)* corpulento,-ta, rollizo,-za.

plaque [plak] *nf* **1** *(gén)* placa *f*. **2** *(lame)* plancha *f*: ***plaque de blindage***, plancha de blindaje. **3** *(insigne)* condecoración *f*, placa *f*. **4** *(photographie)* placa *f*.
■ **plaque dentaire** placa dental.
■ **plaque d'immatriculation** matrícula *f*.
■ **plaque minéralogique** matrícula *f*.
■ **plaque tournante** placa giratoria.

plaqué,-e [plake] *adj* chapado,-da.

plaquer [plake] *vt* **1** *(coller)* pegar, adherir. **2** *(rugby)* hacer un placaje a. **3** *(métal, bois)* chapar. **4** *fam (abandonner)* dejar plantado,-da.

plaquette [plakɛt] *nf* **1** *(petite plaque)* plaquita *f*. **2** *(sanguine)* plaqueta *f*. **3** *(petit livre)* librito *m*, folleto *m*.

plasma [plasma] *nm* plasma *m*.

plastic [plastik] *nm* plástico *m*.

plastique [plastik] *adj (gén)* plástico,-ca.
► *nf (art)* plástica *f*.
► *nm (matière)* plástico *m*: ***sac en plastique***, bolsa de plástico.

plat,-e [pla,-at] *adj* **1** *(gén)* llano,-na, plano,-na: ***plat pays***, país llano. **2** *(aplati)* aplastado,-da: ***nez plat***, nariz aplastada. **3** *(calme)* sereno,-na, tranquilo,-na: ***mer plate***, mar serena. **4** *fig (sans attrait)* soso, -sa, insulso,-sa: ***plat style***, estilo insulso. **5** *(cheveux)* liso,-sa.
► *nm* **plat 1** *(partie plate)* lo plano. **2** *(vaisselle)* fuente *f*. **3** *(repas)* plato *m*.
• **à plat** horizontalmente.
• **à plat ventre** de bruces.
• **faire du plat à QQN** dar coba a ALGN.
• **être à plat 1** *(personne)* estar deprimido,-da. **2** *(pneu)* estar desinflado,-da.
• **mettre les petits plats dans les grands** tirar la casa por la ventana.
■ **plat cuisiné** plato cocinado.
■ **plat de résistance** segundo plato.
■ **plat du jour** plato del día.
■ **plat garni** plato con guarnición.

platane [platan] *nm (arbre)* plátano *m*.

plateau [plato] *nm* **1** *(pour le service)* bandeja *f*. **2** *(d'une balance)* platillo *m*. **3** *(d'un tourne-disque)* plato *m*. **4** GÉOG meseta *f*. **5** *(au théâtre)* escenario *m*; *(au cinéma)* plató *m*.

plateau-repas [platoʀəpas] *nm* (*pl* **plateaux-repas**) bandeja *f* de comida.

plate-bande [platbɑ̃d] *nf* (*pl* **plates-bandes**) **1** *(de jardin)* arriate *m*. **2** *(moulure)* platabanda *f*.

plate-forme [platfɔʀm] *nf* (*pl* **plates-formes**) **1** *(gén)* plataforma *f*. **2** *(toit)* azotea *f*.
■ **plate-forme pétrolière** plataforma petrolífera.

platine [platin] *nm (métal)* platino *m*.
► *nf* **1** *(pièce métallique)* platina *f*. **2** *(haute fidélité)* pletina *f*.

platitude [platityd] *nf* **1** *(banalité)* banalidad *f*, trivialidad *f*. **2** *(bassesse)* bajeza *f*.

platonique [platɔnik] *adj (idéal)* platónico,-ca.

plâtre [platʀ] *nm* **1** *(substance)* yeso *m*. **2** *(pour une fracture)* escayola *f*.

plâtrer [platʀe] *vt* **1** *(un mur)* enyesar. **2** *(une fracture)* escayolar.

plausible [plozibl] *adj* plausible.

play-back [plɛbak] *nm inv* playback *m*.

plein,-e [plɛ̃,-ɛn] *adj* **1** *(gén)* lleno,-na: ***le sac est plein***, el bolso está lleno. **2** *(qui abonde)* lleno,-na, repleto,-ta: ***un chemisier plein de taches***, una camisa llena de manchas; ***elle est pleine d'amertume***, está llena de amargura. **3** *(entier)* completo,-ta, entero,-ra: ***un mois plein***, un mes entero. **4** *(dodu)* redondo,-da, relleno,-na: ***des joues pleines***, mejillas rellenas.
► *nm* **plein 1** *(espace)* lo lleno. **2** *(d'essence)* lleno *m*.
• **à pleines mains** a manos llenas.
• **avoir de l'argent plein les poches** tener mucho dinero.
• **battre son plein** estar en pleno apogeo.
• **en avoir plein le dos** *fam* estar hasta la coronilla.
• **en avoir plein les bottes** *fam* estar hasta las narices.
• **en plein** en pleno.
• **en plein de** en medio de.
• **être plein aux as** tener bien cubierto el riñón.

• **être plein de soi** ser un engreído.
• **plein de** (beaucoup) mucho,-cha: ***il y avait plein de monde***, había mucha gente.
▪ **pleins pouvoirs** plenos poderes *m pl*.
plein-temps [plɛ̃tɑ̃] *nm inv* jornada *f* completa.
plénitude [plenityd] *nf* plenitud *f*.
pleur [plœʀ] *nm fml* llanto *m*, lloro *m*.
pleurer [plœʀe] *vi - vt* llorar.
• **pleurer à chaudes larmes** llorar a lágrima viva.
pleurésie [plœʀezi] *nf* MÉD pleuresía *f*.
pleureur,-euse [plœʀœʀ,-øz] *adj (personne, arbre)* llorón,-ona.
pleurnicher [plœʀniʃe] *vi fam* lloriquear.
pleuvoir [pløvwaʀ] *v impers* llover.
plexus [plɛksys] *nm* ANAT plexo *m*.
pli [pli] *nm* **1** *(gén)* pliegue *m*. **2** *(du pantalon)* raya *m*. **3** *(d'un vêtement)* tabla *f*: ***jupe à plis***, falda de tablas. **4** *(du visage)* arruga *f*. **5** *fig (habitude)* hábito *m*, costumbre *f*: ***il a pris un mauvais pli***, ha cogido una mala costumbre. **6** *(papier)* sobre *m*, pliego *m*. **7** *(du terrain)* sinuosidad *f*.
▪ **faux pli** arruga *f*.
pliant,-e [plijɑ̃,-ɑ̃t] *adj* plegable.
► *nm* **pliant** silla *f* de tijera.
plie [pli] *nf* platija *f*.
plier [plije] *vt* **1** *(gén)* plegar, doblar: ***plier un drap***, doblar una sábana. **2** *(courber)* doblar: ***plier les genoux***, doblar las rodillas. **3** *fig (soumettre)* doblegar, someter: ***elle le plia à sa volonté***, lo sometió a su voluntad.
► *vi* **1** *(fléchir, s'affaisser)* doblarse, plegarse. **2** *fig (céder)* ceder. **3** *fig (se soumettre)* doblegarse.
plinthe [plɛ̃t] *nf* zócalo *m*.
plissement [plismɑ̃] *nm* **1** *(gén)* plegado *m*. **2** *(géologique)* pliegue *m*.
plisser [plise] *vt* plegar.
► *vi* arrugar.
plomb [plɔ̃] *nm* **1** *(métal)* plomo *m*. **2** *(balle)* perdigón *m*. **3** *(électricité)* plomos *m pl*, fusible *m*.
• **à plomb** a plomo.
plombage [plɔ̃baʒ] *nm* empaste *m*.
plomberie [plɔ̃bʀi] *nf* fontanería *f*.
plombier [plɔ̃bje] *nm* fontanero *m*.
plongée [plɔ̃ʒe] *nf* **1** *(dans l'eau)* inmersión *f*. **2** *(point de vue)* vista *f* de pájaro.
plongeoir [plɔ̃ʒwaʀ] *nm* trampolín *m*.
plongeon [plɔ̃ʒɔ̃] *nm* **1** *(dans l'eau)* zambullida *f*. **2** *(de gardien de but)* estirada *f*. **3** *(oiseau)* somormujo *m*.
plonger [plɔ̃ʒe] *vt* **1** *(dans l'eau)* sumergir, hundir. **2** *(enfoncer)* hundir, introducir: ***plonger la main dans le panier***, meter la mano en el cesto. **3** *fig (dans la tristesse, mélancolie, etc)* sumir: ***il est complètement plongé dans sa tristesse***, está completamente sumido en su tristeza.
► *vi* **1** *(dans l'eau)* zambullirse. **2** *(de haut en bas)* dominar.
► *vpr* **se plonger** *(se livrer)* sumirse, hundirse: ***plonger dans un sommeil profond***, quedarse profundamente dormido.
plongeur,-euse [plɔ̃ʒœʀ,-øz] *nm,f* **1** *(dans la mer)* submarinista. **2** SPORT saltador,-ra de trampolín. **3** *(dans un restaurant)* lavaplatos.
ployer [plwaje] *vt* **1** *(courber)* plegar, doblar. **2** *fig (faire céder)* doblegar.
► *vi (fléchir)* doblegarse.
pluie [plɥi] *nf* lluvia *f*.
• **parler de la pluie et du beau temps** hablar de banalidades.
plumage [plymaʒ] *nm* plumaje *m*.
plume [plym] *nf* pluma *f*.
plumeau [plymo] *nm* plumero *m*.
plumer [plyme] *vt* desplumar.
plumier [plymje] *nm* plumier *m*.
plupart [laplypaʀ] *nf* **la plupart** *(gén)* la mayor parte, la mayoría.
• **la plupart du temps** la mayor parte del tiempo.
• **pour la plupart** en su mayor parte.
pluriel,-elle [plyʀjɛl] *adj - nm* plural *m*: ***mettre au pluriel***, poner en plural.
plus [ply, plys] (no se pronuncia la *s* final delante de una consonante, en las comparaciones o cuando refuerza una negación; en los demás casos sí se pronuncia la *s* final) *adv* **1** *(gén)* más: ***il est plus jeune que moi***, es más joven que yo; ***une plaisanterie des plus drôles***, una broma de lo más divertida. **2 ne ... plus** *(néga-*

tion) ya no: ***il n'existe plus***, ya no existe; ***je n'ai plus soif***, ya no tengo sed.

► *nm* **1** *(le maximum)* lo más: ***qui peut le plus peut le moins***, quien puede lo más puede lo menos. **2** *(signe)* signo *m* más.

• **au plus** a lo sumo.

• **de plus en plus** cada vez más.

• **encore plus** todavía más.

• **ni plus ni moins** ni más ni menos.

• **non plus** tampoco.

• **on ne peut plus** a más no poder.

• **plus ou moins** más o menos.

• **tout au plus** a lo sumo.

plusieurs [plyzjœʀ] *adj - pron* varios,-rias.

plus-que-parfait [plyskəpaʀfɛ] *nm* pluscuamperfecto *m*.

plus-value [plyvaly] *nf* (*pl* **plus-values**) ÉCON plusvalía *f*.

plutonium [plytɔnjɔm] *nm* plutonio *m*.

plutôt [plyto] *adv* **1** *(de préférence)* antes, primero: ***plutôt mourir que de se soumettre***, antes morir que someterse. **2** *(assez bien)* más bien, bastante: ***plutôt jolie***, más bien bonita.

• **mais plutôt** sino más bien.

• **ou plutôt** o mejor dicho.

pluvieux,-euse [plyvjø,-øz] *adj* lluvioso,-sa.

pneu [pnø] *nm* neumático *m*.

pneumatique [pnømatik] *adj* neumático,-ca.

pneumonie [pnømɔni] *nf* MÉD neumonía *f*.

poche [pɔʃ] *nf* **1** *(d'un vêtement)* bolsillo *m*. **2** *(faux pli)* bolsa *f*, arruga *f*. **3** *(en papier, en plastique)* bolsa *f*. **4** *(des yeux)* bolsa *f*. **5** *(des oiseaux)* buche *m*. **6** *(pour les céréales)* costal *m*, saco *m*.

• **c'est dans la poche !** ¡está chupado!

• **connaître comme sa poche** conocer al dedillo.

• **de poche** de bolsillo.

• **faire les poches de** QQN vaciar los bolsillos de ALGN.

pocher [pɔʃe] *vt* escalfar.

• **pocher un œil à** QQN poner a ALGN un ojo a la funerala.

pochette [pɔʃɛt] *nf* **1** *(de disque)* funda *f*. **2** *(mouchoir)* pañuelo *m*. **3** *(en cuir)* bolso *m*.

podium [pɔdjɔm] *nm* podio *m*.

poêle[1] [pwal] *nm (de chauffage)* estufa *f*.

poêle[2] [pwal] *nf (ustensile)* sartén *f*.

• **tenir la queue de la poêle** *fig* tener la sartén por el mango.

poème [pɔɛm] *nm* poema *m*.

poésie [pɔezi] *nf* poesía *f*.

poète [pɔɛt] *adj - nm* poeta *m*.

poétesse [pɔetɛs] *nf* poetisa *f*.

poétique [pɔetik] *adj* poético,-ca.

pognon [pɔɲɔ̃] *nm fam* pasta *f*.

poids [pwa] *nm* **1** *(gén)* peso *m*. **2** *(pour peser, d'horloge)* pesa *f*. **3** SPORT peso *m*. **4** *fig (force)* fuerza *f*: ***le poids des mots***, la fuerza de las palabras. **5** *fig (ce qui oppresse)* lastre *m*, carga *f*: ***le poids des responsabilités***, la carga de las responsabilidades.

• **faire le poids** dar la talla.

• **perdre du poids** adelgazar.

• **prendre du poids** engordar.

▪ **poids lourd** **1** *(véhicule)* camión *m*. **2** *(boxeur)* peso *m* pesado.

poignant,-e [pwaɲɑ̃,-ɑ̃t] *adj* desgarrador,-ra, punzante.

poignard [pwaɲaʀ] *nm* puñal *m*: ***coup de poignard***, puñalada.

poignarder [pwaɲaʀde] *vt* apuñalar.

poigne [pwaɲ] *nf* **1** *(gén)* fuerza *f* en los puños. **2** *fig (énergie)* garra *f*.

poignée [pwaɲe] *nf* **1** *(quantité)* puñado *m*. **2** *(d'arme, de canne)* empuñadura *f*, mango *m*. **3** *(d'une porte)* tirador *m*.

▪ **poignée de main** apretón *m* de manos.

poignet [pwaɲɛ] *nm* **1** *(articulation)* muñeca *f*. **2** *(d'une chemise)* puño *m*.

poil [pwal] *nm* pelo *m*.

• **à poil** *fam* en cueros.

• **avoir un poil dans la main** *fam fig* ser un vago.

• **être de mauvais poil** *fam fig* estar de mal humor.

• **reprendre du poil de la bête** *fam* recobrar fuerzas.

poiler (se) [pwale] *vpr* partirse de risa.

poilu,-e [pwaly] *adj* peludo,-da.

poinçon [pwɛ̃sɔ̃] *nm* punzón *m*.

poinçonner [pwɛ̃sɔne] *vt* **1** *(l'or, l'argent)* contrastar. **2** *(billet de métro)* picar.

poing [pwɛ̃] *nm* puño *m*.

- **dormir à poings fermés** dormir a pierna suelta.

point[1] [pwɛ̃] *nm* punto *m*.
- **à point** *(viande)* al punto.
- **être sur le point de** estar a punto de.
- **faire le point** hacer el balance.
- **mettre au point** poner a punto.
- **mettre les points sur les i** poner los puntos sobre las íes.
- ▪ **bon point** vale *m*.
- ▪ **point d'appui** punto de apoyo.
- ▪ **point d'arrivée** punto de llegada.
- ▪ **point d'eau** punto de agua.
- ▪ **point de côté** punzada *f*.
- ▪ **point de mire** punto de mira.
- ▪ **point de vente** punto de venta.
- ▪ **point de vue** punto de vista.
- ▪ **point d'honneur** pundonor *m*.
- ▪ **point d'orgue** calderón *m*.
- ▪ **point du jour** amanecer *m*.
- ▪ **point final** punto final.
- ▪ **point mort** punto muerto.
- ▪ **point noir** espinilla *f*.
- ▪ **points de suspension** puntos suspensivos.

point[2] [pwɛ̃] *adv* **ne ... point** *(négation)* no: ***je ne sais point***, no sé.
- **point du tout** en absoluto.

pointe [pwɛ̃t] *nf* **1** *(gén)* punta *f*. **2** *(clou)* punta *f*, clavo *m*.
- **à la pointe de l'épée** armas en mano.
- **en pointe** en punta.
- **être à la pointe de** llevar la delantera.
- **sur la pointe des pieds** de puntillas.
- **une pointe de** una pizca de.

pointer [pwɛ̃te] *vt* **1** *(sur une liste)* puntear, apuntar. **2** *(avec une arme)* apuntar. **3** *(oreilles, poils)* enderezar, erguir. **4** *(employés)* fichar.
► *vi* **1** *(le jour)* despuntar, rayar. **2** *(commencer à pousser)* apuntar, empezar a salir. **3** *(s'élever)* alzarse, elevarse.
► *vpr* **se pointer** *fam (quelque part)* presentarse.

pointillé [pwɛ̃tije] *nm* punteado *m*.
- **en pointillé** de puntos.

pointilleux,-euse [pwɛ̃tijø,-øz] *adj* puntilloso,-sa.

pointu,-e [pwɛ̃ty] *adj* **1** *(objet)* puntiagudo,-da. **2** *fig (voix)* agudo,-da.

pointure [pwɛ̃tyʀ] *nf* número *m*.

point-virgule [pwɛ̃viʀgyl] *nm* (*pl* **points-virgules**) punto *m* y coma.

poire [pwaʀ] *nf* **1** *(fruit)* pera *f*. **2** *(forme)* pera *f*, perilla *f*. **3** *fam (figure)* jeta *f*, rostro *m*. **4** *fam (naïf)* primo *m*.
- **garder une poire pour la soif** ser previsor,-ra.

poireau [pwaʀo] *nm* puerro *m*.
- **faire le poireau** *fam* esperar.

poirier [pwaʀje] *nm* peral *m*.

pois [pwa] *nm* **1** *(légume)* guisante *m*. **2** *(imprimé)* lunar *m*, topo *m*.
- ▪ **petit pois** guisante.
- ▪ **pois chiche** garbanzo *m*.
- ▪ **pois de senteur** guisante de olor.

poison [pwazɔ̃] *nm* veneno *m*.

poisse [pwas] *nf fam* mala suerte *f*.
- **porter la poisse** ser gafe.

poisseux,-euse [pwasø,-øz] *adj* pegajoso,-sa.

poisson [pwasɔ̃] *nm* **1** *(vertébré)* pez *m*. **2** *(nourriture)* pescado *m*.
- **comme un poisson dans l'eau** como pez en el agua.
- **engueuler** QQN **comme du poisson pourri** poner a ALGN como un trapo.
- ▪ **poisson d'avril** inocentada *f*.
- ▪ **poissons rouges** peces de colores.

poissonnerie [pwasɔnʀi] *nf* pescadería *f*.

poissonnier,-ère [pwasɔnje,-ɛʀ] *nm,f* pescadero,-ra.

poitrine [pwatʀin] *nf* pecho *m*.

poivre [pwavʀ] *nm* pimienta *f*.
- ▪ **poivre blanc** pimienta blanca.
- ▪ **poivre noir** pimienta negra.

poivrer [pwavʀe] *vt* echar pimienta.

poivrier [pwavʀije] *nm* pimentero *m*.

poivrière [pwavʀijɛʀ] *nf* **1** *(plantation)* pimental *m*. **2** *(récipient)* pimentero *m*.

poivron [pwavʀɔ̃] *nm* pimiento *m*.

poker [pɔkɛʀ] *nm* póquer *m*.

polaire [pɔlɛʀ] *adj* polar.

polar [pɔlaʀ] *nm fam (roman)* novela *f* negra.

polariser [pɔlaʀize] *vt* polarizar.
► *vpr* **se polariser** polarizarse.

pôle [pol] *nm* polo *m*.
■ **pôle Nord** polo Norte.
■ **pôle Sud** polo Sur.
polémique [pɔlemik] *adj* polémico,-ca.
► *nf* polémica *f*.
poli,-e [pɔli] *adj* **1** *(surface)* pulido,-da, liso,-sa. **2** *(personne)* educado,-da.
police[1] [pɔlis] *nf* policía *f*.
police[2] [pɔlis] *nf* póliza *f*: ***police d'assurance***, póliza de seguro.
policier,-ère [pɔlisje,-ɛʀ] *adj* policíaco,-ca.
► *nm* **policier** policía *mf*.
polio [pɔljo] *nf* MÉD *fam* polio *f*.
poliomyélite [pɔljɔmjelit] *nf* MÉD poliomielitis *f*.
polir [pɔliʀ] *vt* pulir, bruñir.
polisson,-onne [pɔlisɔ̃,-ɔn] *nm,f* **1** *(enfant de la rue)* ladronzuelo,-la. **2** *(enfant espiègle)* travieso,-sa.
politesse [pɔlitɛs] *nf* cortesía *f*, urbanidad *f*.
politicien,-enne [pɔlitisjɛ̃,-ɛn] *nm,f* político,-ca.
politique [pɔlitik] *adj* político,-ca.
► *nf* política *f*.
pollen [pɔlɛn] *nm* polen *m*.
polluer [pɔlɥe] *vt* contaminar.
pollution [pɔlysjɔ̃] *nf* contaminación *f*.
polo [pɔlo] *nm* SPORT polo *m*.
Pologne [pɔlɔɲ] *nf* Polonia.
polonais,-e [pɔlɔnɛ,-ɛz] *adj* polaco,-ca.
► *nm,f* **Polonais,-e** polaco,-ca.
► *nm* **polonais** *(langue)* polaco *m*.
poltronnerie [pɔltʀɔnʀi] *nf* cobardía *f*.
polychrome [pɔlikʀom] *adj* policromo, -ma.
polyester [poliɛstɛʀ] *nm* poliéster *m*.
polygamie [pɔligami] *nf* poligamia *f*.
polyglotte [pɔliglɔt] *adj* - *nmf* poligloto,-ta.
polygone [pɔligɔn] *nm* polígono *m*.
polyphonie [pɔlifɔni] *nf* MUS polifonía *f*.
polystyrène [pɔlistiʀɛn] *nm* poliestireno *m*.
polytechnique [pɔlitɛknik] *adj* politécnico,-ca.
polyvalent,-e [pɔlivalɑ̃,-ɑ̃t] *adj* polivalente.
pommade [pɔmad] *nf* pomada *f*.
• **passer de la pommade à QQN** *fig* dar coba a ALGN.
pomme [pɔm] *nf* **1** *(fruit)* manzana *f*. **2** *(ornement)* pera *f*, perilla *f*.
• **tomber dans les pommes** *fam* desmayarse.
■ **pomme d'Adam** nuez *m* de Adán.
■ **pomme d'arrosoir** alcachofa *f* de regadera.
■ **pomme de pin** piña *f*.
■ **pomme de terre** patata *f*.
pommette [pɔmɛt] *nf* pómulo *m*.
pommier [pɔmje] *nm* manzano *m*.
pompe [pɔ̃p] *nf* **1** *(cérémonial)* pompa *f*, fausto *m*. **2** *(appareil)* bomba *f*.
■ **pompe à essence** surtidor *m* de gasolina.
■ **pompes funèbres** pompas fúnebres.
pomper [pɔ̃pe] *vt* **1** *(liquide, air)* bombear. **2** *fam (fatiguer)* dejar molido,-da: ***être pompé***, estar molido. **3** *fam (boire)* trincar.
pompeux,-euse [pɔ̃pø,-øz] *adj* pomposo,-sa.
pompier [pɔ̃pje] *nm* bombero *m*.
pompiste [pɔ̃pist] *nmf* gasolinero,-ra.
pompon [pɔ̃pɔ̃] *nm* borla *f*.
ponce [pɔs].
■ **pierre ponce** piedra *f* pómez.
poncer [pɔ̃se] *vt* lijar.
ponceuse [pɔ̃søz] *nf* lijadora *f*.
ponction [pɔ̃ksjɔ̃] *nf* MÉD punción *f*.
ponctualité [pɔ̃tɥalite] *nf* puntualidad *f*.
ponctuation [pɔ̃ktɥasjɔ̃] *nf* puntuación *f*.
ponctuel,-elle [pɔ̃ktɥɛl] *adj* puntual.
ponctuer [pɔ̃ktɥe] *vt* puntuar.
pondre [pɔ̃dʀ] *vt* **1** *(ovipares)* poner. **2** *fam fig (quelque chose)* producir, crear.
poney [pɔnɛ] *nm* póney *m*.
pont [pɔ̃] *nm* **1** *(construction)* puente *m*. **2** *(d'un bateau)* puente *m*, cubierta *f*.
• **couper les ponts avec QQN** romper con ALGN.
• **faire le pont** hacer puente.
■ **pont suspendu** puente colgante.
■ **pont tournant** puente giratorio.
■ **ponts et chaussées** obras *f pl* públicas.
ponte[1] [pɔ̃t] *nf (des ovipares)* puesta *f*.
ponte[2] [pɔ̃t] *nm* **1** *(jeu)* punto *m*. **2** *fam (personnage)* mandamás *m*.

pontife [pɔ̃tif] *nm* pontífice *m*.
pont-levis [pɔ̃ləvi] *nm* (*pl* **ponts-levis**) puente *m* levadizo.
ponton [pɔ̃tɔ̃] *nm* pontón *m*.
pop [pɔp] *adj - m inv* pop *m*.
pop-corn [pɔpkɔʀn] *nm inv* palomita *f*.
popote [pɔpɔt] *nf fam* cocina *f*, comida *f*.
► *adj fam* prosaico,-ca, vulgar.
populaire [pɔpylɛʀ] *adj* popular.
popularité [pɔpylaʀite] *nf* popularidad *f*.
population [pɔpylasjɔ̃] *nf* población *f*.
▪ **population active** población activa.
porc [pɔʀ] *nm* **1** *(animal, viande)* cerdo *m*. **2** *péj (homme)* cerdo *m*, guarro *m*.
porcelaine [pɔʀsəlɛn] *nf* porcelana *f*.
porcelet [pɔʀsəlɛ] *nm* cochinillo *m*, lechón *m*.
porc-épic [pɔʀkepik] *nm* (*pl* **porcs-épics**) puerco espín *m*.
porche [pɔʀʃ] *nm* porche *m*.
porcin,-e [pɔʀsɛ̃,-in] *adj* porcino,-na.
pore [pɔʀ] *nm* poro *m*.
poreux,-euse [pɔʀø,-øz] *adj* poroso,-sa.
porno [pɔʀno] *adj - nm* porno *m*.
pornographie [pɔʀnɔgrafi] *nf* pornografía *f*.
port[1] [pɔʀ] *nm* **1** *(maritime, fluvial)* puerto *m*. **2** *fig (lieu de repos)* refugio *m*. **3** *(action, prix du transport)* porte *m*. **4** *(allure d'une personne)* porte *m*.
• **arriver à bon port** llegar a buen puerto.
▪ **port d'armes** tenencia *f* de armas.
▪ **port de pêche** puerto pesquero.
▪ **port de plaisance** puerto deportivo.
port[2] [pɔʀ] *nm (col)* puerto *m*.
portable [pɔʀtabl] *nm* **1** *(ordinateur)* portátil *m*. **2** *(téléphone)* móvil *m*.
► *adj* **1** *(vêtement)* llevable. **2** *(appareil)* portátil.
portail [pɔʀtaj] *nm* ARCHIT pórtico *m*.
portant,-e [pɔʀtɑ̃,-ɑ̃t].
• **être bien portant,-e** encontrarse bien.
• **être mal portant,-e** encontrarse mal.
portatif,-ive [pɔʀtatif,-iv] *adj* portátil.
porte [pɔʀt] *nf* **1** *(d'une maison)* puerta *f*. **2** *fig (entrée)* entrada *f*, introducción *f*: ***les études sont la porte de la réussite***, los estudios son la puerta del éxito.
• **claquer la porte** dar un portazo.
• **de porte en porte** de puerta en puerta.
• **fermer la porte au nez** dar con la puerta en las narices.
• **mettre QQN à la porte** poner a ALGN de patitas en la calle.
▪ **porte dérobée** puerta excusada.
porté,-e [pɔʀte] *adj* inclinado,-da, propenso,-sa.
• **être porté sur QQCH** tener una afición muy grande por ALGO.
porte-à-porte [pɔʀtapɔʀt] *nm inv* puerta a puerta *m*.
porte-avions [pɔʀtavjɔ̃] *nm inv* portaaviones *m*.
porte-bagages [pɔʀtbagaʒ] *nm inv* portaequipajes *m*.
porte-bonheur [pɔʀtbɔnœʀ] *nm inv* amuleto *m*.
porte-clés [pɔʀtkle] *nm inv* llavero *m*.
porte-clefs [pɔʀtkle] *nm inv* llavero *m*.
porte-documents [pɔʀtdɔkymɑ̃] *nm inv* portafolios *m*.
porte-drapeau [pɔʀtdʀapo] *nm* (*pl* **porte-drapeau** ou **porte-drapeaux**) abanderado *m*.
portée [pɔʀte] *nf* **1** *(d'animaux)* camada *f*, cama *f*. **2** *(de la vue, de la voix)* alcance *m*. **3** *fig (raisonnement, fait, etc)* alcance *m*. **4** MUS pentagrama *m*. **5** *(de l'arche d'un pont)* luz *f*.
• **à la portée de** al alcance de.
• **hors de portée de** fuera del alcance de.
porte-fenêtre [pɔʀtfənɛtʀ] *nf* (*pl* **portes-fenêtres**) puerta *f* vidriera.
portefeuille [pɔʀtəfœj] *nm* cartera *f*.
porte-jarretelles [pɔʀtʒaʀtɛl] *nm inv* liguero *m*.
portemanteau [pɔʀmɑ̃to] *nm* percha *f*, perchero *m*.
porte-monnaie [pɔʀtmɔnɛ] *nm inv* monedero *m*.
porte-parapluies [pɔʀtpaʀaplɥi] *nm inv* paragüero *m*.
porte-parole [pɔʀtpaʀɔl] *nm inv* portavoz *mf*.
porter [pɔʀte] *vt* **1** *(gén)* llevar: ***elle porte une robe noire***, lleva un vestido negro. **2** *(regards, pas)* dirigir. **3** *(rapporter)* dar, producir: ***un travail qui porte ses fruits***, un

trabajo que da sus frutos. **4** *(sur un registre)* inscribir, registrar. **5** *(causer)* dar, traer: ***porter chance***, traer suerte.
► *vi* **1** *(être soutenu)* descansar (**sur**, en), apoyarse (**sur**, en). **2** *(avoir pour objet)* tratar (**sur**, de): ***le livre porte sur la guerre***, el libro trata de la guerra. **3** *(arme)* alcanzar.
► *vpr* **se porter 1** *(santé)* encontrarse, estar: ***comment vous portez-vous ?***, ¿cómo se encuentra usted? **2** *(se diriger)* dirigirse, encaminarse.
• **être porté sur QQCH** ser aficionado a ALGO.
• **porter un coup** asestar un golpe.
• **se faire porter malade** declararse enfermo.
• **se porter candidat/volontaire** presentarse como candidato/voluntario.

porte-savon [pɔʀtsavɔ̃] *nm* (*pl* **porte-savon** ou **porte-savons**) jabonera *f*.

porte-serviettes [pɔʀtsɛʀvjɛt] *nm inv* toallero *m*.

porteur,-euse [pɔʀtœʀ,-øz] *nm,f* **1** *(gén)* portador,-ra. **2** *(de bagages)* mozo *m* de equipajes.
► *adj* portador,-ra.
• **au porteur** al portador.

porte-voix [pɔʀtvwa] *nm inv* megáfono *m*.

portier,-ère [pɔʀtje,-ɛr] *nm,f* portero,-ra.

portière [pɔʀtjɛʀ] *nf* portezuela *f*, puerta *f*.

portillon [pɔʀtijɔ̃] *nm* puerta *f*.
▪ **portillon automatique** puerta automática.

portion [pɔʀsjɔ̃] *nf* porción *f*, ración *f*.

portique [pɔʀtik] *nm* ARCHIT pórtico *m*.
▪ **portique de sécurité 1** *(aéroports)* detector *m* de metales. **2** *(magasins)* sistema *m* antirrobo.

porto [pɔʀto] *nm* oporto *m*.

portrait [pɔʀtʀɛ] *nm* retrato *m*.
• **être tout le portrait de QQN** ser el vivo retrato de ALGN.

portrait-robot [pɔʀtʀɛʀɔbo] *nm* (*pl* **portraits-robots**) retrato *m* robot.

portuaire [pɔʀtɥɛʀ] *adj* portuario,-ria.

portugais,-e [pɔʀtygɛ,-ɛz] *adj* portugués, -esa.
► *nm,f* **Portugais,-e** portugués,-esa.
► *nm* **portugais** *(langue)* portugués *m*.

pose [poz] *nf* **1** *(action de poser)* colocación *f*. **2** *(attitude du corps)* postura *f*, posición *f*. **3** *fig (affectation)* afectación *f*, pose *f*. **4** *(photographie)* exposición *f*.

posé,-e [poze] *adj* sosegado,-da, reposado,-da: ***ton posé***, tono sosegado.

poser [poze] *vt* **1** *(placer)* poner, colocar. **2** *(arranger)* poner, instalar. **3** *(écrire)* escribir: ***je pose 5 et je retiens 2***, pongo 5 y llevo 2. **4** *(question)* formular, enunciar: ***il lui a posé une question difficile***, le ha hecho una pregunta difícil. **5** *(mettre en valeur)* dar notoriedad a: ***le succès du film posa son directeur***, el éxito de la película dio notoriedad a su director.
► *vi* **1** *(devant un peintre, un photographe)* posar. **2** *(se donner des airs)* adoptar poses afectadas: ***elle n'arrête pas de poser***, no para de adoptar poses afectadas.
► *vpr* **se poser** *(avion, oiseau)* posarse.
• **poser les armes** deponer las armas.
• **poser sa candidature** presentar su candidatura.
• **se poser en QQCH** dárselas de ALGO: ***se poser en victime***, dárselas de víctima.

poseur,-euse [pozœr,-øz] *adj (affecté)* presumido,-da, vanidoso,-sa.
► *nm* **poseur** *(ouvrier)* instalador *m*.

positif,-ive [pozitif,-iv] *adj* positivo,-va.
► *nm* **positif** positivo *m*.

position [pozisjɔ̃] *nf* **1** *(gén)* posición *f*. **2** *(emploi)* cargo *m*.
• **prendre position** tomar partido.

posologie [pozɔlɔʒi] *nf* posología *f*.

possédé,-e [pɔsede] *adj - nm,f* poseído,-da.

posséder [pɔsede] *vt* poseer.
• **se faire posséder** dejarse engañar.

possesseur [pɔsesœʀ] *nm* poseedor,-ra.

possessif [pɔsesif] *adj* posesivo,-va.
► *nm* posesivo *m*.

possession [pɔsesjɔ̃] *nf* posesión *f*.
• **prendre possession de** tomar posesión de.

possibilité [pɔsibilite] *nf* posibilidad *f*.

possible [pɔsibl] *adj* posible.
► *nm* lo posible.
• **au possible** a más no poder.
• **dans la mesure du possible** a ser posible.

• **dès que possible** en cuanto sea posible.
• **pas possible !** ¡no es posible!
postal,-e [pɔstal] *adj* postal.
poste [pɔst] *nf* **1** *(service public)* correo *m*, correos *m pl*. **2** *(bureau)* oficina *f* de correos. **3** *(relais)* posta *f*.
► *nm* **1** *(emploi)* puesto *m*. **2** *(appareil)* aparato *m*. **3** *(téléphonique)* extensión *f*.
• **mettre une lettre à la poste** enviar una carta por correo.
▪ **poste d'essence** surtidor *m* de gasolina.
▪ **poste de pilotage** cabina *f* de mando.
▪ **poste de police** comisaría *f*.
▪ **poste de radio** radio *f*.
▪ **poste de secours** puesto de socorro.
▪ **poste de télévision** televisor *m*.
▪ **poste restante** lista *f* de correos.
poster[1] [pɔste] *vt* **1** *(placer)* apostar, poner. **2** *(lettre)* echar al correo.
► *vpr* **se poster** *(se placer)* apostarse.
poster[2] [pɔstɛʀ] *nm* póster *m*.
postérieur,-e [pɔsteʀjœʀ] *adj* posterior.
► *nm* **postérieur** *fam (derrière)* trasero *m*.
posteriori [pɔsteʀjɔʀi].
• **a posteriori** a posteriori.
postérité [pɔsteʀite] *nf* posteridad *f*.
posthume [pɔstym] *adj* póstumo,-ma.
postiche [pɔstiʃ] *adj* postizo,-za.
► *nm* postizo *m*.
postier,-ère [pɔstje,-ɛʀ] *nm,f* empleado, -da de correos.
post-scriptum [pɔstkʀiptɔm] *nm inv* postdata *f*.
postuler [pɔstyle] *vt* postular.
posture [pɔstyʀ] *nf* **1** *(du corps)* postura *f*. **2** *(état)* situación *f*: ***ils sont en bonne posture***, tienen una buena situación.
pot [po] *nm* **1** *(vase)* vasija *f*, jarro *m*. **2** *(de conserves, confitures, etc)* bote *m*, tarro *m*. **3** *(marmite)* olla *f*. **4** *(de fleurs)* tiesto *m*, maceta *f*.
• **avoir du pot** *fam fig* tener potra.
• **découvrir le pot aux roses** *fig* descubrir el pastel.
• **payer les pots cassés** *fam fig* pagar los platos rotos.
• **prendre un pot** *fam* tomar una copa.
▪ **pot de chambre** orinal *m*.
▪ **pot d'échappement** tubo *m* de escape.
potable [pɔtabl] *adj* potable.
potage [pɔtaʒ] *nm* sopa *f*.
potager [pɔtaʒe] *nm* huerto *m*, huerta *f*.
potasser [pɔtase] *vt fam* empollar.
potassium [pɔtasjɔm] *nm* potasio *m*.
pot-au-feu [pɔtofø] *nm inv* cocido *m*.
pot-de-vin [podvɛ̃] *nm* (*pl* **pots-de-vin**) soborno *m*.
pote [pɔt] *nm fam* colega *m*.
poteau [pɔto] *nm* poste *m*.
potelé,-e [pɔtle] *adj* regordete,-ta.
potence [pɔtɑ̃s] *nf* **1** *(supplice)* horca *f*. **2** *(pour suspendre)* pescante *m*.
potentiel,-elle [pɔtɑ̃sjɛl] *adj* potencial.
► *nm* **potentiel** potencial *m*.
poterie [pɔtʀi] *nf* **1** *(fabrication, art)* alfarería *f*. **2** *(objet)* vasija *f* de barro.
potin [pɔtɛ̃] *nm* **1** *fam (tapage)* jaleo *m*: ***faire du potin***, armar jaleo. **2** *(commérage)* chisme *m*, habladuría *f*.
potion [posjɔ̃] *nf* poción *f*.
potiron [pɔtiʀɔ̃] *nm* calabaza *f*.
pot-pourri [popuʀi] *nm* (*pl* **pots-pourris**) popurri *m*.
pou [pu] *nm* piojo *m*.
• **chercher des poux à QQN** *fig* buscarle a ALGN las cosquillas.
• **être laid comme un pou** ser más feo que Picio.
pouah ! [pwa] *interj* ¡puaj!
poubelle [pubɛl] *nf* **1** *(dans une maison)* cubo *m* de la basura. **2** *(dans une pièce, dans la rue)* papelera *f*. **3** INFORM papelera *f*.
pouce [pus] *nm* **1** *(de la main)* pulgar *m*. **2** *(du pied)* dedo *m* gordo. **3** *(mesure)* pulgada *f*.
► *interj* **pouce !** *(dans un jeu)* ¡para!, ¡me retiro!
• **donner un coup de pouce** echar una mano.
poudre [pudʀ] *nf* **1** *(gén)* polvo *m*. **2** *(maquillage)* polvos *m pl*. **3** *(explosif)* pólvora *f*.
• **en poudre** en polvo.
• **jeter de la poudre aux yeux** intentar deslumbrar.
• **prendre la poudre d'escampette** largarse.
poudrier [pudʀije] *nm* polvera *f*.
poudrière [pudʀijɛʀ] *nf* polvorín *m*.
pouf [puf] *nm* puf *m*.

pouffer [pufe].
• **pouffer de rire** partirse de risa.
poulailler [pulaje] *nm* gallinero *m*.
poulain [pulɛ̃] *nm* **1** *(cheval)* potro *m*. **2** *fig (protégé)* pupilo *m*.
poule [pul] *nf* **1** *(animal)* gallina *f*. **2** *fam (prostituée)* fulana *f*.
• **quand les poules auront des dents** cuando las ranas críen pelo.
▪ **poule d'eau** polla *f* de agua.
▪ **poule mouillée** *fig* gallina *mf*.
poulet [pulɛ] *nm* **1** *(animal)* pollo *m*. **2** *fam (policier)* poli *m*, madero *m*.
pouliche [puliʃ] *nf* potranca *f*.
poulie [puli] *nf* polea *f*.
poulpe [pulp] *nm* pulpo *m*.
pouls [pu] *nm* pulso *m*.
poumon [pumɔ̃] *nm* ANAT pulmón *m*.
▪ **poumon d'acier** pulmón de acero.
poupe [pup] *nf* popa *f*.
• **avoir le vent en poupe** *fig* ir viento en popa.
poupée [pupe] *nf* muñeca *f*.
pouponnière [pupɔnjɛʀ] *nf* guardería *f*.
pour [puʀ] *prép* **1** *(gén)* para: ***lire pour s'instruire***, leer para instruirse; ***partir pour Madrid***, salir para Madrid; ***laissons cela pour demain***, dejemos eso para mañana; ***j'en ai pour un an***, tengo para un año; ***il était pour partir***, estaba para salir; ***cet enfant est grand pour son âge***, este niño es alto para la edad que tiene. **2** *(en faveur de)* para con: ***bon pour ses inférieurs***, bueno para con sus inferiores. **3** *(par rapport à)* para, contra: ***remède pour le rhume***, remedio contra el resfriado. **4** *(à cause de, équivalence)* por: ***puni pour sa paresse***, castigado por su pereza; ***laisser pour mort***, dejar por muerto.
► *nm* pro *m*.
• **pour de bon** de veras.
• **pour lors** para entonces.
• **pour que** para que, a fin de que.
▪ **le pour et le contre** los pros y los contras.
pourboire [puʀbwaʀ] *nm* propina *f*.
pourcentage [puʀsɑ̃taʒ] *nm* porcentaje *m*.
pourchasser [puʀʃase] *vt* perseguir.
pourparlers [puʀpaʀle] *nm pl* conversaciones *f pl*.
pourpre [puʀpʀ] *adj* - *nm* púrpura *f*.
pourquoi [puʀkwa] *conj* - *adv* por qué: ***pourquoi est-il parti ?***, ¿por qué se ha ido?
► *nm inv* porqué *m*: ***le pourquoi des choses***, el porqué de las cosas.
• **c'est pourquoi ...** por eso....
pourrir [puʀiʀ] *vt* pudrir, podrir.
► *vi* pudrirse, podrirse.
pourriture [puʀityʀ] *nf* podredumbre *f*.
poursuite [puʀsɥit] *nf* **1** *(gén)* persecución *f*. **2** DR demanda *f*.
poursuivre [puʀsɥivʀ] *vt* **1** *(gén)* perseguir. **2** *(continuer)* proseguir. **3** DR demandar.
pourtant [puʀtɑ̃] *adv* no obstante, sin embargo.
pourtour [puʀtuʀ] *nm* perímetro *m*.
pourvoir [puʀvwaʀ] *vi* **pourvoir à** *(fournir)* satisfacer: ***l'État pourvoit à ses besoins***, el estado satisface sus necesidades.
► *vt* **1** *(fournir)* proveer, abastecer. **2** *(vacante)* cubrir. **3** *(de qualités, de dons)* dotar (**de**, de).
► *vpr* **se pourvoir** **1** *(se munir)* proveerse. **2** DR apelar, recurrir.
pourvu [puʀvy].
• **pourvu que** **1** *(à condition que)* con tal que, siempre que. **2** *(souhait)* ojalá: ***pourvu que nous arrivions à temps !***, ¡ojalá lleguemos a tiempo!
pousse [pus] *nf* **1** *(des végétaux)* brote *m*, retoño *m*. **2** *(des dents, des cheveux, etc)* crecimiento *m*.
poussée [puse] *nf* **1** *(pression)* empuje *m*. **2** *(de fièvre)* acceso *m*. **3** *(développement)* aumento *m*.
pousser [puse] *vt* **1** *(gén)* empujar. **2** *(voiture)* hacer avanzar. **3** *fig (protégé, etc)* favorecer, ayudar. **4** *(cri, soupir)* dar, producir.
► *vi (cheveux, dents, etc)* crecer.
► *vpr* **se pousser** **1** *(les uns les autres)* empujarse. **2** *(s'écarter)* apartarse.
poussette [pusɛt] *nf* cochecito *m*.
poussière [pusjɛʀ] *nf* polvo *m*.
• **faire la poussière** pasar el polvo.
• **mordre la poussière** morder el polvo.
poussiéreux,-euse [pusjeʀø,-øz] *adj* polvoriento,-ta.

poussif,-ive [pusif,-iv] *adj* 1 *(personne)* jadeante. 2 *(voiture)* que se ahoga.
poussin [pusɛ̃] *nm* polluelo *m*.
poutre [putʀ] *nf* viga *f*.
pouvoir[1] [puvwaʀ] *vt* poder: ***je n'aurais pas pu***, no hubiera podido.
• **il se peut que** puede que, es posible que: ***il se peut qu'il pleuve***, puede que llueva.
• **ne plus en pouvoir** no poder más.
pouvoir[2] [puvwaʀ] *nm* poder *m*.
► *nm pl* **pouvoirs** poderes *m pl*.
▪ **pleins pouvoirs** plenos poderes.
▪ **pouvoir d'achat** poder adquisitivo.
▪ **pouvoir exécutif** poder ejecutivo.
▪ **pouvoir législatif** poder legislativo.
▪ **pouvoirs publics** poderes públicos.
pragmatique [pʀagmatik] *adj* pragmático,-ca.
prairie [pʀeʀi] *nf* prado *m*, pradera *f*.
praline [pʀalin] *nf* almendra *f* garrapiñada.
praliné [pʀaline] *nm* praliné *m*.
praticable [pʀatikabl] *adj* 1 *(réalisable)* practicable. 2 *(chemin)* transitable.
praticien,-enne [pʀatisjɛ̃,-ɛn] *nm,f* médico,-ca practicante.
pratiquant,-e [pʀatikɑ̃,-ɑ̃t] *adj* - *nm,f* practicante.
pratique [pʀatik] *adj* práctico,-ca.
► *nf* 1 *(gén)* práctica *f*. 2 *(usage)* costumbre *f*, uso *m*. 3 *(expérience)* experiencia *f*.
• **mettre en pratique** poner en práctica.
pratiquer [pʀatike] *vt* - *vi* practicar.
pré [pʀe] *nm* prado *m*.
préalable [pʀelabl] *adj* previo,-via.
► *nm* cuestión *f* previa.
• **au préalable** previamente.
préambule [pʀeɑ̃byl] *nm* preámbulo *m*.
préavis [pʀeavi] *nm* preaviso *m*.
précaire [pʀekɛʀ] *adj* precario,-ria.
précaution [pʀekosjɔ̃] *nf* precaución *f*.
• **prendre des précautions** tomar precauciones.
précédent,-e [pʀesedɑ̃,-ɑ̃t] *adj* precedente.
► *nm* **précédent** precedente *m*.
• **sans précédent** sin precedentes.
précéder [pʀesede] *vt* preceder.
précepte [pʀesɛpt] *nm* precepto *m*.
précepteur,-trice [pʀesɛptœʀ,-tʀis] *nm,f* *(professeur)* preceptor,-ra.
prêcher [pʀeʃe] *vt* 1 *(la parole de Dieu)* predicar. 2 *(recommander)* recomendar.
• **prêcher dans le désert** predicar en el desierto.
• **prêcher d'exemple** predicar con el ejemplo.
précieux,-euse [pʀesjø,-øz] *adj* 1 *(bijou, pierre)* precioso,-sa. 2 *(style, langage, etc)* afectado,-da.
précipice [pʀesipis] *nm* precipicio *m*.
précipitation [pʀesipitasjɔ̃] *nf* precipitación *f*.
► *nf pl* **précipitations** precipitaciones *f pl*.
précipiter [pʀesipite] *vt* precipitar.
► *vpr* **se précipiter** precipitarse.
précis,-e [pʀesi,-iz] *adj* 1 *(net)* preciso,-sa. 2 *(succinct)* conciso,-sa, preciso,-sa. 3 *(exact)* exacto,-ta.
► *nm* **précis** *(livre)* compendio *m*.
préciser [pʀesize] *vt* precisar.
précision [pʀesizjɔ̃] *nf* precisión *f*.
précoce [pʀekɔs] *adj* precoz.
préconçu,-e [pʀekɔ̃sy] *adj* preconcebido,-da.
préconiser [pʀekɔnize] *vt* preconizar.
précurseur [pʀekyʀsœʀ] *adj* - *nm* precursor,-ra.
prédateur,-trice [pʀedatœʀ,-tʀis] *adj* depredador,-ra.
► *nm* **prédateur** depredador *m*.
prédécesseur [pʀedesesœʀ] *nm* predecesor *m*.
prédiction [pʀediksjɔ̃] *nf* predicción *f*.
prédilection [pʀedilɛksjɔ̃] *nf* predilección *f*.
prédire [pʀediʀ] *vt* predecir.
prédisposer [pʀedispoze] *vt* predisponer.
prédominer [pʀedɔmine] *vi* predominar.
préfabriqué,-e [pʀefabʀike] *adj* prefabricado,-da.
préface [pʀefas] *nf* prefacio *m*.
préfecture [pʀefɛktyʀ] *nf* prefectura *f*.
▪ **préfecture de police** jefatura *f* de policía.
préférable [pʀefeʀabl] *adj* preferible.

préférence [pʀefeʀɑ̃s] *nf* preferencia *f*.
• **de préférence** preferentemente.
préférentiel,-elle [pʀefeʀɑ̃sjɛl] *adj* preferente.
préférer [pʀefeʀe] *vt* preferir.
préfet [pʀefɛ] *nm* prefecto *m*.
préfixe [pʀefiks] *nm* prefijo *m*.
préhistoire [pʀeistwaʀ] *nf* prehistoria *f*.
préhistorique [pʀeistɔʀik] *adj* prehistórico,-ca.
préjudice [pʀeʒydis] *nm* perjuicio *m*.
• **au préjudice de** en perjuicio de.
• **sans préjudice de** sin perjuicio de.
préjugé [pʀɛʒyʒe] *nm* prejuicio *m*.
prélasser (se) [pʀelase] *vpr* repantigarse.
prélavage [pʀelavaʒ] *nm* prelavado *m*.
prélèvement [pʀelɛvmɑ̃] *nm* **1** *(d'impôts)* retención *f*. **2** MÉD extracción *f*.
▪ **prélèvement à la source** retención en origen.
prélever [pʀɛlve] *vt* **1** *(impôts)* retener. **2** MÉD extraer: ***prélever du sang***, extraer sangre.
préliminaire [pʀelimineʀ] *adj - nm* preliminar *m*.
prélude [pʀelyd] *nm* preludio *m*.
prématuré,-e [pʀematyʀe] *adj - nm,f* prematuro,-ra.
préméditation [pʀemeditasjɔ̃] *nf* premeditación *f*.
premier,-ère [pʀəmje,-ɛʀ] *adj - nm,f* primero,-ra.
► *nm* **premier 1** *(gén)* primero *m*. **2** *(étage)* primer piso *m*.
• **en premier** en primer lugar.
▪ **le premier venu** un cualquiera, un advenedizo.
▪ **jeune premier,-ère** galán *m* joven, joven actriz *f*.
première [pʀəmjɛʀ] *nf* **1** *(au théâtre)* estreno *m*. **2** *(classe)* primera *f*.
prémisse [pʀemis] *nf* premisa *f*.
prémonition [pʀemɔnisjɔ̃] *nf* premonición *f*.
prémonitoire [pʀemɔnitwaʀ] *adj* premonitorio,-ria.
prémunir (se) [pʀemyniʀ] *vpr* prevenirse, precaverse.

prenant,-e [pʀənɑ̃,-ɑ̃t] *adj* **1** *(queue)* prensil. **2** *(qui émeut)* sobrecogedor,-ra. **3** *(qui reçoit)* beneficiario,-ria. **4** *(qui prend du temps)* absorbente.
prénatal,-e [pʀenatal] *adj* prenatal.
prendre [pʀɑ̃dʀ] *vt* **1** *(saisir)* tomar, coger. **2** *(aller chercher)* recoger: ***j'irai vous prendre à la sortie du bureau***, iré a buscarle a la salida de la oficina. **3** *(se munir de)* coger, llevar: ***je prends ce parapluie***, me llevo este paraguas. **4** *(photo, notes)* tomar. **5** *(billet)* sacar. **6** *(voler)* robar. **7** *(surprendre)* sorprender: ***je vous y prends***, le sorprendo. **8** *(faire payer)* cobrar: ***combien vous a-t-il pris ?***, ¿cuánto le ha cobrado? **9** requerir, tomar: ***cela prend du temps***, esto requiere tiempo. **10** *(dames, échecs)* comer. **11** *fam (gifle, coup)* recibir.
► *vi* **1** *(plante)* prender, arraigar. **2** *(liquide)* cuajar. **3** *(rivière)* helarse. **4** *(feu)* prender.
• **à tout prendre** bien mirado.
• **prendre froid** enfriarse.
• **prendre QQN au mot** tomar a ALGN al pie de la letra.
• **prendre QQN pour** tomar a ALGN por.
• **prendre sur soi** asumir la responsabilidad.
• **qu'est-ce qui te prend ?** ¿qué te pasa?
• **savoir s'y prendre** saber cómo hacerlo.
• **se faire prendre** dejarse coger.
• **s'en prendre à QQN** tomarla con ALGN.
• **se prendre pour** tomarse por.
• **s'y prendre bien/mal** proceder bien/mal.
preneur,-euse [pʀənœʀ,-øz] *adj - nm,f* **1** COMM tomador,-ra. **2** *(à bail)* arrendador,-ra. **3** *(acheteur)* comprador,-ra.
prénom [pʀenɔ̃] *nm* nombre *m* (de pila).
préoccupation [pʀeɔkypasjɔ̃] *nf* preocupación *f*.
préoccuper [pʀeɔkype] *vt* preocupar.
► *vpr* **se préoccuper** preocuparse.
préparatifs [pʀepaʀatif] *nm pl* preparativos *m pl*.
préparation [pʀepaʀasjɔ̃] *nf* preparación *f*.
préparer [pʀepaʀe] *vt* preparar.
► *vpr* **se préparer** prepararse.
• **se préparer à +** *inf* prepararse para + *inf*: ***se préparer à sortir***, prepararse para salir.

prépondérant,-e [pRepɔ̃deRɑ̃,-ɑ̃t] *adj* preponderante.
préposé,-e [pRepoze] *nm,f* encargado,-da.
préposition [pRepozisjɔ̃] *nf* preposición *f.*
préretraite [pReRətRɛt] *nf* prejubilación *f.*
prérogative [pReRɔgativ] *nf* prerrogativa *f.*
près [pRɛ] *adv* cerca.
• **à cela près** excepto por eso.
• **à peu près** poco más o menos.
• **à peu de chose(s) près** aproximadamente.
• **de près** de cerca.
• **ne pas y regarder de trop près** no ser exigente.
• **près de 1** *(dans le voisinage de)* cerca de: ***il habite près de Paris***, vive cerca de París. **2** *(presque)* casi.
• **tout près** muy cerca, al lado.
présage [pReza3] *nm* presagio *m.*
presbytie [pRɛsbisi] *nf* MÉD presbicia *f.*
prescription [pRɛʃkripsjɔ̃] *nf* receta *f.*
prescrire [pRɛskRiR] *vt* **1** *(gén)* prescribir. **2** *(médicament)* recetar.
présence [pRezɑ̃s] *nf* presencia *f.*
• **en présence de** en presencia de.
▪ **présence d'esprit** presencia de ánimo.
présent,-e [pRezɑ̃,-ɑ̃t] *adj* presente.
► *nm* **présent** presente *m*: ***je ne veux penser qu'au présent***, sólo quiero pensar en el presente.
• **à présent** ahora.
• **dès à présent** desde ahora.
• **jusqu'à présent** hasta ahora.
présentable [pRezɑ̃tabl] *adj* presentable.
présentateur,-trice [pRezɑ̃tatœR,-tRis] *nm,f* presentador,-ra.
présentation [pRezɑ̃tasjɔ̃] *nf* presentación *f.*
• **faire les présentations** hacer las presentaciones.
présenter [pRezɑ̃te] *vt* presentar.
► *vpr* **se présenter** presentarse.
présentoir [pRezɑ̃twaR] *nm* expositor *m.*
préservatif [pRezɛRvatif] *nm* preservativo *m.*
préserver [pRezɛRve] *vt* preservar.
présidence [pRezidɑ̃s] *nf* presidencia *f.*
président,-e [pRezidɑ̃,-ɑ̃t] *nm,f* presidente,-ta.
présidentiel,-elle [pRezidɑ̃sjɛl] *adj* presidencial.
présider [pRezide] *vt* presidir.
► *vi* **présider à** dirigir: ***elle présidait aux célébrations***, dirigía las celebraciones.
présomption [pRezɔ̃psjɔ̃] *nf* presunción *f.*
présomptueux,-euse [pRezɔ̃ptɥø,-øz] *adj* presuntuoso,-sa.
presque [pRɛsk] *adv* casi.
• **presque pas** apenas.
presqu'île [pRɛskil] *nf* GÉOG península *f.*
pressant,-e [pRɛsɑ̃,-ɑ̃t] *adj* **1** *(urgent)* urgente, acuciante. **2** *(qui insiste)* insistente.
presse [pRɛs] *nf* prensa *f.*
• **avoir bonne/mauvaise presse** tener buena/mala prensa.
pressé,-e [pRese] *adj* **1** *(hâtif)* presuroso,-sa. **2** *(urgent)* urgente. **3** *(fruit)* exprimido,-da.
• **aller au plus pressé** encargarse de lo más urgente.
• **être pressé,-e** tener prisa.
presse-citron [pRɛssitRɔ̃] *nm inv* exprimidor *m.*
pressentiment [pRɛsɑ̃timɑ̃] *nm* presentimiento *m.*
pressentir [pRɛsɑ̃tiR] *vt* **1** *(prévoir)* presentir. **2** *(sonder)* tantear, sondear.
presse-papiers [pRɛspapje] *nm inv* pisapapeles *m.*
presser [pRese] *vt* **1** *(fruit)* exprimir. **2** *(serrer)* estrechar, apretar. **3** *(bouton)* apretar, pulsar. **4** *(harceler)* acuciar, apurar: ***il presse ses ouvriers sans relâche***, acucia a sus obreros sin tregua. **5** *(accélérer)* acelerar, precipitar.
► *vi (être urgent)* urgir, correr prisa.
► *vpr* **se presser 1** *(se hâter)* darse prisa: ***presse-toi***, date prisa. **2** *(s'entasser)* apretujarse.
• **presser le pas** apretar el paso.
• **sans se presser** sin prisas.
pressing [pResiŋ] *nm* tintorería *f.*
pression [pRɛsjɔ̃] *nf* presión *f.*
• **faire pression** ejercer presión.
▪ **pression artérielle** tensión *f* arterial.
▪ **pression atmosphérique** presión atmosférica.
pressoir [pRɛswaR] *nm* **1** *(machine)* prensa *f.* **2** *(endroit)* lagar *m.*

prestance [pʀɛstɑ̃s] *nf* buena presencia *f*, prestancia *f*.
prestataire [pʀestatɛʀ] *nmf* beneficiario,-ria.
▪ **prestataire de services** proveedor, -ra.
prestation [pʀɛstasjɔ̃] *nf* prestación *f*.
prestidigitateur,-trice [pʀɛstidiʒitatœʀ, -tʀis] *nm,f* prestidigitador,-ra.
prestige [pʀɛstiʒ] *nm* prestigio *m*.
prestigieux,-euse [pʀestiʒjø,-øz] *adj* prestigioso,-sa.
présumer [pʀezyme] *vt - vi* presumir (**de**, de).
prêt [pʀɛ] *nm* préstamo *m*.
• **accorder un prêt** conceder un préstamo.
prêt,-e [pʀɛ,-ɛt] *adj* listo,-ta: ***il est prêt à partir***, está listo para salir.
• **prêt,-e à tout** dispuesto,-ta a todo.
• **prêts ? partez !** SPORT ¡preparados, listos, ya!
prêt-à-porter [pʀɛtapɔʀte] *nm* (*pl* **prêts-à-porter**) prêt-à-porter *m*.
prétendant,-e [pʀetɑ̃dɑ̃,-ɑ̃t] *nm,f* pretendiente.
prétendre [pʀetɑ̃dʀ] *vt* **1** *(vouloir)* pretender. **2** *(soutenir)* afirmar, suponer.
► *vi* **prétendre à** *(aspirer)* aspirar a, pretender.
prétendu,-e [pʀetɑ̃dy] *adj* presunto,-ta, supuesto,-ta.
prête-nom [pʀɛtnɔ̃] *nm* (*pl* **prête-noms**) testaferro *m*.
prétention [pʀetɑ̃sjɔ̃] *nf* pretensión *f*.
prêter [pʀete] *vt* **1** *(argent)* prestar. **2** *(intentions, défauts, etc)* atribuir: ***prêter aux autres ses propres défauts***, atribuir a los demás los propios defectos.
► *vi* **1** *(tissu, etc)* dar de sí. **2** *(donner lieu à)* dar motivo (**à**, de), prestarse (**à**, a): ***cela prête à confusion***, esto se presta a confusiones.
► *vpr* **se prêter à** prestarse a.
• **prêter la main** echar una mano.
• **prêter l'oreille** prestar oídos.
• **prêter serment** prestar juramento.
prétérit [pʀeteʀit] *nm* pretérito *m*.
prêteur,-euse [pʀɛtœʀ,-øz].
▪ **prêteur,-euse sur gages** prestamista.
prétexte [pʀetɛkst] *nm* pretexto *m*.
• **sous aucun prétexte** bajo ningún pretexto.
prêtre [pʀɛtʀ] *nm* sacerdote *m*.
prêtresse [pʀɛtʀɛs] *nf* sacerdotisa *f*.
preuve [pʀœv] *nf* prueba *f*.
• **faire preuve de** dar pruebas de.
• **faire ses preuves** demostrar la capacidad.
prévaloir [pʀevalwaʀ] *vi* prevalecer.
► *vpr* **se prévaloir de** prevalerse de.
prévenant,-e [pʀɛvnɑ̃,-ɑ̃t] *adj* atento,-ta.
prévenir [pʀɛvniʀ] *vt* **1** *(informer)* avisar. **2** *(désir, besoin)* anticiparse a. **3** *(malheur)* prevenir.
• **mieux vaut prévenir que guérir** más vale prevenir que curar.
préventif,-ive [pʀevɑ̃tif,-iv] *adj* preventivo,-va.
prévention [pʀevɑ̃sjɔ̃] *nf* prevención *f*.
prévenu,-e [pʀɛvny] *adj* predispuesto, -ta: ***il est prévenu contre les journalistes***, está predispuesto en contra de los periodistas.
► *nm,f* DR encausado,-da, imputado,-da.
prévisible [pʀevisibl] *adj* previsible.
prévision [pʀevizjɔ̃] *nf* previsión *f*.
▪ **prévisions météorologiques** previsiones meteorológicas.
prévoir [pʀevwaʀ] *vt* prever.
prévoyant,-e [pʀevwajɑ̃,-ɑ̃t] *adj* previsor,-ra.
prier [pʀije] *vi* rezar.
► *vt* **1** *(supplier)* rogar. **2** REL rezar a.
• **je vous en prie 1** *(s'il vous plaît)* por favor. **2** *(de rien)* no hay de qué.
• **je vous prie de bien vouloir** le ruego tenga la amabilidad de.
• **se faire prier** hacerse de rogar.
prière [pʀijɛʀ] *nf* **1** REL oración *f*. **2** *(demande)* ruego *m*, súplica *f*.
• **" Prière de ... "** "Se ruega...".
primaire [pʀimɛʀ] *adj* **1** *(école)* primario, -ria. **2** *(peu cultivé)* inculto,-ta.
primate [pʀimat] *nm* ZOOL primate *m*.
primauté [pʀimote] *nf* primacía *f*.
prime[1] [pʀim] *nf (somme)* prima *f*.
• **en prime** además.
• **faire prime** tener gran aceptación.

prime² [pRim] *adj* MATH primo,-ma.
• **de prime abord** en el primer momento.
primer [pRime] *vi* **1** *(l'emporter sur)* prevalecer, dominar: ***sa bonté primait sur son physique***, su bondad prevalecía sobre su físico. **2** *(accorder un prix)* premiar.
primeurs [pRimœR] *nf pl frutas y hortalizas tempranas.*
primevère [pRimvɛR] *nf (planta)* primavera *f.*
primitif,-ive [pRimitif,-iv] *adj - nm,f* primitivo,-va.
primo [pRimo] *adv* en primer lugar.
primordial,-e [pRimɔRdjal] *adj* primordial.
prince [pRɛ̃s] *nm* príncipe *m.*
princesse [pRɛ̃sɛs] *nf* princesa *f.*
• **faire la princesse** darse aires de princesa.
principal,-e [pRɛ̃sipal] *adj* principal.
► *nm* **principal 1** *(le plus important)* lo principal. **2** *(d'une dette)* principal *m.* **3** *(d'un collège)* director *m.* **4** *(d'un impôt)* base *f.*
principauté [pRɛ̃sipote] *nf* principado *m.*
principe [pRɛ̃sip] *nm* principio *m.*
• **en principe** en principio.
• **par principe** por principios.
printanier,-ère [pRɛ̃tanje,-ɛR] *adj* **1** *(gén)* primaveral. **2** *(de la jeunesse)* juvenil.
printemps [pRɛ̃tɑ̃] *nm* **1** *(saison)* primavera *f.* **2** *(année)* abril *m.*
priori [pRijɔRi].
• **a priori** a priori.
prioritaire [pRijɔRitɛR] *adj* prioritario,-ria.
priorité [pRijɔRite] *nf* prioridad *f.*
• **" Vous n'avez pas la priorité "** "Ceda el paso".
pris,-e [pRi,-iz] *adj* **1** *(emprunté)* tomado,-da. **2** *(occupé)* ocupado,-da: ***j'ai les mains prises***, tengo las manos ocupadas. **3** *(liquide)* cuajado,-da. **4** *(d'une maladie)* atacado,-da.
• **être pris,-se de vin** estar borracho,-cha.
prise [pRiz] *nf* **1** *(action de prendre)* toma *f.* **2** *(chose prise)* presa *f.* **3** *(pour saisir)* agarradero *m.* **4** *(dans la lutte)* llave *f.*
• **avoir prise sur QQN** tener ascendente sobre ALGN.
• **donner prise à** dar pábulo a.
▪ **prise d'eau** toma de agua.
▪ **prise de bec** altercado *m.*
▪ **prise de courant** enchufe *m.*
▪ **prise de sang** toma de sangre.
▪ **prise de son** toma de sonido.
▪ **prise de vues** toma (de imagen).
▪ **prise multiple** ladrón *m.*
priser [pRize] *vt* apreciar, estimar.
prisme [pRism] *nm* prisma *m.*
prison [pRizɔ̃] *nf* prisión *f*, cárcel *f.*
prisonnier,-ère [pRizɔnje,-ɛR] *adj - nm,f* prisionero,-ra.
privation [pRivasjɔ̃] *nf* privación *f.*
privatisation [pRivatizasjɔ̃] *nf* privatización *f.*
privatiser [pRivatize] *vt* privatizar.
privé,-e [pRive] *adj* **1** *(gén)* privado,-da. **2** *(non public)* particular: ***propriété privée***, propiedad particular.
► *nm* **privé 1** *(vie intime)* lo privado. **2** *(détective)* detective *m* privado. **3** ÉCON sector *m* privado.
• **en privé** en privado.
priver [pRive] *vt* privar.
► *vpr* **se priver** privarse (**de**, de).
privilège [pRivilɛʒ] *nm* privilegio *m.*
privilégié,-e [pRivileʒje] *adj* privilegiado,-da.
prix [pRi] *nm* **1** *(valeur)* precio *m.* **2** *(récompense)* premio *m.*
• **à moitié prix** a mitad de precio.
• **à tout prix** cueste lo que cueste.
• **au prix de** al precio de.
• **hors de prix** carísimo,-ma.
▪ **prix d'achat** precio de compra.
▪ **prix de revient** precio de coste.
probabilité [pRɔbabilite] *nf* probabilidad *f.*
probable [pRɔbabl] *adj* probable.
problématique [pRɔblematik] *adj* problemático,-ca.
problème [pRɔblɛm] *nm* problema *m.*
• **poser un problème** plantear un problema.
procédé [pRɔsede] *nm* **1** *(méthode)* procedimiento *m.* **2** *(comportement)* proceder *m.*
procéder [pRɔsede] *vt - vi* proceder.
procédure [pRɔsedyR] *nf* procedimiento *m.*
procès [pRɔsɛ] *nm* DR proceso *m.*
• **intenter un procès contre QQN** presentar una demanda contra ALGN.

processeur [pRɔsesœR] *nm* INFORM procesador *m.*
procession [pRɔsesjɔ̃] *nf* procesión *f.*
processus [pRɔsesys] *nm* proceso *m.*
procès-verbal [pRɔsɛvɛRbal] *nm* (*pl* **procès-verbaux**) **1** *(contravention)* multa *f.* **2** *(compte rendu)* acta *f.*
prochain,-e [pRɔʃɛ̃,-ɛn] *adj* **1** *(dans le temps, l'espace)* próximo,-ma. **2** *(qui suit immédiatement)* próximo,-ma, que viene: ***l'année prochaine***, el año que viene.
► *nm* **prochain** prójimo *m.*
prochainement [pRɔʃɛnmɑ̃] *adv* próximamente.
proche [pRɔʃ] *adj* cercano,-na, próximo, -ma.
► *nm pl* **proches** parientes *m pl.*
Proche-Orient [pRɔʃɔRjɑ̃] *nm* Oriente Próximo.
proclamation [pRɔklamasjɔ̃] *nf* proclamación *f.*
proclamer [pRɔklame] *vt* proclamar.
procréer [pRɔkRee] *vt* procrear.
procuration [pRɔkyRasjɔ̃] *nf* DR procuración *f*, poder *m.*
• **dresser une procuration** otorgar un poder.
• **par procuration** por poderes.
procurer [pRɔkyRe] *vt* **1** *(faire obtenir)* proporcionar. **2** *(occasionner)* causar.
procureur [pRɔkyRœR].
▪ **procureur de la République** fiscal *mf.*
prodige [pRɔdiʒ] *nm* prodigio *m.*
prodigieux,-euse [pRɔdiʒjø,-øz] *adj* prodigioso,-sa.
prodiguer [pRɔdige] *vt* **1** *(argent)* dilapidar. **2** *(éloges, compliments)* prodigar.
producteur,-trice [pRɔdyktœR,-tRis] *adj* - *nm,f* productor,-ra.
productif,-ive [pRɔdyktif,-iv] *adj* productivo,-va.
production [pRɔdyksjɔ̃] *nf* producción *f.*
productivité [pRɔdyktivite] *nf* productividad *f.*
produire [pRɔdɥiR] *vt* **1** *(gén)* producir. **2** *(montrer)* exhibir.
► *vpr* **se produire 1** *(événement)* producirse. **2** *(acteur)* actuar.
produit [pRɔdɥi] *nm* producto *m.*
▪ **produit national brut** producto nacional bruto.
▪ **produits d'entretien** productos de limpieza.
prof [pRɔf] *nmf fam* profe.
profane [pRɔfan] *adj* - *nmf* profano,-na.
profaner [pRɔfane] *vt* profanar.
proférer [pRɔfeRe] *vt* proferir.
professer [pRɔfese] *vt* profesar.
professeur [pRɔfɛsœR] *nm* profesor,-ra.
profession [pRɔfɛsjɔ̃] *nf* profesión *f.*
professionnel,-elle [pRɔfɛsjɔnɛl] *adj* - *nm,f* profesional.
profil [pRɔfil] *nm* perfil *m.*
• **de profil** de perfil.
profiler [pRɔfile] *vt* perfilar.
► *vpr* **se profiler** perfilarse.
profit [pRɔfi] *nm* **1** *(avantage)* provecho *m.* **2** ÉCON beneficio *m.*
• **au profit de** en beneficio de.
• **tirer profit de QQCH** sacar provecho de ALGO.
profiter [pRɔfite] *vi* aprovechar.
• **en profiter** sacar partido.
• **profiter de QQN** aprovecharse de ALGN.
profiterole [pRɔfitRɔl] *nf* CUIS profiterol *m.*
profond,-e [pRɔfɔ̃,-ɔ̃d] *adj* profundo,-da.
profondeur [pRɔfɔ̃dœR] *nf* profundidad *f.*
profusion [prɔfyzjɔ̃] *nf* profusión *f.*
progéniture [pRɔʒenityR] *nf* prole *f.*
progiciel [pRɔʒisjɛl] *nm* INFORM paquete *m* de programas.
programmable [pRɔgRamabl] *adj* programable.
programmation [pRɔgRamasjɔ̃] *nf* programación *f.*
programme [pRɔgRam] *nm* programa *m.*
programmer [pRɔgRame] *vt* programar.
programmeur,-euse [pRɔgRamœR,-øz] *nm,f* programador,-ra.
progrès [pRɔgRɛ] *nm* progreso *m.*
progresser [prɔgRese] *vi* progresar.
progressif,-ive [pRɔgResif,-iv] *adj* progresivo,-va.
progression [pRɔgResjɔ̃] *nf* **1** *(avancée)* avance *m.* **2** *(développement)* desarrollo *m.*
• **être en progression** ir progresando.

prohibitif,-ive [pRɔibitif,-iv] *adj* prohibitivo,-va.
proie [pRwa] *nf* presa *f*.
• **être la proie de** ser presa de.
projecteur [pRɔʒɛktœR] *nm* proyector *m*.
projectile [pRɔʒɛktil] *nm* proyectil *m*.
projection [pRɔʒɛksjɔ̃] *nf* proyección *f*.
projet [pRɔʒɛ] *nm* proyecto *m*.
projeter [pRɔʒte] *vt* proyectar.
prolétaire [pRɔletɛR] *adj - nmf* proletario,-ria.
prolétariat [pRɔletaRja] *nm* proletariado *m*.
proliférer [pRɔlifeRe] *vi* proliferar.
prolifique [pRɔlifik] *adj* prolífico,-ca.
prologue [pRɔlɔg] *nm* prólogo *m*.
prolongation [pRɔlɔ̃gasjɔ̃] *nf* **1** *(continuation)* prolongación *f*. **2** *(de temps)* prórroga *f*.
• **jouer les prolongations** jugar la prórroga.
prolongement [pRɔlɔ̃ʒmɑ̃] *nm* prolongación *f*.
prolonger [pRɔlɔ̃ʒe] *vt* prolongar.
► *vpr* **se prolonger** prolongarse.
promenade [pRɔmnad] *nf* paseo *m*.
• **faire une promenade** dar un paseo.
promener [pRɔmne] *vt* pasear.
► *vpr* **se promener** pasearse.
• **envoyer promener** QQN *fam fig* mandar a ALGN a paseo.
promesse [pRɔ̀mɛs] *nf* promesa *f*.
promettre [pRɔmɛtR] *vt - vi* prometer.
• **ça promet !** *iron* ¡empezamos bien!
promis,-e [pRɔmi,-iz] *adj - nm,f* prometido,-da.
promiscuité [pRɔmiskɥite] *nf* promiscuidad *f*.
promontoire [pRɔmɔ̃twaR] *nm* promontorio *m*.
promoteur,-trice [pRɔmɔtœR,-tRis] *nm,f* promotor,-ra.
promotion [pRɔmosjɔ̃] *nf* promoción *f*.
• **en promotion** de oferta.
promouvoir [pRɔmuvwaR] *vt* promover.
prompt,-e [pRɔ̃,-ɔ̃t] *adj fml* rápido,-da.
promulguer [pRɔmylge] *vt* promulgar.
prôner [pRone] *vt* preconizar.
pronom [pRɔnɔ̃] *nm* pronombre *m*.
pronominal,-e [pRɔnɔminal] *adj* pronominal.
prononcer [pRɔnɔ̃se] *vt* pronunciar.
► *vpr* **se prononcer** pronunciarse.
prononciation [pRɔnɔ̃sjasjɔ̃] *nf* pronunciación *f*.
pronostic [pRnɔstik] *nm* pronóstico *m*.
pronostiquer [pRnɔstike] *vt* pronosticar.
propagande [pRɔpagɑ̃d] *nf* propaganda *f*.
propagation [pRɔpagasjɔ̃] *nf* propagación *f*.
propager [pRɔpaʒe] *vt* propagar.
► *vpr* **se propager** propagarse.
propension [pRɔpɑ̃sjɔ̃] *nf* propensión *f*.
prophète [pRɔfɛt] *nm* profeta *m*.
prophétie [pRɔfesi] *nf* profecía *f*.
prophylaxie [pRɔfilaksi] *nf* MÉD profilaxis *f*.
propice [pRɔpis] *adj* propicio,-cia.
proportion [pRɔpɔRsjɔ̃] *nf* proporción *f*.
• **toutes proportions gardées** salvando las distancias.
proportionnel,-elle [pRɔpɔRsjɔnɛl] *adj* proporcional.
propos [pRɔpo] *nm (but)* propósito *m*.
► *nm pl* palabras *f pl*.
• **à propos 1** *(au fait)* por cierto. **2** *(opportunément)* oportunamente.
• **à propos de** a propósito de.
proposer [pRɔpoze] *vt* proponer.
► *vpr* **se proposer 1** *(se fixer un but)* proponerse. **2** *(offrir ses services)* ofrecerse.
proposition [pRɔpozisjɔ̃] *nf* **1** *(offre)* propuesta *f*. **2** *(d'une phrase)* proposición *f*.
propre[1] [pRɔpR] *adj (net)* limpio,-pia.
• **nous voilà propres !** *iron* ¡estamos listos!
• **recopier au propre** pasar a limpio.
propre[2] [pRɔpR] *adj* **1** *(personnel)* propio, -pia: ***je l'ai vu de mes propres yeux***, lo vi con mis propios ojos. **2** *(approprié)* apropiado,-da.
► *nm* característica *f*: ***c'est le propre de l'homme***, es propio del hombre.
propreté [pRɔpRəte] *nf* limpieza *f*.
propriétaire [pRɔpRijetɛR] *nmf* propietario,-ria, dueño,-ña.
propriété [pRɔpRijete] *nf* **1** *(gén)* propiedad *f*. **2** *(maison)* finca *f*.
propulsion [pRɔpylsjɔ̃] *nf* propulsión *f*.

proroger [pʀɔʀɔʒe] *vt* prorrogar.
proscrire [pʀɔskʀiʀ] *vt* proscribir.
prose [pʀoz] *nf* prosa *f.*
prosélytisme [pʀɔzelitism] *nm* proselitismo *m.*
prospecter [pʀɔspɛkte] *vt* prospectar.
prospectus [pʀɔspɛktys] *nm* folleto *m,* prospecto *m.*
prospérer [pʀɔspeʀe] *vi* prosperar.
prospérité [pʀɔspeʀite] *nf* prosperidad *f.*
prostate [pʀɔstat] *nf* ANAT próstata *f.*
prosterner (se) [pʀɔstɛʀne] *vpr* prosternarse.
prostituée [pʀɔstitɥe] *nf* prostituta *f.*
prostituer (se) [pʀɔstitɥe] *vpr* prostituirse.
prostration [pʀɔstʀasjɔ̃] *nf* postración *f.*
protagoniste [pʀɔtagɔnist] *nmf* protagonista.
protecteur,-trice [pʀɔtɛktœʀ,-tʀis] *adj - nm,f* protector,-ra.
protection [pʀɔtɛksjɔ̃] *nf* protección *f.*
protectionnisme [pʀɔtɛksjonism] *nm* proteccionismo *m.*
protège-cahier [pʀɔtɛʒkaje] *nm* (*pl* **protège-cahiers**) forro *m.*
protéger [pʀɔteʒe] *vt* proteger.
► *vpr* **se protéger** protegerse.
protège-slip [pʀɔtʒslip] *nm* (*pl* **protège-slips**) salvaslip *m.*
protéine [pʀɔtein] *nf* proteína *f.*
protestant,-e [pʀɔtɛstɑ̃,-ɑ̃] *adj - nm,f* protestante.
protestantisme [pʀɔtɛstɑ̃tism] *nm* protestantismo *m.*
protestation [pʀɔtɛstasjɔ̃] *nf* protesta *f.*
protester [pʀɔtɛste] *vt - vi* protestar.
prothèse [pʀɔtɛs] *nf* prótesis *f.*
protocole [pʀɔtɔkɔl] *nm* protocolo *m.*
prototype [pʀɔtɔtip] *nm* prototipo *m.*
protubérance [pʀɔtybeʀɑ̃s] *nf* protuberancia *f.*
proue [pʀu] *nf* proa *f.*
prouesse [pʀuɛs] *nf* proeza *f.*
prouver [pʀuve] *vt* demostrar, probar.
provenance [pʀɔvnɑ̃s] *nf* procedencia *f.*
• **en provenance de** procedente de.
provenir [pʀɔvniʀ] *vi* provenir, proceder.
proverbe [pʀɔvɛʀb] *nm* proverbio *m.*
providence [pʀɔvidɑ̃s] *nf* providencia *f.*
providentiel,-elle [pʀɔvidɑ̃sjɛl] *adj* providencial.
province [pʀɔvɛ̃s] *nf* provincia *f.*
provincial,-e [pʀɔvɛ̃sjal] *adj* provincial.
► *nm,f* provinciano,-na.
proviseur [pʀɔvizœʀ] *nm* director,-ra de instituto.
provision [pʀɔvizjɔ̃] *nf* provisión *f.*
► *nf pl* **provisions** provisiones *f pl.*
• **faire ses provisions** hacer la compra.
• **sans provision** sin fondos.
provisionnel,-elle [pʀɔvizjɔnɛ] *adj* provisional.
provisoire [pʀɔvizwaʀ] *adj* provisional.
provocant,-e [pʀɔvɔkɑ̃,-ɑ̃t] *adj* provocador,-ra.
provocation [pʀɔvɔkasjɔ̃] *nf* provocación *f.*
provoquer [pʀɔvɔke] *vt* provocar.
proxénète [pʀksenɛt] *nmf* proxeneta.
proximité [pʀoksimite] *nf* proximidad *f.*
• **à proximité de** cerca de.
prudence [pʀydɑ̃s] *nf* prudencia *f.*
prudemment [prydamɑ̃] *adv* con prudencia.
prudent,-e [pʀydɑ̃,-ɑ̃t] *adj* prudente.
prune [pʀyn] *nf* ciruela *f.*
pruneau [pʀyno] *nm* ciruela *f* pasa.
prunelle [pʀynɛl] *nf* **1** *(fruit)* endrina *f.* **2** ANAT *(de l'œil)* pupila *f.*
prunier [pʀynje] *nm* ciruelo *m.*
psaume [psom] *nm* salmo *m.*
pseudonyme [psødɔnim] *nm* seudónimo *m.*
psychanalyse [psikanaliz] *nf* psicoanálisis *m.*
psychiatre [psikjatʀ] *nmf* psiquiatra.
psychiatrie [psikjatʀi] *nf* psiquiatría *f.*
psychique [psiʃik] *adj* psíquico,-ca.
psychologie [psikɔlɔʒi] *nf* psicología *f.*
psychologue [psikɔlɔg] *nmf* psicólogo,-ga.
psychose [psikoz] *nf* psicosis *f.*
psychosomatique [psikɔsɔmatik] *adj* psicosomático,-ca.
puant,-e [pɥɑ̃,-ɑ̃t] *adj* apestoso,-sa.
puanteur [pɥɑ̃tœʀ] *nf* peste *f.*

pub [pyb] *nf* **1** *(activité)* publicidad *f.* **2** *(message)* anuncio *m.*
puberté [pybɛRte] *nf* pubertad *f.*
pubis [pybis] *nm* ANAT pubis *m.*
public,-ique [pyblik] *adj* público,-ca.
► *nm* **public** público *m.*
• **en public** en público.
publication [pyblikasjɔ̃] *nf* publicación *f.*
publicité [pyblisite] *nf* **1** *(activité)* publicidad *f.* **2** *(message)* anuncio *m.*
publier [pyblije] *vt* publicar.
publipostage [pyblipɔstaʒ] *nm* buzoneo *m.*
puce [pys] *nf* **1** *(animal)* pulga *f.* **2** INFORM chip *m.*
▪ **les puces** el mercadillo.
puceron [pysRɔ̃] *nm* pulgón *m.*
pudeur [pydœR] *nf* pudor *m.*
pudique [pydik] *adj* púdico,-ca.
puer [pɥe] *vi - vt* apestar.
puériculteur,-trice [pɥeRikyltœR,-tRis] *nm,f* puericultor,-ra.
puéril,-e [pɥeRil] *adj* pueril.
pugilat [pyʒila] *nm* pugilato *m.*
puis [pɥi] *adv* después, luego.
• **et puis** además.
puiser [pɥize] *vt (liquide)* extraer.
• **puiser ses forces dans** sacar fuerzas de.
puisque [pɥisk] *conj* puesto que, ya que: ***puisque tu insistes, je vais te le dire***, ya que insistes, te lo voy a decir.
puissance [pɥisɑ̃s] *nf* **1** *(gén)* potencia *f*: ***les grandes puissances***, las grandes potencias. **2** *(pouvoir)* poder *m.* **3** *(force)* fuerza *f.*
• **en puissance** en potencia.
puissant,-e [pɥisɑ̃,-ɑ̃t] *adj* **1** *(machine, moteur)* potente. **2** *(personne)* poderoso,-sa.
puits [pɥi] *nm* pozo *m.*
pull [pyl] *nm* jersey *m.*
pull-over [pylɔvɛR] *nm (pl* **pull-overs***)* jersey *m.*
pulluler [pylyle] *vi* pulular.
pulmonaire [pylmɔnɛR] *adj* pulmonar.
pulpe [pylp] *nf* pulpa *f.*
pulsation [pylsasjɔ̃] *nf* pulsación *f.*
pulsion [pylsjɔ̃] *nf* pulsión *f.*
pulvériser [pylveRize] *vt* pulverizar.
puma [pyma] *nm* puma *m.*
punaise [pynɛz] *nf* **1** *(petit clou)* chincheta *f.* **2** *(insecte)* chinche *m.*
punch[1] [pɔ̃ʃ] *nm (boisson)* ponche *m.*
punch[2] [pɔ̃ʃ] *nm (énergie)* punch *m.*
punir [pyniR] *vt* castigar.
punition [pynisjɔ̃] *nf* castigo *m.*
pupille [pypil] *nf (de l'œil)* pupila *f.*
pupitre [pypitR] *nm* **1** *(bureau)* pupitre *m.* **2** *(pour partitions de musique)* atril *m.*
pur,-e [pyR] *adj* puro,-ra.
• **en pure perte** en balde.
purée [pyRe] *nf* puré *m.*
► *interj* **purée !** ¡jolines!
pureté [pyRte] *nf* pureza *f.*
purgatif,-ive [pyRgatif,-iv] *adj* purgante.
► *nm* **purgatif** purga *f.*
purgatoire [pyRgatwaR] *nm* purgatorio *m.*
purge [pyRʒ] *nf* purga *f.*
purification [pyRifikasjɔ̃] *nf* purificación *f.*
purifier [pyRifje] *vt* purificar.
puriste [pyRist] *adj - nmf* purista.
puritain,-e [pyRitɛ̃,-ɛn] *adj - nm,f* puritano,-na.
puritanisme [pyRitanism] *nm* puritanismo *m.*
pur-sang [pyRsɑ̃] *nm inv* pura sangre *m inv.*
purulent,-e [pyRylɑ̃,-ɑ̃t] *adj* purulento,-ta.
pus [py] *nm* pus *m.*
pustule [pystyl] *nf* pústula *f.*
putain [pytɛ̃] *nf fam* puta *f.*
pute [pyt] *nf fam* puta *f.*
putois [pytwa] *nm* turón *m.*
putréfaction [pytRefaksjɔ̃] *nf* putrefacción *f.*
putréfier (se) [pytRefje] *vpr* pudrirse.
putride [pytRid] *adj* pútrido,-da.
putsch [putʃ] *nm* golpe *m* de estado.
puzzle [pœzl] *nm* **1** *(jeu)* puzzle *m.* **2** *(problème)* rompecabezas *m.*
pyjama [piʒama] *nm* pijama *m.*
pylône [pilon] *nm* poste *m.*
pyramide [piRamid] *nf* pirámide *f.*
pyromane [piRɔman] *nmf* pirómano,-na.
pyrotechnie [piRɔtɛkni] *nf* pirotecnia *f.*
python [pitɔ̃] *nm* pitón *f.*

Q

qu' [k] *conj - pron rel* → que.
quadrillage [kadʀijaʒ] *nm* cuadriculado *m.*
quadriller [kadʀije] *vt* cuadricular.
quadrupède [kwadʀypɛd] *adj* cuadrúpedo,-da.
► *nm* cuadrúpedo *m.*
quadruple [kwadʀypl] *adj - nm* cuádruple *m.*
quadrupler [kwadʀyple] *vt* cuadruplicar.
quai [ke] *nm* **1** *(d'un port)* muelle *m.* **2** *(de gare)* andén *m.*
qualificatif,-ive [kalifikatif,-iv] *adj* calificativo,-va.
► *nm* **qualificatif** calificativo *m.*
qualification [kalifikasjɔ̃] *nf* **1** *(gén)* calificación *f.* **2** *(compétence)* cualificación *f.*
qualifier [kalifje] *vt* calificar.
► *vpr* **se qualifier** SPORT clasificarse.
qualité [kalite] *nf* **1** *(d'un produit)* calidad *f.* **2** *(vertu)* cualidad *f.*
• **de bonne qualité** de buena calidad.
• **de mauvaise qualité** de mala calidad.
• **en qualité de** en calidad de.
quand [kɑ̃] *adv interr* cuándo: ***quand partez-vous ?***, ¿cuándo se marcha?
► *conj (au moment où)* cuando: ***faites-moi signe quand vous serez arrivé***, avíseme cuando haya llegado.
• **n'importe quand** cuando sea.
• **quand bien même** *fml* aun cuando.
• **quand même** a pesar de todo: ***il y sera quand même***, estará allí a pesar de todo.
• **quand même !** ¡fíjate!
quant [kɑ̃t].
• **quant à** en cuanto a.
quantitatif,-ive [kɑ̃titatif,-iv] *adj* cuantitativo,-va.
quantité [kɑ̃tite] *nf* cantidad *f.*
• **en quantité** en cantidad.
quarantaine [kaʀɑ̃tɛn] *nf* cuarentena *f.*
• **avoir la quarantaine** estar en los cuarenta.
• **être en quarantaine** estar en cuarentena.
quarante [kaʀɑ̃t] *num* cuarenta *m.*
quarantième [kaʀɑ̃tjɛm] *num* cuadragésimo,-ma.
► *nm* cuadragésimo *m,* cuadragésima parte *f.*
quart [kaʀ] *adj* cuarto,-ta.
► *nm* cuarto *m*: ***un quart d'heure***, un cuarto de hora; ***il est midi et quart***, son las doce y cuarto.
• **quart de finale** SPORT cuartos de final.
quartier [kaʀtje] *nm* **1** *(d'une ville)* barrio *m.* **2** *(de fruit)* gajo *m.* **3** *(de viande)* trozo *m.* **4** *(portion)* cuarto *m.* **5** *(d'une armée)* cuartel *m.*
• **avoir quartier libre 1** *(militaire)* tener un permiso. **2** *(civil)* tener tiempo libre.
quart-monde [kaʀmɔ̃d] *nm* (*pl* **quarts-mondes**) cuarto mundo *m.*
quartz [kwarts] *nm* cuarzo *m.*
quasi [kazi] *adv* casi.
quasiment [kazimɑ̃] *adv* casi.
quatorze [katɔʀz] *num* catorce *m.*
quatorzième [katɔʀzjɛm] *num* decimocuarto,-ta.
quatre [katʀ] *num* cuatro *m.*
• **se mettre en quatre pour QQN** desvivirse por ALGN.

quatre-vingt-dix [katʀəvɛ̃dis] *num* noventa *m.*

quatre-vingts [katrəvɛ̃] *num* ochenta *m.*

quatrième [katʀijɛm] *adj - nmf* cuarto,-ta.

quatuor [kwatɥɔʀ] *nm* MUS cuarteto *m.*

que [k] (**qu'** delante de vocal o *h* muda) *conj* **1** *(introduit une subordonnée)* que: ***j'espère que vous serez heureux***, espero que seréis felices. **2** *(introduit une hypothèse)* tanto si: ***que tu y croies ou pas***, tanto si lo crees como si no. **3** *(indique un souhait)* que: ***qu'il vienne !***, ¡que venga! **4** *(introduit un ordre)* para que: ***approche-toi, que je te voie***, acércate para que te vea. **5** *(avec un présentatif)*: ***voilà qu'il est reparti !***, ¡ya se ha ido otra vez!

► *pron rel* que: ***l'homme que nous avons vu***, el hombre que hemos visto; ***il y a cinq ans que j'habite ici***, hace cinco años que vivo aquí; ***fais ce que tu voudras***, haz lo que quieras.

► *pron interr* qué: ***que fais-tu ?***, ¿qué haces?; ***qu'est-ce qui se passe ?***, ¿qué pasa?

► *adv* qué: ***que c'est grand !***, ¡qué grande es!; ***que de monde !***, ¡cuánta gente!

• **aussi/autant ... que** tan/tanto... como.

• **ne ... que** no... más que, sólo: ***il ne lui arrive que des malheurs***, no le ocurren más que desgracias.

• **qu'est-ce que** qué.

• **qu'est-ce qui** qué.

quel, quelle [kɛl] *adj* **1** *(interrogatif)* qué, cuál: ***quel est son nom ?***, ¿cuál es su nombre?; ***quelle heure est-il ?***, ¿qué hora es? **2** *(exclamatif)* qué: ***quel dommage !***, ¡qué pena!

► *pron interr (chose)* cuál; *(personne)* quién: ***quel sera le plus intéressant de ces livres ?***, ¿cuál será el más interesante de estos libros?; ***quel est le plus grand des deux ?***, ¿quién es el más alto de los dos?

• **quel/quelle que soit** sea cual sea: ***j'accepte quelles que soient vos conditions***, acepto sean cuales sean sus condiciones.

quelconque [kɛlkɔ̃k] *adj indéf* cualquiera: ***sous un prétexte quelconque***, con un pretexto cualquiera.

► *adj péj* del montón.

quelle [kɛl] *adj - pron* → quel, quelle.

quelque [kɛlk] (**quelqu'** delante de **un** y **une**) *adj indéf* algún,-una: ***elle doit être quelque part***, debe de estar en alguna parte.

► *adj indéf pl* **quelques** unos/unas cuantos,-tas: ***les quelques amis que j'avais sont partis***, los pocos amigos que tenía se fueron; ***quelques instants plus tard***, unos momentos más tarde.

► *adv* unos,-nas: ***cela vous coûtera quelque cent euros***, esto le costará unos cien euros.

• **et quelques** y pico: ***il a cinquante ans et quelques***, tiene cincuenta años y pico.

• **quelque chose** algo.

• **quelque chose d'autre** otra cosa.

• **quelque part** en algún sitio.

• **quelque peu** un poco de.

• **quelque ... que** *fml* por muy..., por mucho,-cha...: ***quelque riche qu'il soit, il ne peut pas acheter son amour***, por muy rico que sea, no puede comprar su amor.

quelquefois [kɛlkəfwa] *adv* a veces.

quelques-uns,-unes [kɛlkəzœ̃,-yn] *pron indéf* algunos,-nas: ***je peux t'en prêter quelques-unes***, te puedo dejarte algunas; ***quelques-uns sont venus***, algunos vinieron.

quelqu'un [kɛlkœ̃] *pron indéf* alguien: ***quelqu'un a appelé ce matin***, alguien ha llamado esta mañana; ***il y a quelqu'un ?***, ¿hay alguien?

qu'en-dira-t-on [kɑ̃diʀatɔ̃] *nm inv.*

▪ **le qu'en-dira-t-on** el qué dirán.

quenelle [kənɛl] *nf* CUIS *especie de croqueta de carne o pescado.*

querelle [kəʀɛl] *nf* pelea *f.*

• **chercher querelle à QQN** buscar pelea con ALGN.

quereller (se) [keʀele] *vpr* pelearse.

question [kɛstjɔ̃] *nf* **1** *(interrogation)* pregunta *f.* **2** *(thème)* cuestión *f.*

• **en question** en cuestión: ***le livre en question***, el libro en cuestión.

• **il n'en est pas question !** ¡ni hablar!

• **poser une question à QQN** hacer una pregunta a ALGN.

• **remettre QQCH en question** cuestionar ALGO.

questionnaire [kestjɔnɛʀ] *nm* cuestionario *m.*

questionner [kɛstjɔne] *vt* interrogar.
quête [kɛt] *nf* **1** *(recherche)* búsqueda *f.* **2** *(d'argent)* colecta *f.*
• **en quête de** en busca de.
queue [kø] *nf* **1** *(gén)* cola *f.* **2** *(d'animal)* cola *f*, rabo *m.* **3** *(de cheveux)* coleta *f.* **4** *(d'une poêle)* mango *m.*
• **à la queue leu leu** en fila india.
• **faire la queue** hacer cola.
• **faire une queue de poisson à QQN** cerrar (el paso) a ALGN.
• **sans queue ni tête** sin pies ni cabeza.
queue-de-cheval [kødʃəval] *nf* (*pl* **queues-de-cheval**) coleta *f.*
qui [ki] *pron rel* **1** *(sujet)* que: ***les choses qui m'intéressent***, las cosas que me interesan; ***toi qui le sais***, tú que lo sabes. **2** *(complément)* quien: ***appelle qui tu préfères***, llama a quien prefieras.
► *pron interr* **1** *(sujet)* quién, quiénes: ***qui est-ce ?***, ¿quién es?; ***qui sont ces gens ?***, ¿quiénes son estas personas? **2** *(complément)* a quién, quién: ***qui as-tu vu ?***, ¿a quién has visto? **3** *(après une préposition)* a quién, de quién, con quién, por quién: ***à qui pense-t-il ?***, ¿en quién piensa?; ***à qui est la voiture rouge ?***, ¿de quién es el coche rojo?
• **n'importe qui** cualquiera.
• **qui est-ce que** a quién.
• **qui est-ce qui** quién.
quiche [kiʃ] *nf* quiche *f.*
quiconque [kikɔ̃k] *pron indéf* cualquiera que: ***pour quiconque a l'habitude, c'est facile***, para cualquiera que tenga costumbre, es fácil.
quiétude [kjetyd] *nf* quietud *f.*
quille [kij] *nf* **1** *(de jeu)* bolo *m.* **2** *(de bateau)* quilla *f.*
► *nf pl* **quilles** bolos *m pl.*
quincaillerie [kɛ̃kajʀi] *nf* **1** *(magasin)* ferretería *f.* **2** *fam (bijoux)* quincalla *f.*
quinine [kinin] *nf* quinina *f.*
quinquennat [kɛ̃kena] *nm mandato de cinco años del presidente de la República Francesa.*
quinte [kɛ̃t] *nf.*
▪ **quinte de toux** ataque *m* de tos.
quintuple [kɛ̃typl] *adj* quíntuplo,-pla.
► *nm* quíntuplo *m.*
quinzaine [kɛ̃zɛn] *nf* quincena *f.*
quinze [kɛ̃z] *num* quince *m.*
quinzième [kɛ̃zjɛm] *num* decimoquinto,-ta.
quiproquo [kipʀɔko] *nm* malentendido *m.*
quittance [kitɑ̃s] *nf* recibo *m.*
quitte [kit] *adj* en paz.
• **être quitte envers QQN** estar en paz con ALGN: ***je vous ai tout payé, nous sommes quittes***, se lo he pagado todo, estamos en paz.
• **quitte à** a riesgo de.
• **quitte ou double** doble o nada.
quitter [kite] *vt* **1** *(gén)* dejar, abandonar. **2** *(ville, pays, endroit)* irse de, marcharse de. **3** *(vêtements)* quitarse.
► *vpr* **se quitter** separarse: ***ils se sont quittés à regret***, se han separado con pena.
• **ne quittez pas !** *(au téléphone)* ¡no se retire!, ¡no cuelgue!
qui-vive [kiviv].
• **être sur le qui-vive** estar alerta.
quoi [kwa] *pron rel* lo que, lo cual: ***c'est ce à quoi je pense***, es en lo que estoy pensando; ***il n'y a vraiment pas de quoi s'énerver***, no hay por qué ponerse nervioso.
► *pron interr* qué: ***à quoi pensez-vous ?***, ¿en qué piensa?; ***quoi ? tu n'en veux pas ?***, ¿cómo?, ¿no quieres?; ***je ne comprends pas de quoi il parle***, no entiendo de qué está hablando.
► *interj* **quoi !** ¡qué!
• **après quoi** después de lo cual.
• **à quoi bon ?** ¿para qué?
• **il n'y a pas de quoi** no hay de qué.
• **n'importe quoi** cualquier cosa.
• **ou quoi ?** ¿o no?, ¿o qué?: ***tu viens ou quoi ?***, ¿vienes o no?
• **quoi qu'il arrive** pase lo que pase.
• **quoi qu'il en soit** sea como sea.
quoique [kwak] *conj* aunque: ***quoique placé en plein soleil, il a froid***, aunque está a pleno sol, tiene frío.
quota [kwɔta] *nm* cuota *f.*
quotidien,-enne [kɔtidjɛ̃,-ɛn] *adj* cotidiano,-na.
► *nm* **quotidien 1** *(vie de chaque jour)* cotidiano *m.* **2** *(journal)* diario *m.*
quotient [kɔsjɑ̃] *nm* cociente *m.*

R

rabâcher [Rabɑʃe] *vt* machacar.
► *vi* repetirse.
rabais [Rabɛ] *nm* rebaja *f*, descuento *m*.
• **au rabais 1** *péj (artiste)* de pacotilla. **2** *(travailler)* por una miseria.
rabaisser [Rabese] *vt* rebajar.
► *vpr* **se rabaisser** rebajarse (**à**, a).
rabat [Raba] *nm* solapa *f*.
rabat-joie [Rabaʒwa] *adj - nmf inv* aguafiestas.
rabattre [RabatR] *vt* **1** *(col)* doblar. **2** *(couvercle)* cerrar. **3** *(client)* captar. **4** *(gibier)* ojear.
► *vpr* **se rabattre 1** *(siège)* abatirse. **2** *(accepter)* conformarse (**sur**, con).
rabbin [Rabɛ̃] *nm* rabino *m*.
rabot [Rabo] *nm* cepillo *m*.
raboter [Rabote] *vt* cepillar.
rabougri,-e [RabugRi] *adj* desmedrado,-da.
raccommodage [Rakɔmɔdaʒ] *nm* zurcido *m*.
raccommoder [Rakɔmɔde] *vt* **1** *(vêtement)* zurcir. **2** *fam (deux personnes)* reconciliar.
► *vpr* **se raccommoder** *fam* reconciliarse.
raccompagner [Rakɔ̃paɲe] *vt* acompañar.
raccord [RakɔR] *nm* **1** *(liaison)* enlace *m*. **2** *(électrique)* empalme *m*. **3** *(au cinéma)* ajuste *m*.
raccorder [RakɔRde] *vt* empalmar, enlazar.
► *vpr* **se raccorder** conectar (**à**, con).
raccourci,-e [RakuRsi] *adj* acortado,-da.
► *nm* **raccourci 1** *(chemin)* atajo *m*. **2** INFORM acceso *m* directo.
raccrocher [RakRɔʃe] *vt* **1** *(tableau)* volver a colgar. **2** *(wagon)* volver a enganchar. **3** *(téléphone)* colgar.
► *vpr* **se raccrocher** aferrarse (**à**, a).
race [Ras] *nf* raza *f*.
• **de race** de raza.
racheter [Raʃte] *vt* **1** *(acheter de nouveau)* volver a comprar. **2** *(d'occasion)* comprar. **3** *(faute)* redimir. **4** *(prisonnier)* rescatar.
► *vpr* **se racheter** hacerse perdonar.
rachitique [Raʃitik] *adj* raquítico,-ca.
rachitisme [raʃitism] *nm* MÉD raquitismo *m*.
racial [Rasial] *adj* racial.
racine [Rasin] *nf* raíz *f*.
▪ **racine carrée** raíz cuadrada.
▪ **racine cubique** raíz cúbica.
racisme [Rasism] *nm* racismo *m*.
raciste [Rasist] *adj - nmf* racista.
racket [Rakɛt] *nm* chantaje *m*.
racketter [Rakɛte] *vt* chantajear.
raclée [Rakle] *nf fam* paliza *f*.
racler [Rakle] *vt* rascar.
• **se racler la gorge** carraspear.
racontars [Rakɔ̃tar] *nm pl* cuentos *m pl*, chismes *m pl*.
raconter [Rakɔ̃te] *vt* contar.
• **qu'est-ce que tu racontes ?** pero, ¿de qué hablas?
radar [RadaR] *nm* radar *m*.
rade [Rad] *nf* rada *f*.
radeau [Rado] *nm* balsa *f*.
radiateur [RadjatœR] *nm* radiador *m*.
radiation [Radjasjɔ̃] *nf* **1** *(rayonnement)* radiación *f*. **2** *(d'un ordre, d'une profession)* expulsión *f*.

radical,-e [Radikal] *adj* radical.
► *nm* **radical** radical *m*.
radier [Radje] *vt* **1** *(d'une liste)* tachar, borrar. **2** *(d'une profession)* expulsar.
radieux,-euse [Radjø,-øz] *adj* radiante.
radin,-e [Radɛ̃] *adj - nm,f fam* rácano,-na.
radio [Radjo] *nf* **1** *(station)* radio *f*. **2** *fam (radiographie)* radio *f*.
• **passer une radio** hacerse una radiografía.
radioactif,-ive [Radjɔaktif,-iv] *adj* radiactivo,-va.
radiocassette [Radjɔkasɛt] *nf* radiocasete *m*.
radiodiffusion [Radjɔdifyzjɔ̃] *nf* radiodifusión *f*.
radiographie [Radjɔgʀafi] *nf* radiografía *f*.
radiologue [Radjɔlɔg] *nmf* radiólogo,-ga.
radiophonique [Radjɔfɔnik] *adj* radiofónico,-ca.
radio-réveil [RadjoRevɛj] *nm (pl* **radios-réveils**) radiodespertador *m*.
radis [Radi] *nm* rábano *m*.
• **ne plus avoir un radis** estar sin un duro.
radium [Radjɔm] *nm* CHIM radio *m*.
radoter [Radɔte] *vi* divagar.
radoucir (se) [RadusiR] *vpr* suavizarse.
rafale [Rafal] *nf* ráfaga *f*, racha *f*.
raffermir [RafɛRmiR] *vt* fortalecer.
raffiné,-e [Rafine] *adj* refinado,-da.
raffinement [Rafinmɑ̃] *nm* refinamiento *m*.
raffiner [Rafine] *vt* refinar.
raffinerie [RafinRi] *nf* refinería *f*.
raffoler [Rafɔle] *vi* estar loco,-ca (**de**, por).
rafistoler [Rafistɔle] *vt fam* hacer un chapuza.
rafle [Rafl] *nf* redada *f*.
rafler [Rafle] *vt fam* saquear.
rafraîchir [RafReʃiR] *vt* **1** *(aliments)* enfriar. **2** *fig (mémoire)* refrescar.
► *vi* enfriar.
► *vpr* **se rafraîchir 1** *(temps)* refrescar. **2** *fam (boire)* tomar un refresco.
rafraîchissant,-e [Rafrɛʃisɑ̃,-ɑ̃t] *adj* refrescante.
rafraîchissement [RafReʃismɑ̃] *nm* **1** *(du temps)* enfriamiento *m*. **2** *(boisson)* refresco *m*.
rafting [Raftiŋ] *nm* rafting *m*.
rage [Raʒ] *nf* **1** *(gén)* rabia *f*. **2** *(désir)* pasión *f*.
• **faire rage** causar estragos.
▪ **rage de dents** dolor *m* de muelas.
rager [Raʒe] *vi fam* rabiar.
rageur,-euse [RaʒœR,-øz] *adj* rabioso,-sa.
ragot [Rago] *nm fam* cotilleo *m*.
ragoût [Ragu] *nm* CUIS guisado *m*, guiso *m*.
rai [Rɛ] *nm fml* rayo *m*.
raid [Rɛd] *nm* raid *m*.
raide [Rɛd] *adj* **1** *(membre)* rígido,-da. **2** *(cheveux)* liso,-sa. **3** *(côte)* empinado,-da. **4** *fam (incroyable)* fuerte.
► *adv (brusquement)* de golpe.
• **tomber raide mort** caer muerto.
raideur [RɛdœR] *nf* rigidez *f*.
raidir [RediR] *vt* endurecer.
► *vpr* **se raidir** ponerse tenso,-sa.
raie [Rɛ] *nf (poisson)* raya *f*.
rail [Raj] *nm* **1** *(de voie ferrée)* riel *m*. **2** *(moyen de transport)* ferrocarril *m*.
railler [Raje] *vt* burlarse de.
railleur,-euse [RajœR,-øz] *adj - nm,f* burlón,-ona.
rainure [RenyR] *nf* ranura *f*.
raisin [Rɛzɛ̃] *nm* uva *f*.
▪ **raisins secs** pasas *f pl*.
raison [Rɛzɔ̃] *nf* **1** *(gén)* razón *f*. **2** *(santé mentale)* juicio *m*.
• **à plus forte raison** con mayor motivo.
• **à raison de** a razón de.
• **avoir raison** tener razón.
• **en raison de** a causa de.
• **perdre la raison** perder el juicio.
• **raison de plus pour** razón de más para.
raisonnable [Rɛzɔnabl] *adj* **1** *(décision, prix)* razonable. **2** *(doué de raison)* racional.
raisonnement [Rɛzɔnmɑ̃] *nm* **1** *(faculté)* raciocinio *m*. **2** *(arguments)* razonamiento *m*.
raisonner [Rɛzɔne] *vi* **1** *(penser)* pensar. **2** *(discuter)* razonar.
► *vt* hacer entrar en razón a.

rajeunir [ʀaʒœniʀ] *vt* rejuvenecer.
▶ *vpr* **se rajeunir** rejuvenecerse.
• **rajeunir** QQN **de X ans** echar X años de menos a ALGN.
rajouter [ʀaʒute] *vi* añadir.
• **en rajouter** pasarse.
rajuster [ʀaʒyste] *vt* **1** *(salaire, prix)* reajustar. **2** *(cravate)* retocar.
râle [ʀal] *nm* estertor *m*.
ralenti,-e [ʀalɑ̃ti] *adj* ralentizado,-da.
▶ *nm* **ralenti 1** *(de voiture)* ralentí *m*. **2** *(de film)* cámara *f* lenta.
• **au ralenti** al ralentí.
ralentir [ʀalɑ̃tiʀ] *vt* **1** *(pas)* aminorar. **2** *(allure, rythme)* reducir.
▶ *vi* reducir la velocidad.
ralentissement [ʀalɑ̃tismɑ̃] *nm* **1** *(de vitesse)* reducción *f*. **2** *(d'activité)* disminución *f*. **3** *(de la circulation)* retención *f*.
râler [ʀale] *vi* refunfuñar.
rallier [ralje] *vt* **1** *(rassembler)* reunir. **2** *(à une cause)* sumarse a. **3** *(rejoindre)* volver a: ***rallier son poste***, volver a su puesto.
▶ *vpr* **se rallier 1** *(se rassembler)* reunirse, agruparse. **2** *(opinion)* adherirse (**à**, a).
rallonge [ʀalɔ̃ʒ] *nf* alargador *m*.
rallonger [ʀalɔ̃ʒe] *vt* alargar.
▶ *vi* alargarse.
rallumer [ʀalyme] *vt* **1** *(lampe, feu)* volver a encender. **2** *fig (faire renaître)* avivar.
rallye [ʀali] *nm* rally *m*.
RAM [ʀam] *abr (**random access memory**)* RAM.
ramadan [ʀamadɑ̃] *nm* ramadán *m*.
ramassage [ʀamasaʒ] *nm* recogida *f*.
▪ **ramassage scolaire** servicio *m* de transporte escolar.
ramasser [ʀamase] *vt* **1** *(gén)* recoger. **2** *(champignons, fleurs)* coger. **3** *(quelqu'un)* levantar del suelo. **4** *fam (claque)* ganarse. **5** *(voleur)* pillar.
▶ *vpr* **se ramasser 1** *fam (des coups)* recibir. **2** *fam (à un examen)* catear. **3** *fam (tomber)* pegársela.
ramassis [ʀamasi] *nm péj* revoltillo *m*.
rambarde [ʀɑ̃baʀd] *nf* barandilla *f*.
rame [ʀam] *nf* **1** *(aviron)* remo *m*. **2** *(de papier)* resma *f*. **3** *(de chemin de fer, métro)* convoy *m*.
ramener [ʀamne] *vt* **1** *(amener de nouveau - là-bas)* volver a llevar; *(- ici)* volver a traer. **2** *(raccompagner)* acompañar. **3** *(de voyage)* traerse. **4** *(paix, ordre)* restablecer. **5** *(réduire)* reducir.
▶ *vpr* **se ramener** *fam* venir.
• **la ramener** hacerse el chulo.
ramer [ʀame] *vi* remar.
rameur,-euse [ʀamœʀ,-øz] *nm,f* remero,-ra.
ramification [ʀamifikasjɔ̃] *nf* ramificación *f*.
ramifier [ʀamifje] *vt* ramificar.
▶ *vpr* **se ramifier** ramificarse.
ramollir [ʀamɔliʀ] *vt* **1** *(beurre, chocolat)* reblandecer. **2** *fig (personne)* debilitar.
▶ *vpr* **se ramollir** reblandecerse.
ramoneur [ʀamɔnœʀ] *nm* deshollinador *m*.
rampant,-e [ʀɑ̃pɑ̃,-ɑ̃t] *adj* **1** *(plantes, animaux)* rastrero,-ra. **2** *fig (personne)* servil.
rampe [ʀɑ̃p] *nf* **1** *(plan incliné)* rampa *f*. **2** *(d'escalier)* barandilla *f*.
▪ **rampe de lancement** rampa de lanzamiento.
ramper [ʀɑ̃pe] *vi* **1** *(animal, personne)* reptar. **2** *(plantes)* trepar.
rancard [ʀɑ̃kaʀ] *nm fam* cita *f*.
rance [ʀɑ̃s] *adj* rancio,-cia.
ranch [ʀɑ̃tʃ] *nm* rancho *m*.
rancir [ʀɑ̃siʀ] *vi* enranciarse.
rancœur [ʀɑ̃kœʀ] *nf* rencor *m*.
rançon [ʀɑ̃sɔ̃] *nf* **1** *(argent)* rescate *m*. **2** *fig (contrepartie)* precio *m*.
rancune [ʀɑ̃kyn] *nf* rencor *m*.
• **sans rancune !** ¡sin rencores!
rancunier,-ère [ʀɑ̃kynje,-ɛʀ] *adj - nm,f* rencoroso,-sa.
randonnée [ʀɑ̃dɔne] *nf* **1** *(à pied)* caminata *f*; *(activité)* senderismo *m*. **2** *(en vélo)* excursión *f*.
randonneur,-euse [ʀɑ̃dɔnœʀ,-øz] *nm,f* excursionista.
rang [ʀɑ̃] *nm* **1** *(gén)* fila *f*. **2** *(place)* puesto *m*. **3** *(social)* categoría *f*.
• **de haut rang** de alto rango.
• **en rang** en fila.
• **en rang d'oignons** en hilera.
• **se mettre sur les rangs** presentar la candidatura.

rangé,-e [Rãnʒe] *adj* formal.
rangée [rãʒe] *nf* hilera *f.*
rangement [Rãʒmã] *nm* orden *m.*
ranger [Rãʒe] *vt* **1** *(pièce, objet)* ordenar. **2** *(voiture)* aparcar.
► *vpr* **se ranger 1** *(élèves, soldats)* ponerse en fila. **2** *(piéton)* apartarse. **3** *fig (se placer)* situarse (**parmi**, entre). **4** *fig (devenir sage)* sentar la cabeza. **5** *(se rallier)* plegarse (**à**, a).
ranimer [Ranime] *vt* **1** *(personne)* reanimar. **2** *fig (feu, sentiment)* reavivar.
rap [Rap] *nm* MUS rap *m.*
rapace [Rapas] *adj* codicioso,-sa.
► *nm (oiseau)* rapaz *f.*
rapatrier [RapatRije] *vt* repatriar.
râpe [Rap] *nf* **1** *(de cuisine)* rallador *m.* **2** *(de menuisier)* escofina *f.*
râpé,-e [Rape] *adj* rallado,-da.
• **c'est râpé !** *fam* ¡se acabó!
râper [Rape] *vt* **1** *(légumes, fromage)* rallar. **2** *(bois, métal)* limar. **3** *(gorge)* raspar.
raphia [Rafja] *nm* rafia *f.*
rapide [Rapid] *adj* rápido,-da.
► *nm (train, fleuve)* rápido *m.*
rapidité [Rapidite] *nf* rapidez *f.*
rapiécer [Rapjese] *vt* remendar.
rappel [Rapɛl] *nm* **1** *(souvenir, vaccin)* recuerdo *m.* **2** *(de paiement)* advertencia *f.* **3** *(au spectacle)* llamada *f* a escena. **4** *(en alpinisme)* rapel *m.*
▪ **rappel à l'ordre** llamada al orden.
rappeler [Raple] *vt* **1** *(appeler de nouveau)* llamar de nuevo. **2** *(souvenir)* recordar a: ***cette maison me rappelle ma jeunesse***, esta casa me recuerda mi juventud. **3** *(acteurs)* llamar a escena.
► *vpr* **se rappeler** recordar, acordarse de: ***je ne me rappelle plus de rien***, no me acuerdo de nada.
• **rappeler à l'ordre** llamar al orden.
rapport [RapɔR] *nm* **1** *(profit)* rendimiento *m.* **2** *(compte rendu)* informe *m.* **3** *(union, lien)* relación *f.*
• **en rapport avec** en relación con.
• **par rapport à** respecto a.
▪ **rapport qualité-prix** relación calidad precio.
▪ **rapports sexuels** relaciones sexuales.
rapporter [RapɔRte] *vt* **1** *(apporter de nouveau)* traer de nuevo. **2** *(rendre)* devolver. **3** *(d'un voyage)* traer.
► *vi* **1** *(être rentable)* rendir. **2** *fam (répéter)* chivarse.
► *vpr* **se rapporter** referirse (**à**, a).
rapporteur,-euse [RapɔRtœR,-øz] *nm,f fam* chivato,-ta.
► *nm* **rapporteur** ponente *mf.*
rapprochement [RapRɔʃmã] *nm* acercamiento *m.*
rapprocher [RapRɔʃe] *vt* **1** *(mettre plus près)* acercar. **2** *fig (personnes)* reconciliar.
► *vpr* **se rapprocher 1** *(se placer plus près)* acercarse (**de**, a). **2** *(être semblable)* parecerse (**de**, a).
rapt [Rapt] *nm* rapto *m.*
raquette [Rakɛt] *nf* raqueta *f.*
rare [RaR] *adj* **1** *(peu nombreux)* escaso,-sa. **2** *(cheveux, barbe)* ralo,-la. **3** *(surprenant)* raro,-ra.
raréfier (se) [RaRefje] *vpr* enrarecerse.
rarement [RaRmã] *adv* pocas veces.
rareté [RaRte] *nf* **1** *(gén)* rareza *f.* **2** *(pénurie)* escasez *f.*
ras,-e [Ra,-az] *adj* **1** *(cheveux, poils)* corto, ta. **2** *(mesure)* raso, sa.
► *adv* **ras** *(cheveux)* al rape.
• **à ras bord** hasta el borde.
rasage [Razaʒ] *nm* afeitado *m.*
raser [Raze] *vt* **1** *(barbe)* afeitar. **2** *(cheveux)* rapar. **3** *(démolir)* arrasar. **4** *(frôler)* rozar. **5** *fam (ennuyer)* dar la lata.
► *vpr* **se raser 1** *(barbe)* afeitarse. **2** *(cheveux)* raparse.
ras-le-bol [Ralbɔl] *nm inv.*
• **en avoir ras-le-bol** *fam* estar hasta la coronilla.
rasoir [RazwaR] *nm* navaja *f* de afeitar.
► *adj inv fam* rollo: ***qu'est-ce que c'est rasoir cette conférence !***, ¡qué rollo de conferencia!
▪ **rasoir électrique** maquinilla *f* eléctrica.
rassasier [Rasazje] *vt* saciar.
► *vpr* **se rassasier** saciarse.
rassemblement [Rasãbləmã] *nm* **1** *(de gens)* concentración *f.* **2** *(parti)* agrupación *f.* **3** *(d'objets)* recolección *f.*

rassembler [Rasɑ̃ble] *vt* **1** *(gén)* reunir, juntar. **2** *(idées)* poner en orden.
► *vpr* **se rassembler** reunirse.
rasseoir (se) [RaswaR] *vpr* sentarse de nuevo.
rasséréner [RaseRene] *vt fml* serenar.
rassurant,-e [RasyRɑ̃,-ɑ̃t] *adj* tranquilizador,-ra.
rassurer [RasyRe] *vt* tranquilizar.
► *vpr* **se rassurer** tranquilizarse.
rat [Ra] *nm* rata *f.*
► *adj fam* tacaño,-ña.
ratatiner [Ratatine] *vt fam* hacer añicos.
► *vpr* **se ratatiner** arrugarse.
ratatouille [Ratatuj] *nf* CUIS pisto *m.*
rate [Rat] *nf* **1** ANAT bazo *m.* **2** *(rat femelle)* rata *f.*
raté,-e [Rate] *nm,f* fracasado,-da.
► *nm* **raté** *(de moteur)* fallo *m.*
râteau [Rato] *nm* rastrillo *m.*
râtelier [Ratəlje] *nm fam (dentier)* dentadura *f* postiza.
rater [Rate] *vt* **1** *fam (train, bus, occasion)* perder. **2** *(personne)* no encontrar. **3** *(cible)* errar. **4** *(examen)* suspender.
► *vi* fracasar.
► *vpr* **se rater 1** *(suicide)* fracasar. **2** *(avec une autre personne)* no encontrarse.
ratifier [Ratifje] *vt* ratificar.
ration [Rasjɔ̃] *nf* ración *f.*
rationnel,-elle [Rasjɔnɛl] *adj* racional.
rationnement [Rasjɔnmɑ̃] *nm* racionamiento *m.*
rationner [Rasjɔne] *vt* racionar.
ratisser [Ratise] *vt* **1** *(avec un râteau)* rastrillar. **2** *fam (explorer)* rastrear.
raton [Ratɔ̃] *nm* ratoncillo *m.*
▪ **raton laveur** mapache *m.*
rattacher [Rataʃe] *vt* **1** *(attacher de nouveau)* volver a atar. **2** *(région)* incorporar.
► *vpr* **se rattacher** relacionarse (**à**, con).
rattrapage [RatRapaʒ] *nm* recuperación *f.*
rattraper [RatRape] *vt* **1** *(animal, prisonnier)* atrapar. **2** *(temps perdu)* recuperar. **3** *(bus, train)* alcanzar. **4** *(erreur)* corregir.
► *vpr* **se rattraper 1** *(se raccrocher)* agarrarse (**à**, a). **2** *(temps, argent)* recuperarse. **3** *(erreur)* corregirse.
rature [RatyR] *nf* tachadura *f.*
rauque [Rok] *adj* ronco,-ca.
ravager [Ravaʒe] *vt* asolar.
ravages [Ravaʒ] *nm pl* estragos *m pl.*
• **faire des ravages** hacer estragos.
ravaler [Ravale] *vt* **1** *(salive)* tragar. **2** *(façade)* revocar. **3** *fig (colère, larmes)* reprimir.
rave¹ [Rav] *nf (légume)* naba *f.*
rave² [Rɛv] *nf (fête)* rave *f.*
ravi,-e [Ravi] *adj* encantado,-da.
• **ravi,-e de faire votre connaissance** encantado,-da de conocerle.
ravin [Ravɛ̃] *nm* barranco *m.*
ravioli [Ravjɔli] *nm* CUIS ravioli *m.*
ravir [RaviR] *vt* **1** *(charmer)* encantar. **2** *(enlever de force)* raptar.
• **à ravir** de maravilla.
raviser (se) [Ravize] *vpr* cambiar de parecer.
ravissant,-e [Ravisɑ̃,-ɑ̃t] *adj* encantador,-ra.
ravisseur-euse [RavisœR,-øz] *nmf* secuestrador,-ra.
ravitaillement [Ravitajmɑ̃] *nm* abastecimiento *m.*
ravitailler [Ravitaje] *vt* abastecer.
raviver [Ravive] *vt* reanimar, avivar.
rayé,-e [Reje] *adj* rayado,-da.
rayer [Reje] *vt* **1** *(disque, vitre)* rayar. **2** *(effacer)* tachar, borrar.
rayon [Rɛjɔ̃] *nm* **1** *(de lumière, du soleil)* rayo *m.* **2** *(de roue)* radio *m.* **3** *(dans un grand magasin)* sección *f*; *(étagère)* estante *m.*
• **dans un rayon de** en un radio de.
▪ **rayon d'action** radio de acción.
▪ **rayon laser** rayo láser.
▪ **rayons X** rayos X.
rayonnant,-e [Rɛjɔnɑ̃,-ɑ̃t] *adj* radiante.
rayonnement [Rɛjɔnmɑ̃] *nm* **1** *(gén)* radiación *f.* **2** *fig (éclat)* resplandor *m.*
rayonner [Rɛjɔne] *vi* **1** *(chaleur)* irradiar. **2** *(soleil)* brillar. **3** *fig (de bonheur)* resplandecer.
rayure [RejyR] *nf* raya *f.*
raz [Ra] *nm.*
▪ **raz de marée** maremoto *m.*
raz-de-marée [RadmaRe] *nm inv* maremoto *m.*
razzia [Razja] *nf* razia *f.*

ré [Re] *nm* MUS re *m*.
réacteur [ReaktœR] *nm* reactor *m*.
▪ **réacteur nucléaire** reactor nuclear.
réaction [Reaksjɔ̃] *nf* reacción *f*.
réactionnaire [ReajsɔnɛR] *adj* - *nmf* reaccionario,-ria.
réactiver [Reaktive] *vt* reactivar.
réadapter [Readapte] *vt* readaptar.
► *vpr* **se réadapter** readaptarse.
réagir [ReaʒiR] *vi* reaccionar.
réalisateur,-trice [RealizatœR,-tRis] *nm,f* realizador,-ra.
réalisation [Realizasjɔ̃] *nf* realización *f*.
réaliser [Realize] *vt* **1** *(faire)* realizar. **2** *(s'apercevoir)* darse cuenta de.
► *vpr* **se réaliser** realizarse.
réalisme [Realism] *nm* realismo *m*.
réalité [Realite] *nf* realidad *f*.
• **en réalité** en realidad.
reality-show [Realitiʃo] *nm* (*pl* **reality-shows**) reality show *m*.
réaménagement [Reamenaʒmɑ̃] *nm* **1** *(du territoire)* reordenación *f*. **2** *(des taux d'intérêt)* reajuste *m*.
réanimation [Reanimasjɔ̃] *nf* reanimación *f*.
réanimer [Reanime] *vt* reanimar.
réapparaître [ReapaRɛtR] *vi* reaparecer.
réarmement [ReaRməmɑ̃] *nm* rearme *m*.
rébarbatif,-ive [RebaRbatif,-iv] *adj (personne)* desagradable.
rebâtir [RəbatiR] *vt* reedificar.
rebattre [RəbatR].
• **rebattre les oreilles à** QQN machacar a ALGN.
rebelle [Rəbɛl] *adj* - *nmf* rebelde.
rebeller (se) [Rəbɛle] *vpr* rebelarse.
rébellion [Rebeljɔ̃] *nf* rebelión *f*.
rebiffer (se) [Rəbife] *vpr fam* rebelarse (**contre**, contra).
reboisement [Rəbwazmɑ̃] *nm* reforestación *f*.
reboiser [Rəbwaze] *vt* reforestar.
rebond [Rəbɔ̃] *nm* rebote *m*.
rebondi,-e [Rəbɔ̃di] *adj* rollizo,-za.
rebondir [Rəbɔ̃diR] *vi* **1** *(ballon)* rebotar. **2** *(affaire)* volver a cobrar actualidad.
rebondissement [Rəbɔ̃dismɑ̃] *nm* reaparición *f*.
rebord [RəbɔR] *nm* reborde *m*.
rebours [RəbuR].
• **à rebours 1** *(à contre-sens)* a contrapelo. **2** atrás: ***compte à rebours***, cuenta atrás.
rebrousser [RəbRuse] *vt (cheveux, poil)* cepillar a contrapelo.
• **rebrousser chemin** volver sobre sus pasos.
rébus [Reby] *nm* jeroglífico *m*.
rebut [Rəby] *nm* desecho *m*.
• **mettre** QQCH **au rebut** deshacerse de ALGO.
rebuter [Rəbyte] *vt* **1** *(dégoûter)* repeler. **2** *(décourager)* desanimar.
récalcitrant,-e [RekalsitRɑ̃,-ɑ̃t] *adj* - *nm,f* recalcitrante.
recaler [Rəkale] *vt fam* catear.
récapituler [Rekapityle] *vt* recapitular.
receler [Rəsɛle] *vt* **1** *(mystère, vérité)* contener. **2** DR encubrir.
récemment [Resamɑ̃] *adv* recientemente.
recensement [Rəsɑ̃smɑ̃] *nm* **1** *(d'habitants)* censo *m*. **2** *(de biens)* inventario *m*.
recenser [Rəsɑ̃se] *vt* **1** *(habitants)* censar. **2** *(biens)* inventariar.
récent,-e [Resɑ̃,-ɑ̃t] *adj* reciente.
réceptacle [Resɛptakl] *nm* receptáculo *m*.
récepteur,-trice [ResɛptœR,-tRis] *adj* receptor,-ra.
► *nm* **récepteur** receptor *m*.
réception [Resɛpsjɔ̃] *nf* recepción *f*.
▪ **accusé de réception** acuse *m* de recibo.
réceptionniste [Resɛpsjɔnist] *nmf* recepcionista.
récession [Resesjɔ̃] *nf* recesión *f*.
recette [Rəsɛt] *nf* **1** *(rentrée d'argent)* ingreso *m*. **2** *(de cuisine, méthode)* receta *f*. **3** *(d'un spectacle)* taquilla *f*.
receveur,-euse [RəsəvœR,-øz] *nm,f* **1** *(gén)* recaudador,-ra. **2** *(dans les transports en commun)* cobrador,-ra.
▪ **receveur des impôts** recaudador de impuestos.
recevoir [RəsəvwaR] *vt* **1** *(gén)* recibir. **2** *(à un examen)* aprobar.
► *vi* recibir, tener visitas.
rechange [Rəʃɑ̃ʒ] *nm* recambio *m*.
• **de rechange** de recambio.

réchapper [ʀeʃape] *vi* sobrevivir (**de**, a).
recharge [ʀəʃaʀʒ] *nf* recarga *f.*
rechargeable [ʀəʃaʀʒabl] *adj* recargable.
recharger [ʀəʃaʀʒe] *vt* **1** *(gén)* recargar. **2** *(appareil photo, briquet)* cargar.
réchaud [ʀeʃo] *nm (à alcool)* infiernillo *m; (à gaz, électrique)* hornillo *m.*
réchauffer [ʀeʃofe] *vt* **1** *(nourriture)* recalentar. **2** *fig* reanimar, reavivar.
► *vpr* **se réchauffer** **1** *(climat)* calentarse. **2** *(personne)* entrar en calor.
recherche [ʀəʃɛʀʃ] *nf* **1** *(gén)* búsqueda *f.* **2** *(scientifique, policière)* investigación *f.* **3** *(raffinement)* refinamiento *m.*
• **à la recherche de** en busca de.
• **faire de la recherche** dedicarse a la investigación.
• **faire des recherches** investigar.
rechercher [ʀəʃɛʀʃe] *vt* **1** *(gén)* buscar. **2** *(une cause)* investigar.
rechigner [ʀəʃiɲe] *vi* refunfuñar.
rechute [ʀəʃyt] *nf* recaída *f.*
récidiver [ʀesidive] *vi* **1** *(criminel)* reincidir. **2** MÉD recaer.
récif [ʀesif] *nm* arrecife *m.*
récipient [ʀesipjɑ̃] *nm* recipiente *m.*
réciprocité [ʀesipʀɔsite] *nf* reciprocidad *f.*
réciproque [ʀesipʀɔk] *adj* recíproco,-ca.
récit [ʀesi] *nm* relato *m.*
récital [ʀesital] *nm* recital *m.*
récitation [ʀesitasjɔ̃] *nf* recitado *m.*
réciter [ʀesite] *vt* recitar.
réclamation [ʀeklamasjɔ̃] *nf* reclamación *f.*
• **déposer une réclamation** hacer una reclamación.
réclame [ʀeklam] *nf* reclamo *m.*
• **être en réclame** estar de oferta.
réclamer [ʀeklame] *vt* **1** *(gén)* reclamar. **2** *(exiger)* exigir.
réclusion [ʀeklyzjɔ̃] *nf* reclusión *f.*
recoin [ʀəkwɛ̃] *nm* rincón *m.*
recoller [ʀəkɔle] *vt* pegar de nuevo.
récolte [ʀekɔlt] *nf* cosecha *f.*
récolter [ʀekɔlte] *vt* cosechar.
recommandable [ʀəkɔmɑ̃dabl] *adj* recomendable.
recommandation [ʀəkɔmɑ̃dasjɔ̃] *nf* recomendación *f.*
recommandé,-e [ʀəkɔmɑ̃de] *adj* **1** *(conseillé)* aconsejado,-da. **2** *(lettre)* certificado,-da.
recommander [ʀəkɔmɑ̃de] *vt* **1** *(conseiller)* recomendar: ***je vous recommande d'être prudent***, le recomiendo que sea prudente. **2** *(lettre)* certificar.
recommencer [ʀəkɔmɑ̃se] *vt* **1** *(refaire)* volver a empezar: ***il a recommencé à pleurer***, volvió a llorar. **2** *(ce qui était interrompu)* retomar.
► *vi* **1** *(récidiver)* volver a hacerlo. **2** *(action)* empezar de nuevo.
récompense [ʀekɔ̃pɑ̃s] *nf* recompensa *f.*
récompenser [ʀekɔ̃pɑ̃se] *vt* recompensar.
réconciliation [ʀekɔ̃siljasjɔ̃] *nf* reconciliación *f.*
réconcilier [ʀekɔ̃silje] *vt* reconciliar.
► *vpr* **se réconcilier** reconciliarse.
reconduire [ʀəkɔ̃dɥiʀ] *vt* **1** *(visiteur)* acompañar. **2** *(politique)* seguir con.
réconfort [ʀekɔ̃fɔʀ] *nm* consuelo *m.*
réconforter [ʀekɔ̃fɔʀte] *vt* reconfortar.
reconnaissance [ʀəkɔnɛsɑ̃s] *nf* **1** *(gén)* reconocimiento *m.* **2** *(gratitude)* agradecimiento *m.*
reconnaissant,-e [ʀəkɔnɛsɑ̃,-ɑ̃t] *adj* agradecido,-da: ***je vous serais reconnaissant de m'aider***, le agradecería que me ayudara.
reconnaître [ʀəkɔnɛtʀ] *vt* reconocer: ***je ne reconnais pas sa voix***, no reconozco su voz.
► *vpr* **se reconnaître** **1** *(coupable)* reconocerse. **2** *(dans un endroit)* orientarse.
reconquérir [ʀəkɔ̃keʀiʀ] *vt* reconquistar.
reconsidérer [ʀəkɔ̃sideʀe] *vt* reconsiderar.
reconstituant,-e [ʀəkɔ̃stitɥɑ̃,-ɑ̃t] *adj* reconstituyente.
► *nm* **reconstituant** reconstituyente *m.*
reconstruction [ʀəkɔ̃stʀyksjɔ̃] *nf* reconstrucción *f.*
reconstruire [ʀəkɔ̃stʀɥiʀ] *vt* reconstruir.
reconversion [ʀəkɔ̃vɛʀsjɔ̃] *nf* reconversión *f.*

reconvertir [Rəkɔ̃vɛRtiR] *vt* **1** ÉCON reconvertir. **2** *(employé)* reciclar.
recopier [Rəkɔpje] *vt* **1** *(texte)* copiar. **2** *(brouillon)* pasar a limpio.
record [RəkɔR] *nm* récord *m*.
• **détenir un record** detentar un récord.
recoupement [Rəkupmɑ̃] *nm* cotejo *m*.
recourber [RəkuRbe] *vt* doblar.
recourir [RəkuRiR] *vi* recurrir (**à**, a).
recours [RəkuR] *nm* recurso *m*.
• **avoir recours à** recurrir a.
• **en dernier recours** como último recurso.
recouvrer [RəkuvRe] *vt* **1** *(santé)* recobrar. **2** *(somme)* cobrar.
recouvrir [RəkuvRiR] *vt* **1** *(surface)* recubrir, cubrir. **2** *(fauteuil)* tapizar; *(livre)* forrar.
► *vpr* **se recouvrir** *(surface)* recubrirse, cubrirse.
récréatif,-ive [RekReatif,-iv] *adj* recreativo,-va.
récréation [RekReasjɔ̃] *nf* **1** *(à l'école)* recreo *m*. **2** *(loisirs)* entretenimiento *m*.
récréer [RekRee] *vt* recrear.
récriminer [RekRimine] *vi* recriminar.
récrire [RekRiR] *vt* reescribir.
recroqueviller (se) [RəkRɔkvije] *vpr* acurrucarse.
recrue [RəkRy] *nf* recluta *m*.
recrutement [RəkRytmɑ̃] *nm* **1** *(de soldat)* reclutamiento *m*. **2** *(d'employé)* contratación *f*.
recruter [RəkRyte] *vt* **1** *(soldat)* reclutar. **2** *(employé)* contratar.
rectangle [Rɛktɑ̃gl] *nm* rectángulo *m*.
rectangulaire [Rɛktɑ̃gylɛR] *adj* rectangular.
recteur [RɛktœR] *nm* rector *m*.
rectification [Rɛktifikasjɔ̃] *nf* rectificación *f*.
rectifier [Rɛktifje] *vt* rectificar.
rectiligne [Rɛktiliɲ] *adj* rectilíneo,-a.
rectitude [Rɛktityd] *nf* rectitud *f*.
recto [Rɛkto] *nm* anverso *m*.
• **recto verso** por las dos caras.
reçu,-e [Rəsy] *adj* recibido,-da.
► *nm* **reçu** recibo *m*.
recueil [Rəkœj] *nm* selección *f*.
recueillir [RəkœjiR] *vt* recoger.
► *vpr* **se recueillir** recogerse.
recul [Rəkyl] *nm* **1** *(de canon, d'arme)* retroceso *m*. **2** *(pour mieux voir)* alejamiento *m*. **3** *(dans le temps)* perspectiva *f*: ***avec du recul, tu comprendras mieux***, con el tiempo, lo entenderás mejor.
reculé,-e [Rəkyle] *adj* **1** *(isolé)* apartado,-da. **2** *(dans le temps)* remoto,-ta.
reculer [Rəkyle] *vt* **1** *(repousser)* mover hacia atrás. **2** *(date)* aplazar.
► *vi* retroceder.
• **ne reculer devant rien** no retroceder ante nada.
reculons [Rkylɔ̃].
• **à reculons** hacia atrás.
récupération [RekypeRasjɔ̃] *nf* recuperación *f*.
récupérer [RekypeRe] *vt* recuperar.
► *vpr* **se récupérer** recuperarse.
récurer [RekyRe] *vt* fregar.
récuser [Rekyze] *vt* DR recusar.
recyclable [Rəsiklabl] *adj* reciclable.
recyclage [Rəsiklaʒ] *nm* reciclaje *m*.
recycler [Rəsikle] *vt* reciclar.
rédacteur,-trice [RedaktœR,-tRis] *nm,f* redactor,-ra.
■ **rédacteur en chef** redactor jefe.
rédaction [Redaksjɔ̃] *nf* redacción *f*.
reddition [Redisjɔ̃] *nf* rendición *f*.
rédemption [Redɑ̃psjɔ̃] *nf* redención *f*.
redécouvrir [RədekuvRiR] *vt* redescubrir.
redevable [Rədvabl] *adj* deudor,-ra.
redevance [Rədvɑ̃s] *nf* impuesto *m*.
redevenir [RədəvniR] *vi* volver a ser.
rédhibitoire [RedibitwaR] *adj* prohibitivo,-va.
rediffuser [Rədifyze] *vt* reponer.
rediffusion [Rədifyzjɔ̃] *nf* reposición *f*.
rédiger [Rediʒe] *vt* redactar.
redingote [Rədɛ̃gɔt] *nf* levita *f*.
redire [RədiR] *vt* repetir.
redondance [Rədɔ̃dɑ̃s] *nf* redundancia *f*.
redonner [Rədɔne] *vt* **1** *(donner de nouveau)* volver a dar. **2** *(rendre)* devolver.
redoubler [Rəduble] *vt* **1** *(d'efforts)* redoblar. **2** *(une classe)* repetir.
► *vi (pluie, vent)* arreciar.

redoutable [Rədutabl] *adj* temible.
redouter [rədute] *vt* temer.
redressement [RədRɛsmɑ̃] *nm* recuperación *f*.
redresser [RədRese] *vt* **1** *(remettre droit)* enderezar. **2** *fig (économie)* recuperar.
► *vpr* **se redresser** **1** *(personne)* incorporarse. **2** *(économie)* recuperarse.
réduction [Redyksjɔ̃] *nf* reducción *f*.
réduire [RedɥiR] *vt* reducir.
► *vpr* **se réduire** reducirse.
réduit,-e [Redɥi,-it] *adj* reducido,-da.
réécrire [ReekRiR] *vt* reescribir.
réédition [Reedisjɔ̃] *nf* reedición *f*.
rééducation [Reedykasjɔ̃] *nf* reeducación *f*.
réel,-elle [Reɛl] *adj* real.
► *nm* **réel** realidad *f*.
réélection [Reelɛksjɔ̃] *nf* reelección *f*.
réexpédier [Reɛkspedje] *vt* reexpedir.
refaire [RəfɛR] *vt* rehacer.
► *vpr* **se refaire** reponerse.
réfectoire [RefɛktwaR] *nm* refectorio *m*.
référence [Referɑ̃s] *nf* referencia *f*.
► *nf pl* **références** referencias *f pl*.
• **faire référence à** hacer referencia a.
référendum [Referɛ̃dɔm] *nm* referéndum *m*.
référer [RefeRe] *vt* referir.
► *vi* informar.
► *vpr* **se référer** remitirse (**à**, a).
• **en référer a QQN** consultarlo con ALGN.
refermer [RəfɛRme] *vt* cerrar, volver a cerrar.
réfléchi,-e [Refleʃi] *adj* **1** *(personne, en grammaire)* reflexivo,-va. **2** *(action)* pensado,-da.
• **c'est tout réfléchi** está decidido.
réfléchir [RefleʃiR] *vt* reflejar.
► *vi* **1** *(méditer)* reflexionar. **2** *(examiner)* pensar.
► *vpr* **se réfléchir** reflejarse.
reflet [Rəflɛ] *nm* reflejo *m*.
refléter [Rəflete] *vt* reflejar.
► *vpr* **se refléter** reflejarse.
réflexe [Reflɛks] *nm* reflejo *m*.
réflexion [Reflɛksjɔ̃] *nf* reflexión *f*.
• **réflexion faite** considerándolo bien.
refluer [Rəflye] *vi* refluir.
reflux [Rəfly] *nm* reflujo *m*.
réforme [RefɔRm] *nf* reforma *f*.
réformer [RəfɔRme] *vt* **1** *(corriger)* reformar. **2** *(soldat)* licenciar.
► *vpr* **se réformer** reformarse.
refouler [Rəfule] *vt* **1** *(envahisseur)* rechazar. **2** *(sentiment, instinct)* reprimir.
réfractaire [RefRaktɛR] *adj* refractario, -ria.
refrain [RəfRɛ̃] *nm* estribillo *m*.
• **c'est toujours le même refrain** *fam* siempre con la misma historia.
refréner [RəfRene] *vt* refrenar.
réfrigérateur [RɛfRiʒeRatœR] *nm* frigorífico *m*.
réfrigérer [RefRiʒeRe] *vt* refrigerar.
refroidir [RəfRwadiR] *vt* enfriar.
► *vi* enfriarse.
► *vpr* **se refroidir** enfriarse.
refroidissement [RəfRwadismɑ̃] *nm* enfriamiento *m*.
refuge [Rəfyʒ] *nm* refugio *m*.
réfugié,-e [Refyʒje] *adj - nm,f* refugiado,-da.
réfugier (se) [Refyʒje] *vpr* refugiarse.
refus [Rəfy] *nm* rechazo *m*.
• **ce n'est pas de refus** *fam* no diré que no.
refuser [Rəfyze] *vt* **1** *(repousser)* rechazar. **2** *(contester)* negar. **3** *(dire non)* decir que no.
réfuter [Refyte] *vt* refutar.
regagner [Rəgaɲe] *vt* **1** *(reprendre)* recuperar, recobrar. **2** *(sa maison)* volver a.
régal [Regal] *nm* (*pl* **régals**) delicia *f*.
régaler [Regale] *vt* invitar.
► *vpr* **se régaler** **1** *(en mangeant)* relamerse. **2** *fig (s'amuser)* disfrutar.
regard [RəgaR] *nm* mirada *f*.
regarder [RəgaRde] *vt* **1** *(gén)* mirar. **2** *(concerner)* concernir.
► *vpr* **se regarder** mirarse.
• **ça ne te regarde pas** *fam* esto no es asunto tuyo.
• **ça te regarde ?** *fam* ¿y a ti qué te importa?
• **y regarder à deux fois** pensárselo dos veces.
régate [Regat] *nf* regata *f*.
régence [Reʒɑ̃s] *nf* regencia *f*.
régénérer [ReʒeneRe] *vt* regenerar.
► *vpr* **se régénérer** regenerarse.

régie [reʒi] *nf* **1** *(à la radio, à la télé)* producción *f*; *(lieu)* sala *f* de control. **2** *(entreprise)* empresa *f* pública.
régime [reʒim] *nm* **1** *(gén)* régimen *m*: ***régimes politiques***, regímenes políticos. **2** *(pour maigrir)* dieta *f*. **3** *(de bananes, de dattes)* racimo *m*.
• **se mettre au régime** ponerse a dieta.
régiment [reʒimɑ̃] *nm* regimiento *m*.
région [reʒjɔ̃] *nf* región *f*.
régional,-e [reʒjɔnal] *adj* regional.
régir [reʒiʀ] *vt* regir.
régisseur [reʒisœʀ] *nm* regidor,-ra.
registre [ʀəʒistʀ] *nm* registro *m*.
réglable [ʀeglabl] *adj* regulable.
réglage [ʀeglaʒ] *nm* ajuste *m*.
règle [ʀɛgl] *nf* regla *f*.
► *nf pl* **règles** *(menstruation)* regla *f sing*.
• **en règle générale** por regla general.
• **être de règle** ser obligado,-da.
• **être en règle** estar en regla.
▪ **règle du jeu** regla de juego.
règlement [ʀɛgləmɑ̃] *nm* **1** *(règle)* reglamento *m*. **2** *(de conflit)* arreglo *m*. **3** *(paiement)* pago *m*.
• **observer le règlement** seguir el reglamento.
▪ **règlement de comptes** ajuste *m* de cuentas.
réglementaire [ʀegləmɑ̃tɛʀ] *adj* reglamentario,-ria.
réglementation [ʀegləmɑ̃tasjɔ̃] *nf* reglamentación *f*.
réglementer [ʀɛgləmɑ̃te] *vt* reglamentar.
régler [ʀegle] *vt* **1** *(question, problème)* arreglar. **2** *(facture)* pagar. **3** *(dispositif, mécanisme)* ajustar.
réglisse [ʀeglis] *nf* regaliz *m*.
règne [ʀɛɲ] *nm* **1** *(d'un roi)* reinado *m*. **2** *(animal, végétal)* reino *m*.
régner [ʀeɲe] *vi* reinar.
regorger [ʀəgɔʀʒe] *vi* rebosar.
régression [ʀegʀesjɔ̃] *nf* regresión *f*.
regret [ʀəgʀɛ] *nm* **1** *(remords)* arrepentimiento *m*. **2** *(chagrin)* pena *f*.
• **à regret** de mala gana.
• **sans regrets** sin ningún pesar.
regrettable [ʀəgʀɛtabl] *adj* lamentable.
regretter [ʀəgʀete] *vt* **1** *(se repentir)* arrepentirse de. **2** *(lamenter)* sentir. **3** *(le passé)* añorar.
regrouper [ʀəgʀupe] *vt* agrupar, reagrupar.
► *vpr* **se regrouper** reagruparse.
régulariser [ʀegylaʀize] *vt* **1** *(documents)* regularizar. **2** *(fonctionnement)* regular.
régularité [ʀegylaʀite] *nf* regularidad *f*.
régulation [ʀegylasjɔ̃] *nf* regulación *f*.
régulier,-ère [ʀegylje,-ɛʀ] *adj* **1** *(gén)* regular. **2** *(honnête)* legal.
réhabilitation [ʀeabilitasjɔ̃] *nf* rehabilitación *f*.
réhabiliter [ʀeabilite] *vt* rehabilitar.
► *vpr* **se réhabiliter** rehabilitarse.
rehausser [ʀəose] *vt* **1** *(placer plus haut)* levantar. **2** *fig (beauté)* realzar.
réimpression [ʀeɛ̃pʀɛsjɔ̃] *nf* reimpresión *f*.
rein [ʀɛ̃] *nm* ANAT riñón *m*.
• **avoir les reins solides** tener el riñón bien cubierto.
réincarnation [ʀeɛ̃kaʀnasjɔ̃] *nf* reencarnación *f*.
reine [ʀɛn] *nf* reina *f*.
réinitialiser [ʀeinisjalize] *vt* INFORM reinicializar.
réinsertion [ʀeɛ̃sɛʀsjɔ̃] *nf* reinserción *f*.
réintégrer [ʀeɛ̃tegʀe] *vt* DR reintegrar.
réitérer [ʀeiteʀe] *vt* reiterar.
rejaillir [ʀəʒajiʀ] *vi* salpicar.
rejet [ʀəjɛ] *nm* rechazo *m*.
rejeter [ʀəʒəte] *vt* **1** *(offre, personne)* rechazar. **2** *(objet)* arrojar. **3** *(faute, responsabilité)* achacar (**sur**, a).
rejeton [ʀəʒtɔ̃] *nm* retoño *m*.
rejoindre [ʀəʒwɛ̃dʀ] *vt* **1** *(retrouver)* reunirse con. **2** *(choses)* unir. **3** *(regagner)* regresar a. **4** *(rattraper - personne)* alcanzar; *(- route, chemin)* llegar a.
► *vpr* **se rejoindre 1** *(personnes)* reunirse. **2** *(routes)* confluir. **3** *(opinions)* coincidir.
réjouir [ʀeʒwiʀ] *vt* alegrar.
► *vpr* **se réjouir** alegrarse (**de**, de).
réjouissances [ʀeʒwisɑ̃s] *nf pl* festejos *m pl*.

réjouissant,-e [Reʒwisɑ̃,-ɑ̃t] *adj* divertido,-da.
relâche [Rəlaʃ] *nf* **1** *(répit)* descanso *m*. **2** *(au cinéma, théâtre)* día *m* de descanso.
• **sans relâche** sin descanso.
relâchement [Rəlaʃmɑ̃] *nm* relajación *f*.
relâcher [Rəlaʃe] *vt* **1** *(muscles)* relajar. **2** *(libérer)* soltar.
► *vpr* **se relâcher** relajarse.
relais [Rəlɛ] *nm* **1** *(auberge)* albergue *m*. **2** SPORT relevo *m*. **3** *(d'électricité)* relé *m*.
• **prendre le relais** tomar el relevo.
▪ **relais routier** bar *m* de carretera.
relance [Rəlɑ̃s] *nf* ÉCON reactivación *f*.
relancer [Rəlɑ̃se] *vt* **1** *(lancer de nouveau)* volver a lanzar. **2** *(personne)* acosar. **3** ÉCON reactivar.
relater [Rəlate] *vt* relatar.
relatif,-ive [Rəlatif,-iv] *adj* relativo,-va.
relation [Rəlasjɔ̃] *nf* relación *f*.
► *nf pl* **relations** relaciones *f pl*.
• **avoir des relations** tener relaciones.
• **mettre en relation avec** poner en contacto con.
▪ **relations sexuelles** relaciones sexuales.
relativiser [Rəlativise] *vt* relativizar.
relativité [Rəlativite] *nf* relatividad *f*.
relax [Rəlaks] *adj fam* tranqui.
relaxation [Rəlaksasjɔ̃] *nf* relajación *f*.
relaxer [Rəlakse] *vt* **1** *(gén)* relajar. **2** *(prisonnier)* poner en libertad.
► *vpr* **se relaxer** relajarse.
relayer [Rəleje] *vt* relevar.
► *vpr* **se relayer** turnarse.
reléguer [Rəlege] *vt* relegar.
relève [Rəlɛv] *nf* relevo *m*.
relevé,-e [Rələve] *adj (sauce)* picante.
► *nm* **relevé** **1** *(bancaire)* extracto *m*. **2** *(de compteur)* lectura *f*.
relever [Rələve] *vt* **1** *(gén)* levantar. **2** *(du sol)* recoger. **3** *(store, prix, salaire)* subir. **4** *(adresse)* anotar. **5** *(erreur)* señalar. **6** CUIS sazonar. **7** *(sentinelle, travailleur)* relevar.
► *vi* **1** *(dépendre de)* concernir (**de**, a). **2** *(guérir)* restablecerse.
► *vpr* **se relever** **1** *(se lever)* levantarse. **2** *(se remplacer)* turnarse.
relief [Rəljɛf] *nm* relieve *m*.
relier [Rəlje] *vt* **1** *(joindre)* unir. **2** *(livre)* encuadernar. **3** *fig (associer)* relacionar.
religieux,-euse [Rəliʒjø,-øz] *adj - nm,f* religioso,-sa.
religion [Rəliʒjɔ̃] *nf* religión *f*.
relique [Rəlik] *nf* reliquia *f*.
relire [RəliR] *vt* releer.
reliure [RəljyR] *nf* encuadernación *f*.
reluire [RəlɥiR] *vi* relucir.
reluisant,-e [Rəlɥizɑ̃,-ɑ̃t] *adj* reluciente.
remâcher [Rəmɑʃe] *vt* rumiar.
remaniement [Rəmanimɑ̃] *nm* reestructuración *f*, remodelación *f*.
remarier (se) [RəmaRje] *vpr* volverse a casar.
remarquable [RəmaRkabl] *adj* notable.
remarque [RəmaRk] *nf* observación *f*, comentario *m*.
remarquer [RəmaRke] *vt* **1** *(noter)* observar, notar: ***j'ai remarqué une certaine ironie***, he notado cierta ironía. **2** *(signaler)* señalar: ***elle lui a fait remarquer qu'il était aussi en retard***, le ha señalado que él también llegaba tarde. **3** *(s'apercevoir)* darse cuenta.
► *vpr* **se remarquer** notarse.
• **se faire remarquer** hacerse notar.
remblai [Rɑ̃blɛ] *nm* terraplén *m*.
rembobiner [Rɑ̃bobine] *vt* rebobinar.
rembourrage [Rɑ̃buRaʒ] *nm* relleno *m*.
rembourrer [Rɑ̃buRe] *vt* rellenar.
remboursement [Rɑ̃buRsəmɑ̃] *nm* reembolso *m*.
rembourser [Rɑ̃buRse] *vt* **1** *(dette)* pagar; *(somme d'argent)* reembolsar. **2** *(personne)* devolver el dinero a.
rembrunir (se) [Rɑ̃bRyniR] *vpr* entristecerse.
remède [Rəmɛd] *nm* remedio *m*.
• **sans remède** sin remedio.
remédier [Rəmedje] *vi* remediar (**à**, -).
remémorer [RəmemɔRe] *vt* rememorar.
► *vpr* **se remémorer** acordarse de.
remerciement [RəmɛRsimɑ̃] *nm* agradecimiento *m*.
remercier [RəmɛRsje] *vt* dar las gracias, agradecer.
• **remercier** QQN **de** QQCH agradecer ALGO a ALGN.

remettre [Rəmɛtʀ] *vt* **1** *(replacer)* volver a poner: ***remets la chaise à sa place***, pon la silla en su sitio. **2** *(vêtement)* volver a ponerse. **3** *(rétablir)* restablecer. **4** *(donner)* entregar: ***il lui a remis un paquet***, le ha entregado un paquete. **5** *(rendez-vous)* aplazar. **6** *(ordre)* restablecer.
▶ *vpr* **se remettre 1** *(recommencer)* volver a hacer: ***il s'est remis à fumer***, ha vuelto a fumar. **2** *(d'une maladie)* restablecerse (**de**, de). **3** *(d'un choc)* reponerse (**de**, de): ***nous avons du mal à nous remettre de l'accident***, nos está costando reponernos del accidente.
• **remettre en question** poner en duda.
• **s'en remettre à** remitirse a.
réminiscence [Reminisɑ̃s] *nf* reminiscencia *f*.
remise [Rəmiz] *nf* **1** *(action)* puesta *f*. **2** *(réduction)* rebaja *f*. **3** *(livraison)* entrega *f*.
▪ **remise à jour** puesta al día.
rémission [Remisjɔ̃] *nf* remisión *f*.
• **sans rémission** irrevocablemente.
remontant,-e [Rəmotɑ̃,-ɑ̃t] *adj* estimulante.
▶ *nm* **remontant** estimulante *m*.
remonte-pente [Rəmotpɑ̃t] *nm* (*pl* **remonte-pentes**) telearrastre *m*.
remonter [Rəmɔ̃te] *vt* **1** *(escalier, objet)* volver a subir. **2** *(machine)* volver a montar. **3** *(relever - store, vitre)* subir; *(- col, chaussettes)* subirse. **4** *(montre, pendule)* dar cuerda a. **5** *(le moral)* reanimar.
▶ *vi* **1** *(gén)* subir, volver a subir. **2** *(dater)* remontarse (**a**, a).
remontoir [Rəmɔ̃twaR] *nm* *(d'horloge)* cuerda *f*.
remords [RəmɔR] *nm* remordimiento *m*.
remorque [Rəmɔʀk] *nf* remolque *m*.
remorquer [Rəmɔʀke] *vt* remolcar.
remous [Rəmu] *nm* remolino *m*.
rempart [Rɑ̃paR] *nm* muralla *f*.
remplaçant,-e [Rɑ̃plasɑ̃,-ɑ̃t] *nm,f* sustituto,-ta.
remplacer [Rɑ̃plase] *vt* **1** sustituir. **2** reemplazar.
remplir [Rɑ̃pliR] *vt* **1** *(gén)* llenar. **2** *(formulaire)* rellenar. **3** *(fonction)* desempeñar, ejercer. **4** *(condition)* cumplir (con).
remporter [Rɑ̃pɔʀte] *vt* **1** *(prix)* llevarse, ganar. **2** *(succès)* conseguir.
remuant,-e [Rəmɥɑ̃,-ɑ̃t] *adj* inquieto,-ta.
remue-ménage [Rəmymenaʒ] *nm* trajín *m*.
remuer [Rəmɥe] *vt* **1** *(meuble, jambes)* mover. **2** *(terre, salade)* remover. **3** *(émouvoir)* conmover.
▶ *vi (bouger)* moverse.
▶ *vpr* **se remuer** moverse.
rémunération [RemyneRasjɔ̃] *nf inv* remuneración *f*.
rémunérer [RemyneRe] *vt* remunerar.
renâcler [Rənakle] *vi* refunfuñar.
renaissance [Rənɛsɑ̃s] *nf* renacimiento *m*.
renaître [Rənɛtʀ] *vi* renacer.
renard [RənaR] *nm* zorro *m*.
rencontre [Rɑ̃kɔ̃tʀ] *nf* encuentro *m*.
• **aller à la rencontre de QQN** ir al encuentro de ALGN.
rencontrer [Rɑ̃kɔ̃tʀe] *vt* **1** *(ami, connaissance)* encontrarse con. **2** *(faire la connaissance de)* conocer. **3** *fig (obstacle, opposition)* tropezar con.
▶ *vpr* **se rencontrer 1** *(par hasard)* encontrarse. **2** *(se réunir)* reunirse. **3** *(faire connaissance)* conocerse. **4** *(opinions, regards)* coincidir.
rendement [Rɑ̃dmɑ̃] *nm* rendimiento *m*.
rendez-vous [Rɑ̃devu] *nm inv* **1** *(gén)* cita *f*. **2** *(chez le médecin, le dentiste)* hora *f*. **3** *(lieu)* lugar *m* de encuentro.
• **prendre rendez-vous** pedir hora.
• **se donner rendez-vous** quedar.
• **sur rendez-vous** con cita previa.
rendormir (se) [Rɑ̃dɔʀmiR] *vpr* volver a dormirse.
rendre [Rɑ̃dʀ] *vt* **1** *(restituer)* devolver. **2** *(honneurs, hommage)* rendir. **3** *(bénéfice)* rendir, aportar. **4** *fam (nourriture)* vomitar. **5** *(mettre dans un état)* volver, poner: ***elle va me rendre folle***, va a volverme loca; ***ça m'a rendu heureux***, me ha hecho feliz. **6** *(un service)* prestar: ***il est toujours prêt à rendre service***, siempre está dispuesto a hacer favores.
▶ *vi fam (nourriture)* vomitar.
▶ *vpr* **se rendre 1** *(se soumettre)* rendirse. **2** *(dans un endroit)* ir.

• **se rendre +** *adj* hacerse + *adj*: ***parfois il se rend insupportable***, a veces se hace insoportable.

• **se rendre malade** ponerse enfermo, -ma.

• **se rendre utile** hacer algo útil.

rêne [RƐn] *nf* rienda *f.*

renégat,-e [Rənega,-t] *adj* - *nm,f* renegado,-da.

renfermer [Rɑ̃fƐRme] *vt* **1** *(contenir)* encerrar. **2** *(cacher)* esconder.

▶ *vpr* **se renfermer** encerrarse.

renflouer [rɑ̃flue] *vt* sacar a flote.

renforcer [Rɑ̃fɔRse] *vt* **1** *(gén)* reforzar. **2** *(couleur, expression)* intensificar.

renfort [Rɑ̃fɔR] *nm* refuerzo *m.*

• **en renfort** de refuerzo.

renfrogner (se) [Rɑ̃fRɔɲe] *vpr* enfurruñarse.

rengaine [Rɑ̃gƐn] *nf* historia *f.*

• **toujours la même rengaine** siempre la misma historia.

rengorger (se) [Rɑ̃gɔRʒe] *vpr* pavonearse.

renier [Rənje] *vt* renegar de.

renifler [Rənifle] *vt* olfatear.

▶ *vi* sorberse los mocos.

renne [RƐn] *nm* reno *m.*

renom [Rənɔ̃] *nm* fama *f*, renombre *m.*

renommé,-e [Rənɔme] *adj* renombrado,-da.

renommée [Rənɔme] *nf* fama *f.*

• **de renommée internationale** de fama internacional.

renoncer [Rənɔ̃se] *vi* renunciar.

renouer [Rənwe] *vt* **1** *(nouer de nouveau)* volver a atar. **2** *(amitié, conversation)* reanudar.

▶ *vi* reconciliarse.

renouveau [Rənuvo] *nm* resurgimiento *m.*

renouveler [Rənuvle] *vt* **1** *(abonnement)* renovar. **2** *(appel, demande)* reiterar.

▶ *vpr* **se renouveler 1** *(gén)* renovarse. **2** *(recommencer)* repetirse.

rénovation [Rəvasjɔ̃] *nf* renovación *f.*

rénover [Renɔve] *vt* **1** *(immeuble)* reformar. **2** *(système)* renovar.

renseignement [Rɑ̃sƐɲmɑ̃] *nm* información *f.*

▶ *nm pl* **renseignements 1** *(service)* información *f sing.* **2** *(sécurité)* servicios *m pl* secretos.

• **demander un renseignement** pedir información.

renseigner [Rɑ̃seɲe] *vt* informar.

▶ *vpr* **se renseigner** informarse.

rentabilité [Rɑ̃tabilite] *nf* rentabilidad *f.*

rentable [Rɑ̃tabl] *adj* rentable.

rente [Rɑ̃t] *nf* renta *f.*

■ **rente viagère** pensión vitalicia.

rentrée [Rɑ̃tRe] *nf* **1** *(retour)* vuelta *f.* **2** *(reprise des activités)* reanudación *f.* **3** *(d'un acteur)* reaparición *f.* **4** *(d'argent)* recaudación *f.*

• **rentrée des classes** vuelta al colegio.

rentrer [Rɑ̃tRe] *vi* **1** *(entrer)* entrar. **2** *(revenir)* volver: ***je rentre chez moi***, vuelvo a casa. **3** *(élèves)* reanudar las clases. **4** *(s'emboîter)* encajar. **5** *(être compris dans)* entrar. **6** *(frais, droits)* recuperar. **7** *fam (heurter)* estrellarse (**dans**, contra).

▶ *vt* **1** *(mettre à l'abri)* meter: ***as-tu rentré la voiture au garage ?***, ¿has metido el coche en el garaje? **2** *(griffes, ventre)* meter. **3** *fig (sentiments)* reprimir.

renversant,-e [Rɑ̃vƐRsɑ̃,-ɑ̃t] *adj* asombroso,-sa.

renverse [Rɑ̃vƐRs].

• **à la renverse** de espaldas.

renverser [Rɑ̃vƐRse] *vt* **1** *(inverser)* invertir. **2** *(faire tomber)* volcar. **3** *(liquide)* derramar. **4** *(abattre)* derribar, echar abajo. **5** *(en voiture)* atropellar. **6** *fig (étonner)* sorprender.

▶ *vpr* **se renverser 1** *(dans un siège)* echarse hacia atrás. **2** *(objet)* volcar. **3** *(liquide)* derramarse.

renvoi [Rɑ̃vwa] *nm* **1** *(licenciement)* despido *m.* **2** *(de colis)* devolución *f.* **3** *(ajournement)* aplazamiento *m.* **4** *(à un autre chapitre)* envío *m*, remisión *f.* **5** *(éructation)* eructo *m.* **6** SPORT despeje *m.*

renvoyer [Rɑ̃vwaje] *vt* **1** *(rendre)* devolver. **2** *(employé)* despedir. **3** *(lumière, son)* reflejar. **4** *(à un autre chapitre)* remitir. **5** SPORT despejar.

réorganiser [ReɔRganize] *vt* reorganizar.

réouverture [ReuvɛRtyR] *nf* reapertura *f.*
repaire [RəpɛR] *nm* guarida *f.*
répandre [Repɑ̃dR] *vt* **1** *(liquide, larmes)* derramar. **2** *(odeur)* despedir. **3** *(nouvelle)* difundir. **4** *(panique, terreur)* sembrar.
► *vpr* **se répandre 1** *(liquide)* derramarse. **2** *(nouvelle)* propagarse. **3** *(odeur)* desprenderse.
• **se répandre en injures** prorrumpir en insultos.
répandu,-e [Repɑ̃dy] *adj* extendido,-da.
réparation [RepaRasjɔ̃] *nf* reparación *f.*
réparer [RepaRe] *vt* reparar.
repartir [RəpaRtiR] *vi* volver a irse.
répartir [RepaRtiR] *vt* repartir, distribuir.
► *vpr* **se répartir** repartirse.
répartition [RepaRtisjɔ̃] *nf* reparto *m.*
repas [Rəpa] *nm* comida *f.*
• **prendre son repas** comer.
repassage [Rəpasaʒ] *nm* planchado *m.*
repasser [Rəpase] *vt* **1** *(le linge)* planchar. **2** *(une leçon)* repasar.
► *vi (passer de nouveau)* volver a pasar.
repêchage [Rəpɛʃaʒ] *nm* repesca *f.*
repeindre [Rəpɛ̃dR] *vt* volver a pintar.
repentir [Rəpɑ̃tiR] *nm* arrepentimiento *m.*
repentir (se) [Rəpɑ̃tiR] *vpr* arrepentirse.
répercussion [RepɛRkysjɔ̃] *nf* repercusión *f.*
répercuter [RepɛRkyte] *vt* repercutir.
► *vpr* **se répercuter** reflejarse.
repère [RəpɛR] *nm* **1** *(pour s'orienter)* referencia *f.* **2** *(signal)* marca *f.*
repérer [RəpeRe] *vt* **1** *(ennemi, bateau)* localizar. **2** *fam (apercevoir)* ver.
► *vpr* **se repérer** orientarse.
• **se faire repérer** dejarse ver: ***éteins ! on va se faire repérer !***, ¡apaga la luz! ¡nos van a calar!
répertoire [RepɛRtwaR] *nm* **1** *(gén)* repertorio *m.* **2** *(d'adresses)* agenda *f.* **3** INFORM directorio *m.*
répéter [Repete] *vt* **1** *(phrase, mot)* repetir. **2** *(acteurs, musiciens)* ensayar.
► *vpr* **se répéter** repetirse.
répétitif,-ive [Repetitif,-iv] *adj* repetitivo,-va.
répétition [Repetisjɔ̃] *nf* **1** *(gén)* repetición *f.* **2** *(au théâtre)* ensayo *m.*
▪ **répétition générale** ensayo general.
repiquer [Rəpike] *vt* **1** *(piquer de nouveau)* picar de nuevo. **2** *(plante)* trasplantar.
répit [Repi] *nm* respiro *m.*
• **sans répit** sin cesar.
replacer [Rəplase] *vt* volver a colocar.
replet,-ète [Rəplɛ,-ɛt] *adj* rechoncho, -cha.
repli [Rəpli] *nm* **1** *(pli)* pliegue *m.* **2** *(d'une armée)* repliegue *m.*
replier [Rəplije] *vt* doblar.
► *vpr* **se replier** *(armée)* replegarse.
réplique [Replik] *nf* **1** *(gén)* réplica *f.* **2** *(au théâtre)* entrada *f.*
• **sans réplique** sin réplica.
répliquer [Replike] *vt* replicar.
répondeur [Repɔ̃dœR] *nm* contestador *m.*
▪ **répondeur automatique** contestador automático.
répondre [Repɔ̃dR] *vt* contestar, responder: ***tu dois répondre quelque chose***, tienes que contestar algo.
► *vi* **1** *(gén)* contestar, responder: ***ça ne répond pas***, no contestan; ***répondre au téléphone***, contestar al teléfono. **2** *(correspondre)* responder. **3** *(à un besoin)* satisfacer.
réponse [Repɔ̃s] *nf* **1** *(gén)* respuesta *f.* **2** *(à une critique)* réplica *f.*
report [RəpɔR] *nm* **1** *(renvoi)* aplazamiento *m.* **2** *(par écrit)* transcripción *f.*
reportage [RəpɔRtaʒ] *nm* reportaje *m.*
reporter[1] [RəpɔRtɛR] *nm* reportero,-ra.
reporter[2] [RəpɔRte] *vt* **1** *(porter de nouveau)* volver a llevar. **2** *(rendez-vous, réunion)* aplazar. **3** *(par écrit)* trasladar.
► *vpr* **se reporter à** remitirse a.
repos [Rəpo] *nm* **1** *(gén)* descanso *m.* **2** *(sommeil)* reposo *m.*
• **de tout repos** sin riesgos.
reposer [Rəpoze] *vt* **1** *(poser de nouveau)* volver a colocar. **2** *(appuyer)* descansar. **3** *(question)* replantear. **4** *(l'esprit)* calmar.
► *vi* descansar.

► *vpr* **se reposer 1** *(se détendre)* descansar. **2** *(compter sur)* contar (**sur**, con).
repose-tête [ʀəpɔztɛt] *nm inv* reposacabezas *m*.
repoussant,-e [ʀəpusɑ̃,-ɑ̃t] *adj* repelente.
repousser [ʀəpuse] *vi (barbe, poil)* volver a crecer; *(plante)* volver a brotar.
► *vt* **1** *(dégoûter)* repeler. **2** *(personne, offre)* rechazar. **3** *(date)* aplazar.
répréhensible [ʀepʀeɑ̃sibl] *adj* reprensible.
reprendre [ʀəpʀɑ̃dʀ] *vt* **1** *(prendre de nouveau)* volver a coger. **2** *(nourriture)* repetir. **3** *(activité)* reanudar; *(lutte, route, travail)* retomar. **4** COMM *(marchandise)* devolver. **5** *(corriger)* reprender. **6** *(forces)* recobrar.
► *vi* **1** *(vigueur, vie)* recuperarse. **2** *(recommencer)* reanudarse.
► *vpr* **se reprendre** reponerse.
représailles [ʀəpʀezaj] *nf pl* represalias *f pl*.
représentant,-e [ʀəpʀezɑ̃tɑ̃,-ɑ̃t] *nm,f* representante.
représentation [ʀəpʀezɑ̃tasjɔ̃] *nf* representación *f*.
représenter [ʀəpʀezɑ̃te] *vt - vi* representar.
► *vpr* **se représenter 1** *(s'imaginer)* imaginarse. **2** *(occasion)* volver a presentarse. **3** *(aux élections)* presentarse de nuevo.
répression [ʀepʀesjɔ̃] *nf* represión *f*.
réprimande [ʀepʀimɑ̃d] *nf* reprimenda *f*.
réprimer [ʀepʀime] *vt* reprimir.
reprise [ʀəpʀiz] *nf* **1** *(recommencement)* reanudación *f*. **2** *(au cinéma, au théâtre)* reestreno *m*. **3** *(d'une voiture)* reprís *m*.
• **à plusieurs reprises** repetidas veces.
réprobation [ʀepʀɔbasjɔ̃] *nf* reprobación *f*.
reproche [ʀəpʀɔʃ] *nm* reproche *m*.
reprocher [ʀəpʀɔʃe] *vt* reprochar.
► *vpr* **se reprocher** reprocharse.
reproduction [ʀəpʀɔdyksjɔ̃] *nf* reproducción *f*.
reproduire [ʀəpʀɔdɥiʀ] *vt* reproducir.
► *vpr* **se reproduire** reproducirse.
reprogrammer [ʀəpʀɔgʀame] *vt* reprogramar.
réprouver [ʀepʀuve] *vt* reprobar.
reptile [ʀɛptil] *nm* reptil *m*.
repu,-e [ʀəpy] *adj* harto,-ta.
républicain,-e [ʀepyplikɛ̃,-ɛn] *adj - nm,f* republicano,-na.
république [ʀepyblik] *nf* república *f*.
▪ **République tchèque** República Checa.
répudier [ʀepydje] *vt* repudiar.
répugnance [ʀepyɲɑ̃s] *nf* **1** *(répulsion)* repugnancia *f*. **2** *(manque d'entrain)* desgana *f*.
répugnant,-e [ʀepyɲɑ̃,-ɑ̃t] *adj* repugnante.
répugner [ʀepyɲe] *vi* repugnar.
répulsion [ʀepylsjɔ̃] *nf* repulsión *f*.
réputation [ʀepytasjɔ̃] *nf* reputación *f*.
réputé,-e [ʀepyte] *adj* renombrado,-da.
requérir [ʀəkeʀiʀ] *vt* requerir.
requête [ʀəkɛt] *nf* **1** DR requerimiento *m*. **2** *fml (prière)* petición *f*.
requiem [ʀekɥijɛm] *nm* réquiem *m*.
requin [ʀəkɛ̃] *nm* tiburón *m*.
réquisition [ʀekizisjɔ̃] *nf* **1** *(de biens)* requisa *f*. **2** *(de personnes)* movilización *f*.
réquisitionner [ʀekizisjɔne] *vt* **1** *(biens)* requisar. **2** *(personnes)* movilizar.
réquisitoire [ʀekizitwaʀ] *nm* DR requisitoria *f*.
rescapé,-e [ʀɛskape] *nm,f* superviviente.
rescousse [ʀɛskus].
• **à la rescousse** en auxilio.
réseau [ʀezo] *nm* **1** red *f*. **2** *(téléphone portable)* cobertura *f*.
▪ **réseau routier** red de carreteras.
▪ **réseau téléphonique** red telefónica.
réservation [ʀesɛʀvasjɔ̃] *nf* reserva *f*.
réserve [ʀezɛʀv] *nf* **1** *(d'animaux)* reserva *f*. **2** *(d'aliments)* despensa *f*. **3** *(de chasse, pêche)* coto *m*.
• **en réserve** de reserva.
• **sans réserve** sin reserva.
• **se tenir sur la réserve** estar alerta.
• **sous toutes réserves** con reservas.
réservé,-e [ʀezɛʀve] *adj* reservado,-da.
réserver [ʀezɛʀve] *vt* reservar.
► *vpr* **se réserver** reservarse.
réservoir [ʀezɛʀvwaʀ] *nm* **1** *(d'essence)* depósito *m*; *(d'eau)* reserva *f*. **2** *fig (d'hommes)* cantera *f*.
résidence [ʀezidɑ̃s] *nf* residencia *f*.
▪ **résidence secondaire** segunda residencia.

résident,-e [Rezidɑ̃,-ɑ̃t] *nm,f* residente.
résidentiel,-elle [Rezidɑ̃sjɛl] *adj* residencial.
résider [Rezide] *vi* residir.
résidu [Rezidy] *nm* residuo *m*.
résignation [Reziɲasjɔ̃] *nf* resignación *f*.
résigner [Reziɲe] *vt* resignar.
► *vpr* **se résigner** resignarse (**à**, a).
résilier [Rezilje] *vt* rescindir.
résille [Rezij] *nf (pour les cheveux)* redecilla *f*.
résine [Rezin] *nf* resina *f*.
résistance [Rezistɑ̃s] *nf* resistencia *f*.
résistant,-e [Rezistɑ̃,-ɑ̃t] *adj - nm,f* resistente.
résister [Reziste] *vi* **1** *(gén)* resistir. **2** *(s'opposer)* resistirse (**à**, a).
résolu,-e [Rezɔly] *adj* decidido,-da.
résolument [Rezɔlymɑ̃] *adv* decididamente.
résolution [Rezɔlysjɔ̃] *nf* resolución *f*.
▪ **haute résolution** alta resolución.
résonance [Rezɔnɑ̃s] *nf* resonancia *f*.
▪ **résonance magnétique** resonancia magnética.
résonner [Rezɔne] *vi* resonar.
résorber [RezɔRbe] *vt* reabsorber.
résoudre [RezudR] *vt (problème)* resolver.
► *vi* decidirse (**à**, a).
• **se résoudre à +** ***inf*** decidirse a + *inf*.
respect [Rɛspɛ] *nm* respeto *m*.
• **manquer de respect à QQN** faltarle al respeto a ALGN.
• **tenir QQN en respect** mantener a ALGN a raya.
respectable [Rɛspɛktabl] *adj* respetable.
respecter [Rɛspɛkte] *vt* respetar.
respectif,-ive [Rɛspɛktif,-iv] *adj* respectivo,-va.
respectueux,-euse [Rɛspɛktɥø,-øz] *adj* respetuoso,-sa.
respiration [RespiRasjɔ̃] *nf* respiración *f*.
respirer [RɛspiRe] *vi - vt* respirar.
resplendissant,-e [Rɛsplɑ̃disɑ̃,-ɑ̃t] *adj* resplandeciente.
responsabilité [Rɛspɔ̃sabilite] *nf* responsabilidad *f*.
responsable [Rɛspɔ̃sabl] *adj - nmf* responsable.
resquiller [Rɛskije] *vi fam* colarse.
ressac [Rəsak] *nm (des vagues)* resaca *f*.
ressaisir (se) [RəseziR] *vpr* dominarse.
ressemblance [Rəsɑ̃blɑ̃s] *nf* parecido *m*.
ressemblant,-e [Rəsɑ̃blɑ̃,-ɑ̃t] *adj* parecido,-da.
ressembler [Rəsɑ̃ble] *vi* parecerse (**à**, a): ***elle ressemble beaucoup à sa mère***, se parece mucho a su madre.
► *vpr* **se ressembler** parecerse.
ressentiment [Rəsɑ̃timɑ̃] *nm* resentimiento *m*.
ressentir [Rəsɑ̃tiR] *vt* sentir, experimentar.
► *vpr* **se ressentir** resentirse.
resserrer [RəseRe] *vt* **1** *(boulon, lien)* apretar. **2** *(amitié)* estrechar.
► *vpr* **se resserrer 1** *(chemin, route, lien)* estrecharse. **2** *(nœud, étreinte)* apretarse.
ressort [RəsɔR] *nm* **1** *(mécanisme)* resorte *m*, muelle *m*. **2** *fig (énergie)* energía *f*. **3** *(compétence)* incumbencia *f*.
• **en dernier ressort** en última instancia.
• **être du ressort de** ser responsabilidad de.
ressortir [RəsɔRtir] *vi* **1** *(sortir de nouveau)* volver a salir. **2** *(se détacher)* resaltar. **3** *(résulter)* resultar, desprenderse.
ressortissant,-e [RəsɔRtisɑ̃,-ɑ̃t] *nm,f (d'un pays étranger)* natural.
ressource [RəsuRs] *nf* recurso *m*.
• **sans ressource** sin remedio.
• **sans ressources** sin recursos.
ressurgir [RəsyRʒiR] *vi* resurgir.
ressusciter [Resysite] *vt - vi* resucitar.
restant,-e [Rɛstɑ̃,-ɑ̃t] *adj* restante.
► *nm* **restant** resto *m*.
restaurant [Rɛstɔrɑ̃] *nm* restaurante *m*.
restaurateur,-trice [RɛstɔRatœR,-tRis] *adj* restaurador,-ra.
restauration [RɛstɔRasjɔ̃] *nf* restauración *f*.
▪ **restauration rapide** comida *f* rápida.
restaurer [RɛstɔRe] *vt* restaurar.
► *vpr* **se restaurer** comer.
reste [Rɛst] *nm* **1** *(gén)* resto *m*. **2** MATH resta *f*.

▶ *nm pl* **restes 1** *(d'un repas)* sobras *f pl.* **2** *(d'un mort)* restos *m pl.*
• **au reste** por lo demás.
• **du reste** por lo demás.
rester [RƐste] *vi* **1** *(demeurer)* quedarse: ***il est resté au lit toute la matinée***, se quedó en cama toda la mañana. **2** *(manquer)* quedar: ***il reste à savoir ce qui c'est passé***, queda por saber lo que pasó.
• **en rester là** no ir más allá.
• **il n'en reste pas moins que ...** eso no impide que....
• **rester à** quedar por: ***il reste à savoir la vérité***, queda por saber la verdad.
• **rester sur sa faim** quedarse con hambre.
• **y rester** morir.
restituer [RƐstitɥe] *vt* restituir.
restitution [RƐstitysjɔ̃] *nf* restitución *f.*
resto [RƐsto] *nm fam* restaurante *m.*
restreindre [RƐstRɛ̃dR] *vt* restringir.
▶ *vpr* **se restreindre** limitarse.
restriction [RƐstRiksjɔ̃] *nf* restricción *f.*
restructurer [RƐstryktyRe] *vt* reestructurar.
résultat [Rezylta] *nm* resultado *m.*
résulter [Rezylte] *vi* ser el resultado (**de**, de).
• **il en résulte que ...** se deduce que....
résumé [Rezyme] *nm* resumen *m.*
• **en résumé** en resumen.
résumer [Rezyme] *vt* resumir.
▶ *vpr* **se résumer** resumirse (**à**, a).
resurgir [RəzyRʒiR] *vi* resurgir.
résurrection [RezyRƐksjɔ̃] *nf* resurrección *f.*
rétablir [RetabliR] *vt* restablecer.
▶ *vpr* **se rétablir** restablecerse.
rétablissement [Retablismɑ̃] *nm* restablecimiento *m.*
retaper [Rətape] *vt* **1** *(maison)* arreglar. **2** *(texte)* volver a escribir.
retard [RətaR] *nm* retraso *m.*
• **avoir du retard** llevar retraso.
• **être en retard 1** *(à un rendez-vous)* llegar tarde. **2** *(par rapport à une date)* tener retraso.
• **prendre du retard** atrasarse.
retardataire [RətaRdatƐR] *nmf* tardón, -ona.
retardement [RətaRdmɑ̃].
• **à retardement** de efectos retardados.
retarder [Rətarde] *vt* **1** *(gén)* retrasar. **2** *(montre)* atrasar.
▶ *vi* **1** *(horloge)* atrasar. **2** *fam (ne pas savoir)* no estar al tanto.
retenir [Rətənir] *vt* **1** *(garder)* retener. **2** *(place)* reservar. **3** *(en mémoire)* recordar. **4** *(déduire)* retener, deducir. **5** MATH llevarse: ***je pose cinq et je retiens deux***, pongo cinco y me llevo dos. **6** *(attacher)* sujetar. **7** *(souffle, larmes)* contener, reprimir. **8** *(attention, regard)* mantener.
▶ *vpr* **se retenir 1** *(s'accrocher)* agarrarse. **2** *(se contenir)* retenerse.
retentissement [Rətɑ̃tismɑ̃] *nm* resonancia *f.*
retenue [Rətəny] *nf* **1** *(punition à l'école)* castigo *m.* **2** MATH cantidad *f* que se lleva. **3** *(prélèvement)* deducción *f.* **4** *(mesure)* discreción *f.*
• **sans retenue** sin reservas.
▪ **retenue d'eau** embalse *m.*
réticence [Retisɑ̃s] *nf* reticencia *f.*
rétine [Rətin] *nf* ANAT retina *f.*
retirer [RətiRe] *vt* **1** *(gén)* sacar. **2** *(vêtement)* quitarse. **3** *(parole, candidature)* retirar. **4** *(bénéfice)* obtener, sacar.
▶ *vpr* **se retirer** retirarse.
retombées [Rətɔ̃be] *nf pl* repercusiones *f pl.*
retomber [Rətɔ̃be] *vi* **1** *(tomber de nouveau)* volver a caer. **2** *(malade)* recaer.
retordre [RətɔRdR] *vt* retorcer.
rétorquer [RetɔRke] *vt* replicar.
retouche [Rətuʃ] *nf* retoque *m.*
retoucher [Rətuʃe] *vt* retocar.
retour [RətuR] *nm* **1** *(gén)* vuelta *f*, regreso *m.* **2** *(trajet)* viaje *m* de vuelta. **3** *(mouvement inverse)* retorno *m.* **4** *(d'un paquet)* devolución *f.* **5** *(correspondance)* reciprocidad *f.*
• **aller et retour** ida y vuelta.
• **en retour** a cambio.
▪ **retour en arrière** vuelta atrás.
retourner [RəturRne] *vt* **1** *(objet, carte)* dar la vuelta a. **2** *(vêtement)* volver del revés. **3** *(rendre)* devolver. **4** *fig (émouvoir)* trastornar.

► *vi (revenir)* volver.
► *vpr* **se retourner** darse la vuelta.
retracer [ʀətʀase] *vt* reconstituir.
rétracter (se) [ʀetʀakte] *vpr* **1** *(se contracter)* retraerse. **2** *(nier)* retractarse.
retrait [ʀətʀɛ] *nm* **1** *(gén)* retirada *f.* **2** *(d'argent)* reintegro *m.*
• **en retrait 1** *(en arrière)* hacia atrás. **2** *(écarté)* apartado,-da.
retraite [ʀətʀɛt] *nf* **1** *(cessation du travail)* jubilación *f.* **2** *(revenu)* pensión *f.* **3** *(asile, refuge)* retiro *m.* **4** *(fuite)* retirada *f.*
• **battre en retraite** batirse en retirada.
• **prendre sa retraite** jubilarse.
retraité,-e [ʀətʀɛte] *adj - nm,f* jubilado,-da.
retrancher [ʀətʀɑ̃ʃe] *vt* **1** *(enlever, ôter)* suprimir. **2** *(quantité)* restar.
► *vpr* **se retrancher** atrincherarse.
retransmettre [ʀətʀɑ̃smɛtʀ] *vt* retransmitir.
retransmission [ʀətʀɑ̃smisjɔ̃] *nf* retransmisión *f.*
rétrécir [ʀetʀesiʀ] *vt* estrechar.
► *vi* encogerse.
► *vpr* **se rétrécir** estrecharse.
rétribuer [ʀetʀibɥe] *vt* retribuir.
rétribution [ʀetʀibysjɔ̃] *nf* retribución *f.*
rétro[1] [ʀetʀo] *adj inv* retro.
rétro[2] [ʀetʀo] *nm fam* retrovisor *m.*
rétroactif,-ive [ʀetʀɔaktif,-iv] *adj* retroactivo,-va.
rétrograde [ʀetʀɔgʀad] *adj* retrógrado,-da.
rétrospectif,-ive [ʀetʀɔspɛktif,-iv] *adj* retrospectivo,-va.
rétrospective [ʀetʀɔspɛktiv] *nf* retrospectiva *f.*
retroussé,-e [ʀətʀuse] *adj* **1** *(manche)* arremangado,-da. **2** *(nez)* respingón,-ona.
retrousser [ʀətʀuse] *vt* remangar.
► *vpr* **se retrousser** arremangarse.
retrouvailles [ʀətʀuvaj] *nf pl* reencuentro *m.*
retrouver [ʀətʀuve] *vt* **1** *(gén)* encontrar; *(de nouveau)* volver a encontrar. **2** *(appétit)* recobrar. **3** *(rejoindre)* encontrarse con. **4** *(reconnaître)* reconocer.
► *vpr* **se retrouver 1** *(gén)* encontrarse; *(de nouveau)* volver a encontrarse. **2** *(s'orienter)* orientarse.
• **ne pas s'y retrouver** estar perdido,-da.
• **s'y retrouver** *fam* sacar provecho.
rétroviseur [ʀetʀɔvisœʀ] *nm* retrovisor *m.*
réunion [ʀeynjɔ̃] *nf* reunión *f.*
réunir [ʀeyniʀ] *vt* reunir.
► *vpr* **se réunir** reunirse.
réussir [ʀeysiʀ] *vi* **1** *(affaire)* salir bien; *(personne)* salir adelante. **2** *(examen)* aprobar.
► *vt* **1** *(plat)* salir bien. **2** *(examen)* aprobar.
• **réussir à +** ***inf*** lograr + *inf.*
réussite [ʀeysit] *nf* **1** *(succès)* éxito *m.* **2** *(jeu de cartes)* solitario *m.*
revanche [ʀəvɑ̃ʃ] *nf* revancha *f.*
• **en revanche** en cambio.
• **prendre sa revanche** tomarse la revancha.
rêvasser [ʀevase] *vi* soñar despierto.
rêve [ʀɛv] *nm* sueño *m.*
• **de rêve** de ensueño.
• **faire un rêve** tener un sueño.
revêche [ʀəvɛʃ] *adj* arisco,-ca.
réveil [ʀevɛj] *nm* **1** *(action)* despertar *m.* **2** *(pendule)* despertador *m.*
réveille-matin [ʀevɛjmatɛ̃] *nm inv* despertador *m.*
réveiller [ʀeveje] *vt* **1** *(gén)* despertar. **2** *fig (courage)* estimular.
► *vpr* **se réveiller** despertarse.
réveillon [ʀevɛjɔ̃] *nm* **1** *(de Noël)* cena *f* de Nochebuena. **2** *(du jour de l'An)* cena *f* de Nochevieja.
révélateur,-trice [ʀevelatœʀ,-tʀis] *adj* revelador,-ra.
révélation [ʀevelasjɔ̃] *nf* revelación *f.*
révéler [ʀevele] *vt* **1** *(gén)* revelar. **2** *(artiste)* dar a conocer.
► *vpr* **se révéler 1** *(apparaître)* revelarse. **2** *(être)* resultar.
revenant,-e [ʀəvnɑ̃,-ɑ̃t] *nm,f* aparición *f.*
revendeur,-euse [ʀəvɑ̃dœʀ,-øz] *nm,f* revendedor,-ra.
revendication [ʀəvɑ̃dikasjɔ̃] *nf* reivindicación *f.*
revendiquer [ʀəvɑ̃dike] *vt* reivindicar.
revendre [ʀəvɑ̃dʀ] *vt* revender.
• **avoir QQCH à revendre** tener mucho de ALGO.

revenir [Rəvnir] *vi* **1** *(gén)* volver: ***je reviens tout de suite***, vuelvo en seguida. **2** *(à l'esprit)* acordarse: ***ça me revient !***, ¡ya me acuerdo! **3** *(coûter)* salir (**à**, por): ***à combien ça t'est revenu ?***, ¿por cuánto te ha salido? **4** *(honneur, tâche)* pertenecer: ***c'est à toi qu'il revient de ...***, a ti te corresponde....

• **faire revenir** CUIS rehogar.

• **ne pas en revenir** *fig* no salir del asombro: ***je n'en reviens pas***, aún no me lo creo.

• **revenir au même** venir a ser lo mismo.

• **revenir cher** ser caro.

• **revenir à soi** volver en sí.

revenu [Rəvəny] *nm* renta *f*.

► *nm pl* **revenus** ingresos *m pl*.

rêver [Reve] *vi - vt* soñar.

• **rêver de QQCH/QQN** soñar con ALGO/ALGN.

réverbère [RevɛRbɛR] *nm* farola *f*.

révérence [Reverɑ̃s] *nf* reverencia *f*.

rêverie [Rɛvri] *nf* fantasía *f*.

revers [Rəvɛr] *nm* **1** SPORT *(au tennis)* revés *m*. **2** *(d'une médaille, d'une monnaie)* reverso *m*. **3** *(d'une veste)* solapa *f*. **4** *fig (contretemps)* revés *m*.

réversible [Revɛrsibl] *adj* reversible.

revêtement [Rəvɛtmɑ̃] *nm* revestimiento *m*.

revêtir [Rəvetir] *vt* **1** *(mur, surface)* revestir. **2** *(vêtement)* ponerse.

rêveur,-euse [Rɛvœr,-øz] *adj - nm,f* soñador,-ra.

réviser [Revize] *vt* **1** *(gén)* revisar. **2** *(leçon)* repasar.

révision [Revizjɔ̃] *nf* **1** *(gén)* revisión *f*. **2** *(d'une leçon)* repaso *m*.

revivre [Rəvivr] *vt* volver a vivir.

► *vi* revivir.

revoilà [Rəvwala] *prép*.

• **me revoilà !** ¡heme aquí de nuevo!

revoir [Rəvwar] *vt* **1** *(personne, pays)* volver a ver. **2** *(réviser)* repasar.

► *vpr* **se revoir** volver a verse.

• **au revoir !** ¡adiós!

• **se dire au revoir** despedirse.

révoltant,-e [Revɔltɑ̃,-ɑ̃t] *adj* indignante.

révolte [Revɔlt] *nf* rebelión *f*.

révolter [Revɔlte] *vt* sublevar.

► *vpr* **se révolter** rebelarse (**contre**, contra).

révolution [Revɔlysjɔ̃] *nf* revolución *f*.

révolutionnaire [Revɔlysjɔnɛr] *adj - nmf* revolucionario,-ria.

révolutionner [Revolysjɔne] *vt* revolucionar.

revolver [Revɔlvɛr] *nm* revólver *m*.

révoquer [Revɔke] *vt* revocar.

revue [Rəvy] *nf* revista *f*.

• **passer en revue** pasar revista.

▪ **revue de presse** revista de prensa.

révulser [Revylse] *vt* escandalizar.

rez-de-chaussée [Redʃose] *nm inv* planta *f* baja.

rhabiller [Rabije] *vt* vestir de nuevo.

► *vpr* **se rhabiller** vestirse de nuevo.

rhétorique [Retɔrik] *nf* retórica *f*.

rhinocéros [Rinɔserɔs] *nm* rinoceronte *m*.

rhubarbe [Rybarb] *nf* ruibarbo *m*.

rhum [Rɔm] *nm* ron *m*.

rhumatisme [Rymatism] *nm* reumatismo *m*.

rhume [Rym] *nm* resfriado *m*.

riant,-e [Rjɑ̃,-ɑ̃t] *adj* risueño,-ña.

ribambelle [Ribɑ̃bɛl] *nf* sarta *f*.

ricaner [Rikane] *vi* reír sarcásticamente.

riche [Riʃ] *adj - nmf* rico,-ca.

richesse [Riʃɛs] *nf* riqueza *f*.

ricochet [Rikɔʃɛ] *nm* rebote *m*.

• **par ricochet** de carambola.

ride [Rid] *nf* **1** *(sur le visage)* arruga *f*. **2** *(sur l'eau)* onda *f*.

rideau [Rido] *nm* **1** *(de fenêtre)* cortina *f*. **2** *(au théâtre)* telón *m*.

rider [Ride] *vt* arrugar.

► *vpr* **se rider** arrugarse.

ridicule [Ridikyl] *adj* ridículo,-la.

► *nm* ridículo *m*.

• **tourner en ridicule** poner en ridículo.

ridiculiser [Ridikylize] *vt* ridiculizar.

► *vpr* **se ridiculiser** hacer el ridículo.

rien [Rjɛ̃] *pron indéf* nada: ***ce n'est rien***, no es nada; ***je n'entends rien avec la radio***, no oigo nada con la radio.

► *nm* pequeñez *f*.

• **ça ne fait rien** no importa.

• **de rien !** ¡de nada!
• **en un rien de temps** en un santiamén.
• **plus rien** nada más.
• **pour rien 1** *(pas cher)* por nada. **2** *(en vain)* para nada.
• **pour un rien** por una tontería.
• **rien de nouveau** nada nuevo.
• **rien que** sólo: ***je tremble rien que d'y penser***, tiemblo con sólo pensarlo.
• **tout ou rien** todo o nada.

rigide [riʒid] *adj* rígido,-da.
rigidité [riʒidite] *nf* rigidez *f*.
rigolade [rigɔlad] *nf fam* cachondeo *m*.
rigoler [rigɔle] *vi fam (rire)* reírse; *(plaisanter)* bromear.
rigolo,-ote [rigɔlo,-ɔt] *adj fam* gracioso,-sa.
rigoureux,-euse [riguʀø,-øz] *adj* riguroso,-sa.
rigueur [rigœʀ] *nf* rigor *m*.
• **à la rigueur** como máximo.
• **être de rigueur** ser obligado, -da.
rime [rim] *nf* rima *f*.
rimer [rime] *vi* rimar.
rinçage [rɛ̃saʒ] *nm* **1** *(de vaisselle)* enjuague *m*. **2** *(du linge, des cheveux)* aclarado *m*.
rincer [rɛ̃se] *vt* **1** *(vaisselle)* enjuagar. **2** *(linge, cheveux)* aclarar.
ring [riŋ] *nm* SPORT ring *m*.
ringard,-e [rɛ̃gaʀ,-aʀd] *adj fam péj* hortera.
riposte [ripɔst] *nf* respuesta *f*.
riposter [ripɔste] *vi* replicar.
rire[1] [riʀ] *vi* **1** *(gén)* reír. **2** *(se moquer)* reírse (**de**, de).
• **pour rire** en broma.
• **rire aux éclats** reír a carcajadas.
• **tu veux rire ?** ¿no lo dirás en serio?
rire[2] [riʀ] *nm* risa *f*.
risée [rize] *nf* burla *f*.
• **être la risée de** ser el hazmerreír de.
risible [rizibl] *adj* risible.
risque [risk] *nm* riesgo *m*.
• **prendre des risques** arriesgarse.
risquer [riske] *vt* **1** *(gén)* arriesgar. **2** *(tenter)* aventurar.
► *vpr* **se risquer** arriesgarse (**à**, a).
rissoler [risɔle] *vt* CUIS dorar.
ristourne [risturn] *nf* descuento *m*.
rite [rit] *nm* rito *m*.
rituel,-elle [ritɥɛl] *adj* ritual.
► *nm* **rituel** ritual *m*.
rivage [rivaʒ] *nm* orilla *f*.
rival,-e [rival] *adj - nm,f* rival.
rivaliser [rivalize] *vi* rivalizar.
rivalité [rivalite] *nf* rivalidad *f*.
rive [riv] *nf* orilla *f*.
riverain,-e [rivʀɛ̃,-ɛn] *adj - nm,f* ribereño,-ña.
rivière [rivjɛʀ] *nf* río *m*.
rixe [riks] *nf* riña *f*.
riz [ri] *nm* arroz *m*.
▪ **riz au lait** arroz con leche.
rizière [rizjɛʀ] *nf* arrozal *m*.
robe [rɔb] *nf* **1** *(de femme)* vestido *m*. **2** *(du vin)* capa *f*.
▪ **robe de chambre** bata *f*.
▪ **robe de mariée** vestido de novia.
robinet [rɔbinɛ] *nm* grifo *m*.
robot [rɔbo] *nm* robot *m*.
robuste [rɔbyst] *adj* robusto,-ta.
roc [rɔk] *nm* roca *f*.
rocade [rɔkad] *nf* desvío *m*.
rocaille [rɔkaj] *nf* rocalla *f*.
roche [rɔʃ] *nf* roca *f*.
rocher [rɔʃe] *nm* peñasco *m*.
rocheux,-euse [rɔʃø,-øz] *adj* rocoso,-sa.
rock [rɔk] *adj inv - nm* rock *m*.
rodage [rɔdaʒ] *nm* rodaje *m*.
roder [rɔde] *vt* rodar.
rôder [rode] *vi* merodear.
rogne [rɔɲ] *nf fam* cabreo *m*.
• **être en rogne** *fam* estar cabreado,-da.
• **se mettre en rogne** *fam* cabrearse.
rogner [rɔɲe] *vt* **1** *(ongles)* cortar. **2** *(revenus)* recortar.
rognon [rɔɲɔ̃] *nm* CUIS riñón *m*.
roi [rwa] *nm* rey *m*.
rôle [rol] *nm* **1** *(d'un acteur)* papel *m*. **2** *(d'un employé)* empleo *m*, función *f*. **3** *(catalogue)* lista *f*, catálogo *m*.
• **à tour de rôle** por turno.
• **avoir le beau rôle** tener el mejor papel.
• **jouer un rôle** desempeñar un papel.
ROM [rɔm] *abr* ***(read-only memory)*** ROM.
roman[1] [rɔmɑ̃] *nm* novela *f*.
▪ **roman fleuve** folletín *m*.

▪ **roman noir** novela negra.
▪ **roman policier** novela policíaca.
roman,-e[2] [ʀɔmɑ̃,-an] *adj* **1** *(langue)* romance. **2** *(art)* románico,-ca.
romancier,-ère [ʀɔmɑ̃sjɛ,-ɛʀ] *nm,f* novelista.
romanesque [ʀɔmanɛsk] *adj* **1** *(aventure, vie)* novelesco,-ca. **2** *(esprit)* soñador,-ra.
roman-photo [ʀɔmɑ̃fɔto] *nm* (*pl* **romans-photos**) fotonovela *f.*
romantique [ʀɔmɑ̃tik] *adj - nmf* romántico,-ca.
romantisme [ʀɔmɑ̃tism] *nm* romanticismo *m.*
romarin [ʀɔmaʀɛ̃] *nm* romero *m.*
rompre [ʀɔ̃pʀ] *vt* **1** *(casser)* romper. **2** *(faire cesser)* interrumpir, romper. **3** *(dresser)* acostumbrar, habituar.
▶ *vi* **1** *(se casser)* romperse. **2** *(se fâcher)* romper (**avec**, con): ***ces fiancés ont rompu***, estos novios han roto.
• **rompre le silence** romper el silencio.
• **rompre QQN à travailler dur** acostumbrar a ALGN a trabajar duro.
• **se rompre le cou** romperse la crisma.
• **rompez les rangs !** ¡rompan filas!
rompu,-e [ʀɔ̃py] *adj* **1** *(cassé)* roto,-ta. **2** *(fourbu)* molido,-da. **3** *(expérimenté)* avezado,-da: ***il est rompu aux affaires***, está avezado en los negocios.
ronce [ʀɔ̃s] *nf* zarza *f*, espino *m.*
rond,-e [ʀɔ̃,-ɔ̃d] *adj* **1** *(gén)* redondo,-da. **2** *(sincère)* franco,-ca. **3** *(gros)* rechoncho, -cha. **4** *fam (ivre)* trompa.
▶ *nm* **rond 1** *(cercle)* círculo *m*, redondel *m.* **2** *(rondelle)* rodaja *f.* **3** *fam (argent)* perra *f.*
• **ne pas avoir un rond** *fam* estar sin blanca.
• **tourner rond** marchar bien.
▪ **rond de serviette** servilletero *m.*
ronde [ʀɔ̃d] *nf* **1** *(parcours)* ronda *f.* **2** *(danse)* danza *f* en corro. **3** MUS redonda *f.*
• **à la ronde** a la redonda.
rondelle [ʀɔ̃dɛl] *nf* **1** *(de métal)* arandela *f.* **2** *(de citron, saucisson, etc)* rodaja *f.*
rondeur [ʀɔ̃dœʀ] *nf* **1** *(gén)* redondez *f.* **2** *fig (des sentiments, des actions)* franqueza *f*, lealtad *f.*
rond-point [ʀɔ̃pwɛ̃] *nm* (*pl* **ronds-points**) glorieta *f*, rotonda *f.*
ronflement [ʀɔ̃fləmɑ̃] *nm* ronquido *m.*
ronfler [ʀɔ̃fle] *vi* **1** *(personne)* roncar. **2** *(moteur, toupie, etc)* zumbar.
ronger [ʀɔ̃ʒe] *vt* **1** *(gén)* roer. **2** *(user lentement)* corroer, carcomer. **3** *fig (torturer)* consumir, atormentar.
▶ *vpr* **se ronger** *(se tourmenter)* consumirse.
• **se ronger les ongles** comerse las uñas.
rongeur,-euse [ʀɔ̃ʒœʀ,-øz] *adj* roedor,-ra.
▶ *nm* **rongeur** roedor *m.*
ronronner [ʀɔ̃ʀɔ̃] *vi* ronronear.
roquette [ʀokɛt] *nf* cohete *m.*
rosace [ʀozas] *nf* rosetón *m.*
rosbif [ʀɔsbif] *nm* CUIS rosbif *m.*
rose [ʀoz] *nf (fleur)* rosa *f.*
▶ *adj - nm (couleur)* rosa *m.*
• **envoyer QQN sur les roses** *fam fig* enviar a ALGN a paseo.
• **voir tout en rose** *fig* verlo todo color de rosa.
▪ **rose trémière** malvarrosa *f.*
rosé,-e [ʀɔze] *adj* rosado,-da.
▶ *nm* **rosé** *(vin)* rosado *m.*
roseau [ʀozo] *nm* caña *f.*
rosée [roze] *nf* rocío *m.*
roseraie [ʀozʀɛ] *nf* rosaleda *f.*
rosier [ʀozje] *nm* rosal *m.*
rosser [ʀɔse] *vt fam* zurrar, apalear.
rossignol [ʀɔsiɲɔl] *nm* **1** *(oiseau)* ruiseñor *m.* **2** *(pour ouvrir les serrures)* ganzúa *f.*
rot [ʀo] *nm* eructo *m.*
rotatif,-ive [ʀɔtatif,-iv] *adj* rotativo,-va.
rotative [ʀɔtativ] *nf* rotativa *f.*
rotation [ʀɔtasjɔ̃] *nf* rotación *f.*
roter [ʀɔte] *vi fam* eructar.
rôti [ʀoti] *nm* CUIS asado *m.*
rotin [ʀɔtɛ̃] *nm* caña *f*, mimbre *m.*
rôtir [ʀotiʀ] *vt* asar.
▶ *vi* asarse.
▶ *vpr* **se rôtir** *fam (par la chaleur, le soleil)* asarse.
• **faire rôtir** asar.
rôtisserie [ʀotisʀi] *nf (restaurant)* asador *m.*
rôtissoire [ʀotiswaʀ] *nf (ustensile)* asador *m.*
rotule [ʀɔtyl] *nf* ANAT rótula *f.*

rouage [Rwaʒ] *nm* **1** *(d'un mécanisme)* rueda *f*. **2** *fig (d'une administration, d'une entreprise)* engranaje *m*.

roucouler [Rukule] *vi* **1** *(oiseaux)* arrullar. **2** *fig (amoureux)* hacerse arrumacos.

roue [Ru] *nf* rueda *f*.

▪ **grande roue** noria *f*.

▪ **la roue de la fortune** la rueda de la fortuna.

▪ **roue de secours** rueda de repuesto.

rouer [Rwe] *vt* apalear.

• **rouer de coups** moler a palos.

rouge [Ruʒ] *adj* **1** *(gén)* rojo,-ja. **2** *(fer)* candente. **3** *(vin)* tinto. **4** *(viande)* crudo,-da.

► *nm* **1** *(couleur)* rojo *m*. **2** *(du visage)* rubor *m*. **3** *(fard)* colorete *m*.

• **voir rouge** ponerse rojo de ira.

▪ **gros rouge** *fam* tintorro *m*.

▪ **rouge à lèvres** pintalabios *m*, barra *f* de labios.

rouge-gorge [Ruʒgɔʀʒ] *nm* (*pl* **rouges-gorges**) petirrojo *m*.

rougeole [Ruʒɔl] *nf* MÉD sarampión *m*.

rouget [Ruʒɛ] *nm* salmonete *m*.

rougeur [Ruʒœʀ] *nf* **1** *(couleur)* color *m* rojo. **2** *(du visage)* rubor *m*.

rougir [RuʒiR] *vt (gén)* enrojecer.

► *vi* **1** *(devenir rouge)* ponerse rojo,-ja. **2** *(de honte, confusion)* ruborizarse.

rouille [Ruj] *nf* óxido *m*.

rouiller [Ruje] *vt* **1** *(métal)* oxidar. **2** *fig (l'esprit)* embotar.

► *vpr* **se rouiller** oxidarse.

roulant,-e [Rulɑ̃,-ɑ̃t] *adj* que rueda.

▪ **escalier roulant** escalera *f* mecánica.

▪ **feu roulant** fuego *m* granado.

rouleau [Rulo] *nm* **1** *(gén)* rollo *m*. **2** *(de pièces de monnaie)* cartucho *m*. **3** *(à pâtisserie)* rodillo *m*. **4** *(pour les cheveux)* rulo *m*.

• **être au bout du rouleau** estar acabado,-da.

▪ **rouleau compresseur** apisonadora *f*.

▪ **rouleau de printemps** CUIS rollito *m* de primavera.

roulement [Rulmɑ̃] *nm* **1** *(mouvement)* rodadura *f*. **2** *(d'argent)* circulación *f*. **3** *(de tambour)* redoble *m*. **4** *(des fonctions)* turno *m*, rotación *f*.

▪ **roulement à billes** rodamiento *m* de bolas.

▪ **roulement de tonnerre** trueno *m*.

rouler [Rule] *vt* **1** *(mouvoir)* hacer rodar. **2** *(mettre en rouleau)* enrollar. **3** *fig (dans l'esprit)* meditar: ***rouler de sombres pensées***, tener pensamientos sombríos. **4** *fam (duper)* pegársela a. **5** *(tomber)* caerse rodando.

► *vi* **1** *(se mouvoir)* rodar. **2** *(véhicule)* conducir. **3** *(avoir pour sujet)* tratar, versar: ***le débat roula sur l'avenir de l'industrie***, el debate versó sobre el futuro de la industria.

► *vpr* **se rouler** *(se tourner)* revolcarse: ***se rouler par terre***, revolcarse por el suelo.

• **rouler de par le monde** correr mundo.

• **rouler les " r "** pronunciar fuerte las erres.

• **rouler sur l'or** estar forrado,-da.

• **rouler une cigarette** liar un cigarrillo.

roulette [Rulɛt] *nf* **1** *(jeu)* ruleta *f*. **2** *(de dentiste)* torno *m*.

▪ **roulette russe** ruleta rusa.

roulotte [Rulɔt] *nf* caravana *f*.

roumain,-e [Rumɛ̃,-ɛn] *adj* rumano,-na.

► *nm,f* **Roumain,-e** rumano,-na.

► *nm* **roumain** *(langue)* rumano *m*.

Roumanie [Rumani] *nf* Rumanía.

round [Rawnd] *nm* SPORT asalto *m*.

rouquin,-e [Rukɛ̃,-in] *adj - nm,f* pelirrojo,-ja.

rouspéter [Ruspete] *vi fam* refunfuñar.

rousse [Rus] *adj* → roux, rousse.

roussi [Rusi] *nm* olor *m* a chamuscado.

roussir [Rusir] *vt* **1** *(brûler)* chamuscar. **2** *(rendre roux)* enrojecer.

► *vi (devenir roux)* enrojecer.

route [Rut] *nf* **1** *(voie)* carretera *f*. **2** *fig (ce qui mène à un résultat)* camino *m*, ruta *f*. **3** *(d'un bateau)* derrotero *m*, rumbo *m*.

• **en cours de route** a mitad de camino.

• **en route !** ¡en marcha!

• **être sur la bonne route** estar en el buen camino.

• **faire fausse route** equivocarse de camino.

• **se mettre en route** ponerse en marcha.

• **tenir la route** agarrarse bien a la carretera.
▪ **route nationale** carretera nacional.
routier,-ère [Rutje,-ɛR] *adj* de carretera.
► *nm* **routier 1** *(chauffeur)* camionero *m*. **2** *(restaurant)* bar *m* de carretera.
routine [Rutin] *nf* rutina *f*.
rouvrir [RuvRir] *vt* reabrir.
roux, rousse [Ru, Rus] *adj* **1** *(couleur)* rojizo,-za. **2** *(cheveux)* pelirrojo,-ja.
► *nmf* pelirrojo,-ja.
► *nm* **roux 1** *(couleur)* rojizo *m*. **2** *(sauce)* salsa *f* a base de harina.
royal,-e [Rwajal] *adj* real.
royaume [Rwajom] *nm* reino *m*.
Royaume-Uni [rwajomyni] *nm* Reino Unido.
royauté [rwajote] *nf* realeza *f*.
ruade [Ryad] *nf* **1** *(d'un animal)* coz *f*. **2** *fig (attaque)* embestida *f*, embate *m*.
ruban [Rybɑ̃] *nm* cinta *f*.
rubéole [Rybeɔl] *nf* MÉD rubéola *f*.
rubis [Rybi] *nm* rubí *m*.
rubrique [RybRik] *nf* **1** *(titre)* rúbrica *f*. **2** *(dans les journaux)* sección *f*.
ruche [Ryʃ] *nf* colmena *f*.
rude [Ryd] *adj* **1** *(au toucher)* áspero,-ra, basto,-ta. **2** *(voix)* bronco,-ca. **3** *(redoutable)* temible. **4** *(dur)* riguroso,-sa, duro, -ra. **5** *(pénible)* penoso,-sa.
rudement [Rydmɑ̃] *adv* **1** *(brutalement)* bruscamente. **2** *fam (très)* muy: ***il est rudement intelligent***, es muy inteligente.
rudesse [Rydɛs] *nf* **1** *(au toucher, à la vue)* aspereza *f*, tosquedad *f*. **2** *(sévérité)* rudeza *f*.
rudimentaire [Rydimɑ̃tɛR] *adj* rudimentario,-ria.
rudiments [Rydimɑ̃] *nm pl* rudimentos *m pl*.
rue [Ry] *nf* calle *f*.
• **courir les rues** ser de dominio público.
• **mettre à la rue** poner de patitas en la calle.
▪ **grande rue** calle mayor.
ruée [Rɥe] *nf* avalancha *f*, riada *f*.
ruelle [Rɥɛl] *nf* callejuela *f*.
ruer [Rɥe] *vi (le cheval)* cocear.
► *vpr* **se ruer** *(se jeter)* abalanzarse, precipitarse.
rugby [rygbi] *nm* rugby *m*.
rugir [RyʒiR] *vi* rugir.
rugissement [Ryʒismɑ̃] *nm* rugido *m*.
rugueux,-euse [Rygø,-øz] *adj* rugoso,-sa.
ruine [Rɥin] *nf* ruina *f*.
ruiner [Rɥine] *vt* arruinar.
► *vpr* **se ruiner** arruinarse.
ruineux,-euse [Rɥinø,-øz] *adj* ruinoso,-sa.
ruisseau [Rɥiso] *nm* arroyo *m*.
ruisseler [Rɥisle] *vi* chorrear.
rumeur [RymœR] *nf* rumor *m*.
ruminer [Rymine] *vt - vi* rumiar.
rupture [RyptyR] *nf* **1** *(cassure)* rotura *f*. **2** *fig (d'union, de mariage)* ruptura *f*.
rural,-e [RyRal] *adj* rural.
► *nm,f* campesino,-na.
ruse [Ryz] *nf* ardid *m*, artimaña *f*.
rusé,-e [Ryze] *adj - nm,f* astuto,-ta.
ruser [Ryze] *vi* obrar con astucia.
russe [Rys] *adj* ruso,-sa.
► *nmf* **Russe** ruso,-sa.
► *nm (langue)* ruso *m*.
Russie [Rysi] *nf* Rusia.
rustique [Rystik] *adj* rústico,-ca.
rustre [RystR] *adj - nmf péj* patán *m*.
rut [Ryt] *nm* celo *m*.
• **être en rut** estar en celo.
rythme [Ritm] *nm* ritmo *m*.
rythmique [Ritmik] *adj* rítmico,-ca.

S

s' [s] *pron pers* → se.
► *conj* → si.
sa [sa] *adj poss* → son, sa.
sable [sabl] *nm* arena *f*.
▪ **sables mouvants** arenas movedizas.
sablier [sablje] *nm* reloj *m* de arena.
sabot [sabo] *nm* **1** *(chaussure)* zueco *m*. **2** *(des chevaux)* casco *m*. **3** *(de frein)* zapata *f*. **4** *(instrument)* cacharro *m*, trasto *m*.
▪ **sabot de Denver** cepo *m*.
sabotage [sabɔtaʒ] *nm* sabotaje *m*.
saboter [sabɔte] *vt* **1** *(bâcler)* chapucear. **2** *(train, avion, etc)* sabotear.
sabre [sabʀ] *nm* sable *m*.
sac[1] [sak] *nm* **1** *(de femme)* bolso *m*. **2** *(contenant)* saco *m*. **3** *(en papier, en plastique)* bolsa *f*. **4** *(à grains)* costal *m*. **5** *(de toile)* talego *m*.
• **prendre QQN la main dans le sac** coger a ALGN con las manos en la masa.
• **vider tout son sac** desahogarse.
▪ **sac à main** bolso de mano.
▪ **sac à dos** mochila *f*.
▪ **sac de couchage** saco de dormir.
▪ **sac de voyage** bolsa de viaje.
sac[2] [sak] *nm (pillage)* saqueo *m*.
saccade [sakad] *nf* sacudida *f*, tirón *m*.
saccadé,-e [sakade] *adj* **1** *(gén)* brusco,-ca. **2** *(voix, ton)* entrecortado,-da. **3** *(style)* de frases entrecortadas.
saccage [sakaʒ] *nm* saqueo *m*.
saccager [sakaʒe] *vt* **1** *(mettre à sac)* saquear. **2** *fam (mettre en désordre)* revolver.
saccharine [sakaʀin] *nf* sacarina *f*.
sachet [saʃɛ] *nm* **1** *(petit sac)* saquito *m*, bolsita *f*. **2** *(de thé, de sucre)* sobre *m*.
sacoche [sakɔʃ] *nf* cartera *f*.
sac-poubelle [sakpubɛl] *nm* (*pl* **sacs-poubelle**) bolsa *f* de basura.
sacré,-e [sakʀe] *adj* **1** *(du culte, vénérable)* sagrado,-da: ***les livres sacrés***, los libros sagrados. **2** *fam (maudit)* maldito,-ta: ***sacré menteur !***, ¡maldito embustero!
sacrement [sakʀəmɑ̃] *nm* sacramento *m*.
sacrer [sakʀe] *vt* **1** REL consagrar. **2** *(souverain)* coronar.
sacrifice [sakʀifis] *nm* sacrificio *m*.
sacrifier [sakʀifje] *vt* sacrificar.
► *vpr* **se sacrifier** sacrificarse (**à/pour**, por).
sacrilège [sakʀilɛʒ] *nm* sacrilegio *m*.
► *adj* sacrílego,-ga.
sacristie [sakʀisti] *nf* sacristía *f*.
sadique [sadik] *adj - nmf* sádico,-ca.
safari [safaʀi] *nm* safari *m*.
safran [safʀɑ̃] *nm* azafrán *m*.
sage [saʒ] *adj* **1** *(prudent)* sensato,-ta. **2** *(enfant)* bueno,-na, obediente. **3** *(pudique)* formal.
► *nm (savant)* sabio,-bia.
sage-femme [saʒfam] *nf* (*pl* **sages-femmes**) comadrona *f*.
sagesse [saʒɛs] *nf* **1** *(gén)* sabiduría *f*. **2** *(d'un enfant)* obediencia *f*, buena conducta *f*. **3** *(bon sens)* sensatez *f*.
saignant,-e [sɛɲɑ̃,-ɑ̃t] *adj* **1** *(gén)* sangriento,-ta, sangrante. **2** *(viande)* poco hecho,-cha.
saignée [seɲe] *nf* sangría *f*.
saignement [seɲmɑ̃] *nm* hemorragia *f*.
saigner [seɲe] *vt* **1** *(gén)* sangrar. **2** *(animal)* desangrar.

► *vi (perdre du sang)* sangrar: ***saigner du nez***, sangrar por la nariz.

saillant,-e [sajɑ̃,-ɑ̃t] *adj* **1** *(gén)* saliente. **2** *(yeux)* saltón,-ona.

saillie [saji] *nf* **1** *(gén)* bulto *m*. **2** *(d'un bâtiment)* saliente *m*, saledizo *m*. **3** *(des animaux)* monta *f*, cubrición *f*. **4** *(trait d'esprit)* agudeza *f*, ocurrencia *f*.

sain,-e [sɛ̃,-ɛn] *adj* sano,-na.

• **être sain et sauf** estar sano y salvo.

saindoux [sɛ̃du] *nm* manteca *f* de cerdo.

saint,-e [sɛ̃,-ɛ̃t] *adj* **1** *(gén)* santo,-ta. **2** *(traitement)* san, santo,-ta: ***saint Jean***, san Juan; ***sainte Anne***, santa Ana; ***saint Dimanche***, santo Domingo. **3** *(sacré)* sagrado,-da.

► *nm,f* santo,-ta.

sainte-nitouche [sɛ̃tnituʃ] *nf (pl* **saintes-nitouches**) mosquita *f* muerta.

sainteté [sɛ̃tte] *nf* santidad *f*.

saisie [sezi] *nf* **1** *(d'un bien)* embargo *m*, incautación *f*. **2** *(d'un journal)* censura *f*, secuestro *m*.

▪ **saisie de données** INFORM entrada *f* de datos.

saisir [seziʀ] *vt* **1** *(prendre)* coger. **2** *(occasion)* aprovechar. **3** *(idée, pensée)* captar, comprender. **4** CUIS asar a fuego vivo. **5** *(bien)* embargar. **6** *(passion, maladie)* apoderarse de. **7** INFORM *(données)* introducir.

saisissant,-e [sezisɑ̃,-ɑ̃t] *adj* **1** *(qui surprend)* sorprendente. **2** *(qui émeut)* conmovedor,-ra.

saison [sɛzɔ̃] *nf* **1** *(climat)* estación *f*. **2** *(période)* tiempo *m*, época *f*: ***la saison des moissons***, la época de siega. **3** *(de théâtre, sportive, touristique)* temporada *f*.

saisonnier,-ère [sɛzɔnje,-ɛʀ] *adj* estacional.

► *nm,f* temporero,-ra.

salade [salad] *nf* **1** *(mets)* ensalada *f*. **2** *(plante)* lechuga *f*. **3** *fam fig (mélange confus)* follón *m*, lío *m*.

▪ **salade de fruits** macedonia *f*.

▪ **salade russe** ensaladilla *f* rusa.

saladier [saladje] *nm* ensaladera *f*.

salaire [salɛʀ] *nm* salario *m*, sueldo *m*.

▪ **salaire de base** salario base.

salami [salami] *nm* salami *m*.

salant [salɑ̃] *adj* salino,-na.

salarié,-e [salaʀje] *adj - nm,f* asalariado,-da.

salaud [salo] *nm pop* cabrón *m*.

sale [sal] *adj* **1** *(malpropre)* sucio,-cia. **2** *(malhonnête)* malo,-la: ***un sale type***, una mala persona. **3** *(désagréable)* feo,-a, desagradable: ***une sale affaire***, un asunto feo.

salé,-e [sale] *adj* **1** *(aliment)* salado,-da. **2** *fig (grivois)* picante. **3** *fig (exagéré)* excesivo,-va: ***prix salé***, precio excesivo.

saler [sale] *vt* **1** *(aliment)* salar. **2** *fam fig (prix)* aumentar.

saleté [salte] *nf* **1** *(gén)* suciedad *f*. **2** *fam (action, mot)* porquería *f*.

salière [saljɛʀ] *nf* salero *m*.

salir [saliʀ] *vt* **1** *(gén)* ensuciar, manchar. **2** *fig (réputation, honneur, etc)* mancillar, manchar.

► *vpr* **se salir** mancharse, ensuciarse.

salissant,-e [salisɑ̃,-ɑ̃t] *adj* sucio,-cia.

salive [saliv] *nf* saliva *f*.

salle [sal] *nf* **1** *(pièce)* sala *f*. **2** *(occupants)* público *m*.

▪ **salle à manger** comedor *m*.

▪ **sale d'attente** sala de espera.

▪ **salle d'eau** aseo *m*.

▪ **salle de bains** cuarto *m* de baño.

▪ **salle de classe** aula *f*.

▪ **salle de séjour** cuarto *m* de estar.

▪ **sale des fêtes** salón *m* de actos.

▪ **salle des machines** sala de máquinas.

▪ **salle d'opération** quirófano *m*.

salon [salɔ̃] *nm* **1** *(d'une maison)* salón *m*, cuarto *m* de estar. **2** *(d'œuvres d'art)* exposición *f*, galería *f*.

salope [salɔp] *nf vulg* puta *f*.

saloperie [salɔpri] *nf fam* porquería *f*.

salopette [salɔpɛt] *nf* **1** *(vêtement de travail)* mono *m*. **2** *(pantalon)* peto *m*.

saltimbanque [saltɛ̃bɑ̃k] *nm* saltimbanqui *m*.

saluer [salɥe] *vt* **1** *(gén)* saludar. **2** *(acclamer)* aclamar, proclamar.

salut [saly] *nm* **1** *(sauvetage)* salvación *f*, rescate *m*. **2** REL salvación *f* del alma. **3** *(salutation)* saludo *m*.

► *interj* **salut !** **1** *fam (bonjour)* ¡hola! **2** *(au revoir)* ¡adiós!

salutaire [salytɛʀ] *adj* saludable.
salutation [salytasjɔ̃] *nf* saludo *m*.
• **avec mes sincères salutations** le saluda atentamente.
• **veuillez agréer mes salutations distinguées** le saluda atentamente.
Salvador [salvadɔʀ] *nm* El Salvador.
salvadorien,-enne [salvadɔʀjɛ̃,-ɛn] *adj* salvadoreño,-ña.
► *nm,f* **Salvadorien,-enne** salvadoreño, -ña.
samedi [samdi] *nm* sábado *m*.
sanction [sɑ̃ksjɔ̃] *nf* sanción *f*.
sanctionner [sɑ̃ksjɔne] *vt* sancionar.
sanctuaire [sɑ̃ktɥɛʀ] *nm* santuario *m*.
sandale [sɑ̃dal] *nf* sandalia *f*.
sandwich [sɑ̃dwitʃ] *nm* (*pl* **sandwichs** ou **sandwiches**) bocadillo *m*.
sang [sɑ̃] *nm* sangre *f*.
• **avoir du sang dans les veines** tener sangre en las venas.
• **avoir le sang chaud** tener la sangre caliente.
• **mon sang n'a fait qu'un tour** se me heló la sangre en las venas.
• **se faire du mauvais sang** *fam* hacerse mala sangre.
• **suer sang et eau** sudar sangre.
sang-froid [sɑ̃fʀwa] *nm inv* sangre *f* fría.
• **garder son sang-froid** mantener la sangre fría.
• **perdre son sang-froid** perder la sangre fría.
sanglant,-e [sɑ̃glɑ̃,-ɑ̃t] *adj* **1** *(taché de sang)* ensangrentado,-da. **2** *fig (propos, reproches)* sangriento,-ta.
sangle [sɑ̃gl] *nf* **1** *(bande plate)* faja *f*. **2** *(harnais)* cincha *f*.
sanglier [sɑ̃glije] *nm* jabalí *m*.
sanglot [sɑ̃glo] *nm* sollozo *m*.
sangloter [sɑ̃glɔte] *vi* sollozar.
sangsue [sɑ̃sy] *nf* sanguijuela *f*.
sanguin,-e [sɑ̃gɛ̃,-in] *adj* sanguíneo,-a.
sanguinaire [sɑ̃ginɛʀ] *adj* sanguinario,-ria.
sanitaire [sanitɛʀ] *adj* sanitario,-ria.
► *nm pl* **sanitaires** sanitarios *m pl*.
sans [sɑ̃] *prép* sin.
• **sans cesse** sin cesar.
• **sans doute** quizás.
• **sans plus** sin más.
• **sans que** sin que.
• **sans quoi** si no.
sans-abri [sɑ̃sabʀi] *nmf inv* sin hogar.
sans-emploi [sɑ̃sɑ̃plwa] *nmf inv* desempleado,-da.
sans-gêne [sɑ̃ʒɛn] *nm inv* fresco,-ca, descarado,-da.
► *nm* descaro *m*.
sans-papiers [sɑ̃spapje] *nmf inv* sin papeles.
santé [sɑ̃te] *nf* salud *f*.
• **à ta santé !** ¡a tu salud!
• **boire à la santé de QQN** beber a la salud de ALGN.
• **recouvrer la santé** recobrar la salud.
▪ **santé publique** sanidad *f* pública.
saoul,-e [su, sul] *adj fam* borracho,-cha.
saouler [sule] *vt fam* emborrachar.
► *vpr* **se saouler** *fam* emborracharse.
sapeur-pompier [sapœʀpɔ̃pje] *nm* (*pl* **sapeurs-pompiers**) bombero *m*.
saphir [safiʀ] *nm* zafiro *m*.
sapin [sapɛ̃] *nm* abeto *m*.
sarbacane [saʀbakan] *nf* cerbatana *f*.
sarcasme [saʀkasm] *nm* sarcasmo *m*.
sarcastique [saʀkastik] *adj* sarcástico,-ca.
sarcophage [saʀkɔfaʒ] *nm* sarcófago *m*.
sardine [saʀdin] *nf* sardina *f*.
sarment [saʀmɑ̃] *nm* sarmiento *m*.
satanique [satanik] *adj* satánico,-ca.
satellite [satelit] *nm* satélite *m*.
• **par satellite** por satélite.
satiété [sasjete] *nf* saciedad *f*.
satin [satɛ̃] *nm* satén *m*, raso *m*.
satire [satiʀ] *nf* sátira *f*.
satirique [satiʀik] *adj* satírico,-ca.
satisfaction [satisfaksjɔ̃] *nf* satisfacción *f*.
satisfaire [satisfɛʀ] *vt* satisfacer.
► *vpr* **se satisfaire** contentarse (**de**, con).
• **satisfaire à QQCH** cumplir con ALGO ***satisfaire à ses devoirs***, cumplir con su deber.
satisfaisant,-e [satisfəzɑ̃,-ɑ̃t] *adj* satisfactorio,-ria.
satisfait,-e [satisfɛ,-ɛt] *adj* satisfecho,-cha.
• **" Satisfait ou remboursé "** "Si no queda satisfecho le devolvemos su dinero".
saturation [satyʀasjɔ̃] *nf* saturación *f*.

saturer [satyʀe] *vt* saturar.
sauce [sos] *nf* salsa *f.*
saucière [sosjɛʀ] *nf* salsera *f.*
saucisse [sosis] *nf* salchicha *f.*
▪ **saucisse sèche** longaniza *f.*
saucisson [sosisɔ̃] *nm* salchichón *m.*
saucissonner [sosisɔne] *vt fam (tronçonner)* trocear.
sauf[1] [sof] *prép* salvo, excepto: ***ils ont tout acheté sauf le pain***, lo han comprado todo excepto el pan; ***sauf erreur, les comptes sont clairs***, salvo error, las cuestas están claras.
sauf, sauve[2] [sof, sov] *adj* ileso,-sa.
sauf-conduit [sofkɔ̃dɥi] *nm* (*pl* **sauf-conduits**) salvoconducto *m.*
sauge [soʒ] *nf* salvia *f.*
saugrenu,-e [sogʀəny] *adj* descabellado,-da.
saule [sol] *nm* sauce *m.*
▪ **saule pleureur** sauce llorón.
saumon [somɔ̃] *nm* salmón *m.*
sauna [sona] *nm* sauna *f.*
saupoudrer [sopudʀe] *vt* espolvorear.
saut [so] *nm* **1** *(gén)* salto *m.* **2** *(chute d'eau)* salto *m* de agua, cascada *f.* **3** *fig (changement)* cambio *m* brusco.
• **faire un saut chez QQN** ir a visitar a ALGN.
▪ **saut à la perche** salto con pértiga.
▪ **saut en hauteur** salto de altura.
▪ **saut en longueur** salto de longitud.
▪ **saut périlleux** salto mortal.
sauté,-e [sote] *adj* CUIS salteado,-da.
sauter [sote] *vi* **1** *(gén)* saltar. **2** *(par une explosion)* explotar.
► *vt* **1** *(franchir)* saltar, salvar. **2** *(omettre)* saltarse, pasarse.
• **et que ça saute !** ¡y volando!
• **faire sauter** CUIS saltear.
• **faire sauter QQN** hacer que despidan a ALGN.
• **sauter aux yeux** saltar a la vista.
• **sauter d'une idée à l'autre** saltar de una idea a otra.
• **sauter le pas** decidirse.
sauterelle [sotʀɛl] *nf* saltamontes *m.*
sauteur,-euse [sotœʀ,-øz] *nm,f* saltador,-ra.
sauvage [sovaʒ] *adj* **1** *(gén)* salvaje. **2** *(plante)* silvestre. **3** *(personne solitaire)* poco sociable, huraño,-na.
► *nmf* salvaje.
sauvagerie [sɔvaʒʀi] *nf* **1** *(état)* salvajismo *m.* **2** *(férocité)* crueldad *f.* **3** *(asociabilité)* carácter *f* insociable.
sauvegarde [sovgaʀd] *nf* **1** *(protection)* sal-vaguardia *f.* **2** INFORM copia *f* de seguridad.
sauvegarder [sovgaʀde] *vt* **1** *(protéger)* salvaguardar. **2** INFORM grabar, guardar.
sauver [sove] *vt* **1** *(gén)* salvar. **2** *fig (honneur, réputation)* preservar, salvar.
► *vpr* **se sauver** escarparse, largarse.
• **sauver les apparences** cubrir las apariencias.
sauvetage [sovtaʒ] *nm* salvamento *m.*
• **de sauvetage** salvavidas.
sauveteur [sovtœʀ] *nm* salvador *m.*
sauvette [sovɛt].
• **à la sauvette** deprisa y corriendo.
sauveur [sovœʀ] *nm* salvador *m.*
savane [savan] *nf* sabana *f.*
savant,-e [savɑ̃,-ɑ̃t] *adj* **1** *(qui sait beaucoup)* sabio, bia. **2** *(qui est habile)* hábil.
► *nm,f* **1** *(érudit)* sabio,-bia. **2** *(scientifique)* científico,-ca.
saveur [savœʀ] *nf* sabor *m.*
savoir[1] [savwaʀ] *nm (érudition)* saber *m,* sabiduría *f.*
savoir[2] [savwaʀ] *vt* **1** *(gén)* saber: ***sais-tu la vérité ?***, ¿sabes la verdad? **2** *(au conditionnel)* poder: ***rien ne saurait m'en empêcher***, nada podría impedírmelo.
► *vi (avoir de l'expérience)* saber.
► *vpr* **se savoir** saberse: ***il se sait perdu***, se sabe perdido.
• **à savoir** a saber.
• **en savoir long sur QQCH** saber un rato de ALGO.
• **ne pas savoir de quoi il retourne** no saber de qué va.
• **pas que je sache** no que yo sepa.
• **savoir gré** agradecer.
• **savoir par cœur** saber de memoria.
savoir-faire [savwaʀfɛʀ] *nm inv* **1** *(habilité)* tacto *m,* mano *f* izquierda. **2** *(compétence)* pericia *f,* destreza *f.*

savoir-vivre [savwaRvivR] *nm inv* modales *m pl*.
savon [savɔ̃] *nm* jabón *m*.
• **passer un savon à QQN** *fam* pegarle una bronca a ALGN.
savonner [savɔne] *vt* **1** *(nettoyer)* enjabonar. **2** *fam fig (réprimander)* echar una bronca a.
savonnette [savɔnɛt] *nf* pastilla *f* de jabón.
savourer [savuRe] *vt* saborear.
savoureux,-euse [savuRø,-øz] *adj* sabroso,-sa.
saxophone [saksɔfɔn] *nm* saxofón *m*.
scalpel [skalpɛl] *nm* escalpelo *m*.
scandale [skɑ̃dal] *nm* escándalo *m*.
scandaleux,-euse [skɑ̃dalø,-øz] *adj* escandaloso,-sa.
scandaliser [skɑ̃dalize] *vt* escandalizar.
► *vpr* **se scandaliser** escandalizarse.
scanner[1] [skanɛR] *nm* escáner *m*.
scanner[2] [skane] *vt* escanear.
scaphandre [skafɑ̃dR] *nm* escafandra *f*.
scarabée [skaRabe] *nm* escarabajo *m*.
scarlatine [skaRlatin] *nf* MÉD escarlatina *f*.
sceau [so] *nm* sello *m*.
scélérat,-e [seleRa,-at] *adj - nm,f* desalmado,-da.
sceller [sele] *vt* **1** *(avec un sceau)* sellar. **2** *(fixer)* empotrar. **3** *fig (union, promesse)* sellar, consolidar.
scénario [senaRjo] *nm* guión *m*, guion *m*.
scénariste [senaRist] *nmf* guionista.
scène [sɛn] *nf* **1** *(gén)* escena *f*. **2** *(lieu)* escena *f*, escenario *m*: ***la scène du crime***, la escena del crimen.
• **entrer en scène** salir a escena.
• **mettre en scène** dirigir.
• **sortir de scène** hacer mutis.
sceptique [sɛptik] *adj* escéptico,-ca.
scepticisme [sɛptisism] *nm* escepticismo *m*.
sceptre [sɛptr] *nm* cetro *m*.
schéma [ʃema] *nm* esquema *m*.
schématique [ʃematik] *adj* esquemático,-ca.
schisme [ʃism] *nm* cisma *m*.
schizophrène [skizɔfRɛn] *adj - nmf* esquizofrénico,-ca.
schizophrénie [skizɔfReni] *nf* MÉD esquizofrenia *f*.
sciatique [sjatik] *adj* ANAT ciático,-ca.
► *nf* MÉD ciática *f*.
scie [si] *nf* **1** *(outil)* sierra *f*. **2** *(poisson)* pez *m* sierra.
sciemment [sjamɑ̃] *adv* a sabiendas.
science [sjɑ̃s] *nf* ciencia *f*.
science-fiction [sjɑ̃sfiksjɔ̃] *nf* (*pl* **sciences-fictions**) ciencia *f* ficción.
scientifique [sjɑ̃tifik] *adj - nmf* científico,-ca.
scier [sje] *vt* aserrar.
scierie [siRi] *nf* aserradero *m*.
scinder [sɛ̃de] *vt* escindir.
► *vpr* **se scinder** escindirse.
scintiller [sɛ̃tije] *vi* centellear.
scission [sisjɔ̃] *nf* escisión *f*.
sciure [sjyR] *nf* serrín *m*.
sclérose [skleRoz] *nf* MÉD esclerosis *f*.
scolaire [skɔlɛR] *adj* escolar.
scoliose [skɔljɔz] *nf* MÉD escoliosis *f*.
scoop [skup] *nm* exclusiva *f*.
scooter [skutœR] *nm* vespa® *f*.
■ **scooter des mers** moto *f* acuática.
score [skɔR] *nm* SPORT resultado *m*, marcador *m*.
scorpion [skɔRpjɔ̃] *nm* escorpión *m*.
scotch® [skɔtʃ] *nm* celo® *m*.
scotcher [skɔtʃe] *vt* pegar con celo.
script [skRipt] *nm* guion *m*.
scripte [skRipt] *nmf* script.
scrupule [skRypyl] *nm* escrúpulo *m*.
• **sans scrupules** sin escrúpulos.
scrupuleux,-euse [skrypylø,-øz] *adj* escrupuloso,-sa.
scruter [skRyte] *vt* escrutar.
scrutin [skRytɛ̃] *nm* escrutinio *m*.
• **dépouiller le scrutin** realizar el recuento de votos.
sculpter [skylte] *vt* esculpir.
sculpteur [skyltœR] *nm* escultor,-ra.
sculpture [skyltyR] *nf* escultura *f*.
SDF [ɛsdeɛf] *abr* (***sans domicile fixe***) sin hogar.
se [s] (**s'** delante de vocal o *h* muda) *pron pers* se: ***il se lave***, se lava; ***il se détestent***, se odian; ***elles se sont dit au revoir***, se han dicho adiós.

séance [seɑ̃s] *nf* **1** *(d'une assemblée)* sesión *f*: ***ouvrir/lever la séance***, abrir/levantar la sesión. **2** *(durée)* rato *m*: ***ils passaient de longues séances à jouer aux cartes***, se pasaban largos ratos jugando a las cartas.
• **séance tenante** en el acto.
seau [so] *nm* cubo *m*.
• **il pleut à seaux** *fam* llueve a cántaros.
▪ **seau à glace** cubitera *f*.
sec, sèche [sɛk, sɛʃ] *adj* **1** *(gén)* seco,-ca. **2** *(maigre)* enjuto,-ta.
► *nm* **sec** lo seco.
► *adv (rudement)* secamente, ásperamente.
• **à sec 1** sin agua. **2** *fam (sans argent)* pelado,-da.
• **" Tenir au sec "** "Guárdese en sitio seco".
sécateur [sekatœʀ] *nm* podadera *f*.
sécession [sesesjɔ̃] *nf* secesión *f*.
sèche-cheveux [sɛʃʃəvø] *nm inv* secador *m*.
sèche-linge [sɛʃlɛ̃ʒ] *nm inv* secadora *f*.
sèche-mains [sɛʃmɛ̃] *nm inv* secador *m* de manos.
sécher [seʃe] *vt* **1** *(gén)* secar. **2** *fam (cours)* fumarse.
► *vi* **1** *(devenir sec)* secar. **2** *fam (élève)* no saber contestar.
• **sécher les larmes de QQN** *fig* consolar a ALGN.
• **sécher sur pied** *fig* consumirse de tristeza.
sécheresse [seʃʀɛs] *nf* **1** *(du climat)* sequía *f*. **2** *(du caractère)* sequedad *f*, frialdad *f*. **3** *(du style)* aridez *m*.
séchoir [seʃwaʀ] *nm* **1** *(support)* tendedero *m*. **2** *(local)* secadero *m*. **3** *(pour les cheveux)* secador *m*.
second,-e [səgɔ̃,-ɔ̃d] *adj* segundo,-da.
► *nm* **second 1** *(dans une hiérarchie)* segundo *m*, colaborador *m*. **2** *(étage)* segundo piso *m*.
secondaire [səgɔ̃dɛʀ] *adj* secundario,-ria.
seconde [səgɔ̃d] *nf* **1** *(temps, angle)* segundo *m*. **2** *(vitesse, classe)* segunda *f*.
seconder [səgɔ̃de] *vt* secundar.
secouer [səkwe] *vt* **1** *(agiter)* sacudir, agitar. **2** *(ébranler)* trastornar, impresionar: ***l'accident l'a beaucoup secoué***, el accidente lo trastornó mucho.
► *vpr* **se secouer** *fam (ne pas se laisser aller)* reaccionar.
• **secoue-toi !** *fam* imuévete!
• **secouer la tête** mover la cabeza.
secourir [səkuʀiʀ] *vt* socorrer.
secourisme [səkuʀism] *nm* socorrismo *m*.
secouriste [səkuʀist] *nmf* socorrista.
secours [səkuʀ] *nm* socorro *m*.
• **appeler au secours** pedir auxilio.
• **au secours !** ¡socorro!
• **de secours 1** *(roue)* de repuesto. **2** *(sortie)* de emergencia.
• **porter secours à** socorrer a.
▪ **premiers secours** primeros auxilios *m pl*.
secousse [səkus] *nf* **1** *(ébranlement)* sacudida *f*. **2** *fig (émotive, politique)* convulsión *f*.
secret,-ète [səkʀɛ,-ɛt] *adj* secreto,-ta.
► *nm* **secret** secreto *m*.
• **au secret** en un lugar escondido.
• **en secret** en secreto.
• **mettre au secret** incomunicar.
▪ **secret de Polichinelle** secreto a voces.
secrétaire [səkʀetɛʀ] *nmf (employé)* secretario,-ria.
► *nm (meuble)* escritorio *m*, secreter *m*.
secrétariat [səkʀetaʀja] *nm* **1** *(bureau)* secretaría *f*. **2** *(emploi)* secretariado *m*.
sécrétion [sekʀesjɔ̃] *nf* secreción *f*.
secte [sɛkt] *nf* secta *f*.
secteur [sɛktœʀ] *nm* sector *m*.
▪ **secteur primaire** sector primario.
▪ **secteur secondaire** sector segundario.
▪ **secteur tertiaire** sector terciario.
section [sɛksjɔ̃] *nf* sección *f*.
séculaire [sekylɛʀ] *adj* secular.
sécurisant,-e [sekyʀizɑ̃,-ɑ̃t] *adj* tranquilizador,-ra.
sécuriser [sekyʀize] *vt* tranquilizar.
sécurité [sekyʀite] *nf* seguridad *f*.
▪ **sécurité sociale** seguridad social.
sédatif,-ive [sedatif] *adj* sedante.
► *nm* **sédatif** sedante *m*.
sédentaire [sedɑ̃tɛʀ] *adj* sedentario,-ria.
sédiment [sedimɑ̃] *nm* sedimento *m*.
séduction [sedyksjɔ̃] *nf* seducción *f*.
séduire [sedɥiʀ] *vt* seducir.
séduisant,-e [sedɥizɑ̃,-ɑ̃t] *adj* seductor,-ra.
segment [sɛgmɑ̃] *nm* segmento *m*.
ségrégation [segʀegasjɔ̃] *nf* segregación *f*.

seiche [sɛʃ] *nf* sepia *f*.
seigle [sɛgl] *nm* centeno *m*.
seigneur [sɛɲœʀ] *nm* HIST señor *m*.
• **faire le seigneur** tener humos.
• **vivre en grand seigneur** vivir a lo grande.
sein [sɛ̃] *nm* **1** *(gén)* seno *m*. **2** *(poitrine)* pecho *m*.
• **au sein de** en el seno de.
séisme [seism] *nm* seísmo *m*, sismo *m*.
seize [sɛz] *num* dieciséis *m*.
seizième [sɛzjɛm] *num (ordinal)* decimosexto,-ta.
► *nm (fraction)* dieciseisavo *m*, dieciseisava parte *f*.
séjour [seʒuʀ] *nm* **1** *(dans un lieu)* estancia *f*. **2** *(lieu)* sala *f* de estar.
séjourner [seʒuʀne] *vi* alojarse.
sel [sɛl] *nm* sal *f*.
▪ **gros sel** sal gorda.
sélectif,-ive [selɛktif,-iv] *adj* selectivo, -va.
sélection [selɛksjɔ̃] *nf* selección *f*.
sélectionner [selɛksjɔne] *vt* seleccionar.
self-service [sɛlfsɛʀvis] *nm* (*pl* **self-services**) autoservicio *m*, self-service *m*.
selle [sɛl] *nf* **1** *(gén)* silla *f*. **2** *(de bicyclette, moto)* sillín *m*. **3** *(viande)* cuarto *m* trasero, faldilla *f*.
► *nf pl* **selles** deposición *f*, heces *f pl*.
• **aller à la selle** ir al retrete.
seller [sele] *vt* ensillar.
selon [səlɔ̃] *prép* según.
• **c'est selon** según, depende.
• **selon moi** a mi modo de ver.
semailles [səmaj] *nf pl* siembra *f sing*.
semaine [səmɛn] *nf* **1** *(gén)* semana *f*. **2** salario *m* semanal.
▪ **Semaine sainte** Semana Santa.
semblable [sɑ̃blabl] *adj* - *nm* parecido,-da.
semblant [sɑ̃blɑ̃] *nm* apariencia *f*: ***sous des semblants timides, il est très sympathique***, bajo su apariencia tímida, resulta muy simpático.
• **faire semblant de +** ***inf*** fingir + *inf*.
sembler [sɑ̃ble] *vi (avoir l'air)* parecer: ***ce lit semble confortable***, esta cama parece cómoda.
• **ce me semble** a mi parecer.
• **il me semble que** me parece que.
• **il semble que** *(il paraît)* parece que: ***il semble qu'il est parti***, parece que se ha ido.
• **quand bon vous semblera** cuando le apetezca.
semelle [səmɛl] *nf* **1** *(d'une chaussure)* suela *f*. **2** *(à l'intérieur d'une chaussure)* plantilla *f*. **3** *(d'un bas)* soleta *f*.
▪ **semelle compensée** plataforma *f*.
semence [səmɑ̃s] *nf* semilla *f*.
semer [səme] *vt* **1** *(en terre)* sembrar. **2** *(répandre)* esparcir. **3** *fam (un importun)* deshacerse de.
semestre [səmɛstʀ] *nm* semestre *m*.
séminaire [seminɛʀ] *nm* seminario *m*.
semi-remorque [səmiʀəmɔʀk] *nm* (*pl* **semi-remorques**) camión *m* articulado.
semis [səmi] *nm* **1** *(de plantes)* siembra *f*. **2** *(terrain)* sembrado *m*.
semoule [səmul] *nf* sémola *f*.
sénat [sena] *nm* senado *m*.
sénateur [senatœʀ] *nm* senador,-ra.
sénilité [senilite] *nf* senilidad *f*.
senior [senjɔʀ] *adj* - *nmf* sénior.
sens [sɑ̃s] *nm* **1** *(gén)* sentido *m*: ***les cinq sens***, los cinco sentidos. **2** *(direction)* sentido *m*, dirección *f*: ***rue à double sens***, calle de doble dirección.
• **sens dessus dessous** **1** *(chambre, bureau)* patas arriba. **2** *(personne)* trastornado,-da.
• **" Sens interdit "** "Dirección prohibida".
▪ **bon sens** sentido común.
▪ **sens de l'humour** sentido del humor.
sensation [sɑ̃sasjɔ̃] *nf* sensación *f*.
• **faire sensation** causar sensación.
sensationnel,-elle [sɑ̃sasjɔnɛl] *adj* sensacional.
sensé,-e [sɑ̃se] *adj* sensato,-ta.
sensibilité [sɑ̃sibilite] *nf* sensibilidad *f*.
sensible [sɑ̃sibl] *adj* **1** *(gén)* sensible. **2** *(progrès, différence)* apreciable, notable.
sensiblement [sɑ̃sibləmɑ̃] *adv* **1** *(d'une manière perceptible)* sensiblemente. **2** *(presque)* prácticamente.
sensualité [sɑ̃sɥalite] *nf* sensualidad *f*.
sensuel,-elle [sɑ̃sɥɛl] *adj* sensual.
sentence [sɑ̃tɑ̃s] *nf* sentencia *f*.

sentier [sɑ̃tje] *nf* sendero *m*, senda *f*.
• **hors des sentiers battus** fuera de los caminos trillados.
sentiment [sɑ̃timɑ̃] *nm* sentimiento *m*.
• **avoir le sentiment que** darle a uno la impresión que.
• **faire du sentiment** dar muestras de sensiblería.
• **prendre par les sentiments** apelar a los sentimientos.
sentimental,-e [sɑ̃timɑ̃tal] *adj* sentimental.
sentinelle [sɑ̃tinɛl] *nf* centinela *m*.
sentir [sɑ̃tiʀ] *vt* **1** *(recevoir une impression)* sentir: ***je sens la proximité de la mer***, siento la proximidad del mar. **2** *(prévoir)* presentir: ***je sens qu'il va être en retard***, presiento que va a llegar tarde. **3** *(apprécier)* apreciar: ***sentir la beauté de***, apreciar la belleza de. **4** *(par l'odorat)* oler: ***ça sent mauvais***, huele mal. **5** *(exhaler une odeur)* oler a: ***ce savon sent le jasmin***, este jabón huele a jazmín. **6** *(avoir le goût de)* saber a: ***ce gâteau sent la menthe***, este pastel sabe a menta.
► *vpr* **se sentir** sentirse: ***se sentir mal***, sentirse mal.
• **faire sentir** hacer notar.
• **ne pas pouvoir sentir QQN** no soportar a ALGN.
séparable [sepaʀabl] *adj* separable.
séparation [sepaʀasjɔ̃] *nf* separación *f*.
séparément [sepaʀemɑ̃] *adv* por separado.
séparer [sepaʀe] *vt* separar.
► *vpr* **se séparer** separarse.
sept [sɛt] *num* siete *m*.
septembre [sɛptɑ̃bʀ] *nm* septiembre *m*.
septennat [sɛptena] *nm antiguo mandato de siete años del presidente de la República Francesa.*
septentrional,-e [sɛptɑ̃tʀijɔnal] *adj* septentrional.
septicémie [sɛptisemi] *nf* MÉD septicemia *f*.
septième [sɛtjɛm] *adj - nmf (ordinal)* séptimo,-ma.
► *nm (fraction)* séptimo *m*, séptima parte *f*.
sépulture [sepyltyʀ] *nf* sepultura *f*.
séquelle [sekɛl] *nf* secuela *f*.
séquence [sekɑ̃s] *nf* secuencia *f*.
séquestrer [sekɛstʀe] *vt* secuestrar.
serein,-e [səʀɛ̃,-ɛn] *adj* sereno,-na.
sérénade [seʀenad] *nf* serenata *f*.
sérénité [seʀenite] *nf* serenidad *f*.
sergent [sɛʀʒɑ̃] *nm* sargento *m*.
série [seʀi] *nf* **1** *(gén)* serie *f*. **2** SPORT categoría *f*.
• **en série** en serie.
• **hors série** fuera de serie.
sérieux,-euse [seʀjø,-øz] *adj* serio,-ria.
► *nm* **sérieux** seriedad *f*.
• **prendre au sérieux** tomar en serio.
serin [səʀɛ̃] *nm* **1** *(oiseau)* canario *m*. **2** *fam (niais)* bobo,-ba.
seringue [səʀɛ̃g] *nf* jeringuilla *f*.
serment [sɛʀmɑ̃] *nm* juramento *m*.
• **prêter serment** prestar juramento.
• **sous serment** bajo juramento.
sermon [sɛʀmɔ̃] *nm* sermón *m*.
séropositif,-ive [seʀopozitif,-iv] *adj - nm,f* seropositivo,-va.
serpent [sɛʀpɑ̃] *nm* serpiente *f*.
serpenter [sɛʀpɑ̃te] *vi* serpentear.
serpentin [sɛʀpɑ̃tɛ] *nm* **1** *(d'alambic)* serpentín *m*. **2** *(de papier)* serpentina *f*.
serpillière [sɛʀpijɛʀ] *nf* bayeta *f*.
serre [sɛʀ] *nf (pour plantes)* invernadero *m*.
► *nf pl* **serres** *(d'oiseau)* garras *f pl*.
serré,-e [seʀe] *adj* **1** *(compact)* apretado,-da, denso,-sa. **2** *(vêtement)* ceñido,-da, ajustado,-da.
• **jouer serré** jugar sobre seguro.
serrer [seʀe] *vt* **1** *(presser)* apretar, estrechar. **2** *(rapprocher)* cerrar, apretar: ***serrer les rangs***, apretar filas. **3** *(vêtement)* apretar: ***ces chaussures me serrent***, estos zapatos me aprietan. **4** *(aller très près)* ceñirse, pegarse.
► *vpr* **se serrer** *(se rapprocher)* estrecharse, apretarse.
• **serrer la main** estrechar la mano.
• **serrer la vis à QQN** apretar las clavijas a ALGN.
• **serrer le cœur** acongo
• **serrer les dents** apr
• **serrer QQN de prè**
• **" Serrez à droi**
derecha".

serrure [seʀyʀ] *nf* cerradura *f*.
serrurerie [seʀyʀəʀi] *nf* cerrajería *f*.
serrurier [seʀyʀje] *nm* cerrajero,-ra.
sertir [sɛʀtiʀ] *vt* engastar.
sérum [seʀɔm] *nm* suero *m*.
servante [sɛʀvɑ̃t] *nf* sirvienta *f*.
serveur,-euse [sɛʀvœʀ,-øz] *nm,f* **1** *(dans un restaurant)* camarero,-ra. **2** SPORT el/la que tiene el servicio. **3** *(aux cartes)* el/la que reparte.
▸ *nm* **serveur** INFORM servidor *m*.
serviable [sɛʀvjabl] *adj* servicial.
service [sɛʀvis] *nm* **1** *(gén)* servicio *m*. **2** *(dans une entreprise)* departamento *m*.
• **à votre service** servidor de usted.
• **de service** de servicio.
• **hors service** fuera de servicio.
• **qu'y a-t-il pour votre service ?** ¿en qué puedo servirle?
• **rendre service à QQN** hacer un favor a ALGN.
• **service compris** servicio incluido.
▪ **service militaire** servicio militar.
serviette [sɛʀvjɛt] *nf* **1** *(de table)* servilleta *f*. **2** *(de toilette)* toalla *f*. **3** *(à documents)* cartera *f*.
▪ **serviette hygiénique** compresa *f*.
servile [sɛʀvil] *adj* servil.
servir [sɛʀviʀ] *vt* **1** *(gén)* servir: ***servir le dessert***, servir el postre. **2** *(client)* atender. **3** *(ambitions, passions, etc)* satisfacer. **4** *(être bon à)* servir (**à**, para): ***pourquoi se lamenter ?, cela ne sert à rien***, ¿para qué lamentarse?, no sirve de nada. **5** *(tenir lieu de)* hacer (**de**, de): ***servir de père à ses neveux***, hacer de padre para sus sobrinos.
▸ *vpr* **se servir 1** *(faire usage)* utilizar, usar. **2** *(d'un mets)* servirse.
• **servir la messe** ayudar a misa.
• **se servir de QQN** aprovecharse de ALGN.
serviteur [sɛʀvitœʀ] *nm* servidor *m*.
servitude [sɛʀvityd] *nf* servidumbre *f*.
ses [se] *adj poss* → son, sa.
sésame [sezam] *nm* sésamo *m*.
session [sesjɔ̃] *nf* **1** *(d'une assemblée)* sesión *f*. **2** *(d'un examen)* convocatoria *f*.
set [sɛt] *nm* SPORT set *m*.
▪ **set de table** mantel *m* individual.
il [sœj] *nm* umbral *m*.
l de en los umbrales de.
seul,-e [sœl] *adj* **1** *(isolé)* solo,-la: ***il vit complètement seul***, vive completamente solo. **2** *(unique)* único,-ca: ***le seul danger***, el único peligro. **3** *(simple)* solo,-la, simple: ***la seule idée de travailler le rend malade***, la sola idea de trabajar lo pone enfermo.
• **cela va tout seul** eso marcha solo.
• **tout seul** solo.
seulement [sœlmɑ̃] *adv* **1** *(rien de plus)* solamente, sólo: ***ils sont seulement deux***, tan sólo son dos. **2** *(uniquement)* únicamente, solamente: ***je veux seulement un café***, únicamente quiero un café. **3** *(pas plus tôt que)* sólo, justo: ***il vient seulement d'arriver***, acaba de llegar. **4** *(mais)* pero, solo que: ***il viendra, seulement il ne restera qu'un instant***, vendrá, pero sólo se quedará un rato.
• **non seulement** no sólo.
• **pas seulement** ni siquiera, ni tan solo.
• **si seulement** si al menos.
sève [sɛv] *nf* savia *f*.
sévère [sevɛʀ] *adj* **1** *(gén)* severo,-ra. **2** *(maladie, accident)* grave. **3** *(décor, style)* sobrio,-bria.
sévérité [severite] *nf* severidad *f*.
sévices [seviz] *nm pl fml* malos tratos *m pl*.
sévir [seviʀ] *vi* **1** *(punir)* castigar con rigor. **2** *fig (épidémie, froid)* hacer estragos.
sevrer [səvʀe] *vt* **1** *(bébé)* destetar. **2** *(d'un droit, d'un privilège)* privar (**de**, de).
sexe [sɛks] *nm* sexo *m*.
sextant [sɛkstɑ̃] *nm* sextante *m*.
sexualité [sɛksɥalite] *nf* sexualidad *f*.
sexuel,-elle [sɛksɥɛl] *adj* sexual.
sexy [sɛksi] *adj* sexi.
seyant,-e [sɛjɑ̃,-ɑ̃t] *adj* favorecedor.
shampoing [ʃɑ̃pwɛ̃] *nm* champú *m*.
shampooing [ʃɑ̃pwɛ̃] *nm* champú *m*.
shopping [ʃɔpiŋ] *nm* compras *f pl*.
• **faire du shopping** ir de compras.
short [ʃɔʀt] *nm* short *m*.
si[1] [si] *conj* si: ***si tu viens nous sortirons ensemble***, si vienes saldremos juntos.
• **si bien que** de manera que, así que.
• **si ce n'est** sino.
• **si ce n'est que** salvo que, excepto que.
• **si seulement** si por lo menos.

si[2] [si] *adv* **1** *(affirmation après une négation)* sí: ***–Vous ne me croyez pas. –Si, je vous crois.***, –No me cree. –Sí que le creo. **2** *(tellement, aussi)* tan: ***c'est une fille si charmante !***, ¡es una chica tan encantadora!; ***ne mangez pas si vite***, no coma tan deprisa.

• **mais si** claro que sí.

• **si bien que** tanto que.

si[3] [si] *nm inv* MUS si *m.*

siamois,-e [sjamwa,-az] *adj - nm,f* siamés,-esa.

sida [sida] *nm* sida *m.*

side-car [sidkaʀ] *nm* (*pl* **side-cars**) sidecar *m.*

sidérer [sideʀe] *vt fam* asombrar, alucinar.

sidérurgie [sideʀyʀʒi] *nf* siderurgia *f.*

siècle [sjɛkl] *nm* siglo *m.*

siège [sjɛʒ] *nm* **1** *(pour s'asseoir)* asiento *m.* **2** *(d'une administration)* sede *f*, oficina *f.* **3** *(d'une société)* domicilio *m* social. **4** *(dans une assemblée)* escaño *m.* **5** *(d'une maladie, d'un phénomène)* centro *m*, foco *m.* **6** *(militaire)* sitio *m*, cerco *m.* **7** ANAT nalgas *f pl.*

siéger [sjeʒe] *vi* **1** *(assemblée)* reunirse, celebrar sesión. **2** *(une société)* ocupar una sede. **3** *fig (se trouver)* hallarse, estar situado,-da: ***l'amertume siège au fond de son cœur***, la amargura se halla en el fondo de su corazón.

sien, sienne [sjɛ̃, sjɛn] *pron poss* **le sien, la sienne** *(à lui, à elle)* el/la suyo,-ya: ***cette robe est la sienne***, este vestido es el suyo.

► *nm* **sien** lo suyo: ***à chacun le sien***, a cada uno lo suyo.

► *nm pl* **les siens** *(sa famille)* los suyos.

sieste [sjɛst] *nf* siesta *f.*

sifflement [sifləmɑ̃] *nm* silbido *m.*

siffler [sifle] *vi - vt* **1** *(gén)* silbar. **2** *(avec un sifflet)* pitar.

► *vt* **1** *(un air)* silbar. **2** *(un acteur)* abuchear. **3** *fam (un verre)* soplarse.

sifflet [siflɛ] *nm* silbato *m.*

sigle [sigl] *nm* sigla *f.*

signal [siɲal] *nm* señal *f.*

signalement [siɲalmɑ̃] *nm* descripción *f.*

signaler [siɲale] *vt* **1** *(gén)* señalar. **2** *(indiquer)* indicar, hacer notar.

► *vpr* **se signaler** distinguirse.

• **rien à signaler** sin novedad.

signalisation [siɲalizasjɔ̃] *nf* señalización *f.*

signataire [siɲatɛʀ] *nmf* firmante.

signature [siɲatyʀ] *nf* firma *f.*

signe [siɲ] *nm* **1** *(gén)* signo *m.* **2** *(indice)* señal *f*, seña *f.*

• **en signe de** en señal de.

• **ne pas donner signe de vie** no dar señales de vida.

▪ **signe de ponctuation** signo de puntuación.

▪ **signe du zodiaque** signo del zodiaco.

signer [siɲe] *vt* firmar.

► *vpr* **se signer** santiguarse.

signet [siɲɛ] *nm* punto *m* de libro.

significatif,-ive [siɲifikatif,-iv] *adj* significativo,-va.

signification [siɲifikasjɔ̃] *nf* significado *m.*

signifier [siɲifje] *vt* **1** *(vouloir dire)* significar. **2** *(exprimer)* comunicar. **3** DR notificar.

silence [silɑ̃s] *nm* silencio *m.*

silencieux,-euse [silɑ̃sjø,-øz] *adj* silencioso,-sa.

► *nm* **silencieux** silenciador *m.*

silex [silɛks] *nm* sílex *m.*

silhouette [silwɛt] *nf* silueta *f.*

silicium [silisjɔm] *nm* silicio *m.*

silicone [silikon] *nf* silicona *f.*

sillage [sijaʒ] *nm* estela *f.*

• **marcher dans le sillage de QQN** seguir los pasos de ALGN.

sillon [sijɔ̃] *nm* surco *m.*

sillonner [sijɔne] *vt* surcar.

silo [silo] *nm* silo *m.*

similaire [similɛʀ] *adj* similar.

similitude [similityd] *nf* similitud *f.*

simple [sɛ̃pl] *adj* **1** *(facile)* simple, sencillo,-lla: ***c'est une méthode très simple***, es un método muy sencillo. **2** *(sans façon)* sencillo,-lla, llano,-na: ***le directeur est un homme très simple***, el director es un hombre muy sencillo. **3** *(naïf)* ingenuo,-nua, crédulo,-la. **4** *(seul)* solo,-la, único,-ca: ***sa simple présence l'a calmé***, su sola presencia lo ha tranquilizado.

► *nmf* simple.

► *nm* SPORT *(au tennis)* individuales *m pl.*
► *nf pl* **simples** BOT simples *f pl.*
▪ **simple d'esprit** simple de espíritu.
simplicité [sɛ̃plisite] *nf* **1** *(gén)* simplicidad *f*, sencillez *f*. **2** *(niaiserie)* simpleza *f*.
simplifier [sɛ̃plifje] *vt* simplificar.
simulacre [simylakʀ] *nm* simulacro *m*.
simulation [simylasjɔ̃] *nf* simulación *f*.
simuler [simyle] *vt* simular.
simultané,-e [simyltane] *adj* simultáneo,-a.
sincère [sɛ̃sɛʀ] *adj* sincero,-ra.
sincérité [sɛ̃seʀite] *nf* sinceridad *f*.
singe [sɛ̃ʒ] *nm* mono,-na.
singer [sɛ̃ʒe] *vt* **1** *(personne)* imitar. **2** *(sentiment)* fingir.
singularité [sɛ̃gylaʀite] *nf* singularidad *f*.
singulier,-ère [sɛ̃gylje,-ɛʀ] *adj* singular.
sinistre [sinistʀ] *adj (gén)* siniestro,-tra.
► *nm (incendie, accident)* siniestro *m*.
sinistré,-e [sinistʀe] *adj - nm,f* siniestrado,-da.
sinon [sinɔ̃] *conj (autrement)* si no: ***dépêche-toi, sinon tu vas rater ton train***, date prisa, si no vas a perder el tren.
• **sinon que** si no que.
sinueux,-euse [sinɥø,-øz] *adj* sinuoso,-sa.
sinuosité [sinɥozite] *nf* sinuosidad *f*.
sinus [sinys] *nm* ANAT, MATH seno *m*.
sinusite [sinyzit] *nf* MÉD sinusitis *f*.
siphon [sifɔ̃] *nm* sifón *m*.
siphonné,-e [sifɔne] *adj fam* chiflado,-da.
sirène [siʀɛn] *nf* sirena *f*.
sirop [siʀo] *nm* **1** *(médicament)* jarabe *m*. **2** *(de fruits)* almíbar *m*.
• **au sirop** en almíbar.
siroter [siʀɔte] *vt fam* beber a sorbos y paladeando.
sismique [sismik] *adj* sísmico,-ca.
site [sit] *nm* **1** *(endroit)* emplazamiento *m*. **2** *(paysage)* paraje *m*.
▪ **site archéologique** yacimiento *m* arqueológico.
▪ **site Web** sitio *f* web.
sitôt [sito] *adv* tan pronto como: ***sitôt arrivé, il avait envie de repartir***, en cuanto llegó, ya tenía ganas de irse.
• **pas de sitôt** no tan pronto: ***vous ne me reverrez pas de sitôt***, no me veréis en mucho tiempo.
• **sitôt après** justo después.
• **sitôt dit, sitôt fait** dicho y hecho.
situation [sitɥasjɔ̃] *nf* situación *f*.
situer [sitɥe] *vt* situar.
► *vpr* **se situer** situarse.
six [sis] (se pronuncia [si] delante de consonante o *h* aspirada, y [siz] delante de vocal o *h* muda) *num* seis *m*.
sixième [sizjɛm] *num* sexto,-ta.
► *nm (étage)* sexto piso *m*.
► *nf* sexto curso *m* de primaria.
skate [skɛt] *nm* monopatín *m*, skate *m*.
skateboard [skɛtbɔʀd] *nm* monopatín *m*, skateboard *m*.
sketch [skɛtʃ] *nm* (*pl* **sketchs** ou **sketches**) sketch *m*.
ski [ski] *nm* esquí *m*.
• **faire du ski** esquiar.
▪ **ski de fond** esquí de fondo.
▪ **ski nautique** esquí náutico.
skier [skje] *vi* esquiar.
skieur,-euse [skjœʀ,-øz] *nm,f* esquiador,-ra.
skipper [skipœʀ] *nm* patrón *m*.
slalom [slalɔm] *nm* eslalon *m*, slalom *m*.
▪ **slalom géant** eslalon gigante.
▪ **slalom spécial** eslalon especial.
slip [slip] *nm* **1** *(d'homme)* calzoncillos *m pl*. **2** *(de femme)* bragas *f pl*.
slogan [slɔgɑ̃] *nm* eslogan *m*.
slow [slo] *nm* canción *f* lenta.
SMIC [smik] *abr (**salaire minimum interprofessionnel de croissance**)* salario *m* mínimo interprofesional.
smiley [slmajlɛ] *nm* emoticón *m*.
smoking [smokiŋ] *nm* esmoquin *m*.
SMS [ɛsɛmɛs] *abr (**short message service**)* SMS *m*.
snack [snak] *nm* cafetería *f*.
snack-bar [snakbaʀ] *nm* (*pl* **snack-bars**) cafetería *f*.
snob [snɔb] *adj - nmf* esnob.
snobisme [snɔbism] *nm* esnobismo *m*.
snowboard [snɔbɔʀ] *nm* snowboard *m*.
sobre [sɔbʀ] *adj* sobrio,-bria.
sobriété [sɔbʀijete] *nf* sobriedad *f*.
sobriquet [sɔbʀikɛ] *nm* mote *m*.
sociable [sɔsjabl] *adj* sociable.
social,-e [sɔsjal] *adj* social.
socialisme [sɔsjalism] *nm* socialismo *m*.

socialiste [sɔsjalist] *adj - nmf* socialista.
sociétaire [sɔsjetɛʀ] *adj - nmf* socio,-cia.
société [sɔsjete] *nf* sociedad *f*.
▪ **haute société** alta sociedad.
▪ **société anonyme** sociedad anónima.
▪ **société à responsabilité limitée** sociedad limitada.
sociologie [sɔsjɔlɔʒi] *nf* sociología *f*.
sociologue [sɔsjɔlɔg] *nmf* sociólogo,-ga.
socle [sɔkl] *nm* zócalo *m*.
soda [sɔda] *nm* soda *f*.
sodium [sɔdjɔm] *nm* sodio *m*.
sœur [sœʀ] *nf* hermana *f*.
sofa [sɔfa] *nm* sofá *m*.
software [sɔftwɛʀ] *nm* software *m*.
soi [swa] *pron pers* sí mismo,-ma, uno,-a mismo,-ma.
• **avec soi** consigo.
• **cela va de soi** eso cae de su propio peso.
• **chez soi** en/a casa: ***chacun chez soi***, cada uno en su casa; ***retourner chez soi***, volver a casa.
• **en soi** en sí.
soi-disant [swadizɑ̃] *adj inv* supuesto,-ta.
► *adv* aparentemente.
soie [swa] *nf* seda *f*.
soif [swaf] *nf* sed *f*.
• **avoir soif** tener sed.
• **étancher sa soif** saciar la sed.
soigner [swaɲe] *vt* **1** *(travail, invités)* cuidar. **2** *(maladie)* curar.
► *vpr* **se soigner** **1** *(prendre soin de soi)* cuidarse. **2** *(malade)* curarse.
soigneux,-euse [swaɲø,-øz] *adj* cuidadoso,-sa.
soi-même [swamɛm] *pron pers* uno,-a mismo,-ma.
soin [swɛ̃] *nm* **1** *(sollicitude)* cuidado *m*. **2** *(application)* esmero *m*.
► *nm pl* **soins** cuidados *m pl*.
• **avoir soin de** ocuparse de.
• **prendre soin de** cuidar de.
▪ **premiers soins** primeros auxilios *m pl*.
soir [swaʀ] *nm* **1** *(fin d'après-midi)* tarde *f*. **2** *(nuit)* noche *f*.
soirée [swaʀe] *nf* **1** *(soir)* noche *f*. **2** *(réunion)* velada *f*. **3** *(spectacle)* función *f*.
• **de soirée** *(tenue)* de noche.
• **en soirée** por la noche.

soit[1] [swa] *conj* **1** *(c'est-à-dire)* o sea, es decir: ***c'est 20 euros par personne, soit 100 euros en tout***, vale 20 euros por persona, o sea 100 euros en total. **2** MATH dada: ***soit une ligne A***, dada una línea A.
• **soit ... soit ...** o... o...: ***soit tu rentres, soit tu sors***, o entras o sales.
• **soit que +** *subj* **... soit que +** *subj* tanto si + *indicativo*... como si + *indicativo*.
soit[2] [swa] *adv* vale, de acuerdo.
soixante [swasɑ̃t] *num* sesenta *m*.
soixante-dix [swasɑ̃tdis] *num* setenta *m*.
soixante-dixième [swasɑ̃tdizjɛm] *num* septuagésimo,-ma.
soixantième [swasɑ̃tjɛm] *adj - nmf* sexagésimo,-ma.
► *nm* sesentavo *m*, sesentava parte *f*.
soja [sɔʒa] *nm* soja *f*.
sol[1] [sɔl] *nm (terre)* suelo *m*.
sol[2] [sɔl] *nm* MUS sol *m*.
solaire [sɔlɛʀ] *adj* solar.
solarium [sɔlaʀjɔm] *nm* solárium *m*.
soldat [sɔlda] *nm* soldado *m*.
▪ **simple soldat** soldado raso.
solde [sɔld] *nm (d'un compte)* saldo *m*.
► *nm pl* **soldes** rebajas *f pl*.
solder [sɔlde] *vt* **1** *(compte)* saldar. **2** *(article)* rebajar.
► *vpr* **se solder** saldarse (**par**, con).
sole [sɔl] *nf* lenguado *m*.
soleil [sɔlɛj] *nm* sol *m*.
solennel,-elle [sɔlanɛl] *adj* solemne.
solennité [sɔlanite] *nf* solemnidad *f*.
solfège [sɔlfɛʒ] *nm* solfeo *m*.
solidaire [sɔlidɛʀ] *adj* solidario,-ria.
solidarité [sɔlidaʀite] *nf* solidaridad *f*.
solide [sɔlid] *adj* **1** *(gén)* sólido,-da. **2** *(personne)* robusto,-ta. **3** *fam (appétit)* grande, bueno,-na.
► *nm* sólido *m*.
• **être du solide** ser de fiar.
solidité [sɔlidite] *nf* solidez *f*.
soliste [sɔlist] *nmf* solista.
solitaire [sɔlitɛʀ] *adj - nmf* solitario,-ria.
► *nm* solitario *m*.
solitude [sɔlityd] *nf* soledad *f*.
solliciter [sɔlisite] *vt* solicitar.
sollicitude [sɔlisityd] *nf* solicitud *f*.

solo [sɔlo] *nm* MUS solo *m*.
• **en solo** en solitario.
solstice [sɔlstis] *nm* solsticio *m*.
soluble [sɔlybl] *adj* soluble.
solution [sɔlysjɔ̃] *nf* solución *f*.
solvable [sɔlvabl] *adj* solvente.
sombre [sɔ̃bʀ] *adj* **1** *(couleur)* oscuro,-ra: ***il fait sombre***, está oscuro. **2** *(personne)* taciturno,-na. **3** *(pensée)* sombrío,-bría.
sombrer [sɔ̃bʀe] *vi* **1** *(bateau)* zozobrar. **2** *fig (personne)* hundirse.
sommaire [sɔmɛʀ] *adj* somero,-ra.
► *nm* **1** *(résumé)* resumen *m*, sumario *m*. **2** *(d'un livre)* índice *m*, sumario *m*.
somme[1] [sɔm] *nm* suma *f*.
• **en somme** en resumidas cuentas.
• **faire la somme de** sumar.
• **somme toute** después de todo.
somme[2] [sɔm] *nf* siesta *f*.
• **faire un somme** echar una cabezada.
sommeil [sɔmɛj] *nm* sueño *m*.
sommelier,-ère [sɔməlje,-ɛʀ] *nm,f* sumiller.
sommet [sɔmɛ] *nm* **1** *(gén)* cumbre *f*. **2** *(en géométrie)* vértice *m*.
sommier [sɔmje] *nm* somier *m*.
somnambule [sɔmnɑ̃byl] *nmf* sonámbulo,-la.
somnifère [sɔmnifɛʀ] *nm* somnífero *m*.
somnolence [sɔmnɔlɑ̃s] *nf* somnolencia *f*.
somptueux,-euse [sɔ̃ptɥø,-øz] *adj* suntuoso,-sa.
son[1] [sɔ̃] *nm (bruit)* sonido *m*.
• **au son de** al son de.
son[2] [sɔ̃] *nm (céréale)* salvado *m*.
son, sa[3] [sɔ̃, sa] *adj poss* (*pl* **ses**) su: ***son frère***, su hermano; ***sa valise***, su maleta; ***ses livres***, sus libros.
sonar [sɔnaʀ] *nm* sonar *m*.
sonate [sɔnat] *nf* MUS sonata *f*.
sondage [sɔ̃daʒ] *nm* sondeo *m*.
▪ **sondage d'opinion** sondeo de opinión.
sonde [sɔ̃d] *nf* sonda *f*.
sonder [sɔ̃de] *vt* **1** *(terrain, opinion)* sondear. **2** MÉD sondar.
songe [sɔ̃ʒ] *nm* sueño *m*.
songer [sɔ̃ʒe] *vt* pensar.
► *vi* pensar (**à**, en).
• **n'y songez pas !** ¡ni lo sueñe!
songeur,-euse [sɔ̃ʒœʀ,-øz] *adj* pensativo,-va.
sonnant,-e [sɔnɑ̃,-ɑ̃t] *adj* en punto: ***à six heures sonnantes***, a las seis en punto.
sonné,-e [sɔne] *adj* **1** *(heure)* pasado,-da. **2** *(personne)* sonado,-da.
sonner [sɔne] *vt* **1** *(cloche)* tocar: ***la pendule a sonné six heures***, el reloj ha dado las seis. **2** *(infirmière, serviteur)* llamar.
► *vi* **1** *(cloche, réveil, téléphone)* sonar. **2** *(personne)* llamar.
sonnerie [sɔnʀi] *nf* **1** *(du téléphone, du réveil)* timbre *m*. **2** *(de cloches)* repique *m*. **3** *(de clairon)* toque *m*.
sonnet [sɔnɛ] *nm* soneto *m*.
sonnette [sɔnɛt] *nf* **1** *(clochette)* campanilla *f*. **2** *(électrique)* timbre *m*.
sonore [sɔnɔʀ] *adj* sonoro,-ra.
sonorité [sɔnɔʀite] *nf* sonoridad *f*.
sophistiqué,-e [sɔfistike] *adj* sofisticado,-da.
soprano [sɔpʀano] *nmf* soprano.
sorbet [sɔʀbɛ] *nm* CUIS sorbete *m*.
sorcellerie [sɔʀsɛlʀi] *nf* brujería *f*.
sorcier,-ère [sɔʀsje,-ɛʀ] *nm,f* brujo,-ja.
sordide [sɔʀdid] *adj* sórdido,-da.
sort [sɔʀ] *nm* **1** *(hasard)* suerte *f*. **2** *(avenir)* destino *m*. **3** *(maléfice)* sortilegio *m*.
• **jeter un sort à QQN** echar un sortilegio a ALGN.
• **tirer au sort** sortear.
sortant,-e [sɔʀtɑ̃,-ɑ̃t] *adj* saliente.
sorte [sɔʀt] *nf* **1** *(espèce)* clase *f*, especie *f*: ***c'est une sorte de chaise***, es una especie de silla. **2** *(manière)* manera *f*.
• **de la sorte** de este modo.
• **de (telle) sorte que ...** de tal modo que....
• **en quelque sorte** de algún modo.
• **faire en sorte que** procurar que.
• **toutes sortes de** todo tipo de.
sortie [sɔʀti] *nf* **1** *(gén)* salida *f*. **2** *(d'un film)* estreno *m*. **3** *(de produit)* lanzamiento *m*.
▪ **sortie de secours** salida de emergencia.
▪ **sortie imprimante** INFORM impresión *f*.
sortilège [sɔʀtilɛʒ] *nm* sortilegio *m*.
sortir [sɔʀtiʀ] *vi* **1** *(gén)* salir. **2** *(famille)* proceder. **3** *(film)* estrenarse; *(livre)* publicarse. **4** *(de l'ordinaire)* salirse (**de**, de).

► *vt* **1** *(gén)* sacar: ***elle sort son chien le matin***, saca su perro por la mañana. **2** *(film)* estrenar; *(livre)* publicar; *(disque)* editar. **3** *fam (expulser)* echar. **4** *fam (dire)* soltar.
► *vpr (d'un problème)* salir (**de**, de).
• **ne pas s'en sortir** no dar abasto.
• **s'en sortir** arreglárselas.
SOS [ɛsoɛs] *abr (**save our souls**)* SOS.
sosie [sozi] *nm* sosia *m*.
sot, sotte [so, sɔt] *adj - nmf* tonto,-ta.
sottise [sɔtiz] *nf* tontería *f*.
sou [su] *nm fam* perra *f*.
• **ne pas avoir un sou** no tener un duro.
▪ **machine à sous** máquina *f* tragaperras.
soubresaut [subʀəso] *nm* sobresalto *m*.
souche [suʃ] *nf* **1** *(d'un arbre)* tocón *m*. **2** *(d'une famille)* tronco *m*. **3** *(d'un document)* matriz *f*.
souci [susi] *nm* **1** *(tracas)* preocupación *f*. **2** *(fleur)* caléndula *f*.
• **se faire du souci** preocuparse.
soucier (se) [susje] *vpr* preocuparse (**de**, por).
soucieux,-euse [susjø,-øz] *adj* preocupado,-da.
soucoupe [sukup] *nf* platillo *m*.
▪ **soucoupe volante** platillo volante.
soudain,-e [sudɛ̃,-ɛn] *adj* repentino,-a.
► *adv* **soudain** de repente.
soude [sud] *nf* sosa *f*.
▪ **soude caustique** sosa cáustica.
souder [sude] *vt* **1** *(métal)* soldar. **2** *fig (personnes)* unir.
soudure [sudyʀ] *nf* soldadura *f*.
souffle [sufl] *nm* **1** *(de l'air)* soplo *m*. **2** *(respiration)* aliento *m*. **3** *(inspiration)* inspiración *f*.
• **à bout de souffle** sin aliento.
• **avoir un second souffle** recuperar las fuerzas.
• **couper le souffle** dejar sin aliento.
• **retenir son souffle** contener la respiración.
▪ **souffle au cœur** MÉD soplo.
soufflé [sufle] *nm* CUIS soufflé *m*.
souffler [sufle] *vt* **1** *(bougie, verre)* soplar. **2** *(idée)* susurrar. **3** *(au théâtre)* apuntar.
► *vi* **1** *(gén)* soplar. **2** *(avec difficulté)* resoplar.
• **ne pas souffler mot** no decir ni pío.
soufflet [suflɛ] *nm* fuelle *m*.
souffleur [suflœʀ] *nm* **1** *(de verre)* soplador,-ra. **2** *(au théâtre)* apuntador,-ra.
souffrance [sufʀɑ̃s] *nf* sufrimiento *m*.
souffrant,-e [sufʀɑ̃,-ɑ̃t] *adj* indispuesto,-ta.
souffrir [sufʀiʀ] *vi* **1** *(gén)* sufrir: ***nous avons souffert du froid***, hemos pasado frío. **2** *(malade)* padecer.
► *vt* **1** *(supporter)* sufrir. **2** *fam (personne)* soportar: ***elle ne peut pas le souffrir***, no puede soportarlo.
soufre [sufʀ] *nm* azufre *m*.
souhait [swɛ] *nm* deseo *m*.
• **à souhait** a pedir de boca.
• **à tes/vos souhaits !** *(après un éternuement)* ¡Jesús!
souhaitable [swɛtabl] *adj* deseable.
souhaiter [swete] *vt* desear.
souiller [suje] *vt* **1** *(salir)* manchar. **2** *fig (mémoire)* mancillar.
soûl,-e [su, sul] *adj fam* borracho,-cha.
soulagement [sulaʒmɑ̃] *nm* alivio *m*.
soulager [sulaʒe] *vt* aliviar.
soûler [sule] *vt fam* emborrachar.
► *vpr* **se soûler** *fam* emborracharse.
soulever [sulve] *vt* **1** *(gén)* levantar. **2** *(question)* plantear. **3** *(foule)* sublevar.
► *vpr* **se soulever** **1** *(s'élever)* levantarse. **2** *(se révolter)* sublevarse.
soulier [sulje] *nm* zapato *m*.
souligner [suliɲe] *vt* subrayar.
soumettre [sumɛtʀ] *vt* someter.
► *vpr* **se soumettre** someterse.
soumission [sumisjɔ̃] *nf* sumisión *f*.
soupape [supap] *nf* válvula *f*.
▪ **soupape de sûreté** válvula de seguridad.
soupçon [supsɔ̃] *nm* sospecha *f*.
soupçonner [supsɔne] *vt* sospechar (**de**, de).
soupe [sup] *nf* sopa *f*.
▪ **soupe populaire** comedor *m* de beneficencia.
souper [supe] *nm* cena *f*.
souper [supe] *vi* cenar.
soupeser [supəze] *vt* sopesar.
soupière [supjɛʀ] *nf* sopera *f*.
soupir [supiʀ] *nm* suspiro *m*.
• **pousser un soupir** dar un suspiro.
soupirail [supiʀaj] *nm* respiradero *m*.

soupirer [supiʀe] *vi* suspirar.
souple [supl] *adj* **1** *(gén)* flexible. **2** *(pas)* ligero,-ra.
souplesse [suplɛs] *nf* flexibilidad *f*.
source [suʀs] *nf* fuente *f*.
• **de source sûre** de buena fuente.
• **prendre sa source à** nacer en.
sourcil [suʀsi] *nm* ceja *f*.
• **froncer les sourcils** fruncir el ceño.
sourciller [suʀsije] *vi* pestañear.
sourd,-e [sur,-uʀd] *adj* - *nm,f* sordo,-da.
• **frapper comme un sourd** golpear muy fuerte.
sourdine [suʀdin] *nf* MUS sordina *f*.
• **en sourdine** con sordina.
sourd-muet, sourde-muette [surmɥe, surdəmɥɛt] *adj* - *nm,f* (*pl* **sourds-muets, sourdes-muettes**) sordomudo,-da.
souriant,-e [suʀjɑ̃,-ɑ̃t] *adj* sonriente.
souricière [suʀisjɛʀ] *nf (piège)* ratonera *f*.
sourire[1] [suʀiʀ] *nm* sonrisa *f*.
sourire[2] [suʀiʀ] *vi* sonreír.
souris [suʀi] *nf* ratón *m*.
sournois,-e [suʀnwa,-az] *adj* - *nm,f* hipócrita.
sous [su] *prép* **1** *(gén)* debajo de, bajo: ***sous la table***, debajo de la mesa; ***c'est sous ta responsabilité***, es bajo tu responsabilidad; ***sous Louis XIV***, bajo Luis XIV. **2** *(temps)* durante: ***ça s'est passé sous la dictature***, ocurrió durante la dictadura. **3** *(point de vue)* desde: ***considéré sous cet angle***, contemplado desde este ángulo.
• **sous peine de** so pena de.
• **sous peu** dentro de poco.
• **sous prétexte de** con el pretexto de.
sous-alimenté,-e [suzalimɑ̃te] *adj* desnutrido,-da.
sous-bois [subwa] *nm inv* sotobosque *m*.
souscription [suskʀipsjɔ̃] *nf* suscripción *f*.
souscrire [suskʀiʀ] *vt* suscribir.
► *vi* suscribirse (**à**, a).
sous-cutané,-e [sukytane] *adj* subcutáneo,-a.
sous-développé,-e [sudɛvlɔpe] *adj* subdesarrollado,-da.
sous-directeur,-trice [sudiʀɛktœʀ,-tʀis] *nm,f* (*pl* **sous-directeurs,-trices**) subdirector,-ra.
sous-ensemble [suzɑ̃sɑ̃bl] *nm* (*pl* **sous-ensembles**) subconjunto *m*.
sous-entendu [suzɑ̃tɑ̃dy] *nm* (*pl* **sous-entendus**) sobrentendido *m*.
sous-estimer [suzɛstime] *vt* subestimar.
sous-jacent [suʒasɑ̃,-ɑ̃t] *adj* subyacente.
sous-louer [sulwe] *vt* subarrendar.
sous-marin,-e [sumaʀɛ̃,-in] *adj* submarino,-na.
► *nm* **sous-marin** (*pl* **sous-marins**) submarino *m*.
sous-officier [suzɔfisje] *nm* (*pl* **sous-officiers**) suboficial *mf*.
sous-produit [supʀɔdɥi] *nm* (*pl* **sous-produits**) subproducto *m*.
soussigné,-e [susiɲe] *nm,f* el/la abajo firmante.
• **je soussigné,-e** el/la abajo firmante.
sous-sol [susɔl] *nm* (*pl* **sous-sols**) **1** *(terrain)* subsuelo *m*. **2** *(d'un immeuble)* sótano *m*.
sous-titre [sutitʀ] *nm* (*pl* **sous-titres**) subtítulo *m*.
soustraction [sustʀaksjɔ̃] *nf* **1** *(gén)* sustracción *f*. **2** MATH resta *f*, sustracción *f*.
soustraire [sustʀɛʀ] *vt* **1** *(gén)* sustraer. **2** MATH restar.
sous-traiter [sutʀete] *vi* subcontratar.
sous-vêtement [suvɛtmɑ̃] *nm* (*pl* **sous-vêtements**) prenda *f* interior.
► *nm pl* **sous-vêtements** ropa *f sing* interior.
soutane [sutan] *nf* sotana *f*.
soute [sut] *nf* **1** *(d'un bateau)* pañol *m*. **2** *(dans un avion)* bodega *f*.
soutenable [sutənabl] *adj* sostenible.
souteneur [sutənœʀ] *nm* chulo *m*.
soutenir [sutəniʀ] *vt* **1** *(gén)* sostener. **2** *(personne)* ayudar. **3** *(intérêt, effort)* mantener. **4** *(thèse)* defender.
► *vpr* **se soutenir 1** *(se maintenir droit)* sostenerse. **2** *fig (durer)* mantenerse.
soutenu,-e [sutəny] *adj (style)* elevado,-da.
souterrain,-e [sutɛʀɛ̃,-ɛn] *adj* subterráneo,-a.
► *nm* **souterrain** subterráneo *m*.
soutien [sutjɛ̃] *nm* sostén *m*, apoyo *m*.
soutien-gorge [sutjɛ̃gɔʀʒ] *nm* (*pl* **soutiens-gorge**) sujetador *m*.

soutirer [sutiʀe] *vt* **1** *(liquide)* trasegar. **2** *fig (argent)* sonsacar.
souvenir [suvəniʀ] *nm* recuerdo *m*.
• **rappeler au bon souvenir** dar recuerdos.
souvenir (se) [suvəniʀ] *vpr* acordarse, recordar: ***je ne me souviens pas de son nom***, no recuerdo su nombre.
souvent [suvɑ̃] *adv* a menudo.
souverain,-e [suvəʀɛ̃,-ɛn] *adj - nm,f* soberano,-na.
soyeux,-euse [swajø,-øz] *adj* sedoso,-sa.
spacieux,-euse [spasjø,-øz] *adj* espacioso,-sa.
spaghetti [spageti] *nm* CUIS espagueti *m*.
spam [spam] *nm* INFORM spam *m*, correo *m* basura.
sparadrap [spaʀadʀa] *nm* esparadrapo *m*.
spasme [spasm] *nm* espasmo *m*.
spatial,-e [spasjal] *adj* espacial.
spatule [spatyl] *nf* espátula *f*.
speaker,-kerine [spikœʀ,-kʀin] *nm,f* locutor,-ra.
spécial,-e [spesjal] *adj* especial.
spécialiste [spesjalist] *nmf* especialista.
spécialité [spesjalite] *nf* especialidad *f*.
spécifier [spesifje] *vt* especificar.
spécifique [spesifik] *adj* específico,-ca.
spécimen [spesimɛn] *nm* espécimen *m*.
spectacle [spɛktakl] *nm* espectáculo *m*.
spectaculaire [spɛktakylɛʀ] *adj* espectacular.
spectateur,-trice [spɛktatœʀ,-tʀis] *nm,f* espectador,-ra.
spectre [spɛktʀ] *nm* espectro *m*.
spéculateur,-trice [spekylatœʀ,-tʀis] *nm,f* especulador,-ra.
spéculation [spekylasjɔ̃] *nf* especulación *f*.
spéculer [spekyle] *vi* especular.
speeder [spide] *vi fam* darse prisa.
spéléologie [speleɔlɔʒi] *nf* espeleología *f*.
spermatozoïde [spɛʀmatozɔid] *nm* espermatozoide *m*.
sperme [spɛʀm] *nm* esperma *m*.
sphère [sfɛʀ] *nf* esfera *f*.
sphérique [sfeʀik] *adj* esférico,-ca.
sphinx [sfɛ̃ks] *nm inv* esfinge *f*.
spinal,-e [spinal] *adj* ANAT espinal.
spirale [spiʀal] *nf* espiral *f*.
spiritisme [spiʀitism] *nm* espiritismo *m*.
spirituel,-elle [spiʀitɥɛl] *adj* **1** *(gén)* espiritual. **2** *(drôle)* ingenioso,-sa.
spiritueux,-euse [spiʀitɥø,-øz] *adj* espirituoso,-sa.
► *nm* **spiritueux** licor *m*.
splendeur [splɑ̃dœʀ] *nf* esplendor *m*.
splendide [splɑ̃did] *adj* espléndido,-da.
spongieux,-euse [spɔ̃ʒjø,-øz] *adj* esponjoso,-sa.
sponsor [spɔ̃sɔʀ] *nm* patrocinador *m*, espónsor *m*.
sponsoriser [spɔ̃sɔʀize] *vt* patrocinar.
spontané,-e [spɔ̃tane] *adj* espontáneo,-a.
spontanéité [spɔ̃taneite] *nf* espontaneidad *f*.
sporadique [spɔʀadik] *adj* esporádico,-ca.
sport [spɔʀ] *adj (voiture)* deportivo,-va.
► *nm* deporte *m*.
• **faire du sport** hacer deporte.
▪ **sports d'hiver** deportes de invierno.
▪ **sports extrêmes** deportes de aventura.
sportif,-ive [spɔʀtif,-iv] *adj* **1** *(gén)* deportivo,-va. **2** *(personne)* deportista.
► *nm,f* deportista.
spot [spɔt] *nm* anuncio *m*, espot *m*.
sprint [spʀint] *nm* SPORT sprint *m*, esprín *m*.
sprinter[1] [spʀintœʀ] *nm* SPORT velocista *mf*.
sprinter[2] [spʀinte] *vi* SPORT esprintar.
square [skwaʀ] *nm* parque *m*.
squash [skwaʃ] *nm* SPORT squash *m*.
squatter [skwatœʀ] *nm* okupa *mf*.
squelette [skəlɛt] *nm* esqueleto *m*.
squelettique [skəletik] *adj* esquelético,-ca.
stabiliser [stabilize] *vt* estabilizar.
► *vpr* **se stabiliser** estabilizarse.
stabilité [stabilite] *nf* estabilidad *f*.
stable [stabl] *adj* estable.
stade [stad] *nm* **1** *(terrain)* estadio *m*. **2** *(étape)* fase *f*.
stage [staʒ] *nm* **1** *(cours)* cursillo *m*. **2** *(en entreprise)* prácticas *f pl*.
stagiaire [staʒjɛʀ] *adj* de prácticas.
► *nmf* becario,-ria.
stagnant,-e [stagnɑ̃,-ɑ̃t] *adj* estancado,-da.
stagner [stagne] *vi* estancarse.
stalactite [stalaktit] *nf* estalactita *f*.
stalagmite [stalagmit] *nf* estalagmita *f*.
stand [stɑ̃d] *nm* **1** *(de tir)* barraca *f*. **2** *(dans une exposition)* stand *m*.

standard [stɑ̃daʀ] *adj inv* estándar.
► *nm* **1** *(norme)* estándar *m.* **2** *(téléphonique)* centralita *f.*
standardiste [stɑ̃daʀdist] *nmf* telefonista.
star [staʀ] *nf (vedette)* estrella *f.*
starter [staʀtɛʀ] *nm* starter *m.*
station [stasjɔ̃] *nf* **1** *(arrêt)* pausa *f,* parada *f.* **2** *(position)* posición *f*: ***il reste en station verticale***, se queda en posición vertical. **3** *(de métro)* estación *f*; *(d'autobus, de taxis)* parada *f.*
▪ **station de ski** estación de esquí.
▪ **station spatiale** estación espacial.
▪ **station thermale** balneario *m.*
stationnaire [stasjɔnɛʀ] *adj* estacionario,-ria.
stationnement [stasjɔnmɑ̃] *nm* estacionamiento *m.*
• **" Stationnement interdit "** "Prohibido aparcar".
stationner [stasjɔne] *vi (un véhicule)* aparcar; *(une personne)* estacionarse.
station-service [stasjɔ̃sɛʀvis] *nf* (*pl* **stations-service**) estación *f* de servicio, gasolinera *f.*
statique [statik] *adj* estático,-ca.
statistique [statistik] *adj* estadístico,-ca.
► *nf* estadística *f.*
statue [staty] *nf* estatua *f.*
statuer [statɥe] *vi* resolver.
stature [statyʀ] *nf* **1** *(taille)* estatura *f.* **2** *fig (valeur)* talla *f.*
statut [staty] *nm* **1** *(position)* estatus *m.* **2** *(texte)* estatuto *m.*
► *nm pl* **statuts** estatutos *m pl.*
steak [stɛk] *nm* bistec *m.*
▪ **steak frites** filete *m* con patatas.
steppe [stɛp] *nf* estepa *f.*
stellaire [stɛlɛʀ] *adj* estelar.
steppe [stɛp] *nf* estepa *f.*
stéréo [steʀeo] *adj* estéreo.
• **en stéréo** en estéreo.
stéréotype [steʀeɔtip] *nm* estereotipo *m.*
stérile [steʀil] *adj* estéril.
stérilet [steʀilɛ] *nm* DIU *m.*
stériliser [steʀilize] *vt* esterilizar.
stérilité [steʀilite] *nf* esterilidad *f.*
sternum [stɛʀnɔm] *nm* ANAT esternón *m.*
stéthoscope [stetɔskɔp] *nm* estetoscopio *m.*
steward [stiwaʀt] *nm* **1** *(d'avion)* auxiliar *m* de vuelo. **2** *(de bateau)* camarero *m.*
stick [stik] *nm* **1** SPORT stick *m.* **2** *(tube)* barra *f.*
stimulation [stimylasjɔ̃] *nf* **1** *(incitation)* estímulo *m.* **2** *(de fonction organique)* estimulación *f.*
stimuler [stimyle] *vt* estimular.
stipuler [stipyle] *vt* estipular.
stock [stɔk] *nm* **1** *(d'un entrepôt)* existencias *f pl,* stock *m.* **2** *(grande quantité)* provisión *f.*
• **en stock** en stock.
stocker [stɔke] *vt* almacenar.
stoïque [stɔik] *adj - nmf* estoico,-ca.
stomacal,-e [stɔmakal] *adj* estomacal.
stop [stɔp] *nm* **1** *(arrêt)* stop *m.* **2** *fam (pour voyager)* autoestop *m.*
stopper [stɔpe] *vt* parar, detener.
► *vi (s'arrêter)* detenerse.
store [stɔʀ] *nm* **1** *(de fenêtre)* persiana *f.* **2** *(de magasin)* toldo *m.*
strabisme [stʀabism] *nm* estrabismo *m.*
strangulation [stʀɑ̃gylasjɔ̃] *nf* estrangulación *f.*
stratagème [stʀataʒɛm] *nm* estratagema *f.*
strate [stʀat] *nf* estrato *m.*
stratégie [stʀateʒi] *nf* estrategia *f.*
stratégique [stʀateʒik] *adj* estratégico,-ca.
stress [stʀɛs] *nm* estrés *m.*
stressant,-e [stʀɛsɑ̃,-ɑ̃t] *adj* estresante.
strict,-e [stʀikt] *adj* estricto,-ta.
strident,-e [stʀidɑ̃,-ɑ̃t] *adj* estridente.
strie [stʀi] *nf* estría *f.*
string [stʀiŋ] *nm* tanga *m.*
strip-tease [stʀiptiz] *nm* (*pl* **strip-teases**) striptease *m.*
strophe [stʀɔf] *nf* estrofa *f.*
structure [stʀyktyʀ] *nf* estructura *f.*
structurer [stʀyktyʀe] *vt* estructurar.
strychnine [stʀiknin] *nf* estricnina *f.*
stuc [styk] *nm* estuco *m.*
studieux,-euse [stydjø,-øz] *adj* estudioso,-sa.
studio [stydjo] *nm* estudio *m.*
stupéfait,-e [stypefɛ,-ɛt] *adj* estupefacto,-ta.
stupéfiant,-e [stypefjɑ̃,-ɑ̃t] *adj* asombroso,-sa.
► *nm* **stupéfiant** estupefaciente *m.*

stupéfier [stypefje] *vt* asombrar.
stupeur [stypœʀ] *nf* estupor *m.*
stupide [stypid] *adj* estúpido,-da.
stupidité [stypidite] *nf* estupidez *f.*
style [stil] *nm* estilo *f.*
stylo [stilo] *nm* bolígrafo *m.*
suaire [sɥɛʀ] *nm* sudario *m.*
subalterne [sybaltɛʀn] *adj - nmf* subalterno,-na.
subconscient,-e [sypkɔ̃sjɑ̃,-ɑ̃t] *adj* subconsciente.
► *nm* **subconscient** subconsciente *m.*
subdiviser [sydivize] *vt* subdividir.
subir [sybiʀ] *vt* sufrir.
subit,-e [sybi,-it] *adj* súbito,-ta.
subjectif,-ive [sybʒɛktif,-iv] *adj* subjetivo,-va.
subjonctif [sybʒɔ̃ktif] *nm* subjuntivo *m.*
subjuguer [sybʒyge] *vt* subyugar.
sublime [syblim] *adj* sublime.
submerger [sybmɛʀʒe] *vt* **1** *(recouvrir)* sumergir. **2** *fig (de travail)* desbordar.
submersible [sybmɛʀsibl] *adj - nm* sumergible *m.*
subordination [sybɔʀdianasjɔ̃] *nf* subordinación *f.*
subordonné,-e [sybɔʀdɔne] *adj - nm,f* subordinado,-da.
subordonner [sybɔʀdɔne] *vt* subordinar.
subornation [sybɔʀnasjɔ̃] *nf* soborno *m.*
subside [sypsid] *nm* subsidio *m.*
subsidiaire [sybzidjɛʀ] *adj* subsidiario,-ria.
subsistance [sybzistɑ̃s] *nf* subsistencia *f.*
subsister [sybziste] *vi* subsistir.
substance [sypstɑ̃s] *nf* sustancia *f.*
• **en substance** en resumen.
substantiel,-elle [sypstɑ̃sjɛl] *adj* sustancial.
substantif [sypstɑ̃tif] *nm* sustantivo *m.*
substituer [sypstitɥe] *vt* sustituir.
► *vpr* **se substituer** sustituir (**à**, a).
substitut [sypstity] *nm* sustituto *m.*
substitution [sybstitysjɔ̃] *nf* sustitución *f.*
subterfuge [syptɛʀfyʒ] *nm* subterfugio *m.*
subtil,-e [syptil] *adj* sutil.
subtilité [syptilite] *nf* sutileza *f.*
subvenir [sybvəniʀ] *vi* satisfacer.
• **subvenir aux besoins de QQN** satisfacer las necesidades de ALGN.
subvention [sybvɑ̃sjɔ̃] *nf* subvención *f.*
subversif,-ive [sybvɛʀsif,-iv] *adj* subversivo,-va.
suc [syk] *nm* jugo *m.*
▪ **suc gastrique** jugo gástrico.
succédané [syksedane] *nm* sucedáneo *m.*
succéder [syksede] *vi* suceder (**à a**): ***le fils a succédé à son père***, el hijo ha sucedido a su padre.
► *vpr* **se succéder** sucederse.
succès [syksɛ] *nm* éxito *m.*
• **avoir du succès** tener éxito.
▪ **un succès fou** un exitazo.
successeur [syksesœʀ] *nm* sucesor *m.*
successif,-ive [syksesif,-iv] *adj* sucesivo,-va.
succession [syksesjɔ̃] *nf* sucesión *f.*
succinct,-e [syksɛ̃,-ɛ̃t] *adj* **1** *(résumé)* conciso,-sa. **2** *(repas)* frugal.
succion [syksjɔ̃] *nf* succión *f.*
succomber [sykɔ̃be] *vi* sucumbir.
succulent,-e [sykylɑ̃,-ɑ̃t] *adj* suculento,-ta.
succursale [sykyʀsal] *nf* sucursal *f.*
sucer [syse] *vt* **1** *(gén)* chupar. **2** *(un doigt)* chuparse.
sucette [sysɛt] *nf* **1** *(pour bébés)* chupete *m.* **2** *(bonbon)* piruleta *f.*
sucre [sykʀ] *nm* azúcar *m-f.*
▪ **sucre de canne** azúcar de caña.
▪ **sucre en morceaux** azúcar en terrones.
▪ **sucre en poudre** azúcar en polvo.
▪ **sucre roux** azúcar moreno.
sucrer [sykʀe] *vt* echar azúcar en.
sucrerie [sykʀəʀi] *nf* **1** *(bonbon)* golosina *f.* **2** *(industrie)* azucarera *f.*
sucrette [sykʀɛt] *nf* sacarina *f.*
sucrier,-ère [sykʀije,-ɛʀ] *adj* azucarero, -ra: ***l'industrie sucrière***, la industria azucarera.
► *nm* **sucrier** *(récipient)* azucarero *m.*
sud [syd] *nm* sur *m.*
► *adj inv* sur, meridional.
sud-africain,-e [sydafʀikɛ̃,-ɛn] *adj* sudafricano,-na.
► *nm,f* **Sud-Africain,-e** sudafricano,-na.
sud-américain,-e [sydameʀikɛ̃,-ɛn] *adj* sudamericano,-na.
► *nm,f* **Sud-Américain,-e** sudamericano,-na.

sud-est [sydɛst] *adj* - *nm* sudeste *m*.
sud-ouest [sydwɛst] *adj* - *nm* sudoeste *m*.
Suède [sɥɛd] *nf* Suecia.
suédois,-e [sɥedwa,-az] *adj* sueco,-ca.
► *nm,f* **Suédois,-e** sueco,-ca.
► *nm* **suédois** *(langue)* sueco *m*.
suer [sɥe] *vi (transpirer)* sudar: ***il sue à grosses gouttes***, suda la gota gorda.
► *vt fig* rezumar: ***ça sue l'ennui***, rezuma aburrimiento.
• **faire suer** *fam* fastidiar.
sueur [sɥœʀ] *nf* sudor *m*.
suffire [syfiʀ] *vi* bastar.
► *vpr* **se suffire** bastarse.
• **ça suffit !** ¡basta!
• **il suffit de** basta con.
suffisant,-e [syfizɑ̃,-ɑ̃t] *adj* suficiente.
suffixe [syfiks] *nm* sufijo *m*.
suffocant,-e [syfɔkɑ̃,-ɑ̃t] *adj* sofocante.
suffoquer [syfɔke] *vt* sofocar.
► *vi* ahogarse.
suffrage [syfʀaʒ] *nm* sufragio *m*.
suggérer [sygʒeʀe] *vt* sugerir: ***je vous suggère d'aller le voir***, le sugiero que vaya a verle.
suggestion [sygʒɛstjɔ̃] *nf* sugestión *f*.
suicide [sɥisid] *nm* suicidio *m*.
suicider (se) [sɥiside] *vpr* suicidarse.
suie [sɥi] *nf* hollín *m*.
suinter [sɥɛ̃te] *vi* rezumar.
suisse [sɥis] *adj* suizo,-za.
► *nmf* **Suisse** suizo,-za.
Suisse [sɥis] *nf* Suiza.
suite [sɥit] *nf* **1** *(série)* sucesión *f*. **2** *(qui vient après)* continuación *f*: ***la suite d'un roman***, la continuación de una novela. **3** *(conséquence)* resultado *m*: ***suite à votre lettre du ...***, en respuesta a su carta del.... **4** *(dans un hôtel)* suite *f*.
• **et ainsi de suite** y así sucesivamente.
• **par la suite** más tarde, luego.
• **par suite de** a causa de.
• **tout de suite** enseguida.
suivant,-e [syivɑ̃,-ɑ̃t] *adj* siguiente.
• **au suivant !** ¡siguiente!
suivi,-e [sɥivi] *adj* **1** *(gén)* seguido,-da. **2** *(travail, relation)* constante. **3** *(ordonné)* estructurado,-da.
► *nm* **suivi** seguimiento *m*.
suivre [sɥivʀ] *vt* **1** *(gén)* seguir. **2** *(succéder à)* suceder a. **3** *(conversation)* escuchar. **4** *(comprendre)* entender: ***je ne te suis plus***, ya no te entiendo.
► *vi* seguir.
► *vpr* **se suivre** seguirse.
• **" À suivre "** "Continuará".
sujet,-ette [syʒɛ,-ɛt] *adj* sujeto,-ta.
► *nm* **sujet 1** *(thème)* asunto *m*, tema *m*. **2** *(en grammaire, philosophie)* sujeto *m*.
• **au sujet de ...** a propósito de....
sultan [syltɑ̃] *nm* sultán *m*.
super [sypɛʀ] *adj fam* genial.
► *nm* súper *f*.
superbe [sypɛʀb] *adj* magnífico,-ca.
supercherie [sypɛʀʃəʀi] *nf* engaño *m*.
superficie [sypɛʀfisi] *nf* superficie *f*.
superficiel,-elle [sypɛʀfisjɛl] *adj* superficial.
superflu,-e [sypɛʀfly] *adj* superfluo, -flua.
supérieur,-e [sypeʀjœʀ] *adj* superior.
► *nm,f* superior,-ra.
supériorité [sypeʀjɔʀite] *nf* superioridad *f*.
superlatif,-ive [sypɛʀlatif,-iv] *adj* superlativo,-va.
► *nm* **superlatif** superlativo *m*.
supermarché [sypɛʀmaʀʃe] *nm* supermercado *m*.
superposer [sypɛʀpoze] *vt* superponer.
► *vpr* **se superposer** superponerse.
supersonique [sypɛʀsɔnok] *adj* supersónico,-ca.
superstitieux,-euse [sypɛʀstisjø,-øz] *adj* supersticioso,-sa.
superstition [sypɛʀstisjɔ̃] *nf* superstición *f*.
superviser [sypɛʀvize] *vt* supervisar.
supplanter [syplɑ̃te] *vt* suplantar.
suppléant,-e [sypleɑ̃,-ɑ̃t] *adj* - *nm,f* sustituto,-ta.
supplément [syplemɑ̃] *nm* suplemento *m*.
supplémentaire [syplemɑ̃tɛʀ] *adj* suplementario,-ria.
▪ **heures supplémentaires** horas *f pl* extras.
supplice [syplis] *nm* suplicio *m*.
• **être au supplice** pasar las de Caín.
supplier [syplije] *vt* suplicar.

supplique [syplik] *nf* súplica *f.*
support [sypɔʀ] *nm* **1** *(physique)* soporte *m.* **2** *fig (aide morale)* apoyo *m.*
supporter[1] [sypɔʀtɛʀ] *nm* SPORT hincha *mf.*
supporter [sypɔʀte] *vt* **1** *(gén)* soportar. **2** *(soutenir)* sostener. **3** *(équipe)* apoyar.
► *vpr* **se supporter** soportarse.
supposé,-e [sypoze] *adj* supuesto,-ta.
supposer [sypoze] *vt* suponer.
• **supposons que ...** supongamos que...
supposition [sypozisjɔ̃] *nf* suposición *f.*
suppositoire [sypozitwaʀ] *nm* supositorio *m.*
suppression [sypʀesjɔ̃] *nf* supresión *f.*
supprimer [sypʀime] *vt* **1** *(enlever)* suprimir. **2** *(douleur)* eliminar. **3** *fam (tuer)* matar.
suprématie [sypʀemasi] *nf* supremacía *f.*
suprême [sypʀɛm] *adj* supremo,-ma: ***l'autorité suprême***, la autoridad suprema.
► *nm* CUIS suprema *f.*
sur [syʀ] *prép* **1** *(dessus, à propos de)* sobre, en: ***pose le paquet sur la table***, deja el paquete sobre la mesa; ***elle est assise sur une chaise***, está sentada en una silla; ***écrire sur un papier***, escribir en un papel; ***sur le trottoir***, en la acera; ***il a publié un livre sur les plantes***, publicó un libro sobre plantas. **2** *(proportion)* de, entre: ***deux ou trois cas sur cent***, dos o tres casos entre cien; ***trois personnes sur cinq***, tres personas de cada cinco. **3** *(direction)* a, hacia: ***allez sur votre gauche***, vaya a su izquierda. **4** *(dispersion, mouvement)* por: ***le vin s'est répandu sur le sol***, el vino se derramó por el suelo.
• **sur ce** en esto.
• **sur soi** encima: ***je n'ai pas d'argent sur moi***, no llevo dinero encima.
sûr,-e [syʀ] *adj* **1** *(gén)* seguro,-ra. **2** *(personne)* de confianza.
• **à coup sûr** seguro.
• **bien sûr** desde luego.
surchargé,-e [syʀʃaʀʒe] *adj* **1** *(véhicule, texte)* sobrecargado,-da. **2** *(de travail)* agobiado,-da.
surchauffer [syʀʃofe] *vt* calentar demasiado.
surcroît [syʀkʀwa] *nm* aumento *m.*
• **de surcroît** *fml* por añadidura.
surdité [syʀdite] *nf* sordera *f.*
surdoué,-e [syʀdwe] *adj* - *nm,f* superdotado,-da.
sureau [syʀo] *nm* saúco *m.*
sûrement [syʀmɑ̃] *adv* **1** *(sans doute)* seguramente. **2** *(en sûreté)* con seguridad.
surestimer [syʀɛstime] *vt* sobreestimar.
► *vpr* **se surestimer** sobreestimarse.
sûreté [syʀte] *nf* **1** *(protection)* seguridad *f.* **2** *(d'une arme)* seguro *m.*
• **être en sûreté** estar a salvo.
surexciter [syʀɛksite] *vt* sobreexcitar.
surf [sœʀf] *nm* surf *m.*
surface [syʀfas] *nf* superficie *f.*
surfer [syʀfe] *vi* **1** *(faire du surf)* hacer surf. **2** INFORM navegar.
surgelé,-e [syʀʒəle] *adj* congelado,-da.
► *nm* **surgelé** congelado *m.*
surgir [syʀʒiʀ] *vi* surgir.
surhumain,-e [syʀymɛ̃,-ɛn] *adj* sobrehumano,-na.
sur-le-champ [syʀləʃɑ̃] *adv* enseguida.
surlendemain [syʀlɑ̃dmɛ̃] *nm* pasado mañana *m*: ***il est venu le surlendemain***, vino dos días después.
surligneur [syʀliɲœʀ] *nm* marcador *m.*
surmenage [syʀmənaʒ] *nm* agotamiento *m.*
surmener [syʀməne] *vt* agotar.
► *vpr* **se surmener** trabajar demasiado.
surmonter [syʀmɔ̃te] *vt* **1** *(être situé au-dessus de)* dominar. **2** *(difficulté)* superar.
surnaturel,-elle [syʀnatyʀɛl] *adj* sobrenatural.
surnom [syʀnɔ̃] *nm* apodo *m.*
surnommer [syʀnɔme] *vt* apodar.
surpasser [syʀpase] *vt* superar.
► *vpr* **se surpasser** superarse.
surpeuplé,-e [syʀpœple] *adj* superpoblado,-da.
surplomber [syʀplɔ̃be] *vt* dominar.
surplus [syʀply] *nm* excedente *m.*
surprenant,-e [syʀpʀənɑ̃,-ɑ̃t] *adj* sorprendente.
surprendre [syʀpʀɑ̃dʀ] *vt* sorprender.
surprise [syʀpʀiz] *nf* sorpresa *f.*

surréalisme [syʀrealism] *nm* surrealismo *m.*
surréaliste [syʀealist] *nmf* surrealista.
sursaut [syʀso] *nm* **1** *(saut)* sobresalto *m.* **2** *(d'énergie)* arranque *m.*
• **se réveiller en sursaut** despertarse sobresaltado,-da.
sursauter [syʀsote] *vi* sobresaltar.
surtout [syʀtu] *adv* sobre todo: ***surtout, n'oublie pas les verres***, sobre todo no olvides las copas.
surveillance [syʀvɛjɑ̃s] *nf* vigilancia *f.*
▪ **surveillance vidéo** videovigilancia *f.*
surveillant,-e [syʀvɛjɑ̃,-ɑ̃t] *nm,f* vigilante.
surveiller [syʀveje] *vt* vigilar.
► *vpr* **se surveiller** cuidarse.
survenir [syʀvəniʀ] *vi* sobrevenir.
survêtement [syʀvɛtmɑ̃] *nm* chándal *m.*
survie [syʀvi] *nf* supervivencia *f.*
survivant,-e [syʀvivɑ̃,-ɑ̃t] *adj - nm,f* superviviente.
survivre [syʀvivʀ] *vi* sobrevivir.
survoler [syʀvɔle] *vt* **1** *(avion)* sobrevolar. **2** *fig (texte)* leer por encima.
susceptibilité [sysɛptibilite] *nf* susceptibilidad *f.*
susceptible [sysɛptibl] *adj* susceptible.
susciter [sysite] *vt* suscitar.
suspect,-e [syspɛ,-ɛkt] *adj* **1** *(gén)* sospechoso,-sa. **2** *(qualité)* dudosa,-sa.
► *nm,f* sospechoso,-sa.
suspecter [syspɛkte] *vt* sospechar.
suspendre [syspɑ̃dʀ] *vt* **1** *(gén)* suspender. **2** *(tableau)* colgar. **3** *(séance)* interrumpir.
suspendu,-e [syspɑ̃dy] *adj* **1** *(gén)* suspendido,-da. **2** *(pont)* colgante.
suspens [syspɑ̃].
• **en suspens** pendiente.
suspense [syspɑ̃s] *nm* suspense *m.*
suspension [syspɑ̃sjɔ̃] *nf* suspensión *f*: ***points de suspension***, puntos suspensivos.
sustenter (se) [systɑ̃te] *vpr* sustentarse.
susurrer [sysyʀe] *vi* susurrar.
suture [sytyʀ] *nf* MÉD sutura *f.*
svelte [svɛlt] *adj* esbelto,-ta.
sveltesse [svɛltɛs] *nf* esbeltez *f.*
SVP *abr (**s'il vous plaît**)* por favor.
sweat-shirt [switʃœʀt] *nm* (*pl* **sweat-shirts**) sudadera *f.*
sybarite [sibaʀit] *nmf* sibarita.
syllabe [silab] *nf* sílaba *f.*
symbole [sɛ̃bɔl] *nm* símbolo *m.*
symbolique [sɛ̃bɔlik] *adj* simbólico,-ca.
symboliser [sɛ̃bɔlize] *vt* simbolizar.
symétrie [simetʀi] *nf* simetría *f.*
symétrique [simetʀik] *adj* simétrico,-ca.
sympa [sɛ̃pa] *adj fam* majo,-ja.
sympathie [sɛ̃pati] *nf* simpatía *f.*
sympathique [sɛ̃patik] *adj* simpático,-ca.
sympathiser [sɛ̃patize] *vi* simpatizar.
symphonie [sɛ̃fɔni] *nf* MUS sinfonía *f.*
symphonique [sɛ̃fɔnik] *adj* sinfónico,-ca.
symptomatique [sɛ̃ptɔmatik] *adj* sintomático,-ca.
symptôme [sɛ̃tom] *nm* síntoma *f.*
synagogue [sinagɔg] *nf* sinagoga *f.*
synchrone [sɛ̃kʀɔn] *adj* sincrónico,-ca.
synchroniser [sɛ̃kʀɔnize] *vt* sincronizar.
syncope [sɛ̃kɔp] *nf* MÉD síncope *m.*
syndical,-e [sɛ̃dikal] *adj* sindical.
syndicat [sɛ̃dika] *nm* sindicato *m.*
▪ **syndicat d'initiative** oficina *f* de turismo.
syndrome [sɛ̃dʀom] *nm* síndrome *m.*
synonyme [sinɔnim] *adj* sinónimo,-ma.
► *nm* sinónimo *m.*
syntaxe [sɛ̃taks] *nf* sintaxis *f.*
synthèse [sɛ̃tɛz] *nf* síntesis *f.*
synthétique [sɛ̃tetik] *adj* sintético,-ca.
synthétiser [sɛ̃tetize] *vt* sintetizar.
synthétiseur [sɛ̃tetizœʀ] *nm* sintetizador *m.*
syphilis [sifilis] *nf* MÉD sífilis *f.*
systématique [sistematik] *adj* sistemático,-ca.
système [sistɛm] *nm* sistema *f.*
• **taper sur le système** *fam* poner nervioso,-sa.
▪ **système nerveux** sistema nervioso.

T

t' [t] *pron pers* → te.
ta [ta] *adj poss* → ton.
tabac [taba] *nm* **1** *(plante, feuilles)* tabaco *m*. **2** *(magasin)* estanco *m*.
• **faire un tabac** *fam* cosechar un gran éxito.
• **passer QQN à tabac** *fam* zurrar la badana a ALGN.
▪ **bureau de tabac** estanco.
▪ **tabac à chiquer** tabaco de mascar.
▪ **tabac blond** tabaco rubio.
▪ **tabac brun** tabaco negro.
tabagisme [tabaʒism] *nm* tabaquismo *m*.
tabasser [tabase] *vt fam* zurrar.
tabatière [tabatjɛʀ] *nf* tabaquera *f*.
table [tabl] *nf* **1** *(meuble)* mesa *f*. **2** *(de logarithmes, poids, mesures)* tabla *f*. **3** *(mets)* mesa *f*: ***c'est une des meilleures tables de la ville***, es una de las mejores mesas de la ciudad.
• **à table !** ¡a comer!, ¡a la mesa!
• **jouer cartes sur table** poner las cartas sobre la mesa.
• **se mettre à table** **1** sentarse a la mesa. **2** *fam fig* cantar de plano.
▪ **table à repasser** tabla de planchar.
▪ **table de multiplication** tabla de multiplicar.
▪ **table de nuit** mesilla *f* de noche.
▪ **table des matières** índice *m*.
▪ **table roulante** carrito *m*.
tableau [tablo] *nm* **1** *(peinture)* cuadro *m*. **2** *fig (scène)* escena *f*, paisaje *m*: ***par la fenêtre on apercevait un magnifique tableau***, por la ventana se veía un paisaje magnífico. **3** *fig (récit)* cuadro *m*, descripción *f*. **4** *(d'école)* pizarra *f*. **5** *(historique, chronologique)* cuadro *m*, tabla *f*. **6** *(au théâtre)* cuadro *m*.
▪ **tableau d'affichage** tablón *m* de anuncios.
▪ **tableau d'avancement** escalafón *m*.
▪ **tableau de bord** **1** *(de voiture)* salpicadero *m*. **2** *(d'avion)* cuadro de mandos.
▪ **tableau vivant** cuadro viviente.
tablette [tablɛt] *nf* **1** *(planchette)* tabla *f*. **2** *(d'aliment)* tableta *f*.
tableur [tablœʀ] *nm* INFORM hoja *f* de cálculo.
tablier [tablije] *nm* **1** *(vêtement)* delantal *m*. **2** *(d'un pont)* piso *m*. **3** *(d'échecs, de dames)* tablero *m*.
• **rendre son tablier** *fig* despedirse.
tabou [tabu] *nm* tabú *m*.
► *adj* tabú, prohibido,-da.
tabouret [tabuʀɛ] *nm* taburete *m*.
tabulateur [tabylatœʀ] *nm* tabulador *m*.
tache [taʃ] *nf* **1** *(gén)* mancha *f*. **2** *fig (défaut)* tacha *f*, defecto *m*.
• **faire tache** *fig* desentonar.
▪ **tache de rousseur** peca *f*.
tâche [taʃ] *nf* tarea *f*, labor *f*.
• **ne pas faciliter la tâche à QQN** no facilitar las cosas a ALGN.
• **travailler à la tâche** trabajar a destajo.
tacher [taʃe] *vt* **1** *(salir)* manchar. **2** *fig (réputation, honneur)* mancillar.
► *vpr* **se tacher** *(se salir)* mancharse.
tâcher [taʃe] *vi* **tâcher de + *inf*** *(s'efforcer de)* procurar + *inf*, tratar de + *inf*.
tacheter [taʃte] *vt* manchar, salpicar.
tachycardie [takikaʀdi] *nf* MÉD taquicardia *f*.

tacite [tasit] *adj* tácito,-ta.
taciturne [tasityʀn] *adj* taciturno,-na.
tact [takt] *nm* tacto *m*.
• **manquer de tact** no tener tacto.
tactique [taktik] *adj* táctico,-ca.
► *nf* táctica *f*.
tag [tag] *nm fam* pintada *f*.
taie [tɛ] *nf* funda *f* de almohada.
taillader [tajade] *vt* tajar, cortar.
taille [taj] *nf* **1** *(action de tailler)* talla *f*. **2** *(hauteur)* talla *f*, estatura *f*. **3** *(partie du corps)* talle *m*, cintura *f*. **4** *(d'un objet)* tamaño *m*, dimensión *f*. **5** *(des arbres)* poda *f*, tala *f*.
• **de taille** de envergadura.
• **être de taille à** ser capaz de.
• **par rang de taille** por orden de estatura.
▪ **taille de guêpe** cintura de avispa.
taille-crayon [tajkʀɛjɔ̃] *nm* (*pl* **taille-crayon** ou **taille-crayons**) sacapuntas *m*.
tailler [taje] *vt* **1** *(gén)* tallar. **2** *(arbre)* podar, talar. **3** *(crayon)* afilar, sacar punta a.
► *vpr* **se tailler** *fam (filer)* largarse.
• **se tailler un beau succès** tener éxito.
tailleur [tajœʀ] *nm* **1** *(ouvrier)* sastre *m*. **2** *(vêtement)* traje *m* sastre.
• **s'asseoir en tailleur** sentarse con las piernas cruzadas.
▪ **tailleur de pierres** cantero *m*.
tain [tɛ̃] *nm* azogue *m*.
taire [tɛʀ] *vt* callar, acallar.
► *vpr* **se taire** callarse.
• **faire taire** mandar callar.
talc [talk] *nm* talco *m*.
talent [talɑ̃] *nm* talento *m*.
talisman [talismɑ̃] *nm* talismán *m*.
talkie-walkie [tɔkiwɔki] *nm* (*pl* **talkies-walkies**) walkie-talkie *m*.
talon [talɔ̃] *nm* **1** *(du pied, d'un bas)* talón *m*. **2** *(d'une chaussure)* tacón *m*. **3** *(de cartes)* montón *m*. **4** *(d'un carnet)* matriz *f*.
• **tourner les talons** dar media vuelta.
▪ **talon d'Achille** talón de Aquiles.
▪ **talons hauts** tacones altos.
talonner [talɔne] *vt* **1** *(poursuivre)* pisar los talones a. **2** *fig (harceler)* acosar, hostigar.
talus [taly] *nm* talud *m*.
tamarin [tamaʀɛ̃] *nm* tamarindo *m*.
tambour [tɑ̃buʀ] *nm* tambor *m*.
• **mener QCH tambour battant** encargarse de ALGO con decisión.
• **sans tambour ni trompette** discretamente.
tambourin [tɑ̃buʀɛ̃] *nm* **1** *(à grelots)* pandereta *f*. **2** *(tambour)* tamboril *m*.
tamis [tami] *nm* tamiz *m*.
tamiser [tamize] *vt* tamizar.
tampon [tɑ̃pɔ̃] *nm* **1** *(bouchon)* tapón *m*. **2** *(pour frotter, imprégner)* bayeta *f*. **3** *(cachet)* tampón *m*, sello *m*. **4***(de wagon, locomotive)* tope *m*. **5** *(cheville)* taco *m*.
▪ **tampon à récurer** estropajo *m*.
tamponner [tɑ̃pɔne] *vt* **1** *(avec un tampon)* taponar. **2** *(avec un cachet)* sellar. **3** *(heurter)* topar, chocar.
tandem [tɑ̃dɛm] *nm* tándem *m*.
tandis [tɑ̃dik].
• **tandis que 1** *(pendant que)* mientras: ***elle est partie tandis qu'il dormait***, ella se fue mientras él dormía. **2** *(au lieu de)* mientras que: ***vous souriez tandis que vous devriez pleurer***, estáis sonriendo mientras que deberíais llorar.
tangent,-e [tɑ̃ʒɑ̃,-ɑ̃t] *adj* tangente.
tangente [tɑ̃ʒɑ̃t] *nf* tangente *f*.
• **prendre la tangente** *fam* salirse por la tangente.
tangible [tɑ̃ʒibl] *adj* tangible.
tango [tɑ̃go] *nm* tango *m*.
tanière [tanjɛʀ] *nf* **1** *(des animaux)* guarida *f*, madriguera *f*. **2** *(logement)* cuchitril *m*.
tank [tɑ̃k] *nm* **1** *(de combat)* tanque *m*. **2** *(réservoir)* depósito *m*, cisterna *f*.
tanné,-e [tane] *adj* **1** *(cuir)* curtido,-da. **2** *(visage, peau)* bronceado,-da.
tanner [tane] *vt* **1** *(cuir)* curtir. **2** *fam (ennuyer)* fastidiar.
tant [tɑ̃] *adv* **1** *(tellement)* tanto: ***il a tant plu que ...***, ha llovido tanto que.... **2 tant de** *(telle quantité)* tanto,-ta: ***il nous faudra tant de livres***, necesitaremos tantos libros. **3** *(aussi longtemps)* mientras: ***tant que je vivrai***, mientras viva.
• **en tant que** en calidad de, como.
• **si tant est que** suponiendo que.
• **tant bien que mal** mal que bien.
• **tant et plus** mucho.

- **tant il est vrai** tan cierto es.
- **tant mieux !** ¡mejor que mejor!
- **tant pis !** ¡tanto peor!
- **tant pis pour lui !** ¡peor para él!
- **tant qu'à faire** puesto que debemos hacerlo.
- **tant ... que** tanto... como.
- **tant soit peu** por poco que sea.
- **tant s'en faut** ni mucho menos.
- **un tant soit peu** un poquito.

tante [tɑ̃t] *nf* tía *f*.

tantôt [tɑ̃to] *adv* **1** *(bientôt)* dentro de poco, pronto. **2** *(il y a pas longtemps)* hace poco: ***il est venu tantôt***, vino hace poco.

- **tantôt ... tantôt ...** unas veces... otras veces...: ***tantôt il est fatigué, tantôt il est euphorique***, unas veces está cansado, otras veces está eufórico.

taon [tɑ̃] *nm* tábano *m*.

tapage [tapaʒ] *nm* ruido *m*, escándalo *m*.

tape-à-l'œil [tapalœj] *adj inv* llamativo,-va.

taper [tape] *vt* **1** *(battre)* pegar, golpear. **2** *(donner un coup)* dar: ***taper plusieurs coups à la porte***, dar varios golpes a la puerta. **3** *(dactylographier)* escribir a máquina. **4** *fam (emprunter de l'argent)* dar un sablazo.

► *vi* **1** *(gén)* pegar. **2** *(dactylographier)* escribir a máquina.

► *vpr* **se taper** *fam (manger, boire)* tragarse, zamparse.

- **taper dans** servirse de, coger de.

tapis [tapi] *nm* **1** *(gén)* alfombra *f*. **2** *(de mur)* tapiz *m*.

- **tapis de sol** colchoneta *f*.
- **tapis de souris** alfombrilla *f*.
- **tapis de table** tapete *m*.
- **tapis roulant** cinta *f* transportadora.
- **tapis vert** tapete *m* verde.

tapis-brosse [tapibʀɔs] *nm* (*pl* **tapis-brosses**) felpudo *m*.

tapisser [tapise] *vt* **1** *(avec de la tapisserie)* tapizar. **2** *(avec du papier)* empapelar. **3** *(avec des fleurs, des photos)* cubrir, revestir.

tapisserie [tapisʀi] *nf* **1** *(pour murs, fauteuils)* tapicería *f*. **2** *(œuvre d'art)* tapiz *m*. **3** *(papier peint)* papel *m* pintado.

tapoter [tapɔte] *vt* **1** *(gén)* dar golpecitos. **2** *fam (piano)* aporrear.

taquiner [takine] *vt* **1** *(agacer)* hacer rabiar, incordiar. **2** *(inquiéter)* preocupar.

tarabuster [taʀabyste] *vt fam* molestar.

tard [taʀ] *adv* tarde.

- **au plus tard** a más tardar.
- **sur le tard 1** *(de la journée)* al atardecer. **2** *(de la vie)* en el ocaso de la vida.

tarder [taʀde] *vi (être long)* tardar.

- **il me tarde de + *inf*** estoy impaciente por + *inf*: ***il me tarde d'y aller***, estoy impaciente por ir.
- **il me tarde que + *subj*** estoy impaciente por que + *indicativo*: ***il me tarde qu'il vienne***, estoy impaciente por que venga.
- **tarder à + *inf*** *(différer de faire)* tardar en + *inf*: ***ne tardez pas à venir***, no tarden en llegar.

tardif,-ive [taʀdif,-iv] *adj* tardío,-día.

tare [taʀ] *nf* tara *f*.

tarentule [taʀɑ̃tyl] *nf* tarántula *f*.

tarif [taʀif] *nm* tarifa *f*.

tarir [taʀiʀ] *vt* **1** *(mettre à sec)* secar. **2** *(faire cesser)* parar: ***tarir ses pleurs***, hacer cesar sus lloros.

► *vi* **1** *(être à sec)* secarse, agotarse. **2** *(cesser)* cesar.

- **ne pas tarir sur** no cesar de hablar de.

tarot [taʀo] *nm* tarot *m*.

tarte [taʀt] *nf* **1** CUIS tarta *f*: ***tarte aux pommes***, tarta de manzana. **2** *fam (gifle)* tortazo *m*.

► *adj fam (mièvre)* cursi, memo,-ma.

tartelette [taʀtəlɛt] *nf* tarteleta *f*.

tartine [taʀtin] *nf* tostada *f (con mantequilla, mermelada, etc)*.

tartiner [taʀtine] *vt* untar.

tartre [taʀtʀ] *nm* **1** *(des dents)* sarro *m*. **2** *(des chaudières, des canalisations)* cal *f*.

tas [ta] *nm* **1** *(gén)* montón *m*: ***avoir un tas d'amis***, tener un montón de amigos. **2** *(bande)* pandilla *f*, banda *f*: ***tas d'ignorants !***, ¡pandilla de ignorantes!

- **sur le tas** en el lugar de trabajo.

tasse [tas] *nf (vaisselle)* taza *f*.

- **boire la tasse** *fam* tragar agua.

tasser [tase] *vt* **1** *(objets)* comprimir, apretar. **2** *(personnes)* apretujar, apiñar.

► *vi (plante)* crecer.

► *vpr* **se tasser 1** *(s'affaisser)* hundirse. **2** *fam (problème)* arreglarse, solucionarse.

tâter [tate] *vt (toucher)* palpar, tocar.
► *vi* **tâter de** probar.
► *vpr* **se tâter** *(réfléchir)* pensarlo bien.
• **tâter le pouls** tomar el pulso.
• **tâter le terrain** *fig* tantear el terreno.
• **tâter QQN** tantear a ALGN.
• **y tâter** ser conocedor de.
tâtons [tatɔ̃].
• **à tâtons** a tientas.
tatou [tatu] *nm* armadillo *m*.
tatouage [tatwaʒ] *nm* tatuaje *m*.
tatouer [tatwe] *vt* tatuar.
taule [tol] *nf fam* trullo *m*.
taupe [top] *nf* topo *m*.
taureau [tɔʀo] *nm* toro *m*.
tauromachie [tɔʀɔmaʃi] *nf* tauromaquia *f*.
taux [to] *nm* **1** *(gén)* tasa *f*, tipo *m*. **2** *(d'augmentation)* índice *m*.
▪ **taux de change** tipo de cambio.
▪ **taux d'inflation** tasa de inflación.
▪ **taux d'intérêt** tipo de interés.
▪ **taux de mortalité** índice de mortalidad.
▪ **taux de natalité** índice de natalidad.
taverne [tavɛʀn] *nf* taberna *f*.
taxe [taks] *nf* **1** *(prix)* tasa *f*. **2** *(impôt)* impuesto *m*.
• **hors taxes** libre de impuestos.
• **toutes taxes comprises** impuestos incluidos.
▪ **taxe sur la valeur ajoutée** impuesto sobre el valor añadido.
taxi [taksi] *nm* taxi *m*.
taximètre [taksimɛtʀ] *nm* taxímetro *m*.
tchèque [tʃɛk] *adj* checo,-ca.
► *nmf* **Tchèque** checo,-ca.
► *nm (langue)* checo *m*.
▪ **République Tchèque** República Checa.
te [t] (**t'** delante de vocal o *h* muda) *pron pers* te: ***je te dis quelque chose***, te digo algo.
technicien,-enne [tɛknisjɛ̃,-ɛn] *nm,f* técnico, especialista.
technique [tɛknik] *adj - nf* técnico,-ca.
techno [tɛkno] *adj - nm* MUS tecno *m*.
technologie [tɛknɔlɔʒi] *nf* tecnología *f*.
▪ **nouvelles technologies** nuevas tecnologías.
technologique [tɛknɔlɔʒik] *adj* tecnológico,-ca.
teck [tɛk] *nm* teca *f*.
tee-shirt [tiʃœʀt] *nm* (*pl* **tee-shirts**) camiseta *f*.
teigne [tɛɲ] *nf* **1** *(insecte)* polilla *f*. **2** *(du cuir chevelu)* tiña *f*. **3** *(personne)* mal bicho *m*.
teigneux,-euse [tɛɲø,-øz] *adj* tiñoso, -sa.
teindre [tɛ̃dʀ] *vt* teñir.
► *vpr* **se teindre** teñirse el pelo.
teint [tɛ̃] *nm* tez *f*.
teinte [tɛ̃t] *nf* **1** *(couleur)* tinte *m*. **2** *fig (apparence)* matiz *m*, tono *m*: ***une teinte d'ironie***, un tono de ironía.
teinter [tɛ̃te] *vt* teñir.
teinture [tɛ̃tyʀ] *nf* **1** *(couleur)* tinte *m*. **2** *(pharmacie)* tintura *f*.
teinturerie [tɛ̃tyʀəʀi] *nf* tintorería *f*.
tel, telle [tɛl] *adj indéf* **1** *(semblable)* tal, semejante: ***une telle attitude est inadmissible***, semejante actitud es inadmisible. **2** *(quantité)* tal: ***je ne peux faire face à de telles dépenses***, no puedo asumir tales gastos. **3** *(comme cela)* este,-ta: ***telle est mon opinion***, esta es mi opinión. **4** *(indéfini)* tal: ***tel jour, à telle heure***, tal día, a tal hora.
► *pron indéf (quelqu'un)* alguien, quien: ***tel rit aujourd'hui qui pleurera demain***, quien ríe hoy llorará mañana.
• **rien de tel** nada como.
• **tel père, tel fils** de tal palo, tal astilla.
• **tel que** tal como, tal cual.
• **un tel** un tal.
télé [tele] *nf* tele *f*.
téléachat [teleaʃa] *nm* telecompra *f*.
téléboutique [telebutik] *nf* locutorio *m*.
télécabine [telekabin] *nf* telecabina *f*.
télécarte [telekaʀt] *nf* tarjeta *f* telefónica.
télécharger [teleʃaʀʒe] *vt* INFORM descargar.
télécommande [telekɔmɑ̃d] *nf* mando *m* a distancia.
télécommunication [telekɔmynikasjɔ̃] *nf* telecomunicación *f*.
télécopie [telekɔpi] *nf* fax *m*.
télécopieur [telekɔpjœʀ] *nm* fax *m*.
téléfilm [telefilm] *nm* telefilm *m*.
télégramme [telegʀam] *nm* telegrama *m*.
télégraphe [telegʀaf] *nm* telégrafo *m*.
téléguider [telegide] *vt* teledirigir.

téléobjectif [teleɔbʒɛktif] *nm* teleobjetivo *m*.
télépathie [telepati] *nf* telepatía *f*.
téléphérique [telefeʀik] *nm* teleférico *m*.
téléphone [telefɔn] *nm* teléfono *m*.
• **appeler au téléphone** llamar por teléfono.
▪ **téléphone portable** teléfono móvil.
▪ **téléphone sans fil** teléfono inalámbrico.
téléphoner [telefɔne] *vi* - *vt* telefonear.
téléphonique [telefɔnik] *adj* telefónico,-ca.
télescope [telɛskɔp] *nm* telescopio *m*.
télescoper (se) [telɛskɔpe] *vpr* chocar de frente.
télésiège [telesjɛʒ] *nm* telesilla *m*.
téléski [teleski] *nm* telesquí *m*.
téléspectateur,-trice [telespektatœʀ,-tʀis] *nm,f* telespectador,-ra.
télétexte [teletɛks] *nm* teletexto *m*.
télétravail [teletʀavaj] *nm* teletrabajo *m*.
télévisé,-e [televize] *adj* televisado,-da.
téléviser [televize] *vt* televisar.
téléviseur [televizœʀ] *nm* televisor *m*.
télévision [televizjɔ̃] *nf* televisión *f*.
télex [telɛks] *nm* télex *m*.
telle [tɛl] *adj* → tel, telle.
tellement [tɛlmɑ̃] *adv* **1** *(de telle sorte)* tan: ***je suis tellement fatigué que je n'ai pas envie de sortir***, estoy tan cansado que no tengo ganas de salir. **2** *(beaucoup)* tanto: ***elle a tellement mangé !***, ¡ha comido tanto!
• **tellement de** tanto,-ta: ***j'ai tellement de soucis***, tengo tantos problemas.
• **pas tellement** no mucho, no tanto.
• **tellement mieux** mucho mejor.
• **tellement ... que** tanto... que.
téméraire [temeʀɛʀ] *adj* temerario,-ria.
témoignage [temwaɲaʒ] *nm* **1** DR testimonio *m*. **2** *(gage)* muestra *f*, prueba *f*.
témoigner [temwaɲe] *vt (exprimer)* demostrar, manifestar: ***témoigner de l'affection***, demostrar afecto.
► *vi (servir de témoin)* declarar, testificar: ***témoigner contre l'accusé***, declarar en contra del acusado.
témoin [temwɛ̃] *nm* testigo *m*.
• **prendre à témoin** tomar por testigo.
▪ **témoin à charge** testigo de cargo.
tempe [tɑ̃p] *nf* ANAT sien *f*.
tempérament [tɑ̃peʀamɑ̃] *nm* temperamento *m*.
température [tɑ̃peʀatyʀ] *nf* temperatura *f*.
• **avoir de la température** tener fiebre.
tempéré,-e [tɑ̃pere] *adj* templado,-da.
tempérer [tɑ̃peʀe] *vt* templar.
tempête [tɑ̃pɛt] *nf* **1** *(en mer)* tempestad *f*, temporal *m*. **2** *(sur terre)* tormenta *f*.
temple [tɑ̃pl] *nm* templo *m*.
temporaire [tɑ̃pɔʀɛʀ] *adj* temporal.
temporel,-elle [tɑ̃pɔʀɛl] *adj* temporal.
temps [tɑ̃] *nm* **1** *(gén)* tiempo *m*: ***il fait mauvais temps***, hace mal tiempo; ***j'ai besoin de davantage de temps***, necesito más tiempo. **2** *(saison)* época *f*: ***c'est le temps des vendanges***, es época de vendimia.
• **à mi-temps** a media jornada.
• **à plein temps** con plena dedicación.
• **à temps** a tiempo.
• **au temps jadis** antaño.
• **avoir fait son temps** estar fuera de uso.
• **avoir le temps de** tener tiempo para.
• **dans le temps** antiguamente.
• **de temps à autre** de cuando en cuando.
• **de temps en temps** de vez en cuando.
• **de tout temps** de siempre, de toda la vida.
• **depuis le temps que** hace mucho tiempo que.
• **en même temps** al mismo tiempo.
• **en deux temps, trois mouvements** en un dos por tres.
• **en tout temps** siempre.
• **être de son temps** ser de su época.
• **il était temps !** ¡ya era hora!
• **la plupart du temps** la mayoría de las veces.
• **voilà beau temps que** hace mucho tiempo que.
▪ **gros temps** temporal *m*.
▪ **temps libre** tiempo libre.
tenable [tənabl] *adj* sostenible: ***cette situation n'est plus tenable***, esta situación ya no es sostenible.

ténacité [tenasite] *nf* tenacidad *f*.
tenailles [tənaj] *nf pl* tenazas *f pl*.
tendance [tɑ̃dɑ̃s] *nf* tendencia *f*.
tendancieux,-euse [tɑ̃dɑ̃sjø,-øz] *adj* tendencioso,-sa.
tendeur [tɑ̃dœʀ] *nm (courroie)* pulpo *m*.
tendinite [tɑ̃dinit] *nf* MÉD tendinitis *f*.
tendon [tɑ̃dɔ̃] *nm* tendón *m*.
tendre[1] [tɑ̃dʀ] *adj* **1** *(mou)* tierno,-na, blando,-da: ***viande tendre***, carne tierna. **2** *(sentiment)* tierno,-na, sensible: ***cœur tendre***, corazón sensible. **3** *(couleur)* suave, delicado,-da.
tendre[2] [tɑ̃dʀ] *vt* **1** *(tirer)* tensar. **2** *(avancer)* tender: ***tendre le bras***, tender el brazo.
► *vi (aboutir)* tender: ***à quoi tend tout cela ?***, ¿a qué lleva todo esto?
► *vpr* **se tendre** *(rapports, liens)* tensarse.
• **tendre la main** tender la mano.
tendresse [tɑ̃dʀɛs] *nf* ternura *f*.
tendu,-e [tɑ̃dy] *adj* tenso,-sa.
ténèbres [tenɛbʀ] *nf pl* tinieblas *f pl*.
teneur [tənœʀ] *nf* **1** *(d'un écrit)* contenido *m*. **2** *(d'un mélange)* proporción *f*, porcentaje *m*: ***teneur en calcium***, porcentaje de calcio.
ténia [tenja] *nm* MÉD tenia *f*.
tenir [təniʀ] *vt* **1** *(gén)* tener. **2** *(retenir)* retener, sujetar: ***tiens ta langue***, contén tu lengua. **3** *(garder)* mantener: ***il tint les yeux fermés***, mantuvo los ojos cerrados. **4** *(s'emparer de)* coger. **5** *fam (serrer)* agarrar. **6** *(connaître)* saber: ***je le tiens de mon frère***, lo sé por mi hermano. **7** *(diriger)* llevar: ***il tient un restaurant***, lleva un restaurante. **8** *(renfermer)* contener: ***cette bouteille tient un litre***, esta botella contiene un litro. **9** *(respecter)* cumplir: ***tenir sa parole***, cumplir su palabra. **10** *(réunion)* celebrar. **11** *(rôle)* desempeñar. **12** *(dans un espace)* caber: ***on tient à dix à cette table***, caben diez personas en esta mesa.
► *vi* **1** *(gén)* estar unido,-da: ***la branche tient encore à l'arbre***, la rama está todavía unida al árbol. **2** *(résister)* resistir, aguantar. **3** *(provenir)* deberse (**à**, a): ***cela tient à plusieurs motifs***, esto es debido a varios motivos.
► *vpr* **se tenir** **1** *(gén)* agarrarse, cogerse. **2** *(rester)* quedarse: ***se tenir debout***, quedarse de pie. **3** *(des choses)* estar relacionado,-da: ***dans cette affaire, tout se tient***, en este asunto todo está relacionado.
• **ne tenir qu'à** depender de: ***il ne tient qu'à moi***, sólo depende de mí.
• **ne pouvoir se tenir de** no poder aguantarse de.
• **ne tenir à rien** no importarle a uno nada.
• **qu'à cela ne tienne** que no quede por eso.
• **savoir à quoi s'en tenir** saber a qué atenerse.
• **savoir se tenir** saber comportarse.
• **se tenir tranquille** estarse tranquilo.
• **tenir à +** ***inf*** *(vouloir absolument)* querer + *inf*: ***j'ai tenu à les inviter***, he querido invitarlos.
• **tenir bon** aguantar.
• **tenir de** QQN parecerse a ALGN.
• **tenir pour** considerar como.
• **tiens !** ¡hombre!, ¡vaya!
tennis [tenis] *nm* SPORT tenis *m*.
▪ **tennis de table** SPORT tenis de mesa.
ténor [tenɔʀ] *nm* MUS tenor *m*.
tension [tɑ̃sjɔ̃] *nf* tensión *f*.
• **avoir de la tension** tener la tensión alta.
▪ **tension artérielle** tensión arterial.
tentacule [tɑ̃takyl] *nm* tentáculo *m*.
tentant,-e [tɑ̃tɑ̃,-ɑ̃t] *adj* tentador,-ra.
tentative [tɑ̃tativ] *nf* tentativa *f*.
tente [tɑ̃t] *nf* **1** *(de camping)* tienda *f* de campaña. **2** *(de cirque)* carpa *f*.
tenter [tɑ̃te] *vt* **1** *(essayer)* intentar. **2** *(séduire)* tentar.
► *vi* **tenter de** tratar de, intentar.
tenture [tɑ̃tyʀ] *nf* **1** *(d'étoffe, de tapisserie)* colgadura *f*. **2** *(papier peint)* papel *m* pintado.
tenu,-e [təny] *adj (soigné)* bien cuidado,-da, bien atendido,-da: ***enfant bien tenu***, niño bien cuidado.
• **être tenu,-e de +** ***inf*** estar obligado,-da a + *inf*: ***être tenu de travailler***, estar obligado a trabajar.
• **mal tenu,-e** descuidado,-da.
ténu,-e [teny] *adj (mince)* tenue.

tenue [təny] *nf* **1** *(d'une assemblée)* sesión *f*, reunión *f*. **2** *(d'une personne)* aspecto *m*, ropa *f*. **3** *(de maison, commerce)* mantenimiento *m*, cuidado *m*. **4** *(manières)* modales *m pl*.
• **en tenue** de uniforme.
• **être en petite tenue** ir en paños menores.
• **un peu de tenue !** ¡compórtese!
▪ **grande tenue** uniforme *m* de gala.
▪ **tenue de route** adherencia *f* a la carretera.
▪ **tenue de soirée** traje *m* de etiqueta.
tergiverser [tɛʀʒivɛʀse] *vi* vacilar.
terme [tɛʀm] *nm* **1** *(limite)* término *m*, fin *m*: ***le terme des vacances***, el fin de las vacaciones. **2** *(délai)* plazo *m*, término *m*. **3** *(loyer)* alquiler *m*. **4** *(mot)* término *m*.
► *nm pl* **termes** términos *m pl*.
• **à court terme** a corto plazo.
• **à long terme** a largo plazo.
• **à moyen terme** a medio plazo.
• **arriver à terme** salir de cuentas.
• **avant terme** antes de plazo.
• **mettre un terme à** poner término a.
terminaison [tɛʀminɛzɔ̃] *nf* terminación *f*.
terminal,-e [tɛʀminal] *adj* terminal.
► *nm* **terminal 1** INFORM terminal *m*. **2** *(aérogare)* terminal *f*.
terminale [tɛʀminal] *nf* segundo *m* de bachiller.
terminer [tɛʀmine] *vt* terminar, acabar.
► *vpr* **se terminer** terminarse, acabarse.
terminologie [tɛʀminɔlɔʒi] *nf* terminología *f*.
terminus [tɛʀminys] *nm* término *m*.
termite [tɛʀmit] *nf* termita *f*.
terne [tɛʀn] *adj* **1** *(sans éclat)* apagado,-da. **2** *fig (monotone)* aburrido,-da.
ternir [tɛʀniʀ] *vt* **1** *(tissu, peinture)* deslustrar. **2** *fig (honneur, réputation)* empañar.
terrain [tɛʀɛ̃] *nm* **1** *(sol)* terreno *m*. **2** *(situation)* situación *f*: ***il préfère sonder le terrain avant de se décider***, prefiere sondear el terreno antes de decidirse. **3** SPORT campo *m*, terreno *m*.
• **être sur son terrain** estar en su elemento.
• **gagner du terrain** ganar terreno.
• **sur le terrain** sobre el terreno.
• **tout terrain** todo terreno.
▪ **terrain à bâtir** solar *m*.
▪ **terrain de football** campo de fútbol.
▪ **terrain vague** solar *m*.
terrasse [tɛʀas] *nf* terraza *f*.
terre [tɛʀ] *nf* **1** *(gén)* tierra *f*. **2** *(sol)* suelo *m*, tierra *f*.
• **à terre !** ¡al suelo!
• **être sur terre** vivir.
• **jeter par terre** tirar por tierra.
• **quitter la terre** morir.
• **terre à terre** vulgar.
▪ **terre cuite** barro *m* cocido, terracota *f*.
▪ **Terre sainte** Tierra Santa.
terreau [tɛʀo] *nm* mantillo *m*.
terre-plein [tɛʀplɛ̃] *nm* (*pl* **terre-pleins**) terraplén *m*.
terrestre [tɛʀɛstʀ] *adj* **1** *(de la terre)* terrestre. **2** *(temporel)* terrenal.
terreur [tɛʀœʀ] *nf* terror *m*.
terreux,-euse [tɛʀø,-øz] *adj* terroso,-sa.
terrible [tɛʀibl] *adj* **1** *(gén)* terrible. **2** *fam* magnífico,-ca.
• **pas terrible** *fam* nada del otro jueves.
terriblement [tɛʀibləmɑ̃] *adv* **1** *(affreusement)* terriblemente, horriblemente. **2** *(extrêmement)* muchísimo: ***il fait terriblement froid***, hace muchísimo frío.
terrien,-enne [tɛʀjɛ̃,-ɛn] *adj* **1** rural: ***propriétaire terrien***, terrateniente. **2** *(de la terre)* terrícola.
► *nm,f* terrícola.
terrier [tɛʀje] *nm* **1** *(du renard, du lapin)* madriguera *f*. **2** *(chien)* terrier *m*.
terrifiant,-e [tɛʀifjɑ̃,-ɑ̃t] *adj* terrorífico,-ca.
terrifier [teʀifje] *vt* aterrar, aterrorizar.
terrine [tɛʀin] *nf* CUIS terrina *f*.
territoire [tɛʀitwaʀ] *nm* territorio *m*.
territorial,-e [tɛʀitɔʀjal] *adj* territorial.
terroir [tɛʀwaʀ] *nm* terruño *m*.
terroriser [tɛʀɔʀize] *vt* aterrorizar.
terrorisme [tɛʀɔʀism] *nm* terrorismo *m*.
terroriste [tɛʀɔʀist] *adj - nmf* terrorista.
tertiaire [tɛʀsjɛʀ] *adj* terciario,-ria.
tes [te] *adj poss* → ton, ta.
test [tɛst] *nm* test *m*, prueba *f*.
▪ **test de grossesse** prueba de embarazo.

testament [tɛstamɑ̃] *nm* testamento *m*.
▪ **Ancien Testament** Antiguo Testamento.
▪ **Nouveau Testament** Nuevo Testamento.
tester [tɛste] *vt* hacer una prueba.
► *vi* DR testar.
testicule [tɛstikyl] *nm* ANAT testículo *m*.
tétanos [tetanos] *nm* MÉD tétanos *m*.
têtard [tɛtaʀ] *nm* renacuajo *m*.
tête [tɛt] *nf* **1** *(gén)* cabeza *f*: ***tête de veau***, cabeza de ternera; ***la tête d'une épingle***, la cabeza de un alfiler; ***la tête du peloton***, la cabeza del pelotón. **2** *(visage)* cara *f*, rostro *m*: ***une tête sympathique***, una cara simpática. **3** *fig (esprit)* mente *f*, cabeza *f*: ***je ne sais pas ce qu'il a en tête***, no sé lo que tiene en mente. **4** SPORT cabezazo *m*.
• **casser la tête** *fig* molestar.
• **de la tête aux pieds** de los pies a la cabeza.
• **être à la tête de** estar al frente de.
• **faire la tête** poner mala cara.
• **la tête en bas** cabeza abajo.
• **la tête la première** de cabeza.
• **monter à la tête** *fig* subir a la cabeza.
• **perdre la tête** perder la cabeza.
• **se payer la tête de QQN** tomarle el pelo a ALGN.
• **tenir tête à** *fig* plantar cara a.
• **tourner la tête à QQN** *fig* volver loco a ALGN.
▪ **coup de tête** cabezazo *m*.
▪ **forte tête** mal genio *m*.
▪ **tête d'affiche** cabecera *f* del reparto.
▪ **tête de lecture** cabeza lectora.
▪ **tête de linotte** cabeza de chorlito.
▪ **tête de liste** cabeza de lista.
tête-à-queue [tɛtakø] *nm inv* trompo *m*.
tête-à-tête [tɛtatɛt] *nm inv* entrevista *f*.
• **en tête-à-tête** a solas.
téter [tete] *vt* mamar.
• **donner à téter** dar de mamar.
tétine [tetin] *nf* **1** *(mamelle)* teta *f*. **2** *(d'un biberon)* tetina *f*. **3** *(sucette)* chupete *m*.
têtu,-e [tety] *adj* testarudo,-da.
texte [tɛkst] *nm* texto *m*.
textile [tɛkstil] *adj* textil.
► *nm* tejido *m*.
textuel,-elle [tɛkstɥɛl] *adj* textual.
texture [tɛkstyʀ] *nf* textura *f*.
TGV [teʒeve] *abr (**train à grande vitesse**)* AVE.
thaïlandais,-e [tajlɑ̃dɛ,-ɛz] *adj* tailandés,-esa.
► *nm,f* **Thaïlandais,-e** tailandés,-esa.
thalassothérapie [talasoteʀapi] *nf* talasoterapia *f*.
thé [te] *nm* té *m*.
théâtral,-e [teatʀal] *adj* teatral.
théâtre [teatʀ] *nm* **1** *(gén)* teatro *m*. **2** *fig (d'un fait)* escenario *m*: ***le sommet international fut le théâtre d'importants accords***, la cumbre internacional fue escenario de importantes acuerdos.
• **faire du théâtre** trabajar en el teatro.
▪ **coup de théâtre** sorpresa *f*.
▪ **théâtre d'opérations** teatro de operaciones.
théière [tejɛʀ] *nf* tetera *f*.
thématique [tematik] *adj* temático,-ca.
thème [tɛm] *nm* **1** *(gén)* tema *f*. **2** *(traduction)* traducción *f* inversa.
• **être fort en thème** ser un empollón.
théologie [teɔlɔʒi] *nf* teología *f*.
théorème [teɔʀɛm] *nm* teorema *m*.
théoricien,-enne [teɔʀisjɛ̃,-ɛn] *nm,f* teórico,-ca.
théorie [teɔʀi] *nf* teoría *f*.
théorique [teɔʀik] *adj* teórico,-ca.
thérapeutique [teʀapøtik] *adj* terapéutico,-ca.
► *nf* terapéutica *f*.
thérapie [teʀapi] *nf* terapia *f*.
thermal [tɛʀmal] *adj* termal.
thermique [tɛʀmik] *adj* térmico,-ca.
thermomètre [tɛʀmɔmɛtʀ] *nm* termómetro *m*.
Thermos® [tɛʀmos] *nf* termo *m*.
thermostat [tɛʀmɔsta] *nm* termostato *m*.
thèse [tɛz] *nf* tesis *f*.
thon [tɔ̃] *nm* atún *m*.
thoracique [tɔʀasik] *adj* ANAT torácico,-ca.
thorax [tɔʀaks] *nm* ANAT tórax *m*.
thym [tɛ̃] *nm* tomillo *m*.
thyroïde [tiʀɔid] *adj* ANAT tiroideo,-a.
► *nf* ANAT tiroides *m*.
tibia [tibja] *nm* ANAT tibia *f*.
tic [tik] *nm* tic *m*.
ticket [tikɛ] *nm* billete *m*, ticket *m*.

ticket-repas [tikeʀəpa] *nm* ticket *m* restaurante.

tiède [tjɛd] *adj* tibio,-bia.

tiédir [tjediʀ] *vi* entibiarse.

tien,-enne [tjɛ̃,-ɛn] *pron poss* **le/la tien,-enne** *(qui est à toi)* el/la tuyo,-ya: ***ce livre est le tien***, este libro es el tuyo.
► *nm pl* **les tiens** *(parents, amis)* los tuyos: ***tu préfères rester avec les tiens***, prefieres quedarte con los tuyos.

tiers, tierce [tjɛʀ, tjɛʀs] *adj* tercer,-ra: ***une tierce personne***, una tercera persona.
► *nm* **tiers 1** *(partie d'un tout)* tercio *m*, tercera *m* parte: ***les deux tiers***, las dos terceras partes. **2** *(personne)* tercero,-ra: ***ils demandèrent l'avis d'un tiers***, pidieron consejo a un tercero.

tiers-monde [tjɛʀmɔ̃d] *nm* tercer mundo *m*.

tige [tiʒ] *nf* **1** *(d'une plante)* tallo *m*. **2** *(d'une botte)* caña *f*. **3** *(d'une colonne)* fuste *m*. **4** *(barre)* barra *f*. **5** *(mécanique)* vástago *m*.

tignasse [tiɲas] *nf fam* greñas *f pl*.

tigre,-esse [tigʀ,-gʀɛs] *nm,f* tigre *m*, tigresa *f*.
• **être jaloux,-ouse comme un tigre** ser extremadamente celoso,-sa.

tilleul [tijœl] *nm* **1** *(arbre)* tilo *m*. **2** *(fleur, infusion)* tila *f*.

timbale [tɛ̃bal] *nf* **1** *(tambour, mets)* timbal *m*. **2** *(moule)* molde *m* de cocina. **3** *(gobelet)* cubilete *m*.
• **décrocher la timbale** llevarse la palma.

timbre [tɛ̃bʀ] *nm* **1** *(gén)* timbre *m*. **2** *(pour la poste)* sello *m*.

timbrer [tɛ̃bʀe] *vt* timbrar, sellar.

timide [timid] *adj* tímido,-da.

timidité [timidite] *nf* timidez *f*.

tintamarre [tɛ̃tamaʀ] *nm* alboroto *m*.

tinter [tɛ̃te] *vi* tintinear.

tique [tik] *nf* garrapata *f*.

tir [tiʀ] *nm* tiro *m*, disparo *m*.
▪ **tir à blanc** tiro al blanco.
▪ **tir à l'arc** tiro con arco.
▪ **tir au but** SPORT remate *m*.
▪ **tir au pigeon** tiro de pichón.

tirage [tiʀaʒ] *nm* **1** *(d'une cheminée)* tiro *m*. **2** *(d'exemplaires)* tirada *f*. **3** *(de photographies)* positivado *m*. **4** *(de loterie)* sorteo *m*.
▪ **tirage au sort** sorteo.

tiraillement [tiʀajmɑ̃] *nm* **1** *(gén)* tirón *m*. **2** *(du corps)* retortijón *m*.
► *nm pl* **tiraillements** *fig (désaccord)* conflicto *m*, tensión *f*.

tire-bouchon [tiʀbuʃɔ̃] *nm* (*pl* **tire-bouchons**) sacacorchos *m*.
• **en tire-bouchon** rizado,-da.

tirelire [tiʀliʀ] *nf* hucha *f*.

tirer [tiʀe] *vt* **1** *(allonger, étirer)* tirar de, estirar de: ***tirer une courroie***, tirar de una correa; ***tirer une charrette***, tirar de un carro. **2** *(extraire)* sacar: ***tirer l'épée***, sacar la espada. **3** *(fermer)* correr, cerrar: ***tirer les rideaux***, correr las cortinas. **4** *(ligne, plan)* trazar. **5** *(livre)* imprimir, tirar. **6** *(projectile)* disparar. **7** *(faire sortir)* sacar, extraer: ***tirer la langue***, sacar la lengua. **8** *fig (délivrer)* librar, sacar.
► *vi* **1** *(exercer une traction)* tirar (**sur**, de): ***tirer sur une corde***, tirar de una cuerda. **2** *(les couleurs)* tirar (**sur**, a): ***la papier peint tire sur le bleu***, el papel pintado tira a azul.
► *vpr* **se tirer** *fam (s'en aller)* largarse.
• **s'en tirer** salir bien parado.
• **se faire tirer le portrait** hacerse un retrato.
• **tirer à sa fin** tocar a su fin.
• **tirer au flanc** remolonear.
• **tirer QQN d'embarras** librar a ALGN de una situación comprometida.

tiret [tiʀɛ] *nm* raya *f*, guión *m*, guion *m*.

tireur,-euse [tiʀœʀ,-øz] *nm,f* **1** *(avec une arme)* tirador,-ra. **2** *(de traites)* girador,-ra, librador,-ra. **3** *(de cartes)* echador,-ra.

tiroir [tiʀwaʀ] *nm* cajón *m*.

tiroir-caisse [tiʀwaʀkɛs] *nm* (*pl* **tiroirs-caisses**) caja *f* registradora.

tisane [tizan] *nf* tisana *f*.

tisser [tise] *vt* tejer.

tissu [tisy] *nm* **1** *(gén)* tejido *m*, tela *f*. **2** ANAT tejido *m*: ***tissu osseux***, tejido óseo. **3** *fig (enchaînement)* sarta *f*: ***un tissu de mensonges***, una sarta de mentiras.

titre [titʀ] *nm* título *m*.
• **à ce titre** por esta razón.
• **à juste titre** con toda la razón.
• **à titre de** a título de.
• **au même titre que** de la misma manera que.
• **en titre** como titular.

■ **faux titre** anteportada *f.*
■ **gros titre** titular *m.*
■ **page de titre** portada *f.*
■ **titre de transport** billete *m.*
tituber [titybe] *vi* titubear.
titulaire [titylɛʀ] *adj - nmf* titular.
TNT [tɛnte] *abr (**télévision numérique terrestre**)* TDT *f.*
toast [tost] *nm* **1** *(avant de boire)* brindis *m.* **2** *(pain)* tostada *f.*
• **porter un toast** brindar.
toc [tɔk] *nm* bisutería *f.*
• **c'est du toc** *fam* es falso.
toboggan [tɔbɔgɑ̃] *nm* tobogán *m.*
toi [twa] *pron pers* **1** *(sujet)* tú: ***c'est toi qui l'as voulu***, eres tú quien lo ha querido. **2** *(complément indirect)* ti: ***c'est pour toi***, es para ti.
• **à toi** tuyo,-ya.
• **avec toi** contigo.
toile [twal] *nf* **1** *(tissu)* tela *f.* **2** *(peinture)* lienzo *m.*
■ **toile cirée** hule *m.*
■ **toile d'araignée** tela de araña.
■ **toile de fond** telón *m* de fondo.
toilette [twalɛt] *nf* **1** *(hygiène du corps)* aseo *m.* **2** *(d'une femme)* traje *m*, vestido *m.* **3** *(meuble)* tocador *m.*
► *nf pl* **toilettes** *(lavabo)* servicio *m sing*, lavabos *m pl.*
• **faire sa toilette** lavarse, arreglarse.
toi-même [twamɛm] *pron pers* tú mismo,-ma.
toit [twa] *nm* **1** *(gén)* tejado *m*, techo *m.* **2** *fig (maison)* techo *m*, hogar *m.*
toiture [twatyʀ] *nf* techumbre *f.*
tôle [tol] *nf* **1** *(de fer, d'acier)* chapa *f.* **2** *fam (prison)* trullo *m.*
• **tôle ondulée** chapa ondulada.
tolérable [tɔleʀabl] *adj* tolerable.
tolérance [tɔleʀɑ̃s] *nf* tolerancia *f.*
tolérant,-e [tɔleʀɑ̃,-ɑ̃t] *adj* tolerante.
tolérer [tɔleʀe] *vt* tolerar.
tomate [tɔmat] *nf* tomate *m.*
tombe [tɔ̃b] *nf* tumba *f.*
tombeau [tɔ̃bo] *nm* tumba *f.*
• **à tombeau ouvert** a tumba abierta.
tombée [tɔ̃be].
• **à la tombée de la nuit** al anochecer.
• **à la tombée du jour** al atardecer.
tomber [tɔ̃be] *vi* **1** *(gén)* caer: ***le vase vient de tomber***, se acaba de caer el jarrón; ***des milliers de soldats tombèrent glorieusement***, miles de soldados cayeron gloriosamente; ***une robe qui tombe bien***, un vestido que cae bien; ***tomber dans la misère***, caer en la miseria; ***la noce tombe un samedi***, la boda cae en lunes; ***les cheveux lui tombent dans le dos***, el pelo le cae por la espalda. **2** *(perdre l'équilibre)* caer, caerse: ***il est tombé dans l'escalier***, se ha caído en las escaleras. **3** *(se jeter)* arrojarse: ***il tomba aux pieds de son idole***, se arrojó a los pies de su ídolo. **4** *(perdre de sa force)* decaer. **5** *(prix, fièvre)* bajar. **6** *(devenir)* ponerse, caer: ***tomber malade***, ponerse enfermo.
► *vt (jeter à terre)* tumbar, derribar.
► *v impers (la pluie, la neige, etc)* caer: ***la pluie tombe***, llueve.
• **laisser tomber** dejar, abandonar.
• **tomber amoureux** enamorarse.
• **tomber bien/mal** venir bien/mal.
• **tomber sur** QQN encontrarse con ALGN.
• **tomber une femme** seducir a una mujer.
tombola [tɔ̃bɔla] *nf* tómbola *f.*
tome [tɔm] *nm* tomo *m.*
ton[1] [tɔ̃] *nm* tono *m.*
ton, ta[2] [tɔ̃, ta] *adj poss* (*pl* **tes**) tu: ***j'ai invité ton frère, ta sœur et tes cousins***, he invitado a tu hermano, a tu hermana y a tus primos.
tonalité [tɔnalite] *nf* tonalidad *f.*
tondeuse [tɔ̃døz] *nf* **1** *(à cheveux)* maquinilla *f.* **2** *(pour animaux)* esquiladora *f.* **3** *(à gazon)* cortacésped *m.*
tondre [tɔ̃dʀ] *vt* **1** *(cheveux)* rapar. **2** *(laine, poil)* esquilar. **3** *(gazon)* cortar.
tongs [tɔ̃g] *nf pl* chancletas *f pl.*
tonifier [tɔnifje] *vt* tonificar.
tonique [tɔnik] *adj* tónico,-ca.
► *nm* tónico.
tonne [tɔn] *nf* tonelada *f.*
tonneau [tɔno] *nm* tonel *m.*
• **faire un tonneau** *(voiture)* dar una vuelta de campana.
tonner [tɔne] *v impers (tonnerre)* tronar.
► *vi* **1** *(canon)* retumbar. **2** *(contre)* criticar.
• **il tonne** truena.

tonnerre [tɔnɛʀ] *nm* 1 *(foudre)* trueno *m*. 2 *fig (bruit)* estruendo *m*.
• **c'est du tonnerre** es genial.
tonton [tɔ̃tɔ̃] *nm fam* tío *m*.
tonus [tɔnys] *nm* tono *m*.
topaze [tɔpaz] *nf* topacio *m*.
toper [tɔpe] *vi fam* darse la mano.
• **tope-là !** *fam* ¡chócala!
topographie [tɔpɔgʀafi] *nf* topografía *f*.
toque [tɔk] *nf* 1 *(de magistrat)* bonete *m*. 2 *(de cuisinier)* gorro *m*.
torche [tɔʀʃ] *nf* antorcha *f*.
torchon [tɔʀʃɔ̃] *nm* 1 *(gén)* trapo *m*. 2 *fam fig (saleté)* porquería *f*.
tordre [tɔʀdʀ] *vt* 1 *(tourner en sens contraire)* torcer, retorcer. 2 *(plier)* doblar, torcer: ***tordre le bras***, torcer el brazo.
► *vpr* **se tordre** *(se tourner en tous sens)* torcerse, retorcerse: ***je me suis tordu un pied***, me torcí un pie.
• **se tordre de rire** desternillarse de risa.
tornade [tɔʀnad] *nf* tornado *m*.
torpeur [tɔʀpœʀ] *nf* torpeza *f*.
torpille [tɔʀpij] *nf* torpedo *m*.
torrent [tɔʀɑ̃] *nm* torrente *m*.
torrentiel,-elle [tɔʀɑ̃sjɛl] *adj* torrencial.
torride [tɔʀid] *adj* tórrido,-da.
tors,-e [tɔʀ,-ɔʀs] *adj* torcido,-da.
torse [tɔʀs] *nm* torso *m*.
torsion [tɔʀsjɔ̃] *nf* torsión *f*.
tort [tɔʀ] *nm* 1 *(gén)* error *m*, culpa *f*: ***c'est lui qui a tous les torts***, él tiene toda la culpa. 2 *(dommage)* daño *m*, perjuicio *m*: ***on lui a fait beaucoup de tort***, le han causado mucho daño.
• **à tort** sin razón.
• **à tort et à travers** a tontas y a locas.
• **à tort ou à raison** con razón o sin ella.
• **avoir tort** no tener razón.
• **reconnaître son tort** reconocer su culpa.
torticolis [tɔʀtikɔli] *nm* tortícolis *f*.
tortiller [tɔʀtije] *vt (tordre)* retorcer, torcer.
► *vi (chercher des détours)* andar con rodeos.
► *vpr* **se tortiller** *(sur soi-même)* retorcerse, enroscarse.
• **il n'y a pas à tortiller** no hay que darle más vueltas.
tortionnaire [tɔʀsjɔnɛʀ] *nm* torturador,-ra.
tortue [tɔʀty] *nf* tortuga *f*.
• **à pas de tortue** a paso de tortuga.
tortueux,-euse [tɔʀtɥø,-øz] *adj* tortuoso,-sa.
torture [tɔʀtyʀ] *nf* tortura *f*.
torturer [tɔʀtyʀe] *vt* torturar.
tôt [to] *adv* temprano, pronto: ***se lever tôt***, levantarse temprano; ***il est encore trop tôt pour le dire***, aún es pronto para decirlo.
• **au plus tôt** cuanto antes.
• **avoir tôt fait de** no tardar nada en.
• **plus tôt** antes.
• **tôt ou tard** tarde o temprano.
total,-e [tɔtal] *adj* total.
► *nm* **total** total *m*.
• **au total** 1 *(tout considéré)* en resumidas cuentas. 2 *(somme)* en total.
totalitaire [tɔtalitɛʀ] *adj* totalitario,-ria.
totalité [tɔtalite] *nf* totalidad *f*.
• **en totalité** totalmente.
toubib [tubib] *nmf fam* matasanos.
toucan [tukɑ̃] *nm* tucán *m*.
touchant,-e[1] [tuʃɑ̃,-ɑ̃t] *adj* conmovedor,-ra.
touchant[2] [tuʃɑ̃] *prép fml (concernant)* respecto a, concerniente a.
touche [tuʃ] *nf* 1 *(action)* toque *m*. 2 *(peinture)* pincelada *f*. 3 *(note)* nota *f*: ***mettre une touche de gaieté***, poner una nota de alegría. 4 *(de clavier)* tecla *f*. 5 SPORT banda *f*.
• **faire une touche** ligar.
• **rester sur la touche** quedarse al margen.
toucher[1] [tuʃe] *vt* 1 *(gén)* tocar: ***toucher un objet***, tocar un objeto. 2 *(atteindre)* alcanzar, dar: ***toucher le but***, dar en el blanco. 3 *(recevoir)* cobrar: ***toucher de l'argent***, cobrar dinero. 4 *(émouvoir)* conmover, impresionar. 5 *(concerner)* atañer, concernir. 6 *(dire)* decir, contar: ***toucher un mot de ...***, decir dos palabras sobre...
► *vi* **toucher à** 1 *(gén)* tocar: ***ne touche pas à cette bouteille***, no toques esta botella; ***toucher à sa fin***, tocar a su fin. 2 *(être contigu)* lindar con, estar junto a.
toucher[2] [tuʃe] *nm (sens)* tacto *m*.
touffe [tuf] *nf* 1 *(d'herbe)* mata *f*. 2 *(de cheveux)* mechón *m*. 3 *(de fleurs, de brins, etc)* manojo *m*.

touffu,-e [tufy] *adj* **1** *(gén)* espeso,-sa, tupido,-da. **2** *(arbre, bois)* frondoso,-sa.

toujours [tuʒuʀ] *adv* **1** *(gén)* siempre: ***je m'en souviendrai toujours***, me acordaré siempre. **2** *(encore)* todavía, aún: ***travaillez-vous toujours là ?***, ¿trabaja usted todavía allí? **3** *(en attendant)* por ahora, mientras tanto: ***signez toujours, on verra bien***, firme por ahora y ya veremos.
• **de toujours** de siempre.
• **pour toujours** para siempre.
• **toujours est-il que ...** en todo caso..., lo cierto es que....

toupet [tupɛ] *nm* **1** *(de cheveux)* tupé *m*. **2** *fam (effronterie)* cara *f*, caradura *f*.

toupie [tupi] *nf* trompo *m*, peonza *f*.

tour[1] [tuʀ] *nf* torre *f*.
▪ **tour d'ivoire** torre de marfil.
▪ **tour de contrôle** torre de control.

tour[2] [tuʀ] *nm* **1** *(gén)* vuelta *f*: ***un tour de roue***, une vuelta de rueda; ***faire le tour de la ville***, dar la vuelta a la ciudad; ***faire le tour du monde***, dar la vuelta al mundo; ***je vais faire un tour***, voy a dar una vuelta. **2** *(circonférence)* perímetro *m*, circunferencia *f*. **3** *(mécanique)* revolución *f*. **4** *(spectacle)* número *m*: ***faire un tour d'équilibre***, hacer un número de equilibrio. **5** *(apparence)* cariz *m*, giro *m*: ***leur relation a pris un drôle de tour***, su relación ha adoptado un extraño cariz. **6** *(rang)* vez *f*, turno *m*: ***c'est mon tour***, es mi turno. **7** *(machine)* torno *m*.
• **à tour de bras** con todas las fuerzas.
• **à tour de rôle** por turno.
• **en un tour de main** en un santiamén.
• **jouer un mauvais tour** hacer una mala pasada.
• **tour à tour** por turno.
▪ **mauvais tour** faena *f*.
▪ **tour de cou** cuello *m*.
▪ **tour de force** proeza *f*, hazaña *f*.
▪ **tour de passe-passe** juego *m* de manos.
▪ **tour de taille** cintura *f*.

tourbillon [tuʀbijɔ̃] *nm* **1** *(d'air)* torbellino *m*. **2** *(d'eau)* remolino *m*.

tourisme [tuʀism] *nm* turismo *m*.
▪ **tourisme rural** turismo rural.

touriste [tuʀist] *nmf* turista.

touristique [tuʀistik] *adj* turístico,-ca.

tourmenter [tuʀmɑ̃te] *vt* atormentar.
► *vpr* **se tourmenter** atormentarse.

tournage [tuʀnaʒ] *nm* rodaje *m*.

tournant,-e [tuʀnɑ̃,-ɑ̃t] *adj* giratorio,-ria.
► *nm* **tournant 1** *(d'une rue, d'un chemin, etc)* vuelta *f*, recodo *m*. **2** *fig (de l'histoire)* momento *m* decisivo.

tourne-disque [tuʀnədisk] *nm* (*pl* **tourne-disques**) tocadiscos *m*.

tournedos [tuʀnədo] *nm* CUIS turnedó *m*.

tournée [tuʀne] *nf* **1** *(d'un homme d'affaires)* viaje *m* de negocios. **2** *(d'un fonctionnaire)* viaje *m* de inspección. **3** *(d'une troupe de théâtre)* gira *f*. **4** *(du facteur, à boire)* ronda *f*.

tourner [tuʀne] *vt* **1** *(gén)* girar, dar vueltas: ***le satellite tourne autour de l'astre***, el satélite gira alrededor del astro. **2** *(pages)* pasar. **3** *(tête, dos)* volver, girar. **4** *(film)* rodar. **5** *(façonner au tour)* tornear, labrar. **6** *(phrase, texte)* redactar, componer. **7** *(yeux, regard)* dirigir, volver: ***il tourna ses yeux vers lui***, dirigió sus ojos hacia él.
► *vi* **1** *(gén)* girar, dar vueltas: ***le chien tournait autour de l'arbre***, el perro daba vueltas alrededor del árbol. **2** *(changer de direction)* girar: ***la chance a tourné***, la suerte ha cambiado. **3** *(résulter)* salir: ***l'affaire a mal tourné***, el negocio salió mal. **4** *(lait)* cortarse; *(vin)* agriarse.
► *vpr* **se tourner** *(devenir)* volverse: ***son admiration se tourna en mépris***, su admiración se tornó en desprecio.
• **se tourner contre QQN** volverse contra ALGN.
• **tourner de l'œil** desmayarse.
• **tourner en dérision/ridicule** ridiculizar.

tournesol [tuʀnəsɔl] *nm* **1** *(plante)* girasol *m*. **2** *(colorant)* tornasol *m*.

tournevis [tuʀnəvis] *nm* destornillador *m*.

tourniquet [tuʀnikɛ] *nm* torniquete *m*.

tournoi [tuʀnwa] *nm* torneo *m*.

tournoyer [tuʀnwaje] *vi* dar vueltas.

tournure [tuʀnyʀ] *nf* **1** *(apparence)* giro *m*, cariz *m*: ***les événements prirent une tournure surprenante***, los acontecimientos adoptaron un giro sorprendente. **2** *(formulation)* giro *m*.

tourte [tuʀt] *nf* CUIS torta *f.*
tourterelle [tuʀtəʀɛl] *nf* tórtola *f.*
tourteau [tuʀto] *nm* buey *m* de mar.
tous [tus] *adj-pron* → tout,-e.
tousser [tuse] *vi* toser.
tout,-e [tu,-t] *adj* (*pl* **tous**) **1** *(la totalité)* todo,-da: ***il travaille toute la journée***, trabaja todo el día. **2** *(chaque)* cada: ***elle prend ses vacances tous les dix mois***, se toma vacaciones cada diez meses. **3** *(unique)* único,-ca: ***ma famille est toute ma fortune***, mi familia es mi única fortuna. **4** *(exceptionnel)* gran, grande: ***c'est une femme de toute beauté***, es una mujer de gran belleza.
► *pron* (*pl* **tous**) *(gén)* todo; *(tout le monde)* todos,-das: ***tous sont venus***, han venido todos.
► *adv* **1** *(entièrement)* todo,-da: ***je suis tout à vous***, estoy enteramente a su disposición. **2** *(très)* muy: ***il est tout jeune***, es muy joven. **3** *(quelque)* aunque, por muy... que: ***tout fort qu'il soit ...***, por muy fuerte que sea...
► *nm* **le tout** *(la totalité)* el todo: ***risquer le tout pour le tout***, jugarse el todo por el todo.
• **après tout** después de todo.
• **à tout à l'heure** hasta luego.
• **à tout prendre** mirándolo bien.
• **avoir tout de** parecerse mucho a.
• **c'est tout** nada más, esto es todo.
• **en tout et pour tout** en total.
• **pas du tout** de ningún modo.
• **tout à coup** de repente.
• **tout à fait** del todo.
• **tout à l'heure** hace un momento.
• **tout au plus** a lo sumo.
• **tout de même** desde luego.
• **tout le temps** siempre.
• **tous les deux** los dos, ambos.
• **tous les trente-six du mois** de uvas a peras.
toutefois [tutfwa] *adv* sin embargo, no obstante: ***si toutefois il ne fait pas beau ...***, no obstante, si no hace buen tiempo....
toux [tu] *nf* tos *f.*
toxicomane [tɔksikɔman] *adj - nmf* toxicómano,-na.
toxine [toksin] *nf* toxina *f.*
toxique [tɔksik] *adj - nm* tóxico,-ca.
trac [tʀak] *nm fam* nerviosismo *m*, miedo *m.*
tracas [tʀaka] *nm* preocupación *f.*
tracasser [tʀakase] *vt* preocupar.
► *vpr* **se tracasser** preocuparse.
trace [tʀas] *nf* **1** *(empreinte)* rastro *m*, huella *f.* **2** *(signe)* huella *f*, señal *f.* **3** *fig (impression)* impresión *f.*
tracer [tʀase] *vt* trazar.
trachée [tʀaʃe] *nf* ANAT tráquea *f.*
tract [tʀak] *nm* octavilla *f.*
tracteur [tʀaktœʀ] *nm* tractor *m.*
traction [tʀaksjɔ̃] *nf* tracción *f.*
tradition [tʀadisjɔ̃] *nf* tradición *f.*
traditionnel,-elle [tʀadisjɔnɛl] *adj* tradicional.
traducteur,-trice [tʀadyktœʀ,-tʀis] *nm,f* traductor,-ra.
traduction [tʀadyksjɔ̃] *nf* traducción *f.*
traduire [tʀadɥiʀ] *vt* traducir.
• **traduire en justice** DR llevar ante los tribunales.
trafic [tʀafik] *nm* tráfico *m.*
trafiquant,-e [tʀafikɑ̃,-ɑ̃t] *nm,f* traficante.
trafiquer [tʀafike] *vt* falsear.
► *vi* traficar.
tragédie [tʀaʒedi] *nf* tragedia *f.*
tragique [tʀaʒik] *adj* trágico,-ca.
trahir [tʀaiʀ] *vt* traicionar.
trahison [traizɔ̃] *nf* traición *f.*
train [tʀɛ̃] *nm* **1** *(chemin de fer)* tren *m.* **2** *(d'un animal)* paso *m*, marcha *f.* **3** *fam (derrière)* trasero *m.*
• **aller à fond de train** ir a todo correr.
• **aller bon train** ir a buen ritmo.
• **être en train** estar en forma.
• **être en train de +** *inf* estar + *ger:* ***il est en train de manger***, está comiendo.
▪ **train d'atterrissage** tren de aterrizaje.
▪ **train de vie** tren de vida.
traîne [tʀɛn] *nf* cola *f.*
• **être à la traîne** ir retrasado.
traîneau [tʀɛno] *nm* trineo *m.*
traînée [tʀene] *nf* **1** *(trace)* reguero *m.* **2** *fam (femme)* prostituta *f.*
traîner [tʀene] *vt* **1** *(gén)* tirar de, arrastrar. **2** *fig (mener)* arrastrar, llevar: ***traîner une terrible maladie***, arrastrar una penosa enfermedad.

► *vi* **1** *(gén)* arrastrar, colgar: ***sa robe traîne par terre***, su vestido cuelga por el suelo. **2** *(chose)* no estar en su sitio: ***ses vêtements traînaient partout***, sus ropas estaban diseminadas por todas partes. **3** *(s'attarder)* quedarse atrás, rezagarse. **4** *(errer)* callejear, vagabundear.

► *vpr* **se traîner 1** *(gén)* andar con dificultad. **2** *(ramper)* arrastrarse. **3** *(dans le temps)* no acabarse nunca.

train-train [tʀɛ̃tʀɛ̃] *nm inv fam* rutina *f*.

traire [tʀɛʀ] *vt* ordeñar.

trait [tʀɛ] *nm* **1** *(action de tirer)* tiro *m*: ***le cheval est une bête de trait***, el caballo es un animal de tiro. **2** *(ce qui caractérise)* rasgo *m*, característica *f*: ***c'est un trait de notre époque***, es un rasgo de nuestra época. **3** *(ligne)* raya.

• **à grands traits** a grandes rasgos.

• **avoir les traits tirés** tener mala cara.

• **avoir trait à** referirse a.

• **boire d'un trait** beber de un trago.

▪ **trait d'union** guion *m*.

traite [tʀɛt] *nf* **1** *(d'une vache)* ordeño *m*. **2** *(parcours)* trecho *m*. **3** *(document)* letra *f* de cambio.

• **d'une seule traite** de una tirada.

▪ **traite des blanches** trata *f* de blancas.

traité [tʀete] *nm* tratado *m*.

traitement [tʀɛtmɑ̃] *nm* **1** *(gén)* tratamiento *m*. **2** *(d'un fonctionnaire)* paga *f*, sueldo *m*.

▪ **mauvais traitements** malos tratos *m pl*.

▪ **traitement de textes** INFORM tratamiento de textos.

traiter [tʀete] *vt* **1** *(gén)* tratar. **2** INFORM procesar.

► *vi (discourir)* tratar (**de**, de).

• **traiter QQN de QQCH** tratar a ALGN de ALGO.

traître,-esse [tʀɛtʀ,-ɛs] *adj - nm,f* traidor,-ra.

• **en traître** a traición.

traîtrise [tʀɛtʀiz] *nf fml* traición *f*.

trajectoire [tʀaʒɛktwaʀ] *nf* trayectoria *f*.

trajet [tʀaʒɛ] *nm* trayecto *m*.

trame [tʀam] *nf* trama *f*.

tramer [tʀame] *vt* tramar.

► *vpr* **se tramer** tramarse.

trampoline [tʀɑ̃pɔin] *nm* cama *f* elástica.

tramway [tʀamwɛ] *nm* tranvía *m*.

tranchant,-e [tʀɑ̃ʃɑ̃,-ɑ̃t] *adj* **1** *(qui coupe)* cortante. **2** *fig (ton, réponse)* tajante.

► *nm* **tranchant** *(lame)* filo *m*.

tranche [tʀɑ̃ʃ] *nf* **1** *(de saucisson)* rodaja *f*; *(de pain)* rebanada *f*; *(de jambon)* loncha *f*. **2** *(d'un livre)* canto *m*. **3** *(de chiffres)* grupo *m*. **4** *(de loterie)* sorteo *m*.

• **s'en payer une tranche** pasarlo en grande.

▪ **tranche de vie** episodio *m* de la vida real.

▪ **tranche horaire** franja *f* horaria.

trancher [tʀɑ̃ʃe] *vt* **1** *(couper)* cortar. **2** *fig (question, difficulté)* zanjar.

► *vi* **1** *(décider)* decidir. **2** *(couleurs)* resaltar.

• **trancher dans le vif** cortar por lo sano.

tranquille [tʀɑ̃kil] *adj* tranquilo,-la.

tranquilliser [tʀɑ̃kilize] *vt* tranquilizar.

► *vpr* **se tranquilliser** tranquilizarse.

tranquillité [tʀɑ̃kilite] *nf* tranquilidad *f*.

transaction [tʀɑ̃zaksjɔ̃] *nf* transacción *f*.

transat [tʀɑ̃zat] *nm* tumbona *f*.

► *nf* SPORT regata *f* transatlántica.

transatlantique [tʀɑ̃zatlɑ̃tik] *adj* transatlántico,-ca.

► *nm* transatlántico *m*.

transcendance [tʀɑ̃sɑ̃dɑ̃s] *nf* trascendencia *f*.

transcription [tʀɑ̃skʀipsjɔ̃] *nf* transcripción *f*.

transcrire [tʀɑ̃skʀiʀ] *vt* transcribir.

transe [tʀɑ̃s] *nf* trance *m*.

transférer [tʀɑ̃sfeʀe] *vt* **1** *(gén)* transferir. **2** INFORM reenviar.

transfert [tʀɑ̃sfɛʀ] *nm* **1** *(de fonds)* transferencia *f*. **2** *(d'un joueur)* traspaso *m*. **3** *(transport)* traslado *m*. **4** *(de droits)* transmisión *f*.

transformateur [tʀɑ̃sfɔʀmatœʀ] *nm* transformador *m*.

transformation [tʀɑ̃sfɔʀmasjɔ̃] *nf* transformación *f*.

transformer [tʀɑ̃sfɔʀme] *vt* transformar.

► *vpr* **se transformer** transformarse.

transfusion [tʀɑ̃sfyzjɔ̃] *nf* transfusión *f*.

transgénique [tʀɑ̃sʒenik] *adj* transgénico,-ca.

transgresser [tʀɑ̃sgʀese] *vt* transgredir.

transiger [tʀɑ̃ziʒe] *vi* transigir.

transistor [tʀɑ̃zistœʀ] *nm* transistor *m*.

transit [tʀɑ̃zit] *nm* tránsito *m*.

transitif,-ive [tʀɑ̃zitif,-iv] *adj* transitivo,-va.
transition [tʀɑ̃zisjɔ̃] *nf* transición *f*.
transitoire [tʀɑ̃zitwaʀ] *adj* transitorio,-ria.
translucide [tʀɑ̃slysid] *adj* translúcido,-da.
transmettre [tʀɑ̃smɛtʀ] *vt* transmitir.
transmission [tʀɑ̃smisjɔ̃] *nf* transmisión *f*.
transparaître [tʀɑ̃spaʀɛtʀ] *vi* transparentarse.
transparence [tʀɑ̃spaʀɑ̃s] *nf* transparencia *f*.
transparent,-e [tʀɑ̃spaʀɑ̃,-ɑ̃t] *adj* transparente.
transpercer [tʀɑ̃spɛʀse] *vt* traspasar.
transpiration [tʀɑ̃spiʀasjɔ̃] *nf* transpiración *f*.
transpirer [tʀɑ̃spiʀe] *vi* transpirar.
transplanter [tʀɑ̃splɑ̃te] *vt* trasplantar.
transport [tʀɑ̃spɔʀ] *nm* transporte *m*.
▪ **transports en commun** transportes colectivos.
transporter [tʀɑ̃spɔʀte] *vt* transportar.
► *vpr* **se transporter** trasladarse.
transporteur [tʀɑ̃spɔʀtœʀ] *nm* transportista *mf*.
transvaser [tʀɑ̃svaze] *vt* transvasar.
transversal,-e [tʀɑ̃svɛʀsal] *adj* transversal.
trapèze [tʀapɛz] *nm* trapecio *m*.
trapéziste [tʀapezist] *nmf* trapecista.
trappe [tʀap] *nf* **1** *(porte)* trampilla *f*. **2** *(piège)* trampa *f*.
trapu,-e [tʀapy] *adj* achaparrado,-da.
traquenard [tʀaknaʀ] *nm* trampa *f*.
traquer [tʀake] *vt* acosar.
traumatiser [tʀomatise] *vt* traumatizar.
traumatisme [tʀomatism] *nm* traumatismo *m*.
travail [tʀavaj] *nm* **1** *(gén)* trabajo *m*. **2** *(ouvrage)* obra *f*. **3** *(au champ)* faena *f*.
► *nm pl* **travaux** *(chantiers)* obras *f pl*.
• **être en travail** estar de parto.
▪ **travail à la chaîne** producción *f* en cadena.
▪ **travail saisonnier** trabajo estacional.
▪ **travail de Romain** trabajo de chinos.
▪ **travaux forcés** trabajos forzados.
▪ **travaux publics** obras públicas.
travailler [tʀavaje] *vi* **1** *(gén)* trabajar: ***il travaille en Allemagne***, trabaja en Alemania. **2** *(à l'école)* estudiar. **3** *(vin)* fermentar. **4** *(bois)* alabearse.
► *vt* **1** *(façonner)* trabajar. **2** *(faire souffrir)* atormentar.
• **il travaille du chapeau** *fam* está chiflado.
• **travailler à la tâche** trabajar a destajo.
travailleur,-euse [tʀavajœʀ,-øz] *adj* - *nm,f* trabajador,-ra.
travelling [tʀavliŋ] *nm* travelín *m*.
travers [tʀavɛʀ] *nm* defecto *m*.
• **à tort et à travers** a tontas y a locas.
• **à travers** a través.
• **au travers** por en medio.
• **au travers de** a través de.
• **de travers** de través.
• **en travers** de través.
traversée [tʀavɛʀse] *nf* travesía *f*.
traverser [tʀavɛʀse] *vt* **1** *(gén)* atravesar. **2** *(transpercer)* traspasar.
traversin [tʀavɛʀsɛ̃] *nm* **1** *(oreiller)* almohada *f* larga. **2** *(pièce en bois)* travesaño *m*.
travesti [tʀavɛsti] *nm* travestido *m*.
travestir [tʀavɛstiʀ] *vt* **1** *(déguiser)* disfrazar. **2** *fig (fausser)* tergiversar.
► *vpr* **se travestir** **1** *(se déguiser)* disfrazarse. **2** *(en homme/femme)* travestirse.
trébucher [tʀebyʃe] *vi* tropezar.
trèfle [tʀɛfl] *nm* trébol *m*.
treille [tʀɛj] *nf* parra *f*, emparrado *m*.
treize [tʀɛz] *num* trece *m*.
treizième [tʀɛzjɛm] *num* decimotercero,-ra.
► *nm* trezavo *m*, trezava parte *f*.
tréma [tʀema] *nm* diéresis *f*.
tremblement [tʀɑ̃bləmɑ̃] *nm* temblor *m*.
• **et tout le tremblement** *fam* y toda la pesca.
▪ **tremblement de terre** terremoto *m*.
trembler [tʀɑ̃ble] *vi* temblar.
• **trembler comme une feuille** temblar como una hoja.
trembloter [tʀɑ̃blɔte] *vi fam* temblequear.
tremper [tʀɑ̃pe] *vt* **1** *(mouiller)* mojar. **2** *(imbiber)* empapar. **3** *(l'acier)* templar.
► *vi* **1** *(gén)* estar en remojo. **2** *fig (être complice)* participar en, estar implicado en.
• **être trempé** estar hecho una sopa.
• **tremper son vin** aguar el vino.

tremplin [tʀɑ̃plɛ̃] *nm* trampolín *m*.
trentaine [tʀɑ̃tɛn] *nf* treintena *f*.
• **avoir la trentaine** tener unos treinta años.
trente [tʀɑ̃t] *num* treinta *m*.
• **se mettre sur son trente et un** ponerse de punta en blanco.
trépas [tʀepa] *nm fml* óbito *m*.
trépidant,-e [tʀepidɑ̃,-ɑ̃t] *adj* trepidante.
trépied [tʀepje] *nm* trípode *m*.
trépigner [tʀepiɲe] *vi* patalear.
très [tʀɛ] *adv* **1** *(superlatif)* muy: ***très aimable***, muy amable; ***très petit***, muy pequeño. **2** *(quantité)* mucho,-cha: ***il fait très froid***, hace mucho frío; ***j'ai très soif***, tengo mucha sed.
trésor [tʀezɔʀ] *nm* tesoro *m*.
▪ **Trésor public** Tesoro Público.
trésorerie [tʀezɔʀəʀi] *nf* tesorería *f*.
trésorier,-ère [tʀezɔʀje,-ɛʀ] *nm,f* tesorero,-ra.
tressaillir [tʀesajiʀ] *vi* estremecerse.
tresse [tʀɛs] *nf* trenza *f*.
tresser [tʀese] *vt* trenzar.
tréteau [tʀeto] *nm* caballete *m*.
treuil [tʀœj] *nm* torno *m*.
trêve [tʀɛv] *nf* tregua *f*.
• **n'avoir ni trêve ni repos** no tener tregua.
• **sans trêve** sin tregua.
tri [tʀi] *nm* selección *f*, clasificación *f*.
triangle [tʀijɑ̃gl] *nm* triángulo *m*.
triangulaire [tʀjɑ̃gylɛʀ] *adj* triangular.
triathlon [tʀjatlɔ̃] *nm* triatlón *m*.
tribord [tʀibɔʀ] *nm* estribor *m*.
tribu [tʀiby] *nf* tribu *f*.
tribulations [tʀibylasjɔ̃] *nf pl* tribulaciones *f pl*.
tribunal [tʀibynal] *nm* tribunal *m*: ***comparaître devant les tribunaux***, comparecer ante los tribunales.
tribune [tʀibyn] *nf* tribuna *f*.
tribut [tʀiby] *nm* tributo *m*.
tricher [tʀiʃe] *vi* hacer trampas.
tricherie [tʀiʃʀi] *nf* trampa *f*.
tricheur,-euse [tʀiʃœʀ,-øz] *nm,f* tramposo,-sa.
tricolore [tʀikɔlɔʀ] *adj* tricolor.
tricot [triko] *nm* **1** *(tissu)* tejido *m* de punto. **2** *(vêtement)* jersey *m*.
tricoter [tʀikɔte] *vt - vi* **1** *(gén)* hacer punto: ***elle tricote un chandail***, hace un suéter de punto. **2** *fam (marcher)* andar muy rápido.
tricycle [tʀisikl] *nm* triciclo *m*.
trier [tʀije] *vt* escoger, clasificar.
• **trier sur le volet** *fig* escoger con cuidado.
trigonométrie [tʀigɔnɔmetʀi] *nf* trigonometría *f*.
trilingue [tʀilɛ̃g] *adj - nmf* trilingüe.
trimer [tʀime] *vi fam* currar.
trimestre [tʀimɛstʀ] *nm* trimestre *m*.
trimestriel,-elle [tʀimɛstʀijɛl] *adj* trimestral.
tringle [tʀɛ̃gl] *nf* **1** *(d'un rideau)* barra *f*. **2** ARCHIT filete *m*.
trinquer [tʀɛ̃ke] *vi* **1** *fam (avec les verres)* brindar; *(boire)* beber. **2** *fam (subir)* pagar el pato.
trio [tʀijo] *nm* trío *m*.
triomphe [tʀijɔ̃f] *nm* triunfo *m*.
triompher [tʀijɔ̃fe] *vi* triunfar.
• **triompher de + QQCH/QQN** vencer ALGO/a ALGN: ***triompher de ses peurs***, vencer sus miedos.
tripes [tʀip] *nf pl* **1** *(boyaux)* tripas *f pl*. **2** CUIS callos *m pl*.
• **rendre tripes et boyaux** *fam* vomitar.
triple [tʀipl] *adj* triple.
trisaïeul,-e [tʀizajœl] *nm,f* tatarabuelo,-la.
triste [tʀist] *adj* triste.
tristesse [tʀistɛs] *nf* tristeza *f*.
triturer [tʀityʀe] *vt* triturar.
trivial,-e [tʀivjal] *adj* **1** *(grossier)* grosero,-ra. **2** *(banal)* trivial.
trivialité [tʀivjalite] *nf* **1** *(grossièreté)* grosería *f*. **2** *(banalité)* trivialidad *f*.
troc [tʀɔk] *nm* trueque *m*.
trois [tʀwa] *num* tres *m*.
troisième [tʀwazjɛm] *num* tercero,-ra.
► *nm* tercio *m*, tercera parte *f*.
► *nf* tercero *m* de ESO.
trombe [tʀɔ̃b] *nf* tromba *f*.
trombone [tʀɔ̃bɔn] *nm* **1** MUS trombón *m*. **2** *(agrafe)* clip *m*.

trompe [tRɔ̃p] *nf (d'un animal)* trompa *f.*
■ **trompe d'Eustache** ANAT trompa de Eustaquio.
■ **trompe de Fallope** ANAT trompa de Falopio.
trompe-l'œil [tRɔ̃plœj] *nm inv* **1** *(peinture)* trampantojo *m.* **2** *fig (apparence)* engañifa *f.*
tromper [tRɔ̃pe] *vt* **1** *(gén)* engañar. **2** *(échapper)* burlar: ***il trompa la police***, burló a la policía.
► *vpr* **se tromper** equivocarse.
• **si je ne me trompe** si no me equivoco.
trompette [tRɔ̃pɛt] *nf* trompeta *f.*
• **en trompette** respingón,-ona.
trompettiste [tRɔ̃petist] *nmf* trompetista.
trompeur,-euse [tRɔ̃pœR,-øz] *adj* engañoso,-sa.
tronc [tRɔ̃] *nm* **1** *(gén)* tronco *m.* **2** *(dans une église)* cepillo *m.*
tronçon [tRɔ̃sɔ̃] *nm* **1** *(morceau)* trozo *m.* **2** *(de chemin)* tramo *m.*
tronçonneuse [tRɔ̃sɔnøz] *nf* sierra *f* eléctrica.
trône [tRon] *nm* trono *m.*
• **monter sur le trône** subir al trono.
trop [tRo] *adv* **1** *(gén)* demasiado: ***c'est trop cher***, es demasiado caro. **2** *(très)* muy: ***vous êtes trop aimable***, es usted muy amable.
► *nm (l'excès)* demasía *f*, exceso *m.*
• **c'en est trop** es demasiado.
• **de trop** de más.
• **en trop** de más.
• **trop de** demasiado,-da.
trophée [tRɔfe] *nm* trofeo *m.*
tropical,-e [tRɔpikal] *adj* tropical.
tropique [tRɔpik] *nm* trópico *m.*
trot [tRo] *nm* trote *m.*
• **au trot** al trote.
trotter [tRɔte] *vi* trotar.
trotteuse [tRɔtøz] *nf* segundero *m.*
trottinette [tRɔtinɛt] *nf* patinete *m.*
trottoir [tRɔtwaR] *nm* acera *f.*
trou [tRu] *nm* **1** *(gén)* agujero *m.* **2** *(des animaux)* madriguera *f*; *(de souris)* ratonera *f.*
• **avoir des trous de mémoire** tener lapsus de memoria.
• **boire comme un trou** *fam* beber como un cosaco.
■ **trou d'air** bache *m.*
■ **trou de la serrure** ojo *m* de la cerradura.
trouble [tRubl] *adj* **1** *(eau, vin)* turbio,-bia. **2** *(question, affaire)* confuso,-sa.
► *nm* **1** *(agitation)* disturbio *m*, desorden *m.* **2** *(émotion)* turbación *f*, emoción *f.* **3** *(anomalie)* trastorno *m*: ***trouble psychique***, trastorno psíquico.
► *nm pl* **troubles** disturbios *m pl.*
trouble-fête [tRubləfɛt] *nmf inv* aguafiestas.
troubler [tRuble] *vt* **1** *(rendre trouble)* enturbiar. **2** *(agiter)* agitar. **3** *(dérégler)* perturbar, trastornar. **4** *(inquiéter)* inquietar.
► *vpr* **se troubler** **1** *(devenir trouble)* enturbiarse. **2** *(s'embarrasser)* turbarse.
trouée [tRue] *nf* brecha *f.*
trouer [tRue] *vt* agujerear.
trouille [tRuj] *nf fam* canguelo *m.*
troupe [tRup] *nf* **1** *(de gens)* tropa *f*, pandilla *f.* **2** *(d'oiseaux)* bandada *f.* **3** *(de soldats)* tropa *f.* **4** *(de comédiens)* compañía *f.*
troupeau [tRupo] *nm* **1** *(d'animaux)* rebaño *m*, manada *f.* **2** *(de personnes)* multitud *f.*
trousse [tRus] *nf* estuche *m.*
■ **trousse de secours** botiquín *m.*
■ **trousse de toilette** neceser *m.*
trousseau [tRuso] *nm* **1** *(de clés)* manojo *m* de llaves. **2** *(d'une fiancée)* ajuar *m.* **3** *(d'un collégien)* equipo *m*, ropa *f.* **4** *(d'un nouveau-né)* canastilla *f.*
trouvaille [tRuvaj] *nf* hallazgo *m.*
trouver [tRuve] *vt* **1** *(gén)* encontrar: ***je ne trouve pas mes lunettes***, no encuentro mis gafas; ***je trouve que le vin est bon***, encuentro el vino bueno. **2** *(éprouver)* sentir, experimentar: ***comment le trouvez vous ?***, ¿qué le parece? **3** *fig (inventer)* descubrir, inventar.
► *vpr* **se trouver** **1** *(se rencontrer)* encontrarse: ***ils se sont trouvés à la plage***, se encontraron en la playa. **2** *(se sentir)* sentirse: ***je me trouve bien ici***, me siento a gusto aquí. **3** *(être dans un lieu)* estar: ***il se trouve à Rome***, está en Roma.
• **il se trouve que** resulta que: ***il se trouve qu'il est déjà parti***, resulta que ya se ha ido.
• **vous trouvez ?** ¿usted cree?

truand [tʀyɑ̃] *nm* truhán *m*.
truc [tʀyk] *nm* **1** *(astuce)* truco *m*. **2** *fam (chose quelconque)* chisme *m*, cacharro *m*.
• **ce n'est pas mon truc** *fam* eso no es lo mío.
trucage [tʀykaʒ] *nm* trucaje *m*.
truelle [tʀyɛl] *nf* **1** *(de maçon)* llana *f*. **2** *(pour servir)* pala *f* de pescado.
truffe [tʀyf] *nf* trufa *f*.
truie [tʀɥi] *nf* cerda *f*.
truite [tʀɥit] *nf* trucha *f*.
truquage [tʀykaʒ] *nm* trucaje *m*.
tsar [tsaʀ] *nm* zar *m*.
T-shirt [tiʃœʀt] *nm* (*pl* **T-shirts**) camiseta *f*.
tsunami [tsunami] *nm* tsunami *m*.
tu [ty] *pron pers* tú.
tuant,-e [tɥɑ̃,-ɑ̃t] *adj fam* agobiante.
tuba [tyba] *nm* **1** MUS tuba *f*. **2** *(pour nager)* tubo *m*.
tube [tyb] *nm* **1** *(gén)* tubo *m*. **2** *fam (chanson)* éxito *m*.
▪ **tube à essai** tubo de ensayo.
▪ **tube de l'été** canción *f* del verano.
▪ **tube digestif** tubo digestivo.
tubercule [tybɛʀkyl] *nm* BOT tubérculo *m*.
tuberculose [tybɛʀkylɔz] *nf* MÉD tuberculosis *f*.
tuer [tɥe] *vt* matar.
► *vpr* **se tuer** matarse.
• **se tuer au travail** matarse trabajando.
• **tuer le temps** matar el tiempo.
tuerie [tyʀi] *nf* matanza *f*.
tue-tête [atytɛt].
• **à tue-tête** a voz en grito.
tueur,-euse [tɥœʀ,-øz] *nm,f (assassin)* asesino,-na.
► *nm* **tueur** *(dans un abattoir)* matarife *m*.
▪ **tueur,-euse à gages** asesino,-na a sueldo.
▪ **tueur,-euse en série** asesino,-na en serie.
tuile [tɥil] *nf* **1** *(toiture)* teja *f*. **2** *fam (événement)* contratiempo *m*.
tulipe [tylip] *nf* tulipán *m*.
tulle [tyl] *nm* tul *m*.
tuméfié,-e [tymefje] *adj* tumefacto,-ta.
tumeur [tymœʀ] *nf* MÉD tumor *m*.
tumulte [tymylt] *nm* tumulto *m*.
tumultueux,-euse [tymyltɥø,-øz] *adj* tumultuoso,-sa.
tunique [tynik] *nf* túnica *f*.
Tunisie [tynizi] *nf* Túnez.
tunisien,-enne [tynizjɛ̃,-ɛn] *adj* tunecino,-na.
► *nm,f* **Tunisien,-enne** tunecino,-na.
tunnel [tynɛl] *nm* túnel *m*.
turban [tyʀbɑ̃] *nm* turbante *m*.
turbine [tyʀbin] *nf* turbina *f*.
turbo [tyʀbo] *nm* turbo *m*.
turbot [tyʀbo] *nm* rodaballo *m*.
turbulence [tyʀbylɑ̃s] *nf* turbulencia *f*.
turbulent,-e [tyʀbylɑ̃,-ɑ̃t] *adj* turbulento,-ta.
turc, turque [tyʀk] *adj* turco,-ca.
► *nmf* **Turc, Turque** turco,-ca.
► *nm* **turc** *(langue)* turco *m*.
Turquie [tyʀki] *nf* Turquía.
turquoise [tyʀkwaz] *nf* turquesa *f*.
tuteur,-trice [tytœʀ,-tʀis] *nm,f* tutor,-ra.
► *nm* **tuteur** *(d'une plante)* tutor *m*, rodrigón *m*.
tutoyer [tytwaje] *vt* tutear.
tutu [tyty] *nm* tutú *m*.
tuyau [tɥijo] *nm* **1** *(gén)* tubo *m*. **2** *(de plume, de cheminée, etc)* cañón *m*. **3** *fam (renseignement)* soplo *m*.
▪ **tuyau d'arrosage** manguera *f* de riego.
▪ **tuyau d'échappement** tubo de escape.
tuyauterie [tɥijotʀi] *nf* cañería *f*, tubería *f*.
TVA [tevea] *abr* (***taxe sur la valeur ajoutée***) IVA.
tympan [tɛ̃pɑ̃] *nm* tímpano *m*.
type [tip] *nm* tipo *m*.
▪ **pauvre type** pobre diablo *m*.
▪ **sale type** tipejo *m*.
typhoïde [tifɔid] *adj* MÉD tifoideo, a.
typhon [tifɔ̃] *nm* tifón *m*.
typhus [tifys] *nm* MÉD tifus *m*.
typique [tipik] *adj* típico,-ca.
typographie [tipɔgʀafi] *nf* tipografía *f*.
tyran [tiʀɑ̃] *nm* tirano *m*.
tyrannie [tiʀani] *nf* tiranía *f*.
tzar [tsaʀ] *nm* zar *m*.

U

UE [yø] *abr (**Union européenne**)* UE.
ulcère [ylsɛʀ] *nm* MÉD ulcera *f.*
ULM [yɛlɛm] *abr (**ultra-léger motorisé**)* ultraligero *m.*
ultérieur,-e [ylteʀjœʀ] *adj* ulterior.
ultimatum [yltimatɔm] *nm* ultimátum *m.*
ultime [yltim] *adj* ultimo,-ma.
ultra [yltʀa] *adj - nmf* extremista, ultra.
ultrason [yltʀazɔ̃] *nm* ultrasonido *m.*
ultraviolet,-ette [yltʀavjɔlɛ,-ɛt] *adj* ultravioleta.
► *nm* **ultraviolet** ultravioleta *m.*
un, une [œ̃, yn] *art indéf (quelqu'un)* un, -a: ***c'est un écrivain qui a dit ...***, es un escritor quien dijo...
► *num* 1 *(nombre)* uno,-a: ***j'ai acheté un litre de lait***, he comprado un litro de leche. 2 *(ordinal)* primero,-ra: ***livre un***, libro primero.
► *pron indéf* **l'un,-e** *(chacun, aucun)* uno,-a de ellos,-as: ***le coupable est l'un d'eux***, el culpable es uno de ellos.
► *nm* **un** *(une unité)* uno *m.*
• **c'est tout un** es todo uno.
• **l'un l'autre** el uno al otro.
• **l'un et l'autre** uno y otro, ambos.
• **ne faire ni une ni deux** no pararse en barras.
• **ne faire qu'un** no ser más que uno.
• **ni l'un ni l'autre** ni uno ni otro.
• **pas un** ni uno, ninguno.
• **un à un** uno por uno.
▪ **la une** *(d'un journal)* primera plana *f.*
unanime [ynanim] *adj* unánime.
unanimité [ynanimite] *nf* unanimidad *f.*
• **à l'unanimité** por unanimidad.
uni,-e [yni] *adj* 1 *(gén)* unido,-da. 2 *(surface)* llano,-na, liso,-sa. 3 *(vêtement, tissu)* liso,-sa: ***chemisier uni***, blusa lisa.
unification [ynifikasjɔ̃] *nf* unificación *f.*
unifier [ynifje] *vt* unificar.
uniforme[1] [ynifɔʀm] *adj* uniforme.
uniforme[2] [ynifɔʀm] *nm (vêtement)* uniforme *m.*
uniformiser [ynifɔʀmize] *vt* uniformar.
unilatéral,-e [ynilateʀal] *adj* unilateral.
union [ynjɔ̃] *nf* unión *f.*
▪ **Union européenne** Unión Europea.
unique [ynik] *adj* único,-ca.
unir [yniʀ] *vt* unir.
► *vpr* **s'unir** unirse.
unisexe [yniseks] *adj* unisex.
unisson [ynisɔ̃].
• **à l'unisson** al unísono.
unitaire [ynitɛʀ] *adj* unitario,-ria.
unité [ynite] *nf* unidad *f.*
univers [ynivɛʀ] *nm* universo *m.*
universel,-elle [ynivɛʀsɛl] *adj* universal.
universitaire [ynivɛʀsitɛʀ] *adj (gén)* universitario,-ria.
► *nmf* profesor,-ra de universidad.
université [ynivɛʀsite] *nf* universidad *f.*
uranium [yʀanjɔm] *nm* uranio *m.*
urbain,-e [yʀbɛ̃,-ɛn] *adj* urbano,-na.
urbanisation [yʀbanizasjɔ̃] *nf* urbanización *f.*
urbaniser [yʀbanize] *vt* urbanizar.
urbanisme [yʀbanism] *nm* urbanismo *m.*
urée [yʀe] *nf* urea *f.*
urgence [yʀʒɑ̃s] *nf* urgencia *f.*
• **d'urgence** urgentemente.

urgent,-e [yʀʒɑ̃,-ɑ̃t] *adj* urgente.
urinaire [yʀinɛʀ] *adj* ANAT urinario,-ria.
urine [yʀin] *nf* orina *f.*
urinoir [yʀinwaʀ] *nm* urinario *m.*
urne [yʀn] *nf* urna *f.*
urticaire [yʀtikɛʀ] *nf* MÉD urticaria *f.*
Uruguay [yʀygwɛ] *nm* Uruguay.
uruguayen,-enne [yʀygwejɛ̃,-ɛn] *adj* uruguayo,-ya.
► *nm,f* **Uruguayen,-enne** uruguayo,-ya.
usage [ysaʒ] *nm* **1** *(d'une chose)* uso *m,* empleo *m.* **2** *(coutume)* uso *m,* costumbre *f.*
• **à l'usage** con el uso.
• **à l'usage de** para uso de.
• **" À usage externe "** "Uso tópico".
• **d'usage** usualmente, de costumbre.
• **en usage** en uso.
• **faire usage de** hacer uso de.
• **hors d'usage** fuera de uso.
usagé,-e [yzaʒe] *adj* usado,-da: ***vêtements usagés***, ropa usada.
usager,-ère [yzaʒe,-ɛʀ] *nm,f* usuario,-ria.
usé,-e [yze] *adj* **1** *(gén)* usado,-da. **2** *fig (affaibli)* estropeado,-da. **3** *fig (banal)* trillado,-da.
user [yze] *vi* **user de** *(faire usage)* usar, hacer uso de: ***user d'un privilège***, hacer uso de un privilegio.
► *vt* **1** *(détériorer)* gastar, desgastar. **2** *(santé, forces)* debilitar, minar.
► *vpr* **s'user** *(se détériorer)* gastarse.
• **s'user à la tâche** matarse trabajando.
usine [yzin] *nf* fábrica *f.*
usité,-e [yzite] *adj (employé)* usado,-da: ***c'est une expression très usitée***, es una expresión muy usada.
ustensile [ystɑ̃sil] *nm* utensilio *m.*
usuel,-elle [yzɥɛl] *adj* usual.
usure[1] [yzyʀ] *nf (intérêt)* usura *f.*
usure[2] [yzyʀ] *nf (détérioration)* desgaste *m,* deterioro *m.*
usurier,-ère [yzyʀje,-jɛʀ] *nm,f* usurero, -ra.
usurpateur,-trice [yzyʀpatœʀ,-tʀis] *nm,f* usurpador,-ra.
usurper [yzyʀpe] *vt* usurpar.
utérus [yteʀys] *nm* ANAT útero *m.*
utile [ytil] *adj* útil.
• **en temps utile** a su debido tiempo.
utilisateur,-trice [ytilizatœʀ,-tʀis] *nm,f* usuario,-ria.
utilisation [ytilizasjɔ̃] *nf* utilización *f.*
utiliser [ytilize] *vt* utilizar.
utilitaire [ytilitɛʀ] *adj* utilitario,-ria.
► *nm* INFORM utilidad *f.*
utilité [ytilite] *nf* **1** *(service)* utilidad *f.* **2** *(théâtre)* figurante *m.*
utopie [ytɔpi] *nf* utopía *f.*
utopique [ytopik] *adj* utópico,-ca.

V

va ! [va] *interj* ¡venga!
• **va pour** sea, vaya por: ***va pour dix euros***, vaya por diez euros.
vacance [vakɑ̃s] *nf* vacante *f.*
► *nf pl* **vacances** vacaciones *f pl.*
• **être en vacances** estar de vacaciones.
▪ **grandes vacances** vacaciones de verano.
vacancier,-ère [vakɑ̃sje,-ɛʀ] *nm,f* veraneante.
vacant,-e [vakɑ̃,-ɑ̃t] *adj* **1** *(poste, chaire)* vacante. **2** *(siège, logement)* desocupado, -da, libre.
vacarme [vakaʀm] *nm* alboroto *m.*
vaccin [vaksɛ̃] *nm* vacuna *f.*
vacciner [vaksine] *vt* vacunar.
vache [vaʃ] *nf* **1** *(animal)* vaca *f.* **2** *fam (personne)* hueso *m.*
► *adj fam (dur)* severo,-ra.
• **ah la vache !** ¡maldita sea!
• **manger de la vache enragée** *fig* pasar las de Caín.
vachement [vaʃmɑ̃] *adv fam (très)* súper, tope: ***ce film est vachement bien***, esta película está súper bien.
vacherie [vaʃʀi] *nf* **1** *(établissement)* vaquería *f.* **2** *fam (méchanceté)* mala jugada *f.*
vaciller [vasije] *vi* vacilar.
va-et-vient [vaevjɛ̃] *nm inv* vaivén *m.*
vagabond,-e [vagabɔ̃,-ɔ̃d] *adj* - *nm,f* vagabundo,-da.
vagabonder [vagabɔ̃de] *vi* vagabundear.
vagin [vaʒɛ̃] *nm* ANAT vagina *f.*
vague[1] [vag] *adj* vago,-ga.
► *nm* vaguedad *f.*
• **avoir du vague à l'âme** sentir nostalgia.
• **rester dans le vague** no concretar en nada.
vague[2] [vag] *nf* ola *f.*
▪ **vague de chaleur** ola de calor.
vain,-e [vɛ̃,-ɛn] *adj* vano,-na.
• **en vain** en vano.
vaincre [vɛ̃kʀ] *vt* vencer.
vaincu,-e [vɛ̃ky] *adj* - *nm,f* vencido,-da.
• **s'avouer vaincu,-e** darse por vencido,-da.
vainqueur [vɛ̃kœʀ] *adj* - *nm* vencedor,-ra.
vaisseau [vɛso] *nm* **1** *(navire)* buque *m*, nave *f.* **2** *(d'un édifice)* nave *f.* **3** ANAT vaso *m.*
• **brûler ses vaisseaux** quemar las naves.
▪ **vaisseau spatial** nave espacial.
vaisselle [vɛsɛl] *nf* vajilla *f.*
• **faire la vaisselle** fregar los platos.
val [val] *nm* (*pl* **vaux** o **vals**) valle *m.*
valable [valabl] *adj* **1** *(gén)* válido,-da. **2** *(personne, œuvre)* de valor.
valet [valɛ] *nm* **1** *(domestique)* sirviente *m.* **2** *(aux cartes)* sota *f.*
▪ **valet de chambre** ayuda *m* de cámara.
▪ **valet d'écurie** mozo *m* de cuadra.
▪ **valet de pied** lacayo *m.*
valeur [valœʀ] *nf* valor *m.*
• **mettre en valeur** poner de relieve.
valeureux,-euse [valœʀø,-øz] *adj* valeroso,-sa.
valide [valid] *adj* válido,-da.
valider [valide] *vt* validar.
validité [validite] *nf* validez *f.*
valise [valiz] *nf* maleta *f.*
▪ **valise diplomatique** valija *f* diplomática.
vallée [vale] *nf* valle *m.*

valoir [valwaR] *vi* valer: ***ça vaut 10 euros***, vale 10 euros; ***une fiche rouge vaut deux points***, una ficha roja vale dos puntos; ***cette vue vaut le déplacement***, esta vista vale el desplazamiento.
► *vt* valer: ***ses farces lui ont valu une mauvaise réputation***, sus bromas le han valido mala fama.
• **à valoir** a cuenta.
• **autant vaudrait** sería conveniente.
• **autant vaut** tanto monta.
• **faire valoir** hacer valer.
• **il vaut mieux** más vale, es preferible.
• **rien qui vaille** nada bueno.
• **se faire valoir** darse importancia.
• **vaille que vaille** mal que bien.
• **valoir la peine de** valer la pena de.
valoriser [valɔRize] *vt* valorizar.
valse [vals] *nf* vals *m*.
valve [valv] *nf* **1** *(de mollusque)* valva *f*. **2** *(soupape)* válvula *f*.
vampire [vɑ̃piR] *nm* vampiro *m*.
vandale [vɑ̃dal] *nm* vándalo *m*.
vandalisme [vɑ̃dalism] *nm* vandalismo *m*.
vanille [vanij] *nf* vainilla *f*: ***glace à la vanille***, helado de vainilla.
vanité [vanite] *nf* vanidad *f*.
vaniteux,-euse [vanitø,-øz] *adj* - *nm,f* vanidoso,-sa.
vanne [van] *nf* compuerta *f*.
vantard,-e [vɑ̃taR,-aRd] *adj* - *nm,f* jactancioso,-sa, pretencioso,-sa.
vanter [vɑ̃te] *vt* alabar.
► *vpr* **se vanter** jactarse: ***il se vante constamment de sa force***, se jacta continuamente de su fuerza.
vapeur [vapœR] *nf* vapor *m*.
► *nm (bateau)* vapor *m*.
• **à la vapeur** CUIS al vapor.
• **à toute vapeur** a todo gas.
vaporisateur [vapɔRztœR] *nm* vaporizador *m*.
vaporiser [vapɔRize] *vt* vaporizar.
vareuse [vaRøz] *nf* **1** *(vêtement de marin)* marinera *f*. **2** *(uniforme)* guerrera *f*. **3** *(veste)* chaquetón *m*.
variable [vaRjabl] *adj* - *nf* variable *f*.
variant,-e [vaRjɑ̃,-ɑ̃t] *adj* - *nf* variante *f*.
variation [vaRijasjɔ̃] *nf* variación *f*.
varice [vaRis] *nf* MÉD variz *f*.
varicelle [vaRisɛl] *nf* MÉD varicela *f*.
varier [vaRje] *vt* variar.
► *vi* **1** *(présenter des changements)* variar. **2** *(présenter des différences)* diferir.
variété [vaRjete] *nf (diversité, changement)* variedad *f*.
► *nf pl* **variétés** variedades *f pl*.
variole [vaRjɔl] *nf* MÉD viruela *f*.
vasculaire [vaskylɛR] *adj* ANAT vascular.
vase[1] [vaz] *nm* **1** *(récipient)* vaso *m*, vasija *f*. **2** *(à fleurs)* jarrón *m*.
▪ **vase de nuit** orinal *m*.
▪ **vases communicants** vasos comunicantes.
vase[2] [vaz] *nf* cieno *m*, légamo *m*.
vaseline [vazlin] *nf* vaselina *f*.
vaseux,-euse [vazø,-øz] *adj* **1** *(boueux)* cenagoso,-sa. **2** *fam (fatigué)* agotado,-da. **3** *fam (peu clair)* farragoso,-sa.
vasistas [vazistas] *nm* tragaluz *m*.
vaste [vast] *adj* vasto,-ta.
va-tout [vatu] *nm inv* resto *m*.
• **jouer son va-tout** arriesgar el todo por el todo.
vaudeville [vodvil] *nm* vodevil *m*.
vaurien,-enne [voRjɛ̃,-ɛn] *nm,f* granuja, golfo,-fa.
vautour [votuR] *nm* buitre *m*.
vautrer (se) [votRe] *vpr* **1** *(sur l'herbe, le sol)* revolcarse. **2** *(dans un fauteuil)* repantigarse.
veau [vo] *nm* **1** *(animal)* ternero *m*. **2** *(viande)* ternera *f*.
• **tuer le veau gras** echar la casa por la ventana.
vedette [vədɛt] *nf* **1** *(bateau)* lancha *f* motora. **2** *(artiste)* estrella *f*.
• **mettre en vedette** poner en primer plano.
végétal,-e [veʒetal] *adj* - *nm* vegetal *m*.
végétarien,-enne [veʒetaRjɛ̃,-ɛn] *adj* - *nm,f* vegetariano,-na.
végétation [veʒetasjɔ̃] *nf* vegetación *f*.
► *nf pl* **végétations** MÉD vegetaciones *f pl*.
végéter [veʒete] *vi* vegetar.
véhémence [veemɑ̃s] *nf* vehemencia *f*.
véhicule [veikyl] *nm* vehículo *m*.

veille [vɛj] *nf* **1** *(privation de sommeil)* vigilia *f*, vela *f*. **2** *(jour précédent)* víspera *f*. **3** *(d'une fête religieuse)* vigilia *f*.
• **être à la veille de** *fig* estar a punto de.
veillée [veje] *nf* velada *f*.
▪ **veillée funèbre** velatorio *m*.
veiller [veje] *vi* **1** *(rester sans dormir)* velar. **2** *(être de service)* vigilar.
► *vt (malade, mort)* velar.
• **veiller à/sur + QQCH/QQN** velar por ALGO/ALGN: ***veiller sur ses enfants***, velar por sus hijos.
veilleur,-euse [vɛjœʀ,-øz] *nm,f* vigilante.
▪ **veilleur,-euse de nuit** vigilante nocturno.
veilleuse [vɛjøz] *nf* **1** *(lampe)* lamparilla *f* de noche. **2** *(d'un appareil à gaz)* llama *f* piloto.
• **mettre en veilleuse** poner en reposo.
veinard,-e [vɛnaʀ,-aʀd] *adj - nm,f fam* suertudo,-da.
veine [vɛn] *nf* **1** *(gén)* vena *f*. **2** *(d'un minéral)* veta *f*. **3** *fam (chance)* potra *f*.
• **être en veine** *fam* estar de suerte.
• **pas de veine !** *fam* ¡mala pata!
▪ **veine poétique** vena poética.
veineux,-euse [vɛnø,-øz] *adj* **1** ANAT venoso,-sa. **2** *(pierre, bois)* veteado,-da.
Velcro® [vɛlkʀo] *nm* velcro® *m*.
véliplanchiste [veliplɑ̃ʃist] *nmf* windsurfista.
vélo [velo] *nm fam* bici *f*.
vélodrome [velɔdʀɔm] *nm* velódromo *m*.
vélomoteur [velɔmɔtœʀ] *nm* ciclomotor *m*.
velours [vəluʀ] *nm* terciopelo *m*.
▪ **velours côtelé** pana *f*.
velouté,-e [vəlute] *adj* aterciopelado,-da.
► *nm* **velouté** CUIS crema *f*.
velu,-e [vəly] *adj* velludo,-da.
vendange [vɑ̃dɑ̃ʒ] *nf* vendimia *f*.
vendanger [vɑ̃dɑ̃ʒe] *vt - vi* vendimiar.
vendeur,-euse [vɑ̃dœʀ,-øz] *nm,f* **1** *(commerçant)* vendedor,-ra. **2** *(d'une boutique)* dependiente,-ta.
vendre [vɑ̃dʀ] *vt* vender.
► *vpr* **se vendre** venderse.
• **" À vendre "** "En venta", "Se vende".
• **vendre à terme** vender a plazos.
• **vendre aux enchères** subastar.
• **vendre la mèche** *fam* revelar un secreto.
vendredi [vɑ̃dʀədi] *nm* viernes *m*.
vénéneux,-euse [venenø,-øz] *adj* venenoso,-sa.
vénérable [veneʀabl] *adj* venerable.
vénérer [veneʀe] *vt* venerar.
Venezuela [venezɥela] *nm* Venezuela.
vénézuélien,-enne [venezɥeljɛ̃,-ɛn] *adj* venezolano,-na.
► *nm,f* **Vénézuélien,-enne** venezolano,-na.
vengeance [vɑ̃ʒɑ̃s] *nf* venganza *f*.
venger [vɑ̃ʒe] *vt* vengar.
► *vpr* **se venger** vengarse.
venimeux,-euse [vənimø,-øz] *adj* venenoso,-sa.
venin [vənɛ̃] *nm* veneno *m*.
venir [vəniʀ] *vi* **1** *(gén)* venir: ***il est venu hier***, vino ayer; ***dites-lui de venir***, dígale que venga. **2** *(être originaire de)* venir, proceder: ***ces oranges viennent de Valence***, estas naranjas vienen de Valencia. **3** *(arriver)* llegar: ***un malheur ne vient jamais seul***, una desgracia nunca llega sola. **4** *(se former)* formarse, aparecer: ***c'est venu comme ça***, sucedió así.
• **en venir aux mains** llegar a las manos.
• **en venir (jusqu')à** verse reducido a.
• **faire venir QQN** llamar a ALGN.
• **où veux-tu en venir?** ¿dónde quieres ir a parar?
• **venir de** acabar de.
vent [vɑ̃] *nm* **1** *(mouvement de l'air)* viento *m*. **2** *(air)* aire *m*: ***ce ventilateur ne fait pas assez de vent***, este ventilador no da bastante aire. **3** *(gaz intestinal)* ventosidad *f*.
• **contre vents et marées** contra viento y marea.
• **être dans le vent** *fam* estar a la última.
vente [vɑ̃t] *nf* venta *f*.
▪ **vente à tempérament** venta a plazos.
▪ **vente au comptant** venta al contado.
▪ **vente aux enchères** subasta *f*.
ventilateur [vɑ̃tilatœʀ] *nm* ventilador *m*.
ventilation [vɑ̃tilasjɔ̃] *nf* ventilación *f*.
ventiler [vɑ̃tile] *vt* **1** *(chambre, maison)* ventilar. **2** *(compte)* desglosar.
ventouse [vɑ̃tuz] *nf* ventosa *f*.

ventre [vɑ̃tʀ] *nm* **1** *(abdomen)* vientre *m*. **2** *(d'un objet)* barriga *f*, panza *f*.
• **à plat ventre** boca abajo.
• **à ventre déboutonné** como un descosido.
• **sur le ventre** boca abajo.
• **ventre à terre** a galope tendido.
ventricule [vɑ̃tʀikyl] *nm* ANAT ventrículo *m*.
ventriloque [vɑ̃tʀilɔk] *adj - nmf* ventrílocuo,-cua.
venu,-e [vəny].
• **être bien venu,-e** ser bien recibido.
• **être mal venu,-e** ser mal recibido.
▪ **le premier venu** el primer llegado.
▪ **nouveau venu** recién llegado *m*.
ver [vɛʀ] *nm* gusano *m*.
• **tirer les vers du nez à** QQN *fam* tirar de la lengua a ALGN.
▪ **ver à soie** gusano de seda.
▪ **ver luisant** luciérnaga *f*.
▪ **ver solitaire** solitaria *f*.
véranda [veʀɑ̃da] *nf* mirador *m*.
verbal,-e [vɛʀbal] *adj* verbal.
verbe [vɛʀb] *nm* verbo *m*.
verdict [vɛʀdikt] *nm* veredicto *m*: ***verdict d'acquittement***, veredicto de no culpabilidad.
verdure [vɛʀdyʀ] *nf* **1** *(des arbres, des plantes)* verde *m*, verdor *m*. **2** *(herbe, feuillage)* hierba *f*, césped *m*. **3** *(plantes potagères)* verdura *f*.
véreux,-euse [veʀø,-øz] *adj* **1** *(fruit, nourriture)* agusanado,-da. **2** *(personne, affaire, etc)* sospechoso,-sa.
verge [vɛʀʒ] *nf* **1** *(baguette)* vara *f*. **2** *(pour frapper)* fusta *f*. **3** *(sexe)* verga *f*.
verger [vɛʀʒe] *nm* vergel *m*.
vergeture [vɛʀʒətyʀ] *nf* estría *f*.
verglas [vɛʀgla] *nm* hielo *m*.
véridique [veʀidik] *adj* verídico,-ca.
vérification [veʀifikasjɔ̃] *nf* verificación *f*.
vérifier [veʀifje] *vt* verificar.
vérin [veʀɛ̃] *nm* gato *m*.
véritable [veʀitabl] *adj* verdadero,-ra.
vérité [veʀite] *nf* verdad *f*.
• **dire à** QQN **ses quatre vérités** decir a ALGN cuatro verdades.
• **en vérité** en verdad.
vermicelle [vɛʀmisɛl] *nm* fideo *m*.
vermine [vɛʀmin] *nf* **1** *(insecte)* miseria *f*. **2** *fig (personne)* gentuza *f*.
verni,-e [vɛʀni] *adj* **1** *(meuble)* barnizado,-da. **2** *fam fig (fortuné)* afortunado,-da.
• **être verni,-e** *fam* tener potra.
vernir [vɛʀniʀ] *vt* barnizar.
vernis [vɛʀni] *nm* barniz *m*.
▪ **vernis à ongles** esmalte *m* de uñas.
vernissage [vɛʀnisaʒ] *nm* **1** *(d'un meuble)* barnizado *m*. **2** *(d'une exposition)* inauguración *f*, vernissage *m*.
vérole [veʀɔl] *nf* MÉD sífilis *f*.
▪ **petite vérole** MÉD viruela *f*.
verre [vɛʀ] *nm* **1** *(vitre)* vidrio *m*. **2** *(de lunettes)* cristal *m*. **3** *(à boire)* vaso *m*, copa *f*.
• **prendre un verre** tomar una copa.
▪ **verre à pied** copa.
▪ **verres de contact** lentes *f pl* de contacto.
▪ **verres progressifs** lentes *f pl* progresivas.
verrerie [vɛʀəʀi] *nf* cristalería *f*.
verrière [vɛʀjɛʀ] *nf* vidriera *f*.
verrou [vɛʀu] *nm* cerrojo *m*.
• **être sous les verrous** estar preso,-sa.
verrouiller [vɛʀuije] *vt* **1** *(fermer)* cerrar con cerrojo. **2** *(enfermer)* encerrar.
verrue [vɛʀy] *nf* MÉD verruga *f*.
vers[1] [vɛʀ] *nm (poésie)* verso *m*.
vers[2] [vɛʀ] *prép* **1** *(direction)* hacia: ***se diriger vers la porte***, dirigirse hacia la puerta. **2** *(approximation)* hacia, a eso de: ***vers six heures***, hacia las seis, a eso de las seis.
versant [vɛʀsɑ̃] *nm* vertiente *f*.
versatile [vɛʀsatil] *adj* versátil.
verse [vɛʀs].
• **à verse** a cántaros.
versement [vɛʀsəmɑ̃] *nm* pago *m*, ingreso *m*.
verser [vɛʀse] *vt* **1** *(liquide)* verter, derramar: ***verser de l'eau sur la table***, verter agua sobre la mesa. **2** *(argent)* ingresar, abonar: ***verser une somme sur son compte***, ingresar una cantidad en su cuenta.
► *vi (véhicule)* volcar.
• **verser des larmes** llorar.
• **verser le sang** derramar sangre.
verset [vɛʀsɛ] *nm* versículo *m*.
version [vɛʀsjɔ̃] *nf* **1** *(gén)* versión *f*. **2** *(traduction)* traducción *f* directa.
▪ **version originale** versión original.

verso [vɛʀso] *nm* vuelta *f*, verso *m*.
vert,-e [vɛʀ,-ɛʀt] *adj* **1** *(gén)* verde. **2** *(les légumes)* fresco,-ca. **3** *(les gens âgés)* vigoroso,-sa, lozano,-na.
► *nm* **vert** verde *m*.
• **en voir des vertes et des pas mûres** verlas moradas.
• **se mettre au vert** irse al campo a descansar.
vertébral,-e [vɛʀtebʀal] *adj* ANAT vertebral.
vertèbre [vɛʀtebʀ] *nf* ANAT vértebra *f*.
vertébré,-e [vɛʀtebʀe] *adj* vertebrado,-da.
► *nm* **vertébré** vertebrado *m*.
vertical,-e [vɛʀtikal] *adj* vertical.
vertige [vɛʀtiʒ] *nm* vértigo *m*.
vertigineux,-euse [vɛʀtiʒinø,-øz] *adj* vertiginoso,-sa.
vertu [vɛʀty] *nf* virtud *f*.
• **en vertu de** en virtud de.
vertueux,-euse [vɛʀtɥø,-øz] *adj* virtuoso,-sa.
verveine [vɛʀvɛn] *nf (plante)* verbena *f*.
vésicule [vezikyl] *nf* ANAT vesícula *f*.
vessie [vesi] *nf* ANAT vejiga *f*.
veste [vɛst] *nf* chaqueta *f*, americana *f*.
vestiaire [vɛstjɛʀ] *nm (lieu)* guardarropa *m*; *(d'une salle de sports)* vestuario *m*.
vestibule [vɛstibyl] *nm* vestíbulo *m*.
vestige [vɛstiʒ] *nm* vestigio *m*.
veston [vɛstɔ̃] *nm* chaqueta *f*, americana *f*.
vêtement [vɛtmɑ̃] *nm* vestido *m*, ropa *f*.
vétéran [veteʀɑ̃] *nm* veterano *m*.
vétérinaire [veteʀinɛʀ] *adj - nmf* veterinario,-ria.
vêtir [vetiʀ] *vt* vestir.
► *vpr* **se vêtir** vestirse.
veto [veto] *nm* veto *m*.
veuf, veuve [vœf, vœv] *adj - nmf* viudo,-da.
vexer [vɛkse] *vt (contrarier)* molestar.
► *vpr* **se vexer** molestarse.
via [vja] *prép* vía.
viabilité [vjabilite] *nf* **1** *(d'un organisme vivant)* viabilidad *f*. **2** *(d'un chemin)* calidad *f* de transitable.
viable [vjabl] *adj* viable.
viaduc [vjadyk] *nm* viaducto *m*.
viager,-ère [vjaʒe,-ɛʀ] *adj (rente, pension, etc)* vitalicio,-cia.
► *nm* **viager** *(revenu)* renta *f* vitalicia.
viande [vjɑ̃d] *nf* carne *f*.
▪ **viande blanche** carne blanca.
▪ **viande froide** fiambre *m*.
▪ **viande rouge** carne roja.
vibrant,-e [vibʀɑ̃,-ɑ̃t] *adj* vibrante.
vibration [vibʀasjɔ̃] *nf* vibración *f*.
vibrer [vibʀe] *vi* vibrar.
• **faire vibrer** emocionar.
vicaire [vikɛʀ] *nm* vicario *m*.
vice [vis] *nm* vicio *m*.
vice-président,-e [vispʀezidɑ̃,-ɑ̃t] *nm,f* (*pl* **vice-présidents,-tes**) vicepresidente,-ta.
vice versa [visvɛʀsa] *adv* viceversa.
vicier [visje] *vt* viciar.
► *vpr* **se vicier** viciarse.
vicieux,-euse [visjø,-øz] *adj* **1** *(gén)* vicioso,-sa. **2** *(cheval)* resabiado,-da.
victime [viktim] *nf* víctima *f*.
victoire [viktwaʀ] *nf* victoria *f*.
victorieux,-euse [viktɔʀjø,-øz] *adj* victorioso,-sa.
victuailles [viktɥai] *nf pl* vituallas *f pl*.
vidanger [vidɑ̃ʒe] *vt* **1** *(récipient)* vaciar. **2** *(voiture)* cambiar el aceite.
vide [vid] *adj* vacío,-cía.
► *nm* **1** *(physique)* vacío *m*. **2** *(d'un mur)* hueco *m*.
• **faire le vide autour de QQN** hacer el vacío a ALGN.
• **vide de** desprovisto,-ta de.
vidéo [video] *adj inv* de vídeo.
► *nm* vídeo *m*.
vidéoblog [videoblɔg] *nm* videoblog *m*.
vidéocassette [videɔkasɛt] *nf* cinta *f* de vídeo.
vidéo-clip [videoklip] *nm* videoclip *m*.
vidéoclub [videoklœb] *nm* videoclub *m*.
vidéodisque [videodisk] *nm* videodisco *m*.
vider [vide] *vt* **1** *(rendre vide)* vaciar. **2** *(poisson, volaille)* limpiar. **3** *(question)* resolver. **4** *(un lieu)* abandonar, desalojar. **5** *fam (expulser)* echar. **6** *fam (épuiser)* agotar.
► *vpr* **se vider** *(devenir vide)* vaciarse.
vie [vi] *nf* vida *f*.
• **être en vie** estar vivo,-va.
• **être plein de vie** estar lleno de vida.
• **faire la vie** entregarse a los placeres.
• **faire sa vie** vivir su vida.
• **jamais de la vie** nunca jamás.

• **la vie durant** para siempre.
• **rendre la vie dure à QQN** hacerle la vida imposible a ALGN.
• **voir la vie en rose** ver la vida de color de rosa.

vieil [vjɛj] *adj* → vieux, vieille.
vieillard [vjɛjaʀ] *nm* anciano *m*.
vieille [vjɛj] *adj - nf* → vieux, vieille.
vieillesse [vjɛjɛs] *nf* vejez *f*.
vieillir [vjejiʀ] *vi* **1** *(devenir vieux)* envejecer. **2** *(paraître vieux)* avejentarse. **3** *fig (se démoder)* anticuarse.
► *vt (avant l'heure)* envejecer: ***cette coiffure te vieillit***, este peinado te envejece.
vieillissement [vjejismɑ̃] *nm* envejecimiento *m*.
vieillot,-otte [vjɛjo,-ɔt] *adj* **1** *(gén)* avejentado,-da. **2** *fam (démodé)* anticuado,-da.
vierge [vjɛʀʒ] *adj* virgen.
► *nf* virgen *f*.
▪ **la sainte Vierge** la Virgen María.
vieux, vieille [vjø, vjɛjl] *adj* (**vieil** delante de nombre masculino que empiece por vocal o *h* muda) **1** *(gén)* viejo,-ja: ***un homme vieux***, un hombre viejo; ***un vieil homme***, un hombre viejo. **2** *(ancien)* antiguo,-gua: ***c'est un de mes vieux professeurs***, es un antiguo profesor mío. **3** *(usé)* viejo,-ja, usado,-da.
► *nmf (personne âgée)* viejo,-ja, anciano,-na.
► *nm* **le vieux** *(ce qui est ancien)* lo viejo: ***je préfère le vieux au neuf***, prefiero lo viejo que lo nuevo.
• **ma vieille !** ¡mujer!, ¡tía!
• **mon vieux !** *fam* ¡hombre!, ¡tío!
▪ **petite vieille** viejecita *f*.
▪ **petit vieux** viejecito *m*.
▪ **vieille fille** solterona *f*.
▪ **vieux garçon** solterón *m*.
vif, vive [vif, viv] *adj* **1** *(vivant)* vivo,-va. **2** *(brillant)* vivo,-va, brillante. **3** *(intense)* intenso,-sa: ***froid vif***, frío intenso.
► *nm* **vif 1** *(personne vivante)* vivo *m*: ***entre vifs***, entre vivos. **2** *(d'une question)* lo importante.
• **à vif** en carne viva.
• **de vive voix** de viva voz.
• **piquer au vif** herir en lo más vivo.
• **prendre sur le vif** reproducir del natural.
vigie [viʒi] *nf* vigía *m*.
vigilance [viʒilɑ̃s] *nf* vigilancia *f*.
vigne [viɲ] *nf* **1** *(plante)* vid *f*. **2** *(champ)* viñedo *m*.
• **être dans les vignes du Seigneur** *fig* estar beodo,-da.
▪ **vigne vierge** cepa *f* virgen.
vigneron,-onne [viɲəʀɔ̃,-ɔn] *nm,f* viticultor,-ra.
vignette [viɲɛt] *nf* **1** *(gravure)* viñeta *f*. **2** *(certificat)* sello *m*, timbre *m*.
vignoble [viɲɔbl] *nm* viñedo *m*.
vigogne [vigɔɲ] *nf* vicuña *f*.
vigoureux,-euse [viguʀø,-øz] *adj* vigoroso,-sa.
vigueur [vigœʀ] *nf* vigor *m*.
• **être en vigueur** estar en vigor.
vil,-e [vil] *adj* vil.
• **acheter à vil prix** comprar a bajo precio.
vilain,-e [vilɛ̃,-ɛn] *adj - nm,f* **1** *(laid)* feo,-a: ***il a un vilain nez***, tiene una nariz fea. **2** *(méchant)* malo,-la.
• **il va y avoir du vilain** *fam* se va a armar la gorda.
vilebrequin [vilbʀəkɛ̃] *nm* **1** *(outil)* berbiquí *m*. **2** *(d'un moteur)* cigüeñal *m*.
villa [villa] *nf* villa *f*.
village [vilaʒ] *nm* pueblo *m*.
villageois,-e [vilaʒwa,-az] *adj - nm,f* lugareño,-ña, aldeano,-na.
ville [vil] *nf* ciudad *f*.
• **à la ville** en la ciudad.
• **aller en ville** ir de compras.
• **dîner en ville** comer fuera de casa.
villégiature [vileʒjatyʀ] *nf* veraneo *m*.
vin [vɛ̃] *nm* vino *m*.
• **cuver son vin** *fig* dormir la mona.
• **être entre deux vins** *fig* estar entre Pinto y Valdemoro.
• **mettre de l'eau dans son vin** *fig* moderarse.
▪ **vin blanc** vino blanco.
▪ **vin rosé** vino clarete, vino rosado.
▪ **vin rouge** vino tinto.
vinaigre [vinɛgʀ] *nm* vinagre *m*.
• **tourner au vinaigre** ponerse feo.
vinaigrette [vinɛgʀɛt] *nf* CUIS vinagreta *f*.
vinasse [vinas] *nf fam* vino *m* peleón.
vingt [vɛ̃] *num* veinte *m*.
vingtaine [vɛ̃tɛn] *nf* veintena *f*.

vingtième [vɛ̃tjɛm] *adj - nmf* vigésimo, -ma.
► *nm (fraction)* veinteavo *m*, vigésima parte *f*.
vinicole [vinikɔl] *adj* vinícola.
vinyle [vinil] *nm* vinilo *m*.
viol [vjɔl] *nm* violación *f*.
violation [vjɔlasjɔ̃] *nf* violación *f*.
violence [vjɔlɑ̃s] *nf* violencia *f*.
violent,-e [vjɔlɑ̃,-ɑ̃t] *adj* violento,-ta.
violer [vjɔle] *vt* violar.
violet,-ette [vjɔlɛ,-ɛt] *adj - nm (couleur)* violeta *m*.
violette [vjɔlɛt] *nf (fleur)* violeta *f*.
violeur [vjɔlœʀ] *nmf* violador *m*.
violon [vjɔlɔ̃] *nm* **1** *(instrument)* violín *m*. **2** *fam (prison)* talego *m*.
▪ **violon d'Ingres** pasatiempo *m* favorito: ***la peinture est son violon d'Ingres***, la pintura es su pasatiempo favorito.
violoncelle [vjɔlɔ̃sɛl] *nm* violonchelo *m*.
violoncelliste [vjɔlɑ̃selist] *nmf* violonchelista.
violoniste [vjɔlɔnist] *nmf* violinista.
vipère [vipɛʀ] *nf* víbora *f*.
virage [viʀaʒ] *nm* **1** *(action de tourner)* viraje *m*. **2** *(endroit où l'on tourne)* curva *f*, vuelta *f*. **3** *fig (changement)* giro *m*, sesgo *m*: ***leurs rapports ont pris un étrange virage***, sus relaciones han adoptado un giro extraño.
• **négocier un virage** coger una curva.
• **"Virage dangereux"** "Curva peligrosa".
virement [viʀmɑ̃] *nm* **1** *(d'un bateau)* virada *f*. **2** *(de fonds)* transferencia *f*, giro *m*.
▪ **virement postal** giro postal.
virer [viʀe] *vi* **1** *(gén)* girar. **2** *(bateau)* virar.
► *vt* **1** *(transférer)* hacer una transferencia. **2** *fam (congédier)* despedir.
• **virer de bord 1** *(bateau)* virar en redondo. **2** *fig (personne)* chaquetear.
virginité [viʀʒinite] *nf* virginidad *f*.
virgule [viʀgyl] *nf* coma *f*.
virtuel,-elle [viʀtɥɛl] *adj* virtual.
virtuose [viʀtɥoz] *nmf* virtuoso,-sa.
virulence [viʀylɑ̃s] *nf* virulencia *f*.
virus [viʀys] *nm* virus *m*.
vis [vis] *nf* tornillo *m*.
• **serrer la vis à QQN** apretar las clavijas a ALGN.
visa [viza] *nm* **1** *(sur le passeport)* visado *m*. **2** *(approbation)* visto *m* bueno.
visage [vizaʒ] *nm* cara *f*.
• **à visage découvert** a cara descubierta.
vis-à-vis [vizavi] *adv (en face)* enfrente.
► *nm (personne)* vecino *m* de enfrente.
• **vis-à-vis de 1** *(en face de)* en frente de, frente a. **2** *(à l'égard de)* respecto de.
viscéral,-e [viseʀal] *adj* visceral.
viscère [visɛʀ] *nm* ANAT víscera *f*.
visée [vize] *nf* **1** *(regard)* mirada *f*. **2** *(d'une arme)* puntería *f*. **3** *fig (but)* intención *f*.
• **avoir de hautes visées** apuntar muy alto.
viser [vize] *vt* **1** *(pointer)* apuntar a. **2** *fig (chercher à atteindre)* ambicionar. **3** *(document)* visar.
► *vi* **1** *(pour tirer)* apuntar. **2** *(diriger ses efforts vers)* tender a.
• **ne pas viser juste** apuntar mal.
• **se sentir visé** darse por aludido.
• **viser haut** apuntar alto.
viseur [vizœʀ] *nm* visor *m*.
visibilité [vizibilite] *nf* visibilidad *f*.
visible [vizibl] *adj* **1** *(gén)* visible. **2** *fig (erreur, injustice)* patente, evidente.
visière [vizjɛʀ] *nf* visera *f*.
vision [vizjɔ̃] *nf* visión *f*.
visionnaire [visjɔnɛʀ] *adj - nmf* visionario,-ria.
visite [vizit] *nf* visita *f*: ***la visite du château***, la visita al castillo.
• **rendre visite** visitar.
▪ **visite de condoléances** visita de pésame.
▪ **visite de politesse** visita de cumplido.
▪ **visite médicale** revisión *f* médica.
visiter [visite] *vt* visitar.
visiteur,-euse [vizitœʀ,-øz] *nm,f* **1** *(personne qui visite)* visitante: ***les visiteurs d'un musée***, los visitantes de un museo. **2** *(inspecteur)* visitador,-ra.
vison [vizɔ̃] *nm* visón *m*.
visqueux,-euse [viskø,-øz] *adj* viscoso,-sa.
visser [vise] *vt* **1** *(avec des vis)* atornillar. **2** *(serrer)* apretar.
visualiser [vizɥalize] *vt* visualizar.
visuel,-elle [vizɥɛl] *adj* visual.
vital,-e [vital] *adj* vital.

vitalité [vitalite] *nf* vitalidad *f.*
vitamine [vitamin] *nf* vitamina *f.*
vite [vit] *adj* rápido,-da.
► *adv* deprisa, rápidamente: ***viens vite !***, ¡ven deprisa!
• **au plus vite** lo más pronto posible.
• **c'est vite dit** se dice pronto.
• **faire vite** apresurarse.
vitesse [vitɛs] *nf* **1** *(gén)* velocidad *f.* **2** *(promptitude)* rapidez *f.*
• **à toute vitesse** a toda velocidad.
• **en quatrième vitesse** *fam* a toda pastilla.
• **en vitesse** muy de prisa, rápido.
• **être en perte de vitesse** perder velocidad.
• **gagner QQN de vitesse** ganar por la mano a ALGN.
viticulteur,-trice [vitikyltœʀ,-tʀis] *nm,f* viticultor,-ra.
vitrage [vitʀaʒ] *nm* **1** *(action)* acristalamiento *m.* **2** *(d'un bâtiment)* conjunto *m* de cristales. **3** *(châssis vitré)* vidriera *f.* **4** *(rideau)* visillo *m.*
vitrail [vitʀaj] *nm* vidriera *f.*
vitre [vitʀ] *nf* **1** *(d'une fenêtre)* cristal *m.* **2** *(de train, voiture, etc)* ventanilla *f.*
• **casser les vitres** *fam* armar escándalo.
vitré,-e [vitʀeg] *adj* acristalado,-da.
vitrifier [vitʀifje] *vt* vitrificar.
► *vpr* **se vitrifier** vitrificarse.
vitrine [vitʀin] *nf* **1** *(gén)* vitrina *f.* **2** *(d'un magasin)* escaparate *m.*
vitrocéramique [vitʀɔseʀamik] *nf* vitrocerámica *f.*
vivacité [vivasite] *nf* vivacidad *f.*
vivant,-e [vivɑ̃,-ɑ̃t] *adj* **1** *(qui vit)* vivo,-va, viviente. **2** *(plein de vie)* lleno,-na de vida: ***tableau vivant***, cuadro lleno de vida. **3** *(plein d'animation)* animado,-da: ***quartier vivant***, barrio animado.
► *nm* **vivant** *(celui qui vit)* vivo *m*: ***le monde des vivants***, el mundo de los vivos.
• **de son vivant** en vida.
• **du vivant de** en vida de.
• **être le vivant portrait de QQN** ser el vivo retrato de ALGN.
• **moi vivant,-e** mientras yo viva.
▪ **un bon vivant** un vividor.
vive[1] [viv] *nf* araña *f*, peje *m.*
vive ![2] [viv] *interj* ¡viva!
vivement [vivmɑ̃] *adv* **1** *(avec vigueur)* enérgicamente. **2** *(profondément)* vivamente, hondamente.
► *interj* ¡que llegue pronto!: ***vivement dimanche !***, ¡que llegue pronto el domingo!
vivier [vivje] *nm* vivero *m.*
vivifier [vivifje] *vt* vivificar.
vivre [vivʀ] *vi* **1** vivir: ***les tortues vivent très longtemps***, las tortugas viven mucho tiempo; ***il vit en Espagne***, vive en España. **2** *(durer)* perdurar: ***son souvenir vivra en nous***, su recuerdo perdurará en nosotros.
► *vt* vivir.
• **être facile à vivre** tener buen carácter.
• **qui vive ?** ¿quién vive?
• **vivre au jour le jour** vivir al día.
• **vivre d'amour et d'eau fraîche** mantenerse del aire.
• **vivre sa vie** hacer su vida.
vivres [vivʀ] *nm pl* víveres *m pl.*
vocable [vɔkabl] *nm* vocablo *m.*
vocabulaire [vɔkabylɛʀ] *nm* vocabulario *m.*
vocal,-e [vɔkal] *adj* vocal.
vocaliser [vɔkalize] *vi* vocalizar.
vocation [vɔkasjɔ̃] *nf* vocación *f.*
vociférer [vɔsifeʀe] *vi - vt* vociferar.
vodka [vɔtka] *nf* vodka *m.*
vœu [vø] *nm* **1** *(promesse)* voto *m*, promesa *f*: ***vœu de pauvreté***, voto de pobreza. **2** *(souhait)* deseo *m*: ***c'est mon vœu le plus cher***, es mi más ardiente deseo.
► *nm pl* **vœux** felicidades *f pl.*
• **faire vœu de** hacer voto de.
• **faire des vœux pour** hacer votos por.
• **meilleurs vœux** muchas felicidades.
• **présenter ses vœux** felicitar.
vogue [vɔg] *nf* boga *f.*
• **être en vogue** estar de moda.
voguer [vɔge] *vi* bogar.
voici [vwasi] *prép* **1** *(gén)* he aquí: ***voici l'hiver***, he aquí el invierno. **2** *(ici)* aquí: ***le voici qui arrive***, aquí viene. **3** este,-ta, esto: ***l'homme que voici***, este hombre. **4** *(déjà)* ya: ***nous voici arrivés***, ya hemos llegado. **5** *(depuis)* hace: ***voici une semaine que je l'attends***, hace una semana que lo espero.

voie [vwa] *nf* **1** *(gén)* vía *f.* **2** *(d'autoroute)* carril *m.*
• **être en voie de** estar en vías de.
• **mettre sur la voie** encaminar.
▪ **voie d'eau** vía de agua.
▪ **voie de garage** vía muerta.
▪ **voie ferrée** vía férrea.
▪ **voie publique** vía pública.

voilà [vwala] *prép* **1** *(présentation)* he allí, he ahí: ***le voilà***, hele allí. **2** *(là)* ahí: ***le voilà qui vient***, ahí viene. **3** *(ce que l'on vient de dire)* ese,-a, eso: ***voilà ses raisons***, esos son sus motivos. **4** *(il y a)* hace: ***voilà un mois qu'il est parti***, hace un mes que se marchó.
• **en voilà assez !** ¡basta!, ¡se acabó!
• **ne voilà-t-il pas que ... !** ¡hete aquí que...!
• **voilà qui est bien** está bien, basta.
• **voilà tout** eso es todo.

voile [vwal] *nm (gén)* velo *m.*
► *nf (d'un bateau)* vela *f.*
• **avoir un voile devant les yeux** tener una venda en los ojos.
• **jeter un voile sur** esconder.
• **mettre les voiles** *fam* largarse.
• **prendre le voile** tomar el velo.
▪ **voile du palais** ANAT velo del paladar.

voiler [vwale] *vt* **1** *(couvrir)* velar. **2** *(cacher)* ocultar: ***les nuages voilaient le soleil***, las nubes ocultaban el sol. **3** *(fausser)* robar.
► *vpr* **se voiler** *(se couvrir)* cubrirse con un velo.

voilier [vwalje] *nm* velero *m.*

voir [vwaʀ] *vt* **1** *(percevoir)* ver: ***je ne l'avais jamais vu***, nunca lo había visto; ***nous allons voir***, vamos a ver, veamos. **2** *(observer)* observar, mirar: ***voir au microscope***, observar en el microscopio. **3** *(visiter)* ver, visitar. **4** *(imaginer)* ver, imaginar: ***je ne le vois pas marié***, no me lo imagino casado.
► *vi (percevoir)* ver.
► *vpr* **se voir** *(se fréquenter)* verse.
• **c'est à voir 1** *(être douteux)* está por ver. **2** *(valoir la peine)* es digno de verse.
• **faire voir** mostrar, enseñar.
• **on verra ça** ya veremos.
• **se faire voir** dejarse ver.
• **voir à ce que** cuidar de que.
• **voir d'un bon/mauvais œil** ver con buenos/malos ojos.
• **voyez-vous ?** ¿comprende usted?
• **voyons !** ¡veamos!
• **y voir clair** ver claro.

voire [vwaʀ] *adv* incluso: ***il peut le faire en un jour, voire en une heure***, puede hacerlo en un día, y hasta en una hora.

voisin,-e [vwazɛ̃,-in] *adj* **1** *(gén)* vecino,-na. **2** *(semblable)* semejante, parecido,-da: ***des théories voisines***, teorías semejantes.
► *nm,f* vecino, -na.

voisinage [vwazinaʒ] *nm* **1** *(proximité)* vecindad *f.* **2** *(ensemble des voisins)* vecindario *m.*

voiture [vwatyʀ] *nf* **1** *(véhicule)* coche *m*, automóvil *m.* **2** *(de train)* coche *m*, vagón *m.*
• **" En voiture ! "** "¡Viajeros al tren!".
▪ **voiture d'enfant** cochecito *m* de niño.
▪ **voiture à cheval** coche de caballos.
▪ **voiture de course** coche de carreras.
▪ **voiture de tourisme** turismo *m.*

voix [vwa] *nf* **1** *(gén)* voz *f*: ***des voix aiguës***, voces agudas. **2** *(vote)* voto *m.*
• **à haute voix** en voz alta.
• **avoir voix au chapitre** tener voz y voto en un asunto.
• **à voix basse** en voz baja.
• **de vive voix** de viva voz.
• **mettre aux voix** poner a votación.
▪ **voix active** voz activa.
▪ **voix passive** voz pasiva.

vol[1] [vɔl] *nm* **1** *(gén)* vuelo *m.* **2** *(groupe d'oiseaux)* bandada *f.*
• **au vol** al vuelo.
• **à vol d'oiseau** a vuelo de pájaro.
• **prendre son vol** alzar el vuelo.

vol[2] [vɔl] *nm (délit)* robo *m.*
▪ **vol à main armée** atraco *m* a mano armada.

volaille [vɔlaj] *nf* **1** *(ensemble d'oiseaux)* aves *f pl* de corral. **2** *(oiseau)* ave *f* de corral.

volant,-e [vɔlɑ̃,-ɑ̃t] *adj (qui vole)* volador, -ra, volante.
► *nm* **volant** *(d'une robe, d'un véhicule)* volante *m.*

volatil,-e [vɔlatil] *adj* volátil.
► *nf* **volatile** volátil *m.*
volatiliser (se) [vɔlatilize] *vpr fam* volatilizarse.
vol-au-vent [vɔlovɑ̃] *nm inv* CUIS volován *m.*
volcan [vɔlkɑ̃] *nm* volcán *m.*
volcanique [volkanik] *adj* volcánico,-ca.
volée [vɔle] *nf* **1** *(d'un oiseau)* vuelo *m.* **2** *(bande d'oiseaux)* bandada *f.* **3** *(de coups)* paliza *f.* **4** *(de projectiles)* descarga *f.* **5** *(d'une cloche)* campanada *f.* **6** *(d'escalier)* tramo *m.* **7** SPORT volea *f.*
• **à la volée** al vuelo.
• **prendre sa volée** alzar el vuelo.
voler[1] [vɔle] *vi* **1** *(oiseaux, avions)* volar. **2** *fig (courir)* volar, correr.
voler[2] [vɔle] *vi* - *vt (dérober)* robar.
• **il ne l'a pas volé** *fam* se lo tiene bien merecido.
volet [vɔlɛ] *nm* **1** *(d'une fenêtre, d'une porte)* contraventana *f*, postigo *m.* **2** *(d'un triptyque)* hoja *f.*
• **trier sur le volet** escoger con cuidado.
voleur,-euse [vɔlœʀ,-øz] *adj* - *nm,f* ladrón,-ona.
• **au voleur !** ¡al ladrón!
▪ **voleur,-euse à la tire** carterista.
volley-ball [vɔlɛbɔl] *nm* SPORT voleibol *m*, balonvolea *m.*
volontaire [vɔlɔ̃tɛʀ] *adj* **1** *(de son gré)* voluntario,-ria. **2** *(qui ne fait que sa volonté)* voluntarioso,-sa.
► *nmf (bénévole)* voluntario,-ria.
volonté [vɔlɔ̃te] *nf* voluntad *f.*
• **à volonté** a voluntad.
• **faire les quatre volontés de** QQN hacer todo lo que ALGN quiere.
• **feu à volonté** fuego a discreción.
▪ **dernières volontés** últimas voluntades.
volontiers [vɔlɔ̃tje] *adv* con mucho gusto.
volt [vɔlt] *nm* voltio *m.*
voltage [vɔltaʒ] *nm* voltaje *m.*
voltige [vɔltiʒ] *nf* acrobacia *f.*
voltiger [vɔltiʒe] *vi* **1** *(virevolter)* hacer acrobacias. **2** *(papillonner)* revolotear.
volubile [vɔlybil] *adj* locuaz.
volubilité [vɔlybilite] *nf* locuacidad *f.*
volume [vɔlym] *nm* volumen *m.*
volumineux,-euse [vɔlyminø,-øz] *adj* voluminoso,-sa.
volupté [vɔlypte] *nf* voluptuosidad *f.*
voluptueux,-euse [vɔlyptɥø,-øz] *adj* - *nm,f* voluptuoso,-sa.
vomir [vɔmiʀ] *vt* - *vi* vomitar.
• **faire vomir** dar náuseas.
vomissement [vɔmismɑ̃] *nm* vómito *m.*
vorace [vɔʀas] *adj* voraz.
voracité [vɔʀasite] *nf* voracidad *f.*
vos [vo] *adj poss* → votre.
votant,-e [vɔtɑ̃,-ɑ̃t] *adj* - *nm,f* votante.
vote [vɔt] *nm* **1** *(gén)* voto *m.* **2** *(action)* votación *f.*
voter [vɔte] *vi* - *vt* votar.
votre [vɔtʀ] *adj poss* (*pl* **vos**) **1** *(à vous, avec tutoiement)* vuestro,-tra: ***votre pays***, vuestro país; ***j'ai vu vos parents et vos enfants***, he visto a vuestros padres y a vuestros hijos. **2** *(à vous, avec vouvoiement)* su, de usted: ***votre chapeau, Madame***, su sombrero, Señora.
vôtre [votʀ] *pron poss* **le/la vôtre** **1** *(ce qui est à vous, avec tutoiement)* el/la vuestro, -tra: ***notre professeur et le vôtre***, nuestro profesor y el vuestro. **2** *(à vous, avec vouvoiement)* el/la suyo,-ya, el/la de usted, los/las de ustedes.
• **à la vôtre !** ¡a su salud!
vouer [vwe] *vt* **1** *(consacrer)* consagrar: ***vouer à Dieu***, consagrar a Dios. **2** *(destiner)* destinar: ***cette entreprise est vouée à l'échec***, esta empresa está destinada al fracaso.
► *vpr* **se vouer** *(se dédier)* consagrarse, dedicarse.
• **ne pas savoir à quel saint se vouer** no saber a qué santo encomendarse.
vouloir[1] [vulwaʀ] *nm (acte de volonté)* voluntad *f.*
▪ **bon vouloir** buena voluntad.
▪ **mauvais vouloir** mala voluntad.
vouloir[2] [vulwaʀ] *vt* **1** *(gén)* querer: ***veux-tu m'accompagner ?***, ¿quieres acompañarme? **2** *(désirer)* querer, desear: ***elle fera ce qu'elle voudra***, hará lo que quiera. **3** *(avoir besoin)* necesitar: ***les plantes veulent beaucoup de lumière***, las plantas necesitan mucha luz. **4** *(attendre)* querer, es-

perar: ***que veut-elle de plus ?***, ¿qué más quiere?

• **s'en vouloir de** arrepentirse de.

• **vouloir bien** consentir.

• **vouloir dire** querer decir.

voulu,-e [vuly] *adj* **1** *(désiré)* querido,-da, deseado,-da. **2** *(intentionné)* deliberado, -da.

• **en temps voulu** a su debido tiempo.

vous [vu] *pron pers* **1** *(sujet, avec tutoiement)* vosotros,-tras: ***vous êtes mes meilleures amies***, vosotras sois mis mejores amigas. **2** *(sujet, avec vouvoiement)* ustedes: ***avez-vous votre passeport ?***, ¿llevan ustedes su pasaporte? **3** *(pour s'adresser à Dieu, à un saint, à un roi)* vos. **4** *(complément, avec tutoiement)* os: ***je vous le dirai***, os lo diré. **5** *(complément, avec vouvoiement)* le, la: ***monsieur, je vous invite à dîner***, señor, le invito a cenar.

vous-même [vumɛm] *pron pers* usted mismo,-ma.

vous-mêmes [vumɛm] *pron pers* vosotros,-tras mismo,-mas.

voûte [vut] *nf* **1** ARCHIT bóveda *f*. **2** *(d'un navire)* bovedilla *f*.

▪ **voûte céleste** bóveda celeste.

voûté,-e [vute] *adj* **1** *(gén)* abovedado, -da. **2** *(courbé)* encorvado,-da: ***il marche avec le dos voûté***, camina con la espalda encorvada.

vouvoyer [vuvwaje] *vt* tratar de usted.

voyage [vwajaʒ] *nm* viaje *m*: ***partir en voyage***, salir de viaje.

• **bon voyage !** ¡buen viaje!

▪ **voyage de noces** viaje de novios.

voyager [vwajaʒe] *vi* viajar.

voyageur,-euse [vwajaʒœʀ,-øz] *nm,f* viajero,-ra.

▪ **voyageur de commerce** viajante *mf*.

voyagiste [vwajaʒist] *nmf* tour operador *m*.

voyant,-e [vwajɑ̃,-ɑ̃t] *adj (qui attire la vue)* vistoso,-sa, llamativo,-va: ***une couleur voyante***, un color llamativo.

► *nm,f (devin)* vidente.

► *nm* **voyant** *(signal)* piloto *m*.

▪ **voyant d'essence** indicador *m* del nivel de gasolina.

voyelle [vwajɛl] *nf* vocal *f*.

voyou [vwaju] *nm* gamberro *m*, granuja *m*.

vrac [ɑ̃vʀak] *nm*.

• **en vrac 1** *(en désordre)* en desorden. **2** COMM a granel.

vrai,-e [vʀɛ] *adj* verdadero,-ra, cierto,-ta: ***une histoire vraie***, una historia verdadera.

► *nm (la vérité)* la verdad, lo cierto.

• **à vrai dire** a decir verdad.

• **être dans le vrai** estar en lo cierto.

• **il n'est que trop vrai** es muy cierto.

• **pas vrai ?** ¿no es verdad?, ¿verdad?

• **pour de vrai** de veras.

vraisemblable [vʀɛsɑ̃blabl] *adj* **1** *(gén)* verosímil. **2** *(supposable)* probable.

vrille [vʀij] *nf* **1** *(outil)* barrena *f*. **2** *(d'une plante)* zarcillo *m*.

• **descendre en vrille** *(avion)* entrar en barrena.

vrombir [vʀɔ̃biʀ] *vi* zumbar.

vu,-e [vy] *adj (considéré)* visto,-ta, considerado,-da: ***il est mal vu à cause de son mode de vie***, está mal visto a causa de su estilo de vida.

► *prép* **vu** *(compte tenu)* en vista de: ***vu le prix, je préfère ne pas l'acheter***, en vista del precio, prefiero no comprarlo.

► *nm (action de voir)* vista *f*: ***au vu de tout le monde***, a la vista de todo el mundo.

• **vu que** dado que.

vue [vy] *nf* **1** *(sens)* vista *f*. **2** *(tableau)* vista *f*, panorámica *f*. **3** *(avis)* punto *m* de vista.

► *nf pl* **vues** *(projet)* proyectos *m pl*: ***il a des vues très ambitieuses***, tiene proyectos muy ambiciosos.

• **à perte de vue** hasta donde alcanza la vista.

• **connaître QQN de vue** conocer a ALGN de vista.

• **en vue de** con vistas a.

• **perdre QQN de vue** perder de vista a ALGN.

vulgaire [vylgɛʀ] *adj* **1** *(ordinaire)* corriente. **2** *(grossier)* vulgar.

vulgarisation [vylgaʀizasjɔ̃] *nf* vulgarización *f*.

vulgarité [vylgaʀite] *nf* vulgaridad *f*.

vulnérable [vylneʀabl] *adj* vulnerable.

vulve [vylv] *nf* ANAT vulva *f*.

W

wagon [vagɔ̃] *nm* vagón *m*.
wagon-lit [vagɔ̃li] *nm* (*pl* **wagons-lits**) coche *m* cama.
wagon-restaurant [vagɔ̃RɛstɔRɑ̃] *nm* (*pl* **wagons-restaurants**) vagón *m* restaurante.
wallon,-onne [walɔ̃,-ɔn] *adj* valón,-ona. ► *nm,f* **Wallon,-onne** valón,-ona.
water-polo [watɛRpɔlo] *nm* waterpolo *m*.
watt [wat] *nm* PHYS vatio *m*.
W.-C. [vese] *abr* (***water closet***) WC *m*.
Web [wɛb] *nm* web *f*.
webcam [wɛbkam] *nf* webcam *f*, cámara *f* web.
webmestre [wɛbmɛstR] *nm* INFORM administrador *m* de web, webmaster *m*.
week-end [wikɛnd] *nm* fin *m* de semana.
western [wɛstɛRn] *nm* western *m*.
whisky [wiski] *nm* (*pl* **whiskies**) whisky *m*.
wi-fi [wifi] *nm* INFORM wifi *m*.
WWW *abr* (***World Wide Web***) WWW.

X

xénophobe [gzenɔfɔb] *adj* - *nmf* xenófobo,-ba.
xénophobie [gzenɔfɔbi] *nf* xenofobia *f*.
xérès [gzeRɛs] *nm* jerez *m*.
xylophone [gzilɔfɔn] *nm* xilófono *m*.

Y

y [i] *adv (dans cet endroit-là)* ahí, allí: ***allez-y à pied***, vaya usted andando; ***y est-il ?***, ¿está allí?
► *pron pers (à cela, à cette personne-là)* a él, a ella, a ello, de él, en él...: ***j'y pense***, pienso en ello; ***il ne faut pas s'y fier***, no hay que fiarse de él.
• **ah !, j'y suis !** ¡ah!, ¡ya caigo!

yacht [jɔt, jot] *nm* yate *m*.
yankee [jɑ̃ki] *adj* yanqui.
yaourt [jaɥʀt] *nm* yogur *m*.
yeux [jø] *nm pl* → œil.
yoga [jɔga] *nm* yoga *m*.
yogourt [jɔguʀt] *nm* yogur *m*.
yoghourt [jɔguʀt] *nm* yogur *m*.
Yo-Yo® [jɔjɔ] *nm* yoyó *m*.

Z

zapper [zape] *vi* hacer zapping.
zapping [zapiŋ] *nm* zapping *m*.
zèbre [zɛbʀ] *nm* **1** *(animal)* cebra *f*. **2** *fam (personne)* elemento *m*.
zébu [zeby] *nm* cebú *m*.
zèle [zɛl] *nm* celo *m*.
• **faire du zèle** mostrar un celo excesivo.
zélé,-e [zele] *adj - nm,f* celoso,-sa, afanoso,-sa.
zénith [zenit] *nm* cenit *m*.
zéro [zeʀo] *nm* **1** *(chiffre)* cero *m*: ***trois buts à zéro***, tres a cero. **2** *fam fig (homme nul)* cero *m* a la izquierda. **3** *fig (absolument rien)* nada.
► *adj (aucun)* ninguno,-na: ***zéro faute***, ninguna falta.
• **repartir de zéro** volver a empezar de cero.
zeste [zɛst] *nm* cáscara *f*.
zézayer [zezeje] *vi* cecear.
zigzag [zigzag] *nm* zigzag *m*.
zigzaguer [zigzage] *vi* zigzaguear.
zinc [zɛ̃g] *nm* **1** *(métal)* cinc *m*. **2** *fam (d'un bar)* mostrador *m*, barra *f*.
Zip® [zip] *nm* cremallera *f*.
zizanie [zizani] *nf* cizaña *f*.
• **semer la zizanie** sembrar la discordia.
zizi [zizi] *nm fam* pajarito *m*.
zodiaque [zɔdjak] *nm* zodíaco *m*.
zone [zon] *nf* **1** zona *f*. **2** *(d'une grande ville)* arrabal *m*.
▪ **zone bleue** zona azul.
▪ **zone euro** zona euro.
▪ **zone franche** zona franca.
zoo [zoo] *nm* zoo *m*.
zoologie [zɔɔlɔʒi] *nf* zoología *f*.
zoologique [zɔɔlɔʒik] *adj* zoológico,-ca.
zoom [zum] *nm* zoom *m*.
zut ! [zyt] *interj fam* ¡jolín!

SUPPLÉMENT GRAMMATICAL

SUPLEMENTO GRAMATICAL

NUMÉRAUX — NUMERALES

Cardinaux		Cardinales
zéro	0	cero
un	1	uno
deux	2	dos
trois	3	tres
quatre	4	cuatro
cinq	5	cinco
six	6	seis
sept	7	siete
huit	8	ocho
neuf	9	nueve
dix	10	diez
onze	11	once
douze	12	doce
treize	13	trece
quatorze	14	catorce
quinze	15	quince
seize	16	dieciséis
dix-sept	17	diecisiete
dix-huit	18	dieciocho
dix-neuf	19	diecinueve
vingt	20	veinte
vingt et un	21	veintiuno
vingt-deux	22	veintidós
vingt-trois	23	veintitrés
vingt-quatre	24	veinticuatro

Cardinaux		Cardinales
trente	30	treinta
trente et un	31	treinta y uno
trente-deux	32	treinta y dos
quarante	40	cuarenta
cinquante	50	cincuenta
soixante	60	sesenta
soixante-dix	70	setenta
soixante et onze	71	setenta y uno
soixante-douze	72	setenta y dos
quatre-vingts	80	ochenta
quatre-vingt-un	81	ochenta y uno
quatre-vingt-dix	90	noventa
quatre-vingt-onze	91	noventa y uno
cent	100	cien
cent un	101	ciento uno
deux cents	200	doscientos
cinq cents	500	quinientos
sept cents	700	setecientos
neuf cents	900	novecientos
mille	1 000	mil
mille un	1001	mi uno
deux mille	2000	dos mil
un million	1 000 000	un millón
un milliard	1 000 000 000	mil millones

Ordinaux			Ordinales
premier	1er	1°	primer(o)
deuxième	2ème	2°	segundo
troisième	3ème	3°	tercer(o)
quatrième	4ème	4°	cuarto
cinquième	5ème	5°	quinto
sixième	6ème	6°	sexto
septième	7ème	7°	séptimo
huitième	8ème	8°	octavo
neuvième	9ème	9°	noveno
dixième	10ème	10°	décimo
onzième	11ème	11°	undécimo
douzième	12ème	12°	duodécimo
treizième	13ème	13°	decimotercero/décimo tercero
quatorzième	14ème	14°	decimocuarto/décimo cuarto
quinzième	15ème	15°	decimoquinto/décimo quinto
vingtième	20ème	20°	vigésimo
vingt et unième	21ème	21°	vigesimoprimer(o)/ vigésimo primer(o)
vingt-deuxième	22ème	22°	vigesimosegundo/ vigésimo segundo
trentième	30ème	30°	trigésimo
quarantième	40ème	40°	cuadragésimo
cinquantième	50ème	50°	quincuagésimo
soixantième	60ème	60°	sexagésimo
soixante-dixième	70ème	70°	septuagésimo
quatre-vingtième	80ème	80°	octogésimo
quatre-vingt-dixième	90ème	90°	nonagésimo
centième	100ème	100°	centésimo
cent unième	101ème	101°	centésimo primero
millième	1 000ème	1 000°	milésimo
milliardième	1 000 000ème	1 000 00°	millonésimo

DIFFICULTÉS DE LA GRAMMAIRE ESPAGNOLE DIFICULTADES GRAMATICALES DEL ESPAÑOL

LES VERBES *SER* ET *ESTAR*

Le verbe *être* se traduit par *ser* ou *estar* en espagnol. *Ser* s'emploie pour indiquer des qualités caractérisant et définissant une personne ou un objet, tandis que le verbe *estar* décrit un état ou une manière d'être.

Ainsi, *ser* s'emploie obligatoirement :

► pour traduire *être* suivi d'un nom, d'un pronom ou d'un adjectif relatifs à la nationalité, à la profession, à une matière, à la fonction, la catégorie, la possession. Par exemple : ***Soy** María* / Je suis María ; ***Es** profesora* / Elle est professeur ; ***Son** italianos* / Ils sont Italiens ; *La mesa **es** de madera* / La table est en bois ; *El cuaderno **es** mío* / Le cahier est à moi.

► avant un adjectif décrivant une caractéristique intrinsèque (*El vestido que lleva **es** azul / La robe qu'elle porte est bleue)* ou un complément de qualité (physique ou morale): ***Es** bajita* / Elle est petite ; *El edificio **es** muy alto* / L'immeuble est très haut ; ***Es** muy creyente* / Il est très croyant ; ***Es** normal* / C'est normal.

► pour situer dans le temps : ***Era** martes* / C'était mardi ; *¿Qué hora **es**?* Quelle heure est-il ?; *Hoy **es** 29* / Aujourd'hui on est le 29.

► pour construire des phrases passives (*ser* + participe passé): ***Ha sido** detenido por la policía* / Il a été arrêté par la police.

► pour marquer l'existence : ***Ser** o no **ser*** / Être ou ne pas être.

Le verbe *estar* s'emploie obligatoirement :

► pour indiquer une position, permanente ou non, dans l'espace : *La casa **está** detrás de la iglesia* / La maison est derrière l'église ; ***Está** de pie* / Elle est debout.

► pour se situer dans le temps : ***Estamos** en otoño* / Nous sommes en automne.

► pour décrire un état passager, valable pour le moment dont on parle : ***Está** triste* / Il est triste ; *Este color **está** de moda* / Cette couleur est à la mode.

► pour décrire une action dans son déroulement (*estar* + gérondif) : ***Estoy** leyendo* / Je lis *ou* Je suis en train de lire.

► pour décrire le résultat d'une action (*estar* + participe) : *Este texto **está** bien traducido* / Ce texte est bien traduit ; *La puerta **está** cerrada* / La porte est fermée.

***Ser* ou *estar* ?**

Parfois, il est possible d'utiliser *ser* ou *estar* dans une même phrase. L'utilisation de l'un ou l'autre se fait selon le degré de permanence de la caractéristique :

María **es** *muy guapa.*	Marie est très belle.
María **está** *muy guapa hoy.*	Marie est très belle aujourd'hui.

Certains adjectifs et participes changent de sens selon qu'ils sont utilisés avec *ser* ou *estar* :

ser atento *être attentionné* / **estar atento** *être attentif.*

ser bueno *être bon, de bonne qualité* (en parlant d'un livre, d'un film) / **estar bueno** *être bon, avoir bon goût* (en parlant de la nourriture).

ser callado *être réservé* / **estar callado** *être en silence.*

ser consciente de *être conscient de* / **estar consciente** *être conscient = éveillé.*

ser listo *être intelligent* / **estar listo** *être prêt.*

ser malo *être mauvais, être méchant* / **estar malo** *être malade ; être mauvais* (en parlant de nourriture).

ser moreno *être brun* / **estar moreno** *être bronzé.*

ser orgulloso *être orgueilleux* / **estar orgulloso** *être fier.*

ser resuelto *être décidé* / **estar resuelto** *être résolu.*

ser rico *être riche* / **estar rico** *être délicieux* (en parlant de la nourriture).

ser verde *être vert* (en parlant de la couleur) / **estar verde** (synonyme de «pas mûr»).

L'adjectif *bien*, dans le sens de «bien, de bonne qualité», n'est jamais précédé de *ser,* mais toujours du verbe *estar* : *Tu dibujo* **está** *muy bien* / Ton dessin est très bien.

Voici quelques expressions elliptiques construites avec le verbe *estar* :

¡Ya ***está****!* / Ça y est !
¿Estás? / Tu es prêt ?

LES VERBES *TENER* ET *HABER*

Le verbe *avoir* peut se traduire en espagnol par deux verbes différents : *haber* et *tener*.

Haber est l'auxiliaire permettant de construire les temps composés : ***He*** *comprado un regalo* / J'ai acheté un cadeau. Aucun mot ne peut être interposé entre l'auxiliaire *haber* et le participe passé, ce qui n'est pas le cas en français (***He comido*** *mucho* - J'ai beaucoup mangé). Le verbe *haber*, utilisé à la forme impersonnelle, sert aussi à exprimer l'existence : ***Hay*** *tres libros encima de la mesa* / Il y a trois livres sur la table.

Tener sert à exprimer la possession (***Tengo** dos hermanos* / J'ai deux frères), l'état (***¿Tienes** sed?* / Tu as soif ?), l'obligation (***Tengo** que hacerlo* / Je dois le faire) et l'insistance sur le résultat d'une action (*Te lo **tengo** dicho: no quiero que llegues tarde* / Je te l'ai déjà dit : je ne veux pas que tu arrives en retard).

LE *PRETÉRITO PERFECTO SIMPLE* ET *LE PRETÉRITO PERFECTO COMPUESTO*

Le *pretérito perfecto simple* se forme sur le radical de l'infinitif :

AMAR	COMER	PARTIR
*am-**é***	*com-**í***	*part-**í***
*am-**aste***	*com-**iste***	*part-**iste***
*am-**ó***	*com-**ió***	*part-**ió***
*am-**amos***	*com-**imos***	*part-**imos***
*am-**asteis***	*com-**isteis***	*part-**isteis***
*am-**aron***	*com-**ieron***	*part-**ieron***

tandis que le *pretérito perfecto compuesto* se forme avec l'auxiliare *haber* au présent de l'indicatif suivi du participe du verbe :

AMAR	COMER	PARTIR
*he am-**ado***	*he com-**ido***	*he part-**ido***
*has am-**ado***	*has com-**ido***	*has part-**ido***
*ha am-**ado***	*ha com-**ido***	*ha part-**ido***
*hemos am-**ado***	*hemos com-**ido***	*hemos part-**ido***
*habéis am-**ado***	*habéis com-**ido***	*habéis part-**ido***
*han am-**ado***	*han com-**ido***	*han part-**ido***

Ainsi, le participe est toujours invariable et l'auxiliaire et le participe vont toujours ensemble.

Ces deux temps verbaux expriment une action achevée dans le passé, mais ils ne correspondent pas toujours au passé simple et au passé composé en français. Le *pretérito perfecto simple* situe l'action dans un moment qui est fini pour le locuteur : ***Fui** con Carlos a la piscina* / Je suis allé avec Carlos à la piscine. Parfois, il est introduit par des marqueurs du passé, comme ***ayer*** / hier, ***la semana pasada*** / la semaine dernière, ***hace seis años*** / il y a six ans, *etc. : Ayer **fui** al cine* / Hier, **je suis allé** au cinéma. Le *pretérito perfecto compuesto* situe l'action dans un moment qui est proche ou pas encore fini pour le locuteur. Ainsi, dans la phrase *Esta mañana **ha llamado** Pedro* / Pedro a téléphoné ce matin, la présence du *pretérito perfecto compuesto* indique que la journée n'est pas encore finie.

En français, on utilise plus largement le passé composé, en particulier à l'oral, le passé simple étant réservé à un registre plus élevé et à l'écrit.

!! Dans certaines régions d'Espagne et dans la quasi-totalité de l'Amérique latine, l'usage de ces temps est généralement différent. Par exemple, le *pretérito perfecto simple* peut être utilisé au lieu du *pretérito perfecto compuesto* et vice-versa (au nord de l'Espagne) —c'est-à-dire que l'usage est inverse à celui de l'espagnol standard—, ou bien le passé composé peut être pratiquement absent (en Amérique latine).

L'USAGE DE *TU, VOSOTROS, USTED* ET *USTEDES*

Les formules d'adresse *tú* et *usted* ne correspondent pas exactement aux formes françaises *tu* et *vous*. En espagnol, lorsque les deux interlocuteurs se connaissent personnellement ou ont été en contact à plusieurs reprises, et qu'il existe un degré de confiance suffisant, il est courant d'utiliser *tú* au lieu de *usted* (et *vosotros* au lieu de *ustedes*, au pluriel). Contrairement au français, le tutoiement est très fréquent en espagnol, aussi bien à l'oral qu'à l'écrit. Ainsi, il est très habituel aussi d'utiliser *tú* lorsqu'on s'adresse pour la première fois à une personne de son âge ou plus jeune. Il est tout à fait normal de dire : *Oye, perdona, ¿tienes hora?* pour demander l'heure à une personne plus ou moins du même âge, ainsi que de tutoyer son patron ou son professeur.

Le vouvoiement est réservé à un premier contact ou pour s'adresser à des personnes de rang supérieur ou d'un âge avancé. Ainsi, un jeune s'adressant à une personne âgée dans l'autobus lui dira : ***¿Quiere** sentarse?* Vous voulez vous asseoir ?.

Les pronoms utilisés pour marquer le respect en espagnol sont *usted* (singulier) et *ustedes* (pluriel), qui correspondent tous deux à *vous* (singulier et pluriel). Les verbes qui accompagnent ces pronoms doivent être conjugués à la troisième personne du singulier ou du pluriel, et non à la deuxième personne du pluriel, comme c'est le cas en français.

> ***¿Usted** es de aquí?*
> Vous êtes d'ici ?
>
> *Están **ustedes** invitados.*
> Vous êtes invités.

L'habitude d'omettre les pronoms personnels sujets en espagnol peut donner lieu à des erreurs d'interprétation entre *usted/ustedes* et *él/ella/ellos*, bien que le contexte permette le plus souvent de déterminer le sujet du verbe.

> *Si tiene la oportunidad de venir a Barcelona, no dude en llamarme.*
> Si vous avez l'occasion de venir à Barcelone, n'hésitez pas à m'appeler.

!! Attention, en Amérique latine et dans quelques régions d'Espagne, on utilise *ustedes* comme la forme plurielle de *tú*, au lieu de *vosotros* : *Nosotros no vamos a la fiesta.*

¿Ustedes van? (Nous n'allons pas à la fête. Et vous ?); de même, en Andalousie on dit ***¿Ustedes venís?*** dans un contexte informel. Par ailleurs, dans certains pays, comme en Argentine ou en Uruguay, on utilise *vos* au lieu de *tú* et les formes verbales changent (*vos sos* au lieu de *tú eres*).

LES PRÉPOSITIONS *A* ET *EN*

L'usage de ces deux prépositions n'est pas identique en français et en espagnol. Voyons les principales différences :

En espagnol, la préposition *a* sert à introduire un complément d'objet direct lorsqu'il s'agit d'une personne (*Miraba* a *Juan* – Il regardait Juan), d'animaux, de choses ou de notions abstraites que l'on souhaite personnifier (*Beso* ***a*** *la muñeca* - J'embrasse la poupée).

En espagnol, la préposition *a* est obligatoire devant un infinitif pour indiquer une action simultanée : ***Al*** *verme sonrió* / Il a souri en me voyant. Dans ce type de construction, le sujet peut être différent de celui de la proposition principale : ***Al*** *entrar ella, el bebé se despertó* / Lorsqu'elle est entrée, le bébé s'est réveillé.

Voyons maintenant l'usage des prépositions *a* et *en* pour indiquer le lieu :

- En espagnol, la préposition *a* sert toujours à indiquer un mouvement vers quelque chose ou un endroit : *Fuimos* ***a*** *Barcelona* / Nous sommes allés à Barcelone. Cette préposition permet d'introduire la destination, qu'il s'agisse d'un pays ou d'une ville : *Este verano fui* ***a*** *Francia* / Cet été, je suis allé en France.
- En espagnol, la préposition *en* sert à indiquer la position, le lieu dans lequel on se trouve, qu'il s'agisse de villes ou de pays : *Vivo* ***en*** *París/Francia* / J'habite à Paris/en France. Voici un autre exemple où la préposition espagnole *en* se traduit par *à* en français : *Me quedé* ***en*** *casa* / Je suis resté à la maison.

LES PRÉPOSITIONS *POR* ET *PARA*

En règle générale, *por* indique la cause et *para* le but. Mais les deux peuvent parfois se traduire par *pour*. Comparez :

Lo hice ***por*** *ella.*
Je l'ai fait pour elle.

Ella est ici la cause de ce que j'ai fait. Elle m'a demandé de le faire, m'a obligé, avait besoin d'aide, etc.

Lo hice ***para*** *ella.*
Je l'ai fait pour elle.

Ella est ici la destinataire, la bénéficiaire de l'action.

À la différence du français, la préposition *por* en espagnol sert à indiquer un échange (*Voy a cambiarla* ***por*** *otra* / Je vais l'échanger contre une autre) ; à qualifier (suivi d'un adjectif : *Me ha tomado* ***por*** *loco* / Il m'a pris pour un fou) ; à introduire l'objet d'un sentiment ou d'un intérêt particulier (*Se interesa* ***por*** *la política* / Il s'intéresse à la politique) ; à manifester son accord, son adhésion (*Está* ***por*** *la libertad de expresión* / Il est pour la liberté d'expression) et à exprimer le temps (dans ce cas, la préposition ne se traduit généralement pas : *Ayer* ***por*** *la mañana* / Hier matin ; *Saldremos* ***por*** *la tarde* / Nous partirons le soir).

LA VOIX PASSIVE

En espagnol, la voix passive se construit avec l'auxiliaire *être* et le participe passé, qui s'accorde avec le sujet mentionné : *Mi perra* ***fue atropellada*** *por un camión* / Ma chienne a été renversée par un camion. Jusqu'ici, il n'y a aucune différence entre les deux langues. Néanmoins, en espagnol, la voix passive est beaucoup moins utilisée qu'en français. Ainsi, lorsque le complément d'agent est indiqué, l'espagnol emploie de préférence la voix active : *Mi casa* ***la construyó*** *un arquitecto* / Ma maison a été construite par un architecte (même si dans ce cas, la voix passive pourrait aussi être utilisée en espagnol : *Mi casa* ***fue construida*** *por un arquitecto*).

Lorsque le complément d'agent n'est pas indiqué, il est très fréquent d'employer la construction pronominale à sens passif, introduite par le pronom *se* (*Estas teles* ***se*** *fabrican en Japón* / Ces télés sont fabriquées au Japon) —construction appelée *pasiva refleja* en espagnol—, ou une construction impersonnelle avec la troisième personne du pluriel (***Construyeron*** *una nueva presa* / Un nouveau barrage a été construit).

DIFFICULTÉS DE LA GRAMMAIRE FRANÇAISE DIFICULTADES GRAMATICALES DEL FRANCÉS

LOS AUXILIARES *ÊTRE* Y *AVOIR*

En francés existen dos auxiliares, *avoir* y *être*, que unidos al participio pasado forman los tiempos compuestos (***J'ai mangé, elle était allée***).

El auxiliar *avoir* se utiliza con todos los verbos transitivos y con la mayoría de los intransitivos. Así pues, este auxiliar se emplea en la mayoría de los casos (también para formar los tiempos compuestos de los verbos *être* y *avoir*: *j'ai été, j'ai eu*).

Être, en cambio, se utiliza con algunos verbos intransitivos considerados «de movimiento o transición» (*aller, venir, entrer, sortir, mourir, naître, partir, arriver, rentrer, rester, retourner, devenir, tomber, monter, descendre...),* los verbos pronominales (*Les oiseaux* ***se sont envolés***) y la voz pasiva (***Je suis invité*** *par des amis*).

Obsérvese que los verbos que se conjugan con el auxiliar *être* hacen la concordancia entre sujeto y participio:

> ***Ils*** *sont entré**s** dans la salle.*
> ***Les filles*** *se sont bien amusé**es**.*

En cambio, en el caso de los verbos que se conjugan con el auxiliar *avoir*, el participio no concuerda con el sujeto:

> *J'ai perdu les clés.*

Sin embargo, el sujeto y el participio sí que concuerdan cuando el complemento de objeto directo está situado antes del auxiliar *avoir*:

> *Les cerises ? Je* ***les*** *ai mangé**es**.*
> *La jupe* ***que*** *j'ai acheté**e**...*

¡Atención! Algunos verbos pueden conjugarse tanto con el auxiliar *avoir* como con el auxiliar *être*. Sería el caso, por ejemplo, de *monter* y *descendre*. Cuando su uso es transitivo se conjugan con el auxiliar *avoir*, mientras que cuando su uso es intransitivo se conjugan con el auxiliar *être*. Obsérvese la diferencia:

> ***J'ai monté*** *les valises.*
> ***Je suis monté*** *au deuxième étage.*

LOS PRONOMBRES *EN* E *Y*

Los pronombres *en* e *y* son invariables y no existen en español, por lo que suelen dar problemas a los hispanohablantes.

El pronombre **en** sustituye a un nombre de cosa precedido de la preposición *de*, concretamente a:

► sustantivos con función de complemento directo precedidos de un artículo indefinido, un artículo partitivo o una expresión de cantidad:

*Tu veux une bière ? – Oui, j'**en** veux une, merci (= une bière).*
¿Quieres una cerveza? – Sí, gracias.

*Tu veux de l'eau ? - Non, je n'**en** veux pas (= d'eau).*
¿Quieres agua? No, no quiero.

*Tu as combien de frères ? – J'**en** ai deux (= frères).*
¿Cuántos hermanos tienes? Tengo dos.

► el complemento de los verbos que se construyen con la preposición **de**:

*On parlera du nouveau projet ? Oui, on **en** parlera (= du projet)*
¿Se hablará del nuevo proyecto? Sí, se hablará.

► el complemento del nombre:

*Ce livre est très ennuyeux ; je n'**en** ai lu que la moitié (= du livre).*
Este libro es muy aburrido; solo me he leído la mitad.

► el complemento circunstancial de lugar que indica la procedencia:

*Tu viens **du** lycée ? Oui, j'**en** viens (= du lycée).*
¿Vienes del instituto? Sí, vengo de allí.

¡Atención! El pronombre **en** no puede emplearse nunca referido a personas. Así:

Il parle souvent de ses amis. → *Il parle souvent **d'eux**.*

Il parle souvent de ses projets. → *Il **en** parle souvent.*

El pronombre **y**, por su parte, sustituye:

► a un nombre de cosa precedido de la preposición à:

*Je pense sérieusement **au** problème.* → *J'**y** pense sérieusement.*
Pienso seriamente en el problema. → Pienso seriamente (en ello).

► al complemento circunstancial de lugar introducido por *à, dans, en, sur, sous, etc.*:

*Il est allé **en France**.* → *Il **y** est allé.*
Ha ido a Francia. → Ha ido allí.

*J'avais posé mes clés **sur la table**, mais elles n'**y** sont plus (= sur la table).*
Había dejado las llaves encima de la mesa, pero ya no están.

¡Atención! Delante del futuro y el condicional del verbo *aller* no se usa el pronombre *y* por cuestiones de eufonía. Así:

Tu iras au cinéma ce soir ? Oui, j'irai sûrement.

Al igual que otros pronombres de objeto, *en* e *y* se colocan justo delante del verbo (*J'**en** veux un kilo, Il s'**y** est habitué*), salvo en las oraciones imperativas afirmativas, donde aparecen a continuación y unidos a este mediante un guión (*Prends-**en** assez, Pensez-**y***). Cuando uno de ellos concurre con otros pronombres, *en* e *y* ocupan siempre la última posición (*Ne m'**en** parlez pas, Il va nous **y** rencontrer*). Por último, tanto en el caso del pronombre *en* como en el del pronombre *y*, si hay dos verbos en la frase y el segundo está en infinitivo, los pronombres se colocan delante del verbo en infinitivo:

Je veux faire de la natation. → *Je veux **en** faire.*
Vous pouvez retourner en Espagne → *Vous pouvez **y** retourner.*

EL PRONOMBRE PARTITIVO *DE*

El artículo partitivo, que no tiene traducción en español, sirve para expresar una cantidad indeterminada de algo no contable (harina, agua, fuego, etc.) y para designar una parte de un todo. Presenta las siguientes formas:

Singular		**Plural**
Masculino	**Femenino**	
du	de la	des
de l' (delante de vocal o hache muda)	de l' (delante de vocal o hache muda)	

*Il faut acheter **du** pain, **de l'**eau, **de la** farine et **des** croissants.*
Hay que comprar pan, agua, harina y croissants.

*Le chat mange **du** poisson.*
El gato come pescado.

Al igual que sucede con el artículo indefinido, el artículo partitivo se transforma en **de** (**d'** delante de vocal o hache muda) en las oraciones negativas:

Je n'ai pas de problèmes. No tengo problemas.

Obsérvese también que el artículo partitivo suele acompañar al verbo «faire» en muchas construcciones: *faire **du** sport, faire **des** études, faire **du** théâtre...*

EL PRONOMBRE INDEFINIDO *ON*

El pronombre indefinido **on** se refiere siempre a personas y tiene función de sujeto. Puede usarse con sentido indeterminado:

- referido a la gente en general:

***On** ne sait jamais.*	Nunca se sabe.
***On** le dit malade.*	Dicen que está enfermo.

- referido a un colectivo, en cuyo caso el locutor puede formar parte o no de dicho colectivo:

***On** parle français.*	Se habla francés.

- referido una persona indeterminada, en cuyo caso el sujeto desconocido equivale a *quelqu'un*:

***On** frappe à la porte.*	Llaman a la puerta.

Ahora bien, el pronombre **on** también puede usarse con un sentido determinado:

- referido a «yo», «tú», «él/ella», «vosotros/as» y «usted(es)». Esta construcción pertenece al registro familiar e introduce un tono irónico en la conversación:

***On** fait ce qu'on peut.*	Hago lo que puedo.
*Alors, **on** se promène ?*	¿Qué, de paseo?

- referido a «nosotros/as », es decir, como equivalente del pronombre personal de primera persona de plural (*nous*). Este uso, perteneciente al registro familiar, está cada vez más extendido en la lengua oral:

*Qu'est-ce qu'**on** fait ?*	¿Qué hacemos?

Obsérvese que, en este caso, a pesar de tratarse de la primera persona de plural, el verbo se conjuga en la tercera persona del singular. Cuando se usa junto a un verbo compuesto con el auxiliar *être*, el participio pasado de dicho verbo puede aparecer en singular o en plural:

***On** est allé/**On** est allés au cinéma.*	Fuimos al cine.

El pronombre reflexivo que corresponde a **on** es el de tercera persona del singular, pero el posesivo, en cambio, es el de la primera del plural:

***On** se lève à sept heures du matin.*
Nos levantamos a las siete de la mañana.

***On** a pris nos affaires et **on** est parti(s).*
Cogimos nuestras cosas y nos marchamos.

La forma **l'on** es facultativa y solo se emplea en un registro elevado, sobre todo después de una vocal, después de *et* o para evitar la cacofonía "qu'on con(...):

Il ne faudrait pas que ***l'on*** *confonde.*

EL USO DE *OUI/SI*

Para responder afirmativamente a una pregunta, existen dos opciones en francés: *oui* y *si*. Ambas significan «sí», pero **oui** se usa para responder a una oración interrogativa afirmativa, mientras que **si** se emplea para responder afirmativamente a una pregunta negativa:

Tu m'écriras ? – ***Oui****, bien sûr !*
¿Me escribirás? – Sí, por supuesto.

Tu n'aimes pas lire ? – ***Si****, bien sûr !*
¿No te gusta leer? – Sí, sí que me gusta.

LOS USOS DE *TU* Y *VOUS*

Las fórmulas de tratamiento *tu* y *vous* no se corresponden exactamente con las formas españolas *tú* y *usted*. En francés, el uso del tuteo está mucho menos extendido que en español. Así, el pronombre sujeto *tu* se reserva única y exclusivamente para los más allegados (familiares y amigos), mientras que en el resto de casos se emplea *vous*. Así, si nos cruzamos con alguien en la calle y queremos preguntarle qué hora es, nos dirigiremos a él tratándolo de *vous*, aunque la persona en cuestión sea de nuestra misma edad (*Excusez-moi, monsieur. Vous avez l'heure ?*), cosa que no sucedería en español. Es frecuente también tratar de *vous* a los colegas de trabajo y obligatorio siempre que nos dirigimos a nuestro jefe o a un profesor (*Madame, vous pouvez répéter, s'il vous plaît ?*).

LOS ADJETIVOS POSESIVOS

En francés, los adjetivos posesivos, que al igual que en español siempre preceden al sustantivo al que acompañan, concuerdan con él en género y número (*Comment elles vont* ***tes*** *sœurs ?*). Ahora bien, en el caso de los pronombres de tercera persona, se ha de tener en cuenta si existe un poseedor o más de un poseedor, ya que se emplean adjetivos posesivos diferentes, cosa que no sucede en español:

Ses *fils* (sus hijos, del padre o de la madre).
Leurs *fils* (sus hijos, del padre y de la madre).

Obsérvese el siguiente esquema:

	Un poseedor		**Varios poseedores**
Una cosa poseída	**masculino**	**femenino**	**masculino y femenino**
1ª persona	mon	ma	notre
2ª persona	ton	ta	votre
3ª persona	son	sa	leur
Varias cosas poseídas	**masculino y femenino**		**masculino y femenino**
1ª persona	mes		nos
2ª persona	tes		vos
3ª persona	ses		leurs

Si el sustantivo femenino al que acompañan comienza por vocal o hache muda, en lugar de *ma/ta/sa* se emplea *mon/ton/son* (***mon ancienne*** *maison,* ***ton amie*** *Sophie*).

A diferencia del español, el adjetivo posesivo debe acompañar siempre al sustantivo al que modifica, aunque se sobreentienda la relación de posesión:

Il m'a prêté ***sa*** *mobylette et* ***son*** *casque.*
Me ha prestado la/su motocicleta y el/su casco.

Esto sucede, sobre todo, al hablar de las prendas de vestir:

Elle a enlevé ***son*** *manteau.* Se quitó el abrigo.

Pero delante de los nombres que designan las partes del cuerpo se suele emplear el artículo indefinido en vez del posesivo.

Il ferme ***les*** *yeux.* Cierra los ojos.

FAUX AMIS / FALSOS AMIGOS

FRANÇAIS-ESPAGNOL	ESPAÑOL-FRANCÉS
accorder (s'): ponerse de acuerdo, concordar	**acordarse:** se souvenir, se rappeler
accoster: abordar, atracar	**acostarse:** se coucher
affamé: hambriento	**afamado:** renommé
aligner: alinear, ajustar	**aliñar:** assaisonner
ancien: antiguo	**anciano:** vieillard
armée: ejército	**armada:** marine
assommer: tumbar	**asomar:** apparaître, se montrer
attendre: esperar	**atender:** s'occuper de, faire attention
bâche: lona	**bache:** nid-de-poule
bâiller: bostezar	**bailar:** danser
baiser *vulg*: follar	**besar:** embrasser
bâtir: edificar, construir	**batir:** battre
bigote: santurrona	**bigote:** moustache
bonbon: caramelo	**bombón:** chocolat
cacher: esconder, ocultar	**cachear:** fouiller
cadenas: candado	**cadena:** chaîne
carnet: libreta	**carnet:** carte
carrière: cantera	**carrera:** course
carte: tarjeta, mapa	**carta:** lettre
case: cabaña, casilla	**casa:** maison
caser: colocar	**casar:** marier
casser: romper	**casarse:** se marier
ceinture: cinturón, cintura (de una prenda de vestir)	**cintura:** taille
cigale: cigarra	**cigala:** langoustine
cigare: puro	**cigarro:** cigarette
ciment: cemento, hormigón	**cimientos:** fondations
clavier: teclado	**clavel:** œillet
col: cuello, puerto (de montaña)	**col:** chou
coller: pegar (con pegamento)	**colar:** passer, filtrer
concurrence: competencia	**concurrencia:** assistance, affluence
constipé: estreñido	**constipado:** enrhumé
contester: poner en tela de juicio	**contestar:** répondre

crier: gritar	**criar:** élever
date: fecha	**dato:** donnée
débile: idiota	**débil:** faible
déboires: desengaños	**deberes:** devoirs
décade: diez días	**década:** décennie
demander: pedir, preguntar	**demandar:** poursuivre en justice
demeurer: residir, vivir, permanecer	**demorar:** retarder, différer
dépense: gasto	**despensa:** garde-manger
déposer: depositar, dejar	**desposar:** marier
depuis: desde, desde hace	**después:** après
désarroi: desconcierto	**desarrollo:** développement
détresse: angustia, apuro, miseria	**destreza:** adresse
discourir: hablar, charlar	**discurrir:** s'écouler, réfléchir
discuter: hablar	**discutir:** se disputer
diviser: dividir	**divisar:** apercevoir
dos: espalda, dorso, lomo	**dos:** deux
doubler: duplicar, adelantar	**doblar:** plier
douce: suave (al tacto)	**dulce:** sucré
embarras: apuro, aprieto	**embarazo:** grossesse
embarrassé: apurado	**embarazada:** enceinte
embrasser: besar, abarcar	**abrazar:** serrer dans ses bras
emprise: influencia	**empresa:** entreprise
enfant: niño, -ña	**infante:** infant
enfermé: encerrado	**enfermo:** malade
engraisser: cebar, abonar	**engrasar:** graisser
entendre: oír	**entender:** comprendre
entremets: postre	**entremés:** hors d'œuvre
entretenir: mantener, conservar	**entretener:** amuser, distraire
entretien: mantenimiento, entrevista	**entretenimiento:** amusement, passe-temps
envier: envidiar	**enviar:** envoyer
épaule: hombro	**espalda:** dos
équipage: tripulación	**equipaje:** bagages
essayer: probar, probarse	**ensayar:** répéter
exprimer: expresar	**exprimir:** presser
fameux: estupendo	**famoso:** célèbre
fantasme: fantasía	**fantasma:** fantôme
farceur: bromista	**farsante:** comédien
fier: orgulloso	**fiero:** féroce
firme: empresa	**firma:** signature

fracas: estrépito, estruendo	**fracaso:** échec
fracasser: romper con estrépito	**fracasar:** échouer, rater
garce *fam péj*: zorra	**garza:** héron
gâteau: pastel	**gato:** chat
goûter: probar, merendar	**gustar:** plaire, aimer
grange: granero	**granja:** ferme
grappe: racimo	**grapa:** agrafe
griffe: garra, zarpa	**grifo:** robinet
habitation: vivienda	**habitación:** pièce, chambre
impotent: impedido	**impotente:** impuissant
imprésario: agente	**empresario:** entrepreneur, imprésario (d'artistes)
journal: periódico	**jornal:** salaire journalier
jubiler: regocijarse	**jubilar:** mettre à la retraite
langoustine: cigala	**langostino:** crevette rose, bouquet
large: ancho	**largo:** long
légume: verdura	**legumbre:** légume sec
lever: levantar	**llevar:** porter
limonade: gaseosa	**limonada:** citronnade
livrer: entregar	**librar:** délivrer, libérer
lobe: lóbulo	**lobo:** loup
lutte: lucha	**luto:** deuil
maison: casa	**mesón:** auberge
manche: manga	**mancha:** tache
manège: tiovivo	**manejo:** maniement
manteau: abrigo	**manta:** couverture
marcher: andar, caminar	**marcharse:** s'en aller
marier: casar, combinar	**marear:** donner la nausée
mater: domar, reprimir, mirar	**matar:** tuer
milliard: mil millones	**millar:** millier
mise: apuesta	**misa:** messe
morose: melancólico	**moroso:** mauvais payeur
natte: trenza	**nata:** crème
nom: apellido	**nombre:** prénom
nombre: número	**nombre:** nom, prénom
noter: anotar, calificar	**notar:** remarquer, sentir
notice: reseña	**noticia:** nouvelle
nouvelle: noticia	**novela:** roman
obsèques: funerales	**obsequio:** cadeau
office: oficina	**oficio:** métier

offusquer (s'): ofenderse	**ofuscarse:** se troubler
offusquer: ofender	**ofuscar:** aveugler
ordonnance: receta	**ordenanza:** garçon de bureau
palace: hotel de lujo	**palacio:** palais
pansement: tirita, vendaje	**pensamiento:** pensée
par: por	**par:** pair
parade: desfile	**parada:** arrêt
parer: adornar	**parar:** s'arrêter, arrêter
parier: apostar	**parir:** accoucher, mettre bas
partir: irse	**partir:** diviser, s'en aller *fml*
paysan: campesino	**paisano:** compatriote
peine: pena	**peine:** peigne
pelote: ovillo	**pelota:** balle, ballon
pendentif: colgante	**pendiente:** boucle d'oreille
pêne: pestillo	**pene:** pénis
pépin: pepita	**pepino:** concombre
piller: saquear	**pillar:** attraper
pisser *fam*: mear	**pisar:** marcher sur
placer: colocar, poner	**placer:** plaisir
planche: tabla	**plancha:** fer à repasser
plancher: suelo	**planchar:** repasser
plat: llano, liso	**plato:** assiette
polisson: ladronzuelo	**polizón:** passager clandestin
porter (se): encontrarse, dirigirse	**portarse:** se comporter, se conduire
poste: correos, puesto	**poste:** poteau
potence: horca, pescante	**potencia:** puissance
pourtant: no obstante, sin embargo	**por lo tanto:** c'est pourquoi
prendre: tomar, coger	**prender:** arrêter, faire prisonnier
principe: principio	**príncipe:** prince
prise: toma, agarradero	**prisa:** hâte
procurer: proporcionar	**procurar:** tâcher de
querelle: pelea	**querella:** plainte
quitter: dejar	**quitar:** enlever
rabot: cepillo	**rabo:** queue
rame: remo	**rama:** branche
râper: rallar, limar, raspar	**rapar:** raser, tondre
rare: escaso	**raro:** bizarre
râteau: rastrillo	**rato:** moment, instant

refrain: estribillo	**refrán:** proverbe
repasser: planchar	**repasar:** réviser, revoir
rester: quedarse	**restar:** soustraire
retomber: volver a caer, recaer	**retumbar:** retentir
retrait: retirada, reintegro	**retrato:** portrait
retraite: jubilación	**retrete:** toilettes
rhume: resfriado	**reúma, reuma:** rhumatisme
robe: vestido, capa	**robo:** vol
sable: arena	**sable:** sabre
salir: ensuciar, manchar	**salir:** sortir
salut: salvación	**salud:** santé
sauce: salsa	**sauce:** saule
scénario: guión, guion	**escenario:** scène
seller: ensillar	**sellar:** sceller, cacheter
serrer: apretar	**serrar:** scier
sien: suyo	**sien:** tempe
sillon: surco	**sillón:** fauteuil
soigner: cuidar, curar	**soñar:** rêver
sol: suelo	**sol:** soleil
sombre: oscuro	**sombra:** ombre
sortir: salir	**surtir:** pourvoir, fournir
subir: sufrir	**subir:** monter
succès: éxito	**suceso:** événement
table: mesa	**tabla:** planche
tacher: manchar	**tachar:** barrer
tantôt: unas veces	**tanto:** tant, autant
taper: pegar, golpear, escribir a máquina	**tapar:** boucher, fermer
tapis: alfombra	**tapiz:** tapisserie
tenir: retener, sujetar	**tener:** avoir
tête: cabeza	**teta** *fam*: nichon
timbre: sello	**timbre:** sonnette
trace: rastro, huella	**trazo:** ligne, trait
user: desgastar	**usar:** utiliser
vase: jarrón	**vaso:** verre
vélo: bici	**velo:** voile
verdure: verdor	**verdura:** légumes
vide: vacío	**vida:** vie
ville: ciudad	**villa:** petite ville

FORMULES DE POLITESSE / FÓRMULAS DE CORTESÍA

DIRE BONJOUR / SALUDAR

Français	**Español**
Bonjour monsieur/madame/mademoiselle.	¡Buenos días!/¡Buenas tardes!
Bonsoir monsieur Dupont.	¡Buenas tardes/noches, señor Dupont!
Bonjour François.	¡Buenos días/Buenas tardes/Hola, François!
Bonsoir tout le monde.	¡Buenas tardes/noches (a todos)!
Salut ! *fam*	¡Hola!

DEMANDER À QUELQU'UN COMMENT ÇA VA ET RÉPONDRE / PREGUNTAR A ALGUIEN QUÉ TAL ESTÁ Y RESPONDER

Français	**Español**
Comment allez-vous ? *fml*	¿Cómo está (usted)?/¿Cómo están (ustedes)?
Comment vas-tu ?	¿Cómo estás?
Ça va ? *fam*	¿Qué tal (estás)?
Bien/Ça va. *fam*	Bien/Bien.
Très bien, merci. Et vous ?/Et toi ?	Muy bien, gracias. ¿Y usted?/Y tú?
Pas mal, merci. *fam*	Voy tirando, gracias.
Ça va, merci. *fam*	Bien, gracias.
Ça va pas du tout. *fam*	Fatal.
Bof… *fam*	Regular.

DIRE AU REVOIR / DESPEDIRSE

Français	**Español**
Au revoir monsieur/madame/mademoiselle. *fml*	¡Adiós!
Au revoir, Patrick.	¡Adiós, Patrick!
Au revoir tout le monde !	¡Adiós (a todos)!
Salut ! *fam*	¡Adiós!
À bientôt !	¡Hasta pronto!
À la semaine prochaine !	¡Hasta la semana que viene!
À tout à l'heure !	¡Hasta luego!
À tout de suite !	¡Hasta ahora!
Tchao ! *fam*	¡Adiós!
À plus/À toute ! *fam*	¡Hasta luego!

SE PRÉSENTER / PRESENTARSE

Français	**Español**
Permettez-moi de me présenter, Claire Martin. *fml*	Permítame que me presente. Soy Claire Martin.
Bonjour, je m'appelle Claire (Martin).	¡Buenos días! Soy Claire (Martin).
Je me présente, Claire Martin.	Me presento. Soy Claire Martin.
Bonjour. Claire Martin.	Buenos días. Soy Claire Martin.
Salut ! Moi, c'est Claire. *fam*	¡Hola! Soy Claire.

PRÉSENTER QUELQU'UN /PRESENTAR A ALGUIEN

Français	Español
Pierre, permettez-moi de vous présenter Julie Leblanc. *fml*	Pierre, permítame que le presente a Julie Leblanc.
Sophie, je voudrais te présenter mon collègue Paul Duras.	Sophie, quiero presentarte a mi colega Paul Duras.
Sophie, tu connais mon collègue Paul Duras ?	Sophie, ¿conoces a mi colega Paul Duras?
Sophie, je tiens à te présenter Arthur, mon mari.	Sophie, quiero presentarte a mi marido, Arthur.
Sophie, je te présente Arthur, mon mari.	Sophie, te presento a mi marido, Arthur.
Sophie, Arthur	Sophie, Arthur.

QUE DIRE QUAND ON NOUS PRÉSENTE QUELQU'UN / QUÉ DECIR CUANDO NOS PRESENTAN A ALGUIEN

Français	Español
Enchanté/(e).	Encantado/(da).
Enchanté/(e) de faire votre connaissance. *fml*	Encantado/(da) de conocerlo/(la).
Ravi/(e) de vous connaître. *fml*	Un placer conocerlo/conocerla.

DEMANDER LA PERMISSION / PEDIR PERMISO

Français	Español
Vous permettez que j'utilise votre portable ?	¿Me permite usar su móvil?
Ça vous ennuie/gêne si je fume ?	¿Le molesta si fumo?
Est-ce je peux ouvrir la fenêtre ?	¿Le importa si abro la ventana?

S'EXCUSER / DISCULPARSE

Français	Español
Pardon !	¡Perdón!
Je suis (vraiment) désolé/désolée.	Lo siento (mucho).
Je vous prie de m'excuser. *fml*	Les ruego que me disculpen.
Je vous/te demande pardon.	Le pido disculpas.
Je m'excuse.	Perdóname.
Excuse-moi, j'ai oublié de te le dire.	Perdóname, he olvidado decírtelo.

REMERCIER ET RÉPONDRE / DAR LAS GRACIAS Y RESPONDER

Français	Español
Merci, vous êtes bien aimable. *fml*	Gracias, es usted muy amable.
Merci (beaucoup).	(Muchas) gracias.
C'est très gentil de votre/ta part.	Gracias, es muy amable por su/tu parte.
Je ne sais pas comment vous/te remercier.	No sé cómo agradecérselo/agradecértelo.
Merci mille fois.	Muchísimas gracias.
Merci, c'est génial. *fam*	Genial, gracias.
C'est super, merci. *fam*	Guay, gracias.
Je vous en prie/Je t'en prie.	No hay de qué.
De rien.	De nada.
Il n'y a pas de quoi.	No hay de qué.

INVITER QUELQU'UN ET RÉPONDRE / INVITAR A ALGUIEN Y RESPONDER

Français	**Español**
Nous feriez-vous le plaisir de venir dîner à la maison? *fml*	Sería un placer que viniera a cenar a nuestra casa.
Je me demandais si vous aimeriez assister à l'inauguration.	Me preguntaba si le gustaría asistir a la inauguración.
Puis-je vous proposer de m'accompagner à l'opéra ?	¿Le apetecería ir conmigo a la ópera?
Accepteriez-vous une invitation à dîner?	¿Aceptaría usted que la invitase a cenar?
Voulez-vous aller au cinéma ce soir ?	¿Le apetecería ir al cine esta noche?
J'aimerais vous inviter à déjeuner.	Me gustaría invitarlo a comer.
Ça te dirait qu'on déjeune ensemble ?	¿Te apetece que comamos juntos?
Tu viens au cinéma avec nous ?	¿Te apuntas al cine con nosotros?
Si on allait prendre un verre après les cours ? *fam*	¿Vamos a tomar una copa después de clase?
Merci, avec plaisir.	Gracias. Será un placer.
Ce sera avec plaisir.	Será un placer.
Volontiers.	Con mucho gusto.
C'est très gentil à vous.	Gracias. Es muy amable por su parte.
Oui. *fam*	Vale.
Désolé/Désolée, je suis pris/prise ce jour-là .	Lo siento, pero ese día no puedo.
Merci, mais je ne suis pas libre demain.	Lo siento. Mañana no puedo.
Je regrette, mais j'ai déjà prévu quelque chose.	Lo siento, pero ese día ya tengo un compromiso.
Dommage, je ne pourrai pas venir.	Lo siento, no podré ir.

FÉLICITER QUELQU'UN / FELICITAR A ALGUIEN

Français	**Español**
Félicitations !/Toutes mes/nos félicitations !	¡Felicidades!/¡Enhorabuena!
Bravo !	¡Bravo!
Bien joué ! *fam*	¡Muy bien!

SOUHAITER QUELQUE CHOSE À QUELQU'UN / DESEAR ALGO A ALGUIEN

Français	**Español**
Bon voyage !	¡Buen viaje!
Bonne chance !	¡(Buena) suerte!
Bon/Joyeux anniversaire !	¡Feliz cumpleaños!
Bonne journée !	¡Que tengas un buen día!
Bonne soirée !	¡Buenas noches!
Bonne nuit !	¡Buenas noches!
Bon week-end !	¡Buen fin de semana!
Bon appétit ! / Bon app' ! *fam*	¡Que aproveche!
Joyeux Noël !	¡Feliz Navidad!
Tous mes vœux pour le nouvel an	¡Feliz y próspero Año Nuevo!
Joyeuses fêtes !	¡Felices fiestas!
Bonne année !	¡Feliz Año!
Tous mes vœux de bonheur.	¡Que seáis muy felices!
Mes meilleurs vœux de bonheur.	Os deseo lo mejor.
Nous vous souhaitons/Je vous souhaite beaucoup de bonheur.	Os deseamos/Os deseo que seáis muy felices.

LES LETTRES / LAS CARTAS

POUR COMMENCER UNE LETTRE / SALUDAR

Français	**Español**
Monsieur,	Señor: / Estimado señor: / Muy señor mío: *fml*
Madame,	Señora: / Estimada señora: / Muy señora mía: *fml*
Madame, Monsieur,	Señores: / Estimados señores: / Muy señores míos: *fml*
Messieurs,	Señores: / Estimados señores: / Muy señores míos: *fml*
Cher ami, / Chère amie,	Querido amigo: / Querida amiga:
Chers clients,	Estimados clientes:
Cher Monsieur López,	Señor López: / Estimado señor López: / Distinguido señor López: *fml*
Chère Madame Dupuis,	Señora Dupuis: / Estimada señora Dupuis: / Distinguida señora Dupuis: *fml*
Cher collègue, / Chère collègue,	Estimado colega: / Estimada colega:
Monsieur le Directeur, / Madame la Directrice,	Señor Director: / Señora Directora:
Papa, maman,	Queridos padres:
Cher tonton, chère tatie, *fam*	Queridos tíos:
Chère Valérie,	Querida Valérie:
Thierry,	Thierry,
Salut Hervé ! *fam*	¡Hola, Hervé!

POUR TERMINER UNE LETTRE / DESPEDIRSE

Français	**Español**
(Très) Cordialement,	Cordialmente,
Amicalement,	Afectuosamente,
Cordialement,	Un cordial saludo.
Je t'embrasse / vous embrasse (très fort),	Un (fuerte) abrazo.
Grosses bises,	Besos.
À bientôt.	Hasta pronto.
Bisous.	Besos.
Meilleures salutations / Veuillez agréer mes / nos salutations distinguées. *fml*	Atentamente / Le saluda atentamente / Se despide atentamente,
Veuillez agréer mes sincères salutations.	Muy atentamente,
Veuillez agréer, chère Madame Dupuis, mes sincères salutations.	Muy atentamente,
Cordialement,	Reciba un cordial saludo.
Salutations,	Saludos,
Je t'embrasse / vous embrasse,	Un abrazo.
Tendrement / Avec toute ma tendresse,	Con (mucho) cariño,
Donne le bonjour à Maria.	Saludos a María.
Bisous à tout le monde / embrasse tout le monde de ma part,	Besos a todos.
Je t'embrasse / vous embrasse fort.	Muchos besos.
Je t'embrasse,	Un beso.
Grosses bises / bisous *fam*	Un besazo. / Un besote.

LETTRE FORMELLE (DE RÉCLAMATION) / CARTA FORMAL (DE RECLAMACIÓN)

M. Gierd
3, rue Victor Hugo
75009 Paris

M. Capdevila
Responsable de l'AGENCE MUNDO
47, rue Bonneville
75009 Paris

Paris, le 21 mars 2009

Objet : réclamation voyage au Maroc

Cher Monsieur,

Je m'adresse à vous pour vous présenter une réclamation relative à un voyage au Maroc que j'ai réservé le mois dernier dans votre agence et que j'ai effectué la semaine du 2 au 9 mars.

En effet, le voyage «Soleil et désert» que vous m'avez vendu s'est mal passé dès le début. Le vol avec la compagnie aérienne Space est parti avec cinq heures de retard, je n'ai pas pu occuper la place que j'avais réservée et mes bagages ont été perdus.

Lorsque nous sommes arrivés au Maroc, le car qui devait nous attendre à l'aéroport a brillé par son absence, et nous avons dû prendre un taxi pour aller à l'hôtel... où la réceptionniste n'a trouvé aucune réservation à mon nom. Quelques heures plus tard, et après plusieurs appels à l'agence Mundo, nous avons finalement été transférés dans un autre hôtel. C'est la première fois que je réserve un voyage dans votre agence et je vous assure que je ne suis pas prêt à renouveler l'expérience.

Tous ces ennuis nous ont fait perdre un jour entier de vacances. Pour compenser ce préjudice, je demande, outre des excuses, un remboursement, comme cela est indiqué dans le contrat signé avec votre agence et que je joins à ce courrier, avec les factures de tous les frais supplémentaires occasionnés.

Salutations.

Robert Gierd

M. Gierd
3, rue Victor Hugo
75009 París

Sr. Capdevila
Responsable de l'AGENCE MUNDO
47, rue Bonneville
75009 París

Asunto: reclamación viaje a Marruecos

París, 21 de marzo de 2009

Sr. Capdevila,

Me llamo Robert Gierd y me dirijo a usted para presentar una reclamación referente a un viaje a Marruecos que contraté en su agencia el mes pasado y que realicé la semana del 2 al 9 de marzo.

El paquete de viaje "Sol y desierto" que ustedes me ofrecieron y que finalmente acabé contratando fue un auténtico desastre desde el principio: el vuelo con la compañía aérea Space salió con cinco horas de retraso, no pude ocupar el asiento reservado y, para colmo, la compañía perdió mi equipaje. Una vez en Marruecos, el autobús que debía recogernos en el aeropuerto no estaba, con lo cual tuvimos que coger un taxi para llegar al hotel. Una vez allí, la recepcionista nos anunció que no había ninguna habitación reservada a mi nombre. Al final, pasadas unas horas y tras unas cuantas llamadas telefónicas a la agencia de viajes Mundo, nos trasladaron a otro hotel. Nunca había contratado un paquete de viaje en su agencia y le aseguro que no me han quedado ganas para repetir la experiencia.

Como se podrá imaginar, todos estos problemas nos hicieron perder un día entero de las vacaciones, motivo por el cual le exijo una compensación económica —como queda establecido en el contrato que firmé con ustedes y que le envío junto con las facturas de todos los gastos en que incurrí ese día—, así como una disculpa por el mal funcionamiento de su empresa.

Atentamente,

Robert Gierd

Silvia Morales
25, rue des Arquebousiers
76000 Rouen

Madame Dupuis
Directrice des Ressources Humaines
Maison d'édition Lexico
76003 Rouen

Rouen, le 10 septembre 2008

Madame Dupuis,

Votre annonce parue dans *Le journal du matin* du 8 septembre 2008 sollicitant des collaborateurs de langue maternelle espagnole pour un travail d'édition et de correction dans le cadre d'un projet de la maison d'édition Lexico a retenu toute mon attention.

Détentrice d'une licence d'espagnol et possédant une vaste expérience dans ce domaine, j'ai le plaisir de vous joindre mon curriculum vitae, où vous trouverez des informations plus détaillées sur mon parcours professionnel.

Dans l'attente de vos nouvelles, je vous prie d'agréer, Madame Dupuis, mes salutations distinguées.

Silvia Morales

Pièces jointes : Curriculum vitae

CARTE POSTALE / POSTAL

Salut Isabelle !

Ça va ?
Comme promis, voici une carte postale de Minorque. La mer a une si belle couleur ici !
Le soleil est au rendez-vous et la nourriture est excellente. Je passe de super bonnes vacances et je n'ai pas très envie de rentrer.
J'espère que tu pourras un jour venir dans cette île.
Bisous,
Lucie

Mademoiselle LEBRAT, Isabelle
42, rue Mont Blanc
65000 Tarbes
(France)

Silvia Morales
25, rue des Arquebousiers
76000 Rouen

Mme Dupuis
Directrice des Ressources Humaines
Maison d'édition Lexico
76003 Rouen

Rouen, 10 de septiembre de 2008

Señora Dupuis,

Le escribo en respuesta al anuncio publicado en *Le journal du matin* el pasado 8 de septiembre de 2008, en el que solicitaba colaboradores de lengua materna española para un trabajo de edición y corrección de un proyecto de la editorial Lexico.

Soy española y licenciada en Filología Hispánica. Adémas, como verá, tengo una amplia experiencia en este ámbito. Adjunto le envío mi currículum para que pueda valorar mi perfil.

A la espera de sus noticias, le saluda atentamente,

Silvia Morales

CARTE POSTALE / POSTAL

¡Hola, Isabelle!

¿Qué tal? Te envío una postal desde Menorca, como te prometí. ¿Has visto qué bonito es el color del mar aquí? Me lo estoy pasando genial y la verdad es que no tengo ganas de volver. Hace mucho sol y se come muy bien. Un día tienes que venir a esta isla.

¡Besos!

Lucie

Isabelle LEBRAT
42, rue Mont Blanc
65000 Tarbes
(Francia)

LE COURRIER ÉLECTRONIQUE / EL CORREO ELECTRÓNICO

Français	Español
adresse électronique	dirección de correo (electrónico)
antivirus	antivirus
arobase	arroba
boîte d'envoi	bandeja de salida
boîte de réception	bandeja de entrada
brouillons	borrador
chat	chat
contacts	libreta de direcciones
copie cachée	copia oculta
correcteur d'orthographe	corrector ortográfico
destinataire	destinatario
e-mail/courrier électronique/courriel/mél	e-mail, correo electrónico
envoyé/éléments envoyés	elementos enviados
envoyer	enviar
fichier joint	fichero adjunto
forfait haut débit	ADSL
joindre	adjuntar
messages supprimés	elementos eliminados
modem	módem
mot de passe	contraseña
objet	asunto
pièce jointe	adjunto
point	punto
poubelle	papelera
serveur	servidor
smiley/émoticon	emoticón
spam/courrier indésirable	spam, correo basura
tiret	guión, guion
transférer/forwarder	reenviar
utilisateur	usuario
virus	virus

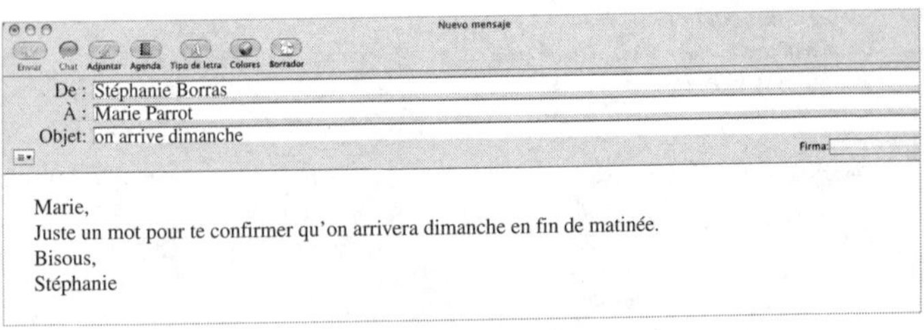

Nuevo mensaje

Enviar Chat Adjuntar Agenda Tipo de letra Colores Borrador

De: Stéphanie Borras
Para: Marie Parrot
Asunto: llegaremos el domingo

Firma:

Marie,
Te escribo simplemente para confirmarte que llegaremos el domingo a última hora de la mañana.
Un beso,
Stéphanie

Nuevo mensaje

Enviar Chat Adjuntar Agenda Tipo de letra Colores Borrador

De : Pedro Almagro
À : Hôtel Clair de Lune
Objet: tarifs week-end Suite Luna

Firma:

Bonjour,

Je souhaiterais faire une réservation dans la Suite Luna pour un week-end (deux nuits) à la mi-mars, avec petit-déjeuner. Je viens de visiter votre site Internet, mais les tarifs n'y sont pas mentionnés. Pourriez-vous m'indiquer le prix TTC de cette suite ?

Pourriez-vous également m'indiquer les modalités de paiement ? Dois-je faire un virement bancaire au moment de la réservation ou puis-je payer sur place avec ma carte bancaire ?

Je reste dans l'attente de votre réponse.

Cordialement,

Pedro Almagro

Nuevo mensaje

Enviar Chat Adjuntar Agenda Tipo de letra Colores Borrador

De: Pedro Almagro
Para: Hôtel Clair de Lune
Asunto: precio fin de semana Suite Luna

Firma:

Señores,

Mi nombre es Pedro Almagro y me dirijo a ustedes porque me gustaría realizarles un par de consultas.

Tenía pensado reservar una estancia de dos noches en su hotel, pero acabo de visitar su página web y veo que en ella no aparecen las tarifas. Concretamente, me interesaría reservar la suite Luna para un fin de semana a mediados de marzo en régimen de alojamiento y desayuno. ¿Serían tan amables de indicarme cuál es el precio de dicha suite, IVA incluido, por favor?

Por otro lado, me gustaría que me informaran del medio de pago. ¿He de hacerles una transferencia bancaria en el momento de la reserva o puedo pagar con tarjeta de crédito una vez allí?

Muchas gracias por su atención.

Atentamente,

Pedro Almagro

De : Sophie Malraux
À : Arthur Pérez (Paperpress)
Objet: devis des travaux rue Rivoli

Cher Monsieur Pérez,

Comme convenu hier au téléphone, veuillez trouver ci-joint le devis des travaux de restauration de votre bureau situé rue Rivoli.
Nous restons à votre disposition pour tout renseignement complémentaire.

Cordialement,

Sophie Malraux
Architecte d'intérieur

De: Sophie Malraux
Para: Arthur Pérez (Paperpress)
Asunto: presupuesto obra calle Rivoli

Sr. Pérez:

Tal como acordamos por teléfono ayer, le adjunto el presupuesto de las obras de reforma de su despacho de la calle Rivoli. Para cualquier consulta, no dude en ponerse en contacto conmigo.

Atentamente,

Sophie Malraux
Diseñadora de interiores

De : Pepa Gómez
À : Lola Bueno
Objet: les photos d'Hugo

Lola,

Voici des photos d'Hugo, le fils de María. L'accouchement s'est bien passé et María est rentrée chez elle. Tu verras que le petit ressemble beaucoup à son père. Comme tu peux l'imaginer, María et Steven sont très heureux.

Bisous,

Pepa

De: Pepa Gómez
Para: Lola Bueno
Asunto: las fotos de Hugo

Lola,

Te adjunto unas fotos de Hugo, el hijo de María. El parto fue muy bien y ya están los dos en casa. El niño se parece mucho a su padre, ya lo verás. Como te puedes imaginar, María y Steven están muy contentos.

Un beso,

Pepa

AU TÉLÉPHONE / AL TELÉFONO

Français	**Español**
annuaire	guía telefónica, listín
appel en PCV	llamada a cobro revertido
appeler	llamar por teléfono, telefonear
batterie	batería
boîte vocale	buzón de voz
cabine téléphonique	cabina telefónica
carte prépayée	tarjeta de prepago
composer (un numéro de téléphone)	marcar (un número de teléfono)
coup de fil/coup de téléphone	llamada (telefónica)
décrocher	descolgar el teléfono
faire un faux numéro	equivocarse de número
forfait illimité	tarifa plana
indicatif (téléphonique)	prefijo
messagerie (vocale)	buzón de voz
mobicarte	tarjeta de prepago
passer l'appel	pasar la llamada
passer un coup de téléphone *ou* un coup de fil	llamar por teléfono
portable/téléphone portable/mobile	(teléfono) móvil
poste	extensión
raccrocher	colgar (el teléfono)
rappeler	volver a llamar
répondeur (automatique)	contestador (automático)
réseau	cobertura
SMS	SMS
standard	centralita
standardiste	telefonista
téléboutique	locutorio
téléphone	teléfono
téléphone public	teléfono público
téléphone sans fil	teléfono inalámbrico
téléphoner	llamar por teléfono, telefonear
attendre: veuillez patienter un instant, s'il vous plaît *fml*	esperar: espere un momento, por favor
c'est de la part de qui, s'il vous plaît ?	¿de parte de quién?
c'est occupé/ça sonne occupé	está comunicando
couper (se): ça a coupé	cortarse: se ha cortado

—Allô, est-ce que je pourrais parler à Nathan, s'il vous plaît ?	—Hola, ¿está Nathan?
—C'est moi.	—Sí, soy yo.
—Bonjour Nathan. C'est Nadine.	—Hola, Nathan. Soy Nadine.
—Nadine, quelle surprise ! Comment vas-tu ?	—¡Nadine, qué sorpresa! ¿Qué tal?
—Très bien, et toi ?	—Muy bien. ¿Y tú?

—Bonjour, puis-je parler à Lucie s'il vous plaît ? C'est de la part de Kevin.
— Désolée, vous avez dû vous tromper de numéro. Il n'y a personne de ce nom ici.
— Oh, excusez-moi.
— Ce n'est pas grave. Au revoir.
— Au revoir.

— Buenas tardes. ¿Me puede pasar con Lucie? Soy Kevin.
— Lo siento, pero creo que se ha equivocado de número. Aquí no hay nadie que se llame así.
— Perdone entonces, señora.
— No pasa nada. Adiós.
— Adiós.

—Allô, Sophie ? C'est Mélanie.
— Salut Mélanie ! Ça va ?
— Ça va ! Et toi ? Mais, t'es où ? Je ne t'entends pas bien.
— Je suis dans le train. Il n'y a pas beaucoup de réseau.
— Je ne capte plus, je te rappelle dans une heure sur ton fixe, car je n'ai plus de batterie. Ciao !

—¿Sophie? Hola, soy Mélanie.
— Mélanie, ¿qué tal?
— Bien, ¿y tú? Pero, ¿dónde estás? Te oigo fatal.
— Estoy en el tren. Hay poca cobertura.
— No oigo nada. Te llamo luego al fijo, que me estoy quedando sin batería. ¡Chao!

—Société Canet, bonjour.
—Bonjour, ici Thierry Smith. Je cherche à joindre Eric Poussin.
—Un instant, s'il vous plaît... Monsieur, sa ligne est occupée. Voulez-vous patienter ?
—Oui, je veux bien. Merci.
— Monsieur, son poste est libre. Ne quittez pas, je vous le passe.
—Merci beaucoup.

—Société Canet, ¿dígame ?
—Hola. Soy Thierry Smith. Con Eric Poussin, por favor.
—Un momento, por favor.... ¿Disculpe? Está comunicando. ¿Quiere esperar?
—Sí, por favor. Gracias.
—Mire, ya ha terminado. No cuelgue, se lo paso.
—Muchas gracias

Le téléphone de votre correspondant n'est pas disponible actuellement. Veuillez rappeler ultérieurement

El teléfono al que llama está apagado o fuera de cobertura

—Vous êtes sur la messagerie de Chantal Rodríguez. Veuillez laisser un message après le signal sonore.
— Bonjour. Ici Stéphane Dupuis. Je vous appelle pour confirmer notre rendez-vous de 16h. À tout à l'heure. Merci.

—Este es el buzón de voz de Chantal Rodríguez. Deje un mensaje después de la señal.
— Buenos días. Soy Stéphane Dupuis. Llamo para confirmar nuesta cita de las cuatro. Hasta luego. Gracias.

Vous êtes sur la messagerie du 04 39 84 32. Votre correspondant est déjà en ligne. Veuillez rappeler dans quelques instants.

Ha llamado al 04 39 84 32. Nuestras líneas están ocupadas. Por favor, vuelva a llamar pasados unos minutos.

Diccionario
Español - Francés

A

a [a] *prep* (**a** + **el** se contractent en **al**) **1** *(gen)* à: ***a cien kilómetros de casa***, à cent kilomètres de chez nous; ***a las once de la mañana***, à onze heures du matin; ***doy un libro a mi hijo***, je donne un livre à mon fils; ***de cara al Norte***, face au Nord. **2** *(período de tiempo)* ***a los tres días***, trois jours après; ***al mes de conocernos***, un mois après avoir fait connaissance. **3** *(modo, manera)* à, en: ***a pie***, à pied; ***a cámara lenta***, au ralenti; ***a escondidas***, en cachette; ***a tientas***, à tâtons; ***a lo grande***, en grand seigneur; ***al óleo***, à l'huile; ***reducir unas hierbas a polvo***, réduire des herbes en poudre. **4** *(instrumento)* à, avec: ***a lápiz***, au crayon; ***a máquina***, à la machine. **5** *(precio)* à: ***a dos euros cada una***, à deux euros chacune. **6** *(distribución)* par: ***dos veces al día***, deux fois par jour. **7** *(con verbos de movimiento)* à, en, dans, par, vers: ***girar a la derecha***, tourner à droite; ***ir a París***, aller à Paris; ***ir a España***, aller en Espagne; ***caer al agua***, tomber dans l'eau; ***caer al suelo***, tomber par terre; ***dirigirse al Sur***, se diriger vers le Sud. **8** *(afecto, sentimiento)* pour, de: ***el amor a sus hijos***, l'amour pour ses enfants. **9** *(altura)* sur: ***dar a la calle***, donner sur la rue. **10** *(indica cercanía)* à, auprès: ***a la lumbre***, auprès du feu; ***al rayar el alba***, à l'aube. **11** *(introduce al complemento directo)* ***César venció a Pompeyo***, César vainquit Pompée; ***no conozco a nadie aquí***, je ne connais personne ici; ***aguardo a que venga***, j'attends qu'il vienne. **12** ***verbo*** **+ a +** ***inf*** *(indica finalidad)* à + ***inf***: ***ha venido a vernos***, il est venu nous voir; ***ir a pasear***, aller se promener. **13 a +** ***inf*** *(como imperativo)* ***¡a callar!***, taisez-vous !; ***¡a comer!***, à table !

abad [aβáð] *nm* abbé *m.*

abadesa [aβaðésa] *nf* abbesse *f.*

abadía [aβaðia] *nf* abbaye *f.*

abajo [aβáχo] *adv* **1** *(situación)* en bas: ***abajo del todo***, tout en bas; ***está abajo***, il est en bas; ***más abajo***, plus bas. **2** *(dirección)* vers le bas: ***río abajo***, en aval.
► *interj* à bas !
• **de abajo** du dessous.
• **echar abajo** abattre.
• **más abajo** *(en un escrito)* ci-dessous.

abalanzarse [4] [aβalanθárse] *vpr* se ruer.

abandonado,-da [aβandonáðo,-ða] *adj* **1** *(gen)* abandonné,-e. **2** *(persona)* négligé,-e. **3** *(cosa, lugar)* laissé,-e à l'abandon.

abandonar [aβandonár] *vt* **1** *(gen)* abandonner. **2** *(lugar, cónyuge)* quitter.
► *vpr* **abandonarse 1** *(en el aseo)* se laisser aller. **2 abandonarse a** *(dejarse llevar)* s'abandonner à.

abandono [aβandóno] *nm* abandon *m.*

abanicar [1] [aβanikár] *vt* éventer.
► *vpr* **abanicarse** s'éventer.

abanico [aβaniko] *nm* éventail *m.*

abaratar [aβaratár] *vt* baisser le prix de.

abarcar [1] [aβarkár] *vt* **1** *(rodear)* embrasser. **2** *(englobar)* comprendre.
• **quien mucho abarca, poco aprieta** qui trop embrasse, mal étreint.

abarrotado,-da [aβar̄otáðo,-ða] *adj* plein,-e à craquer.

abastecer [43] [aβasteθér] *vt* approvisionner, ravitailler.

abatible [aβatiβle] *adj (asiento)* inclinable.
abatir [aβatir] *vt* **1** *(gen)* abattre. **2** *(lo que estaba vertical)* incliner, coucher.
▶ *vpr* **abatirse** *(sobre una presa)* s'abattre.
abdicar [1] [aβðikár] *vi* abdiquer.
abdomen [aβðómen] *nm* abdomen *m.*
abdominal [aβðominál] *adj* abdominal,-e.
▶ *nm pl* **abdominales** *(ejercicios)* abdominaux *m pl.*
abecedario [aβeθeðárjo] *nm* **1** *(serie de letras)* alphabet *m.* **2** *(libro)* abécédaire *m.*
abedul [aβeðúl] *nm* bouleau *m.*
abeja [aβéχa] *nf* abeille *f.*
▪ **abeja obrera** ouvrière *f.*
▪ **abeja reina** reine *f.*
abejorro [aβeχóro] *nm* bourdon *m.*
aberración [aβeraθjón] *nf* aberration *f.*
aberrante [aβeránte] *adj* aberrant,-e.
abertura [aβertúra] *nf* ouverture *f.*
abeto [aβéto] *nm* sapin *m.*
abierto,-ta [aβjérto,-ta] *adj* ouvert,-e.
▶ *nm* **abierto** DEP open *m.*
abismal [aβizmál] *adj* abyssal,-e.
abismo [aβizmo] *nm* abîme *m.*
ablandar [aβlandár] *vt* **1** *(cosa)* amollir, ramollir. **2** *(persona)* adoucir.
abnegado,-da [aβneγáðo,-ða] *adj* dévoué,-e.
abochornado,-da [aβotʃornáðo,-ða] *adj* **1** *(por el calor)* étouffé,-e. **2** *(por la vergüenza)* honteux,-euse.
abochornar [aβotʃornár] *vt* **1** *(el calor)* étouffer, suffoquer. **2** *(la vergüenza)* vexer, faire honte à.
abofetear [aβofeteár] *vt* gifler.
abogado,-da [aβoγáðo,-ða] *nm,f* avocat,-e.
▪ **abogado defensor** avocat de la défense *m.*
▪ **abogado del diablo** avocat du diable.
▪ **abogado de oficio** avocat commis d'office.
abolición [aβoliθjón] *nf* abolition *f.*
abolir [aβolir] *vt* abolir.
abollar [aβoʎár] *vt* bosseler, cabosser.
abominable [aβomináβle] *adj* abominable.
abonado,-da [aβonáðo,-ða] *adj* **1** *(dinero)* payé,-e. **2** *(tierra)* amendé,-e.
abonar [aβonár] *vt* **1** *(una suma)* payer, régler. **2** *(en una cuenta)* créditer: ***abonar en la cuenta de***, verser au compte de. **3** *(tierra)* amender, engraisser.
▶ *vpr* **abonarse 1** *(a revista)* s'abonner. **2** *(a teatro, club)* prendre un abonnement.
abono [aβóno] *nm* **1** *(de dinero)* paiement *m*, règlement *m.* **2** COM *(en cuenta)* crédit *m.* **3** *(para la tierra)* engrais *m.* **4** *(de revista, temporada)* abonnement *m*: ***sacar un abono***, prendre un abonnement.
abordar [aβorðár] *vt* aborder.
aborigen [aβoriχen] *adj - nmf* aborigène.
aborrecer [43] [aβoreθér] *vt* détester.
abortar [aβortár] *vi* **1** *(voluntariamente)* avorter. **2** *(involuntariamente)* faire une fausse couche. **3** *(interrumpir)* avorter.
aborto [aβórto] *nm* **1** *(voluntario)* avortement *m.* **2** *(involuntario)* fausse couche *f.* **3** *fam pey (persona)* avorton *m.*
abrasar [aβrasár] *vt (quemar)* brûler.
▶ *vi (comida, bebida)* être brûlant,-e.
▶ *vpr* **abrasarse 1** *(bosque, edificio)* brûler. **2** *(persona)* se brûler.
abrazar [4] [aβraθár] *vt* **1** *(persona)* serrer dans ses bras. **2** *(doctrina, fe)* épouser.
▶ *vpr* **abrazarse** se serrer dans les bras.
abrazo [aβráθo] *nm* accolade *f.*
• **dar un abrazo** embrasser.
• **un fuerte abrazo** *(en cartas)* très affectueusement.
abrecartas [aβrekártas] *nm* coupe-papier *m.*
abrelatas [aβrelátas] *nm* ouvre-boîte *m.*
abreviar [12] [aβreβjár] *vt* abréger.
abreviatura [aβreβjatúra] *nf* abréviation *f.*
abrigar [7] [aβriγár] *vt* **1** *(a una persona)* couvrir chaudement. **2** *(la ropa)* tenir chaud. **3** *(idea, deseo)* nourrir.
▶ *vpr* **abrigarse 1** *(con ropa)* se couvrir. **2** *(resguardarse)* s'abriter.
abrigo [aβriγo] *nm (prenda)* manteau *m.*
• **de abrigo** *(prenda)* chaud,-e.
▪ **abrigo de pieles** manteau de fourrure.
abril [aβril] *nm* avril *m.*
abrir [aβrir] *vt* **1** *(gen)* ouvrir. **2** *(alas)* déployer. **3** *(luz)* allumer. **4** *(piernas)* écarter.
▶ *vpr* **abrirse 1** *(gen)* s'ouvrir. **2** *fam (irse)* se barrer.

abrochar [aβrotʃár] *vt (con botones)* boutonner; *(con cremallera, corchetes)* fermer.
► *vpr* **abrocharse** *(con botones)* se boutonner; *(con cremallera, corchetes)* se fermer.
• **abróchense los cinturones** attachez vos ceintures.
abrumar [aβrumár] *vt* accabler.
abrupto,-ta [aβrúpto,-ta] *adj* abrupt,-e.
absceso [aβsθéso] *nm* abcès *m.*
ábside [áβsiðe] *nm* abside *f.*
absolución [aβsoluθjón] *nf* **1** *(de los pecados)* absolution *f.* **2** *(de las acusaciones)* acquittement *f.*
absoluto,-ta [aβsolúto,-ta] *adj* absolu,-e.
• **en absoluto** pas du tout.
absolver [32] [aβsolβér] *vt* **1** *(a un penitente)* absoudre. **2** *(a un acusado)* acquitter.
absorbente [aβsorβénte] *adj* **1** *(material)* absorbant,-e. **2** *(ocupación)* prenant,-e.
absorber [aβsorβér] *vt* absorber.
absorto,-ta [aβsórto,-ta] *adj* absorbé,-e.
abstemio,-mia [aβstémjo,-mja] *adj - nm,f* abstème: ***es abstemio***, il ne boit pas d'alcool.
abstención [aβstenθjón] *nf* abstention *f.*
abstenerse [87] [aβstenérse] *vpr* s'abstenir: ***me abstuve de contestar***, je me suis abstenu de répondre.
abstinencia [aβstinénθja] *nf* abstinence *f.*
abstracto,-ta [aβstrákto,-ta] *adj* abstrait,-e.
absurdo,-da [aβsúrðo,-ða] *adj* absurde.
► *nm* **absurdo** absurde *m.*
abuchear [aβutʃeár] *vt* huer.
abuela [aβwéla] *nf* **1** grand-mère *f.* **2** *(familiarmente)* mamie *f.*
• **no tener abuela** *fam* s'envoyer des fleurs.
abuelo [aβwélo] *nm* **1** grand-père *m.* **2** *(familiarmente)* papi *m.*
► *nm pl* **abuelos** grands-parents *m pl.*
abultar [aβultár] *vt* **1** *(aumentar)* grossir. **2** *(exagerar)* exagérer.
► *vi (ocupar espacio)* prendre de la place: ***esta cama plegable casi no abulta***, ce lit pliant ne prend presque pas de place.
abundancia [aβundánθja] *nf* abondance *f.*
abundante [aβundánte] *adj* abondant,-e.
abundar [aβundár̄] *vi* **1** *(existir en cantidad)* abonder. **2** **abundar en** *(idea, opinión)* abonder dans.
aburrido,-da [aβur̄iðo,-ða] *adj* **1** *(que produce aburrimiento)* ennuyeux,-euse. **2** *(que siente aburrimiento)* ennuyé,-e: ***estar aburrido,-da***, s'ennuyer. **3** *(harto)* las, lasse.
aburrimiento [aβur̄imjénto] *nm* ennui *m.*
aburrir [aβur̄ír] *vt* ennuyer.
► *vpr* **aburrirse** s'ennuyer.
abusar [aβusár] *vi* abuser (**de**, de).
abuso [aβúso] *nm* abus *m.*
▪ **abuso de autoridad** abus de pouvoir.
▪ **abusos deshonestos** abus sexuels.
abusón,-ona [aβusón,-ona] *adj - nm,f fam* profiteur,-euse.
acá [aká] *adv (lugar)* ici.
• **de acá para allá** de-ci de-là.
acabado,-da [akaβáðo,-ða] *adj* **1** *(gen)* fini,-e. **2** *(perfecto)* achevé,-e, parfait,-e.
► *nm* **acabado** finition *f.*
acabar [akaβár] *vt* **1** *(gen)* finir: ***he acabado el trabajo***, j'ai fini le travail. **2** *(consumir)* épuiser, terminer: ***hemos acabado el pan***, nous avons terminé le pain.
► *vi* **1** *(gen)* finir: ***acabar en punta***, finir en pointe; ***ya he acabado***, j'ai déjà fini. **2** *(pareja)* briser. **3** **acabar con** *(hacer desaparecer)* venir à bout de. **4** **acabar de** + *inf* *(acción reciente)* venir de + *inf*: ***acaba de llegar***, il vient d'arriver. **5** **acabar por** + *inf/ger* finir par + *inf*: ***acabó dándonos las gracias***, il a fini par nous remercier.
► *vpr* **acabarse** finir: ***se ha acabado la mantequilla***, il n'y a plus de beurre.
• **¡acabáramos!** enfin !
• **de nunca acabar** à n'en plus finir.
acacia [akáθja] *nf* acacia *m.*
academia [akaðémja] *nf* **1** *(institución)* académie *f.* **2** *(establecimiento privado)* école *f.*
académico,-ca [akaðémiko,-ka] *adj* **1** *(que sigue las normas)* académique. **2** *(de los estudios)* scolaire, universitaire.
► *nm,f* académicien,-enne.
acaecer [43] [akaeθér] *vi* arriver, avoir lieu.
acallar [akaʎár] *vt* faire taire.
acalorado,-da [akaloráðo,-ða] *adj* **1** *(gen)* échauffé,-e. **2** *(discusión)* passionné,-e.

acalorarse [akalorárse] *vpr* **1** *(tener calor)* avoir chaud. **2** *(en una discusión)* s'échauffer, s'enflammer.
acampada [akampáða] *nf* camping *m*: ***ir de acampada***, faire du camping.
acampar [akampár] *vi* camper.
acantilado [akantiláðo] *nm* falaise *f*.
acaparar [akaparár] *vt* accaparer.
acariciar [12] [akariθjár] *vt* caresser.
acarrear [akar̄eár] *vt* **1** *(llevar)* transporter. **2** *(consecuencias)* entraîner. **3** *(disgustos)* amener.
acaso [akáso] *adv* **1** *(en preguntas)* par hasard: ***¿acaso no lo sabías?***, est-ce que par hasard tu ne le savais pas ? **2** *fml (quizá)* peut-être.
• **por si acaso** au cas où, dans le cas où.
acatar [akatár] *vt* **1** *(decisión, ley)* respecter. **2** *(orden)* obéir à.
acatarrarse [akatar̄árse] *vpr* s'enrhumer.
acaudalado,-da [akauðaláðo,-ða] *adj* riche.
acceder [akθeðér] *vi* **1** *(gen)* accéder (**a**, à): ***acceder al poder***, accéder au pouvoir. **2** *(consentir)* acquiescer (**a**, à), consentir (**a**, à): ***accedió a acompañarme***, il consentit à m'accompagner.
accesible [akθesíβle] *adj* accessible.
acceso [akθéso] *nm* **1** accès *m*. **2** *(de fiebre)* poussée *f*; *(de tos)* quinte *m*.
▪ **acceso directo** INFORM raccourci *m*.
accesorio,-ria [akθesórjo,-rja] *adj* accessoire.
► *nm* **accesorio** accessoire *m*.
accidentado,-da [akθiðentáðo,-ða] *adj* **1** *(terreno)* accidenté,-e. **2** *(vida)* mouvementé,-e.
► *nm,f (persona)* accidenté,-e.
accidente [akθiðénte] *nm* accident *m*.
▪ **accidente de tráfico** accident de la route.
▪ **accidente laboral** accident du travail.
acción [akθjón] *nf* action *f*.
accionista [akθjonísta] *nmf* actionnaire.
acecho [aθétʃo].
• **estar al acecho** être à l'affût.
aceite [aθéite] *nm* huile *f*.
aceitera [aθeitéra] *nf* burette *f*.
► *nf pl* **aceiteras** huilier *m sing*.
aceituna [aθeitúna] *nf* olive *f*.
acelerador [aθeleraðór̄] *nm* accélérateur *m*.
• **pisar el acelerador** accélérer.
acelerar [aθelerár] *vt* accélérer.
acelga [aθélɣa] *nf* bette *f*, blette *f*.
acento [aθénto] *nm* accent *m*.
acentuado,-da [aθentwáðo,-ða] *adj* accentué,-e.
acentuar [aθentwár] *vt* accentuer.
► *vpr* **acentuarse** s'accentuer.
acepción [aθepθjón] *nf* acception *f*.
aceptable [aθeptáβle] *adj* acceptable.
aceptación [aθeptaθjón] *nf* **1** *(gen)* acceptation *f*. **2** *(éxito)* succès *m*.
aceptar [aθeptár] *vt* accepter.
acequia [aθékja] *nf* canal *m* d'irrigation.
acera [aθéra] *nf* trottoir *m*.
• **ser de la acera de enfrente** *fam* être de la jaquette.
acerca [aθérka].
• **acerca de** au sujet de.
acercamiento [aθerkamjénto] *nm* rapprochement *m*.
acercar [1] [aθerkár] *vt* rapprocher: ***¿me acercas el agua?***, pourrais-tu me passer l'eau ?
► *vpr* **acercarse** **1** *(ponerse más cerca)* s'approcher, se rapprocher. **2** *(estar más cercano)* approcher.
acero [aθéro] *nm* acier *m*.
▪ **acero inoxidable** acier inoxydable.
acertado,-da [aθer̄táðo,-ða] *adj* **1** *(opinión, idea)* bon, bonne. **2** *(conveniente)* opportun,-e.
acertar [27] [aθertár] *vt* **1** *(el blanco)* mettre dans, atteindre. **2** *(respuesta, adivinanza)* trouver, deviner.
► *vi* **1** **acertar (con)** *(elegir bien)* bien choisir: ***has acertado con el color***, tu as bien choisi la couleur. **2** **acertar con** *(encontrar)* trouver: ***acertó con la respuesta***, il trouva la réponse. **3** **acertar a** + *inf* *(conseguir)* arriver à: ***no acierto a comprender***, je n'arrive pas à comprendre.
acertijo [aθertiχo] *nm* devinette *f*.
achacar [1] [atʃakár] *vt* attribuer, imputer.
achaque [atʃáke] *nm* problème *m* de santé.
achicharrar [atʃitʃar̄ár] *vt* brûler, griller.
► *vpr* **achicharrarse** **1** *(quemarse)* brûler, griller. **2** *(tener calor)* cuire.
achicoria [atʃikórja] *nf* chicorée *f*.

achuchar [atʃutʃár] *vt* **1** *(empujar)* écraser. **2** *(abrazar)* serrer fort dans les bras. **3** *(meter prisa)* presser.

achuchón [atʃutʃón] *nm* **1** *(empujón)* poussée *f*. **2** *(abrazo)* gros câlin *m*. **3** *(indisposición)* malaise *m*.

acicalarse [aθikalárse] *vpr* se pomponner.

acicate [aθikáte] *nm* stimulant *m*.

acidez [aθiðéθ] *nf* acidité *f*.
■ **acidez de estómago** aigreurs *f pl* d'estomac.

ácido,-da [áθiðo,-ða] *adj* acide.
► *nm* **ácido** acide *m*.

acierto [aθjérto] *nm* **1** *(solución correcta)* bonne réponse *f*. **2** *(decisión correcta)* bonne idée *f*. **3** *(éxito)* succès *m*. **4** *(en juego)* bon numéro *m*.

aclamar [aklamár] *vt* **1** *(ovacionar)* acclamer. **2** *(para cargo)* proclamer.

aclaración [aklaraθjón] *nf* éclaircissement *m*.

aclarar [aklarár] *vt* **1** *(gen)* éclaircir. **2** *(la ropa)* rincer. **3** *(explicar)* éclairer, éclaircir.
► *vi (el tiempo)* s'éclaircir.
► *vpr* **aclararse 1** *(gen)* s'éclaircir. **2** *(entender)* comprendre: ***no me aclaro***, je n'y comprends rien.

aclimatarse [aklimatárse] *vpr* s'acclimater.

acné [akné] *nf* acné *f*.

acobardar [akoβarðár] *vt* faire peur, effrayer.
► *vpr* **acobardarse** avoir peur.

acogedor,-ra [akoχeðór,-ra] *adj* accueillant,-e.

acoger [5] [akoχér] *vt* accueillir.
► *vpr* **acogerse 1** *(refugiarse)* se réfugier. **2 acogerse a** *(una ley, un pretexto)* recourir à.

acogida [akoχiða] *nf* accueil *m*.

acometer [akometér] *vt* **1** *(atacar)* attaquer. **2** *(empresa, trabajo)* entreprendre. **3 acometer contra** *(embestir)* foncer sur.

acometida [akometiða] *nf* **1** *(ataque)* assaut *m*. **2** *(de cañerías)* raccordement *m*.

acomodado,-da [akomoðáðo,-ða] *adj (rico)* aisé,-e.

acomodador,-ra [akomoðaðór,-ra] *nm,f* ouvreur,-euse.

acomodar [akomoðár] *vt* **1** *(adaptar)* ajuster, adapter. **2** *(poner en sitio conveniente)* placer.
► *vpr* **acomodarse 1** *(instalarse)* se mettre à l'aise: ***se acomodó en el sillón***, il s'installa dans le fauteuil. **2** *(adaptarse)* s'adapter.

acompañamiento [akompaɲamjénto] *nm* **1** *(de música)* accompagnement *m*. **2** *(de comida)* garniture *f*.

acompañar [akompaɲár] *vt* **1** *(gen)* accompagner. **2** *(hasta la puerta, a casa)* raccompagner. **3** *(hacer compañía)* tenir compagnie. **4** *(en carta)* joindre, inclure.
● **le acompaño en el sentimiento** veuillez accepter mes condoléances.

acondicionado,-da [akondiθjonáðo,-ða] *adj* **1** *(aire)* conditionné,-e. **2** *(lugar)* aménagé,-e.

acondicionar [akondiθjonár] *vt* **1** *(mercancías)* conditionner. **2** *(un local)* aménager.

aconsejar [akonseχár] *vt* conseiller.

acontecimiento [akonteθimjénto] *nm* événement *m*.

acoplar [akoplár] *vt* **1** *(piezas, motores, etc)* accoupler. **2** *(ajustar)* ajuster.
► *vpr* **acoplarse 1** *(piezas)* s'ajuster. **2** *(adaptarse)* s'adapter.

acorazado,-da [akoraθáðo,-ða] *adj* blindé,-e.
► *nm* **acorazado** cuirassé *m*.

acordar [31] [akorðár] *vt* **1** *(hacer algo)* décider de, se mettre d'accord pour. **2** *(algo)* décider, se mettre d'accord sur.
► *vpr* **acordarse** se souvenir (**de**, de), se rappeler (**de**, de).

acorde [akórðe] *nm* MÚS accord *m*.
► *adj* **acorde con** en accord avec.

acordeón [akorðeón] *nm* accordéon *m*.

acordonar [akorðonár] *vt* **1** *(zapatos)* lacer. **2** *(zona)* encercler.

acorralar [akor̄alár] *vt* acculer.

acortar [akortár] *vt* raccourcir.
► *vpr* **acortarse** raccourcir.

acosar [akosár] *vt* **1** *(presa, enemigo)* traquer. **2** *(molestar)* harceler.

acoso [akóso] *nm* harcèlement *m*.

acostar [31] [akostár] *vt* coucher.
► *vpr* **acostarse 1** *(ir a la cama)* se cou-

cher. 2 **acostarse con** *(tener relaciones)* coucher avec.

acostumbrado,-da [akostumbrãðo,-ða] *adj* 1 **acostumbrado (a)** *(persona)* habitué,-e (à). 2 *(hecho)* habituel,-elle.

acostumbrar [akostumbrár] *vt (a alguien)* habituer.

► *vi* **acostumbrar (a)** *(tener como costumbre)* avoir l'habitude (de): ***no acostumbra a llegar tarde***, il n'a pas l'habitude d'arriver en retard.

► *vpr* **acostumbrarse** s'habituer (**a**, à).

acrecentar [27] [akreθentár] *vt* accroître.

acreditar [akreðitár] *vt* 1 *(demostrar)* prouver, montrer. 2 *(embajador)* accréditer.

► *vpr* **acreditarse** s'accréditer.

acreedor,-ra [akreeðór,-ra] *adj (digno de)* digne (**de**, de).

► *nm,f* créancier,-ère.

acribillar [akriβiʎár] *vt* 1 **acribillar (a)** *(llenar de agujeros)* cribler (de): ***acribillar a balazos***, cribler de balles. 2 **acribillar (a)** *(molestar)* assaillir: ***acribillar a preguntas***, bombarder de questions.

acrílico,-ca [akríliko,-ka] *adj* acrylique.

acrobacia [akroβáθja] *nf* acrobatie *f.*

acróbata [akróβata] *nmf* acrobate.

acta [ákta] *nf* 1 *(de una reunión, sesión, etc)* procès-verbal *m*, compte-rendu *m*. 2 *(escrito)* acte *f.*

► *nf pl* **actas** actes *m pl.*

• **constar en acta** figurer au procès-verbal.

• **levantar acta** dresser un procès-verbal.

▪ **acta notarial** acte notarié.

actitud [aktitúð] *nf* attitude *f.*

activar [aktiβár] *vt* activer.

actividad [aktiβiðáð] *nf* activité *f.*

activista [aktiβísta] *nmf* activiste.

activo,-va [aktíβo,-βa] *adj* actif,-ive.

► *nm* **activo** ECON actif *m.*

acto [ákto] *nm* 1 *(gen)* acte *m*. 2 *(ceremonia)* cérémonie *f.*

• **acto seguido** aussitôt après.

• **en el acto** sur-le-champ.

• **hacer acto de presencia** faire acte de présence.

actor [aktór] *nm* acteur *m.*

▪ **actor de reparto** second rôle *m.*

actriz [aktríθ] *nf* actrice *f.*

actuación [aktwaθjón] *nf* 1 *(comportamiento)* conduite *f.*

actual [aktwál] *adj* actuel,-elle.

actualidad [aktwaliðáð] *nf* actualité *f.*

• **en la actualidad** actuellement, à l'heure actuelle.

actualizar [4] [aktwaliθár] *vt* actualiser, mettre à jour.

actuar [11] [aktwár] *vi* 1 *(gen)* agir. 2 *(ejercer como)* exercer ses fonctions: ***su hermano actuó como intermediario***, son frère fit office d'intermédiaire. 3 *(un actor)* jouer.

acuarela [akwaréla] *nf* aquarelle *f.*

acuario [akwárjo] *nm* aquarium *m.*

acuático,-ca [akwátiko,-ka] *adj* aquatique.

acuchillar [akutʃiʎár] *vt* poignarder.

acudir [akuðír] *vi* 1 *(ir)* aller (**a**, à), se rendre (**a**, à). 2 *(recurrir)* faire appel à.

acueducto [akweðúkto] *nm* aqueduc *m.*

acuerdo [akwérðo] *nm* accord *m.*

• **de acuerdo** d'accord.

• **de acuerdo con** en accord avec.

• **de común acuerdo** d'un commun accord.

• **estar de acuerdo** être d'accord.

• **ponerse de acuerdo** se mettre d'accord.

▪ **acuerdo marco** accord-cadre *m.*

acumular [akumulár] *vt* 1 *(gen)* accumuler. 2 *(cargos, empleos)* cumuler.

acunar [akunár] *vt* bercer.

acuñar [akuɲár] *vt* 1 *(monedas, medallas)* frapper. 2 *(palabras)* forger.

acupuntura [akupuntúra] *nf* acupuncture *f.*

acurrucarse [1] [akur̃ukárse] *vpr* se pelotonner, se blottir.

acusación [akusaθjón] *nf* accusation *f.*

acusado,-da [akusáðo,-ða] *adj - nm,f* accusé,-e.

acusar [akusár] *vt* 1 *(gen)* accuser. 2 *(delatar)* dénoncer.

acusica [akusíka] *nmf fam* rapporteur, -euse.

acústica [akústika] *nf* acoustique *f.*

acústico,-ca [akústiko,-ka] *adj* acoustique.

adaptador [aðaptaðór] *nm* adaptateur *m.*

adaptable [aðaptáβle] *adj* adaptable.

adaptar [aðaptár] *vt* adapter.
► *vpr* **adaptarse** s'adapter.
adecuado,-da [aðekwáðo,-ða] *adj* adéquat,-e.
adecuar [10] [aðekwár] *vt* adapter.
► *vpr* **adecuarse a** s'adapter à.
adefesio [aðefésjo] *nm* **1** *(persona)* épouvantail *m.* **2** *(cosa)* horreur *f.*
adelantado,-da [aðelantáðo,-ða] *adj* **1** *(gen)* avancé,-e. **2** *(precoz)* précoce. **3** *(reloj)* en avance.
• **por adelantado** d'avance.
adelantamiento [aðelantamjénto] *nm* *(de un coche)* dépassement *m.*
adelantar [aðelantár] *vt* **1** *(gen)* avancer: ***¿qué adelantas con...?***, à quoi cela t'avance de ... ? **2** *(coche)* doubler. **3** *(dejar atrás)* dépasser.
► *vi* **1** *(progresar)* avancer, faire des progrès. **2** *(reloj)* avancer.
► *vpr* **adelantarse 1** *(ir delante)* s'avancer. **2** *(llegar temprano)* être en avance. **3** *(pasar delante)* devancer. **4** *(reloj)* avancer.
adelante [aðelánte] *adv* en avant: ***dio un paso adelante***, il fit un pas en avant.
► *interj* entrez !
• **en adelante** désormais.
• **hacia adelante** en avant.
• **más adelante 1** *(en el tiempo)* plus tard. **2** *(en el espacio)* plus loin.
• **seguir adelante** continuer.
adelanto [aðelánto] *nm* **1** *(gen)* avance *f.* **2** *(progreso)* progrès *m.*
adelgazar [4] [aðelɣaθár] *vi* maigrir.
ademán [aðemán] *nm* geste *m*, attitude *f.*
• **hacer ademán de** faire mine de.
además [aðemás] *adv* en outre, en plus.
• **además de** non seulement: ***además de inteligente, es guapo***, non seulement il est intelligent, mais il est beau.
adentro [aðéntro] *adv* à l'intérieur, dedans.
• **hacia adentro** vers l'intérieur.
• **para sus adentros** dans son for intérieur.
adepto,-ta [aðépto,-ta] *adj - nm,f* adepte.
aderezar [4] [aðereθár] *vt* assaisonner.
adeudar [aðeuðár] *vt* **1** *fml (dinero)* devoir. **2** COM *(en una cuenta)* débiter.
adherir [35] [aðerir] *vi* adhérer.
► *vpr* **adherirse 1** *(pegarse)* adhérer. **2** **adherirse a** *(a idea, organización)* adhérer à.
adhesivo,-va [aðesiβo,-βa] *adj* adhésif, -ive.
► *nm* **adhesivo 1** *(sustancia)* adhésif *m.* **2** *(pegatina)* autocollant *m.*
adicción [aðikθjón] *nf* dépendance *f.*
adición [aðiθjón] *nf* addition *f.*
adicto,-ta [aðikto,-ta] *adj (a drogas)* dépendant,-e; *(a causa)* fidèle.
► *nm,f* **1** *(de idea, doctrina)* partisan,-e. **2** *(a drogas)* toxicomane. **3** **adicto a** *fig (con afición extrema)* passionné,-e de: ***es un adicto al trabajo***, c'est un bourreau de travail.
adiestrar [aðjestrár] *vt* **1** *(un animal)* dresser. **2** *(a una persona)* exercer, instruire.
adinerado,-da [aðineráðo,-ða] *adj* riche.
adiós [aðjós] *nm* adieu *m.*
► *interj* **1** *(definitivo)* adieu. **2** *(hasta luego)* au revoir.
adivinanza [aðiβinánθa] *nf* devinette *f.*
adivinar [aðiβinár] *vt* deviner.
adivino,-na [aðiβino,-na] *nm,f* devin *m*, devineresse *f.*
adjetivo,-va [aðχetiβo,-βa] *adj* adjectif, -ive.
► *nm* **adjetivo** adjectif *m.*
adjudicar [1] [aðχuðikár] *vt* adjuger.
adjuntar [1] [aðχuntár] *vt* joindre.
adjunto,-ta [aðχúnto,-ta] *adj* ci-joint,-e, ci-inclus,-e: ***la copia adjunta***, la copie ci-jointe; ***adjunto le remito***, je vous envoie ci-joint.
► *adj - nm,f* adjoint,-e.
► *nm* **adjunto** pièce *f* jointe.
administración [aðministraθjón] *nf* administration *f.*
▪ **administración de Hacienda** perception *f.*
▪ **administración de lotería** bureau *m* de loterie.
▪ **administración pública** service *m* public.
administrador,-ra [aðministraðór,-ra] *adj - nm,f* administrateur,-trice.
administrar [aðministrár] *vt* administrer.
► *vpr* **administrarse** gérer son argent.
administrativo,-va [aðministratiβo,-βa] *adj* administratif,-ive.
► *nm,f* employé,-e de bureau.

admiración [aðmiraθjón] *nf* **1** *(valoración)* admiration *f.* **2** *(sorpresa)* étonnement *m.* **3** *(signo)* point *m* d'exclamation.
admirador,-ra [aðmiraðór,-ra] *adj - nm,f* admirateur,-trice.
admirar [aðmirár] *vt* **1** *(valorar)* admirer. **2** *(sorprender)* étonner, émerveiller.
► *vpr* **admirarse** *(asombrarse)* s'étonner.
admisión [aðmisjón] *nf* admission *f.*
• **"Reservado el derecho de admisión"** " Accès réservé ".
admitir [aðmitír] *vt* admettre.
ADN [aðeéne] *abr* ***(ácido desoxirribonucleico)*** ADN *m.*
adobar [aðoβár] *vt* **1** *(pescado)* mettre à mariner. **2** *(carne)* mettre en daube. **3** *(pieles)* apprêter.
adolecer [43] [aðoleθér] *vi* **1** *(de dolencia, defecto)* souffrir (**de**, de). **2** *(de vicio, pasión)* être sujet,-e (**de**, à).
adolescencia [aðolesθénθja] *nf* adolescence *f.*
adolescente [aðolesθénte] *adj - nmf* adolescent,-e.
adonde [aðónde] *adv* où.
adónde [aðónde] *adv (en preguntas)* où.
adopción [aðopθjón] *nf* adoption *f.*
adoptar [aðoptár] *vt* adopter.
adoptivo,-va [aðoptíβo,-βa] *adj* adoptif,-ive: ***hijo adoptivo***, fils adoptif.
adoquín [aðokín] *nm (piedra)* pavé *m.*
adoración [aðoraθjón] *nf* adoration *f.*
adorar [aðorár] *vt* adorer.
adormecer [43] [aðormeθér] *vt* **1** *(producir sueño)* endormir, assoupir. **2** *(un dolor, una pasión, etc)* calmer, apaiser.
► *vpr* **adormecerse** **1** *(por el sueño)* s'endormir, s'assoupir. **2** *(un miembro)* s'engourdir.
adormilarse [aðormilárse] *vpr* s'assoupir.
adornar [aðornár] *vt* **1** orner, décorer. **2** *fig (una historia)* embellir.
adorno [aðórno] *nm* **1** *(de cosa)* ornement *m.* **2** *(de habitación)* décoration *f.*
adosado,-da [aðosáðo,-ða] *adj (casas)* jumeau, jumelle.
adosar [aðosár] *vt* adosser.
adquirir [30] [aðkirír] *vt* acquérir.
adquisición [aðkisiθjón] *nf* acquisition *f.*
adquisitivo,-va [aðkisitíβo,-βa] *adj* acquisitif,-ive.
adrede [aðréðe] *adv* exprès.
ADSL [adesele] *abr* INFORM ***(asymmetric digital subscriber line)*** ADSL *m*, haut débit *m.*
aduana [aðwána] *nf* douane *f.*
aduanero,-ra [aðwanéro,-ra] *adj - nm,f* douanier,-ère.
aducir [46] [aðuθír] *vt* alléguer.
adueñarse [aðweɲárse] *vpr* **adueñarse de** s'emparer de.
adular [aðulár] *vt* flatter.
adulterar [aðulterár] *vt* **1** *(gen)* adultérer. **2** *(alimento)* falsifier; *(vino)* frelater.
adulterio [aðultérjo] *nm* adultère *m.*
adulto,-ta [aðúlto,-ta] *adj - nm,f* adulte.
adverbio [aðβérβjo] *nm* adverbe *m.*
adversario,-ria [aðβersárjo,-rja] *nm,f* adversaire.
adversidad [aðβersiðáð] *nf* adversité *f.*
adverso,-sa [aðβérso,-sa] *adj* adverse.
advertencia [aðβerténθja] *nf* avertissement *m.*
advertir [35] [aðβertír] *vt* **1** *(avisar)* avertir. **2** *(indicar)* signaler. **3** *(recomendar)* conseiller. **4** *(hacer notar)* remarquer, observer.
adyacente [aðjaθénte] *adj* adjacent,-e.
aéreo,-a [aéreo,-a] *adj* aérien,-enne.
aerobic [aeroβik] *nm* aérobic *m.*
aerodinámico,-ca [aeroðinámiko,-ka] *adj* aérodynamique.
aeródromo [aeróðromo] *nm* aérodrome *m.*
aeronáutico,-ca [aeronáutiko,-ka] *adj* aéronautique.
aeronave [aeronáβe] *nf* aéronef *m.*
aeroplano [aeropláno] *nm* aéroplane *m.*
aeropuerto [aeropwérto] *nm* aéroport *m.*
aerosol [aerosól] *nm* aérosol *m.*
afable [afáβle] *adj* affable.
afamado,-da [afamáðo,-ða] *adj* renommé,-e.
afán [afán] *nm* **1** *(esfuerzo)* ardeur *f.* **2** *(anhelo)* désir *m* véhément, soif *f*: ***afán de venganza***, soif de vengeance.
▪ **afán de lucro** appât *m* du gain.
afanar [afanár] *vt fam (robar)* faucher.
► *vpr* **afanarse** s'efforcer (**en/por**, de).
afear [afeár] *vt* **1** *(hacer feo)* enlaidir. **2** *fig (conducta)* reprocher, blâmer.

afección [afekθjón] *nf* affection *f.*
afectado,-da [afektáðo,-ða] *adj* **1** *(gen)* affecté,-e. **2** *(fingido)* feint,-e. **3** *(por enfermedad)* atteint,-e.
afectar [afektár] *vt* **1** *(gen)* affecter. **2** *(concernir)* toucher, affecter. **3** *(daño, enfermedad)* frapper.
afectivo,-va [afektiβo,-βa] *adj* affectif, -ive.
afecto [afékto] *nm (cariño)* affection *f*: ***con todo mi afecto***, affectueusement.
• **tener afecto a ALGN** avoir de l'affection pour QQN.
afectuoso,-sa [afektwóso,-sa] *adj* affectueux,-euse.
afeitado [afeitáðo] *nm* rasage *m.*
afeitar [afeitár] *vt* raser.
► *vpr* **afeitarse** se raser.
afeminado,-da [afemináðo,-ða] *adj* efféminé,-e.
aferrar [27] [afer̄ár] *vt* accrocher, saisir.
► *vpr* **aferrarse** *(idea, opinión, etc)* s'accrocher (**a**, à).
Afganistán [afɣanistán] *n pr* Afghanistan *m.*
afgano,-na [afɣáno,-na] *adj* afghan,-e.
► *nm,f* Afghan,-e.
► *nm* **afgano** *(idioma)* afghan *m.*
afianzar [4] [afjanθár] *vt* **1** *(garantizar)* cautionner, garantir. **2** *(con puntales, etc)* étayer, soutenir. **3** *(pared)* affermir, consolider.
► *vpr* **afianzarse** *(en una posición)* se raffermir.
afición [afiθjón] *nf* **1** *(inclinación)* penchant *m*, goût *m*: ***tener afición a***, aimer, avoir le goût de. **2** **la afición** *(conjunto de aficionados)* les fans *m pl*; *(al fútbol)* les supporters *m pl.*
aficionado,-da [afiθjonáðo,-ða] *adj - nm,f* **1** *(que le gusta)* amateur de, passionné,-e de. **2** *(que no es profesional)* amateur.
aficionar [afiθjonár̄] *vt* **aficionar a** faire aimer.
► *vpr* **aficionarse** prendre goût (**a**, à).
afilador,-ra [afilaðór,-ra] *adj* qui affile.
► *nm* **1** *(persona)* rémouleur *m*. **2** *(correa)* cuir *m* à rasoir.
afilar [afilár] *vt (una navaja, etc)* aiguiser; *(un lápiz)* tailler.
► *vpr* **afilarse** *(cara, etc)* s'effiler.
afiliarse [12] [afiljárse] *vpr* s'affilier (**a**, à).
afín [afín] *adj* **1** *(próximo)* proche, contigu, -uë. **2** *(semejante)* analogue: ***ideas afines***, idées voisines. **3** *(relacionado)* connexe.
afinar [afinár] *vt* **1** *(instrumento)* accorder. **2** *(una cosa)* perfectionner.
► *vi* MÚS *(con la voz)* chanter juste; *(con instrumento)* jouer juste.
afirmación [afirmaθjón] *nf* affirmation *f.*
afirmar [afirmár] *vt* **1** *(aseverar)* affirmer. **2** *(afianzar)* affermir.
► *vpr* **afirmarse** *(en lo dicho)* maintenir.
afirmativo,-va [afir̄matiβo,-βa] *adj* affirmatif,-ive.
afligir [6] [aflixír] *vt* affliger.
► *vpr* **afligirse** être affligé,-e.
aflojar [afloχár] *vt* **1** *(soltar)* relâcher, lâcher. **2** *(un muelle)* détendre. **3** *(un tornillo, un nudo)* desserrer. **4** *fam (dinero)* filer.
► *vi (disminuir)* baisser.
► *vpr* **aflojarse** se relâcher.
• **aflojar la mosca** *fam* lâcher du fric.
aflorar [aflorár] *vi* affleurer.
afluente [aflwénte] *nm* affluent *m.*
afluir [62] [aflwír] *vi* **1** *(acudir en abundancia)* affluer. **2** *(río)* confluer. **3** *(calle)* aboutir.
afonía [afonía] *nf* extinction *f* de voix.
afónico,-ca [afóniko,-ka] *adj* aphone.
aforo [afóro] *nm* capacité *f*, nombre *m* de places.
afortunado,-da [afortunáðo,-ða] *adj* **1** *(feliz)* heureux,-euse. **2** *(con suerte)* chanceux,-euse.
► *nm,f (en un sorteo)* gagnant,-e.
afrenta [afrénta] *nf* **1** *(ofensa)* affront *m*. **2** *(vergüenza)* déshonneur *m.*
África [áfrika] *n pr* Afrique *f.*
africano,-na [afrikáno,-na] *adj* africain,-e.
► *nm,f* Africain,-e.
afrontar [afrontár] *vt* **1** *(problema, peligro)* affronter. **2** *(dos personas)* confronter.
afterhours [afteráwer̄s] *nm inv* ***una discoteca afterhours***, une discothèque ouverte toute la nuit/jusqu'au petit matin.
afuera [afwéra] *adv* dehors.
► *interj* hors d'ici !
► *nf pl* **las afueras** les environs *m pl.*

agachar [aɣatʃár] *vt (cabeza, cuerpo)* baisser.
► *vpr* **agacharse** se baisser, s'accroupir.
agalla [aɣáʎa] *nf* (gén au *pl*) **1** *(de pez)* ouïe *f*. **2** *(de árbol)* galle *f*, noix *f* de galle.
► *nf pl* **agallas** *fam* cran *m*, courage *m*.
agarrado,-da [aɣar̄áðo,-ða] *adj* radin,-e.
agarrar [aɣar̄ár] *vt* **1** *(coger fuerte)* empoigner, saisir: ***agarrar del brazo***, saisir par le bras. **2** *fig (enfermedad, etc)* attraper. **3** *fam fig (oportunidad)* saisir.
► *vpr* **agarrarse** s'accrocher.
agazaparse [aɣaθapárse] *vpr* se blottir, se tapir.
agencia [aχénθja] *nf* agence *f*.
▪ **agencia de viajes** agence *f* de voyages.
▪ **agencia tributaria** perception *f*.
agenciarse [12] [aχenθjárse] *vpr (procurarse)* se procurer, obtenir.
agenda [aχénda] *nf* agenda *m*.
▪ **agenda de direcciones** carnet *m* d'adresses.
agente [aχénte] *adj* d'agent: ***complemento agente***, complément d'agent.
► *nmf* agent *m*.
▪ **agente de cambio y bolsa** agent de change.
▪ **agente de policía** agent de police.
▪ **agentes sociales** partenaires *m pl* sociaux.
ágil [áχil] *adj* agile.
agilidad [aχiliðáð] *nf* agilité *f*.
agilizar [4] [aχiliθár̄] *vt* accélérer.
agitar [aχitár] *vt* agiter.
• **"Agítese antes de usar"** " Agiter avant l'emploi ".
aglomeración [aɣlomeraθjón] *nf* **1** *(gen)* agglomération *f*. **2** *(de personas)* attroupement *m*.
agobiante [aɣoβjánte] *adj* **1** *(calor, presión)* accablant,-e. **2** *(persona)* épuisant,-e.
agobiar [12] [aɣoβjár] *vt* **1** *(abrumar)* accabler. **2** *(desanimar)* abattre.
► *vpr* **agobiarse** *fam (inquietarse)* s'inquiéter: ***no te agobies***, ne t'en fais pas.
agobio [aɣóβjo] *nm* **1** *(de calor)* étouffement *m*. **2** *(preocupación)* accablement *m*.
agolparse [aɣolpárse] *vpr* **1** *(personas)* se rassembler, affluer. **2** *(cosas)* s'entasser.
agonía [aɣonía] *nf* agonie *f*.
agonizar [4] [aɣoniθár] *vi* agoniser.
agosto [aɣósto] *nm* août *m*.
• **hacer su agosto** faire son beurre.
agotado,-da [aɣotáðo,-ða] *adj* épuisé,-e.
agotador,-ra [aɣotaðór̄,-ra] *adj* épuisant,-e.
agotamiento [aɣotamjénto] *nm* épuisement *m*.
agotar [aɣotár] *vt* épuiser.
► *vpr* **agotarse** s'épuiser.
agraciado,-da [aɣr̄aθjáðo,-ða] *adj* **1** *(atractivo)* joli,-e. **2** *(en un sorteo)* gagnant,-e.
► *nm,f (en un sorteo)* heureux,-euse gagnant,-e.
agradable [aɣraðáβle] *adj* agréable.
agradar [aɣraðár] *vi* plaire.
agradecer [43] [aɣraðeθér] *vt* **1** *(estar agradecido)* être reconnaissant,-e: ***le agradecería me facilite su dirección***, je vous serais reconnaissant de me donner votre adresse. **2** *(dar las gracias)* remercier de.
agradecido,-da [aɣradeθiðo,-ða] *adj* reconnaissant,-e.
agradecimiento [aɣraðeθimjénto] *nm* reconnaissance *f*.
agrado [aɣráðo] *nm (gusto)* plaisir *m*.
• **ser ALGO del agrado de ALGN** être agréable à QQN.
agrandar [aɣrandár] *vt* agrandir.
agrario,-ria [aɣrárjo,-rja] *adj* **1** *(reforma, ley)* agraire. **2** *(producción)* agricole.
agravante [aɣraβánte] *adj* aggravant,-e.
► *nm* circonstance *f* aggravante.
agravar [aɣraβár] *vt* aggraver.
► *vpr* **agravarse** s'aggraver.
agraviar [12] [aɣraβjár] *vt* offenser.
agravio [aɣráβjo] *nm* offense *f*.
▪ **agravio comparativo** injustice *f*.
agredir [aɣreðir] *vt* agresser.
agregar [7] [aɣreɣár] *vt* ajouter.
agresión [aɣresjón] *nf* agression *f*.
agresividad [aɣresiβiðáð] *nf* agressivité *f*.
agresivo,-va [aɣresiβo,-βa] *adj* agressif, -ive.
agresor,-ra [aɣresór,-ra] *nm,f* agresseur *m*.
agreste [aɣréste] *adj* champêtre.
agriar [93] [aɣrjár] *vt* rendre aigre.
► *vpr* **agriarse** **1** *(alimento)* aigrir. **2** *fig (carácter)* s'aigrir.

agrícola [aɣrīkola] *adj* agricole.
agricultor,-ra [aɣrikultór,-ra] *nm,f* agriculteur,-trice.
agricultura [aɣrikultúra] *nf* agriculture *f*.
agridulce [aɣriðúlθe] *adj* aigre-doux, -douce.
agrietarse [aɣrjetárse] *vpr* **1** *(gen)* se crevasser. **2** *(piel)* se gercer.
agrio,-a [áɣrjo,-a] *adj* aigre.
► *nm pl* **agrios** *(naranjas, limones, etc)* agrumes *m pl*.
agrónomo,-ma [aɣrónomo,-ma] *nm,f* agronome.
agroturismo [aɣroturizmo] *nm* tourisme *m* vert.
agrupación [aɣrupaθjón] *nf* **1** *(acción)* regroupement *m*. **2** *(grupo)* groupe *m*.
agrupar [aɣrupár] *vt* grouper.
► *vpr* **agruparse** se rassembler.
agua [áɣwa] *nf* **1** *(gen)* eau *f*. **2** *(de un tejado)* pente *f*: ***un tejado a dos aguas***, un toit à deux pentes.
► *nf pl* **aguas 1** *(en una tela)* moiré *m sing*. **2** *(de una piedra preciosa)* eau *f sing*.
• **estar con el agua al cuello** avoir la corde au coup.
• **estar más claro que el agua** être clair comme de l'eau de roche.
• **hacérsele a ALGN la boca agua** faire venir l'eau à la bouche.
• **nadar entre dos aguas** nager entre deux eaux.
• **nunca digas de este agua no beberé** ne dis jamais : fontaine, je ne boirai pas de ton eau.
• **quedar en agua de borrajas** tourner en eau de boudin.
• **romper aguas** perdre les eaux.
▪ **agua con gas** eau gazeuse.
▪ **agua corriente** eau courante.
▪ **agua de colonia** eau de Cologne.
▪ **agua sin gas** eau plate.
▪ **aguas mayores** selles *f pl*.
▪ **aguas menores** urine *f*.
▪ **aguas residuales** eaux usées.
▪ **aguas termales** eaux thermales.
aguacate [aɣwakáte] *nm* **1** *(árbol)* avocatier *m*. **2** *(fruto)* avocat *m*.
aguacero [aɣwaθéro] *nm* averse *f*.
aguafiestas [aɣwafjéstas] *nmf* trouble-fête *inv*, rabat-joie *inv*.
aguanieve [aɣwanjéβe] *nf* pluie *f* mêlée de neige, neige *f* fondue.
aguantar [aɣwantár] *vt* **1** *(sostener)* soutenir. **2** *(sujetar)* tenir. **3** *(sufrir)* supporter, endurer. **4** *(respiración, risa)* retenir. **5** *(la bebida)* tenir.
► *vi* tenir bon.
► *vpr* **aguantarse 1** *(contenerse)* se retenir. **2** *(fastidiarse)* se résigner.
aguante [aɣwánte] *nm* **1** *(físico)* endurance *f*, résistance *f*. **2** *(psíquico)* patience *f*.
aguar [22] [aɣwár] *vt* **1** *(vino, leche)* couper. **2** *fig (fiesta)* troubler, gâter.
aguardar [aɣwarðár] *vt - vi* attendre: ***aguardo a que venga***, j'attends qu'il vienne.
aguardiente [aɣwarðjénte] *nm* eau-de-vie *f*.
aguarrás [aɣwarās] *nm* essence *f* de térébenthine.
agudeza [aɣuðéθa] *nf* **1** *(de los sentidos)* acuité *f*. **2** *(de la mente)* esprit *m*.
agudizar [4] [aɣuðiθár] *vt* **1** *(objeto)* rendre plus aigu,-ë. **2** *(problema)* accentuer.
► *vpr* **agudizarse** *(problema, enfermedad)* s'aggraver.
agudo,-da [aɣúðo,-ða] *adj* **1** *(gen)* aigu,-uë. **2** *(afilado)* pointu,-e. **3** *(oído)* fin, fine. **4** *(mente, ingenio)* subtil,-e, perspicace. **5** *(gracioso)* spirituel,-elle.
agüero [aɣwéro].
• **de mal agüero** de mauvais augure.
aguijón [aɣiχón] *nm* aiguillon *m*.
águila [áɣila] *nf* aigle *m*.
aguileño,-ña [aɣiléɲo,-ɲa] *adj* aquilin: ***nariz aguileña***, nez aquilin.
aguilucho [aɣilútʃo] *nm* aiglon *m*.
aguinaldo [aɣináldo] *nm* étrennes *f pl*.
aguja [aɣúχa] *nf* aiguille *f*.
► *nf pl* **agujas 1** *(de animal)* côtes *f pl* antérieures. **2** *(de ferrocarril)* aiguillage *m sing*.
• **buscar una aguja en un pajar** chercher une aiguille dans une botte de foin.
agujerear [aɣuχereár] *vt* faire un trou dans.
agujero [aɣuχéro] *nm* trou *m*.
▪ **agujero negro** trou noir.
▪ **agujero de ozono** trou d'ozone.

agujetas [aɣuχėtas] *nf pl (dolores)* courbatures *f pl.*

aguzar [4] [aɣuθår] *vt* **1** *(objeto)* aiguiser. **2** *fig (sentidos)* stimuler.

• **aguzar el oído** tendre l'oreille.

¡ah! [a] *interj* ah !

ahí [ai] *adv* là.

• **de ahí que** d'où le fait que.

• **por ahí 1** *(lugar)* par là. **2** *(aproximadamente)* à peu près.

ahijado,-da [aiχåðo,-ða] *nm,f* filleul,-e.

ahínco [aiŋko] *nm* acharnement *m.*

ahogado,-da [aoɣåðo,-ða] *adj - nm,f (persona)* noyé,-e.

► *adj (voz, llanto)* étouffé,-e.

ahogar [7] [aoɣår] *vt* **1** *(en agua)* noyer. **2** *(asfixiar)* étouffer. **3** *(estrangular)* étrangler. **4** *(reprimir)* refouler: ***ahogar sus sollozos***, étouffer ses sanglots.

► *vpr* **ahogarse 1** *(en agua)* se noyer. **2** *(asfixiarse)* s'étouffer. **3** *(de calor)* étouffer.

ahondar [aondår] *vt* approfondir.

► *vi* **1** *(entrar)* creuser, pénétrer. **2** *fig (cuestión, idea, análisis)* approfondir.

ahora [aòra] *adv* maintenant, à présent.

• **ahora bien** or.

• **ahora mismo 1** *(poco antes)* à l'instant même: ***ha salido ahora mismo***, il vient de sortir. **2** *(enseguida)* tout de suite, immédiatement: ***ven aquí ahora mismo***, viens ici tout de suite. **3** *(después)* tout à l'heure, dans un instant.

• **de ahora en adelante** dorénavant, désormais.

• **hasta ahora** jusqu'à présent.

• **por ahora** pour le moment.

ahorcar [1] [aorkår] *vt* pendre.

► *vpr* **ahorcarse** se pendre.

ahorrar [aor̄år] *vt (dinero)* économiser.

► *vpr* **ahorrarse** *(disgusto, problema)* s'épargner, éviter.

ahorro [aòr̄o] *nm (acción)* épargne *f.*

► *nm pl* **ahorros** *(lo que se ahorra)* économies *f pl.*

ahuecar [1] [awekår] *vt* **1** *(poner hueco)* rendre creux, creuse. **2** *(vestido)* faire bouffer, faire gonfler. **3** *(tierra)* ameublir.

• **ahuecar el ala** *fam* se tirer, ficher le camp.

ahumado,-da [aʊmåðo,-ða] *adj* fumé,-e.

ahumar [16] [aʊmår] *vt* **1** *(alimentos)* fumer, saurer. **2** *(llenar de humo)* enfumer.

ahuyentar [aʊjentår] *vt* chasser, éloigner.

airbag® [airβåɣ] *nm* airbag® *m.*

aire [åire] *nm* **1** *(gen)* air *m.* **2** *(aspecto, semejanza)* air *m.*

► *nm pl* **aires** *(vanidad)* airs *m pl.*

• **al aire libre** en plein air.

• **a mi aire** à ma guise.

• **beber los aires por** désirer ardemment.

• **cambiar de aires** changer d'air.

• **darse aires** se donner des airs.

• **estar en el aire** être vague.

• **saltar por los aires** exploser.

• **tomar el aire** prendre l'air.

▪ **aire acondicionado** air *m* conditionné.

airear [aireår] *vt* aérer, ventiler.

► *vpr* **airearse** prendre l'air.

airoso,-sa [airòso,-sa] *adj* **1** *(garboso)* gracieux,-euse. **2** *(exitoso)* qui réussit.

• **quedar/salir airoso,-sa** réussir, s'en tirer brillamment.

aislado,-da [aizlåðo,-ða] *adj* isolé,-e.

aislamiento [aizlamjėnto] *nm* isolement *m,* isolation *f.*

aislante [aizlånte] *adj* isolant,-e.

► *nm* isolant *m.*

aislar [15] [aizlår] *vt* isoler.

► *vpr* **aislarse** s'isoler.

ajedrez [aχeðrėθ] *nm* échecs *m pl.*

ajeno,-na [aχėno,-na] *adj* **1** d'autrui: ***la opinión ajena***, l'opinion d'autrui. **2** *(extraño)* étranger,-ère, contraire: ***ajeno a su carácter***, contraire à son caractère. **3 ajeno a** *(indiferente)* en dehors de: ***está ajeno a la conversación***, il est en dehors de la conversation. **4 ajeno a** *(ignorante)* ignorant,-e : ***ajeno al peligro***, ignorant du danger.

ajetreo [aχetrėo] *nm* **1** *(actividad intensa)* agitation *f.* **2** *(de calle, local)* animation *f.* **3** *(cansancio)* tracas *m,* fatigue *f.*

ajillo [aχiʎo].

• **al ajillo** COC à l'ail.

ajo [åχo] *nm* ail *m.*

• **estar en el ajo** *fam* être dans le coup.

ajuar [aχwár] *nm* **1** *(muebles)* mobilier *m.* **2** *(de novia)* trousseau *m.* **3** *(de bebé)* layette *f.*

ajustado,-da [aχustáðo,-ða] *adj* **1** *(ropa)* moulant,-e. **2** *(resultado, victoria)* serré,-e.

ajustar [aχustár] *vt* **1** *(adaptar)* ajuster, adapter. **2** *(dos piezas)* ajuster; *(un mecanismo)* régler. **3** *(una cuenta)* régler, liquider. **4** *(cantidad, precio)* négocier. **5** *(la paz, un pleito, etc)* conclure.

► *vpr* **ajustarse a** s'adapter à.

ajusticiar [12] [aχustiθjár] *vt* exécuter.

al [al] *contr* (**a** + **el**) **1** *(delante de un masculino)* au, à la: ***ha ido al mercado***, elle est allée au marché; ***ha ido al campo***, il est allé à la campagne. **2** *(lugar)* chez: ***ir al médico***, aller chez le médecin. **3 al** + ***inf*** *(en el momento de)* en + ***gér***: ***al llegar***, en arrivant.

ala [ála] *nf* **1** *(gen)* aile *f.* **2** *(de un sombrero)* bord *m.* **3** *(alero)* auvent *m.* **4** DEP ailier *m.*

• **ahuecar el ala** mettre les voiles.

• **cortarle las alas a ALGN** couper les ailes de QQN.

• **dar alas a ALGN** donner des ailes à QQN.

▪ **ala delta** deltaplane *m.*

alabanza [alaβánθa] *nf* louange *f*, éloge *m.*

alabar [alaβár] *vt* louer, vanter.

alabastro [alaβástro] *nm* albâtre *m.*

alacena [alaθéna] *nf* placard *m.*

alacrán [alakrán] *nm* scorpion *m.*

alado,-da [aláðo,-ða] *adj* **1** *(con alas)* ailé, -e. **2** *(veloz)* léger,-ère, rapide.

alambre [alámbre] *nm* fil de fer *m.*

▪ **alambre de púas** fil de fer barbelé.

alameda [alaméða] *nf* **1** *(de álamos)* peupleraie *f.* **2** *(paseo)* promenade *f.*

álamo [álamo] *nm* peuplier *m.*

alarde [alárðe] *nm* **1** parade *f.* **2** démonstration *f*, manifestation *f*: ***un alarde de buen humor***, une manifestation de bonne humeur.

• **hacer alarde de** faire étalage de.

alargar [7] [alarɣár] *vt* **1** *(gen)* allonger. **2** *(un miembro)* étendre, étirer. **3** *(prenda)* rallonger. **4** *(dar, pasar)* passer, tendre. **5** *(el sueldo, una ración, etc)* augmenter. **6** *(prolongar)* prolonger.

► *vpr* **alargarse** se rallonger.

alarido [alariðo] *nm* cri *m*, hurlement *m.*

alarma [alárma] *nf* **1** *(señal)* alarme *f.* **2** *(en el ejército)* alerte *f*: ***estado de alarma***, état d'alerte. **3** *(inquietud)* inquiétude *f.*

• **dar la alarma** sonner l'alarme.

▪ **alarma antirrobo** système *m* d'alarme.

▪ **alarma contra incendios** avertisseur *m* d'incendie.

alarmante [alarmánte] *adj* alarmant,-e.

alarmar [alarmár] *vt* alarmer.

► *vpr* **alarmarse** s'alarmer.

alarmista [alarmísta] *adj* - *nmf* alarmiste.

alba [álβa] *nf* aube *f.*

albahaca [alβaáka] *nf* basilic *m.*

albañil [alβaɲíl] *nm* maçon *m.*

albañilería [alβaɲilería] *nm* maçonnerie *f.*

albarán [alβarán] *nm* bon *m* de livraison.

albaricoque [alβarikóke] *nm* abricot *m.*

albatros [alβátros] *nm* albatros *m.*

albedrío [alβeðrío] *nm* arbitre *m.*

▪ **libre albedrío** libre arbitre.

albergar [7] [alβerɣár] *vt* **1** *(alojar)* héberger, loger. **2** *(sentimiento)* nourrir: ***aún albergan esperanzas de encontrar supervivientes***, ils nourrissent encore l'espoir de trouver des survivants.

► *vpr* **albergarse** loger.

albergue [alβérɣe] *nm* **1** auberge *f.* **2** *(cobijo)* abri *m*, asile *m.*

▪ **albergue juvenil** auberge de jeunesse.

albino,-na [alβíno,-na] *adj* - *nm,f* albinos.

albóndiga [alβóndiɣa] *nf* COC boulette *f* (de viande).

albornoz [alβornóθ] *nm* peignoir *m* de bain.

alborotador,-ra [alβorotaðór,-ra] *nm,f* fauteur,-trice de troubles.

alborotar [alβorotár] *vt* **1** *(perturbar)* troubler, agiter. **2** *(amotinar)* ameuter.

► *vi* faire du tapage.

► *vpr* **alborotarse** se troubler, s'affoler.

alboroto [alβoróto] *nm* **1** *(griterío)* boucan *m.* **2** *(desorden)* tumulte *m.*

alborozo [alβoróθo] *nm* grande joie *f.*

albufera [alβuféra] *nf* étang *m* salé.

álbum [álβum] *nm* album *m.*

alcachofa [alkatʃófa] *nf* **1** *(hortaliza)* artichaut *m.* **2** *(de ducha, regadera)* pomme *f.* **3** *(de tubo)* crapaudine *f*, crépine *f.*

alcalde [alkálde] *nm* maire *m*.
alcaldesa [alkaldésa] *nf* mairesse *f*.
alcaldía [alkaldia] *nf* **1** *(edificio)* mairie *f*. **2** *(cargo)* charge *f* de maire.
alcance [alkánθe] *nm* **1** *(de la mano, de un arma, etc)* portée *f*. **2** *(importancia)* portée *f*, importance *f*.
► *nm pl* **alcances** *(inteligencia)* talent *m*: ***es una persona de pocos alcances***, il n'est pas trop intelligent.
• **al alcance de la mano** à portée de la main.
• **dar alcance a** ALGN rattraper, rejoindre
alcantarilla [alkantariʎa] *nf* **1** *(canal)* égout *m*. **2** *(hueco)* bouche *f* d'égout.
alcanzar [4] [alkanθár] *vt* **1** *(lugar, edad)* atteindre. **2** *(al que va delante)* rattraper. **3** *(alargando el brazo)* saisir: ***¿me alcanzas la sal?***, tu me passes le sel ? **4** *(lograr)* obtenir: ***alcanzó todos sus objetivos***, il a atteint tous ses objectifs.
► *vi* **1** *(ser suficiente)* suffire: ***el pan no alcanza para todos***, il n'y a pas suffisamment de pain pour tous. **2 alcanzar a +** *inf* *(ser capaz)* arriver à + *inf*: ***no alcanzo a comprender***, je n'arrive pas à comprendre.
alcaparra [alkapára] *nf* câpre *f*.
alcázar [alkáθar] *nm* **1** *(fortaleza)* château *m* fort. **2** *(palacio)* palais *m* royal.
alcoba [alkóβa] *nf* **1** *(dormitorio)* chambre *f* à coucher. **2** *(gabinete)* alcôve *f*.
alcohol [alkól] *nm* alcool *m*.
alcoholemia [alkolémja] *nf* alcoolémie *f*.
alcohólico,-ca [alkóliko,-ka] *adj - nm,f* alcoolique.
alcornoque [alkornóke] *nm* **1** *(árbol)* chêne-liège *m*. **2** *(ignorante)* buse *f*.
aldaba [aldáβa] *nf* **1** *(llamador)* heurtoir *m*. **2** *(pestillo)* loquet *m*.
aldea [aldéa] *nf* **1** *(pueblo pequeño)* village *m*. **2** *(caserío)* hameau *m*.
aldeano,-no [aldeáno,-no] *nm,f* villageois,-e.
aleación [aleaθjón] *nf* alliage *m*.
aleatorio,-ria [aleatórjo,-rja] *adj* aléatoire.
aledaño,-ña [aleðáɲo,-ɲa] *adj* limitrophe, voisin,-e.
► *nm pl* **aledaños** *(alrededores)* alentours: ***vive en los aledaños del parque***, elle habite aux alentours du parc.
alegar [7] [aleɣár] *vt* alléguer.
alegoría [aleɣoria] *nf* allégorie *f*.
alegrar [aleɣrár] *vt* **1** *(poner contento)* faire plaisir, réjouir. **2** *(embellecer)* égayer.
► *vpr* **alegrarse 1** *(ponerse contento)* se réjouir: ***se alegró de su éxito***, elle s'est réjouie de son succès. **2** *(estar contento)* être heureux,-euse, être ravi,-e. **3** *fam (emborracharse)* se griser.
alegre [aléɣre] *adj* **1** *(gen)* gai, gaie. **2** *(achispado)* éméché,-e.
alegría [aleɣria] *nf* joie *f*: ***¡qué alegría volverte a ver!***, ¡ ça me fait très plaisir de te revoir !
alejamiento [aleχamjénto] *nm* éloignement *m*.
alejar [aleχár] *vt* **1** *(gen)* éloigner. **2** *(ahuyentar)* écarter.
► *vpr* **alejarse** s'éloigner.
aleluya [alelúja] *nm & nf (canto religioso)* alléluia *m*.
► *interj* **¡aleluya!** alléluia !
alemán,-ana [alemán,-ana] *adj* allemand,-e.
► *nm,f (persona)* Allemand,-e.
► *nm* **alemán** *(idioma)* allemand *m*.
Alemania [alemánja] *n pr* Allemagne *f*.
alentar [27] [alentár] *vi* encourager, animer.
alergia [alérχja] *nf* allergie *f*.
alero [aléro] *nm* **1** *(del tejado)* avant-toit *m*. **2** DEP ailier *m*.
alerta [alérta] *adv* en éveil, sur ses gardes: ***estar alerta***, se tenir en éveil.
► *nf* alerte *f*, alarme *f*.
► *interj* **¡alerta!** alerte !
• **dar la voz de alerta** donner l'alerte.
aleta [aléta] *nf* **1** *(de pez)* nageoire *f*. **2** *(de nariz, de coche)* aile *f*. **3** *(para nadar)* palme *f*.
aletargar [7] [aletarɣár] *vt* faire tomber en léthargie.
► *vpr* **aletargarse** tomber en léthargie.
aletear [aleteár] *vi* **1** *(ave)* battre des ailes. **2** *(pez)* agiter les nageoires.
alevosía [aleβosia] *nf* traîtrise *f*.
• **con alevosía** traîtreusement.

alfabeto [alfaβéto] *nm* alphabet *m*.
alfalfa [alfálfa] *nf* luzerne *f*.
alfarería [alfareria] *nf* poterie *f*.
alféizar [alféiθar] *nm* rebord *m* de fenêtre.
alférez [alféreθ] *nm* sous-lieutenant *m*.
alfil [alfil] *nm* fou *m*.
alfiler [alfilér] *nm* épingle *f*.
• **no caber ni un alfiler** être plein, -e à craquer.
alfombra [alfómbra] *nf* tapis *m*.
alga [álɣa] *nf* algue *f*.
algarabía [alɣaraβia] *nf* vacarme *m*.
álgebra [álχeβra] *nf* algèbre *f*.
álgido,-da [álχiðo,-ða] *adj* culminant,-e.
algo [álɣo] *pron* **1** *(cualquier cosa)* quelque chose: ***leeré algo antes de dormir***, je lirai quelque chose avant de dormir. **2** *(un poco)* un peu: ***aún falta algo para llegar***, il nous reste encore un peu de chemin avant d'arriver.
► *adv* un peu, quelque peu: ***es algo sensible***, il est quelque peu sensible.
• **algo así como** environ.
• **algo es algo** c'est mieux que rien.
• **por algo será** il y a certainement une raison.
algodón [alɣoðón] *nm* **1** *(fibra)* coton *m*. **2** *(golosina)* barbe *f* à papa.
▪ **algodón hidrófilo** coton hydrophile.
algoritmo [alɣoritmo] *nm* algorithme *m*.
alguacil [alɣwaθil] *nm* huissier *m*.
alguien [álɣjen] *pron* quelqu'un: ***espero que haya alguien en la tienda***, j'espère qu'il y a quelqu'un au magasin.
• **ser alguien** être quelqu'un.
algún [alɣún] *adj* → alguno,-na.
alguno,-na [alɣúno,-na] *adj* (devant *m sing* on utilise la forme apocopée **algún**) **1** *(gen)* quelque: ***algunas personas***, quelques personnes; ***algún tiempo***, quelque temps. **2** *(un poco de)* un peu de: ***¿tienes algún dinero?***, as-tu un peu d'argent ? **3** ***nombre*** + **algún** *(ninguno)* aucun,-e: ***en parte alguna***, nulle part; ***sin valor alguno***, sans aucune valeur.
► *pron (alguien)* l'un, l'une, quelques-uns,-unes: ***¿alguno sabe la respuesta?***, est-ce que quelqu'un sait la réponse ?
• **alguno,-na que otro** quelques.
alhaja [aláχa] *nf* **1** *(joya)* bijou *m*. **2** *(objeto)* joyau *m*. **3** *(persona)* perle *f*.
alhelí [aleli] *nm* giroflée *f*.
aliado,-da [aljáðo,-ða] *adj* - *nm,f* allié,-e.
alianza [aljánθa] *nf* alliance *f*.
aliar [13] [aljár] *vt* allier.
► *vpr* **aliarse** s'allier.
alias [áljas] *adv* alias.
► *nm* surnom *m*.
alicatado,-da [alikatáðo,-ða] *adj* carrelé,-e.
alicates [alikátes] *nm pl* pince *f sing*.
aliciente [aliθjénte] *nm* **1** *(aspecto positivo)* attrait *m*, intérêt *m*. **2** *(incentivo)* stimulant *m*.
aliento [aljénto] *nm* **1** *(respiración)* haleine *f*: ***le huele el aliento***, il a l'haleine forte; ***el último aliento***, le dernier souffle. **2** *(ánimo)* courage *m*.
• **quedarse sin aliento** être à bout de souffle.
• **recobrar el aliento** reprendre haleine/son souffle.
• **tomar aliento** reprendre haleine/son souffle.
aligerar [aliχerár] *vt* **1** *(hacer más ligero)* alléger. **2** *(acelerar)* accélérer, hâter: ***aligerar el paso***, accélérer le pas.
alijo [alíχo] *nm* marchandises *f pl* de contrebande.
alimaña [alimáɲa] *nf* **1** *(animal)* animal *m*, bête *f*. **2** *(animal dañino)* bête *f* nuisible.
alimentación [alimentaθjón] *nf* alimentation *f*.
▪ **alimentación manual** INFORM alimentation manuelle.
alimentar [alimentár] *vt* alimenter, nourrir.
► *vi* être nourrissant, -e.
► *vpr* **alimentarse** s'alimenter, se nourrir.
alimento [aliménto] *nm* aliment *m*, nourriture *f*.
alinear [alineár] *vt* aligner.
aliñar [aliɲár] *vt* COC assaisonner.
aliño [alíɲo] *nm* assaisonnement *m*.
alisar [alisár] *vt* lisser.
alistarse [alistárse] *vpr* s'enrôler.
aliviar [12] [aliβjár] *vt* **1** *(de un peso)* alléger, soulager. **2** *(mitigar)* soulager. **3** *(enfermedad, dolor)* calmer.
► *vpr* **aliviarse** *(un enfermo)* aller mieux.

alivio [aliβjo] *nm* soulagement *m*.

allá [aʎá] *adv* **1** *(lugar)* là, là-bas. **2** *(tiempo)* alors: ***allá por los años sesenta***, autrefois, dans les années soixante.

• **allá abajo** là en bas.

• **allá arriba** là-haut.

• **allá tú** libre à toi.

• **más allá** plus loin.

• **más allá de** au-delà de.

▪ **el más allá** l'au-delà *m*.

allanar [aʎanár] *vt* **1** *(terreno)* aplanir. **2** *(dificultad)* surmonter, vaincre. **3** *(un domicilio)* violer.

allegado,-da [aʎeɣáðo,-ða] *adj* voisin,-e.

► *nm,f* **1** *(familiar)* parent,-e. **2** *(amigo)* proche *m*.

allí [aʎí] *adv* **1** *(lugar)* là: ***voy allí***, j'y vais. **2** *(tiempo)* alors: ***hasta allí todo iba bien***, jusque-là tout allait bien.

• **allí arriba** là-haut.

• **allí mismo** à cet endroit-là.

alma [álma] *nf* âme *f*.

• **caérsele a ALGN el alma a los pies** se décourager.

• **con toda el alma** de tout cœur, de grand cœur.

• **en el alma** du fond du cœur ***te lo agradezco en el alma***, je t'en remercie du fond du cœur.

• **llegar al alma** aller droit au cœur.

• **no haber ni un alma** ne pas avoir âme qui vive.

almacén [almaθén] *nm* magasin *m*.

▪ **grandes almacenes** grands magasins *mpl*.

almacenamiento [almaθenamjénto] *nm* stockage *m*.

almacenar [almaθenár] *vt* emmagasiner.

almanaque [almanáke] *nm* almanach *m*.

almeja [alméχa] *nf* palourde *f*.

almendra [alméndra] *nf* amande *f*.

▪ **almendra garrapiñada** praline *f*.

almendro [alméndro] *nm* amandier *m*.

almíbar [almíβar] *nm* sirop *m*.

almidón [almiðón] *nm* amidon *m*.

almidonar [almiðonár] *vt* amidonner.

almirante [almiránte] *nm* amiral *m*.

almohada [almoáða] *nf* oreiller *m*.

• **lo consultaré con la almohada** la nuit porte conseil.

almohadilla [almoaðiʎa] *nf* **1** *(de costura, cojín)* coussinet *m*. **2** tampon *m* encreur *m*.

almohadón [almoaðón] *nm* coussin *m*.

almorranas [almoȓánas] *nf pl* hémorroïdes *f pl*.

almorzar [50] [almorθár] *vi* **1** *(al mediodía)* déjeuner. **2** *(a media mañana)* prendre un en-cas.

► *vt* **1** *(al mediodía)* manger au déjeuner. **2** *(a media mañana)* prendre: ***esta mañana he almorzado una tortilla***, ce matin j'ai pris une omelette.

almuerzo [almwérθo] *nm* **1** *(al mediodía)* déjeuner *m*. **2** *(a media mañana)* en-cas *m inv*.

alocado,-da [alokáðo,-ða] *adj* **1** *(persona)* étourdi,-e. **2** *(acción)* irréfléchi,-e.

alocución [alokuθjón] *nf* allocution *f*.

alojamiento [aloχamjénto] *nm* logement *m*.

alojar [aloχár] *vt* loger.

► *vpr* **alojarse** **1** *(en hotel, casa)* loger. **2** *(caber)* se loger: ***la bala se alojaba en el estómago***, la balle était logée dans l'estomac.

alondra [alóndra] *nf* alouette *f*.

alpaca [alpáka] *nf* **1** *(animal)* alpaga *m*. **2** *(metal)* maillechort *m*.

alpargata [alparɣáta] *nf* espadrille *f*.

alpinismo [alpinízmo] *nm* alpinisme *m*.

alpino,-na [alpíno,-na] *adj* alpin,-e.

alpiste [alpíste] *nm* **1** *(planta)* alpiste *m*. **2** *(semilla)* millet *m* long.

alquilar [alkilár] *vt* louer.

• **"Se alquila"** « À louer ».

alquiler [alkilér] *nm* **1** *(de piso, coche, etc)* location *f*: ***coche de alquiler***, voiture de location. **2** *(dinero)* loyer *m*.

alquitrán [alkitrán] *nm* goudron *m*.

alrededor [alȓeðeðór] *adv* autour.

► *nm pl* **alrededores** alentours *m pl*, environs *m pl*.

• **alrededor de** environ, à peu près: ***alrededor de un millón***, environ un million.

alta [álta] *nf* **1** *(de un enfermo)* bulletin *m* de sortie. **2** *(ingreso)* inscription *f*.

• **dar de alta** *(en un club)* inscrire.

• **dar de/el alta** *(a un enfermo)* donner l'autorisation de reprendre le travail à QQN.

• **darse de alta** s'inscrire.

altar [altár] *nm* autel *m*.
■ **altar mayor** maître-autel *m*.
altavoz [altaβóθ] *nm* haut-parleur *m*.
alteración [alteraθjón] *nf* **1** *(cambio)* altération *f*. **2** *(excitación)* agitation *f*. **3** *(alboroto)* trouble *m*.
alterar [alterár] *vt* **1** *(cambiar)* altérer. **2** *(emocionar)* troubler, émouvoir. **3** *(trastornar)* perturber. **4** *(enojar)* mettre en colère, irriter.
► *vpr* **alterarse 1** *(cambiar)* changer. **2** *(deteriorarse)* se détériorer. **3** *(enfadarse)* se mettre en colère.
altercado [alterkáðo] *vi* altercation *f*.
alternar [alternár] *vt* faire alterner.
► *vi (relacionarse)* fréquenter, avoir des relations.
► *vpr* **alternarse** se relayer: ***si te cansas, nos podemos alternar***, si tu te fatigues, on peut se relayer.
alternativa [alternatiβa] *nf* alternative *f*.
• **no tener alternativa** ne pas avoir le choix.
alternativo,-va [alternatiβo,-βa] *adj* alternatif,-ive.
alteza [altéθa] *nf* altesse *f*.
■ **Su Alteza Real** Son Altesse Royale.
altibajos [altiβáχos] *nm pl* hauts et bas *m pl*.
altillo [altiʎo] *nm* **1** *(armario)* placard *m* en hauteur. **2** *(colina)* coteau *m*.
altitud [altitúð] *nf* altitude *f*.
altivo,-va [altiβo,-βa] *adj* altier,-ère, hautain,-e.
alto [álto] *nm (parada)* halte *f*.
► *interj* **¡alto!** halte !: ***¡alto ahí!***, halte-là !
■ **alto el fuego** cessez-le-feu *m inv*.
alto,-ta [álto,-ta] *adj* **1** *(gen)* haut, haute, élevé,-e. **2** *(de gran estatura)* grand, grande. **3** *(voz, música)* fort,-e. **4** *(tiempo)* avancé, -e: ***a altas horas de la noche***, à une heure avancée de la nuit.
► *adv* **1** *(gen)* haut. **2** *(en voz alta)* fort: ***hablar alto***, parler haut.
► *nm* **alto** hauteur *f*.
• **pasar por alto** omettre: ***esto se me había pasado por alto***, cela m'avait échappé.
• **por todo lo alto** en grand.
• **tirando alto** tout au plus.
■ **alta costura** haute couture.
■ **alta fidelidad** haute-fidélité.
■ **alta mar** haute mer.
altruismo [altrwizmo] *nm* altruisme *m*.
altura [altúra] *nf* **1** *(gen)* hauteur *f*. **2** *(nivel)* niveau *m*.
• **a estas alturas** maintenant: ***a estas alturas del curso***, à ce stade de l'année.
• **a la altura de** à la hauteur de: ***el accidente ocurrió a la altura de la farmacia***, l'accident s'est produit à la hauteur de la pharmacie.
• **estar a la altura de** être à la hauteur de.
alubia [alúβja] *nf* haricot *m*.
alucinación [aluθinaθjón] *nf* hallucination *f*.
alucinante [aluθinánte] *adj* hallucinant,-e.
alucinar [aluθinár] *vi* **1** *(tener alucinaciones)* avoir des hallucinations. **2 alucinar con** *fam (asombrarse)* être impressionné,-e de: ***alucino con su forma de cantar***, j'aime beaucoup sa façon de chanter; ***alucino con lo tonto que es***, je ne peux pas croire qu'il soit tellement idiot. **3** *fam (desvariar)* délirer: ***¡alucino!***, je n'en crois pas mes yeux !
► *vt (causar sorpresa)* épater: ***me alucina su música***, j'adore sa musique.
alucinógeno,-na [aluθinóχeno,-na] *adj* - *nm* hallucinogène *m*.
alud [alúð] *nm* avalanche *f*.
aludir [aluðir] *vt* **1** *(referirse a)* faire allusion. **2** *(en un discurso)* faire mention de.
alumbrado [alumbráðo] *nm* éclairage *m*.
alumbrar [alumbrár] *vt* **1** *(iluminar)* éclairer. **2** *(parir)* mettre au monde.
► *vi* **1** *(dar luz)* éclairer. **2** *(dar a luz)* accoucher.
aluminio [aluminjo] *nm* aluminium *m*.
alumno,-na [alúmno,-na] *nm,f* élève.
alunizar [aluniθár] *vi* alunir.
alusión [alusjón] *nf* allusion *f*.
aluvión [aluβjón] *nm* **1** GEOG alluvion *m*. **2** *fig (de personas, cosas)* avalanche *f*.
alza [álθa] *nf* hausse *f*: ***el alza de los precios***, la hausse des prix.
• **en alza** en hausse.
alzar [4] [alθár] *vt* **1** *(levantar - cosa)* lever, élever; *(- voz, precios)* hausser. **2** *(a poca altura)* soulever: ***el viento alzaba remolinos de polvo***, le vent soulevait des tour-

billons de poussière. **3** *(poner de pie)* relever. **4** *(sublevar)* soulever, ameuter.
► *vpr* **alzarse 1** *(levantarse)* se lever. **2** *(sublevarse)* se soulever. **3 alzarse con** *(victoria, premio)* remporter.
alzhéimer [alθėimer] *nm* maladie *f* d'Alzheimer *m*, alzheimer *m*.
ama [áma] *nf* → amo, ama.
▪ **ama de casa** maîtresse *f* de maison.
▪ **ama de llaves** gouvernante *f*.
amabilidad [amaβiliðáð] *nf* amabilité *f*.
amable [amáβle] *adj* aimable.
amaestrar [amaestrár] *vt* dresser.
amainar [amainár] *vt (las velas)* amener.
► *vi (el viento)* faiblir; *(el temporal)* se calmer.
amalgama [amalɣáma] *nf* amalgame *m*.
amamantar [amamantár] *vt* allaiter.
amanecer [43] [amaneθėr] *v impers* commencer à faire jour.
► *vi* **1** arriver au lever du jour: ***amanecimos en el Escorial***, nous arrivâmes à l'Escorial au lever du jour. **2** *(despertarse)* se réveiller.
► *nm* lever *m* du jour.
• **al amanecer** au lever du jour.
amanerado,-da [amaneráðo,-ða] *adj* **1** *(afectado)* maniéré,-e. **2** *(afeminado)* efféminé,-e.
amansar [amansár] *vt* apprivoiser.
amante [amánte] *adj* **1** *(que quiere)* aimant,-e. **2** *(aficionado)* amateur.
► *nmf* amant *m*, maîtresse *f*.
amañar [amaɲár] *vt* arranger adroitement, truquer.
• **amañárselas** se débrouiller.
amapola [amapóla] *nf* coquelicot *m*.
amar [amár] *vt* aimer.
amargar [7] [amarɣár] *vt* **1** *(sabor)* donner un goût amer. **2** *(carácter, momento)* rendre amer,-ère: ***con tantos problemas, se le ha amargado el carácter***, tous ces problèmes l'ont aigri.
► *vpr* **amargarse 1** *(persona)* s'aigrir. **2** *(comida)* devenir aigre.
amargo,-ga [amárɣo,-ɣa] *adj* amer,-ère.
amarillo,-lla [amaríʎo,-ʎa] *adj - nm* jaune *m*.
amarra [amára] *nf* amarre *f*.
• **largar/soltar amarras** larguer les amarres.
amarrar [amarár] *vt* **1** *(embarcación)* amarrer. **2** *(atar)* attacher.
amasar [amasár] *vt* **1** *(masa)* pétrir. **2** *(mortero, cemento)* gâcher. **3** *(dinero)* amasser.
amasijo [amasíχo] *nm* ramassis *m*.
amateur [amatėr] (*pl* **amateurs**) *adj - nmf* amateur, -trice.
amatista [amatista] *nf* améthyste *f*.
amazona [amaθóna] *nf* cavalière *f*.
ámbar [ámbar] *nm* ambre *m*.
ambición [ambiθjón] *nf* ambition *f*.
ambicionar [ambiθjonár] *vt* ambitionner.
ambicioso,-sa [ambiθjóso,-sa] *adj - nm,f* ambitieux,-euse.
ambiente [ambjėnte] *nm* **1** *(aire)* air *m*, atmosphère *f*. **2** *(animación)* ambiance *f*: ***en la fiesta había un gran ambiente***, il y avait une très bonne ambiance à la fête. **3** *(medio)* milieu *m*: ***se mueve en los ambientes intelectuales***, il côtoie les milieux intellectuels. **4** *(entorno)* environnement *m*.
ambiguo,-gua [ambíɣwo,-gwa] *adj* ambigu,-uë.
ámbito [ámbito] *nm* **1** *(de un espacio)* contour *m*. **2** *(extensión)* étendue *f*. **3** *(ambiente)* milieu *m*.
ambos,-bas [ámbos,-bas] *adj* les deux.
► *pron* tous deux, toutes deux, tous les deux, toutes les deux.
ambulancia [ambulánθja] *nf* ambulance *f*.
ambulante [ambulánte] *adj* ambulant,-e.
ambulatorio [ambulatórjo] *nm* centre *m* de santé, dispensaire *m*.
amedrentar [ameðrentár] *vt* effrayer, intimider.
amén [amėn] *adv* amen.
• **amén de** *fml* outre.
amenaza [amenáθa] *nf* menace *f*.
▪ **amenaza de bomba** alerte *f* à la bombe.
▪ **amenaza de muerte** menace de mort.
amenazar [4] [amenaθár] *vt - vi* menacer (**con**, de): ***amenaza lluvia***, la pluie menace; ***la amenazaron con despedirla***, ils l'ont menacée de la renvoyer.
ameno,-na [amėno,-na] *adj* agréable.
América [amėrika] *n pr* Amérique *f*.
▪ **América Central** Amérique centrale.
▪ **América del Norte** Amérique du Nord.

▪ **América del Sur** Amérique du Sud.
▪ **América Latina** Amérique latine.
americana [amerikána] *nf (prenda)* veste *f.*
americano,-na [amerikáno,-na] *adj* américain,-e.
► *nm,f* Américain,-e.
ametralladora [ametraʎaðóra] *nf* mitrailleuse *f.*
ametrallar [ametraʎár] *vt* mitrailler.
amianto [amjánto] *nm* amiante *m.*
amígdala [amíɣðala] *nf* amygdale *f.*
amigo,-ga [amíɣo,-ɣa] *adj* **1** *(gen)* ami,-e. **2** *(aficionado)* amateur: ***no es amigo de grandes fiestas***, il n'aime pas beaucoup les grandes fêtes.
► *nm,f* **1** *(gen)* ami,-e. **2** *(novio)* petit,-e ami,-e.
• **hacerse amigo de** devenir ami avec.
▪ **amigo del alma** ami très cher.
▪ **amigo,-ga íntimo, -ma** ami,-e intime.
▪ **amigo invisible** *tradition qui consiste à échanger des cadeaux entre les membres d'un groupe sans que l'on sache l'identité de la personne qui les achète.*
▪ **falso amigo** faux ami *m.*
aminorar [aminorár] *vt* ralentir.
► *vi* diminuer.
amistad [amistáð] *nf* amitié *f.*
► *nf pl* **amistades** relations *f pl*, amis *m pl.*
amistoso,-sa [amistóso,-sa] *adj* amical,-e.
amnesia [amnésja] *nf* MED amnésie *f.*
amnistía [amnistía] *nf* amnistie *f.*
amo, ama [ámo] *nm* **1** *(dueño)* maître *m*, maîtresse *f.* **2** *(de bienes)* propriétaire. **3** *(de empleados)* patron,-onne.
amodorrarse [amoðor̄árse] *vpr* s'assoupir.
amoldar [amoldár] *vt* **1** ajuster, adapter. **2 amoldarse a** s'adapter à.
amonestar [amonestár] *vt* **1** *(reprender)* admonester. **2** *(anunciar una boda)* publier les bans.
amoníaco [amoníako], **amoniaco** [amoniáko] *nm* ammoniaque *f.*
amontonar [amontonár] *vt* entasser, amonceler.
► *vpr* **amontonarse** **1** *(muchedumbre)* s'entasser. **2** *(problemas)* s'accumuler.
amor [amór] *nm* amour *m.*
• **hacer el amor** faire l'amour.
• **por amor al arte** *fam* pour l'amour de l'art.
• **¡por el amor de Dios!** pour l'amour de Dieu !
▪ **amor propio** amour-propre *m.*
amordazar [4] [amorðaθár] *vt* **1** *(persona)* bâillonner. **2** *(perro)* museler.
amorfo,-fa [amórfo,-fa] *adj* amorphe.
amoroso,-sa [amoróso,-sa] *adj* **1** *(del amor)* amoureux,-euse. **2** *(cariñoso)* affectueux,-euse, tendre.
amortajar [amortaχár] *vt* ensevelir.
amortiguador [amortiɣwaðór] *nm* amortisseur *m.*
amortiguar [amortiɣwár] *vt* amortir.
amortizar [4] [amortiθár] *vt* amortir.
amotinarse [amotinárse] *vpr* se soulever, se mutiner.
amparar [amparár] *vt* protéger, défendre.
► *vpr* **ampararse** se réfugier (**en**, derrière), s'abriter (**en**, derrière): ***ampararse en una ley***, s'abriter derrière une loi.
amperio [ampérjo] *nm* ampère *m.*
ampliación [ampljaθjón] *nf* **1** *(acción, foto)* agrandissement *m.* **2** *(de plazo)* prolongation *f.* **3** *(de negocio)* développement *m.*
ampliar [13] [ampljár] *vt* **1** *(ensanchar)* élargir. **2** *(local, foto)* agrandir. **3** *(cantidad, capital)* augmenter. **4** *(negocio, explicación)* développer. **5** *(estudios)* poursuivre.
amplificar [1] [amplifikár] *vt* amplifier.
amplio,-plia [ámpljo,-plja] *adj* **1** *(prenda)* ample. **2** *(conocimientos, espacio)* vaste, étendu,-e. **3** *(espíritu, mente)* large: ***en el sentido más amplio de la palabra***, au sens le plus large du mot.
ampolla [ampóʎa] *nf* ampoule *f.*
amputar [amputár] *vt* amputer.
amueblar [amweβlár] *vt* meubler.
amuleto [amuléto] *nm* amulette *f.*
anacrónico,-ca [anakróniko,-ka] *adj* anachronique.
anal [anál] *adj* anal,-e.
anales [análes] *nm pl* annales *f pl.*
analfabeto,-ta [analfaβéto,-ta] *adj - nm,f* analphabète.
analgésico,-ca [analχésiko,-ka] *adj* MED analgésique.
► *nm* **analgésico** analgésique *m.*

análisis [análisis] *nm* analyse *f*.
analista [analista] *nmf* analyste.
analizar [4] [analiθár] *vt* analyser.
analogía [analoχía] *nf* analogie *f*.
análogo,-ga [análoɣo,-ɣa] *adj* analogue.
anaranjado,-da [anaraŋχáðo,-ða] *adj* orangé,-e.
► *nm* **anaranjado** orange *m*.
anarco,-ca [anárko,-ka] *adj* - *nm,f fam* anar.
anarquía [anarkía] *nf* anarchie *f*.
anarquista [anarkísta] *nmf* anarchiste.
anatomía [anatomía] *nf* anatomie *f*.
anca [áŋka] *nf* **1** *(de caballo)* croupe *f*. **2** *(de rana)* cuisse *f*.
ancho,-cha [ántʃo,-tʃa] *adj* large: ***esa falda te queda muy ancha***, cette jupe est trop large pour toi.
► *nm* **ancho** largeur *f*.
• **a mis/tus/sus anchas** à mon/ton/son aise.
• **quedarse tan ancho,-cha** ne pas être gêné, -e pour autant.
anchoa [antʃóa] *nf* anchois *minv*.
anchura [antʃúra] *nf* largeur *f*.
anciano,-na [anθjáno,-na] *adj* vieux, vieille.
► *nm,f (hombre)* vieillard *m*, vieil homme *m*; *(mujer)* vieille femme *f*.
ancla [áŋkla] *nf* ancre *f*.
anclar [aŋklár] *vi* ancrer, mouiller l'ancre.
andadas [andáðas].
• **volver a las andadas** rechuter.
andamio [andámjo] *nm* échafaudage *m*.
andanza [andánθa] *nf* (gén au *pl*) aventure *f*.
andar [64] [andár] *vi* **1** *(caminar, funcionar)* marcher: ***anda muy deprisa***, il marche très vite; ***el reloj no anda bien***, la montre ne marche pas bien. **2** *(estar en un sitio)* être: ***anda por el sur de Francia***, il est quelque part dans le sud de la France. **3** *(estar de alguna manera)* être: ***andar muy atareado***, être très affairé. **4** *(estar involucrado)* être en, s'occuper de: ***andar en tratos***, être en pourparlers. **5** *(a puñetazos, etc)* se battre. **6** *(hurgar)* fouiller, manier: ***andar en un cajón***, fouiller dans un tiroir. **7** **andar** + ***ger*** *(estar haciendo algo)* être en train de + *inf*: ***anda escribiendo una novela***, il est en train d'écrire un roman. **8** *(tener relación)* fréquenter: ***dime con quién andas y te diré quién eres***, dis-moi qui tu fréquentes et je te dirai qui tu es. **9** *(tener cierta edad)* aller: ***anda por los treinta años***, elle va sur ses trente ans. **10** *(encontrarse)* aller, se porter: ***¿qué tal anda el enfermo?***, comment va le malade ?
► *vt (distancia)* parcourir: ***tuvieron que andar cuatro kilómetros***, ils ont dû faire quatre kilomètres à pied.
► *vpr* **andarse con** *(actuar de cierta forma)* user de, employer: ***no te andes con tonterías***, arrête tes bêtises.
► *nm* **1** *(acción)* marche *f*. **2** *(modo de andar)* démarche *f*.
► *interj* **¡anda!** **1** *(para animar)* allons donc ! **2** *(por incredulidad)* sans blague !
• **¡andando!** en avant !
• **¡anda ya!** c'est pas vrai !
• **quien mal anda, mal acaba** qui sème le vent récolte la tempête.
• **todo se andará** ça se fera.
andén [andén] *nm (en una estación)* quai *m*.
Andorra [andóra] *n pr* Andorre *f*.
andorrano,-na [andoráno,-na] *adj* andorran,-e.
► *nm,f* Andorran,-e.
andrajoso,-sa [andraχóso,-sa] *adj* déguenillé,-e, loqueteux,-euse.
anécdota [anékðota] *nf* anecdote *f*.
anegar [7] [aneɣár] *vt* **1** *(un terreno)* inonder. **2** *(ahogar)* noyer.
► *vpr* **anegarse** se noyer.
anemia [anémja] *nf* MED anémie *f*.
anestesia [anestésja] *nf* anesthésie *f*.
anestesiar [12] [anestesjár] *vt* anesthésier.
anexo,-xa [anékso,-ksa] *adj* annexe.
► *nm* **anexo** annexe *f*.
anfibio [amfíβjo] *adj* - *nmf* amphibie *m*.
► *nm pl* **anfibios** ZOOL amphibiens *m pl*.
anfiteatro [amfiteátro] *nm* amphithéâtre *m*.
anfitrión,-ona [amfitrjón,-ona] *nm,f* hôte *m*, hôtesse *f*.
ángel [áŋχel] *nm* ange *m*.
• **tener ángel** avoir du charme, être sympathique.
▪ **ángel de la guarda** ange gardien.

angelical [aŋχelikál] *adj* angélique.
angina [aŋχina] *nf* (gén au *pl*) angine *f*.
▪ **angina de pecho** angine *f* de poitrine.
anglosajón,-ona [aŋglosaχón,-óna] *adj* anglo-saxon,-onne.
► *nm,f* Anglo-saxon,-onne.
angosto,-ta [aŋgósto,-ta] *adj* étroit,-e.
anguila [aŋgila] *nf* anguille *f*.
angula [aŋgúla] *nf* civelle *f*, pibale *f*.
ángulo [áŋgulo] *nm* angle *m*.
▪ **ángulo agudo** angle aigu.
▪ **ángulo muerto** angle mort.
▪ **ángulo recto** angle droit.
angustia [aŋgústja] *nf* angoisse *f*.
angustiar [12] [aŋgustjár] *vt* angoisser.
► *vpr* **angustiarse** s'angoisser.
angustioso,-sa [aŋgustjóso,-sa] *adj* angoissant,-e.
anhelar [anelár] *vi* aspirer à.
anidar [aniðár] *vi* nicher, faire son nid.
anilla [aniʎa] *nf* anneau *m*.
► *nf pl* **anillas** DEP anneaux *m pl*.
anillo [aniʎo] *nm* anneau *m*, bague *f*.
• **venir como anillo al dedo** tomber à pic.
▪ **anillo de boda** alliance *f*.
animación [animaθjón] *nf* animation *f*.
animado,-da [animáðo,-ða] *adj* animé,-e.
animal [animál] *adj* animal,-e.
► *nm* **1** *(ser vivo)* animal *m*, bête *f*. **2** *(persona)* bête *f*, brute *f*.
animar [animár] *vt* **1** *(alentar)* encourager. **2** *(fiesta, reunión)* animer. **3** *(estado de ánimo)* remonter.
► *vpr* **animarse** *(fiesta, reunión)* s'animer.
• **animarse a +** *inf* *(decidirse)* se décider ***se animó a salir***, il s'est décidé à sortir.
ánimo [ánimo] *nm* **1** *(valor)* courage *m*. **2** *(aliento)* encouragement *m*. **3** *(intención)* intention *f*: ***no lo ha dicho con ánimo de ofender***, il ne l'a pas dit dans l'intention de blesser. **4** *(actitud, talante)* humeur *f*.
► *interj* **¡ánimo!** courage !
aniquilar [anikilár] *vt* anéantir.
anís [anis] *nm* **1** *(planta, semilla)* anis *m*. **2** *(licor)* anisette *f*.
aniversario [aniβersárjo] *nm* anniversaire *m*.
ano [áno] *nm* anus *m*.
anoche [anótʃe] *adv* hier soir.
anochecer [43] [anotʃeθér] *v impers* commencer à faire nuit.
► *vi* arriver à la tombée de la nuit: ***anochecimos en Burgos***, nous arrivâmes à Burgos à la tombée de la nuit.
► *nm* crépuscule *m*, tombée *f* de la nuit.
anodino,-na [anoðino,-na] *adj* anodin,-e.
anomalía [anomalia] *nf* anomalie *f*.
anónimo,-ma [anónimo,-ma] *adj* anonyme.
► *nm* **anónimo** lettre *f* anonyme.
anorak [anorák] *nm* anorak *m*.
anorexia [anoréksja] *nf* MED anorexie *f*.
anormal [anormál] *adj - nmf* anormal,-e.
anotación [anotaθjón] *nf* annotation *f*, note *f*.
anotar [anotár] *vt* **1** *(apuntar)* noter, prendre note. **2** *(puntos, tantos)* marquer.
ansia [ánsja] *nf* **1** *(angustia)* angoisse *f*, anxiété *f*. **2** *(anhelo)* désir *m* ardent, soif *f*.
ansiar [13] [ansjár] *vt* convoiter, désirer ardemment.
ansiedad [ansjeðáð] *nf* anxiété *f*.
ansioso,-sa [ansjóso,-sa] *adj* **1** *(deseoso)* impatient,-e (**por**, de). **2** *(preocupado)* anxieux,-euse.
antagonismo [antaɣonizmo] *nm* antagonisme *m*.
antaño [antáɲo] *adv* autrefois, jadis.
ante[1] [ánte] *prep* **1** *(delante de)* devant: ***ante la casa***, devant la maison. **2** *(una autoridad)* par-devant: ***ante notario***, par-devant notaire.
• **ante todo** avant tout.
ante[2] [ánte] *nm* **1** *(animal)* élan *m*. **2** *(piel)* daim *m*.
anteanoche [anteanótʃe] *adv* avant-hier (au) soir.
anteayer [anteajér] *adv* avant-hier.
antebrazo [anteβráθo] *nm* avant-bras *m*.
antecedente [anteθeðénte] *nm* *(en oración, ecuación)* antécédent *m*.
► *nm pl* **antecedentes** **1** *(de persona)* antécédents *m pl*. **2** *(de una situación)* précédents *m pl*.
• **poner en antecedentes** informer.
▪ **antecedentes penales** casier *m* judiciaire.
antecesor [anteθesór] *nmf* prédécesseur *m*.

antedicho,-cha [anteðitʃo,-tʃa] *adj* sus-mentionné,-e.
antelación [antelaθjón] *nf* anticipation *f.*
• **con antelación** à l'avance.
antemano [antemáno].
• **de antemano** d'avance.
antena [anténa] *nf* antenne *f.*
▪ **antena parabólica** antenne parabolique.
anteojos [anteóχos] *nm pl* **1** *(lentes)* lunettes *f pl.* **2** *(prismáticos)* jumelles *f pl.*
antepasado,-da [antepasáðo,-ða] *nm,f* ancêtre.
► *nm pl* **antepasados** aïeux *m pl*, ancêtres *m pl.*
antepenúltimo,-ma [antepenúltimo, -ma] *adj* antépénultième.
anteponer [78] [anteponér] *vt* **1** *(físicamente)* mettre devant. **2** *fig* préférer.
anteproyecto [anteprojékto] *nm* avant-projet *m.*
anterior [anterjór] *adj* **1** *(en el tiempo)* précédent,-e: ***el día anterior***, le jour d'avant. **2** *(en el espacio)* antérieur,-e.
anterioridad [anterjoriðáð] *nf* antériorité *f.*
• **con anterioridad** précédemment.
antes [ántes] *adv* **1** *(en el tiempo - previamente)* avant; *(- más temprano)* auparavant: ***llegó el día antes***, elle est arrivée le jour d'avant; ***un poco antes de salir***, un peu avant de sortir. **2** *(en el espacio)* avant: ***la biblioteca está un poco antes que su despacho***, la bibliothèque se trouve un peu avant son bureau.
• **antes de** avant de.
• **antes de nada** avant tout.
• **antes de que** avant que.
• **cuanto antes** au plus tôt.
• **lo antes posible** dès que possible.
• **de mucho antes** depuis bien plus longtemps: ***hace dos años que salimos, pero lo conozco de mucho antes***, nous sortons ensemble depuis deux ans, mais je le connais depuis bien plus longtemps.
antesala [antesála] *nf* antichambre *f.*
antiadherente [antjaðerénte] *adj* antiadhésif,-ive.
antibalas [antiβálas] *adj* pare-balles.
antibiótico [antiβjótiko] *nm* antibiotique *m.*
anticiclón [antiθiklón] *nm* anticyclone *m.*
anticipación [antiθipaθjón] *nf* anticipation *f.*
• **con anticipación** d'avance.
anticipar [antiθipár] *vt* **1** *(fecha, plazo)* avancer. **2** *(dinero)* faire une avance, avancer.
► *vpr* **anticiparse 1** *(adelantarse)* devancer. **2** *(ocurrir antes)* être en avance.
anticipo [antiθipo] *nm* **1** *(de dinero)* avance *f*, acompte *m*: ***dar un anticipo***, faire une avance. **2** *(muestra previa)* avant-goût *m.*
anticonceptivo,-va [antikonθeptiβo, -βa] *adj* contraceptif,-ive.
► *nm* **anticonceptivo** contraceptif *m.*
anticonstitucional [antikonstituθjonál] *adj* anticonstitutionnel,-elle.
anticopia [antikópja] *adj inv* anticopie *inv.*
anticuado,-da [antikwáðo,-ða] *adj* **1** *(que no está en uso)* vieilli,-e. **2** *(pasado de moda)* démodé,-e.
anticuario [antikwárjo] *nm* antiquaire *m.*
anticuerpo [antikwérpo] *nm* anticorps *m.*
antideslizante [antiðezliθánte] *adj* antidérapant,-e.
antídoto [antiðoto] *nm* antidote *m.*
antiestético,-ca [antjestétiko,-ka] *adj* inesthétique.
antifaz [antifáθ] *nm* **1** *(máscara)* masque *m.* **2** *(para frente y ojos)* loup *m.*
antigás [antiɣás] *adj* à gaz: ***máscara antigás***, masque à gaz.
antigualla [antiɣwáʎa] *nf pey* antiquaille *f.*
antigüedad [antiɣweðáð] *nf* **1** *(en un empleo, un cuerpo)* ancienneté *f.* **2** *(época, tiempo pasado)* antiquité *f.*
► *nf pl* **antigüedades** antiquités *f pl.*
antiguo,-gua [antiɣwo,-gwa] *adj* **1** *(viejo)* ancien,-enne, vieux, vieille: ***su ordenador ya es un poco antiguo***, son ordinateur est déjà un peu vieux. **2** *(anterior)* ancien,-enne: ***su antiguo amante***, son ancien amant. **3** *(de la Antigüedad)* antique.
antiinflamatorio,-ria [antinflamatórjo,-rja] *adj* anti-inflammatoire.
► *nm* **antiinflamatorio** anti-inflammatoire *m.*
antílope [antilope] *nm* antilope *f.*
antiniebla [antinjéβla] *adj* antibrouillard.

antipatía [antipatia] *nf* antipathie *f*.

antipático,-ca [antipátiko,-ka] *adj* antipathique.

antirrobo [antiřóβo] *adj inv - nm* antivol *m*.

antisemita [antisemita] *nmf* antisémite *mf*.

antisemitismo [antisemitizmo] *nm* antisémitisme *m*.

antiséptico,-ca [antiséptiko,-ka] *adj* MED antiseptique.

► *nm* **antiséptico** antiseptique *m*.

antítesis [antitesis] *nf* antithèse *f*.

antivirus [antiβirus] *nm* INFORM antivirus *m*.

antojadizo,-za [antoχaðiθo,-θa] *adj* capricieux,-euse.

antojarse [antoχárse] *vpr* **1** *(encapricharse)* avoir envie de: ***se le antojó salir, y salió***, il a eu envie de sortir, et il est sorti. **2** *(creer, suponer)* sembler: ***se me antoja que va a llover***, il me semble qu'il va pleuvoir.

antojo [antóχo] *nm* **1** *(deseo)* caprice *m*. **2** *(de embarazada, mancha)* envie *f*.

• **a mi/tu/su antojo** à ma/ta/sa guise.

antología [antoloχia] *nf* anthologie *f*.

antónimo,-ma [antónimo,-ma] *adj* antonyme.

► *nm* **antónimo** antonyme *m*.

antorcha [antórtʃa] *nf* torche *f*, flambeau *m*.

antro [ántro] *nm* antre *m*.

antropología [antropoloχia] *nf* anthropologie *f*.

antropólogo,-ga [antropóloɣo,-ɣa] *nm,f* anthropologue.

anual [anwál] *adj* annuel,-elle.

anuario [anwárjo] *nm* annuaire *m*.

anudar [anuðár] *vt* nouer.

anulación [anulaθjón] *nf* annulation *f*.

anular [anulár] *vt* annuler.

anunciante [anunθjánte] *adj, nmf* annonceur, -euse.

anunciar [12] [anunθjár] *vt* **1** *(notificar)* annoncer. **2** *(publicidad)* faire la publicité de.

► *vpr* **anunciarse** *(publicidad)* faire de la publicité (**en**, dans).

anuncio [anúnθjo] *nm* **1** *(gen)* annonce *f*. **2** *(publicidad)* publicité *f*. **3** *(de televisión)* spot *m*, message *m* publicitaire. **4** *(cartel)* affiche *f*.

▪ **anuncios por palabras** petites annonces.

anverso [ambérso] *nm* **1** *(de moneda etc)* face *f*, avers *m*. **2** *(de papel, hoja)* recto *m*.

anzuelo [anθwélo] *nm* **1** hameçon *m*. **2** *fig* attrait *m*, appât *m*.

• **picar o morder el anzuelo** mordre à l'hameçon.

añadido,-da [aɲaðiðo,-ða] *adj* ajouté,-e.

► *nm* **añadido** ajout *m*.

añadir [aɲaðir] *vt* ajouter.

añejo,-ja [aɲéχo,-χa] *adj* **1** *(vino)* vieux, vieille. **2** *(costumbre)* ancien,-enne.

añicos [aɲikos] *nm pl* petits morceaux *m pl*: ***hacer añicos***, réduire en miettes.

año [áɲo] *nm* année *f*, an *m*: ***el año que viene***, l'année prochaine; ***tiene diez años***, il a dix ans.

► *nm pl* **años 1** *(época)* années *f pl*: ***los años 70***, les années 70. **2** *(de persona)* âge *m*: ***a mis años***, à mon âge.

• **entrado,-a en años** âgé,-é.

▪ **año bisiesto** année *f* bissextile.

▪ **año luz** année-lumière *f*.

▪ **año nuevo** nouvel an ***¡feliz año nuevo!***, bonne année !

añorar [aɲorár] *vt* regretter.

aorta [aórta] *nf* aorte *f*.

apacible [apaθiβle] *adj* **1** *(en el trato)* tranquille. **2** *(pacífico)* doux, douce.

apaciguar [apaθiɣwár] *vt* apaiser.

apadrinar [apaðrinár] *vt* **1** *(niño)* être le parrain de. **2** *(en boda)* être le témoin de. **3** *(artista)* parrainer.

apagado,-da [apaɣáðo,-ða] *adj* **1** *(luz, brillo)* éteint,-e, sans éclat. **2** *(color, persona)* morne, faible. **3** *(ruido)* étouffé,-e.

apagar [7] [apaɣár] *vt* **1** *(fuego, luz, cal)* éteindre. **2** *(pasiones)* apaiser, calmer. **3** *(sed)* étancher. **4** *(colores)* éteindre, amortir.

► *vpr* **apagarse** s'éteindre.

apagón [apaɣón] *nm* panne *f* d'électricité.

apalear [apaleár] *vt* frapper de coups de bâton.

apañar [apaɲár] *vt* **1** *(arreglar)* retaper. **2** *(remendar)* raccommoder.

► *vpr* **apañarse** se débrouiller: ***ya se apañará sola***, elle se débrouillera toute seule.

• **apañárselas** se débrouiller.

aparador [aparaðór] *nm* **1** *(mueble)* buffet *m*, dressoir *m*. **2** *(escaparate)* vitrine *f*.
aparato [aparáto] *nm* **1** *(gen)* appareil *m*. **2** *(de televisión, de radio)* poste *m*. **3** *(ostentación)* apparat *m*.
aparatoso,-sa [aparatóso,-sa] *adj* spectaculaire, théâtral,-e.
aparcamiento [aparkamjénto] *nm* **1** *(acción)* stationnement *m*. **2** *(lugar)* parking *m*, place *f* de stationnement.
aparcar [1] [aparkár] *vt* **1** *(vehículo)* garer: ***aparcar la moto***, garer sa moto. **2** *(asunto)* reporter.
► *vi* se garer, stationner.
aparearse [apareárse] *vpr* s'accoupler.
aparecer [43] [apareθér] *vi* **1** *(gen)* apparaître. **2** *(algo perdido)* être retrouvé,-e.
► *vpr* **aparecerse** apparaître: ***afirma que se le apareció la Virgen***, elle affirme que la Vierge lui est apparue.
aparejador,-ra [apareχaðór,-ra] *nm,f* métreur,-euse.
aparejo [aparéχo] *nm* **1** *(de pesca)* attirail *m*. **2** *(de barco)* gréement *m*.
aparentar [aparentár] *vt* **1** *(simular)* feindre, simuler, faire semblant de. **2** *(edad)* faire: ***aparenta unos cincuenta años***, il fait dans les cinquante ans.
► *vi (presumir)* se faire remarquer.
apariencia [aparjénθja] *nf* apparence *f*.
• **guardar las apariencias** sauver les apparences.
aparición [apariθjón] *nf* **1** *(gen)* apparition *f*. **2** *(de libro)* parution *f*.
apartado,-da [apartáðo,-ða] *adj* **1** *(aislado)* écarté,-e, retiré,-e. **2** *(alejado)* éloigné,-e.
► *nm* **apartado** *(párrafo)* paragraphe *m*, alinéa *m*.
▪ **apartado de correos** boîte *f* postale.
apartamento [apartaménto] *nm* studio *m*.
apartar [apartár] *vt* **1** *(de un lugar)* écarter, éloigner: ***aparta la mesa de la ventana***, écarte la table de la fenêtre. **2** *(de un grupo, actividad)* éloigner, mettre à l'écart: ***lo apartaron del partido***, il fut mis à l'écart du parti. **3** *(escoger)* mettre de côté: ***aparta lo que quieras llevarte de viaje***, mets de côté tout ce que tu veux emporter pour le voyage. **4** *(la vista, la mirada)* détourner.
► *vpr* **apartarse 1** *(de un lugar)* s'écarter, s'éloigner: ***apártate de la ventana***, éloigne-toi de la fenêtre. **2** *(hacerse a un lado)* se pousser: ***apártate un poco, que no veo***, pousse-toi un tout petit peu que je puisse voir.
aparte [apárte] *adv* **1** *(a un lado)* à part, de côté: ***deja aparte lo que quieras llevarte***, mets de côté tout ce que tu veux emporter. **2** *(por separado)* séparément: ***eso lo pagaré aparte***, je payerai ça séparément. **3** *(además)* en plus, en outre: ***aparte de un buen hombre es buen profesor***, non seulement c'est un brave homme mais il est aussi un bon professeur.
► *nm* **1** à part. **2** *(en el teatro)* aparté *m*.
• **aparte de** *(excepto)* mis,-e à part: ***una mala película, aparte de la excelente banda sonora***, un mauvais film, mise à part l'excellente bande-son.
apartotel [apartotél] *nm* hôtel-résidence *m*, résidence *f* hôtelière.
apasionante [apasjonánte] *adj* passionnant,-e.
apasionar [apasjonár] *vt* passionner.
► *vpr* **apasionarse** se passionner.
apatía [apatia] *nf* apathie *f*.
apeadero [apeaðéro] *nm (de tren)* halte *f*.
apearse [apeárse] *vpr* **1** *(de un vehículo, caballo)* descendre. **2** *(de una idea, intención)* renoncer.
apechugar [apetʃuɣár] *vi fam* assumer, affronter.
apego [apéɣo] *nm* attachement *m*, affection *f*.
• **tener apego a** être attaché,-e à.
apelación [apelaθjón] *nf* DER appel *m*.
apellidarse [apeʎiðárse] *vpr* s'appeler.
apellido [apeʎiðo] *nm* nom *m* (de famille): ***el nombre y el apellido***, le prénom et le nom.
apenas [apénas] *adv* **1** *(casi nada - en frases afirmativas)* à peine: ***apenas he dormido esta noche***, j'ai à peine dormi cette nuit. **2** *(- en frases negativas)* presque pas: ***no lloró apenas***, il n'a presque pas pleuré. **3** *(solamente)* à peine: ***se marchó hace apenas una hora***, ça fait à peine une heure qu'il est parti.

► *conj (en cuanto)* dès que: ***iré a buscarte apenas acabe de trabajar***, j'irai te chercher dès que j'aurai fini de travailler.

• **apenas... cuando** *(enseguida)* à peine ... que: ***apenas había salido de casa cuando empezó a llover***, il venait de sortir de chez lui quand il a commencé à pleuvoir.

• **apenas si** c'est à peine si: ***apenas si puede moverse***, il bouge à peine.

apéndice [apéndiθe] *nm* **1** *(órgano)* appendice *m*. **2** *(de libro)* annexe *f*.

apendicitis [apendiθitis] *nf* MED appendicite *f*.

apercibirse [aperθiβirse] *vpr* remarquer.

aperitivo [aperitiβo] *nm* **1** *(bebida, recepción)* apéritif *m*. **2** *(comida)* amuse-gueule *m inv*.

apertura [apertúra] *nf* ouverture *f*.

apestar [apestár] *vi* puer.

apetecer [43] [apeteθér] *vi* avoir envie de: ***no me apetece salir esta noche***, je n'ai pas envie de sortir ce soir.

apetito [apetito] *nm* appétit *m*: ***tiene mucho apetito***, il a bon appétit.

• **abrir el apetito** ouvrir l'appétit.

apiadarse [apjaðárse] *vpr* avoir pitié.

apilar [apilár] *vt* empiler.

apiñado,-da [apiɲáðo,-ða] *adj* entassé,-e, serré,-e.

apio [ápjo] *nm* céleri *m*.

aplacar [1] [aplakár] *vt* calmer, apaiser.

aplanar [aplanár] *vt* aplanir.

aplastante [aplastánte] *adj* écrasant,-e.

aplastar [aplastár] *vt* écraser: ***aplastar un tomate***, écraser une tomate; ***aplastar la revuelta***, écraser une révolte.

aplaudir [aplauðir] *vt - vi* applaudir.

aplauso [apláuso] *nm* **1** *(con las manos)* applaudissement *m*. **2** *(aprobación)* éloge *m*.

aplazar [4] [aplaθár] *vt* ajourner, différer.

aplicación [aplikaθjón] *nf* application *f*.

aplicado,-da [aplikáðo,-ða] *adj* appliqué,-e.

aplicar [1] [aplikár] *vt (gen)* appliquer.

► *vpr* **aplicarse** s'appliquer.

aplique [aplike] *nf* applique *f*.

aplomo [aplómo] *nm* aplomb *m*.

apocado,-da [apokáðo,-ða] *adj* timide.

apocalipsis [apokalipsis] *nm* apocalypse *f*.

apócope [apókope] *nf* apocope *f*.

apoderado,-da [apoðeráðo,-ða] *nm,f* fondé,-e de pouvoirs.

apoderarse [apoðerárse] *vpr* **apoderarse de** s'emparer de.

apogeo [apoχéo] *nm* apogée *m*.

apología [apoloχia] *nf* apologie *f*.

apoplejía [apopleχia] *nf* MED apoplexie *f*.

aporrear [apor̄eár] *vt* **1** *(gen)* frapper. **2** *(piano)* pianoter.

aportar [aportár] *vt* **1** *(proporcionar)* fournir. **2** *(bienes, fondos)* apporter.

aposento [aposénto] *nm* chambre *f*, pièce *f*.

aposición [aposiθjón] *nf* apposition *f*.

apósito [apósito] *nm* pansement *m*.

aposta [apósta] *adv* exprès.

apostar [31] [apostár] *vt (dinero, bienes)* parier: ***apuesto diez euros***, je parie dix euros.

► *vi* **1 apostar por** *(confiar)* miser sur: ***desde el primer momento aposté por ella***, dès le début j'ai misé sur elle. **2 apostar a que** *(considerar)* parier que: ***apuesto a que llegará tarde***, je parie qu'il arrivera en retard.

► *vpr* **apostarse** se parier.

apóstol [apóstol] *nm* apôtre *m*.

apoteosis [apoteósis] *nf* apothéose *f*.

apoyar [apojár] *vt* **1** *(sobre una superficie)* appuyer: ***apoyó la cabeza en mi hombro***, elle appuya sa tête sur mon épaule. **2** *(defender)* défendre, appuyer: ***sus padres siempre lo han apoyado***, ses parents l'ont toujours appuyé.

► *vpr* **apoyarse en 1** *(sobre algo/algn)* s'appuyer sur. **2** *(basarse)* reposer sur.

apreciación [apreθjaθjón] *nf* appréciation *f*.

apreciar [12] [apreθjár] *vt* **1** *(gen)* apprécier. **2** *(percibir)* distinguer: ***no aprecia la diferencia***, il ne voit pas la différence.

► *vpr* **apreciarse** *(notarse)* voir: ***a esta distancia no se aprecian los defectos***, à cette distance on ne peut pas voir les défauts.

apremiar [12] [apremjár] *vt (meter prisa)* presser, contraindre.

► *vi (ser urgente)* presser.

aprender [aprendér] *vt* apprendre.
aprendiz,-za [aprendiθ,-θa] *nm,f* apprenti,-e.
aprendizaje [aprendiθáχe] *nm* apprentissage *m*.
aprensión [aprensjón] *nf* **1** *(miedo)* appréhension *f*. **2** *(asco, repulsión)* dégoût *m*, scrupule *m*.
aprensivo,-va [aprensiβo,-βa] *adj* **1** *(que tiene escrúpulos)* délicat,-e. **2** *(que tiene miedo)* appréhensif,-ive.
apresar [apresár] *vt* saisir, prendre.
apresurarse [apresurárse] *vpr (darse prisa)* se dépêcher.
• **apresurarse a hacer ALGO** se hâter de faire QQCH.
apretado,-da [apretáðo,-ða] *adj* **1** *(gen)* serré,-e. **2** *(agenda)* chargé,-e.
apretar [27] [apretár] *vt* **1** *(estrechar, ceñir)* serrer: ***apretar los dientes***, serrer les dents; ***apretar los puños***, serrer les poings; ***apretar un nudo***, serrer un nœud; ***apretar un tornillo***, serrer une vis. **2** *(labios)* pincer. **3** *(pulsar)* presser, appuyer sur: ***apretar una tecla***, appuyer sur une touche. **4** *(la marcha, el paso)* presser, accélérer. **5** *fig (acosar)* presser, harceler.
► *vi* **1** *(prenda de vestir)* être trop serré,-e. **2** *(lluvia)* redoubler. **3** *(esforzarse)* travailler plus dur.
► *vpr* **apretarse** se serrer.
• **apretar a correr** commencer à courir.
• **apretarse el cinturón** se serrer la ceinture.
apretón [apretón] *nm* **1** *(presión)* étreinte *f*, serrement *m*. **2** *fam (necesidad apremiante)* besoin *m* pressant.
■ **un apretón de manos** une poignée de main.
apretujar [apretuχár] *vt* presser, serrer fortement.
► *vpr* **apretujarse** se tasser.
aprieto [aprjéto] *nm* embarras *m*, situation *f* difficile.
• **estar en un aprieto** être dans l'embarras.
• **poner en un aprieto** mettre dans l'embarras.
• **salir del aprieto** se tirer d'embarras/d'affaire.
aprisa [aprisa] *adv* vite.
aprisionar [aprisjonár] *vt* emprisonner.
aprobación [aproβaθjón] *nf* approbation *f*.
aprobado,-da [aproβáðo,-ða] *adj* **1** *(gen)* approuvé,-e. **2** *(estudiante)* reçu,-e.
► *nm* **aprobado** mention *f* passable.
aprobar [31] [aproβár] *vt* **1** *(plan, decisión)* approuver. **2** *(ley)* adopter. **3** *(estudiante)* recevoir, admettre.
► *vt - vi (examen)* passer avec succès.
apropiado,-da [apropjáðo,-ða] *adj* approprié,-e.
apropiarse [12] [apropjárse] *vpr* **apropiarse de** s'approprier de, s'emparer de.
aprovechado,-da [aproβetʃáðo,-ða] *adj* **1** *(tiempo)* bien employé,-e. **2** *(espacio)* bien conçu,-e. **3** *(persona)* qui est profiteur,-euse.
► *nm,f* profiteur,-euse.
aprovechar [aproβetʃár] *vt* **1** *(sacar provecho de)* bien employer, profiter de: ***aprovechar la ocasión***, profiter de l'occasion. **2** *(emplear)* utiliser, profiter de: ***aprovecharé la tarde para estudiar***, je mettrai l'après-midi à profit pour étudier.
► *vi (sacar provecho)* profiter: ***aprovecha para acabar el trabajo***, profites-en pour finir le travail.
► *vpr* **aprovecharse (de)** **1** *(sacar provecho)* tirer parti, en profiter. **2** *(abusar)* abuser.
• **¡que aproveche!** bon appétit !
aproximación [aproksimaθjón] *nf* **1** *(gen)* rapprochement *m*. **2** *(en un cálculo)* approximation *f*.
aproximarse [aproksimárse] *vpr* **1** approcher: ***se aproximan las fiestas***, les fêtes approchent. **2** **aproximarse a** s'approcher de.
aptitud [aptitúð] *nf* aptitude *f*.
apto,-ta [ápto,-ta] *adj* apte (**para**, à): ***apto para ocupar un cargo***, apte à occuper un poste.
apuesta [apwésta] *nf* pari *m*.
apuesto,-ta [apwésto,-ta] *adj* beau, belle.

apuntar [apuntár] *vt* **1** *(con un arma)* viser, pointer: ***apuntar el blanco***, viser le but. **2** *(con el dedo)* montrer du doigt, pointer. **3** *(anotar)* noter, prendre note. **4** *(manifestar)* faire remarquer. **5** *(a un actor)* souffler.
► *vi* **1** *(el día)* poindre. **2** *(con arma)* viser.
► *vpr* **apuntarse 1** *(en una lista, curso)* s'inscrire. **2** *(agregarse)* se joindre: ***si vas a la fiesta, yo me apunto***, si tu vas à la fête, je viens avec toi.
apunte [apúnte] *nm* **1** *(nota)* note *f.* **2** *(dibujo)* esquisse *f.*
► *nm pl* **apuntes** *(de clase)* notes *f pl.*
apuñalar [apuɲalár] *vt* poignarder.
apurar [apurár] *vt* **1** *(acabar, agotar)* épuiser, finir: ***apurar el café***, finir le café. **2** *(llevar al límite)* épuiser, pousser à bout: ***apurar la paciencia***, faire perdre patience. **3** *(poner en un aprieto)* gêner. **4** *(preocupar)* inquiéter.
► *vpr* **apurarse 1** *(preocuparse)* s'inquiéter, s'en faire. **2** *(darse prisa)* se dépêcher.
• **si me apuras** tout au plus.
apuro [apúro] *nm* **1** *(dificultad)* situation *f* difficile: ***está en un verdadero apuro***, il a des grosses difficultés. **2** *(de dinero)* manque *m.* **3** *(vergüenza)* gêne *f.*
• **dar apuro** gêner, ennuyer.
• **pasar apuros** avoir des gros ennuis.
• **sacar de un apuro** tirer d'affaire.
aquel,-lla [akél,-ʎa] (*pl* **aquellos,-llas**) *adj* ce (... -là), cette (... -là): ***aquel libro***, ce livre-là; ***aquella casa***, cette maison-là.
► *pron* → aquél,-lla.
aquél,-lla [akél,-ʎa] *pron* (*pl* **aquéllos, -llas**) celui-là, celle-là: ***no quiero éste, quiero aquél***, je ne veux pas celui-ci, je veux celui-là.
aquello [akéʎo] *pron* cela: ***aquello fue lo que más nos gustó***, cela fut ce que nous avons préféré.
aquellos,-llas [akeʎos,-ʎas] *adj - pron* → aquel,-lla.
aquéllos,-llas [akeʎos,-ʎas] *pron* → aquél, -lla.
aquí [akí] *adv* **1** *(lugar)* ici: ***aquí cerca***, près d'ici; ***aquí está***, le voilà. **2** *(origen o causa)* là: ***de aquí viene su fortuna***, sa fortune vient de là. **3** *(tiempo)* maintenant, à présent: ***de aquí a febrero***, d'ici à février.
• **aquí abajo** en bas.
• **aquí arriba** en haut.
• **aquí yace** ci-gît.
• **aquí y allá** çà et là.
• **de aquí en adelante** dorénavant, désormais.
• **de aquí para allá** de droite à gauche.
• **de aquí que** d'où.
• **hasta aquí** jusqu'ici.
• **hasta aquí podíamos llegar** ça c'est le comble.
árabe [áraβe] *adj* arabe.
► *nmf* Arabe.
► *nm (idioma)* arabe.
Arabia [aráβja] *n pr* Arabie *f.*
▪ **Arabia Saudí** Arabie Saoudite.
arándano [arándano] *nm* myrtille *f.*
arandela [arandéla] *nf* rondelle *f.*
araña [aráɲa] *nf* **1** *(animal)* araignée *f.* **2** *(lámpara)* lustre *m.*
arañar [araɲár] *vt (con las uñas)* griffer.
arañazo [araɲáθo] *nm* **1** *(golpe)* coup *m* de griffe. **2** *(herida)* égratignure *f.*
arar [arár] *vt* labourer.
arbitral [arβitrál] *adj* arbitral,-e.
arbitrar [arβitrár] *vt* arbitrer.
arbitrario,-ria [arβitrárjo,-rja] *adj* arbitraire.
árbitro,-tra [árβitro,-tra] *nm,f* arbitre.
árbol [árβol] *nm* arbre *m.*
▪ **árbol de Navidad** sapin *m* de Noël.
arbolado,-da [arβoláðo,-ða] *adj* boisé,-e.
► *nm* **arbolado** arbres *m pl.*
arboleda [arβoléða] *nf* bois *m.*
arbusto [arβústo] *nm* arbuste *m.*
arca [árka] *nf* coffre *m.*
▪ **arca de Noé** arche *f* de Noé.
▪ **arcas públicas** trésor *m* public.
arcada [arkáða] *nf* **1** *(conjunto de arcos)* arcade *f.* **2** *(de puente)* arche *f.* **3** *(náusea)* haut-le-cœur *m inv*: ***me dieron arcadas***, j'ai eu des haut-le-cœur.
arcaico,-ca [arkáiko,-ka] *adj* archaïque.
arcángel [arkáŋχel] *nm* archange *m.*
arce [árθe] *nm* érable *m.*
archipiélago [artʃipjélaγo] *nm* archipel *m.*
archivador [artʃiβaðór] *nm* classeur *m.*

archivar [artʃiβár] *vt* **1** *(ordenar)* garder, classer aux archives. **2** INFORM sauvegarder. **3** *fig (arrinconar)* classer.
archivo [artʃiβo] *nm* **1** *(lugar)* archives *f pl*. **2** *(mueble)* classeur *m*. **3** INFORM fichier *m*.
▪ **archivo adjunto** INFORM pièce *f* jointe.
arcilla [arθiʎa] *nf* argile *f*.
arco [árko] *nm* **1** *(gen)* arc *m*. **2** *(de un puente)* arche *f*. **3** *(de violín)* archet *m*.
▪ **arco iris** arc-en-ciel *m*.
arder [arðér] *vi* **1** *(por el fuego)* brûler: ***la casa arde***, la maison brûle. **2** *fig* bouillir, brûler: ***arder de ira***, bouillir de colère.
● **arder en deseos** brûler d'envie.
● **la cosa está que arde** *fam* ça barde, ça chauffe.
ardid [arðið] *nm* ruse *f*, stratagème *m*.
ardiente [arðjénte] *adj* ardent,-e.
ardilla [arðiʎa] *nf* écureuil *m*.
ardor [arðór] *nm* ardeur *f*.
▪ **ardor de estómago** brûlures *f pl* d'estomac.
arduo,-dua [árðwo,-ðwa] *adj* ardu,-e, difficile.
área [área] *nf* **1** *(zona)* zone *f*. **2** *(en fútbol)* surface *f* de réparation. **3** *(medida)* are *m*. **4** *(de un cuerpo geométrico)* aire *f*.
▪ **área de servicio** aire de services.
arena [aréna] *nf* sable *m*.
▪ **arenas movedizas** sables *m pl* mouvants.
arenoso,-sa [arenóso,-sa] *adj* sablonneux, -euse.
arenque [aréŋke] *nm* hareng *m*.
argamasa [aɣamása] *nf* mortier *m*.
Argelia [arχélja] *n pr* Algérie *f*.
argelino,-na [arχelino,-na] *adj* algérien, -enne.
► *nm,f* Algérien,-enne.
Argentina [arχentina] *n pr* Argentine *f*.
argentino,-na [arχentino,-na] *adj* argentin,-e.
► *nm,f* Argentin,-e.
argolla [aɣóʎa] *nf* anneau *m*.
argot [aɣót] *nm* **1** *(popular)* argot *m*. **2** *(técnico)* jargon *m*.
argüir [63] [aɣwir] *vt - vi fml* argumenter.
argumentar [aɣumentár] *vt - vi* argumenter.
argumento [aɣuménto] *nm* **1** *(de novela, obra)* argument *m*; *(de película)* scénario *m*. **2** *(razonamiento)* argument *m*, raisonnement *m*.
aria [árja] *nf* aria *f*.
árido,-da [áriðo,-ða] *adj* aride.
arista [arista] *nf* arête *f*.
aristocracia [aristokráθja] *nf* aristocratie *f*.
aristócrata [aristókrata] *nmf* aristocrate.
aritmética [aritmétika] *nf* arithmétique *f*.
arlequín [arlekin] *nm* arlequin *m*.
arma [árma] *nf* arme *f*.
► *nf pl* **armas** armes *f pl*.
● **ser de armas tomar** être terrible: ***es una mujer de armas tomar***, c'est une femme déterminée.
▪ **arma arrojadiza** arme de jet.
▪ **arma blanca** arme blanche.
▪ **arma de doble filo** arme à double tranchant.
▪ **arma de fuego** arme à feu.
▪ **arma homicida** arme du crime.
▪ **arma nuclear** arme nucléaire.
armada [armáða] *nf* marine *f*.
armadura [armaðúra] *nf* armure *f*.
armamento [armaménto] *nm* armement *m*.
armar [armár] *vt* **1** *(con armas)* armer. **2** *(mueble, máquina)* monter. **3** *(ruido, alboroto)* faire, causer: ***armar jaleo***, faire du tapage.
► *vpr* **armarse** s'armer.
● **armarla** faire une scène.
● **armarse de valor** s'armer de courage.
armario [armárjo] *nm* armoire *f*.
● **salir del armario** sortir du placard.
▪ **armario empotrado** placard *m*.
armatoste [armatóste] *nm* mastodonte *m*.
armazón [armaθón] *nm & nf* **1** *(de una máquina)* armature *f*, carcasse *f*. **2** *(de madera)* charpente *f*. **3** *(bastidor)* châssis *m*.
armiño [armiɲo] *nm* hermine *f*.
armisticio [armistiθjo] *nm* armistice *m*.
armonía [armonia] *nf* harmonie *f*.
armonizar [4] [armoniθár] *vt* harmoniser.
► *vi* s'harmoniser, être en harmonie.
ARN [aeřeéne] *abr* (***ácido ribonucleico***) ARN *m*.
aro [áro] *nm* **1** *(círculo)* cercle *m*, cerceau *m*. **2** *(juguete)* cerceau *m*. **3** *(sortija)* bague *f*.

• **pasar por el aro** *fam* s'incliner, se soumettre.

aroma [aróma] *nm* arôme *m*, parfum *m*.

aromatizar [4] [aromatiθár] *vt* aromatiser.

arpa [árpa] *nf* harpe *f*.

arpegio [arpéχjo] *nm* MÚS arpège *m*.

arpón [arpón] *nm* harpon *m*.

arqueología [arkeoloχía] *nf* archéologie *f*.

arqueólogo,-ga [arkeóloγo,-γa] *nm,f* archéologue.

arquitecto,-ta [arkitékto,-ta] *nm,f* architecte.

arquitectura [arkitektúra] *nf* architecture *f*.

arrabal [ar̄aβál] *nm* faubourg *m*.

arraigar [7] [ar̄aiγár] *vi* s'enraciner, prendre racine.

► *vpr* **arraigarse** *(establecerse)* s'établir, se fixer.

arrancar [1] [ar̄aŋkár] *vt* **1** *(sacar de su sitio, extraer)* arracher. **2** *(poner en marcha)* mettre en marche, faire démarrer.

► *vi* **1** *(vehículo)* démarrer, partir. **2** *(ordenador)* démarrer. **3** **arrancar a** + *inf* *(empezar)* se mettre à + *inf*: ***arrancar a correr***, commencer à courir. **4** *(proceder)* procéder (**de**, de), venir (**de**, de).

arranque [ar̄áŋke] *nm* **1** *(de un vehículo)* démarrage *m*. **2** *(dispositivo)* démarreur *m*. **3** *(de ira)* accès *m*. **4** *(de generosidad)* élan *m*.

arrasar [ar̄asár] *vt (destruir)* dévaster, ravager.

► *vi (vencer)* vaincre facilement.

arrastrar [ar̄astrár] *vt* **1** *(por el suelo)* traîner: ***arrastrar los pies***, traîner les pieds. **2** *(la corriente, el aire)* porter: ***la corriente nos arrastró mar adentro***, le courant nous emporta au large. **3** *(soportar)* traîner: ***arrastra una enfermedad desde hace años***, il est malade depuis quelques années. **4** *(impulsar)* entraîner, pousser.

► *vi* **1** *(cortina, vestido)* traîner. **2** *(naipes)* jouer atout.

► *vpr* **arrastrarse** **1** *(por el suelo)* se traîner. **2** *(humillarse)* ramper.

arrear [ar̄eár] *vt* **1** *(animales)* stimuler. **2** *(golpes)* flanquer.

► *vi (apresurarse)* se dépêcher.

arrebatar [ar̄eβatár] *vt* **1** *(quitar)* enlever, arracher. **2** *(cautivar)* enflammer.

arrebato [ar̄eβáto] *nm* accès *m*.

arreciar [12] [ar̄eθjár] *vi* redoubler.

arrecife [ar̄eθife] *nm* récif *m*.

arreglar [ar̄eγlár] *vt* **1** *(reparar)* arranger, réparer. **2** *(poner en orden)* arranger, ranger. **3** *(solucionar)* régler.

► *vpr* **arreglarse** **1** *(vestirse)* s'habiller. **2** *(ataviarse)* s'arranger.

• **arreglárselas** se débrouiller.

arreglo [ar̄éγlo] *nm* **1** *(reparación)* réparation *f*. **2** *(de prenda)* retouche *m*. **3** *(acuerdo)* arrangement *m*.

arremangar [7] [ar̄emaŋgár] *vt* trousser, retrousser.

► *vpr* **arremangarse** retrousser, se trousser.

arremeter [ar̄emetér] *vi* foncer (**contra**, sur).

arrendamiento [ar̄endamjénto] *nm* **1** *(de una finca rural)* affermage *m*. **2** *(de una casa)* location *f*. **3** *(contrato)* bail *m*. **4** *(precio)* loyer *m*.

arrepentido,-da [ar̄epentiðo,-ða] *adj* repenti,-e.

arrepentirse [35] [ar̄epentirse] *vpr* se repentir (**de**, de).

arrestar [ar̄estár] *vt* arrêter.

arresto [ar̄ésto] *nm* arrestation *f*.

▪ **arresto domiciliario** assignation *f* à résidence.

arriar [13] [ar̄jár] *vt* **1** *(velas)* amener. **2** *(bandera)* baisser.

arriba [ar̄íβa] *adv* **1** *(dirección)* en haut: ***mira hacia arriba***, regarde en l'air. **2** *(situación)* au-dessus: ***desde arriba***, du haut; ***viven arriba***, ils vivent au-dessus. **3** *(en un texto)* ci-dessus: ***lo arriba dicho***, ce qui est dit ci-dessus.

► *interj* **¡arriba!** **1** *(¡levántate!)* debout ! **2** *(¡viva!)* courage!: ***¡arriba la libertad!***, vive la liberté !

• **boca arriba** sur le dos.

• **cuesta arriba** qui monte.

• **de arriba** **1** *(posición relativa)* du dessus. **2** *(posición absoluta)* du haut.

• **de arriba abajo** de haut en bas.

• **hacia arriba** vers le haut.

• **¡manos arriba !** haut les mains !

• **patas arriba** 1 *(posición)* à l'envers. 2 *(en desorden)* sens dessus dessous.

• **por arriba** par en haut.

arriesgar [7] [ar̄jezɣár] *vt* risquer.

▶ *vpr* **arriesgarse** *(ponerse en peligro)* prendre des risques.

• **arriesgarse a +** *inf* 1 *(atreverse)* se risquer à + *inf* ***se arriesgó a pitar la falta***, il osa siffler la faute. 2 *(correr un riesgo)* risquer de + *inf* ***te arriesgas a perderlo todo***, tu risques de tout perdre.

arrimar [ar̄imár] *vt* approcher, rapprocher: ***arrimar la silla a la mesa***, rapprocher la chaise de la table.

▶ *vpr* **arrimarse** *(acercarse - a algo)* s'approcher; *(- a algn)* se mettre sous la protection de QQN: ***arrimarse al fuego***, s'approcher du feu.

arrinconar [ar̄iŋkonár] *vt* 1 *(poner en un rincón)* mettre dans un coin. 2 *(acorralar)* acculer. 3 *(desatender)* laisser de côté, abandonner.

arroba [ar̄óβa] *nm* arobase *f*.

arrodillarse [ar̄oðiʎárse] *vpr* s'agenouiller, se mettre à genoux.

arrogante [ar̄oɣánte] *adj* arrogant,-e.

arrojar [ar̄oχár] *vt* 1 *(lanzar)* lancer: ***arrojar piedras***, lancer des pierres. 2 *(tirar)* jeter: ***arrojar la carga al mar***, jeter la cargaison à la mer. 3 *(despedir, emitir)* cracher: ***arrojar lava***, cracher de la lave. 4 *(cifra, resultado)* donner comme résultat.

▶ *vt - vi (vomitar)* vomir.

▶ *vpr* **arrojarse** se jeter.

arrojo [ar̄óχo] *nm* audace *f*.

arrollar [ar̄oʎár] *vt* 1 *(enrollar)* rouler, enrouler. 2 *(agua, viento)* emporter. 3 *(atropellar)* écraser, renverser. 4 *(al enemigo)* culbuter, vaincre.

arropar [ar̄opár] *vt* couvrir.

arroyo [ar̄ójo] *nm* ruisseau *m*.

arroz [ar̄óθ] *nm* riz *m*.

▪ **arroz blanco** riz nature.

▪ **arroz con leche** riz au lait.

▪ **arroz integral** riz complet.

arruga [ar̄úɣa] *nf* 1 *(en la piel)* ride *f*. 2 *(en la ropa)* pli *m*.

arrugar [7] [ar̄uɣár] *vt* 1 *(piel)* rider. 2 *(ropa, papel)* chiffonner, froisser.

▶ *vpr* **arrugarse** 1 *(piel)* se rider. 2 *(ropa, papel)* se chiffonner, se froisser. 3 *(acobardarse)* avoir peur.

arruinar [ar̄winár] *vt* ruiner.

▶ *vpr* **arruinarse** se ruiner.

arrullar [ar̄uʎár] *vi (pájaro)* roucouler.

▶ *vt (al bebé)* bercer en chantant.

arrumaco [ar̄umáko] *nm fam* câlinerie *f*, cajolerie *f*.

arsenal [arsenál] *nm* arsenal *m*.

arsénico [arséniko] *nm* arsenic *m*.

arte [árte] *nm* 1 *(gen)* art *m*. 2 *(habilidad)* art *m*, habilité *f*. 3 *(astucia)* ruse *f*, artifice *m*. 4 *(de pesca)* engin *m*.

▶ *nf pl* **artes** arts *m pl*.

• **no tener arte ni parte en ALGO** n'y être pour rien.

• **por arte de magia** comme par enchantement.

▪ **arte dramático** théâtre *m*.

▪ **artes marciales** arts martiaux.

▪ **artes plásticas** arts plastiques.

▪ **bellas artes** beaux-arts *m pl*.

▪ **el séptimo arte** le septième art.

▪ **malas artes** moyens *m pl* malhonnêtes.

artefacto [artefákto] *nm* engin *m*.

arteria [artérja] *nf* artère *f*.

artesanía [artesanía] *nf* artisanat *m*.

artesano,-na [artesáno,-na] *nm,f* artisan,-e.

ártico,-ca [ártiko,-ka] *adj* arctique.

articulación [artikulaθjón] *nf* articulation *f*.

articulado,-da [artikuláðo,-ða] *adj* articulé,-e.

articular [artikulár] *vt* articuler.

artículo [artíkulo] *nm* article *m*.

▪ **artículos de consumo** biens *m pl* de consommation.

▪ **artículo de primera necesidad** produit *m* de première nécessité.

artificial [artifiθjál] *adj* artificiel,-elle.

artificio [artifiθjo] *nm (afectación)* artifice *m*.

artillería [artiʎería] *nf* artillerie *f*.

artimaña [artimáɲa] *nf* ruse *f*.

artista [artísta] *adj - nmf* artiste.

artístico,-ca [artístiko,-ka] *adj* artistique.

artritis [artrítis] *nf* MED arthrite *f*.

artrosis [artrósis] *nf* MED arthrose *f*.
arzobispo [arθoβíspo] *nm* archevêque *m*.
as [as] *nm* as *m*.
asa [ása] *nf* **1** *(de vasija, cesta)* anse *f*. **2** *(de maleta)* poignée *f*.
asado,-da [asáðo,-ða] *adj* rôti,-e.
▶ *nm* **asado** rôti *m*.
asalariado,-da [asalarjáðo,-ða] *nm,f* salarié,-e.
asaltante [asaltánte] *nmf* assaillant,-e.
asaltar [asaltár] *vt* **1** *(atacar)* assaillir. **2** *(ciudad)* prendre d'assaut. **3** *(robar)* attaquer.
asalto [asálto] *nm* **1** *(a objetivo militar, banco)* assaut *m*. **2** *(agresión)* attaque *f*, agression *f*. **3** *(en boxeo)* round *m*.
• **tomar por asalto** prendre d'assaut.
▪ **asalto a mano armada** attaque à main armée.
asamblea [asambléa] *nf* assemblée *f*.
asar [asár] *vt* **1** *(en horno)* rôtir. **2** *(en parrilla)* griller.
▶ *vpr* **asarse** rôtir.
ascender [28] [asθendér] *vi* **1** *(subir)* monter. **2** *(de categoría - en un empleo)* être promu,-e; *(- en el ejército)* accéder au grade, passer: ***ascender a capitán***, passer capitaine. **3** *(de categoría deportiva)* monter. **4** *(sumar)* s'élever (**a**, à), monter (**a**, à).
▶ *vt (de categoría)* faire monter en grade, promouvoir.
ascendiente [asθendjénte] *nmf* ascendant,-e.
ascenso [asθénso] *nm* **1** *(a un lugar alto)* ascension *f*, montée *f*. **2** *(de temperatura, precios)* hausse *f*. **3** *(en un empleo)* avancement *m*. **4** *(en el ejército, en deportes)* promotion *f*.
ascensor [asθensór] *nm* ascenseur *m*.
asco [ásko] *nm* **1** *(repugnancia)* dégoût *m*. **2** *(cosa)* chose *f* dégoûtante.
• **dar asco** dégoûter.
• **estar hecho un asco 1** *(estar sucio)* être très sale. **2** *(estar mal)* être en très mauvais état.
• **hacer ascos a ALGO/ALGN** faire le dégoûté devant QQCH/QQN.
• **¡qué asco!** quelle horreur !
ascua [áskwa] *nf* charbon *m* ardent.
• **estar en ascuas** être sur des charbons ardents.
asear [aseár] *vt* arranger.
▶ *vpr* **asearse** faire sa toilette.
asediar [12] [aseðjár] *vt* assiéger.
asegurado,-da [aseɣuráðo,-ða] *adj* - *nm,f* assuré,-e.
asegurar [aseɣurár] *vt* **1** *(fijar)* assurer, affermir. **2** *(casa, coche)* assurer. **3** *(garantizar)* assurer, garantir: ***te aseguro que es cierto lo que te digo***, je t'assure que ce que je te dis est vrai.
▶ *vpr* **asegurarse** s'assurer.
asentir [35] [asentír] *vi* acquiescer.
aseo [aséo] *nm* **1** *(limpieza)* propreté *f*. **2** (gén au *pl*) *(lugar)* toilette *f*.
asequible [asekíβle] *adj* accessible.
aserrar [27] [aseřár] *vt* scier.
asesinar [asesinár] *vt* assassiner.
asesinato [asesináto] *nm* assassinat *m*.
asesino,-na [asesíno,-na] *adj* - *nm,f* assassin,-e.
asesor,-ra [asesór,-ra] *adj* - *nm,f* conseiller,-ère.
aseveración [aseβeraθjón] *nf* affirmation *f*.
asesorar [asesorár] *vt* conseiller.
▶ *vpr* **asesorarse** prendre conseil.
asfalto [asfálto] *nm* asphalte *m*.
asfixia [asfíksja] *nf* asphyxie *f*.
asfixiar [12] [asfiksjár] *vt* asphyxier.
▶ *vpr* **asfixiarse** s'asphyxier, étouffer: ***nos asfixiamos de calor***, nous étouffons de chaleur.
así [así] *adv* **1** *(de esta manera)* ainsi, comme ça: ***lo haré así***, je le ferai comme ça. **2** *(tanto)* tant, de même: ***así los unos como los otros***, tant les uns que les autres. **3** *(entonces)* alors: ***¿así me abandonas?***, alors tu me quittes ?
▶ *adj inv* pareil,-eille: ***un caso así***, un cas pareil.
• **así así** comme ci, comme ça.
• **así como** de même que.
• **así como así** n'importe comment.
• **así de ...** *fam* ... comme ça: ***tenía unas ruedas así de grandes***, il avait des roues grandes comme ça.
• **así es** c'est comme ça.

- **así mismo** de même.
- **así pues** ainsi donc.
- **así que** *(de modo que)* alors.
- **así y todo** malgré tout.
- **o así** plus ou moins.

Asia [ásja] *n pr* Asie *f*.
asiático,-ca [asjátiko,-ka] *adj* asiatique.
► *nm,f* Asiatique.
asiduo,-dua [asiðwo,-ðwa] *adj* assidu,-e.
asiento [asjénto] *nm* **1** *(para sentarse)* siège *m*. **2** *(sitio)* place *f*. **3** *(en contabilidad)* écriture *f*.
- **tomar asiento** s'asseoir.

asignar [asiɣnár] *vt* **1** *(dar, determinar)* assigner. **2** *(destinar)* affecter, assigner.
asignatura [asiɣnatúra] *nf* matière *f*.
▪ **asignatura pendiente 1** *(suspenso)* matière à repasser. **2** *(asunto)* question *f* à régler.
asilo [asilo] *nm* asile *m*.
▪ **asilo de ancianos** maison *f* de retraite.
▪ **asilo político** asile politique.
asimilar [asimilár] *vt* assimiler.
asimismo [asimizmo] *adv* de même, aussi.
asir [65] [asir] *vt* saisir, prendre.
► *vpr* **asirse** s'accrocher (**a**, à), se cramponner (**a**, à).
asistencia [asisténθja] *nf* **1** *(presencia)* présence *f*. **2** *(público)* assistance *f*. **3** *(a un herido, enfermo)* assistance *f*, secours *m*. **4** DEP assistance *f*.
▪ **asistencia médica** soins *m pl*.
▪ **asistencia social** assistance sociale.
▪ **asistencia técnica** assistance technique.
asistenta [asisténta] *nf* femme *f* de ménage.
asistente [asisténte] *adj (presente)* présent,-e.
► *nmf (ayudante)* assistant,-e.
▪ **asistente social** assistant, -e social, -e.
asistir [asistir] *vt* soigner: ***asistir a un herido***, soigner un blessé.
► *vi (estar presente)* assister.
asma [ázma] *nf* asthme *m*.
asno [ázno] *nm* âne *m*, baudet *m*.
asociación [asoθjaθjón] *nf* association *f*.
asociado,-da [asoθjáðo,-ða] *adj - nm,f* associé,-e.
asociar [12] [asoθjár] *vt* associer.
► *vpr* **asociarse** s'associer.
asolar [31] [asolár] *vt* dévaster.
asomar [asomár] *vi* apparaître, se montrer.
► *vpr* **asomarse** se pencher.
asombrar [asombrár] *vt* étonner, stupéfier.
► *vpr* **asombrarse** s'étonner.
asombro [asómbro] *nm* étonnement *m*.
asombroso,-sa [asombróso,-sa] *adj* étonnant,-e.
asomo [asómo] *nm* indice *m*, signe *m*.
- **ni por asomo** en aucune manière, pas le moins du monde.

aspa [áspa] *nf* **1** *(cruz)* croix en forme d'X. **2** *(de molino)* aile. **3** *(de ventilador)* pale *f*.
aspaviento [aspaβjénto] *nm* simagrée *f*.
- **hacer aspavientos** faire des simagrées.

aspecto [aspékto] *nm* **1** *(gen)* aspect *m*. **2** *(presencia)* allure *f*. **3** *(estado de salud)* mine *f*.
- **en este aspecto** à cet égard.
- **en todos los aspectos** à tous points de vue.
- **tener buen aspecto 1** *(una persona - tener buena salud)* avoir bonne mine. **2** *(- tener buena presencia)* avoir de l'allure. **3** *(una cosa)* avoir bon aspect.

áspero,-ra [áspero,-ra] *adj* **1** *(al tacto)* rugueux,-euse, rêche. **2** *(al gusto)* âpre. **3** *(terreno)* raboteux,-euse.
aspiración [aspiraθjón] *nf* aspiration *f*.
aspiradora [aspiraðóra] *nf* aspirateur *m*.
aspirante [aspiránte] *adj* aspirant,-e.
► *nmf* candidat,-e.
aspirar [aspirár] *vt* aspirer.
aspirina® [aspirina] *nf* aspirine® *f*.
asqueroso,-sa [askeróso,-sa] *adj* dégoûtant,-e.
asta [ásta] *nf* **1** *(de bandera)* hampe *f*. **2** *(de lanza)* bois *m*. **3** *(cuerno)* corne *f*.
- **a media asta** en berne.

asterisco [asterisko] *nm* astérisque *m*.
asteroide [asteròiðe] *nm* astéroïde *m*.
astilla [astiʎa] *nf* éclat *m* de bois.
astillero [astiʎéro] *nm* chantier *m* naval.
astracán [astrakán] *nm* astrakan *m*.
astro [ástro] *nm* astre *m*.
astrología [astroloχia] *nf* astrologie *f*.

astronauta [astronáuta] *nmf* astronaute.
astronomía [astronomía] *nf* astronomie *f.*
astucia [astúθja] *nf* astuce *f*, ruse *f.*
astuto,-ta [astúto,-ta] *adj* **1** *(sagaz)* astucieux,-euse. **2** *(malicioso)* rusé,-e.
asumir [asumír] *vt* assumer.
asunto [asúnto] *nm* **1** *(gen)* affaire *f.* **2** *(cuestión, tema)* sujet *m*, matière *f.* **3** INFORM objet *m.*
▪ **asuntos exteriores** affaires étrangères.
asustar [asustár] *vt* effrayer, faire peur.
► *vpr* **asustarse** avoir peur, s'effrayer.
atacar [1] [atakár] *vt* attaquer.
atajar [ataχár] *vi (tomar un atajo)* prendre un raccourci.
► *vt* **1** *(detener, parar)* arrêter, couper: ***atajar el fuego***, couper le feu. **2** *(interrumpir el crecimiento)* enrayer: ***atajar la epidemia***, enrayer l'épidémie.
atajo [atáχo] *nm* raccourci *m.*
atalaya [atalája] *nf* tour *f* de guet.
atañer [38] [ataɲér] *vi* concerner, regarder: ***eso no me atañe***, cela ne me regarde pas.
ataque [atáke] *nm* **1** *(gen)* attaque *f.* **2** *(acceso)* crise *f.*
▪ **ataque al corazón** crise cardiaque.
▪ **ataque cardíaco** crise cardiaque.
▪ **ataque de nervios** crise de nerfs.
▪ **ataque de risa** fou rire *m.*
▪ **ataque de tos** quinte *f* de toux.
atar [atár] *vt (sujetar)* attacher, lier.
► *vpr* **atarse** attacher, nouer, lacer: ***se ató los cordones de los zapatos***, il laça ses chaussures.
• **atar cabos** tirer des conclusions.
atardecer [43] [atarðeθér] *v impers* tomber le jour.
► *nm* tombée *f* du jour.
• **al atardecer** à la tombée du jour.
atareado,-da [atareáðo,-ða] *adj* occupé,-e, affairé,-e.
atascar [1] [ataskár] *vt* boucher.
► *vpr* **atascarse** **1** *(cañería)* se boucher. **2** *(mecanismo)* se coincer. **3** *(vehículo)* s'embourber. **4** *(al hablar)* s'empêtrer.
atasco [atásko] *nm* **1** *(de tráfico)* bouchon *m*, embouteillage *m.* **2** *(de cañería)* engorgement *m.*
▪ **atasco de papel** INFORM bourrage *m* papier.
ataúd [ataúð] *nm* cercueil *m.*
ataviar [13] [ataβjár] *vt* orner, parer.
► *vpr* **ataviarse** se parer.
ateísmo [ateízmo] *nm* athéisme *m.*
atemorizar [4] [atemoriθár] *vt* effrayer, intimider.
► *vpr* **atemorizarse** s'effrayer.
atención [atenθjón] *nf* **1** *(interés)* attention *f.* **2** *(cortesía)* politesse *f*, gentillesse *f.*
► *nf pl* **atenciones** égards *m pl*, gentillesses *f pl.*
► *interj* **¡atención!** attention !
• **a la atención de** à l'attention de.
• **con atención** attentivement.
• **llamar la atención** attirer l'attention.
• **llamar la atención a ALGN** rappeler QQN à l'ordre.
• **prestar atención** faire attention.
atender [28] [atendér] *vt* **1** *(cliente)* s'occuper de, servir: ***¿ya le atienden?***, on s'occupe de vous ? **2** *(invitado, visita)* recevoir, accueillir. **3** *(enfermo)* soigner. **4** *(cuidar, asistir)* prendre soin de, s'occuper de. **5** *(obligación, asunto)* s'occuper de. **6** *(petición, queja, consejo)* écouter. **7** *(llamada)* répondre.
► *vi* **1** *(prestar atención)* faire attention (**a**, à). **2** *(tener en cuenta)* tenir compte (de): ***atendiendo a las circunstancias***, compte tenu des circonstances.
Atenas [aténas] *n pr* Athènes.
atenerse [87] [atenérse] *vpr* s'en tenir (**a**, à): ***no sabe a qué atenerse***, il ne sait pas à quoi s'en tenir; ***atenerse a las consecuencias***, subir les conséquences.
atentado [atentáðo] *nm* attentat *m.*
atentamente [atentaménte] *adv* **1** *(con atención)* attentivement. **2** *(amablemente)* poliment. **3** *(en carta)* salutations distinguées.
atentar [27] [atentár].
• **atentar contra ALGN** commettre un attentat contre QQN.
• **atentar contra ALGO** attenter à QQCH.
atento,-ta [aténto,-ta] *adj* **1** *(pendiente)* attentif,-ive. **2** *(cortés)* attentionné,-e, prévenant,-e.

atenuante [atenwánte] *adj* atténuant,-e.
ateo,-a [atéo,-a] *adj - nm,f* athée.
aterrar [27] [ateřár] *vt* terrifier, effrayer.
aterrizar [4] [ateřiθár] *vi* atterrir.
aterrorizar [4] [ateřoriθár] *vt* terroriser.
atesorar [atesorár] *vt* amasser.
atestiguar [22] [atestiɣwár] *vt* attester, témoigner.
atiborrar [atiβořár] *vt* bourrer.
► *vpr* **atiborrarse** se bourrer, se gaver.
ático [átiko] *nm* dernier étage *m*.
atinar [atinár] *vi* **1** *(acertar)* trouver, deviner. **2** *(dar en el blanco)* viser juste.
• **atinar con ALGO** tomber sur QQCH.
atisbo [atizβo] *nm* indice *m*, soupçon *m*.
atizar [4] [atiθár] *vt* **1** *fam (pegar - golpe)* flanquer; *(- puntapié)* allonger. **2** *(fuego)* attiser.
atlántico,-ca [atlántiko,-ka] *adj* atlantique.
atlas [átlas] *nm* atlas *m*.
atleta [atléta] *nmf* athlète.
atlético,-ca [atlétiko,-ka] *adj* athlétique.
atletismo [atletizmo] *nm* athlétisme *m*.
atmósfera [atmósfera] *nf* atmosphère *f*.
atolladero [atoʎaðéro] *nm* impasse *f*.
• **salir del atolladero** se tirer d'affaire.
atolondrado,-da [atolondráðo,-ða] *adj* étourdi,-e.
atómico,-ca [atómiko,-ka] *adj* atomique.
átomo [átomo] *nm* atome *m*.
atónito,-ta [atónito,-ta] *adj* stupéfait,-e, abasourdi,-e.
átono,-na [átono,-na] *adj* atone.
atontar [atontár] *vt* **1** *(aturdir)* étourdir. **2** *(embrutecer)* hébéter, abrutir.
atormentar [atormentár] *vt* tourmenter.
► *vpr* **atormentarse** se tourmenter.
atornillar [atorniʎár] *vt* visser.
atosigar [7] [atosiɣár] *vt* harceler, importuner.
atracador,-ra [atrakaðór,-ra] *nm,f* voleur,-euse.
atracar [1] [atrakár] *vt (robar)* attaquer.
► *vi (barco)* accoster.
► *vpr* **atracarse** *(de comida)* se bourrer, se gaver.
atracción [atrakθjón] *nf* attraction *f*.
• **sentir atracción por ALGN** être attiré,-e par QQN.
atraco [atráko] *nm* hold-up *m inv*.
atracón [atrakón] *nm fam* gueuleton *m*.
• **darse un atracón** se goinfrer, se gaver.
atractivo,-va [atraktiβo,-βa] *adj* attirant,-e.
► *nm* **atractivo** attrait *m*.
atraer [atraér] *vt* attirer.
atragantarse [atraɣantárse] *vpr* s'étrangler.
atrancar [1] [atraŋkár] *vt* **1** *(puerta)* barrer. **2** *(conducto)* boucher, obstruer.
► *vpr* **atrancarse** se boucher, s'obstruer.
atrapar [atrapár] *vt* **1** *(coger)* attraper. **2** *fam (empleo, premio)* décrocher.
atrás [atrás] *adv* **1** *(posición)* derrière, arrière: ***la parte de atrás***, la partie arrière; ***vamos a sentarnos atrás***, nous allons nous asseoir derrière. **2** *(dirección)* (en) arrière: ***dio un salto atrás***, il a fait un saut en arrière. **3** *(tiempo)* avant: ***días atrás***, il y a quelques jours.
► *interj* **¡atrás!** arrière !
• **dejar atrás** laisser derrière.
• **echarse atrás** se dédire.
atrasado,-da [atrasáðo,-ða] *adj* **1** *(reloj)* qui retarde. **2** *(estudiante)* en retard. **3** *(país)* sous-développé,-e. **4** *(pago, ideas)* arriéré,-e.
atrasar [atrasár] *vt* **1** *(salida, reunión)* reporter. **2** *(reloj)* retarder.
► *vi (reloj)* retarder.
► *vpr* **atrasarse** **1** *(tren, persona)* arriver en retard. **2** *(quedarse atrás)* prendre du retard.
atraso [atráso] *nm* retard.
► *nm pl* **atrasos** arrières *m pl*.
atravesar [27] [atraβesár] *vt* **1** *(poner oblicuamente)* mettre en travers, mettre de travers. **2** *(traspasar)* traverser, passer à travers. **3** *(cruzar)* traverser. **4** *(momento, circunstancia)* traverser.
► *vpr* **atravesarse** *(interponerse - cosa)* se mettre en travers; *(- persona)* s'interposer.
• **atravesársele ALGN/ALGO a ALGN** ne pas pouvoir supporter QQN/QQCH.
atreverse [atreβérse] *vpr* oser.
atrevido,-da [atreβiðo,-ða] *adj* **1** *(valiente)* hardi,-e. **2** *(arriesgado, aventurado)* hasardeux,-euse. **3** *(indecoroso)* osé,-e.
► *nm,f (descarado)* insolent,-e.

atrevimiento [atreβimjénto] *nm* **1** *(osadía)* audace *f.* **2** *(insolencia)* insolence *f.*
atribuir [62] [atriβwír] *vt* attribuer.
atributo [atriβúto] *nm* attribut *m.*
atril [atríl] *nm* **1** *(para libro)* pupitre *m.* **2** *(de iglesia)* lutrin *m.*
atrocidad [atroθiðáð] *nf* **1** *(crueldad)* atrocité *f.* **2** *fam (disparate)* énormité *f.*
atrofia [atrófja] *nf* atrophie *f.*
atropellar [atropeʎár] *vt* renverser.
atropello [atropéʎo] *nm* **1** *(de vehículo)* accident *m.* **2** *(empujón)* bousculade *f.* **3** *(abuso)* outrage *m.*
atroz [atróθ] *adj* **1** *(muy cruel)* atroce. **2** *(horrible)* atroce, épouvantable. **3** *(muy grande)* énorme: ***tengo un hambre atroz***, je meurs de faim.
ATS [ateése] *abr (**ayudante técnico sanitario**)* infirmier,-ère.
atuendo [atwéndo] *nm* tenue *f.*
atún [atún] *nm* thon *m.*
aturdir [aturðír] *vt* étourdir, abasourdir.
audacia [auðáθja] *nf* audace *f.*
audaz [auðáθ] *adj* audacieux,-euse.
audición [auðiθjón] *nf* audition *f.*
audiencia [auðjénθja] *nf* **1** *(recepción, público)* audience *f.* **2** *(tribunal)* cour *f.*
audífono [auðífono] *nm* audiophone *m.*
audiolibro [auðjolíbro] *nm* livre *m* audio.
audiovisual [auðjoβiswál] *adj* audiovisuel,-elle.
auditivo,-va [auðitíβo,-βa] *adj* auditif,-ive.
auditorio [auðitórjo] *nm* **1** *(público)* auditoire *m.* **2** *(lugar)* auditorium *m.*
auge [áuχe] *nm* **1** *(momento)* apogée *m*: ***en el auge de su gloria***, à l'apogée de sa gloire. **2** *(esplendor)* essor *m*: ***en pleno auge***, en plein essor.
augurio [auɣúrjo] *nm* augure *m.*
aula [áula] *nf* salle *f* de classe.
■ **aula magna** grand amphithéâtre *m.*
aullar [auʎár] *vi* hurler.
aullido [auʎíðo] *nm* hurlement *m.*
aumentar [aumentár] *vt* - *vi* **1** *(gen)* augmenter. **2** *(lente)* grossir.
aumento [auménto] *nm* **1** *(gen)* augmentation *f.* **2** *(en óptica)* grossissement *m.*
aun [aun] *adv* même: ***aun enfermo, trabajaba***, bien qu'il soit malade, il travaillait.
• **aun así** et encore.
• **aun cuando** même si, quand bien même.
aún [aún] *adv* encore: ***aún no ha llegado***, il n'est pas encore arrivé.
aunque [áuŋke] *conj* **1** **aunque** + *indicativo (a pesar de que)* quoique, bien que + *subjonctif*: ***aunque es rico, no tiene coche***, bien qu'il soit riche, il n'a pas de voiture. **2** **aunque** + *subjuntivo (incluso)* même si + *indicatif*: ***llámame aunque sea tarde***, appelle-moi même s'il est tard.
aureola [aureóla] *nf* auréole *f.*
auricular [aurikulár] *adj* auriculaire.
► *nm (de teléfono)* écouteur *m.*
► *nm pl* **auriculares** casque *m.*
aurora [auróra] *nf* aurore *f.*
auscultar [auskultár] *vt* ausculter.
ausencia [ausénθja] *nf* absence *f.*
• **brillar por su ausencia** briller par son absence.
• **en ausencia de** en l'absence de.
ausente [ausénte] *adj* - *nmf* absent,-e.
austeridad [austeriðáð] *nf* austérité *f.*
austero,-ra [austéro,-ra] *adj* austère.
Australia [austrálja] *n pr* Australie *f.*
australiano,-na [australjáno,-na] *adj* australien,-enne.
► *nm,f* Australien,-enne.
Austria [áustrja] *n pr* Autriche *f.*
austríaco,-ca [austríako,-ka], **austriaco,-ca** [austriáko,-ka] *adj* autrichien,-enne.
► *nm,f* Autrichien,-enne.
autenticidad [autentiθiðáð] *nf* authenticité *f.*
auténtico,-ca [auténtiko,-ka] *adj* **1** *(genuino, cierto)* authentique. **2** *(perla, joya)* véritable, vrai,-e.
auto¹ [áuto] *nm* auto *f.*
■ **autos de choque** autos tamponneuses.
auto² [áuto] *nm* **1** DER arrêt *m.* **2** *(composición dramática)* mystère *m.*
autobiografía [autoβjoɣrafía] *nf* autobiographie *f.*
autobús [autoβús] *nm* autobus *m.*
autocar [autokár] *nm* autocar *m.*
autóctono,-na [autóktono,-na] *adj* - *nm,f* autochtone.

autodefensa [autoðefénsa] *nf* autodéfense *f.*
autodidacta [autoðiðákta] *adj - nmf* autodidacte.
autoedición [autoeðiθjón] *nf* INFORM publication *f* assistée par ordinateur, PAO *f.*
autoescuela [autoeskwéla] *nf* auto-école *f.*
autoestop [autoestóp], **autostop** [autostóp] *nm* auto-stop *m.*
autógrafo [autóɣrafo] *nm* autographe *m.*
autómata [autómata] *nm* automate *m.*
automático,-ca [automátiko,-ka] *adj* automatique.
automatismo [automatizmo] *nm* automatisme *m.*
automatización [automatiθaθjón] *nf* automatisation *f.*
automóvil [automóβil] *nm* automobile *f,* voiture *f.*
automovilismo [automoβilizmo] *nm* automobilisme *m.*
automovilista [automoβilista] *nmf* automobiliste.
autonomía [autonomía] *nf* autonomie *f.*
autonómico,-ca [autonómiko,-ka] *adj* autonome: ***gobierno autonómico***, gouvernement autonome.
autónomo,-ma [autónomo,-ma] *adj* **1** *(gen)* autonome. **2** *(trabajador)* à son compte; *(traductor, fotógrafo, etc)* free-lance.
► *nm,f (trabajador)* travailleur *m* indépendant; *(traductor, fotógrafo, etc)* free-lance.
autopista [autopista] *nf* autoroute *f.*
■ **autopista de la información** autoroute de l'information.
autopsia [autópsja] *nf* autopsie *f.*
autor,-ra [autór,-ra] *nm,f* auteur *m.*
autoridad [autoriðáð] *nf* autorité *f.*
autorización [autoriθaθjón] *nf* autorisation *f.*
autorizar [4] [autoriθár] *vt* autoriser.
autorretrato [autor̄etráto] *nm* autoportrait *m.*
autoservicio [autoserβiθjo] *nm* **1** *(restaurante)* self-service *m.* **2** *(tienda)* libre-service *m.*
autostop → autoestop.
autovía [autoβia] *nf* route *f* à quatre voies.
auxiliar[1] [auksiljár] *adj* auxiliaire.
► *nmf* **1** *(empleado)* employé,-e subalterne. **2** *(profesor)* assistant,-e.
■ **auxiliar administrativo,-va** employé,-e de bureau.
■ **auxiliar de vuelo** steward *m,* hôtesse *f* de l'air.
■ **auxiliar técnico sanitario,-ria** infirmier,-ère.
auxiliar[2] [14] [auksiljár] *vt* aider, porter secours.
auxilio [auksiljo] *nm* secours *m,* aide *f.*
► *interj* **¡auxilio!** au secours !
● **pedir auxilio** appeler au secours.
■ **primeros auxilios** premiers secours.
aval [aβál] *nm* aval *m,* garantie *f.*
avalancha [aβalántʃa] *nf* avalanche *f.*
avance [aβánθe] *nm* **1** *(movimiento)* avancement *m.* **2** *(progreso)* progrès *m.* **3** *(de dinero)* avance *f.* **4** *(en radio, televisión)* sélection *f.*
■ **avance informativo** flash *m* d'informations.
avanzar [4] [aβanθár] *vt - vi* avancer.
avaricia [aβariθja] *nf* avarice *f.*
avaro,-ra [aβáro,-ra] *adj - nm,f* avare.
avasallar [aβasaʎár] *vt* asservir, subjuguer.
ave [áβe] *nf* oiseau *m.*
■ **ave de corral** volaille *f.*
■ **ave de rapiña** oiseau de proie.
■ **ave rapaz** rapace *m.*
AVE [áβe] *abr (**alta velocidad española**)* TGV *m.*
avecinarse [aβeθinárse] *vpr* approcher, être imminent,-e.
avellana [aβeʎána] *nf* noisette *f.*
avena [aβéna] *nf* avoine *f.*
avenida [aβeniða] *nf* avenue *f.*
avenirse [90] [aβenirse] *vpr (personas)* s'entendre.
● **avenirse a** ALGO *(conformarse)* se résigner à QQCH, consentir à QQCH.
aventajado,-da [aβentaχáðo,-ða] *adj* remarquable.
aventura [aβentúra] *nf* **1** *(gen)* aventure *f.* **2** *(relación amorosa)* liaison *f.*

aventurero,-ra [aβenturéro,-ra] *adj* d'aventure.
► *nm,f* aventurier,-ère.
avergonzar [51] [aβeryonθár] *vt* faire honte.
► *vpr* **avergonzarse** avoir honte.
avería [aβería] *nf* panne *f*.
averiado,-da [aβarjáðo,-ða] *adj* en panne.
averiarse [aβerjárse] *vpr* tomber en panne.
averiguar [22] [aβeriywár] *vt* découvrir.
aversión [aβersjón] *nf* aversion *f*.
avestruz [aβestrúθ] *nm* autruche *f*.
aviación [aβjaθjón] *nf* aviation *f*.
aviador,-ra [aβjaðór,-ra] *nm,f* aviateur, -trice.
avidez [aβiðéθ] *nf* avidité *f*.
avión [aβjón] *nm* avion *m*.
▪ **avión a reacción** avion à réaction.
avioneta [aβjonéta] *nf* avion *m* de tourisme.
avisar [aβisár] *vt* **1** *(informar, advertir)* prévenir. **2** *(llamar)* appeler.
aviso [aβíso] *nm* **1** *(noticia, escrito)* avis *m*. **2** *(advertencia)* avertissement *m*.
• **estar sobre aviso** être sur ses gardes.
• **hasta nuevo aviso** jusqu'à nouvel ordre.
• **poner a ALGN sobre aviso** mettre QQN sur ses gardes.
• **sin previo aviso** sans préavis.
avispa [aβíspa] *nf* guêpe *f*.
avispero [aβispéro] *nm* guêpier *m*.
avistar [aβistár] *vt* apercevoir.
avivar [aβiβár] *vt* aviver.
axila [aksíla] *nf* aisselle *f*.
axioma [aksjóma] *nm* axiome *m*.
¡ay! [ai] *interj* **1** *(dolor)* aïe ! **2** *(aflicción)* hélas !
• **¡ay! de...** malheur à ... ***¡ay de mí!***, pauvre de moi !
ayer [ajér] *adv* hier: ***llegaron ayer***, ils sont arrivés hier.
► *nm* **el ayer** le passé.
• **antes de ayer** avant-hier.
• **ayer por la mañana** hier matin.
• **ayer por la noche** hier soir.
ayuda [ajúða] *nf* aide *f*.
• **con ayuda de** à l'aide de.
▪ **ayuda humanitaria** aide humanitaire.
ayudante [ajuðánte] *nmf* assistant,-e.
• **ayudante de dirección** assistant,-e du metteur en scène.
ayudar [ajuðár] *vt* aider.
► *vpr* **ayudarse** s'aider.
ayunar [ajunár] *vi* jeûner.
ayunas [ajúnas].
• **en ayunas** à jeun.
ayuno [ajúno] *nm* jeûne *m*.
ayuntamiento [ajuntamjénto] *nm* **1** *(institución)* municipalité *f*. **2** *(edificio)* hôtel *m* de ville, mairie *f*.
azabache [aθaβátʃe] *nm* jais *m*.
azada [aθáða] *nf* houe *f*.
azafata [aθafáta] *nf* **1** *(de congresos)* hôtesse *f*. **2** *(de vuelo)* hôtesse *f* de l'air.
azafrán [aθafrán] *nm* safran *m*.
azahar [aθaár] *nm* fleur *f* d'oranger.
azalea [aθaléa] *nf* azalée *f*.
azar [aθár] *nm* hasard *m*.
azotaina [aθotáina] *nf* raclée *f*.
azotar [aθotár] *vt* **1** *(con azote)* fouetter. **2** *(golpear)* frapper, battre.
azote [aθóte] *nm* **1** coup *m* de fouet. **2** *(calamidad)* fléau *m*: ***el azote de la droga***, le fléau de la drogue.
azotea [aθotéa] *nf* terrasse *f*.
• **estar mal de la azotea** *fam* avoir une araignée au plafond.
azúcar [aθúkar] *nm & nf* sucre *m*.
▪ **azúcar blanquilla** sucre raffiné.
▪ **azúcar cande** sucre candi.
▪ **azúcar moreno/negro** sucre *m* roux.
azucarado,-da [aθukaráðo,-ða] *adj* sucré,-e.
azucarera [aθukaréra] *nf* **1** *(vasija)* sucrier *m*. **2** *(fábrica)* sucrerie *f*.
azucarero [aθukaréro] *nm* sucrier *m*.
azucena [aθuθéna] *nf* lis *m*.
azufre [aθúfre] *nm* soufre *m*.
azul [aθúl] *adj* bleu,-e.
► *nm* bleu *m*.
▪ **azul celeste** bleu ciel.
▪ **azul marino** bleu marine.
azulejo [aθulexó] *nm* carreau *m* de faïence, azulejo *m*.

B

baba [báβa] *nf* bave *f*.

• **caérsele a uno la baba con ALGN** baver d'admiration devant QQN.

babear [baβeár] *vi* baver.

babero [baβéro] *nm* bavette *f*, bavoir *m*.

babi [báβi] *nm* tablier *m*.

babor [baβór] *nm* bâbord *m*.

babosa [baβósa] *nf* limace *f*.

baboso,-sa [baβóso,-sa] *adj* baveux, -euse.

babucha [baβútʃa] *nf* babouche *f*.

bacalao [bakaláo] *nm* **1** *(animal, salado)* morue *f*. **2** *(fresco)* cabillaud *m*.

• **cortar el bacalao** faire la pluie et le beau temps.

bache [bátʃe] *nm* **1** *(en una carretera)* nid *m* de poule. **2** *(en avión)* trou *m* d'air. **3** *(mal momento)* mauvaise passe *f*.

bachillerato [batʃiʎeráto] *nm* cycle *m* d'études secondaires.

bacteria [baktérja] *nf* bactérie *f*.

báculo [bákulo] *nm* crosse *f*.

badajo [baðáχo] *nm* *(de campana)* battant *m*.

bafle [báfle] *nm* baffle *m*.

¡bah! [ba] *interj* bah !

bahía [baia] *nf* baie *f*.

bailar [bailár] *vt* - *vi* danser.

► *vi (quedar grande)* jouer: ***le bailan los zapatos***, il nage dans ses chaussures.

• **otro que tal baila** les deux font la paire.

• **sacar a bailar** inviter à danser.

bailarín,-ina [bailarin,-ina] *nm,f* danseur,-euse.

baile [báile] *nm* **1** *(gen)* danse *f*. **2** *(fiesta)* bal *m*: ***baile de disfraces***, bal masqué.

baja [báχa] *nf* **1** *(de los precios)* baisse *f*. **2** *(de empleados)* arrêt *m* de travail. **3** *(de maternidad)* congé *m* maternité. **4** *(de militares)* perte *f*.

• **dar(se) de baja 1** *(por enfermedad)* se mettre en arrêt maladie. **2** *(despedir)* congédier, licencier.

• **estar de baja** être en arrêt maladie.

bajada [baχáða] *nf* **1** *(acción)* baisse *f*, descente *f*. **2** *(pendiente)* pente *f*.

▪ **bajada de bandera** *(taxi)* prise *f* en charge.

bajamar [baχamár] *nf* basse mer *f*.

bajar [baχár] *vt* **1** *(mover abajo, disminuir)* baisser, abaisser: ***baja la persiana, por favor***, baisse le store, s'il te plaît; ***bajar la cabeza***, baisser la tête; ***bajar el volumen***, baisser le volume. **2** *(escalera, de un lugar alto)* descendre: ***bajó un libro de la estantería***, il a descendu un livre de l'étagère. **3** INFORM télécharger.

► *vi* **1** *(ir de arriba abajo, apearse)* descendre. **2** *(disminuir - precio, temperatura)* baisser. **3** *(- inflamación)* dégonfler.

► *vpr* **bajarse 1** *(ir hacia abajo)* se baisser. **2** *(de un automóvil)* descendre.

bajeza [baχéθa] *nf* bassesse *f*.

bajo,-ja [báχo,-χa] *adj* **1** *(de poca altura)* bas, basse. **2** *(persona)* petit,-e. **3** *(sonido)* faible. **4** *(en posición inferior)* baissé,-e: ***con los ojos bajos***, les yeux baissés. **5** *(de mala calidad, inferior)* mauvais,-e.

► *adv* **bajo** bas: ***hablar bajo***, parler à voix basse.

► *prep* sous: ***bajo las estrellas***, sous les étoiles.

► *nm* **1** *(piso)* rez-de-chaussée *m inv*. **2** *(de prenda)* bas *m*. **3** MÚS *(instrumento)* basse *f*. **4** *(músico)* bassiste.

► *nm pl* **bajos** *(de edificio)* rez-de-chaussée *m inv*.

• **bajo pena de** sous peine de.

• **por lo bajo** *(en voz baja)* tout bas.

• **bajo cero** *(temperatura)* au-dessous de zéro.

bajón [baχón] *nm* chute *f*.

bala [bála] *nf* balle *f*.

• **como una bala** comme une flèche.

▪ **bala perdida 1** *(proyectil)* balle perdue. **2** *(persona)* hurluberlu *m*.

balada [baláða] *nf* ballade *f*.

baladí [balaðí] *adj* futile.

balance [balánθe] *nm* **1** *(gen)* bilan *m*. **2** *(resultado)* résultat *m*.

balancear [balanθeár] *vt* balancer, compenser.

► *vpr* **balancearse** se balancer.

balancín [balanθín] *nm (mecedora)* rocking-chair *m*.

balanza [balánθa] *nf* balance *f*.

balar [balár] *vi* bêler.

balazo [baláθo] *nm* **1** *(herida)* blessure *f* de balle. **2** *(disparo)* coup *m* de feu, balle *f*.

balbucear [balβuθeár] *vt - vi* balbutier.

balcón [balkón] *nm* balcon *m*.

balda [bálda] *nf* étagère *f*.

baldado,-da [baldáðo,-ða] *adj* **1** *(inválido)* impotent,-e. **2** *fam (cansado)* flapi,-e.

balde [bálde] *nm* seau *m*.

• **de balde** gratis.

• **en balde** en vain.

baldío,-día [baldío,-día] *adj* **1** *(terreno)* vague, inculte. **2** *(inútil)* vain, vaine.

baldosa [baldósa] *nf* **1** carreau *m*. **2** *(de tamaño mayor)* dalle *f*.

balido [balíðo] *nm* bêlement *m*.

balística [balístika] *nf* balistique *f*.

baliza [balíθa] *nf* balise *f*.

ballena [baʎéna] *nf* baleine *f*.

ballesta [baʎésta] *nf* **1** *(arma)* arbalète *f*. **2** *(de coche)* ressort *m* à lames.

ballet [baʎét] *nm* ballet *m*.

balneario [balneárjo] *nm* station *f* balnéaire.

balón [balón] *nm* ballon *m*.

• **echar balones fuera** répondre de façon évasive.

baloncesto [balonθésto] *nm* basket (-ball) *m*.

balonmano [balonmáno] *nm* handball *m*.

balonvolea [balomboléa] *nm* volley-ball *m*.

balsa [bálsa] *nf* **1** *(charca)* mare *f*. **2** *(embarcación)* radeau *m*. **3** *(para pasar un río)* bac *m*.

• **ser una balsa de aceite** être d'un calme plat.

bálsamo [bálsamo] *nm* baume *m*.

bambú [bambú] *nm* (*pl* **bambús** o **bambúes**) bambou *m*.

banana [banána] *nf* banane *f*.

banca [báŋka] *nf* **1** *(asiento)* banc *m*, banquette *f*. **2** *(comercio, juego)* banque *f*.

▪ **banca telefónica** télébanque *f*.

bancario,-ria [baŋkárjo,-rja] *adj* bancaire.

bancarrota [baŋkar̄óta] *nf* faillite *f*.

banco [báŋko] *nm* **1** *(asiento)* banc *m*. **2** *(establecimiento)* banque *f*. **3** *(de carpintero)* établi *m*.

▪ **banco de arena** banc de sable.

▪ **banco de datos** banque de données.

▪ **banco de peces** banc de poissons.

▪ **banco de pruebas** banc d'essai.

▪ **banco de sangre** banque du sang.

banda [bánda] *nf* **1** *(gen)* bande *f*. **2** *(condecoración)* écharpe *f*. **3** *(lado)* côté *m*; *(orilla)* rive *f*. **4** *(en fútbol)* ligne *f* de touche. **5** *(conjunto de músicos)* fanfare *f*.

• **cerrarse en banda** ne rien vouloir entendre.

▪ **banda ancha** haut débit *m*.

▪ **banda transportadora** tapis *m* roulant.

bandada [bandáða] *nf* volée *f*.

bandazo [bandáθo] *nm* embardée *f*.

bandeja [bandéχa] *nf* plateau *m*.

▪ **bandeja de entrada** INFORM boîte *f* de réception.

▪ **bandeja de salida** INFORM boîte *f* d'envoi.

bandera [bandéra] *nf* **1** drapeau *m*. **2** *(de una asociación)* bannière *f*. **3** *(de un barco)* pavillon *m*.

• **de bandera** du tonnerre.

banderillero [banderiʎéro] *nm* banderillero *m*.

bandido,-da [bandíðo,-ða] *nm* bandit *m*.

bando [bándo] *nm* **1** *(de la autoridad)* ban *m.* **2** *(grupo de personas)* parti *m*, faction *f.*
bandolera [bandoléra] *nf* bandoulière *f.*
banquero,-ra [baŋkéro,-ra] *nm,f* banquier,-ère.
banqueta [baŋkéta] *nf* banquette *f.*
banquete [baŋkéte] *nm* banquet *m.*
▪ **banquete de boda** repas *m* de noce.
banquillo [baŋkiʎo] *nm* **1** *(en el tribunal)* banc *m* des accusés. **2** *(en deporte)* banc *m.*
bañador [baɲaðór] *nm* maillot *m* de bain.
bañar [baɲár] *vt* **1** *(gen)* baigner. **2** *fig (mojar)* tremper. **3** *(con azúcar, salsa)* enrober, couvrir.
▸ *vpr* **bañarse** se baigner.
bañera [baɲéra] *nf* baignoire *f.*
bañista [baɲista] *nmf* baigneur,-euse.
baño [báɲo] *nm* **1** *(acción)* baignade *f*, bain *m*: ***darse un baño***, se baigner. **2** *(sanitario)* baignoire *f.* **3** *(lugar)* salle *f* de bains: ***ir al baño***, aller aux toilettes. **4** *(capa)* couche *f.*
▸ *nm pl* **baños** eaux *f pl.*
▪ **baño María** bain-marie *m.*
baobab [baoβáβ] *nm* baobab *m.*
bar [bar] *nm* bar *m.*
baraja [baráχa] *nf* jeu *m* de cartes.
• **jugar con dos barajas** jouer double jeu.
barajar [baraχár] *vt* **1** *(los naipes)* battre. **2** *(posibilidades)* envisager.
baranda [baránda] *nf* **1** *(de escalera)* rampe *f.* **2** *(balaustrada)* balustrade *f.*
barandilla [barandiʎa] *nf* **1** *(de balcón)* balustrade *f.* **2** *(de escalera)* rampe *f.* **3** *(de puente)* garde-fou *m.*
baratija [baratiχa] *nf* **1** *(cosa sin valor)* babiole *f.* **2** *(joya sin valor)* camelote *f.*
barato,-ta [baráto,-ta] *adj* pas cher,-ère, bon marché: ***más barato***, moins cher.
▸ *adv* **barato** bon marché: ***salir barato***, revenir à bon prix.
barba [bárβa] *nf* **1** *(pelo)* barbe *f.* **2** *(parte de la cara)* menton *m.*
• **dejarse barba** se laisser pousser la barbe.
• **por barba** par tête.
▪ **barba cerrada** barbe fournie.
barbacoa [barβakóa] *nf* barbecue *m.*
barbaridad [barβariðáð] *nf* **1** *(dicho, hecho)* bêtise *f*: ***decir barbaridades***, dire des bêtises; **2** *(gran cantidad)* beaucoup.
barbarie [barβárje] *nf* barbarie *f.*
bárbaro,-ra [bárβaro,-ra] *adj* **1** *(gen)* barbare. **2** *fam (muy bien)* formidable: ***me lo pasé bárbaro***, je me suis bien amusé. **3** *fig (para intensificar)* terrible, énorme: ***hacía un calor bárbaro***, il faisait une chaleur terrible.
barbecho [barβétʃo] *nm* jachère *f.*
barbería [barβeria] *nf* salon *m* de coiffure (pour hommes).
barbilla [barβiʎa] *nf* menton *m.*
barbitúrico [barβitúriko] *nm* barbiturique *m.*
barbudo,-da [barβúðo,-ða] *adj* barbu,-e.
barca [bárka] *nf* barque *f.*
barcaza [barkáθa] *nf* péniche *f.*
barco [bárko] *nm* bateau *m.*
▪ **barco de vapor** bateau à vapeur.
▪ **barco de vela** bateau à voiles.
▪ **barco mercante** cargo *m.*
baremo [barémo] *nm* barème *m.*
barítono [barítono] *nm* MÚS baryton *m.*
barniz [barniθ] *nm* vernis *m.*
barnizar [4] [barniθár] *vt* **1** *(madera)* vernir. **2** *(loza)* vernisser.
barómetro [barómetro] *nm* baromètre *m.*
barón,-onesa [barón,-onésa] *nm* baron, -onne.
barquero,-ra [barkéro,-ra] *nm,f* passeur, -euse.
barquillo [barkiʎo] *nm* gaufre *f.*
barra [bářa] *nf* **1** *(de madera, de metal)* barre *f.* **2** *(de oro)* lingot *m.* **3** *(de lacre, de carmín)* bâton *m.* **4** *(de bar)* comptoir *m.* **5** *(de pan)* baguette *f.*
▪ **barra de herramientas** INFORM barre d'outils.
▪ **barra de labios** rouge *m* à lèvres.
▪ **barra fija** DEP barre fixe.
▪ **barra libre** boissons à volonté.
▪ **barras asimétricas** DEP barres asymétriques.
▪ **barras paralelas** DEP barres parallèles.
barraca [bařáka] *nf* **1** *(chabola)* baraque *f.* **2** *(de feria)* stand *m.*
barranco [bařáŋko] *nf* ravin *m.*
barrendero,-ra [bařendéro,-ra] *nm,f* balayeur,-euse.
barrer [bařér] *vt* balayer.

barrera [bar̄éra] *nf* barrière *f*.

▪ **barrera del sonido** mur *m* du son.

barriada [bar̄jáða] *nf* quartier *m*.

barricada [bar̄ikáða] *nf* barricade *f*.

barriga [bar̄íγa] *nf (vientre)* ventre *m*; *(panza)* panse *f*.

barril [bar̄íl] *nm* baril *m*.

barrio [bár̄jo] *nm* quartier *m*.

• **irse al otro barrio** casser sa pipe.

▪ **barrio chino** quartier chaud.

▪ **barrio residencial** quartier résidentiel.

▪ **barrios bajos** bas-fonds *m pl*.

barrizal [bar̄iθál] *nm* bourbier *m*.

barro [bár̄o] *nm* **1** *(lodo)* boue *f*. **2** *(arcilla)* glaise *f*.

barroco,-ca [bar̄óko,-ka] *adj* baroque.

barrote [bar̄óte] *nm* barreau *m*.

bartola [bartóla].

• **a la bartola** *fam* sans souci ***tumbarse a la bartola***, se la couler douce.

bártulos [bártulos] *nm pl* affaires *f pl*.

• **liar los bártulos** plier bagage.

barullo [barúʎo] *nm* **1** *(agitación)* tohu-bohu *m*; *(ruido)* raffut *m*. **2** *(muchedumbre)* cohue *f*.

basar [basár] *vt* baser.

► *vpr* **basarse en** se fonder sur.

báscula [báskula] *nf* bascule *f*.

base [báse] *nf* base *f*.

► *adj* de base.

• **a base de** à base de ***lo consiguió a base de trabajo***, il y est arrivé en travaillant.

• **a base de bien** tout ce qu'il y a de mieux.

• **sentar las bases de** jeter les bases de.

▪ **base de datos** INFORM base de données.

▪ **base espacial** base spatiale.

▪ **base imponible** revenu *m* imposable.

básico,-ca [básiko,-ka] *adj* **1** *(fundamental)* de base, basique. **2** *(imprescindible)* essentiel. **3** QUÍM basique.

basílica [basílika] *nf* basilique *f*.

¡basta! [básta] *interj* assez !, ça suffit !: ***¡basta ya!***, en voilà assez !; ***¡basta de tonterías!***, trêve de bêtises !

bastante [bastánte] *adj* **1** *(suficiente)* suffisant,-e: ***esto no es bastante***, cela n'est pas suffisant. **2** *(abundante)* assez de: ***vinieron bastantes amigos***, pas mal d'amis sont venus.

► *adv* assez.

bastar [bastár] *vi* suffire.

► *vpr* **bastarse** se suffire à soi-même.

bastardo,-da [bastárðo,-ða] *adj* **1** *(ilegítimo)* bâtard,-e. **2** *pey (despreciable)* infâme.

► *nm,f* bâtard,-e.

bastidor [bastiðór] *nm* **1** *(gen)* châssis *m*. **2** *(para bordar)* métier *m*.

► *nm pl* **bastidores** *(en el teatro)* coulisses *f pl*.

• **entre bastidores** dans les coulisses.

basto,-ta [básto,-ta] *adj* grossier,-ère.

► *nm pl* **bastos** *une des couleurs des cartes espagnoles*.

bastón [bastón] *nm* **1** *(para andar)* canne *f*. **2** *(insignia, de esquí)* bâton *m*.

basura [basúra] *nf* ordures *f pl*.

basurero [basuréro] *nm* **1** *(persona)* éboueur *m*, boueux *m*. **2** *(lugar)* décharge *f*.

bata [báta] *nf* **1** *(de casa)* robe *f* de chambre. **2** *(de colegial)* tablier *m*. **3** *(de trabajo)* blouse *f*.

batacazo [batakáθo].

• **darse/pegarse un batacazo** se casser la tête.

batalla [batáʎa] *nf* bataille *f*.

• **de batalla** de tous les jours.

▪ **batalla campal** bataille rangée.

batallón [bataʎón] *nm* bataillon *m*.

batata [batáta] *nf* patate *f* douce.

bate [báte] *nm* batte *f*.

batería [batería] *nf* batterie *f*.

► *nmf* batteur,-euse.

• **en batería** en épi.

batiburrillo [batiβur̄íʎo] *nm* méli-mélo *m*.

batida [batíða] *nf* **1** *(para caza)* battue *f*. **2** *(de la policía)* rafle *f*.

batido,-da [batíðo,-ða] *adj* **1** *(camino, huevos)* battu,-e. **2** *(nata)* fouetté,-e.

► *nm* **batido** *(bebida)* milk-shake *m*.

batidora [batiðóra] *nf* **1** *(manual)* batteur *m*, fouet *m*. **2** *(eléctrica)* mixer *m*.

batín [batín] *nm* veste *f* d'intérieur.

batir [batír] *vt* **1** *(gen)* battre: **2** *(nata)* fouetter. **3** *(terreno)* reconnaître.

► *vi (viento, lluvia)* battre.

► *vpr* **batirse** se battre.

batuta [batúta] *nf* baguette *f* de chef d'orchestre.
• **llevar la batuta 1** diriger l'orchestre. **2** *fig* mener la danse.
baúl [baúl] *nm* malle *f*.
bautismo [baʊtizmo] *nm* baptême *m*.
bautizar [4] [baʊtiθár] *vt* baptiser.
bautizo [baʊtiθo] *nm* baptême *m*.
baya [bája] *nf* baie *f*.
bayeta [bajéta] *nf* **1** *(trapo)* chiffon *m*. **2** *(para secar)* torchon *m*.
bayoneta [bajonéta] *nf* baïonnette *f*.
baza [báθa] *nf* **1** *(en el juego de naipes)* pli *m*. **2** *(ocasión)* atout *m*.
• **meter baza** mettre son grain de sel.
bazar [baθár] *nm* bazar *m*.
bazo [báθo] *nm* rate *f*.
bazofia [baθófja] *nf* **1** *fam (cosa mala)* cochonnerie *f*. **2** *fam (comida mala)* mauvais repas *m*.
bebé [beβé] *nm* bébé *m*.
beber [beβér] *vt - vi* **1** *(líquido)* boire. **2** *fig (conocimientos)* puiser.
► *vpr* **beberse** *fam* boire: ***se bebió tres cervezas una tras otra***, il a bu trois bières l'une après l'autre.
• **beber a la salud de ALGN** boire à la santé de QQN.
• **beber los vientos por ALGN** être fou, folle de QQN.
bebida [beβiða] *nf* boisson *f*.
• **darse a la bebida** s'adonner à la boisson.
bebido,-da [beβiðo,-ða] *adj* gris,-e.
beca [béka] *nf* bourse *f*.
becerro [beθéro] *nm* veau *m*.
bechamel → besamel.
beige, beis [beis] *adj - nm* beige.
béisbol [béizβol] *nm* base-ball *m*.
belén [belén] *nm* crèche *f*.
belga [bélɣa] *adj* belge.
► *nmf* Belge.
Bélgica [bélχika] *n pr* Belgique *f*.
bélico,-ca [béliko,-ka] *adj* de guerre.
beligerante [beliχerànte] *adj - nmf* belligérant,-e.
belleza [beʎéθa] *nf* beauté *f*.
bello,-lla [béʎo,-ʎa] *adj* beau, belle.
▪ **bellas artes** beaux-arts *m pl*.
bellota [beʎóta] *nf* gland *m*.
bemol [bemól] *adj - nm* MÚS bémol *m*.
bendecir [79] [bendeθir] *vt* bénir.
bendición [bendiθjón] *nf* bénédiction *f*.
bendito,-ta [bendito,-ta] *adj* béni,-e, bénit,-e: ***agua bendita***, eau bénite; ***¡bendito sea Dios!***, Dieu soit loué !
• **dormir como un bendito** dormir comme une souche.
• **ser un bendito** être simple d'esprit.
beneficencia [benefiθénθja] *nf* bienfaisance *f*.
▪ **beneficencia pública** assistance *f* publique.
beneficiar [12] [benefiθjár] *vt* faire du bien: ***lo que dijo no te beneficia nada***, ce qu'il a dit ne t'est d'aucune aide.
► *vpr* **beneficiarse** bénéficier (**de**, de).
beneficio [benefiθjo] *nm* **1** *(ganancia)* bénéfice *m*. **2** *(bien)* bienfait *m*.
• **a beneficio de** au profit de.
• **en beneficio de** au profit de.
beneficioso,-sa [benefiθjóso,-sa] *adj* bienfaisant,-e.
benéfico,-ca [benéfiko,-ka] *adj* bienfaisant,-e.
benévolo,-la [benéβolo,-la] *adj (indulgente)* bienveillant,-e.
bengala [beŋgála] *nf* **1** *(de fiesta)* feu *m* de Bengale. **2** *(para hacer señales)* fusée *f* éclairante.
benigno,-na [beniɣno,-na] *adj* **1** *(tumor, enfermedad)* bénin, -igne. **2** *(clima)* doux, douce.
benjamín,-ina [beŋχamin,-ina] *nm,f* benjamin,-e.
berberecho [berβerétʃo] *nm* coque *f*.
berenjena [bereŋχéna] *nf* aubergine *f*.
Berlín [berlin] *n pr* Berlin.
berlina [berlina] *nf* berline *f*.
bermellón [bermeʎón] *nm* vermillon *m*.
bermudas [bermúðas] *nf pl* bermuda *m sing*.
berrear [beřeár] *vi* **1** *(becerro)* beugler. **2** *(niño)* brailler.
berrinche [beřintʃe] *nm fam* accès *m* de colère.
• **coger un berrinche** piquer une colère.
berro [béřo] *nm* cresson *m*.
berza [bérθa] *nf* chou *m*.
besamel [besamél], **bechamel** [betʃamél] *nf* béchamel *f*.

besar [besár] *vt* embrasser.
► *vpr* **besarse** s'embrasser.
beso [béso] *nm* baiser *m*.
• **comer(se) a besos** couvrir de baisers.
• **dar un beso** embrasser.
▪ **beso de tornillo** *fam* patin *m*.
bestia [béstja] *nf (animal)* bête *f*.
► *adj* - *nmf (persona)* brute *f*.
▪ **bestia de carga** bête de somme.
▪ **bestia negra** bête noire.
bestial [bestjál] *adj* **1** *(brutal)* bestial,-e. **2** *fam (enorme)* énorme. **3** *fam (extraordinario)* génial.
bestialidad [bestjaliðáð] *nf* **1** *(brutalidad)* bestialité *f*. **2** *(tontería)* bêtise *f*.
• **una bestialidad de** *fam* des tas *m pl*.
besugo [besúɣo] *nm* **1** *(pez)* pagre *m*, daurade *f*. **2** *(persona)* andouille *f*.
▪ **diálogo de besugos** conversation *f* sans queue ni tête.
besuquear [besukeár] *vt* bécoter.
betún [betún] *nm (para el calzado)* cirage *m*.
biberón [biβerón] *nm* biberon *m*.
Biblia [bíβlja] *nf* Bible *f*.
bíblico,-ca [bíβliko,-ka] *adj* biblique.
bibliografía [biβljoɣrafía] *nf* bibliographie *f*.
biblioteca [biβljotéka] *nf* bibliothèque *f*.
bibliotecario,-ria [biβljotekárjo,-rja] *nm,f* bibliothécaire.
bicarbonato [bikarβonáto] *nm* bicarbonate *m*.
bíceps [bíθeps] *nm* biceps *m*.
bicho [bítʃo] *nm* bête *f*, bestiole *f*.
• **todo bicho viviente** *fam* tout le monde.
bici [bíθi] *nf* vélo *m*.
bicicleta [biθikléta] *nf* bicyclette *f*, vélo *m*.
▪ **bicicleta de montaña** VTT *m*.
▪ **bicicleta estática** vélo d'appartement.
bicoca [bikóka] *nf (ganga)* occasion *f*.
bicolor [bikolór] *adj* bicolore.
bidé [biðé] *nm* bidet *m*.
bidón [biðón] *nm* bidon *m*.
bien [bjen] *adv* **1** *(gen)* bien. **2** *(agradablemente)* bon: ***saber bien, oler bien***, avoir bon goût, sentir bon.
► *conj* soit: ***bien por la mañana, bien por la tarde***, soit le matin, soit l'après-midi.
► *adj inv* bien: ***la gente bien***, les gens bien.
► *nm* bien *m*.
► *nm pl* **bienes** biens *m pl*.
• **ahora bien** or.
• **bien... bien** soit ... soit.
• **bien que** bien que.
• **estar bien 1** *(de salud)* se porter bien. **2** *(de gusto, olor, aspecto)* être bien. **3** *(ser suficiente)* suffire.
• **más bien** plutôt.
• **salir bien** réussir.
• **si bien** bien que.
• **tener a bien** vouloir bien.
• **¡ya esta bien!** ça suffit !
▪ **bienes de consumo** biens de consommation.
▪ **bienes gananciales** acquêts *m pl*.
▪ **bienes inmuebles** biens immobiliers.
bienal [bjenál] *adj* - *nf* biennal,-e.
bienaventurado,-da [bjenaβenturáðo,-ða] *adj* - *nm,f* bienheureux,-euse.
bienestar [bjenestár] *nm* bien-être *m*.
bienio [bjénjo] *nm* période *f* de deux ans.
bienvenida [bjembeníða] *nf* bienvenue *f*.
• **dar la bienvenida** souhaiter la bienvenue.
bifurcación [bifurkaθjón] *nf* bifurcation *f*.
bigamia [biɣámja] *nf* bigamie *f*.
bigote [biɣóte] *nm* moustache *f*.
• **de bigotes** *fam* terrible, formidable.
bikini®, biquini® [bikíni] *nm* bikini® *m*, deux-pièces *m*.
bilateral [bilaterál] *adj* bilatéral,-e.
bilingüe [bilíŋgwe] *adj* bilingue.
bilingüismo [biliŋgwízmo] *nm* bilinguisme *m*.
bilis [bílis] *nf* bile *f*.
billar [biʎár] *nm* billard *m*.
billete [biʎéte] *nm* billet *m*.
• **"No hay billetes"** « Complet ».
• **sacar un billete** prendre un billet.
▪ **billete de ida** aller *m* simple.
▪ **billete de ida y vuelta** aller *m* (et) retour.
billetero [biʎetéro] *nm* portefeuille *m*.
billón [biʎón] *nm* billion *m*.
bimensual [bimenswál] *adj* bimensuel,-elle.

bimestral [bimestrál] *adj* bimestriel,-elle.
binario,-ria [binárjo,-rja] *adj* binaire.
bingo [biŋgo] *nm* **1** *(juego)* bingo *m*. **2** *(sala)* salle *f* de bingo.
binomio [binómjo] *nm* binôme *m*.
biocarburante [bjokarβuránte] *nm* biocarburant *m*.
biodegradable [bjoðeɣraðáβle] *adj* biodégradable.
biografía [bjoɣrafía] *nf* biographie *f*.
biología [bjoloχía] *nf* biologie *f*.
biológico,-ca [bjolóχiko,-ka] *adj* biologique.
biombo [bjómbo] *nm* paravent *m*.
bioquímica [bjokímika] *nf* biochimie *f*.
biquini® → bikini®.
birlar [birlár] *vt fam* faucher.
birlibirloque [birliβirlóke].
• **por arte de birlibirloque** comme par enchantement.
birrete [bir̄éte] *nm* **1** *(de magistrado, etc)* toque *f*. **2** *(de eclesiástico)* barrette *f*. **3** *(de catedrático)* bonnet *m*.
birria [bír̄ja] *nf fam* horreur *f*.
bis [bis] *adv* bis.
► *nm* bis *m*.
bisabuelo,-la [bisaβwélo,-la] *nm,f* arrière-grand-père *m*, arrière-grand-mère *f*.
bisagra [bisáɣra] *nf* charnière *f*.
bisexual [bisekswál] *adj* bisexuel,-elle.
bisiesto [bisjésto] *adj* bissextile.
bisílabo,-ba [bisílaβo,-βa] *adj* dissyllabique.
bisnieto,-ta [biznjéto,-ta] *nm,f* arrière-petit-fils *m*, arrière-petite-fille *f*.
bisonte [bisónte] *nm* bison *m*.
bisté [bisté], **bistec** [bisték] *nm* bifteck *m*.
bisturí [bisturí] *nm* bistouri *m*.
bisutería [bisutería] *nf* bijoux *m pl* fantaisie.
bit [bit] *nm* INFORM bit *m*.
bizco,-ca [bíθko,-ka] *adj* louche.
► *nm,f* loucheur,-euse.
bizcocho [biθkótʃo] *nm* biscuit *m*.
▪ **bizcocho borracho** baba *m* (au rhum).
blanca [bláŋka] *nf* MÚS blanche *f*.
• **estar o quedarse sin blanca** être sans un rond.
blanco,-ca [bláŋko,-ka] *adj* blanc, blanche.
► *nm,f (de raza blanca)* Blanc, Blanche.
► *nm* **blanco** **1** *(color)* blanc *m*. **2** *fig (fin, objeto)* cible *f*.
• **dar en el blanco** viser juste.
• **quedarse en blanco** avoir un trou de mémoire.
blancura [blaŋkúra] *nf* blancheur *f*.
blandir [blandír] *vt* brandir.
blando,-da [blándo,-ða] *adj* **1** *(gen)* mou, molle. **2** *(de carácter)* mou, molle; *(cobarde)* lâche.
blanquear [blaŋkeár] *vt* blanchir.
blasfemar [blasfemár] *vi* blasphémer.
blasfemia [blasfémja] *nf* blasphème *m*.
blasón [blasón] *nm* **1** *(gen)* blason *m*. **2** *fig* honneur *m*.
bledo [bléðo].
• **me importa un bledo** *fam* je m'en moque comme de l'an quarante.
blindado,-da [blindáðo,-ða] *adj* blindé,-e.
blindar [blindár] *vt* blinder.
bloc [blok] *nm* bloc-notes *m*.
blog [blog] *nm* INFORM blog *m*.
bloguero,-ra [bloɣéro,-ra] *nm,f* INFORM blogueur,-euse *m,f*.
bloque [blóke] *nm* bloc *m*.
▪ **bloque de pisos** immeuble *m*.
bloquear [blokeár] *vt* **1** *(gen)* bloquer. **2** *(cuenta)* geler.
► *vpr* **bloquearse** se bloquer.
bloqueo [blokéo] *nm* **1** *(de un país)* blocus *m*. **2** *(de créditos, cuentas, etc)* blocage *m*.
blusa [blúsa] *nf* chemisier *m*.
boa [bóa] *nf* boa *m*.
bobada [boβáða] *nf* bêtise *f*.
bobina [boβína] *nf* bobine *f*.
bobo,-ba [bóβo,-βa] *adj - nm,f* sot, sotte, idiot,-e: ***hacer el bobo***, faire l'idiot.
boca [bóka] *nf* **1** *(gen)* bouche *f*. **2** *(de los carnívoros, de horno, de cañón)* gueule *f*. **3** *(de crustáceo)* pince *f*.
• **andar en boca de todos** être sur toutes les lèvres.
• **a boca de jarro** **1** *(cerca)* à bout portant. **2** *(bruscamente)* à brûle-pourpoint.
• **a pedir de boca** à souhait.
• **boca abajo** à plat ventre.
• **boca arriba** sur le dos.
• **no decir esta boca es mía** ne pas ouvrir la bouche.

• **se me hace la boca agua** j'en ai l'eau à la bouche.
• **meterse en la boca del lobo** se jeter dans la gueule du loup.
▪ **boca a boca 1** (*método de resucitación*) bouche-à-bouche *m*. **2** (*manera de saber de algo*) bouche à oreille *m*.
▪ **boca del estómago** creux *m* de l'estomac.
▪ **boca de metro** bouche de métro.
▪ **boca de riego** prise *f* d'eau.
bocabajo → boca abajo.
bocacalle [bokakáʎe] *nf* rue *f*.
bocadillo [bokaðiʎo] *nm* **1** *(de comer)* sandwich *m*. **2** *(de cómic)* bulle *f*.
bocado [bokáðo] *nm* **1** *(de comida)* bouchée *f*. **2** *(mordisco)* coup *m* de dent.
• **no probar bocado** ne rien avaler.
bocanada [bokanáða] *nf (de líquido)* gorgée *f*; *(de aire)* bouffée *f*.
bocata® [bokáta] *nm fam* sandwich *m*.
bocazas [bokáθas] *nm fam* grande gueule *f*.
boceto [boθéto] *nm* ébauche *f*, esquisse *f*.
bochorno [botʃórno] *nm* **1** *(clima)* chaleur *f* lourde. **2** *(viento)* vent *m* chaud. **3** *fig (vergüenza)* honte *f*.
bocina [boθína] *nf* **1** *(de coche)* klaxon *m*. **2** MÚS corne *f*, trompe *f*.
bocio [bóθjo] *nm* goitre *m*.
boda [bóða] *nf* **1** *(ceremonia)* mariage *m*. **2** *(fiesta)* noce *f*.
bodega [boðéɣa] *nf* **1** *(de un edificio)* cave *f*. **2** *(de un barco)* cale *f*. **3** *(de un avión)* soute *f*. **4** *(de vinos)* cave *f*. **5** *(tienda)* bar *m* à vin.
bodegón [boðeɣón] *nm* nature *f* morte.
bodeguero,-ra [boðeɣéro,-ra] *nm,f* propriétaire d'une cave.
bodrio [bóðrjo] *nm fam* ratatouille *f*.
bofetada [bofetáða] *nf* **1** *(golpe)* gifle *f*. **2** *(desaire)* affront *m*.
boga [bóɣa].
• **estar en boga** être en vogue.
bogar [7] [boɣár] *vi* ramer.
bohemio,-mia [boémjo,-mja] *adj - nm,f (de vida desordenada)* bohème.
boicot [bojkót] *nm* boycott *m*.
boicotear [bojkoteár] *vt* boycotter.
boina [bóina] *nf* béret *m*.
bol [bol] *nm* bol *m*.
bola [bóla] *nf* **1** *(cuerpo esférico)* boule *f*. **2** *(canica)* bille *f*. **3** *(embuste)* bobard *m*.
• **a su bola** *fam* à son idée ***no hace caso a nadie, va a su bola***, il ne tient compte de l'avis de personne, il n'en fait qu'à sa tête.
• **en bolas** à poil.
▪ **bola de partido** balle *f* de match.
bolera [boléra] *nf* bowling *m*.
bolero [boléro] *nm (baile, chaquetilla)* boléro *m*.
boletín [boletín] *nm* bulletin *m*.
▪ **boletín de suscripción** bulletin d'abonnement.
▪ **boletín de prensa** communiqué *m* de presse.
boleto [boléto] *nm* **1** *(de lotería)* billet *m*. **2** *(de quinielas)* bulletin *m*.
boli [bóli] *nm fam* stylo *m*.
bólido [bóliðo] *nm* bolide *m*.
bolígrafo [bolíɣrafo] *nm* stylo *m* à bille.
Bolivia [bolíβja] *n pr* Bolivie *f*.
boliviano,-na [boliβjáno,-na] *adj* bolivien,-enne.
► *nm,f* Bolivien,-enne.
bollo [bóʎo] *nm* **1** *(pan - redondo)* brioche *f*; *(- alargado)* pain *m* au lait. **2** *(bulto)* bosse *f*.
bolo [bólo] *nm* quille *f*.
► *nm pl* **bolos** quilles *f pl*.
bolsa [bólsa] *nf* **1** *(objeto)* sac *m*: ***bolsa de papel/de plástico***, sac en papier/en plastique. **2** *(en los ojos)* poche *f*. **3 Bolsa** ECON Bourse *f*.
▪ **bolsa de basura** sac-poubelle *m*.
▪ **bolsa de trabajo** bourse du travail.
▪ **bolsa de viaje** sac de voyage.
bolsillo [bolsíʎo] *nm* poche *f*.
• **meterse a ALGN en el bolsillo** mettre QQN dans sa poche.
bolso [bólso] *nm* sac *m* à main.
bomba [bómba] *nf* **1** *(proyectil, artefacto explosivo)* bombe *f*. **2** *(máquina)* pompe *f*.
• **a prueba de bomba** à l'épreuve des bombes.
• **pasarlo bomba** s'amuser comme un fou.
▪ **bomba de mano** grenade *f*.
▪ **bomba fétida** boule *f* puante.

bombardear [bombarðeár] *vt* bombarder.
bombardeo [bombarðéo] *nm* bombardement.
bombear [bombeár] *vt* pomper.
bombero,-ra [bombéro] *nm* pompier *m*, sapeur-pompier *m*.
bombilla [bombiʎa] *nf* ampoule *f*.
bombín [bombín] *nm* chapeau *m* melon.
bombo [bómbo] *nm* **1** *(instrumento musical)* grosse caisse *f*. **2** *(para la lotería)* boule *f*. **3** *fam (de embarazada)* bide *m*.
• **a bombo y platillo** en fanfare.
bombón [bombón] *nm* chocolat *m*.
bombona [bombóna] *nf* bonbonne *f*.
▪ **bombona de butano** bouteille *f* de gaz.
bonachón,-ona [bonatʃón,-óna] *adj* brave.
bonanza [bonánθa] *nf* calme *m*.
bondad [bondáð] *nf* bonté *f*.
• **tener la bondad de +** *inf* avoir la bonté de + *inf*.
bondadoso,-sa [bondaðóso,-sa] *adj* bon, bonne.
boniato [bonjáto] *nm* patate *f* douce.
bonificar [1] [bonifikár] *vt* améliorer.
bonito,-ta [boníto,-ta] *adj* joli,-e.
► *nm* **bonito** *(pez)* thon *m*.
bono [bóno] *nm* bon *m*.
bonobús [bonoβús] *nm* coupon *m* d'autobus.
bonoloto [bonolóto] *nf* loto *m*.
boom [bum] *nm* boom *m*.
boquerón [bokerón] *nm (pez)* anchois *m* frais.
boquete [bokéte] *nm* brèche *f*.
boquiabierto,-ta [bokjaβjérto,-ta].
• **quedarse boquiabierto,-ta** rester bouche bée.
boquilla [bokiʎa] *nf* **1** MÚS bec *m*; *(de un instrumento)* embouchure *f*. **2** *(para fumar)* fume-cigarette *m inv*.
• **de boquilla** en l'air.
borda [bórða] *nf* bord *m*.
• **tirar o arrojar por la borda** jeter pardessus bord.
▪ **fuera borda** hors-bord *m*.
bordado [borðáðo] *nm* broderie *f*.
bordar [borðár] *vt* broder.
borde[1] [bórðe] *nmf fam (persona)* emmerdeur,-euse.
borde[2] [bórðe] *nm (esquina)* bord *m*.
• **al borde de** au bord de.
bordear [borðeár] *vt* - *vi (gen)* border.
► *vt* **1** *fig (acercarse mucho)* friser. **2** *(un peligro, etc)* frôler.
bordillo [borðiʎo] *nm* bordure *f*.
bordo [bórðo] *nm* bord *m*.
• **a bordo** à bord.
boreal [boreál] *adj* boréal,-e.
borla [bórla] *nf* **1** *(de pasamanería)* gland *m*. **2** *(de gorro, birrete)* pompon *m*.
borne [bórne] *nm* borne *f*.
borra [bóřa] *nf* bourre *f*.
borrachera [bořatʃéra] *nf* cuite *f*.
• **pillar una borrachera** *fam* se soûler.
borracho,-cha [bořátʃo,-tʃa] *adj* soûl, soûle.
► *nm,f* ivrogne.
• **estar borracho como una cuba** *fam* être ivre mort.
borrador [bořaðór] *nm* **1** *(escrito)* brouillon *m*. **2** *(instrumento)* tampon *m*.
borraja [bořáχa] *nf* bourrache *f*.
borrar [bořár] *vt* **1** *(hacer desaparecer)* effacer. **2** *(tachar)* biffer, rayer. **3** INFORM supprimer.
borrasca [bořáska] *nf* bourrasque *f*.
borrego,-ga [bořéɣo,-ɣa] *nm,f* **1** agneau *m*, agnelle *f*. **2** *fig (necio)* benêt *m*.
borrón [bořón] *nm* **1** *(de tinta)* pâté *m*. **2** *(imperfección, deshonra)* tache *f*.
• **hacer borrón y cuenta nueva** tourner la page.
borroso,-sa [bořóso,-sa] *adj* flou,-e.
bosque [bóske] *nm* bois *m*, forêt *f*.
bosquejo [boskéχo] *nm* ébauche *f*, esquisse *f*.
bostezar [4] [bosteθár] *vi* bâiller.
bota [bóta] *nf* **1** *(calzado)* botte *f*. **2** *(para el vino)* outre *f*. **3** *(cuba)* tonneau *m*, barrique *f*.
• **morir con las botas puestas** mourir debout.
• **ponerse las botas 1** *fam fig (obtener ganancias)* s'en mettre plein les poches. **2** *(de comida)* s'en mettre plein la lampe.
▪ **botas de montar** bottes *f pl* d'équitation.
▪ **botas de esquí** chaussures *f pl* de ski.
botánica [botánika] *nf* botanique *f*.
botánico,-ca [botániko,-ka] *adj* botanique.
► *nm,f* botaniste.

botar [botár] *vt* **1** *(un barco)* lancer. **2** *(pelota)* faire rebondir. **3** *fam (persona)* virer.
► *vi* **1** *(una pelota)* rebondir. **2** *(saltar una persona)* bondir, sauter.
botarate [botaráte] *nm fam* écervelé *m*.
bote[1] [bóte] *nm (barco)* canot *m*.
■ **bote salvavidas** canot de sauvetage.
bote[2] [bóte] *nm (salto)* bond *m*.
• **a bote pronto** **1** *(darle a una pelota)* au rebond. **2** *(de forma imprevista)* tout à coup.
• **dar botes** faire des bonds.
• **darse el bote** *fam* se barrer.
bote[3] [bóte] *nm* **1** *(recipiente)* bocal *m*, pot *m*. **2** *(lata)* boîte *f*. **3** *(propina)* pourboire *m*. **4** *(en los juegos)* cagnotte *f*.
• **de bote en bote** plein,-e à craquer.
• **chupar del bote** être un profiteur.
• **tener en el bote** avoir dans la poche.
botella [boté ʎa] *nf* bouteille *f*.
botellín [boteʎín] *nm* canette *f*.
botijo [botíχo] *nm* cruche *f*.
botín[1] [botín] *nm (tesoro, dinero)* butin *m*.
botín[2] [botín] *nm (calzado)* bottine *f*.
botiquín [botikín] *nm* **1** *(armario)* armoire *f* à pharmacie. **2** *(maletín)* trousse *f* à pharmacie.
botón [botón] *nm* bouton *m*.
■ **botón de muestra** exemple *m*.
botones [botónes] *nm* groom *m*.
bóveda [bóβeða] *nf* voûte *f*.
bovino,-na [boβíno,-na] *adj* bovin,-e.
► *nm* **bovino** bovin *m*.
boxeador,-ra [bokseaðór,-ra] *nm* boxeur,-euse.
boxeo [bokséo] *nm* boxe *f*.
boya [bója] *nf* bouée *f*.
boyante [bojánte] *adj* prospère, florissant,-e.
bozal [boθál] *nm* muselière *f*.
bracear [braθeár] *vi* **1** *(mover los brazos)* remuer les bras. **2** *(nadar)* nager la brasse.
braga [bráɣa] (gén au *pl*) *nf* culotte *f*.
bragueta [braɣéta] *nf* braguette *f*.
bramar [bramár] *vi* **1** *(el ciervo)* bramer; *(el toro)* mugir. **2** *fig (de ira)* rugir. **3** *(el viento, el mar)* mugir.
branquias [bráŋkjas] *nf pl* branchies *f pl*.
brasa [brása] *nf* braise *f*.
• **a la brasa** sur la braise.
brasero [braséro] *nm* brasero *m*.
Brasil [brasíl] *n pr* Brésil *m*.
brasileño,-ña [brasiléɲo,-ɲa] *adj* brésilien,-enne.
► *nm,f* Brésilien,-enne.
bravo,-va [bráβo,-βa] *adj* **1** *(valiente)* courageux,-euse. **2** *(animal)* sauvage; *(toro)* de combat. **3** *(mar)* démonté,-e.
► *interj* **¡bravo!** bravo !
bravura [braβúra] *nf* **1** *(de una persona)* bravoure *f*. **2** *(de los animales)* férocité *f*. **3** *(de un toro de lidia)* combativité *f*.
braza [bráθa] *nf* brasse *f*: ***nadar a braza***, nager la brasse.
brazalete [braθaléte] *nm* **1** *(pulsera)* bracelet *m*. **2** *(en el brazo)* brassard *m*.
brazo [bráθo] *nm* bras *m*.
• **a brazo partido** à tour de bras.
• **cruzarse de brazos** rester les bras croisés.
• **estar hecho un brazo de mar** être très chic.
• **no dar su brazo a torcer** ne pas lâcher prise.
■ **brazo armado** branche *f* armée.
■ **brazo de gitano** gâteau *m* roulé.
brea [bréa] *nf* brai *m*.
brecha [brétʃa] *nf* brèche *f*.
• **estar en la brecha** être sur la brèche.
breva [bréβa] *nf* figue-fleur *f*.
• **¡no caerá esa breva!** je n'aurai pas cette veine !
breve [bréβe] *adj* bref, brève.
► *nf* MÚS brève *f*.
• **en breve** bientôt, en peu de temps.
brevedad [breβeðáð] *nf* brièveté *f*.
bribón,-ona [briβón,-óna] *adj - nm,f* fripon,-onne.
bricolaje [brikoláχe] *nm* bricolage *m*.
brida [bríða] *nf* bride *f*.
brigada [briɣáða] *nf* brigade *f*.
► *nm (grado militar)* adjudant *m*.
■ **brigada antidisturbios** CRS *m pl*.
brillante [briʎánte] *adj* brillant,-e.
► *nm* brillant *m*.
brillar [briʎár] *vi* briller.
brillo [bríʎo] *nm* éclat.
• **sacar brillo** astiquer.
brincar [1] [briŋkár] *vi* sauter.

brinco [briŋko] *nm* bond *m*.
brindar [brindár] *vi (beber)* trinquer.
► *vt (proporcionar)* offrir: ***brindar su ayuda***, offrir son aide.
► *vpr* **brindarse** *(ofrecerse)* (se) proposer: ***se brindó a acompañarme***, il proposa de m'accompagner.
brindis [brindis] *nm* toast *m*: ***hacer un brindis***, porter un toast.
brío [brio] *nm* entrain *m*.
brisa [brisa] *nf* brise *f*.
británico,-ca [britániko,-ka] *adj* britannique.
► *nm,f* Britannique.
broca [bróka] *nf* mèche *f*.
brocha [brótʃa] *nf* **1** *(de afeitar)* blaireau *m*. **2** *(pincel)* brosse *f*.
broche [brótʃe] *nm* **1** *(joya)* broche *f*. **2** *(para sujetar)* agrafe *f*.
▪ **broche de oro** *fig* l'apothéose.
broma [bróma] *nf* plaisanterie *f*.
• **gastar una broma** faire une blague.
▪ **broma pesada** plaisanterie de mauvais goût.
bromista [bromista] *adj - nmf* blagueur,-euse.
bronca [bróŋka] *nf* bagarre *f*.
• **armar(se) una bronca** y avoir de la bagarre.
• **buscar bronca** chercher la bagarre.
• **echar una bronca** passer un savon.
bronce [brónθe] *nm* bronze *m*.
bronceado,-da [bronθeáðo,-ða] *adj* bronzé,-e.
► *nm* **bronceado** bronzage *m*.
bronceador [bronθeaðór] *nm* crème *f* solaire.
broncearse [bronθeárse] *vpr* se faire bronzer.
bronquio [bróŋkjo] *nm* bronche *f*.
bronquitis [broŋkitis] *nf* bronchite *f*.
brotar [brotár] *vi* **1** *(planta)* pousser, bourgeonner. **2** *(líquido)* jaillir, sourdre. **3** *fig (aparecer, surgir)* apparaître, germer.
brote [bróte] *nm* **1** *(de planta)* bourgeon *m*, pousse *f*. **2** *(de enfermedad, epidemia)* début *m*.
bruces [brúθes].
• **de bruces** à plat ventre ***se cayó de bruces***, il est tombé à plat ventre.
bruja [brúχa] *nf* **1** *(hechicera)* sorcière *f*. **2** *fig (mujer mala)* mégère *f*.
brujería [bruχeria] *nf* sorcellerie *f*.
brújula [brúχula] *nf* boussole *f*.
bruma [brúma] *nf* brume *f*.
brusco,-ca [brúsko,-ka] *adj* brusque.
Bruselas [brusélas] *n pr* Bruxelles.
brutal [brutál] *adj* **1** *(bárbaro, salvaje)* brutal,-e. **2** *(extraordinario)* super. **3** *(muy grande)* énorme.
bruto,-ta [brúto,-ta] *nm,f* **1** *(persona - violento)* rude; *(- necio)* sot, sotte, bête; *(- inculto, maleducado)* rustre. **2** *(salvaje)* brutal,-e. **3** *(sin labrar)* brut,-e. **4** *(peso, beneficio, sueldo, petróleo)* brut.
► *nm,f* brute *f*.
• **en bruto** brut.
bucal [bukál] *adj* buccal,-e.
buceador,-ra [buθeaðór,-ra] *nm,f* plongeur,-euse.
bucear [buθeár] *vi* **1** *(el buzo)* plonger, travailler sous l'eau. **2** *(nadar)* nager sous l'eau. **3** *fig (en un asunto)* explorer.
buche [bútʃe] *nm* jabot *m*.
bucle [búkle] *nm* boucle *f*.
budismo [buðizmo] *nm* bouddhisme *m*.
buen [bwen] *adj* → bueno.
buenaventura [bwenaβentúra] *nf* bonne aventure *f*.
bueno,-na [bwéno,-na] *adj* (devant un nom masculin, on emploie **buen**) **1** *(gen)* bon, bonne: ***es de buena familia***, il est de bonne famille; ***un buen médico***, un bon médecin. **2** *(voz, ocasión, tiempo)* beau, belle. **3** *(de comportamiento)* sage. **4** *(para enfatizar)* beau, belle.
► *interj* **¡bueno!** *(¡de acuerdo!)* bon !, bien !
• **a buenas** de bon gré.
• **¡buenas!** salut !
• **buenas noches 1** *(al anochecer)* bonsoir. **2** *(antes de dormir)* bonne nuit.
• **buenas tardes** bon après-midi.
• **buenos días** bonjour.
• **dar por bueno,-na** approuver, juger bon.
• **de buenas a primeras** de but en blanc, de prime abord.
• **estar bueno,-na 1** *(de salud)* être en bonne santé. **2** *fam (ser guapo)* être canon.

• **¡estaría bueno!** il ne manquerait plus que ça !
• **¡pero bueno!** mais enfin !
• **por las buenas** de bon gré.
buey [bwei] *nm* bœuf *m*.
búfalo [búfalo] *nm* buffle *m*.
bufanda [bufánda] *nf* écharpe *f*.
bufé [bufé] *nm* buffet *m*.
bufete [bufete] *nm* **1** *(mueble)* bureau *m*. **2** *(de abogado)* cabinet *m*.
bufón,-ona [bufón,-óna] *adj* bouffon, -onne.
► *nm* **bufón** bouffon *m*.
buhardilla [bwarðiʎa] *nf* **1** *(desván)* mansarde *f*. **2** *(ventana)* lucarne *f*.
búho [búo] *nm* hibou *m*.
buitre [bwitre] *nm* vautour *m*.
bujía [buχia] *nf* bougie *f*.
bula [búla] *nf* bulle *f*.
bulbo [búlβo] *nm* bulbe *m*.
Bulgaria [bulɣárja] *n pr* Bulgarie *f*.
búlgaro,-ra [búlɣaro,-ra] *adj* bulgare.
► *nm,f* Bulgare.
► *nm* **búlgaro** *(idioma)* bulgare *m*.
bulla [búʎa] *nf* tapage *m*, bruit *m*.
• **meter bulla** faire du tapage.
bullicio [buʎiθjo] *nm* **1** *(ruido)* brouhaha *m*, tapage *m*. **2** *(tumulto)* tumulte *m*, agitation *f*.
bullir [41] [buʎir] *vi* **1** *(hervir)* bouillir, bouillonner. **2** *fig (calle, ciudad)* grouiller.
bulto [búlto] *nm* **1** *(de una cosa)* volume *m*, grosseur *f*. **2** *(hinchazón)* bosse *f*, enflure *f*. **3** *(paquete)* paquet *m*, colis *m*. **4** *(silueta)* forme *f* vague, silhouette *f*.
• **a bulto** en gros, approximativement.
• **escurrir el bulto** s'esquiver, se dérober.
buñuelo [buɲwélo] *nm* **1** *(alimento)* beignet *m*. **2** *fam fig (cosa mal hecha)* cochonnerie *f*.
▪ **buñuelo de viento** pet-de-nonne *m*.
buque [búke] *nm* navire *m*, vaisseau *m*.
▪ **buque cisterna** bateau-citerne *m*.
▪ **buque de guerra** navire de guerre.
▪ **buque escuela** bateau-école *m*, navire-école *m*.
▪ **buque insignia** vaisseau-amiral *m*.
▪ **buque mercante** bateau *m* de commerce.
burbuja [burβúχa] *nf* bulle *f*.
burdo,-da [búrðo,-ða] *adj* grossier,-ère.
burgués,-esa [burɣés,-ésa] *adj* - *nm,f* bourgeois,-oise.
burguesía [burɣesía] *nf* bourgeoisie *f*.
buril [buril] *nm* burin *m*.
burla [búrla] *nf* **1** *(mofa)* moquerie *f*, raillerie *f*. **2** *(broma)* plaisanterie *f*.
• **hacer burla a** ALGN se moquer de QQN.
burlar [burlár] *vt* **1** *(engañar)* tromper. **2** *(eludir)* se moquer de.
► *vpr* **burlarse** se moquer (**de**, de).
burlete [burléte] *nm* bourrelet *m*.
burocracia [burokráθja] *nf* bureaucratie *f*.
burócrata [burókrata] *nmf* bureaucrate.
burrada [bur̄áða] *nf (tontería)* ânerie *f*.
• **una burrada (de)** *(gran cantidad)* beaucoup de.
burro,-rra [búr̄o,-r̄a] *nm,f* **1** *(animal)* âne, ânesse. **2** *(necio)* sot, sotte, ignorant,-e.
• **apearse del burro** reconnaître son erreur.
• **no ver tres en un burro** être myope comme une taupe.
bursátil [bursátil] *adj* boursier,-ère.
busca [búska] *nf* **1** *(acción)* recherche *f*, quête *f*. **2** *(aparato)* bip *m*.
• **en busca de** à la recherche de, en quête de.
buscador [buskaðór] *nm* INFORM moteur *m* de recherche.
buscar [1] [buskár] *vt* chercher.
• **buscársela** provoquer.
• **buscarse la vida** *fam* se débrouiller.
búsqueda [búskeða] *nf* recherche *f*.
busto [bústo] *nm* buste *m*.
butaca [butáka] *nf* **1** *(asiento)* fauteuil *m*. **2** *(en cine, teatro)* place *f*.
butano [butáno] *nm* butane *m*: ***bombona de butano***, bouteille *f* de butane.
butifarra [butifár̄a] *nf* saucisse *f*.
buzo [búθo] *nm* **1** *(persona)* plongeur *m*. **2** *(traje de faena)* bleu *m*.
buzón [buθón] *nm* boîte *f* aux lettres: ***echar una carta al buzón***, mettre une lettre à la boîte.
▪ **buzón de voz** boîte vocale.
buzoneo [buθonéo] *nm* publipostage *m*.
byte [bite] *nm* INFORM octet *m*.

C

cabal [kaβál] *adj* **1** *(justo, exacto)* juste, exact,-e. **2** *fig (persona)* accompli,-e.

• **no estar en sus cabales** ne pas avoir tous ses esprits.

cabalgar [7] [kaβalɣár] *vi* chevaucher, aller à cheval.

cabalgata [kaβalɣáta] *nf* cavalcade *f.*

caballa [kaβáʎa] *nf* maquereau *m.*

caballar [kaβaʎár] *adj* chevalin,-e.

caballería [kaβaʎeria] *nf* **1** *(cuerpo militar)* cavalerie *f.* **2** *(orden)* chevalerie *f.* **3** *(montura)* monture *f,* bête *f* de selle.

caballero [kaβaʎéro] *nm* **1** *(hidalgo)* chevalier *m.* **2** *(hombre galante)* gentleman *m.* **3** *(señor)* monsieur *m*: ***señoras y caballeros***, mesdames et messieurs. **4** *(hombre)* homme *m*: ***ropa de caballeros***, vêtements pour homme.

▪ **caballero andante** chevalier errant.

caballete [kaβaʎéte] *nm* **1** *(de pintor, de tortura)* chevalet *m.* **2** *(soporte)* tréteau *m.* **3** *(de tejado)* faîte *m.* **4** *(de nariz)* arête *f.*

caballito [kaβaʎíto] *nm* petit cheval *m.*

► *nm pl* **caballitos** manège *m sing.*

▪ **caballito de mar** hippocampe *m.*

caballo [kaβáʎo] *nm* **1** *(animal)* cheval *m.* **2** *(de ajedrez)* cavalier *m.* **3** *fam (heroína)* héro *f.* **4** *(naipe)* dame *f.*

► *nm pl* **caballos** *(potencia)* puissance *f* en chevaux.

• **a caballo** à cheval.

• **a caballo entre** à mi-chemin entre.

• **montar a caballo** monter à cheval.

▪ **caballo de vapor** cheval-vapeur *m.*

cabaña [kaβáɲa] *nf* **1** *(casa)* cabane *f.* **2** *(ganado)* bétail *m.*

cabecear [kaβeθeár] *vi* **1** *(balón)* faire une tête. **2** *(negar)* hocher la tête. **3** *(dormirse)* somnoler.

cabecera [kaβeθéra] *nf* **1** *(parte principal)* tête *f.* **2** *(de la mesa)* tête *f.* **3** *(de la cama)* chevet *m.* **4** *(de un periódico)* manchette *f.* **5** *(de una carta, escrito)* en-tête *m.*

cabecilla [kaβeθíʎa] *nmf* meneur,-euse.

cabello [kaβéʎo] *nm* **1** *(pelo)* cheveu *m.* **2** *(cabellera)* chevelure *f,* cheveux *m pl.*

▪ **cabello de ángel 1** *(fideo)* cheveux d'ange. **2** *(dulce) citrouille confite au sirop.*

caber [66] [kaβér] *vi* **1** *(en un lugar)* tenir, entrer: ***estos libros no caben en el armario***, ces livres ne tiennent pas dans l'armoire. **2** *(tener)* avoir, revenir: ***me cabe el honor de***, j'ai l'honneur de. **3 caber +** *inf (ser posible)* être possible + *inf,* y avoir lieu de + *inf*: ***cabe pensar que***, il y a lieu de penser que.

• **dentro de lo que cabe** dans la mesure du possible, autant que possible.

• **no caber en sí de** déborder de.

• **si cabe** si c'est possible.

cabestrillo [kaβestríʎo].

• **en cabestrillo** en écharpe.

cabeza [kaβéθa] *nf (gen)* tête *f.*

► *nmf* tête *f,* chef *m.*

• **a la cabeza de** en tête de.

• **cabeza abajo** à l'envers.

• **cabeza arriba** la tête en haut.

• **estar en cabeza** tenir la tête, être en tête.

• **estar mal de la cabeza** ne pas tourner rond.

• **írsele de la cabeza** ALGO a ALGN oublier QQCH.
• **levantar cabeza** reprendre du poil de la bête.
• **no tener ni pies ni cabeza** n'avoir ni queue ni tête.
• **sentar la cabeza** se ranger.
• **subirse a la cabeza** monter à la tête.
• **tener mala cabeza** avoir mauvaise tête.
▪ **cabeza de ajo** tête d'ail.
▪ **cabeza de chorlito** tête de linotte.
▪ **cabeza de familia** chef de famille.
▪ **cabeza de turco** tête de turc.
▪ **cabeza rapada** skinhead *m*.

cabezada [kaβeθáða] *nf (al dormir)* dodelinement *m* de la tête.
• **echar una cabezada** faire un petit somme.

cabezal [kaβeθál] *nm* **1** *(lector)* tête *f* de lecture. **2** *(de cama)* chevet *m*. **3** *(almohada)* traversin *m*.

cabezazo [kaβeθáθo] *nm* **1** *(golpe)* coup *m* sur la tête. **2** DEP coup *m* de tête.

cabezón,-ona [kaβeθón,-ona] *adj* **1** *(de cabeza grande)* qui a une grosse tête. **2** *(terco)* têtu,-e.

cabezota [kaβeθóta] *adj* têtu,-e.
► *nmf* tête *f* de mule.

cabida [kaβiða] *nf* contenance *f*; *(de lugar)* capacité *f*.

cabina [kaβina] *nf* cabine *f*.

cabizbajo,-ja [kaβiθβáχo,-χa] *adj* tête basse.

cable [káβle] *nm* **1** *(cuerda)* câble *m*. **2** *(cablegrama)* câblogramme *m*, câble *m*.
• **echarle un cable a** ALGN *fam* donner un coup de main à QQN.

cabo [káβo] *nm* **1** *(extremo)* bout *m*, extrémité *f*. **2** GEOG cap *m*. **3** *(grado militar)* caporal *m*. **4** *(en un barco)* cordage *m*.
• **al cabo de** au bout de.
• **al fin y al cabo** en fin de compte, au bout du compte.
• **atar cabos** faire des recoupements.
• **de cabo a rabo** d'un bout à l'autre.
• **llevar a cabo** réaliser.
• **no dejar cabo suelto** ne rien laisser en suspens.

cabra [káβra] *nf* chèvre *f*.
• **estar como una cabra** *fam* être cinglé,-e.

cabrear [kaβreár] *vt fam* mettre dans tous ses états.
► *vpr* **cabrearse** *fam* se mettre dans tous les états.

cabreo [kaβréo] *nm fam* colère *f*, crise *f*.
• **coger un cabreo** *fam* piquer sa crise.
• **tener un cabreo** *fam* être en rogne.

cabrito [kaβrito] *nm* chevreau *m*.

cabrón,-ona [kaβrón,-óna] *adj - nm, f vulg (persona mala)* salaud, salope.
► *nm* **cabrón** *vulg (cornudo)* cocu *m*.

caca [káka] *nf* caca *m*.
• **hacer caca** faire caca.

cacahuete [kakawéte] *nm* cacahuète *f*, cacahouète *f*.

cacao [kakáo] *nm* **1** *(planta)* cacaoyer *m*, cacaotier *m*. **2** *(grano, polvo, bebida)* cacao *m*. **3** *(lío)* pagaille *f*.

cacarear [kakareár] *vi* caqueter.

cacatúa [kakatúa] *nf* cacatoès *m*.

cacería [kaθeria] *nf* partie *f* de chasse.

cacerola [kaθeróla] *nf (recipiente - con mango)* casserole *f*; *(- con asas)* marmite *f*, fait-tout *m*.

cachalote [katʃalóte] *nm* cachalot *m*.

cacharro [katʃáro] *nm* **1** *(recipiente)* pot *m*, vase *m*. **2** *fam (chisme)* machin *m*, truc *m*. **3** *(trasto - coche)* guimbarde *f*; *(- bicicleta)* clou *m*.

caché [katʃé] *nm* **1** *(cotización)* cachet *m*. **2** INFORM mémoire *f* cache, antémémoire *f*.

cachear [katʃeár] *vt* fouiller.

cachete [katʃéte] *nm* claque *f*, gifle *f*.

cachivache [katʃiβátʃe] *nm* machin *m*, truc *m*.

cacho [kátʃo] *nm* morceau *m*, bout *m*.

cachondearse [katʃondeárse] *vpr* **1** *fam (burlarse)* se ficher: ***¿te cachondeas de mí?***, tu te fiches de moi ? **2** *fam (tomar a broma)* prendre à la rigolade: ***se cachondea de todo***, il prend tout à la rigolade.

cachondeo [katʃondéo] *nm* **1** *fam (broma)* rigolade *f*. **2** *fam (cosa poco seria)* blague *f*: ***la votación fue un cachondeo***, l'élection a été une farce. **3** *fam (diversión, juerga)* bringue *f*.

cachondo,-da [katʃòndo,-da] *adj* **1** *fam (divertido)* marrant,-e. **2** *fam (excitado)* excité,-e.

cachorro,-rra [katʃòr̄o,-r̄a] *nm,f (cría - de mamíferos)* petit *m*; *(- de perro)* chiot *m*; *(- de león)* lionceau *m*.

caco [kàko] *nm fam* filou *m*, voleur *m*.

cacto [kàkto] *nm* cactus *m*.

cactus [kàktus] *nm* (*pl* **cactus**) cactus *m*.

cada [kàða] *adj* **1** *(para distribuir o individualizar)* chaque: ***un trozo de pastel para cada niño***, un morceau de gâteau pour chaque enfant. **2** *(con números, expresiones temporales)* tous les, toutes les: ***cada cuatro días***, tous les quatre jours. **3** *(uso enfático)* ***¡lleva cada traje!***, il met de ces costumes !

• **cada cual** chacun,-e.

• **cada dos por tres** à tout bout de champ.

• **cada uno, una** chacun,-e.

• **cada vez más** de plus en plus.

• **cada vez que** chaque fois que.

cadáver [kaðàβer] *nm* cadavre *m*.

cadena [kaðèna] *nf* **1** *(gen)* chaîne *f*. **2** *(del váter)* chasse *f* d'eau. **3** *(de radio)* station *f*.

► *nf pl* **cadenas** chaînes *f pl*.

• **tirar de la cadena** tirer la chasse.

▪ **cadena montañosa** chaîne de montagnes.

▪ **cadena perpetua** détention *f* à perpétuité.

cadera [kaðèra] *nf* hanche *f*.

caducar [1] [kaðukàr] *vi* **1** *(alimento)* être périmé,-e. **2** *(documento, billete, plazo)* expirer.

caducidad [kaðuθiðàð] *nf (de documento)* caducité *f*.

▪ **fecha de caducidad** date *f* limite de consommation.

caduco,-ca [kaðùko,-ka] *adj* **1** *(árbol)* caduc,-uque. **2** *(viejo)* décrépit,-e. **3** *(pasado)* périmé,-e.

caer [67] [kaèr] *vi* **1** *(gen)* tomber: ***caer de espaldas***, tomber sur le dos. **2** *fam (estar situado)* se trouver, être situé,-e: ***esto cae lejos de aquí***, cela se trouve loin d'ici. **3** *fam (ganar)* échoir, gagner: ***le cayó el premio***, il a gagné le prix. **4** *(dar con la solución)* comprendre, saisir: ***¡ya caigo!***, je comprends ! **5** **caer en** *(día de la semana)* tomber: ***su cumpleaños cae en martes***, son anniversaire tombe un jeudi.

► *vpr* **caerse** tomber.

• **caer bien** **1** *(persona)* aimer: ***Juan no me cae bien***, je n'aime pas Juan. **2** *(prenda de vestir, peinado)* aller bien: ***esa camisa le cae muy bien***, cette chemise lui va très bien.

• **caer mal** **1** *(persona)* ne pas aimer. **2** *(prenda de vestir, peinado)* ne pas aller.

• **dejar caer** laisser tomber.

• **estar al caer** **1** *(a punto de llegar)* être sur le point d'arriver. **2** *(a punto de conseguirse)* être dans la poche.

• **no tener dónde caerse muerto** être sur le pavé.

café [kafè] *nm* **1** *(gen)* café *m*. **2** *(planta)* caféier *m*.

▪ **café americano** café long.

▪ **café con leche** café au lait.

▪ **café descafeinado** café décaféiné.

▪ **café exprés** express *m*.

▪ **café solo** café noir.

cafeína [kafeìna] *nf* caféine *f*.

cafetera [kafetèra] *nf* cafetière *f*.

cafetería [kafeterìa] *nf* café *m*, snack-bar *m*.

cagada [kaɣàða] *nf* **1** *fam (excremento)* merde *f*. **2** *fam (equivocación)* connerie *f*.

cagar [7] [kaɣàr] *vt - vi vulg* chier.

► *vpr* **cagarse** *vulg* chier.

• **cagarla** *vulg* mettre les pieds dans le plat.

• **cagarse de miedo** *vulg* avoir la trouille.

caída [kaìða] *nf* **1** *(gen)* chute *f*: ***la fractura se debe a una caída***, la fracture a été provoquée par une chute; ***la caída de los precios***, la chute des prix. **2** *(de cortina, ropa)* tombé *m*.

• **a la caída del sol** à la tombée du jour, au coucher du soleil.

• **a la caída de la tarde** à la tombée de la nuit.

• **caída de ojos** regard *m*.

caído,-da [kaìðo,-ða] *adj (hombros, senos)* tombant,-e: ***tiene los hombros caídos***, il a les épaules tombantes.

► *nm pl* **los caídos** les morts: ***monumento a los caídos***, monument aux morts.

caimán [kaimàn] *nm* caïman *m*.

caja [káχa] *nf* **1** *(recipiente - pequeño)* boîte *f*; *(- grande)* caisse *f*. **2** *(en un establecimiento, un banco)* caisse *f*. **3** *(ataúd)* cercueil *m*, bière *f*. **4** *(en tipografía)* casse *f*.
▪ **caja de ahorros** caisse d'épargne.
▪ **caja de cambios** boîte de vitesses.
▪ **caja de caudales** coffre-fort *m*.
▪ **caja fuerte** coffre-fort *m*.
▪ **caja negra** boîte noire.
▪ **caja torácica** cage *f* thoracique.

cajero,-ra [kaχéro,-ra] *nm,f* caissier,-ère.
▪ **cajero automático** distributeur *m* automatique, billetterie *f*.

cajetilla [kaχetíʎa] *nf* paquet *m* de cigarettes.

cajón [kaχón] *nm* **1** *(de mueble)* tiroir. **2** *(caja grande)* grande caisse *f*.
• **ser de cajón** *fam* être de règle.
▪ **cajón de sastre** fouillis *m*.

cal [kal] *nf* chaux *f*.
• **cerrar a cal y canto** fermer à double tour.

cala [kála] *nf* **1** *(de un barco)* cale *f*. **2** *(ensenada)* crique *f*.

calabacín [kalaβaθín] *nm* courgette *f*.

calabaza [kalaβáθa] *nf* citrouille *f*, courge *f*, potiron *m*.
• **dar calabazas 1** *fam (en un examen)* recaler. **2** *(a un pretendiente)* envoyer promener.

calabozo [kalaβóθo] *nm* cachot *m*.

calado,-da [kaláðo,-ða] *adj* **1** *(tela, prenda de vestir)* percé,-e, ajouré,-e. **2** *(empapado)* trempé,-e.
► *nm* **calado 1** ajour *m*. **2** *(del agua)* profondeur *f*. **3** *(de un barco)* calaison *f*, tirant *m* d'eau.

calamar [kalamár] *nm* cal(a)mar *m*, encornet *m*.
▪ **calamares a la romana** cal(a)mars à la romaine.

calambre [kalámbre] *nm* **1** *(muscular)* crampe *f*. **2** *(eléctrico)* décharge *f* électrique.

calamidad [kalamiðáð] *nf* calamité *f*.

calaña [kaláɲa] *nf* acabit *m*.

calar [kalár] *vt* **1** *(líquido)* imbiber, pénétrer. **2** *fam fig (intención)* deviner: ***te han calado enseguida***, ils ont deviné tes intentions tout de suite.
► *vpr* **calarse 1** *(mojarse)* se faire tremper. **2** *(automóvil, motor)* caler. **3** *(sombrero)* enfoncer.

calavera [kalaβéra] *nf* tête *f* de mort.
► *nm (juerguista)* noceur *m*.

calcar [1] [kalkár] *vt* **1** *(dibujo)* décalquer. **2** *(imitar)* calquer.

calcetín [kalθetín] *nm* chaussette *f*.

calcinar [kalθinár] *vt* calciner.

calcio [kálθjo] *nm* calcium *m*.

calco [kálko] *nm* calque *m*.

calcomanía [kalkomanía] *nf* décalcomanie *f*.

calculadora [kalkulaðóra] *nf* calculatrice *f*; *(de bolsillo)* calculette *f*.

calculador,-ra [kalkulaðór,-ra] *adj* calculateur,-trice.

calcular [kalkulár] *vt* **1** *(cantidad, resultado)* calculer. **2** *(estimar, suponer)* estimer, penser.

cálculo [kálkulo] *nm* calcul *m*.

caldear [kaldeár] *vt* **1** *(calentar)* chauffer. **2** *(excitar)* échauffer.

caldera [kaldéra] *nf* chaudière *f*.

calderilla [kalderíʎa] *nf* menue monnaie *f*, petite monnaie *f*.

caldero [kaldéro] *nm* chaudron *m*.

caldo [káldo] *nm* bouillon *m*.
• **poner a caldo** *fam* passer un savon.
▪ **caldo de cultivo** bouillon de culture.

calefacción [kalefakθjón] *nf* chauffage *m*.

calendario [kalendárjo] *nm* calendrier *m*.

calentador [kalentaðór] *nm (de agua)* chauffe-eau *m*.

calentamiento [kalentamjénto] *nm* **1** *(de temperatura)* réchauffement *m*. **2** DEP échauffement.

calentar [27] [kalentár] *vt* **1** *(subir la temperatura)* chauffer, faire chauffer. **2** *fam (pegar)* battre, rosser. **3** *fam (irritar)* fâcher. **4** *fam (sexualmente)* exciter.
► *vi (deportista)* s'échauffer.
► *vpr* **calentarse 1** *(para no tener frío)* se chauffer. **2** *fam (irritarse)* s'échauffer. **3** *fam (sexualmente)* s'exciter.

calentura [kalentúra] *nf* fièvre *f*.

calibre [kalíβre] *nm* **1** *(de arma)* calibre *m*. **2** *fig (importancia)* importance *f*.

calidad [kaliðáð] *nf* qualité *f*.

• **de primera calidad** de premier choix.
• **en calidad de** en qualité de.
▪ **calidad de vida** qualité de la vie.
cálido,-da [káliðo,-ða] *adj* **1** *(clima, voz)* chaud, chaude. **2** *(afectuoso)* chaleureux, -euse.
caliente [kaljénte] *adj* **1** *(gen)* chaud, chaude: ***agua caliente***, eau chaude. **2** *fam (sexualmente)* excité,-e.
• **en caliente** à chaud.
calificación [kalifikaθjón] *nf (en un examen)* note *f.*
calificar [1] [kalifikár] *vt* **1** *(considerar)* qualifier. **2** *(en un examen)* noter.
calificativo,-va [kalifikatiβo,-βa] *adj* qualificatif,-ive: ***adjetivo calificativo***, adjectif qualificatif.
► *nm* qualificatif *m.*
caligrafía [kaliɣrafía] *nf* **1** *(arte)* calligraphie *f.* **2** *(rasgos)* écriture *f.*
cáliz [káliθ] *nm* calice *m.*
callado,-da [kaʎáðo,-ða] *adj* réservé,-e.
callar [kaʎár] *vi - vpr* **callar(se)** se taire.
► *vt* **1** *(secreto)* taire. **2** *(no decir)* passer sous silence.
• **hacer callar** faire taire.
• **quien calla otorga** qui ne dit mot consent.
calle [káʎe] *nf* **1** *(vía pública)* rue *f.* **2** *(en atletismo, natación)* couloir *m.*
• **de calle 1** *(ropa, traje)* de ville. **2** *fam (fácilmente)* sans problèmes.
• **doblar la calle** tourner au coin de la rue.
▪ **calle mayor** rue principale.
▪ **calle peatonal** rue piétonnière, rue piétonne.
callejero,-ra [kaʎeχéro,-ra] *adj* **1** *(persona)* flâneur,-euse. **2** *(de la calle)* de la rue: ***escena callejera***, scène de la rue.
► *nm* **callejero** répertoire *m* des rues.
callejón [kaʎeχón] *nm* ruelle *f.*
▪ **callejón sin salida 1** *(calle)* impasse *f*, cul-de-sac *m.* **2** *(situación)* impasse *f.*
callejuela [kaʎeχwéla] *nf* ruelle *f.*
callo [káʎo] *nm (duricia - en las manos, en los pies)* durillon *m*, callosité *f*; *(- en los pies)* cor *m.*
► *nm pl* **callos** *(comida)* tripes *f pl.*
calma [kálma] *nf* calme *m.*
• **en calme** calme.
• **perder la calma** perdre son calme.
▪ **calma chicha** calme plat.
calmante [kalmánte] *adj* calmant,-e.
► *nm* calmant *m.*
calmar [kalmár] *vt* calmer, apaiser.
► *vpr* **calmarse** se calmer, s'apaiser.
calor [kalór] *nm* **1** *(energía, estado, pasión)* chaleur *f.* **2** *(sensación)* chaud *m.*
• **hacer calor** faire chaud.
• **tener calor** avoir chaud.
caloría [kaloría] *nf* calorie *f.*
calumnia [kalúmnja] *nf* calomnie *f.*
calumniar [12] [kalumnjár] *vt* calomnier.
caluroso,-sa [kaluróso,-sa] *adj* **1** *(tiempo)* chaud, chaude. **2** *(afectuoso)* chaleureux,-euse.
calva [kálβa] *nf* partie *f* dégarnie de cheveux.
calvicie [kalβiθje] *nf* calvitie *f.*
calvo,-va [kálβo,-βa] *adj - nm,f* chauve.
calzada [kalθáða] *nf* **1** *(de una calle)* chaussée *f.* **2** *(camino)* route *f* pavée.
calzado [kalθáðo] *nm* **1** *(actividad)* chaussure *f*: ***la industria del calzado***, l'industrie de la chaussure. **2** *(zapatos)* chaussures *f pl*: ***una tienda de calzado***, un magasin de chaussures.
calzador [kalθaðór] *nm* chausse-pied *m.*
calzar [4] [kalθár] *vt* **1** *(con zapatos)* chausser: ***calzo un 38***, je chausse du 38. **2** *(llevar puesto)* porter: ***calzar zuecos***, porter des sabots. **3** *(poner una calza o cuña)* caler.
► *vpr* **calzarse** se chausser, mettre ses chaussures.
calzoncillos [kalθonθiʎos] *nm pl* caleçon *m sing*, slip *m sing.*
cama [káma] *nf* lit *m.*
• **guardar cama** garder le lit.
• **hacer la cama** faire son lit.
• **irse a la cama** aller au lit.
▪ **cama de matrimonio** grand lit, lit double.
▪ **cama nido** lit gigogne.
camaleón [kamaleón] *nm* caméléon *m.*
cámara [kámara] *nf* **1** *(aparato - para fotografiar)* appareil *m* photo; *(- para filmar)* caméra *f.* **2** *(sala, institución)* chambre *f.* **3** *(de rueda)* chambre *f* à air.
► *nmf (persona)* caméraman *m.*
• **a cámara lenta** au ralenti.

• **de cámara** MÚS de chambre.
▪ **cámara alta** Sénat *m*.
▪ **cámara baja** Assemblée *f* nationale.
▪ **cámara digital** appareil *m* photo numérique.
▪ **cámara oculta** caméra cachée.
▪ **cámara web** webcam *f*.
camarada [kamaráða] *nmf* camarade.
camarero,-ra [kamarėro,-ra] *nm,f* **1** *(de café, restaurante)* serveur,-euse. **2** *(de hotel - hombre)* garçon *m* d'étage; *(- mujer)* femme *f* de chambre.
camarón [kamarón] *nm* crevette *f* grise.
camarote [kamaróte] *nm* cabine *f*.
cambiar [12] [kambjár] *vt - vi (gen)* changer.
► *vt (trocar)* échanger: ***¿me puede cambiar esta camisa blanca por otra azul?***, pouvez-vous m'échanger cette chemise blanche contre une bleue ?
► *vpr* **cambiarse** *(de ropa)* se changer.
cambio [kámbjo] *nm* **1** *(modificación)* changement *m*. **2** *(intercambio)* échange *m*: ***cambio de impresiones***, échange de vues. **3** *(moneda suelta)* monnaie *f*. **4** *(cotización)* change *m*.
• **a cambio de** en échange de.
• **a las primeras de cambio** de but en blanc.
• **en cambio** en revanche, par contre.
▪ **cambio automático** changement de vitesses automatique.
▪ **cambio climático** changement climatique.
▪ **cambio de marchas** changement de vitesses.
camelar [kamelár] *vt fam* baratiner, embobiner.
camello [kaméʎo] *nm* **1** *(animal)* chameau *m*. **2** *fam (traficante)* dealer *m*.
camerino [kamerino] *nm* loge *f*.
camilla [kamiʎa] *nf* brancard *m*.
camillero,-ra [kamiʎéro,-ra] *nm,f* brancardier,-ère.
caminar [kaminár] *vi (andar)* marcher.
► *vt (una distancia)* parcourir en marchant.
caminata [kamináta] *nf* randonnée *f*.
camino [kamino] *nm* chemin *m*.
• **abrirse camino** *fig* faire son chemin.
• **camino de** vers.
• **de camino** en chemin, en passant.
• **en camino** en route.
• **ir por buen camino** être sur la bonne voie.
• **ir por mal camino** être sur la mauvaise pente.
camión [kamjón] *nm* camion *m*.
▪ **camión cisterna** camion-citerne *m*.
camionero,-ra [kamjonéro,-ra] *nm,f* camionneur *m*, routier *m*.
camioneta [kamjonéta] *nf* camionnette *f*.
camisa [kamisa] *nf* chemise *f*.
• **cambiar de camisa** virer de bord, tourner casaque.
• **meterse en camisa de once varas** se mêler des affaires d'autrui.
▪ **camisa de fuerza** camisole *f* de force.
camiseta [kamiséta] *nf* **1** *(ropa interior)* maillot *m* de corps. **2** *(exterior)* tee-shirt *m*. **3** *(de deporte)* maillot *m*.
camisón [kamisón] *nm* chemise *f* de nuit.
campamento [kampaménto] *nm* campement *m*.
▪ **campamento de refugiados** camp *m* de réfugiés.
▪ **campamento de verano** camp *m* de vacances.
campana [kampána] *nf* **1** *(instrumento)* cloche *f*. **2** *(de chimenea)* hotte *f*, manteau *m*.
• **dar la vuelta de campana** capoter.
• **echar las campanas al vuelo** crier sur tous les toits.
▪ **campana extractora** hotte aspirante.
campanada [kampanáða] *nf* sonnerie *f*.
campanario [kampanárjo] *nm* clocher *m*.
campanilla [kampaniʎa] *nf* **1** *(para llamar)* sonnette *f*. **2** ANAT luette *f*. **3** *(flor)* clochette *f*.
campante [kampánte].
• **tan campante** tout,-e satisfait,-e: ***se quedó tan campante***, il n'a pas bronché.
campaña [kampáɲa] *nf* campagne *f*.
campechano,-na [kampetʃáno,-na] *adj* simple.
campeón,-ona [kampeón,-ona] *nm,f* champion,-onne.
campeonato [kampeonáto] *nm* championnat *m*.

- **de campeonato 1** *(fantástico)* fantastique. **2** *(grande)* énorme.

campesino,-na [kampesino,-na] *nm,f* paysan,-anne.
campestre [kampéstre] *adj* champêtre.
camping [kampiŋg] *nm* (*pl* **campings**) camping *m*.
- **ir de camping** faire du camping.
- ■ **camping gas** camping-gaz® *m*.

campo [kámpo] *nm* **1** *(extensión terreno)* champ *m*. **2** *(por oposición a la ciudad)* campagne *f*. **3** *(de deportes)* terrain *m*. **4** *(ámbito, de base de datos)* champ *m*.
- **ir campo à través** aller à travers champs.
- ■ **campo de batalla** champ de bataille.
- ■ **campo de concentración** camp *m* de concentration.
- ■ **campo de fútbol** terrain de football.
- ■ **campo de golf** terrain de golf.

camuflar [kamuflár] *vt* camoufler.
can [kan] *nm* chien *m*.
cana [kána] *nf* cheveu *m* blanc.
- **echar una cana al aire** faire la bringue.
- **peinar canas** avoir des cheveux blancs.

Canadá [kanaðá] *n pr* Canada *m*.
canadiense [kanaðjénse] *adj* canadien, -enne.
► *nmf* Canadien,-enne.
canal [kanál] *nm* **1** *(gen)* canal *m*. **2** *(de un puerto)* chenal *m*. **3** *(de televisión)* chaîne *f*.
- **abrir en canal** éventrer.

canalizar [4] [kanaliθár] *vt* canaliser.
canalla [kanáʎa] *nmf* canaille *f*, fripouille *f*.
canalón [kanalón] *nm* gouttière *f*.
canapé [kanapé] *nm* canapé *m*.
canario [kanárjo] *nm (pájaro)* canari *m*, serin *m*.
canasta [kanásta] *nf* **1** *(recipiente - cesta)* panier *m*; *(- con dos asas)* manne *f*, corbeille *f*. **2** *(en baloncesto)* panier *m*. **3** *(juego de naipes)* canasta *f*.
canastilla [kanastiʎa] *nf (para recién nacido)* layette *f*, trousseau *m*.
canasto [kanásto] *nm* panier *m*.
- **¡canastos!** sapristi !

cancelar [kanθelár] *vt* **1** *(contrato, orden)* annuler. **2** *(deuda)* régler, solder.
cáncer [kánθer] *nm (enfermedad)* cancer *m*.
canceroso,-sa [kanθeróso,-sa] *adj* cancéreux,-euse.
cancha [kántʃa] *nf (campo - de fútbol, baloncesto)* terrain *m*; *(- de tenis)* court *m*.
canciller [kanθiʎér] *nm* chancelier *m*.
canción [kanθjón] *nf* chanson *f*.
- ■ **canción de cuna** berceuse *f*.

candado [kandáðo] *nm* cadenas *m*.
candela [kandéla] *nf* **1** *(vela)* chandelle *f*. **2** *(medida)* candela *f*.
candelabro [kandeláβro] *nm* candélabre *m*.
candente [kandénte] *adj* **1** *(caliente)* incandescent,-e. **2** *(asunto)* brûlant,-e.
candidato,-ta [kandiðáto,-ta] *nm,f* candidat,-e.
candidatura [kandiðatúra] *nf* **1** *(propuesta)* candidature *f*. **2** *(lista)* liste *f* de candidats.
cándido,-da [kándiðo,-ða] *adj* candide.
candil [kandil] *nm* lampe *f* à huile.
candor [kandór] *nm* candeur *f*.
canela [kanéla] *nf* cannelle *f*.
- **ser canela fina** être la crème.

canelón [kanelón] *nm pl* cannelloni *m*.
canesú [kanesú] *nm* (*pl* **canesús**) empiècement *m*.
cangrejo [kaŋgréχo] *nm* **1** *(de mar)* crabe *m*. **2** *(de río)* écrevisse *f*.
canguelo [kaŋgélo] *nm fam* frousse *f*.
canguro [kaŋgúro] *nm (animal)* kangourou *m*.
► *nmf (cuidadora)* baby-sitter.
- **hacer de canguro** faire du baby-sitting.

caníbal [kaníβal] *adj - nmf* cannibale.
canica [kaníka] *nf* bille *f*.
canino,-na [kanino,-na] *adj (del perro)* canin,-e.
► *nm* **canino** *(diente - de persona)* canine *f*; *(- de animal)* croc *m*.
canje [káŋχe] *nm* échange *m*.
canjear [kaŋχeár] *vt* échanger.
cano,-na [káno,-na] *adj* **1** *(pelo, barba)* blanc, blanche. **2** *(persona)* qui a les cheveux blancs.
canoa [kanóa] *nf* **1** *(piragua)* canoë *m*. **2** *(de remo o con motor)* canot *m*.

canonizar [4] [kanoniθár] *vt* canoniser.
canoso,-sa [kanóso,-sa] *adj* **1** *(persona)* chenu,-e. **2** *(pelo, barba)* grisonnant,-e.
cansado,-da [kansáðo,-ða] *adj* **1** *(fatigado)* fatigué,-e. **2** *(harto)* las, lasse. **3** *(que cansa)* fatigant,-e. **4** *(que fastidia)* ennuyeux,-euse.
cansancio [kansánθjo] *nm* fatigue *f.*
cansar [kansár] *vt* **1** *(fatigar)* fatiguer. **2** *(molestar)* lasser, ennuyer.
► *vpr* **cansarse** se fatiguer.
cantante [kantánte] *adj - nmf* chanteur, -euse.
cantaor,-ra [kantaór,-ra] *nm,f* chanteur, -euse de flamenco.
cantar [kantár] *vt - vi* **1** *(canciones)* chanter. **2** *fam (confesar)* se mettre à table. **3** *(en juegos)* annoncer.
► *vi* **1** *fam (llamar la atención)* attirer l'attention. **2** *fam (oler mal)* puer. **3** *fam (fallar)* gaffer.
cántaro [kántaro] *nm* cruche *f.*
• **llover a cántaros** pleuvoir à verse.
cante [kánte] *nm* chant *m.*
• **dar el cante** *fam* attirer l'attention.
▪ **cante hondo** flamenco *m.*
cantera [kantéra] *nf* **1** *(de piedra)* carrière *f.* **2** *(de futbolistas, artistas)* pépinière *f.*
cantidad [kantiðáð] *nf* **1** *(volumen)* quantité *f.* **2** *(de dinero)* somme *f*: ***recibí la cantidad de cien euros***, j'ai reçu la somme de cent euros. **3 cantidad de** *fam (muchos)* beaucoup de: ***había cantidad de gente***, il y avait beaucoup de gens.
► *adv fam (mucho)* beaucoup: ***me gusta cantidad***, je l'adore.
cantimplora [kantimplóra] *nf (recipiente)* gourde *f.*
cantina [kantína] *nf* **1** *(comedor)* cantine *f.* **2** *(en una estación)* buvette *f.*
canto[1] [kánto] *nm* chant *m.*
canto[2] [kánto] *nm* **1** *(esquina)* coin *m*, angle *m.* **2** *(piedra)* pierre *f*, gros caillou *m.* **3** *(de moneda, libro)* tranche *f.* **4** *(de cuchillo)* dos *m.*
• **de canto** sur le côté.
▪ **canto rodado** galet *m.*
canturrear [kantur̄eár] *vt - vi* chantonner.
canutas [kanútas].
• **pasarlas canutas** en voir de toutes les couleurs.
caña [káɲa] *nf* **1** *(planta)* roseau *m*, canne *f.* **2** *(tallo)* chaume *m*, tige *f.* **3** *(de pescar)* ligne *f.* **4** *(de bota)* tige *f.* **5** *(de cerveza)* demi *m.*
• **dar caña 1** *fam (hostigar, azuzar)* tanner. **2** *fam (en coche)* accélérer.
• **ser un caña** *fam (persona)* être un as.
▪ **caña de azúcar** canne à sucre.
cáñamo [káɲamo] *nm* chanvre *m.*
cañería [kaɲería] *nf* tuyau *m.*
► *nf pl* **cañerías** tuyauterie *f.*
cañón [kaɲón] *nm* **1** *(de artillería, de arma de fuego)* canon *m.* **2** *(accidente geográfico)* cañon *m*, canyon *m.* **3** *(tubo)* tuyau *m.*
• **estar al pie del cañón** être à pied d'œuvre.
cañonazo [kaɲonáθo] *nm* coup *m* de canon.
caoba [kaóβa] *nf* acajou *m.*
caos [káos] *nm* chaos *m.*
capa [kápa] *nf* **1** *(prenda)* cape *f.* **2** *(de pintura, aire, rocas)* couche *f.* **3** *(social)* couche *f.*
• **estar de capa caída** *fam* filer un mauvais coton.
▪ **capa de ozono** couche d'ozone.
capacidad [kapaθiðáð] *nf* capacité *f.*
capacitar [kapaθitár] *vt* **1** *(hacer apto)* rendre apte, rendre capable. **2** *(autorizar)* autoriser, habiliter. **3** *(instruir)* former.
capar [kapár] *vt* castrer, châtrer.
caparazón [kaparaθón] *nm* carapace *f.*
capataz [kapatáθ] *nm* contremaître *m.*
capaz [kapáθ] *adj* **1** *(hábil)* capable. **2** *(apto)* apte.
• **ser capaz de ALGO** être capable de QQCH.
capazo [kapáθo] *nm* grand cabas *m.*
capellán [kapeʎán] *nm* aumônier *m.*
capicúa [kapikúa] *adj* palindrome.
► *nm* numéro *m* palindrome.
capilar [kapilár] *adj* capillaire.
capilla [kapiʎa] *nf* chapelle *f.*
▪ **capilla ardiente** chapelle ardente.
capital [kapitál] *adj (principal)* capital,-e.
► *nm (dinero)* capital *m.*
► *nf (ciudad principal - de un estado)* capitale *f*; *(- de provincia)* chef-lieu *m.*

capitalismo [kapitalizmo] *nm* capitalisme *m.*
capitalista [kapitalista] *adj - nmf* capitaliste.
capitán,-ana [kapitán,-ána] *nm,f* capitaine *m.*
capitel [kapitél] *nm* chapiteau *m.*
capitular [kapitulár] *vi* capituler.
capítulo [kapítulo] *nm* chapitre *m.*
capó [kapó] *nm* capot *m.*
capota [kapóta] *nf* capote *f.*
capote [kapóte] *nm* **1** *(para torear)* cape *f.* **2** *(prenda)* capote *f*, manteau *m.*
capricho [kapritʃo] *nm* caprice *m.*
• **darse un capricho** se faire un petit plaisir.
caprichoso,-sa [kapritʃóso,-sa] *adj* capricieux,-euse.
cápsula [kápsula] *nf* capsule *f.*
captar [kaptár] *vt* **1** *(gen)* capter. **2** *fam (comprender)* piger.
captura [kaptúra] *nf* capture *f.*
capturar [kapturár] *vt* capturer.
capucha [kapútʃa] *nf* **1** *(de prenda de vestir)* capuche *f*, capuchon *m.* **2** *(de bolígrafo, pluma)* capuchon *m.*
capullo,-lla [kapúʎo,-ʎa] *adj - nm,f fam (estúpido)* con, conne.
► *nm* **capullo 1** *(de gusano de seda)* cocon *m.* **2** *(de flor)* bouton *m.* **3** *fam (prepucio)* gland *m.*
caqui[1] [káki] *nm* **1** *(fruta)* kaki *m.* **2** *(árbol)* plaqueminier *m.*
caqui[2] [káki] *adj inv* kaki *inv*: ***camisas caqui***, chemise kaki.
► *nm (color)* kaki *m.*
cara [kára] *nf* **1** *(parte anterior de la cabeza)* visage *m*, figure *f.* **2** *(semblante, fisonomía)* mine *f*, air *m.* **3** *(aspecto)* mine *f*: ***tienes buena cara***, tu as bonne mine. **4** *(lado)* côté *m.* **5** *fam (descaro)* toupet *m*, culot *m.* **6** *(plano, de moneda)* face *f.*
► *nm (caradura)* culotté,-e.
• **a cara descubierta** à visage découvert.
• **cara a** vers, face à.
• **cara a cara** face à face.
• **cara o cruz** pile ou face.
• **dar la cara** prendre la responsabilité.
• **de cara** en face; ***mirar las cosas de cara***, regarder les choses en face.
• **de cara a** vis-à-vis de.
• **echar en cara** jeter à la figure.
• **poner mala cara** faire grise mine.
• **romper la cara** casser la figure.
• **tener cara de pocos amigos** faire grise mine.
• **verse las caras** se retrouver, s'expliquer.
carabela [karaβéla] *nf* caravelle *f.*
carabina [karaβína] *nf* **1** *(arma)* carabine *f.* **2** *(acompañante)* chaperon *m.*
caracol [karakól] *nm* **1** *(terrestre)* escargot *m.* **2** *(de mar)* bigorneau *m.* **3** *(del oído)* limaçon *m.*
• **¡caracoles!** sapristi !
caracola [karakóla] *nf* conque *f.*
carácter [karákter] *nm* (*pl* **caracteres**) caractère *m.*
• **tener mucho carácter** avoir un fort caractère.
característica [karakterístika] *nf* caractéristique *f.*
característico,-ca [karakterístiko,-ka] *adj* caractéristique.
caracterizar [4] [karakteriθár] *vt* caractériser.
► *vpr* **caracterizarse 1** *(un actor)* se caractériser. **2** *(destacar)* se caractériser (**por**, par).
caradura [karaðúra] *nmf fam* personne *f* culottée: ***es un caradura***, il est gonflé.
► *nf fam* culot *m*, toupet *m.*
carambola [karambóla] *nf* carambolage *m.*
• **de carambola** par ricochet.
caramelo [karamélo] *nm* **1** *(golosina)* bonbon *m.* **2** *(azúcar fundido)* caramel *m.*
• **a punto de caramelo** fin prêt,-e.
carátula [karátula] *nf* pochette *f.*
caravana [karaβána] *nf* **1** *(vehículo, mercaderes)* caravane *f.* **2** *(atasco)* bouchon *m.*
carbón [karβón] *nm* charbon *m.*
▪ **carbón vegetal** charbon de bois.
carboncillo [karβonθíʎo] *nm* fusain *m.*
carbonizar [4] [karβoniθár] *vt* carboniser.
► *vpr* **carbonizarse** brûler.
carbono [karβóno] *nm* carbone *m.*

carburador [karβuraðór] *nm* carburateur *m.*
carburante [karβurànte] *nm* carburant *m.*
carcajada [karkaχáða] *nf* éclat *m* de rire.
• **reír a carcajadas** rire aux éclats.
carcamal [karkamál] *nm fam* vieux *m* croulant.
cárcel [kárθel] *nf* prison *f.*
• **meter en la cárcel** mettre en prison.
carcelero,-ra [karθeléro,-ra] *nm,f* gardien,-enne de prison.
carcoma [karkòma] *nf* **1** *(insecto)* vrillette *f*, artison *m.* **2** *(polvo)* vermoulure *f.*
cardenal[1] [karðenál] *nm (de la iglesia)* cardinal *m.*
cardenal[2] [karðenál] *nm (hematoma)* bleu *m.*
cardíaco,-ca [karðiako,-ka] **, cardiaco,-ca** [karðiáko,-ka] *adj* cardiaque.
cardinal [karðinál] *adj* cardinal,-e.
cardiología [karðjoloχía] *nf* cardiologie *f.*
cardiólogo,-ga [karðjóloɣo,-ɣa] *nm,f* cardiologue.
cardo [kárðo] *nm* **1** *(planta)* chardon *m.* **2** *fam (persona fea)* monstre *m.* **3** *fam (persona arisca)* personne *f* désagréable.
▪ **cardo borriquero** chardon aux ânes.
carecer [43] [kareθèr] *vi* manquer (**de**, de), être dépourvu,-e (**de**, de).
carencia [karènθja] *nf* **1** manque *m*, absence *f.* **2** MED carence *f.*
carestía [karestia] *nf* **1** *(escasez)* pénurie *f.* **2** *(precio)* cherté *f*: ***la carestía de la vida***, la cherté de la vie.
careta [karèta] *nf* masque *m.*
▪ **careta antigás** masque à gaz.
carga [kárɣa] *nf* **1** *(gen)* charge *f*: ***las vigas sostienen la carga del edificio***, les poutres soutiennent le poids du bâtiment; ***la carga de un fusil***, la charge d'un fusil; ***una palabra con una fuerte carga popular***, un mot avec un fort contenu social. **2** *(cosa transportada)* chargement *m*, charge *f.* **3** *(acción de cargar)* chargement *m.* **4** *(de bolígrafo)* cartouche *f*, recharge *f.*
• **volver a la carga** revenir à la charge.
cargado,-da [karɣáðo,-ða] *adj* **1** *(gen)* chargé,-e. **2** *(habitación)* mal ventilé,-e. **3** *(día, tiempo)* lourd,-e. **4** *(bebida)* tassé,-e; *(café)* serré,-e.
cargador [karɣaðór] *nm* chargeur *m.*
cargamento [karɣamènto] *nm* chargement *m*, cargaison *f.*
cargante [karɣànte] *adj* assommant,-e.
cargar [7] [karɣár] *vt* **1** *(gen)* charger: ***cargar un buque***, charger un bateau; ***cargar una escopeta***, charger un fusil. **2** *(pluma, encendedor)* recharger. **3** *(imputar)* attribuer, imputer: ***siempre carga las culpas a otro***, il accuse toujours les autres. **4** *(de trabajo, responsabilidad)* refiler. **5** *(en cuenta)* débiter, porter au débit.
► *vt - vi fam (molestar)* ennuyer, assommer.
► *vi* **1** *(atacar)* charger. **2 cargar con** *(peso)* porter: ***cargar con la maleta***, porter la valise. **3 cargar con** *(asumir)* assumer; ***cargar con las consecuencias***, subir les conséquences.
► *vpr* **cargarse 1** *fam (destrozar)* briser. **2** *fam (matar)* liquider. **3** *fam (suspender)* recaler. **4** *(cielo, tiempo)* se charger.
• **cargar las tintas** en rajouter.
• **cargarse de paciencia** s'armer de patience.
cargo [kárɣo] *nm* **1** *(puesto)* poste *m*, charge *f.* **2** *(responsabilidad)* obligation *f*, charge *f*: ***tiene a los niños a su cargo***, il s'occupe des enfants. **3** *(en una cuenta)* doit *m*, débit *m.* **4** *(de un delito)* charge *f*, accusation *f.*
• **correr a cargo de** être à la charge de.
• **estar al cargo de** être chargé,-e de.
• **hacerse cargo de 1** *(ocuparse de)* se charger de, prendre à sa charge. **2** *(tomar conciencia de)* se rendre compte de.
▪ **cargo de conciencia** cas *m* de conscience.
cariarse [12] [karjárse] *vpr* se carier.
caricatura [karikatúra] *nf* caricature *f.*
caricia [kariθja] *nf* caresse *f.*
caridad [kariðáð] *nf* **1** *(virtud)* charité *f.* **2** *(limosna)* aumône *f*, charité *f.*
caries [kárjes] *nf* carie *f.*
cariño [kariɲo] *nm* **1** *(sentimiento)* affection *f*, tendresse *f.* **2** *(apelativo)* chéri,-e.
• **coger cariño a** ALGN avoir de l'affection pour QQN.
• **coger cariño a** ALGO être attaché,-e à QQCH.

• **hacer** ALGO **con cariño** faire QQCH avec amour.

cariñoso,-sa [kariɲóso,-sa] *adj* affectueux,-euse, tendre.

caritativo,-va [karitatiβo,-βa] *adj* charitable.

cariz [kariθ] *nm* tournure *f*.

carmesí [karmesí] *adj* cramoisi,-e.
► *nm* cramoisi *m*.

carmín [karmín] *adj inv* carmin.
► *nm* carmin *m*.
▪ **carmín de labios** rouge *m* à lèvres.

carnal [karnál] *adj* **1** *(placer, deseo)* charnel,-elle. **2** *(pariente - primo)* germain,-e; *(- tío, sobrino)* au premier degré.

carnaval [karnaβál] *nm* carnaval *m*.

carne [kárne] *nf* **1** *(alimento)* viande *f*: ***carne poco hecha***, viande saignante. **2** *(de persona, fruto)* chair *f*.
• **en carne viva** à vif.
• **no ser ni carne ni pescado** n'être ni chair ni poisson.
• **poner toda la carne en el asador** risquer le tout pour le tout.
• **ser carne de cañón** être de la chair à canon.
• **ser uña y carne** être comme les deux doigts de la main.
▪ **carne de gallina** chair de poule.
▪ **carne de ternera** veau *m*.
▪ **carne picada 1** *(de ternera)* viande hachée. **2** *(de cerdo)* chair à saucisse.

carné [karné] *nm* carte *f*.
▪ **carné de conducir** permis *m* de conduire.
▪ **carné de identidad** carte d'identité.

carnero [karnéro] *nm* mouton *m*.

carnet [karnét] *nm* → carné.

carnicería [karniθería] *nf* **1** *(tienda)* boucherie *f*. **2** *(degollina, masacre)* carnage *m*.

carnicero,-ra [karniθéro,-ra] *nm,f* boucher,-ère.
► *adj* carnassier,-ère.

carnívoro,-ra [karníβoro,-ra] *adj* carnivore.
► *nm* **carnívoro** carnivore *m*.

carnoso,-sa [karnóso,-sa] *adj* charnu,-e.

caro,-ra [káro,-ra] *adj* cher, chère.
► *adv* **caro** cher.

carpa [kárpa] *nf* **1** *(pez)* carpe *f*. **2** *(para fiestas)* tente *f*. **3** *(de circo)* chapiteau *m*.

carpeta [karpéta] *nf* chemise *f*.

carpintería [karpintería] *nf* **1** *(técnica)* charpenterie *f*. **2** *(oficio, taller)* menuiserie *f*.

carpintero,-ra [karpintéro] *nm* charpentier *m*, menuisier *m*.

carraspera [kar̄aspéra] *nf* enrouement *m*.

carrera [kar̄éra] *nf* **1** *(paso rápido, competición)* course *f*. **2** *(estudios universitarios)* études *f pl*: ***hace la carrera de arquitecto***, il fait des études d'architecte. **3** *(trayecto)* parcours *m*. **4** *(en las medias)* échelle *f*.
• **hacer la carrera** faire le trottoir.
▪ **carrera armamentística** course aux armements.

carrerilla [kar̄eriʎa].
• **de carrerilla 1** *(seguido)* d'un trait. **2** *(de memoria)* comme un perroquet.
• **coger carrerilla** prendre de l'élan.

carrete [kar̄éte] *nm* **1** *(de fotos)* pellicule *f*. **2** *(de una caña de pescar)* moulinet *m*. **3** *(de hilo, etc)* bobine *f*.

carretera [kar̄etéra] *nf* route *f*: ***red de carreteras***, réseau routier.
▪ **carretera comarcal** route départementale.
▪ **carretera de circunvalación** périphérique *m*.
▪ **carretera nacional** route nationale.

carretero [kar̄etéro] *nm* charretier *m*.
• **fumar como un carretero** fumer comme un pompier.

carretilla [kar̄etiʎa] *nf* brouette *f*.
• **saber(se)** ALGO **de carretilla** savoir QQCH comme un perroquet.

carril [kar̄íl] *nm* **1** *(de carretera)* voie *f*. **2** *(de vía férrea)* rail *m*.
▪ **carril bici** voie cyclable.
▪ **carril bus** couloir *m* d'autobus.

carro [kár̄o] *nm* **1** *(gen)* chariot *m*. **2** *(de combate)* char *m*.
• **¡para el carro!** *fam* arrête !

carrocería [kar̄oθería] *nf* carrosserie *f*.

carroña [kar̄óɲa] *nf* charogne *f*.

carroza [kar̄óθa] *nf* **1** carrosse *m*. **2** *(de carnaval)* char *m*.
► *adj - nmf* ringard,-e.

carta [kàrta] *nf* **1** *(escrito)* lettre *f*: ***echar una carta al buzón***, mettre une lettre à la boîte (aux lettres). **2** *(naipe, menú)* carte *f*. **3** *(documento)* charte *f*.
• **poner las cartas sobre la mesa** jouer cartes sur table.
• **tener carta blanca** avoir carte blanche.
• **tomar cartas en un asunto** intervenir dans une affaire.
▪ **carta certificada** lettre recommandée.
cartabón [kartaβòn] *nm* équerre *f*.
cartel [kartèl] *nm* affiche *f*.
cartelera [kartelèra] *nf* **1** *(valla)* porte-affiches *m*. **2** *(de cine)* rubrique *f* des spectacles.
cartera [kartèra] *nf* **1** *(de bolsillo)* portefeuille *m*. **2** *(de colegial)* cartable *m*; *(para llevar documentos)* serviette *f*. **3** *(para dibujos)* carton *m*.
carterista [karterista] *nmf* pickpocket *m*.
cartero [kartèro] *nm* facteur *m*.
cartílago [kartilaɣo] *nm* cartilage *m*.
cartilla [kartiʎa] *nf* **1** *(libro)* abécédaire *m*. **2** *(documento)* livret *m*.
• **leerle a uno la cartilla** faire la leçon à QQN.
▪ **cartilla de ahorros** livret de caisse d'épargne.
▪ **cartilla de la seguridad social** carte *f* d'assuré social.
cartón [kartòn] *nm* **1** *(material)* carton *m*. **2** *(de cigarrillos)* cartouche *f*.
▪ **cartón piedra** carton-pâte *m*.
cartuchera [kartutʃèra] *nf* cartouchière *f*.
cartucho [kartùtʃo] *nm* **1** *(de arma, de pluma)* cartouche *f*. **2** *(cucurucho)* cornet *m*. **3** *(de monedas)* rouleau *m*.
cartulina [kartulina] *nf* bristol *m*.
casa [kàsa] *nf* maison *f*.
• **de andar por casa** insignifiant.
• **tirar la casa por la ventana** jeter l'argent par les fenêtres.
▪ **casa adosada** maison mitoyenne.
▪ **casa consistorial** hôtel *m* de ville.
▪ **casa de citas** maison close.
▪ **casa de comidas** restaurant *m*.
▪ **casa de empeños** maison de prêts sur gages.
▪ **casa de huéspedes** pension *f* de famille.
▪ **casa pareada** maison jumelée.
▪ **la casa de tócame Roque** la cour du roi Pétaud.
casaca [kasàka] *nf* casaque *f*.
casado,-da [kasàðo,-ða] *adj* - *nm,f* marié,-e.
▪ **los recién casados** les jeunes mariés.
casamiento [kasamjènto] *nm* mariage *m*.
casar [kasàr] *vi* - *vpr* **casar(se)** se marier.
► *vt* marier.
cascabel [kaskaβèl] *nm* grelot *m*.
cascada [kaskàða] *nf* cascade *f*.
cascado,-da [kaskàðo,-ða] *adj* **1** *(objeto, vaso, etc)* fêlé,-e. **2** *(voz)* éraillé,-e. **3** *(persona)* usé,-e.
cascanueces [kaskanwèθes] *nm* casse-noix *m*.
cascar [1] [kaskàr] *vt* **1** *(objetos)* casser. **2** *(huevos, voz)* casser, briser. **3** *fig (la salud)* ébranler. **4** *(pegar)* battre.
► *vi* **1** *fam (charlar)* bavarder. **2** *(morir)* crever.
cáscara [kàskara] *nf* **1** *(de fruto seco)* coquille *f*. **2** *(de naranja, limón)* écorce *f*.
cascarón [kaskaròn] *nm* coquille *f*.
cascarrabias [kaskar̄àβjas] *nmf* grincheux,-euse.
casco [kàsko] *nm* **1** *(protector)* casque *m*. **2** *(de las caballerías)* sabot *m*. **3** *(de un barco)* coque *f*. **4** *(envase)* bouteille *f* vide.
► *nm pl* **cascos** casque *m inv*.
• **ser ligero de cascos** ne pas avoir de cervelle.
▪ **casco antiguo** vieille ville *f*.
▪ **casco azul** casque bleu.
▪ **casco urbano** centre-ville *m*.
cascote [kaskòte] *nm* gravats *m pl*.
caserío [kaserio] *nm* **1** maison *f* de campagne. **2** *(pueblo)* hameau *m*.
casero,-ra [kasèro,-ra] *adj* **1** *(hecho en casa)* de ménage, maison: ***pan casero***, pain fait maison. **2** *(en familia)* familial,-e: ***fiesta casera***, fête de famille.
► *nm,f* propriétaire.
caseta [kasèta] *nf* **1** *(de feria)* stand *m*. **2** *(de bañistas)* cabine *f*. **3** *(de perro)* niche *f*.
casete [kasète] *nf (cinta - audio)* cassette *f* audio; *(- vídeo)* cassette *f* vidéo.
► *nm (aparato)* magnétophone *m*.

casi [kási] *adv* presque.
casilla [kasiʎa] *nf* **1** *(de casillero)* casier *f*. **2** *(compartimiento, división)* case *f*.
• **sacar a** ALGN **de sus casillas** mettre QQN hors de soi.
casillero [kasiʎéro] *nm (mueble)* casier *m*.
casino [kasino] *nm* **1** *(establecimiento de juego)* casino *m*. **2** *(asociación)* cercle *m*, club *m*.
caso [káso] *nm* cas *m*.
• **en caso de que** au cas où.
• **en ese caso** dans ce cas.
• **en todo caso** en tout cas.
• **hacer caso omiso** passer outre.
• **venir al caso** venir à propos.
caspa [káspa] *nf* pellicules *f pl*.
casquillo [kaskiʎo] *nm* douille *f*.
casta [kásta] *nf* **1** *(calidad, clase)* race *f*. **2** *(en la India)* caste *f*.
castaña [kastáɲa] *nf* **1** *(fruto, golpe)* châtaigne *f*. **2** *(borrachera)* cuite *f*.
• **sacarle las castañas del fuego a** ALGN tirer QQN d'affaire.
castaño,-ña [kastáɲo,-ɲa] *adj* **1** *(pelo)* châtain,-e. **2** *(color)* marron *m inv*.
castañuela [kastaɲwéla] *nf* castagnette *f*.
castellano,-na [kasteʎáno,-na] *adj - nm,f* castillan,-e.
► *nm* **castellano** *(lengua)* castillan *m*, espagnol *m*.
castidad [kastiðáð] *nf* chasteté *f*.
castigar [7] [kastiɣár] *vt* **1** *(niño, condenado)* punir. **2** *(deportista)* pénaliser. **3** *(el cuerpo)* malmener.
castigo [kastiɣo] *nm* punition *f*: ***castigo ejemplar***, châtiment exemplaire.
castillo [kastiʎo] *nm* château *m*.
• **hacer castillos en el aire** bâtir des châteaux en Espagne.
castizo,-za [kastiθo,-θa] *adj* **1** *(lenguaje)* pur, pure. **2** *(típico)* typique.
casto,-ta [kásto,-ta] *adj* chaste.
castor [kastór] *nm* castor *m*.
castrar [kastrár] *vt* castrer.
casual [kaswál] *adj* fortuit,-e.
• **por un casual** *fam* par hasard.
casualidad [kaswaliðáð] *nf* hasard *m*.
• **por casualidad** par hasard.
• **¡qué casualidad!** quelle coïncidence !
cata [káta] *nf* dégustation *f*.
cataclismo [kataklizmo] *nm* cataclysme *m*.
catacumbas [katakúmbas] *nf pl* catacombes *f pl*.
catalejo [katalέχo] *nm* longue-vue *f*.
catalogar [7] [kataloɣár] *vt* cataloguer.
catálogo [katáloɣo] *nm* catalogue *m*.
catapulta [katapúlta] *nf* catapulte *f*.
catar [katár] *vt* goûter, déguster.
catarata [kataráta] *nf* **1** *(de agua)* chute *f*. **2** *(del ojo)* cataracte *f*.
catarro [katáro] *nm* rhume *m*.
catástrofe [katástrofe] *nf* catastrophe *f*.
cate [káte] *nm* **1** *fam (golpe)* baffe *f*. **2** *fam (suspenso)* gamelle *f*.
catear [kateár] *vt fam* recaler: ***le han cateado***, il s'est fait recaler.
catecismo [kateθizmo] *nm* catéchisme *m*.
cátedra [káteðra] *nf* chaire *f*.
catedral [kateðrál] *nf* cathédrale *f*.
catedrático,-ca [kateðrátiko,-ka] *nm,f* professeur *m* d'université, professeur de lycée.
categoría [kateɣoria] *nf* **1** catégorie *f*. **2** *(social)* rang *m*: ***gente de categoría***, gens d'un rang élevé. **3** *(calidad)* classe *f*.
catequesis [katekésis] *nf* catéchèse *f*.
cateto,-ta [katéto,-ta] *nm,f pey* balourd,-e.
► *nm* **cateto** côté *m*.
catolicismo [katoliθizmo] *nm* catholicisme *m*.
católico,-ca [katóliko,-ka] *adj - nm,f* catholique.
catorce [katórθe] *num* quatorze *m inv*.
cauce [káuθe] *nm* **1** *(procedimiento)* cours *m*. **2** *(de un río)* lit *m*.
caucho [káutʃo] *nm* caoutchouc *m*.
caudal [kaʊðál] *nm* **1** *(de un río)* débit *m*. **2** *(dinero)* fortune *f*.
caudillo [kaʊðiʎo] *nm* caudillo *m*.
causa [káusa] *nf* cause *f*.
• **a causa de** à cause de.
causante [kaʊsánte] *nmf* responsable.
causar [kaʊsár] *vt* causer.
cautela [kaʊtéla] *nf* précaution *f*.
cauteloso,-sa [kaʊtelóso,-sa] *adj* prudent,-e.
cautivar [kaʊtiβár] *vt* captiver.
cautiverio [kaʊtiβérjo] *nm* captivité *f*.
cautividad [kaʊtiβiðáð] *nf* captivité *f*.

cautivo,-va [kautiβo,-βa] *adj - nm,f* captif,-ive.
cauto,-ta [kàuto,-ta] *adj* prudent,-e.
cava [kàβa] *nf* ANAT *(vena)* cave *f.*
► *nm (vino) vin champagnisé catalan.*
cavar [kaβàr] *vt* creuser.
caverna [kaβèrna] *nf* caverne *f.*
caviar [kaβjàr] *nm* caviar *m.*
cavidad [kaβiðàð] *nf* cavité *f.*
cavilar [kaβilàr] *vt* réfléchir.
caza [kàθa] *nf* **1** *(acción, deporte)* chasse *f.* **2** *(animales)* gibier *m.*
► *nm (avión)* chasseur *m.*
• **dar caza a** prendre en chasse.
▪ **caza mayor** gros gibier.
▪ **caza menor** petit gibier.
cazador,-ra [kaθaðòr,-ra] *adj* de chasse.
► *nm,f* chasseur,-euse.
▪ **cazador furtivo** braconnier *m.*
cazadora [kaθaðòra] *nf (chaqueta)* blouson *m.*
cazar [4] [kaθàr] *vt* **1** *(animal)* chasser. **2** *fam (pillar)* surprendre.
cazo [kàθo] *nm* **1** *(cuchara)* louche *f.* **2** *(recipiente)* casserole *f.*
cazuela [kaθwèla] *nf* **1** *(recipiente)* terrine *f.* **2** *(guiso)* ragoût *m.*
CD [θeðè] *abr (**Compact Disc**)* CD *m.*
CD-ROM [θeðeřòm] *abr (**Compact Disc Read-Only Memory**)* CD-ROM *m.*
cebada [θeβàða] *nf* orge *m-f.*
cebar [θeβàr] *vt* **1** *(animales)* gaver. **2** *(horno, etc)* alimenter. **3** *(arma, bomba, anzuelo)* amorcer.
► *vpr* **cebarse** s'acharner.
cebo [θèβo] *nm* **1** *(que se da a los animales)* pâtée *f.* **2** *(en el anzuelo)* appât *m.* **3** *(en un arma, una bomba, etc)* amorce *f.*
cebolla [θeβòʎa] *nf* oignon *m.*
cebolleta [θeβoʎèta] *nf* oignon *m* tendre.
cebra [θèβra] *nf* zèbre *m.*
cecear [θeθeàr] *vi* zézayer.
ceder [θeðèr] *vt - vi* céder.
cedro [θèðro] *nm* cèdre *m.*
cédula [θèðula] *nf* certificat *m.*
cegar [48] [θeɣàr] *vt* **1** *(gen)* aveugler. **2** *(puerta)* murer.
► *vpr* **cegarse** être aveuglé,-e.
ceguera [θeɣèra] *nf* cécité *f.*
ceja [θèχa] *nf* **1** *(de la cara)* sourcil *m.* **2** MÚS sillet *m.*
• **estar hasta las cejas** *fam* en avoir pardessus la tête.
• **tener ALGO entre ceja y ceja** avoir QQCH dans la tête.
celda [θèlda] *nf* cellule *f.*
celebración [θeleβraθjòn] *nf* **1** *(fiesta)* célébration *f.* **2** *(realización)* tenue *f.*
celebrar [θeleβràr] *vt* **1** *(gen)* célébrer. **2** *(reunión, sesión)* tenir. **3** *(partido)* disputer.
célebre [θèleβre] *adj* célèbre.
celeste [θelèste] *adj* céleste.
celibato [θeliβàto] *nm* célibat *m.*
celo[1] [θèlo] *nm* **1** *(esmero)* zèle *m.* **2** *(de los animales)* rut *m.*
► *nm pl* **celos** jalousie *f sing.*
• **dar celos a ALGN** rendre QQN jaloux.
• **tener celos de ALGN** être jaloux de QQN.
celo®[2] [θèlo] *nm* Scotch® *m.*
celofán® [θelofàn] *nm* Cellophane® *f.*
celoso,-sa [θelòso,-sa] *adj - nm,f* jaloux, -ouse.
célula [θèlula] *nf* cellule *f.*
celulitis [θelulitis] *nf* cellulite *f.*
celuloide® [θelulòiðe] *nm* celluloïd® *m.*
celulosa [θelulòsa] *nf* cellulose *f.*
cementerio [θementèrjo] *nm* cimetière *m.*
▪ **cementerio de coches** parc *m* à ferraille.
cemento [θemènto] *nm* ciment *m.*
▪ **cemento armado** ciment armé.
cena [θèna] *nf* dîner *m.*
cenar [θenàr] *vi* dîner.
► *vt* manger au dîner: ***¿qué has cenado?***, qu'est-ce que tu as mangé au dîner ?
cencerro [θenθèřo] *nm* sonnaille *f.*
• **estar como un cencerro** *fam* être complètement cinglé,-e.
cenefa [θenèfa] *nf* **1** *(de cortina)* liseré *m.* **2** *(de pared)* frise *f.*
cenicero [θeniθèro] *nm* cendrier *m.*
cenit [θenit], **cenit** [θènit] *nm* zénith *m.*
ceniza [θeniθa] *nf* cendre *f.*
censo [θènso] *nm* recensement *m.*
▪ **censo electoral** listes *f pl* électorales.
censura [θensùra] *nf* **1** *(de prensa, cine, etc)* censure *f.* **2** *(crítica)* critique *f.*

censurar [θensurár] *vt* **1** *(prensa cine)* censurer. **2** *(criticar)* blâmer.

centavo,-va [θentáβo,-βa] *num* centième.

► *nm* **centavo 1** *(parte)* centième *m*. **2** *(moneda)* centime *m*.

centella [θentéʎa] *nf* **1** *(chispa)* étincelle *f*. **2** *(rayo)* éclair *m*.

centena [θenténa] *nf* centaine *f*.

centenar [θentenár] *nm* centaine *f*.

centenario,-ria [θentenárjo,-rja] *adj - nm,f* centenaire.

► *nm* **centenario** centenaire *m*.

centeno [θenténo] *nm* seigle *m*.

centígrado,-da [θentíɣraðo,-ða] *adj* centigrade.

céntimo [θéntimo] *nm* centime *m*.

• **estar sin un céntimo** ne pas avoir un sou.

centollo [θentóʎo] *nm* araignée *f* de mer.

central [θentrál] *adj* central,-e.

► *nm* DEP arrière *m* centre.

► *nf* **1** *(de energía)* centrale *f*. **2** *(oficina principal)* siège *m* social.

▪ **central nuclear** centrale nucléaire.

centrar [θentrár] *vt* centrer.

► *vpr* **centrarse 1** *(basarse)* être axé,-e. **2** *(concentrarse)* se concentrer. **3** *(equilibrarse)* se stabiliser.

céntrico,-ca [θéntriko,-ka] *adj* central,-e: ***una calle céntrica***, une rue située au centre-ville.

centrífugo,-ga [θentrífuɣo,-ɣa] *adj* centrifuge.

centro [θéntro] *nm* **1** centre *m*. **2** *(institución)* institution *f*.

▪ **centro comercial** centre commercial.

▪ **centro de mesa** centre de table.

▪ **centro docente o de enseñanza** établissement *m* scolaire.

ceñido,-da [θeɲíðo,-ða] *adj (prenda)* moulant,-e.

ceñir [θeɲír] *vt* **1** *(apretar)* serrer. **2** *(ropa)* mouler. **3** *(rodear)* prendre par la taille.

► *vpr* **ceñirse** *(limitarse)* se limiter (**a**, à).

ceño [θéɲo] *nm* froncement *m* de sourcils.

• **fruncir el ceño** froncer les sourcils.

cepa [θépa] *nf* **1** *(de la vid)* cep *m*. **2** *(de árbol, de una familia)* souche *f*.

• **de pura cepa** de souche.

cepillar [θepiʎár] *vt* **1** *(gen)* brosser. **2** *(madera)* raboter.

► *vpr* **cepillarse 1** *(pelo, dientes)* se brosser. **2** *fam (comerse)* s'envoyer. **3** *fam (matar)* buter. **4** *vulg (copular)* se faire.

cepillo [θepíʎo] *nm* **1** *(gen)* brosse *f*. **2** *(para madera)* rabot *m*. **3** *(para limosnas)* tronc *m*.

▪ **cepillo de dientes** brosse à dents.

cepo [θépo] *nm* **1** *(para cazar)* piège *m*. **2** *(de tortura)* fer *m*. **3** *(para coche)* sabot *m*.

cera [θéra] *nf* cire *f*.

• **no hay más cera que la que arde** c'est tout ce qu'il y a.

cerámica [θerámika] *nf* céramique *f*.

cerca[1] [θérka] *adv* près: ***muy cerca***, très près, tout près.

• **cerca de 1** *(casi)* près de. **2** *(aproximadamente)* environ.

• **de cerca** de près.

cerca[2] [θérka] *nf (vallado, tapia, etc)* clôture *f*.

cercado [θerkáðo] *nm* **1** *(lugar)* enclos *m*. **2** *(cerca)* clôture *f*.

cercanía [θerkanía] *nf* proximité *f*.

► *nf pl* **cercanías** environs *m pl*.

cercano,-na [θerkáno,-na] *adj* proche (**a**, de): ***un pueblo cercano***, un village voisin; ***cercano a la estación***, proche de la gare.

cercar [1] [θerkár] *vt* **1** *(vallar)* clôturer. **2** *(rodear)* encercler.

cerciorarse [θerθjorárse] *vpr* s'assurer (**de**, de).

cerco [θérko] *nm* **1** *(aro)* cercle *m*. **2** *(de luz)* halo *m*. **3** *(asedio)* siège *m*.

cerda [θérða] *nf* **1** *(pelo)* crin *m*; *(- de jabalí, de cerdo)* soie *f*. **2** *(hembra del cerdo)* truie *f*.

cerdo [θérðo] *nm* porc *m*, cochon *m*: ***carne de cerdo***, viande de porc.

cereal [θereál] *nm* céréale *f*.

cerebral [θereβrál] *adj* cérébral,-e.

cerebro [θeréβro] *nm* **1** *(gen)* cerveau *m*. **2** *(inteligencia)* cervelle *f*.

ceremonia [θeremónja] *nf* cérémonie *f*.

ceremonial [θeremonjál] *adj* cérémoniel,-elle.

► *nm* cérémonial *m*.

cereza [θeréθa] *nf* cerise *f*.

cerezo [θeréθo] *nm* cerisier *m*.

cerilla [θeriʎa] *nf* allumette *f*.
cernerse [28] [θernèrse] *vpr fml* planer.
cero [θèro] *nm* zéro *m*.
• **bajo cero** au-dessous de zéro: ***estamos a tres bajo cero***, il fait moins trois.
• **ser un cero a la izquierda** être un moins que rien.
cerrado,-da [θer̄àðo,-ða] *adj* **1** *(gen)* fermé,-e. **2** *(tiempo, cielo)* couvert,-e. **3** *(barba)* épais,-aisse. **4** *(persona)* renfermé,-e. **5** *(acento)* très marqué,-e.
cerradura [θer̄aðùra] *nf* serrure *f*.
cerrajero [θer̄aχèro] *nm* serrurier *f*.
cerrar [27] [θer̄àr] *vt* **1** *(gen)* fermer. **2** *(un conducto, etc)* boucher. **3** *(suscripción, etc)* déclarer clos,-e. **4** *(conversación, etc)* clore. **5** *(acuerdo, trato)* conclure. **6** *(filas)* serrer.
► *vi (puerta)* fermer.
► *vpr* **cerrarse** se fermer.
cerro [θèr̄o] *nm* colline *f*.
• **irse por los cerros de Úbeda** s'écarter du sujet.
cerrojo [θer̄òχo] *nm* verrou *m*: ***echar, correr el cerrojo***, mettre le verrou.
certamen [θertàmen] *nm* concours *m*.
certeza [θertèθa] *nf* certitude *f*.
certidumbre [θertiðùmbre] *nf* certitude *f*.
certificado,-da [θertifikàðo,-ða] *adj* recommandé,-e.
► *nm* **certificado** certificat *m*.
cervecería [θerβeθeria] *nf* brasserie *f*.
cerveza [θerβèθa] *nf* bière *f*.
▪ **cerveza de barril** bière (à la) pression.
▪ **cerveza negra** bière brune.
cervical [θerβikàl] *adj* cervical,-e.
cesar [θesàr] *vi* **1** *(parar)* cesser. **2** *(despedir)* renvoyer. **3** *(dimitir)* démissionner.
• **sin cesar** sans cesse.
cese [θèse] *nm* **1** *(de actividad)* cessation *f*. **2** *(despido)* renvoi *m*.
césped [θèspeð] *nm* gazon *m*, pelouse *f*.
cesta [θèsta] *nf* panier *m*.
▪ **cesta de la compra** panier de la ménagère.
cesto [θesto] *nm* panier *m*.
cetáceo [θetàθeo] *nm* cétacé *m*.
cetro [θètro] *nm* sceptre *m*.
chabacano,-na [tʃaβakàno,-na] *adj* vulgaire.
chabola [tʃaβòla] *nf* baraque *f*.
chacal [tʃakàl] *nm* chacal *m*.
chacha [tʃàtʃa] *nf fam* bonne *f*.
cháchara [tʃàtʃara] *nf* bavardage *m*.
• **estar de cháchara** papoter.
chachi [tʃàtʃi] *adj - adv fam* chouette.
chafar [tʃafàr] *vt* **1** *(aplastar)* écraser, aplatir. **2** *(la ropa)* froisser. **3** *fam (estropear)* gâcher.
chal [tʃal] *nm* châle *m*.
chalado,-da [tʃalàðo,-ða] *adj* **1** *fam* cinglé,-e. **2** *fam* dingue (**por**, de).
chalé [tʃalè] *nm* **1** *(casa con jardín)* pavillon *m*. **2** *(de madera)* chalet *m*.
chaleco [tʃalèko] *nm* gilet *m*.
▪ **chaleco salvavidas** gilet de sauvetage.
chalet [tʃalèt] *nm (casa con jardín)* pavillon *m*. **2** *(de madera)* chalet *m*.
champán [tʃampàn] *nm* champagne *m*.
champiñón [tʃampiɲòn] *nm* **1** champignon *m* de Paris.
champú [tʃampù] *nm* (*pl* **champús**) shampooing *m*.
chamuscar [1] [tʃamuskàr] *vt* roussir.
► *vpr* **chamuscarse** être roussi,-e.
chanchullo [tʃantʃùʎo] *nm* magouilles *f pl*.
chancla [tʃàŋkla] *nf* tong *f*.
chancleta [tʃaŋklèta] *nf (de playa)* tong *f*.
chándal [tʃàndal] *nm* (*pl* **chándals** o **chándales**) survêtement *m*.
chantaje [tʃantàχe] *nm* chantage *m*.
chantajear [tʃantaχeàr] *vt* faire chanter.
chantajista [tʃantaχista] *nmf* maître chanteur *m*.
chapa [tʃàpa] *nf* **1** *(gen)* plaque *f*. **2** *(de metal)* tôle *f*. **3** *(insignia)* badge *m*. **4** *(tapón)* capsule *f*. **5** *(de coche)* carrosserie *f*.
chapado,-da [tʃapàðo,-ða] *adj* plaqué,-e: ***chapado en oro***, plaqué or.
• **chapado a la antigua** vieux jeu.
chaparrón [tʃapar̄òn] *nm* averse *f*.
chapotear [tʃapoteàr] *vi* barboter.
chapucero,-ra [tʃapuθèro,-ra] *adj (trabajo)* bâclé,-e.
► *adj - nm,f (persona)* bricoleur,-euse.
chapurrear [tʃapur̄eàr] *vt* baragouiner.
chapuza [tʃapùθa] *nf* **1** *(obra de poca importancia)* bricole *f*. **2** *(obra mal hecha)* travail *m* bâclé.

chapuzón [tʃapuθón] *nm* plongeon *m*.
• **darse un chapuzón** *fam* piquer une tête.
chaqué [tʃaké] *nm* jaquette *f*.
chaqueta [tʃakéta] *nf* veste *f*.
chaquetero,-ra [tʃaketéro,-ra] *nm,f fam* personne *f* intéressée.
chaquetón [tʃaketón] *nm* trois-quarts *m*.
charanga [tʃaráŋga] *nf* fanfare *f*.
charca [tʃárka] *nf* mare *f*.
charco [tʃárko] *nm* flaque *f*.
charcutería [tʃarkuteria] *nf* charcuterie *f*.
charla [tʃárla] *nf* **1** *(conversación)* discussion *f*. **2** *(conferencia)* exposé *m*.
charlar [tʃarlár] *vi* bavarder.
charlatán,-ana [tʃarlatán,-ána] *adj - nm,f* bavard,-e.
► *nm* **charlatán** *(curandero)* charlatan *m*.
charol [tʃaról] *nm* cuir *m* verni.
chárter [tʃárter] *adj - nm* charter *m*.
chasco [tʃásko] *nm* **1** *(desilusión)* déception *f*. **2** *(burla)* moquerie *f*.
• **llevarse un chasco** recevoir une douche froide.
chasis [tʃásis] *nm* châssis *m*.
chasquido [tʃaskiðo] *nm* **1** *(del látigo)* claquement *m*. **2** *(de madera)* craquement *m*.
chat [tʃát] *nm* chat *m*.
chatarra [tʃatára] *nf* ferraille *f*.
chatear [tʃateár] *vt* **1** *(tomar vinos)* faire la tournée des bars. **2** INFORM chatter.
chato,-ta [tʃáto,-ta] *adj* **1** *(nariz)* camus, -e. **2** *(aplanado)* plat, plate.
► *nm,f* **1** *(persona)* personne *f* au nez camus. **2** *(apelativo)* chéri,-e.
chauvinismo, chovinismo [tʃoβinizmo] *nm* chauvinisme *m*.
chaval,-la [tʃaβál,-la] *nm,f fam* jeune.
checo,-ca [tʃéko,-ka] *adj* tchèque.
► *nm,f* Tchèque.
► *nm* **checo** *(idioma)* tchèque *m*.
chepa [tʃépa] *nf* bosse *f*.
cheque [tʃéke] *nm* chèque *m*.
• **extender un cheque** faire un chèque.
▪ **cheque al portador** chèque au porteur.
▪ **cheque cruzado** chèque barré.
▪ **cheque en blanco** chèque en blanc.
▪ **cheque sin fondos** chèque sans provision.
chequeo [tʃekéo] *nm* **1** *(médico)* bilan *m* de santé. **2** *(comprobación)* vérification *f*.
chicha [tʃitʃa] *nf* **1** *(carne)* viande *f*. **2** *(grasa de persona)* graisse *f*.
chichón [tʃitʃón] *nm* bosse *f*.
chicle [tʃikle] *nm* chewing-gum *m*.
chico,-ca [tʃiko,-ka] *adj* petit,-e.
► *nm,f* garçon *m*, fille *f*.
chiflado,-da [tʃifláðo,-ða] *adj fam* cinglé,-e.
chiflar [tʃiflár] *vt (a un actor, etc)* adorer, raffoler de: ***me chiflan las aceitunas***, j'adore les olives.
Chile [tʃile] *n pr* Chili *m*.
chileno,-na [tʃiléno,-na] *adj* chilien,-enne.
► *nm,f* Chilien,-enne.
chillar [tʃiʎár] *vi* **1** *(personas)* crier. **2** *(animales)* glapir.
chillido [tʃiʎiðo] *nm* **1** *(de persona)* cri *m*. **2** *(de animal)* glapissement *m*.
chimenea [tʃimenéa] *nf* cheminée *f*.
chimpancé [tʃimpanθé] *nm* chimpanzé *m*.
china [tʃina] *nf* **1** caillou *m*. **2** *fam (de droga)* boulette *f*.
• **tocarle a uno la china** être désigné par le sort.
China [tʃina] *n pr* Chine *f*.
chinchar [tʃintʃár] *vt fam* taquiner.
► *vpr* **chincharse** *fam (resignarse)* faire avec.
chincheta [tʃintʃéta] *nf* punaise *f*.
chino,-na [tʃino,-na] *adj* chinois,-e.
► *nm,f* Chinois,-e.
► *nm* **chino** *(idioma)* chinois *m*.
chip [tʃip] *nm* INFORM puce *f*.
chipirón [tʃipirón] *nm* calmar *m*.
chiquillada [tʃikiʎáða] *nf* enfantillage *m*.
chiquillo,-lla [tʃikiʎo,-ʎa] *nm,f* gamin,-e.
chiquito,-ta [tʃikito,-ta] *adj - nm,f* petit,-e.
► *nm* **chiquito** *(de vino)* ballon *m*.
• **no andarse con chiquitas** ne pas y aller de main morte.
chirimbolo [tʃirimbólo] *nm fam* machin *m*, truc *m*.
chiringuito [tʃiriŋgito] *nm* **1** *fam (bar, restaurante)* buvette *f*. **2** *pey (negocio)* affaire *f*.
chirimoya [tʃirimója] *nf* anone *f*.
chiripa [tʃiripa] *nf fam* coup *m* de pot.
• **de chiripa** *fam* par miracle.
chirriar [13] [tʃir̄jár] *vi* grincer.

chirrido [tʃir̄iðo] *nm* grincement *m*.
¡chis! [tʃis] *interj* chut !
chisme [tʃizme] *nm* **1** *(cotilleo)* cancan *m*. **2** *(cosa cuyo nombre no se recuerda)* machin *m*, truc *m*.
chismorreo [tʃizmor̄éo] *nm* commérage *m*.
chismoso,-sa [tʃizmóso,-sa] *adj - nm,f* cancanier,-ère.
chispa [tʃispa] *nf* **1** *(de fuego)* étincelle *f*. **2** *(de lluvia)* gouttelette *f*. **3** *fig (ingenio)* esprit *m*. **4** *(un poco)* un peu.
• **echar chispas** être furibond,-e.
• **tener chispa 1** (persona) avoir de l'esprit. **2** (cosa) être drôle.
chispazo [tʃispáθo] *nm* étincelle *f*.
chispeante [tʃispeánte] *adj* étincelant,-e.
chispear [tʃispeár] *v impers* bruiner.
chistar [tʃistár] *vi* répliquer.
• **sin chistar** sans broncher.
chiste [tʃiste] *nm* **1** *(dicho gracioso)* plaisanterie *f*. **2** *(cuento gracioso)* blague *f*.
▪ **chiste verde** blague cochonne.
chistera [tʃistéra] *nf* chapeau *m* haut de forme.
chivarse [tʃiβárse] *vpr* **1** *(niño)* rapporter. **2** *(delincuente)* moucharder.
chivato,-ta [tʃiβáto,-ta] *nm,f fam* mouchard,-e.
► *nm* **chivato** voyant *m* lumineux.
chivo [tʃiβo] *nm* chevreau *m*.
▪ **chivo expiatorio** bouc *m* émissaire.
chocante [tʃokánte] *adj* choquant,-e.
chocar [1] [tʃokár] *vi* **1** se heurter. **2** *fig (pelear)* se battre; *(reñir)* se disputer. **3** *fig (extrañar)* choquer.
• **¡chócala!** tope là !
• **¡choca esos cinco!** tope là !
chochear [tʃotʃeár] *vi* **1** *(hablando de un anciano)* radoter. **2** *fam (de amor o cariño)* être pincé,-e: ***está que chochea con sus sobrinos***, il est gaga de ses neveux.
chocolate [tʃokoláte] *nm* chocolat *m*.
chocolatina [tʃokolatina] *nf* petite barre *f* de chocolat.
chófer [tʃófer], **chofer** [tʃofér] *nm* chauffeur *m*.
chollo [tʃóʎo] *nm* **1** *fam (trabajo)* planque *f*. **2** *fam (compra)* affaire *f*.
chopo [tʃópo] *nm* peuplier *m* noir.
choque [tʃóke] *nm* **1** *(gen)* choc *m*. **2** *(de trenes)* collision *f*.
chorizo [tʃoriθo] *nm* **1** *(embutido)* chorizo *m*. **2** *fam (ladrón)* voleur *m*.
chorlito [tʃorlito] *nm* pluvier *m*.
chorrada [tʃor̄áða] *nf* bêtise *f*.
chorrear [tʃor̄eár] *vi* **1** *(un líquido)* couler. **2** *(goteando)* dégouliner.
chorreo [tʃor̄éo] *nm* ruissellement *m*.
chorro [tʃór̄o] *nm* jet *m*.
• **a chorro** à jet continu.
• **a chorros** *fig* copieusement.
• **como los chorros del oro** propre comme un sou neuf.
choteo [tʃotéo] *nm fam* moquerie *f*.
chovinismo → chauvinismo.
choza [tʃóθa] *nf* cabane *f*, hutte *f*.
chubasco [tʃuβásko] *nm* averse *f*.
chubasquero [tʃuβaskéro] *nm* ciré *m*.
chuche [tʃútʃe] *nf fam* sucrerie *f*.
chuchería [tʃutʃeria] *nf* **1** *(golosina)* sucrerie *f*. **2** *(trasto)* babiole *f*.
chucho [tʃútʃo] *nm fam* cabot *m*.
chufa [tʃúfa] *nf* souchet *m*.
chuleta [tʃuléta] *nf (de cerdo)* côtelette *f*; *(de ternera)* côte *f*.
chulo,-la [tʃúlo,-la] *adj* **1** *(descarado)* effronté,-e. **2** *fam (bonito)* chouette.
► *nm,f* m'as-tu-vu,-e.
► *nm* **chulo** *(proxeneta)* maquereau *m*.
• **ponerse chulo** la ramener.
chungo,-ga [tʃúŋgo,-ɣa] *adj fam* craignos.
chupa [tʃúpa] *nf* (blouson en) cuir *m*.
chupada [tʃupáða] *nf* **1** *(acción)* succion *f*. **2** *(de tabaco)* bouffée *f*: ***dar una chupada***, tirer une bouffée.
chupado,-da [tʃupáðo,-ða] *adj* **1** *(delgado)* maigrelet,-ette. **2** *fam (fácil)* super facile.
chupar [tʃupár] *vt* **1** *(succionar)* sucer. **2** *(absorber)* absorber.
► *vpr* **chuparse** *fam (soportar)* se taper.
• **¡chúpate esa!** avale ça !
chupete [tʃupéte] *nm* sucette *f*.
churrería [tʃur̄eria] *nf* boutique *f* où l'on vend des **churros**.
churrete [tʃur̄éte] *nm* tache *f*.
churro [tʃúr̄o] *nm* **1** COC long beignet *m*. **2** *fam (chapuza)* boulot *m* mal fait. **3** *fam (casualidad)* coup *m* de veine.

chusma [tʃúzma] *nf* populace *f*.
chut [tʃut] *nm* (*pl* **chuts**) DEP shoot *m*.
chutar [tʃutár] *vi* **1** DEP shooter. **2** *fam (funcionar)* marcher.
► *vpr* **chutarse** *fam (droga)* se shooter.
• **... y va que chuta** ... et ça suffit.
cianuro [θjanúro] *nm* cyanure *m*.
ciática [θjátika] *nf* sciatique *f*.
cibercafé [θiβerkafé] *nm* cybercafé *m*.
ciberespacio [θiβerespáθjo] *nm* cyberespace *m*.
cibernauta [θiβernáuta] *nmf* cybernaute.
cibernética [θiβernétika] *nf* cybernétique *f*.
cicatriz [θikatriθ] *nf* cicatrice *f*.
cicatrizar [4] [θikatriθár] *vt* - *vpr* **cicatrizar(se)** cicatriser.
cíclico,-ca [θikliko,-ka] *adj* cyclique.
ciclismo [θiklizmo] *nm* cyclisme *m*.
ciclista [θiklista] *adj* - *nmf* cycliste.
ciclo [θiklo] *nm* cycle *m*.
ciclón [θiklón] *nm* cyclone *m*.
cíclope [θiklope] *nm* cyclope *m*.
cicuta [θikúta] *nf* ciguë *f*.
ciego,-ga [θjéɣo,-ɣa] *adj* **1** *(persona)* aveugle. **2** *(conducto)* bouché,-e. **3** *fam (drogado)* défoncé,-e.
► *nm,f* aveugle.
• **a ciegas** à l'aveuglette.
cielo [θjélo] *nm* **1** *(gen)* ciel *m*. **2** *(apelativo)* chéri,-e.
• **a cielo abierto** à ciel ouvert.
• **como caído del cielo** à pic.
• **poner por los cielos** faire l'éloge de.
• **ser un cielo** être un ange.
▪ **cielo del paladar** voile *m* du palais.
▪ **cielo de la cama** ciel de lit.
▪ **cielo raso** faux plafond *m*.
ciempiés [θjempjés] *nm inv* millepattes *m*.
cien [θjen] *num* cent.
• **cien por cien** cent pour cent.
• **ponerse a cien** se foutre en boule.
ciénaga [θjénaɣa] *nf* marécage *m*.
ciencia [θjénθja] *nf* science *f*.
• **a ciencia cierta** avec certitude.
▪ **ciencia ficción** science-fiction *f*.
▪ **ciencias exactas** sciences exactes.
científico,-ca [θjentifiko,-ka] *adj* - *nm,f* scientifique.
ciento [θjénto] *num* cent *m*.
• **por ciento** pour cent.
• **ciento y la madre** une foule.
cierre [θjére] *nm* **1** *(gen)* fermeture *f*. **2** *(de sesión, congreso, bolsa)* clôture *f*.
▪ **cierre centralizado** verrouillage *m* centralisé.
cierto,-ta [θjérto,-ta] *adj* **1** *(seguro)* sûr, sûre. **2** *(algún)* certain,-e: ***cierto asunto***, certaine affaire. **3** *(verdadero)* vrai, vraie.
► *adv* **cierto** certainement.
• **estar en lo cierto** être dans le vrai.
• **lo cierto es que** toujours est-il que.
• **por cierto** au fait.
ciervo,-va [θjérβo] *nm* cerf *m*, biche *f*.
▪ **ciervo volante** cerf-volant *m*.
cifra [θifra] *nf* chiffre *m*.
cigala [θiɣála] *nf* langoustine *f*.
cigarra [θiɣára] *nf* cigale *f*.
cigarrillo [θiɣaríʎo] *nm* cigarette *f*.
cigarro [θiɣáro] *nm* **1** *(grande)* cigare *m*. **2** *(cigarrillo)* cigarette *f*.
▪ **cigarro puro** cigare.
cigüeña [θiɣwéɲa] *nf* cigogne *f*.
cilindro [θilindro] *nm* cylindre *m*.
cima [θima] *nf* **1** *(de montaña)* cime *f*, sommet *m*. **2** *fig (punto más alto)* sommet *m*.
cimentar [θimentár] *vt* **1** *(edificio)* creuser les fondations. **2** *fig (relación, paz, etc)* consolider.
cimiento [θimjénto] *nm* **1** *(de edificio)* fondations *f pl*. **2** *fig (base)* fondement *m*.
cinc, zinc [θiŋk] *nm* zinc *m*.
cinco [θiŋko] *num* cinq *m*.
cincuenta [θiŋkwénta] *num* cinquante *m*.
cincuentena [θiŋkwenténa] *nf* cinquantaine *f*.
cine [θine] *nm* cinéma *m*.
▪ **cine mudo** cinéma muet.
▪ **cine negro** film *m* noir.
cinematografía [θinematoɣrafía] *nf* cinématographie *f*.
cínico,-ca [θiniko,-ka] *adj* - *nm,f* cynique.
cinismo [θinizmo] *nm* cynisme *m*.
cinta [θinta] *nf* **1** *(de tela, etc)* ruban *m*. **2** *(cinematográfica)* film *m*. **3** *(de casete, de vídeo)* cassette *f*. **4** INFORM bande *f*.
▪ **cinta adhesiva** ruban adhésif.
▪ **cinta aislante** ruban isolant.

■ **cinta magnética** bande magnétique.
■ **cinta métrica** mètre *m* ruban.
■ **cinta transportadora** tapis *m* roulant.
■ **cinta virgen** cassette vierge.
cintura [θintúra] *nf* taille *f*.
cinturón [θinturón] *nm* ceinture *f*.
• **apretarse el cinturón** se serrer la ceinture.
■ **cinturón de seguridad** ceinture de sécurité.
ciprés [θiprés] *nm* cyprès *m*.
circo [θirko] *nm* cirque *m*.
circuito [θirkwito] *nm* circuit *m*.
circulación [θirkulaθjón] *nf* circulation *f*.
circular [θirkulár] *adj* circulaire.
► *nf (carta)* circulaire *f*.
► *vi* circuler.
circulatorio,-ria [θirkulatórjo,-rja] *adj* circulatoire.
círculo [θirkulo] *nm* cercle *m*.
■ **círculo vicioso** cercle vicieux.
circuncisión [θirkunθisjón] *nf* circoncision *f*.
circundar [θirkundár] *vt* entourer.
circunferencia [θirkumferénθja] *nf* circonférence *f*.
circunflejo [θirkumfléχo] *adj* circonflexe.
circunstancia [θirkunstánθja] *nf* circonstance *f*.
circunstancial [θirkunstanθjál] *adj* circonstanciel,-elle.
circunvalación [θirkumbalaθjón] *nf* tour *f*.
• **de circunvalación** *(carretera)* périphérique.
cirio [θirjo] *nm* cierge *m*.
• **armar un cirio** faire du boucan.
cirrosis [θir̄ósis] *nf* MED cirrhose *f*.
ciruela [θirwéla] *nf* prune *f*.
■ **ciruela claudia** reine-claude *f*.
■ **ciruela pasa** pruneau *m*.
ciruelo [θirwélo] *nm* prunier *m*.
cirugía [θiruχía] *nf* chirurgie *f*.
■ **cirugía estética** chirurgie esthétique.
■ **cirugía plástica** chirurgie plastique.
cirujano,-na [θiruχáno,-na] *nm,f* chirurgien,-enne.
cisco [θisko] *nm fig (alboroto, jaleo)* grabuge *m*.
cisma [θizma] *nm* schisme *m*.
cisne [θizne] *nm* cygne *m*.
cisterna [θistérna] *nf* citerne *f*.
cistitis [θistitis] *nf* MED cystite *f*.
cita [θita] *nf* **1** rendez-vous *m*: ***darse cita***, se donner rendez-vous. **2** *(nota)* citation *f*.
citar [θitár] *vt* **1** fixer un rendez-vous. **2** *(para un juicio)* citer. **3** *(a un autor, una obra)* citer. **4** *(al toro)* provoquer.
cítara [θitara] *nf* cithare *f*.
cítrico,-ca [θitriko,-ka] *adj* citrique.
► *nm pl* **cítricos** agrumes *m pl*.
ciudad [θjuðáð] *nf* **1** *(gen)* ville *f*. **2** *(pequeña y homogénea)* cité *f*.
■ **ciudad dormitorio** cité-dortoir *f*.
ciudadano,-na [θjuðaðáno,-na] *adj* - *nm,f* citoyen,-enne.
cívico,-ca [θiβiko,-ka] *adj* civique.
civil [θiβil] *adj* civil,-e.
civilización [θiβiliθaθjón] *nf* civilisation *f*.
civismo [θiβizmo] *nm* civisme *m*.
cizaña [θiθáɲa] *nf* ivraie *f*.
• **meter cizaña** semer la zizanie.
clamar [klamár] *vi fig* implorer.
► *vt* clamer, crier.
• **clamar al cielo** implorer le ciel.
clamor [klamór] *nm* clameur *f*.
clamoroso,-sa [klamoróso,-sa] *adj* retentissant,-e.
clan [klan] *nm* clan *m*.
clandestino,-na [klandestino,-na] *adj* clandestin,-e.
clara [klára] *nf* **1** *(de huevo)* blanc *m*. **2** *(bebida)* panaché *m*.
claraboya [klaraβója] *nf* lucarne *f*.
clarear [klareár] *vt (una cosa)* éclairer.
► *v impers* **1** *(amanecer)* commencer à faire jour. **2** *(el tiempo)* s'éclaircir.
claridad [klariðáð] *nf* clarté *f*.
• **con claridad** clairement.
• **de una claridad meridiana** clair comme de l'eau de roche.
clarinete [klarinéte] *nm (instrumento)* clarinette *f*.
► *nmf (músico)* clarinettiste.
claro,-ra [kláro,-ra] *adj* **1** clair,-e: ***cielo claro***, ciel clair; ***voz clara***, voix claire. **2** *(evidente)* évident,-e.
► *nm* **claro** **1** *(en pintura)* clair *m*. **2** *(en el bosque)* clairière *f*.

► *adv* **claro** clairement: ***habló muy claro***, il a parlé très clairement.
► *interj* **¡claro!** bien sûr !
• **a las claras** clairement.
• **claro que no** bien sûr que non.
• **claro que sí** mais oui.
• **dejar claro (que)** faire comprendre (que).
• **poner en claro** tirer au clair.
clase [klàse] *nf* **1** *(gen)* classe *f*: ***lucha de clases***, lutte des classes; ***una clase de 25 alumnos***, une classe de 25 élèves. **2** *(lección)* cour *f*. **3** *(tipo)* sorte *f*, genre *m*.
• **dar clases 1** *(profesor)* donner des cours. **2** *(alumno)* suivre des cours.
▪ **clase preferente** classe affaires.
▪ **clase turista** classe économique.
clásico,-ca [klàsiko,-ka] *adj - nm,f* classique.
clasificación [klasifikaθjòn] *nf* classement *m*.
clasificar [1] [klasifikàr] *vt* classifier, classer.
► *vpr* **clasificarse** se classer.
claudicar [1] [klauðikàr] *vi* **1** *(rendirse)* abandonner. **2 claudicar de** *(deberes)* manquer à; *(promesa)* faillir à.
claustro [klàustro] *nm* **1** *(de monasterio)* cloître *m*. **2** *(de profesores)* conseil *m* de classe.
claustrofobia [klaustrofòβja] *nf* claustrophobie *f*.
cláusula [klàusula] *nf* clause *f*.
clausura [klausùra] *nf* clôture *f*.
clausurar [klausuràr] *vt* **1** *(un establecimiento)* fermer. **2** *(un acto)* clôturer.
clavado,-da [klaβàðo,-ða] *adj* **1** *(gen)* cloué,-e. **2** *fam (parecido)* très ressemblant,-e: ***es clavado a su padre***, c'est son père tout craché.
clavar [klaβàr] *vt* **1** *(un clavo)* clouer. **2** *(palo, cuchillo)* planter. **3** *(la mirada)* fixer. **4** *fam (cobrar caro)* arnaquer.
clave [klàβe] *adj* clef, clé.
► *nf* **1** *(gen)* clef *f*, clé *f*. **2** *(código)* code *m*.
► *nm (clavicordio)* clavecin *m*.
▪ **clave de acceso** code d'accès.
clavel [klaβèl] *nm* œillet *m*.
clavícula [klaβikula] *nf* ANAT clavicule *f*.
clavija [klaβiχa] *nf* **1** *(de madera o metal)* cheville *f*. **2** *(enchufe)* fiche *f*.
clavo [klàβo] *nm* **1** *(de metal)* clou *m*. **2** *(especia)* clou *m* de girofle.
• **agarrarse a un clavo ardiendo** saisir n'importe quelle planche de salut.
• **dar en el clavo** mettre dans le mille.
claxon® [klàkson] *nm* klaxon® *m*.
clemencia [klemènθja] *nf* clémence *f*.
clérigo [klèriγo] *nm* prêtre *m*.
clero [klèro] *nm* clergé *m*.
clicar [1] [klikàr] *vi* INFORM cliquer.
cliente [kljènte] *nmf* client,-e.
clientela [kljentèla] *nf* clientèle *f*.
clima [klìma] *nm* climat *m*.
climatizar [4] [klimatiθàr] *vt* climatiser.
clínica [klìnika] *nf* clinique *f*.
clínico,-ca [klìniko,-ka] *adj* clinique.
clip [klip] *nm* **1** *(para sujetar papeles)* trombone *m*. **2** *(para el pelo)* pince *f*. **3** *(videoclip)* clip *m* (vidéo).
clítoris [klìtoris] *nm* ANAT clitoris *m*.
cloaca [kloàka] *nf* égout *m*.
clon [klon] *nm* clone *m*.
clonación [klonaθjòn] *nf* clonage *m*.
clonar [klonàr] *vt* cloner.
cloro [klòro] *nm* chlore *m*.
clorofila [klorofìla] *nf* chlorophylle *f*.
club [kluβ] *nm* club *m*.
coacción [koakθjòn] *nf* contrainte *f*.
coaccionar [koakθjonàr] *vt* contraindre.
coágulo [koàγulo] *nm* caillot *m*.
coalición [koaliθjòn] *nf* coalition *f*.
coartar [koartàr] *vt* restreindre, limiter.
coartada [koartàða] *nf* alibi *m*.
coba [kòβa].
• **dar coba a** ALGN *fam* passer de la pommade à QQN.
cobarde [koβàrðe] *adj - nmf* lâche.
cobardía [koβarðìa] *nf* lâcheté *f*.
cobertizo [koβertìθo] *nm* appentis *m*.
cobertura [koβertùra] *nf* couverture *f*.
cobijar [koβiχàr] *vt* **1** *(albergar)* héberger, loger. **2** *(proteger)* protéger.
► *vpr* **cobijarse** *(protegerse)* se protéger.
cobra [kòβra] *nf* cobra *m*.
cobrador,-ra [koβraðòr,-ra] *nm,f* **1** *(de deudas)* encaisseur,-euse. **2** *(de autobús)* receveur,-euse.

cobrar [koβrár] *vt* **1** *(recibir dinero)* encaisser, toucher. **2** *(coger dinero)* faire payer: ***¿cuánto le ha cobrado?***, combien vous a-t-il pris ? **3** *(adquirir)* acquérir, prendre: ***cobrar fama***, acquérir de la renommée. **4** *(bofetada, golpe)* prendre: ***¡vas a cobrar!***, qu'est ce que tu vas prendre !

► *vi (salario)* être payé,-e: ***cobrar a fin de mes***, être payé,-e à la fin du mois.

► *vpr* **cobrarse** *(dinero)* se payer.

cobre [kóβre] *nm* cuivre *m*.

cobro [kóβro] *nm* encaissement.

• **a cobro revertido** *(llamada)* en PCV.

coca [kóka] *nf fam (droga)* coca *f*.

cocaína [kokaína] *nf* cocaïne *f*.

cocción [kokθjón] *nf* cuisson *f*.

cocear [koθeár] *vi* ruer.

coche [kótʃe] *nm* **1** *(automóvil, de caballos)* voiture *f*. **2** *(en un tren)* wagon *m*. **3** *(diligencia)* coche *m*.

■ **coche bomba** voiture piégée.

■ **coche cama** wagon-lit *m*.

■ **coche de línea** car *m*, autocar *m*.

■ **coche escoba** voiture balai.

■ **coche familiar** break *m*.

■ **coche fúnebre** corbillard *m*.

■ **coche patrulla** voiture de patrouille.

■ **coche restaurante** wagon-restaurant *m*.

cochera [kotʃéra] *nf* **1** *(para autobuses)* dépôt *m*. **2** *(para coches)* remise *f*, garage *m*.

cochinillo [kotʃiniʎo] *nm* cochon *m* de lait.

cochino,-na [kotʃino,-na] *adj (sucio)* malpropre, sale.

► *nm,f* **1** *(animal - macho)* cochon *m*, porc *m*; *(- hembra)* truie *f*. **2** *fam fig (persona)* cochon,-onne.

cocido [koθiðo] *nm* pot-au-feu *m*.

cocina [koθina] *nf* **1** *(lugar, gastronomía)* cuisine *f*. **2** *(aparato)* cuisinière *f*.

■ **cocina casera** cuisine familiale.

■ **cocina de mercado** cuisine du marché.

cocinar [koθinár] *vt - vi* cuisiner.

cocinero,-ra [koθinéro,-ra] *nm,f* cuisinier,-ère.

coco[1] [kóko] *nm* **1** *(fruto)* noix *f* de coco. **2** *(árbol)* cocotier *m*. **3** BIOL *(bacteria)* coccus *m*.

coco[2] [kóko] *nm* **1** *fam (cabeza)* boule *f*, coloquinte *f*. **2** *(personaje imaginario)* croquemitaine *m*.

• **comer el coco** *fam* prendre la tête, embobiner.

• **comerse el coco** *fam* se prendre la tête.

cocodrilo [kokoðrilo] *nm* crocodile *m*.

cóctel [kóktel] *nm* cocktail *m*.

codazo [koðáθo] *nm* coup *m* de coude.

codearse [koðeárse] *vpr* fréquenter (**con**, -): ***codearse con la alta sociedad***, fréquenter la haute société.

codicia [koðiθja] *nf* cupidité *f*, convoitise *f*.

codiciar [12] [koðiθjár] *vt* convoiter.

codificar [1] [koðifikár] *vt* coder.

código [kóðiγo] *nm* code *m*.

■ **código de barras** code-barre *m*.

codo [kóðo] *nm* **1** *(parte del brazo)* coude *m*. **2** *(tubo)* tuyau *m* coudé.

• **codo con codo** coude à coude.

• **empinar el codo** *fam* lever le coude.

• **hablar por los codos** jaser comme une pie, avoir la langue bien pendue.

codorniz [koðorniθ] *nf* caille *f*.

coeficiente [koefiθjénte] *nm* coefficient *m*.

coexistir [koeksistir] *vi* coexister.

cofia [kófja] *nf* coiffe *f*.

cofre [kófre] *nm* coffre *m*.

coger [5] [koχér] *vt* **1** *(tomar)* prendre, saisir: ***coge el paraguas***, prends le parapluie. **2** *(frutas, flores, setas)* cueillir, ramasser. **3** *(medio de transporte)* prendre. **4** *(enfermedad)* attraper: ***coger la gripe***, attraper la grippe. **5** *(alcanzar)* atteindre, rattraper. **6** *(apresar)* attraper: ***coger a un delincuente***, attraper un délinquant. **7** *(hallar)* trouver: ***coger descuidado***, prendre au dépourvu. **8** *fam (entender)* comprendre, saisir: ***¿no has cogido el chiste?***, tu n'as pas saisi la blague ? **9** *fam (ocupar)* occuper: ***la cama coge todo el sitio***, le lit occupe toute la place. **10** *(el toro)* encorner.

► *vt - vi (dirección)* prendre.

► *vi (caber)* tenir, contenir: ***estos cacharros no cogen en el armario***, ces trucs ne tiennent pas dans l'armoire.

► *vpr* **cogerse 1** *fam (pillarse)* se prendre, se coincer: ***cogerse los dedos con la puerta***, se prendre les doigts dans la porte. **2** *(para no caerse)* s'accrocher: ***¡cógete, no***

te vayas a caer!, accroche-toi, tu pourrais tomber !

• **coger y ...** *fam (determinación)* eh bien, et puis: ***¡como lleguen tarde, cojo y me voy!***, s'ils sont en retard, eh bien je m'en vais!

cogida [koχiða] *nf (de toro)* coup *m* de corne.

cogollo [koɣóʎo] *nm (de lechuga, col)* cœur *m*.

cogote [koɣóte] *nm* nuque *f*.

coherente [koerénte] *adj* cohérent,-e.

cohesión [koesjón] *nf* cohésion *f*.

cohete [koéte] *nm* **1** *(de fuegos artificiales, espacial)* fusée *f*. **2** *(misil)* roquette *f*.

cohibir [21] [koiβír] *vt* intimider.

► *vpr* **cohibirse** se troubler, s'embarrasser.

coincidencia [koinθiðénθja] *nf* coïncidence *f*.

coincidir [koinθiðír] *vi* **1** *(fechas, resultados)* coïncider. **2** *(encontrarse)* se rencontrer.

• **coincidir en** ALGO être d'accord pour/sur QQCH.

coito [kóito] *nm fml* coït *m*.

cojear [koχeár] *vi* boiter, clocher.

cojera [koχéra] *nf* boitement *m*.

cojín [koχín] *nm* coussin *m*.

cojo,-ja [kóχo,-χa] *adj* **1** *(persona)* boiteux,-euse. **2** *(mueble, proyecto)* bancal,-e.

► *nm,f* boiteux,-euse.

cojón [koχón] *nm vulg* couille *f*.

• **de cojones** *vulg* fantastique.

• **por cojones** *vulg* à la force.

• **tener cojones** *vulg* avoir des couilles.

col [kol] *nf* chou *m*.

▪ **col lombarda** chou rouge.

▪ **coles de Bruselas** choux de Bruxelles.

cola[1] [kóla] *nf* **1** *(gen)* queue *f*. **2** *(de vestido)* traîne *f*, queue *f*.

• **hacer cola** faire la queue.

• **llevar la cola** tenir la traîne.

• **traer cola** avoir des suites.

▪ **cola de caballo** queue de cheval.

▪ **cola de impresión** INFORM file *f* d'attente d'impression.

cola[2] [kóla] *nf (pegamento)* colle *f*.

• **no pegar ni con cola** ne pas aller ensemble.

cola[3] [kóla] *nf* kola *m*, cola *m*.

colaboración [kolaβoraθjón] *nf* collaboration *f*.

colaborador,-ra [kolaβoraðór,-ra] *nm,f* collaborateur,-trice.

colaborar [kolaβorár] *vi* collaborer.

colada [koláða] *nf* lessive *f*.

• **hacer la colada** faire la lessive.

colador [kolaðór] *nm* passoire *f*, filtre *m*.

colapso [kolápso] *nm* collapsus *m*.

colar [31] [kolár] *vt* **1** *(líquido)* passer, filtrer. **2** *fam (ilegalmente, con engaño)* passer, refiler: ***colar una moneda falsa***, refiler une pièce fausse.

► *vi fam (ser creído)* passer pour vrai: ***tu historia no cuela***, ton histoire n'est pas vraisemblable.

► *vpr* **colarse 1** *(en un lugar, fila, cola)* se faufiler. **2** *fam (equivocarse)* se tromper, faire une gaffe.

• **colarse por** ALGN *fam (enamorarse)* en pincer pour QQN.

colcha [kóltʃa] *nf* couvre-lit *m*.

colchón [koltʃón] *nm* matelas *m*.

colchoneta [koltʃonéta] *nf* **1** *(de playa)* matelas *m* pneumatique. **2** *(de gimnasio)* tapis *m*.

colear [koleár] *vi* **1** *(animal)* remuer la queue. **2** *(vehículo)* se balancer. **3** *fig (asunto)* avoir des suites, durer.

colección [kolekθjón] *nf* collection *f*.

coleccionista [kolekθjonísta] *nmf* collectionneur,-euse.

colecta [kolékta] *nf* collecte *f*, quête *f*.

• **hacer una colecta** faire la quête.

colectivo,-va [kolektíβo,-βa] *adj* collectif,-ive.

colega [koléɣa] *nmf* **1** *(de trabajo)* collègue. **2** *(homólogo)* homologue. **3** *fam (amigo)* copain,-ine.

colegial [koleχjál] *nmf (escolar - de primaria)* écolier,-ère; *(- de secundaria)* collégien,-enne; *(- de bachillerato)* lycéen,-enne.

colegio [koléχjo] *nm* **1** *(establecimiento - de primaria)* école *f*; *(- de secundaria)* collège *m*; *(- de bachillerato)* lycée *m*. **2** *(asociación)* ordre *m*: ***colegio de médicos***, ordre des médecins.

▪ **colegio mayor** résidence *f* universitaire.

■ **colegio privado** école privée.

■ **colegio público** école publique.

cólera[1] [kólera] *nf (ira)* colère *f*, courroux *m*.

• **montar en cólera** se mettre en colère.

cólera[2] [kólera] *nm (enfermedad)* choléra *m*.

colesterol [kolesteról] *nm* cholestérol *m*.

coleta [koléta] *nf* **1** *(peinado)* queue *f*. **2** *(de torero)* petite natte *f*.

• **cortarse la coleta** **1** *(torero)* abandonner l'arène. **2** *fig (retirarse)* prendre sa retraite, se retirer.

coletazo [koletáθo] *nm* **1** *(golpe)* coup *m* de queue. **2** *fig (vestigios)* soubresaut *m*, sursaut *m*: ***los últimos coletazos del régimen***, les derniers sursauts du régime.

colgador [kolɣaðór] *nm* **1** *(gancho)* crochet *m*. **2** *(perchero)* portemanteau *m*.

colgante [kolɣánte] *nm* pendentif *m*.

colgar [52] [kolɣár] *vt* **1** *(cortina)* pendre; *(ropa)* étendre; *(cuadro)* accrocher; *(abrigo, sombrero)* suspendre. **2** *(ahorcar)* pendre.

► *vt - vi (teléfono)* raccrocher.

► *vi (estar suspendido)* pendre: ***una lámpara cuelga del techo***, une lampe pend au plafond.

► *vpr* **colgarse** *(ahorcarse)* se pendre.

colibrí [koliβri] *nm* colibri *m*.

cólico [kóliko] *nm* colique *f*.

coliflor [koliflór] *nf* chou-fleur *m*.

colilla [koliʎa] *nf* mégot *m*.

colina [kolina] *nf* colline *f*.

colindante [kolindánte] *adj* limitrophe, contigu,-uë.

colisión [kolisjón] *nf* collision *f*, choc *m*.

collar [koʎár] *nm* collier *m*.

colmado,-da [kolmáðo,-ða] *adj* plein,-e, comble.

► *nm* **colmado** *(tienda)* épicerie *f*.

colmar [kolmár] *vt* **1** *(llenar)* remplir. **2** *(ambiciones, cariño, etc)* combler (**de**, de).

colmena [kolména] *nf* ruche *f*.

colmillo [kolmiʎo] *nm* **1** *(de persona)* canine *f*. **2** *(de animal - perro, lobo)* croc *m*; *(- elefante, jabalí)* défense *f*.

colmo [kólmo] *nm* comble *m*.

• **para colmo** par-dessus le marché.

• **ser el colmo** être le comble.

colocación [kolokaθjón] *nf* **1** *(acción)* pose *f*. **2** *(situación)* situation *f*, position *f*. **3** *(de empleados)* placement *m*. **4** *(puesto de trabajo)* place *f*, poste *m*.

colocar [1] [kolokár] *vt* placer.

► *vpr* **colocarse** **1** *(situarse)* se placer. **2** *fam (drogarse)* se défoncer.

Colombia [kolómbja] *n pr* Colombie *f*.

colombiano,-na [kolombjáno,-na] *adj* colombien,-enne.

► *nm,f* Colombien,-enne.

colon [kólon] *nm* ANAT côlon *m*.

colonia[1] [kolónja] *nf (territorio, grupo)* colonie *f*.

► *nf pl* **colonias** *(campamentos)* colonie *f* de vacances.

colonia[2] [kolónja] *nf (perfume)* eau *f* de Cologne.

colonial [kolonjál] *adj* colonial,-e.

colonizar [4] [koloniθár] *vt* coloniser.

colono [kolóno] *nm* colon *m*.

coloquial [kolokjál] *adj* familier,-ère.

coloquio [kolókjo] *nm* colloque *m*.

color [kolór] *nm* couleur *f*.

• **a todo color** en couleurs.

• **ver de color de rosa** voir en rose.

colorado,-da [koloráðo,-ða] *adj* rouge.

• **ponerse colorado,-da** rougir.

colorante [koloránte] *nm* colorant *m*.

colorear [koloreár] *vt* colorer.

colorete [koloréte] *nm* rouge *m*, fard *m*.

colorido [koloríðo] *nm* coloris *m*.

colosal [kolosál] *adj* colossal,-e.

columna [kolúmna] *nf* colonne *f*.

■ **columna vertebral** colonne vertébrale.

columpiar [12] [kolumpjár] *vt* balancer.

► *vpr* **columpiarse** **1** *(balancearse)* se balancer. **2** *fam (en un trabajo, obligación)* s'en balancer.

columpio [kolúmpjo] *nm* balançoire *f*.

colza [kólθa] *nf* colza *m*.

coma[1] [kóma] *nf (signo)* virgule *f*.

coma[2] [kóma] *nm (estado)* coma *m*.

• **entrar en coma** entrer dans le coma.

comadreja [komaðréχa] *nf* belette *f*.

comadrona [komaðróna] *nf* sage-femme *f*.

comandante [komandánte] *nm* commandant *m*.

comando [komándo] *nm* **1** *(de soldados)* commando *m*. **2** INFORM commande *f*.

comarca [komárka] *nf* contrée *f*, région *f*.
comarcal [komarkál] *adj* régional,-e.
comba [kómba] *nf* **1** *(curvatura)* courbure *f*, cambrure *f*. **2** *(cuerda)* corde *f*.
• **saltar a la comba** sauter à la corde.
combate [kombáte] *nm* combat *m*.
combatiente [kombatjénte] *adj* - *nmf* combattant,-e.
combatir [kombatír] *vt* - *vi* combattre.
combinación [kombinaθjón] *nf* **1** *(gen)* combinaison *f*. **2** *(bebida)* cocktail *m*.
combinar [kombinár] *vt* **1** *(gen)* combiner. **2** *(colores)* assortir.
combustible [kombustíβle] *adj* - *nm* combustible *m*.
comedia [komédja] *nf* comédie *f*.
• **hacer comedia** *fig* jouer la comédie.
comediante [komeðjánte] *nmf* comédien,-enne.
comedor,-ra [komeðór,-ra] *adj* mangeur,-euse.
► *nm* **comedor** **1** *(en una casa)* salle *f* à manger. **2** *(público)* restaurant *m* bon marché, cantine *f*.
▪ **comedor universitario** restaurant universitaire.
comensal [komensál] *nmf* convive.
comentar [komentár] *vt* commenter.
comentario [komentárjo] *nm* commentaire *m*.
• **sin comentarios** sans commentaires.
comentarista [komentarísta] *nmf* commentateur,-trice.
comenzar [47] [komenθár] *vt* - *vi* commencer.
comer [komér] *vt* - *vi* **1** *(ingerir alimento)* manger. **2** *(al mediodía)* déjeuner: ***hoy hemos comido a las dos***, aujourd'hui nous avons mangé à deux heures; ***¿qué habéis comido hoy?***, qu'est-ce que vous avez mangé aujourd'hui ?
► *vt* **1** *(en damas, ajedrez)* prendre. **2** *(color)* manger, faire passer. **3** *(metal)* manger, ronger. **4** *(combustible)* manger, consommer. **5** *(envidia, celos, etc)* tourmenter, dévorer.
► *vpr* **comerse** **1** *(al hablar)* manger: ***se come las palabras***, il mange ses paroles. **2** *(saltarse)* sauter, omettre: ***comerse un párrafo***, sauter un paragraphe.
• **dar de comer** donner à manger.
• **estar para comérselo** être mignon à croquer.
• **sin comerlo ni beberlo** sans y être pour rien.
comercial [komerθjál] *adj* **1** *(gen)* commercial,-e: ***una película comercial***, un film commercial; ***un centro comercial***, un centre commercial. **2** *(calle)* commerçante.
► *nmf (profesión)* représentant,-e, commis *m* voyageur.
comercialización [komerθjaliθaθjón] *nf* commercialisation *f*.
comerciante [komerθjánte] *nmf* commerçant,-e.
comercio [komérθjo] *nm* commerce *m*.
▪ **comercio electrónico** commerce électronique, cybercommerce *m*.
comestible [komestíβle] *adj* comestible.
► *nm pl* **comestibles** comestibles *m pl*: ***tienda de comestibles***, épicerie *f*.
cometa [kométa] *nm (astro)* comète *f*.
► *nf (juguete)* cerf-volant *m*.
cometer [kometér] *vt* commettre.
cometido [kometíðo] *nm* mission *f*.
cómic [kómik] *nm* (*pl* **cómics**) bande *f* dessinée, BD *f*.
comicios [komíθjos] *nm pl* élections *f pl*.
cómico,-ca [kómiko,-ka] *adj* comique.
► *nm,f* comédien,-enne.
comida [komíða] *nf* **1** *(alimento)* nourriture *f*. **2** *(a cualquier hora)* repas *m*: ***hacer la comida***, faire le repas. **3** *(al mediodía)* déjeuner *m*.
▪ **comida basura** malbouffe *f*.
comienzo [komjénθo] *nm* commencement *m*, début *m*.
• **a comienzos de** au début de.
• **dar comienzo** commencer.
• **en los comienzos de** au début de.
comillas [komíʎas] *nf pl* guillemets *m pl*.
• **entre comillas** entre guillemets.
comilona [komilóna] *nf fam* gueuleton *m*.
comino [komíno] *nm* cumin *m*.
• **importar un comino** s'en ficher comme de l'an quarante.
• **no valer un comino** ne pas valoir tripette.

comisaría [komisaria] *nf* commissariat *m*.
comisario,-ria [komisárjo,-rja] *nm,f* commissaire *m*.
comisión [komisjón] *nf* **1** *(delegación, encargo, porcentaje)* commission *f*. **2** *(de delito)* accomplissement *m*, perpétration *f*.
• **a comisión** à la commission.
▪ **comisión de servicio** affectation *f* provisoire.
▪ **comisión parlamentaria** commission parlementaire.
comisionado,-da [komisjonáðo,-ða] *adj - nm,f* commissionné,-e.
comité [komitė] *nm* comité *m*.
comitiva [komitiβa] *nf* suite *f*, cortège *m*.
como [kómo] *adv* **1** *(comparativo)* comme: ***habla como su madre***, il parle comme sa mère. **2** *(en calidad de)* comme, en tant que: ***asistió como invitado***, il y assista en tant qu'invité. **3** *(según)* comme: ***como se ha probado***, comme il a été prouvé. **4** *(aproximadamente)* environ, à peu près: ***había como mil personas***, il y avait environ mille personnes.
► *conj* **1** *(causal)* comme, étant donné que: ***como llovía, no hemos ido de excursión***, comme il pleuvait, nous n'avons pas fait l'excursion. **2** *(condicional)* si: ***como lo vuelvas a hacer, te castigarán***, si tu le fais à nouveau, tu seras puni.
• **como quiera que** étant donné que.
• **como sea** n'importe comment.
• **como si nada** comme si de rien n'était.
• **hacer como si** faire comme si.
cómo [kómo] *adv* **1** *(de qué modo)* comment: ***¿cómo lo has hecho?***, comment l'as-tu fait ? **2** *(por qué)* pourquoi: ***¿cómo no has venido?***, pourquoi tu n'es pas venu ? **3** *(en exclamaciones)* comme: ***¡cómo llueve!***, comme il pleut !
► *nm* comment: ***el cómo y el porqué***, le pourquoi et le comment.
• **¿cómo?** comment ?, pardon ?
• **¿cómo es eso?** comment cela !
• **¿cómo está usted?** comment allez-vous ?
• **¡cómo no!** bien sûr !
cómoda [kómoða] *nf (mueble)* commode *f*.
comodidad [komoðiðáð] *nf* **1** *(confort)* commodité *f*, confort *m*. **2** *(facilidad, utilidad)* commodité *f*, aise *f*.
cómodo,-da [kómoðo,-ða] *adj* **1** *(confortable)* confortable. **2** *(conveniente, fácil)* commode: ***viajar en metro resulta muy cómodo***, voyager en métro est bien commode.
• **estar cómodo,-da** être à l'aise.
comodón,-ona [komoðón,-óna] *adj - nm,f* flemmard,-e.
compact [kompákt] *nm* (*pl* **compacts**) compact *m*, disque *m* compact.
compacto,-ta [kompákto,-ta] *adj* compact,-e.
► *nm* **compacto** disque *m* compact, CD *m*.
compadecer [43] [kompaðeθér] *vt* plaindre, avoir pitié de.
► *vpr* **compadecerse** plaindre (**de**, -), avoir pitié (**de**, de).
compaginar [kompaχinár] *vt* **1** *(combinar)* combiner, accorder. **2** *(en imprenta)* mettre en pages.
► *vpr* **compaginarse** s'accorder.
compañero,-ra [kompaɲéro,-ra] *nm,f* **1** *(de clase)* camarade. **2** *(de trabajo)* collègue. **3** *(en el juego)* partenaire. **4** *(pareja)* compagnon *m*, compagne *f*.
compañía [kompaɲia] *nf* **1** *(gen)* compagnie *f*. **2** *(de actores)* troupe *f*.
• **hacer compañía** tenir compagnie.
▪ **malas compañías** mauvaises fréquentations *f pl*.
comparación [komparθjón] *nf* comparaison *f*.
comparar [komparár] *vt* comparer.
comparativo,-va [komparatiβo,-βa] *adj* comparatif,-ive.
comparecer [43] [kompareθér] *vi* comparaître.
compartimento [kompartiménto] *nm* compartiment *m*.
compartir [kompartir] *vt* partager.
compás [kompás] *nm* **1** *(de dibujo, de navegación)* compas *m*. **2** *(ritmo)* mesure *f*.
• **llevar el compás** battre la mesure.
compasión [kompasjón] *nf* compassion *f*.
• **tener compasión de ALGN** avoir pitié de QQN.

compatible [kompatiβle] *adj* compatible.
compatriota [kompatrjóta] *nmf* compatriote.
compendio [kompéndjo] *nm* abrégé *m*, résumé *m*.
compenetrarse [kompenetrárse] *vpr* s'identifier.
compensar [kompensár] *vt* **1** *(valer la pena)* valoir la peine: ***el resultado no compensa tanto esfuerzo***, le résultat ne mérite pas tant d'efforts. **2** *(equilibrar)* compenser. **3** *(indemnizar)* dédommager.
competencia [kompeténθja] *nf* **1** *(rivalidad)* concurrence *f*. **2** *(aptitud)* compétence *f*. **3** *(incumbencia)* ressort *m*, compétence *f*.
• **hacer la competencia a** concurrencer, faire concurrence à.
▪ **competencia desleal** concurrence déloyale.
competente [kompeténte] *adj* **1** *(responsable, capaz)* compétent,-e. **2** *(adecuado)* apte.
competición [kompetiθjón] *nf* compétition *f*.
▪ **alta competición** haute compétition.
competir [34] [kompetír] *vi* **1** *(contender)* concourir, être en concurrence. **2** *(rivalizar)* rivaliser.
compilar [kompilár] *vt* compiler.
compinche [kompíntʃe] *nmf fam* sbire *m*.
complacer [42] [komplaθér] *vt* **1** *(agradar, satisfacer)* complaire, être agréable. **2** rendre service, obliger: ***le gusta complacer a sus amigos***, il aime rendre service à ses amis.
► *vpr* **complacerse en** avoir le plaisir de.
complaciente [komplaθjénte] *adj* complaisant,-e.
complejo,-ja [kompléχo,-χa] *adj* complexe.
► *nm* **complejo** complexe *m*.
complementar [komplementár] *vt* compléter.
► *vpr* **complementarse** se compléter.
complemento [kompleménto] *nm* complément *m*.
completar [kompletár] *vt* compléter.
completo,-ta [kompléto,-ta] *adj* complet,-ète.
• **al completo** au complet.
• **por completo** complètement.
complexión [kompleksjón] *nf* constitution *f*.
complicación [komplikaθjón] *nf* complication *f*.
complicado,-da [komplikáðo,-ða] *adj* compliqué,-e.
complicar [1] [komplikár] *vt* **1** *(situación)* compliquer. **2** *(robo, delito)* mêler (**en**, à), impliquer (**en**, dans).
► *vpr* **complicarse 1** *(situación)* se compliquer. **2** *(robo, delito)* se mêler (**en**, à), s'impliquer (**en**, dans).
• **complicarse la vida** se compliquer la vie.
cómplice [kómpliθe] *nmf* complice.
complot [komplót] *nm* (*pl* **complots**) complot *m*.
componente [komponénte] *adj (de un todo)* composant,-e.
► *nmf (de un grupo de personas)* membre.
► *nm (elemento)* composant *m*.
componer [78] [komponér] *vt* **1** *(gen)* composer: ***los huesos que componen la mano***, les os qui composent la main; ***componer una sinfonía***, composer une symphonie. **2** *(arreglar, reparar)* réparer, raccommoder. **3** *(adornar)* orner, parer.
► *vpr* **componerse** *(ataviarse)* se parer, se vêtir.
• **componérselas** s'arranger, se débrouiller.
comportamiento [komportamjénto] *nm* comportement *m*, conduite *f*.
comportar [komportár] *vt (conllevar, implicar)* comporter, comprendre.
► *vpr* **comportarse** se comporter, se conduire.
composición [komposiθjón] *nf* composition *f*.
compositor,-ra [kompositór,-ra] *nm,f* compositeur,-trice.
compostura [kompostúra] *nf* circonspection *f*, retenue *f*.
compota [kompóta] *nf* compote *f*.

compra [kómpra] *nf* achat *m*.

• **hacer la compra** faire son marché.

• **ir de compras** aller faire les courses.

▪ **cesta de la compra** *fig* panier *m* de la ménagère.

▪ **compra al contado** achat comptant.

▪ **compra a plazos** achat à terme.

comprador,-ra [kompraðór,-ra] *nm,f* acheteur,-euse.

comprender [komprendér] *vt* comprendre.

► *vpr* **comprenderse** se comprendre.

comprensible [komprensiβle] *adj* compréhensible.

comprensión [komprensjón] *nf* compréhension *f*.

comprensivo,-va [komprensiβo,-βa] *adj* compréhensif,-ive.

compresa [komprésa] *nf* **1** *(higiénica)* serviette *f* hygiénique. **2** *(venda)* compresse *f*.

compresión [kompresjón] *nf* compression *f*.

comprimido,-da [komprimiðo,-ða] *adj* comprimé,-e.

► *nm* **comprimido** comprimé *m*.

comprimir [komprimir] *vt* comprimer.

comprobación [komproβaθjón] *nf* vérification *f*.

comprobante [komproβánte] *nm* reçu *m*.

comprobar [31] [komproβár] *vt* **1** *(constatar)* constater: ***he comprobado que ha dicho la verdad***, j'ai constaté qu'il a dit la vérité. **2** *(verificar)* vérifier: ***hay que comprobar los frenos***, il faut vérifier les freins. **3** *(demostrar)* confirmer.

comprometer [komprometér] *vt* **1** *(exponer)* compromettre. **2** *(obligar)* engager.

► *vpr* **comprometerse 1** *(prometer)* se compromettre. **2** *(novios)* se fiancer. **3** *(políticamente)* s'engager. **4 comprometerse a +** ***inf*** *(obligarse)* s'engager à.

compromiso [kompromiso] *nm* **1** *(acuerdo)* compromis *m*. **2** *(obligación)* engagement *m*, obligation *f*. **3** *(apuro)* difficulté *f*, embarras *m*.

• **poner en un compromiso a ALGN** mettre QQN dans l'embarras.

• **sin compromiso** sans engagement.

compuesto,-ta [kompwésto,-ta] *adj* composé,-e.

► *nm* **compuesto** composé *m*.

computadora [komputaðóra] *nf* ordinateur *m*.

cómputo [kómputo] *nm* calcul *m*, computation *f*.

comulgar [7] [komulɣár] *vi* communier.

• **comulgar con ALGO** *(estar de acuerdo)* être d'accord avec QQCH.

común [komún] *adj* commun,-e.

• **en común** en commun.

• **fuera de lo común** qui sort de l'ordinaire.

• **por lo común** généralement, communément.

comunicación [komunikaθjón] *nf* **1** *(gen)* communication *f*. **2** *(contacto)* relation *f*, rapport *m*.

► *nf pl* **comunicaciones** moyens *m pl* de communication.

comunicado,-da [komunikáðo,-ða] *adj* desservi,-e: ***una ciudad bien comunicada***, une ville bien desservie.

► *nm* communiqué *m*.

comunicar [1] [komunikár] *vt* *(transmitir)* communiquer.

► *vi* **1** *(teléfono)* être occupé,-e: ***está comunicando***, il est occupé. **2** *(por correo, teléfono, etc)* communiquer, être en communication. **3** *(estar contiguo)* communiquer.

► *vpr* **comunicarse** se communiquer.

comunidad [komuniðáð] *nf* communauté *f*.

▪ **comunidad autónoma** communauté autonome.

▪ **comunidad de propietarios** association *f* de copropriétaires.

▪ **Comunidad Europea** Communauté Européenne.

comunión [komunjón] *nf* communion *f*.

comunismo [komunizmo] *nm* communisme *m*.

comunista [komunista] *adj - nmf* communiste.

con [kon] *prep* **1** *(gen)* avec: ***viene con su amigo***, il vient avec son ami; ***comer con tenedor***, manger avec une fourchette. **2** *(modo)* de: ***saludó con la mano***, il salua de la main. **3** *(contra)* contre: ***chocar con un árbol***, se cogner contre un arbre. **4** *(respecto de, hacia)* envers, avec: ***es muy duro con sus hijos***, il est très dur envers ses enfants. **5 con** + *inf* malgré que, quoique, bien que: ***con discutir no lograremos nada***, en discutant, nous n'obtiendrons rien.

• **con que** ainsi, ainsi donc, alors.

• **con tal (de) que** pourvu que.

• **con todo** malgré tout.

• **para con** envers, à l'égard de.

cóncavo,-va [kóŋkaβo,-βa] *adj* concave.

concebir [34] [konθeβír] *vt* concevoir.

conceder [konθeðér] *vt* **1** *(deseo, crédito, prórroga)* concéder, accorder. **2** *(tiempo)* accorder. **3** *(premio)* décerner. **4** *(indemnización)* accorder, allouer. **5** *(admitir)* admettre, reconnaître.

concejal,-la [konθeχál,-la] *nm,f* conseiller,-ère municipal,-e.

concentración [konθentraθjón] *nf* **1** *(mental, de líquido)* concentration *f*. **2** *(de gente)* rassemblement *m*.

concentrar [konθentrár] *vt (elementos)* concentrer.

► *vpr* **concentrarse 1** *(mentalmente)* se concentrer. **2** *(gente)* se rassembler.

concéntrico,-ca [konθéntriko,-ka] *adj* concentrique.

concepto [konθépto] *nm* **1** *(idea)* pensée *f*, idée *f*. **2** *(opinión)* opinion *f*, jugement *m*. **3** *(de una cuenta)* poste *m*. **4** *(en filosofía)* concept *m*.

• **bajo ningún concepto** en aucun cas.

• **en concepto de** à titre de, au titre de.

concertar [27] [konθertár] *vt* **1** *(cita, entrevista)* arranger, ajuster. **2** *(precio)* s'entendre sur, convenir de. **3** *(proyectar en común)* concerter.

► *vi (las palabras)* s'accorder.

concesión [konθesjón] *nf* **1** *(adjudicación)* concession *f*. **2** *(entrega - de premio)* remise *f*; *(- de permiso)* délivrance *f*, octroi *m*.

concesionario [konθesjonárjo] *nm* concessionnaire *m*.

concha [kóntʃa] *nf* **1** *(de molusco)* coquille *f*. **2** *(de tortuga)* carapace *f*. **3** *(carey)* écaille *f*.

conciencia [konθjénθja] *nf* conscience *f*.

• **a conciencia** consciencieusement.

• **remorderle la conciencia a** ALGN avoir des remords.

• **tener la conciencia tranquila** avoir bonne conscience.

concierto [konθjérto] *nm* **1** *(de música - espectáculo)* concert *m*; *(- obra para solista y orquesta)* concerto *m*. **2** *(acuerdo)* entente *f*, harmonie *f*.

• **sin orden ni concierto** à tort et à travers.

conciliador,-ra [konθiljaðór,-ra] *adj - nm,f* conciliateur,-trice.

conciliar [12] [konθiljár] *vt* concilier.

concilio [konθíljo] *nm* concile *m*.

conciso,-sa [konθíso,-sa] *adj* concis,-e.

conciudadano,-na [konθjuðaðáno,-na] *nm,f* concitoyen,-enne.

cónclave [kóŋklaβe] *nm* conclave *m*.

concluir [62] [koŋklwír] *vt* **1** *(dar fin)* conclure, terminer. **2** *(deducir)* conclure, déduire. **3** *(determinar)* décider.

► *vi - vpr* **concluir(se)** *(tener fin)* finir, se terminer.

conclusión [koŋklusjón] *nf* conclusion *f*.

• **llegar a la conclusión de que** en arriver à la conclusion que.

concordancia [koŋkorðánθja] *nf* concordance *f*, accord *m*.

concordar [31] [koŋkorðár] *vi* **1** *(estar de acuerdo)* concorder. **2** *(palabras)* s'accorder.

concordia [koŋkórðja] *nf* concorde *f*.

concretar [koŋkretár] *vt* **1** *(precisar)* préciser. **2** *(resumir)* résumer.

► *vpr* **concretarse** *(materializarse)* se matérialiser.

concreto,-ta [koŋkréto,-ta] *adj* concret, -ète.

• **en concreto 1** *(en particular)* en particulier. **2** *(para ser exacto)* pour être précis,-e.

concurrencia [koŋkur̄énθja] *nf (de personas)* assistance *f*, affluence *f*.

concurrido,-da [koŋkur̄íðo,-ða] *adj* bondé,-e.

concursante [koŋkursánte] *nmf* participant,-e.

concursar [koŋkursár] *vi* **1** *(en concurso)* participer. **2** *(en empleo, licitación)* concourir

concurso [koŋkúrso] *nm* **1** *(de tele, de belleza)* concours *m*. **2** *(de obra)* adjudication *f*.
condado [kondáðo] *nm* comté *m*.
conde [kónde] *nm* comte *m*.
condecoración [kondekoraθjón] *nf* décoration *f*.
condena [kondéna] *nf* **1** *(sentencia)* peine *f*. **2** DER condamnation *f*.
• **cumplir una condena** purger une peine.
condenado,-da [kondenáðo,-ða] *adj - nm,f* **1** *(por un tribunal)* condamné,-e. **2** *(al infierno)* damné,-e.
► *adj (usado como intensificador)* maudit,-e, sacré,-e: ***¡condenado hipócrita!***, sacré hypocrite !
condenar [kondenár] *vt* **1** *(gen)* condamner: ***ha sido condenado por robo***, il a été condamné pour vol; ***está condenado al silencio***, il est condamné au silence. **2** *(al infierno)* damner.
► *vpr* **condenarse** **1** *(confesar su culpa)* se déclarer coupable, s'accuser. **2** *(al infierno)* se damner.
condensar [kondensár] *vt* condenser.
► *vpr* **condensarse** se condenser.
condesa [kondésa] *nf* comtesse *f*.
condescendiente [kondesθendjénte] *adj* condescendant,-e.
condición [kondiθjón] *nf* **1** *(naturaleza, situación social)* condition *f*. **2** *(temperamento)* caractère *m*, naturel *m*.
► *nf pl* **condiciones** *(aptitudes)* dispositions *f pl*.
• **a condición de** à condition de.
• **a condición que** à condition que, pourvu que.
• **en condiciones** en état de.
condicional [kondiθjonál] *adj* conditionnel,-elle.
► *nm* conditionnel *m*.
condicionar [kondiθjonár] *vt* **1** *(sugestionar)* conditionner. **2** *(hacer depender)* faire dépendre (**a**, de).
condimentar [kondimentár] *vt* assaisonner.
condimento [kondiménto] *nm* condiment *m*.
condolencias [kondolénθjas] *nf pl fml* condoléances *f pl*.
condón [kondón] *nm fam* capote *f*, préservatif *m*.
cóndor [kóndor] *nm* condor *m*.
conducción [kondukθjón] *nf* **1** *(de vehículo, de fluido, tubería)* conduite *f*. **2** *(de calor)* conduction *f*.
conducir [46] [konduθir] *vt - vi (vehículo, pasajeros)* conduire.
► *vi (llevar)* conduire (**a**, à), mener (**a**, à): ***esta carretera conduce al pueblo***, cette route mène au village; ***eso no conduce a nada***, cela ne mène à rien.
► *vpr* **conducirse** *(comportarse)* se conduire, se comporter.
conducta [kondúkta] *nf* conduite *f*.
conducto [kondúkto] *nm* **1** *(tubo)* conduit *m*. **2** *(medio)* canal *m*, intermédiaire *m*.
conductor,-ra [konduktór,-ra] *adj - nm,f* conducteur,-trice.
► *nm* **conductor** FÍS conducteur *m*.
conectar [konektár] *vt* **1** *(aparato)* connecter, brancher. **2** *(enlazar)* relier: ***el canal de Suez conecta el mar Mediterráneo con el mar Rojo***, le canal de Suez relie la Méditerranée à la mer Rouge.
► *vi* **1** *(entenderse)* s'entendre, se comprendre: ***es evidente que estas personas no conectan***, il est évident que ces personnes ne s'entendent pas. **2** *(poner en conexión, en relación)* brancher (**con**, sur): ***conectar con la central***, brancher sur le central.
► *vpr* **conectarse** se brancher: ***conectarse a Internet***, se connecter à Internet.
conejo,-ja [konéχo,-χa] *nm,f* lapin,-e.
conexión [koneksjón] *nf* **1** *(relación lógica)* rapport. **2** *(relación personal)* lien *m*. **3** *(eléctrica)* branchement *m*. **4** *(telefónica)* communication *f*. **5** *(de televisión, satélite)* liaison *f*. **6** *(a Internet)* connexion *f*.
► *nf pl* **conexiones** contacts *m pl*.
confección [komfekθjón] *nf* **1** *(de prendas de vestir)* confection *f*. **2** *(fabricación)* préparation *f*.
confeccionar [komfekθjonár] *vt* **1** *(ropa)* confectionner. **2** *(comida)* préparer. **3** *(lista)* dresser.
confederación [komfeðeraθjón] *nf* confédération *f*.

conferencia [komferénθja] *nf* **1** *(charla, discurso)* conférence *f.* **2** *(telefónica)* communication *f.*
conferenciante [komferenθjánte] *nmf* conférencier,-ère.
confesar [27] [komfesár] *vt* **1** *(pecados)* confesser. **2** *(reconocer)* avouer.
► *vpr* **confesarse 1** *(de un pecado)* se confesser. **2** *(declararse)* s'avouer, se déclarer.
confesión [komfesjón] *nf* **1** *(de pecados, fe)* confession *f.* **2** *(declaración)* aveu *m,* confession *f.*
confesionario [komfesjonárjo] *nm* confessionnal *m.*
confesor [komfesór] *nm* confesseur *m.*
confeti [komféti] *nm* confetti *m.*
confianza [komfjánθa] *nf* confiance *f.*
• **con toda confianza** en toute confiance.
• **de confianza** de confiance.
• **en confianza** en confiance.
• **tener confianza en** avoir confiance en.
• **tomarse demasiadas confianzas** prendre trop de libertés.
confiar [13] [komfjár] *vt.*
► *vpr* **confiarse** *(despreocuparse)* se confier.
• **confiar en** ALGO compter sur QQCH.
• **confiar en** ALGN avoir confiance en QQN: ***confío en él***, j'ai confiance en lui.
• **confiar en que** *(esperar)* avoir bon espoir que.
• **confiarse a** ALGN *(confesarse)* se confier à, s'ouvrir à.
confidencial [komfiðenθjál] *adj* confidentiel,-elle.
confidente [komfiðénte] *nmf* **1** *(de secretos, proyectos)* confident,-e. **2** *(de la policía)* indicateur,-trice, mouchard,-e.
configuración [komfiɣuraθjón] *nf* configuration *f.*
configurar [komfiɣurár] *vt* configurer.
confines [komfines] *nm pl* confins *m pl.*
• **en los confines de** aux confins de.
confirmación [komfirmaθjón] *nf* confirmation *f.*
confirmar [komfirmár] *vt* confirmer.
► *vpr* **confirmarse** se confirmer.
confiscar [1] [komfiskár] *vt* confisquer.
confite [komfite] *nm* **1** *(golosina)* sucrerie *f.* **2** *(bolita)* dragée *f.*
confitería [komfitería] *nf* confiserie *f.*
confitura [komfitúra] *nf* confiture *f.*
conflictivo,-va [komfliktiβo,-βa] *adj* **1** *(tema)* controversé,-e. **2** *(persona)* difficile.
conflicto [komflikto] *nm* conflit *m.*
▪ **conflicto bélico** conflit armé.
▪ **conflicto laboral** conflit social.
confluencia [komflwénθja] *nf* **1** *(de ríos)* confluent *m,* confluence *f.* **2** *(de caminos)* embranchement *m.*
conformar [komformár] *vt fml (formar)* former: ***los municipios que conforman una región***, les municipalités qui forment une région.
► *vpr* **conformarse** *(resignarse)* se résigner, se faire une raison.
• **conformarse con** ALGO *(contentarse)* se contenter de, se rabattre sur.
conforme [komfórme] *adj (de acuerdo)* conforme, d'accord.
► *conj* **1** *(según)* comme, tel que: ***lo ha dejado conforme lo encontró***, il l'a laissé tel qu'il l'a trouvé. **2** *(a medida que)* à mesure que, au fur et à mesure que: ***conforme pasaba el tiempo***, au fur et à mesure que le temps passait.
► *adv (según)* conformément (**a**, à).
conformidad [komformiðáð] *nf* accord *m.*
• **en conformidad con** conformément à.
confort [komfórt] *nm* confort *m.*
confortable [komfortáβle] *adj* confortable.
confrontación [komfrontaθjón] *nf* confrontation *f.*
confrontar [komfrontár] *vt* confronter.
confundir [komfundir] *vt* confondre.
► *vpr* **confundirse 1** *(equivocarse)* se tromper. **2** *(turbarse)* se confondre. **3** *(mezclarse)* se fondre (**entre**, dans).
confusión [komfusjón] *nf* confusion *f.*
confuso,-sa [komfúso,-sa] *adj* confus,-e.
congelación [koŋχelaθjón] *nf* congélation *f.*
congelador [koŋχelaðór] *nm* congélateur *m.*
congelar [koŋχelár] *vt* **1** *(helar)* congeler. **2** *fig (salarios, precios)* bloquer, geler.

► *vpr* **congelarse** **1** *(agua)* se congeler, prendre. **2** *(aceite, grasas)* se figer. **3** *fig (persona)* geler, avoir très froid.

congeniar [12] [koŋχenjár] *vi* sympathiser, s'accorder.

congénito,-ta [koŋχénito,-ta] *adj* congénital,-e.

congestión [koŋχestjón] *nf* **1** *(catarro)* congestion *f.* **2** *(de tráfico)* encombrement *m.*

congestionar [koŋχestjonár] *vt* congestionner.

► *vpr* **congestionarse** se congestionner.

congoja [koŋgóχa] *nf* **1** *(angustia)* angoisse *f.* **2** *(pena)* chagrin *m,* affliction *f.*

congraciarse [12] [koŋgraθjárse] *vpr* **congraciarse con** gagner les bonnes grâces de.

congratularse [koŋgratulárse] *vpr fml* se féliciter.

congregación [koŋgreɣaθjón] *nf* congrégation *f.*

congregar [7] [koŋgreɣár] *vt* rassembler, réunir.

► *vpr* **congregarse** se réunir, se rassembler.

congreso [koŋgréso] *nm* congrès *m.*

▪ **congreso de los diputados** chambre *f* des députés.

congrio [kóŋgrjo] *nm* congre *m.*

cónico,-ca [kóniko,-ka] *adj* conique.

conífera [konifera] *nf* conifère *m.*

conjetura [koŋχetúra] *nf* conjecture *f.*

conjugación [koŋχuɣaθjón] *nf* conjugaison *f.*

conjugar [7] [koŋχuɣár] *vt* conjuguer.

conjunción [koŋχunθjón] *nf* conjonction *f.*

conjuntivitis [koŋχuntiβitis] *nf* MED conjonctivite *f.*

conjunto,-ta [koŋχúnto,-ta] *adj* conjoint,-e.

► *nm* **conjunto** ensemble *m.*

• **en conjunto** dans l'ensemble.

conjura [koŋχúra] *nf* conjuration *f.*

conmemoración [kommemoraθjón] *nf* commémoration *f.*

conmemorar [kommemorár] *vt* commémorer.

conmigo [kommiɣo] *pron pers* **1** *(gen)* avec moi: ***venid conmigo,*** venez avec moi. **2** *(hacia mí, respecto de mí)* à mon égard, avec moi: ***es muy amable conmigo,*** il est très aimable à mon égard.

conmoción [kommoθjón] *nf* commotion *f.*

conmovedor,-ra [kommoβeðór,-ra] *adj* émouvant,-e, touchant,-e.

conmover [32] [kommoβér] *vt* émouvoir, toucher.

► *vpr* **conmoverse** s'émouvoir.

conmutador [kommutaðór] *nm* commutateur *m.*

conmutar [kommutár] *vt* commuer.

cono [kóno] *nm* cône *m.*

conocedor,-ra [konoθeðór,-ra] *adj - nm,f* connaisseur,-euse.

conocer [44] [konoθér] *vt* **1** *(gen)* connaître. **2** *(a una persona por primera vez)* faire la connaissance: ***lo he conocido en una boda,*** j'ai fait sa connaissance à un mariage.

► *vpr* **conocerse** se connaître.

• **conocer de vista** connaître vaguement.

• **dar a conocer** faire connaître.

• **darse a conocer** se faire connaître.

• **se conoce que** apparemment.

conocido,-da [konoθiðo,-ða] *adj* connu,-e.

► *nm,f* connaissance *f.*

conocimiento [konoθimjénto] *nm* connaissance *f.*

• **con conocimiento de causa** en connaissance de cause.

• **perder el conocimiento** perdre connaissance.

• **poner en conocimiento de** porter à la connaissance de.

• **recobrar el conocimiento** revenir à soi.

• **tener conocimiento de** savoir que.

conque [kóŋke] *conj* alors.

conquista [koŋkista] *nf* conquête *f.*

conquistador,-ra [koŋkistaðór,-ra] *adj - nm,f* conquérant,-e.

► *nm* **conquistador** *(ligón)* Don Juan *m,* séducteur *m.*

conquistar [koŋkistár] *vt* conquérir.

consabido,-da [konsaβiðo,-ða] *adj* bien connu,-e, inévitable.

consagrar [konsaɣrár] *vt* **1** *(gen)* consacrer. **2** *(a rey, obispo)* sacrer.
► *vpr* **consagrarse 1** *(dedicarse)* se consacrer (**a**, à). **2** *(adquirir fama)* obtenir la consécration.
consciente [konsθjénte] *adj* conscient,-e.
consecuencia [konsekwénθja] *nf* conséquence *f*.
• **a consecuencia de** par suite de, à la suite de.
• **en consecuencia** en conséquence.
consecuente [konsekwénte] *adj* conséquent,-e.
conseguir [56] [konseɣír] *vt* **1** *(gen)* obtenir. **2** *(objetivo)* atteindre. **3** *(victoria)* remporter. **4 conseguir +** ***inf*** arriver à + *inf*, réussir à + *inf*: ***conseguí terminar el trabajo***, je suis arrivé à finir le travail.
consejero,-ra [konseχéro,-ra] *nm,f* conseiller,-ère.
consejo [konséχo] *nm* conseil *m*.
consenso [konsénso] *nm* consensus *m*.
consentido,-da [konsentíðo,-ða] *adj* gâté,-e.
consentimiento [konsentimjénto] *nm* consentement *m*.
consentir [35] [konsentír] *vt* **1** *(permitir)* permettre, tolérer. **2** *(niño)* gâter.
conserje [konsérχe] *nmf* **1** *(de escuela, oficina)* concierge. **2** *(de hotel)* portier,-ère.
conserjería [konserχería] *nf* conciergerie *f*.
conserva [konsérβa] *nf* conserve *f*.
conservación [konserβaθjón] *nf* conservation *f*.
conservador,-ra [konserβaðór,-ra] *adj* - *nm,f* conservateur,-trice.
conservante [konserβánte] *nm* conservateur *m*.
conservar [konserβár] *vt* conserver.
► *vpr* **conservarse** se conserver.
conservatorio [konserβatórjo] *nm* conservatoire *m*.
considerable [konsiðeráβle] *adj* considérable.
consideración [konsiðeraθjón] *nf* considération *f*.
• **de consideración** *(herido)* grave.
• **tomar en consideración** prendre en considération.
considerado,-da [konsiðeráðo,-ða] *adj* **1** *(atento)* considéré,-e. **2** *(apreciado)* apprécié,-e.
considerar [konsiðerár] *vt* considérer.
consigna [konsíɣna] *nf* consigne *f*.
consigo [konsíɣo] *pron pers* **1** *(con uno mismo)* avec soi. **2** *(con él, ella, ellos, ellas, con usted)* avec lui, avec elle, avec eux, avec vous: ***la ha traído consigo***, il l'a apporté avec lui.
• **no tenerlas todas consigo** ne pas en mener large, avoir peur.
consiguiente [konsiɣjénte] *adj* résultant,-e, consécutif,-ive.
• **por consiguiente** par conséquent, donc.
consistencia [konsisténθja] *nf* consistance *f*.
consistente [konsisténte] *adj* consistant,-e.
consistir [konsistír] *vi* consister (**en**, dans/en).
• **consistir en +** ***inf*** consister à.
consistorio [konsistórjo] *nm* conseil *m* municipal.
consola [konsóla] *nf* console *f*.
consolador,-ra [konsolaðór,-ra] *adj* - *nm,f* consolateur,-trice.
consolar [31] [konsolár] *vt* consoler.
► *vpr* **consolarse** se consoler.
consolidar [konsoliðár] *vt* consolider.
consomé [konsomé] *nm* consommé *m*.
consonante [konsonánte] *nf* consonne *f*.
consorcio [konsórθjo] *nm* **1** *(comercial)* consortium *m*. **2** *(unión)* union *f*.
consorte [konsórte] *nmf fml (cónyuge)* conjoint,-e: ***príncipe consorte***, prince consort.
conspiración [konspiraθjón] *nf* conspiration *f*.
conspirar [konspirár] *vi* conspirer.
constancia [konstánθja] *nf* **1** *(perseverancia)* constance *f*, persévérance *f*. **2** *(certeza)* preuve *f*, certitude *f*: ***no hay constancia de ello***, on n'a pas la preuve.
• **dejar constancia de** laisser un témoignage de.
constante [konstánte] *adj* constant,-e.
► *nf* constante *f*.

constar [konstár] *vi* **1** *(estar registrado)* être établi, prouvé: ***según consta en el contrato***, d'après ce qui est établi dans le contrat. **2** *(componerse)* être composé,-e (**de**, de): ***el examen consta de 5 ejercicios***, l'examen se compose de 5 exercices.

• **constar a ALGN que** *(estar seguro)* être sûr,-e que, avoir la certitude que.

constatar [konstatár] *vt* constater.

constelación [konstelaθjón] *nf* constellation *f*.

consternar [konsternár] *vt* consterner.

► *vpr* **consternarse** être consterné,-e.

constipado,-da [konstipáðo,-ða] *adj* enrhumé,-e.

► *nm* **constipado** rhume *m*.

constitución [konstituθjón] *nf* constitution *f*.

constitucional [konstituθjonál] *adj* constitutionnel,-elle.

constituir [62] [konstitwir] *vt* constituer.

► *vpr* **constituirse** se constituer.

constituyente [konstitujénte] *adj* constituant,-e.

constreñir [36] [konstreɲir] *vt* **1** *fml (obligar)* contraindre, forcer. **2** MED resserrer.

construcción [konstrukθjón] *nf* **1** *(gen)* construction *f*. **2** *(oficio)* bâtiment *m*.

constructor,-ra [konstruktór,-ra] *adj* constructeur,-trice.

► *nm* **constructor** constructeur *m*.

constructora [konstruktóra] *nf* entreprise *f* de bâtiment.

construir [62] [konstrwir] *vt* construire.

consuelo [konswélo] *nm* **1** *(de una pena)* consolation *f*. **2** *(alivio)* soulagement *m*.

cónsul [kónsul] *nmf* consul *m*.

consulado [konsuláðo] *nm* consulat *m*.

consulta [konsúlta] *nf* **1** *(pregunta, acto médico)* consultation *f*. **2** *(despacho de médico)* cabinet *m*.

consultar [konsultár] *vt* consulter.

consultorio [konsultórjo] *nm (de médico)* cabinet *m*.

▪ **consultorio sentimental** courrier *m* du cœur.

consumado,-da [konsumáðo,-ða] *adj* **1** *(perfecto, completo)* consommé,-e, parfait,-e: ***un imbécil consumado***, un parfait imbécile. **2** *(en una actividad)* accompli,-e, émérite: ***un artista consumado***, un artiste émérite.

consumar [konsumár] *vt* consommer.

consumición [konsumiθjón] *nf (acción, bebida)* consommation *f*.

consumidor,-ra [konsumiðór,-ra] *adj - nm,f* consommateur,-trice.

consumir [konsumir] *vt* **1** *(fuego)* consumer. **2** *(alimento, bebida, electricidad, etc)* consommer. **3** *(celos, envidia)* consumer, ronger. **4** *(agotar)* épuiser. **5** *(tiempo)* prendre, absorber.

► *vpr* **consumirse** *(adelgazar)* se consumer, dépérir.

consumo [konsúmo] *nm* consommation *f*.

contabilidad [kontaβiliðáð] *nf* comptabilité *f*.

• **llevar la contabilidad** tenir la comptabilité.

contable [kontáβle] *nmf* comptable.

contactar [kontaktár] *vi* contacter.

contacto [kontákto] *nm* contact *m*.

• **mantenerse en contacto** garder le contact.

• **ponerse en contacto con** contacter, se mettre en rapport avec.

contado,-da [kontáðo,-ða] *adj (escaso)* rare, peu nombreux,-euse.

• **al contado** au comptant, comptant.

• **en contadas ocasiones** en de rares occasions.

• **tiene sus días contados** ses jours sont comptés.

contador [kontaðór] *nm* compteur *m*.

contagiar [12] [kontaχjár] *vt* **1** *(enfermedad)* communiquer, transmettre. **2** *(persona)* contaminer.

► *vpr* **contagiarse 1** *(enfermedad)* se transmettre. **2** *(persona)* être contaminé,-e par.

contagio [kontáχjo] *nm* contagion *f*.

contagioso,-sa [kontaχjóso,-sa] *adj* contagieux,-euse.

contaminación [kontaminaθjón] *nf* pollution *f*.

contaminar [kontaminár] *vt* polluer.

contar [31] [kontár] *vt* **1** *(calcular)* compter. **2** *(narrar)* raconter, conter.

► *vi* **1** *(decir números)* compter. **2** *(importar)* importer, tenir compte: ***en el examen cuentan las faltas de ortografía***, à l'examen les fautes d'orthographe sont prises en compte.

• **contar con ALGO** *(tener)* disposer de, avoir: ***la ciudad cuenta con dos aeropuertos***, la ville dispose de deux aéroports.

• **contar con ALGO/ALGN** *(confiar)* compter sur.

• **contar con que** *(tener en cuenta)* penser que, compter sur: ***no contaba con que llovería***, je n'avais pas prévu qu'il pleuve.

contemplar [kontemplár] *vt* **1** *(paisaje)* contempler. **2** *(posibilidad)* envisager.

contemporáneo,-a [kontemporáneo,-a] *adj - nm,f* contemporain,-e.

contender [28] [kontendér] *vi* **1** *fml (luchar)* se battre, lutter. **2** *fml (competir)* rivaliser.

contenedor [konteneðór] *nm* container *m*, conteneur *m*.

▪ **contenedor de basura** benne *f* à ordures.

▪ **contenedor de vidrio** container *m* pour le verre.

contener [87] [kontenér] *vt* **1** *(gen)* contenir. **2** *(risa, respiración)* retenir.

► *vpr* **contenerse** se contenir, se retenir.

contenido,-da [konteniðo,-ða] *adj* **1** *(persona)* mesuré,-e, pondéré,-e. **2** *(sentimiento)* réprimé,-e, rentré,-e, contenu,-e.

► *nm* **contenido** contenu *m*.

contentar [kontentár] *vt* faire plaisir à.

► *vpr* **contentarse** se contenter (**con**, de).

contento,-ta [konténto,-ta] *adj* content,-e.

► *nm* **contento** contentement *m*, joie *f*.

contestación [kontestaθjón] *nf* réponse *f*.

contestador [kontestaðór] *nm* répondeur *m*.

▪ **contestador automático** répondeur automatique.

contestar [kontestár] *vt - vi (responder)* répondre.

► *vi (replicar, discutir)* discuter, contester.

contexto [kontéksto] *nm* contexte *m*.

• **sacar ALGO de contexto** placer QQCH hors contexte.

contigo [kontiɣo] *pron pers* **1** *(gen)* avec toi: ***voy contigo***, je vais avec toi. **2** *(hacia ti, respecto de ti)* à ton égard, envers toi: ***es muy amable contigo***, il est très aimable à ton égard.

contiguo,-gua [kontiɣwo,-ɣwa] *adj* contigu,-uë.

continental [kontinentál] *adj* continental,-e.

continente [kontinénte] *nm* continent *m*.

contingente [kontiŋχénte] *adj* contingent,-e.

► *nm* contingent *m*.

continuación [kontinwaθjón] *nf* suite *f*.

• **a continuación** ensuite.

continuar [11] [kontinwár] *vt - vi* **1** *(acción, actividad)* continuer, poursuivre. **2** *(camino, viaje)* poursuivre: ***continuar su camino***, poursuive sa route.

► *vi* **1 continuar +** *ger (en una acción, actividad)* continuer à + inf: ***continuar leyendo***, continuer à lire. **2** *(durar)* continuer, se poursuivre: ***la discusión continúa***, la discussion se poursuit. **3 continuar +** *pp (en un estado, situación)* rester: ***continuar sentado***, rester assis.

continuidad [kontinwiðáð] *nf* continuité *f*.

continuo,-nua [kontinwo,-nwa] *adj* **1** *(incesante, repetido)* continuel,-elle: ***un ruido continuo***, un bruit continuel. **2** *(no dividido)* continu,-e: ***corriente continua***, courant *m* continu.

contorno [kontórno] *nm* contour *m*.

contorsión [kontorsjón] *nf* contorsion *f*.

contra [kóntra] *prep* contre: ***luchar contra el enemigo***, lutter contre l'ennemi; ***un jarabe contra la tos***, un sirop contre la toux.

► *nm* contre.

► *nf fam* difficulté *f*, inconvénient *m*.

• **en contra** *(gen)* contre: ***estamos en contra***, nous sommes contre.

• **en contra** *(viento)* debout.

• **llevar la contra a ALGN** contredire QQN.

• **los pros y los contras** le pour et le contre.

contraataque [kontratáke] *nm* contre-attaque *f*.

contrabajo [kontraβáχo] *nm* **1** *(instrumento)* contrebasse *f*. **2** *(voz)* basse *f*.
► *nmf* contrebassiste.

contrabandista [kontraβandista] *nmf* contrebandier,-ère.

contrabando [kontraβándo] *nm* contrebande *f*.
• **de contrabando** de contrebande.

contracción [kontrakθjón] *nf* contraction *f*.

contracepción [kontraθepθjón] *nf fml* contraception *f*.

contradecir [69] [kontraðeθir] *vt* contredire.
► *vpr* **contradecirse** se contredire.

contradicción [kontraðikθjón] *nf* contradiction *f*.

contradictorio,-ria [kontraðiktórjo,-rja] *adj* contradictoire.

contraer [88] [kontraér] *vt* **1** *(gen)* contracter: ***contraer los músculos***, contracter les muscles; ***contraer deudas***, contracter des dettes. **2** *(enfermedad)* contracter, attraper.
► *vpr* **contraerse** se contracter.
• **contraer matrimonio** se marier.

contraluz [kontralúθ] *nm* contre-jour *m inv*.
• **a contraluz** à contre-jour.

contraorden [kontraórðen] *nf* contrordre *m*.

contrapelo [kontrapélo].
• **a contrapelo** à rebrousse-poil.

contrapeso [kontrapéso] *nm* contrepoids *m*.

contraponer [78] [kontraponér] *vt* **1** *(oponer)* opposer. **2** *(cotejar)* comparer, confronter.
► *vpr* **contraponerse** *(oponerse)* s'opposer.

contraportada [kontraportáða] *nf* quatrième page *f* de couverture.

contraproducente [kontraproðuθénte] *adj* contre-productif,-ive.

contrapunto [kontrapúnto] *nm* contrepoint *m*.

contrariar [13] [kontrarjár] *vt* contrarier.

contrariedad [kontrarjeðáð] *nf* **1** *(contratiempo)* ennui *m*. **2** *(disgusto)* contrariété *f*.

contrario,-ria [kontrárjo,-rja] *adj* **1** *(opuesto)* contraire: ***iba en sentido contrario***, il allait en sens contraire. **2** *(perjudicial)* nocif,-ive, contraire.
► *nm,f (rival)* adversaire.
• **al contrario** au contraire.
• **de lo contrario** autrement.
• **llevar la contraria a ALGN** contredire QQN.

contrarreloj [kontrar̄elóχ] *adj inv* contre la montre: ***etapa contrarreloj***, étape contre la montre.
► *nf inv* contre-la-montre *m inv*: ***la contrarreloj por equipos***, le contre-la-montre par équipes.

contrarrestar [kontrar̄estár] *vt* **1** *(neutralizar)* contrecarrer, faire obstacle à. **2** *(resistir)* résister.

contraseña [kontraséɲa] *nf* mot *m* de passe.

contrastar [kontrastár] *vi (formar contraste)* contraster.
► *vt* **1** *(comprobar)* vérifier: ***contrastar una hipótesis***, vérifier une hypothèse. **2** *(oro, plata)* contrôler, poinçonner.

contraste [kontráste] *nm* **1** *(oposición, diferencia)* contraste *m*. **2** *(de oro, plata)* poinçonneur *m*.

contratar [kontratár] *vt* **1** *(empleado, criado)* embaucher, engager. **2** *(un servicio)* passer un contrat.

contratiempo [kontratjémpo] *nm* contretemps *m*.

contrato [kontráto] *nm* contrat *m*.

contraventana [kontraβentána] *nf* volet *m*.

contrayentes [kontrajéntes] *nmf pl* nouveaux mariés *m pl*.

contribución [kontriβuθjón] *nf* contribution *f*.
■ **contribución urbana** impôts *m pl* locaux.

contribuir [62] [kontriβwir] *vi* **1** *(pagar)* payer. **2** *(colaborar)* contribuer (**a**, à).

contribuyente [kontriβujénte] *nmf* contribuable.

contrincante [kontriŋkánte] *nm* adversaire *mf*.

control [kontról] *nm* contrôle *m*.
■ **control remoto** télécommande *f*, commande *f* à distance.
controlador,-ra [kontrolaðór,-ra] *nm,f* contrôleur,-euse.
■ **controlador aéreo** aiguilleur *m* du ciel.
controlar [kontrolár] *vt* contrôler.
► *vpr* **controlarse** se contrôler.
controversia [kontroβérsja] *nf* controverse *f*.
contundente [kontundénte] *adj* **1** *(cuchillo, arma)* contondant,-e. **2** *(argumento, prueba)* convaincant,-e, concluant,-e.
contusión [kontusjón] *nf* contusion *f*.
convalecencia [kombaleθénθja] *nf* convalescence *f*.
convaleciente [kombaleθjénte] *adj* convalescent,-e.
convalidar [kombaliðár] *vt* valider.
convencer [2] [kombenθér] *vt* convaincre.
► *vpr* **convencerse** se convaincre, se persuader.
convencimiento [kombenθimjénto] *nm* conviction *f*.
convencional [kombenθjonál] *adj* conventionnel,-elle.
conveniencia [kombenjénθja] *nf* **1** *(interés)* convenance *f*. **2** *(idoneidad)* opportunité *f*.
conveniente [kombenjénte] *adj* **1** *(adecuado)* convenable. **2** *(interesante)* opportun,-e.
convenio [kombénjo] *nm* accord *m*.
■ **convenio colectivo** convention *f* collective.
convenir [90] [kombenír] *vi* **1** *(ser oportuno)* convenir: ***haz lo que te convenga***, fais ce qui te convient. **2** *(ser aconsejable)* être bon, être approprié: ***no te convienen los dulces***, les sucreries ne sont pas bonnes pour toi.
• **a convenir** à débattre.
• **convenir en +** *inf* *(acordar)* convenir de + *inf* ***hemos convenido en asociarnos***, nous avons convenu de nous associer.
convento [kombénto] *nm* couvent *m*.
conversación [kombersaθjón] *nf* **1** *(charla)* conversation *f*. **2** *(entrevista)* entretien *m*.
• **dar conversación a ALGN** parler à QQN.
conversar [kombersár] *vi* parler.
conversión [kombersjón] *nf* conversion *f*.
convertir [35] [kombertír] *vt* **1** *(cambiar)* changer, transformer: ***convirtió la tienda en restaurante***, il transforma la boutique en restaurant. **2** *(a una religión, moneda)* convertir.
► *vpr* **convertirse 1** *(a religión)* se convertir. **2 convertirse en** *(volverse)* devenir: ***su sueño se convirtió en realidad***, son rêve devint réalité.
convexo,-xa [kombékso,-ksa] *adj* convexe.
convicción [kombikθjón] *nf* conviction *f*.
convicto,-ta [kombikto,-ta] *nm,f* convaincu,-e.
convidado,-da [kombiðáðo,-ða] *nm,f* invité,-e.
convidar [kombiðár] *vt* inviter.
convincente [kombinθénte] *adj* convaincant,-e.
convivencia [kombiβénθja] *nf* **1** *(de personas)* cohabitation *f*, vie *f* en commun. **2** *(coexistencia)* coexistence *f*.
convivir [kombiβír] *vi* vivre avec.
convocar [1] [kombokár] *vt* convoquer.
convocatoria [kombokatórja] *nf* **1** *(llamamiento)* convocation *f*. **2** *(examen)* session *f*.
■ **convocatoria de huelga** appel *m* à la grève.
convoy [kombói] *nm* convoi *m*.
cónyuge [kónjuχe] *nmf* conjoint,-e.
coñac [koɲák] *nm* (*pl* **coñacs**) cognac *m*.
coño [kóɲo] *nm vulg* con *m*.
► *interj* **¡coño!** *vulg* merde !
cooperación [koperaθjón] *nf* coopération *f*.
cooperar [koperár] *vi* coopérer.
cooperativa [koperatíβa] *nf* coopérative *f*.
coordinación [korðinaθjón] *nf* coordination *f*.
coordinar [korðinár] *vt* coordonner.
copa [kópa] *nf* **1** *(para beber, trofeo)* coupe *f*. **2** *(bebida)* verre *m*: ***invitar a una copa***, offrir un verre. **3** *(de árbol)* tête *f*. **4** *(de sombrero)* fond *m*. **5** *(de sostén)* bonnet *m*.
► *nf pl* **copas** *une des couleurs des cartes espagnoles*.

• **ir de copas** *fam* sortir prendre un verre.
• **tomar una copa** *fam* prendre un verre.
copia [kópja] *nf* **1** *(imitación, reproducción)* copie *f*. **2** *(ejemplar)* exemplaire *m*. **3** *(de fotografía)* épreuve *f*.
▪ **copia de seguridad** copie de sauvegarde.
▪ **copia oculta** INFORM copie cachée.
copiar [12] [kopjár] *vt - vi* copier.
copiloto [kopilóto] *nmf* copilote.
copla [kópla] *nf (verso, canción)* couplet *m*.
► *nf pl* **coplas** vers *m pl*, poésies *f pl*.
copo [kópo] *nm* flocon *m*.
coprocesador [koproθesaðór] *nm* INFORM coprocesseur *m*.
copropiedad [kopropjeðáð] *nf* copropriété *f*.
cópula [kópula] *nf* **1** *fml (coito)* copulation *f*. **2** *(en gramática)* copule *f*.
copulativo,-va [kopulatíβo,-βa] *adj* copulatif,-ive.
coquetear [koketeár] *vi* **1** *(mujer)* faire la coquette. **2** *(flirtear)* flirter.
coquetería [koketería] *nf* coquetterie *f*.
coqueto,-ta [kokéto,-ta] *adj* coquet, -ette.
coraje [koráχe] *nm* **1** *(valor)* bravoure *f* courage *m*. **2** *(ira)* colère *f*, irritation *f*.
coral[1] [korál] *adj* choral,-e.
► *nf* chorale *f*.
coral[2] [korál] *nm* corail *m*.
corazón [koraθón] *nm* **1** *(gen)* cœur *m*. **2** *(dedo)* majeur *m*, médius *m*.
• **a corazón abierto** à cœur ouvert.
• **darle a ALGN un vuelco el corazón** tressaillir.
• **de (todo) corazón** de tout cœur.
• **hablar con el corazón en la mano** parler à cœur ouvert.
• **hacer de tripas corazón** faire contre mauvaise fortune bon cœur.
• **llegar al corazón** aller droit au cœur.
• **partir el corazón** fendre le cœur.
• **tener buen corazón** avoir du cœur, avoir bon cœur.
corazonada [koraθonáða] *nf* **1** *(impulso)* coup *m* de tête. **2** *(intuición)* pressentiment *m*.
corbata [korβáta] *nf* cravate *f*.
corchea [kortʃéa] *nf* MÚS croche *f*.
corchete [kortʃéte] *nm* **1** *(para sujetar)* agrafe *f*. **2** *(signo ortográfico)* crochet *m*.
corcho [kórtʃo] *nm* **1** *(material)* liège *m*. **2** *(tapón)* bouchon *m*.
cordel [korðél] *nm* ficelle *f*.
cordero [korðéro] *nm* agneau *m*.
cordial [korðjál] *adj* cordial,-e.
cordillera [korðiʎéra] *nf* chaîne *f* (de montagnes).
cordón [korðón] *nm* **1** *(cuerda pequeña)* cordon *m*. **2** *(de zapatos)* lacet *m*.
▪ **cordón policial** cordon de police.
▪ **cordón umbilical** cordon ombilical.
cordura [korðúra] *nf* sagesse *f*.
Corea [koréa] *n pr* Corée *f*.
▪ **Corea del Norte** Corée du Nord.
▪ **Corea del Sur** Corée du Sud.
coreano,-na [koreáno,-na] *adj* coréen, -enne.
► *nm,f* Coréen,-enne.
► *nm* **coreano** *(idioma)* coréen *m*.
coreografía [koreoγrafía] *nf* chorégraphie *f*.
cornada [kornáða] *nf* coup *m* de corne.
cornamenta [kornaménta] *nf (de un animal)* cornes *f pl*.
córnea [kórnea] *nf* cornée *f*.
córner [kórner] *nm* (*pl* **córners**) DEP corner *m*.
• **sacar un córner** tirer un corner.
corneta [kornéta] *nf (instrumento)* cornet *m*.
► *nmf (instrumentista)* cornettiste.
cornisa [kornísa] *nf* corniche *f*.
cornudo,-da [kornúðo,-ða] *adj - nm fam* cocu,-e.
coro [kóro] *nm* chœur *m*.
• **a coro** en chœur.
corola [koróla] *nf* corolle *f*.
corona [koróna] *nf* couronne *f*.
coronar [koronár] *vt* **1** *(rey, montaña, etc)* couronner. **2** *(concluir)* achever.
coronel [koronél] *nm* colonel *m*.
coronilla [koroníʎa] *nf* sommet *m* de la tête.
• **estar hasta la coronilla** *fam* en avoir ras le bol.
corporación [korporaθjón] *nf* corporation *f*.
corporal [korporál] *adj* corporel,-elle.

corporativo,-va [korporatiβo,-βa] *adj* corporatif,-ive.

corpulento,-ta [korpulénto,-ta] *adj* corpulent,-e.

corral [kor̄ál] *nm* **1** *(patio para aves)* basse-cour *f*. **2** *(para el ganado)* enclos *m*.

correa [kor̄éa] *nf* **1** *(tira de cuero)* courroie *f*. **2** *(de reloj)* bracelet *m*. **3** *(de perro)* laisse *f*.

corrección [kor̄ekθjón] *nf* correction *f*.

correccional [kor̄ekθjonál] *adj* correctionnel,-elle.

► *nm* maison *f* de redressement.

correcto,-ta [kor̄ékto,-ta] *adj* correct,-e.

corrector,-ra [kor̄ektór,-ra] *adj* - *nm,f* correcteur,-trice.

► *nm* **corrector** correcteur *m*.

■ **corrector ortográfico** INFORM correcteur d'orthographe.

corredor,-ra [kor̄eðór,-ra] *nm,f* **1** DEP coureur,-euse. **2** *(intermediario)* courtier,-ère.

► *nm* **corredor** *(pasillo)* corridor *m*, couloir *m*.

■ **corredor aéreo** couloir aérien.

corregir [55] [kor̄eχir] *vt* corriger.

correo [kor̄éo] *nm* courrier *m*.

► *nm pl* **correos** **1** *(servicio)* poste *f sing*. **2** *(oficina)* bureau *m sing* de poste.

• **despachar el correo** expédier le courrier.

• **echar al correo** poster.

• **correo certificado** courrier recommandé.

■ **correo basura** courrier indésirable, spam *m*.

■ **correo electrónico** courrier électronique.

correr [kor̄ér] *vi* **1** *(andar deprisa)* courir. **2** *(líquido, río)* couler. **3** *(el viento)* souffler. **4** *(rumor, voz)* courir: ***corre la voz***, le bruit court. **5** *(una moneda)* avoir cours.

► *vt* **1** *(recorrer)* courir, parcourir. **2** *(una cosa)* pousser, déplacer. **3** *(una cortina, un cerrojo)* tirer. **4** *(una llave)* tourner.

► *vpr* **correrse** **1** *(apretarse)* se pousser. **2** *vulg (tener un orgasmo)* jouir.

• **a todo correr** à toute vitesse.

• **¡corre!, ¡corre!** vite ! vite !

correspondencia [kor̄espondénθja] *nf* correspondance *f*.

corresponder [kor̄espondér] *vi* **1** *(sentimientos, favores, etc)* rendre. **2** *(incumbir)* revenir. **3** *(tocar)* être à: ***le corresponde a ella avisar a los demás***, c'est à elle de prévenir les autres. **4** *(en un reparto)* revenir.

correspondiente [kor̄espondjénte] *adj* correspondant,-e.

corresponsal [kor̄esponsál] *nmf* correspondant,-e.

corretear [kor̄eteár] *vi* galoper.

corrida [kor̄iða] *nf (acción)* course *f*.

■ **corrida de toros** corrida *f*.

corrido,-da [kor̄iðo,-ða].

• **de corrido** **1** *(de memoria)* par cœur. **2** *(rápido)* d'un trait.

corriente [kor̄jénte] *adj* **1** courant,-e: ***moneda corriente***, monnaie courante. **2** *(tiempo)* actuel,-e.

► *nm* courant *m*: ***el 12 del corriente***, le 12 courant.

► *nf* courant *m*.

• **estar al corriente** **1** *(sin retrasos)* être à jour. **2** *(enterado)* être au courant.

• **seguirle la corriente a** ALGN ne pas contrarier QQN.

corrillo [kor̄iʎo] *nm (de personas)* petit cercle *m*.

corro [kór̄o] *nm (de personas)* cercle *m*.

corroborar [kor̄oβorár] *vt* corroborer.

corromper [kor̄ompér] *vt* corrompre.

corrosión [kor̄osjón] *nf* corrosion *f*.

corrupción [kor̄upθjón] *nf* corruption *f*.

■ **corrupción de menores** détournement *m* de mineurs.

corrupto,-ta [kor̄úpto,-ta] *adj* corrompu,-e.

corsé [korsé] *nm* corset *m*.

cortacésped [kortaθéspeð] *nm* tondeuse *f* à gazon.

cortado,-da [kortáðo,-ða] *adj* **1** *(gen)* coupé,-e. **2** *fam (avergonzado)* timide. **3** *(estilo)* haché,-e.

► *nm* **cortado** *(café)* noisette *f*.

cortante [kortánte] *adj* **1** coupant,-e. **2** *(aire, frío)* piquant,-e.

cortar [kortár] *vt* **1** *(gen)* couper. **2** *(interrumpir)* interrompre. **3** *(dar forma - a tela)* tailler; *(- a papel)* découper.

► *vi (estar bien afilado)* couper.

► *vpr* **cortarse** **1** se couper. **2** *(piel)* se gercer. **3** *(la leche, etc)* tourner. **4** *fam (avergonzarse)* se troubler.

cortaúñas [kortaúɲas] *nm* coupe-ongles *m inv*.

corte[1] [kórte] *nm* **1** *(acción, manera de cortar)* coupe *f.* **2** *(herida, interrupción, etc)* coupure *f.* **3** *fam (respuesta ingeniosa)* répartie *f.*
• **darle un corte a ALGN** fermer la bouche à QQN.
▪ **corte de luz** coupure de courant.
▪ **corte de pelo** coupe de cheveux.
▪ **corte y confección** confection *f.*

corte[2] [kórte] *nf (de un soberano)* cour *f.*
• **hacer la corte** faire la cour.
• **las Cortes** *l'Assemblée parlementaire espagnole.*

cortejo [kortéχo] *nm* **1** *(compañía)* cortège *m.* **2** *(acción de cortejar)* cour *f.*

cortés [kortés] *adj* courtois,-e.

cortesía [kortesía] *nf* courtoisie *f.*

corteza [kortéθa] *nf* **1** *(de árbol)* écorce *f.* **2** *(de pan, queso)* croûte *f.* **3** *(de tocino)* couenne *f.*
▪ **corteza terrestre** croûte terrestre.

cortijo [kortíχo] *nm* ferme *f* andalouse.

cortina [kortína] *nf* rideau *m.*
▪ **cortina de humo** *fig* couverture *f.*

corto,-ta [kórto,-ta] *adj* **1** *(de poca extensión o duración)* court,-e. **2** *(persona)* timide.
► *nm* **corto** court-métrage *m.*
• **corto,-ta de vista** myope.
• **quedarse corto,-ta** calculer trop juste.

cortocircuito [kortoθirkwíto] *nm* court-circuit *m.*

cortometraje [kortometráχe] *nm* court-métrage *m.*

cosa [kósa] *nf* chose *f.*
► *nf pl* **cosas** **1** *(pertenencias)* affaires *f pl.* **2** *(ideas, manías)* manie *f*: ***tiene unas cosas que no hay quien lo entienda***, il a de ces idées ! Personne ne le comprend.
• **como quien no quiere la cosa** mine de rien.
• **como si tal cosa** comme si de rien n'était.
• **cosa de** environ, à peu près.
• **no ser cosa del otro jueves** ne pas casser trois pattes à un canard.

coscorrón [koskor̄ón] *nm* coup *m* sur la tête.

cosecha [kosét∫a] *nf* récolte *f.*
• **de su cosecha** de son cru.

cosechadora [koset∫aðóra] *nf* moissonneuse-batteuse *f.*

cosechar [koset∫ár] *vt - vi* récolter.
► *vt (obtener, ganar)* obtenir: ***cosechar triunfos***, obtenir des succès.

coser [kosér] *vt* coudre.
• **ser una cosa coser y cantar** être simple comme bonjour.

cosmético,-ca [kozmétiko,-ka] *adj* cosmétique.
► *nm* **cosmético** cosmétique *m.*

cosmética [kozmétika] *nf* cosmétique *f.*

cosmonauta [kozmonáuta] *nmf* cosmonaute.

cosmopolita [kozmopolíta] *adj* cosmopolite.

cosmos [kózmos] *nm* cosmos *m.*

cosquillas [koskiʎas] *nf pl* chatouilles *f pl.*
• **hacer cosquillas** faire des chatouilles.
• **tener cosquillas** être chatouilleux,-euse.

costa [kósta] *nf* côte *f.*
• **a costa de** **1** *(a expensas de)* aux dépens de: ***aún vive a costa de sus padres***, il vit encore aux crochets de ses parents. **2** *(a fuerza de)* au prix de: ***lo consiguió a costa de mucho trabajo***, elle a réussi au prix d'un travail acharné.
• **a toda costa** à tout prix.

costado [kostáðo] *nm* côté *m.*
• **por los cuatro costados** jusqu'au bout des ongles.

costar [31] [kostár] *vt - vi* coûter.
• **cueste lo que cueste** coûte que coûte.

Costa Rica [kostar̄íka] *n pr* Costa Rica *m.*

costarricense [kostar̄iθénse] *adj* costaricien,-enne.
► *nmf* Costaricien-enne.

costarriqueño,-ña [kostar̄ikéɲo,-ɲa] *adj* costaricien,-enne.
► *nm,f* Costaricien,-enne.

coste [kóste] *nm* coût *m.*

costear [kosteár] *vt* **1** *(gastos)* financer. **2** *(navegando)* côtoyer.

costero,-ra [kostéro,-ra] *adj* côtier,-ère.

costilla [kostíʎa] *nf* **1** *(gen)* côte *f.* **2** COC côtelette *f.*

costo [kósto] *nm* **1** coût *m*. **2** *fam (hachís)* came *f*.
costoso,-sa [kostóso,-sa] *adj* **1** *(precio)* cher, chère. **2** *(difícil)* difficile.
costra [kóstra] *nf* croûte *f*.
costumbre [kostúmbre] *nf* **1** *(tradición)* coutume *f*. **2** *(hábito)* habitude *f*.
► *nf pl* **costumbres** mœurs *f pl*.
costura [kostúra] *nf* couture *f*.
costurera [kosturéra] *nf* couturière *f*.
costurero [kosturéro] *nm* nécessaire *m* de couture.
cotejar [koteχár] *vt* confronter.
cotidiano,-na [kotiðjáno,-na] *adj* quotidien,-enne.
cotilla [kotiʎa] *nmf fam* commère *f*.
cotilleo [kotiʎéo] *nm fam* commérage *m*.
cotización [kotiθaθjón] *nf (de los valores)* cours *m*.
cotizar [4] [kotiθár] *vt (en Bolsa)* coter.
► *vpr* **cotizarse** *(persona)* être apprécié,-e.
coto [kóto] *nm* **1** *(terreno)* réserve *f*. **2** *fig (límite)* limite *f*.
• **poner coto a** mettre un frein à.
▪ **coto de caza** chasse *f* gardée.
cotorra [kotóra] *nf* **1** *(animal)* perruche *f*. **2** *fig (persona habladora)* pie *f*.
coyote [kojóte] *nm* coyote *m*.
coyuntura [kojuntúra] *nf* **1** *(oportunidad)* occasion *f*. **2** *(económica)* conjoncture *f*.
coz [koθ] *nf* ruade *f*: ***dar coces***, lancer des ruades.
CPU [kəʊ] *abr (**central processing unit**)* unité *f* centrale.
cráneo [kráneo] *nm* crâne *m*.
cráter [kráter] *nm* cratère *m*.
creación [kreaθjón] *nf* création *f*.
creador,-ra [kreaðór,-ra] *adj - nm,f* créateur,-trice.
crear [kreár] *vt* créer.
creativo,-va [kreatiβo,-βa] *adj - nm,f* créatif,-ive.
crecer [43] [kreθér] *vi* **1** *(niños)* grandir. **2** *(pelo, plantas)* pousser. **3** *(días)* allonger. **4** *(la luna)* croître. **5** *(interés, gusto, etc por algo)* être croissant,-e.
► *vpr* **crecerse** prendre de l'assurance.
creces [kréθes].
• **con creces** largement.
crecida [kreθiða] *nf* crue *f*.
creciente [kreθjénte] *adj* croissant,-e.
crecimiento [kreθimjénto] *nm* croissance *f*.
crédito [kréðito] *nm* crédit *m*.
• **dar crédito a** croire.
credo [kréðo] *nm* credo *m*.
crédulo,-la [kréðulo,-la] *adj* crédule.
creencia [kreénθja] *nf* croyance *f*.
creer [61] [kreér] *vt - vi* croire.
► *vpr* **creerse** se croire: ***se creía rico***, il se croyait riche.
creíble [kreiβle] *adj* crédible.
creído,-da [kreiðo,-ða] *nm,f fam* présomptueux,-euse.
crema [kréma] *nf* **1** *(gen)* crème *f*. **2** *(betún)* cirage *m*.
► *adj (color)* crème.
cremallera [kremaʎéra] *nf* **1** *(cierre)* fermeture *f* Éclair®. **2** *(en tecnología)* crémaillère *f*.
crematorio,-ria [krematórjo,-rja] *adj* crématoire.
► *nm* **crematorio** crématorium *m*.
cremoso,-sa [kremóso,-sa] *adj* crémeux,-euse.
crepitar [krepitár] *vi* crépiter.
crepúsculo [krepúskulo] *nm* crépuscule *m*.
cresta [krésta] *nf* **1** *(de gallo)* crête *f*. **2** *(copete)* huppe *f*.
• **estar en la cresta de la ola** être en vogue.
cretino,-na [kretino,-na] *adj - nm,f* crétin,-e.
creyente [krejénte] *adj - nmf* croyant,-e.
cría [kria] *nf* **1** *(animal)* petit *m*. **2** *(crianza - de bebés)* allaitement *m*. **3** *(- de animales)* élevage *m*.
criadero [krjaðéro] *nm* **1** *(de plantas)* pépinière *f*. **2** *(de animales)* élevage *m*.
criado,-da [krjáðo,-ða] *nm,f* domestique.
criar [13] [krjár] *vt* **1** *(niños)* élever, éduquer. **2** *(animales)* élever. **3** *(plantas)* cultiver. **4** *(alimentar a un bebé)* allaiter.
criatura [krjatúra] *nf* **1** *(ser)* créature *f*. **2** *(bebé)* nourrisson *m*.
crimen [krimen] *nm* crime *m*.
criminal [kriminál] *adj - nmf* criminel, -elle.

crin [krin] *nf* **1** *(material)* crin *m.* **2** *(pelos)* crinière *f.*
crío [krio] *nm* **1** *(bebé)* bébé *m.* **2** *(niño)* gamin *m.*
cripta [kripta] *nf* crypte *f.*
crisis [krisis] *nf* crise *f.*
crisma [krizma].
• **romperse la crisma** *fam* se casser la figure.
crispar [krispár] *vt* crisper.
cristal [kristál] *nm* **1** *(cristal fino)* verre *m.* **2** *(cuerpo cristalizado)* cristal *m.* **3** *(de ventana)* vitre *f.* **4** *(de escaparate, parabrisas, etc)* glace *f.*
cristalino,-na [kristalino,-na] *adj* - *nm* cristallin,-e.
cristianismo [kristjanizmo] *nm* christianisme *m.*
cristiano,-na [kristjáno,-na] *adj* - *nm,f* chrétien,-enne.
Cristo [kristo] *n pr* Christ.
criterio [kritérjo] *nm* **1** *(norma)* critère *m.* **2** *(opinión)* opinion *f,* avis *m.* **3** *(juicio)* jugement *m.*
crítica [kritika] *nf* critique *f.*
criticar [1] [kritikár] *vt* critiquer.
crítico,-ca [kritiko,-ka] *adj* critique.
► *nm,f (persona)* critique.
criticón,-ona [kritikón,-óna] *nm,f* critiqueur,-euse.
Croacia [kroáθja] *n pr* Croatie *f.*
croar [kroár] *vi* coasser.
croata [kroáta] *adj* croate.
► *nmf* Croate.
croissant [krwasán] *nm* croissant *m.*
crol [krol] *nm* crawl *m.*
cromo [krómo] *nm* **1** *(metal)* chrome *m.* **2** *(estampa)* image *f.*
• **ir hecho un cromo** être fringué comme l'as de pique.
crónica [krónika] *nf* chronique *f.*
crónico,-ca [króniko,-ka] *adj* chronique.
cronista [kronista] *nmf* chroniqueur, -euse.
cronometrar [kronometrár] *vt* chronométrer.
cronómetro [kronómetro] *nm* chronomètre *m.*
croqueta [krokéta] *nf* croquette *f.*
croquis [krókis] *nm* croquis *m.*
cross [kross] *nm inv* cross *m inv.*
cruce [krúθe] *nm* **1** *(acción, de vías)* croisement *m.* **2** *(de calles, carreteras)* carrefour *m.* **3** *(de ondas)* interférence *f.*
crucero [kruθéro] *nm* **1** *(viaje)* croisière *f.* **2** ARQ croisée *f* du transept.
crucial [kruθjál] *adj* crucial,-e.
crucificar [1] [kruθifikár] *vt* crucifier.
crucifijo [kruθifiχo] *nm* crucifix *m.*
crucigrama [kruθiɣráma] *nm* mots-croisés *m pl.*
crudo,-da [krúðo,-ða] *adj* **1** *(no cocido)* cru,-e. **2** *(tiempo)* rude. **3** *(color)* écru,-e.
► *nm* **crudo** *(petróleo)* brut *m.*
cruel [krwél] *adj* cruel,-elle.
crueldad [krweldáð] *nf* cruauté *f.*
crujido [kruχiðo] *nm* **1** *(gen)* craquement *m.* **2** *(de dientes)* grincement *m.* **3** *(de la seda)* crissement *m.*
crujiente [kruχjénte] *adj* croustillant,-e.
crujir [kruχir] *vi* **1** *(gen)* craquer. **2** *(dientes)* grincer. **3** *(seda)* crisser.
crustáceo [krustáθeo] *nm* crustacé *m.*
cruz [kruθ] *nf* **1** *(gen)* croix *f.* **2** *(de un animal)* garrot *m.* **3** *(de una moneda)* pile *m.*
• **¿cara o cruz?** pile ou face ?
• **hacer cruz y raya** tourner la page.
• **hacerse cruces** ne pas en revenir.
cruzada [kruθáða] *nf* HIST croisade *f.*
cruzado,-da [kruθáðo,-ða] *adj* croisé,-e.
► *nm* **cruzado** HIST croisé *m.*
cruzar [4] [kruθár] *vt* **1** *(gen)* croiser: ***cruzar los brazos***, croiser les bras. **2** *(atravesar)* traverser: ***cruzar la carretera***, traverser la route.
cuaderno [kwaðérno] *nm* cahier *m.*
cuadra [kwáðra] *nf* écurie *f.*
cuadrado,-da [kwaðráðo,-ða] *adj* carré,-e.
► *nm* **cuadrado** carré *m.*
cuadrar [kwaðrár] *vt* carrer.
► *vi* **1** *(información, hechos)* concorder. **2** *(cifras)* tomber juste. **3** *(convenir)* convenir.
► *vpr* **cuadrarse** *(soldado)* se mettre au garde-à-vous.
cuadrícula [kwaðrikula] *nf* quadrillage *m.*
cuadriculado,-da [kwaðrikuláðo,-ða] *adj* quadrillé,-e.

cuadrilátero [kwaðrilátero] *nm* **1** *(figura)* quadrilatère *m.* **2** *(de boxeo)* ring *m.*
cuadrilla [kwaðriʎa] *nf* **1** *(de trabajadores)* équipe *f.* **2** *(de amigos, bandidos)* bande *f.*
cuadro [kwáðro] *nm* **1** *(gen)* tableau *m.* **2** *(forma geométrica)* carré *m.* **3** *(de bici)* cadre *m.* **4** *(situación)* situation *f.*
■ **cuadro de mandos** tableau de bord.
■ **cuadro sinóptico** tableau synoptique.
cuadrúpedo [kwaðrúpeðo] *adj - nm* quadrupède *m.*
cuádruple [kwaðrúple] *nm* quadruple *m.*
cuajada [kwaχáða] *nf* caillé *m.*
cuajar [kwaχár] *vt* **1** *(la leche)* cailler; *(la sangre)* coaguler. **2** *(obtener buen resultado)* réaliser: ***el equipo ha cuajado un gran partido***, l'équipe a joué un grand match.
► *vi* **1** *(conseguirse)* aboutir: ***el proyecto no llegó a cuajar***, le projet n'a pas abouti. **2** *(la nieve)* prendre.
cual [kwal] *pron rel* **el/la cual** qui, lequel, laquelle: ***Juan, el cual acaba de llegar***, Jean, qui vient d'arriver.
► *adv fml* comme, ainsi que: ***lo ha hecho cual lo había prometido***, il l'a fait comme il l'avait promis.
• **al cual, a la cual** auquel, à laquelle: ***la gente a la cual preguntamos...***, les gens à qui on a demandé...
• **cada cual** chacun.
• **del cual, de la cual** duquel, de laquelle, dont: ***la chica de la que te hablé***, la fille dont je t'ai parlé.
• **de lo cual** ce dont: ***has ganado, de lo cual me alegro***, tu as gagné et je m'en réjouis.
• **en lo cual, en la cual** où: ***la ciudad en la cual vivo***, la ville où j'habite.
• **lo cual** ce qui, ce que: ***no ha llamado, lo cual quiere decir que no vendrá***, il n'a pas appelé, ce qui veut dire qu'il ne viendra pas.
• **por lo cual** c'est pourquoi.
cuál [kwál] *pron interr* quel, quelle, lequel, laquelle: ***¿cuál de los dos prefieres?***, lequel des deux préfères-tu ?
cualidad [kwaliðáð] *nf* qualité *f.*
cualquiera [kwalkjéra] *adj* (*pl* **cualesquiera**) (**cualquier** devant un nom) **1** *(antes de nombre)* n'importe quel, n'importe quelle: ***a cualquier hora***, à n'importe quelle heure. **2** *(después de nombre)* quelconque: ***un libro cualquiera***, un livre quelconque.
► *pron indef* **1** *(persona o cosa indeterminada)* n'importe qui, quiconque: ***cualquiera que haya viajado***, quiconque a voyagé. **2** *(nadie)* personne: ***¡cualquiera se lo dice!***, personne ne le lui dit !
► *nmf (persona sin importancia)* rien du tout.
► *nf (mujer)* traînée *f.*
• **cualquier cosa** n'importe quoi.
• **cualquiera que** quiconque.
• **en cualquier sitio** n'importe où.
cuando [kwándo] *adv* quand: ***entonces fue cuando lo vi claro***, c'est alors que tout m'est apparu clairement.
► *conj* quand, lorsque: ***cuando niño, Carlos...***, lorsqu'il était enfant, Carlos...
• **aun cuando** même si ***puede aprobar el examen, aun cuando piense que ha fracasado***, il peut être reçu à l'examen, même s'il pense avoir échoué.
• **de vez en cuando** de temps en temps.
cuándo [kwándo] *adv* quand: ***¿cuándo nos vamos?***, quand partons-nous ?
cuantía [kwantia] *nf* montant *m.*
cuantioso,-sa [kwantjóso,-sa] *adj* considérable.
cuanto,-ta [kwánto,-ta] *adj* tout le, toute la: ***se lee cuantos libros caen en sus manos***, elle lit tous les livres qui lui tombent sous la main.
► *pron rel* tout ce qui, tous ceux qui, toutes celles qui: ***compra todo cuanto le gusta***, il achète tout ce qui lui plaît.
► *adv* **cuanto** tant que: ***esto durará cuanto quiera él***, cela durera tout le temps qu'il voudra.
• **cuanto antes** dès que possible.
• **cuanto más** à plus forte raison.
• **cuanto más/menos... más/menos** plus/moins ... plus/moins: ***cuanto más tiene, más quiere***, plus il en a, plus il en veut; ***cuanto más habla, menos dice***, plus il parle moins il dit.
• **en cuanto** dès que.

• **en cuanto a** quant à.
• **por cuanto** parce que, puisque.
cuánto,-ta [kwánto,-ta] *adj* **1** *(interrogativo)* combien de: ***¿cuántos años tienes?***, quel âge as-tu ? **2** *(exclamativo)* que de: ***¡cuánta gente!***, que de monde !
► *pron* combien: ***¿cuántos erais?***, combien étiez-vous ?
► *adv* **cuánto 1** *(interrogativo)* combien: ***¿cuánto vale esto?***, combien ça coûte ? **2** *(hasta qué punto)* combien, comme: ***tú sabes cuánto te quiero***, tu sais combien je t'aime. **3** combien de temps: ***¿cuánto hace que se marchó?***, depuis combien de temps est-il parti ?
cuarenta [kwarénta] *num* quarante *m inv*.
cuarentena [kwarenténa] *nf* quarantaine *f*.
cuaresma [kwarézma] *nf* carême *m*.
cuartel [kwartél] *nm* caserne *f*.
• **sin cuartel** sans merci.
▪ **cuartel general** quartier *m* général.
cuartilla [kwartiʎa] *nf* feuille *f*.
cuarto,-ta [kwárto,-ta] *num* quatrième.
► *nm* **cuarto 1** *(cuarta parte)* quart *m*: ***dentro de un cuarto de hora***, dans un quart d'heure. **2** *(habitación)* pièce *f*. **3** *(para dormir)* chambre *f*. **4** *(de luna)* quartier *m*. **5** *(de un animal)* train *m*.
► *nm pl* **cuartos** *fam (dinero)* fric *m sing*.
▪ **cuarto creciente** premier quartier.
▪ **cuarto de baño** salle *f* de bains.
▪ **cuarto de estar** salle *f* de séjour.
▪ **cuarto menguante** dernier quartier.
▪ **cuartos de final** quarts de finale.
cuarzo [kwárθo] *nm* quartz *m*.
cuatro [kwátro] *num* quatre *m inv*.
▪ **cuatro por cuatro** quatre-quatre *m*, 4 × 4 *m*.
cuatrocientos,-tas [kwatroθjéntos, -tas] *num* quatre cents.
cuba [kúβa] *nf* tonneau *m*.
• **estar como una cuba** *fam* être complètement bourré,-e.
Cuba [kúβa] *n pr* Cuba.
cubalibre [kuβaliβre] *nm* rhum-Coca *m*.
cubano,-na [kuβáno,-na] *adj* cubain,-e.
► *nm,f* Cubain,-e.
cubata [kuβáta] *nm fam* rhum-Coca *m*.
cubertería [kuβertería] *nf* ménagère *f*.
cúbico,-ca [kúβiko,-ka] *adj* **1** *(forme)* cubique. **2** *(para volúmenes)* cube: ***metro cúbico***, mètre cube.
cubierta [kuβjérta] *nf* **1** *(de un libro, tejado)* couverture *f*. **2** *(de un barco)* pont *m*.
cubierto,-ta [kuβjérto,-ta] *adj* couvert,-e.
► *nm* **cubierto** *(tenedor, cuchara y cuchillo)* couvert *m*.
• **ponerse a cubierto** se mettre à l'abri.
cubilete [kuβiléte] *nm* gobelet *m*.
cubito [kuβito] *nm (de hielo)* glaçon *m*.
cubo [kúβo] *nm* **1** *(recipiente)* seau *m*. **2** *(figura)* cube *m*.
▪ **cubo de la basura** poubelle *f*.
cubrir [kuβrir] *vt* couvrir.
► *vpr* **cubrirse** se couvrir.
cucaracha [kukarátʃa] *nf* cafard *m*.
cuchara [kutʃára] *nf* cuiller *f*, cuillère *f*.
cucharilla [kutʃariʎa] *nf* petite cuillère *f*.
cucharón [kutʃarón] *nm* louche *f*.
cuchichear [kutʃitʃeár] *vi* chuchoter.
cuchilla [kutʃiʎa] *nf* lame *f*.
▪ **cuchilla de afeitar** lame de rasoir.
cuchillo [kutʃiʎo] *nm* couteau *m*.
cuchitril [kutʃitril] *nm* taudis *m*.
cuclillas [kukliʎas].
• **en cuclillas** accroupi,-e.
cuco,-ca [kúko,-ka] *adj (bonito)* mignon, -onne.
► *adj - nm,f (astuto)* malin,-igne.
► *nm* **cuco** *(pájaro)* coucou *m*.
cucurucho [kukurútʃo] *nm* cornet *m*.
cuello [kwéʎo] *nm* **1** *(del cuerpo)* cou *m*. **2** *(de una prenda)* col *m*. **3** *(de botella)* goulot *m*. **4** *(parte estrecha)* col *m*.
▪ **cuello alto** col roulé.
▪ **cuello cisne** col roulé.
▪ **cuello de pico** décolleté *m* en V.
cuenca [kwéŋka] *nf* GEOG bassin *m*; *(del ojo)* orbite *f*.
cuenco [kwéŋko] *nm* terrine *f*.
cuenta [kwénta] *nf* **1** *(gen)* compte *m*. **2** *(factura)* note *f*; *(- en el restaurante)* addition *f*. **3** *(de un collar, etc)* grain *m*. **4** *(incumbencia)* charge *f*: ***esto corre por cuenta mía***, cela est à ma charge.
• **a fin de cuentas** en fin de compte.
• **ajustar las cuentas** régler les comptes.

• **caer en la cuenta** se rendre compte.
• **dar cuenta de** rendre compte de.
• **darse cuenta (de)** se rendre compte (de).
• **pedir cuentas** demander des comptes.
• **tener en cuenta** tenir compte de.
▪ **cuanta atrás** compte à rebours.
▪ **cuenta corriente** compte courant.
▪ **cuenta de la vieja** *compte fait sur les doigts.*
cuentagotas [kwentaɣótas] *nm* compte-gouttes *m inv.*
cuentakilómetros [kwentakilómetros] *nm* compteur *m* (de vitesse).
cuentista [kwentista] *adj - nmf* **1** *(chismoso)* menteur,-euse. **2** *(escritor)* conteur, -euse.
cuento [kwénto] *nm* **1** *(relato)* conte *m.* **2** *(chisme)* histoire *f.*
• **dejarse de cuentos** aller droit au but.
• **venir a cuento** avoir à voir.
▪ **cuento chino** histoire à dormir debout.
▪ **cuento de hadas** conte de fées.
cuerda [kwérða] *nf* **1** *(soga)* corde *f.* **2** *(de reloj)* ressort *m.* **3** MÚS corde *f.*
• **bajo cuerda** en cachette.
• **dar cuerda (al reloj)** remonter (sa montre).
▪ **cuerda floja** corde raide.
cuerdo,-da [kwérðo,-ða] *adj* raisonnable.
▶ *nm,f* sage.
cuerno [kwérno] *nm* **1** *(asta)* corne *f.* **2** MÚS cor *m.*
• **poner los cuernos** *fam* faire porter les cornes.
cuero [kwéro] *nm* cuir *m.*
• **en cueros** à poil.
cuerpo [kwérpo] *nm* corps *m.*
• **a cuerpo** sans veste.
• **a cuerpo de rey** comme un coq en pâte.
• **cuerpo a cuerpo** corps à corps.
• **en cuerpo y alma** corps et âme.
cuervo [kwérβo] *nm* corbeau *m.*
cuesta [kwésta] *nf* côte *f.*
• **a cuestas 1** sur le dos. **2** *fig* sur les épaules.
• **en cuesta** en pente.
• **ir cuesta abajo** descendre.
• **ir cuesta arriba** monter.
cuestión [kwestjón] *nf* **1** *(pregunta)* question *f.* **2** *(asunto, tema)* affaire *f.*
• **en cuestión de** en matière de.
cuestionar [kwestjonár] *vt* remettre en question.
cuestionario [kwestjonárjo] *nm* questionnaire *m.*
cueva [kwéβa] *nf* grotte *f.*
cuidado [kwiðáðo] *nm* **1** *(atención, dedicación)* soin *m.* **2** *(preocupación, vigilancia)* souci *m.*
▶ *interj* **¡cuidado!** attention !
• **tener cuidado** faire attention.
▪ **cuidados intensivos** soins intensifs.
cuidadoso,-sa [kwiðaðóso,-sa] *adj* soigneux,-euse.
cuidar [kwiðár] *vt* soigner, prendre soin de.
▶ *vt - vi* s'occuper de.
▶ *vpr* **cuidarse 1** *(a sí mismo)* prendre soin de soi: ***¡cuídate!***, prends soin de toi ! **2 cuidarse de** *(preocuparse)* s'occuper de.
culata [kuláta] *nf* **1** *(de caballo)* croupe *f.* **2** *(de fusil, de pistola)* crosse *f.* **3** *(de motor)* culasse *f.*
culebra [kuléβra] *nf* couleuvre *f.*
culebrón [kuleβrón] *nm* feuilleton *m* télévisé.
culinario,-ria [kulinárjo,-rja] *adj* culinaire.
culminante [kulminánte] *adj* culminant,-e.
culminar [kulminár] *vi* culminer.
culo [kúlo] *nm* **1** cul *m.* **2** *(fondo - de objeto)* fond; *(de botella)* cul *m.*
• **ir de culo** *fam fig* être débordé,-e.
• **¡vete a tomar por culo!** *vulg* va te faire foutre !
culpa [kúlpa] *nf* faute *f.*
• **echar la culpa a ALGN** rejeter la faute sur QQN.
• **tener la culpa** être responsable: ***tú tienes la culpa***, c'est de ta faute.
culpable [kulpáβle] *adj - nmf* coupable.
• **declararse culpable** plaider coupable.
culpar [kulpár] *vi* accuser.
cultivar [kultiβár] *vt* cultivar.
cultivo [kultiβo] *nm* culture *f.*

culto,-ta [kúlto,-ta] *adj* cultivé,-e.
► *nm* **culto** culte *m*.
cultura [kultúra] *nf* culture *f*.
cultural [kulturál] *adj* culturel,-elle.
cumbre [kúmbre] *nf* sommet *m*.
cumpleaños [kumpleáɲos] *nm* anniversaire *m*: ***¡cumpleaños feliz!***, joyeux anniversaire !
cumplido,-da [kumpliðo,-ða] *adj* **1** *(perfecto)* accompli,-e. **2** *(completo)* révolu,-e: ***20 años cumplidos***, 20 ans révolus. **3** *(cortés)* poli,-e.
► *nm* **cumplido** *(alabanza)* compliment *m*.
cumplir [kumplír] *vt* **1** *(deber)* accomplir. **2** *(misión)* remplir. **3** *(orden)* exécuter. **4** *(obligación)* s'acquitter (de). **5** *(promesa)* tenir. **6** *(edad)* avoir. **7** *(los deseos de uno)* satisfaire. **8** *(condena)* purger.
► *vi* **cumplir con** faire son devoir: ***cumplir con sus compromisos***, remplir ses engagements.
cúmulo [kúmulo] *nm* **1** *(montón de cosas)* tas *m*. **2** *(nube)* cumulus *m*.
cuna [kúna] *nf* berceau *m*.
cundir [kundír] *vi* **1** *(gen)* se répandre. **2** *(dar de sí)* ***el tiempo no le cunde y se le acumula el trabajo***, le temps lui semble trop court et son travail s'accumule; ***esta mañana me ha cundido mucho***, j'ai bien travaillé ce matin.
cuneta [kunéta] *nf* fossé *m*.
cuña [kúɲa] *nf* **1** *(para hender)* coin *m*. **2** *(para bloquear)* cale *f*.
cuñada [kuɲáða] *nf* belle-sœur *f*.
cuñado [kuɲáðo] *nm* beau-frère *m*.
cuota [kwóta] *nf* **1** *(porción)* quote-part *f*. **2** *(de club)* cotisation *f*.
cupón [kupón] *nm* **1** *(gen)* coupon *m*. **2** *(de lotería)* billet *m*.
cúpula [kúpula] *nf* **1** *(bóveda)* coupole *f*. **2** *(dirigentes)* dirigeants *m pl*.
cura [kúra] *nm* curé *m*.
► *nf* **1** *(curación)* guérison *f*. **2** *(tratamiento)* soin *m*.
curación [kuraθjón] *nf* guérison *f*.
curandero,-ra [kurandéro,-ra] *nm,f* guérisseur,-euse.
curar [kurár] *vi* avoir soin de.
► *vt* **1** *(remediar un mal)* guérir. **2** *(tratar)* soigner. **3** *(herida)* panser. **4** *(carne, pescado, madera)* sécher. **5** *(cuero)* apprêter. **6** *(telas)* blanchir.
► *vpr* **curarse** *(sanar)* guérir.
curiosear [kurjoseár] *vi* **1** *(fisgar)* mettre son nez partout. **2** *(echar una ojeada)* fouiner.
curiosidad [kurjosiðáð] *nf* curiosité *f*.
• **tener curiosidad por** être curieux, -euse de.
curioso,-sa [kurjóso,-sa] *adj* - *nm,f* curieux,-euse.
currar [kur̄ár] *vi fam* bosser.
currículo [kur̄íkulo] *nm* curriculum *m*.
cursar [kursár] *vt* **1** *(estudiar)* étudier. **2** *(solicitud)* présenter. **3** *(asunto)* donner suite.
cursi [kúrsi] *adj* cucul (la praline).
► *nmf* bêcheur,-euse.
cursillo [kursiʎo] *nm* stage *m*.
curso [kúrso] *nm* **1** *(gen)* cours *m*. **2** *(año)* année *f* scolaire.
• **en curso** en cours.
cursor [kursór] *nm* curseur *m*.
curtir [kurtír] *vt* **1** *(cuero)* tanner. **2** *(piel humana)* hâler. **3** *fig (persona)* aguerrir.
► *vpr* **curtirse** **1** *(piel)* bronzer. **2** *(persona)* s'aguerrir.
curva [kúrβa] *nf* courbe *f*.
curvo,-va [kúrβo,-βa] *adj* courbe.
cúspide [kúspiðe] *nf* sommet *m*.
custodiar [12] [kustoðjár] *vt* garder.
cutáneo,-a [kutáneo,-a] *adj* cutané,-e.
cutis [kútis] *nm* peau *f* (du visage).
cuyo,-ya [kújo,-ja] (exprime toujours une idée de possession) *pron rel* **1** dont le, dont la: ***mi hermano, cuya mujer está enferma***, mon frère, dont la femme est malade. **2** *(después de una prep)* de qui, duquel, de laquelle: ***el amigo con cuyo padre viajo***, l'ami avec le père duquel je voyage.
• **en cuyo caso** auquel cas.

D

daltonismo [daltonizmo] *nm* daltonisme *m.*
dama [dáma] *nf (mujer)* dame *f.*
► *nf pl* **damas** *(juego)* dames *f pl.*
■ **dama de honor 1** *(en boda)* demoiselle *f* d'honneur. **2** *(de reina)* dame d'honneur.
damnificado,-da [damnifikáðo,-ða] *adj* sinistré,-e.
danés,-esa [danés,-ésa] *adj* danois,-e.
► *nm,f* Danois,-e.
► *nm* **danés** *(idioma)* danois *m.*
danza [dánθa] *nf* danse *f.*
danzar [4] [danθár] *vt - vi* danser.
dañar [daɲár] *vt* **1** *(cosa)* endommager, abîmer. **2** *(persona)* faire mal.
► *vpr* **dañarse 1** *(cosa)* s'abîmer. **2** *(persona)* se faire mal.
dañino,-na [daɲino,-na] *adj* nocif,-ive.
daño [dáɲo] *nm* **1** *(dolor)* mal *m.* **2** *(perjuicio)* dommage *m.*
• **hacer daño** faire mal.
• **hacerse daño** se faire mal.
■ **daños y perjuicios** dommages et intérêts.
dar [68] [dar] *vt* **1** *(gen)* donner: ***dar un regalo***, donner un cadeau; ***dar una explicación***, donner une explication. **2** *(luz, gas)* allumer. **3** *(con algunos sustantivos)* faire: ***dar un paseo***, faire une promenade; ***dar pena***, faire de la peine. **4** *(película)* passer. **5** *(decir)* dire: ***dar los buenos días***, donner le bonjour; ***dar el pésame***, présenter ses condoléances. **6** *(las cartas)* distribuer. **7** *fam (molestar)* gâcher: ***esa alarma me ha dado la noche***, je n'ai pas pu dormir de toute la nuit à cause de cette alarme.
► *vt - vi (las horas)* sonner.
► *vi* **1** *(golpear)* frapper. **2** **dar a** *(estar orientado hacia)* donner sur.
► *vpr* **darse 1** *(chocar)* se cogner (**contre**, contre). **2** *(entregarse)* s'adonner: ***darse a la bebida***, s'adonner à la boisson.
• **dar con +** *nombre* rencontrer + *nom*, trouver + *nom:* ***dar con lo que se busca***, trouver ce que l'on cherche.
• **dar de comer** donner à manger.
• **dar de sí** se détendre.
• **dar lo mismo** être égal.
• **dar para** être suffisant,-e.
• **dar por +** *pp / adj* considérer: ***darse por satisfecho***, s'estimer satisfait.
• **dar por +** *verbo/ nombre* se mettre à: ***le ha dado por el golf***, il a commencé à jouer au golf.
• **dar que pensar** donner à penser.
• **darse a conocer** se faire connaître.
• **dársela** *fam* avoir un accident.
• **dárselas de +** *adj* faire le: ***se las da de listo***, il se croît très intelligent.
• **no dar una** avoir tout faux.
• **para dar y tomar** beaucoup.
dardo [dárðo] *nm* dard *m.*
dátil [dátil] *nm* datte *f.*
dato [dáto] *nm* donnée *f.*
■ **datos personales** coordonnées *f pl.*
de [de] *prep* **1** *(gen)* de: ***la cama de mi hijo***, le lit de mon fils; ***es de Madrid***, il est de Madrid; ***vuelve del trabajo***, elle revient du travail. **2** *(materia)* de, en: ***cesta de mimbre***, panier en osier. **3** *(instrumento)* à: ***máquina de coser***, machine à coudre. **4** *(característica)* à la, au: ***la chica de la***

minifalda, la fille à la mini-jupe. **5** *(como)* comme: ***trabaja de cocinero***, il travaille comme cuisinier. **6** *(entre)* sur: ***de diez veces una***, une fois sur dix. **7 de +** *inf* si: ***de haberlo sabido, te lo habría dicho***, si je l'avais su, je te l'aurais dit. **8** *adj* **+ de +** *inf* à: ***fácil de hacer***, facile à faire.

deambular [deambulár] *vi* déambuler.

debajo [deβáχo] *adv* dessous.

• **debajo de** sous, au-dessous de: ***la pelota está debajo del coche***, le ballon est sous la voiture.

• **por debajo de** en dessous de, au-dessous de.

debate [deβáte] *nm* débat *m*.

debatir [deβatir] *vt* débattre.

► *vpr* **debatirse** se débattre.

deber [deβér] *nm* devoir *m*.

► *vt (gen)* devoir: ***le debo 100 euros***, je lui dois 100 euros.

► *vpr* **deberse 1** *(tener por causa)* être dû, -e (**a**, à). **2** *(estar entregado)* se devoir (**a**, à).

► *nm pl* **deberes** devoirs *m pl*.

• **deber +** *inf (obligación)* devoir + *inf* ***debes volver pronto***, tu dois rentrer de bonne heure.

• **deber de +** *inf (conjetura)* devoir + *inf* ***debe de haber llegado***, il doit être arrivé.

debido,-da [deβiðo,-ða] *adj* **1** *(dinero)* dû, due. **2** *(apropiado)* qui convient: ***a su debido tiempo***, en temps voulu.

• **como es debido** comme il faut.

• **debido a** du fait de.

débil [déβil] *adj - nmf* faible.

debilidad [deβiliðáð] *nf* faiblesse *f*.

• **tener debilidad por** avoir un faible pour.

debilitar [deβilitár] *vt* affaiblir.

► *vpr* **debilitarse** faiblir.

debut [deβút] *nm* (*pl* **debuts**) débuts *m pl*.

debutar [deβutár] *vi* débuter.

década [dékaða] *nf* décennie *f*.

decadencia [dekaðénθja] *nf* décadence *f*.

decaer [67] [dekaér] *vi* **1** *(venir a menos)* décliner. **2** *(debilitarse)* s'affaiblir. **3** *(salud)* s'aggraver. **4** *(entusiasmo)* tomber.

decaído,-da [dekaiðo,-ða] *adj* **1** *(debilitado)* affaibli,-e; *(abatido)* abattu,-e. **2** *(en decadencia)* déchu,-e.

decano [dekáno] *nm* doyen *m*.

decapitar [dekapitár] *vt* décapiter.

decena [deθéna] *nf* dizaine *f*.

decenio [deθénjo] *nm* décennie *f*.

decente [deθénte] *adj* **1** *(decoroso)* décent,-e. **2** *(satisfactorio)* convenable.

decepcionante [deθepθjonánte] *adj* décevant,-e.

decepcionar [deθepθjonár] *vt* décevoir.

decidido,-da [deθiðiðo,-ða] *adj* décidé,-e.

decidir [deθiðir] *vt* décider.

► *vpr* **decidirse** se décider.

decilitro [deθilitro] *nm* décilitre *m*.

décima [déθima] *nf* dixième *m*.

decimal [deθimál] *adj* décimal,-e.

décimo,-ma [déθimo,-ma] *num* dixième.

► *nm* **décimo** *(de lotería)* dixième *m*.

decimoctavo,-va [deθimokotáβo,-βa] *num* dix-huitième.

decimocuarto,-ta [deθimokwárto,-ta] *num* quatorzième.

decimonoveno,-na [deθimonoβéno, -na] *num* dix-neuvième.

decimoquinto,-ta [deθimokinto,-ta] *num* quinzième.

decimoséptimo,-ma [deθimoséptimo,-ma] *num* dix-septième.

decimosexto,-ta [deθimoséksto,-ta] *num* seizième.

decimotercero,-ra [deθimoterθéro,-ra] *num* treizième.

decir [69] [deθir] *vt* dire.

► *vpr* **decirse** se dire.

• **como quien dice** pour ainsi dire.

• **como si dijéramos** comme dirait l'autre.

• **decir para sí** se dire.

• **¿diga?/¿dígame?** *(al teléfono)* allô !

• **dicho y hecho** aussitôt dit, aussitôt fait.

• **el qué dirán** le qu'en-dira-t-on.

• **es decir** c'est-à-dire.

• **es un decir** c'est une façon de parler.

• **¡no me digas!** pas possible !

• **por así decirlo** autrement dit.

• **querer decir** vouloir dire.

• **se dice que...** il paraît que ....

• **y que lo digas** je te crois !

decisión [deθisjón] *nf* décision *f*.

decisivo,-va [deθisiβo,-βa] *adj* décisif, -ive.
declamar [deklamár] *vt - vi* déclamer.
declaración [deklaraθjón] *nf* **1** *(gen)* déclaration. **2** DER déposition *f.*
■ **declaración de la renta** déclaration de revenus.
declarar [deklarár] *vt (gen)* déclarer.
► *vi* **1** *(en un juicio)* témoigner. **2** *(ante el juez)* déposer.
► *vpr* **declararse** se déclarer.
• **declararse a ALGN** faire une déclaration d'amour à QQN.
declinar [deklinár] *vt - vi* décliner.
decoración [dekoraθjón] *nf* **1** *(de una casa)* décoration *f.* **2** *(en el teatro)* décor *m.*
decorado [dekoráðo] *nm* décor *m.*
decorador,-ra [dekoraðór,-ra] *nm,f* décorateur,-trice.
decorar [dekorár] *vt* décorer.
decorativo,-va [dekoratiβo,-βa] *adj* décoratif,-ive.
decrecer [43] [dekreθér] *vi* décroître.
decretar [dekretár] *vt* décréter.
decreto [dekréto] *nm* décret *m.*
dedal [deðál] *nm* dé *m* (à coudre).
dedicar [1] [deðikár] *vt* **1** *(tiempo, dinero, etc)* consacrer. **2** *(libro, foto)* dédicacer. **3** *(monumento, etc)* dédier.
► *vpr* **dedicarse a** faire: ***se dedica al cine***, il fait du cinéma.
dedicatoria [deðikatórja] *nf* dédicace *f.*
dedillo [deðiʎo].
• **saber ALGO al dedillo** savoir QQCH sur le bout des doigts.
dedo [déðo] *nm* **1** *(de la mano)* doigt *m.* **2** *(del pie)* orteil *m.*
• **no chuparse el dedo** *fam* ne pas être né de la dernière pluie.
• **no tener dos dedos de frente** n'avoir pas deux sous de jugeote.
• **hacer dedo** faire de l'auto-stop.
■ **dedo anular** annulaire *m.*
■ **dedo corazón** majeur *m.*
■ **dedo gordo 1** *(de la mano)* pouce *m.* **2** *(del pie)* gros orteil.
■ **dedo índice** index *m.*
■ **dedo meñique** auriculaire *m,* petit doigt.
■ **dedo pulgar** pouce *m.*
deducir [46] [deðuθir] *vt* déduire.
defecto [defékto] *nm* défaut *m.*
defectuoso,-sa [defektwóso,-sa] *adj* défectueux,-euse.
defender [28] [defendér] *vt* défendre.
► *vpr* **defenderse** se défendre: ***se defiende en francés***, il se débrouille bien en français.
defensa [defénsa] *nf* défense *f.*
► *nmf* DEP arrière *m.*
► *nf pl* **defensas** *(del organismo)* défenses *f pl.*
• **en defensa propia** pour se défendre.
defensivo,-va [defensiβo,-βa] *adj* défensif,-ive.
• **estar a la defensiva** être sur la défensive.
defensor,-ra [defensór,-ra] *nm,f* défenseur *m.*
■ **defensor del pueblo** médiateur *m.*
deficiencia [defiθjénθja] *nf* déficience *f.*
deficiente [defiθjénte] *adj* déficient,-e.
■ **deficiente mental** arriéré,-e.
déficit [défiθit] *nm inv* **1** *(comercial, presupuestario)* déficit *m.* **2** *(falta)* manque *m.*
definición [definiθjón] *nf* définition *f.*
definir [definir] *vt* définir.
► *vpr* **definirse** se définir.
definitivo,-va [definitiβo,-βa] *adj* définitif,-ive.
• **en definitiva** en défini.
deformación [deformaθjón] *nf* déformation *f.*
deformar [deformár] *vt* déformer.
► *vpr* **deformarse** se déformer.
deforme [defórme] *adj* difforme.
defraudar [defrauðár] *vt* **1** *(cometer un fraude)* frauder. **2** *(esperanzas)* décevoir.
degollar [31] [deɣoʎár] *vt* égorger.
dehesa [deésa] *nf* pâturage *m.*
dejar [deχár] *vt* **1** *(gen)* laisser: ***dejó el libro sobre la mesa***, il laissa le livre sur la table. **2** *(prestar)* prêter: ***déjame el bolígrafo, por favor***, prête-moi le stylo, s'il te plaît. **3** *(abandonar)* quitter: ***dejó a su mujer***, il quitta sa femme. **4** *(beneficio)* rapporter.
► *vpr* **dejarse 1** *(olvidar)* oublier. **2** *(someterse, permitir)* se laisser. **3** *(descuidarse)*

s'abandonner, se négliger. 4 **dejarse de** arrêter: ***déjate de tonterías***, arrête tes bêtises.

• **¡déjalo!** laisse tomber !

• **dejar a un lado** laisser de côté.

• **dejar atrás** laisser en arrière.

• **dejar caer** 1 *(objeto)* laisser tomber. 2 *(insinuar)* insinuer.

• **dejar correr** laisser faire, laisser courir.

• **dejar de +** *inf (cesar)* cesser de + *inf*: ***dejar de hablar***, cesser de parler.

• **dejar en paz** laisser tranquille.

• **dejar mal a** ALGN critiquer QQN.

• **dejar plantado,-da a** ALGN planter là QQN.

• **dejar que +** *subj (permitir)* permettre de, laisser que: ***¿me deja que le pregunte algo?***, vous me permettez de vous demander quelque chose ?

• **dejar que desear** laisser à désirer.

• **dejarse caer** se présenter, débarquer.

• **dejar seco a** ALGN tuer QQN sur le coup.

• **dejarse llevar por** se laisser aller à, se laisser emporter par.

• **dejarse ver** apparaître, se montrer.

del [del] *contr* (**de** + **el**) du, de l': ***del lobo***, du loup; ***del aire***, de l'air.

delantal [delantál] *nm* tablier *m*.

delante [delánte] *adv* devant.

► *prep* **delante de** devant.

• **de delante** de devant.

• **el de delante** celui de devant.

• **hacia delante** devant.

• **por delante** devant.

• **por delante de** devant.

delantera [delantéra] *nf* 1 *(frente - de coche, barco)* avant *m*; *(- de casa, vestido)* devant *m*. 2 *(de equipo deportivo)* avants *m pl*. 3 *(ventaja)* avance *f*. 4 *fam (pecho)* doudounes *f pl*.

• **llevar la delantera** être en avance sur QQN.

• **tomar la delantera** prendre les devants.

delantero,-ra [delantéro,-ra] *adj* 1 *(rueda, asiento)* avant. 2 *(situado delante)* qui est situé,-e devant.

► *nm,f (deportista)* avant *m*.

▪ **delantero,-ra centro** avant-centre *m*.

delatar [delatár] *vt* dénoncer.

► *vpr* **delatarse** s'accuser.

delegación [deleɣaθjón] *nf* délégation *f*.

▪ **delegación comercial** succursale *f*, agence *f* commerciale.

▪ **delegación de Hacienda** centre *m* des impôts.

delegado,-da [deleɣáðo,-ða] *adj* - *nm,f* délégué,-e.

delegar [7] [deleɣár] *vt* déléguer (**en**, à).

deletrear [deletreár] *vt* épeler.

delfín[1] [delfín] *nm (animal)* dauphin *m*.

delfín[2] [delfín] *nm (príncipe)* dauphin *m*.

delgado,-da [delɣáðo,-ða] *adj* 1 *(de poco grosor)* mince, fin,-e. 2 *(persona)* maigre, mince.

deliberado,-da [deliβeráðo,-ða] *adj* délibéré,-e.

deliberar [deliβerár] *vi (reflexionar)* délibérer.

► *vt (decidir)* décider.

delicadeza [delikaðéθa] *nf* 1 *(finura)* délicatesse *f*. 2 *(tacto)* attention *f*.

delicado,-da [delikáðo,-ða] *adj* 1 *(frágil, sensible)* délicat,-e. 2 *(educado)* attentionné,-e.

delicia [deliθja] *nf* délice *m*.

delicioso,-sa [deliθjóso,-sa] *adj* délicieux,-euse.

delimitar [delimitár] *vt* délimiter.

delincuencia [deliŋkwénθja] *nf* délinquance *f*.

delincuente [deliŋkwénte] *nmf* délinquant,-e.

delineante [delineánte] *nmf* dessinateur,-trice industriel,-elle.

delirar [delirár] *vi* délirer.

delito [delíto] *nm* délit *m*.

delta [délta] *nm (de río)* delta *m*.

demanda [demánda] *nf* 1 *(gen)* demande *f*. 2 DER action *f* en justice.

• **presentar una demanda** poursuivre en justice.

demandar [demandár] *vt* DER poursuivre en justice.

demás [demás] *adj* - *pron* l'autre, les autres, le reste.

• **lo demás** le reste.

• **por lo demás** au reste, du reste.

• **todo lo demás** tout le reste.

• **y demás** et le reste.

demasiado,-da [demasjáðo,-ða] *adj* trop de: ***demasiado dinero***, trop d'argent.

► *adv* **demasiado** trop: ***come demasiado***, il mange trop.

demente [deménte] *nmf* dément,-e.

democracia [demokráθja] *nf* démocratie *f*.

demócrata [demókrata] *adj - nmf* démocrate.

democrático,-ca [demokrátiko,-ka] *adj* démocratique.

demográfico,-ca [demoɣráfiko,-ka] *adj* démographique.

demoler [32] [demolér] *vt* démolir.

demonio [demónjo] *nm* démon *m*, diable *m*.

• **del demonio** *fam* formidable, du diable.

• **de mil demonios** du tonnerre, à tout casser.

• **¡qué demonios!** que diable !

demora [demóra] *nf* retard *m*, délai *m*.

demorar [demorár] *vt* retarder, différer.

► *vpr* **demorarse** être en retard.

demostración [demostraθjón] *nf* **1** *(muestra)* démonstration *f*. **2** *(prueba)* preuve *f*.

demostrar [31] [demostrár] *vt* **1** *(teoría, hipótesis)* démontrer. **2** *(probar)* prouver, démontrer. **3** *(mostrar)* montrer.

demostrativo,-va [demostratiβo,-βa] *adj* démonstratif,-ive.

► *nm* **demostrativo** démonstratif *m*.

denegar [48] [deneɣár] *vt* refuser.

denominación [denominaθjón] *nf* dénomination *f*.

▪ **denominación de origen** appellation *f* d'origine.

denominador [denominaðór] *nm* dénominateur *m*.

denominar [denominár] *vt* dénommer, nommer.

densidad [densiðáð] *nf* densité *f*.

denso,-sa [dénso,-sa] *adj* dense.

dentado,-da [dentáðo,-ða] *adj* **1** *(rueda)* denté,-e. **2** *(hoja)* dentelé,-e.

dentadura [dentaðúra] *nf* denture *f*, dentition *f*.

▪ **dentadura postiza** dentier *m*.

dental [dentál] *adj* dentaire.

dentellada [denteʎáða] *nf* **1** *(mordisco)* coup *m* de dents. **2** *(señal)* morsure *f*.

dentera [dentéra].

• **dar dentera** faire grincer les dents.

dentífrico [dentífriko] *nm* dentifrice *m*.

dentista [dentista] *nmf* dentiste.

dentro [déntro] *adv* dedans, à l'intérieur: ***estar dentro***, être dedans.

► *prep* **dentro de 1** *(en el interior de)* dans: ***dentro del cajón***, dans le tiroir. **2** *(tiempo)* dans: ***dentro de dos horas***, dans deux heures.

• **dentro de lo posible** dans la mesure du possible.

• **dentro de lo que cabe** dans le fond.

• **dentro de poco** d'ici peu.

• **por dentro** à l'intérieur, par-dedans.

denuncia [denúnθja] *nf* plainte *f*.

• **presentar una denuncia** déposer une plainte.

denunciar [12] [denunθjár] *vt* dénoncer.

departamento [departaménto] *nm* **1** *(gen)* département *m*. **2** *(de tienda)* rayon *m*. **3** *(de tren)* compartiment *m*.

dependencia [dependénθja] *nf* **1** *(situación)* dépendance *f*. **2** *(habitación)* pièce *f*. **3** *(de edificio)* dépendances *f pl*.

depender [dependér] *vi* dépendre (**de**, de): ***esto no depende de mí***, ça ne dépend pas de moi.

• **depende** cela dépend.

dependiente,-ta [dependjénte,-ta] *nm,f* vendeur,-euse.

► *adj* **dependiente** dépendant,-e.

depilar [depilár] *vt* épiler.

► *vpr* **depilarse** s'épiler.

deponer [78] [deponér] *vt fml* déposer.

• **deponer las armas** *fml* déposer les armes.

deporte [depórte] *nm* sport *m*.

• **hacer deporte** faire du sport.

▪ **deportes de aventura** sports extrêmes.

deportista [deportista] *nmf* sportif,-ive.

deportividad [deportiβiðáð] *nf* fair-play *m*.

deportivo,-va [deportiβo,-βa] *adj* **1** *(gen)* sportif,-ive. **2** *(ropa)* de sport. **3** *(conducta)* fair-play.

► *nm* **deportivo** voiture *f* de sport.

depositar [depositár] *vt* **1** *(gen)* déposer: ***deposite aquí las pilas gastadas***, déposez ici vos piles usées. **2** *(confianza)* déposer, placer.

► *vpr* **depositarse** se déposer.

depósito [depósito] *nm* **1** *(dinero, poso)* dépôt *m*. **2** *(almacén)* entrepôt *m*. **3** *(para líquidos)* réservoir *m*.

▪ **depósito de cadáveres** morgue *f*.

▪ **depósito de gasolina** réservoir d'essence.

depresión [depresjón] *nf* dépression *f*.

deprimente [depriménte] *adj* déprimant,-e.

deprimir [deprimír] *vt* déprimer.

► *vpr* **deprimirse** se déprimer.

deprisa [deprísa] *adv* vite.

derecha [derétʃa] *nf* droite *f*.

• **a la derecha** à droite.

• **de derechas** de droite.

derecho,-cha [derétʃo,-tʃa] *adj* **1** *(rectilíneo)* droit,-e: ***la costura no está derecha***, la couture n'est pas droite; ***anda derecha***, marche droite. **2** *(opuesto a la izquierda)* droit,-e: ***el pie derecho***, le pied droit; ***la orilla derecha del río***, la rive droite de la rivière.

► *nm* **derecho 1** *(gen)* droit *m*: ***facultad de derecho***, faculté de droit; ***¿con qué derecho?***, de quel droit ? **2** *(anverso, cara)* endroit *m*.

► *nm pl* **derechos** droits *m pl*.

• **al derecho** à l'endroit.

• **del derecho** à l'endroit.

• **de pleno derecho** de plein droit.

• **¡no hay derecho!** ce n'est pas juste.

• **por derecho propio** de son propre chef.

• **tener derecho a** avoir le droit de.

▪ **derecho al pataleo** droit de rouspéter.

▪ **derecho de admisión** droit d'admission.

▪ **derechos de autor** droits d'auteur.

▪ **derechos humanos** droits de l'homme.

deriva [deríβa] *nf* dérive *f*.

• **ir a la deriva** aller à la dérive.

derivado,-da [deriβáðo,-ða] *adj* dérivé,-e.

► *nm* **derivado** dérivé.

derivar [deriβár] *vt* dériver.

► *vi* dériver (**de**, de).

► *vpr* **derivarse de** découler de, résulter.

derramar [der̄amár] *vt* **1** *(líquido)* verser, répandre. **2** *(esparcir)* éparpiller, disperser. **3** *(lágrimas)* verser.

► *vpr* **derramarse** se répandre.

derrame [der̄áme] *nm* MED épanchement *m*.

▪ **derrame cerebral** MED hémorragie *f* cérébrale.

derrapar [der̄apár] *vi* déraper.

derretir [34] [der̄etír] *vt* fondre.

► *vpr* **derretirse** fondre.

derribar [der̄iβár] *vt* **1** *(edificio)* démolir, abattre. **2** *(persona)* renverser, terrasser. **3** *(avión)* abattre. **4** *(régimen político)* renverser.

derribo [der̄íβo] *nm* démolition *f*.

derrocar [49] [der̄okár] *vt* renverser.

derrochar [der̄otʃár] *vt* **1** *(dinero)* gaspiller. **2** *(simpatía, talento)* déborder.

derroche [der̄ótʃe] *nm* **1** *(de dinero)* gaspillage *m*. **2** *(de simpatía, talento)* profusion *f*.

derrota[1] [der̄óta] *nf* **1** *(deportiva, electoral)* défaite *f*. **2** *(militar)* déroute *f*, défaite *f*.

derrota[2] [der̄óta] *nf (de barco)* route *f*.

derrotar [der̄otár] *vt* **1** *(rival)* battre. **2** *(enemigo)* vaincre.

derruir [62] [der̄wír] *vt* démolir.

derrumbamiento [der̄umbamjénto] *nm* effondrement *m*.

derrumbar [der̄umbár] *vt* démolir.

► *vpr* **derrumbarse** s'effondrer.

desabrochar [desaβrotʃár] *vt* **1** *(botón)* déboutonner. **2** *(broche, corchete)* dégrafer.

► *vpr* **desabrocharse** se déboutonner.

desaconsejar [desakonseχár] *vt* déconseiller.

desacuerdo [desakwérðo] *nm* désaccord *m*.

desafiar [13] [desafjár] *vt* défier.

desafinar [desafinár] *vi* **1** *(voz)* chanter faux. **2** *(instrumento)* jouer faux.

► *vpr* **desafinarse** se désaccorder.

desafío [desafío] *nm* **1** *(reto)* défi *m*. **2** *(duelo)* duel *m*.

desafortunado,-da [desafortunáðo, -ða] *adj* infortuné,-e.

desagradable [desaɣraðáβle] *adj* désagréable.

desagradar [desaɣraðár] *vi* déplaire.

desagradecido,-da [desaɣraðeθíðo, -ða] *adj - nm,f* ingrat,-e.

desagrado [desaɣráðo] *nm* mécontentement *m*.
desagüe [desáɣwe] *nm* tuyau *m* d'écoulement.
desahogo [desaóɣo] *nm* **1** *(alivio)* soulagement *m*. **2** *(económico)* bien-être *m*, aisance *f*.
desahuciar [12] [desauθjár] *vt* **1** *(enfermo)* condamner. **2** *(inquilino)* expulser.
desalentador,-ra [desalentaðór,-ra] *adj* décourageant,-e.
desalentar [27] [desalentár] *vt* décourager.
► *vpr* **desalentarse** se décourager.
desaliento [desaljénto] *nm* découragement *m*.
desaliñado,-da [desaliɲáðo,-ða] *adj* négligé,-e.
desalojar [desaloχár] *vt* **1** *(persona)* déloger. **2** *(sitio)* quitter, vider.
desamparado,-da [desamparáðo,-ða] *adj* abandonné,-e, délaissé,-e.
desandar [64] [desandár] *vt* refaire en sens inverse: ***desandar lo andado***, rebrousser chemin.
desangrarse [desaŋgrárse] *vpr* perdre tout son sang.
desanimado,-da [desanimáðo,-ða] *adj* découragé,-e.
desanimar [desanimár] *vt* décourager.
► *vpr* **desanimarse** se décourager.
desánimo [desánimo] *nm* découragement *m*.
desapacible [desapaθiβle] *adj* **1** *(desagradable)* désagréable, rude. **2** *(tiempo)* maussade.
desaparecer [43] [desapareθér] *vi* disparaître.
desaparición [desapariθjón] *nf* disparition *f*.
desapercibido,-da [desaperθiβiðo,-ða] *adj* inaperçu,-e.
• **pasar desapercibido,-da** passer inaperçu,-e.
desaprovechar [desaproβetʃár] *vt* ne pas profiter de.
desarmar [desarmár] *vt* **1** *(enemigo)* désarmer. **2** *(reloj, motor, mueble)* démonter.
desarme [desárme] *nm* désarmement *m*.
desarrollar [desar̄oʎár] *vt* développer.
► *vpr* **desarrollarse** **1** *(crecer)* se développer. **2** *(suceder)* se produire, avoir lieu.
desarrollo [desar̄óʎo] *nm* développement *m*.
• **en vías de desarrollo** en voie de développement.
desarticular [desartikulár] *vt* désarticuler.
desastre [desástre] *nm* désastre *m*.
desastroso,-sa [desastróso,-sa] *adj* désastreux,-euse.
desatar [desatár] *vt* **1** *(gen)* détacher. **2** *(zapatos)* délacer. **3** *(conflicto, crítica)* déchaîner, provoquer.
► *vpr* **desatarse** **1** *(lo atado)* se détacher. **2** *(zapatos)* délacer. **3** *(tormenta)* se déchaîner.
desatascar [1] [desataskár] *vt* désobstruer, dégorger.
desatornillar [desatorniʎár] *vt* dévisser.
desavenencia [desaβenénθja] *nf* désaccord *m*.
desayunar [desajunár] *vi* prendre le petit déjeuner.
► *vt* prendre au petit déjeuner.
desayuno [desajúno] *nm* petit déjeuner *m*.
desbarajuste [dezβaraχúste] *nm* désordre *m*, confusion *f*.
desbaratar [dezβaratár] *vt* gâcher.
desbordante [dezβorðánte] *adj* débordant,-e.
desbordar [dezβorðár] *vt* *(sobrepasar)* déborder.
► *vpr* **desbordarse** *(río)* déborder.
descabellado,-da [deskaβeʎáðo,-ða] *adj* absurde, saugrenu,-e.
descafeinado,-da [deskafeináðo,-ða] *adj* **1** *(sin cafeína)* décaféiné,-e. **2** *(insulso, sin carácter)* fade.
► *nm* **descafeinado** décaféiné *m*.
descalificar [1] [deskalifikár] *vt* disqualifier.
descalzar [4] [deskalθár] *vt* déchausser.
► *vpr* **descalzarse** se déchausser.
descalzo,-za [deskálθo,-θa] *adj* pieds nus, nu-pieds.
descampado [deskampáðo] *nm* terrain *m* découvert.

descansar [deskansár] *vi* **1** *(reposar)* reposer, se reposer. **2** *(en el trabajo)* s'arrêter, se reposer. **3** *(apoyarse)* reposer, s'appuyer. **4** *(dormir)* dormir: ***que descanses***, dors bien. **5** *(cesar)* arrêter, avoir du repos: ***no descansaré hasta que lo consiga***, je n'aurai de repos jusqu'à ce que j'y arrive.

► *vt* **1** *(apoyar)* reposer, appuyer. **2** *(aliviar)* soulager, soulager.

• **que en paz descanse** qu'il repose en paix.

descansillo [deskansiʎo] *nm* palier *m*.

descanso [deskánso] *nm* **1** *(reposo)* repos *m*. **2** *(pausa - en la marcha)* halte *m*, pause *f*; *(- en el trabajo)* pause *f*; *(- entre clases)* interclasse *m*; *(- en un encuentro deportivo)* mi-temps *f*; *(- en el cine, teatro)* entracte *m*. **3** *(alivio)* soulagement *m*, réconfort *m*.

► *nm pl* **descansos** *(botas)* après-skis *m pl*.

descapotable [deskapotáβle] *adj* - *nf* décapotable *f*.

descarado,-da [deskaráðo,-ða] *adj* **1** *(persona)* effronté,-é, insolent,-e. **2** *(patente)* flagrant,-e, évident,-e, éhonté,-e: ***una copia descarada***, une copie flagrante.

► *nm,f* effronté,-e.

descarga [deskárɣa] *nf* **1** *(gen)* décharge *f*. **2** *(de mercancías)* déchargement *m*. **3** INFORM téléchargement *m*.

descargar [7] [deskarɣár] *vt* **1** *(gen)* décharger. **2** *(barco)* débarder. **3** *(enfado, cólera)* passer sur. **4** *(golpe)* asséner. **5** INFORM télécharger.

► *vi (nubes)* crever.

► *vpr* **descargarse** **1** *(batería, pila)* se décharger. **2** *(desahogarse)* se défouler.

descaro [deskáro] *nm* effronterie *f*, insolence *f*.

• **tener el descaro de +** ***inf*** avoir le front de + *inf*.

descarrilamiento [deskar̄ilamjénto] *nm* déraillement *m*.

descarrilar [deskar̄ilár] *vi* dérailler.

descartar [deskartár] *vt* écarter, rejeter.

► *vpr* **descartarse** *(en el juego)* se défausser.

descendencia [desθendénθja] *nf* descendants *m pl*.

descender [28] [desθendér] *vi* **1** *(de un lugar alto)* descendre. **2** *(temperatura, precio)* baisser.

descendiente [desθendjénte] *adj* - *nmf* descendant,-e.

descenso [desθénso] *nm* **1** *(acción)* descente *f*. **2** *(de temperaturas, precios)* baisse *f*.

descifrar [desθifrár] *vt* déchiffrer.

descojonarse [deskoχonárse] *vpr fam* se poiler.

descolgar [52] [deskolɣár] *vt (cuadro, teléfono)* décrocher.

► *vpr* **descolgarse** **1** *(cuadro, cortina)* se décrocher. **2** *(por un muro)* se laisser glisser. **3** *(distanciarse - de un grupo)* s'éloigner, se distancer. **4** *(aparecer)* débarquer, tomber du ciel.

• **descolgarse con** ALGO dire QQCH d'inattendu.

descolorido,-da [deskoloriðo,-ða] *adj* **1** *(sin color)* décoloré,-e. **2** *(pálido)* pâle.

descomponer [78] [deskomponér] *vt* **1** *(separar en elementos, pudrir)* décomposer. **2** *(irritar)* irriter, exaspérer. **3** *(desordenar)* déranger, mettre en désordre.

► *vpr* **descomponerse** **1** *(gen)* se décomposer. **2** *(irritarse)* perdre son calme.

descomunal [deskomunál] *adj* énorme, démesuré,-e.

desconcertar [27] [deskonθertár] *vt* déconcerter, dérouter.

► *vpr* **desconcertarse** être déconcerté.

desconectar [deskonektár] *vt* **1** *(aparato eléctrico)* débrancher. **2** *(dos piezas)* déconnecter.

► *vi fam (de problemas, obligaciones)* s'écarter.

► *vpr* **desconectarse** **1** *(de Internet, de comunicación)* se déconnecter. **2** *(aislarse)* se détacher.

desconfiar [13] [deskomfjár] *vi* se méfier.

descongelar [deskoŋχelár] *vt* **1** *(alimento)* décongeler. **2** *(nevera)* dégivrer.

► *vpr* **descongelarse** dégivrer.

desconocer [44] [deskonoθér] *vt* **1** *(no conocer)* ne pas connaître: ***los hombres prehistóricos desconocían la escritura***, les hommes préhistoriques ne connaissaient pas l'écriture. **2** *(no saber)* ne pas savoir, ignorer: ***desconozco lo que ocurre***, je ne sais pas ce qui arrive.

desconocido,-da [deskonoθiðo,-ða] *adj - nm,f* inconnu,-e.
• **estar desconocido,-da** être méconnaissable.
descontar [31] [deskontár] *vt* **1** *(cantidad)* déduire, décompter. **2** *(excluir)* déduire, enlever.
• **dar por descontado** tenir pour sûr, être sûr de.
• **por descontado** bien évidemment.
descontento,-ta [deskonténto,-ta] *adj* mécontent,-e.
► *nm* **descontento** mécontentement *m*.
descorchar [deskortʃár] *vt* déboucher.
descorrer [deskor̄ér] *vt* tirer.
descortés,-esa [deskortés,-ésa] *adj* impoli,-e, grossier,-ère.
descoser [deskosér] *vt* découdre.
► *vpr* **descoserse** se découdre.
descosido,-da [deskosiðo,-ða] *adj* décousu,-e.
► *nm* **descosido** couture *f* défaite.
• **comer como un descosido** manger comme quatre.
• **correr como un descosido** courir comme un dératé.
• **hablar como un descosido** être bavard,-e comme une pie.
descremado,-da [deskremáðo,-ða] *adj* écrémé,-e.
describir [deskriβir] *vt* décrire.
descripción [deskripθjón] *nf* description *f*.
descuartizar [4] [deskwartiθár] *vt* **1** *(persona)* écarteler. **2** *(res)* dépecer, équarrir.
descubierto,-ta [deskuβjérto,-ta] *adj* **1** *(gen)* découvert,-e. **2** *(sin sombrero)* tête nue.
► *nm* **descubierto** *(en cuenta)* découvert *m*.
• **al descubierto** à découvert.
descubridor,-ra [deskuβriðór,-ra] *adj - nm,f* découvreur,-euse.
descubrir [deskuβrir] *vt* **1** *(gen)* découvrir. **2** *(revelar)* dévoiler.
► *vpr* **descubrirse** se découvrir.
descuento [deskwénto] *nm* **1** *(rebaja)* remise *f*, rabais *m*. **2** *(deducción)* escompte *m*.
descuidar [deskwiðár] *vt (obligación, aspecto físico)* négliger.
► *vi* (seulement utilisé à l'impératif) *(no preocuparse)* être tranquille, ne pas s'inquiéter: ***descuida, no llegaré tarde***, sois tranquille, je n'arriverai pas tard.
► *vpr* **descuidarse** **1** *(distraerse)* se distraire. **2** *(en aspecto físico)* se négliger.
descuido [deskwiðo] *nm* **1** *(negligencia)* négligence *f*. **2** *(desliz)* faux pas *m*, faute *f*.
desde [dézðe] *prep* **1** *(tiempo - duración)* depuis; *(- a partir de)* dès: ***no se ven desde 1990***, on n'en voit pas depuis 1990. **2** *(espacio)* depuis, de: ***la torre se ve desde mi ventana***, on voit la tour de ma fenêtre.
• **desde ahora** dès maintenant, dès à présent.
• **desde entonces** depuis lors, depuis.
• **desde hace** depuis.
• **desde... hasta** **1** *(tiempo)* depuis ... jusqu'à, de ... à. **2** *(espacio)* depuis ... jusqu'à.
• **desde luego** bien entendu, évidemment.
• **desde que** depuis que.
desdecirse [79] [dezðeθirse] *vpr* se raviser, se dédire.
desdicha [dezðitʃa] *nf* malheur *m*.
desdichado,-da [dezðitʃáðo,-ða] *adj - nm,f* malheureux,-euse.
desdoblar [dezðoβlár] *vt* **1** *(extender)* déplier. **2** *(separar)* dédoubler.
desear [deseár] *vt* **1** *(gen)* désirer. **2** *(algo bueno)* souhaiter.
• **dejar que desear** laisser à désirer.
desechable [desetʃáβle] *adj* jetable.
desechar [desetʃár] *vt* **1** *(apartar)* exclure, rejeter. **2** *(tirar)* mettre au rebut.
desecho [desétʃo] *nm* déchet *m*.
► *nm pl* **desechos** déchets *m pl*.
desembarcar [1] [desembarkár] *vt - vi* débarquer.
desembarco [desembárko] *nm* débarquement *m*.
desembocadura [desembokaðúra] *nf* **1** *(de río)* embouchure *f*. **2** *(de calle)* sortie *f*, débouché *m*.
desembocar [1] [desembokár] *vi* **1** *(río)* se jeter (**en**, dans). **2** *(calle)* déboucher (**en**, sur).

desembolsar [desembolsár] *vt* verser.
desempatar [desempatár] *vt* départager.
desempate [desempáte] *nm* belle *f*.
desempeñar [desempeɲár] *vt* **1** *(ejercer - cargo, función)* remplir, exercer; *(- papel, rol)* jouer; *(- obligación)* accomplir, s'acquitter de. **2** *(objeto empeñado)* dégager.
desempleado,-da [desempleáðo,-ða] *nm,f* chômeur,-euse.
desempleo [desempléo] *nm* chômage *m*.
desempolvar [desempolβár] *vt* **1** *(quitar el polvo)* épousseter, dépoussiérer. **2** *(recordar)* tirer de l'oubli, rafraîchir.
desencadenar [deseŋkaðenár] *vt* déchaîner.
► *vpr* **desencadenarse** *fig* se déchaîner.
desenchufar [desentʃufár] *vt* débrancher.
desenfadado,-da [desemfaðáðo,-ða] *adj* désinvolte.
desenfundar [desemfundár] *vt* dégainer.
desenganchar [deseŋgantʃár] *vt* décrocher, détacher.
desengañar [deseŋgaɲár] *vt* **1** *(decepcionar)* décevoir. **2** *(hacer conocer la verdad)* détromper, désabuser.
► *vpr* **desengañarse 1** *(decepcionarse)* se désillusionner. **2** *(averiguar la verdad)* se détromper, se désabuser.
desengaño [deseŋgáɲo] *nm* déception *f*, désillusion *f*.
▪ **desengaño amoroso** chagrin *m* d'amour.
desenlace [desenláθe] *nm* dénouement *m*.
desenmascarar [desemmaskarár] *vt* démasquer.
desenredar [desenr̄eðár] *vt* débrouiller, démêler.
desenroscar [1] [desenr̄oskár] *vt* dévisser.
desentenderse [28] [desentendérse] *vpr* se désintéresser (**de**, de).
desenterrar [27] [desenter̄ár] *vt* **1** *(cadáver, tesoro)* déterrer. **2** *(recuerdos)* tirer de l'oubli.
desentonar [desentonár] *vi* **1** *(cantante)* chanter faux. **2** *(no casar)* détonner.
desenvolver [32] [desembolβér] *vt (paquete, regalo)* défaire.
► *vpr* **desenvolverse 1** *(transcurrir)* se développer. **2** *(espabilarse)* se débrouiller.
deseo [deséo] *nm* **1** *(apetencia)* désir *m*. **2** *(ganas)* désir *m*, envie *f*. **3** *(aspiración)* souhait *m*, désir *m*.
• **arder en deseos de** brûler de.
• **pedir un deseo** former un vœu.
desertar [desertár] *vi* déserter.
desértico,-ca [desértiko,-ka] *adj* désertique.
desertor,-ra [desertór,-ra] *nm,f* déserteur *m*.
desesperación [desesperaθjón] *nf* **1** *(angustia)* désespoir *m*. **2** *(rabia)* énervement *m*, rage *f*.
desesperado,-da [desesperáðo,-ða] *adj* désespéré,-e.
• **a la desesperada** en risquant le tout pour le tout.
• **como un desesperado** comme un dératé.
desesperar [desesperár] *vt - vi* **1** *(angustiar)* désespérer. **2** *(irritar)* exaspérer.
► *vpr* **desesperarse 1** *(angustiarse)* se désespérer. **2** *(irritarse)* s'exaspérer.
desfachatez [desfatʃatéθ] *nf* culot *m*, sans-gêne *m*.
desfallecer [43] [desfaʎeθér] *vi* **1** *(perder fuerzas)* défaillir. **2** *(desmayarse)* s'évanouir.
desfavorable [desfaβoráβle] *adj* défavorable.
desfavorecer [43] [desfaβoreθér] *vt* défavoriser, désavantager.
desfiladero [desfilaðéro] *nm* défilé *m*.
desfilar [desfilár] *vi* **1** *(marchar en fila)* défiler. **2** *(irse)* filer.
desfile [desfíle] *nm* défilé *m*.
desgana [dezɣána] *nf* **1** *(falta de apetito)* inappétence *f*. **2** *(tedio, repugnancia)* mollesse *f*, aversion *f*.
• **con desgana** à contrecœur.
desgarbado,-da [dezɣarβáðo,-ða] *adj* dégingandé,-e.
desgarrar [dezɣar̄ár] *vt* **1** *(romper)* déchirer. **2** *(afligir)* déchirer, fendre.
desgarro [dezɣár̄o] *nm* **1** *(de músculo)* déchirure *f*. **2** *(aflicción)* déchirement *m*.
desgastar [dezɣastár] *vt* **1** *(deteriorar)* user. **2** *(debilitar)* gâter.
► *vpr* **desgastarse** s'user.

desgaste [dezγáste] *nm* **1** *(deterioro)* usure *f*, détérioration *f*. **2** *(debilitamiento)* affaiblissement *m*.

desgracia [dezγráθja] *nf* **1** *(mala suerte)* malheur *m*, infortune *f*. **2** *(accidente)* accident *m* funeste.

• **caer en desgracia** tomber en disgrâce.

• **por desgracia** malheureusement, par malheur.

desgraciado,-da [dezγraθjáðo,-ða] *adj (desdichado, desafortunado)* malheureux, -euse.

► *nm,f fam (miserable)* pauvre type *m*, pauvre femme *f*.

desgravación [dezγraβaθjón] *nf* dégrèvement *m*.

desgravar [dezγraβár] *vt* dégrever.

desguazar [4] [dezγwaθár] *vt (barco, coche)* dépecer.

deshabitado,-da [desaβitáðo,-ða] *adj* inhabité,-e.

deshacer [73] [desaθér] *vt* **1** *(gen)* défaire: ***deshacer un nudo***, défaire un nœud; ***deshacer la cama***, défaire le lit. **2** *(destruir)* défaire, détruire. **3** *(disolver)* faire fondre, dissoudre. **4** *(desleír)* délayer.

► *vpr* **deshacerse 1** *(gen)* se défaire. **2** *(fundirse)* fondre. **3** *(desleírse)* se délayer.

• **deshacerse de ALGO/ALGN** se débarrasser de QQCH/QQN.

• **deshacerse de ALGN** *(matar)* se défaire de QQN.

• **deshacerse por +** *inf* avoir une envie folle de + *inf*.

desharrapado,-da [desar̄apáðo,-ða] *adj* - *nm,f* déguenillé,-e.

deshecho,-cha [desétʃo,-tʃa] *adj* **1** *(destruido, cansado)* défait,-e. **2** *(desleído)* délayé,-e.

desheredar [desereðár] *vt* déshériter.

deshidratar [desiðratár] *vt* déshydrater.

► *vpr* **deshidratarse** se déshydrater.

deshielo [desjélo] *nm* **1** *(de río, glaciar, relaciones)* dégel *m*. **2** *(de nevera)* dégivrage *m*.

deshilachar [desilatʃár] *vt* effilocher.

► *vpr* **deshilacharse** s'effilocher.

deshinchar [desintʃár] *vt* **1** *(globo, pelota, neumático)* dégonfler. **2** *(miembro)* désenfler.

► *vpr* **deshincharse 1** *(globo, pelota, neumático)* se dégonfler. **2** *(miembro)* désenfler. **3** *fam (desanimarse)* se dégonfler, se laisser abattre.

deshojar [desoχár] *vt* effeuiller.

deshollinador [desoʎinaðór] *nm* ramoneur *m*.

deshonesto,-ta [desonésto,-ta] *adj* **1** *(no honrado)* malhonnête. **2** *(inmoral)* indécent,-e.

deshonra [desónr̄a] *nf* déshonneur *m*.

deshora [desóra].

• **a deshora** à n'importe quelle heure.

deshuesar [deswesár] *vt* **1** *(carne)* désosser. **2** *(fruta, aceituna)* dénoyauter.

desierto,-ta [desjérto,-ta] *adj* **1** *(deshabitado, sin gente)* désert,-e. **2** *(vacante)* vacant,-e.

► *nm* **desierto** désert *m*.

designar [desiγnár] *vt* **1** *(nombrar)* désigner. **2** *(indicar)* indiquer.

designio [desiγnjo] *nm* dessein *m*.

desigual [desiγwál] *adj* **1** *(diferente, irregular)* inégal,-e. **2** *(persona, carácter)* changeant,-e.

desigualdad [desiγwaldáð] *nf* inégalité *f*.

desilusión [desilusjón] *nf* désillusion *f*, déception *f*.

desilusionar [desilusjonár] *vt* désillusionner, décevoir.

► *vpr* **desilusionarse** être déçu,-e.

desinfectante [desimfektánte] *adj* désinfectant,-e.

► *nm* désinfectant *m*.

desinfectar [desimfektár] *vt* désinfecter.

desinflar [desimflár] *vt* dégonfler.

► *vpr* **desinflarse** se dégonfler.

desintegrar [desinteγrár] *vt* désintégrer.

► *vpr* **desintegrarse** se désintégrer.

desinterés [desinterés] *nm* **1** *(indiferencia)* indifférence *f*. **2** *(generosidad)* désintéressement *m*.

desinteresado,-da [desinteresáðo,-ða] *adj* désintéressé,-e.

desistir [desistir] *vi* renoncer (**de**, à).

desleal [dezleál] *adj* déloyal,-e.

desliz [dezliθ] *nm (error)* faute *f*, faux pas *m*.

deslizante [dezliθánte] *adj* glissant,-e.

deslizar [4] [dezliθár] *vt* - *vi* glisser.

► *vpr* **deslizarse 1** *(patinar)* glisser. **2** *(escurrirse)* se glisser.

deslucido,-da [dezluθiðo,-ða] *adj* peu brillant,-e.
deslucir [45] [dezluθir] *vt* gâcher.
deslumbrante [dezlumbrànte] *adj* éblouissant,-e.
deslumbrar [dezlumbràr] *vt* éblouir.
► *vpr* **deslumbrarse** se laisser éblouir.
desmadre [dezmàðre] *nm fam* pagaille *f.*
desmán [dezmàn] *nm* **1** *(exceso)* excès *m.* **2** *(abuso, atropello)* abus *m.*
desmayarse [dezmajàrse] *vpr* s'évanouir.
desmayo [dezmàjo] *nm* évanouissement *m.*
• **sin desmayo** sans relâche.
desmejorado,-da [dezmeχoràðo,-ða] *adj* qui a mauvaise mine.
desmejorar [dezmeχoràr] *vt* **1** *(cosa)* détériorer. **2** *(persona)* affaiblir.
► *vi - vpr* **desmejorar(se) 1** *(persona)* s'affaiblir. **2** *(cosa)* se détériorer.
desmelenarse [dezmelenàrse] *vpr fam fig* s'emballer.
desmemoriado,-da [dezmemorjàðo, -ða] *adj* qui a mauvaise mémoire.
desmentir [35] [dezmentir] *vt* démentir.
desmenuzar [4] [dezmenuθàr] *vt* **1** *(pan, galleta)* émietter. **2** *(trocear)* déchiqueter. **3** *(analizar)* examiner dans le détail.
desmerecer [43] [dezmereθèr] *vt (quitar mérito)* démériter.
► *vi* **1** *(perder valor)* perdre de sa valeur. **2** être inférieur,-e (**de**, à).
desmesurado,-da [dezmesuràðo,-ða] *adj* démesuré,-e.
desmilitarizar [4] [dezmilitariθàr] *vt* démilitariser.
desmontable [dezmontàβle] *adj* démontable.
desmontar [dezmontàr] *vt* **1** *(gen)* démonter. **2** *(teoría, argumento)* démonter, renverser. **3** *(desconcertar)* troubler.
► *vi (de caballo)* descendre, mettre pied à terre.
desmoralizar [4] [dezmoraliθàr] *vt* démoraliser.
► *vpr* **desmoralizarse** se démoraliser.
desmoronarse [dezmoronàrse] *vpr* **1** *(construcción)* s'ébouler, s'écrouler. **2** *(imperio, proyecto, persona)* s'effondrer.
desnatado,-da [deznatàðo,-ða] *adj* écrémé,-e.
desnivel [dezniβèl] *nm* **1** *(del terreno)* dénivellation *f,* dénivellement *m.* **2** *(desigualdad)* inégalité *f.*
desnucarse [1] [deznukàrse] *vpr* se casser le cou.
desnudar [deznuðàr] *vt* déshabiller, dévêtir.
► *vpr* **desnudarse** se déshabiller.
desnudo,-da [deznùðo,-ða] *adj* **1** *(sin ropa - persona)* nu,-e, déshabillé,-e; *(- parte del cuerpo)* nu,-e. **2** *(habitación, pared)* nu,-e.
► *nm* **desnudo** nu *m.*
desnutrición [deznutriθjòn] *nf* malnutrition *f.*
desobedecer [43] [desoβeðeθèr] *vt* désobéir.
desobediente [desoβeðjènte] *adj* désobéissant,-e.
desocupado,-da [desokupàðo,-ða] *adj* **1** *(libre)* libre. **2** *(deshabitado)* inhabité,-e. **3** *(sin trabajo)* au chômage. **4** *(ocioso)* désœuvré,-e, oisif,-ive.
desocupar [desokupàr] *vt* **1** *(dejar libre)* débarrasser, laisser libre. **2** *(vivienda)* abandonner, quitter. **3** *(vaciar)* vider.
desodorante [desoðorànte] *adj* désodorisant,-e.
► *nm* déodorant *m.*
desoír [75] [desoir] *vt* faire la sourde oreille à.
desolación [desolaθjòn] *nf* désolation *f.*
desorden [desòrðen] *nm* désordre *m.*
desordenado,-da [desorðenàðo,-ða] *adj* **1** *(persona, habitación, ideas)* désordonné,-e. **2** *(vida)* déréglé,-e.
desordenar [desorðenàr] *vt* mettre en désordre, déranger.
desorganización [desorγaniθaθjòn] *nf* désorganisation *f.*
desorganizado,-da [desorγaniθàðo,-ða] *adj* désorganisé,-e.
desorganizar [4] [desorγaniθàr] *vt* désorganiser.
desorientar [desorjentàr] *vt* désorienter.
► *vpr* **desorientarse** être désorienté,-e.
despabilado,-da [despaβilàðo,-ða] *adj* éveillé,-e.

despabilar [despaβilár] *vi* **1** *(avivarse)* se dégourdir. **2** *(darse prisa)* se secouer, se presser.
► *vpr* **despabilarse** *(del sueño)* se réveiller, s'éveiller.

despachar [despat∫ár] *vt* **1** *(en tienda)* servir. **2** *(vender)* vendre. **3** *(asunto, negocio)* régler. **4** *(acabar)* expédier. **5** *fam (a empleado)* congédier, renvoyer. **6** *fam (matar)* tuer, descendre.
► *vi (tratar un asunto)* avoir un entretien.
• **despacharse a gusto** *fam* dire tout ce que l'on a sur le cœur.

despacho [despát∫o] *nm* **1** *(oficina)* bureau *m*. **2** *(habitación)* cabinet *m* de travail. **3** *(comunicación)* dépêche *f*. **4** *(venta, tienda)* débit *m*.

despacio [despáθjo] *adv* lentement.
► *interj* **¡despacio!** doucement !

despampanante [despampanánte] *adj fam* canon.

desparpajo [desparpáχo] *nm* désinvolture *f*, sans-gêne *m*.

desparramar [desparamár] *vt* **1** *(esparcir, divulgar)* éparpiller, répandre. **2** *(líquido)* répandre.

despectivo,-va [despektiβo,-βa] *adj* **1** *(despreciativo)* méprisant,-e. **2** *(palabra)* péjoratif,-ive.

despedazar [4] [despeðaθár] *vt* **1** *(cuerpo)* dépecer, mettre en morceaux. **2** *(moralmente)* déchirer.

despedida [despeðiða] *nf* **1** *(adiós)* adieux *m pl*. **2** *(fiesta)* soirée *f* d'adieux.
▪ **despedida de soltera** enterrement *m* de la vie de jeune fille.
▪ **despedida de soltero** enterrement *m* de la vie de garçon.

despedir [34] [despeðir] *vt* **1** *(decir adiós)* dire au revoir à. **2** *(lanzar)* jeter, lancer. **3** *(olor, gas)* dégager, répandre. **4** *(a empleado)* renvoyer.
► *vpr* **despedirse** **1** *(decir adiós)* dire au revoir. **2** *(empleado)* demander son congé, quitter son emploi. **3** *(dar por perdido)* faire son deuil (**de**, de), renoncer (**de**, à).
• **despedirse a la francesa** filer à l'anglaise.
• **salir despedido,-da** être projeté,-e.

despegar [7] [despeɣár] *vt (desenganchar)* décoller.
► *vi (avión)* décoller.
► *vpr* **despegarse** se décoller.

despegue [despéɣe] *nm* décollage *m*.

despeinar [despeinár] *vt* décoiffer.
► *vpr* **despeinarse** se décoiffer.

despejado,-da [despeχáðo,-ða] *adj* dégagé,-e.

despejar [despeχár] *vt* **1** *(espacio)* débarrasser, dégager. **2** *(incógnita)* dégager.
► *vt - vi (balón)* dégager.
► *vpr* **despejarse** **1** *(cielo)* s'éclaircir. **2** *(persona)* s'éveiller.

despellejar [despeʎeχár] *vt* **1** *(quitar la piel)* écorcher, dépouiller. **2** *fam (criticar)* dire du mal de.

despensa [despénsa] *nf* garde-manger *m*.

despeñarse [despeɲárse] *vpr* se précipiter.

desperdiciar [12] [desperðiθjár] *vt* **1** *(malgastar)* gaspiller, mal employer. **2** *(oportunidad)* ne pas profiter de.

desperdicio [desperðiθjo] *nm* **1** *(despilfarro)* gaspillage *m*. **2** *(residuo)* déchet *m*, reste *m*.
• **no tener desperdicio** être tout bon.

desperezarse [4] [despereθárse] *vpr* s'étirer.

desperfecto [desperfékto] *nm* **1** *(daño)* dommage *m*. **2** *(defecto)* petit défaut.

despertador [despertaðór] *nm* réveille-matin *m inv*.

despertar [27] [despertár] *vt* **1** *(del sueño)* réveiller, éveiller. **2** *(apetito)* ouvrir. **3** *(interés, atención)* éveiller. **4** *(sentimiento, deseo, recuerdo)* réveiller.
► *vi - vpr* **despertar(se)** se réveiller.

despiadado,-da [despjaðáðo,-ða] *adj* impitoyable, cruel,-elle.

despido [despiðo] *nm* renvoi *m*, licenciement *m*.

despierto,-ta [despjérto,-ta] *adj* **1** *(no dormido)* éveillé,-e. **2** *(espabilado)* éveillé,-e, vif,-ive.

despilfarrar [despilfarár] *vt* gaspiller.

despilfarro [despilfáro] *nm* gaspillage *m*.

despistado,-da [despistáðo,-ða] *adj - nm,f* tête *f* en l'air.
• **hacerse el despistado** faire l'étonné.

despistar [despistár] *vt* **1** *(hacer perder la pista)* dépister. **2** *(orientar mal)* mettre sur une fausse piste. **3** *(desorientar)* désorienter. **4** *(distraer la atención)* faire perdre la tête, égarer.

► *vpr* **despistarse 1** *(perderse)* s'égarer. **2** *(distraerse)* perdre la tête.

despiste [despiste] *nm* **1** *(error)* erreur *f*. **2** *(falta de atención)* étourderie *f*.

desplante [desplánte] *nm* effronterie *f*.

desplazar [4] [desplaθár] *vt* déplacer.

► *vpr* **desplazarse** se déplacer.

desplegar [48] [despleɣár] *vt* **1** *(banderas, tropas, actividad)* déployer. **2** *(papel, tela)* déplier.

desplomarse [desplomárse] *vpr* **1** *(construcción)* s'écrouler. **2** *fig (persona)* s'effondrer.

desplumar [desplumár] *vt* **1** *(pájaro)* plumer. **2** *fig (sacar dinero)* plumer.

despoblado [despoβláðo] *nm* lieu *m* inhabité.

despoblar [31] [despoβlár] *vt* dépeupler.

► *vpr* **despoblarse** se dépeupler.

despojar [despoχár] *vt* dépouiller.

► *vpr* **despojarse** se dépouiller.

despojos [despóχos] *nm pl* **1** *(de aves)* abats *m pl*. **2** *(cadáver)* dépouille *f sing*.

desposar [desposár] *vt fml* marier.

► *vpr* **desposarse** *fml (casarse)* se marier.

despótico,-ca [despótiko,-ka] *adj* despotique.

despreciar [12] [despreθjár] *vt* mépriser.

desprecio [despréθjo] *nm* mépris *m*.

desprender [desprendér] *vt* **1** *(separar, soltar)* détacher. **2** *(olor, impresión)* dégager.

► *vpr* **desprenderse 1** *(soltarse)* se détacher. **2** *(renunciar)* se défaire. **3** *(deducirse)* se dégager: ***de sus palabras se desprende cierto malestar***, il se dégage un certain malaise dans ses paroles.

desprendimiento [desprendimjénto] *nm* **1** *(generosidad)* générosité *f*. **2** *(de tierra)* éboulement *m*.

▪ **desprendimiento de retina** MED décollement *m* de la rétine.

despreocupado,-da [despreokupáðo, -ða] *adj* insouciant,-e.

despreocuparse [despreokupárse] *vpr* laisser de côté.

desprestigio [desprestiχjo] *nm* discrédit *m*.

desprevenido,-da [despreβeniðo,-ða] *adj* dépourvu,-e.

• **coger** o **pillar desprevenido** prendre au dépourvu.

desprovisto,-ta [desproβisto,-ta] *adj* dépourvu,-ue.

después [despwés] *adv* **1** *(más tarde)* après: ***iremos después***, nous irons plus tard. **2** *(a continuación)* ensuite, puis: ***gritó, después se cayó***, il a crié, ensuite il est tombé.

• **después de** après: ***después de las 10***, après 10 heures; ***después de comer***, après avoir mangé.

• **después de todo** après tout.

• **poco después** peu après.

despuntar [despuntár] *vt (lápiz, etc)* tailler.

► *vi* **1** *(plantas)* bourgeonner. **2** *(el día)* poindre. **3** *fig (persona)* briller.

desquiciar [12] [deskiθjár] *vt* **1** *(una puerta, una ventana)* dégonder. **2** *fig (a una persona)* détraquer, perturber.

desquitarse [deskitárse] *vpr* **1** *(recuperar)* se rattraper. **2** *(vengarse)* prendre sa revanche.

destacado,-da [destakáðo,-ða] *adj* remarquable.

destacar [1] [destakár] *vt* **1** *(poner de relieve)* souligner. **2** *(tropas)* détacher.

► *vi (despuntar)* ressortir.

► *vpr* **destacarse 1** *(distinguirse)* se distinguer (**por**, par). **2** *(en una carrera)* se détacher.

destajo [destáχo] *nm* forfait *m*.

• **trabajar a destajo** travailler au forfait.

destapar [destapár] *vt* **1** *(botella, etc)* déboucher. **2** *(lo tapado)* découvrir.

► *vpr* **destaparse 1** *(desabrigarse)* se découvrir. **2** *(revelarse)* se révéler.

destartalado,-da [destartaláðo,-ða] *adj* **1** *(casa, mueble, etc)* délabré,-e. **2** *(aparato, máquina, etc)* déglingué,-e.

destello [destéʎo] *nm* **1** *(brillo)* scintillement *m*. **2** *(chispa)* étincelle *f*. **3** *(viso)* lueur *f*.

destemplado,-da [destempláðo,-ða] *adj* fiévreux,-euse.

desteñir [36] [desteɲír] *vt* déteindre.

► *vi - vpr* **desteñir(se)** déteindre: ***esa tela destiñe***, ce tissu déteint.

desternillarse [desterniʎárse].

• **desternillarse de risa** se tordre de rire.

desterrar [27] [desteřár] *vt* exiler.

destiempo [destjémpo].

• **a destiempo** à contretemps.

destierro [destjéřo] *nm* **1** exil *m*. **2** *(lugar)* lieu *m* écarté.

destilar [destilár] *vt* distiller.

destilería [destilería] *nf* distillerie *f*.

destinar [destinár] *vt* **1** *(gen)* destiner. **2** *(cargo)* affecter. **3** *(lugar)* envoyer (**a**, à).

destinatario,-ria [destinatárjo,-rja] *nm,f* destinataire.

destino [destíno] *nm* **1** *(fatalidad)* destin *m*. **2** *(finalidad, rumbo)* destination *f*. **3** *(empleo)* poste *m*.

• **con destino a** à destination de.

destitución [destituθjón] *nf* destitution *f*.

destituir [62] [destitwír] *vt* destituer.

destornillador [destorniʎaðór] *nm* tournevis *m*.

destornillar [destorniʎár] *vt* dévisser.

destreza [destréθa] *nf* adresse *f*.

destripar [destripár] *vt* **1** *(sacar las tripas)* étriper. **2** *(despachurrar)* écrabouiller.

destronar [destronár] *vt* détrôner.

destrozar [4] [destroθár] *vt* **1** *(hacer trozos)* mettre en pièces. **2** *(estropear)* abîmer.

destrozo [destróθo] *nm (daño)* dégât *m*.

destrucción [destrukθjón] *nf* destruction *f*.

destructor,-ra [destruktór,-ra] *adj - nm,f* destructeur,-trice.

► *nm* **destructor** destroyer *m*.

destruir [62] [destrwír] *vt* détruire.

desunión [desunjón] *nf* désunion *f*.

desuso [desúso] *nm* désuétude *f*.

• **caer en desuso** tomber en désuétude.

desvalido,-da [dezβalíðo,-ða] *adj - nm,f* déshérité,-e.

desvalijar [dezβaliχár] *vt* dévaliser.

desván [dezβán] *nm* grenier *m*.

desvanecer [43] [dezβaneθér] *vt* dissiper.

► *vpr* **desvanecerse 1** *(desmayarse)* s'évanouir. **2** *(desaparecer)* se dissiper.

desvarío [dezβarío] *nm* **1** *(de enfermo)* délire *m*. **2** *(desatino, locura)* folie *f*.

desvelar [dezβelár] *vt* empêcher de dormir.

► *vpr* **desvelarse 1** *(estar en vela)* perdre le sommeil. **2** *(dedicarse)* se donner du mal (**por**, pour).

desventaja [dezβentáχa] *nf* désavantage *m*.

desvergonzado,-da [dezβerɣonθáðo,-ða] *adj - nm,f (descarado)* effronté,-e.

desvestir [34] [dezβestír] *vt* dévêtir.

desviación [dezβjaθjón] *nf* déviation *f*.

desviar [13] [dezβjár] *vt* **1** *(gen)* détourner. **2** *(de una trayectoria)* dévier. **3** *(avión, barco)* dérouter.

► *vpr* **desviarse** dévier.

desvío [dezβío] *nm* déviation *f*.

desvivirse [dezβiβírse] *vpr (hacer lo posible)* se mettre en quatre (**por**, pour).

• **desvivirse por +** *inf* mourir d'envie de + *inf*.

detallar [detaʎár] *vt* détailler.

detalle [detáʎe] *nm* **1** *(gen)* détail *m*. **2** *(delicadeza)* attention *f*.

• **al detalle** COM au détail.

• **¡qué detalle!** que c'est gentil !

• **tener un detalle** être prévenant,-e.

detallista [detaʎísta] *nmf* **1** *(comerciante)* détaillant,-e. **2** *(persona que tiene detalle)* prévenant,-e.

detectar [detektár] *vt* détecter.

detective [detektíβe] *nm* détective *m*.

detector [detektór] *nm* détecteur *m*.

detención [detenθjón] *nf* arrestation *f*.

detener [87] [detenér] *vt* **1** *(parar, arrestar)* arrêter. **2** *(retrasar)* retenir.

► *vpr* **detenerse 1** *(pararse)* s'arrêter. **2** *(entretenerse, demorarse)* s'attarder.

detenido,-da [deteníðo,-ða] *adj* **1** *(arrestado)* arrêté,-e. **2** *(detallado, minucioso)* approfondi,-e.

► *nm,f (preso)* détenu,-ue.

detenimiento [detenimjénto].

• **con detenimiento** avec attention.

detergente [deterχénte] *adj* détergent,-e.

► *nm* détergent *m*.

deteriorar [deterjorár] *vt* détériorer.
► *vpr* **deteriorarse** se détériorer.
deterioro [deterjóro] *nm* détérioration *f.*
determinación [determinaθjón] *nf* détermination *f.*
determinado,-da [determináðo,-ða] *adj* déterminé,-e.
determinante [determinánte] *adj* déterminant,-e.
determinar [determinár] *vt* **1** *(precisar)* déterminer. **2** *(fecha)* fixer. **3** *(decidir)* décider.
► *vpr* **determinarse** se décider.
detestable [detestáβle] *adj* détestable.
detestar [detestár] *vt* détester.
detonación [detonaθjón] *nf* détonation *f.*
detrás [detrás] *adv* derrière.
• **detrás de** derrière.
• **por detrás** par derrière.
deuda [déuða] *nf* dette *f.*
deudor,-ra [deuðór,-ra] *adj - nm,f* débiteur,-trice.
devaluación [deβalwaθjón] *nf* dévaluation *f.*
devastar [deβastár] *vt* dévaster.
devoción [deβoθjón] *nf* dévotion *f.*
devolución [deβoluθjón] *nf* **1** *(de objeto)* restitution *f.* **2** *(de dinero)* remboursement *m.*
devolver [32] [deβolβér] *vt* **1** *(gen)* rendre. **2** *(dinero)* rembourser. **3** *(por correo)* renvoyer. **4** *(vomitar)* vomir, rendre.
► *vi (vomitar)* rendre.
devorar [deβorár] *vt* dévorer.
devoto,-ta [deβóto,-ta] *adj - nm,f* dévot,-e.
día [día] *nm* **1** *(gen)* jour *m*: ***nació el día 22***, il est né le 22. **2** *(espacio de tiempo)* journée *f*: ***un hermoso día***, une belle journée. **3** *(conmemoración)* fête *f*: ***el día de la madre***, la fête des Mères.
► *nm pl* **días** *(vida)* jours *m pl.*
• **al día siguiente** le lendemain.
• **¡buenos días!** bonjour !
• **cada día** chaque jour.
• **del día** du jour.
• **día a día** jour après jour.
• **el día menos pensado** un beau jour.
• **en días alternos** un jour sur deux.
• **en los días de** du temps de.
• **en su día 1** *(cuando convenga)* en temps voulu. **2** *(antaño)* en son temps.
• **hoy en día** de nos jours.
• **poner al día** mettre à jour.
• **ponerse al día** se mettre au courant.
• **todos los días** tous les jours.
• **un día sí y otro no** un jour sur deux.
• **vivir al día** vivre au jour le jour.
▪ **día de año nuevo** jour de l'an.
▪ **día de Corpus** fête-Dieu.
▪ **día festivo** jour férié.
▪ **día hábil** jour ouvrable.
▪ **día libre** jour de repos.
diabetes [djaβétes] *nf* diabète *m.*
diabético,-ca [djaβétiko,-ka] *adj - nm,f* diabétique.
diablo [djáβlo] *nm* diable *m.*
► *interj* **¡diablos!** diable !: ***¡qué diablos!***, que diable !
diablura [djaβlúra] *nf* diablerie *f.*
diadema [djaðéma] *nf* **1** *(adorno)* serre-tête *m.* **2** *(corona)* diadème *m.*
diáfano,-na [djáfano,-na] *adj* diaphane.
diafragma [djafráɣma] *nm* diaphragme *m.*
diagnosticar [1] [djaɣnostikár] *vt* diagnostiquer.
diagnóstico [djaɣnóstiko] *nm* diagnostic *m.*
diagonal [djaɣonál] *adj* diagonal,-e.
► *nf* diagonale *f.*
diagrama [djaɣráma] *nm* diagramme *m.*
dialecto [djalékto] *nm* dialecte *m.*
dialogar [7] [djaloɣár] *vi* dialoguer.
diálogo [djáloɣo] *nm* dialogue *m.*
diamante [djamánte] *nm* diamant *m.*
diámetro [djámetro] *nm* diamètre *m.*
diana [djána] *nf* **1** *(blanco)* cible *f.* **2** *(toque militar)* diane *f.*
• **hacer diana** faire mouche.
diapositiva [djapositíβa] *nf* diapositive *f.*
diario,-ria [djárjo,-rja] *adj* quotidien, -enne.
► *nm* **diario** journal *m.*
• **a diario** tous les jours.
diarrea [djar̄éa] *nf* diarrhée *f.*
dibujante [diβuχánte] *adj - nmf* dessinateur,-trice.
dibujar [diβuχár] *vt* dessiner.
dibujo [diβúχo] *nm* dessin *m.*
▪ **dibujo lineal** dessin linéaire.
▪ **dibujos animados** dessins animés.
dicción [dikθjón] *nf* diction *f.*

diccionario [dikθjonárjo] *nm* dictionnaire *m*.
dicha [ditʃa] *nf* bonheur *m*.
dicho,-cha [ditʃo,-tʃa] *adj* **1** dit,-e. **2** ce, cette: ***dichas personas***, ces personnes.
► *nm* **dicho** dicton *m*.
• **o mejor dicho** ou plutôt.
• **dicho y hecho** aussitôt dit, aussitôt fait.
dichoso,-sa [ditʃóso,-sa] *adj* **1** *(feliz)* heureux,-euse. **2** *(enfático)* maudit,-e: ***¡dichosa historia!, siempre estamos igual***, cette maudite histoire ! c'est toujours pareil.
diciembre [diθjémbre] *nm* décembre *m*.
dictado [diktáðo] *nm* dictée *f*.
dictador,-ra [diktaðór] *nm,f* dictateur *m*.
dictadura [diktaðúra] *nf* dictature *f*.
dictáfono® [diktáfono] *nm* dictaphone® *m*.
dictamen [diktámen] *nm* **1** *(opinión)* opinion *f*. **2** *(de una comisión, de peritos)* rapport *m*.
dictar [diktár] *vt* **1** *(texto, idea)* dicter. **2** *(sentencia, etc)* prononcer.
didáctico,-ca [diðáktiko,-ka] *adj - nf* didactique.
diecinueve [djeθinwéβe] *num* dix-neuf *m*.
dieciocho [djeθjótʃo] *num* dix-huit *m*.
dieciséis [djeθiséis] *num* seize *m*.
diecisiete [djeθisjéte] *num* dix-sept *m*.
diente [djénte] *nm* dent *f*.
• **hincar el diente** *(a un problema)* s'attaquer.
▪ **diente de ajo** gousse *f* d'ail.
▪ **diente de leche** dent de lait.
▪ **diente de león** pissenlit *m*.
diéresis [djéresis] *nf* tréma *m*.
diésel [djésel] *nm* diesel *m*.
diestro,-tra [djéstro,-tra] *adj* **1** *(que utiliza la mano derecha)* droitier,-ère. **2** *(hábil)* adroit,-e.
► *nm* **diestro** matador *m*.
• **a diestro y siniestro** à tort et à travers.
dieta[1] [djéta] *nf (alimentaria)* régime *m*.
dieta[2] [djéta] *nf (asamblea)* diète *f*.
► *nf pl* **dietas** *(dinero)* indemnité *f sing*.
diez [djeθ] *num* dix.
difamar [difamár] *vt* diffamer.
diferencia [diferénθja] *nf* **1** *(gen)* différence *f*. **2** *(controversia)* différend *m*.
• **a diferencia de** à la différence de.
diferenciar [12] [diferenθjár] *vt* différencier.
► *vpr* **diferenciarse** **1** *(ser diferente)* se différencier. **2** *(destacar)* se distinguer.
diferido,-da [diferiðo,-ða] *adj* différé,-e.
• **en diferido** en différé.
diferir [35] [diferir] *vt* différer, retarder.
► *vi (ser diferente)* différer.
difícil [difiθil] *adj* difficile: ***difícil de comprender***, difficile à comprendre.
dificultad [difikultáð] *nf* difficulté *f*.
difuminar [difuminár] *vt* estomper.
difundir [difundir] *vt* **1** *(gen)* diffuser. **2** *(noticia, etc)* répandre.
difunto,-ta [difúnto,-ta] *adj - nm,f* défunt,-e.
difusión [difusjón] *nf* diffusion *f*.
difuso,-sa [difúso,-sa] *adj* diffus,-e.
digerir [35] [diχerir] *vt* digérer.
digestión [diχestjón] *nf* digestion *f*.
digestivo,-va [diχestiβo,-βa] *adj* digestif,-ive.
► *nm* **digestivo** digestif *m*.
digital [diχitál] *adj* **1** *(gen)* digital,-e. **2** INFORM numérique.
digitalización [diχitaliθaθjón] *nf* INFORM numérisation *f*.
dígito [diχito] *nm* chiffre *m*.
dignarse [diɣnárse] *vpr* daigner.
dignidad [diɣniðáð] *nf* dignité *f*.
digno,-na [diɣno,-na] *adj* digne: ***digno de admiración***, digne d'admiration.
dilatación [dilataθjón] *nf* dilatation *f*.
dilatado,-da [dilatáðo,-ða] *adj* **1** *(gen)* dilaté,-e. **2** *(extenso)* ample.
dilatar [dilatár] *vt* **1** *(gen)* dilater. **2** *(diferir)* différer.
► *vpr* **dilatarse** se dilater.
dilema [diléma] *nm* dilemme *m*.
diligencia [diliχénθja] *nf* **1** *(cuidado, prisa)* diligence *f*. **2** *(coche)* diligence *f*. **3** *(gestión)* démarche *f*.
• **con diligencia** rapidement.
diligente [diliχénte] *adj fml* diligent,-e.
diluir [62] [dilwir] *vt* diluer.
diluviar [12] [diluβjár] *vi* pleuvoir à verse.

diluvio [dilúβjo] *nm* déluge *m.*
dimensión [dimensjòn] *nf* dimension *f.*
diminutivo [diminutiβo] *nm* diminutif *m.*
diminuto,-ta [diminúto,-ta] *adj* minuscule.
dimisión [dimisjòn] *nf* démission *f.*
• **presentar la dimisión** présenter sa démission.
dimitir [dimitir] *vt* - *vi* démissionner.
Dinamarca [dinamárka] *n pr* Danemark *m.*
dinámico,-ca [dinámiko,-ka] *adj* dynamique.
dinamita [dinamita] *nf* dynamite *f.*
dinastía [dinastia] *nf* dynastie *f.*
dineral [dinerál] *nm fam* fortune *f.*
dinero [dinèro] *nm* argent *m.*
• **de dinero** riche.
▪ **dinero contante y sonante** espèces *f pl.*
▪ **dinero en efectivo** liquide *m.*
▪ **dinero negro** argent sale.
▪ **dinero suelto** petite monnaie *f.*
dinosaurio [dinosáurjo] *nm* dinosaure *m.*
dintel [dintél] *nm* linteau *m.*
diócesis [djòθesis] *nf* diocèse *f.*
dioptría [djoptria] *nf* dioptrie *f.*
dios [djos] *nm* dieu *m.*
• **a la buena de Dios** au hasard.
• **como Dios manda** comme il faut.
• **¡Dios mío!** mon Dieu !
• **ni dios** *fam* pas un chat.
• **¡por Dios!** je t'en prie !
• **todo dios** *fam* tout le monde.
• **¡vaya por Dios!** nous voilà bien !
diosa [djósa] *nf* déesse *f.*
diploma [diplòma] *nm* diplôme *m.*
diplomacia [diplomáθja] *nf* diplomatie *f.*
diplomático,-ca [diplomátiko,-ka] *adj* diplomatique.
► *nm,f* diplomate.
diptongo [diptòŋgo] *nm* diphtongue *f.*
diputación [diputaθjòn] *nf* députation *f.*
diputado,-da [diputáðo,-ða] *nm,f* député,-e.
dique [dike] *nm* **1** *(en un río)* digue *f.* **2** *(en un puerto)* dock *m.*
▪ **dique seco** cale *f* sèche.
dirección [direkθjòn] *nf* **1** *(gen)* direction *f*: ***en dirección a***, en direction de. **2** *(señas)* adresse *f.* **3** *(de una calle, etc)* sens *m.*
▪ **dirección asistida** direction assistée.
▪ **dirección de correo (electrónico)** adresse électronique.
directiva [direktiβa] *nf* **1** *(junta de personas)* comité *m* directeur. **2** *(norma)* directive *f.*
directivo,-va [direktiβo,-βa] *adj* directif,-ive.
► *nm,f* dirigeant,-e.
directo,-ta [dirèkto,-ta] *adj* direct,-e.
• **en directo** en direct.
director,-ra [direktòr,-ra] *adj* - *nm,f* directeur,-trice.
▪ **director de cine** réalisateur *m.*
▪ **director de orquesta** chef *m* d'orchestre.
▪ **director de teatro** metteur *m* en scène.
▪ **director general** directeur général.
directorio [direktòrjo] *nm* INFORM répertoire *m.*
dirigente [diriχènte] *adj* dirigeant,-e.
dirigible [diriχiβle] *nm* dirigeable *m.*
dirigir [6] [diriχir] *vt* **1** *(llevar la dirección)* diriger. **2** *(palabra, carta)* adresser. **3** *(película)* réaliser. **4** *(obra de teatro)* mettre en scène.
discapacitado,-da [diskapaθitáðo,-ða] *nm,f* handicapé,-e.
discernir [disθernir] *vt* discerner.
disciplina [disθiplina] *nf* discipline *f.*
discípulo,-la [disθipulo,-la] *nm,f* **1** *(gen)* disciple. **2** *(en una escuela)* élève.
disco [disko] *nm* disque *m.*
▪ **disco compacto** disque compact.
▪ **disco duro** disque dur.
▪ **disco flexible** disque souple.
disconformidad [diskomformiðáð] *nf* désaccord *m.*
discontinuo,-nua [diskontinwo,-nwa] *adj* discontinu,-e.
discordia [diskòrðja] *nf* discorde *f.*
discoteca [diskotèka] *nf* discothèque *f.*
discreción [diskreθjòn] *nf* discrétion *f.*
• **a discreción** à volonté.
discrecional [diskreθjonál] *adj* **1** *(poder)* discrétionnaire. **2** *(servicio)* spécial,-e.
discrepar [diskrepár] *vi* diverger.
discreto,-ta [diskrèto,-ta] *adj* **1** *(reservado)* discret,-ète. **2** *(cantidad, calidad)* modéré,-e.
discriminación [diskriminaθjòn] *nf* discrimination *f.*

discriminar [diskriminár] *vt* discriminer.
disculpa [diskúlpa] *nf* excuse *f*.
• **pedir disculpas a ALGN** présenter ses excuses à QQN.
disculpar [diskulpár] *vt* excuser.
► *vpr* **disculparse** s'excuser: ***se disculpó por llegar tan tarde***, il s'est excusé d'être arrivé aussi en retard.
discurrir [diskuřír] *vi* **1** *(el tiempo)* s'écouler. **2** *(un acto)* se dérouler. **3** *(reflexionar)* réfléchir.
► *vt (idear)* inventer.
discurso [diskúrso] *nm* **1** *(escrito, conferencia, etc)* discours *m*. **2** *(del tiempo)* cours *m*.
discusión [diskusjón] *nf* discussion *f*.
discutir [diskutír] *vi (pelearse)* se disputer.
► *vt - vi (debatir)* discuter.
disecar [1] [disekár] *vt* **1** *(animal)* empailler. **2** *(cadáver, planta)* disséquer.
diseminar [diseminár] *vt* disséminer.
diseñador,-ra [diseɲaðór,-ra] *nm,f* **1** *(de objetos)* désigner. **2** *(de moda)* styliste *m*.
diseñar [diseɲár] *vt* **1** *(gen)* dessiner. **2** *(crear)* concevoir.
diseño [diséɲo] *nm* **1** *(gen)* dessin *m*. **2** *(de ropa, muebles)* design *m*. **3** *(motivo)* motif *m*.
• **de diseño** design.
▪ **diseño asistido por ordenador** conception *f* assistée par ordinateur (CAO).
▪ **diseño gráfico** conception *f* graphique.
disfraz [disfráθ] *nm* déguisement *m*.
disfrazarse [disfraθárse] *vpr* se déguiser (**de**, en).
disfrutar [disfrutár] *vi* **1** *(pasarlo bien)* s'amuser. **2** *(salud, favores, etc)* jouir (**de**, de); *(bienes, comodidades, etc)* bénéficier (**de**, de). **3** *(apreciar)* profiter (**de/con**, de): ***disfruta de la compañía de sus amigos***, il profite de la compagnie de ses amis.
disgustar [dizɣustár] *vt* déplaire.
► *vpr* **disgustarse** se fâcher.
disgusto [dizɣústo] *nm* **1** *(fastidio)* ennui *m*. **2** *(pesadumbre)* contrariété *f*.
• **a disgusto** à contre-cœur.
• **llevarse un disgusto** être très déçu.
• **matar a disgustos a ALGN** faire mourir QQN de chagrin.
disimulado,-da [disimuláðo,-ða] *adj* dissimulé,-e.
disimular [disimulár] *vt (ocultar)* dissimuler.
► *vi (fingir)* faire semblant.
disipar [disipár] *vt* dissiper.
dislocar [1] [dizlokár] *vt* disloquer.
disminución [dizminuθjón] *nf* diminution *f*.
disminuido,-da [dizminwíðo,-ða] *adj - nm,f* handicapé,-e.
disminuir [62] [dizminwír] *vt - vi* diminuer.
disociar [12] [disoθjár] *vt* dissocier.
disolución [disoluθjón] *nf* dissolution *f*.
disolver [32] [disolβér] *vt* dissoudre.
disparador [disparaðór] *nm* **1** *(de una cámara fotográfica)* déclencheur *m*. **2** *(de un arma)* détente *f*.
disparar [disparár] *vt* **1** *(arma)* décharger. **2** *(flecha)* décocher. **3** *(balón)* lancer.
► *vi (con arma)* tirer.
► *vpr* **dispararse 1** *(arma de fuego)* partir. **2** *(caballo)* s'emballer. **3** *(precios)* s'envoler.
• **salir disparado** partir en trombe.
disparatado,-da [disparatáðo,-ða] *adj* déraisonnable.
disparate [disparáte] *nm* **1** *(dicho, hecho)* sottise *f*. **2** *(de dinero)* fortune *f*.
disparo [dispáro] *nm* **1** *(de arma de fuego)* coup *m* de feu. **2** *(de balón, etc)* shoot *m*.
dispensar [dispensár] *vt* **1** *(distribuir)* dispenser. **2** *(una falta leve)* excuser. **3** *(honores)* accorder.
dispensario [dispensárjo] *nm* dispensaire *m*.
dispersar [dispersár] *vt* disperser.
disperso,-sa [dispérso,-sa] *adj* dispersé,-e.
disponer [78] [disponér] *vt - vi* disposer (**de**, de).
► *vt (ordenar)* ordonner.
► *vpr* **disponerse a** s'apprêter à.
disponible [disponíβle] *adj* disponible.
disposición [disposiθjón] *nf* disposition *f*.
• **a su disposición** à votre disposition.
dispositivo [dispositíβo] *nm* dispositif *m*.
▪ **dispositivo intrauterino** stérilet *m*.
dispuesto,-ta [dispwésto,-ta] *adj* prêt,-e.
• **estar dispuesto a/para** être prêt à.
disputa [dispúta] *nf* dispute *f*.
disputar [disputár] *vt - vi* disputer.

disquete [diskéte] *nm* INFORM disquette *f.*

disquetera [disketéra] *nf* lecteur *m* de disquette.

distancia [distánθja] *nf* distance *f.*

• **guardar las distancias** garder ses distances.

distante [distánte] *adj* distant,-e.

distensión [distensjón] *nf* distension *f.*

distinción [distinθjón] *nf* distinction *f.*

distinguido,-da [distiŋgiðo,-ða] *adj* distingué,-e.

distinguir [8] [distiŋgír] *vt* distinguer.

► *vpr* **distinguirse** se distinguer.

distintivo,-va [distintiβo,-βa] *adj* distinctif,-ive.

► *nm* **distintivo** distinctif *m.*

distinto,-ta [distinto,-ta] *adj* différent,-e.

distracción [distrakθjón] *nf* distraction *f.*

distraer [88] [distraér] *vt* distraire.

► *vpr* **distraerse 1** *(divertirse)* se distraire. **2** *(despistarse)* être distrait,-e.

distraído,-da [distraiðo,-ða] *adj* - *nm,f* **1** *(despistado)* distrait,-e. **2** *(ameno)* amusant,-e.

distribución [distriβuθjón] *nf* distribution *f.*

distribuir [62] [distriβwír] *vt* distribuer.

distrito [distríto] *nm* district *m.*

▪ **distrito electoral** circonscription *f* électorale.

disturbio [distúrβjo] (gén au *pl*) *nm* troubles *m pl.*

disuadir [diswaðír] *vt* dissuader.

disuasión [diswasjón] *nf* dissuasion *f.*

DIU [dıʊ] *abr (**dispositivo intrauterino**)* stérilet *m.*

diurno,-na [djúrno,-na] *adj* diurne.

diva [díβa] *nf* diva *f.*

diván [diβán] *nm* divan *m.*

diversidad [diβersiðáð] *nf* diversité *f.*

diversión [diβersjón] *nf* divertissement *m.*

diverso,-sa [diβérso,-sa] *adj* divers,-e, différent,-e.

► *adj pl* **diversos,-sas** plusieurs.

divertido,-da [diβertíðo,-ða] *adj* amusant,-e.

divertir [35] [diβertír] *vt* amuser, divertir.

► *vpr* **divertirse** s'amuser.

dividir [diβiðír] *vt* diviser.

divinidad [diβiniðáð] *nf* divinité *f.*

divino,-na [diβíno,-na] *adj* **1** *(relacionado con la divinidad)* divin,-e. **2** *(excelente)* fantastique.

divisa [diβísa] *nf* devise *f*: ***control de divisas***, contrôle des changes.

divisar [diβisár] *vt* apercevoir.

división [diβisjón] *nf* division *f.*

divisor [diβisór] *adj* - *nm* diviseur *m.*

divisorio,-ria [diβisórjo,-rja] *adj* qui divise.

divorciado,-da [diβorθjáðo,-ða] *adj* - *nm,f* divorcé,-e.

divorciarse [12] [diβorθjárse] *vpr* divorcer.

divorcio [diβórθjo] *nm* divorce *m.*

divulgar [7] [diβulɣár] *vt* divulguer.

DNI [deneí] *abr (**documento nacional de identidad**)* carte *f* d'identité.

do [do] *nm* MÚS do *m.*

dobladillo [doβlaðíʎo] *nm* ourlet *m.*

doblaje [doβláχe] *nm* doublage *m.*

doblar [doβlár] *vt* **1** *(aumentar)* doubler. **2** *(plegar)* plier. **3** *(torcer)* courber. **4** *(página, esquina)* tourner.

► *vpr* **doblarse 1** *(inclinarse)* se courber. **2** *(someterse)* plier.

doble [dóβle] *adj* double.

► *adv* double, doublement.

► *nmf* **1** *(persona)* sosie *m.* **2** *(actor)* doublure *f.*

► *nm* double *m.*

► *nm pl* **dobles** *(en tenis)* double *m.*

• **doble o nada** quitte ou double.

• **el doble que** deux fois plus que.

doblegar [7] [doβleɣár] *vt (someter)* faire fléchir.

doblez [doβléθ] *nm* **1** *(pliegue)* pli *m.* **2** *(falsedad)* duplicité *f.*

doce [dóθe] *num* douze *m.*

• **las doce del mediodía** midi.

• **las doce de la noche** minuit.

docena [doθéna] *nf* douzaine *f.*

docente [doθénte] *adj* enseignant,-e.

dócil [dóθil] *adj* **1** *(animal)* docile. **2** *(persona, niño)* obéissant,-e.

docilidad [doθiliðáð] *nf* docilité *f.*

doctor,-ra [doktór,-ra] *nm,f* **1** *(grado académico)* docteur *m*: ***doctora en psicología***, docteur en psychologie. **2** *(médico)* médecin *m.*

doctorado [doktoráðo] *nm* doctorat *m.*

doctrina [doktrina] *nf* doctrine *f.*

documentación [dokumentaθjón] *nf* documentation *f.*

documental [dokumentál] *adj - nm* documentaire *m.*

documentar [dokumentár] *vt* documenter.

documento [dokuménto] *nm* document *m.*

dogma [dóɣma] *nm* dogme *m.*

dólar [dólar] *nm* dollar *m.*

• **montado en el dólar** *fam* plein aux as.

dolencia [dolénθja] *nf* indisposition *f.*

doler [32] [dolér] *vi* **1** *(físicamente)* faire mal, avoir mal. **2** *(moralmente)* faire de la peine: ***duele verle así***, ça fait de la peine de le voir dans cet état.

► *vpr* **dolerse 1** *(quejarse)* se plaindre. **2** *(arrepentirse)* regretter.

dolido,-da [doliðo,-ða] *adj* peiné,-e.

dolmen [dólmen] *nm* dolmen *m.*

dolor [dolór] *nm* **1** *(de una parte del cuerpo)* douleur *f.* **2** *(moral)* peine *f.*

▪ **dolor de cabeza** mal *m* de tête.

▪ **dolor de estómago** mal *m* d'estomac.

▪ **dolor de garganta** mal *m* à la gorge.

▪ **dolor de muelas** rage *f* de dents.

dolorido,-da [doloriðo,-ða] *adj* **1** *(físicamente)* endolori,-e. **2** *(moralmente)* peiné,-e.

doloroso,-sa [doloróso,-sa] *adj* douloureux,-euse.

domador,-ra [domaðór,-ra] *nm,f* dompteur,-euse.

domar [domár] *vt* dompter.

domesticar [1] [domestikár] *vt* domestiquer.

doméstico,-ca [doméstiko,-ka] *adj* domestique.

domiciliación [domiθiljaθjón] *nf* domiciliation *f.*

domiciliar [12] [domiθiljár] *vt* **1** *(gen)* domicilier. **2** *(pago)* payer par virement bancaire.

domicilio [domiθiljo] *nm* domicile *m.*

dominar [dominár] *vt - vi (gen)* dominer.

► *vt (incendio, pasión)* maîtriser.

► *vpr* **dominarse** se maîtriser.

domingo [domiŋgo] *nm* dimanche *m.*

▪ **domingo de Ramos** dimanche des Rameaux.

▪ **domingo de Resurrección** dimanche de Pâques.

dominguero,-ra [domiŋgéro,-ra] *adj* du dimanche.

► *nm,f* conducteur,-trice du dimanche.

Dominica [dominika] *n pr* Dominique *f.*

dominical [dominikál] *adj* dominical,-e.

► *nm* journal *m* du dimanche.

dominicano,-na [dominikáno,-na] *adj* dominicain,-e.

► *nm,f* Dominicain,-e.

▪ **República Dominicana** République Dominicaine.

dominio [dominjo] *nm* **1** *(control)* domination *f.* **2** *(poder)* pouvoir *m.* **3** *(territorio, de internet)* domaine *m.* **4** *(de un estado, un soberano)* possession *f.*

• **ser del dominio público** être bien connu.

dominó [dominó] *nm* domino *m.*

don[1] [don] *nm (talento)* don *m.*

don[2] [don] *nm (tratamiento)* monsieur *m*: ***don José***, monsieur José.

donación [donaθjón] *nf* donation *f.*

donante [donánte] *nmf* **1** *(de bienes)* donateur,-trice. **2** *(de sangre)* donneur,-euse.

donar [donár] *vt* faire don de.

donativo [donatiβo] *nm* don *m.*

doncella [donθéʎa] *nf* **1** *(joven)* demoiselle *f.* **2** *(criada)* femme *f* de chambre.

donde [dónde] *adv - pron* où: ***la casa donde vive***, la maison où il habite.

• **de donde** d'où.

• **donde sea** n'importe où.

dónde [dónde] *pron interr* où: ***¿dónde estáis?***, où êtes-vous ?

dondequiera [dondekjéra] *adv* n'importe où.

• **dondequiera que** où que.

doña [dóɲa] *nf* madame *f*: ***doña María***, madame María.

doping [dopiŋg] *nm* dopage *m.*

dorada [doráða] *nf* daurade *f.*

dorado,-da [doráðo,-ða] *adj* doré,-e.

► *nm* **dorado** dorure *f.*

dorar [doràr] *vt* **1** *(objeto)* dorer. **2** *(en la sartén)* faire revenir.

dormir [33] [dormir] *vi* dormir.
► *vt* endormir.
► *vpr* **dormirse** s'endormir.
• **dormir a pierna suelta** dormir à poings fermés.
• **dormir la mona** cuver son vin.
• **dormir la siesta** faire la sieste.

dormitorio [dormitòrjo] *nm* **1** *(de casa)* chambre *f* à coucher. **2** *(común)* dortoir *m*.

dorso [dòrso] *nm* dos *m*.

dos [dos] *num* deux *m*: ***son las dos***, il est deux heures.
• **cada dos por tres** à tout bout de champ.
• **de dos en dos** deux par deux.

doscientos,-tas [dosθjentos,-tas] *num* deux cents *m*.

dosificar [1] [dosifikàr] *vt* doser.

dosis [dòsis] *nf* dose *f*.

dotación [dotaθjòn] *nf* **1** *(gen)* dotation *f*. **2** *(plantilla)* personnel *m*.

dotar [dotàr] *vt* **1** *(de cosas)* doter. **2** *(de cualidades)* douer, doter.

dote [dòte] *nm & nf* dot *f*.
► *nf pl* **dotes** don *m sing*: ***tiene dotes de mando***, il a le sens du commandement.

dragón [draɣòn] *nm* dragon *m*.

drama [dràma] *nm* drame *m*.

dramático,-ca [dramàtiko,-ka] *adj* dramatique.

droga [dròɣa] *nf* drogue *f*.
▪ **droga blanda** drogue douce.
▪ **droga dura** drogue dure.

drogadicción [droɣaðikθjòn] *nf* toxicomanie *f*.

drogadicto,-ta [droɣaðikto,-ta] *adj - nm,f* toxicomane.

drogar [7] [droɣàr] *vt* droguer.
► *vpr* **drogarse** se droguer.

droguería [droɣeria] *nf* droguerie *f*.

dromedario [dromeðàrjo] *nm* dromadaire *m*.

ducha [dùtʃa] *nf* douche *f*.
• **darse una ducha** prendre une douche.

duchar [dutʃàr] *vt* doucher.
► *vpr* **ducharse** se doucher.

ducho,-cha [dùtʃo,-tʃa] *adj* expert,-e.

duda [dùða] *nf* doute *m*.
• **en caso de duda** en cas de doute.
• **sin duda** sans doute.
• **sin lugar a dudas** sans aucun doute.

dudar [duðàr] *vi* douter.
► *vt* mettre en doute.

dudoso,-sa [duðòso,-sa] *adj* **1** *(incierto)* douteux,-euse. **2** *(vacilante)* hésitant,-e.

duelo [dwèlo] *nm* **1** *(combate)* duel *m*. **2** *(dolor, cortejo fúnebre)* deuil *m*.

duende [dwènde] *nm* **1** *(personaje fantástico)* lutin *m*. **2** *(encanto)* charme *m*.

dueño,-ña [dwèɲo,-ɲa] *nm,f* propriétaire.
• **ser muy dueño de** être libre de.

dulce [dùlθe] *adj* **1** *(gen)* doux, douce. **2** *(azucarado)* sucré,-e.
► *nm (caramelo)* bonbon *m*.
► *nm pl* **dulces** sucreries *f pl*.
• **a nadie le amarga un dulce** c'est toujours bon à prendre.

dulzura [dulθùra] *nf* douceur *f*.

duna [dùna] *nf* dune *f*.

dúo [dùo] *nm* duo *m*.
• **a dúo** en duo.

duodécimo,-ma [dwoðèθimo,-ma] *num* douzième *m*.

dúplex [dùpleks] *nm* duplex *m*.

duplicado [duplikàðo] *nm* duplicata *inv*.
• **por duplicado** en double exemplaire.

duplicar [1] [duplikàr] *vt* **1** *(hacer doble)* doubler. **2** *(documento)* faire une copie.

duque [dùke] *nm* duc *m*.

duquesa [dukèsa] *nf* duchesse *f*.

duración [duraθjòn] *nf* durée *f*.

duradero,-ra [duraðèro,-ra] *adj* durable.

durante [durànte] *prep* pendant.

durar [duràr] *vi* durer.

dureza [durèθa] *nf* **1** *(cualidad de duro)* dureté *f*. **2** *(callosidad)* durillon *m*.

duro,-ra [dùro,-ra] *adj* dur,-e.
► *nm* **duro** *(antigua moneda) cinq pesetas*.
► *adv* dur, durement.
• **a duras penas** difficilement.
• **estar a las duras y a las maduras** être unis pour le meilleur et pour le pire.
• **no tener un duro** *fam* ne pas avoir un rond.

DVD [deuβeðè] *abr (**digital versatile disk**)* DVD *m*.

E

e [e] *conj* (s'emploie au lieu de **y** devant un mot qui commence par ***i*** ou ***hi***) et: ***comercio e industria***, commerce et industrie; ***madre e hija***, mère et fille.
ebanista [eβanista] *nmf* ébéniste.
ébano [éβano] *nm* **1** *(árbol)* ébénier *m*. **2** *(madera)* ébène *f*.
ebrio,-a [éβrjo,-a] *adj* ivre.
ebullición [eβuʎiθjón] *nf* ébullition *f*.
eccema [ekθéma] *nm* MED eczéma *m*.
echar [etʃár] *vt* **1** *(lanzar)* jeter. **2** *(expulsar)* mettre à la porte. **3** *(despedir del trabajo)* renvoyer; *(deponer de un cargo)* destituer. **4** *fam (olor)* exhaler. **5** *(cerrojo)* mettre, tirer; *(la llave para cerrar)* tourner. **6** *(dientes)* faire; *(pelo, plumas)* pousser. **7** *(poner, accionar)* mettre. **8** *(comedia, película)* passer. **9** *(raíces, brotes, etc)* pousser; *(flores, frutos)* produire. **10** *(partida)* jouer, faire. **11** *(cálculos, cuentas, etc)* faire. **12** *(discurso, sermón)* prononcer. **13** *(las cartas)* tirer.
► *vpr* **echarse 1** *(lanzarse)* se jeter. **2** *(acostarse)* s'allonger.
• **echar abajo** démolir.
• **echar a perder** abîmer.
• **echarse a** + *inf* se mettre à + *inf*: ***echarse a correr***, se mettre à courir.
• **echarse atrás** se rétracter.
eclesiástico,-ca [eklesjástiko,-ka] *adj - nm* ecclésiastique *m*.
eclipsar [eklipsár] *vt* éclipser.
eclipse [eklipse] *nm* éclipse *f*.
eco [éko] *nm* écho *m*.
• **hacerse eco de** se faire l'écho de.
▪ **ecos de sociedad** échos.
ecografía [ekoɣrafia] *nf* échographie *f*.
ecología [ekoloχia] *nf* écologie *f*.
ecológico,-ca [ekolóχiko,-ka] *adj* écologique.
ecologista [ekoloχista] *adj - nmf* écologiste.
economía [ekonomia] *nf* économie *f*.
▪ **economía de mercado** économie de marché.
▪ **economía sumergida** économie souterraine.
económico,-ca [ekonómiko,-ka] *adj* **1** *(gén)* économique. **2** *(barato)* bon marché.
economista [ekonomista] *adj - nmf* économiste.
ecosistema [ekosistéma] *nm* écosystème *m*.
ecuación [ekwaθjón] *nf* équation *f*.
ecuador [ekwaðór] *nm* équateur *m*.
Ecuador [ekwaðór] *n pr* Équateur *m*.
ecuatorial [ekwatorjál] *adj* équatorial,-e.
ecuatoriano,-na [ekwatorjáno,-na] *adj* équatorien,-enne.
► *nm,f* Équatorien,-enne.
ecuestre [ekwéstre] *adj* équestre.
edad [eðáð] *nf* âge *m*.
• **mayor de edad** majeur,-e.
• **menor de edad** mineur,-e.
▪ **edad del pavo** âge ingrat.
▪ **Edad Media** Moyen Âge *m*.
▪ **persona de edad** personne *f* âgée.
▪ **tercera edad** troisième âge.
edición [eðiθjón] *nf* édition *f*.
▪ **edición electrónica** édition électronique.
edificar [1] [eðifikár] *vt* construire, bâtir.

edificio [eðifiθjo] *nm* immeuble *m*.
editar [eðitár] *vt* éditer.
editor,-ra [eðitór,-ra] *adj* - *nm,f* éditeur, -trice.
■ **editor de texto** INFORM éditeur de textes.
editorial [eðitorjál] *adj* éditorial,-e.
► *nm (artículo)* éditorial *m*.
► *nf (empresa)* maison *f* d'édition.
edredón [eðreðón] *nm* édredon *m*.
■ **edredón nórdico** couette *f*.
educación [eðukaθjón] *nf* éducation *f*.
■ **educación especial** éducation spécialisée.
educado,-da [eðukáðo,-ða] *adj* bien élevé,-é.
educador,-ra [eðukaðór,-ra] *adj* - *nm,f* éducateur,-trice.
educar [1] [eðukár] *vt* **1** *(gen)* éduquer. **2** *(criar)* élever. **3** *(el gusto)* développer.
educativo,-va [eðukatiβo,-βa] *adj* éducatif,-ive.
EE UU *abr (**Estados Unidos**)* É-U.
efectivo,-va [efektiβo,-βa] *adj* **1** *(eficaz)* efficace. **2** *(verdadero)* réel.
► *nm* **efectivo** espèces *f pl*.
► *nm pl* **efectivos** effectifs *m pl*.
• **hacer efectivo 1** *(plan, idea, etc)* mettre à exécution. **2** *(dinero)* payer.
• **pagar en efectivo** payer cash.
efecto [efékto] *nm* effet *m*.
• **a tal efecto** dans ce but.
• **en efecto** en effet.
• **hacer efecto** faire de l'effet.
• **tener efecto** prendre effet.
■ **efecto invernadero** effet de serre.
■ **efecto óptico** illusion *f* d'optique.
■ **efectos especiales** effets spéciaux.
■ **efectos personales** affaires *f pl*.
efectuar [11] [efektwár] *vt* effectuer.
► *vpr* **efectuarse** avoir lieu.
efervescente [eferβesθénte] *adj* effervescent,-e.
eficacia [efikáθja] *nf* efficacité *f*.
eficaz [efikáθ] *adj* efficace.
eficiencia [efiθjénθja] *nf* efficacité *f*.
eficiente [efiθjénte] *adj* efficace.
efímero,-ra [efímero,-ra] *adj* éphémère.
egipcio,-cia [eχipθjo,-θja] *adj* égyptien, -enne.
► *nm,f* Égyptien,-enne.
Egipto [eχipto] *n pr* Égypte *f*.
egoísmo [eɣoízmo] *nm* égoïsme *m*.
egoísta [eɣoísta] *adj* - *nmf* égoïste.
¡eh! [e] *interj* hé !
eje [éχe] *nm* **1** *(en geometría, astronomía)* axe *m*. **2** *(de una rueda)* essieu *m*.
ejecución [eχekuθjón] *nf* exécution *f*.
ejecutar [eχekutár] *vt* exécuter.
ejecutivo,-va [eχekutiβo,-βa] *adj* exécutif,-ive.
► *nm,f (profesional)* cadre.
ejecutor,-ra [eχekutór,-ra] *nm,f* exécuteur,-trice.
ejemplar [eχemplár] *adj* - *nm* exemplaire *m*.
ejemplo [eχémplo] *nm* exemple *m*.
• **dar ejemplo** donner l'exemple.
• **por ejemplo** par exemple.
• **predicar con el ejemplo** montrer l'exemple.
ejercer [2] [eχerθér] *vt* exercer.
► *vi* exercer.
ejercicio [eχerθiθjo] *nm* exercice *m*.
• **hacer ejercicio** prendre de l'exercice.
■ **ejercicios espirituales** retraite *f*.
ejercitar [eχerθitár] *vt (profesión, arte, etc)* exercer.
► *vpr* **ejercitarse** s'exercer (**en**, à).
ejército [eχérθito] *nm* armée *f*.
el [el] *det* **1** le, l': ***el gato***, le chat; ***el avión***, l'avion. **2** *(cuando indica posesión)* son, sa: ***se quitó el sombrero***, il a enlevé son chapeau. **3** *(con los días de la semana) no se traduce*: ***me lo dijo el pasado lunes***, il me l'a dit lundi dernier. **4 el** + *pron rel* celui, dont: ***el piso en el que vivimos***, l'appartement dans lequel nous vivons.
• **el de** celui de, celle de.
él [el] *pron pers* **1** *(sujeto)* il: ***él te lo dirá cuando llegue***, il te le dira quand il arrivera. **2** *(precedido de prep o para enfatizar)* lui: ***iré con él***, j'irai avec lui.
• **de él** *(posesivo)* à lui.
• **él mismo** lui-même.
elaboración [elaβoraθjón] *nf* élaboration *f*.

elaborar [elaβorár] *vt* **1** *(gen)* faire. **2** *(proyecto)* élaborer.
elástico,-ca [elástiko,-ka] *adj* élastique.
▸ *nm* **elástico** *(tejido, cinta)* élastique *m.*
elección [elekθjón] *nf* **1** *(votación)* élection *f.* **2** *(opción)* choix *m.*
▸ *nf pl* **elecciones** élections.
▪ **elecciones generales** élections législatives.
electoral [elektorál] *adj* électoral,-e.
electricidad [elektriθiðáð] *nf* électricité *f.*
electricista [elektriθísta] *nmf* électricien,-enne.
eléctrico,-ca [eléktriko,-ka] *adj* électrique.
electrizar [4] [elektriθár] *vt* électriser.
electrocutar [elektrokutár] *vt* électrocuter.
▸ *vpr* **electrocutarse** s'électrocuter.
electrodoméstico [elektroðoméstiko] *nm* appareil *m* électroménager.
electrón [elektrón] *nm* FÍS électron *m.*
electrónica [elektrónika] *nf* électronique *f.*
electrónico,-ca [elektróniko,-ka] *adj* électronique.
elefante [elefánte] *nm* éléphant *m.*
elegancia [eleγánθja] *nf* élégance *f.*
elegante [eleγánte] *adj* élégant,-e.
elegido,-da [eleχíðo,-ða] *adj - nm,f* élu,-e.
elegir [55] [eleχír] *vt* **1** *(por votación)* élire. **2** *(escoger)* choisir.
elemental [elementál] *adj* élémentaire.
elemento [eleménto] *nm* **1** élément *m.* **2** *fam (persona)* numéro *m.*
▸ *nm pl* **elementos** *(atmosféricos)* éléments *m pl.*
• **estar ALGN en su elemento** être dans son élément.
elevación [eleβaθjón] *nf* élévation *f.*
elevado,-da [eleβáðo,-ða] *adj* élevé,-e.
elevalunas [eleβalúnas] *nm* lève-glace *m.*
▪ **elevalunas eléctrico** lève-glace électrique.
elevar [eleβár] *vt* élever.
▸ *vpr* **elevarse** s'élever.
eliminación [eliminaθjón] *nf* élimination *f.*
eliminar [eliminár] *vt* éliminer.
eliminatoria [eliminatórja] *nf* éliminatoire *f.*
eliminatorio,-ria [eliminatórjo,-rja] *adj* éliminatoire.
elipse [elípse] *nf* ellipse *f.*
élite [élite], **elite** [elíte] *nf* élite *f.*
ella [éʎa] *pron pers (gen)* elle: ***¿a qué hora has quedado con ella?***, à quelle heure tu as rendez-vous avec elle ?; ***no me digas que lo hizo ella***, ne me dis pas que c'est elle qui l'a fait; ***ella te lo dirá cuando llegue***, elle te le dira quand elle arrivera.
• **de ella** *(posesivo)* à elle.
• **ella misma** elle-même.
ello [éʎo] *pron pers* cela, ça: ***ello no implica ningún problema***, cela n'implique aucun problème.
• **de ello** en: ***le hablaré de ello***, je lui en parlerai.
• **en ello** y: ***pienso en ello***, j'y pense.
• **por ello** c'est pourquoi.
ellos,-as [éʎos,-as] *pron pers* **1** *(sujeto)* ils, elles. **2** *(complemento)* eux, elles: ***¿por qué no has venido con ellos?***, pourquoi n'es-tu pas venu avec eux ?
• **de ellos,-as** à eux, à elles.
elocuencia [elokwénθja] *nf* éloquence *f.*
elocuente [elokwénte] *adj* éloquent,-e.
elogiar [12] [eloχjár] *vt* faire l'éloge de.
elogio [elóχjo] *nm* éloge *m.*
eludir [eluðír] *vt* éluder.
e-mail [iméil] *nm* courrier *m* électronique, e-mail *m.*
embajada [embaχáða] *nf* ambassade *f.*
embajador,-ra [embaχaðór,-ra] *nm,f* ambassadeur,-drice.
embalaje [embaláχe] *nm* emballage *m.*
embalar [embalár] *vt* emballer.
▸ *vpr* **embalarse** s'emballer.
embalsamar [embalsamár] *vt* embaumer.
embalse [embálse] *nm* **1** *(balsa artificial)* réservoir *m.* **2** *(presa)* barrage *m.*
embarazada [embaraθáða] *adj f* enceinte.
▸ *nf* femme *f* enceinte.
• **dejar embarazada** mettre enceinte.
• **quedarse embarazada** tomber enceinte.

embarazo [embaráθo] *nm* **1** *(de la mujer)* grossesse *f.* **2** *(obstáculo, molestia)* embarras *m.*
embarazoso,-sa [embaraθóso,-sa] *adj* embarrassant,-e.
embarcación [embarkaθjón] *nf* embarcation *f.*
embarcadero [embarkaðéro] *nm* embarcadère *m.*
embarcar [1] [embarkár] *vt* embarquer.
▶ *vpr* **embarcarse** s'embarquer.
embargo [embárɣo] *nm* embargo *m.*
• **sin embargo** cependant, néanmoins.
embarque [embárke] *nm* embarquement *m.*
embarrado,-da [embar̄áðo,-ða] *adj* boueux,-euse.
embellecer [43] [embeʎeθér] *vt - vi* embellir.
embestir [34] [embestír] *vt* charger.
emblema [embléma] *nm* emblème *m.*
embolia [embólja] *nf* MED embolie *f.*
embolsarse [embolsárse] *vpr* empocher.
emborrachar [embor̄atʃár] *vt* soûler.
▶ *vpr* **emborracharse** se soûler.
emboscada [emboskáða] *nf* embuscade *f.*
embotellamiento [emboteʎamjénto] *nm* **1** *(de líquido)* mise *f* en bouteille. **2** *(del tráfico)* embouteillage *m.*
embotellar [emboteʎár] *vt* mettre en bouteilles.
embrague [embráɣe] *nm* embrayage *m.*
embriaguez [embrjaɣéθ] *nf* ivresse *f.*
embrión [embrjón] *nm* embryon *m.*
embrollo [embróʎo] *nm* **1** *(enredo)* embrouillement *m.* **2** *(lío)* imbroglio *m.*
embrujar [embruχár] *vt* ensorceler.
embudo [embúðo] *nm* entonnoir *m.*
embuste [embúste] *nm* mensonge *m.*
embustero,-ra [embustéro,-ra] *adj - nm,f* menteur,-euse.
embutido [embutíðo] *nm* charcuterie *f.*
emergencia [emerχénθja] *nf* urgence *f.*
emerger [5] [emerχér] *vi* émerger.
emigración [emiɣraθjón] *nf* émigration *f.*
emigrante [emiɣránte] *adj - nmf* émigrant,-e.
emigrar [emiɣrár] *vi* **1** *(persona)* émigrer. **2** *(ave)* migrer.
emilio [emíljo] *nm fam* mail *m*, mél *m.*
eminente [eminénte] *adj* éminent,-e.
emisión [emisjón] *nf* émission *f.*
emisor,-ra [emisór,-ra] *adj* émetteur,-trice.
▶ *nm* **emisor** émetteur *m.*
emisora [emisóra] *nf* station *f* de radio.
emitir [emitír] *vt* émettre.
emoción [emoθjón] *nf* émotion *f.*
emocionante [emoθjonánte] *adj* **1** *(conmovedor)* émouvant,-e. **2** *(excitante)* passionnant,-e.
emocionar [emoθjonár] *vt* **1** *(conmover)* émouvoir. **2** *(entusiasmar)* enthousiasmer.
▶ *vpr* **emocionarse** **1** *(conmoverse)* être touché,-e. **2** *(entusiasmarse)* s'enthousiasmer.
emoticón [emotikón] *nm* émoticone *m*, smiley *m.*
emotivo,-va [emotíβo,-βa] *adj* émotif, -ive.
empachar [empatʃár] *vt* causer une indigestion.
▶ *vpr* **empacharse** avoir une indigestion.
empacho [empátʃo] *nm* indigestion *f.*
empadronarse [empaðronárse] *vpr* s'inscrire pour le recensement.
empalagoso,-sa [empalaɣóso,-sa] *adj* écœurant,-e.
empalmar [empalmár] *vt* **1** *(tuberías, cables)* relier. **2** *fig (ideas)* enchaîner.
▶ *vi (carretera)* s'embrancher.
empalme [empálme] *nm* **1** *(de tubos)* abouchement *m*, raccord *m.* **2** *(de cables)* épissure *f.* **3** *(de carreteras, vías)* bretelle *f*, raccordement *m.*
empanada [empanáða] *nf* COC pâté *m.*
• **tener una empanada mental** *fam* être embrouillé,-e.
empanadilla [empanaðíʎa] *nf* **1** COC *(dulce)* chausson *m.* **2** COC *(salado)* friand *m.*
empanar [empanár] *vt* paner.
empañar [empaɲár] *vt* embuer.
▶ *vpr* **empañarse** être embué,-e.
empapar [empapár] *vt* imbiber, détremper.
▶ *vpr* **empaparse** **1** *(de líquido)* être trempé,-e. **2** *fig (conocimiento, idea)* se pénétrer (**de**, de).

empapelar [empapelár] *vt* **1** *(pared)* tapisser. **2** *fam (persona)* traîner devant les tribunaux.
empaquetar [empaketár] *vt* emballer.
emparejar [empareχár] *vt* **1** *(cosas)* accoupler, appareiller. **2** *(personas)* mettre deux à deux.
► *vpr* **emparejarse** faire la paire.
emparentar [27] [emparentár] *vi* s'apparenter (**con**, à).
► *vpr* **emparentarse** s'apparenter.
empastar [empastár] *vt* plomber.
empaste [empáste] *nm* plombage *m*.
empatar [empatár] *vi* **1** *(en concurso, juego)* être à égalité. **2** *(en partido)* faire match nul. **3** *(en carrera)* être ex æquo. **4** *(en votación)* être en ballottage.
► *vt - vi (partido, eliminatoria)* égaliser.
empate [empáte] *nm* match *m* nul: ***el partido acabó con empate a tres***, le match a fini avec un résultat de trois partout.
empedernido,-da [empeðerníðo,-ða] *adj* endurci,-e, invétéré,-e.
empedrado,-da [empeðráðo,-ða] *adj* pavé,-e.
► *nm* **empedrado** **1** *(acción)* pavage *m*. **2** *(pavimento)* pavé *m*.
empeine [empéine] *nm* **1** *(del pie)* cou-de-pied *m*. **2** *(del zapato)* empeigne *f*.
empeñar [empeɲár] *vt* **1** *(objeto)* engager, mettre en gage. **2** *(palabra)* engager, obliger à.
► *vpr* **empeñarse** **1** *(endeudarse)* s'endetter. **2** *(insistir)* s'obstiner (**en**, à).
empeño [empéɲo] *nm* **1** *(tesón)* obstination *f*, acharnement *m*. **2** *(deseo intenso)* désir *m* ardent.
empeorar [empeorár] *vt* empirer.
► *vi* **1** *(gen)* empirer. **2** *(enfermo)* aller plus mal.
empequeñecer [43] [empekeɲeθér] *vt* rapetisser.
► *vpr* **empequeñecerse** se rapetisser.
emperador [emperaðór] *nm* **1** *(hombre)* empereur *m*. **2** *(pez)* poisson-épée *m*, espadon *m*.
emperatriz [emperatríθ] *nf* impératrice *f*.
emperrarse [emper̄árse] *vpr fam* s'entêter, se buter.
empezar [47] [empeθár] *vt - vi* commencer.
• **empezar a + *inf*** commencer à + *inf*: ***empezar a hablar***, commencer à parler.
• **no tener ni para empezar** *fam* il n'y a même pas de quoi commencer.
• **para empezar** pour commencer.
• **ya empezamos** *fam* ça recommence.
empinado,-da [empináðo,-ða] *adj* raide, escarpé,-e.
empinar [empinár] *vt* lever, hausser.
► *vpr* **empinarse** se dresser sur la pointe des pieds.
empleado,-da [empleáðo,-ða] *adj - nm,f* employé,-e.
▪ **empleada de hogar** employée de maison.
emplear [empleár] *vt* employer.
► *vpr* **emplearse** s'employer, être employé,-e.
• **dar ALGO por bien empleado** ne pas regretter QQCH.
• **emplearse a fondo** s'investir à fond.
• **le está bien empleado** c'est bien fait pour lui/elle.
empleo [empléo] *nm* emploi *m*.
empobrecer [43] [empoβreθér] *vt* appauvrir.
► *vpr* **empobrecerse** s'appauvrir.
empollar [empoʎár] *vt* **1** *(ave)* couver. **2** *fam (estudiante)* potasser, bûcher.
empollón,-ona [empoʎón,-óna] *adj - nm,f fam* bûcheur,-euse.
empotrado,-da [empotráðo,-ða] *adj* encastré,-e.
empotrar [empotrár] *vt* **1** *(armario, mueble)* encastrer. **2** *(vehículo)* encastrer.
► *vpr* **empotrarse** *(vehículo)* s'encastrer.
emprender [emprendér] *vt* entreprendre.
• **emprenderla con ALGN** s'en prendre à QQN.
empresa [emprésa] *nf* entreprise *f*.
▪ **empresa de servicios** société *f* de services.
▪ **empresa de trabajo temporal** entreprise de travail temporaire.

empresario,-ria [empresárjo,-rja] *nm,f* **1** *(gen)* entrepreneur,-euse. **2** *(de artistas)* imprésario *m*.

empujar [empuχár] *vt* pousser.

• **empujar a ALGN a hacer ALGO** pousser QQN à faire QQCH.

empuje [empúχe] *nm* **1** *(fuerza, impulso)* poussée *f*. **2** *(energía, decisión)* énergie *f*.

empujón [empuχón] *nm* coup *m*, poussée *f* rude.

• **a empujones** en bousculant tout le monde.

• **dar un empujón a ALGN** pousser QQN.

empuñar [empuɲár] *vt* empoigner.

emulación [emulaθjón] *nf* INFORM émulation *f*.

emular [emulár] *vt* rivaliser avec, imiter.

en [en] *prep* **1** *(lugar - gen)* en, à; *(- sobre)* sur; *(- dentro)* dans: ***en Francia***, en France; ***en París***, à Paris; ***en Marruecos***, au Maroc; ***en la Francia actual***, dans la France actuelle; ***en la mesa***, sur la table; ***en el cajón***, dans le tiroir. **2** *(tiempo - momento, época)* en, à; *(- duración)* en; *(- dentro de)* dans: ***en 1992***, en 1992; ***en julio***, au mois de juillet; ***en verano***, en été; ***en la antigüedad***, dans l'antiquité; ***en esa época***, à cette époque; ***en este año***, cette année; ***estaré ahí en tres horas***, j'y serai dans trois heures. **3** *(modo)* en, à: ***en latín***, en latin; ***en círculo***, en cercle; ***en guerra***, en guerre; ***le conocí en el andar***, je l'ai reconnu à sa façon de marcher. **4** *(medio de transporte - gen)* en, par; *(- bicicleta)* à: ***viajar en avión***, voyager en avion; ***ha venido en tren***, il est venu par le train; ***ir en bicicleta***, aller à bicyclette.

• **en cuanto** aussitôt que, dès que.

• **en seguida** aussitôt.

enamorado,-da [enamoráðo,-ða] *adj - nm,f* amoureux,-euse.

enamorar [enamorár] *vt* rendre amoureux,-euse.

► *vpr* **enamorarse** tomber amoureux,-euse.

enano,-na [enáno,-na] *adj - nm,f* nain,-e.

enarbolar [enarβolár] *vt* **1** *fml (bandera)* arborer. **2** *fml (arma)* brandir.

encabezamiento [eŋkaβeθamjénto] *nm* en-tête *m*.

encabezar [4] [eŋkaβeθár] *vt* **1** *(carrera)* mener. **2** *(lista)* être en tête de. **3** *(carta)* placer en tête. **4** *(escrito)* commencer. **5** *(liderar)* être à la tête de.

encabritarse [eŋkaβritárse] *vpr* **1** *(caballo)* se cabrer. **2** *(enojarse)* se cabrer, se fâcher.

encadenar [eŋkaðenár] *vt* enchaîner.

encajar [eŋkaχár] *vt* **1** *(una cosa dentro de otra)* emboîter, ajuster. **2** *(golpe)* asséner, flanquer. **3** *(broma, crítica)* essuyer, encaisser.

► *vi* **1** *(dentro de otra cosa)* rentrer, s'emboîter. **2** *(puerta, ventana)* joindre. **3** *(ser adecuado)* aller, convenir.

encaje [eŋkáχe] *nm* **1** *(tejido)* dentelle *f*. **2** *(de una pieza en otra)* emboîtage *m*, emboîtement *m*.

encallar [eŋkaʎár] *vi* échouer.

encaminar [eŋkaminár] *vt* **1** *(a un lugar)* diriger, montrer le chemin. **2** *(a un fin)* diriger, orienter.

► *vpr* **encaminarse 1** *(a un lugar)* se diriger. **2** *(a un fin)* tendre.

encandilar [eŋkandilár] *vt* éblouir.

encantado,-da [eŋkantáðo,-ða] *adj* **1** *(contento)* enchanté,-e, ravi,-e: ***está encantado con el reloj nuevo***, il est ravi de sa nouvelle montre. **2** *(hechizado)* hanté,-é: ***casa encantada***, maison hantée. **3** *(distraído)* distrait,-e.

• **encantado,-da de conocerle** *fml* enchanté,-e de faire votre connaissance.

encantador,-ra [eŋkantaðór,-ra] *adj* charmant,-e, adorable.

encantar [eŋkantár] *vi (gustar)* adorer, ravir.

► *vt (hechizar)* enchanter.

encanto [eŋkánto] *nm* **1** *(atractivo)* charme *m*, attrait *m*. **2** *(hechizo)* enchantement *m*.

• **ser un encanto** être un amour, être adorable.

encapricharse [eŋkapritʃárse] *vpr* s'enticher (**de**, de).

encarar [eŋkarár] *vt (hacer frente)* affronter.

► *vpr* **encararse** faire front (**con**, à).

encarcelar [eŋkarθelár] *vt* incarcérer, emprisonner.

encarecer [43] [eŋkareθér] *vt (producto)* rendre plus cher, chère.
► *vpr* **encarecerse** *(producto)* augmenter.

encarecimiento [eŋkareθimjénto] *nm* augmentation *f*, hausse *f* des prix.

encargado,-da [eŋkarɣáðo,-ða] *adj - nm,f (de tarea, trabajo)* chargé,-e, responsable.
► *nm,f (de tienda, negocio)* préposé,-e, employé,-e.

encargar [7] [eŋkarɣár] *vt* **1** *(trabajo, asunto)* charger. **2** *(pedir)* commander.
► *vpr* **encargarse** se charger (**de**, de), s'occuper (**de**, de).

encargo [eŋkárɣo] *nm* **1** *(recado)* commission *f*. **2** *(de mercancías)* commande *f*.
• **por encargo** sur commande.

encariñarse [eŋkariɲárse] *vpr* s'attacher, prendre en affection.

encarnizado,-da [eŋkarniθáðo,-ða] *adj* acharné,-é.

encarrilar [eŋkar̄ilár] *vt (orientar, dirigir)* mettre sur la voie.

encasillar [eŋkasiʎár] *vt* classer.

encasquetar [eŋkasketár] *vt* **1** *(sombrero, gorra)* enfoncer sur la tête. **2** *fam (colocar)* endosser: ***nos encasquetó a los niños***, il nous refila les enfants.
► *vpr* **encasquetarse** *(sombrero, gorra)* enfoncer sur la tête.

encauzar [4] [eŋkaʊθár] *vt* **1** *(agua, discusión, asunto)* diriger, canaliser. **2** *(guiar)* mettre sur la voie, orienter.

encendedor [enθendeðór] *nm* **1** *(mechero)* briquet *m*. **2** *(de cocina)* allume-gaz *m*.

encender [28] [enθendér] *vt* **1** *(gen)* allumer. **2** *(persona)* enflammer, irriter.
► *vpr* **encenderse 1** *(ruborizarse)* rougir. **2** *(excitarse)* s'enflammer.

encendido,-da [enθendiðo,-ða] *adj* **1** *(luz, colilla)* allumé,-e. **2** *(color)* rouge vif. **3** *(mejillas, rostro)* rouge. **4** *(deseo, palabras, mirada)* ardent,-e, enflammé,-e.
► *nm* **encendido** *(de motor)* allumage *m*.

encerado,-da [enθeráðo,-ða] *adj* ciré,-e.
► *nm* **encerado 1** *(pizarra)* tableau *m* noir. **2** *(de mueble, parquet)* cirage *m*.

encerrar [27] [enθer̄ár] *vt* **1** *(en un lugar)* enfermer. **2** *(en la cárcel)* mettre en prison. **3** *(contener, incluir)* renfermer.
► *vpr* **encerrarse** *(recluirse)* se retirer du monde.

encerrona [enθer̄óna] *nf* embûche *f*, piège *m*.

encestar [enθestár] *vt* DEP marquer.
► *vi* DEP marquer un panier.

encharcar [1] [entʃarkár] *vt* inonder.
► *vpr* **encharcarse 1** *(terreno, calle)* être inondé,-e. **2** *(pulmones)* avoir une hémorragie interne.

enchufado,-da [entʃufáðo,-ða] *adj - nm,f fam* pistonné,-e.

enchufar [entʃufár] *vt* **1** *(aparato)* brancher. **2** *fam (persona)* pistonner.

enchufe [entʃúfe] *nm* **1** *(de aparato)* prise *f* de courant. **2** *fam (recomendación)* piston *m*. **3** *fam (empleo, cargo)* planque *f*.
• **tener enchufe** *fam* avoir du piston, être pistonné,-e.

encía [enθía] *nf* gencive *f*.

encíclica [enθiklika] *nf* encyclique *f*.

enciclopedia [enθiklopéðja] *nf* encyclopédie *f*.

encierro [enθjér̄o] *nm* **1** *(de una persona)* retraite *f*, réclusion *f*. **2** *(protesta)* occupation *f (des locaux)*. **3** *(de toros)* mise *f* au toril.

encima [enθíma] *adv* **1** *(sobre, más arriba)* dessus: ***estar encima***, être dessus. **2** *(además)* en outre, en plus.
• **echarse encima 1** *(arrollar)* arriver sur, tomber sur: ***se les echó encima un camión***, un camion leur est arrivé dessus. **2** *(tiempo, acontecimiento)* arriver. **3** *(desgracia)* tomber sur.
• **encima de 1** *(sobre)* sur. **2** *(más arriba de)* au-dessus de: ***vive en el piso que está encima del nuestro***, il habite l'appartement au-dessus du nôtre. **3** *fam (además de)* en plus de: ***encima de caro es de mala calidad***, non seulement c'est cher mais en plus c'est de mauvaise qualité.
• **encima de que** en plus du fait que.
• **llevar encima** porter sur soi.
• **por encima 1** *(a más altura)* par-dessus. **2** *(superficialmente)* superficiellement.

• **por encima de** 1 *(sobre)* au-dessus de. 2 *(a pesar de)* malgré.
• **por encima de todo** par-dessus tout.
• **quitarse a** ALGN **de encima** se débarrasser de QQN.
• **quitarse** ALGO **de encima** éluder QQCH.
encina [enθina] *nf* chêne *m* vert, yeuse *f.*
encinta [enθinta] *adj* enceinte.
enclenque [eŋkléŋke] *adj* malingre, chétif,-ive.
encoger [5] [eŋkoχér] *vt (miembro)* retirer, replier.
► *vi (tejido)* rétrécir, se rétrécir.
► *vpr* **encogerse** 1 *(tejido)* rétrécir, se rétrécir. 2 *(apocarse)* se démonter, se troubler.
encolar [eŋkolár] *vt* coller.
encolerizarse [4] [eŋkoleriθárse] *vpr* se mettre en colère.
encomendar [eŋkomendár] *vt* 1 *(encargar)* charger. 2 *(confiar)* confier.
► *vpr* **encomendarse** s'en remettre (**a**, à).
encontrar [31] [eŋkontrár] *vt* 1 *(hallar)* trouver: ***encontrar la solución***, trouver la solution. 2 *(persona)* rencontrer: ***la encontré en la calle***, je l'ai rencontrée dans la rue. 3 *(lo perdido)* retrouver: ***he encontrado el paraguas***, j'ai retrouvé le parapluie.
► *vpr* **encontrarse** 1 *(dos personas)* se rencontrer. 2 *(estar situado)* se trouver. 3 *(sentirse)* se trouver, se sentir: ***encontrarse a gusto***, se sentir à l'aise; ***me encuentro mal***, je me sens mal.
• **encontrarse con** ALGN rencontrer QQN.
• **encontrarse con** ALGO tomber sur QQCH.
encorvar [eŋkorβár] *vt* courber.
► *vpr* **encorvarse** *(persona)* se voûter.
encrespar [eŋkrespár] *vt* 1 *(cabello)* friser. 2 *(irritar)* irriter, mettre en fureur.
► *vpr* **encresparse** *(mar)* être agité,-e, moutonner.
encrucijada [eŋkruθiχáða] *nf* 1 *(de calles)* carrefour *m.* 2 *(situación comprometida)* embûche *f*, guet-apens *m.*
encuadernación [eŋkwaðernaθjón] *nf* reliure *f.*
encuadernar [eŋkwaðernár] *vt* relier.
encuadrar [eŋkwaðrár] *vt* 1 *(imagen)* cadrer. 2 *(clasificar)* classer.
► *vpr* **encuadrarse** s'intégrer, faire partie.
encubridor,-ra [eŋkuβriðór,-ra] *adj* qui cache, qui dissimule.
► *nm,f (de delito)* receleur,-euse.
encubrir [eŋkuβrír] *vt* 1 *(ocultar)* cacher, dissimuler. 2 *(delito)* receler.
encuentro [eŋkwéntro] *nm* 1 *(de personas)* rencontre *f.* 2 *(deportivo)* rencontre *f*, compétition *f.* 3 *(reunión)* rendez-vous *m.* 4 *(choque)* choc *m*, collision *f.*
• **salir al encuentro de** aller à la rencontre de.
encuesta [eŋkwésta] *nf* enquête *f.*
endeble [endéβle] *adj* 1 *(persona)* faible, chétif,-ive. 2 *(argumento)* faible.
endémico,-ca [endémiko,-ka] *adj* endémique.
enderezar [4] [endereθár] *vt* redresser.
► *vpr* **enderezarse** se redresser.
endeudarse [endeuðárse] *vpr* s'endetter.
endiablado,-da [endjaβláðo,-ða] *adj* 1 *(desagradable)* horrible, terrible: ***soplaba un viento endiablado***, il soufflait un vent terrible. 2 *(frenético, malo)* endiablé,-e. 3 *(perverso)* diabolique, démoniaque.
endibia, endivia [endiβja] *nf* endive *f.*
endosar [endosár] *vt* 1 *fam (tarea, responsabilidad)* refiler. 2 COM endosser.
endulzar [4] [endulθár] *vt* 1 *(con azúcar)* adoucir, sucrer. 2 *(suavizar)* adoucir, mitiger.
endurecer [43] [endureθér] *vt* 1 *(materia)* durcir. 2 *(persona)* endurcir.
► *vpr* **endurecerse** 1 *(persona)* s'endurcir. 2 *(materia)* durcir, se durcir.
enebro [enéβro] *nm* genévrier *m.*
enema [enéma] *nm* MED lavement *m.*
enemigo,-ga [enemiɣo,-ɣa] *adj - nm,f* ennemi,-e.
enemistad [enemistáð] *nf* inimitié *f.*
enemistar [enemistár] *vt* brouiller.
► *vpr* **enemistarse** se brouiller.
energía [enerχía] *nf* énergie *f.*
▪ **energías renovables** énergies renouvelables.

enérgico,-ca [enérχiko,-ka] *adj* énergique.
enero [enéro] *nm* janvier *m*.
enésimo,-ma [enésimo,-ma] *adj* **1** MAT n: ***elevado a la enésima potencia***, puissance n. **2** *(para expresar repetición)* énième.
• **por enésima vez** pour la énième fois.
enfadado,-da [emfaðáðo,-ða] *adj* en colère.
enfadar [emfaðár] *vt* **1** *(enojar)* fâcher, mettre en colère. **2** *(disgustar)* agacer, ennuyer.
► *vpr* **enfadarse 1** *(enojarse)* se fâcher, se mettre en colère. **2** *(disgustarse)* être agacé, être contrarié. **3** *(pelearse)* se brouiller.
enfado [emfáðo] *nm* **1** *(disgusto)* fâcherie *f*, brouille *f*. **2** *(contrariedad)* ennui *m*, contrariété *f*. **3** *(enojo)* colère *f*.
énfasis [émfasis] *nm* emphase *f*.
• **poner énfasis en ALGO** insister sur QQCH, mettre l'accent sur QQCH.
enfermedad [emfermeðáð] *nf* maladie *f*.
enfermería [emfermería] *nf* infirmerie *f*.
enfermero,-ra [emferméro,-ra] *nm,f* infirmier,-ère.
enfermo,-ma [emférmo,-ma] *adj* - *nm,f* malade.
• **caer enfermo,-ma** tomber malade.
• **poner enfermo,-ma** *fig* rendre malade.
• **ponerse enfermo,-ma 1** *(enfermar)* tomber malade. **2** *fig (exasperarse)* en être malade.
enfocar [1] [emfokár] *vt* **1** *(fotografía)* mettre au point. **2** *(imagen)* centrer. **3** *(prismáticos)* pointer, braquer. **4** *(asunto)* envisager.
enfoque [emfóke] *nm* **1** *(de imagen)* mise *f* au point. **2** *(de asunto)* approche *f*.
enfrentamiento [emfrentamjénto] *nm* affrontement *m*.
enfrentar [emfrentár] *vt* **1** *(peligro, adversidades)* affronter, faire face à. **2** *(poner frente a frente)* mettre face à face. **3** *(oponer)* opposer.
► *vpr* **enfrentarse 1** *(pelearse)* s'affronter. **2** *(competir)* se rencontrer. **3** *(encararse)* s'affronter (**a**, à), faire face (**a**, à).
enfrente [emfrénte] *adv* en face: ***viven enfrente***, ils vivent en face.
• **enfrente de** en face de.
enfriar [13] [emfrjár] *vt* refroidir.
► *vpr* **enfriarse 1** *(de temperatura)* se refroidir. **2** *(acatarrarse)* prendre froid, attraper froid.
enfundar [emfundár] *vt (arma)* rengainer.
► *vpr* **enfundarse** *(prenda de vestir)* enfiler.
enfurecer [43] [emfureθér] *vt* mettre en fureur.
► *vpr* **enfurecerse** s'emporter.
enfurruñarse [emfuruɲárse] *vpr fam* se fâcher, bougonner.
engalanar [eŋgalanár] *vt (adornar)* parer, orner.
► *vpr* **engalanarse** *(persona)* bien s'habiller.
enganchar [eŋgantʃár] *vt* **1** *(gen)* accrocher. **2** *fam (ladrón, borrachera)* attraper. **3** *fam (atraer)* embobiner, séduire.
► *vpr* **engancharse 1** *(gen)* s'accrocher. **2** *fam (a drogas, juego)* être accroché,-e.
enganche [eŋgántʃe] *nm* **1** *(pieza)* crochet *m*. **2** *(de vagones)* accrochage *m*.
engañar [eŋgaɲár] *vt* tromper.
► *vi* tromper: ***las apariencias engañan***, les apparences sont trompeuses.
► *vpr* **engañarse** se tromper.
engaño [eŋgáɲo] *nm* **1** *(acción de engañar)* tromperie *f*. **2** *(error)* erreur *f*. **3** *(cosa que engaña)* leurre *m*.
engañoso,-sa [eŋgaɲóso,-sa] *adj* trompeur,-euse, illusoire.
engatusar [eŋgatusár] *vt fam* enjôler, embobiner.
engendrar [eŋχendrár] *vt* engendrer.
engendro [eŋχéndro] *nm* monstre *m*.
englobar [eŋgloβár] *vt* englober.
engordar [eŋgorðár] *vt* **1** *(animal)* engraisser. **2** *(peso)* grossir de, prendre.
► *vi* **1** *(persona, animal)* grossir. **2** *(alimento)* faire grossir.
engorro [eŋgóro] *nm* ennui *m*.
engorroso,-sa [eŋgoróso,-sa] *adj* embarrassant,-e, ennuyeux,-euse.
engranaje [eŋgranáχe] *nm* engrenage *m*.
engrasar [eŋgrasár] *vt* graisser.

engrase [eŋgráse] *nm* **1** *(acción)* graissage *m*. **2** *(materia)* lubrifiant *m*.
engreído,-da [eŋgreíðo,-ða] *adj* suffisant,-e, infatué,-e.
engrosar [31] [eŋgrosár] *vt* grossir.
engullir [41] [eŋguʎír] *vt* engloutir, avaler.
enharinar [enarinár] *vt* enfariner.
enhebrar [eneβrár] *vt* enfiler.
enhorabuena [enoraβwéna] *nf* félicitations *f pl*.
• **dar la enhorabuena** féliciter.
• **estar de enhorabuena** être au comble de la joie.
enigma [eniɣma] *nm* énigme *f*.
enjabonar [eŋχaβonár] *vt* **1** *(con jabón)* savonner. **2** *fam (adular)* passer de la pommade à.
enjambre [eŋχámbre] *nm* essaim *m*.
enjaular [eŋχau̯lár] *vt* **1** *(meter en jaula)* mettre en cage. **2** *fam (meter en la cárcel)* coffrer.
enjuagar [7] [eŋχwaɣár] *vt* rincer.
► *vpr* **enjuagarse** se rincer la bouche.
enjuague [eŋχwáɣe] *nm* rinçage *m*.
enjugar [7] [eŋχuɣár] *vt* **1** *(quitar la humedad)* sécher. **2** *(sudor, lágrimas)* essuyer, sécher. **3** *(diferencia)* éponger.
► *vpr* **enjugarse** *(frente)* s'éponger.
enjuto,-ta [eŋχúto,-ta] *adj* **1** *(seco)* sec, sèche. **2** *(flaco)* maigre, sec, sèche.
enlace [enláθe] *nm* **1** *(conexión)* liaison *f*. **2** *(boda)* mariage *m*, union *f*. **3** *(de trenes, autobuses)* correspondance *f*. **4** *(intermediario)* agent *m* de liaison. **5** INFORM liaison *f*.
▪ **enlace sindical** délégué,-e syndical,-e.
enlazar [4] [enlaθár] *vt* **1** *(atar)* enlacer, lier. **2** *(ideas)* enchaîner, lier. **3** *(tren, avión)* assurer la liaison.
enloquecedor,-ra [enlokeθeðór,-ra] *adj* affolant,-e.
enloquecer [43] [enlokeθér] *vt* **1** *(turbar)* affoler. **2** *(volver loco)* rendre fou, folle.
► *vi* devenir fou, folle.
enlutar [enlutár] *vt* endeuiller.
enmarañar [emmaraɲár] *vt* **1** *(pelo, hilo, cuerda)* emmêler, embrouiller. **2** *(asunto)* embrouiller.
► *vpr* **enmarañarse** **1** *(pelo, hilo, cuerda)* s'emmêler. **2** *(persona)* s'embrouiller.
enmascarar [emmaskarár] *vt* masquer.
enmendar [27] [emmendár] *vt* **1** *(error, defecto)* corriger. **2** *(ley, texto)* amender. **3** *(daño)* réparer.
► *vpr* **enmendarse** *(persona)* se corriger, se défaire.
enmienda [emmjénda] *nf* **1** *(de error)* correction *f*. **2** *(de ley, texto)* amendement *m*. **3** *(de daño)* rectification *f*.
enmudecer [43] [emmuðeθér] *vi* **1** *(perder el habla)* rester muet,-ette. **2** *(callarse)* se taire.
ennegrecer [43] [enneɣreθér] *vt* noircir.
► *vpr* **ennegrecerse** noircir, se noircir.
enojar [enoχár] *vt* **1** *(enfadar)* fâcher, irriter. **2** *(molestar)* ennuyer.
► *vpr* **enojarse** se fâcher, se mettre en colère.
enojo [enóχo] *nm* **1** *(enfado)* colère *f*, irritation *f*. **2** *(molestia)* ennui *m*, contrariété *f*.
enorgullecer [43] [enorɣuʎeθér] *vt* enorgueillir.
► *vpr* **enorgullecerse** s'enorgueillir.
enorme [enórme] *adj* énorme.
enredadera [enr̄eðaðéra] *nf* liseron *m*.
enredar [enr̄eðár] *vt* **1** *(pelo, hilo, cuerda)* emmêler, embrouiller. **2** *(dificultar)* embrouiller, compliquer. **3** *fam (engañar)* tromper.
► *vi (niño)* faire des espiègleries.
► *vpr* **enredarse** **1** *(pelo, hilo, cuerda)* s'emmêler, s'embrouiller. **2** *(asunto)* s'embrouiller, se compliquer. **3** *(involucrarse)* s'empêtrer, s'embourber. **4** *fam (tener una relación amorosa)* avoir une liaison.
• **enredar a ALGN en ALGO** *(involucrar)* embarquer QQN dans QQCH.
enredo [enr̄éðo] *nm* **1** *(de pelo, hilo, cuerda)* emmêlement *m*, embrouillement *m*. **2** *(engaño)* mensonge *m*. **3** *(lío)* imbroglio *m*, affaire *f* compliquée.
enrejado [enr̄eχáðo] *nm* **1** *(verja)* grillage *m*, grilles *f pl*. **2** *(celosía)* treillis *m*, treillage *m*.
enriquecer [43] [enr̄ikeθér] *vt* enrichir.
► *vpr* **enriquecerse** s'enrichir.
enrojecer [43] [enr̄oχeθér] *vt* rougir.
► *vpr* **enrojecerse** rougir.

enrolar [enr̄olár] *vt* enrôler.
► *vpr* **enrolarse** s'enrôler.

enrollado,-da [enr̄oʎáðo,-ða] *adj fam (persona)* cool.

enrollar [enr̄oʎár] *vt* rouler, enrouler.
► *vpr* **enrollarse 1** *fam (hablar mucho)* être un moulin à paroles, tenir la jambe. **2** *fam (dar un trato favorable)* avoir le contact facile.
• **enrollarse con** ALGN *fam* sortir avec QQN.

enroscar [1] [enr̄oskár] *vt* **1** *(enrollar)* enrouler, entortiller. **2** *(atornillar)* visser.

ensaimada [ensaimáða] *nf sorte de gâteau en forme de spirale.*

ensalada [ensaláða] *nf* salade *f.*

ensaladera [ensalaðéra] *nf* saladier *m.*

ensaladilla [ensalaðiʎa] *nf* macédoine *f* de légumes.
▪ **ensaladilla rusa** salade *f* russe.

ensanchar [ensantʃár] *vt* élargir.
► *vpr* **ensancharse** s'élargir.

ensanche [ensántʃe] *nm* **1** *(de cosa)* élargissement *m.* **2** *(de población)* agrandissement *m.*

ensangrentar [27] [ensaŋgrentár] *vt* ensanglanter.
► *vpr* **ensangrentarse** se couvrir de sang.

ensartar [ensartár] *vt* **1** *(perlas)* enfiler. **2** *(atravesar)* embrocher, enfiler.

ensayar [ensajár] *vt* **1** *(espectáculo)* répéter. **2** *(probar)* essayer.

ensayista [ensajista] *nmf* essayiste.

ensayo [ensájo] *nm* **1** *(gen)* essai *m.* **2** *(de espectáculo)* répétition *f.*
▪ **ensayo general** répétition générale.

enseguida [enseɣiða] *adv* tout de suite.

ensenada [ensenáða] *nf* anse *f.*

enseña [enséɲa] *nf* enseigne *f.*

enseñanza [enseɲánθa] *nf* enseignement *m.*

enseñar [enseɲár] *vt* **1** *(dar clases)* enseigner. **2** *(mostrar)* montrer.
• **enseñar a** ALGN **a +** *inf* apprendre QQN à + *inf*: ***ella me enseñó a nadar***, elle m'a appris à nager.

enseres [enséres] *nm pl* **1** *(objetos, utensilios)* affaires *f pl.* **2** *(muebles)* mobilier *m sing.*

ensillar [ensiʎár] *vt* seller.

ensimismarse [ensimizmárse] *vpr* s'abstraire, s'absorber.

ensombrecer [43] [ensombreθér] *vt* assombrir.
► *vpr* **ensombrecerse** s'assombrir.

ensordecedor,-ra [ensorðeθeðór,-ra] *adj* assourdissant,-e.

ensordecer [43] [ensorðeθér] *vt (ruido, grito)* abasourdir, assourdir.
► *vi (quedarse sordo)* devenir sourd,-e.

ensuciar [12] [ensuθjár] *vt* salir.
► *vpr* **ensuciarse** se salir.

ensueño [enswéɲo] *nm* rêve *m.*
• **de ensueño** fantastique.

entablar [entaβlár] *vt* **1** *(conversación, negociaciones)* entamer, engager. **2** *(amistad)* nouer.

ente [énte] *nm* **1** *fml (cosa que existe)* réalité *f.* **2** *fml (ser)* être *m.* **3** *(comercial)* firme *f,* société *f.* **4** *(organismo)* organisme *m.*

entender [28] [entendér] *vt* **1** *(comprender)* comprendre. **2** *(opinar)* croire, penser. **3 entender por** *(querer decir)* entendre par: ***¿qué entiende usted por eso?***, qu'entendez-vous par là ?
► *vi* **1 entender de** s'y connaître en, s'y entendre en: ***entiende poco de mecánica***, il ne s'y connaît pas beaucoup en mécanique. **2** *fam (ser homosexual)* être homosexuel.
► *vpr* **entenderse 1** *(comprenderse)* se comprendre. **2** *(llevarse bien)* s'entendre bien. **3** *(sentimentalmente)* avoir une liaison (**con**, avec). **4** *(ponerse de acuerdo)* se mettre d'accord, se concerter.
• **dar a entender** laisser entendre, donner à entendre.
• **hacerse entender** se faire comprendre.

entendido,-da [entendiðo,-ða] *nm,f* connaisseur,-euse, expert,-e.

enterarse [enterárse] *vpr* **1** *(averiguar)* s'informer, se renseigner. **2** *(tener noticia)* apprendre. **3** *(darse cuenta)* se rendre compte: ***no se enteró de que me había ido***, il ne s'est pas rendu compte que j'étais parti. **4** *(comprender)* comprendre: ***no se entera de nada***, il n'y comprend rien.

- **para que te enteres** pour ta gouverne.
- **¡te vas a enterar!** tu vas voir !

entereza [enteréθa] *nf* **1** *(integridad)* intégrité *f*. **2** *(fortaleza)* énergie *f*, force *f* de caractère.

enternecedor,-ra [enterneθeðór,-ra] *adj* attendrissant,-e.

entero,-ra [entéro,-ra] *adj* **1** *(completo)* entier,-ère. **2** *(persona - sereno)* inébranlable, ferme; *(- íntegro)* intègre, droit,-e. **3** *(número)* entier,-ère.

► *nm* **entero 1** *(en Bolsa)* point *m*. **2** *(número)* entier *m*.

- **por entero** entièrement, en entier.

enterrar [27] [enteřár] *vt* enterrer.

► *vpr* **enterrarse** s'enterrer.

- **enterrarse en vida** vivre reclus,-e.

entidad [entiðáð] *nf* **1** *(ente, ser)* entité *f*. **2** *(organismo)* organisme *m*, société *f*. **3** *(importancia)* importance *f*.

- **de entidad** important, d'importance.
- ▪ **entidad bancaria** société bancaire.
- ▪ **entidad financiera** société financière.
- ▪ **entidad privada** société privée.

entierro [entjéřo] *nm* enterrement *m*.

entonación [entonaθjón] *nf* intonation *f*.

entonar [entonár] *vt* **1** *(canción, himno)* entonner. **2** *(tonificar)* ragaillardir, remonter.

► *vi* **1** *(al cantar)* chanter juste. **2** *(colores)* harmoniser (**con**, avec).

► *vpr* **entonarse** *fam (al beber)* se griser.

entonces [entónθes] *adv* alors.

- **desde entonces** depuis lors, dès lors.
- **hasta entonces** jusqu'alors.
- **por aquel entonces** à cette époque là.

entornar [entornár] *vt* **1** *(puerta)* entrebâiller, entrouvrir. **2** *(ojos)* fermer à demi.

entorno [entórno] *nm* environnement *m*.

entorpecer [43] [entorpeθér] *vt* gêner, embarrasser.

entrada [entráða] *nf* **1** *(gen)* entrée *f*. **2** *(acceso)* accès *m*, entrée *f*: ***prohibieron la entrada al laboratorio***, ils interdirent l'entrée au laboratoire. **3** *(para espectáculo)* entrée *f*. **4** *(público)* affluence *f*, monde *m*. **5** *(dinero recaudado)* recette *f*. **6** *(primer pago)* versement *m* initial. **7** *(del verano, del año nuevo)* arrivée *f*. **8** COM recette *f*, entrée *f*.

► *nf pl* **entradas** *(en la frente)* front *m sing* dégarni.

- **de entrada** d'emblée, dès le début, du premier coup.

entrante [entránte] *adj* **1** *(mes, semana)* prochain,-e. **2** *(que pasa a ocupar un cargo)* entrant,-e: ***el presidente entrante***, le président entrant.

► *nm* **1** *(en una fachada)* enfoncement *m*. **2** *(plato)* entrée *f*.

entrañable [entraɲáβle] *adj* **1** *(persona, lugar)* cher, chère. **2** *(sentimiento)* intime, profond,-e.

entrañas [entráɲas] *nf pl* entrailles *f pl*.

- **no tener entrañas** être sans cœur.

entrañar [entraɲár] *vt* **1** *(conllevar)* entraîner, impliquer. **2** *(contener)* contenir, renfermer.

entrar [entrár] *vi* **1** *(en un lugar)* entrer: ***el profesor entró en el aula***, le professeur entra dans l'amphithéâtre. **2** *(caber, encajar)* entrer, rentrer, passer: ***esta llave no entra***, cette clé ne rentre pas. **3** *(año, estación)* commencer. **4** *(sueño, ganas, fiebre)* être pris,-e de.

► *vt* **1** *(meter)* entrer, rentrer. **2** *(datos)* introduire. **3** *(a persona)* aborder.

- **entrado,-da en años** d'un âge avancé.
- **no entrar en la cabeza** ne pas pouvoir croire.
- **no entrarle** ALGO **a** ALGN *fam* ne pas arriver à assimiler QQCH: ***no le entran las matemáticas***, il n'arrive pas à assimiler les mathématiques.

entre [éntre] *prep* **1** *(gen)* entre: ***entre Madrid y Burgos***, entre Madrid et Burgos; ***llegará entre las dos y las tres***, il arrivera entre deux et trois heures; ***entre ellos hay una gran amistad***, il y a une grande amitié entre eux. **2** (avec des noms au *pl* ou collectifs) *(en medio de muchos)* parmi: ***entre mis amigos***, parmi mes amis. **3** *(en cierta comunidad)* chez: ***entre los musulmanes***, chez les musulmans. **4** *(en colaboración con varias personas)* à: ***llevar una cosa entre cuatro***, porter une chose à quatre. **5** *(en estado, calidad o grado inter-*

medio) mi-... mi-...: ***estaba entre agradecido y quejoso***, il était mi-reconnaissant mi-plaintif. **6** *(en)* dans: ***conducir entre la niebla***, conduire dans le brouillard.
- **de entre** parmi.
- **entre que** *fam* pendant que.
- **entre tanto** cependant, en attendant.

entreabierto,-ta [entreaβjérto,-ta] *adj* entrouvert,-e.

entreacto [entreákto] *nm* entracte *m*.

entrecejo [entreθéχo].
- **fruncir el entrecejo** froncer les sourcils.

entrecot [entrekót] *nm* entrecôte *f*.

entredicho [entreðitʃo].
- **estar en entredicho** être en question.
- **poner en entredicho** mettre en question.

entrega [entréɣa] *nf* **1** *(de premio, carta, llaves)* remise *f*. **2** *(de compra, pedido)* livraison *f*. **3** *(dedicación)* dévouement *m*. **4** *(fascículo)* fascicule *m*. **5** *(rendición)* reddition *f*.
- ▪ **entrega a domicilio** livraison à domicile.
- ▪ **entrega contra reembolso** livraison contre remboursement.
- ▪ **hacer entrega de** offrir, remettre.

entregar [7] [entreɣár] *vt* **1** *(premio, llaves, carta)* remettre. **2** *(compra, pedido)* livrer.
► *vpr* **entregarse** **1** *(gen)* se livrer (**a**, à). **2** *(rendirse)* rendre les armes.

entremés [entremés] *nm* **1** *(comida)* hors-d'œuvre *m*. **2** *(en teatro)* intermède *m*.

entrenador,-ra [entrenaðór,-ra] *nm,f* entraîneur,-euse.

entrenamiento [entrenamjénto] *nm* entraînement *m*.

entrenar [entrenár] *vt* entraîner.
► *vi - vpr* **entrenar(se)** s'entraîner.

entrepierna [entrepjérna] *nf* entrejambe *m*, entrecuisse *m*.

entresijo [entresíχo] (gén au *pl*) *nm* mystère *m*, secret *m*.

entresuelo [entreswélo] *nm* **1** *(en edificio)* entresol *m*. **2** *(en teatro)* premier balcon *m*.

entretanto [entretánto] *adv* entretemps, pendant ce temps.

entretener [87] [entretenér] *vt* **1** *(retrasar)* faire perdre son temps. **2** *(divertir)* amuser, distraire. **3** *(dar largas)* retarder.
► *vpr* **entretenerse** **1** *(divertirse)* s'amuser, se distraire. **2** *(retrasarse)* s'attarder.

entretenido,-da [entreteniðo,-ða] *adj* amusant,-e.

entretenimiento [entretenimjénto] *nm* **1** *(diversión)* amusement *m*, distraction *f*. **2** *(pasatiempo)* passe-temps *m*.

entretiempo [entretjémpo] *nm* demi-saison *f*.

entrever [91] [entreβér] *vt* entrevoir.

entrevista [entreβísta] *nf* **1** *(de prensa)* interview *f*. **2** *(reunión)* entrevue *f*, entretien *m*.
- **hacer una entrevista a ALGN** interviewer QQN.

entristecer [43] [entristeθér] *vt* attrister, affliger.
► *vpr* **entristecerse** s'attrister.

entrometerse [entrometérse] *vpr* s'immiscer (**en**, dans), se mêler (**en**, de).

entumecerse [43] [entumeθérse] *vpr* s'engourdir.

enturbiar [12] [enturβjár] *vt* **1** *(líquido)* troubler. **2** *(relación)* embrouiller.
► *vpr* **enturbiarse** **1** *(líquido)* se troubler. **2** *(relación)* s'embrouiller.

entusiasmar [entusjazmár] *vt* enthousiasmer.
► *vpr* **entusiasmarse** s'enthousiasmer.

entusiasmo [entusjázmo] *nm* enthousiasme *m*.

entusiasta [entusjásta] *adj - nmf* enthousiaste.

enumeración [enumeraθjón] *nf* énumération *f*.

enumerar [enumerár] *vt* énumérer.

enunciado [enunθjáðo] *nm* énoncé *m*.

envasar [embasár] *vt* **1** *(alimentos)* conditionner; *(líquido)* mettre en bouteille. **2** *(mercancía)* empaqueter, emballer.
- **envasar al vacío** emballer sous vide.

envase [embáse] *nm (recipiente - botella)* récipient *m*, bouteille *f*; *(- bote)* pot *m*; *(- caja)* boîte *f*.

envejecer [43] [embeχeθėr] *vt - vi* vieillir.

envejecimiento [embeχeθimjėnto] *nm* vieillissement *m*.

envenenamiento [embenenamjėnto] *nm* empoisonnement *m*.

envenenar [embenenȧr] *vt* empoisonner.

► *vpr* **envenenarse** s'empoisonner.

envergadura [emberɣaðúra] *nf* envergure *f*.

enviado,-da [embjȧðo,-ða] *nm,f* envoyé,-e.

■ **enviado especial** envoyé spécial.

enviar [13] [embjȧr] *vt* envoyer.

envidia [embiðja] *nf* envie *f*.

• **dar envidia** faire envie.

• **tener envidia de** envier.

envidiar [12] [embiðjȧr] *vt* envier.

envidioso,-sa [embiðjȯso,-sa] *adj - nm,f* envieux,-euse.

envío [embio] *nm* envoi *m*.

■ **envío contra reembolso** envoi contre remboursement.

enviudar [embjuðȧr] *vi* devenir veuf, veuve.

envoltorio [emboltȯrjo] *nm* emballage *m*.

envolver [32] [embolβėr] *vt* **1** *(cubrir)* envelopper. **2** *(implicar)* mêler, impliquer.

► *vpr* **envolverse 1** *(cubrirse)* s'envelopper. **2** *(implicarse)* se mêler.

enyesar [enjesȧr] *vt* plâtrer.

enzarzarse [4] [enθarθȧrse] *vpr* **1** *(en asunto difícil)* s'empêtrer. **2** *(en discusión, pelea)* s'embarquer.

épico,-ca [ėpiko,-ka] *adj* épique.

epidemia [epiðėmja] *nf* épidémie *f*.

epilepsia [epilėpsja] *nf* épilepsie *f*.

epílogo [epiloɣo] *nm* épilogue *m*.

episcopal [episkopȧl] *adj* épiscopal,-e.

episodio [episȯðjo] *nm* épisode *m*.

epístola [epistola] *nf* épître *f*.

epitafio [epitȧfjo] *nm* épitaphe *f*.

época [ėpoka] *nf* époque *f*.

• **de época** d'époque.

• **hacer época** faire date.

epopeya [epopėja] *nf* épopée *f*.

equilibrar [ekiliβrȧr] *vt* équilibrer.

► *vpr* **equilibrarse** s'équilibrer.

equilibrio [ekiliβrjo] *nm* équilibre *m*.

• **hacer equilibrios** faire des acrobaties.

• **mantener el equilibrio** garder son équilibre.

• **perder el equilibrio** perdre l'équilibre.

equilibrista [ekiliβrista] *nmf* équilibriste.

equinoccio [ekinȯkθjo] *nm* équinoxe *m*.

equipaje [ekipȧχe] *nm* bagages *m pl*: ***viaja con poco equipaje***, il voyage avec peu de bagages.

• **hacer el equipaje** faire les bagages.

■ **equipaje de mano** bagage *sing* à main.

equipar [ekipȧr] *vt* équiper.

► *vpr* **equiparse** s'équiper.

equipo [ekipo] *nm* **1** *(de personas, jugadores)* équipe *f*. **2** *(equipamiento)* équipement *m*: ***el equipo de esquí***, l'équipement de ski. **3** *(aparato - estereofónico)* chaîne *f*; *(- informático)* équipe *f* informatique.

• **en equipo** en équipe.

■ **compañero,-ra de equipo** coéquipier,-ère.

■ **equipo de alta fidelidad** chaîne haute fidélité.

■ **equipo de rescate** équipe de secours.

equitación [ekitaθjȯn] *nf* équitation *f*.

equitativo,-va [ekitatiβo,-βa] *adj* équitable.

equivalente [ekiβalėnte] *adj* équivalent,-e.

equivaler [89] [ekiβalėr] *vi* équivaloir (**a**, à).

equivocación [ekiβokaθjȯn] *nf* erreur *f*.

• **por equivocación** par erreur.

equivocado,-da [ekiβokȧðo,-ða] *adj* **1** *(erróneo)* erroné,-e. **2** *(desacertado)* mal choisi,-e.

equivocarse [1] [ekiβokȧrse] *vpr* se tromper.

equívoco,-ca [ekiβoko,-ka] *adj* équivoque.

► *nm* **equívoco** équivoque *f*.

era [ėra] *nf* ère *f*.

erección [erekθjȯn] *nf* érection *f*.

ergonómico,-ca [erɣonȯmiko,-ka] *adj* ergonomique.

erguir [70] [erɣir] *vt* lever, dresser: ***erguir la cabeza***, lever la tête.

► *vpr* **erguirse 1** *(ponerse derecho)* se dresser. **2** *(engreírse)* s'enorgueillir, se rengorger.

erigir [6] [eriχir] *vt fml* ériger.
► *vpr* **erigirse** *fml* s'ériger (**en**, en).
erizar [4] [eriθár] *vt* hérisser.
► *vpr* **erizarse** se hérisser.
erizo [eriθo] *nm* hérisson *m*.
▪ **erizo de mar** oursin *m*.
ermita [ermita] *nf* ermitage *m*.
ermitaño,-ña [ermitáɲo,-ɲa] *nm,f* ermite *m*.
► *nm* **ermitaño** *(crustáceo)* bernard-l'ermite *m inv*, pagure *m*.
erosión [erosjón] *nf* érosion *f*.
erótico,-ca [erótiko,-ka] *adj* érotique.
erotismo [erotizmo] *nm* érotisme *m*.
erradicar [1] [er̄aðikár] *vt* déraciner.
errante [er̄ánte] *adj* errant,-e.
errar [57] [er̄ár] *vi* **1** *(vagar)* errer. **2** *(equivocarse)* se tromper, faire erreur.
► *vt* **1** *(tiro, golpe)* manquer, rater. **2** *(respuesta, pronóstico)* se tromper de.
errata [er̄áta] *nf* erratum *m*.
erróneo,-a [er̄óneo,-a] *adj* erroné,-e.
error [er̄ór] *nm* erreur *f*.
• **cometer un error** faire une erreur.
• **estar en un error** être dans l'erreur.
• **por error** par erreur.
eructar [eruktár] *vi* éructer.
eructo [erúkto] *nm* rot *m*.
erudición [eruðiθjón] *nf* érudition *f*.
erudito,-ta [eruðito,-ta] *adj - nm,f* érudit, -e.
erupción [erupθjón] *nf* éruption *f*.
esbelto,-ta [ezβélto,-ta] *adj* svelte.
esbozar [4] [ezβoθár] *vt* ébaucher, esquisser.
• **esbozar una sonrisa** ébaucher un sourire.
esbozo [ezβóθo] *nm* ébauche *f*, esquisse *f*.
escabeche [eskaβétʃe] *nm* marinade *f*: ***atún en escabeche***, marinade de thon.
escabroso,-sa [eskaβróso,-sa] *adj* **1** *(terreno)* accidenté,-e, raboteux,-euse. **2** *(embarazoso, obsceno)* scabreux,-euse.
escabullirse [41] [eskaβuʎírse] *vpr* **1** *(zafarse)* se sauver. **2** *(irse)* s'éclipser, partir. **3** *(escurrirse)* glisser, échapper des mains.
escafandra [eskafándra] *nf* scaphandre *m*.
escala [eskála] *nf* **1** *(gen)* échelle *f*. **2** *(de barco, avión)* escale *f*. **3** MÚS gamme *f*.
• **a escala** à l'échelle.
• **a gran escala** à grande échelle.
• **a pequeña escala** à petite échelle.
• **hacer escala** faire escale.
escalada [eskaláða] *nf* escalade *f*.
escalafón [eskalafón] *nm* tableau *m* d'avancement.
escalador,-ra [eskalaðór,-ra] *nm,f* alpiniste.
escalar [eskalár] *vt* escalader.
escaldar [eskaldár] *vt* **1** *(con agua hirviendo)* échauder. **2** *(abrasar, quemar)* chauffer au rouge.
► *vpr* **escaldarse** s'échauffer.
escalera [eskaléra] *nf* **1** *(de edificio)* escalier *m*. **2** *(de mano)* échelle *f*. **3** *(en póquer)* quinte *f*.
▪ **escalera de caracol** escalier en colimaçon.
▪ **escalera de color** quinte *f* flush.
▪ **escalera mecánica** escalier mécanique, escalator® *m*.
escalerilla [eskaleriʎa] *nf* escalier *m*.
escalinata [eskalináta] *nf* perron *m*.
escalofriante [eskalofrjánte] *adj* terrifiant,-e.
escalofrío [eskalofrio] *nm* frisson *m*.
escalón [eskalón] *nm* marche *f*, degré *m*.
escalonar [eskalonár] *vt* **1** *(en el tiempo)* échelonner, étaler. **2** *(a distintos niveles)* étager.
escalope [eskalópe] *nm* escalope *f*.
escama [eskáma] *nf* **1** *(de pez, reptil)* écaille *f*. **2** *(de jabón)* paillette *f*.
escampar [eskampár] *vi* cesser de pleuvoir.
escandalizar [4] [eskandaliθár] *vt* scandaliser.
► *vpr* **escandalizarse** se scandaliser, être scandalisé,-e (**de**, par).
escándalo [eskándalo] *nm* **1** *(acto inmoral)* scandale *m*. **2** *(ruido)* tapage *m*. **3** *(alboroto)* esclandre *m*.
• **armar un escándalo** faire du scandale.
• **de escándalo** *fam* formidable.
escandaloso,-sa [eskandalóso,-sa] *adj* **1** *(inmoral)* scandaleux,-euse. **2** *(ruidoso)* bruyant,-e.
escanear [eskaneár] *vt* scanner.

escáner [eskáner] *nm* (*pl* **escáneres**) scanner *m*.

escaño [eskáɲo] *nm* siège *m* de député.

escapada [eskapáða] *nf* **1** *(viaje, salida)* escapade *f*, échappée *f*. **2** *(de ciclista)* échappée *f*.

escapar [eskapár] *vi* - *vpr* **escapar(se) 1** *(de un lugar)* échapper, s'échapper. **2** *(de situación comprometida)* échapper (**de**, à).
► *vpr* **escaparse** s'échapper.
• **escapársele** ALGO **a** ALGN échapper à QQN: ***se me escapó la risa***, je laissai échapper un rire.
• **no escapársele ni una a** ALGN ne rien laisser échapper.

escaparate [eskaparáte] *nm* devanture *f*, vitrine *f*.

escapatoria [eskapatórja] *nf* fuite *f*, évasion *f*.
• **no tener escapatoria** être sans issue.

escape [eskápe] *nm* **1** *(de gas, agua)* fuite *f*. **2** *(salida)* issue *f*. **3** *(de motor, reloj)* échappement *m*.

escaquearse [eskakeárse] *vpr fam* se défiler.

escarabajo [eskaraβáχo] *nm* scarabée *m*.

escarbar [eskarβár] *vt* *(tierra)* gratter, fouiller.
► *vpr* **escarbarse** *(nariz, oídos)* se curer.

escarcha [eskártʃa] *nf* gelée *f* blanche, givre *m*.

escarlata [eskarláta] *adj* écarlate.

escarlatina [eskarlatína] *nf* MED scarlatine *f*.

escarmentar [27] [eskarmentár] *vt* corriger avec rigueur.
► *vi* - *vpr* **escarmentar(se)** apprendre à ses dépens, profiter de la leçon.

escarmiento [eskarmjénto] *nm* **1** *(castigo)* châtiment *m* exemplaire. **2** *(lección)* leçon *f*, expérience *f* salutaire.
• **servir de escarmiento** servir de leçon.

escarola [eskaróla] *nf* scarole *f*.

escarpado,-da [eskarpáðo,-ða] *adj* escarpé,-é.

escasear [eskaseár] *vi* manquer.

escasez [eskaséθ] *nf* **1** *(insuficiencia)* rareté *f*, manque *m*. **2** *(penuria)* disette *f*, pénurie *f*. **3** *(apuros)* gêne *f*, pauvreté *f*.

escaso,-sa [eskáso,-sa] *adj* **1** *(insuficiente)* court,-e, insuffisant,-e. **2** *(poco frecuente o abundante)* rare. **3** *(casi completo)* à peine, juste: ***un kilo escaso***, à peine un kilo.
• **andar escaso,-sa de** ALGO être à court de QQCH.

escatimar [eskatimár] *vt* **1** *(dinero, gastos)* lésiner sur. **2** *(esfuerzos, energía)* ménager, épargner. **3** *(elogios)* marchander.

escayola [eskajóla] *nf* plâtre *m*.

escayolar [eskajolár] *vt* plâtrer.

escena [esθéna] *nf* scène *f*.
• **hacer una escena** faire une scène.
• **poner en escena** mettre en scène.
• **salir a escena** entrer en scène.

escenario [esθenárjo] *nm* **1** *(en teatro)* scène *f*. **2** *(de suceso)* scène *f*, scénario *m*.

escenificación [esθenifikaθjón] *nf* mise *f* en scène.

escenografía [esθenoɣrafía] *nf* scénographie *f*.

escepticismo [esθeptiθízmo] *nm* scepticisme *m*.

escéptico,-ca [esθéptiko,-ka] *adj* - *nm,f* sceptique.

esclarecer [43] [esklareθér] *vt* éclaircir.

esclavitud [esklaβitúð] *nf* esclavage *m*.

esclavo,-va [eskláβo,-βa] *adj* - *nm,f* esclave.

escoba [eskóβa] *nf* balai *m*.

escobilla [eskoβíʎa] *nf* **1** *(escoba pequeña)* balayette *f*: ***la escobilla del retrete***, la balayette des toilettes. **2** *(de dinamo)* balai *m*.

escocedura [eskoθeðúra] *nf* **1** *(inflamación)* rougeur *f*. **2** *(dolor)* cuisson *f*.

escocer [54] [eskoθér] *vi* **1** *(herida)* cuire, brûler. **2** *fig (afligir)* chagriner, faire mal.
► *vpr* **escocerse** *(irritarse)* s'échauffer.

escoger [5] [eskoχér] *vt* **1** *(elegir)* choisir. **2** *(seleccionar)* trier.
• **a escoger** au choix.
• **tener donde escoger** avoir le choix.

escolar [eskolár] *adj* scolaire.
► *nmf* écolier,-ère.

escollo [eskóʎo] *nm* écueil *m*.

escolta [eskólta] *nmf* escorte *f*.

escoltar [eskoltár] *vt* escorter.

escombros [eskómbros] *nm pl* décombres *m pl*, déblais *m pl*.

esconder [eskondėr] *vt* cacher.
► *vpr* **esconderse** se cacher.
escondidas [eskondiðas].
• **a escondidas** en cachette.
escondite [eskondite] *nm* **1** *(lugar)* cache *f*, cachette *f*. **2** *(juego)* cache-cache *m*.
escopeta [eskopėta] *nf* fusil *m* de chasse.
escoria [eskòrja] *nf* **1** *(de la sociedad)* racaille *f*. **2** *(cosa vil)* lie *f*, rebut *m*. **3** *(residuos)* scorie *f*.
escorpión [eskorpjòn] *nm* scorpion *m*.
escote[1] [eskòte] *nm (de vestido)* décolleté *m*.
escote[2] [eskòte].
• **pagar a escote** partager les frais.
escotilla [eskotiʎa] *nf* écoutille *f*.
escozor [eskoθòr] *nm* cuisson *f*, brûlure *f*.
escribir [eskriβir] *vt - vi* écrire.
► *vpr* **escribirse** s'écrire.
escrito [eskrito] *nm* écrit *m*.
escritor,-ra [eskritòr,-ra] *nm,f* écrivain *m*.
escritorio [eskritòrjo] *nm* secrétaire *m*.
escritura [eskritùra] *nf* **1** *(acción, arte)* écriture *f*. **2** DER acte *m*.
▪ **escritura de propiedad** titre *m* de propriété.
▪ **Sagradas Escrituras** Écriture sainte.
escrúpulo [eskrùpulo] *nm* **1** *(rectitud)* scrupule *m*. **2** *(aprensión)* répugnance *f*. **3** *(esmero)* minutie *f*.
escrupuloso,-sa [eskrupulòso,-sa] *adj* **1** *(cuidadoso)* scrupuleux,-euse. **2** *(aprensivo)* délicat,-e.
escrutinio [eskrutinjo] *nm* **1** *(en elecciones)* dépouillement *m* du scrutin. **2** *(averiguación)* examen *m*.
escuadra [eskwàðra] *nf* **1** *(instrumento, pieza para sujetar)* équerre *f*. **2** *(de buques, aviones)* escadre *f*. **3** *(de soldados)* escouade *f*. **4** *(de portería de fútbol)* lucarne *f*.
escuadrón [eskwaðròn] *nm* escadron *m*.
escucha [eskùtʃa] *nf* écoute *f*.
• **estar a la escucha** être à l'écoute.
▪ **escuchas telefónicas** écoute téléphonique.
escuchar [eskutʃàr] *vt* écouter.
escudero [eskuðèro] *nm* écuyer *m*.
escudo [eskùðo] *nm* **1** *(arma)* bouclier *m*. **2** *fig (protección)* défense *f*, protection *f*.
▪ **escudo de armas** armoiries *f pl*, blason *m*.
▪ **escudo humano** bouclier humain.
escuela [eskwėla] *nf* école *f*.
escueto,-ta [eskwėto,-ta] *adj* **1** *(conciso)* libre, dégagé,-e. **2** *(sobrio)* dépouillé,-e, sobre.
esculpir [eskulpir] *vt* sculpter.
escultor,-ra [eskultòr,-ra] *nm,f* sculpteur *m*: ***fue una gran escultora***, elle fut un grand sculpteur.
escultura [eskultùra] *nf* sculpture *f*.
escupir [eskupir] *vt - vi* cracher.
escurreplatos [eskur̄eplàtos] *nm* égouttoir *m*.
escurridizo,-za [eskur̄iðiθo,-θa] *adj* **1** *(resbaladizo)* glissant,-e. **2** *(persona)* fuyant,-e.
escurridor [eskur̄iðòr] *nm* **1** *(colador)* passoire *f*. **2** *(de platos)* égouttoir *m*.
escurrir [eskur̄ir] *vt (gen)* égoutter.
► *vpr* **escurrirse** *(resbalar)* glisser.
• **escurrir el bulto** *fam* tirer au flanc, se dérober.
esdrújulo,-la [ezðrùχulo,-la] *adj* *qui a l'accent tonique sur l'antépénultième syllabe.*
ese[1] [ėse].
• **hacer eses** zigzaguer, marcher en zigzagant.
ese,-a [ėse,-a] *adj* (*pl* **esos, esas**) **1** *(gen)* ce, cet, cette, ce ...-là, cette ...-là: ***ese avión***, cet avion; ***me llevaré ese jersey***, je prendrai ce pull-là. **2** *nombre* + **ese** *pey* ce ...-là, cette ...-là: ***me encontré con el tipo ese tan pesado***, j'ai rencontré ce type-là, si désagréable.
ése,-a [ėse,-a] *pron dem* (*pl* **ésos, ésas**) **3** celui-là, celle-là: ***quiero ése, que está en el sillón***, je veux celui-là, qui est dans le fauteuil.
• **ni por ésas** en aucune façon.
esencia [esėnθja] *nf* essence *f*.
▪ **quinta esencia** quintessence *f*.
esencial [esenθjàl] *adj* essentiel,-elle.
esfera [esfėra] *nf* **1** *(globo)* sphère *f*. **2** *(de un reloj)* cadran *m*.
esférico,-ca [esfėriko,-ka] *adj* sphérique.
► *nm* **esférico** ballon *m*.
esfinge [esfiŋχe] *nf* sphinx *m*.

esforzarse [50] [esforθárse] *vpr* faire des efforts.
esfuerzo [esfwérθo] *nm* effort *m*.
esgrima [ezɣríma] *nf* escrime *f*.
esgrimir [ezɣrimír] *vt* manier.
esguince [ezɣínθe] *nm (del tobillo)* foulure *f*; *(más grave)* entorse *f*.
eslabón [ezlaβón] *nm* maillon *m*, chaînon *m*.
eslogan [ezlóɣan] *nm* slogan *m*.
esmaltar [ezmaltár] *vt* émailler.
esmalte [ezmálte] *nm* émail *m*.
▪ **esmalte de uñas** vernis *m* à ongles.
esmerado,-da [ezmeráðo,-ða] *adj* **1** *(trabajo)* soigné,-e. **2** *(que se esmera)* soigneux,-euse.
esmeralda [ezmerálda] *nf* émeraude *f*.
esmerarse [ezmerárse] *vpr* faire de son mieux.
esmero [ezméro] *nm* soin *m*.
esmoquin [ezmókin] *nm* smoking *m*.
esnob [eznóβ] *adj - nmf* snob.
eso [éso] *pron* cela, ça: ***eso no me interesa***, ça ne m'intéresse pas.
• **a eso de** vers.
• **¡eso es!** c'est ça !
• **eso mismo** c'est cela même.
• **nada de eso** pas du tout.
esófago [esófaɣo] *nm* ANAT œsophage *m*.
esos,-as [ésos,-as] *adj* → ese,-a.
ésos,-sa [ésos,-sa] *pron dem* → ése,-a.
esoterismo [esoterízmo] *nm* ésotérisme *m*.
espabilado,-da [espaβiláðo,-ða] *adj* vif, -ive.
espabilar [espaβilár] *vt* **1** *(despertar)* réveiller. **2** *(hacer más listo)* dégourdir.
► *vi (darse prisa)* se grouiller.
► *vpr* **espabilarse 1** *(despertarse)* se réveiller. **2** *(avisparse)* se dégourdir. **3** *(darse prisa)* se grouiller.
espacial [espaθjál] *adj* spatial,-e.
espacio [espáθjo] *nm* **1** *(gen)* espace *m*. **2** *(sitio)* place *f*: ***ocupar espacio***, prendre de la place. **3** *(de radio, de télevisión)* émission *f*.
espacioso,-sa [espaθjóso,-sa] *adj* spacieux,-euse.
espada [espáða] *nf* épée *f*.
► *nf pl* **espadas** *une des couleurs des cartes espagnoles*.
espaguetis [espaɣétis] *nm pl* spaghetti *m*.
espalda [espálda] *nf* **1** *(gen)* dos *m*. **2** *(estilo de natación)* dos *m* crawlé.
• **caerse de espaldas** tomber à la renverse.
• **dar la espalda a** tourner le dos à.
• **hablar de ALGN a sus espaldas** parler de QQN dans son dos.
espantapájaros [espantapáχaros] *nm* épouvantail *m*.
espantar [espantár] *vt* **1** *(asustar)* effrayer. **2** *(ahuyentar)* chasser.
espanto [espánto] *nm* épouvante *f*.
• **estar curado de espanto** en avoir vu d'autres.
espantoso,-sa [espantóso,-sa] *adj* épouvantable.
España [espáɲa] *n pr* Espagne *f*.
español,-la [espaɲól,-la] *adj* espagnol,-e.
► *nm,f* Espagnol,-e.
► *nm* **español** *(idioma)* espagnol *m*.
esparadrapo [esparaðrápo] *nm* sparadrap *m*.
esparcir [3] [esparθír] *vt (semillas, noticia, etc)* répandre.
► *vpr* **esparcirse** *(divertirse)* se détendre.
espárrago [espár̄aɣo] *nm* asperge *f*.
• **¡vete a freír espárragos!** *fam* va te faire cuire un œuf !
esparto [espárto] *nm* alfa *m*.
espasmo [espázmo] *nm* spasme *m*.
espátula [espátula] *nf* spatule *f*.
especia [espéθja] *nf* épice *f*.
especial [espeθjál] *adj* spécial,-e.
• **en especial** en particulier.
especialidad [espeθjaliðáð] *nf* spécialité *f*.
especialista [espeθjalísta] *adj - nmf* spécialiste.
especie [espéθje] *nf* **1** *(de animales, plantas, etc)* espèce *f*. **2** *(clase)* sorte *f*.
• **una especie de** une espèce de.
especificar [1] [espeθifikár] *vt* spécifier.
específico,-ca [espeθífiko,-ka] *adj - nm,f* spécifique.
espécimen [espéθimen] *nm* spécimen *m*.
espectáculo [espektákulo] *nm* spectacle *m*.
• **dar un espectáculo** se donner en spectacle.

espectador,-ra [espektaðór,-ra] *nm,f* spectateur,-trice.
espectro [espéktro] *nm* spectre *m*.
especulación [espekulaθjón] *nf* spéculation *f*.
especulador,-ra [espekulaðór,-ra] *adj* - *nm,f* spéculateur,-trice.
especular [espekulár] *vt* - *vi* spéculer.
espejismo [espeχízmo] *nm* mirage *m*.
espejo [espéχo] *nm* miroir *m*.
■ **espejo de cuerpo entero** miroir en pied, psyché *f*.
■ **espejo retrovisor** rétroviseur *m*.
espeluznante [espeluθnánte] *adj* effrayant,-e.
espera [espéra] *nf* attente *f*.
• **a la espera de** dans l'espoir de.
• **en espera de** dans l'attente de.
esperanza [esperánθa] *nf* espoir *m*.
• **perder la esperanza** perdre l'espoir.
esperanzador,-ra [esperanθaðór,-ra] *adj* encourageant,-e.
esperar [esperár] *vt* **1** *(gen)* attendre. **2** *(confiar)* espérer.
• **como era de esperar** comme il fallait s'y attendre.
esperma [espérma] *nf* sperme *m*.
esperpento [esperpénto] *nm* horreur *f*.
espeso,-sa [espéso,-sa] *adj* **1** *(gen)* épais, -aisse. **2** *(tupido - bosque)* touffu,-e; *(- follaje)* dense.
• **estar espeso** être lent,-e à réagir.
espesor [espesór] *nm* épaisseur *f*.
espía [espía] *nmf* espion,-onne.
espiar [13] [espjár] *vt* **1** *(acechar)* épier. **2** *(dicho de un espía)* espionner.
espiga [espíɣa] *nf* **1** *(de planta)* épi *m*. **2** *(clavija)* cheville *f*.
espigado,-da [espiɣáðo,-ða] *adj* **1** *(plantas)* monté,-e en graine. **2** *fig (persona)* élancé,-e.
espigón [espiɣón] *nm* jetée *f*.
espina [espína] *nf* **1** *(de pez)* arête *f*. **2** *(astilla)* écharde *f*. **3** *fig (dificultad)* épine *f*.
• **dar mala espina** faire soupçonner.
■ **espina dorsal** épine dorsale.
espinaca [espinaka] (gén au *pl*) *nf* épinard *m*.
espinal [espinál] *adj* spinal,-e.
espinazo [espináθo] *nm* échine *f*.
espinilla [espiníʎa] *nf* **1** *(parte de la pierna)* tibia *m*. **2** *(grano)* point *m* noir.
espino [espíno] *nm* aubépine *f*.
espinoso,-sa [espinóso,-sa] *adj* épineux,-euse.
espionaje [espjonáχe] *nm* espionnage *m*.
espiración [espiraθjón] *nf* expiration *f*.
espiral [espirál] *nf* spirale *f*.
espiritismo [espiritízmo] *nm* spiritisme *m*.
espíritu [espíritu] *nm* **1** *(gen)* esprit *m*. **2** *(ánimo)* force *f*.
■ **Espíritu Santo** Saint-Esprit *m*.
espiritual [espiritwál] *adj* spirituel,-elle.
espléndido,-da [espléndiðo,-ða] *adj* **1** *(muy bueno)* splendide. **2** *(generoso)* généreux,-euse.
esplendor [esplendór] *nm* splendeur *f*.
espolvorear [espolβoreár] *vt* saupoudrer.
esponja [espóŋχa] *nf* éponge *f*.
esponjoso,-sa [espoŋχóso,-sa] *adj* spongieux,-euse.
espontáneo,-a [espontáneo,-a] *adj* spontané,-e.
esporádico,-ca [esporáðiko,-ka] *adj* sporadique.
esposar [esposár] *vt* mettre les menottes.
esposas [espósas] *nf pl (de los presos)* menottes *f pl*.
esposo,-sa [espóso,-sa] *nm,f* **1** époux, épouse.
espuela [espwéla] *nf* **1** *(de jinete)* éperon *m*. **2** *fig (estímulo)* aiguillon *m*.
espuma [espúma] *nf* **1** *(del agua)* écume *f*. **2** *(de jabón, cerveza, etc)* mousse *f*.
• **crecer como la espuma** pousser comme des champignons.
■ **espuma de afeitar** mousse à raser.
espumadera [espumaðéra] *nf* écumoire *f*.
espumoso,-sa [espumóso,-sa] *adj* **1** *(agua)* écumeux,-euse. **2** *(vino, etc)* mousseux,-euse.
esqueje [eskéχe] *nm* bouture *f*.
esquela [eskéla] *nf* faire-part *m* de décès.
esquelético,-ca [eskelétiko,-ka] *adj* squelettique.
esqueleto [eskeléto] *nm* squelette *m*.
• **mover el esqueleto** *fam* guincher.

esquema [eskéma] *nm* schéma *m*.

esquí [eski] *nm* ski *m*.

■ **esquí acuático** ski nautique.

esquiador,-ra [eskjaðór,-ra] *nm,f* skieur, -euse.

esquiar [13] [eskjár] *vi* skier.

esquilar [eskilár] *vt* tondre.

esquilmar [eskilmár] *vt* récolter.

esquimal [eskimál] *adj* esquimau,-aude.
► *nmf* Esquimau,-aude.
► *nm (idioma)* esquimau *m*.

esquina [eskina] *nf* coin *m*.

• **a la vuelta de la esquina** au coin de la rue.

esquirla [eskirla] *nf* esquille *f*.

esquivar [eskiβár] *vt* esquiver.

esquivo,-va [eskiβo,-βa] *adj* farouche.

estabilidad [estaβiliðáð] *nf* stabilité *f*.

estabilizar [4] [estaβiliθár] *vt* stabiliser.

establecer [43] [estaβleθér] *vt* établir.
► *vpr* **establecerse** s'établir.

establecimiento [estaβleθimjénto] *nm* établissement *m*.

establo [estáβlo] *nm* étable *f*.

estaca [estáka] *nf* **1** *(palo)* pieu *m*. **2** *(de árbol)* bouture *f*. **3** *(garrote)* gourdin *m*.

estacada [estakáða].

• **dejar a** ALGN **en la estacada** laisser tomber QQN.

• **quedarse** ALGN **en la estacada** être en rade.

estación [estaθjón] *nf* **1** *(del año, época)* saison *f*. **2** *(de ferrocarril)* gare *f*; *(de metro)* station *f*. **3** *(meteorológica, geodésica, etc)* station *f*.

■ **estación de esquí** station de ski.

■ **estación de servicio** station-service *f*.

■ **estación espacial** station spatiale.

estacionamiento [estaθjonamjénto] *nm* stationnement *m*.

estacionar [estaθjonár] *vt* garer.
► *vpr* **estacionarse** stationner, se garer.

estadio [estáðjo] *nm* stade *m*.

estadista [estaðista] *nmf* homme *m* d'État.

estadística [estaðistika] *nf* statistique *f*.

estado [estáðo] *nm* état *m*.

• **estar en estado (de buena esperanza)** attendre un heureux événement.

■ **estado civil** état civil.

■ **estado de ánimo** humeur *f*.

■ **estado de excepción** état d'urgence.

■ **estado de sitio** état de siège.

■ **estado del bienestar** État providence.

Estados Unidos [estáðos uniðos] *n pr* États-Unis *m pl*.

estadounidense [estaðouniðénse] *adj* américain,-e.
► *nmf* Américain,-e.

estafa [estáfa] *nf* escroquerie *f*.

estafador,-ra [estafaðór,-ra] *nm,f* escroc *m*.

estafar [estafár] *vt* escroquer.

estalactita [estalaktita] *nf* stalactite *f*.

estalagmita [estalaɣmita] *nf* stalagmite *f*.

estallar [estaʎár] *vi* **1** *(globo, motín, ira)* éclater. **2** *(bomba)* exploser. **3** *(incendio)* se déclarer.

estallido [estaʎiðo] *nm* **1** *(de bomba)* explosion *f*. **2** *(de globo, escándalo)* éclatement *m*.

estambre [estámbre] *nm* étamine *f*.

estamento [estaménto] *nm* classe *f*.

estampa [estámpa] *nf* **1** *(imagen impresa)* estampe *f*. **2** *(tarjeta pequeña)* image *f*. **3** *(de persona, de animal)* figure *f*.

• **ser la viva estampa de** être tout le portrait de.

estampar [estampár] *vt* estamper.

estampido [estampiðo] *nm* détonation *f*.

estancarse [1] [estaŋkárse] *vpr* **1** *(líquido)* stagner. **2** *(asunto, proceso)* piétiner.

estancia [estánθja] *nf* **1** *(en un lugar)* séjour *m*. **2** *(habitación)* pièce *f*.

estanco,-ca [estáŋko,-ka] *adj* étanche.
► *nm* **estanco** *(tienda)* bureau *m* de tabac.

estándar [estándar] *adj* - *nm* standard.

estandarte [estandárte] *nm* étendard *m*.

estanque [estáŋke] *nm* étang *m*.

estanquero,-ra [estaŋkéro,-ra] *nm,f (que vende tabaco, etc)* buraliste.

estante [estánte] *nm (tabla)* étagère *f*.

estantería [estanteria] *nf (mueble)* étagère *f*.

estaño [estáɲo] *nm* étain *m*.

estar [71] [estár] *vi* **1** *(gen)* être. **2** *(vivir con alguien)* vivre. **3** *(bien, mal)* aller: ***este sombrero le está bien***, ce chapeau lui va bien. **4** *(quedarse)* rester: ***estuvo un rato***

con nosotros pero se fue en seguida, il est resté un moment avec nous mais il est parti tout de suite après. **5 estar para** *(a punto de)* être sur le point de: ***ya estaba para empezar cuando vio que no se podía***, j'allais commencer quand j'ai vu que ce n'était pas possible.

► *aux* **estar +** *ger* être en train de: ***estábamos comiendo***, nous étions en train de manger.

► *vpr* **estarse** rester, se tenir: ***estarse quieto***, rester tranquille.

• **está bien** d'accord.

• **estar de más** être de trop.

• **estar por +** *inf* être à + *inf*: ***está todo por decir***, tout est à dire.

• **estar por +** *nombre* être pour/en faveur de + *nom*: ***ella está por su hermano, por supuesto***, elle est du côté de son frère, bien sûr.

estatal [estatál] *adj* de l'État: ***una empresa estatal***, une entreprise publique.

estático,-ca [estátiko,-ka] *adj* statique.

estatua [estátwa] *nf* statue *f*.

estatura [estatúra] *nf* stature *f*, taille *f*.

estatuto [estatúto] *nm* statut *m*.

este[1] [éste] *nm* est *m*.

este,-a[2] [éste,-a] *adj* (*pl* **estos,-as**) **1** ce, cet, cette, ce ...-ci, cette ...-ci: ***me gustan mucho estas casas***, j'aime beaucoup ces maisons; ***cogeré este jersey***, je prendrai ce pull-ci. **2** *nombre* **+ este** *pey* ce ...-ci, cette ...-ci: ***el tipo este es muy pesado***, ce type-là est assommant.

este,-a[3], **éste,-a** [éste,-a] *pron dem* (*pl* **estos,-as , éstos,-as**) celui-ci, celle-ci, ceux-ci, celles-ci.

• **en estas** ou **éstas** à ce moment-là.

estela [estéla] *nf* **1** *(de un barco)* sillage *m*. **2** *(huella)* trace *f*.

estepa [estépa] *nf* steppe *f*.

estera [estéra] *nf* natte *f*.

estéreo [estéreo] *nm* stéréo *f*.

estereofónico,-ca [estereofóniko,-ka] *adj* stéréophonique: ***equipo estereofónico***, chaîne stéréo.

estéril [estéril] *adj* stérile.

esterilidad [esteriliðáð] *nf* stérilité *f*.

esterilla [esteriʎa] *nf* natte *f*.

esternón [esternón] *nm* ANAT sternum *m*.

estética [estétika] *nf* esthétique *f*.

esteticista [estetiθista] *nf* esthéticienne *f*.

estético,-ca [estétiko,-ka] *adj* esthétique.

estetoscopio [estetoskópjo] *nm* MED stéthoscope *m*.

estiércol [estjérkol] *nm* fumier *m*.

estigma [estiɣma] *nm* stigmate *m*.

estilizar [4] [estiliθár] *vt* styliser.

estilo [estilo] *nm* **1** *(gen)* style *m*. **2** *(modo)* manière *f*.

• **al estilo de** à la mode de.

• **por el estilo** du même style.

estilográfica [estiloɣráfika] *nf* stylo *m*.

estimado,-da [estimáðo,-ða] *adj* estimé,-e.

• **Estimado Señor/Estimada Señora...** *(para empezar una carta)* Cher Monsieur/Chère Madame ....

estimar [estimár] *vt* estimer.

estímulo [estimulo] *nm* **1** *(incentivo)* stimulant *m*. **2** *(de un órgano)* stimulus *m*.

estío [estio] *nm fml* été *m*.

estipular [estipulár] *vt* stipuler.

estirado,-da [estiráðo,-ða] *adj (presumido)* prétentieux,-euse.

estirar [estirár] *vt* **1** *(alargar)* étirer, allonger. **2** *(dinero)* faire durer.

► *vpr* **estirarse** s'étirer.

estirón [estirón] *nm* saccade *f*.

• **dar un estirón** pousser.

estirpe [estirpe] *nf* souche *f*.

estival [estiβál] *adj* estival,-e.

esto [ésto] *pron dem* cela, ça, c'.

• **en esto** à ce moment-là.

• **esto de** ***esto de las vacaciones me encanta***, j'adore les vacances.

estocada [estokáða] *nf* **1** *(en los toros)* estocade *f*. **2** *(en esgrima)* botte *f*.

estofado,-da [estofáðo,-ða] *adj* à l'étouffée: ***conejo estofado***, lapin à l'étouffée.

► *nm* **estofado** ragoût *m*.

estomacal [estomakál] *adj* stomacal,-e.

estómago [estómaɣo] *nm* estomac *m*.

Estonia [estónja] *n pr* Estonie *f*.

estonio,-nia [estónjo,-nja] *adj* estonien, -enne.

► *nm,f* Estonien,-enne.

► *nm* **estonio** *(idioma)* estonien *m.*
estoque [estóke] *nm (espada)* estoc *m.*
estorbar [estorβár] *vt* gêner.
estorbo [estórβo] *nm* **1** *(molestia)* gêne *f.* **2** *(obstáculo)* obstacle *m.*
estornudar [estornuðár] *vi* éternuer.
estornudo [estornúðo] *nm* éternuement *m.*
estos,-as [éstos,-as] *adj* → este,-ta.
éstos,-as [éstos,-as] *adj* → éste,-ta.
estrado [estráðo] *nm (tarima)* estrade *f.*
estrafalario,-ria [estrafalárjo,-rja] *adj* bizarre, extravagant,-e.
estrago [estráɣo] (gén au *pl*) *nm* ravage *m.*
• **causar estragos** faire des ravages.
estragón [estraɣón] *nm* estragon *m.*
estrangular [estraŋgulár] *vt* étrangler.
estrategia [estratéχja] *nf* stratégie *f.*
estratégico,-ca [estratéχiko,-ka] *adj* stratégique.
estrato [estráto] *nm* **1** *(capa de terreno)* strate *f.* **2** *(nube)* stratus *m.* **3** *(social)* couche *f.*
estrechamiento [estretʃamjénto] *nm* rétrécissement *m.*
estrechar [estretʃár] *vt* **1** *(hacer más estrecho)* rétrécir. **2** *(entre los brazos, etc)* étreindre. **3** *fig (amistad, relación)* resserrer.
► *vpr* **estrecharse 1** *(hacerse estrecho)* se rétrécir. **2** *(apretarse)* se serrer. **3** *(abrazarse)* s'étreindre.
• **estrechar la mano** serrer la main.
estrechez [estretʃéθ] *nf* étroitesse *f.*
• **pasar estrecheces** avoir des ennuis d'argent.
▪ **estrechez de miras** étroitesse d'esprit.
estrecho,-cha [estrétʃo,-tʃa] *adj* étroit,-e.
► *nm,f fam* bégueule.
► *nm* **estrecho** détroit *m.*
• **ser una estrecha** être une sainte-nitouche.
estrella [estréʎa] *nf* **1** *(gen)* étoile *f.* **2** *(de cine, de la canción)* star *f*, vedette *f.*
• **nacer con estrella** naître sous une bonne étoile.
• **ver las estrellas** voir trente-six chandelles.
▪ **estrella de mar** étoile de mer.
▪ **estrella fugaz** étoile filante.
estrellar [estreʎár] *vt (hacer pedazos)* briser.
► *vpr* **estrellarse 1** *(chocar contra algo)* s'écraser. **2** *(fracasar)* s'effondrer.
estremecer [43] [estremeθér] *vt* faire trembler, ébranler.
► *vpr* **estremecerse** frémir.
estremecimiento [estremeθimjénto] *nm* frémissement *m.*
estrenar [estrenár] *vt* **1** *(hacer uso por primera vez)* étrenner. **2** *(película)* projeter pour la première fois. **3** *(obra de teatro)* jouer la première de.
► *vpr* **estrenarse 1** *(persona)* débuter. **2** *(película)* sortir.
estreno [estréno] *nm* **1** *(primer uso, primera venta)* étrenne *f.* **2** *(de espectáculo teatral)* première *f.* **3** *(de película)* sortie *f.* **4** *(en un empleo, etc)* débuts *m pl.*
estreñido,-da [estreɲiðo,-ða] *adj* constipé,-e.
estreñimiento [estreɲimjénto] *nm* constipation *f.*
estreñir [estreɲir] *vt* constiper.
estrépito [estrépito] *nm* fracas *m.*
estrés [estrés] *nm inv* stress *m inv.*
estribar [estriβár] *vi* reposer (**en**, sur).
estribillo [estriβiʎo] *nm* refrain *m.*
estribo [estríβo] *nm* **1** *(de la montura)* étrier *m.* **2** *(de un coche)* marchepied *m.* **3** *(de un puente)* butée *f.*
• **perder los estribos** *fig* perdre la tête.
estribor [estriβór] *nm* tribord *m.*
estricto,-ta [estrikto,-ta] *adj* strict,-e.
estridente [estriðénte] *adj* strident,-e.
estrofa [estrófa] *nf* strophe *f.*
estropajo [estropáχo] *nm* tampon *m* à récurer.
estropear [estropeár] *vt* **1** *(averiar, dañar)* abîmer. **2** *(asunto)* gâcher; *(proyecto)* faire échouer.
► *vpr* **estropearse 1** *(averiarse)* tomber en panne. **2** *(dañarse)* s'abîmer; *(asunto, proyecto)* échouer.
estructura [estruktúra] *nf* structure *f.*
estruendo [estrwéndo] *nm* fracas *m.*
estrujar [estruχár] *vt* **1** *(limón, etc)* presser. **2** *(con el pie)* écraser. **3** *(papel, etc)* froisser.
► *vpr* **estrujarse** se serrer.
estuario [estwárjo] *nm* estuaire *m.*

estuche [estútʃe] *nm* **1** *(de las gafas, etc)* étui *m*. **2** *(para joyas, etc)* coffret *m*.
estudiante [estuðjánte] *nmf* étudiant,-e.
estudiar [12] [estuðjár] *vt* étudier.
► *vi* étudier: ***estudiar para médico***, faire médecine.
estudio [estúðjo] *nm* **1** *(análisis)* étude *f*. **2** *(apartamento, de televisión)* studio *m*. **3** *(de un artista)* atelier *m*.
► *nm pl* **estudios** études *f pl*.
• **tener estudios** avoir fait des études.
estudioso,-sa [estuðjóso,-sa] *adj* studieux,-euse.
estufa [estúfa] *nf* poêle *m*.
estupefaciente [estupefaθjénte] *nm* stupéfiant.
estupefacto,-ta [estupefákto,-ta] *adj* stupéfait,-e.
estupendo,-da [estupéndo,-ða] *adj* formidable.
estúpido,-da [estúpiðo,-ða] *adj* stupide.
► *nm,f* imbécile.
estupor [estupór] *nm* stupeur *f*.
etapa [etápa] *nf* étape *f*.
• **quemar etapas** *fam* brûler les étapes.
etc [eteθé] *abr (**etcétera**)* etc.
etcétera [etθétera] *adv* et cetera.
éter [éter] *nm* éther *m*.
etéreo,-a [etéreo,-a] *adj* éthéré,-e.
eternidad [eterniðáð] *nf* éternité *f*.
eternizarse [4] [eterniθárse] *vpr* s'éterniser.
eterno,-na [etérno,-na] *adj* éternel -elle.
ética [étika] *nf* éthique *f*.
ético,-ca [étiko,-ka] *adj* éthique.
etimología [etimoloχia] *nf* étymologie *f*.
etíope [etiope] *adj* éthiopien,-enne.
► *nmf* Éthiopien,-enne.
Etiopía [etjopia] *n pr* Éthiopie *f*.
etiqueta [etikéta] *nf* étiquette *f*.
etnia [étnja] *nf* ethnie *f*.
étnico,-ca [étniko,-ka] *adj* ethnique.
eucalipto [eukalipto] *nm* eucalyptus *m*.
eucaristía [eukaristia] *nf* eucharistie *f*.
eufemismo [eufemizmo] *nm* euphémisme *m*.
euforia [eufórja] *nf* euphorie *f*.
euro [éuro] *nm* euro *m*.
eurodiputado,-da [euroðiputáðo,-ða] *nm,f* député *m* européen.
Europa [európa] *n pr* Europe *f*.
europeo,-a [européo,-a] *adj* européen, -enne.
► *nm,f* Européen,-enne.
eutanasia [eutanásja] *nf* euthanasie *f*.
evacuación [eβakwaθjón] *nf* évacuation *f*.
evacuar [10] [eβakwár] *vt* **1** évacuer. **2** *(el vientre)* aller à la selle.
evadir [eβaðir] *vt* **1** *(peligro, etc)* éviter. **2** *(capitales)* faire évader.
► *vpr* **evadirse** s'évader.
evaluación [eβalwaθjón] *nf* **1** *(valoración)* évaluation *f*. **2** *(examen)* contrôle *m*. **3** *(período)* trimestre *m*.
evaluar [11] [eβalwár] *vt* évaluer.
evangelio [eβaŋχéljo] *nm* évangile *m*.
evaporación [eβaporaθjón] *nf* évaporation *f*.
evaporar [eβaporár] *vt* évaporer.
► *vpr* **evaporarse** s'évaporer.
evasión [eβasjón] *nf* évasion *f*.
evasiva [eβasiβa] *nf* réponse *f* équivoque.
evasivo,-va [eβasiβo,-βa] *adj* évasif,-ive.
evento [eβénto] *nm* événement *m*.
eventual [eβentwál] *adj* **1** *(no seguro)* éventuel,-elle. **2** *(trabajador no fijo)* temporaire.
evidencia [eβiðénθja] *nf* évidence *f*.
• **poner en evidencia** mettre en évidence.
evidente [eβiðénte] *adj* évident,-e.
evitar [eβitár] *vt* éviter.
evocación [eβokaθjón] *nf* évocation *f*.
evocar [1] [eβokár] *vt* évoquer.
evolución [eβoluθjón] *nf* évolution *f*.
evolucionar [eβoluθjonár] *vi* évoluer.
exacerbar [eksaθerβár] *vt* **1** *(agudizar)* exacerber. **2** *(irritar)* exaspérer.
exactitud [eksaktitúð] *nf* exactitude *f*.
exacto,-ta [eksákto,-ta] *adj* exact,-e.
exageración [eksaχeraθjón] *nf* exagération *f*.
exagerado,-da [eksaχeráðo,-ða] *adj* **1** *(gen)* exagéré,-e. **2** *(excesivo)* excessif,-ive.
exagerar [eksaχerár] *vt* - *vi* exagérer.
exaltación [eksaltaθjón] *nf* **1** *(elogio, alabanza)* exaltation *f*. **2** *(al trono, etc)* élévation *f*.

exaltar [eksaltár] *vt* **1** *(a mayor dignidad)* élever. **2** *(realzar el mérito)* exalter.
► *vpr* **exaltarse** s'exalter.
examen [eksámen] *nm* examen *m*.
• **presentarse a un examen** passer un examen.
▪ **examen de ingreso** examen d'entrée.
▪ **examen médico** examen médical.
▪ **examen oral** épreuve *f* orale.
examinador,-ra [eksaminaðór,-ra] *nm,f* examinateur,-trice.
examinar [eksaminár] *vt* examiner.
► *vpr* **examinarse** passer un examen.
exasperación [eksasperaθjón] *nf* exaspération *f*.
excavar [ekskaβár] *vt* creuser.
excedente [eksθeðénte] *adj* **1** *(que sobra)* excédentaire. **2** *(funcionario)* en disponibilité.
► *nm* excédent *m*.
exceder [eksθeðér] *vt* excéder, dépasser.
► *vpr* **excederse 1** *(a sí mismo)* se surpasser. **2** *(propasarse)* dépasser les bornes.
excelencia [eksθelénθja] *nf* excellence *f*.
• **por excelencia** par excellence.
excelente [eksθelénte] *adj* excellent,-e.
excepción [eksθepθjón] *nf* exception *f*.
• **a/con excepción de** à l'exception de.
• **de excepción** d'exception.
excepcional [eksθepθjonál] *adj* exceptionnel,-elle.
excepto [eksθépto] *adv* excepté, hormis.
exceptuar [11] [eksθeptwár] *vt* excepter.
excesivo,-va [eksθesiβo,-βa] *adj* excessif,-ive.
exceso [eksθéso] *nm* excès *m*.
• **en exceso** trop.
▪ **exceso de equipaje** excédent *m* de bagages.
excitación [eksθitaθjón] *nf* excitation *f*.
excitar [eksθitár] *vt* **1** *(gen)* exciter. **2** *(poner nervioso)* taper sur les nerfs.
► *vpr* **excitarse** s'exciter.
exclamación [eksklamaθjón] *nf* exclamation *f*.
exclamar [eksklamár] *vi* s'exclamer.
excluir [62] [eksklwir] *vt* exclure.
exclusivo,-va [eksklusiβo,-βa] *adj* exclusif,-ive.
excomunión [ekskomunjón] *nf* excommunication *f*.
excrecencia [ekskreθénθja] *nf* excroissance *f*.
excremento [ekskreménto] *nm* excrément *m*.
excursión [ekskursjón] *nf* excursion *f*.
• **ir de excursión** partir en excursion.
excursionista [ekskursjonista] *nmf* excursionniste.
excusa [ekskúsa] *nf* excuse *f*.
• **no hay excusa que valga** c'est inexcusable.
excusar [ekskusár] *vt* **1** *(justificar)* excuser. **2** *(rehusar)* refuser. **3** *(evitar)* s'abstenir.
► *vpr* **excusarse** s'excuser.
exento,-ta [eksénto,-ta] *adj* exempt,-e.
exequias [eksékjas] *nf pl* obsèques *f pl*.
exhalar [eksalár] *vt* exhaler.
exhaustivo,-va [eksaustiβo,-βa] *adj* exhaustif,-ive.
exhausto,-ta [eksáusto,-ta] *adj* épuisé,-e.
exhibición [eksiβiθjón] *nf* **1** *(de deportes, danza, etc)* exhibition *f*. **2** *(de arte)* exposition *f*. **3** *(de modelos)* présentation *f*. **4** *(de película)* projection *f*.
exhibir [eksiβir] *vt* **1** *(mostrar)* exhiber. **2** *(arte)* exposer. **3** *(modelos)* présenter. **4** *(películas)* projeter.
► *vpr* **exhibirse** s'exhiber.
exigencia [eksiχénθja] *nf* exigence *f*.
exigente [eksiχénte] *adj* exigeant,-e.
exigir [6] [eksiχir] *vt* exiger.
exiliado,-da [eksiljáðo,-ða] *adj - nm,f* exilé,-e.
exiliarse [eksiljárse] *vpr* s'exiler.
exilio [eksiljo] *nm* exil *m*.
existencia [eksisténθja] *nf* existence *f*.
► *nf pl* **existencias** stock *m sing*.
existir [eksistir] *vi* **1** *(ser)* exister. **2** *(haber)* avoir.
éxito [éksito] *nm* **1** *(gen)* succès *m*. **2** *(canción)* tube *m*.
• **tener éxito** avoir du succès.
exitoso,-sa [eksitóso,-sa] *adj* à succès.
éxodo [éksoðo] *nm* exode *m*.
exorbitante [eksorβitánte] *adj* exorbitant,-e.
exótico,-ca [eksótiko,-ka] *adj* exotique.

expansión [ekspansjón] *nf* **1** *(dilatación)* expansion *f.* **2** *(de afecto)* épanchement *m.* **3** *(recreo)* détente *f.*

expatriarse [ekspatrjárse] *vpr* s'expatrier.

expectación [ekspektaθjón] *nf* attente *f.*

expectativa [ekspektatiβa] *nf* expectative *f.*

expedición [ekspeðiθjón] *nf* expédition *f.*

expediente [ekspeðjénte] *nm* **1** *(conjunto de documentos)* dossier *m.* **2** *(investigación)* enquête *f.*

• **abrir expediente a ALGN** ouvrir une enquête sur QQN.

• **cubrir el expediente** faire acte de présence.

expedir [34] [ekspeðír] *vt* **1** *(documento, etc)* délivrer. **2** *(carta, paquete)* expédier.

expensas [ekspénsas].

• **a expensas de** aux dépens de.

experiencia [eksperjénθja] *nf* expérience *f.*

experimentar [eksperimentár] *vt* **1** *(notar)* éprouver. **2** *(padecer)* subir. **3** *(hacer experimentos científicos)* expérimenter.

experimento [eksperiménto] *nm* expérience *f.*

experto,-ta [ekspérto,-ta] *adj - nm,f* expert,-e.

expirar [ekspirár] *vi* expirer.

explanada [eksplanáða] *nf* esplanade *f.*

explicación [eksplikaθjón] *nf* explication *f.*

explicar [1] [eksplikár] *vt* expliquer.

► *vpr* **explicarse** s'expliquer.

explícito,-ta [ekspliθito,-ta] *adj* explicite.

exploración [eksploraθjón] *nf* **1** *(gen)* exploration *f.* **2** MED examen *m.*

explorador,-ra [eksploraðór,-ra] *adj - nm,f* explorateur,-trice.

explosión [eksplosjón] *nf* explosion *f.*

• **hacer explosión** exploser.

explosivo,-va [eksplosiβo,-βa] *adj* explosif,-ive.

► *nm* **explosivo** explosif *m.*

explotación [eksplotaθjón] *nf* exploitation *f.*

explotar [eksplotár] *vt* exploiter.

► *vi (bomba, etc)* exploser.

expolio [ekspóljo] *nmf fml* spoliation *f.*

exponente [eksponénte] *nm (representante)* représentant *m.*

► *nm* MAT exposant *m.*

exponer [78] [eksponér] *vt* exposer.

► *vpr* **exponerse** s'exposer.

exportación [eksportaθjón] *nf* exportation *f.*

exportador,-ra [eksportaðór,-ra] *adj - nm,f* exportateur,-trice.

exportar [eksportár] *vt* exporter: ***exportar un archivo informático***, exporter un fichier informatique.

exposición [eksposiθjón] *nf* **1** *(gen)* exposition *f.* **2** *(narración)* exposé *m.*

exprés [eksprés] *adj* express.

expresar [ekspresár] *vt* exprimer.

► *vpr* **expresarse** s'exprimer.

expresión [ekspresjón] *nf* expression *f.*

expresivo,-va [ekspresiβo,-βa] *adj* expressif,-ive.

expreso,-sa [ekspréso,-sa] *adj (especificado)* exprès,-esse.

► *nm (tren, café)* express *m.*

exprimidor [eksprimiðór] *nm* presse-agrume *m.*

exprimir [eksprimír] *vt* presser.

expropiar [12] [ekspropjár] *vt* exproprier.

expuesto,-ta [ekspwésto,-ta] *adj* **1** exposé,-e. **2** *(peligroso)* dangereux,-euse.

expulsar [ekspulsár] *vt* expulser.

expulsión [ekspulsjón] *nf* expulsion *f.*

exquisito,-ta [ekskisito,-ta] *adj* exquis,-e.

éxtasis [ékstasis] *nm* extase *f.*

extender [28] [ekstendér] *vt* **1** *(gen)* étendre. **2** *(documento, etc)* rédiger. **3** *(cosa doblada)* dérouler: ***extender un mapa***, dérouler une carte. **4** *(cheque)* libeller.

► *vpr* **extenderse** s'étendre: ***la ciudad se extendía al pie de la montaña***, la ville s'étendait au pied de la montagne.

extensión [ekstensjón] *nf* **1** *(territorio, discurso, etc)* étendue *f.* **2** *(acción)* extension *f.* **3** *(de teléfono)* poste *m.* **4** INFORM extension *f.*

extenso,-sa [eksténso,-sa] *adj (amplio)* étendu,-e.

exterior [eksterjór] *adj* extérieur,-e.

► *nm* extérieur *m.*

• **en exteriores** en extérieur.

exteriorizar [4] [eksterjoriθár] *vt* extérioriser.

exterminar [eksterminár] *vt* exterminer.
exterminio [eksterminjo] *nm* extermination *f*.
externo,-na [ekstérno,-na] *adj* - *nm,f* externe.
extinción [ekstinθjón] *nf* extinction *f*.
extinguir [8] [ekstiŋgír] *vt* éteindre.
► *vpr* **extinguirse** s'éteindre.
extintor [ekstintór] *nm* extincteur *m*.
extirpación [ekstirpaθjón] *nf* extirpation *f*.
extra [ékstra] *adj* **1** *(de mucha calidad)* supérieur,-e. **2** *(horas, dinero)* supplémentaire.
► *nm* **1** *(plus)* plus *m*. **2** *(de cine)* figurant *m*.
extracción [ekstrakθjón] *nf* **1** *(de muela)* extraction *f*. **2** *(de lotería)* tirage *m*.
extracto [ekstrákto] *nm* extrait *m*.
▪ **extracto de cuentas** relevé *m* de compte.
extractor [ekstraktór] *nm* hotte *f* aspirante.
extradición [ekstraðiθjón] *nf* extradition *f*.
extraer [88] [ekstraér] *vt* extraire.
extranjero,-ra [ekstraŋχéro,-ra] *adj* - *nm,f* étranger,-ère.
► *nm* **extranjero** étranger *m*.
extranjis [ekstráŋχis].
• **de extranjis** *fam* en cachette.
extrañar [ekstraɲár] *vt* **1** *(sorprender)* étonner. **2** *(echar de menos)* manquer. **3** *(desterrar)* exiler.
► *vpr* **extrañarse** *(asombrarse)* s'étonner.
extrañeza [ekstraɲéθa] *nf* étrangeté *f*.
extraño,-ña [ekstráɲo,-ɲa] *adj* **1** *(raro)* étrange. **2** *(desconocido)* étranger,-ère. **3** *(sorprendente)* étonnant,-e.
extraordinario,-ria [ekstraorðinárjo, -rja] *adj* extraordinaire.
extrarradio [ekstrar̄áðjo] *nm* périphérie *f*.
extraterrestre [ekstrater̄éstre] *adj* - *nmf* extraterrestre.
extravagante [ekstraβaɣánte] *adj* extravagant,-e.
extravertido,-da → extrovertido,-da.
extraviar [13] [ekstraβjár] *vt* égarer.
► *vpr* **extraviarse** s'égarer.
extremar [ekstremár] *vt* pousser à l'extrême.
► *vpr* **extremarse** se surpasser.
• **extremar las precauciones** prendre toutes les précautions imaginables.
extremidad [ekstremiðáð] *nf* extrémité *f*.
► *nf pl* **extremidades** extrémités *f pl*.
extremo,-ma [ekstrémo,-ma] *adj* extrême.
► *nm* **extremo** **1** *(límite)* extrême *m*. **2** *(parte extrema)* extrémité *f*, bout *m*.
• **en último extremo** en dernier recours.
• **los extremos se tocan** les extrêmes se rejoignent.
extrovertido,-da [ekstroβertiðo,-ða], **extravertido,-da** [ekstraβertiðo,-ða] *adj* extraverti,-e.
exuberancia [eksuβeránθja] *nf* exubérance *f*.
exuberante [eksuβeránte] *adj* exubérant,-e.
eyaculación [ejakulaθjón] *nf* éjaculation *f*.
eyacular [ejakulár] *vi* éjaculer.

F

fa [fa] *nm* MÚS fa *m inv*.
fábrica [fáβrika] *nf* usine *f*.
fabricación [faβrikaθjón] *nf* fabrication *f*.
• **de fabricación casera** fait,-e maison.
fabricante [faβrikánte] *nmf* fabricant,-e.
fabricar [1] [faβrikár] *vt* fabriquer.
fábula [fáβula] *nf* fable *f*.
• **de fábula** *fam* merveilleux,-euse.
fabuloso,-sa [faβulóso,-sa] *adj* fabuleux,-euse.
facción [fakθjón] *nf* faction *f*.
► *nf pl* **facciones** *(del rostro)* traits *m pl*.
faceta [faθéta] *nf* **1** *(de un asunto)* aspect *m*. **2** *(de un diamante)* facette *f*.
facha[1] [fátʃa] *nf* allure *f*.
facha[2] [fátʃa] *nmf fam* facho.
fachada [fatʃáða] *nf* façade *f*.
facial [faθjál] *adj* facial,-e.
fácil [fáθil] *adj* facile: ***fácil de resolver***, facile à résoudre.
• **es fácil que** il est probable que.
facilidad [faθiliðáð] *nf* facilité *f*.
facilitar [faθilitár] *vt* **1** *(hacer fácil, simplificar)* faciliter. **2** *(proporcionar)* fournir: ***facilitar la ayuda necesaria***, fournir l'aide nécessaire.
factible [faktiβle] *adj* faisable.
factor [faktór] *nm* facteur *m*.
factoría [faktoría] *nf* usine *f*.
factura [faktúra] *nf* facture *f*.
• **pasar factura** *(traer consecuencias)* se faire sentir.
facturar [fakturár] *vt* **1** *(hacer facturas)* facturer. **2** *(equipajes, etc)* enregistrer.
facultad [fakultáð] *nf* faculté *f*.
facultar [fakultár] *vt* autoriser.
facultativo,-va [fakultatiβo,-βa] *adj* facultatif,-ive.
► *nm,f* médecin *m*.
faena [faéna] *nf* **1** *(trabajo)* travail *m*. **2** *fam (mala pasada)* mauvais tour *m*.
• **estar metido,-da en faena** être au travail.
▪ **faenas de la casa** tâches *f pl* ménagères.
faisán [faisán] *nm* faisan *m*.
faja [fáχa] *nf* **1** *(prenda de adorno)* ceinture *f*. **2** *(prenda interior)* gaine *f*. **3** *(de terreno, de periódico)* bande *f*.
▪ **faja pantalón** gaine-culotte *f*.
fajo [fáχo] *nm* liasse *f*.
falacia [faláθja] *nf* tromperie *f*.
falange [faláŋχe] *nf* phalange *f*.
falaz [faláθ] *adj* fallacieux,-euse.
falda [fálda] *nf* **1** *(prenda)* jupe *f*: ***falda recta/plisada***, jupe droite/plissée. **2** *(regazo)* giron *m*. **3** *(de una montaña)* flanc *m*.
▪ **falda escocesa** kilt *m*.
▪ **falda pantalón** jupe-culotte *f*.
falible [faliβle] *adj* faillible.
falla [fáʎa] *nf* **1** *(defecto)* défaut *f*. **2** *(del terreno)* faille *f*. **3** *(en Valencia) figure brûlée lors des fêtes de Valence*.
fallar [faʎár] *vt* **1** DER prononcer. **2** *(premio)* décerner. **3** *(errar)* manquer: ***fallar el tiro***, manquer son tir.
► *vi* **1** *(no ir bien)* faillir: ***le fallaron las piernas***, ses jambes ont lâché. **2** *(fracasar)* échouer. **3** *(errar)* rater.
fallecer [43] [faʎeθér] *vi* décéder.
fallecimiento [faʎeθimjénto] *nm* décès *m*.

fallo [fáʎo] *nm* **1** *(error)* erreur *m.* **2** *(de un concurso)* résultat *m.* **3** DER jugement *m.*
falsear [falseár] *vt* **1** *(hechos)* fausser. **2** *(verdad)* dénaturer.
falsedad [falseðáð] *nf* **1** *(hipocresía)* fausseté *f.* **2** *(mentira)* mensonge *m.*
falsificación [falsifikaθjón] *nf* contrefaçon *f.*
falsificador,-ra [falsifikaðór,-ra] *nm,f* faussaire.
falsificar [1] [falsifikár] *vt* **1** *(papeles)* falsifier. **2** *(firma)* contrefaire.
falso,-sa [fálso,-sa] *adj* faux, fausse.
falta [fálta] *nf* **1** *(privación)* manque *m.* **2** *(ausencia)* absence *f.* **3** *(defecto, imperfección)* défaut *m.* **4** *(de ortografía, etc)* faute *f.* **5** *(de menstruación)* absence.
• **a falta de** faute de, à défaut de.
• **hacer falta** falloir, être nécessaire.
• **por falta de** faute de, par manque de.
• **sin falta** sans faute.
faltar [faltár] *vi* **1** *(sentido impersonal)* manquer. **2** *(estar ausente)* être absent,-e: ***falta de su casa desde el viernes***, il est absent de chez lui depuis vendredi. **3** *(quedar)* rester: ***sólo le faltaba convencer a sus padres***, il ne lui restait plus qu'à convaincre ses parents. **4** *(morir)* disparaître. **5** *(no cumplir)* manquer, faillir: ***faltar a un deber***, manquer à un devoir; ***poco le faltó para caer***, il s'en est fallu de peu qu'il ne tombe.
• **¡lo que me faltaba!** il ne me manquait plus que ça !
• **¡no faltaba más! 1** *(por supuesto)* je vous en prie ! **2** *(en absoluto)* il ne manquerait plus que ça !
falto,-ta [fálto,-ta] *adj* dépourvu,-e.
• **estar falto de** manquer: ***la empresa está falta de recursos***, l'entreprise manque de ressources.
fama [fáma] *nf* réputation *f.*
• **de fama** fameux,-euse.
famélico,-ca [faméliko,-ka] *adj* famélique.
familia [familja] *nf* famille *f.*
• **en familia** en famille.
• **tener familia** avoir un enfant.
▪ **familia numerosa** famille nombreuse.
familiar [familjár] *adj* **1** *(de la familia)* familial,-e. **2** *(sencillo)* familier,-ère.
► *nm* membre *m* de la famille.
familiarizar [4] [familjariθár] *vt* familiariser.
► *vpr* **familiarizarse** se familiariser.
famoso,-sa [famóso,-sa] *adj* célèbre.
fan [fan] *nmf* (*pl* **fans**) fan.
fanático,-ca [fanátiko,-ka] *adj* - *nm,f* fanatique.
fanatismo [fanatizmo] *nm* fanatisme *m.*
fanfarrón,-ona [famfar̄ón,-óna] *adj* - *nm,f* fanfaron,-onne.
fanfarronear [famfar̄oneár] *vi* fanfaronner.
fango [fáŋgo] *nm* boue *f.*
fantasear [fantaseár] *vi* rêvasser.
fantasía [fantasía] *nf* **1** *(imaginación)* imagination *f.* **2** *(presunción, sueño)* chimères *f pl.*
fantasma [fantázma] *nm* **1** *(espectro)* fantôme *m.* **2** *(alucinación)* fantasme *m.*
► *nmf fam pey (fanfarrón)* crâneur,-euse.
fantástico,-ca [fantástiko,-ka] *adj* fantastique.
fantoche [fantótʃe] *nm* **1** *(títere)* fantoche *m.* **2** *pey (presumido, vanidoso)* vantard,-e.
faquir [fakír] *nm* fakir *m.*
faraón [faraón] *nm* pharaon *m.*
fardar [farðár] *vi fam* frimer.
fardo [fárðo] *nm* ballot *m.*
farfullar [farfuʎár] *vt* - *vi* bredouiller.
faringe [fariŋχe] *nf* ANAT pharynx *m.*
farmacéutico,-ca [farmaθéutiko,-ka] *adj* pharmaceutique.
► *nm,f* pharmacien,-enne.
farmacia [farmáθja] *nf* pharmacie *f.*
fármaco [fármako] *nm* médicament *m.*
faro [fáro] *nm* phare *m.*
▪ **faro antiniebla** phare antibrouillard.
farol [faról] *nm* **1** *(en las calles)* réverbère *m.* **2** *fam (exageración, mentira)* bluff *m.*
• **marcarse un farol** *fam* se vanter.
farola [faróla] *nf* réverbère *m.*
farra [fár̄a] *nf fam* bringue *f.*
farruco,-ca [far̄úko,-ka] *adj* - *nm,f fam* culotté,-e.
• **ponerse farruco** *fam* se buter.
farsa [fársa] *nf* farce *f.*
farsante [farsánte] *adj* comédien,-enne.

fascículo [fasθikulo] *nm* fascicule *m.*
fascinación [fasθinaθjòn] *nf* fascination *f.*
fascinante [fasθinànte] *adj* fascinant,-e.
fascinar [fasθinàr] *vt* fasciner.
fascismo [fasθizmo] *nm* fascisme *m.*
fascista [fasθista] *adj - nmf* fasciste.
fase [fàse] *nf* phase *f.*
fastidiar [12] [fastiðjàr] *vt* **1** *(molestar)* ennuyer. **2** *(dar la lata)* assommer. **3** *fam (estropear - planes)* rater; *(- cosas, máquinas, etc)* casser.
► *vpr* **fastidiarse 1** *(estropearse - planes)* tomber à l'eau; *(- cosas, máquinas, etc)* se casser. **2** *(aguantarse, resignarse)* être bien fait: ***si no te gusta, te fastidias***, si ça ne te plaît pas, tant pis pour toi.
• **¡no fastidies! 1** *(déjame en paz)* fiche-moi la paix ! **2** *(indica asombro)* tu plaisantes !
fastidio [fastiðjo] *nm* ennui *m.*
fastuoso,-sa [fastwòso,-sa] *adj* fastueux,-euse.
fatal [fatàl] *adj* **1** *(inexorable, mortal)* fatal, -e. **2** *fam (muy malo)* affreux,-euse.
► *adv* très mal.
fatalidad [fataliðàð] *nf* fatalité *f.*
fatiga [fatiɣa] *nf* **1** *(cansancio)* fatigue *f.* **2** *(dificultad de respirar)* suffocation *f.*
► *nf pl* **fatigas** difficultés *f pl.*
fatigar [7] [fatiɣàr] *vt* fatiguer.
► *vpr* **fatigarse** se fatiguer.
fauces [fàuθes] *nf pl* gueule *f sing.*
fauna [fàuna] *nf* faune *f.*
favor [faβòr] *nm* **1** *(gen)* faveur *f*: ***cuenta con el favor de los que mandan***, il bénéficie de la faveur de ceux qui dirigent. **2** *(ayuda)* service *m*: ***¿me haces un favor?***, tu peux me rendre un service ?
• **a favor de 1** *(en beneficio de)* en faveur de. **2** *(merced a)* à la faveur de.
• **hacer el favor** faire le plaisir.
• **por favor** s'il vous/te plaît.
favorable [faβoràβle] *adj* favorable.
favorecer [43] [faβoreθèr] *vt* **1** *(beneficiar)* favoriser. **2** *(ayudar)* aider, secourir. **3** *(vestido, peinado)* avantager, être seyant.
favorito,-ta [faβorito,-ta] *adj* favori,-ite.
► *nm,f (persona)* favori,-ite.
fax [faks] *nm* fax *m.*
• **enviar por fax** faxer.
faz [faθ] *nf* face *f.*
fe [fe] *nf* **1** *(gen)* foi *f.* **2** *(documento)* certificat *m.*
• **dar fe** certifier, témoigner.
• **de buena fe** de bonne foi.
• **de mala fe** de mauvaise foi.
• **tener fe en** avoir foi en.
▪ **fe de erratas** errata *m pl.*
fealdad [fealdàð] *nf* laideur *f.*
febrero [feβrèro] *nm* février *m*: ***5 de febrero de 2005***, 5 février 2005; ***en febrero pasado***, le mois de février dernier.
fecha [fètʃa] *nf* date *f*: ***de fecha reciente***, de fraîche date.
• **hasta la fecha** jusqu'à présent.
▪ **fecha de caducidad** date limite de consommation.
fechar [fetʃàr] *vt* dater.
fechoría [fetʃoria] *nf* méfait *m*, forfait *m.*
fecundación [fekundaθjòn] *nf* fécondation *f.*
fecundar [fekundàr] *vt* féconder.
fecundo,-da [fekùndo,-ða] *adj* fécond,-e.
federación [feðeraθjòn] *nf* fédération *f.*
federal [feðeràl] *adj* fédéral,-e.
fehaciente [feaθjènte] *adj* **1** *(innegable)* frappant,-e, aveuglant,-e. **2** DER qui fait foi, qui prouve.
felicidad [feliθiðàð] *nf* bonheur *m.*
• **¡felicidades! 1** *(enhorabuena)* félicitations ! **2** *(feliz cumpleaños)* joyeux anniversaire !
felicitar [feliθitàr] *vt* féliciter.
feligrés,-esa [feliɣrès,-èsa] *nm,f* paroissien,-enne.
felino,-na [felino,-na] *adj* félin,-e.
► *nm* **felino** félin *m.*
feliz [feliθ] *adj* heureux,-euse.
• **¡feliz Año Nuevo!** bonne année !
• **¡feliz cumpleaños!** bon anniversaire !
• **¡feliz Navidad!** joyeux Noël !
• **hacer feliz** rendre heureux,-euse.
felpa [fèlpa] *nf* tissu-éponge *m.*
felpudo [felpùðo] *nm* paillasson *m.*
femenino,-na [femenino,-na] *adj* **1** *(mujer, vestido)* féminin,-e. **2** *(sexo)* femelle.
► *nm* **femenino** féminin *m.*

feminista [feminista] *adj - nmf* féministe.
fémur [fémur] *nm* (*pl* **fémures**) ANAT fémur *m*.
fenomenal [fenomenál] *adj* phénoménal,-e.
fenómeno [fenómeno] *nm* phénomène *m*.
► *adj fam* génial,-e.
► *adv fam* super.
feo,-a [féo,-a] *adj* **1** *(gen)* laid,-e, vilain,-e. **2** *(indigno)* vilain,-e.
► *nm* **feo** *(ofensa)* affront *m*.
• **hacer un feo a ALGN** faire un affront à QQN.
• **ponerse feo,-a** tourner mal, prendre mauvaise tournure.
féretro [féretro] *nm* bière *f*, cercueil *m*.
feria [férja] *nf* **1** *(mercado)* foire *f*. **2** *(festejo)* fête *f* foraine.
▪ **feria de muestras** salon *m* professionnel.
feriante [ferjánte] *adj - nmf* **1** *(en una feria)* forain,-e. **2** *(en una feria de muestras)* exposant,-e.
fermento [ferménto] *nm* ferment *m*.
feroz [feróθ] *adj* féroce.
ferretería [fer̄etería] *nf* quincaillerie *f*.
ferrocarril [fer̄okar̄il] *nm* chemin *m* de fer.
ferroviario,-ria [fer̄oβjárjo,-r̄ja] *adj* ferroviaire.
► *nm,f* cheminot *m*.
fértil [fértil] *adj* fertile.
fertilidad [fertiliðáð] *nf* fertilité *f*.
fertilizante [fertiliθánte] *adj* fertilisant,-e.
► *nm* engrais *m*.
fertilizar [4] [fertiliθár] *vt* fertiliser.
ferviente [ferβjénte] *adj* fervent,-e.
fervor [ferβór] *nm* ferveur *f*.
festejar [festeχár] *vt* **1** *(obsequiar)* faire fête à, fêter. **2** *(cortejar)* courtiser.
festejo [festéχo] *nm* fête *f*.
► *nm pl* **festejos** festivités *f pl*.
festín [festín] *nm* festin *m*.
festival [festiβál] *nm* festival *m*.
festividad [festiβiðáð] *nf* fête *f*.
festivo,-va [festíβo,-βa] *adj* **1** *(de fiesta)* de fête: ***día festivo***, jour férié. **2** *(alegre)* gai,-e, joyeux,-euse.
fetiche [fetítʃe] *nm* fétiche *m*.
fétido,-da [fétiðo,-ða] *adj* fétide: ***bomba fétida***, boule puante.
feto [féto] *nm* **1** *(embrión)* fœtus *m*. **2** *fam (persona fea)* mocheté *f*.
fiambre [fjámbre] *nm* **1** *(alimento)* plat *m* froid. **2** *fam (cadáver)* macchabée *m*.
fiambrera [fjambréra] *nf* gamelle *f*.
fianza [fjánθa] *nf* caution *f*.
fiar [13] [fjár] *vt* vendre à crédit.
► *vpr* **fiarse** se fier (**de**, à), avoir confiance (**de**, en).
• **ser ALGN de fiar** être QQN à qui on peut faire confiance.
• **no te fíes** méfie-toi.
fiasco [fjásko] *nm* fiasco *m*.
fibra [fíβra] *nf* fibre *f*.
▪ **fibra de vidrio** fibre de verre.
fibroso,-sa [fiβróso,-sa] *adj* fibreux,-euse.
ficción [fikθjón] *nf* fiction *f*.
ficha [fítʃa] *nf* **1** *(gen)* fiche *f*. **2** *(de dominó)* domino *m*. **3** *(de teléfono)* jeton *m*. **4** DEP licence *f*.
▪ **ficha policial** casier *m* judiciaire.
▪ **ficha técnica 1** *(de película)* générique *m*. **2** *(de producto)* caractéristiques *f pl*.
fichaje [fitʃáχe] *nm* DEP *(contratación)* engagement *m*.
fichar [fitʃár] *vt* **1** *(gén)* mettre sur fiche. **2** *(delincuente)* ficher. **3** DEP engager.
► *vi* **1** *(en el trabajo)* pointer. **2** *(deportista)* signer un contrat (**por**, avec).
fichero [fitʃéro] *nm* fichier *m*.
▪ **fichero adjunto** fichier joint.
ficticio,-cia [fiktíθjo,-θja] *adj* fictif,-ive.
fidelidad [fiðeliðáð] *nf* fidélité *f*.
fideo [fiðéo] *nm* vermicelle *m*.
• **estar como un fideo** *fam* être maigre comme un clou.
fiebre [fjéβre] *nf* fièvre *f*.
fiel [fjel] *adj* fidèle.
fieltro [fjéltro] *nm* feutre *m*.
fiera [fjéra] *nf* **1** *(animal)* fauve *m*, bête *f* féroce. **2** *(persona)* brute *f*.
• **estar hecho,-cha una fiera** être en rage.
• **ser una fiera para ALGO** être très fort en QQCH.
fiereza [fjeréθa] *nf* cruauté *f*, sauvagerie *f*.
fiero,-ra [fjéro,-ra] *adj* **1** *(animal)* féroce. **2** *(persona)* cruel,-elle, sauvage.

fiesta [fjèsta] *nf* fête *f*.
► *nf pl* **fiestas** fêtes *f pl*.
• **aguar la fiesta** troubler la fête.
• **hacer fiesta** chômer, se reposer.
• **tengamos la fiesta en paz** tâchez de vous tenir tranquille.
▪ **la fiesta nacional** la course de taureaux.
figura [fiɣúra] *nf* **1** *(gen)* figure *f*. **2** *(forma)* forme *f*. **3** *(silueta)* allure *f*, silhouette *f*. **4** *(artista)* vedette *f*.
figurar [fiɣurár] *vi* **1** *(aparecer)* figurer: ***su nombre figura en primer lugar***, son nom figure en premier. **2** *(destacar)* se faire remarquer: ***le gusta mucho figurar***, il aime beaucoup se faire remarquer.
► *vt* **1** *(representar)* représenter. **2** *(fingir)* feindre.
► *vpr* **figurarse** se figurer, s'imaginer: ***¿qué se ha figurado usted?***, qu'est-ce que vous croyiez ?
• **¡figúrate!** tu penses !
• **ya me lo figuraba** c'est bien ce que je pensais.
figurativo,-va [fiɣuratiβo,-βa] *adj* figuratif,-ive.
fijador [fiχaðòr] *nm* **1** *(para cabello, fotografía)* fixateur *m*. **2** *(para dibujo)* fixatif *m*.
fijar [fiχár] *vt* **1** *(gen)* fixer. **2** *(carteles)* afficher.
► *vpr* **fijarse 1** *(prestar atención)* observer, faire attention: ***fíjate en lo que digo***, fais attention à ce que je dis. **2** *(notar)* remarquer, noter: ***¿te has fijado en su aspecto?***, as-tu remarqué sa mine ?
• **fijar la vista** fixer son regard.
• **¡fíjate!** tu t'imagines !
fijo,-ja [fiχo,-χa] *adj* fixe.
► *adv fam* sûr: ***fijo que os ganamos***, c'est sûr qu'on va vous battre.
fila [fila] *nf* **1** *(en línea)* rangée *f*. **2** *(unas junto a otras)* rang *m*. **3** *(unas detrás de otras)* file *f*: ***una fila de personas esperando***, une file de personnes qui attendent.
► *nf pl* **filas** *(en el ejército)* rangs *m pl*.
• **en fila** à la file.
• **en fila india** à la file indienne.
• **llamar a ALGN a filas** rappeler QQN sous les drapeaux.
• **poner en fila** mettre en rang.
• **¡rompan filas!** rompez les rangs !
filamento [filaménto] *nm* filament *m*.
filantropía [filantropia] *nf* philantropie *f*.
filatelia [filatélja] *nf* philatélie *f*.
filete [filète] *nm (bistec)* bifteck *m*. *(de solomillo, de pescado, adorno)* filet *m*.
filiación [filjaθjòn] *nf* **1** *(gen)* filiation *f*. **2** *(datos personales)* signalement *m*.
filial [filjál] *adj* filial,-e.
► *nf* filiale *f*.
Filipinas [filipinas] *n pr* Philippines *f pl*.
filipino,-na [filipino,-na] *adj* philippin,-e.
► *nm,f* **1** *(persona)* Philippin,-e.
film [film] *nm* (*pl* **films**) film *m*.
filmar [filmár] *vt* filmer.
filme [filme] *nm* film *m*.
filo [filo] *nm* fil *m*, tranchant *m*.
• **al filo de** sur le coup de.
filosofía [filosofia] *nf* philosophie *f*.
filósofo,-fa [filósofo,-fa] *nm,f* philosophe.
filtrar [filtrár] *vt* - *vi* filtrer.
► *vpr* **filtrarse 1** *(líquido)* s'infiltrer. **2** *(información)* filtrer.
filtro[1] [filtro] *nm (para filtrar)* filtre *m*.
filtro[2] [filtro] *nm (poción)* philtre *m*.
fin [fin] *nm* **1** *(final)* fin *f*. **2** *(objetivo)* fin *f*, but *m*: ***¿con qué fin?***, dans quel but ?
• **a fin de** afin de.
• **a fin de cuentas** en fin de compte, en définitive.
• **a fin de que** afin que.
• **al fin** à la fin, enfin.
• **al fin y al cabo** en fin de compte, après tout.
• **dar fin** finir, achever.
• **en fin** enfin, bref.
• **llegar a su fin** arriver à son terme.
• **poner fin a ALGO** mettre fin à QQCH.
• **¡por fin!** enfin !
▪ **fin de año** nouvel an *m*.
▪ **fin de semana** week-end *m*.
final [finál] *adj* final,-e.
► *nm* **1** *(gen)* fin *f*, terme *m*. **2** *(de calle)* bout *m*.
► *nf (en competición)* finale *f*.
• **a finales de** à la fin de.
• **al final** à la fin.
▪ **final feliz** fin heureuse.

finalidad [finaliðáð] *nf* 1 *(propósito)* but *m*. 2 *(en filosofía)* finalité *f*.
finalista [finalista] *adj - nmf* finaliste.
finalizar [4] [finaliθár] *vt* finir, achever.
► *vi* finir, se terminer.
financiación [finanθjaθjón] *nf* financement *m*.
financiar [finanθjár] *vt* financer.
financiero,-ra [finanθjéro,-ra] *adj* financier,-ère.
finanzas [finánθas] *nf pl* finance *f sing*.
finca [fiŋka] *nf* propriété *f*, terre *f*.
▪ **finca rústica** propriété rurale.
▪ **finca urbana** immeuble *m*.
finés,-esa [finés,-esa] *adj* finnois,-e.
► *nm,f* Finnois,-e.
► *nm* **finés** *(idioma)* finnois *m*.
fineza [finéθa] *nf* finesse *f*.
fingir [6] [fiŋχir] *vt* feindre.
► *vpr* **fingirse** se faire passer pour.
finito,-ta [finito,-ta] *adj* fini,-e.
finlandés,-esa [finlandés,-esa] *adj* finlandais,-e.
► *nm,f* Finlandais,-e.
► *nm* **finlandés** *(idioma)* finlandais *m*.
Finlandia [finlándja] *n pr* Finlande *f*.
fino,-na [fino,-na] *adj* 1 *(cosa)* fin,-e. 2 *(persona)* courtois,-e, poli,-e.
► *nm* **fino** *(vino)* vin fin.
• **ir fino,-na** avoir trop bu.
• **no estar fino,-na** *fam* ne pas être en forme.
firma [firma] *nf* 1 *(rúbrica)* signature *f*. 2 *(empresa)* firme *f*.
▪ **firma digital** signature digitale.
firmamento [firmaménto] *nm* firmament *m*.
firmar [firmár] *vt* signer.
firme [firme] *adj* 1 *(gen)* ferme. 2 *(constante)* ferme, constant,-e. 3 *(decidido)* ferme, décidé,-e.
► *nm (terreno)* chaussée *f*.
► *adv* ferme, fermement.
► *interj* **¡firmes!** garde-à-vous !, fixe !
• **de firme** ferme, dur.
• **en firme** ferme.
• **mantenerse firme** rester ferme.
firmeza [firméθa] *nf* fermeté *f*.
fiscal [fiskál] *adj* fiscal,-e.
► *nmf* procureur *m*.
fiscalizar [4] [fiskaliθár] *vt* vérifier, contrôler.
fisco [fisko] *nm* fisc *m*.
fisgar [7] [fizɣár] *vt* fouiner.
fisgón,-ona [fizɣón,-ona] *adj - nm,f* fouinard,-e, fouineur,-euse.
fisgonear [7] [fizɣoneár] *vt* fouiner.
física [fisika] *nf* physique *f*.
físico,-ca [fisiko,-ka] *adj* physique.
► *nm,f* physicien,-enne.
► *nm* **físico** *(aspecto)* physique *m*.
fisiológico,-ca [fisjolóχiko,-ka] *adj* physiologique.
fisonomía [fisonomia] *nf* physionomie *f*.
fisura [fisúra] *nf* fissure *f*.
fláccido,-da [flákθiðo,-ða] *adj* flasque.
flaco,-ca [fláko,-ka] *adj* 1 *(delgado)* maigre. 2 *(débil)* faible: ***punto flaco***, point faible.
flamante [flamánte] *adj* 1 *(vistoso)* flamboyant,-e, resplendissant,-e. 2 *(nuevo)* flambant neuf.
flamenco,-ca [flaméŋko,-ka] *adj* flamenco *inv*.
► *nm* **flamenco** 1 *(ave)* flamant *m*. 2 *(arte)* flamenco *m*.
flan [flan] *nm (dulce)* flan *m*.
• **estar hecho,-cha un flan** trembler comme une feuille.
flaquear [flakeár] *vi* 1 *(disminuir)* faiblir: ***le flaquean las fuerzas***, ses forces faiblissent. 2 *(fallar)* chanceler, menacer ruine. 3 *(ceder)* céder.
flaqueza [flakéθa] *nf* 1 *(delgadez)* maigreur *f*. 2 *(debilidad)* faiblesse *f*.
• **sacar fuerzas de flaqueza** faire un ultime effort.
flash [flaʃ] *nm (pl* **flashes**) flash *m*.
flato [fláto] *nm* point *m* de côté.
flauta [fláuta] *nf* flûte *f*.
▪ **flauta de Pan** flûte de Pan.
▪ **flauta dulce** flûte à bec.
▪ **flauta travesera** flûte traversière.
flautista [flaʊtista] *nmf* flûtiste.
flecha [flétʃa] *nf* flèche *f*.
flechazo [fletʃáθo] *nm* 1 *(disparo)* coup *m* de flèche. 2 *(enamoramiento)* coup *m* de foudre.

fleco [flėko] *nm* frange *f*.
flema [flėma] *nf* flegme *m*.
flemón [flemòn] *nm* phlegmon *m*.
flequillo [flekiʎo] *nm* frange *f*.
fletar [fletàr] *vt* **1** *(dar en alquiler)* fréter. **2** *(tomar en alquiler)* fréter, affréter.
flexible [fleksiβle] *adj* flexible.
flexión [fleksjòn] *nf* flexion *f*.
flexo [flėkso] *nm* lampe *f* d'architecte.
flipar [flipàr] *vt fam (gustar)* botter, brancher.
► *vi* **1** *fam (con drogas)* flipper. **2** *fam (asombrarse)* flipper, halluciner.
► *vpr* **fliparse** *fam (drogarse)* se défoncer.
flojo,-ja [flòχo,-χa] *adj* **1** *(poco apretado)* lâche. **2** *(poco firme)* mou, molle. **3** *(débil, poco fuerte)* faible. **4** *(perezoso)* paresseux, -euse, nonchalant,-e.
flor [flor] *nf* fleur *f*.
• **a flor de piel** à fleur de peau.
• **echarle flores a ALGN** faire des compliments à QQN.
• **en flor** en fleurs, en fleur.
• **estar en la flor de la vida** être dans la fleur de l'âge.
• **¡ni flores!** aucune idée !
▪ **la flor y nata** la fine fleur.
flora [flòra] *nf* flore *f*.
floración [floraθjòn] *nf* floraison *f*.
florecer [43] [floreθėr] *vi* **1** *(plantas)* fleurir. **2** *(prosperar)* fleurir, être florissant,-e.
► *vpr* **florecerse** *(cubrirse de moho)* moisir.
floreciente [floreθjènte] *adj* florissant,-e.
florero [florėro] *nm* vase *m*.
florido,-da [floriðo,-ða] *adj* fleuri,-e.
florista [florista] *nmf* fleuriste *mf*.
floristería [floristeria] *nf* fleuriste *m*.
flota [flòta] *nf* flotte *f*.
flotador [flotaðòr] *nm* **1** *(para nadar)* bouée *f*. **2** *(para pescar)* flotteur *m*.
flotar [flotàr] *vi* flotter.
flote [flòte].
• **a flote** à flot.
• **salir a flote** se remettre à flot.
fluctuar [11] [fluktwàr] *vi* fluctuer.
fluido,-da [flwiðo,-ða] *adj* fluide.
► *nm* **fluido** fluide *m*.
▪ **fluido eléctrico** fluide électrique, courant *m*.
fluir [62] [flwir] *vi* s'écouler, couler.
flujo [flùχo] *nm* flux *m*.
flúor [flùor] *nm* fluor *m*.
fluorescente [flworesθènte] *adj* fluorescent,-e.
► *nm* néon *m*.
fluvial [fluβjàl] *adj* fluvial,-e.
fobia [fòβja] *nf* MED phobie *f*.
foca [fòka] *nf* phoque *m*.
• **estar como una foca** être gras comme un cochon.
foco [fòko] *nm* **1** *(centro)* foyer *m*, centre *m*. **2** *(lámpara)* projecteur *m*. **3** *(de enfermedad)* siège *m*. **4** FÍS foyer *m*.
▪ **foco de atención** centre d'attention.
fofo,-fa [fòfo,-fa] *adj* mou, molle, flasque.
fogón [foɣòn] *nm* fourneau *f*.
fogoso,-sa [foɣòso,-sa] *adj* fougueux, -euse.
folclore, folklore [folklòre] *nm* folklore *m*.
folio [fòljo] *nm* **1** *(papel)* feuille. **2** *(medida)* in-folio *m*.
folklore → folclore.
follaje [foʎàχe] *nm* feuillage *m*.
follar [foʎàr] *vi - vpr* **follar(se)** *vulg* baiser.
folletín [foʎetin] *nm* feuilleton *m*.
folleto [foʎėto] *nm* brochure *f*.
▪ **folleto explicativo** notice *f* explicative.
follón [foʎòn] *nm* **1** *fam (alboroto)* chahut *m*, remue-ménage *m*. **2** *fam (lío, enredo)* micmac *m*, salade *f*: ***¡menudo follón!***, quelle salade ! **3** *fam (problemas)* histoire *f*: ***estoy metido en un follón***, je me suis fourré dans une sale histoire.
• **armar follón** faire du chahut.
fomentar [fomentàr] *vt* **1** *(incitar a)* fomenter. **2** *(favorecer)* encourager.
fomento [fomènto] *nm* aide *f*, encouragement *m*.
fonda [fònda] *nf* auberge *f*.
fondear [fondeàr] *vi* mouiller.
fondo [fòndo] *nm* **1** *(gen)* fond *m*. **2** *(profundidad)* profondeur *f*. **3** *(resistencia física)* résistance *f*, endurance *f*. **4** *(de libros, de dinero)* fonds *m*.
► *nm pl* **fondos** *(caudal, dinero)* fonds *m pl*.
• **a fondo** à fond.
• **a fondo perdido** à fonds perdus.
• **en el fondo** au fond, dans le fond.

• **tener buen fondo** avoir un bon fond.
• **tocar fondo** toucher le fond.
▪ **bajos fondos** bas-fonds *m pl*.
▪ **fondo común** caisse *f* commune.
▪ **fondos públicos** fonds publics.

fontanero,-ra [fontanéro,-ra] *nm,f* plombier,-ère.

footing [fútin] *nm* footing *m*.

foráneo,-a [foráneo,-a] *adj* étranger,-ère.

forastero,-ra [forastéro,-ra] *adj* - *nm,f* étranger,-ère.

forcejeo [forθeχéo] *nm* lutte *f*.

forense [forénse] *adj* légal,-e.
► *nmf* médecin *m* légiste.

forestal [forestál] *adj* forestier,-ère.

forfait [forfé] *nm* (*pl* **forfaits**) forfait *m*.

forjar [forχár] *vt* forger.
► *vpr* **forjarse** se forger, se faire.

forma [fórma] *nf* **1** *(gen)* forme *f*. **2** *(medio)* moyen *m*, façon *f*. **3** *(formato)* format *m*.
► *nf pl* **formas** *(modales, de mujer)* formes *f pl*.
• **de forma que** de sorte que.
• **de todas formas** de toute façon.
• **en forma de** sous forme de.
• **estar en baja forma** ne pas être en forme.
• **estar en forma** être en forme.
• **guardar las formas** sauver les apparences.
• **no hay forma de** il n'y a pas moyen de.
• **ponerse en forma** se mettre en forme.
▪ **forma de pago** modalité *f* de paiement.

formación [formaθjón] *nf* formation *f*.
▪ **formación profesional** formation professionnelle.

formal [formál] *adj* **1** *(persona)* sérieux, -euse, comme il faut. **2** *(de la forma)* formel,-elle.

formalidad [formaliðáð] *nf* **1** *(trámite)* formalité *f*. **2** *(seriedad)* sérieux *m*, gravité *f*.

formar [formár] *vt* **1** *(gen)* former. **2** *(integrar)* composer, constituer. **3** *(educar)* former, façonner. **4** *(tomar una forma)* faire.
► *vi (soldados)* former les rangs.
► *vpr* **formarse 1** *(instruirse)* se former. **2** *(desarrollarse)* se faire, se former.
• **¡a formar!** former les rangs !

formatear [formateár] *vt* INFORM formater.

formato [formáto] *nm* format *m*.

formidable [formiðáβle] *adj* formidable.

fórmula [fórmula] *nf* formule *f*.
▪ **fórmula uno** formule 1.

formular [formulár] *vt* formuler.

formulario [formulárjo] *nm* formulaire *m*.

fornido,-da [forníðo,-ða] *adj* corpulent,-e.

foro [fóro] *nm (reunión, lugar)* forum *m*.

forofo,-fa [forófo,-fa] *nm,f fam* supporter *m*, fan.

forrar [for̄ár] *vt* **1** *(prenda de vestir)* doubler. **2** *(con pieles)* fourrer. **3** *(libro)* couvrir. **4** *(sillón, silla)* recouvrir.
► *vpr* **forrarse** *fam (de dinero)* mettre du foin dans ses bottes.

forro [fór̄o] *nm* **1** *(de prenda de vestir)* doublure *f*. **2** *(de libro)* couverture *f*. **3** *(de sillón, silla)* housse *f*.
• **ni por el forro** *fam* en aucune façon.

fortalecer [43] [fortaleθér] *vt* fortifier.
► *vpr* **fortalecerse** se fortifier.

fortaleza [fortaléθa] *nf* **1** *(física)* force *f*, vigueur *f*. **2** *(entereza)* force *f*, courage *m*. **3** *(castillo)* forteresse *f*.

fortificar [1] [fortifikár] *vt* fortifier.

fortuito,-ta [fortwíto,-ta] *adj* fortuit,-e.

fortuna [fortúna] *nf* **1** *(suerte)* fortune *f*, chance *f*. **2** *(riqueza, destino)* fortune *f*.
• **por fortuna** par bonheur, heureusement.

forzado,-da [forθáðo,-ða] *adj* forcé,-e.
• **a marchas forzadas** à marche forcée.

forzar [50] [forθár] *vt* **1** *(puerta, caja fuerte)* forcer. **2** *(cerradura)* crocheter. **3** *(obligar)* forcer, obliger. **4** *(violar)* violer.

forzoso,-sa [forθóso,-sa] *adj* forcé,-e, inévitable.

forzudo,-da [forθúðo,-ða] *adj* très fort, forte.

fosa [fósa] *nf* fosse *f*.
▪ **fosa abisal** fosse océanique.

fósforo [fósforo] *nm* **1** QUÍM phosphore *m*. **2** *(cerilla)* allumette *f*.

fósil [fósil] *adj* - *nm* fossile *m*.

foso [fóso] *nm* **1** *(gen)* fosse *f*. **2** *(de castillo)* fossé *m*. **3** *(de teatro)* fosse *f*.

foto [fóto] *nf* photo *f*.
• **hacer una foto** prendre/faire une photo.
• **hacerse una foto** se faire photographier.

fotoblog [fotoblók] *nm* INFORM blog *m* photo, photoblog *m*.
fotocopia [fotokópja] *nf* photocopie *f*.
fotocopiadora [fotokopjaðóra] *nf* photocopieuse *f*.
fotocopiar [12] [fotokopjár] *vt* photocopier.
fotogénico,-ca [fotoχéniko,-ka] *adj* photogénique.
fotografía [fotoγrafía] *nf* photographie *f*.
• **hacer una fotografía** prendre/faire une photographie.
• **hacerse una fotografía** se faire photographier.
fotografiar [13] [fotoγrafjár] *vt* photographier.
► *vpr* **fotografiarse** se faire photographier.
fotográfico,-ca [fotoγráfiko,-ka] *adj* photographique.
fotógrafo,-fa [fotóγrafo,-fa] *nm,f* photographe.
frac [frak] *nm* (*pl* **fracs** o **fraques**) frac *m*, habit *m*.
fracasar [frakasár] *vi* échouer, rater.
fracaso [frakáso] *nm* échec *m*.
fracción [frakθjón] *nf* fraction *f*.
fractura [fraktúra] *nf* fracture *f*.
fracturarse [frakturárse] *vpr* se fracturer.
fragancia [fraγánθja] *nf* parfum *m*, fragrance *f*.
fragata [fraγáta] *nf* frégate *f*.
frágil [fráχil] *adj* **1** *(delicado)* fragile. **2** *(débil)* faible.
fragilidad [fraχiliðáð] *nf* fragilité *f*.
fragmentar [fraγmentár] *vt* fragmenter.
► *vpr* **fragmentarse** se diviser.
fragmento [fraγménto] *nm* **1** *(trozo)* fragment *m*. **2** *(de obra literaria)* fragment *m*, passage *m*.
fraile [fráile] *nm* frère *m*.
frambuesa [frambwésa] *nf* framboise *f*.
francés,-esa [franθés,-ésa] *adj* français,-e.
► *nm,f* Français,-e.
► *nm* **francés** *(idioma)* français *m*.
Francia [fránθja] *n pr* France *f*.
franco,-ca [fráŋko,-ka] *adj* franc, franche: ***una persona muy franca***, une personne très franche; ***un puerto franco***, un port franc.
► *nm* **franco** HIST *(moneda)* franc *m*.
franela [franéla] *nf* flanelle *f*.
franja [fráŋχa] *nf* **1** *(gen)* frange *f*. **2** *(banda)* bande *f*.
franquear [fraŋkeár] *vt* **1** *(obstáculo)* franchir. **2** *(carta)* affranchir.
franqueo [fraŋkéo] *nm* affranchissement *m*.
franqueza [fraŋkéθa] *nf* franchise *f*, sincérité *f*.
• **con toda franqueza** en toute franchise.
franquicia [fraŋkiθja] *nf* franchise *f*.
frasco [frásko] *nm* flacon *m*.
frase [fráse] *nf* phrase *f*.
▪ **frase hecha** expression *f* toute faite.
fraterno,-na [fratérno,-na] *adj* fraternel, -elle.
fraude [fráuðe] *nm* fraude *f*.
frecuencia [frekwénθja] *nf* fréquence *f*.
• **con frecuencia** fréquemment.
▪ **frecuencia modulada** modulation *f* de fréquence.
frecuentar [frekwentár] *vt* fréquenter.
frecuente [frekwénte] *adj* fréquent,-e.
fregadero [freγaðéro] *nm* évier *m*.
fregado [freγáðo] *nm fam (lío)* imbroglio *m*, affaire *f* louche.
fregar [48] [freγár] *vt* **1** *(frotar)* frotter. **2** *(platos, suelo)* laver. **3** *(restregar)* récurer.
• **fregar los platos** laver la vaisselle.
fregona [freγóna] *nf* **1** *(utensilio)* serpillière *f*. **2** *pey (sirvienta)* bonne *f* à tout faire.
freidora [freiðóra] *nf* friteuse *f*.
freír [37] [freír] *vt* **1** *(alimento)* frire, faire frire. **2** *fam (exasperar)* ennuyer, embêter.
frenar [frenár] *vt* - *vi* freiner.
frenazo [frenáθo] *nm* coup *m* de frein.
• **dar un frenazo** piler.
freno [fréno] *nm* **1** *(gen)* frein *m*. **2** *(de caballo)* mors *m*.
• **pisar el freno** freiner.
• **poner freno a** ALGO mettre un frein à QQCH.
• **sin freno** sans frein.
▪ **freno de disco** frein à disque.
▪ **freno de mano** frein à main.
frente [frénte] *nm (gen)* front *m*.
► *nf (de la cabeza)* front *m*.
• **al frente de** à la tête de.
• **frente a** en face de.

• **frente a frente** face à face.

• **hacer frente a** faire face à, faire front à.

fresa[1] [frésa] *nf* **1** *(fruta)* fraise *f*. **2** *(planta)* fraisier *m*.

fresa[2] [frésa] *nf (herramienta)* fraise *f*.

fresco,-ca [frésko,-ka] *adj* **1** *(gen)* frais, fraîche. **2** *(prenda, tela)* léger,-ère. **3** *(reciente)* récent,-e. **4** *fam (descarado)* culotté,-é, effronté,-é.

► *nm,f (descarado)* dévergondé,-e.

► *nm* **fresco** **1** *(frescor)* fraîcheur *f*. **2** *(pintura)* fresque *f*.

• **al fresco** au frais.

• **hacer fresco** faire frais.

• **quedarse tan fresco,-ca** rester impassible.

• **ser un fresco** être sans gêne.

• **tomar el fresco** prendre le frais.

frescura [freskúra] *nf* **1** *(frescor)* fraîcheur *f*. **2** *(descaro)* toupet *m*, culot *m*. **3** *(impertinencia)* impertinence *f*, insolence *f*.

fresno [frézno] *nm* frêne *m*.

fresón [fresón] *nm* grosse fraise *f*.

frialdad [frjaldáð] *nf* froideur *f*.

fricción [frikθjón] *nf* friction *f*.

friccionar [frikθjonár] *vt* frictionner.

friega [frjéɣa] *nf* friction *f*.

frigidez [friχiðéθ] *nf* frigidité *f*.

frígido,-da [fríχiðo,-ða] *adj* frigide.

frigorífico,-ca [friɣorífiko,-ka] *adj* frigorifique.

► *nm* **frigorífico** réfrigérateur *m*.

frío, fría [frío, fría] *adj* froid,-e.

► *nm* **frío** froid *m*.

• **coger frío** prendre froid.

• **dejar a ALGN frío** laisser QQN froid.

• **en frío** à froid.

• **hacer frío** faire froid.

• **hace un frío que pela** il fait un froid de canard.

• **tener frío** avoir froid.

friolera [frjoléra] *nf fam*

• **la friolera de** *fam* la bagatelle de.

friolero,-ra [frjoléro,-ra] *adj* frileux,-euse.

friso [fríso] *nm* ARQ frise *f*.

frito,-ta [fríto,-ta] *adj* **1** *(alimento)* frit,-e: ***patatas fritas***, frites. **2** *fam (harto)* excédé,-e.

• **estar frito,-ta** **1** *(dormir)* être endormi,-e. **2** *(estar harto)* en avoir assez.

• **quedarse frito,-ta** **1** *(dormirse)* s'endormir. **2** *(morir)* mourir.

• **tener frito,-ta a ALGN** casser les pieds à QQN.

fritura [fritúra] *nf* friture *f*.

frivolidad [friβoliðáð] *nf* frivolité *f*.

frívolo,-la [fríβolo,-la] *adj* frivole.

frondoso,-sa [frondóso,-sa] *adj* **1** *(bosque)* touffu,-e. **2** *(vegetación)* luxuriant,-e. **3** *(árbol)* feuillu,-e.

frontal [frontál] *adj (choque, ataque)* frontal,-e.

► *adj - nm* ANAT frontal *m*.

▪ **frontal extraíble** panneau *m* avant amovible.

frontera [frontéra] *nf* frontière *f*.

fronterizo,-za [fronteríθo,-θa] *adj* **1** *(país, ciudad)* frontière, frontalier,-ère. **2** *(que vive cerca de la frontera)* frontalier,-ère.

frontón [frontón] *nm* fronton *m*.

frotar [frotár] *vt* frotter.

► *vpr* **frotarse** se frotter.

fructífero,-ra [fruktífero,-ra] *adj* fructueux,-euse.

frugal [fruɣál] *adj* frugal,-e.

fruncir [3] [frunθír] *vt* froncer.

frustración [frustraθjón] *nf* frustration *f*.

frustrado,-da [frustráðo,-ða] *adj* **1** *(persona)* frustré,-e. **2** *(proyecto, plan)* manqué,-e. **3** *(artista, profesional)* raté,-e.

frustrar [frustrár] *vt* **1** *(persona)* frustrer. **2** *(plan, proyecto)* faire échouer.

► *vpr* **frustrarse** **1** *(plan, proyecto)* échouer, ne pas se réaliser. **2** *(persona)* se sentir déçu,-e.

fruta [frúta] *nf* **1** *(fruto comestible)* fruit *m*. **2** *(conjunto de frutos comestibles)* fruits *m pl*: ***me gusta la fruta***, j'aime les fruits.

▪ **fruta del tiempo** fruits de saison.

frutal [frutál] *adj* fruitier,-ère.

frutería [frutería] *nf* marchand *m* de fruits.

frutero,-ra [frutéro,-ra] *adj (de la fruta)* fruitier,-ère.

► *nm,f (persona)* marchand,-e de fruits.

► *nm* **frutero** *(recipiente)* coupe *f* à fruits.

fruto [frúto] *nm* fruit *m*.

• **dar fruto** donner des fruits.

• **sacar fruto de** ALGO tirer profit de QQCH.
▪ **fruto seco** fruit sec.
fucsia [fúksja] *adj - nm (color)* fuchsia *m*.
fuego [fwéɣo] *nm* feu *m*.
► *interj* **¡fuego! 1** *(orden de disparar)* feu ! **2** *(aviso de incendio)* au feu !
• **a fuego lento** à petit feu.
• **entre dos fuegos** entre deux feux.
• **pegar fuego** mettre le feu.
• **tener fuego** avoir du feu: ***¿tiene fuego?***, vous avez du feu ?
▪ **fuegos artificiales** feu d'artifice.
fuel [fwel], **fuel-oil** [fwelóil] *nm* mazout *m*, fioul *m*.
fuelle [fwéʎe] *nm* soufflet *m*.
• **tener mucho fuelle** *fam* avoir du coffre.
fuel-oil → fuel.
fuente [fwénte] *nf* **1** *(para dar agua)* fontaine *f*. **2** *(manantial, origen, de información)* source *f*. **3** *(plato grande)* plat *m*.
▪ **fuente de alimentación** source d'alimentation.
fuera [fwéra] *adv* **1** *(en la exterior)* dehors. **2** *(en otro país, ciudad)* au-dehors.
► *interj* **¡fuera!** *(para echar a alguien)* dehors !, hors d'ici !
• **desde fuera** du dehors, de l'extérieur.
• **estar fuera de sí** être hors de soi.
• **fuera de 1** *(gen)* en dehors de, hors de: ***está fuera de la ciudad***, c'est en dehors de la ville. **2** *(excepto)* en dehors de, hormis.
• **fuera de combate** hors de combat.
• **fuera de duda** hors de doute.
• **fuera de eso** en dehors de cela, à part ça.
• **fuera de lo normal** pas courant.
• **fuera de lugar** hors de propos, déplacé,-é.
• **fuera de peligro** hors de danger.
• **fuera de plazo** hors délai.
• **hacia fuera** en dehors.
• **por fuera 1** *(en apariencia)* du dehors, en apparence. **2** *(exteriormente)* à l'extérieur.
▪ **fuera de juego** hors-jeu *m*.
▪ **fuera de serie** *(persone)* prodige *m*.
fueraborda [fweraβórða] *nm* hors-bord *m inv*.
fuero [fwéro].
• **en su fuero interno** dans son for intérieur.
fuerte [fwérte] *adj* **1** *(gen)* fort,-e: ***un hombre fuerte***, un homme fort; ***una bebida fuerte***, une boisson forte. **2** *(resistente)* solide, résistant,-e. **3** *(duro)* dur,-e.
► *adv* **1** *(con fuerza, intensidad)* fort, fortement: ***hablar fuerte***, parler fort; ***golpear fuerte***, frapper fort. **2** *(en abundancia)* beaucoup: ***comer fuerte***, manger beaucoup.
► *nm (fortificación, especialidad)* fort *m*.
• **estar fuerte en** ALGO être fort,-e en QQCH.
• **jugar fuerte** jouer gros.
• **¡qué fuerte!** *fam* c'est trop !, c'est dingue !
fuerza [fwérθa] *nf* force *f*.
• **a fuerza de** à force de.
• **a la fuerza** de force, par force.
• **hacer fuerza** faire pression.
• **por fuerza** de force, par force.
▪ **fuerza de gravedad** force de gravité.
▪ **fuerza de voluntad** force de volonté.
▪ **fuerza mayor** force majeure.
▪ **fuerzas aéreas** forces aériennes.
▪ **fuerzas armadas** forces armées.
▪ **fuerzas públicas** force publique.
fuga [fúɣa] *nf* **1** *(escapada)* fuite *f*, évasion *f*. **2** *(de fluido)* fuite *f*. **3** MÚS fugue *f*.
• **darse la fuga** se mettre en fuite.
▪ **fuga de divisas** fuite des capitaux.
fugarse [7] [fuɣárse] *vpr* s'évader.
fugaz [fuɣáθ] *adj* fugace.
fugitivo,-va [fuχitiβo,-βa] *nm,f* fugitif, -ive.
fulana [fulána] *nf* **1** *fam (prostituta)* prostituée *f*. **2** *fam (amante)* maîtresse *f*.
fulano,-na [fuláno,-na] *nm,f (persona indeterminada)* un tel, une telle: ***don fulano de tal***, monsieur un tel.
fulgor [fulɣór] *nm* éclat *m*, lueur *f*.
fulminante [fulminánte] *adj* **1** *(enfermedad, disparo)* foudroyant,-e. **2** *(mirada)* fulminant,-e.
fulminar [fulminár] *vt* foudroyer.
fumador,-ra [fumaðór,-ra] *adj - nm,f* fumeur,-euse.

▪ **fumador,-ra pasivo** fumeur,-euse passif,-ive.

fumar [fumár] *vi* fumer.

► *vt - vpr* **fumar(se)** fumer.

• **"No fumar"** « Défense de fumer ».

fumigar [7] [fumiɣár] *vt* désinfecter.

función [funθjón] *nf* **1** *(gen)* fonction *f*. **2** *(espectáculo)* représentation *f* théâtrale, spectacle *m*.

• **en función de** en fonction de.

• **en funciones** en fonction.

▪ **función de noche** soirée *f*.

▪ **función de tarde** matinée *f*.

funcionamiento [funθjonamjénto] *nm* fonctionnement *m*.

funcionar [funθjonár] *vi* fonctionner, marcher.

funcionario,-ria [funθjonárjo,-rja] *nm,f* fonctionnaire.

funda [fúnda] *nf (cubierta - de sillón, silla)* housse *f*; *(- de gafas)* étui *m*; *(- de arma)* gaine *f*; *(- de paraguas, espada)* fourreau *m*; *(- de disco)* pochette *f*; *(- de diente)* gaine *f*.

▪ **funda de almohada** taie *f*.

▪ **funda nórdica** housse d'édredon.

fundación [fundaθjón] *nf* fondation *f*.

fundador,-ra [fundaðór,-ra] *adj - nm,f* fondateur,-trice.

fundamental [fundamentál] *adj* fondamental,-e.

fundamento [fundaménto] *nm* **1** *(base)* fondement *m*. **2** *(seriedad)* sérieux *m*, jugement *m*.

► *nm pl* **fundamentos 1** *(de teoría)* fondements *m pl*. **2** *(de edificio)* fondations *f pl*.

• **no tener fundamento** ne pas tenir debout.

• **sin fundamento** sans fondement.

fundar [fundár] *vt* fonder.

► *vpr* **fundarse** s'appuyer.

fundir [fundír] *vt (derretir)* fondre.

► *vpr* **fundirse 1** *(volverse líquido)* fondre. **2** *(bombilla)* griller. **3** *(unirse)* se fondre.

fúnebre [fúneβre] *adj* funèbre.

funeral [funerál] *nm (ceremonia)* obsèques *f pl*.

► *nm pl* **funerales** funérailles *f pl*, obsèques *f pl*.

funeraria [funerárja] *nf* pompes *f pl* funèbres.

funesto,-ta [funésto,-ta] *adj* funeste.

funicular [funikulár] *nm* funiculaire *m*.

furgón [furɣón] *nm* fourgon *m*.

furgoneta [furɣonéta] *nf* camionnette *f*, fourgonnette *f*.

furia [fúrja] *nf* **1** *(violencia, rabia)* furie *f*. **2** *(ímpetu)* hâte *f*, ardeur *f*.

• **estar hecho,-cha una furia** être fou/folle de rage.

• **ponerse hecho,-cha una furia** se mettre dans tous ses états.

furioso,-sa [furjóso,-sa] *adj* furieux,-euse.

• **ponerse furioso,-sa** se mettre en colère.

furor [furór] *nm* fureur *f*.

• **causar/hacer furor** faire fureur.

furtivo,-va [furtíβo,-βa] *adj* furtif,-ive.

fusible [fusíβle] *nm* fusible *m*.

fusil [fusíl] *nm* fusil *m*.

fusilar [fusilár] *vt* **1** *(ejecutar)* fusiller. **2** *fam (plagiar)* plagier.

fusión [fusjón] *nf* **1** *(de metales)* fusion *f*. **2** *(de nieve)* fonte *f*. **3** *(de empresas)* fusion *f*, fusionnement *m*.

fusionar [fusjonár] *vt* fusionner.

► *vpr* **fusionarse** fusionner.

fusta [fústa] *nf* **1** *(látigo)* cravache *f*. **2** *(vara)* tige *f*, rameau *m*.

fuste [fúste] *nm* fût *m*.

fútbol [fútβol], **futbol** [futβól] *nm* football *m*.

▪ **fútbol americano** football américain.

▪ **fútbol sala** football en salle.

futbolín® [futβolín] *nm* baby-foot *m*.

futbolista [futβolísta] *nmf* footballeur, -euse.

futuro,-ra [futúro,-ra] *adj* futur,-e.

► *nm* **futuro 1** *(tiempo gramatical)* futur *m*. **2** *(porvenir)* avenir *m*.

G

gabán [gaβán] *nm* pardessus *m*.
gabardina [gaβarðina] *nf* gabardine *f*.
gabinete [gaβinéte] *nm* cabinet *m*.
gacela [gaθéla] *nf* gazelle *f*.
gaceta [gaθéta] *nf* gazette *f*.
gafas [gáfas] *nf pl* lunettes *f pl*.
▪ **gafas de buzo** masque *m* de plongée.
▪ **gafas de sol** lunettes de soleil.
gafe [gáfe] *nmf (persona)* oiseau *m* de malheur.
► *nm (mala suerte)* poisse *f*.
• **ser gafe** porter la poisse.
gaita [gáita] *nf* **1** *(instrumento)* cornemuse *f*, musette *f*. **2** *fam (lata)* corvée *f*.
gajes [gáχes].
• **los gajes del oficio** les aléas du métier.
gajo [gáχo] *nm* quartier *m*.
gala [gála] *nf* gala *m*.
• **de gala 1** *(fiesta)* de gala. **2** *(vestido)* de soirée.
• **hacer gala de** se faire gloire de.
galán [galán] *nm* **1** *(hombre apuesto)* bel homme *m*. **2** *(pretendiente)* galant *m*, amoureux *m*. **3** *(actor)* premier rôle *m*.
▪ **galán de noche** *(mueble)* valet *m* de nuit.
galante [galánte] *adj* galant,-e.
galantería [galantería] *nf* galanterie *f*.
galardón [galarðón] *nm* récompense *f*, prix *m*.
galardonar [galarðonár] *vt* récompenser.
galaxia [galáksja] *nf* galaxie *f*.
galería [galería] *nf* galerie *f*.
▪ **galerías comerciales** centre *m* commercial.
galgo [gálγo] *nm* lévrier *m*.
• **correr como un galgo** courir comme un lapin.
gallardía [gaʎarðía] *nf* **1** *(buena presencia)* grâce *f*, désinvolture *f*. **2** *(valor)* bravoure *f*.
galleta [gaʎéta] *nf* **1** *(para comer)* biscuit *m*. **2** *fam (bofetada)* tarte *f*.
▪ **galleta salada** craquelin *m*.
gallina [gaʎína] *nf (ave)* poule *f*.
► *nmf (cobarde)* poule *f* mouillée.
▪ **gallinita ciega** *(juego)* colin-maillard *m*.
gallinero [gaʎinéro] *nm* **1** *(corral, en el teatro)* poulailler *m*. **2** *fam (lugar ruidoso)* pétaudière *f*.
gallito [gaʎíto] *nm* **1** *(ave)* jeune coq *m*. **2** *(personaje)* coq *m*: ***el gallito del pueblo***, le coq du village.
gallo [gáʎo] *nm* **1** *(ave)* coq *m*. **2** *(nota falsa)* couac *m*, canard *m*. **3** *(pez)* limande *f*.
• **en menos que canta un gallo** en un clin d'œil.
• **soltar un gallo** faire un couac.
▪ **gallo de pelea** coq de combat.
galón[1] [galón] *nm (distintivo)* galon *m*.
galón[2] [galón] *nm (medida)* gallon *m*.
galopar [galopár] *vi* galoper.
galope [galópe] *nm* galop *m*.
• **a galope tendido** au triple galop.
• **al galope** au galop.
gama [gáma] *nf* gamme *f*.
gamba [gámba] *nf* crevette *f* rose, bouquet *m*.
• **meter la gamba** *fam* faire une gaffe.
gamberrada [gambeřáða] *nf* acte *m* de vandalisme.

gamberro,-rra [gambéřo,-řa] *nm,f* voyou.
gamo [gámo] *nm* daim *m*.
gamuza [gamúθa] *nf* **1** *(tejido)* peau *f* de chamois. **2** *(trapo)* torchon *m*. **3** *(animal)* chamois *m*.
gana [gána] *nf* envie *f*, désir *m*.
• **dar la gana de** avoir envie de.
• **de buena gana** de bon gré, volontiers.
• **de mala gana** de mauvais gré, à contrecœur.
• **quedarse con las ganas** rester sur sa faim.
• **tener ganas de** avoir envie de.
ganadería [ganaðería] *nf* **1** *(cría de ganado)* élevage *m*. **2** *(ganado)* bétail *m*, troupeau *m*.
ganadero,-ra [ganaðéro,-ra] *adj* qui concerne l'élevage, de l'élevage.
► *nm,f* éleveur,-euse.
ganado [ganáðo] *nm* bétail *m*.
▪ **ganado bovino** bovins *m pl*.
▪ **ganado ovino** ovins *m pl*.
▪ **ganado porcino** porcins *m pl*.
▪ **ganado vacuno** bovins *m pl*.
ganador,-ra [ganaðór,-ra] *adj - nm,f* gagnant,-e.
ganancia [ganánθja] *nf* gain *m*, bénéfice *m*.
ganar [ganár] *vt* **1** *(gen)* gagner: ***ganar una batalla***, gagner une bataille; ***¿qué gano yo con eso?***, qu'est-ce que je gagne avec ça ? **2** *(en el juego)* battre. **3** *(aventajar)* surpasser, battre: ***me gana en velocidad***, il me bat en rapidité.
► *vi* **1** *(vencer, mejorar)* gagner: ***¿quién ha ganado?***, qui a gagné ? **2** *(mejorar)* être mieux, avantager: ***gana mucho sin barba***, il est beaucoup mieux sans barbe. **3** *(lograr dinero)* gagner.
► *vpr* **ganarse 1** *(merecer)* gagner, mériter. **2** *(bofetada, castigo)* récolter, recevoir.
• **ganarse a ALGN** conquérir QQN.
• **ganarse la vida** gagner sa vie.
• **ganar terreno** gagner du terrain.
• **ganar tiempo** gagner du temps.
• **salir ganando** trouver son compte.
ganchillo [gantʃiʎo] *nm (aguja, labor)* crochet *m*.
gancho [gántʃo] *nm* **1** *(para colgar, puñetazo)* crochet *m*. **2** *(persona)* racoleur *m*.
• **tener gancho** avoir du chien.
gandul,-la [gandúl,-la] *adj - nm,f* fainéant,-e.
ganga [gáŋga] *nf* bonne affaire *f*.
gangoso,-sa [gaŋgóso,-sa] *adj (voz)* nasillard,-e.
► *nm,f (persona)* personne *f* à la voix nasillarde.
gangrena [gaŋgréna] *nf* MED gangrène *f*.
gángster [gáŋgster] *nm* gangster *m*.
ganso,-sa [gánso,-sa] *adj - nm,f (persona)* bête, idiot,-e.
► *nm* **ganso** *(ave - macho)* jars *m*; *(- hembra)* oie *f*.
• **hacer el ganso** faire l'imbécile.
ganzúa [ganθúa] *nf* rossignol *m*, passe-partout *m*.
garabatear [garaβateár] *vt - vi* griffonner.
garabato [garaβáto] *nm* gribouillage *m*.
garaje [garáχe] *nm* garage *m*.
garante [garánte] *adj* garant,-e.
• **ser garante de** se porter garant,-e de.
garantía [garantía] *nf* garantie *f*.
garantizar [4] [garantiθár] *vt* garantir.
garbanzo [garβánθo] *nm* pois-chiche *m*.
▪ **garbanzo negro** brebis *f* galeuse.
garbo [gárβo] *nm* grâce *f*, désinvolture *f*.
garboso,-sa [garβóso,-sa] *adj* qui a de l'allure.
garfio [gárfjo] *nm* crochet *m*, croc *m*.
garganta [garɣánta] *nf* gorge *f*.
gargantilla [garɣantíʎa] *nf* petit collier *m*.
gárgaras [gárɣaras] *nf pl* gargarismes *m pl*.
• **mandar a hacer gárgaras** envoyer promener.
• **hacer gárgaras** se gargariser.
garita [garita] *nf* **1** *(de cuartel)* guérite *f*. **2** *(de portero, guarda)* loge *f*.
garito [garito] *nm fam* tripot *m*.
garra [gářa] *nf* **1** *(gen)* griffe *f*; *(- de ave de rapiña)* serre *f*. **2** *fig (fuerza, atractivo)* force *f*: ***una película con mucha garra***, un film avec beaucoup de force. **3** *fig (energía, vigor)* nerf *m*, ressort *m*.
• **caer en las garras de ALGN** tomber entre les griffes de QQN.
garrafa [gařáfa] *nf* carafe *f*.

garrafal [garafál] *adj* énorme, monumental,-e: ***un error garrafal***, une erreur monumentale.
garrapata [garapáta] *nf* tique *f*.
garrote [garóte] *nm* **1** *(palo)* trique *f*, gourdin *m*. **2** *(pena capital)* garrot *m*.
garza [gárθa] *nf* héron *m*.
gas [gas] *nm* gaz *m*.
► *nm pl* **gases** gaz *m pl*, flatulences *f pl*.
• **a todo gas** à plein gaz, à toute allure.
▪ **gas butano** gaz butane.
▪ **gas ciudad** gaz de ville.
▪ **gas lacrimógeno** gaz lacrymogène.
▪ **gas natural** gaz naturel.
gasa [gása] *nf* gaze *f*.
gaseosa [gaseósa] *nf* limonade *f*.
gaseoso,-sa [gaseóso,-sa] *adj* gazeux, -euse.
gasoil [gasóil] *nm* gas-oil *m*, gazole *m*.
gasóleo [gasóleo] *nm* gas-oil *m*, gazole *m*.
gasolina [gasolína] *nf* essence *f*.
• **echar gasolina** mettre de l'essence.
▪ **gasolina normal** essence ordinaire.
▪ **gasolina sin plomo** essence sans plomb.
▪ **gasolina súper** essence super.
gasolinera [gasolinéra] *nf* station-service *f*.
gastado,-da [gastáðo,-ða] *adj* usé,-e.
gastar [gastár] *vt* **1** *(dinero, fuerzas, tiempo)* dépenser. **2** *(gasolina, electricidad)* consommer, user: ***el coche gasta mucha gasolina***, la voiture consomme beaucoup d'essence. **3** *(usar, llevar habitualmente)* porter, avoir: ***¿qué número de zapatos gastas?***, quelle pointure chausses-tu ?
► *vpr* **gastarse 1** *(deteriorarse, desgastarse)* s'user: ***se han gastado las suelas***, les semelles se sont usées. **2** *(consumirse)* s'user: ***se han gastado las pilas***, les piles se sont usées. **3** *(dinero)* dépenser: ***me gasté todo el dinero***, j'ai dépensé tout l'argent.
• **gastar bromas** plaisanter.
• **gastarlas** *fam* agir, se conduire: ***ya sé cómo las gasta***, je sais bien comment il agit.
gasto [gásto] *nm* **1** *(gen)* dépense *f*. **2** *(de agua, gas, electricidad)* débit *m*.
► *nm pl* **gastos** frais *m pl*.
• **correr con los gastos** assumer les frais.
• **cubrir gastos** rentrer dans ses frais.
▪ **gastos de envío** frais d'envoi.
▪ **gastos de viaje** frais de déplacement.
gástrico,-ca [gástriko,-ka] *adj* gastrique.
gastronomía [gastronomía] *nf* gastronomie *f*.
gatas [gátas].
• **a gatas** à quatre pattes.
gatear [gateár] *vi* marcher à quatre pattes.
gatillo [gatiʎo] *nm* détente *f*.
gato,-ta [gáto,-ta] *nm,f* chat, chatte.
► *nm* **gato** *(de coche)* cric *m*, vérin *m*.
• **buscarle tres pies al gato** chercher midi à quatorze heures.
• **cuatro gatos** quatre pelés et un tondu.
• **dar gato por liebre** rouler.
• **haber gato encerrado** avoir quelque chose qui cloche.
• **llevarse el gato al agua** emporter le morceau.
▪ **gato de angora** chat angora.
▪ **gato persa** chat persan.
▪ **gato siamés** chat siamois.
gavilán [gaβilán] *nm* épervier *m*.
gaviota [gaβjóta] *nf* mouette *f*.
gazapo[1] [gaθápo] *nm (errata)* coquille *f*.
gazapo[2] [gaθápo] *nm (conejo)* lapereau *m*.
gazpacho [gaθpátʃo] *nm* gaspacho *m*, *soupe froide à la tomate*.
géiser [χéiser] *nm* geyser *m*.
gel [χel] *nm* gel *m*.
▪ **gel de ducha** gel douche.
gelatina [χelatína] *nf* **1** *(sustancia)* gélatine *f*. **2** *(de fruta, carne)* gelée *f*.
gélido,-da [χéliðo,-ða] *adj fml* glacé,-e, gelé,-e.
gema [χéma] *nf* gemme *f*.
gemelo,-la [χemélo,-la] *adj - nm,f (hermano)* jumeau, jumelle.
► *nm* **gemelo** ANAT mollet *m*.
► *nm pl* **gemelos 1** *(prismáticos)* jumelles *f pl*. **2** *(de camisa)* boutons *m pl* de manchette.
gemido [χemíðo] *nm* gémissement *m*.
gemir [34] [χemír] *vi* gémir.
gen [χen] *nm* gène *m*.
gendarme [χendárme] *nm* gendarme *m*.

genealogía [χenealoχia] *nf* généalogie *f.*
generación [χeneraθjón] *nf* génération *f.*
generador [χeneraðór] *nm* générateur *m.*
general [χenerál] *adj* général,-e.
► *nm* général *m.*
• **en general** en général.
• **por lo general** en général.
generalidad [χeneraliðáð] *nf* généralité *f.*
generalizar [4] [χeneraliθár] *vt - vi* généraliser.
► *vpr* **generalizarse** se généraliser.
generar [χenerár] *vt* générer.
género [χénero] *nm* **1** *(gen)* genre *m.* **2** *(clase)* sorte *f*, genre *m*: ***encontró dificultades de todo género***, il rencontra des difficultés de toutes sortes. **3** *(tela)* tissu *m.* **4** *(mercancía)* marchandise *f*, article *m.*
▪ **género de punto** tricot *m.*
▪ **género humano** genre humain.
generosidad [χenerosiðáð] *nf* générosité *f.*
generoso,-sa [χeneróso,-sa] *adj* généreux,-euse.
génesis [χénesis] *nf fml* genèse *f.*
genético,-ca [χenétiko,-ka] *adj* génétique.
genial [χenjál] *adj* génial,-e.
genio [χénjo] *nm* **1** *(persona, ser sobrenatural)* génie *m.* **2** *(carácter)* caractère *m.*
▪ **mal genio** mauvais caractère.
genitales [χenitáles] *nm pl* organes *m pl* génitaux.
genocidio [χenoθiðjo] *nm* génocide *m.*
gente [χénte] *nf* **1** *(conjunto de personas)* monde *m*: ***había mucha gente***, il y avait beaucoup de monde. **2** *(personas)* gens *m-f pl*: ***la gente del pueblo***, les gens du village; ***la gente se atropella en el metro***, les gens se bousculent dans le métro. **3** *(familia)* les miens *m pl*: ***me encanta rodearme de mi gente***, j'adore m'entourer des miens.
▪ **gente bien** les gens comme il faut.
gentil [χentil] *adj (amable)* gentil,-ille.
gentileza [χentiléθa] *nf* gentillesse *f.*
• **por gentileza de** avec la permission de.
gentío [χentio] *nm* foule *f*, monde *m*: ***¡qué gentío!***, que de monde !
gentuza [χentúθa] *nf* populace *f*, racaille *f.*
genuino,-na [χenwino,-na] *adj* authentique.
geografía [χeoɣrafia] *nf* géographie *f.*
geográfico,-ca [χeoɣráfiko,-ka] *adj* géographique.
geología [χeoloχia] *nf* géologie *f.*
geológico,-ca [χeolóχiko,-ka] *adj* géologique.
geometría [χeometria] *nf* géométrie *f.*
geométrico,-ca [χeométriko,-ka] *adj* géométrique.
geopolítica [χeopolitika] *nf* géopolitique *f.*
geranio [χeránjo] *nm* géranium *m.*
gerencia [χerénθja] *nf* gérance *f.*
gerente [χerénte] *nmf* gérant,-e.
germen [χérmen] *nm* germe *m.*
germinación [χerminaθjón] *nf* germination *f.*
germinar [χerminár] *vi* germer.
gerundio [χerúndjo] *nm* gérondif *m.*
gestación [χestaθjón] *nf* gestation *f.*
gesticular [χestikulár] *vi* grimacer.
gestión [χestjón] *nf* **1** *(diligencia)* démarche *f.* **2** *(administración)* gestion *f.*
• **hacer una gestión** faire une démarche.
gestionar [χestjonár] *vt* **1** *(tramitar)* faire des démarches. **2** *(administrar)* gérer.
gesto [χésto] *nm* **1** *(gen)* geste *m.* **2** *(mueca)* grimace *f.*
• **hacer un gesto 1** *(para llamar la atención)* faire signe. **2** *(acción generosa, intención)* faire un geste.
gestor,-ra [χestór,-ra] *adj - nm,f* gérant,-e.
gestoría [χestoria] *nf* cabinet *m* d'affaires.
gigante [χiɣánte] *adj* géant,-e.
► *nm* géant *m.*
gigantesco,-ca [χiɣantésko,-ka] *adj* gigantesque.
gilipollas [χilipoʎás] *adj - nmf vulg* con, conne.
gimnasia [χimnásja] *nf* gymnastique *f.*
• **hacer gimnasia** faire de la gymnastique.
gimnasio [χimnásjo] *nm* gymnase *m.*
gimnasta [χimnásta] *nmf* gymnaste.
gimotear [χimoteár] *vi* pleurnicher.

ginebra [χinéβra] *nf* gin *m*.
ginecología [χinekoloχía] *nf* gynécologie *f*.
ginecólogo,-ga [χinekóloγo,-γa] *nm,f* gynécologue.
gira [χíra] *nf* tournée: ***el grupo está de gira***, la troupe est en tournée.
girar [χirár] *vi* tourner: ***girar a la izquierda***, tourner à gauche.
► *vt* **1** *(gen)* tourner: ***girar la cabeza***, tourner la tête. **2** *(peonza)* faire tourner.
► *vt* - *vi (letra de cambio)* tirer.
• **girar alrededor de** *(conversación, etc)* porter sur.
girasol [χirasól] *nm* tournesol *m*.
giratorio,-ria [χiratórjo,-rja] *adj* **1** *(gen)* giratoire. **2** *(puerta)* à tambour.
giro [χíro] *nm* **1** *(movimiento circular)* tour *m*. **2** *(de eventos, de frase)* tournure *f*. **3** COM virement *m*.
▪ **giro postal** mandat *m* postal.
gitano,-na [χitáno,-na] *adj* - *nm,f* gitan,-e.
glacial [glaθjál] *adj* glacial,-e.
glaciar [glaθjár] *nm* glacier *m*.
gladiador [glaðjaðór] *nm* gladiateur *m*.
glándula [glándula] *nf* ANAT glande *f*.
global [gloβál] *adj* global,-e.
globalización [gloβaliθaθjón] *nf* mondialisation *f*.
globo [glóβo] *nm* **1** *(cuerpo esférico)* globe *m*. **2** *(aerostato, juguete)* ballon *m*.
▪ **globo sonda** ballon-sonde *m*.
▪ **globo terráqueo** globe terrestre.
glóbulo [glóβulo] *nm* globule *m*.
▪ **glóbulo blanco** globule blanc.
▪ **glóbulo rojo** globule rouge.
gloria [glórja] *nf* **1** *(honor, fama)* gloire *f*. **2** *fig (placer, gusto)* plaisir *m*. **3** *fig (cielo)* paradis *m*.
• **cubrirse de gloria** se surpasser.
• **dar gloria** être un plaisir.
• **estar en la gloria** être aux anges.
• **saber a gloria** être délicieux,-euse.
glorieta [glorjéta] *nf* **1** *(encrucijada)* rond-point *m*. **2** *(de una casa)* tonnelle *f*.
glorioso,-sa [glorjóso,-sa] *adj* glorieux, -euse.
glosa [glósa] *nf* glose *f*.
glotis [glótis] *nf* ANAT glotte *f*.
glotón,-ona [glotón,-óna] *adj* - *nm,f* glouton,-onne.
glotonería [glotonería] *nf* gloutonnerie *f*.
glucosa [glukósa] *nf* glucose *m*.
gluten [glúten] *nm* gluten *m*.
glúteo [glúteo] *nm* ANAT fessier *m*.
gnomo [nómo] *nm* gnome *m*.
gobernador,-ra [goβernaðór,-ra] *adj* gouvernant,-e.
► *nm,f* gouverneur *m*.
gobernante [goβernánte] *adj* gouvernant,-e.
► *nmf* gouvernant *m*.
gobernar [27] [goβernár] *vt* gouverner.
gobierno [goβjérno] *nm* gouvernement *m*.
▪ **gobierno autónomo** gouvernement autonome.
▪ **gobierno central** gouvernement central.
goce [góθe] *nm* jouissance *f*.
gol [gol] *nm* DEP but *m*.
golear [goleár] *vt* - *vi* marquer beaucoup de buts (à).
golf [golf] *nm* golf *m*.
golfa [gólfa] *nf fam* putain *f*.
golfo [gólfo] *nm* **1** GEOG golfe *m*. **2** *(pilluelo)* polisson *m*. **3** *(gamberro)* voyou *m*.
golondrina [golondrína] *nf* hirondelle *f*.
golosina [golosína] *nf* friandise *f*.
goloso,-sa [golóso,-sa] *adj* - *nm,f* gourmand,-e.
golpe [gólpe] *nm* **1** *(gen)* coup *m*. **2** *(encontronazo)* heurt *m*.
• **de golpe 1** *(de una vez)* d'un seul coup. **2** *(de repente)* tout à coup.
• **no dar golpe** se la couler douce.
▪ **golpe de Estado** coup d'État.
▪ **golpe de gracia** coup de grâce.
▪ **golpe de mano** coup de main.
▪ **golpe de suerte** coup de chance.
▪ **golpe de vista** coup d'œil.
▪ **golpe franco** DEP coup franc.
golpear [golpeár] *vt* frapper.
golpista [golpísta] *nmf* putschiste.
goma [góma] *nf* **1** *(gen)* gomme *f*. **2** *(caucho)* caoutchouc *m*. **3** *(cinta)* élastique *m*. **4** *fam (preservativo)* capote *f*.
▪ **goma de borrar** gomme.
gomina [gomína] *nf* gel *m* coiffant.
góndola [góndola] *nf* gondole *f*.

gong [goŋg] *nm* gong *m*.
gordo,-da [gόrðo,-ða] *adj* **1** *(corpulento, voluminoso)* gros, grosse. **2** *(con grasa)* gras, grasse. **3** *fig* important,-e: ***algo gordo ha ocurrido***, il est arrivé quelque chose de grave.
• **armar la gorda** *fam* faire du grabuge.
• **caer gordo** ne pas pouvoir supporter: ***este tío me cae gordo***, ce mec me tape sur le système.
▪ **el (premio) gordo** *(en la lotería)* le gros lot.
gordura [gorðúra] *nf* embonpoint *m*.
gorila [gorila] *nm* gorille *m*.
gorra [gόr̄a] *nf* casquette *f*.
• **de gorra** *fam* à l'œil.
gorrión [gor̄jón] *nm* moineau *m*.
gorro [gόr̄o] *nm* bonnet *m*.
• **estar hasta el gorro** *fam* en avoir ras la casquette.
gorrón,-ona [gor̄ón,-óna] *nm,f* parasite *m*.
gota [gόta] *nf (gen)* goutte *f*.
• **no queda ni gota** il n'en reste pas une goutte.
• **parecerse como dos gotas de agua** se ressembler comme deux gouttes d'eau.
▪ **cuatro gotas** trois gouttes.
▪ **gota a gota** goutte à goutte *m*.
▪ **gota fría** orage *m* de chaleur.
gotear [goteár] *vi* goutter.
gotera [gotéra] *nf* fuite *f* d'eau.
gótico,-ca [gótiko,-ka] *adj* gothique.
gozada [goθáða] *nf fam* délice.
• **¡qué gozada!** c'est super !
gozar [4] [goθár] *vi* **1** *(disfrutar)* jouir (**de**, de): ***goza de buena salud***, il jouit d'une bonne santé. **2** *(experimentar gozo)* se réjouir (**con**, de).
gozne [góθne] *nm* gond *m*.
gozo [góθo] *nm* plaisir *m*.
• **¡mi gozo en un pozo!** c'est bien ma veine !
• **no caber en sí de gozo** être transporté,-e de joie.
grabación [graβaθjón] *nf* enregistrement *m*.
grabado [graβáðo] *nm* gravure *f*.
grabar [graβár] *vt* **1** *(en metal, piedra, etc)* graver. **2** *(sonido, imagen)* enregistrer.

gracia [gráθja] *nf* **1** *(gen)* grâce *f*. **2** *(encanto)* charme *m*. **3** *(chiste)* plaisanterie *f*. **4** *(habilidad, maña)* talent *m*: ***tiene gracia para la decoración***, il a du goût pour la décoration.
► *nf pl* **gracias** *(agradecimiento)* merci *m*.
• **caer en gracia a ALGN** plaire à QQN.
• **dar las gracias** remercier.
• **gracias a** grâce à.
• **hacer gracia** amuser.
• **muchas gracias** merci beaucoup.
• **reírle las gracias a ALGN** rire des plaisanteries de QQN.
• **tener gracia** être drôle.
gracioso,-sa [graθjóso,-sa] *adj* **1** *(chistoso)* drôle. **2** *(divertido)* amusant,-e.
► *nm,f* plaisantin *m*.
• **hacerse el gracioso** tenter d'être drôle.
grada [gráða] *nf* **1** *(peldaño)* marche *f*. **2** *(en un estadio)* gradin *m*.
grado [gráðo] *nm* **1** *(gen)* degré *m*: ***grado centígrado***, degré centigrade. **2** *(título)* grade *m*. **3** *(de un curso escolar)* année *f*. **4** *(voluntad)* gré *m*.
• **de buen grado** de bon gré.
graduable [graðwáβle] *adj* réglable.
graduación [graðwaθjón] *nf* **1** *(acción)* graduation *f*. **2** *(militar)* grade *m*.
▪ **graduación alcohólica** titre *m*.
▪ **graduación de la vista** mesure *f* de l'acuité visuelle.
graduado,-da [graðwáðo,-ða] *adj* **1** *(termómetro, gafas, etc)* gradué,-e. **2** *(en la universidad)* diplômé,-e.
graduar [11] [graðwár] *vt* **1** *(un termómetro)* graduer. **2** *(escalonar)* échelonner. **3** *(regular)* régler.
► *vpr* **graduarse 1** *(en la universidad)* obtenir son diplôme. **2** *(en el ejército)* prendre du galon.
• **graduarse la vista** se faire vérifier la vue.
gráfica [gráfika] *nf* graphique *m*.
gráfico,-ca [gráfiko,-ka] *adj* graphique.
► *nm* **gráfico** graphique *m*.
gragea [graχéa] *nf* dragée *f*.
gramática [gramátika] *nf* grammaire *f*.
gramatical [gramatikál] *adj* grammatical,-e.

gramo [grámo] *nm* gramme *m*.
gran [gran] *adj* → grande.
granada [granáða] *nf (fruto, proyectil)* grenade *f*.
granado,-da [granáðo,-ða] *adj* remarquable.
granate [granáte] *adj* - *nm* grenat *m*.
grande [gránde] (devant un *nom* au singulier on utilise **gran**) *adj* grand, grande: ***habitación grande***, grande chambre; ***un gran pintor***, un grand peintre.
► *nm* grand *m*: ***grande de España***, grand d'Espagne.
• **a lo grande** en grande pompe.
• **en grande** en grand.
• **pasarlo en grande** s'amuser comme un fou.
grandeza [grandéθa] *nf* **1** *(gen)* grandeur *f*. **2** *(dignidad)* grandesse *f*.
granel [granél].
• **a granel 1** *(mucho)* à foison. **2** COM en vrac.
granero [granéro] *nm* grenier *m*.
granito [granito] *nm* granit *m*.
granizada [graniθáða] *nf* grêle *f*.
granizado [graniθáðo] *nm* COC granité *m*.
granizar [4] [graniθár] *v impers* grêler.
granizo [graniθo] *nm* grêle *f*.
granja [gráŋχa] *nf* ferme *f*.
granjearse [graŋχeárse] *vpr* s'attirer: ***se ha granjeado la admiración de todos***, il a gagné l'admiration de tout le monde.
granjero,-ra [graŋχéro,-ra] *nm,f* fermier, -ère.
grano [gráno] *nm* **1** *(de uva, café)* grain *m*. **2** *(de cereales)* graine *f*. **3** *(de la piel)* bouton *m*.
• **ir al grano** en venir au fait.
granuja [granúχa] *nm* **1** *fam (pilluelo)* galopin *m*. **2** *fam (canalla)* canaille *f*.
granulado,-da [granuláðo,-ða] *adj* granulé,-e.
grapa [grápa] *nf (para el papel)* agrafe *f*.
grapadora [grapaðóra] *nf* agrafeuse *f*.
grapar [grapár] *vt* agrafer.
grasa [grása] *nf* **1** graisse *f*. **2** *(suciedad)* crasse *f*.
grasiento,-ta [grasjénto,-ta] *adj* graisseux,-euse.
graso,-sa [gráso,-sa] *adj* gras, grasse.
gratificación [gratifikaθjón] *nf* gratification *f*.
gratinar [gratinár] *vt* gratiner.
gratis [grátis] *adv* gratis.
gratitud [gratitúð] *nf* gratitude *f*.
grato,-ta [gráto,-ta] *adj* agréable.
gratuito,-ta [gratwito,-ta] *adj* gratuit,-e.
grava [gráβa] *nf* gravier *m*.
grave [gráβe] *adj* grave.
gravedad [graβeðáð] *nf* gravité *f*.
gravitar [graβitár] *vi* graviter.
graznar [graθnár] *vi* **1** *(cuervo)* croasser. **2** *(ganso)* cacarder.
graznido [graθniðo] *nm* croassement *m*.
Grecia [gréθja] *n pr* Grèce *f*.
gregario,-ria [greɣárjo,-rja] *adj* grégaire.
gremio [grémjo] *nm* corporation *f*.
gres [gres] *nm* grès *m*.
gresca [gréska] *nf* **1** *(ruido)* chahut *m*. **2** *(riña, pelea)* bagarre *f*.
griego,-ga [grjéɣo,-ɣa] *adj* grec, grecque.
► *nm,f* Grec, Grecque.
► *nm* **griego** *(idioma)* grec *m*.
grieta [grjéta] *nf* **1** *(en el suelo, etc)* crevasse *f*; *(en una pared)* fissure *f*. **2** *(en la piel)* gerçure *f*.
grifo [grifo] *nm* robinet *m*.
grillo [griʎo] *nm* grillon *m*.
grima [grima] *nf* dégoût *m*.
• **dar grima** écœurer.
gripe [gripe] *nf* grippe *f*.
gris [gris] *adj* gris,-e.
► *nm* gris *m*.
gritar [gritár] *vi* crier.
grito [grito] *nm* cri *m*: ***dar gritos***, pousser des cris, crier.
• **a grito pelado** à tue-tête.
• **poner el grito en el cielo** crier au scandale.
• **ser el último grito** être du dernier cri.
grosella [groséʎa] *nf* groseille *f*.
grosero,-ra [groséro,-ra] *adj* grossier,-ère.
grosor [grosór] *nm* épaisseur *f*.
grotesco,-ca [grotésko,-ka] *adj* grotesque.
grúa [grúa] *nf* **1** *(máquina de construcción)* grue *f*. **2** *(de automóviles)* dépanneuse *f*.
grueso,-sa [grwéso,-sa] *adj* **1** *(abultado, gordo)* gros, grosse. **2** *(espeso)* épais,-aisse.

► *nm* **grueso** 1 *(grosor)* épaisseur *f.* 2 *(parte principal)* gros *m*: ***el grueso del ejército***, le gros de l'armée.

grulla [grúʎa] *nf* grue *f.*

grumete [grumète] *nm* mousse *m.*

grumo [grúmo] *nm* grumeau *m.*

gruñido [gruɲiðo] *nm* grognement *m.*

gruñir [40] [gruɲir] *vi* grogner.

gruñón,-na [gruɲón,-na] *adj* grognon, -onne.

► *nm,f* râleur,-euse.

grupo [grúpo] *nm* groupe *m.*

gruta [grúta] *nf* grotte *f.*

guadaña [gwaðáɲa] *nf* faux *f.*

guantazo [gwantáθo] *nm* claque *f.*

guante [gwánte] *nm* gant *m.*

• **echarle el guante a ALGN** mettre le grappin sur QQN.

guantera [gwantèra] *nf* boîte *f* à gants.

guaperas [gwapèras] *nm inv fam* beau gosse *m.*

guapo,-pa [gwápo,-pa] *adj* 1 *(persona)* beau, belle. 2 *fam (cosa)* élégant,-e: ***¡qué vestido más guapo!***, cette robe est très élégante ! 3 *fam (valiente)* courageux, -euse: ***a ver quién es el guapo que se atreve con él***, qui est le courageux qui va oser l'affronter.

guarda [gwárða] *nmf* gardien,-enne.

► *nf* garde *f*, surveillance *f.*

▪ **guarda forestal** vigile *m*, garde forestier.

▪ **guarda jurado** agent *m* de sécurité privé.

guardabarros [gwarðaβáros] *nm* garde-boue *m.*

guardabosque [gwarðaβóske] *nm* garde *m* forestier.

guardacostas [gwarðakóstas] *nm* garde-côte *m.*

guardaespaldas [gwarðaespáldas] *nmf* garde *m* du corps.

guardameta [gwarðaméta] *nmf* gardien *m* de but.

guardamuebles [gwarðamwéβles] *nm* garde-meuble *m.*

guardar [gwarðár] *vt* 1 garder. 2 INFORM enregistrer.

► *vpr* **guardarse de** se garder de.

• **guardar las apariencias** sauver les apparences.

guardarropa [gwarðarópa] *nm* 1 *(armario - público)* vestiaire *m*; *(- privado)* garde-robe *f.* 2 *(en el teatro)* costumier *m.*

guardería [gwarðeria] *nf* crèche *f.*

guardia [gwárðja] *nf* garde *f.*

► *nmf* agent *m*, garde.

• **estar de guardia** être de garde.

• **estar en guardia** être sur ses gardes.

• **montar guardia** monter la garde.

▪ **guardia civil** gendarme *m* espagnol.

▪ **guardia de tráfico** police *f* de la route.

▪ **guardia municipal** policier *m* municipal.

▪ **guardia urbana** police *f* municipale.

▪ **guardia urbano** policier *m* municipal.

guardián,-ana [gwarðján,-ána] *nm,f* gardien,-enne.

guarecer [43] [gwareθér] *vt* abriter

► *vpr* **guarecerse** s'abriter (**de**, de).

guarida [gwariða] *nf* 1 *(de animales)* tanière *f.* 2 *(de personas)* repaire *m.*

guarnición [gwarniθjón] *nf* 1 *(adorno, comida)* garniture *f.* 2 *(militar)* garnison *m.*

guarro,-rra [gwáro,-ra] *adj* dégoûtant,-e.

► *nm,f* 1 cochon *m*, truie *f.* 2 *fam (persona)* cochon,-onne.

guasa [gwása] *nf fam* plaisanterie *f.*

• **estar de guasa** plaisanter, blaguer.

• **¡tiene guasa la cosa!** elle est forte, celle-là !

Guatemala [gwatemála] *n pr* Guatemala *m.*

guatemalteco,-ca [gwatemaltéko,-ka] *adj* guatémaltèque.

► *nm,f* Guatémaltèque.

guateque [gwatéke] *nm* surprise-partie *f.*

guay [gwai] *adj fam* super.

gubernamental [guβernamentál] *adj* gouvernemental,-e.

gubernativo,-va [guβernatiβo,-βa] *adj* gouvernemental,-e.

guerra [géra] *nf* guerre *f.*

• **dar guerra** donner du fil à retordre.

▪ **guerra civil** guerre civile.

▪ **guerra fría** guerre froide.

▪ **guerra mundial** guerre mondiale.

▪ **guerra santa** guerre sainte.

guerrero,-ra [geréro,-ra] *adj* - *nm,f* guerrier,-ère.

guerrilla [geřiʎa] *nf* guérilla *f.*
guerrillero,-ra [geřiʎèro,-ra] *nm,f* guérillero *m.*
gueto [gèto] *nm* ghetto *m.*
guía [gia] *nmf (persona)* guide.
► *nf* **1** guide *m*: ***una guía turística***, un guide touristique. **2** *(de teléfonos)* annuaire *m.*
guiar [13] [gjar] *vt* guider.
► *vpr* **guiarse** se laisser guider (**por**, par).
guijarro [giχàřo] *nm* caillou *m.*
guillotina [giʎotina] *nf* **1** *(para decapitar)* guillotine *f.* **2** *(para cortar papel)* massicot *m.*
guinda [ginda] *nf* griotte *f.*
guindilla [gindiʎa] *nf* piment *m* rouge.
guiñar [giɲàr] *vt* cligner: ***guiñar el ojo***, cligner de l'œil.
guiño [giɲo] *nm* clin *m* d'œil.
guiñol [giɲòl] *nm* guignol *m.*
guión, guion [gjòn] *nm* **1** *(esquema de un discurso, etc)* plan *m.* **2** *(de una película)* scénario *m.* **3** *(signo ortográfico)* tiret *m*; *(en las palabras compuestas)* trait *m* d'union.
guionista [gjonista] *nmf* scénariste.
guiri [giri] *nmf fam pey* touriste.
guirnalda [girnàlda] *nf* guirlande *f.*
guisado [gisàðo] *nm* ragoût *m.*
guisante [gisànte] *nm* **1** *(planta)* pois *m.* **2** *(legumbre)* petit pois *m.*
guisar [gisàr] *vt - vi* cuisiner.
guiso [giso] *nm* ragoût *m.*
guita [gita] *nf fam* fric *m*, pognon *m.*
guitarra [gitàřa] *nf* guitare *f.*
■ **guitarra eléctrica** guitare électrique.
guitarrista [gitařista] *nmf* guitariste.
gula [gùla] *nf* gourmandise *f.*
gusanillo [gusaniʎo] *nm* petit ver *m.*
● **matar el gusanillo** prendre un en-cas.
gusano [gusàno] *nm* ver *m.*
■ **gusano de luz** ver luisant.
■ **gusano de seda** ver à soie.
gustar [gustàr] *vi* **1** *(gen)* plaire, aimer: ***este chico me gusta***, ce garçon me plaît; ***¿te gusta el chocolate?***, tu aimes le chocolat ? **2** **gustar de** *(disfrutar)* aimer à, se plaire à.
► *vt (probar)* goûter.
gustillo [gustiʎo] *nm* arrière-goût *m.*
gusto [gùsto] *nm* **1** *(sentido)* goût *m*: ***un gusto amargo***, un goût amer. **2** *(placer, agrado)* plaisir *m.*
● **con mucho gusto** avec plaisir.
● **dar gusto** faire plaisir.
● **mucho gusto** enchanté,-e.
gustoso,-sa [gustòso,-sa] *adj* **1** *(sabroso)* savoureux,-euse. **2** *(con gusto, con placer)* content,-e: ***lo haré muy gustoso***, je le ferai avec grand plaisir.
gutural [guturàl] *adj* guttural,-e.

H

haba [áβa] *nf* fève *f*.
• **son habas contadas** ça ne fait pas l'ombre d'un doute.
habano [aβáno] *nm* havane *m*.
haber[1] [72] [aβér] *aux* **1** *(con verbos transitivos)* avoir: ***ha cantado dos canciones***, il a chanté deux chansons. **2** *(con verbos de movimiento, estado o permanencia)* être: ***se ha ido a Madrid***, elle est allée à Madrid.
• **haber de +** *inf* devoir + *inf*.
• **haber que +** *inf* falloir + *inf*.
• **habérselas con ALGN** avoir affaire à QQN.
• **hay** *(forma impersonal)* y avoir: ***hay mucha gente aquí***, il y a beaucoup de monde ici.
• **¿qué hay?** comment ça va ?
haber[2] [aβér] *nm* **1** *(en contabilidad)* crédit *m*. **2** *(bienes)* avoir *m*.
• **tener en su haber** *fig* avoir à son actif.
hábil [áβil] *adj* **1** *(gen)* habile. **2** *(día)* ouvrable.
habilidad [aβiliðáð] *nf* habileté *f*.
• **tener habilidad para ALGO** être doué, -e pour QQCH.
habilidoso,-sa [aβiliðóso,-sa] *adj* habile.
habilitar [aβilitár] *vt* **1** DER habiliter. **2** *(espacio)* aménager.
habitación [aβitaθjón] *nf* **1** *(en general)* pièce *f*. **2** *(de dormir)* chambre *f*.
habitante [aβitánte] *nmf* habitant,-e.
habitar [aβitár] *vt* habiter.
hábitat [áβitat] *nm* habitat *m*.
hábito [áβito] *nm* **1** *(costumbre)* habitude *f*. **2** *(de religioso)* habit *m*.
• **el hábito no hace al monje** l'habit ne fait pas le moine.
habitual [aβitwál] *adj* **1** *(normal)* habituel, -elle. **2** *(cliente)* habitué,-e.
habituar [11] [aβitwár] *vt* habituer (**a**, à).
► *vpr* **habituarse** s'habituer (**a**, à).
habla [áβla] *nf* **1** *(facultad, acción de hablar)* parole *f*. **2** *(lenguaje)* langue *f*.
hablador,-ra [aβlaðór,-ra] *adj - nm,f* bavard,-e.
hablar [aβlár] *vi* parler: ***hablar alto***, parler haut; ***voy a hablar con el profesor***, je vais parler au professeur.
► *vt (un idioma)* parler.
► *vpr* **hablarse** *(tratarse)* se parler: ***desde que tuvieron aquel problema, no se hablan***, depuis qu'ils ont eu ce problème, ils ne se parlent plus.
• **hablar con ALGN** parler avec QQN.
• **hablar por hablar** parler pour ne rien dire.
• **¡ni hablar!** pas question !
hacendoso,-sa [aθendóso,-sa] *adj* travailleur,-euse.
hacer [73] [aθér] *vt* **1** *(gen)* faire: ***haré este trabajo mañana***, je ferai ce travail demain; ***su hijo hace derecho***, son fils fait du droit. **2** *(convertir, transformar)* rendre: ***ese traje le hace más viejo***, ce costume le vieillit. **3** *(suponer)* supposer, croire: ***yo te hacía en Madrid***, je te croyais à Madrid.
► *vi* **1** *(gen)* faire: ***has hecho bien en decírmelo***, tu as bien fait de me le dire. **2** **hacer de** *(representar)* jouer le rôle de: ***en la obra hace de Cleopatra***, dans l'œuvre, elle joue le rôle de Cléopâtre.

► *vpr* **hacerse 1** *(convertirse)* se faire: ***hacerse fraile***, se faire moine. **2** *(simular, pretender ser)* faire le/la: ***hacerse el indiferente***, faire l'indifférent.
• **hace 1** *(tiempo meteorológico)* faire: ***hace frío***, il fait froid. **2** *(tiempo cronológico)* y avoir: ***hace mucho tiempo***, il y a longtemps.
• **hacerse a ALGO/ALGN** *(acostumbrarse)* s'habituer à QQCH/QQN.
• **hacerse con ALGO** obtenir QQCH.
hacha [átʃa] *nf* hache *f*.
• **ser un hacha** être un as.
hachís [atʃís] *nm* haschisch *m*.
hacia [áθja] *prep* vers.
• **hacia abajo** vers le bas.
• **hacia adelante** en avant.
• **hacia arriba** vers le haut.
• **hacia atrás** en arrière.
hacienda [aθjénda] *nf* **1** *(finca)* exploitation *f* agricole. **2** *(fortuna)* fortune *f*.
▪ **hacienda pública** trésor *m* public.
hacker [χáker] *nmf* pirate *m* informatique.
hada [áða] *nf* fée *f*.
▪ **hada madrina** bonne fée.
¡hala! [ála] *interj* allons !, allez !
halagar [7] [alaɣár] *vt* flatter.
halago [aláɣo] *nm* flatterie *f*.
halagüeño,-ña [alaɣwéɲo,-ɲa] *adj* encourageant,-e.
halcón [alkón] *nm* faucon *m*.
¡hale! [ále] *interj* allez !, vite !
hallar [aʎár] *vt* trouver.
► *vpr* **hallarse 1** *(estar)* se trouver, être: ***hallarse en París***, être à Paris. **2** *(encontrar)* rencontrer: ***hallarse con un obstáculo***, rencontrer un obstacle.
hallazgo [aʎáθɣo] *nm* trouvaille *f*.
halógeno,-na [alóχeno,-na] *adj* halogène.
halterofilia [alterofilja] *nf* DEP haltérophilie *f*.
hamaca [amáka] *nf* **1** *(cama para colgar)* hamac *m*. **2** *(tumbona)* chaise *f* longue.
hambre [ámbre] *nf* **1** *(gen)* faim *f*. **2** *(escasez de alimentos)* famine *f*.
• **matar el hambre** calmer sa faim.
• **ser un muerto de hambre** *fam fig* être un moins que rien.
hambriento,-ta [ambrjénto,-ta] *adj* affamé,-e.
hamburguesa [amburɣésa] *nf* hamburger *m*.
hámster [χámster] *nm* (*pl* **hámsters**) hamster *m*.
hampa [ámpa] *nf* pègre *f*.
hándicap [ándikap] *nm* (*pl* **hándicaps**) handicap *m*.
hangar [aŋgár] *nm* hangar *m*.
harapiento,-ta [arapjénto,-ta] *adj* déguenillé,-e.
harapo [arápo] (gén au *pl*) *nm* haillon *m*.
hardware [χárwar] *nm* INFORM matériel *m*.
harén [arén] *nm* harem *m*.
harina [arína] *nf* farine *f*.
• **ser harina de otro costal** être une autre paire de manches.
hartar [artár] *vt (saciar el hambre)* rassasier. **2** *(fastidiar)* fatiguer.
► *vpr* **hartarse 1** *(saciarse)* se gaver. **2** *(fastidiarse)* en avoir marre.
harto,-ta [árto,-ta] *adj* **1** *(de comida)* rassasié,-e. **2** *(fastidiado, cansado)* fatigué,-e.
► *adv (demasiado)* on ne peut plus: ***harto difícil***, c'est on ne peut plus difficile.
• **estar harto de** en avoir assez de.
hasta [ásta] *prep* jusque, jusqu'à.
► *conj (también, incluso)* même: ***hasta él lo dice***, même lui le dit.
• **hasta ahora** à tout de suite.
• **hasta luego** à tout à l'heure.
• **hasta mañana** à demain.
• **hasta que** jusqu'à ce que.
hastío [astío] *nm* ennui *m*.
haya [ája] *nf* hêtre *m*.
haz [aθ] *nm* **1** *(de rayos luminosos)* faisceau *m*. **2** *(de hierba, de leña)* fagot *m*.
hazaña [aθáɲa] *nf* exploit *m*.
hazmerreír [aθmereír] *nm* risée *f*.
hebilla [eβíʎa] *nf* boucle *f*.
hebra [éβra] *nf* **1** *(de hilo)* brin *m*. **2** *(de la carne)* fibre *f*.
hebreo,-a [eβréo,-a] *adj* hébreu.
► *nm,f* Hébreu.
► *nm* **hebreo** *(idioma)* hébreu *m*.
hechicero,-ra [etʃiθéro,-ra] *adj* ensorcelant,-e.
► *nm,f* ensorceleur,-euse.
hechizar [4] [etʃiθár] *vt* **1** *(embrujar)* ensorceler. **2** *(cautivar)* charmer.

hechizo [etʃiθo] *nm* **1** *(embrujo)* sortilège *m*. **2** *fig (atractivo)* charme *m*.
hecho,-cha [ètʃo,-tʃa] *adj* **1** *(gen)* fait,-e: ***es una casa muy bien hecha***, c'est une maison bien faite. **2** *(comida)* cuit,-e.
► *nm* **hecho** fait *m*.
► *interj* **¡hecho!** d'accord !
• **a lo hecho pecho** ce qui est fait est fait.
• **bien hecho 1** *(comida)* bien cuit. **2** *(como aprobación)* bravo !
• **de hecho** de fait.
• **estar hecho,-cha a ALGO** être habitué,-e à QQCH.
• **estar hecho ALGO**: ***estaba hecho una fiera***, on aurait dit une bête féroce.
• **poco hecho** saignant.
▪ **hecho consumado** fait accompli.
▪ **hecho diferencial** trait *m* distinctif.
hectárea [ektàrea] *nf* hectare *m*.
hectolitro [ektolitro] *nm* hectolitre *m*.
hectómetro [ektòmetro] *nm* hectomètre *m*.
hedonismo [eðonizmo] *nm* hédonisme *m*.
hegemonía [eχemonia] *nf* hégémonie *f*.
helada [elàða] *nf* gelée *f*.
heladería [elaðeria] *nf (fábrica y establecimiento)* glacier *m*.
helado,-da [elàðo,-ða] *adj* **1** *(por el frío)* gelé,-e. **2** *fig (impresionado)* de glace.
► *nm* **helado** glace *f*.
• **quedarse helado,-da** être sidéré,-e.
helar [27] [elàr] *vt (el agua)* geler, glacer.
► *v impers* geler.
► *vpr* **helarse** geler.
helecho [elètʃo] *nm* fougère *f*.
hélice [èliθe] *nf* hélice *f*.
helicóptero [elikòptero] *nm* hélicoptère *m*.
helio [èljo] *nm* hélium *m*.
hematoma [ematòma] *nm* MED hématome *m*.
hembra [èmbra] *nf* femelle *f*.
hemiciclo [emiθiklo] *nm* hémicycle *m*.
hemisferio [emisfèrjo] *nm* hémisphère *m*.
hemofilia [emofilja] *nf* MED hémophilie *f*.
hemorragia [emor̄àχja] *nf* MED hémorragie *f*.
hemorroides [emor̄òiðes] *nf pl* MED hémorroïdes *f pl*.
hendidura [endiðùra] *nf* fente *f*.
heno [èno] *nm* foin *m*.
hepático,-ca [epàtiko,-ka] *adj* hépatique.
hepatitis [epatitis] *nf* MED hépatite *f*.
heptágono [eptàγono] *nm* heptagone *m*.
heráldica [eràldika] *nf* héraldique *f*.
herbáceo,-a [erβàθeo,-a] *adj* herbacé,-e.
herbívoro,-ra [erβiβoro,-ra] *adj* herbivore.
► *nm* **herbívoro** herbivore.
heredar [ereðàr] *vt* hériter.
heredero,-ra [ereðèro,-ra] *adj* - *nm,f* héritier,-ère.
hereditario,-ria [ereðitàrjo,-rja] *adj* héréditaire.
hereje [erèχe] *nmf* hérétique.
herencia [erènθja] *nf* **1** *(derecho)* hérédité *f*. **2** *(lo que se hereda)* héritage *m*.
herida [eriða] *nf* blessure *f*.
herido,-da [eriðo,-ða] *adj* - *nm,f* blessé,-e.
herir [35] [erir] *vt* blesser.
hermanastro,-tra [ermanàstro,-tra] *nm,f* demi-frère *m*, demi-sœur *f*.
hermandad [ermandàð] *nf* fraternité *f*.
hermano,-na [ermàno,-na] *nm,f* frère *m*, sœur *f*.
▪ **hermana política** belle-sœur *f*.
▪ **hermano político** beau-frère *m*.
hermético,-ca [ermètiko,-ka] *adj* hermétique.
hermoso,-sa [ermòso,-sa] *adj* beau, bel, belle: ***un hermoso edificio***, un bel immeuble; ***una mujer hermosa***, une belle femme.
hermosura [ermosùra] *nf* beauté *f*.
hernia [èrnja] *nf* MED hernie *f*.
héroe [èroe] *nm* héros *m*.
heroico,-ca [eròiko,-ka] *adj* héroïque.
heroína [eroina] *nf* héroïne *f*.
heroinómano,-na [erojnòmano,-na] *nm,f* héroïnomane.
heroísmo [eroizmo] *nm* héroïsme *m*.
herpes [èrpes] *nm* MED herpès *m*.
herradura [er̄aðùra] *nf* fer *m* à cheval.
herramienta [er̄amjènta] *nf* outil *m*.
herrar [27] [er̄àr] *vt* **1** *(caballo)* ferrer. **2** *(ganado, etc)* marquer au fer rouge.
herrería [er̄eria] *nf* forge *f*.
herrero [er̄èro] *nm* forgeron *m*.

hervir [erβir] *vi* **1** *(líquido)* bouillir. **2** *fig (idea, pasión)* bouillonner.
► *vt* faire bouillir.
hervor [erβór] *nm* ébullition *f.*
heterogéneo,-a [eteroχéneo,-a] *adj* hétérogène.
heterosexual [eterosekswál] *adj - nmf* hétérosexuel,-elle.
hexágono [eksáɣono] *nm* hexagone *m.*
hez [eθ] *nf* lie *f.*
► *nf pl* **heces** selles *f pl.*
hibernar [iβernár] *vi* hiberner.
híbrido,-da [íβriðo,-ða] *adj* hybride.
► *nm* **híbrido** hybride *m.*
hidratante [iðratánte] *adj* hydratant,-e.
hidratar [iðratár] *vt* hydrater.
hidráulico,-ca [iðráuliko,-ka] *adj* hydraulique.
hidroavión [iðroaβjón] *nm* hydravion *m.*
hidrocarburo [iðrokarβúro] *nm* hydrocarbure *m.*
hidrófilo,-la [iðrófilo,-la] *adj* hydrophile.
hidrógeno [iðróχeno] *nm* hydrogène *m.*
hiedra [jéðra] *nf* lierre *m.*
hiel [jel] *nf* fiel *m.*
hielo [jélo] *nm* **1** *(gen)* glace *f.* **2** *(en la carretera)* verglas *m.*
• **romper el hielo** rompre la glace.
hiena [jéna] *nf* hyène *f.*
hierba [jérβa] *nf* herbe *f.*
• **y otras hierbas** et j'en passe.
hierbabuena [jerβaβwéna] *nf* menthe *f.*
hierro [jér̄o] *nm* fer *m.*
• **de hierro** de fer: ***tiene una salud de hierro***, il a une santé de fer.
▪ **hierro colado** fonte *f.*
▪ **hierro forjado** fer forgé.
▪ **hierro fundido** fonte *f.*
hígado [íɣaðo] *nm* foie *m.*
• **tener hígados** avoir du cran.
higiene [iχjéne] *nf* hygiène *f.*
higiénico,-ca [iχjéniko,-ka] *adj* hygiénique.
higo [íɣo] *nm* figue *f.*
▪ **higo chumbo** figue de Barbarie.
higuera [iɣéra] *nf* figuier *m.*
▪ **higuera chumba** figuier de Barbarie.
hijastro,-tra [iχástro,-tra] *nm,f* beau-fils *m*, belle-fille *f.*
hijo,-ja [íχo,-χa] *nm,f* fils *m*, fille *f.*
► *nm pl* **hijos** enfants *m pl*: ***un matrimonio sin hijos***, un ménage sans enfants.
▪ **hija política** belle-fille *f*, bru *f.*
▪ **hijo político** beau-fils *m*, gendre *m.*
hilar [ilár] *vt* filer.
• **hilar fino** chercher la petite bête.
hilera [iléra] *nf* rangée *f.*
hilo [ílo] *nm* fil *m.*
• **estar pendiente de un hilo** ne tenir qu'à un fil.
• **perder el hilo** perdre le fil.
• **seguir el hilo** suivre le fil.
hilván [ilβán] *nm* faufil *m.*
himno [ímno] *nm* hymne *m.*
▪ **himno nacional** hymne national.
hincapié [iŋkapjé].
• **hacer hincapié en** mettre l'accent sur.
hincar [1] [iŋkár] *vt* planter.
hincha [íntʃa] *nmf* DEP *fam* supporter.
hinchado,-da [intʃáðo,-ða] *adj* **1** *(estilo, etc)* ampoulé,-e. **2** *(presumido)* gonflé,-e d'orgueil.
hinchar [intʃár] *vt* **1** *(inflar)* gonfler. **2** *(exagerar)* grossir.
► *vpr* **hincharse 1** *(aumentar de volumen)* enfler. **2** *fig (persona)* s'enorgueillir. **3** *fam fig (de comida)* se gaver.
hinchazón [intʃaθón] *nf* enflure *f.*
hiniesta [injésta] *nf* genêt *m.*
hinojo [inóχo] *nm* fenouil *m.*
hipermercado [ipermerkáðo] *nm* hypermarché *m.*
hipertensión [ipertensjón] *nf* MED hypertension *f.*
hipertexto [ipertéksto] *nm* INFORM hypertexte *m.*
hípico,-ca [ípiko,-ka] *adj* hippique.
hipnosis [ipnósis] *nf* hypnose *f.*
hipnotizar [4] [ipnotiθár] *vt* hypnotiser.
hipo [ípo] *nm* hoquet *m.*
• **de quitar el hipo** à couper le souffle.
hipocondríaco,-ca [ipokondriako,-ka], **hipocondriaco,-ca** [ipokondriáko,-ka] *adj - nm,f* hypocondriaque.
hipocresía [ipokresía] *nf* hypocrisie *f.*
hipócrita [ipókrita] *adj - nmf* hypocrite.
hipódromo [ipóðromo] *nm* hippodrome *m.*
hipopótamo [ipopótamo] *nm* hippopotame *m.*

hipoteca [ipotėka] *nf* hypothèque *f.*
hipótesis [ipótesis] *nf* hypothèse *f.*
hirviente [irβjėnte] *adj* bouillant,-e.
hispánico,-ca [ispániko,-ka] *adj* hispanique.
hispano,-na [ispáno,-na] *adj* **1** *(español, hispanoamericano)* espagnol,-e. **2** *(en Estados Unidos)* hispanique.
► *nm,f (en Estados Unidos)* Hispanique.
Hispanoamérica [ispanoamėrika] *n pr* Amérique *f* Latine.
hispanoamericano,-na [ispanoamerikáno,-na] *adj* hispano-américain,-e.
► *nm,f* Hispano-américain,-e.
hispanohablante [ispanoaβlánte] *adj - nmf* hispanophone.
histeria [istėrja] *nf* hystérie *f.*
historia [istórja] *nf* histoire *f.*
• **dejarse de historias** arrêter de raconter des histoires.
• **pasar a la historia** entrer dans l'histoire.
historiador,-ra [istorjaðór,-ra] *nm,f* historien,-enne.
historial [istorjál] *adj* historique.
► *nm* **1** *(reseña)* historique *m.* **2** *(profesional)* curriculum vitae *m.*
▪ **historial médico** dossier *m* médical.
histórico,-ca [istóriko,-ka] *adj* historique.
historieta [istorjėta] *nf* bande *f* dessinée.
hobby [jóβi] *nm* (*pl* **hobbies**) hobby *m.*
hocico [oθiko] *nm (de animal)* museau *m; (del cerdo)* groin *m.*
hockey [χókej] *nm* hockey *m.*
hogar [oɣár] *nm* foyer *m.*
• **sin hogar** sans abri.
hoguera [oɣėra] *nf (fuego)* bûcher *m; (en una fiesta)* feu *m* de joie.
hoja [óχa] *nf* **1** *(de vegetal, de papel, etc)* feuille *f.* **2** *(de libro)* page *f.* **3** *(de puerta)* battant *m; (de biombo)* volet *m.* **4** *(de cuchillo, espada, etc)* lame *f.*
▪ **hoja de afeitar** lame de rasoir.
▪ **hoja de cálculo 1** *(programa)* tableur *m.* **2** *(archivo)* feuille de calcul.
▪ **hoja de ruta** feuille de route.
▪ **hoja de servicios** états *m pl* de service.
hojalata [oχaláta] *nf* fer-blanc *m.*
hojaldre [oχáldre] *nm* pâte *f* feuilletée.
hojear [oχeár] *vt (un libro)* feuilleter.

¡hola! [óla] *interj (durante el día)* bonjour !; *(por la noche)* bonsoir !; *(todo el día)* salut !
Holanda [olánda] *n pr* Hollande *f.*
holandés,-esa [olandės,-ėsa] *adj* hollandais,-e.
► *nm,f* Hollandais,-e.
► *nm* **holandés** hollandais *m.*
holding [χóldin] *nm* holding *m.*
holgado,-da [olɣáðo,-ða] *adj* **1** *(ropa)* ample. **2** *(de dinero)* aisé,-e.
holgazán,-ana [olɣaθán,-ána] *adj - nm,f* fainéant,-e.
holgazanear [olɣaθaneár] *vi* paresser.
hollín [oʎin] *nm* suie *f.*
holocausto [olokáusto] *nm* holocauste *m.*
hombre [ómbre] *nm* **1** *(gen)* homme *m.* **2** *fam (marido)* mari *m.*
► *interj* **¡hombre! 1** *(incredulidad, ironía)* tiens ! **2** *(sorpresa, cariño)* ça alors !
▪ **hombre de Estado** homme d'État.
▪ **hombre del saco** croque-mitaine *m.*
▪ **hombre de negocios** homme d'affaires.
▪ **hombre lobo** loup-garou *m.*
hombrera [ombrėra] *nf* épaulette *f.*
hombría [ombria] *nf* virilité *f.*
hombro [ómbro] *nm* épaule *f.*
• **a hombros** sur les épaules.
• **al hombro** sur l'épaule.
• **arrimar el hombro 1** *(trabajar)* travailler dur. **2** *(ayudar)* donner un coup de main.
• **encogerse de hombros** hausser les épaules.
• **mirar a ALGN por encima del hombro** regarder QQN de haut.
homenaje [omenáχe] *nm* hommage *m.*
homeopatía [omeopatia] *nf* homéopathie *f.*
homicida [omiθiða] *adj - nmf* homicide.
homicidio [omiθiðjo] *nm* homicide *m.*
homilía [omilia] *nf* homélie *f.*
homogéneo,-a [omoχėneo,-a] *adj* homogène.
homologar [7] [omoloɣár] *vt* homologuer.
homólogo,-ga [omóloɣo,-ɣa] *adj* homologue.
homosexual [omoseksẃál] *adj - nmf* homosexuel,-elle.

homosexualidad [omosekswaliðáð] *nf* homosexualité *f.*
honda [ónda] *nf* fronde *f.*
hondo,-da [óndo,-da] *adj* profond,-e.
Honduras [ondúras] *n pr* Honduras *m.*
hondureño,-ña [onduréɲo,-ɲa] *adj* hondurien,-enne.
► *nm,f* Hondurien,-enne.
honestidad [onestiðáð] *nf* honnêteté *f.*
honesto,-ta [onésto,-ta] *adj* honnête.
hongo [óŋgo] *nm* **1** *(vegetal)* champignon *m.* **2** *(sombrero)* chapeau *m* melon.
honor [onór] *nm* honneur *m.*
• **en honor a la verdad** pour être juste.
• **en honor de** en l'honneur de.
honorable [onoráβle] *adj* honorable.
honorario,-ria [onorárjo,-rja] *adj* honoraire.
► *nm pl* **honorarios** honoraires *m pl.*
honorífico,-ca [onorífiko,-ka] *adj* honorifique.
honra [ónr̄a] *nf* honneur *m.*
• **¡y a mucha honra!** et fier de l'être !
▪ **honras fúnebres** honneurs funèbres.
honradez [onr̄aðéθ] *nf* honnêteté *f.*
honrado,-da [onr̄áðo,-ða] *adj* **1** *(recto, honesto)* honnête. **2** *(con premio, distinción)* honoré,-e.
honrar [onr̄ár] *vt* honorer.
► *vpr* **honrarse** s'honorer (**con/de**, de).
hora [óra] *nf* **1** *(gen)* heure *f*: ***¿qué hora es?***, quelle heure est-il ? **2** *(cita)* rendez-vous *m*: ***pedir hora con el ginecólogo***, prendre rendez-vous chez le gynécologue.
• **a altas horas** tard.
• **a la hora** à l'heure.
• **a primera hora** à la première heure.
• **a todas horas** tout le temps.
• **a última hora** au dernier moment.
• **dar la hora** sonner l'heure.
• **de última hora** de dernière heure.
• **¡ya era hora!** il était temps !
▪ **hora oficial** heure légale.
▪ **hora punta** heure de pointe.
horario,-ria [orárjo,-rja] *adj* horaire.
► *nm* **horario** *(gen)* horaire *m*; *(en el colegio)* emploi *m* du temps.
▪ **horario de atención al público** heures *f pl* d'ouverture.
▪ **horario intensivo** journée *f* continue.
horca [órka] *nf* **1** *(instrumento)* potence *f.* **2** *(útil agrícola)* fourche *f.*
horcajadas [orkaχáðas].
• **a horcajadas** à califourchon.
horchata [ortʃáta] *nf* orgeat *m.*
• **tener sangre de horchata** être flegmatique.
horizontal [oriθontál] *adj* horizontal,-e.
horizonte [oriθónte] *nm* horizon *m.*
• **en el horizonte** à l'horizon.
horma [órma] *nf* **1** *(molde)* forme *f.* **2** *(para conservar la forma del zapato)* embauchoir *m.*
• **encontrar la horma de su zapato** trouver chaussure à son pied.
hormiga [ormíɣa] *nf* fourmi *f.*
• **ser una hormiga** être une vraie fourmi.
hormigón [ormiɣón] *nm* béton *m.*
▪ **hormigón armado** béton armé.
hormona [ormóna] *nf* hormone *f.*
horno [órno] *nm* **1** *(aparato, instalación)* four *m.* **2** *fig (lugar caluroso)* four *m*, fournaise *f.*
• **al horno** au four.
• **no está el horno para bollos** ce n'est vraiment pas le moment.
▪ **alto horno** haut fourneau *m.*
horóscopo [oróskopo] *nm* horoscope *m.*
horquilla [orkíʎa] *nf* **1** *(para pelo)* épingle *f* à cheveux. **2** *(de bicicleta, agrícola)* fourche *f.* **3** *(margen entre cifras)* fourchette *f*, grille *f.*
horrible [or̄íβle] *adj* horrible.
horripilante [or̄ipilánte] *adj* horripilant,-e.
horror [or̄ór] *nm* horreur *f.*
► *adv fam (mucho)* énormément, terriblement: ***me gusta horrores***, j'aime énormément.
• **con horror** avec horreur.
• **¡qué horror!** quelle horreur !
• **tener horror a** ALGO faire horreur.
• **un horror** *fam* terriblement, énormément: ***me costó un horror encontrar la salida***, trouver la sortie a été une horreur pour moi.

horrorizar [4] [ororiθár] *vt* **1** *(causar miedo)* horrifier, faire horreur. **2** *(causar disgusto)* avoir horreur de, déplaire profondément: ***me horroriza madrugar***, j'ai horreur de me lever de bonne heure.
► *vpr* **horrorizarse** **1** *(tener miedo)* être frappé,-e d'horreur. **2** *(escandalizarse)* se scandaliser.
horroroso,-sa [ororóso,-sa] *adj* horrible, affreux,-euse.
hortaliza [ortaliθa] *nf* légume *m*, plante *f* potagère.
hortelano,-na [ortelàno,-na] *nm,f* maraîcher,-ère.
► *nm* **hortelano** *(pájaro)* ortolan *m*.
hortensia [orténsja] *nf* hortensia *m*.
hortera [ortéra] *adj* - *nmf* ringard,-e.
hospedaje [ospeðáχe] *nm* **1** *(alojamiento)* logement *m*. **2** *(precio)* prix *m* de la pension.
hospedar [ospeðár] *vt* loger, héberger.
► *vpr* **hospedarse** se loger, être hébergé,-e.
hospital [ospitál] *nm* hôpital *m*.
hospitalario,-ria [ospitalárjo,-rja] *adj* hospitalier,-ère.
hospitalidad [ospitaliðáð] *nf* hospitalité *f*.
hospitalizar [4] [ospitaliθár] *vt* hospitaliser.
hostal [ostál] *nm* petit hôtel *m*.
hostelería [osteleria] *nf* hôtellerie *f*.
hostia [óstja] *nf* **1** *(oblea)* hostie *f*. **2** *vulg (bofetada)* beigne *f*, torgnole *f*. **3** *vulg (topetazo)* gadin *m*.
► *interj* **¡hostia!** *vulg* putain !
• **estar de mala hostia** *vulg* être de mauvais poil.
• **pegarse una hostia** *vulg* se planter, ramasser un gadin.
• **ser la hostia** *vulg* être super, être le top.
• **tener mala hostia** *vulg* avoir un caractère de cochon.
hostil [ostil] *adj* hostile.
hostilidad [ostiliðáð] *nf* hostilité *f*.
► *nf pl* **hostilidades** hostilités *f pl*.
hotel [otél] *nm* hôtel *m*.
hotelero,-ra [oteléro,-ra] *adj* - *nm,f* hôtelier,-ère.
hoy [oj] *adv* aujourd'hui.
• **de hoy en adelante** dorénavant, désormais.
• **hoy (en) día** de nos jours, aujourd'hui.
• **hoy por hoy** à présent, de nos jours.
hoyo [ójo] *nm* **1** *(agujero)* trou *m*. **2** *(fosa)* fosse *f*, sépulture *f*.
hoyuelo [ojwélo] *nm* fossette *f*.
hoz[1] [oθ] *nf (instrumento)* faucille *f*.
hoz[2] [oθ] *nf (de montañas)* gorge *f*.
hucha [útʃa] *nf* tirelire *f*.
hueco,-ca [wéko,-ka] *adj* **1** *(vacío)* creux,-euse, vide. **2** *(mullido, esponjoso)* moelleux,-euse, spongieux,-euse. **3** *(estilo, voz)* creux,-euse. **4** *(presuntuoso)* vaniteux,-euse.
► *nm* **hueco** **1** *(cavidad)* creux *m*. **2** *(tiempo libre)* moment *m* de libre. **3** *(sitio libre)* espace *m* vide.
• **hacerse un hueco** faire son trou.
▪ **hueco de la escalera** cage *f* d'escalier.
▪ **hueco del ascensor** cage *f* d'ascenseur.
huelga [wélɣa] *nf* grève *f*.
• **declararse en huelga** se mettre en grève.
• **estar en huelga** être en grève.
• **hacer huelga** faire la grève.
huelguista [welɣista] *nmf* gréviste.
huella [wéʎa] *nf* **1** *(del pie - de persona)* trace *f*, empreinte *f*; *(- de animal)* empreinte *f*, foulée *f*. **2** *(de dedo)* empreinte *f*. **3** *(señal, vestigio)* trace *f*.
• **dejar huella** laisser des traces.
▪ **huella dactilar** empreinte digitale.
huérfano,-na [wérfano,-na] *adj* - *nm,f* orphelin,-e.
huerta [wérta] *nf* **1** *(de frutales)* verger *m*. **2** *(de hortalizas)* potager *m*.
huerto [wérto] *nm* **1** *(de hortalizas)* jardin *m* potager. **2** *(de frutales)* verger *m*.
hueso [wéso] *nm* **1** *(del cuerpo)* os *m*. **2** *(de fruta)* noyau *m*. **3** *(material)* corne *f*. **4** *fam fig (asignatura)* bête *f* noire.
• **estar en los huesos** n'avoir que la peau sur les os.
• **ser un hueso duro de roer** être un dur à cuire.
huésped,-da [wéspeð,-ða] *nm,f* hôte *m*, hôtesse *f*.

huevo [wéβo] *nm* 1 *(gen)* œuf *m*. 2 *fam (testículo)* couille *f*.
• **costar un huevo** *fam* coûter la peau des fesses.
• **estar hasta los huevos** *fam* en avoir assez.
• **poner a huevo** *fam* donner tout mâché.
▪ **huevo al plato** œuf sur le plat.
▪ **huevo de Pascua** œuf de Pâques.
▪ **huevo duro** œuf dur.
▪ **huevo escalfado** œuf poché.
▪ **huevo estrellado** œuf (au) miroir.
▪ **huevo frito** œuf frit.
▪ **huevo pasado por agua** œuf à la coque.
▪ **huevos revueltos** œufs brouillés.
huida [wiða] *nf* fuite *f*.
huir [62] [wir] *vi* fuir, s'enfuir.
• **huir de ALGO** *(evitar)* fuir QQCH.
humanidad [umaniðáð] *nf* humanité *f*.
► *nf pl* **humanidades** humanités *f pl*.
humanitario,-ria [umanitárjo,-rja] *adj* humanitaire.
humano,-na [umáno,-na] *adj* humain,-e.
► *nm* **humano** humain *m*.
humareda [umaréða] *nf* nuage *m* de fumée.
humear [umeár] *vi (echar humo, vapor)* fumer.
humedad [umeðáð] *nf* humidité *f*.
húmedo,-da [úmeðo,-ða] *adj* humide.
humildad [umildáð] *nf* humilité *f*.
humilde [umilde] *adj* humble.
humillación [umiʎaθjón] *nf* humiliation *f*.
humillar [umiʎár] *vt* humilier, abaisser.
► *vpr* **humillarse** s'humilier.
humo [úmo] *nm* fumée *f*.
► *nm pl* **humos** *fig* vanité *f sing*, prétention *f sing*.
• **bajarle los humos a ALGN** rabattre le caquet à QQN.
• **subírsele los humos a ALGN** devenir prétentieux.
• **tener muchos humos** prendre de grands airs.
humor [umór] *nm* 1 *(ánimo)* humeur *f*. 2 *(gracia)* humour *m*.
• **estar de buen humor** être de bonne humeur.
• **estar de humor para** être d'humeur à.
• **estar de mal humor** être de mauvaise humeur.
humorista [umorista] *nmf* humoriste.
humorístico,-ca [umoristiko,-ka] *adj* humoristique.
hundido,-da [undiðo,-ða] *adj* 1 *(gen)* enfoncé,-e. 2 *(mejilla, ojo)* cave. 3 *(persona)* effondré,-e, abattu,-e.
hundimiento [undimjénto] *nm* 1 *(en agua, barro)* enfoncement *m*. 2 *(de barco)* naufrage *m*. 3 *(de edificio)* écroulement *m*. 4 *(de terreno)* affaissement *m*. 5 *fig (de régimen, empresa, persona)* effondrement *m*.
hundir [undir] *vt* 1 *(hacer penetrar)* enfoncer. 2 *(barco)* couler. 3 *fig (destruir)* détruire, ruiner.
► *vpr* **hundirse** 1 *(barco)* couler, sombrer. 2 *(edificio)* s'écrouler, s'effondrer. 3 *(terreno)* s'affaisser. 4 *(caer al fondo)* s'enfoncer. 5 *fig (régimen, imperio, bolsa, persona)* s'effondrer.
húngaro,-ra [úŋgaro,-ra] *adj* hongrois,-e.
► *nm,f* Hongrois,-e.
► *nm* **húngaro** *(idioma)* hongrois *m*.
Hungría [uŋgria] *nf* Hongrie *f*.
huracán [urakán] *nm* ouragan *m*.
huraño,-ña [uráɲo,-ɲa] *adj* sauvage, insociable.
hurgar [7] [urɣár] *vt* fouiner.
hurón [urón] *nm* furet *m*.
¡hurra! [úra] *interj* hourra !
hurtadillas [urtaðiʎas].
• **a hurtadillas** à la dérobée, en cachette.
hurtar [urtár] *vt* voler, dérober.
husmear [uzmeár] *vt* 1 *(oler, presentir)* flairer. 2 *(fisgonear)* fouiner, fureter.
huso [úso] *nm* fuseau *m*.
▪ **huso horario** fuseau horaire.
¡huy! [wi] *interj* 1 *(dolor)* aïe ! 2 *(asombro)* oh !

I

ibérico,-ca [iβériko,-ka] *adj* ibérique.
iceberg [iθeβérɣ] *nm* iceberg *m.*
icono [ikóno] *nm* icône *f.*
ida [iða] *nf* aller *m.*
■ **idas y venidas** allées et venues.
■ **ida y vuelta** aller et retour, aller-retour *m.*
idea [iðéa] *nf* **1** *(gen)* idée *f.* **2** *(propósito)* intention *f*, idée *f.*
• **cambiar de idea** changer d'idée.
• **hacerse a la idea** se faire une raison.
• **hacerse una idea de** ALGO se faire une idée de QQCH.
• **¡ni idea!** aucune idée !
• **no tener ni idea** être nul, nulle.
• **tener ideas de bombero** avoir de drôles d'idées.
• **tener mala idea** avoir de mauvaises intentions.
ideal [iðeál] *adj* idéal,-e.
► *nm* idéal *m.*
idealismo [iðealizmo] *nm* idéalisme *m.*
idealista [iðealista] *adj - nmf* idéaliste.
idear [iðeár] *vt* concevoir.
ídem [iðem] *adv* idem.
idéntico,-ca [iðéntiko,-ka] *adj* identique.
identidad [iðentiðáð] *nf* identité *f.*
identificar [1] [iðentifikár] *vt* identifier.
► *vpr* **identificarse** s'identifier.
• **identificarse con** ALGO/ALGN s'identifier à/avec QQCH/QQN.
ideología [iðeoloχia] *nf* idéologie *f.*
idilio [iðiljo] *nm* idylle *f.*
idioma [iðjóma] *nm* langue *f*, idiome *m.*
idiota [iðjóta] *adj - nmf* idiot,-e.
idiotez [iðjotéθ] *nf* idiotie *f.*
ido,-da [iðo,-ða] *adj* **1** *(loco)* fou, folle. **2** *(despistado)* distrait,-e.
idolatrar [iðolatrár] *vt* idolâtrer.
ídolo [iðolo] *nm* idole *f.*
idóneo,-a [iðóneo,-a] *adj* approprié,-e, indiqué,-e.
iglesia [iɣlésja] *nf* église *f.*
iglú [iɣlú] *nm* (*pl* **iglúes** o **iglús**) igloo *m.*
ignorancia [iɣnoránθja] *nf* ignorance *f.*
ignorante [iɣnoránte] *adj - nmf* ignorant,-e.
ignorar [iɣnorár] *vt* **1** *(desconocer)* ignorer. **2** *(no hacer caso)* ignorer, négliger.
► *vpr* **ignorarse** s'ignorer.
igual [iɣwál] *adj* **1** *(idéntico, parecido, equivalente)* égal,-e, pareil,-eille: ***dos números iguales***, deux nombres égaux; ***este niño es igual que su padre***, cet enfant est pareil que son père. **2** *(semejante, tal)* semblable, pareil,-eille: ***nunca he oído una mentira igual***, je n'ai jamais entendu un pareil mensonge.
► *nmf (en rango, clase)* égal,-e: ***se entiende mejor con sus iguales***, il s'entend mieux avec ses égaux.
► *nm (signo matemático)* signe *m* égal.
► *adv* **1** *(quizás)* peut-être: ***igual llego un poco tarde***, peut-être que j'arriverai un peu tard. **2** *(de la misma manera)* pareil, même.
• **al igual que** comme.
• **dar igual** être égal.
• **darle igual** ALGO **a** ALGN se ficher de QQCH.
• **de igual a igual** d'égal à égal.
• **es igual** ça ne fait rien.
• **por igual** de la même façon, autant.
• **sin igual** sans pareil.

igualar [iγwalár] *vt* **1** *(hacer igual)* égaliser. **2** *(en importancia, mérito, calidad)* égaler: ***nada iguala su belleza***, rien n'égale sa beauté. **3** *(terreno)* aplanir, niveler.

► *vi* DEP égaliser.

► *vpr* **igualarse** *(cosas)* être égal, se valoir.

• **igualarse con ALGN** égaler QQN.

igualdad [iγwaldáð] *nf* égalité *f*.

• **en igualdad de condiciones** dans les mêmes conditions.

▪ **igualdad de oportunidades** égalité des chances.

iguana [iγwána] *nf* iguane *m*.

ilegal [ileγál] *adj* illégal,-e.

ilegible [ileχiβle] *adj* illisible.

ilegítimo,-ma [ileχitimo,-ma] *adj* illégitime.

ileso,-sa [iléso,-sa] *adj* sain et sauf, saine et sauve.

ilícito,-ta [iliθito,-ta] *adj* illicite.

ilimitado,-da [ilimitáðo,-ða] *adj* illimité,-e.

ilógico,-ca [ilóχiʁo,-ʁa] illogique.

iluminación [iluminaθjón] *nf* **1** *(gen)* illumination *f*. **2** *(alumbrado)* éclairage *m*. **3** *(pintura)* enluminure *f*.

iluminar [iluminár] *vt* **1** *(gen)* illuminer, éclairer. **2** *(estampas, libros)* enluminer.

ilusión [ilusjón] *nf* **1** *(esperanza)* espoir *m*. **2** *(emoción)* joie *f*, bonheur *m*. **3** *(imagen falsa)* illusion *f*.

• **hacerle ilusión ALGO a ALGN** rêver de QQCH.

• **hacerse ilusiones** se faire des illusions.

• **¡qué ilusión!** quelle joie !

ilusionar [ilusjonár] *vt (emocionar)* remplir de joie.

► *vpr* **ilusionarse 1** *(esperanzarse)* s'illusionner, se faire des illusions. **2** *(emocionarse)* se réjouir d'avance.

iluso,-sa [ilúso,-sa] *adj - nm,f* rêveur, -euse.

ilustración [ilustraθjón] *nf* **1** *(estampa, dibujo)* illustration *f*. **2** *(cultura)* savoir *m*, connaissances *f pl*.

ilustrado,-da [ilustráðo,-ða] *adj* **1** *(libro, revista)* illustré,-e. **2** *(culto, instruido)* instruit,-e, cultivé,-e.

ilustrar [ilustrár] *vt* **1** *(con dibujos, estampas, ejemplos)* illustrer. **2** *(instruir)* éclairer, instruire.

ilustre [ilústre] *adj* illustre.

imagen [imáχen] *nf* image *f*.

• **a imagen y semejanza de** à l'image de.

• **ser la viva imagen de** être tout le portrait de.

imaginación [imaχinaθjón] *nf* imagination *f*.

imaginar [imaχinár] *vt* imaginer.

► *vpr* **imaginarse** s'imaginer, croire.

• **¡imagínate!** figure-toi !

imaginario,-ria [imaχinárjo,-rja] *adj* imaginaire.

imán[1] [imán] *nm (hierro)* aimant *m*.

imán[1] [imán] *nm (sacerdote musulmán)* imam *m*.

imbécil [imbéθil] *adj - nmf* imbécile.

imitación [imitaθjón] *nf* imitation *f*.

• **de imitación** en imitation.

imitador,-ra [imitaðór,-ra] *nm,f* imitateur,-euse.

imitar [imitár] *vt* **1** *(copiar)* imiter, copier. **2** *(parodiar)* pasticher.

impaciencia [impaθjénθja] *nf* impatience *f*.

impaciente [impaθjénte] *adj - nmf* impatient,-e.

• **estar impaciente por +** ***inf*** être impatient de + *inf*.

impacto [impákto] *nm* impact *m*.

▪ **impacto ambiental** impact sur l'environnement.

impar [impár] *adj* impair,-e.

imparcial [imparθjál] *adj* impartial,-e.

impartir [impartir] *vt* donner.

impasible [impasiβle] *adj* impassible.

impecable [impekáβle] *adj* impeccable.

impedido,-da [impeðiðo,-ða] *adj* perclus,-e, infirme.

► *nm,f* impotent, infirme.

impedimento [impeðiménto] *nm* empêchement *m*, obstacle *m*.

impedir [34] [impeðir] *vt* empêcher.

impenetrable [impenetráβle] *adj* impénétrable.

impensable [impensáβle] *adj* impensable.

imperativo,-va [imperatiβo,-βa] *adj* impératif,-ive.
► *nm* **imperativo** impératif *m*.
imperceptible [imperθeptiβle] *adj* imperceptible.
imperdible [imperðiβle] *nm* épingle *f* de nourrice.
imperdonable [imperðonáβle] *adj* impardonnable.
imperfección [imperfekθjón] *nf* imperfection *f*.
imperfecto,-ta [imperfékto,-ta] *adj* imparfait,-e.
► *nm* **imperfecto** imparfait *m*.
imperialismo [imperjalizmo] *nm* impérialisme *m*.
imperio [impérjo] *nm* empire *m*.
impermeable [impermeáβle] *adj* - *nm* imperméable *m*.
impersonal [impersonál] *adj* impersonnel,-elle.
impertinente [impertinénte] *adj* - *nmf* impertinent,-e.
ímpetu [ímpetu] *nm* élan *m*.
impetuoso,-sa [impetwóso,-sa] *adj* impétueux,-euse.
implacable [implakáβle] *adj* implacable.
implantar [implantár] *vt* **1** *(órgano, cabello)* implanter. **2** *(reforma, régimen)* introduire.
implicar [1] [implikár] *vt* **1** *(conllevar)* impliquer, entraîner. **2** *(involucrar)* impliquer.
implorar [implorár] *vt fml* implorer.
imponente [imponénte] *adj* **1** *(impresionante)* imposant,-e. **2** *(estupendo)* sensationnel,-elle, formidable.
imponer [78] [imponér] *vt (gen)* imposer.
► *vi (inspirar miedo, respeto)* en imposer.
► *vpr* **imponerse 1** *(hacerse obedecer)* s'imposer. **2** *(vencer)* s'imposer, vaincre. **3** *(obligación, tarea)* s'imposer, s'obliger à.
importación [importaθjón] *nf* importation *f*.
importador,-ra [importaðór,-ra] *adj* - *nm,f* importateur,-trice.
importancia [importánθja] *nf* importance *f*.
• **dar importancia a ALGO** attacher de l'importance à QQCH.
• **darse importancia** faire l'important.
• **de importancia** important,-e.
• **quitar importancia a ALGO** ôter de l'importance à QQCH.
• **tener importancia** être d'importance.
importante [importánte] *adj* important,-e.
importar [importár] *vi* **1** *(tener importancia, interesar)* importer, avoir de l'importance. **2** *(molestar)* ennuyer, embêter: ***¿te importaría cerrar la puerta al salir?***, ça ne t'embêterais pas de fermer la porte quand tu sors ?
► *vt (mercancías)* importer.
• **no importa** ça ne fait rien, peu importe.
• **¿y a ti qué te importa?** qu'est-ce que ça peut te faire !, ça te regarde ?
importe [impórte] *nm* montant *m*.
imposibilidad [imposiβiliðáð] *nf* impossibilité *f*.
imposible [imposiβle] *adj* **1** *(irrealizable)* impossible. **2** *(persona)* insupportable, impossible.
► *nm* impossible *m*.
• **hacer lo imposible** faire l'impossible.
• **pedir imposibles** demander l'impossible.
impostor,-ra [impostór,-ra] *nm,f* imposteur *m*.
impotencia [impoténθja] *nf* impuissance *f*.
impotente [impoténte] *adj* impuissant,-e.
► *nm* impuissant *m*.
impreciso,-sa [impreθiso,-sa] *adj* imprécis,-e.
impregnar [impreγnár] *vt* imprégner.
► *vpr* **impregnarse** s'imprégner (**de**, de).
imprenta [imprénta] *nf* imprimerie *f*.
imprescindible [impresθindiβle] *adj* indispensable.
impresión [impresjón] *nf* impression *f*.
• **causar buena impresión** causer bonne impression.
• **dar la impresión de que** donner l'impression que.
• **tener la impresión de que** avoir l'impression que.
impresionante [impresjonánte] *adj* impressionnant,-e.
impresionar [impresjonár] *vt* **1** *(gen)* impressionner. **2** *(sonido)* enregistrer.

► *vpr* **impresionarse** être impressionné,-e.
impresionismo [impresjonizmo] *nm* impressionnisme *m*.
impreso,-sa [impréso,-sa] *adj* imprimé,-e.
► *nm* **impreso** *(formulario)* imprimé *m*.
impresora [impresóra] *nf* imprimante *f*.
■ **impresora de chorro de tinta** imprimante à jet d'encre.
■ **impresora láser** imprimante laser.
imprevisible [impreβisiβle] *adj* imprévisible.
imprevisto,-ta [impreβisto,-ta] *adj* imprévu,-e.
► *nm* **imprevisto** *(incidente)* imprévu *m*.
► *nm pl* **imprevistos** *(gastos)* dépenses *f pl* imprévues.
imprimir [imprimir] *vt* imprimer.
improbable [improβáβle] *adj* improbable.
improductivo,-va [improðuktiβo,-βa] *adj* improductif,-ive.
impropio,-pia [imprópjo,-pja] *adj* impropre.
improvisación [improβisaθjón] *nf* improvisation *f*.
improvisar [improβisár] *vt* improviser.
improviso [improβiso].
• **de improviso** à l'improviste.
imprudencia [impruðénθja] *nf* imprudence *f*.
imprudente [impruðénte] *adj - nmf* imprudent,-e.
impuesto [impwésto] *nm* impôt *m*.
• **libre de impuestos** exempt d'impôts.
■ **impuestos municipales** impôts locaux.
■ **impuesto sobre la renta** impôt sur le revenu.
■ **impuesto sobre el valor añadido** taxe *f* à la valeur ajoutée.
impugnar [impuɣnár] *vt* contester.
impulsar [impulsár] *vt* **1** *(empujar)* pousser. **2** *(promover, estimular)* stimuler, inciter.
impulsivo,-va [impulsiβo,-βa] *adj* impulsif,-ive.
impulso [impúlso] *nm* **1** *(gen)* impulsion *f*. **2** *(para saltar, correr)* élan *m*.
• **tomar impulso** prendre son élan.
impunidad [impuniðáð] *nf* impunité *f*.
impureza [impuréθa] *nf* impureté *f*.
impuro,-ra [impúro,-ra] *adj* impur,-e.
inaccesible [inakθesiβle] *adj (lugar, idea)* inaccessible. **2** *(precio, producto)* inabordable.
inactivo,-va [inaktiβo,-βa] *adj* inactif,-ive.
inadaptado,-da [inaðaptáðo,-ða] *adj - nm,f* inadapté,-e.
inadvertido,-da [inaðβertiðo,-ða] *adj* inaperçu,-e.
• **pasar inadvertido,-da** passer inaperçu,-e.
inagotable [inaɣotáβle] *adj* **1** *(que no se acaba)* inépuisable, intarissable. **2** *(que no se cansa)* infatigable.
inaguantable [inaɣwantáβle] *adj* insupportable, intolérable.
inalámbrico,-ca [inalámbriko,-ka] *adj* sans fil.
inalterable [inalteráβle] *adj* inaltérable.
inanimado,-da [inanimáðo,-ða] *adj* inanimé,-e.
inapetente [inapeténte] *adj* sans appétit.
inapreciable [inapreθjáβle] *adj* **1** *(incalculable)* inappréciable. **2** *(insignificante)* insignifiant,-e.
inaudito,-ta [inauðito,-ta] *adj* inouï,-e.
inauguración [inauɣuraθjón] *nf* **1** *(gen)* inauguration *f*. **2** *(de exposición de arte)* vernissage *m*.
inaugurar [inauɣurár] *vt* inaugurer.
incalculable [iŋkalkuláβle] *adj* incalculable.
incalificable [iŋkalifikáβle] *adj* inqualifiable, sans nom.
incansable [iŋkansáβle] *adj* infatigable, inlassable.
incapacidad [iŋkapaθiðáð] *nf (falta de capacidad)* incapacité *f*.
■ **incapacidad laboral** incapacité de travail.
incapaz [iŋkapáθ] *adj* incapable.
• **ser incapaz de +** *inf* être incapable de + *inf*.
incautación [iŋkautaθjón] *nf fml* saisie *f*.
incendiar [12] [inθendjár] *vt* incendier.
► *vpr* **incendiarse** prendre feu.
incendio [inθéndjo] *nm* incendie *m*.

incentivo [inθentiβo] *nm* **1** *(estímulo)* aiguillon *m*, stimulant *m*. **2** *(dinero)* prime *f*.
incertidumbre [inθertiðúmbre] *nf* incertitude *f*.
incesante [inθesánte] *adj* incessant,-e.
incidencia [inθiðénθja] *nf* **1** *(repercusión)* incidence *f*. **2** *(suceso)* incident *m*. **3** FÍS, MED incidence *f*.
incidente [inθiðénte] *nm* incident *m*.
incienso [inθjénso] *nm* encens *m*.
incierto,-ta [inθjérto,-ta] *adj* **1** *(dudoso)* incertain,-e. **2** *(desconocido)* inconnu,-e.
incineración [inθineraθjón] *nf* incinération *f*.
incinerar [inθinerár] *vt* incinérer.
incipiente [inθipjénte] *adj* qui commence.
incisivo,-va [inθisiβo,-βa] *adj* **1** *(estilo)* haché, e. **2** *(mordaz)* incisif,-ive.
► *nm* **incisivo** *(diente)* incisive *f*.
inciso [inθiso] *nm* incise *f*.
incitar [inθitár] *vt* inciter (**a**, à).
inclinación [iŋklinaθjón] *nf* **1** *(acción)* inclination *f*. **2** *(posición, estado)* inclinaison *f*. **3** *(propensión)* disposition *f*, penchant *m*.
inclinar [iŋklinár] *vt* incliner.
► *vpr* **inclinarse 1** *(ladearse)* s'incliner. **2** *(propender)* tendre (**a**, à).
• **inclinarse por** ALGO/ALGN choisir QQCH/QQN, élire QQCH/QQN.
incluir [62] [iŋklwir] *vt* **1** *(gen)* inclure. **2** *(contener)* comprendre, inclure.
inclusive [iŋklusiβe] *adv* y compris.
incluso [iŋklúso] *adv* y compris, même.
► *prep* même, y compris.
incógnita [iŋkóɣnita] *nf* inconnue *f*.
• **despejar la incógnita** dégager l'inconnue.
incógnito [iŋkóɣnito] *nm* incognito *m*.
• **de incógnito** incognito.
incoherencia [iŋkoerénθja] *nf* incohérence *f*.
incoloro,-ra [iŋkolóro,-ra] *adj* incolore.
incombustible [iŋkombustiβle] *adj* incombustible.
incomodar [iŋkomoðár] *vt* **1** *(causar malestar)* incommoder, gêner. **2** *(importunar)* déranger, gêner. **3** *(disgustar)* fâcher.
► *vpr* **incomodarse** *(enfadarse)* se fâcher, se vexer.
incomodidad [iŋkomoðiðáð] *nf* **1** *(falta de comodidad)* inconfort *m*. **2** *(molestia)* gêne *f*. **3** *(malestar)* malaise *m*.
incómodo,-da [iŋkómoðo,-ða] *adj* **1** *(gen)* pas confortable. **2** *(molesto)* gênant,-e.
incomparable [iŋkomparáβle] *adj* incomparable.
incompatible [iŋkompatiβle] *adj* incompatible.
incompetencia [iŋkompeténθja] *nf* incompétence *f*.
incompetente [iŋkompeténte] *adj* incompétent,-e.
incompleto,-ta [iŋkompléto,-ta] *adj* incomplet,-ète.
incomprensible [iŋkomprensiβle] *adj* incompréhensible, insaisissable.
incomunicación [iŋkomunikaθjón] *nf* **1** *(falta de trato)* manque *m* de communication. **2** *(de preso)* isolement *m*.
incomunicar [1] [iŋkomunikár] *vt* **1** *(aislar)* priver de communication. **2** *(a preso)* mettre au secret.
► *vpr* **incomunicarse** *(aislarse)* s'isoler.
inconcebible [iŋkonθeβiβle] *adj* inconcevable.
inconfesable [iŋkomfesáβle] *adj* inavouable.
inconfundible [iŋkomfundiβle] *adj* qui ne peut être confondu,-e, unique.
incongruencia [iŋkoŋgrwénθja] *nf* incongruité *f*.
inconsciente [iŋkonsθjénte] *adj* - *nmf* inconscient,-e.
► *nm (med)* inconscient *m*.
inconsistente [iŋkonsisténte] *adj* inconsistant,-e.
incontable [iŋkontáβle] *adj* incalculable, innombrable.
incontinencia [iŋkontinénθja] *nf* incontinence *f*.
inconveniencia [iŋkombenjénθja] *nf* **1** *(gen)* inconvénient *m*. **2** *(grosería)* inconvenance *f*.
inconveniente [iŋkombenjénte] *adj* **1** *(inapropiado)* inconvenant,-e. **2** *(incorrecto)* malpoli, incorrect,-e.
► *nm (desventaja)* **1** inconvénient *m*. **2** *(estorbo)* empêchement *m*.

• **no tener inconveniente en** ne pas voir d'inconvénient à.

incordiar [12] [iŋkorðjár] *vt* agacer.

incorporar [iŋkorporár] *vt* **1** *(añadir)* incorporer. **2** *(en la cama)* asseoir, soulever. **3** *(territorio)* rattacher.
▶ *vpr* **incorporarse 1** *(levantarse)* se redresser, s'asseoir. **2 incorporarse a** *(equipo, cargo, regimiento)* rallier.

incorrecto,-ta [iŋkoȓékto,-ta] *adj* incorrect,-e.

incorregible [iŋkoȓeχiβle] *adj* incorrigible.

incredulidad [iŋkreðuliðáð] *nf* **1** *(escepticismo)* incrédulité *f*. **2** *(falta de fe)* incroyance *f*.

increíble [iŋkreíβle] *adj* incroyable.

incremento [iŋkreménto] *nm* accroissement *m*, augmentation *f*.

incrustar [iŋkrustár] *vt* incruster.
▶ *vpr* **incrustarse** s'incruster.

incubadora [iŋkuβaðóra] *nf* couveuse *f*.

incubar [iŋkuβár] *vt* couver.

inculcar [1] [iŋkulkár] *vt* inculquer.

inculpar [iŋkulpár] *vt* inculper.

inculto,-ta [iŋkúlto,-ta] *adj* inculte.
▶ *nm,f* ignorant,-e.

incumbencia [iŋkumbénθja] *nf* ressort *m*: ***eso no es de mi incumbencia***, cela n'est pas de mon ressort.

incumbir [iŋkumbír] *vi* incomber.

incumplir [iŋkumplír] *vt* **1** *(promesa)* manquer à, faillir à. **2** *(ley, regla)* ne pas respecter.

incurable [iŋkuráβle] *adj* incurable, inguérissable.

incurrir [iŋkuȓír] *vi* **incurrir en 1** *(error)* tomber dans. **2** *(falta, delito)* commettre.

incursión [iŋkursjón] *nf* incursion *f*.

indagar [7] [indaɣár] *vt* rechercher.

indebido,-da [indeβíðo,-ða] *adj* **1** *(inconveniente)* indu,-e. **2** *(ilícito)* illicite.

indecente [indeθénte] *adj* **1** *(impúdico)* indécent,-e. **2** *(deshonesto)* malhonnête. **3** *(repugnante)* très mauvais,-e.

indeciso,-sa [indeθíso,-sa] *adj* indécis,-e.

indefendible [indefendíβle] *adj* indéfendable.

indefenso,-sa [indefénso,-sa] *adj* sans défense.

indefinido,-da [indefiníðo,-ða] *adj* indéfini,-e.

indemnización [indemniθaθjón] *nf* **1** *(acto)* indemnisation *f*. **2** *(dinero)* indemnité *f*.

indemnizar [4] [indemniθár] *vt* indemniser, dédommager.

independencia [independénθja] *nf* indépendance *f*.

• **con independencia de** indépendamment de, en dehors de.

independiente [independjénte] *adj* indépendant,-e.

indescifrable [indesθifráβle] *adj* indéchiffrable.

indeseable [indeseáβle] *adj - nmf* indésirable.

indestructible [indestruktíβle] *adj* indestructible.

indeterminado,-da [indeterminaðo,-ða] *adj* indéterminé,-e.

India [índja] *n pr* Inde *f*.

indicación [indikaθjón] *nf* **1** *(gen)* indication *f*. **2** *(señal)* repère *m*.

indicador,-ra [indikaðór,-ra] *adj* indicateur,-trice.
▶ *nm* **indicador** indicateur *m*.
▪ **indicador de gasolina** jauge *f* d'essence.

indicar [1] [indikár] *vt* indiquer, signaler.

indicativo,-va [indikatíβo,-βa] *adj* indicatif,-ive.
▶ *nm* **indicativo** indicatif *m*.

índice [índiθe] *nm* **1** *(de libro)* index *m*, table *f* des matières. **2** *(dedo)* index *m*. **3** *(coeficiente)* taux *m*. **4** FÍS, MAT indice *m*.
▪ **índice de mortalidad** taux de mortalité.
▪ **índice de natalidad** taux de natalité.
▪ **índice de siniestralidad** taux de fréquence des sinistres.
▪ **índice de precios al consumo** indice des prix à la consommation.

indicio [indíθjo] *nm* indice *m*, signe *m*.

indiferencia [indiferénθja] *nf* indifférence *f*.

indiferente [indiferénte] *adj* indifférent,-e.

indígena [indíχena] *adj - nmf* indigène.

indigente [indiχénte] *adj - nmf* indigent,-e.

indigestarse [indiχestárse] *vpr* avoir une indigestion.

indigestión [indiχestjón] *nf* indigestion *f.*
indigesto,-ta [indiχésto,-ta] *adj* indigeste.
indignación [indiγnaθjón] *nf* indignation *f.*
indignante [indiγnánte] *adj* révoltant,-e.
indignar [indiγnár] *vt* indigner.
► *vpr* **indignarse** s'indigner.
indigno,-na [indiγno,-na] *adj* indigne.
indio,-dia [indjo,-dja] *adj* indien,-enne.
► *nm,f* Indien,-enne.
• **hacer el indio** faire le zouave.
indirecta [indirékta] *nf* allusion *f*, insinuation *f.*
• **lanzar una indirecta** lancer des piques.
indirecto,-ta [indirékto,-ta] *adj* indirect,-e.
indisciplina [indisθiplina] *nf* indiscipline *f.*
indiscreto,-ta [indiskréto,-ta] *adj* - *nm,f* indiscret,-ète.
indiscutible [indiskutiβle] *adj* indiscutable, incontestable.
indispensable [indispensáβle] *adj* indispensable.
• **lo indispensable** l'essentiel.
indispuesto,-ta [indispwésto,-ta] *adj* souffrant,-e.
indistinto,-ta [indistinto,-ta] *adj* indistinct,-e.
individual [indiβiðwál] *adj* individuel, -elle.
► *nm pl* **individuales** DEP *(en tenis)* simple *m.*
individuo [indiβiðwo] *nm* individu *m.*
indocumentado,-da [indokumentáðo, -ða] *adj* dépourvu,-e de pièces d'identité.
► *nm,f* **1** *(sin documentos)* sans-papiers, personne dépourvue de pièces d'identité. **2** *(ignorante)* ignare, ignorant,-e.
índole [indole] *nf* **1** *(naturaleza)* nature *f*, caractère *m.* **2** *(de persona)* naturel *m.* **3** *(tipo)* genre *m.*
indoloro,-ra [indolóro,-ra] *adj* indolore.
Indonesia [indonésja] *n pr* Indonésie *f.*
indonesio,-sia [indonésjo,-sja] *adj* indonésien,-enne.
► *nm* Indonésien,-enne.
inducción [indukθjón] *nf* induction *f.*
indudable [induðáβle] *adj* indubitable.
indulto [indúlto] *nm* **1** *(gracia)* grâce *f*, remise *f* de peine. **2** *(del Papa)* indult *m.*
indumentaria [indumentárja] *nf* habillement *m*, costume *m.*
industria [indústrja] *nf* industrie *f.*
industrial [industrjál] *adj* - *nmf* industriel,-elle.
industrializar [4] [industrjaliθár] *vt* industrialiser.
► *vpr* **industrializarse** s'industrialiser.
inédito,-ta [inéðito,-ta] *adj* inédit,-e.
ineficaz [inefikáθ] *adj* inefficace.
ineludible [ineluðiβle] *adj* inéluctable, inévitable.
INEM [iɲɛɔ] *abr (**Instituto Nacional de Empleo**) Institut national pour l'emploi en Espagne.*
inenarrable [inenar̄áβle] *adj* inénarrable.
inepto,-ta [inépto,-ta] *adj* inepte.
► *nm,f* incapable.
inequívoco,-ca [inekiβoko,-ka] *adj* indubitable.
inercia [inérθja] *nf* inertie *f.*
inerte [inérte] *adj* inerte.
inesperado,-da [inesperáðo,-ða] *adj* inattendu,-e.
inestable [inestáβle] *adj* instable.
inevitable [ineβitáβle] *adj* inévitable.
inexacto,-ta [ineksákto,-ta] *adj* inexact,-e.
inexistente [ineksisténte] *adj* inexistant,-e.
inexorable [ineksoráβle] *adj* inexorable.
inexperto,-ta [inekspérto,-ta] *adj* inexpérimenté,-e.
inexplicable [ineksplikáβle] *adj* inexplicable.
inexpresivo,-va [inekspresiβo,-βa] *adj* inexpressif,-ive.
infalible [imfaliβle] *adj* infaillible.
infame [imfáme] *adj* - *nmf* infâme.
infamia [imfámja] *nf* infamie *f.*
infancia [imfánθja] *nf* enfance *f.*
infante,-ta [imfánte,-ta] *nm,f (en familia real)* infant,-e.
► *nm* **infante** *(soldado)* fantassin *m.*
infantería [imfanteria] *nf* infanterie *f.*
infantil [imfantil] *adj* **1** *(enfermedad, medicina, mortalidad)* infantile. **2** *(juego, lenguaje)* enfantin,-e. **3** *(inocente)* puéril,-e, d'enfant.
► *nm pl* **infantiles** DEP *(categoría deportiva)* catégorie *f* enfants, minimes *m pl.*

infarto [imfárto] *nm* infarctus *m*.
■ **infarto de miocardio** infarctus du myocarde.
infatigable [imfatiɣáβle] *adj* infatigable.
infección [imfekθjón] *nf* infection *f*.
infeccioso,-sa [imfekθjóso,-sa] *adj* infectieux,-euse.
infectar [imfektár] *vt* infecter.
► *vpr* **infectarse** s'infecter.
infeliz [imfeliθ] *adj (desgraciado)* malheureux,-euse, infortuné,-e.
► *nmf fam* pauvre type, pauvre femme.
inferior [imferjór] *adj - nmf* inférieur,-e.
inferioridad [imferjoriðáð] *nf* infériorité *f*.
• **en inferioridad de condiciones** en situation d'infériorité.
infernal [imfernál] *adj* infernal,-e.
infestar [imfestár] *vt (invadir)* infester.
infidelidad [imfiðeliðáð] *nf* infidélité *f*.
infiel [imfjél] *adj* infidèle.
infierno [imfjérno] *nm* enfer *m*.
• **¡vete al infierno!** va-t'en au diable !
infiltrar [imfiltrár] *vt* infiltrer.
► *vpr* **infiltrarse** s'infiltrer.
infinidad [imfiniðáð] *nf* infinité *f*.
• **en infinidad de ocasiones** à maintes reprises.
infinitivo [imfinitiβo] *nm* infinitif *m*.
infinito,-ta [imfinito,-ta] *adj* infini,-e.
► *nm* **infinito** infini *m*.
► *adv* infiniment, extrêmement.
• **infinitos,-tas** un nombre infini de.
inflación [imflaθjón] *nf* inflation *f*.
inflamación [imflamaθjón] *nf* inflammation *f*.
inflamar [imflamár] *vt* enflammer.
► *vpr* **inflamarse** s'enflammer.
inflar [imflár] *vt* **1** *(globo, neumático)* enfler, gonfler. **2** *fig (exagerar)* enfler, grossir.
► *vpr* **inflarse 1** *(hincharse)* se gonfler, s'enfler. **2** *fig (engreírse)* se gonfler d'orgueil.
• **inflarse a/de +** *inf (hartarse)* ne pas arrêter de.
inflexible [imfleksiβle] *adj* inflexible.
influencia [imflwénθja] *nf* influence *f*.
• **ejercer influencia en** avoir une influence sur.
influir [62] [imflwír] *vi* influer (**en**, sur).
información [imformaθjón] *nf* **1** *(datos)* information *f*. **2** *(indicación)* renseignement *m*. **3** *(oficina)* renseignements *m pl*. **4** *(noticias)* informations *f pl*.
■ **información deportiva** rubrique *f* sportive.
■ **información meteorológica** bulletin *m* météo.
informal [imformál] *adj* **1** *(reunión, ambiente, ropa)* informel,-elle, décontracté,-e. **2** *(persona)* peu sérieux,-euse, fumiste.
informar [imformár] *vt* **1** *(dar noticia)* informer. **2** *(dar indicaciones)* renseigner.
► *vi (hacer un informe)* faire un rapport.
► *vpr* **informarse** se renseigner.
informática [imformátika] *nf* informatique *f*.
informático,-ca [imformátiko,-ka] *adj* informatique.
► *nm,f* informaticien,-enne.
informativo [imformatiβo] *nm* journal *m*.
informatizar [4] [imformatiθár] *vt* informatiser.
► *vpr* **informatizarse** s'informatiser.
informe [imfórme] *nm* rapport *m*.
► *nm pl* **informes** *(sobre una persona)* références *f pl*.
infracción [imfrakθjón] *nf* infraction *f*.
infundado,-da [imfundáðo,-ða] *adj* sans fondement.
infundir [imfundír] *vt* **1** *(terror, dudas, respeto)* inspirer, communiquer. **2** *(sospechas)* éveiller. **3** *(ideas)* inculquer.
infusión [imfusjón] *nf* infusion *f*.
ingeniar [12] [iŋχenjár] *vt* inventer.
• **ingeniárselas** se débrouiller (**para**, pour).
ingeniería [iŋχenjería] *nf* génie *m*.
ingeniero,-ra [iŋχenjéro,-ra] *nm,f* ingénieur *m*.
ingenio [iŋχénjo] *nm* **1** *(agudeza)* esprit *m*. **2** *(habilidad)* habileté *f*, adresse *f*. **3** *(máquina)* engin *m*.
• **aguzar el ingenio** se creuser la cervelle.
ingenioso,-sa [iŋχenjóso,-sa] *adj* ingénieux,-euse.
ingenuo,-nua [iŋχénwo,-nwa] *adj - nm,f* ingénu,-e.
ingerir [35] [iŋχerír] *vt* ingérer.

Inglaterra [iŋglatéɾ̄a] *n pr* Angleterre *f*.
ingle [iŋgle] *nf* aine *f*.
inglés,-esa [iŋglés,-ésa] *adj* anglais,-e.
► *nm,f* Anglais,-e.
► *nm* **inglés** *(idioma)* anglais *m*.
ingrato,-ta [iŋgráto,-ta] *adj* - *nm,f* ingrat,-e.
ingrediente [iŋgreðjénte] *nm* ingrédient *m*.
ingresar [iŋgresár] *vi (en escuela, hospital)* entrer, être admis.
► *vt* **1** *(dinero)* verser, déposer. **2** *(a enfermo)* faire admettre.
ingreso [iŋgréso] *nm* **1** *(en organización, club, hospital)* entrée *f*, admission *f*. **2** *(de dinero)* recette *f*, encaissement *m*.
► *nm pl* **ingresos 1** *(salario, emolumentos)* revenus *m pl*. **2** *(recaudación)* recettes *f pl*.
inhalar [inalár] *vt* inhaler.
inherente [inerénte] *adj* inhérent,-e.
inhibición [iniβiθjón] *nf* inhibition *f*.
inhibir [iniβír] *vt* inhiber.
► *vpr* **inhibirse 1** *(cohibirse)* se contenir. **2** *(mantenerse al margen)* s'abstenir (**de**, de).
inhóspito,-ta [inóspito,-ta] *adj* inhospitalier,-ère.
inhumación [inumaθjón] *nf* inhumation *f*.
inhumano,-na [inumáno,-na] *adj* inhumain,-e.
inhumar [inumár] *vt* inhumer.
iniciación [iniθjaθjón] *nf* initiation *f*.
inicial [iniθjál] *adj* initial,-e.
► *nf* initiale *f*.
inicialización [iniθjaliθaθjón] *nf* INFORM initialisation *f*.
inicializar [iniθjaliθár] *vt* INFORM initialiser.
iniciar [12] [iniθjár] *vt* commencer, entamer.
► *vpr* **iniciarse** commencer.
• **iniciar en ALGO** initier à QQCH.
• **iniciarse en ALGO** s'initier à QQCH.
iniciativa [iniθjatíβa] *nf* initiative *f*.
inicio [iníθjo] *nm* début *m*.
inimaginable [inimaχináβle] *adj* inimaginable.
inimitable [inimitáβle] *adj* inimitable.
injerencia [iŋχerénθja] *nf* ingérence *f*.
injerto [iŋχérto] *nm* greffe *f*.
injuria [iŋχúrja] *nf* injure *f*.
injusticia [iŋχustíθja] *nf* injustice *f*.
injusto,-ta [iŋχústo,-ta] *adj* injuste.
inmaculado,-da [immakuláðo,-ða] *adj* immaculé,-e.
inmaduro,-ra [immaðúro,-ra] *adj* **1** *(persona)* immature. **2** *(fruta)* pas mûr,-e.
inmediato,-ta [immeðjáto,-ta] *adj* **1** *(en el tiempo)* immédiat,-e. **2** *(contiguo)* contigu,-uë, voisin,-e.
• **de inmediato** immédiatement, à l'instant même.
inmejorable [immeχoráβle] *adj* excellent,-e, incomparable.
inmenso,-sa [imménso,-sa] *adj* immense.
inmersión [immersjón] *nf* **1** *(gen)* immersion *f*. **2** *(de buceador)* plongée *f*.
inmigración [immiɣraθjón] *nf* immigration *f*.
inmigrante [immiɣránte] *adj* - *nmf* immigrant,-e, immigré,-e.
▪ **inmigrante ilegal** immigré,-e clandestin, -e.
inmigrar [immiɣrár] *vi* immigrer.
inminente [imminénte] *adj* imminent,-e.
inmobiliaria [immoβiljárja] *nf* société *f* immobilière.
inmobiliario,-ria [immoβiljárjo,-rja] *adj* immobilier,-ère.
inmoral [immorál] *adj* immoral,-e.
inmortal [immortál] *adj* immortel,-elle.
inmortalizar [4] [immortaliθár] *vt* immortaliser.
inmóvil [immóβil] *adj* immobile.
inmovilizar [4] [immoβiliθár] *vt* immobiliser.
inmueble [immwéβle] *nm* immeuble *m*.
inmunidad [immuniðáð] *nf* immunité *f*.
inmunizar [4] [immuniθár] *vt* immuniser.
► *vpr* **inmunizarse** se rendre réfractaire.
inmutable [immutáβle] *adj* immuable.
innato,-ta [innáto,-ta] *adj* inné,-e.
innecesario,-ria [inneθesárjo,-rja] *adj* superflu,-e, non nécessaire.
innegable [inneɣáβle] *adj* indéniable.
innovación [innoβaθjón] *nf* innovation *f*.
innovar [innoβár] *vt* - *vi* innover.
innumerable [innumeráβle] *adj* innombrable.
inocencia [inoθénθja] *nf* innocence *f*.

inocentada [inoθentáða] *nf (broma)* poisson *m* d'avril.
inocente [inoθénte] *adj - nmf* innocent,-e.
• **declarar inocente** acquitter.
inocuo,-cua [inókwo,-kwa] *adj* inoffensif,-ive.
inodoro,-ra [inoðóro,-ra] *adj* inodore.
► *nm* **inodoro** *(retrete)* toilettes *f pl.*
inofensivo,-va [inofensiβo,-βa] *adj* inoffensif,-ive.
inolvidable [inolβiðáβle] *adj* inoubliable.
inoportuno,-na [inoportúno,-na] *adj* inopportun,-e.
inoxidable [inoksiðáβle] *adj* inoxydable.
inquietar [iŋkjetár] *vt* inquiéter.
► *vpr* **inquietarse** s'inquiéter (**por**, de).
inquieto,-ta [iŋkjéto,-ta] *adj* **1** *(preocupado)* inquiet,-ète. **2** *(agitado)* remuant,-e. **3** *(curioso)* vif, vive, éveillé,-e.
inquietud [iŋkjetúð] *nf* **1** *(preocupación)* inquiétude *f.* **2** *(agitación)* agitation *f.* **3** *(curiosidad)* curiosité *f.*
inquilino,-na [iŋkilino,-na] *nm,f* locataire.
insaciable [insaθjáβle] *adj* insatiable.
insalubre [insalúβre] *adj* insalubre.
insano,-na [insáno,-na] *adj* malsain,-e.
insatisfecho,-cha [insatisfétʃo,-tʃa] *adj* insatisfait,-e.
inscribir [inskriβir] *vt* inscrire.
► *vpr* **inscribirse** s'inscrire.
inscripción [inskripθjón] *nf* inscription *f.*
inscrito,-ta [inskrito,-ta] *adj* inscrit,-e.
insecticida [insektiθiða] *adj - nm* insecticide *m.*
insecto [insékto] *nm* insecte *m.*
inseguridad [inseɣuriðáð] *nf* insécurité *f.*
▪ **inseguridad ciudadana** insecurité urbaine.
inseguro,-ra [inseɣúro,-ra] *adj* **1** *(gen)* qui n'est pas sûr,-e. **2** *(tiempo)* incertain, -e. **3** *(no estable)* chancelant,-e.
insensato,-ta [insensáto,-ta] *adj - nm,f* insensé,-e.
insensible [insensiβle] *adj* insensible.
inseparable [inseparáβle] *adj - nmf* inséparable.
insertar [insertár] *vt* insérer.
inservible [inserβiβle] *adj* inutilisable.
insignia [insiɣnja] *nf* **1** *(distintivo)* insigne *m.* **2** *(de cofradía)* bannière *f.* **3** *(de barco)* pavillon *m.*
insignificante [insiɣnifikánte] *adj* insignifiant,-e.
insinuar [11] [insinwár] *vt* **1** *(dar a entender)* insinuer. **2** *(sugerir)* suggérer.
► *vpr* **insinuarse** *(notarse)* s'insinuer.
• **insinuarse a ALGN** *(declararse)* faire des avances à QQN.
insípido,-da [insipiðo,-ða] *adj* insipide.
insistencia [insisténθja] *nf* insistance *f.*
insistir [insistir] *vi* insister.
insociable [insoθjáβle] *adj* insociable.
insolación [insolaθjón] *nf* insolation *f,* coup *m* de soleil.
insolente [insolénte] *adj - nmf* insolent,-e.
insólito,-ta [insólito,-ta] *adj* insolite.
insoluble [insolúβle] *adj* insoluble.
insolvente [insolβénte] *adj* insolvable.
insomnio [insómnjo] *nm* insomnie *f.*
insoportable [insoportáβle] *adj* insupportable.
inspección [inspekθjón] *nf* inspection *f.*
inspeccionar [inspekθjonár] *vt* inspecter.
inspector,-ra [inspektór,-ra] *nm,f* inspecteur,-trice.
▪ **inspector,-ra de Hacienda** inspecteur,-trice des Finances.
▪ **inspector,-ra de policía** inspecteur, -trice de police.
inspiración [inspiraθjón] *nf* inspiration *f.*
inspirar [inspirár] *vt* inspirer.
► *vpr* **inspirarse** s'inspirer (**en**, de).
instalación [instalaθjón] *nf* installation *f.*
instalar [instalár] *vt* **1** *(gen)* installer. **2** *(gas, electricidad)* poser.
► *vpr* **instalarse** *(establecerse)* s'installer.
instancia [instánθja] *nf* **1** *(gen)* instance *f.* **2** *(escrito)* pétition *f,* demande *f.*
• **a instancias de** à la demande de.
instantánea [instantánea] *nf* instantané *m.*
instantáneo,-a [instantáneo,-a] *adj* instantané,-e.
instante [instánte] *nm* instant *m.*
• **a cada instante** à chaque instant.
• **al instante** à l'instant.
instaurar [instaurár] *vt* instaurer.

instintivo,-va [instintiβo,-βa] *adj* instinctif,-ive.
instinto [instinto] *nm* instinct *m.*
institución [instituθjón] *nf* institution *f.*
▪ **institución benéfica** société *f* de bienfaisance.
instituir [62] [institwir] *vt* instituer.
instituto [institúto] *nm* **1** *(corporación)* institut *m.* **2** *(de enseñanza)* lycée *m.*
▪ **instituto de belleza** institut de beauté.
▪ **instituto de enseñanza media** lycée.
institutriz [institutriθ] *nf* institutrice *f.*
instrucción [instrukθjón] *nf* instruction *f.*
► *nf pl* **instrucciones** mode *m* d'emploi.
instructivo,-va [instruktiβo,-βa] *adj* instructif,-ive.
instruir [62] [instrwir] *vt* instruire.
instrumental [instrumentál] *adj* instrumental,-e.
► *nm* instruments *m pl.*
instrumento [instruménto] *nm* instrument *m.*
insubordinación [insuβorðinaθjón] *nf* insubordination *f.*
insuficiencia [insufiθjénθja] *nf* insuffisance *f.*
insuficiente [insufiθjénte] *adj* insuffisant,-e.
► *nm (calificación)* échec *m.*
insular [insulár] *adj - nmf* insulaire.
insultante [insultánte] *adj* insultant,-e.
insultar [insultár] *vt* insulter.
insulto [insúlto] *nm* insulte *f.*
insuperable [insuperáβle] *adj* **1** *(dificultad, etc)* insurmontable. **2** *(inmejorable)* imbattable.
insustituible [insustitwiβle] *adj* irremplaçable.
intachable [intatʃáβle] *adj* irréprochable.
intacto,-ta [intákto,-ta] *adj* intact,-e.
integración [inteγraθjón] *nf* intégration *f.*
integral [inteγrál] *adj* **1** *(total)* intégral,-e. **2** *(pan, arroz)* complet,-ète.
integrar [inteγrár] *vt* **1** *(gen)* intégrer. **2** *(un todo)* composer.
► *vpr* **integrarse** s'intégrer.
integridad [inteγriðáð] *nf* intégrité *f.*
íntegro,-gra [ínteγro,-γra] *adj* **1** *(completo)* intégral,-e. **2** *(decente, honesto)* intègre.

intelectual [intelektwál] *adj - nmf* intellectuel,-elle.
inteligencia [intelixénθja] *nf* intelligence *f.*
inteligente [intelixénte] *adj* intelligent,-e.
intemperie [intempérje] *nf* intempérie *f.*
• **a la intemperie** dehors, en plein air.
intención [intenθjón] *nf* intention *f.*
intencionado,-da [intenθjonáðo,-ða] *adj* intentionné,-e.
intensidad [intensiðáð] *nf* intensité *f.*
intensificar [1] [intensifikár] *vt* intensifier.
intensivo,-va [intensiβo,-βa] *adj* intensif,-ive.
intenso,-sa [inténso,-sa] *adj* intense.
intentar [intentár] *vt* tenter, essayer de.
intento [inténto] *nm* tentative *f*, essai *m.*
intentona [intentóna] *nf fam* tentative *f* téméraire.
intercalar [interkalár] *vt* intercaler.
intercambiar [12] [interkambjár] *vt* échanger.
intercambio [interkámbjo] *nm* échange *m.*
interceder [interθeðér] *vi* intercéder.
• **interceder por** ALGN intercéder en faveur de QQN.
interceptar [interθeptár] *vt* intercepter.
interés [interés] *nm* intérêt *m.*
• **poner interés en** ALGO s'intéresser à QQCH.
• **tener interés en/por** ALGO/ALGN être intéressé,-e par QQCH/QQN.
▪ **intereses creados** intérêts communs.
interesado,-da [interesáðo,-ða] *adj* intéressé,-e.
► *nm,f* personne *f* intéressée.
interesante [interesánte] *adj* intéressant,-e.
interesar [interesár] *vt* intéresser.
► *vpr* **interesarse** s'intéresser (**por**, à).
interfaz [interfáθ] *nm & nf* interface *f.*
interferencia [interferénθja] *nf* interférence *f.*
interfono [interfóno] *nm* interphone *m.*
interino,-na [interino,-na] *adj - nm,f* intérimaire.
interior [interjór] *adj* intérieur,-e.
► *nm* intérieur *m.*
• **en mi interior** au fond de moi.

interiorismo [interjorizmo] *nm* architecture *f* d'intérieur.
interlocutor,-ra [interlokutór,-ra] *nm,f* interlocuteur,-trice.
intermediario,-ria [intermeðjárjo,-rja] *adj - nm,f* intermédiaire.
intermedio,-dia [interméðjo,-ðja] *adj* intermédiaire.
► *nm* **intermedio** **1** *(de tiempo)* intervalle *m*. **2** *(entreacto)* entracte *m*. **3** DEP mi-temps *f*.
interminable [intermináβle] *adj* interminable.
intermitente [intermiténte] *adj* intermittent,-e.
► *nm (luz)* clignotant *m*.
internacional [internaθjonál] *adj* international,-e.
internado,-da [internáðo,-ða] *adj - nm,f* interné,-e.
► *nm* **internado** internat *m*.
internar [internár] *vt* **1** interner. **2** *(a un enfermo)* hospitaliser.
► *vpr* **internarse** s'enfoncer (**en**, dans).
internauta [internáuta] *nmf* internaute.
internet [internét] *nm & nf* Internet *m*.
interno,-na [intérno,-na] *adj* **1** *(gén)* interne. **2** *(política)* intérieur,-e.
► *nm,f (alumno, médico)* interne.
interponer [78] [interponér] *vt* **1** interposer. **2** DER *(un recurso)* interjeter.
interpretación [interpretaθjón] *nf* interprétation *f*.
interpretar [interpretár] *vt* interpréter.
intérprete [intérprete] *nmf* interprète.
interrogación [interoγaθjón] *nf* interrogation *f*.
interrogante [interoγánte] *nm* **1** *(incógnita)* interrogation *f*. **2** *(signo)* point *m* d'interrogation.
interrogar [7] [interoγár] *vt* interroger.
interrogativo,-va [interoγatíβo,-βa] *adj* interrogatif,-ive.
interrogatorio [interoγatórjo] *nm* interrogatoire *m*.
interrumpir [interumpír] *vt* interrompre.
interrupción [interupθjón] *nf* interruption *f*.
interruptor [interuptór] *nm* interrupteur *m*.
intersección [intersekθjón] *nf* intersection *f*.
interurbano,-na [interurβáno,-na] *adj* interurbain,-e.
intervalo [interβálo] *nm* intervalle *m*.
• **a intervalos** par intervalles.
intervención [interβenθjón] *nf* intervention *f*.
intervenir [90] [interβenír] *vi* **1** *(tomar parte)* participer. **2** *(hacer algo)* intervenir.
► *vt* **1** *(cuentas, una administración, etc)* contrôler. **2** *(operar)* opérer.
interventor,-ra [interβentór,-ra] *nm,f* **1** *(de cuentas, etc)* contrôleur,-euse. **2** *(en las elecciones)* scrutateur,-trice.
interviú [interβjú] *nm* interview *f*.
intestino,-na [intestíno,-na] *adj* intestin,-e.
► *nm* **intestino** intestin *m*.
▪ **intestino delgado** intestin grêle.
▪ **intestino grueso** gros intestin.
intimar [intimár] *vi* sympathiser.
intimidad [intimiðáð] *nf* intimité *f*.
• **en la intimidad** dans l'intimité.
íntimo,-ma [íntimo,-ma] *adj* intime.
intolerable [intoleráβle] *adj* intolérable.
intoxicación [intoksikaθjón] *nf* intoxication *f*.
intoxicar [1] [intoksikár] *vt* intoxiquer.
► *vpr* **intoxicarse** s'intoxiquer.
intranet [intranét] *nm & nf* Intranet *f*.
intranquilidad [intraŋkiliðáð] *nf* inquiétude *f*.
intranquilo,-la [intraŋkílo,-la] *adj* inquiet,-ète.
intransferible [intransferíβle] *adj* incessible.
intransitable [intransitáβle] *adj (camino)* impraticable.
intransitivo,-va [intransitíβo,-βa] *adj* intransitif,-ive.
intratable [intratáβle] *adj* intraitable.
intrépido,-da [intrépiðo,-ða] *adj* intrépide.
intriga [intríγa] *nf* **1** *(trama, maquinación)* intrigue *f*. **2** *(en el cine)* suspense *m*.
intrigante [intriγánte] *adj - nmf* intrigant,-e.
intrigar [7] [intriγár] *vt - vi* intriguer.

introducción [introðukθjón] *nf* introduction *f.*
introducir [46] [introðuθir] *vt* introduire.
▶ *vpr* **introducirse** s'introduire.
introductor,-ra [introðuktór,-ra] *adj - nm,f* introducteur,-trice.
intromisión [intromisjón] *nf* intrusion *f.*
introvertido,-da [introβertiðo,-ða] *adj* introverti,-e.
intruso,-sa [intrúso,-sa] *adj - nm,f* intrus, -e.
intuición [intwiθjón] *nf* intuition *f.*
intuir [62] [intwir] *vt* pressentir.
inundación [inundaθjón] *nf* inondation *f.*
inundar [inundár] *vt* inonder.
inusitado,-da [inusitáðo,-ða] *adj* inusité,-e.
inútil [inútil] *adj* **1** *(cosa, acción)* inutile. **2** *(persona)* maladroit,-e.
▶ *nmf* incapable.
inutilizar [4] [inutiliθár] *vt (máquina, etc)* rendre inutilisable.
invadir [imbaðir] *vt* envahir.
invalidar [imbaliðár] *vt* invalider.
inválido,-da [imbáliðo,-ða] *adj - nm,f* invalide.
invariable [imbarjáβle] *adj* invariable.
invasión [imbasjón] *nf* invasion *f.*
invasor,-ra [imbasór,-ra] *adj - nm,f* envahisseur,-euse.
invencible [imbenθiβle] *adj* invincible.
invención [imbenθjón] *nf* invention *f.*
inventar [imbentár] *vt* inventer.
▶ *vpr* **inventarse** inventer.
inventario [imbentárjo] *nm* inventaire *m.*
invento [imbénto] *nm* invention *f.*
inventor,-ra [imbentór,-ra] *nm,f* inventeur,-trice.
invernadero [imbernaðéro] *nm* serre *f.*
invernal [imbernál] *adj* hivernal,-e.
invernar [27] [imbernár] *vi* hiverner.
inverosímil [imberosímil] *adj* invraisemblable.
inversión [imbersjón] *nf* **1** *(del orden)* inversion *f.* **2** *(de dinero)* investissement *m.*
inverso,-sa [imbérso,-sa] *adj* inverse.
• **a la inversa** à l'inverse.
inversor,-ra [imbersór,-ra] *nm,f* investisseur,-euse.
invertebrado,-da [imberteβráðo,-ða] *adj* invertébré,-e.
▶ *nm* **invertebrado** invertébré *m.*
invertir [35] [imbertir] *vt* **1** *(alterar el orden)* inverser. **2** *(dinero)* investir. **3** *(tiempo)* employer.
investigación [imbestiγaθjón] *nf* **1** *(policíaca, etc)* enquête *f.* **2** *(estudio)* recherche *f.*
investigador,-ra [imbestiγaðór,-ra] *adj* **1** *(científico)* de recherche. **2** *(comisión)* d'enquête.
▶ *nm,f* **1** *(científico)* chercheur,-euse. **2** *(detective)* enquêteur,-euse.
investigar [7] [imbestiγár] *vt* **1** *(indagar)* enquêter sur. **2** *(estudiar)* faire des recherches sur.
invierno [imbjérno] *nm* hiver *m.*
invisible [imbisiβle] *adj* invisible.
invitación [imbitaθjón] *nf* invitation *f.*
invitado,-da [imbitáðo,-ða] *adj - nm,f* invité,-e.
invitar [imbitár] *vt* **1** inviter. **2** *(incitar)* inviter (**a**, à): ***el buen tiempo invita a salir de casa***, le beau temps invite à sortir.
invocar [1] [imbokár] *vt* invoquer.
involucrar [1] [imbolukrár] *vt* impliquer.
▶ *vpr* **involucrarse** être impliqué,-e (**en**, dans).
involuntario,-ria [imboluntárjo,-rja] *vt* involontaire.
inyección [injekθjón] *nf* **1** *(acción de inyectar)* injection *f.* **2** *(medicamento)* piqûre *f.*
inyectar [injektár] *vt* injecter.
▶ *vpr* **inyectarse 1** *(medicamento)* se faire une piqûre (de). **2** *(drogas)* se piquer.
ir [74] [ir] *vi* **1** *(moverse, llevar)* aller: ***voy a Madrid***, je vais à Madrid. **2** *(funcionar)* marcher: ***la lavadora no va bien***, la machine à laver ne marche pas bien. **3** *(vestir)* être, être en. **4** *(sentar la ropa)* aller: ***esa falda no te va bien***, cette jupe ne te va pas bien.
▶ *aux* **1 ir a** + *inf* aller faire QQCH. **2 ir** + *ger indique que l'action se réalise progressivement*: ***poco a poco lo va haciendo mejor***, peu à peu il le fait mieux.
▶ *vpr* **irse 1** *(marcharse)* s'en aller, partir. **2** glisser: ***se le fue el pie***, son pied a glissé.

• **¿cómo te va?** comment ça va ?
• **ir de 1** *(presumir)* faire le/la: ***va de guapo***, il fait le malin. **2** *(tratar, versar)* parler de: ***la peli va de un secuestro***, le film parle d'un enlèvement.
• **ir por** aller chercher.
• **ir tirando** s'en sortir.
• **¡qué va!** tu parles !
• **¡vaya!, ¡vamos!** allons !
• **¡vete tú a saber!** va savoir !
• **¡ya voy!** j'arrive !
ira [ira] *nf* colère *f.*
Irak [irák] *n pr* Irak *m.*
Irán [irán] *n pr* Iran *m.*
iraní [iraní] *adj* iranien,-enne.
► *nmf* Iranien,-enne.
Iraq [irák] *n pr* Irak *m.*
iraquí [irakí] *adj* iraquien,-enne.
► *nmf* Iraquien,-enne.
irascible [irasθiβle] *adj* irascible.
iris [íris] *nm* iris *m.*
Irlanda [irlánda] *n pr* Irlande *f.*
▪ **Irlanda del Norte** Irlande du Nord.
irlandés,-esa [irlandés,-ésa] *adj* irlandais,-e.
► *nm,f* Irlandais,-e.
ironía [ironía] *nf* ironie *f.*
irónico,-ca [iróniko,-ka] *adj* ironique.
IRPF [ieřepeefe] *abr* ***(impuesto sobre la renta de las personas físicas)*** impôt sur le revenu.
irracional [iřaθjonál] *adj* **1** *(opuesto a la razón)* irrationnel,-elle. **2** *(que carece de razón)* sans raison.
irradiar [12] [iřaðjár] *vt* irradier.
irreal [iřeál] *adj* irréel,-elle.
irrealizable [iřealiθáβle] *adj* irréalisable.
irrebatible [iřeβatiβle] *adj* irréfutable.
irregular [iřeɣulár] *adj* irrégulier,-ère.
irremediable [iřemeðjáβle] *adj* irrémédiable.
irreparable [iřeparáβle] *adj* irréparable.
irreprochable [iřeprotʃáβle] *adj* irréprochable.
irresistible [iřesistiβle] *adj* irrésistible.
irrespetuoso,-sa [iřespetwóso,-sa] *adj* irrespectueux,-euse.
irrespirable [iřespiráβle] *adj* irrespirable.
irresponsable [iřesponsáβle] *adj - nmf* irresponsable.
irrevocable [iřeβokáβle] *adj* irrévocable.
irrigación [iřiɣaθjón] *nf* irrigation *f.*
irritación [iřitaθjón] *nf* irritation *f.*
irritar [iřitár] *vt* irriter.
► *vpr* **irritarse** s'irriter.
irrompible [iřompiβle] *adj* incassable.
irrumpir [iřumpír] *vi* faire irruption.
isla [ízla] *nf* île *f.*
islam [izlám] *nm* islam *m.*
islamismo [izlamízmo] *nm* islamisme *m.*
islamista [izlamista] *adj - nmf* islamiste.
islandés,-esa [izlandés,-esa] *adj* islandais,-e.
► *nm,f* Islandais,-e.
Islandia [izlándja] *n pr* Islande *m.*
isleño,-ña [izléɲo,-ɲa] *adj - nm,f* insulaire.
islote [izlóte] *nm* îlot *m.*
Israel [israél] *n pr* Israël *m.*
israelí [israelí] *adj* israélien,-enne.
► *nmf* Israélien,-enne.
israelita [israelíta] *adj* HIST israélite.
► *nmf* HIST israélite.
istmo [ístmo] *nm* GEOG isthme *m.*
Italia [itálja] *n pr* Italie *f.*
italiano,-na [italjáno,-na] *adj* italien,-enne.
► *nm,f* Italien,-enne.
► *nm* **italiano** *(idioma)* italien *m.*
itinerario [itinerárjo] *nm* itinéraire *m.*
ITV [iteúβe] *abr* ***(inspección técnica de vehículos)*** *contrôle technique des véhicules en Espagne.*
IVA [íβa] *abr* ***(impuesto sobre el valor añadido)*** TVA *f.*
izar [4] [iθár] *vt* hisser.
izquierda [iθkjérða] *nf* gauche *f.*
• **a la izquierda** à gauche.
• **de izquierdas** de gauche.
izquierdo,-da [iθkjérðo,-ða] *adj* gauche.

J

jabalí [χaβali] *nm* sanglier *m*.
jabalina [χaβalina] *nf* **1** *(animal)* laie *f*. **2** DEP javelot *m*.
jabato [χaβàto] *nm* marcassin *m*.
jabón [χaβòn] *nm* savon *m*.
▪ **jabón de afeitar** mousse *f* à raser.
jabonar [χaβonàr] *vt* savonner.
jaboncillo [χaβonθiʎo] *nm* savonnette *f*.
jabonera [χaβonèra] *nf* porte-savon *m*.
jacinto [χaθinto] *nm* jacinthe *f*.
jactarse [χaktàrse] *vpr* se vanter.
jade [χàðe] *nm* jade *m*.
jadear [χaðeàr] *vi* haleter.
jadeo [χaðèo] *nm* halètement *m*.
jaguar [χaɣwàr] *nm* jaguar *m*.
jalea [χalèa] *nf* gelée *f*.
▪ **jalea real** gelée royale.
jaleo [χalèo] *nm* **1** *(alboroto)* raffut *m*. **2** *(ruido)* boucan *m*. **3** *(enredo)* histoire *f*.
• **armar jaleo** faire du raffut.
jalonar [χalonàr] *vt* jalonner.
jamás [χamàs] *adv* jamais.
• **nunca jamás** jamais de la vie.
• **por siempre jamás** à (tout) jamais.
jamba [χàmba] *nf (de puerta, ventana)* jambage *m*.
jamón [χamòn] *nm* jambon *m*.
▪ **jamón del país** jambon de pays.
▪ **jamón de york** jambon blanc.
▪ **jamón serrano** jambon serrano.
Japón [χapòn] *n pr* Japon *m*.
japonés,-esa [χaponès,-èsa] *adj* japonais,-e.
► *nm,f* Japonais,-e.
► *nm* **japonés** *(idioma)* japonais *m*.
jaque [χàke] *nm (del ajedrez)* échec *m*.
• **tener en jaque a** ALGN tenir QQN en échec.
▪ **jaque mate** échec et mat.
jaqueca [χakèka] *nf* migraine *f*.
jarabe [χaràβe] *nm* sirop *m*.
jarana [χaràna] *nf fam* tapage *m*.
jardín [χarðin] *nm* jardin *m*.
▪ **jardín de infancia** jardin d'enfants.
jardinera [χarðinèra] *nf* jardinière *f*.
• **a la jardinera** COC à la printanière.
jardinería [χarðineria] *nf* jardinage *m*.
jardinero,-ra [χarðinèro,-ra] *nm,f* jardinier,-ère.
jarra [χàr̄a] *nf* **1** *(recipiente)* carafe *f*. **2** *(de cerveza)* chope *f*.
• **en jarras** les poings sur les hanches.
jarro [χàr̄o] *nm* pichet *m*.
• **sentar como un jarro de agua fría** faire l'effet d'une douche froide.
jarrón [χar̄òn] *nm* vase *m*.
jaula [χàula] *nf* cage *f*.
jauría [χauria] *nf* meute *f*.
jazmín [χaθmin] *nm* jasmin *m*.
jazz [jaθ] *nm* jazz *m*.
jefatura [χefatùra] *nf* direction *f*.
▪ **jefatura de policía** préfecture *f* de police.
jefe,-fa [χèfe,-fa] *nm,f* chef *m*.
▪ **jefe de estación** chef de gare.
▪ **jefe de Estado** chef d'État.
▪ **jefe de estudios** professeur *m* principal.
▪ **jefe de gobierno** chef de gouvernement.
▪ **jefe de ventas** chef des ventes.
jeque [χèke] *nm* cheikh *m*.

jerarquía [χerarkia] *nf* 1 hiérarchie *f*. 2 *(persona)* dignitaire *m*.
jerga [χėrγa] *nf* jargon *m*.
jergón [χerγón] *nm* paillasse *f*.
jeringuilla [χeriŋgiʎa] *nf* seringue *f*.
jeroglífico,-ca [χeroγlifiko,-ka] *adj* hiéroglyphique.
► *nm* **jeroglífico** 1 *(texto)* hiéroglyphe *m*. 2 *(acertijo)* rébus *m*.
jersey [χersėi] *nm* pull-over *m*, pull *m*.
jeta [χėta] *nf* 1 *fam (cara)* gueule *f*. 2 *fam (descaro)* culot *m*.
• **ser un jeta** *fam* avoir du culot.
• **tener jeta** être gonflé,-e.
jilguero [χilγėro] *nm* chardonneret *m*.
jinete [χinėte] *nm* cavalier *m*.
jirafa [χiráfa] *nf* girafe *f*.
jirón [χirón] *nm* lambeau *m*.
joder [χoðėr] *vi* 1 *vulg (copular)* baiser. 2 *vulg (fastidiar)* faire chier.
► *vt vulg (fastidiar)* emmerder.
► *vpr* **joderse** 1 *vulg (plan)* être foutu,-e. 2 *vulg (aburrirse)* se faire chier.
• **¡joder!** *vulg* putain !
• **joderla** *vulg* se foutre dedans.
• **¡no (me) jodas!** *vulg* tu déconnes !
jodido,-da [χoðiðo,-ða] *adj* 1 *fam (enfermo)* mal foutu,-e. 2 *vulg (roto, estropeado)* foutu,-e. 3 *vulg (difícil)* merdique.
¡jolín! [χolin] *interj* 1 *fam (sorpresa)* zut alors ! 2 *fam (enfado)* merde alors !
jornada [χornáða] *nf* journée *f*.
▪ **jornada completa** temps *m* complet.
▪ **jornada intensiva** journée continue.
▪ **jornada laboral** journée de travail.
▪ **media jornada** mi-temps *m*.
jornal [χornál] *nm* salaire *m* journalier.
jornalero,-ra [χornalėro,-ra] *nm,f (obrero)* journalier,-ère.
joroba [χoróβa] *nf* bosse *f*.
jorobado,-da [χoroβáðo,-ða] *adj* 1 *(con joroba)* bossu,-e. 2 *fam (fastidiado)* foutu,-e.
► *nm,f* bossu,-e.
jorobar [χoroβár] *vt* 1 *fam (fastidiar)* casser les pieds. 2 *fam (estropear)* briser.
► *vpr* **jorobarse** *fam (aguantarse)* faire avec.
jota [χóta] *nf* 1 lettre *f* j. 2 *(baile)* jota *f*.
• **ni jota** rien du tout.
joven [χóβen] *adj* jeune.
► *nm* jeune homme *m*.
► *nf* jeune fille *f*.
jovial [χoβjál] *adj* jovial,-e.
jovialidad [χoβjaliðáð] *nf* jovialité *f*.
joya [χója] *nf* bijou *m*.
joyería [χojeria] *nf* bijouterie *f*.
joyero,-ra [χojėro,-ra] *nm,f* bijoutier,-ère.
► *nm* **joyero** coffret *m* à bijoux.
juanete [χwanėte] *nm* oignon *m*.
jubilación [χuβilaθjón] *nf* retraite *f*.
jubilado,-da [χuβiláðo,-ða] *adj* - *nm,f* retraité,-e.
jubilar [χuβilár] *vt* 1 *(persona)* mettre à la retraite. 2 *(ropa, objetos, etc)* mettre au placard.
► *vpr* **jubilarse** prendre sa retraite.
júbilo [χúβilo] *nm* jubilation *f*.
judía [χuðia] *nf* haricot *m*.
▪ **judía blanca** haricot blanc.
▪ **judía pinta** haricot rouge.
▪ **judía verde** haricot vert.
judicial [χuðiθjál] *adj* judiciaire.
judío,-día [χuðio,-ðia] *adj* juif, juive.
► *nm,f* Juif, Juive.
judo → yudo.
juego [χwėγo] *nm* jeu *m*.
• **a juego** assorti,-e.
• **hacer juego** bien aller avec.
• **¡hagan juego!** faites vos jeux !
• **seguir el juego a ALGN** entrer dans le jeu de QQN.
▪ **juego de café** service *m* à café.
▪ **juego de llaves** trousseau *m* de clés.
▪ **juego de té** service *m* à thé.
▪ **Juegos Olímpicos** Jeux Olympiques.
juerga [χwėrγa] *nf fam* bringue *f*.
• **estar de juerga** faire la bringue.
• **irse de juerga** faire la bringue.
juerguista [χwerγista] *nmf* fêtard,-e.
jueves [χwėβes] *nm* jeudi *m*.
• **no ser nada del otro jueves** n'avoir rien d'extraordinaire.
juez,-za [χwėθ,-θa] *nm,f* juge *m*.
▪ **juez de línea** juge de ligne.
jugada [χuγáða] *nf* 1 DEP action *f*. 2 *fam (mala pasada)* sale coup *m*.
• **hacerle una mala jugada a ALGN** jouer un mauvais tour à QQN.

jugador,-ra [χuɣaðór,-ra] *adj - nm,f* joueur,-euse.

jugar [53] [χuɣár] *vi* jouer.

► *vt (carta, partida, etc)* jouer.

► *vpr* **jugarse 1** *(apostar)* parier. **2** *(arriesgar)* jouer: ***se ha jugado la vida***, il a risqué sa vie.

• **jugarse el todo por el todo** risquer le tout pour le tout.

• **jugar fuerte** jouer gros.

• **jugar limpio** jouer franc jeu.

• **jugársela a ALGN** jouer un mauvais tour à QQN.

• **jugar sucio** donner des coups bas.

jugarreta [χuɣaréta] *nf fam* sale coup *m*.

juglar [χuɣlár] *nm* HIST jongleur *m*.

jugo [χúɣo] *nm* **1** *(de frutas)* jus *m*. **2** *(secreción)* suc *m*. **3** *fig (interés, importancia)* substance *f*.

• **sacarle jugo a ALGO** tirer le meilleur parti de QQCH.

• **sacarle jugo a ALGN** saigner QQN.

jugoso,-sa [χuɣóso,-sa] *adj* juteux,-euse.

juguete [χuɣéte] *nm* jouet *m*.

juguetear [χuɣeteár] *vi* jouer.

juguetería [χuɣetería] *nf* magasin *f* de jouets.

juicio [χwiθjo] *nm* **1** *(facultad)* jugement *m*. **2** *(sentido, sensatez)* raison *f*. **3** DER procès *m*.

• **a mi juicio** à mon avis.

• **no estar en su sano juicio** ne pas avoir toute sa tête.

• **llevar a juicio** traîner devant les tribunaux.

• **perder el juicio** perdre la raison.

▪ **juicio final** jugement dernier.

juicioso,-sa [χwiθjóso,-sa] *adj* judicieux,-euse, sage.

julio [χúljo] *nm* juillet *m*.

junco [χúŋko] *nm* jonc *m*.

jungla [χúŋgla] *nf* jungle *f*.

junio [χúnjo] *nm* juin *m*.

junta [χúnta] *nf* **1** *(sesión)* assemblée *f*. **2** *(unión)* joint *m*.

• **junta directiva** comité *m* directeur.

juntar [χuntár] *vt* **1** *(unir)* réunir. **2** *(acopiar)* rassembler.

► *vpr* **juntarse 1** *(reunirse)* se réunir. **2** *(ríos, caminos, etc)* se rejoindre.

junto,-ta [χúnto,-ta] *adj* ensemble.

• **junto a** près de.

• **junto con** avec.

jura [χúra] *nf* serment *m*.

jurado,-da [χuráðo,-ða] *adj* juré,-e.

► *nm* **jurado 1** *(tribunal)* jury *m*. **2** *(miembro de tribunal)* juré *m*.

juramento [χuraménto] *nm* **1** *(promesa)* serment *m*. **2** *(blasfemia)* juron *m*.

• **prestar juramento** prêter serment.

• **tomar juramento a ALGN** faire prêter serment à QQN.

jurar [χurár] *vt* **1** *(prometer)* jurer: ***¡se lo juro!***, je vous le jure ! **2** *(acatar)* prêter serment.

► *vi (blasfemar)* jurer.

• **jurar en falso** commettre un parjure.

• **tenérsela jurada a ALGN** prendre QQN en grippe.

jurídico,-ca [χuríðiko,-ka] *adj* juridique.

jurisdicción [χurizðikθjón] *nf* juridiction *f*.

jurisprudencia [χurispruðénθja] *nf* jurisprudence *f*.

justa [χústa] *nf* HIST joute *f*.

justicia [χustíθja] *nf* justice *f*.

justiciero,-ra [χustiθjéro,-ra] *adj - nm* justicier,-ère.

justificante [χustifikánte] *adj* justifiant,-e.

► *nm* justificatif *m*.

justificar [1] [χustifikár] *vt* justifier.

► *vpr* **justificarse** se justifier.

justo,-ta [χústo,-ta] *adj* juste.

► *adv* **justo** juste: ***llegar justo***, arriver juste.

juvenil [χuβeníl] *adj* **1** *(de jóvenes)* juvénile. **2** DEP cadet,-ette.

► *nmf* DEP cadet,-ette.

juventud [χuβentúð] *nf* jeunesse *f*.

• **la juventud** les jeunes.

juzgado [χuθɣáðo] *nm* tribunal *m*.

• **ser de juzgado de guardia** être scandaleux.

▪ **juzgado de guardia** tribunal de garde.

juzgar [7] [χuθɣár] *vt* juger.

• **a juzgar por** à en juger par.

K

káiser [káiser] *nm* kaiser *m*.
karaoke [karaóke] *nm* karaoké *m*.
kárate [kárate], **karate** [karáte] *nm* karaté *m*.
karateca, karateka [karatéka] *nmf* karatéka.
kart® [kart] *nm* (*pl* **karts**) kart® *m*.
katiuska [katjúska] *nf* botte *f* en caoutchouc.
Kenia [kénja] *n pr* Kenya *m*.
keniano,-na [kenjáno,-na] *adj* kenyan,-e.
► *nm,f* Kenyan,-e.
keniata [kenjáta] *adj* kenyan,-e.
► *nmf* Kenyan,-e.
kermés [kermés] *nf* kermesse *f*.
ketchup [ketʃúp] *nm* ketchup *m*.
kil, quilo [kílo] *nm* kilo *m*.
kilogramo, quilogramo [kiloɣrámo] *nm* kilogramme *m*.
kilométrico,-ca, quilométrico [kilométriko,-ka] *adj* kilométrique.
kilómetro, quilómetro [kilómetro] *nm* kilomètre *m*.
kilovatio [kiloβátjo] *nm* kilowatt *m*.
kimono → quimono.
kiosco → quiosco.
kit [kit] *nm* (*pl kits*) kit *m*.
▪ **kit manos libres** kit mains libres.
kiwi [kíwi] *nm* kiwi *m*.
kleenex® [klíneks] *nm* Kleenex® *m*.
koala [koála] *nm* koala *m*.

L

la[1] [la] *det* la: ***la casa***, la maison.
la[2] [la] *pron pers* la: ***la veo***, je la vois.
la[3] [la] *nm* MÚS la *m*.
laberinto [laβerinto] *nm* labyrinthe *m*.
labia [láβja] *nf fam* bagout *m*.
labial [laβjál] *adj* labial,-e.
labio [láβjo] *nm* lèvre *f*.
■ **labio leporino** bec-de-lièvre *m*.
labor [laβór] *nf* **1** *(acción)* travail *m*. **2** *(resultado)* ouvrage *m*.
laborable [laβoráβle] *adj* ouvrable.
laboratorio [laβoratórjo] *nm* laboratoire *m*.
laborioso,-sa [laβorjóso,-sa] *adj* laborieux,-euse.
labrador,-ra [laβraðór,-ra] *nm,f* paysan, -anne.
labrar [laβrár] *vt* **1** *(madera, piedra)* travailler. **2** *(cultivar)* cultiver. **3** *(arar)* labourer.
laca [láka] *nf* laque *f*.
■ **laca de uñas** vernis *m* à ongles.
lacio,-cia [láθjo,-θja] *adj* **1** *(cabello)* raide. **2** *(marchito)* fané,-e. **3** *(sin vigor)* mou, molle.
lacónico,-ca [lakóniko,-ka] *adj* laconique.
lacrimógeno,-na [lakrimóχeno,-na] *adj* lacrymogène.
lactancia [laktánθja] *nf* allaitement *m*.
lácteo,-a [lákteo,-a] *adj* lacté,-e.
ladear [laðeár] *vt* pencher, incliner.
► *vi - vpr* **ladear(se)** pencher, s'incliner.
ladera [laðéra] *nf* versant *m*.
lado [láðo] *nm* côté *m*.
• **al lado** à côté, tout près.
• **al lado de** à côté de.
• **de uno y otro lado** des deux côtés.
• **dejar a un lado** laisser de côté.
• **dejar de lado** laisser de côté.
• **hacerse a un lado** se mettre de côté.
• **por un lado... por otro lado** d'une part ... d'autre part ....
ladrar [laðrár] *vi* aboyer.
ladrido [laðriðo] *nm* aboiement *m*.
ladrillo [laðriʎo] *nm* brique *f*.
ladrón,-ona [laðrón,-óna] *nm,f* voleur, -euse.
► *nm* **ladrón** *(de enchufes)* prise *f* multiple.
lagartija [laɣartiχa] *nf* petit lézard *m*.
lagarto [laɣárto] *nm* lézard *m*.
lago [láɣo] *nm* lac *m*.
lágrima [láɣrima] *nf* larme *f*.
• **llorar a lágrima viva** pleurer à chaudes larmes.
■ **lágrimas de cocodrilo** larmes de crocodile.
lagrimal [laɣrimál] *nm* ANAT coin *m* de l'œil.
laguna [laɣúna] *nf* **1** *(lago)* petit lac *m*; *(marítima)* lagune *f*. **2** *fig (olvido)* lacune *f*.
laico,-ca [láiko,-ka] *adj - nm,f* laïc, laïque.
lamentable [lamentáβle] *adj* **1** *(malo)* lamentable. **2** *(deplorable)* regrettable.
lamentar [lamentár] *vt* déplorer, regretter.
► *vpr* **lamentarse** se lamenter.
lamento [laménto] *nm* lamentation *f*.
lamer [lamér] *vt* lécher.
lámina [lámina] *nf* **1** *(de metal)* lame *f*. **2** *(plancha grabada)* planche *f*. **3** *(grabado)* gravure *f*.
laminar [laminár] *vt* laminer.
lámpara [lámpara] *nf* lampe *f*.
■ **lámpara de mesa** petite lampe.
■ **lámpara de pie** lampadaire *m*.
lamparilla [lampariʎa] *nf* veilleuse *f*.
lamparón [lamparón] *nm* tâche *f*.

lamprea [lampréa] *nf* lamproie *f*.
lana [lána] *nf* laine *f*.
• **de lana** en laine.
lancha [lántʃa] *nf* chaloupe *f*.
▪ **lancha motora** vedette *f*.
▪ **lancha neumática** canot *m* pneumatique.
langosta [laŋgósta] *nf* **1** *(crustáceo)* langouste *f*. **2** *(insecto)* sauterelle *f*.
langostino [laŋgostíno] *nm* crevette *f* rose, bouquet *m*.
lánguido,-da [láŋgiðo,-ða] *adj* langoureux,-euse.
lanoso,-sa [lanóso,-sa] *adj* **1** laineux,-euse.
lanza [lánθa] *nf (arma)* lance *f*. **2** *(de un carruaje)* timon *m*.
lanzadera [lanθaðéra] *nf* navette *f*.
lanzado,-da [lanθáðo,-ða] *adj* **1** *(gén)* décidé,-e. **2** *(osado)* intrépide.
• **ir lanzado,-da** foncer.
lanzamiento [lanθamjénto] *nm* **1** *(de flecha, cohete, etc)* lancement *m*. **2** DEP lancer *m*.
lanzar [4] [lanθár] *vt* **1** *(flecha, cohete, disco, etc)* lancer. **2** *(arrojar)* jeter.
► *vpr* **lanzarse** se jeter.
• **lanzar una mirada** jeter un regard.
• **lanzar un grito** pousser un cri.
lapa [lápa] *nf* **1** *(molusco)* patelle *f*. **2** *fam (persona)* pot *m* de colle.
lapicero [lapiθéro] *nm* crayon *m*.
lápida [lápiða] *nf* plaque *f* commémorative.
▪ **lápida sepulcral** pierre *f* tombale.
lapidar [lapiðár] *vt* lapider.
lápiz [lápiθ] *nm* crayon *m*.
▪ **lápiz de labios** crayon à lèvres.
▪ **lápiz de ojos** crayon pour les yeux.
lapso [lápso] *nm* laps *m*.
lapsus [lápsus] *nm* lapsus *m*.
largar [7] [laɣár] *vt* **1** *(amarras)* larguer. **2** *fam (discurso)* débiter. **3** *fam (golpe)* flanquer.
► *vpr* **largarse** *fam* se tirer.
• **¡lárgate!** fiche le camp !
largo,-ga [lárɣo,-ɣa] *adj* **1** *(gen)* long, longue. **2** *fam (astuto)* futé,-e; *(generoso)* généreux,-euse.
► *nm* **largo 1** *(dimensión)* longueur *f*. **2** MÚS largo *m*.
► *adv* longuement.
► *interj* **¡largo!** allez-vous-en !
• **a la larga** à la longue.
• **a lo largo** en long.
• **a lo largo de 1** *(en el espacio)* le long de. **2** *(en el tiempo)* tout au long de.
• **dar largas** faire traîner.
• **largo y tendido** longuement.
• **pasar de largo** passer à côté.
largometraje [larɣometráχe] *nm* long-métrage *m*.
largura [larɣúra] *nf* longueur *f*.
laringe [laríŋχe] *nf* ANAT larynx *m*.
larva [lárβa] *nf* larve *f*.
las [las] *det* les: ***las casas***, les maisons.
► *pron pers (complemento directo - ellas, a ellas)* les; *(- ustedes)* vous: ***las veo***, je les vois; ***a ustedes no las conozco***, vous, je ne vous connais pas.
lascivo,-va [lasθíβo,-βa] *adj* lascif,-ive.
láser [láser] *nm* laser *m*.
lástima [lástima] *nf* **1** *(sentimiento)* pitié *f*, compassion *f*. **2** *(cosa)* dommage *m*, chose *f* regrettable.
• **dar lástima** faire de la peine.
• **es una lástima** c'est dommage.
• **¡qué lástima!** quel dommage !
• **tener lástima de** plaindre.
lastimar [lastimár] *vt* **1** *(físicamente)* blesser, faire mal. **2** *fig (moralmente)* blesser, offenser.
► *vpr* **lastimarse** se faire mal.
lastre [lástre] *nm* lest *m*.
lata [láta] *nf* **1** *(hojalata)* fer-blanc *m*. **2** *(envase)* boîte *f* de conserve. **3** *(bidón)* bidon *m*. **4** *fam (fastidio)* embêtement *m*.
• **dar la lata** *fam* assommer.
• **en lata** en conserve.
latente [laténte] *adj* latent,-e.
lateral [laterál] *adj* latéral,-e.
► *nm* **1** *(de calle)* contre-allée *f*. **2** *(lado)* flanc *m*. **3** DEP ailier *m*.
latido [latíðo] *nm* battement *m*.
latigazo [latiɣáθo] *nm* coup *m* de fouet.
látigo [látiɣo] *nm* fouet *m*.
latín [latín] *nm* latin *m*.
latino,-na [latíno,-na] *adj* latin,-e.
► *nm,f* Latin,-e.
Latinoamérica [latinoamérika] *n pr* Amérique *f* Latine.

latinoamericano,-na [latinoamerikáno,-na] *adj* latino-américain,-e.
► *nm,f* Latino-américain,-e.
latir [latir] *vi* battre.
latitud [latitúð] *nf* latitude *f*.
latón [latón] *nm* laiton *m*.
laúd [laúð] *nm* luth *m*.
láudano [láuðano] *nm* laudanum *m*.
laurel [laurél] *nm (árbol, hoja)* laurier *m*.
• **dormirse en los laureles** s'endormir sur ses lauriers.
lava [láβa] *nf* lave *f*.
lavable [laβáβle] *adj* lavable.
lavabo [laβáβo] *nm* **1** *(pila)* lavabo *m*. **2** *(cuarto de baño)* cabinet *m* de toilette.
► *nm pl* **lavabos** *(servicios)* toilettes *f pl*.
lavado [laβáðo] *nm* lavage *m*.
▪ **lavado de cerebro** lavage de cerveau.
▪ **lavado de estómago** lavage d'estomac.
lavadora [laβaðóra] *nf* lave-linge *m inv*.
lavaplatos [laβaplátos] *nm (electrodoméstico)* lave-vaisselle *m inv*.
► *nmf (persona)* plongeur,-euse.
lavar [laβár] *vt* laver.
► *vpr* **lavarse** se laver.
• **lavar y marcar** shampoing *m* et brushing.
lavativa [laβatíβa] *nf* lavement *m*.
lavavajillas [laβaβaχíʎas] *nm* lave-vaisselle *m inv*.
laxante [laksánte] *adj* laxatif,-ive.
► *nm* laxatif *m*.
laxo,-xa [lákso,-ksa] *adj* **1** *(no tenso)* lâche, flasque. **2** *fig (moral)* relâché,-e.
lazada [laθáða] *nf (nudo, adorno)* nœud *m*.
lazarillo [laθaríʎo] *nm* guide *mf* d'aveugle.
lazo [láθo] *nm* **1** *(adorno, lazo)* nœud *m*. **2** *(para cazar)* lacet *m*, collet *m*. **3** *(para sujetar caballos)* lasso *m*. **4** *fig (vínculo)* lien *m*.
le [le] *pron pers* **1** *(complemento indirecto - a él, a ella)* lui; *(- a usted)* vous: ***le doy la carta***, je lui donne la lettre; ***¿quiere que le traiga un libro?***, voulez-vous que je vous amène un livre ? **2** *(complemento directo de persona - a él)* le; *(- a usted)* vous: ***le veo***, je le vois; ***a usted no le conozco***, vous, je ne vous connais pas.
leal [leál] *adj* **1** *(persona, comportamiento)* loyal,-e. **2** *(animal doméstico)* fidèle.
lealtad [lealtáð] *nf* **1** *(de persona, comportamiento)* loyauté *f*. **2** *(de animal doméstico)* fidélité *f*.
lección [lekθjón] *nf* leçon *f*.
• **dar una lección a ALGN** donner une leçon à QQN.
leche [létʃe] *nf* **1** *(gen)* lait *m*. **2** *fam (golpe)* beigne *f*, gnon *m*. **3** *fam (suerte)* pot *m*, coup *m* de bol.
• **a toda leche** *fam* à toute berzingue.
• **estar de mala leche** *fam* être de mauvais poil.
• **tener mala leche** *fam* être une vraie teigne.
▪ **leche condensada** lait concentré.
▪ **leche desnatada** lait écrémé.
▪ **leche en polvo** lait en poudre.
▪ **leche entera** lait entier.
▪ **leche semidesnatada** lait demi-écrémé.
lechero,-ra [letʃéro,-ra] *adj* laitier,-ère.
► *nm,f* laitier,-ère.
▪ **central lechera** laiterie *f*.
lecho [létʃo] *nm* lit *m*.
lechón [letʃón] *nm* cochon *m* de lait.
lechuga [letʃúɣa] *nf* laitue *f*.
lechuza [letʃúθa] *nf* chouette *f*.
lectivo,-va [lektíβo,-βa] *adj* scolaire, de classe.
lector,-ra [lektór,-ra] *nm,f (persona que lee, profesor)* lecteur,-trice.
► *nm* **lector** *(aparato)* lecteur *m*.
lectura [lektúra] *nf* lecture *f*.
leer [61] [leér] *vt - vi* lire.
legal [leɣál] *adj* légal,-e.
legalizar [4] [leɣaliθár] *vt* légaliser.
legaña [leɣáɲa] *nf* chassie *f*.
legendario,-ria [leχendárjo,-rja] *adj* légendaire.
legible [leχíβle] *adj* lisible.
legión [leχjón] *nf* légion *f*.
legionario [leχjonárjo] *nm* légionnaire *m*.
legislación [leχizlaθjón] *nf* législation *f*.
legislar [leχizlár] *vi* légiférer.
legislativo,-va [leχizlatíβo,-βa] *adj* législatif,-ive.
legislatura [leχizlatúra] *nf* législature *f*.
legitimar [leχitimár] *vt* légitimer.

legítimo,-ma [leχitimo,-ma] **1** *adj (conforme a la ley, a la razón)* légitime. **2** *(auténtico)* véritable, authentique.

legua [lėɣwa] *nf* lieue *f*.

• **se ve a la legua** *fig* ça se voit de loin.

legumbre [leɣúmbre] *nf* légume *m* sec.

lejanía [leχania] *nf* lointain *m*.

• **en la lejanía** dans le lointain.

lejano,-na [leχàno,-na] *adj* lointain,-e, éloigné,-e.

lejía [leχia] *nf* eau *f* de Javel.

lejos [lėχos] *adv* loin.

• **a lo lejos** au loin.

• **de lejos** de loin.

• **lejos de** loin de.

• **llegar lejos** aller loin.

• **ni de lejos** loin de là.

lema [lėma] *nm* **1** *(gen)* devise *f*. **2** *(en publicidad)* slogan *m*.

lencería [lenθeria] *nf* **1** *(de mujer)* lingerie *f*. **2** *(de cama)* linge *m*. **3** *(tienda - de mujer)* boutique *f* de lingerie; *(- de ropa blanca)* magasin *m* de blanc.

lengua [lėŋgwa] *nf* langue *f*.

• **con la lengua fuera** hors d'haleine.

• **morderse la lengua** se mordre la langue.

• **no tener pelos en la lengua** ne pas mâcher ses mots.

• **irse de la lengua** ne pas savoir tenir sa langue.

• **tener ALGO en la punta de la lengua** avoir QQCH sur le bout de la langue.

• **tirar de la lengua a ALGN** tirer les vers du nez à QQN.

▪ **lengua materna** langue maternelle.

▪ **lengua viperina** langue de vipère.

▪ **malas lenguas** mauvaises langues.

lenguado [leŋgwàðo] *nm* sole *f*.

lenguaje [leŋgwàχe] *nm* langage *m*.

▪ **lenguaje de programación** langage de programmation.

lengüeta [leŋgwėta] *nf* languette *f*.

lente [lėnte] *nf* **1** *(óptica)* lentille *f*. **2** *(de gafas)* verre *m*.

► *nf pl (gafas)* lunettes *f pl*.

▪ **lentes de contacto** lentilles de contact.

lenteja [lentėχa] *nf* lentille *f*.

lentejuela [lenteχwėla] *nf* paillette *f*.

lentilla [lentiʎa] *nf* lentille *f*.

lentitud [lentitúð] *nf* lenteur *f*.

lento,-ta [lėnto,-ta] *adj* lent,-e.

leña [lėɲa] *nf* **1** *(madera)* bois *m* de chauffage. **2** *fam (paliza)* raclée *f*, rossée *f*.

• **echar leña al fuego** *fam* jeter de l'huile sur le feu.

leñador,-ra [leɲaðòr,-ra] *nm,f* bûcheron, -onne.

león,-ona [leòn,-òna] *nm,f* lion, lionne.

leonera [leonėra] *nf fam fig* chantier *m*.

leopardo [leopàrðo] *nm* léopard *m*.

leotardos [leotàrðos] *nm pl* collants *m pl*.

lepra [lėpra] *nf* lèpre *f*.

lerdo,-da [lėrðo,-ða] *adj* gauche.

les [les] *pron pers* **1** *(complemento indirecto - a ellos, a ellas)* leur; *(- a ustedes)* vous: ***les doy un libro***, je leur donne un livre. **2** *(complemento directo de persona - a ellos)* les; *(- a ustedes)* vous: ***les veo***, je les vois; ***a ustedes no les conozco***, vous, je ne vous connais pas.

lesbiana [lezβjàna] *nf* lesbienne *f*.

lesión [lesjòn] *nf* lésion *f*.

lesionar [lesjonàr] *vt* **1** *(causar un perjuicio)* léser. **2** *(herir)* blesser.

► *vpr* **lesionarse** se blesser.

letal [letàl] *adj (mortífero)* létal,-e.

letanía [letania] *nf* litanie *f*.

letargo [letàrɣo] *nm* léthargie *f*.

letón,-na [letòn,-na] *adj* letton,-onne.

► *nm,f* Letton,-onne.

► *nm* **letón** lette *m*, letton *m*.

Letonia [letònja] *n pr* Lettonie *f*.

letra [lėtra] *nf* **1** *(gen)* lettre *f*. **2** *(en imprenta)* caractère *m*. **3** *(escritura)* écriture *f*. **4** *(de canción)* paroles *f pl*. **5** COM traite *f*, lettre *f* de change.

► *nf pl* **letras** *(literatura, humanidades)* lettres *f pl*.

• **al pie de la letra** au pied de la lettre.

letrero [letrėro] *nm* **1** *(cartel)* écriteau *m*. **2** *(de tiendas, cines)* enseigne *f*.

▪ **letrero luminoso** enseigne lumineuse.

levadura [leβaðúra] *nf* **1** *(hongo)* levure *f*. **2** *(para pan)* levain *m*.

levantar [leβantàr] *vt* **1** *(dirigir hacia arriba)* lever: ***levantar el brazo***, lever le bras. **2** *(poner más alto)* soulever: **3** *(poner dere-*

cho, de pie) redresser, relever. **4** *(edificio, monumento)* ériger, construire. **5** *(establecer, fundar)* fonder, instituer. **6** *(voz, tono)* élever, hausser. **7** *(ánimo, moral)* remonter. **8** *(suscitar)* soulever, provoquer. **9** *(país, economía)* relever. **10** *(sublevar - a un pueblo)* soulever; *(- a persona)* dresser **11** *(castigo, pena, prohibición)* lever. **12** *(quitar)* ôter, enlever.

► *vpr* **levantarse 1** *(de la cama, ponerse de pie)* se lever. **2** *(sublevarse)* se soulever. **3** *(sobresalir)* s'élever, se dresser. **4** *(viento, oleaje)* se lever.

• **levantar cabeza** *fig* se remettre.

• **levantar falso testimonio** porter un faux témoignage.

levante [leβánte] *nm* **1** *(este)* levant *m*. **2** *(viento)* vent *m* d'est.

leve [léβe] *adj* léger,-ère.

léxico,-ca [léksiko,-ka] *adj* lexical,-e.

► *nm* **léxico** lexique *m*.

ley [lei] *nf* loi *f*.

► *nf pl* **leyes** droit *m sing*.

• **con todas las de la ley** dans les règles.

• **de ley** *(oro, plata)* véritable, pur.

▪ **ley de extranjería** *loi s'appliquant aux étrangers*.

▪ **ley de la ventaja** DEP avantage *m*.

▪ **ley del talión** loi du talion.

▪ **ley marcial** loi martiale.

▪ **ley sálica** loi salique.

▪ **ley seca** loi sèche.

leyenda [lejénda] *nf* légende *f*.

liar [13] [ljar] *vt* **1** *(atar)* lier. **2** *(envolver)* enrouler. **3** *(cigarrillo)* rouler. **4** *fam (engatusar)* embobiner. **5** *fam (engañar)* rouler. **6** *fam (involucrar)* mêler.

► *vpr* **liarse 1** *(equivocarse)* s'embrouiller. **2** *(complicarse)* se compliquer.

• **liarse a ALGO** *fam (golpes, palos, puñetazos)* en venir à QQCH.

• **liarse con ALGN** *fam* avoir une liaison avec QQN.

libanés,-esa [liβanés,-ésa] *adj* libanais,-e.

► *nm,f* Libanais,-e.

Líbano [líβano] *n pr* Liban *m*.

libélula [liβélula] *nf* libellule *f*.

liberación [liβeraθjón] *nf* libération *f*.

liberal [liβerál] *adj - nmf* libéral,-e.

liberar [liβerár] *vt* **1** *(gen)* libérer. **2** *(desprender)* dégager.

► *vpr* **liberarse** se libérer.

libertad [liβertáð] *nf* liberté *f*.

• **poner a ALGN en libertad** mettre QQN en liberté.

• **tomarse la libertad de** prendre la liberté de.

• **tomarse libertades** prendre des libertés.

▪ **libertad bajo fianza** liberté sous caution.

▪ **libertad condicional** liberté conditionnelle.

libertador,-ra [liβertaðór,-ra] *nm,f* libérateur,-trice.

libertinaje [liβertináχe] *nm* libertinage *m*.

Libia [líβja] *n pr* Libye *f*.

libio,-bia [líβjo,-βja] *adj* libyen,-enne.

► *nm,f* Libyen,-enne.

libra [líβra] *nf (peso, moneda)* livre *f*.

▪ **libra esterlina** livre sterling.

librar [liβrár] *vt* délivrer (**de**, de), libérer (**de**, de).

► *vi fam (trabajador)* avoir un jour de congé.

► *vpr* **librarse** *(evitar - cosa molesta)* échapper (**de**, à); *(- obligación)* se libérer (**de**, de), se dégager (**de**, de).

• **librarse de ALGN** se défaire de QQN, se débarrasser de QQN.

libre [líβre] *adj* libre.

• **libre de impuestos** exempt,-e d'impôts.

▪ **libre albedrío** libre arbitre *m*.

▪ **libre cambio** libre-échange *m*.

▪ **libre comercio** libre-échange *m*.

▪ **libre directo** DEP coup *m* franc direct.

▪ **libre empresa** libre entreprise *f*.

▪ **libre indirecto** DEP coup *m* franc indirect.

librería [liβrería] *nf* **1** *(tienda)* librairie *f*. **2** *(mueble)* bibliothèque *f*.

▪ **librería de viejo** bouquiniste.

librero,-ra [liβréro,-ra] *nm,f* libraire.

libreta [liβréta] *nf (cuaderno)* cahier *m*.

▪ **libreta de ahorros** livret *m* de caisse d'épargne.

▪ **libreta de direcciones** contacts *mpl*.

libreto [liβréto] *nm* MÚS livret *m*, libretto *m*.

libro [liβro] *nm* livre *m*.
• **llevar los libros** COM tenir les livres.
▪ **libro de bolsillo** livre de poche.
▪ **libro de consulta** ouvrage *m* de référence.
▪ **libro de familia** livret *m* de famille.
▪ **libro de reclamaciones** livre des réclamations.
▪ **libro de texto** manuel *m*.
licencia [liθénθja] *nf* **1** *(permiso, autorización)* licence *f*, permission *f*. **2** *(documento)* permis *m*. **3** *(en poesía)* licence *f*. **4** *(en el ejército)* congé *m*.
licenciado,-da [liθenθjáðo,-ða] *nm,f* licencié,-e.
licenciarse [12] [liθenθjárse] *vpr* **1** *(en la universidad)* obtenir son diplôme. **2** *(en el ejército)* être libéré.
licenciatura [liθenθjatúra] *nf* diplôme *m*.
lícito,-ta [líθito,-ta] *adj* licite.
licor [likór] *nm* liqueur *f*.
licuadora [likwaðóra] *nf* mixeur *m*.
licuar [10] [likwár] *vt* liquéfier.
líder [líðer] *nmf* leader *m*.
lidiar [12] [liðjár] *vi (luchar)* batailler, lutter.
► *vt (toros)* combattre.
liebre [ljéβre] *nf* lièvre *m*.
lienzo [ljénθo] *nm* toile *f*.
liga [líɣa] *nf* **1** *(para medias)* jarretière *f*. **2** *(confederación)* ligue *f*. **3** DEP championnat *m*.
ligamento [liɣaménto] *nm* ANAT ligament *m*.
ligar [7] [liɣár] *vt* **1** *(atar)* lier, attacher. **2** *(unir)* unir, joindre. **3** *(salsa)* lier.
► *vi fam (conquistar)* draguer, flirter.
ligereza [liχeréθa] *nf* légèreté *f*.
ligero,-ra [liχéro,-ra] *adj* léger,-ère.
• **a la ligera** à la légère.
• **ligero,-ra de cascos** écervelé,-e, étourdi,-e.
light [lait] *adj* light.
ligón,-ona [liɣón,-óna] *adj* - *nm,f* dragueur,-euse.
ligue [líɣe] *nm* flirt *m*.
lija [líχa] *nf* papier *m* de verre.
lijar [liχár] *vt* poncer.
lila [líla] *nf (arbusto, flor)* lilas *m*.
► *nm (color)* lilas *m*.
► *adj inv* lilas.
lima[1] [líma] *nf (herramienta)* lime *f*.
• **comer como una lima** manger comme quatre.
lima[2] [líma] *nf* **1** *(fruta)* lime *f*. **2** *(árbol)* limettier *m*.
limar [limár] *vt* limer.
limbo [límbo] *nm* limbes *m pl*.
• **estar en el limbo** être dans les nuages.
limitación [limitaθjón] *nf* limitation *f*.
limitado,-da [limitáðo,-ða] *adj* **1** *(reducido, restringido)* limité,-e. **2** *(poco inteligente)* borné,-e.
limitar [limitár] *vt (delimitar, restringir)* limiter.
► *vi (dos territorios)* être limitrophe (**con**, avec).
► *vpr* **limitarse** se limiter (**a**, à), se borner (**a**, à).
límite [límite] *nm* **1** *(gen)* limite *f*. **2** *(tope)* plafond *m*.
limítrofe [limítrofe] *adj* limitrophe.
limón [limón] *nm* citron *m*.
limonada [limonáða] *nf* citronnade *f*.
limonero [limonéro] *nm* citronnier *m*.
limosna [limózna] *nf* aumône *f*.
• **dar limosna** faire l'aumône.
• **pedir limosna** demander l'aumône.
limpiabotas [limpjaβótas] *nm* cireur *m*.
limpiacristales [limpjakristáles] *nm (producto de limpieza)* produit nettoyant pour les vitres.
► *nmf (persona)* nettoyeur *m* de vitres.
limpiador,-ra [limpjaðór,-ra] *adj* - *nm,f* nettoyeur,-euse.
limpiaparabrisas [limpjaparaβrísas] *nm* essuie-glace *m*.
limpiar [12] [limpjár] *vt* **1** *(gen)* nettoyer. **2** *(con paño)* essuyer. **3** *fam (robar)* voler, faucher.
► *vpr* **limpiarse** se nettoyer.
limpieza [limpjéθa] *nf* **1** *(cualidad)* propreté. **2** *(acción)* nettoyage *m*.
• **hacer limpieza general** nettoyer de fond en comble.
▪ **limpieza en seco** nettoyage à sec.
▪ **limpieza étnica** purification *f* ethnique.
limpio,-pia [límpjo,-pja] *adj* **1** *(sin suciedad)* propre. **2** *(aseado)* propre, net, nette.

3 *(espíritu, comportamiento)* pur,-e. **4** *(beneficio, sueldo)* net, nette.
► *adv* **limpio** proprement, honnêtement.
• **dejar limpio,-pia** laisser sans un sou.
• **jugar limpio** jouer franc jeu.
• **limpio,-pia de** ALGO libre de QQCH.
• **poner en limpio** mettre au propre.
• **sacar en limpio** tirer au clair.
linaje [linàχe] *nm* lignage *m*, lignée *f.*
lince [linθe] *nm* **1** *(animal)* lynx *m*, loup-cervier *m.* **2** *fig (persona astuta)* lynx *m*, malin,-e.
linchar [lintʃàr] *vt* lyncher.
lindar [lindàr] *vi* être contigu,-uë (**con**, à).
lindo,-da [lindo,-da] *adj* joli,-e.
• **de lo lindo** *fam* joliment, beaucoup.
línea [linea] *nf* **1** *(gen)* ligne *f.* **2** *(clase, categoría)* classe *f*, sorte *f.*
• **de línea** de ligne.
• **en línea** en ligne.
• **en líneas generales** en gros.
• **escribir unas líneas** écrire un petit mot.
• **fuera de línea** hors ligne.
• **guardar la línea** garder la ligne.
• **leer entre líneas** lire entre les lignes.
▪ **línea férrea** voie *f* ferrée.
linfa [limfa] *nf* lymphe *f.*
lingote [liŋgòte] *nm* lingot *m.*
lingüística [liŋgwistika] *nf* linguistique.
lino [lino] *nm* lin *m.*
linterna [lintèrna] *nf* lampe *f* de poche.
lío [lio] *nm* **1** *(embrollo)* imbroglio *m*, embrouillement *m.* **2** *(problema)* histoire *f.* **3** *(paquete)* paquet *m*, baluchon *m.*
• **armar un lío** faire toute une histoire.
• **estar hecho un lío** s'y perdre.
• **hacerse un lío** s'embrouiller.
• **¡qué lío!** quelle salade !
• **tener un lío con** ALGN avoir une liaison avec QQN.
liquen [liken] *nm* lichen *m.*
liquidación [likiðaθjòn] *nf (de deuda, de mercancías)* liquidation *f.*
liquidar [likiðàr] *vt* **1** *(mercancías)* liquider, solder. **2** *(deuda)* régler, liquider. **3** *(poner fin a)* liquider, résoudre. **4** *fam (quitarse de encima, matar)* liquider.
líquido,-da [likiðo,-ða] *adj* liquide.
► *nm* **líquido** liquide *m.*
lira[1] [lira] *nf (instrumento)* lyre *f.*
lírica [lirika] *nf* poésie *f* lyrique.
lírico,-ca [liriko,-ka] *adj* lyrique.
lirio [lirjo] *nm* iris *m.*
lirón [liròn] *nm* loir *m.*
• **dormir como un lirón** dormir comme un loir.
lisiado,-da [lisjàðo,-ða] *adj* - *nm,f* estropié,-e, impotent,-e.
liso,-sa [liso,-sa] *adj* **1** *(superficie)* plat,-e. **2** *(sin asperezas)* lisse, uni,-e. **3** *(pelo)* raide. **4** *(color)* uni,-e.
lista [lista] *nf* **1** *(enumeración, relación)* liste *f.* **2** *(línea)* raie *f*, rayure *f.*
• **pasar lista** faire l'appel.
▪ **lista de bodas** liste de mariage.
▪ **lista de correo** poste *f* restante.
▪ **lista de espera** liste d'attente.
▪ **lista de la compra** liste des courses.
▪ **lista negra** liste noire.
listado [listàðo] *nm* **1** INFORM listing *m.* **2** *(lista)* liste *f.*
listín [listin] *nm* annuaire *m.*
listo,-ta [listo,-ta] *adj* **1** *(sagaz, inteligente)* intelligent,-e, dégourdi,-e. **2** *(preparado)* prêt,-e: ***todo está listo***, tout est prêt.
• **¡estamos listos!** nous voilà bien !
• **pasarse de listo,-ta** vouloir être trop malin,-e.
listón [listòn] *nm* **1** *(de madera)* latte *f.* **2** DEP barre *f.*
• **poner el listón muy alto** placer la barre très haut.
litera [litèra] *nf* **1** *(cama)* lit *m* superposé. **2** *(en barco, tren)* couchette *f.*
literal [literàl] *adj* littéral,-e.
literario,-ria [literàrjo,-rja] *adj* littéraire.
literatura [literatùra] *nf* littérature *f.*
litigio [litiχjo] *nm* litige *m.*
litoral [litoràl] *adj* littoral,-e.
► *nm* littoral *m.*
litro [litro] *nm* litre *m.*
Lituania [litwànja] *n pr* Lituanie *f.*
lituano,-na [litwàno,-na] *adj* lituanien, -enne.
► *nm,f* Lituanien,-enne.
► *nm* **lituano** *(idioma)* lituanien *m.*
liturgia [litùrχja] *nf* liturgie *f.*
liviano,-na [liβjàno,-na] *adj* léger,-ère.

llaga [ʎáɣa] *nf* plaie *f*.
• **poner el dedo en la llaga** mettre le doigt là où ça fait mal.
llama[1] [ʎáma] *nf (fuego, pasión)* flamme *f*.
• **en llamas** en flammes.
llama[2] [ʎáma] *nf (animal)* lama *m*.
llamada [ʎamáða] *nf* **1** *(telefónica)* appel *m*. **2** *(al timbre)* coup *m* de sonnette. **3** *(a escena, al orden)* rappel *m*. **4** *(en libro)* renvoi *m*.
▪ **llamada a cobro revertido** appel en PCV.
▪ **llamada perdida** appel manqué.
llamar [ʎamár] *vt (gen)* appeler.
► *vi* **1** *(a puerta - con golpes)* frapper; *(- con timbre)* sonner. **2** *(por teléfono)* téléphoner.
► *vpr* **llamarse** *(tener nombre)* s'appeler.
• **llamar la atención 1** *(destacar)* attirer l'attention. **2** *(reñir)* rappeler à l'ordre.
llamativo,-va [ʎamatiβo,-βa] *adj* criard,-e, voyant,-e.
llano,-na [ʎáno,-na] *adj* **1** *(superficie)* plat,-e: ***plato llano***, assiette plate. **2** *(sencillo)* simple. **3** *(palabra)* paroxyton.
► *nm* **llano** plaine *f*.
llanta [ʎánta] *nf* jante *f*.
llanto [ʎánto] *nm* pleurs *m pl*, larmes *f pl*.
llanura [ʎanúra] *nf* plaine *f*.
llave [ʎáβe] *nf* **1** *(de puerta)* clé *f*, clef *f*. **2** *(herramienta)* clé, clef *f*. **3** *(interruptor)* interrupteur *m*. **4** *(grifo)* robinet *m*. **5** *(signo)* accolade *f*. **6** *(en lucha)* clef *f*, prise *f*.
• **bajo llave** sous clef.
• **cerrar con llave** fermer à clef.
• **llave en mano** clé en main.
▪ **llave de contacto** clef de contact.
▪ **llave de paso** robinet d'arrêt.
▪ **llave inglesa** clef anglaise/à molette.
▪ **llave maestra** passe-partout *m*.
llavero [ʎaβéro] *nm* porte-clés *m inv*, porte-clefs *m inv*.
llegada [ʎeɣáða] *nf* arrivée *f*.
llegar [7] [ʎeɣár] *vi* **1** *(gen)* arriver. **2** *(alcanzar)* atteindre: ***llegar al techo con la mano***, atteindre le plafond avec la main. **3** *(con esfuerzo o dificultad)* parvenir à. **4** *(ser suficiente)* être assez, avoir assez: ***no me llega el dinero***, je n'ai pas assez d'argent. **5** *(cantidad)* atteindre (**a,-**), monter (**a**, à).
• **llegar a +** *inf* **1** *(acabar por)* finir par + *inf*: ***llegó a dudar de ella***, il finit par douter d'elle. **2** *(conseguir)* parvenir à + *inf*, réussir à + *inf*: ***no llegué a conocerlo***, je n'ai pas réussi à le connaître.
llenar [ʎenár] *vt* **1** *(gen)* remplir: ***llenar un formulario***, remplir un formulaire; ***llenar de alegría***, remplir de joie. **2** *fam (satisfacer)* plaire, satisfaire. **3** *(tiempo)* occuper.
► *vi (alimento)* rassasier.
► *vpr* **llenarse 1** *(lugar)* se remplir. **2** *(de comer)* se rassasier. **3** *(cubrirse)* se couvrir (**de**, de): ***llenarse de tinta***, se couvrir d'encre.
lleno,-na [ʎéno,-na] *adj* plein,-e.
► *nm* **lleno** *(en teatro)* salle *f* comble.
• **de lleno** en plein.
llevadero,-ra [ʎeβaðéro,-ra] *adj* supportable.
llevar [ʎeβár] *vt* **1** *(gen)* porter: ***lleva una bolsa en la mano***, elle porte un sac à la main; ***lleva un vestido negro***, elle porte une robe noire. **2** *(acompañar, guiar)* emmener. **3** *(transportar)* transporter. **4** *(camino, carretera)* conduire, mener. **5** *(dirigir)* diriger, mener: ***llevar bien el negocio***, bien diriger l'affaire. **6** *(arrastrar a una consecuencia)* mener, entraîner. **7** *(inducir, empujar)* amener, conduire. **8** *(ocasionar)* causer. **9** *(soportar)* supporter, tolérer. **10** *(tener)* avoir: ***este vestido no lleva botones***, cette robe n'a pas de boutons. **11** *(contener)* contenir: ***este perfume lleva mucho alcohol***, ce parfum contient beaucoup d'alcool. **12** *(tiempo)* avoir passé: ***lleva dos horas leyendo***, il lit depuis deux heures. **13** *(ocupar cierto tiempo)* demander, prendre. **14** *(cuentas, libros)* tenir.
► *vpr* **llevarse 1** *(premio)* remporter. **2** *(conseguir)* obtenir. **3** *(quitar, apartar)* emporter. **4** *(estar de moda)* se porter. **5** *(golpe, paliza)* recevoir. **6** *(susto, disgusto, chasco)* avoir. **7** *(entenderse)* s'entendre. **8** *(en sustracciones)* retenir: ***me llevo dos***, je retiens deux.
• **llevar +** *pp* avoir + *pp*: ***llevo hecha la mitad***, j'ai fait la moitié.
• **llevar las de perder** n'avoir aucune chance.
llorar [ʎorár] *vt - vi* pleurer.

lloriquear [ʎorikeár] *vi* pleurnicher.
lloroso,-sa [ʎoróso,-sa] *adj* **1** *(persona)* éploré,-e, en larmes. **2** *(ojos, voz)* larmoyant,-e.
llover [32] [ʎoβér] *v impers* pleuvoir.
• **llover a cántaros** pleuvoir à verse.
• **llover sobre mojado** ne pas être la première fois.
lluvia [ʎúβja] *nf* pluie *f*.
▪ **lluvia ácida** pluie acide.
▪ **lluvia de estrellas** pluie d'étoiles.
lluvioso,-sa [ʎuβjóso,-sa] *adj* pluvieux, -euse.
lo [lo] *det* **1** le, l', ce qui est, ce: ***lo bueno***, le bon, ce qui est bon.
► *pron pers* le: ***lo veo***, je le vois.
• **lo cual** *(sujeto)* ce qui. **2** *(complemento)* ce que.
• **lo que** ce que.
loable [loáβle] *adj* louable.
lobo,-ba [lóβo,-βa] *nm,f* loup, louve.
▪ **lobo de mar** loup de mer.
lóbulo [lóβulo] *nm* ANAT lobe *m*.
local [lokál] *adj* local,-e.
► *nm* local *m*.
localidad [lokaliðáð] *nf (población)* localité *f*. **2** *(en teatro, cine)* place *f*.
localizar [4] [lokaliθár] *vt* localiser.
loción [loθjón] *nf* lotion *f*.
loco,-ca [lóko,-ka] *adj - nm,f* fou, folle.
• **a lo loco** comme un fou.
• **estar loco,-ca por ALGN** être fou/folle de QQN.
• **hacer el loco** faire l'idiot.
• **hacerse el/la loco,-ca** faire l'innocent,-e.
• **¡ni loco,-ca!** jamais de la vie !
▪ **loco,-ca de atar** fou/folle à lier.
▪ **loco,-ca de remate** fou/folle à lier.
locomoción [lokomoθjón] *nf* locomotion *f*.
locomotora [lokomotóra] *nf* locomotive *f*.
locución [lokuθjón] *nf* locution *f*.
locura [lokúra] *nf* folie *f*.
• **con locura** à la folie.
• **hacer locuras** faire des folies.
locutor,-ra [lokutór,-ra] *nm,f* speaker *m*, speakerine *f*.
locutorio [lokutório] *nm* téléboutique *f*, callshop *m*.
lodo [lóðo] *nm* boue *f*.
lógica [lóχika] *nf* logique *f*.
lógico,-ca [lóχiko,-ka] *adj* logique.
logística [loχístika] *nf* logistique *f*.
logo [lóɣo] *nm* logo *m*.
logotipo [loɣotípo] *nm* logo *m*.
lograr [loɣrár] *vt* **1** *(trabajo, beca)* obtenir. **2** *(objetivo)* atteindre.
• **lograr +** ***inf*** réussir à + *inf*, parvenir à + *inf*: ***he logrado encontrarlo***, j'ai réussi à le rencontrer.
logro [lóɣro] *nm* réussite *f*, succès *m*.
loma [lóma] *nf* coteau *m*, hauteur *f*.
lombriz [lombríθ] *nf* **1** *(gusano)* ver *m* de terre. **2** *(intestinal)* ver *m* solitaire.
lomo [lómo] *nm (de animal, libro, cuchillo)* dos *m*. **2** *(de persona)* lombes *f pl*, reins *m pl*. **3** *(carne de cerdo)* filet *f*.
• **a lomos de** à dos de.
lona [lóna] *nf* **1** toile *f* de bâche. **2** *(de circo)* chapiteau *m*.
loncha [lóntʃa] *nf* tranche *f*.
longevidad [loŋχeβiðáð] *nf* longévité *f*.
longitud [loŋχitúð] *nf* **1** *(dimensión)* longueur *f*. **2** GEOG longitude *f*.
loro [lóro] *nm* perroquet *m*.
• **estar al loro** *fam (estar al tanto)* être au parfum. **2** *fam (estar alerta)* être sur ses gardes.
los [los] *det* les: ***los niños***, les enfants.
► *pron pers (complemento directo - ellos, a ellos)* les; *(- a ustedes)* vous: ***los veo***, je les vois; ***a ustedes no los conozco***, vous, je ne vous connais pas.
losa [lósa] *nf* **1** *(de suelo)* dalle *f*. **2** *(sepulcral)* sépulcre *m*.
lote [lóte] *nm* lot *m*.
• **darse el lote** *fam* se bécoter.
lotería [lotería] *nf* loterie *f*.
• **tocarle la lotería a ALGN** gagner à la loterie.
▪ **lotería primitiva** loto *m*.
loto[1] [lóto] *nf (juego)* loto *m*.
loto[2] [lóto] *nm (planta)* lotus *m*.
loza [lóθa] *nf* **1** *(material)* faïence *f*. **2** *(vajilla)* vaisselle *f*.
lubina [luβína] *nf (pez)* bar *m*, loup *m* de mer.
lubricación [luβrikaθjón] *nf* lubrification *f*.

lubricante [lußrikánte] *adj* lubrifiant,-e.
► *nm* lubrifiant *m*.
lubricar [1] [lußrikár] *vt* lubrifier.
lucero [luθéro] *nm* étoile *f* brillante.
▪ **lucero del alba** étoile du berger.
lucha [lútʃa] *nf* lutte *f*.
luchador,-ra [lutʃaðór,-ra] *nm,f* lutteur, -euse.
luchar [lutʃár] *vi* lutter.
lúcido,-da [lúθiðo,-ða] *adj* lucide.
lucido,-da [luθiðo,-ða] *adj* brillant,-e, splendide.
luciérnaga [luθjérnaɣa] *nf (hembra)* ver *m* luisant; *(macho)* lampyre *m*.
lucir [45] [luθir] *vi* **1** *(brillar)* briller. **2** *(resultar, ser de provecho)* profiter. **3** *(quedar bien)* faire de l'effet.
► *vt* **1** *(enseñar)* montrer. **2** *(exhibir)* arborer.
► *vpr* **lucirse 1** *(quedar bien, brillar)* exceller, briller. **2** *irón (meter la pata)* échouer, faire le ridicule.
lucrativo,-va [lukratiβo,-βa] *adj* lucratif,-ive.
lucro [lúkro] *nm* gain *m*, profit *m*.
luego [lwéɣo] *adv* **1** *(después)* après, ensuite: ***primero comieron y luego tomaron café***, ils mangèrent d'abord et ensuite ils prirent le café. **2** *(sin dilación)* aussitôt, tout de suite.
► *conj* donc: ***pienso, luego existo***, je pense, donc je suis.
• **desde luego** bien entendu, évidemment.
• **hasta luego** au revoir, à tout à l'heure.
lugar [luɣár] *nm* **1** *(gen)* lieu *m*, endroit *m*. **2** *(espacio que ocupa algo o alguien)* place *f*: ***este libro no está en su lugar***, ce livre n'est pas à sa place. **3** *(posición, puesto)* place *f*, poste *m*. **4** *(ocasión)* moment *m*.
• **dar lugar a** donner lieu à.
• **en lugar de** au lieu de.
• **en primer lugar** en premier lieu, d'abord.
• **fuera de lugar** hors de propos.
• **sin lugar a dudas** sans aucun doute.
• **tener lugar** avoir lieu.
lugareño,-ña [luɣaréɲo,-ɲa] *nm,f* villageois,-e.
lúgubre [lúɣuβre] *adj* lugubre.
lujo [lúχo] *nm* luxe *m*.
• **de lujo** de luxe.
• **permitirse el lujo de** s'offrir le luxe de.
lujoso,-sa [luχóso,-sa] *adj* luxueux,-euse.
lujuria [luχúrja] *nf* luxure *f*.
lumbago [lumbáɣo] *nm* MED lumbago *m*.
lumbre [lúmbre] *nf (fuego)* feu *m*.
lumbrera [lumbréra] *nf (persona sabia)* lumière *f*.
luminoso,-sa [luminóso,-sa] *adj* lumineux,-euse.
luna [lúna] *nf* **1** *(satélite)* lune *f*. **2** *(de espejo, escaparate, vehículo)* glace *f*: ***armario de luna***, armoire à glace.
• **estar en la luna** être dans la lune.
▪ **luna de miel** lune de miel.
▪ **luna llena** pleine lune.
▪ **luna nueva** nouvelle lune.
lunar [lunár] *adj* lunaire.
► *nm* **1** *(en la piel)* grain *m* de beauté. **2** *(en telas)* pois *m*.
• **de lunares** à pois.
lunes [lúnes] *nm* lundi *m*.
lupa [lúpa] *nf* loupe *f*.
• **mirar con lupa** regarder à la loupe.
lustro [lústro] *nm* lustre *m*.
luto [lúto] *nm* deuil *m*.
• **estar de luto** être en deuil.
• **llevar luto por** porter le deuil de.
▪ **luto riguroso** grand deuil.
Luxemburgo [luksembúrɣo] *n pr* Luxembourg *m*.
luxemburgués,-esa [luksemburɣés, -ésa] *adj* luxembourgeois,-e.
► *nm,f* Luxembourgeois,-e.
luz [luθ] *nf* **1** *(gen)* lumière *f*. **2** *(electricidad)* électricité *f*. **3** *(claridad)* jour *m*.
• **apagar la luz** éteindre la lumière.
• **a todas luces** de toute évidence.
• **dar a luz** mettre au monde, accoucher.
• **encender la luz** allumer.
• **sacar a la luz 1** *(libro)* publier, faire paraître. **2** *(descubrir)* mettre au grand jour.
▪ **luces de carretera** feux *m pl* de route.
▪ **luces de cruce** feux *m pl* de croisement.
▪ **luces de freno** feux *m pl* de stop.
▪ **luces de posición** feux *m pl* de position, veilleuses *f pl*.

M

macarra [makára] *nm* **1** *fam (rufián)* voyou. **2** *(hortera)* beauf *m*. **3** *(de prostituta)* maquereau *m*.
macarrones [makarónes] *nm pl* COC macaronis *m pl*.
macedonia [maθeðónja] *nf* macédoine *f*.
macerar [maθerár] *vt* faire macérer.
► *vi - vpr* **macerar(se)** macérer.
maceta [maθéta] *nf (tiesto)* pot *m* à fleurs; *(con plantas, flores)* pot *m* de fleurs.
machacar [1] [matʃakár] *vt* **1** *(desmenuzar)* piler, broyer. **2** *fam (destrozar)* épuiser. **3** *fam (ganar)* gagner, vaincre. **4** *fam (estudiar)* potasser, bûcher. **5** *fam (insistir)* rabâcher.
machacón,-ona [matʃakón,-óna] *adj* insistant,-e, ennuyeux,-euse.
machete [matʃéte] *nm* machette *f*.
machismo [matʃizmo] *nm* machisme *m*.
machista [matʃista] *adj - nmf* machiste.
macho [mátʃo] *nm* **1** *(animal, planta)* mâle *m*. **2** *(pieza)* pièce *f* mâle.
► *adj* **1** *(de sexo masculino)* mâle. **2** *(hombre)* viril. **3** *(pieza)* mâle.
■ **macho cabrío** bouc *m*.
macizo,-za [maθiθo,-θa] *adj* **1** *(compacto)* massif,-ive: ***madera maciza***, bois massif; ***oro macizo***, or massif. **2** *(robusto)* solide. **3** *(persona)* fort,-e, costaud.
► *nm* **macizo** *(de montañas, de flores)* massif *m*.
macro [mákro] *nf* INFORM macro *f*.
macuto [makúto] *nm* sac *m* à dos.
madeja [maðéχa] *nf* **1** *(de lana)* écheveau *m*. **2** *(de pelo)* touffe *f* de cheveux.
madera [maðéra] *nf* **1** *(materia)* bois *m*. **2** *(talento)* qualités *f pl*, étoffe *f*.
• **tener madera de** avoir l'étoffe de.
• **tocar madera** toucher du bois.
madero [maðéro] *nm* **1** *(pieza de madera)* madrier *m*. **2** *fam (policía)* flic *m*.
madrastra [maðrástra] *nf* belle-mère *f*.
madre [máðre] *nf* **1** *(gen)* mère *f*. **2** *(poso - de vino)* lie *f*; *(- de vinagre)* mère *f*; *(- de café)* marc *m*. **3** *(cauce de río)* lit *m*.
• **¡madre mía!** mon Dieu !
• **sacar de madre a ALGN** *fam* faire sortir QQN de ses gonds.
• **ser la madre del cordero** *fam* être le nœud de l'affaire.
■ **la madre patria** la mère patrie.
■ **la madre naturaleza** la nature.
■ **madre política** belle-mère *f*.
■ **madre soltera** fille-mère *f*, mère célibataire.
madriguera [maðriγéra] *nf* **1** *(de animales)* terrier *m*. **2** *(de malhechores)* repaire *m*.
madrina [maðrína] *nf* **1** *(de bautizo, ceremonia)* marraine *f*. **2** *(de boda)* témoin *m*.
madrugada [maðruγáða] *nf* **1** *(después de medianoche)* matin *m*. **2** *(amanecer)* aube *f*, petit jour *m*.
• **de madrugada** au petit jour.
madrugador,-ra [maðruγaðór,-ra] *adj* matinal,-e.
madrugar [7] [maðruγár] *vi* se lever de bon matin.
madrugón [maðruγón].
• **pegarse un madrugón** se lever aux aurores.
madurar [maðurár] *vt - vi* mûrir.
madurez [maðuréθ] *nf* maturité *f*.
maduro,-ra [maðúro,-ra] *adj* mûr,-e.

maestría [maestria] *nf* maîtrise *f.*
maestro,-tra [maėstro,-tra] *adj (principal)* maître,-esse, principal,-e.
► *nm,f (de escuela)* maître, maîtresse, instituteur,-trice.
► *nm* **maestro 1** *(en oficio, arte)* maître *m.* **2** *(compositor)* maître *m*, maestro *m.*
mafia [máfja] *nf* mafia *f.*
magia [máχja] *nf* magie *f.*
• **hacer magia** faire de la magie.
• **por arte de magia** comme par enchantement.
mágico,-ca [máχiko,-ka] *adj* magique.
magisterio [maχistérjo] *nm* enseignement *m*, magistère *m.*
magistrado,-da [maχistráðo,-ða] *nm,f* magistrat *m.*
magistral [maχistrál] *adj* magistral,-e.
magnate [maɣnáte] *nmf* magnat *m.*
magnesio [maɣnésjo] *nm* magnésium *m.*
magnético,-ca [maɣnétiko,-ka] *adj* magnétique.
magnetismo [maɣnetizmo] *nm* magnétisme *m.*
magnetófono [maɣnetófono] *nm* magnétophone *m.*
magnífico,-ca [maɣnifiko,-ka] *adj* magnifique.
magnitud [maɣnitúð] *nf* **1** *(tamaño)* grandeur *f.* **2** *(importancia)* grandeur *f*, importance *f.* **3** *(envergadura)* envergure *f.* **4** *(astronómica)* magnitude *f.*
magnolia [maɣnólja] *nf* **1** *(árbol)* magnolia *m.* **2** *(flor)* magnolia *m.*
mago,-ga [máɣo,-ɣa] *nm,f* magicien, -enne.
▪ **los Reyes Magos** les Rois mages.
magro,-gra [máɣro,-ɣra] *adj* maigre.
magullar [maɣuʎár] *vt* **1** *(persona)* meurtrir. **2** *(fruta)* meurtrir, abîmer.
mahometano,-na [maometáno,-na] *adj - nm,f* mahométan,-e.
mahonesa [maonésa] *nf* mayonnaise *f.*
maíz [maiθ] *nm* maïs *m.*
majadero,-ra [maχaðéro,-ra] *adj - nm,f* sot, sotte, imbécile.
majestad [maχestáð] *nf* majesté *f.*
majestuoso,-sa [maχestwóso,-sa] *adj* majestueux,-euse.
majo,-ja [máχo,-χa] *adj* **1** *fam (bonito)* joli,-e. **2** *fam (simpático)* sympa.
mal [mal] *adj* (forme apocopée de **malo** qui ne s'emploie que devant un nom masculin) → malo,-la.
► *nm* **1** *(gen)* mal *m.* **2** *(enfermedad)* mal *m*, maladie *f.*
► *adv* mal.
• **de mal en peor** de mal en pis.
• **encontrarse mal** se sentir mal.
• **hablar mal de** ALGN dire du mal de QQN.
• **menos mal que...** heureusement que ....
• **nada mal** pas mal.
▪ **mal de amores** chagrin *m* d'amour.
▪ **mal de montaña** mal des montagnes.
▪ **mal de ojo** mauvais œil *m.*
malabarista [malaβarista] *nmf* jongleur, -euse.
malaria [malárja] *nf* MED malaria *f.*
malcriado,-da [malkrjáðo,-ða] *adj - nm,f* mal élevé,-e.
malcriar [13] [malkrjár] *vt* **1** *(educar mal)* mal élever. **2** *(mimar)* gâter.
maldad [maldáð] *nf* méchanceté *f.*
maldecir [79] [maldeθir] *vt - vi* maudire.
maldición [maldiθjón] *nf* malédiction *f.*
maldito,-ta [maldito,-ta] *adj - nm,f (por Dios, por la sociedad)* maudit,-e.
► *adj* (placé toujours devant le nom) **1** *fam (expresa contrariedad, rechazo)* maudit,-e, sacré,-e: *¡maldita lluvia!*, maudite pluie !. **2** *fam (expresa negación rotunda)* malheureux,-euse.
• **¡maldita sea!** merde alors !
maleante [maleánte] *nm* malfaiteur *m.*
maleducado,-da [maleðukáðo,-ða] *adj - nm,f* mal élevé,-e.
malentendido [malentendiðo] *nm* malentendu *m.*
malestar [malestár] *nm* malaise *m.*
maleta [maléta] *nf* valise *f.*
• **hacer la maleta** faire ses valises.
maletero [maletéro] *nm (de coche)* coffre *m* à bagages.
maleza [maléθa] *nf* broussailles *f pl.*
malgastar [malɣastár] *vt* gaspiller.
malhablado,-da [malaβláðo,-ða] *adj - nm,f* grossier,-ère.

malhechor,-ra [maletʃór,-ra] *nm,f* malfaiteur,-trice.
malherir [35] [malerír] *vt* blesser grièvement.
malhumorado,-da [malumoráðo,-ða] *adj* de mauvaise humeur.
malicia [maliθja] *nf* **1** *(mala intención)* méchanceté *f*, malice *f*. **2** *(astucia, picardía)* astuce *f*, sagacité *f*.
malicioso,-sa [maliθjóso,-sa] *adj - nm,f* malicieux,-euse, soupçonneux,-euse.
maligno,-na [malíɣno,-na] *adj* **1** *(pernicioso)* malin,-igne. **2** *(perverso)* pervers,-e.
malintencionado,-da [malintenθjonáðo,-ða] *adj* malintentionné,-e.
malla [máʎa] *nf* **1** *(gen)* maille *f*. **2** *(red)* filet *m*.
► *nf pl* **mallas** *(prenda)* caleçon *m*.
malo,-la [málo,-la] *adj* (**mal** devant ***m***) **1** *(gen)* mauvais,-e: ***un mal día***, un mauvais jour; ***un resultado malo***, un mauvais résultat. **2** *(malvado)* méchant,-e. **3** *(travieso)* coquin,-e, espiègle. **4** *(enfermo)* malade, indisposé,-e. **5** *(sin habilidad)* peu doué,-e.
► *nm,f (de película, obra)* le méchant, la méchante.
• **estar de malas 1** *(no tener suerte)* ne pas être en veine. **2** *(estar de mal humor)* être de mauvais poil.
• **lo malo es que...** l'ennui c'est que ....
• **por las malas** de force, par la violence.
malograr [maloɣrár] *vt* **1** *(desaprovechar)* ne pas profiter de. **2** *(estropear)* rater.
► *vpr* **malograrse 1** *(fracasar)* échouer. **2** *(echarse a perder)* ne pas réussir.
maloliente [maloljénte] *adj* malodorant,-e.
malpensado,-da [malpensáðo,-ða] *adj - nm,f* soupçonneux,-euse.
malsano,-na [malsáno,-na] *adj* **1** *(nocivo)* malsain,-e. **2** *(enfermizo)* maladif,-ive.
malsonante [malsonánte] *adj (lenguaje)* insultant,-e.
malta [málta] *nm* malt *m*.
maltratar [maltratár] *vt* maltraiter.
maltrecho,-cha [maltrétʃo,-tʃa] *adj* **1** *(persona)* battu,-e. **2** *(cosa)* en piteux état.
malva [málβa] *nf* mauve *f*.
► *nm (color)* mauve *m*.
► *adj inv* mauve.
• **criar malvas** manger les pissenlits par la racine.
malvado,-da [malβáðo,-ða] *adj - nm,f* méchant,-e.
mama [máma] *nf* **1** *(teta)* mamelle *f*. **2** *(de mujer)* sein *m*. **3** *fam (madre)* maman *f*.
mamá [mamá] *nf* maman *f*.
mamar [mamár] *vt - vi* **1** *(bebé)* téter. **2** *fam (beber alcohol)* picoler.
► *vt (aprender)* acquérir dès l'enfance.
► *vpr* **mamarse 1** *fam (emborracharse)* se soûler. **2** *fam (soportar)* se taper.
• **dar de mamar** donner à téter.
mamarracho [mamar̄átʃo] *nm* fantoche *m*, polichinelle *f*.
mamífero,-ra [mamífero,-ra] *adj* mammifère.
► *nm* **mamífero** mammifère *m*.
mamotreto [mamotréto] *nm* **1** *(libro)* gros bouquin *m*. **2** *(armatoste)* chose *f* encombrante.
mampara [mampára] *nf* **1** *(biombo)* paravent *m*. **2** *(puerta)* porte *f* capitonnée.
mamut [mamút] *nm* mammouth *m*.
manada [manáða] *nf* **1** *(rebaño)* troupeau *m*. **2** *(de lobos)* bande *f*.
manantial [manantjál] *nm* source *f*.
manar [manár] *vi* jaillir, sourdre.
manazas [manáθas] *nmf fam* brise-tout.
mancha [mántʃa] *nf* tache *f*.
manchar [mantʃár] *vt* tacher.
► *vpr* **mancharse** se tacher.
manco,-ca [máŋko,-ka] *adj - nm,f* manchot,-e.
mandamiento [mandamjénto] *nm* **1** *(de Dios)* commandement *m*. **2** DER ordre *m*, mandat *m*.
mandar [mandár] *vt* **1** *(ordenar)* ordonner. **2** *(enviar)* envoyer.
► *vt - vi (dirigir, ejercer la autoridad)* commander.
• **mandar a ALGN a por ALGO** envoyer QQN chercher QQCH.
mandarina [mandarína] *nf* mandarine *f*.
mandatario [mandatárjo] *nm* mandataire *m*.

mandato [mandáto] *nm* **1** *(orden)* ordre *m*. **2** *(de un diputado, un gobernante)* mandat *m*.
mandíbula [mandíβula] *nf* mâchoire *f*.
mandil [mandil] *nm (delantal)* tablier *m*.
mando [mándo] *nm* **1** *(gen)* commandement *m*: ***el alto mando***, le haut commandement. **2** *(dispositivo)* commande *f*.
• **estar al mando de** diriger.
• **tomar el mando** prendre le commandement.
▪ **mando a distancia** télécommande *f*.
mandón,-ona [mandón,-óna] *adj* autoritaire.
▶ *nm,f* petit chef *m*.
manecilla [maneθiʎa] *nf (de reloj)* aiguille *f*.
manejable [maneχáβle] *adj* maniable.
manejar [maneχár] *vt* manier.
▶ *vpr* **manejarse** *(arreglárselas)* se conduire.
manejo [manéχo] *nm* **1** *(gen)* maniement *m*. **2** *(intriga)* manigances *f pl*.
manera [manéra] *nf* manière *f*, façon *f*.
▶ *nf pl* **maneras** *(modales)* manières *f pl*.
• **de cualquier manera** de toute façon.
• **de manera que** de façon à ce que.
• **de ninguna manera** en aucune façon.
• **de todas maneras** de toute façon.
• **no hay manera** il n'y a pas moyen.
• **sobre manera** extrêmement.
▪ **manera de ser** façon d'être.
manga [máŋga] *nf* **1** *(de vestido)* manche *f*. **2** *(de riego)* tuyau *m*. **3** *(de pastelería)* poche *f* à douille.
• **sacarse** ALGO **de la manga** inventer QQCH.
• **tener manga ancha** avoir les idées larges.
manganeso [maŋganéso] *nm* manganèse *m*.
mango[1] [máŋgo] *nm* **1** *(de un instrumento)* manche *m*. **2** *(de una sartén)* queue *f*.
mango[2] [máŋgo] *nm* **1** *(fruta)* mangue *f*. **2** *(árbol)* manguier *m*.
manguera [maŋgéra] *nf* **1** *(de regar)* tuyau *m*. **2** *(de bombero)* lance *f* d'incendie.
manía [manía] *nf* **1** *(gen)* manie *f*. **2** *(antipatía)* grippe *f*.
• **coger manía a** ALGN prendre QQN en grippe.
maniático,-ca [manjátiko,-ka] *adj* - *nm,f* maniaque.
manicomio [manikómjo] *nm* asile *m*.
manicura [manikúra] *nf* manucure *f*.
manifestación [manifestaθjón] *nf* manifestation *f*.
manifestante [manifestánte] *nmf* manifestant.
manifestar [27] [manifestár] *vt* manifester.
▶ *vpr* **manifestarse** se manifester.
manifiesto,-ta [manifjésto,-ta] *adj* manifeste.
▶ *nm* **manifiesto** manifeste *m*.
manilla [maniʎa] *nf* **1** *(de puerta)* poignée *f*. **2** *(de reloj)* aiguille *f*.
manillar [maniʎár] *nm* guidon *m*.
maniobra [manjóβra] *nf* manœuvre *f*.
maniobrar [manjoβrár] *vi* manœuvrer.
manipulación [manipulaθjón] *nf* manipulation *f*.
manipular [manipulár] *vt* manipuler.
maniquí [manikí] *nm (muñeco)* mannequin *m*.
▶ *nmf (modelo)* mannequin *m*.
manitas [manitas] *adj inv* adroit,-e.
▶ *nmf* bricoleur,-euse.
manivela [maniβéla] *nf* manivelle *f*.
manjar [maŋχár] *nm* mets *m*.
mano [máno] *nf* **1** *(gen)* main *f*. **2** *(de un cuadrúpedo)* patte *f* de devant. **3** *(de pintura)* couche *f*. **4** *(en el juego)* partie *f*; *(jugada parcial)* manche *f*. **5** *(en naipes)* main *f*.
• **alzar la mano contra** ALGN lever la main sur QQN.
• **a mano 1** *(sin máquina)* à la main. **2** *(cerca)* sous la main.
• **a mano derecha** à droite.
• **a mano izquierda** à gauche.
• **bajo mano** en sous-main.
• **coger a** ALGN **con las manos en la masa** prendre QQN les mains dans le sac.
• **dar la mano** serrer la main.
• **dejar de la mano** abandonner.
• **de segunda mano** d'occasion.
• **echar una mano** donner un coup de main.
• **llegar a las manos** en venir aux mains.
• **mano a mano** en tête à tête.

• **¡manos arriba!** haut les mains !
• **meter mano** *fam* peloter.
• **pedir la mano** demander en mariage.
• **ser mano** *(en naipes)* avoir la main.
• **tener mano con ALGN** avoir de l'ascendant sur QQN.
• **tener mano izquierda** être plein,-e de tact.
▪ **mano de obra** main-d'œuvre *f*.
manojo [manóχo] *nm* **1** *(de puerros, hierbas)* botte *f*; *(puñado)* poignée *f*. **2** *(de llaves)* trousseau *m*.
• **ser un manojo de nervios** être un paquet de nerfs.
manopla [manópla] *nf* **1** *(guante)* moufle *f*. **2** *(de aseo)* gant *m* de toilette.
manosear [manoseár] *vt* tripoter.
mansión [mansjón] *nf* demeure *f*.
manso,-sa [mánso,-sa] *adj* **1** *(animal)* docile. **2** *(persona)* calme, paisible.
manta [mánta] *nf (de cama, de viaje, etc)* couverture *f*.
• **liarse la manta a la cabeza** se jeter à l'eau.
• **tirar de la manta** *fam* découvrir le pot aux roses.
manteca [mantéka] *nf* graisse *f*.
▪ **manteca de cacao** beurre *m* de cacao.
▪ **manteca de cerdo** saindoux *m*.
mantecado [mantekáðo] *nm* **1** *(helado)* glace *f* à la crème. **2** *(especie de polvorón)* gâteau *m* au saindoux.
mantel [mantél] *nm* nappe *f*.
mantelería [manteleria] *nf* linge *m* de table.
mantener [87] [mantenér] *vt* **1** *(conservar, sostener)* maintenir. **2** *fig (una opinión, etc)* soutenir. **3** *(alimentar)* nourrir; *(una familia)* entretenir.
► *vpr* **mantenerse** **1** *(permanecer)* se maintenir. **2** *(alimentarse, sustentarse)* se nourrir.
mantenimiento [mantenimjénto] *nm* **1** *(gen)* entretien *m*. **2** *(de material)* maintenance *f*.
mantequilla [mantekiʎa] *nf* beurre *m*.
mantilla [mantiʎa] *nf* **1** *(de mujer)* mantille *f*. **2** *(de niño)* lange *m*.
manto [mánto] *nm (capa de ceremonia)* manteau *m*; *(de mujer)* cape *f*.
mantón [mantón] *nm* châle *m*.
▪ **mantón de Manila** *grand châle de soie à dessins brodés.*
manual [manwál] *adj* manuel,-elle.
► *nm* manuel *m*.
manufactura [manufaktúra] *nf* **1** produit *m* manufacturé. **2** *(fábrica)* manufacture *f*.
manufacturar [manufakturár] *vt* fabriquer.
manuscrito,-ta [manuskrito,-ta] *adj* manuscrit,-e.
► *nm* **manuscrito** manuscrit *m*.
manzana [manθána] *nf* **1** *(fruta)* pomme *f*. **2** *(grupo de casas)* pâté *m* de maisons.
manzanilla [manθaniʎa] *nf* **1** *(planta, infusión)* camomille *f*. **2** *(vino)* manzanilla *m*.
manzano [manθáno] *nm* pommier *m*.
maña [máɲa] *nf* **1** habileté *f*. **2** *(astucia)* ruse *f*.
• **darse maña para** s'ingénier à.
mañana [maɲána] *nf* **1** *(momento del día)* matin *m*. **2** *(período de tiempo)* matinée *f*.
► *adv* demain.
• **hasta mañana** à demain.
• **pasado mañana** après-demain.
mapa [mápa] *nf* carte *f*.
• **borrar del mapa** *fam fig* rayer de la carte.
▪ **mapa de carreteras** carte routière.
mapamundi [mapamúndi] *nm* mappemonde *f*.
maqueta [makéta] *nf* maquette *f*.
maquillaje [makiʎáχe] *nm* maquillage *m*.
maquillar [makiʎár] *vt* maquiller.
► *vpr* **maquillarse** se maquiller.
máquina [mákina] *nf* machine *f*.
• **a máquina** à la machine.
▪ **máquina de afeitar** rasoir *m*.
▪ **máquina de coser** machine à coudre.
▪ **máquina de escribir** machine à écrire.
▪ **máquina de fotos** appareil *m* photo.
▪ **máquina registradora** caisse *f* enregistreuse.
▪ **máquina tragaperras** machine à sous.
maquinaria [makinárja] *nf* **1** machines *f pl*. **2** *(de reloj)* mécanisme *m*.
maquinilla [makiniʎa] *nf* rasoir *m*.
▪ **maquinilla de afeitar** rasoir.
▪ **maquinilla eléctrica** rasoir électrique.

maquinista [makinista] *nmf (de un tren)* mécanicien *m*.
mar [mar] *nm & nf* mer *f*.
• **la mar de 1** *fam fig (gran cantidad)* énormément de. **2** *fam fig (gran intensidad)* vachement.
• **hacerse a la mar** prendre la mer.
• **mar adentro** au large.
• **un mar de** beaucoup de.
▪ **alta mar** haute mer.
▪ **mar de fondo** vague *f* de fond.
▪ **mar gruesa** mer forte.
▪ **mar rizada** mer peu agitée.
maraca [maráka] *nf* maracas *f pl*.
maratón [maratón] *nm* DEP marathon *m*.
maravilla [maraβiʎa] *nf* **1** *(gen)* merveille *f*. **2** *(asombro)* étonnement *m*.
• **a las mil maravillas** à merveille.
• **de maravilla** à merveille.
maravilloso,-sa [maraβiʎóso,-sa] *adj* merveilleux,-euse.
marca [márka] *nf* **1** *(de producto)* marque *f*. **2** *(huella)* trace *f*. **3** *(acción de marcar)* marquage *m*. **4** DEP score *m*.
• **de marca** de marque.
▪ **marca de fábrica** marque.
▪ **marca registrada** marque déposée.
marcador [markaðór] *nm* tableau *m* d'affichage.
marcaje [markáχe] *nm* DEP marquage *m*.
marcar [1] [markár] *vt* **1** *(gen)* marquer. **2** *(número de teléfono)* composer. **3** *(pelo)* faire une mise en plis.
▶ *vi* marquer.
▶ *vpr* **marcarse** marquer.
marcha [mártʃa] *nf* **1** *(gen)* marche *f*. **2** *(de un vehículo)* vitesse *f*. **3** *(acción de marcharse)* départ *m*. **4** *fam (juerga)* ambiance *f*.
• **a marchas forzadas** contre la montre.
• **a toda marcha** à toute allure.
• **ir de marcha** faire la fête.
• **poner en marcha 1** *(máquina)* mettre en marche. **2** *(negocio)* mettre en route.
• **sobre la marcha** au fur et à mesure.
• **tener mucha marcha** être un fêtard.
▪ **marcha atrás** marche arrière.
marchar [martʃár] *vi* **1** *(caminar)* marcher. **2** *(irse)* partir. **3** *(ir situado)* se trouver.
▶ *vpr* **marcharse** s'en aller.
• **¡marchando un/una +** *nom*! *(en un bar)*: ***¡marchando un pollo con patatas!***, et un poulet aux pommes de terre, un !
marchitar [martʃitár] *vi* faner.
▶ *vpr* **marchitarse** se faner.
marchoso,-sa [martʃóso,-sa] *adj fam* plein,-e d'entrain.
▶ *nm,f fam* fêtard,-e.
marcial [marθjál] *adj* martial,-e.
marciano,-na [marθjáno,-na] *adj - nm,f* martien,-enne.
marco [márko] *nm* **1** *(gen)* cadre *m*. **2** *(de una puerta o ventana)* encadrement *m*. **3** DEP *(portería)* buts *m pl*.
marea [maréa] *nf* marée *f*.
▪ **marea alta** marée haute.
▪ **marea baja** marée basse.
▪ **marea negra** marée noire.
marear [mareár] *vt* **1** *(aturdir, causar mareo)* donner la nausée. **2** *fam (molestar)* assommer.
▶ *vpr* **marearse 1** *(en barco)* avoir le mal de mer. **2** *(en coche o avión)* avoir mal au cœur, avoir le mal des transports.
marejada [mareχáða] *nf* **1** *(en el mar)* houle *f*. **2** *(excitación)* effervescence *f*.
maremoto [maremóto] *nm* raz *m* de marée.
mareo [maréo] *nm* **1** *(en un barco)* mal *m* de mer. **2** *(náusea)* mal *m* au cœur.
marfil [marfil] *nm* ivoire *m*.
margarina [marɣarina] *nf* margarine *f*.
margarita [marɣarita] *nf* marguerite *f*.
margen [márχen] *nm & nf* **1** *(gen)* marge *f*. **2** *(de un río)* rive *f*; *(de un bosque)* lisière *f*.
• **al margen** en marge.
• **dar margen** donner l'occasion.
• **quedarse al margen** rester en dehors.
marginado,-da [marχináðo,-ða] *nm,f* marginal,-e.
marginar [marχinár] *vt* **1** *(de la sociedad)* marginaliser. **2** *(omitir)* laisser de côté.
marica [marika] *nm fam pey* pédale *f*.
maricón [marikón] *nm fam pey* pédé *m*.
marido [mariðo] *nm* mari *m*.
marimorena [marimoréna].
• **armarse la marimorena** *fam* y avoir du grabuge.
marina [marina] *nf* marine *f*.

marinero,-ra [marinéro,-ra] *adj* 1 marinier,-ère. 2 *(barco)* marin,-e.
► *nm* **marinero** marin *m*.
marino,-na [maríno,-na] *adj* marin,-e: ***azul marino***, bleu marine.
► *nm* **marino** marin *m*.
mariposa [maripósa] *nf* papillon *m*.
mariquita [marikíta] *nf (insecto)* coccinelle *f*.
► *nm fam pey (homosexual)* pédale *f*.
marisco [marísko] *nm* fruits *m pl* de mer.
marisma [marízma] *nf* marais *m*.
marisquería [mariskería] *nf* restaurant *m* de poisson.
marítimo,-ma [marítimo,-ma] *adj* maritime.
marketing [márketiŋg] *nm* marketing *m*.
marmita [marmíta] *nf* marmite *f*.
mármol [mármol] *nm* marbre *m*.
marmota [marmóta] *nf* marmotte *f*.
marqués,-esa [markés,-ésa] *nm,f* marquis,-e.
marranada [mar̄anáða] *nf* 1 *(porquería)* cochonnerie *f*. 2 *fam (acción vil)* tour *m* de cochon.
marrano,-na [mar̄áno,-na] *adj - nm,f (persona)* cochon,-onne.
► *nm* **marrano** *(animal)* porc *m*.
marrón [mar̄ón] *adj - nm (color)* marron *m*.
► *nm fam* problème *m*.
marroquí [mar̄okí] *adj* marocain,-e.
► *nmf* Marocain,-e.
Marruecos [mar̄wékos] *n pr* Maroc *m*.
marta [márta] *nf* martre *f*.
martes [mártes] *nm* mardi *m*.
■ **martes de Carnaval** mardi gras.
■ **martes y trece** vendredi *m* treize.
martillo [martíʎo] *nm* marteau *m*.
mártir [mártir] *nmf* martyr,-e.
martirio [martírjo] *nm* martyre *m*.
maruja [marúχa] *nf fam pey* bobonne *f*.
marxismo [marksízmo] *nm* marxisme *m*.
marxista [marksísta] *adj - nmf* marxiste.
marzo [márθo] *nm* mars *m*.
mas [mas] *conj* mais.
más [mas] *adv* 1 *(comparativo)* plus: ***es más pequeño***, c'est plus petit. 2 *(con números, cantidades)* plus: ***más de uno***, plus d'un. 3 *(en términos absolutos)* davantage: ***vosotros tenéis más***, vous en avez davantage. 4 *(delante de un nombre)* plus de: ***más trabajo***, plus de travail. 5 **el/la más** *(superlativo)* le/la plus: ***el avión más rápido***, l'avion le plus rapide. 6 *(repetición)* encore: ***dame una caja más***, donne-moi une autre caisse. 7 *(preferencia)* mieux: ***más vale que te vayas***, il vaudrait mieux que tu t'en ailles. 8 *(muy)* tellement: ***¡es más guapo!***, il est tellement beau !
► *nm* plus *m*.
• **a lo más** tout au plus.
• **de más** en trop.
• **estar de más** être de trop.
• **es más** ce qui est plus.
• **más bien** plutôt.
• **más o menos** plus ou moins.
• **ni más ni menos** ni plus ni moins.
• **por más que** avoir beau.
• **sin más ni más** sans aucune raison.
■ **el más allá** l'au-delà *m*.
masa [mása] *nf* 1 *(volumen, conjunto)* masse *f*. 2 *(para cocinar)* pâte *f*.
• **en masa** en masse.
masacre [masákre] *nf* massacre *m*.
masaje [masáχe] *nm* massage *m*.
• **dar masajes** faire des massages.
masajista [masaχísta] *nmf* masseur, -euse.
mascar [1] [maskár] *vt - vi* mâcher.
máscara [máskara] *nf* masque *m*.
mascota [maskóta] *nf* mascotte *f*.
masculino,-na [maskulíno,-na] *adj* masculin,-e.
► *nm* **masculino** masculin *m*.
masivo,-va [masíβo,-βa] *adj* massif,-ive.
masón,-ona [masón,-óna] *nm,f* franc-maçon,-onne.
masoquismo [masokízmo] *nm* masochisme *m*.
masoquista [masokísta] *adj - nmf* masochiste.
máster [máster] *nm* (*pl* **másters**) mastère *m*.
masticar [1] [mastikár] *vt* mâcher.
mástil [mástil] *nm* 1 *(de vela, bandera, etc)* mât *m*. 2 *(de la guitarra, etc)* manche *m*.
masturbar [masturβár] *vt* masturber.
► *vpr* **masturbarse** se masturber.
mata [máta] *nf* 1 *(arbusto)* arbrisseau *m*. 2 *(de hierba)* touffe *f*.
■ **mata de pelo** touffe de cheveux.

matadero [mataðéro] *nm* abattoir *m*.
matador [mataðór] *nm* matador *m*.
matamoscas [matamóskas] *nm inv* tapette *f* tue-mouche.
matanza [matánθa] *nf* **1** *(masacre)* tuerie *f*. **2** *(de animales)* abattage *m*.
matar [matár] *vt* **1** *(gen)* tuer. **2** *(aristas, colores)* adoucir. **3** *(brillo de un metal)* ternir. **4** *(sello)* oblitérer.
► *vpr* **matarse** se tuer.
• **estar/llevarse a matar** être à couteaux tirés.
• **matarlas callando** agir en douce.
matasellos [mataséʎos] *nm inv* **1** *(instrumento)* oblitérateur *m*. **2** *(marca)* cachet *m*.
mate[1] [máte] *adj (sin brillo)* mat,-e.
mate[2] [máte] *nm* **1** *(en ajedrez)* mat *m*. **2** *(en baloncesto)* smash *m*.
mate[3] [máte] *nm (planta e infusión)* maté *m*.
matemáticas [matemátikas] *nf pl* mathématiques *f pl*.
matemático,-ca [matemátiko,-ka] *adj* mathématique.
► *nm,f* mathématicien,-enne.
materia [matérja] *nf* matière *f*.
• **entrar en materia** entrer en matière.
material [materjál] *adj* matériel,-elle.
► *nm* **1** *(de construcción, etc)* matériau *m*. **2** *(materia)* matière *f*.
materialismo [materjalizmo] *nm* matérialisme *m*.
materialista [materjalista] *adj - nmf* matérialiste.
maternal [maternál] *adj* maternel,-elle.
maternidad [materniðáð] *nf* maternité *f*.
materno,-na [matérno,-na] *adj* maternel,-elle.
matinal [matinál] *adj* matinal,-e.
matiz [matiθ] *nm* nuance *f*.
matizar [4] [matiθár] *vt* nuancer.
matorral [matorál] *nm* buisson *m*.
matrícula [matrikula] *nf* **1** *(de vehículo)* plaque *f* d'immatriculation. **2** *(en curso)* inscription *f*.
▪ **matrícula de honor** *la meilleure note que l'on peut obtenir à un examen.*
matricular [matrikulár] *vt* **1** *(vehículo)* immatriculer. **2** *(en la universidad, etc)* inscrire.
► *vpr* **matricularse** s'inscrire.
matrimonio [matrimónjo] *nm* **1** *(unión, sacramento)* mariage *m*. **2** *(pareja)* couple *m*.
• **contraer matrimonio** se marier.
matriz [matriθ] *nf* **1** *(útero, molde)* matrice *f*. **2** *(de un libro talonario)* souche *f*.
► *adj* mère: ***casa matriz***, maison mère.
matutino,-na [matutino,-na] *adj* matinal,-e.
maullar [16] [mauʎár] *vi* miauler.
maullido [mauʎiðo] *nm* miaulement *m*.
máxima [máksima] *nf* maxime *f*.
máximo,-ma [máksimo,-ma] *adj* le plus grand, la plus grande.
► *nm* **máximo** maximum *m*.
• **como máximo** au maximum.
mayo [májo] *nm* mai *m*.
mayonesa [majonésa] *nf* mayonnaise *f*.
mayor [majór] *adj* **1** *(comparativo - de tamaño)* plus grand,-e; *(- de edad)* plus âgé,-e: ***es mayor que yo***, il est plus âgé que moi. **2** **el/la mayor** *(superlativo - de tamaño)* le/la plus grand,-e; *(de edad)* le/la plus âgé,-e. **3** *(persona de edad)* âgé,-e: ***sus padres ya son mayores***, ses parents sont âgés.
► *nmf* aîné,-e.
► *nm pl* **mayores** **1** *(antepasados)* aïeux *m pl*. **2** *(adultos)* grandes personnes *f pl*.
• **al por mayor** en gros.
▪ **mayor de edad** majeur,-e.
mayordomo [majorðómo] *nm* majordome *m*.
mayoría [majoria] *nf* majorité *f*.
• **la mayoría de** la plupart de.
▪ **mayoría de edad** majorité.
mayorista [majorista] *nmf* grossiste.
mayúscula [majúskula] *nf (letra)* majuscule *f*.
mayúsculo,-la [majúskulo,-la] *adj* **1** *(enorme)* énorme. **2** *(letra)* majuscule.
maza [máθa] *nf* **1** *(gen)* masse *f*. **2** *(martillo)* maillet *m*.
mazapán [maθapán] *nm* pâte *f* d'amandes.
mazmorra [maθmóra] *nf* oubliettes *f pl*.
mazo [máθo] *nm* **1** *(martillo)* maillet *m*. **2** *(manojo)* paquet *m*.
mazorca [maθórka] *nf* épi *m*.
me [me] *pron pers* **1** me, m': ***me escribió ayer***, il m'a écrit hier. **2** *(con el imperativo)*

moi, me: ***dame esta caja***, donne-moi cette caisse; ***no me contestes***, ne me répond pas.
mear [meár] *vi fam* pisser.
► *vpr* **mearse** *fam* pisser.
¡mecachis! [mekátʃis] *interj* zut !
mecánica [mekánika] *nf* **1** *(ciencia)* mécanique *f*. **2** *(mecanismo)* mécanisme *m*.
mecánico,-ca [mekániko,-ka] *adj* mécanique.
► *nm,f* mécanicien,-enne.
mecanismo [mekanizmo] *nm* mécanisme *m*.
mecanografía [mekanoɣrafía] *nf* dactylographie *f*.
mecanografiar [13] [mekanoɣrafjár] *vt* dactylographier.
mecanógrafo,-fa [mekanóɣrafo,-fa] *nm,f* dactylo.
mecedora [meθeðóra] *nf* fauteuil *m* à bascule.
mecer [2] [meθér] *vt* bercer.
► *vpr* **mecerse** se balancer.
mecha [métʃa] *nf* mèche *f*.
• **aguantar mecha** *fam* tenir bon.
mechero [metʃéro] *nm* briquet *m*.
mechón [metʃón] *nm* mèche *f*.
medalla [meðáʎa] *nf* médaille *f*.
medallón [meðaʎón] *nm* médaillon *m*.
media [méðja] *nf* **1** *(calcetín)* bas *m*. **2** *(promedio)* moyenne *f*. **3** DEP demi *m*.
• **a medias 1** *(pagar)* moitié-moitié. **2** *(creer)* à moitié.
mediados [meðjáðos].
a mediados de vers le milieu de: ***a mediados de agosto***, mi-août.
mediador,-ra [meðjaðór,-ra] *adj - nm,f* médiateur,-trice.
mediana [meðjána] *nf* médiane *f*.
mediano,-na [meðjáno,-na] *adj* **1** *(talla)* moyen,-enne. **2** *(calidad)* médiocre.
medianoche [meðjanótʃe] *nf* minuit *m*.
mediante [meðjánte] *prep* au moyen de.
mediar [12] [meðjár] *vi* **1** *(en favor de uno)* intervenir. **2** *(una cosa en medio de otras)* être au milieu de. **3** *(ocurrir)* arriver.
medicamento [meðikaménto] *nm* médicament *m*.
medicina [meðiθina] *nf* **1** *(ciencia)* médecine *f*. **2** *(medicamento)* médicament *m*.
médico,-ca [méðiko,-ka] *adj* médical,-e.
► *nm,f* médecin *m*.
■ **médico de cabecera** médecin généraliste.
medida [meðiða] *nf* mesure *f*.
► *nf pl* **medidas** dimensions *f pl*.
• **a medida** sur mesure.
• **a medida que** à mesure que.
• **en cierta medida** dans une certaine mesure.
• **sin medida** sans mesure.
• **tomar medidas** prendre des mesures.
medieval [meðjeβál] *adj* médiéval,-e.
medio,-dia [méðjo,-ðja] *adj* **1** *(mitad de)* demi,-e: ***media hora***, une demi-heure. **2** *(mediano)* moyen,-enne.
► *nm* **medio 1** *(lugar)* milieu *m*. **2** *(para conseguir algo)* moyen *m*. **3** *(ambiente)* milieu *m*. **4** DEP demi *m*.
► *adv* à moitié, à demi.
► *nm pl* **medios** moyens *m pl*.
• **en medio de** au milieu de.
• **por medio de** au moyen de.
• **quitar de en medio** se débarrasser.
■ **medio ambiente** environnement *m*.
■ **medios de comunicación** médias *m pl*.
■ **medios de transporte** moyens de transport.
medioambiental [meðjoambjentál] *adj* environnemental.
medioambiente → medio ambiente.
mediocre [meðjókre] *adj* médiocre.
mediodía [meðjoðía] *nm* midi *m*.
medir [34] [meðir] *vt* mesurer.
► *vpr* **medirse** se mesurer.
meditación [meðitaθjón] *nf* méditation *f*.
meditar [meðitár] *vt - vi* méditer.
mediterráneo,-a [meðiteřáneo,-a] *adj* méditerranéen,-enne.
médula [méðula], **medula** [meðúla] *nf* moelle *f*.
■ **médula espinal** moelle épinière.
medusa [meðúsa] *nf* méduse *f*.
megabyte [meɣabájt] *nm* INFORM mégaoctet *m*.
megáfono [meɣáfono] *nm* mégaphone *m*.
megalítico,-ca [meɣalitiko,-ka] *adj* mégalithique.
mejicano,-na → mexicano,-na.

mejilla [meχiʎa] *nf* joue *f*.
mejillón [meχiʎón] *nm* moule *f*.
mejor [meχór] *adj* meilleur,-e.
► *nmf* meilleur,-e: ***es la mejor***, c'est la meilleure.
► *adv* **1** *(gen)* mieux: ***estoy mejor***, je vais mieux. **2** *(más bien)* plutôt.
• **a lo mejor** peut-être.
• **mejor dicho** plus exactement.
• **¡tanto mejor!** tant mieux !
mejora [meχóra] *nf* **1** *(progreso)* amélioration *f*. **2** *(aumento)* augmentation *f*.
mejorar [meχorár] *vt* **1** *(gen)* améliorer. **2** *(a un heredero)* avantager.
► *vi* **1** *(un enfermo)* aller mieux: ***el enfermo está muy mejorado***, le malade va beaucoup mieux. **2** *(el tiempo)* s'améliorer.
► *vpr* **mejorarse 1** *(gen)* s'améliorer. **2** *(enfermo)* aller mieux.
mejoría [meχoria] *nf* amélioration *f*.
melancolía [melaŋkolia] *nf* mélancolie *f*.
melancólico,-ca [melaŋkóliko,-ka] *adj* mélancolique.
melena [meléna] *nf* **1** *(del león)* crinière *f*. **2** *(de persona)* cheveux *m pl* longs.
melenudo,-da [melenúðo,-ða] *adj - nm,f pey* chevelu,-e.
mella [méʎa].
• **hacer mella en ALGN 1** *(impresionar)* faire impression sur QQN. **2** *(causar un perjuicio)* porter atteinte à QQN.
mellizo,-za [meʎiθo,-θa] *adj - nm,f* jumeau *m*, jumelle *f*.
melocotón [melokotón] *nm* **1** *(fruta)* pêche *f*. **2** *(árbol)* pêcher *m*.
melodía [meloðia] *nf* mélodie *f*.
melón [melón] *nm* melon *m*.
membrana [membrána] *nf* membrane *f*.
membrete [membréte] *nm* en-tête *m*.
membrillo [membriʎo] *nm* **1** *(árbol)* cognassier *m*. **2** *(fruto)* coing *m*. **3** *(carne de membrillo)* pâte *f* de coings.
memo,-ma [mémo,-ma] *adj - nm,f* niais,-e.
memoria [memórja] *nf* **1** *(facultad, de ordenador)* mémoire *f*. **2** *(recuerdo)* souvenir *m*.
► *nf pl* **memorias** *(relación escrita)* mémoires *m pl*.
• **de memoria** par cœur.
• **en memoria de ALGN** à la mémoire de QQN.
• **hacer memoria de ALGO** se souvenir de QQCH.
▪ **memoria de sólo lectura** mémoire en lecture seule.
▪ **memoria expandida** mémoire étendue.
▪ **memoria extendida** mémoire étendue.
▪ **memoria RAM/ROM** mémoire RAM/ROM.
memorizar [4] [memoriθár] *vt* mémoriser.
menaje [menáχe] *nm* **1** *(de cocina)* batterie *f*. **2** *(muebles)* mobilier *m*.
mención [menθjón] *nf* mention *f*.
• **hacer mención de ALGO** faire mention de QQCH.
▪ **mención honorífica** mention honorable.
mencionar [menθjonár] *vt* mentionner.
mendigar [7] [mendiɣár] *vt* mendier.
mendigo,-ga [mendiɣo,-ɣa] *nm,f* mendiant,-e.
mendrugo [mendrúɣo] *nm* croûton *m*.
menear [meneár] *vt* remuer.
► *vpr* **menearse 1** *(moverse)* bouger. **2** *(al andar, al bailar)* se déhancher.
menestra [menéstra] *nf* COC jardinière *f*.
menguante [meŋgwánte] *adj* décroissant,-e.
menisco [menisko] *nm* ANAT ménisque *m*.
menopausia [menopáusja] *nf* MED ménopause *f*.
menor [menór] *adj* **1** *(comparativo - de tamaño)* plus petit, plus petite; *(- de edad)* plus jeune; *(- de cantidad, importancia)* moindre. **2 el/la menor** *(superlativo - de tamaño)* le/la plus petit,-e; *(- de edad)* le/la plus jeune; *(- de cantidad, importancia)* le/la moindre. **3** *(persona)* mineur,-e.
► *nmf* cadet,-ette.
• **al por menor** au détail.
▪ **menor de edad** mineur,-e.
menos [ménos] *adv* **1** *(comparativo)* moins (de): ***hace menos frío***, il fait moins froid. **2** *(salvo)* excepté, sauf: ***estaban todos menos ella***, ils étaient tous là, sauf elle. **3** *(hora, operación matemática)* moins: ***son las tres menos cuarto***, il est trois

heures moins le quart; ***cinco menos dos son tres***, cinq moins deux font trois. **4 el/la menos** *(superlativo)* le/la moins: ***el menos rápido***, le moins rapide.
► *nm* moins *m*.
• **al menos** au moins.
• **a menos que** à moins que.
• **echar de menos** regretter.
• **¡menos mal!** heureusement !
• **por lo menos** au moins.
• **ser lo de menos** être la moindre des choses.
menoscabo [menoskáβo] *nm* **1** *(mengua)* diminution *f*. **2** *(daño)* détérioration *f*.
• **en menoscabo de** au détriment de.
menospreciar [12] [menospreθjár] *vt* **1** *(desdeñar)* mépriser. **2** *(infravalorar)* sous-estimer.
mensaje [mensáχe] *nm* message *m*.
mensajería [mensaχería] *nf* messagerie *f*.
mensajero,-ra [mensaχéro,-ra] *nm,f* **1** *(gen)* messager,-ère. **2** *(entre empresas)* coursier,-ère.
menstruación [menstrwaθjón] *nf* menstruation *f*.
mensual [menswál] *adj* mensuel,-elle.
mensualidad [menswaliðáð] *nf* mensualité *f*.
menta [ménta] *nf* menthe *f*.
mental [mentál] *adj* mental,-e.
mentalidad [mentaliðáð] *nf* mentalité *f*.
mentalizar [4] [mentaliθár] *vt* faire prendre conscience.
► *vpr* **mentalizarse** se préparer.
mente [ménte] *nf* **1** *(inteligencia)* esprit *m*. **2** *(propósito)* intention *f*.
• **tener en mente** *(proyectar)* avoir l'intention de.
mentir [35] [mentír] *vi* mentir.
mentira [mentíra] *nf* mensonge *m*.
• **parece mentira que** c'est incroyable que.
mentiroso,-sa [mentiróso,-sa] *adj - nm,f* menteur,-euse.
mentón [mentón] *nm* menton *m*.
menú [menú] *nm* menu *m*.
▪ **menú degustación** menu gastronomique.
menudencia [menuðénθja] *nf* **1** *(pequeñez)* petitesse *f*. **2** *(cosa de poca importancia)* bagatelle *f*.
menudo,-da [menúðo,-ða] *adj (pequeño, delgado)* menu,-e.
• **a menudo** souvent.
• **¡menudo +** *nombre*! quel !: ***¡menudo lío!***, quel problème !
meñique [meɲíke] *nm* petit doigt *m*.
mequetrefe [meketréfe] *nm fam* freluquet *m*.
mercader [merkaðér] *nm* marchand *m*.
mercado [merkáðo] *nm* marché *m*.
mercancía [merkanθía] *nf* marchandise *f*.
mercante [merkánte] *adj* marchand,-e: ***marina mercante***, marine marchande.
mercantil [merkantíl] *adj* mercantile.
mercería [merθería] *nf* mercerie *f*.
mercurio [merkúrjo] *nm* mercure *m*.
merecer [43] [mereθér] *vt - vi* mériter.
merecido [mereθíðo] *nm* dû *m*.
• **ha recibido su merecido** il a eu ce qu'il méritait.
merendar [27] [merendár] *vi* goûter.
► *vt* manger au goûter.
merendero [merendéro] *nm* guinguette *f*.
merengue [meréŋge] *nm* COC meringue *f*.
meridiano,-na [meriðjáno,-na] *adj* **1** *(de mediodía)* méridien,-enne. **2** *fig* très clair,-e.
► *nm* **meridiano** méridien *m*.
meridional [meriðjonál] *adj - nmf* méridional,-e.
merienda [merjénda] *nf* goûter *m*.
▪ **merienda de negros** pagaille *f*.
mérito [mérito] *nm* mérite *m*.
• **de mérito** remarquable, de valeur.
• **hacer méritos** faire ses preuves.
merluza [merlúθa] *nf* **1** *(pez)* merlu *m*. **2** COC colin *m*. **3** *fam fig (borrachera)* cuite *f*.
mermar [mermár] *vi* diminuer.
► *vt* réduire.
► *vpr* **mermarse** diminuer.
mermelada [mermeláða] *nf* confiture *f*.
mero[1] [méro] *nm (pez)* mérou *m*.
mero,-ra[2] [méro,-ra] *adj* simple.
mes [mes] *nm* mois *m*.
mesa [mésa] *nf* table *f*.
• **bendecir la mesa** bénir le repas.
• **poner la mesa** mettre la table.

• **quitar la mesa** débarrasser la table.
▪ **mesa camilla** table avec un brasero.
▪ **mesa de despacho** bureau *m*.
▪ **mesa de operaciones** table d'opération.
▪ **mesa de trabajo** bureau *m*.
▪ **mesa electoral** bureau *m* de vote.
▪ **mesa redonda** table ronde.

meseta [meséta] *nf* GEOG plateau *m*.

mesilla [mesiʎa] *nf* petite table *f*.
▪ **mesilla de noche** table de nuit.

mesón [mesón] *nm* auberge *f*.

mestizo,-za [mestiθo,-θa] *adj - nm,f* métis,-isse.

meta [méta] *nf* **1** *(objetivo)* but *m*. **2** DEP *(en una carrera)* ligne *f* d'arrivée. **3** DEP *(en fútbol)* buts *m pl*.
▪ **meta volante** DEP sprint *m* intermédiaire.

metabolismo [metaβolizmo] *nm* métabolisme *m*.

metadona [metaðóna] *nf* méthadone *f*.

metáfora [metáfora] *nf* métaphore *f*.

metal [metál] *nm* métal *m*.
▪ **metales preciosos** métaux précieux.

metálico,-ca [metáliko,-ka] *adj* métallique.
• **(pagar) en metálico** (payer) en espèces.

metalurgia [metalúrχja] *nf* métallurgie *f*.

metamorfosis [metamorfósis] *nf* métamorphose *f*.

meteórico,-ca [meteóriko,-ka] *adj* météorique.

meteorito [meteorito] *nm* météorite *m-f*.

meteorología [meteoroloχia] *nf* météorologie *f*.

meteorológico,-ca [meteorolóχiko,-ka] *adj* météorologique.

meter [metér] *vt* **1** *(introducir)* mettre: ***metió su collar en el joyero***, elle a mis son collier dans l'écrin. **2** *(causar)* faire, causer: ***meter miedo***, faire peur. **3** *(dar, imponer)* donner: ***le ha metido una multa por exceso de velocidad***, il lui a donné une amende pour excès de vitesse. **4** *(ropa)* reprendre: ***meter el bajo al pantalón***, faire un ourlet au pantalon.
► *vpr* **meterse 1** entrer: ***se metieron en un café***, ils sont entrés dans un café. **2** *(introducirse)* s'engager: ***se metió por una calle desierta***, il s'est engagé dans une rue déserte. **3** *(entrometerse)* se mêler (**en**, de).
• **meterse a +** *nombre* devenir + *nom*: ***se metió a albañil***, il est devenu maçon.
• **meterse a +** *inf* se mettre à + *inf*.
• **meterse con** ALGN **1** *(atacar)* embêter QQN. **2** *(censurar)* critiquer QQN.

meticuloso,-sa [metikulóso,-sa] *adj* méticuleux,-euse.

metódico,-ca [metóðiko,-ka] *adj* méthodique.

método [métoðo] *nm* méthode *f*.

metodología [metoðoloχia] *nf* méthodologie *f*.

metralla [metráʎa] *nf* mitraille *f*.

metralleta [metraʎéta] *nf* mitraillette *f*.

métrico,-ca [métriko,-ka] *adj* métrique.

metro[1] [métro] *nm (unidad)* mètre *m*.
▪ **metro cuadrado** mètre carré.
▪ **metro cúbico** mètre cube.

metro[2] [métro] *nm (transporte)* métro *m*.

metrópoli [metrópoli], **metrópolis** [metrópolis] *nf* métropole *f*.

metropolitano,-na [metropolitáno,-na] *adj* métropolitain,-e.

mexicano,-na, mejicano, -na [meχikáno,-na] *adj* mexicain,-e.
► *nm,f* Mexicain,-e.

México [méχiko] *n pr* Mexique *m*.

mezcla [méθkla] *nf* **1** *(gen)* mélange *m*. **2** *(de sonido)* mixage *m*.

mezclar [meθklár] *vt* **1** *(gen)* mélanger. **2** *(implicar)* mêler.
► *vpr* **mezclarse 1** *(cosas)* se mélanger. **2** *(en un asunto)* se mêler (**en**, à).

mezquino,-na [meθkino,-na] *adj* mesquin,-e.

mezquita [meθkita] *nf* mosquée *f*.

mi[1] [mi] *nm* MÚS mi *m*.

mi[2] [mi] *adj pos* mon, ma: ***mi padre y mi madre***, mon père et ma mère.

mí [mi] (toujours précédé de *prép*) *pron pers* moi: ***¡a mí!***, à moi !; ***es para mí***, c'est pour moi.

miau [mjáu] *nm* miaou *m*.

michelín [mitʃelin] *nm fam* bourrelet *m*.

mico [miko] *nm (mono)* singe *m*.

micro [mikro] *nm fam* micro *m*.

microbio [mikróβjo] *nm* microbe *m*.
microchip [mikrotʃip] *nm* INFORM puce *f*.
microfilm [mikrofilm] *nm* microfilm *m*.
micrófono [mikrófono] *nm* microphone *m*.
microondas [mikroóndas] *nm inv* micro-ondes *m inv*.
microprocesador [mikroproθesaðór] *nm* INFORM microprocesseur *m*.
microscopio [mikroskópjo] *nm* microscope *m*.
miedo [mjéðo] *nm* peur *f*.
• **dar miedo** faire peur.
• **de miedo** *fam fig* génial,-e.
• **morirse de miedo** être mort,-e de peur.
• **tener miedo a** avoir peur de.
miel [mjel] *nf* miel *m*.
miembro [mjémbro] *nm* membre *m*.
mientras [mjéntras] *conj* **1** *(al tiempo que)* pendant que: ***no se habla mientras se come***, on ne doit pas parler en mangeant. **2** *(hasta que)* tant que: ***mientras no me lo digan...***, tant qu'ils ne me le disent pas ....
► *adv* pendant ce temps: ***tú duerme un rato y, mientras, yo trabajo***, dors un moment ; pendant ce temps, je travaillerai.
• **mientras que** pendant que.
• **mientras tanto** pendant ce temps.
miércoles [mjérkoles] *nm* mercredi *m*.
▪ **miércoles de ceniza** mercredi des cendres.
mierda [mjérða] *nf* **1** *fam (excremento)* merde *f*. **2** *fam (porquería)* porcherie *f*.
• **irse a la mierda** *fam* aller se faire foutre.
• **mandar a la mierda** *fam* envoyer se faire foutre.
miga [miγa] *nf* **1** *(del pan)* mie *f*. **2** *fig* moelle: ***esto tiene mucha miga***, cela est important.
► *nf pl* **migas** *(restos)* miettes *f pl*.
• **hacer buenas/malas migas con** ALGN faire/ne pas faire bon ménage avec QQN.
migaja [miγáχa] *nf* miette *f*.
migración [miγraθjón] *nf* migration *f*.
mil [mil] *num* mille, mil: ***mil millones***, un milliard.
► *nm* mille *m*.
► *nm pl* **miles** milliers *m pl*.
milagro [miláγro] *nm* miracle *m*.
milagroso,-sa [milaγróso,-sa] *adj* miraculeux,-euse.
milenario,-ria [milenárjo,-rja] *adj* millénaire.
► *nm* **milenario** millénaire *m*.
milenio [milénjo] *nm* millénaire *m*.
mileurista [mileurista] *nmf* milleuriste *mf*.
mili [mili] *nf* service *m*.
• **hacer la mili** faire son service.
miligramo [miliγrámo] *nm* milligramme *m*.
mililitro [mililitro] *nm* millilitre *m*.
milímetro [milímetro] *nm* millimètre *m*.
militante [militánte] *adj* - *nmf* militant,-e.
militar[1] [militár] *vi* militer.
militar[2] [militár] *adj* - *nmf* militaire.
militarizar [4] [militariθár] *vt* militariser.
milla [miʎa] *nf (medida)* mille *m*.
millar [miʎár] *nm* millier *m*.
millón [miʎón] *nm* million *m*.
millonario,-ria [miʎonárjo,-rja] *adj* - *nm,f* millionnaire.
mimar [mimár] *vt* gâter.
mimbre [mímbre] *nm* osier *m*.
mímica [mímika] *nf* mimique *f*.
mimo [mimo] *nm* **1** *(actor)* mime *m*. **2** *(caricia)* câlin *m*. **3** *(con los niños)* gâterie *f*.
mimosa [mimósa] *nf* mimosa *m*.
mimoso,-sa [mimóso,-sa] *adj* câlin,-e.
mina [mina] *nf* mine *f*.
mineral [minerál] *adj* minéral,-e.
► *nm* minerai *m*.
minero,-ra [minéro,-ra] *adj* minier,-ère.
► *nm,f (obrero)* mineur *m*.
miniatura [minjatúra] *nf* miniature *f*.
minifalda [minifálda] *nf* minijupe *f*.
mínima [mínima] *nf* température *f* minimale.
minimizar [4] [minimiθár] *vt* minimiser.
mínimo,-ma [mínimo,-ma] *adj* minime.
► *nm* **mínimo** minimum *m*.
• **como mínimo** au minimum.
ministerio [ministérjo] *nm* ministère *m*.
ministro,-tra [ministro,-tra] *nm,f* ministre *m*.
minoría [minoría] *nf* minorité *f*.
minorista [minorista] *nmf* détaillant,-e.
minucia [minúθja] *nf* minutie *f*.
minucioso,-sa [minuθjóso,-sa] *adj* minutieux,-euse.

minúscula [minúskula] *nf* minuscule *f.*
minúsculo,-la [minúskulo,-la] *adj* minuscule.
minusválido,-da [minuzβáliðo,-ða] *adj* - *nm,f* handicapé,-e.
minutero [minutéro] *nm* aiguille *f* des minutes.
minuto [minúto] *nm* minute *f.*
mío,-a [mio,-a] *adj pos* **1** *(de pertenencia)* à moi: ***este libro es mío***, ce livre est à moi. **2** *(en los vocativos)* mon, ma: ***¡madre mía!***, mon Dieu !
► *pron pos* **el mío / la mía** *(después artículo)* le/la mien,-enne: ***este libro es el mío***, ce livre est le mien.
• **ser lo mío** *fam* être mon fort: ***lo mío es la gramática***, mon truc c'est la grammaire.
miope [mjópe] *adj* - *nmf* myope.
miopía [mjopia] *nf* myopie *f.*
mira [mira] *nf* mire *f.*
• **con miras a** en vue de.
mirada [miráða] *nf* **1** *(acción, modo de mirar)* regard *m.* **2** *(ojeada)* coup *m* d'œil.
• **echar una mirada** jeter un coup d'œil.
mirador [miraðór] *nm* **1** *(de casa)* bow-window *m.* **2** *(para contemplar un paisaje)* belvédère *m.*
miramiento [miramjénto] *nm* égard *m.*
• **sin miramientos** sans égards.
mirar [mirár] *vt* **1** *(ver)* regarder. **2** *(observar)* observer. **3** *(considerar)* faire attention: ***mira bien lo que haces y lo que dices***, fais bien attention à ce que tu dis et à ce que tu fais.
► *vi* **1** regarder. **2 mirar a** *(ventana)* donner sur.
► *vpr* **mirarse** se regarder.
• **mirar** ALGO **con buenos ojos** voir QQCH d'un bon œil.
• **mirar** ALGO **con malos ojos** voir QQCH d'un mauvais œil.
• **mirar por** veiller sur.
mirilla [miriʎa] *nf* judas *m.*
mirlo [mirlo] *nm* merle *m.*
mirón,-ona [mirón,-óna] *adj* curieux, -euse.
► *nm,f* voyeur,-euse.
misa [misa] *nf* messe *f.*
• **esto va a misa** c'est tout vu.
• **no saber de la misa la media** en savoir trois fois rien.
▪ **misa del gallo** messe de minuit.
▪ **misa mayor** grand-messe *f.*
miserable [miseráβle] *adj (pobre, pequeño)* misérable.
► *adj* - *nmf* **1** *(ruin)* misérable. **2** *(avaro)* avare.
miseria [misérja] *nf* **1** *(pobreza)* misère *f.* **2** *(avaricia)* avarice *f.*
misericordia [miserikórðja] *nf* miséricorde *f.*
misil [misil] *nm* missile *m.*
misión [misjón] *nf* mission *f.*
misionero,-ra [misjonéro,-ra] *adj* missionnaire.
► *nm,f* missionnaire.
misiva [misiβa] *nf* missive *f.*
mismo,-ma [mizmo,-ma] *adj* même: ***él mismo***, lui-même.
► *pron* **el mismo / la misma** le/la même.
► *adv* **mismo** même.
• **ahora mismo** tout de suite.
• **dar lo mismo** être du pareil au même: ***me da lo mismo***, ça m'est égal.
• **lo mismo** la même chose.
• **mañana mismo** dès demain.
misterio [mistérjo] *nm* mystère *m.*
misterioso,-sa [misterjóso,-sa] *adj* mystérieux,-euse.
místico,-ca [mistiko,-ka] *adj* - *nm,f* mystique.
mitad [mitáð] *nf* **1** *(parte)* moitié *f*: ***reducir a la mitad***, réduire de moitié. **2** *(centro, medio)* milieu *m.*
mítico,-ca [mitiko,-ka] *adj* mythique.
mitigar [7] [mitiɣár] *vt* mitiger.
mitin [mitin] *nm* (*pl* **mítines**) meeting *m.*
mito [mito] *nm* mythe *m.*
mitología [mitoloχia] *nf* mythologie *f.*
mixto,-ta [miksto,-ta] *adj* mixte.
mobbing [múbin] *nm* harcélement *m*, mobbing *m.*
mobiliario [moβiljárjo] *nm* mobilier *m.*
mocasín [mokasin] *nm* mocassin *m.*
mochila [motʃila] *nf* sac *m* à dos.
moción [moθjón] *nf* motion *f.*
moco [móko] *nm* morve *f.*
• **limpiarse los mocos** se moucher.
• **llorar a moco tendido** pleurer à chaudes larmes.

- **no ser moco de pavo** ne pas être piqué des vers.
- **tener mocos** avoir la morve au nez.

mocoso,-sa [mokóso,-sa] *nm,f fam* morveux,-euse.
moda [móða] *nf* mode *f*.
- **estar de moda** être à la mode.
- **pasado de moda** démodé,-e.

modal [moðál] *adj* modal,-e.
► *nm pl* **modales** manières *f pl*.
modelar [moðelár] *vt* modeler.
modelo [moðélo] *adj - nm* modèle *m*.
► *nmf (maniquí)* mannequin *m*.
módem [móðem] *nm* (*pl* **módems**) modem *m*.
moderado,-da [moðeráðo,-ða] *adj - nm,f* modéré,-e.
moderador,-ra [moðeraðór,-ra] *adj - nm,f* modérateur,-trice.
moderar [moðerár] *vt* modérer.
► *vpr* **moderarse** se modérer.
modernizar [4] [moðerniθár] *vt* moderniser.
► *vpr* **modernizarse** se moderniser.
moderno,-na [moðérno,-na] *adj* moderne.
► *nm,f fam* branché,-e.
modestia [moðéstja] *nf* modestie *f*.
modesto,-ta [moðésto,-ta] *adj* modeste.
módico,-ca [móðiko,-ka] *adj* modique.
modificación [moðifikaθjón] *nf* modification *f*.
modificar [1] [moðifikár] *vt* modifier.
modista [moðista] *nf* couturière *f*.
modisto [moðisto] *nm* couturier *m*.
modo [móðo] *nm* **1** *(de obrar, de ver, etc)* manière *f*, façon *f*. **2** *(gramatical, musical)* mode *m*.
► *nm pl* **modos** manières *f pl*.
- **a modo de** en guise de.
- **de modo que** de façon à ce que.
- **de todos modos** de toute façon.
- **en cierto modo** d'une certaine façon.

modorra [moðóra] *nf* torpeur *f*.
modular [moðulár] *vt - vi* moduler.
módulo [móðulo] *nm* module *m*.
mofarse [mofárse] *vpr* se moquer (**de**, de).
moflete [moflète] *nm* joue *f*.
mogollón [moɣoʎón] *nm fam* un tas de: ***había mogollón de gente***, il y avait beaucoup de monde.
► *adv fam* vachement: ***me gusta mogollón***, ça me plaît beaucoup.
moho [móo] *nm* **1** *(gen)* moisissure *f*. **2** *(de un metal)* rouille *f*.
mojar [moχár] *vt* mouiller; *(en salsa)* tremper.
► *vpr* **mojarse** se mouiller.
mojigato,-ta [moχiɣáto,-ta] *adj - nm,f* **1** *(hipócrita)* faux, fausse. **2** *(beato)* bigot,-e.
mojón [moχón] *nm* borne *f*.
molar[1] [molár] *nm (diente)* molaire *f*.
molar[2] [molár] *vt - vi fam* brancher.
molde [mólde] *nm* moule *m*.
mole [móle] *nf* masse *m*.
molécula [molékula] *nf* molécule *f*.
moler [32] [molér] *vt* **1** *(desmenuzar)* broyer. **2** *fig (cansar)* éreinter.
molestar [molestár] *vt* **1** *(gen)* gêner, déranger. **2** *(fastidiar)* ennuyer: ***me molesta tener que pedirle este favor***, cela m'ennuie de devoir lui demander ce service. **3** *(ofender)* offenser.
► *vpr* **molestarse** **1** *(incomodarse)* se déranger. **2** *(ofenderse)* se vexer.
- **tomarse la molestia de** prendre la peine de.

molesto,-ta [molésto,-ta] *adj* **1** *(embarazoso)* gênant,-e; *(fastidioso)* ennuyeux, -euse. **2** *(incómodo)* gêné,-e, mal à l'aise; *(resentido)* fâché,-e.
molido,-da [moliðo,-ða] *adj* **1** *(café, trigo)* moulu,-e. **2** *fig (cansado)* vanné,-e.
molinero,-ra [molinéro,-ra] *adj* du moulin.
► *nm,f* meunier,-ère.
molinillo [moliniʎo] *nm* moulin *m*.
▪ **molinillo de café** moulin à café.
molino [molino] *nm* moulin *m*.
▪ **molino de viento** moulin à vent.
molusco [molúsko] *nm* mollusque *m*.
momentáneo,-a [momentáneo,-a] *adj* momentané,-e.
momento [moménto] *nm* moment *m*, instant *m*.
- **a cada momento** à tout moment.
- **al momento** à l'instant.
- **de momento** pour le moment.
- **por el momento** pour l'instant.
- **por momentos** par moments.

momia [mómja] *nf* momie *f*.

mona [móna] *nf* **1** *(hembra del mono)* guenon *f*. **2** *fam fig (borrachera)* cuite *f*.
• **dormir la mona** *fam* cuver son vin.
Mónaco [mónako] *n pr* Monaco.
monada [monáða].
• **ser una monada** *fam* être mignon,-onne.
monaguillo [monaɣiʎo] *nm* enfant *m* de chœur.
monarca [monárka] *nm* monarque *m*.
monarquía [monarkia] *nf* monarchie *f*.
monárquico,-ca [monárkiko,-ka] *adj* monarchique.
monasterio [monastérjo] *nm* monastère *m*.
monda [mónda] *nf (de frutas o verduras)* épluchage *m*.
• **ser la monda 1** *fam (ser divertido)* être très drôle. **2** *fam (ser el colmo)* être le comble.
mondar [mondár] *vt (pelar - frutas, verduras)* éplucher, peler; *(- guisantes, habas)* écosser.
• **mondarse de risa** se tordre de rire.
moneda [monéða] *nf* **1** *(unidad monetaria)* monnaie *f*. **2** *(pieza)* pièce *f* de monnaie.
• **pagar a ALGN con la misma moneda** rendre à QQN la monnaie de sa pièce.
▪ **moneda falsa** fausse monnaie.
▪ **moneda suelta** menue monnaie.
monedero [moneðéro] *nm* porte-monnaie *m inv*.
monegasco,-ca [moneɣásko,-ka] *adj* monégasque.
► *nm,f* Monégasque.
monetario,-ria [monetárjo,-rja] *adj* monétaire.
monigote [moniɣóte] *nm* **1** *(muñeco, persona)* pantin *m*. **2** *(dibujo)* bonhomme *m*.
monitor,-ra [monitór,-ra] *nm,f (profesor, educador)* moniteur,-trice.
► *nm* **monitor** *(pantalla)* moniteur *m*.
monja [móŋχa] *nf* religieuse *f*.
monje [móŋχe] *nm* moine *m*.
mono,-na [móno,-na] *adj* joli,-e, mignon,-onne.
► *nm* **mono 1** *(animal)* singe *m*. **2** *(prenda - de trabajo)* bleu *m*; *(- de vestir)* salopette *f*, combinaison *f*. **3** *fam (de drogas)* manque *m*.
• **ser el último mono** être la cinquième roue du carrosse.
monólogo [monóloɣo] *nm* monologue *m*.
monopatín [monopatin] *nm* skateboard *m*, planche *f* à roulettes.
monopolio [monopóljo] *nm* monopole *m*.
monopolizar [4] [monopoliθár] *vt* monopoliser.
monosílabo,-ba [monosilaβo,-βa] *adj* monosyllabe.
► *nm* **monosílabo** monosyllabe *m*.
monotonía [monotonia] *nf* monotonie *f*.
monótono,-na [monótono,-na] *adj* monotone.
monseñor [monseɲór] *nm* monseigneur *m*.
monstruo [mónstrwo] *nm* monstre *m*.
monstruoso,-sa [monstrwóso,-sa] *adj* monstrueux,-euse.
montacargas [montakárɣas] *nm* monte-charge *m*.
montaje [montáχe] *nm* **1** *(de máquina, película)* montage *m*. **2** *(de obra de teatro)* réalisation *f*.
montaña [montáɲa] *nf* montagne *f*.
▪ **montaña rusa** montagne russe.
montañero,-ra [montaɲéro,-ra] *nm,f* alpiniste.
montañismo [montaɲizmo] *nm* alpinisme *m*.
montañoso,-sa [montaɲóso,-sa] *adj* montagneux,-euse.
montar [montár] *vi* monter: ***montar en bicicleta***, monter à bicyclette; ***montar en avión***, monter en avion; ***montar a caballo***, monter à cheval.
► *vt* **1** *(gen)* monter, installer: ***montar una máquina***, monter une machine; ***montar un negocio***, monter une affaire. **2** *(un caballo)* monter. **3** *(nata, claras)* battre.
► *vpr* **montarse** *(subirse)* monter.
• **montar el número** faire tout un cinéma.
• **montárselo** *fam* se débrouiller.
monte [mónte] *nm* **1** *(montaña)* montagne *f*; *(en aposición al nombre propio)* mont *m*: ***el monte Everest***, le mont Everest. **2** *(bosque)* bois *m*: ***monte alto***, bois de haute futaie.
▪ **monte de Venus** mont de Vénus.
montículo [montikulo] *nm* monticule *m*.
montón [montón] *nm* tas *m*.
• **a montones** à foison.
• **ser del montón** être quelconque.
• **un montón de** un tas de.

montura [montúra] *nf (de gafas, caballo)* monture *f.*

monumental [monumentál] *adj* monumental,-e.

monumento [monuménto] *nm* monument *m.*

moño [móɲo] *nm* chignon *m.*

• **estar hasta el moño** *fam* en avoir ras le bol.

moqueta [mokéta] *nf* moquette *f.*

mora [móra] *nf* mûre *f.*

morada [moráðа] *nf fml* demeure *f.*

morado,-da [moráðo,-ða] *adj* violet,-ette.

▶ *nm* **morado 1** *(color)* violet *m.* **2** *(hematoma)* bleu *m.*

• **pasarlas moradas** *fam* en voir des vertes et des pas mûres.

• **ponerse morado,-da** *fam* s'empiffrer, se gaver.

moral [morál] *adj* moral,-e.

▶ *nf* **1** *(ética)* morale *f.* **2** *(estado de ánimo)* moral *m.*

• **levantar la moral** relever le moral.

moraleja [moraléχa] *nf* morale *f.*

moralidad [moraliðáð] *nf* moralité *f.*

moralizar [4] [moraliθár] *vt - vi* moraliser.

morbo [mórβo] *nm* **1** MED *(enfermedad)* maladie *f.* **2** *fam (atracción)* attrait *m* morbide.

morboso,-sa [morβóso,-sa] *adj* morbide.

morcilla [morθíʎa] *nf* COC boudin *m.*

• **¡que te den morcilla!** va te faire pendre ailleurs !

mordaza [morðáθa] *nf* bâillon *m.*

mordedura [morðeðúra] *nf* morsure *f.*

morder [32] [morðér] *vt - vi* mordre.

mordisco [morðísko] *nm* morsure *f.*

morena [moréna] *nf (pez)* murène *f.*

moreno,-na [moréno,-na] *adj* **1** *(pelo, piel)* brun,-e. **2** *(por el sol)* bronzé,-e.

▶ *nm,f (persona de pelo oscuro)* brun,-e.

▶ *nm* **moreno** *(bronceado)* teint bronzé.

• **ponerse moreno,-na** bronzer.

morera [moréra] *nf* mûrier *m* blanc.

moretón [moretón] *nm* bleu *m.*

morfema [morféma] *nm* morphème *m.*

morfina [morfína] *nf* morphine *f.*

moribundo,-da [moriβúndo,-da] *adj - nm,f* moribond,-e.

morir [33] [morír] *vi* mourir: ***murió en la guerra***, il est mort à la guerre.

▶ *vpr* **morirse 1** *(fallecer)* mourir. **2 morirse de** *(sentir intensamente)* mourir de: ***me muero de sueño***, je meurs de sommeil; ***me muero de hambre***, je meurs de faim. **3 morirse por** *(desear intensamente)* être fou, folle de.

moro,-ra [móro,-ra] *adj* **1** *(norteafricano)* maure. **2** *pey (de religión musulmana)* musulman,-e.

▶ *nm,f* **1** *(norteafricano)* Maure. **2** *pey (musulmán)* musulman,-e.

• **hay moros en la costa** il faut prendre garde.

moroso,-sa [moróso,-sa] *adj* retardataire, en retard.

▶ *nm,f* mauvais payeur *m.*

morriña [moȓíɲa] *nf fam* mal *m* du pays.

morro [móȓo] *nm* **1** *(de animal)* museau *m*, mufle *m.* **2** *fam pey (de persona)* lippe *f*, grosses lèvres *f pl.* **3** *fam (de vehículo - coche)* capot *m*; *(- avión)* nez *m.* **4** *fam (cara dura)* culot *m.*

• **beber a morro** boire au goulot.

• **estar de morros** *fam* faire la tête.

• **poner morros** *fam* faire la lippe.

• **tener morro** *fam* ne pas manquer de culot.

morsa [mórsa] *nf* morse *m.*

mortadela [mortaðéla] *nf* mortadelle *f.*

mortaja [mortáχa] *nf* linceul *m*, suaire *m.*

mortal [mortál] *adj - nmf* mortel,-elle.

mortalidad [mortaliðáð] *nf* mortalité *f.*

mortero [mortéro] *nm* mortier *m.*

mortífero,-ra [mortífero,-ra] *adj* meurtrier,-ère.

mosaico [mosáiko] *nm* mosaïque *f.*

mosca [móska] *nf* mouche *f.*

• **estar mosca** *fam* se méfier.

• **por si las moscas** *fam* au cas où.

• **¿qué mosca te ha picado?** quelle mouche t'a piqué ?

moscardón [moskarðón] *nm* mouche *f* bleue.

moscatel [moskatél] *nm* muscat *m.*

mosquearse [moskeárse] *vpr* **1** *fam (enfadarse)* prendre la mouche. **2** *fam (sospechar)* soupçonner.

mosquito [moskito] *nm* moustique *m*.
mostaza [mostáθa] *nf* moutarde *f*.
mosto [mósto] *nm* moût *m*.
mostrador [mostraðór] *nm* comptoir *m*.
mostrar [31] [mostrár] *vt* montrer.
► *vpr* **mostrarse** se montrer.
mota [móta] *nf* poussière *f*.
mote [móte] *nm* sobriquet *m*, surnom *m*.
motín [motín] *nm* mutinerie *f*.
motivar [motiβár] *vt* motiver.
motivo [motiβo] *nm* motif *m*.
• **con motivo de 1** *(con ocasión de)* à l'occasion de. **2** *(debido a)* en raison de.
moto [móto] *nf* moto *f*.
▪ **moto de agua** scooter *m* des mers.
motocicleta [motoθikléta] *nf* motocyclette *f*.
motociclismo [motoθiklizmo] *nm* motocyclisme *m*.
motociclista [motoθiklista] *nmf* motocycliste.
motor,-ra [motór,-ra] *adj* moteur,-trice.
► *nm* **motor** moteur *m*.
▪ **motor de búsqueda** INFORM moteur de recherche.
motor,-ra [motór,-ra] *nf* bateau *m* à moteur.
motorista [motorista] *nmf* motocycliste.
mover [32] [moβér] *vt* **1** *(poner en movimiento)* mouvoir. **2** *(cambiar de sitio)* mouvoir, remuer. **3** *(agitar, menear)* remuer. **4** *(suscitar)* susciter, faire. **5** *(incitar)* pousser (**a**, à).
► *vpr* **moverse 1** *(estar en movimiento)* se mouvoir. **2** *(cambiar de sitio)* remuer. **3** *(cambiar de posición)* se remuer, se mouvoir. **4** *(hacer gestiones)* se remuer.
móvil [móβil] *adj* mobile.
► *nm* **1** *(motivo)* mobile *m*. **2** *(teléfono)* portable *m*.
movilizar [4] [moβiliθár] *vt* mobiliser.
movimiento [moβimjénto] *nm* mouvement *m*.
mozo,-za [móθo,-θa] *adj (joven)* jeune.
► *nm,f* **1** jeune homme, jeune fille: ***un buen mozo,-za***, un beau garçon. **2** *(soltero)* célibataire.
► *nm* **mozo 1** *(camarero)* garçon *m*. **2** *(en estaciones, aeropuertos)* bagagiste *m*.
MP3 [emepetrés] *nm* MP3 *m inv*.
muchacho,-cha [mutʃátʃo,-tʃa] *nm,f* **1** *(joven)* jeune homme, jeune fille. **2** *(niño)* garçon, fille.
muchedumbre [mutʃeðúmbre] *nf* foule *f*, multitude *f*.
mucho,-cha [mútʃo,-tʃa] *adj* **1** *(gen)* beaucoup de: ***mucho viento***, beaucoup de vent. **2** *(con algunos **nombres**)* très: ***hace mucho frío***, il fait très froid.
► *pron* beaucoup: ***¿te queda mucho por hacer?***, il te reste beaucoup à faire ?; ***muchos creen que no volverá***, beaucoup croient qu'il ne reviendra pas.
► *adv* **mucho 1** *(gen)* beaucoup: ***come mucho***, il mange beaucoup. **2** *(comparaciones)* bien: ***es mucho más caro de lo que pensaba***, c'est bien plus cher que ce que je pensais. **3** *(tiempo)* longtemps: ***lo conocí hace mucho***, j'ai fait sa connaissance il y a longtemps. **4** *(frecuencia)* souvent: ***no la veo mucho***, je ne la vois pas souvent.
• **como mucho** au plus.
• **con mucho** de beaucoup, de loin.
• **muchas veces** souvent.
• **ni mucho menos** pas le moins du monde.
• **por mucho que** avoir beau, quoique.
mucosidad [mukosiðáð] *nf* mucosité *f*.
muda [múða] *nf* **1** *(ropa)* linge *m* de rechange. **2** *(de pluma, pelo, piel, voz)* mue *f*.
mudanza [muðánθa] *nf (de casa)* déménagement *m*.
mudar [muðár] *vt (voz, pelo, pluma, piel)* muer.
► *vpr* **mudarse 1** *(de casa)* déménager. **2** *(de ropa)* se changer.
mudo,-da [múðo,-ða] *adj* - *nm,f* muet, -ette.
mueble [mwéβle] *nm* meuble *m*.
▪ **mueble bar** bar *m*.
mueca [mwéka] *nf* grimace *f*, moue *f*.
• **hacer muecas** faire des grimaces.
muela [mwéla] *nf* **1** *(diente)* molaire *f*. **2** *(para moler)* meule *f*.
• **tener dolor de muelas** avoir mal aux dents.
▪ **muela del juicio** dent *f* de sagesse.
muelle[1] [mwéʎe] *nm (en puerto)* quai *m*.

muelle[2] [mwéʎe] *nm (resorte)* ressort *m*.
muerte [mwérte] *nf* **1** *(gen)* mort *f*. **2** *(homicidio)* meurtre *m*, homicide *m*.
• **a muerte** à mort.
• **dar muerte** donner la mort.
• **de mala muerte** de rien du tout, minable.
• **estar de muerte** *fam* être géant, génial.
▪ **muerte súbita** **1** *(de bebé)* mort subite. **2** DEP tie-break *m*, jeu *m* décisif.
muerto,-ta [mwérto,-ta] *adj* **1** *(sin vida)* mort,-e. **2** *(asesinado)* tué,-e. **3** *fam (cansado)* mort,-e.
► *nm,f* mort,-e.
• **cargar con el muerto** *fam* avoir tout sur le dos.
• **cargar con el muerto a ALGN** *fam* faire endosser la responsabilité à QQN.
• **estar muerto,-ta de** être mort,-e de: ***está muerto de miedo***, il est mort de peur.
• **hacer el muerto** faire la planche.
▪ **muerto,-ta de hambre** *fam* crève-la-faim.
muestra [mwéstra] *nf* **1** *(gen)* échantillon *m*: ***una muestra gratuita de perfume***, un échantillon de parfum gratuit. **2** *(para analizar)* prélèvement *m*: ***muestra de sangre***, prélèvement sanguin. **3** *(señal)* marque *f*, signe *m*. **4** *(prueba)* preuve *f*, témoignage *m*: ***una muestra de cariño***, un témoignage d'affection.
• **dar muestras de** faire preuve de.
muestrario [mwestrárjo] *nm* échantillonnage *m*.
mugido [muχiðo] *nm* mugissement *m*.
mugir [6] [muχír] *vi* mugir.
mugre [múγre] *nf* crasse *f*, saleté *f*.
mujer [muχér] *nf* femme *f*.
▪ **mujer de la limpieza** femme de ménage.
mujeriego [muχerjéγo] *nm* coureur *m* de jupons.
mula [múla] *nf* mule *f*.
mulato,-ta [muláto,-ta] *adj - nm,f* mulâtre.
muleta [muléta] *nf* **1** *(para andar)* béquille *f*. **2** *(de torero)* muleta *f*.
muletilla [muletíʎa] *nf (frase repetida)* rengaine *f*, redite *f*.
mullido,-da [muʎiðo,-ða] *adj* moelleux,-euse, douillet,-ette.
mulo [múlo] *nm* mulet *m*.
multa [múlta] *nf* **1** *(gen)* amende *f*. **2** *(de tráfico)* contravention *f*.
multar [multár] *vt* condamner à une amende.
multicolor [multikolór] *adj* multicolore.
multimedia [multiméðja] *adj inv* multimédia.
multimillonario,-ria [multimiʎonárjo,-rja] *adj - nm,f* milliardaire.
multinacional [multinaθjonál] *adj* multinational,-e.
► *nf* multinationale *f*.
múltiple [múltiple] *adj* multiple.
multiplicación [multiplikaθjón] *nf* multiplication *f*.
multiplicar [1] [multiplikár] *vt* multiplier.
► *vpr* **multiplicarse** se multiplier.
multitud [multitúð] *nf* multitude *f*, foule *f*.
mundial [mundjál] *adj* mondial,-e.
► *nm* coupe *f* du monde.
mundo [múndo] *nm* monde *m*.
• **irse al otro mundo** aller dans l'autre monde.
• **no ser nada del otro mundo** *fam* ça ne casse pas les briques.
• **por nada del mundo** pour rien au monde.
• **tener mundo** être un homme/une femme du monde.
• **todo el mundo** tout le monde.
• **traer al mundo** mettre au monde.
• **venir al mundo** venir au monde.
• **ver mundo** voir du pays.
munición [muniθjón] *nf* munition *f*.
municipal [muniθipál] *adj* municipal,-e.
► *nmf* agent *m* de la police municipale.
municipio [muniθípjo] *nm* **1** *(ayuntamiento)* municipalité *f*. **2** *(ciudad)* commune *f*.
muñeca [muɲéka] *nf* **1** ANAT poignet *m*. **2** *(juguete)* poupée *f*.
muñeco [muɲéko] *nm* **1** *(juguete)* poupée *f*. **2** *(títere)* marionnette *f*, pantin *m*.
▪ **muñeco de nieve** bonhomme *m* de neige.

mural [murál] *adj* mural,-e.
► *nm* peinture *f* murale.
muralla [muráʎa] *nf* muraille *f*, rempart *m*.
murciélago [murθjélaɣo] *nm* chauve-souris *f*.
murmullo [murmúʎo] *nm* murmure *m*.
murmurar [murmurár] *vi* **1** *(agua, viento, en voz baja)* murmurer. **2** *(quejarse)* marmonner. **3** *(criticar)* médire (**de**, de).
muro [múro] *nm* **1** *(pared)* mur *m*. **2** *(muralla)* muraille *f*.
musa [músa] *nf* muse *f*.
musaraña [musaráɲa] *nf* musaraigne *f*.
• **estar pensando en las musarañas** bayer aux corneilles.
muscular [muskulár] *adj* musculaire.
músculo [múskulo] *nm* muscle *m*.
musculoso,-sa [muskulóso,-sa] *adj* **1** ANAT musculeux,-euse. **2** *(fuerte)* musclé,-e.
museo [muséo] *nm* musée *m*.
musgo [múzɣo] *nm* mousse *f*.
música [músika] *nf* musique *f*.
• **irse con la música a otra parte** prendre ses cliques et ses claques.
▪ **música de cámara** musique de chambre.
▪ **música de fondo** musique de fond.
musical [musikál] *adj* musical,-e.
► *nm (espectáculo)* music-hall *m*.
músico,-ca [músiko,-ka] *adj* musical,-e.
► *nm,f* musicien,-enne.
musitar [musitár] *vt* - *vi* marmonner.
muslo [múzlo] *nm* cuisse *f*.
mustio,-tia [mústjo,-tja] *adj* **1** *(planta)* fané,-e, flétri,-e. **2** *(persona)* triste.
musulmán,-ana [musulmán,-ána] *adj* - *nm,f* musulman,-e.
mutilado,-da [mutiláðo,-ða] *adj* - *nm,f* mutilé,-e.
mutilar [mutilár] *vt* mutiler.
mutua [mútwa] *nf* mutuelle *f*.
mutuo,-tua [mútwo,-twa] *adj* mutuel,-elle.
muy [mwi] *adv* **1** *(gen)* très, bien: ***muy bonito***, très joli; ***muy a menudo***, bien souvent. **2** *(con **adv** de modo y **adj** predicativos)* tout: ***muy lentamente***, tout doucement; ***me lo dijo muy extrañada***, elle me le raconta tout étonnée.
• **Muy señor mío** Cher Monsieur.

N

nabo [náβo] *nm* navet *m.*
nácar [nákar] *nm* nacre *f.*
nacer [42] [naθér] *vi* **1** *(persona, animal)* naître. **2** *(río)* prendre naissance, prendre sa source. **3** *(originarse)* naître, germer.
nacimiento [naθimjénto] *nm* **1** *(gen)* naissance *f.* **2** *(de río)* source *f.*
nación [naθjón] *nf* nation *f.*
nacional [naθjonál] *adj* national,-e.
nacionalidad [naθjonaliðáð] *nf* nationalité *f.*
nacionalismo [naθjonalizmo] *nm* nationalisme *m.*
nacionalista [naθjonalista] *adj - nmf* nationaliste.
nacionalizar [4] [naθjonaliθár] *vt* **1** *(empresa)* nationaliser. **2** *(extranjero)* naturaliser.
▸ *vpr* **nacionalizarse** *(persona)* se faire naturaliser.
nada [náða] *pron indef* **1** *(gen)* rien. **2** *(con adj)* rien de: ***nada nuevo***, rien de nouveau.
▸ *adv* pas du tout: ***no me gusta nada***, ça ne me plaît pas du tout.
▸ *nf* rien *m*, néant *m.*
• **como si nada** comme si de rien n'était.
• **de nada** je vous en prie.
• **nada de +** *nombre* du tout: ***nada de extraordinario***, rien d'extraordinaire.
• **nada de nada** rien de rien.
• **nada menos que** rien moins que.
nadador,-ra [naðaðór,-ra] *nm,f* nageur, -euse.
nadar [naðár] *vi* nager.
nadie [náðje] *pron indef* personne.
• **nadie más** personne d'autre.
naftalina [naftalina] *nf* naphtaline *f.*
naipe [náipe] *nm* carte *f.*
nalga [nálɣa] *nf* fesse *f.*
nana [nána] *nf* **1** *(canción)* berceuse *f.* **2** *(niñera)* nourrice *f.*
naranja [naráŋχa] *nf* orange *f.*
▸ *nm (color)* orange *m.*
▸ *adj inv* orange.
▪ **media naranja** *fam* moitié *f.*
naranjada [naraŋχáða] *nf* orangeade *f.*
naranjo [naráŋχo] *nm* oranger *m.*
narciso [narθiso] *nm* narcisse *m.*
narcótico,-ca [narkótiko,-ka] *adj* narcotique.
▸ *nm* **narcótico** narcotique *m.*
narcotráfico [narkotráfiko] *nm* trafic *m* de stupéfiants.
nariz [nariθ] *nf* **1** *(de persona)* nez *m.* **2** *(de animal)* naseau *m.* **3** *(olfato)* nez *m*, odorat *m.*
▸ *nf pl* **narices** nez *m sing.*
• **dejar a ALGN con un palmo de narices** *fam* décevoir QQN.
• **estar hasta las narices** *fam* en avoir par-dessus la tête.
• **¡tiene narices la cosa!** *fam* c'est un peu fort !
▪ **nariz aguileña** nez aquilin.
▪ **nariz respingona** nez retroussé.
narración [nar̄aθjón] *nf* narration *f*, récit *m.*
narrador,-ra [nar̄aðór,-ra] *nm,f* narrateur,-trice.
narrar [nar̄ár] *vt* raconter.
narrativa [nar̄atiβa] *nf (género)* roman *m.*
nasal [nasál] *adj* nasal,-e.
nata [náta] *nf* COC crème *f.*
▪ **nata montada** COC crème fouettée.

natación [nataθjón] *nf* natation *f.*
natal [natál] *adj* natal,-e.
natalidad [nataliðáð] *nf* natalité *f.*
natillas [natiʎas] *nf pl* COC crème *f sing* renversée.
nativo,-va [natiβo,-βa] *adj - nm,f* natif, -ive.
natural [naturál] *adj* **1** *(gen)* naturel,-elle. **2** *(sencillo)* nature, naturel,-elle. **3** *(de un país, región)* natif,-ive, originaire.
► *adv* naturellement, bien sûr.
► *nm* nature *f*, caractère *m.*
• **como es natural** naturellement.
naturaleza [naturaléθa] *nf* nature *f.*
• **por naturaleza** par nature.
▪ **naturaleza muerta** nature morte.
naturalidad [naturaliðáð] *nf* **1** *(falta de afectación)* naturel *m.* **2** *(simplicidad)* simplicité *f.*
naufragar [7] [naʊfraɣár] *vi* faire naufrage.
naufragio [naʊfráχjo] *nm* naufrage *m.*
náufrago,-ga [náufraɣo,-ɣa] *nm,f* naufragé,-e.
náusea [náusea] *nf* nausée *f.*
• **tener náuseas** avoir la nausée.
náutica [náutika] *nf* navigation *f.*
náutico,-ca [náutiko,-ka] *adj* nautique.
navaja [naβáχa] *nf* **1** *(cuchillo)* couteau *m* pliant, canif *f.* **2** *(molusco)* couteau *m.*
▪ **navaja de afeitar** rasoir *m.*
naval [naβál] *adj* naval,-e.
nave [náβe] *nf* **1** *(barco)* navire *m*, vaisseau *m.* **2** ARQ nef *f.*
▪ **nave espacial** vaisseau spatial.
▪ **nave lateral** ARQ bas-côté *m*, nef *f* collatérale *m.*
▪ **nave industrial** local *m* industriel.
navegable [naβeɣáβle] *adj* navigable.
navegación [naβeɣaθjón] *nf* navigation *f.*
navegador [naβeɣaðór] *nm* navigateur *m.*
navegante [naβeɣánte] *nmf* navigateur, -trice.
navegar [7] [naβeɣár] *vi* naviguer.
• **navegar por internet** naviguer sur Internet.
Navidad [naβiðáð] *nf* Noël *m.*
• **¡Feliz Navidad!** Joyeux Noël !
navideño,-ña [naβiðéɲo,-ɲa] *adj* de Noël.
navío [naβio] *nm* navire *m*, vaisseau *m.*
neblina [neβlina] *nf* brouillard *m.*
nebulosa [neβulósa] *nf* nébuleuse *f.*
necesario,-ria [neθesárjo,-rja] *adj* nécessaire.
• **es necesario** il faut, il est nécessaire de.
• **no es necesario** ce n'est pas nécessaire.
• **si fuera necesario** au besoin.
neceser [neθesér] *nm* nécessaire *m.*
necesidad [neθesiðáð] *nf* **1** *(de algo indispensable, obligatorio)* nécessité *f.* **2** *(de algo que se desea)* besoin *m.*
► *nf pl* **necesidades** besoins *m pl.*
• **de primera necesidad** de première nécessité.
• **hacer sus necesidades** faire ses besoins.
• **por necesidad** par nécessité.
• **tener necesidad de** avoir besoin de.
• **verse en la necesidad de** se voir dans l'obligation de.
necesitado,-da [neθesitáðo,-ða] *adj - nm,f* nécessiteux,-euse.
necesitar [neθesitár] *vt* **1** *(gen)* avoir besoin de: ***necesitamos una silla***, il nous faut une chaise. **2** *(exigir, hacer necesario)* nécessiter.
necio,-cia [néθjo,-θja] *adj - nm,f* sot, sotte.
necrológica [nekrolóχika] *nf* notice *f* nécrologique.
néctar [néktar] *nm* nectar *m.*
nefasto,-ta [nefásto,-ta] *adj* néfaste.
negación [neɣaθjón] *nf* négation *f.*
negado,-da [neɣáðo,-ða] *nm,f* incapable.
• **ser negado,-da para** ALGO être nul, nulle en QQCH.
negar [48] [neɣár] *vt* **1** *(acusación, afirmación)* nier. **2** *(petición, permiso)* refuser. **3** *(denegar)* dénier.
► *vpr* **negarse** refuser.
• **negarse a +** ***inf*** se refuser à + *inf*, refuser de + *inf*: ***se niega a ayudarme***, il refuse de m'aider.
negativa [neɣatiβa] *nf* refus *m.*
negativo,-va [neɣatiβo,-βa] *adj* négatif, -ive.
► *nm* **negativo** négatif *m.*
negligencia [neɣliχénθja] *nf* négligence *f.*
negligente [neɣliχénte] *adj* négligent,-e.

negociación [neɣoθjaθjón] *nf* négociation *f*.
negociante [neɣoθjánte] *nmf* négociant,-e.
negociar [12] [neɣoθjár] *vt* - *vi* négocier.
negocio [neɣóθjo] *nm* **1** *(gen)* affaire *f*. **2** *(comercio)* négoce *m*.
• **hacer un buen negocio** faire une bonne affaire.
• **hacer negocio** faire affaire.
negro,-gra [néɣro,-ɣra] *adj* **1** *(color, raza, pelo)* noir,-e. **2** *fig (triste)* sombre, triste.
► *nm,f (persona)* noir,-e.
► *nm* **negro 1** *(color)* noir *m*. **2** *(escritor)* nègre *m*.
• **estar negro,-gra con ALGN** être furieux,-euse après QQN.
• **estar negro,-gra con ALGO** être furieux,-euse à cause de QQCH.
• **pasarlas negras** en voir de toutes les couleurs.
• **poner negro,-gra a ALGN** *(poner nervioso)* agacer QQN.
• **ponerse negro,-gra** *(broncearse)* brunir.
• **verlo todo negro** voir tout en noir.
• **vérselas negras** en voir de toutes les couleurs.
nene,-na [néne,-na] *nm,f* **1** *fam (niño)* bébé *m*. **2** *fam (apelativo cariñoso)* mon petit, ma petite.
neón [neón] *nm* néon *m*.
nervio [nérβjo] *nm* nerf *m*.
• **estar hecho,-cha un manojo de nervios** *fam* avoir les nerfs en boule.
• **poner los nervios de punta** taper sur les nerfs.
nerviosismo [nerβjosizmo] *nm* **1** *(excitación nerviosa)* nervosité *f*. **2** *(irritación, impaciencia)* énervement *m*.
nervioso,-sa [nerβjóso,-sa] *adj* **1** *(gen)* nerveux,-euse. **2** *(irritado)* énervé,-e.
• **poner nervioso,-sa** énerver.
• **ponerse nervioso,-sa** s'énerver.
neto,-ta [néto,-ta] *adj* net, nette.
neumático,-ca [neumátiko,-ka] *adj* pneumatique.
► *nm* **neumático** pneu *m*, pneumatique *m*.
neura [néura] *nf fam* obsession *f*.
neuralgia [neurálχja] *nf* MED névralgie *f*.
neurólogo,-ga [neuróloɣo,-ɣa] *nm,f* neurologue.
neurona [neuróna] *nf* neurone *m*.
neurótico,-ca [neurótiko,-ka] *adj* névrotique.
► *adj* - *nm,f (persona)* névrosé,-e.
neutral [neutrál] *adj* neutre.
neutralidad [neutraliðáð] *nf* neutralité *f*.
neutralizar [4] [neutraliθár] *vt* neutraliser.
► *vpr* **neutralizarse** se neutraliser.
neutro,-tra [néutro,-tra] *adj* neutre.
nevada [neβáða] *nf* chute *f* de neige.
nevado,-da [neβáðo,-ða] *adj* couvert,-e de neige, enneigé,-e.
nevar [27] [neβár] *v impers* neiger.
nevera [neβéra] *nf* **1** *(electrodoméstico)* réfrigérateur *m*. **2** *fig (sitio muy frío)* glacière *f*.
nexo [nékso] *nm* **1** *(vínculo)* lien *m*, trait *m* d'union. **2** *(relación)* rapport *m*, liaison *f*.
ni [ni] *conj* **1** *(en doble negación)* ni: ***ni blanco ni negro***, ni blanc ni noir. **2** *(ni siquiera)* même pas, pas même: ***no quiero ni pensarlo***, je ne veux même pas y penser.
• **¡ni hablar!** il n'en est pas question !
Nicaragua [nikaráɣwa] *n pr* Nicaragua *m*.
nicaragüense [nikaraɣwénse] *adj* nicaraguayen,-enne.
► *nmf* Nicaraguayen,-enne.
nicho [nitʃo] *nm* niche *f*.
nicotina [nikotína] *nf* nicotine *f*.
nido [niðo] *nm* nid *m*.
niebla [njéβla] *nf* brouillard *m*.
nieto,-ta [njéto,-ta] *nm,f* petit-fils, petite-fille.
► *nm pl* **nietos** petits-enfants *m pl*.
nieve [njéβe] *nf* neige *f*.
• **a punto de nieve** en neige.
ningún [niŋgún] *adj* → ninguno,-na.
ninguno,-na [niŋgúno,-na] *adj* (**ningún** devant de ***m***) aucun,-e, nul, nulle: ***no tiene ninguna camisa azul***, il n'a aucune chemise bleue.
► *pron indef* **1** *(de entre varias cosas o personas)* aucun,-e: ***al final no compró ninguno***, finalement il n'en acheta aucun. **2** *(nadie)* personne, nul, nulle.
• **de ningún modo** en aucune façon.
• **en ningún momento** jamais.
• **en ningún sitio** nulle part.

niña [niɲa] *nf* **1** petite fille *f*, fillette *f*. **2** *(del ojo)* pupille *f*, prunelle *f*.
niñera [niɲéra] *nf* nurse *f*.
niñez [niɲéθ] *nf* enfance *f*.
niño,-ña [niɲo,-ɲa] *adj (pequeño)* jeune, petit,-e: ***todavía es muy niño***, il est encore très petit.
▶ *nm,f (gen)* petit garçon, petite fille; *(bebé)* bébé *m*.
▶ *nm* **niño** *(genérico)* enfant *m*.
• **desde niño,-ña** dès l'enfance.
▪ **niño,-ña de pecho** nourrisson *m*.
níquel [nikel] *nm* nickel *m*.
níspero [nispero] *nm* **1** *(fruto)* nèfle *f*. **2** *(árbol)* néflier *m*.
nitidez [nitiðéθ] *nf* **1** *(de imagen, foto, corte)* netteté *f*. **2** *(de agua, explicación, recuerdo)* limpidité *f*. **3** *(de aire, ambiente)* pureté *f*.
nítido,-da [nitiðo,-ða] *adj* **1** *(imagen, foto, corte, recuerdo)* net, nette. **2** *(agua, explicación)* limpide. **3** *(aire)* pur,-e.
nitrógeno [nitróχeno] *nm* azote *m*, nitrogène *m*.
nivel [niβél] *nm* niveau *m*.
• **sobre el nivel del mar** au-dessus du niveau de la mer.
▪ **nivel de vida** niveau de vie.
nivelar [niβelár] *vt* niveler.
▶ *vpr* **nivelarse** se mettre au même niveau.
no [no] *adv* **1** *(gen)* non: ***no, señor***, non, monsieur; ***me respondió que no***, il m'a répondu que non. **2** *(delante de un verbo)* ne ... pas, ne ... point, ne pas: ***no duerme***, il ne dort pas. **3** *(con otra negación)* ne: ***no vino nadie***, il n'est venu personne. **4** *(en frases sin verbo)* pas: ***todavía no***, pas encore. **5** *(antepuesto a **nombre** o **adj**)* non-: ***los países no alineados***, les pays non-alignés; ***los no fumadores***, les non-fumeurs.
▶ *nm* non *m*: ***respondió con un no rotundo***, il répondit par un non sonore.
• **¡a que no!** chiche !
• **decir que no** dire non.
• **¡eso sí que no!** ça alors non !
• **no es que** non pas que, ce n'est pas que.
• **no más de** pas plus de.
• **no menos de** pas moins de.
• **no... sino** ne pas ... mais.
• **no sólo... sino también** non seulement ... mais encore.
▪ **el no va más** le summum.
noble [nóβle] *adj - nmf* noble.
nobleza [noβléθa] *nf* noblesse *f*.
noche [nótʃe] *nf* **1** *(gen)* nuit *f*. **2** *(a partir del anochecer)* soir *m*, soirée *f*: ***las diez de la noche***, dix heures du soir; ***las largas noches de invierno***, les longues soirées d'hiver.
• **a altas horas de la noche** à une heure avancée de la nuit.
• **buenas noches 1** *(al irse a acostar)* bonne nuit. **2** *(saludo)* bonsoir.
• **de la noche a la mañana** du jour au lendemain.
• **de noche** de nuit, la nuit.
• **hacer noche** faire nuit.
• **hacerse de noche** faire nuit.
• **ser la noche y el día** être le jour et la nuit.
• **pasar la noche en blanco** passer une nuit blanche.
• **por la noche** la nuit.
▪ **noche de bodas** nuit de noces.
nochebuena [notʃeβwéna] *nf* nuit *f* de Noël.
nochevieja [notʃeβjéχa] *nf* nuit *f* de la Saint-Sylvestre.
noción [noθjón] *nf* notion *f*.
nocivo,-va [noθiβo,-βa] *adj* nocif,-ive, nuisible.
nocturno,-na [noktúrno,-na] *adj* **1** *(gen)* nocturne. **2** *(tren, avión, vuelo)* de nuit.
nogal [noɣál] *nm* noyer *m*.
nómada [nómaða] *adj - nmf* nomade.
nombrar [nombrár] *vt* nommer.
nombre [nómbre] *nm* **1** *(gen)* nom *m*. **2** *(de pila)* prénom *m*.
• **a nombre de** à l'attention de.
• **en nombre de** au nom de.
• **hacerse un nombre** se faire un nom.
▪ **nombre artístico** nom de scène.
▪ **nombre de pila** prénom, nom de baptême.
nómina [nómina] *nf* **1** *(lista de empleados)* état *m* du personnel. **2** *(hoja de salario)* feuille *f* de paie. **3** *(salario)* paie *f*, paye *f*. **4** *(lista de personas o cosas)* liste *f* de noms.
• **cobrar la nómina** toucher la paie.

• **estar en nómina** faire partie du personnel.
nominar [nominár] *vt* nominer.
nordeste [norðéste], **noreste** [noréste] *adj - nm* nord-est *m*.
nórdico,-ca [nórðiko,-ka] *adj* nordique.
▶ *nm,f* Nordique.
noreste → nordeste.
noria [nórja] *nf* **1** *(de feria)* grande roue *f*. **2** *(para sacar agua)* noria *f*.
norma [nórma] *nf* règle *f*, norme *f*.
• **tener por norma** avoir pour principe.
normal [normál] *adj* normal,-e.
normalidad [normaliðáð] *nf* normalité *f*.
noroeste [noroéste] *adj - nm* nord-ouest *m*.
norte [nórte] *adj - nm* nord *m*.
• **perder el norte** perdre le nord.
Norteamérica [norteamérika] *n pr* Amérique *f* du Nord.
norteamericano,-na [norteamerikáno,-na] *adj* nord-américain,-e, américain,-e.
▶ *nm,f* Nord-américain,-e, Américain,-e.
Noruega [norwéɣa] *n pr* Norvège *f*.
noruego,-ga [norwéɣo,-ɣa] *adj* norvégien,-enne.
▶ *nm,f* Norvégien,-enne.
▶ *nm* **noruego** *(idioma)* norvégien *m*.
nos [nos] *pron pers* nous: ***nos habla***, il nous parle.
nosotros,-tras [nosótros,-tras] *pron pers* nous: ***nosotros lo vimos***, nous l'avons vu.
nostalgia [nostálχja] *nf* nostalgie *f*.
nostálgico,-ca [nostálχiko,-ka] *adj - nm,f* nostalgique.
nota [nóta] *nf* **1** *(gen)* note *f*. **2** *(calificación)* mention *f*. **3** *(observación)* remarque *f*. **4** *(reseña)* notice *f*.
• **dar la nota** *fam* se faire remarquer.
• **sacar buenas notas** avoir de bonnes notes.
• **tomar nota de ALGO 1** *(anotar)* prendre note de QQCH. **2** *(fijarse)* remarquer QQCH.
▪ **nota de prensa** communiqué *m* de presse.
notable [notáβle] *adj* notable, remarquable.
▶ *nm (en exámenes)* bien *m*.
notar [notár] *vt* **1** *(percibir)* remarquer. **2** *(sentir)* sentir.
▶ *vpr* **notarse** se voir.
• **hacerse notar** se faire remarquer.
• **se nota que...** on voit que ....
notaría [notaría] *nf* **1** *(empleo)* notariat *m*. **2** *(oficina)* étude *f*.
notario [notárjo] *nmf* notaire *m*.
noticia [notiθja] *nf* nouvelle *f*.
▶ *nf pl* **noticias** *(en televisión)* informations *f pl*, journal *m*.
• **ser una buena noticia** être une bonne nouvelle.
• **tener noticias de ALGN** avoir des nouvelles de QQN.
notificar [1] [notifikár] *vt* notifier.
notorio,-ria [notórjo,-rja] *adj* notoire.
novatada [noβatáða] *nf* **1** *(broma)* bizutage *m*. **2** *(error)* erreur *f* de débutant.
novato,-ta [noβáto,-ta] *adj - nm,f* débutant,-e.
novecientos,-tas [noβeθjéntos,-tas] *num* neuf-cents.
novedad [noβeðáð] *nf* **1** *(cualidad, producto nuevo)* nouveauté *f*. **2** *(cosa nueva)* neuf *m*, nouveau *m*. **3** *(cambio)* changement *m*. **4** *(noticia)* nouvelle *f*.
novela [noβéla] *nf* roman *m*.
▪ **novela corta** nouvelle *f*.
▪ **novela negra** roman noir.
▪ **novela policiaca** roman policier.
▪ **novela rosa** roman à l'eau de rose.
novelista [noβelista] *nmf* romancier,-ère.
noveno,-na [noβéno,-na] *num* neuvième.
noventa [noβénta] *num* quatre vingt-dix *m*.
noviazgo [noβjáθɣo] *nm* fiançailles *f pl*.
novicio,-cia [noβiθjo,-θja] *adj - nm,f* novice.
noviembre [noβjémbre] *nm* novembre *m*.
novillo [noβiʎo] *nm* taurillon *m*.
• **hacer novillos** faire l'école buissonnière.
novio,-via [nóβjo,-βja] *nm,f* **1** *(prometido)* fiancé,-e. **2** *(recién casado)* jeune marié,-e.
nube [núβe] *nf* **1** *(gen)* nuage *m*. **2** *(multitud)* nuée *f*. **3** *(en el ojo)* taie *f*.
• **estar en las nubes** être dans les nuages.
• **estar por las nubes** être hors de prix.

• **poner por las nubes a ALGN** porter QQN aux nues.

nublado,-da [nuβláðo,-ða] *adj* nuageux, -euse, couvert,-e.

nublarse [nuβlárse] *vpr* se couvrir.

nuca [núka] *nf* nuque *f.*

nuclear [nukleár] *adj* nucléaire.

núcleo [núkleo] *nm* noyau *m.*

nudillo [nuðiʎo] *nm* jointure *f.*

nudo [núðo] *nm* nœud *m.*

• **hacérsele a ALGN un nudo en la garganta** avoir la gorge serrée.

nuera [nwéra] *nf* bru *f*, belle-fille *f.*

nuestro,-tra [nwéstro] *adj pos* notre, à nous: ***nuestro padre y nuestra madre***, notre père et notre mère.

► *pron pos* nôtre, à nous: ***tu padre es más joven que el nuestro***, ton père est plus jeune que le nôtre; ***esta maleta es nuestra***, cette valise est à nous.

nueva [nwéβa] *nf* nouvelle *f.*

• **coger de nuevas** surprendre, étonner.

nueve [nwéβe] *num* neuf *m.*

nuevo,-va [nwéβo,-βa] *adj* **1** *(no usado, no gastado)* neuf, neuve. **2** *(reciente)* nouveau, nouvelle.

► *nm,f* **1** *(recién llegado)* nouveau, nouvelle. **2** *(novato)* novice.

• **de nuevo** à/de nouveau.

• **estar como nuevo,-va** *(persona)* être en pleine forme.

• **¿qué hay de nuevo?** *fam* quoi de neuf ?

nuez [nweθ] *nf* **1** *(fruto)* noix *f.* **2** *(en el cuello)* pomme *f* d'Adam.

▪ **nuez moscada** noix muscade.

nulo,-la [núlo,-la] *adj* nul, nulle.

numeración [numeraθjón] *nf* **1** *(acción)* numérotage *m.* **2** *(de páginas)* foliotage *m.* **3** *(sistema)* chiffres *f pl.*

numerador [numeraðór] *nm* numérateur *m.*

numerar [numerár] *vt* **1** *(poner un número)* numéroter. **2** *(de páginas)* folioter. **3** *(contar)* dénombrer, nombrer.

numérico,-ca [numériko,-ka] *adj* numérique.

número [número] *nm* **1** *(cantidad, gramatical)* nombre *m.* **2** *(en una serie, de lotería, de espectáculo)* numéro *m.* **3** *(cifra)* chiffre *m.* **4** *(de zapato)* pointure *f.* **5** *(talla)* taille *f.*

• **en números redondos** en chiffres ronds.

• **montar el número** *fam* faire son numéro.

• **ser el número uno** être le numéro un.

▪ **números arábigos** chiffres arabes.

▪ **números romanos** chiffres romains.

numeroso,-sa [numeróso,-sa] *adj* nombreux,-euse.

nunca [núŋka] *adv* jamais: ***no la he visto nunca***, je ne l'ai jamais vue.

• **casi nunca** presque jamais.

• **más que nunca** plus que jamais.

• **nunca jamás** au grand jamais.

• **nunca más** jamais plus, plus jamais.

nupcial [nupθjál] *adj* nuptial,-e.

nutria [nútrja] *nf* loutre *f.*

nutrición [nutriθjón] *nf* nutrition *f.*

nutrido,-da [nutriðo,-ða] *adj* **1** *(alimentado)* nourri,-e. **2** *(numeroso)* nombreux, -euse.

nutrir [nutrír] *vt* nourrir.

► *vpr* **nutrirse** se nourrir.

nutritivo,-va [nutritiβo,-βa] *adj* **1** nutritif,-ive, nourrissant,-e.

Ñ

ñandú [ɲandú] *nm* (*pl* **ñandúes**) nandou *m.*

ñoñería [ɲoɲería] *nf* niaiserie *f.*

ñoñez [ɲoɲéθ] *nf* niaiserie *f.*

ñoño,-ña [ɲóɲo,-ɲa] *adj* **1** *(persona)* niais,-e, sot, sotte. **2** *(cosa)* mièvre, banal,-e.

ñoqui [ɲóki] *nm* gnocchi *m.*

ñu [ɲu] *nm* gnou *m.*

O

o [o] *conj* ou: ***¿prefieres el rojo o el azul?***, tu préfères le rouge ou le bleu ?
• **o sea** c'est-à-dire.
oasis [oásis] *nm* oasis *f.*
obcecarse [1] [oβθekárse] *vpr* être aveuglé,-e.
obedecer [43] [oβeðeθér] *vt* obéir à.
► *vi* obéir.
obediencia [oβeðjénθja] *nf* obéissance *f.*
obediente [oβeðjénte] *adj* obéissant,-e.
obesidad [oβesiðáð] *nf* obésité *f.*
obeso,-sa [oβéso,-sa] *adj* obèse.
óbice [óβiθe].
• **no ser óbice para** ne pas empêcher que.
obispo [oβíspo] *nm* évêque *m.*
objeción [oβχeθjón] *nf* objection *f.*
objetar [oβχetár] *vt* objecter.
objetivo,-va [oβχetíβo,-βa] *adj* objectif, -ive.
► *nm* **objetivo** objectif *m.*
objeto [oβχéto] *nm* objet *m.*
• **con objeto de** dans le but de.
• **ser objeto de** être l'objet de.
▪ **objetos perdidos** objets trouvés.
objetor [oβχetór] *nm* objecteur *m.*
▪ **objetor de conciencia** objecteur de conscience.
oblicuo,-cua [oβlíkwo,-kwa] *adj* oblique.
obligación [oβliγaθjón] *nf* obligation *f.*
obligar [7] [oβliγár] *vt* obliger.
► *vpr* **obligarse** s'engager.
obligatorio,-ria [oβliγatórjo,-rja] *adj* obligatoire.
oboe [oβóe] *nm* hautbois *m.*
obra [óβra] *nf* **1** *(gen)* œuvre *f.* **2** *(libro)* ouvrage *m.* **3** *(de teatro)* pièce *f.* **4** *(de construcción)* chantier *m.*
► *nf pl* **obras** travaux *m pl.*
• **por obra de** par l'action de.
▪ **obra de arte** œuvre d'art.
▪ **obra maestra** chef-d'œuvre *m.*
▪ **obras públicas** travaux publics.
obrar [oβrár] *vi* **1** *(actuar)* agir. **2** *(estar)* se trouver.
obrero,-ra [oβréro,-ra] *adj* - *nm,f* ouvrier, -ère.
obsceno,-na [oβsθéno,-na] *vt* obscène.
obscurecer → oscurecer.
obscuridad → oscuridad.
obscuro,-ra → oscuro.
• **a obscuras** dans le noir.
obsequiar [12] [oβsekjár] *vt* offrir.
obsequio [oβsékjo] *nm* cadeau *m.*
observación [oβserβaθjón] *nf* **1** *(gen)* observation *f.* **2** *(comentario)* remarque *f.*
observador,-ra [oβserβaðór,-ra] *adj* - *nm,f* observateur,-trice.
observar [oβserβár] *vt* observer.
observatorio [oβserβatórjo] *nm* observatoire *m.*
obsesión [oβsesjón] *nf* obsession *f.*
obsesionarse [oβsesjonárse] *vpr* être obsédé,-e (**con**, par).
obstáculo [oβstákulo] *nm* obstacle *m.*
obstante [oβstánte].
• **no obstante** cependant, néanmoins.
obstinación [oβstinaθjón] *nf* obstination *f.*
obstinarse [oβstinárse] *vpr* s'obstiner.

obstruir [62] [oβstrwir] *vt* **1** *(el paso)* obstruer. **2** *fig (obstaculizar)* empêcher.
► *vpr* **obstruirse** se boucher.
obtención [oβtenθjón] *nf* obtention *f.*
obtener [87] [oβtenér] *vt* obtenir.
► *vpr* **obtenerse** s'obtenir.
obtuso,-sa [oβtúso,-sa] *adj* obtus,-e.
obús [oβús] *nm* obus *m.*
obvio,-via [óββjo,-βja] *adj* évident,-e.
oca [óka] *nf* **1** *(ave)* oie *f.* **2** *(juego)* jeu *m* de l'oie.
ocasión [okasjón] *nf* occasion *f.*
• **de ocasión** d'occasion.
• **en (algunas) ocasiones** parfois.
ocasionar [okasjonár] *vt* causer.
ocaso [okáso] *nm* **1** *(de un astro)* coucher *m.* **2** *(punto cardinal)* ouest *m.* **3** *fig (declive)* décadence *f.*
occidental [okθiðentál] *adj* occidental,-e.
► *nmf* Occidental,-e.
occidente [okθiðénte] *nm* occident *m.*
oceánico,-ca [oθeániko,-ka] *adj* océanique.
océano [oθéano] *nm* océan *m.*
ochenta [otʃénta] *num* quatre-vingt *m inv.*
ocho [ótʃo] *num* huit *m inv.*
ochocientos,-tas [otʃoθjéntos,-tas] *num* huit cents.
ocio [óθjo] *nm* loisirs *m pl.*
ocioso,-sa [oθjóso,-sa] *adj - nm,f* oisif, -ive.
► *adj (palabras, etc)* oiseux,-euse.
ocre [ókre] *adj - nm (color)* ocre.
► *nm* **1** *(mineral)* ocre *f.* **2** *(color)* ocre *m.*
octavilla [oktaβiʎa] *nf* tract *m.*
octavo,-va [oktáβo,-βa] *num* huitième.
▪ **octavos de final** DEP huitièmes de finale.
octubre [oktúβre] *nm* octobre *m.*
ocular [okulár] *adj* oculaire.
oculista [okulista] *nmf* oculiste.
ocultar [okultár] *vt* cacher.
► *vpr* **ocultarse** se cacher.
oculto,-ta [okúlto,-ta] *nm* **1** *(escondido)* caché,-e. **2** *(secreto)* occulte.
ocupación [okupaθjón] *nf* occupation *f.*
ocupado,-da [okupáðo,-ða] *adj* occupé,-e.
ocupante [okupánte] *adj - nmf* occupant,-e.
ocupar [okupár] *vt* **1** *(gen)* occuper. **2** *(dar trabajo)* employer.
► *vpr* **ocuparse** s'occuper (**de**, de).
ocurrencia [okur̄énθja] *nf* **1** *(dicho agudo)* trait *m* d'esprit. **2** *(idea)* idée *f.*
ocurrir [okur̄ír] *vi* arriver, se passer: ***¿qué ocurre?***, que se passe-t-il ?
► *vpr* **ocurrirse** venir à l'esprit.
odiar [12] [oðjár] *vt* haïr, détester.
odio [óðjo] *nm* haine *f.*
odioso,-sa [oðjóso,-sa] *adj* odieux,-euse.
odisea [oðiséa] *nf* odyssée *f.*
odontólogo,-ga [oðontóloγo,-γa] *nm,f* odontologiste.
oeste [oéste] *nm* ouest *m.*
ofender [ofendér] *vt* offenser.
► *vpr* **ofenderse** se vexer.
ofensa [ofénsa] *nf* offense *f.*
ofensiva [ofensiβa] *nf* offensive *f.*
ofensivo,-va [ofensiβo,-βa] *adj* **1** *(injurioso)* offensant,-e. **2** *(arma, etc)* offensif, -ive.
oferta [oférta] *nf* **1** *(propuesta)* offre *f.* **2** *(promoción)* promotion *f.*
• **de oferta** en promotion.
▪ **la oferta y la demanda** l'offre et la demande.
▪ **ofertas de trabajo** offres d'emploi.
oficial [ofiθjál] *adj* officiel,-elle.
► *nm* **1** *(trabajador)* ouvrier *m*: ***oficial de sastre***, ouvrier tailleur. **2** *(militar)* officier *m.* **3** *(oficinista)* employé *m* de bureau.
oficiar [12] [ofiθjár] *vt* célébrer.
► *vi* agir en qualité (**de**, de).
oficina [ofiθina] *nf* bureau *m.*
▪ **oficina de empleo** agence *f* pour l'emploi.
▪ **oficina de turismo** office *m* du tourisme.
oficinista [ofiθinista] *nmf* employé,-e de bureau.
oficio [ofiθjo] *nm* **1** *(trabajo)* métier *m.* **2** *(función, papel)* office *m.*
• **de oficio** d'office.
• **no tener oficio ni beneficio** ne rien avoir du tout.
oficioso,-sa [ofiθjóso,-sa] *adj* officieux, -euse.
ofimática [ofimátika] *nf* INFORM bureautique *f.*

ofrecer [43] [ofreθér] *vt* **1** *(gen)* offrir. **2** *fig (presentar)* présenter.
► *vpr* **ofrecerse** s'offrir: ***se ofreció para llevarme a casa***, il s'est offert pour me ramener chez moi.
ofrecimiento [ofreθimjénto] *nm* offre *f.*
oftalmólogo,-ga [oftalmóloγo,-γa] *nm,f* ophtalmologiste.
ofuscar [1] [ofuskár] *vt* aveugler.
► *vpr* **ofuscarse** se troubler.
ogro [óγro] *nm* ogre *m.*
¡oh! [o] *interj* oh !
oídas [oiðas].
• **de oídas** par ouï-dire.
oído [oiðo] *nm* **1** *(sentido)* ouïe *f.* **2** *(órgano)* oreille *f.*
• **hacer oídos sordos** faire la sourde oreille.
• **llegar a oídos de** ALGN arriver aux oreilles de QQN.
• **tener (buen) oído** avoir de l'oreille.
oír [75] [oir] *vt* **1** *(percibir los sonidos)* entendre. **2** *(escuchar, atender)* écouter.
• **como lo oyes** tu ne me croiras peut-être pas.
• **¡oiga!** *(al teléfono)* allô !
• **¡oye!** écoute !
ojal [oχál] *nm* boutonnière *f.*
¡ojalá! [oχalá] *interj* j'espère !
ojeada [oχeáða] *nf* coup *m* d'œil.
• **echar una ojeada** jeter un coup d'œil.
ojear [oχeár] *vt* **1** *(gen)* regarder. **2** *(la caza)* rabattre.
ojera [oχéra] *nf* cerne *m.*
• **tener ojeras** avoir des cernes.
ojo [óχo] *nm* **1** *(órgano)* œil *m.* **2** *(de una aguja)* chas *m.* **3** *(de la cerradura)* trou *m.* **4** *(de llave)* anneau *m.* **5** *(de un puente)* arche *f.*
• **a ojo** au jugé.
• **a ojos vistas** à vue d'œil.
• **cerrar los ojos ante** ALGO fermer les yeux sur QQCH.
• **¡dichosos los ojos que te ven!** quelle bonne surprise !
• **en un abrir y cerrar de ojos** en un clin d'œil.
• **¡mucho ojo!** attention !
• **no pegar ojo** ne pas fermer l'œil.
• **ojos que no ven corazón que no siente** loin des yeux, loin du cœur.
▪ **ojo de buey** œil de bœuf.
▪ **ojo de gallo** œil de perdrix.
▪ **ojos saltones** yeux exorbités.
okupa [okúpa] *nmf fam* squatter *m.*
ola [óla] *nf* vague *f.*
¡olé! [olé] *interj* bravo !
oleada [oleáða] *nf* vague *f.*
oleaje [oleáχe] *nm* houle *f.*
óleo [óleo] *nm* huile *f.*
oleoducto [oleoðúkto] *nm* oléoduc *m.*
oler [60] [olér] *vt* sentir: ***oler a rosa***, sentir la rose.
► *vpr* **olerse** flairer.
olfatear [olfateár] *vt* flairer.
olfato [olfáto] *nm* **1** *(sentido)* odorat *m.* **2** *(astucia)* flair *m.*
olimpiada [olimpiáða], **olimpíada** [olimpiaða] *nf* olympiade *f.*
olímpico,-ca [olimpiko,-ka] *adj* olympique: ***juegos olímpicos***, jeux olympiques.
oliva [oliβa] *nf* olive *f.*
▪ **oliva rellena** olive farcie.
olivar [oliβár] *nm* oliveraie *f.*
olivo [oliβo] *nm* olivier *m.*
olla [óʎa] *nf* marmite *f.*
▪ **olla a presión** autocuiseur *m.*
▪ **olla podrida** pot-pourri *m.*
olmo [ólmo] *nm* orme *m.*
olor [olór] *nm* odeur *f.*
oloroso,-sa [oloróso,-sa] *adj* odorant,-e.
olvidadizo,-za [olβiðaðiθo,-θa] *adj* oublieux,-euse.
olvidado,-da [olβiðáðo,-ða] *adj* **1** *(lo que se olvida)* oublié,-e. **2** *(olvidadizo)* oublieux,-euse.
olvidar [olβiðár] *vt* oublier.
► *vpr* **olvidarse** oublier.
olvido [olβiðo] *nm* oubli *m.*
• **caer en el olvido** tomber dans l'oubli.
ombligo [ombliγo] *nm* nombril *m.*
omisión [omisjón] *nf* omission *f.*
omiso,-sa [omiso,-sa] *adj* omis,-e.
• **hacer caso omiso de** faire peu de cas de.
omitir [omitir] *vt* omettre.
omoplato [omopláto] *nm* ANAT omoplate *f.*
once [ónθe] *num* onze *m.*

onda [ónda] *nf* **1** *(física)* onde *f.* **2** *(del pelo)* ondulation *f.*
▪ **onda corta** ondes courtes.
▪ **onda larga** grandes ondes.
▪ **onda media** ondes moyennes.
ondear [ondeár] *vi* **1** *(gen)* ondoyer. **2** *(bandera)* flotter.
ondulación [ondulaθjón] *nf* ondulation *f.*
ondulante [ondulánte] *adj* ondulant,-e.
oneroso,-sa [oneróso,-sa] *adj* onéreux, -euse.
ONG [oeneχé] *abr* (***organización no gubernamental***) ONG *f.*
onomástica [onomástika] *nf (de una persona)* fête *f.*
onomatopeya [onomatopéja] *nf* onomatopée *f.*
ONU [ónu] *abr* (***Organización de las Naciones Unidas***) ONU *f.*
onza [ónθa] *nf* **1** *(peso)* once *f.* **2** *(de chocolate)* carré *m.*
opaco,-ca [opáko,-ka] *adj* opaque.
ópalo [ópalo] *nm* opale *f.*
opción [opθjón] *nf* option *f.*
• **dar opción a ALGO** donner le droit à QQCH.
ópera [ópera] *nf* opéra *m.*
operación [operaθjón] *nf* opération *f.*
operador,-ra [operaðór,-ra] *nm,f* **1** *(gen)* opérateur,-trice. **2** *(de cine)* projectionniste.
▪ **operador turístico** tour-opérateur *m.*
operar [operár] *vt* opérer.
► *vpr* **operarse 1** *(quirúrgicamente)* se faire opérer. **2** *(ocurrir)* s'opérer.
operario,-ria [operárjo,-rja] *nm,f* ouvrier,-ère.
opinar [opinár] *vi* donner son avis.
► *vt* penser.
opinión [opinjón] *nf* opinion *f*, avis *m.*
• **cambiar de opinión** changer d'avis.
• **dar su opinión** donner son avis.
▪ **opinión pública** opinion publique.
opio [ópjo] *nm* opium *m.*
oponente [oponénte] *nmf* opposant,-e.
oponer [78] [oponér] *vt* opposer.
► *vpr* **oponerse** s'opposer.
oportunidad [oportuniðáð] *nf* **1** *(calidad de oportuno)* opportunité *f.* **2** *(ocasión)* occasion *f.* **3** *(posibilidad)* chance *f.*
• **dar una oportunidad** donner une chance.
oportunismo [oportunizmo] *nm* opportunisme *m.*
oportuno,-na [oportúno,-na] *adj* opportun,-e.
oposición [oposiθjón] *nf* **1** *(enfrentamiento)* opposition *f.* **2** *(examen)* concours *m.*
opresión [opresjón] *nf* oppression *f.*
oprimir [oprimír] *vt* **1** *(presionar)* appuyer sur. **2** *(dicho de un vestido)* serrer. **3** *(ahogar)* oppresser. **4** *fig (tiranizar)* opprimer.
optar [optár] *vi* **1 optar por** *(elegir)* choisir. **2 optar a** *(aspirar)* aspirer à.
• **optar por +** *inf* choisir de + *inf*: ***optó por callarse***, il a choisi de se taire.
optativo,-va [optatiβo,-βa] *adj* optionnel,-elle.
óptica [óptika] *nf* **1** *(gen)* optique *f.* **2** *(tienda)* opticien *m*: ***voy a la óptica***, je vais chez l'opticien.
óptico,-ca [óptiko,-ka] *adj* optique.
► *nm,f* opticien,-enne.
optimismo [optimizmo] *nm* optimisme *m.*
optimista [optimista] *adj* - *nmf* optimiste.
óptimo,-ma [óptimo,-ma] *adj* **1** *(gen)* optimal,-e. **2** *(perfecto)* excellent,-e.
opuesto,-ta [opwésto,-ta] *adj* opposé,-e.
opulento,-ta [opulénto,-ta] *adj* opulent,-e.
oración [oraθjón] *nf* **1** *(rezo)* prière *f.* **2** *(frase)* proposition *f.*
orador,-ra [oraðór,-ra] *nm,f* orateur,-trice.
oral [orál] *adj* oral,-e.
orangután [oraŋgután] *nm* orang-outan *m.*
orar [orár] *vt* - *vi* prier: ***orar a Dios***, prier Dieu.
órbita [órβita] *nf* orbite *f.*
• **en órbita** sur orbite.
orca [órka] *nf* orque *f.*
órdago [órðaγo].
• **de órdago** *fam (muy bueno)* du tonnerre.
orden [órðen] *nm* ordre *m.*
► *nf* ordre *m.*
• **del orden de** de l'ordre de.
• **estar a la orden del día** être monnaie courante.
• **llamar al orden** appeler à l'ordre.
• **poner en orden** ranger.

• **poner orden** mettre de l'ordre.
• **por orden de** sur ordre de.
• **sin orden ni concierto** à tort et à travers.
▪ **orden de arresto** mandat *m* d'arrêt.
▪ **orden del día** ordre du jour.
▪ **orden de pago** ordre de paiement.
▪ **orden público** ordre public.
ordenado,-da [orðenáðo,-ða] *adj* ordonné,-e.
ordenador [orðenaðór] *nm* ordinateur *m*.
▪ **ordenador personal** ordinateur personnel.
▪ **ordenador portátil** ordinateur portable.
ordenamiento [orðenamjénto] *nm* ordonnance *f*.
ordenanza [orðenánθa] *nf* règlement *m*.
► *nm* **1** *(soldado)* ordonnance *f*. **2** *(en las oficinas)* garçon *m* de bureau.
ordenar [orðenár] *vt* **1** *(mandar)* ordonner. **2** *(poner en orden)* ranger.
ordeñar [orðeɲár] *vt* traire.
ordinario,-ria [orðinárjo,-rja] *adj* **1** *(gen)* ordinaire. **2** *(grosero)* vulgaire, grossier, -ère.
orear [oreár] *vi* aérer.
► *vpr* **orearse** prendre l'air.
orégano [oréγano] *nm* origan *m*.
oreja [oréχa] *nf* oreille *f*.
• **verle las orejas al lobo** l'échapper belle.
orfanato [orfanáto] *nm* orphelinat *m*.
orfandad [orfandáð] *nf* état *m* d'orphelin.
orfebre [orféβre] *nm* orfèvre *m*.
orgánico,-ca [orγániko,-ka] *adj* organique.
organigrama [orγaniγráma] *nm* organigramme *m*.
organismo [orγanizmo] *nm* organisme *m*.
organización [orγaniθaθjón] *nf* organisation *f*.
organizar [4] [orγaniθár] *vt* organiser.
► *vpr* **organizarse** s'organiser.
órgano [órγano] *nm* **1** *(gen)* organe *m*. **2** MÚS orgue *m*.
orgasmo [orγázmo] *nm* orgasme *m*.
orgía [orχía] *nf* orgie *f*.
orgullo [orγúʎo] *nm* **1** *(soberbia)* orgueil *m*. **2** *(satisfacción)* fierté *f*.
orgulloso,-sa [orγuʎóso,-sa] *adj* **1** *(soberbio)* orgueilleux,-euse. **2** *(satisfecho)* fier, fière.
► *nm,f* orgueilleux,-euse.
orientación [orjentaθjón] *nf* orientation *f*.
oriental [orjentál] *adj* oriental,-e.
► *nmf* Oriental,-e.
orientar [orjentár] *vt* orienter.
► *vpr* **orientarse** s'orienter.
oriente [orjénte] *nm* orient *m*.
▪ **Extremo Oriente** Extrême-Orient *m*.
▪ **Lejano Oriente** Extrême-Orient *m*.
▪ **Oriente Medio** Moyen-Orient *m*.
▪ **Próximo Oriente** Proche-Orient *m*.
orificio [orifiθjo] *nm* orifice *m*.
origen [oriχen] *nm* origine *f*.
original [oriχinál] *adj* **1** *(relativo al origen)* originel,-elle: ***pecado original***, péché originel. **2** *(singular)* original,-e.
originar [oriχinár] *vt* provoquer.
► *vpr* **originarse** provenir (**en**, de).
originario,-ria [oriχinárjo,-rja] *adj* originaire.
• **ser originario de 1** *(persona)* être originaire de. **2** *(costumbre)* provenir de.
orilla [oríʎa] *nf* **1** *(del mar)* rivage *m*. **2** *(de un tejido, una mesa, etc)* bord *m*.
orina [orína] *nf* urine *f*.
orinal [orinál] *nm* pot *m* de chambre.
orinar [orinár] *vt* - *vi* uriner.
► *vpr* **orinarse** faire pipi.
oriundo,-da [orjúndo,-da] *adj* originaire.
ornamentación [ornamentaθjón] *nf* ornementation *f*.
ornamentar [ornamentár] *vt* orner.
oro [óro] *nm* or *m*.
• **hacerse de oro** faire fortune.
• **guardar** ALGO **como oro en paño** garder QQCH précieusement.
• **prometer el oro y el moro** promettre monts et merveilles.
orografía [oroγrafía] *nf* orographie *f*.
orquesta [orkésta] *nf* orchestre *m*.
orquídea [orkíðea] *nf* orchidée *f*.
ortiga [ortíγa] *nf* ortie *f*.
ortodoxo,-xa [ortoðókso,-sa] *adj* - *nm,f* orthodoxe.
ortografía [ortoγrafía] *nf* orthographe *f*.

ortográfico,-ca [ortoɣráfiko,-ka] *adj* orthographique.
ortopedia [ortopéðja] *nf* orthopédie *f.*
ortopédico,-ca [ortopéðiko,-ka] *adj* orthopédique.
► *nm,f* orthopédiste.
oruga [orúɣa] *nf* chenille *f.*
orujo [orúχo] *nm* marc *m.*
orzuelo [orθwélo] *nm* orgelet *m.*
os [os] *pron pers* vous: ***os veo***, je vous vois.
osa [ósa] *nf* ourse *f.*
osadía [osaðia] *nf* audace *f.*
osar [osár] *vi* oser.
oscilación [osθilaθjón] *nf* oscillation *f.*
oscilar [osθilár] *vi* osciller.
oscurecer [43] [oskureθér], **obscurecer** [43] [oβskureθér] *vt* **1** *(gen)* obscurcir. **2** *(color)* foncer.
► *vi* commencer à faire nuit.
► *vpr* **oscurecerse** s'assombrir.
oscuridad [oskuriðáð], **obscuridad** [oβskuriðáð] *nf* obscurité *f.*
oscuro,-ra [oskúro,-ra], **obscuro,-ra** [oβskúro,-ra] *adj* **1** *(gen)* obscur,-e. **2** *(color)* foncé,-e.
• **a oscuras** dans le noir.
óseo,-a [óseo,-a] *adj* osseux,-euse.
oso [óso] *nm* ours *m.*
▪ **oso de peluche** ours en peluche.
▪ **oso hormiguero** fourmilier *m.*
▪ **oso panda** panda *m.*
▪ **oso pardo** ours brun.
▪ **oso polar** ours blanc.
ostentación [ostentaθjón] *nf* ostentation *f.*
• **hacer ostentación de** faire étalage de.
ostentoso,-sa [ostentóso,-sa] *adj* somptueux,-euse.
ostentar [ostentár] *vt* **1** *(récord)* détenir. **2** *(exhibir)* arborer.
ostra [óstra] *nf* huître *f.*
• **aburrirse como una ostra** s'ennuyer à mourir.
OTAN [ótan] *abr (**Organización del Tratado del Atlántico Norte**)* OTAN *f.*
otoñal [otoɲál] *adj* automnal,-e.
otoño [otóɲo] *nm* automne *m.*
otorgar [7] [otorɣár] *vt* **1** *(dar)* accorder, octroyer. **2** *(un acta)* passer par-devant notaire. **3** *(poderes)* conférer.
otro,-tra [ótro,-tra] *adj* autre: ***otro libro***, un autre livre.
► *pron indef* un autre, une autre: ***préstame otro***, prête-m'en un autre.
• **el/la otro,-tra** l'autre.
• **¡otra!** une autre !
• **otro tanto** autant.
ovación [oβaθjón] *nf* ovation *f.*
oval [oβál] *adj* ovale.
ovalado,-da [oβaláðo,-ða] *adj* ovale.
óvalo [óβalo] *nm* ovale *m.*
ovario [oβárjo] *nm* ovaire *m.*
oveja [oβéχa] *nf* brebis *f.*
• **cada oveja con su pareja** à chacun sa chacune.
▪ **oveja negra** brebis galeuse.
ovillo [oβiʎo] *nm* pelote *f.*
• **hacerse un ovillo** se pelotonner.
ovino,-na [oβino,-na] *adj* ovin,-e.
ovíparo,-ra [oβiparo,-ra] *adj* ovipare.
ovni [óβni] *nm* ovni *m.*
óvulo [óβulo] *nm* ovule *m.*
oxidación [oksiðaθjón] *nf* oxydation *f.*
oxidar [oksiðár] *vt* **1** QUÍM oxyder. **2** *(metal)* rouiller.
► *vpr* **oxidarse** **1** QUÍM s'oxyder. **2** *(metal)* se rouiller.
óxido [óksiðo] *nm* **1** QUÍM oxyde *m.* **2** *(capa)* rouille *f.*
oxigenar [oksiχenár] *vt* oxygéner.
oxígeno [oksiχeno] *nm* oxygène *m.*
oyente [ojénte] *nmf* auditeur,-trice.
ozono [oθóno] *nm* ozone *m.*

P

pabellón [paβeʎón] *nm* pavillon *m*.
pacer [42] [paθér] *vi* paître.
pachucho,-cha [patʃútʃo,-tʃa] *adj fam* mal fichu,-e.
paciencia [paθjénθja] *nf* patience *f*.
• **perder la paciencia** perdre patience.
• **tener paciencia** être patient,-e.
paciente [paθjénte] *adj - nmf* patient,-e.
pacificación [paθifikaθjón] *nf* pacification *f*.
pacificar [1] [paθifikár] *vt* pacifier.
pacífico,-ca [paθífiko,-ka] *adj* pacifique.
pacifista [paθifista] *adj - nmf* pacifiste.
pactar [paktár] *vt - vi* convenir (de).
pacto [pákto] *nm* pacte *m*.
▪ **pacto social** accords *m pl* sociaux.
padecer [43] [paðeθér] *vt* **1** *(gen)* souffrir. **2** *(enfermedad)* être atteint,-e de. **3** *(injusticia, abusos)* subir. **4** *(soportar)* endurer.
► *vi* souffrir (**de**, de).
padrastro [paðrástro] *nm* **1** *(familiar)* beau-père *m*. **2** *(en las uñas)* envies *f pl*.
padre [páðre] *nm* père *m*.
► *adj fam* terrible: ***un disgusto padre***, une terrible déception.
► *nm pl* **padres** parents *m pl*.
• **¡tu padre!** *fam* et ta sœur ?
▪ **padre de familia** père de famille.
▪ **padre político** beau-père *m*.
padrenuestro [paðrenwéstro] *nm* REL Notre Père *m*.
padrino [paðrino] *nm* **1** *(en un bautismo)* parrain *m*. **2** *(en una boda)* témoin *m*.
padrón [paðrón] *nm* recensement *m*.
paella [paéʎa] *nf* paella *f*.
¡paf! [paf] *interj* paf !
paga [páγa] *nf* paye *f*.
▪ **paga extraordinaria** treizième mois *m*.
pagano,-na [paγáno,-na] *adj - nm,f* païen,-enne.
► *nm,f fam* dindon *m* de la farce.
pagar [7] [paγár] *vt* payer.
► *vpr* **pagarse** se payer.
• **¡me las pagarás!** *fam fig* tu me le paieras !
página [páχina] *nf* page *f*.
▪ **página de inicio** INFORM page d'accueil.
▪ **páginas amarillas®** pages jaunes®.
▪ **página web** INFORM page Web.
pago [páγo] *nm* **1** *(gen)* paiement *m*. **2** *fig (recompensa)* récompense *f*.
• **de pago** payant,-e.
• **en pago de** en remerciement de.
país [pais] *nm* pays *m*.
paisaje [paisáχe] *nm* paysage *m*.
paisano,-na [paisáno,-na] *adj - nm,f* compatriote.
• **de paisano** en civil.
paja [páχa] *nf* **1** *(del trigo, etc)* paille *f*. **2** *vulg (masturbación)* masturbation *f*.
• **hacerse una paja** *vulg* se branler.
pajar [paχár] *nm* grenier *m* à paille.
pájara [páχara] *nf* **1** *(animal)* oiseau *m*. **2** *(de un ciclista)* défaillance *f*. **3** *fam (mujer)* garce *f*.
pajarería [paχareria] *nf* oisellerie *f*.
pajarita [paχarita] *nf* **1** *(de tela)* nœud *m* papillon. **2** *(de papel)* cocotte *f*.
pájaro [páχaro] *nm* oiseau *m*.
• **matar dos pájaros de un tiro** faire d'une pierre deux coups.

■ **pájaro bobo** manchot *m*.
■ **pájaro carpintero** pivert *m*.
pajarraco [paχar̄áko] *nm* **1** *pey (pájaro)* vilain oiseau *m*. **2** *pey (persona)* drôle d'oiseau *m*.
paje [páχe] *nm* page *m*.
Pakistá, Paquistán [pakistán] *n pr* Pakistan *m*.
pakistaní, paquistaní [pakistaní] *adj* pakistanais,-e.
► *nm,f* Pakistanais,-e.
pala [pála] *nf* **1** *(gen)* pelle *f*. **2** *(de la azada, etc)* fer *m*. **3** *(de remo, de una hélice)* pale *f*. **4** *(del calzado)* empeigne *f*. **5** *(para jugar)* raquette *f*.
palabra [paláβra] *nf* **1** *(vocablo)* mot *m*. **2** *(habla)* parole *f*.
• **dar su palabra** donner sa parole.
• **dejar a ALGN con la palabra en la boca** ne pas laisser placer un mot à QQN.
• **en una palabra** en un mot.
• **medir las palabras** peser ses mots.
• **palabra por palabra** mot pour mot.
• **sin mediar palabra** sans dire un mot.
• **tener la palabra** avoir la parole.
• **tener la última palabra** avoir le dernier mot.
■ **palabra clave** INFORM mot clef.
■ **palabra de honor** parole d'honneur.
palabrería [palaβrería] *nf* bavardage *m*.
palabrota [palaβróta] *nf* gros mot *m*.
palacio [paláθjo] *nm* palais *m*.
■ **palacio de deportes** palais des sports.
■ **palacio de justicia** palais de justice.
palada [paláða] *nf* **1** *(cantidad)* pelletée *f*. **2** *(movimiento)* coup *m* de rame.
paladar [palaðár] *nm* **1** ANAT palais *m*. **2** *(gusto)* goût *m*.
paladear [palaðeár] *vt* savourer.
palanca [paláŋka] *nf* levier *m*.
■ **palanca de cambios** levier de vitesse.
palangana [palaŋgána] *nf* cuvette *f*.
palco [pálko] *nm (en un teatro)* loge *f*.
paleolítico,-ca [paleolítiko,-ka] *adj* paléolithique.
► *nm* **paleolítico** paléolithique *m*.
Palestina [palestína] *n pr* Palestine *f*.
palestino,-na [palestíno,-na] *adj* palestinien,-enne.
► *nm,f* Palestinien,-enne.
paleta [paléta] *nf* **1** *(instrumento)* petite pelle *f*. **2** *(de pintor)* palette *f*. **3** *(de hélice, ventilador)* pale *f*. **4** *(de albañil)* truelle *f*.
paletilla [paletíʎa] *nf* **1** ANAT omoplate *f*. **2** COC épaule *f*.
paleto,-ta [paléto,-ta] *adj - nm,f* plouc.
paliar [93] [paljár] *vt* atténuer.
palidecer [43] [paliðeθér] *vi* pâlir.
pálido,-da [páliðo,-ða] *adj* pâle.
palillo [palíʎo] *nm* **1** *(mondadientes)* cure-dents *m inv*. **2** *(de tambor)* baguette *f*.
► *nm pl* **palillos** *(para comida china)* baguettes *f pl*.
paliza [palíθa] *nf* **1** *(golpes, derrota)* raclée *f*. **2** *fam (cansancio)* ***la clase de baile fue una paliza***, le cours de danse a été super crevant. **3** *fam (pesadez)* plaie *f*.
palma [pálma] *nf* **1** *(de la mano)* paume *f*. **2** *(árbol)* palmier *m*; *(datilera)* dattier *m*. **3** *(hoja)* palme *f*.
► *nf pl* **palmas** applaudissements *m pl*.
• **conocer ALGO como la palma de la mano** connaître QQCH comme sa poche.
• **llevarse la palma** remporter la palme.
• **batir palmas** applaudir.
palmada [palmáða] *nf* tape *f*.
palmera [palméra] *nf* palmier *m*.
palmo [pálmo] *nm* empan *m*.
• **dejar a ALGN con un palmo de narices** laisser QQN le bec dans l'eau.
• **palmo a palmo** pied à pied.
palo [pálo] *nm* **1** *(gen)* bâton *m*. **2** DEP *(de la portería)* poteau *m*; *(de golf)* club *m*. **3** *(golpe)* coup *m*. **4** *(madera)* bois *m*. **5** *(de la baraja)* couleur *f*. **6** *(para jugar al billar)* queue *f*.
• **a palo seco** sans rien.
• **dar palo ALGO** *fam* embêter: ***me da palo ir a comprar***, j'ai la flemme d'aller faire les courses.
• **dar palos de ciego** aller à l'aveuglette.
• **de tal palo tal astilla** tel père tel fils.
• **ser un palo ALGO** *fam* être une galère.
paloma [palóma] *nf* pigeon *m*, colombe *f*.
■ **paloma mensajera** pigeon voyageur.
palomita [palomíta] *nf* pop-corn *m inv*.
palpable [palpáβle] *adj* palpable.
palpar [palpár] *vt* **1** *(tocar)* palper. **2** *(andar a tientas)* tâtonner.

palpitación [palpitaθjón] *nf* palpitation *f*.
palpitar [palpitár] *vi* palpiter.
paludismo [paluðízmo] *nm* MED paludisme *m*.
pamela [paméla] *nf* capeline *f*.
pampa [pámpa] *nf* pampa *f*.
pamplina [pamplína] *nf fam* baliverne *f*.
pan [pan] *nm* **1** *(alimento)* pain *m*. **2** *(lámina)* feuille *f*.
• **al pan, pan y al vino, vino** il faut appeler un chat un chat.
• **ganarse el pan** gagner son pain.
• **ser más bueno que el pan** être la bonté même.
• **ser pan comido** *fam fig* être du gâteau.
▪ **pan de molde** pain de mie.
▪ **pan de oro** feuille d'or.
▪ **pan integral** pain complet.
▪ **pan rallado** chapelure *f*.
pana [pána] *nf* velours *m* côtelé.
panacea [panaθéa] *nf* panacée *f*.
panadería [panaðería] *nf* boulangerie *f*.
panadero,-ra [panaðéro,-ra] *nm,f* boulanger,-ère.
Panamá [panamá] *n pr* Panama *m*.
panameño,-ña [panaméɲo,-ɲa] *adj* panaméen,-enne.
► *nm,f* Panaméen,-enne.
pancarta [paŋkárta] *nf* pancarte *f*.
páncreas [páŋkreas] *nm inv* ANAT pancréas *m inv*.
panda[1] [pánda] *nm (animal)* panda *m*.
panda[2] [pánda] *nf (grupo)* bande *f*.
pandereta [panderéta] *nf* tambour *m* de basque.
pandero [pandéro] *nm* **1** *(instrumento)* tambour *m* de basque. **2** *fam (trasero)* popotin *m*.
pandilla [pandíʎa] *nf* bande *f*.
panecillo [paneθíʎo] *nm* petit pain *m*.
panel [panél] *nm* **1** *(de puerta, etc)* panneau *m*. **2** *(de coche)* tableau *m* de bord.
panera [panéra] *nf* corbeille *f* à pain.
pánfilo,-la [pámfilo,-la] *adj - nm,f* **1** *(ingenuo)* niais,-e. **2** *pey (tranquilo)* flemmard,-e.
panfleto [pamfléto] *nm* pamphlet *m*.
pánico [pániko] *nm* panique *f*.
panorama [panoráma] *nm* panorama *m*.
pantalla [pantáʎa] *nf* **1** *(de lámpara)* abat-jour *m*. **2** *(de cine, televisión, ordenador, etc)* écran *m*.
pantalón [pantalón] *nm* pantalon *m*.
• **bajarse los pantalones** *fam* baisser son pantalon.
▪ **pantalón corto** culotte *f* courte.
▪ **pantalón vaquero** jean *m*.
pantano [pantáno] *nm* **1** *(ciénaga)* marais *m*. **2** *(de una presa)* retenue *f* d'eau.
pantanoso,-sa [pantanóso,-sa] *adj* marécageux,-euse.
panteón [panteón] *nm* panthéon *m*.
pantera [pantéra] *nf* panthère *f*.
pantomima [pantomíma] *nf* pantomime *f*.
pantorrilla [pantoříʎa] *nf* mollet *m*.
pantufla [pantúfla] *nf* pantoufle *f*.
panty [pánti] *nm* (*pl* **pantys** o **panties**) collant *m*.
panza [pánθa] *nf* panse *f*.
pañal [paɲál] *nm* couche *f*.
paño [páɲo] *nm* **1** *(de lana)* drap *m*. **2** *(tela)* étoffe *f*, tissu *m*. **3** *(trapo)* torchon *m*.
• **en paños menores** en petite tenue.
pañuelo [paɲwélo] *nm* **1** *(para sonarse)* mouchoir *m*. **2** *(de cabeza)* foulard *m*.
papa [pápa] *nm (sumo pontífice)* pape *m*.
• **no saber ni papa de ALGO** ne pas avoir la moindre idée de QQCH.
papá [papá] *nm* papa *m*.
▪ **Papá Noel** père *m* Noël.
papada [papáða] *nf* **1** *(de persona)* double menton *m*. **2** *(de los bueyes)* fanon *m*.
papagayo [papaɣájo] *nm* perroquet *m*.
papanatas [papanátas] *nm inv fam* nigaud *m*.
papel [papél] *nm* **1** *(material, hoja)* papier *m*. **2** *(en el teatro, el cine)* rôle *m*.
► *nm pl* **papeles** *(documentos, periódicos, etc)* papiers *m pl*.
• **desempeñar un papel** jouer un rôle.
• **hacer buen/mal papel** faire bonne/mauvaise figure.
• **perder los papeles** se mettre en colère.
• **ser papel mojado** rester lettre morte.
▪ **papel de calco** papier-calque *m*.
▪ **papel de fumar** papier à cigarettes.
▪ **papel de lija** papier de verre.
▪ **papel higiénico** papier toilette.

papeleo [papeléo] *nm* paperasserie *f*.
papelera [papeléra] *nf* **1** *(cesto)* corbeille *f* à papier. **2** *(fábrica)* papeterie *f*. **3** INFORM poubelle *f*.
papelería [papelería] *nf* papeterie *f*.
papelero,-ra [papeléro,-ra] *adj - nm,f* papetier,-ère.
papeleta [papeléta] *nf* **1** *(de rifa, etc)* billet *m*. **2** *(para votar)* bulletin *m*. **3** *fam (problema)* problème *m*.
paperas [papéras] *nf pl* MED oreillons *m pl*.
papilla [papíʎa] *nf* bouillie *f*.
• **hacer papilla ALGO** réduire QQCH en bouillie.
papiro [papíro] *nm* papyrus *m*.
paquete [pakéte] *nm* **1** *(gen)* paquet *m*. **2** *(conjunto)* ensemble: ***un paquete de reformas***, un train de réformes. **3** *fam (pañales)* couches *f pl*.
• **ir de paquete** *(en una moto, etc)* monter derrière.
• **meter un paquete** *fam (castigar)* passer un savon.
• **ser un paquete** être nul/nulle.
▪ **paquete bomba** colis *m* piégé.
▪ **paquete de software** progiciel *m*.
▪ **paquete postal** colis *m* postal.
▪ **paquete turístico** séjour *m* tout compris.
Paquistán → Pakistán.
paquistaní → pakistaní.
par [par] *adj* **1** *(gen)* pair,-e: ***número par***, nombre pair. **2** *(igual)* pareil,-eille.
► *nm* paire *f*.
• **a la par** en même temps.
• **de par en par** grand,-e ouvert,-e.
• **sin par** hors pair.
para [pára] *prep* **1** *(gen)* pour: ***una carta para ti***, une lettre pour toi. **2** *(a punto de)* sur le point de: ***estar para salir***, être sur le point de partir. **3** *(idea de finalidad, destino)* à: ***no servir para nada***, ne servir à rien.
• **para con** à l'égard de.
• **para que** pour que.
• **¿para qué?** pour quoi ?
parábola [paráβola] *nf* parabole *f*.
parabólica [paraβólika] *nf* antenne *f* parabolique.
parabrisas [paraβrísas] *nm* pare-brise *m inv*.
paracaídas [parakaíðas] *nm* parachute *m*.
paracaidista [parakaiðísta] *nmf* parachutiste.
parachoques [paratʃókes] *nm* pare-chocs *m inv*.
parada [paráða] *nf* **1** *(acción, lugar)* arrêt *m*. **2** *(de taxis, de metro)* station *f*. **3** *(desfile)* parade *f*.
paradero [paraðéro] *nm* endroit *m* où se trouve: ***desconozco su paradero***, je ne sais pas où il est.
parado,-da [paráðo,-ða] *adj* **1** *(indeciso)* timide. **2** *(lento)* lent,-e. **3** *(desocupado)* désœuvré,-e. **4** *(sin trabajo)* au chômage.
► *nm,f* chômeur,-euse.
paradójico,-ca [paraðóχiko,-ka] *adj* paradoxal,-e.
parador [paraðór] *nm hôtel de première catégorie propriété de l'État.*
paraguas [paráɣwas] *nm* parapluie *m*.
Paraguay [paraɣwái] *n pr* Paraguay *m*.
paraguayo,-ya [paraɣwájo,-ja] *adj* paraguayen,-enne.
► *nm,f* Paraguayen,-enne.
paragüero [paraɣwéro] *nm* porte-parapluie *m*.
paraíso [paraíso] *nm* paradis *m*.
paraje [paráχe] *nm* contrée *f*.
paralela [paraléla] *nf* parallèle *f*.
► *nf pl* **paralelas** DEP barres *f pl* parallèles.
paralelo,-la [paralélo,-la] *adj* parallèle.
► *nm* **paralelo** parallèle *m*.
parálisis [parálisis] *nf* paralysie *f*.
▪ **parálisis cerebral** attaque *f* cérébrale.
paralítico,-ca [paralítiko,-ka] *adj - nm,f* paralytique.
paralizar [4] [paraliθár] *vt* paralyser.
► *vpr* **paralizarse** se paralyser.
parapente [parapénte] *nm* parapente *m*.
parar [parár] *vi* **1** *(vehículo, mecanismo, etc)* s'arrêter. **2** *(cesar)* arrêter, cesser: ***no para de llover***, il pleut sans arrêt. **3** *(acabar, finalizar)* arriver à son terme.
► *vt* **1** *(movimiento, acción)* arrêter. **2** *(golpe)* parer.
► *vpr* **pararse** s'arrêter.
• **¿dónde iremos a parar?** où en arrivera-t-on ?

• **ir a parar** aboutir.
• **parar en seco** s'arrêter net.
• **sin parar** sans arrêt.
pararrayos [parar̄ájos] *nm inv* paratonnerre *m*.
parásito,-ta [parásito,-ta] *adj - nm,f* parasite.
parasol [parasól] *nm* parasol *m*.
parcela [parθéla] *nf* parcelle *f*.
parche [pártʃe] *nm* **1** *(para tapar)* pièce *f*. **2** *(en un neumático)* rustine *f*. **3** *(de medicamento)* patch *m*. **4** *fam (arreglo provisional)* rafistolage *m*.
parcial [parθjál] *adj* **1** *(no completo)* partiel,-elle. **2** *(no justo)* partial,-e.
► *nm (examen)* partiel *m*.
parco,-ca [párko,-ka] *adj* sobre.
pardo,-da [párðo,-ða] *adj* brun,-e.
parecer[1] [pareθér] *nm* **1** *(opinión)* avis *m*, opinion *f*. **2** *(aspecto)* air *m*.
• **a mi parecer** à mon avis.
parecer[2] [43] [pareθér] *vi* **1** *(tener apariencia)* avoir l'air de, sembler. **2** *(ser parecido)* ressembler à: ***parece un mono***, il ressemble à un singe.
► *v impers* **1** *(ser posible)* sembler: ***parece que va a llover***, on dirait qu'il va pleuvoir. **2** *(creer)* trouver, penser: ***me parece que hace frío***, je trouve qu'il fait froid; ***¿qué te parece?***, qu'en penses-tu ?
► *vpr* **parecerse** se ressembler.
• **al parecer** apparemment.
• **parecerse a** ALGN ressembler à QQN.
• **parece (ser) que** il semble que.
• **según parece** apparemment.
parecido,-da [pareθiðo,-ða] *adj* ressemblant,-e.
► *nm* **parecido** ressemblance *f*.
pared [paréð] *nf* **1** *(gen)* mur *m*. **2** *(divisoria)* paroi *f*.
• **subirse por las paredes** exploser.
▪ **pared maestra** mur porteur.
pareja [paréχa] *nf* **1** *(de personas, de animales)* couple *m*. **2** *(en los bailes)* cavalier, -ère.
• **por parejas** deux par deux.
• **hacer buena pareja** former un beau couple.
▪ **pareja de hecho** couple non marié.
parentela [parentéla] *nf* parenté *f*.
parentesco [parentésko] *nm* lien *m* de parenté.
paréntesis [paréntesis] *nm inv* parenthèse *f*.
• **entre paréntesis** entre parenthèses.
• **hacer un paréntesis** faire une parenthèse.
pariente,-ta [parjénte,-ta] *nm,f* parent,-e.
parir [parír] *vi* **1** *(la mujer)* accoucher. **2** *(los animales)* mettre bas.
parking [párkin] *nm* parking *m*.
parlamentario,-ria [parlamentárjo,-rja] *adj - nm,f* parlementaire.
parlamento [parlaménto] *nm* **1** *(asamblea)* parlement *m*. **2** *(discurso)* discours *m*.
parlanchín,-ina [parlantʃín,-ina] *adj - nm,f* bavard,-e.
paro [páro] *nm* **1** *(situación laboral)* chômage *m*. **2** *(parada)* arrêt *m*.
• **estar en el paro** être au chômage.
▪ **paro cardíaco** arrêt cardiaque.
parodia [paróðja] *nf* parodie *f*.
parpadear [parpaðeár] *vi* clignoter.
párpado [párpaðo] *nm* paupière *f*.
parque [párke] *nm* parc *m*.
▪ **parque acuático** parc aquatique.
▪ **parque de atracciones** parc d'attractions.
▪ **parque temático** parc à thème.
▪ **parque zoológico** parc zoologique.
parqué [parké] *nm* parquet *m*.
parquet [parkét] *nm* (*pl* **parquets**) parquet *m*.
parquímetro [parkímetro] *nm* parcmètre *m*.
parra [pár̄a] *nf* treille *f*.
• **subirse a la parra 1** *fam (tomarse atribuciones)* prendre la grosse tête. **2** *(enfadarse)* exploser.
párrafo [pár̄afo] *nm* paragraphe *m*.
parranda [par̄ánda] *nf fam* fête *f*, virée *f*: ***salir de parranda***, faire la nouba.
parrilla [par̄iʎa] *nf* **1** *(para asar)* gril *m*. **2** DEP *(de salida)* grille *f* de départ.
• **a la parrilla** au gril.
parrillada [par̄iʎáða] *nf* COC assortiment *m* de grillades.
párroco [pár̄oko] *nm* curé *m*.

parroquia [parókja] *nf* **1** *(zona, iglesia)* paroisse *f.* **2** *(clientela)* clientèle *f.*
parsimonia [parsimónja] *nf* **1** *(lentitud)* lenteur *f.* **2** *(moderación)* parcimonie *f.*
parte [párte] *nf* **1** *(trozo)* partie *f.* **2** *(en una contienda)* partie *f,* côté *m.* **3** *(en un reparto)* part *f.* **4** *(lado)* côté *m.* **5** DER, MÚS partie *f.*
► *nm* **1** *(informe)* rapport *m,* bulletin *m.* **2** *(telegrama)* dépêche *f.*
• **a partes iguales** à parts égales.
• **dar parte de** faire part de.
• **de parte a parte** de bout en bout.
• **de parte de** de la part de: ***¿de parte de quién?***, c'est de la part de qui ?
• **en parte** en partie.
• **estar de parte de** être du côté de.
• **formar parte de** faire partie de.
• **la mayor parte de** la plupart de.
• **por mi parte** en ce qui me concerne.
• **por otra parte** par ailleurs.
• **por todos partes** partout.
▪ **parte facultativo** bulletin de santé.
▪ **parte meteorológico** bulletin météorologique.
participación [partiθipaθjón] *nf* **1** *(gen)* participation *f.* **2** *(de lotería)* billet *m.*
participante [partiθipánte] *adj - nmf* participant,-e.
participar [partiθipár] *vi* **1** *(tomar parte)* participer (**en**, à). **2** **participar de** *(compartir)* partager.
► *vt* annoncer.
participio [partiθipjo] *nm* participe *m.*
partícula [partíkula] *nf* particule *f.*
particular [partikulár] *adj* **1** *(gen)* particulier,-ère. **2** *(privado)* personnel,-elle.
► *nm (asunto)* sujet *m.*
• **en particular** en particulier.
• **sin otro particular, se despide atentamente** je vous prie d'agréer mes salutations distinguées.
particularidad [partikulariðáð] *nf* particularité *f.*
partida [partíða] *nf* **1** *(marcha)* départ *m.* **2** *(en el juego)* partie *f.* **3** *(de nacimiento, etc)* acte *f,* extrait *m.* **4** *(en una cuenta)* article *m.* **5** *(de una mercancía)* lot *m.*
▪ **partida de nacimiento** acte de naissance.
partidario,-ria [partiðárjo,-rja] *adj - nm,f* partisan,-e.
partido,-da [partíðo,-ða] *adj* divisé,-e.
► *nm* **partido 1** DEP partie *f; (de fútbol, etc)* match *m.* **2** *(político)* parti *m.*
• **sacar partido de** tirer parti de.
• **tomar partido por** prendre parti pour.
▪ **partido amistoso** match amical.
▪ **partido de desempate** la belle.
▪ **partido judicial** arrondissement *m.*
partir [partír] *vt* **1** *(dividir)* diviser. **2** *(romper)* casser. **3** *(cortar)* couper. **4** *(repartir)* partager.
► *vpr* **partirse** se casser.
• **a partir de hoy** à partir d'aujourd'hui.
partitura [partitúra] *nf* partition *f.*
parto [párto] *nm* **1** *(de una mujer)* accouchement *m.* **2** *(de animal)* mise *f* bas.
• **estar de parto** être en travail.
▪ **parto natural** accouchement naturel.
▪ **parto prematuro** accouchement prématuré.
parvulario [parβulárjo] *nm* école *f* maternelle.
pasa [pása] *nf* raisin *m* sec.
pasable [pasáβle] *adj* acceptable.
pasada [pasáða] *nf* **1** *fam (cosa extraordinaria)* merveille *f*: ***¡qué pasada de regalo!***, ce cadeau est vraiment génial ! **2** *(capa)* couche *f.*
• **de pasada** en passant.
• **jugarle una mala pasada a** ALGN jouer un mauvais tour à QQN.
pasadizo [pasaðiθo] *nm* passage *m.*
pasado,-da [pasáðo,-ða] *adj* **1** *(de un tiempo anterior)* passé,-e; *(inmediatamente anterior)* dernier,-ère: ***el mes pasado***, le mois dernier. **2** *(fruta)* blet, blette.
► *nm* **pasado** passé *m.*
• **pasadas las...** sonné,-e...: ***llegó pasadas las once***, il est arrivé onze heures bien sonnées.
• **pasado mañana** après-demain.
pasador,-ra [pasaðór,-ra] *adj - nm,f* passeur,-euse.
► *nm* **pasador** barrette *f.*
pasaje [pasáχe] *nm* **1** *(gen)* passage *m.* **2** *(pasajeros)* passagers *m pl.* **3** *(de barco o avión)* billet *m.*

pasajero,-ra [pasaχéro,-ra] *adj - nm,f* passager,-ère.

pasamontañas [pasamontáɲas] *nm* passe-montagne *m*.

pasaporte [pasapórte] *nm* passeport *m*.

pasar [pasár] *vi* **1** *(gen)* passer: ***ha pasado mucho tiempo en el extranjero***, il a passé beaucoup de temps à l'étranger. **2** *(padecer)* avoir: ***aún no ha pasado la varicela***, elle n'a pas encore eu la varicelle. **3** *(aventajar)* dépasser. **4** *(tragar)* avaler: ***no consigue pasar la carne***, il n'arrive pas à avaler sa viande. **5** *fig (sufrir)* endurer, avoir: ***pasar frío y hambre***, avoir froid et faim.
► *vi* **1** *(gen)* passer: ***pasó por mi casa***, il est passé chez moi. **2** *(entrar)* entrer: ***pase, por favor***, veuillez entrer. **3** *(arreglarse)* s'arranger (**con**, de). **4 pasar de** *(sobrepasar)* dépasser. **5** *fam (mostrar poco interés)* n'en avoir rien à faire de.
► *v impers (acontecer)* se passer.
► *vpr* **pasarse 1** *(gen)* passer: ***pasarse al enemigo***, passer à l'ennemi. **2 pasarse de** *(excederse)* être trop: ***pasarse de bueno***, être trop bon. **3** *(comida)* se gâter. **4** *(olvidar)* oublier: ***se me pasó la hora***, j'ai oublié l'heure.

pasatiempo [pasatjémpo] *nm* passe-temps *m*.

Pascua [páskwa] *nf* **1** *(fiesta cristiana)* Pâques *m*. **2** *(fiesta judía)* Pâque *f*.
► *nf pl* **Pascuas** *(navidad)* Noël *m*.
• **de Pascuas a Ramos** tous les trente-six du mois.
• **¡felices Pascuas!** joyeux Noël !
• **y santas pascuas** un point c'est tout.

pase [páse] *nm* **1** *(permiso)* laissez-passer *m inv*. **2** DEP passe *f*. **3** *(de película)* projection *f*. **4** *(de modelos)* défilé *f*.

pasear [paseár] *vt* promener.
► *vpr* **pasearse** se promener.

paseo [paséo] *nm* promenade *f*.
• **dar un paseo** faire une promenade.
• **mandar a paseo** envoyer promener.
▪ **paseo marítimo** front *m* de mer.

pasillo [pasiʎo] *nm* couloir *m*.

pasión [pasjón] *nf* passion *f*.

pasivo,-va [pasiβo,-βa] *adj* passif,-ive.
► *nm* **pasivo** COM passif *m*.

pasmar [pazmár] *vt* stupéfier.
► *vpr* **pasmarse** s'étonner.

pasmoso,-sa [pazmóso,-sa] *adj* stupéfiant,-e.

paso [páso] *nm* **1** *(con el pie)* pas *m*: ***dar un paso***, faire un pas. **2** *(manera de andar)* démarche *f*. **3** *(acción, lugar)* passage *m*. **4** *(en procesiones)* char *m*.
• **a dos pasos** à deux pas.
• **abrirse paso** se frayer un chemin.
• **a cada paso** à chaque instant.
• **de paso** au passage.
• **paso a paso** pas à pas.
• **salir al paso de** couper court à.
• **salir del paso** se tirer d'affaire.
▪ **paso a nivel** passage à niveau.
▪ **paso de cebra** passage clouté.
▪ **paso de peatones** passage piétons.
▪ **paso elevado** autopont *m*.
▪ **paso subterráneo** passage souterrain.

pasota [pasóta] *adj - nmf fam* je-m'en-foutiste.

pasotismo [pasotizmo] *nm* je-m'en-foutisme *m*.

pasta [pásta] *nf* **1** *(masa)* pâte *f*. **2** *(macarrones, tallarines, fideos)* pâtes *f pl*. **3** *(bollería)* petit pain *m*, pâtisserie *f*. **4** *(de libro)* reliure *f*. **5** *fam (dinero)* galette *f*, fric *m*. **6** *fam (talento)* étoffe *f*.
• **ser de buena pasta** être une bonne pâte.
• **tener pasta gansa** avoir du fric.
▪ **pasta de dientes** dentifrice *m*.
▪ **pasta de té** petit-four *m*.

pastar [pastár] *vi* pâturer.

pastel [pastél] *nm* **1** *(dulce)* gâteau *m*. **2** *(de carne)* pâté *m*. **3** *(color)* pastel *m*.
► *adj inv (color)* pastel.
• **descubrir el pastel** découvrir le pot aux roses.
• **repartirse el pastel** avoir sa part du gâteau.

pastelería [pasteleria] *nf* pâtisserie *f*.

pastelero,-ra [pasteléro,-ra] *nm,f* pâtissier,-ère.

pastilla [pastiʎa] *nf* **1** *(medicamento)* cachet *m*. **2** *(caramelo)* pastille *f*. **3** *(de chocolate)* tablette *f*. **4** *(de jabón)* savonnette *f*. **5** *(de coche)* pastille *f*.

• **a toda pastilla 1** *fam (a gran velocidad)* à toute blinde. **2** *fam (a todo volumen)* à fond.
pasto [pásto] *nm* **1** *(para alimentar al ganado)* fourrage *m*, pâture *f*. **2** *(acción, lugar)* pâturage *m*.
• **ser pasto de** être la proie de.
pastor,-ra [pastór,-ra] *nm,f (de ganado)* berger,-ère.
► *nm* **pastor** *(sacerdote)* pasteur *m*.
pastoso,-sa [pastóso,-sa] *adj* pâteux, -euse.
pata[1] [páta] *nf* **1** *(de animal - pierna)* patte *f*; *(- pie, pezuña, garra)* pied *m*. **2** *(de mueble)* pied *m*. **3** *fam (de persona)* patte *f*, jambe *f*. **4** *(de pantalón)* patte *f*.
• **a cuatro patas** à quatre pattes.
• **a la pata coja** à cloche-pied.
• **a pata** *fam* à pied.
• **estirar la pata** *fam* casser sa pipe.
• **meter la pata** *fam* faire une gaffe.
• **patas arriba 1** *(posición)* les quatre fers en l'air. **2** *(en desorden)* sens dessus dessous.
• **tener mala pata** *fam* avoir la poisse.
▪ **patas de gallo** pattes-d'oie.
pata[2] [páta] *nf (animal)* cane *f*.
patada [patáða] *nf* coup *m* de pied.
• **a patadas 1** *fam (en abundancia)* abondamment, à la pelle. **2** *fam (echar, tratar)* à coups de pied dans le derrière.
patalear [pataleár] *vi* **1** *(niño)* gigoter. **2** *(en el suelo)* trépigner.
pataleta [pataléta] *nf fam* crise *f* de colère.
patata [patáta] *nf* pomme *f* de terre.
▪ **patata caliente** *fig* dossier *m* urgent.
▪ **patatas fritas 1** *(de sartén)* frites *f pl*. **2** *(de bolsa)* chips *f pl*.
▪ **patatas paja** pommes *f pl* paille.
patatús [patatús] *nm fam* évanouissement *m*.
• **darle un patatús a ALGN** *fam* tomber dans les pommes, tourner de l'œil.
paté [paté] *nm* pâté *m*.
patear [pateár] *vt* **1** *(pisotear)* piétiner. **2** *fig (despreciar)* mépriser. **3** *fam (abuchear)* siffler.
► *vpr* **patearse** *fam (recorrer)* parcourir.
patentar [patentár] *vt* **1** *(invento)* patenter, breveter. **2** *(marca)* déposer.
patente [paténte] *adj* patent,-e, évident,-e.
► *nf* patente *f*, brevet *m*.
paternal [paternál] *adj* paternel,-elle.
paternidad [paterniðáð] *nf* paternité *f*.
paterno,-na [patérno,-na] *adj* paternel, -elle.
patético,-ca [patétiko,-ka] *adj* pathétique.
patilla [patiʎa] *nf* **1** *(de barba)* favoris *m pl*. **2** *(de gafa)* branche *f*.
patín [patin] *nm (para patinar)* patin *m*.
patinador,-ra [patinaðór,-ra] *nm,f* patineur,-euse.
patinaje [patináχe] *nm* patinage *m*.
patinar [patinár] *vi* **1** *(con patines)* patiner. **2** *(vehículo)* déraper, patiner. **3** *(desplazarse)* riper. **4** *fam (equivocarse)* faire une gaffe.
patinazo [patináθo] *nm* **1** *(de vehículo)* dérapage *m*, patinage *m*. **2** *(resbalón)* dérapage *m*. **3** *fam (error)* gaffe *f*, bévue *f*.
patinete [patinéte] *nm* trottinette *f*.
patio [pátjo] *nm* cour *f*.
• **¡cómo está el patio!** bonjour l'ambiance !
▪ **patio de butacas** orchestre *m*.
▪ **patio de luces** cour intérieure.
pato [páto] *nm* canard *m*.
• **pagar el pato** *fam* payer les pots cassés.
patoso,-sa [patóso,-sa] *adj - nm,f fam (torpe)* pataud,-e, lourdaud,-e.
patraña [patráɲa] *nf* bobard *m*, mensonge *m*.
patria [pátrja] *nf* patrie *f*.
▪ **patria chica** ville *f* natale.
patrimonio [patrimónjo] *nm* patrimoine *m*.
patriota [patrjóta] *nmf* patriote.
patriótico,-ca [patrjótiko,-ka] *adj* patriotique.
patriotismo [patrjotizmo] *nm* patriotisme *m*.
patrocinar [patroθinár] *vt* sponsoriser.
patrón,-ona [patrón,-óna] *nm,f* **1** *(de empresa, de barco, santo)* patron,-onne. **2** *(de casa de huéspedes)* hôte, hôtesse.
► *nm* **patrón** patron *m*.
• **cortado,-da por el mismo patrón** taillé,-e sur le même modèle.

patronal [patronál] *adj* patronal,-e.
► *nf (empresariado)* patronat *m.*
patrulla [patrúʎa] *nf* patrouille *f.*
patrullar [patruʎár] *vi* patrouiller.
pausa [páusa] *nf* pause *f.*
pausado,-da [pausáðo,-ða] *adj* calme, posé,-e.
pauta [páuta] *nf* **1** *(regla, modelo)* règle *f*, norme *f.* **2** *(en papel)* lignes *f pl (d'un papier réglé)*.
pavimentar [paβimentár] *vt* paver.
pavimento [paβiménto] *nm* revêtement *m.*
pavo,-va [páβo,-βa] *nm,f* dindon *m*, dinde *f.*
▪ **pavo,-va real** paon,-onne.
payaso [pajáso] *nm* clown *m.*
paz [paθ] *nf* paix *f.*
• **dejar en paz** laisser tranquille, ficher la paix.
• **estar en paz** être quitte.
• **hacer las paces** faire la paix.
• **que en paz descanse** **1** *(deseo)* qu'il repose en paix, paix à son âme. **2** *(difunto)* feu,-e: ***mi mujer, que en paz descanse, era maestra***, feue ma femme était institutrice.
peaje [peáχe] *nm* péage *m.*
peatón,-ona [peatón,-óna] *nm,f* piéton, -onne: ***paso de peatones***, passage pour piétons.
peatonal [peatonál] *adj* piétonnier,-ère.
peca [péka] *nf* tache *f* de rousseur.
pecado [pekáðo] *nm* péché *m.*
pecador,-ra [pekaðór,-ra] *adj - nm,f* pécheur,-eresse.
pecar [1] [pekár] *vi* pécher (**de**, par).
pecera [peθéra] *nf* **1** *(redonda)* bocal *m.* **2** *(rectangular)* aquarium *m.*
pecho [pétʃo] *nm* **1** *(tórax)* poitrine *f.* **2** *(de mujer)* gorge *f*, poitrine *f.* **3** *(seno)* sein *m*, mamelle *f.*
• **dar el pecho** donner le sein.
• **tomarse a pecho** ALGO prendre à cœur QQCH.
pechuga [petʃúγa] *nf* blanc *m.*
▪ **pechuga de pollo** blanc de poulet.
pecoso,-sa [pekóso,-sa] *adj* qui a des taches de rousseur.
peculiar [pekuljár] *adj* particulier,-ère.
pedagogía [peðaγoχía] *nf* pédagogie *f.*
pedal [peðál] *nm* pédale *f.*
pedalear [peðaleár] *vi* pédaler.
pedante [peðánte] *adj - nmf* pédant,-e.
pedantería [peðantería] *nf* pédanterie *f.*
pedazo [peðáθo] *nm* morceau *m.*
• **hacer pedazos** mettre en morceaux.
• **ser un pedazo de pan** être la bonté même.
• **pedazo de...** *fam* espèce de ... bougre de ...: ***¡pedazo de imbécil!***, espèce d'imbécile !
pedestal [peðestál] *nm* piédestal *m*, socle *m.*
pediatra [peðjátra] *nmf* pédiatre.
pedido [peðíðo] *nm* commande *f.*
• **hacer un pedido** passer une commande.
pedir [34] [peðír] *vt* **1** *(gen)* demander. **2** *(en tienda, bar)* demander, commander. **3** *(limosna)* mendier.
• **pedir + *inf*** demander à + *inf.*
pedo [péðo] *nm* **1** *fam (ventosidad)* pet *m.* **2** *fam (borrachera)* cuite *f.*
• **coger un pedo** *fam* prendre une cuite.
• **estar pedo** *fam* avoir une cuite.
• **tirarse un pedo** *fam* faire un pet.
pedrería [peðrería] *nf* pierreries *f pl.*
pega [péγa] *nf fam (dificultad)* colle *f*, difficulté *f.*
• **de pega** *fam* à la gomme, en toc.
• **poner pegas a todo** trouver à redire.
pegadizo,-za [peγaðíθo,-θa] *adj (música, canción)* qui accroche.
pegajoso,-sa [peγaχóso,-sa] *adj* collant,-e.
pegamento [peγaménto] *nm* colle *f.*
pegar [7] [peγár] *vt* **1** *(con pegamento)* coller. **2** *(arrimar)* appliquer, fixer. **3** *(golpear)* battre, frapper. **4** *(golpe, bofetada)* donner. **5** *(producir, dar - salto)* faire; *(- grito, voces)* pousser; *(- tiro)* tirer. **6** *(enfermedad)* communiquer, passer.
► *vi* **1** *(adherir)* coller. **2** *(sentar bien)* aller. **3** *(venir a propósito)* tomber bien. **4** *(armonizar)* aller. **5** *(sol, viento)* taper.
► *vpr* **pegarse** **1** *(adherirse)* coller. **2** *(guiso)* attacher. **3** *(pelearse)* se battre. **4** *(contagiarse - enfermedad, acento)* s'attraper; *(- costumbre)* se transmettre. **5** *fam (baño, siesta, desayuno)* se faire. **6** *fam (pasarse)* mener. **7** *(a persona)* coller.

• **pegar fuego** mettre le feu.
• **pegársela a ALGN** tromper QQN.
pegatina [peɣatina] *nf* autocollant *m*.
pegote [peɣóte] *nm* **1** *(cosa espesa)* pâtée *f*, cataplasme *m*. **2** *(añadido ridículo)* ornement *m* ridicule, emplâtre *m*. **3** *fam (persona)* pique-assiette *m*.
• **tirarse un pegote** *fam* faire l'intéressant,-e.
peinado [peináðo] *nm* coiffure *f*.
peinar [peinár] *vt* coiffer, peigner.
► *vpr* **peinarse** se coiffer, se peigner.
peine [péine] *nm* peigne *m*.
peladilla [pelaðiʎa] *nf* dragée *f*.
pelado,-da [peláðo,-ða] *adj* **1** *(terreno)* dénudé,-e, pelé,-e. **2** *(piel, fruta)* pelé,-e. **3** *(cabeza)* tondu,-e, rasé,-e. **4** *(ave)* plumé, -e. **5** *(hueso)* décharné,-e. **6** *fam (sin dinero)* fauché,-e. **7** *fam (estilo)* dépouillé,-e. **8** *(número)* rond,-e. **9** *fam (justo, exacto)* tout juste.
pelaje [peláχe] *nm* pelage *m*, robe *f*.
pelar [pelár] *vt* **1** *(pelo)* tondre, couper. **2** *(fruta, verdura)* éplucher, peler. **3** *fam (a alguien)* dépouiller, plumer.
► *vpr* **pelarse 1** *(perder piel)* peler. **2** *fam (cortarse el pelo)* se faire couper les cheveux.
• **correr que se las pela** courir comme un dératé.
• **duro,-ra de pelar 1** *(cosa)* difficile. **2** (persona) dur,-e à cuire.
• **pelarse de frío** mourir de froid.
peldaño [peldáɲo] *nm* **1** *(de escalera)* marche *f*, degré *m*. **2** *(de escalera de mano)* échelon *m*.
pelea [peléa] *nf* **1** *(enfrentamiento físico - de personas)* lutte *f*, bagarre *f*; *(- de animales)* combat *m*. **2** *(riña, discusión)* dispute *f*. **3** *(esfuerzo)* lutte *f*.
pelear [peleár] *vi - vpr* **pelear(se) 1** *(enfrentarse físicamente)* lutter, se battre. **2** *(reñir, discutir)* se disputer. **3** *(enemistarse)* se brouiller. **4** se battre (**por**, pour), lutter (**por**, pour).
pelele [peléle] *nm* **1** *(muñeco)* bonhomme *m*, mannequin *m*. **2** *(persona)* pantin *m*. **3** *(prenda)* barboteuse *f*.
peletería [peleteria] *nf* pelleterie *f*.
peletero,-ra [peletéro,-ra] *adj - nm,f* fourreur *m*.
peliagudo,-da [peljaɣúðo,-ða] *adj* épineux,-euse.
pelícano [pelikano], **pelicano** [pelikáno] *nm* pélican *m*.
película [pelikula] *nf* **1** *(de cine)* film *m*. **2** *(membrana, capa)* pellicule *f*.
• **de película** *fam* du tonnerre, formidable.
peligrar [peliɣrár] *vi* être en danger.
• **hacer peligrar** mettre en danger.
peligro [peliɣro] *nm* danger *m*, péril *m*.
• **correr el peligro de** courir le risque de.
• **correr peligro** être en danger.
• **en peligro** en danger.
• **fuera de peligro** hors de danger.
• **poner en peligro** mettre en danger.
peligroso,-sa [peliɣróso,-sa] *adj* dangereux,-euse, périlleux,-euse.
pelirrojo,-ja [pelir̄óχo,-χa] *adj - nm,f* roux, rousse.
pellejo [peʎéχo] *nm* peau *f*.
• **estar en el pellejo de ALGN** être dans la peau de QQN.
• **salvar el pellejo** sauver sa peau.
pellizcar [12] [peʎiθkár] *vt* pincer.
pellizco [peʎiθko] *nm* **1** *(acción de pellizcar)* pincement *m*. **2** *(señal en la piel)* pinçon *m*. **3** *(porción pequeña)* pincée *f*.
• **dar un pellizco** pincer.
pelma [pélma] *adj - nmf fam* enquiquineur,-euse.
pelmazo,-za [pelmáθo,-θa] *nm,f* casse-pieds *inv*.
pelo [pélo] *nm* **1** *(gen)* poil *m*. **2** *(de la cabeza)* cheveu *m*. **3** *(conjunto de cabellos)* cheveux *m pl*: ***tiene el pelo rizado***, il a les cheveux frisés. **4** *(de animal)* poil *m*, pelage *m*.
• **con pelos y señales** en long, en large et en travers.
• **de medio pelo** quelconque, très ordinaire.
• **de pelo en pecho** brave, courageux, -euse.
• **no tener pelos en la lengua** ne pas mâcher ses mots.
• **no tener un pelo de tonto,-ta** n'avoir rien d'un imbécile.

- **no verle el pelo a ALGN** ne pas voir QQN.
- **poner los pelos de punta** faire dresser les cheveux sur la tête.
- **por los pelos** de justesse.
- **soltarse el pelo** *(desinhibirse)* se déchaîner, se lancer.
- **tirarse de los pelos** *(desesperarse)* s'arracher les cheveux.
- **tomarle el pelo a ALGN** se payer la tête de QQN.
- **venir al pelo** tomber à pic, être à propos.

pelota [pelòta] *nf* **1** *(gen)* balle *f*: ***una pelota de tenis***, une balle de tennis. **2** *(grande)* ballon *m*: ***una pelota de fútbol***, un ballon de football.
▶ *nmf fam* lèche-bottes *inv*.
- **en pelotas** *vulg* à poil.
- **hacer la pelota a ALGN** *fam* passer de la pommade à QQN.
- **tocar las pelotas** *vulg* faire chier.
- ▪ **pelota vasca** pelote *f* basque.

pelotazo [pelotàθo] *nm* **1** *(golpe)* coup *m* de ballon. **2** *fam (bebida)* verre *m*.
pelotón [pelotòn] *nm* peloton *m*.
peluca [pelùka] *nf* perruque *f*.
peludo,-da [pelùðo,-ða] *adj* poilu,-e, velu,-e.
peluquería [pelukeria] *nf* salon *m* de coiffure.
- **ir a la peluquería** aller chez le coiffeur.

peluquero,-ra [pelukèro,-ra] *nm,f* coiffeur,-euse.
pelusa [pelùsa] *nf* **1** *(de frutas, plantas, personas)* duvet *m*. **2** *(de telas)* peluche *f*. **3** *(bajo los muebles)* mouton *m*.
pelvis [pèlβis] *nf* ANAT bassin *m*.
pena [pèna] *nf* peine *f*.
- **a duras penas** à grand-peine.
- **ahogar las penas** noyer son chagrin.
- **dar pena** faire de la peine.
- **merecer la pena** valoir la peine.
- **¡qué pena!** quel dommage !
- **ser de pena** être lamentable.
- **valer la pena** valoir la peine.
- ▪ **pena capital** peine capitale.
- ▪ **pena de muerte** peine de mort.

penalti [penàlti] *nm* DEP penalty.
pender [pendèr] *vi* pendre (**de**, à).
pendiente [pendjènte] *adj* **1** *(gen)* pendant,-e, suspendu,-e. **2** *(por resolver)* en suspens. **3** *(en espera)* en attente.
▶ *nm (joya)* boucle *f* d'oreille.
▶ *nf (de terreno, montaña)* pente *f*.
- **en pendiente** en pente.
- **estar pendiente de ALGO** *(estar a la espera)* être dans l'attente de QQCH.
- **estar pendiente de ALGN** *(atender, vigilar)* être attentif à QQN.
- **tener pendiente ALGO 1** *(asunto)* avoir une affaire en suspens. **2** *(asignatura)* recaler.

péndulo [pèndulo] *nm* pendule *f*.
pene [pène] *nm* pénis *m*.
penetrar [penetràr] *vt - vi* pénétrer.
penicilina [peniθilina] *nf* pénicilline *f*.
península [peninsula] *nf (pequeña)* presqu'île *f*; *(grande)* péninsule *f*.
peninsular [peninsulàr] *adj* péninsulaire.
penitencia [penitènθja] *nf* pénitence *f*.
penitente [penitènte] *adj - nmf* pénitent,-e.
penoso,-sa [penòso,-sa] *adj* pénible.
pensado,-da [pensàðo,-ða] *adj (decisión, proyecto)* pesé,-e, réfléchi,-e.
- **bien pensado...** tout bien pesé ....
- **el día menos pensado** le jour où l'on s'y attend le moins.
- **tener pensado** avoir prévu.

pensador,-ra [pensaðòr,-ra] *nm,f* penseur,-euse.
pensamiento [pensamjènto] *nm* pensée *f*.
pensar [27] [pensàr] *vi* penser (**en**, à).
▶ *vt* penser à, réfléchir à.
- **dar qué pensar** donner à réfléchir.
- **estar pensándoselo** y réfléchir.
- **¡ni pensarlo!** pas question !
- **pensar +** ***inf*** penser + *inf*.
- **pensar mal de ALGN** penser du mal de QQN.
- **pensar que** penser que, se dire que.
- **sin pensar** sans y penser, sans réfléchir.
- **sólo de pensarlo** rien que d'y penser.

pensativo,-va [pensatiβo,-βa] *adj* pensif,-ive.
pensión [pensjòn] *nf* **1** *(dinero)* pension *f*. **2** *(casa de huéspedes)* pension *f* de famille.

■ **media pensión** demi-pension *f.*
■ **pensión completa** pension complète.
pensionista [pensjonista] *nmf* pensionné,-e.
pentágono [pentáγono] *nm* pentagone *m.*
pentagrama [pentaγráma], **pentágrama** [pentáγrama] *nm* MÚS portée *f.*
penúltimo,-ma [penúltimo,-ma] *adj - nm,f* avant-dernier,-ère.
penumbra [penúmbra] *nf* pénombre *f.*
peña[1] [péɲa] *nf (roca)* rocher *m.*
peña[2] [péɲa] *nf (de amigos)* réunion *f* d'amis, cercle *m.*
■ **peña deportiva** cercle sportif.
peñasco [peɲásko] *nm* rocher *m.*
peñón [peɲón] *nm* rocher *m.*
peón [peón] *nm* **1** *(obrero)* manœuvre *m.* **2** *(agrícola)* ouvrier *m* agricole. **3** *(en damas, ajedrez)* pion *m.*
peonza [peónθa] *nf* toupie *f.*
peor [peór] *adj* **1** *(comparativo)* pire. **2** **el/la peor** *(superlativo)* le/la plus mauvais,-e.
► *nmf* **el/la/lo peor** le/la pire.
► *adv* pis.
• **cada vez peor** de pire en pire.
• **en el peor de los casos** au pis, au pis aller.
• **peor para ti** tant pis pour toi.
• **peor que peor** tant pis.
• **y lo peor es que...** qui pis est ....
pepinillo [pepiniʎo] *nm* cornichon *m.*
pepino [pepino] *nm* concombre *m.*
• **me importa un pepino** *fam* je m'en moque comme de l'an quarante.
pepita [pepita] *nf* **1** *(de fruta)* pépin *m.* **2** *(de oro)* pépite *f.*
pequeño,-ña [pekéɲo,-ɲa] *adj - nm,f* petit,-e.
• **dejar pequeño,-ña** laisser loin derrière, éclipser.
• **de pequeño,-ña** étant petit,-e, encore enfant.
pera [péra] *nf* poire *f.*
• **pedir peras al olmo** demander l'impossible.
• **ser la pera** *fam* être un numéro.
peral [perál] *nm* poirier *m.*
percance [perkánθe] *nm* contretemps *m.*
percatarse [perkatárse] *vpr* s'apercevoir, se rendre compte.
percebe [perθéβe] *nm* pouce-pied *m.*
percepción [perθepθjón] *nf* perception *f.*
percha [pértʃa] *nf (para ropa - de gancho)* cintre *m*; *(- de pared, de pie)* portemanteau *m.*
perchero [pertʃéro] *nm* portemanteau *m.*
percibir [perθiβir] *vt* **1** *(notar)* percevoir. **2** *(cobrar)* percevoir, toucher.
percusión [perkusjón] *nf* percussion *f.*
perdedor,-ra [perðeðór,-ra] *adj - nm,f* perdant,-e.
perder [28] [perðér] *vt* **1** *(gen)* perdre. **2** *(tren, avión, ocasión)* manquer, rater. **3** *(arruinar)* ruiner.
► *vt - vi* **1** *(resultar vencido)* perdre. **2** *(aire, gas, líquido)* fuir, perdre.
► *vi* **1** *(empeorar)* perdre, baisser. **2** *(desteñir)* déteindre.
► *vpr* **perderse** **1** *(extraviarse, estropearse)* se perdre. **2** *(no presenciar)* rater.
• **echar a perder** abîmer, gâter.
• **llevar las de perder** n'avoir aucune chance.
• **salir perdiendo** mal s'en tirer.
pérdida [pérðiða] *nf* perte *f.*
• **no tener pérdida** être facile à trouver.
■ **pérdidas y ganancias** profits *m pl* et pertes.
perdido,-da [perðiðo,-ða] *adj* **1** *(gen)* perdu,-e. **2** *(muy sucio)* très sale. **3** *(redomado)* invétéré,-e.
• **de perdidos al río** en désespoir de cause.
• **estar loco,-ca perdido,-da por** être follement épris,-e de.
perdigón [perðiγón] *nm* plomb *m.*
perdiz [perðiθ] *nf* perdrix *f.*
perdón [perðón] *nm* pardon *m.*
• **con perdón** avec votre permission.
• **¿perdón?** excusez-moi ?, qu'est-ce que vous dites ?
• **¡perdón!** excusez-moi !, pardon !
perdonar [perðonár] *vt* **1** *(gen)* pardonner. **2** *(falta, capricho)* passer. **3** *(perder, dejar)* manquer, rater. **4** *(omitir)* faire grâce de: ***no perdonar ni un detalle***, ne pas faire grâce du moindre détail.
• **¡perdone!** excusez-moi !

perdurar [perðurár] *vi* durer longtemps.
perecer [43] [pereθér] *vi fml* périr.
peregrinar [pereɣrinár] *vi* aller en pèlerinage.
peregrino,-na [pereɣrino,-na] *nm,f* pèlerin,-e.
perejil [pereχil] *nm* persil *m*.
perenne [perénne] *adj (planta)* vivace.
pereza [peréθa] *nf* paresse *f*.
• **tener pereza de** avoir la flemme de.
perezoso,-sa [pereθóso,-sa] *adj - nm,f* paresseux,-euse.
perfección [perfekθjón] *nf* perfection *f*.
• **a la perfección** à la perfection.
perfeccionar [perfekθjonár] *vt* perfectionner.
► *vpr* **perfeccionarse** se perfectionner.
perfecto,-ta [perfékto,-ta] *adj* parfait,-e.
perfil [perfil] *nm* **1** *(gen)* profil *m*. **2** *(contorno)* contour *m*, silhouette *f*.
• **de perfil** de profil.
perfilar [perfilár] *vt* **1** *(marcar el perfil)* profiler. **2** *(rematar)* parfaire, parachever.
► *vpr* **perfilarse 1** *(destacarse la silueta)* se profiler. **2** *(empezar a tomar forma)* se dessiner, se profiler.
perforación [perforaθjón] *nf* perforation *f*.
perforar [perforár] *vt* perforer.
perfumar [perfumár] *vt* parfumer.
► *vi (exhalar perfume)* embaumer.
► *vpr* **perfumarse** se parfumer.
perfume [perfúme] *nm* parfum *m*.
perfumería [perfumería] *nf* parfumerie *f*.
pergamino [perɣamino] *nm* parchemin *m*.
periferia [periférja] *nf* périphérie *f*.
perilla [periʎa] *nf (barba)* barbiche *f*, impériale *f*.
• **venir de perilla** *fam* tomber à pic.
perímetro [perímetro] *nm* périmètre *m*.
periódico,-ca [perjóðiko,-ka] *adj* périodique.
► *nm* **periódico** journal *m*.
periodismo [perjoðizmo] *nm* journalisme *m*.
periodista [perjoðista] *nmf* journaliste.
periodo [perióðo], **período** [períoðo] *nm* **1** *(gen)* période *f*. **2** *(menstruación)* règles *f pl*.

peripecia [peripéθja] *nf* péripétie *f*.
periplo [periplo] *nm* périple *m*.
periquete [perikéte].
• **en un periquete** *fam* en un clin d'œil.
periquito [perikito] *nm* perruche *f*.
peritaje [peritáχe] *nf* expertise *f*.
perito [perito] *nmf* expert,-e.
perjudicar [1] [perχuðikár] *vt* nuire à, porter préjudice à.
perjuicio [perχwiθjo] *nm* préjudice *m*, dommage *m*.
• **en perjuicio de** au préjudice de.
perla [pérla] *nf* perle *f*.
• **de perlas** parfaitement, on ne peut mieux.
• **venir de perlas** tomber à point.
▪ **perla cultivada** perle de culture.
permanecer [43] [permaneθér] *vi* **1** *(gen)* rester. **2** *(en estado, lugar)* rester, demeurer.
permanente [permanénte] *adj* permanent,-e.
► *nf (rizado artificial)* permanente *f*: ***hacerse la permanente***, se faire une permanente.
permeable [permeáβle] *adj* perméable.
permiso [permiso] *nm* **1** *(autorización)* permission *f*, autorisation *f*. **2** *(documento)* permis *m*. **3** *(de soldado)* permission *f*.
• **con su permiso** avec votre permission.
• **dar permiso para +** ***inf*** donner la permission de + *inf*.
• **de permiso** de permission.
• **pedir permiso para +** ***inf*** demander la permission de + *inf*.
• **tener permiso para +** ***inf*** avoir la permission de + *inf*.
permitir [permitir] *vt* permettre.
► *vpr* **permitirse** se permettre.
• **permitirse el lujo de** se payer le luxe de.
permutar [permutár] *vt* permuter.
pernicioso,-sa [perniθjóso,-sa] *adj* pernicieux,-euse.
pero [péro] *conj* mais.
► *nm* objection *f*.
• **ponerle peros a ALGO** trouver à redire à QQCH.
perpendicular [perpendikulár] *adj - nf* perpendiculaire *f*.

perpetuo,-tua [perpėtwo,-twa] *adj* perpétuel,-elle.
perrera [perėra] *nf* **1** *(institución)* fourrière *f*. **2** *(furgoneta)* fourgon *m* à chiens. **3** *(caseta, jaula)* chenil *m*, niche *f*.
perro,-rra [pėro,-ra] *nm,f* chien, chienne.
► *adj fam* épouvantable, chien,-enne de: ***pasé una noche perra***, j'ai passé une nuit épouvantable.
• **de perros** de chien.
• **llevarse como el perro y el gato** s'entendre comme chien et chat.
• **ser perro viejo** être un vieux renard.
▪ **perro callejero** chien errant.
▪ **perro faldero** chien de compagnie.
▪ **perro guardián** chien de garde.
▪ **perro lazarillo** chien d'aveugle.
▪ **perro lobo** chien-loup *m*.
▪ **perro pastor** chien de berger.
▪ **perro policía** chien policier.
▪ **perro rastrero** limier *m*.
persecución [persekuθjón] *nf* poursuite *f*.
perseguir [56] [perseɣir] *vt* **1** *(gen)* poursuivre. **2** *(a seguidores de doctrina, religión)* persécuter.
perseverancia [perseβeránθja] *nf* persévérance *f*.
perseverar [perseβerár] *vi* persévérer, persister.
• **perseverar en** ALGO persévérer dans QQCH.
• **perseverar en +** *inf* persister à + *inf*.
persiana [persjána] *nf (- enrollable)* store *m*; *(- de láminas móviles)* jalousie *f*; *(- de láminas inclinadas)* persienne *f*.
persignarse [persiɣnárse] *vpr* se signer.
persistente [persisténte] *adj* persistant,-e.
persistir [persistir] *vi* persister.
• **persistir en** ALGO persister dans QQCH.
• **persistir en +** *inf* persister à + *inf*.
persona [persóna] *nf* personne *f*.
• **en persona** en personne.
• **por persona** par personne.
▪ **persona mayor** grande personne.
personaje [personáχe] *nm* personnage *m*.
personal [personál] *adj* personnel,-elle.
► *nm* **1** *(empleados)* personnel *m*. **2** *fam (gente)* monde *m*, gens *m pl*.
► *nf* DEP *(en baloncesto)* faute *f* personnelle.
personalidad [personaliðáð] *nf* personnalité *f*.
personarse [personárse] *vpr* **1** *(en un lugar)* se rendre. **2** *(en juicio)* comparaître.
perspectiva [perspektiβa] *nf* perspective *f*.
perspicaz [perspikáθ] *adj* perspicace.
persuadir [perswaðir] *vt* persuader.
► *vpr* **persuadirse** se persuader.
persuasión [perswasjón] *nf* persuasion *f*.
pertenecer [43] [perteneθėr] *vi* appartenir (**a**, à).
pertenencia [pertenėnθja] *nf* **1** *(propiedad)* propriété *f*, possession *f*. **2** *(a organización, partido)* appartenance *f*.
► *nf pl* **pertenencias** biens *m pl*.
pértiga [pėrtiɣa] *nf* perche *f*.
pertinente [pertinėnte] *adj* pertinent,-e.
perturbar [perturβár] *vt* **1** *(alterar)* perturber, troubler. **2** *(inquietar)* troubler.
Perú [perú] *n pr* Pérou *m*.
peruano,-na [perwáno,-na] *adj* péruvien,-enne.
► *nm,f* Péruvien,-enne.
perversión [perβersjón] *nf* perversion *f*.
perverso,-sa [perβėrso,-sa] *adj* pervers,-e.
pervertir [35] [perβertir] *vt* pervertir.
► *vpr* **pervertirse** se pervertir.
pesa [pėsa] *nf (de balanza, reloj, ascensor)* poids *m*.
► *nf pl* **pesas** *(de gimnasia)* haltères *m pl*.
pesadez [pesaðėθ] *nf* **1** *(aburrimiento)* ennui *m*. **2** *(de piernas, estómago)* lourdeur *f*.
pesadilla [pesaðiʎa] *nf* cauchemar *m*.
pesado,-da [pesáðo,-ða] *adj* **1** *(gen)* lourd,-e. **2** *(molesto, aburrido)* ennuyeux, -euse, assommant,-e. **3** *(penoso, costoso)* pénible.
► *nm,f (latoso)* casse-pieds *inv*.
• **ponerse pesado,-da** devenir assommant,-e.
• **sentirse pesado,-da** se sentir lourd,-e.
pesadumbre [pesaðúmbre] *nf* peine *f*, chagrin *m*.
pésame [pėsame] *nm* condoléances *f pl*.
• **dar el pésame** présenter ses condoléances.
• **mi más sentido pésame** toutes mes condoléances.

pesar[1] [pesár] *vt - vi (gen)* peser.
► *vi (sentir)* regretter.
• **mal que le pese** ne lui en déplaise.
• **pese a** malgré, en dépit de.
pesar[2] [pesár] *nm* **1** *(pena)* peine *f*, chagrin *m*. **2** *(arrepentimiento)* regret *m*.
• **a pesar de** malgré.
• **a pesar de todo** malgré tout.
• **a pesar de que** bien que.
pesca [péska] *nf* **1** *(actividad)* pêche *f*. **2** *(lo que se puede pescar)* poisson *m*.
• **y toda la pesca** *fam* et tout et tout.
▪ **pesca con caña** pêche à la ligne.
▪ **pesca de altura** pêche hauturière.
▪ **pesca de arrastre** pêche à la traîne.
▪ **pesca de bajura** pêche côtière.
▪ **pesca submarina** pêche sous-marine.
pescadería [peskaðería] *nf* poissonnerie *f*.
pescadilla [peskaðiʎa] *nf* merlan *m*.
pescado [peskáðo] *nm* poisson *m*.
▪ **pescado azul** poisson gras.
▪ **pescado blanco** poisson blanc.
pescador,-ra [peskaðór,-ra] *nm,f* pêcheur,-euse.
pescar [1] [peskár] *vt - vi (peces)* pêcher.
► *vt* **1** *fam fig (pillar - resfriado, enfermedad)* attraper; *(- a alguien desprevenido)* pincer, coincer; *(- ladrón, infractor)* pincer, épingler: ***pescar un catarro***, attraper un rhume. **2** *(lograr - marido, empleo)* accrocher, décrocher; *(- clientes)* racoler, rabattre.
pescuezo [peskwéθo] *nm* cou *m*.
pesebre [peséβre] *nm* **1** *(de Navidad)* crèche *f*. **2** *(para animales)* mangeoire *f*, râtelier *m*.
peseta [peséta] *nf* peseta *f*.
pesimismo [pesimizmo] *nm* pessimisme *m*.
pésimo,-ma [pésimo,-ma] *adj* très mauvais,-e.
pesimista [pesimista] *adj - nmf* pessimiste.
peso [péso] *nm* **1** *(gen)* poids *m*. **2** *(balanza)* balance *f*. **3** *(moneda)* peso *m*.
• **caer por su propio peso** aller de soi.
• **coger peso** prendre du poids.
• **perder peso** perdre du poids.
• **quitarse un peso de encima** s'enlever un poids.
• **valer su peso en oro** valoir son pesant d'or.
pesquero,-ra [peskéro,-ra] *adj* de pêche.
► *nm* **pesquero** bateau *m* de pêche.
pestaña [pestáɲa] *nf* cil *m*.
pestañear [pestaɲeár] *vi* ciller, cligner des yeux.
• **sin pestañear** sans sourciller.
peste [péste] *nf* **1** *(enfermedad)* peste *f*. **2** *(mal olor)* mauvaise odeur *f*, puanteur *f*.
• **echar pestes de ALGN/ALGO** pester contre QQN/QQCH.
pestillo [pestiʎo] *nm* verrou *m*, targette *f*.
pétalo [pétalo] *nm* pétale *m*.
petanca [petáŋka] *nf* pétanque *f*.
petardo [petárðo] *nm* **1** *(explosivo)* pétard *m*. **2** *fam (persona fea)* épouvantail *m*, laideron *m*.
petición [petiθjón] *nf* **1** *(ruego)* demande *f*. **2** *(documento)* pétition *f*.
• **a petición de** à la demande de.
▪ **petición de mano** demande en mariage.
peto [péto] *nm* **1** *(gen)* plastron *m*. **2** *(de pantalón)* salopette *f*.
petrificar [1] [petrifikár] *vt* pétrifier.
petróleo [petróleo] *nm* pétrole *m*.
petrolero,-ra [petroléro,-ra] *adj* pétrolier,-ère.
► *nm* **petrolero** pétrolier *m*.
peyorativo,-va [pejoratiβo,-βa] *adj* péjoratif,-ive.
pez [peθ] *nm* poisson *m*.
• **estar como pez en el agua** être comme un poisson dans l'eau.
• **estar pez en ALGO** être nul, nulle en QQCH.
• **por la boca muere el pez** trop parler nuit.
▪ **pez espada** espadon *m*, poisson-épée *m*.
▪ **pez gordo** *fig* gros bonnet *m*.
▪ **pez luna** poisson-lune *m*.
▪ **pez martillo** (requin *m*) marteau *m*.
▪ **pez sierra** poisson scie.
pezón [peθón] *nm* mamelon *m*.
pezuña [peθúɲa] *nf* sabot *m*.
piadoso,-sa [pjaðóso,-sa] *adj* pieu,-euse.
pianista [pjanista] *nmf* pianiste.
piano [pjáno] *nm* piano *m*.
▪ **piano de cola** piano à queue.
piar [13] [pjar] *vi* piailler.
piara [pjára] *nf* troupeau *m* de cochons.

pica [pika] *nf (gen)* pique *f.*
► *nf pl* **picas** *(palo de la baraja)* piques *m pl.*
picada [pikáða] *nf (picadura)* piqûre *f.*
picador [pikaðór] *nm (de toros)* picador *m.*
picadora [pikaðóra] *nf (de alimentos)* hachoir *m.*
picadura [pikaðúra] *nf* **1** *(de insecto)* piqûre *f.* **2** *(de serpiente)* morsure *f,* piqûre *f.* **3** *(tabaco)* tabac *m* à fumer.
picante [pikánte] *adj* piquant,-e.
► *nm* saveur *f* piquante.
picaporte [pikapórte] *nm* **1** *(dispositivo)* loquet *m.* **2** *(palanca del dispositivo)* bec-de-cane *m.* **3** *(para llamar a la puerta)* heurtoir *m,* marteau *m.*
picar [1] [pikár] *vt - vi* **1** *(insecto)* piquer. **2** *(serpiente)* mordre, piquer. **3** *(comer un poco, entre horas)* grignoter.
► *vt* **1** *(carne, verdura)* hacher. **2** *(piedras)* tailler. **3** *(estimular)* provoquer, exciter. **4** *(enojar)* froisser, vexer.
► *vi* **1** *(escocer - piel)* gratter, démanger; *(- ojos)* piquer. **2** *(sal, pimienta, alimento picante)* piquer. **3** *(sol)* brûler, taper. **4** *(pez)* mordre. **5** *(dejarse engañar)* mordre. **6** *(comprador)* se laisser tenter.
► *vpr* **picarse 1** *(vino)* se piquer. **2** *(diente, fruta)* se gâter. **3** *(tela)* se miter. **4** *(mar)* s'agiter. **5** *(ofenderse)* se vexer. **6** *fam (inyectarse droga)* se piquer.
• **picar alto** viser haut.
• **picar el anzuelo** mordre à l'hameçon.
• **picarle la curiosidad a ALGN** piquer la curiosité de QQN.
picardía [pikarðia] *nf* malice *f.*
pícaro,-ra [pikaro,-ra] *adj - nm,f* malin, -igne.
pichón [pitʃón] *nm* pigeonneau *m.*
picnic [piknik] *nm* (*pl* **picnics**) pique-nique *m.*
pico [piko] *nm* **1** *(de ave, vasija)* bec *m.* **2** *(de montaña)* sommet *m,* pic *m.* **3** *(herramienta)* pic *m.* **4** *(parte puntiaguda)* pointe *f*: ***cuello en pico***, col en pointe. **5** *fam fig (boca)* bec *m.* **6** *(cantidad pequeña)* appoint *m.* **7** *fam (dosis de droga)* shoot *m.* **8** *fam (beso en la boca)* baiser *m* sur la bouche.
• **cerrar el pico** *fam fig* fermer son bec.
• **costar un pico** coûter une petite fortune.
• **darse el pico** *fam* se bécoter.
• **ir de picos pardos** bambocher, faire la noce.
• **tener un pico de oro** être un beau parleur.
• **y pico 1** *(con cantidades)* et quelques. **2** *(con horas)* et quelque, passé,-e: ***son las siete y pico***, il est sept heures passées.
picor [pikór] *nm (picazón)* démangeaison *f*; *(- leve)* picotement *m.*
picotear [pikoteár] *vt* **1** *(ave)* picoter, picorer. **2** *(comer un poco)* grignoter.
pictórico,-ca [piktóriko,-ka] *adj* pictural,-e.
pie [pje] *nm* **1** *(gen)* pied *m.* **2** *(de animal)* patte *f,* pied *m.* **3** *(de escrito)* bas *m.* **4** *(de foto, dibujo)* légende *f.* **5** *(de columna, lámpara)* base *f.*
• **al pie de la letra** au pied de la lettre.
• **al pie del cañón** à pied d'œuvre.
• **a pie** à pied.
• **con pies de plomo** avec prudence.
• **dar pie** donner l'occasion.
• **de los pies a la cabeza** de la tête aux pieds.
• **de pie** debout.
• **en pie** debout.
• **en pie de guerra** sur le pied de guerre.
• **hacer pie** avoir pied.
• **levantarse con el pie izquierdo** se lever du pied gauche.
• **no dar pie con bola** *fam* faire tout de travers.
• **no tener ni pies ni cabeza** n'avoir ni queue ni tête.
• **no tenerse en pie** ne pas tenir debout.
• **pararle los pies a ALGN** remettre QQN à sa place.
• **ponerse de pie** se mettre debout.
• **salir por pies** prendre la poudre d'escampette.
▪ **pie de atleta** mycose *f.*
▪ **pie plano** pied plat.
piedad [pjeðáð] *nf* **1** *(compasión)* pitié *f.* **2** *(devoción)* piété *f.*
piedra [pjéðra] *nf* **1** *(gen)* pierre *f.* **2** *(en riñón)* calcul *m.*
• **dejar a ALGN de piedra** laisser QQN pantois.

• **menos da una piedra** *fam* c'est mieux que rien.
• **no ser de piedra** ne pas être insensible.
• **poner la primera piedra** poser la première pierre.
piel [pjel] *nf* **1** *(gen)* peau *f.* **2** *(de animal de pelo largo, para prenda de vestir)* fourrure *f.* **3** *(de fruta)* peau *f*, pelure *f.*
• **cambiar de piel** faire peau neuve.
▪ **piel de gallina** chair *f* de poule.
▪ **piel roja** Peau-Rouge.
pienso [pjènso] *nm* tourteau *m.*
pierna [pjèrna] *nf* jambe *f.*
• **dormir a pierna suelta** dormir à poings fermés.
• **estirar la pierna** crever.
• **estirar las piernas** se dégourdir les jambes.
• **salir por piernas** déguerpir.
pieza [pjèθa] *nf* pièce *f.*
• **dejar de una pieza** scier, ahurir.
▪ **buena pieza** drôle de numéro *m.*
pifia [pifja] *nf fam* gaffe *f*, boulette *f.*
pigmento [piɣmènto] *nm* pigment *m.*
pijama [piχàma] *nm* pyjama *m.*
pijo,-ja [piχo,-χa] *adj - nm,f fam* bcbg, bon chic bon genre.
pila[1] [pila] *nf* **1** *(eléctrica)* pile *f.* **2** *(para contener agua - en cocina)* évier *m*; *(- de fuente)* bassin *m*; *(- para bautizar)* fonts *m pl* baptismaux; *(- de agua bendita)* bénitier *m*; *(- de abrevadero)* auge *f.*
• **ponerse las pilas** *fam* reprendre du poil de la bête.
pila[2] [pila] *nf* **1** *(montón)* pile *f*, tas *m.* **2** *fam (gran cantidad)* tas *m.*
pilar [pilàr] *nm* pilier *m.*
píldora [pìldora] *nf* pilule *f.*
• **dorarle la píldora a** ALGN *fam* dorer la pilule à QQN.
▪ **píldora abortiva** pilule du lendemain.
▪ **píldora anticonceptiva** pilule contraceptive.
pillar [piʎàr] *vt* **1** *(atrapar, coger)* attraper. **2** *(atropellar)* renverser. **3** *(sujetar inmovilizando)* prendre, coincer. **4** *fam (comprender)* comprendre, saisir.
► *vi fam (quedar, estar)* être situé, tomber.
► *vpr* **pillarse** *(dedos)* se prendre, se coincer.
pillo,-lla [piʎo,-ʎa] *adj - nm,f* **1** *(astuto)* coquin,-e, malin,-igne. **2** *(bribón)* fripon,-onne, canaille.
pilotar [pilotàr] *vt* piloter.
piloto [pilòto] *nmf (de avión, barco, coche)* pilote.
► *nm (luz - de aparato)* lampe *f* témoin; *(- de coche)* feu *m* de position.
► *adj inv* pilote *inv.*
pimentón [pimentòn] *nm* piment *m* rouge moulu.
▪ **pimentón dulce** paprika *m* doux.
pimienta [pimjènta] *nf* poivre *m.*
pimiento [pimjènto] *nm* piment *m.*
• **me importa un pimiento** *fam* je m'en moque comme de l'an quarante.
▪ **pimiento morrón** piment carré, poivron.
pincel [pinθèl] *nm* pinceau *m.*
pincelada [pinθelàða] *nf* coup *m* de pinceau, touche *f.*
pinchadiscos [pintʃaðiskos] *nmf* disc-jockey *m.*
pinchar [pintʃàr] *vt* **1** *(con objeto punzante)* piquer. **2** *(rueda, globo, pelota)* crever. **3** *fam (poner inyección)* faire une piqûre. **4** *fam (molestar)* taquiner. **5** *fam (enojar)* fâcher. **6** *(teléfono)* poser une écoute téléphonique.
► *vi* **1** *(planta, aguja)* piquer. **2** *(tener un pinchazo)* crever.
► *vpr* **pincharse 1** *(con objeto punzante)* se piquer. **2** *(rueda, globo, pelota)* crever. **3** *fam (molestarse)* se taquiner. **4** *fam (drogadicto)* se piquer.
• **ni pincha ni corta** *fam* il n'a pas voix au chapitre, il n'a que le droit de se taire.
pinchazo [pintʃàθo] *nm* **1** *(con objeto punzante)* piqûre *f.* **2** *(de neumático)* crevaison *f.*
pincho [pintʃo] *nm* **1** *(de planta, animal)* piquant *m.* **2** *(extremo punzante)* pointe *f.* **3** *(aperitivo)* amuse-gueule *m*: ***un pincho de tortilla***, une portion d'omelette en apéritif. **4** *(brocheta)* brochette *f.*
▪ **pincho moruno** chiche-kebab *m.*
ping-pong [piŋg-pòŋg] *nm* ping-pong *m.*
pingüino [piŋgwino] *nm* pingouin *m.*

pino [pino] *nm* pin *m*.
• **en el quinto pino** *fam* au diable vauvert.
• **hacer el pino** faire le poirier.
pinta [pinta] *nf* air *m*, allure *f*.
pintada [pintáða] *nf* **1** *(en pared)* graffiti *m*. **2** *(ave)* pintade *f*.
pintado,-da [pintáðo,-ða] *adj* **1** *(moteado)* tacheté,-e, moucheté,-e. **2** *(maquillado)* fardé,-é.
• **"Recién pintado"** " Peinture fraîche ".
• **venir que ni pintado,-da** aller à merveille, tomber à pic.
pintalabios [pintaláβjos] *nm* rouge *m* à lèvres.
pintar [pintár] *vt - vi* **1** *(con pintura)* peindre: ***pintar de azul***, peindre en bleu. **2** *(dibujar)* dessiner, faire.
► *vt (describir)* dépeindre, décrire.
► *vi* **1** *fam (importar)* avoir de l'importance, tenir un rôle. **2** *(tener aspecto, mostrarse)* se présenter.
► *vpr* **pintarse** *(maquillarse)* se farder, se maquiller.
• **pintárselas solo,-la para** être sans pareil pour.
pintarrajear [pintar̄aχeár] *vt fam* peinturlurer.
pintauñas [pintáuɲas] *nm* vernis *m* à ongles.
pintor,-ra [pintór,-ra] *nm,f* peintre *m*.
pintoresco,-ca [pintorésko,-ka] *adj* pittoresque.
pintura [pintúra] *nf* peinture *f*.
• **no poder ver ni en pintura** *fam* ne pouvoir voir en peinture.
pinza [pinθa] *nf* **1** *(gen)* pince *f*. **2** *(para la ropa)* pince *f*, épingle *f*.
► *nf pl* **pinzas** pince *f sing*.
piña [piɲa] *nf* **1** *(fruta)* ananas *m*. **2** *(de pino)* pomme *f* de pin. **3** *(de personas)* groupe *m* uni. **4** *fam (golpe)* coup *m* de poing.
• **darse una piña** se casser la gueule.
piñón [piɲón] *nm (de piña, de rueda)* pignon *m*.
• **estar a partir un piñón** *fam* s'entendre comme larrons en foire.
pío [pio].
• **no decir ni pío** *fam* ne pas souffler mot.
piojo [pjóχo] *nm* pou *m*.
pipa[1] [pipa] *nf (para fumar)* pipe *f*: ***fumar en pipa***, fumer la pipe.
• **pasarlo pipa** *fam* s'éclater.
pipa[2] [pipa] *nf* **1** *(semilla)* pépin *m*. **2** *(de girasol)* graine *f*.
pipí [pipi] *nm fam* pipi *m*.
pique [pike] *nm* brouille *f*, brouillerie *f*.
• **irse a pique** **1** *(barco, empresa)* couler à pic. **2** *(proyecto, plan)* couler, anéantir.
piquete [pikéte] *nm* piquet *m*.
pirado,-da [piráðo,-ða] *adj fam* cinglé,-e.
piragua [piráɣwa] *nf* canoë *m*.
piragüismo [piraɣwizmo] *nm* canoë-kayak *m*.
pirámide [pirámiðe] *nf* pyramide *f*.
pirarse [pirárse] *vpr fam* se casser.
pirata [piráta] *nm* pirate *m*.
► *adj (ilegal, clandestino)* pirate.
piratear [pirateár] *vt* pirater.
piratería [pirateria] *nf* piraterie *f*.
pirómano,-na [pirómano,-na] *nm,f* pyromane.
piropo [pirópo] *nm* compliment *m*.
• **echar un piropo a ALGN** lancer un compliment à QQN.
pirueta [pirwéta] *nf* pirouette *f*.
piruleta [piruléta] *nf* sucette *f* ronde.
pirulí [piruli] *nm* sucette *f*.
pis [pis] *nm fam* pipi *m*.
pisada [pisáða] *nf* **1** *(paso)* pas *m*. **2** *(huella - de persona)* trace *f*; *(- de animal)* foulée *f*.
pisapapeles [pisapapéles] *nm* presse-papiers *m inv*.
pisar [pisár] *vt* **1** *(con pies)* marcher sur: ***me has pisado***, tu m'as marché dessus. **2** *(pedal, acelerador, embrague)* appuyer sur. **3** *(uva)* fouler. **4** *(humillar)* humilier, rabaisser.
• **no dejarse pisar** ne pas se laisser marcher sur les pieds.
• **no volver a pisar** ne plus remettre les pieds.
• **pisar fuerte** frapper un grand coup.
piscina [pisθina] *nf* piscine *f*.
piso [piso] *nm* **1** *(de casa)* étage *m*. **2** *(vivienda)* appartement *m*. **3** *(suelo)* sol *m*.
▪ **piso piloto** appartement-témoin.

pisotear [pisoteár] *vt* piétiner, fouler aux pieds.
pista [pista] *nf* piste *f*.
■ **pista de tenis** court *m* de tennis.
pistacho [pistátʃo] *nm* pistache *f*.
pistola [pistóla] *nf* pistolet *m*.
pistolero [pistoléro] *nm* bandit *m*.
pitar [pitár] *vi* **1** *(con silbato)* siffler. **2** *(con claxon)* klaxonner. **3** *fam (funcionar)* marcher, gazer. **4** *(partido)* arbitrer.
► *vt (abuchear)* siffler.
• **salir pitando** *fam* filer, partir en quatrième vitesse.
pitido [pitiðo] *nm* coup *m* de sifflet.
pitillera [pitiʎéra] *nf* porte-cigarette *m*.
pitillo [pitiʎo] *nm* cigarette *f*.
pito [pito] *nm* **1** *(silbato)* sifflet *m*. **2** *(claxon)* klaxon *m*. **3** *fam (pene)* quéquette *f*, zizi *m*.
► *nm pl* **pitos** *(abucheo)* sifflets *m pl*.
• **entre pitos y flautas** *fam* l'un dans l'autre, pour une raison ou pour une autre.
• **me importa un pito** je m'en moque comme de l'an quarante.
pitón[1] [pitón] *nf (serpiente)* python *m*.
pitón[2] [pitón] *nm (de toro)* corne *f*.
pitorreo [pitoréo] *nm* **1** *fam (burla)* moquerie *f*. **2** *fam (broma, diversión)* rigolade *f*, plaisanterie *f*.
• **tomar ALGO a pitorreo** prendre QQCH à la rigolade.
pizarra [piθára] *nf* **1** *(roca)* ardoise *f*. **2** *(en escuela)* tableau *m*.
pizca [piθka] *nf* **1** *(cantidad pequeña)* brin *m*, soupçon *m*. **2** *(trozo pequeño)* miette *f*, bribe *f*. **3** *(de sal)* pincée *f*, soupçon *m*. **4** *(de algo líquido)* goutte *f*. **5** *(de suerte, ganas)* un tout petit peu.
• **ni pizca** pas du tout.
pizza [pitsa] *nf* pizza *f*.
pizzería [pitseria] *nf* pizzeria *f*.
placa [pláka] *nf* **1** *(gen)* plaque *f*. **2** *(para señalar)* panneau *m* indicateur. **3** *(rótulo)* panonceau *m*.
■ **placa conmemorativa** plaque *f* commémorative.
■ **placa dental** plaque dentaire.
■ **placa solar** panneau solaire.
placentero,-ra [plaθentéro,-ra] *adj* agréable, plaisant,-e.
placer[1] [plaθér] *nm* plaisir *m*.
• **a placer** à plaisir.
placer[2] [76] [plaθér] *vt fml* plaire.
plácido,-da [pláθiðo,-ða] *adj* placide.
plaga [pláɣa] *nf* fléau *m*.
plagiar [12] [plaχjár] *vt* plagier.
plan [plan] *nm* **1** *(gen)* plan *m*. **2** *(intención)* projet *m*.
• **en plan de broma** pour rire, pour plaisanter.
• **hacer planes** faire des plans.
• **no es plan** il n'est pas question.
■ **plan de ataque** plan d'attaque.
■ **plan de estudios** cursus *m*.
■ **plan de pensiones** régime *m* de retraite.
plana [plána] *nf* page *f*.
• **a toda plana** sur toute la page.
• **enmendar la plana** trouver à redire.
• **en primera plana** à la une.
■ **plana mayor** état-major *m*.
plancha [plántʃa] *nf* **1** *(de metal)* plaque *f*, feuille *f*. **2** *(utensilio para planchar)* fer *m* à repasser. **3** *(ropa para planchar)* repassage *m*. **4** *(en natación, para navegar)* planche *f*. **5** *(en fútbol)* pied *m* en avant. **6** *fam (metedura de pata)* gaffe *f*, impair *m*.
• **a la plancha** grillé,-e, au gril.
planchar [plantʃár] *vt* repasser.
planear [planeár] *vt* projeter.
► *vi (avión)* planer.
planeta [planéta] *nm* planète *f*.
planificar [1] [planifikár] *vt* planifier.
plano,-na [pláno,-na] *adj* **1** *(gen)* plat,-e. **2** *(figura, superficie)* plan,-e.
► *nm* **plano** plan *m*.
• **de plano** clairement, carrément.
■ **primer plano** gros plan.
planta [plánta] *nf* **1** *(vegetal)* plante *f*. **2** *(del pie)* plante *f*. **3** *(de edificio)* étage *m*. **4** *(instalación industrial)* usine *f*. **5** *(plano)* plan *m*.
• **de nueva planta** entièrement refait.
• **tener buena planta** être bien planté,-e.
■ **planta baja** rez-de-chaussée *m inv*.
plantación [plantaθjón] *nf* plantation *f*.
plantar [plantár] *vt* **1** *(planta, árbol)* planter. **2** *fam (dar - bofetada)* flanquer; *(- golpe)* envoyer. **3** *fam (poner)* mettre. **4** *(abandonar)* laisser tomber, plaquer.

► *vpr* **plantarse 1** *(ponerse, pararse)* se planter. **2** *(resistirse)* se buter. **3** *(aparecer, llegar)* arriver, débarquer.

• **dejar plantado,-da a ALGN** laisser tomber QQN, poser un lapin à QQN.

• **me planto** *(apostando)* servi,-e.

plantear [planteár] *vt* **1** *(asunto)* projeter. **2** *(problema, cuestión)* poser.

► *vpr* **plantearse** *(problema, cuestión)* se poser.

plantilla [plantiʎa] *nf* **1** *(de zapato)* semelle *f*. **2** *(patrón)* patron *m*. **3** *(personal)* personnel *m*, effectif *m*.

plantón [plantón] *nm (vegetal)* plant *m*.

• **dar un plantón a ALGN** poser un lapin à QQN.

plasma [plázma] *nm* plasma *m*.

plasmar [plasmár] *vt* façonner, former.

► *vpr* **plasmarse** prendre forme, se concrétiser.

plástico,-ca [plástiko,-ka] *adj* plastique.

► *nm* **plástico** plastique *m*, matière *f* plastique.

plastilina [plastilina] *nf* pâte *f* à modeler.

plata [pláta] *nf* **1** *(metal)* argent *m*. **2** *(vajilla, objetos de plata)* argenterie *f*.

• **hablar en plata** parler clair, parler d'or.

plataforma [platafórma] *nf* **1** *(gen)* plateforme *f*. **2** *fig (para alcanzar algo)* tremplin *m*.

▪ **plataforma espacial** plate-forme spatiale.

▪ **plataforma petrolífera** plate-forme pétrolière.

plátano [plátano] *nm* **1** *(fruta)* banane *f*. **2** *(banano)* bananier *m*. **3** *(árbol)* platane *m*.

platea [platéa] *nf* parterre *m*.

plateado,-da [plateáðo,-ða] *adj* argenté,-e.

platillo [platiʎo] *nm (de balanza)* plateau *m*.

► *nm pl* **platillos** *(instrumento)* cymbales *f pl*.

▪ **platillo volante** soucoupe *f* volante.

platino [platino] *nm* platine *m*.

plato [pláto] *nm* **1** *(recipiente)* assiette *f*. **2** *(comida)* plat *m*. **3** *(de balanza, bicicleta, tocadiscos)* plateau *m*.

• **lavar los platos** faire la vaisselle.

• **pagar los platos rotos** payer les pots cassés.

▪ **plato combinado** assiette variée.

▪ **plato fuerte** *(de espectáculo, acto)* point *m* fort.

▪ **plato hondo** assiette creuse.

▪ **plato llano** assiette plate.

▪ **plato sopero** assiette creuse.

▪ **primer plato** entrée *f*.

plató [plató] *nm* plateau *m*.

plausible [plausiβle] *adj* plausible.

playa [plája] *nf* plage *f*.

playeras [plajéras] *nf pl* tennis *m pl*.

playero,-ra [plajéro,-ra] *adj* de plage.

plaza [pláθa] *nf* **1** *(gen)* place *f*. **2** *(mercado)* marché *m*.

▪ **plaza de toros** arènes *f pl*.

▪ **plaza mayor** grand-place *f*.

plazo [pláθo] *nm* **1** *(espacio de tiempo)* délai *m*. **2** *(término, pago)* terme *m*. **3** *(vencimiento)* échéance *f*.

• **a corto plazo** à courte échéance, à court terme.

• **a largo plazo** à longue échéance, à long terme.

• **a plazos** à terme.

• **en el plazo de** dans un délai de.

plazoleta [plaθoléta] *nf* petite place *f*.

plebe [pléβe] *nf* plèbe *f*.

plebiscito [pleβisθito] *nm* plébiscite *m*.

plegable [pleɣáβle] *adj* pliant,-e.

plegar [48] [pleɣár] *vt* plier.

► *vpr* **plegarse 1** *(doblarse)* plier. **2** *(someterse)* se plier (**a**, à).

pleito [pléito] *nm* procès *m*, litige *m*.

plenitud [plenitúð] *nf* plénitude *f*.

pleno,-na [pléno,-na] *adj* plein,-e.

► *nm* **pleno** plénière *f*, séance *f* plénière.

• **a plena luz** en pleine lumière, au grand soleil.

pliego [pljéɣo] *nm* **1** *(hoja)* feuille *f* de papier. **2** *(documento)* pli *m*.

pliegue [pljéɣe] *nm* pli *m*.

plomo [plómo] *nm* **1** *(metal)* plomb *m*. **2** *(fusible)* fusible *m*, plomb *m*.

• **a plomo** à plomb.

• **ser un plomo** *fam* être assommant,-e.

• **sin plomo** sans plomb.

pluma [plúma] *nf* plume *f*.

• **tener pluma** *fam* être pédé.

▪ **pluma estilográfica** stylo *m* (à) plume.

plumaje [plumáχe] *nm* plumage *m*.
plumero [pluméro] *nm* **1** *(para polvo)* plumeau *m*. **2** *(adorno)* plumet *m*.
• **vérsele el plumero a ALGN** *fam* se trahir, montrer le bout de l'oreille.
plumón [plumón] *nm* **1** *(de aves)* duvet *m*. **2** *(edredón)* édredon *m*. **3** *(prenda de abrigo)* doudoune *f*.
plural [plurál] *adj* pluriel,-elle.
▶ *nm* pluriel *m*.
pluriempleo [plurjempléo] *nm* cumul *m* d'emplois.
plus [plus] *nm* **1** *(dinero)* gratification *f*, prime *f*. **2** *(cosa añadida)* supplément *m*.
población [poβlaθjón] *nf* **1** *(habitantes)* population *f*. **2** *(lugar - localidad)* localité *f*; *(- ciudad)* ville *f*. **3** *(acción de poblar)* peuplement *m*.
poblado,-da [poβláðo,-ða] *adj* peuplé,-e.
▶ *nm* **poblado** localité *f*, agglomération *f*.
poblador,-ra [poβlaðór,-ra] *adj - nm,f* **1** *(habitante)* habitant,-e. **2** *(colonizador)* colonisateur,-trice.
poblar [31] [poβlár] *vt* peupler.
▶ *vpr* **poblarse** se peupler.
pobre [póβre] *adj* pauvre.
▶ *nmf* pauvre,-esse.
pobreza [poβréθa] *nf* pauvreté *f*.
pocilga [poθilɣa] *nf* porcherie *f*.
poco,-ca [póko,-ka] *adj* peu de.
▶ *pron (pequeña cantidad)* peu.
▶ *adv* **poco** peu: ***come poco***, il mange peu.
• **a poco de** peu après que.
• **a poco que** pour peu que.
• **dentro de poco** dans peu de temps, avant peu.
• **hace poco** il n'y a pas longtemps.
• **poco a poco** peu à peu, petit à petit.
• **poco más o menos** **1** à peu près. **2** *(por poco)* pour un peu, presque.
• **tener en poco** mépriser.
• **unos,-as pocos,-cas** quelques.
poda [póða] *nf* élagage *m*.
podar [poðár] *vt* élaguer.
poder[1] [77] [poðér] *vt - vi (gen)* pouvoir: ***no puedo ir***, je ne peux pas aller.
▶ *v impers* se pouvoir, être possible: ***puede que venga***, il se peut qu'il vienne.
• **a más no poder** on ne peut plus.
• **no poder con ALGN** **1** *(no poder someter)* ne pouvoir venir à bout de QQN. **2** *(no poder soportar)* ne pas pouvoir supporter QQN.
• **no poder más** n'en pouvoir plus.
• **no poder ser** être impossible.
• **puede ser que** il est possible que, il se peut que.
• **¿se puede?** puis-je entrer ?, peut-on entrer ?
poder[2] [poðér] *nm* **1** *(gen)* pouvoir *m*. **2** *(fuerza, poderío, capacidad)* puissance *f*.
▶ *nm pl* **poderes** pouvoirs *m pl*.
• **tener en su poder** **1** *(cosa)* avoir en sa possession. **2** *(hacer algo)* avoir en son pouvoir.
▪ **poder adquisitivo** pouvoir d'achat.
poderoso,-sa [poðeróso,-sa] *adj - nm,f* puissant,-e.
podio [póðjo] *nm* podium *m*.
podrido,-da [poðríðo,-ða] *adj* pourri,-e.
poema [poéma] *nm* poème *m*.
poesía [poesía] *nf* poésie *f*.
poeta [poéta] *nm* poète *m*.
poético,-ca [poétiko,-ka] *adj* poétique.
poetisa [poetísa] *nf* poétesse *f*.
polaco,-ca [poláko,-ka] *adj* polonais,-e.
▶ *nm,f* Polonais,-e.
▶ *nm* **polaco** *(lengua)* polonais *m*.
polar [polár] *adj* polaire.
polea [poléa] *nf* poulie *f*.
polémica [polémika] *nf* polémique *f*.
polémico,-ca [polémiko,-ka] *adj* polémique.
polen [pólen] *nm* pollen *m*.
poli [póli] *nmf (agente)* flic *m*.
▶ *nf (cuerpo)* flics *m pl*.
policía [poliθía] *nf* police *f*.
▶ *nmf* policier *m*.
▪ **policía secreta** police secrète.
policíaco,-ca [poliθíako,-ka], **policiaco,-ca** [poliθiáko,-ka] *adj* policier,-ère.
polideportivo [poliðeportíβo] *nm* salle *f* omnisports.
polígono [políɣono] *nm* polygone *m*.
▪ **polígono industrial** zone *f* industrielle.
polilla [políʎa] *nf* mite *f*.

política [politika] *nf* politique *f*.
político,-ca [politiko,-ka] *adj* **1** *(partido, idea, programa)* politique. **2** *(cortés)* poli,-e, courtois,-e. **3** *(pariente)* beau-, belle-: ***padre político***, beau-père; ***hija política***, belle-fille.
► *nm,f* politicien,-enne.
póliza [póliθa] *nf* police *f*.
■ **póliza de seguros** police d'assurance.
polizón [poliθón] *nm* passager *m* clandestin.
polla [póʎa] *nf* **1** *(gallina joven)* poulette *f*. **2** *vulg (pene)* bite *f*.
pollo [póʎo] *nm* **1** *(cría - de gallina)* poussin *m*; *(- de cualquier ave)* petit *m*. **2** *(para comer)* poulet *m*.
polo[1] [pólo] *nm* **1** *(gen)* pôle *m*. **2**® *(helado)* esquimau® *m*.
polo[2] [pólo] *nm (deporte, prenda)* polo *m*.
Polonia [polónja] *n pr* Pologne *f*.
polvareda [polβaréða] *nf* nuage *m* de poussière.
polvo [pólβo] *nm* **1** *(en aire, muebles)* poussière *f*. **2** *(sustancia pulverizada)* poudre *f*. **3** *vulg (coito)* coït *m*.
► *nm pl* **polvos** *(cosmético)* poudre *f*.
• **echar un polvo** *vulg* baiser.
• **en polvo** en poudre.
• **estar hecho,-cha polvo** **1** *(físicamente)* être moulu,-e, être défoncé,-e. **2** *(moralmente)* être au bout du rouleau.
• **levantar polvo** faire de la poussière.
■ **polvos de talco** talc *m*.
pólvora [pólβora] *nf* poudre *f*.
polvoriento,-ta [polβorjénto,-ta] *adj* poussiéreux,-euse.
polvorín [polβorín] *nm* poudrière *f*.
polvorón [polβorón] *nm gâteau à base de saindoux, amandes, farine, sucre, citron et cannelle.*
pomada [pomáða] *nf* pommade *f*.
pomelo [pomélo] *nm* pamplemousse *m*.
pomo [pómo] *nm (de puerta)* bouton *m*.
pompa [pómpa] *nf* **1** *(de jabón)* bulle *f*. **2** *(ostentación)* pompe *f*.
■ **pompas fúnebres** pompes funèbres.
pómulo [pómulo] *nm* pommette *f*.
ponche [póntʃe] *nm* punch *m*.
poncho [póntʃo] *nm* poncho *m*.
ponderar [ponderár] *vt* **1** *(alabar)* vanter. **2** *(sopesar)* peser, examiner. **3** *(equilibrar)* pondérer.
poner [78] [ponér] *vt* **1** *(gen)* mettre. **2** *(enunciar)* poser. **3** *(mote, nombre)* donner. **4** *(tienda, bar)* ouvrir. **5** *(instalar)* poser: ***poner el gas***, poser le gaz. **6** *(película, programa)* passer. **7** *(huevos)* pondre. **8** *(en un puesto, cargo)* placer.
► *vpr* **ponerse** **1** *(colocarse)* se mettre, se placer: ***se puso de rodillas***, il se mit à genoux. **2** *(ropa, zapatos, sombrero)* mettre. **3** *(sol)* se coucher. **4** *(al teléfono)* répondre. **5** *(llegar)* arriver, être.
• **poner +** *adj* rendre + *adj*.
• **poner al corriente** mettre au courant.
• **poner de manifiesto** mettre en évidence.
• **poner de relieve** mettre en évidence.
• **ponerse +** *adj* devenir + *adj*: ***ponerse furioso***, devenir furieux.
• **ponerse a +** *inf* se mettre à + *inf*.
• **ponerse con** ALGO s'y mettre.
• **ponerse en pie** se mettre debout.
poni [póni] *nm* poney *m*.
poniente [ponjénte] *nm* **1** *(occidente)* ouest *m*. **2** *(viento)* vent *m* d'ouest.
pontífice [pontífiθe] *nm* pontife *m*.
■ **sumo pontífice** souverain pontife.
popular [populár] *adj* populaire.
popularidad [populariðáð] *nf* popularité *f*.
popularizar [4] [populariθár] *vt* populariser.
póquer [póker] *nm* poker *m*.
por [por] *prep* **1** *(a causa de)* pour, à cause de: ***fue premiado por su valor***, il a été récompensé pour son courage. **2** *(agente, causa, medio, modo, parte)* par: ***lo supo por su hermano***, il l'a appris par son frère; ***lo envió por avión***, elle l'a envoyé par avion. **3** *(tiempo)* dans, en, au cours de: ***llegarán por la tarde***, ils arriveront dans l'après-midi. **4** *(lugar)* dans: ***lo buscaron por toda la casa***, elles l'ont cherché dans toute la maison. **5** *(en lugar de)* pour: ***se hizo pasar por su amigo***, il s'est fait passer pour son ami. **6** *(a cambio de)* pour: ***no le dieron mucho por el anillo***, ils ne lui ont pas donné beaucoup pour la bague. **7**

(distributivo) par: ***hay diez niños por profesor***, il y a dix enfants par professeur. **8** *(en la multiplicación)* fois: ***tres por dos seis***, trois fois deux six. **9** *(valor concesivo)* ***por mucho que digan, no me lo creo***, ils ont beau dire, je n'y crois pas.

• **estar por** être sur le point de.

• **estar por +** *inf (sin)* à + *inf*: ***aún está todo por hacer***, tout reste à faire.

• **ir por** aller chercher.

• **por ahora** pour le moment.

• **por mí** s'il ne tient qu'à moi.

• **por qué** pourquoi.

• **por supuesto** bien sûr.

• **por tanto** par conséquent.

porcelana [porθelána] *nf* porcelaine *f*.

porcentaje [porθentáχe] *nm* pourcentage *m*.

porche [pórtʃe] *nm* porche *m*.

porcino,-na [porθíno,-na] *adj* porcin,-e.

porción [porθjón] *nf* part *f*.

pordiosero,-ra [porðjoséro,-ra] *nm,f* mendiant,-e.

pormenor [pormenór] *nm* détail *m*.

pornografía [pornoɣrafía] *nf* pornographie *f*.

poro [póro] *nm* pore *m*.

poroso,-sa [poróso,-sa] *adj* poreux,-euse.

porque [pórke] *conj* parce que.

porqué [porké] *nm* pourquoi *m*, cause *f*.

porquería [porkería] *nf* cochonnerie *f*.

porra [póra] *nf* **1** *(palo)* massue *f*. **2** *(de caucho)* matraque *f*.

► *interj* **¡porras!** *fam* zut !

• **mandar a la porra** envoyer balader.

porrazo [poráθo] *nm fam* coup *m*.

porro [póro] *nm fam* joint *m*.

portaaviones [portaβjónes] *nm* porte-avions *m inv*.

portada [portáða] *nf* **1** *(de libro, revista)* couverture *f*. **2** *(de periódico)* une *f*.

portador,-ra [portaðór,-ra] *adj - nm,f* porteur,-euse.

portaequipajes [portaekipáχes], **portaequipaje** [portaekipáχe] *nm* porte-bagages *m inv*.

portal [portál] *nm* **1** *(de un edificio)* entrée *f*. **2** *(de Navidad)* crèche *f*. **3** *(de internet)* portail *m*.

portarse [portárse] *vpr* se comporter, se conduire: ***se ha portado bien conmigo***, il s'est bien conduit avec moi.

portátil [portátil] *adj* portatif,-ive.

► *nmf (ordenador)* portable *m*.

portavoz [portaβóθ] *nmf* porte-parole *m inv*.

portazo [portáθo] *nm* claquement *m* de porte.

• **dar un portazo** claquer la porte.

portería [portería] *nf* **1** *(habitación)* loge *f* de concierge. **2** DEP *(de fútbol)* buts *m pl*.

portero,-ra [portéro,-ra] *nm,f (de casa)* concierge.

► *nm* **portero** DEP gardien *m* de but.

▪ **portero automático** interphone *m*.

portugués,-esa [portuɣés,-ésa] *adj* portugais,-e.

► *nm,f* Portugais,-e.

► *nm* **portugués** *(idioma)* portugais *m*.

Portugal [portuɣál] *n pr* Portugal *m*.

porvenir [porβenír] *nm* avenir *m*.

pos [pos].

• **en pos de** derrière, à la suite de.

• **ir en pos de** courir après.

posada [posáða] *nf* **1** *(mesón)* auberge *f*. **2** *(hospedaje)* hébergement *m*.

posar [posár] *vi (ante un pintor, un fotógrafo)* poser.

► *vi - vpr* **posar(se)** **1** *(los pájaros)* se poser. **2** *(el polvo, etc)* se déposer.

posdata, postdata [pozðáta] *nf* post-scriptum *m inv*.

poseer [61] [poseér] *vt* posséder.

posesión [posesjón] *nf* possession *f*.

• **tomar posesión** entrer en fonction.

posesivo,-va [posesíβo,-βa] *adj* possessif,-ive.

posguerra [pozɣéra] *nf* après-guerre *m-f*.

posibilidad [posiβiliðáð] *nf* possibilité *f*.

► *nf pl* **posibilidades** moyens *m pl*.

• **tener posibilidades (de)** avoir des chances (de).

posible [posíβle] *adj* possible.

► *nm pl* **posibles** *(medios)* moyens *m pl*.

• **en lo posible** autant que possible.

• **hacer lo posible por** faire son possible pour.

posición [posiθjón] *nf* position *f*.

positivo,-va [positiβo,-βa] *adj* positif, -ive.
► *nm* **positivo** positif *m*.
posponer [78] [posponėr] *vt* **1** *(relegar)* faire passer après. **2** *(aplazar)* reporter.
posta [pȯsta] *nf* **1** *(de caballos)* relais *m*. **2** *(bala)* chevrotine *f*.
• **a posta** exprès.
postal [postȧl] *adj* postal,-e: ***tarjeta postal***, carte postale.
► *nf* carte *f* postale.
poste [pȯste] *nm* poteau *m*.
póster [pȯster] *nm* poster *m*.
posteridad [posteriðȧð] *nf* postérité *f*.
posterior [posterjȯr] *adj* **1** *(en el espacio)* postérieur,-e. **2** *(en el tiempo)* ultérieur,-e.
postizo,-za [postiθo,-θa] *adj* faux, fausse: ***cuello postizo***, faux col.
► *nm* **postizo** postiche *m*.
postre [pȯstre] *nm* dessert *m*.
• **a la postre** en définitive.
postura [postúra] *nf* **1** *(posición)* posture *f*. **2** *fig (actitud)* attitude *f*.
potable [potȧβle] *adj* potable.
potaje [potȧχe] *nm* **1** *(sopa)* potage *m*. **2** *(guiso)* légumes *m pl* secs.
potasio [potȧsjo] *nm* potassium *m*.
pote [pȯte] *nm (vasija)* pot *m*.
potencia [potėnθja] *nf* puissance *f*.
• **en potencia** en puissance.
potencial [potenθjȧl] *adj* potentiel,-elle.
► *nm* **1** *(gen)* potentiel *m*. **2** *(modo verbal)* conditionnel *m*.
potente [potėnte] *adj* puissant,-e.
potingue [potiŋge] *nm* **1** *fam (medicamento)* potion *f*. **2** *fam (bebida)* breuvage *m*.
► *nm pl* **potingues** *fam (cosméticos)* crèmes *f pl*.
potra [pȯtra] *nf fam (suerte)* pot *m*.
potro [pȯtro] *nm* **1** *(animal)* poulain *m*. **2** *(de tormento)* chevalet *m*. **3** DEP cheval d'arçons *m inv*.
pozo [pȯθo] *nm* puits *m*.
▪ **pozo negro** puisard *m*.
práctica [prȧktika] *nf* pratique *f*.
► *nf pl* **prácticas** **1** *(ejercicios)* travaux *m pl* pratiques. **2** *(período laboral)* stage *m sing*.
• **poner en práctica** mettre en pratique.
practicante [praktikȧnte] *adj* pratiquant,-e.
practicar [1] [praktikȧr] *vt (un sport)* faire.
► *vi* **1** *(ejercitarse)* s'exercer. **2** *(religión)* pratiquer.
práctico,-ca [prȧktiko,-ka] *adj* pratique.
pradera [praðėra] *nf* prairie *f*.
prado [prȧðo] *nm* pré *m*.
pragmático,-ca [praɣmȧtiko,-ka] *adj* pragmatique.
preámbulo [preȧmbulo] *nm* préambule *m*.
precaución [prekaυθjȯn] *nf* précaution *f*.
• **con precaución** avec précaution.
• **tomar precauciones** prendre des précautions.
precavido,-da [prekaβiðo,-ða] *adj* prévoyant,-e.
precedente [preθeðėnte] *adj* précédent,-e.
► *nm* précédent *m*.
• **sentar un precedente** créer un précédent.
• **sin precedentes** sans précédent.
preceder [preθeðėr] *vt* précéder.
preciarse [12] [preθjȧrse] *vpr* se vanter (**de**, de).
precintar [preθintȧr] *vt* **1** *(cajas, maletas)* renforcer les angles. **2** *(paquete, etc)* sceller.
precio [prėθjo] *nm* prix *m*.
• **al precio de** au prix de.
• **no tener precio** ne pas avoir de prix.
▪ **precio de coste** prix de revient.
▪ **precio de venta al público** prix public de vente.
preciosidad [preθjosiðȧð] *nf* merveille *f*.
precioso,-sa [preθjȯso,-sa] *adj* **1** *(de mucho valor)* précieux,-euse. **2** *(bonito)* ravissant,-e.
precipicio [preθipiθjo] *nm* précipice *m*.
precipitación [preθipitaθjȯn] *nf* précipitation *f*.
precipitar [preθipitȧr] *vt* précipiter.
► *vpr* **precipitarse** se précipiter.
precisar [preθisȧr] *vt* **1** *(fijar)* préciser. **2** *(obligar)* forcer, obliger.
precisión [preθisjȯn] *nf* précision *f*.
preciso,-sa [preθiso,-sa] *adj* **1** *(exacto)* précis,-e. **2** nécessaire.
precocinado,-da [prekoθinȧðo,-ða] *adj* précuit,-e.

precoz [prekóθ] *adj* précoce.
precursor,-ra [prekursór,-ra] *adj* précurseur *adj m*.
► *nm,f* précurseur *m*.
predecesor,-ra [preðeθesór,-ra] *nm,f* prédécesseur *m*.
predecir [79] [preðeθir] *vt* prédire.
predestinar [preðestinár] *vt* prédestiner.
predicar [1] [preðikár] *vt* prêcher.
predicción [preðikθjón] *nf* prédiction *f*.
▪ **predicción meteorológica** prévisions *f pl* météorologiques.
predilecto,-ta [preðilékto,-ta] *adj* préféré,-e.
predominio [preðominjo] *nm* prédominance *f*.
preescolar [preskolár] *adj* préscolaire.
preestablecido,-da [preestaβleθiðo,-ða] *adj* préétabli,-e.
prefabricado,-da [prefaβrikáðo,-ða] *adj* préfabriqué,-e.
prefacio [prefáθjo] *nm* préface *f*.
preferencia [preferénθja] *nf* **1** *(predilección)* préférence *f*. **2** *(ventaja)* priorité *f*.
• **tener preferencia** avoir la priorité.
preferible [preferiβle] *adj* préférable.
preferir [35] [preferir] *vt* préférer.
prefijo,-ja [prefiχo,-χa] *adj* préfixe.
► *nm* **prefijo** préfixe *m*.
pregón [preγón] *nm* **1** *(noticia)* annonce *f*. **2** *(discurso)* discours *m*.
pregonar [preγonár] *vt* **1** *(anunciar)* annoncer publiquement. **2** *fam (explicar)* crier sur les toits.
pregunta [preγúnta] *nf* question *f*: ***hacer preguntas***, poser des questions.
preguntar [preγuntár] *vt* demander.
► *vpr* **preguntarse** se demander.
• **preguntar por** ALGO/ALGN demander QQCH/QQN.
prehistoria [preistórja] *nf* préhistoire *f*.
prejuicio [preχwiθjo] *nm* préjugé *m*.
preliminar [preliminár] *adj - nm* préliminaire *m*.
preludio [prelúðjo] *nm* prélude *m*.
prematuro,-ra [prematúro,-ra] *adj* prématuré,-e.
premeditación [premeðitaθjón] *nf* préméditation *f*.
premiar [12] [premjár] *vt* récompenser.
premio [prémjo] *nm* **1** *(gen)* prix *m*. **2** *(de lotería)* lot *m*.
▪ **premio gordo** gros lot.
premisa [premisa] *nf* prémisse *f*.
prenda [prénda] *nf* **1** *(ropa)* vêtement *m*. **2** *(garantía)* gage *m*.
• **no soltar prenda** ne pas dire un mot.
prender [prendér] *vt* **1** *(a una persona)* arrêter; *(aprisionar)* faire prisonnier. **2** *(hablando de cosas)* accrocher.
► *vi (el fuego, una vacuna, etc)* prendre: ***el injerto ha prendido***, la greffe a pris.
prensa [prénsa] *nf* presse *f*.
▪ **prensa amarilla** presse à scandale.
▪ **prensa del corazón** *o* **rosa** presse du cœur.
preñada [preɲáða] *adj f (mujer)* enceinte; *(animales)* pleine.
► *nf* femme *f* enceinte.
preocupación [preokupaθjón] *nf* souci *m*.
preocupado,-da [preokupáðo,-ða] *adj* inquiet,-ète.
preocupar [preokupár] *vt* inquiéter.
► *vpr* **preocuparse** s'inquiéter.
preparación [preparaθjón] *nf* préparation *f*.
preparado [preparáðo] *nm* préparation *f*.
preparar [preparár] *vt* préparer.
► *vpr* **prepararse** se préparer.
preparativos [preparatiβos] *nm pl* préparatifs *m pl*.
preposición [preposiθjón] *nf* préposition *f*.
presa [présa] *nf* **1** *(acción, cosa apresada)* prise *f*. **2** *(de un animal)* proie *f*. **3** *(a través de un río)* barrage *m*.
• **ser presa de** être pris,-e de.
presagiar [12] [presaχjár] *vt* présager.
presagio [presáχjo] *nm* présage *m*.
prescindir [presθindir] *vi* **1** *(no necesitar)* se passer de. **2** *(omitir)* faire abstraction de.
presencia [presénθja] *nf* **1** *(gen)* présence *f*. **2** *(aspecto)* allure *f*.
• **en presencia de** en présence de.
• **tener buena presencia** présenter bien.
▪ **presencia de ánimo** présence d'esprit.
presenciar [12] [presenθjár] *vt (asistir)* assister à.

presentación [presentaθjón] *nf* présentation *f*.
presentador,-ra [presentaðór,-ra] *nm,f* présentateur,-trice.
presentar [presentár] *vt* **1** *(gen)* présenter. **2** *(queja, etc)* déposer.
► *vpr* **presentarse** se présenter.
presente [presénte] *adj* présent,-e.
► *nm* présent *m*.
• **tener presente** ne pas oublier.
presentimiento [presentimjénto] *nm* pressentiment *m*.
presentir [35] [presentír] *vt* pressentir.
preservar [preserβár] *vt* préserver.
preservativo [preserβatíβo] *nm* préservatif *m*.
presidente,-ta [presiðénte,-ta] *nm,f* président,-e.
presidiario,-ria [presiðjárjo,-rja] *nm,f* prisonnier,-ère.
presidio [presíðjo] *nm* bagne *m*.
presidir [presiðír] *vt* présider.
presión [presjón] *nf* pression *f*.
presionar [presjonár] *vt* **1** *(apretar)* appuyer sur. **2** *(coaccionar)* faire pression sur.
preso,-sa [préso,-sa] *adj* - *nm,f* prisonnier,-ère.
prestado,-da [prestáðo,-ða] *adj* prêté,-e.
• **pedir prestado** emprunter.
• **tomar prestado** emprunter.
préstamo [préstamo] *nm* prêt *m*.
• **pedir un préstamo** faire un emprunt.
prestar [prestár] *vt* **1** *(gen)* prêter. **2** *(servicio)* rendre.
► *vpr* **prestarse 1** *(ofrecerse)* se proposer. **2** *(dar motivo)* se prêter.
prestigio [prestíχjo] *nm* prestige *m*.
presumido,-da [presumíðo,-ða] *adj* - *nm,f* prétentieux,-euse.
presumir [presumír] *vt* présumer.
► *vi (vanagloriarse)* se vanter, se croire: ***presume de guapa***, elle se croit belle.
presunto,-ta [presúnto,-ta] *adj* présumé,-e.
presuntuoso,-sa [presuntwóso,-sa] *adj* présomptueux,-euse.
presupuesto [presupwésto] *nm* **1** *(dinero disponible)* budget *m*. **2** *(de una obra)* devis *m*. **3** *(suposición)* supposition *f*.
pretender [pretendér] *vt* **1** *(intentar, procurar)* essayer de. **2** *(afirmar)* prétendre. **3** *(cortejar)* faire la cour.
pretendiente [pretendjénte] *adj* - *nmf* prétendant,-e.
pretensión [pretensjón] *nf* prétention *f*.
pretérito,-ta [pretérito,-ta] *adj* passé,-e.
► *nm* **pretérito** passé *m*.
▪ **pretérito imperfecto** imparfait *m*.
▪ **pretérito indefinido** passé simple.
▪ **pretérito perfecto** passé composé.
▪ **pretérito pluscuamperfecto** plus-que-parfait *m*.
pretexto [pretéksto] *nm* prétexte *m*.
• **con el pretexto de que** sous prétexte que.
prevalecer [43] [preβaleθér] *vi* prévaloir.
prevención [preβenθjón] *nf* **1** *(cuidado)* prévention *f*. **2** *(idea preconcebida)* préjugé *m*.
prevenir [90] [preβenír] *vt* prévenir.
• **más vale prevenir que curar** mieux vaut prévenir que guérir.
prever [91] [preβér] *vt* prévoir.
previo,-via [préβjo,-βja] *adj* préalable.
previsión [preβisjón] *nf* prévision *f*.
previsto,-ta [preβísto,-ta] *adj* prévu,-e.
• **según lo previsto** comme prévu.
prima [príma] *nf* **1** *(pariente)* cousine *f*. **2** *(premio, etc)* prime *f*.
primacía [primaθía] *nf* primauté *f*.
primario,-ria [primárjo,-rja] *adj* primaire.
primavera [primaβéra] *nf* printemps *m*.
primaveral [primaβerál] *adj* printanier, -ère.
primer [primér] *adj* → primero,-ra.
primera [priméra] *nf* première *f*: ***siempre viaja en primera***, il voyage toujours en première.
• **de primera** de première.
primero,-ra [priméro,-ra] *adj* (**primer** devant *m*) premier,-ère: ***los primeros días***, les premiers jours; ***primer piso***, premier étage.
► *nm,f* premier,-ère.
► *nm* **primero** premier *m* (étage).
► *adv* **primero 1** *(en enumeración)* premièrement. **2** *(ante todo)* d'abord.
• **a primeros de mes** au début du mois.
• **lo primero es lo primero** une chose après l'autre.
▪ **primeros auxilios** premiers secours *m pl*.

primicia [primiθja] *nf* primeur *f*.
primitivo,-va [primitiβo,-βa] *adj* - *nm,f* primitif,-ive.
primo,-ma [primo,-ma] *nm,f* **1** *(pariente)* cousin,-e. **2** *fam fig (tonto)* poire *f*.
• **hacer el primo** se faire avoir.
primogénito,-ta [primoχénito,-ta] *adj* - *nm,f* aîné,-e.
primordial [primorðjál] *adj* primordial,-e.
princesa [prinθésa] *nf* princesse *f*.
principado [prinθipáðo] *nm (territorio)* principauté *f*.
principal [prinθipál] *adj* principal,-e.
▶ *nm (piso)* premier *m*.
príncipe [prinθipe] *nm* prince *m*.
▪ **príncipe azul** prince charmant.
principio [prinθipjo] *nm* **1** *(comienzo)* début *m*. **2** *(fundamento, máxima)* principe *m*.
• **a principios de 1** *(gen)* au début de. **2** *(con un mes)* début: ***a principios de marzo***, début mars.
• **en principio** en principe.
pringar [priŋgár] *vt* **1** *(ensuciar)* tacher. **2** *fam (comprometer)* faire tremper.
▶ *vi fam* trimer.
▶ *vpr* **pringarse 1** *(ensuciarse)* se salir. **2** *fam (comprometerse)* se salir les mains.
pringoso,-sa [priŋgóso,-sa] *adj* gras,-se, graisseux,-euse.
pringue [priŋge] *nm* crasse *f*.
prioridad [prjoriðáð] *nf* priorité *f*.
prioritario,-ria [prjoritárjo,-rja] *adj* prioritaire.
prisa [prisa] *nf* hâte *f*.
• **a (toda) prisa** à toute vitesse.
• **correr prisa** être urgent,-e.
• **darse prisa** se dépêcher.
• **de prisa** vite.
• **tener prisa** être pressé,-e.
prisión [prisjón] *nf* **1** *(lugar)* prison *m*. **2** *(acción de prender)* détention *f*. **3** *(pena)* emprisonnement *m*.
prisionero,-ra [prisjonéro,-ra] *nm,f* prisonnier,-ère.
prisma [prizma] *nm* prisme *m*.
prismáticos [prizmátikos] *nm pl* jumelles *f pl*.
privación [priβaθjón] *nf* privation *f*.
privado,-da [priβáðo,-ða] *adj* privé,-e.
privar [priβár] *vt* **1** *(quitar)* priver. **2** *(prohibir)* interdire.
▶ *vi* **1** *(gustar)* raffoler. **2** *(estar de moda)* être à la mode.
▶ *vpr* **privarse** se priver (**de**, de): ***no se priva de nada***, il ne se prive de rien.
privilegiado,-da [priβileχjáðo,-ða] *adj* privilégié,-e.
privilegio [priβiléχjo] *nm* privilège *m*.
pro [pro] *prep* pour.
• **de pro** de bien.
• **en pro de** en faveur de.
proa [próa] *nf* proue *f*.
probabilidad [proβaβiliðáð] *nf* probabilité *f*.
probable [proβáβle] *adj* **1** *(verosímil)* probable. **2** *(que se puede probar)* prouvable.
probador [proβaðór] *nm* cabine *f* d'essayage.
probar [31] [proβár] *vt* **1** *(justificar)* prouver. **2** *(experimentar)* essayer. **3** *(comida o bebida)* goûter. **4** *(vestido, coche, etc)* essayer.
probeta [proβéta] *nf* éprouvette *f*.
problema [proβléma] *nm* problème *m*.
procedencia [proθeðénθja] *nf* **1** *(gen)* origine *f*. **2** *(de mercancías, avión, tren)* provenance *f*.
procedente [proθeðénte] *adj* provenant (**de**, de), en provenance (**de**, de).
proceder [proθeðér] *vi* **1** *(originarse)* provenir, venir. **2** *(ser conveniente)* convenir.
procedimiento [proθeðimjénto] *nm* **1** procédé *m*, méthode *f*. **2** DER procédure *f*.
procesamiento [proθesamjénto] *nm* **1** INFORM traitement. **2** DER poursuite *f*.
▪ **procesamiento de datos** INFORM traitement des données.
▪ **procesamiento de textos** INFORM traitement de texte.
procesador [proθesaðór] *nm* processeur *m*.
procesar [proθesár] *vt* **1** DER instruire un procès. **2** *(a una persona)* inculper. **3** INFORM traiter.
procesión [proθesjón] *nf* procession *f*.
proceso [proθéso] *nm* **1** DER procès *m*. **2** *(desarrollo de una cosa)* processus *m*.
proclamación [proklamaθjón] *nf* proclamation *f*.
proclamar [proklamár] *vt* proclamer.

procrear [prokreár] *vt* procréer.
procurar [prokurár] *vt* **1** *(tratar de)* tâcher de. **2** *(proporcionar)* procurer.
• **procurar que** tâcher que, faire en sorte que: ***procuraba que nadie le viera***, il faisait en sorte que personne ne le voie.
prodigio [proðiχjo] *nm* prodige.
prodigioso,-sa [proðiχjóso,-sa] *adj* prodigieux,-euse.
producción [proðukθjón] *nf* production *f*.
producir [46] [proðuθír] *vt* produire.
► *vpr* **producirse** se produire.
productividad [proðuktiβiðáð] *nf* productivité.
productivo,-va [proðuktíβo,-βa] *adj* productif,-ive.
producto [proðúkto] *nm* produit *m*.
productor,-ra [proðuktór,-ra] *adj* - *nm,f* producteur,-trice.
proeza [proéθa] *nf* prouesse *f*, exploit *m*.
profanar [profanár] *vt* profaner.
profano,-na [profáno,-na] *adj* - *nm,f* profane.
profecía [profeθía] *nf* prophétie *f*.
profesión [profesjón] *nf* profession *m*.
profesional [profesjonál] *adj* - *nmf* professionnel,-elle.
profesor,-ra [profesór,-ra] *nm,f* professeur *m*: ***es profesora de inglés***, elle est professeur d'anglais.
profeta [proféta] *nm* prophète *m*.
profetizar [4] [profetiθár] *vt* prophétiser.
profiláctico,-ca [profiláktiko,-ka] *adj* prophylactique.
► *nm* **profiláctico** *(preservativo)* préservatif *m*.
profundidad [profundiðáð] *nf* profondeur *f*.
profundizar [4] [profundiθár] *vt* approfondir.
► *vi* approfondir (**en**, -).
profundo,-da [profúndo,-da] *adj* profond,-e.
programa [proɣráma] *nm* **1** *(gen)* programme *m*. **2** INFORM logiciel *m*.
programación [proɣramaθjón] *nf* programmation *f*.
programador,-ra [proɣramaðór,-ra] *nm,f* INFORM programmeur,-euse *m*.
programar [proɣramár] *vt* programmer.
progresar [proɣresár] *vi* progresser.
progresista [proɣresísta] *adj* - *nmf* progressiste.
progresivo,-va [proɣresíβo,-βa] *adj* progressif,-ive.
progreso [proɣréso] *nm* progrès *m*.
• **hacer progresos** faire des progrès.
prohibición [projβiθjón] *nf* interdiction *f*.
prohibido,-da [projβíðo,-ða] *adj* interdit,-e.
prohibir [21] [projβír] *vt* défendre, interdire: ***se prohíbe fumar***, défense de fumer.
prójimo [próχimo] *nm* prochain *m*.
prole [próle] *nf* progéniture *f*.
proletariado [proletarjáðo] *nm* prolétariat *m*.
proletario,-ria [proletárjo,-rja] *adj* - *nm,f* prolétarien,-enne.
prólogo [próloɣo] *nm* préface *f*.
prolongación [proloŋgaθjón] *nf* **1** *(gen)* prolongation *f*. **2** *(de una calle, etc)* prolongement *m*.
prolongar [7] [proloŋgár] *vt* prolonger.
promedio [proméðjo] *nm* **1** *(punto medio)* milieu *m*. **2** *(término medio)* moyenne *f*.
promesa [promésa] *nf* promesse *f*.
• **hacer una promesa** faire une promesse.
prometedor,-ra [prometeðór,-ra] *adj* prometteur,-euse.
prometer [prometér] *vt* - *vi* promettre.
► *vpr* **prometerse** *(desposarse)* se fiancer.
prometido,-da [prometíðo,-ða] *nm,f* fiancé,-e.
prominente [prominénte] *adj* proéminent,-e.
promiscuidad [promiskwiðáð] *nf* promiscuité *f*.
promoción [promoθjón] *nf* promotion *f*.
promocionar [promoθjonár] *vt* **1** *(con publicidad)* faire la promotion de. **2** *(obras)* promouvoir.
► *vpr* **promocionarse** se faire valoir.
promotor,-ra [promotór,-ra] *adj* - *nm,f* promoteur,-trice.
promover [32] [promoβér] *vt* **1** *(elevar)* promouvoir. **2** *(ocasionar)* être à l'origine de.
promulgar [7] [promulɣár] *vt* promulguer.
pronombre [pronómbre] *nm* pronom *m*.

pronosticar [1] [pronostikár] *vt* pronostiquer.
pronóstico [pronóstiko] *nm* pronostic *m*.
pronto,-ta [prónto,-ta] *adj* prompt,-e.
► *nm* **pronto** mouvement *m* d'humeur.
► *adv* **1** *(rápidamente)* vite. **2** *(temprano)* tôt. **3** *(luego, dentro de poco)* bientôt.
• **al pronto** à première vue.
• **de pronto** soudain.
• **¡hasta pronto!** à bientôt !
• **levantarse pronto** se lever tôt.
• **lo más pronto posible** le plus tôt possible.
• **por lo pronto** pour le moment.
• **tan pronto como...** dès que....
pronunciación [pronunθjaθjón] *nf* prononciation *f*.
pronunciar [12] [pronunθjár] *vt* prononcer.
► *vpr* **pronunciarse 1** *(definirse)* se prononcer. **2** *(sublevarse)* se soulever.
propaganda [propaɣánda] *nf* propagande *f*.
propenso,-sa [propénso,-sa] *adj* enclin,-e.
propiciar [12] [propiθjár] *vt* favoriser.
propicio,-cia [propíθjo,-θja] *adj* propice.
propiedad [propjeðáð] *nf* propriété *f*.
• **con propiedad** correctement.
propietario,-ria [propjetárjo,-rja] *adj* - *nm,f* propriétaire.
propina [propína] *nf* pourboire *m*.
propio,-pia [própjo,-pja] *adj* **1** *(gen)* propre: ***nombre propio***, nom propre. **2** *(mismo)* lui-même, elle-même: ***el propio alcalde***, le maire lui-même. **3** *(adecuado)* approprié (**para**, à). **4** *(típico)* propre (**de**, à).
proponer [78] [proponér] *vt* proposer.
► *vpr* **proponerse** se proposer.
proporción [proporθjón] *nf* proportion *f*.
proporcional [proporθjonál] *adj* proportionnel,-elle.
proporcionar [proporθjonár] *vt* **1** *(ajustar)* proportionner. **2** *(suministrar datos, etc)* procurer, fournir.
► *vpr* **proporcionarse** *(una cosa)* se procurer.
proposición [proposiθjón] *nf* proposition *f*.
propósito [propósito] *nm* **1** *(intención)* intention *f*. **2** *(objetivo)* but *m*.
• **a propósito** exprès.
• **a propósito de** à propos de.
propuesta [propwésta] *nf* proposition *f*.
• **a propuesta de** sur la proposition de.
prórroga [próroɣa] *nf* **1** *(gen)* prorogation *f*. **2** *(de permiso, partido, etc)* prolongation *f*.
prorrogar [7] [proroɣár] *vt* **1** *(decisión)* reporter. **2** *(plazo, contrato)* proroger.
prosa [prósa] *nf* prose *f*.
proseguir [56] [proseɣír] *vt* poursuivre.
► *vi* continuer.
prospecto [prospékto] *nm* prospectus *m*.
prosperar [prosperár] *vi* prospérer.
prosperidad [prosperiðáð] *nf* prospérité *f*.
prostitución [prostituθjón] *nf* prostitution *f*.
prostituirse [62] [prostitwírse] *vpr* se prostituer.
prostituta [prostitúta] *nf* prostituée *f*.
protagonista [protaɣonísta] *nmf* **1** *(gen)* personnage *m* principal. **2** *(en literatura)* héros *m*, héroïne *f*. **3** *(en cine, teatro)* acteur,-trice principal,-e.
protagonizar [4] [protaɣoniθár] *vt* **1** *(película, obra)* jouer le rôle principal dans. **2** *(novela)* être le héros/la héroïne de. **3** *(acontecimiento)* être l'acteur,-trice de.
protección [protekθjón] *nf* protection *f*.
protector,-ra [protektór,-ra] *adj* - *nm,f* protecteur,-trice.
proteger [5] [proteχér] *vt* protéger.
► *vpr* **protegerse** se protéger.
proteína [proteína] *nf* protéine *f*.
prótesis [prótesis] *nf* prothèse *f*.
protesta [protésta] *nf* protestation *f*.
protestante [protestánte] *adj* - *nmf* REL protestant,-e.
protestantismo [protestantízmo] *nm* protestantisme *m*.
protestar [protestár] *vt* - *vi* protester.
protocolo [protokólo] *nm* protocole *m*.
prototipo [prototípo] *nm* prototype *m*.
provecho [proβétʃo] *nm* profit *m*.
• **¡buen provecho!** bon appétit !
• **de provecho** utile.
• **sacar provecho** tirer profit.
provechoso,-sa [proβetʃóso,-sa] *adj* profitable.

proveedor,-ra [proβeeðór,-ra] *nm,f* fournisseur,-euse.
■ **proveedor de acceso** INFORM fournisseur *m* d'accès.
proveer [61] [proβeér] *vt* pourvoir, fournir.
► *vpr* **proveerse** *(obtener)* se fournir (**de**, en); *(de víveres)* s'approvisionner (**de**, en).
provenir [90] [proβenír] *vi* provenir.
proverbio [proβérβjo] *nm* proverbe *m.*
provincia [proβínθja] *nf* province *f*, département *m.*
provinciano,-na [proβinθjáno,-na] *adj - nm,f* provincial,-e.
provisión [proβisjón] *nf* provision *f.*
provisional [proβisjonál] *adj* provisoire.
provocar [1] [proβokár] *vt* **1** *(gen)* provoquer. **2** *(incitar)* inciter (**a**, à).
provocativo,-va [proβokatíβo,-βa] *adj* provocant,-e.
próximamente [proksimaménte] *adv* prochainement.
proximidad [proksimiðáð] *nf* proximité *f.*
► *nf pl* **proximidades** *(cercanías)* alentours *m pl.*
próximo,-ma [próksimo,-ma] *adj* **1** *(cercano)* proche. **2** *(siguiente)* prochain,-e.
proyección [projekθjón] *nf* **1** *(gen)* projection *f.* **2** *(alcance)* envergure *f.*
proyectar [projektár] *vt* projeter.
proyectil [projektíl] *nm* projectile *m.*
proyecto [projékto] *nm* projet *m.*
■ **proyecto de ley** projet de loi.
proyector [projektór] *nm* projecteur *m.*
prudencia [pruðénθja] *nf* prudence *f.*
prudente [pruðénte] *adj* prudent,-e.
prueba [prwéβa] *nf* **1** *(lo que prueba, demostración)* preuve *f.* **2** *(examen)* épreuve *f.* **3** *(ensayo)* essai *m.* **4** MED analyse *f.* **5** *(de un vestido)* essayage *m.*
• **a prueba de** à l'épreuve de.
• **como prueba de** en témoignage de.
• **dar pruebas de** faire preuve de.
• **estar à prueba** être à l'essai.
• **hacer la prueba** faire la preuve.
• **poner a prueba** mettre à l'épreuve.
■ **prueba de acceso** examen *m* d'entrée.
■ **prueba de alcoholemia** alcootest *m.*
■ **prueba de embarazo** test *m* de grossesse.
■ **prueba de relevos** course *f* de relais.

pseudónimo → seudónimo.
psicoanálisis [psikoanálisis] *nm* psychanalyse *f.*
psicología [psikoloχía] *nf* psychologie *f.*
psicológico,-ca [psikolóχiko,-ka] *adj* psychologique.
psicólogo,-ga [psikóloγo,-γa] *nm,f* psychologue.
psicosis [psikósis] *nf* psychose *f.*
psiquiatra [psikjátra] *nmf* psychiatre.
psiquiatría [psikjatría] *nf* psychiatrie *f.*
psíquico,-ca [psíkiko,-ka] *adj* psychique.
púa [púa] *nf* **1** *(de un peine)* dent *f.* **2** *(de erizo)* piquant *m.* **3** MÚS médiator *m.*
¡puaj! [pwaχ] *interj* berk !
pubertad [puβertáð] *nf* puberté *f.*
pubis [púβis] *nm* pubis *m.*
publicación [puβlikaθjón] *nf* publication *f.*
publicar [1] [puβlikár] *vt* publier.
publicidad [puβliθiðáð] *nf* publicité *f.*
publicitario,-ria [puβliθitárjo,-ria] *adj* publicitaire.
público,-ca [púβliko,-ka] *adj* public,-ique.
► *nm* **público** public *m.*
• **en público** en public.
• **hacer** ALGO **público** rendre public QQCH.
puchero [putʃéro] *nm* **1** *(vasija)* marmite *f.* **2** *(comida)* pot-au-feu *m.*
• **hacer pucheros** *fam* faire la moue.
pudiente [puðjénte] *adj - nmf* riche.
pudor [puðór] *nm* pudeur *f.*
pudrir [puðrír] *vt* pourrir, putréfier.
► *vpr* **pudrirse** se pourrir.
pueblerino,-na [pweβleríno,-na] *adj - nm,f* **1** *(de pueblo)* villageois,-e. **2** *pey (paleto)* plouc.
pueblo [pwéβlo] *nm* **1** *(población pequeña)* village *m.* **2** *(conjunto de personas)* peuple *m.*
puente [pwénte] *nm* pont *m.*
• **hacer puente** faire le pont.
■ **puente aéreo** pont aérien.
puerco,-ca [pwérko,-ka] *adj* sale.
► *nm,f* cochon *m*, porc *m*, truie *f.*
■ **puerco espín** porc-épic *m.*
puericultor,-ra [pwerikultór,-ra] *nm,f* puériculteur,-trice.
puerro [pwéro] *nm* poireau *m.*

puerta [pwérta] *nf* **1** *(gen)* porte *f.* **2** DEP buts *m pl.*
• **a las puertas de** au seuil de.
• **a puerta cerrada** à huis clos.
• **dar con la puerta en las narices** fermer la porte au nez.
• **de puerta en puerta** de porte en porte.
• **de puertas adentro** en privé.
▪ **puerta giratoria** porte à tambour.
puerto [pwérto] *nm* **1** *(gen)* port *m.* **2** *(de montaña)* col *m.*
▪ **puerto deportivo** port de plaisance.
▪ **puerto franco** port franc.
pues [pwes] *conj* **1** *(porque)* car. **2** *(puesto que)* puisque. **3** *(sentido de continuidad)* donc: ***decíamos, pues...***, nous disions donc .... **4** *(enfático)* eh bien !. **5** *(ahora bien)* or.
puesta [pwésta] *nf* **1** *(de un astro)* coucher *m.* **2** *(acción)* mise *f.*
▪ **puesta al día** mise à jour.
▪ **puesta a punto** mise au point.
▪ **puesta de largo** entrée *f* dans le monde.
▪ **puesta de sol** coucher du soleil.
▪ **puesta en escena** mise en scène.
▪ **puesta en libertad** mise en liberté.
puesto,-ta [pwésto,-ta] *adj* mis,-e: ***bien puesto***, bien habillé.
► *nm* **puesto** **1** *(lugar)* endroit *m,* lieu *m.* **2** *(en una clasificación)* place *f.* **3** *(empleo)* poste *m.* **4** *(en un mercado, en la calle)* étal *m.*
¡puf! [puf] *interj* pouah !
púgil [púχil] *nm* pugiliste *m.*
pugna [púɣna] *nf* lutte *f.*
pujar [puχár] *vt (en una subasta)* surenchérir.
pulcritud [pulkritúð] *nf* **1** *(limpieza)* propreté *f.* **2** *(esmero)* soin *m.*
pulcro,-cra [púlkro,-kra] *adj* soigné,-e.
pulga [púlɣa] *nf* puce *f.*
• **tener malas pulgas** *fam* avoir mauvais caractère.
pulgada [pulɣáða] *nf (medida)* pouce *m.*
pulgar [pulɣár] *adj - nm (dedo)* pouce *m.*
pulir [pulír] *vt* **1** *(alisar)* polir. **2** *fig (estilo)* peaufiner.
pulmón [pulmón] *nm* poumon *m.*
• **a pleno pulmón** à pleins poumons.
pulmonar [pulmonár] *adj* pulmonaire.
pulmonía [pulmonía] *nf* pneumonie *f.*
pulpa [púlpa] *nf* pulpe *f.*
púlpito [púlpito] *nm* chaire *f.*
pulpo [púlpo] *nm* **1** *(animal)* poulpe *m,* pieuvre *f.* **2** *(correa)* tendeur *m.*
pulsación [pulsaθjón] *nf* pulsation *f.*
pulsar [pulsár] *vt* **1** *(timbre, tecla, etc)* appuyer sur. **2** *(tomar el pulso)* tâter le pouls. **3** MÚS pincer, jouer de.
pulsera [pulséra] *nf* bracelet *m.*
pulso [púlso] *nm* **1** *(latido)* pouls *m.* **2** *(firmeza)* force *f* du poignet. **3** *(prudencia)* prudence *f.* **4** *(juego)* bras *m* de fer.
• **a pulso** à la force du poignet.
• **echar un pulso a ALGN** faire un bras de fer avec QQN.
• **tomar el pulso** prendre le pouls.
pulverizador [pulβeriθaðór] *nm* pulvérisateur *m.*
¡pum! [pum] *interj* boum !
puma [púma] *nm* puma *m.*
punta [púnta] *nf* **1** *(extremo agudo)* pointe *f.* **2** *(extremo)* bout *m.*
• **a punta de pistola** sous la menace du pistolet.
• **a punta pala** *fam* à la pelle.
• **ir de punta en blanco** se mettre sur son trente et un.
• **sacar punta** **1** *(a lápiz)* tailler. **2** *(a un asunto)* trouver à redire.
puntapié [puntapjé] *nm* coup *m* de pied.
puntear [punteár] *vt* **1** *(dibujar)* pointiller. **2** MÚS *(la guitarra, etc)* pincer.
puntera [puntéra] *nf (de calzado, media)* bout *m.*
puntería [puntería] *nf* pointage *m.*
• **afinar la puntería** rectifier le tir.
• **tener buena puntería** être bon tireur.
puntero [puntéro] *nm* baguette *f.*
puntiagudo,-da [puntjaɣúðo,-ða] *adj* pointu,-e.
puntilla [puntíʎa] *nf* dentelle *f.*
• **de puntillas** sur la pointe des pieds.
punto [púnto] *nm* **1** *(gen)* point *m.* **2** *(lugar)* lieu *m.* **3** *(en tejido, media, etc)* maille *f.*
• **a punto** à point.
• **en punto** pile.
• **en su punto** *(carne)* à point.
• **estar a punto de** être sur le point de.

- **hasta cierto punto** jusqu'à un certain point.
- **punto y aparte** point à la ligne.
- **punto y seguido** point.
- **puntos suspensivos** points de suspension.

puntuación [puntwaθjón] *nf* **1** *(ortográfica)* ponctuation *f.* **2** *(puntos)* score *m.*

puntual [puntwál] *adj* ponctuel,-elle.

puntualidad [puntwaliðáð] *nf* ponctualité *f.*

puntuar [11] [puntwár] *vt* **1** *(con signos de puntuación)* ponctuer. **2** *(examen, ejercicio)* noter. **3** *(conseguir puntos)* marquer. **4** *(para el cómputo global)* compter.
► *vi (conseguir puntos)* marquer des points.

punzada [punθáða] *nf (dolor)* élancement *m.*

punzante [punθánte] *adj* **1** *(objeto)* pointu,-e. **2** *fig (dolor)* lancinant,-e. **3** *(sentimiento)* poignant,-e.

puñado [puɲáðo] *nm* poignée *f.*

puñal [puɲál] *nm* poignard *m.*

puñalada [puɲaláða] *nf* coup *m* de poignard.

puñeta [puɲéta] *nf fam* connerie *f.*

- **hacer la puñeta a ALGN** enquiquiner QQN.
- **mandar a hacer puñetas** envoyer balader.

puñetazo [puɲetáθo] *nm* coup *m* de poing.

puñetero,-ra [puɲetéro,-ra] *adj fam* enquiquineur,-euse.

puño [púɲo] *nm* **1** *(mano cerrada)* poing *m.* **2** *(de vestido)* poignet *m.* **3** *(de camisa)* manchette *f.* **4** *(de un arma, bastón)* poignée *f.*

pupa [púpa] *nf fam (dolor, herida)* bobo *m.*

pupila [pupíla] *nf* pupille *f.*

pupitre [pupítre] *nm* pupitre *m.*

puré [puré] *nm* purée *f.*

pureza [puréθa] *nf* pureté *f.*

purificación [purifikaθjón] *nf* purification *f.*

purificar [1] [purifikár] *vt* purifier.

puritano,-na [puritáno,-na] *adj - nm,f* puritain,-e.

puro,-ra [púro,-ra] *adj* pur,-e.
► *nm* **puro** cigare *m.*

púrpura [púrpura] *adj - nm* pourpre *m.*

purpurina [purpurína] *nf* paillettes *f pl.*

pus [pus] *nm* pus *m.*

puta [púta] *nf vulg* putain *f.*

putada [putáða] *nf vulg* vacherie *f*, crasse *f.*

putear [puteár] *vt vulg* faire chier.

puto,-ta [púto,-ta] *adj vulg* putain (de).

- **de puta madre** *vulg* d'enfer.
- **ni puta idea** *vulg* pas la moindre idée.

putrefacción [putrefakθjón] *nf* putréfaction *f.*

putrefacto,-ta [putrefákto,-ta] *adj* pourri,-e.

puzzle [púθle] *nm* puzzle *m.*

Q

que[1] [ke] *pron rel* **1** *(sujeto)* qui: ***la mujer que canta***, la femme qui chante. **2** *(complemento directo)* que: ***el libro que leo***, le livre que je lis. **3** *(complemento indirecto)* qui: ***es la persona a la que le di el paquete***, c'est la personne à qui j'ai donné le paquet. **4** *(complemento circunstancial)* où: ***el día en que nos fuimos***, le jour où nous sommes partis.

que[2] [ke] *conj* **1** *(después de verbos)* que, de: ***dile que venga***, dis-lui de venir. **2** *(porque)* car: ***date prisa que es tarde***, dépêche-toi, car il est tard. **3** *(introduce una exclamación) no se traduce*: ***¡que lo pases bien!***, amuse-toi bien ! **4** *(introduce una hipótesis)* si: ***que no te interesa, pues no lo compras***, si cela ne t'intéresse pas, ne l'achète pas.

qué [ké] *pron* que, quoi: ***¿qué quiere usted?***, que voulez-vous ?; ***no sé qué hacer***, je ne sais pas quoi faire.

▶ *adj* quel, quelle: ***¿qué día es?***, quel jour sommes-nous ?

• **no hay de qué** il n'y a pas de quoi.

• **¿para qué?** pourquoi ?

• **¿por qué?** pourquoi ?

• **qué de** que de, combien de.

• **¿qué tal?** comment ça va ?

• **¡y qué!** et alors !

quebradero [keβraðéro].

▪ **quebradero de cabeza** tracas *m*.

quebradizo,-za [keβraðiθo,-θaʊ] *adj* **1** *(que se rompe con facilidad)* cassant,-e, fragile. **2** *fig (débil)* fragile.

quebrado,-da [keβráðo,-ða] *adj* **1** *(línea, voz)* brisé,-e. **2** *(terreno)* accidenté,-e. **3** COM failli,-e.

▶ *nm* **quebrado** MAT fraction *f*.

quebrantar [keβrantár] *vt* **1** *(romper)* casser. **2** *(machacar)* broyer. **3** *fig (la ley, etc)* enfreindre.

quebrar [27] [keβrár] *vt* **1** *(romper)* casser. **2** *(doblar)* plier. **3** *(la fuerza, el rigor)* adoucir.

▶ *vi* COM faire faillite.

▶ *vpr* **quebrarse** se briser.

quedar [keðár] *vi* **1** *(faltar, permanecer)* rester: ***esto ha quedado así***, c'est resté là; ***queda mucho por hacer***, il reste beaucoup à faire. **2** *(resultar)* rester, devenir: ***quedar ciego***, devenir aveugle. **3** *(sentar)* aller: ***el traje le queda muy bien***, le costume lui va très bien. **4** *(darse cita)* avoir rendez-vous, se voir: ***hemos quedado a las nueve delante del cine***, nous avons rendez-vous à neuf heures devant le cinéma. **5 quedar en** *(acordar)* convenir, décider: ***¿en qué quedamos?***, que décidons-nous ? **6** *(acabar)* se terminer: ***no sé en qué quedó todo ese lío***, je ne sais pas comment s'est terminée toute cette affaire.

▶ *vpr* **quedarse 1** rester: ***quedarse en cama***, rester au lit. **2** devenir: ***se quedó sordo***, il est devenu sourd.

• **quedar bien** faire bonne impression.

• **quedar en nada** n'aboutir à rien.

• **quedar mal** faire mauvaise impression.

• **quedarse con** ALGO **1** *(preferir)* préférer. **2** *(guardar)* garder.

• **quedarse con ALGN** *(engañar)* avoir QQN.
quehacer [keaθėr] *nm* travail *m*, occupation *f*: ***tener muchos quehaceres***, avoir beaucoup d'occupations.
queja [kėχa] *nf* plainte *f*.
quejarse [keχàrse] *vpr* se plaindre.
• **quejarse de vicio** aimer se plaindre.
quejica [keχika] *adj pey* râleur,-euse.
quejido [keχiðo] *nm* plainte *f*.
quema [kėma] *nf* brûlage *m*.
quemado,-da [kemàðo,-ða] *adj* brûlé,-e.
• **estar quemado,-da** *fam* être dégoûté,-e.
quemadura [kemaðùra] *nf* brûlure *f*.
quemar [kemàr] *vt* **1** *(gen)* brûler. **2** *fam fig (molestar)* irriter, exaspérer.
► *vi (estar muy caliente)* brûler.
► *vpr* **quemarse 1** *(gen)* brûler: ***el asado se quema***, le rôti brûle. **2** *(persona, por el sol)* brûler.
quemarropa [kemar̄òpa].
• **a quemarropa** à bout portant.
querella [kerėʎa] *nf* DER plainte *f*.
querer [80] [kerėr] *vt* **1** *(gen)* vouloir. **2** *(amar)* aimer.
► *nm* amour *m*, affection *f*.
► *vpr* **quererse** s'aimer.
• **como quien no quiere la cosa** mine de rien.
• **¡qué más quisiera!** si seulement je pouvais !
• **queriendo** exprès.
• **sin querer** sans le vouloir.
• **querer es poder** vouloir c'est pouvoir.
• **quieras o no** que tu le veuilles ou non.
querido,-da [keriðo,-ða] *adj* **1** *(deseado)* voulu,-e. **2** *(amado)* aimé,-e. **3** *(apelativo)* cher, chère: ***querido amigo***, cher ami.
quesera [kesėra] *nf* cloche *f* à fromage.
queso [kėso] *nm* fromage *m*.
• **dársela a ALGN con queso** *fam* tromper QQN.
▪ **queso de bola** fromage de Hollande.
▪ **queso rallado** fromage râpé.
quicio [kiθjo] *nm* jambage *m*.
• **sacar de quicio a ALGN** faire sortir QQN de ses gonds.
quiebra [kjėβra] *nf (económica)* faillite *f*.
• **declararse en quiebra** faire faillite, déposer son bilan.
quien [kjen] *pron rel* **1** *(sujeto - todo el que)* qui; *(- la persona que)* celui qui, celle qui; *(- alguien)* quelqu'un qui: ***quien me quiera que me siga***, qui m'aime me suive; ***quien ha dicho esto es un ignorante***, celui qui a dit ceci est un ignorant; ***fueron ellas quienes me lo dijeron***, ce sont elles qui me l'ont dit; ***ya encontraré quien pague esto***, je trouverai bien quelqu'un qui paye ça. **2** *(complemento circunstancial)* qui: ***el hombre con quien hablo***, l'homme à qui je parle.
• **a quien 1** *(complemento directo)* que: ***mi padre, a quien respeto***, mon père, que je respecte. **2** *(complemento indirecto)* à qui, auquel, à laquelle: ***la persona a quien se lo dijiste***, la personne à qui tu l'as dit.
• **de quien** *(complemento del nombre)* dont, duquel, de laquelle: ***la mujer de quien hablabas***, la femme dont tu parlais.
• **quien mucho abarca poco aprieta** qui trop embrasse mal étreint.
quién [kjėn] *pron* qui: ***¿quién ha venido?***, qui est venu ?; ***¡quién lo hubiera dicho!***, qui l'aurait dit !
• **no ser quién para +** *inf* ne pas être qualifié,-e pour + *inf*.
quienquiera [kjeŋkjėra] *pron indef* quiconque.
• **quienquiera que sea** qui que ce soit.
quieto,-ta [kjėto,-ta] *adj* **1** *(sosegado)* calme, tranquille: ***no puede estarse quieto***, il ne peut pas rester tranquille. **2** *(sin moverse)* immobile.
quilo → kilo.
quilogramo → kilogramo.
quilométrico → kilométrico.
quilómetro → kilómetro.
quimera [kimėra] *nf* chimère *f*.
química [kimika] *nf* chimie *f*.
químico,-ca [kimiko,-ka] *adj* chimique *nm,f* chimiste.
quimono, kimono [kimòno] *nm* kimono *m*.
quince [kinθe] *num* quinze.
quinceañero,-ra [kinθeaɲėro,-ra] *adj* de quinze ans.
► *nm,f* adolescent,-e.
quincena [kinθėna] *nf* quinzaine *f*.

quincenal [kinθenál] *adj* **1** *(frecuencia)* bimensuel,-elle. **2** *(duración)* qui dure quinze jours.
quiniela [kinjéla] *nf* loto *m* sportif.
quinientos,-tas [kinjéntos,-tas] *num* **1** *(cardinal)* cinq cents; *(ordinal)* cinq-centième: ***había quinientas personas***, il y avait cinq cents personnes; ***era el quinientos de la lista***, il était le cinq-centième de la liste. **2** *(seguido de otra cifra)* cinq cent: ***quinientos cincuenta***, cinq cent cinquante.
quinquenal [kiŋkenál] *adj* quinquennal,-e.
quinta [kínta] *nf* **1** *(villa)* maison *f* de campagne. **2** *(de soldados)* classe *f*, contingent *m*.
• **ser de la misma quinta** être de la même classe.
quintaesencia [kintaesénθja] *nf* quintessence *f*.
quinto,-ta [kínto,-ta] *num* **1** *(ordinal)* cinquième. **2** *(en nombres de reyes)* cinq: ***Felipe quinto***, Philippe V; ***Carlos quinto***, Charles Quint.
► *nm* **quinto** **1** *(recluta)* recrue *f*, conscrit *m*. **2** *(de cerveza)* pinte *f*. **3** *(parte)* cinquième *m*.
quíntuplo,-pla [kíntuplo,-pla] *adj* - *nm* quintuple *m*.
quiosco, kiosco [kjósko] *nm* kiosque *m*.
quiquiriquí [kikirikí] *nm* cocorico *m*.
quirófano [kirófano] *nm* salle *f* d'opérations.
quirúrgico,-ca [kirúrχiko,-ka] *adj* chirurgical,-e.
quisquilloso,-sa [kiskiʎóso,-sa] *adj* **1** *(exigente)* pointilleux,-euse. **2** *(susceptible)* chatouilleux,-euse, susceptible.
quiste [kíste] *nm* MED kyste *m*.
quitamanchas [kitamántʃas] *nm* détachant *m*.
quitanieves [kitanjéβes] *nm & nf* chasse-neige *m*.
quitar [kitár] *vt* **1** *(gen)* enlever, ôter. **2** *(robar)* prendre, dérober. **3** *(impedir)* empêcher. **4** *(librar de)* libérer de, débarrasser de. **5** *(restar)* ôter.
► *vpr* **quitarse** **1** *(ropa, zapatos, sombrero)* enlever, ôter. **2** *(apartarse)* renoncer à, abandonner.
• **de quita y pon** amovible.
• **quitar de en medio a ALGN** se débarrasser de QQN.
• **quitarse de encima** **1** *(problema, dificultad)* éluder. **2** *(persona)* se débarrasser de.
quizá [kiθá], **quizás** [kiθás] *adv* peut-être.
quórum [kwórum] *nm* quorum *m*.

R

rábano [r̄áβano] *nm* radis *m*.
• **me importa un rábano** *fam* je m'en fiche comme de l'an quarante.
rabia [r̄áβja] *nf* **1** *(enfermedad)* rage *f*. **2** *(enfado)* rage *f*, colère *f*.
• **dar rabia** faire enrager.
rabiar [12] [r̄aβjár] *vi* **1** *(estar furioso)* enrager, rager. **2** mourir (**de**, de). **3** avoir une envie folle (**por**, de).
• **a rabiar** à tout rompre.
rabieta [r̄aβjéta] *nf* accès *m* de colère.
rabino [r̄aβino] *nm* rabbin *m*.
rabioso,-sa [r̄aβjóso,-sa] *adj* **1** *(por enfermedad)* enragé,-e. **2** *(enojado)* furieux,-euse, en colère. **3** *(que denota enojo)* rageur,-euse. **4** *(fanático)* enragé,-e. **5** *(muy grande, muy intenso)* extrême, furieux,-euse.
rabo [r̄áβo] *nm* queue *f*.
• **con el rabo entre las piernas** *fig* la queue entre les jambes.
racha [r̄átʃa] *nf* **1** *(de viento)* rafale *f*. **2** *(en el juego)* brève période *f* de chance. **3** *(ola)* série *f*, vague *f*.
• **a rachas** par rafales.
• **en racha** en veine.
racial [r̄aθjál] *adj* racial,-e.
racimo [r̄aθimo] *nm* **1** *(de uvas)* grappe *f*. **2** *(de plátanos, dátiles)* régime *m*.
ración [r̄aθjón] *nf* **1** *(gen)* ration *f*. **2** *(en bar, restaurante)* portion *f*.
racional [r̄aθjonál] *adj* **1** *(dotado de razón)* raisonnable. **2** *(lógico)* rationnel,-elle.
racionar [r̄aθjonár] *vt* rationner.
racismo [r̄aθizmo] *nm* racisme *m*.
racista [r̄aθista] *adj - nmf* raciste.
radar [r̄aðár] *nm* radar *m*.
radiación [r̄aðjaθjón] *nf* radiation *f*.
radiactividad [r̄aðjaktiβiðáð], **radioactividad** [r̄aðjoaktiβiðáð] *nf* radioactivité *f*.
radiactivo,-va [r̄aðjaktiβo,-βa], **radiactivo,-va** [r̄aðjoaktiβo,-βa] *adj* radioactif,-ive.
radiador [r̄aðjaðór] *nm* radiateur *m*.
radial [r̄aðjál] *adj* radial,-e.
radiante [r̄aðjánte] *adj* radieux,-euse, rayonnant,-e: ***radiante de alegría***, rayonnant,-e de joie.
radiar [12] [r̄aðjár] *vt (emitir por radio)* radiodiffuser, retransmettre.
► *vt - vi (irradiar)* irradier.
radical [r̄aðikál] *adj (drástico)* radical,-e.
► *adj - nmf (persona)* radical,-e.
► *nm* radical *m*.
radicar [1] [r̄aðikár] *vi* **radicar en 1** *(consistir)* résider dans. **2** *(encontrarse)* être situé,-e dans, se trouver dans.
radio[1] [r̄áðjo] *nm (de circunferencia, alcance)* rayon *m*.
▪ **radio de acción** rayon d'action.
radio[2] [r̄áðjo] *nf (radiodifusión, aparato)* radio *f*.
▪ **radio macuto** *fam* téléphone *m* arabe.
radio[3] [r̄áðjo] *nm* **1** ANAT radius *m*. **2** QUÍM radium *m*.
radioactividad → radiactividad.
radioactivo → radiactivo.
radiocasete [r̄aðjokaséte] *nm* radiocassette *f*.
radiografía [r̄aðjoɣrafía] *nf* radiographie *f*, radio *f*.
• **hacerse una radiografía** se faire faire une radio, passer à la radio.

radiólogo,-ga [r̄aðjóloγo,-γa] *nm,f* radiologue, radiologiste.
radioterapia [r̄aðjoterápja] *nf* radiothérapie *f.*
ráfaga [r̄áfaγa] *nf* **1** *(de viento, de ametralladora)* rafale *f.* **2** *(de luz)* jet *m.*
raído,-da [r̄aiðo,-ða] *adj* râpé,-e, usé,-e.
raíz [r̄aiθ] *nf* racine *f.*
• **a raíz de** à la suite de.
• **echar raíces 1** *(planta)* prendre racine. **2** *(instalarse)* s'ancrer.
• **cortar de raíz** extirper, couper dans sa racine.
raja [r̄áχa] *nf* **1** *(en superficie)* fente *f,* fissure *f.* **2** *(rodaja)* tranche *f.*
rajar [r̄aχár] *vt* **1** *(superficie)* fendre. **2** *fam (con arma blanca)* piquer, planter.
► *vi* **1** *fam (hablar mucho)* jacasser. **2** *fam (criticar)* médire (**de**, de).
► *vpr* **rajarse 1** *(superficie, objeto)* se fendre. **2** *fam (desistir)* se dégonfler.
rajatabla [r̄aχatáβla].
• **a rajatabla** rigoureusement, avec rigueur.
rallado,-da [r̄aʎáðo,-ða] *adj* râpé,-e.
rallador [r̄aʎaðór] *nm* râpe *f.*
rallar [r̄aʎár] *vt* râper.
rama [r̄áma] *nf* branche *f.*
• **andarse por las ramas** tourner autour du pot.
rambla [r̄ámbla] *nf* **1** *(de aguas pluviales)* ravin *m.* **2** *(paseo)* avenue *f.*
ramillete [r̄amiʎéte] *nm* bouquet *m.*
ramo [r̄ámo] *nm* **1** *(de flores)* bouquet *m.* **2** *(de ciencia, actividad)* branche *f.*
rampa [r̄ámpa] *nf* rampe *f.*
rana [r̄ána] *nf* grenouille *f.*
• **salir rana** *fam* être mauvais,-e.
rancho [r̄ántʃo] *nm* **1** *(comida)* gamelle *f,* soupe *f.* **2** *(finca)* ranch *m.*
rancio,-cia [r̄ánθjo,-θja] *adj* **1** *(alimento)* rance. **2** *(linaje)* vieux, vieille. **3** *(anticuado)* vieux jeu, démodé,-e.
• **ponerse rancio,-cia** rancir, devenir rance.
rango [r̄áŋgo] *nm* rang *m.*
ranura [r̄anúra] *nf* **1** *(canal, hendidura)* rainure *f.* **2** *(para monedas)* fente *f.*
rapapolvo [r̄apapólβo] *nm fam* savon *m.*
• **echar un rapapolvo** passer un savon.
rapar [r̄apár] *vt* **1** *(afeitar)* raser. **2** *(cortar al rape)* tondre.
► *vpr* **raparse 1** *(afeitarse)* se raser. **2** *(pelo)* se faire tondre.
rapaz [r̄apáθ] *adj* rapace.
► *nf* rapace *m.*
rape[1] [r̄ápe] *nm (pez)* baudroie *f.*
rape[2] [r̄ápe].
• **al rape** ras: ***cortar al rape***, couper ras.
rapidez [r̄apiðéθ] *nf* rapidité *f.*
• **con rapidez** avec rapidité, rapidement.
rápido,-da [r̄ápiðo,-ða] *adj* rapide.
► *nm* **rápido** *(tren, río)* rapide *m.*
► *adv* rapidement.
raptar [r̄aptár] *vt* enlever, kidnapper.
rapto [r̄ápto] *nm* **1** *(secuestro)* enlèvement *m,* rapt *m.* **2** *(impulso)* impulsion *f.*
raqueta [r̄akéta] *nf* raquette *f.*
rareza [r̄aréθa] *nf* **1** *(cosa inusual)* rareté *f.* **2** *(extravagancia)* bizarrerie *f,* extravagance *f.*
raro,-ra [r̄áro,-ra] *adj* **1** *(poco frecuente)* rare. **2** *(extraño)* bizarre, étrange.
ras [r̄as].
• **a ras de** au ras de, à ras de.
rasante [r̄asánte] *adj* **1** *(vuelo)* en rase-mottes. **2** *(tiro)* rasant,-e.
► *nf* pente *f,* inclinaison *f.*
▪ **cambio de rasante** haut *m* d'une côte.
rascacielos [r̄askaθjélos] *nm* gratte-ciel *m.*
rascar [1] [r̄askár] *vt* **1** *(frotar)* gratter. **2** *(raspar)* racler. **3** *fam (la guitarra)* gratter, racler.
► *vi* gratter.
► *vpr* **rascarse** se gratter.
rasero [r̄aséro] *nm* racloir *m.*
• **medir por el mismo rasero** traiter de la même façon.
rasgado,-da [r̄azγáðo,-ða] *adj* **1** *(roto)* déchiré,-e. **2** *(ojo)* bridé,-e.
rasgar [7] [r̄azγár] *vt* déchirer.
► *vpr* **rasgarse** se déchirer.
rasgo [r̄ázγo] *nm* trait *m.*
• **a grandes rasgos** à grands traits.
rasguño [r̄azγúɲo] *nm* égratignure *f.*
• **sin un rasguño** sans une égratignure.
raso,-sa [r̄áso,-sa] *adj* **1** *(terreno)* plat,-e. **2** *(medida)* ras,-e. **3** *(soldado)* simple. **4** *(vuelo)* bas, basse. **5** *(cielo)* serein,-e, dégagé,-e.
► *nm* **raso** *(tela)* satin *m.*
• **al raso** à la belle étoile.

raspa [r̄áspa] *nf* arête *f*.
raspar [r̄aspár] *vt (quitar rascando)* racler.
► *vi* **1** *(toalla, tela)* gratter. **2** *(vino, licor)* racler le gosier.
rastras [r̄ástras].
• **a rastras 1** *(arrastrándose)* à la traîne. **2** *(obligado)* à contrecœur.
rastrear [r̄astreár] *vt* **1** *(información, persona)* suivre la piste de, suivre à la trace. **2** *(zona, bosque)* ratisser. **3** *(río, lago)* traîner au fond de l'eau.
rastrillo [r̄astriʎo] *nm* **1** *(instrumento)* râteau *m*. **2** *(mercadillo)* petit marché *m* aux puces.
rastro [r̄ástro] *nm* **1** *(señal)* trace *f*, vestige *m*. **2** *(pista)* piste *f*. **3** *(mercado)* marché *m* aux puces.
• **ni rastro de** pas de trace de.
• **seguir el rastro** suivre la piste/trace de.
rasurar [r̄asurár] *vt* raser.
rata [r̄áta] *nf* rat *m*.
► *adj - nmf fam (tacaño)* radin,-e.
ratero,-ra [r̄atéro,-ra] *nm,f (ladrón)* voleur,-euse, pickpocket *m*.
ratificación [r̄atifikaθjón] *nf* ratification *f*.
ratificar [1] [r̄atifikár] *vt* ratifier.
► *vpr* **ratificarse** être ratifié,-e.
rato [r̄áto] *nm* moment *m*, instant *m*.
• **al poco rato** peu de temps après.
• **a ratos** par moments.
• **hace rato que** il y a longtemps que.
• **hay para rato** *fam* il y en a pour un bon moment.
• **¡hasta otro rato!** à la prochaine !, à bientôt !
• **pasar el rato** passer le temps, s'amuser.
• **pasar un mal rato** passer un mauvais quart d'heure.
• **saber un rato de** *fam* être drôlement fort,-e en.
• **un buen rato** un bon moment.
• **un rato** *fam (muy)* rudement, drôlement: ***es un rato listo***, il est très intelligent.
ratón [r̄atón] *nm* souris *f*.
ratonera [r̄atonéra] *nf* **1** *(trampa)* souricière *f*, ratière *f*. **2** *(madriguera)* trou *m* de souris.
raudal [r̄aʊðál] *nm* torrent *m*.
• **a raudales** à flots.
raya[1] [r̄ája] *nf* **1** *(línea)* raie *f*, ligne *f*. **2** *(en pelo)* raie *f*. **3** *(en tela, prenda)* rayure *f*, raie *f*. **4** *(pliegue)* pli *m*. **5** *(límite)* limite *f*, frontière *f*. **6** *fam (de cocaína)* ligne *f*. **7** *(signo ortográfico)* tiret *m*. **8** *(en alfabeto Morse)* trait *m*.
• **a rayas** à rayures.
• **pasarse de la raya** dépasser les bornes.
• **tener a raya** tenir à distance.
▪ **tres en raya** marelle *f*.
raya[2] [r̄ája] *nf (pez)* raie *f*.
rayado,-da [r̄ajáðo,-ða] *adj* rayé,-e.
rayar [r̄ajár] *vt (estropear una superficie, tachar)* rayer.
► *vi* **1 rayar en** friser: ***esto raya en la locura***, cela frise la folie. **2 rayar con** confiner à, toucher à.
rayo [r̄ájo] *nm* **1** *(de sol)* rayon *m*. **2** *(de luz)* rayon *m*, rai *m*. **3** *(meteoro)* foudre *f*.
• **¡que le parta un rayo!** que le diable l'emporte !
• **salir como un rayo** partir comme une flèche.
▪ **rayos X** rayons X.
rayuela [r̄aiwéla] *nf* palet *m*.
raza [r̄áθa] *nf* race *f*.
• **de raza** de race.
razón [r̄aθón] *nf* **1** *(gen)* raison *f*. **2** *(en letreros, anuncios)* renseignements *m pl*.
• **a razón de** à raison de.
• **con razón** à juste titre, avec raison.
• **con razón o sin ella** à tort ou à raison.
• **dar la razón a ALGN** donner raison à QQN.
• **dar razón de ALGO** renseigner sur.
• **entrar en razón** entendre raison.
• **no tener razón** avoir tort.
• **perder la razón** perdre la raison.
• **sin razón** à tort.
• **tener razón** avoir raison.
razonable [r̄aθonáβle] *adj* raisonnable.
razonamiento [r̄aθonamjénto] *nm* raisonnement *m*.
razonar [r̄aθonár] *vi* raisonner.
► *vt* justifier.
re [r̄e] *nm* MÚS ré *m*.
reacción [r̄eakθjón] *nf* réaction *f*.

reaccionar [r̄eakθjonár] *vi* réagir.
reacio,-cia [r̄eáθjo,-θja] *adj* réticent,-e.
reactor [r̄eaktór] *nm* **1** *(gen)* réacteur *m*. **2** *(avión)* avion *m* à réaction.
real[1] [r̄eál] *adj (auténtico)* réel,-elle.
real[2] [r̄eál] *adj (del rey)* royal,-e.
realeza [r̄ealéθa] *nf* royauté *f*.
realidad [r̄ealiðáð] *nf* réalité *f*.
• **en realidad** en réalité.
realismo [r̄ealizmo] *nm* réalisme *m*.
realista [r̄ealista] *adj - nmf* réaliste.
realización [r̄ealiθaθjón] *nf* réalisation *f*.
realizar [4] [r̄ealiθár] *vt* **1** *(efectuar)* effectuer, faire. **2** *(aspiración, proyecto, película)* réaliser.
► *vpr* **realizarse** se réaliser.
realzar [4] [r̄ealθár] *vt* rehausser.
reanimar [r̄eanimár] *vt* ranimer.
reanudar [r̄eanuðár] *vt* **1** *(relación, amistad, conversación)* renouer. **2** *(actividad)* reprendre. **3** *(servicio)* rétablir.
► *vpr* **reanudarse** reprendre.
reapertura [r̄eapertúra] *nf* **1** *(gen)* réouverture *f*. **2** *(de clases, tribunales)* rentrée *f*.
rebaja [r̄eβáχa] *nf* rabais *m*.
► *nf pl* **rebajas** soldes *m pl*.
rebajar [r̄eβaχár] *vt* **1** *(precio)* baisser, faire une réduction de. **2** *(producto)* solder, brader. **3** *(sueldo, coste)* diminuer, réduire. **4** *(humillar)* rabaisser, abaisser. **5** *(colores)* affaiblir, dégrader. **6** *(líquido)* diluer. **7** *(nivel)* baisser.
► *vpr* **rebajarse** s'abaisser, se rabaisser.
rebanada [r̄eβanáða] *nf* tranche *f*.
rebaño [r̄eβáɲo] *nm* troupeau *m*.
rebasar [r̄eβasár] *vt* dépasser.
rebatir [r̄eβatir] *vt* réfuter.
rebelarse [r̄eβelárse] *vpr* se rebeller.
rebelde [r̄eβélde] *adj - nmf* rebelle.
rebelión [r̄eβeljón] *nf* rébellion *f*, révolte *f*.
rebobinar [r̄eβoβinár] *vt* rembobiner.
rebosar [r̄eβosár] *vi* **1** *(líquido, recipiente)* déborder. **2** *(sentimiento)* déborder (**de**, de); *(- gente, productos)* regorger (**de**, de): ***rebosaba de alegría***, il débordait de joie.
► *vt* déborder de.
rebotar [r̄eβotár] *vi* **1** *(pelota)* rebondir. **2** *(bala, piedra)* ricocher.
► *vpr* **rebotarse** *fam (enfadarse)* se fâcher.
rebote [r̄eβóte] *nm* **1** *(de pelota)* rebond *m*, rebondissement *m*. **2** *(de piedra, bala)* ricochet *m*. **3** DEP rebond *m*.
• **de rebote** par ricochet.
rebozar [4] [r̄eβoθár] *vt* paner, enrober.
rebuscar [1] [r̄eβuskár] *vt* rechercher.
rebuznar [r̄eβuθnár] *vi* braire.
recado [r̄ekáðo] *nm* **1** *(mensaje)* message *m*: ***tengo un recado para usted***, j'ai un message pour vous. **2** *(encargo)* commission *f*. **3** *(gestión, trámite)* commission *f*, course *f*.
• **dar un recado** faire une commission.
• **hacer recados** faire des courses.
recaer [67] [r̄ekaér] *vi* **1** *(persona - en enfermedad)* rechuter; *(- en vicio, error)* retomber. **2** *(responsabilidad)* retomber (**sobre**, sur). **3** *(premio)* revenir, échoir.
recaída [r̄ekaiða] *nf* rechute *f*.
• **tener una recaída** faire une rechute, rechuter.
recalcar [1] [r̄ekalkár] *vt* souligner.
recalentar [27] [r̄ekalentár] *vt* **1** *(calentar de nuevo)* réchauffer. **2** *(calentar demasiado)* surchauffer.
recambio [r̄ekámbjo] *nm* **1** *(gen)* rechange *m*. **2** *(de bolígrafo, pluma, encendedor)* recharge *f*.
• **de recambio** de rechange.
recapacitar [r̄ekapaθitár] *vi* réfléchir.
recapitular [r̄ekapitulár] *vt* récapituler.
recargable [r̄ekarɣáβle] *adj* rechargeable.
recargar [7] [r̄ekarɣár] *vt* **1** *(cargar de nuevo)* recharger. **2** *(adornar en exceso)* surcharger, encombrer.
recargo [r̄ekárɣo] *nm* surcharge *f*, majoration *f*.
recaudación [r̄ekauðaθjón] *nf* **1** *(de impuestos, tasas)* recouvrement *m*, perception *f*. **2** *(de dinero)* collecte *f*. **3** *(cantidad recaudada)* recette *f*.
recaudar [r̄ekauðár] *vt* **1** *(impuestos)* recouvrer, percevoir. **2** *(dinero, fondos)* recueillir, collecter.
recelo [r̄eθélo] *nm* **1** *(desconfianza)* méfiance *f*. **2** *(sospecha)* soupçon *m*. **3** *(temor)* crainte *f*.
recepción [r̄eθepθjón] *nf* réception *f*.
recepcionista [r̄eθepθjonista] *nmf* réceptionniste.

receptor,-ra [r̄eθeptór,-ra] *adj* récepteur,-trice.
► *nm,f (de órgano)* receveur,-euse.
► *nm* **receptor** *(aparato)* récepteur *m*.
receta [r̄eθéta] *nf* **1** *(del médico)* ordonnance *f*. **2** *(de cocina)* recette *f*.
recetar [r̄eθetár] *vt* prescrire.
rechazar [4] [r̄etʃaθár] *vt* **1** *(invitación, regalo, órgano)* repousser, refuser. **2** *(proyecto, propuesta)* rejeter. **3** *(enemigo, ataque, oferta)* repousser. **4** *(pretendiente)* éconduire.
rechazo [r̄etʃáθo] *nm* **1** *(oposición, desaprobación)* refus *m*, rejet *m*. **2** *(de proyecto, propuesta, órgano)* rejet *m*.
rechistar [r̄etʃistár].
• **sin rechistar** sans broncher.
rechoncho,-cha [r̄etʃóntʃo,-tʃa] *adj* potelé,-e.
rechupete [r̄etʃupéte].
• **de rechupete** *fam (muy bueno)* délicieux,-euse, à s'en lécher les babines.
recibidor [r̄eθiβiðór] *nm* entrée *f*.
recibimiento [r̄eθiβimjénto] *nm* réception *f*, accueil *m*.
recibir [r̄eθiβír] *vt* **1** *(gen)* recevoir. **2** *(acoger)* accueillir.
recibo [r̄eθíβo] *nm* reçu *m*, quittance *f*.
• **acusar recibo de** accuser réception de.
• **ser de recibo** être recevable.
reciclado,-da [r̄eθikláðo,-ða] *adj* recyclé,-e.
reciclaje [r̄eθikláχe] *nm* recyclage *m*.
reciclar [r̄eθiklár] *vt* recycler.
► *vpr* **reciclarse** se recycler.
recién [r̄eθjén] *adv* récemment, nouvellement.
▪ **recién casados** jeunes mariés *m pl*.
▪ **recién nacido,-da** nouveau-né,-e.
reciente [r̄eθjénte] *adj* récent,-e.
recinto [r̄eθínto] *nm* enceinte *f*.
recio,-cia [r̄éθjo,-θja] *adj* **1** *(vigoroso)* robuste, vigoureux,-euse. **2** *(fuerte)* solide. **3** *(frío, temperatura)* rude, rigoureux,-euse.
recipiente [r̄eθipjénte] *nm* récipient *m*.
recíproco,-ca [r̄eθíproko,-ka] *adj* réciproque.
recitar [r̄eθitár] *vt* réciter.
reclamación [r̄eklamaθjón] *nf* réclamation *f*.
reclamar [r̄eklamár] *vt - vi* réclamer.
reclamo [r̄eklámo] *nm* **1** *(en texto)* réclame *f*. **2** *fig (para atraer)* leurre *m*, appât *m*.
recluir [62] [r̄eklwír] *vt* **1** *(en prisión)* incarcérer. **2** *(encerrar)* reclure.
► *vpr* **recluirse** se reclure.
recluso,-sa [r̄eklúso,-sa] *nm,f* prisonnier, -ère.
recluta [r̄eklúta] *nmf* recrue *f*, conscrit *m*.
reclutar [r̄eklutár] *vt* **1** *(empleado)* recruter. **2** *(soldado)* enrôler.
recobrar [r̄ekoβrár] *vt* **1** *(salud, vista)* recouvrer, retrouver. **2** *(estado, cualidad)* retrouver. **3** *(fuerzas, ánimo)* reprendre. **4** *(confianza, cariño)* regagner.
► *vpr* **recobrarse** **1** *(recuperarse)* se remettre. **2** *(volver en sí)* revenir à soi.
recodo [r̄ekóðo] *nm* **1** *(curva cerrada - de río)* coude *m*; *(- de calle, carretera)* tournant *m*; *(- de camino)* détour *m*. **2** *(rincón)* recoin *m*.
recogedor [r̄ekoχeðór] *nm* pelle *f*.
recoger [5] [r̄ekoχér] *vt* **1** *(del suelo, cosas dispersas)* ramasser. **2** *(recopilar)* recueillir: ***están recogiendo datos***, ils sont en train de recueillir les données. **3** *(cosecha, beneficio)* récolter, recueillir. **4** *(dinero, fondos)* collecter. **5** *(ir a buscar - a persona)* passer prendre, aller chercher; *(- billetes, entradas)* retirer: ***te recogeré a las seis***, je passerai te prendre à six heures. **6** *(poner en orden)* ranger: ***recoge la habitación***, range ta chambre. **7** *(falda, vestido)* trousser, retrousser. **8** *(noticia)* relever, noter.
► *vpr* **recogerse** **1** *(irse a casa)* se retirer, rentrer chez soi. **2** *(irse a dormir)* aller se coucher. **3** *(para meditar)* se recueillir.
recogida [r̄ekoχíða] *nf* **1** *(de basura, pasajeros)* ramassage *m*. **2** *(de productos agrícolas)* récolte *f*. **3** *(de correo, de impuestos)* levée *f*. **4** *(de firmas, dinero)* collecte *f*.
recolección [r̄ekolekθjón] *nf* **1** *(cosecha)* récolte *f*. **2** *(de datos)* collecte *f*.
recolectar [r̄ekolektár] *vt* **1** *(cosecha)* récolter. **2** *(dinero)* collecter.
recomendación [r̄ekomendaθjón] *nf* recommandation *f*.
recomendar [27] [r̄ekomendár] *vt* recommander.

recompensa [r̄ekompénsa] *nf* récompense *f*.
recompensar [r̄ekompensár] *vt* récompenser.
reconciliar [12] [r̄ekonθiljár] *vt* réconcilier.
► *vpr* **reconciliarse** se réconcilier.
reconocer [44] [r̄ekonoθér] *vt* **1** *(gen)* reconnaître. **2** *(a enfermo)* examiner. **3** *(registrar)* fouiller.
► *vpr* **reconocerse** se reconnaître.
reconocimiento [r̄ekonoθimjénto] *nm* reconnaissance *f*.
▪ **reconocimiento médico** visite *f* médicale.
reconstruir [62] [r̄ekonstrwir] *vt* reconstruire.
recopilación [r̄ekopilaθjón] *nf* **1** *(colección - de obras literarias, musicales)* compilation *f*; *(- de leyes, documentos)* recueil *m*. **2** *(compendio)* résumé *m*.
récord [r̄ékorð] *nm* (*pl* **récords**) record *m*.
► *adj inv* record *inv*.
• **batir un récord** battre un record.
recordar [31] [r̄ekorðár] *vt* **1** *(tener en la memoria)* se rappeler, se souvenir de: ***recuerdo tu visita***, je me rappelle ta visite. **2** *(traer a la memoria, parecerse)* rappeler: ***me recuerda a su padre***, il me rappelle son père.
• **si mal no recuerdo** si je me souviens bien, si j'ai bonne mémoire.
recorrer [r̄ekor̄ér] *vt* parcourir.
recorrido [r̄ekor̄iðo] *nm* parcours *m*, trajet *m*.
recortar [r̄ekortár] *vt* **1** *(gen)* découper. **2** *(lo que sobra)* rogner. **3** *fig (presupuesto, gastos)* rogner.
recorte [r̄ekórte] *nm* **1** *(gen)* découpage *m*. **2** *(de periódico, revista)* coupure *f*. **3** *(de gastos, presupuesto, etc)* compression *f*.
recostarse [31] [r̄ekostárse] *vpr* **1** *(apoyarse)* s'appuyer. **2** *(acostarse)* se coucher sur le dos.
recrear[1] [r̄ekreár] *vt (entretener)* divertir.
► *vpr* **recrearse** se distraire, se divertir.
recrear[2] [r̄ekreár] *vt (reproducir)* recréer.
recreativo,-va [r̄ekreatiβo,-βa] *adj* de loisirs: ***máquina recreativa***, jeu d'arcade.
recreo [r̄ekréo] *nm (en colegio)* récréation *f*.
• **de recreo** de plaisance.
recriminar [r̄ekriminár] *vt* récriminer, reprocher.
recta [r̄ékta] *nf* droite *f*.
▪ **recta final** dernière ligne *f* droite.
rectángulo [r̄ektáŋgulo] *nm* rectangle *m*.
rectificar [1] [r̄ektifikár] *vt* rectifier.
rectitud [r̄ektitúð] *nf* rectitude *f*.
recto,-ta [r̄ékto,-ta] *adj* **1** *(gen)* droit,-e. **2** *(sentido, palabra)* propre.
► *adv* **recto** tout droit.
► *nm* ANAT rectum *m*.
rector,-ra [r̄ektór,-ra] *adj - nm,f* recteur, -trice.
rectorado [r̄ektoráðo] *nm* rectorat *m*.
recuadro [r̄ekwáðro] *nm* encadré *m*.
recuento [r̄ekwénto] *nm* **1** *(gen)* dénombrement *m*, recensement *m*. **2** *(de votos)* dépouillement *m*.
recuerdo [r̄ekwérðo] *nm* **1** *(imagen mental, regalo)* souvenir *m*. **2** *(evocación)* rappel *m*.
• **dar recuerdos a ALGN** faire ses amitiés à QQN.
recuperación [r̄ekuperaθjón] *nf* **1** *(gen)* récupération *f*. **2** *(de un enfermo)* rétablissement *m*; *(ejercicios)* rééducation *f*. **3** *(clases)* rattrapage *m*.
recuperar [r̄ekuperár] *vt* **1** *(objeto, horas de trabajo)* récupérer. **2** *(salud, vista)* retrouver, recouvrer. **3** *(fuerzas, ánimo, conocimiento)* reprendre. **4** *(confianza, cariño)* regagner. **5** *(tiempo)* rattraper.
► *vpr* **recuperarse 1** *(de enfermedad, emoción)* se remettre. **2** *(de cansancio)* récupérer. **3** *(negocio)* reprendre.
recurso [r̄ekúrso] *nm* **1** *(medio)* ressource *f*, moyen *m*. **2** DER recours *m*, pourvoi *m*.
► *nm pl* **recursos** *(bienes)* ressources *f pl*.
• **en último recurso** en dernier recours.
red [r̄eð] *nf* **1** *(para pescar, cazar)* filet *m*. **2** *(sistema)* réseau *m*.
• **caer en la red** *fig* tomber dans le piège.
• **caer en las propias redes** se laisser prendre à son propre piège.
• **en red** INFORM sur réseau.
• **tender las redes** *fig* tendre ses filets.
redacción [r̄eðakθjón] *nf* rédaction *f*.
redactar [r̄eðaktár] *vt* rédiger.

redactor,-ra [r̄eðaktór,-ra] *nm,f* rédacteur,-trice.
redada [r̄eðáða] *nf* rafle *f*, coup *m* de filet.
redil [r̄eðil] *nm* enclos *m*.
redoblar [r̄eðoβlár] *vt* redoubler.
► *vi* battre le tambour.
redonda [r̄eðónda] *nf (nota, letra)* ronde *f*.
• **a la redonda** à la ronde.
redondear [r̄eðondeár] *vt* arrondir.
redondel [r̄eðondél] *nm* **1** *(círculo)* rond *m*. **2** *(plaza de toros)* arène *f*.
redondez [r̄eðondéθ] *nf* rondeur *f*.
redondo,-da [r̄eðóndo,-da] *adj* **1** *(gen)* rond,-e. **2** *(rotundo)* total,-e, catégorique. **3** *(perfecto)* excellent,-e: ***un negocio redondo***, une excellente affaire.
• **caerse redondo,-da** tomber raide.
• **negarse en redondo** refuser catégoriquement.
• **salir redondo** être impeccable.
reducción [r̄eðukθjón] *nf* réduction *f*.
reducido,-da [r̄eðuθiðo,-ða] *adj* **1** *(tamaño, precio, gasto)* réduit,-e. **2** *(espacio)* étroit,-e.
reducir [46] [r̄eðuθir] *vt* réduire.
► *vpr* **reducirse 1** *(disminuir)* se réduire. **2** *(líquido)* réduire. **3** *(resultar en)* se ramener (**a**, à), revenir (**a**, à).
• **reducirse a +** ***inf*** (limitarse a) se borner à + *inf*, se limiter à + *inf*.
reembolso [r̄eembólso] *nm* remboursement *m*.
• **contra reembolso** contre remboursement.
reemplazar [4] [r̄eemplaθár] *vt* remplacer.
reenviar [13] [r̄eembjár] *vt* INFORM faire suivre.
reestreno [r̄eestréno] *nm* reprise *f*.
referencia [r̄eferénθja] *nf* référence *f*.
► *nf pl* **referencias** références *f pl*.
• **con referencia a** en ce qui concerne.
• **hacer referencia a** faire allusion à.
• **por referencias** par ouï-dire.
referéndum [r̄eferéndum] *nm* (*pl* **referéndum** o **referéndums**) référendum *m*.
referente [r̄eferénte].
• **referente a** relatif,-ive à, concernant.
referir [35] [r̄eferir] *vt* rapporter, raconter.
► *vpr* **referirse a 1** *(remitirse a)* se rapporter à, se référer à. **2** *(aludir)* parler de, faire allusion à.
refilón [r̄efilón].
• **de refilón 1** *(de lado, de forma oblicua)* de biais. **2** *(de pasada)* en passant.
refinar [r̄efinár] *vt* **1** *(azúcar, petróleo)* raffiner. **2** *(estilo)* polir.
► *vpr* **refinarse** apprendre les bonnes manières.
refinería [r̄efineria] *nf* raffinerie *f*.
reflector,-ra [r̄eflektór,-ra] *adj* réfléchissant,-e.
► *nm* **reflector** réflecteur *m*.
reflejar [r̄eflexár] *vt* **1** *(luz, ondas)* réfléchir, refléter. **2** *(mostrar)* refléter, traduire.
► *vpr* **reflejarse 1** *(luz, ondas)* se réfléchir, se refléter. **2** *(manifestarse)* se refléter. **3** *(repercutir)* se répercuter, répercuter.
reflejo,-ja [r̄efléxo,-xa] *adj (movimiento)* réflexe.
► *nm* **reflejo 1** *(luz, imagen, manifestación)* reflet *m*. **2** *(reacción)* réflexe *m*.
► *nm pl* **reflejos** *(en pelo)* reflets *m pl*.
• **tener buenos reflejos** avoir de bons réflexes.
reflexión [r̄efleksjón] *nf* réflexion *f*.
reflexionar [r̄efleksjonár] *vi* réfléchir.
• **reflexionar sobre ALGO** réfléchir à/sur QQCH.
reflexivo,-va [r̄efleksiβo,-βa] *adj* réfléchi,-e.
reforma [r̄efórma] *nf* **1** *(gen)* réforme *f*. **2** *(de edificio, casa, cocina)* transformation *f*, travaux *m pl*.
reformar [r̄eformár] *vt* **1** *(cambiar)* réformer. **2** *(casa)* rénover.
reformatorio [r̄eformatórjo] *nm* maison *f* de correction.
reforzar [50] [r̄eforθár] *vt* **1** *(cosa)* renforcer. **2** *(moralmente)* réconforter, fortifier.
► *vpr* **reforzarse** *(moralmente)* se réconforter.
refrán [r̄efrán] *nm* proverbe *m*.
refrescante [r̄efreskánte] *adj* rafraîchissant,-e.
refrescar [1] [r̄efreskár] *vt* rafraîchir.
► *vi (tiempo, tarde, noche)* se rafraîchir, fraîchir.
► *vpr* **refrescarse 1** *(con bebida fresca)* se rafraîchir. **2** *(tomar el fresco)* prendre le frais.

refresco [r̄efrésko] *nm* rafraîchissement *m*.
refrigeración [r̄efriχeraθjón] *nf* **1** *(enfriamiento)* réfrigération *f*. **2** *(de motor)* refroidissement *m*.
refrigerador [r̄efriχeraðór] *nm* réfrigérateur *m*.
refrigerar [r̄efriχerár] *vt* **1** *(enfriar)* réfrigérer. **2** *(motor)* refroidir.
refuerzo [r̄efwérθo] *nm* renfort *m*.
► *nm pl* **refuerzos** renforts *m pl*.
refugiado,-da [r̄efuχjáðo,-ða] *adj - nm,f* réfugié,-e.
refugiarse [r̄efuχjárse] *vpr* se réfugier.
refugio [r̄efúχjo] *nm* refuge *m*, abri *m*.
■ **refugio antiaéreo** abri antiaérien.
■ **refugio atómico** abri antiatomique.
■ **refugio de montaña** refuge de haute montagne.
refunfuñar [r̄efumfuɲár] *vi fam* grommeler, ronchonner.
regadera [r̄eɣaðéra] *nf* arrosoir *m*.
• **estar como una regadera** *fam* être cinglé,-e.
regadío [r̄eɣaðío] *adj (gen)* irrigable, arrosable.
► *nm* **1** *(campo)* terrain *m* d'irrigation. **2** *(de unas tierras)* irrigation *f*, arrosage *m*.
regalar [r̄eɣalár] *vt* **1** *(dar)* offrir. **2** *(halagar)* flatter.
► *vpr* **regalarse** *(deleitarse)* se régaler.
regaliz [r̄eɣaliθ] *nm* réglisse *f*.
regalo [r̄eɣálo] *nm* cadeau *m*.
• **de regalo** en cadeau.
regañadientes [r̄eɣaɲaðjéntes].
• **a regañadientes** à contrecœur.
regañar [r̄eɣaɲár] *vt fam (a niño)* gronder, disputer.
► *vi (dos personas)* se disputer.
regar [48] [r̄eɣár] *vt* arroser.
regata[1] [r̄eɣáta] *nf (de barcos)* régate *f*.
regata[2] [r̄eɣáta] *nf (en pared)* rigole *f*.
regate [r̄eɣáte] *nm* dribble *m*.
regatear [r̄eɣateár] *vt - vi* **1** *(en precio)* marchander. **2** DEP dribbler.
regazo [r̄eɣáθo] *nm* giron *m*.
regencia [r̄eχénθja] *nf* régence *f*.
regentar [r̄eχentár] *vt (negocio)* gérer, tenir.
regente [r̄eχénte] *nmf* régent,-e.
regidor,-ra [r̄eχiðór,-ra] *nm,f (concejal)* conseiller,-ère municipal,-e.
régimen [r̄éχimen] *nm* régime *m*.
• **estar a régimen** être au régime.
• **ponerse a régimen** se mettre au régime.
regimiento [r̄eχimjénto] *nm* régiment *m*.
región [r̄eχjón] *nf* région *f*.
regional [r̄eχjonál] *adj* régional,-e.
regir [55] [r̄eχír] *vt (gen)* régir.
► *vi (ley, decreto, norma)* être en vigueur.
► *vpr* **regirse por** se fier à.
• **no regir** *fam* dérailler.
registrar [r̄eχistrár] *vt* **1** *(inspeccionar)* fouiller; *(- en domicilio de sospechoso)* perquisitionner. **2** *(anotar)* enregistrer. **3** *(inscribir)* inscrire. **4** *(detectar)* enregistrer, constater.
► *vpr* **registrarse 1** *(inscribirse)* s'inscrire. **2** *(tener lugar)* se produire, avoir lieu.
registro [r̄eχístro] *nm* **1** *(inspección)* fouille *f*; *(- de domicilio)* perquisition *f*. **2** *(transcripción, anotación)* enregistrement *m*. **3** *(libro, oficina)* registre *m*. **4** *(en música, lingüística)* registre *m*.
■ **registro civil** registre de l'état civil.
regla [r̄éɣla] *nf* **1** *(gen)* règle *f*. **2** *(menstruación)* règles *f pl*.
• **en regla** en règle.
• **por regla general** en règle générale.
• **tener la regla** avoir ses règles.
■ **regla de tres** règle de trois.
reglamento [r̄eɣlaménto] *nm* règlement *m*.
regocijarse [r̄eɣoθiχárse] *vpr* se réjouir.
regresar [r̄eɣresár] *vi* rentrer, retourner.
regreso [r̄eɣréso] *nm* retour *m*.
• **de regreso de** au retour de, retour de.
• **estar de regreso** être sur le retour.
regular[1] [r̄eɣulár] *adj* **1** *(habitual, uniforme, constante)* régulier,-ère. **2** *(mediocre)* moyen,-enne, médiocre.
► *adv (medianamente)* comme ci, comme ça.
regular[2] [r̄eɣulár] *vt* **1** *(gen)* régler. **2** *(precios)* contrôler.
regularizar [r̄eɣulariθár] *vt* régulariser.
rehabilitar [r̄eaβilitár] *vt* **1** *(gen)* réhabiliter. **2** *(órgano lesionado)* rééduquer.
► *vpr* **rehabilitarse** *(delincuente, toxicómano)* se réhabiliter.
rehacer [73] [r̄eaθér] *vt* refaire.

► *vpr* **rehacerse** 1 *(gen)* se refaire. 2 *(moralmente)* se reprendre, se ressaisir.
rehén [r̄eén] *nm* otage *m*.
rehuir [62] [r̄ewír] *vt* éviter, fuir.
reina [r̄éina] *nf* reine *f*.
reinado [r̄eináðo] *nm* règne *m*.
reinar [r̄einár] *vi* régner.
reincidir [r̄einθiðír] *vi* récidiver.
reincorporar [r̄eiŋkorporár] *vt* réincorporer.
► *vpr* **reincorporarse** rejoindre.
reino [r̄éino] *nm* 1 *(de rey)* royaume *m*. 2 *(animal, vegetal)* règne *m*.
▪ **Reino Unido** Royaume-Uni *m*.
reintegro [r̄eintéγro] *nm* 1 *(de dinero)* remboursement *m*; *(en a cuenta)* retrait *m*. 2 *(en la lotería)* remboursement *m* du billet.
reír [37] [r̄eír] *vi* rire.
► *vpr* **reírse** rire (**de**, de), se moquer (**de**, de).
reiterar [r̄eiterár] *vt* réaffirmer.
reivindicación [r̄eiβindikaθjón] *nf* revendication *f*.
reivindicar [1] [r̄eiβindikár] *vt* revendiquer.
reja [r̄éχa] *nf* grille *f*.
• **entre rejas** *fam* sous les verrous.
rejilla [r̄eχiʎa] *nf* 1 *(gen)* grillage *m*. 2 *(de alcantarilla, horno, confesionario)* grille *f*. 3 *(de silla)* cannage *m*.
rejuvenecer [43] [r̄eχuβeneθér] *vt - vi* rajeunir.
relación [r̄elaθjón] *nf* 1 *(correspondencia, conexión)* relation *f*, rapport *m*. 2 *(vínculo)* relation *f*. 3 *(listado)* liste *f*. 4 *(anotación)* relevé *m*. 5 *(relato)* récit *m*, relation *f*. 6 *(de pareja)* rapport *m*.
► *nf pl* **relaciones** 1 *(amorosas, sexuales)* rapports *m pl*. 2 *(contactos)* relations *f pl*.
• **con relación a** par rapport à.
• **tener relación con** avoir rapport à.
• **en relación con** en rapport avec.
relacionar [r̄elaθjonár] *vt* 1 *(un hecho con otro)* rattacher, relier. 2 *(relatar)* rapporter, faire le récit de. 3 *(a varias personas)* mettre en rapport.
► *vpr* **relacionarse** 1 *(estar conectado)* avoir un rapport. 2 *(tener amistad)* fréquenter.
relajar [r̄elaχár] *vt* 1 *(tranquilizar)* détendre. 2 *(músculo)* décontracter. 3 *(suavizar)* relâcher.
► *vpr* **relajarse** 1 *(descansar, tranquilizarse)* se détendre, se décontracter. 2 *(suavizarse)* se relâcher.
relámpago [r̄elámpaγo] *nm* éclair *m*.
relatar [r̄elatár] *vt* raconter.
relativo,-va [r̄elatiβo,-βa] *adj* relatif,-ive.
► *nm* **relativo** relatif *m*.
relato [r̄eláto] *nm* récit *m*.
relax [r̄élaks] *nm* détente *f*, repos *m*.
relevante [r̄eleβánte] *adj* important,-e.
relevar [r̄eleβár] *vt* 1 *(sustituir)* relayer, prendre la relève de. 2 *(destituir)* relever. 3 *(eximir de)* dispenser (**de**, de), exempter (**de**, de).
relevo [r̄eléβo] *nm* 1 *(de soldados)* relève *f*. 2 DEP relais *m*.
► *nm pl* **relevos** course *f* de relais.
relieve [r̄eljéβe] *nm* relief *m*.
• **poner de relieve** mettre en relief.
religión [r̄eliχjón] *nf* religion *f*.
religioso,-sa [r̄eliχjóso,-sa] *adj* religieux,-euse.
relinchar [r̄elintʃár] *vi* hennir.
reliquia [r̄elíkja] *nf* 1 *(de santo)* relique *f*. 2 *(vestigio)* vestige *m*. 3 *(objeto, prenda)* souvenir *m* précieux.
rellano [r̄eʎáno] *nm* palier *m*.
rellenar [r̄eʎenár] *vt* 1 *(gen)* remplir. 2 *(pollo, pavo)* farcir.
relleno,-na [r̄eʎéno,-na] *adj* 1 *(alimento)* farci,-e; *(- caramelo, pastel)* fourré,-e. 2 *(persona)* enveloppé,-e.
► *nm* **relleno** 1 *(de alimento)* farce *f*. 2 *(de sillón, edredón)* rembourrage *m*.
reloj [r̄elóχ] *nm (gen)* horloge *f*; *(- de pulsera)* montre *f*; *(- de sobremesa, pared)* pendule *f*.
• **contra reloj** contre la montre.
▪ **reloj de arena** sablier *m*.
▪ **reloj de péndulo** horloge à balancier.
▪ **reloj de sol** cadran *m* solaire.
▪ **reloj despertador** réveille-matin *m*.
▪ **reloj digital** montre à quartz.
relojería [r̄eloχería] *nf* horlogerie *f*.
reluciente [r̄eluθjénte] *adj* reluisant,-e, brillant,-e.

relucir [45] [r̄eluθir] *vi* **1** *(despedir luz)* briller, luire. **2** *(reflejar luz)* reluire. **3** *fig (destacarse)* briller.

• **sacar a relucir** faire ressortir.

remar [r̄emár] *vi* ramer.

rematar [r̄ematár] *vt* **1** *(a herido)* achever. **2** *(acabar)* achever, terminer. **3** *(culminar)* couronner. **4** *(mercancía)* liquider, solder. **5** *(prenda de vestir)* arrêter.

▶ *vi* DEP tirer au but.

remate [r̄emáte] *nm* **1** *(final)* fin *f*. **2** *(extremo)* bout *m*, extrémité *f*. **3** *(culminación)* couronnement *m*. **4** DEP tir *m* au but.

• **de remate** complètement, absolument.

remediar [12] [r̄emeðjár] *vt* **1** *(evitar)* éviter, empêcher. **2** *(solucionar)* remédier à, porter remède à. **3** *(reparar)* réparer.

remedio [r̄eméðjo] *nm* **1** *(medicamento)* remède *m*. **2** *(solución)* remède *m*, arrangement *m*.

• **no tener más remedio** ne pas pouvoir faire autrement, ne pas avoir d'autre solution.

• **poner remedio a** remédier à.

remendar [27] [r̄emendár] *vt* **1** *(con remiendo)* rapiécer. **2** *(zurcir)* raccommoder, repriser. **3** *fig (enmendar)* corriger.

remiendo [r̄emjéndo] *nm* **1** *(zurcido)* raccommodage *m*, rapiéçage *m*. **2** *(parche)* pièce *f*.

remisión [r̄emisjón] *nf (en texto)* renvoi *m*.

remite [r̄emite] *nm* nom et adresse de l'expéditeur.

remitente [r̄emiténte] *nmf* expéditeur, -trice.

remitir [r̄emitir] *vt* **1** *(enviar)* envoyer, expédier. **2** *(en texto)* renvoyer.

▶ *vi (dolor, tormenta, enfermedad)* se calmer, s'apaiser.

▶ *vpr* **remitirse** *(referirse)* se rapporter (**a**, à).

remo [r̄émo] *nm* **1** *(para remar)* rame *f*. **2** *(deporte)* aviron *m*.

remojar [r̄emoχár] *vt* **1** *(mojar, empapar)* tremper, mouiller. **2** *(poner en remojo)* faire tremper.

remojo [r̄emóχo] *nm* trempage *m*.

• **poner en remojo** faire tremper.

remolacha [r̄emolátʃa] *nf* betterave *f*.

remolcador [r̄emolkaðór] *nm* remorqueur *m*.

remolcar [1] [r̄emolkár] *vt* remorquer.

remolino [r̄emolino] *nm* **1** *(de agua)* remous *m*, tourbillon *m*. **2** *(de aire, polvo)* tourbillon *m*. **3** *(de pelo)* épi *m*.

remolque [r̄emólke] *nm* **1** *(acción)* remorquage *m*. **2** *(vehículo)* remorque *f*. **3** *(caravana)* caravane *f*.

• **a remolque** à la traîne.

remontar [r̄emontár] *vt* **1** *(río)* remonter. **2** *(situación adversa)* surmonter, remonter le courant. **3** *(por el aire)* élever.

▶ *vi (navegación)* remonter au vent.

▶ *vpr* **remontarse a** remonter à.

remordimiento [r̄emorðimjénto] *nm* remords *m*.

remoto,-ta [r̄emóto,-ta] *adj* **1** *(lugar)* éloigné,-e, lointain,-e. **2** *(tiempo)* reculé,-e.

remover [32] [r̄emoβér] *vt* **1** *(salsa, ensalada, tierra)* remuer, retourner. **2** *(sentimientos, recuerdos)* remuer.

remunerar [r̄emunerár] *vt* rémunérer.

renacer [42] [r̄enaθér] *vi* renaître.

renacimiento [r̄enaθimjénto] *nm* renaissance *f*.

renacuajo [r̄enakwáχo] *nm* têtard *m*.

renal [r̄enál] *adj* rénal,-e.

rencilla [r̄enθiʎa] *nf* **1** *(riña)* querelle *f*, discorde *f*. **2** *(rencor)* ressentiment *m*, rancune *f*.

rencor [r̄eŋkór] *nm* rancune *f*.

• **guardarle rencor a** ALGN en vouloir à QQN.

rendición [r̄endiθjón] *nf* reddition *f*.

rendido,-da [r̄endiðo,-ða] *adj* épuisé,-e.

rendimiento [r̄endimjénto] *nm* rendement *m*.

rendir [34] [r̄endir] *vt* **1** *(producir)* rendre. **2** *(cansar)* épuiser.

▶ *vt - vi* **1** *(ser rentable, dar fruto)* rendre. **2** *(en trabajo, estudios)* être performant,-e.

▶ *vpr* **rendirse** **1** *(a enemigo)* se rendre. **2** *(en juegos)* donner sa langue au chat. **3** *(cansarse)* s'épuiser.

renegar [48] [r̄eneɣár] *vi* **1** *(blasfemar)* blasphémer, renier. **2** **renegar de** renier.

renglón [r̄eŋglón] *nm* ligne *f*.

• **a renglón seguido** aussitôt après.

reno [r̄éno] *nm* renne *m*.
renombre [r̄enómbre] *nm* renommée *f*, renom *m*.
• **de renombre** de renom.
renovación [r̄enoβaθjón] *nf* renouvellement *m*.
renovar [31] [r̄enoβár] *vt* renouveler.
► *vpr* **renovarse** se renouveler.
renta [r̄énta] *nf* **1** *(ingresos)* revenu *m*. **2** *(beneficio)* rente *f*. **3** *(alquiler)* fermage *m*.
• **vivir de las rentas** vivre de ses rentes.
▪ **renta per cápita** revenu par habitant.
rentable [r̄entáβle] *adj* rentable.
renunciar [12] [r̄enunθjár] *vi* **1** *(derecho, cargo)* renoncer (**a**, à). **2** *(desistir)* abandonner (**a**, -), renoncer (**a**, à).
reñido,-da [r̄eɲiðo,-ða] *adj (partido, resultado)* serré,-e.
reñir [36] [r̄eɲir] *vi* **1** *(pelearse)* se disputer, se quereller. **2** *(enemistarse)* se fâcher, se brouiller.
► *vt (reprender)* réprimander, gronder.
reo [r̄éo] *nmf* **1** *(demandado)* inculpé,-e, accusé,-e. **2** *(culpable)* coupable, condamné,-e.
reojo [r̄eóχo].
• **mirar de reojo 1** *(con disimulo)* regarder du coin de l'œil. **2** *(con hostilidad)* regarder de travers.
reorganizar [4] [r̄eorɣaniθár] *vt* réorganiser.
reparación [r̄eparaθjón] *nf* réparation *f*.
reparar [r̄eparár] *vt (arreglar, desagraviar)* réparer.
► *vi* **reparar en** remarquer, faire attention à.
• **no reparar ALGN en nada** ne reculer devant rien.
reparo [r̄epáro] *nm* objection *f*.
• **no tener reparos en** être capable de.
• **poner reparos** faire des objections.
repartidor,-ra [r̄epartiðór,-ra] *nm,f* livreur,-euse.
repartir [r̄epartir] *vt* **1** *(dividir)* répartir, partager. **2** *(distribuir)* distribuer. **3** *(entregar)* livrer.
reparto [r̄epárto] *nm* **1** *(división)* répartition *f*, partage *m*. **2** *(de correo, premios)* distribution *f*. **3** *(de mercancías)* livraison *f*. **4** *(actores)* distribution *f*.
repasar [r̄epasár] *vt* **1** *(lección, asignatura, papel)* réviser, revoir. **2** *(cuenta, dictado, artículo)* revoir. **3** *(mirar)* jeter un coup d'œil sur.
repaso [r̄epáso] *nm (de lección, asignatura)* révision *f*.
repatriar [14] [r̄epatrjár] *vt* rapatrier.
► *vpr* **repatriarse** être rapatrié,-e.
repelente [r̄epelénte] *adj* **1** *(persona)* odieux,-euse. **2** *(que produce asco)* repoussant,-e.
repeler [r̄epelér] *vt* **1** *(rechazar)* repousser. **2** *(repugnar)* dégoûter.
repentino,-na [r̄epentino,-na] *adj* soudain,-e.
repercusión [r̄eperkusjón] *nf* répercussion *f*.
repercutir [r̄eperkutir] *vi* répercuter (**en**, sur).
repertorio [r̄epertórjo] *nm* répertoire *m*.
repetición [r̄epetiθjón] *nf* répétition *f*.
repetidor,-ra [r̄epetiðór,-ra] *nm,f* redoublant,-e.
► *nm* **repetidor** relais *m*.
repetir [34] [r̄epetir] *vt* **1** *(frase, acción)* répéter. **2** *(experimento, trabajo)* recommencer, refaire.
► *vt - vi* **1** *(curso)* redoubler. **2** *(plato)* reprendre.
► *vi (cebolla, ajo, pimiento)* revenir.
► *vpr* **repetirse** se répéter.
repicar [1] [r̄epikár] *vt (campanas)* faire carillonner, sonner.
repisa [r̄episa] *nf* **1** *(estante)* étagère *f*. **2** *(saliente)* console *f*.
replegar [48] [r̄epleɣár] *vt* replier.
► *vpr* **replegarse** se replier.
repleto,-ta [r̄epléto,-ta] *adj* plein,-e, rempli,-e.
réplica [r̄éplika] *nf* réplique *f*.
replicar [1] [r̄eplikár] *vt* répliquer.
repliegue [r̄epljéɣe] *nm* repli *m*.
repoblación [r̄epoβlaθjón] *nf* repeuplement *m*.
▪ **repoblación forestal** reboisement *m*.
repoblar [31] [r̄epoβlár] *vt* **1** *(gen)* repeupler. **2** *(bosque)* reboiser.
repollo [r̄epóʎo] *nm* chou *m* pommé.
reponer [78] [r̄eponér] *vt* **1** *(poner de nuevo)* remettre, replacer. **2** *(replicar)* répli-

quer, répondre. **3** *(película, obra de teatro)* reprendre, remonter.
► *vpr* **reponerse 1** *(recobrar la salud)* se remettre, se rétablir. **2** *(de disgusto)* se remettre, se ressaisir.
reportaje [r̄eportáχe] *nm* reportage *m*.
▪ **reportaje fotográfico** photo-reportage *m*.
reportero,-ra [r̄eportéro,-ra] *nm,f* reporter.
reposacabezas [r̄eposakaβéθas] *nm* appui-tête *m*.
reposado,-da [r̄eposáðo,-ða] *adj* calme, tranquille.
reposar [r̄eposár] *vi* reposer, se reposer.
reposo [r̄epóso] *nm* repos *m*.
• **dejar en reposo** laisser reposer.
repostería [r̄eposteria] *nf* pâtisserie *f*.
represalia [r̄epresálja] *nf* représailles *f pl*.
representación [r̄epresentaθjón] *nf* représentation *f*.
representante [r̄epresentánte] *nmf* représentant,-e.
representar [r̄epresentár] *vt* **1** *(gen)* représenter. **2** *(obra de teatro)* jouer, représenter. **3** *(aparentar)* paraître, faire.
representativo,-va [r̄epresentatiβo,-βa] *adj* représentatif,-ive.
represión [r̄epresjón] *nf* **1** *(de manifestación, sublevación)* répression *f*. **2** *(de sentimiento, deseo)* refoulement *m*.
reprimir [r̄eprimir] *vt* **1** *(sublevación, manifestación)* réprimer. **2** *(sentimiento, deseo)* refouler, contenir.
► *vpr* **reprimirse** se refouler.
reprochar [r̄eprotʃár] *vt* reprocher.
reproche [r̄eprótʃe] *nm* reproche *m*.
reproducción [r̄eproðukθjón] *nf* reproduction *f*.
reproducir [46] [r̄eproðuθir] *vt* reproduire.
► *vpr* **reproducirse** se reproduire.
reptar [r̄eptár] *vi* ramper.
reptil [r̄eptil] *nm* reptile *m*.
república [r̄epúβlika] *nf* république *f*.
republicano,-na [r̄epuβlikáno,-na] *adj - nm,f* républicain,-e.
repudiar [12] [r̄epuðjár] *vt* répudier.
repuesto [r̄epwésto] *nm (recambio)* pièce *f* de rechange.
• **de repuesto 1** *(gen)* en réserve, de rechange. **2** *(rueda)* de secours.
repugnante [r̄epuγnánte] *adj* répugnant,-e.
repulsa [r̄epúlsa] *nf* **1** *(negativa)* rejet *m*. **2** *(condena)* réprobation *f*.
repulsivo,-va [r̄epulsiβo,-βa] *adj* répulsif,-ive.
reputación [r̄eputaθjón] *nf* réputation *f*.
requerir [35] [r̄ekerir] *vt* demander.
requesón [r̄ekesón] *nm* fromage *m* blanc.
requetebién [r̄eketeβjén] *adv fam* super bien.
réquiem [r̄ékjem] *nm* requiem *m*.
requisar [r̄ekisár] *vt* réquisitionner.
requisito [r̄ekisito] *nm* condition *f* requise.
res [r̄es] *nf* bête *f*.
resaca [r̄esáka] *nf* **1** *(en el mar)* ressac *m*. **2** *fam (de borrachera)* gueule *f* de bois.
resaltar [r̄esaltár] *vi* **1** *(destacar, sobresalir)* ressortir. **2** *(balcón, etc)* faire saillie.
resbaladizo,-za [r̄ezβalaðiθo,-θa] *adj* **1** *(superficie)* glissant,-e. **2** *fig (asunto)* délicat,-e.
resbalar [r̄ezβalár] *vi* **1** *(deslizar)* glisser. **2** *fam (no afectar)* ne pas faire attention à.
► *vpr* **resbalarse** glisser.
resbalón [r̄ezβalón] *nm* glissade *f*.
• **pegar un resbalón** glisser.
rescatar [r̄eskatár] *vt* **1** *(de peligro)* sauver. **2** *(mediante dinero, etc)* racheter. **3** *(libertar)* délivrer.
rescate [r̄eskáte] *nm* **1** *(de personas en peligro)* sauvetage *m*. **2** *(de un rehén)* libération *f*. **3** *(dinero)* rançon *f*.
reseco,-ca [r̄eséko,-ka] *adj* desséché,-e.
resentimiento [r̄esentimjénto] *nm* ressentiment *m*.
resentirse [35] [r̄esentirse] *vpr* **1** *(sufrir - una persona)* se ressentir; *(- una cosa)* se détériorer. **2** *(ofenderse)* s'offenser.
reseña [r̄eséɲa] *nf* compte rendu *m*.
reserva [r̄esérβa] *nf* **1** *(gen)* réserve *f*. **2** *(de asiento, habitación, etc)* réservation *f*.
• **sin reservas** sans réserve.
▪ **reserva natural** réserve naturelle.
reservado,-da [r̄eserβáðo,-ða] *adj* réservé,-e.
► *nm* **reservado** salon *m* particulier.

reservar [r̄eserβár] *vt* **1** *(gen)* réserver. **2** *(ocultar)* taire, cacher.
► *vpr* **reservarse** se réserver.
resfriado,-da [r̄esfrjáðo,-ða] *adj* enrhumé,-e.
► *nm* **resfriado** rhume *m*.
• **coger un resfriado** attraper un rhume.
resfriarse [13] [r̄esfrjár] *vpr* s'enrhumer.
resguardo [r̄ezɣwárðo] *nm* **1** *(recibo)* reçu *m*. **2** *(protección)* abri *m*.
residencia [r̄esiðénθja] *nf* résidence *f*.
residente [r̄esiðénte] *adj* - *nmf* résidant,-e.
residir [r̄esiðír] *vi* **1** *(vivir)* résider. **2** *(problema)* résider (**en**, dans).
residuo [r̄esíðwo] *nm* résidu *m*.
resignación [r̄esiɣnaθjón] *nf* résignation *f*.
resignarse [r̄esiɣnárse] *vpr* résigner.
► *vpr* **resignarse** se résigner.
resina [r̄esína] *nf* résine *f*.
resistencia [r̄esisténθja] *nf* résistance *f*.
resistente [r̄esisténte] *adj* résistant,-e.
resistir [r̄esistír] *vt* **1** résister à. **2** *(aguantar)* supporter: ***no resiste el frío***, elle ne supporte pas le froid.
► *vi* résister.
► *vpr* **resistirse 1** *(forcejear)* se débattre. **2 resistirse a** refuser de.
resolución [r̄esoluθjón] *nf* **1** *(solución)* résolution *f*. **2** *(de una autoridad)* décision *f*.
resolver [32] [r̄esolβér] *vt* **1** *(solucionar)* résoudre. **2** *(decidir)* résoudre de, décider de.
► *vpr* **resolverse 1** *(problema)* être résolu,-e. **2** *(decidirse)* se résoudre (**a**, à).
resonar [31] [r̄esonár] *vi* résonner.
resorte [r̄esórte] *nm* ressort *m*.
▪ **los resortes del poder** les rênes du pouvoir.
respaldar [r̄espaldár] *vt* **1** *(proteger)* protéger. **2** *(garantizar)* garantir.
► *vpr* **respaldarse** reposer (**en**, sur).
respaldo [r̄espáldo] *nm* **1** *(de un asiento)* dossier *m*. **2** *fig (apoyo)* soutien *m*.
respectivo,-va [r̄espektíβo,-βa] *adj* respectif,-ive.
respecto [r̄espékto].
• **al respecto** à ce sujet.
• **con respecto a/de** *(con relación a)* par rapport à, quant à.
respetable [r̄espetáβle] *adj* respectable.
respetar [r̄espetár] *vt* respecter.
respeto [r̄espéto] *nm* respect *m*.
• **faltar al respeto a ALGN** manquer de respect à QQN.
• **presentar sus respetos a ALGN** présenter ses hommages à QQN.
respetuoso,-sa [r̄espetwóso,-sa] *adj* respectueux,-euse.
respingón,-ona [r̄espiŋgón,-óna] *adj* en trompette.
respiración [r̄espiraθjón] *nf* respiration *f*.
• **dejar sin respiración** couper le souffle.
respirar [r̄espirár] *vt* - *vi* respirer.
respiro [r̄espíro] *nm* **1** respiration *f*. **2** *fig (alivio)* soulagement *m*.
• **tomarse un respiro** s'offrir un moment de répit.
resplandecer [43] [r̄esplandeθér] *vi* resplendir.
resplandeciente [r̄esplandeθjénte] *adj* resplendissant,-e.
resplandor [r̄esplandór] *nm* éclat *m*.
responder [r̄espondér] *vt* - *vi* répondre.
responsabilidad [r̄esponsaβiliðáð] *nf* responsabilité *f*.
responsabilizar [4] [r̄esponsaβiliθár] *vt* rendre responsable.
► *vpr* **responsabilizarse** assumer la responsabilité (**de**, de).
responsable [r̄esponsáβle] *adj* responsable.
respuesta [r̄espwésta] *nf* réponse *f*.
resta [r̄ésta] *nf* soustraction *f*.
restablecer [43] [r̄estaβleθér] *vt* rétablir.
► *vpr* **restablecerse** *(recobrar la salud)* se rétablir.
restante [r̄estánte] *adj* restant,-e.
restar [r̄estár] *vt* **1** MAT soustraire. **2** *(quitar importancia)* enlever, ôter. **3** DEP *(en el tenis)* retourner.
► *vi (quedar)* rester.
restauración [r̄estau̯raθjón] *nf* restauration *f*.
restaurador,-ra [r̄estau̯raðór,-ra] *adj* - *nm,f* restaurateur,-trice.
restaurante [r̄estau̯ránte] *nm* restaurant *m*.
restaurar [r̄estau̯rár] *vt* restaurer.

restituir [62] [r̄estitwir] *vt* restituer.
resto [r̄ésto] *nm* reste *m*.
► *nm pl* **restos** restes *m pl*.
• **echar el resto** jouer son va-tout.
▪ **restos mortales** dépouille *f* mortelle.
restregar [48] [r̄estreɣár] *vt* frotter vigoureusement.
restricción [r̄estrikθjón] *nf* **1** *(disminución, reducción)* restriction *f*. **2** *(de agua, etc)* rationnement *m*.
restringir [5] [r̄estriŋχir] *vt* **1** *(limitar)* restreindre. **2** *(alimentos, agua)* rationner.
resucitar [r̄esuθitár] *vt - vi* ressusciter.
resuelto,-ta [r̄eswélto,-ta] *adj* décidé,-e, résolu,-e.
resultado [r̄esultáðo] *nm* résultat *m*.
resultar [r̄esultár] *vi* **1** *(tener como consecuencia)* résulter. **2** *(ser)* être. **3** *(costar, salir)* revenir.
• **resulta que** il se trouve que.
resumen [r̄esúmen] *nm* résumé *m*.
resumir [r̄esumir] *vt* résumer.
► *vpr* **resumirse** se résumer.
resurgir [6] [r̄esurχir] *vi* réapparaître, resurgir.
resurrección [r̄esur̄ekθjón] *nf* résurrection *f*.
retablo [r̄etáβlo] *nm* retable *m*.
retal [r̄etál] *nm* **1** *(de tela)* coupon *m*. **2** *(trozo sobrante)* retaille *f*.
retar [r̄etár] *vt* défier.
retardar [r̄etarðár] *vt* retarder.
retener [87] [r̄etenér] *vt* retenir.
reticencia [r̄etiθénθja] *nf* réticence *f*.
reticente [r̄etiθénte] *adj* réticent,-e.
retina [r̄etina] *nf* rétine *f*.
retirado,-da [r̄etiráðo,-ða] *adj - nm,f* retraité,-e.
retirar [r̄etirár] *vt* **1** *(quitar)* retirer. **2** *(jubilar)* mettre à la retraite.
► *vpr* **retirarse 1** *(apartarse)* se retirer. **2** *(del trabajo)* prendre sa retraite. **3** *(tropas)* battre en retraite.
• **¡no se retire!** *(en el teléfono)* ne quittez pas !
retiro [r̄etiro] *nm* retraite *f*.
reto [r̄éto] *nm* défi *m*.
retocar [1] [r̄etokár] *vt* retoucher.
retoque [r̄etóke] *nm* retouche *f*.
retorcer [54] [r̄etorθér] *vt* tordre.
► *vpr* **retorcerse** *(de dolor, etc)* se tordre.
retornar [r̄etornár] *vt* retourner, rendre.
► *vi* retourner à, revenir.
retorno [r̄etórno] *nm* retour *m*.
retraído,-da [r̄etraiðo,-ða] *adj (tímido)* renfermé,-e.
retransmisión [r̄etranzmisjón] *nf* retransmission *f*.
retransmitir [r̄etranzmitir] *vt* retransmettre.
retrasado,-da [r̄etrasáðo,-ða] *adj* en retard.
► *adj - nm,f (persona)* attardé,-e.
retrasar [r̄etrasár] *vt* retarder.
► *vi (reloj)* retarder.
► *vpr* **retrasarse** être en retard.
retraso [r̄etráso] *nm* retard *m*.
retratar [r̄etratár] *vt* **1** *(dibujar)* faire le portrait de. **2** *(fotografiar)* photographier.
retrato [r̄etráto] *nm* portrait *m*.
• **ser el vivo retrato de ALGN** être tout le portrait de QQN.
▪ **retrato robot** portrait-robot *m*.
retrete [r̄etréte] *nm* toilettes *f pl*.
retribuir [62] [r̄etriβwir] *vt* rétribuer.
retroceder [r̄etroθeðér] *vi* reculer.
retroceso [r̄etroθéso] *nm* recul *m*.
retrógrado,-da [r̄etróɣraðo,-ða] *adj - nm,f* rétrograde.
retrospectivo,-va [r̄etrospektiβo,-βa] *adj* rétrospectif,-ive.
retrovisor [r̄etroβisór] *nm* rétroviseur *m*.
retumbar [r̄etumbár] *vi* retentir.
reuma [r̄éuma], **reúma** [r̄eúma] *nm & nf* rhumatisme *m*.
reumático,-ca [r̄eumátiko,-ka] *adj (dolencia)* rhumatismal,-e.
► *adj - nm,f (persona)* rhumatisant,-e.
reunión [r̄eunjón] *nf* **1** *(gen)* réunion *f*. **2** *(de muchas personas)* rassemblement *m*.
reunir [19] [r̄eunir] *vt* réunir, rassembler.
► *vpr* **reunirse** se réunir.
reválida [r̄eβáliða] *nf* examen *m* de fin d'études.
revancha [r̄eβántʃa] *nf* revanche *f*.
• **tomarse la revancha** prendre sa revanche.
revelación [r̄eβelaθjón] *nf* révélation *f*.

revelado [r̄eβeláðo] *nm* développement *m*.
revelar [r̄eβelár] *vt* **1** *(gen)* révéler. **2** *(foto)* développer.
▶ *vpr* **revelarse** s'avérer.
reventar [27] [r̄eβentár] *vi* **1** *(explotar)* crever, éclater. **2** *fam (fastidiar, molestar)* tuer: ***sus mentiras me revientan***, ses mensonges me tuent. **3** *(de ira)* exploser. **4** *(de deseo)* crever d'envie de.
▶ *vt (globo, etc)* faire éclater.
▶ *vpr* **reventarse 1** *(globo, neumático, etc)* éclater. **2** *fam (cansarse)* se crever.
reventón [r̄eβentón] *nm* éclatement *m*.
reverencia [r̄eβerénθja] *nf* révérence *f*.
reversible [r̄eβersiβle] *adj* réversible.
revés [r̄eβés] *nm* **1** *(gen)* revers *m*. **2** *(bofetada)* gifle *f*.
• **al revés** à l'envers.
• **del revés** à l'envers.
revestir [34] [r̄eβestir] *vt* revêtir.
revisar [r̄eβisár] *vt* réviser.
revisión [r̄eβisjón] *nf* révision *f*.
▪ **revisión médica** visite *f* médicale.
revista [r̄eβista] *nf* **1** *(de teatro, militar)* revue *f*. **2** *(publicación)* magazine *m*.
revistero [r̄eβistéro] *nm* porte-revues *m inv*.
revivir [r̄eβiβir] *vi* revivre.
revocar [1] [r̄eβokár] *vt* **1** *(gen)* révoquer. **2** DER *(sentencia)* casser.
revolcar [49] [r̄eβolkár] *vt* renverser.
▶ *vpr* **revolcarse** se vautrer.
revolotear [r̄eβoloteár] *vi* voleter, voltiger.
revoltijo [r̄eβoltiχo] *nm* fouillis *m*, fatras *m*.
revoltoso,-sa [r̄eβoltóso,-sa] *adj (niño)* espiègle.
revolución [r̄eβoluθjón] *nf* révolution *f*.
revolucionario,-ria [r̄eβoluθjonárjo,-rja] *adj - nm,f* révolutionnaire.
revolver [32] [r̄eβolβér] *vt* **1** *(dar vueltas, agitar)* agiter, remuer. **2** *(buscando algo)* fouiller dans. **3** *(poner en desorden)* mettre sens dessus dessous. **4** *(producir náuseas, enfado, etc)* soulever.
▶ *vpr* **revolverse** *(moverse)* s'agiter.
revólver [r̄eβólβer] *nm* revolver *m*.
revuelta [r̄eβwélta] *nf* révolte *f*.
revuelto,-ta [r̄eβwélto,-ta] *adj* **1** *(desordenado)* sens dessus dessous. **2** *(liado, alborotado)* troublé,-e. **3** *(clima)* instable.
▶ *nm* **revuelto** COC œufs *m pl* brouillés.
rey [r̄ei] *nm* roi *m*.
▪ **los Reyes** le Roi et la Reine.
▪ **los Reyes Magos** les Rois Mages.
rezagarse [7] [r̄eθaɣárse] *vpr* **1** *(retrasarse)* prendre du retard. **2** *(quedarse atrás)* rester à la traîne.
rezar [4] [r̄eθár] *vt (oración)* réciter.
▶ *vi* prier.
rezo [r̄éθo] *nm* prière *f*.
ría [r̄ia] *nf* GEOG ria *f*.
riachuelo [r̄jatʃwélo] *nm* ruisseau *m*.
riada [r̄jáða] *nf* inondation *f*.
ribete [r̄iβéte] *nm* liseré *m*.
rico,-ca [r̄iko,-ka] *adj* **1** *(adinerado)* riche. **2** *(bueno, sabroso)* délicieux,-euse. **3** *(expresión de cariño)* adorable.
▶ *nm,f* riche.
ridiculez [r̄iðikuléθ] *nf* **1** *(hecho)* chose *f* ridicule. **2** *(nimiedad)* bêtise *f*.
ridiculizar [4] [r̄iðikuliθár] *vt* ridiculiser.
ridículo,-la [r̄iðikulo,-la] *adj* ridicule.
▶ *nm* **ridículo** ridicule *m*.
• **hacer el ridículo** se ridiculiser.
• **poner en ridículo** tourner en ridicule.
riego [r̄jéɣo] *nm* arrosage *m*.
▪ **riego sanguíneo** irrigation *f* sanguine.
riel [r̄jel] *nm (de tren)* rail *m*.
rienda [r̄jénda] *nf* rêne *f*.
• **dar rienda suelta a** laisser libre cours à.
riesgo [r̄jézɣo] *nm* risque *m*.
• **a todo riesgo** tous risques.
• **correr riesgos** prendre des risques.
rifa [r̄ifa] *nf* tombola *f*.
rifar [r̄ifár] *vt* tirer au sort.
rifle [r̄ifle] *nm* rifle *m*.
rígido,-da [r̄iχiðo,-ða] *adj* **1** *(tieso)* rigide. **2** *(disciplina, moral)* sévère.
rigor [r̄iɣór] *nm* rigueur *f*.
• **de rigor** de rigueur.
riguroso,-sa [r̄iɣuróso,-sa] *adj* rigoureux,-euse.
rima [r̄ima] *nf* rime *f*.
rimar [r̄imár] *vi* rimer.
▶ *vt* faire rimer.
rímmel® [r̄imel] *nm* rimmel® *m*.
rincón [r̄iŋkón] *nm* **1** *(gen)* coin *m*. **2** *(lugar apartado)* recoin *m*.

ring [r̄iŋg] *nm* ring *m*.
rinoceronte [r̄inoθerónte] *nm* rhinocéros *m*.
riña [r̄iɲa] *nf* **1** *(pelea)* querelle *f*. **2** *(discusión)* dispute *f*.
riñón [r̄iɲón] *nm* **1** ANAT rein *m*. **2** COC rognon *m*.
• **valer un riñón** *fam* coûter les yeux de la tête.
riñonera [r̄iɲonéra] *nf* banane *f*.
río [r̄io] *nm* **1** *(grande)* fleuve *m*. **2** *(pequeño)* rivière *f*.
• **a río revuelto ganancia de pescadores** à quelque chose malheur est bon.
• **río abajo** en aval.
• **río arriba** en amont.
riqueza [r̄ikéθa] *nf* richesse *f*.
risa [r̄isa] *nf* rire *m*.
• **morirse de risa** mourir de rire.
• **tomar a risa** prendre à la rigolade.
ristra [r̄istra] *nf* chapelet *m*.
▪ **ristra de ajos** chapelet d'ail.
risueño,-ña [r̄iswéɲo,-ɲa] *adj* souriant,-e.
ritmo [r̄itmo] *nm* rythme *m*.
rito [r̄ito] *nm* rite *m*.
ritual [r̄itwál] *adj* rituel,-elle.
► *nm* rituel *m*.
rival [r̄iβál] *adj - nmf* rival,-e.
rivalidad [r̄iβaliðáð] *nf* rivalité *f*.
rizado,-da [r̄iθáðo,-ða] *adj* frisé,-e.
rizar [4] [r̄iθár] *vt* **1** *(pelo)* friser. **2** *(papel, telas)* plisser.
► *vpr* **rizarse** *(pelo)* se faire friser.
rizo [r̄iθo] *nm (de cabellos)* boucle *f*.
• **rizar el rizo** chercher midi à quatorze heures.
robar [r̄oβár] *vt* **1** *(gen)* voler. **2** *fig (embelesar)* gagner, conquérir. **3** *(en naipes, dominó)* piocher.
roble [r̄óβle] *nm* chêne *m*.
robo [r̄óβo] *nm* vol *m*.
robot [r̄oβót] *nm* robot *m*.
robusto,-ta [r̄oβústo,-ta] *adj* robuste.
roca [r̄óka] *nf* **1** *(piedra grande)* roche *f*. **2** *(peñasco)* rocher *m*, roc *m*.
roce [r̄óθe] *nm* **1** *(de dos cuerpos)* frottement *m*. **2** *(ligero)* frôlement *m*. **3** *(discrepancia)* friction *f*.
rociar [13] [r̄oθjár] *vt* **1** *(esparcir gotas)* asperger. **2** *(derramar agua)* arroser.
rocío [r̄oθio] *nm* rosée *f*.
rocoso,-sa [r̄okóso,-sa] *adj* rocheux, -euse.
rodado,-da [r̄oðáðo,-ða] *adj (tráfico)* routier,-ère.
• **venir** ALGO **rodado** tomber à pic.
rodaja [r̄oðáχa] *nf* **1** *(de salchichón)* rondelle *f*. **2** *(de limón)* tranche *f*.
rodaje [r̄oðáχe] *nm* **1** *(de una película)* tournage *m*. **2** *(de automóvil, etc)* rodage *m*.
rodar [31] [r̄oðár] *vi* **1** *(dar vueltas)* rouler. **2** *(sobre ruedas)* rouler. **3** *(caer)* dégringoler.
► *vt* **1** *(película)* tourner. **2** *(automóvil)* roder.
rodear [r̄oðeár] *vt* **1** *(cercar)* entourer. **2** *(lugar)* faire le tour de.
► *vpr* **rodearse** s'entourer.
rodeo [r̄oðéo] *nm* détour *m*.
• **dar un rodeo** faire un détour.
• **no andarse con rodeos** ne pas y aller par quatre chemins.
rodilla [r̄oðiʎa] *nf* genou *m*.
• **de rodillas** à genoux.
rodillera [r̄oðiʎéra] *nf* genouillère *f*.
rodillo [r̄oðiʎo] *nm* rouleau *m*.
roedor,-ra [r̄oeðór,-ra] *adj* rongeur,-euse.
► *nm* **roedor** ZOOL rongeur *m*.
rogar [52] [r̄oɣár] *vt* prier.
rojo,-ja [r̄óχo,-χa] *adj* rouge.
► *nm* **rojo** rouge *m*.
rol [r̄ol] *nm* rôle *m*.
rollizo,-za [r̄oʎiθo,-θa] *adj* potelé,-e.
rollo [r̄óʎo] *nm* **1** *(de papel, tela, etc)* rouleau *m*. **2** *fam (discurso pesado)* baratin *m*. **3** *fam (relación amorosa)* aventure *f*. **4** *fam (ambiente)* ambiance *f*: ***¡qué buen rollo hay en esta clase!***, il y a une super bonne ambiance dans cette classe !
• **cortar el rollo a** ALGN couper le sifflet à QQN.
• **ser un rollo 1** *(explicación, espectáculo)* être barbant,-e. **2** *(persona)* être cassepieds.
romance [r̄ománθe] *nm* **1** *(poema)* poésie *f*. **2** *(aventura amorosa)* idylle *f*.
románico,-ca [r̄omániko,-ka] *adj* roman,-e.
romanticismo [r̄omantiθizmo] *nm* romantisme *m*.

romántico,-ca [r̄omántiko,-ka] *adj* romantique.
rombo [r̄ómbo] *nm* losange *m*.
romero [r̄oméro] *nm (planta)* romarin *m*.
rompecabezas [r̄ompekaβéθas] *nm* **1** *(acertijo)* casse-tête *m inv*. **2** *(juego)* puzzle *m*.
romper [r̄ompér] *vt* **1** *(partir)* casser, briser. **2** *(papel, tela)* déchirer. **3** *(el aire, las aguas)* fendre. **4** *(relación, compromiso, etc)* rompre.
► *vi* **1** *(relación)* rompre. **2** *(las olas)* briser.
► *vpr* **romperse** se casser.
• **romper a +** *inf (empezar)* se mettre à + *inf*: ***rompió a llorar***, il s'est mis à pleurer.
ron [r̄on] *nm* rhum *m*.
roncar [1] [r̄oŋkár] *vi* ronfler.
roncha [r̄óntʃa] *nf (en la piel)* bouton *m*.
ronco,-ca [r̄óŋko,-ka] *adj* **1** *(que padece ronquera)* enroué,-e. **2** *(bronco)* rauque.
ronda [r̄ónda] *nf* **1** *(inspección, patrulla)* ronde *f*. **2** *(de bebidas)* tournée *f*. **3** *(calle, carretera)* boulevard *m* périphérique. **4** DEP tour *m*.
rondar [r̄ondár] *vt* **1** *(para vigilar)* faire une ronde. **2** *fig (enfermedad, desgracia, etc)* guetter. **3** *(estar cerca)* avoisiner.
ronquera [r̄oŋkéra] *nf* enrouement *m*.
ronquido [r̄oŋkiðo] *nm* ronflement *m*.
ronronear [r̄onr̄oneár] *vi* ronronner.
roña [r̄óɲa] *nf* **1** *(suciedad)* crasse *f*. **2** *(óxido)* rouille *f*.
► *nmf fam (tacaño)* radin,-e.
roñoso,-sa [r̄oɲóso,-sa] *adj* **1** *(tacaño)* radin,-e. **2** *(sucio)* crasseux,-euse. **3** *(oxidado)* rouillé,-e.
ropa [r̄ópa] *nf* vêtements *m pl*.
• **a quema ropa** à brûle-pourpoint.
• **ligero,-ra de ropa** légèrement vêtu,-e.
• **nadar y guardar la ropa** ménager la chèvre et le chou.
▪ **ropa blanca** linge *m*.
▪ **ropa de casa** linge *m* de maison.
▪ **ropa interior** sous-vêtements *m pl*.
▪ **ropa sucia** linge *m* sale.
ropero [r̄opéro] *nm* penderie *f*.
rosa [r̄ósa] *nf* rose *f*.
► *adj - nm (color)* rose *m*.
• **fresco como una rosa** frais comme une rose.
rosado,-da [r̄osáðo,-ða] *adj (color de rosa)* rose.
► *nm* **rosado** *(vino)* rosé *m*.
rosal [r̄osál] *nm* rosier *m*.
rosario [r̄osárjo] *nm* **1** REL chapelet *m*. **2** *fig (sucesión de desgracias)* suite *f*.
• **acabar como el rosario de la aurora** finir en eau de boudin.
rosca [r̄óska] *nf* filet *m*.
• **hacer la rosca a ALGN** *fam* lécher les bottes de QQN.
• **pasarse de rosca** *fig* dépasser les bornes.
roscón [r̄oskón] *nm* brioche *f* ronde.
▪ **roscón de Reyes** galette *f* des Rois.
rosquilla [r̄oskiʎa] *nf gâteau sec en forme d'anneau*.
• **venderse como rosquillas** se vendre comme des petits pains.
rostro [r̄óstro] *nm* visage *m*.
rotación [r̄otaθjón] *nf* rotation *f*.
roto,-ta [r̄óto,-ta] *adj* **1** *(gen)* cassé,-e. **2** *(voz)* cassé,-e. **3** *fig (corazón)* brisé,-e. **4** *fam (cansado)* crevé,-e.
► *nm* **roto** accroc *m*.
rotonda [r̄otónda] *nf* rond-point *m*.
rótula [r̄ótula] *nf* ANAT rotule *f*.
rotulador [r̄otulaðór] *nm* **1** feutre *m*; *(más grueso)* marqueur *m*. **2** *(fluorescente)* surligneur *m*.
rotular [r̄otulár] *vt* étiqueter.
rótulo [r̄ótulo] *nm (de tienda)* enseigne *f*; *(letrero)* écriteau *m*; *(placa metálica)* panonceau *m*.
rotundo,-da [r̄otúndo,-da] *adj* **1** catégorique. **2** *(éxito)* complet,-ète.
rotura [r̄otúra] *nf* **1** *(gen)* rupture *f*. **2** *(desgarrón)* déchirure *f*. **3** *(de hueso)* fracture *f*.
roulotte [r̄ulot] *nf* caravane *f*.
rozadura [r̄oθaðúra] *nf* **1** *(acción de rozar)* frôlement *m*. **2** *(raspadura)* éraflure *f*.
rozar [4] [r̄oθár] *vt* **1** *(tocar ligeramente)* frôler, effleurer. **2** *(raspar ligeramente)* érafler.
► *vi (una cosa con otra)* frotter.
► *vpr* **rozarse** s'écorcher.
rubeola [r̄uβeóla], **rubéola** [r̄uβéola] *nf* MED rubéole *f*.
rubí [r̄uβí] *nm* rubis *m*.
rubio,-bia [r̄úβjo,-βja] *adj - nm,f* blond,-e.

ruborizarse [4] [r̄uβoriθárse] *vpr* rougir.
rúbrica [r̄úβrika] *nf (de una firma)* paraphe *m*.
rudimentario,-ria [r̄uðimentárjo,-rja] *adj* rudimentaire.
rudo,-da [r̄úðo,-ða] *adj* **1** *(tosco)* rude. **2** *(grosero)* grossier,-ère.
rueda [r̄wéða] *nf* roue *f*.
• **ir** ALGO **sobre ruedas** aller comme sur des roulettes.
▪ **rueda de prensa** conférence *f* de presse.
▪ **rueda de repuesto** roue de secours.
ruedo [r̄wéðo] *nm* arène *f*.
ruego [r̄wéɣo] *nm* prière *f*.
rufián [r̄ufján] *nm* **1** *(bribón)* crapule *f*. **2** *(chulo)* souteneur *m*.
rugby [r̄úɣbi] *nm* rugby *m*.
rugido [r̄uχiðo] *nm* rugissement *m*.
rugir [6] [r̄uχir] *vi* rugir.
ruido [r̄wiðo] *nm* bruit *m*.
• **mucho ruido y pocas nueces** beaucoup de bruit pour rien.
ruidoso,-sa [r̄wiðóso,-sa] *adj* bruyant,-e.
ruin [r̄win] *adj* **1** *(vil)* vil,-e. **2** *(avaro)* pingre.
ruina [r̄wina] *nf* ruine *f*.
► *nf pl* **ruinas** ruines *f pl*.
• **amenazar ruina** menacer ruine.
• **en ruinas** en ruine.
• **estar en la ruine** être ruiné,-e.
ruinoso,-sa [r̄winóso,-sa] *adj* **1** *(edificio)* délabré,-e. **2** *(que arruina)* ruineux,-euse.
ruiseñor [r̄wiseɲór] *nm* rossignol *m*.
ruleta [r̄uléta] *nf* roulette *f*.
rulo [r̄úlo] *nm* bigoudi *m*.
Rumanía [r̄umania] *n pr* Roumanie *f*.
rumano,-na [r̄umáno,-na] *adj* roumain,-e.
► *nm,f* Roumain,-e.
► *nm* **rumano** *(idioma)* roumain *m*.
rumbo [r̄úmbo] *nm* **1** *(orientación)* direction *f*. **2** *(de barco)* cap *m*.
rumiante [r̄umjánte] *adj* ruminant,-e.
► *nm* ruminant *m*.
rumiar [12] [r̄umjár] *vt - vi* ruminer.
rumor [r̄umór] *nm* **1** *(chisme)* rumeur *f*, bruit *m*. **2** *(murmullo)* brouhaha *m*.
rupestre [r̄upéstre] *adj* rupestre.
ruptura [r̄uptúra] *nf* rupture *f*.
rural [r̄urál] *adj* rural,-e.
Rusia [r̄úsja] *n pr* Russie *f*.
ruso,-sa [r̄úso,-sa] *adj* russe.
► *nm,f* Russe.
► *nm* **ruso** *(idioma)* russe *m*.
rústico,-ca [r̄ústiko,-ka] *adj* rustique.
ruta [r̄úta] *nf* route *f*, chemin *m*.
• **en ruta** en route.
rutina [r̄utina] *nf* routine *f*.
rutinario,-ria [r̄utinárjo,-rja] *adj* routinier,-ère.

S

sábado [sáβaðo] *nm* samedi *m.*
sabana [saβána] *nf* savane *f.*
sábana [sáβana] *nf* drap *m.*
saber [83] [saβér] *nm* savoir *m.*
► *vt* - *vi* savoir.
► *vi* avoir un goût: ***esta comida no sabe bien***, cette nourriture n'a pas bon goût.
► *vpr* **saberse** savoir.
• **a saber** à savoir.
• **hacer saber** faire savoir.
• **saber a** avoir le goût de: ***esto sabe a café***, cela a un goût de café.
• **saber de 1** *(conocer)* s'y connaître: ***casi no sabe nada de química***, il n'y connaît rien en chimie. **2** *(tener noticias)* avoir des nouvelles de.
• **saber ALGO mal a ALGN** ne pas plaire à QQN.
• **que yo sepa** que je sache.
• **¡quién sabe!** qui sait !
• **sabérselas todas** avoir plus d'un tour dans son sac.
• **¡vete a saber!** va savoir !
• **¡y yo qué sé!** je n'en sais rien !
• **saber hacer ALGO** savoir faire QQCH.
▪ **saber hacer** savoir-faire *m inv.*
sabiduría [saβiðuría] *nf* **1** *(ciencia)* savoir *m.* **2** *(prudencia)* sagesse *f.*
sabiendas [saβjéndas].
• **a sabiendas** sciemment.
sabio,-bia [sáβjo,-βja] *adj* - *nm,f* savant,-e.
sable [sáβle] *nm* sabre *m.*
sabor [saβór] *nm* saveur *f*, goût *m.*
• **dejar mal sabor de boca** laisser un goût amer.
saborear [saβoreár] *vt* savourer.
sabotaje [saβotáχe] *nm* sabotage *m.*
sabroso,-sa [saβróso,-sa] *adj* savoureux,-euse.
saca [sáka] *nf* gros sac *m.*
sacacorchos [sakakórtʃos] *nm* tire-bouchon *m.*
sacapuntas [sakapúntas] *nm* taille-crayon *m.*
sacar [1] [sakár] *vt* **1** *(de un lugar, de un estado)* tirer: ***sacar la lengua***, tirer la langue. **2** *(extraer)* extraire. **3** *(de dentro)* sortir. **4** *(muela)* arracher. **5** *(mancha)* enlever. **6** *(dinero)* tirer, retirer. **7** *(foto)* prendre. **8** *(pasaporte, etc)* se faire délivrer. **9** *(premio)* gagner. **10** *(deducir)* déduire, conclure; *(consecuencia)* tirer. **11** *(problema)* résoudre. **12** *(disco, moda, etc)* lancer, créer; *(nuevo modelo)* sortir. **13** *(entradas)* acheter. **14** DEP *(en tenis)* servir; *(en fútbol)* lancer.
► *vpr* **sacarse** avoir.
• **sacar adelante 1** *(proyecto)* faire prospérer. **2** *(hijos)* élever.
• **sacar a relucir** remettre sur le tapis.
sacarina [sakarína] *nf* saccharine *f.*
sacerdote [saθerðóte] *nm* prêtre *m.*
saciar [12] [saθjár] *vt* **1** *(hambre)* rassasier; *(sed)* étancher. **2** *(deseo)* assouvir.
► *vpr* **saciarse** se rassasier.
saco [sáko] *nm* sac *m.*
• **entrar a saco** *fam* saccager.
• **¡que te den por saco!** *fam* va te faire foutre !
▪ **saco de dormir** sac de couchage.
sacramento [sakraménto] *nm* sacrement *m.*

sacrificar [1] [sakrifikár] *vt* **1** *(gen)* sacrifier. **2** *(las reses)* tuer, abattre.
► *vpr* **sacrificarse** se sacrifier (**por**, pour).
sacrificio [sakrifiθjo] *nm* sacrifice *m*.
sacro,-cra [sákro,-kra] *adj* sacré,-e.
► *nm* **sacro** ANAT sacrum *m*.
sacudida [sakuðiða] *nf* secousse *f*.
sacudir [sakuðir] *vt* **1** *(gen)* secouer. **2** *fam (pegar)* battre.
► *vpr* **sacudirse** se débarrasser de.
sádico,-ca [sáðiko,-ka] *adj* sadique.
safari [safári] *nm* safari *m*.
sagaz [saɣáθ] *adj* sagace.
sagrado,-da [saɣráðo,-ða] *adj* sacré,-e.
sal [sal] *nf* **1** sel *m*. **2** *fig (garbo)* grâce *f*. **3** *(al hablar)* piquant *m*.
▪ **sal gorda** gros sel.
sala [sála] *nf* **1** *(gen)* salle *f*. **2** DER cour *f*.
▪ **sala de espera** salle d'attente.
▪ **sala de estar** salle de séjour.
▪ **sala de fiestas** salle des fêtes.
▪ **sala de juntas** salle de réunion.
salado,-da [saláðo,-ða] *adj* **1** *(con sal)* salé,-e. **2** *(con demasiada sal)* trop salé,-e. **3** *fig (gracioso)* drôle.
salamandra [salamándra] *nf* salamandre *f*.
salar [salár] *vt* saler.
salario [salárjo] *nm* salaire *m*.
salchicha [saltʃitʃa] *nf* saucisse *f*.
salchichón [saltʃitʃón] *nm* saucisson *m*.
saldar [saldár] *vt* solder.
saldo [sáldo] *nm* **1** *(de una cuenta)* solde *m*. **2** *(resultado)* bilan *m*.
► *nm pl* **saldos** soldes *m pl*.
salero [saléro] *nm* **1** *(recipiente)* salière *f*. **2** *fig (gracia)* charme *m*.
saleroso,-sa [saleróso,-sa] *adj* charmant,-e.
salida [saliða] *nf* **1** *(acción, lugar)* sortie *f*. **2** *(de tren, barco, competición, etc)* départ *m*. **3** *(de astro)* lever *m*. **4** *(de producto, estudios, etc)* débouchés *m pl*: ***esa carrera tiene pocas salidas***, ces études offrent peu de débouchés. **5** *fig (ocurrencia)* trait *m* d'esprit: ***tiene unas salidas geniales***, il a des traits d'esprit géniaux.
• **tomar la salida** prendre le départ.
▪ **salida de emergencia** issue *f* de secours.
▪ **salida de tono** éclat *m*.
▪ **salida nula** DEP faux départ *m*.
saliente [saljénte] *adj* **1** *(que sobresale)* saillant,-e. **2** *(cargo, político, etc)* sortant,-e.
salir [84] [salir] *vi* **1** *(gen)* sortir: ***salen a dar un paseo***, ils sortent faire un tour. **2** *(marcharse)* partir. **3** *(un astro)* se lever. **4** *(cuadrar)* tomber juste: ***no me salen las cuentas***, les comptes ne tombent pas juste. **5** *(resolver)* résoudre: ***no le sale la multiplicación***, il n'arrive pas à faire la multiplication. **6** revenir, coûter: ***le va a salir por 300 euros***, ça va lui coûter 300 euros. **7** *(plantas, pelo, dientes)* pousser; *(brotar)* jaillir: ***aún sigue saliendo lava del volcán***, de la lave s'écoule encore du volcan. **8** *(en libro, película, etc)* paraître: ***va a salir en la tele***, il va sortir à la télé. **9** *(periódico, libro)* paraître: ***esta revista sale el lunes***, cette revue paraît le lundi. **10** *(proyecto)* aboutir. **11** INFORM *(de un programa)* quitter. **12** *(en juegos de mesa)* commencer: ***sales tú***, tu commences. **13** *(sobresalir)* saillir.
► *vpr* **salirse 1** *(desviarse un vehículo)* quitter. **2** *(escaparse un gas, un líquido)* s'échapper.
• **salir a ALGN** *(parecerse)* ressembler à QQN.
• **salir adelante 1** *(en la vida)* s'en sortir. **2** *(trabajo)* aboutir.
• **salir bien** réussir.
• **salir caro** coûter cher.
• **salir con ALGN** sortir avec QQN.
• **salir con ALGO** *(decir)* sortir QQCH.
• **salir mal** échouer.
• **salir ganando** bien s'en tirer.
• **salir perdiendo** être désavantagé,-e.
• **salir pitando** partir en courant.
• **salirse con la suya** arriver à ses fins.
saliva [saliβa] *nf* salive *f*.
salmón [salmón] *nm* saumon *m*.
▪ **salmón ahumado** saumon fumé.
salmonete [salmonéte] *nm* rouget *m*.
salón [salón] *nm* **1** *(de una casa)* salon *m*. **2** *(público)* salle *f*.
▪ **salón de actos** salle des fêtes.
▪ **salón de belleza** salon de beauté.
▪ **salón recreativo** galerie *f* de jeux.

salpicadero [salpikaðéro] *nm* tableau *m* de bord.
salpicadura [salpikaðúra] *nf* éclaboussure *f*.
salpicar [1] [salpikár] *vt* éclabousser.
salpicón [salpikón] *nm* COC cocktail *m*.
salpimentar [27] [salpimentár] *vt* COC assaisonner de sel et de poivre.
salsa [sálsa] *nf* sauce *f*.
• **estar en su salsa** être dans son élément.
saltamontes [saltamóntes] *nm* sauterelle *f*.
saltar [saltár] *vi* **1** *(gen)* sauter. **2** *(al agua)* plonger. **3** *(desprenderse)* tomber. **4** *(desparramarse un líquido)* jaillir. **5** *(pelota)* rebondir, bondir. **6** *(enfadarse)* bondir.
► *vt* sauter.
► *vpr* **saltarse 1** *(gen)* sauter. **2** *(semáforo)* brûler. **3** *(ley)* ignorer.
saltimbanqui [saltimbáŋki] *nm* saltimbanque *m*.
salto [sálto] *nm* **1** *(gen)* saut *m*. **2** *(al agua)* plongeon *m*. **3** *(precipicio)* précipice *m*. **4** *(de agua)* chute *f* d'eau.
• **a salto de mata** au jour le jour.
• **dar un salto** faire un bond.
• **de un salto** d'un bond.
▪ **salto con pértiga** DEP saut à la perche.
▪ **salto de altura** DEP saut en hauteur.
▪ **salto de cama** saut-de-lit *m*.
▪ **salto de longitud** DEP saut en longueur.
▪ **salto mortal** saut périlleux.
salud [salúð] *nf* santé *f*.
► *interj* **¡salud! 1** *(para brindar)* à la tienne/vôtre ! **2** *(tras un estornudo)* à tes/vos souhaits !
• **beber a la salud de** boire à la santé de.
• **curarse en salud** prendre ses précautions.
saludable [saluðáβle] *adj* **1** *(sano)* sain,-e. **2** *(provechoso)* salutaire.
saludar [saluðár] *vt* saluer.
► *vpr* **saludarse** se saluer.
• **le saluda atentamente** *(en una carta)* veuillez agréer mes salutations distinguées.
saludo [salúðo] *nm* salut *m*, salutation *f*.
salvación [salβaθjón] *nf* salut *m*.
Salvador [salβaðór] *n pr* **El Salvador** Salvador *m*.
salvador,-ra [salβaðór,-ra] *adj* sauveteur, salvatrice.
► *nm,f* sauveur *m*.
salvadoreño,-ña [salβaðoréɲo,-ɲa] *adj* salvadorien,-enne.
► *nm,f* Salvadorien,-enne.
salvaguardar [salβaɣwarðár] *vt* sauvegarder.
salvaje [salβáχe] *adj - nmf* **1** *(gen)* sauvage. **2** *(brutal)* brutal,-e.
salvamento [salβaménto] *nm* sauvetage *m*.
salvar [salβár] *vt* **1** *(gen)* sauver. **2** *(obstáculo, distancia)* franchir. **3** *(dificultad)* éviter. **4** *(exceptuar)* exclure. **5** INFORM sauvegarder.
► *vpr* **salvarse** *(sobrevivir)* réchapper.
• **¡sálvese quien pueda!** sauve qui peut !
salvavidas [salβaβiðas] *adj* de sauvetage.
► *nm* bouée *f* de sauvetage.
salvedad [salβeðáð] *nf* exception *f*.
salvia [sálβja] *nf* sauge *f*.
salvo,-va [sálβo,-βa] *adj* sauf, sauve.
► *adv* **salvo** sauf: ***estaban todos salvo su hermano***, ils étaient tous là sauf son frère.
• **ponerse a salvo** se mettre à l'abri.
• **salvo que** sauf si.
san [san] *adj* → santo,-ta.
sanar [sanár] *vt - vi* guérir.
sanatorio [sanatórjo] *nm* clinique *f*.
sanción [sanθjón] *nf* sanction *f*.
sancionar [sanθjonár] *vt* sanctionner.
sandalia [sandálja] *nf* sandale *f*.
sandía [sandía] *nf* pastèque *f*.
sándwich [sándwiʃ] *nm* sandwich *m*.
sanear [saneár] *vt* assainir.
sangrar [saŋgrár] *vi* saigner.
► *vt* **1** MED saigner. **2** *(texto)* renfoncer. **3** *(pino)* gemmer.
sangre [sáŋgre] *nf* sang *m*.
• **a sangre fría** de sang froid.
• **hacerse mala sangre** se faire du mauvais sang.
▪ **sangre fría** sang-froid *m*.
▪ **pura sangre** pur-sang *m*.

sangría [saŋgria] *nf* **1** *(gen)* saignée *f.* **2** *(en texto)* alinéa *m*, renfoncement *m.* **3** *(bebida)* sangria *f.*
sangriento,-ta [saŋgrjénto,-ta] *adj* sanglant,-e.
sanidad [saniðáð] *nf* **1** *(servicio de salud)* santé *f.* **2** *(salubridad)* hygiène *f.*
sanitario,-ria [sanitárjo,-rja] *adj* sanitaire.
► *nm* **sanitario** sanitaire *m.*
sano,-na [sáno,-na] *adj* sain,-e.
• **sano y salvo** sain et sauf.
santiamén [santjamén].
• **en un santiamén** en un clin d'œil.
santidad [santiðáð] *nf* sainteté *f.*
santificar [1] [santifikár] *vt* sanctifier.
santiguarse [10] [santiɣwárse] *vpr* se signer.
santo,-ta [sánto,-ta] *adj* - *nm,f* (**san** devant *m* sauf dans les cas suivants : ***Domingo, Tomás, Tomé*** et ***Toribio***) saint,-e: ***santo Tomás***, saint Thomas; ***santa Teresa***, sainte Thérèse; ***san Juan***, saint Jean; ***es un santo***, c'est un saint homme.
► *adj (para enfatizar)* saint,-e: ***se pasó toda la santa mañana llorando***, il a passé toute la sainte matinée à pleurer.
► *nm* **santo** *(onomástica)* fête *f*: ***hoy es mi santo***, c'est aujourd'hui ma fête.
• **¿a santo de qué?** en quel honneur ?
• **írsele a** ALGN **el santo al cielo** perdre le fil.
▪ **santo y seña** mot *m* de passe.
santuario [santwárjo] *nm* sanctuaire *m.*
saña [sáɲa] *nf* **1** *(empeño)* acharnement *m.* **2** *(furia)* rage *f.*
sapo [sápo] *nm* crapaud *m.*
saque [sáke] *nm* DEP *(en pelota, tenis)* service *m*; *(en fútbol)* dégagement *m.*
▪ **saque de banda** touche *f.*
▪ **saque de esquina** corner *m.*
▪ **saque de puerta** dégagement.
saquear [sakeár] *vt* saccager, piller.
sarampión [sarampjón] *nm* MED rougeole *f.*
sarcasmo [sarkázmo] *nm* sarcasme *m.*
sarcófago [sarkófaɣo] *nm* sarcophage *m.*
sardina [sarðina] *nf* sardine *f.*
sargento [sarχénto] *nmf* sergent *m.*
sarpullido [sarpuʎiðo] *nm* éruption *f* cutanée.
sarta [sárta] *nf* chapelet *m.*
sartén [sartén] *nf* poêle *f.*
• **tener la sartén por el mango** tenir les rênes.
sastre,-tra [sástre,-tra] *nm,f* tailleur *m*, couturière *f.*
sastrería [sastreria] *nf* **1** *(tienda)* boutique *f* du tailleur. **2** *(oficio)* métier *m* de tailleur.
satélite [satélite] *adj* - *nm* satellite *m.*
▪ **satélite artificial** satellite artificiel.
satén [satén] *nm* satin *m.*
sátira [sátira] *nf* satire *f.*
satirizar [4] [satiriθár] *vt* - *vi* railler.
satisfacción [satisfakθjón] *nf* satisfaction *f.*
satisfacer [85] [satisfaθér] *vt* satisfaire.
satisfecho,-cha [satisfétʃo,-tʃa] *adj* satisfait,-e.
• **darse por satisfecho** s'estimer heureux,-euse.
saturar [saturár] *vt* saturer.
sauce [sáuθe] *nm* saule *m.*
▪ **sauce llorón** saule pleureur.
sauna [sáuna] *nf* sauna *m.*
savia [sáβja] *nf* sève *f.*
saxofón [saksofón] *nm* saxophone *m.*
sazón [saθón] *nm* **1** *(madurez)* maturité *f.* **2** *(sabor)* saveur *f.*
• **a la sazón** à ce moment-là.
• **en sazón** mûr,-e.
sazonar [saθonár] *vt* assaisonner.
se [se] *pron pers* **1** *(reflexivo)* se, s': ***se levanta***, il se lève; ***se sienta***, elle s'assoit. **2** *(complemento indirecto)* lui, leur: ***se lo diré***, je le lui/leur dirai. **3** *(recíproco)* se, s': ***se quieren mucho***, ils s'aiment beaucoup. **4** *(impersonal)* on: ***se dice***, on dit.
sebo [séβo] *nm* graisse *f.*
secador,-ra [sekaðór,-ra] *adj* sécheur, -euse.
► *nm* **secador** séchoir *m.*
▪ **secador de pelo** sèche-cheveux *m inv.*
secadora [sekaðór,-ra] *nf* sèche-linge *m inv.*
secar [1] [sekár] *vt* **1** *(ropa, lágrimas)* sécher. **2** *(plantas, etc)* dessécher. **3** *(terreno)* assécher. **4** *(fuente, pozo)* tarir.
► *vpr* **secarse** **1** *(ropa, lágrimas, etc)* sécher. **2** *(plantas, etc)* se dessécher. **3** *(río, fuente, etc)* s'assécher.

sección [sekθjón] *nf* **1** *(gen)* section *f*. **2** *(de empresa)* service *m*. **3** *(de una publicación)* pages *f pl*. **4** *(de un supermercado)* rayon *m*. **5** *(en dibujo técnico)* coupe *f*.

seco,-ca [séko,-ka] *adj* sec, sèche.
• **a secas** tout court.
• **en seco** à sec.
• **pararse en seco** s'arrêter net.

secretaría [sekretaría] *nf* secrétariat *m*.

secretario,-ria [sekretárjo,-rja] *nm,f* secrétaire.

secreto,-ta [sekréto,-ta] *adj* secret,-ète.
► *nm* **secreto** secret *m*.
• **en secreto** en secret.
▪ **secreto a voces** secret de polichinelle.

secta [sékta] *nf* secte *f*.

sector [sektór] *nm* secteur *m*.

secuela [sekwéla] *nf* **1** *(consecuencia)* conséquence *f*. **2** MED séquelle *f*.

secuencia [sekwénθja] *nf* séquence *f*.

secuestrador,-ra [sekwestraðór,-ra] *nm,f* ravisseur,-euse; *(de avión)* pirate *m* de l'air.

secuestrar [sekwestrár] *vt* **1** *(persona)* enlever, kidnapper. **2** *(avión, barco)* détourner. **3** *(publicación, bienes, etc)* saisir.

secuestro [sekwéstro] *nm* **1** *(de persona)* enlèvement *m*. **2** *(de avión, barco)* détournement *m*. **3** *(de publicación, bienes, etc)* saisie *f*.

secundar [sekundár] *vt* seconder.

secundario,-ria [sekundárjo,-rja] *adj* secondaire.

sed [seð] *nf* soif *f*.

seda [séða] *nf* soie *f*.
• **ir como la seda** aller comme sur des roulettes.
▪ **seda dental** fil *m* dentaire.

sedal [seðál] *nm* ligne *f*.

sedante [seðánte] *adj* sédatif,-ive.
► *nm* sédatif *m*.

sede [séðe] *nf* siège *m*.
▪ **la Santa Sede** le Saint-Siège.

sediento,-ta [seðjénto,-ta] *adj* assoiffé,-e.

sedimento [seðiménto] *nm* sédiment *m*.

sedoso,-sa [seðóso,-sa] *adj* soyeux, -euse.

seducir [46] [seðuθír] *vt* séduire.

seductor,-ra [seðuktór,-ra] *adj* séduisant,-e.
► *nm,f* séducteur,-trice.

segadora [seɣaðóra] *nf* moissonneuse *f*.

segar [48] [seɣár] *vt* **1** *(hierba)* faucher. **2** *(mieses)* moissonner.

segmento [seɣménto] *nm* segment *m*.

segregar [7] [seɣreɣár] *vt* **1** *(separar)* séparer. **2** *(secretar)* sécréter.

seguido,-da [seɣiðo,-ða] *adj* **1** *(acompañado)* suivi,-e. **2** *(continuo)* continu,-e. **3** *(consecutivo)* de suite.
• **en seguida 1** *(pronto)* tout de suite. **2** *(acto continuo)* aussitôt après.

seguidor,-ra [seɣiðór,-ra] *nm,f* **1** *(gen)* adepte. **2** DEP supporter *m*.

seguir [56] [seɣír] *vt* **1** *(gen)* suivre: ***la seguía a todas partes***, il la suivait partout. **2** *(proseguir)* poursuivre, continuer.
► *vi* **1** *(continuar)* continuer à.
► *vpr* **seguirse** *(inferirse)* s'ensuivre.

según [seɣún] *prep* selon, d'après: ***según él***, d'après lui.
► *adv* **1** *(depende de)* en fonction de. **2** *(como)* comme: ***te lo cuento según me lo contaron a mí***, je te le raconte comme on me l'a raconté. **3** *(a medida que)* à mesure que.

segundero [seɣundéro] *nm (de reloj)* trotteuse *f*.

segundo,-da [seɣúndo,-da] *adj* second, -e, deuxième.
► *nm* **segundo** *(división del minuto)* seconde *f*.

seguridad [seɣuriðáð] *nf* **1** *(gen)* sécurité *f*. **3** *(garantía)* garantie *f*.
▪ **seguridad ciudadana** sécurité publique.
▪ **Seguridad Social** Sécurité sociale.
▪ **seguridad vial** sécurité routière.

seguro,-ra [seɣúro,-ra] *adj* **1** *(gen)* sûr, sure. **2** *(estable)* ferme, solide.
► *nm* **seguro 1** *(dispositivo)* cran *m* d'arrêt. **2** *(contrato)* assurance *f*. **3** *(de un arma de fuego)* cran *m* de sûreté.
► *adv* sûrement.
• **a buen seguro** sûrement, certainement.
• **seguro que...** c'est sûr que ....
• **sobre seguro** à coup sûr.
▪ **seguro a terceros** assurance au tiers.
▪ **seguro a todo riesgo** assurance tous risques.

■ **seguro de incendios** assurance contre l'incendie.
■ **seguro de vida** assurance-vie *f.*
seis [seis] *num* six *m.*
seiscientos,-tas [seisθjéntos,-tas] *num* **1** *(cardinal)* six cents. **2** *(ordinal)* six-centième.
seísmo [seizmo] *nm* séisme *m.*
selección [selekθjón] *nf* sélection *f.*
■ **selección nacional** équipe *m* nationale.
seleccionar [selekθjonár] *vt* sélectionner.
selectividad [selektiβiðáð] *nf* baccalauréat *m.*
selecto,-ta [selékto,-ta] *adj* de choix.
sellar [seʎár] *vt* **1** *(precintar)* sceller. **2** *(una carta)* cacheter, timbrer. **3** *fig (una amistad)* sceller.
sello [séʎo] *nm* **1** *(de correos)* timbre-poste *m*, timbre *m*; *(para estampar)* cachet *m.* **2** *(de papel)* timbre *m.* **3** *(disco de cera o plomo)* sceau *m.* **4** *(marca)* cachet *m.*
selva [sélβa] *nf* forêt *f.*
■ **selva virgen** forêt vierge.
semáforo [semáforo] *nm* feu *m*: ***un semáforo en rojo***, un feu rouge.
semana [semána] *nf* semaine *f.*
• **entre semana** dans la semaine, au courant de la semaine.
■ **fin de semana** week-end *m.*
■ **Semana Santa** Pâques *m.*
semanal [semanál] *adj* hebdomadaire.
semanario,-ria [semanárjo,-rja] *adj* hebdomadaire.
► *nm* **semanario** hebdomadaire *m.*
semblante [semblánte] *nm* visage *m*, mine *f*: ***tener buen semblante***, avoir bonne mine.
sembrar [27] [sembrár] *vt* **1** *(semillas)* semer, ensemencer. **2** *fig (de cosas esparcidas)* joncher, parsemer.
semejante [semeχánte] *adj* **1** *(parecido)* semblable. **2** *(tal)* pareil,-eille.
► *nmf* semblable *m.*
semejanza [semeχánθa] *nf* ressemblance *f.*
semen [sémen] *nm* sperme *m.*
semestral [semestrál] *adj* semestriel, -elle.
semestre [seméstre] *nm* semestre *m.*
semicírculo [semiθirkulo] *nm* demi-cercle *m.*
semifinal [semifinál] *nf* DEP demi-finale *f.*
semifinalista [semifinalista] *nmf* demi-finaliste.
semilla [semiʎa] *nf* **1** graine *f*, semence *f.* **2** *fig* semence *f.*
semillero [semiʎéro] *nm* pépinière *f.*
seminario [seminárjo] *nm* séminaire *m.*
sémola [sémola] *nf* semoule *f.*
senado [senáðo] *nm* sénat *m.*
senador,-ra [senaðór,-ra] *nm* sénateur, -trice.
sencillez [senθiʎéθ] *nf* simplicité *f.*
sencillo,-lla [senθiʎo,-ʎa] *adj* simple.
sendero [sendéro] *nm* sentier *m.*
seno [séno] *nm* **1** *(pecho)* sein *m.* **2** MAT sinus *m.* **3** MED sinus *m.*
sensación [sensaθjón] *nf* sensation *f.*
• **causar sensación** faire sensation.
• **tener la sensación de que** avoir la sensation que.
sensacional [sensaθjonál] *adj* sensationnel,-elle.
sensatez [sensatéθ] *nf* bon sens *m*, sagesse *f.*
sensato,-ta [sensáto,-ta] *adj* sensé,-e.
sensibilidad [sensiβiliðáð] *nf* sensibilité *f.*
sensible [sensiβle] *adj* sensible.
sensorial [sensorjál] *adj* sensoriel,-elle.
sensual [senswál] *adj* sensuel,-elle.
sensualidad [senswaliðáð] *nf* sensualité *f.*
sentado,-da [sentáðo,-ða] *adj* assis,-e.
• **dar** ALGO **por sentado** considérer QQCH comme acquis.
sentar [27] [sentár] *vt* **1** *(en asiento)* asseoir. **2** *fig (bases)* établir.
► *vpr* **sentarse** s'asseoir.
• **sentar** ALGO **bien 1** *(a la salud)* faire du bien. **2** *(ropa)* aller bien. **3** *(comentario)* plaire.
• **sentar** ALGO **mal 1** *(a la salud)* faire du mal. **2** *(ropa)* ne pas aller. **3** *(comentario)* ne pas plaire.
sentencia [senténθja] *nf* **1** *(gen)* sentence *f.* **2** DER jugement *m*, arrêt *m.*
sentido,-da [sentiðo,-ða] *adj* **1** *(sincero)* sincère. **2** *(susceptible)* susceptible.
► *nm* **sentido 1** *(gen)* sens *m.* **2** *(conciencia)* connaissance *f.*

- **perder el sentido** perdre connaissance.
- **recobrar el sentido** reprendre connaissance.
- **sin sentido** sans aucun sens.
- ■ **sentido común** sens commun.
- ■ **sentido del humor** sens de l'humour.

sentimental [sentimentál] *adj* sentimental,-e.

sentimiento [sentimjénto] *nm* **1** *(gen)* sentiment *m*. **2** *(pesar)* regret *m*.

sentir [35] [sentír] *vt* **1** *(sensación)* sentir. **2** *(oír)* entendre. **3** *(experimentar)* éprouver, ressentir: ***sentir miedo***, avoir peur. **4** *(opinar, creer)* penser, croire. **5** *(lamentar)* regretter.
► *vpr* **sentirse** se sentir.
► *nm* sentiment *m*.

seña [séɲa] *nf* signe *m*.
► *nf pl* **señas** *(dirección)* adresse *f sing*.
- **hacer señas** faire des signes.

señal [seɲál] *nf* **1** *(marca, indicio)* signe *m*. **2** *(prueba)* preuve *f*, témoignage *m*. **3** *(huella, cicatriz)* trace *f*, marque *f*.
- **en señal de** en signe de.
- **señal de tráfico** panneau *m* de signalisation.

señalado,-da [seɲaláðo,-ða] *adj* **1** *(insigne)* important,-e, remarquable: ***un acontecimiento señalado***, un évènement remarquable. **2** *(día, fecha)* fixé,-e.

señalar [seɲalár] *vt* **1** *(apuntar)* montrer, indiquer: ***señalar con el dedo***, montrer du doigt. **2** *(marcar)* signaler, annoncer.

señor,-ra [seɲór,-ra] *adj* - *nm,f* *(dueño)* maître,-esse.
► *nm* **señor 1** *(tratamiento)* monsieur *m*. **2** *(feudal, Dios)* seigneur *m*.

señora [seɲóra] *nf* **1** *(tratamiento)* madame *f*. **2** *(esposa)* femme *f*, épouse *f*.

señorita [seɲoríta] *nf* **1** *(joven)* demoiselle *f*, jeune fille *f*. **2** *(tratamiento de cortesía)* mademoiselle *f*.

señorito [seɲoríto] *nm* **1** *(señor)* monsieur. **2** *pey (niñato)* fils *m* à papa.

separación [separaθjón] *nf* séparation *f*.

separado,-da [separáðo,-ða] *adj* séparé,-e.

separar [separár] *vt* **1** *(gen)* séparer. **2** *(apartar)* écarter. **3** *(funcionario)* suspendre.
► *vpr* **separarse 1** *(de una persona)* se séparer. **2** *(apartarse)* s'écarter.

separatismo [separatízmo] *nm* séparatisme *m*.

sepia [sépja] *nf (molusco)* seiche *f*.
► *nm (color)* sépia *f*.

septentrional [septentrjonál] *adj* septentrional,-e.

septiembre [septjémbre], **setiembre** [setjémbre] *nm* septembre *m*.

séptimo,-ma [séptimo,-ma] *num* septième *m*.

sepulcral [sepulkrál] *adj* sépulcral,-e.

sepulcro [sepúlkro] *nm* sépulcre *m*, tombeau *m*.

sepultar [sepultár] *vt* enterrer, ensevelir.

sepultura [sepultúra] *nf* sépulture *f*.
- **dar sepultura** inhumer.

sequía [sekía] *nf* sécheresse *f*.

séquito [sékito] *nm* suite *f*, cortège *m*.

ser [86] [ser] *vi* **1** *(atribución de cualidades)* être: ***ser médico***, être médecin; ***estar enfermo***, être malade. **2** *(pertenecer a)* être: ***esto es mío***, ceci est à moi. **3** *(estar hecho de)* être en. **4** *(gen)* être: ***hoy es martes y trece***, aujourd'hui c'est mardi treize. **5** *(suceder)* arriver, se faire; *(tener lugar)* avoir lieu, venir. **6** *(en matemáticas)* faire: ***tres más dos son cinco***, trois plus deux font cinq. **7** **ser para** *(persona)* être fait,-e pour.
► *v impers* être: ***ya es muy tarde***, c'est déjà très tard.
► *nm (ente)* être *m*.
- **a no ser** si ce n'est.
- **a no ser que** à moins que.
- **como sea** coûte que coûte.
- **de no ser** si ce n'était.
- **érase una vez** il était une fois.
- **es más** de plus.
- **eso es** c'est cela, c'est ça.
- **sea como sea** quoi qu'il en soit.
- ■ **ser humano** être humain.
- ■ **ser vivo** être vivant.

serenar [serenár] *vt* calmer, apaiser.
► *vpr* **serenarse** se calmer.

sereno,-na [seréno,-na] *adj* **1** *(cielo, tiempo)* serein,-e. **2** *(persona)* serein,-e, calme.
► *nm* **sereno** HIST veilleur *m* de nuit.

serial [serjál] *nm* feuilleton *m*.

serie [sérje] *nf* série *f*.
seriedad [serjeðáð] *nf* sérieux *m*, gravité *f*.
serio,-ria [sérjo,-rja] *adj* sérieux,-euse.
• **tomar en serio** prendre au sérieux.
sermón [sermón] *nm* **1** *(del cura)* sermon *m*. **2** *(reprensión)* semonce *f*.
serpentina [serpentina] *nf* serpentin *m*.
serpiente [serpjénte] *nf* serpent *m*.
▪ **serpiente de cascabel** serpent à sonnette.
serrar [27] [sefár] *vt* scier.
serrín [serín] *nm* sciure *f*.
serrucho [serútʃo] *nm* scie *f* à main, égoïne *f*.
servicial [serβiθjál] *adj* serviable.
servicio [serβiθjo] *nm* **1** *(gen)* service *m*. **2** *(criados)* domestiques *m pl*. **3** (gén au *pl*) *(aseos)* toilettes *f pl*.
• **estar de servicio** être de service.
▪ **servicio a domicilio** livraison *f* à domicile.
servidor,-ra [serβiðór,-ra] *nm,f* serviteur *m*, servante *f*.
► *nm* **servidor** INFORM serveur *m*.
servilleta [serβiʎéta] *nf* serviette *f*.
servilletero [serβiʎetéro] *nm* porte-serviettes *m inv*.
servir [34] [serβír] *vt (comida, bebida, etc)* servir.
► *vt - vi (ser útil)* servir (**para**, à).
► *vpr* **servirse** **1** *(gen)* se servir. **2** *fml (fórmula de cortesía)* vouloir, daigner: ***sírvase entrar***, veuillez entrer. **3** *(aprovecharse)* se servir (**de**, de).
sesenta [sesénta] *num* soixante *m*.
sesera [seséra] *nf* **1** *(de animal)* crâne *m*. **2** *fam (inteligencia)* cervelle *f*, jugeote *f*. **3** *fam (cabeza)* cervelle *f*.
sesión [sesjón] *nf* séance *f*.
seso [séso] *nm* **1** *(gen)* cerveau *m*, cervelle *f*. **2** *fig* jugement *m*, bon sens *m*.
• **devanarse los sesos** se creuser la tête.
seta [séta] *nf* champignon *m*.
setecientos,-as [seteθjentos,-as] *num* **1** *(cardinal)* sept cents. **2** *(ordinal)* sept-centième.
setenta [seténta] *num* soixante-dix *m*.
setiembre → septiembre.
seto [séto] *nm* haie *f*.
seudónimo [seuðónimo], **pseudónimo** [pseuðónimo] *nm* pseudonyme *m*.
severo,-ra [seβéro,-ra] *adj* sévère.
sexo [sékso] *nm* sexe *m*.
sexto,-ta [séksto,-ta] *num* sixième *m*.
sexual [sekswál] *adj* sexuel,-elle.
sexualidad [sekswaliðáð] *nf* sexualité *f*.
short [ʃoṙt] *nm* short *m*.
si[1] [si] *nm* MÚS si *m*.
si[2] [si] *conj* si, s'.
• **como si** comme si.
• **si bien** bien que.
• **si no** autrement.
sí[1] [si] *pron pers* lui: ***sólo piensa en sí***, il ne pense qu'à lui.
• **de por sí** en soi.
• **de sí** en soi.
• **estar fuera de sí** être hors de soi.
• **para sí** à part soi.
• **sí mismo** soi-même.
• **sobre sí** sur ses gardes.
sí[2] [si] *adv* **1** *(afirmativo)* oui. **2** *(enfático)* si: ***¡pero sí que hace frío hoy!***, mais si il fait froid !
• **ni sí ni no** ni oui ni non.
siamés,-esa [sjamés,-ésa] *adj - nm,f* siamois,-e.
sibarita [siβaríta] *adj - nmf* sybarite.
sida [síða] *nm* sida *m*.
siderurgia [siðerúrχja] *nf* sidérurgie *f*.
sidra [síðra] *nf* cidre *m*.
siempre [sjémpre] *adv* toujours.
• **de siempre** de toujours.
• **lo de siempre** comme toujours.
• **siempre que** pourvu que.
• **siempre y cuando** du moment que.
sien [sjen] *nf* tempe *f*.
sierra [sjéṙa] *nf* **1** *(herramienta, pez)* scie *f*. **2** *(cadena de montañas)* chaîne *f* de montagnes.
siesta [sjésta] *nf* sieste *f*.
• **echar la siesta** faire la sieste.
siete [sjéte] *num* sept *m*.
► *nm (en una tela)* déchirure *f*, accroc *m*.
sifón [sifón] *nm* siphon *m*.
sigilo [siχílo] *nm* secret *m*.
• **con gran sigilo** en grand secret.
sigla [síɣla] *nf* sigle *m*.
siglo [síɣlo] *nm* siècle *m*.
• **hace siglos que...** il y a une éternité que ....

significado,-da [siɣnifikáðo,-ða] *adj* important,-e.
▶ *nm* **significado** signification *f*, sens *m*.
significar [1] [siɣnifikár] *vt* signifier.
signo [síɣno] *nm* signe *m*.
▪ **signo de admiración** point *m* d'exclamation.
▪ **signo de interrogación** point *m* d'interrogation.
▪ **signo de puntuación** signe de ponctuation.
siguiente [siɣjénte] *adj - nmf* suivant,-e.
sílaba [sílaβa] *nf* syllabe *f*.
silbar [silβár] *vt - vi* siffler.
silbato [silβáto] *nm* sifflet *m*.
silbido [silβíðo] *nm* sifflement *m*, coup *m* de sifflet.
silencio [silénθjo] *nm* silence *m*.
• **en silencio** en silence.
• **guardar silencio** garder le silence.
silencioso,-sa [silenθjóso,-sa] *adj* silencieux,-euse.
silicona [silikóna] *nf* silicone *f*.
silla [síʎa] *nf* chaise *f*.
▪ **silla de montar** selle *f*.
▪ **silla de ruedas** chaise roulante.
▪ **silla eléctrica** chaise électrique.
sillería [siʎería] *nf* **1** *(asientos)* sièges *m pl*. **2** ARQ ouvrage *m* en pierre de taille.
sillín [siʎín] *nm* selle *m*.
sillón [siʎón] *nm* fauteuil *m*.
silueta [silwéta] *nf* silhouette *f*.
silvestre [silβéstre] *adj* sylvestre.
simbólico,-ca [simbóliko,-ka] *adj* symbolique.
símbolo [símbolo] *nm* symbole *m*.
simetría [simetría] *nf* symétrie *f*.
simétrico,-ca [simétriko,-ka] *adj* symétrique.
similar [similár] *adj* similaire.
similitud [similitúð] *nf* similitude *f*, similarité *f*.
simio [símjo] *nm* singe *m*.
simpatía [simpatía] *nf* sympathie *f*.
simpático,-ca [simpátiko,-ka] *adj* sympathique.
simpatizante [simpatiθánte] *adj - nmf* sympathisant,-e.
simpatizar [4] [simpatiθár] *vi* sympathiser.
simple [símple] *adj (sencillo)* simple.
▶ *adj - nmf fig (ingenuo)* naïf, naïve, niais,-e.
simplificar [1] [simplifikár] *vt* simplifier.
simulación [simulaθjón] *nf* simulation *f*.
simulacro [simulákro] *nm* simulacre *m*.
simular [simulár] *vt* simuler.
simultaneidad [simultaneiðáð] *nf* simultanéité *f*.
simultáneo,-a [simultáneo,-a] *adj* simultané,-e.
sin [sin] *prep* sans.
• **sin embargo** cependant.
sinagoga [sinaɣóɣa] *nf* synagogue *f*.
sincerarse [sinθerárse] *vpr* se confier (**con**, à).
sinceridad [sinθeriðáð] *nf* sincérité *f*.
sincero,-ra [sinθéro,-ra] *adj* sincère.
sincronizar [4] [siŋkroniθár] *vt* synchroniser.
sindical [sindikál] *adj* syndical,-e.
sindicato [sindikáto] *nm* syndicat *m*.
síndrome [síndrome] *nm* syndrome *m*.
▪ **síndrome de abstinencia** syndrome de sevrage.
sinfín [simfín] *nm* infinité *f*.
sinfonía [simfonía] *nf* MÚS symphonie *f*.
sinfónico,-ca [simfóniko,-ka] *adj* symphonique.
singular [siŋgulár] *adj* singulier,-ère.
▶ *nm* unique.
siniestro,-tra [sinjéstro,-tra] *adj* **1** *(izquierdo)* gauche. **2** *(funesto)* sinistre.
▶ *nm* **siniestro** sinistre *m*.
sino [síno] *conj* **1** *(contraposición)* mais. **2** *(precedido de una negación)* sauf.
sinónimo,-ma [sinónimo,-ma] *adj* synonyme.
▶ *nm* **sinónimo** synonyme *m*.
sintaxis [sintáksis] *nf* syntaxe *f*.
síntesis [síntesis] *nf* synthèse *f*.
• **en síntesis** pour résumer.
sintetizar [4] [sintetiθár] *vt* synthétiser.
síntoma [síntoma] *nm* symptôme *m*.
sintonía [sintonía] *nf* **1** *(música)* indicatif *m*. **2** *(compenetración)* harmonie.
• **estar en sintonía** être en harmonie.
sintonizar [4] [sintoniθár] *vt* syntoniser.

sinvergüenza [simberɣwénθa] *adj - nmf* dévergondé,-e, fripon,-onne.
▶ *nmf* crapule *f*.
siquiera [sikjéra] *adv* au moins, ne serait-ce que.
▶ *conj* même si, ne serait-ce que: ***cuéntamelo, siquiera por encima***, raconte-le moi, ne serait-ce que brièvement.
• **ni siquiera** pas même.
sirena [siréna] *nf* sirène *f*.
sirviente,-ta [sirβjénte,-ta] *nm,f* domestique, serviteur *m*.
sísmico,-ca [sízmiko,-ka] *adj* sismique.
sistema [sistéma] *nm* système *m*.
• **por sistema** systématiquement, par principe.
sitiar [12] [sitjár] *vt* assiéger.
sitio [sítjo] *nm* **1** *(lugar)* endroit *m*. **2** *(espacio, asiento)* place *f*.
• **en cualquier sitio** n'importe où.
• **hacer sitio a** ALGN faire de la place à QQN.
■ **sitio Web** site *m* Web.
situación [sitwaθjón] *nf* situation *f*.
situar [11] [sitwár] *vt* situer, placer.
▶ *vpr* **situarse** se situer, se placer.
SMS [esemese] *abr* *(**short message service**)* SMS *m*.
snowboard [eznóuβor] *nm* surf *m* des neiges.
so [so] *prep fml* sous.
• **so pretexto de** sous prétexte.
sobaco [soβáko] *nm* aisselle *f*.
sobar [soβár] *vt (manosear)* tripoter, peloter.
▶ *vi fam (dormir)* pioncer, roupiller.
soberanía [soβeranía] *nf* souveraineté *f*.
soberano,-na [soβeráno,-na] *adj - nm,f* souverain,-e.
soberbia [soβérβja] *nf* superbe *f*, orgueil *m*.
soberbio,-bia [soβérβjo,-βja] *adj* **1** *(arrogante)* hautain,-e, arrogant,-e. **2** *(excelente)* superbe, magnifique.
sobornar [soβornár] *vt* soudoyer.
soborno [soβórno] *nm* pot-de-vin *m*.
sobra [sóβra] *nf* reste *m*, excès *m*.
▶ *nf pl* **sobras 1** *(de una comida)* restes *m pl*. **2** *(de una cosa)* déchets *m pl*.
• **de sobra 1** *(abundantemente)* largement. **2** *(en exceso)* plus qu'il n'en faut. **3** *(demasiado)* en trop.
sobrante [soβránte] *adj* restant, en trop.
▶ *nm* reste *m*, excédent *m*.
sobrar [soβrár] *vi* **1** *(quedar)* rester. **2** *(haber demasiado)* avoir en trop. **3** *(estar de más)* être de trop.
sobre [sóβre] *nm (de una carta)* enveloppe *f*.
▶ *prep* **1** *(encima de)* sur: ***sobre la mesa***, sur la table. **2** *(por encima de)* au-dessus de, par-dessus. **3** *(acerca de)* sur, au sujet de. **4** *(repetición)* sur: ***desgracia sobre desgracia***, malheur sur malheur.
• **sobre todo** surtout.
sobrecarga [soβrekárɣa] *nf* surcharge *f*.
sobrecoger [5] [soβrekoχér] *vt* surprendre, saisir.
▶ *vpr* **sobrecogerse** être surpris,-e.
sobredosis [soβreðósis] *nf* overdose *f*.
sobrehumano,-na [soβreumáno,-na] *adj* surhumain,-e.
sobremanera [soβremanéra] *adv* beaucoup, extrêmement.
sobremesa [soβremésa] *nf temps que l'on passe à table après le repas*.
sobrenatural [soβrenaturál] *adj* surnaturel,-elle.
sobrenombre [soβrenómbre] *nm* surnom *m*.
sobrepasar [soβrepasár] *vt* surpasser, excéder.
sobreponer [78] [soβreponér] *vt* superposer.
▶ *vpr* **sobreponerse** *(a adversidades, etc)* surmonter (**a**, -).
sobresaliente [soβresaljénte] *adj* **1** *(que sobresale)* qui dépasse, en saillie. **2** *(notable)* remarquable.
▶ *nm (en los exámenes)* mention *f* très bien.
sobresalir [84] [soβresalír] *vi* **1** *(en tamaño)* surpasser, dépasser. **2** *fig (en importancia)* se distinguer, exceller.
sobresaltar [soβresaltár] *vt (asustar)* effrayer, faire sursauter.
▶ *vpr* **sobresaltarse** *(asustarse)* sursauter.
sobresalto [soβresálto] *nm* sursaut *m*.
sobretodo [soβretóðo] *nm* pardessus *m*.
sobrevivir [soβreβiβír] *vi* survivre.
sobrino,-na [soβríno,-na] *nm,f* neveu *m*, nièce *f*.
sobrio,-bria [sóβrjo,-βrja] *adj* sobre.

socavón [sokaβón] *nm* nid-de-poule *m*.
sociable [soθjáβle] *adj* sociable.
social [soθjál] *adj* social,-e.
socialismo [soθjalízmo] *nm* socialisme *m*.
socialista [soθjalísta] *adj - nmf* socialiste.
sociedad [soθjeðáð] *nf* société *f*.
socio,-cia [sóθjo,-θja] *nm,f* **1** *(de una sociedad)* associé,-e. **2** *(de asociación, club)* sociétaire, membre.
▪ **socio capitalista** commanditaire *m*.
sociología [soθjoloχía] *nf* sociologie *f*.
sociólogo,-ga [soθjóloγo,-γa] *nm,f* sociologue.
socorrer [sokor̄ér] *vt* secourir.
socorrido,-da [sokor̄íðo,-ða] *adj* **1** *(que socorre)* secourable. **2** *(cómodo)* pratique, commode: ***una receta muy socorrida***, une recette très pratique.
socorrismo [sokor̄ízmo] *nm* secourisme *m*.
socorrista [sokor̄ísta] *nmf* secouriste.
socorro [sokór̄o] *nm* secours *m*, aide *f*.
► *interj* **¡socorro!** au secours !
soda [sóða] *nf* soda *m*.
sodio [sóðjo] *nm* sodium *m*.
sofá [sofá] *nm* canapé *f*.
▪ **sofá cama** canapé-lit *m*.
sofisticado,-da [sofistikáðo,-ða] *adj* sophistiqué,-e.
sofocante [sofokánte] *adj* suffocant,-e.
sofocar [1] [sofokár] *vt* **1** *(gen)* suffoquer, étouffer. **2** *(avergonzar)* faire rougir.
► *vpr* **sofocarse** *(ruborizarse)* rougir.
sofoco [sofóko] *nm* **1** *(ahogo)* suffocation *f*, étouffement *m*. **2** *(rubor)* rougeur *f*. **3** *(disgusto)* gros ennui *m*, contrariété *f*.
software [sofguer] *nm* logiciel *m*.
soga [sóγa] *nf* corde *f*.
soja [sóχa] *nf* soja *m*.
sol[1] [sol] *nm* MÚS sol *m*.
sol[2] [sol] *nm* **1** *(astro)* soleil *m*. **2** *fam (apelativo)* amour *m*.
• **de sol a sol** du lever au coucher du soleil.
• **no dejar ni a sol ni a sombra** être toujours sur le dos de.
• **tomar el sol** prendre le soleil.
solapa [solápa] *nf* **1** *(de vestido)* revers *m*. **2** *(de libro)* rabat *m*.
solar[1] [solár] *adj (del Sol)* solaire.
solar[2] [solár] *nm (por edificar)* terrain *m* vague, terrain *m* à bâtir.
soldado [soldáðo] *nm* soldat *m*.
▪ **soldado raso** simple soldat.
soldador,-ra [soldaðór,-ra] *nm,f* soudeur,-euse.
► *nm* **soldador** *(instrumento)* fer *m* à souder.
soldadura [soldaðúra] *nf* soudure *f*.
soldar [31] [soldár] *vt* souder.
soleado,-da [soleáðo,-ða] *adj* ensoleillé,-e.
soledad [soleðáð] *nf* solitude *f*.
solemne [solémne] *adj* solennel,-elle.
solemnidad [solemniðáð] *nf* solennité *f*.
soler [32] [solér] *vi* **1** *(hacer)* avoir coutume de. **2** *(ser normal)* être fréquent.
solfeo [solféo] *nm* MÚS solfège *m*.
solicitar [soliθitár] *vt* solliciter, demander.
solicitud [soliθitúð] *nf* **1** *(petición)* sollicitude *f*. **2** *(documento)* demande *f*, requête *f*.
solidaridad [soliðariðáð] *nf* solidarité *f*.
solidario,-ria [soliðárjo,-rja] *adj* solidaire.
solidez [soliðéθ] *nf* solidité *f*.
sólido,-da [sólido,-ða] *adj - nm* solide *m*.
solista [solísta] *nmf* soliste.
solitaria [solitárja] *nf* ver *m* solitaire.
solitario,-ria [solitárjo,-rja] *adj* solitaire.
► *nm* **solitario 1** *(diamante)* solitaire *m*. **2** *(juego de naipes)* patience *f*.
• **en solitario** en solo.
sollozar [4] [soʎoθár] *vi* sangloter.
sollozo [soʎóθo] *nm* sanglot *m*.
solo[1]**,-la** [sólo,-la] *adj* seul,-e.
► *nm* **solo 1** MÚS solo *m*. **2** *(café)* café *m* noir.
• **a solas** tout,-e seul,-e.
solo[2]**, sólo** [sólo] *adv* seulement.
• **no sólo... sino también** non seulement ... mais encore.
solomillo [solomíʎo] *nm* aloyau *m*.
soltar [31] [soltár] *vt* **1** *(lo que estaba atado)* détacher; *(nudo)* défaire. **2** *(lo que se tiene cogido)* lâcher. **3** *(poner en libertad)* lâcher, laisser échapper. **4** *fam (decir)* dire, sortir.
► *vpr* **soltarse 1** *fig (adquirir desenvoltura)* se dégourdir, se débrouiller; *(perder timidez)* se dérider, se décoincer. **2** *(empezar)* commencer (**a**, à): ***soltarse a hablar***, commencer à parler.

soltero,-ra [soltéro,-ra] *adj* - *nm,f* célibataire.
soltura [soltúra] *nf* aisance *f*, facilité *f*.
soluble [solúβle] *adj* soluble.
solución [soluθjón] *nf* solution *f*.
solucionar [soluθjonár] *vt* résoudre.
solvencia [solβénθja] *nf* solvabilité *f*.
solventar [solβentár] *vt* **1** *(asunto)* régler, résoudre. **2** *(deuda)* payer.
solvente [solβénte] *adj* solvable.
sombra [sómbra] *nf* **1** ombre *f*. **2** *fig (suerte)* chance *f*: ***tener buena sombra***, avoir de la chance. **3** *fig (sospecha)* ombre *f*, soupçon *m*: ***la sombra de la duda***, l'ombre d'un doute.
• **dar sombra** donner de l'ombre.
• **hacer sombra a ALGN** *fig* faire de l'ombre à QQN.
• **ni sombra de** pas l'ombre de.
▪ **sombra de ojos** fard *m* à paupières.
sombrero [sombréro] *nm* chapeau *m*.
• **quitarse el sombrero** tirer son chapeau.
▪ **sombrero de copa** chapeau haut de forme.
▪ **sombrero hongo** chapeau melon.
sombrilla [sombriʎa] *nf* ombrelle *f*.
sombrío,-bría [sombrio,-bria] *adj* **1** *(con sombra)* sombre, ombragé,-e. **2** *fig (melancólico)* sombre.
someter [sometér] *vt* soumettre.
▶ *vpr* **someterse** se soumettre.
somier [somjér] *nm* (*pl* **somieres** o **somiers**) sommier *m*.
somnífero,-ra [somnífero,-ra] *adj* - *nm* somnifère *m*.
somnolencia [somnolénθja] *nf* somnolence *f*.
son [son] *nm* **1** *(sonido agradable)* son *m*. **2** *(modo, estilo)* manière *f*, façon *f*.
• **sin ton ni son** sans rime ni raison.
sonado,-da [sonáðo,-ða] *adj* **1** *(famoso)* fameux,-euse. **2** *(escándalo, noticia)* qui fait du bruit.
sonajero [sonaχéro] *nm* hochet *m*.
sonámbulo,-la [sonámbulo,-la] *adj* - *nm,f* somnambule.
sonar [31] [sonár] *vi* **1** *(producir un sonido)* sonner. **2** *(reloj)* sonner. **3** *(conocer vagamente)* dire quelque chose, être familier. **4** *(parecer)* sembler, avoir tout l'air.
▶ *vpr* **sonarse** se moucher.
• **así como suena** comme ça se prononce.
sonata [sonáta] *nf* MÚS sonate *f*.
sonda [sónda] *nf* sonde *f*.
▪ **sonda espacial** sonde spatiale.
sondear [sondeár] *vt* sonder.
sondeo [sondéo] *nm* sondage *m*.
soneto [sonéto] *nm* sonnet *m*.
sonido [soniðo] *nm* son *m*.
sonoro,-ra [sonóro,-ra] *adj* sonore.
sonreír [37] [sonr̄eír] *vi* sourire.
sonrisa [sonr̄isa] *nf* sourire *m*.
sonrojar [sonr̄oχár] *vt* faire rougir.
▶ *vpr* **sonrojarse** rougir.
sonsacar [1] [sonsakár] *vt* **1** *(conseguir)* soutirer. **2** *(procurar que uno hable)* tirer les vers du nez à.
soñador,-ra [soɲaðór,-ra] *nm,f* rêveur,-euse.
soñar [31] [soɲár] *vt* rêver, songer.
▶ *vi* rêver (**con**, à/de): ***soñé con ella esta noche***, j'ai rêvé d'elle cette nuit.
• **soñar despierto** rêvasser.
• **¡ni lo sueñes!** aucune chance !
sopa [sópa] *nf* soupe *f*.
• **dar sopas con hondas a ALGN** être bien supérieur à QQN.
• **hecho una sopa** trempé comme une soupe.
sopapo [sopápo] *nm fam* gifle *f*.
sopera [sopéra] *nf* soupière *f*.
sopetón [sopetón].
• **de sopetón** sans crier gare, à brûle-pourpoint.
soplar [soplár] *vi* **1** *(gen)* souffler. **2** *fam (beber)* descendre.
▶ *vt* **1** *(velas)* souffler. **2** *fam (delatar)* rapporter, moucharder.
▶ *vpr* **soplarse** *fam (beber)* se siffler.
soplete [sopléte] *nm* chalumeau *m*.
soplido [sopliðo] *nm* souffle *m*, soufflement *m*.
soplo [sóplo] *nm* **1** *(de aire)* souffle *m*. **2** *fam fig (chivatazo)* mouchardage *m*, cafardage *m*.
• **dar el soplo** *fam* moucharder, cafarder.
• **en un soplo** d'un seul coup.
sopor [sopór] *nm* assoupissement *m*, somnolence *f*.
soportable [soportáβle] *adj* supportable.

soportar [soportár] *vt* supporter.
► *vpr* **soportarse** se supporter.
soporte [sopórte] *nm* support *m*.
soprano [sopráno] *nmf* MÚS soprano.
sorber [sorβér] *vt* **1** *(líquido)* gober, boire. **2** *fig (tragar)* absorber.
sorbete [sorβéte] *nm* sorbet *m*.
sorbo [sórβo] *nm* gorgée *f*.
• **a sorbos** à petites gorgées.
sordera [sorðéra] *nf* surdité *f*.
sórdido,-da [sórðiðo,-ða] *adj* sordide.
sordo,-da [sórðo,-ða] *adj* - *nm,f* sourd,-e.
• **hacerse el sordo** faire la sourde oreille.
• **sordo,-da como una tapia** sourd,-e comme un pot.
sordomudo,-da [sorðomúðo,-ða] *adj* - *nm,f* sourd-muet *m*, sourde-muette *f*.
sorprendente [sorprendénte] *adj* surprenant,-e.
sorprender [sorprendér] *vt* surprendre.
► *vpr* **sorprenderse** s'étonner.
sorpresa [sorprésa] *nf* surprise *f*.
• **llevarse una sorpresa** avoir une surprise.
sortear [sorteár] *vt* **1** *(rifar)* tirer au sort. **2** *(eludir)* éviter, éluder.
sorteo [sortéo] *nm* tirage *m* au sort.
sortija [sortiχa] *nf* **1** *(joya)* bague *f*, anneau *m*. **2** *(de pelo)* boucle *f*.
sosegar [48] [soseγár] *vt* calmer, apaiser.
► *vpr* **sosegarse** s'apaiser, se calmer.
sosiego [sosjéγo] *nm* calme *m*, tranquillité *f*.
soso,-sa [sóso,-sa] *adj* **1** *(sin sal)* fade. **2** *(sin gracia)* fade, insipide. **3** *(aburrido)* sans esprit, sans humour.
sospecha [sospétʃa] *nf* soupçon *m*.
sospechar [sospetʃár] *vt* - *vi* **1** *(dudar)* soupçonner. **2** *(imaginar)* se douter de.
► *vi* **sospechar de** soupçonner, suspecter.
sospechoso,-sa [sospetʃóso,-sa] *adj* - *nm,f* suspect,-e.
sostén [sostén] *nm* **1** *(gen)* soutien *m*. **2** *(prenda)* soutien-gorge *m*.
sostener [87] [sostenér] *vt* soutenir.
► *vpr* **sostenerse** se tenir.
sota [sóta] *nf (naipe)* valet *m*.
sotana [sotána] *nf* soutane *f*.
sótano [sótano] *nm* sous-sol *m*, cave *f*.
spam [espám] *nm* INFORM courrier *m* indésirable, spam *m*.
Sr. *abr* ***(señor)*** M.
Sra. *abr* ***(señora)*** Mme.
Sres. *abr* ***(señores)*** MM.
Srta. *abr* ***(señorita)*** Mlle.
stop [estóp] *nm* stop *m*.
su [su] *adj pos* **1** *(un solo poseedor)* son, sa, ses. **2** *(varios poseedores)* leur, leurs. **3** *(de usted, de ustedes)* votre, vos.
suave [swáβe] *adj* doux, douce.
suavidad [swaβiðáð] *nf* douceur *f*.
suavizante [swaβiθánte] *nm* **1** *(de ropa)* assouplissant *m*. **2** *(de pelo)* après-shampooing.
suavizar [4] [swaβiθár] *vt* adoucir.
subasta [suβásta] *nf* vente *f* aux enchères.
subcampeón,-ona [suβkampeón,-óna] *adj* - *nm,f* DEP second,-e.
subconsciente [suβkonsθjénte] *adj* subconscient,-e.
► *nm* subconscient *m*.
subdesarrollo [suβðesar̄óʎo] *nm* sous-développement *m*.
subdirector,-ra [suβðirektór,-ra] *nm,f* sous-directeur,-trice.
súbdito,-ta [súβðito,-ta] *nm,f* **1** *(de un monarca)* sujet,-ette. **2** *(de un país)* ressortissant,-e.
subida [suβiða] *nf* **1** *(en globo, etc)* montée *f*. **2** *(de un monte)* ascension *f*. **3** *(cuesta)* montée *f*, côte *f*. **4** *(de los precios)* hausse *f*. **5** *(de las aguas)* crue *f*. **6** *(del telón)* lever *m*.
subir [suβir] *vi* **1** *(a un vehículo, etc)* monter: ***sube al coche***, monte dans la voiture. **2** *(aumentar)* augmenter. **3** *(ascender)* s'élever (**a**, à), monter (**a**, à).
► *vt* **1** *(gen)* monter: ***subir por una escalera***, monter un escalier. **2** *(llevar a un sitio más elevado)* monter. **3** *(precio)* augmenter, monter. **4** *(el tono)* hausser.
► *vpr* **subirse** **1** *(a un vehículo)* monter. **2** *(trepar)* se hisser, monter.
súbito [súβito] *adj* soudain,-e.
subjetivo,-va [suβχetiβo,-βa] *adj* subjectif,-ive.
sublevación [suβleβaθjón] *nf* soulèvement *m*, révolte *f*.
sublevar [suβleβár] *vt* soulever, révolter.
► *vpr* **sublevarse** se soulever.

sublime [suβlime] *adj* sublime.
submarinismo [suβmarinizmo] *nm* plongée *f* sous-marine.
submarinista [suβmarinista] *nmf* plongeur,-euse.
submarino,-na [suβmarino,-na] *adj* sous-marin,-e.
► *nm* **submarino** sous-marin *m*.
subnormal [suβnormál] *adj - nmf pey* débile.
subrayar [suβrajár] *vt* souligner.
subsanar [suβsanár] *vt* **1** *(daño, olvido)* réparer. **2** *(falta)* corriger.
subsidio [suβsiðjo] *nm* **1** *(gen)* subside *m*. **2** *(de paro, etc)* allocation *f*.
subsiguiente [suβsiγjénte] *adj* subséquent,-e.
subsistencia [suβsisténθja] *nf* subsistance *f*.
subsistir [suβsistír] *vi* subsister.
subsuelo [suβswélo] *nm* sous-sol *m*.
subterráneo,-a [suβteřáneo,-a] *adj* souterrain,-e.
► *nm* **subterráneo** souterrain *m*.
subtítulo [suβtítulo] *nm* sous-titre *m*.
suburbano,-na [suβurβáno,-na] *adj* suburbain,-e.
suburbio [suβúrβjo] *nm* faubourg *m*.
subvención [suββenθjón] *nf* subvention *f*.
subversión [suββersjón] *nf* subversion *f*.
succión [sukθjón] *nf* succion *f*.
sucedáneo,-a [suθeðáneo,-a] *adj* succédané,-e.
► *nm* **sucedáneo** succédané *m*.
suceder [suθeðér] *v impers (ocurrir)* arriver, se produire: ***lo que sucedió ayer***, ce qui est arrivé hier.
► *vi (seguir)* succéder.
sucesión [suθesjón] *nf* succession *f*.
sucesivo,-va [suθesíβo,-βa] *adj* successif,-ive.
• **en lo sucesivo** à l'avenir.
suceso [suθéso] *nm* **1** *(acontecimiento)* événement *m*, fait *m*. **2** *(en los periódicos)* fait *m* divers.
sucesor,-ra [suθesór,-ra] *nm,f* successeur *m*.
suciedad [suθjeðáð] *nf* saleté *f*.
sucio,-cia [súθjo,-θja] *adj* sale.
sucursal [sukursál] *nf* succursale *f*.
sudadera [suðaðéra] *nf* sweat-shirt *m*.
Sudáfrica [suðáfrika], **Suráfrica** [suráfrika] *n pr* Afrique *f* du Sud.
sudafricano,-na [suðafrikáno,-na], **surafricano,-na** [surafrikáno,-na] *adj* sud-africain,-e.
► *nm,f* Sud-Africain,-e.
Sudamérica [suðamérika], **Suramérica** [suramérika] *n pr* Amérique *f* du Sud.
sudamericano,-na [suðamerikáno,-na], **suramericano,-na** [suramerikáno,-na] *adj* sud-américain,-e.
► *nm,f* Sud-Américain,-e.
sudar [suðár] *vt - vi* suer.
► *vt* mouiller de sueur.
sudeste [suðéste], **sureste** [suréste] *adj - nm* sud-est *m*.
sudoeste [suðoéste], **suroeste** [suroéste] *adj - nm* sud-ouest *m*.
sudor [suðór] *nm* sueur *f*.
• **con el sudor de su frente** à la sueur de son front.
Suecia [swéθja] *n pr* Suède *f*.
sueco,-ca [swéko,-ka] *adj* suédois,-e.
► *nm,f* Suédois,-e.
► *nm* **sueco** *(idioma)* suédois *m*.
suegra [swéγra] *nf* belle-mère *f*.
suegro [swéγro] *nm* beau-père *m*.
suela [swéla] *nf* semelle *f*.
sueldo [swéldo] *nm* salaire *m*, appointements *m pl*; *(de un funcionario)* traitement *m*.
suelo [swélo] *nm* **1** *(tierra, terreno)* sol *m*. **2** *(de una vasija)* fond *m*.
• **estar por los suelos 1** *(persona)* être tombé très bas. **2** *(precio, mercancía)* être très bas, être très bon marché.
suelto,-ta [swélto,-ta] *adj* **1** *(no sujeto - pelo)* défait,-e, épars,-e; *(- hojas)* volant,-e; *(- ropa)* non ajusté,-e. **2** *(no preso)* libre. **3** *(que no hace juego)* dépareillé,-e.
► *nm (dinero)* petite monnaie *f*.
sueño [swéɲo] *nm* **1** *(descanso)* sommeil *m*. **2** *(deseo, quimera)* rêve *m*, songe *m*.
• **caerse de sueño** tomber de sommeil.
• **tener sueño** avoir sommeil.
suero [swéro] *nm* **1** *(de la leche)* petit-lait *m*. **2** MED sérum *m*.
suerte [swérte] *nf* **1** *(fortuna)* chance *f*. **2** *(clase)* sorte *f*. **3** *(destino)* sort *m*.
• **dar suerte** porter chance.

- **echar a suertes** tirer au sort.
- **tener mala suerte** ne pas avoir de chance.
- **tener suerte** avoir de la chance.
- **toda suerte de** toutes sortes de.

suéter [swéter] *nm* pull *m*, chandail *m*.
suficiente [sufiθjénte] *adj* suffisant,-e.
► *nm (nota)* mention *f* passable.
sufijo [sufiχo] *nm* suffixe *m*.
sufragar [7] [sufraɣár] *vt* **1** *(ayudar)* aider. **2** *(costear)* payer.
sufragio [sufráχjo] *nm* suffrage *m*.
sufrido,-da [sufriðo,-ða] *adj* **1** *(resignado)* endurant,-e, patient,-e. **2** *(tejido)* résistant,-e. **3** *(color)* peu salissant,-e.
sufrimiento [sufrimjénto] *nm* souffrance *f*.
sufrir [sufrir] *vt* **1** *(padecer)* souffrir. **2** *(experimentar)* subir; *(aguantar)* supporter; *(desengaño, etc)* éprouver. **3** *(consentir)* souffrir, tolérer.
► *vi* **sufrir de** *(padecer)* souffrir de: ***sufrir de la espalda***, souffrir du dos.
sugerir [35] [suχerir] *vt* suggérer.
suicida [swiθiða] *adj - nmf* suicidaire.
suicidarse [swiθiðárse] *vpr* se suicider.
suicidio [swiθiðjo] *nm* suicide *m*.
Suiza [swiθa] *n pr* Suisse *f*.
suizo,-za [swiθo,-θa] *adj* suisse.
► *nm,f* Suisse.
sujetador [suχetaðór] *nm (prenda)* soutien-gorge *m*.
sujetar [suχetár] *vt* **1** *(mantener asido)* tenir. **2** *(contener)* retenir. **3** *(atar)* attacher. **4** *(someter)* assujettir.
► *vpr* **sujetarse** se tenir, s'accrocher.
sujeto,-ta [suχéto,-ta] *adj* **1** *(expuesto)* exposé,-e; *(propenso)* sujet,-ette. **2** *(atado)* fixé,-e.
► *nm* **sujeto 1** *(persona)* sujet *m*, individu *m*. **2** *(gramatical)* sujet *m*.
sultán [sultán] *nm* sultan *m*.
suma [súma] *nf* **1** *(cantidad)* somme *f*. **2** MAT addition *f*.
- **en suma** en somme.

sumar [sumár] *vt* **1** *(cantidades)* additionner. **2** *(totalizar)* se monter à, totaliser.
► *vpr* **sumarse** se joindre.
sumergible [sumerχiβle] *adj - nm* submersible.
sumergir [6] [sumerχir] *vt* submerger.
► *vpr* **sumergirse** plonger.
suministrador,-ra [suministraðór,-ra] *nm,f* prestataire.
suministrar [suministrár] *vt* fournir, pourvoir.
suministro [suministro] *nm* fourniture *f*.
sumisión [sumisjón] *nf* soumission *f*.
sumo,-ma [súmo,-ma] *adj* **1** *(supremo)* suprême. **2** *(muy grande)* très grand,-e: ***actuar con suma prudencia***, agir avec une extrême prudence.
- **a lo sumo** tout au plus.

súper [súper] *nm fam (comercio)* supermarché *m*.
► *nf (gasolina)* super *m*.
superar [superár] *vt* **1** *(exceder)* surpasser. **2** *(obstáculo, dificultad, etc)* surmonter.
► *vpr* **superarse** se surpasser.
superávit [superáβit] *nm* excédent *m*.
superficial [superfiθjál] *adj* superficiel, -elle.
superficie [superfiθje] *nf* **1** *(parte externa)* surface *f*. **2** *(extensión)* superficie *f*.
superfluo,-flua [supérflwo,-flwa] *adj* superflu,-e.
superior [superjór] *adj* supérieur,-e.
superioridad [superjoriðáð] *nf* supériorité *f*.
superlativo,-va [superlatiβo,-βa] *adj* superlatif,-ive.
► *nm* **superlativo** superlatif *m*.
supermercado [supermerkáðo] *nm* supermarché *m*.
superstición [superstiθjón] *nf* superstition *f*.
supersticioso,-sa [superstiθjóso,-sa] *adj* superstitieux,-euse.
supervisar [superβisár] *vt* superviser.
superviviente [superβiβjénte] *adj - nmf* survivant,-e.
suplemento [supleménto] *nm* supplément *m*.
suplente [suplénte] *adj - nmf* suppléant, -e, remplaçant,-e.
suplicar [1] [suplikár] *vt* **1** *(rogar)* supplier, prier. **2** *(pedir)* solliciter, demander.
suplicio [supliθjo] *nm* supplice *m*.

suponer [78] [suponér] *vt* **1** *(creer)* supposer. **2** *(dar por sentado)* imaginer. **3** *(significar)* représenter.
▶ *vpr* **suponerse** supposer.
suposición [suposiθjón] *nf* supposition *f.*
supositorio [supositórjo] *nm* suppositoire *m.*
supremacía [supremaθía] *nf* suprématie *f.*
supremo,-ma [suprémo,-ma] *adj* suprême.
suprimir [suprimír] *vt* supprimer.
supuesto,-ta [supwésto,-ta] *adj* prétendu,-e, soi-disant.
▶ *nm* **supuesto** supposition *f*, hypothèse *m.*
• **dar por supuesto ALGO** donner QQCH pour acquis.
• **por supuesto** naturellement, bien entendu.
sur [sur] *adj - nm* sud *m.*
Suráfrica → Sudáfrica.
surafricano,-na → sudafricano,-na.
Suramérica → Sudamérica.
suramericano,-na → sudamericano,-na.
surco [súrko] *nm* **1** *(en la tierra, de disco)* sillon *m.* **2** *(arruga)* ride *f.*
sureste → sudeste.
surgir [6] [surχír] *vi* **1** *(gen)* surgir. **2** *(agua)* sourdre, jaillir.
suroeste → sudoeste..
surtido,-da [surtíðo,-ða] *adj* **1** *(variado)* assorti,-e. **2** *(abastecido)* approvisionné,-e, achalandé,-e.
▶ *nm* **surtido** assortiment *m.*
surtidor [surtiðór] *nm* **1** *(de agua)* jet *m* d'eau. **2** *(de gasolina)* pompe *f* à essence.
surtir [surtír] *vt* pourvoir, fournir.
▶ *vpr* **surtirse** se fournir, s'approvisionner.
susceptible [susθeptíβle] *adj* susceptible.
suscitar [susθitár] *vt* susciter.
suscribir [suskriβír] *vt* souscrire.
▶ *vpr* **suscribirse** *(a una publicación)* s'abonner.
suscripción [suskripθjón] *nf* **1** *(a una publicación)* abonnement *m.* **2** COM souscription *f.*
suscriptor,-ra [suskriptór,-ra] *nm,f* **1** *(de una publicación)* abonné,-e. **2** COM souscripteur,-trice.
suspender [suspendér] *vt* **1** *(gen)* suspendre. **2** *(en un examen)* refuser, recaler.
suspense [suspénse] *nm* suspense *m.*
suspensión [suspensjón] *nf* suspension *f.*
suspenso,-sa [suspénso,-sa] *adj* **1** *(colgado)* suspendu,-e. **2** *(perplejo)* étonné,-e, perplexe.
▶ *nm* **suspenso** *(nota)* note *f* éliminatoire.
• **tener un suspenso** être recalé,-e.
suspicaz [suspikáθ] *adj* soupçonneux,-euse.
suspirar [suspirár] *vi* **1** soupirer **2** *(desear)* avoir très envie, rêver (**por**, de).
suspiro [suspíro] *nm* soupir *m.*
• **dar el último suspiro** rendre le dernier soupir.
• **dar un suspiro** pousser un soupir.
sustancia [sustánθja] *nf* substance *f.*
sustancioso,-sa [sustanθjóso,-sa] *adj* substantiel,-elle.
sustantivo [sustantíβo] *nm* substantif *m.*
sustentar [sustentár] *vt* **1** *(sostener)* soutenir. **2** *(mantener)* nourrir. **3** *(tesis, opinión, etc)* soutenir.
sustento [susténto] *nm* **1** *(alimento)* subsistance *f*, nourriture *f.* **2** *(apoyo)* soutien *m.*
• **ganarse el sustento** gagner sa vie.
sustitución [sustituθjón] *nf* **1** *(cambio)* remplacement *m.* **2** DER substitution *f.*
sustituir [62] [sustitwír] *vt* remplacer.
sustituto,-ta [sustitúto,-ta] *nm,f* remplaçant,-e.
susto [sústo] *nm* peur *f.*
• **dar un susto** faire peur.
sustracción [sustrakθjón] *nf* **1** *(robo)* vol *m.* **2** *(resta)* soustraction *f.*
sustraer [88] [sustraér] *vt* **1** *(gen)* soustraire. **2** *(robar)* voler.
▶ *vpr* **sustraerse** se soustraire.
susurrar [susur̄ár] *vt* chuchoter.
susurro [susúr̄o] *nm* chuchotement *m.*
sutil [sutíl] *adj* subtil,-e.
sutura [sutúra] *nf* MED suture *f.*
suyo,-ya [sújo,-ja] *adj pos* à lui, à elle, à eux, à elles; *(de usted, de ustedes)* à vous, un de ses, un de leurs, un de vos.
▶ *pron pos* **el/la suyo,-ya** le sien, la sienne, le leur, la leur; *(de usted, de ustedes)* le vôtre, la vôtre.
• **hacer de las suyas** faire des siennes.
• **los suyos** *(parientes)* les siens.
• **salirse con la suya** arriver à ses fins.

T

tabaco [taβáko] *nm* **1** *(gen)* tabac *m.* **2** *(cigarrillos)* cigarettes *f pl.*
■ **tabaco negro** tabac brun.
■ **tabaco rubio** tabac blond.
tábano [táβano] *nm* taon *m.*
tabaquera [taβakéra] *nf* tabatière *f.*
tabaquismo [taβakizmo] *nm* tabagisme *m.*
tabarra [taβára].
• **dar la tabarra** *fam* casser les pieds.
taberna [taβérna] *nf* bistrot *m.*
tabique [taβike] *nm* cloison *f.*
tabla [táβla] *nf* **1** *(de madera)* planche *f*; *(de mármol, etc)* plaque *f.* **2** *(esquema)* tableau *m.* **3** *(lista)* table *f.* **4** *(pliegue de una falda)* pli *m.* **5** *(de carnicero)* étal *m.* **6** MAT table *f*:
► *nf pl* **tablas** **1** *(en ajedrez, etc)* partie *f sing* nulle. **2** *(en el teatro)* planches: ***se le nota que tiene muchas tablas***, on voit qu'il a du métier.
• **hacer tabla rasa** faire table rase.
■ **tabla de planchar** planche à repasser.
■ **tabla de quesos** plateau *m* de fromages.
■ **tabla de windsurf** planche à voile.
tablado [taβláðo] *nm* **1** *(escenario)* planches *f pl.* **2** *(tarima)* estrade *f.* **3** *(patíbulo)* échafaud *m.* **4** *(en el teatro)* tréteaux *m pl.*
tablero [taβléro] *nm* **1** *(tablón)* panneau *m.* **2** *(de ajedrez)* échiquier *m.* **3** *(de damas)* damier *m.* **4** *(encerado)* tableau *m* noir.
■ **tablero de mandos** tableau de bord.
tableta [taβléta] *nf* **1** *(de chocolate)* tablette *f.* **2** *(medicamento)* comprimé *m.*
tablón [taβlón] *nm* grosse planche *f.*
■ **tablón de anuncios** panneau *m* d'affichage.
tabú [taβú] *nm* (*pl* **tabús** o **tabúes**) tabou *m.*
taburete [taβuréte] *nm* tabouret *m.*
tacaño,-ña [takáɲo,-ɲa] *adj - nm,f* avare.
tacha [tátʃa].
• **sin tacha** irréprochable.
tachar [tatʃár] *vt* **1** *(borrar)* barrer. **2** *(culpar)* taxer.
tachuela [tatʃwéla] *nf (clavo)* punaise *f.*
taco [táko] *nm* **1** *(trozo de madera)* cheville *f.* **2** *(de billar)* queue *f.* **3** *(de arma de fuego)* baguette *f.* **4** *(de queso, jamón, etc)* cube *m.* **5** *(de billetes)* liasse *f.* **6** *fam (palabrota)* gros mot *m.* **7** *fam (lío, confusión)* pagaille *f*: ***se armó un buen taco***, il y avait une de ces pagailles. **8** *fam (año)* balai *m.* **9** DEP *(de bota de fútbol)* crampon *m.*
tacón [takón] *nm* talon *m.*
taconear [takoneár] *vi* frapper du talon.
táctica [táktika] *nf* tactique *f.*
táctico,-ca [táktiko,-ka] *adj* tactique.
tacto [tákto] *nm* **1** *(acción, sentido)* toucher *m.* **2** *(delicadeza)* tact *m.*
tailandés,-esa [tailandés,-ésa] *adj* thaïlandais,-e.
► *nm,f* Thaïlandais,-e.
► *nm* **tailandés** *(idioma)* thaï *m.*
Tailandia [tailándja] *n pr* Thaïlande *f.*
tajada [taχáða] *nf* **1** *(de jamón, queso, etc)* tranche *f.* **2** *fam (borrachera)* cuite *f.*
• **sacar tajada** *fam* avoir sa part du gâteau.
tajante [taχánte] *adj* catégorique.
tajo [táχo] *nm* **1** *(corte)* coupure *f.* **2** *fam (trabajo)* turbin *m.*
tal [tal] *adj* **1** *(gen)* tel, telle. **2** *(semejante)* pareil,-eille: ***tal actitud es inadmisible***, une telle attitude est inadmissible. **3** *(sin*

especificar - cosa) un, une; *(- persona)* certain,-e: ***te lo dirán tal día***, il te le diront un jour; ***parece que ganó un tal Quico***, il semble que c'est un certain Quico qui a gagné. **4** *(tan grande)* tel, telle: ***es tal su cariño por su madre...***, il a une telle tendresse pour sa mère ....
► *pron indef* tel, telle.
► *pron dem* ceci, cela.
► *adv* ainsi, de telle sorte.
• **como si tal cosa** comme si de rien n'était.
• **con tal (de) que** à condition que.
• **¿qué tal?** comment ça va ?
• **son tal para cual** ils sont faits l'un pour l'autre.
• **tal como** tel que.
• **tal cual** tel quel.
• **tal vez** peut-être.

tala [tála] *nf (de árboles)* abattage *m.*

taladradora [talaðraðóra] *nf* perceuse *f.*

taladro [taláðro] *nm* perceuse *f.*

talante [talánte] *nm* **1** *(humor)* humeur *f.* **2** *(gusto)* gré *m.* **3** *(semblante)* air *m.*

talar [talár] *vt* abattre.

talco [tálko] *nm* talc *m.*

talego [taléɣo] *nm fam* taule *f.*

talento [talénto] *nm* talent *m.*

talla [táʎa] *nf* **1** *(escultura)* sculpture *f.* **2** *(estatura)* taille *f.* **3** *fig (importancia)* envergure *f.*
• **dar la talla** être à la hauteur.

tallar [taʎár] *vt (piedras preciosas)* tailler; *(madera)* sculpter.

tallarines [taʎarines] *nm pl* COC nouilles *f pl.*

talle [táʎe] *nm* **1** *(cintura de una persona)* taille *f.* **2** *(de un vestido)* ceinture *f.*

taller [taʎér] *nm* atelier *m.*

tallo [táʎo] *nm* tige *f.*

talón [talón] *nm* **1** *(del pie, de una media)* talon *m.* **2** *(cheque)* chèque *m.* **3** *(de un talonario)* volant *m.*
• **pisar a ALGN los talones** talonner QQN.
▪ **talón de Aquiles** talon d'Achille.

talonario [talonárjo] *nm* carnet *m* de chèques.

tamaño,-ña [tamáɲo,-ɲa] *adj* pareil,-eille.
► *nm* **tamaño** taille *f.*
• **de tamaño natural** grandeur nature.

tambalearse [tambaleárse] *vpr* **1** *(gen)* chanceler. **2** *(al andar)* tituber.

también [tambjén] *adv* **1** *(gen)* aussi. **2** *(además)* de plus.

tambor [tambór] *nm* tambour *m.*

tamiz [tamiθ] *nm* tamis *m.*

tampoco [tampóko] *adv* non plus: ***a mí tampoco me gusta***, ça ne me plaît pas non plus.

tampón [tampón] *nm* tampon *m.*

tan [tan] *adv* **1** *(gen)* tellement, aussi: ***¿para qué quieres una tele tan grande?***, pourquoi veux-tu une télé tellement grande ? **2** *(en comparaciones)* aussi.
• **tan sólo** seulement.

tanda [tánda] *nf* **1** *(turno)* tour *m.* **2** *(de personas)* groupe *m.*

tangente [taŋχénte] *adj* tangent,-e.
► *nf* tangente *f.*
• **salirse por la tangente** prendre la tangente.

tango [táŋgo] *nm* tango *m.*

tanque [táŋke] *nm* **1** *(vehículo militar)* tank *m.* **2** *(cisterna)* citerne *f.* **3** *(depósito)* réservoir *m.*

tantear [tanteár] *vt* **1** *(medir)* mesurer. **2** *fig (cosa)* examiner; *(persona)* sonder.

tanteo [tantéo] *nm* **1** *(prueba, sondeo)* examen *m.* **2** *(puntuación)* score *m.*

tanto,-ta [tánto,-ta] *adj (gran cantidad de, cantidad indeterminada)* tant de.
► *pron (gran cantidad de)* autant.
► *adv* **tanto 1** *(cantidad)* tant, autant: ***no grite usted tanto***, ne criez pas tant. **2** *(tiempo)* si longtemps: ***hace ya tanto***, il y a si longtemps.
► *nm* **1** *(tal cantidad)* tant *m*: ***le doy un tanto por su ayuda***, je vous offre tant pour votre aide. **2** *(en el juego)* point *m*; *(en fútbol)* but *m.*
• **a las tantas** tard.
• **en tanto que** pendant que.
• **estar al tanto 1** *(saber)* être au courant. **2** *(vigilar)* surveiller.
• **poner a ALGN al tanto** mettre QQN au courant.
• **mientras tanto** pendant ce temps.
• **no ser para tanto** ne pas être si grave.
• **otro tanto** autant.

• **por (lo) tanto** c'est pourquoi.
• **ser uno de tantos** être quelconque.
• **tanto... como...** autant de ... que ...: ***gana tanto dinero como mi hermano***, il gagne autant d'argent que mon frère.
• **tanto mejor** tant mieux.
• **tanto que** tant et si bien que.
• **un tanto** quelque peu.
• **¡y tanto!** et comment !
▪ **tanto por ciento** pourcentage *m*.

tapa [tápa] *nf* **1** *(para cerrar)* couvercle *m*. **2** *(de un libro)* couverture *f*. **3** *(comida)* amuse-gueule *m*.

tapadera [tapaðéra] *nf* **1** *(tapa)* couvercle *m*. **2** *fig (que encubre actividades)* couverture *f*.

tapar [tapár] *vt* **1** *(gen)* boucher, fermer. **2** *(para abrigar, proteger)* couvrir. **3** *fig (falta, error)* cacher.
► *vpr* **taparse** se couvrir.

tapete [tapéte] *nm* tapis *m* de table.
• **poner** ALGO **sobre el tapete** mettre QQCH sur le tapis.

tapia [tápja] *nf* mur *m*.
• **estar más sordo,-da que una tapia** être sourd,-e comme un pot.

tapiar [12] [tapjár] *vt* murer.

tapicería [tapiθería] *nf* **1** *(arte, obra)* tapisserie *f*. **2** *(tienda)* magasin *m* du tapissier.

tapir [tapír] *nm* tapir *m*.

tapiz [tapíθ] *nm* tapisserie *f*.

tapizar [4] [tapiθár] *vt* tapisser.

tapón [tapón] *nm* **1** *(de botellas)* bouchon *m*. **2** DEP contre *m*. **3** *fam pey (persona)* nabot,-e.

taponar [taponár] *vt* boucher.
► *vpr* **taponarse** se boucher.

taquigrafía [takiɣrafía] *nf* sténographie *f*.

taquilla [takíʎa] *nf* **1** *(de estación, teatro, etc)* guichet *m*. **2** *(de vestuario)* casier.

taquillero,-ra [takiʎéro,-ra] *nm,f* guichetier,-ère.
► *adj* qui fait recette.

tara [tára] *nf* tare *f*.

tarántula [tarántula] *nf* tarentule *f*.

tararear [tarareár] *vt* fredonner.

tardanza [tarðánθa] *nf* retard *m*.

tardar [tarðár] *vi* **1** *(llevar tiempo)* tarder. **2** *(demorarse)* mettre du temps à: ***tarda en contestar***, il met du temps à répondre.
• **a más tardar** au plus tard.

tarde [tárðe] *nf* **1** *(hasta las 19 h)* après-midi *f*. **2** *(atardecer, desde las 19 h)* soir *m*.
► *adv* tard.
• **buenas tardes 1** *(hasta las 19 h)* bonjour. **2** *(desde las 19 h)* bonsoir.
• **de tarde en tarde** de loin en loin.
• **más tarde o más temprano** tôt ou tard.

tardío,-día [tarðío,-ðía] *adj* tardif,-ive.

tarea [taréa] *nf* tâche *f*, travail *m*.
▪ **tareas domésticas** travaux ménagers.

tarifa [tarífa] *nf* tarif *m*.
▪ **tarifa plana** tarif mensuel.

tarima [tarima] *nf* estrade *f*.

tarjeta [tarχéta] *nf* carte *f*.
▪ **tarjeta amarilla** DEP carton *m* jaune.
▪ **tarjeta de crédito** carte de crédit.
▪ **tarjeta de embarque** carte d'embarquement.
▪ **tarjeta de prepago** carte de prépaiement.
▪ **tarjeta de visita** carte de visite.
▪ **tarjeta roja** DEP carton *m* rouge.

tarro [táro] *nm* pot *m*.
• **estar mal del tarro** *fam* ne pas tourner rond.

tarta [tárta] *nf* **1** *(de paredes bajas)* tarte *f*. **2** *(bizcocho)* gâteau *m*.

tartamudear [tartamuðeár] *vi* bégayer.

tartamudo,-da [tartamúðo,-ða] *adj - nm,f* bègue.

tarugo [tarúɣo] *nm* **1** *(de madera)* cale *f*. **2** *(de pan)* quignon *m*. **3** *(necio)* abruti *m*.

tasa [tása] *nf* **1** *(precio)* taxe *f*. **2** *(índice)* taux *m*.

tasación [tasaθjón] *nf* taxation *f*.

tasar [tasár] *vt* **1** *(fijar el precio)* taxer. **2** *(valorar)* évaluer.

tasca [táska] *nf* bistrot *m*.

tatarabuelo,-la [tataraβwélo,-la] *nm,f* trisaïeul,-e.

tataranieto,-ta [tataranjéto,-ta] *nm,f* arrière-arrière-petit-fils *m*, arrière-arrière-petite-fille *f*.

tatuaje [tatwáχe] *nm* tatouage *m*.

tatuar [11] [tatwár] *vt* tatouer.

▸ *vpr* **tatuarse** se faire tatouer.
taurino,-na [taurino,-na] *adj* taurin,-e.
tauromaquia [tauromákja] *nf* tauromachie *f*.
taxi [táksi] *nm* taxi *m*.
taxímetro [taksimetro] *nm* taximètre *m*.
taxista [taksista] *nmf* chauffeur *m* de taxi.
taza [táθa] *nf* **1** *(para beber)* tasse *f*. **2** *(del retrete)* cuvette *f*.
tazón [taθón] *nm* bol *m*.
TDT [tedeté] *abr (**televisión digital terrestre**)* TNT *f*.
te [te] *pron pers* **1** *(gen)* te, t': ***te lo digo***, je te le dis; ***te llamo***, je t'appelle. **2** *fam (impersonal)* on: ***si te dicen que no se puede, pues no lo haces***, si on te dit que ce n'est pas permis, ne le fais pas.
té [te] *nm* thé *m*.
teatral [teatrál] *adj* théâtral,-e.
teatro [teátro] *nm* **1** *(gen)* théâtre *m*. **2** *fig (exageración)* comédie *f*.
tebeo [teβéo] *nm* bande *f* dessinée.
• **estar más visto que el tebeo** ne rien avoir de nouveau.
techo [tétʃo] *nm* **1** *(interior)* plafond *m*. **2** *(tejado)* toit *m*.
• **bajo techo** sous un toit.
▪ **los sin techo** les sans-abri.
tecla [tékla] *nf* touche *f*.
• **pulsar una tecla** appuyer sur une touche.
• **tocar muchas teclas** *fam* vouloir trop faire.
teclado [tekláðo] *nm* clavier *m*.
teclear [tekleár] *vt* **1** *(a máquina, etc)* taper à la machine. **2** *fam (ordenador)* saisir.
técnica [téknika] *nf* technique *f*.
técnico,-ca [tékniko,-ka] *adj* technique.
▸ *nm,f* technicien,-enne.
tecnología [teknoloχia] *nf* technologie *f*.
▪ **nuevas tecnologías** nouvelles technologies.
tedio [téðjo] *nm* ennui *m*.
teja [téχa] *nf* tuile *f*.
• **a toca teja** comptant.
tejado [teχáðo] *nm* toiture *f*, toit *m*.
tejanos [teχános] *nm pl* jean *m*.
tejer [teχér] *vt* **1** *(entrelazar hilos)* tisser. **2** *(mimbre, esparto)* tresser. **3** *(labor de punto)* tricoter; *(labor de ganchillo)* faire du crochet.
tejido,-da [teχiðo,-ða] *adj* tissé,-e.
▸ *nm* **tejido** tissu *m*.
tejón [teχón] *nm* blaireau *m*.
tela [téla] *nf* **1** *(tejido)* tissu *m*, toile *f*. **2** *(en la superficie de un líquido)* peau *f*. **3** *(en el ojo)* taie *f*. **4** *(cuadro)* toile *f*.
• **poner en tela de juicio** remettre en question.
• **¡vaya tela!** *fam* c'est coton !
▪ **tela asfáltica** toile goudronnée.
▪ **tela de araña** toile d'araignée.
▪ **tela metálica** grillage *m*.
telar [telár] *nm* métier *m* à tisser.
telaraña [telarápa] *nf* toile *f* d'araignée.
tele [téle] *nf* télé *f*.
telecabina [telekaβina] *nf* télécabine *f*.
telecompra [telekómpra] *nf* téléachat *m*.
telecomunicaciones [telekomunikaθjónes] *nf pl* télécommunications *f pl*.
telediario [teleðjárjo] *nm* journal *m* télévisé.
teleférico [teleféríko] *nm* téléphérique *m*.
telefilm [telefilm] *nm* téléfilm *m*.
telefonazo [telefonáθo] *nm fam* coup *m* de fil.
telefonear [telefoneár] *vt - vi* téléphoner.
telefónico,-ca [telefóniko,-ka] *adj* téléphonique.
teléfono [teléfono] *nm* téléphone *m*.
• **colgar el teléfono** raccrocher.
• **llamar por teléfono** téléphoner.
▪ **teléfono inalámbrico** téléphone sans fil.
▪ **teléfono móvil** téléphone portable, portable *m*.
▪ **teléfono público** téléphone public.
telégrafo [teléɣrafo] *nm* télégraphe *m*.
telegrama [teleɣráma] *nm* télégramme *m*.
telenovela [telenoβéla] *nf* feuilleton *m*.
telepatía [telepatia] *nf* télépathie *f*.
telescopio [teleskópjo] *nm* télescope *m*.
telesilla [telesiʎa] *nm* télésiège *m*.
telesquí [teleski] *nm* téléski *m*.
teletexto [teletéksto] *nm* télétexte *m*.
teletrabajo [teletraβáχo] *nm* télétravail *m*.
televidente [teleβiðénte] *nmf* téléspectateur,-trice.
televisar [teleβisár] *vt* téléviser.
televisión [teleβisjón] *nf* télévision *f*.

televisor [teleβisór] *nm* poste *m* de télévision, téléviseur *m*.
télex® [téleks] *nm* télex® *m*.
telón [telón] *nm* rideau *m*.
■ **telón de fondo** toile *f* de fond.
tema [téma] *nm* **1** *(gen)* thème *m*, sujet *m*. **2** MÚS thème *m*.
● **cada loco con su tema** chacun a sa marotte.
■ **tema de actualidad** sujet d'actualité.
temblar [27] [temblár] *vi* trembler; *(ligeramente)* trembloter.
temblor [temblór] *nm* tremblement *m*.
■ **temblor de tierra** tremblement de terre.
tembloroso,-sa [tembloróso,-sa] *adj* tremblant,-e.
temer [temér] *vt* craindre, redouter.
► *vi* craindre: ***no temas***, ne crains rien.
► *vpr* **temerse** craindre.
temeroso,-sa [temeróso,-sa] *adj* **1** *(que causa temor)* effrayant,-e. **2** *(receloso)* peureux,-euse.
temible [temiβle] *adj* redoutable.
temor [temór] *nm* crainte *f*, peur *f*.
temperamento [temperaménto] *nm* tempérament *m*.
temperatura [temperatúra] *nf* température *f*.
tempestad [tempestáð] *nf* tempête *f*.
templado,-da [templáðo,-ða] *adj* **1** *(agua)* tiède. **2** *(clima)* tempéré,-e. **3** *(persona, carácter)* modéré,-e, tempérant,-e. **4** *(sereno)* modéré,-e.
templar [templár] *vt* **1** *(líquido)* tiédir. **2** *(metal, etc)* tremper. **3** *(cólera, nervios)* calmer, apaiser. **4** MÚS *(instrumento)* accorder.
temple [témple] *nm* **1** *(estado de ánimo)* humeur *f*. **2** *(valentía)* trempe *f*. **3** *(de un metal)* trempe *f*. **4** *(técnica pictórica)* détrempe *f*.
● **al temple** à la détrempe.
templo [témplo] *nm (gen)* temple *m*; *(católico)* église *f*.
● **como un templo** *fam* énorme.
temporada [temporáða] *nf* **1** *(de baño, teatral, etc)* saison *f*. **2** *(período)* période *f*.
● **de temporada** de saison.
■ **temporada alta** haute saison.
■ **temporada baja** basse saison.
■ **temporada media** intersaison *f*.

temporal [temporál] *adj* **1** *(gen)* temporel,-elle. **2** *(no permanente)* temporaire.
► *nm* tempête *f*.
● **capear el temporal** surmonter la crise.
temprano,-na [tempráno,-na] *adj* précoce.
► *adv* de bonne heure, tôt.
tenaz [tenáθ] *adj* tenace.
tenaza [tenáθa] *nf* **1** *(herramienta)* tenaille *f*. **2** *(de crustáceo)* pince *f*.
tendencia [tendénθja] *nf* tendance *f*.
tender [28] [tendér] *vt* **1** *(extender)* tendre. **2** *(ropa)* étendre, tendre.
► *vi* tendre (**a**, à).
► *vpr* **tenderse** s'étendre.
tenderete [tenderéte] *nm* étalage *m*.
tendero,-ra [tendéro,-ra] *nm,f* épicier,-ère.
tendón [tendón] *nm* ANAT tendon *m*.
tenedor [teneðór] *nm* fourchette *f*.
tener [87] [tenér] *vt* **1** *(gen)* avoir: ***tengo frío y sed***, j'ai froid et soif; ***tiene cuarenta años***, elle a quarante ans. **2** *(medir)* faire: ***la casa tiene 200 metros cuadrados***, la maison fait 200 mètres carrés. **3** *(en un sitio o estado)* tenir: ***aquí tienes lo que pedías***, tu as ce que tu demandais. **4** *(asir, mantener asido)* tenir.. **5** **tener que** *(obligación)* devoir. **6** **tener que** *(propósito, intención)* falloir. **7** **tener +** *pp* avoir: ***ya lo teníamos decidido***, nous l'avions déjà décidé.
► *vpr* **tenerse** se tenir.
● **tener a ALGN por** prendre QQN pour.
● **tener ALGO por/como** considérer QQCH comme.
● **tenerla tomada con** prendre en grippe.
● **tenerse de pie** se tenir debout.
teniente [tenjénte] *nm* lieutenant *m*.
tenis [ténis] *nm* tennis *m*.
■ **tenis de mesa** tennis de table.
tenista [tenista] *nmf* joueur,-euse de tennis.
tenor [tenór] *nm* ténor *m*.
● **a tenor de** compte tenu de.
tensar [tensár] *vt* tendre.
tensión [tensjón] *nf* tension *f*.
■ **alta tensión** haute tension.
■ **tensión arterial** tension artérielle.
■ **tensión nerviosa** tension nerveuse.
tenso,-sa [ténso,-sa] *adj* tendu,-e.
tentación [tentaθjón] *nf* tentation *f*.
tentáculo [tentákulo] *nm* tentacule *m*.

tentador,-ra [tentaðór,-ra] *adj* tentant,-e.
tentar [27] [tentár] *vt* **1** *(insistir, inducir)* tenter. **2** *(palpar)* tâter.
tentativa [tentatíβa] *nf* tentative *f*.
tenue [ténwe] *adj* **1** *(tela, etc)* ténu,-e. **2** *(luz, sonido)* faible.
teñir [36] [teɲír] *vt* teindre.
teología [teoloχía] *nf* théologie *f*.
teólogo [teóloγo] *nmf* théologien,-enne.
teorema [teoréma] *nm* théorème *m*.
teoría [teoría] *nf* théorie *f*.
• **en teoría** en théorie.
teórico,-ca [teóriko,-ka] *adj* théorique.
► *nm,f* théoricien,-enne.
terapéutico,-ca [terapéutiko,-ka] *adj* thérapeutique.
terapia [terápja] *nf* thérapie *f*.
tercer [terθér] *adj* → tercero,-ra.
tercermundista [terθermundista] *adj - nmf* tiers-mondiste.
tercero,-ra [terθéro,-ra] *num* (**tercer** devant *m sing*) troisième: ***tercera vez***, troisième fois; ***tercer piso***, troisième étage.
► *nm,f* **1** *(persona)* tiers *m*, tierce personne *f*. **2** *(piso)* troisième *m*.
▪ **tercera edad** troisième âge *m*.
terciar [12] [terθjár] *vi (en un debate, etc)* intervenir.
► *vpr* **terciarse** se présenter.
tercio,-cia [térθjo,-θja] *adj* troisième.
► *nm* **tercio** *(tercera parte)* tiers *m*.
terciopelo [terθjopélo] *nm* velours *m*.
terco,-ca [térko,-ka] *adj* entêté,-e.
termas [térmas] *nf pl* thermes *m pl*.
térmico,-ca [térmiko,-ka] *adj* thermique.
terminación [terminaθjón] *nf* terminaison *f*.
terminal [terminál] *adj* terminal,-e.
► *nf* **1** *(de autobuses)* terminus *m*. **2** *(en aeropuerto)* terminal *m*.
► *nm* INFORM terminal *m*.
terminar [terminár] *vt* terminer, finir.
► *vi (acabar)* se terminer, finir.
► *vpr* **terminarse 1** *(finalizarse)* se terminer: ***aún no se ha terminado la conferencia***, la conférence n'est pas encore terminée. **2** *(agotarse)* ne plus rester: ***se han terminado las existencias de agua***, il n'y a plus de réserve d'eau.
• **terminar con** en finir avec.
término [término] *nm* **1** *(fin)* fin *f*. **2** *(de un territorio)* limite *f*. **3** *(de una línea de transportes)* terminus *m*. **4** *(plano, lugar)* plan *m*. **5** *(palabra)* terme *m*.
• **dar término** achever.
• **en otros términos** en d'autres termes.
• **en primer término** au premier plan.
• **en términos generales** de façon générale.
• **en último término** en fin de compte, finalement.
• **llevar** ALGO **a buen término** mener à bien QQCH.
• **por término medio** en moyenne.
▪ **término medio** moyen terme *m*.
▪ **término municipal** commune *f*.
termita [termíta] *nf* termite *f*.
termo® [térmo] *nm* thermos® *m*.
termómetro [termómetro] *nm* thermomètre *m*.
termostato [termostáto] *nm* thermostat *m*.
ternera [ternéra] *nf* **1** *(animal)* génisse *f*. **2** *(carne)* veau *m*.
ternero [ternéro] *nm (animal)* veau *m*.
ternura [ternúra] *nf* tendresse *f*.
terquedad [terkeðáð] *nf* entêtement *m*.
terrado [ter̄áðo] *nm* terrasse *f*.
terraplén [ter̄aplén] *nm* terre-plein *m*.
terráqueo,-a [ter̄ákeo,-a] *adj* terrestre.
terraza [ter̄áθa] *nf* terrasse *f*.
terremoto [ter̄emóto] *nm* tremblement *m* de terre.
terreno,-na [ter̄éno,-na] *adj* terrestre.
► *nm* **terreno 1** *(gen)* terrain *m*. **2** *(ámbito)* domaine *m*.
• **estar en su propio terreno** être sur son terrain.
• **ganar terreno** gagner du terrain.
• **perder terreno** perdre du terrain.
• **ser terreno abonado para** ALGO être le terrain idéal pour QQCH.
• **sobre el terreno** sur le terrain.
▪ **terreno de juego** terrain de jeu.
terrestre [ter̄éstre] *adj* terrestre.
terrible [ter̄íβle] *adj* terrible.
territorio [ter̄itórjo] *nm* territoire *m*.
terrón [ter̄ón] *nm* **1** *(de tierra)* motte *f*. **2** *(de azúcar)* morceau *m*.
terror [ter̄ór] *nm* terreur *f*.

terrorífico,-ca [teřorifiko,-ka] *adj* terrifiant,-e.
terrorismo [teřorizmo] *nm* terrorisme *m*.
terrorista [teřorista] *adj* - *nmf* terroriste.
terso,-sa [tèrso,-sa] *adj* **1** *(piel, cara)* lisse. **2** *(estilo, etc)* poli,-e.
tertulia [tertúlja] *nf* réunion *f* (entre amis).
tesis [tèsis] *nf* thèse *f*.
tesón [tesòn] *nm* persévérance *f*.
tesoro [tesòro] *nm* trésor *m*.
test [test] *nm* test *m*.
▪ **test de embarazo** test de grossesse.
testaferro [testafèřo] *nm* prête-nom *m*.
testamento [testamènto] *nm* testament *m*.
▪ **Antiguo Testamento** Ancien Testment.
▪ **Nuevo Testamento** Nouveau Testment.
testarudo,-da [testarùðo,-ða] *adj* - *nm,f* têtu,-e.
testificar [1] [testifikár] *vt* - *vi* témoigner.
testigo [testiɣo] *nm* témoin *m*.
testimonio [testimònjo] *nm* témoignage *m*.
▪ **falso testimonio** faux témoignage.
teta [tèta] *nf* **1** *(de los mamíferos)* tétine *f*: ***niño de teta***, enfant au sein. **2** *fam (pecho de la mujer)* nichon *m*. **3** *fam (pezón)* mamelon *m*.
tétanos [tètanos], **tétano** [tètano] *nm* MED tétanos *m*.
tetera [tetèra] *nf* théière *f*.
tetilla [tetiʎa] *nf* **1** *(de los mamíferos machos)* mamelle *f*. **2** *(de biberón)* tétine *f*.
tetina [tetina] *nf (de biberón)* tétine *f*.
tetrabrik® [tetraβrik] *nm* (*pl* **tetrabriks**) carton *m*, brique *f*.
tétrico,-ca [tètriko,-ka] *adj* lugubre.
textil [tekstil] *adj* - *nm* textile *m*.
texto [tèksto] *nm* texte *m*.
textual [tekstwàl] *adj* textuel,-elle.
textura [tekstùra] *nf* texture *f*.
tez [teθ] *nf (del rostro)* teint *m*.
ti [ti] *pron pers* prep + **ti** toi: ***gracias a ti***, grâce à toi.
tía [tia] *nf* **1** *(pariente)* tante *f*. **2** *fam (mujer, chica)* nana *f*: ***no conozco de nada a esa tía***, j'ai jamais vu cette nana.
• **no hay tu tía** rien à faire.
▪ **tía abuela** grand-tante *f*.
tibia [tiβja] *nf* ANAT tibia *f*.
tibio,-bia [tiβjo,-βja] *adj* tiède.
• **poner tibio a ALGN** descendre QQN.
tiburón [tiβuròn] *nm* requin *m*.
tic [tik] *nm* tic *m*.
ticket [tiket] *nm* (*pl* **tickets**) **1** *(gen)* ticket *m*. **2** *(en espectáculos)* billet *m*.
tiempo [tjèmpo] *nm* **1** *(gen)* temps *m*: ***tiene tiempo para todo***, il a du temps pour tout; ***hace muy buen tiempo***, il fait très beau. **2** *(edad)* âge *m*: ***¿qué tiempo tiene tu bebé?***, quel âge a ton bébé ? **3** *(parte de un partido)* mi-temps *f*.
• **al mismo tiempo** en même temps.
• **al poco tiempo** peu de temps après.
• **antes de tiempo** trop tôt.
• **a su debido tiempo** dans les temps voulus.
• **a tiempo** à temps.
• **dar tiempo al tiempo** laisser faire le temps.
• **con tiempo** à l'avance.
• **ganar tiempo** gagner du temps.
• **hacer tiempo** passer le temps.
• **matar el tiempo** tuer le temps.
• **perder el tiempo** perdre son temps.
▪ **tiempo libre** temps libre.
▪ **tiempo muerto** temps mort.
tienda [tjènda] *nf* **1** *(establecimiento)* magasin *m*; *(de modas)* boutique *f*. **2** *(de campaña)* tente *f*.
tierno,-na [tjèrno,-na] *adj* tendre.
tierra [tjèřa] *nf* **1** *(gen)* terre *f*. **2** *(patria)* pays *m*.
• **echar ALGO por tierra** réduire QQCH à néant.
• **echar tierra sobre ALGO** enterrer QQCH.
• **tomar tierra** atterrir.
tieso,-sa [tjèso,-sa] *adj* raide, rigide.
tiesto [tjèsto] *nm* pot *m* de fleurs.
tifón [tifòn] *nm* typhon *m*.
tigre [tiɣre] *nm* tigre *m*.
tijeras [tiχèras] *nf pl* ciseaux *m pl*.
tila [tila] *nf* tilleul *m*.
tildar [tildàr] *vt* taxer.
tilo [tilo] *nm* tilleul *m*.
timador,-ra [timaðòr,-ra] *nm,f* escroc *m*.
timar [timàr] *vt* **1** *(estafar)* escroquer. **2** *fam (engañar)* rouler.

timbre [timbre] *nm* **1** *(aparato)* sonnette *f.* **2** *(sello)* timbre *m.* **3** *(sonido)* timbre *m.*
• **tocar el timbre** sonner.
timidez [timiðéθ] *nf* timidité *f.*
tímido,-da [timiðo,-ða] *adj* timide.
timo [timo] *nm* escroquerie *f.*
timón [timón] *nm* gouvernail *m.*
tímpano [timpano] *nm* ANAT tympan *m.*
tinglado [tiŋgláðo] *nm* **1** *(cobertizo)* hangar *m.* **2** *(embrollo)* pagaille *f.*
tinieblas [tinjéβlas] *nf pl* ténèbres *f pl.*
tino [tino] *nm* adresse *m.*
tinta [tinta] *nf* encre *f.*
• **cargar las tintas** forcer la note.
• **medias tintas** demi-mesures *f pl.*
• **saber ALGO de buena tinta** savoir QQCH de source sûre.
• **sudar tinta** *fam* suer sang et eau.
▪ **tinta china** encre de Chine.
tinte [tinte] *nm* **1** *(acción, color)* teinture *f.* **2** *(comercio)* teinturerie *f.*
tintero [tintéro] *nm* encrier *m.*
tintineo [tintinéo] *nm* tintement *m.*
tinto,-ta [tinto,-ta] *adj* teint,-e.
► *nm* **tinto** *(vino)* rouge *m.*
tintorería [tintoreria] *nf* teinturerie *f.*
tío [tio] *nm* **1** *(pariente)* oncle *m.* **2** *fam (hombre, chico)* mec *m.*
▪ **tío abuelo** grand-oncle *m.*
tiovivo [tjoβiβo] *nm* manège *m.*
típico,-ca [tipiko,-ka] *adj* typique.
tipo,-pa [tipo,-pa] *nm,f fam (persona)* type *m*, nana *f.*
► *nm* **tipo 1** *(gen)* type *m.* **2** *(de una persona)* allure *f.* **3** *(de descuento, de interés, etc)* taux *m.*
• **aguantar el tipo** tenir bon.
▪ **jugarse el tipo** risquer sa peau.
tíquet [tiket] *nm* (*pl* **tíquets**) **1** *(gen)* ticket *m.* **2** *(en espectáculos)* billet *m.*
tira [tira] *nf (de tela, papel, etc)* bande *f.*
• **la tira (de)** *fam* une tripotée de.
tirachinas [tiratʃinas] *nm* lance-pierre *m.*
tirada [tiráða] *nf* **1** *(acción de tirar)* lancer *m.* **2** *(de versos, etc)* tirade *f.* **3** *(distancia)* trotte *f.* **4** *(de libros)* tirage *m.*
• **de una tirada** d'une traite.
tirado,-da [tiráðo,-ða] *adj* **1** *(barato)* donné,-e. **2** *(fácil)* très facile.
• **dejar tirado a ALGN** laisser QQN en rade.
tiranía [tirania] *nf* tyrannie *f.*
tirano,-na [tiráno,-na] *nm,f* tyran *m.*
tirante [tiránte] *adj* tendu,-e.
► *nm* ARQ chaîne *f*, entretoise *f.*
► *nm pl* **tirantes** *(del pantalón)* bretelles *f pl.*
tirar [tirár] *vt* **1** *(echar, dejar caer)* jeter: ***tirar al suelo***, jeter par terre. **2** *(arrojar)* lancer. **3** *(tiro, flecha, etc)* tirer. **4** *(derribar)* renverser, abattre. **5** *fam (gustar, atraer)* attirer: ***la vida nocturna le tira***, la vie nocturne l'attire. **6** *(malgastar)* dissiper, gaspiller. **7** *(estirar)* tirer.
► *vi* **1** *(hacia sí o tras de sí, ejercer tracción)* tirer: ***tirar de una cuerda***, tirer sur une corde. **2** *(dirigirse)* prendre. **3** *fam (funcionar)* marcher. **4** *(tender)* tirer (**a**, sur): ***tirar a azul***, tirer sur le bleu.
► *vpr* **tirarse 1** *(lanzarse)* se jeter, s'élancer. **2** *(tumbarse)* s'étendre. **3** *fam (pasar el tiempo)* passer. **4** *vulg (fornicar)* se faire.
• **ir tirando** tenir le coup: ***el enfermo va tirando***, le malade va comme ci, comme ça.
▪ **tira y afloja** marchandage *m.*
tirita® [tirita] *nf* pansement *m.*
tiritar [tiritár] *vi* grelotter.
tiro [tiro] *nm* **1** *(acción)* tir *m.* **2** *(disparo)* coup *m* de feu. **3** *(alcance de un arma)* portée *f.* **4** *(de pantalón)* entrejambe *m.* **5** *(de caballería)* attelage *m.* **6** *(de una chimenea)* tirage *m.*
• **a tiro** à portée de.
• **de tiros largos** sur son trente et un.
• **pegarse un tiro** se tirer une balle.
• **sentar como un tiro** rester sur l'estomac.
▪ **tiro al blanco** tir à la cible.
▪ **tiro al plato** tir au pigeon.
▪ **tiro con arco** tir à l'arc.
▪ **tiro libre** DEP lancer *m* franc.
tirón [tirón] *nm* **1** *(estirón)* traction *f.* **2** *(de un músculo)* crampe *f.* **3** *(robo)* vol *m* à l'arraché.
• **de un tirón** d'un seul coup.
tiroteo [tirotéo] *nm* fusillade *f.*
tisana [tisána] *nf* tisane *f.*
tisis [tisis] *nf* MED phtisie *f.*
títere [titere] *nm* marionnette *f*, pantin *m.*
titubear [tituβeár] *vi* tituber.

titular [titulàr] *adj* - *nmf* titulaire.
► *nm (de prensa)* gros titre *m*.
► *vt* intituler.
► *vpr* **titularse** s'intituler.
título [titulo] *nm* **1** *(de un libro, nobiliario)* titre *m*. **2** *(académico)* diplôme *m*.
tiza [tiθa] *nf* craie *f*.
toalla [toàʎa] *nf* serviette *f* de toilette.
• **tirar la toalla** jeter l'éponge.
toallero [toaʎèro] *nm* porte-serviettes *m inv*.
tobillo [toβiʎo] *nm* cheville *f*.
tobogán [toβoɣàn] *nm* toboggan *m*.
tocadiscos [tokaðiskos] *nm* tourne-disque *m*.
tocado [tokàðo] *nm (de mujer)* coiffure *f*.
tocador [tokaðòr] *nm (mueble)* coiffeuse *f*.
tocar [1] [tokàr] *vt* **1** *(gen)* toucher. **2** *(instrumento)* jouer de. **3** *(horas, etc)* sonner. **4** *(asunto, etc)* aborder.
► *vi* **1** *(estar contiguo)* toucher: ***tocar a su fin***, toucher à sa fin. **2** *(corresponder, concernir)* incomber, appartenir. **3** *(por suerte, etc)* revenir, gagner.
► *v impers* être le tour de.
► *vpr* **tocarse** se toucher.
tocayo,-ya [tokàjo,-ja] *nm,f* homonyme.
tocino [toθino] *nm* lard *m*.
todavía [toðaβia] *adv* **1** *(aún)* encore: ***todavía no ha llegado***, il n'est pas encore arrivé. **2** *(a pesar de todo)* pourtant: ***¿y todavía me dices que te crea?***, et par-dessus le marché tu veux que je te croie ?
todo,-da [tòðo,-ða] *adj* tout,-e.
► *pron* tout,-e: ***todo lo hizo por amor***, il a tout fait par amour.
► *nm* tout *m*.
• **ante todo** d'abord, avant tout.
• **a todo esto** cependant, sur ces entrefaites.
• **con todo** malgré tout.
• **del todo** complètement.
• **después de todo** après tout.
• **estar en todo** s'occuper de tout.
• **jugarse el todo por el todo** jouer le tout pour le tout.
• **no del todo** pas tout à fait.
• **sobre todo** surtout.
todopoderoso,-sa [toðopoðeròso,-sa] *adj* tout-puissant *m*, toute-puissante *f*.
todoterreno [toðoteřèno] *nm* véhicule *m* tout terrain.
toga [tòɣa] *nf* toge *f*.
toldo [tòldo] *nm* **1** *(de un café, una tienda)* auvent *m*, banne *f*. **2** *(de un camión)* bâche *f*.
tolerante [tolerànte] *adj* tolérant,-e.
tolerar [toleràr] *vt* tolérer.
toma [tòma] *nf* prise *f*.
• **ser un toma y daca** être donnant donnant.
▪ **toma de contacto** premier contact *m*.
▪ **toma de corriente** prise de courant.
▪ **toma de posesión** prise de possession.
▪ **toma de tierra** prise de terre.
tomar [tomàr] *vt* prendre
► *vi* prendre.
► *vpr* **tomarse** prendre: ***se ha tomado un mes de vacaciones***, il a pris un mois de vacances.
• **¡toma!** tiens !
• **tomarla con ALGN** prendre QQN en grippe.
• **tomar por** prendre pour.
tomate [tomàte] *nm* tomate *f*.
• **ponerse como un tomate** devenir rouge comme une tomate.
tómbola [tòmbola] *nf* tombola *f*.
tomillo [tomiʎo] *nm* thym *m*.
tomo [tòmo] *nm* tome *m*.
ton [ton].
• **sin ton ni son** sans rime ni raison.
tonalidad [tonaliðàð] *nf* tonalité *f*.
tonel [tonèl] *nm* tonneau *m*.
tonelada [tonelàða] *nf* tonne *f*.
tónica [tònika] *nf* **1** *(bebida)* Schweppes® *m*. **2** *(tendencia)* ton *m*.
tónico,-ca [tòniko,-ka] *adj* tonique.
► *nm* **tónico 1** *(reconstituyente)* fortifiant *m*. **2** *(cosmético)* lotion *f* tonique.
tono [tòno] *nm* ton *m*.
• **a tono con** en accord avec.
• **bajar el tono** baisser le ton.
• **fuera de tono** hors de propos.
• **ponerse a tono** se mettre au diapason.
• **subir el tono** hausser le ton.
tontear [tonteàr] *vi* **1** *(hacer o decir tonterías)* faire l'idiot,-e. **2** *fam (coquetear)* flirter.
tontería [tonteria] *nf* sottise *f*, bêtise *f*.
tonto,-ta [tònto,-ta] *adj* - *nm,f* bête, idiot,-e.
• **hacer el tonto** faire l'idiot.

topar [topár] *vi* se heurter, heurter.
► *vpr* **toparse** tomber sur: ***toparse con un amigo***, tomber sur un ami.
tope [tópe] *nm* **1** *(límite)* limite *f.* **2** *(obstáculo)* butoir *m.*
► *adv fam (muy)* vachement.
• **a tope 1** *(lleno)* plein,-e à craquer. **2** *(al máximo)* à fond.
• **hasta los topes** plein,-e à craquer.
tópico,-ca [tópiko,-ka] *adj* MED topique.
► *nm* **tópico** cliché *m.*
top less [tóples] *nm* top less *m.*
topo [tópo] *nm* taupe *f.*
topónimo [topónimo] *nm* toponyme *m.*
toque [tóke] *nm* **1** *(acción de tocar)* touche *f.* **2** *(de trompeta, campanas, etc)* sonnerie *f.* **3** *(detalle, aspecto)* touche *f*: ***tiene un toque muy chic***, il a un côté très chic. **4** *fam (advertencia)* avertissement *m*: ***el profesor le dio un toque***, le professeur l'a rappelé à l'ordre.
▪ **toque de queda** couvre-feu *m.*
tórax [tóraks] *nm* thorax *m.*
torbellino [torβeʎíno] *nm* tourbillon *m.*
torcedura [torθeðúra] *nf* **1** *(gen)* torsion *f.* **2** MED entorse *f.*
torcer [54] [torθér] *vt* **1** *(doblar)* tordre. **2** *(girar)* tourner: ***torcer la esquina***, tourner au coin de la rue. **3** *(dar dirección distinta)* dévier. **4** *fig (el sentido de las palabras, etc)* détourner.
► *vi (cambiar de dirección)* tourner.
► *vpr* **torcerse** se tordre.
torcido,-da [torθíðo,-ða] *adj* tordu,-e.
tordo,-da [tórðo,-ða] *adj - nm,f (caballo)* tourdille.
► *nm* **tordo** *(ave)* grive *f.*
torear [toreár] *vt - vi* **1** *(toros)* combattre. **2** *(dificultad, problema)* esquiver. **3** *(burlarse)* taquiner.
toreo [toréo] *nm* tauromachie *f.*
torero,-ra [toréro] *nm* torero *m.*
tormenta [torménta] *nf (en la tierra)* orage *m*; *(en el mar)* tempête *f.*
tormento [torménto] *nm* **1** *(congoja)* tourment *m.* **2** *(suplicio)* torture *f.*
tormentoso,-sa [tormentóso,-sa] *adj* orageux,-euse.
tornado [tornáðo] *nm* tornade *f.*
torneo [tornéo] *nm* tournoi *m.*
tornillo [torniʎo] *nm* vis *f.*
• **le falta un tornillo** il lui manque une case.
torno [tórno] *nm* **1** *(de alfarero)* tour *m.* **2** *(de dentista)* roulette *f.* **3** *(de carpintero, cerrajero)* étau *m.* **4** *(para elevar pesos)* treuil *m.*
• **en torno a 1** *(alrededor de)* autour de. **2** *(aproximadamente)* environ.
toro [tóro] *nm* taureau *m.*
► *nm pl* **toros** corrida *f sing.*
• **coger el toro por los cuernos** prendre le taureau par les cornes.
torpe [tórpe] *adj* **1** *(gen)* maladroit,-e. **2** *(necio)* lent,-e.
torpedo [torpéðo] *nm* torpille *f.*
torpeza [torpéθa] *nf* **1** *(gen)* maladresse *f.* **2** *(necedad)* lenteur *f.*
torre [tóre] *nf* tour *f.*
torrencial [torenθjál] *adj* torrentiel,-elle.
torrente [torénte] *nm* torrent *m.*
torrija [toríχa] *nf* COC pain *m* perdu.
torsión [torsjón] *nf* torsion *f.*
torso [tórso] *nm* torse *m.*
torta [tórta] *nf* **1** *(bofetada)* baffe *f.* **2** COC *(dulce)* gâteau *m.*
• **ni torta** *fam* que dalle.
tortazo [tortáθo] *nm* **1** *(bofetón)* baffe. **2** *(golpe)* gamelle *f.*
tortícolis [tortíkolis] *nf* torticolis *m.*
tortilla [tortíʎa] *nf* omelette *f.*
▪ **tortilla de patatas** omelette espagnole.
▪ **tortilla francesa** omelette nature.
tortuga [tortúγa] *nf* tortue *f.*
tortuoso,-sa [tortwóso,-sa] *adj* tortueux,-euse.
tortura [tortúra] *nf* torture *f.*
torturar [torturár] *vt* torturer.
tos [tos] *nf* toux *f.*
▪ **tos ferina** coqueluche *f.*
tosco,-ca [tósko,-ka] *adj* **1** *(gen)* grossier, -ère. **2** *(persona)* rustre.
toser [tosér] *vi* tousser.
tostada [tostáða] *nf* tranche *f* de pain grillé.
tostado,-da [tostáðo,-ða] *adj* **1** *(pan, etc)* grillé,-e. **2** *(tez)* hâlé,-e. **3** *(color)* foncé,-e.
tostador [tostaðór] *nm* grille-pain *m.*
tostadora [tostaðóra] *nm* grille-pain *m.*
tostar [31] [tostár] *vt* **1** *(pan, café, etc)* faire griller. **2** *(la piel)* brunir.

tostón [tostón] *nm* **1** *(picatoste)* croûton *m* frit. **2** *fam (rollo)* plaie *f.*

total [totál] *adj* total,-e.

► *nm* total *m.*

► *adv fam* en résumé, bref.

totalidad [totaliðáð] *nf* totalité *f.*

totalitario,-ria [totalitárjo,-rja] *adj* totalitaire.

totalizar [4] [totaliθár] *vt* faire le total de, totaliser.

tóxico,-ca [tóksiko,-ka] *adj* toxique.

► *nm* **tóxico** produit *m* toxique.

toxicómano,-na [toksikómano,-na] *nm,f* toxicomane.

toxicomanía [toksikomanía] *nf* toxicomanie *f.*

tozudo,-da [toθúðo,-ða] *adj* têtu,-e.

trabajador,-ra [traβaχaðór,-ra] *adj - nm,f* travailleur,-euse.

trabajar [traβaχár] *vt - vi* travailler.

trabajo [traβáχo] *nm* **1** *(gen)* travail *m.* **2** *(empleo)* emploi *m.* **3** *fig (esfuerzo)* efforts *m pl.*

• **tomarse el trabajo de** se donner la peine de.

▪ **trabajo de chinos** travail de Romain.

trabalenguas [traβaléŋgwas] *nm mot ou phrase difficile à prononcer.*

trabar [traβár] *vt* **1** *(animal)* attacher. **2** *(cosas)* joindre, lier. **3** COC *(salsa)* lier; *(líquido, masa)* épaissir. **4** *fig (batalla, conversación)* engager; *(amistad, etc)* lier.

► *vpr* **trabarse** s'emmêler.

tracción [trakθjón] *nf* traction *f.*

▪ **tracción delantera** traction avant.

▪ **tracción trasera** traction arrière.

tractor [traktór] *nm* tracteur *m.*

tradición [traðiθjón] *nf* tradition *f.*

tradicional [traðiθjonál] *adj* traditionnel,-elle.

traducción [traðukθjón] *nf* traduction *f.*

traducir [46] [traðuθír] *vt* traduire.

traductor,-ra [traðuktór,-ra] *nm,f* traducteur,-trice.

traer [88] [traér] *vt* **1** *(al lugar en donde se habla)* apporter, amener. **2** *(llevar puesto)* porter. **3** *(acarrear)* causer. **4** *(atraer hacia sí)* attirer.

• **traérselas** *fam* être gratiné,-e: ***el tema se las trae***, le sujet est gratiné.

• **traer ALGO sin cuidado** n'en avoir rien à faire de QQCH.

traficante [trafikánte] *nmf* trafiquant,-e.

traficar [1] [trafikár] *vi* trafiquer.

tráfico [tráfiko] *nm* **1** *(negocio)* trafic *m.* **2** *(de vehículos)* circulation *f.*

tragaluz [traɣalúθ] *nm* lucarne *f.*

tragaperras [traɣapéras] *nf* **(máquina) tragaperras** machine *f* à sous.

tragar [7] [traɣár] *vt (alimentos)* avaler.

► *vt - vpr* **tragar(se)** **1** *fig (creer)* avaler. **2** *(engullir)* engloutir, absorber. **3** *fig (soportar)* se taper.

• **no tragar a ALGN** ne pas pouvoir encadrer QQN.

tragedia [traχéðja] *nf* tragédie *f.*

trágico,-ca [tráχiko,-ka] *adj* tragique.

trago [tráɣo] *nm* gorgée *f.*

• **echar un trago** *fam* boire un coup.

• **pasar un mal trago** passer un mauvais quart d'heure.

traición [traiθjón] *nf (delito)* trahison *f.*

• **a traición** en traître.

traicionar [traiθjonár] *vt* trahir.

traidor,-ra [traiðór,-ra] *adj - nm,f* traître, -esse.

tráiler [tráiler] *nm* **1** *(remolque)* semi-remorque *m.* **2** *(de película)* bande-annonce *f.*

traje [tráχe] *nm* **1** *(de hombre)* costume *m.* **2** *(de mujer)* tailleur *m.*

▪ **traje de baño** maillot *m* de bain.

▪ **traje de etiqueta** tenue *f* de soirée.

▪ **traje de luces** habit *m* de lumière.

▪ **traje espacial** combinaison *f* spatiale.

trajín [traχín] *nm fam* remue-ménage *m.*

trajinar [traχinár] *vt fam* s'activer.

trama [tráma] *nf* trame *f.*

tramar [tramár] *vt* tramer.

tramitar [tramitár] *vt* **1** *(asunto)* faire des démarches pour obtenir. **2** *(venta, etc)* s'occuper de.

trámite [trámite] *nm* **1** *(requisito)* formalité *f.* **2** *(diligencia)* démarche *f.*

tramo [trámo] *nm* **1** *(de escalera)* volée *f.* **2** *(de canal, de camino)* tronçon *m.* **3** *(de terreno)* section *f.*

trampa [trámpa] *nf* **1** *(gen)* piège *m.* **2** *(en el juego)* tricherie *f.* **3** *(artificio de caza)* traquenard *m.* **4** *(deuda)* dette *f.*

• **caer en la trampa** tomber dans le piège.
• **hacer trampas** tricher.
trampolín [trampolin] *nm* 1 *(gen)* tremplin *m.* 2 *(de piscina)* plongeoir *m.*
tramposo,-sa [trampóso,-sa] *adj - nm,f* menteur,-euse.
tranca [tráŋka].
• **a trancas y barrancas** tant bien que mal.
trance [tránθe] *nm* 1 *(apuro)* moment *m* critique. 2 *(fenómeno psíquico)* transe *f.*
• **estar en trance** être en transe.
tranquilidad [traŋkiliðáð] *nf* tranquillité *f.*
tranquilizante [traŋkiliθánte] *nm* tranquillisant *m.*
tranquilizar [4] [traŋkiliθár] *vt* tranquilliser, rassurer.
► *vpr* **tranquilizarse** 1 *(calmarse)* se tranquilliser. 2 *(tomar confianza)* se rassurer.
tranquilo,-la [traŋkilo,-la] *adj* 1 *(gen)* tranquille. 2 *(mar, tono, etc)* calme.
• **dejar tranquillo** laisser tranquille.
• **quedarse tan tranquilo** rester de marbre.
• **¡tranquilo!** ne t'inquiète pas !
transatlántico,-ca [transatlántiko,-ka] *adj* transatlantique.
► *nm* **transatlántico** transatlantique *m,* paquebot *m.*
trasbordador [trazβorðaðór] *nm* ferry *m.*
▪ **transbordador espacial** navette *f* spatiale.
transbordo [tranzβórðo] *nm* changement *m.*
• **hacer transbordo** changer.
transcender [transθendér] *vi* 1 *(ser transcendente)* être transcendant,-e. 2 *(extenderse, ir más allá)* dépasser.
transcribir [transkriβir] *vt* transcrire.
transcripción [transkripθjón] *nf* transcription *f.*
transcurrir [transkur̄ir] *vi* 1 *(tiempo)* s'écouler. 2 *(acontecimiento)* se passer.
transcurso [transkúrso] *nm* cours *m.*
transeúnte [transeúnte] *adj - nmf* passant,-e.
transferir [35] [transferir] *vt* transférer.
transformación [transformaθjón] *nf* transformation *f.*
transformador [transformaðór] *nm* transformateur.
transformar [transformár] *vt* transformer.
► *vpr* **transformarse** se transformer.
tránsfuga [tránsfuɣa] *nmf* transfuge.
transfusión [transfusjón] *nf* transfusion *f.*
transición [transiθjón] *nf* transition *f.*
transigir [6] [transiχir] *vi* transiger.
transistor [transistór] *nm* transistor *m.*
transitable [transitáβle] *adj (camino)* praticable.
transitivo,-va [transitiβo,-βa] *adj* transitif,-ive.
► *nm* **transitivo** transitif *m.*
tránsito [tránsito] *nm* 1 *(paso)* passage *m,* circulation *f.* 2 *(tráfico)* transit *m.*
• **de tránsito** de passage.
transitorio,-ria [transitórjo,-rja] *adj* transitoire.
transmisión [tranzmisjón] *nf* transmission *f.*
transmisor,-ra [tranzmisór,-ra] *adj* émetteur,-trice.
► *nm* **transmisor** émetteur *m.*
transmitir [tranzmitir] *vt* 1 *(gen)* transmettre. 2 *(tele, radio)* diffuser.
transparencia [transparénθja] *nf* transparence *f.*
transparentarse [transparentárse] *vpr* être transparent,-e.
transparente [transparénte] *adj* transparent,-e.
transpiración [transpiraθjón] *nf* transpiration *f.*
transpirar [transpirár] *vi* transpirer.
transplante [transplánte] *nm* greffe *f.*
transportar [transportár] *vt* transporter.
transporte [transpórte] *nm* transport *m.*
▪ **transporte público** transports *m pl* en commun.
transportista [transportista] *nmf* transporteur *m.*
tranvía [trambia] *nm* tramway *m.*
trapecio [trapéθjo] *nm* trapèze *m.*
trapecista [trapeθista] *nmf* trapéziste.
trapero,-ra [trapéro,-ra] *nm,f* chiffonnier,-ère.
trapichear [trapitʃeár] *vi fam* magouiller.

trapo [trápo] *nm (gen)* chiffon *m*.
► *nm pl* **trapos** *fam (ropa)* chiffons *m pl*.
• **a todo trapo** toutes voiles dehors.
• **poner a ALGN como un trapo** traiter QQN de tous les noms.
▪ **trapo de cocina** torchon *m*.
▪ **trapo de polvo** chiffon *m*.
tráquea [trákea] *nf* ANAT trachée *f*.
traqueteo [traketéo] *nm* secousses *f pl*.
tras [tras] *prep* **1** *(después de)* après: ***llegaron uno tras otro***, ils sont arrivés l'un après l'autre. **2** *(detrás de)* derrière.
trascendencia [trasθendénθja] *nf* importance *f*.
trascendental [trasθendentál] *adj* **1** *(importante)* très important. **2** *(filosofía)* transcendantal,-e.
trasero,-ra [trasèro,-ra] *adj* arrière, postérieur,-e.
► *nm* **trasero** derrière *m*.
trasiego [trasjéɣo] *nm* remue-ménage *m*.
trasladar [trazlaðár] *vt* **1** *(desplazar)* changer de place, déplacer. **2** *(personas, animales)* transférer, transporter. **3** *(reunión, función, etc)* ajourner. **4** *(empleado)* muter, déplacer. **5** *(a otra página, columna)* reporter.
► *vpr* **trasladarse** *(desplazarse)* se déplacer.
traslado [trazláðo] *nm* **1** *(desplazamiento)* déplacement *m*. **2** *(de viajeros, heridos, etc)* transport *m*, transfert *m*. **3** *(mudanza)* déménagement *m*. **4** *(de empleado)* mutation *f*.
traslucirse [trazluθírse] *vpr* **1** *(verse a través)* être translucide. **2** *fig (deducirse)* se laisser deviner, se déduire.
trasluz [trazlúθ].
• **al trasluz** par transparence.
trasnochar [traznotʃár] *vi* passer la nuit sans dormir, se coucher tard.
traspapelar [traspapelár] *vt* égarer.
traspasar [traspasár] *vt* **1** *(de una parte a otra)* traverser, passer. **2** *(con una cosa punzante)* transpercer, percer. **3** *(negocio)* transférer, céder. **4** DEP *(jugador)* transférer.
• **"Se traspasa"** « Bail à céder ».
traspaso [traspáso] *nm* **1** *(de un negocio)* cession *f*; *(de un comercio)* pas-de-porte *m*. **2** *(precio)* reprise *f*. **3** DEP *(de un jugador)* transfert *m*.
traspié [traspjé] *nm* faux-pas *m*.
• **dar un traspié** faire un faux-pas.
trasplantar [trasplantár] *vt* transplanter.
trasplante [trasplánte] *nm* greffe *f*.
trastada [trastáða] *nf* mauvais tour *m*.
• **hacer una trastada a ALGN** jouer un mauvais tour à QQN.
traste [tráste] *nm* MÚS *(de guitarra, etc)* touchette *f*.
• **dar al traste con ALGO** *fam* flanquer QQCH par terre, ficher QQCH en l'air.
trastero [trastéro] *nm* débarras *m*.
trastienda [trastjénda] *nf* arrière-boutique *f*.
trasto [trásto] *nm* **1** *fam (cosa inútil)* cochonnerie *f*, saleté *f*. **2** *(persona)* propre à rien *m*, bon, bonne à rien.
• **tirarse los trastos a la cabeza** *fig* s'envoyer la vaisselle à la tête.
trastornar [trastornár] *vt* **1** *(alterar)* bouleverser. **2** *(volver loco)* faire tourner la tête.
► *vpr* **trastornarse** *(volverse loco)* perdre la tête.
trastorno [trastórno] *nm* **1** *(molestia)* dérangement *m*. **2** *(alteración)* bouleversement *m*. **3** *(confusión)* trouble *m*.
tratado [tratáðo] *nm* traité *m*.
tratamiento [tratamjénto] *nm* **1** *(gen)* traitement *m*. **2** *(título)* titre *m*.
▪ **tratamiento de textos** traitement de textes.
tratar [tratár] *vt* traiter.
► *vi* **1** *(intentar)* essayer (**de**, de), tâcher (**de**, de): ***trataré de convencerle***, j'essaierai de le convaincre. **2** *(versar)* porter (**sobre**, sur): ***la novela trata sobre la guerra civil***, le roman porte sur la guerre civile. **3** **tratar con** *(relacionarse)* fréquenter: ***trata mucho con sus vecinos***, il fréquente beaucoup ses voisins.
► *vpr* **tratarse** *(versar)* s'agir (**de**, de).
• **tratar de tú** tutoyer.
• **tratar de usted** vouvoyer.
• **tratarse con ALGN** fréquenter QQN.
trato [tráto] *nm* **1** *(manera de tratar a alguien)* traitement *m*. **2** *(relación)* fréquentation *f*, relation *f*. **3** *(convenio)* marché *m*.
• **cerrar un trato** conclure un marché.

• **¡trato hecho!** marché conclu !
▪ **malos tratos** mauvais traitements.
trauma [tráuma] *nm* traumatisme *m*.
traumatismo [traʊmatizmo] *nm* traumatisme *m*.
través [traβés].
• **a través de** à travers de, au travers de.
• **de través** en travers.
travesía [traβesia] *nf* **1** *(camino)* chemin *m* de traverse. **2** *(calle)* rue *f* traversière. **3** *(viaje)* traversée *f*.
travesti [traβésti], **travestí** [traβesti] *nmf* (*pl* **travestis, travestís**) travesti *m*.
travestido,-da [traβestiðo,-ða] *adj - nm* travesti *m*.
travesura [traβesúra] *nf* espièglerie *f*, polissonnerie *f*.
travieso,-sa [traβjéso,-sa] *adj* espiègle, polisson,-onne.
trayecto [trajékto] *nm* trajet *m*, parcours *m*.
trayectoria [trajektórja] *nf* trajectoire *f*.
trazado [traθáðo] *nm* tracé *m*.
trazar [4] [traθár] *vt* tracer.
trazo [tráθo] *nm* ligne *f*, trait *m*.
trébol [tréβol] *nm* trèfle *m*.
trece [tréθe] *num* treize *m*.
• **mantenerse en sus trece** ne pas céder.
trecho [trétʃo] *nm* espace *m*, distance *f*.
tregua [tréɣwa] *nf* trêve *f*.
treinta [tréinta] *num* trente *m*.
treintena [treinténa] *nf* **1** *(edad)* trentaine *f*. **2** *(parte)* trentième *f*.
tremendo,-da [treméndo,-ða] *adj* terrible, formidable.
tren [tren] *nm* train *m*.
• **a todo tren** aller à un train d'enfer.
• **estar como un tren** *fam* être canon.
▪ **tren correo** train postal.
▪ **tren de alta velocidad** train à grande vitesse.
▪ **tren de aterrizaje** train d'atterrissage.
▪ **tren de cercanías** train de banlieue.
▪ **tren de largo recorrido** train à long parcours.
▪ **tren de lavado** station *f* de lavage de voitures.
▪ **tren de vida** train de vie.
trenza [trénθa] *nf* **1** *(gen)* tresse *f*. **2** *(de pelo)* natte *f*, tresse *f*.
trenzar [4] [trenθár] *vt* tresser, natter.
trepador,-ra [trepaðór,-ra] *adj (planta)* grimpant,-e.
trepar [trepár] *vi* grimper.
tres [tres] *num* trois *m*: ***son las tres***, il est trois heures.
• **no ver tres en un burro** être myope comme une taupe.
▪ **tres en raya** marelle *f*.
trescientos,-tas [tresθjéntos,-tas] *num* trois cents.
tresillo [tresiʎo] *nm (mueble) ensemble d'un canapé et de deux fauteuils.*
treta [tréta] *nf* ruse *f*, artifice *m*.
triangular [trjaŋgulár] *adj* triangulaire.
triángulo [trjáŋgulo] *nm* triangle *m*.
tribu [triβu] *nf* tribu *m*.
tribuna [triβúna] *nf* tribune *f*.
tribunal [triβunál] *nm* **1** *(gen)* tribunal *m*. **2** *(de justicia)* cour *f*. **3** *(en un examen)* jury *m*.
tributar [triβutár] *vt fig (homenaje)* rendre; *(respeto, etc)* témoigner.
► *vi (pagar impuestos)* payer un impôt.
tributo [triβúto] *nm* **1** *(impuesto)* impôt *m*. **2** *(contrapartida)* tribut *m*.
triciclo [triθiklo] *nm* tricycle *m*.
tricolor [trikolór] *adj* tricolore.
trifulca [trifúlka] *nf* dispute *f*, querelle *f*.
trigal [triɣál] *nm* champ *m* de blé.
trigésimo,-ma [triχésimo,-ma] *num* trentième.
trigo [triɣo] *nm* blé *m*.
trillado,-da [triʎáðo,-ða] *adj* rebattu,-e.
trillar [triʎár] *vt (cereal)* battre.
trillizos,-zas [triʎiθos,-θas] *nm,f pl* triplés,-ées.
trimestre [triméstre] *nm* trimestre *m*.
trinar [trinár] *vi* MÚS triller, faire des trilles.
• **está que trina** *fam* il/elle enrage.
trincar [1] [triŋkár] *vt* **1** *(atar)* assujettir fortement. **2** *fam (detener)* attraper. **3** *fam (beber)* avaler, se taper.
trinchar [trintʃár] *vt* découper.
trinchera [trintʃéra] *nf* **1** *(defensa)* tranchée *f*. **2** *(impermeable)* trench-coat *m*.
trineo [trinéo] *nm* **1** *(tirado por perro)* traîneau *m*. **2** *(para jugar)* luge *f*.
trío [trio] *nm* trio *m*.

tripa [tripa] *nf* **1** *(intestino)* tripe *f*, boyau *m*. **2** *fam (barriga)* ventre *m*.
• **hacer de tripas corazón** faire contre mauvaise fortune bon cœur.
triple [triple] *adj - nm* triple *m*.
triplicado [triplikà].
• **por triplicado** en triple exemplaire.
triplicar [1] [triplikàr] *vt* tripler.
trípode [tripoðe] *nm* trépied *m*.
tripulación [tripulaθjòn] *nf* équipage *m*.
tripulante [tripulànte] *nm* membre *m* d'un équipage.
tripular [tripulàr] *vt* piloter.
triste [triste] *adj* **1** *(gen)* triste. **2** *(insignificante)* malheureux,-euse, misérable.
tristeza [tristèθa] *nf* tristesse *f*.
triturar [trituràr] *vt* broyer.
triunfar [trjumfàr] *vi* **1** *(vencer)* triompher. **2** *(tener éxito)* réussir. **3** *(en naipes)* couper avec un atout.
triunfo [trjùmfo] *nm* **1** *(gen)* triomphe *m*. **2** DEP victoire *f*. **3** *(en la vida)* réussite *f*. **4** *(en naipes)* atout *m*.
trivial [triβjàl] *adj* banal,-e, insignifiant,-e.
triza [triθa].
• **hacer trizas** mettre en morceaux, réduire en miettes.
trocear [troθeàr] *vt* couper en morceaux.
trofeo [trofèo] *nm* trophée *m*.
trola [tròla] *nf fam* mensonge *m*.
trolebús [troleβùs] *nm* trolleybus *m*.
tromba [tròmba] *nf* trombe *f*.
trompa [tròmpa] *nf* **1** *(de elefante)* trompe *f*. **2** MÚS cor *m*: ***trompa de caza***, cor de chasse. **3** *fam (borrachera)* cuite *f*.
► *adj fam (borracho)* bourré,-e.
trompazo [trompàθo] *nm* coup *m*.
• **pegarse un trompazo** se casser la figure.
trompeta [trompèta] *nf (instrumento)* trompette *f*.
► *nm (músico)* trompettiste *mf*.
trompetista [trompetista] *nmf* trompettiste.
trompicón [trompikòn].
• **a trompicones** par à-coups.
trona [tròna] *nf* chaise *f* d'enfant.
tronar [31] [tronàr] *v impers* tonner.
tronco [tròŋko] *nm* **1** *(gen)* tronc *m*. **2** *fam (amigo)* pote *m*.
• **dormir como un tronco** dormir comme une souche.
trono [tròno] *nm* trône *m*.
tropa [tròpa] *nf* troupe *f*.
tropezar [47] [trope θàr] *vi* **1** *(trompicar)* trébucher. **2** *(darse un golpe)* buter (**con**, contre), se heurter (**con**, à).
► *vpr* **tropezarse** *fam (encontrarse)* se trouver nez à nez (**con**, avec).
• **tropezar con ALGO** *fig* se heurter à QQCH.
• **tropezar con ALGN** *(encontrarse)* tomber sur QQN.
tropezón [trope θòn] *nm* faux pas *m*.
• **dar un tropezón** faire un faux pas.
tropical [tropikàl] *adj* tropical,-e.
trópico [tròpiko] *nm* tropique *m*.
tropiezo [tropjèθo] *nm* faux pas *m*.
• **dar un tropiezo** faire un faux pas.
trotar [trotàr] *vi* trotter.
trote [tròte] *nm* **1** *(del caballo)* trot *m*. **2** *fig (trabajo)* travail *m* pénible.
• **a/al trote** au trot.
• **no estar para estos trotes** n'avoir plus la force.
trozo [tròθo] *nm* morceau *m*.
trucha [trùtʃa] *nf* truite *f*.
truco [trùko] *nm* **1** *(artificio)* truc *m*. **2** *(cinematográfico)* trucage *m*.
trueno [trwèno] *nm* tonnerre *m*, coup *m* de tonnerre.
trueque [trwèke] *nm* troc *m*, échange *m*.
trufa [trùfa] *nf* truffe *f*.
truhán,-ana [trwàn,-ana] *adj - nm,f* truand,-e, fripon,-onne.
tsunami [sunàmi] *nm* tsunami *m*.
tu [tu] *adj pos* ton, ta.
tú [tu] *pron pers* **1** *(sujeto)* tu: ***tú eres médico***, tu es médecin. **2** *(predicado)* toi: ***la que lo vio todo eres tú***, celle qui a tout vu c'est toi.
• **de tú a tú** à tu et à toi.
tubérculo [tuβèrkulo] *nm* tubercule *m*.
tuberculosis [tuβerkulòsis] *nf* MED tuberculose *f*.
tubería [tuβeria] *nf* **1** *(conjunto de tubos)* tuyauterie *f*. **2** *(tubo)* conduite *f*.
tubo [tùβo] *nm* **1** *(de desagüe)* tuyau *m*. **2** *(recipiente)* tube *m*.
▪ **tubo de ensayo** tube à essai.

■ **tubo de escape** pot *m* d'échappement.
tubular [tuβulár] *adj* tubulaire.
► *nm (de bicicleta)* boyau *m*.
tucán [tukán] *nm* toucan *m*.
tuerca [twérka] *nf* écrou *m*.
tuerto,-ta [twérto,-ta] *adj - nm,f* borgne.
tuétano [twétano] *nm* moelle *f*.
tufo [túfo] *nm (mal olor)* puanteur *f*.
tulipán [tulipán] *nm* tulipe *f*.
tumba [túmba] *nf* tombe *f*, tombeau *m*.
• **ser una tumba** être muet,-ette comme la tombe.
tumbar [tumbár] *vt* **1** *(derribar)* faire tomber, jeter à terre. **2** *(extender)* allonger. **3** *fam (suspender)* recaler.
► *vpr* **tumbarse** s'allonger.
tumbona [tumbóna] *nf* chaise *f* longue, transat *m*.
tumor [tumór] *nm* tumeur *f*.
tumulto [tumúlto] *nm* tumulte *m*.
tunda [túnda] *nf* raclée *f*, volée *f*.
tunecino,-na [tuneθino,-na] *adj* tunisien,-enne.
► *nm,f* Tunisien,-enne.
túnel [túnel] *nm* tunnel *m*.
■ **túnel de lavado** station *f* de lavage de voitures.
Túnez [túneθ] *n pr* **1** *(país)* Tunisie *f*. **2** *(ciudad)* Tunis.
túnica [túnika] *nf* tunique *f*.
tuntún [tuntún].
• **al buen tuntún** au petit bonheur.
tupé [tupé] *nm* toupet *m*.
tupido,-da [tupiðo,-ða] *adj* serré,-e, épais,-aisse.
turbante [turβánte] *nm* turban *m*.
turbar [turβár] *vt* troubler.
► *vpr* **turbarse** se troubler.
turbina [turβina] *nf* turbine *f*.
turbio,-bia [túrβjo,-bja] *adj* **1** *(gen)* trouble. **2** *(sospechoso)* louche, suspect,-e.
turbulencia [turβulénθja] *nf* turbulence *f*.
turbulento,-ta [turβulénto,-ta] *adj* turbulent,-e.
turco,-ca [túrko,-ka] *adj* turc, turque.
► *nm,f* Turc, Turque.
► *nm* **turco** *(idioma)* turc *m*.
turismo [turizmo] *nm* **1** *(actividad)* tourisme *m*. **2** *(coche)* voiture *f* particulière.
■ **turismo rural** tourisme rural.
turista [turista] *nmf* touriste.
turístico,-ca [turistiko,-ka] *adj* touristique.
turnar [turnár] *vi* alterner, se succéder à tour de rôle.
► *vpr* **turnarse** se relayer.
turno [túrno] *nm* **1** *(tanda)* tour *m*. **2** *(de trabajo)* service *m*, tour *m*.
■ **turno de día** équipe *f* de jour.
■ **turno de noche** équipe *f* de nuit.
turquesa [turkésa] *nf (mineral)* turquoise *f*.
► *adj - nm (color)* turquoise *m*.
Turquía [turkia] *n pr* Turquie *f*.
turrón [tuřón] *nm* touron *m*.
tute [túte] *nm* **1** *(juego de cartas) sorte de mariage*. **2** *fam (paliza)* raclée *f*, volée *f*.
• **darse un tute** *fam* mettre les bouchées doubles.
tutear [tuteár] *vt* tutoyer.
tutela [tutéla] *nf* tutelle *f*.
tuteo [tutéo] *nm* tutoiement *m*.
tutor,-ra [tutór,-ra] *nm,f* **1** *(gen)* tuteur, -trice. **2** *(de curso)* professeur *m* principal.
tuyo,-ya [tújo,-ja] *adj pos* à toi: ***este libro es tuyo***, ce livre est à toi.
► *pron pos* **el/la tuyo,-ya** le tien, la tienne: ***este libro es el tuyo***, ce livre est le tien.
TV [teúβe] *abr (**televisión**)* TV.

U

u [u] *conj* ou.
ubicación [uβikaθjón] *nf* emplacement *m*, position *f*.
ubicar [1] [uβikár] *vt* placer.
► *vpr* **ubicarse** se trouver.
ubre [úβre] *nf* **1** *(teta)* mamelle *f*. **2** *(de vaca)* pis *m*.
UCI [úθi] *abr* ***(unidad de cuidados intensivos)*** unité *f* de soins intensifs.
Ud *abr* ***(usted)*** vous.
Uds *abr* ***(ustedes)*** vous.
UE [ué] *abr* ***(Unión Europea)*** UE.
¡uf! [uf] *interj* ouf !
ujier [uχjér] *nm* huissier *m*.
úlcera [úlθera] *nf* MED ulcère *m*.
ulcerarse [ulθerár] *vpr* MED s'ulcérer.
ultimar [ultimár] *vt* **1** *(preparativos, etc)* achever, terminer. **2** *(tratado, etc)* conclure.
ultimátum [ultimátum] *nm* ultimatum *m*.
último,-ma [último,-ma] *adj* - *nm,f* dernier,-ère.
• **a la última** à la dernière mode.
• **en último caso** en dernier lieu.
• **por último** enfin, finalement.
ultra [últra] *nmf (extremista)* ultra.
ultraderecha [ultraðerétʃa] *nf* extrême droite *f*.
ultrajar [ultraχár] *vt* outrager.
ultraligero [ultraliχéro] *nm* ULM *m*.
ultramar [ultramár] *nm* outre-mer *m*.
ultramarino,-na [ultramarino,-na] *adj* d'outre-mer.
► *nm pl* **ultramarinos** épicerie *f*.
ultranza [ultránθa].
• **a ultranza** à outrance.
ultravioleta [ultraβjoléta] *adj* ultra-violet,-ette.
umbilical [umbilikál] *adj* ombilical,-e.
umbral [umbrál] *nm* seuil *m*.
• **en los umbrales de** au seuil de.
un, una [un, úna] *art indef* (*pl* **unos,-nas**) un, une.
► *adj* → uno,-na.
unánime [unánime] *adj* unanime.
unanimidad [unanimiðáð] *nf* unanimité *f*.
• **por unanimidad** à l'unanimité.
undécimo,-ma [undéθimo,-ma] *num* onzième.
ungüento [uŋgwénto] *nm* onguent *m*.
único,-ca [úniko,-ka] *adj* **1** *(sólo uno, excepcional)* unique: ***hijo único***, fils unique. **2** *(sólo entre varios)* seul,-e.
unidad [uniðáð] *nf* unité *f*.
▪ **unidad de cuidados intensivos** unité de soins intensifs.
▪ **unidad móvil** unité mobile.
unido,-da [uniðo,-ða] *adj* uni,-e.
unificar [1] [unifikár] *vt* unifier.
uniformar [uniformár] *vt* **1** *(igualar)* uniformiser. **2** *(con uniforme)* pourvoir d'un uniforme.
uniforme [unifórme] *adj* - *nm* uniforme *m*.
unión [unjón] *nf* union *f*.
▪ **Unión Europea** Union Européenne.
unir [unir] *vt* **1** *(juntar)* unir, joindre. **2** *(enlazar)* lier, relier. **3** *(piezas)* assembler. **4** *(comunicar ciudades, etc)* relier.
► *vpr* **unirse** s'unir.
unisex [uniseks] *adj* unisexe.
unísono [unisono].
• **al unísono** à l'unisson.

unitario,-ria [unitárjo,-rja] *adj - nm,f* unitaire.
universal [uniβersál] *adj* universel,-elle.
universidad [uniβersiðáð] *nf* université *f*.
▪ **universidad a distancia** université à distance.
universitario,-ria [uniβersitárjo,-rja] *adj* universitaire.
► *nm,f* **1** *(estudiante)* étudiant,-e à l'université. **2** *(titulado)* diplômé,-e de l'université.
universo [uniβérso] *nm* univers *m*.
uno, una [úno, úna] *num* (**un** devant ***m sing***) un, une.
► *adj (único, no dividido)* un, une.
► *pron indef* **1** quelqu'un: ***uno me dijo que él no lo veía así***, quelqu'un m'a dit qu'il ne pensait pas de la sorte; ***uno de ellos***, l'un d'eux. **2** *(el que habla)* on: ***uno diría que...***, on dirait que ....
► *adj indef pl* **unos, unas** **1** *(algunos)* des, quelques: ***unos zapatos***, des souliers. **2** *(aproximadamente)* environ: ***unas cuarenta personas***, environ quarante personnes.
► *nm* **uno** un *m*.
• **como uno más** comme un autre.
• **de uno en uno** un par un.
• **ni uno** pas un.
• **una de dos** de deux choses l'une.
• **uno a uno** un à un.
• **uno por uno** un par un.
• **uno tras otro** l'un après l'autre.
▪ **la una** une heure.
untar [untár] *vt* **1** *(tostadas, pan, etc)* tartiner. **2** *(con una materia grasa)* graisser. **3** *fam (sobornar)* graisser.
uña [úɲa] *nf* **1** *(de persona)* ongle *m*. **2** *(de gato, etc)* griffe *f*.
• **comerse las uñas** se ronger les ongles.
• **ser uña y carne** être comme les deux doigts de la main.
uñero [uɲéro] *nm* **1** *(inflamación)* panaris *m*. **2** *(de un libro)* onglet *m*.
uranio [uránjo] *nm* uranium *m*.
urbanidad [urβaniðáð] *nf* politesse *f*, courtoisie *f*.
urbanización [urβaniθaθjón] *nf* lotissement *m*.
urbanizar [4] [urβaniθár] *vt* urbaniser.
urbano,-na [urβáno,-na] *adj* urbain,-e.
► *nm,f* agent *m* de police.
urbe [úrβe] *nf* ville *f*, métropole *f*.
uretra [urétra] *nf* ANAT urètre *m*.
urgencia [urχénθja] *nf* urgence *f*.
► *nf pl* **urgencias** urgences *f pl*.
• **con urgencia** d'urgence.
urgente [urχénte] *adj* urgent,-e.
urgir [6] [urχír] *vi* être urgent, presser: ***urge que vengas***, il est urgent que tu viennes.
urinario,-ria [urinárjo,-rja] *adj* urinaire.
► *nm* **urinario** urinoir *m*.
urna [úrna] *nf* urne *f*.
urología [uroloχía] *nf* urologie *f*.
urraca [ur̄áka] *nf* pie *f*.
urticaria [urtikárja] *nf* urticaire *f*.
Uruguay [uruɣwái] *n pr* Uruguay *m*.
uruguayo,-ya [uruɣwájo,-ja] *adj* uruguayen,-enne.
► *nm,f* Uruguayen,-enne.
usado,-da [usáðo,-ða] *adj* **1** *(que ha servido)* usagé,-e. **2** *(gastado)* usé,-e, vieux, vieille. **3** *(en uso)* usité,-e.
usanza [usánθa] *nf* usage *m*, mode *f*.
usar [usár] *vt* **1** *(utilizar)* utiliser, faire usage de. **2** *(llevar puesto)* porter: ***en verano siempre usa gafas de sol***, en été il porte toujours des lunettes de soleil.
► *vi* user (**de**, de), faire usage (**de**, de).
• **de usar y tirar** jetable.
uso [úso] *nm* **1** *(gen)* usage *m*. **2** *(costumbre)* coutume *f*.
• **hacer uso de** faire usage de.
• **tener uso de razón** avoir l'âge de raison.
usted [ustéð] *pron pers* vous.
usual [uswál] *adj* usuel,-elle.
usuario,-ria [uswárjo,-rja] *nm,f* **1** *(de transportes, etc)* usager *m*. **2** *(de máquinas, ordenadores, etc)* utilisateur,-trice.
usufructo [usufrúkto] *nm* DER usufruit *m*.
usurero,-ra [usuréro,-ra] *nm,f* usurier, -ère.
usurpar [usurpár] *vt* usurper.
utensilio [utensiljo] *nm* ustensile *m*.
útero [útero] *nm* ANAT utérus *m*.
útil [útil] *adj* utile.

► *nm (herramienta)* outil *m*; *(utensilio)* ustensile *m*.

utilidad [utiliðáð] *nf* utilité *f*.

utilitario,-ria [utilitárjo,-rja] *adj* utilitaire.

► *nm* **utilitario** *(automóvil)* véhicule *m* utilitaire.

utilización [utiliθaθjón] *nf* utilisation *f*.

utilizar [4] [utiliθár] *vt* utiliser.

utopía [utopía] *nf* utopie *f*.

uva [úβa] *nf* raisin *m*.

• **de uvas a peras** de temps à autre.

• **tener mala uva** *fam* avoir mauvais caractère.

UVI [úβi] *abr (**unidad de vigilancia intensiva**)* unité *f* de soins intensifs.

úvula [úβula] *nf* ANAT uvule *f*.

V

vaca [báka] *nf* **1** *(animal)* vache *f*. **2** *(carne)* bœuf *m*.
• **vacas flacas** vaches maigres.
▪ **vaca lechera** vache laitière.
vacaciones [bakaθjónes] *nf pl* vacances *f pl*.
• **estar de vacaciones** être en vacances.
• **irse de vacaciones** partir en vacances.
vacante [bakánte] *adj* vacant,-e.
► *nf* emploi *m* vacant.
vaciar [13] [baθjár] *vt* **1** *(recipiente)* vider. **2** *(dejar hueco)* évider. **3** *(estatua, etc)* mouler; *(metales)* couler.
vacilación [baθilaθjón] *nf* vacillation *f*.
vacilante [baθilánte] *adj* vacillant,-e.
vacilar [baθilár] *vi* **1** *(dudar)* hésiter. **2** *(luz)* vaciller. **3** *fam (chulear)* crâner.
► *vt fam (tomar el pelo)* se payer la tête de.
vacío,-cía [baθio,-θia] *adj* **1** *(gen)* vide. **2** *fig (vanidoso)* vain,-e, présomptueux, -euse; *(insustancial)* creux, creuse.
► *nm* **vacío** **1** *(gen)* vide *m*. **2** *(cavidad)* creux *m*.
• **tener el estómago vacío** avoir l'estomac creux.
• **envasado,-da al vacío** emballé,-e sous vide.
• **hacerle el vacío a** ALGN faire le vide autour de QQN.
vacuna [bakúna] *nf* vaccin *m*.
vacunación [bakunaθjón] *nf* vaccination *f*.
vacunar [bakunár] *vt* vacciner.
► *vpr* **vacunarse** se vacciner.
vacuno,-na [bakúno,-na] *adj* bovin,-e.
vado [báðo] *nm* **1** *(de acera)* bateau *m*. **2** *(de un río)* gué *m*.
▪ **"Vado permanente"** « Sortie *f* de garage ».
vagabundo,-da [baγaβúndo,-da] *adj* - *nm,f* vagabond,-e.
vagar [7] [baγár] *vi (errar)* errer, vaguer; *(pasear)* traîner, flâner.
vagina [baχina] *nf* ANAT vagin *m*.
vago,-ga[1] [báγo,-γa] *adj (impreciso)* vague.
vago,-ga[2] [báγo,-γa] *adj* - *nm,f* fainéant,-e.
vagón [baγón] *nm* wagon *m*.
vaho [báo] *nm* vapeur *f*, buée *f*.
► *nm pl* **vahos** MED inhalations *f pl*.
vaina [báina] *nf* **1** *(de los guisantes, las judías, etc)* gousse *f*, cosse *f*. **2** *(del tallo)* gaine *f*. **3** *(funda)* étui *m*. **4** *(de espada)* fourreau *m*.
vainilla [bainiʎa] *nf* **1** *(fruto)* vanille *f*. **2** *(planta)* vanillier *m*.
vaivén [baiβén] *nm* va-et-vient *m inv*.
vajilla [baχiʎa] *nf* vaisselle *f*.
vale [bále] *nm* bon *m*.
► *interj* **¡vale!** d'accord !
• **¡vale ya!** ça suffit !
valentía [balentia] *nf* courage *m*.
valer [89] [balér] *vi* **1** *(tener cierto valor)* valoir. **2** *(tener cierto precio)* coûter. **3** *(servir)* servir (**para**, à): ***este cacharro no vale para nada***, ce truc ne sert à rien. **4** *(ser válido)* être valable.
► *vt (proporcionar)* valoir: ***su franqueza le ha valido muchos disgustos***, sa franchise lui a valu bien des ennuis.
► *vpr* **1** *(usar)* se servir (**de**, de), s'aider (**de**, de). **2** *(recurrir a)* avoir recours à.
• **hacer valer** faire valoir.
• **más vale (que)...** il vaut mieux (que) ....

• **no vale 1** *(no sirve)* ça ne sert pas. **2** *(jugando)* ce n'est pas du jeu.
• **¿vale?** d'accord ?
• **vale más...** il vaut mieux....
• **valer la pena** en valoir la peine.
validez [baliðéθ] *nf* validité *f.*
válido,-da [báliðo,-ða] *adj* valide, valable.
valiente [baljénte] *adj - nmf* courageux,-euse, brave.
► *adj (¡menudo!)* sacré,-e, fameux,-euse: ***¡valiente imbécil!***, sacré imbécile !
valioso,-sa [baljóso,-sa] *adj* précieux,-euse.
valla [báʎa] *nf* **1** *(cerca)* clôture *f*, palissade *f.* **2** DEP haie *f.*
vallar [baʎár] *vt* clôturer.
valle [báʎe] *nm* vallée *f.*
valor [balór] *nm* **1** *(gen)* valeur *f.* **2** *(arrojo)* courage *m.* **3** *(descaro)* audace *f.*
• **armarse de valor** s'armer de courage.
• **de valor** de valeur.
• **¡qué valor!** quel sans-gêne !
• **sin ningún valor** sans aucune valeur.
valoración [baloraθjón] *nf* évaluation *f.*
valorar [balorár] *vt* **1** *(tasar)* estimer, évaluer. **2** *(apreciar)* apprécier.
vals [bals] *nm* valse *f.*
válvula [bálβula] *nf* **1** *(gen)* valve *f.* **2** *(de máquina de vapor, de motor, etc)* soupape *f*: ***válvula de seguridad***, soupape de sûreté. **3** ANAT valvule *f.*
vampiro [bampíro] *nm* vampire *m.*
vanguardia [baŋgwárðja] *nf* avant-garde *f.*
vanidad [baniðáð] *nf* vanité *f.*
vanidoso,-sa [baniðóso,-sa] *adj - nm,f* vaniteux,-euse.
vano,-na [báno,-na] *adj* **1** *(gen)* vain,-e. **2** *(presuntuoso)* vaniteux,-euse. **3** *(vacío)* vide; *(hueco)* creux, creuse.
► *nm* **vano** embrasure *f.*
• **en vano** en vain.
vapor [bapór] *nm* vapeur *f.*
• **al vapor** COC à la vapeur.
• **de vapor** à vapeur.
vaporizador [baporiθaðór] *nm* vaporisateur *m.*
vaquero,-ra [bakéro,-ra] *adj* *(ropa)* en jean.
► *nm,f (persona)* vacher,-ère.
► *nm pl* **vaqueros** *(pantalón)* jean *m*, jeans *m pl.*
vara [bára] *nf* **1** *(ramo delgado)* baguette *f*, verge *f*; *(palo largo)* gaule *f.* **2** *(de mando)* bâton *m.* **3** *(pica)* pique *f*, coup *m.*
variable [barjáβle] *adj - nf (gen)* variable.
► *adj (carácter, etc)* changeant,-e.
variación [barjaθjón] *nf* variation *f.*
variante [barjánte] *nf* **1** *(variedad)* variante *f.* **2** *(carretera)* périphérique *m.*
variar [13] [barjár] *vt* varier.
• **para variar** pour changer.
varicela [bariθéla] *nf* MED varicelle *f.*
variedad [barjeðáð] *nf* variété *f.*
► *nf pl* **variedades** variétés *f pl.*
varilla [baríʎa] *nf* **1** *(barra larga)* baguette *f.* **2** *(para una cortina)* tringle *f.* **3** *(de paraguas)* baleine *f.*
vario,-ria [bárjo,-rja] *adj (distinto)* divers,-e, différent,-e.
► *adj pl - pron pl* **varios,-rias** *(algunos)* plusieurs.
varita [baríta] *nf* baguette *f.*
▪ **varita mágica** baguette magique.
variz [baríθ] *nf* MED varice *f.*
varón [barón] *nm* **1** *(hombre)* homme *m.* **2** *(chico)* garçon *m.*
vaselina® [baselína] *nf* vaseline® *f.*
vasija [basíχa] *nf* pot *m.*
vaso [báso] *nm* **1** *(para beber)* verre *m.* **2** *(recipiente)* vase *m.* **3** ANAT, BOT vaisseau *m.*
vasto,-ta [básto,-ta] *adj* vaste.
vaticinar [batiθinár] *vt* vaticiner.
vatio [bátjo] *nm* FÍS watt *m.*
¡vaya! [bája] *interj* **1** *(satisfacción, decepción)* ça alors ! **2** *(admiración, ironía)* en voilà !: ***¡vaya con el listillo!***, en voilà un dégourdi ! **3** *(para enfatizar)* mais quel, quelle !: ***¡vaya chorrada!***, mais quelle bêtise !
vecindad [beθindáð] *nf* voisinage *m.*
vecindario [beθindárjo] *nm* **1** *(de una ciudad)* habitants *m pl*, population *f.* **2** *(del barrio, del edificio)* voisinage *m.*
vecino,-na [beθíno,-na] *adj - nm,f (de una comunidad)* voisin,-e.
► *nm,f (de una ciudad, un barrio)* habitant,-e.
veda [béða] *nf* défense *f*, prohibition *f.*
• **levantar la veda** déclarer l'ouverture de la chasse/pêche.

vedado,-da [beðáðo,-ða] *adj* interdit,-e.
vegetación [beχetaθjón] *nf* végétation *f.*
vegetal [beχetál] *adj* végétal,-e.
► *nm* végétal *m.*
vegetar [beχetár] *vi* végéter.
vegetariano,-na [beχetarjáno,-na] *adj - nm,f* végétarien,-enne.
vehemente [beeménte] *adj* véhément,-e.
vehículo [beikulo] *nm* véhicule *m.*
veinte [béinte] *num* vingt *m.*
veintena [beinténa] *nf* vingtaine *f.*
veinticinco [beintiθiŋko] *num* vingt-cinq *m.*
veinticuatro [beintikwátro] *num* vingt-quatre *m.*
veintidós [beintiðós] *num* vingt-deux *m.*
veintinueve [beintinwéβe] *num* vingt-neuf *m.*
veintiocho [beintiótʃo] *num* vingt-huit *m.*
veintiséis [beintiséjs] *num* vingt-six *m.*
veintisiete [beintisjéte] *num* vingt-sept *m.*
veintitrés [beintitrés] *num* vingt-trois *m.*
veintiuno,-na [beintjúno,-na] *num* vingt et un,-e.
► *nm* vingt et un *m.*
vejatorio,-ria [beχatórjo,-rja] *adj* vexatoire.
vejez [beχéθ] *nf* vieillesse *f.*
vejiga [beχiγa] *nf* **1** ANAT vessie *f.* **2** *(en la piel)* ampoule *f.*
vela[1] [béla] *nf* **1** *(para alumbrar)* bougie *f*, chandelle *f.* **2** *(acción de velar)* veille *f.*
• **en vela** sans dormir.
vela[2] [béla] *nf (de barco)* voile *f.*
velada [beláða] *nf* veillée *f*, soirée *f.*
velar [belár] *vi* **1** *(estar sin dormir)* veiller. **2** *(cuidar)* veiller (**por**, à/sur).
► *vt* **1** veiller. **2** *(cubrir con un velo)* voiler.
► *adj - nf* vélaire *f.*
velatorio [belatórjo] *nm* veillée *f* funèbre.
velcro® [belkró®] *nm* Velcro® *m.*
veleidad [beleiðáð] *nf* velléité *f.*
velero,-ra [beléro,-ra] *adj (barco)* à voiles.
► *nm* **velero** voilier *m.*
veleta [beléta] *nf* girouette *f.*
► *nmf* girouette *f.*
vello [béʎo] *nm* duvet *m.*
velo [bélo] *nm* voile *m.*
• **correr un tupido velo** jeter un voile.
▪ **velo del paladar** ANAT voile du palais.
velocidad [beloθiðáð] *nf* vitesse *f.*
velocista [beloθista] *nmf* sprinter,-euse.
velódromo [belóðromo] *nm* vélodrome *m.*
veloz [belóθ] *adj* rapide, véloce.
vena [béna] *nf* **1** ANAT veine *f.* **2** *fig (suerte)* disposition *f* favorable.
• **estar en vena** *fam* être en veine.
venado [benáðo] *nm* cerf *m.*
vencedor,-ra [benθeðór,-ra] *adj* victorieux,-euse.
► *nm,f* vainqueur *m.*
vencer [2] [benθér] *vt* **1** *(derrotar)* vaincre, battre. **2** *(problema)* surmonter.
► *vi* **1** *(gen)* vaincre. **2** *(plazo, deuda, etc)* échoir, expirer.
vencimiento [benθimjénto] *nm* échéance *f*, expiration *f.*
venda [bénda] *nf* bande *f.*
vendaje [bendáχe] *nm* bandage *f.*
vendar [bendár] *vt* bander.
vendaval [bendaβál] *nm* grand vent *m.*
vendedor,-ra [bendeðór,-ra] *adj - nm,f* vendeur,-euse.
vender [bendér] *vt* vendre.
► *vpr* **venderse** se vendre.
• **"Se vende"** " À vendre ".
vendimia [bendimja] *nf* vendange *f.*
veneno [benéno] *nm (vegetal, químico)* poison *m*; *(de los animales)* venin *m.*
venenoso,-sa [benenóso,-sa] *adj (planta, seta)* vénéneux,-euse; *(animal)* venimeux, -euse.
venerar [benerár] *vt* vénérer.
venezolano,-na [beneθoláno,-na] *adj* vénézuélien,-enne.
► *nm,f* Vénézuélien,-enne.
Venezuela [beneθwéla] *n pr* Venezuela *m.*
venganza [beŋgánθa] *nf* vengeance *f.*
vengar [7] [beŋgár] *vt* venger.
► *vpr* **vengarse** se venger.
venidero,-ra [beniðéro,-ra] *adj* futur,-e, à venir.
venir [90] [benir] *vi* **1** *(acercarse)* venir: ***vienen en avión***, ils viennent en avion. **2** *(llegar)* arriver: ***¿a qué hora vienen tus amigos?***, à quelle heure arrivent tes amis ? **3** *(ropa)* aller, tomber: ***la falda te viene estrecha***, cette jupe est trop étroite pour toi. **4** *(hallarse)* se trouver, être. **5** *(conve-*

nir) arranger, convenir: ***no me viene bien salir ahora***, ça ne m'arrange pas de sortir maintenant.
► *vpr* **venirse** venir.
• **el mes que viene** le mois prochain.
• **no venir al caso** être hors de propos.
• **¡venga!** allez !
• **¡venga ya!** et puis quoi encore !
• **venir a menos** déchoir.
• **venir a salir por** *(precio)* revenir à peu près à.
• **venir de perlas** tomber à pic.
• **venir mal** ne pas arranger.
• **venirse abajo** s'écrouler.
venoso,-sa [benóso,-sa] *adj* ANAT veineux,-euse.
venta [bénta] *nf* **1** *(acción de vender)* vente *f*. **2** *(posada)* auberge *f*.
• **de venta en** en vente dans.
• **estar a la venta/en venta** être en vente.
▪ **venta al por mayor** vente en gros.
▪ **venta al por menor** vente au détail.
ventaja [bentáχa] *nf* avantage *m*.
ventajoso,-sa [bentaχóso,-sa] *adj* avantageux,-euse.
ventana [bentána] *nf* fenêtre *f*.
▪ **doble ventana** fenêtre à double vitrage.
ventanal [bentanál] *nm* grande fenêtre *f*.
ventanilla [bentaníʎa] *nf (de tren)* fenêtre *f*; *(de coche)* glace *f*; *(de barco, avión)* hublot *m*.
ventilación [bentilaθjón] *nf* ventilation *f*, aération *f*.
ventilador [bentilaðór] *nm* ventilateur *m*.
ventilar [bentilár] *vt* **1** *(habitación, ropa)* aérer. **2** *(problema, chisme)* divulguer, exposer.
ventisca [bentíska] *nf* blizzard *m*.
ventosa [bentósa] *nf* ventouse *f*.
ventoso,-sa [bentóso,-sa] *adj* venteux, -euse.
ventrículo [bentríkulo] *nm* ANAT ventricule *m*.
ventrílocuo,-a [bentrílokwo,-a] *nm,f* ventriloque.
ver [91] [ber] *vt* **1** *(percibir por la vista)* voir. **2** *(televisión)* regarder. **3** *(notar)* voir, trouver: ***ahora lo veo muy feliz***, je le trouve très heureux maintenant. **4** *(entender, intuir)* voir: ***no lo veo factible***, je ne le vois pas faisable.
► *vpr* **verse** se voir.
• **a mi/tu/su... modo de ver** à mon/ton/son ... avis.
• **a más ver** au revoir.
• **¡a ver!** voyons !
• **dejarse ver** se montrer.
• **estar de buen ver** avoir belle allure.
• **hacer ver** ALGO faire voir QQCH.
• **hasta más ver** au revoir.
• **¡hay que ver!** ce n'est pas croyable !
• **no poder ver** ne pas pouvoir voir.
• **no tener nada que ver** n'avoir rien à voir.
• **por lo visto** apparemment.
• **se ve que...** il paraît que ....
• **ya veremos** on verra.
veracidad [beraθiðáð] *nf* véracité *f*.
veraneante [beraneánte] *nmf* vacancier, -ère.
veranear [beraneár] *vi* passer ses vacances d'été.
veraneo [beranéo] *nm* grandes vacances *f pl*.
verano [beráno] *nm* été *m*.
veras [béras].
• **de veras 1** *(realmente)* vraiment, pour de bon. **2** *(en serio)* sérieusement. **3** *(sinceramente)* sincèrement.
veraz [beráθ] *adj* véridique.
verbal [berβál] *adj* verbal,-e.
verbena [berβéna] *nf* **1** *(planta)* verveine *f*. **2** *(fiesta)* fête *f* populaire.
verbo [bérβo] *nm* verbe *m*.
verdad [berðáð] *nf* vérité *f*.
• **a decir verdad** à vrai dire.
• **de verdad 1** *(realmente)* vraiment. **2** *(en serio)* sérieusement. **3** *(auténtico)* vrai,-e: ***un amigo de verdad***, un vrai ami.
• **en verdad** vraiment.
• **la verdad es que...** la vérité est que ....
• **¿verdad?** n'est-ce pas ?
verdadero,-ra [berðaðéro,-ra] *adj* **1** *(gen)* vrai,-e. **2** *(auténtico)* véritable. **3** *(real)* réel, réelle.
verde [bérðe] *adj* **1** vert,-e. **2** *fig (obsceno)* salé,-e, grivois,-e.
► *nm (color verde)* vert *m*.
• **poner verde a** ALGN descendre QQN.

verdor [berðór] *nm* **1** *(color verde)* vert *m*. **2** *(de las plantas)* verdeur *f*, verdure *f*.
verdoso,-sa [berðóso,-sa] *adj* verdâtre.
verdugo [berðúγo] *nm* bourreau *m*, tortionnaire *m*.
verdura [berðúra] *nf* **1** *(hortalizas)* légumes *m pl*. **2** *(color verde)* verdure *f*.
veredicto [bereðíkto] *nm* verdict *m*.
vergel [berχél] *nm* verger *m*.
vergonzoso,-sa [berγonθóso,-sa] *adj* honteux,-euse.
► *nm,f (persona)* timide.
vergüenza [berγwénθa] *nf* **1** *(gen)* honte *f*. **2** *(dignidad)* honneur *m*.
• **dar vergüenza** faire honte.
• **perder la vergüenza** perdre toute retenue.
• **sentir vergüenza** avoir honte.
• **sentir vergüenza ajena** avoir honte pour QQN.
verídico,-ca [beríðiko,-ka] *adj* véridique.
verificar [1] [berifikár] *vt* **1** *(confirmar)* vérifier. **2** *(probar)* tester.
► *vpr* **verificarse 1** *(efectuarse)* avoir lieu. **2** *(comprobarse)* se réaliser.
verja [bérχa] *nf* grille *f*.
vermú [bermú], **vermut** [bermút] *nm* vermout *m*, vermouth *m*.
verosímil [berosímil] *adj* vraisemblable.
verruga [beřúγa] *nf* verrue *f*.
versar [bersár] *vi (tema, etc)* traiter (**sobre**, de).
versión [bersjón] *nf* version *f*.
▪ **versión original** version originale.
verso [bérso] *nm* vers *m*.
vértebra [bérteβra] *nf* ANAT vertèbre *f*.
vertebral [berteβrál] *adj* ANAT vertébral,-e.
vertedero [berteðéro] *nm* **1** *(de basuras)* décharge *f* publique. **2** *fam (estercolero)* dépotoir *m*.
verter [28] [bertér] *vt* **1** *(de recipiente)* verser. **2** *(derramar)* répandre, renverser. **3** *fig (conceptos, etc)* émettre. **4** *fig (calumnias, etc)* débiter, vomir. **5** *fml (traducir)* traduire.
vertical [bertikál] *adj* vertical,-e.
► *nf* verticale *f*.
vértice [bértiθe] *nm* sommet *m*.
vertiente [bertjénte] *nm & nf* **1** *(de montaña)* versant *m*. **2** *(de un tejado)* pente *f*.
vértigo [bértiγo] *nm* vertige *m*: ***producir/tener vértigo***, donner/avoir le vertige.
vesícula [besíkula] *nf* ANAT vésicule *f*.
vespertino,-na [bespertíno,-na] *adj* vespéral,-e.
vestíbulo [bestíβulo] *nm* hall *m*, vestibule *m*.
vestido,-da [bestíðo,-ða] *adj* vêtu,-e, habillé,-e.
► *nm* **vestido 1** *(indumentaria)* vêtement *m*. **2** *(prenda de mujer)* robe *f*.
▪ **vestido de noche** robe du soir.
▪ **vestido de novia** robe de mariée.
vestir [34] [bestír] *vt* **1** *(gen)* habiller, vêtir. **2** *(cubrir)* couvrir, recouvrir. **3** *fig* orner, parer.
► *vi* **1** *(llevar puesto)* être habillé,-e: ***vestir de negro***, être habillé de noir, être en noir. **2** *(bien, mal)* s'habiller.
• **vestirse de punta en blanco** être sur son trente et un.
vestuario [bestwárjo] *nm* **1** *(de una persona)* garde-robe *f*. **2** *(lugar)* vestiaire *m*. **3** *(de teatro, de cine, etc)* costumes *m pl*.
veta [béta] *nf* veine *f*, filon *m*.
veterano,-na [beteráno,-na] *adj* - *nm,f* vieux, vieille.
► *nm,f* vétéran *m*.
veterinaria [beterinárja] *nf* médecine *f* vétérinaire.
veterinario,-ria [beterinárjo,-rja] *adj* - *nm,f* vétérinaire.
veto [béto] *nm* veto *m*.
vez [beθ] *nf* **1** *(gen)* fois *f*. **2** *(turno)* tour *m*.
• **a la vez** à la fois.
• **a su vez** à son tour.
• **a veces** parfois.
• **alguna vez** de temps en temps.
• **cada vez** chaque fois.
• **de una vez para siempre** une fois pour toutes.
• **de vez en cuando** de temps en temps.
• **en vez de** au lieu de, à la place de.
• **muchas veces** souvent.
• **otra vez** encore une fois.
• **pedir la vez** demander son tour.
• **rara vez** rarement.
• **tal vez** peut-être.
• **una vez más** une fois de plus.

vía [bia] *nf* voie *f*.
► *prep (pasando por)* via: ***se van a México vía Madrid***, ils partent au Mexique via Madrid.
• **dar vía libre** laisser passer.
• **en vías de** en voie de.
• **por vía oral** par voie orale.
▪ **vía férrea** voie ferrée.
▪ **vía muerta** voie de garage.
▪ **vía pública** voie publique.
▪ **vía única** voie unique.
viable [bjáβle] *adj* viable.
viaducto [bjaðúkto] *nm* viaduc *m*.
viajar [bjaχár] *vi* voyager.
viaje [bjáχe] *nm* **1** *(gen)* voyage *m*. **2** *fam fig (golpe)* beigne *f*.
• **¡buen viaje!** bon voyage !
• **estar de viaje** être en voyage.
• **ir de viaje** partir en voyage.
▪ **viaje de negocios** voyage d'affaires.
▪ **viaje de novios** voyage de noces.
viajero,-ra [bjaχéro,-ra] *nm,f* voyageur, -euse.
víbora [biβora] *nf* vipère *f*.
vibración [biβraθjón] *nf* vibration *f*.
vibrar [biβrár] *vi* vibrer.
vicepresidente,-ta [biθepresiðénte,-ta] *nm,f* vice-président,-e.
viceversa [biθeβérsa] *adv* vice versa.
vicio [biθjo] *nm* **1** *(corrupción, perversión)* vice *m*. **2** *(mala costumbre)* mauvaise habitude *f*.
• **quejarse de vicio** se plaindre sans raison.
vicioso,-sa [biθjóso,-sa] *adj* vicieux,-euse.
víctima [biktima] *nf* victime *f*.
victoria [biktórja] *nf* victoire *f*.
victorioso,-sa [biktorjóso,-sa] *adj* victorieux,-euse.
vicuña [bikúɲa] *nf* vigogne *f*.
vid [bið] *nf* vigne *f*.
vida [biða] *nf* vie *f*.
• **darse la gran vida** mener joyeuse vie.
• **de por vida** pour la vie, à vie.
• **de toda la vida** de toujours.
• **en la/mi/tu/su vida** de la/ma/ta/sa vie.
• **en vida** de son vivant.
• **ganarse la vida** gagner sa vie.
• **pasar a mejor vida** quitter ce monde.
• **perder la vida** perdre la vie.
• **quitarse la vida** se suicider.
▪ **vida y milagros** faits *m pl* et gestes.
vidente [biðénte] *adj - nmf* voyant,-e.
vídeo [biðeo], **vídeo** [biðéo] *nm* **1** *(sistema, grabación)* vidéo *f*. **2** *(aparato)* magnétoscope *m*. **3** *(cinta)* bande *f* vidéo.
videoblog [biðeoblok] *nm* INFORM vidéoblog *m*.
videocámara [biðeokámara] *nf* caméscope *m*.
videocasete [biðeokasète] *nmf (aparato)* magnétoscope *m*.
► *nm (cinta)* cassette vidéo *f*.
videoclip [biðeoklip] *nm* clip *m*.
videoclub [biðeoklúβ] *nm* vidéoclub *m*.
videoconsola [biðeokonsóla] *nf* console *f* vidéo.
videodisco [biðeoðisko] *nm* vidéodisque *m*.
videojuego [biðeoχwéɣo] *nm* jeu *m* vidéo.
videollamada [biðeoʎamaða] *nm* appel *m* vidéo.
videovigilancia [biðeobiχilánθja] *nm* télésurveillance *f*.
vidriera [biðrjéra] *nf* vitrail *m*.
vidrio [biðrjo] *nm* verre *m*.
viejo,-ja [bjéχo,-χa] *adj* vieux, vieil, vieille.
▪ **viejo verde** *fam* vieux cochon *m*.
viento [bjénto] *nm* **1** vent *m*. **2** *(cuerda)* hauban *m*.
• **beber los vientos por** brûler de désir pour.
• **contra viento y marea** contre vents et marées.
• **ir** ALGO **viento en popa** aller comme sur des roulettes.
• **irse con viento fresco** débarrasser le plancher.
vientre [bjéntre] *nm* ventre *m*.
• **hacer de vientre** aller à la selle.
viernes [bjérnes] *nm* vendredi *m*.
viga [biɣa] *nf* poutre *f*.
▪ **viga maestra** poutre maîtresse.
vigencia [biχénθja] *nf* vigueur *f*.
vigente [biχénte] *adj* en vigueur.

vigésimo,-ma [biχésimo,-ma] *num* vingtième.
vigía [biχía] *nm* vigie *f.*
vigilancia [biχilánθja] *nf* surveillance *f.*
vigilante [biχilánte] *adj* vigilant,-e.
► *nmf* gardien,-enne.
■ **vigilante nocturno** veilleur *m* de nuit.
vigilar [biχilár] *vi* faire attention.
► *vt* surveiller.
vigilia [biχílja] *nf* **1** *(día anterior)* veille *f.* **2** REL vigile *f.*
vigor [biɣór] *nm* vigueur *f.*
• **en vigor** en vigueur.
vigoroso,-sa [biɣoróso,-sa] *adj* vigoureux,-euse.
VIH [úbe i átʃe] *abr* MED *(**virus de inmunodeficiencia humana**)* VIH.
vileza [biléθa] *nf* bassesse *f.*
villa [biʎa] *nf* **1** *(ciudad)* petite ville *f.* **2** *(casa)* villa *f.*
villancico [biʎanθíko] *nm* chant *m* de Noël.
villano,-na [biʎáno,-na] *adj - nm,f* **1** *(plebeyo)* roturier,-ère. **2** *(malvado)* scélerat,-e.
vilo [bílo].
• **en vilo 1** *(suspendido)* en l'air. **2** *fig* dans l'incertitude.
vinagre [bináɣre] *nm* vinaigre *m.*
vinagrera [binaɣréra] *nf* *(vasija)* vinaigrier *m.*
► *nf pl* **vinagreras** huilier *m sing.*
vinagreta [binaɣréta] *nf* COC vinaigrette *f.*
vincular [biŋkulár] *vt* *(enlazar)* unir, lier.
vínculo [bíŋkulo] *nm* *(lazo)* lien *m.*
vinícola [biníkola] *adj* vinicole.
vino [bíno] *nm* vin *m.*
■ **vino añejo** vin vieux.
■ **vino blanco** vin blanc.
■ **vino clarete** vin rosé.
■ **vino de aguja** vin piquant.
■ **vino peleón** piquette *f.*
■ **vino rosado** vin rosé.
■ **vino tinto** vin rouge.
viña [bíɲa] *nf* vigne *f.*
viñedo [biɲéðo] *nm* vignoble *m.*
viñeta [biɲéta] *nf* **1** *(dibujo)* illustration *f*, dessin *m.* **2** *(tira)* bande *f* dessinée.
viola [bjóla] *nf* viole *f.*
violación [bjolaθjón] *nf* **1** *(de las leyes)* violation *f.* **2** *(de una mujer)* viol *m.*
violador,-ra [bjolaðór,-ra] *nm,f* violeur, -euse.
violar [bjolár] *vt* violer.
violencia [bjolénθja] *nf* violence *f.*
violento,-ta [bjolénto,-ta] *adj* **1** *(gen)* violent,-e. **2** *(situación)* gênant,-e; *(persona)* gêné,-e.
violeta [bjoléta] *adj inv* violet,-ette.
► *nm (color)* violet *m.*
► *nf (planta)* violette *f.*
violín [bjolín] *nm* violon *m.*
violinista [bjolinísta] *nmf* violoniste.
violoncelo, violonchelo [bjolonθélo] *nm* violoncelle *m.*
viraje [biráχe] *nm* virage *m.*
virar [birár] *vt - vi* virer.
virgen [bírχen] *adj - nf* vierge *f.*
virginidad [birχiniðáð] *nf* virginité *f.*
viril [biríl] *adj* viril,-e.
virilidad [biriliðáð] *nf* virilité *f.*
virrey [bir̄éi] *nm* vice-roi *m.*
virtual [birtwál] *adj* virtuel,-elle.
virtud [birtúð] *nf* vertu *f.*
• **en virtud de** en vertu de.
virtuoso,-sa [birtwóso,-sa] *adj* vertueux,-euse.
► *nm,f* MÚS virtuose.
viruela [birwéla] *nf* MED variole *f.*
virus [bírus] *nm inv* virus *m*: ***un virus informático***, un virus informatique.
viruta [birúta] *nf* copeau *m.*
visado [bisáðo] *nm* visa *m.*
víscera [bísθera] *nf* viscère *m.*
viscoso,-sa [biskóso,-sa] *adj* visqueux, -euse.
visera [biséra] *nf* **1** *(pieza)* visière. **2** *(gorra)* casquette *f.*
visible [bisíβle] *adj* visible.
visillo [bisíʎo] *nm* rideau *m.*
visión [bisjón] *nf* vision *f.*
• **ver visiones** avoir des visions.
visita [bisíta] *nf* visite *f.*
• **hacer una visita a** rendre visite à.
• **ir de visita** aller en visite.
• **pasar visita** examiner.
■ **visita médica** visite médicale.
■ **visita relámpago** visite éclair.

visitar [bisitár] *vt* **1** *(país, museo, etc)* visiter. **2** *(amigo, enfermo)* rendre visite à. **3** *(el médico)* examiner.
vislumbrar [bizlumbrár] *vt* entrevoir.
viso [biso] *nm* **1** *(reflejo)* moirure *f.* **2** *(aspecto)* apparence *f.*
• **tener visos de** avoir l'air de.
visón [bisón] *nm* vison *m.*
víspera [bispera] *nf (día precedente)* veille *f.*
► *nf pl* **vísperas** REL vêpres *f pl.*
• **en vísperas de** à la veille de.
vista [bista] *nf* **1** *(gen)* vue *f.* **2** *(mirada)* regard *m.* **3** *(perspicacia)* perspicacité *f.* **4** DER audience *f.*
• **a la vista** en vue.
• **a la vista de** à la vue de.
• **a primera vista** à première vue.
• **a simple vista** à vue d'œil.
• **con vistas a** avec vue sur.
• **conocer de vista** connaître de vue.
• **en vista de** compte tenu.
• **hacer la vista gorda** fermer les yeux.
• **¡hasta la vista!** au revoir !
• **perder de vista** perdre de vue.
• **perder la vista** perdre la vue.
• **saltar a la vista** sauter aux yeux.
• **ser corto de vista** avoir la vue basse.
vistazo [bistáθo] *nm* coup *m* d'œil.
• **echar un vistazo** jeter un coup d'œil.
visto,-ta [bisto,-ta] *adj* vu,-e.
• **ni visto ni oído** ni vu ni connu.
• **por lo visto** apparemment.
• **ser lo nunca visto** être sans précédent.
• **visto que** vu que.
• **visto y no visto** en un éclair.
▪ **visto bueno** approbation *f.*
vistoso,-sa [bistóso,-sa] *adj* voyant,-e.
visual [biswál] *adj* visuel,-elle.
vital [bitál] *adj* vital,-e.
vitalicio,-cia [bitaliθjo,-θja] *adj* **1** *(pensión, renta)* viager,-ère. **2** *(cargo)* à vie.
vitalidad [bitaliðáð] *nf* vitalité *f.*
vitamina [bitamina] *nf* vitamine *f.*
vitícola [bitikola] *adj* viticole.
viticultor,-ra [bitikultór,-ra] *nm,f* viticulteur,-trice.
viticultura [bitikultúra] *nf* viticulture *f.*
vitorear [bitoreár] *vt* acclamer.
vítreo,-a [bitreo,-a] *adj* vitreux,-euse.
vitrina [bitrina] *nf* vitrine *f.*
viudez [bjuðéθ] *nf* veuvage *m.*
viudo,-da [bjúðo,-ða] *adj - nm,f* veuf *m,* veuve *f.*
¡viva! [biβa] *interj* hourra !: ***¡viva el rey!***, vive le roi !
víveres [biβeres] *nm pl* vivres *m pl.*
vivero [biβéro] *nm* **1** *(de plantas)* pépinière *f.* **2** *(de peces)* vivier *m.*
vividor,-ra [biβiðór,-ra] *adj - nm,f* bon vivant *m.*
vivienda [biβjénda] *nf* logement *m.*
▪ **vivienda de protección oficial** HLM *m.*
viviente [biβjénte] *adj - nmf* vivant,-e.
vivir [biβir] *vi* **1** *(gen)* vivre: ***aún vive***, il vit encore. **2** *(residir)* habiter.
► *vt (experimentar)* vivre: ***vive las películas como si fueran la realidad***, il regarde les films comme s'il s'agissait de la réalité.
• **no dejar vivir** ne pas laisser vivre.
• **vivir de** vivre de.
• **vivir para ver** qui vivra verra.
vivo,-va [biβo,-βa] *adj - nm,f (ser)* vivant,-e.
► *adj (intenso)* vif, vive.
• **en vivo** en direct.
vocablo [bokáβlo] *nm* mot *m.*
vocabulario [bokaβulárjo] *nm* vocabulaire *m.*
vocación [bokaθjón] *nf* vocation *f.*
vocal [bokál] *adj* vocal,-e.
► *nf (fonema, letra)* voyelle *f.*
► *nmf (de junta, consejo)* membre *m.*
vocalizar [4] [bokaliθár] *vi* articuler.
vocear [boθeár] *vi* crier.
► *vt* **1** *(pregonar)* crier: ***vocear diarios***, vendre des journaux à la criée. **2** *(publicar)* proclamer.
vociferar [boθiferár] *vt - vi* vociférer.
vodka [bóðka] *nf* vodka *f.*
volador,-ra [bolaðór,-ra] *adj* volant,-e.
voladura [bolaðúra] *nf* explosion *f.*
volante [bolánte] *adj* volant,-e.
► *nm* **1** *(de vehículo, vestido)* volant *m.* **2** *(de un médico)* lettre *f.*
volar [31] [bolár] *vi* **1** *(por el aire)* voler. **2** *(elevarse en el aire)* s'envoler.
• **volando** à toute allure.
volátil [bolátil] *adj* **1** *(inconstante)* inconstant,-e. **2** *(que se evapora)* volatil,-e.

volcán [bolkán] *nm* volcan *m*.
volcánico,-ca [bolkániko,-ka] *adj* volcanique.
volcar [49] [bolkár] *vt (recipiente)* renverser.
► *vi (vehículo)* se renverser; *(embarcación)* chavirer.
► *vpr* **volcarse 1** *(esforzarse)* se démener. **2** *(dedicarse)* se dévouer (**con/en**, à).
volea [boléa] *nmf* DEP volée *f*.
• **de volea** DEP à la volée.
voleibol [boleiβól] *nm* volley-ball *m*.
voleo [boléo].
• **a voleo** au petit bonheur.
voltaje [boltáχe] *nm* voltage *m*.
voltereta [bolteréta] *nf* pirouette *f*, roulade *f*.
voltio [bóltjo] *nm* volt *m*.
volumen [bolúmen] *nm* volume *m*.
voluminoso,-sa [boluminóso,-sa] *adj* volumineux,-euse.
voluntad [boluntáð] *nf* volonté *f*: ***última voluntad***, dernières volontés.
• **a voluntad** à volonté.
• **por propia voluntad** de mon/ton/son plein gré.
▪ **buena voluntad** bonne volonté.
voluntario,-ria [boluntárjo,-rja] *adj* volontaire.
► *nm,f* bénévole.
voluntarioso,-sa [boluntarjóso,-sa] *adj* qui a de la volonté.
voluptuoso,-sa [boluptwóso,-sa] *adj - nm,f* voluptueux,-euse.
volver [32] [bolβér] *vt* **1** *(cabeza, página, etc)* tourner. **2** *(dar la vuelta)* retourner. **3** *(devolver, restituir)* rendre: ***volver el cambio***, rendre la monnaie. **4** *(hacer, convertir)* rendre: ***volver loco***, rendre fou.
► *vi* **1** *(regresar)* revenir; *(ir de nuevo)* retourner, revenir: ***volveré mañana***, je reviendrai demain. **2** *(hacer otra vez)* refaire. **3** *(retomar el hilo)* revenir.
► *vpr* **volverse 1** *(regresar)* retourner à. **2** *(darse la vuelta)* se retourner. **3** *(cambiar de estado)* devenir.
• **volver a hacer ALGO** refaire QQCH: ***ha vuelto a salir***, il est sorti à nouveau; ***vuelve a nevar***, il recommence à neiger.
• **volver en sí** revenir à soi.
• **volverse atrás** faire machine arrière.
vomitar [bomitár] *vt* vomir.
vómito [bómito] *nm* **1** *(acción)* vomissement *m*. **2** *(sustancia)* vomi *m*.
voracidad [boraθiðáð] *nf* voracité *f*.
vosotros,-tras [bosotros,-tras] *pron pers* vous.
votación [botaθjón] *nf* **1** *(acción de votar)* vote *m*: ***votación secreta***, vote secret. **2** *(efecto de votar)* élection *f*.
votante [botánte] *adj - nmf* votant,-e.
votar [botár] *vt - vi* voter.
voto [bóto] *nm* **1** *(consulta)* vote *m*. **2** *(sufragio)* voix *f*. **3** *(promesa)* vœu *m*.
• **hacer voto de** faire vœu de.
• **hacer votos por** souhaiter.
voz [boθ] *nf* **1** *(gen)* voix *f*. **2** *(grito)* cri *m*. **3** *(vocablo)* mot *m*.
• **a media voz** à mi-voix.
• **a voces** en criant.
• **corre la voz...** le bruit court ....
• **dar voces** pousser des cris, crier.
• **de viva voz** de vive voix.
• **en voz alta** à voix haute.
• **en voz baja** à voix basse.
• **llevar la voz cantante** mener la danse.
▪ **voz en off** voix off.
vuelco [bwélko] *nm (caída)* renversement *m*; *(de un coche)* capotage *m*.
• **dar un vuelco** se retourner.
vuelo [bwélo] *nm* **1** *(gen)* vol *m*. **2** *(de falda, etc)* ampleur *f*. **3** ARQ saillie *f*.
• **al vuelo 1** *(coger)* au vol. **2** *(captar)* du premier coup.
• **alzar el vuelo** prendre son vol.
vuelta [bwélta] *nf* **1** *(movimiento circular, paseo, etc)* tour *m*. **2** *(regreso)* retour *m*. **3** *(dinero que se devuelve)* monnaie *f*. **4** *(de pantalón, etc)* revers *m*. **5** *fig (cambio)* changement *m*. **6** *(naipes)* retourne *f*.
• **a la vuelta de** au coin de.
• **a la vuelta de la esquina** au coin de la rue.
• **a vuelta de correo** par retour du courrier.
• **dar media vuelta** faire demi-tour.
• **dar vueltas a ALGO** retourner QQCH dans sa tête.
• **dar una vuelta** faire un tour.

• **de vuelta** de retour.
• **estar de vuelta de todo** être désabusé,-e.
• **no tener vuelta de hoja** être comme ça.
• **poner a** ALGN **de vuelta y media** traiter QQN de tous les noms.
▪ **vuelta ciclista** tour cycliste.

vuestro,-tra [bwéstro,-tra] *adj pos* votre, vos: ***vuestros amigos***, vos amis.
► *pron pos* **el/la vuestro,-tra** le/la vôtre.

vulgar [bulɣár] *adj* **1** *(grosero)* vulgaire. **2** *(común)* ordinaire.

vulgaridad [bulɣariðáð] *nf* vulgarité *f*.

vulnerable [bulneráβle] *adj* vulnérable.

vulnerar [bulnerár] *vt* **1** *(reputación)* porter atteinte à. **2** *(ley)* violer.

vulva [búlβa] *nf* ANAT vulve *f*.

W

walkie-talkie® [walkitálki] *nm* (*pl* **walkie-talkies**) talkie-walkie® *m*.
wáter [báter] *nm* W-C *m pl*.
waterpolo [waterpólo] *nm* water-polo *m*.
watio [bátjo] *nm* watt *m*.
W.C. [uβeθé] *abr* (***water closet***) W-C *m pl*.
web [weβ] *nf* Web *m*.
webcam [weβkám] *nf* webcam *f*.
webmaster [weβmáster] *nm* INFORM webmestre *m*.
whisky [wiski] *nm* whisky *m*.
wi-fi [wifi] *nm* INFORM wi-fi *m*.
windsurf [winsurf] *nm* planche *f* à voile.
windsurfing [winsurfista] *nmf* planche *f* à voile.
www *abr* (***world wide web***) www.

X

xenofobia [senofóβja] *nf* xénophobie *f.*
xenófobo,-ba [senófoβo,-βa] *adj - nm,f* xénophobe.
xerocopia [serokópja] *nf* Xérocopie® *f.*
xerografía [serografía] *nf* Xérographie® *f.*
xilófono [silófono] *nm* xylophone *m.*

Y

y [i] *conj* et: ***rosas y claveles***, des roses et des œillets; ***setenta y dos***, soixante-douze.
• **¿y qué?** et alors ?
• **¡y tanto!** et comment !
ya [ja] *adv* **1** *(con pasado)* déjà: ***ya ha llegado***, il est déjà arrivé. **2** *(ahora)* maintenant. **3** *(inmediatamente)* tout de suite: ***tienes que salir ya, si no no llegas***, tu dois partir tout de suite, sinon tu n'arriveras pas à temps. **4** *(denota futuro)* ***ya te lo contaré***, je te le raconterai. **5** *(por fin)* enfin, voici: ***ya hemos llegado***, nous voici arrivés; ***ya lo ves***, tu le vois bien.
► *conj* **ya... ya...** tantôt ... tantôt, soit ... soit: ***ya llora, ya ríe***, tantôt il pleure, tantôt il rit.
• **ya no** plus maintenant.
• **ya que** puisque.
• **¡ya ya!** bon, bon !
yacer [92] [jaθėr] *vi* **1** *(estar enterrado)* gésir: ***aquí yace***, ci-gît. **2** *fml (estar tumbado)* être étendu,-e.
yacimiento [jaθimjėnto] *nm* gisement *m*.
▪ **yacimiento arqueológico** site *m* archéologique.
yanqui [jàŋki] *adj - nmf* yankee.
yate [jàte] *nm* yacht *m*.
yegua [jėɣwa] *nf* jument *f*.
yema [jėma] *nf* **1** BOT bourgeon *m*. **2** *(del huevo)* jaune *m* d'œuf. **3** *(dulce)* confiserie au jaune d'œuf. **4** *(del dedo)* bout *m*.
yerba [jėrβa] *nf* herbe *f*.
yerno [jėrno] *nm* gendre *m*.
yeso [jėso] *nm* **1** *(mineral)* gypse *m*. **2** *(polvo, escultura)* plâtre *m*.
yeyuno [jejùno] *nm* ANAT jéjunum *m*.
yo [jo] *pron pers* **1** *(forma átona)* je: ***yo soy arquitecto***, je suis architecte. **2** *(forma tónica)* moi: ***tú y yo***, toi et moi.
• **entre tú y yo** entre nous.
• **yo mismo** moi-même.
yodo [jòðo] *nm* iode *m*.
yoga [jòɣa] *nm* yoga *m*.
yogurt [joɣùrt] *nm* yaourt *m*.
yonqui [jòŋki] *nmf fam* junkie *m*.
yóquey [jòkei] *nmf* (*pl* **yoqueis**) jockey.
yoyó [jojò] *nm* yo-yo® *m inv*.
yudo [jùðo] *nm* judo *m*.
yugo [jùɣo] *nm* joug *m*.
yugular [juɣulàr] *adj - nf* ANAT jugulaire *f*.
yunque [jùŋke] *nm* enclume *f*.
yute [jùte] *nm* jute *m*.
yuxtaponer [78] [jukstaponėr] *vt* juxtaposer.
yuxtaposición [jukstaposiθjòn] *nf* juxtaposition *f*.

Z

zafarse [θafárse] *vpr* **1** *(escaparse)* se sauver. **2** *(eludir)* se dérober. **3 zafarse** *(persona)* se libérer (**de**, de).
zafarrancho [θafar̄ántʃo] *nm* **1** *(en un navío)* branle-bas *m*. **2** *fig (riña)* bagarre *f*.
▪ **zafarrancho de combate** branle-bas de combat.
zafiro [θafiro] *nm* saphir *m*.
zaga [θáɣa] *nf* DEP arrières *m pl*.
• **ir a la zaga** être à la traîne.
• **no irle a la zaga a ALGN** n'avoir rien à envier à QQN.
zaguán [θaɣwán] *nm* entrée *f*.
zalamería [θalameria] *nf* cajolerie *f*.
zalamero,-ra [θalaméro,-ra] *adj* - *nm,f* cajoleur,-euse.
zamarra [θamár̄a] *nf* blouson *m* fourré.
zambomba [θambómba] *nf* MÚS *tambour percé d'une baguette.*
zambullida [θambuʎiða] *nf* plongeon *m*.
zambullir [41] [θambuʎir] *vt* plonger.
► *vpr* **zambullirse** se plonger.
zampar [θampár] *vt fam (comer)* avaler, engloutir.
► *vpr* **zamparse** *fam* s'enfiler.
zanahoria [θanaórja] *nf* carotte *f*.
zancada [θaŋkáða] *nf* enjambée *f*.
zancadilla [θaŋkaðiʎa] *nf* croche-pied *m*.
• **poner la zancadilla 1** *(hacer tropezar)* faire un croc-en-jambe. **2** *(dificultar)* mettre des bâtons dans les roues.
zanco [θáŋko] *nm* échasse *f*.
zancuda [θaŋkúða] *nf (fam)* échassier *m*.
zángano,-na [θáŋgano,-na] *nm,f fam* flemmard,-e.
► *nm* **zángano** *(insecto)* faux bourdon *m*.
zanja [θáŋχa] *nf* tranchée *f*.
zanjar [θaŋχár] *vt (discusión)* trancher; *(problema)* régler.
zapatería [θapateria] *nf* **1** *(taller)* cordonnerie *f*. **2** *(tienda)* magasin *m* de chaussures.
zapatero,-ra [θapatéro,-ra] *nm,f* **1** *(remendón)* cordonnier,-ère. **2** *(fabricante)* chausseur *m*.
zapatilla [θapatiʎa] *nf* **1** *(de casa)* pantoufle *f*. **2** *(de baile)* chausson *m*. **3** *(de deporte)* basket *f*, tennis *m-f*.
zapato [θapáto] *nm* chaussure *f*.
zapping [θápiŋ] *nm* zapping *m*.
• **hacer zapping** zapper.
zar [θar] *nm* tsar *m*.
zarandear [θarandeár] *vt* secouer.
zarina [θarina] *nf* tsarine *f*.
zarpa [θárpa] *nf* griffes *f pl*.
zarpar [θarpár] *vi* lever l'ancre.
zarpazo [θarpáθo] *nm* coup *m* de griffe.
zarrapastroso,-sa [θar̄apastróso,-sa] *adj* - *nm,f* peu soigné,-e.
zarzal [θarθál] *nm* ronces *f pl*.
zarzamora [θarθamóra] *nf* **1** *(fruto)* mûre *f* sauvage. **2** *(zarza)* ronce *f*.
zarzuela [θarθwéla] *nf* **1** MÚS zarzuela *f*. **2** COC *plat de poisson et coquillages en sauce.*
¡zas! [θas] *interj* vlan !
zenit [θénit] *nm* zénith *m*.
• **en el zenit de** au sommet de.
zepelín [θepelin] *nm* zeppelin *m*.
zigzag [θiɣθáɣ] *nm* (*pl* **zigzags**) zigzag *m*.
zigzaguear [θiɣθaɣeár] *vi* zigzaguer.
zinc → cinc.

zócalo [θókalo] *nm* **1** *(de pared)* plinthe *f.* **2** *(del pedestal)* socle *m.* **3** *(de un edificio)* soubassement *m.*

zodiacal [θoðjakál] *adj* zodiacal,-e.

zodíaco [θoðiako], **zodiaco** [θoðiáko] *nm* zodiaque *m.*

zombi [θómbi] *nmf* zombie.

zona [θóna] *nf* zone *f.*

- **zona azul** zone bleue.
- **zona euro** zone euro.
- **zona franca** zone franche.
- **zona verde** espace *m* vert.

zoo [θó] *nm* zoo *m.*

zoología [θoloχía] *nf* zoologie *f.*

zoológico,-ca [θolóχiko,-ka] *adj* zoologique.

► *nm* **zoológico** zoo *m.*

zoom [θum] *nm* (*pl* **zooms**) zoom *m.*

zopenco,-ca [θopéŋko,-ka] *adj - nm,f* crétin,-e.

zoquete [θokéte] *adj - nmf* abruti,-e.

zorra [θóra] *nf* **1** *fam pey* garce *f.* **2** *(animal)* renarde *f.*

• **no tener ni zorra** *fam* n'avoir aucune idée.

zorro [θóro] *nm* **1** *(animal)* renard *m.* **2** *fig (persona astuta)* renard *m.*

• **estar hecho unos zorros** être sur les rotules.

zorzal [θorθál] *nm* litorne *f.*

zozobrar [θoθoβrár] *vi* **1** *(volcar)* chavirer. **2** *(irse a pique)* sombrer. **3** *fig (fracasar)* échouer.

zueco [θwéko] *nm* **1** *(de madera)* sabot *m.* **2** *(de cuero y madera)* galoche *f.*

zumbar [θumbár] *vi* **1** *(insecto)* bourdonner; *(un motor)* ronfler: ***me zumban los oídos***, j'ai les oreilles qui bourdonnent. **2** *fam (correr)* filer.

► *vt (pegar)* flanquer une raclée à.

zumbido [θumbiðo] *nm (de insecto)* bourdonnement *m*; *(de motor)* ronflement *m.*

zumo [θúmo] *nm* **1** *(de frutas)* jus *m*: ***zumo de naranja***, jus d'orange. **2** *(de ciertas plantas)* suc *m.*

zurcido [θurθiðo] *nm* **1** *(acción de zurcir)* reprisage *m.* **2** *(costura)* reprise *f.*

zurcir [3] [θurθir] *vt* repriser.

• **¡que te zurzan!** *fam* va te faire voir !

zurda [θúrða] *nf* main *f* gauche.

zurdo,-da [θúrðo,-ða] *adj (mano)* gauche.

► *adj - nm,f (persona)* gaucher,-ère.

zurra [θúra] *nf* **1** *(de las pieles)* corroyage *m.* **2** *fam (paliza)* raclée *f.*

zurrar [θurár] *vt* **1** *(pieles)* tanner. **2** *fig (dar golpes)* rosser.

LA CONJUGAISON
DES VERBES ESPAGNOLS

Modèles des trois conjugaisons régulières

AMAR			
INDICATIVO		SUBJUNTIVO	
Presente	am-o am-as / (vos) am-ás am-a am-amos am-áis am-an	**Presente**	am-e am-es am-e am-emos am-éis am-en
Pretérito imperfecto	am-aba am-abas am-aba am-ábamos am-abais am-aban	**Pretérito imperfecto**	am-ara *o* am-ase am-aras *o* am-ases am-ara *o* am-ase am-áramos *o* am-ásemos am-arais *o* am-aseis am-aran *o* am-asen
Pretérito perfecto simple	am-é am-aste am-ó am-amos am-asteis am-aron		
Futuro	am-aré am-arás am-ará am-aremos am-aréis am-arán	**Futuro**	am-are am-ares am-are am-áremos am-areis am-aren
Condicional	am-aría am-arías am-aría am-aríamos am-aríais am-arían		
IMPERATIVO		FORMAS NO PERSONALES	
Imperativo	am-a (tú) am-e (él/Vd.) am-emos (nos.) am-ad (vos.) am-en (ellos/Vds.)	**Infinitivo** **Gerundio** **Participio**	am-ar am-ando am-ado

TEMER

INDICATIVO		SUBJUNTIVO	
Presente	tem-o tem-es / (vos) tem-és tem-e tem-emos tem-éis tem-en	**Presente**	tem-a tem-as tem-a tem-amos tem-áis tem-an
Pretérito imperfecto	tem-ía tem-ías tem-ía tem-íamos tem-íais tem-ían	**Pretérito imperfecto**	tem-iera *o* tem-iese tem-ieras *o* tem-ieses tem-iera *o* tem-iese tem-iéramos *o* tem-iésemos tem-ierais *o* tem-ieseis tem-ieran *o* tem-iesen
Pretérito perfecto simple	tem-í tem-iste tem-ió tem-imos tem-isteis tem-ieron		
Futuro	tem-eré tem-erás tem-erá tem-eremos tem-eréis tem-erán	**Futuro**	tem-iere tem-ieres tem-iere tem-iéremos tem-iereis tem-ieren
Condicional	tem-ería tem-erías tem-ería tem-eríamos tem-eríais tem-erían		
IMPERATIVO		FORMAS NO PERSONALES	
Imperativo	tem-e (tú) tem-a (él/Vd.) tem-amos (nos.) tem-ed (vos.) tem-an (ellos/Vds.)	**Infinitivo** **Gerundio** **Participio**	tem-er tem-iendo tem-ido

PARTIR

INDICATIVO		SUBJUNTIVO	
Presente	part-o part-es / (vos) part-ís part-e part-imos part-ís part-en	**Presente**	parta partas parta partamos partáis partan
Pretérito imperfecto	part-ía part-ías part-ía part-íamos part-íais part-ían	**Pretérito imperfecto**	part-iera *o* part-iese part-ieras *o* part-ieses part-iera *o* part-iese part-iéramos *o* part-iésemos part-ierais *o* part-ieseis part-ieran *o* part-iesen
Pretérito perfecto simple	part-í part-iste part-ió part-imos part-isteis part-ieron		
Futuro	part-iré part-irás part-irá part-iremos part-iréis part-irán	**Futuro**	part-iere part-ieres part-iere part-iéremos part-iereis part-ieren
Condicional	part-iría part-irías part-iría part-iríamos part-iríais part-irían		
IMPERATIVO		FORMAS NO PERSONALES	
Imperativo	part-e (tú) part-a (él/Vd.) part-amos (nos.) part-id (vos.) part-an (ellos/Vds.)	**Infinitivo** **Gerundio** **Participio**	part-ir part-iendo part-ido

Modèles de conjugaison des verbes irréguliers

	1 SACAR	2 MECER		1 SACAR	2 MECER
	INDICATIVO			SUBJUNTIVO	
Presente	saco sacas (vos) sacás saca sacamos sacáis sacan	mezo meces (vos) mecés mece mecemos mecéis mecen	**Presente**	saque saques saque saquemos saquéis saquen	meza mezas meza mezamos mezáis mezan
Pretérito imperfecto	sacaba sacabas sacaba sacábamos sacabais sacaban	mecía mecías mecía mecíamos mecíais mecían	**Pretérito imperfecto**	sacara *o* sacase sacaras *o* sacases sacara *o* sacase sacáramos *o* sacásemos sacarais *o* sacaseis sacaran *o* sacasen	meciera *o* meciese mecieras *o* mecieses meciera *o* meciese meciéramos *o* meciése- mos mecierais *o* mecieseis mecieran *o* meciesen
Pretérito perfecto simple	saqué sacaste sacó sacamos sacasteis sacaron	mecí meciste meció mecimos mecisteis mecieron			
Futuro	sacaré sacarás sacará sacaremos sacaréis sacarán	meceré mecerás mecerá meceremos meceréis mecerán	**Futuro**	sacare sacares sacare sacáremos sacareis sacaren	meciere mecieres meciere meciéremos meciereis mecieren
Condicional	sacaría sacarías sacaría sacaríamos sacaríais sacarían	mecería mecerías mecería meceríamos meceríais mecerían			
	IMPERATIVO			FORMAS NO PERSONALES	
Imperativo	saca (vos) sacá saque saquemos sacad saquen	mece (vos) mecé meza mezamos meced mezan	**Infinitivo** **Gerundio** **Participio**	sacar sacando sacado	mecer meciendo mecido

	3 ZURZIR	4 REALIZAR
	INDICATIVO	
Presente	zurzo zurces (vos) zurcís zurce zurcimos zurcís zurcen	realizo realizas (vos) realizáis realiza realizamos realizáis realizan
Pretérito imperfecto	zurcía zurcías zurcía zurcíamos zurcíais zurcían	realizaba realizabas realizaba realizábamos realizabais realizaban
Pretérito perfecto simple	zurcí zurciste zurció zurcimos zurcisteis zurcieron	realicé realizaste realizó realizamos realizasteis realizaron
Futuro	zurciré zurcirás zurcirá zurciremos zurciréis zurcirán	realizaré realizarás realizará realizaremos realizaréis realizarán
Condicional	zurciría zurcirías zurciría zurciríamos zurciríais zurcirían	realizaría realizarías realizaría realizaríamos realizaríais realizarían
	IMPERATIVO	
Imperativo	zurce (vos) zurcí zurza zurzamos zurcid zurzan	realiza (vos) realizá realice realicemos realizad realicen

	3 ZURZIR	4 REALIZAR
	SUBJUNTIVO	
Presente	zurza zurzas zurza zurzamos zurzáis zurzan	realice realices realice realicemos realicéis realicen
Pretérito imperfecto	zurciera *o* zurciese zurcieras *o* zurcieses zurciera *o* zurciese zurciéramos *o* zurciésemos zurcierais *o* zurcieseis zurcieran *o* zurciesen	realizara *o* realizase realizaras *o* realizases realizara *o* realizase realizáramos *o* realizásemos realizarais *o* realizaseis realizaran *o* realizasen
Futuro	zurciere zurcieres zurciere zurciéremos zurciereis zurcieren	realizare realizares realizare realizáremos realizareis realizaren
	FORMAS NO PERSONALES	
Infinitivo	zurcir	realizar
Gerundio	zurciendo	realizando
Participio	zurcido	realizado

	5 PROTEGER	6 DIRIGIR
	INDICATIVO	
Presente	protejo proteges protege protegemos protegéis protegen	dirijo diriges dirige dirigimos dirigís dirigen
Pretérito imperfecto	protegía protegías protegía protegíamos protegíais protegían	dirigía dirigías dirigía dirigíamos dirigíais dirigían
Pretérito perfecto simple	protegí protegiste protegió protegimos protegisteis protegieron	dirigí dirigiste dirigió dirigimos dirigisteis dirigieron
Futuro	protegeré protegerás protegerá protegeremos protegeréis protegerán	dirigiré dirigirás dirigiré dirigiremos dirigiréis dirigirán
Condicional	protegería protegerías protegería protegeríamos protegeríais protegerían	dirigiría dirigirías dirigiría dirigiríamos dirigiríais dirigirían
	IMPERATIVO	
Imperativo	protege (vos) protegé proteja protejamos proteged protejan	dirige (vos) dirigí dirija dirijamos dirigid dirijan

	5 PROTEGER	6 DIRIGIR
	SUBJUNTIVO	
Presente	proteja protejas proteja protejamos protejáis protejan	dirija dirijas dirija dirijamos dirijáis dirijan
Pretérito imperfecto	protegiera *o* protegiese protegieras *o* protegieses protegiera *o* protegiese protegiéramos *o* protegié-semos protegierais *o* protegie-seis protegieran *o* protegiesen	dirigiera *o* dirigiese dirigieras *o* dirigieses dirigiera *o* dirigiese dirigiéramos *o* dirigiése-mos dirigierais *o* dirigieseis dirigieran *o* dirigiesen
Futuro	protegiere protegieres protegiere protegiéremos protegiereis protegieren	dirigiere dirigieres dirigiere dirigiéremos dirigiereis dirigieren
	FORMAS NO PERSONALES	
Infinitivo	protegerr	dirigir
Gerundio	protegiendo	dirigiendo
Participio	protegido	dirigido

	7 LLEGAR	8 DISTINGUIR
	INDICATIVO	
Presente	llego	distingo
	llegas	distingues
	(vos) llegás	(vos) distinguís
	llega	distingue
	llegamos	distinguimos
	llegáis	distinguís
	llegan	distinguen
Pretérito imperfecto	llegaba	distinguía
	llegabas	distinguías
	llegaba	distinguía
	llegábamos	distinguíamos
	llegabais	distinguíais
	llegaban	distinguían
Pretérito perfecto simple	llegué	distinguí
	llegaste	distinguiste
	llegó	distinguió
	llegamos	distinguimos
	llegasteis	distinguisteis
	llegaron	distinguieron
Futuro	llegaré	distinguiré
	llegarás	distinguirás
	llegará	distinguirá
	llegaremos	distinguiremos
	llegaréis	distinguiréis
	llegarán	distinguirán
Condicional	llegaría	distinguiría
	llegarías	distinguirías
	llegaría	distinguiría
	llegaríamos	distinguiríamos
	llegaríais	distinguiríais
	llegarían	distinguirían
	IMPERATIVO	
Imperativo	llega	distingue
	(vos) llegá	(vos) distinguí
	llegue	distinga
	lleguemos	distingamos
	llegad	distinguid
	lleguen	distingan

	7 LLEGAR	8 DISTINGUIR
	SUBJUNTIVO	
Presente	llegue	distinga
	llegues	distingas
	llegue	distinga
	lleguemos	distingamos
	lleguéis	distingáis
	lleguen	distingan
Pretérito imperfecto	llegara	distinguiera
	o llegase	*o* distinguiese
	llegaras	distinguieras
	o llegases	*o* distinguieses
	llegara	distinguiera
	o llegase	*o* distinguiese
	llegáramos	distinguiéramos
	o llegásemos	*o* distinguiésemos
	llegarais	distinguierais
	o llegaseis	*o* distinguieseis
	llegaran	distinguieran
	o llegasen	*o* distinguiesen
Futuro	llegare	distinguiere
	llegares	distinguieres
	llegare	distinguiere
	llegáremos	distinguiéremos
	llegareis	distinguiereis
	llegaren	distinguieren
	FORMAS NO PERSONALES	
Infinitivo	llegar	distinguir
Gerundio	llegando	distinguiendo
Participio	llegado	distinguido

	9 DELINQUIR	10 ADECUAR
INDICATIVO		
Presente	delinco delinques (vos) delinquís delinque delinquimos delinquís delinquen	adecuo *o* adecúo adecuas *o* adecúas adecua *o* adecúa adecuamos adecuáis adecuan *o* adecúan
Pretérito imperfecto	delinquía delinquías delinquía delinquíamos delinquíais delinquían	adecuaba adecuabas adecuaba adecuábamos adecuabais adecuaban
Pretérito perfecto simple	delinquí delinquiste delinquió delinquimos delinquisteis delinquieron	adecué adecuaste adecuó adecuamos adecuasteis adecuaron
Futuro	delinquiré delinquirás delinquirá delinquiremos delinquiréis delinquirán	adecuaré adecuarás adecuará adecuaremos adecuaréis adecuarán
Condicional	delinquiría delinquirías delinquiría delinquiríamos delinquiríais delinquirían	adecuaría adecuarías adecuaría adecuaríamos adecuaríais adecuarían
IMPERATIVO		
Imperativo	delinque (vos) delinquí delinca delincamos delinquid delincan	adecua *o* adecúa adecue *o* adecúe adecuemos adecuad adecuen *o* adecúen

	9 DELINQUIR	10 ADECUAR
SUBJUNTIVO		
Presente	delinca delincas delinca delincamos delincáis delincan	adecue *o* adecúe adecues *o* adecúes adecue *o* adecúe adecuemos adecuéis adecuen *o* adecúen
Pretérito imperfecto	delinquiera *o* delinquiese delinquieras *o* delinquieses delinquiera *o* delinquiese delinquiéramos *o* delinquiésemos delinquierais *o* delinquieseis delinquieran *o* delinquiesen	adecuara *o* adecuase adecuaras *o* adecuases adecuara *o* adecuase adecuáramos *o* adecuásemos adecuarais *o* adecuaseis adecuaran *o* adecuasen
Futuro	delinquiere delinquieres delinquiere delinquiéremos delinquiereis delinquieren	adecuare adecuares adecuare adecuáremos adecuareis adecuaren
FORMAS NO PERSONALES		
Infinitivo	delinquir	adecuar
Gerundio	delinquiendo	adecuando
Participio	delinquido	adecuado

INDICATIVO	11 ACTUAR	12 CAMBIAR
Presente	actúo actúas (vos) actuás actúa actuamos actuáis actúan	cambio cambias (vos) cambiás cambia cambiamos cambiáis cambian
Pretérito imperfecto	actuaba actuabas actuaba actuábamos actuabais actuaban	cambiaba cambiabas cambiaba cambiábamos cambiabais cambiaban
Pretérito perfecto simple	actué actuaste actuó actuamos actuasteis actuaron	cambié cambiaste cambió cambiamos cambiasteis cambiaron
Futuro	actuaré actuarás actuará actuaremos actuaréis actuarán	cambiaré cambiarás cambiará cambiaremos cambiaréis cambiarán
Condicional	actuaría actuarías actuaría actuaríamos actuaríais actuarían	cambiaría cambiarías cambiaría cambiaríamos cambiaríais cambiarían

SUBJUNTIVO	11 ACTUAR	12 CAMBIAR
Presente	actúe actúes actúe actuemos actuéis actúen	cambie cambies cambie cambiemos cambiéis cambien
Pretérito imperfecto	actuara *o* actuase actuaras *o* actuases actuara *o* actuase actuáramos *o* actuásemos actuarais *o* actuaseis actuaran *o* actuasen	cambiara *o* cambiase cambiaras *o* cambiases cambiara *o* cambiase cambiáramos *o* cambiáse- mos cambiarais *o* cambiaseis cambiaran *o* cambiaseis
Futuro	actuare actuares actuare actuáremos actuareis actuaren	cambiare cambiares cambiare cambiáremos cambiareis cambiaren

IMPERATIVO	11 ACTUAR	12 CAMBIAR
Imperativo	actúa (vos) actuá actúe actuemos actuad actúen	cambia (vos) cambiá cambie cambiemos cambiad cambien

FORMAS NO PERSONALES	11 ACTUAR	12 CAMBIAR
Infinitivo	actuar	cambiar
Gerundio	actuando	cambiando
Participio	actuado	cambiado

	13 DESVIAR	14 AUXILIAR
	INDICATIVO	
Presente	**desvío** **desvías** (vos) **desviás** **desvía** desviamos desviáis **desvían**	**auxilío** *o* auxilio **auxilías** *o* auxilias **auxilía** *o* auxilia auxiliamos auxiliáis **auxilían** *o* auxilian
Pretérito imperfecto	desviaba desviabas desviaba desviábamos desviabais desviaban	auxiliaba auxiliabas auxiliaba auxiliábamos auxiliabais auxiliaban
Pretérito perfecto simple	desvié desviaste desvió desviamos desviasteis desviaron	auxilié auxiliaste auxilió auxiliamos auxiliasteis auxiliaron
Futuro	desviaré desviarás desviará desviaremos desviaréis desviarán	auxiliaré auxiliarás auxiliará auxiliaremos auxiliaréis auxiliarán
Condicional	desviaría desviarías desviaría desviaríamos desviaríais desviarían	auxiliaría auxiliarías auxiliaría auxiliaríamos auxiliaríais auxiliarían
	IMPERATIVO	
Imperativo	**desvía** (vos) desviá **desvíe** desviemos desviad **desvíen**	**auxilía** *o* auxilia (vos) auxiliá **auxilíe** *o* auxilie auxiliemos auxiliad **auxilíen** *o* auxilien

	13 DESVIAR	14 AUXILIAR
	SUBJUNTIVO	
Presente	**desvíe** **desvíes** **desvíe** desviemos desviéis **desvíen**	**auxilíe** *o* auxilie **auxilíes** *o* auxilies **auxilíe** *o* auxilie auxiliemos auxiliéis **auxilíen** *o* auxilien
Pretérito imperfecto	desviara *o* desviase desviaras *o* desviases desviara *o* desviase desviáramos *o* desviásemos desviarais *o* desviaseis desviaran *o* desviasen	auxiliara *o* auxiliase auxiliaras *o* auxiliases auxiliara *o* auxiliase auxiliáramos *o* auxiliásemos auxiliarais *o* auxiliaseis auxiliaran *o* auxiliasen
Futuro	desviare desviares desviare desviáremos desviareis desviaren	auxiliare auxiliares auxiliare auxiliáremos auxiliareis auxiliaren
	FORMAS NO PERSONALES	
Infinitivo	desviar	auxiliar
Gerundio	desviando	auxiliando
Participio	desviado	auxiliado

	15 AISLAR	16 AUNAR
INDICATIVO		
Presente	aíslo	aúno
	aíslas	aúnas
	(vos) aislás	(vos) aunás
	aísla	aúna
	aislamos	aunamos
	aisláis	aunáis
	aíslan	aúnan
Pretérito imperfecto	aislaba	aunaba
	aislabas	aunabas
	aislaba	aunaba
	aislábamos	aunábamos
	aislabais	aunabais
	aislaban	aunaban
Pretérito perfecto simple	aislé	auné
	aislaste	aunaste
	aisló	aunó
	aislamos	aunamos
	aislasteis	aunasteis
	aislaron	aunaron
Futuro	aislaré	aunaré
	aislarás	aunarás
	aislará	aunará
	aislaremos	aunaremos
	aislaréis	aunaréis
	aislarán	aunarán
Condicional	aislaría	aunaría
	aislarías	aunarías
	aislaría	aunaría
	aislaríamos	aunaríamos
	aislaríais	aunaríais
	aislarían	aunarían
IMPERATIVO		
Imperativo	aísla	aúna
	(vos) aislá	(vos) auná
	aísle	aúne
	aislemos	aunemos
	aislad	aunad
	aíslen	aúnen

	15 AISLAR	16 AUNAR
SUBJUNTIVO		
Presente	aísle	aúne
	aísles	aúnes
	aísle	aúne
	aislemos	aunemos
	aisléis	aunéis
	aíslen	aúnen
Pretérito imperfecto	aislara	aunara
	o aislase	*o* aunase
	aislaras	aunaras
	o aislases	*o* aunases
	aislara	aunara
	o aislase	*o* aunase
	aisláramos	aunáramos
	o aislásemos	*o* aunásemos
	aislarais	aunarais
	o aislaseis	*o* aunaseis
	aislaran	aunaran
	o aislasen	*o* aunasen
Futuro	aislare	aunare
	aislares	aunares
	aislare	aunare
	aisláremos	aunáremos
	aislareis	aunareis
	aislaren	aunaren
FORMAS NO PERSONALES		
Infinitivo	aislar	aunar
Gerundio	aislando	aunando
Participio	aislado	aunado

	17 DESCAFEINAR	18 REHUSAR
INDICATIVO		
Presente	descafeíno descafeínas descafeína descafeinamos descafeináis descafeínan	rehúso rehúsas rehúsa rehusamos rehusáis rehúsan
Pretérito imperfecto	descafeinaba descafeinabas descafeinaba descafeinábamos descafeinabais descafeinaban	rehusaba rehusabas rehusaba rehusábamos rehusabias rehusaban
Pretérito perfecto simple	descafeiné descafeinaste descafeinó descafeinamos descafeinasteis descafeinaron	rehusé rehusaste rehusó rehusamos rehusasteis rehusaron
Futuro	descafeinaré descafeinarás descafeinará descafeinaremos descafeinaréis descafeinarán	rehusaré rehusarás rehusará rehusaremos rehusaréis rehusarán
Condicional	descafeinaría descafeinarías descafeinaría descafeinaríamos descafeinaríais descafeinarían	rehusaría rehusarías rehusaría rehusaríamos rehusaríais rehuarían
IMPERATIVO		
Imperativo	descafeína (vos) descafeiná descafeíne descafeinemos descafeinad descafeínen	rehúsa (vos) rehusá rehúse rehusemos rehusad rehúsen

	17 DESCAFEINAR	18 REHUSAR
SUBJUNTIVO		
Presente	descafeíne descafeínes descafeíne descafeinemos descafeinéis descafeínen	rehúse rehúses rehúse rehusemos rehuséis rehúsen
Pretérito imperfecto	descafeinara *o* descafeinase descafeinaras *o* descafeinases descafeinara *o* descafeinase descafeináramos *o* descafeinásemos descafeinarais *o* descafeinaseis descafeinaran *o* descafeinasen	rehusara *o* rehusase rehusaras *o* rehusases rehusara *o* rehusase rehusáramos *o* rehusásemos rehusarais *o* rehusaseis rehusaran *o* rehusasen
Futuro	descafeinare descafeinares descafeinare descafeináremos descafeinareis descafeinaren	rehusare rehusares rehusare rehusáremos rehusareis rehusaren
FORMAS NO PERSONALES		
Infinitivo	descafeinar	rehusar
Gerundio	descafeinando	rehusando
Participio	descafienado	rehusado

	19 REUNIR	20 AMOHINAR
INDICATIVO		
Presente	reúno reúnes (vos) reunís reúne reunimos reunís reúnen	amohíno amohínas (vos) amohinás amohína amohinamos amohináis amohínan
Pretérito imperfecto	reunía reunías reunía reuníamos reuníais reunían	amohinaba amohinabas amohinaba amohinábamos amohinabais amohinaban
Pretérito perfecto simple	reuní reuniste reunió reunimos reunisteis reunieron	amohiné amohinaste amohinó amohinamos amohinasteis amohinaron
Futuro	reuniré reunirás reunirá reuniremos reuniréis reunirán	amohinaré amohinarás amohinará amohinaremos amohinaréis amohinarán
Condicional	reuniría reunirías reuniría reuniríamos reuniríais reunirían	amohinaría amohinarías amohinaría amohinaríamos amohinaríais amohinarían

	19 REUNIR	20 AMOHINAR
SUBJUNTIVO		
Presente	reúna reúnas reúna reunamos reunáis reúnan	amohíne amohínes amohíne amohinemos amohinéis amohínen
Pretérito imperfecto	reuniera *o* reuniese reunieras *o* reunieses reuniera *o* reuniese reuniéramos *o* reuniésemos reunierais *o* reunieseis reunieran *o* reuniesen	amohinara *o* amhoinase amohinara *o* amhoinase amohinaras *o* amhoinases amohináramos *o* amohinásemos amohinarais *o* amohinaseis amohinaran *o* amohinasen
Futuro	reuniere reunieres reuniere reuniéremos reuniereis reunieren	amohinare amohinares amohinare amohináremos amohinareis amohinaren

	19 REUNIR	20 AMOHINAR
IMPERATIVO		
Imperativo	reúne (vos) reuní reúna reunamos reunid reúnan	amohína (vos) amohiná amohíne amohinemos amohinad amohínen

	19 REUNIR	20 AMOHINAR
FORMAS NO PERSONALES		
Infinitivo	reunir	amohinar
Gerundio	reuniendo	amohinando
Participio	reunido	amohinado

	21 PROHIBIR	22 AVERIGUAR		21 PROHIBIR	22 AVERIGUAR
	INDICATIVO			SUBJUNTIVO	
Presente	prohíbo	averiguo	**Presente**	prohíba	averigüe
	prohíbes	averiguas		prohíbas	averigües
	(vos) prohibís	(vos) averiguás		prohíba	averigüe
	prohíbe	averigua		prohibamos	averigüemos
	prohibimos	averiguamos		prohibáis	averigüéis
	prohibís	averiguais		prohíban	averigüen
	prohíben	averiguan			
Pretérito imperfecto	prohibía	averiguaba	**Pretérito imperfecto**	prohibiera *o* prohibiese	averiguara *o* averiguase
	prohibías	averiguabas		prohibieras *o* prohibieses	averiguaras *o* averiguases
	prohibía	averiguaba		prohibiera *o* prohibiese	averiguara *o* averiguase
	prohibíamos	averiguábamos		prohibiéramos *o* prohibiésemos	averiguáramos *o* averiguásemos
	prohibíais	averiguabais		prohibierais *o* prohibieseis	averiguarais *o* averiguaseis
	prohibían	averiguaban		prohibieran *o* prohibiesen	averiguaran *o* averiguasen
Pretérito perfecto simple	prohibí	averigüé			
	prohibiste	averiguaste			
	prohibió	averiguó			
	prohibimos	averiguamos			
	prohibisteis	averiguasteis			
	prohibieron	averiguaron			
Futuro	prohibiré	averiguaré	**Futuro**	prohibiere	averiguare
	prohibirás	averiguarás		prohibieres	averiguares
	prohibirá	averiguará		prohibiere	averiguare
	prohibiremos	averiguaremos		prohibiéremos	averiguáremos
	prohibiréis	averiguaréis		prhibierais	averiguaseis
	prohibirán	averiguarán		prohibieren	averiguasen
Condicional	prohibiría	averiguaría			
	prohibirías	averiguarías			
	prohibiría	averiguaría			
	prohibiríamos	averiguaríamos			
	prohibiríais	averiguaríais			
	prohibirían	averiguarían			
	IMPERATIVO			FORMAS NO PERSONALES	
Imperativo	prohíbe	averigua	**Infinitivo**	prohibir	averiguar
	(vos) prohibí	(vos) averiguá			
	prohíba	averigüe	**Gerundio**	prohibiendo	averiguando
	prohibamos	averigüemos			
	prohibid	averiguad	**Participio**	prohibido	averiguado
	prohíban	averigüen			

	23 AHINCAR	24 ENRAIZAR
INDICATIVO		
Presente	ahínco	enraízo
	ahíncas	enraízas
	(vos) ahincás	(vos) enraizás
	ahínca	enraíza
	ahincamos	enraizamos
	ahincáis	enraizáis
	ahíncan	enraízan
Pretérito imperfecto	ahincaba	enraizaba
	ahincabas	enraizabas
	ahincaba	enraizaba
	ahincábamos	enraizábamos
	ahincabais	enraizabais
	ahincaban	enraizaban
Pretérito perfecto simple	ahinqué	enraicé
	ahincaste	enraizaste
	ahincó	enraizó
	ahincamos	enraizamos
	ahincasteis	enraizasteis
	ahincaron	enraizaron
Futuro	ahincaré	enraizaré
	ahincarás	enraizarás
	ahincará	enraizará
	ahincaremos	enraizaremos
	ahincaréis	enraizaréis
	ahincarán	enraizarán
Condicional	ahincaría	enraizaría
	ahincarías	enraizarías
	ahincaría	enraizaría
	ahincaríamos	enraizaríamos
	ahincaríais	enraizaríais
	ahincarían	enraizarían

	23 AHINCAR	24 ENRAIZAR
SUBJUNTIVO		
Presente	ahínque	enraíze
	ahínques	enraíces
	ahínque	enraíce
	ahinquemos	enraicemos
	ahinquéis	enraizad
	ahínquen	enraícen
Pretérito imperfecto	ahincara *o* ahincase	enraizara *o* enraizase
	ahincaras *o* ahincases	enraizaras *o* enraizases
	ahincara *o* ahincase	enraizara *o* enraizase
	ahincáramos *o* ahincásemos	enraizáramos *o* enraizásemos
	ahincarais *o* ahincaseis	enraizarais *o* enraizaseis
	ahincaran *o* ahincasen	enraizaran *o* enraizasen
Futuro	ahincare	enraizare
	ahincares	enraizases
	ahincare	enraizare
	ahincáremos	enraizáremos
	ahincareis	enraizareis
	ahincaren	enraizaren

	23 AHINCAR	24 ENRAIZAR
IMPERATIVO		
Imperativo	ahínca	enraíza
	(vos) ahincá	(vos) enraizá
	ahínque	enraíce
	ahinquemos	enraicemos
	ahincad	enraizad
	ahínquen	enraícen

	23 AHINCAR	24 ENRAIZAR
FORMAS NO PERSONALES		
Infinitivo	ahincar	enraizar
Gerundio	ahincando	enraizando
Participio	ahincado	enraizado

INDICATIVO

	25 CABRAHIGAR	26 HOMOGENEIZAR
Presente	cabrahígo	homogeneízo
	cabrahígas	homogeneízas
	(vos) cabrahigás	(vos) homogeneizás
	cabrahíga	homogeneíza
	cabrahigamos	homogeneizamos
	cabrahigáis	homogeneizáis
	cabrahígan	homogeneízan
Pretérito imperfecto	cabrahigaba	homogeneizaba
	cabrahigabas	homogeniezabas
	cabrahigaba	homogeineizaba
	cabrahigábamos	homogeneizábamos
	cabrahigabais	homogeneizabais
	cabrahigaban	homogeneizaban
Pretérito perfecto simple	cabrahigué	homogeneicé
	cabrahigaste	homogeneizaste
	cabrahigó	homogeneizó
	cabrahigamos	homogeneizamos
	cabrahigasteis	homogeneizasteis
	cabrahigaron	homogeneizaron
Futuro	cabrahigaré	homogeniezaré
	cabrahigarás	homogeneizarás
	cabrahigará	homogeneizará
	cabrahigaremos	homogeneizaremos
	cabrahigaréis	homogeneizareis
	cabrahigarán	homogeneizarán
Condicional	cabrahigaría	homogeneizaría
	cabrahigarías	homogeneizarías
	cabrahigaría	homogeneizaría
	cabrahigaríamos	homogeneizaríamos
	cabrahigaríais	homogeneizaríais
	cabrahigarían	homogeneizarían

SUBJUNTIVO

	25 CABRAHIGAR	26 HOMOGENEIZAR
Presente	cabrahígue	homogeneíce
	cabrahígues	homogeneíces
	cabrahígue	homogeneíce
	cabrahiguemos	homogeneicemos
	cabrahiguéis	homogeneicéis
	cabrahíguen	homogeneícen
Pretérito imperfecto	cabrahigara *o* cabrahigase	homogeneizara *o* homogeneizase
	cabrahigaras *o* cabrahigases	homogeneizaras *o* homogeneizases
	cabrahigara *o* cabrahigase	homogeneizara *o* homogeneizase
	cabrahigáramos *o* cabrahigásemos	homogeneizáramos *o* homogeneizásemos
	cabrahigarais *o* cabrahigaseis	homogeneizarais *o* homogeneizaseis
	cabrahigaran *o* cabrahigasen	homogeneizaran *o* homogeneizasen
Futuro	cabrahigare	homogeneizare
	cabrahigares	homogeneizares
	cabrahigare	homogeneizare
	cabrahigáremos	homogeneizáremos
	cabrahigareis	homogeneizareis
	cabrahigaren	homogeneizaren

IMPERATIVO

	25 CABRAHIGAR	26 HOMOGENEIZAR
Imperativo	cabrahíga	homogeneíza
	(vos) cabrahigá	(vos) homogeneizá
	cabrahígue	homogeneíce
	cabrahiguemos	homogeneicemos
	cabrahigad	homogeneizad
	cabrahíguen	homogeneícen

FORMAS NO PERSONALES

	25 CABRAHIGAR	26 HOMOGENEIZAR
Infinitivo	cabrahigar	homogeneizar
Gerundio	cabrahigando	homogeneizando
Participio	cabrahigar	homogeneizado

INDICATIVO

	27 ACERTAR	28 ENTENDER
Presente	acierto	entiendo
	aciertas	entiendes
	(vos) acertás	(vos) entendés
	acierta	entiende
	acertamos	entendemos
	acertáis	entendéis
	aciertan	entienden
Pretérito imperfecto	acertaba	entendía
	acertabas	entendías
	acertaba	entendía
	acertábamos	entendíamos
	acertabais	entendíais
	acertaban	entenían
Pretérito perfecto simple	acerté	entendí
	acertaste	entendiste
	acertó	entendió
	acertamos	entendimos
	acertasteis	entendisteis
	acertaron	entendieron
Futuro	acertaré	entenderé
	acertarás	entenderás
	acertará	entenderá
	acertaremos	entenderemos
	acertaréis	entenderéis
	acertarán	entenderán
Condicional	acertaría	entendería
	acertarías	entenderías
	acertaría	entendería
	acertaríamos	entenderíamos
	acertaríais	entenderíais
	acertarían	entenderían

SUBJUNTIVO

	27 ACERTAR	28 ENTENDER
Presente	acierte	entienda
	aciertes	entiendas
	acierte	entienda
	acertemos	entendamos
	acertéis	entendáis
	acierten	entiendan
Pretérito imperfecto	acertara *o* acertase	entendiera *o* entendiese
	acertaras *o* acertases	entendieras *o* entendieses
	acertara *o* acertase	entendiera *o* entendiese
	acertáramos *o* acertásemos	entendiéramos *o* entendiésemos
	acertarais *o* acertaseis	entendierais *o* entendieseis
	acertaran *o* acertasen	entendieran *o* entendiesen
Futuro	acertare	entendiere
	acertares	entendieres
	acertare	entendiera
	acertáremos	entendiéremos
	acertareis	entendiereis
	acertaren	entendieren

IMPERATIVO

	27 ACERTAR	28 ENTENDER
Imperativo	acierta	entiende
	(vos) acertá	(vos) entendé
	acierte	entienda
	acertemos	entendamos
	acertad	entended
	acierten	entiendan

FORMAS NO PERSONALES

	27 ACERTAR	28 ENTENDER
Infinitivo	acertar	entender
Gerundio	acertando	entendiendo
Participio	acertado	entendido

	29 DISCERNIR	30 ADQUIRIR
	INDICATIVO	
Presente	discierno disciernes (vos) discernís discierne discernimos discernís disciernen	adquiero adquieres (vos) adquirís adquiere adquirimos adquirís adquieren
Pretérito imperfecto	discernía discernías discernía discerníamos discerníais discernían	adquiría adquirías adquiría adquiríamos adquiríais adquirían
Pretérito perfecto simple	discerní discerniste discernió discernimos discernisteis discernieron	adquirí adquiriste adquirió adquirimos adquiristeis adquirieron
Futuro	discerniré discernirás discernirá discerniremos discerniréis discernirán	adquiriré adquirirás adquirirá adquiriremos adquiriréis adquirirán
Condicional	discerniría discernirías discerniría discerniríamos discerniríais discernirían	adquiriría adquirirías adquiriría adquiriríamos adquiriríais adquirirían
	IMPERATIVO	
Imperativo	discierne (vos) discerní discierna discernamos discernid disciernan	adquiere (vos) adquirí adquiera adquiramos adquirid adquieran

	29 DISCERNIR	30 ADQUIRIR
	SUBJUNTIVO	
Presente	discierna disciernas discierna discernamos discernáis disciernan	adquiera adquieras adquiera adquiramos adquiráis adquieran
Pretérito imperfecto	discerniera *o* discerniese discernieras *o* discernieses discerniera *o* discerniese discerniéramos *o* discerniésemos discernierais *o* discernieseis discernieran *o* discerniesen	adquiriera *o* adquiriese adquirieras *o* adquirieses adquiriera *o* adquiriese adquiriéramos *o* adquiriésemos adquirierais *o* adquirieseis adquirieran *o* adquiriesen
Futuro	discerniere discernieres discerniere discerniéremos discerniereis discernieren	adquiriere adquirieres adquiriere adquiriéremos adquiriereis adquirieren
	FORMAS NO PERSONALES	
Infinitivo	discernir	adquirir
Gerundio	discerniendo	adquiriendo
Participio	discernido	adquirido

	31 CONTAR	32 MOVER		31 CONTAR	32 MOVER
	INDICATIVO			SUBJUNTIVO	
Presente	cuento	muevo	**Presente**	cuente	mueva
	cuentas	mueves		cuentes	muevas
	(vos) contás	(vos) movés		cuente	mueva
	cuenta	mueve		contemos	movamos
	contamos	movemos		contéis	mováis
	contáis	movéis		cuenten	muevan
	cuentan	mueven			
Pretérito imperfecto	contaba	movía	**Pretérito imperfecto**	contara	moviera
	contabas	movías		*o* contase	*o* moviese
	contaba	movía		contaras	movieras
	contábamos	movíamos		*o* contases	*o* movieses
	contabais	movíais		contara	moviera
	contaban	movían		*o* contase	*o* moviese
				contáramos *o*	moviéramos *o*
Pretérito perfecto simple	conté	moví		contásemos	moviésemos
	contaste	moviste		contarais	movierais
	contó	movió		*o* contaseis	*o* movieseis
	contamos	movimos		contaran	movieran
	contasteis	movisteis		*o* contasen	*o* moviesen
	contaron	movieron			
Futuro	contaré	moveré	**Futuro**	contare	moviere
	contarás	moverás		contares	movieres
	contará	moverá		contare	moviere
	contaremos	moveremos		contáremos	moviéremos
	contaréis	moveréis		contareis	moviereis
	contarán	moverán		contaren	movieren
Condicional	contaría	movería			
	contarías	moverías			
	contaría	movería			
	contaríamos	moveríamos			
	contaríais	moveríais			
	contarían	moverían			
	IMPERATIVO			FORMAS NO PERSONALES	
Imperativo	cuenta	mueve	**Infinitivo**	contar	mover
	(vos) contá	(vos) mové			
	cuente	mueva	**Gerundio**	contando	moviendo
	contemos	movamos			
	contad	moved	**Participio**	contando	movido
	cuenten	muevan			

	33 DORMIR	34 SERVIR		33 DORMIR	34 SERVIR
	INDICATIVO			SUBJUNTIVO	
Presente	duermo duermes (vos) dormís duerme dormimos dormís duermen	sirvo sirves (vos) servís sirve servimos servís sirven	**Presente**	duerma duermas duerma durmamos durmáis duerman	sirva sirvas sirva sirvamos sirváis sirvan
Pretérito imperfecto	dormía dormías dormía dormíamos dormíais dormían	servía servías servía servíamos servíais servían	**Pretérito imperfecto**	durmiera *o* durmiese durmieras *o* durmieses durmiera *o* durmiese durmiéramo *o* durmiése-mos durmierais o durmieseis durmieran *o* durmiesen	sirviera *o* sirviese sirvieras *o* sirvieses sirviera *o* sirviese sirviéramos *o* sirviésemos sirvierais *o* sirvieseis sirvieran *o* sirviesen
Pretérito perfecto simple	dormí dormiste durmió dormimos dormisteis durmieron	serví serviste sirvió servimos servisteis sirvieron			
Futuro	dormiré dormirás dormirá dormiremos dormiréis dormirán	serviré servirás servirá serviremos serviréis servirán	**Futuro**	durmiere durmieres durmiere durmiéremos durmiereis durmieren	sirviere sirvieres sirviere sirviéremos sirviereis sirvieren
Condicional	dormiría dormirías dormiría dormiríamos dormiríais dormirían	serviría servirías serviría serviríamos serviríais servirían			

	IMPERATIVO			FORMAS NO PERSONALES	
Imperativo	duerme (vos) dormí duerma durmamos dormid duerman	sirve (vos) serví sirva sirvamos servid sirvan	**Infinitivo**	dormir	servir
			Gerundio	durmiendo	sirviendo
			Participio	dormido	servido

	35 HERVIR	36 CEÑIR		35 HERVIR	36 CEÑIR
	INDICATIVO			SUBJUNTIVO	
Presente	hiervo	ciño	**Presente**	hierva	ciña
	hierves	ciñes		hiervas	ciñas
	(vos) hervís	(vos) ceñís		hierva	ciña
	hierve	ciñe		hirvamos	ciñamos
	hervimos	ceñimos		hirváis	ciñáis
	hervís	ceñís		hiervan	ciñan
	hierven	ciñen			
Pretérito imperfecto	hervía	ceñía	**Pretérito imperfecto**	hirviera *o* hirviese	ciñera *o* ciñese
	hervías	ceñías		hirvieras *o* hirvieses	ciñeras *o* ciñeses
	hervía	ceñía		hirviera *o* hirviese	ciñera *o* ciñese
	hervíamos	ceñíamos		hirviéramos *o* hirviésemos	ciñéramos *o* ciñésemos
	herviais	ceñíais		hirvierais *o* hirvieseis	ciñerais *o* ciñeseis
	hervian	ceñían		hirvieran *o* hirviesen	ciñeran *o* ciñesen
Pretérito perfecto simple	herví	ceñí			
	herviste	ceñiste			
	hirvió	ciñó			
	hervimos	ceñimos			
	hervisteis	ceñisteis			
	hirvieron	ciñeron			
Futuro	herviré	ceñiré	**Futuro**	hirviere	ciñere
	hervirás	ceñirás		hirvieres	ciñeres
	hervirá	ceñirá		hirviere	ciñere
	herviremos	ceñiremos		hirviéremos	ciñéremos
	herviréis	ceñiréis		hirviereis	ciñereis
	hervirán	ceñirán		hirvieren	ciñeren
Condicional	herviría	ceñiría			
	hervirías	ceñirías			
	herviría	ceñiría			
	herviríamos	ceñiríamos			
	herviríais	ceñiríais			
	hervirían	ceñirían			
	IMPERATIVO			FORMAS NO PERSONALES	
Imperativo	hierve	ciñe	**Infinitivo**	hervir	ceñir
	(vos) herví	(vos) ceñí			
	hierva	ciña	**Gerundio**	hirviendo	ciñendo
	hirvamos	ciñamos			
	hervid	ceñid	**Participio**	hervido	ceñido
	hiervan	ciñan			

	37 REÍR	38 TAÑER		37 REÍR	38 TAÑER
	INDICATIVO			SUBJUNTIVO	
Presente	río	taño	**Presente**	ría	taña
	ríes	tañes		rías	tañas
	(vos) reís	(vos) tañés		ría	taña
	ríe	tañe		riamos	tañamos
	reímos	tañemos		riáis	tañáis
	reís	tañéis		rían	tañan
	ríen	tañen			
Pretérito imperfecto	reía	tañía	**Pretérito imperfecto**	riera	tañera
	reías	tañías		*o* riese	*o* tañese
	reía	tañía		rieras	tañeras
	reíamos	tañíamos		*o* rieses	*o* tañeses
	reíais	tañíais		riera	tañera
	reían	tañían		*o* riese	*o* tañese
				riéramos	tañéramos
Pretérito perfecto simple	reí	tañí		*o* riésemos	*o* tañésemos
	reíste	tañiste		rierais	tañerais
	rió	tañó		*o* rieseis	*o* tañeseis
	reímos	tañimos		rieran	tañeran
	reísteis	tañisteis		*o* riesen	*o* tañesen
	rieron	tañeron			
Futuro	reiré	tañeré	**Futuro**	riere	tañere
	reirás	tañerás		rieres	tañeres
	reirá	tañerá		riere	tañere
	reiremos	tañeremos		riéremos	tañéremos
	reiréis	tañeréis		riereis	tañereis
	reirán	tañerán		rieren	tañeren
Condicional	reiría	tañería			
	reirías	tañerías			
	reiría	tañería			
	reiríamos	tañeríamos			
	reiríais	tañeríais			
	reirían	tañerían			
	IMPERATIVO			FORMAS NO PERSONALES	
Imperativo	ríe	tañe	**Infinitivo**	reír	tañer
	(vos) reí	(vos) tañé			
	ría	taña	**Gerundio**	riendo	tañendo
	riamos	tañamos			
	reíd	tañed	**Participio**	reido	tañido
	rían	tañan			

	39 EMPELLER	40 MUÑIR
INDICATIVO		
Presente	empello	muño
	empelles	muñes
	(vos) empellés	(vos) muñís
	empelle	muñe
	empellemos	muñimos
	empelleis	muñis
	empellen	muñen
Pretérito imperfecto	empellía	muñía
	empellías	muñías
	empellía	muñía
	empellíamos	muñíamos
	empellíais	muñíais
	empellían	muñían
Pretérito perfecto simple	empellí	muñí
	empelliste	muñiste
	empelló	muñó
	empellimos	muñimos
	empellisteis	muñisteis
	empelleron	muñeron
Futuro	empelleré	muñiré
	empellerás	muñirás
	empellerá	muñirá
	empelleremos	muñiremos
	empelleréis	muñiréis
	empellerán	muñirán
Condicional	empellería	muñiría
	empellerías	muñirías
	empellería	muñiría
	empelleríamos	muñiríamos
	empelleríais	muñiríais
	empellerían	muñirían

	39 EMELLER	40 MUÑIR
SUBJUNTIVO		
Presente	empelle	muña
	empelles	muñas
	empelle	muña
	empellemos	muñamos
	empelléis	muñáis
	empellen	muñan
Pretérito imperfecto	empellera *o* empellese	muñera *o* muñese
	empelleras *o* empelleses	muñeras *o* muñeses
	empellera *o* empellese	muñera *o* muñese
	empelléra-mos *o* empe-llésemos	muñéramos *o* muñésemos
	empellerais *o* empelleseis	muñerais *o* muñeseis
	empelleran *o* empellesen	muñeran *o* muñesen
Futuro	empellere	muñere
	empelleres	muñeres
	empellere	muñere
	empellére-mos	muñéremos
	empellereis	muñereis
	empelleren	muñeren

IMPERATIVO		
Imperativo	empelle	muñe
	(vos) empellé	(vos) muñí
	empelle	muña
	empellemos	muñemos
	empelled	muñid
	empellen	muñan

FORMAS NO PERSONALES		
Infinitivo	empeller	muñir
Gerundio	empellendo	muñendo
Participio	empellido	muñido

	41 MULLIR	42 NACER		41 MULLIR	42 NACER
	INDICATIVO			SUBJUNTIVO	
Presente	mullo mulles (vos) mullís mulle mullimos mullís mullen	nazco naces (vos) nacés nace nacemos nacéis nacen	**Presente**	mulla mullas mulla mullamos mulláis mullan	nazca nazcas nazca nazcamos nazcáis nazcan
Pretérito imperfecto	mullía mullías mullía mullíamos mullíais mullían	nacía nacías nacía nacíamos nacíais nacían	**Pretérito imperfecto**	mullera *o* mullese mulleras *o* mulleses mullera *o* mullese mulléramos *o* mullésemos mullerais *o* mulleseis mulleran *o* mullesen	naciera *o* naciese nacieras *o* nacieses naciera *o* naciese naciéramos *o* naciésemos nacierais *o* nacieseis nacieran *o* naciesen
Pretérito perfecto simple	mullí mulliste mulló mullimos mullisteis mulleron	nací naciste nació nacimos nacisteis nacieron			
Futuro	mulliré mullirás mullirá mulliremos mulliréis mullirán	naceré nacerás nacerá naceremos naceréis nacerán	**Futuro**	mullere mulleres mullere mulléremos mullereis mulleren	naciere nacieres naciere naciéremos naciereis nacieren
Condicional	mulliría mullirías mulliría mulliríamos mulliríais mullirían	nacería nacerías nacería naceríamos naceríais nacerían			
	IMPERATIVO			FORMAS NO PERSONALES	
Imperativo	mulle (vos) mullí mulla mullamos mullid mullan	nace (vos) nacé nazca nazcamos naced nazcan	**Infinitivo** **Gerundio** **Participio**	mullir mullendo mullido	nacer naciendo nacido

	43 AGRADECER	44 CONOCER		43 AGRADECER	44 CONOCER
	INDICATIVO			SUBJUNTIVO	
Presente	agradezco agradeces (vos) agradecés agradece agradecemos agradecéis agradecen	conozco conoces (vos) conocés conoce conocemos conocéis conocen	**Presente**	agradezca agradezcas agradezca agradezcamos agradezcáis agradezcan	conozca conozcas conozca conozcamos conozcáis conozcan
Pretérito imperfecto	agradecía agradecías agradecía agradecíamos agradecíais agradecían	conocía conocías conocía conocíamos conocíais conocían	**Pretérito imperfecto**	agradeciera *o* agradeciese agradecieras *o* agradecieses agradeciera *o* agradeciese agradeciéramos *o* agradeciésemos agradecierais *o* agradecieseis agradecieran *o* agradeciesen	conociera *o* conociese conocieras *o* conocieses conociera *o* conociese conociéramos *o* conociésemos conocierais *o* conocieseis conocieran *o* conociesen
Pretérito perfecto simple	agradecí agradeciste agradeció agradecimos agradecisteis agradecieron	conocí conociste conoció conocimos conocisteis conocieron			
Futuro	agradeceré agradecerás agradecerá agradeceremos agradeceréis agradecerán	conoceré conocerás conocerá conoceremos conoceréis conocerán	**Futuro**	agradeciere agradecieres agradeciere agradeciéremos agradeciereis agradecieren	conociere conocieres conociere conociéremos conociereis conocieren
Condicional	agradecería agradecerías agradecería agradeceríamos agradeceríais agradecerían	conocería conocerías conocería conoceríamos conoceríais conocerían			
	IMPERATIVO			FORMAS NO PERSONALES	
Imperativo	agradece (vos) agradecé agradezca agradezcamos agradezed agradezcan	conoce (vos) conocé conozca conozcamos conoced conozcan	**Infinitivo** **Gerundio** **Participio**	agradecer agradeciendo agradecido	conocer conociendo conocido

	45 LUCIR	46 CONDUCIR		45 LUCIR	46 CONDUCIR
	INDICATIVO			SUBJUNTIVO	
Presente	luzco luces (vos) lucís luce lucimos lucís lucen	conduzco conduces (vos) conducís conduce conducimos conducís conducen	**Presente**	luzca luzcas luzca luzcamos luzcáis luzcan	conduzca conduzcas conduzca conduzcamos conduzcáis conduzcan
Pretérito imperfecto	lucía lucías lucía lucíamos lucíais lucían	conducía conducías conducía conducíamos conducíais conducían	**Pretérito imperfecto**	luciera *o* luciese lucieras *o* lucieses luciera *o* luciese luciéramos *o* luciésemos lucierais *o* lucieseis lucieran *o* luciesen	condujera *o* condujese condujeras *o* condujeses condujera *o* condujese condujéramos *o* condujésemos condujerais *o* condujeseis condujeran *o* condujesen
Pretérito perfecto simple	lucí luciste lució lucimos lucisteis lucieron	conduje condujiste condujo condujimos condujisteis condujeron			
Futuro	luciré lucirás lucirá luciremos luciréis lucirán	conduciré conducirás conducirá conduciremos conduciréis conducirán	**Futuro**	luciere lucieres luciere luciéremos luciereis lucieren	condujere condujeres condujere condujéremos condujereis condujeren
Condicional	luciría lucirías luciría luciríamos luciríais lucirían	conduciría conducirías conduciría conduciríamos conduciríais conducirían			
	IMPERATIVO			FORMAS NO PERSONALES	
Imperativo	luce (vos) lucí luzca luzcamos lucid luzcan	conduce (vos) conducí conduzca conduzcamos conducid conduzcan	**Infinitivo** **Gerundio** **Participio**	lucir luciendo lucido	conducir conduciendo conducido

	47 EMPEZAR	48 REGAR		47 EMPEZAR	48 REGAR
INDICATIVO			SUBJUNTIVO		
Presente	empiezo empiezas (vos) empezás empieza empezamos empezáis empiezan	riego riegas (vos) regás riega regamos regáis riegan	**Presente**	empiece empieces empiece empecemos empecéis empiecen	riegue riegues riegue reguemos reguéis rieguen
Pretérito imperfecto	empezaba empezabas empezaba empezábamos empezabais empezaban	regaba regabas regaba regábamos regabais regaban	**Pretérito imperfecto**	empezara *o* empezase empezaras *o* empezases empezara *o* empezase empezáramos *o* empezáse-mos empezarais *o* empezaseis empezaran *o* empezasen	regara *o* regase regaras *o* regases regara *o* regase regáramos *o* regásemos regarais *o* regaseis regaran *o* regasen
Pretérito perfecto simple	empecé empezaste empezó empezamos empezasteis empezaron	regué regaste regó regamos regasteis regaron			
Futuro	empezaré empezarás empezará empezaremos empezaréis empezarán	regaré regarás regará regaremos regaréis regarán	**Futuro**	empezare empezares empezare empezáremos empezareis empezaren	regare regares regare regáremos regareis regaren
Condicional	empezaría empezarías empezaría empezaríamos empezaríais empezarían	regaría regarías regaría regaríamos regaríais regarían			
IMPERATIVO			FORMAS NO PERSONALES		
Imperativo	empieza (vos) empezá empiece empecemos empezad empiecen	riega (vos) regá riegue reguemos regad rieguen	**Infinitivo** **Gerundio** **Participio**	empezar empezando empezado	regar regando regado

	49 TROCAR	50 FORZAR
INDICATIVO		
Presente	trueco	fuerzo
	truecas	fuerzas
	(vos) trocás	(vos) forzás
	trueca	fuerza
	trocamos	forzamos
	trocáis	forzáis
	truecan	fuerzan
Pretérito imperfecto	trocaba	forzaba
	trocabas	forzabas
	trocaba	forzaba
	trocábamos	forzábamos
	trocabais	forzabais
	trocaban	forzaban
Pretérito perfecto simple	troqué	forcé
	trocaste	forzaste
	trocó	forzó
	trocamos	forzamos
	trocasteis	forzasteis
	trocaron	forzaron
Futuro	trocaré	forzaré
	trocarás	forzarás
	trocará	forzará
	trocaremos	forzaremos
	trocaréis	forzaréis
	trocarán	forzarán
Condicional	trocaría	forzaría
	trocarías	forzarías
	trocaría	forzaría
	trocaríamos	forzaríamos
	trocaríais	forzaríais
	trocarían	forzarían
IMPERATIVO		
Imperativo	trueca	fuerza
	trueque	(vos) forzá
	(vos) trocá	fuerce
	troquemos	forcemos
	trocad	forzad
	truequen	fuercen

	49 TROCAR	50 FORZAR
SUBJUNTIVO		
Presente	trueque	fuerce
	trueques	fuerces
	trueque	fuerce
	troquemos	forcemos
	troquéis	forcéis
	truequen	fuercen
Pretérito imperfecto	trocara	forzara
	o trocase	*o* forzase
	trocaras	forzaras
	o trocases	*o* orzases
	trocara	forzara
	o trocase	*o* forzase
	trocáramos	forzáramos
	o trocásemos	*o* forzásemos
	trocarais	forzarais
	o trocaseis	*o* forzaseis
	trocaran	forzaran
	o trocasen	*o* forzasen
Futuro	trocare	forzare
	trocares	forzares
	trocare	forzare
	trocáremos	forzáremos
	trocareis	forzareis
	trocaren	forzaren
FORMAS NO PERSONALES		
Infinitivo	trocar	forzar
Gerundio	trocando	forzando
Participio	trocado	forzado

	51 AVERGONZAR	52 COLGAR

INDICATIVO		
Presente	avergüenzo	cuelgo
	avergüenzas	cuelgas
	(vos) avergonzás	(voz) colgás
	avergüenza	cuelga
	avergonzamos	colgamos
	avergonzáis	colgáis
	avergüenzan	cuelgan
Pretérito imperfecto	avergonzaba	actuaba
	avergonzabas	actuabas
	avergonzaba	actuaba
	avergonzábamos	actuábamos
	avergonzabais	actuabais
	avergonzaban	actuaban
Pretérito perfecto simple	avergoncé	colgué
	avergonzaste	colgaste
	avergonzó	colgó
	avergonzamos	colgamos
	avergonzasteis	colgasteis
	avergonzaron	colgaron
Futuro	avergonzaré	actuaré
	avergonzarás	actuarás
	avergonzará	actuará
	avergonzaremos	actuaremos
	avergonzaréis	actuaréis
	avergonzarán	actuarán
Condicional	avergonzaría	actuaría
	avergonzarías	actuarías
	avergonzaría	actuaría
	avergonzaríamos	actuaríamos
	avergonzaríais	actuaríais
	avergonzarían	actuarían
IMPERATIVO		
Imperativo	avergüenza	cuelga
	(vos) avergonzá	(vos) colgá
	avergüence	cuelgue
	avergoncemos	colguemos
	avergonzad	colgad
	avergüencen	cuelguen

SUBJUNTIVO		
Presente	avergüence	cuelgue
	avergüences	cuelgues
	avergüence	cuelgue
	avergoncemos	colguemos
	avergoncéis	colguéis
	avergüencen	cuelguen
Pretérito imperfecto	avergonzara *o* avergonzase	colgara *o* colgase
	avergonzaras *o* avergonzases	colgaras *o* colgases
	avergonzara *o* avergonzase	colgara *o* colgase
	avergonzáramos *o* avergonzásemos	colgáramos *o* colgásemos
	avergonzarais *o* avergonzaseis	colgarais *o* colgaseis
	avergonzaran *o* avergonzasen	colgaran *o* colgasen
Futuro	avergonzare	colgare
	avergonzares	colgares
	avergonzare	colagre
	avergonzáremos	colgáremos
	avergonzareis	colgareis
	avergonzaren	colgaren
FORMAS NO PERSONALES		
Infinitivo	avergonzar	colgar
Gerundio	avergonzando	colgando
Participio	avergonzado	colgado

	53 JUGAR	54 COCER		53 JUGAR	54 COCER
INDICATIVO			SUBJUNTIVO		
Presente	juego	cuezo	**Presente**	juegue	cueza
	juegas	cueces		juegues	cuezas
	(vos) jugás	(vos) cocés		juegue	cueza
	juega	cuece		juguemos	cozamos
	jugamos	cocemos		juguéis	cozáis
	jugáis	cocéis		jueguen	cuezan
	juegan	cuecen			
Pretérito imperfecto	jugaba	cocía	**Pretérito imperfecto**	jugara	cociera
	jugabas	cocías		*o* jugase	*o* cociese
	jugaba	cocía		jugaras	cocieras
	jugábamos	cocíamos		*o* jugases	*o* cocieses
	jugabais	cocíais		jugara	cociera
	jugaban	cocían		*o* jugase	*o* cociese
				jugáramos	cociéramos
Pretérito perfecto simple	jugué	cocí		*o* jugásemos	*o* cociésemos
	jugaste	cociste		jugarais	cocierais
	jugó	coció		*o* jugaseis	*o* cocieseis
	jugamos	cocimos		jugaran	cocieran
	jugasteis	cocisteis		*o* jugasen	*o* cociesen
	jugaron	cocieron			
Futuro	jugaré	coceré	**Futuro**	jugare	cociere
	jugarás	cocerás		jugares	cocieres
	jugará	cocerá		jugare	cociere
	jugaremos	coceremos		jugáremos	cociéremos
	jugaréis	coceréis		jugareis	ciciereis
	jugarán	cocerán		jugaren	cocieren
Condicional	jugaría	cocería			
	jugarías	cocerías			
	jugaría	cocería			
	jugaríamos	coceríamos			
	jugaríais	coceríais			
	jugarían	cocerían			
IMPERATIVO			FORMAS NO PERSONALES		
Imperativo	juega	cuece	**Infinitivo**	jugar	cocer
	(vos) jugá	(vos) cocé			
	juegue	cueza	**Gerundio**	jugando	cociendo
	juguemos	cozamos			
	jugad	coced	**Participio**	jugado	cocido
	jueguen	cuezan			

	55 ELEGIR	56 SEGUIR
INDICATIVO		
Presente	elijo eliges (vos) elegís elige elegimos elegís eligen	sigo sigues (vos) seguís sigue seguimos seguís siguen
Pretérito imperfecto	elegía elegías elegía elegíamos elegíais elegían	seguía seguías seguía seguíamos seguíais seguían
Pretérito perfecto simple	elegí elegiste eligió elegimos elegisteis eligieron	seguí seguiste siguió seguimos seguisteis siguieron
Futuro	elegiré elegirás elegirá elegiremos elegiréis elegirán	seguiré seguirás seguirá seguiremos seguiréis seguirán
Condicional	elegiría elegirías elegiría elegiríamos elegiríais elegirían	seguiría seguirías seguiría seguiríamos seguiríais seguirían
IMPERATIVO		
Imperativo	elige (vos) elegí elija elijamos elegid elijan	sigue (vos) seguí siga sigamos seguid sigan

	55 ELEGIR	56 SEGUIR
SUBJUNTIVO		
Presente	elija elijas elija elijamos elijáis elijan	siga sigas siga sigamos sigáis sigan
Pretérito imperfecto	eligiera *o* eligiese eligieras *o* eligieses eligiera *o* eligiese eligiéramos *o* eligiésemos eligierais *o* eligieseis eligieran *o* eligiesen	siguiera *o* siguiese siguieras *o* siguieses siguiera *o* siguiese siguiéramos *o* siguiésemos siguierais *o* siguieseis siguieran *o* siguiesen
Futuro	eligiere eligieres eligiere eligiéremos eligiereis eligieren	siguiere siguieres siguiere siguiéremos siguiereis siguieren
FORMAS NO PERSONALES		
Infinitivo	elegir	seguir
Gerundio	eligiendo	siguiendo
Participio	elegido	seguido

	57 ERRAR	58 AGORAR		57 ERRAR	58 AGORAR
	INDICATIVO			SUBJUNTIVO	
Presente	yerro	agüero	**Presente**	yerre	agüere
	yerras	agüeras		yerres	agüeres
	(vos) errás	(vos) agorás		yerre	agüere
	yerra	agüera		erremos	agoremos
	erramos	agoramos		erréis	agoréis
	erráis	agoráis		yerren	agüeren
	yerran	agüeran			
Pretérito imperfecto	erraba	agoraba	**Pretérito imperfecto**	errara	agorara
	errabas	agorabas		*o* errase	*o* agorase
	erraba	agoraba		erraras	agoraras
	errábamos	agorábamos		*o* errases	*o* agorases
	errabais	agorabais		errara	agorara
	erraban	agoraban		*o* errase	*o* agorase
				erráramos	agoráramos
Pretérito perfecto simple	erré	agoré		*o* errásemos	*o* agorásemos
	erraste	agoraste		errarais	agorarais
	erró	agoró		*o* erraseis	*o* agoraseis
	erramos	agoramos		erraran	agoraran
	errasteis	agorasteis		*o* errasen	*o* agorasen
	erraron	agoraron			
Futuro	erraré	agoraré	**Futuro**	errare	agorare
	errarás	agorarás		errares	agorares
	errará	agorará		errare	agorare
	erraremos	agoraremos		erráremos	agoráremos
	erraréis	agoraréis		errareis	agorareis
	errarán	agorarán		erraren	agoraren
Condicional	erraría	agoraría			
	errarías	agorarías			
	erraría	agoraría			
	erraríamos	agoraríamos			
	erraríais	agoraríais			
	errarían	agorarían			
	IMPERATIVO			FORMAS NO PERSONALES	
Imperativo	yerra	agüera	**Infinitivo**	errar	agorar
	(vos) errá	(vos) agorá			
	yerre	agüere	**Gerundio**	errando	agorando
	erremos	agoremos			
	errad	agorad	**Participio**	errado	agorado
	yerren	agüeren			

	59 DESOSAR	60 OLER		59 DESOSAR	60 OLER
INDICATIVO			SUBJUNTIVO		
Presente	deshueso	huelo	**Presente**	deshuese	huela
	deshuesas	hueles		deshueses	huelas
	(vos) deshuesás	(vos) olés		deshuese	huela
	deshuesa	huele		desosemos	olamos
	desosamos	olemos		desoséis	oláis
	desosáis	oléis		deshuesen	huelan
	deshuesan	huelen			
Pretérito imperfecto	desosaba	olía	**Pretérito imperfecto**	desosara	oliera
	desosabas	olías		*o* desosase	*u* oliese
	desosaba	olía		desosaras	olieras
	desosábamos	olíamos		*o* desosases	*u* olieses
	desosabais	olíais		desosara	oliera
	desosaban	olían		*o* desosase	*u* oliese
				desosáramos *o*	oliéramos
Pretérito perfecto simple	desosé	olí		desosásemos	*u* oliésemos
	desosaste	oliste		desosarais	olierais
	desosó	olió		*o* desosaseis	*u* olieseis
	desosamos	olimos		desosaran	olieran
	desosasteis	olisteis		*o* desosasen	*u* oliesen
	desosaron	olieron			
Futuro	desosaré	oleré	**Futuro**	desosare	oliere
	desosarás	olerás		desosares	olieres
	desosará	olerá		desosare	oliere
	desosaremos	oleremos		desosáremos	oliéremos
	desosaréis	oleréis		desosareis	oliereis
	desosarán	olerán		desosaren	olieren
Condicional	desosaría	olería			
	desosarías	olerías			
	desosaría	olería			
	desosaríamos	oleríamos			
	desosaríais	oleríais			
	desosarían	olerían			
IMPERATIVO			FORMAS NO PERSONALES		
Imperativo	deshuesa	huele	**Infinitivo**	desosar	oler
	(vos) deshuesá	(vos) olé			
	deshuese	huela	**Gerundio**	desosando	oliendo
	desosemos	olamos			
	desosad	oled	**Participio**	desosado	olido
	deshuesen	huelan			

	61 LEER	62 HUIR		61 LEER	62 HUIR
	INDICATIVO			SUBJUNTIVO	
Presente	leo lees (vos) leés lee leemos leéis leen	huyo huyes (vos) huís huye huimos huís huyen	**Presente**	lea leas lea leamos leáis lean	huya huyas huya huyamos huyáis huyan
Pretérito imperfecto	leía leías leía leíamos leíais leían	huía huías huía huíamos huíais huían	**Pretérito imperfecto**	leyera *o* leyese leyeras *o* leyeses leyera *o* leyese leyéramos *o* leyésemos leyerais *o* leyeseis leyeran *o* leyesen	huyera *o* huyese huyeras *o* huyeses huyera *o* huyese huyéramos *o* huyésemos huyerais *o* huyeseis huyeran *o* huyesen
Pretérito perfecto simple	leí leíste leyó leímos leísteis leyeron	huí huiste huyó huimos huisteis huyeron			
Futuro	leeré leerás leerá leeremos leeréis leerán	huiré huirás huirá huiremos huiréis huirán	**Futuro**	leyere leyeres leyere leyéremos leyereis leyeren	huyere huyeres huyere huyéremos huyereis huyeren
Condicional	leería leerías leería leeríamos leeríais leerían	huiría huirías huiría huiríamos huiríais huirían			
	IMPERATIVO			FORMAS NO PERSONALES	
Imperativo	lee (vos) leé lea leamos leed lean	huye (vos) huí huya huyamos huid huyan	**Infinitivo**	leer	huir
			Gerundio	leyendo	huyendo
			Participio	leido	huido

	63 ARGÜIR	64 ANDAR		63 ARGÜIR	64 ANDAR
	INDICATIVO			SUBJUNTIVO	
Presente	arguyo arguyes (vos) argüís arguye argüimos argüís arguyen	ando andas (vos) andás anda andamos andáis andan	**Presente**	arguya arguyas arguya arguyamos arguyáis arguyan	ande andes ande andemos andéis anden
Pretérito imperfecto	argüía argüías argüía argüíamos argüíais argüían	andaba andabas andaba andábamos andabais andaban	**Pretérito imperfecto**	arguyera *o* arguyese arguyeras *o* arguyeses arguyera *o* arguyese arguyéramos *o* arguyésemos arguyerais *o* arguyeseis arguyeran *o* arguyesen	anduviera *o* anduviese anduvieras *o* anduvieses anduviera *o* anduviese anduviéramos *o* anduviésemos anduvierais *o* anduvieseis anduvieran *o* anduviesen
Pretérito perfecto simple	argüí argüiste arguyó argüimos argüisteis arguyeron	anduve anduviste anduvo anduvimos anduvisteis anduvieron			
Futuro	argüiré argüirás argüirá argüiremos argüiréis argüirán	andaré andarás andará andaremos andaréis andarán	**Futuro**	arguyere arguyeres arguyere arguyéremos arguyereis arguyeren	anduviere anduvieres anduviere anduviéremos anduviereis anduvieren
Condicional	argüiría argüirías argüiría argüiríamos argüiríais argüirían	andaría andarías andaría andaríamos andaríais andarían			
	IMPERATIVO			FORMAS NO PERSONALES	
Imperativo	arguye (vos) argüí arguya arguyamos argüid arguyan	anda (vos) andá ande andemos andad anden	**Infinitivo**	argüir	andar
			Gerundio	arguyendo	andando
			Participio	argüido	andado

	65 ASIR	66 CABER		65 ASIR	66 CABER
	INDICATIVO			SUBJUNTIVO	
Presente	asgo ases (vos) asís ase asimos asís asen	quepo cabes (vos) cabés cabe cabemos cabéis caben	**Presente**	asga asgas asga asgamos asgáis asgan	quepa quepas quepa quepamos quepáis quepan
Pretérito imperfecto	asía asías asía asíamos asíais asían	cabía cabías cabía cabíamos cabíais cabían	**Pretérito imperfecto**	asiera *o* asiese asieras *o* asieses asiera *o* asiese asiéramos *o* asiésemos asierais *o* asieseis asieran *o* asiesen	cupiera *o* cupiese cupieras *o* cupieses cupiera *o* cupiese cupiéramos *o* cupiésemos cupierais *o* cupieseis cupieran *o* cupiesen
Pretérito perfecto simple	así asiste asió asimos asisteis asieron	cupe cupiste cupo cupimos cupisteis cupieron			
Futuro	asiré asirás asirá asiremos asiréis asirán	cabré cabrás cabrá cabremos cabréis cabrán	**Futuro**	asiere asieres asiere asiéremos asiereis asieren	cupiere cupieres cupiere cupiéremos cupiereis cupieren
Condicional	asiría asirías asiría asiríamos asiríais asirían	cabría cabrías cabría cabríamos cabríais cabrían			
	IMPERATIVO			FORMAS NO PERSONALES	
Imperativo	ase (vos) así asga asgamos asid asgan	cabe (vos) cabé quepa quepamos cabed quepan	**Infinitivo** **Gerundio** **Participio**	asir asiendo asido	caber cabiendo cabido

	67 CAER	68 DAR
INDICATIVO		
Presente	caigo	doy
	caes	das
	(vos) caés	(vos) das
	cae	da
	caemos	damos
	caéis	dais
	caen	dan
Pretérito imperfecto	caía	daba
	caías	dabas
	caía	daba
	caíamos	dábamos
	caíais	dabais
	caían	daban
Pretérito perfecto simple	caí	di
	caíste	diste
	cayó	dio
	caímos	dimos
	caísteis	disteis
	cayeron	dieron
Futuro	caeré	daré
	caerás	darás
	caerá	dará
	caeremos	daremos
	caeréis	daréis
	caerán	darán
Condicional	caería	daría
	caerías	darías
	caería	daría
	caeríamos	daríamos
	caeríais	daríais
	caerían	darían
IMPERATIVO		
Imperativo	cae	da
	(vos) caé	(vos) da
	caiga	dé
	caigamos	demos
	caed	dad
	caigan	den

	67 CAER	68 DAR
SUBJUNTIVO		
Presente	caiga	dé
	caigas	des
	caiga	dé
	caigamos	demos
	caigáis	deis
	caigan	den
Pretérito imperfecto	cayera	diera
	o cayese	*o* diese
	cayeras	dieras
	o cayeses	*o* dieses
	cayera	diera
	o cayese	*o* diese
	cayéramos	diéramos
	o cayésemos	*o* diésemos
	cayerais	dierais
	o cayeseis	*o* dieseis
	cayeran	dieran
	o cayesen	*o* diesen
Futuro	cayere	diere
	cayeres	dieres
	cayere	diere
	cayéremos	diéremos
	cayereis	diereis
	cayeren	dieren
FORMAS NO PERSONALES		
Infinitivo	caer	dar
Gerundio	cayendo	dando
Participio	caído	dado

	69 DECIR	70 ERGUIR		69 DECIR	70 ERGUIR
	INDICATIVO			SUBJUNTIVO	
Presente	digo dices (vos) decís dice decimos decís dicen	irgo *o* yergo irgues *o* yergues (vos) erguís irgue *o* yergue erguimos erguís irguen *o* yerguen	**Presente**	diga digas diga digamos digáis digan	irga *o* yerga irgas *o* yergas irga *o* yerga irgamos *o* yergamos irgáis *o* yergáis irgan *o* yergan
Pretérito imperfecto	decía decías decía decíamos decíais decían	erguía erguías erguía erguíamos erguíais erguían	**Pretérito imperfecto**	dijera *o* dijese dijeras *o* dijeses dijera *o* dijese dijéramos *o* dijésemos dijerais *o* dijeseis dijeran *o* dijesen	irguiera *o* irguiese irguieras *o* irguieses irguiera *o* irguiese irguiéramos *o* irguiésemos irguierais *o* irguieseis irguieran *o* irguiesen
Pretérito perfecto simple	dije dijiste dijo dijimos dijisteis dijeron	erguí erguiste irguió erguimos erguisteis irguieron			
Futuro	diré dirás dirá diremos diréis dirán	erguiré erguirás erguirá erguiremos erguiréis erguirán	**Futuro**	dijere dijeres dijere dijéremos dijereis dijeren	irguiere irguieres irguiere irguiéremos irguiereis irguieren
Condicional	diría dirías diría diríamos diríais dirían	erguiría erguirías erguiría erguiríamos erguiríais erguirían			
	IMPERATIVO			FORMAS NO PERSONALES	
Imperativo	di (vos) decí diga digamos decid digan	irgue *o* yergue (vos) erguí irga *o* yerga irgamos *o* yerga- mos erguid irgan *o* yergan	**Infinitivo** **Gerundio** **Participio**	decir diciendo dicho	erguir irguiendo erguido

	71 ESTAR	72 HABER		71 ESTAR	72 HABER
INDICATIVO			SUBJUNTIVO		
Presente	estoy	he	**Presente**	esté	haya
	estás	has		estés	hayas
	(vos) estás	(vos) habés		esté	haya
	está	ha (hay)		estemos	hayamos
	estamos	hemos		estéis	hayáis
	estáis	habéis		estén	hayan
	están	han			
Pretérito imperfecto	estaba	había	**Pretérito imperfecto**	estuviera *o* estuviese	hubiera *o* hubiese
	estabas	habías		estuvieras *o* estuvieses	hubieras *o* hubieses
	estaba	había		estuviera *o* estuviese	hubiera *o* hubiese
	estábamos	habíamos		estuviéramos *o* estuviésemos	hubiéramos *o* hubiésemos
	estabais	habíais		estuvierais *o* estuvieseis	hubierais *o* hubieseis
	estaban	habían		estuvieran *o* estuviesen	hubieran *o* hubiesen
Pretérito perfecto simple	estuve	hube			
	estuviste	hubiste			
	estuvo	hubo			
	estuvimos	hubimos			
	estuvisteis	hubisteis			
	estuvieron	hubieron			
Futuro	estaré	habré	**Futuro**	estuviere	hubiere
	estarás	habrás		estuvieres	hubieres
	estará	habrá		estuviere	hubiere
	estaremos	habremos		estuviéremos	hubiéremos
	estaréis	habréis		estuviereis	hubiereis
	estarán	habrán		estuvieren	hubieren
Condicional	estaría	habría			
	estarías	habrías			
	estaría	habría			
	estaríamos	habríamos			
	estaríais	habríais			
	estarían	habrían			
IMPERATIVO			FORMAS NO PERSONALES		
Imperativo	está	he	**Infinitivo**	estar	haber
	(vos) está	(vos) habé			
	esté	haya	**Gerundio**	estando	habiendo
	estemos	hayamos			
	estad	habed	**Participio**	estado	habido
	estén	hayan			

	73 HACER	74 IR		73 HACER	74 IR
	INDICATIVO			SUBJUNTIVO	
Presente	hago haces (vos) hacés hace hacemos hacéis hacen	voy vas (vos) vas va vamos vais van	**Presente**	haga hagas haga hagamos hagáis hagan	vaya vayas vaya vayamos vayáis vayan
Pretérito imperfecto	hacía hacías hacía hacíamos hacíais hacían	iba ibas iba íbamos ibais iban	**Pretérito imperfecto**	hiciera *o* hiciese hicieras *o* hicieses hiciera *o* hiciese hiciéramos *o* hiciésemos hicierais *o* hicieseis hicieran *o* hiciesen	fuera *o* fuese fueras *o* fueses fuera *o* fuese fuéramos *o* fuésemos fuerais *o* fueseis fueran *o* fuesen
Pretérito perfecto simple	hice hiciste hizo hicimos hicisteis hicieron	fui fuiste fue fuimos fuisteis fueron			
Futuro	haré harás hará haremos haréis harán	iré irás irá iremos iréis irán	**Futuro**	hiciere hicieres hiciere hiciéremos hiciereis hicieren	fuere fueres fuere fuéremos fuereis fueren
Condicional	haría harías haría haríamos haríais harían	iría irías iría iríamos iríais irían			
	IMPERATIVO			FORMAS NO PERSONALES	
Imperativo	haz (vos) hacé haga hagamos haced hagan	ve (vos) andá vaya vayamos id vayan	**Infinitivo** **Gerundio** **Participio**	hacer haciendo hecho	ir yendo ido

	75 OÍR	76 PLACER
INDICATIVO		
Presente	oigo oyes (vos) oís oye oímos oís oyen	plazco places (vos) placés place placemos placéis placen
Pretérito imperfecto	oía oías oía oíamos oíais oían	placía placías placía placíamos placíais placían
Pretérito perfecto simple	oí oíste oyó oímos oísteis oyeron	plací placiste plació *o* plugo placimos placisteis placieron *o* pluguieron
Futuro	oiré oirás oirá oiremos oiréis oirán	placeré placerás placerá placeremos placeréis placerán
Condicional	oiría oirías oiría oiríamos oiríais oirían	placería placerías placería placeríamos placeríais placerían
IMPERATIVO		
Imperativo	oye (vos) oí oiga oigamos oíd oigan	place (vos) placé plazca *o* plegue plazcamos placed plazcan

	75 OIR	76 PLACER
SUBJUNTIVO		
Presente	oiga oigas oiga oigamos oigáis oigan	plazca plazcas plazca *o* plegue plazcamos plazcáis plazcan
Pretérito imperfecto	oyera *u* oyese oyeras *u* oyeses oyera *u* oyese oyéramos *u* oyésemos oyerais *u* oyeseis oyeran *u* oyesen	placiera *o* placiese placieras *o* placieses placiera *o* placiese, *o* pluguiera *o* pluguiese placiéramos *o* placiésemos placierais *o* placieseis placieran *o* placiesen
Futuro	oyere oyeres oyere oyéremos oyereis oyeren	placieres placiere *o* pluguiere placiéremos placiereis placieren
FORMAS NO PERSONALES		
Infinitivo	oír	placer
Gerundio	oyendo	placiendo
Participio	oído	placido

	77 PODER	78 PONER
INDICATIVO		
Presente	puedo puedes (vos) podés puede podemos podéis pueden	pongo pones (vos) ponés pone ponemos ponéis ponen
Pretérito imperfecto	podía podías podía podíamos podíais podían	ponía ponías ponía poníamos poníais ponían
Pretérito perfecto simple	pude pudiste pudo pudimos pudisteis pudieron	puse pusiste puso pusimos pusisteis pusieron
Futuro	podré podrás podrá podremos podréis podrán	pondré pondrás pondrá pondremos pondréis pondrán
Condicional	podría podrías podría podríamos podríais podrían	pondría pondrías pondría pondríamos pondríais pondrían
IMPERATIVO		
Imperativo	puede (vos) podé pueda podamos poded puedan	pon (vos) poné ponga pongamos poned pongan

	77 PODER	78 PONER
SUBJUNTIVO		
Presente	pueda puedas pueda podamos podáis puedan	ponga pongas ponga pongamos pongáis pongan
Pretérito imperfecto	pudiera *o* pudiese pudieras *o* pudieses pudiera *o* pudiese pudiéramos *o* pudiésemos pudierais *o* pudieseis pudieran *o* pudiesen	pusiera *o* pusiese pusieras *o* pusieses pusiera *o* pusiese pusiéramos *o* pusiésemos pusierais *o* pusieseis pusieran *o* pusiesen
Futuro	pudiere pudieres pudiere pudiéremos pudiereis pudieren	pusiere pusieres pusiere pusiéremos pusiereis pusieren
FORMAS NO PERSONALES		
Infinitivo	poder	poner
Gerundio	pudiendo	poniendo
Participio	podido	puesto

	79 PREDECIR	80 QUERER
INDICATIVO		
Presente	predigo predices (vos) predecís predice predecimos predecís predicen	quiero quieres (vos) querés quiere queremos queréis quieren
Pretérito imperfecto	predecía predecías predecía predecíamos predecíais predecían	quería querías quería queríamos queríais querían
Pretérito perfecto simple	predije predijiste predijo predijimos predijisteis predijeron	quise quisiste quiso quisimos quisisteis quisieron
Futuro	predeciré predecirás predecirá predeciremos predeciréis predecirán	querré querrás querrá querremos querréis querrán
Condicional	predeciría predecirías predeciría predeciríamos predeciríais predecirían	querría querrías querría querríamos querríais querrían
IMPERATIVO		
Imperativo	predice (vos) predecí prediga predigamos predecid predigan	quiere (vos) queré quiera queramos quered quieran

	79 PREDECIR	80 QUERER
SUBJUNTIVO		
Presente	prediga predigas prediga predigamos predigáis predigan	quiera quieras quiera queramos queráis quieran
Pretérito imperfecto	predijera *o* predijese predijeras *o* predijeses predijera *o* predijese predijéramos *o* predijésemos predijerais *o* predijeseis predijeran *o* predijesen	quisiera *o* quisiese quisieras *o* quisieses quisiera *o* quisiese quisiéramos *o* quisiésemos quisierais *o* quisieseis quisieran *o* quisiesen
Futuro	predijere predijeres predijere predijéremos predijereis predijeren	quisiere quisieres quisiere quisiéremos quisiereis quisieren
FORMAS NO PERSONALES		
Infinitivo	predecir	querer
Gerundio	prediciendo	queriendo
Participio	predecido	querido

	81 RAER	82 ROER
INDICATIVO		
Presente	rao/raigo/rayo	roo/roigo/royo
	raes	roes
	(vos) raés	roes
	rae	roe
	raemos	roemos
	raéis	roéis
	raen	roen
Pretérito imperfecto	raía	roía
	raías	roías
	raía	roía
	raíamos	roíamos
	raíais	roíais
	raían	roían
Pretérito perfecto simple	raí	roí
	raíste	roíste
	rayó	royó
	raímos	roímos
	raísteis	roísteis
	rayeron	royeron
Futuro	raeré	roeré
	raerás	roerás
	raerá	roerá
	raeremos	roeremos
	raeréis	roeréis
	raerán	roerán
Condicional	raería	roería
	raerías	roerías
	raería	roería
	raeríamos	roeríamos
	raeríais	roeríais
	raerían	roerían

	81 RAER	82 ROER
SUBJUNTIVO		
Presente	raiga *o* raya	roa, roiga, roya
	raigas *o* rayas	roas, roigas, royas
	raiga *o* raya	roa, roiga, roya
	raigamos *o* rayamos	roamos, roigamos, royamos
	raigáis *o* rayáis	roáis, roigáis, royáis
	raigan *o* rayan	roan, roigan, royan
Pretérito imperfecto	rayera *o* rayese	royera *o* royese
	rayeras *o* rayeses	royeras *o* royeses
	rayera *o* rayese	royera *o* royese
	rayéramos *o* rayésemos	royéramos *o* royésemos
	rayerais *o* rayeseis	royerais *o* royeseis
	rayeran *o* rayesen	royeran *o* royesen
Futuro	rayere	royere
	rayeres	royeres
	rayere	royere
	rayéremos	royéremos
	rayereis	royereis
	rayeren	royeren

IMPERATIVO		
Imperativo	rae	roe
	raiga, raya	roa, roiga, roya
	raigamos, rayamos	roamos, roigamos, royamos
	raed	roed
	raigan, rayan	roan, roigan, royan

FORMAS NO PERSONALES		
Infinitivo	raer	roer
Gerundio	rayendo	royendo
Participio	raído	roído

	83 SABER	84 SALIR		83 SABER	84 SALIR
	INDICATIVO			SUBJUNTIVO	
Presente	sé sabes (vos) sabés sabe sabemos sabéis saben	salgo sales (vos) salís sale salimos salís salen	**Presente**	sepa sepas sepa sepamos sepáis sepan	salga salgas salga salgamos salgáis salgan
Pretérito imperfecto	sabía sabías sabía sabíamos sabíais sabían	salía salías salía salíamos salíais salían	**Pretérito imperfecto**	supiera *o* supiese supieras *o* supieses supiera *o* supiese supiéramos *o* supiésemos supierais *o* supieseis supieran *o* supiesen	saliera *o* saliese salieras *o* salieses saliera *o* saliese saliéramos *o* saliésemos salierais *o* salieseis salieran *o* saliesen
Pretérito perfecto simple	supe supiste supo supimos supisteis supieron	salí saliste salió salimos salisteis salieron			
Futuro	sabré sabrás sabrá sabremos sabréis sabrán	saldré saldrás saldrá saldremos saldréis saldrán	**Futuro**	supiere supieres supiere supiéremos supiereis supieren	saliere salieres saliere saliéremos saliereis salierenn
Condicional	sabría sabrías sabría sabríamos sabríais sabrían	saldría saldrías saldría saldríamos saldríais saldrían			
	IMPERATIVO			FORMAS NO PERSONALES	
Imperativo	sabe (vos) sabé sepa sepamos sabed sepan	sal (vos) salí salga salgamos salid salgan	**Infinitivo** **Gerundio** **Participio**	saber sabiendo sabido	salir saliendo salido

	85 SATISFACER	86 SER
INDICATIVO		
Presente	satisfago	soy
	satisfaces	eres
	(vos) satisfacés	(vos) sos
	satisface	es
	satisfacemos	somos
	satisfacéis	sois
	satisfacen	son
Pretérito imperfecto	satisfacía	era
	satisfacías	eras
	satisfacía	era
	satisfacíamos	éramos
	satisfacíais	erais
	satisfacían	eran
Pretérito perfecto simple	satisfice	fui
	satisficiste	fuiste
	satisfizo	fue
	satisficimos	fuimos
	satisficisteis	fuisteis
	satisficieron	fueron
Futuro	satisfaré	seré
	satisfarás	serás
	satisfará	será
	satisfaremos	seremos
	satisfaréis	seréis
	satisfarán	serán
Condicional	satisfaría	sería
	satisfarías	serías
	satisfaría	sería
	satisfaríamos	seríamos
	satisfaríais	seríais
	satisfarían	serían
IMPERATIVO		
Imperativo	satisfaz, satisface	sé (vos) sé
	satisfaga	sea
	satisfagamos	seamos
	satisfaced	sed
	satisfagan	sean

	85 SATISFACER	86 SER
SUBJUNTIVO		
Presente	satisfaga	sea
	satisfagas	seas
	satisfaga	sea
	satisfagamos	seamos
	satisfagáis	seáis
	satisfagan	sean
Pretérito imperfecto	satisficiera *o* satisficiese	fuera *o* fuese
	satisficieras *o* satisficieses	fueras *o* fueses
	satisficiera *o* satisficiese	fuera *o* fuese
	satisficiéramos *o* satisficiésemos	fuéramos *o* fuésemos
	satisficierais *o* satisficieseis	fuerais *o* fueseis
	satisficieran *o* satisficiesen	fueran *o* fuesen
Futuro	satisficiere	fuere
	satisficieres	fueres
	satisficiere	fuere
	satisficiéremos	fuéremos
	satisficiereis	fuereis
	satisficieren	fueren
FORMAS NO PERSONALES		
Infinitivo	satisfacer	ser
Gerundio	satisfaciendo	siendo
Participio	satisfecho	sido

	87 TENER	88 TRAER
INDICATIVO		
Presente	tengo	traigo
	tienes	traes
	(vos) tenés	(vos) traés
	tiene	trae
	tenemos	traemos
	tenéis	traéis
	tienen	traen
Pretérito imperfecto	tenía	traía
	tenías	traías
	tenía	traía
	teníamos	traíamos
	teníais	traíais
	tenían	traían
Pretérito perfecto simple	tuve	traje
	tuviste	trajiste
	tuvo	trajo
	tuvimos	trajimos
	tuvisteis	trajisteis
	tuvieron	trajeron
Futuro	tendré	traeré
	tendrás	traerás
	tendrá	traerá
	tendremos	traeremos
	tendréis	traeréis
	tendrán	traerán
Condicional	tendría	traería
	tendrías	traerías
	tendría	traería
	tendríamos	traeríamos
	tendríais	traeríais
	tendrían	traerían

	87 TENER	88 TRAER
SUBJUNTIVO		
Presente	tenga	traiga
	tengas	traigas
	tenga	traiga
	tengamos	traigamos
	tengáis	traigáis
	tengan	traigan
Pretérito imperfecto	tuviera	trajera
	o tuviese	*o* trajese
	tuvieras	trajeras
	o tuvieses	*o* trajeses
	tuviera	trajera
	o tuviese	*o* trajese
	tuviéramos *o*	trajéramos
	tuviésemos	*o* trajésemos
	tuvierais	trajerais
	o tuvieseis	*o* trajeseis
	tuvieran	trajeran
	o tuviesen	*o* trajesen
Futuro	tuviere	trajere
	tuvieres	trajeres
	tuviere	trajere
	tuviéremos	trajéremos
	tuviereis	trajereis
	tuvieren	trajeren

	87 TENER	88 TRAER
IMPERATIVO		
Imperativo	ten	trae
	(vos) tené	(vos) traé
	tenga	traiga
	tengamos	traigamos
	tened	traed
	tengan	traigan

	87 TENER	88 TRAER
FORMAS NO PERSONALES		
Infinitivo	tener	traer
Gerundio	teniendo	trayendo
Participio	tenido	traído

	89 VALER	90 VENIR
INDICATIVO		
Presente	valgo	vengo
	vales	vienes
	(vos) valés	(vos) venís
	vale	viene
	valemos	venimos
	valéis	venís
	valen	vienen
Pretérito imperfecto	valía	venía
	valías	venías
	valía	venía
	valíamos	veníamos
	valíais	veníais
	valían	venían
Pretérito perfecto simple	valí	vine
	valiste	viniste
	valió	vino
	valimos	vinimos
	valisteis	vinisteis
	valieron	vinieron
Futuro	valdré	vendré
	valdrás	vendrás
	valdrá	vendrá
	valdremos	vendremos
	valdréis	vendréis
	valdrán	vendrán
Condicional	valdría	vendría
	valdrías	vendrías
	valdría	vendría
	valdríamos	vendríamos
	valdríais	vendríais
	valdrían	vendrían
IMPERATIVO		
Imperativo	vale	ven
	(vos) valé	(vos) vení
	valga	venga
	valgamos	vengamos
	valed	venid
	valgan	vengan

	89 VALER	90 VENIR
SUBJUNTIVO		
Presente	valga	venga
	valgas	vengas
	valga	venga
	valgamos	vengamos
	valgáis	vengáis
	valgan	vengan
Pretérito imperfecto	valiera	viniera
	o valiese	*o* viniese
	valieras	vinieras
	o valieses	*o* vinieses
	valiera	viniera
	o valiese	*o* viniese
	valiéramos	viniéramos *o*
	o valiésemos	viniésemos
	valierais	vinierais
	o valieseis	*o* vinieseis
	valieran	vinieran
	o valiesen	*o* viniesen
Futuro	valiere	viniere
	valieres	vinieres
	valiere	viniere
	valiéremos	viniéremos
	valiereis	viniereis
	valieren	vinieren
FORMAS NO PERSONALES		
Infinitivo	valer	venir
Gerundio	valiendo	viniendo
Participio	valido	venido

	91 VER	92 YACER
INDICATIVO		
Presente	veo	yazco, yazgo *o* yago
	ves	yaces
	(vos) ves	(vos) yacés
	ve	yace
	vemos	yacemos
	veis	yacéis
	ven	yacen
Pretérito imperfecto	veía	yacía
	veías	yacías
	veía	yacía
	veíamos	yacíamos
	veíais	yacíais
	veían	yacían
Pretérito perfecto simple	vi	yací
	viste	yaciste
	vio	yació
	vimos	yacimos
	visteis	yacisteis
	vieron	yacieron
Futuro	veré	yaceré
	verás	yacerás
	verá	yacerá
	veremos	yaceremos
	veréis	yaceréis
	verán	yacerán
Condicional	vería	yacería
	verías	yacerías
	vería	yacería
	veríamos	yaceríamos
	veríais	yaceríais
	verían	yacerían
IMPERATIVO		
Imperativo	ve	yace *o* yaz
	(vos) ve	(vos) yacé
	vea	yazca, yazga *o* yaga
	veamos	yazcamos, yazgamos *o* yagamos
	ved	yaced
	vean	yazcan, yazgan *o* yagan

	91 VER	92 YACER
SUBJUNTIVO		
Presente	vea	yazca, yazga *o* yaga
	veas	yazcas, yazgas *o* yagas
	vea	yazca, yazga *o* yaga
	veamos	yazcamos, yazgamos *o* yagamos
	veáis	yazcáis, yazgáis *o* yagáis
	vean	yazcan, yazgan *o* yagan
Pretérito imperfecto	viera *o* viese	yaciera *o* yaciese
	vieras *o* vieses	yacieras *o* yacieses
	viera *o* viese	yaciera *o* yaciese
	viéramos *o* viésemos	yaciéramos *o* yaciésemos
	vierais *o* vieseis	yacierais *o* yacieseis
	vieran *o* viesen	yacieran *o* yaciesen
Futuro	viere	yaciere
	vieres	yacieres
	viere	yaciere
	viéremos	yaciéremos
	viereis	yaciereis
	vieren	yacieren
FORMAS NO PERSONALES		
Infinitivo	ver	yacer
Gerundio	viendo	yaciendo
Participio	visto	yacido

93 AGRIAR			
INDICATIVO		SUBJUNTIVO	
Presente	agrío agrías (vos) agriás agría agriamos agriáis agrían	**Presente**	agrie agries agrie agriemos agriéis agrien
Pretérito imperfecto	agriaba agriabas agriaba agriábamos agriabais agriaban	**Pretérito imperfecto**	agriara *o* agriase agriaras *o* agriases agriara *o* agriase agriáramos *o* agriásemos agriarais *o* agriaseis agriaran *o* agriaseis
Pretérito perfecto simple	agrié agriaste agrió agriamos agriasteis agriaron	**Futuro**	agriare agriares agriare agriáremos agriareis agriaren
Futuro	agriaré agriarás agriará agriaremos agriaréis agriarán		
Condicional	agriaría agriarías agriaría agriaríamos agriaríais agriarían		
IMPERATIVO		FORMAS NO PERSONALES	
Imperativo	agría (vos) agriá agríe agriemos agriad agríen	**Infinitivo**	agriar
		Gerundio	agriando
		Participio	agriado

Prononciation de l'espagnol

Voyelles et diphtongues

a	acá	/aká/
e	el	/el/
i	ir	/ir/
o	obra	/óβra/
u	un	/un/
ai	aire	/áire/
au	auto	/áuto/
ei	ley	/léi/
eu	reuma	/r̄éuma/
oi	hoy	/ói/

Semi-voyelles

ja	piano	/pjáno/
je	pie	/pjé/
jo	río	/r̄'io/
ju	viudo	/bjúdo/
wa	anual	/anwal/
we	pues	/pwés/
wi	huir	/hwir/

suite au verso

Prononciation de l'espagnol

Consonnes

p	pan	/pan/
t	tía	/tia/
k	clase	/kláse/
b	boca	/bóka/
β	haber	/aβér/
d	decir	/deθir/
ð	dedo	/déðo/
g	ganar	/ganár/
ɣ	largo	/lárɣo/
f	faltar	/faltár/
θ	cielo	/θjélo/
s	sacar	/sakár/
x	jamón	/xamón/
tʃ	choque	/tʃoke/
m	mal	/mal/
n	noche	/notʃe/
ŋ	banco	/báŋko/
ɲ	año	/aɲo/
l	leer	/leér/
ʎ	llegar	/ʎegár/
r	creer	/kréer/
r̄	rojo	/r̄ójo/

Achevé d'imprimer en Italie par Grafica Veneta S.p.A.
Dépôt légal : mai 2016 - Collection 58 - Édition 04
71/1110/0